Department of Economic and
Social Affairs
Statistics Division

Département des affaires économiques
et sociales
Division de statistique

Statistical Yearbook
Forty-second issue

1995
Data available as of
30 June 1997

Annuaire statistique
Quarante-deuxième édition

Données disponibles
au 30 juin 1997

United Nations/Nations Unies   New York, 1997

Note

The designations employed and the presentation of material in this publication do not imply the expression of any opinion whatsoever on the part of the Secretariat of the United Nations concerning the legal status of any country, territory, city or area or of its authorities, or concerning the delimitation of its frontiers or boundaries.

In general, statistics contained in the present publication are those available to the United Nations Secretariat up to June 1997 and refer to 1995/1996 or earlier. They reflect country nomenclature in use in 1997.

The term "country" as used in this publication also refers, as appropriate, to territories or areas.

The designations "developed" and "developing" are intended for statistical convenience and do not necessarily express a judgment about the stage reached by a particular country or area in the development process.

Symbols of United Nations documents are composed of capital letters combined with figures.

Note

Les appellations employées dans la présente publication et la présentation des données qui y figurent n'impliquent de la part du Secrétariat de l'Organisation des Nations Unies aucune prise de position quant au statut juridique des pays, territoires, villes ou zones, ou de leurs autorités, ni quant au tracé de leurs frontières ou limites.

En règle générale, les statistiques contenues dans la présente publication sont celles dont disposait le Secrétariat de l'Organisation des Nations Unies jusqu'à juin 1997 et portent sur la période finissant à 1996. Elles reflètent la nomenclature des pays en vigueur à l'époque.

Le terme "pays", tel qu'il est utilisé ci-après, peut également désigner des territoires ou des zones.

Les appellations "développées" et "en développement" sont employées à des fins exclusivement statistiques et n'expriment pas nécessairement un jugement quant au niveau de développement atteint par tel pays ou telle région.

Les cotes des documents de l'Organisation des Nations Unies se composent de lettres majuscules et de chiffres.

ST/ESA/STAT/SER.S/18

UNITED NATIONS PUBLICATION
Sales No. E/F.97.XVII.1

PUBLICATION DES NATIONS UNIES
Numéro de vente : E/F.97.XVII.1

ISBN 92-1-061174-8
ISSN 0082-8459

Inquiries should be directed to:
SALES SECTION
PUBLISHING DIVISION
UNITED NATIONS
NEW YORK 10017
USA

Adresser toutes demandes de renseignements à la :
SECTION DES VENTES
DIVISION DES PUBLICATIONS
NATIONS UNIES
NEW YORK 10017
USA

e-mail: publications@un.org
Internet: http://www.un.org/Pubs

Copyright © United Nations 1997—Copyright © Nations Unies 1997
All rights reserved—Tous droits réservés
Printed by the United Nations Reproduction Section, New York
Imprimé par la Section de la reproduction des Nations Unies, New York

Preface

This is the forty-second issue of the United Nations *Statistical Yearbook*, prepared by the Statistics Division, Department of Economic and Social Affairs of the United Nations Secretariat, since 1948. The present issue contains series covering, in general, 1985–1994 or 1986–1995, using statistics available to the Statistics Division up to 30 June 1997.

The *Yearbook* is based on data compiled by the Statistics Division from over 40 different international and national sources. These include the United Nations Statistics Division in the fields of national accounts, industry, energy, transport and international trade; the United Nations Statistics Division and Population Division in the field of demographic statistics; and data provided by over 20 offices of the United Nations system and international organizations in other specialized fields.

United Nations agencies and other international organizations which furnished data are listed under "Statistical sources and references" at the end of the *Yearbook*. Acknowledgement is gratefully made for their generous cooperation in providing data.

The Statistics Division also publishes the *Monthly Bulletin of Statistics* [25]*, which provides a valuable complement to the *Yearbook* covering current international economic statistics for most countries and areas of the world and quarterly world and regional aggregates. Subscribers to the *Monthly Bulletin of Statistics* may also access the *Bulletin* on-line via the World Wide Web on Internet. *MBS On-line* allows time-sensitive statistics to reach users much faster than the traditional print publication. For further information see <http://www.un.org/Depts/unsd/>.

The present issue of the *Yearbook* reflects a phased programme of major changes in its organization and presentation undertaken in 1990 which until then was relatively unchanged since the first issue, in 1948. One result of this process has been to reduce the total number of tables from 140 in the 37th issue to 88 in the present issue. An index is continued in the present issue.

Recognizing the tremendous worldwide growth in recent years in the use of microcomputers and the corresponding interest in obtaining statistics in machine-readable form for further study and analysis by users, the *Yearbook* has also been published on CD-ROM for IBM-compatible microcomputers,

---

* Numbers in brackets refer to numbered entries in the section "Statistical sources and references" at the end of this book.

Préface

La présente édition est la quarante-deuxième de l'*Annuaire statistique* des Nations Unies, établi depuis 1948 par la Division de statistique du Département des affaires économiques et sociales du Secrétariat de l'Organisation des Nations Unies. Elle contient des séries qui portent d'une manière générale sur la période 1985-1994 ou 1986-1995 et pour lesquelles ont été utilisées les informations dont disposait la Division de statistique au 30 juin 1997.

L'*Annuaire* est établi à partir des données que la Division de statistique a recueillies auprès de plus de 40 sources différentes, internationales et nationales. Ces sources sont : la Division de statistique du Secrétariat de l'Organisation des Nations Unies pour ce qui concerne les comptabilités nationales, l'industrie, l'énergie, les transports et le commerce international; la Division de statistique et la Division de la population du Secrétariat de l'Organisation des Nations Unies pour les statistiques démographiques; et plus de 20 bureaux du système des Nations Unies et d'organisations internationales pour les autres domaines spécialisés.

Les institutions spécialisées des Nations Unies et les autres organisations internationales qui ont fourni des données sont énumérées dans la section "Sources et références statistiques" figurant à la fin de l'ouvrage. Les auteurs de l'*Annuaire statistique* les remercient de leur généreuse coopération.

La Division de Statistique publie également le *Bulletin Mensuel de Statistiques* [25]*, qui est un complément intéressant à l'*Annuaire Statistique* qui couvre les statistiques économiques courantes sur la plupart des pays et zones du monde et des aggrégats trimestriels, au niveau du monde et des grandes régions. Les abonnés au *Bulletin Mensuel de Statistiques* ont aussi à leur disposition le *Bulletin* en ligne, accessible sur Internet par le "World Wide Web". Grâce à "BMS en ligne" les utilisateurs disposent plus rapidement des données conjonctuelles que par la voie traditionnelle de la publication imprimée. Pour des informations supplémentaires, voir <http://www.un.org/Depts/unsd/>.

La présente édition de l'*Annuaire* tient compte des importantes transformations qui, depuis 1990, ont été apportées par étapes successives à son organisation et à sa présentation, lesquelles étaient restées pratiquement inchangées depuis la première édition parue en 1948. Ce processus a ainsi permis de ramener le nombre de tableau de 140 dans la trente-septième édition à 88 dans l'édition actuelle. L'index (en anglais seulement) fourni pour la première fois dans l'édition précédente figure également dans celle-ci.

---

* Les chiffres entre crochets se réfèrent aux entrées numérotées dans la liste des sources et références statistiques à la fin de l'ouvrage.

since the thirty-eighth issue. The latest issue on CD-ROM is the forty-first[1]. The present issue will also be published on CD-ROM in 1998[2]. Ad hoc or standing orders for the *Yearbook* in hard copy and on CD-ROM are available from United Nations Publications sales offices in New York and Geneva. A full list of machine-readable products in statistics available from the United Nations Statistics Division may be obtained on request to the Statistics Division at the United Nations Secretariat, New York or at the Division's Internet home page <http://www.un.org/Depts/unsd/>. The Division has also prepared an inventory of over 100 international statistical databases with some form of public access, *StatBase Locator on Disk—UNSTAT's Guide to International Computerized Statistical Databases.*[3]

The organization of the *Yearbook*, described in the Introduction below in more detail, consists of four parts. Part One, World and Region Summary, consists of key world and regional aggregates and totals and is essentially unchanged from previous issues. In the remaining parts, the main subject matter is mainly presented according to countries or areas, with in some cases world and regions aggregates also shown. Parts two, three and four cover, respectively, population and social topics, national economic activity and international economic relations. The organization of the population and social topics generally follows the arrangement of subject matter in the United Nations *Handbook on Social Indicators* [44]; economic activity is taken up according to the classes of the United Nations International Standard Industrial Classification of All Economic Activities (ISIC) [46]; and tables on international economic relations cover merchandise trade, international tourism (a major factor in international trade in services and balance of payments) and financial transactions including development assistance. Each chapter includes brief technical notes on statistical sources and methods for the tables in that chapter. Complete references to sources and related methodological publications are provided at the end of the *Yearbook* in the section "Statistical sources and references".

Annex I provides complete information on country and area nomenclature, and regional and other groupings used in the *Yearbook*, and annex II on conversion coefficients and factors used in various tables. Other symbols and conventions used in the *Yearbook* are shown in the section "Explanatory notes", preceding the Introduction.

The complete list of tables added and omitted from the last issue of the *Yearbook* is given in annex III.

A modification recently introduced and continued in this *Yearbook* is to exclude tables for which new data are not available but to retain them in the table of contents for publication in a later issue as new data are compiled and published by the collecting agency. However, all of these tables are retained in the CD-ROM version of the *Yearbook*.

En raison de l'expansion extraordinaire que la micro-informatique a connue ces dernières années et de l'intérêt croissant que suscite la présentation de statistiques sur des supports lisibles en machine et exploitables directement par l'utilisateur, l'*Annuaire* a été publiée sur disque compact (CD/ROM) pour micro-ordinateurs IBM et compatibles depuis la publication de la trente-huitième édition. La plus récente édition sur disque compact (CD/ROM) est la quarante-et-unième[1]. La présente édition sera également publiée sur CD/ROM en 1998[2]. Les commandes individuelles et les abonnements à l'*Annuaire statistique* (édition imprimée ou sur CD/ROM) peuvent être adressées aux bureaux de vente des publications des Nations Unies à New York et à Genève ou sur Internet page d'accueil de la Division <http://www.un.org/Depts/unsd/>. La Division de statistique du Secrétariat de l'Organisation des Nations Unies à New York fournit sur demande la liste complète de produits statistiques disponibles sur supports lisibles en machine. La Division publie également *StatBase Locator on Disk — UNSTAT's Guide to International Computerized Databases,*[3] inventaire de plus de 100 bases de données statistiques internationales accessibles au public.

Le plan de l'*Annuaire*, qui est décrit ci-après de manière plus détaillée dans l'introduction, comprend quatre parties. La première partie, "Aperçu mondial et régional", qui se compose des principaux agrégats et totaux aux niveaux mondial et régional, est reprise presque sans changement des éditions précédentes; les trois autres sont consacrées à la population et aux questions sociales (deuxième partie), à l'activité économique nationale (troisième partie) et aux relations économiques internationales (quatrième partie). L'organisation de la deuxième partie, "Population et questions sociales", suit généralement le plan adopté par l'ONU "*Handbook on Social Indicators*" [44]; dans la troisième partie, l'activité économique est présentée conformément aux catégories adoptées par l'ONU dans la *Classification internationale type, par industrie, de toutes les branches d'activité économique* [46]; les tableaux de la quatrième partie, consacrée aux relations économiques internationales, portent sur le commerce des marchandises, le tourisme international (élément essentiel du secteur international des services et balance des paiements) et les opérations financières, y compris l'aide au développement. Chaque chapitre comprend une brève note technique sur les sources et méthodes statistiques utilisées pour les tableaux du chapitre. On trouvera à la fin de l'*Annuaire*, dans la section "Sources et références statistiques", des références complètes aux sources et publications méthodologiques connexes.

L'annexe I donne des renseignements complets sur la nomenclature des pays et des zones et sur la façon dont ceux-ci ont été regroupés pour former les régions et autres entités géographiques utilisées dans l'*Annuaire*; l'annexe II fournit des renseignements sur les coefficients et facteurs de conversion employés dans les différents tableaux. Les divers symboles et conventions utilisés dans l'*Annuaire* sont présentés dans la section "Notes explicatives" qui précède l'introduction.

As described more fully in the Introduction below, every attempt has been made to ensure that the series contained in the *Yearbook* are sufficiently comparable to provide a reliable general description of economic and social topics throughout the world. Nevertheless, the reader should carefully consult the footnotes and technical notes for any given table for explanations of general limitations of series presented and specific limitations affecting particular data items. Complete information concerning the definitions and concepts used and limitations of the data are provided in the section "Statistical sources and references" at the end of the *Yearbook*. Readers interested in more detailed figures than those shown in the present publication, and in further information on the full range of internationally assembled statistics in specialized fields, should also consult the specialized publications listed in that section.

Of course much more remains to be done to improve the *Yearbook* in its scope, coverage, timeliness and design, and in its technical notes. The process is inevitably an evolutionary one. Comments on the present *Yearbook* and its future evolution are welcome and should be addressed to the Director, United Nations Statistics Division, New York 10017 USA, or via e-mail to statistics@un.org .

La liste complète des tableaux ajoutés et supprimés depuis la dernière édition de l'*Annuaire* figure à l'annexe III.

Une modification, récemment introduite, les tableaux pour lesquels on ne dispose d'aucune donnée nouvelle ont été omis, mais ils figurent toujours dans la table des matières et seront repris dans une prochaine édition à mesure que des données nouvelles seront dépouillées et publiées par l'office statistique d'origine. Tous les tableaux sont cependant repris dans l'édition publiée sur CD/ROM.

Comme il est précisé ci-après dans l'introduction, aucun effort n'a été épargné afin que les séries figurant dans l'*Annuaire* soient suffisamment comparables pour fournir une description générale fiable de la situation économique et sociale dans le monde entier. Néanmoins, le lecteur devra consulter avec soins les renvois individuels et les notes techniques de chaque tableau pour y trouver l'explication des limites générales imposées aux séries présentées et des limites particulières propres à certains types de données. On trouvera à la fin de l'ouvrage, dans la section "Sources et références statistiques", des renseignements complets concernant les définitions et concepts utilisés et les limites des données. Les lecteurs qui souhaitent avoir des chiffres plus détaillés que ceux figurant dans le présent volume ou qui désirent se procurer des renseignements sur la gamme complète des statistiques qui ont été compilées à l'échelon international dans tel ou tel domaine particulier devraient consulter les publications énumérées dans la section "Sources et références statistiques".

Il reste sans doute beaucoup à faire pour mettre l'*Annuaire* pleinement à jour en ce qui concerne son champ, sa couverture, sa mise à jour et sa conception générale, ainsi que ses notes techniques. Il s'agit là inévitablement d'un processus évolutif. Les observations sur la présente édition de l'*Annuaire* et les modifications suggérées pour l'avenir seront reçues avec intérêt et doivent être adressées au Directeur de la Division de statistique de l'ONU, New York, N.Y. 10017 (États-Unis d'Amérique), ou e-mail à statistics@un.org .

---

[1] *Statistical Yearbook, forty-first issue, CD-ROM*, (United Nations publication, Sales No. E.96.XVII.1).
[2] *Statistical Yearbook, forty-second issue, CD-ROM*, (United Nations publication, Sales No. E.98.XVII.3).
[3] United Nations publication, Sales No. E.94.XVII.8 (issued on one 3 1/2" diskette for IBM-compatible microcomputers).

[1] *L'Annuaire statistique, quarante-et-untième édition sur CD-ROM* (Publication des Nations Unies, numéro de vente E.96.XVII.1).
[2] *L'Annuaire statistique, quarante-deuxième édition sur CD-ROM* (Publication des Nations Unies, numéro de vente E.98.XVII.3).
[3] Publication des Nations Unies, numéro de vente E.94.XVII.8 (sur une disquette de 3,5 inches pour micro-ordinateurs IBM et compatibles).

Contents

Preface		iii
Explanatory notes		xiv
Introduction		1

Part One
World and Region Summary

I.	*World and region summary*		
	Tables 1-7		9
	Technical notes		29

Part Two
Population and Social Statistics

II.	*Population and human settlements*		
	Table 8 and 9		35
	Technical notes		55
III.	*Education and literacy*		
	Tables 10-12		57
	Technical notes		90
IV.	*Health and child-bearing*		
	Tables 13 and 14		93
	Technical notes		109
V.	*Culture and communications*		
	Tables 15-21		111
	Technical notes		155

Part Three
Economic Activity

VI.	*National accounts and industrial production*		
	Tables 22-28		159
	Technical notes		238
VII.	*Financial statistics*		
	Tables 29 and 30		241
	Technical notes		253
VIII.	*Labour force*		
	Tables 31 and 32		254
	Technical notes		282
IX.	*Wages and prices*		
	Tables 33-35		285
	Technical notes		318
X.	*Agriculture, hunting, forestry and fishing*		
	Tables 36-42		321
	Technical notes		405
XI.	*Manufacturing*		
	A. Food, beverages and tobacco		
	Tables 43-46		409
	B. Textile, wearing apparel and leather industries		
	Tables 47 and 48		459

Table des matières

Préface		iii
Notes explicatives		xiv
Introduction		1

Première partie
Aperçu mondial et régional

I.	*Aperçu mondial et régional*		
	Tableaux 1 à 7		9
	Notes techniques		29

Deuxième partie
Population et statistiques sociales

II.	*Population et établissements humains*		
	Tableau 8 et 9		35
	Notes techniques		55
III.	*Instruction et alphabétisation*		
	Tableaux 10 à 12		57
	Notes techniques		90
IV.	*Santé et maternité*		
	Tableaux 13 et 14		93
	Notes techniques		109
V.	*Culture et communications*		
	Tableaux 15 à 21		111
	Notes techniques		155

Troisième partie
Activité économique

VI.	*Comptabilités nationales et production industrielle*		
	Tableaux 22 à 28		159
	Notes techniques		238
VII.	*Statistiques financières*		
	Tableaux 29 et 30		241
	Notes techniques		253
VIII.	*Main-d'oeuvre*		
	Tableaux 31 et 32		254
	Notes techniques		282
IX.	*Salaires et prix*		
	Tableaux 33 à 35		285
	Notes techniques		318
X.	*Agriculture, chasse, forêts et pêche*		
	Tableaux 36 à 42		321
	Notes techniques		405
XI.	*Industries manufacturières*		
	A. Alimentation, boissons et tabac		
	Tableaux 43 à 46		409
	B. Textile, habillement et cuir		
	Tableaux 47 et 48		459

	C. Wood and wood products; paper and paper products Tables 49 and 50	472
	D. Chemicals and related products Tables 51-54	484
	E. Basic metal industries Tables 55 and 56	505
	F. Non-metalic mineral products and fabricated metal products, machinery and equipment Tables 57-62	516
	Technical notes	539
XII.	*Transport* Tables 63-67	543
	Technical notes	612
XIII.	*Energy* Tables 68 and 69	614
	Technical notes	657
XIV.	*Environment* Tables 70-72	661
	Technical notes	684
XV.	*Science and technology; intellectual property* Table 73-75	687
	Technical notes	703

Part Four
International Economic Relations

XVI.	*International merchandise trade* Tables 76-79	706
	Technical notes	765
XVII.	*International tourism* Tables 80-82	771
	Technical notes	812
XVIII.	*Balance of payments* Table 83	815
	Technical notes	846
XIX.	*International finance* Tables 84 and 85	849
	Technical notes	873
XX.	*Development assistance* Tables 86-88	875
	Technical notes	893
	Annexes	
I.	Country and area nomenclature, regional and other groupings	894
II.	Conversion coefficients and factors	907
III.	Tables added and omitted	910

Statistical sources and references 911
Index (English only) 915

	C. Bois et produits dérivés; papier et produits dérivés Tableaux 49 et 50	472
	D. Produits chimiques et apparentés Tableaux 51 à 54	484
	E. Industries métallurgiques de base Tableaux 55 et 56	505
	F. Produits minéraux non métalliques et fabrications métallurgiques, machines et équipements Tableaux 57 à 62	516
	Notes techniques	539
XII.	*Transports* Tableaux 63 à 67	543
	Notes techniques	612
XIII.	*Energie* Tableaux 68 et 69	614
	Notes techniques	657
XIV.	*Environnement* Tableaux 70 à 72	661
	Notes techniques	684
XIV.	*Science et technologie; propriété intellectuelle* Tableau 73 à 75	687
	Notes techniques	703

Quatrième partie
Relations économiques internationales

XVI.	*Commerce international des marchandises* Tableaux 76 à 79	706
	Notes techniques	765
XVII.	*Tourisme international* Tableaux 80 à 82	771
	Notes techniques	812
XVIII.	*Balance des paiements* Tableau 83	815
	Notes techniques	846
XIX.	*Finances internationales* Tableaux 84 et 85	849
	Notes techniques	873
XX.	*Aide au développement* Tableaux 86 à 88	875
	Notes techniques	893
	Annexes	
I.	Nomenclature des pays et zones, groupements régionaux et autres groupements	894
II.	Coefficients et facteurs de conversion	907
III.	Tableaux ajoutés et supprimés	910

Sources statistiques et références 911

List of tables

Part One
World and Region Summary

Chapter I. *World and region summary*
1. Selected series of world statistics 9
2. Population, rate of increase, birth and death rates, surface area and density .. 12
3. Index numbers of total agricultural and food production 14
4. Index numbers of per capita total agricultural and food production 15
5. Index numbers of industrial production: world and regions 16
6. Production, trade and consumption of commercial energy 24
7. Total exports and imports: index numbers 26

Part Two
Population and Social Statistics

Chapter II. *Population and human settlements*
8. Population by sex, rate of population increase, surface area and density 35
9. Population in urban and rural areas, rates of growth and largest urban agglomeration population 47

Chapter III. *Education and literacy*
10. Education at the first, second and third levels 57
11. Public expenditure on education at current market prices 71
12. Illiterate population by sex 84

Chapter IV. *Health and child-bearing*
13. Selected indicators of life expectancy, child-bearing and mortality 93
14. Estimates of cumulative HIV infections, AIDS cases and HIV/AIDS deaths and number of reported AIDS cases 101
    A. Estimated cumulative HIV infections, AIDS cases and HIV/AIDS deaths to end 1996 101
    B. Reported AIDS cases to World Health Organization 101

Liste des tableaux

Première partie
Aperçu mondial et régional

Chapitre I. *Aperçu mondial et régional*
1. Séries principales de statistiques mondiales 9
2. Population, taux d'accroissement, taux de natalité et taux de mortalité, superficie et densité 12
3. Indices de la production agricole totale et de la production alimentaire 14
4. Indices de la production agricole totale et de la production alimentaire par habitant 15
5. Indices de la production industrielle: monde et régions 16
6. Production, commerce et consommation d'énergie commerciale 24
7. Exportations et importations totales : indices 26

Deuxième partie
Population et statistiques sociales

Chapitre II. *Population et établissements humains*
8. Population selon le sexe, taux d'accroissement de la population, superficie et densité 35
9. Population urbaine, population rurale, taux d'accroissement et population de l'agglomération urbaine la plus peuplée ... 47

Chapitre III. *Instruction et alphabétisation*
10. Enseignement des premier, second et troisième degrés 57
11. Dépenses publiques afférentes à l'enseignement aux prix courants du marché 71
12. Population analphabète, selon le sexe 84

Chapitre IV. *Santé et maternité*
13. Choix d'indicateurs de l'espérance de vie, de maternité et de la mortalité 93
14. Chiffres estimatifs du nombre cumulé de personnes infectées par le VIH, de cas de SIDA et de décès causés par le VIH ou le SIDA, et nombre de cas déclarés de SIDA . 101

Contents Table des matières

C. Reported AIDS cases 102
* Food supply (see *Yearbook*, 38th issue, Table 22)

Chapter V. *Culture and communications*
15. Book production: number of titles by UDC classes 111
16. Book production: number of titles by language of publication 116
17. Daily newspapers 119
18. Non-daily newspapers and periodicals 126
19. Television and radio receivers 131
20. Telefax stations and mobile cellular telephone subscribers 138
21. Telephones 145
* Cinemas: number, seating capacity, annual attendance and box office receipts (see *Yearbook*, 41st issue, Table 17)

Part Three
Economic Activity

Chapter VI. *National accounts and industrial production*
22. Gross domestic product: total and per capita 159
23. Expenditure on gross domestic product at current prices 177
24. Gross domestic product by kind of economic activity at current prices 187
25. Relationships between the principal national accounting aggregates 197
26. Government final consumption expenditure by function at current prices 206
27. Private final consumption expenditure by type and purpose at current prices 211
28. Index numbers of industrial production 215

Chapter VII. *Financial statistics*
29. Rates of discount of central banks 241
30. Short-term rates 246

Chapter VIII. *Labour force*
31. Employment by industry 254
    A. ISIC Rev. 2 254
    B. ISIC Rev. 3 260
32. Unemployment 266

A. Chiffres estimatifs cumulés du nombre de personnes infectées par le VIH, de cas de SIDA et de décès causés par le VIH ou le SIDA jusqu'à la fin de 1996 101
B. Cas de SIDA déclarés à l'Organisation mondiale de la santé 101
C. Cas de SIDA déclarés 102
* Disponibilités alimentaires (voir l'*Annuaire*, 38ème édition, Tableau 22)

Chapitre V. *Culture et communications*
15. Production de livres : nombre de titres classés d'après la CDU 111
16. Production de livres : nombre de titres par langue de publication 116
17. Journaux quotidiens 119
18. Journaux non quotidiens et périodiques ... 126
19. Postes récepteurs de télévision et de radio . 131
20. Postes de télécopie et abonnés au téléphone mobile cellulaire 138
21. Téléphones 145
* Cinémas : nombre d'établissements, nombre de sièges, fréquentation annuelle et recettes guichet (voir l'*Annuaire*, 41ème édition, Tableau 17)

Troixième partie
Activité économique

Chapitre VI. *Comptabilités nationales et production industrielle*
22. Produit intérieur brut: total et par habitant 159
23. Dépenses imputées au produit intérieur brut aux prix courants 177
24. Produit intérieur brut par genre d'activité economique aux prix courants 187
25. Relations entre les principaux agrégats de comptabilité nationale 197
26. Consommation finale des administrations publiques par fonction aux prix courants .. 206
27. Consommation finale privée par catégorie de dépenses et par fonction aux prix courants 211
28. Indices de la production industrielle 215

Chapitre VII. *Statistiques financières*
29. Taux d'escompte des banques centrales ... 241
30. Taux à court terme 246

Chapter IX. *Wages and prices*
33.	Earnings in manufacturing	285
34.	Producers prices and wholesale prices	294
35.	Consumer price index numbers	303

Chapter X. *Agriculture, hunting, forestry and fishing*
36.	Agricultural production (index numbers)	321
37.	Cereals	330
38.	Oil crops, in oil equivalent	338
39.	Livestock	346
40.	Roundwood	365
41.	Fish catches	372
42.	Fertilizers (production and consumption)	382

Chapter XI. *Manufacturing*
  A. Food, beverages and tobacco
43.	Sugar (production and consumption)	409
44.	Meat	420
45.	Beer	445
46.	Cigarettes	452

  B. Textile, wearing apparel and leather industries
47.	Fabrics (cotton, wool, cellulosic and non-cellulosic fibres)	459
48.	Leather footwear	467

  C. Wood and wood products; paper and paper products
49.	Sawnwood	472
50.	Paper and paperboard	479

  D. Chemicals and related products
51.	Tires	484
52.	Cement	488
53.	Sulphuric acid	495
54.	Soap, washing powders and detergents	499

  E. Basic metal industries
55.	Pig-iron and crude steel	505
56.	Aluminium	511

  F. Non-metalic mineral products and fabricated metal products, machinery and equipment
57.	Radio and television receivers (production)	516
58.	Passenger cars	520
59.	Refrigerators for household use	522
60.	Washing machines for household use	526
61.	Machine tools (drilling/boring machines, lathes, milling machines and metal-working presses)	529
62.	Lorries (trucks)	535

Chapter XII. *Transport*
63.	Railways: traffic	543
64.	Motor vehicles in use	554
65.	Merchant shipping: fleets	571
66.	International maritime transport	589

Chapitre VIII. *Main-d'oeuvre*
31.	Emploi par industrie	254
	A. CITI Rév. 2	254
	B. CITI Rév. 3	260
32.	Chômage	266

Chapitre IX. *Salaires et prix*
33.	Gains dans les industries manufacturières	285
34.	Prix à la production et des prix de gros	294
35.	Indices des prix à la consommation	303

Chapitre X. *Agriculture, chasse, forêts et pêche*
36.	Production agricole (indices)	321
37.	Céréales	330
38.	Cultures d'huile, en équivalent d'huile	338
39.	Cheptel	346
40.	Bois rond	365
41.	Quantités pêchées	372
42.	Engrais (production et consommation)	382

Chapitre XI. *Industries manufacturières*
  A. Alimentation, boissons et tabac
43.	Sucre (production et consommation)	409
44.	Viande	420
45.	Bière	445
46.	Cigarettes	452

  B. Textiles, habillement et cuir
47.	Tissus (coton, laines, fibres cellulosiques et non cellulosiques)	459
48.	Chaussures de cuir	467

  C. Bois et produits dérivés; papier et produits dérivés
49.	Sciages	472
50.	Papiers et cartons	479

  D. Produits chimiques et apparentés
51.	Pneumatiques: enveloppes	484
52.	Ciment	488
53.	Acide sulfurique	495
54.	Savons, poudres pour lessives et détersifs	499

  E. Industries métallurgiques de base
55.	Fonte et acier brut	505
56.	Aluminium	511

  F. Produits minéraux non métalliques et fabrications métallurgiques, machines et équipements
57.	Radiodiffusion et télévision : poste récepteurs	516
58.	Voitures de tourisme	520
59.	Réfrigérateurs ménagers	522
60.	Machines et appareils à laver, à usage domestique	526
61.	Machines-outils (perceuses, tours, fraiseuses et presses pour le travail des métaux)	529
62.	Camions	535

| 67. | Civil aviation | 596 |

Chapter XIII. *Energy*
| 68. | Production, trade and consumption of commercial energy | 614 |
| 69. | Production of selected energy commodities | 642 |

Chapter XIV. *Environment*
70.	Selected indicators of natural resources	661
71.	Selected indicators of environmental protection	669
72.	CO_2 emissions estimates	676
*	Concentration of suspended particulate matter at selected sites (see *Yearbook*, 39th issue, Table 84)	
*	Global water quality in selected rivers (see *Yearbook*, 39th issue, Table 85)	
*	Surface and land area and land use (see *Yearbook*, 39th issue, Table 86)	

Chapter XV. *Science and technology; intellectual property*
73.	Number of scientists, engineers and technicians in research and experimental development	687
74.	Expenditure for research and experimental development	692
75.	Patents	697

Part Four
International Economic Relations

Chapter XVI. *International merchandise trade*
76.	Total imports and exports	706
77.	World exports by commodity classes and by regions	728
78.	Total imports and exports: index numbers	742
79.	Manufactured goods exports	758

Chapter XVII. *International tourism*
80.	Tourist arrivals by region of origin	771
81.	Tourist arrivals and international tourism receipts	795
82.	International tourism expenditures	804

Chapter XVIII. *Balance of payments*
| 83. | Summary of balance of payments | 815 |

Chapitre XII. *Transports*
63.	Chemins de fer : trafic	543
64.	Véhicules automobiles en circulation	554
65.	Transports maritimes : flotte marchande	571
66.	Transports maritimes internationaux	589
67.	Aviation civile	596

Chapitre XIII. *Energie*
| 68. | Production, commerce et consommation d'énergie commerciale | 614 |
| 69. | Production des principaux biens de l'énergie | 642 |

Chapitre XIV. *Environnement*
70.	Choix d'indicateurs concernant certaines ressources naturelles	661
71.	Choix d'indicateurs de la protection de l'environnement	669
72.	Estimations des émissions de CO_2	676
*	Concentration de particules en suspension en divers lieux (voir l'*Annuaire*, 39ème édition, Tableau 84)	
*	Qualité générale de l'eau de certains cours d'eau (voir l'*Annuaire*, 39ème édition, Tableau 85)	
*	Superficie totale, superficie des terres et utilisation des terres (voir l'*Annuaire*, 39ème édition, Tableau 86)	

Chapitre XV. *Science et technologie; propriété intellectuelle*
73.	Nombre de scientifiques, d'ingénieurs et de techniciens employés à des travaux de recherche et de développement expérimental	687
74.	Dépenses consacrées à la recherche et au développement expérimental	692
75.	Brevets	697

Quatrième partie
Relations économiques internationales

Chapitre XVI. *Commerce international des marchandises*
76.	Importations et exportations totales	706
77.	Exportations mondiales par classes de marchandises et par régions	728
78.	Importations et exportations totales: indices	742
79.	Exportations des produits manufacturés	758

Chapter XIX. *International finance*
84. Exchange rates 849
85. Total external and public/publicly guaranteed long-term debt of developing countries 866
    A. Total external debt 866
    B. Public and publicly guaranteed long-term debt 868

Chapter XX. *Development assistance*
86. Disbursements to individual recipients of bilateral and multilateral official development assistance 875
87. Net official development assistance from DAC countries to developing countries and multilateral organizations 885
88. Socio-economic development assistance through the United Nations system
    • Development grant expenditures 886

Chapitre XVII. *Tourisme international*
80. Arrivées de touristes par régions de provenance 771
81. Arrivées de touristes et recettes touristiques internationales 795
82. Dépenses provenant du tourisme international 804

Chapitre XVIII. *Balance des paiements*
83. Résumé des balances des paiements 815

Chapitre XIX. *Finances internationales*
84. Cours des changes 849
85. Total de la dette extérieure et dette publique extérieure à long terme garantie par l'Etat des pays en développement 866
    A. Total de la dette extérieure 866
    B. Dette publique extérieure à long terme garantie par l'Etat 868

Chapitre XX. *Aide au développement*
86. Paiements aux destinataires d'aide publique au développement bilatérale et multilatérale 875
87. Aide publique au développement nette de pays du CAD aux pays en développement et aux organisations multilatérales 885
88. Assistance en matière de développement socio-économique fournie par le système des Nations Unies
    • Aide au développement 886

---

* This symbol identifies tables presented in previous issues of the *Statistical Yearbook* but not contained in the present issue because of insufficient new data. These tables will be updated in future issues of the *Yearbook* when new data become available.

* Ce symbole indique les tableaux publiés dans les éditions précédentes de l'*Annuaire statistique* mais qui n'ont pas été repris dans la présente édition faute de données nouvelles suffisantes. Ces tableaux seront actualisés dans les futures livraisons de l'*Annuaire* à mesure que des données nouvelles deviendront disponibles.

Explanatory notes

The metric system of weights and measures has been employed throughout the *Statistical Yearbook*. For conversion coefficients and factors, see annex II.

Certain tables contain global aggregates designated variously as "total" or "world". Where a figure represents the summation of the country series shown in the table but is not considered comprehensive for the world, it is labelled "total". Where, however, an aggregate is considered to represent substantially complete world coverage, it is labelled "world". As a rule, allowance has been made in the "world" figures for any gaps that may exist in the country series shown.

In some cases, the comparability of the statistics is affected by geographical changes. As a general rule, the data relate to a given country or area within its present de facto boundaries. Where statistically important, attention is called to changes in territory by means of a footnote. The reader is referred to annex I, concerning country and area nomenclature, where changes in designation are listed.

Numbers in brackets refer to numbered entries in the section "Statistical sources and references" at the end of this book.

In general, statistics presented in the present publication are based on information available to the Statistics Division of the United Nations Secretariat up to 30 June 1997.

Symbols and conventions used in the tables

A point (.) is used to indicate decimals.

A hyphen (-) between years, e.g., 1984-1985, indicates the full period involved, including the beginning and end years; a slash (/) indicates a financial year, school year or crop year, e.g., 1984/85.

"Δ p.a." (change per annum) is used to indicate annual rate of change.

Not applicable or not separately reported	..
Data not available	...
Magnitude zero	-
Magnitude zero or less than half of unit employed	0 or 0.0
Provisional or estimated figure	*
United Nations estimate	x
Marked break in series	#

Details and percentages in tables do not necessarily add to totals because of rounding.

Notes explicatives

Le système métrique de poids et mesures a été utilisé dans tout l'*Annuaire statistique*. On trouvera à l'annexe II les coefficients et facteurs de conversion.

Certains tableaux contiennent des agrégats globaux désignés par la mention "total" ou "monde", selon les cas. Quand un chiffre représente l'addition des chiffres correspondant à chacun des pays qui figurent dans le tableau, mais ne paraît pas recouvrir le monde entier, il porte la mention "total". Si un agrégat semble correspondre au total mondial, ou très peu s'en faut, il porte la mention "monde". En règle générale, les chiffres portant la mention "monde" s'entendent compte tenu des lacunes qui peuvent exister dans la série de pays indiqués.

Dans certains cas, les changements géographiques intervenus influent sur la comparabilité des statistiques. En règle générale, les données renvoient au pays ou zone en question dans ses frontières actuelles effectives. Une note appelle l'attention sur les changements territoriaux, si cela importe du point de vue statistique. Le lecteur est renvoyé à l'annexe A (nomenclature des pays et zones et groupements régionaux) où il trouvera une liste des changements de désignation.

Les chiffres figurant entre crochets se réfèrent aux entrées numérotées dans la liste des sources et références statistiques à la fin de l'ouvrage.

En général, les statistiques qui figurent dans la présente publication sont fondées sur les informations dont disposait la Division de statistique du Secrétariat de l'ONU au 30 juin 1997.

Signes et conventions employés dans les tableaux

Les décimales sont précédées d'un point (.).

Un tiret (-) entre des années, par exemple "1984-1985", indique que la période est embrassée dans sa totalité, y compris la première et la dernière année; une barre oblique (/) renvoie à un exercice financier, à une année scolaire ou à une campagne agricole, par exemple "1984/85".

Le symbole "Δ p.a." signifie qu'il s'agit du taux annuel de variation.

Non applicable ou non communiqué séparément	..
Données non disponibles	...
Néant	-
Valeur nulle ou inférieure à la moitié de la dernière unité retenue	0 ou 0.0
Chiffre provisoire ou estimatif	*
Estimation des Nations Unies	x
Discontinuité notable dans la série	#

Les chiffres étant arrondis, les totaux ne correspondent pas toujours à la somme exacte des éléments ou pourcentages figurant dans les tableaux.

Introduction

This is the forty-second issue of the United Nations *Statistical Yearbook*, prepared by the Statistics Division, Department of Economic and Social Affairs, of the United Nations Secretariat. It contains series covering, in general, 1985-1994 or 1986-1995, based on statistics available to the Statistics Division up to 30 June 1997.

The major purpose of the *Statistical Yearbook* is to provide in a single volume a comprehensive compilation of internationally-available statistics on social and economic conditions and activities in the world, at world, regional and national levels, covering roughly a ten-year period.

Most of the statistics presented in the *Yearbook* are extracted from more detailed, specialized publications prepared by the Statistics Division and by many other international statistical services. Thus, while the specialized publications concentrate on monitoring topics and trends in particular social and economic fields, the *Statistical Yearbook* tables provide data for a more comprehensive, overall description of social and economic structures, conditions, changes and activities. The objective has been to collect, systematize and coordinate the most essential components of comparable statistical information which can give a broad and, to the extent feasible, a consistent picture of social and economic processes at world, regional and national levels.

More specifically, the *Statistical Yearbook* provides systematic information on a wide range of social and economic issues which are of concern in the United Nations system and among the governments and peoples of the world. A particular value of the *Yearbook*, but also its greatest challenge, is that these issues are extensively interrelated. Meaningful social and economic analysis of these issues requires systematization and coordination of the data across many fields. These issues include:

— General economic growth and related economic conditions;
— Economic situation in developing countries and progress towards the objectives adopted for the United Nations development decades;
— Population and urbanization, and their growth and impact;
— Employment, inflation and wages;
— Production of energy and development of new energy sources;
— Expansion of trade;
— Supply of food and alleviation of hunger;
— Financial situation and external payments and receipts;
— Education, training and eradication of illiteracy;
— Improvement in general living conditions;
— Pollution and protection of environment;
— Assistance provided to developing countries for social and economic development purposes.

Introduction

La présente édition est la quarante-deuxième de l'*Annuaire statistique* des Nations Unies, établi par la Division de statistique du Département des affaires économiques et sociales du Secrétariat de l'Organisation des Nations Unies. Elle contient des séries de données qui portent d'une manière générale sur les années 1985 à 1994 ou 1986 à 1995, et pour lesquelles ont été utilisées les informations dont disposait la Division de statistique au 30 juin 1997.

L'*Annuaire statistique* a principalement pour objet de présenter en un seul volume un inventaire complet de statistiques disponibles sur le plan international et concernant la situation et les activités sociales et économiques dans le monde, aux échelons mondial, régional et national, pour une période d'environ 10 ans.

Une bonne partie des données qui figurent dans l'*Annuaire* existent sous une forme plus détaillée dans les publications spécialisées établies par la Division de statistique et par bien d'autres services statistiques internationaux. Alors que les publications spécialisées suivent essentiellement l'évolution dans certains domaines socio-économiques précis, l'*Annuaire statistique* présente les données de manière à fournir une description plus globale et exhaustive des structures, conditions, transformations et activités socio-économiques. On a cherché à recueillir, systématiser et coordonner les principaux éléments de renseignements statistiques comparables, de manière à dresser un tableau général et autant que possible cohérent des processus socio-économiques en cours aux échelons mondial, régional et national.

Plus précisément, l'*Annuaire statistique* a pour objet de présenter des renseignements systématiques sur toutes sortes de questions socio-économiques qui sont liées aux préoccupations actuelles du système des Nations Unies ainsi que des gouvernements et des peuples du monde. Le principal avantage de l'*Annuaire* — et aussi la principale difficulté à surmonter — tient à ce que ces questions sont étroitement interdépendantes. Pour en faire une analyse économique et sociale utile, il est essentiel de systématiser et de coordonner les données se rapportant à de nombreux domaines différents. Ces questions sont notamment les suivantes :

— La croissance économique générale et les aspects connexes de l'économie;
— La situation économique dans les pays en développement et les progrès accomplis vers la réalisation des objectifs des décennies des Nations Unies pour le développement;
— La population et l'urbanisation, leur croissance et leur impact;
— L'emploi, l'inflation et les salaires;
— La production d'énergie et la mise en valeur des énergies nouvelles;
— L'expansion des échanges;
— La pollution et la protection de l'environnement;
— Les approvisionnements alimentaires et la lutte contre la faim;

Organization of the *Yearbook*

The contents of the *Statistical Yearbook* are planned to serve a general readership. The *Yearbook* endeavours to provide information for various bodies of the United Nations system as well as for other international organizations, for governments and non-governmental organizations, for national statistical, economic and social policy bodies, for scientific and educational institutions, for libraries and for the public. Data published in the *Statistical Yearbook* are also of interest to companies and enterprises and to agencies engaged in marketing research.

The 88 tables of the *Yearbook* are grouped into four broad parts:

— World and Region Summary (chapter I and tables 1-7);
— Population and Social Statistics (chapters II-V and tables 8-21);
— Economic Activity (chapters VI-XV and tables 22-75);
— International Economic Relations (chapters XVI-XX and tables 76-88).

These four parts present data at two levels of aggregation. The more aggregated information shown in Part One provides an overall picture of development at the world and region levels. More specific and detailed information for analysis concerning individual countries or areas in the three following parts. Each of these is divided into more specific chapters, by topic, and each chapter includes a section, "Technical notes". These notes provide brief descriptions of major statistical concepts, definitions and classifications required for interpretation and analysis of the data. Systematic information on the methodology used for computation of figures can also be found in the publications on methodology of the United Nations and its agencies, listed in the section "Statistical sources and references" at the end of the *Yearbook*. Additional general information on statistical methodology is provided in the section below on "Comparability of statistics" and in the explanatory notes following the Introduction.

More specifically, Part One, World and Region Summary, comprises seven tables highlighting the principal trends in the world as a whole as well as in regions and in the major economic and social sectors. It contains global totals of important aggregate statistics needed for the analysis of economic growth, the structure of the world economy, major changes in world population, expansion of external merchandise trade, world production and consumption of energy. The global totals are, as a rule, subdivided into major geographical areas.

Part Two, Population and Social Statistics, comprises 14 tables which contain more detailed statistical series on social conditions and levels of living, for example, data on education and cultural activities.

— La situation financière, les paiements extérieurs et les recettes extérieures;
— L'éducation, la formation et l'élimination de l'analphabétisme;
— L'assistance fournie aux pays en développement à des fins socio-économiques.

Présentation de l'*Annuaire*

Le contenu de l'*Annuaire statistique* a été préparé à l'intention de tous les lecteurs intéressés. Les renseignements fournis devraient pouvoir être utilisés par les divers organismes du système des Nations Unies ainsi que par d'autres organisations internationales, par les gouvernements et les organisations non gouvernementales, par les organismes nationaux de statistique et de politique économique et sociale, par les institutions scientifiques et les établissements d'enseignement, les bibliothèques et les particuliers. Les données publiées dans l'*Annuaire statistique* peuvent également intéresser les sociétés et entreprises, et les organismes spécialisés dans les études de marché.

Les 88 tableaux de l'*Annuaire* sont groupés en quatre parties :

— Aperçu mondial et régional (chap. I et tableaux 1 à 7);
— Statistiques démographiques et sociales (chap. II à V et tableaux 8 à 21);
— Activité économique (chap. VI à XV et tableaux 22 à 75);
— Relations économiques internationales (chap. XVI à XX et tableaux 76 à 88).

Ces quatre parties présentent les données à deux niveaux d'agrégation : les valeurs les plus agrégées qui figurent dans la première partie donnent un tableau global du développement à l'échelon mondial et régional, tandis que les trois autres parties contiennent des renseignements plus précis et détaillés qui se prêtent mieux à une analyse par pays ou par zones. Chacune de ces trois parties est divisée en chapitres portant sur des sujets donnés, et chaque chapitre comprend une section intitulée "Notes techniques" où l'on trouve une brève description des principales notions, définitions et classifications statistiques nécessaires pour interpréter et analyser les données. Les méthodes de calcul utilisées sont également décrites de façon systématique dans les publications se référant à la méthodologie des Nations Unies et de leurs organismes, énumérées à la fin de l'*Annuaire* dans la section "Sources et références statistiques". Le lecteur trouvera un complément d'informations générales ci-après dans la section intitulée "Comparabilité des statistiques", ainsi que dans les notes explicatives qui suivent l'introduction.

Plus spécialement, la première partie, intitulée "Aperçu mondial et régional", comprend sept tableaux présentant les principales tendances dans le monde et dans les régions ainsi que dans les principaux secteurs économiques et sociaux. Elle fournit des chiffres mondiaux pour les principaux agrégats

Part Three, Economic Activity, provides data in 27 tables of statistics on national accounts, index numbers of industrial production, interest rates, labour force, wages and prices, transport, energy, environment and intellectual property; and in 27 tables on production in the major branches of the economy (using, in general, the international standard industrial classification, ISIC), namely agriculture, hunting, forestry and fishing; mining and quarrying; manufacturing; and transport and communications. In an innovation in the general approach of the *Yearbook*, consumption data are now being combined with the production data in tables on specific commodities, where feasible.

Part Four, International Economic Relations, comprises 13 tables on international merchandise trade, balance of payments, tourism, finance and development assistance. It focuses on the growth and structure of exports and imports by countries or areas, international tourism, balance of payments and development assistance provided by multilateral and bilateral agencies to individual recipients.

An index (in English only) is provided at the end of the *Yearbook*.

Annexes and regional groupings of countries or areas

The annexes to the *Statistical Yearbook* and the section "Explanatory notes", preceding the Introduction, provide additional essential information on the *Yearbook*'s contents and presentation of data.

Annex I provides information on countries or areas covered in the *Yearbook* tables and on their grouping into geographical regions. The geographical groupings shown in the *Yearbook* are generally based on continental regions unless otherwise indicated. However, strict consistency in this regard is impossible. A wide range of classifications is used for different purposes in the various international agencies and other sources of statistics for the *Yearbook*. These classifications vary in response to administrative and analytical requirements.

Neither is there a common agreement in the United Nations system concerning the terms "developed" and "developing", when referring to the stage of development reached by any given country or area and its corresponding classification in one or the other grouping. Thus, the *Yearbook* refers more generally to "developed" or "developing" regions on the basis of conventional practice. Following this practice, "developed regions" comprises northern America, Europe and the former USSR, Australia, Japan and New Zealand, while all of Africa and the remainder of the Americas, Asia and Oceania comprise the "developing regions". These designations are intended for statistical convenience and do not necessarily express a judgement about the stage reached by a particular country or area in the development process.

statistiques nécessaires pour analyser la croissance économique, la structure de l'économie mondiale, les principaux changements dans la population mondiale, l'expansion du commerce extérieur de marchandises, la production et la consommation mondiales d'énergie. En règle générale, les chiffres mondiaux sont ventilés par grandes régions géographiques.

La deuxième partie, intitulée "Statistiques démographiques et sociales", comporte 14 tableaux où figurent des séries plus détaillées concernant les conditions sociales et les niveaux de vie, notamment des données sur l'éducation et les activités culturelles.

La troisième partie, intitulée "Activité économique", présente en 27 tableaux des statistiques concernant les comptes nationaux, les nombres indices relatifs à la production industrielle, les taux d'intérêt, la population active, les prix et les salaires, le transport, l'énergie, l'environnement, et propriété intellectuelle; et en 27 tableaux des données sur la production des principales branches d'activité économique (en utilisant en général la *Classification internationale type, par industrie, de toutes les branches d'activité économique*) : agriculture, chasse, sylviculture et pêche; mines et carrières; industries manufacturières; transports et communications. Une innovation a été introduite dans la présentation générale de l'*Annuaire* en ce sens que les tableaux traitant de certains produits de base associent autant que possible les données relatives à la consommation aux valeurs concernant la production.

La quatrième partie, intitulée "Relations économiques internationales", comprend 13 tableaux relatifs au commerce international de marchandises, aux balances des paiements, au tourisme, aux finances et à l'aide au développement. Elle est consacrée essentiellement à la croissance et à la structure des exportations et des importations par pays et par zone, au tourisme international, aux balances des paiements et à l'aide au développement fournie aux pays par les organismes multilatéraux et bilatéraux.

Un index (en anglais seulement) figure à la fin de l'*Annuaire*.

Annexes et groupements régionaux des pays et zones

Les annexes à l'*Annuaire statistique* et la section intitulée "Notes explicatives" offrent d'importantes informations complémentaires quant à la teneur et à la présentation des données figurant dans le présent ouvrage.

L'annexe I donne des renseignements sur les pays ou zones couverts par les tableaux de l'*Annuaire* et sur leur regroupement en régions géographiques. Sauf indication contraire, les groupements géographiques figurant dans l'*Annuaire* sont généralement fondés sur les régions continentales, mais une présentation absolument systématique est impossible à cet égard car les diverses institutions internationales et autres sources de statistiques employées pour la confection de l'*Annuaire* emploient, selon l'objet de

Annex II provides detailed information on conversion coefficients and factors used in various tables, and annexe III provides listings of tables added and omitted in the present edition of the *Yearbook*.

Comparability of statistics

One major aim of the *Statistical Yearbook* is to present series which are as nearly comparable accross countries as the available statistics permit. Considerable efforts are also made among the international suppliers of data and by the staff of the *Yearbook* to ensure the compatibility of various series by coordinating time periods, base years, prices chosen for valuation and so on. This is indispensable in relating various bodies of data to each other and to facilitate analysis across different sectors. Thus, for example, relating data on economic output to those on employment makes it possible to derive some trends in the field of productivity; relating data on exports and imports to those on national product allows an evaluation of the relative importance of external trade in different countries and reveals changes in the role of trade over time.

In general, the data presented reflect the methodological recommendations of the United Nations Statistical Commission, issued in various United Nations publications, and of other international bodies concerned with statistics. Publications containing these recommendations and guidelines are listed in the section "Statistical sources and references" at the end of the *Yearbook*. Use of international recommendations not only promotes international comparability of the data but also ensures a degree of compatibility regarding the underlying concepts, definitions and classifications relating to different series. However, much work remains to be done in this area and, for this reason, some tables can serve only as a first source of data, which require further adjustment before being used for more in-depth analytical studies. Although, on the whole, a significant degree of comparability has been achieved in international statistics, there are many limitations, for a variety of reasons.

One common cause of non-comparability of economic data is different valuations of statistical aggregates such as national income, wages and salaries, output of industries and so forth. Conversion of these and similar series originally expressed in national prices into a common currency, for example into United States dollars, through the use of exchange rates is not always satisfactory owing to frequent wide fluctuations in market rates and differences between official rates and rates which would be indicated by unofficial markets or purchasing power parities. For this reason, data on national income in United States dollars which are published in the *Yearbook* are subject to certain distortions and can be used as only a rough approximation of the relative magnitudes involved.

l'exercice, des classifications fort différentes en réponse à diverses exigences d'ordre administratif ou analytique.

Il n'existe pas non plus dans le système des Nations Unies de définition commune des termes "développé" et "en développement" pour décrire le niveau atteint en la matière par un pays ou une zone donnés ni pour les classifier dans l'un ou l'autre de ces groupes. Ainsi, dans l'*Annuaire*, on s'en remet à l'usage pour qualifier les régions de "développées" ou "en développement". Selon cet usage, les régions développées sont le continent américain au nord du Mexique, l'Europe et l'ancienne URSS, l'Australie, le Japon et la Nouvelle-Zélande, alors que toute l'Afrique et le reste des Amériques, l'Asie et l'Océanie constituent les régions en développement. Ces appellations sont utilisées pour plus de commodité dans la présentation des statistiques et n'impliquent pas nécessairement un jugement quant au stade de développement auquel est parvenu tel pays ou telle zone.

L'annexe II fournit des renseignements sur les coefficients et facteurs de conversion employés dans les différents tableaux, et l'annexe III contient les listes de tableaux qui ont été ajoutés ou omis dans la présente édition de l'*Annuaire*.

Comparabilité des statistiques

L'*Annuaire statistique* a principalement pour objet de présenter des statistiques aussi comparables d'un pays à l'autre que les données le permettent. Les sources internationales de données et les auteurs de l'*Annuaire* ont réalisés des efforts considérables pour faire en sorte que les diverses séries soient compatibles en harmonisant les périodes de référence, les années de base, les prix utilisés pour les évaluations, etc. Cette démarche est indispensable si l'on veut rapprocher divers ensembles de données pour faciliter l'analyse intersectorielle de l'économie. Ainsi, en liant les données concernant la production à celles de l'emploi, on parvient à dégager certaines tendances dans le domaine de la productivité; de même, en associant les données concernant les exportations et importations aux valeurs du produit national, on obtient une évaluation de l'importance relative des échanges extérieurs dans différents pays et de l'évolution du rôle joué par le commerce.

De façon générale, les données sont présentées selon les recommandations méthodologiques formulées par la Commission de statistique de l'ONU et par les autres organisations internationales qui s'intéressent aux statistiques. Les titres des publications contenant ces recommandations et lignes directrices figurent à la fin de l'ouvrage dans la section intitulée "Sources et références statistiques". Le respect des recommandations internationales tend non seulement à promouvoir la comparabilité des données à l'échelon international, mais elle assure également une certaine comparabilité entre les concepts, les définitions et classifications utilisés. Mais comme il reste encore beaucoup à faire dans ce domaine, les données présentées dans certains

The use of different kinds of sources for obtaining data is another cause of incomparability. This is true, for example, in the case of employment and unemployment, where data are collected from such non-comparable sources as sample surveys, social insurance statistics and establishment surveys.

Non-comparability of data may also result from differences in the institutional patterns of countries. Certain variations in social and economic organization and institutions may have an impact on the comparability of the data even if the underlying concepts and definitions are identical.

These and other causes of non-comparability of the data are briefly explained in the technical notes to each chapter.

Statistical sources and reliability and timeliness of data

Statistics and indicators have been compiled mainly from official national and international sources, as these are more authoritative and comprehensive, more generally available as time series and more comparable among countries than other sources. In a few cases, official sources are supplemented by other sources and estimates, where these have been subjected to professional scrutiny and debate and are consistent with other independent sources. The comprehensive international data sources used for most of the tables are presented in the list of "Statistical soruces and references" at the end of the *Yearbook*.

Users of international statistics are often concerned about the apparent lack of timeliness in the available data. Unfortunately, most international data are only available with a delay of at least one to three years after the latest year to which they refer. The reasons for the delay are that the data must first be processed by the national statistical services at the country level, then forwarded to the international statistical services and processed again to ensure as much consistency across countries and over time as possible.

tableaux n'ont qu'une valeur indicative et nécessiteront des ajustements plus poussés avant de pouvoir servir à des analyses approfondies. Bien que l'on soit parvenu, dans l'ensemble, à un degré de comparabilité appréciable en matière de statistiques internationales, diverses raisons expliquent que subsistent encore de nombreuses limitations.

Une cause commune de non-comparabilité des données réside dans la diversité des méthodes d'évaluation employées pour comptabiliser des agrégats tels que le revenu national, les salaires et traitements, la production des différentes branches d'activité industrielle, etc. Il n'est pas toujours satisfaisant de ramener la valeur des séries de ce type — exprimée à l'origine en prix nationaux — à une monnaie commune (par exemple le dollar des États-Unis) car les taux de change du marché connaissent fréquemment de fortes fluctuations tandis que les taux officiels ne coïncident pas avec ceux des marchés officieux ni avec les parités réelles de pouvoir d'achat. C'est pourquoi les données relatives au revenu national, qui sont publiées dans l'*Annuaire* en dollars des États-Unis, souffrent de certaines distorsions et ne peuvent servir qu'à donner une idée approximative des ordres de grandeur relatifs.

Le recours à des sources diverses pour la collecte des données est une autre facteur qui limite la comparabilité, en particulier dans les secteurs de l'emploi et du chômage où les statistiques sont obtenues par des moyens aussi peu comparables que les sondages, le dépouillement des registres d'assurances sociales et les enquêtes auprès des entreprises.

Dans certains cas, les données ne sont pas comparables en raison de différences entre les structures institutionnelles des pays. Certaines variations dans l'organisation et les institutions économiques et sociales peuvent affecter la comparabilité des données même si les concepts et définitions sont fondamentalement identiques.

Ces causes de non-comparabilité des données sont parmi celles qui sont brièvement expliquées dans les notes techniques de chaque chapitre.

Origine, fiabilité et actualité des données

Les statistiques et les indicateurs sont fondés essentiellement sur des données provenant de sources officielles nationales et internationales; c'est en effet la meilleure source si l'on veut des données fiables, complètes et comparables et si l'on a besoin de séries chronologiques. Dans quelques cas, les données officielles sont complétées par des informations et des estimations provenant d'autres sources qui ont été examinées par des spécialistes et confirmées par des sources indépendantes. On trouvera à la fin de l'*Annuaire* la liste des "Sources statistiques et références", qui récapitule les sources des données internationales utilisées pour la plupart des tableaux.

Les utilisateurs des statistiques internationales se plaignent souvent du fait que les données disponibles ne sont pas actualisées. Malheureusement, la plupart des données internationales ne sont disponibles qu'avec un délai de deux ou trois ans après la dernière année à laquelle elles se rapportent. S'il en est ainsi, c'est parce que les données sont d'abord traitées par les services statistiques nationaux avant d'être transmises aux services statistiques internationaux, qui les traitent à nouveau pour assurer la plus grande comparabilité possible entre les pays et entre les périodes.

Part One
World and Region Summary

I
World and region summary (tables 1-7)

This part of the *Statistical Yearbook* presents selected aggregate series on principal economic and social topics for the world as a whole and major regions. The topics include population and surface area, agricultural and industrial production, energy, commodity prices, motor vehicles in use, external trade and government financial reserves. More detailed data on individual countries and areas are provided in the subsequent parts of the present *Yearbook*. These comprise Part Two, Population and Social Statistics; Part Three, Economic Activity; and Part Four, International Economic Relations.

Regional totals may contain incomparabilities between series owing to differences in definitions of regions and lack of data for particular regional components. General information on regional groupings is provided in annex I of the *Yearbook*. Supplementary information on regional groupings used in specific series is provided as necessary in table footnotes and in the technical notes at the end of chapter I.

Première partie
Aperçu mondial et régional

I
Aperçu mondial et régional (tableaux 1 à 7)

Cette partie de l'*Annuaire statistique* présente, pour le monde entier et ses principales subdivisions, un choix d'agrégats ayant trait à des questions économiques et sociales essentielles : population et superficie, production agricole et industrielle, énergie, prix des produits de base, véhicules automobiles en circulation, commerce extérieur et réserves financières publiques. Des statistiques plus détaillées pour divers pays ou zones figurent dans les parties ultérieures de l'*Annuaire*, c'est-à-dire dans les deuxième, troisième et quatrième parties intitulées respectivement : population et statistiques sociales, activités économiques et relations économiques internationales.

Les totaux régionaux peuvent présenter des incomparabilités entre les séries en raison de différences dans la définition des régions et de l'absence de données sur tel ou tel élément régional. A l'annexe I de l'*Annuaire*, on trouvera des renseignements généraux sur les groupements régionaux. Des informations complémentaires sur les groupements régionaux pour certaines séries bien précises sont fournies, lorsqu'il y a lieu, dans les notes figurant au bas des tableaux et dans les notes techniques à la fin du chapitre I.

1
Selected series of world statistics
Séries principales de statistiques mondiales
Population, production, external trade and finance
Population, production, commerce extérieur et finances

Series Séries	Unit or base Unité ou base	1987	1988	1989	1990	1991	1992	1993	1994	1995	1996
World population [1] Population mondiale [1]	million	5024	5112	5201	5282	5385	5480	5572	5630	5716	5768

Agriculture, forestry and fishing production • Production agricole, forestière et de la pêche
Index numbers • Indices

All commodities Tous produits	1989-91=100	93	95	98	101	101	103	104	108	110	113
Food Produits alimentaires	1989-91=100	93	95	98	101	101	104	104	108	111	114
Crops Culture	1989-91=100	94	94	98	101	101	104	104	107	109	114
Cereals Céréales	1989-91=100	92	91	98	103	99	104	100	103	101	109
Livestock products Produits de l'élevage	1989-91=100	94	97	98	100	102	102	104	107	111	114

Quantities • Quantités

Oilcrops Huile cultures	million t.	67	68	72	75	77	79	80	88	91	92
Meat Viande	million t.	164	170	173	179	183	186	191	199	209	216
Roundwood Bois rond	million m^3	3335	3394	3451	3498	3389	3329	3335	3376	3411	...
Fish catches Prises de poissons	million t.	93.4	97.9	99.2	96.4	96.4	98.8	101.6	109.1	111.5	...

Industrial production • Production industrielle
Index numbers [2] • Indices [2]

All commodities Tous produits	1980=100	113	119	123	123	122	122	123	130	135	...
Mining Mines	1980=100	91	96	100	100	98	101	103	107	110	...
Manufacturing Manufactures	1980=100	117	124	128	127	126	125	126	132	138	...

Quantities • Quantités

Coal Houille	million t.	3423	3505	3581	3516	3467	3532	3466	3598	3787	...
Lignite and brown coal [3] Lignite et charbon brun [3]	million t.	1225	1243	1256	1191	1081	1037	992	959	933	...
Crude petroleum [4] Petrole brut [4]	million t.	2772	2891	2935	3299	2981	3004	2994	3041	3065	...
Natural gas Gaz naturel	pétajoules	67202	70426	73078	75003	76697	75912	77940	79844	84934	...
Pig-iron and ferro-alloys Fonte et ferro-alliages	million t.	507	536	544	529	501	500	502	523	...	...
Fabrics • Tissus Cellulosic and non cellulosic fibres Cellulosiques et non cellulosiques	million m^2	20313	21360	22271	23324	21498	21491	20081	20553	...	...
Cotton and wool Coton et laines	million m^2	52447	48233	54592	54568	53789	51633	51051	55075	...	...
Leather footwear Chaussures de cuir	million pairs	4215	4572	4500	4482	4180	4021	3812	3672	...	...
Sulphuric acid Acide sulfurique	million t.	135	143	141	136	128	123	112	118	...	...
Soap Savons	million t.	22	22	23	24	20	19	20	21	...	...
Refrigerators Réfrigérateurs	million	49	56	55	53	54	53	56	60	...	...
Washing machines Machines et appareils à laver	million	44	48	46	47	44	42	45	47	...	...

1
Selected series of world statistics
Population, production, external trade and finance [cont.]
Séries principales de statistiques mondiales
Population, production, commerce extérieur et finaces [suite]

Series / Séries	Unit or base / Unité ou base	1987	1988	1989	1990	1991	1992	1993	1994	1995	1996
Machine tools · Machines outils											
Drilling and boring machines Perceuses	thousands milliers	146	155	150	140	156	134	129	116	...	...
Lathes Tours	thousands milliers	76	83	93	90	90	63	57	57	...	...
Lorries · Camions											
Assembled Assemblés	thousands milliers	410	509	571	707	734	713	809	848	...	...
Produced Fabriqués	thousands milliers	12452	13516	12795	11797	11084	11664	10704	10693	...	...
Aluminium Aluminium	thousands t. milliers t.	21298	22488	23109	23611	20663	21033	21515	21184	...	...
Cement Ciment	million t.	1034	1100	1136	1143	1160	1209	1264	1354	...	...
Electricity [5] Electricité [5]	billion milliard kWh	10587	11117	11483	11788	12017	12142	12420	12708	13098	...
Fertilizers [6] Engrais [6]	million t.	152.2	158.3	152.9	147.6	144.2	138.4	131.7	136.4	143.2	...
Sugar, raw Sucre, brut	million t.	103.5	104.6	107.2	111.0	112.2	117.7	112.2	109.8	117.0	*126.6
Woodpulp Pâte de bois	million t.	146.9	151.8	156.5	155.1	155.2	152.0	151.2	161.9	161.9	...
Sawnwood Sciages	million m³	505	508	507	505	457	437	431	435	427	...
Motor vehicles · Véhicules automobiles											
Passenger Tourisme	million	32.80	33.84	34.69	34.90	33.56	33.72	31.50	33.17	35.82	37.32
Commercial Utilitaires	million	12.90	13.86	13.53	12.44	12.01	12.61	13.01	14.33	14.12	14.19

Transport · Transports
Motor vehicles in use · Véhicules automobiles en service

	Unit	1987	1988	1989	1990	1991	1992	1993	1994	1995	1996
Passenger cars Voitures de tourisme	thousands milliers	395129	409513	422240	441958	451928	445742	449989	462113	...	...
Commercial vehicles Véhicules utilitaires	thousands milliers	124037	129537	133831	137869	141930	139575	141023	147663	...	...

External trade · Commerce extérieur
Value, billion US$ · Valeur, milliard $E-U

		1987	1988	1989	1990	1991	1992	1993	1994	1995	1996
Imports, c.i.f. Importations c.i.f.		2558.1	2913.1	3138.1	3556.8	3539.9	3794.9	3731.6	4258.5	5041.8	...
Exports, f.o.b. Exportations f.o.b.		2490.6	2826.5	3022.9	3426.0	3419.4	3658.9	3649.6	4168.3	4950.3	...
Quantum: index of exports · Quantum : indice des exportations											
All commodities Tous produits	1990=100	82	88	95	100	104	109	114	125	136	...
Manufactures Produits manufacturés	1990=100	79	86	94	100	105	111	115	130	142	...
Unit value: index of exports [7] · Valeur unitaire : indice des exportations [7]											
All commodities Tous produits	1990=100	85	90	92	100	98	100	95	99	107	...
Manufactures Produits manufacturés	1990=100	87	93	93	100	100	103	99	101	107	...
Primary commodities: price indexes [7,8] · Produits de base : indices des prix [7,8]											
All commodities Tous produits	1990=100	66	70	72	79	69	68	62	63	68	72
Food Produits alimentaires	1990=100	75	87	87	88	85	87	82	87	92	91
Non-food: of agricultural origin Non alimentaires: d'origine agricole	1990=100	86	100	98	100	93	91	84	95	106	98
Minerals Minéraux	1990=100	59	59	62	71	59	57	51	49	53	60

1
Selected series of world statistics
Population, production, external trade and finance [*cont.*]
Séries principales de statistiques mondiales
Population, production, commerce extérieur et finaces [*suite*]

Series / Séries	Unit or base / Unité ou base	1987	1988	1989	1990	1991	1992	1993	1994	1995	1996
Finance • Finances											
International reserves minus gold, billion SDR [9] • Réserves internationales moins l'or, milliard de DTS [9]											
All countries / Tous les pays	billion SDR / milliard DTS	507.8	542.7	591.0	637.7	671.8	693.7	765.9	824.4	949.9	1089.0
Position in IMF / Disponibilité au FMI	billion SDR / milliard DTS	31.5	28.3	25.5	23.8	25.9	33.9	32.8	31.7	36.7	38.0
Foreign exchange / Devise étrangères	billion SDR / milliard DTS	455.9	494.3	545.0	593.6	625.4	646.9	718.4	776.9	893.5	1032.5
SDR (special drawing rights) / DTS (droits de tirage spéciaux)	billion SDR / milliard DTS	20.2	20.2	20.5	20.4	20.6	12.9	14.6	15.8	19.8	18.5

Source:
Statistics Division of the United Nations Secretariat (New York), Food and Agriculture Oganization of the United Nations (Rome), Motor Vehicle Manufacturers' Association (Detroit) and International Monetary Fund (Washington, DC).

1 Annual data: mid-year estimates.
2 Excluding Albania, China, Democratic People's Republic of Korea, Viet Nam, former Czechoslovakia, former USSR and Yugoslavia.
3 Excluding peat for fuel.
4 Excluding natural gas liquids.
5 Electricity (hydro, geothermal, thermal, nuclear) generated by establishments for public or private use.
6 Year beginning 1 July.
7 Indexes computed in US dollars.
8 Export price indexes.
9 End of period.

Source:
Division de statistique du Sécretariat des Nations Unies (New York), Organisation des Nations Unies pour l'alimentation et l'agriculture (Rome), "Motor Vehicles Manufacturers' Association" (Detroit) et Fonds monétaire internationale (Washington, DC).

1 Données annuelles : estimations au milieu de l'année.
2 Non compris l'Albanie, la Chine, la République populaire démocratique de Corée, le Viet Nam, l'ancienne Tchècoslovaquie, l'ancienne URSS et la Yougoslavie.
3 Non compris la tourbe combustible.
4 Non compris le gaz naturel liquéfié.
5 L'électricité (hydraulique, géothermique, thermique, nucléaire) produite par des entreprises d'utilisation publique ou privée.
6 L'année commençant le 1er juillet.
7 Indice calculé en dollars des Etats-Unis.
8 Indice des prix à l'exportation.
9 Fin de la période.

2
Population, rate of increase, birth and death rates, surface area and density
Population, taux d'accroissement, taux de natalité et taux de mortalité, superficie et densité

Macro regions and regions / Grandes régions et régions	1950	1960	1970	1975	1980	1985	1990	1995	Annual rate of increase / Taux d'accroissement annuel % 1990-95	Birth rate / Taux de natalité (0/000) 1990-95	Death rate / Taux de mortalité (0/000) 1990-95	Surface area (km²) / Superficie (km²) (000's) 1995	Density[1] / Densité[1] 1995
World / Monde	2520	3021	3697	4077	4444	4846	5282	5716	1.6	25	9	135641	42
Africa / Afrique	224	282	364	414	476	549	633	728	2.8	42	14	30306	24
Eastern Africa / Afrique orientale	66	83	110	125	145	168	196	227	3.0	46	16	6356	36
Middle Africa / Afrique centrale	26	32	40	45	52	61	70	82	3.1	46	15	6613	12
Northern Africa / Afrique septentrionale	53	67	85	96	110	126	143	161	2.3	31	9	8525	19
Southern Africa / Afrique méridionale	16	20	25	29	33	38	42	47	2.3	32	9	2675	18
Western Africa / Afrique occidentale	63	80	104	118	135	156	181	211	3.0	46	16	6138	34
Northern America[2] / Amérique septentrionale[2]	166	199	226	239	252	265	278	293	1.0	16	9	21517	14
Latin America / Amérique latine	166	217	283	320	358	398	440	482	1.8	26	7	20533	23
Caribbean / Caraïbes	17	20	25	27	29	31	34	36	1.3	24	8	235	152
Central America / Amérique centrale	37	49	67	78	89	101	113	126	2.2	30	6	2480	51
South America / Amérique du Sud	112	147	191	214	240	267	293	320	1.7	25	7	17819	18
Asia[3] / Asie[3]	1403	1703	2147	2406	2642	2904	3186	3458	1.6	25	8	31764	109
Eastern Asia / Asie orientale	671	792	987	1097	1179	1259	1352	1424	1.0	18	7	11762	121
South Central Asia / Asie centrale méridionale	499	621	788	886	990	1113	1243	1381	2.1	31	10	10776	128
South Eastern Asia / Asie mériodionale orientale	182	225	287	324	360	401	442	484	1.8	27	8	4495	108
Western Asia[3] / Asie occidentale[3]	50	66	86	99	113	131	149	168	2.4	32	7	4731	36
Europe[3] / Europe[3]	549	605	656	676	693	706	722	727	0.2	12	11	22986	32
Eastern Europe / Europe orientale	221	254	276	286	295	303	310	309	−0.1	12	12	18813	16
Northern Europe / Europe septentrionale	78	82	87	89	90	91	92	94	0.3	14	11	1749	53
Southern Europe / Europe mériodionale	109	118	128	132	138	141	143	144	0.1	11	10	1316	109
Western Europe / Europe occidentale	141	152	165	169	170	172	176	181	0.6	12	11	1107	163
Oceania[2] / Océanie[2]	12.6	15.7	19.3	21.4	22.7	24.5	26.4	28.5	1.5	19	8	8537	3
Australia and New Zealand / Australie et Nouvelle Zélande	10.1	12.6	15.4	17.0	17.7	18.9	20.2	21.7	1.4	15	8	7984	3
Melanesia / Mélanésie	2.1	2.6	3.3	3.7	4.2	4.7	5.2	5.8	2.2	32	9	541	11
Micronesia / Micronésie	0.2	0.2	0.2	0.3	0.3	0.4	0.4	0.5	2.3	33	6	3	161
Polynesia / Polynésie	0.2	0.3	0.4	0.4	0.5	0.5	0.5	0.6	1.5	31	6	9	66

2
Population, rate of increase, birth and death rates, surface area and density [*cont.*]
Population, taux d'accroissement, taux de natalité et taux de mortalité, superficie et densité [*suite*]

Source:
Demographic statistics database of the Statistics Division of the United Nations Secretariat.

1. Population per square kilometre of surface area. Figures are merely the quotients of population divided by surface area and are not to be considered as either reflecting density in the urban sense or as indicating the supporting power of a territory's land and resources.
2. Hawaii, a state of the United States of America, is included in Northern America rather than Oceania.
3. The European portion of Turkey is included in Western Asia rather than Europe.

Source:
Base de données pour les statistiques demographique du Bureau de statistique du Secrétariat de l'ONU.

1. Habitants per kilomètre carré. Il s'agit simplement du quotient calculé en divisant la population par la superficie et n'est pas considéré comme indiquant la densité au sens urbain du mot ni l'effectif de population que les terres et les ressources du territoire sont capables de nourrir.
2. Hawaii, un Etat des Etats–Unis d'Amérique, est compris en Amérique. septentrionale plutôt qu'en Océanie.
3. La partie européenne de la Turquie est comprise en Asie Occidentale plutôt qu'en Europe.

3
Index numbers of total agricultural and food production
Indices de la production agricole totale et de la production alimentaire

1989-1991 = 100

Region Région	1987	1988	1989	1990	1991	1992	1993	1994	1995	1996
A. Total agricultural production • Production agricole totale										
World **Monde**	**93**	**95**	**98**	**101**	**101**	**103**	**104**	**108**	**110**	**113**
Africa Afrique	89	94	97	98	104	103	106	108	109	117
America, North Amérique du Nord	96	91	97	101	101	108	101	114	109	115
America, South Amérique du Sud	93	97	99	99	102	104	105	111	116	119
Asia Asie	89	93	96	101	103	108	113	119	126	128
Europe Europe	100	99	100	100	100	98	96	93	94	96
Oceania Océanie	98	102	98	100	101	108	110	107	114	111
former USSR† ancienne URSS†	99	100	105	104	91	..	..	..	..	..
B. Food production • Production alimentaire										
World **Monde**	**93**	**95**	**98**	**101**	**101**	**104**	**104**	**108**	**111**	**114**
Africa Afrique	89	94	97	98	105	103	107	110	110	118
America, North Amérique du Nord	96	90	98	101	101	108	101	114	109	115
America, South Amérique du Sud	92	97	99	99	102	105	106	113	118	122
Asia Asie	89	93	96	101	103	108	114	120	127	130
Europe Europe	99	99	100	100	100	98	96	94	95	96
Oceania Océanie	96	100	99	101	101	109	114	109	119	116
former USSR† ancienne URSS†	99	99	105	105	91	..	..	..	..	..

Source:
Food and Agriculture Organization of the United Nations (Rome).

† For information on recent changes in country or area nomenclature pertaining to former Czechoslovakia, Germany, Hong Kong Special Administrative Region of China, SFR Yugoslavia and former USSR, see Annex I - Country or area nomenclature, regional and other groupings.

Source:
Organisation des Nations Unies pour l'alimentation et l'agriculture (Rome).

† Pour les modifications récentes de nomenclature de pays ou de zone concernant l'Allemagne, Hong-Kong (Région administrative spéciale de Chine), l'ex-Tchécoslovaquie, l'ex-URSS et l'ex-Rfs de Yougoslavie, voir annexe I - Nomenclature des pays ou des zones, groupements régionaux et autres groupements.

4
Index numbers of per capita total agricultural and food production
Indices de la production agricole totale et de la production alimentaire par habitant

1989-1991 = 100

Region / Région	1987	1988	1989	1990	1991	1992	1993	1994	1995	1996
A. Per capita total agricultural production · Production agricole totale par habitant										
World / Monde	98	98	100	101	100	100	99	101	102	104
Africa / Afrique	97	99	100	98	102	97	98	97	95	100
America, North / Amérique du Nord	100	93	99	101	100	105	97	108	102	106
America, South / Amérique du Sud	98	101	100	99	101	101	100	104	107	108
Asia / Asie	94	97	98	101	101	104	108	112	116	117
Europe / Europe	101	100	101	100	100	97	95	93	93	95
Oceania / Océanie	102	105	100	100	100	105	106	101	107	103
former USSR† / ancienne URSS†	101	101	105	104	90	..	..	..	..	..
B. Per capita food production · Production alimentaire par habitant										
World / Monde	98	98	100	101	99	100	100	102	103	104
Africa / Afrique	97	99	100	98	102	98	99	98	96	100
America, North / Amérique du Nord	99	93	99	101	100	105	97	108	102	106
America, South / Amérique du Sud	97	100	101	99	100	102	101	105	109	111
Asia / Asie	94	97	98	101	101	104	108	113	118	119
Europe / Europe	101	99	101	100	100	97	95	93	93	95
Oceania / Océanie	100	103	100	100	100	106	110	103	112	107
former USSR† / ancienne URSS†	101	101	105	105	90	..	..	..	..	..

Source:
Food and Agriculture Organization of the United Nations (Rome).

† For information on recent changes in country or area nomenclature pertaining to former Czechoslovakia, Germany, Hong Kong Special Administrative Region of China, SFR Yugoslavia and former USSR, see Annex I - Country or area nomenclature, regional and other groupings.

Source:
Organisation des Nations Unies pour l'alimentation et l'agriculture (Rome).

† Pour les modifications récentes de nomenclature de pays ou de zone concernant l'Allemagne, Hong-Kong (Région administrative spéciale de Chine), l'ex-Tchécoslovaquie, l'ex-URSS et l'ex-Rfs de Yougoslavie, voir annexe I - Nomenclature des pays ou des zones, groupements régionaux et autres groupements.

5
Index numbers of industrial production: world and regions
Indices de la production industrielle : monde et régions
1980=100

Region[1] and industry [ISIC] Région[1] et industrie [CITI]	Weight(%) Pond.(%)	1986	1987	1988	1989	1990	1991	1992	1993	1994	1995
World • Monde											
Total industry [2−4] **Total, industrie [2−4]**	**100.0**	**110**	**113**	**119**	**123**	**123**	**122**	**122**	**123**	**130**	**135**
Total mining [2] **Total, industries extractives [2]**	**17.0**	**90**	**91**	**96**	**100**	**100**	**98**	**101**	**103**	**107**	**110**
Coal Houille	1.7	108	107	107	108	99	98	94	90	90	90
Petroleum, gas Pétrole, gaz	12.7	83	84	88	93	94	91	96	100	104	107
Metal Minerais métalliques	1.4	113	118	126	134	137	137	138	135	133	140
Total manufacturing [3] **Total, industries manufacturières [3]**	**76.2**	**113**	**117**	**124**	**128**	**127**	**126**	**125**	**126**	**132**	**138**
Light industry Industrie légère	26.5	111	114	118	120	118	118	119	120	124	126
Heavy industry Industrie lourde	49.7	114	119	127	132	131	129	129	129	137	145
Selected manufacturing **Industries manufacturières déterminées**											
Food, beverages, tobacco Industries alimentaires, boissons, tabac	9.6	113	115	119	121	122	124	125	127	131	135
Textiles Textiles	3.9	104	107	107	108	102	100	100	99	101	101
Apparel, leather, footwear Articles d'habillement, cuir et chaussures	3.0	104	104	103	103	99	97	95	95	98	99
Wood products, furniture Bois, meubles	3.3	107	112	116	118	116	114	115	116	122	123
Paper, printing, publishing Papier, imprimerie, édition	5.5	119	125	131	134	135	135	137	140	144	146
Chemicals and related products Produits chimiques et alliés	11.2	118	123	131	134	133	132	136	137	144	150
Non−metallic mineral products Produits minéraux non métalliques	3.4	101	104	110	113	112	109	109	109	114	117
Basic metals Métallurgie de base	6.0	96	100	107	109	107	104	101	102	107	111
Metal products Ouvrages en métaux	29.2	118	123	132	138	138	136	134	134	143	154
Electricity, gas, water [4] **Electricité, gaz et eau [4]**	**6.8**	**120**	**125**	**130**	**135**	**138**	**144**	**145**	**149**	**153**	**158**
A. Developed regions • Régions developpées											
Total industry [2−4] **Total, industrie [2−4]**	**100.0**	**110**	**114**	**120**	**123**	**122**	**120**	**119**	**119**	**125**	**130**
Total mining [2] **Total, industries extractives [2]**	**8.8**	**104**	**106**	**107**	**108**	**106**	**107**	**108**	**109**	**114**	**117**
Coal Houille	2.0	105	104	104	104	95	92	87	81	80	79
Petroleum, gas Pétrole, gaz	4.6	102	103	102	99	100	104	107	112	122	126
Metal Minerais métalliques	1.2	115	124	132	145	148	149	150	147	142	148
Total manufacturing [3] **Total, industries manufacturières [3]**	**83.7**	**111**	**114**	**121**	**125**	**123**	**120**	**119**	**118**	**125**	**130**
Light industry Industrie légère	27.4	108	111	114	116	113	112	112	112	115	116
Heavy industry Industrie lourde	56.3	112	116	124	129	127	125	123	122	130	137
Selected manufacturing **Industries manufacturières déterminées**											
Food, beverages, tobacco Industries alimentaires, boissons, tabac	9.5	108	111	114	115	115	116	116	117	120	121

5

Index numbers of industrial production: world and regions [*cont.*]
Indices de la production industrielle : monde et régions [*suite*]
1980=100

Region[1] and industry [ISIC] Région[1] et industrie [CITI]	Weight(%) Pond.(%)	1986	1987	1988	1989	1990	1991	1992	1993	1994	1995
Textiles											
Textiles	3.6	99	101	101	102	94	90	89	86	88	87
Apparel, leather, footwear											
Articles d'habillement, cuir et chaussures	3.1	97	96	94	92	86	83	80	78	79	78
Wood products, furniture											
Bois, meubles	3.7	106	112	115	117	114	110	112	112	118	119
Paper, printing, publishing											
Papier, imprimerie, édition	6.3	117	123	128	131	132	131	132	134	138	140
Chemicals and related products											
Produits chimiques et alliés	11.5	114	118	126	129	126	125	127	127	134	138
Non-metallic mineral products											
Produits minéraux non métalliques	3.6	98	100	105	108	106	101	99	97	102	103
Basic metals											
Métallurgie de base	6.8	92	96	103	105	102	98	94	94	99	103
Metal products											
Ouvrages en métaux	34.4	117	121	130	137	135	133	130	128	138	147
Electricity, gas, water [4]											
Electricité, gaz et eau [4]	**7.5**	**116**	**120**	**124**	**128**	**130**	**134**	**135**	**137**	**140**	**143**

North America • Amérique du Nord

	Weight(%)	1986	1987	1988	1989	1990	1991	1992	1993	1994	1995
Total industry [2-4]											
Total, industrie [2-4]	**100.0**	**111**	**116**	**122**	**123**	**123**	**120**	**125**	**130**	**139**	**145**
Total mining [2]											
Total, industries extractives [2]	**12.4**	**90**	**92**	**95**	**94**	**96**	**95**	**94**	**94**	**96**	**98**
Coal											
Houille	1.6	109	114	118	122	128	124	122	117	128	128
Petroleum, gas											
Pétrole, gaz	8.7	82	82	84	81	82	81	81	82	83	83
Metal											
Minerais métalliques	1.2	107	119	132	138	140	143	146	139	136	144
Total manufacturing [3]											
Total, industries manufacturières [3	**79.4**	**115**	**120**	**127**	**129**	**128**	**124**	**130**	**136**	**146**	**153**
Light industry											
Industrie légère	24.1	118	124	126	126	125	122	126	130	136	136
Heavy industry											
Industrie lourde	55.3	114	119	127	130	129	125	131	139	151	161
Selected manufacturing											
Industries manufacturières déterminées											
Food, beverages, tobacco											
Industries alimentaires, boissons, tabac	7.5	112	115	117	117	118	119	122	123	128	130
Textiles											
Textiles	2.4	106	112	111	112	108	108	115	122	126	125
Apparel, leather, footwear											
Articles d'habillement, cuir et chaussures	2.6	94	97	95	92	89	87	89	91	93	89
Wood products, furniture											
Bois, meubles	3.9	136	145	145	145	141	131	138	144	154	154
Paper, printing, publishing											
Papier, imprimerie, édition	8.0	126	134	136	137	137	134	136	138	142	142
Chemicals and related products											
Produits chimiques et alliés	10.6	119	126	132	136	138	136	142	145	154	158
Non-metallic mineral products											
Produits minéraux non métalliques	2.6	111	113	115	115	112	102	104	105	109	110
Basic metals											
Métallurgie de base	6.1	85	92	100	99	98	91	94	100	107	110
Metal products											
Ouvrages en métaux	34.5	118	122	132	136	134	131	138	148	165	178
Electricity, gas, water [4]											
Electricité, gaz et eau [4]	**8.2**	**107**	**109**	**114**	**118**	**118**	**121**	**121**	**125**	**127**	**131**

Europe • Europe

	Weight(%)	1986	1987	1988	1989	1990	1991	1992	1993	1994	1995
Total industry [2-4]											
Total, industrie [2-4]	**100.0**	**108**	**110**	**115**	**118**	**114**	**112**	**109**	**106**	**112**	**115**

5
Index numbers of industrial production: world and regions [*cont.*]
Indices de la production industrielle : monde et régions [*suite*]
1980=100

Region[1] and industry [ISIC] Région[1] et industrie [CITI]	Weight(%) Pond.(%)	1986	1987	1988	1989	1990	1991	1992	1993	1994	1995
Total mining [2]											
Total, industries extractives [2]	**7.0**	**115**	**116**	**113**	**110**	**105**	**108**	**109**	**112**	**121**	**126**
Coal											
Houille	2.6	101	98	95	94	77	74	67	60	53	51
Petroleum, gas											
Pétrole, gaz	3.3	132	136	130	126	127	138	148	160	184	194
Metal											
Minerais métalliques	0.3	84	78	78	80	79	72	69	59	62	68
Total manufacturing [3]											
Total, industries manufacturières [3	**86.2**	**106**	**109**	**114**	**118**	**113**	**110**	**107**	**104**	**109**	**113**
Light industry											
Industrie légère	30.2	104	106	110	112	108	107	104	103	106	108
Heavy industry											
Industrie lourde	56.0	107	110	116	121	116	112	109	104	110	115
Selected manufacturing											
Industries manufacturières déterminées											
Food, beverages, tobacco											
Industries alimentaires, boissons, tabac	11.1	108	111	114	115	114	115	115	115	118	119
Textiles											
Textiles	4.4	98	99	100	102	90	84	81	76	78	77
Apparel, leather, footwear											
Articles d'habillement, cuir et chaussures	3.8	98	96	93	92	84	79	74	71	73	72
Wood products, furniture											
Bois, meubles	3.7	92	96	102	106	102	103	102	100	104	106
Paper, printing, publishing											
Papier, imprimerie, édition	5.2	110	116	123	127	128	128	129	130	135	136
Chemicals and related products											
Produits chimiques et alliés	12.7	112	115	122	126	118	116	117	115	122	126
Non−metallic mineral products											
Produits minéraux non métalliques	4.1	94	96	102	106	102	98	95	93	98	99
Basic metals											
Métallurgie de base	5.9	95	96	103	105	97	92	88	84	91	94
Metal products											
Ouvrages en métaux	34.1	110	112	119	125	120	115	111	104	111	117
Electricity, gas, water [4]											
Electricité, gaz et eau [4]	**6.8**	**119**	**124**	**126**	**129**	**130**	**135**	**135**	**136**	**136**	**139**

European Union [+] • Union européenne [+]

Total industry [2−4]											
Total, industrie [2−4]	**100.0**	**106**	**109**	**113**	**117**	**114**	**113**	**111**	**108**	**113**	**116**
Total mining [2]											
Total, industries extractives [2]	**6.5**	**112**	**111**	**105**	**97**	**91**	**93**	**92**	**93**	**101**	**104**
Coal											
Houille	2.5	100	95	92	91	77	74	66	58	50	48
Petroleum, gas											
Pétrole, gaz	3.0	129	131	119	103	101	108	114	125	147	153
Metal											
Minerais métalliques	0.2	73	73	73	78	78	77	74	62	65	72
Total manufacturing [3]											
Total, industries manufacturières [3	**86.2**	**105**	**107**	**113**	**118**	**114**	**113**	**111**	**106**	**111**	**114**
Light industry											
Industrie légère	29.8	103	105	109	112	110	110	108	106	108	110
Heavy industry											
Industrie lourde	56.4	106	108	115	121	117	115	112	106	113	117
Selected manufacturing											
Industries manufacturières déterminées											
Food, beverages, tobacco											
Industries alimentaires, boissons, tabac	10.6	109	111	114	117	119	122	122	122	124	126
Textiles											
Textiles	4.2	97	99	98	100	93	89	86	81	82	81
Apparel, leather, footwear											
Articles d'habillement, cuir et chaussures	3.8	96	92	89	87	81	77	73	70	71	69

5
Index numbers of industrial production: world and regions [cont.]
Indices de la production industrielle : monde et régions [suite]
1980=100

Region[1] and industry [ISIC] Région[1] et industrie [CITI]	Weight(%) Pond.(%)	1986	1987	1988	1989	1990	1991	1992	1993	1994	1995
Wood products, furniture											
Bois, meubles	3.7	90	94	100	104	102	103	101	98	102	103
Paper, printing, publishing											
Papier, imprimerie, édition	5.5	109	114	122	126	128	128	129	130	135	135
Chemicals and related products											
Produits chimiques et alliés	12.7	110	114	121	124	118	118	118	115	121	124
Non-metallic mineral products											
Produits minéraux non métalliques	4.2	92	94	100	105	104	101	99	96	101	102
Basic metals											
Métallurgie de base	5.9	93	94	102	104	98	95	92	87	94	96
Metal products											
Ouvrages en métaux	34.4	108	111	117	125	121	118	115	106	113	119
Electricity, gas, water [4]											
Electricité, gaz et eau [4]	**7.3**	**119**	**124**	**126**	**129**	**131**	**137**	**137**	**138**	**139**	**142**

European Free Trade Association [+]
Association européenne de libre échange [+]

Total industry [2-4]											
Total, industrie [2-4]	**100.0**	**114**	**118**	**124**	**134**	**139**	**143**	**147**	**149**	**160**	**168**
Total mining [2]											
Total, industries extractives [2]	**16.2**	**147**	**163**	**180**	**224**	**240**	**268**	**296**	**310**	**347**	**376**
Coal											
Houille	0.1	271	240	173	255	227	244	281	211	243	242
Petroleum, gas											
Pétrole, gaz	14.8	148	166	184	230	246	276	305	321	360	390
Metal											
Minerais métalliques	0.1	112	101	89	86	85	77	72	66	73	68
Total manufacturing [3]											
Total, industries manufacturières [3]	**77.4**	**107**	**108**	**113**	**116**	**119**	**119**	**119**	**118**	**125**	**129**
Light industry											
Industrie légère	28.8	104	105	106	107	109	106	104	102	106	107
Heavy industry											
Industrie lourde	48.6	109	110	117	121	126	126	128	128	136	142
Selected manufacturing											
Industries manufacturières déterminées											
Food, beverages, tobacco											
Industries alimentaires, boissons, tabac	10.6	100	101	102	104	105	106	105	107	107	109
Textiles											
Textiles	2.5	101	99	98	95	92	89	86	83	86	88
Apparel, leather, footwear											
Articles d'habillement, cuir et chaussures	3.1	89	83	78	74	77	77	70	67	64	64
Wood products, furniture											
Bois, meubles	5.4	98	98	98	101	105	98	96	92	100	98
Paper, printing, publishing											
Papier, imprimerie, édition	6.8	129	134	138	140	141	140	137	137	147	152
Chemicals and related products											
Produits chimiques et alliés	11.3	133	137	150	168	174	171	176	185	205	220
Non-metallic mineral products											
Produits minéraux non métalliques	2.8	90	92	93	92	90	79	76	72	80	81
Basic metals											
Métallurgie de base	4.6	106	111	121	123	124	118	118	116	122	122
Metal products											
Ouvrages en métaux	29.9	101	100	105	104	111	114	114	111	115	118
Electricity, gas, water [4]											
Electricité, gaz et eau [4]	**6.4**	**114**	**120**	**124**	**122**	**125**	**114**	**114**	**115**	**108**	**116**

B. Developing regions · Régions en voie de développement

Total industry [2-4]											
Total, industrie [2-4]	**100.0**	**106**	**110**	**117**	**123**	**128**	**128**	**134**	**140**	**146**	**154**
Total mining [2]											
Total, industries extractives [2]	**48.4**	**80**	**80**	**88**	**95**	**96**	**91**	**97**	**99**	**102**	**105**
Coal											
Houille	0.4	149	157	163	176	182	203	226	247	256	291

5
Index numbers of industrial production: world and regions [cont.]
Indices de la production industrielle : monde et régions [suite]
1980=100

Region[1] and industry [ISIC] Région[1] et industrie [CITI]	Weight(%) Pond.(%)	1986	1987	1988	1989	1990	1991	1992	1993	1994	1995
Petroleum, gas											
Pétrole, gaz	43.7	75	76	83	91	91	86	91	94	97	99
Metal											
Minerais métalliques	2.6	111	109	115	116	116	117	119	115	118	127
Total manufacturing [3]											
Total, industries manufacturières [3	**47.8**	**129**	**137**	**142**	**147**	**154**	**159**	**165**	**173**	**182**	**194**
Light industry											
Industrie légère	23.1	126	129	133	137	141	147	152	157	164	173
Heavy industry											
Industrie lourde	24.7	132	144	151	156	165	171	178	188	199	214
Selected manufacturing											
Industries manufacturières déterminées											
Food, beverages, tobacco											
Industries alimentaires, boissons, tabac	10.3	128	131	136	141	146	152	157	161	171	182
Textiles											
Textiles	4.7	120	125	123	124	127	130	132	136	140	145
Apparel, leather, footwear											
Articles d'habillement, cuir et chaussures	2.3	137	140	144	154	158	165	172	178	187	200
Wood products, furniture											
Bois, meubles	1.8	113	116	121	126	132	138	142	145	152	152
Paper, printing, publishing											
Papier, imprimerie, édition	2.3	142	152	158	163	172	180	187	198	204	216
Chemicals and related products											
Produits chimiques et alliés	9.7	136	147	155	157	165	167	176	184	193	205
Non-metallic mineral products											
Produits minéraux non métalliques	2.8	118	126	130	138	142	150	156	164	175	186
Basic metals											
Métallurgie de base	3.0	125	136	139	143	149	151	154	166	173	182
Metal products											
Ouvrages en métaux	9.7	134	147	157	162	175	186	192	204	218	238
Electricity, gas, water [4]											
Electricité, gaz et eau [4]	**3.8**	**150**	**163**	**176**	**187**	**201**	**213**	**224**	**239**	**253**	**271**

Latin America and Caribbean · Amérique latine et Caraïbes

Total industry [2-4]											
Total, industrie [2-4]	**100.0**	**109**	**112**	**113**	**114**	**115**	**117**	**118**	**121**	**126**	**128**
Total mining [2]											
Total, industries extractives [2]	**16.8**	**114**	**113**	**119**	**121**	**125**	**124**	**125**	**125**	**128**	**134**
Coal											
Houille	0.2	142	141	171	164	156	152	134	129	129	123
Petroleum, gas											
Pétrole, gaz	12.0	114	112	118	119	123	122	123	124	126	130
Metal											
Minerais métalliques	3.4	120	120	126	132	136	140	146	149	155	167
Total manufacturing [3]											
Total, industries manufacturières [3	**77.9**	**106**	**110**	**109**	**110**	**109**	**112**	**113**	**115**	**121**	**122**
Light industry											
Industrie légère	36.8	110	111	111	112	114	117	119	120	123	124
Heavy industry											
Industrie lourde	41.1	103	108	107	108	105	107	107	112	120	120
Selected manufacturing											
Industries manufacturières déterminées											
Food, beverages, tobacco											
Industries alimentaires, boissons, tabac	18.2	113	114	114	116	120	123	126	125	127	132
Textiles											
Textiles	5.2	102	102	100	99	96	98	96	96	98	96
Apparel, leather, footwear											
Articles d'habillement, cuir et chaussures	3.7	98	94	93	95	91	91	90	93	94	94
Wood products, furniture											
Bois, meubles	3.0	102	104	104	104	107	117	122	123	136	133
Paper, printing, publishing											
Papier, imprimerie, édition	4.4	133	139	142	141	145	152	153	160	163	170

5 Index numbers of industrial production: world and regions [cont.]
Indices de la production industrielle : monde et régions [suite]
1980=100

Region[1] and industry [ISIC] Région[1] et industrie [CITI]	Weight(%) Pond.(%)	1986	1987	1988	1989	1990	1991	1992	1993	1994	1995
Chemicals and related products												
Produits chimiques et alliés	14.0	114	120	118	114	119	121	123	124	131	132
Non-metallic mineral products												
Produits minéraux non métalliques	4.8	94	100	97	98	94	97	97	100	105	103
Basic metals												
Métallurgie de base	5.6	101	107	107	110	106	105	106	110	116	119
Metal products												
Ouvrages en métaux	17.2	97	100	99	100	95	98	96	103	114	112
Electricity, gas, water [4]												
Electricité, gaz et eau [4]	5.3	137	147	157	163	168	176	177	186	196	204

Asia • Asie

Total industry [2-4]												
Total, industrie [2-4]	100.0	112	118	130	139	145	147	148	150	156	166
Total mining [2]												
Total, industries extractives [2]	32.4	73	75	85	94	92	84	92	96	100	103
Coal												
Houille	0.5	131	132	130	140	142	160	181	198	205	234
Petroleum, gas												
Pétrole, gaz	29.9	70	71	80	90	87	78	86	90	93	96
Metal												
Minerais métalliques	0.7	83	85	91	97	91	89	87	78	81	92
Total manufacturing [3]												
Total, industries manufacturières [3]	61.8	131	139	152	160	170	176	174	174	180	193
Light industry												
Industrie légère	20.5	120	124	130	135	141	146	149	152	157	163
Heavy industry												
Industrie lourde	41.3	137	146	162	172	185	192	186	186	192	208
Selected manufacturing												
Industries manufacturières déterminées												
Food, beverages, tobacco												
Industries alimentaires, boissons, tabac	6.6	126	131	140	145	151	157	162	166	176	183
Textiles												
Textiles	4.3	114	119	118	120	124	125	127	128	131	136
Apparel, leather, footwear												
Articles d'habillement, cuir et chaussures	1.7	151	159	162	173	180	190	199	204	216	233
Wood products, furniture												
Bois, meubles	2.1	94	99	103	105	109	109	108	108	106	106
Paper, printing, publishing [2]												
Papier, imprimerie, édition [2]	4.0	126	136	145	156	165	170	171	173	179	188
Chemicals and related products												
Produits chimiques et alliés	9.5	132	142	155	161	171	174	182	188	195	209
Non-metallic mineral products												
Produits minéraux non métalliques	2.9	114	120	130	138	147	154	156	159	168	180
Basic metals												
Métallurgie de base	6.8	107	112	121	124	131	134	127	129	130	136
Metal products												
Ouvrages en métaux	22.7	151	161	182	195	210	220	208	204	211	230
Electricity, gas, water [4]												
Electricité, gaz et eau [4]	5.8	133	141	151	160	174	184	192	200	214	227

Oceania[3] • Océanie[3]

Total industry [2-4]												
Total, industrie [2-4]	100.0	120	130	137	145	146	146	149	154	158	163
Total mining [2]												
Total, industries extractives [2]	15.9	190	222	236	281	300	316	323	328	325	344
Coal												
Houille	4.7	136	139	153	160	167	177	175	177	189	192
Petroleum, gas												
Pétrole, gaz	2.5	139	141	138	166	171	176	181	188	207	209
Metal												
Minerais métalliques	7.3	257	322	343	427	460	486	500	508	485	524

5
Index numbers of industrial production: world and regions [cont.]
Indices de la production industrielle : monde et régions [suite]
1980=100

Region[1] and industry [ISIC] Région[1] et industrie [CITI]	Weight(%) Pond.(%)	1986	1987	1988	1989	1990	1991	1992	1993	1994	1995
Total manufacturing [3]											
Total, industries manufacturières [3	73.2	**103**	**109**	**114**	**114**	**111**	**108**	**109**	**114**	**121**	**123**
Light industry											
Industrie légère	31.9	107	111	115	113	110	107	108	112	117	116
Heavy industry											
Industrie lourde	41.3	101	107	114	114	112	109	110	116	124	129
Selected manufacturing											
Industries manufacturières déterminées											
Food, beverages, tobacco											
Industries alimentaires, boissons, tabac	13.7	105	110	113	114	117	117	119	122	126	126
Textiles											
Textiles	2.8	110	110	112	102	98	93	89	91	88	86
Apparel, leather, footwear											
Articles d'habillement, cuir et chaussures	3.1	108	108	103	94	91	84	80	81	79	78
Wood products, furniture											
Bois, meubles	4.2	104	111	119	109	100	98	101	106	118	117
Paper, printing, publishing											
Papier, imprimerie, édition	6.8	113	117	123	120	116	110	117	121	124	123
Chemicals and related products											
Produits chimiques et alliés	8.8	105	113	118	116	115	112	114	121	130	130
Non-metallic mineral products											
Produits minéraux non métalliques	3.5	103	106	114	112	100	96	104	105	113	108
Basic metals											
Métallurgie de base	8.3	100	108	114	119	117	116	115	120	128	132
Metal products											
Ouvrages en métaux	21.3	98	103	111	113	110	106	106	114	122	130
Electricity, gas, water [4]											
Electricité, gaz et eau [4]	10.9	**131**	**137**	**143**	**149**	**152**	**155**	**157**	**160**	**164**	165

Source:
Industrial statistics database of the Statistics Division
of the United Nations Secretariat.

Source :
Base de données de statistiques industrielles de la Division de statistique
du Secrétariat de l'ONU.

+ For Member States of this grouping, see Annex I –
  Other groupings.

+ Les Etats membres de ce groupement, voir annexe I –
  Autres groupements.

1 All series exclude Albania, China, Democratic
  People's Republic of Korea, Viet Nam, former Czechoslovakia,
  former USSR and Yugoslavia. Series for "Developed regions"
  include North America (Canada and the United States), Europe
  (excluding former Czechoslovakia and the European countries
  of the former USSR), Australia, Israel, Japan, New Zealand
  and South Africa. Series for "Developing regions" exclude
  Australia, Israel, Japan, New Zealand, South Africa and the Asian
  countries of the former USSR.

2 Excluding printing and publishing.
3 Including Australia and New Zealand.

1 Aucune série ne comprend l'Albanie, la Chine,
  la République populaire démocratique de Corée, Viet Nam,
  l'ex-Tchécoslovaquie, l'ex-URSS et la Yougoslavie.
  Les "régions developpées" comprennent l'Amérique du nord
  (le Canada et les Etats-Unis), l'Europe (non compris
  l'ex-Tchécoslovaquie et les pays européens de l'ex-URSS),
  l'Australie, Israël, le Japon, la Nouvelle-Zélande et l'Afrique du sud.
  Les séries pour les "Régions en voie de développement" excluent
  l'Australie, Israël, le Japon, la Nouvelle-Zélande, l'Afrique du sud
  et les pays asiatiques de l'ex-URSS.

2 Non compris l'imprimerie et l'édition.
3 Y compris l'Australie et la Nouvelle-Zélande.

Table 6 follows overleaf
Le tableau 6 est présenté au verso

6
Production, trade and consumption of commercial energy
Production, commerce et consommation d'énergie commerciale

Thousand metric tons of coal equivalent and kilograms per capita
Milliers de tonnes métriques d'équivalent houille et kilogrammes par habitant

Regions	Year	Primary energy production – Production d'energie primaire					Changes in stocks Variations des stocks	Imports Importations	Exports Exportations
		Total Totale	Solids Solides	Liquids Liquides	Gas Gaz	Electricity Electricité			
World	1992	11 502 355	3 210 051	4 592 439	2 590 197	1 109 668	50 866	4 149 017	4 040 513
	1993	11 509 799	3 125 034	4 596 859	2 641 846	1 146 060	46 262	4 196 714	4 083 713
	1994	11 888 391	3 347 040	4 675 508	2 704 108	1 161 735	75 597	4 209 074	4 173 330
	1995	12 321 507	3 492 347	4 726 805	2 897 790	1 204 566	−3 806	4 343 787	4 318 446
Africa	1992	734 420	139 908	484 118	99 752	10 643	−3 159	74 409	488 606
	1993	745 158	145 569	485 858	103 846	9 885	−2 354	70 386	488 166
	1994	752 147	156 208	484 396	100 688	10 855	−3 950	70 297	487 528
	1995	773 338	152 863	490 117	119 382	10 975	−963	69 405	505 612
America, North	1992	3 009 953	800 638	974 208	871 064	364 043	−13 884	801 026	482 377
	1993	2 975 465	748 099	958 265	894 658	374 442	5 280	875 058	465 112
	1994	3 221 015	945 519	951 262	937 953	386 281	45 222	914 851	485 677
	1995	3 246 634	949 052	947 749	950 586	399 247	−27 114	926 120	522 056
America, South	1992	507 745	29 771	341 717	86 102	50 154	2 878	87 036	222 612
	1993	541 722	28 819	360 848	98 071	53 984	3 093	95 812	243 725
	1994	580 603	30 748	384 548	108 607	56 701	−331	101 820	262 257
	1995	612 036	33 722	405 700	111 737	60 876	−11 961	105 528	288 972
Asia	1992	3 742 448	1 266 119	1 824 280	463 331	188 719	31 724	1 284 856	1 548 601
	1993	3 864 176	1 296 537	1 872 857	487 826	206 956	35 932	1 320 355	1 597 681
	1994	4 020 995	1 364 223	1 928 977	510 061	217 734	20 083	1 348 407	1 581 637
	1995	4 177 702	1 446 197	1 953 351	540 759	237 394	28 127	1 410 778	1 605 377
Europe	1992	3 260 757	814 057	922 991	1 035 020	488 689	33 900	1 869 787	1 165 823
	1993	3 132 729	745 039	874 082	1 020 595	493 013	7 460	1 796 246	1 148 942
	1994	3 046 733	676 710	883 305	1 004 479	482 238	17 669	1 733 358	1 203 885
	1995	3 223 940	715 181	883 797	1 136 981	487 982	4 634	1 790 995	1 234 259
Oceania	1992	247 032	159 558	45 124	34 929	7 421	−593	31 802	132 494
	1993	250 549	160 970	44 950	36 850	7 779	−3 149	38 756	140 086
	1994	266 900	173 631	43 019	42 321	7 927	−3 096	40 239	152 346
	1995	287 858	195 332	46 091	38 344	8 091	3 470	40 856	162 171

Source:
Energy statistics database of the Statistics Division of the United Nations Secretariat.

Source:
Base de données pour les statistiques énergétiques de la Division de statistique du Secrétariat de l'ONU.

25 World and region summary   Aperçu mondial et régional

Bunkers – Soutes			Consumption – Consommation								
Air Avion	Sea Maritime	Unallocated Nondistribué	Per capita Par habitant	Total Totale	Solids Solides	Liquids Liquides	Gas Gaz	Electricity Electricité	Année	Régions
62 647	**165 899**	**382 341**	**2 005**	**10 949 107**	**3 227 253**	**4 006 805**	**2 605 482**	**1 109 567**	**1992**	*Monde*
66 767	**149 579**	**358 378**	**1 985**	**11 001 815**	**3 164 475**	**4 061 011**	**2 629 960**	**1 146 370**	**1993**	
70 272	**152 378**	**371 306**	**2 002**	**11 254 582**	**3 366 045**	**4 067 996**	**2 658 859**	**1 161 682**	**1994**	
73 891	**158 268**	**398 630**	**2 055**	**11 719 865**	**3 503 459**	**4 107 586**	**2 904 969**	**1 203 850**	**1995**	
3 281	5 198	30 733	430	284 169	101 221	121 211	51 327	10 410	1992	Afrique
3 421	8 219	32 401	421	285 691	96 610	122 854	56 492	9 734	1993	
3 619	8 772	28 981	426	297 494	105 465	122 589	58 667	10 773	1994	
3 556	8 768	19 579	427	306 192	103 280	122 270	69 649	10 993	1995	
2 017	33 298	29 607	7 471	3 277 565	707 745	1 323 595	881 885	364 339	1992	Amérique du Nord
1 881	31 386	27 245	7 468	3 319 618	684 749	1 364 810	895 573	374 486	1993	
1 970	32 288	27 038	7 870	3 543 671	841 660	1 390 076	925 659	386 276	1994	
2 042	31 986	46 856	7 891	3 596 928	848 860	1 384 560	964 205	399 302	1995	
1 341	3 762	24 498	1 122	339 689	26 188	177 463	86 054	49 984	1992	Amérique du Sud
1 452	3 955	22 952	1 177	362 357	24 989	185 958	97 592	53 817	1993	
1 682	4 138	24 410	1 248	390 267	27 285	197 791	108 673	56 518	1994	
1 778	3 952	28 057	1 281	406 767	28 947	205 338	111 651	60 831	1995	
19 115	47 489	209 040	959	3 171 335	1 389 588	1 142 666	449 363	189 718	1992	Asie
19 818	50 425	207 831	975	3 272 844	1 429 956	1 174 469	460 507	207 913	1993	
20 539	53 040	222 534	1 019	3 471 567	1 522 064	1 215 283	515 027	219 192	1994	
22 219	57 793	231 874	1 054	3 643 090	1 603 472	1 260 109	541 268	238 241	1995	
33 298	74 390	99 589	5 130	3 723 544	942 278	1 184 419	1 109 152	487 695	1992	Europe
36 406	53 728	78 695	4 958	3 603 742	869 537	1 150 126	1 091 440	492 640	1993	
38 614	51 981	77 871	4 659	3 390 072	807 314	1 080 911	1 020 852	480 995	1994	
40 144	53 574	82 232	4 943	3 600 091	850 178	1 073 366	1 190 156	486 391	1995	
3 594	1 668	−11 126	5 620	152 797	60 233	57 443	27 700	7 421	1992	Océanie
3 788	1 772	−10 746	5 717	157 556	58 634	62 787	28 356	7 779	1993	
3 848	2 064	−9 527	5 782	161 505	62 257	61 338	29 982	7 927	1994	
4 152	2 100	−9 967	5 892	166 788	68 722	61 935	28 040	8 091	1995	

7
Total exports and imports: index numbers
Exportations et importations totales: indices
Quantum, unit value and terms of trade (1990 = 100)
Quantum, valeur unitaire et termes de l'échange (1990 =100)

Regions[1] Régions[1]	1986	1987	1988	1989	1990	1991	1992	1993	1994	1995
A. Exports • Exportations										
Quantum indices[2] • Indices du quantum[2]										
Total	77	82	88	95	100	104	109	114	125	136
Developed economies[3] **Econ. développées[3]**	**79**	**83**	**88**	**95**	**100**	**102**	**106**	**108**	**119**	**127**
North America Amérique du Nord	72	78	91	95	100	105	112	117	127	138
Europe Europe	80	83	88	96	100	101	104	107	118	127
EU+ UE+	80	83	88	96	100	102	105	108	120	128
EFTA+ AELE+	79	82	87	95	100	100	102	104	111	117
Africa[4] Afrique[4]	66	61	62	68	100	100	99	102	111	102
Asia Asie	87	88	91	95	100	102	103	102	104	109
Oceania Océanie	82	89	90	94	100	115	121	125	137	141
Developing economies[3] **Econ. en dévelop.[3]**	**73**	**81**	**87**	**94**	**100**	**110**	**120**	**130**	**145**	**164**
America Amérique	89	92	88	99	100	107	116	127	132	152
Europe[5] Europe[5]	100	105	100	104	100	...	...	...	...	...
Africa Afrique	85	80	81	86	100	104	102	103	103	107
Asia Asie	66	78	88	93	100	112	122	135	154	175
Middle East Moyen-Orient	79	88	104	104	100	103	97	116	119	118
Other Asia Autres pays d'Asie	63	75	86	93	100	114	128	139	161	188
Unit value indices in US dollars[6] • Indices de la valeur unitaire en dollars E-U[6]										
Total	77	85	90	92	100	98	100	95	99	107
Developed economies[3] **Econ. développées[3]**	**76**	**85**	**91**	**91**	**100**	**99**	**101**	**96**	**99**	**108**
North America Amérique du Nord	85	88	94	99	100	100	100	100	101	107
Europe Europe	72	84	88	87	100	97	100	90	93	104
EU+ UE+	72	84	88	87	100	97	100	90	93	104
EFTA+ AELE+	72	84	86	84	100	97	97	89	93	104
Africa[4] Afrique[4]	71	87	90	94	100	99	101	97	96	115
Asia Asie	83	91	101	101	100	107	114	123	132	141
Oceania Océanie	70	78	95	99	100	91	89	87	89	97

7
Total exports and imports: index numbers
Quantum, unit value and terms of trade (1990 = 100) [cont.]
Exportations et importations totales: indices
Quantum, valeur unitaire et termes de l'échange (1990 =100) [suite]

Regions[1] Régions[1]	1986	1987	1988	1989	1990	1991	1992	1993	1994	1995
Developing economies[3] Econ. en dévelop.[3]	**78**	**84**	**88**	**92**	**100**	**96**	**97**	**95**	**99**	**105**
America Amérique	74	80	96	93	100	91	86	83	92	98
Europe[5] Europe[5]	72	76	88	90	100	...	...	...	...	...
Africa Afrique	72	83	81	87	100	92	92	81	87	93
Asia Asie	81	86	88	93	100	98	99	99	102	107
Middle East Moyen-Orient	83	83	71	81	100	90	93	86	88	96
Other Asia Autres pays d'Asie	80	87	93	96	100	100	101	102	105	109

B. Imports • Importations
Quantum indices[2] • Indices du quantum[2]

	1986	1987	1988	1989	1990	1991	1992	1993	1994	1995
Total	**78**	**84**	**91**	**98**	**100**	**106**	**113**	**117**	**128**	**139**
Developed economies[3] Econ. développées[3]	**81**	**86**	**93**	**98**	**100**	**104**	**108**	**108**	**119**	**127**
North America Amérique du Nord	93	97	104	101	100	98	106	116	129	137
Europe Europe	77	83	89	98	100	106	109	105	114	120
EU+ UE+	77	83	89	98	100	107	111	107	115	122
EFTA+ AELE+	86	90	93	97	100	98	90	90	100	106
Africa[4] Afrique[4]	85	84	100	100	100	99	101	103	124	149
Asia Asie	69	76	87	93	100	103	103	108	122	138
Oceania Océanie	79	79	86	104	100	105	113	108	121	130
Developing economies[3] Econ. en dévelop.[3]	**71**	**75**	**87**	**95**	**100**	**113**	**130**	**146**	**160**	**179**
Europe[5] Europe[5]	84	86	78	87	100	...	...	...	...	...

Unit value indices in US dollars[6] • Indices de la valeur unitaire en dollars E-U[6]

	1986	1987	1988	1989	1990	1991	1992	1993	1994	1995
Total	**78**	**85**	**89**	**91**	**100**	**98**	**99**	**94**	**97**	**105**
Developed economies[3] Econ. développées[3]	**76**	**84**	**89**	**91**	**100**	**98**	**99**	**93**	**96**	**105**
North America Amérique du Nord	80	85	88	97	100	100	100	100	101	106
Europe Europe	74	84	88	88	100	98	99	89	93	104
EU+ UE+	74	84	88	88	100	98	99	89	92	104
EFTA+ AELE+	74	85	89	87	100	97	100	92	94	106

28 World and region summary   Aperçu mondial et régional

7
Total exports and imports: index numbers
Quantum, unit value and terms of trade (1990 = 100) [cont.]
Exportations et importations totales: indices
Quantum, valeur unitaire et termes de l'échange (1990 =100) [suite]

Regions Régions[1]	1986	1987	1988	1989	1990	1991	1992	1993	1994	1995
Africa[4] Afrique[4]	76	91	94	92	100	103	106	101	103	111
Asia Asie	78	84	91	95	100	98	97	96	97	104
Oceania Océanie	80	89	98	96	100	101	99	98	104	110
Developing economies[3,7] Econ. en dévelop.[3,7]	**83**	**88**	**92**	**93**	**100**	**98**	**98**	**95**	**99**	**107**
Europe[5] Europe[5]	74	78	89	90	100	...	...	...	...	...

C. Terms of trade[8] • Termes de l'échange[8]

	1986	1987	1988	1989	1990	1991	1992	1993	1994	1995
Developed economies[3] Econ. développées[3]	**100**	**101**	**103**	**100**	**100**	**100**	**102**	**103**	**103**	**104**
North America Amérique du Nord	107	103	108	103	100	100	99	100	100	101
Europe Europe	98	100	100	99	100	99	101	101	100	100
EU+ UE+	98	100	100	99	100	99	101	101	100	100
EFTA+ AELE+	98	100	97	97	100	100	96	97	98	98
Africa[4] Afrique[4]	94	95	95	102	100	96	95	96	93	104
Asia Asie	107	108	111	106	100	109	117	128	136	136
Oceania Océanie	88	88	96	104	100	91	90	88	85	88
Developing economies[3,7] Econ. en dévelop.[3,7]	**95**	**95**	**96**	**99**	**100**	**98**	**98**	**100**	**100**	**98**
Europe[5] Europe[5]	97	98	99	99	100	...	...	...	...	...

Source:
Trade statistics database of the Statistics Division of the United Nations Secretariat.
+ For Member States of this grouping, see Annex I - Other groupings.

1 The regional analysis in this table is in accordance with the groupings of countries or areas specified in table 76.
2 Quantum indices are derived from value data and unit value indices. They are base period weighted.
3 This classification is intended for statistical convenience and does not, necessarily, express a judgement about the stage reached by a particular country in the development process.
4 South African Customs Union.
5 Data refer to the Socialist Federal Republic of Yugoslavia.
6 Regional aggregates are current period weighted.
7 Indices, except those for Europe, are based on estimates prepared by the International Monetary Fund.
8 Unit value index of exports divided by unit value index of imports.

Source:
Base de données pour les statistiques du commerce extérieur de la Division de statistique du Secrétariat de l'ONU.
+ Les Etats membres de ce groupement, voir annex I - Autres groupements.

1 L'anayse régionale dans ce tableau est conforme aux groupes des pays ou zones paraissant dans le tableau 76.
2 Les indices du quantum sont calculés à partir des chiffres de la valeur et des indices de la valeur unitaire. Ils sont à coéfficients de pondération correspondant à la période en base.
3 Cette classification est utilisée pour plus de commodité dans la présentation des statistiques et n'implique pas nécessairement un jugement quant au stage de développement auquel est parvenu un pays donné.
4 L'Union Douanière d'Afrique Méridionale.
5 Les données se rapportent à la République fédérative socialiste de Yougoslavie.
6 Les totaux régionaux sont à coéfficients de pondération correspondant à la période en cours.
7 Le calcul des indices, sauf ceux pour l'Europe, sont basés sur les estimations preparées par le Fonds monétaire international.
8 Indices de la valeur unitaire des exportations divisé par l'indice de la valeur unitaire des importations.

Technical notes, tables 1-7

Table 1: These series of world aggregates on population and production have been compiled from statistical publications of the United Nations and the specialized agencies.[1, 4, 5, 6, 8, 12, 21, 22, 23, 24] Reference should be made to these sources for details of compilation and coverage.

Table 2 presents for the world and regions estimates of population size, rates of population increase, crude birth and death rates, surface area and population density. Unless otherwise specified all figures are estimates of the order of magnitude and are subject to a substantial margin of error.

All population estimates and rates presented in this table were prepared by the Population Division of the United Nations Secretariat and published in *World Population Prospects 1996*.[27]

The average annual percentage rates of population growth were calculated by the Population Division of the United Nations Secretariat, using an exponential rate of increase formula.

Crude birth and crude death rates are expressed in terms of the average annual number of births and deaths respectively, per 1,000 mid-year population. These rates are estimated.

Surface area totals were obtained by summing the figures for individual countries or areas.

Density is the number of persons in the 1994 total population per square kilometre of total surface area.

The scheme of regionalization used for the purpose of making these estimates is presented in annex I. Although some continental totals are given, and all can be derived, the basic scheme presents eight macro regions that are so drawn as to obtain greater homogeneity in sizes of population, types of demographic circumstances and accuracy of demographic statistics.

Tables 3-4: The index numbers in table 3 refer to agricultural production, which is defined to include both crop and livestock products. Seeds and feed are excluded. The index numbers of food refer to commodities which are considered edible and contain nutrients. Coffee, tea and other inedible commodities are excluded.

The index numbers of agricultural output and food production in table 3 are calculated by the Laspeyres formula with the base year period 1989-1991. The latter is provided in order to diminish the impact of annual fluctuations in agricultural output during base years on the indices for the period. Production quantities of each commodity are weighted by 1989-1991 average national producer prices and summed for each year. The index numbers are based on production data for a calendar year. As in the past, the series include a large number of estimates made by FAO in cases where figures are not available from official country sources.

Notes techniques, tableaux 1 à 7

Tableau 1 : Ces séries d'agrégats mondiaux sur la population et la production ont été établies à partir de publications statistiques des Nations Unies et d'institutions spécialisées [1, 4, 5, 6, 8, 12, 21, 22, 23, 24]. On doit se référer à ces sources pour tous renseignements détaillés sur les méthodes de calcul et la portée des statistiques.

Le *Tableau 2* présente les estimations mondiales et régionales de la population, des taux d'accroissement de la population, des taux bruts de natalité et de mortalité, de la superficie et de la densité de population. Sauf indication contraire, tous les chiffres sont des estimations de l'ordre de grandeur et comportent une assez grande marge d'erreur.

Toutes les estimations de la population et tous les taux présentés dans ce tableau ont été établis par la Division de la population du Secrétariat des Nations Unies et publiés dans "World Population Prospects 1996" [27].

Les pourcentages annuels moyens de l'accroissement de la population ont été calculés par la Division de la population du Secrétariat des Nations Unies, sur la base d'une formule de taux d'accroissement exponentiel.

Les taux bruts de natalité et de mortalité sont exprimés, respectivement, sur la base du nombre annuel moyen de naissances et de décès par tranche de 1.000 habitants en milieu d'année. Ces taux sont estimatifs.

On a déterminé les superficies totales en additionnant les chiffres correspondant aux différents pays ou régions.

La densité est le nombre de personnes de la population totale de 1994 par kilomètre carré de la superficie totale.

Le schéma de régionalisation utilisé aux fins de l'établissement de ces estimations est présenté à l'Annexe I. Bien que les totaux de certains continents soient donnés et que tous puissent être déterminés, le schéma de base présente huit grandes régions qui sont établies de manière à obtenir une plus grande homogénéité en ce qui concerne l'ampleur des populations, les types de conditions démographiques et la précisions des statistiques démographiques.

Tableaux 3-4 : Les indices du Tableau 3 se rapportent à la production agricole, qui est définie comme comprenant à la fois les produits de l'agriculture et de l'élevage. Les semences et les aliments pour les animaux sont exclus de cette définition. Les indices de la production alimentaire se rapportent aux produits considérés comme comestibles et contenant des éléments nutritifs. Le café, le thé et les produits non comestibles sont exclus.

Les indices de la production agricole et de la production alimentaire présentés au Tableau 3 sont calculés selon la formule de Laspeyres avec les années 1989-1991 comme période de référence, cela afin de limiter l'incidence, sur les indices correspondant à la période considérée, des fluctuations annuelles de la production agricole enregistrée pendant les années de référence. Les chiffres de production de chaque produit sont pondérés par les prix nationaux moyens à la production pour la période 1989-91 et additionnés pour chaque année. Les indices sont fondés sur les données de production

Index numbers for the world and regions are computed in a similar way to the country index numbers except that, instead of using different commodity prices for each country group, "international commodity prices" derived from the Gheary-Khamis formula are used for all country groupings. This method assigns a single "price" to each commodity.

The indexes in table 4 are calculated as a ratio between the index numbers of total agricultural and food production in table 3 described above and the corresponding index numbers of population.

For further information on the series presented in these tables, see the production yearbook published by FAO.[8]

Table 5: The indices of industrial production are classified according to divisions, major groups or combinations of major groups of the International Standard Industrial Classification of All Economic Activities (ISIC) for mining, manufacturing and electricity, gas and water.[46] The indices indicate trends in value added in constant US dollars. The measure of value added used is the national accounts concept, which is defined as the gross value of output less the cost of materials, supplies, fuels and electricity consumed and services received.

Each series is compiled by use of the Laspeyres formula, that is, the indices are baseweighted arithmetic means. The weight base year is 1980 and value added, generally at factor values, is used in weighting.

For most countries the estimates of value added used as weights are derived from the results of national industrial censuses or similar inquiries relating to 1980. These data, in current national currency are adjusted to the ISIC where necessary and are subsequently converted into US dollars. In the case of some of the countries in transition, value added estimates are computed separately for the major cost components, i.e. compensation of employees, operating surplus and consumption of fixed capital, based on the official data provided by national statistical authorities. Estimates thus obtained are adjusted to the ISIC and then converted into US dollars.

The elementary series used in compiling indices for the ISIC major groups are, in general, indices for the corresponding ISIC category, or its sub-divisions, compiled by national statistical authorities. Adjustments are made, when necessary, to align the national industrial classification with the ISIC.

Within each of the ISIC categories (major divisions, divisions, major groups or combinations of major groups) shown in the tables, the indices for the country aggregations (regions of economic groupings) are calculated directly from the country data. The indices for the *World*, however, are calculated from the aggregated indices for the groupings of developed and developing regions.

de l'année. Comme dans le passé, les séries comprennent un grand nombre d'estimations établies par la FAO lorsqu'elle n'avait pu obtenir de chiffres de sources officielles dans les pays eux-mêmes.

Les indices pour le monde et les régions sont calculés de la même façon que les indices par pays, mais au lieu d'appliquer des prix différents aux produits de base pour chaque groupe de pays, on a utilisé des "prix internationaux" établis d'après la formule de Gheary-Khamis pour tous les groupes de pays. Cette méthode attribue un seul "prix" à chaque produit de base.

Les indices du Tableau 4 sont calculés comme ratio entre les indices de la production alimentaire et de la production agricole totale du Tableau 3 décrits ci-dessus et les indices de population correspondants.

Pour tout renseignement complémentaire sur les séries présentées dans ces tableaux, voir l'Annuaire publié par la FAO [8].

Tableau 5 : Les indices de la production industrielle sont classés par catégorie, classe ou groupement de classes de la Classification internationale type, par industrie, de toutes les branches d'activité économique (CITI) et portent sur les industries extractives et manufacturières et les industries de l'électricité, du gaz et de l'eau [46]. Ces indices mesurent les variations de la valeur ajoutée en dollars constants des Etats-Unis. La mesure de la valeur ajoutée utilisée est celle de la comptabilité nationale, qui se définit comme la valeur brute de la production moins le coût des matières premières et des fournitures, des combustibles et de l'électricité consommés ainsi que des services reçus.

Chaque série d'indices est calculée à l'aide de la formule de Laspeyres, c'est-à-dire sous forme de moyennes arithmétiques pondérées. L'année de base pour la pondération est 1980 et la valeur ajoutée utilisée dans la pondération est généralement calculée au coût des facteurs.

Pour la plupart des pays, les estimations de la valeur ajoutée qui sont utilisées comme coefficients de pondération sont tirées des résultats des recensements industriels nationaux ou enquêtes analogues concernant l'année 1980. Ces données, en monnaie nationale courante, sont ajustées s'il y a lieu aux normes de la CITI et ultérieurement converties en dollars des Etats-Unis. Dans le cas de certains pays en période transition, les estimations de la valeur ajoutée sont calculées séparément pour les principaux éléments de coût, à savoir la rémunération des salariés, l'excédant net d'exploitation et la consommation de capital fixe, sur la base des données officielles fournies par les statistiques nationaux. Les estimations ainsi obtenues sont ajustées aux normes de la CITI, puis converties en dollars des Etats-Unis.

Les séries élémentaires utilisées dans le calcul des indices pour les classes de la CITI sont en générale les indices de la catégorie correspondante de la CITI, ou de ses subdivisions, calculés par les services statistiques nationaux. Des ajustements sont effectués s'il y a lieu pour aligner la classification industrielle nationale sur la CITI.

Table 6: For description of the series in table 6, see technical notes to table 68 of chapter XIII.

Table 7: For description of the series in table 7, see technical notes to chapter XVI. The composition of the regions is presented in table 76.

A l'intérieur de chacune des subdivisions de la CITI (branches, catégories, classes ou combinaisons de classes) indiquées dans les tableaux, les indices relatifs aux assemblages de pays (régions géographiques ou groupements économiques) sont calculés directement à partir des données des pays. Toutefois, les indices concernant le *Monde* sont calculés à partir des indices agrégés applicables aux groupements de régions développées et de régions en développement.

Tableau 6 : On trouvera une description de la série de statistiques du Tableau 6 dans les Notes techniques du Tableau 68 du Chapitre XIII.

Tableau 7 : On trouvera une description de la série de statistiques du Tableau 7 dans les notes techniques du Chapitre XVI. La composition des régions est présentée au Tableau 76.

Part Two
Population and Social Statistics

II
Population and human settlements (tables 8 and 9)
III
Education and literacy (tables 10-12)
IV
Health and child-bearing (tables 13 and 14)
V
Culture and communications (tables 15-21)

Part Two of the *Yearbook* presents statistical series on a wide range of population and social topics for all countries or areas of the world for which data are available. These include population and population growth, surface area and density; education at first, second and third levels; life expectancy, child bearing and mortality; AIDS cases; book production, newspapers, television and radio, telefax stations and telephones.

Deuxième partie
Population et statistiques sociales

II
Population et établissements humains (tableaux 8 et 9)
III
Instruction et alphabétisation (tableaux 10 à 12)
IV
Santé et maternité (tableaux 13 et 14)
V
Culture et communications (tableaux 15 à 21)

La deuxième partie de l'*Annuaire* présente, pour tous les pays ou zones du monde pour lesquels des données sont disponibles, des séries statistiques intéressant une large gamme de questions démographiques et sociales : population et croissance démographique, superficie et densité; enseignement des premier, second et troisième degrés; espérance de vie, maternité et mortalité; cas de SIDA; production de livres, journaux, télévision et radio, postes de télécopie et téléphones.

8
Population by sex, rate of population increase, surface area and density
Population selon le sexe, taux d'accroissement de la population, superficie et densité

Country or area Pays ou zone	Latest Census Dernier recensement Date	Both sexes Les deux sexes	Male Masculin	Female Féminin	Midyear estimates (thousands) Estimations au milieu de l'année (milliers) 1990	1995	Type[1] 1995	Annual rate of increase Taux d'accroissement annuel % 1990-95	Surface area (km²) Superficie (km²) 1995	Density Densité 1995[2]
Africa · Afrique										
Algeria[3] Algérie[3]	20–III–87	23 033 942	...	...	25 363	*28 548	A8 c1	2.4	2 381 741	12
Angola[4] Angola[4]	15–XII–70	5 646 166	2 943 974	2 702 192	10 020	x11 072	A25c1	2.0	1 246 700	9
Benin Bénin	15–II–92	4 915 555	2 390 336	2 525 219	4 739	5 561	A3 c3	3.2	112 622	49
Botswana Botswana	21–VIII–91	1 326 796	634 400	692 396	1 300	*1 456	A4 c1	2.3	581 730	3
Burkina Faso Burkina Faso	10–XII–85	7 964 705	3 833 237	4 131 468	9 001	*10 200	A10c3	2.5	274 000	37
Burundi Burundi	16–VIII–90	5 139 073	2 473 599	2 665 474	5 458	*5 982	A5 c3	1.8	27 834	215
Cameroon Cameroun	IV–87	*10 493 655	...	...	x11 526	*13 277	A8 c3	2.8	475 442	28
Cape Verde Cap-Vert	23–VI–90	341 491	161 494	179 997	x341	x392	A5 c1	2.8	4 033	97
Central African Republic République centrafricaine	8–XII–88	2 463 616	1 210 734	1 252 882	x2 927	x3 315	A7 c3	2.5	622 984	5
Chad Tchad	8–IV–93	6 279 931[5]	...	...	5 687	x6 361	B32c3	2.2	1 284 000	5
Comoros Comores	15–IX–91	446 817[6]	221 152[6]	225 665[6]	x543	x653	A4 c3	3.7	2 235	292
Congo Congo	22–XII–84	1 843 421	...	...	x2 232	x2 590	A11c3	3.0	342 000	8
Côte d'Ivoire Côte d'Ivoire	1–III–88	10 815 694	5 527 343	5 288 351	11 717	*14 230	A7 c3	3.9	322 463	44
Dem. Rep. of the Congo Rép. dém du Congo	1–VII–84	29 916 800	14 543 800	15 373 000	35 562	x43 901	A11c3	4.2	2 344 858	19
Djibouti Djibouti	1960–61	81 200	...	...	x517	x577	A35d	2.2	23 200	25
Egypt Egypte	17–XI–86	48 254 238	24 709 274	23 544 964	53 270	*59 226	A9 c1	2.1	1 001 449	59
Equatorial Guinea[7] Guinée équatoriale[7]	4–VII–83	300 000	144 760	155 240	348	x400	A12c3	2.8	28 051	14
Eritrea Erythrée	9–V–84	2 748 304	1 374 452	1 373 852	3 082	x3 531	A11c3	2.7	117 600	30
Ethiopia Ethiopie	9–V–84	39 868 572	20 062 490	19 806 082	48 360	*56 677	A11c3	3.2	1 104 300	51
Gabon Gabon	31–VII–93	*1 011 710	*498 710	*513 000	x1 146	x1 320	A35c3	2.8	267 668	5
Gambia Gambie	13–IV–93	*1 025 867	*514 530	*511 337	x923	x1 118	A12c1	3.8	11 295	99
Ghana Ghana	11–III–84	12 296 081	6 063 848	6 232 233	x15 020	x17 453	A11c1	3.0	238 533	73
Guinea[8] Guinée[8]	4–II–83	4 533 240	...	...	x5 755	x6 700	A12c3	3.0	245 857	27
Guinea-Bissau Guinée-Bissau	1–XII–91	983 367	476 210	507 157	x964	x1 073	A4 c1	2.1	36 125	30
Kenya Kenya	24–VIII–89	21 443 636	10 628 368	10 815 268	24 032[9]	*30 522	A6 c2	([10])	580 367	53
Lesotho Lesotho	12–IV–86	1 447 000	...	...	x1 792	x2 050	A9 c3	2.7	30 355	68
Liberia Libéria	1–II–84	2 101 628	...	...	2 407	*2 760	A11c3	2.7	111 369	25
Libyan Arab Jamahiriya Jamahiriya arabe libyenne	31–VII–84	3 642 576	1 953 757	1 688 819	4 151[9]	x5 407	A11c3	([10])	1 759 540	3

8
Population by sex, rate of population increase, surface area and density [cont.]
Population selon le sexe, taux d'accroissement de la population, superficie et densité [suite]

Country or area / Pays ou zone	Latest Census Date / Dernier recensement	Both sexes / Les deux sexes	Male / Masculin	Female / Féminin	Midyear 1990	Midyear 1995	Type[1] 1995	Annual rate of increase 1990-95	Surface area (km²) 1995	Density 1995[2]
Madagascar / Madagascar	1-VIII-93	*12 092 157	*5 991 171	*6 100 986	11 197	x14 763[9]	A21c3	([10])	587 041	25
Malawi / Malawi	1-IX-87	7 988 507	3 867 136	4 121 371	8 289	*9 788	A8 c3	3.3	118 484	83
Mali / Mali	1-IV-87	7 696 348[3]	3 760 711[3]	3 935 637[3]	8 156[9]	x10 795	A8 c3	([10])	1 240 192	9
Mauritania / Mauritanie	5-IV-88	1 864 236[11]	923 175[11]	941 061[11]	x2 003	*2 284	A7 c3	2.6	1 025 520	2
Mauritius / Maurice	1-VII-90	1 056 660	527 760	528 900	1 059	*1 122	A5 b1	1.2	2 040	550
Island of Mauritius / Ile Maurice	1-VII-90	1 022 456	510 676	511 780	1 025	*1 087	A5 b1	1.2	1 865	583
Rodrigues / Rodrigues	1-VII-90	34 204	17 084	17 120	34	35	A5 b1	3.0	104	334
Others[12] / Autres[12]	30-VI-72	366	272	94	...	...	..	...	71	...
Morocco / Maroc	2-IX-94	*26 073 717	...	...	24 487	*27 111	A13c2	2.0	446 550	61
Mozambique[8] / Mozambique[8]	1-VIII-80	11 673 725	5 670 484	6 003 241	14 151	*17 423	A15c1	4.2	801 590	22
Namibia / Namibie	21-X-91	1 409 920	686 327	723 593	1 349	x1 540	A4 c3	2.6	824 292	2
Niger / Niger	20-V-88	7 248 100	3 590 070	3 658 030	x7 731	x9 151	A7 c3	3.4	1 267 000	7
Nigeria / Nigéria	26-XI-91	*88 514 501	*44 544 531	*43 969 970	x96 154	x111 721	A32c2	3.0	923 768	121
Reunion[3] / Réunion[3]	15-III-90	597 828	294 256	303 572	601	x653	A5 b3	1.7	2 510	260
Rwanda / Rwanda	15-VIII-91	*7 142 755	...	...	7 181	x7 952	A4 c3	2.0	26 338	302
St. Helena ex. dep. / Sainte-Hélène sans dép.	22-II-87	5 644	2 769	2 875	6	x7	A8 b3	0.6	122	54
Ascension / Ascension	31-XII-78	849	608	241	...	...	..	...	88	...
Tristan da Cunha / Tristan da Cunha	22-II-87	296	139	157	...	...	..	...	...	...
Sao Tome and Principe / Sao Tomé-et-Principe	4-VIII-91	116 998	57 837	59 161	115	*127	A4 c1	2.0	964	132
Senegal / Sénégal	27-V-88	6 896 808	3 353 599	3 543 209	7 504	*8 312	A7 c3	2.0	196 722	42
Seychelles / Seychelles	17-VIII-87	68 598	34 125	34 473	70	75	A8 b2	1.6	455	165
Sierra Leone[8] / Sierra Leone[8]	15-XII-85	3 515 812	1 746 055	1 769 757	x3 999	x4 509	A10c1	2.4	71 740	63
Somalia / Somalie	1986-87	*7 114 431	*3 741 664	*3 372 767	x8 677	x9 250	A9 c3	1.3	637 657	15
South Africa / Afrique du Sud	7-III-91	30 986 920[13]	15 479 528[13]	15 507 392[13]	x37 066	*41 244	A4 c1	2.1	1 221 037	34
Sudan / Soudan	15-IV-93	*24 940 683	*12 518 638	*12 422 045	25 752	x28 098	A12c3	1.7	2 505 813	11
Swaziland / Swaziland	25-VIII-86	681 059	321 579	359 480	769	*908	A9 c1	3.3	17 364	52
Togo / Togo	22-XI-81	2 703 250	...	...	x3 531	x4 138	A14c1	3.2	56 785	73
Tunisia / Tunisie	20-IV-94	*8 785 364	*4 447 341	*4 338 023	8 099	x8 896	A1 c1	1.9	163 610	54
Uganda / Ouganda	12-I-91	16 671 705	8 185 747	8 485 958	17 949	*21 297	A4 c1	3.4	241 038	88
United Rep. of Tanzania / Rép.-Unie de Tanzanie	28-VIII-88	23 126 310	11 217 723	11 908 587	25 635	*30 337	A7 c3	3.4	883 749	34

8
Population by sex, rate of population increase, surface area and density [cont.]
Population selon le sexe, taux d'accroissement de la population, superficie et densité [suite]

Country or area Pays ou zone	Latest Census Dernier recensement Date	Both sexes Les deux sexes	Male Masculin	Female Féminin	Midyear estimates (thousands) Estimations au milieu de l'année (milliers) 1990	1995	Type[1] 1995	Annual rate of increase Taux d'accroissement annuel % 1990-95	Surface area (km²) Superficie 1995	Density Densité 1995[2]
Western Sahara[14] Sahara occidental[14]	31–XII–70	76 425	43 981	32 444	x230	x283	A25c1	4.1	266 000	1
Zambia Zambie	20–VIII–90	7 383 097	3 617 577	3 765 520	8 073	*9 373	A5 c1	3.0	752 618	12
Zimbabwe Zimbabwe	18–VIII–92	10 412 548	5 083 537	5 329 011	9 369	*11 526	A3 c1	4.1	390 757	29
America, North · Amérique du Nord										
Anguilla Anguilla	10–IV–84	6 987	3 428	3 559	x7	x8	A11b1	2.7	96	83
Antigua and Barbuda Antigua–et–Barbuda	28–V–91	*62 922	...	...	x64	x66	A4 b1	0.6	442	149
Aruba[3] Aruba[3]	6–X–91	66 687	32 821	33 866	x67	x70	A4 b1	0.9	193	363
Bahamas Bahamas	1–V–90	255 095	124 992	130 103	255	*278	A5 b1	1.7	13 878	20
Barbados Barbade	2–V–90	*257 082	...	...	257	*264	A5 b1	0.5	430	614
Belize Belize	12–V–91	189 774	96 289	93 485	189	*217	A4 c1	2.7	22 696	10
Bermuda Bermudes	20–V–91	74 837	...	...	61[15]	x63[15]	A4 b1	0.8	53	1 189
British Virgin Islands Iles Vierges britanniques	12–V–91	17 809	...	...	x16	x19	A4 b1	3.4	151	126
Canada[3 8] Canada[3 8]	4–VI–91	27 296 859	13 454 580	13 842 280	26 584	*29 606	A4 b1	2.2	9 970 610	3
Cayman Islands[3] Iles Caïmanes[3]	15–X–89	25 355	12 372	12 983	26	x31	A6 c1	3.3	264	117
Costa Rica[3] Costa Rica[3]	10–VI–84	2 416 809	1 208 216	1 208 593	2 805	*3 333	A11b2	3.5	51 100	65
Cuba Cuba	11–IX–81	9 723 605	4 914 873	4 808 732	10 625	x11 041	A14b1	0.8	110 861	100
Dominica Dominique	12–V–91	71 794	35 927	35 867	72	x71	A4 b1	–0.1	751	95
Dominican Republic Rép. dominicaine	24–IX–93	7 089 041	...	...	7 170	*7 915	A14c1	2.0	48 734	162
El Salvador El Salvador	27–IX–92	5 118 599	2 485 613	2 632 986	x5 172	x5 768	A24b1	2.2	21 041	274
Greenland[3] Groenland[3]	26–X–76	49 630	26 856	22 774	56	x58	A19a1	0.8	2 175 600	–
Grenada[16] Grenade[16]	30–IV–81	89 088	42 943	46 145	x91	x92	A14b1	0.2	344	267
Guadeloupe[3 17] Guadeloupe[3 17]	15–III–90	387 034	189 187	197 847	x385	x428	A5 b1	2.1	1 705	251
Guatemala[8] Guatemala[8]	17–IV–94	8 322 051	...	...	9 198	*10 621	A14b2	2.9	108 889	98
Haiti[3] Haïti[3]	30–VIII–82	5 053 792	2 448 370	2 605 422	6 486	*7 180	A13c3	2.0	27 750	259
Honduras Honduras	V–88	4 248 561	2 110 106	2 138 455	5 105	*5 953	A7 c1	3.1	112 088	53
Jamaica Jamaïque	7–IV–91	2 366 067	...	...	2 415	*2 530	A4 b1	0.9	10 990	230
Martinique[3] Martinique[3]	15–III–90	359 579	173 878	185 701	362	x379	A5 b1	0.9	1 102	344
Mexico[3] Mexique[3]	12–III–90	81 249 645	39 873 969	41 366 676	82 589	*90 487	A5 c1	1.8	1 958 201	46
Montserrat Montserrat	12–V–80	11 932	...	...	x11	x11	A15b1	0.0	102	108

8
Population by sex, rate of population increase, surface area and density [cont.]
Population selon le sexe, taux d'accroissement de la population, superficie et densité [suite]

Country or area Pays ou zone	Latest Census Dernier recensement Date	Both sexes Les deux sexes	Male Masculin	Female Féminin	Midyear estimates (thousands) Estimations au milieu de l'année (milliers) 1990	1995	Type[1] 1995	Annual rate of increase Taux d'accroissement annuel % 1990-95	Surface area (km²) Superficie (km²) 1995	Density Densité 1995[2]
Netherlands Antilles[3 8 18] Antilles néerlandaises[3 8 18]	27−I−92	189 474	90 707	98 767	188	*199	A3 c1	1.2	800	249
Nicaragua[3] Nicaragua[3]	20−IV−71	1 877 952	921 543	956 409	3 871	*4 539	A24b3	3.2	130 000	35
Panama Panama	13−V−90	2 329 329	1 178 790	1 150 539	2 398	*2 631	A5 c1	1.9	75 517	35
Puerto Rico[3 19] Porto Rico[3 19]	1−IV−90	3 522 037	1 705 642	1 816 395	3 527	x3 674	A5 b1	0.8	8 875	414
Saint Kitts and Nevis Saint−Kitts−et−Nevis	12−V−91	40 618	19 933	20 685	42	x41	A4 b1	−0.5	261	157
Saint Lucia Sainte−Lucie	12−V−91	135 685	65 988	69 697	x133	*145	A4 b1	1.8	622	234
St. Pierre and Miquelon Saint−Pierre et Miquelon	9−III−82	6 037	2 981	3 056	x6	x6	A13d	0.0	242	25
St. Vincent and Grenadines[20] St.−Vincent−et−Grenadines[20]	12−V−91	106 499	53 165	53 334	x107	x111	A4 b1	0.7	388	285
Trinidad and Tobago Trinité−et−Tobago	2−V−90	1 234 388	618 050	616 338	1 215	x1 306	A5 b1	1.4	5 130	255
Turks and Caicos Islands Iles Turques et Caïques	31−V−90	12 350	6 289	6 061	x12	x14	A5 d	3.1	430	33
United States[21] Etats−Unis[21]	1−IV−90	248 709 873	121 239 418	127 470 455	249 911	*263 034	A5 b1	1.0	9 363 520	28
United States Virgin[3 19] Iles Vierges américaines[3 19]	1−IV−90	101 809	49 210	52 599	102	105	A5 c1	0.6	347	303

America, South · Amérique du Sud

Argentina Argentine	15−V−91	32 615 528	15 937 980	16 677 548	32 547	*34 587	A4 c1	1.2	2 780 400	12
Bolivia Bolivie	3−VI−92	6 420 792	3 171 265	3 249 527	6 573	*7 414	A3 c3	2.4	1 098 581	7
Brazil[22] Brésil[22]	1−IX−91	146 825 475[3]	72 485 122[3]	74 340 353[3]	144 723	*155 822	A4 c1	1.5	8 547 403	18
Chile Chili	22−IV−92	13 348 401	6 553 254	6 795 147	13 100	*14 210	A3 b1	1.6	756 626	19
Colombia Colombie	15−X−85	27 837 932	13 777 700	14 060 232	32 300	*35 099	A10b3	1.7	1 138 914	31
Ecuador[23] Equateur[23]	25−XI−90	9 648 189	4 796 412	4 851 777	10 264	*11 460	A5 b3	2.2	283 561	40
Falkland Is. (Malvinas)[24 25] Iles Falkland (Malvinas)[24 25]	5−III−91	2 050	1 095	955	x2	x2	A4 d	0.0	12 173	−
French Guyana[3] Guyane française[3]	15−III−90	114 808	59 798	55 010	x117	x147	A5 c1	4.6	90 000	2
Guyana Guyana	12−V−80	758 619	375 841	382 778	x796	x835	A15b1	1.0	214 969	4
Paraguay Paraguay	26−VIII−92	4 152 588	2 085 905	2 066 683	4 219	*4 828	A3 c2	2.7	406 752	12
Peru[22] Pérou[22]	11−VII−93	22 048 356	10 956 375	11 091 981	21 569	*23 532	A14c2	1.7	1 285 216	18
Suriname Suriname	1−VII−80	355 240	...	...	404	x423	A15c2	0.9	163 265	3
Uruguay[8] Uruguay[8]	23−X−85	2 955 241	1 439 021	1 516 220	3 094	*3 186	A10b3	0.6	177 414	18
Venezuela[22] Venezuela[22]	20−X−90	18 105 265	9 019 757	9 085 508	19 325	*21 644	A5 c1	2.3	912 050	24

Asia · Asie

Afghanistan Afghanistan	23−VI−79	13 051 358[26]	6 712 377[26]	6 338 981[26]	16 121[26]	x20 141	A16c3	([10])	652 090	31
Armenia Arménie	12−I−89	3 304 776[3]	1 619 308[3]	1 685 468[3]	3 545	*3 762	A6 b1	1.2	29 800	126

39 Population and human settlements   Population et établissements humains

8
Population by sex, rate of population increase, surface area and density [cont.]
Population selon le sexe, taux d'accroissement de la population, superficie et densité [suite]

Country or area Pays ou zone	Latest Census Dernier recensement Date	Both sexes Les deux sexes	Male Masculin	Female Féminin	Midyear estimates (thousands) Estimations au milieu de l'année (milliers) 1990	1995	Type[1] 1995	Annual rate of increase Taux d'accrois- sement annuel % 1990–95	Surface area (km²) Superficie (km²) 1995	Density Densité 1995[2]
Azerbaijan Azerbaïdjan	12–I–89	7 021 178[3]	3 423 793[3]	3 597 385[3]	7 153	x7 499	A6 b1	0.9	86 600	87
Bahrain Bahreïn	16–XI–91	508 037	294 346	213 691	503	*586	A4 c1	3.1	694	844
Bangladesh Bangladesh	12–III–91	*104 766 143	*53 918 319	*50 847 824	x108 118	x120 433	A4 c1	2.2	143 998	836
Bhutan Bhoutan	XI–69	1 034 774	...	...	x1 544	x1 638	A26c3	1.2	47 000	35
Brunei Darussalam[8][27] Brunéi Darussalam[8][27]	7–VIII–91	260 482	137 616	122 866	253	x285	A4 c2	2.4	5 765	49
Cambodia[28] Cambodge[28]	17–IV–62	5 728 771	2 862 939	2 865 832	8 568	*9 836	A33c3	2.8	181 035	54
China ††[29] Chine ††[29]	1–VIII–90	1 160 044 618	581 820 407	548 690 231	x1 155 305	x1 221 462	A5 c3	1.1	9 596 961	127
China, Hong Kong SAR †[31] Chine, Hong–Kong RAS †[31]	15–III–91	5 522 281	2 811 991	2 710 290	5 705	*6 190	A4 b2	1.6	1 075[32]	5 758
Cyprus Chypre	1–X–92	602 025[30]	299 614[30]	302 411[30]	681	x742	A3 b2	1.7	9 251	80
East Timor Timor oriental	31–X–90	747 750	386 939	360 811	x740	x814	A5 c1	1.9	14 874	55
Georgia Géorgie	12–I–89	5 400 841[3]	2 562 040[3]	2 838 801[3]	5 464	x5 457	A6 b1	–0.0	69 700	78
India[33] Inde[33]	1–III–91	846 302 688	439 230 458	407 072 230	834 697	x935 744	A4 c1	2.3	3 287 590	285
Indonesia[34] Indonésie[34]	31–X–90	179 378 946	89 463 545	89 915 401	179 483	*193 750	A5 c1	1.5	1 904 569	102
Iran, Islamic Republic of Iran, Rép. islamique d'	1–X–91	55 837 163	28 768 450	27 068 713	54 496	x67 283	A4 c1	4.2	1 633 188	41
Iraq Iraq	17–X–87	16 335 199	8 395 889	7 939 310	17 373	x20 449	A8 c1	3.3	438 317	47
Israel[3][35] Israël[3][35]	4–VI–83	4 037 620	2 011 590	2 026 030	4 660	*5 545	A12b1	3.5	21 056	263
Japan[36] Japon[36]	1–X–90	123 611 167	60 696 724	62 914 443	123 478	*125 197	A5 b1	0.3	377 801	331
Jordan[37] Jordanie[37]	10–XII–94	*4 095 579[38]	*2 135 883[38]	*1 959 696[38]	x4 259	x5 439	A16b3	4.9	97 740	56
Kazakhstan Kazakhstan	12–I–89	16 536 511	8 012 985	8 523 526	16 670	x16 590	A6 b1	–0.1	2 717 300	6
Korea, Dem. People's Rep. Corée, Rép. pop. dém. de	31–XII–93	21 213 378	10 329 699	10 883 679	x21 774	x23 917	D32c3	1.9	120 538	198
Korea, Republic of[8][39] Corée, Rép. de[8][39]	1–XI–90	43 410 899	21 782 154	21 628 745	42 869	*44 851	A5 c1	0.9	99 274	452
Kuwait Koweït	XI–95	1 575 983	914 324	661 659	2 141	*1 691	A10c1	–4.7	17 818	95
Kyrgyzstan Kirghizistan	12–I–89	4 257 755[3]	2 077 623[3]	2 180 132[3]	4 395	*4 668	A6 b1	1.2	198 500	24
Lao People's Dem. Rep. Rép. dém. populaire lao	1–III–85	3 584 803	1 757 115	1 827 688	x4 202	x4 882	A10c3	3.0	236 800	21
Lebanon[40] Liban[40]	15–XI–70	2 126 325[41]	1 080 015[41]	1 046 310[41]	2 555	x3 009	B25c3	3.3	10 400	289
Macau[42] Macao[42]	30–VIII–91	*385 089	...	...	335	*418	A4 c1	4.4	18	23194
Malaysia Malaisie	14–VIII–91	18 379 655	...	...	17 764	x20 140	A4 c2	2.5	329 758	61
Maldives Maldives	8–III–90	213 215	109 336	103 879	216	x254	A5 c1	3.3	298	852
Mongolia Mongolie	5–I–89	2 043 400	...	...	x2 177	x2 410	A6 c1	2.0	1 566 500	2

8
Population by sex, rate of population increase, surface area and density [cont.]
Population selon le sexe, taux d'accroissement de la population, superficie et densité [suite]

Country or area Pays ou zone	Latest Census Dernier recensement Date	Both sexes Les deux sexes	Male Masculin	Female Féminin	Midyear estimates (thousands) Estimations au milieu de l'année (milliers) 1990	1995	Type[1] 1995	Annual rate of increase Taux d'accroissement annuel % 1990–95	Surface area (km²) Superficie (km²) 1995	Density Densité 1995[2]
Myanmar Myanmar	31–III–83	35 307 913[3]	17 518 255[3]	17 789 658[3]	x41 813	x46 527	A12c2	2.1	676 578	69
Nepal[3] Népal[3]	22–VI–91	18 491 097	9 220 974	9 270 123	18 111	x21 918	A4 c1	3.8	147 181	149
Oman Oman	1–XII–93	2 018 074	...	...	2 000	x2 163	A2 c3	1.6	212 457	10
Pakistan[43] Pakistan[43]	1–III–81	84 253 644	44 232 677	40 020 967	112 404	*129 808	A14c1	2.9	796 095	163
Palestine[44] Palestine[44]	18–XI–31	1 035 821	524 268[45]	509 028[45]	...	...	...	...	...	...
Gaza Strip[46] Zone de Gaza[46]	14–IX–67	356 261	172 511	183 750	...	...	...	...	378	...
Philippines[3] Philippines[3]	1–V–90	60 559 116	30 443 187	30 115 929	61 480	*70 267	A5 c2	2.7	300 000	234
Qatar Qatar	16–III–86	369 079	247 852	121 227	486	x551	A9 c3	2.5	11 000	50
Saudi Arabia Arabie saoudite	27–IX–92	*16 929 294	*9 466 541	*7 462 753	14 870	x17 880	A3 c3	3.7	2 149 690	8
Singapore[47] Singapour[47]	30–VI–90	2 705 115	1 370 059	1 335 056	2 705	*2 987	A5 b2	2.0	618	4 833
Sri Lanka Sri Lanka	17–III–81	14 846 750	7 568 253	7 278 497	16 993	x18 354	A14c1	1.5	65 610	280
Syrian Arab Republic[48] Rép. arabe syrienne[48]	3–IX–94	*13 812 000	...	...	12 116	*14 315	A14c1	3.3	185 180	77
Tajikistan Tadjikistan	12–I–89	5 108 576	2 537 546	2 571 030	5 303	*5 836	A6 b1	1.9	143 100	41
Thailand[3] Thaïlande[3]	1–IV–90	*54 532 300	*27 031 200	*27 501 100	56 082	*60 206	A5 c1	1.4	513 115	117
Turkey Turquie	21–X–90	56 473 035	28 607 047	27 865 988	56 098	*61 644	A5 c1	1.9	774 815	80
Turkmenistan Turkménistan	12–I–89	3 522 717[3]	1 735 179[3]	1 787 538[3]	3 670	x4 099	A6 b1	2.2	488 100	8
United Arab Emirates[49] Emirats arabes unis[49]	15–XII–80	1 043 225	720 360	322 865	x1 671	*2 314	A15c3	6.5	83 600	28
Uzbekistan Ouzbékistan	12–I–89	19 810 077[3]	9 784 156[3]	10 025 921[3]	20 531	x22 843	A6 b1	2.1	447 400	51
Viet Nam Viet Nam	1–IV–89	64 411 713	31 336 568	33 075 145	66 233	x74 545	A6 c3	2.4	331 689	225
Yemen Yémen	16–XII–94	14 587 807	7 473 540	7 114 267	11 279	x14 501[9]	..	([10])	527 968	27
Europe · Europe										
Albania Albanie	12–IV–89	3 182 400	*1 638 900	*1 543 500	3 256	x3 645	A6 b1	2.3	28 748	127
Andorra Andorre	XI–54	5 664	...	...	53	x68	A41c3	5.1	453	150
Austria[3] Autriche[3]	15–V–91	7 795 786	3 753 989	4 041 797	7 718	*8 053	A4 b1	0.8	83 859	96
Belarus Bélarus	12–I–89	10 199 709	4 775 835	5 423 874	10 260	x10 141	A6 b1	−0.2	207 600	49
Belgium[3] Belgique[3]	1–III–91	*9 978 681	...	...	9 967	x10 113	A4 b1	0.3	30 519	331
Bosnia–Herzegovina[3] Bosnie–Herzégovine[3]	31–III–91	4 377 033	2 183 795	2 193 238	4 474	*4 484	A4 b1	0.0	51 129	88
Bulgaria Bulgarie	4–XII–92	*8 472 724	...	...	8 991	*8 402	A3 b1	−1.4	110 912[50]	76
Channel Islands Iles Anglo–Normandes	21–IV–91	142 949	69 159	73 790	x142	x148	A4 b1	0.8	195	759

41 Population and human settlements   Population et établissements humains

8
Population by sex, rate of population increase, surface area and density [cont.]
Population selon le sexe, taux d'accroissement de la population, superficie et densité [suite]

Country or area Pays ou zone	Latest Census Dernier recensement Date	Both sexes Les deux sexes	Male Masculin	Female Féminin	Midyear estimates (thousands) Estimations au milieu de l'année (milliers) 1990	1995	Type[1] 1995	Annual rate of increase Taux d'accroissement annuel % 1990-95	Surface area (km²) Superficie (km²) 1995	Density Densité 1995[2]
Guernsey[51] Guernesey[51]	21–IV–91	58 867	28 297	30 570	60	...	..	...	78	...
Jersey Jersey	10–III–91	84 082	40 862	43 220	...	84	A4 b1	...	116	728
Croatia[3] Croatie[3]	31–III–91	4 784 265	2 318 623	2 465 642	4 778	x4 495	A4 b1	−1.2	56 538	80
Czech Republic[3] Rép. tchéque[3]	3–III–91	10 302 215	4 999 935	5 302 280	10 363	*10 331	A4 b1	−0.1	78 864	131
Denmark[3][52] Danemark[3][52]	1–I–91	5 146 469	2 536 391	2 610 078	5 140	*5 228	A4 a1	0.3	43 094	121
Estonia Estonie	12–I–89	1 565 662[3]	731 392[3]	834 270[3]	1 571	x1 530	A6 b1	−0.5	45 100	34
Faeroe Islands[3] Iles Féroé[3]	22–IX–77	41 969	21 997	19 972	47	x47	A18b1	−0.2	1 399	34
Finland[3] Finlande[3]	31–XII–90	4 998 478	2 426 204	2 572 274	4 986	*5 108	A5 b1	0.5	338 145	15
France[53][54] France[53][54]	5–III–90	56 634 299[55]	27 553 788[55]	29 080 511[55]	56 735	*58 143	A5 b1	0.5	551 500	105
Germany †[3] Allemagne †[3]	...	...	...	...	79 365	*81 642	..	0.6	356 733	229
Federal Rep. of Germany[3] Rép. féd. d'Allemagne[3]	25–V–87	61 077 042	29 322 923	31 754 119	63 253	...	..	..	248 647	..
former German Dem Rep.[3] l'ex–R. d. allemande[3]	31–XII–81	16 705 635	7 849 112	8 856 523	16 247	...	..	..	108 333	..
Gibraltar[56] Gibraltar[56]	9–XI–81	29 616	14 992	14 624	31	x28	A4 b1	−1.9	6	4 667
Greece Grèce	17–III–91	10 259 900	5 055 408	5 204 492	10 161	*10 458	A4 b2	0.6	131 957	79
Holy See Saint–Siège	30–IV–48	890	548	342	x1	x1	D7 c1	0.0	0[59]	2 273
Hungary Hongrie	1–I–90	10 374 823[57]	4 984 904[57]	5 389 919[57]	10 365[58]	10 225[58]	A5 b1	−0.3	93 032	110
Iceland[3] Islande[3]	1–XII–70	204 930	103 621	101 309	255	*269	A25a1	1.1	103 000	3
Ireland Irlande	21–IV–91	3 525 719	1 753 418	1 772 301	3 503	*3 582	A4 b2	0.4	70 284	51
Isle of Man Ile de Man	14–IV–91	69 788	33 693	36 095	x69	x72	A4 b1	0.8	572	126
Italy Italie	20–X–91	59 103 833	...	...	57 661[3]	x57 187[3]	A4 b1	−0.2	301 268	190
Latvia Lettonie	12–I–89	2 666 567[3]	1 238 806[3]	1 427 761[3]	2 671	*2 515	A6 b1	−1.2	64 600	39
Liechtenstein Liechtenstein	2–XII–80	25 215	...	...	x29	x31	A15b1	1.3	160	194
Lithuania Lithuanie	12–I–89	3 674 802[3]	1 738 953[3]	1 935 849[3]	3 722	*3 715	A6 b1	−0.0	65 200	57
Luxembourg[3] Luxembourg[3]	31–III–91	384 634	188 570	196 064	382	*406	A4 b2	1.2	2 586	157
Malta[60] Malte[60]	16–XI–85	345 418	169 832	175 586	354	*371	A10b2	0.9	316	1 173
Monaco[3] Monaco[3]	4–III–82	27 063	12 598	14 465	x30	x32	A13c1	1.3	1[61]	21 477
Netherlands[3] Pays–Bas[3]	28–II–71	13 060 115	...	...	14 952	*15 451	A24a1	0.7	40 844	378
Norway[3] Norvège[3]	3–XI–90	4 247 546	2 099 881	2 147 665	4 241	*4 360	A5 a1	0.6	323 877	13
Poland[62] Pologne[62]	6–XII–88	37 878 641	18 464 373	19 414 268	38 119	*38 588	A7 b1	0.2	323 250	119

8
Population by sex, rate of population increase, surface area and density [cont.]
Population selon le sexe, taux d'accroissement de la population, superficie et densité [suite]

Country or area Pays ou zone	Latest Census Dernier recensement Date	Both sexes Les deux sexes	Male Masculin	Female Féminin	Midyear estimates (thousands) Estimations au milieu de l'année (milliers) 1990	1995	Type[1] 1995	Annual rate of increase Taux d'accroissement annuel % 1990-95	Surface area (km²) Superficie (km²) 1995	Density Densité 1995[2]
Portugal[63] Portugal[63]	15-IV-91	9 862 540	4 754 632	5 107 908	9 899	x10 797	A4 b1	1.7	91 982	117
Republic of Moldova Moldova, Rép. de	12-I-89	4 337 592	2 058 160	2 279 432	4 364	*4 432	A6 b1	0.3	33 700	132
Romania Roumanie	7-I-92	22 810 035	11 213 763	11 596 272	23 207	*22 680	A3 b2	-0.5	238 391	95
Russian Federation Fédération de Russie	12-I-89	147 021 869[3]	68 713 869[3]	78 308 000[3]	147 913	*147 855	A6 b1	-0.0	17 075 400	9
San Marino Saint-Marin	30-XI-76	19 149	9 654	9 495	23	25	A19a2	1.5	61	410
Slovakia[3] Slovaquie[3]	3-III-91	5 274 335	2 574 061	2 700 274	5 298	*5 364	A4 b1	0.2	49 012	109
Slovenia[3] Slovénie[3]	31-III-91	1 965 986	952 611	1 013 375	1 998	*1 984	A4 b1	-0.1	20 256	98
Spain[64] Espagne[64]	1-III-91	39 433 942	19 338 083	20 095 859	38 959	*39 210	A4 c1	0.1	505 992	77
Svalbard and Jan Mayen Isl.[65] Svalbard et Ile Jan-Mayen[65]	1-XI-60	3 431	2 545	886	...	...	...	...	62 422	...
Sweden[3] Suède[3]	1-IX-90	8 587 353	4 242 351	4 345 002	8 559	*8 831	A5 a1	0.6	449 964	20
Switzerland[3] Suisse[3]	4-XII-90	6 873 687	3 390 212	3 483 475	6 712	*7 040	A5 b1	1.0	41 284	171
TFYR of Macedonia[3] L'ex-R.y. Macédoine[3]	20-VI-94	*1 936 877	...	...	2 028	x2 163	A4 b1	1.3	25 713	84
Ukraine Ukraine	12-I-89	51 452 034[3]	23 745 108[3]	27 706 926[3]	51 839	*51 639	A6 b1	-0.1	603 700	86
United Kingdom[66] Royaume-Uni[66]	21-IV-91	*56 352 200	...	...	57 561	x58 258	A4 b1	0.2	244 100	239
Yugoslavia[3] Yougoslavie[3]	31-III-91	10 394 026	5 157 120	5 236 906	10 529	*10 544	A4 b1	0.0	102 173	103
Oceania · Océanie										
American Samoa[3][19] Samoa américaines[3][19]	1-IV-90	46 773	24 023	22 750	47	*56	A5 b1	3.5	199	283
Australia Australie	30-VI-91	16 850 540	8 362 815	8 487 725	17 065	*18 054	A4 b1	1.1	7 741 220	2
Cook Islands[67] Iles Cook[67]	1-XII-91	*18 617	...	...	x18	x19	A4 b1	0.9	236	81
Fiji Fidji	31-VIII-86	715 375	362 568	352 807	731	*796	A9 b1	1.7	18 274	44
French Polynesia[68] Polynésie française[68]	6-IX-88	188 814	98 345	90 469	197	x220	A7 c1	2.2	4 000	55
Guam[3][19] Guam[3][19]	1-IV-90	133 152	70 945	62 207	133	*149	A5 b1	2.3	549	272
Kiribati[69] Kiribati[69]	7-XI-90	72 298	...	...	x72	x79	A5 c1	1.9	726	109
Marshall Islands Iles Marshall	13-XI-88	43 380	...	...	46	*56	A7 c1	3.7	181	307
Micronesia, Federated States of Micronésie, Etats fédérés de	18-IX-94	105 506	53 923	51 583	101	*105	A1 c1	1.0	702	150
Nauru Nauru	1992	*9 919	...	...	x10	11	A3 d	1.5	21	514
New Caledonia[70] Nouvelle-Calédonie[70]	4-IV-89	164 173	83 862	80 311	170	*186	A6 c1	1.8	18 575	10
New Zealand[71] Nouvelle-Zélande[71]	5-III-91	3 434 949	1 693 050	1 741 899	3 363	*3 542	A4 b1	1.0	270 534	13
Niue Nioué	IX-91	2 239	...	...	x2	x2	A4 d	0.0	260	8

8 Population by sex, rate of population increase, surface area and density [cont.]
Population selon le sexe, taux d'accroissement de la population, superficie et densité [suite]

Country or area Pays ou zone	Latest Census Date Dernier recensement	Both sexes Les deux sexes	Male Masculin	Female Féminin	Midyear estimates (thousands) 1990 Estimations au milieu de l'année (milliers)	1995	Type[1] 1995	Annual rate of increase Taux d'accrois- sement annuel % 1990-95	Surface area (km^2) 1995	Density Densité 1995[2]
Norfolk Island Ile Norfolk	30–VI–86	2 367	1 170	1 197	...	...	..	...	36	...
Northern Mariana Islands Iles Mariannes du Nord	1–IV–90	43 345	...	...	26[9]	x47	A5 c1	([10])	464	101
Palau Palaos	1990	15 122	...	...	x15	x17	A5 c1	2.5	459	37
Papua New Guinea [72] Papouasie–Nouv.–Guinée[72]	11–VII–90	3 607 954	...	...	3 699	*4 074	A5 c3	1.9	462 840	9
Pitcairn Pitcairn	31–XII–91	66	...	...	–	...	..	...	5	...
Samoa Samoa	XI–91	*161 298	...	...	164	x171	A4 c1	0.9	2 831	60
Solomon Islands [73] Iles Salomon [73]	23–XI–86	285 176	147 972	137 204	x320	378	A9 c1	3.3	28 896	13
Tokelau Tokélau	1991	1 577	..	...	x2	x2	A4 b1	0.0	12	167
Tonga Tonga	28–XI–86	94 649	47 611	47 038	97	x98	A9 c1	0.3	747	131
Tuvalu Tuvalu	17–IX–91	9 043	4 376	4 667	x9	x10	A4 c1	2.1	26	385
Vanuatu Vanuatu	16–V–89	142 944	73 674	69 270	144	165	A6 c1	2.7	12 189	14
Wallis and Futuna Islands Iles Wallis et Futuna	1990	13 705	...	...	x14	x14	A5 c1	0.0	200	70

Source:
Demographic statistics database of the Statistics Division of the United Nations Secretariat.

Source:
Base de données pour les statistiques démographique de la Division de statistique du Secrétariat de l'ONU.

† For information on recent changes in country or area nomenclature pertaining to former Czechoslovakia, Germany, Hong Kong Special Administrative Region (SAR) of China, SFR Yugoslavia and former USSR, see Annex I – Country or area nomenclature, regional and other groupings.

†† For statistical purposes, the data for China do not include those for the Hong Kong Special Administrative Region (Hong Kong SAR) and Taiwan province of China.

* Provisional.
x Estimate prepared by the Population Division of the United Nations.
1 For explanation of code, see technical notes to this chapter.
2 Population per square kilometre of surface area in 1994. Figures are merely the quotients of population divided by surface area and are not to be considered either as reflecting density in the urban sense or as indicating the supporting power of a territory's land and resources.
3 De jure population.
4 Including the enclave of Cabinda.
5 Data have been adjusted for underenumeration, estimated at 1.4 per cent.
6 Excluding Mayotte.
7 Comprising Bioko (which includes Pagalu) and Rio Muni (which includes Corisco and Elobeys).
8 Mid-year estimates have been adjusted for under-enumeration. Census data have not been adjusted for under-enumeration, estimated as follows:

† Pour les modifications récentes de nomenclature de pays ou de zone concernant l'Allemagne, Hong–Kong (Région administrative spéciale de Chine), l'ex–Tchécoslovaquie, l'ex–URSS, Rfs de Yougoslavie, voir annexe I – Nomenclature des pays ou des zones, groupements régionaux et autres groupments.

†† Les données statistiques relatives à la Chine ne comprennent pas celles qui concernent la région administrative spéciale de Hong–Kong (la RAS de Hong–Kong) et la province chinoise

* Données provisoires.
x Estimation établie par la Division de la population de l'Organisation des Nations Unies.
1 Pour l'explication du code, voir la remarque générale concernant ce chapître.
2 Nombre d'habitants au kilomètre carré en 1994. Il s'agit simplement du quotient du chiffre de la population divisé par celui de la superficie: il ne faut pas y voir d'indication de la densité au sens urbain du terme ni de l'effectif de population que les terres et les ressources du territoire sont capables de nourrir.
3 Population de droit.
4 Y compris l'enclave de Cabinda.
5 Les données ont été ajustées pour compenser les lacunes de dénombrement, estimées à 1,4 p. 100.
6 Non compris Mayotte.
7 Comprend Bioko (qui comprend Pagalu) et Rio Muni (qui comprend Corisco et Elobeys).
8 Les estimations au milieu de l'année tiennent compte d'un ajustement destiné à compenser les lacunes du dénombrement. Les données de recensement ne tiennent pas compte de cet ajustement. En voici le détail:

8
Population by sex, rate of population increase, surface area and density [cont.]
Population selon le sexe, taux d'accroissement de la population,
superficie et densité [suite]

	Percentage adjustment	Adjusted census total		Ajustement (en pourcentage)	Chiffre de recensement ajusté
Brunei Darussalam	1.06	...	Brunéi Darussalam	1,06	...
Guatemala	13.7	...	Guatemala	13,7	...
Korea, Republic of	1.9	...	Corée, Rép. de	1,9	...
Mozambique	3.8	...	Mozambique	3,8	...
Netherlands Antilles	2.0	...	Antilles néerlandaises	2,0	...
Sierra Leone	10.0	*3 002 426	Sierra Leone	10,0	*3 002 426
Uruguay	2.6	...	Uruguay	2,6	...

9 Estimate not in accord with the latest census and/or the latest estimate.
10 Rate not computed because of apparent lack of comparability between estimates shown for 1990 and 1994.
11 Including an estimate of 224,095 for nomad population.
12 Comprising the islands of Agalega and St. Brandon.
13 Excluding Bophuthatswana, Ciskei, Transkei and Venda.
14 Comprising the Northern Region (former Saguia el Hamra) and Southern Region (former Rio de Oro).
15 De jure population, but excluding persons residing in institutions.
16 Including Carriacou and other dependencies in the Grenadines.
17 Including dependencies: Marie−Galante, la Désirade, les Saintes, Petite−Terre, St. Barthélemy and French part of St. Martin.
18 Comprising Bonaire, Curaçao, Saba, St. Eustatius and Dutch part of St. Martin.
19 Including armed forces in the area.
20 Including Bequia and other islands in the Grenadines.
21 De jure population, but excluding civilian citizens absent from country for extended period of time. Census figures also exclude armed forces overseas.
22 Excluding Indian jungle population.
23 Excluding nomadic Indian tribes.
24 Excluding dependencies, of which South Georgia (area 3,755 km^2) had an estimated population of 499 in 1964 (494 males, 5 females). The other dependencies namely, the South Sandwich group (surface area 337 km^2) and a number of smaller islands, are presumed to be uninhabited.
25 A dispute exists between the governments of Argentina and the United Kingdom of Great Britain and Northern Ireland concerning sovereignty over the Falkland Islands (Malvinas).
26 Excluding nomad population.
27 Excluding transients afloat.
28 Excluding foreign diplomatic personnel and their dependants.
29 This total population of China, as given in the communiqué of the State Statistical Bureau releasing the major figures of the census, includes a population of 6,130,000 for Hong Kong and Macau.
30 For government controlled areas.
31 Comprising Hong Kong island, Kowloon and the New (leased) Territories.
32 Land area only. Total including ocean area within administrative boundaries is 2,916 km^2.
33 Including data for the Indian−held part of Jammu and Kashmir, the final status of which has not yet been determined.
34 Figures provided by Indonesia including East Timor, shown separately.
35 Including data for East Jerusalem and Israeli residents in certain other territories under occupation by Israeli military forces since June 1967.
36 Comprising Hokkaido, Honshu, Shikoku, Kyushu. Excluding diplomatic personnel outside the country and foreign military and civilian personnel and their dependants stationed in the area.

9 L'estimation ne s'accorde pas avec le dernier recensement, et/ou avec la dernière estimation.
10 On n'a pas calculé le taux parce que les estimations pour 1990 et 1994 ne paraissent pas comparables.
11 Y compris une estimation de 224 095 personnes pour la population nomade
12 Y compris les îles Agalega et Saint−Brandon.
13 Non compris Bophuthatswana, Ciskei, Transkei et Venda.
14 Comprend la région septentrionale (ancien Saguia−el−Hamura) et la région méridionale (ancien Rio de Oro).
15 Population de droit, mais non compris les personnes dans les institutions.
16 Y compris Carriacou et les autres dépendances du groupe des îles Grenadines.
17 Y compris les dépendances: Marie−Galante, la Désirade, les Désirade, les Saintes, Petite−Terre, Saint−Barthélemy et la partie française de Saint−Martin.
18 Comprend Bonaire, Curaçao, Saba, Saint−Eustache et la partie néederlandaise de Saint−Martin.
19 Y compris les militaires en garnison sur le territoire.
20 Y compris Bequia et des autres îles dans les Grenadines.
21 Population de droit, mais non compris les civils hors du pays pendant une période prolongée. Les chiffres de recensement ne comprennent pas également les militaires à l'étranger.
22 Non compris les Indiens de la jungle.
23 Non compris les tribus d'Indiens nomades.
24 Non compris les dépendances, parmi lesquelles figure la Georgie du Sud (3 755 km^2) avec une population estimée à 499 personnes en 1964 (494 du sexe masculin et 5 du sexe féminin). Les autres dépendances, c'est−à−dire le groupe des Sandwich de Sud (superficie: 337 km^2) et certaines petite−îles, sont présumées inhabitées.
25 La souveraineté sur les îles Falkland (Malvinas) fait l'objet d'un différend entre le Gouvernement argentin et le Gouvernement du Royaume−Uni de Grande−Bretagne et d'Irlande du Nord.
26 Non compris la population nomade.
27 Non compris les personnes de passage à bord des navires.
28 Non compris le personnel diplomatique étranger et les membres de leur famille les accompagnant.
29 Le chiffre indiqué pour la population totale de la Chine, qui figure dans le communiqué du Bureau du statistique de l'Etat publiant les principaux chiffres du recensement, comprennent la population de Hong−kong et Macao qui s'élève à 6 130 000 personnes.
30 Pour les zones contrôlées par le Gouvernement.
31 Comprend les îles de Hong−kong, Kowloon et les Nouveaux Territoires (à bail).
32 Superficie terrestre seulement. La superficie totale, qui comprend la zone maritime se trouvant à l'intérieur des limites administratives, est de 2 916 km^2.
33 Y compris les données pour la partie du Jammu et du Cachemire occupée par l'Inde dont le statut définitif n'a pas encore été déterminé.
34 Les chiffres fournis par l'Indonesie comprennent le Timor oriental, qui fait l'objet d'une rubrique distincte.
35 Y compris les données pour Jérusalem−Est et les résidents israéliens dans certains autres territoires occupés depuis juin 1967 par les forces armées israéliennes.

8
Population by sex, rate of population increase, surface area and density [*cont.*]
Population selon le sexe, taux d'accroissement de la population, superficie et densité [*suite*]

37 Including military and diplomatic personnel and their families abroad, numbering 933 at 1961 census, but excluding foreign military and diplomatic personnel and their families in the country, numbering 389 at 1961 census. Also including registered Palestinian refugees number 654,092 and 722,687 at 30 June 1963 and 31 May 1967, respectively.
38 Excluding data for Jordanian territory under occupation since June 1967 by Israeli military forces.
39 Excluding alien armed forces, civilian aliens employed by armed forces, foreign diplomatic personnel and their dependants and Korean diplomatic personnel and their dependants outside the country.
40 Excluding Palestinian refugees in camps.
41 Based on results of sample survey.
42 Comprising Macau City and islands of Taipa and Coloane.
43 Excluding data for Jammu and Kashmir, the final status of which has not yet been determined, Junagardh, Manavadar, Gilgit and Baltistan.
44 Former mandated territory administered by the United Kingdom until 1948.
45 Excluding United Kingdom armed forces, numbering 2,507.
46 Comprising that part of Palestine under Egyptian administration following the Armistice of 1949 until June 1967, when it was occupied by Israeli military forces.
47 Excluding transients afloat and non–locally domiciled military and civilian services personnel and their dependants and visitors, numbering 5,553, 5,187 and 8,895 respectively at 1980 census.
48 Including Palestinian refugees numbering 193,000 on 1 July 1977.
49 Comprising 7 sheikdoms of Abu Dhabi, Dubai, Sharjah, Ajaman, Umm al Qaiwain, Ras al Khaimah and Fujairah, and the area lying within the modified Riyadh line as announced in October 1955.
50 Excluding surface area of frontier rivers.
51 Including dependencies: Alderey, Brechou, Herm, Jethou, Lithou and Sark Island.
52 Excluding Faeroe Islands and Greenland, shown separately.
53 Excluding Overseas Departments, namely French Guiana, Guadeloupe, Martinique and Réunion, shown separately.
54 De jure population, but excluding diplomatic personnel outside the country and including foreign diplomatic personnel not living in embassies or consulates.
55 Excluding military personnel stationed outside the country who do not have a personal residence in France.
56 Excluding armed forces.
57 Including armed forces stationed outside the country, but excluding alien armed forces stationed in the area.
58 Including armed forces stationed outside the country and alien armed forces stationed in the area.
59 Surface area is 0.44 km^2.
60 Including Gozo and Comino Islands and civilian nationals temporarily outside the country.
61 Surface area is 1.49 km^2.
62 Excluding civilian aliens within the country, but including civilian nationals temporarily outside the country.
63 Including the Azores and Madeira Islands.
64 Including the Balearic and Canary Islands, and Alhucemas, Ceuta, Chafarinas, Melilla and Penon de Vélez de la Gomera.
65 Inhabited only during the winter season. Census data are for total population while estimates refer to Norwegian population only. Included also in the de jure population of Norway.
66 Excluding Channel Islands and Isle of Man, shown separately.
67 Excluding Niue, shown separately, which is part of Cook Islands, but because of remoteness is administered separately.
68 Comprising Austral, Gambier, Marquesas, Rapa, Society and Tuamotu Islands.
69 Including Christmas, Fanning, Ocean and Washington Islands.

36 Comprend Hokkaido, Honshu, Shikoku, Kyushu. Non compris le personnel diplomatique hors du pays, les militaires et agents civils étrangers en poste sur le territoire et les membres de leur famille les accompagnant.
37 Y compris les militaires et le personnel diplomatique à l'étranger et les membres de leur famille les accompagnant, au nombre de 933 personnes au recensement de 1961, mais non compris les militaires et le personnel diplomatique étrangers sur le territoire et les membres de leur famille les accompagnant, au nombre de 389 personnes au recensement de 1961. Y compris également les réfugiés de Palestine immatriculés: 654 092 au 30 juin 1963 et 722 687 au 31 mai 1967.
38 Non compris les données pour le territoire jordanien occupé depuis juin 1967 par les forces armées israéliennes.
39 Non compris les militaires étrangers, les civils étrangers employés par les armées, le personnel diplomatique étranger et les membres de leur famille les accompagnant et le personnel diplomatique coréen hors du pays et les membres de leur familles les accompagnant.
40 Non compris les réfugiés de Palestine dans les camps.
41 D'après les résultats d'une enquête par sondage.
42 Comprend la ville de Macao et les îles de Taipa et de Colowane.
43 Non compris les données pour le Jammu et le Cachemire, dont le status définitif n'a pas encore été déterminé, le Junagardh, le Manavadar, le Gilgit et le Baltistan.
44 Ancien territoire sous mandat administré par le Royaume–Uni jusqu'à 1948.
45 Non compris les forces armées du Royaume–Uni au nombre de 2 507 personnes.
46 Comprend la partie de la Palestine administrée par l'Egypt depuis l'armistice de 1949 jusqu'en juin 1967, date laquelle elle a été occupée par les forces armées israéliennes.
47 Non compris les personnes de passage à bord de navires, les militaires et agents civils non résidents et les membres de leur famille les accompagnant et les visiteurs, soit: 5 553, 5 187 et 8 895 personnes respectivement au recensement de 1980.
48 Y compris les réfugiés de Palestine au nombre de 193 000 au 1er juillet 1977.
49 Comprend les sept cheikhats de Abou Dhabi, Dabai, Ghârdja, Adjmân, Oumm–al–Quiwaïn, Ras al Khaîma et Foudjaïra, ainsi que la zone délimitée par la ligne de Riad modifiée comme il a été annoncé en octobre 1955.
50 Non compris la surface des cours d'eau frontières.
51 Y compris les dépendances: Aurigny, Brecqhou, Herm, Jethou, Lihou et l'île de Sercq.
52 Non compris les îles Féroé et le Groenland, qui font l'objet de rubriques distinctes.
53 Non compris les départements d'outre–mer, c'est–à–dire la Guyane française, la Guadeloupe, la Martinique et la Réunion, qui font l'objet de rubriques distinctes.
54 Population de droit, non compris le personnel diplomatique hors du pays et y compris le personnel diplomatique étranger qui ne vit pas dans les ambassades ou les consulats.
55 Non compris les militaires en garnison hors du pays et sans résidence personnelle en France.
56 Non compris les militaires.
57 Y compris les militaires en garnison hors du pays, mais non compris les militaires étrangers en garnison sur le territoire. territoire.
58 Y compris les militaires en garnison hors du pays, et les militaires étrangers en garnison sur le territoire. territoire.
59 Superficie: 0,44 km^2.
60 Y compris les îles de Gozo et de Comino et les civils nationaux temporairement hors du pays.
61 Superficie: 1,49 km^2.
62 Non compris les civils étrangers dans le pays, mais y compris les civils nationaux temporairement hors du pays.
63 Y compris les Açores et Madère.
64 Y compris les Baléares et les Canaries, Al Hoceima, Ceuta, les

8
Population by sex, rate of population increase, surface area and density [*cont.*]
Population selon le sexe, taux d'accroissement de la population,
superficie et densité [*suite*]

70 Including the islands of Huon, Chesterfield, Loyalty, Walpole and Belep Archipelago.
71 Including Campbell and Kermadec Islands (population 20 in 1961, surface area 148 km^2) as well as Antipodes, Auckland, Bounty, Snares, Solander and Three Kings island, all of which are uninhabited. Excluding diplomatic personnel and armed forces outside the country, the latter numbering 1,936 at 1966 census; also excluding alien armed forces within the country.
72 Comprising eastern part of New Guinea, the Bismarck Archipelago, Bougainville and Buka of Solomon Islands group and about 600 smaller islands.
73 Comprising the Solomon islands group (except Bougainville and Buka which are included with Papua New Guinea shown separately), Ontong, Java, Rennel and Santa Cruz Islands.

îles Zaffarines, Melilla et Penon de Vélez de la Gomera.
65 N'est habitée pendant la saison d'hiver. Les données de recensement se rapportent à la populatio totale, mais les estimations ne concernent que la population norvégienne, comprise également dans la population de droit de la Norvège.
66 Non compris les îles Anglo–Normandes et l'île de Man, qui font l'objet de rubriques distinctes.
67 Non compris Nioué, qui fait l'objet d'une rubrique distincte et qui fait partie des îles Cook, mais qui, en raison de son éloignement, est administrée séparément.
68 Comprend les îles Australes, Gambier, Marquises, Rapa, de la Societé et Tuamotou.
69 Y compris les îles Christmas, Fanning, Océan et Washington.
70 Y compris les îles Huon, Chesterfield, Loyauté et Walpole, et l'archipel Belep.
71 Y compris les îles Campbell et Kermadec (20 habitants en 1961, superficie: 148 km^2) ainsi que les îles Antipodes, Auckland, Bounty, Snares, Solander et Three Kings, qui sont toutes inhabitées. Non compris le personnel diplomatique et les militaires hors du pays, ces derniers au nombre de 1 936 au recensement de 1966; non compris également les militaires étrangers dans le pays.
72 Comprend l'est de la Nouvelle–Guinée, l'archipel Bismarck, Bougainville et Buka (ces deux dernières du groupe des Salomon) et environ 600 îlots.
73 Comprend les îles Salomon (à l'exception de Bougainville et de Buka dont la population est comprise dans celle de Papouasie–Nouvelle Guinée qui font l'objet d'une rubrique distincte), ainsi que les îles Ontong, Java, Rennel et Santa Cruz.

9
Population in urban and rural areas, rates of growth and largest urban agglomeration population
Population urbaine, population rurale, taux d'accroissement et population de l'agglomération urbaine la plus peuplée

Country or area Pays ou zone	Year Année	Rural % Rurale %	Urban % Urbaine %	Pop. rural Pop. rurale	Pop. urban Pop. urbaine	Number (000s) Nombre (000s)	% of urban % de urbaine	% of total % de totale
Africa · Afrique								
Algeria	1990	48.3	51.7	0.9	4.3	3033	23.5	12.2
Algérie	1995	44.3	55.7	0.7	3.9	3705	23.7	13.2
Angola	1990	72.4	27.6	1.9	5.5	1606	63.1	17.4
Angola	1995	69.0	31.0	2.2	5.5	2081	62.2	19.2
Benin	1990	65.5	34.5	1.9	5.3	...	...	...
Bénin	1995	61.6	38.4	1.7	5.0	194[2]	9.34	3.6
Botswana	1990	58.5	41.5	-1.6	13.3	...	...	...
Botswana	1995	40.0	60.0	-5.0	10.0	182	20.9	12.6
Burkina Faso	1990	86.4	13.6	2.3	6.3	594	48.3	6.6
Burkina Faso	1995	84.1	15.9	2.3	6.0	824	49.5	7.9
Burundi	1990	93.7	6.3	2.7	6.6	...	...	...
Burundi	1995	92.5	7.5	1.7	5.6	278	61.0	4.6
Cameroon	1990	59.7	40.3	1.3	5.2	1001	21.6	8.7
Cameroun	1995	55.3	44.7	1.2	4.9	1320	22.4	10.0
Cape Verde	1990	55.8	44.2	-1.7	7.7	...	...	...
Cap-Vert	1995	45.8	54.2	-1.5	6.6	68	32.5	17.6
Central African Rep.	1990	62.5	37.5	2.0	3.1	...	...	...
Rép. centrafricaine	1995	60.9	39.1	1.7	3.1	553	43.2	16.9
Chad	1990	78.9	21.1	1.7	3.1	613	52.4	11.0
Tchad	1995	77.8	22.2	2.3	3.7	826	58.6	13.0
Comoros	1990	72.1	27.9	2.4	4.9	...	...	...
Comores	1995	69.5	30.5	2.4	4.9	36	19.4	5.9
Congo	1990	46.6	53.4	0.6	5.3	792	66.5	35.5
Congo	1995	41.6	58.4	0.7	4.8	1004	66.3	38.7
Côte d'Ivoire	1990	59.6	40.4	2.4	4.8	2189	46.3	18.7
Côte d'Ivoire	1995	56.6	43.4	2.1	4.6	2793	47.0	20.4
Dem. Rep. of the Congo	1990	72.0	28.0	3.3	3.3	3445	33.0	9.2
Rép. dém. du Congo	1995	71.3	28.7	3.7	4.4	4241	32.5	9.3
Djibouti	1990	19.7	80.3	3.0	6.3	...	...	...
Djibouti	1995	17.9	82.1	1.0	3.5	493	100.0	82.0
Egypt	1990	56.1	43.9	2.5	2.5	8633	34.9	15.3
Egypte	1995	55.4	44.6	1.7	2.3	9690	35.0	15.6
Equatorial Guinea	1990	64.2	35.8	0.7	6.1	...	...	...
Guinée équatoriale	1995	57.8	42.2	0.4	5.9	30	17.8	7.5
Eritrea	1990	84.2	15.8	1.1	2.6	...	...	...
Erythrée	1995	82.9	17.1	1.6	3.5	431	79.5	13.6
Ethiopia	1990	86.6	13.4	2.7	6.0	1912	29.6	4.0
Ethiopie	1995	84.6	15.4	2.7	5.9	2431	28.0	4.3
Gabon	1990	55.4	44.6	1.2	5.7	...	...	...
Gabon	1995	49.9	50.1	0.7	5.2	419	77.7	38.9
Gambia	1990	74.3	25.7	3.4	6.9	...	...	...
Gambie	1995	71.0	29.0	2.8	6.2	186	57.6	16.7
Ghana	1990	66.1	33.9	2.7	4.1	1403	27.6	9.3
Ghana	1995	64.1	35.9	2.3	4.0	1673	26.9	9.7
Guinea	1990	74.3	25.7	2.0	5.7	1123	76.0	19.5
Guinée	1995	70.8	29.2	3.9	7.5	1558	72.6	21.2
Guinea-Bissau	1990	80.0	20.0	1.6	3.7	...	...	...
Guinée-Bissau	1995	78.3	21.7	1.6	3.7	233	100.4	21.8
Kenya	1990	75.9	24.1	2.2	7.3	1403	24.8	6.0
Kenya	1995	71.4	28.6	1.7	6.4	1810	23.3	6.7
Lesotho	1990	79.9	20.1	1.8	6.6	...	...	...
Lesotho	1995	76.0	24.0	1.6	6.1	297	61.1	14.7
Liberia	1990	57.9	42.1	2.2	4.5	670	61.8	26.0
Libéria	1995	55.0	45.0	-4.9	-2.6	962	100.0	45.3
Libyan Arab Jamahiriya	1990	18.2	81.8	-1.4	5.0	1344	36.1	29.6
Jamah. arabe libyenne	1995	14.6	85.4	-0.8	4.3	1682	36.5	31.1
Madagascar	1990	76.5	23.5	2.7	5.9	686	23.1	5.4
Madagascar	1995	73.6	26.4	2.5	5.6	876	22.3	5.9

9
Population in urban and rural areas, rates of growth and largest urban agglomeration population [cont.]
Population urbaine, population rurale, taux d'accroissement et population de l'agglomération urbaine la plus peuplée [suite]

Country or area Pays ou zone	Year Année	Rural % Rurale %	Urban % Urbaine %	Growth rate p.a. (%) [1] Taux d'accroissement p.a. (%) [1] Pop. rural Pop. rurale	Pop. urban Pop. urbaine	Largest urban agglomeration population Population de l'agglomération urbaine la plus peuplée Number (000s) Nombre (000s)	% of urban % de urbaine	% of total % de totale
Malawi	1990	88.2	11.8	4.7	7.6	...	...	...
Malawi	1995	86.5	13.5	0.4	3.3	437[2]	33.6	4.5
Mali	1990	76.2	23.8	2.3	5.5	738	33.6	8.0
Mali	1995	73.2	26.8	2.4	5.6	919	31.7	8.5
Mauritania	1990	56.5	43.5	−0.3	6.9	...	...	...
Mauritanie	1995	48.8	51.2	−0.4	5.8	694	59.6	30.5
Mauritius	1990	59.5	40.5	1.1	0.4	...	...	...
Maurice	1995	59.5	40.5	1.1	1.1	165	36.5	14.8
Morocco	1990	51.8	48.2	0.8	3.7	2721	23.5	11.3
Maroc	1995	48.1	51.9	0.5	3.4	3101	22.6	11.7
Mozambique	1990	73.4	26.6	−1.0	7.2	1515	40.1	10.7
Mozambique	1995	66.2	33.8	1.9	8.7	2212	37.9	12.8
Namibia	1990	69.0	31.0	1.5	5.9	...	...	...
Namibie	1995	64.0	36.0	1.1	5.5	190	34.4	12.4
Niger	1990	83.9	16.1	2.7	5.6	...	...	...
Niger	1995	81.8	18.2	2.9	5.8	587	35.2	6.4
Nigeria	1990	65.0	35.0	1.7	5.5	7742	23.0	8.1
Nigéria	1995	60.4	39.6	1.6	5.4	10287	23.3	9.2
Reunion	1990	36.1	63.9	−0.6	3.1	...	...	...
Réunion	1995	32.3	67.7	−0.6	2.8	133	30.0	20.3
Rwanda	1990	94.7	5.3	2.7	4.0	...	...	...
Rwanda	1995	94.3	5.7	−6.0	−4.7	286	97.3	5.5
Sao Tome and Principe	1990	61.1	38.9	1.0	4.6	...	...	...
Sao Tomé−et−Principe	1995	57.1	42.9	0.8	4.2	57	100.0	42.9
Senegal	1990	59.6	40.4	2.0	4.1	1401	47.4	19.1
Sénégal	1995	56.3	43.7	1.4	4.1	1708	47.1	20.6
Seychelles	1990	50.2	49.8	−0.6	3.4	...	...	...
Seychelles	1995	45.6	54.4	−0.8	2.9	40	100.0	54.8
Sierra Leone	1990	70.0	30.0	1.3	4.3	...	...	...
Sierra Leone	1995	66.7	33.3	0.0	3.0	699	50.1	16.7
Somalia	1990	75.8	24.2	1.6	2.7	779	37.3	9.0
Somalie	1995	74.4	25.6	1.5	3.1	997	41.0	10.5
South Africa	1990	51.2	48.8	2.1	2.5	2296	12.7	6.2
Afrique du Sud	1995	50.7	49.3	2.1	2.5	2727	13.3	6.6
Saint Helena	1990	48.3	51.7	−4.0	6.7	...	...	...
Sainte−Hélène	1995	37.4	62.6	−4.3	4.7	3	75.0	50.0
Sudan	1990	73.4	26.6	1.2	5.8	1828	28.5	7.6
Soudan	1995	68.6	31.4	0.8	5.4	2249	26.9	8.4
Swaziland	1990	73.6	26.4	1.5	6.5	...	...	...
Swaziland	1995	68.9	31.1	1.5	6.1	61	22.9	7.1
Togo	1990	71.5	28.5	2.5	4.5	...	...	...
Togo	1995	69.3	30.7	2.3	4.5	662	52.7	16.2
Tunisia	1990	42.0	58.0	0.3	3.6	1568	33.2	19.2
Tunisie	1995	38.0	62.0	−0.1	3.3	1722	30.9	19.2
Uganda	1990	88.8	11.2	2.1	4.8	754	40.6	4.5
Ouganda	1995	87.5	12.5	3.0	5.7	954	38.6	4.9
United Rep. Tanzania	1990	79.2	20.8	2.3	6.5	1436	27.1	5.6
Rép. Unie de Tanzanie	1995	75.8	24.2	2.4	6.3	1747	24.0	5.8
Western Sahara	1990	12.2	87.8	−6.1	5.5	...	...	...
Sahara occidental	1995	7.2	92.8	−6.8	4.8	159	69.1	64.1
Zambia	1990	58.0	42.0	2.0	2.9	974	32.1	13.5
Zambie	1995	57.0	43.0	1.9	2.7	1317	37.9	16.3
Zimbabwe	1990	71.6	28.4	2.4	5.6	1048	37.5	10.6
Zimbabwe	1995	68.2	31.8	1.6	4.8	1410	39.7	12.6
America, North · Amerique du Nord								
Anguilla	1990	89.7	10.3	1.4	2.0	...	...	...
Anguilla	1995	89.0	11.0	1.2	2.6	...	...	...
Antigua and Barbuda	1990	64.6	35.4	0.4	0.8	...	...	...
Antigua−et−Barbuda	1995	64.2	35.8	0.5	0.8	24	100.0	36.4
Bahamas	1990	16.4	83.6	−2.4	2.9	...	...	...
Bahamas	1995	13.5	86.5	−2.1	2.5	195	80.9	69.9

9
Population in urban and rural areas, rates of growth and largest urban agglomeration population [*cont.*]
Population urbaine, population rurale, taux d'accroissement et population de l'agglomération urbaine la plus peuplée [*suite*]

Country or area Pays ou zone	Year Année	Rural % Rurale %	Urban % Urbaine %	Growth rate p.a. (%) [1] Taux d'accroissement p.a. (%) [1] Pop. rural Pop. rurale	Pop. urban Pop. urbaine	Largest urban agglomeration population Population de l'agglomération urbaine la plus peuplée Number (000s) Nombre (000s)	% of urban % de urbaine	% of total % de totale
Barbados	1990	55.2	44.8	−0.5	1.4	...	...	...
Barbade	1995	52.7	47.3	−0.7	1.4	123	100.0	47.1
Belize	1990	52.5	47.5	2.8	2.0	...	...	...
Belize	1995	53.5	46.5	3.0	2.2	6	6.1	2.8
Bermuda	1990	0.0	100.0	0.0	1.7	...	...	...
Bermudes	1995	0.0	100.0	0.0	0.7	1	1.6	1.6
British Virgin Islands	1990	49.8	50.2	1.0	5.7	...	...	...
Iles Vierges britanniques	1995	44.0	56.0	0.4	5.1	8	80.0	42.1
Canada	1990	23.4	76.6	1.2	1.4	3802	17.9	13.7
Canada	1995	23.3	76.7	1.0	1.2	4319	19.2	14.7
Cayman Islands	1990	0.0	100.0	0.0	3.9	...	...	...
Iles Caïmanes	1995	0.0	100.0	0.0	3.5	17	54.8	54.8
Costa Rica	1990	53.0	47.0	2.0	3.7	793	55.7	26.1
Costa Rica	1995	50.7	49.3	1.5	3.4	920	54.5	26.9
Cuba	1990	26.5	73.5	−0.8	1.7	2111	27.0	19.9
Cuba	1995	24.2	75.8	−1.2	1.3	2221	26.7	20.3
Dominica	1990	32.3	67.7	−1.3	0.2	...	...	...
Dominique	1995	30.7	69.3	−1.2	0.4	21	42.9	29.6
Dominican Republic	1990	41.7	58.3	0.5	3.5	2427	58.5	34.1
Rép. dominicaine	1995	38.1	61.9	0.1	3.1	3166	65.4	40.5
El Salvador	1990	56.1	43.9	1.1	2.0	1035	46.9	20.6
El Salvador	1995	54.9	45.1	1.9	2.9	1214	47.6	21.4
Greenland	1990	20.6	79.4	−0.5	1.5	...	...	...
Groënland	1995	19.0	81.0	−0.9	1.1	13	27.7	22.4
Grenada	1990	65.7	34.3	−0.1	0.8	...	...	...
Grenade	1995	64.2	35.8	−0.2	1.2	33	100.0	35.9
Guadeloupe	1990	1.5	98.5	−21.4	2.6	...	...	...
Guadeloupe	1995	0.6	99.4	−17.6	1.8	27	6.4	6.4
Guatemala	1990	62.0	38.0	2.8	3.0	1676	48.0	18.2
Guatemala	1995	61.1	38.9	2.6	3.3	2205	53.4	20.8
Haiti	1990	71.1	28.9	1.2	4.0	1134	60.8	17.5
Haïti	1995	68.2	31.8	1.1	3.9	1461	64.5	20.5
Honduras	1990	59.3	40.7	2.1	4.6	769	38.7	15.8
Honduras	1995	56.2	43.8	1.9	4.4	995	40.2	17.6
Jamaica	1990	48.5	51.5	−0.5	1.4	...	...	...
Jamaïque	1995	46.3	53.7	−0.1	1.7	321	24.2	13.0
Martinique	1990	9.5	90.5	−6.8	2.2	...	...	...
Martinique	1995	6.7	93.3	−5.7	1.7	104	29.3	27.4
Mexico	1990	27.5	72.5	−0.1	2.8	15130	25.1	18.2
Mexique	1995	26.6	73.4	1.1	2.1	16562	24.8	18.2
Montserrat	1990	85.4	14.6	−0.9	1.3	...	...	...
Montserrat	1995	83.7	16.3	−0.7	1.8	2	100.0	18.2
Netherlands Antilles	1990	31.7	68.3	0.4	0.8	...	...	...
Antilles néerlandaises	1995	30.8	69.2	0.1	0.9	119	88.8	61.3
Nicaragua	1990	40.6	59.4	0.8	3.2	942	44.5	26.4
Nicaragua	1995	37.9	62.1	1.5	3.8	1124	43.9	27.3
Panama	1990	46.3	53.7	1.3	2.6	848	65.8	35.4
Panama	1995	44.4	55.6	1.0	2.6	967	66.1	36.8
Puerto Rico	1990	28.7	71.3	−0.6	1.5	1225	48.7	34.7
Porto Rico	1995	26.7	73.3	−0.5	1.5	1302	48.0	35.2
Saint Lucia	1990	62.8	37.2	1.4	1.4	...	...	...
Sainte−Lucie	1995	62.8	37.2	1.4	1.3	53	100.0	37.3
St. Kitts and Nevis	1990	65.4	34.6	−0.3	−0.9	...	...	...
Saint−Kitts−et−Nevis	1995	66.0	34.0	−0.1	−0.7	12	85.7	29.3
St. Pierre and Miquelon	1990	9.1	90.9	−0.6	1.0	...	...	...
Saint−Pierre−et−Miquelon	1995	8.5	91.5	−0.7	0.8	6	100.0	100.0
St. Vincent and the Grenadines	1990	59.4	40.6	−1.4	4.7	...	...	...
St. Vincent−Grenadines	1995	51.9	48.1	−1.8	4.3	27	50.0	24.1
Trinidad and Tobago	1990	30.9	69.1	−0.9	1.8	...	...	...
Trinité−et−Tobago	1995	28.3	71.7	−1.0	1.6	52	5.6	4.0
Turks and Caicos Islands	1990	57.4	42.6	4.2	4.6	...	...	...
Iles Turques et Caiques	1995	56.4	43.6	3.5	4.3	4	66.7	28.6

9
Population in urban and rural areas, rates of growth and largest urban agglomeration population [cont.]
Population urbaine, population rurale, taux d'accroissement et population de l'agglomération urbaine la plus peuplée [suite]

Country or area Pays ou zone	Year Année	Rural % Rurale %	Urban % Urbaine %	Pop. rural Pop. rurale	Pop. urban Pop. urbaine	Number (000s) Nombre (000s)	% of urban % de urbaine	% of total % de totale
United States	1990	24.8	75.2	0.4	1.2	16056	8.4	6.3
Etats–Unis	1995	23.8	76.2	0.3	1.2	16332	8.0	6.1
US Virgin Islands	1990	55.5	44.5	0.5	0.5	...	...	...
Iles Vierges américaines	1995	54.9	45.1	0.4	0.9	13	27.7	12.4
America, South · Amerique du Sud								
Argentina	1990	13.5	86.5	−1.0	1.8	11144	39.6	34.3
Argentine	1995	11.9	88.1	−1.1	1.7	11802	38.5	34.0
Bolivia	1990	44.4	55.6	0.0	4.1	1044	28.6	15.9
Bolivie	1995	39.5	60.5	0.1	4.1	1250	27.9	16.9
Brazil	1990	25.3	74.7	−1.2	2.9	15082	13.6	10.2
Brésil	1995	21.6	78.4	−1.7	2.4	16533	13.3	10.4
Chile	1990	16.7	83.3	0.9	1.8	4490	41.2	34.3
Chili	1995	16.1	83.9	0.9	1.8	4891	41.0	34.4
Colombia	1990	30.0	70.0	0.2	2.9	5246	23.0	16.1
Colombie	1995	27.4	72.6	0.0	2.6	6079	23.37	17.0
Ecuador	1990	44.9	55.1	0.8	3.9	1571	27.8	15.3
Equateur	1995	41.1	58.9	0.4	3.5	1831	27.1	16.0
Falkland Islands (Malvinas)	1990	25.5	74.5	−6.3	3.6	...	...	...
Iles Falkland (Malvinas)	1995	15.9	84.1	−8.9	3.0	2	100.0	100.0
French Guiana	1990	25.4	74.6	3.6	5.7	...	...	...
Guyane française	1995	23.6	76.4	3.0	5.0	45	40.2	30.6
Guyana	1990	66.8	33.2	−0.4	1.1	...	...	...
Guyana	1995	64.6	35.4	0.2	2.1	254	86.4	30.6
Paraguay	1990	51.3	48.7	1.7	4.7	928	45.2	22.0
Paraguay	1995	47.6	52.4	1.2	4.2	1081	42.7	22.4
Peru	1990	31.1	68.9	0.8	2.6	5826	39.2	27.0
Pérou	1995	29.1	70.9	0.4	2.3	6667	40.0	28.3
Suriname	1990	53.2	46.8	0.7	1.9	...	...	...
Suriname	1995	50.8	49.2	0.4	2.2	112	53.3	26.2
Uruguay	1990	11.1	88.9	−2.3	1.0	1287	46.8	41.6
Uruguay	1995	9.7	90.3	−2.0	0.9	1325	46.1	41.6
Venezuela	1990	16.0	84.0	0.2	3.1	2867	17.5	14.7
Venezuela	1995	14.2	85.8	−0.2	2.7	3007	16.0	13.8
Asia · Asie								
Afghanistan	1990	81.7	18.3	0.0	1.8	1565	58.1	10.6
Afghanistan	1995	80.1	19.9	5.3	7.5	2029	51.9	10.3
Armenia	1990	32.5	67.5	0.7	1.5	1210	50.6	34.2
Arménie	1995	31.4	68.6	−0.2	0.8	1278	51.3	35.2
Azerbaijan	1990	45.6	54.4	1.1	1.7	1751	44.9	24.5
Azerbaïdjan	1995	44.3	55.7	0.5	1.5	1848	44.1	24.5
Bahrain	1990	12.4	87.6	−1.5	4.2	...	...	...
Bahreïn	1995	9.7	90.3	−2.5	3.2	148	29.4	26.6
Bangladesh	1990	84.3	15.7	1.5	5.2	6219	36.2	5.7
Bangladesh	1995	81.7	18.3	0.9	4.6	8545	39.5	7.2
Bhutan	1990	94.8	5.2	2.4	5.4	...	...	...
Bhoutan	1995	94.0	6.0	1.3	4.6	22	20.6	1.2
Brunei Darussalam	1990	34.2	65.8	0.8	4.0	...	...	...
Brunéi Darussalam	1995	30.8	69.2	0.5	3.7	75	36.9	25.6
Cambodia	1990	82.5	17.5	2.5	6.5	...	...	...
Cambodge	1995	79.6	20.4	2.1	5.9	429	21.0	4.3
China ††	1990	73.8	26.2	0.6	4.5	13342	4.4	1.2
Chine ††	1995	69.8	30.2	0.0	4.0	13584	3.7	1.1
China, Hong Kong SAR †	1990	5.9	94.1	−2.9	1.2	5369	100.0	94.1
Chine, Hong–Kong RAS †	1995	5.0	95.0	−1.9	1.6	5817	100.0	95.0
Cyprus	1990	48.6	51.4	−0.1	2.1	...	...	...
Chypre	1995	45.9	54.1	0.7	2.8	178	44.2	23.9
East Timor	1990	92.2	7.8	2.4	1.5	...	...	...
Timor oriental	1995	92.5	7.5	2.0	1.0	61	100.0	7.5
Gaza Strip	1990	6.5	93.5	0.0	3.9	...	...	...
Zone de Gaza	1995	5.8	94.2	2.3	4.8	...	...	...
Georgia	1990	44.0	56.0	−0.3	1.4	1277	41.8	23.4
Géorgie	1995	41.7	58.3	−1.1	0.8	1342	42.2	24.6

9
Population in urban and rural areas, rates of growth and largest urban agglomeration population [*cont.*]
Population urbaine, population rurale, taux d'accroissement et population de l'agglomération urbaine la plus peuplée [*suite*]

Country or area Pays ou zone	Year Année	Rural % Rurale %	Urban % Urbaine %	Growth rate p.a. (%) [1] Pop. rural Pop. rurale	Pop. urban Pop. urbaine	Number (000s) Nombre (000s)	% of urban % de urbaine	% of total % de totale
India	1990	74.5	25.5	1.7	3.0	12246	5.6	1.4
Inde	1995	73.2	26.8	1.4	2.7	15138	6.1	1.6
Indonesia	1990	69.4	30.6	0.5	4.9	7650	13.7	4.2
Indonésie	1995	64.6	35.4	0.1	4.5	8621	12.3	4.4
Iran, Islamic Rep. of	1990	43.7	56.3	2.5	4.9	6360	19.1	10.7
Iran, Rép. islamique d'	1995	41.0	59.0	1.6	3.8	6836	17.0	10.0
Iraq	1990	28.2	71.8	1.2	4.2	4039	31.1	22.3
Iraq	1995	25.5	74.5	0.1	2.9	4336	29.0	21.6
Israel	1990	9.7	90.3	1.0	2.0	1790	42.6	38.4
Israël	1995	9.3	90.7	2.5	3.5	1976	39.4	35.8
Japan	1990	22.6	77.4	−0.2	0.6	25069	26.2	20.3
Japon	1995	21.9	78.1	−0.4	0.4	26959	27.6	21.6
Jordan	1990	32.0	68.0	−0.2	3.3	955	33.0	22.4
Jordanie	1995	28.6	71.4	2.4	5.6	1183	30.8	22.0
Kazakhstan	1990	42.4	57.6	0.3	1.8	1158	12.0	6.9
Kazakhstan	1995	40.4	59.6	−0.9	0.8	1245	12.4	7.4
Korea, Dem.People's Rep.	1990	40.1	59.9	1.0	1.8	2249	18.4	11.1
Corée, R. p. dém. de	1995	38.8	61.2	1.0	2.1	2484	18.4	11.2
Korea, Republic of	1990	26.1	73.9	−4.9	3.6	10544	33.3	24.6
Corée, République de	1995	18.7	81.3	−5.8	2.9	11609	31.8	25.9
Kuwait	1990	4.2	95.8	−3.5	4.8	1090	53.1	50.9
Koweït	1995	3.0	97.0	−11.1	−4.5	1090	66.5	64.4
Kyrgyzstan	1990	61.8	38.2	1.8	1.8	...	...	...
Kirghizistan	1995	61.2	38.8	0.1	0.6	662	38.3	14.8
Lao People's Dem. Rep.	1990	81.9	18.1	2.5	6.0	...	...	...
Rép. dém. pop. lao	1995	79.3	20.7	2.4	5.7	534	52.9	10.9
Lebanon	1990	15.8	84.2	−6.1	0.3	1582	73.5	61.9
Liban	1995	12.5	87.5	−1.4	4.0	1826	69.4	60.7
Macau	1990	1.3	98.7	1.1	3.9	...	...	...
Macao	1995	1.2	98.8	0.9	2.9	424	100.0	98.6
Malaysia	1990	50.3	49.7	1.2	4.3	1120	12.6	6.3
Malaisie	1995	46.4	53.6	0.8	3.9	1236	11.5	6.1
Maldives	1990	74.1	25.9	3.1	3.5	...	...	...
Maldives	1995	73.1	26.9	3.1	4.0	68	100.0	26.8
Mongolia	1990	42.0	58.0	1.6	4.0	...	...	...
Mongolie	1995	39.2	60.8	0.7	3.1	666	44.5	27.0
Myanmar	1990	75.4	24.6	1.8	2.4	3335	32.7	8.1
Myanmar	1995	74.1	25.9	1.4	2.7	3873	33.2	8.6
Nepal	1990	91.0	9.0	2.3	5.4	...	...	...
Népal	1995	89.7	10.3	2.4	5.5	533	24.1	2.5
Oman	1990	37.9	62.1	−2.4	10.3	...	...	...
Oman	1995	24.4	75.6	−4.5	8.2	635	38.1	28.8
Pakistan	1990	68.1	31.9	2.7	4.6	7945	20.9	6.7
Pakistan	1995	65.7	34.3	2.0	4.2	9733	20.8	7.1
Philippines	1990	51.2	48.8	0.0	4.6	7968	26.9	13.1
Philippines	1995	46.0	54.0	0.0	4.2	9286	25.3	13.7
Qatar	1990	10.1	89.9	2.5	6.6	...	...	...
Qatar	1995	8.6	91.4	−0.8	2.8	355	70.9	64.8
Saudi Arabia	1990	21.5	78.5	−0.1	6.3	1975	15.7	12.3
Arabie saoudite	1995	17.2	82.8	−1.8	3.6	2619	17.3	14.4
Singapore	1990	0.0	100.0	0.0	2.2	3016	100.0	100.0
Singapour	1995	0.0	100.0	0.0	2.0	3327	100.0	100.0
Sri Lanka	1990	78.7	21.3	1.2	1.4	...	...	...
Sri Lanka	1995	77.9	22.1	0.8	1.7	645	16.3	3.6
Syrian Arab Republic	1990	49.8	50.2	2.8	4.2	1790	28.8	14.5
Rép. arabe syrienne	1995	47.8	52.2	1.9	3.5	2036	27.4	14.3
Tajikistan	1990	67.8	32.2	3.3	2.4	...	...	...
Tadjikistan	1995	67.8	32.2	1.9	1.9	664	35.4	11.4
Thailand	1990	81.3	18.7	1.5	2.6	5901	56.7	10.6
Thaïlande	1995	80.0	20.0	0.6	2.2	6547	56.3	11.2
Turkey	1990	38.8	61.2	−1.9	5.2	6544	19.1	11.7
Turquie	1995	30.8	69.2	−3.0	4.1	7911	18.8	13.0

9
Population in urban and rural areas, rates of growth and largest urban agglomeration population [cont.]
Population urbaine, population rurale, taux d'accroissement et population de l'agglomération urbaine la plus peuplée [suite]

Country or area Pays ou zone	Year Année	Rural % Rurale %	Urban % Urbaine %	Pop. rural Pop. rurale	Pop. urban Pop. urbaine	Number (000s) Nombre (000s)	% of urban % de urbaine	% of total % de totale
Turkmenistan	1990	55.1	44.9	3.0	2.1	...	...	...
Turkménistan	1995	55.1	44.9	2.1	2.1	462	25.3	11.3
Uzbekistan	1990	59.4	40.6	2.5	2.4	2109	25.3	10.3
Ouzbékistan	1995	58.9	41.1	1.9	2.4	2282	24.4	10.0
United Arab Emirates	1990	19.1	80.9	0.4	5.3	624[2]	40.1	32.5
Emirats arabes unis	1995	16.2	83.8	−0.5	3.5	799[2]	43.2	36.2
Viet Nam	1990	80.3	19.7	2.1	2.3	3237	24.6	4.9
Viet Nam	1995	80.6	19.4	2.1	1.7	3521	24.5	4.8
Yemen	1990	71.1	28.9	2.3	7.0	...	...	...
Yémen	1995	66.5	33.5	3.9	8.1	629	12.5	4.2
Europe · Europe								
Albania	1990	64.2	35.8	1.8	2.7	...	...	...
Albanie	1995	62.8	37.2	0.1	1.4	270	21.4	8.0
Andorra	1990	4.6	95.4	4.4	3.2	...	...	...
Andorre	1995	4.6	95.4	5.5	5.5	25	38.5	36.8
Austria	1990	35.5	64.5	0.5	0.3	2055	41.3	26.7
Autriche	1995	35.7	64.3	1.0	0.8	2060	39.8	25.6
Belarus	1990	33.1	66.9	−2.3	2.1	1648	24.0	16.1
Bélarus	1995	28.9	71.1	−2.5	1.4	1784	24.3	17.2
Belgium	1990	3.5	96.5	−2.6	0.3	1148	12.0	11.5
Belgique	1995	3.0	97.0	−2.5	0.5	1122	11.4	11.1
Bosnia and Herzegovina	1990	60.7	39.3	0.3	1.8	...	...	...
Bosnie−Herzégovine	1995	58.9	41.1	−4.3	−2.9	465	31.7	13.0
Bulgaria	1990	33.5	66.5	−1.7	0.1	1191	20.5	13.7
Bulgarie	1995	31.7	68.3	−1.6	0.1	1188	20.5	14.0
Channel Islands	1990	70.5	29.5	1.5	0.2	...	...	...
Iles Anglo−Normandes	1995	70.5	29.5	0.8	0.8	29	65.9	19.6
Croatia	1990	46.0	54.0	−0.5	0.9	849	34.8	18.8
Croatie	1995	44.2	55.8	−0.8	0.6	981	39.1	21.8
Czech Republic	1990	35.1	64.9	−0.3	0.2	1210	18.1	11.7
République tchèque	1995	34.6	65.4	−0.4	0.1	1225	18.2	11.9
Denmark	1990	15.2	84.8	−0.5	0.2	1345	30.9	26.2
Danemark	1995	14.8	85.2	−0.3	0.4	1326	29.8	25.4
Estonia	1990	28.2	71.8	−0.1	1.0	...	...	...
Estonie	1995	27.0	73.0	−2.0	−0.8	499	45.9	33.5
Faeroe Islands	1990	69.9	30.1	0.1	1.4	...	...	...
Iles Féroé	1995	67.9	32.1	−0.3	1.5	15	100.0	31.9
Finland	1990	38.6	61.4	−0.5	0.9	872	28.5	17.5
Finlande	1995	36.8	63.2	−0.4	1.0	1059	32.8	20.7
France	1990	26.0	74.0	0.3	0.7	9334	22.2	16.5
France	1995	25.3	74.7	0.0	0.7	9523	22.0	16.4
Germany †	1990	14.7	85.3	−1.3	0.7	6353	9.4	8.0
Allemagne †	1995	13.5	86.5	−1.1	0.8	6482	9.2	7.9
Gibraltar	1990	0.0	100.0	0.0	−0.2	...	...	...
Gibraltar	1995	0.0	100.0	0.0	0.0	28	100.0	100.0
Greece	1990	41.2	58.8	0.4	0.7	3070	51.0	30.0
Grèce	1995	40.8	59.2	0.3	0.6	3093	49.9	29.6
Holy See	1990	0.0	100.0	0.0	0.0	...	...	...
Saint−Siège	1995	0.0	100.0	0.0	0.0	1	100.0	100.0
Hungary	1990	37.9	62.1	−1.7	0.4	2017	31.4	19.5
Hongrie	1995	35.4	64.6	−1.9	0.3	2017	30.9	20.0
Iceland	1990	9.4	90.6	−1.2	1.3	...	...	...
Islande	1995	8.5	91.5	−1.1	1.3	156	63.4	58.0
Ireland	1990	43.1	56.9	−0.6	−0.1	916	46.0	26.2
Irlande	1995	42.5	57.5	0.0	0.5	911	44.7	25.7
Isle of Man	1990	26.1	73.9	0.4	1.7	...	...	...
Ile de Man	1995	24.8	75.2	0.4	1.8	22	39.3	29.7
Italy	1990	33.3	66.7	0.2	0.1	4603	12.1	8.1
Italie	1995	33.4	66.6	0.1	0.0	4251	11.2	7.4
Latvia	1990	28.8	71.2	−0.3	1.1	921	48.2	34.3
Lettonie	1995	27.2	72.8	−2.2	−0.7	921	49.9	36.3

9
Population in urban and rural areas, rates of growth and largest urban agglomeration population [cont.]
Population urbaine, population rurale, taux d'accroissement et population de l'agglomération urbaine la plus peuplée [suite]

Country or area Pays ou zone	Year Année	Rural % Rurale %	Urban % Urbaine %	Pop. rural Pop. rurale	Pop. urban Pop. urbaine	Number (000s) Nombre (000s)	% of urban % de urbaine	% of total % de totale
Liechtenstein	1990	79.9	20.1	1.3	1.8	...	...	...
Liechtenstein	1995	78.9	21.1	1.2	2.4	6	100.0	19.4
Lithuania	1990	31.2	68.8	-1.3	2.1	...	...	...
Lituanie	1995	28.0	72.0	-2.2	0.9	639	23.8	17.1
Luxembourg	1990	13.7	86.3	-3.6	1.6	...	...	...
Luxembourg	1995	10.9	89.1	-3.2	2.0	74	20.4	18.2
Malta	1990	12.4	87.6	-2.6	1.1	...	...	...
Malte	1995	10.7	89.3	-2.2	1.1	99	30.3	27
Monaco	1990	0.0	100.0	0.0	1.2	...	...	...
Monaco	1995	0.0	100.0	0.0	1.2	32	100.0	100.0
Netherlands	1990	11.3	88.7	0.3	0.7	1053	7.9	7.1
Pays–Bas	1995	11.0	89.0	0.2	0.8	1108	8.0	7.2
Norway	1990	27.7	72.3	-0.2	0.7	...	...	...
Norvège	1995	26.8	73.2	-0.2	0.7	702	22.2	16.2
Poland	1990	38.2	61.8	-0.5	1.1	3357	14.2	8.8
Pologne	1995	36.3	63.7	-0.8	0.8	3425	14.0	8.9
Portugal	1990	66.5	33.5	-0.7	1.2	1658	50.2	16.8
Portugal	1995	64.4	35.6	-0.8	1.1	1863	53.3	19.0
Republic of Moldova	1990	52.2	47.8	-0.8	2.4	685	32.8	15.7
Moldova, Rép. de	1995	48.4	51.6	-1.2	1.9	765	33.4	17.2
Romania	1990	46.4	53.6	-0.5	1.3	2054	16.5	8.9
Roumanie	1995	44.1	55.9	-1.4	0.4	2100	16.5	9.2
Russian Federation	1990	26.0	74.0	-0.9	1.3	9048	8.3	6.1
Fédération de Russie	1995	24.1	75.9	-1.5	0.5	9269	8.2	6.2
San Marino	1990	8.4	91.6	-8.0	1.8	...	...	...
Saint–Marin	1995	5.8	94.2	-6.0	2.1	5	20.8	20.0
Slovakia	1990	43.5	56.5	-0.6	1.3	...	...	...
Slovaquie	1995	41.2	58.8	-0.8	1.1	471	15.0	8.8
Slovenia	1990	49.5	50.5	0.1	0.7	...	...	...
Slovénie	1995	48.7	51.3	-0.3	0.4	278	28.1	14.4
Spain	1990	24.6	75.4	-0.5	0.7	4172	14.1	10.6
Espagne	1995	23.5	76.5	-0.7	0.5	4072	13.4	10.3
Sweden	1990	16.9	83.1	0.5	0.5	1490	21.0	17.4
Suède	1995	16.9	83.1	0.5	0.5	1545	21.2	17.6
Switzerland	1990	40.3	59.7	0.2	1.4	834	20.4	12.2
Suisse	1995	39.0	61.0	0.3	1.4	909	20.8	12.7
TFYR Macedonia	1990	42.2	57.8	0.3	2.0	...	...	...
L'ex–R.y. Macédoine	1995	40.1	59.9	0.0	1.8	466	36.1	21.6
Ukraine	1990	32.5	67.5	-1.3	1.2	2638	7.5	5.1
Ukraine	1995	29.8	70.2	-1.7	0.7	2812	7.7	5.4
United Kingdom	1990	10.9	89.1	0.1	0.4	7653	15.0	13.3
Royaume–Uni	1995	10.8	89.2	-0.1	0.2	7640	14.7	13.2
Yugoslavia	1990	46.8	53.2	-0.8	2.0	1162	21.5	11.4
Yougoslavie	1995	43.4	56.6	-1.3	1.4	1204	20.8	11.8
Oceania · Océanie								
American Samoa	1990	51.9	48.1	2.8	4.3	...	...	...
Samoa américaines	1995	49.7	50.3	2.2	3.9	12	44.4	22.2
Australia	1990	14.9	85.1	2.0	1.5	3524	24.5	20.9
Australie	1995	15.3	84.7	1.7	1.0	3590	23.7	20.1
Cook Islands	1990	42.3	57.7	0.8	2.6	...	...	...
Iles Cook	1995	39.6	60.4	-0.4	1.8	16	133.3	84.2
Fiji	1990	60.7	39.3	0.5	1.2	...	...	...
Fidji	1995	59.4	40.6	1.1	2.2	166	52.2	21.2
French Polynesia	1990	43.6	56.4	2.9	2.2	...	...	...
Polynésie française	1995	43.6	56.4	2.1	2.1	120	97.6	54.8
Guam	1990	61.8	38.2	2.5	2.0	...	...	...
Guam	1995	61.7	38.3	2.3	2.4	2	3.4	1.3
Kiribati	1990	65.4	34.6	1.3	2.3	...	...	...
Kiribati	1995	64.3	35.7	1.3	2.2	28	100.0	35.9
Marshall Islands	1990	34.3	65.7	0.7	4.0	...	...	...
Iles Marshall	1995	31.0	69.0	1.3	4.4	28	73.7	50.9

9
Population in urban and rural areas, rates of growth and largest urban agglomeration population [*cont.*]
Population urbaine, population rurale, taux d'accroissement et population de l'agglomération urbaine la plus peuplée [*suite*]

Country or area / Pays ou zone	Year / Année	Rural % / Rurale %	Urban % / Urbaine %	Growth rate p.a. (%)[1] Pop. rurale	Growth rate p.a. (%)[1] Pop. urbaine	Largest urban agglomeration Number (000s) / Nombre (000s)	% of urban / % de urbaine	% of total / % de totale
Micronesia, Federated States of	1990	73.8	26.2	2.4	3.3	...	...	...
Etats fédérés de Micron	1995	72.3	27.7	2.1	3.6	...	...	...
Nauru	1990	0.0	100.0	0.0	2.4	...	...	...
Nauru	1995	0.0	100.0	0.0	1.9	10	90.9	90.9
New Caledonia	1990	40.1	59.9	0.6	2.3	...	...	...
Nouvelle–Calédonie	1995	38.0	62.0	0.5	2.2	112	100.0	61.9
New Zealand	1990	15.3	84.7	−0.7	0.9	877	30.8	26.1
Nouvelle–Zélande	1995	14.1	85.9	−0.4	1.4	945	30.9	26.5
Niue	1990	69.1	30.9	−1.8	−1.9	...	...	...
Nioué	1995	70.6	29.4	−1.7	−3.1	1	100.0	50.0
Northern Mariana Islands	1990	47.0	53.0	16.3	16.3	...	...	...
Iles Mariannes du Nord	1995	46.4	53.6	1.8	2.2	16	61.5	33.3
Palau	1990	30.5	69.5	1.0	2.6	...	...	...
Palaos	1995	28.8	71.2	0.5	2.1	12	100.0	70.6
Papua New Guinea	1990	85.0	15.0	2.0	3.6	...	...	...
Papouasie–Nvl–Guinée	1995	83.9	16.1	2.0	3.6	247	35.8	5.7
Pitcairn	1990	100.0	0.0	0.0	0.0	...	...	...
Pitcairn	1995	100.0	0.0	0.0	0.0	...	...	...
Samoa	1990	79.0	21.0	0.4	0.3	...	...	...
Samoa	1995	79.0	21.0	0.6	0.6	33	94.3	20.0
Solomon Islands	1990	85.4	14.6	2.9	6.6	...	...	...
Iles Salomon	1995	83.0	17.0	2.7	6.4	53	82.8	14.0
Tokelau	1990	100.0	0.0	−0.7	0.0	...	...	...
Tokélaou	1995	100.0	0.0	0.0	0.0	...	...	...
Tonga	1990	64.9	35.1	−0.7	4.9	...	...	...
Tonga	1995	59.0	41.0	−1.5	3.5	40	100.0	40.8
Tuvalu	1990	59.1	40.9	0.5	5.3	...	...	...
Tuvalu	1995	53.2	46.8	−0.7	4.1	4	100.0	40.0
Vanuatu	1990	81.8	18.2	2.4	2.7	...	...	...
Vanuatu	1995	81.1	18.9	2.3	3.2	23	71.9	13.6
Wallis and Futuna Islands	1990	100.0	0.0	2.0	0.0	...	...	...
Iles Wallis et Futuna	1995	100.0	0.0	1.1	0.0	...	...	...

Source:
World Urbanization Prospects, 1996.

† For information on recent changes in country or area nomenclature pertaining to former Czechoslovakia, Germany, Hong Kong Special Administrative Region (SAR) of China, SFR Yugoslavia and former USSR, see Annex I – Country or area nomenclature, regional and other groupings.

†† For statistical purposes, the data for China do not include those for the Hong Kong Special Administrative Region (Hong Kong SAR) and Taiwan province of China.

1 Annual rates of growth calculated for periods 1985–1990 and 1990–1995.
2 Data refer to capital city which is not the largest urban agglomeration.

Source:
"World Urbanization Prospects 1996".

† Pour les modifications récentes de nomenclature de pays ou de zone concernant l'Allemagne, Hong–Kong (Région administrative spéciale de Chine), l'ex–Tchécoslovaquie, l'ex–URSS et l'ex–Rfs de Yougoslavie, voir annexe I – Nomenclature des pays ou des zones, groupements régionaux et autres groupements.

†† Les données statistiques relatives à la Chine ne comprennent pas celles qui concernent la région administrative spéciale de Hong–Kong (la RAS de Hong–Kong) et la province chinoise de Taiwan.

1 Ces taux d'accroissement annuel ont été calculés pour les périods 1985–1990 et 1990–1995.
2 Les données se rapportent à la capitale qui n'est pas l'agglomération urbaine la plus peuplée.

Technical notes, tables 8 and 9

Table 8 is based on detailed data on population and its growth and distribution published in the United Nations *Demographic Yearbook* [21], which also provides a comprehensive description of methods of evaluation and limitations of data. A brief explanation of the quality code used for total population estimates in table 8 is given below.

For "Type of estimate", the code indicates the method by which official estimates of population for the year 1995 were prepared, so far as could be ascertained. The letters A–D indicate the nature of the base figure; numerals to capital letters indicate the lapse of time since the establishment of the base figure; letters a–d indicate the method of time adjustment by which the base figure is brought up to date; numerals to small letters indicate the quality of time adjustment.

The details of the code classification for this column are given below:

Nature of base data (capital letter)
A. Complete census of individuals.
B. Sample survey.
C. Partial census or partial registration of individuals.
D. Conjecture.
... Nature of base data not determined.

Recency of base data (subscript numeral following capital letter)
Numeral indicates time elapsed (in years) since establishment of base figure.

Method of time adjustment (lower-case letter)
a. Adjustment by continuous population register.
b. Adjustment based on calculated balance of births, deaths and migration.
c. Adjustment of assumed rate of population increase.
d. No adjustment: base figure held constant at least two consecutive years.
... Method of time adjustment not determined.

Quality of adjustment for types a and b (numeral following letter a or b)
1. Population balance adequately accounted for.
2. Adequacy of accounting for population balance not determined but assumed to be adequate.
3. Population balance not adequately accounted for.

Quality of adjustment for type c (numeral following letter c)
1. Two or more censuses taken at decennial intervals or less.
2. Two or more censuses taken, but latest interval exceeds a decennium.
3. One or no census taken.

Unless otherwise indicated, figures refer to de facto (present-in-area) population for present territory; surface area estimates include inland waters.

Notes techniques, tableaux 8 et 9

Le *Tableau 8* : est fondé sur des données détaillées sur la population, sa croissance et sa distribution, publiées dans l'*Annuaire démographique des Nations Unies* [21], qui offre également une description complète des méthodes d'évaluation et une indication des limites des données. On trouvera ci-après une brève explication du code de qualité utilisé pour les estimations de la population totale présentées au Tableau 8.

Pour le "Type d'estimation", le code indique, dans la mesure où elle a pu être déterminée, la méthode selon laquelle les estimations officielles de la population ont été établies pour l'année 1995. Les lettres A-D indiquent la nature du chiffre de base; les nombres placés à la droite de ces lettres indiquent le temps écoulé depuis l'établissement du chiffre de base; les lettres a-d indiquent la méthode d'actualisation du chiffre de base; les numéros qui suivent ces lettres en petits caractères indiquent la qualité de l'actualisation.

Le détail de la classification codée est donné ci-dessous :

Nature des données de base (majuscules)
A. Recensement complet de la population.
B. Enquête par échantillonnage.
C. Recensement partiel ou enregistrement partiel de la population.
D. Conjecture.
... La nature des données de base n'est pas déterminée.

Actualité relative des données (nombre en indice suivant la lettre majuscule)

Le nombre indique le temps écoulé (en années) depuis l'établissement du chiffre de base.

Méthode d'actualisation (lettre minuscule)
a. Actualisation par enregistrement continu de la population.
b. Actualisation basée sur le calcul de la balance des naissances, des décès et des migrations.
c. Actualisatin du taux présumé d'accroissement de la population.
d. Absence d'actualisation : le chiffre de base est maintenu constant pendant au moins deux années consécutives.
... Méthode d'actualisation non déterminée.

Qualité de l'actualisation pour les types a et b (chiffre suivant la lettre a ou b)
1. Balance démographique convenablement établie.
2. La qualité de l'établissement de la balance démographique n'est pas déterminée, mais on suppose qu'elle est convenable.
3. Balance démographique non convenablement établie.

In *table 9*, statistics of urban and rural population and population in the largest urban agglomeration of each country or area are from estimates by the Population Division of the United Nations Secretariat [27, 28]. As noted above, because of national differences in the specific characteristics that distinguish urban from rural areas, there are no internationally agreed definitions of urban and rural. In most countries, the distinction is mainly based on size of locality. For the latest available census definition of urban areas in such country or area, reference should be made to the *Demographic Yearbook 1996* [21].

An urban agglomeration comprises the city or town proper and also the suburban fringe or thickly settled territory lying outside, but adjacent to, its boundaries.

Annual rates of change in urban and rural population are computed as average annual percentage changes using mid-year population estimates.

Qualité de l'actualisation pour le type c (définie par le chiffre suivant la lettre c)
1. Deux recensements ou plus ont été effectués en dix ans ou moins.
2. Deux recensements ou plus ont été effectués, mais à plus de dix ans d'intervalle.
3. Un recensement effectué ou aucun.

Sauf indication contraire, les chiffres se rapportent à la population effectivement présente sur le territoire tel qu'il est actuellement défini; les estimations de superficie comprennent les étendues d'eau intérieures.

Au *Tableau 9*, les statistiques de la population urbaine, de la population rurale et de la population de la ville la plus peuplée de chaque pays ou zone sont tirées d'estimations de la Division de la population du Secrétariat des Nations Unies [27, 28]. Comme il a été indiqué précédemment, il n'existe pas de définition reconnue à l'échelle internationale des zones urbaines et rurales parce que les caractéristiques retenues pour distinguer ces deux types de zone diffèrent d'un pays à un autre. Dans la plupart des pays, cette distinction est essentiellement fonction de la taille des agglomérations. Pour la définition la plus récente des zones urbaines utilisée dans une région ou un pays donné, se reporter à l'*Annuaire démographique 1996* [21].

L'agglomération urbaine comprend la ville proprement dite et ses faubourgs ou banlieues, et tout territoire à forte densité de population situé à sa périphérie.

Les taux annuels de variation des populations urbaines et rurales se calculent sur la base de la variation annuelle moyenne en pourcentage déterminée à partir des estimations de la population en milieu d'année.

10
Education at the first, second and third levels
Enseignement des premier, second et troisième degrés
Number of students and percentage female
Nombre d'étudiants et étudiantes feminines en pourcentage

Country or area Pays ou zone	Years Années	First level Premier degré Total	%F	Years Années	Second level Second degré Total	%F	Years Années	Third level Troisième degré Total	%F
Africa · Afrique									
Algeria	1985	3481288	44	1985	1823392	42	1985[1]	132057	...
Algérie	1990	4189152	45	# 1990	2175580	43	1990	285930	...
	1993	4515274	46	1993	2412079	45	1991	298117	...
	1994	4548827	46	1994	2472569	46	1992	303111	...
Angola	1985	974498	45	# 1985	178910	...	1985	5034	...
Angola	1990	990155	* 48	1990	186499	...	1990	6534	...
	1991	989443	...	1991	218987	...	1991	6331	...
Benin	1985	444163	34	1985	107172	29	1985	9063	16
Bénin	1990	490129	33	...	...	...	1990	10873	13
	1992	599830	...	...	...	...	1993	10586	17
	1993	628689	...	...	...	...	1994	10986	...
Botswana	1985	223608	52	1985	36144	53	1985	1938	45
Botswana	1990	283516	52	1990	61767	53			
	1993	305479	51	1993	91623	53			
	1994	310050	...	1994	93057	51			
Burkina Faso	1985	351807	37	1985	53565	34	1985	4085	23
Burkina Faso	1990	504414	38	1990	98929	* 34	1990	5425	23
	1992	562644	39	1991	105542	* 34	1992	8813	23
	1993	600032	39	1992	115753	* 35	1993	8815	24
Burundi	1985	385936	42	1985	25939	34	1985	2783	24
Burundi	1990	633203	46	1990	44207	37	1990	3592	27
	1991	631039	45	1991	48398	38	1991	3830	26
	1992	651086	45	1992	55713	39	1992	4256	26
Cameroon	1985	1705319	46	1985	343720	38	...	...	...
Cameroun	1990	1964146	46	1990	500272	41	1990	33177	...
	1993	1892778	47	1993	550480	...	...	...	...
	1994	1896722	47	...	...	...	...	...	...
Cape Verde	1985	57909	49	...	...	...	...	...	...
Cap–Vert	1990	69832	...	1989	7866	50	...	...	...
	1993	78173	49	1993	14097	49	...	...	...
Central African Rep.	1985	309656	39	1985	59273	27	1985	2651	11
Rép. centrafricaine	1989	323661	39	1989	49147	29	1989	3482	16
Chad	1985	337616	28	1986	44379	16	1984	1643	9
Tchad	1990	525165	31	...	...	...	1988[2]	2983	...
	1993	542405	32	1993	73666	18	...	...	...
	1994	547695	32	...	...	...	...	...	...
Comoros	1985	66084	43	1985	21056	39	...	...	...
Comores	1990	72824	42	...	...	...	1989	248	15
	1992	73827	46	1991	15878	...	1991	223	28
	1993	77837	45	1993	17637	...	1992	229	...
Congo	1985	475805	49	1985	222633	44	1985	10684	16
Congo	1990	503918	47	1990	182967	...	1990	10671	18
	1991	492286	48	1991	191459	43	1991	12045	19
	1993	505925	48	1993	212850	...	1992	13806	...
Côte d'Ivoire	1985	1214511	41	...	...	...	1984	19660	...
Côte d'Ivoire	1990	1414865	41	...	...	...	1986	23642	18
	1993	1553540	42	...	...	...	...	...	...
	1994	1612417	43	...	...	...	...	...	...
Dem. Rep. of the Congo	1985	* 4650756	* 39	1985	959934	30	1985	40878	...
Rép. dém du Congo	1990	4562430	43	1991	1097095	32	1988	61422	...
	1992	4870933	44	1992	1218760	32	...	...	...
	1993	4939297	43	1993	1341446	31	...	...	...
Djibouti	1985	25212	41	1985	7041	39	...	...	...
Djibouti	1990	31706	41	1990	9513	...	...	...	...
	1994	35024	43	1993	10384	42	1991	53	30
	1995	36710	43	1994	11384	40	1992	61	56
Egypt	1985	6214250	43	1985	3826601	40	1985	854584	30[3]
Egypte	# 1990	6964306	44	# 1990	5507257	43	1990[3]	708417	35
	1993	7732308	45	1993	6133308	44	...	...	...
	1994[4]	7313038	46	1994	6138263	46	...	...	...

10
Education at the first, second and third levels
Number of students and percentage female [cont.]
Enseignement des premier, second et troisième degrés
Nombre d'étudiants et étudiantes feminines en pourcentage [suite]

Country or area Pays ou zone	Years Années	First level Premier degré Total	%F	Years Années	Second level Second degré Total	%F	Years Années	Third level Troisième degré Total	%F
Equatorial Guinea	1992[5]	72725	48	1992[5]	17535	31	1990	578	13
Guinée équatoriale	1993	75751	49	1993	16616	35	...	...	...
Eritrea	1988	128504	47	...	...	...	...	...	...
Erythrée	1990	109087	49	1992	60955	46	...	...	...
	1993	207099	44	1993	66524	42	...	...	...
	1994	224287	44	1994	72969	42	1994	3137	14
Ethiopia	1985	2448778	39	1985	666169	...	1985	27338	18
Ethiopie	1990	2466464	40	1990	866016	43	1990	34076	18
	1992	1855894	41	1991	782412	45	1991[6]	26218	19
	1993	2283638	38	1992	720825	46	...	...	...
Gabon	1985	183607	49	1985	44124	42	1986	4089	29
Gabon	1988	207023	50	1988	47828	47	...	...	...
	1991	210000	50	1991	51348	54	...	...	...
Gambia	1985[7]	69017	39	1985	15918	30	...	...	...
Gambie	1990	86307	* 41	1990	20400	33	...	...	...
	1991	90645	41	1991	21786	35	...	...	...
	1992	97262	41	1992	25929	35	1994	1591	36
Ghana	1985[5]	1505819	...	1985	749980	...	...	...	...
Ghana	1990	1945422	45	1989	829518	39	...	...	...
	1991	2011602	46	...	...	...	...	...	...
Guinea	1985	276438	32	# 1985	92754	26	1985	8801	14
Guinée	1990	346807	32	1990	85942	24	1990	5366	7
	1992	421869	32	1992	106811	25	...	...	...
	1993	471792	33	1993	116377	25	...	...	...
Guinea-Bissau	1986	77004	35	1986	6450	25	...	...	...
Guinée-Bissau	1988	79035	36	1988	6330	32	...	...	...
Kenya	# 1985	4702414	48	# 1985	457767	38	1985	21756	26
Kenya	1990	5392319	49	...	...	...	1989	31287	...
	1992	5554977	49	...	...	...	...	...	...
	1993	* 5643000	* 49	...	...	...	...	...	...
Lesotho	1985	314003	56	1985	37343	60	1985	2428	62
Lesotho	1990	351632	55	1992	53485	59	1990	2758	49
	1993	354275	54	...	...	...	1992	3704	54
	1994	366935	53	...	...	...	1993	4001	56
Liberia									
Libéria	1986[5]	80048	...	...	...	...	...	...	...
Libyan Arab Jamahiriya	# 1985	1011952	47	# 1985	143113	47	1985	30000	...
Jamah. arabe libyenne	1990	1175229	48	1990	257120	...	1989	50471	...
	1992	1254242	48	1991	294283	...	1991	72899	46
	1993	1357040	49	1992	310556	...	...	...	...
Madagascar	1984	1625216	48	...	...	...	1985	38310	38
Madagascar	1990	1570721	49	...	...	...	1990	35824	45
	1992	1490317	49	...	...	...	1992	42681	...
	1993	1504668	49	...	...	...	...	...	...
Malawi	1985	942539	43	1985	25737	32	1985	3928	29
Malawi	1990	1400682	45	1990	32275	34	1990	6356	...
	1993	1895423	48	1993	47451	38	1992	7065	31
	1994[8]	2860819	47	1994	49412	38	1993	7308	31
Mali	1985	292395	37	1986	63768	30	1985	6768	13
Mali	1990	340573	37	1990	78523	32	1990	6703	14
	1993	497869	39	1993	111568	34	...	...	...
	1994	542891	39	...	...	...	...	...	...
Mauritania	1985	140871	40	1985	35955	...	1985	4526	...
Mauritanie	1990	167229	42	1990	37653	32	1991	5850	15
	1993	248048	45	1992	43034	33	1992	7501	15
	1994	268216	45	1993	45810	35	1993	8495	17
Mauritius	1985	140714	49	1985	72551	47	1985	1161	36
Maurice	1990	137491	49	1990	79229	50	1990	3485	37
	1992	129738	49	1992	86024	...	1991	4032	42
	1993	125543	49	...	...	...	...	...	...
Morocco	1985	2279887	38	1985	1201858	39	1985	181087	32
Maroc	# 1990	2483691	40	# 1990	1123531	41	1990	221217	36
	1993	2873883	41	1993	1264886	41	1994	250919	41
	1994	3006631	42	1994	1298897	42	...	...	...

10
Education at the first, second and third levels
Number of students and percentage female [cont.]
Enseignement des premier, second et troisième degrés
Nombre d'étudiants et étudiantes feminines en pourcentage [suite]

Country or area Pays ou zone	Years Années	First level Premier degré Total	%F	Years Années	Second level Second degré Total	%F	Years Années	Third level Troisième degré Total	%F
Mozambique Mozambique	1985	1248074	44	# 1985	151888	31	1985	1442	23
	# 1990	1260218	43	1990	160177	36	1992	4600	26
	1994	1301833	42	1993	163747	39	1993	5250	26
	1995	1415428	42	1994	171102	39	...	...	...
Namibia Namibie	1986	294985	...	1986	49571	...	...	...	...
	1990	314105	52	1990	62399	56	1991	4157	64
	1993	352900	50	1993	92725	55	1993	9714	61
	1994	367669	50	1994	101974	55	1994	11344	61
Niger Niger	1985	275902	36	...	...	...	1984	2863	18
	1990	368732	36	1990	76758	29	1989	4506	15
	1993	394063	37	1992	80009	33	1991	4513	...
	1994	440460	...	...	...	...	...	...	...
Nigeria Nigéria	1984[9]	13025267	44	1984	3561207	...	1985	266679	27
	1990[9]	13607249	43	# 1990	2908466	43	1989	335824	24
	1993[9]	15870280	44	1993	4032083	46	...	...	...
	1994[9]	16190947	44	1994	4451329	46	...	...	...
Réunion Réunion	1985	73985	48	1985	69863	54	...	...	...
	1990	71966	...	...	...	...	...	...	...
	1993	70735	49	1993	88605	51	...	...	...
	# 1994	73250	...	1994	90033	50	...	...	...
Rwanda Rwanda	1985	836877	49	1985	46998	42	1985	1987	14
	1990	1100437	50	1990	70400	43	1989	3389	19
	# 1991	1104902	50	1991	94586	44	...	...	...
Saint Helena Sainte–Hélène	1985	582	55	1985	513	49	...	...	...
Sao Tome and Principe Sao Tomé–et–Principe	1986	17010	48	1986	5255	...	...	...	...
	1989	19822	47	1987	6452	47	...	...	...
Senegal Sénégal	1985	583890	40	1985	130338	33	1985	13354	...
	1990	708448	42	1991	191431	35	1990	18689	...
	1992	738556	43	...	...	...	1991	21562	24
	1993	773386	43	...	...	...	1992	23001	...
Seychelles Seychelles	1985	14368	49	# 1985	3975	50	...	...	...
	1991	10134	49	1990	4396	...	...	...	...
	1993	9873	49	1993	9111	50	...	...	...
	1994	9911	49	1994	9280	50	...	...	...
Sierra Leone Sierra Leone	1985	421689	...	1985	94717	...	1985	5690	...
	...	...	...	...	...	...	1989	5060	...
	1990	367426	41	1990	102474	37	1990	4742	...
Somalia Somalie	1985	196496	34	1985	45686	35	1986	15672	20
South Africa Afrique du Sud	1986[10]	4737367	49	...	...	...	...	...	...
	1990	6951777	50	1990	2743184	54	1990[10][11]	439007	44
	1993[10]	5758389	50	1991	2939270	54	1993[10][11]	552948	46
	1994	7971770	49	1994	3571395	54	1994[11]	617897	48
Sudan Soudan	1985	1738341	40	1985	556587	42	1985	37367	37
	1990	2042743	43	1990	731624	43	1989	60134	40
	1991	2168180	43	1991	718298	44	...	...	...
	1993	2377437	44	...	...	...	...	...	...
Swaziland Swaziland	1985	139345	50	1985	31109	...	1985[12]	2732	...
	1990	166454	50	...	...	...	1990[12]	3198	43
	1993	186271	49	...	...	...	1992[12]	3023	42
	1994	192599	49	...	...	...	1993[12]	4183	45
Togo Togo	1985	462858	38	1985	97120	24	1989	7826	13
	1990	646962	40	1990	125545	25	1992	8438	12
	1991	652548	40	...	...	...	1993	9120	12
	1993	663126	40	...	...	...	1994	10994	13
Tunisia Tunisie	1985	1291490	45	1985	457630	40	1985	41594	36
	1990	1405665	46	1990	564540	43	1990	68535	39
	1993	1476329	47	1993	688004	46	1993	96101	42
	1994	1481759	47	1994	749175	46	1994	102682	43
Uganda Ouganda	1985[13]	2117000	...	1985	179185	...	1985	10103	23
	1990[13]	* 2470000	* 44	1990	267520	36	1990	17578	28
	1991[13]	2576537	46	1992	256669	37	1992	21489	29
	1993[13]	2456352	44	1993	261415	...	1993	24122	30

10
Education at the first, second and third levels
Number of students and percentage female [cont.]
Enseignement des premier, second et troisième degrés
Nombre d'étudiants et étudiantes feminines en pourcentage [suite]

Country or area Pays ou zone	Years Années	First level Premier degré Total	%F	Years Années	Second level Second degré Total	%F	Years Années	Third level Troisième degré Total	%F
United Rep. Tanzania	1985[14]	3169759	50	1985[14]	92945	...	1985[15][16]	4863	15
Rép. Unie de Tanzanie	1990[14]	3379000	50	1990[14]	167150	42	1989	5254	...
	1992[14]	3603488	49	1992[14]	189827	44		...	...
	1993[14]	3736734	49	1993[14]	196723	44		...	...
Zambia	1985	1348318	47	1985	140743	...		...	...
Zambie	1990	1461206	...	1988	170299	37	1990	15343	...
	1994	1507660	48	...	...	...		...	...
Zimbabwe	1985	2214963	48	1985	482000	...	1985	30843	...
Zimbabwe	1990	2116414	50	1990	661066	47	1990	49361	...
	1992	2301642	50	1992	657344	44	1991	43950	27
	1993	2376048	48	1993	639559	44	1992	61553	27

America, North · Amerique du Nord

Country or area Pays ou zone	Years Années	First level Total	%F	Years Années	Second level Total	%F	Years Années	Third level Total	%F
Antigua and Barbuda Antigua—et—Barbuda	1991	9298	49	1991	5845	50	...	...	...
Bahamas	1985	32848	49	1985	27604	52	1985	4531	...
Bahamas	1990	32873	...	1991	29559	50	1987	5305	68
	1992	33917	* 50	1992	29863	50		...	...
	1993	33343	...	1993	28532	...		...	...
Barbados	1984	30161	48	1988	25422	51	1984	5227	49
Barbade	1989	28516	49	1989	24004	47	1990	6651	...
	1991	26662	49	...	...	...	1991	6888	55
							1992	6252	...
Belize	1985[13]	39212	48	1985	7048	54	...	...	...
Belize	1990[13]	46023	* 48	1990	7904	53	...	...	...
	1992	48397	48	1992	9457	51	...	...	...
	1994	51155	48	1994	10147	52	...	...	...
Bermuda Bermudes	1984	5398	50	...	...	...	...	...	...
British Virgin Islands	1984	2069	48	...	...	...	...	...	...
Iles Vierges britanniques	1990	2340	47	1990	1124	53	...	...	...
	1993	2502	48	1991	1134	55	...	...	...
	1994	2625	48	1993	1309	51	...	...	...
Canada	1985	2254887	48	1985	2250941	49	1985	1639410	45[17]
Canada	1990	2375704	48	1990	2292497	49	1990	1916801	54
	1992	2397281	48	1992	2414285	49	1992	2021550	53
	1993	2404122	48	1993	2472328	49	1993	2011485	53
Costa Rica	1985	362877	48	1985	112531	52	1985[18]	63771	...
Costa Rica	1992	471049	49	1990	130553	50	1990[18]	74681	...
	1993	484958	49	1993	160291	51	1991[18]	80442	...
	1994	495879	49	1994	169777	51	1992[18]	88324	...
Cuba	1985	1077213	47	1985	1156555	51	1985	235224	54
Cuba	1990	887737	48	1990	1002338	52	1990	242434	57
	1993	983459	49	1993	725800	52	1993	176228	57
	1994	1007769	49	1994	674152	52	1994	140800	...
Dominica	1985	12340	48	1985	7370	54	1984	60	67
Dominique	1990	12836	49	...	...	...	1990[19]	430	41
	1993	12822	50	...	...	...	1991[19]	658	55
	1994	12627	50	...	...	...	1992[19]	484	43
Dominican Republic	1985	1219681	50	1985	463511	...	1985	123748	...
Rép. dominicaine	# 1989[5][20]	1032055	49	...	...	...	...	...	...
	1993	1336211	50	# 1993	232999	58	...	...	...
	1994	1462722	50	1994	263236	57	...	...	...
El Salvador	1984	883329	50	...	...	...	1985	70499	44
El Salvador	1989	1016181	50	1991	94268	55	1990	78211	33
	1992	1028877	50	1992	105093	53	...	...	...
	1993	1042256	49	1993	118115	52	...	...	...
Grenada	1986	17963	* 48	1985	9571	53	...	...	...
Grenade	1990	19811	* 45	1990	9776	53	...	...	...
	1991	21365	* 44	1991	9896	54	...	...	...
	1992	22345	* 49	1992	10213	54	...	...	...
Guadeloupe	1985	41734	...	1985	51634	53	...	...	...
Guadeloupe	1990	38531	49	1990	49846	53	...	...	...
	1993	37330	49	1993	50174	52	...	...	...
	# 1994	38332	...	1994	50899	52	...	...	...

10
Education at the first, second and third levels
Number of students and percentage female [cont.]
Enseignement des premier, second et troisième degrés
Nombre d'étudiants et étudiantes feminines en pourcentage [suite]

Country or area Pays ou zone	Years Années	First level Premier degré Total	%F	Years Années	Second level Second degré Total	%F	Years Années	Third level Troisième degré Total	%F
Guatemala	1985	1016474	45	1985	204049	...	1985[21]	48283	...
Guatemala	1991	1249413	46	1991	294907	...	1986[21]	51860	...
	1993	1393921	46	1993	334383	47	...	...	...
	1994	1449981	...	...	...	...	...	...	...
Haiti	1985[22]	872500	47	1985	143758	...	1985	6288	26
Haïti	1990	555433	48	...	...	...	...	...	...
Honduras	1985	765809	50	1985	184112	...	1985	36620	...
Honduras	1991	908446	50	1991	194083	55	1990	44233	...
	1993	990352	50	1993	203192	...	1993	46144	42
	...	...	...	...	...	...	1994	50323	41
Jamaica	1985	340059	...	1985	237713	52	1985	10969	...
Jamaïque	1990[5]	323378	50	1990[5]	225240	52	1990	16018	...
	1992	333104	* 49	1992	235071	51	1991	15891	...
Martinique	1986	33492	48	1985	47500	...	...	...	...
Martinique	1990	32744	...	1991	46373	52	...	...	...
	1993	33121	49	1993	46108	51	...	...	...
	# 1994	33917	...	1994	46178	50	...	...	...
Mexico	1985	15124160	49	1985	6549105	48	1985	1207779	...
Mexique	1990	14401588	49	1990	6704297	50	1990	1310835	...
	1993	14469450	48	1993	6977086	50	1993	...	46
	1994	14574202	...	1994	7264650	...	...	...	...
Montserrat	1985	1351	49	1985	1069	51	...	...	...
Montserrat	1990	1593	...	1991	837	49	...	...	...
	1992	1566	...	1992	888	...	...	...	...
	1993	1525	46	...	...	...	...	...	...
Netherlands Antilles Antilles néerlandaises	1991	22410	...	1991	14987	...	...	...	...
Nicaragua	1985	561551	52	1985	128499	67	1985	29001	56
Nicaragua	1990	632882	51	1990	168888	58	1990	30733	52
	1993	737476	50	1993	203962	53	1991	31499	49
	1994	765972	50	...	...	...	1992	35730	50
Panama	1985	340135	48	1985	184536	52	1985	55303	58
Panama	1990	351021	48	1990	195903	51	1990	53235	...
	1993	357402	...	1993	206509	...	1993	69451	...
	# 1994	364934	...	1994	209929	...	1994	70327	...
St. Kitts and Nevis	1985	7810	...	1985	4197	* 49	1985	212	42
Saint–Kitts–et–Nevis	1989	7665	48	1991	4396	51	1991	325	37
	1991	7236	48	1992	4402	51	1992	394	55
	1992	7068	49	...	...	...	...	...	...
Saint Lucia	1985	32817	49	1985	6833	61	1984	346	46
Sainte–Lucie	1990	33006	* 49	1990	8230	* 59	1987	389	54
	1991	32622	* 48	1991	9419	61	1992	870	61
	1992	32545	48	1992	10356	63	...	...	...
St. Pierre and Miquelon	1985	558	47	1985	821	53	...	...	...
Saint–Pierre–et–Miquelon	1990	556	...	1986	800	53	...	...	...
	1992	529	...	...	...	...	...	...	...
	1994	492	...	...	...	...	...	...	...
St. Vincent and the Grenadines	1985[23]	24561	49	1985	6782	59	1985	736	69
St. Vincent–Grenadines	1990	22030	49	1990	10719	55	1989	677	68
	1993	21386	49	...	...	...	...	...	...
Trinidad and Tobago	1985[13]	168308	50	1985	95302	...	1985	6582	39
Trinité–et–Tobago	1990[13]	193992	49	1990	97493	50	1990	7249	44
	1992[13]	197030	49	1991	97804	50	1991[19]	7513	40
	1993[13]	195013	49	1992	100278	50	1992[19]	8170	41
Turks and Caicos Islands	1984[5]	1429	49	1984	707	...	...	...	...
Iles Turques et Caiques	1993[5]	1211	50	1993	1032	50	...	...	...
United States	1985	20214000	49	1985[24]	20633000	49	1985	12247055	52
Etats–Unis	1990	22429000	48	1990[24]	19270000	49	1990	13710150	54
	1992	22976240	48	1992[24]	20516146	49	1992	14422975	...
	1993	23694000	49	1993[24]	20578000	49	1993	14473106	...
US Virgin Islands	1985[9]	14948	...	1985[9]	13548	...	1985	2602	72
Iles Vierges américaines	1990[9]	14319	...	1990[5,9]	10050	55	1990	2466	75
	1992[9]	14544	47	1992[9]	12502	50	1992	2924	74

10
Education at the first, second and third levels
Number of students and percentage female [cont.]
Enseignement des premier, second et troisième degrés
Nombre d'étudiants et étudiantes feminines en pourcentage [suite]

Country or area Pays ou zone	Years Années	First level Premier degré Total	%F	Years Années	Second level Second degré Total	%F	Years Années	Third level Troisième degré Total	%F
America, South · Amerique du Sud									
Argentina	1985	4589291	49	1985	1800049	52	1985	846145	53
Argentine	1990	4965395	...	1990	2160410	...	1991	1077212	...
	1993	4990486	...	1993	2026006	...	1994	1051542	...
	# 1994	5126307	...	1994	2238091	...	...	...	...
Bolivia	1986	1204534	47	1986	209293	46	...	...	...
Bolivie	1990	1278775	47	1990	219232	46	...	...	...
Brazil	1985	24769736	...	1985	3016175	...	1986	1451191	...
Brésil	1990	28943619	...	1990	3498777	...	1990[16]	1540080	52
	1993	30548879	...	1993	4183847	...	1993[16]	1594668	54
	1994	31220110	...	1994	4510199	...	1994[16]	1661034	55
Chile	1985	2062344	49	1985	667797	52	1985	197437	43
Chili	1992	2034839	49	1990	719819	51	1990	255358	...
	1993	2066046	49	1993	652815	51	1993	327435	...
	# 1994	2119737	49	1994	664498	51	1995	342788	46
Colombia	1985	4039533	50	1985	1934032	50	1985	391490	49
Colombie	1990	4246658	...	1991	2377947	54	1989	474787	52
	1993	4599132	50	1993	2796007	54	1991	510649	51
	1994	4648335	...	1994	2935830	...	1994	588322	51
Ecuador	1985	1738549	49	1985	730226	50	1984	280594	...
Equateur	1990	1846338	...	1992	814359	50	1990	206541	...
	1991	2019850	...	...	...	...	...	...	...
	1992	1986753	49	...	...	...	...	...	...
French Guiana	1990	14256	...	1990	10722	...	...	...	...
Guyane française	1992	15996	...	1993	13494	51	...	...	...
	1993	15839	48	1994	15034	50	...	...	...
	# 1994	16449	...	...	...	...	...	...	...
Guyana	1985	113857	49	1985	76546	51	1985	2328	48
Guyana	1988	118015	* 49	...	...	...	1989	4665	43
	...	...	...	...	...	...	1993	8257	47
Paraguay	1985	570775	48	1985	150736	...	1985	32090	...
Paraguay	1990	687331	48	1990	163734	50	1990	32884	...
	1993	798981	48	1993	214272	51	1993	42654	45[25]
	# 1994	835089	48	1994	240906	50	...	...	...
Peru	1985	3711592	48	1985	1427261	47	1985	452462	...
Pérou	1990	3855282	...	1990	1697943	...	1990	681801	...
	1993	3914291	...	1993	1719854	...	1992	732688	...
	1994	4031359	...	1994	1996233	...	1994	755929	...
Suriname	1985	69963	48	1985	37630	53	1985	2751	54
Suriname	1990	60085	49	1990	33561	53	1990	4319	53
	1992	79162	48	1991	35535	53	...	...	...
	1993	87882	49	1992	30016	53	...	...	...
Uruguay	1985	356002	49	1985	213774	...	1990	71612	...
Uruguay	1990	346416	49	1990	265947	...	1991	73660	...
	1993	338204	49	1993	266840	...	1992	68227	...
	1994	337889	49	1994	263180	53	...	...	...
Venezuela	1985[26]	3539890	50	1985	268580	56	1985	443064	41
Venezuela	1990[26]	4052947	50	1990	281419	57	1990	550030	...
	1992[26]	4222035	50	1992	298534	57	1991	550783	...
	1993[26]	4217283	50	1993	311209	58	...	...	...
Asia · Asie									
Afghanistan	1985	580499	31	...	...	...	1986	22306	14
Afghanistan	# 1990	622513	34	# 1990	182340	51	1990	24333	31
	1994	1161444	32	1994	497762	20	...	...	...
	1995	1312197	32	1995	512851	25	...	...	...
Armenia	...	...	...	...	...	...	1985	102700	...
Arménie	...	...	...	...	...	...	1990	114300	...
	1993	193915	50	1993	380113	52	1991	125900	...
Azerbaijan	1985	487748	...	...	...	...	1985	182100	...
Azerbaïdjan	1990	527370	49	1990	856874	49	1990	163900	...
	1992	553862	48	1992	878598	48	1993	129469	43
	1993	580266	47	1993	869045	48	1994	120870	46

10
Education at the first, second and third levels
Number of students and percentage female [cont.]
Enseignement des premier, second et troisième degrés
Nombre d'étudiants et étudiantes feminines en pourcentage [suite]

Country or area Pays ou zone	Years Années	First level Premier degré Total	%F	Years Années	Second level Second degré Total	%F	Years Années	Third level Troisième degré Total	%F
Bahrain Bahreïn	1985	57330	49	1985	38577	48	1985	4180	60
	1990	66597	49	1990	47005	50	1990	6868	56
	1993	70513	49	1993	54193	50	1992	7763	57
	1994	72329	49	1994	56057	50	1993	7676	58
Bangladesh Bangladesh	1985	8920293	40	1985	3125219	28	1985	461073	...
	1990	11939949	45	1990	3592995	* 33	...	...	...
Bhutan Bhoutan	1985	45395	34	1985	6094	...	...	...	...
	# 1988	55340	37	...	...	...	...	...	...
	1993	56773	43	...	...	...	...	...	...
	1994	60089	43	...	...	...	...	...	...
Brunei Darussalam Brunéi Darussalam	1985	34815	...	1985	20462	...	1986	601	50
	1991	38933	47	1991	25699	50	1992	1388	57
	1993	41134	47	1993	28210	51	...	...	...
	1994	42270	47	1994	28851	51	...	...	...
Cambodia Cambodge	1985	1315531	45	1985	314654	...	1985	2213	...
	# 1990	1329573	...	1990	264419	...	1990	6659	...
	1993	1621685	45	...	...	...	1993	12218	17
	1994	1703316	44	...	...	...	1994	11652	16
China †† Chine ††	1985	133701800	45	1985	50926400	40	...	...	...
	1990	122413800	46	1990	51054100	42	...	...	...
	1992	122012800	47	1992	53544000	43	1993	4505215	29
	1993	124212400	47	1993	53837300	44	...	...	...
China, Hong Kong SAR † Chine, Hong-Kong RAS †	1985	534903	48	1985	450367	50	1991	85214	40
	1990	524919	* 48	...	...	...	1992	88950	42
	1993	485061	* 48	...	...	...	1993	97392	43
	1994	476847	* 49	...	...	...	...	...	...
Cyprus [27] Chypre [27]	1985	50990	48	1985	46159	49	1985	3134	48
	1990	62962	48	1990	44614	49	1990	6554	52
	1993	64907	48	1993	54687	49	1993	6732	54
	1994	64884	48	1994	57804	49	1994	7765	56
Georgia Géorgie	...	...	...	...	...	...	1985	142600	...
	...	...	...	...	...	...	1990	146800	...
	1994	291175	48	...	...	...	1994	168011	56
India Inde	1985	87440514	40	1985	44484544	33	1985	4470844	30
	1990	99118320	41	1992	62245635	37	1990	4950974	33
	1992	105370216	43	1993	64115978	37	...	...	...
	1993	108200539	43	...	...	...	...	...	...
Indonesia Indonésie	1985	29897115	48	1985	9479086	...	1984	980162	32
	1990	29753576	49	1990	10965430	45	1989	1515689	...
	1992	29598790	48	1992	10969305	44	1991	1773459	...
	1993	29876196	48	1993	11360349	45	1992	1795453	39
Iran, Islamic Rep. of Iran, Rép. islamique d'	1985	6788323	44	...	...	...	1985	184442	29
	1990	9369646	46	1990	5084832	41	1990	312076	27
	1993	9862817	47	1993	7059037	43	1993	436564	28
	1994	9745600	47	1994	7652829	44	1994	478455	30
Iraq Iraq	1985	2816326	45	1985	1190833	35	1985	169665	36
	1990	3328212	44	1992	1144938	38	1988	209818	38
	1992	2857467	45	...	...	...	...	...	...
Israel Israël	1985	699476	49	1985	251466	51	1985	116062	47
	1990	724502	49	1990	309098	51	...	...	...
	1992	763511	49	1992	334290	51	...	...	...
	1993	780575	49	1993	338288	50	...	...	...
Japan Japon	1985	11095372	49	1985	11058133	49	1985	2347463	35
	1990	9373295	49	1990	11025720	49	1989	2683035	39
	1993	8798082	49	1992	10255337	49	1991	2899143	40
	1994	8582871	49	1993	10202510	49	...	...	...
Jordan Jordanie	1985	530906	48	1985	335835	48	1985	53753	45
	# 1990	926445	48	# 1990	100953	47	1990	80442	48
	1992	1014295	49	1992	113910	50	1992	88506	49
	1993	1036079	49	1993	123825	50	1993	85936	48
Kazakhstan Kazakhstan	1985	1147700	...	1985	2173900	...	1985	551000	...
	1990	1197300	...	1990	2144400	...	1990	537441	...
	1993	1227130	49	1992	2064100	...	1993	494152	55
	1994	1252000	...	1993	2019700	...	1994	482690	55

10
Education at the first, second and third levels
Number of students and percentage female [cont.]
Enseignement des premier, second et troisième degrés
Nombre d'étudiants et étudiantes feminines en pourcentage [suite]

Country or area Pays ou zone	Years Années	First level Premier degré Total	%F	Years Années	Second level Second degré Total	%F	Years Années	Third level Troisième degré Total	%F
Korea, Dem.People's Rep. Corée, R. p. dém. de	1987	1543000	49	...	...	...	1987	390000	34
Korea, Republic of	1985	4856752	49	1985	4934975	47	1985	1455759	30
Corée, République de	1990	4868520	49	1990	4559557	48	1990	1691429	32
	1994	4099395	48	1994	4568829	48	1994	2196895	36
	1995	3905163	48	1995	4639728	48	1995	2342786	36
Kuwait	1985	172975	49	1985	239581	47	1985	23678	54
Koweït	1990	124996	48	1992	177675	49	1991	20787	65
	1993	129956	49	1993	187941	49	1992	22113	65
	1994	133264	49	1994	198707	49	...	...	...
Kyrgyzstan	1985	342600	49	1985	657300	49	1985	58200	...
Kirghizistan	1990	354700	50	1990	651200	50	1990	59466	...
	1993	380100	50	1993	607700	51	1991	58649	...
	1994	386829	50	1994	606381	...	1993	55229	52
Lao People's Dem. Rep.	1985	523347	45	1985	113630	41	1985	5382	36
Rép. dém. pop. lao	1989	563734	43	1989	137898	40	1989	4730	32
	1992	637359	44	1992	140777	38	1992	5016	27
	1993	681044	43	1993	155366	39	1993	6179	27
Lebanon	1986	399029	...	...	...	...	1985	79500	...
Liban	1988	346534	48	...	...	...	1991	85495	48
	1993	360858	49	...	...	...	...	...	...
	1994	365174	48	...	...	...	...	...	...
Macau	1990	34972	48	1989	16687	52	...	...	...
Macao	1991	37872	48	1991	18978	52	1990	7425	41
	1992	40665	48	1992	20383	53	1991	7420	43
Malaysia	1985	2199096	49	1985	1294990	49	1985	93249	44
Malaisie	1990	2455522	49	1990	1456497	51	1990	121412	45
	1993	2718906	49	1992	1566790	51	1992	160566	...
	1994	2802677	49	...	...	...	1993	170145	...
Maldives	1986	39775	...	...	...	...	...	...	...
Maldives	1992	45333	49	...	...	...	...	...	...
	1993	48321	49	...	...	...	...	...	...
Mongolia	1985	153100	...	...	...	...	1985	40099	...
Mongolie	1990	166200	50	...	...	...	1990	31006	...
	1991	154600	...	...	...	...	1991	28209	...
	1994	158990	51	1994	229769	57	1994	32535	69
Myanmar	1985	4710616	48	1985	1283586	...	1985	179366	...
Myanmar	1990	5384539	49	...	...	...	1991	196052	55
	1993	5896026	...	...	...	...	1992	244208	58
	1994	5711202	...	...	...	...	1993	235256	...
Nepal	# 1985	1812098	30	# 1985	496921	23	1985[28]	54452	...
Népal	1990	2788644	36	1990	708663	29	1990	93753	23
	1992	3034710	38	1992	855137	32	1992	103840	...
	1993	3091684	39	1993	910114	...	1993	102018	...
Oman	1985	177541	44	1985	48096	32	1985	990	38
Oman	1990	262989	47	1990	102021	44	1990	5962	44
	1993	297209	48	1992	140761	46	1991	7322	49
	1994	301999	48	1993	162959	47	...	...	...
Palestine									
Palestine	1994	404259	49	1994	213609	48	...	...	...
Gaza Strip	1985	105348	...	1986	59241	...	1986	5313	...
Zone de Gaza	1990	121750	...	1989	68033	46	1989	6548	31
	1992	134937	...	1991	73124	...	1991	4701	44
	1993	141902	48	1993	75494	...	1994	12483	37
Pakistan	1985[29]	7094059	33	1985	2923188	27	1985	267742	26
Pakistan	1990[29]	11451000	32	1990	4345464	31	1989	336689	33
	1992[29]	14120000	31	1991	5022416	32	...	...	...
	1993[29]	15532000	31	...	...	...	...	...	...

10
Education at the first, second and third levels
Number of students and percentage female [cont.]
Enseignement des premier, second et troisième degrés
Nombre d'étudiants et étudiantes feminines en pourcentage [suite]

Country or area / Pays ou zone	Years / Années	First level / Premier degré Total	%F	Years / Années	Second level / Second degré Total	%F	Years / Années	Third level / Troisième degré Total	%F
Philippines	1985	8925959	49	1985	3214159	50	1985	1402000	...
Philippines	1990	10427077	...	1990	4033597	...	1990	1709486	...
	1993	10731453	50	1993	4590037	...	1991	1656815	59
	1994	10903529	...	1994	4762877	...	...	...	...
Qatar	1985	40636	48	1985	22574	50	1985	5344	62
Qatar	1990	48650	48	1990	30031	50	1990	6485	69
	1993	52016	48	1993	36292	49	1993	7351	71
	1994	52130	48	1994	37635	49	1994	7794	71
Saudi Arabia	1985	1344076	43	1985	603127	38	1985	113529	39
Arabie saoudite	1990	1876916	46	1990	892585	44	1990	153967	43
	1992	2025948	47	1992	1073361	44	1992	192625	46
	1993	2110893	47	1993	1198607	44	1993	201090	45
Singapore	1985	278060	47	...	...	...	1985	39913	37
Singapour	1990	257932	...	...	...	...	1990	55672	41
	1991	260286	...	...	...	...	1993	73772	43
	...	...	...	...	...	...	1994	76985	44
Sri Lanka	1985	2242645	48	1985	1462794	52	1985	59377	40
Sri Lanka	# 1990	2112023	48	# 1990	2081842	51	1991[30]	55190	32
	1993	2012702	48	1993	2246642	51	1994[30]	59790	44
	1994	1960495	48	1994	2315541	51	...	...	...
Syrian Arab Republic	1985	2029752	46	1985	870383	40	1985	179473	35
Rép. arabe syrienne	1990	2452086	46	1990	914250	41	1990	221628	39
	1993	2624594	47	1993	923030	44	1991	183079	37
	1994	2651247	47	1994	928882	44	1992	194371	38
Tajikistan	1990	507354	49	...	...	...	1985	95300	...
Tadjikistan	1992	519701	48	...	...	...	1990	110200	...
	1993	570916	49	...	...	...	1991	125100	...
	1994	593596	49	...	...	...	...	...	...
Thailand	1985	7150489	...	1990	2230403	48	1985	1026952	...
Thaïlande	1990	6956717	49	1992	2717672	49	1989	952012	...
	1993	* 6098103	...	1993	3174062	...	1992	1156174	53
	1994	* 5986446	...	1994	3432431	...	...	...	...
Turkey	1985	6635858	47	1985	2927692	35	1985	469992	32
Turquie	1990	6861711	47	1990	3808142	37	1990	749921	34
	1992	6707725	47	1992	4299810	38	1993	1143083	37
	1993	6526296	47	1993	4522963	39	1994	1174299	38
Turkmenistan	...	...	...	...	...	...	1985	75800	...
Turkménistan	...	...	...	...	...	...	1990	76000	...
United Arab Emirates	1985	152125	48	1985	62082	48	1985	7772	58
Emirats arabes unis	1990	228980	48	1990	107881	50	1990	10196	70
	1993	251182	48	1993	145143	51	1991	10405	75
	1994	262628	48	1994	159840	50	1992	10641	70
Uzbekistan	1985	1612000	49	1985	3115000	...	1985	567200	...
Ouzbékistan	1990	1777900	49	1990	3194600	...	1990	602700	...
	1993	1852841	49	1993	3218800	...	1991	638200	...
	1994	1905693	49	1994	3318900	...	...	...	...
Viet Nam	1985	8125836	48	...	...	...	...	...	...
Viet Nam	1990	8862292	...	...	...	...	...	...	...
	1993	9725095	...	...	...	...	...	...	...
	1994	10047500	...	...	...	...	...	...	...
Yemen									
Yémen	1993	2678863	28	1993	212129	18	1991	53082	17
former Dem. Yemen	1985	334309	30	1985	36282	30	1986	4541	40
l'ex–Yémen dém.	1990[31]	379908	38	...	...	...	...	...	...
former Yemen Arab Rep.	1985	981127	20	1985	146133	11	1986	15055	...
l'ex–Yémen rép. arabe	1990	1291372	24	1990	420697	15	...	...	...
Europe · Europe									
Albania	1985	543775	48	1985	177679	45	1985[32]	21995	45
Albanie	1990	551294	48	1990	205774	45	1990[32]	22059	52
	1993	535713	49	1993	103291	50	1992[32]	22835	52
	1994	550737	48	1994	93830	49	1993	30185	53
Austria	1985	343823	48	1985	847188	47	1985	173215	45
Autriche	1990	370210	49	1990	746272	47	1990	205767	46
	1992	382663	49	1992	768176	47	1992	221389	47
	1993	381628	49	1993	778006	47	1993	227444	47

10
Education at the first, second and third levels
Number of students and percentage female [cont.]
Enseignement des premier, second et troisième degrés
Nombre d'étudiants et étudiantes feminines en pourcentage [suite]

Country or area Pays ou zone	Years Années	First level Premier degré Total	%F	Years Années	Second level Second degré Total	%F	Years Années	Third level Troisième degré Total	%F
Belarus Bélarus	1985 # 1990 1993 1994	796600 614800 634600 636300	... ... 49 48	1985 # 1990 1993 1994	716700 968200 993900 1024600	... ...	1985[33] 1990[33] 1992[33] 1993[33]	342400 321500 312400 299640	... ...
Belgium Belgique	1985 1990 1991	730288 719372 711521	49 49 49	1985 1990 1991	824997 769438 765672	49 49 49	1985 1990	247499 276248 ...	46 48 ...
Bulgaria Bulgarie	1985 1990 1993 1994	1080979 960681 839419 825984	48 48 48 48	1985 # 1990 1993 1994	374565 391550 363138 371102	49 50 50 50	1985 1990 1993 1994	113795 188479 206179 223030	55 51 59 61
Croatia Croatie	1985 1990 1993 1994	520576 431586 441837 434418	49 49 49 49	1990 1993 1994	... 186090 207013 197027	... 51 51 51	1985[34] 1990[34] 1993[34] 1994[34]	55886 72342 82361 82251	... ... 48 49
former Czechoslovakia † l'ex−Tchécoslovaquie †	# 1985 1990	2074403 1924001	49 49	1985 1990	744059 864215	51 51	1985 1990	169344 190409	43 44
Czech Republic République tchèque	1985 1990 1993 1994	694659 546036 521285 522741	... ... 49 49	1992 1993 1994	... 1181026 1119738 1146838	... 50 50 50	1985 1990 1993 1994	109273 118194 152804 165106	... ... 47 47
Denmark Danemark	1985 1990 1992 1993	402707 340267 323651 326619	49 49 49 49	1985 1990 1992 1993	487526 464555 455677 443841	49 49 50 50	1985 1990 1992 1993	116319 142968 157006 169619	49 52 52 51
Estonia Estonie	1985 1990 1993 1994	132233 123675 118136 121404	49 49 49 48	1985 1990 1993 1994	124532 132646 120983 125052	... ... 52 52	1985[33] 1990[33] 1993[33] 1994[33]	23500 25900 24768 25483	60 50 51 52
Finland Finlande	1985 1990 1992 1993	379339 390587 392754 390892	49 49 49 49	1985 1990 1992 1993	424076 426864 463121 459108	53 53 54 53	1985 1990 1992 1993	127976 165714 188162 197367	49 52 53 53
France France	1985 1990 1993 1994	4115846 4149143 4060607 4011046	48 48 48 ...	1985 1990 1992 1993	5371593 5521862 5573582 5737358	51 50 50 50	1985 1990 1992 1993	1278581 1698938 1951994 2083232	50 53 54 55
Germany † Allemagne †	1990 1992 1993	3431385 3469959 3524219	... 49 49	1990 1992 1993	7398011 7662797 7796256	... 48 48	1990[34] 1992[34] 1993[34]	2048627 1823100 1875099	... 40 40
Federal Republic of Germany Rép. féd. d'Allemagne	1985	2271546	49	1985	7101250	48	1985[34]	1550211	42
former German Dem. Rep. l'ex−R. dém. allemande	1985	859830	48	1985	1519152	48	1985	432672	54
Gibraltar Gibraltar	1984	2830	48	1984	1806	49	...	...	...
Greece Grèce	1985 1990 1992 1993	887735 813353 749312 723701	48 48 48 48	1985 1990 1992 1993	813534 851353 843403 851294	48 48 49 47	1990 1992 1993	... 283415 299023 314002	... ... 49 47
Holy See Saint−Siège	... ...	... ...	... ...	... ...	... ...	... ...	1985[35] 1990[35] 1991[35] 1992[35]	9775 10938 11681 12253	33 32 31 32
Hungary Hongrie	1985 1990 1993 1994	1297818 1130656 1009416 985291	49 49 49 49	1985 1990 1993 1994	422323 514076 529445 523068	49 49 50 50	1985 1990 1992 1993	99344 102387 117460 133956	54 50 51 53
Iceland Islande	1985 1990 1992 1993	24603 25878 25234 24711	49 49 49 49	1985 1990 1992 1993	27559 29465 30233 30914	47 48 49 49	1985 1990 1992 1993	4724 5225 5672 6050	55 57 58 57

10
Education at the first, second and third levels
Number of students and percentage female [cont.]
Enseignement des premier, second et troisième degrés
Nombre d'étudiants et étudiantes feminines en pourcentage [suite]

Country or area Pays ou zone	Years Années	First level Premier degré Total	%F	Years Années	Second level Second degré Total	%F	Years Années	Third level Troisième degré Total	%F
Ireland Irlande	1985	420236	49	1985	338256	51	1985	70301	43
	1990	416747	49	1990	345941	51	1990	90296	46
	1992	398736	49	1991	352408	51	1992	108394	48
	1993	391998	49	1992	362230	51	1993	117641	48
Italy Italie	1985	3703108	49	1985	5361579	49	1985	1185304	46
	1990	3055883	49	1990	5117897	49	1990	1452286	48
	1992	2959564	49	1992	4892194	49	1992	1615150	51
	1993	2863003	49	1993	4715635	49	1993	1681949	51
Latvia Lettonie	1985	113167	49	1985	289226	...	1985[33]	43900	60
	1990	143338	49	1990	264475	49	1990[33]	46000	55
	1993	132059	49	1993	245130	51	1993[33]	37907	56
	1994	132465	48	1994	243673	51	1994[33]	38046	56
Lithuania Lituanie	1985	172349	49	1985	466166	...	1985[16]	93235	64
	1990	197952	48	1990	388903	...	1990[16]	88668	...
	1993	212261	48	1993	342524	...	1993	70460	58
	1994	221569	48	1994	351517	50	1994	70863	58
Luxembourg Luxembourg	1985	22003	49	1985	25656	48	1985[36]	759	34
	1990	23465	51	...	...	...	...	...	...
Malta Malte	1985	36240	47	1985	27779	48	1985	1474	33
	1990	36899	48	1990	32544	47	1990	3123	44
	1992	35488	48	1992	34619	46	1992	4662	48
	1993	35366	48	1993	34955	46	1993	5177	49
Republic of Moldova Moldova, Rép. de	1985	248005	49		...	...	1985	113800	...
	1990	301653	49	1990	459701	52	1990	104800	...
	1993	307447	49	1992	441955	52	1994	100833	54
	1994	322612	49	1993	444422	52	...	...	...
Monaco Monaco	1990	1773	51	1990	2785	49	...	...	...
	1993	1815	49	1993	2835	49	...	...	...
	1994	1838	47	1994	2861	49	...	...	...
Netherlands Pays-Bas	1985	1109590	49	1985	1620011	48	1985	404866	41
	1990	1082022	50	1990	1401739	47	1990	478869	44
	1992	1046192	50	1992	1369507	48	1992	506580	46
	1993	1056769	50	1993	1352464	47	1993	512403	46
Norway Norvège	1985	335373	49	1985	387990	50	1985	94658	52
	1990	309432	49	1990	370779	50	1990	142521	53
	1992	307461	49	1992	380916	48	1992	166499	54
	1993	309889	49	1993	380315	48	1993	176722	54
Poland Pologne	1985	4801307	48	1985	1567641	51	1985	454190	56
	1990	5189118	49	1990	1887667	50	1990	544893	56
	1993	5194245	49	1993	2109161	50	1992	616400	56
	1994	5204801	48	1994	2442967	49	1993	747638	57
Portugal Portugal	1985	1235312	48	1985	580248	...	1985[37]	103585	54
	1990	1019794	48	1990	670035	53	1990	185762	56
	1991	1004848	48	1991	759639	...	1992	247523	...
	1993	910650	...	1993	778465	...	1993	276263	...
Romania Roumanie	1985	3030666	49	1986	1477349	47	1985	159798	45
	# 1990	1253480	49	# 1990	2837948	49	1989	164507	...
	1993	1237655	49	1993	2336322	49	1992	235649	47
	1994	1335973	49	1994	2252053	49	1993	250087	47
Russian Federation Fédération de Russie	1985	6579000	49	1985	13341000	...	1985	5400000	57
	1990	7596000	49	1990	13956000	...	1990	5100000	55
	1993	7738000	49	1992	13724000	...	1993[11]	4587045	55
	1994	7849000	49	1993	13732000	...	1994[11]	4458363	56
San Marino Saint-Marin	1985	1411	49	1985	1248	48	...	...	...
	1990	1212	47	1990	1182	52	...	...	...
	1992	1190	48	1992	1159	48	...	...	...
	1993	1166	49	1993	1157	48	...	...	...
Slovakia Slovaquie	1992	350604	49	1992	657010	50	1992	66002	48
	1993	345594	49	1993	658228	50	1993	72726	49
	1994	338291	49	1994	663647	50	1994	82223	49
Slovenia Slovénie	1992	104441	49	1992	211426	49	1991[34]	38388	53
	1993	102120	49	1993	211739	49	1993[34]	40239	55
	1994	102184	49	1994	214042	49	1994[34]	43249	56

10
Education at the first, second and third levels
Number of students and percentage female [cont.]
Enseignement des premier, second et troisième degrés
Nombre d'étudiants et étudiantes feminines en pourcentage [suite]

Country or area Pays ou zone	Years Années	First level Premier degré Total	%F	Years Années	Second level Second degré Total	%F	Years Années	Third level Troisième degré Total	%F
Spain	1985	3483948	48	1985	4555541	51	1985	935126	49
Espagne	1990	2820497	48	1990	4755322	50	1990	1222089	51
	1992	2554083	48	1992	4744204	51	1992	1370689	52
	1993	2447859	48	1993	4734401	51	1993	1469468	51
Sweden	1985	612704	...	1985	624835	...	1985	176589	52
Suède	1990	578359	49	1990	588474	50	1990	192611	54
	1992	594891	49	1992	602703	49	1992	226830	54
	1993	600392	49	1993	607219	49	1993	234466	55
Switzerland	1985	376512	49	1985	634750	46	1985	110111	32
Suisse	1990	404154	49	1990	567396	47	1990	137486	35
	1992	420089	49	1992	561470	47	1992	146266	36
	1993	423399	49	1993	558920	48	1993	148664	37
TFYR Macedonia	1985	273219	...	1985	77023	...	1985[34]	38065	...
L'ex–R.y. Macédoine	1990	266813	48	1990	70696	...	1990[34]	26515	52
	1993	260659	48	1993	74583	49	1993[34]	27340	53
	1994	261105	48	1994	77804	49	1994[34]	29057	54
Ukraine	1985	3738900	...	1985	3401100	...	1985[33]	853100	...
Ukraine	# 1990	3990500	49	1990	3407500	...	1990[33]	894700	50[16]
	# 1992	2682600	49	# 1992	4701000	...	1991[33]	890192	50[16]
	1993	2658800	49	1993	4731200	...	...	...	...
United Kingdom	1985	4296000	49	1985	4877000	50	1985	1032491	46
Royaume–Uni	1990	4532500	49	1990	4335600	50	1990	1258188	48
	1992	5023200	49	1991	4433500	50	1992	1528389	50
	1993	5143227	49	1992	4537000	50	1993	1614652	51
Yugoslavia	1990	466692	49	1990	788170	49	1991[34]	133331	52
Yougoslavie	1992	473902	49	1992	831506	49	1992[34]	143268	53
	1993	460203	49	1993	812473	49	1994[34]	143951	54
Yugoslavia, SFR †	1985	1448562	48	1985	2352985	47	1985[34]	350334	46
Yougoslavie, Rfs †	1990	1392789	48	1990	2344331	48	1990[34]	327092	51
Oceania · Océanie									
American Samoa	1985	7704	47	1985	3342	47	1985	758	52
Samoa américaines	1989	8574	47	1989	3437	48	1986	900	53
	1991	7884	48	1991	3643	46	...	...	...
Australia	1985	1542101	49	1985	1278272	49	1985	370048	48
Australie	1990	1583024	49	1990	1278163	50	1990	485075	53
	1992	1623012	49	1993	1282309	49	1993[38]	964159	48
	1993	1633797	49	1994	1273640	50	1994[38]	932969	49
Cook Islands	1985	2713	...	...	...	...	...	...	...
Iles Cook	1988	2376	...	...	...	...	...	...	...
Fiji	1985	127286	49	1985	45093	50	1985	2313	38
Fidji	1990	143552	...	1991	61614	48	1989	3509	...
	1991	144924	49	1992	66890	49	1991	7908	...
	1992	145630	49	...	...	...	...	...	...
French Polynesia	1987	27259	47	1986	17878	55	...	...	...
Polynésie française	1990	28270	48	1990	20311	53	1991	301	50
	1992	29132	48	1992	22366	55	...	...	...
	1994	30037	48	...	...	...	...	...	...
Guam	1985	16783	...	1985	14557	...	1986	7052	53
Guam	1988	15516	...	1988	16017	...	...	...	...
Kiribati	1985	13440	49	1985	2196	50	...	...	...
Kiribati	1990	14709	50	1990	3003	49	...	...	...
	1992	16020	49	1992	3357	52	...	...	...
	1993	16316	49	...	...	...	...	...	...
Nauru									
Nauru	1985	1451	47	1985	482	50	...	...	...
New Caledonia	1985	22517	48	1985	18351	52	1985	761	44
Nouvelle–Calédonie	1990	22958	48	1990	20673	52	...	...	...
	1992	21865	...	1991	21908	52	...	...	...
	1994	22308	...	...	...	...	...	...	...
New Zealand	1985	329337	49	1985	354080	50	1985	95793	46
Nouvelle–Zélande	1990	318568	48	1990	340915	49	1990	111504	52
	1993	322984	49	1993	376947	49	1993	162932	54
	1994	331666	49	1994	404563	50	1994	169421	55

10
Education at the first, second and third levels
Number of students and percentage female [cont.]
Enseignement des premier, second et troisième degrés
Nombre d'étudiants et étudiantes feminines en pourcentage [suite]

Country or area Pays ou zone	Years Années	First level Premier degré Total	%F	Years Années	Second level Second degré Total	%F	Years Années	Third level Troisième degré Total	%F
Niue	1985	503	...	1985	321	...	...	...	...
Nioué	# 1991	371	...	# 1988	194	45	...	...	...
				# 1991	302	53			
Papua New Guinea	1987	384367	44	1987[10]	63391	* 35	1985	5068	23
Papouasie−Nvl−Guinée	1990	415195	44	1990[10]	65643	38	1995	13663	32
	1994[39]	512129	45	1994[10]	83252	39	...	...	...
	1995[39]	525995	45	1995[10]	78759	39	...	...	...
Samoa	1986	31412	48	1986	20604	...	...	...	...
Samoa	1989	37833	48	...	...	...	...	...	...
Solomon Islands	1985	38716	...	...	...	...	...	...	...
Iles Salomon	1990	47598	44	1990	5636	37	...	...	...
	1993	57264	44	1993	7351	36	...	...	...
	1994	60493	45	1994	7811	38	...	...	...
Tokelau									
Tokélaou	1991	361	50	1983	488	60	...	...	...
Tonga	1985	17019	48	1985	15232	51	1985	705	56
Tonga	1990	16522	48	1990	14749	48	...	...	...
	1992	16658	48	1991	14825	49	...	...	...
	1993	16792	48	1993	16570	48	...	...	...
Tuvalu	1986[40]	1280	49	...	...	...	...	...	...
Tuvalu	1990[5,40]	1485	48	1990	345	52	...	...	...
	1993	1752	48	...	...	...	...	...	...
	1994	1906	49	...	...	...	...	...	...
Vanuatu	1985	22897	...	...	...	...	...	...	...
Vanuatu	1990[41]	24471	47	1991	4184	43	...	...	...
	1991[41]	24952	47	...	...	...	...	...	...
	1992[41]	26267	47	...	...	...	...	...	...

Source:
United Nations Educational, Scientific and Cultural Organization (Paris).

Source:
Organisation des Nations Unies pour l'éducation, la science et la culture (Paris).

† For information on recent changes in country or area nomenclature pertaining to former Czechoslovakia, Germany, Hong Kong Special Administrative Region (SAR) of China, SFR Yugoslavia and former USSR, see Annex I − Country or area nomenclature, regional and other groupings.

†† For statistical purposes, the data for China do not include those for the Hong Kong Special Administrative Region (Hong Kong SAR) and Taiwan province of China.

1 Data refer only to institutions under the authority of the Ministry of Education.
2 Data do not include the University of Law.
3 Data do not include private institutions.
4 Data do not include Al Azhar.
5 Data refer to public education only.
6 Data do not include Asmara University and Kotebe college.
7 Data do not include Action aid schools.
8 Education at the first level became exempt of school fees.
9 Revised data.
10 Excluding Transkei, Bophuthatswana, Venda and Ciskei.
11 Data include distance learning institutions.
12 Data include nationals studying abroad.
13 Data refer to government−maintained and aided schools only.
14 Data refer to Tanzania mainland only.
15 Data refer to full−time only.
16 Data exclude post−graduate level.
17 Data do not include trade and vocational programmes.
18 Data refer only to institutions recognized by the National Council for Higher Education.
19 Data do not include teacher−training.
20 Data include intermediate education (grades 7 and 8 of "traditional" education).

† Pour les modifications récentes de nomenclature de pays ou de zone concernant l'Allemagne, Hong−Kong (Région administrative spéciale de Chine), l'ex−Tchécoslovaquie, l'ex−URSS et l'ex−Rfs de Yougoslavie, voir annexe I − Nomenclature des pays ou des zones, groupements régionaux et autres groupements.

†† Les données statistiques relatives à la Chine ne comprennent pas celles qui concernent la région administrative spéciale de Hong−Kong (la RAS de Hong−Kong) et la province chinoise de Taiwan.

1 Les données se rapportent aux institutions sous la tutelle du Ministère de l'Education.
2 Les données ne comprennent pas l'Université des Sciences juridiques.
3 Les données ne comprennent pas les institutions privées.
4 Les données ne comprennent pas Al Azhar.
5 Les données se réfèrent à l'enseignement public seulement.
6 Les données ne comprennent pas l'Université Asmara et le collège Kotebe.
7 Les données n'incluent pas les écoles de Action aid.
8 Les frais de scolarité sont supprimés pour l'enseignement primaire.
9 Les données ont été revisées.
10 Non compris Transkei, Bophuthatswana, Venda and Ciskei.
11 Les données incluent les établissements d'enseignement à distance.
12 Les données incluent les étudiants à l'étranger.
13 Les données se réfèrent aux écoles publiques et subventionnées seulement.
14 Les données se réfèrent à la Tanzanie continentale seulement.
15 Les données se réfèrent à plein temps seulement.
16 Les données excluent le niveau universitaire supérieur.
17 Les données incluent les programmes d'enseignement techniques et commerciaux.
18 Les données se réfèrent seulement aux institutions reconnues par le Conseil National pour l'Education supérieure.

10
Education at the first, second and third levels
Number of students and percentage female [cont.]
Enseignement des premier, second et troisième degrés
Nombre d'étudiants et étudiantes feminines en pourcentage [suite]

21 Data refer to the University of San Carlos only.
22 Data include infant classes.
23 Data include secondary classes attached to primary schools.
24 Revised data series, corresponding to grades 7 to 12.
25 Data do not include private universities.
26 Data refer to grades 1 to 9 (basic education).
27 Not including Turkish schools.
28 Data refer to public universities only.
29 Data include initiation classes (education preceding the first level).
30 Data do not include part of vocational education.
31 Not including schools for nomads.
32 Data do not include distance learning institutions.
33 Not including female students enrolled in third level programs in secondary specialized schools.
34 Data do not include post–graduate students as registration is not required.
35 Data refer to students enrolled in higher institutions under the authority of Holy See.
36 Data refer to students enrolled in institutions located in Luxembourg. At university level, the majority of students pursue their studies in the following countries: Austria, Belgium, France, Germany and Switzerland.
37 Excluding the University of Porto.
38 Data include Vocational Education and Training Institutes (VETS).
39 Data refer to grades 7 and 8 which are Top up schools.
40 Data include 3 years of education provided in community training centres.
41 Data do not include independent private schools.

19 Les données n'incluent pas l'enseignement normal.
20 Les données incluent l'enseignement intermédiare (septième et huitième années d'études de l'enseignement tradicional).
21 Les données se réfèrent à l'Université de San Carlos seulement.
22 Les données incluent les classes enfantines.
23 Les données incluent les classes secondaires rattachées aux écoles primaires.
24 Les données ont été revisées et se réfèrent aux classes allant de la septième à la douzième année d'études.
25 Les données excluent les institutions privées.
26 Les données se réfèrent aux années d'études 1 à 9 (enseignement de base).
27 Non compris les écoles turques.
28 Les données se réfèrent aux universités publiques seulement.
29 Les données incluent les classes d'initiation (enseignement précédant le premier degré).
30 Les données ne comprennent pas une partie de l'enseignement technique.
31 les données n'incluent pas les écoles de nomades.
32 Les données n'incluent pas les établissements d'enseignement à distance.
33 Non compris les étudiants inscrites aux programmes du troisième cycle dans les écoles secondaires specialisées.
34 Les données ne comprennent pas les étudiants de niveau universitaire supérieur pour lequel l'enscription n'est pas exigée.
35 Les données se réfèrent aux étudiants dans les institutions du troisième degré sous l'autorité du Saint–Siège.
36 Les données se réfèrent seulement aux étudiants inscrits dans les institutions du Luxembourg. La plus grande partie des étudiants luxembourgeois poursuivent leurs études universitaires dans les pays suivants : Allemagne, Autriche, Belgique, France, et Suisse.
37 Non compris l'Université de Porto.
38 Les données incluent l'Education Technique et les instituts de Formation Professionnelle *VETS*.
39 Les données incluent les septième et huitième années d'études qui correspondent aux *Top Up* schools.
40 Les données incluent 3 années d'enseignement dispensé dans les *community training centres*.
41 Les données n'incluent pas les écoles privées indépendantes.

11
Public expenditure on education at current market prices
Dépenses publiques afférentes à l'enseignement aux prix courants du marché

Country or area Pays ou zone (Currency unit · Unité monétaire)	Years Années	Total educational expenditure / Dépenses totales d'éducation — Amount Montant (000 000)	% of GNP % du PNB	% total gov't exp. % dép. totales gouv.	Current educational expenditure / Dépenses ordinaires d'éducation — Amount Montant (000 000)	% of GNP % du PNB	% current gov't exp. % dép. ordinaires gouv.
Africa · Afrique							
Algeria	1985	24248	8.5	20.7	16814	5.9	26.2
Algérie	1990 [1]	29504	5.7	21.1	24953	4.8	29.7
(dinar)	1993 [1]	80841	7.2	19.6	70134	6.3	23.1
	1994 [1]	79889	5.6	17.6	69689	4.9	21.6
Angola	1985	9643	...	10.8	9419	...	14
(kwanza)	1990 [2]	12076	...	10.7	10856	...	...
Benin Bénin (CFA franc · franc CFA)	1980	...	...	...	12426	4.2	36.8
Botswana	1985	111	6.8	15.4	88	5.4	18.6
Botswana	1990 [2]	437	7.6	17.0	311	5.4	21.1
(pula)	1993 [2]	758	9.0	17.6	610	7.3	21.8
	1994 [2]	872	8.5	...	708	6.9	...
Burkina Faso	1985	12901	2.3	21.0	12292	2.2	22.4
Burkina Faso	1989	18780	2.7	17.5	18727	2.7	21.9
(CFA franc · franc CFA)	1992	23577	3.1	...	22002	2.9	...
	1994	36315	3.6	11.1	30016	3.0	17.4
Burundi	1985 [2]	3467	2.5	15.5	3212	2.4	17.1
Burundi	1990 [2]	6570	3.4	16.7	6370	3.3	19.4
(franc)	1991 [2]	7403	3.5	17.7	7208	3.4	20.2
	1992	8586	3.8	12.2	8023	3.6	24.2
Cameroon	1985 [2]	109344	3.0	14.8	90045	2.5	20.9
Cameroun	1990 [2]	107968	3.4	19.6	97948	3.1	26.9
(CFA franc · franc CFA)	1993 [1 2]	84000	3.1	...	...	...	...
	1994 [1 2]	92975	3.1	...	...	...	...
Cape Verde Cap–Vert	1985	341	3.6	...	325	3.5	15.2
(escudo)	1991	903	4.4	19.9	890	4.3	20.0
Central African Rep.	1979	5670	3.8	20.9	5510	3.6	...
Rép. centrafricaine	1986	9553	2.8	...	9313	2.8	25.6
(CFA franc · franc CFA)	1990	9862	2.8	...	9622	2.8	...
Chad	1991	8284	2.3	...	8212	2.3	...
Tchad	1993	...	...	...	8768	2.6	...
(CFA franc · franc CFA)	1994	10796	2.2	...	10691	2.1	...
Comoros [2]	1985	...	...	...	2105	4.1	23.1
Comores [2]	1990	...	...	...	2666	4.0	24.3
(CFA franc · franc CFA)	1993	...	...	...	2938	4.1	20.5
	1994	...	...	...	3285	3.7	21.6
Congo	1980	22942	7.0	23.6	21517	6.6	24.1
Congo	1984	44442	5.1	9.8	41033	4.7	14.7
(CFA franc · franc CFA)	1990	37899	5.7	14.4	36906	5.6	18.0
	1991	57092	8.3	...	56537	8.3	19.3
Côte d'Ivoire	1980	147478	7.2	22.6	123196	6.0	36.4
Côte d'Ivoire	1985	...	...	...	179447	6.3	...
(CFA franc · franc CFA)	1992 [2]	...	...	...	153004	6.7	...
	1994 [1]	...	...	...	168923	5.6	...
Dem. Rep. of the Congo Rép. dém. du Congo	1980	1015	2.6	24.2	998	2.6	25.3
(zaire · zaïre)	1985	3291	1.0	7.3	3239	1.0	7.3
Djibouti	1979	1368	...	11.5	1046	...	9.6
Djibouti	1985 [2]	1690	2.7	7.5	1690	2.7	...
(franc)	1990	2614	3.4	10.5	2614	3.4	10.5
	1991	2872	3.8	11.1	2872	3.8	11.1
Egypt [3]	1985	1878	6.3	...	1775	5.9	10.8
Egypte [3]	1990	3737	4.9	...	3229	4.2	...
(pound · livre)	1991	4557	4.7	9.7	3941	4.1	11.0
	1992	5839	5.0	11.0	4683	4.0	11.0

11
Public expenditure on education at current market prices [cont.]
Dépenses publiques afférentes à l'enseignement aux prix courants du marché [suite]

Country or area Pays ou zone (Currency unit · Unité monétaire)	Years Années	Total educational expenditure Dépenses totales d'éducation			Current educational expenditure Dépenses ordinaires d'éducation		
		Amount Montant (000 000)	% of GNP % du PNB	% total gov't exp. % dép. totales gouv.	Amount Montant (000 000)	% of GNP % du PNB	% current gov't exp. % dép. ordinaires gouv.
Equatorial Guinea Guinée équatoriale (CFA franc · franc CFA)	1993	734	1.8	5.6	721	1.7	5.8
Eritrea [1] Erythrée [1] (birr)	1994	181	...	...	160	...	...
Ethiopia Ethiopie (birr)	1985 1990 1992 1993	420 600 704 1107	... ...	9.5 9.4 11.9 13.1	354 494 564 790	... ...	14.3 11.1 17.8 ...
Gabon Gabon (CFA franc · franc CFA)	1980 1985 1992 [4]	22204 69500 41529	2.7 4.5 3.2	... 9.4 ...	16055 47500 34407	2.0 3.1 2.7	... 21.7 ...
Gambia Gambie (dalasi)	1980 1985 1990 1991	13 31 95 78	3.3 3.2 3.8 2.7	... ... 11.0 12.9	11 25 73 75	2.9 2.6 2.9 2.6	... 16.4 11.6 13.2
Ghana Ghana (cedi)	1980 1985 [2] 1990	1319 8675 61900	3.1 2.6 3.1	17.1 19.0 24.3	 53664	... ... 2.7	... ... 27.1
Guinea Guinée (syli)	1984 1990 1992 1993	1491	... ...	15.3	1486 23483 61123 65434	... 1.4 2.4 2.2	17.2 ... ...
Guinea-Bissau Guinée-Bissau (peso)	1980 1984	... ...	... ...	... ...	208 539	4.0 3.2	... 11.2
Kenya Kenya (shilling)	1985 1990 [2] 1992 [2] 1993 [2]	6171 12473 13203 20029	6.4 6.7 5.4 6.8	... 16.1	5789 11238 12307 18999	6.0 6.1 5.1 6.4	... 19.4 ... ...
Lesotho Lesotho (maloti)	1985 1990 1992 1993	46 99 204 194	4.3 3.7 5.9 4.8	... 12.2	... 81 160 192	... 3.0 4.6 4.8	... 17.4 ... ...
Liberia Libéria (dollar)	1980	62	5.7	24.3	53	4.9	27.0
Libyan Arab Jamahiriya Jamah. arabe libyenne (dinar)	1980 1985	356 575	3.4 7.1	... 19.8	224 457	2.1 5.7	... 38.1
Madagascar Madagascar (franc)	1980 1985 1990 [4] 1993 [4]	36896 52182 67038 116638	4.4 2.9 1.5 1.9	... ... 13.6	31548 49806 64964 104064	3.7 2.8 1.5 1.7	... ...
Malawi Malawi (kwacha)	1980 1985 1990 1992	31 64 165 ...	3.4 3.5 3.3 ...	8.4 9.6 10.3 ...	24 46 117 227	2.6 2.5 2.4 3.5	... ... 9.8 ...
Mali Mali (CFA franc · franc CFA)	1980 1985 1993 [2]	12903 17184 15369	3.8 3.7 2.1	30.8 ... 13.2	12752 17048 14994	3.7 3.7 2.0	32.1 ... ...
Mauritania Mauritanie (ouguiya)	1985 1990 [2] 1993 [2] 1994 [2]	... ...	... ...	... ...	3973 3512 4192 4753	8.2 4.5 3.9 4.0	33.2 ... ...
Mauritius Maurice (rupee · roupie)	1985 1990 1992 1993	598 1384	3.8 3.7	9.8 11.8	555 1287 1585 1963	3.5 3.4 3.3 3.6	12.4 14.0 ... ...
Morocco [2] Maroc [2] (dirham)	1985 1990 1993	7697 11220 14589	6.3 5.5 6.2	22.9 26.1 25.6	6079 10187 12939	5.0 5.0 5.5	28.6 33.6 30.9

11
Public expenditure on education at current market prices [cont.]
Dépenses publiques afférentes à l'enseignement aux prix courants du marché [suite]

Country or area Pays ou zone (Currency unit · Unité monétaire)	Years Années	Total educational expenditure Dépenses totales d'éducation			Current educational expenditure Dépenses ordinaires d'éducation		
		Amount Montant (000 000)	% of GNP % du PNB	% total gov't exp. % dép. totales gouv.	Amount Montant (000 000)	% of GNP % du PNB	% current gov't exp. % dép. ordinaires gouv.
	1994	14950	5.4	22.6	13367	4.8	28.4
Mozambique [5] Mozambique [5] (metical)	1980	2900	4.4	12.1	2500	3.8	17.7
	1985	4400	4.2	10.6	4100	3.9	12.3
	1990	72264	6.3	12.0	46064	4.0	17.5
Namibia Namibie (rand)	1981	25	1.5	...	...	...	...
	1990	480	7.9	...	...	...	...
	1994	909	8.7	...	...	...	...
Niger Niger (CFA franc · franc CFA)	1980	16533	3.1	22.9	7763	1.5	16.8
	1989 [1 2]	19873	2.9	9.0	15545	2.3	13.6
	1991 [1 2]	20143	3.1	10.8	19493	3.0	18.4
Nigeria [6] Nigéria [6] (naira)	1985	814	1.2	8.7	699	1.0	19.7
	1990	2121	0.9	5.3	...	...	...
	1992	2405	0.5	6.3	...	...	...
	1993	7999	1.3	7.3	...	...	...
Réunion Réunion (F. franc)	1985	2416	...	...	2292	...	...
	1990	3375	...	...	3343	...	...
	1992 [1]	4854	...	...	4814	...	...
	1993	5208	...	...	5180	...	...
Rwanda Rwanda (franc)	1980	2880	2.7	21.6	2439	2.3	21.5
	1984	4997	3.1	25.1	4887	3.1	28.1
	1989	7222	3.7	25.4	6793	3.5	29.1
Sao Tome and Principe Sao Tomé et Principe (dobra)	1981	91	8.0	...	...	...	...
	1986	100	3.8	18.8	...	...	...
Senegal Sénégal (CFA franc · franc CFA)	1985	...	...	...	46118	4.2	23.1
	1990	...	...	...	60467	4.1	26.8
	1992	...	...	...	67100	4.3	32.8
	1993	...	...	...	67008	4.4	32.6
Seychelles Seychelles (rupee · roupie)	1985	125	10.7	21.3	120	10.3	21.9
	1990	153	8.1	14.8	153	8.1	18.5
	1993 [2]	148	6.5	...	...	...	...
	1994 [2]	168	7.4	...	...	...	...
Sierra Leone Sierra Leone (leone)	1980	43	3.8	11.8	41	3.6	14.5
	1985	112	2.4	12.4	106	2.3	15.5
	1989	604	1.4	...	577	1.3	...
Somalia [1] Somalie [1] (shilling)	1980	169	1.0	8.7	154	0.9	...
	1985	371	0.5	4.1	274	0.3	...
South Africa Afrique du Sud (rand)	1986	8108	6.0	...	6844	5.0	...
	1990 [7]	17153	6.5	...	15265	5.8	...
	1992	23221	7.0	22.1	21397	6.5	...
	1993	26336	7.1	22.9	23849	6.4	...
Sudan Soudan (pound · livre)	1980	187	4.8	9.1	172	4.4	12.6
	1985 [1]	...	...	...	580	4.0	15.0
Swaziland Swaziland (lilangeni)	1985	52	5.9	20.3	44	5.0	25.9
	1989	101	6.0	22.5	88	5.2	25.1
	1993 [2]	228	6.8	17.5	187	5.6	21.0
	1994	285	...	...	241	...	...
Togo Togo (CFA franc · franc CFA)	1980	13049	5.6	19.4	12575	5.4	21.0
	1985	15880	5.0	19.4	15028	4.7	19.2
	1990	24420	5.6	...	22720	5.2	...
	1992	27004	6.1	21.6	26307	6.0	29.0
Tunisia Tunisie (dinar)	1985	389	5.9	14.1	351	5.3	20.8
	1990	648	6.2	13.5	569	5.5	16.3
	1992 [2]	789	5.9	14.2	701	5.3	17.6
	1993	895	6.3	...	776	5.5	...
Uganda [2] Ouganda [2] (shilling)	1980	15	1.2	11.3	14	1.1	12.8
	1984	288	3.0	...	205	2.1	...
	1990	20188	1.5	11.5	18527	1.4	15.1
	1991	35026	1.9	15	33012	1.8	16.5
United Rep. of Tanzania Rep. Unie de Tanzania	1980	1840	4.4	11.2	1522	3.6	16.3
	1985	4234	3.6	14.0	3643	3.1	15.6

11
Public expenditure on education at current market prices [cont.]
Dépenses publiques afférentes à l'enseignement aux prix courants du marché [suite]

Country or area Pays ou zone (Currency unit · Unité monétaire)	Years Années	Total educational expenditure Dépenses totales d'éducation			Current educational expenditure Dépenses ordinaires d'éducation		
		Amount Montant (000 000)	% of GNP % du PNB	% total gov't exp. % dép. totales gouv.	Amount Montant (000 000)	% of GNP % du PNB	% current gov't exp. % dép. ordinaires gouv.
(shilling)	1990	23426	5.0	11.4	20599	4.4	...
Zambia	1980	127	4.5	7.6	120	4.2	11.1
Zambie	1985	293	4.7	13.4	272	4.4	14.3
(kwacha)	1990	2737	2.6	* 8.7	2382	2.3	* 8.7
Zimbabwe	1986	726	9.1	15.0	721	9.0	...
Zimbabwe	1990	1661	10.5	...	1648[8]	10.4	...
(dollar)	1992	2444	10.1	...	...	...	...
	1993	2914	8.3	...	2893[8]	8.3	...
America, North · Amérique du Nord							
Antigua and Barbuda							
Antigua-et-Barbuda	1980	9	3.0	...	9	3.0	...
(E.C. dollar)	1984	12	2.7	...	11	2.6	...
Aruba	1986	47	...	14.1	46	...	15.4
Aruba	1990	77	...	18.0	62	...	19.4
(florin)	1991	76	...	15.9	60	...	16.8
Bahamas	1980	...	...	...	53	4.4	22.1
Bahamas	1985	86	4.0	18.0	81	3.8	...
(dollar)	1990	125	4.2	17.8	112	3.7	...
	1991	114	3.9	16.3	103	3.5	...
Barbados	1984	139	6.1	...	123	5.4	...
Barbade	1990	269	7.9	22.2	218	6.4	22.1
(dollar)	1992	215	7.0	16.9	192	6.3	17.5
	1993	238	7.5	18.6	230	7.3	20.0
Belize							
Belize	1986	...	...	...	18	4.0	...
(dollar)	1991	48	5.7	15.5	38	4.5	21.8
Bermuda	1980	26	4.1	...	26	4.0	...
Bermudes	1984	33	3.2	18.4	31	3.0	19.9
(dollar)	1990	53	...	14.5	49	...	15.7
	1991	60	...	...	54	...	...
British Virgin Islands	1985	5	...	16.7	4	...	...
Iles Vierges brit.	1990	8	...	12.2	7	...	...
(US dollar · dollar des E-U)	1992	...	...	...	10	...	...
	1993[1]	...	...	...	7	...	...
Canada	1985	30287	6.6	11.9	28202	6.1	...
Canada	1990	43487	6.8	14.2	40288	6.3	...
(dollar)	1991	47764	7.4	...	44356	6.9	...
	1992	49955	7.6	14.3	46515	7.1	...
Costa Rica	1985	8181	4.5	22.7	7787	4.2	26.2
Costa Rica	1990	22907	4.6	20.8	22188	4.5	26.3
(colón)	1993	47656	4.6	20.2	45717[2]	4.4[2]	25.8[2]
	1994	58699	4.7	19.2	56323[2]	4.5[2]	22.9[2]
Cuba[9]	1980	1267	7.2	...	1135	6.4	...
Cuba[9]	1985	1690	6.3	...	1588	5.9	...
(peso)	1990	1748	6.6	12.3	1627	6.1	14.4
Dominica							
Dominique	1986	17	5.9	16.7	16	5.7	18.5
(E.C. dollar)	1989	22	5.8	10.6	20	5.2	19.9
Dominican Republic	1985	234	1.8	14.0	204[2]	1.6[2]	...
Rép. dominicaine	1992	1502	1.4	8.9	970[2]	0.9[2]	...
(peso)	1993	2007	1.7	9.9	1289[2]	1.1[2]	...
	1994	2606	1.9	12.2	1621[2]	1.2[2]	...
El Salvador	1984	336	3.0	12.5	293	2.6	16.3
El Salvador	1990	722	1.8	...	715	1.8	...
(colón · colon)	1991	785	1.7	...	780	1.7	...
	1992	884	1.6	...	883	1.6	...
Grenada	1985	...	...	...	19	6.3	...
Grenade	1990	...	...	...	30	5.9	...
(E.C. dollar)	1992	...	...	...	31	5.4	...
	1993	...	...	...	31	5.3	...
Guadeloupe	1990	1973	...	...	1952	...	...
Guadeloupe	1991	2077	...	...	2022	...	...
(F. franc)	1992[1]	2663	...	...	2627	...	...

11
Public expenditure on education at current market prices [cont.]
Dépenses publiques afférentes à l'enseignement aux prix courants du marché [suite]

Country or area Pays ou zone (Currency unit · Unité monétaire)	Years Années	Total educational expenditure Dépenses totales d'éducation			Current educational expenditure Dépenses ordinaires d'éducation		
		Amount Montant (000 000)	% of GNP % du PNB	% total gov't exp. % dép. totales gouv.	Amount Montant (000 000)	% of GNP % du PNB	% current gov't exp. % dép. ordinaires gouv.
	1993	2776	...	...	2745	...	...
Guatemala	1984	163	1.8	12.4	160	1.7	23.1
Guatemala	1990 [2]	468	1.4	11.8	...	...	...
(quetzal)	1992 [2]	774	1.5	...	...	...	...
	1993 [2]	995	1.6	12.8	...	...	...
Haiti	1980	107	1.5	14.9	86	1.2	17.2
Haïti	1985	118	1.2	16.5	117	1.2	16.7
(gourde)	1990	216	1.4	20.0	216	1.4	20.1
Honduras	1985	290	4.2	13.8	286	4.1	...
Honduras	1989	416	4.2	15.9	404	4.1	...
(lempira)	1991	621	4.1	...	606	4.0	...
	1994	988	4.0	16.0	971	4.0	...
Jamaica	1985	550	5.8	12.1	515	5.4	15.8
Jamaïque	1990 [2]	1472	5.4	12.8	1276	4.7	17.3
(dollar)	1993 [2]	5516	6.2	12.9	5081	5.7	15.6
	1994 [2]	6206	4.7	...	5551	4.2	...
Martinique	1980	931	...	...	887	...	...
Martinique	1990	2013	...	...	1994	...	...
(F.franc)	1992 [2]	2741	...	...	2716	...	...
	1993	2842	...	...	2814	...	...
Mexico	1985	1767324	3.9	...	1229314[2]	2.7[2]	...
Mexique	1990	26640958	4.0	...	16617522[2]	2.5[2]	...
(peso)	1993	62408008	5.6	...	43107371[2]	3.9[2]	...
	1994	71190760	5.8	...	...	...	...
Montserrat	1990	...	...	...	7	...	18.9
Montserrat	1991	...	...	...	8	...	19.5
(E.C. dollar)	1992	...	...	...	8	...	19.3
	1993	...	...	...	7	...	18.8
Netherlands Antilles	1991	151	...	...	...	...	...
Antilles néerlandaises	1992	171	...	...	...	...	...
(guilder · florin)	1993	196	...	...	...	...	...
Nicaragua	1985 [2]	6.409	6.8	10.2	6.20	6.6	12.2
Nicaragua	1991 [4 10]	242	4.4	12.7	...	...	...
(córdoba · córdoba)	1993 [4 10]	324	3.9	12.8	...	...	...
	1994 [4 10]	340	3.8	12.2	327	3.7	...
Panama	1985	237	4.8	18.7	231	4.7	19.9
Panama	1990	248	5.2	20.9	241	5.1	22.2
(balboa)	1992	329	5.6	18.9	307	5.2	21.9
	1994	346	5.2	20.9	334	5.0	23.4
St. Kitts and Nevis	1985	12	5.8	18.5	12	5.7	19.1
Saint-Kitts-et-Nevis	1990 [1]	11	2.7	...	11	2.7	...
(E.C. dollar)	1992	15	3.3	13.5	14	3.1	...
	1993 [1]	...	...	...	14	2.7	...
Saint Lucia	1986	38	5.5	...	36	5.2	...
Sainte lucie	1990	...	...	...	54	5.3	...
(E.C. dollar)	1991	...	...	...	55	5.1	...
	1992	...	...	...	63	5.2	...
St. Pierre-Miquelon	1985	41	...	...	37	...	...
St. Pierre-Miquelon	1990 [2]	54	...	...	41	...	...
(F. franc)	1992 [2]	57	...	...	54	...	...
	1993 [2]	64	...	...	57	...	...
St. Vincent and the Grenadines							
Saint-Vincent-et-Grenadines	1986	19	5.8	11.6	18	5.4	16.8
(E.C. dollar)	1990 [1]	34	6.7	13.8	26	5.0	17.2
Trinidad and Tobago	1985	1042	6.1	...	912	5.3	...
Trinité-et-Tobago	1990	788	4.0	11.6	727	3.7	13.5
(dollar)	1993	836	3.6	...	805	3.5	...
	1994	1170	4.5	...	1061	4.1	...
United States	1980 [11]	182849	6.7	...	...	...	...
Etats-Unis	1985	199372	4.9	15.5	182875	4.5	16.3
(dollar)	1990	292944	5.3	12.3	265074	4.8	12.3
	# 1992	328396	5.5	...	...	...	...

11
Public expenditure on education at current market prices [cont.]
Dépenses publiques afférentes à l'enseignement aux prix courants du marché [suite]

Country or area Pays ou zone (Currency unit · Unité monétaire)	Years Années	Total educational expenditure Dépenses totales d'éducation			Current educational expenditure Dépenses ordinaires d'éducation		
		Amount Montant (000 000)	% of GNP % du PNB	% total gov't exp. % dép. totales gouv.	Amount Montant (000 000)	% of GNP % du PNB	% current gov't exp. % dép. ordinaires gouv.
US Virgin Islands							
Iles Vierges américaine	1980	58	7.9	...	57	7.8	...
(US dollar · dollar des E-U)	1984	74	7.5	...	...	...	...
America, South · Amérique du Sud							
Argentina	1985 [2][12]	740	1.5	...	667	1.3	...
Argentine	1990 [2]	7356595	1.1	...	7062974	1.1	...
(peso)	1993	8310	3.3	12.4	...	...	...
	1994	10471	3.8	14.0	...	...	...
Bolivia	1985	43	2.1	...	...	...	...
Bolivie	1990 [2][13]	363	2.7	...	...	...	...
(boliviano)	1991 [2][13]	467	2.7	...	...	...	...
	1994	1322	5.4	11.2	1293	5.3	15.1
Brazil	1980	0.431	3.6	...	...	...	...
Brésil	1985	50	3.8	...	...	...	...
(cruzeiro)	1989	56101	4.6	...	...	...	...
	1994 [6][14]	5761	1.6	...	...	...	...
Chile	1985	101493	4.4	15.3	...	...	...
Chili	1990	232516	2.7	10.4	225620	2.6	...
(peso)	1993	477307	2.7	...	468452	2.6	...
	1994	620095	2.9	13.4	585399	2.8	14.7
Colombia [2]	1985	136570	2.9	...	127908	2.7	...
Colombie [2]	1990	526686	2.8	12.4	...	...	...
(peso)	1993	1396031	3.5	12.3	1231516	3.0	19.2
	1994	1927850	3.7	12.9	1579822	3.0	10.6
Ecuador	1985	38009	3.7	20.6	35611	3.5	25.8
Equateur	1989	134554	2.8	19.1	127394	2.7	24.7
(sucre)	1992	492252	2.7	19.2	416411	2.3	24.0
	1993	790964	3.0	...	720441	2.7	...
French Guiana	1990	501	...	...	490	...	...
Guyane français	1991	537	...	...	518	...	...
(F. franc)	1992 [1]	774	...	...	755	...	...
	1993	851	...	...	833	...	...
Guyana	1979	121	9.7	14.0	89	7.2	15.2
Guyana	1985	162	9.8	10.4	135	8.1	13.0
(dollar)	1990	542	5.0	...	435	4.0	5.2
Paraguay	1985	20662	1.5	16.7	16822	1.2	18.8
Paraguay	1990 [2]	74387	1.2	9.1	72472	1.1	...
(guaraní)	1993 [2]	338107	2.8	16.9	312757	2.6	17.1
	1994 [2]	432812	2.9	...	401408	2.7	...
Peru	1980	176	3.1	15.2	166	2.9	18.5
Pérou	1985	5042	2.9	15.7	4855	2.8	17.9
(inti)							
Suriname	1985	158	9.4	...	...	...	...
Suriname	1990	250	8.1	...	249	8.1	...
(guilder · florin)	1992	362	7.2	...	360	7.1	...
	1993	384	3.6	...	380	3.6	...
Uruguay	1985	12565	2.8	9.3	12068	2.7	9.3
Uruguay	1990	289354	3.1	15.9	265660	2.8	16.7
(peso)	1992	959087	2.8	15.4	873317	2.5	15.5
	1994	2049055	2.5	13.3	1981029	2.5	13.3
Venezuela	1985	23068	5.1	20.3	...	...	...
Venezuela	1990	69352	3.1	12.0	...	...	...
(bolívar)	1993	242827	4.6	22.0	...	...	...
	1994	434282	5.1	22.4	419515	4.9	31.2
Asia · Asie							
Afghanistan							
Afghanistan	1980	3205	2.0	12.7	2886	1.8	14.4
(afghani)	1990	5667	...	...	5282	...	...
Armenia							
Arménie	1990	4	7.4	20.5	...	...	...
(rouble)	1993	...	...	...	136	3.5	...

11
Public expenditure on education at current market prices [cont.]
Dépenses publiques afférentes à l'enseignement aux prix courants du marché [suite]

Country or area Pays ou zone (Currency unit · Unité monétaire)	Years Années	Total educational expenditure Dépenses totales d'éducation			Current educational expenditure Dépenses ordinaires d'éducation		
		Amount Montant (000 000)	% of GNP % du PNB	% total gov't exp. % dép. totales gouv.	Amount Montant (000 000)	% of GNP % du PNB	% current gov't exp. % dép. ordinaires gouv.
Azerbaijan Azerbaïdjan (rouble)	1990 1991 1992 1994	1132 2066 16205 917980	7.7 7.7 6.5 5.5	24.2 24.7 ... 13.7	... ... 15704 ...	... ... 6.3 ...	... ...
Bahrain Bahreïn (dinar)	1985 1990 [1] 1992 [1] 1993 [1]	52 65 72 71	4.0 5.0 5.0 4.7	10.4 ... 12.3 ...	49 61 68 69	3.8 4.7 4.7 4.6	14.6 ... 14.4 ...
Bangladesh [2] Bangladesh [2] (taka)	1985 1990 1991 1992	7782 14942 18184 20996	1.9 2.0 2.2 2.3	9.7 10.3 11.3 8.7	6005 11820 13816 16744	1.5 1.6 1.7 1.9	15.3 14.4 15.9 10.4
Bhutan Bhoutan (ngultrum)	1992 1993	... ...	... ...	... ...	187 192	2.9 2.7	... ...
Brunei Darussalam Brunéi Darussalam (dollar)	1984 1990 1992 [2 13] 1993 [2 13]	168 253 258 287	2.1 3.9	... ...	151 229 239 273	1.9 3.5	... ...
China †† Chine †† (yuan)	1985 1990 1993 1994	22489 43386 64439 111769	2.6 2.3 1.9 2.6	12.2 12.8 12.2 ...	19770 40423 59104 100128	2.3 2.2 1.7 2.3	... ...
China, Hong Kong SAR † Chine, Hong-Kong RAS † (dollar)	1985 1990 1992 1993	7532 16566 22193 25005	... ...	18.4 17.4 17.4 17.0	6928 ... 20349 ...	... ...	... ...
Cyprus [15] Chypre [15] (pound · livre)	1985 1990 1993 1994	55 89 139 156	3.7 3.5 4.3 ...	12.2 11.3 12.6 14.2	53 84 127 143	3.6 3.3 3.9 ...	13.4 12.3 12.9 14.8
Georgia Géorgie (kupon)	1994	6913532	1.9	6.9	5727212	1.5	7.5
India Inde (rupee · roupie)	1985 1990 1991 1992	87257 207897 232425 260169	3.4 3.9 3.8 3.8	9.4 10.9 11.9 11.5	85198 205330 228878 257377	3.3 3.9 3.8 3.7	13.0 13.7 13.4 13.4
Indonesia Indonésie (rupiah)	1990 [2] 1992 1993 [2] 1994 [2]	2089319 5479346 3639295 4673672	1.1 2.2 1.2 1.3	... ...	1441498 3585711 2294724 3112751	0.8 1.5 0.7 0.9	... ...
Iran, Islamic Rep. of Iran, Rép. islamique d' (rial)	1985 1990 1993 1994	575519 1493896 4978516 5838840	3.6 4.1 5.3 5.9	17.2 22.4 22.8 18.1	510081 1232097 4068840 4793129	3.2 3.4 4.3 4.9	20.6 28.8 26.4 22.7
Iraq Iraq (dinar)	1980 1985 1991 1992	418 551 804 902	3.0 4.0	... ...	... ... 711 896	... ...	... ...
Israel Israël (sheqel)	1985 1990 1991 1992	1876 6239 8157 10182	6.4 5.8 5.8 6.0	8.6 10.5 10.6 11.1	1720 5713 7420 9266	5.9 5.3 5.3 5.5	8.3 10.4 10.9 11.7
Japan Japon (yen)	1980 1985 1990 1991	13908111 16142654 20258000 21300000	5.8 5.0 4.7 4.7	19.6 17.9 16.5 16.6	9416591[16] 15280808[11]	3.9[16] 4.8[11]	... ...
Jordan Jordanie (dinar)	1985 1990 [1] 1993 [13] 1994 [1]	105 101 155 155	5.5 4.2 4.2 3.8	13.0 8.5 11.6 10.5	92 92 139 ...	4.8 3.8 3.8 ...	18.9 ... 13.2 ...

11
Public expenditure on education at current market prices [cont.]
Dépenses publiques afférentes à l'enseignement aux prix courants du marché [suite]

Country or area Pays ou zone (Currency unit · Unité monétaire)	Years Années	Total educational expenditure Dépenses totales d'éducation Amount Montant (000 000)	% of GNP % du PNB	% total gov't exp. % dép. totales gouv.	Current educational expenditure Dépenses ordinaires d'éducation Amount Montant (000 000)	% of GNP % du PNB	% current gov't exp. % dép. ordinaires gouv.
Kazakhstan Kazakhstan (tenge)	1985 1990 1991 1992	2174 3001 6252 65247	6.5 6.5 7.7 5.4	18.9 17.6 19.1 25.2	 60549	... ... 5.0	... ...
Korea, Republic of Corée, République de (won)	1985 1990 1992 1993	3530101 6159073 10019080 11756385	4.5 3.5 4.2 4.5	... ... 14.8 16.0	2811861 5495204 7996446 9344751	3.5 3.1 3.4 3.5	... ... 15.3 17.7
Kuwait Koweït (dinar)	1986 1989 1992 1993	360 432 450 466	4.9 4.6 6.1 5.6	12.6 14.0 11.4 11.0	344	4.7	... ...
Kyrgyzstan Kirghizistan (som)	1985 1990 1993 1994	2 4 ... 731	7.9 8.5 ... 6.8	22.4 22.5 ... 25.6	2 3 215 697	7.3 7.5 3.8 6.5	... ... 21.0 25.2
Lao People's Dem. Rep. Rep. dém. pop. lao (kip)	1980 1985 1992	24 463 19922	... ... 2.3	... ...	 15094	... ... 1.8	... ...
Lebanon [2] Liban [2] (pound · livre)	1985 1989 1993 1994	1639 43711 251874 316678	... 2.7 1.9 2.0	16.8	... ... 227049 240091	... ... 1.7 1.5	... ...
Macau Macao (pataca)	1986 1990 1991 1992	125 444 602 601	... ...	... 10.7 10.4 8.9	... ...	... ...	... ...
Malaysia Malaysie (ringgit)	1985 1990 [2] 1993 [2] 1994 [2]	4754 6033 8074 9363	6.6 5.4 5.2 5.3	16.3 18.3 15.7 15.5	4062 4664 7085 7821	5.6 4.2 4.6 4.4	... 19.3 17.2 15.9
Maldives Maldives (rufiyaa)	1986 1990 1992 1993	24 79 220 183	4.4 6.3 12.0 8.1	* 7.2 * 10.0 * 16.0 13.6	20 132	3.7 ... ... 5.8	... ... 18.0
Mongolia Mongolie (tughrik)	1985 1990 1991 1994	716 882 1598 15510	7.8 8.6 8.5 5.2	... ...	 15384	... ... 5.2	... ...
Myanmar [2] Myanmar [2] (kyat)	1980 1985 1989 1994	660 1084 2948 5685	1.7 2.0 2.4 ...	... ... 14.4	584 841 2699 4436	1.5 1.5 2.2 ...	... ... 19.0
Nepal [17] Népal [17] (rupee · roupie)	1985 1990 1991 1992	1241 2079 3268 4428	2.6 2.0 2.7 2.9	12.7 8.5 12.3 13.2	... ...	... ...	... ...
Oman Oman (rial)	1985 1990 1993 1994 [13]	123 128 170 173	4.0 3.5 4.5 4.5	... 11.1 15.2 15.5	77 117 151 153	2.5 3.2 4.0 4.0	... 18.8 19.1 20.0
Pakistan Pakistan (rupee · roupie)	1980 1985 1990 [18] 1991 [18]	4619 12645 23570 27790	2.0 2.5 2.6 2.7	5.0	3379 9390 19500 24090	1.5 1.8 2.2 2.3	5.2 ... ...
Philippines Philippines (peso)	1985 1990 1992 [2] 1993 [2]	7524 31067 31687 36320	1.4 2.9 2.3 2.4	7.4 10.1	7026 28713	1.3 2.7	10.0 11.1 ... ...
Qatar Qatar (riyal)	1985 1990 1993 1994	1012 929 976 889	4.1 3.4 3.5 ...	... ...	767 904 891 816	3.1 3.3 3.2 ...	... ...

11
Public expenditure on education at current market prices [cont.]
Dépenses publiques afférentes à l'enseignement aux prix courants du marché [suite]

Country or area Pays ou zone (Currency unit · Unité monétaire)	Years Années	Total educational expenditure Dépenses totales d'éducation			Current educational expenditure Dépenses ordinaires d'éducation		
		Amount Montant (000 000)	% of GNP % du PNB	% total gov't exp. % dép. totales gouv.	Amount Montant (000 000)	% of GNP % du PNB	% current gov't exp. % dép. ordinaires gouv.
Saudi Arabia	1985	23540	6.7	12.0	19283	5.5	...
Arabie saoudite	1990	25460	6.0	17.8	24033	5.7	...
(riyal)	1993	31590	...	...	29671	...	...
	1994	28817	...	...	27386	...	...
Singapore	1985	1776	4.4	...	1388	3.4	...
Singapour	1990	2055	3.1	18.2	1795	2.7	25.4
(dollar)	1993	2884	3.1	23.0	2192	2.4	24.0
	1994	3416	3.3	24.2	2486	2.4	25.6
Sri Lanka	1985 [2]	4183	2.6	6.9	3530	2.2	11.4
Sri Lanka	1990	8621	2.7	8.1	7024	2.2	10.7
(rupee · roupie)	1993	15515	3.1	9.0	12604	2.6	12.2
	1994	18259	3.2	9.4	15314	2.7	13.2
Syrian Arab Republic	1985	5060	6.1	11.8	2799[1]	3.4[1]	...
Rép. arabe syrienne	1990	10720	4.2	17.3	...	...	...
(pound · livre)	1992 [1]	10903	...	11.7	9627	...	...
	1994 [1]	17987	...	12.5	15621	...	...
Tajikistan	1985	509	8.6	29.5	479	8.1	...
Tajikistan	1990	788	10.7	24.7	723	9.8	...
(rouble)	1992	7207	11.2	19.2	6976	10.8	...
	1993	60039	9.5	17.9	56739	9.0	...
Thailand	1985	39367	3.8	18.5	33830	3.3	19.2
Thaïlande	1990	77420	3.6	20.0	64702	3.0	21.0
(baht)	1993	128786	4.1	20.6	104534	3.3	22.7
	1994	135358	3.8	18.9	108485	3.0	21.1
Turkey	1985	627104	2.3	...	523102	1.9	...
Turquie	1990 [1]	8506541	2.2	...	7580817	2.0	...
(lira · livre)	1992 [1]	30357203	2.8	...	27895167	2.6	...
	1994	124763320	3.3	...	109162355	2.9	...
Turkmenistan	1985	431	7.6	28.0	...	...	...
Turkménistan	1990	655	8.6	21.0	...	...	...
(manat)	1991	1159	7.9	19.7	...	...	...
United Arab Emirates	1985	1738	1.7	10.4	1637	1.6	10.6
Emirats arabes unis	1990	2280	1.7	14.6	2174	1.7	14.3
(dirham)	1993	2657	2.0	15.1	2457	1.8	14.9
	1994	2927	...	16.3	2702	...	15.9
Uzbekistan	1985	2040	7.5	25.1	1716	6.3	...
Ouzbékistan	1990	3070	9.5	20.4	2450	7.6	...
(rouble)	1992	45216	10.1	23.3	42232	9.4	...
	1993	486502	11.0	24.4	475863	10.7	...
Yemen	1993	13531	...	20.9	12939	...	...
Yémen	1994	16114	...	20.8	14577	...	...
former dem. Yemen l'ex–Yémen dém.	1980	17	...	16.9	...	...	...
former Yemen Arab Republic l'ex–Yémen rép. arabe	1981	1108	...	15.8	...	...	...
(rial)	1985	2039	...	21.8	1789	...	27.4
Europe · Europe							
Albania	1980	767	...	10.3	...	...	...
Albanie	1990	984	5.8	...	...	...	...
(lek)	1994	5893	3.0	...	5353	2.7	...
Austria	1985	78639	5.9	7.9	70847	5.3	8.6
Autriche	1990	97301	5.4	7.6	89858	5.0	8.8
(schilling)	1992	117519	5.8	7.7	103693	5.1	8.6
	# 1993	115780	5.5	...	102207	4.8	...
Belarus	1985	1499	4.8	...	1264	4.0	...
Bélarus	1990	2093	5.0	...	1758	4.2	...
(rouble)	1993	662987	5.3	15.9	527327	4.2	...
	1994 [19]	1228110	6.1	17.3	1019890	5.0	...
Belgium	1985 [2]	287388	6.2	...	272843	5.8	...
Belgique	1990 [2]	325282	5.1	...	321427	5.1	...
(franc)	1992 [2]	361584	5.1	9.0	358648	5.1	...
	# 1993	409254	5.6	9.9	403466	5.5	...

11
Public expenditure on education at current market prices [cont.]
Dépenses publiques afférentes à l'enseignement aux prix courants du marché [suite]

Country or area Pays ou zone (Currency unit · Unité monétaire)	Years Années	Total educational expenditure Dépenses totales d'éducation			Current educational expenditure Dépenses ordinaires d'éducation		
		Amount Montant (000 000)	% of GNP % du PNB	% total gov't exp. % dép. totales gouv.	Amount Montant (000 000)	% of GNP % du PNB	% current gov't exp. % dép. ordinaires gouv.
Bulgaria	1985	1784	5.5	...	1598	4.9	...
Bulgarie	1990	2357	5.6	...	2183	5.2	...
(lev)	1993	16307	5.5	...	15210	5.1	...
	1994	23999	4.5	...	22620	4.3	...
former Czechoslovakia †	1980	23181	4.0	...	21802	3.8	...
l'ex–Tchécoslovaquie †	1985	28201	4.2	7.9	26959	4.0	8.6
(koruna · couronne)	1990	37323	4.6	8.2	35482	4.4	8.7
Czech Republic							
Rép. tchèque	1992	36915	4.7	...	33631	4.3	...
(koruna · couronne)	1993	53393	5.9	12.7	49198	5.4	...
Denmark	1985	42672	7.2	...	...	...	...
Danemark	1989	55448	7.5	13.0	52270	7.1	12.9
(krone · couronne)	1991	58960	7.4	11.8	54896	6.9	11.5
	# 1993	72168	8.5	13.0	67809	8.0	...
Estonia	1992	795	6.2	31.3	729	5.7	...
Estonie	1993	1540	7.1	20.1	1344	6.2	20.9
(kroon · couronne)	1994	1988	5.8	23.8	1748	5.1	25.7
Finland	1985	17682	5.4	11.8	16356	5.0	11.9
Finlande	1990	28770	5.7	11.9	26757	5.3	12.1
(markka)	1992	33086	7.2	11.6	31791	7.0	11.9
	# 1993	38197	8.4	12.8	35933	7.9	...
France [20]	1985	269191	5.8	...	254433	5.4	...
France [20]	1990	351867	5.4	...	327427	5.1	...
(franc)	1992	393004	5.7	...	362695	5.2	...
	# 1993	406772	5.8	10.4	369289	5.2	...
Germany † · Allemagne †	1993	151033	4.8	9.5	137345	4.3	...
Federal Republic of Germany	1980	70099	4.7	9.5	60558	4.1	...
Rép. féd. d'Allemagne	1985	83691	4.6	9.2	75566	4.1	9.4
(deutsche mark)	1990	98412	...	8.6	88499	...	8.7
	1991 [21]	107497	...	11.6	97255	...	12.5
former German Dem. Republic							
l'ex–Rép. dém. allemande	1980	...	...	...	9836	...	...
(DDR mark)	1985	...	...	...	12404	...	...
Gibraltar							
Gibraltar	1980	5	9.0	...	3	5.5	...
(pound sterling · livre sterling)	1984	5	6.0	...	5	6.0	...
Greece	1979	31754	2.2	8.4	29951	2.0	9.6
Grèce	1985	133091	2.9	7.5	126749	2.8	8.5
(drachma · drachme)	1990	325676	3.1	...	306303	2.9	...
	1991	379864	3.0	...	359533	2.8	...
Hungary	1985	54061	5.5	6.4	48125	4.9	7.4
Hongrie	1990	122120	6.1	7.8	110382	5.5	8.6
(forint)	1993	229000	6.7	7.4	215195	6.3	8.3
	1994	278322	6.7	6.9	262917	6.3	7.9
Iceland	1980	699	4.4	14.0	...	...	...
Islande	1985	5684	4.9	13.8	...	...	...
(króna · couronne)	1990	19747	5.6	...	14584	4.2	...
	# 1993	21615	5.4	12.8	19202	4.8	...
Ireland	1985	1058	6.3	8.9	963	5.8	10.5
Irlande	1990	1372	5.7	10.2	1303	5.4	12.1
(pound · livre)	1992	1645	6.2	...	1568	5.9	...
	# 1993	1816	6.4	...	1734	6.1	...
Italy	1985	40533126	5.0	8.3	36859217	4.6	10.0
Italie	1990 [1,22]	40846282	3.2	...	40400136	3.1	...
(lira · lire)	1992 [1]	62009503	4.2	...	59089471	4.0	...
	# 1993	79310895	5.2	9.0	73774153	4.8	...
Latvia	1985	2	3.4	12.4	...	...	...
Lettonie	1990	2	3.8	10.8	...	...	...
(lats)	1993	89	6.0	16.5	87	5.8	16.5
	1994	125	6.5	16.1	124	6.4	16.2
Lithuania	1985	5	5.3	12.9	4	4.8	...
Lituanie	1990	6	4.8	13.8	6	4.5	...
(litas)	1993	531	4.4	20.1	499	4.1	32.2
	1994	947	4.5	21.8	886	4.2	23.9

81 Education and literacy Instruction et alphabétisation

11
Public expenditure on education at current market prices [cont.]
Dépenses publiques afférentes à l'enseignement aux prix courants du marché [suite]

Country or area Pays ou zone (Currency unit · Unité monétaire)	Years Années	Total educational expenditure Dépenses totales d'éducation			Current educational expenditure Dépenses ordinaires d'éducation		
		Amount Montant (000 000)	% of GNP % du PNB	% total gov't exp. % dép. totales gouv.	Amount Montant (000 000)	% of GNP % du PNB	% current gov't exp. % dép. ordinaires gouv.
Luxembourg Luxembourg (franc)	1986 1989 1993 [2] 1994 [2]	12269 16363 15677 16586	3.8 4.1 3.1 3.1	15.7 16.0	10712 13440	3.3 3.4	15.4 ... ...
Malta Malte (lira · lire)	1985 1990 1992 1993	17 32 42 50	3.4 4.0 4.6 5.1	7.7 8.3 10.9 11.7	17 30 41 48	3.3 3.8 4.5 4.9	9.1 10.9 12.5 13
Monaco Monaco (F. franc)	1980 1989 1992	... 124 153	... ...	... 5.3 5.6	43 113 140	... ...	... 7.8 7.7
Netherlands Pays-Bas (guilder · florin)	1985 1990 1991 # 1993	27403 30697 31709 31318	6.4 6.0 5.9 5.5	... ... 9.2	25729 29200 30312 30102	6.0 5.7 5.6 5.2	... ...
Norway Norvège (krone · couronne)	1985 1990 1992 # 1993	31680 51119 59201 65666	6.5 7.9 8.7 9.2	14.6 14.6 14.1 ...	27979 44109 51132 61627	5.7 6.9 7.5 8.7	15.3 14.5 15.8 ...
Poland Pologne (zloty)	1985 1990 1992 1993	497497 ... 62442000 83697000	4.9 ... 5.5 5.5	12.2 ... 14.0 14.0	405597 28249871 58468000 77947000	4.0 5.3 5.2 5.1	11.6 16.4 14.2 15.5
Portugal Portugal (escudo)	1985 1990 [2] 1992 # 1993	152886 412481 651768 739755	4.0 4.3 5.0 5.4	... ...	135612 378252 610807 688511	3.6 4.0 4.7 5.1	... ...
Republic of Moldova République de Moldova (rouble)	1985 1990 1993 1994	0.471 0.706 127 426	... 7.1 6.0 5.5	... 17.2 ... 28.9	0.397 0.557 118 403	... 5.6 5.6 5.2	... ... 25.1
Romania Roumanie (leu)	1985 1990 1993 1994 [22]	17941 24270 636952 1490795	2.2 2.8 3.2 3.1	... 7.3 9.1 13.6	17345 23881 606683 ...	2.1 2.8 3.1 ...	... 9.0 9.6 ...
Russian federation Fédération de Russie (rouble)	1985 1990 1992 1993	14945 22237 679434 6917781	3.2 3.5 4.0 4.4	... ... 9.6	 6608548	... ... 4.2	... ... 10.0
San Marino Saint-Marin (lira · lire)	1984 1990 1993 1994	11470 22048 34112 35990	... ...	10.7	10474 21723 32981 35475	... ...	10.3 ... ...
Slovakia Slovaquie (s. koruna · couronne s.)	1992 1993 1994	19829 19400 19495	6.5 5.7 4.9	... ...	17575 16966 17152	5.7 5.0 4.3	... ...
Slovenia Slovénie (tolar)	1991 1992 1993 1994	16603 55828 83183 102496	4.8 5.6 6.2 6.2	16.1 23.2 21.7 12.8	15266 52595 76591 92722	4.4 5.3 5.7 5.6	... 24.6 ... ...
Spain Espagne (peseta)	1985 1990 1992 # 1993	917076 2181935 2680764 2841459	3.3 4.4 4.6 4.7	... 9.4 9.3 ...	821118 1936203 2423169 2588491	2.9 3.9 4.2 4.3	... ...
Sweden Suède (krona · couronne)	1985 1990 1991 1992	65001 101363 113123 116298	7.7 7.7 8.0 8.4	12.6 13.8 14.0 12.6	57703 93083 103927 105803	6.8 7.1 7.4 7.6	... ...
Switzerland Suisse (franc)	1985 1990 1991 # 1993	11696 16215 18106 19933	4.8 5.0 5.2 5.6	18.6 18.7 18.8 16.1	10638 14395 16061 17705	4.4 4.4 4.7 5.0	19.9 ... 19.5 ...

11
Public expenditure on education at current market prices [cont.]
Dépenses publiques afférentes à l'enseignement aux prix courants du marché [suite]

Country or area Pays ou zone (Currency unit • Unité monétaire)	Years Années	Total educational expenditure Dépenses totales d'éducation			Current educational expenditure Dépenses ordinaires d'éducation		
		Amount Montant (000 000)	% of GNP % du PNB	% total gov't exp. % dép. totales gouv.	Amount Montant (000 000)	% of GNP % du PNB	% current gov't exp. % dép. ordinaires gouv.
TFYR Macedonia	1992	605	5.4	...	591	5.2	...
L'ex–R.y. Macédoine	1993	2939	5.0	21.5	2863	4.9	21.3
(dinar)	1994	6970	5.6	18.3	6807	5.5	18.5
Ukraine	1985	6721	5.2	21.2	5708	4.4	...
Ukraine	1990	8606	5.2	19.7	6903	4.2	...
(karbovanets)	1993	9006147	6.1	15.7	7430284	5.1	...
	1994	84709688	8.2	...	70300981	6.8	...
United Kingdom	1985	17501	4.9	...	16764	4.7	...
Royaume–Uni	1990	26677	4.9	...	25318	4.7	...
(pound sterling • livre sterling)	1991	29534	5.2	...	28045	5.0	...
	# 1992	32162	5.4	11.2	...	...	...
Yugoslavia							
Yugoslavie	1992	0.292	...	...	0.274	...	...
(new dinar • dinar nouveau)	1994	842	...	...	750	...	...
Yugoslavia, SFR †	1980	8	4.7	32.5	7	4.0	...
Yugoslavie, Rfs †	1985	42	3.4	...	39	3.1	...
(dinar)	1990	60318	6.1	...	55911	5.7	...
Oceania • Océanie							
American Samoa							
Samoa américaines	1981	11	8.3	16.0	11	8.1	17.9
(US dollar • dollar des E–U)	1986	23	...	...	23	...	54.4
Australia	1985	12925	5.6	12.8	11848	5.1	14.2
Australie	1990	19364	5.4	14.8	17889	4.9	14.8
(dollar)	1991	20417	5.5	14.1	18983	5.1	14.6
	# 1992	23304	6.0	14.2	21252	5.4	...
Cook Islands	1981	3	...	13.1	3	...	...
Iles Cook	1986	5	...	9.5	4	...	9.5
(NZ dollar)	1991	8	...	12.4	8	...	12.7
Fiji	1986	85	6.0	...	83	5.9	...
Fidji	1990 [2]	94	4.7	...	93	4.7	...
(dollar)	1991 [2]	105	4.8	...	98	4.5	...
	1992 [2]	128	5.4	18.6	124	5.2	...
French Polynesia	1984	1030	9.8	...	935	8.9	...
Polynésia française	1990 [2]	1205	...	...	1148	...	...
(F. franc)	1992 [1 2]	1785	...	...	1708	...	...
	1993 [2]	1894	...	...	1807	...	...
Guam	1981	49	8.0	...	48	7.9	...
(US dollar • dollar des E–U)	1985 [1]	60	8.5	...	59	8.3	...
Kiribati	1985	3	6.7	18.5	3	6.7	...
Kiribati	1990	4	6.0	18.3	4	6.0	...
(Australian dollar)	1991	4	6.5	14.8	4	6.5	...
	1992	5	7.4	...	5	7.4	...
New Caledonia	1985	1007	13.5	...	919	12.3	...
Nouvelle–Calédonie	1990 [2]	1137	...	...	1040	...	...
(F. franc)	1992 [1 2]	1501	...	...	1458	...	...
	1993 [2]	1652	...	...	1606	...	...
New Zealand	1985	2028	4.7	18.4	1849	4.3	25.5
Nouvelle–Zélande	1990	4451	6.5	...	4252	6.2	...
(dollar)	1991	5013	7.3	...	4825	7.0	...
	1992	5308	7.3	...	5107	7.0	...
Niue	1980	0.777	...	13.2	0.755	...	15.9
Nioué	1986	1.394	...	...	1.283	...	...
(NZ dollar)	1991	1.454	...	10.2	1.164	...	10.8
Samoa							
Samoa							
(tala)	1990	15	4.2	10.7	14	3.9	15.8
Solomon Islands	1980	5	5.6	11.2	4	4.3	14.1
Iles Salomon	1984	10	4.7	12.4	4	1.9	8.0
(S.I. dollar)	1991	24	4.2	7.9	24	4.2	13.5
Tonga	1980	1.558	...	11.6	1.339	...	13.3
Tonga	1985	4	4.4	16.1	4	4.4	...
(pa'anga)	1992	9	4.8	17.3	...	...	...

11 Public expenditure on education at current market prices [cont.]
Dépenses publiques afférentes à l'enseignement aux prix courants du marché [suite]

Country or area Pays ou zone (Currency unit · Unité monétaire)	Years Années	Total educational expenditure Dépenses totales d'éducation			Current educational expenditure Dépenses ordinaires d'éducation		
		Amount Montant (000 000)	% of GNP % du PNB	% total gov't exp. % dép. totales gouv.	Amount Montant (000 000)	% of GNP % du PNB	% current gov't exp. % dép. ordinaires gouv.
Tuvalu							
Tuvalu							
(australian dollar)	1990	1	...	16.2	1	...	16.3
Vanuatu							
Vanuatu	1990	831	4.4	...	831	4.4	19.2
(vatu)	1991	929	4.8	...	929	4.8	18.8
former USSR · l'ex−URSS							
former USSR † [23]	1980	33026	7.3	11.2	28099	6.2	...
l'ex−URSS † [23]	1985	39866	7.0	...	33319	5.9	...
(rouble)	1990	57608	8.2	...	46030	6.5	...

Source:
United Nations Educational, Scientific and Cultural Organization (Paris).

† For information on recent changes in country or area nomenclature pertaining to former Czechoslovakia, Germany, Hong Kong Special Administrative Region (SAR) of China, SFR Yugoslavia and former USSR, see Annex I − Country or area nomenclature, regional and other groupings.

†† For statistical purposes, the data for China do not include those for the Hong Kong Special Administrative Region (Hong Kong SAR) and Taiwan province of China.

1 Expenditure on third level education is not included.
2 Data refer to expenditure of the Ministry of Education only.
3 Expenditure relating to Al−Azhar is not included.
4 Data refer to expenditure of the Ministry of Primary and Secondary Education only.
5 Data include foreign aid received for education.
6 Data refer to expenditure of the Federal government only.
7 Data do not include expenditure for Transkei, Bophuthatswana, Venda and Ciskei.
8 Data include capital expenditure on universities.
9 Expenditure on education is calculated as percentage of global social product.
10 Data expressed in gold Cordobas.
11 Data refer to public and private expenditure on education.
12 Data in Australes.
13 Expenditure on universities is not included.
14 Data are expressed in Reais (1 Reais is equivalent to 2750 thousand Cruzeiros).
15 Expenditure of the Office of Greek Education only.
16 Data do not include public subsidies to private education.
17 Data refer to regular and development expenditure.
18 Data do not include expenditure on education by other ministries which are not directly related to education.
19 Data are expressed in B. rouble.
20 Metropolitan France.
21 Data include expenditure for East Berlin.
22 Data refer to expenditure of education of the central government only.
23 Expenditure on education is calculated as percentage of net material product.

Source:
Organisation des Nations Unies pour l'éducation, la science et la culture (Paris).

† Pour les modifications récentes de nomenclature de pays ou de zone concernant l'Allemagne, Hong−Kong (Région administrative spéciale de Chine), l'ex−Tchécoslovaquie, l'ex−URSS et l'ex−Rfs de Yougoslavie, voir annexe I − Nomenclature des pays ou des zones, groupements régionaux et autres groupements.

†† Les données statistiques relatives à la Chine ne comprennent pas celles qui concernent la région administrative spéciale de Hong−Kong (la RAS de Hong−Kong) et la province chinoise de Taiwan.

1 Les dépenses relatives à l'enseignement du troisième degré ne sont pas incluses.
2 Les données se réfèrent aux dépenses du Ministère de l'Education seulement.
3 Les dépenses relatives à Al−Azhar ne sont pas incluses.
4 Les données de réfèrent aux dépenses du Ministère des enseignements primaire et secondaire seulement.
5 Les données comprennent l'aide étrangère reçue pour la éducation.
6 Les dépenses se réfèrent aux dépenses du gouvernement fédéral seulement.
7 Les données ne comprennent pas Transkei, Bophuthatswana, Venda et Ciskei.
8 Les données comprennent les dépenses en capital des universités.
9 Les dépenses de l'enseignement sont calculées en pourcentage du produit social global.
10 Les données sont exprimées en Cordobas or.
11 Les données se réfèrent aux dépenses publiques et privées afférentes à l'enseignement.
12 Les données sont exprimés en Australes.
13 Les dépenses des universités ne sont pas incluses.
14 Les données sont exprimées en Reais (1Reais = 2750 milliers de Cruzeiros).
15 Dépenses du bureau grec de l'éducation seulement.
16 Les données ne comprennent pas les subventions publiques à l'enseignement privé.
17 Les données se réfèrent aux dépenses ordinaires et de developpement.
18 Les données ne comprennent pas les dépenses d'éducation effectuées par d'autres ministères qui ne sont pas en rapport direct avec l'enseignement.
19 Les données sont exprimées en B. rouble.
20 France métropolitaine.
21 Les données comprennent les dépenses relatives à Berlin Est.
22 Les données se réfèrent aux dépenses de l'éducation du gouvernement central seulement.
23 Les dépenses de l'enseignement sont calculées en pourcentage du produit matériel net.

12 Illiterate population by sex
Population analphabète selon le sexe

Country or area / Pays ou zone	Year / Année	Age group / Groupe d'âge	Illiterate population Total	M	F	Percentage of illiterates Total	M	F
Africa · Afrique								
Algeria	1987	15+	6373688	2320756	4052932	50.4	36.6	64.2
Algérie	1995[1]	15+	6582000	2249000	4333000	38.4	26.1	51.0
Angola								
Angola	1985[2]	15+	...	...	...	59.0	51.0	...
Benin	1992	15+	1822441	688888	1133553	72.5	59.9	83.2
Bénin	1995[1]	15+	1792000	713000	1079000	63.0	51.3	74.2
Botswana	1991[3]	15+	340523	164045	176478	45.2	46.8	43.8
Botswana	1995[1]	15+	256000	79000	177000	30.2	19.5	40.1
Burkina Faso								
Burkina Faso	1995[1]	15+	4597000	1972000	2625000	80.8	70.5	90.8
Burundi								
Burundi	1990	15+	1757984	691703	1066281	62.2	51.5	72.0
Cameroon								
Cameroun	1995[1]	15+	2712000	908000	1805000	36.6	25.0	47.9
Cape Verde	1990	15+	69930	21363	48567	37.1	25.2	46.7
Cap–Vert	1995[1]	15+	65000	19000	46000	28.4	18.6	36.2
Chad								
Tchad	1995[1]	15+	1868000	666000	1202000	51.9	37.9	65.3
Comoros	1980	15+	88780	36429	52351	52.1	44.0	60.0
Comores	1995[1]	15+	143000	60000	83000	42.7	35.8	49.6
Congo	1984	15+	422770	142744	280026	40.4	28.7	51.0
Congo	1995[1]	15+	353000	114000	239000	25.1	16.9	32.8
Côte d'Ivoire	1988	15+	3787385	1636497	2150888	65.9	55.6	76.6
Côte d'Ivoire	1995[1]	15+	4339000	1859000	2480000	59.9	50.1	70.0
Dem. Rep. of the Congo								
Rép. dém. du Congo	1995[1]	15+	5184000	1491000	3783000	22.7	13.4	32.3
Djibouti								
Djibouti	1995[1]	15+	181000	66000	115000	53.8	39.7	67.3
Egypt	1986[4,5]	15+	15954760	6207399	9747361	55.8	42.7	69.4
Egypte	1995[1]	15+	18954000	7205000	11749000	48.6	36.4	61.2
Equatorial Guinea	1983	15+	58847	16288	42559	38.0	22.6	51.5
Guinée équatoriale	1995[1]	15+	48000	11000	37000	21.5	10.4	31.9
Ethiopia	1984	15+	13533624	5840560	7693064	75.7	67.3	83.6
Ethiopie	1995[1]	15+	19052000	8099000	10953000	64.5	54.5	74.7
Gabon								
Gabon	1995[1]	15+	295000	103000	192000	36.8	26.3	46.7
Gambia								
Gambie	1995[1]	15+	403000	152000	251000	61.4	47.2	75.1
Ghana	1990[2]	15+	4839557	1843221	2996236	59.0	45.7	71.9
Ghana	1995[1]	15+	3387000	1134000	2253000	35.5	24.1	46.5
Guinea								
Guinée	1995[1]	15+	2272000	886000	1386000	64.1	50.1	78.1
Guinea–Bissau	1979	15+	342393	130922	211471	80.0	66.7	91.4
Guinée–Bissau	1995[1]	15+	283000	98000	185000	45.1	32.0	57.5
Kenya	1989	15+	3179856	1025621	2154235	29.1	19.2	38.5
Kenya	1995[1]	15+	3237000	1005000	2232000	21.9	13.7	30.0
Lesotho								
Lesotho	1995[1]	15+	339000	108000	231000	28.7	18.9	37.7
Liberia	1984	15+	811187	329695	481492	67.9	55.1	80.7
Libéria	1995[1]	15+	1013000	381000	632000	61.7	46.1	77.6
Libyan Arab Jamahiriya	1984	15+	646181	192106	454075	39.9	23.1	57.7
Jamahiriya arabe libyenne	1995[1]	15+	702000	189000	513000	23.8	12.1	37.0
Madagascar								
Madagascar	1995[1]	15+	4324000	1570000	2754000	54.3	40.2	68.0
Malawi	1987	15+	2214440	706326	1508114	51.5	34.7	66.5
Malawi	1995[1]	15+	2588000	804000	1784000	43.6	28.1	58.2
Mali	1988	6+	...	...	...	81.2	73.6	88.6
Mali	1995[1]	15+	3917000	1668000	2249000	69.0	60.6	76.9
Mauritania	1988	15+	667342	268955	398387	64.9	53.9	75.4
Mauritanie	1995[1]	15+	806000	319000	487000	62.3	50.4	73.7
Mauritius	1990	15+	149383	54748	94635	20.1	14.8	25.3
Maurice	1995[1]	15+	138000	52000	86000	17.1	12.9	21.2
Morocco	1982	15+	8119233	3187079	4932154	69.7	56.3	82.5
Maroc	1995[1]	15+	9730000	3714000	6016000	56.3	43.4	69.0

12
Illiterate population by sex [cont.]
Population analphabète selon le sexe [suite]

Country or area Pays ou zone	Year Année	Age group Groupe d'âge	Illiterate population Total	M	F	% Total	M	F
Mozambique	1980	15+	4522941	1634940	2888001	72.7	55.8	87.7
Mozambique	1995[1]	15+	5298000	1828000	3470000	59.9	42.3	76.7
Namibia [5]								
Namibie [5]	1991	15+	198460	87209	111251	24.2	22.2	26.0
Niger	1988	15+	3268685	1467030	1801655	89.1	83.1	94.6
Niger	1995[1]	15+	4081000	1825000	2256000	86.4	79.1	93.4
Nigeria								
Nigéria	1995[1]	15+	26075000	9731000	16344000	42.9	...	52.7
Réunion								
Réunion	1982	15+	73220	38861	34359	21.4	23.5	19.5
Rwanda	1991	15+	1545540	...	...	42.0	...	...
Rwanda	1995[1]	15+	1695000	635000	1060000	39.5	30.2	48.4
Saint Helena								
Sainte–Hélène	1987	20+	104	65	39	2.7	3.3	2.1
Sao Tome and Principe								
Sao Tomé–et–Principe	1981	15+	22080	6755	15325	42.6	26.8	57.6
Senegal	1988	15+	2652915	1090771	1562144	73.1	63.1	82.1
Sénégal	1995[1]	15+	3084000	1305000	1779000	66.9	57.0	76.8
Seychelles								
Seychelles	1987	15+	7106	3789	3317	15.6	16.9	14.4
Sierra Leone								
Sierra Leone	1995[1]	15+	1727000	668000	1059000	68.6	54.6	81.8
South Africa	1980[6]	15+	3711776	1796523	1915253	23.8	22.5	25.2
Afrique du Sud	1995[1]	15+	4731000	2319000	2412000	18.2	18.1	18.3
Sudan	1993[7]	15+	5387588	1880349	3507239	49.4	35.6	62.5
Soudan	1995[1]	15+	8507000	3327000	5180000	53.9	42.3	65.4
Swaziland	1986	15+	116464	48722	67742	32.7	30.1	34.8
Swaziland	1995[1]	15+	114000	50000	64000	23.3	22.0	24.4
Togo	1981	15+	927712	328497	599215	68.6	53.3	81.5
Togo	1995[1]	15+	1085000	363000	722000	48.3	33.0	63.0
Tunisia	1989	15+	2095943	762085	1333858	42.7	30.8	54.8
Tunisie	1995[1]	15+	1930000	621000	1309000	33.3	21.4	45.4
Uganda	1991	15+	3855388	1348282	2507106	43.9	31.8	55.2
Ouganda	1995[1]	15+	4171000	1409000	2762000	38.2	26.3	49.8
United Rep.Tanzania								
Rép. Unie de Tanzanie	1995[1]	15+	5171000	1618000	3553000	32.2	20.6	43.2
Zambia	1980[3]	15+	1308098	476250	831848	46.5	35.3	56.8
Zambie	1995[1]	15+	1082000	346000	736000	21.8	14.4	28.7
Zimbabwe								
Zimbabwe	1995[1]	15+	940000	298000	642000	14.9	9.6	20.1
America, North · Amérique du Nord								
Bahamas								
Bahamas	1995[1]	15+	3000	1000	2000	1.8	1.5	2.0
Barbados								
Barbade	1995[1]	15+	5000	2000	3000	2.6	2.0	3.2
Belize								
Belize	1991	14+	31879	16040	15839	29.7	29.7	29.7
British Virgin Islands								
Iles Vierges britanniques	1991[3]	15+	207	135	72	1.8	2.2	1.3
Canada	1986	15+	659745	...	...	3.4	...	...
Canada	1995[1]	15+	271000	116000	155000	1.2	1.0	1.3
Costa Rica	1984	15+	112946	55431	57515	7.4	7.3	7.4
Costa Rica	1995[1]	15+	115000	59000	56000	5.2	5.3	5.0
Cuba	1981[8]	15–49	105901	...	...	2.2	...	...
Cuba	1995[1]	15+	364000	163000	201000	4.3	3.8	4.7
Dominican Republic	1981	15+	1031629	518236	513809	26.0	26.0	26.0
Rép. dominicaine	1995[1]	15+	907000	465000	443000	17.9	18.0	17.8
El Salvador	1980	15+	818100	...	...	32.7	...	...
El Salvador	1995[1]	15+	975000	432000	543000	28.5	26.5	30.2
Guadeloupe								
Guadeloupe	1982	15+	22359	11231	11128	10.0	10.4	9.6
Guatemala	1985[2]	15+	2519543	1070325	1449218	45.0	37.4	52.9
Guatemala	1995[1]	15+	2627000	1111000	1516000	44.4	37.5	51.4
Haiti	1982	15+	2004791	926751	1078040	65.2	62.7	67.5
Haïti	1995[1]	15+	2360000	1075000	1285000	55.0	52.0	57.8

12
Illiterate population by sex [cont.]
Population analphabète selon le sexe [suite]

Country or area / Pays ou zone	Year / Année	Age group / Groupe d'âge	Illiterate population / Population analphabète Total	M	F	Percentage of illiterates / Percentage d'analphabètes Total	M	F
Honduras	1985[2]	15+	...	...	...	40.5	39.3	41.6
Honduras	1995[1]	15+	869000	435000	434000	27.3	27.4	27.3
Jamaica	1987	15+	278578	173683	104895	18.2	23.1	13.5
Jamaïque	1995[1]	15+	254000	161000	93000	15.0	19.2	10.9
Martinique Martinique	1982	15+	16814	8824	7990	7.2	8.0	6.6
Mexico	1990	15+	6161662	2305113	3856549	12.4	9.6	15.0
Mexique	1995[1]	15+	6245000	2416000	3829000	10.4	8.2	12.6
Netherlands Antilles Antilles néerlandaises	1981	15+	10236	4497	5739	6.2	5.8	6.6
Nicaragua Nicaragua	1995[1]	15+	822000	398000	424000	34.3	35.4	33.4
Panama	1990	15+	168644	80700	87944	11.2	10.6	11.7
Panama	1995[1]	15+	161000	76000	85000	9.2	8.6	9.8
Puerto Rico [9] Porto Rico [9]	1980	15+	277461	123215	154246	12.2	11.4	12.9
Saint Kitts and Nevis Saint–Kitts–et–Nevis	1980	15+	674	337	337	2.7	2.9	2.5
St. Pierre and Miquelon Saint–Pierre et Miquelon	1982	15+	32	16	16	0.7	0.7	0.7
Trinidad and Tobago	1990	15+	25910	9159	16751	3.1	2.0	4.4
Trinité–et–Tobago	1995[1]	15+	18000	5000	13000	2.1	1.2	3.0
America, South · Amérique du Sud								
Argentina	1991	15+	895483	416466	479017	4.0	3.8	4.1
Argentine	1995[1]	15+	935000	450000	485000	3.8	3.8	3.8
Bolivia	1992	15+	744846	213713	531133	19.9	11.8	27.5
Bolivie	1995[1]	15+	745000	204000	541000	16.9	9.5	24.0
Brazil	1991	15+	19294646	9300503	9994143	20.1	19.9	20.3
Brésil	1995[1]	15+	18330000	9067000	9263000	16.7	16.7	16.8
Chile	1992	15+	537744	247531	290213	5.7	5.4	6.0
Chili	1995[1]	15+	485000	225000	260000	4.8	4.6	5.0
Colombia	1985[10]	12+	2271338	1076907	1194431	11.9	11.6	12.2
Colombie	1995[1]	15+	2047000	1010000	1037000	8.7	8.8	8.6
Ecuador	1990	15+	691422	274731	416691	11.7	9.5	13.8
Equateur	1995[1]	15+	719000	289000	430000	9.9	8.0	11.8
French Guiana Guyane française	1982	15+	8372	4321	4051	17.0	16.4	17.7
Guyana Guyana	1995[1]	15+	11000	4000	7000	1.9	1.4	2.5
Paraguay	1992	15+	235323	96330	138993	9.7	8.0	11.4
Paraguay	1995[1]	15+	235000	97000	138000	7.9	6.5	9.4
Peru	1993	15+	1784281	487113	1297168	12.8	7.1	18.3
Pérou	1995[1]	15+	1736000	421000	1315000	11.3	5.5	17.0
Suriname	1985[2]	15+	...	...	...	10.0	10.0	10.0
Suriname	1995[1]	15+	20000	7000	13000	7.0	4.9	9.0
Uruguay	1985	15+	108400	57300	51100	5.0	5.6	4.5
Uruguay	1995[1]	15+	65000	36000	29000	2.7	3.1	2.3
Venezuela	1990	15+	1130567	509864	620703	10.0	9.1	10.8
Venezuela	1995[1]	15+	1244000	571000	673000	8.9	8.2	9.7
Asia · Asie								
Afghanistan Afghanistan	1995[1]	15+	8169000	3229000	4940000	68.5	52.8	85.0
Armenia	1989	15+	...	...	...	1.2	0.6	1.9
Arménie	1995[1]	15+	9000	3000	6000	0.4	0.3	0.5
Azerbaijan	1989	15+	...	...	...	2.7	1.1	4.1
Azerbaïdjan	1995[1]	15+	18000	6000	12000	0.4	0.3	0.5
Bahrain	1991	15+	55300	24196	31104	15.9	11.4	23.0
Bahreïn	1995[1]	15+	56000	25000	31000	14.8	10.9	20.6
Bangladesh	1981	15+	32923083	14501583	18421500	70.8	60.3	82.0
Bangladesh	1995[1]	15+	45082000	19057000	26025000	61.9	50.6	73.9
Bhutan Bhoutan	1995[1]	15+	558000	211000	347000	57.8	43.8	71.9
Brunei Darussalam	1991	15+	20809	6887	13922	12.2	7.5	17.5
Brunéi Darussalam	1995[1]	15+	22000	7000	15000	11.8	7.4	16.6

12
Illiterate population by sex [cont.]
Population analphabète selon le sexe [suite]

Country or area Pays ou zone	Year Année	Age group Groupe d'âge	Illiterate population / Population analphabète Total	M	F	Percentage of illiterates / Percentage d'analphabètes Total	M	F
Cambodia [11] Cambodge [11]	1993	15+	...	...	...	34.7	20.3	46.6
China †† Chine ††	1990	15+	181609097	54359731	127249366	22.2	13.0	31.9
	1995[1]	15+	166173000	46651000	119522000	18.5	10.1	27.3
China, Hong Kong SAR † Chine, Hong-Kong RAS †	1995[1]	15+	371000	96000	275000	7.8	4.0	11.8
Cyprus [2] Chypre [2]	1992	15+	25216	4774	20442	5.6	2.2	8.9
Georgia Géorgie	1989	15+	...	...	...	1.0	0.5	1.5
	1995[1]	15+	19000	6000	13000	0.5	0.3	0.6
India Inde	1991	7+	328879000	128362000	200517000	47.8	35.9	60.7
	1995[1]	15+	290705000	108017000	182688000	48.0	34.5	62.3
Indonesia Indonésie	1990	15+	20899440	6553716	14345714	18.4	11.7	24.7
	1995[1]	15+	21507000	6783000	14724000	16.2	10.4	22.0
Iran, Islamic Rep. of Iran, Rép. islamique d'	1991[12]	15+	10652344	4113811	6538533	34.3	25.6	43.6
	1994[2]	15+	9788927	3950690	5838237	27.7	21.6	34.2
Iraq Iraq	1987	10+	3102331	1139894	1962437	29.2	21.6	36.7
Israel Israël	1992	15+	183200	50500	132700	5.1	2.9	7.3
	1995[1]	15+	176000	46000	130000	4.4	2.3	6.4
Jordan Jordanie	1991	15+	373610	105950	267660	16.8	9.2	24.9
	1995[1]	15+	414000	105000	309000	13.4	6.6	20.6
Kazakhstan Kazakhstan	1989	15+	276835	49301	227534	2.5	0.9	3.9
	1995[1]	15+	46000	15000	31000	0.4	0.3	0.5
Korea, Republic of Corée, République de	1985[2]	15+	...	...	...	3.0	...	...
	1995[1]	15+	697000	124000	573000	2.0	0.7	3.3
Kuwait Kuwëit	1985	15+	273513	141082	132431	25.5	21.8	31.2
	1995[1]	15+	200000	83000	117000	21.4	17.8	25.1
Kyrgyzstan Kirghizistan	1989	15+	...	...	...	3.0	1.4	4.5
	1995[1]	15+	11000	4000	7000	0.4	0.3	0.5
Lao People's Dem. Rep. Rép. dém. pop.lao	1985[2]	15-45	...	...	...	16.1	8.0	24.2
	1995[1]	15+	1170000	402000	768000	43.4	30.6	55.6
Lebanon Liban	1995[1]	15+	151000	50000	101000	7.6	5.3	9.7
Malaysia Malaisie	1980	15+	2399790	791000	1608790	30.4	20.4	40.3
	1995[1]	15+	2056000	682000	1374000	16.5	10.9	21.9
Maldives Maldives	1985	15+	7598	4059	3539	7.7	7.8	7.6
	1995[1]	15+	10000	5000	5000	6.8	6.7	7.0
Mongolia Mongolie	1988[2]	15+	...	...	...	1.3	...	...
Myanmar Myanmar	1983	15+	4492769	1460457	3032312	21.4	14.2	28.3
	1995[1]	15+	4913000	1617000	3296000	16.9	11.3	22.3
Nepal Népal	1981	15+	6998148	3053083	3945065	79.4	68.3	90.8
	1995[1]	15+	9149000	3762000	5387000	72.5	59.1	86.0
Pakistan Pakistan	1981[13]	15+	34713824	16051771	18662053	74.3	64.6	85.2
	1995[1]	15+	48693000	20433000	28260000	62.2	50.0	75.6
Philippines Philippines	1990	15+	2349731	1095697	1254034	6.4	6.0	6.8
	1995[1]	15+	2234000	1047000	1187000	5.4	5.0	5.7
Qatar Qatar	1986	15+	64891	45253	19638	24.3	23.2	27.5
	1995[1]	15+	82000	60000	22000	20.6	20.8	20.1
Saudi Arabia Arabie Saoudite	1982	15+	...	...	...	48.9	28.9	69.2
	1995[1]	15+	3871000	1740000	2131000	37.2	28.5	49.8
Singapore Singapour	1990	15+	226677	51307	175370	10.9	4.9	17.0
	1995[1]	15+	196000	46000	150000	8.9	4.1	13.7
Sri Lanka Sri Lanka	1981	15+	1271984	424424	847560	13.2	8.7	18.0
	1995[1]	15+	1242000	413000	829000	9.8	6.6	12.8
Syrian Arab Republic Rép. arabe syrienne	1981[14]	15+	1982265	601390	1380875	44.4	26.4	63.0
	1995[1]	15+	2259000	556000	1703000	29.2	14.3	44.2
Tajikistan Tadjikistan	1989	15+	66973	17189	49784	2.3	1.2	3.4
	1995[1]	15+	11000	4000	7000	0.3	0.2	0.4
Thailand Thaïlande	1990	15+	2572127	833682	1738445	6.7	4.4	8.8
	1995[1]	15+	2613000	829000	1784000	6.2	4.0	8.4
Turkey Turquie	1990	15+	7615973	1870245	5745728	20.8	10.1	31.5
	1995[1]	15+	7232000	1737000	5495000	17.7	8.3	27.6

12 Illiterate population by sex [cont.]
Population analphabète selon le sexe [suite]

Country or area Pays ou zone	Year Année	Age group Groupe d'âge	Illiterate population Population analphabète Total	M	F	Percentage of illiterates Percentage d'analphabètes Total	M	F
Turkmenistan	1989	15+	...	...	...	2.3	1.2	3.4
Turkménistan	1995[1]	15+	8000	3000	5000	0.3	0.2	0.4
United Arab Emirates	1985	15+	269983	185397	84586	28.8	27.7	31.3
Emirats arabes unis	1995[1]	15+	272000	192000	80000	20.8	21.1	20.2
Uzbekistan	1989	15+	...	...	...	2.8	1.5	4.0
Ouzbékistan	1995[1]	15+	45000	16000	29000	0.3	0.2	0.4
Viet Nam	1989	15+	4871866	1287769	3584097	12.4	7.0	17.2
Viet Nam	1995[1]	15+	2916000	785000	2131000	6.3	3.5	8.8
Europe · Europe								
Belarus	1989	15+	165406	21917	143489	2.1	0.6	3.4
Bélarus	1995[1]	15+	38000	10000	28000	0.5	0.3	0.6
Bulgaria	1992	15+	147389	44123	103266	2.1	1.3	2.9
Bulgarie	1995[1]	15+	125000	39000	86000	1.7	1.1	2.3
Croatia	1991	15+	126624	22915	103709	3.3	1.2	5.1
Croatie	1995[1]	15+	87000	32000	55000	2.4	1.8	2.9
Estonia	1989	15+	3329	687	2642	0.3	0.1	0.4
Estonie	1995[1]	15+	3000	1000	1000	0.2	0.2	0.2
Greece	1991	15+	389067	90049	299018	4.8	2.3	7.0
Grèce	1995[1]	15+	283000	73000	210000	3.3	1.7	4.7
Hungary	1980	15+	95542	27756	67786	1.1	0.7	1.5
Hongrie	1995[1]	15+	69000	26000	43000	0.8	0.7	1.0
Italy	1981	15+	1572556	539781	1032775	3.5	2.5	4.5
Italie	1995[1]	15+	932000	337000	595000	1.9	1.4	2.4
Latvia	1989	15+	11476	2327	9149	0.5	0.2	0.8
Lettonie	1995[1]	15+	5000	2000	3000	0.3	0.2	0.3
Liechtenstein								
Liechtenstein	1981	10+	68	33	35	* 0.3	* 0.3	* 0.3
Lithuania	1989	15+	44308	10436	33872	1.6	0.8	2.2
Lituanie	1995[1]	15+	16000	5000	11000	0.5	0.4	0.7
Luxembourg								
Luxembourg	1995[1]	15+	9000	3000	6000	2.6	2.0	3.2
Malta	1985	20+	33740	16802	16938	14.3	14.8	13.9
Malte	1995[1]	15+	25000	13000	12000	8.7	9.4	8.1
Portugal	1981	15+	1506206	524461	981745	20.6	15.2	25.4
Portugal	1995[1]	15+	827000	283000	544000	10.4	7.5	13.0
Republic of Moldova	1989	15+	113193	20078	93115	3.6	1.4	5.6
République de Moldova	1995[1]	15+	34000	25000	9000	1.1	1.6	0.5
Romania	1992	15+	577376	125372	452004	3.3	1.5	5.0
Roumanie	1995[1]	15+	387000	97000	290000	2.1	1.1	3.1
Russian Federation	1989	15+	2274572	279490	1995082	2.0	0.5	3.2
Fédération de Russie	1995[1]	15+	543000	146000	397000	0.5	0.3	0.6
Slovenia								
Slovénie	1991	15+	7422	2963	4459	0.5	0.4	0.5
Spain	1991	15+	1081742	293343	788399	3.5	1.9	4.9
Espagne	1995[1]	15+	957000	291000	666000	2.9	1.8	3.9
Ukraine	1989	15+	...	...	...	1.6	0.5	2.6
Ukraine	1995[1]	15+	484000	334000	150000	1.2	1.8	0.7
Yugoslavia	1991	15+	463291	79258	384033	6.7	2.4	10.8
Yougoslavie	1995[1]	15+	178000	60000	118000	2.1	1.4	2.7
Yugoslavia, SFR †								
Yougoslavie, Rfs †	1981	15+	1764042	370558	1393484	10.4	4.5	16.1
Oceania · Océanie								
American Samoa [9]								
Samoa américaines [9]	1980	15+	507	240	267	2.7	2.5	2.8
Fiji	1986[3]	15+	56203	21633	34570	12.8	9.8	15.8
Fidji	1995[1]	15+	43000	16000	27000	8.4	6.2	10.7
Guam								
Guam	1990	15+	1004	511	493	1.0	1.0	1.0
New Caledonia								
Nouvelle-Calédonie	1989	15+	7654	3367	4287	6.9	6.0	7.9
Papua New Guinea								
Papouasie-Nvl-Guinée	1995[1]	15+	724000	257000	467000	27.8	19.0	37.3

12 Illiterate population by sex [cont.] / Population analphabète selon le sexe [suite]

Country or area / Pays ou zone	Year / Année	Age group / Groupe d'âge	Illiterate population / Population analphabète Total	M	F	Percentage of illiterates / Percentage d'analphabètes Total	M	F
Vanuatu / Vanuatu	1979	15+	28647	13823	14824	47.1	42.7	52.2
former USSR † / l'ex-URSS †	1989	15+	4282023	644964	3637059	2.0	0.7	3.2

Source:
United Nations Educational, Scientific and Cultural Organization (Paris).

† For information on recent changes in country or area nomenclature pertaining to former Czechoslovakia, Germany, Hong Kong Special Administrative Region (SAR) of China, SFR Yugoslavia and former USSR, see Annex I – Country or area nomenclature, regional and other groupings.

†† For statistical purposes, the data for China do not include those for the Hong Kong Special Administrative Region (Hong Kong SAR) and Taiwan province of China.

1 The latest estimates of adult illiteracy as assessed by the UNESCO Division of Statistics in 1994.
2 National estimates.
3 Illiterates are defined as persons with less than five years of schooling.
4 Data refer to Egyptian nationals only.
5 Excluding unemployed population only.
6 Not including Bophuthatswana, Transkei and Veda.
7 Data refer to Northern States only and do not include homeless and/or nomade populations.
8 Data do not include functionally and physically handicapped.
9 De jure population, including armed forces stationed in the area.
10 Including persons of unknown literacy situation.
11 Based on a sample survey.
12 The total is not the sum of urban and rural areas as these two areas do not include nomades and unsettled population.
13 Not including Jammu, Kashmir, the final status of which has not yet been determined, and Junagardh, Manavadar, Gilgit and Baltistan and federally adminstered tribal areas.
14 National population only.

Source:
Organisation des Nations Unies pour l'éducation, la science et la culture (Paris).

† Pour les modifications récentes de nomenclature de pays ou de zone concernant l'Allemagne, Hong–Kong (Région administrative spéciale de Chine), l'ex–Tchécoslovaquie, l'ex–URSS et l'ex–Rfs de Yougoslavie, voir annexe I – Nomenclature des pays ou des zones, groupements régionaux et autres groupements.

†† Les données statistiques relatives à la Chine ne comprennent pas celles qui concernent la région administrative spéciale de Hong–Kong (la RAS de Hong–Kong) et la province chinoise de Taiwan.

1 Les estimations sur l'analphabétisme des adultes élaborées en 1994 par la Division des Statistiques de l'UNESCO.
2 Estimations nationales.
3 Les analphabètes sont définis comme toute personnes ayant suivi moins de cinq années d'études.
4 Les données se réfèrent aux nationaux égyptiens only.
5 Non comprises la population sans emploi.
6 Non compris le Bophuthatswana, le Transkei and Veda.
7 Les données se réfèrent aux états du Nord seulement et ne comprennent pas les populations sans domicile et/ou nomades.
8 Les données ne comprennent pas les handicapés physiques et fonctionnels.
9 Population de droit, y compris les militaires en garnison sur le territoire.
10 Y compris les personnes dont le niveau d'alphabétisation est inconnu.
11 D'après une enquête par sondage.
12 Le total n'est pas la somme des zones urbaine et rurale car ces deux zones n'incluent pas les nomades et les populations non sedentarisées.
13 Non compris le Jammu, le Cachemire dont le statut final n'a pas encore été déterminé, ainsi que le Junagardh, le Manavadar, le Gilgit, le Baltistan et les zones tribales administrées fédérativement.
14 Population nationale seulement.

Technical notes, tables 10-12

Detailed data on education accompanied by explanatory notes can be found in the UNESCO *Statistical Yearbook*. [29] Brief notes pertaining to major items of statistical information on education shown in the present edition of the United Nations *Statistical Yearbook* are given below.

The tables included in this chapter cover basic data on education at the first, second and third levels. Definitions for the different levels and types of education given below are based on the "Revised recommendations concerning the international standardization of educational statistics" adopted by the General Conference of UNESCO at its twentieth session (1978). [50]

Table 10: Data on education at the first level refer to education whose main function is to provide basic instruction in the tools of learning (for example at elementary and primary schools). Its length may vary from 4 to 9 years, depending on the organization of the school system in each country. Unless otherwise stated, data cover both public and private schools. Figures on teachers refer to both full-time and part-time but exclude classes organized for adults or for handicapped children.

Data on education at the second level refer to education which is based upon at least four years of previous instruction at first level and provides general or specialized instruction, or both (for example at middle and secondary schools, high schools, teachers' training schools at this level, schools of a vocational or technical nature). Unless otherwise stated data cover both public and private schools. In most cases data include part-time teachers.

Data on education at the third level refer to education which requires as a minimum condition of admission the successful completion of education at the second level or proof of equivalent knowledge or experience. It can be given in different types of institutions such as universities, teacher-training institutes and technical institutes. The figures include, as a rule, both full-time and part-time teachers and students. Correspondence courses are not normally included. Figures on teachers include auxiliary teachers (assistants, demonstrators and the like) but exclude staff with no teaching duties (such as administrators and laboratory technicians).

Table 11: Data on total expenditure refer to public expenditure on public education plus subsidies for private education. Total expenditures cover both current and capital expenditure.

Current expenditures include expenditures on administration, emoluments of teachers and supporting teaching staff, school books and other teaching materials, scholarships, welfare services and maintenance of school buildings.

Capital expenditures include outlays on purchases of land, building construction expenditures and so forth. This item also includes loan transactions.

Notes techniques, tableaux 10 à 12

On trouvera des données détaillées sur l'éducation accompagnées de notes explicatives dans l'*Annuaire statistique* de l'UNESCO [29]. Des notes sommaires concernant les principaux éléments d'information statistique sur l'éducation figurant dans la présente édition de l'*Annuaire statistique* des Nations Unies sont présentées ci-dessous.

Les tableaux de ce chapitre contiennent des données de base sur l'enseignement aux premier, second et troisième degrés. Les définitions des différents niveaux et types d'enseignement données ci-dessous sont fondées sur les "recommandations révisées concernant la normalisation internationale des statistiques de l'éducation" adoptées par la Conférence générale de l'UNESCO à sa vingtième session (1978) [50].

Tableau 10 : Les données relatives à l'enseignement du premier degré portent sur l'enseignement dont la fonction principale est d'offrir les premiers éléments de l'instruction (par exemple, dans les écoles élémentaires ou primaires). Sa durée peut varier de quatre à neuf ans, selon l'organisation du système scolaire de chaque pays. Sauf indication contraire, les données portent à la fois sur les établissements d'enseignement publics et privés. Les chiffres relatifs aux enseignants désignent à la fois ceux qui enseignent à plein temps et à temps partiel mais ne comprennent pas les classes organisées à l'intention des adultes ou des enfants handicapés.

Les données relatives à l'enseignement secondaire se rapportent à un enseignement fondé sur au moins quatre années d'enseignement préalable au niveau primaire et donnant une formation générale ou spécialisée, ou les deux (par exemple, dans les écoles moyennes et secondaires, les lycées, les écoles normales de ce niveau, les écoles professionnelles ou techniques).

Les données relatives à l'enseignement du troisième degré se rapportent à un enseignement qui exige comme condition minimum d'admission l'achèvement avec succès d'un enseignement secondaire complet ou la preuve de connaissances ou d'une expérience équivalentes. Il peut être dispensé dans différents types d'établissement tels que les universités, les instituts de formation pédagogique et les instituts techniques. En règle générale, les chiffres portent à la fois sur les enseignants et les étudiants à plein temps et à temps partiel. Normalement, les cours par correspondance ne sont pas compris. Les données relatives aux enseignants englobent les professeurs auxiliaires (assistants, maîtres de travaux pratiques, etc.), mais pas le personnel n'exerçant pas de fonctions d'enseignement (tel que les administrateurs et les techniciens de laboratoire).

Tableau 11 : Les données relatives aux dépenses totales se rapportent aux dépenses publiques consacrées à l'enseignement public et aux subventions à l'enseignement privé. Les totaux englobent à la fois les dépenses ordinaires et les dépenses d'équipement.

Data include, unless otherwise indicated, educational expenditure at every level of administration. In general, the data do not include development assistance expenditures on education. Data on gross national product (GNP) used to derive the ratio of total public expenditure on education to GNP are World Bank estimates. For certain countries with centrally planned economies, the concept of material product rather than GNP was employed.

Table 12: Except where otherwise stated, data refer to population 15 years of age and over.

Ability to both read and write a simple sentence on everyday life is used as the criterion of literacy; hence semi-literates (persons who can read but not write) are included with illiterates. Persons for whom literacy is not known are excluded from calculations; consequently the percentage of illiteracy for a given country is based on the number of reported illiterates, divided by the total number of reported literates and illiterates. The data are based on population censuses or surveys.

Les dépenses ordinaires comprennent les dépenses d'administration, les émoluments du personnel enseignant et auxiliaire, les manuels scolaires et autres matériels didactiques, les bourses d'études, les services sociaux et l'entretien des bâtiments scolaires.

Les dépenses d'équipement comprennent les dépenses consacrées à l'achat de terrains, à la construction de bâtiments, etc. Les transactions de prêt sont également incluses dans cette rubrique.

Sauf indication contraire, les données comprennent les dépenses effectuées à tous les niveaux administratifs. En règle générale, elles ne comprennent pas les dépenses d'enseignement financées au titre de l'aide au développement. Les données relatives au produit national brut (PNB), utilisées pour déterminer le ratio du volume total de dépenses publiques consacrées à l'éducation au PNB, sont des estimations de la Banque mondiale. Pour certains pays à économie planifiée, on a utilisé la notion de produit matériel à la place du PNB.

Tableau 12 : Sauf indication contraire, les données se réfèrent à la population âgée de 15 ans et plus.

On utilise l'aptitude à lire et à écrire une phrase simple sur la vie quotidienne comme critère d'alphabétisme; par conséquent, les semi-alphabètes (c'est-à-dire les personnes qui savent lire, mais non écrire) sont assimiliés aux analphabètes. Les personnes dont on ne sait pas si elles savent lire ou écrire sont exclues de ces calculs; par conséquent, le pourcentage d'analphabétisme d'un pays donné est fondé sur le nombre d'analphabètes connus divisé par le total des alphabètes et analphabètes connus. Ces données sont fondées sur les recensements ou enquêtes de population.

13
Selected indicators of life expectancy, child-bearing and mortality
Choix d'indicateurs de l'espérance de vie, de la maternité et de la mortalité

Country or area / Pays or zone	Year / Année	Life expectancy at birth (years) M	Life expectancy at birth (years) F	Infant mortality per 1,000 live births	Total fertility rate	Child mortality Year	M	F	Maternal mortality per 100,000 live births Ratio (1990)
Africa · Afrique									
Algeria	1980-85	60.0	62.0	88	6.4				
Algérie	1990-95	66.0	68.3	55	4.3	...	...	...	160
Angola	1980-85	40.4	43.6	149	7.0				
Angola	1990-95	44.9	48.1	124	7.2				1500
Benin	1980-85	47.8	52.0	107	7.1				
Bénin	1990-95	51.3	56.2	90	6.3	...	...	...	990
Botswana	1980-85	57.5	61.8	64	5.8				
Botswana	1990-95	52.4	55.8	55	4.9	...	...	...	250
Burkina Faso	1980-85	43.6	46.2	117	7.8				
Burkina Faso	1990-95	45.4	47.6	103	7.1	...	...	...	930
Burundi	1980-85	46.0	49.6	117	6.8				
Burundi	1990-95	43.0	46.1	120	6.8				1300
Cameroon	1980-85	49.5	52.7	88	6.4				
Cameroun	1990-95	53.3	56.2	65	5.7				550
Cape Verde	1980-85	59.5	61.5	66	6.3				
Cap-Vert	1990-95	63.5	65.5	50	3.9	1990	3.4	3.4	...
Central African Rep.	1980-85	44.2	49.6	114	5.7				
Rép. centrafricaine	1990-95	45.9	50.9	100	5.3	1988	14.9	12.8	700
Chad	1980-85	41.4	44.7	143	5.9				
Tchad	1990-95	45.1	48.3	123	5.9	...	...	...	1500
Comoros	1980-85	51.0	52.0	112	7.1				
Comores	1990-95	55.0	56.0	91	6.0				950
Congo	1980-85	47.9	53.9	87	6.3				
Congo	1990-95	48.9	54.1	89	6.3	...	...	...	890
Côte d'Ivoire	1980-85	48.7	52.3	105	7.4				
Côte d'Ivoire	1990-95	50.9	53.6	91	5.7				810
Dem. Rep. of the Congo	1980-85	48.0	51.7	107	6.7				
Rép. dém du Congo	1990-95	50.3	53.7	95	6.7	...	...	...	870
Djibouti	1980-85	43.4	46.6	132	6.6				
Djibouti	1990-95	46.7	50.0	115	5.8	...	...	...	570
Egypt	1980-85	55.3	57.8	115	5.1				
Egypte	1990-95	62.4	64.8	67	3.8	1992	10.0[1]	10.7[1]	170
Equatorial Guinea	1980-85	42.4	45.6	137	5.8				
Guinée équatoriale	1990-95	46.4	49.6	117	5.9	...	...	...	820
Eritrea	1980-85	42.0	45.3	140	6.1				
Erythrée	1990-95	48.0	51.2	107	5.8				1400
Ethiopia	1980-85	38.4	41.6	161	6.9				
Ethiopie	1990-95	45.9	49.1	119	7.0	...	...	...	1400
Gabon	1980-85	47.4	50.7	112	4.5				
Gabon	1990-95	51.9	55.2	94	5.0	...	...	...	500
Gambia	1980-85	39.4	42.6	154	6.5				
Gambie	1990-95	43.4	46.6	132	5.6	...	...	...	1100
Ghana	1980-85	50.3	53.8	98	6.5				
Ghana	1990-95	54.2	57.8	81	5.7				740
Guinea	1980-85	40.0	41.0	157	7.0				
Guinée	1990-95	44.0	45.0	134	7.0	...	...	...	1600
Guinea-Bissau	1980-85	37.9	40.9	163	5.8				
Guinée-Bissau	1990-95	41.3	44.4	141	5.8				910
Kenya	1980-85	53.8	58.0	81	7.5				
Kenya	1990-95	52.7	55.4	71	5.4				650
Lesotho	1980-85	52.3	55.6	100	5.7				
Lesotho	1990-95	56.4	59.0	81	5.2	...	...	...	610
Liberia	1980-85	50.0	53.0	153	6.8				
Libéria	1990-95	38.0	41.0	200	6.8				560
Libyan Arab Jamah.	1980-85	56.6	60.0	97	7.2				
Jamah. arabe libyenne	1990-95	61.6	65.0	68	6.4				220
Madagascar	1980-85	50.0	53.0	130	6.6				
Madagascar	1990-95	55.0	58.0	93	6.1	...	...	...	490

13
Selected indicators of life expectancy, child-bearing and mortality [cont.]
Choix d'indicateurs de l'espérance de vie, de la maternité et de la mortalité [suite]

Country or area Pays or zone	Year Année	Life expectancy at birth (years) Espérance de vie à la naissance (en années) M	F	Infant mortality per 1,000 live births Mortalité infantile pour 1 000 naissances vivantes	Total fertility rate Taux de fécondité	Child mortality rate Taux de mortalité juvénile Year Année	M	F	Maternal mortality per 100,000 live births Mort. lié à la maternité pour 100 000 naissances vivantes Ratio (1990) Taux (1990)
Malawi	1980–85	44.2	45.7	163	7.6				
Malawi	1990–95	41.4	42.4	148	7.2	...	...	...	560
Mali	1980–85	40.4	43.6	180	7.1				
Mali	1990–95	44.4	47.6	159	7.1	1987[2]	41.5[1]	35.7[1]	1200
Mauritania	1980–85	45.9	49.1	117	6.1				
Mauritanie	1990–95	49.9	53.1	101	5.4	...	...	...	930
Mauritius	1980–85	64.0	69.5	28	2.5				
Maurice	1990–95	66.9	73.8	18	2.4	1994[3]	0.8	0.6[4]	120
Morocco	1980–85	56.7	60.1	96	5.1				
Maroc	1990–95	62.8	66.2	62	3.8	...	...	...	610
Mozambique	1980–85	42.7	46.2	135	6.5				
Mozambique	1990–95	44.4	47.5	118	6.5	...	...	...	1500
Namibia	1980–85	52.4	55.1	84	5.8				
Namibie	1990–95	54.6	57.2	64	5.3	...	...	...	370
Niger	1980–85	40.9	44.1	146	8.1				
Niger	1990–95	44.9	48.1	124	7.4	...	...	...	1200
Nigeria	1980–85	44.9	48.1	99	6.5				
Nigéria	1990–95	48.8	52.0	84	6.5	...	...	...	1000
Réunion	1980–85	65.4	74.5	14	2.9				
Réunion	1990–95	69.4	78.8	8	2.4	1987[5]	0.6[4]	0.6[4]	...
Rwanda	1980–85	44.6	48.1	125	8.1				
Rwanda	1990–95	22.1	23.1	139	6.6	...	...	...	1300
Senegal	1980–85	44.3	46.3	87	6.7				
Sénégal	1990–95	48.3	50.3	68	6.1	...	...	...	1200
Sierra Leone	1980–85	34.0	37.2	189	6.5				
Sierra Leone	1990–95	32.9	35.9	195	6.5	...	...	...	1800
Somalia	1980–85	41.4	44.6	143	7.0				
Somalie	1990–95	45.4	48.6	122	7.0	...	...	...	1600
South Africa	1980–85	55.0	61.0	63	4.8				
Afrique du Sud	1990–95	60.0	66.0	53	4.1	...	...	...	230
Sudan	1980–85	47.8	50.6	92	6.4				
Soudan	1990–95	49.6	52.4	85	5.0	...	...	...	660
Swaziland	1980–85	50.2	54.8	94	6.0				
Swaziland	1990–95	55.2	59.8	75	4.9	...	...	...	560
Togo	1980–85	48.8	52.3	105	6.6				
Togo	1990–95	49.5	52.6	91	6.6	...	...	...	640
Tunisia	1980–85	62.6	63.6	71	4.9				
Tunisie	1990–95	66.9	68.7	43	3.3	1989	7.0[1]	5.9[1]	170
Uganda	1980–85	45.4	48.6	117	7.0				
Ouganda	1990–95	40.0	42.0	122	7.1	...	...	...	1200
United Rep.Tanzania	1980–85	49.1	52.6	98	6.7				
Rép. Unie de Tanzanie	1990–95	49.0	51.9	86	5.9	...	...	...	770
Western Sahara	1980–85	50.5	53.7	110	5.5				
Sahara occidental	1990–95	57.3	60.6	75	4.5	...	...	...	...
Zambia	1980–85	50.2	52.5	88	6.9				
Zambie	1990–95	43.3	45.0	111	6.0	...	...	...	940
Zimbabwe	1980–85	54.0	57.8	76	6.2				
Zimbabwe	1990–95	49.6	51.9	70	5.2	...	...	...	570
America, North · Amérique du Nord									
Bahamas	1980–85	64.8	72.9	24	2.8				
Bahamas	1990–95	69.3	76.0	16	2.0	1992	0.5[4]	0.9[4]	100
Barbados	1980–85	70.5	75.5	17	1.9				
Barbade	1990–95	72.9	77.9	9	1.7	1988[3]	0.5[4]	0.5[4]	43
Belize	1980–85	70.4	72.6	39	5.4				
Belize	1990–95	72.4	75.0	33	4.2	...	...	...	...
Canada	1980–85	72.4	79.6	9	1.7				
Canada	1990–95	75.6	81.4	6	1.7	1990[5]	0.4	0.3	6
Costa Rica	1980–85	71.6	76.1	19	3.5				
Costa Rica	1990–95	74.0	78.6	14	3.1	...	...	...	55

13
Selected indicators of life expectancy, child-bearing and mortality [cont.]
Choix d'indicateurs de l'espérance de vie, de la maternité et de la mortalité [suite]

Country or area Pays or zone	Year Année	Life expectancy at birth (years) Espérance de vie à la naissance (en années) M	F	Infant mortality per 1,000 live births Mortalité infantile pour 1 000 naissances vivantes	Total fertility rate Taux de fécondité	Child mortality rate Taux de mortalité juvénile Year Année	M	F	Maternal mortality per 100,000 live births Mort. lié à la maternité pour 100 000 naissances vivantes Ratio (1990) Taux (1990)
Cuba	1980–85	72.3	75.7	17	1.8				
Cuba	1990–95	73.5	77.3	10	1.6	1992	0.7	0.5	95
Dominican Republic	1980–85	63.7	67.6	71	3.9				
Rép. dominicaine	1990–95	67.6	71.7	42	3.1	...	...	...	110
El Salvador	1980–85	50.7	63.9	77	4.4				
El Salvador	1990–95	64.1	71.8	44	3.5	1992	1.4	1.3	300
Guadeloupe	1980–85	68.9	76.2	17	2.6				
Guadeloupe	1990–95	71.1	78.0	9	2.1	1985[6]	4.8[1]	4.2[1]	...
Guatemala	1980–85	56.8	61.3	70	6.1				
Guatemala	1990–95	62.4	67.3	48	5.4	1985	22.2[1]	20.1[1]	200
Haiti	1980–85	50.8	54.2	108	5.2				
Haïti	1990–95	52.7	56.1	89	4.8	...	...	...	1000
Honduras	1980–85	59.4	63.8	65	6.0				
Honduras	1990–95	65.4	70.1	43	4.9	...	...	...	220
Jamaica	1980–85	69.2	73.6	18	3.6				
Jamaïque	1990–95	71.4	75.8	14	2.6	...	...	...	120
Martinique	1980–85	71.0	78.0	14	2.1				
Martinique	1990–95	73.0	79.5	9	2.1	1992[6]	1.8[14]	1.4[14]	...
Mexico	1980–85	64.4	71.2	47	4.2				
Mexique	1990–95	68.5	74.5	34	3.1	1990	8.5[1]	7.1[1]	110
Netherlands Antilles	1980–85	70.9	76.5	18	2.4				
Antilles néerlandaises	1990–95	72.4	78.5	13	2.2	* 1992	0.9[4]	0.6[4]	...
Nicaragua	1980–85	56.5	62.6	80	6.0				
Nicaragua	1990–95	63.5	68.7	52	4.4	...	...	...	160
Panama	1980–85	68.6	73.1	30	3.5				
Panama	1990–95	70.9	75.0	25	2.9	1993	5.1[1]	4.5[1]	55
Puerto Rico	1980–85	70.5	77.5	17	2.5				
Porto Rico	1990–95	71.6	79.7	11	2.2	1994	2.8[1]	2.4[1]	...
Trinidad and Tobago	1980–85	67.8	72.8	25	3.2				
Trinité-et-Tobago	1990–95	70.5	75.2	16	2.3	1993	1.1	0.9	90
United States	1980–85	70.9	78.3	11	1.8				
Etats–Unis	1990–95	72.5	79.3	9	2.1	1993	0.5	0.4	12
United States Virgin Islands Iles Vierges américaines		...	...	...	...	1990	1.1[4]	–	...
America, South · Amérique du Sud									
Argentina	1980–85	66.8	73.7	32	3.2				
Argentine	1990–95	68.6	75.7	24	2.8	1993	5.6[1]	4.5[1]	100
Bolivia	1980–85	51.9	55.6	109	5.3				
Bolivie	1990–95	57.7	61.0	75	4.8	...	...	...	650
Brazil	1980–85	60.2	66.6	64	3.6				
Brésil	1990–95	62.3	70.1	47	2.4	1992[7]	1.3	1.1	220
Chile	1980–85	67.4	74.2	24	2.7				
Chili	1990–95	71.5	77.4	14	2.5	1994	3.1[1]	2.6[1]	65
Colombia	1980–85	64.6	69.9	41	3.4				
Colombie	1990–95	67.1	72.4	28	2.9	1991[3 8]	4.9[1]	3.9[1]	100
Ecuador	1980–85	62.5	66.6	68	4.7				
Equateur	1990–95	66.4	71.4	50	3.5	1993[9]	2.7	2.3	150
Guyana	1980–85	58.4	64.2	69	3.3				
Guyana	1990–95	59.8	66.4	63	2.6	...	...	...	...
Paraguay	1980–85	64.9	69.3	49	5.3				
Paraguay	1990–95	66.3	70.8	43	4.6	1992	0.7	0.6	160
Peru	1980–85	59.5	63.8	82	4.7				
Pérou	1990–95	64.4	69.2	55	3.4	1985[3 7]	10.8[1]	9.9[1]	280
Suriname	1980–85	64.8	69.7	39	3.4				
Suriname	1990–95	67.8	72.8	28	2.7	...	...	...	...
Uruguay	1980–85	67.8	74.3	33	2.6				
Uruguay	1990–95	69.3	75.7	20	2.3	1990	5.6[1]	4.5[1]	85
Venezuela	1980–85	65.9	71.8	34	4.0				
Venezuela	1990–95	68.9	74.7	23	3.3	1990[7]	7.0[1]	5.7[1]	120

13
Selected indicators of life expectancy, child-bearing and mortality [*cont.*]
Choix d'indicateurs de l'espérance de vie, de la maternité et de la mortalité [*suite*]

Country or area Pays or zone	Year Année	Life expectancy at birth (years) Espérance de vie à la naissance (en années) M	F	Infant mortality per 1,000 live births Mortalité infantile pour 1 000 naissances vivantes	Total fertility rate Taux de fécondité	Child mortality rate Taux de mortalité juvénile Year Année	M	F	Maternal mortality per 100,000 live births Mort. lié à la maternité pour 100 000 naissances vivantes Ratio (1990) Taux (1990)
Asia · Asie									
Afghanistan	1980–85	40.0	41.0	183	6.9				
Afghanistan	1990–95	43.0	44.0	163	6.9	...	...	...	1700
Armenia	1980–85	69.3	75.4	22	2.4				
Arménie	1990–95	67.2	74.0	25	2.2	1992[10]	1.3	1.2	50
Azerbaijan	1980–85	64.3	72.1	39	3.0				
Azerbaïdjan	1990–95	66.5	74.5	33	2.6	...	...	...	22
Bahrain	1980–85	67.1	71.4	22	4.6				
Bahreïn	1990–95	69.8	74.1	20	3.4	1994	1.9[25]	1.8[25]	60
Bangladesh	1980–85	50.1	49.3	128	6.2				
Bangladesh	1990–95	55.6	55.6	91	3.4	1986	43.1[1]	41.1[1]	850
Bhutan	1980–85	43.6	46.6	150	5.9				
Bhoutan	1990–95	49.1	52.4	117	5.9	...	...	...	1600
Brunei Darussalam	1980–85	70.1	73.6	14	3.8				
Brunéi Darussalam	1990–95	72.4	77.1	9	3.0	...	...	...	60
Cambodia	1980–85	45.1	47.9	160	5.1				
Cambodge	1990–95	50.1	52.9	116	4.9	...	...	...	900
China ††	1980–85	65.5	67.7	52	2.6				
Chine ††	1990–95	66.7	70.5	44	1.9	...	...	...	95
China, Hong Kong SAR †	1980–85	72.6	78.3	10	1.8				
Chine, Hong-Kong RAS †	1990–95	75.6	81.3	6	1.3	1994[12]	0.2	0.3	7
Cyprus	1980–85	73.0	77.5	16	2.5				
Chypre	1990–95	74.7	79.0	9	2.4	1994[11]	1.9[1]	1.7[1]	5
East Timor	1980–85	39.2	40.7	183	5.4				
Timor oriental	1990–95	44.1	45.9	149	4.8	...	...	...	...
Gaza Strip	1980–85	60.2	63.8	61	7.4				
Zone de Gaza	1990–95	64.2	67.8	44	8.8	...	...	...	...
Georgia	1980–85	66.6	74.4	32	2.3				
Géorgie	1990–95	68.5	76.7	23	2.1	...	...	...	33
India	1980–85	55.3	55.1	106	4.5				
Inde	1990–95	60.3	60.6	78	3.4	...	...	...	570
Indonesia	1980–85	54.5	58.0	90	4.1				
Indonésie	1990–95	61.0	64.5	58	2.9	...	...	...	650
Iran, Islamic Rep. of	1980–85	59.4	63.0	78	6.8				
Iran, Rép. islamique d'	1990–95	67.0	68.0	43	5.3	1986	3.9	1.4	120
Iraq	1980–85	61.5	63.3	78	6.4				
Iraq	1990–95	57.6	60.0	127	5.7	1988	5.7[1]	4.4[1]	310
Israel	1980–85	72.8	76.2	14	3.1				
Israël	1990–95	75.3	78.7	9	2.9	1993[13]	0.5	0.5	7
Japan	1980–85	74.2	79.7	7	1.8				
Japon	1990–95	76.4	82.4	4	1.5	1994[14]	0.4	0.4	18
Jordan	1980–85	61.9	65.5	54	6.8				
Jordanie	1990–95	66.2	69.8	36	5.6	...	...	...	150
Kazakhstan	1980–85	61.7	71.9	40	3.0				
Kazakhstan	1990–95	62.8	72.5	34	2.5	1991[10]	2.1	1.7	80
Korea, Dem. P. R.	1980–85	64.6	71.0	32	2.4				
Corée, R. p. dém. de	1990–95	67.7	73.9	24	2.1	...	...	...	70
Korea, Republic of	1980–85	63.5	71.1	23	2.5				
Corée, République de	1990–95	67.3	74.8	11	1.7	1994[15 16]	0.8	0.7	130
Kuwait	1980–85	69.6	73.7	25	4.9				
Koweït	1990–95	73.3	77.2	18	3.1	1994	3.4[1]	3.3[1]	29
Kyrgyzstan	1980–85	61.3	69.8	51	4.1				
Kirghizistan	1990–95	63.4	71.9	39	3.6	1992[10]	2.9	2.6	110
Lao People's Dem. Rep.	1980–85	44.5	47.5	122	6.7				
Rép. dém. pop. lao	1990–95	49.5	52.5	97	6.7	...	...	...	650
Lebanon	1980–85	63.1	67.0	40	3.8				
Liban	1990–95	66.6	70.5	34	3.1	...	...	...	300
Macau	1980–85	71.5	76.5	16	2.5				
Macao	1990–95	74.3	79.3	9	1.6	*1995[4 17]	1.2[1]	1.4[1]	...
Malaysia	1980–85	66.0	70.0	28	4.2				
Malaisie	1990–95	68.7	73.0	13	3.6	1993	0.9	0.8	80

13
Selected indicators of life expectancy, child-bearing and mortality [cont.]
Choix d'indicateurs de l'espérance de vie, de la maternité et de la mortalité [suite]

Country or area / Pays or zone	Year / Année	Life expectancy at birth (years) M	Life expectancy at birth (years) F	Infant mortality per 1,000 live births	Total fertility rate	Child mortality rate Year / Année	Child mortality rate M	Child mortality rate F	Maternal mortality per 100,000 live births Ratio (1990)
Maldives	1980–85	58.4	55.8	94	6.8				
Maldives	1990–95	63.4	60.8	60	6.8	1990	3.8	4.3	...
Mongolia	1980–85	57.5	60.0	78	5.7				
Mongolie	1990–95	62.3	65.0	59	3.6	...	...	...	65
Myanmar	1980–85	51.1	54.3	106	4.9				
Myanmar	1990–95	56.0	59.3	90	3.6	...	...	...	580
Nepal	1980–85	49.9	48.3	125	6.1				
Népal	1990–95	55.1	54.1	96	5.4				1500
Oman	1980–85	61.6	64.6	56	7.2				
Oman	1990–95	67.7	71.8	30	7.2				190
Pakistan	1980–85	55.6	56.9	115	6.5				
Pakistan	1990–95	60.6	62.6	85	5.5	...	...	...	340
Philippines	1980–85	60.2	63.7	60	4.7				
Philippines	1990–95	64.5	68.2	40	4.0	1991[3]	2.8	2.5	280
Qatar	1980–85	65.4	69.8	34	5.5				
Qatar	1990–95	68.8	74.2	20	4.1	...	...	...	...
Saudi Arabia	1980–85	61.4	64.1	58	7.3				
Arabie saoudite	1990–95	68.4	71.4	29	6.4	...	...	...	130
Singapore	1980–85	69.2	74.6	8	1.7				
Singapour	1990–95	74.0	78.5	5	1.8	* 1995[3][18]	1.2[1]	0.9[1]	10
Sri Lanka	1980–85	67.0	71.5	35	3.3				
Sri Lanka	1990–95	69.7	74.2	18	2.2	1989[3]	4.4[1]	3.8[1]	140
Syrian Arab Republic	1980–85	60.8	64.4	59	7.4				
Rép. arabe syrienne	1990–95	65.2	69.2	39	4.7	...	...	...	180
Tajikistan	1980–85	63.3	68.4	65	5.5				
Tadjikistan	1990–95	64.2	70.2	56	4.3	1991[10]	5.1	4.8	130
Thailand	1980–85	62.6	67.4	44	3.0				
Thaïlande	1990–95	66.4	71.7	32	1.9	1992[3]	2.2[1]	1.7[1]	200
Turkey	1980–85	60.0	64.6	102	4.1				
Turquie	1990–95	65.0	69.6	53	2.7	...	...	...	180
Turkmenistan	1980–85	59.6	66.6	60	4.8				
Turkménistan	1990–95	61.2	68.0	57	4.0	...	...	...	55
United Arab Emirates	1980–85	67.1	71.4	32	5.2				
Emirats arabes unis	1990–95	72.9	75.3	19	3.8	...	...	...	26
Uzbekistan	1980–85	63.1	69.9	55	4.7				
Ouzbékistan	1990–95	64.3	70.7	43	3.8				55
Viet Nam	1980–85	56.7	61.1	63	4.7				
Viet Nam	1990–95	62.9	67.3	42	3.4	...	...	...	160
Yemen	1980–85	48.9	49.4	125	7.6				
Yémen	1990–95	54.9	55.9	92	7.6	...	...	...	1400
Europe · Europe									
Albania	1980–85	68.0	73.0	45	3.4				
Albanie	1990–95	68.0	74.0	32	2.9				65
Andorra									
Andorre	...	...	...	...	...	1994	0.6[4]	0.6[4]	...
Austria	1980–85	69.6	76.8	12	1.6				
Autriche	1990–95	72.8	79.3	7	1.5	1994	0.4	0.3	10
Belarus	1980–85	65.6	75.2	20	2.1				
Bélarus	1990–95	64.4	74.8	16	1.7	1993[10]	0.9	0.6	37
Belgium	1980–85	70.4	77.2	11	1.6				
Belgique	1990–95	73.0	79.8	8	1.6	...	...	...	10
Bosnia and Herzegovina	1980–85	67.9	73.4	27	2.0				
Bosnie–Herzégovine	1990–95	69.5	75.1	15	1.5	...	...	...	...
Bulgaria	1980–85	68.5	74.3	18	2.0				
Bulgarie	1990–95	67.8	74.9	16	1.5	1993	1.0	0.8	27
Croatia	1980–85	66.4	74.6	18	2.0				
Croatie	1990–95	67.1	75.7	11	1.7	1991	0.4	0.3	...
Czech Republic	1980–85	67.2	74.3	15	2.0				
République tchèque	1990–95	68.8	75.2	9	1.7	1994	0.5	0.4	15
Denmark	1980–85	71.6	77.6	8	1.4				
Danemark	1990–95	72.5	77.8	8	1.8	1993[19]	0.3	0.4	9

13
Selected indicators of life expectancy, child-bearing and mortality [cont.]
Choix d'indicateurs de l'espérance de vie, de la maternité et de la mortalité [suite]

Country or area Pays or zone	Year Année	Life expectancy at birth (years) Espérance de vie à la naissance (en années) M	F	Infant mortality per 1,000 live births Mortalité infantile pour 1 000 naissances vivantes	Total fertility rate Taux de fécondité	Child mortality rate Taux de mortalité juvénile Year Année	M	F	Maternal mortality per 100,000 live births Mort. lié à la maternité pour 100 000 naissances vivantes Ratio (1990) Taux (1990)
Estonia	1980–85	64.8	74.5	20	2.1				
Estonie	1990–95	63.9	75.0	15	1.6	1993[10]	0.8	0.8	41
Finland	1980–85	70.0	77.9	6	1.7				
Finlande	1990–95	72.0	79.6	5	1.8	1994[20]	0.2[4]	0.2[4]	11
France	1980–85	70.8	78.9	9	1.9				
France	1990–95	73.8	82.4	7	1.7	1991[21]	0.4	0.4	15
Germany †	1980–85	70.3	76.8	11	1.5				
Allemagne †	1990–95	72.6	79.1	6	1.3	1994	0.4	0.3	22
Greece	1980–85	72.8	77.5	15	2.0				
Grèce	1990–95	75.0	80.1	9	1.4	1994	0.3	0.3	10
Hungary	1980–85	65.3	73.0	20	1.8				
Hongrie	1990–95	64.5	73.8	14	1.7	1994	0.5	0.4	30
Iceland	1980–85	73.9	79.8	6	2.3				
Islande	1990–95	76.9	80.7	5	2.2	1993	1.9[1 4]	0.9[1 4]	0
Ireland	1980–85	70.4	75.9	9	2.9				
Irlande	1990–95	73.2	78.6	7	2.0	1994[22]	0.4	0.1[4]	10
Italy	1980–85	71.4	78.0	13	1.6				
Italie	1990–95	74.2	80.6	8	1.2	1991	0.3	0.3	12
Latvia	1980–85	64.5	74.2	18	2.0				
Lettonie	1990–95	62.5	74.3	16	1.6	1994[10]	1.0	0.6	40
Lithuania	1980–85	66.1	75.7	18	2.0				
Lituanie	1990–95	64.9	76.0	15	1.8	1993[10]	0.8	0.6	36
Luxembourg	1980–85	70.2	77.1	12	1.5				
Luxembourg	1990–95	72.1	79.0	6	1.7	1994	0.5[4]	0.2[4]	0
Malta	1980–85	71.3	75.8	13	2.0				
Malte	1990–95	73.8	78.3	9	2.1	1994[23]	2.2[1 4]	1.8[1 4]	0
Netherlands	1980–85	72.8	79.4	8	1.5				
Pays–Bas	1990–95	74.1	80.2	6	1.6	1994[24]	0.4	0.3	12
Norway	1980–85	72.9	79.5	8	1.7				
Norvège	1990–95	74.2	80.3	5	1.9	1992[20]	0.4	0.3	6
Poland	1980–85	67.0	75.0	20	2.3				
Pologne	1990–95	66.7	75.7	14	1.9	1994	0.5	0.5	19
Portugal	1980–85	68.8	75.8	20	2.0				
Portugal	1990–95	70.8	78.1	9	1.5	1993	0.8	0.6	15
Republic of Moldova	1980–85	61.7	68.3	35	2.5				
République de Moldova	1990–95	63.5	71.5	26	2.2	1992[10]	1.6	0.9	60
Romania	1980–85	66.9	72.6	26	2.2				
Roumanie	1990–95	66.0	73.2	24	1.5	1994	1.5	1.1	130
Russian Federation	1980–85	62.1	73.4	26	2.0				
Fédération de Russie	1990–95	60.4	72.7	22	1.5	1994[10]	1.2	0.9	75
Slovakia	1980–85	66.8	74.7	18	2.3				
Slovaquie	1990–95	66.5	75.4	13	1.9	1991	0.6	0.5	...
Slovenia	1980–85	66.9	75.5	14	2.0				
Slovénie	1990–95	68.2	77.3	7	1.4	1994	0.5[4]	0.3[4]	13
Spain	1980–85	72.8	78.9	11	1.9				
Espagne	1990–95	73.7	81.0	8	1.3	1991	0.4	0.4	7
Sweden	1980–85	73.4	79.3	7	1.6				
Suède	1990–95	75.4	80.8	5	2.0	1994	0.3	0.2	7
Switzerland	1980–85	72.9	79.6	8	1.5				
Suisse	1990–95	74.5	81.3	5	1.5	1994	0.4	0.3	6
TFYR Macedonia	1980–85	67.7	71.5	48	2.5				
L'ex–R.y. Macédoine	1990–95	69.3	73.6	27	2.1	1992	0.9	0.9	...
Ukraine	1980–85	64.5	73.8	20	2.0				
Ukraine	1990–95	63.6	74.0	18	1.6	1993[10]	1.1	0.9	50
United Kingdom	1980–85	71.0	77.2	11	1.8				
Royaume–Uni	1990–95	73.7	79.0	7	1.8	1994	0.3	0.3	9
Yugoslavia	1980–85	67.7	72.6	34	2.3				
Yougoslavie	1990–95	69.0	74.4	21	1.9	1990	0.7	0.6	...
Oceania · Océanie									
Australia	1980–85	71.9	78.7	10	1.9				
Australie	1990–95	74.7	80.6	7	1.9	1994[3]	0.4	0.3	9

13
Selected indicators of life expectancy, child-bearing and mortality [cont.]
Choix d'indicateurs de l'espérance de vie, de la maternité et de la mortalité [suite]

Country or area / Pays or zone	Year / Année	Life expectancy at birth (years) / Espérance de vie à la naissance (en années) M	F	Infant mortality per 1,000 live births / Mortalité infantile pour 1 000 naissances vivantes	Total fertility rate / Taux de fécondité	Child mortality rate / Taux de mortalité juvénile Year / Année	M	F	Maternal mortality per 100,000 live births / Mort. lié à la maternité pour 100 000 naissances vivantes Ratio (1990) / Taux (1990)
Fiji	1980–85	67.0	71.0	31	3.8				
Fidji	1990–95	69.5	73.7	23	3.0	1987[3]	1.1	0.8	90
French Polynesia	1980–85	64.0	69.0	30	3.8				
Polynésie française	1990–95	68.3	73.8	11	3.1	...	...	...	...
Guam	1980–85	69.6	75.2	11	3.1				
Guam	1990–95	72.2	76.0	11	3.4	...	...	...	...
Marshall Islands									
Iles Marshall						1989	4.7[1,4]	3.8[1,4]	...
New Caledonia	1980–85	67.0	72.0	31	3.1				
Nouvelle–Calédonie	1990–95	69.7	74.7	22	2.7	1994	1.3[4]	1.4[4]	...
New Zealand	1980–85	70.7	76.9	12	2.0				
Nouvelle–Zélande	1990–95	73.1	78.9	9	2.1	1992[3]	0.5	0.4	25
Northern Mariana Islands									
Iles Mariannes						1989	0.5[4]	–	...
Papua New Guinea	1980–85	51.2	52.7	72	5.4				
Papouasie–Nouvelle–Guinée	1990–95	55.2	56.7	68	5.1	...	...	...	930
Samoa	1980–85	62.0	65.0	80	5.5				
Samoa	1990–95	65.9	69.2	64	4.2	...	...	...	35
Solomon Islands	1980–85	65.7	69.6	38	6.4				
Iles Salomon	1990–95	68.4	72.7	27	5.4	...	...	...	...
Vanuatu	1980–85	58.2	61.9	70	5.3				
Vanuatu	1990–95	63.5	67.3	47	4.7	...	...	...	280

Sources:
World Population Prospects, 1996 and Demographic Yearbook, 1995 (United Nations publications); World Health Organization and United Nations Children's Fund.

Sources:
"World Population Prospects, 1996", et l'annuaire démographique, 1995 (publications des Nations Unies); Organisation mondiale de la santé et Fonds des Nations Unies pour l'enfance.

† For information on recent changes in country or area nomenclature pertaining to former Czechoslovakia, Germany, Hong Kong Special Administrative Region (SAR) of China, SFR Yugoslavia and former USSR, see Annex I – Country or area nomenclature, regional and other groupings.

†† For statistical purposes, the data for China do not include those for the Hong Kong Special Administrative Region (Hong Kong SAR) and Taiwan province of China.

1 0–4 years old.
2 Based on the results of the population census.
3 Data tabulated by date of registration rather than occurrence.
4 Rates based on 30 or fewer deaths.
5 Including Canadian residents temporarily in the United States, but excluding United States residents temporarily in Canada
6 Excluding live–born infants dying before registration of birth.
7 Excluding Indian jungle population.
8 Based on burial permits.
9 Excluding nomadic Indian tribes.
10 Excluding infants born alive after less than 28 weeks' gestation, of less than 1000 grammes in weight and 35 centimeters in length, who die within seven days of birth.
11 For government controlled areas.
12 Excluding Veitnamese refugees.
13 Including data for East Jerusalem and Israrli residents in certain other territories under occupation by Israeli military forces since June 1967.
14 For Japanese nationals in Japan only; however, rates computed on population including foreigners except foreign military and civilian personnel and their dependants stationed in the area.
15 Excluding alien armed forces, civilian aliens employed by armed forces, and foreign diplomatic personnel and their

† Pour les modifications récentes de nomenclature de pays ou de zone concernant l'Allemagne, Hong–Kong (Région administrative spéciale de Chine), l'ex–Tchécoslovaquie, l'ex–URSS et l'ex–Rfs de Yougoslavie, voir annexe I – Nomenclature des pays ou des zones, groupements régionaux et autres groupements.

†† Les données statistiques relatives à la Chine ne comprennent pas celles qui concernent la région administrative spéciale de Hong–Kong (la RAS de Hong–Kong) et la province chinoise de Taiwan.

1 De 0 à 4 ans.
2 D'après les résultats du recensement de la population.
3 Données exploitées selon la date de l'enregistrement et non la date de l'événement.
4 Taux basés sur 30 décès ou moins.
5 Y compris les résidents canadiens se trouvamt temporairement aux Etats–Unis mais non compris les résidents des Etats–Unis se trouvant temporairement au Canada.
6 Non compris les enfants nés vivants, décédés avant l'enregistrement de leur naissance.
7 Non compris les Indiens de la jungle.
8 D'après les permis d'inhumer.
9 Non compris les tribus d'Indiens nomades.
10 Non compris les enfants nés vivants après moins de 28 semaines de gestation, pesant moins de 1000 grammes, mesurant moins de 35 centimètres et décédé dans les sept jours qui ont suivi leur naissance.
11 Pour les zones contrôlées pour le Gouvernement.
12 Non compris les réfugiés du Viet Nam.
13 Y compris les données pour Jérusalem–Est et les résidents israéliens dans certains autres territoires occupés depuis juin 1967 par les forces armées israéliennes.
14 Pour les nationaux japonais seulement; toutefois, les taux sont calculés sur la base d'une population comprenant les étrangers, mais ne comprenant ni les militaires et agents civils étrangers en poste sur le

13
Selected indicators of life expectancy, child-bearing and mortality [*cont.*]
Choix d'indicateurs de l'espérance de vie, de la maternité et de la mortalité [*suite*]

dependants.
16 Estimates based on the results of the continuous Demographic Sample Survey.
17 Events registered by Health Service only.
18 Excluding transients afloat and non–locally domiciled military and civilian services personnel and their dependants.
19 Excluding Faeroe Islands and Greenland.
20 Including nationals temporarily outside the country.
21 Including armed forces stationed outside the country.
22 Deaths registered within one year of occurrence.
23 Rates computed on population including civilian nationals temporarily outside the country.
24 Including residents outside the country if listed in a Netherlands population register.
25 0–14 years old.

territoire ni les membres de leur famille les accompagnant.
15 Non compris les militaires étrangers, les civils étrangers employés par les forces armées, le personnel diplomatique étranger et les membres de leur famille les accompagnant.
16 Les estimations sont basés sur les résultats d'une enquête démographique pour sondage continue.
17 Evénements enregistrés par le service de santé seulement.
18 Non compris les personnes de passage à bord de navires, les militaires et agents civils domiciliés hors du territoire et les membres de leur famille les accompagnant.
19 Non compris les îles Féroé et le Groenland.
20 Y compris les nationaux se trouvant temporairement hors du pays.
21 Y compris les militaires en garnison hors du pays.
22 Décès enregistrés dans l'année qui suit l'événement.
23 Taux calculés sur la base d'un chiffre de population qui comprend les civils nationaux temporairement hors du pays.
24 Y compris les résidents hors du pays, s'ils sont inscrits sur un registre de population néerlandais.
25 De 0 à 14 ans.

14
Estimates of cumulative HIV infections, AIDS cases and HIV/AIDS deaths and number of reported AIDS cases
Chiffres estimatifs du nombre cumulé de personnes infectées par le VIH, de cas de SIDA et de décès causés par le VIH ou le SIDA, et nombre de cas déclarés de SIDA

A. Estimated cumulative HIV infections, AIDS cases and HIV/AIDS deaths to end 1996
Chiffres estimatifs cumulés du nombre de personnes infectées par le VIH, de cas de SIDA et de décès causés par le VIH ou le SIDA jusqu'à la fin 1996

	Number of cases (million) Nombre de cas (millions) Total	M	F
Cumulative HIV infections Cumulé de personnes infectées par le VIH	29.4	...	...
Adults Adultes	26.8	15.5	11.3
Children Enfants	2.6	...	...
Cumulative AIDS cases Cumulé de cas de SIDA	8.4	...	...
Adults Adultes	6.7	3.9	2.8
Children Enfants	1.7	...	...
Cumulative HIV/AIDS deaths Cumulé de décès liés au VIH/SIDA	6.4	...	...
Adults Adultes	5.0	2.9	2.1
Children Enfants	1.4	...	...

B. Reported AIDS cases to World Health Organization
Cas de SIDA déclarés à l'Organisation mondiale de la santé

Regions Régions	Total reported cases to 1990 Nombre total de cas déclarés jusu'au 1990	1991	1992	1993	1994	1995	1996	Through June 1997 Jusqu'à juin 1997 compris	Cumulative total Nombre total cumulé
World Monde	457012	173171	197887	210643	210075	241310	142055	5147	1644183[1]
Africa Afrique	146926	71716	69993	72120	68591	101963	38929	2122	576972[1]
Americas Amériques	249084	80145	103771	107143	99859	91969	62134	879	797227[1]
Asia Asie	1257	906	2167	7701	14980	22123	21350	454	70949[1]
Europe Europe	56770	19491	21084	22760	25620	24413	19164	1692	191005[1]
Oceania Océanie	2975	913	872	919	1025	842	478	0	8030[1]

14 C. Reported AIDS cases • Cas de SIDA déclarés

Country or area Pays ou zone	Total reported to Dec. 1994 Nombre total de cas déclarés jusqu' en déc. 1994	New cases reported for 1995 Nombre de cas nouveaux déclarés pour 1995	New cases reported for 1996 Nombre de cas nouveaux déclarés pour 1996	Cumulative total to Dec. 1996 Nombre total cumulé jusqu'en déc. 1996
Africa • Afrique				
Algeria Algérie	217	34	0	251
Angola Angola	860	321	115	1296
Benin Bénin	1066	214	249	1529
Botswana Botswana	3291	535	1136	4962
Burkina Faso Burkina Faso	5614	1682	661	7957
Burundi Burundi	7706	494	178	8378
Cameroon Cameroun	5375	2766	0	8141
Cape Verde Cap–Vert	127	24	36	187
Central African Rep. Rép. centrafricaine	4290	649	172	5111
Chad Tchad	2865	592	0	3457
Comoros Comores	13	2	0	15
Congo Congo	7773	2450	0	10223
Côte d'Ivoire Côte d'Ivoire	25236	6727	0	31963
Dem. Rep. of the Congo Rép. dém. du Congo	27559	1875	0	29434
Djibouti Djibouti	649	231	358	1238
Egypt Egypte	113	16	14	143
Equatorial Guinea Guinée équatoriale	59	98	74	231
Eritrea Erythrée	1294	727	629	2650
Ethiopia Ethiopie	15566	3867	0	19433
Gabon Gabon	724	334	318	1376
Gambia Gambie	327	62	40	429
Ghana Ghana	14986	2578	1166	18730
Guinea Guinée	1548	610	922	3080
Guinea–Bissau Guinée–Bissau	707	79	37	823
Kenya Kenya	57653	8232	3120	69005
Lesotho Lesotho	595	341	352	1288
Liberia Libéria	110	67	0	177
Libyan Arab Jamah. Jamah. arabe libyenne	15	2	0	17
Madagascar Madagascar	18	6	0	24
Malawi Malawi	36603	5261	4158	46022
Mali Mali	2594	454	594	3642
Mauritania Mauritanie	114	33	14	161

14 C. Reported AIDS cases [cont.] · Cas de SIDA déclarés [suite]

Country or area Pays ou zone	Total reported to Dec. 1994 Nombre total de cas déclarés jusqu' en déc. 1994	New cases reported for 1995 Nombre de cas nouveaux déclarés pour 1995	New cases reported for 1996 Nombre de cas nouveaux déclarés pour 1996	Cumulative total to Dec. 1996 Nombre total cumulé jusqu'en déc. 1996
Mauritius Maurice	25	7	5	37
Morocco Maroc	249	57	66	372
Mozambique Mozambique	1360	1380	2086	4826
Namibia Namibie	1526	1836	2615	5977
Niger Niger	1729	621	652	3002
Nigeria Nigéria	3591	1610	308	5509
Réunion Réunion	136	30	0	166
Rwanda Rwanda	10706	0	0	10706
Sao Tome and Principe Sao Tomé-et-Principe	14	4	4	22
Senegal Sénégal	1445	396	141	1982
Seychelles Seychelles	10	6	2	18
Sierra Leone Sierra Leone	133	29	43	205
Somalia Somalie	13	0	0	13
South Africa Afrique du Sud	7883	4213	729	12825
Sudan Soudan	1084	257	221	1562
Swaziland Swaziland	532	154	249	935
Togo Togo	4756	1710	1527	7993
Tunisia Tunisie	209	61	55	325
Uganda Ouganda	46131	2192	3021	51344
United Rep. Tanzania Rép. Unie de Tanzanie	53833	28341	0	82174
Zambia Zambie	32764	5950	3733	42447
Zimbabwe Zimbabwe	38552	13356	9129	61037
America, North · Amérique du Nord				
Anguilla Anguilla	5	0	0	5
Antigua and Barbuda Antigua-et-Barbuda	61	7	13	81
Aruba Aruba	15	6	1	22
Bahamas Bahamas	1711	390	374	2475
Barbados Barbade	537	95	130	762
Belize Belize	132	28	38	198
Bermuda Bermudes	267	48	17	332
British Virgin Islands Iles Vierges britanniques	8	3	1	12
Canada Canada	12712	1392	717	14821
Cayman Islands Iles Caïmanes	18	0	3	21

14 C. Reported AIDS cases [cont.] · Cas de SIDA déclarés [suite]

Country or area Pays ou zone	Total reported to Dec. 1994 Nombre total de cas déclarés jusqu'en déc. 1994	New cases reported for 1995 Nombre de cas nouveaux déclarés pour 1995	New cases reported for 1996 Nombre de cas nouveaux déclarés pour 1996	Cumulative total to Dec. 1996 Nombre total cumulé jusqu'en déc. 1996
Costa Rica Costa Rica	749	205	179	1133
Cuba Cuba	363	114	78	555
Dominica Dominique	32	5	14	51
Dominican Republic Rép. dominicaine	2939	441	307	3687
El Salvador El Salvador	992	380	417	1789
Grenada Grenade	63	18	18	99
Guadeloupe Guadeloupe	573	104	54	731
Guatemala Guatemala	663	141	831	1635
Haiti Haïti	4967	0	0	4967
Honduras Honduras	4323	955	698	5976
Jamaica Jamaïque	1028	505	527	2060
Martinique Martinique	329	38	35	402
Mexico Mexique	21436	4310	4216	29962
Montserrat Montserrat	7	0	0	7
Netherlands Antilles Antilles néerlandaises	157	76	0	233
Nicaragua Nicaragua	106	21	23	150
Panama Panama	840	203	238	1281
Saint Kitts and Nevis Saint–Kitts–et–Nevis	43	5	6	54
Saint Lucia Sainte–Lucie	66	10	14	90
St. Vincent and the Grenadines St. Vincent–et–Grenadines	62	6	19	87
Trinidad and Tobago Trinité–et–Tobago	1743	340	311	2394
Turks and Caicos Islands Iles Turques et Caiques	39	0	0	39
United States Etats–Unis	483122	61614	36693	581429
America, South · Amérique du Sud				
Argentina Argentine	6458	1666	2055	10179
Bolivia Bolivie	106	14	28	148
Brazil Brésil	76823	15402	11037	103262
Chile Chili	1263	279	300	1842
Colombia Colombie	5777	897	872	7546
Ecuador Equateur	474	69	67	610
French Guiana Guyane française	466	78	44	588
Guyana Guyana	602	96	0	698
Paraguay Paraguay	170	23	50	243

14 C. Reported AIDS cases [cont.] • Cas de SIDA déclarés [suite]

Country or area Pays ou zone	Total reported to Dec. 1994 Nombre total de cas déclarés jusqu'en déc. 1994	New cases reported for 1995 Nombre de cas nouveaux déclarés pour 1995	New cases reported for 1996 Nombre de cas nouveaux déclarés pour 1996	Cumulative total to Dec. 1996 Nombre total cumulé jusqu'en déc. 1996
Peru Pérou	3841	1043	998	5882
Suriname Suriname	189	20	0	209
Uruguay Uruguay	557	127	156	840
Venezuela Venezuela	5411	795	555	6761
Asia • Asie				
Afghanistan Afghanistan	0	0	0	0
Armenia Arménie	2	0	6	8
Azerbaijan Azerbaïdjan	1	1	3	5
Bahrain Bahreïn	20	8	5	33
Bangladesh Bangladesh	1	6	0	7
Bhutan Bhoutan	0	0	0	0
Brunei Darussalam Brunéi Darussalam	8	0	1	9
Cambodia Cambodge	15	91	300	406
China †† Chine ††	65	52	0	117
China, Hong Kong SAR † Chine, Hong-Kong RAS †	129	45	70	244
Cyprus Chypre	47	3	4	54
Georgia Géorgie	11	3	2	16
India Inde	1017	1078	901	2996
Indonesia Indonésie	67	20	32	119
Iran, Islamic Rep. of Iran, Rép. islamique d'	111	8	35	154
Iraq Iraq	71	16	15	102
Israel Israël	336	57	39	432
Japan Japon	889	265	293	1447
Jordan Jordanie	41	2	4	47
Kazakhstan Kazakhstan	5	1	2	8
Korea, Dem.People's Rep. Corée, Rép. pop. dém. de	0	0	0	0
Korea, Republic of Corée, République de	27	14	22	63
Kuwait Koweït	15	4	5	24
Kyrgyzstan Kirghizistan	0	0	0	0
Lao People's Dem. Rep. Rép. dém. populaire lao	10	4	16	30
Lebanon Liban	83	8	6	97
Macau Macao	8	0	1	9
Malaysia Malaisie	189	142	249	580

14 C. Reported AIDS cases [cont.] · Cas de SIDA déclarés [suite]

Country or area / Pays ou zone	Total reported to Dec. 1994 / Nombre total de cas déclarés jusqu'en déc. 1994	New cases reported for 1995 / Nombre de cas nouveaux déclarés pour 1995	New cases reported for 1996 / Nombre de cas nouveaux déclarés pour 1996	Cumulative total to Dec. 1996 / Nombre total cumulé jusqu'en déc. 1996
Maldives / Maldives	1	1	2	4
Mongolia / Mongolie	0	0	0	0
Myanmar / Myanmar	475	618	690	1783
Nepal / Népal	35	15	37	87
Oman / Oman	74	7	7	88
Pakistan / Pakistan	46	9	15	70
Philippines / Philippines	193	51	51	295
Qatar / Qatar	78	4	2	84
Saudi Arabia / Arabie saoudite	100	37	100	237
Singapore / Singapour	123	56	90	269
Sri Lanka / Sri Lanka	47	11	11	69
Syrian Arab Republic / Rép. arabe syrienne	30	6	9	45
Tajikistan / Tadjikistan	0	0	0	0
Thailand / Thaïlande	22244	19247	17942	59433
Turkey / Turquie	165	26	37	228
Turkmenistan / Turkménistan	1	0	0	1
United Arab Emirates / Emirats arabes unis	8	0	0	8
Uzbekistan / Ouzbékistan	2	1	1	4
Viet Nam / Viet Nam	221	195	285	701
Yemen / Yémen	11	11	60	82
Europe · Europe				
Albania / Albanie	4	3	1	8
Austria / Autriche	1352	184	121	1657
Belarus / Bélarus	12	3	0	15
Belgium / Belgique	1890	222	147	2259
Bosnia & Herzegovina / Bosnie et Herzégovine	0	6	0	6
Bulgaria / Bulgarie	34	1	10	45
Croatia / Croatie	77	15	16	108
Czech Republic / République tchèque	59	13	18	90
Denmark / Danemark	1634	214	153	2001
Estonia / Estonie	4	3	7	14
Finland / Finlande	190	40	21	251
France / France	36443	5105	3639	45187

14 C. Reported AIDS cases [cont.] · Cas de SIDA déclarés [suite]

Country or area Pays ou zone	Total reported to Dec. 1994 Nombre total de cas déclarés jusqu'en déc. 1994	New cases reported for 1995 Nombre de cas nouveaux déclarés pour 1995	New cases reported for 1996 Nombre de cas nouveaux déclarés pour 1996	Cumulative total to Dec. 1996 Nombre total cumulé jusqu'en déc. 1996
Germany Allemagne	13457	1546	1082	16085
Greece Grèce	1171	201	201	1573
Hungary Hongrie	169	31	46	246
Iceland Islande	35	3	3	41
Ireland Irlande	495	51	45	591
Italy Italie	27524	5603	4792	37919
Latvia Lettonie	9	3	5	17
Lithuania Lituanie	5	3	2	10
Luxembourg Luxembourg	90	15	12	117
Malta Malte	34	3	4	41
Monaco Monaco	35	3	1	39
Netherlands Pays-Bas	3522	486	342	4350
Norway Norvège	448	65	49	562
Poland Pologne	310	108	80	498
Portugal Portugal	2612	688	688	3988
Republic of Moldova République de Moldova	4	2	1	7
Romania Roumanie	3298	689	536	4523
Russian Federation Fédération de Russie	176	36	46	258
San Marino Saint-Marin	18	2	3	23
Slovakia Slovaquie	11	2	0	13
Slovenia Slovénie	37	16	8	61
Spain Espagne	32780	6580	5299	44659
Sweden Suède	1170	188	128	1486
Switzerland Suisse	4867	511	322	5700
TFYR Macedonia L'ex-R.y. Macédonie	0	18	3	21
Ukraine Ukraine	46	40	145	231
United Kingdom Royaume-Uni	11280	1614	1099	13993
Yugoslavia Yougoslavie	434	97	89	620
Oceania · Océanie				
Australia Australie	5955	733	345	7033
Cook Islands Iles Cook	0	0	0	0
Fiji Fidji	8	0	0	8
French Polynesia Polynésie française	45	2	0	47

14 C. Reported AIDS cases [*cont.*] • Cas de SIDA déclarés [*suite*]

Country or area Pays ou zone	Total reported to Dec. 1994 Nombre total de cas déclarés jusqu' en déc. 1994	New cases reported for 1995 Nombre de cas nouveaux déclarés pour 1995	New cases reported for 1996 Nombre de cas nouveaux déclarés pour 1996	Cumulative total to Dec. 1996 Nombre total cumulé jusqu'en déc. 1996
Guam / Guam	30	3	10	43
Kiribati / Kiribati	2	0	0	2
Marshall Islands / Iles Marshall	2	0	0	2
Micronesia, Federated States of / Micronésie, Etats fédérés de	2	0	0	2
Nauru / Nauru	0	0	0	0
New Caledonia / Nouvelle–Calédonie	44	4	2	50
New Zealand / Nouvelle–Zélande	496	55	49	600
Niue / Nioué	0	0	0	0
Northern Mariana Islands / Iles Mariannes du Nord	6	0	0	6
Palau / Palaos	1	0	0	1
Papua New Guinea / Papouasie–Nvl–Guinée	109	44	69	222
Samoa / Samoa	3	1	2	6
Solomon Islands / Iles Salomon	0	0	0	0
Tokelau / Tokélaou	0	0	0	0
Tonga / Tonga	6	0	1	7
Tuvalu / Tuvalu	0	0	0	0
Vanuatu / Vanuatu	0	0	0	0
Wallis and Futana Islands / Iles Wallis et Futana	1	0	0	1

Source:
World Health Organization (Geneva), UNAIDS (United Nations Children's Fund, United Nations Development Programme, United Nations Population Fund, United Nations Educational, Scientific and Cultural Organization, World Health Organization and World Bank).

† For information on recent changes in country or area nomenclature pertaining to former Czechoslovakia, Germany, Hong Kong Special Administrative Region (SAR) of China, SFR Yugoslavia and former USSR, see Annex I – Country or area nomenclature, regional and other groupings.

†† For statistical purposes, the data for China do not include those for the Hong Kong Special Administrative Region (Hong Kong SAR) and Taiwan province of China.

1 Total includes AIDS cases with unreported year of diagnosis.

Source:
Organisation mondiale de la santé (Gèneve), UNAIDS (Fonds des Nations Unies pour l'enfance, Programme des Nations Unies pour le développement, Fonds des Nations Unies pour la population, Organisation des Nations Unies pour l'éducation, la science et la culture, Organisation mondiale de la santé, la Banque mondiale).

† Pour les modifications récentes de nomenclature de pays ou de zone concernant l'Allemagne, Hong–Kong (Région administrative spéciale de Chine), l'ex–Tchécoslovaquie, l'ex–URSS et l'ex–Rfs de Yougoslavie, voir annexe I – Nomenclature des pays ou des zones, groupements régionaux et autres groupements.

†† Les données statistiques relatives à la Chine ne comprennent pas celles qui concernent la région administrative spéciale de Hong–Kong (la RAS de Hong–Kong) et la province chinoise de Taiwan.

1 Y compris les cas de SIDA pour lesquels l'année de diagnostic n'a pas été précisée.

Technical notes, tables 13 and 14

Table 13: "Life expectancy at birth", "Infant mortality rate" and "Total fertility rate" are taken from the estimates and projections prepared by the Population Division of the United Nations Secretariat, published in *World Population Prospects: The 1996 Revision* [27].

"Life expectancy at birth" is an overall estimate of the expected average number of years to be lived by a female or male newborn. Many developing countries lack complete and reliable statistics of births and deaths based on civil registration, so various estimation techniques are used to calculate life expectancy using other sources of data, mainly population censuses and demographic surveys. Life expectancy at birth by sex gives a statistical summary of current differences in male and female mortality across all ages. However, trends and differentials in infant and child mortality rates are predominant influence on trends and differentials in life expectancy at birth in most developing countries. Thus, life expectancy at birth is of limited usefulness in these countries in assessing levels and differentials in male and female mortality at other ages.

"Infant mortality rate" is the total number of deaths in a given year of children less than one year old divided by the total number of live births in the same year, multiplied by 1,000. It is an approximation of the number of deaths per 1,000 children born alive who die within one year of birth. In most developing countries where civil registration data are deficient, the most reliable sources are demographic surveys of households. Where these are not available, other sources and general estimates are made which are necessarily of limited reliability. Where countries lack comprehensive and accurate systems of civil registration, infant mortality statistics by sex are difficult to collect or to estimate with any degree of reliability because of reporting biases, and thus are not shown here.

"Total fertility rate" is the average number of children that would be born alive to a hypothetical cohort of women if, throughout their reproductive years, the age-specific fertility rates for the specified year remained unchanged.

"Child mortality rate" is defined as the annual number of deaths among children aged 1-4 years per 1,000 population of the same age. These series have been compiled by the Statistics Division of the United Nations Secretariat for the *Demographic Yearbook* [21] and are subject to the limitations of national reporting in this field.

Data on maternal mortality are estimated by World Health Organization and United Nations Educational, Scientific and Cultural Organization published in *Revised 1990 Estimates of Maternal Mortality* [33]. The new 1990 estimates were developed using a dual strategy: existing national maternal mortality estimates were adjusted to account for underreporting and misclassification; and a simple model was developed to predict values for countries

Notes techniques, tableaux 13 et 14

Tableau 13: L'"espérance de vie à la naissance", le "taux de mortalité infantile" et le "taux de fécondité" sont proviennent des estimations et projections de la Division de la population du Secrétariat de l'ONU, qui ont publiées dans *World Population Prospects: The 1996 Revision* [27].

L'"espérance de vie à la naissance" est une estimation globale du nombre d'années qu'un nouveau-né de sexe masculin ou féminin vivant, peut s'attendre à vivre. Comme dans beaucoup de pays en développement, les registres d'état civil ne permettent pas d'établir des statistiques fiables et complètes des naissances et des décès, diverses techniques d'estimation ont été utilisées pour calculer l'espérance de vie à partir d'autres sources et notamment des recensements et enquêtes démographiques. Sur la base des statistiques de l'espérance de vie par sexe, on peut calculer la différence entre la longévité des hommes et celle des femmes à tous les âges. Cependant, ce sont les tendances et les écarts des taux de mortalité infantile et juvénile qui influent de façon prépondérante sur les tendances et les écarts de l'espérance de vie à la naissance dans la plupart des pays en développement. Ainsi, l'espérance de vie à la naissance ne revêt qu'une utilité limitée dans ce pays pour évaluer les niveaux et les écarts de la mortalité des femmes et des hommes à des âges plus avancés.

Le "taux de mortalité infantile" correspond au nombre total de décès au cours d'une année donnée des enfants de moins de 5 ans divisé par le nombre total de naissances vivantes au cours de la même année, multiplié par 1 000. Il s'agit d'une approximation du nombre de décès pour 1 000 enfants nés vivants qui meurent la première année. Dans la plupart des pays en développement, où les données d'état civil sont déficientes, les sources les plus fiables sont les enquêtes démographiques auprès des ménages. Lorsque de telles enquêtes ne sont pas réalisées, d'autres sources sont utilisées et des estimations générales sont réalisées qui sont nécessairement d'une fiabilité limitée. Lorsqu'il n'y a pas dans les pays de systèmes complets et exacts d'enregistrement des faits d'état civil, les statistiques de la mortalité infantile par sexe sont difficiles à rassembler ou à estimer avec quelque fiabilité que ce soit en raison des distorsions de la notification; elles ne sont donc pas indiquées ici.

Le "taux de fécondité" est le nombre moyen d'enfants que mettrait au monde une cohorte hypothétique de femmes si, pendant toutes leurs années d'âge reproductif, les taux de fécondité par âge de l'année en question restaient inchangés.

Le "taux de mortalité juvénile" est par définition le nombre de décès d'enfants âgés de 1 à 4 ans pour 1 000 enfants de cet âge. Cette série a été compilée par la Division de statistique du Secrétariat de l'ONU pour l'*Annuaire démographique* [21] et les données qui sont incluses sont présentées sous réserve de mises en garde formulées à leur sujet.

with no data. The model uses two widely available independent variables - general fertility rates and proportion of births that are assisted by a trained person - to predict maternal mortality. A detailed description of the methodology used is found in *Modelling maternal mortality in the developing world* [39].

Table 14: Data on acquired immunodeficiency syndrome (AIDS) have been compiled and estimated by **WHO and UNAIDS (United Nations Children's Fund, United Nations Development Programme, United Nations Population Fund, United Nations Educational, Scientific and Cultural Organization, World Health Organization and World Bank)** from official national reports and special studies (unpublished).

Les données concernant la mortalité maternelle sont tirées des chiffres estimatifs de l'OMS et de l'UNICEF, publiés dans "*Revised 1990 Estimates of Maternal Mortality*" [33]. Les nouveaux chiffres de 1990 ont été calculés en combinant deux méthodes : d'une part on a ajusté les chiffres nationaux existants de mortalité maternelle pour tenir compte des déclarations lacunaires et des erreurs de classement; de l'autre, on a mis au point un modèle simple permettant de prédire les taux pour les pays où les données font défaut, à partir de deux variables indépendantes qui sont largement disponibles : les taux globaux de fécondité, et la proportion d'accouchements bénéficiant de l'aide d'une personne qualifiée. On trouvera cette méthode exposée en détail dans Stanton, C. et al (1996) "*Modelling Maternal Mortality in the Developing World*" [39].

Tableau 14 : Les données sur le syndrome d'immuno-déficience acquise (SIDA) ont été compilées et estimées par l'OMS et UNAIDS (Fonds des Nations Unies pour l'enfance, Programme des Nations Unies pour le développement, Fonds des Nations Unies pour la population, Organisation des Nations pour l'éducation, la science et la culture, Organisation mondiale de la santé, la Banque mondiale) sur la base des rapports officiels soumis par les pays et d'études spéciales (non publiées).

15
Book production: number of titles by UDC classes
Production de livres : nombre de titres classés d'après la CDU

Country or area Pays ou zone	Year Année	Total	Generalities Généralités	Philosophy Philosophie	Religion Religion	Social sciences Sciences sociales	Philology Philologie	Pure sciences Sciences pures	Applied sciences Sciences appliquées	Arts Beaux arts	Literature Littérature	Geogr/History Géogr., histoire
Africa · Afrique												
Algeria / Algérie	1992	506	18	10	42	153	28	71	77	19	54	34
	1994	323	22	21	9	97	4	42	14	10	72	32
Benin[1] / Bénin[1]	1992[4]	647	10	4	–	534	7	12	77	–	–	3
	1994	84	5	–	1	22	6	6	37	1	5	1
Dem. Rep. of the Congo[1] / Rép. dém. du Congo[1]	1992	64	–	1	30	27	–	–	5	–	–	1
Egypt[2] / Egypte[2]	1993	3108	289	58	329	220	238	190	280	118	378	176
Eritrea / Erythrée	1993	106	–	–	–	37	33	29	7	–	–	–
Gambia / Gambie	1994	21	–	–	4	5	4	6	1	–	–	1
Ghana / Ghana	1992	28	–	1	6	7	3	–	5	2	4	–
Madagascar / Madagascar	1993	143	1	3	25	47	12	8	23	–	14	10
	1994	114	–	6	37	29	6	6	11	–	11	8
Malawi / Malawi	1993	206	12	–	29	56	8	13	53	4	20	11
	1994	243	10	–	41	92	11	11	40	10	24	4
Mauritius / Maurice	1993	96	1	1	2	24	30	7	5	–	23	3
	1994	84	9	1	1	35	3	1	6	1	15	12
Morocco[3] / Maroc[3]	1994	354	21	4	40	128	...	2	24	8	76	51
Nigeria / Nigéria	1992	1562	55	14	142	733	104	71	196	30	148	69
Reunion / Réunion	1992	69	1	–	–	20	–	4	5	12	14	13
South Africa / Afrique du Sud	1993	4751	123	35	584	1080	332	345	938	173	966	175
	1994	4574	116	40	491	1034	315	363	911	189	907	208
Tunisia[4,5] / Tunisie[4,5]	1992	1165	130	100	35	194	–	68	108	20	310	200
	1993[1]	539	10	12	13	69	2	3	18	5	116	31
Uganda[6,7] / Ouganda[6,7]	1992	162	4	2	–	77	–	–	78	–	–	1
	1993	314	–	–	4	10	43	35	14	–	4	11
Zimbabwe / Zimbabwe	1992	232	6	–	15	107	15	3	48	7	24	7
America, North · Amérique du Nord												
Belize[18] / Belize[18]	1993	70	–	–	–	4	–	1	–	–	6	3
Canada[19] / Canada[19]	1993	22208	528	340	409	6188	425	940	2409	794	3196	1101
Costa Rica[4] / Costa Rica[4]	1994	963	21	11	38	474	15	45	113	34	162	50
Cuba / Cuba	1993	568	25	14	2	134	–	34	112	25	214	8
	1994	932	77	7	5	85	22	14	414	44	254	10
Honduras / Honduras	1993	22	–	–	1	6	1	–	–	–	11	3
Trinidad and Tobago[10] / Trinité-et-Tobago[10]	1993	26	–	–	–	26	–	–	–	–	–	–
United States[11] / Etats-Unis[11]	1993	49757	1870	1764	2633	10379	699	2678	8222	3063	8592	4388
	1994	51863	2208	1741	2730	11072	700	3021	8384	3146	8836	4704
America, South · Amérique du Sud												
Argentina / Argentine	1992	5628	144	338	407	1571	53	108	572	358	1712	365
	1994[4]	9065	279	996	607	2594	86	28	920	404	2778	373
Brazil[12] / Brésil[12]	1993	20141	1480	1225	3005	4430	919	1451	2355	491	3713	1072
	1994	21574	2013	2281	2823	5629	941	773	2341	1051	2358	1364
Chile / Chili	1992	1820	13	59	127	587	34	58	183	43	548	168
Ecuador[1] / Equateur[1]	1994	11	–	–	–	–	1	–	–	1	9	–
Guyana[10] / Guyana[10]	1994	33	–	–	–	5	9	10	9	–	–	–

15
Book production: number of titles by UDC classes [cont.]
Production de livres : nombre de titres classés d'après la CDU [suite]

Country or area Pays ou zone	Year Année	Total	Generalities Généralités	Philosophy Philosophie	Religion	Social sciences Sciences sociales	Philology Philologie	Pure sciences Sciences pures	Applied sciences Sciences appliquées	Arts Beaux arts	Literature Littérature	Geogr/History Géogr., histoire
Paraguay Paraguay	1993	152	11	2	4	71	6	4	14	2	28	10
Peru	1993	2106	68	87	60	743	51	99	354	150	303	191
Pérou	1994	1993	65	81	59	697	39	88	321	111	328	204
Venezuela[1]	1993	3934	129	147	86	1038	57	203	960	324	749	241
Venezuela[1]	1994	3660	147	141	138	1003	86	160	794	301	625	265
Asia · Asie												
Armenia[12] Arménie[12]	1994	224	–	4	3	19	17	15	14	10	84	28
Azerbaijan	1992	599	9	15	9	131	25	36	63	13	241	57
Azerbaïdjan	1994	375	12	11	20	157	17	1	20	4	128	5
Brunei Darussalam[14] Brunéi Darussalam[14]	1992	45	4	3	7	24	2	2	1	1	–	1
China ††[13]	1993	92972	3098	1222	...	48796	2724	3248	15311	5560	9488	3525
Chine ††[13]	1994	100951	3013	1156	...	55380	3175	3673	15783	5350	9735	3686
Cyprus	1993	942	24	7	68	223	32	26	250	61	209	42
Chypre	1994	1040	25	4	62	241	25	16	244	95	285	43
Georgia[1] Géorgie[1]	1994	314	–	11	12	41	30	16	33	9	137	25
India	1993	12768	219	399	769	3399	196	543	1441	356	4309	1040
Inde	1994	11460	307	412	848	2188	233	584	1183	297	4350	1058
Indonesia[18] Indonésie[18]	1992	6303	191	148	892	1192	294	186	788	64	231	246
Iran, Islamic Rep. of	1992[4]	6822	346	372	1009	585	629	451	967	402	1620	441
Iran, Rép. islamique d'	1994[14]	10753	341	404	1932	998	910	617	1319	439	1849	603
Israel[9 15] Israël[9 15]	1992	4608	58	104	543	489	282	289	231	81	1488	370
Japan[14] Japon[14]	1992	35496	539	1539	638	8529	917	1142	6276	5532	8525	1859
Jordan[14]	1992	790	–	3	64	299	1	109	5	29	251	17
Jordanie[14]	1993	500	15	11	77	115	14	13	37	10	136	72
Kazakhstan	1992	1226	–	21	16	293	85	117	313	23	304	54
Kazakhstan	1994[19]	1148	–	24	17	342	69	49	158	51	222	65
Korea, Republic of	1993	30861	633	803	2068	4925	2217	1767	3589	6281	7230	1348
Corée, République de	1994	34204	579	640	1844	6584	2371	2025	3856	6315	8885	1105
Kuwait[16] Koweït[16]	1992	196	17	5	17	18	–	102	6	15	13	3
Kyrgyzstan Kirghizistan	1994	328	31	2	3	193	16	3	29	5	46	–
Lao People's Dem. Rep.[1] Rép. dém. pop. lao[1]	1992	64	–	–	1	7	11	–	6	–	36	3
Malaysia	1993	3799	56	29	288	480	709	309	323	141	1292	172
Malaisie	1994	4050	53	25	488	716	883	413	291	122	827	232
Mongolia[1] Mongolie[1]	1992	285	26	12	5	36	6	17	20	9	135	19
Myanmar[17]	1992	3785	11	78	720	18	...	66	26	1274	1584	8
Myanmar[17]	1993	3660	–	73	713	26	...	82	22	1171	1551	22
Oman[4] Oman[4]	1992	24	1	–	3	–	9	–	1	–	–	10
Pakistan	1993	247	2	9	20	16	46	74	25	–	37	18
Pakistan	1994	124	51	2	1	8	18	12	17	–	12	3
Philippines	1992	1016	78	4	6	735	13	13	88	11	58	10
Philippines	1994[4]	1233	36	13	51	323	70	45	159	187	47	45
Qatar	1993	368	11	6	42	141	19	63	43	8	17	18
Qatar	1994	371	23	6	26	149	15	60	41	4	11	36
Sri Lanka	1993	3204	298	41	279	1446	132	59	231	84	509	125
Sri Lanka	1994	2929	218	32	251	1601	88	58	211	49	297	124
Syrian Arab Republic[4] Rép. arabe syrienne[4]	1992	598	144	24	62	79	13	1	89	25	112	49
Tajikistan[8] Tadjikistan[8]	1994	231	–	3	1	24	7	16	47	8	60	22

112 Culture and communications Culture et communications

15
Book production: number of titles by UDC classes [cont.]
Production de livres : nombre de titres classés d'après la CDU [suite]

Country or area Pays ou zone	Year Année	Total	Gener- alities Géné- ralités	Philo- sophy Philo- sophie	Reli- gion	Social sciences Sciences sociales	Philo- logy Philo- logie	Pure sciences Sciences pures	Applied sciences Sciences appli- quées	Arts Beaux arts	Litera- ture Litté- rature	Geogr/ History Géogr., histoire
Thailand Thaïlande	1992	7626	413	189	302	2341	234	591	2235	443	457	421
Turkey [2] Turquie [2]	1993	5978	74	129	385	1459	117	144	712	230	1238	454
	1994	4473	332	143	309	1329	82	63	544	147	1237	287
Turkmenistan Turkménistan	1992	565	47	5	6	147	21	72	74	18	136	39
United Arab Emirates Emirats arabes unis	1992	302	10	3	46	20	85	99	9	3	–	27
	1993[18]	293	–	3	68	2	83	99	9	2	–	27
Uzbekistan [8] Ouzbékistan [8]	1992	1267	4	150	...	72	86	...	188	...	407	...
	1993	1340	...	118	...	54	71	...	136	...	605	...
Viet Nam [5] Viet Nam [5]	1992	4707	...	...	...	683	...	...	603	...	1024	...
	1993	5581	...	...	...	647	...	...	646	...	1502	...
Europe · Europe												
Andorra [4] Andorre [4]	1992	56	3	–	1	15	1	3	4	7	10	12
	1994	57	–	–	–	24	–	3	4	5	15	6
Austria [19] Autriche [19]	1993	5628	171	175	167	1813	167	585	613	585	908	444
	1994	7987	229	246	284	2758	229	847	703	922	1181	588
Belarus Bélarus	1993	2926	151	45	144	711	168	142	690	110	667	98
	1994	3346	161	68	184	790	169	187	792	77	813	105
Bulgaria Bulgarie	1993	5771	194	236	211	1016	157	275	821	154	2448	259
	1994	5925	252	270	165	1176	130	236	798	156	2445	297
Croatia [9] Croatie [9]	1993	2094	39	50	166	453	59	88	412	65	448	75
	1994	2671	44	94	220	679	68	102	463	158	608	58
Czech Republic République tchèque	1993	8203	299	252	267	1849	358	636	1111	382	2465	584
	1994	9309	302	283	331	1458	305	806	1164	511	3498	651
Denmark Danemark	1993	11492	339	485	269	2188	339	891	2794	714	2367	1106
	1994	11973	403	503	332	2377	293	964	2859	767	2366	1109
Estonia Estonie	1993	1965	87	50	58	412	–	174	290	140	631	123
	1994	2291	125	52	75	517	–	194	393	140	667	128
Finland Finlande	1993	11785	319	245	319	2862	346	1108	3196	794	1738	858
	1994	12539	320	230	341	3066	405	1209	3167	828	1861	1112
France France	1993	41234	731	1890	1322	7893	1010	1971	5578	3308	12401	5130
	1994	45311	1029	2053	1407	8306	1029	2140	6226	3538	13524	6059
Germany † Allemagne †	1993	67206	6126	3403	3620	14816	–	2326	9688	5743	12501	8983
	1994	70643	6255	3594	3815	16259	–	2532	10062	5797	13015	9314
Holy See [4] Saint–Siège [4]	1992	205	5	37	117	31	7	–	–	–	–	8
Hungary Hongrie	1993	9170	264	286	368	1418	454	565	1669	601	2876	669
	1994	10108	261	342	421	1499	459	636	1764	737	3193	796
Iceland Islande	1993	1327	38	34	42	207	96	103	172	77	429	129
	1994	1429	36	22	37	276	123	110	166	124	382	153
Italy Italie	1993	30110	1107	1623	1767	6134	720	1111	3590	3459	7678	2921
	1994	32673	800	1751	2013	6039	824	1140	3687	3429	8978	4012
Latvia [8] Lettonie [8]	1993	1614	62	30	57	206	70	61	197	69	428	118
	1994	1677	49	59	77	222	53	36	144	50	529	66
Lithuania Lituanie	1993	2224	168	57	73	434	155	177	437	76	516	131
	1994	2885	197	68	110	520	155	185	571	138	787	154
Luxembourg Luxembourg	1993	640	19	–	11	292	5	7	85	118	46	57
	1994	681	64	13	15	246	2	19	49	118	67	88
Malta Malte	1992	395	9	7	76	155	17	6	17	22	34	52
	1993	417	8	11	80	163	18	4	16	29	41	47
Republic of Moldova Moldova, Rép. de	1993	354	–	3	5	48	27	48	71	17	84	51
	1994	797	11	18	24	364	23	35	171	19	100	32
Netherlands [24] Pays–Bas [24]	1992	15997	71	628	833	1701	233	358	2502	874	3251	1393
	1993	34067	70	710	788	1883	334	215	2310	2826	2950	1364
Norway [20] Norvège [20]	1993	4943	166	145	168	983	136	189	566	326	1860	404
	1994	6846	156	186	458	1223	228	280	760	490	2683	382
Poland Pologne	1993	9788	157	354	684	1493	414	796	1753	495	2668	974
	1994	10874	212	342	566	1785	428	939	2190	479	2982	951
Portugal [12,21] Portugal [12,21]	1993	6089	286	...	...	830	...	...	410	159	2021	...
	1994	6667	...	...	...	789	...	401	...	192	1934	...

15
Book production: number of titles by UDC classes [cont.]
Production de livres : nombre de titres classés d'après la CDU [suite]

Country or area Pays ou zone	Year Année	Total	Generalities Généralités	Philosophy Philosophie	Religion Religion	Social sciences Sciences sociales	Philology Philologie	Pure sciences Sciences pures	Applied sciences Sciences appliquées	Arts Beaux arts	Literature Littérature	Geogr/History Géogr., histoire
Romania	1993	6130	109	167	255	490	350	694	1307	191	2237	330
Roumanie	1994	4074	85	119	148	431	183	425	870	85	1534	194
Russian Federation	1993	29017	1430	756	778	4630	817	2751	8661	624	7581	989
Fédération de Russie	1994	30390	2860	896	957	5965	995	2644	6849	704	7176	1344
Slovakia	1993	3285	73	93	212	671	165	264	713	126	817	151
Slovaquie	1994	3481	63	143	164	656	139	271	774	146	938	187
Slovenia	1992	2136	94	60	83	517	86	234	327	235	354	146
Slovénie	1994	2906	57	117	106	536	125	263	481	393	631	197
Spain	1993	40758	1550	1509	1919	8334	1401	2101	5571	3344	11220	3809
Espagne	1994	44261	1680	1562	1908	8482	1362	2483	5925	3453	13619	3787
Sweden	1993	12895	336	271	502	2394	471	902	2894	826	3176	1123
Suède	1994	13822	317	401	577	2722	428	919	3038	923	3226	1271
Switzerland [2]	1993	14870	241	647	867	3358	239	1475	3238	1457	1782	729
Suisse [2]	1994	15378	262	709	814	3654	220	1610	3414	1363	1616	694
TFYR Macedonia L'ex–R.y. Macédoine	1994	672	11	10	5	363	12	18	45	23	151	34
Ukraine	1992	4410	7	70	94	837	144	513	1439	69	1050	187
Ukraine	1993	5002	7	114	115	930	181	798	1358	89	1112	298
United Kingdom	1992	86573	2385	2888	3252	17286	2434	9490	14695	6294	17601	10248
Royaume–Uni	1994	95015	2445	3063	4278	19791	3858	10764	10969	9927	19139	10781
Yugoslavia	1992	2618	43	42	71	775	3	110	400	308	784	82
Yougoslavie	1994	2799	117	62	48	908	4	76	409	165	846	164
Oceania · Océanie												
Australia Australie	1994	10835	218	151	246	4453	157	511	1730	700	1812	857
Fiji [2,22] Fidji [2,22]	1994	401	–	–	–	22	21	40	39	2	–	21

Source:
United Nations Educational, Scientific and Cultural Organization (Paris).

† For information on recent changes in country or area nomenclature pertaining to former Czechoslovakia, Germany, Hong Kong Special Administrative Region (SAR) of China, SFR Yugoslavia and former USSR, see Annex I – Country or area nomenclature, regional and other groupings.

†† For statistical purposes, the data for China do not include those for the Hong Kong Special Administrative Region (Hong Kong SAR) and Taiwan province of China.

1 All first editions.
2 School text books and children's books are included in the total but not in the class breakdown.
3 Works on philology are distributed, without specification, among other classes.
4 Data do not include pamphlets.
5 School text books, children's books and government publications as well as books without specification are included in the total but not in the class breakdown.
6 Data include school text books and children's books for which a class breakdown is not available.
7 Data do not include pamphlets and government publications.
8 Data include school text books, children's books and government publications for which a class breakdown is not available.
9 Including titles for which a class breakdown is not available.
10 Data refer only to first editions of school textbooks and children's books.
11 Data do not include pamphlets, school text books, government publications and university thesis but include juvenile titles for which a class breakdown is not available.
12 Data exclude pamphlets but include reprints.

Source:
Organisation des Nations Unies pour l'éducation, la science et la culture (Paris).

† Pour les modifications récentes de nomenclature de pays ou de zone concernant l'Allemagne, Hong–Kong (Région administrative spéciale de Chine), l'ex–Tchécoslovaquie, l'ex–URSS et l'ex–Rfs de Yougoslavie, voir annexe I – Nomenclature des pays ou des zones, groupements régionaux et autres groupements.

†† Les données statistiques relatives à la Chine ne comprennent pas celles qui concernent la région administrative spéciale de Hong–Kong (la RAS de Hong–Kong) et la province chinoise de Taiwan.

1 Tous les ouvrages recensés sont des premières éditions.
2 Les manuels scolaires et les livres pour enfants sont compris dans le total mais ne sont pas répartis par catégories.
3 Les ouvrages relatifs à la philologie sont distribués, sans spécification, entre les autres catégories.
4 Les données ne comprennent pas les brochures.
5 Les manuels scolaires, les livres pour enfants, les publications officielles ainsi que les livres sans spécification sont inclus dans le total mais ne sont pas répartis par catégories.
6 Les données comprennent les manuels scolaires et les livres pour enfants pour lesquels une répartition par catégories n'est pas disponible.
7 Les données ne comprennent pas les brochures et les publications officiels.
8 Les données comprennent les manuels scolaires, les livres pour enfants et les publications officielles pour lesquelles une répartition par catégories n'est pas disponible.
9 Y compris les titres pour lesquels aucune répartition par catégorie n'est disponible.
10 Les données se réfèrent seulement aux premières éditions des manuels scolaires.

15
Book production: number of titles by UDC classes [cont.]
Production de livres : nombre de titres classés d'après la CDU [suite]

13 Works of UDC class 3 (religion) are distributed among other classes without specification.
14 Children's books are included in the total but not in the class breakdown.
15 Data include government publications.
16 Data refer to government publications only.
17 Data on philology are included with those on literature.
18 Data refer to school textbooks only.
19 Data do not include school textbooks.
20 Data do not include schools textbooks and government publications.
21 School text books, children's books and comic books as well as titles without specification are included in the total but not in the class breakdown.
22 Data refer only to books published by the Ministry of Education and the Government printing department.

11 Les données ne comprennent pas les brochures, les manuels scolaires, les publications officielles et les thèses universitaires mais tient compte des livres pour enfants pour lesquels une répartition par catégories n'est pas disponible.
12 Les données excluent les brochures mais incluent les réimpressions.
13 Les ouvrages de la catégorie 3 de la CDU (religion) sont distribués sans spécification, entre les autres catégories.
14 Les livres pour enfants sont inclus dans le total mais ne sont pas répartis par catégories.
15 Les données comprennent les publications officielles.
16 Les données se réfèrent aux publications officielles.
17 Les données relatives à la philologie sont comprises avec celles de la littérature.
18 Les données se réfèrent aux manuels scolaires seulement.
19 Les données ne comprennent pas les manuels scolaires.
20 Les données n'incluent pas les manuels scolaires et les publications officielles.
21 Les manuels scolaires, les livres pour enfants, les bandes dessinées ainsi que les titres sans spécification sont compris dans le total mais ne sont pas répartis par catégories.
22 Les données se réfèrent seulement aux livres publiés par le Ministère de l'Education et le *Government printing department*.

16
Book production: number of titles by language of publication
Production de livres : nombre de titres par langue de publication

Country or area / Pays ou zone	Year Année	Total	National language Langue nationale	English Anglais	French Français	German Allemand	Spanish Espagnol	Russian Russe	Others Autres	Two or more languages Deux langues ou plus
Africa · Afrique										
Algeria / Algérie	1992	506	258	3	245	–	–	–	–	–
Botswana[1] / Botswana[1]	1991	158	158	–	–	–	–	–	–	–
Dem. Rep. of the Congo[1] / Rép. dém. du Congo[1]	1992	64	64	–	...[2]	–	–	–	–	–
Egypt / Egypte	1991	2599	2320	179	96	–	–	–	4	–
Eritrea[3] / Erythrée[3]	1993	106	22	3	–	–	–	–	–	–
Ethiopia / Ethiopie	1991	240	206	–	–	–	–	–	34	–
Gambia[1] / Gambie[1]	1991	21	19	...[2]	–	–	–	–	2	–
Ghana / Ghana	1992	28	28	...[2]	–	–	–	–	–	–
Madagascar / Madagascar	1993	143	138	1	...[2]	–	–	–	–	4
Malawi[3] / Malawi[3]	1993	206	152	...[2]	–	–	–	–	–	–
Mauritius / Maurice	1993	96	96	...[2]	...[2]	–	–	–	–	–
Nambia[1] / Namibie[1]	1991	193	193	...[2]	–	–	–	–	–	–
Nigeria / Nigéria	1992	1562	1554	...[2]	6	–	–	–	2	–
Réunion / Réunion	1992	69	68	1	...[2]	–	–	–	–	–
South Africa / Afrique du Sud	1993	4751	4428	...[2]	5	14	–	1	31	272
Tunisia[1 4] / Tunisie[1 4]	1993	539	351	–	188	–	–	–	–	–
Uganda / Ouganda	1992	162	162	...[2]	–	–	–	–	–	–
America, North · Amérique du Nord										
Belize / Belize	1991	134	132	...[2]	–	–	–	–	2	–
Canada / Canada	1993	22208	21720	...[2]	...[2]	–	–	–	488	–
Cuba / Cuba	1993	568	568	–	–	–	...[2]	–	–	–
America, South · Amérique du Sud										
Argentina / Argentine	1992	5628	5611	...	...	...	...[2]	...	17	–
Brazil[3 4 5] / Brésil[3 4 5]	1992	27557	10039							
Colombia[4] / Colombie[4]	1991	1481	1481	–	–	–	...[2]	–	–	–
Paraguay / Paraguay	1993	152	151	–	–	–	...[2]	–	1	–
Peru / Pérou	1993	2106	1895	98	–	–	...[2]	–	113	–
Asia · Asie										
Azerbaijan / Azerbaïdjan	1992	599	576	...	...	...	...	...[2]	12	11
Brunei Darussalam[1 4] / Brunéi Darussalam[1 4]	1992	45	21	24	–	–	–	–	–	–

16
Book production: number of titles by language of publication [cont.]
Production de livres : nombre de titres par langue de publication [suite]

Country or area Pays ou zone	Year Année	Total	National language Langue nationale	English Anglais	French Français	German Allemand	Spanish Espagnol	Russian Russe	Others Autres	Two or more languages Deux langues ou plus
Cyprus [3] Chypre [3]	1993	942	545	86	14	12	–	–	30	–
India Inde	1993	12768	12768	...[2]	–	–	–	–	–	–
Jordan [1,4] Jordanie [1,4]	1992	790	780	10	–	–	–	–	–	–
Korea, Republic of Corée, République de	1993	30861	30814	45	–	–	–	–	2	–
Lao People's Dem. Rep. [1] Rép. dém. pop. lao [1]	1992	64	53	–	–	–	–	–	–	11
Malaysia Malaisie	1991	3748	2249	1015	–	–	–	–	329	155
Pakistan Pakistan	1993	306	290	...[2]	–	–	–	–	16	–
Philippines [6] Philippines [6]	1992	1016	651	...[2]	–	–	–	–	326	4
Sri Lanka Sri Lanka	1993	3204	1733	671	–	–	–	–	8	792
Thailand Thaïlande	1992	7626	7120	506	–	–	–	–	–	–
Turkey Turquie	1993	5978	5722	138	14	33	–	–	23	48
Turkmenistan Turkménistan	1992	565	565	–	–	–	–	...[2]	–	–
United Arab Emirates [7] Emirats arabes unis [7]	1993	293	251	42	–	–	–	–	–	–
Uzbekistan Ouzbékistan	1993	1340	1113	16	4	4	1	...[2]	201	1
Europe · Europe										
Albania [3] Albanie [3]	1991	381	216	9	1	2	–	3	2	1
Andorra [4] Andorre [4]	1992	56	51	–	2	–	3	–	–	–
Austria [8] Autriche [8]	1993	5628	5263	236	11	...[2]	6	3	15	94
Belarus Bélarus	1993	2926	2726	...	...	...	...	...[2]	200	–
Belgium Belgique	1991	13913	12564	684	...[2]	...[2]	60	9	128	468
Bulgaria Bulgarie	1993	5771	5474	109	20	24	7	11	23	103
Croatia Croatie	1993	2094	1925	72	8	25	1	1	54	8
Czech Republic République tchèque	1993	8203	7330	193	31	93	10	3	263	280
Denmark Danemark	1993	11492	9507	1350	43	99	24	7	137	325
Estonia Estonie	1993	1965	1508	141	2	27	–	147	52	88
Finland Finlande	1993	11785	9858	1725	19	70	7	20	56	30
France [9] France [9]	1993	41234	36542	700	...[2]	121	55	16	1	994
Holy See [4] Saint–Siège [4]	1992	205	89	70	9	1	11	–	4	21
Hungary Hongrie	1993	9170	8633	220	19	122	12	4	95	65
Italy Italie	1993	30110	27850	685	238	144	32	–	148	1013
Latvia Lettonie	1993	1614	1282	83	1	18	1	172	57	–
Lithuania Lituanie	1993	2224	1932	82	11	26	–	97	63	13

16
Book production: number of titles by language of publication [cont.]
Production de livres : nombre de titres par langue de publication [suite]

Country or area Pays ou zone	Year Année	Total	National language Langue nationale	English Anglais	French Français	German Allemand	Spanish Espagnol	Russian Russe	Others Autres	Two or more languages Deux langues ou plus
Malta / Malte	1993	417	395	...[2]	5	7	–	–	8	2
Netherlands [4] [9] / Pays–Bas [4] [9]	1992	11844	9649	1531	46	195	–	–	79	–
Norway [10] / Norvège [10]	1993	4943	4264	380	14	14	–	–	271	–
Poland / Pologne	1993	9788	9295	292	32	88	3	38	13	27
Portugal / Portugal	1991	6430	3906	1157	742	72	168	15	220	150
Republic of Moldova / Moldova, Rép. de	1993	354	271	–	–	–	–	60	–	23
Russian Federation / Fédération de Russie	1993	29017	26823	615	54	114	27	...[2]	1217	167
Slovakia / Slovaquie	1993	3285	2600	134	22	80	7	12	430	–
Slovenia / Slovénie	1992	2136	1851	53	4	31	1	–	37	159
Spain / Espagne	1993	40758	38841	513	234	94	...[2]	–	486	590
Sweden / Suède	1993	12895	10370	1839	38	60	23	8	174	383
Switzerland / Suisse	1993	14870	12235	2112	...[2]	...[2]	–	–	523	...[2]
Ukraine / Ukraine	1993	5002	4489	131	6	15	1	...[2]	1	359
Yugoslavia / Yougoslavie	1992	2618	2094	136	39	38	–	20	43	248
Oceania · Océanie										
Papua New Guinea [3] / Papouasie–Nvl–Guinée [3]	1991	12211	12011	...[2]	–	–	–	–	–	–

Source:
United Nations Educational, Scientific and Cultural Organization (Paris).

Source:
Organisation des Nations Unies pour l'éducation, la science et la culture (Paris).

† For information on recent changes in country or area nomenclature pertaining to former Czechoslovakia, Germany, Hong Kong Special Administrative Region (SAR) of China, SFR Yugoslavia and former USSR, see Annex I – Country or area nomenclature, regional and other groupings.

1 All first editions.
2 Data are included in column "National language".
3 Language breakdown refers only to first editions.
4 Data do not include pamphlets.
5 Data include reprints.
6 Language breakdown refers only to titles of books.
7 Data refer only to school textbooks.
8 Data do not include schools textbooks.
9 The difference between the total number of titles and the sum of the figures on languages is due to a variance in the reporting system for titles by subject and that for titles according to language.
10 Data do not include schools textbooks and government publications.

† Pour les modifications récentes de nomenclature de pays ou de zone concernant l'Allemagne, Hong–Kong (Région administrative spéciale de Chine), l'ex–Tchécoslovaquie, l'ex–URSS et l'ex–Rfs de Yougoslavie, voir annexe I – Nomenclature des pays ou des zones, groupements régionaux et autres groupements.

1 Tous les ouvrages recensés sont des premières éditions.
2 Les chiffres sont inclus dans la colonne "langue nationale".
3 La répartition par langue ne se réfère que des premières éditions.
4 Les données ne tiennent pas compte des brochures.
5 Les données incluent les réimpressions.
6 La répartition par langue ne se réfère que titres des livres.
7 Les données se réfèrent seulement aux manuels scolaires.
8 Les manuels scolaires ne sont pas inclus dans les données.
9 L'écart entre le nombre total de titres et la somme des chiffres relatifs aux langues est dû à une différence entre le système de présentation des titres classés par sujets et celui des titres classés par langues.
10 Les manuels scolaires et les publications officielles ne sont pas inclus dans les données.

17 Daily newspapers
Journaux quotidiens

Country or area Pays ou zone	Number Nombre 1980	1985	1990	1994	Circulation Diffusion (estimation) Total (000) 1980	1985	1990	1994	Per 1000 inhabitants Pour 1000 habitants 1980	1985	1990	1994
Africa • Afrique												
Algeria Algérie	4	5	10	6	448	570	1274	1250	24	26	51	46
Angola Angola	4	4	4	4	143	103	*115	*117	20	13	*13	*11
Benin Bénin	1	1	1	1	1	1	12	12	0	0	3	2
Botswana Botswana	1	1	1	1	19	18	18	35	21	17	14	24
Burkina Faso Burkina Faso	1	2	1	1	2	4	3	3	0.2	0.4	0.3	0.3
Burundi Burundi	1	1	1	1	1	2	20	20	0.2	0.4	4	3
Cameroon Cameroun	2	1	2	1	65	35	*80	*50	8	4	*7	*4
Central African Rep. Rép. centrafricaine	-	-	1	1	-	-	*2	*2	-	-	*1	*1
Chad Tchad	1	1	1	1	1	1	2	2	0	0	0.4	0.4
Congo Congo	1	1	5	6	3	8	*17	*19	2	4	*8	*8
Côte d'Ivoire Côte d'Ivoire	2	1	1	1	81	90	90	90	10	9	8	7
Dem. Rep. of the Congo Rép. dém. du Congo	5	4	5	9	*60	*50	*75	*112	*2	*2	*2	*3
Egypt Egypte	12	12	14	17	1701	2383	*2400	3949	39	48	*43	64
Equatorial Guinea Guinée équatoriale	2	2	2	1	*2	*2	*2	1	*7	*5	*6	3
Ethiopia Ethiopie	3	3	6	4	40	41	*100	*81	1	1	*2	*2
Gabon Gabon	1	1	1	1	15	20	*20	*20	19	20	*17	*16
Gambia Gambie	-	6	2	2	-	4	*2	*2	-	6	*2	*2
Ghana Ghana	5	5	2	4	*500	*510	200	*310	*47	*40	13	*18
Guinea-Bissau Guinée-Bissau	1	1	1	1	6	6	6	6	8	7	6	6
Kenya Kenya	3	4	5	5	216	283	*330	*358	13	14	*14	*13
Lesotho Lesotho	3	4	4	2	44	47	20	14	33	30	11	7
Liberia Libéria	3	5	8	8	11	*28	*35	*35	6	*13	*14	*14
Libyan Arab Jamahiriya Jamah. arabe libyenne	3	3	3	4	*55	*65	*70	*70	*18	*17	*15	*13
Madagascar Madagascar	6	7	5	7	55	67	50	60	6	6	4	4
Malawi Malawi	*2	1	1	1	*20	15	25	25	*3	2	3	2
Mali Mali	2	2	2	2	*4	*10	*10	*40	*1	*1	*1	*4
Mauritania Mauritanie	-	-	1	1	-	-	*1	*1	-	-	*0.5	*0.5
Mauritius Maurice	10	7	7	6	80	*70	80	75	83	*69	76	68
Morocco Maroc	11	14	13	13	*270	*320	*320	*344	*14	*15	*13	*13
Mozambique Mozambique	2	2	2	2	54	81	81	81	4	6	6	5

17
Daily newspapers [cont.]
Journaux quotidiens [suite]

	Number Nombre				Circulation Diffusion (estimation) Total (000)				Per 1000 inhabitants Pour 1000 habitants			
Country or area Pays ou zone	1980	1985	1990	1994	1980	1985	1990	1994	1980	1985	1990	1994
Namibia Namibie	4	3	6	4	27	21	220	153	26	17	163	102
Niger Niger	1	1	1	4	3	4	5	11	1	1	1	1
Nigeria Nigéria	16	19	31	27	*1100	*1400	*1700	*1950	*15	*17	*18	*18
Réunion Réunion	3	2	3	3	56	49	*55	55	111	89	*91	85
Rwanda Rwanda	1	1	1	1	0.3	0.3	0.5	0.5	0.1	0.1	0.1	0.1
Senegal Sénégal	1	3	1	3	35	53	50	48	6	8	7	6
Seychelles Seychelles	1	1	1	1	3	3	3	3	48	49	46	44
Sierra Leone Sierra Leone	1	1	1	1	10	10	10	10	3	3	3	2
Somalia Somalie	2	2	1	1	*5	*7	9	9	*1	*1	1	1
South Africa Afrique du Sud	*24	24	22	17	*1400	1440	1340	1346	*48	44	36	33
Sudan Soudan	6	5	5	5	105	*250	*610	*620	6	*12	*25	*23
Swaziland Swaziland	1	2	3	3	9	10	*11	*12	15	15	*15	*14
Togo Togo	3	2	1	1	*16	*11	10	10	*6	*4	3	2
Tunisia Tunisie	5	6	6	7	272	*280	*345	*403	43	*39	*43	*46
Uganda Ouganda	1	1	2	2	25	25	30	*35	2	2	2	2
United Rep. of Tanzania Rép.-Unie de Tanzanie	3	2	3	3	208	101	*200	*220	11	5	*8	*8
Zambia Zambie	2	2	2	2	110	95	99	70	19	14	12	8
Zimbabwe Zimbabwe	2	3	2	2	133	203	206	195	19	24	21	18
America, North • Amérique du Nord												
Antigua and Barbuda Antigua-et-Barbuda	1	1	1	–	6	6	6	–	98	97	94	–
Aruba Aruba	...	...	12	14	...	...	53	52	...	...	796	757
Bahamas Bahamas	3	3	3	3	33	39	35	35	157	167	137	129
Barbados Barbade	2	2	2	2	39	40	30	41	156	158	117	159
Belize Belize	1	1	–	–	3	3	–	–	21	18	–	–
Bermuda Bermudes	1	1	1	1	14	18	*18	16	257	321	*295	254
Canada Canada	123	117	108	107	5425	5566	*5800	*5500	221	215	*209	*189
Cayman Islands Iles Caïmanes	–	–	1	1	–	–	6	8	–	–	212	250
Costa Rica Costa Rica	4	6	5	5	251	*280	*306	333	110	*106	*101	99
Cuba Cuba	17	17	19	17	1050	1207	1824	1315	108	119	172	120
Dominican Republic République dominicaine	7	7	12	11	220	216	*230	264	39	34	*32	34
El Salvador El Salvador	7	4	5	6	291	243	270	284	64	51	52	50
Grenada Grenade	1	–	–	–	*4	–	–	–	*45	–	–	–

17
Daily newspapers [cont.]
Journaux quotidiens [suite]

Country or area / Pays ou zone	Number / Nombre 1980	1985	1990	1994	Circulation Diffusion (estimation) Total (000) 1980	1985	1990	1994	Per 1000 inhabitants Pour 1000 habitants 1980	1985	1990	1994
Guadeloupe / Guadeloupe	1	2	1	1	*32	*33	*34	35	*98	*93	*87	83
Guatemala / Guatemala	9	9	5	5	*200	*250	190	240	*29	*31	21	23
Haiti / Haïti	4	5	4	4	*36	*50	45	45	*7	*9	7	6
Honduras / Honduras	6	7	5	5	212	293	199	*240	59	70	41	*44
Jamaica / Jamaïque	3	4	3	3	109	*140	*160	*160	51	*61	*68	*66
Martinique / Martinique	1	1	1	1	28	32	32	32	86	94	88	84
Mexico / Mexique	317	332	*285	309	8322	9964	*11237	10420	124	132	*133	113
Netherlands Antilles / Antilles néerlandaises	8	6	6	6	*52	*54	*54	53	*299	*297	*284	269
Nicaragua / Nicaragua	3	3	6	4	136	*160	*180	130	49	*50	*49	30
Panama / Panama	5	7	8	7	*110	245	*234	160	*56	113	*98	62
Puerto Rico / Porto Rico	4	5	3	3	512	599	618	670	160	178	175	184
Trinidad and Tobago / Trinité-et-Tobago	4	4	4	*4	*155	173	175	175	*143	149	142	135
United States / Etats-Unis	1745	1676	1611	1548	62200	62800	62328	59305	273	263	249	228
US Virgin Islands / Iles Vierges américaines	3	3	2	2	17	21	19	26	170	214	188	245
America, South • Amérique du Sud												
Argentina / Argentine	220	218	159	187	*4000	*3940	*4000	*4705	*142	*130	*123	*138
Bolivia / Bolivie	14	14	17	11	226	*290	*400	*500	42	*49	*61	*69
Brazil / Brésil	343	322	356	317	5482	6534	*8100	*7200	45	48	*55	*45
Chile / Chili	34	*38	*45	32	...	...	*1923	1411	...	...	*146	100
Colombia / Colombie	36	*46	45	46	*1400	*1800	*2000	*2200	*53	*61	*62	*64
Ecuador / Equateur	18	26	25	24	558	*800	*820	808	70	*88	*80	72
French Guiana / Guyane française	1	1	1	1	1	1	1	2	15	11	9	11
Guyana / Guyana	1	2	2	2	58	78	*80	80	76	99	*101	97
Paraguay / Paraguay	5	6	5	5	*160	*170	*165	203	*51	*46	*38	42
Peru / Pérou	66	70	66	48	*1400	*1600	*1700	*2000	*81	*82	*79	*86
Suriname / Suriname	4	5	2	3	*45	*55	40	*43	*127	*146	100	*103
Uruguay / Uruguay	24	25	30	32	*700	*680	*720	*750	*240	*226	*233	*237
Venezuela / Venezuela	66	55	54	89	2937	*2700	*2800	*4600	195	*158	*144	*215
Asia • Asie												
Afghanistan / Afghanistan	13	13	14	15	*90	*110	*180	216	*6	*8	*12	11
Armenia / Arménie	..	..	..	7	..	..	..	*80	..	..	..	*23
Azerbaijan / Azerbadjan	..	..	..	3	..	..	..	*210	..	..	..	*28

17
Daily newspapers [cont.]
Journaux quotidiens [suite]

Country or area Pays ou zone	Number Nombre 1980	1985	1990	1994	Circulation Diffusion (estimation) Total (000) 1980	1985	1990	1994	Per 1000 inhabitants Pour 1000 habitants 1980	1985	1990	1994
Bahrain Bahreïn	3	2	2	3	*14	19	29	*70	*40	45	59	*128
Bangladesh Bangladesh	44	60	52	51	274	591	*700	*710	3	6	*6	*6
Brunei Darussalam Brunéi Darussalam	–	–	1	1	–	–	10	20	–	–	39	71
China †† Chine ††	50	70	44	38	34375	*39000	*48000	27790	34	*36	*42	23
China, Hong Kong SAR † Chine, Hong-Kong RAS †	41	46	38	43	*3600	*4100	*4250	*4200	*714	*751	*745	*719
Cyprus Chypre	12	10	11	15	*80	83	78	81	*127	125	110	110
India Inde	...	...	...	...	14531	19804	...	...	21	26	...	...
Indonesia Indonésie	84	97	64	56	2281	3010	5144	*3800	15	18	28	*20
Iran, Islamic Rep. of Iran, Rép. islamique d'	*45	15	21	12	*970	*1250	*1500	*1200	*25	*26	*25	*18
Iraq Iraq	5	6	6	4	*340	*600	*650	532	*26	*39	*36	27
Israel Israël	36	21	30	34	*1000	*1100	*1200	1534	*258	*260	*258	281
Japan Japon	151	124	125	121	66258	68296	72524	71924	567	565	587	576
Jordan Jordanie	4	4	4	4	66	155	225	250	23	40	53	48
Korea, Dem.People's Rep. Corée, Rép. pop. dém. de	11	11	11	11	*4060	*4500	*5000	*5000	*219	*226	*230	*213
Korea, Republic of Corée, République de	30	35	39	62	8000	*10000	*12000	*18000	210	*245	*280	*404
Kuwait Koweït	8	8	9	9	305	380	*450	655	222	221	*210	401
Kyrgyzstan Kirghizistan	..	..	..	3	..	..	..	53	..	..	..	11
Lao People's Dem. Rep. République dém. pop. lao	3	3	3	3	*14	*13	*14	*14	*4	*4	*3	*3
Lebanon Liban	14	13	*14	16	*290	*300	*320	*500	*109	*112	*125	*172
Macau Macao	6	9	8	9	*70	*250	*240	*250	*289	*880	*702	*628
Malaysia Malaisie	40	32	45	44	*810	*1500	*2500	*2800	*59	*96	*140	*142
Maldives Maldives	2	2	*2	2	1	2	*3	3	6	8	*12	12
Mongolia Mongolie	2	2	1	1	177	177	162	207	106	93	74	88
Myanmar Myanmar	7	7	2	5	*350	511	*700	1032	*10	14	*17	23
Nepal Népal	28	28	28	28	*120	*130	*150	*162	*8	*8	*8	*8
Oman Oman	–	3	4	4	–	51	62	63	–	37	35	30
Pakistan Pakistan	106	118	398	273	1032	1149	1826	2840	*12	11	15	21
Philippines Philippines	22	15	47	42	2000	2170	*3400	4286	41	40	*56	65
Qatar Qatar	3	4	5	4	*30	60	*80	80	*131	168	*165	148
Saudi Arabia Arabie saoudite	11	13	12	19	*350	*450	*600	*950	*36	*36	*37	*54
Singapore Singapour	12	10	8	8	690	*706	763	1027	286	276	282	364
Sri Lanka Sri Lanka	21	17	18	9	450	390	*550	*450	30	24	*32	*25

17
Daily newspapers [cont.]
Journaux quotidiens [suite]

Country or area Pays ou zone	Number Nombre 1980	1985	1990	1994	Circulation Diffusion (estimation) Total (000) 1980	1985	1990	1994	Per 1000 inhabitants Pour 1000 habitants 1980	1985	1990	1994
Syrian Arab Republic Rép. arabe syrienne	7	7	10	8	*114	*163	*260	261	*13	*16	*21	18
Tajikistan Tadjikistan	..	..	..	2	..	..	..	*80	..	..	..	*13
Thailand Thaïlande	27	32	34	35	2680	4350	*4500	2766	57	85	*81	48
Turkey Turquie	...	...	*68	57	*2500	*3020	*3499	2679	*56	*60	*62	44
United Arab Emirates Emirats arabes unis	9	13	8	8	152	290	250	300	149	210	150	161
Uzbekistan Ouzbékistan	..	..	..	4	..	..	..	160	..	..	..	7
Viet Nam Viet Nam	4	4	5	4	*520	*540	560	*570	*10	*9	*8	*8
Yemen Yémen	*6	*4	*5	3	*98	*125	*135	230	*12	*13	*12	17
Europe • Europe												
Albania Albanie	2	2	2	3	145	135	135	185	54	46	41	54
Andorra Andorre	–	–	–	3	–	–	–	*4	–	–	–	*63
Austria Autriche	30	33	25	23	2651	2729	2706	3736	351	361	351	472
Belarus Bélarus	27	28	28	10	2343	2446	2937	*1899	243	246	288	*187
Belgium Belgique	26	24	33	32	2289	2171	*3000	3231	232	220	*301	321
Bosnia & Herzegovina [1] Bosnie–Herzégovine [1]	...	...	...	2	...	...	...	518	...	...	...	131
Bulgaria Bulgarie	14	17	24	17	2244	2626	4065	1843	253	293	452	209
Croatia Croatie	...	8	9	6	...	...	*2400	*2600	0	...	*531	*575
Czech Republic République tchéque	...	...	...	23	...	...	...	2259	...	...	...	219
Denmark Danemark	48	47	47	51	1874	1855	1810	1886	366	363	352	365
Estonia Estonie	..	..	..	4	..	..	..	373	..	..	..	242
Finland Finlande	58	65	66	56	2414	2661	2780	2405	505	543	558	473
France France	90	92	79	118	10332	10670	11792	13685	192	193	208	237
Germany †[2] Allemagne †[2]	*368	*358	414	411	*29388	*30428	24174	25757	*375	*392	305	317
Gibraltar Gibraltar	1	1	2	2	2	3	*4	6	83	107	*143	214
Greece Grèce	128	140	130	168	*1160	*1210	1250	1622	*120	*122	122	156
Holy See Saint–Siège	1	1	1	1	70	70	70	70	..	..	..	..
Hungary Hongrie	27	28	34	27	2648	2717	2460	2321	247	257	237	228
Iceland Islande	6	6	6	5	125	113	*130	*137	548	467	*510	*515
Ireland Irlande	7	7	7	8	779	685	591	600	229	193	169	170
Italy Italie	82	72	76	74	4775	5511	*6000	5985	85	97	*105	105
Latvia Lettonie	..	..	..	22	..	..	..	589	..	..	..	228
Liechtenstein Liechtenstein	2	2	*2	2	14	14	*18	18	540	504	*621	581

17 Daily newspapers [cont.]
Journaux quotidiens [suite]

Country or area Pays ou zone	Number Nombre 1980	1985	1990	1994	Circulation Diffusion (estimation) Total (000) 1980	1985	1990	1994	Per 1000 inhabitants Pour 1000 habitants 1980	1985	1990	1994
Lithuania Lituanie	..	..	..	16	..	..	..	506	..	..	..	136
Luxembourg Luxembourg	5	4	5	5	135	140	143	154	371	381	375	384
Malta Malte	5	4	3	3	*60	*56	*54	64	*185	*163	*153	176
Monaco Monaco	2	2	1	1	10	*10	8	*8	381	*357	267	*250
Netherlands Pays–Bas	84	88	45	46	4612	4496	*4500	5138	326	310	*301	334
Norway Norvège	85	82	85	83	1892	2120	2588	2623	463	510	610	607
Poland Pologne	43	45	67	66	8407	7714	4889	5404	236	207	128	141
Portugal Portugal	28	25	24	23	*480	413	446	404	*49	42	45	41
Republic of Moldova République de Moldova	..	..	..	4	..	..	..	106	..	..	..	24
Romania Roumanie	35	36	65	69	*4024	*3601	*6300	*6800	*181	*158	*271	*297
Russian Federation Fédération Russe	..	..	..	17	..	..	..	39301	..	..	..	267
San Marino Saint–Marin	3	–	–	–	1	–	–	–	48	–	–	–
Slovakia [2] Slovaquie [2]	...	...	18	21	..	..	1410	1363	...	...	267	256
Slovenia Slovénie	3	3	4	6	198	216	303	360	108	115	158	185
Spain Espagne	111	102	*125	148	3487	3078	3450	*4100	93	80	88	*104
Sweden Suède	114	115	107	94	4386	4389	4499	4219	528	526	526	483
Switzerland Suisse	89	97	94	80	2483	3213	3063	2920	393	492	448	409
TFYR Macedonia L'ex–R.y.Macédoine	...	...	2	3	...	...	*55	44	...	...	*27	21
Ukraine [3] Ukraine [3]	...	...	127	90	...	...	13026	6083	...	...	252	118
United Kingdom Royaume–Uni	113	104	*103	103	23472	22495	*22350	20372	417	397	*389	351
Yugoslavia [2] Yougoslavie [2]	12	12	11	9	537	425	973	966	56	43	94	90
Oceania • Océanie												
American Samoa Samoa américaines	2	3	–	–	10	*9	–	–	319	*226	–	–
Australia Australie	62	62	62	69	*4700	*4300	*4200	*4600	*323	*275	*249	*258
Cook Islands Iles Cook	1	1	1	1	2	2	2	2	111	118	111	105
Fiji Fidji	3	3	1	1	64	68	27	35	102	97	37	45
French Polynesia Polynésie française	2	3	2	4	*13	23	21	*24	*86	132	107	*112
Guam Guam	1	1	1	1	18	18	22	25	169	151	161	170
New Caledonia Nouvelle–Calédonie	1	1	1	3	15	19	19	*23	105	123	113	*129
New Zealand Nouvelle–Zélande	32	33	35	31	1059	1075	*1100	1050	340	331	*327	*297
Papua New Guinea Papouasie–Nouv.–Guinée	1	2	2	2	27	45	49	65	9	13	13	15
Tonga Tonga	–	–	1	1	–	–	7	7	–	–	73	73

17
Daily newspapers [cont.]
Journaux quotidiens [suite]

Source:
United Nations Educational, Scientific and Cultural Organization (Paris).

Organisation des Nations Unies pour l'éducation, la science et la culture (Paris).

† For information on recent changes in country or area nomenclature pertaining to former Czechoslovakia, Germany, Hong Kong Special Administrative Region (SAR) of China, SFR Yugoslavia and former USSR, see Annex I – Country or area nomenclature, regional and other groupings.

†† For statistical purposes, the data for China do not include those for the Hong Kong Special Administrative Region (Hong Kong SAR) and Taiwan province of China.

1 Data shown for 1994 refer to 1992 and only to territory that is under the control of the Government of the Republic of Bosnia and Herzegovina.
2 Data shown for 1990 refer to 1991.
3 Data shown for 1994 refer to 1992.

† Pour les modifications récentes de nomenclature de pays ou de zone concernant l'Allemagne, Hong–Kong (Région administrative spéciale de Chine), l'ex–Tchécoslovaquie, l'ex–URSS, Rfs de Yougoslavie, voir annexe I – Nomenclature des pays ou des zones, groupements zones, groupements régionaux et autres groupments.

†† Les données statistiques relatives à la Chine ne comprennent pas celles qui concernent la région administrative spéciale de Hong–Kong (la RAS de Hong–Kong) et la province chinoise de Taiwan.

1 Les données présentées pour 1994 se réfèrent à 1992 et seulement au territoire qui est sous le contrôle du government de la République de Bosnie–Herzégovine.
2 Les données présentées pour 1990 se réfèrent à 1991.
3 Les données présentées pour 1994 se réfèrent à 1992.

18
Non-daily newspapers and periodicals
Journaux non quotidiens et périodiques

Country or area Pays ou zone	Year Année	Non-daily newspapers Journaux non quotidiens			Periodicals Périodiques		
		Number Nombre	Circulation Diffusion Total (000)	Per 1000 inhabitants Pour 1000 habitants	Number Nombre	Circulation Diffusion Total (000)	Per 1000 inhabitants Pour 1000 habitants
Africa · Afrique							
Algeria Algérie	1990	37	1409	57	48	803	32
Botswana Botswana	1992	4	61	45	14	177	130
Burkina Faso Burkina Faso	1990	10	14	2	37	24	3
Congo [1] Congo [1]	1990	3	139	62	3	34	15
Democratic Republic of the Congo République démocratique du Congo	1990	77	...	...	...	...	...
Djibouti [1] Djibouti [1]	1989	...	...	...	7	7	*14
Egypt Egypte	1991	35	1502	26	266	1815	31
Gambia Gambie	1990	6	*7	*8	10	885	958
Ghana Ghana	1990	87	1111	74	121	774	52
Guinea Guinée	1990	*1	*1	*0.2	*3	*5	*1
Madagascar Madagascar	1994	31	*90	*6	55	*108	*8
Malawi Malawi	1992	4	133	13	...	...	...
Mauritius [2] Maurice [2]	1994	28	...	...	62	...	...
Namibia Namibie	1990	18	71	53	...	...	...
Rwanda Rwanda	1992	15	*155	*22	15	101	14
Senegal Sénégal	1994	87	...	...	...	...	...
South Africa Afrique du Sud	1991	10	1527	40	11	2149	57
Uganda Uganda	1990	...	...	...	26	158	10
Zimbabwe Zimbabwe	1990	...	...	...	28	680	69
America, North · Amérique du Nord							
Antigua and Barbuda Antigua–et–Barbuda	1992	4	...	...	...	...	...
Barbados Barbade	1990	4	*95	*370	...	...	...
Belize Belize	1990	7	37	196	...	...	...
Bermuda Bermudes	1990	3	35	566	...	...	...
British Virgin Islands Iles Vierges brit.	1990	2	4	250	...	...	...
Canada [3] Canada [3]	1992	1627	22043	804	1400	37108	1303
Costa Rica Costa Rico	1991	12	106	34	...	...	...
Cuba [3] Cuba [3]	1990	4	36	3	160	2797	264
Dominica Dominique	1992	1	5	63	...	...	...
Grenada Grenade	1992	2	*5	*55	...	...	...

18
Non-daily newspapers and periodicals [cont.]
Journaux non quotidiens et périodiques [suite]

Country or area Pays ou zone	Year Année	Non-daily newspapers Journaux non quotidiens Number Nombre	Circulation Diffusion Total (000)	Per 1000 inhabitants Pour 1000 habitants	Periodicals Périodiques Number Nombre	Circulation Diffusion Total (000)	Per 1000 inhabitants Pour 1000 habitants
Mexico Mexique	1994	45	1274	14	158	13097	143
Montserrat Montserrat	1990	2	2	200	...	...	...
Saint Kitts and Nevis Saint Kitts-et-Nevis	1993	2	6	143	10	44	*1048
Saint Lucia Sainte Lucie	1992	3	18	131			
Saint Pierre and Miquelon Saint-Pierre et Miquelon	1992	1	2	317	...	...	...
Trinidad and Tobago Trinité-et-Tobago	1990	5	125	101	...	...	...
Turks and Caicos Islands Iles Turques et Caïques	1992	1	10	769	...	...	...
United States Etats-Unis	1994	9728	...	...	...	...	...
America, South · Amérique du Sud							
Argentina Argentine	1992	*7	*350	*11	...	...	...
Chile Chili	1992	48	102	7	417	*3450	*254
Ecuador Equateur	1992	...	...	...	199	...	...
Suriname Suriname	1992	1	*5	*12	...	...	...
Asia · Asie							
Afghanistan Afghanistan	1992	13	...	...	...	...	...
Armenia Arménie	1992	57	*200	*58	40	5064	1472
Azerbaijan Azerbaïdjan	1992	273	3476	476	49	801	110
Bahrain Bahreïn	1993	5	17	31	26	73	137
Bhutan Bhoutan	1992	1	11	7	...	...	...
Brunei Darussalam Brunéi Darussalam	1992	2	57	212	15	132	489
China †† [4] Chine †† [4]	1992	875	134409	114	6486	205060	173
China, Hong Kong SAR † [1] Chine, Hong-Kong RAS † [1]	1992	17	...	...	598	...	...
Cyprus Chypre	1992	30	133	185	37	167	232
Indonesia Indonésie	1992	92	3501	19	117	3985	21
Iran, Islamic Rep. of Iran, Rép. islamique d'	1990	50	*470	*8	318	6166	105
Japan Japon	1992	*16	*9100	*73	2926	...	...
Jordan Jordanie	1990	6	122	29	31	43	10
Kuwait Koweït	1989	21	...	...	...	...	...
Krygyzstan Kirhiegistan	1994	137	720	154	...	...	...
Macau Macao	1993	*3	...	...	16	...	...
Malaysia Malaisie	1992	8	1530	81	25	996	53
Mongolia Mongolie	1990	55	1133	520	45	6361	2920

18 Non-daily newspapers and periodicals [cont.]
Journaux non quotidiens et périodiques [suite]

Country or area Pays ou zone	Year Année	Non-daily newspapers Journaux non quotidiens Number Nombre	Circulation Diffusion Total (000)	Per 1000 inhabitants Pour 1000 habitants	Periodicals Périodiques Number Nombre	Circulation Diffusion Total (000)	Per 1000 inhabitants Pour 1000 habitants
Oman Oman	1992	5	...	...	15		
Pakistan [5] Pakistan [5]	1991	719	1957	16	...	...	...
Philippines Philippines	1990	306	*610	*10	1570	*9468	*156
Qatar Qatar	1994	1	7	13	12	157	291
Saudi Arabia Arabie saoudite	1994	3	...	...	471	...	...
Singapore Singapour	1994	7	1035	367	...	...	...
Sri Lanka Sri Lanka	1994	80			...	...	...
Tajikistan Tadjikistan	1994	96	...	...	22	50	8
Thailand Thaïlande	1992	395	...	...	1522	...	...
Turkey Turquie	1994	1100	...	...	3554	...	...
United Arab Emirates Emirats arabes unis	1990	...	...	...	80	922	614
Uzbekistan Ouzbékistan	1994	313	*2000	*90	70	2032	91
Europe · Europe							...
Albania Albanie	1989	42	65	20	143	3477	1074
Andorra Andorre	1992	4	*8	*138	...	...	...
Austria Autriche	1993	141	...	...	2481	...	...
Belarus Bélarus	1992	338	4749	465	155	3765	369
Belgium Belgique	1992	3	*40	*4	13706	...	...
Bosnia & Herzegovina Bosnie-Herzégovine	1992	22	2508	636	...	...	...
Bulgaria [6] Bulgarie [6]	1993	874	8280	933	745	3097	347
Croatia Croatie	1990	563	*2781	*616	352	6357	1407
Czech Republic Rép. tchèque	1993	168	64	6	1168	81387	7905
Denmark Danemark	1992	11	1490	289	205	7838	1520
Estonia Estonie	1994	196	...	...	470	...	...
Faeroe Islands Iles Féroé	1992	7	6	128	...	...	...
Finland [7] Finlande [7]	1994	171	1095	215	5711	...	...
France France	1991	227	3068	54	2672	120018	2106
Germany † Allemagne †	1992	35	5322	66	9010	395036	4916
Gibraltar Gibraltar	1992	*5	*6	*221	...	...	...
Holy See Saint-Siège	1992	...	...	...	48	102	...
Hungary Hongrie	1991	279	4603	446	1203	14927	1447
Iceland Islande	1994	77	...	...	938	...	...

18
Non-daily newspapers and periodicals [cont.]
Journaux non quotidiens et périodiques [suite]

Country or area Pays ou zone	Year Année	Non-daily newspapers Journaux non quotidiens				Periodicals Périodiques		
		Number Nombre	Circulation Diffusion Total (000)	Per 1000 inhabitants Pour 1000 habitants	Number Nombre	Circulation Diffusion Total (000)	Per 1000 inhabitants Pour 1000 habitants
Italy Italie	1994	231	1428	25	9951	80469	1408
Latvia Lettonie	1994	235	2683	1039	213	1660	643
Liechtenstein Liechtenstein	1991	3	3	97	...	...	...
Lithuania Lituanie	1994	429	3200	863	269	...	...
Luxembourg Luxembourg	1990	...	...	...	508	...	...
Malta Malte	1992	8	...	...	359	...	...
Monaco Monaco	1992	...	...	...	3	38	1226
Netherlands Pays–Bas	1990	...	...	...	367	19283	1290
Norway Norvège	1994	69	366	85	8017	...	...
Poland Pologne	1994	48	1880	49	3999	77735	2027
Portugal Portugal	1994	*175	*3729	*379	984	10208	1038
Republic of Moldova République de Moldova	1994	157	1195	270	76	196	44
Romania [3] Roumanie [3]	1993	24	*812	*35	987	...	...
Russian Federation Fédération de Russie	1992	4498	86677	585	2592	918218	6201
San Marino Saint–Marin	1992	8	13	520	17	11	440
Slovakia Slovaquie	1992	262	2091	395	424	8725	1648
Slovenia Slovénie	1994	163	...	...	784	...	...
Sweden [8] Suède [8]	1994	71	459	53	4272	...	...
Switzerland [9] Suisse [9]	1994	138	1281	180	60	4561	640
TFYR Macedonia [1] L'ex–R.y. Macédoine [1]	1991	*112	...	...	*74	*347	*168
Ukraine Ukraine	1992	1605	18194	352	321	3491	68
Yugoslavia Yougoslavie	1994	514	...	...	395	...	...
Oceania · Océanie							
American Samoa Samoa américaines	1992	2	4	86	...	...	...
Niue Nioué	1992	1	2	950	8	5.4	3
Norfolk Island Ile Norfolk	1992	1	1	...	...	...	...
Tuvalu Tuvalu	1992	1	0.3	33	...	...	...
Vanuatu Vanuatu	1992	1	2	11	...	...	...

18
Non-daily newspapers and periodicals [cont.]
Journaux non quotidiens et périodiques [suite]

Source:
United Nations Educational, Scientific and Cultural Organization (Paris).

† For information on recent changes in country or area nomenclature pertaining to former Czechoslovakia, Germany, Hong Kong Special Administrative Region (SAR) of China, SFR Yugoslavia and former USSR, see Annex I – Country or area nomenclature, regional and other groupings.

†† For statistical purposes, the data for China do not include those for the Hong Kong Special Administrative Region (Hong Kong SAR) and Taiwan province of China.

1 Data on periodicals refer only to periodicals for the general public.
2 Data on periodicals refer to 1992.
3 Data on non–dailies refer to 1989.
4 Data on non–dailies include daily newspapers.
5 Data on non–dailies include periodicals.
6 Data on non–daily newspapers include regional editions and data on periodicals refer to 1992.
7 Data on periodicals refer to 1990.
8 Data on periodicals refer to 1993 and to periodicals for the general public only.
9 Data on non–dailies refer only to newspapers purchased and do not include satellites publications. Figures on periodicals refer to periodicals for the general public only.

Source:
Organisation des Nations Unies pour l'éducation, la science et la culture (Paris).

† Pour les modifications récentes de nomenclature de pays ou de zone concernant l'Allemagne, Hong–Kong (Région administrative spéciale de Chine), l'ex–Tchécoslovaquie, l'ex–URSS, Rfs de Yougoslavie, voir annexe I – Nomenclature des pays ou des zones, groupements régionaux et autres groupments.

†† Les données statistiques relatives à la Chine ne comprennent pas celles qui concernent la région administrative spéciale de Hong–Kong (la RAS de Hong–Kong) et la province chinoise de Taiwan.

1 Les données relatives aux périodiques se réfèrent seulement aux périodiques destinés au grand public.
2 Les données relatives aux périodiques se réfèrent à 1992.
3 Les données pour les non–quotidiens se réfèrent à 1989.
4 Les données relatives aux non–quotidiens comprennent les quotidiens.
5 Les données relatives aux non–quotidiens comprennent les periodiques.
6 Les données relatives aux journaux non–quotidiens comprennent les éditions régionales et les données relatives aux périodiques se réfèrent à 1992.
7 Les données relatives aux périodiques se réfèrent à 1990.
8 Les données relatives aux périodiques se réfèrent à 1993 et aux périodiques destinés au grand public seulement.
9 Les données relatives aux non–quotidiens se réfèrent seulement aux journaux payants et n'incluent pas les éditions satellites. Les chiffres pour les périodiques se réfèrent aux périodiques destinés au grand public suelement.

19 Television and radio receivers
Postes récepteurs de télévision et de radio

Country or area / Pays ou zone	Code[1]	Number (000) Nombre (000) 1980	1985	1990	1994	Per 1000 inhabitants Pour 1000 habitants 1980	1985	1990	1994
Africa • Afrique									
Algeria / Algérie	T	975	1500	1840	2150	52	69	74	79
	R	3700	4800	5810	6450	197	219	233	236
Angola / Angola	T	30	37	57	70	4	5	6	7
	R	145	217	260	320	21	27	28	30
Benin / Bénin	T	5	15	23	29	1	4	5	6
	R	230	300	415	480	66	75	90	91
Botswana / Botswana	T	–	–	20	24	–	–	16	17
	R	75	115	150	180	83	107	118	125
Burkina Faso / Burkina Faso	T	20	37	48	55	3	5	5	6
	R	125	150	235	280	18	19	26	28
Burundi / Burundi	T	–	0	5	9	–	0	1	2
	R	160	250	320	400	39	53	58	64
Cameroon / Cameroun	T	–	–	270	309	–	–	23	24
	R	760	1200	1650	1900	88	120	143	148
Cape Verde / Cap–Vert	T	–	–	1	1	–	–	3	3
	R	41	50	59	67	142	161	173	176
Central African Rep. / Rép. centrafricaine	T	1	5	13	16	0	2	4	5
	R	120	150	200	235	52	58	68	73
Chad / Tchad	T	–	–	7	9	–	–	1	1
	R	750	1150	1350	1520	168	229	243	246
Comoros / Comores	T	–	–	0	0	–	–	0	0
	R	46	56	69	81	120	123	127	129
Congo / Congo	T	4	5	13	18	2	3	6	7
	R	100	138	250	290	60	72	112	115
Côte d'Ivoire / Côte d'Ivoire	T	310	500	703	822	38	50	59	60
	R	1000	1300	1700	1975	122	131	142	143
Democratic Republic of the Congo / République démocratique du Congo	T	10	13	40	63	0	0	1	2
	R	1500	2800	3600	4150	56	88	96	98
Djibouti / Djibouti	T	5	12	22	25	18	31	43	44
	R	21	30	41	46	75	77	79	81
Egypt / Egypte	T	1400	3860	5700	6700	32	78	101	109
	R	6000	12000	17000	18950	137	241	302	307
Equatorial Guinea / Guinée équatoriale	T	1	2	3	4	5	7	9	10
	R	87	128	147	165	401	410	418	424
Eritrea / Erythreé	T	...	...	...	1	...	...	...	0
	R	...	...	...	300	...	...	...	87
Ethiopia / Ethiopie	T	30	70	180	230	1	2	4	4
	R	3000	8000	9300	10550	82	194	196	197
Gabon / Gabon	T	9	22	43	49	12	22	38	38
	R	105	132	165	189	130	134	144	147
Gambia / Gambie	T	–	–	–	3	–	–	–	3
	R	73	105	148	176	114	141	160	163
Ghana / Ghana	T	57	150	246	1500	5	12	16	89
	R	1700	2500	3423	3880	158	195	228	229
Guinea / Guinée	T	6	8	40	50	1	2	7	8
	R	135	180	240	280	30	36	42	43
Guinea–Bissau / Guinée–Bissau	R	25	30	38	42	31	34	39	40
Kenya / Kenya	T	62	100	225	295	4	5	10	11
	R	650	1600	2000	2400	39	80	85	88
Lesotho / Lesotho	T	–	1	10	20	–	0	6	10
	R	33	44	56	65	25	28	31	33
Liberia / Libéria	T	21	35	47	55	11	16	18	19
	R	335	475	580	670	179	216	225	228
Libyan Arab Jamahiriya / Jamah. arabe libyenne	T	186	235	435	525	61	62	96	100
	R	200	800	1020	1180	66	211	224	226
Madagascar / Madagascar	T	45	100	240	280	5	9	19	20
	R	1600	1950	2400	2740	177	183	191	192
Malawi / Malawi	R	260	1500	2000	2450	42	207	214	226
Mali / Mali	T	–	1	10	14	–	0	1	1
	R	105	250	400	465	15	32	43	44
Mauritania / Mauritanie	T	–	1	45	55	–	0	22	25
	R	150	250	291	327	97	142	145	147

19
Television and radio receivers [cont.]
Postes récepteurs de télévision et de radio [suite]

Country or area Pays ou zone	Code[1]	Number (000) Nombre (000) 1980	1985	1990	1994	Per 1000 inhabitants Pour 1000 habitants 1980	1985	1990	1994
Mauritius	T	92	140	233	245	95	138	220	222
Maurice	R	260	335	385	405	269	330	364	367
Morocco	T	890	1370	1850	2100	46	63	76	79
Maroc	R	3000	3850	5250	5800	155	176	216	219
Mozambique	T	2	7	40	55	0	1	3	4
Mozambique	R	254	450	525	580	21	33	37	37
Namibia	T	5	16	30	34	5	14	22	23
Namibie	R	...	150	180	208	...	127	133	139
Niger	T	5	12	35	44	1	2	5	5
Niger	R	250	300	460	540	45	45	60	61
Nigeria	T	550	1000	3500	4150	8	12	36	38
Nigéria	R	7000	14500	18700	21300	97	175	194	196
Réunion	T	81	89	98	106	160	161	162	165
Réunion	R	100	122	145	158	198	222	240	245
Rwanda Rwanda	R	175	335	450	520	34	55	64	67
Saint Helena	T	–	–	–	1	–	–	–	167
Sainte-Hélène	R	1	2	2	2	280	313	383	387
Sao Tome and Principe	T	–	–	–	21	–	–	–	162
Sao Tomé-et-Principe	R	23	27	32	35	245	255	269	270
Senegal	T	8	200	265	297	1	31	36	37
Sénégal	R	360	700	830	945	65	110	113	117
Seychelles	T	–	2	6	6	–	31	86	88
Seychelles	R	21	25	32	35	333	385	457	490
Sierra Leone	T	20	30	42	48	6	8	11	11
Sierra Leone	R	450	775	925	1025	139	216	231	233
Somalia	T	–	1	105	120	–	0	12	13
Somalie	R	112	200	320	375	17	25	37	41
South Africa	T	2010	3000	3700	4100	69	91	100	101
Afrique du Sud	R	8000	10000	11450	12750	274	303	309	314
Sudan	T	800	1100	1800	2180	43	51	73	80
Soudan	R	3500	5375	6280	7050	187	250	255	258
Swaziland	T	1	8	14	17	2	12	19	20
Swaziland	R	81	101	120	136	145	156	161	163
Togo	T	10	15	22	30	4	5	6	8
Togo	R	530	630	740	850	203	208	210	212
Tunisia	T	300	400	625	710	47	55	77	81
Tunisie	R	1000	1185	1550	1740	157	163	192	199
Uganda	T	72	90	180	230	6	6	10	11
Ouganda	R	400	1250	1900	2210	30	83	106	107
United Rep. of Tanzania	T	7	8	40	60	0	0	2	2
Rép.-Unie de Tanzanie	R	290	365	600	740	16	17	23	26
Western Sahara	T	2	4	5	6	18	20	20	21
Sahara occidental	R	22	33	42	50	169	179	182	184
Zambia	T	60	90	210	245	10	13	26	27
Zambie	R	135	500	650	760	24	73	80	83
Zimbabwe	T	73	178	260	297	10	21	26	27
Zimbabwe	R	240	500	832	945	34	60	84	86

America, North • Amérique du Nord

Anguilla Anguilla	R	...	...	2	3	...	...	307	315
Antigua and Barbuda	T	16	19	23	24	262	306	359	370
Antigua-et-Barbuda	R	17	21	26	28	279	339	406	427
Aruba	T	...	...	...	19	...	...	...	277
Aruba	R	...	...	...	40	...	...	...	581
Bahamas	T	31	51	57	61	148	218	223	226
Bahamas	R	102	120	137	200	486	513	535	735
Barbados	T	52	60	70	73	209	237	272	279
Barbade	R	135	200	225	229	542	791	875	877
Belize	T	–	–	31	35	–	–	164	167
Belize	R	71	88	109	122	486	530	577	581
Bermuda	T	30	45	56	58	556	804	918	924
Bermudes	R	60	68	77	80	1111	1214	1254	1270
British Virgin Islands	T	2	3	3	4	167	201	204	213
Iles Vierges brit.	R	6	7	8	9	458	486	470	474

19
Television and radio receivers [cont.]
Postes récepteurs de télévision et de radio [suite]

Country or area / Pays ou zone	Code[1]	Number (000) / Nombre (000) 1980	1985	1990	1994	Per 1000 inhabitants / Pour 1000 habitants 1980	1985	1990	1994
Canada	T	10617	14028	17019	19973	432	541	612	685
Canada	R	17734	23237	28461	30640	721	896	1024	1051
Cayman Islands	T	2	4	5	6	106	190	200	200
Iles Caïmanes	R	12	19	25	29	706	910	962	967
Costa Rica	T	155	200	420	475	68	76	138	142
Costa Rica	R	190	650	781	870	83	246	257	260
Cuba	T	1273	1940	1770	1870	131	192	167	171
Cuba	R	2914	3282	3650	3800	300	325	344	347
Dominica	T	–	–	5	5	–	–	70	75
Dominica	R	31	38	42	43	419	528	592	600
Dominican Republic	T	400	500	600	695	70	78	84	90
République dominicaine	R	900	1020	1210	1330	158	160	170	173
El Salvador	T	300	350	600	2500	66	74	116	443
El Salvador	R	1550	1900	2125	2500	343	401	411	443
Greenland	T	4	7	11	12	70	132	196	203
Groënland	R	15	19	23	24	300	358	402	407
Grenada	T	–	–	30	31	–	–	330	337
Grenade	R	35	45	54	55	393	500	588	595
Guadeloupe	T	37	77	102	111	113	217	261	262
Guadeloupe	R	50	80	89	96	153	225	227	228
Guatemala	T	175	207	475	545	25	26	52	53
Guatemala	R	350	450	600	700	51	57	65	68
Haiti	T	16	21	30	34	3	4	5	5
Haïti	R	105	140	290	350	20	24	45	50
Honduras	T	65	280	370	428	18	67	76	78
Honduras	R	500	1600	1980	2240	140	382	406	408
Jamaica	T	170	215	310	345	80	93	131	142
Jamaïque	R	800	920	1010	1060	375	398	427	436
Martinique	T	38	44	48	51	117	129	133	137
Martinique	R	62	67	72	76	190	196	200	203
Mexico	T	3820	8500	12350	15000	57	113	146	163
Mexique	R	9000	15000	21500	23500	134	199	254	256
Montserrat	T	–	–	2	2	–	–	148	150
Montserrat	R	6	6	6	6	458	545	573	582
Netherlands Antilles	T	43	58	63	66	247	319	332	334
Antilles néerlandaises	R	175	190	202	211	1006	1044	1065	1069
Nicaragua	T	160	190	240	285	57	59	65	67
Nicaragua	R	670	802	955	1120	239	248	260	262
Panama	T	225	350	400	440	115	162	167	170
Panama	R	300	400	540	586	154	185	225	227
Puerto Rico	T	725	850	930	973	226	253	263	267
Porto Rico	R	2000	2300	2505	2600	624	683	709	713
Saint Kitts and Nevis	T	4	5	9	9	91	116	202	213
Saint–Kitts–et–Nevis	R	...	21	27	27	...	488	643	666
Saint Lucia	T	9	17	25	27	80	135	188	189
Sainte–Lucie	R	81	92	100	107	704	738	752	764
Saint Pierre and Miquelon	T	3	4	4	4	533	600	650	655
Saint–Pierre–et–Miquelon	R	4	4	4	4	583	633	696	702
Saint Vincent and Grenadines	T	5	6	15	16	53	59	140	147
Saint–Vincent–et–Grenadines	R	42	55	70	74	429	539	654	667
Trinidad and Tobago	T	210	320	387	410	194	276	313	317
Trinité–et–Tobago	R	300	500	600	635	277	431	485	491
Turks and Caicos Is.									
Iles Turques et Caïques	R	4	5	6	7	506	510	512	514
United States	T	155800	190000	203000	213000	684	797	812	817
Etats–Unis	R	454500	500000	529440	553000	1996	2097	2118	2122
US Virgin Islands	T	50	59	64	66	515	596	630	636
Iles Vierges américaines	R	82	93	101	105	845	939	990	1005
America, South • Amérique du Sud									
Argentina	T	5140	6500	7100	7500	183	214	218	219
Argentine	R	12000	18000	21800	23000	427	594	670	673
Bolivia	T	300	420	730	820	56	71	111	113
Bolivie	R	2800	3675	4380	4850	523	623	666	670
Brazil	T	15000	25000	30800	33200	124	185	207	209
Brésil	R	38000	49000	57000	62500	313	363	384	393

19
Television and radio receivers [cont.]
Postes récepteurs de télévision et de radio [suite]

Country or area Pays ou zone	Code[1]	Number (000) Nombre (000) 1980	1985	1990	1994	Per 1000 inhabitants Pour 1000 habitants 1980	1985	1990	1994
Chile	T	1225	1750	2700	2960	110	145	205	211
Chili	R	3250	4000	4500	4850	292	331	342	345
Colombia	T	2250	2750	3600	4070	85	93	111	118
Colombie	R	3300	4000	5600	6150	124	136	173	178
Ecuador	T	500	600	880	990	63	66	86	88
Equateur	R	2425	2850	3330	3670	305	313	324	327
Falkland Islands (Malvinas) Iles Falkland (Malvinas)	R	1	1	1	1	400	500	500	504
French Guiana	T	13	17	21	25	191	184	175	181
Guyane française	R	30	59	75	90	441	643	644	645
Guyana	T	–	–	28	33	–	–	35	39
Guyana	R	310	355	387	405	408	449	486	491
Paraguay	T	68	85	300	400	22	23	69	83
Paraguay	R	350	600	730	830	112	162	169	172
Peru	T	895	1500	2080	2310	52	77	96	99
Pérou	R	2750	4000	5420	5950	159	205	251	255
Suriname	T	40	45	55	59	113	119	138	141
Suriname	R	189	230	265	285	532	610	663	680
Uruguay	T	368	500	710	735	126	166	229	232
Uruguay	R	1630	1760	1865	1920	559	585	603	606
Venezuela	T	1710	2250	3100	3500	113	131	159	164
Venezuela	R	5900	7000	8600	9480	391	408	441	443
Asia • Asie									
Afghanistan	T	45	100	137	185	3	7	9	10
Afghanistan	R	1200	1450	1720	2230	75	100	114	118
Armenia	T								
Arménie	R	...	...	...	800	...	...	...	225
Bahrain	T	90	170	208	236	259	411	424	430
Bahreïn	R	125	210	269	305	360	507	549	556
Bangladesh	T	80	261	525	685	1	3	5	6
Bangladesh	R	1500	4000	4855	5500	17	41	45	47
Bhutan Bhoutan	R	7	18	24	28	6	13	16	17
Brunei Darussalam	T	26	45	60	68	135	199	233	241
Brunéi Darussalam	R	41	55	68	76	212	243	265	271
Cambodia	T	35	52	68	80	5	7	8	8
Cambodge	R	600	800	942	1080	92	106	107	108
China ††	T	9020	69650	150000	227880	9	65	130	189
Chine	R	55000	120000	209500	222000	55	112	181	184
China, Hong Kong SAR †	T	1114	1275	1550	1700	221	234	272	291
Chine, Hong-Kong RAS †	R	2550	3250	3800	3950	506	596	666	677
Cyprus	T	85	92	215	235	135	138	306	320
Chypre	R	162	190	205	220	258	286	292	300
East Timor Timor oriental	R	4	5	6	6	7	7	7	8
Georgia	T	...	...	...	2500	...	...	...	459
Georgie	R	...	...	...	3000	...	...	...	550
India	T	3000	10000	27000	37000	4	13	32	40
Inde	R	26000	50000	67000	74000	38	65	79	81
Indonesia	T	3000	6438	10500	12000	20	38	57	62
Indonésie	R	15000	21500	26500	28800	99	128	145	148
Iran, Islamic Rep. of	T	2000	2600	3620	4076	51	53	61	62
Iran, Rép. islamique d'	R	6400	10000	13428	15550	163	204	228	237
Iraq	T	650	900	1300	1500	50	59	72	75
Iraq	R	2100	3000	3880	4335	161	196	215	218
Israel	T	900	1100	1245	1500	232	260	267	275
Israël	R	950	1800	2180	2610	245	425	468	478
Japan	T	62976	70000	75500	85000	539	579	611	681
Japon	R	79200	95000	111000	113800	678	786	899	912
Jordan	T	172	240	315	395	59	63	74	76
Jordanie	R	550	791	1015	1265	188	206	238	243
Kazakhstan	T	...	...	...	4250	...	...	...	250
Kazakhstan	R	...	...	...	6400	...	...	...	376
Korea, Dem.People's Rep.	T	130	200	330	1000	7	10	15	43
Corée, Rép. pop. dém. de	R	1500	2000	2600	2950	82	101	119	126

19
Television and radio receivers [cont.]
Postes récepteurs de télévision et de radio [suite]

Country or area / Pays ou zone	Code[1]	Number (000) Nombre (000) 1980	1985	1990	1994	Per 1000 inhabitants Pour 1000 habitants 1980	1985	1990	1994
Korea, Republic of	T	6300	7721	9000	14408	165	189	210	323
Corée, République de	R	20000	38605	43350	45300	525	946	1011	1017
Kuwait	T	353	450	575	620	257	262	268	380
Koweït	R	390	535	700	726	284	311	327	445
Lao People's Dem. Rep.	T	–	–	22	40	–	–	5	8
République dém. pop. lao	R	350	430	520	600	109	120	124	127
Lebanon	T	750	800	880	1050	281	300	344	360
Liban	R	2000	2050	2255	2590	749	768	883	889
Macau	T	–	–	30	40	–	–	88	101
Macao	R	80	98	120	140	331	345	351	352
Malaysia	T	1200	1800	2640	3100	87	115	148	157
Malaisie	R	5650	6600	7680	8500	411	421	429	432
Maldives	T	1	3	5	6	7	17	24	25
Maldives	R	7	19	25	29	44	103	116	118
Mongolia	T	6	45	85	100	3	24	39	42
Mongolie	R	160	200	289	322	96	105	133	136
Myanmar	T	1	20	101	226	0	1	2	5
Myanmar	R	774	2500	3400	3750	23	67	81	82
Nepal	T	–	20	35	100	–	1	2	5
Népal	R	300	450	650	745	20	27	34	35
Oman	T	35	900	1130	1375	32	644	645	662
Oman	R	300	800	1010	1210	272	573	577	583
Pakistan	T	938	1304	1989	2600	11	13	16	19
Pakistan	R	5500	8500	10650	12000	64	83	87	88
Philippines	T	1050	1500	2700	3200	22	27	44	48
Philippines	R	2100	5000	8600	9500	43	91	141	144
Qatar	T	76	120	190	215	331	335	392	398
Qatar	R	90	150	206	231	393	419	425	428
Saudi Arabia	T	2100	3080	3950	4455	219	243	246	255
Arabie saoudite	R	2500	3545	4655	5125	260	280	290	294
Singapore	T	750	850	1020	1100	311	332	377	390
Singapour	R	900	1550	1720	1820	373	606	636	645
Sri Lanka	T	35	450	600	900	2	28	35	50
Sri Lanka	R	1454	2551	3400	3650	98	158	197	201
Syrian Arab Republic	T	385	600	740	880	44	58	60	62
Rép. arabe syrienne	R	1700	2200	3150	3640	195	213	255	257
Thailand	T	1000	4122	5900	6800	21	81	106	117
Thaïlande	R	6550	8000	10300	11050	140	156	185	190
Turkey	T	3500	8000	9750	11000	79	159	174	181
Turquie	R	5000	7000	9000	9850	113	139	160	162
Turkmenistan	T	...	...	...	720	...	...	...	180
Turqmenistan	R								
United Arab Emirates	T	89	130	172	200	88	94	103	107
Emirats arabes unis	R	240	380	515	580	236	276	308	312
Uzbekistan	T	...	...	...	4250	...	...	...	190
Ouzbekistan	R	...	...	...	1800	...	...	...	81
Viet Nam	T	...	2000	2600	3100	...	33	39	43
Viet Nam	R	5000	6000	6900	7600	93	100	103	104
Yemen	T	...	...	300	390	...	...	27	28
Yémen	R	...	...	310	450	...	...	27	32
Europe • Europe									
Albania	T	96	232	280	310	36	78	85	91
Albanie	R	400	493	570	650	150	166	173	190
Andorra	T	4	6	8	24	118	136	154	367
Andorre	R	7	9	11	14	200	200	205	211
Austria	T	2950	3260	3650	3800	391	431	474	480
Autriche	R	3830	4180	4755	4900	507	553	617	619
Belarus	T	2100	2500	2750	2300	218	251	269	226
Bélarus	R	2145	2450	2595	2900	223	246	254	285
Belgium	T	3815	3950	4450	4565	387	401	447	453
Belgique	R	7200	7450	7660	7800	731	756	770	774
Bosnia & Herzegovina									
Bosnie–et–Herzégovine	R	...	...	...	800	...	...	...	227
Bulgaria	T	2150	2220	2900	3200	243	248	323	363
Bulgarie	R	3500	3750	3950	4000	395	419	439	454

19
Television and radio receivers [cont.]
Postes récepteurs de télévision et de radio [suite]

Country or area / Pays ou zone	Code [1]	Number (000) / Nombre (000) 1980	1985	1990	1994	Per 1000 inhabitants / Pour 1000 habitants 1980	1985	1990	1994
Croatia	T	940	976	1027	1138	215	218	227	253
Croatie	R	1050	1075	1088	1174	240	240	241	261
Czech Republic	T	...	...	...	4920	...	...	...	478
République Tchèque	R	4	4400	5500	6500	0	427	534	631
Denmark	T	2550	2675	2750	2790	498	523	535	539
Danemark	R	4750	4875	5250	5360	927	953	1021	1036
Estonia	T	...	...	...	565	...	...	...	367
Estonie	R	...	...	...	720	...	...	...	467
Finland	T	1980	2300	2470	2600	414	469	495	511
Finlande	R	4000	4830	4960	5100	837	985	995	1003
France	T	19000	21500	22800	34100	353	390	402	591
France	R	39900	48000	50370	51450	741	870	888	891
Germany †	T	...	...	44000	45500	...	...	554	560
Allemagne †	R	...	...	69650	76000	...	...	878	935
Gibraltar	T	7	8	10	10	240	282	349	351
Gibraltar	R	33	34	36	36	1124	1199	1289	1296
Greece	T	1650	1896	1970	2150	171	191	192	206
Grèce	R	3310	4000	4250	4350	343	403	415	418
Hungary	T	3320	4250	4330	4360	310	402	418	429
Hongrie	R	5340	6144	6275	6350	499	581	605	625
Iceland	T	65	75	83	93	285	311	325	350
Islande	R	162	185	200	211	711	768	784	793
Ireland	T	785	910	1025	1070	231	256	293	302
Irlande	R	1275	2050	2170	2250	375	577	619	636
Italy	T	22000	23600	24200	25000	390	416	424	437
Italie	R	34000	37000	45500	45850	602	652	798	802
Latvia	T	...	...	...	1200	...	...	...	465
Lettonie	R	...	...	...	1710	...	...	...	662
Liechtenstein	T	7	9	10	10	280	322	332	337
Liechtenstein	R	13	18	19	21	520	648	655	661
Lithuania	T	...	...	...	1430	...	...	...	386
Lituanie	R	...	...	...	1435	...	...	...	387
Luxembourg	T	90	92	141	150	247	251	370	374
Luxembourg	R	200	229	240	255	549	624	630	636
Malta	T	202	235	262	272	623	683	740	747
Malte	R	165	178	186	193	509	517	525	530
Monaco	T	17	19	22	24	630	679	735	741
Monaco	R	26	28	30	33	967	1007	1012	1016
Netherlands	T	5650	6700	7200	7600	399	462	482	494
Pays-Bas	R	9200	12000	13550	14000	650	828	906	909
Norway	T	1430	1640	1790	1850	350	395	422	428
Norvège	R	2700	3230	3370	3450	661	778	794	799
Poland	T	8750	10400	11640	11800	246	280	305	308
Pologne	R	10615	12250	16500	16900	298	329	433	441
Portugal	T	1540	1765	2950	3160	158	178	299	321
Portugal	R	1660	2000	2240	2290	170	202	227	233
Republic of Moldova	T	...	...	...	1200	...	...	...	271
Rép. de Moldova	R	...	...	...	3000	...	...	...	679
Romania	T	4085	4375	4520	4600	184	193	195	201
Roumanie	R	3930	4100	4600	4680	177	180	198	204
Russian Federation	T	...	...	53978	55500	...	...	365	377
Fédération de Russie	R	...	...	49700	50000	...	...	336	339
San Marino	T	6	7	8	9	300	314	350	352
Saint-Marin	R	10	12	14	15	476	527	587	592
Slovakia	T	...	...	...	2530	...	...	...	474
Slovaquie	R	...	...	...	3030	...	...	...	568
Slovenia	T	460	500	550	622	251	266	287	320
Slovénie	R	500	650	700	735	273	346	365	378
Spain	T	9505	10400	15500	15900	253	270	395	402
Espagne	R	9700	11300	12000	12350	258	294	306	312
Sweden	T	3830	3875	4000	4150	461	464	467	475
Suède	R	7000	7250	7500	7680	842	868	876	879
Switzerland	T	2300	2550	2725	2967	364	390	399	416
Suisse	R	5140	5426	5682	6000	813	830	831	841
TFYR of Macedonia	T	262	310	335	355	146	161	164	166
L'ex-R.y. de Macédoine	R	...	...	367	390	...	...	179	182

19
Television and radio receivers [cont.]
Postes récepteurs de télévision et de radio [suite]

Country or area Pays ou zone	Code[1]	Number (000) Nombre (000) 1980	1985	1990	1994	Per 1000 inhabitants Pour 1000 habitants 1980	1985	1990	1994
Ukraine	T	12722	15190	16950	17520	255	298	328	340
Ukraine	R	28941	36434	41000	41800	579	716	794	812
United Kingdom	T	22600	24500	24900	25500	401	433	434	439
Royaume–Uni	R	53500	57000	80000	83000	950	1007	1393	1429
Yugoslavia	T	1620	1710	1800	1930	170	174	177	179
Yougoslavie	R	1930	2020	...	...	203	205	...	...
Oceania • Océanie									
American Samoa	T	6	7	10	12	173	179	211	221
Samoa américaines	R	31	38	47	53	969	974	1003	1008
Australia	T	5600	7000	8200	8730	384	448	486	489
Australie	R	16000	19500	21600	23050	1098	1247	1279	1291
Cook Islands	T	–	–	3	3	–	–	167	179
Iles Cook	R	8	10	12	13	417	612	678	700
Fiji	T	–	–	11	13	–	–	15	17
Fidji	R	300	370	430	468	473	529	592	607
French Polynesia	T	18	27	33	37	121	155	170	172
Polynésie française	R	78	93	108	119	517	532	546	553
Guam	T	63	76	88	97	589	633	657	660
Guam	R	100	150	185	206	935	1250	1381	1401
Kiribati									
Kiribati	R	12	13	15	16	193	195	203	209
Nauru									
Nauru	R	4	5	6	6	557	569	572	577
New Caledonia	T	25	40	45	48	175	258	268	270
Nouvelle–Calédonie	R	69	80	94	100	479	516	560	562
New Zealand	T	1035	1397	1500	1800	332	430	446	510
Nouvelle–zélande	R	2755	2950	3130	3500	885	909	931	991
Niue									
Nioué	R	1	1	1	1	317	358	558	563
Papua New Guinea	T	–	–	9	12	–	–	2	3
Papouasie–Nouv.–Guinée	R	180	230	280	320	58	67	73	76
Samoa	T	3	5	6	7	16	31	38	39
Samoa	R	32	68	74	78	201	425	454	462
Solomon Islands	T	–	–	–	2	–	–	–	6
Iles Salomon	R	20	27	38	45	88	100	119	122
Tokelau									
Tokélaou	R	...	1	1	1	...	425	525	605
Tonga	T	–	–	–	2	–	–	–	16
Tonga	R	20	30	53	55	217	330	552	561
Tuvalu									
Tuvalu	R	2	2	3	3	206	238	304	310
Vanuatu	T	–	–	1	2	–	–	9	13
Vanuatu	R	23	36	43	49	197	269	285	294

Source:
United Nations Educational, Scientific and Cultural Organization (Paris).

† For information on recent changes in country or area nomenclature pertaining to former Czechoslovakia, Germany, Hong Kong Special Administrative Region (SAR) of China, SFR Yugoslavia and former USSR, see Annex I – Country or area nomenclature, regional and other groupings.

†† For statistical purposes, the data for China do not include those for the Hong Kong Special Administrative Region (Hong Kong SAR) and Taiwan province of China.

1 T: Estimated number of television receivers in use.
  R: Estimated number of radio receivers in use.

Source:
Organisation des Nations Unies pour l'éducation, la science et la culture (Paris).

† Pour les modifications récentes de nomenclature de pays ou de zone concernant l'Allemagne, Hong–Kong (Région administrative spéciale de Chine), l'ex–Tchécoslovaquie, l'ex–URSS, Rfs de Yougoslavie, voir annexe I – Nomenclature des pays ou des zones, groupements régionaux et autres groupments.

†† Les données statistiques relatives à la Chine ne comprennent pas celles qui concernent la région administrative spéciale de Hong–Kong (la RAS de Hong–Kong) et la province chinoise de Taiwan.

1 T: Estimation du nombre de récepteurs de télévision en service.
  R: Estimation du nombre de récepteurs de radio en service.

20
Telefax stations and mobile cellular telephone subscribers
Postes de télécopie et abonnés au téléphone mobile cellulaire

Country or area / Pays ou zone	Telefax stations / Postes de télécopie 1991	1992	1993	1994	1995	Mobile cellular telephone subscribers / Abonnés au téléphone mobile cellulaire 1991	1992	1993	1994	1995
Africa · Afrique										
Algeria / Algérie	...	* 5000	* 5500	* 4138	* 5200	4781	4781	4781	1348	4691
Angola / Angola	...	...	...	...	...	...	...	1100	...	1994
Benin / Bénin	184	* 300	500	600	800	...	...	...	...	1050
Botswana [1] / Botswana [1]	* 1100	* 1300	* 1700	* 2100	* 3149	...	...	...	...	...
Burundi / Burundi	...	...	78	...	...	...	...	320	343	...
Cameroon / Cameroun	...	...	...	...	...	...	...	...	1600	2800
Cape Verde / Cap–Vert	300	...	...	400	500	...	...	...	...	...
Central African Rep. / Rép. centrafricaine	32[2]	52[2]	78[2]	103[2]	174[2]	...	...	...	...	79
Chad / Tchad	93	117	127	140	174	...	...	...	...	...
Comoros / Comores	57	76	98	...	...	...	...	...	...	...
Congo / Congo	...	110	...	...	...	...	...	...	...	...
Dem. Rep. of the Congo / Rép. dém. du Congo	...	...	...	...	* 5000	...	...	...	...	* 10000
Djibouti / Djibouti	128	124	120	93	94	...	...	...	...	...
Egypt [3] / Egypte [3]	11695	13638	17608	21591	...	...	4913	6877	7371	7368
Equatorial Guinea / Guinée équatoriale	...	...	50	100	100	...	...	...	...	...
Eritrea / Erythrée	...	126	313	505	777	...	...	...	...	...
Ethiopia [3] / Ethiopie [3]	261[4]	520	762	1057	1445	...	...	...	...	...
Gabon / Gabon	...	...	...	...	360	...	280	1200	2581	4000
Gambia [1] / Gambie [1]	361	365	651	700	1030	...	204	457	812	1442
Ghana / Ghana	2677	3817	4000	4500	...	...	400	1742	3336	6200
Guinea / Guinée	800	...	...	26	150	...	...	42	812	950
Guinea–Bissau / Guinée–Bissau	...	300	380	480	500	...	...	...	...	...
Kenya [3] / Kenya [3]	* 2500	* 3000	* 3100	* 3500	* 3800	...	1100	1162	1990	2279
Lesotho [1] / Lesotho [1]	283	338	447	...	569	...	...	...	...	...
Malawi / Malawi	411	680	915	924	1086	...	...	...	...	382
Maldives / Maldives	...	...	...	480	3500	...	...	...	...	...
Mauritania / Mauritanie	...	...	...	...	302	...	...	...	...	...
Mauritius / Maurice	1278	1559	16000[5]	18000	20000	* 2500	2912	4037	5706	11735
Morocco / Maroc	...	* 5000	* 7500	...	...	1500	3217	6725	13794	29511
Mozambique / Mozambique	1004	1237	2000	7182	...	...	...	...	...	...
Namibia [6] / Namibie [6]	...	...	...	...	...	...	...	...	...	3500
Niger / Niger	207	268	309	333	327	...	...	...	...	...

20 Telefax stations and mobile cellular telephone subscribers [cont.]
Postes de télécopie et abonnés au téléphone mobile cellulaire [suite]

Country or area / Pays ou zone	Telefax stations 1991	1992	1993	1994	1995	Mobile cellular 1991	1992	1993	1994	1995
Nigeria / Nigéria	...	...	...	...	...	...	...	9049	12800	13000
Reunion / Réunion	1906	...	...	...	...	2735	...	...	...	...
Rwanda	321	481	...	...	...	...	...	...	...	...
Sao Tome and Principe / Sao Tomé–et–Principe	31	91	127	145	170	...	...	...	...	...
Senegal / Sénégal	...	...	...	...	...	...	...	...	98	122
Seychelles [1]	347	439	502	552	609	...	...	...	...	326
Sierra Leone	48	152	498	800	1000	...	...	...	...	...
South Africa [1] / Afrique du Sud [1]	...	* 50000	* 60000	* 75000	...	7100	12510	40000	340000	535000
Sudan / Soudan	258	...	...	5000	5800	...	...	...	...	...
Swaziland [1]	688	793	800	922	...	...	...	...	...	...
Togo	430	590	1400	4000	10000	...	...	...	...	...
Tunisia / Tunisie	5000	10000	15000	20000	25000	1239	1974	2269	2709	3185
Uganda [3] / Ouganda [3]	1000	1600	...	...	* 2500	...	...	...	...	1747
United Rep. Tanzania / Rép. Unie de Tanzanie	* 900	* 2000	...	...	...	...	...	...	371	3500
Zambia [1] / Zambie [1]	460	460	460	460	600	...	...	...	...	1547
Zimbabwe [3]	2000	2000	...	10000	...	...	...	...	...	...
America, North · Amérique du Nord										
Aruba	...	500	...	...	...	...	20	...	...	1718
Bahamas	569	524	549	...	...	2020	2600	2400	...	...
Barbados [1] / Barbade [1]	1500	1503	1460	1610	1781	486	796	1560	2967	4614
Belize [1]	253	381	538	...	...	...	...	200	832	1237
Bermuda [1] / Bermudes [1]	...	...	...	...	...	1440	1936	3400	5127	6324
Canada	* 450000	* 500000	525000	...	...	786000	1022754	1332982	1865779	2589780
Cayman Islands / Iles Caïmanes	146	123	116	...	...	559	988	1260	1813	2534
Costa Rica	2138	2177	2188	2188	...	...	3008	4533	6985	18704
Cuba	300	392	...	...	...	...	234	500	1152	1939
Dominica [1] / Dominique [1]	238	290	...	...	...	...	...	...	...	...
Dominican Republic / Rép. dominicaine	2187	2061	2500	...	...	5605	7190	11020	20039	33000
El Salvador	...	...	...	...	...	...	...	1632	6480	13475
Greenland / Groënland	...	1153	...	...	...	...	171	438	1107	2308
Grenada / Grenade	217	272	...	...	...	147	181	282	350	400
Guadeloupe	...	...	2508	3441	...	...	...	...	...	...

140 Culture and communications   Culture et communications

20
Telefax stations and mobile cellular telephone subscribers [cont.]
Postes de télecopie et abonnés au téléphone mobile cellulaire [suite]

Country or area / Pays ou zone	Telefax stations / Postes de télécopie					Mobile cellular telephone subscribers / Abonnés au téléphone mobile cellulaire				
	1991	1992	1993	1994	1995	1991	1992	1993	1994	1995
Guatemala / Guatemala	3000	4000	6000	10000	...	1221	2141	2990	10462	29999
Jamaica [1] / Jamaïque [1]	...	1567	...	...	...	2512	7910	18635	26106	45178
Martinique / Martinique	1046	1371	2733	3373	...	...	...	...	...	...
Mexico / Mexique	...	*150000	180000	...	...	160898	312647	386132	569251	642000
Netherlands Antilles / Antilles néerlandaises	...	...	...	...	...	...	...	5710	8486	11727
Nicaragua / Nicaragua	...	...	...	...	...	...	...	324	2183	4400
Puerto Rico / Porto Rico	...	495594	543252	...	...	33410	51115	68410	109217	171200
Saint Lucia [1] / Sainte–Lucie [1]	...	...	...	...	...	...	...	...	524	1000
St. Vincent and Grenadines [1] / St. Vincent–et–Grenadines [1]	244	336	...	670	737	...	70	83	...	...
Trinidad and Tobago [7] / Trinité–et–Tobago [7]	...	1480[8]	1781[8]	1959[8]	2023[8]	426	1277	1679	2599	5615
United States / Etats–Unis	*7210000	*9056000	*11304000	*14052000	...	7557148[9]	1032753[9]	16009461[9]	24134420[9]	33785660[9]
US Virgin Islands / Iles Vierges américaines	...	...	...	...	...	...	2000	...	...	...
America, South · Amérique du Sud										
Argentina [6] / Argentine [6]	*20000	*25000	*30000	*40000	*50000	25000	46590	115820	202220	340743
Bolivia / Bolivie	...	...	...	...	...	500	1556	2651	4056	7229
Brazil / Brésil	*125000	*160000	200000	...	...	6700	30729	180215	574009	1285533
Chile / Chili	...	12457	15000	...	...	36136	64438	85186	100000	197314
Colombia / Colombie	*44000	*53000	65000	79700	100000	...	...	...	86805	274590
Ecuador / Equateur	...	25000	30000	...	...	...	...	...	17858	49776
Guyana / Guyana	...	...	...	...	...	...	841	1029	1251	1243
Paraguay / Paraguay	1493	1691	...	...	...	...	1500	1500	7660	15807
Peru / Pérou	*1948	*2082	*5000	*7000	*15000	5700	21550	36300	52200	73543
Suriname / Suriname	244	250	500	550	700	...	...	1078	1932	3671
Uruguay / Uruguay	...	7000	8000	9500	11000	...	1712	4069	7000	40000
Venezuela * / Venezuela *	...	15000	16000	...	...	16600	78560	182600	319000	400000
Asia · Asie										
Armenia / Arménie	...	180	220	300	...	...	...	...	...	...
Azerbaijan / Azerbaïdjan	...	...	...	2500	...	...	...	...	500	6000
Bahrain / Bahreïn	3500[10]	3798[10]	5064[10]	5388[10]	5730[10]	7354	9683	11360	17616	27600
Bangladesh [3] / Bangladesh [3]	...	*1440	*2000	*2000	*4000	...	250	500	1104	2500
Bhutan / Bhoutan	...	130	...	300	...	...	...	...	...	...
Brunei Darussalam / Brunéi Darussalam	*1221	*1233	*1232	*1500	*2000	3025	4103	8304	15623	35881

20
Telefax stations and mobile cellular telephone subscribers [cont.]
Postes de télécopie et abonnés au téléphone mobile cellulaire [suite]

Country or area Pays ou zone	Telefax stations Postes de télécopie 1991	1992	1993	1994	1995	Mobile cellular telephone subscribers Abonnés au téléphone mobile cellulaire 1991	1992	1993	1994	1995
Cambodia Cambodge	...	...	1165	...	605	...	...	4810	9200	15000
China Chine ††	* 57899	* 89271	* 142000	* 204000	* 270000	47544	176943	638000	1568000	3629000
China, Hong Kong SAR † [1] Chine, Hong−Kong RAS † [1]	138616	196872	233546	256957	284926	189664	233324	290843	484823	798373
Cyprus Chypre	...	* 6000	* 7000	...	...	5131	9739	15288	22938	44453
Georgia Géorgie	...	...	415	457	...	...	...	...	...	150
India [1] Inde [1]	* 10000	* 35000	* 45000	* 50000	...	...	...	...	...	76680
Indonesia Indonésie	* 20000	* 35000	* 45000	* 55000	* 85000	24528	35546	53438	78024	218593
Iran (Islamic Rep. of) [11] Iran, Rép. islamique d' [11]	...	* 22015	* 25000	* 30000	...	...	...	...	9200	26300
Israel Israël	55000	70000	80000	110000	140000	23000	36104	64484	140000	* 300000
Japan [1] Japon [1]	* 5000000	* 5500000	* 5750000	* 6000000	* 8000000	1378108	1712545	2131367	4331369	10204023
Jordan Jordanie	...	* 27000	* 29000	* 31000	* 32000	1462	1462	1456	1446	11500
Kazakhstan Kazakhstan	...	1074	1504	1504	2917	...	...	...	400	4600
Korea, Dem. People's Rep. Corée, Rép. pop. dém. de	...	...	* 2960	* 3000	...	...	...	...	...	...
Korea, Republic of Corée, République de	* 250000	* 300000	* 350000	* 375000	...	166108	271927	471784	960258	1641000
Kuwait Koweït	...	...	25000	30000	35000	...	51000	64311	85195	117609
Lao People's Dem. Rep. * Rép. dém. populaire lao *	150	200	300	500	...	...	290	340	625	1539
Lebanon Liban	2000	3000	...	...	...	...	...	...	...	* 120000
Macau Macao	4336	5608	6664	7170	7301	6596	10294	15802	22636	36583
Malaysia Malaisie	* 45000	* 46000	* 52602	* 58090	...	130000	200573	340022	571720	1005066
Mongolia Mongolie	...	...	* 330	* 350	* 2150	...	...	...	...	...
Myanmar Myanmar	...	...	...	1410	1419	...	...	643	1819	2007
Nepal [12] Népal [12]	* 613	* 608	* 594	* 600	...	...	...	...	...	...
Oman Oman	...	1560	...	...	...	3672	4721	5616	6751	8052
Pakistan [3] Pakistan [3]	4100	5300	110000	130000	159000	8500	13500	16000	26000	43000
Philippines Philippines	* 15000	* 20000	* 30000	* 35000	...	11083	56044	102400	171903	493862
Qatar Qatar	2800	4000	4500	8000	9400	4057	4233	4289	9790	18469
Saudi Arabia Arabie saoudite	...	* 50000	* 75000	...	...	15331	15828	15910	15959	16008
Singapore [1] Singapour [1]	39354	48343	55584	...	...	81900	120000	179000	235630	306000
Sri Lanka Sri Lanka	* 5890	* 8100	* 10000	* 11000	...	1973	4000	13000	29182	53124
Syrian Arab Republic Rép. arabe syrienne	...	...	...	4200	5000	...	...	...	...	...
Tajikistan Tadjikistan	...	...	...	1200	1300	...	...	...	...	...
Thailand [6] Thaïlande [6]	7536[2]	25000	50000	60000	...	123551	248716	436000	643000	1087504

20
Telefax stations and mobile cellular telephone subscribers [cont.]
Postes de télécopie et abonnés au téléphone mobile cellulaire [suite]

Country or area Pays ou zone	Telefax stations Postes de télécopie 1991	1992	1993	1994	1995	Mobile cellular telephone subscribers Abonnés au téléphone mobile cellulaire 1991	1992	1993	1994	1995
Turkey Turquie	48311	62876	77185	87978	99146	47828	61395	84187	174779	437130
United Arab Emirates Emirats arabes unis	19700	24090	26105	* 30000	* 24978	43008	48919	70586	91488	128968
Uzbekistan Ouzbékistan	...	566	1923	...	...	...	...	500	902	3731
Viet Nam Viet Nam	...	* 2100	* 4894	* 7000	* 14900	...	800	4060	10800	23500
Yemen Yémen	805[2]	782[2]	1301[2]	1926[2]	* 2000	...	1550	5170	8191	8250
Europe · Europe										
Albania Albanie	500	600	...	...	...	...	...	...	...	...
Andorra Andorre	...	1280	...	...	...	...	770	780	784	2825
Austria Autriche	160000	190000	210000	240000	284738	115402	172453	220859	278199	383535
Belarus Bélarus	...	1514	3184	5770	8901	...	...	324	1724	5897
Belgium Belgique	93320[8]	150000[8]	165000[8]	...	...	51420	61460	66929	126944	235000
Bulgaria Bulgarie	...	* 7500	* 10000	* 12000	* 15000	...	...	1000	6500	20920
Croatia Croatie	7067	9079	14322	28350	38272	2019	6320	11382	21664	33688
Czech Republic République tchèque	16059	29418	45520	58463	73552	1242	4651	14043	30429	48900
Denmark Danemark	* 150000	* 170000	* 185000	* 210000	* 250000	175943	211063	361366[13]	503500[13]	822264
Estonia Estonie	...	1459	2183	10000	13000	570	2498	7224	13774	30452
Faroe Islands Iles Féroé	...	* 1300	1400	...	...	1429	1718	1605	1960	2558
Finland Finlande	* 92000	* 105000	* 115000	* 124000	* 132000	283051	354221	459074	649163	1017596
France France	730000	1000000	1221000	1600000	1900000	375000	436700	572000	883000	1379000
Germany † Allemagne †	946216[8]	1172700[8]	1296000[8]	1446600[8]	...	532251	971890	1774378	2490500	3750000
Gibraltar Gibraltar	135	160	177	229	280	...	...	...	...	660
Greece Grèce	12082	13273	15258	...	...	...	...	48000	167000	273000
Guernsey Guernesey	...	* 690	...	...	...	669	799	1258	1763	2358
Hungary Hongrie	14580	24721	25463	* 40000	* 45000	8477	23292	45712	143000	265000
Iceland Islande	...	* 4000	4100	...	...	12889	15251	17409	21845	30883
Ireland [1] Irlande [1]	* 60000	* 75000	80000	...	...	32000	44000	61100	88000	158000
Italy Italie	190987	201000	202000	...	...	568000	783000	1207000	2240000	3864000
Jersey Jersey	...	* 700	...	...	...	1556	2045	2509	3127	4355
Latvia Lettonie	...	596	931	804	874	...	1027	3800	8364	15003
Liechtenstein Liechtenstein	...	...	960	...	...	...	...	...	...	...
Lithuania Lituanie	444	3000	1878	2986	3830	...	267	1242	4512	14795
Luxembourg Luxembourg	* 4000	* 5000	* 5500	...	...	1130	1139	5082	12895	26668

20
Telefax stations and mobile cellular telephone subscribers [cont.]
Postes de télécopie et abonnés au téléphone mobile cellulaire [suite]

Country or area / Pays ou zone	Telefax stations 1991	1992	1993	1994	1995	Mobile cellular 1991	1992	1993	1994	1995
Malta / Malte	1900	2224	3198	...	...	2280	3500	5300	7500	10791
Netherlands / Pays-Bas	325000	372750	400000	450000	500000	115000	166000	216000	321000	513000
Norway / Norvège	* 107000	* 120000	* 130000	...	...	227733	280000	370617	582500	980828
Poland / Pologne	13156	25068	30000	* 40000	* 55000	...	2804	13566	38942	75000
Portugal	17700	26761	35343	...	...	12600	37262	101231	173508	340845
Republic of Moldova / République de Moldova	122	245	523	510	645	...	...	...	...	14
Romania / Roumanie	5000	10231	15064	18311	20746	...	...	800	2775	9068
Russian Federation / Fédération de Russie	6544	13408	26324	18618	30610	300	6000	10000	27744	88526
Slovakia / Slovaquie	7330	16202	27204	37903	44695	119	1537	3125	5946	12315
Slovenia / Slovénie	135	7578	10480	13305	15541	523	3500	6500	16800	27000
Spain / Espagne	176061	195029	215000	...	...	108451	180296	257250	411930	965723
Sweden / Suède	230000	300000	325000	...	...	568200	656000	774500	1380000	2025000
Switzerland / Suisse	118000[8]	135000[8]	169000[8]	175000[8]	197000[8]	174557	215061	257703	332165	447167
TFYR Macedonia / L'ex-R.y. Macédoine	...	1408	1722	1777	1777	...	...	...	...	...
Ukraine	944	1465	...	...	...	...	...	65	5000	14000
United Kingdom[1] / Royaume-Uni[1]	900000	1005000	1300000	* 1500000	* 1800000	1260000	1507000	2268000	3940000	5735785
Yugoslavia / Yougoslavie	7855	8181	12928	13718	15000	...	...	...	...	...

Oceania · Océanie

Country or area / Pays ou zone	1991	1992	1993	1994	1995	1991	1992	1993	1994	1995
American Samoa / Samoa américaines	...	...	...	...	...	...	700	900	1200	...
Australia[3] / Australie[3]	* 350000	* 400000	* 425000	* 450000	* 475000	291459	497000	760000	1220000	2304950
Fiji / Fidji	* 2079	* 2197	* 2300	* 2500	* 3000	...	...	...	1100	2200
French Polynesia / Polynésie française	334	570[14]	797[14]	* 850	...	...	...	...	...	...
Guam	...	...	...	...	...	867	1301	1907	4098	4965
Kiribati	76	96	108	125	185	...	...	...	...	...
Marshall Islands / Iles Marshall	80	120	140	...	...	...	...	...	280	...
Micronesia, Fed. States of / Micronésie, Etats féd. de	299	...	...	...	...	...	...	...	...	...
New Caledonia / Nouvelle-Calédonie	1200	1350	1935	2200	...	...	...	...	...	825
New Zealand[1] / Nouvelle-Zélande[1]	* 35000	* 40000	* 45000	* 50000	* 65000	72300	100200	143800	229200	388000
Northern Mariana Islands / Iles Mariannes du Nord	...	1000	1000	1200	1200	...	...	732	765	1200
Papua New Guinea / Papouasie-Nvl-Guinée	1018	1085	839	795	...	...	...	...	...	...
Samoa	...	100	300	410	...	...	...	...	...	...
Solomon Islands[1] / Iles Salomon[1]	* 410	* 440	* 650	* 728	* 789	...	...	...	144	230

20
Telefax stations and mobile cellular telephone subscribers [cont.]
Postes de télécopie et abonnés au téléphone mobile cellulaire [suite]

Country or area Pays ou zone	Telefax stations Postes de télécopie 1991	1992	1993	1994	1995	Mobile cellular telephone subscribers Abonnés au téléphone mobile cellulaire 1991	1992	1993	1994	1995
Tonga Tonga	* 127	* 134	* 167	* 180	...	...	...	...	...	114
Vanuatu Vanuatu	...	...	...	500	550	...	...	...	64	121

Source:
International Telecommunications Union (Geneva).

† For information on recent changes in country or area nomenclature pertaining to former Czechoslovakia, Germany, Hong Kong Special Administrative Region (SAR) of China, SFR Yugoslavia and former USSR, see Annex I – Country or area nomenclature, regional and other groupings.

†† For statistical purposes, the data for China do not include those for the Hong Kong Special Administrative Region (Hong Kong SAR) and Taiwan province of China.

1 Year beginning 1 April.
2 Fax subscribers.
3 Year ending 30 June.
4 Including Eritrea.
5 Increase due to removal of customs duties on fax machines.
6 Year ending 30 September.
7 Year ending 31 March.
8 According to telefax directory.
9 Source: Cellular Telecommunications Industry Association.
10 Fax lines.
11 Year beginning 22 March.
12 Year ending 15 July.
13 Data include Tele Danmark Mobil subscribers only.
14 Facsimile machines provided by operator.

Source:
Union internationale des télécommunications (Genève).

† Pour les modifications récentes de nomenclature de pays ou de zone concernant l'Allemagne, Hong–Kong (Région administrative spéciale de Chine), l'ex–Tchécoslovaquie, l'ex–URSS et l'ex–Rfs de Yougoslavie, voir annexe I – Nomenclature des pays ou des zones, groupements régionaux et autres groupements.

†† Les données statistiques relatives à la Chine ne comprennent pas celles qui concernent la région administrative spéciale de Hong–Kong (la RAS de Hong–Kong) et la province chinoise de Taiwan.

1 L'année commençant le 1er avril.
2 Abonnés à télécopie.
3 L'année finissant le 30 juin.
4 Y compris l'Erythrée.
5 Agumentation due à la suppression des droits de douane sur les télécopieurs.
6 L'année finissant le 30 septembre.
7 L'année finissant le 31 mars.
8 Selon les annuaires de télécopie.
9 Source : "Cellular Telecommunications Industry Association".
10 Nombre de télécopie.
11 L'année commençant le 22 mars.
12 L'année finissant le 15 juillet.
13 Chiffres ne concernant que les abonnés à Tele Danmark Mobil.
14 Télécopiérs fournis par l'agent.

21 Telephones / Téléphones

Main telephone lines in operation and per 100 inhabitants
Nombre de lignes téléphoniques en service et pour 100 habitants

Country or area / Pays ou zone	Number (000) 1991	1992	1993	1994	1995	Per 100 inhabitants 1991	1992	1993	1994	1995
Africa · Afrique										
Algeria / Algérie	883	962	1 068	1 122	1 176	3.5	3.7	4.0	4.1	4.2
Angola / Angola	72	49	53	...	60	0.8	0.5	0.5	0.0	0.6
Benin / Bénin	15	16	20	24	28	0.3	0.3	0.4	0.5	0.5
Botswana[1] / Botswana[1]	33	36	43	50	60	2.5	2.7	3.1	3.5	4.1
Burkina Faso / Burkina Faso	18	20	22	26	30	0.2	0.2	0.2	0.3	0.3
Burundi / Burundi	10	13	16	16	17	0.2	0.2	0.3	0.3	0.3
Cameroon / Cameroun	42	55	57	58	60	0.4	0.4	0.5	0.5	0.4
Cape Verde / Cap-Vert	9	11	15	19	22	2.6	3.1	4.1	4.9	5.5
Central African Rep. / Rép. centrafricaine	5	6	7	7	8	0.2	0.2	0.2	0.2	0.2
Chad / Tchad	* 4	4	5	5	5	* 0.1	0.1	0.1	0.1	0.1
Comoros / Comores	4	4	4	4	5	0.8	0.8	0.9	0.9	0.9
Congo / Congo	17	18	19	21	21	0.7	0.8	0.8	0.8	0.8
Côte d'Ivoire / Côte d'Ivoire	79	86	94	108	116	0.6	0.7	0.7	0.8	0.8
Dem. Rep. of the Congo / Rép. dém. du Congo	* 35	* 36	* 36	* 36	36	* 0.1	* 0.1	* 0.1	* 0.1	0.1
Djibouti / Djibouti	6	7	7	8	8	1.2	1.3	1.3	1.3	1.3
Egypt[2] / Egypte[2]	1 817	2 028	2 235	2 456	2 716	3.3	3.7	4.0	4.3	4.6
Equatorial Guinea * / Guinée équatoriale *	1	1	1	3[3]	3	0.4	0.4	0.3	0.6[3]	0.6
Eritrea / Erythrée	...	13	13	15	17	...	...	0.4	0.4	0.5
Ethiopia incl. Eritrea[2] / Ethiopie comp. Erythrée[2]	133	127	132	138	142	0.3	0.3	0.3	0.3	0.2
Gabon / Gabon	26	28	30	31	32	2.7	2.8	2.9	3.0	2.4
Gambia[1,4] / Gambie[1,4]	* 10	14	16	18	19	* 1.0	1.4	1.6	1.7	1.7
Ghana / Ghana	47	48	49	50	60	0.3	0.3	0.3	0.3	0.4
Guinea / Guinée	12	11	12	9	11	0.2	0.2	0.2	0.1	0.2
Guinea-Bissau / Guinée-Bissau	6	8	9	9	9	0.7	0.8	0.8	0.9	0.9

21
Telephones
Main telephone lines in operation and per 100 inhabitants [cont.]
Téléphones
Nombre de lignes téléphoniques en service et pour 100 habitants [suite]

Country or area Pays ou zone	Number (000) Nombre (000) 1991	1992	1993	1994	1995	Per 100 inhabitants Pour 100 habitants 1991	1992	1993	1994	1995
Kenya[2] Kenya[2]	* 200	207	215	229	240	* 0.8	0.8	0.8	0.9	0.9
Lesotho[1] Lesotho[1]	12	11	15	* 16	18	0.7	0.6	0.8	* 0.8	0.9
Liberia Libéria	3	5	* 5	5	5	0.1	0.2	* 0.2	0.2	0.2
Libyan Arab Jamah. Jamah. arabe libyenne	233	236	240	264	318	5.0	4.8	4.8	5.1	5.9
Madagascar Madagascar	36	37	35	34	33	0.3	0.3	0.3	0.3	0.2
Malawi Malawi	29	31	33	33	34	0.3	0.3	0.3	0.3	0.4
Mali Mali	12	13	14	15	17	0.1	0.1	0.1	0.2	0.2
Mauritania Mauritanie	6	7	7	8	9	0.3	0.3	0.3	0.4	0.4
Mauritius Maurice	64	79	107	129	148	6.0	7.3	9.8	11.7	13.1
Morocco Maroc	497	654	827	1 007	1 158	2.0	2.6	3.2	3.8	4.3
Mozambique Mozambique	53	56	55	57	60	0.4	0.4	0.4	0.3	0.3
Namibia[5] Namibie[5]	57	61	67	70	78	4.1	4.3	4.6	4.7	5.1
Niger Niger	10	10	11	12	13	0.1	0.1	0.1	0.1	0.1
Nigeria Nigéria	294	321	342	369	405	0.3	0.3	0.3	0.3	0.4
Réunion Réunion	175	188	199	210	219	28.5	30.1	31.4	32.6	32.9
Rwanda Rwanda	11	12	* 12	15	15	0.2	0.2	* 0.2	0.2	0.2
Sao Tome and Principe Sao Tomé-et-Principe	2	2	2	2	3	1.9	2.0	2.0	2.0	1.9
Senegal Sénégal	48	58	64	72	82	0.6	0.8	0.8	0.9	1.0
Seychelles[1] Seychelles[1]	9	10	11	12	14	13.2	14.1	15.7	17.0	17.8
Sierra Leone Sierra Leone	14	14	14	16	17	0.3	0.3	0.3	0.3	0.4
Somalia * Somalie *	15	15	15	15	15	0.2	0.2	0.2	0.2	0.2
South Africa[1,6] Afrique du Sud[1,6]	3 435	3 524	3 594	3 775	3 919	8.8	8.9	8.8	9.1	9.5
Sudan Soudan	64	* 64	* 64	64	75	0.3	* 0.2	* 0.2	0.2	0.3
Swaziland[1] Swaziland[1]	15	15	16	19	20	1.8	1.8	1.9	2.1	2.1

147 Culture and communications Culture et communications

21
Telephones
Main telephone lines in operation and per 100 inhabitants [cont.]
Téléphones
Nombre de lignes téléphoniques en service et pour 100 habitants [suite]

Country or area Pays ou zone	Number (000) Nombre (000) 1991	1992	1993	1994	1995	Per 100 inhabitants Pour 100 habitants 1991	1992	1993	1994	1995
Togo Togo	11	15	17	21	22	0.3	0.4	0.4	0.5	0.5
Tunisia Tunisie	332	375	421	474	522	4.0	4.4	4.9	5.4	5.8
Uganda[2] Ouganda[2]	28	30	21	35	43	0.2	0.2	0.1	0.2	0.2
United Rep.Tanzania Rép. Unie de Tanzanie	76	81	85	88	90	0.3	0.3	0.3	0.3	0.3
Zambia[1] Zambie[1]	69	76	78	80	77	0.8	0.9	0.9	0.9	0.8
Zimbabwe[2] Zimbabwe[2]	126	127	128	135	155	1.2	1.2	1.2	1.2	1.4
America, North · Amérique du Nord										
Antigua and Barbuda[1] Antigua-et-Barbuda[1]	14	17	19	* 20	...	21.2	26.0	29.6	* 30.8	...
Aruba Aruba	* 19	20	* 21	* 22	27	* 28.1	29.9	* 30.5	* 31.0	39.0
Bahamas Bahamas	62	80	76	* 77	...	23.8	30.1	28.4	* 28.3	...
Barbados[1] Barbade[1]	78	80	83	85	90	30.2	30.9	31.7	32.7	34.5
Belize[1] Belize[1]	21	25	29	28	29	11.0	12.5	14.0	13.4	13.4
Bermuda Bermudes	39	40	42	47	48	63.5	64.4	72.5	81.0	83.5
Canada[7] Canada[7]	15 815	16 247	16 471	16 943	17 457	56.2	56.9	56.9	57.9	59.0
Cayman Islands Iles Caïmanes	12	13	14	18	19	43.8	45.7	48.5	58.8	62.6
Costa Rica Costa Rica	305	327	364	430	557	9.9	10.3	11.3	13.0	16.4
Cuba Cuba	339	337	349	350	353	3.2	3.1	3.2	3.2	3.2
Dominica[1] Dominique[1]	12	14	16	17	18	17.5	19.3	22.4	23.5	25.1
Dominican Republic Rép. dominicaine	411	479	552	605	569	5.7	6.5	7.3	7.9	7.3
El Salvador El Salvador	130	165	174	236	285	2.5	3.2	3.3	4.5	5.3
Greenland Groënland	17	17	18	18	20	29.7	29.7	30.7	32.1	33.8
Grenada Grenade	16	19	20	21	23	17.8	20.2	21.8	22.8	25.5
Guadeloupe Guadeloupe	127	139	149	159	...	31.8	34.2	36.0	37.8	...
Guatemala Guatemala	202	214	231	245	290	2.1	2.2	2.3	2.4	2.7
Haiti Haïti	45	45	* 45	* 50	* 60	0.7	0.7	* 0.7	* 0.7	* 0.8

21
Telephones
Main telephone lines in operation and per 100 inhabitants [cont.]
Téléphones
Nombre de lignes téléphoniques en service et pour 100 habitants [suite]

Country or area Pays ou zone	Number (000) Nombre (000)					Per 100 inhabitants Pour 100 habitants				
	1991	1992	1993	1994	1995	1991	1992	1993	1994	1995
Honduras Honduras	94	105	117	131	161	1.9	2.0	2.2	2.4	2.9
Jamaica[1] Jamaïque[1]	132	167	208	251	292	5.4	6.8	8.4	10.0	11.6
Martinique Martinique	132	141	150	155	...	36.4	38.3	40.3	41.4	...
Mexico[8] Mexique[8]	6 025	6 754	7 621	8 493	8 801	7.2	7.9	8.8	9.2	9.6
Netherlands Antilles Antilles néerlandaises	* 49	* 49	* 68	* 71	75	* 25.3	* 25.3	* 34.8	* 36.0	37.4
Nicaragua Nicaragua	50	54	67	85	97	1.3	1.4	1.6	2.0	2.3
Panama Panama	229	243	261	287	304	9.4	9.8	10.3	11.1	11.4
Puerto Rico[9] Porto Rico[9]	1 060	1 134	1 095	1 130	1 196	29.8	31.6	30.3	31.0	33.2
Saint Kitts and Nevis Saint-Kitts-et-Nevis	10	12	12	14	14	24.3	27.7	29.1	33.2	35.1
Saint Lucia[1] Sainte-Lucie[1]	17	20	24	25	31	12.5	14.5	17.1	17.2	18.4
St. Vincent-Grenadines[1] St. Vincent-Grenadines[1]	* 15	16	16	17	18	* 13.6	14.3	15.0	15.5	16.4
Trinidad and Tobago[10] Trinité-et-Tobago[10]	174	180	192	204	209	13.9	14.3	15.1	15.8	16.0
United States[7] Etats-Unis[7]	139 658	144 057	149 084	156 769	* 164 624	55.3	56.5	57.8	60.2	* 62.6
United States Virgin Is. Iles Vierges américaines	51	54	57	59	58	49.8	52.5	54.7	56.5	55.5

America, South · Amérique du Sud

Country or area Pays ou zone	1991	1992	1993	1994	1995	1991	1992	1993	1994	1995
Argentina[5] Argentine[5]	3 199	3 682	4 092	4 834	5 532	9.7	11.1	12.1	14.1	16.0
Bolivia Bolivie	185	193	234	* 250	348[11]	2.7	2.8	3.3	* 3.5	4.7[11]
Brazil[12] Brésil[12]	9 154	9 875	10 687	11 746	12 083	6.1	6.4	6.8	7.4	7.5
Chile Chili	1 056	1 283	1 520	1 545	1 885	7.9	9.4	11.0	11.0	13.2
Colombia Colombie	2 633	2 822	3 139	3 516	3 873	7.7	8.1	8.4	9.2	10.0
Ecuador Equateur	491	531	598	658	748	4.7	5.0	5.4	5.9	6.5
French Guiana Guyane française	34	36	38	40	...	27.5	28.4	28.7	28.8	...
Guyana Guyana	* 16	28	41	44	45	* 2.0	3.5	5.1	5.3	5.3
Paraguay Paraguay	120	128	142	151	167	2.7	2.8	3.0	3.1	3.4
Peru Pérou	577	614	673	772	1 109	2.6	2.7	2.9	3.3	4.7

21
Telephones
Main telephone lines in operation and per 100 inhabitants [cont.]
Téléphones
Nombre de lignes téléphoniques en service et pour 100 habitants [suite]

Country or area / Pays ou zone	Number (000) Nombre (000) 1991	1992	1993	1994	1995	Per 100 inhabitants Pour 100 habitants 1991	1992	1993	1994	1995
Suriname / Suriname	41	44	47	50	53	10.0	10.6	11.3	12.0	13.0
Uruguay / Uruguay	451	492	530	582	622	14.5	15.7	16.8	18.4	19.6
Venezuela / Venezuela	1 599	1 832	2 083	2 334	2 463	8.0	9.0	9.8	10.7	11.1
Asia · Asie										
Afghanistan * / Afghanistan *	37	29	29	29	29	0.2	0.2	0.2	0.2	0.1
Armenia / Arménie	572	578	583	587	583	15.8	15.7	15.6	15.6	15.5
Azerbaijan / Azerbaïdjan	627	657	620	635	640	8.7	9.0	8.4	8.5	8.5
Bahrain / Bahreïn	101	113	124	136	141	20.0	21.4	22.9	24.8	24.2
Bangladesh[2] / Bangladesh[2]	* 250	256	268	269	287	* 0.2	0.2	0.2	0.2	0.2
Bhutan / Bhoutan	3	3	4	5	5	0.5	0.6	0.7	0.8	0.9
Brunei Darussalam / Brunéi Darussalam	39	48	55	62	68	14.9	18.0	20.2	22.1	24.0
Cambodia / Cambodge	* 4	4	4	5	5	* 0.0	0.0	0.0	0.1	0.1
China †† / Chine ††	8 451	11 469	17 332	27 230	40 706	0.7	1.0	1.5	2.3	3.4
China, Hong Kong SAR†[1] / Chine, Hong-Kong RAS†[1]	2 642	2 820	2 992	3 149	3 278	45.9	48.6	50.7	52.2	53.3
Cyprus[13] / Chypre[13]	269	291	311	330	347	44.6	47.0	49.4	51.8	47.4
Georgia / Géorgie	557	573	571	526	554	10.3	10.5	10.5	9.6	10.3
India[1] / Inde[1]	5 810	6 797	8 026	9 795	11 978	0.7	0.8	0.9	1.1	1.3
Indonesia / Indonésie	1 295	1 652	1 864	2 463	3 291	0.7	0.9	1.0	1.3	1.7
Iran, Islamic Rep. of[14] / Iran, Rép. islamique d'[14]	2 456	2 998	3 598	4 320	5 090	4.1	4.8	5.6	6.6	7.6
Iraq *[2] / Iraq *[2]	675	675	675	675	675	3.6	3.6	3.5	3.4	3.3
Israel / Israël	1 703	1 804	1 958	2 138	2 343	35.2	35.9	37.5	39.4	41.8
Japan[1,15] / Japon[1,15]	56 260	57 652	58 830	59 936	61 106	45.4	46.4	47.1	48.0	48.8
Jordan / Jordanie	265	278	290	305	317	7.2	7.0	7.1	7.2	7.3
Kazakhstan / Kazakhstan	1 425	1 490	1 976	1 987	1 963	8.5	8.8	11.7	11.7	11.8
Korea, Dem. P. R. / Corée, R. p. dém. de	* 800	* 840	1 089	* 1 100	* 1 100	* 3.6	* 3.7	4.7	* 4.7	* 4.6

150 Culture and communications Culture et communications

21
Telephones
Main telephone lines in operation and per 100 inhabitants [cont.]
Téléphones
Nombre de lignes téléphoniques en service et pour 100 habitants [suite]

Country or area Pays ou zone	Number (000) Nombre (000) 1991	1992	1993	1994	1995	Per 100 inhabitants Pour 100 habitants 1991	1992	1993	1994	1995
Korea, Republic of[15] Corée, République de[15]	14 573	15 593	16 686	17 647	18 600	33.7	35.7	37.8	39.6	41.5
Kuwait Koweït	322	346	358	373	382	16.0	18.4	20.3	22.6	22.6
Kyrgyzstan Kirghizistan	332	339	367	339	357	7.5	7.5	8.0	7.3	7.6
Lao People's Dem. Rep. Rép. dém. pop. lao	7	9	9	18	20	0.2	0.2	0.2	0.4	0.4
Lebanon * Liban *	310	330	330	330	330	8.5	8.8	8.6	8.4	8.2
Macau Macao	107	121	134	145	153	30.1	32.8	34.0	35.4	36.1
Malaysia Malaisie	1 817	2 092	2 411	2 864	3 332	10.0	11.3	12.7	14.7	16.6
Maldives Maldives	8	9	10	12	14	3.4	3.7	4.2	4.8	5.7
Mongolia Mongolie	68	69	66	69	80	3.1	3.1	2.9	2.9	3.3
Myanmar Myanmar	86[16]	99	117	137	158	0.2[16]	0.2	0.3	0.3	0.4
Nepal[17] Népal[17]	65	69	73	76	83	0.3	0.3	0.3	0.4	0.4
Oman Oman	117	130	148	158	170	6.4	6.8	7.3	7.6	7.9
Pakistan[2] Pakistan[2]	1 116	1 244	1 528	1 830	2 127	1.0	1.0	1.2	1.4	1.6
Philippines Philippines	648	661	860	1 110	1 410	1.0	1.0	1.3	1.7	2.1
Qatar Qatar	97	106	110	116	123	19.4	20.7	21.1	21.6	22.3
Saudi Arabia Arabie saoudite	1 466	1 568	1 615	1 676	1 719	8.9	9.4	9.4	9.6	9.6
Singapore[1] Singapour[1]	1 101	1 169	1 246	1 332	1 429	40.3	42.3	44.6	45.4	47.8
Sri Lanka Sri Lanka	126	136	158	181	204	0.7	0.8	0.9	1.0	1.1
Syrian Arab Republic Rép. arabe syrienne	502	531	550	688	930	3.9	4.0	4.0	4.9	6.3
Tajikistan Tadjikistan	258	267	265	268	263	4.7	4.8	4.6	4.5	4.5
Thailand[5,6] Thaïlande[5,6]	1 553	1 790	2 215	2 751	3 482	2.8	3.1	3.8	4.7	5.9
Turkey Turquie	8 152	9 410	10 936	12 212	13 228	14.1	16.0	18.3	20.0	21.2
Turkmenistan Turkménistan	237	249	265	305	320	6.3	6.5	6.8	7.6	7.1
United Arab Emirates Emirats arabes unis	438	492	553	615	672	25.5	27.9	29.1	27.6	28.3

21
Telephones
Main telephone lines in operation and per 100 inhabitants [cont.]
Téléphones
Nombre de lignes téléphoniques en service et pour 100 habitants [suite]

Country or area Pays ou zone	Number (000) Nombre (000) 1991	1992	1993	1994	1995	Per 100 inhabitants Pour 100 habitants 1991	1992	1993	1994	1995
Uzbekistan Ouzbékistan	1 458	1 440	1 452	1 551[18]	1 738	7.0	6.7	6.6	6.9[18]	7.6
Viet Nam Viet Nam	* 137	153	260	442	775	* 0.2	0.2	0.4	0.6	1.1
Yemen Yémen	131	143	161	173	187	1.1	1.1	1.2	1.2	1.2
Europe · Europe										
Albania Albanie	42	45	43	42	42	1.3	1.3	1.3	1.2	1.2
Andorra Andorre	23	25	27	28	30	42.7	43.7	43.8	44.0	43.8
Austria[19] Autriche[19]	3 344	3 466	3 579	3 681	3 749	42.7	44.0	45.1	46.5	46.5
Belarus Bélarus	1 673	1 744	1 814	* 1 890	1 968	16.4	17.1	17.8	* 18.6	19.0
Belgium Belgique	4 096	4 264	4 396	4 526	4 632	40.9	42.5	43.7	44.9	45.7
Bosnia & Herzegovina Bosnie-Herzégovine	...	600	600	250[20]	238	...	14.2	14.6	7.1[20]	5.4
Bulgaria Bulgarie	2 205	2 340	2 410	2 488	2 563	24.7	26.3	28.5	29.5	30.6
Croatia[21] Croatie[21]	891	955	1 027	1 205	1 287	18.6	20.0	21.5	25.2	26.9
Czech Republic République tchèque	1 707	1 819	1 972	2 178	2 444	16.6	17.7	19.2	21.2	23.6
Denmark Danemark	2 951	3 005	3 060	3 123	3 203	57.3	58.1	59.0	60.0	61.3
Estonia Estonie	332	335	358	378	412	21.2	21.5	23.6	25.2	27.7
Faeroe Islands Iles Féroé	24	24	23	23	22	50.5	50.5	49.5	48.2	47.3
Finland[22] Finlande[22]	2 718	2 742	2 761	2 801	2 810	54.0	54.4	54.4	55.1	55.0
France France	29 100	30 100	30 900	31 600	32 400	51.0	52.5	53.6	54.7	55.8
Germany †[23] Allemagne†[23]	33 560	35 421	37 000	38 800	40 400	42.1	44.1	45.9	47.8	49.3
Gibraltar Gibraltar	12	13	14	15	17	41.2	45.8	48.8	54.1	59.0
Greece Grèce	4 190	4 497	4 744	4 976	5 163	40.8	43.7	45.7	47.8	49.3
Hungary Hongrie	1 128	1 291	1 498	1 732	1 893	10.9	12.6	14.6	16.9	18.5
Iceland[24] Islande[24]	136	140	144	148	149	52.5	53.7	54.4	55.7	55.5
Ireland[1] Irlande[1]	1 048	1 113	1 170	1 240	1 310	29.7	31.4	32.8	35.0	36.5
Italy[25] Italie[25]	23 071	23 709	24 167	24 542	24 854	39.9	40.9	42.3	42.9	43.4

21
Telephones
Main telephone lines in operation and per 100 inhabitants [cont.]
Téléphones
Nombre de lignes téléphoniques en service et pour 100 habitants [suite]

Country or area Pays ou zone	Number (000) Nombre (000) 1991	1992	1993	1994	1995	Per 100 inhabitants Pour 100 habitants 1991	1992	1993	1994	1995
Latvia Lettonie	643	652	694	667	705	24.3	24.9	26.6	25.8	28.0
Liechtenstein Liechtenstein	17	18	19	19	20	62.5	61.5	62.4	60.6	63.5
Lithuania[4] Lituanie[4]	814	832	858	898	941	21.9	22.5	23.1	24.1	25.4
Luxembourg Luxembourg	192	206	215	222	231	49.7	52.9	54.1	55.4	56.5
Malta Malte	139	150	158	163	171	38.9	41.9	43.6	44.8	45.9
Netherlands Pays-Bas	7 175	7 395	7 630	7 860	8 120	47.6	48.7	49.9	51.1	52.5
Norway Norvège	2 198	2 268	2 335	2 392	2 431	51.6	52.9	54.0	55.0	55.6
Poland Pologne	3 565	3 938	4 419	5 006	5 728	9.3	10.3	11.5	13.1	14.8
Portugal Portugal	2 694	3 014	3 260	3 444	3 586	27.4	30.6	33.0	34.7	36.1
Republic of Moldova République de Moldova	496	511	524	546	566	11.3	11.6	12.0	12.6	13.1
Romania Roumanie	2 445	2 574	2 604	2 806	2 968	10.8	11.3	11.4	12.3	13.1
Slovakia Slovaquie	...	821	893	1 004	1 118	...	15.5	16.7	18.7	20.8
Slovenia Slovénie	459	494	516	573	615	22.9	24.8	25.9	28.7	30.9
Spain Espagne	13 264	13 792	14 253	14 685	15 095	34.0	35.3	36.4	37.5	38.5
Sweden Suède	5 957	5 929	5 910	5 967	6 013	69.1	68.3	67.8	68.3	68.1
Switzerland Suisse	4 081	4 185	4 266	4 258	4 318	60.1	60.6	61.1	59.7	61.3
TFYR Macedonia L'ex-R.y. Macédoine	* 290	# 312	324	337	349	* 14.3	# 15.2	15.6	16.1	16.5
Ukraine Ukraine	7 344	7 578	7 820	8 066[18]	8 311	14.2	14.7	15.2	15.7[18]	16.1
United Kingdom[1] Royaume-Uni[1]	25 911	26 514	27 336	28 358	29 410	44.9	45.8	47.1	48.8	50.2
Yugoslavia Yougoslavie	1 782	1 873	1 923	1 970	2 017	17.3	18.0	18.2	18.4	19.1
	Oceania · Océanie									
American Samoa Samoa américaines	* 6	6	8	10	...	* 11.4	12.1	15.7	18.1	...
Australia[2,26] Australie[2,26]	8 046	8 257	8 540	8 850	9 200	46.5	47.1	48.4	49.6	51.0
Micronesia,Federated States of Micron, Etats fédérés de	3	3	6	7	8	2.6	2.9	5.8	6.7	7.4
Fiji Fidji	46	50	54	59	65	6.2	6.6	7.1	7.7	8.3

21

Telephones
Main telephone lines in operation and per 100 inhabitants [cont.]

Téléphones
Nombre de lignes téléphoniques en service et pour 100 habitants [suite]

Country or area / Pays ou zone	Number (000) / Nombre (000) 1991	1992	1993	1994	1995	Per 100 inhabitants / Pour 100 habitants 1991	1992	1993	1994	1995
French Polynesia / Polynésie française	41	43	45	47	...	20.5	21.0	21.4	21.9	...
Guam / Guam	43	46	66	64	69	31.5	33.0	45.9	43.4	46.1
Kiribati / Kiribati	1	1	2	2	2	1.7	1.8	2.3	2.5	2.6
Marshall Islands / Iles Marshall	1	1	2	3	...	1.5	1.7	4.5	5.7	...
New Caledonia / Nouvelle-Calédonie	31	35	39	42	44	18.5	20.3	22.1	23.3	23.6
New Zealand[1] / Nouvelle-Zélande[1]	1 493	1 534	1 593	1 658	1 719	43.8	44.9	46.0	46.8	47.9
Northern Mariana Islands / Iles Marianas du Nord	...	13	14	14	15	...	...	29.8	31.1	25.8
Papua New Guinea / Papouasie-Nvl-Guinée	34	36	39	40	44	0.9	0.9	1.0	1.0	1.0
Samoa / Samoa	4	7	7	8	...	2.6	4.0	4.3	4.6	...
Solomon Islands[1,27] / Iles Salomon[1,27]	5	5	5	6	7	1.4	1.4	1.5	1.5	1.7
Tonga / Tonga	5	5	6	6	7	5.3	5.7	6.0	6.6	6.7
Vanuatu / Vanuatu	3	4	4	4	4	2.0	2.3	2.5	2.7	2.5
former USSR† · l'ex-URSS†										
former USSR† / l'ex-URSS†	22 296	22 849	23 475	24 097	25 019	15.2	15.5	15.8	16.2	17.0

Source:
International Telecommunications Union (Geneva).

† For information on recent changes in country or area nomenclature pertaining to former Czechoslovakia, Germany, Hong Kong Special Administrative Region of China, SFR Yugoslavia and former USSR, see Annex I - Country or area nomenclature, regional and other groupings.

†† For statistical purposes, the data for China do not include those for the Hong Kong Special Administrative Region (Hong Kong SAR) and Taiwan province of China.

1 Year beginning 1 April.
2 Year ending 30 June.
3 Malabo and Bata.
4 Excluding public call offices.
5 Year ending 30 September.
6 Main telephone services.
7 Access lines.
8 Lines in service.
9 Switched access lines.

Source:
Union internationale des télécommunications (Genève).

† Pour les modifications récentes de nomenclature de pays ou de zone concernant l'Allemagne, Hong-Kong (Région administrative spéciale de Chine), l'ex-Tchécoslovaquie, l'ex-URSS et l'ex-Rfs de Yougoslavie, voir annexe I - Nomenclature des pays ou des zones, groupements régionaux et autres groupements.

†† Les données statistiques relatives à la Chine ne comprennent pas celles qui concernent la région administrative spéciale de Hong-Kong (la RAS de Hong-Kong) et la province chinoise de Taiwan.

1 L'année commençant le 1er avril.
2 L'année finissant le 30 juin.
3 Malabo et Bata.
4 Cabines publiques exclues.
5 L'année finissant le 30 septembre.
6 Postes téléphoniques principales.
7 Lignes d'accès.
8 Lignes en service.
9 Lignes d'accès par communication.

21
Telephones
Main telephone lines in operation and per 100 inhabitants [cont.]
Téléphones
Nombre de lignes téléphoniques en service et pour 100 habitants [suite]

10 Year ending 30 March.
11 Installed lines.
12 Conventional telephony terminals in service.
13 Does not include 8,960 main lines in the occupied areas.
14 Year ending 22 March.
15 Telephone subscriptions.
16 Fiscal year.
17 Year ending 15 July.
18 Basic telephones.
19 Individual lines.
20 Temporary data; refer only to the part of the country under legal control of the Government.
21 Including capacities in temporary occupied areas.
22 Telephone subscriber connections.
23 Telephone accesses.
24 Including PABX.
25 Net ISDN.
26 Telephone services in operation.
27 Billable lines.

10 L'année finissant le 30 mars.
11 Lignes installées.
12 Terminaux classiques en service.
13 Non compris 8 960 lignes principales dans les territoires occupés.
14 L'année finissant le 22 mars.
15 Abonnements téléphoniques.
16 Exercice budgétaire.
17 L'année finissant le 15 juillet.
18 Téléphones principaux.
19 Lignes individualles.
20 Données provisoires; partie du territoire du pays sur laquelle le Gouvernement exerce son contrôle.
21 Y compris les capacités dans les territoires provisoirement occupés.
22 Les raccordements d'abonnés téléphone.
23 Accés au téléphone.
24 PABX inclu.
25 ISDN Net.
26 Les services téléphoniques en exploitation.
27 Lignes payables.

Technical notes, tables 15-21

Tables 15-19 are compiled from the UNESCO *Statistical Yearbook*. [29] The technical notes in the UNESCO *Yearbook* concerning these tables are summarized below.

Table 15: Data on books by subject groups cover printed books and pamphlets and, unless otherwise stated, refer to first editions and re-editions of originals and translations. The grouping by subject follows the Universal Decimal Classification (UDC).

Table 16: Unless otherwise stated, the data refer to the total number of titles (first editions and re-editions of original works and translations) by language of publication.

Table 17: For the purposes of this table, a daily general interest newspaper is defined as a publication devoted primarily to recording general news. It is considered to be "daily" if it appears at least four times a week.

For 1994, it is known or believed that no daily general-interest newspapers are published in the following 37 countries and territories: *Africa*: Cape Verde, Comoros, Djibouti, Eritrea, Guinea, St. Helena, Sao Tome and Principe, Western Sahara; *America, North*: Anguilla, Antigua and Barbuda, Aruba, Belize, British Virgin Islands, Dominica, Greenland, Grenada, Montserrat, St. Kitts and Nevis, St. Lucia, St. Pierre and Miquelon, St. Vincent and the Grenadines, Turks and Caicos Islands. *America, South*: Falkland Islands (Malvinas); *Asia*: Bhutan, Cambodia, East Timor; *Europe*: Faeroe Islands, San Marino; *Oceania*: American Samoa, Kiribati, Nauru, Niue, Norfolk Island, Pacific Islands, Samoa, Solomon Islands, Tokelau, Tuvalu, Vanuatu.

Table 18: For the purposes of this table a non-daily general interest newspaper is defined as a publication which is devoted primarily to recording general news and which is published three times a week or less. Under the category of periodicals are included publications of periodical issue, other than newspapers, containing information of a general or of a specialized nature.

Table 19: Data show the estimated number of television receivers in use (indicated by T) and the estimated number of radio receivers (indicated by R) as well as receivers per 1,000 inhabitants. The figures refer to 31 December of the year stated. In these tables the term "receivers" relates to all types of receivers for broadcasts to the general public, including receivers connected to a redistribution system (wired receivers).

Notes techniques, tableaux 15 à 21

Tableaux 15-19 ont été établis à partir de l'*Annuaire statistique* de l'UNESCO [29]. Les notes techniques de l'*Annuaire* de l'UNESCO concernant ces tableaux sont résumées ci-dessous.

Tableau 15 : Les données concernant la production de livres par groupes de sujets se rapportent aux livres et brochures imprimés, sauf indication contraire, aux premières éditions et aux rééditions d'originaux et aux traductions. Les sujets sont groupés selon la Classification décimale universelle (CDU).

Tableau 16 : Sauf indication contraire, les données se rapportent au nombre total de titres (premières éditions et rééditions d'ouvrages originaux et de traductions) par langue de publication.

Tableau 17 : Dans ce tableau, par "journal quotidien d'information générale", on entend une publication qui a essentiellement pour objet de rendre compte des événements courants. Il est considéré comme "quotidien" s'il paraît au moins quatre fois par semaine.

Pour 1994, on sait ou l'on croit savoir qu'il ne paraît aucun journal quotidien d'information générale dans les 37 pays ou territoires suivants : *Afrique* : Cap-Vert, Comores, Djibouti, Erythrée, Guinée, Sahara occidental, Sainte-Hélène, Sao Tomé-et-Principe; *Amérique du Nord* : Anguilla, Antigua-et-Barbuda, Aruba, Bélize, Dominique, Grenade, Groenland, Iles turques et caïques, Iles vierges britanniques, Montserrat, Panama-ancienne zone du Canal, Saint Kitts-et-Nevis, Sainte-Lucie, Saint-Pierre-et-Miquelon, Saint-Vincent-et-Grenadines; *Amérique du Sud* : Iles Falkland (Malvinas), *Asie* : Bhoutan, Cambodge, Timor oriental; *Europe* : Iles Faeroe, Saint-Marin; *Océanie* : Ile Norfolk, Iles du Pacifique, Iles Salomon, Kirabiti, Nauru, Niue, Samoa, Samoa américaines, Tokelau, Tuvalu, Vanuatu.

Tableau 18 : Aux fins de ce tableau, par "journal non quotidien d'information générale", on entend une publication qui a essentiellement pour objet de rendre compte des événements courants et qui est publié trois fois par semaine ou moins. La catégorie périodique comprend les publications périodiques autres que les journaux, contenant des informations de caractère général ou spécialisé.

Tableau 19 : Les données de ces tableaux indiquent le nombre estimatif de récepteurs de télévision en usage (indiqués par un T), et le nombre estimatif de récepteurs de radio (indiqués par R) ainsi que les récepteurs pour 1000 habitants. Les chiffres se rapportent au 31 décembre de l'année indiquée. Dans ces tableaux, le terme "récepteurs" désigne tous les types de récepteur permettant de capter les émissions destinées au grand public, y compris les récepteurs reliés (par fil) à un réseau de redistribution.

Table 20: The number of telefax stations refers to all types of private equipment (e.g. Group 2, Group 3) and includes both publicly available (i.e. Bureaufax) and private equipment (i.e. Telefax) connected to the PSTN (Public switched telephone network). It excludes fax modems attached to computers. Some operators report only the equipment sold, leased or registered by them and therefore the actual number may be higher.

The number of mobile cellular subscribers refers to users of portable telephones subscribing to an automatic public mobile telephone service using cellular technology which provides access to the PSTN.

Table 21: This table shows the number of main lines in operation and the main lines in operation per 100 inhabitants for the years indicated. Main telephone lines refer to the telephone lines connecting a customer's equipment to the PSTN (Public Switched telephone network) and which have a dedicated port on a telephone exchange. Note that most countries, main lines also include public telephones. Main telephone lines per 100 inhabitants is calculated by dividing the number of main lines by the population and multipying by 100.

Tableau 20 : Le nombre de postes de télécopie désigne tous les types d'équipements privés (par exemple, Groupes 2 et 3) et inclut les postes de télécopie ouverts au public et privé reliés au réseau de téléphone public connecté (RTPC). Les modems attachés à un ordinateur ne sont pas compris. Certains exploitants signalent uniquement les équipements qu'ils ont vendus, loués ou enregistrés; par conséquent, leur nombre réel peut être plus élevé.

Les abonnés mobiles désignent les utilisateurs de téléphones portatifs abonnés à un service automatique public de téléphones mobiles cellulaires ayant accès au RTPC.

Tableau 21 : Ce tableau indique le nombre de lignes principales en service et les lignes principales en service pour 100 habitants pour les années indiquées. Les lignes principales sont des lignes téléphoniques qui relient l'equipement terminal de l'abonné au RTPC (Réseau de téléphone public connecté) et qui possèdent un accès individualisé aux équipements d'un central téléphonique. Pour la plupart des pays, le nombre de lignes principales en service indiqué comprend également les lignes publiques. Le nombre de lignes principales pour 100 habitants se calcule en divisant le nombre de lignes principales par la population et en multipliant par 100.

Part Three
Economic Activity

VI
National accounts and industrial production (tables 22-28)
VII
Financial statistics (tables 29 and 30)
VIII
Labour force (tables 31 and 32)
IX
Wages and prices (tables 33-35)
X
Agriculture, hunting, forestry and fishing (tables 36-42)
XI
Manufacturing (tables 43-62)
XII
Transport (tables 63-67)
XIII
Energy (tables 68 and 69)
XIV
Environment (tables 70-72)
XV
Science and technology; intellectual property (tables 73-75)

Part Three of the *Yearbook* presents statistical series on economic production and consumption for a wide range of economic activities, and other basic series on major economic topics, for all countries or areas of the world for which data are available. Included are basic tables on national accounts, finance, labour force, wages and prices, a wide range of agricultural, mined and manufactured commodities, transport, energy, environment, science and technology and intellectual property. In most cases, tables present statistics on production; in a few cases, data are presented on stocks and consumption.

International economic topics such as external trade are covered in Part Four.

Troisième partie
Activité économique

VI
Comptabilités nationales et production industrielle (tableaux 22 à 28)
VII
Statistiques financières (tableaux 29 et 30)
VIII
Main-d'oeuvre (tableaux 31 et 32)
IX
Salaires et prix (tableaux 33 à 35)
X
Agriculture, chasse, forêts et pêche (tableaux 36 à 42)
XI
Industries manufacturières (tableaux 43 à 62)
XII
Transports (tableaux 63 à 67)
XIII
Energie (tableaux 68 et 69)
XIV
Environnement (tableaux 70 à 72)
XV
Science et technologie; propriété intellectuelle (tableaux 73 à 75)

La troisième partie de l'*Annuaire* présente, pour une large gamme d'activités économiques, des séries statistiques sur la production économique et la consommation, et, pour tous les pays ou zones du monde pour lesquels des données sont disponibles, d'autres séries fondamentales ayant trait à des questions économiques importantes. Y figurent des tableaux de base consacrés à la comptabilité nationale, aux finances, à la main-d'oeuvre, aux salaires et aux prix, à un large éventail de produits agricoles, miniers et manufacturés, aux transports, à l'énergie, l'environnement, science et technologie et à la propriété intellectuelle. On y trouve, dans la plupart des cas, des statistiques sur la production et parfois des données relatives aux stocks et à la consommation.

Les questions économiques internationales comme le commerce extérieur sont traitées dans la quatrième partie.

National accounts and industrial production   Comptabilités nationales et production industrielle

22
Gross domestic product: total and per capita
Produit intérieur brut : total et par habitant

In US dollars (millions) [1] at current and constant 1990 prices; per capita US$;
real rates of growth

En monnaie dollars de E−u (millions) [1] aux prix courants et constants de 1990; par habitant en dollars de E−u ;
taux de l'accroissement réels

Country or area Pays ou zone	1987	1988	1989	1990	1991	1992	1993	1994	1995
Afghanistan Afghanistan									
At current prices	7 710	8 479	13 799	18 969	24 486	33 882	40 489	47 129	55 995
Per capita	544	599	962	1 286	1 590	2 082	2 337	2 552	2 848
At constant prices	22 861	20 964	19 475	18 969	17 370	15 193	13 549	13 143	16 586
Growth rates	−10.3	−8.3	−7.1	−2.6	−8.4	−12.5	−10.8	−3.0	26.2
Albania Albanie									
At current prices	2 464	2 549	3 046	2 170	1 526	1 116	1 685	2 394	2 919
Per capita	793	803	941	660	459	334	502	711	863
At constant prices	2 226	2 195	2 411	2 170	1 569	1 417	1 573	1 689	1 916
Growth rates	−0.8	−1.4	9.8	−10.0	−27.7	−9.7	11.0	7.4	13.4
Algeria Algérie									
At current prices	64 479	56 571	53 845	64 869	47 757	50 046	52 051	43 886	43 037
Per capita	2 790	2 385	2 214	2 602	1 869	1 912	1 942	1 599	1 531
At constant prices	63 405	61 323	62 860	64 869	66 320	68 013	69 166	70 653	73 409
Growth rates	−1.1	−3.3	2.5	3.2	2.2	2.6	1.7	2.1	3.9
Andorra Andorre									
At current prices	354	424	486	651	725	847	739	792	960
Per capita	7 541	8 843	9 721	12 526	13 418	14 606	12 109	12 188	14 111
At constant prices	522	558	606	651	690	745	775	781	805
Growth rates	9.8	6.9	8.7	7.4	5.9	8.1	3.9	0.9	3.0
Angola Angola									
At current prices	7 399	7 988	9 296	10 269	9 957	8 844	12 072	5 614	3 838
Per capita	875	918	1 038	1 113	1 046	901	1 191	536	355
At constant prices	9 732	10 275	10 315	10 269	10 135	10 297	10 071	9 980	10 369
Growth rates	7.0	5.6	0.4	−0.4	−1.3	1.6	−2.2	−0.9	3.9
Anguilla Anguilla									
At current prices	32	41	51	58	59	64	70	78	77
Per capita	4 501	5 793	7 235	8 272	8 391	7 991	8 714	9 729	9 622
At constant prices	42	48	52	58	55	58	63	67	64
Growth rates	11.6	13.6	9.7	10.9	−5.9	7.1	7.5	7.0	−4.3
Antigua and Barbuda Antigua−et−Barbuda									
At current prices	240	286	324	334	360	374	399	430	460
Per capita	3 807	4 533	5 139	5 219	5 631	5 754	6 134	6 615	6 966
At constant prices	282	304	323	334	349	353	365	380	393
Growth rates	8.7	7.6	6.3	3.5	4.4	1.1	3.4	4.2	3.4
Argentina Argentine									
At current prices	111 106	126 207	76 637	141 353	189 710	228 990	257 841	281 924	280 070
Per capita	3 562	3 989	2 389	4 346	5 753	6 852	7 613	8 215	8 055
At constant prices	153 525	150 632	141 263	141 353	153 944	167 270	177 361	190 523	179 853
Growth rates	2.6	−1.9	−6.2	0.1	8.9	8.7	6.0	7.4	−5.6
Armenia Arménie									
At current prices	13 017	13 269	15 136	15 108	9 107	321	467	648	1 287
Per capita	3 794	3 820	4 310	4 262	2 550	89	129	179	354
At constant prices	13 649	13 426	15 823	15 108	13 778	6 571	5 601	5 486	5 865
Growth rates	0.2	−1.6	17.8	−4.5	−8.8	−52.3	−14.8	−2.0	6.9
Australia Australie									
At current prices	208 933	264 915	292 638	295 600	301 073	296 901	291 664	333 198	358 147
Per capita	12 939	16 149	17 573	17 504	17 602	17 158	16 673	18 847	20 046
At constant prices	276 890	289 084	297 930	295 600	296 327	306 114	321 206	334 793	345 527
Growth rates	5.2	4.4	3.1	−0.8	0.2	3.3	4.9	4.2	3.2
Austria Autriche									
At current prices	117 175	126 861	126 441	158 429	165 001	186 295	182 603	198 123	233 352
Per capita	15 432	16 646	16 511	20 562	21 252	23 786	23 100	24 834	29 006
At constant prices	140 660	146 366	151 973	158 429	162 927	166 252	166 858	171 942	175 082
Growth rates	1.7	4.1	3.8	4.2	2.8	2.0	0.4	3.0	1.8
Azerbaijan Azerbaïdjan									
At current prices	20 356	21 857	22 126	22 012	15 269	1 247	1 571	1 193	2 417
Per capita	2 961	3 134	3 130	3 075	2 108	170	212	160	321
At constant prices	22 649	22 441	24 401	22 012	21 858	16 918	13 010	10 453	8 655
Growth rates	5.9	−0.9	8.7	−9.8	−0.7	−22.6	−23.1	−19.7	−17.2

22
Gross domestic product: total and per capita
In US dollars (millions) [1] at current and constant 1990 prices; per capita US$;
real rates of growth [cont.]
Produit intérieur brut : total et par habitant
En monnaie dollars de E−u (millions) [1] aux prix courants et constants de 1990; par habitant;
taux de l'accroissement réels [suite]

Country or area Pays ou zone	1987	1988	1989	1990	1991	1992	1993	1994	1995
Bahamas Bahamas									
At current prices	2 625	2 913	3 006	3 134	3 090	3 059	3 335	3 408	3 500
Per capita	10 893	11 841	12 024	12 290	11 885	11 543	12 398	12 438	12 545
At constant prices	2 866	2 932	2 990	3 134	3 197	3 401	3 483	3 493	3 528
Growth rates	4.6	2.3	2.0	4.8	2.0	6.4	2.4	0.3	1.0
Bahrain Bahreïn									
At current prices	3 101	3 406	3 655	4 006	4 241	4 433	4 648	4 860	5 054
Per capita	6 985	7 420	7 694	8 176	8 416	8 558	8 753	8 934	9 073
At constant prices	3 429	3 738	3 829	4 006	4 189	4 515	4 888	5 003	5 113
Growth rates	1.9	9.0	2.4	4.6	4.6	7.8	8.3	2.3	2.2
Bangladesh Bangladesh									
At current prices	19 294	20 786	22 856	24 137	24 770	24 340	26 041	29 103	33 127
Per capita	186	196	212	220	222	215	227	250	280
At constant prices	21 355	21 893	23 344	24 137	25 157	26 285	27 393	28 611	29 956
Growth rates	2.9	2.5	6.6	3.4	4.2	4.5	4.2	4.4	4.7
Barbados Barbados									
At current prices	1 449	1 541	1 697	1 710	1 687	1 580	1 641	1 727	1 872
Per capita	5 681	6 043	6 631	6 655	6 539	6 099	6 337	6 643	7 173
At constant prices	1 649	1 706	1 767	1 710	1 641	1 539	1 563	1 622	1 665
Growth rates	2.6	3.5	3.6	−3.2	−4.0	−6.2	1.5	3.8	2.7
Belarus Bélarus									
At current prices	54 733	55 184	62 925	64 114	49 086	4 731	6 667	5 871	10 293
Per capita	5 409	5 425	6 158	6 249	4 769	459	645	567	994
At constant prices	58 999	60 264	65 024	64 114	63 344	56 350	50 388	44 049	39 644
Growth rates	0.7	2.1	7.9	−1.4	−1.2	−11.0	−10.6	−12.6	−10.0
Belgium Belgique									
At current prices	139 600	151 306	152 946	192 003	197 187	220 794	210 097	227 937	269 199
Per capita	14 128	15 283	15 413	19 295	19 754	22 040	20 893	22 584	26 582
At constant prices	171 328	179 721	185 769	192 003	196 259	199 849	196 598	200 961	204 779
Growth rates	2.0	4.9	3.4	3.4	2.2	1.8	−1.6	2.2	1.9
Belize Belize									
At current prices	276	315	363	396	430	468	497	511	547
Per capita	1 589	1 769	1 984	2 120	2 242	2 376	2 451	2 459	2 569
At constant prices	297	323	363	396	413	443	486	515	535
Growth rates	11.6	9.0	12.2	9.3	4.2	7.2	9.8	6.0	3.7
Benin Bénin									
At current prices	1 562	1 620	1 502	1 845	1 899	2 156	2 125	1 523	2 117
Per capita	365	367	330	394	394	434	416	290	391
At constant prices	1 746	1 799	1 786	1 845	1 888	1 917	1 965	2 032	2 148
Growth rates	−1.5	3.0	−0.7	3.3	2.4	1.6	2.5	3.4	5.7
Bermuda Bermudes									
At current prices	1 415	1 501	1 592	1 635	1 705	1 720	1 864	1 921	2 047
Per capita	24 398	25 449	26 540	26 802	27 503	27 745	29 586	30 486	32 495
At constant prices	1 687	1 694	1 695	1 635	1 661	1 591	1 665	1 677	1 711
Growth rates	4.1	0.4	0.0	−3.5	1.6	−4.2	4.7	0.7	2.0
Bhutan Bhoutan									
At current prices	278	283	270	285	242	245	236	263	294
Per capita	182	180	168	173	145	145	138	151	166
At constant prices	253	256	268	285	294	312	325	345	372
Growth rates	17.8	1.0	4.7	6.3	3.4	6.1	4.2	6.0	8.0
Bolivia Bolivie									
At current prices	4 953	4 598	4 716	4 868	5 343	5 644	5 835	6 155	6 737
Per capita	806	732	734	741	794	819	826	851	909
At constant prices	4 480	4 613	4 743	4 868	5 093	5 235	5 450	5 729	5 932
Growth rates	2.6	3.0	2.8	2.6	4.6	2.8	4.1	5.1	3.5
Bosnia & Herzegovina Bosnie−Herzégovine									
At current prices	9 384	7 772	10 253	13 012	14 377	1 377	1 222	1 088	968
Per capita	2 199	1 794	2 355	3 020	3 437	345	323	300	271
At constant prices	17 059	16 682	16 943	13 012	11 438	10 054	8 837	7 768	6 214
Growth rates	−1.6	−2.2	1.6	−23.2	−12.1	−12.1	−12.1	−12.1	−20.0

22
Gross domestic product: total and per capita
In US dollars (millions) [1] at current and constant 1990 prices; per capita US$;
real rates of growth [cont.]

Produit intérieur brut : total et par habitant
En monnaie dollars de E−u (millions) [1] aux prix courants et constants de 1990; par habitant;
taux de l'accroissement réels [suite]

Country or area Pays ou zone	1987	1988	1989	1990	1991	1992	1993	1994	1995
Botswana Botswana									
At current prices	1 674	2 076	2 716	3 514	3 698	3 969	3 766	4 140	5 278
Per capita	1 450	1 738	2 201	2 762	2 823	2 948	2 727	2 924	3 640
At constant prices	2 368	2 730	3 326	3 514	3 820	4 062	4 057	4 223	4 355
Growth rates	8.9	15.3	21.9	5.6	8.7	6.3	−0.1	4.1	3.1
Brazil Brésil									
At current prices	294 198	329 006	446 644	438 235	386 081	377 943	438 930	564 553	717 187
Per capita	2 094	2 299	3 068	2 961	2 568	2 477	2 836	3 598	4 510
At constant prices	448 944	448 944	448 944	438 235	439 882	435 764	453 886	480 246	500 416
Growth rates	7.1	0.0	0.0	−2.4	0.4	−0.9	4.2	5.8	4.2
British Virgin Islands Iles Vierges britanniques									
At current prices	117	131	156	163	166	194	210	238	268
Per capita	7 777	8 743	9 762	10 164	9 778	11 396	11 661	13 220	14 122
At constant prices	117	135	150	163	166	170	176	182	189
Growth rates	3.8	14.7	11.3	8.6	2.0	2.5	3.5	3.5	3.7
Brunei Darussalam Brunéi Darussalam									
At current prices	2 753	2 689	2 996	3 590	3 826	4 038	4 015	4 325	4 888
Per capita	11 665	11 066	11 983	13 969	14 492	14 846	14 392	15 123	16 683
At constant prices	3 494	3 532	3 494	3 590	3 735	3 694	3 713	3 780	3 848
Growth rates	2.0	1.1	−1.1	2.7	4.0	−1.1	0.5	1.8	1.8
Bulgaria Bulgarie									
At current prices	41 990	46 199	47 118	20 726	7 628	8 605	10 835	9 709	12 918
Per capita	4 724	5 230	5 371	2 377	880	997	1 262	1 136	1 518
At constant prices	24 597	25 190	25 116	20 726	18 301	17 258	16 999	16 985	17 410
Growth rates	5.1	2.4	−0.3	−17.5	−11.7	−5.7	−1.5	−0.1	2.5
Burkina Faso Burkina Faso									
At current prices	1 588	1 694	1 654	2 015	1 986	2 197	2 136	1 377	1 726
Per capita	191	198	187	222	212	228	216	135	165
At constant prices	1 926	1 965	1 975	2 015	2 054	2 103	2 136	2 162	2 259
Growth rates	1.5	2.0	0.5	2.0	2.0	2.4	1.6	1.2	4.5
Burundi Burundi									
At current prices	1 162	1 089	1 132	1 215	1 276	1 240	1 079	1 133	1 241
Per capita	230	209	211	221	228	217	185	191	205
At constant prices	1 104	1 159	1 174	1 215	1 276	1 310	1 236	1 158	1 234
Growth rates	4.1	5.0	1.3	3.5	5.0	2.7	−5.7	−6.3	6.6
Cambodia Cambodge									
At current prices	625	765	852	861	825	878	893	1 068	1 303
Per capita	79	94	101	99	92	95	94	109	130
At constant prices	786	878	861	861	870	930	983	1 036	1 114
Growth rates	−1.3	11.7	−1.9	0.0	1.0	7.0	5.7	5.3	7.6
Cameroon Cameroun									
At current prices	13 050	12 236	11 012	12 247	11 766	11 993	10 958	6 168	8 273
Per capita	1 236	1 127	986	1 066	996	988	878	481	627
At constant prices	14 444	13 233	12 893	12 247	12 102	11 702	11 316	10 898	11 235
Growth rates	−2.2	−8.4	−2.6	−5.0	−1.2	−3.3	−3.3	−3.7	3.1
Canada Canada									
At current prices	412 355	488 206	544 892	568 072	584 011	565 132	547 247	541 965	561 008
Per capita	15 472	18 058	19 871	20 441	20 751	19 842	19 000	18 525	18 943
At constant prices	530 236	556 558	569 735	568 072	557 737	562 271	575 017	601 400	615 392
Growth rates	4.1	5.0	2.4	−0.3	−1.8	0.8	2.3	4.6	2.3
Cape Verde Cap−Vert									
At current prices	248	286	282	328	341	385	338	343	384
Per capita	773	876	848	963	976	1 075	920	910	994
At constant prices	280	302	317	328	346	363	372	382	396
Growth rates	7.6	7.6	4.9	3.7	5.3	5.1	2.5	2.6	3.5
Cayman Islands Iles Caïmanes									
At current prices	282	345	395	492	513	548	568	583	582
Per capita	12 283	14 375	15 800	18 910	19 012	19 584	19 576	19 419	18 770
At constant prices	349	399	434	492	498	513	523	529	555
Growth rates	9.3	14.2	8.8	13.2	1.3	2.9	2.1	1.0	5.0

22
Gross domestic product: total and per capita
In US dollars (millions) [1] at current and constant 1990 prices; per capita US$;
real rates of growth [cont.]

Produit intérieur brut : total et par habitant
En monnaie dollars de E−u (millions) [1] aux prix courants et constants de 1990; par habitant;
taux de l'accroissement réels [suite]

Country or area Pays ou zone	1987	1988	1989	1990	1991	1992	1993	1994	1995
Central African Rep. Rép. centrafricaine									
At current prices	1 201	1 265	1 228	1 492	1 477	1 541	1 506	1 012	1 239
Per capita	441	453	429	509	493	503	480	316	379
At constant prices	1 453	1 492	1 539	1 492	1 492	1 492	1 492	1 492	1 492
Growth rates	−3.0	2.7	3.2	−3.1	0.0	0.0	0.0	0.0	0.0
Chad Tchad									
At current prices	819	1 044	1 019	1 219	1 290	1 383	1 289	957	1 185
Per capita	157	196	188	220	227	237	215	155	187
At constant prices	1 009	1 163	1 214	1 219	1 323	1 424	1 475	1 535	1 552
Growth rates	−2.4	15.3	4.4	0.4	8.5	7.6	3.6	4.1	1.1
Chile Chili									
At current prices	20 682	24 150	28 183	30 386	34 396	42 748	45 638	52 176	67 296
Per capita	1 661	1 907	2 188	2 320	2 582	3 156	3 314	3 728	4 736
At constant prices	24 958	26 782	29 427	30 386	32 591	36 189	38 460	40 093	43 519
Growth rates	6.6	7.3	9.9	3.3	7.3	11.0	6.3	4.2	8.5
China †† Chine ††									
At current prices	321 391	401 072	449 104	387 772	406 090	483 047	601 083	540 513	697 614
Per capita	296	364	401	342	353	415	511	455	582
At constant prices	316 031	345 837	363 436	387 772	423 447	483 576	548 859	618 015	682 907
Growth rates	8.8	9.4	5.1	6.7	9.2	14.2	13.5	12.6	10.5
China, Hong Kong SAR † Chine, Hong−Kong RAS †									
At current prices	49 305	58 291	67 163	74 785	86 024	100 681	116 017	130 801	140 201
Per capita	8 876	10 415	11 898	13 109	14 888	17 169	19 482	21 642	22 898
At constant prices	65 312	70 516	72 322	74 785	78 567	83 488	88 607	92 495	97 822
Growth rates	13.0	8.0	2.6	3.4	5.1	6.3	6.1	4.4	5.8
Colombia Colombie									
At current prices	36 372	39 211	39 541	40 274	41 240	44 140	50 523	67 346	79 322
Per capita	1 186	1 253	1 238	1 236	1 241	1 302	1 463	1 914	2 215
At constant prices	35 887	37 345	38 620	40 274	41 080	42 742	44 955	47 540	50 024
Growth rates	5.4	4.1	3.4	4.3	2.0	4.0	5.2	5.8	5.2
Comoros Comores									
At current prices	196	207	199	250	247	264	264	193	225
Per capita	412	423	392	478	458	474	458	325	367
At constant prices	239	246	242	250	237	255	264	258	253
Growth rates	1.6	2.7	−1.6	3.4	−5.4	7.7	3.8	−2.2	−2.3
Congo Congo									
At current prices	2 298	2 212	2 425	2 840	2 909	2 827	3 071	2 165	2 614
Per capita	1 126	1 053	1 119	1 272	1 264	1 192	1 257	860	1 008
At constant prices	2 706	2 753	2 802	2 840	2 785	2 814	2 876	2 832	2 821
Growth rates	0.2	1.8	1.8	1.3	−1.9	1.1	2.2	−1.5	−0.4
Cook Islands Iles Cook									
At current prices	45	58	61	64	67	68	74	87	103
Per capita	2 656	3 238	3 403	3 543	3 544	3 587	3 897	4 592	5 432
At constant prices	55	59	63	64	65	66	68	69	70
Growth rates	0.1	7.1	6.7	1.7	2.1	2.0	1.7	1.5	1.3
Costa Rica Costa Rica									
At current prices	4 533	4 614	5 226	5 709	5 637	6 738	7 521	8 317	9 233
Per capita	1 620	1 604	1 768	1 881	1 811	2 111	2 300	2 485	2 696
At constant prices	5 044	5 218	5 513	5 709	5 838	6 290	6 688	6 991	7 169
Growth rates	4.8	3.4	5.7	3.6	2.3	7.7	6.3	4.5	2.5
Côte d'Ivoire Côte d'Ivoire									
At current prices	10 088	10 253	9 758	10 795	10 492	11 153	10 404	7 449	10 078
Per capita	953	938	864	924	868	892	805	559	736
At constant prices	10 483	10 599	10 914	10 795	10 798	10 772	10 748	10 942	11 653
Growth rates	−0.3	1.1	3.0	−1.1	0.0	−0.2	−0.2	1.8	6.5
Croatia Croatie									
At current prices	13 840	12 289	15 709	19 461	18 338	10 162	11 685	14 216	18 081
Per capita	3 078	2 727	3 481	4 308	4 059	2 250	2 589	3 153	4 014
At constant prices	21 804	21 601	21 270	19 461	15 609	13 875	13 757	13 840	14 070
Growth rates	−0.1	−0.9	−1.5	−8.5	−19.8	−11.1	−0.9	0.6	1.7

22
Gross domestic product: total and per capita
In US dollars (millions)[1] at current and constant 1990 prices; per capita US$;
real rates of growth [cont.]
Produit intérieur brut : total et par habitant
En monnaie dollars de E−u (millions)[1] aux prix courants et constants de 1990; par habitant;
taux de l'accroissement réels [suite]

Country or area Pays ou zone	1987	1988	1989	1990	1991	1992	1993	1994	1995
Cuba Cuba									
At current prices	18 080	18 981	19 230	19 645	16 248	14 905	15 094	19 198	21 737
Per capita	1 752	1 820	1 826	1 848	1 517	1 382	1 391	1 760	1 983
At constant prices	19 387	20 105	20 242	19 645	17 544	15 513	13 205	13 299	13 626
Growth rates	−4.8	3.7	0.7	−2.9	−10.7	−11.6	−14.9	0.7	2.5
Cyprus Chypre									
At current prices	3 701	4 270	4 561	5 558	5 734	6 874	6 533	7 264	8 537
Per capita	5 416	6 421	6 788	8 162	8 286	9 750	9 086	9 924	11 459
At constant prices	4 416	4 798	5 181	5 558	5 590	6 135	6 239	6 615	6 944
Growth rates	7.3	8.7	8.0	7.3	0.6	9.7	1.7	6.0	5.0
Czech Republic République tchèque									
At current prices	36 163	35 755	34 855	31 606	24 308	27 990	31 238	36 037	45 667
Per capita	3 509	3 469	3 381	3 067	2 360	2 719	3 037	3 507	4 450
At constant prices	29 993	30 608	31 995	31 606	27 113	25 381	25 143	25 802	27 050
Growth rates	0.6	2.1	4.5	−1.2	−14.2	−6.4	−0.9	2.6	4.8
Dem. Rep. of the Congo Rép. dém. du Congo									
At current prices	7 662	5 520	11 470	11 195	9 078	8 208	10 708	4 993	5 337
Per capita	227	158	318	299	233	202	253	114	117
At constant prices	11 570	11 640	11 475	11 195	9 820	8 795	7 520	6 978	6 929
Growth rates	2.6	0.6	−1.4	−2.4	−12.3	−10.4	−14.5	−7.2	−0.7
Denmark Danemark									
At current prices	102 321	108 751	104 956	129 126	129 425	141 819	134 936	145 992	173 357
Per capita	19 996	21 232	20 463	25 122	25 112	27 426	26 004	28 038	33 191
At constant prices	125 137	126 595	127 308	129 126	130 861	131 158	133 108	138 940	142 818
Growth rates	0.3	1.2	0.6	1.4	1.3	0.2	1.5	4.4	2.8
Djibouti Djibouti									
At current prices	387	418	428	465	466	486	507	524	537
Per capita	874	891	867	899	868	878	889	896	893
At constant prices	415	440	447	465	459	473	485	493	494
Growth rates	6.5	6.1	1.4	4.0	−1.1	3.0	2.4	1.7	0.2
Dominica Dominica									
At current prices	126	146	157	167	177	189	196	201	201
Per capita	1 745	2 023	2 174	2 355	2 498	2 668	2 762	2 835	2 831
At constant prices	147	160	159	167	170	175	179	181	178
Growth rates	7.6	8.7	−0.4	5.3	1.8	2.9	2.1	1.0	−1.5
Dominican Republic Rép. dominicaine									
At current prices	5 081	4 638	6 687	7 074	7 590	8 822	9 610	10 350	11 801
Per capita	762	681	960	995	1 046	1 192	1 274	1 347	1 508
At constant prices	7 015	7 166	7 482	7 074	7 142	7 715	7 946	8 291	8 685
Growth rates	10.1	2.2	4.4	−5.5	1.0	8.0	3.0	4.3	4.7
Ecuador Equateur									
At current prices	10 527	10 012	9 823	10 686	11 752	12 656	14 304	16 606	17 939
Per capita	1 101	1 022	980	1 041	1 119	1 178	1 303	1 480	1 565
At constant prices	9 360	10 345	10 372	10 686	11 222	11 622	11 858	12 370	12 660
Growth rates	−6.0	10.5	0.3	3.0	5.0	3.6	2.0	4.3	2.3
Egypt Egypte									
At current prices	74 209	87 299	82 829	56 607	35 100	40 999	46 908	51 687	60 436
Per capita	1 416	1 625	1 505	1 005	610	699	784	848	973
At constant prices	46 523	48 385	52 684	56 607	58 943	61 149	64 175	66 909	72 857
Growth rates	7.9	4.0	8.9	7.4	4.1	3.7	4.9	4.3	8.9
El Salvador ElSalvador									
At current prices	4 628	5 473	6 446	5 328	5 313	5 961	6 955	8 090	9 398
Per capita	969	1 128	1 306	1 059	1 034	1 133	1 290	1 463	1 660
At constant prices	5 365	5 452	5 509	5 328	5 518	5 935	6 373	6 754	7 193
Growth rates	2.7	1.6	1.0	−3.3	3.6	7.5	7.4	6.0	6.5
Equatorial Guinea Guinée équatoriale									
At current prices	131	144	132	163	165	185	181	133	155
Per capita	393	423	384	463	457	502	478	343	388
At constant prices	152	160	156	163	169	174	179	174	176
Growth rates	7.5	5.3	−2.8	4.5	3.5	3.2	2.7	−2.8	1.2

22
Gross domestic product: total and per capita
In US dollars (millions) [1] at current and constant 1990 prices; per capita US$;
real rates of growth [cont.]
Produit intérieur brut : total et par habitant
En monnaie dollars de E−u (millions) [1] aux prix courants et constants de 1990; par habitant;
taux de l'accroissement réels [suite]

Country or area Pays ou zone	1987	1988	1989	1990	1991	1992	1993	1994	1995
Eritrea Erythrée									
At current prices	...	...	...	...	...	474	308	315	304
Per capita	...	...	...	...	...	160	102	102	96
At constant prices	...	...	...	...	...	657	668	700	754
Growth rates	...	...	...	...	...	...	1.7	4.8	7.7
Estonia Estonie									
At current prices	8 605	9 563	10 324	12 073	10 549	1 123	1 668	2 317	3 620
Per capita	5 559	6 126	6 576	7 685	6 745	725	1 092	1 538	2 433
At constant prices	11 370	11 943	12 908	12 073	10 428	8 943	8 174	7 910	8 108
Growth rates	5.0	5.0	8.1	−6.5	−13.6	−14.2	−8.6	−3.2	2.5
Ethiopia including Eritrea	**Ethiopie y compris Erythrée**								
At current prices	7 488	7 728	8 151	8 634	9 573	...	...	...	...
Per capita	161	161	165	169	182	...	...	...	...
At constant prices	8 377	8 534	8 671	8 634	8 113	...	...	...	...
Growth rates	9.6	1.9	1.6	−0.4	−6.0	...	...	...	...
Ethiopia Ethiopie									
At current prices	...	...	...	...	...	8 215	5 380	5 582	5 408
Per capita	...	...	...	...	...	160	102	102	96
At constant prices	...	...	...	...	...	9 799	9 966	10 444	11 248
Growth rates	...	...	...	...	...	...	1.7	4.8	7.7
Fiji Fidji									
At current prices	1 178	1 110	1 255	1 381	1 475	1 582	1 647	1 869	2 033
Per capita	1 654	1 552	1 743	1 902	2 006	2 120	2 171	2 425	2 593
At constant prices	1 107	1 127	1 276	1 381	1 471	1 543	1 623	1 633	1 665
Growth rates	−6.5	1.8	13.2	8.2	6.5	4.9	5.2	0.6	2.0
Finland Finlande									
At current prices	88 010	103 840	113 488	134 806	121 382	106 438	84 449	97 620	124 881
Per capita	17 827	20 969	22 844	27 037	24 233	21 144	16 690	19 201	24 453
At constant prices	121 595	127 558	134 789	134 806	125 281	120 832	119 412	124 647	129 942
Growth rates	4.1	4.9	5.7	0.0	−7.1	−3.6	−1.2	4.4	4.2
France France									
At current prices	887 859	962 765	965 452	1 195 432	1 201 012	1 324 293	1 250 687	1 328 539	1 536 475
Per capita	15 918	17 164	17 116	21 077	21 063	23 107	21 717	22 963	26 444
At constant prices	1 070 467	1 118 621	1 166 187	1 195 432	1 204 763	1 221 018	1 203 115	1 235 420	1 262 814
Growth rates	2.3	4.5	4.3	2.5	0.8	1.3	−1.5	2.7	2.2
French Guiana Guyane française									
At current prices	612	827	891	1 199	1 312	1 507	2 023	2 533	3 459
Per capita	6 063	7 806	8 026	10 244	10 669	11 680	14 987	17 966	23 530
At constant prices	745	976	1 082	1 199	1 329	1 752	2 460	2 975	3 599
Growth rates	21.2	30.9	10.9	10.7	10.9	31.8	40.4	20.9	20.9
French Polynesia Polynesie française									
At current prices	2 342	2 475	2 428	2 930	2 975	3 265	3 479	3 565	4 329
Per capita	12 799	13 166	12 581	14 872	14 729	15 849	16 565	16 581	19 766
At constant prices	2 672	2 736	2 818	2 930	3 045	3 091	3 154	3 264	3 346
Growth rates	7.1	2.4	3.0	4.0	3.9	1.5	2.0	3.5	2.5
Gabon Gabon									
At current prices	3 909	3 917	4 214	5 489	5 434	5 913	5 715	4 431	5 387
Per capita	4 577	4 446	4 641	5 871	5 649	5 973	5 614	4 236	5 007
At constant prices	5 425	5 234	5 335	5 489	5 598	5 708	5 830	5 851	5 909
Growth rates	−15.7	−3.5	1.9	2.9	2.0	2.0	2.1	0.4	1.0
Gambia Gambie									
At current prices	210	244	256	287	298	332	337	339	357
Per capita	260	289	290	312	311	332	324	315	321
At constant prices	256	267	282	287	303	304	324	305	314
Growth rates	1.5	4.6	5.6	1.7	5.5	0.4	6.6	−5.9	3.0
Georgia Géorgie									
At current prices	21 724	23 346	23 114	22 470	10 941	716	2 195	1 322	1 869
Per capita	4 045	4 316	4 250	4 115	2 000	131	402	242	343
At constant prices	21 463	22 090	22 546	22 470	17 954	10 718	6 495	4 547	4 660
Growth rates	−1.1	2.9	2.1	−0.3	−20.1	−40.3	−39.4	−30.0	2.5

22
Gross domestic product: total and per capita
In US dollars (millions) [1] at current and constant 1990 prices; per capita US$;
real rates of growth [cont.]
Produit intérieur brut : total et par habitant
En monnaie dollars de E−u (millions) [1] aux prix courants et constants de 1990; par habitant;
taux de l'accroissement réels [suite]

Country or area Pays ou zone	1987	1988	1989	1990	1991	1992	1993	1994	1995
Germany † Allemagne †									
At current prices	...	...	...	...	1 719 513	1 969 455	1 910 157	2 046 106	2 417 762
Per capita	...	...	...	...	21 540	24 525	23 649	25 196	29 632
At constant prices	...	...	...	...	1 705 628	1 743 164	1 722 961	1 772 930	1 807 119
Growth rates	...	...	...	...	3.6	2.2	−1.2	2.9	1.9
F. R. Germany R.F. Allemagne									
At current prices	1 107 422	1 193 475	1 183 213	1 501 516	...	...	...	...	...
Per capita	18 125	19 504	19 310	24 485	...	...	...	...	...
At constant prices	1 321 601	1 370 810	1 420 495	1 501 516	...	...	...	...	...
Growth rates	1.5	3.7	3.6	5.7	...	...	...	...	...
former German D. R. l'ex−R.d. allemande									
At current prices	154 676	163 779	151 011	144 519	...	...	...	...	...
Per capita	9 380	9 989	9 258	8 894	...	...	...	...	...
At constant prices	161 354	166 368	170 266	144 519	...	...	...	...	...
Growth rates	3.3	3.1	2.3	−15.1	...	...	...	...	...
Ghana Ghana									
At current prices	4 853	5 195	5 249	6 226	7 000	6 884	6 059	5 349	6 875
Per capita	354	367	360	415	453	432	370	317	397
At constant prices	5 429	5 732	6 025	6 226	6 556	6 812	7 138	7 410	7 921
Growth rates	4.8	5.6	5.1	3.3	5.3	3.9	4.8	3.8	6.9
Greece Grèce									
At current prices	46 312	53 379	54 211	66 560	70 713	77 809	73 109	77 758	90 785
Per capita	4 609	5 282	5 333	6 513	6 884	7 538	7 051	7 467	8 684
At constant prices	61 891	64 646	66 934	66 560	68 852	69 155	68 528	69 528	70 849
Growth rates	−0.5	4.5	3.5	−0.6	3.4	0.4	−0.9	1.5	1.9
Grenada Grenade									
At current prices	150	166	182	200	210	214	214	222	229
Per capita	1 671	1 847	2 000	2 202	2 309	2 352	2 322	2 413	2 485
At constant prices	176	180	191	200	208	210	207	212	211
Growth rates	9.3	2.4	5.8	5.2	3.6	1.1	−1.3	2.3	−0.5
Guadeloupe Guadeloupe									
At current prices	2 045	2 187	2 204	2 791	2 909	3 395	3 323	3 512	3 877
Per capita	5 543	5 815	5 740	7 139	7 310	8 403	8 086	8 401	9 145
At constant prices	2 500	2 590	2 707	2 791	2 681	2 728	2 801	2 855	2 772
Growth rates	11.5	3.6	4.5	3.1	−4.0	1.8	2.7	1.9	−2.9
Guatemala Guatemala									
At current prices	7 084	7 843	8 410	7 650	9 406	10 434	11 400	12 967	14 783
Per capita	840	903	941	832	994	1 071	1 137	1 256	1 392
At constant prices	6 871	7 139	7 420	7 650	7 930	8 309	8 641	8 985	9 421
Growth rates	3.5	3.9	3.9	3.1	3.7	4.8	4.0	4.0	4.9
Guinea Guinée									
At current prices	2 041	2 384	2 432	2 764	3 016	3 000	2 944	2 997	3 245
Per capita	391	446	440	480	498	469	435	423	442
At constant prices	2 353	2 498	2 630	2 764	2 895	3 048	3 141	3 223	3 352
Growth rates	6.1	6.2	5.2	5.1	4.8	5.3	3.1	2.6	4.0
Guinea−Bissau Guinée−Bissau									
At current prices	165	155	198	233	234	221	234	191	141
Per capita	182	168	210	242	237	220	228	182	131
At constant prices	202	216	226	233	240	247	255	260	263
Growth rates	5.6	6.9	4.5	3.3	3.0	2.8	3.0	2.3	1.0
Guyana Guyana									
At current prices	344	414	380	396	348	374	467	540	603
Per capita	433	521	480	498	436	464	574	658	726
At constant prices	457	430	409	396	420	453	490	533	563
Growth rates	−0.1	−6.0	−4.9	−3.0	6.1	7.8	8.2	8.9	5.5
Haiti Haïti									
At current prices	1 959	1 883	2 167	2 498	2 638	1 624	1 490	1 841	2 750
Per capita	321	303	341	386	400	241	217	263	386
At constant prices	2 470	2 474	2 501	2 498	2 619	2 274	2 219	2 034	2 124
Growth rates	−0.7	0.2	1.1	−0.1	4.9	−13.2	−2.4	−8.3	4.4

22
Gross domestic product: total and per capita
In US dollars (millions) [1] at current and constant 1990 prices; per capita US$;
real rates of growth [cont.]
Produit intérieur brut : total et par habitant
En monnaie dollars de E−u (millions) [1] aux prix courants et constants de 1990; par habitant;
taux de l'accroissement réels [suite]

Country or area Pays ou zone	1987	1988	1989	1990	1991	1992	1993	1994	1995
Holy See Saint−Siège									
At current prices	13	15	15	19	20	21	17	18	19
Per capita	13 347	14 736	15 266	19 205	20 191	21 370	17 238	17 800	19 121
At constant prices	18	18	19	19	19	20	19	20	20
Growth rates	3.1	4.1	2.9	2.1	1.2	0.7	−1.2	2.2	3.0
Honduras Honduras									
At current prices	4 152	4 625	5 167	3 049	3 068	3 419	3 506	3 415	3 944
Per capita	932	1 007	1 091	625	610	660	657	622	697
At constant prices	2 791	2 920	3 046	3 049	3 148	3 325	3 532	3 480	3 607
Growth rates	6.0	4.6	4.3	0.1	3.3	5.6	6.2	−1.5	3.6
Hungary Hongrie									
At current prices	28 799	30 840	31 484	35 680	33 429	37 255	38 597	41 506	43 712
Per capita	2 743	2 949	3 024	3 442	3 240	3 629	3 778	4 084	4 325
At constant prices	36 726	36 702	36 973	35 680	31 393	30 431	30 256	31 148	31 771
Growth rates	4.1	−0.1	0.7	−3.5	−12.0	−3.1	−0.6	2.9	2.0
Iceland Islande									
At current prices	5 407	5 966	5 403	6 244	6 725	6 913	6 078	6 213	7 052
Per capita	21 889	23 962	21 440	24 486	26 064	26 590	23 108	23 356	26 217
At constant prices	6 187	6 165	6 177	6 244	6 326	6 115	6 167	6 386	6 518
Growth rates	8.8	−0.3	0.2	1.1	1.3	−3.3	0.9	3.6	2.1
India Inde									
At current prices	257 070	284 385	281 545	305 958	271 211	272 137	262 691	301 404	338 785
Per capita	321	348	337	360	313	308	293	330	365
At constant prices	247 179	271 708	289 566	305 958	307 253	323 458	336 056	357 237	383 413
Growth rates	4.8	9.9	6.6	5.7	0.4	5.3	3.9	6.3	7.3
Indonesia Indonésie									
At current prices	75 930	84 300	94 452	106 141	116 649	128 471	158 007	176 892	201 183
Per capita	437	477	525	581	628	681	825	909	1 019
At constant prices	87 072	92 105	98 974	106 141	113 477	120 774	128 576	138 271	149 347
Growth rates	4.9	5.8	7.5	7.2	6.9	6.4	6.5	7.5	8.0
Iran, Islamic Rep. of Iran, Rép. islamique d'									
At current prices	279 163	324 752	385 877	538 106	742 216	1 013 928	73 838	73 414	105 545
Per capita	5 258	5 886	6 744	9 087	12 134	16 076	1 138	1 101	1 544
At constant prices	510 437	466 129	481 587	538 106	599 692	634 038	644 126	648 899	676 123
Growth rates	1.2	−8.7	3.3	11.7	11.4	5.7	1.6	0.7	4.2
Iraq Iraq									
At current prices	57 586	64 444	67 640	74 945	64 146	99 106	128 082	157 798	227 229
Per capita	3 503	3 785	3 848	4 146	3 465	5 244	6 650	8 030	11 308
At constant prices	79 791	82 227	74 933	74 945	25 392	26 154	19 314	14 872	14 277
Growth rates	19.4	3.1	−8.9	0.0	−66.1	3.0	−26.2	−23.0	−4.0
Ireland Irlande									
At current prices	31 302	34 495	35 973	44 789	45 348	50 997	47 507	51 958	61 769
Per capita	8 837	9 783	10 246	12 786	12 945	14 525	13 485	14 694	17 419
At constant prices	37 700	39 308	41 712	44 789	45 969	47 783	49 258	52 576	57 991
Growth rates	4.7	4.3	6.1	7.4	2.6	3.9	3.1	6.7	10.3
Israel Israël									
At current prices	38 557	47 142	46 835	55 038	62 909	69 907	69 889	78 439	92 480
Per capita	8 827	10 608	10 318	11 811	13 073	14 012	13 495	14 629	16 738
At constant prices	50 203	51 444	51 679	55 038	59 277	63 703	66 093	70 674	75 667
Growth rates	7.1	2.5	0.5	6.5	7.7	7.5	3.8	6.9	7.1
Italy Italie									
At current prices	759 066	838 823	869 813	1 095 122	1 152 218	1 220 376	985 054	1 017 777	1 093 799
Per capita	13 347	14 736	15 266	19 205	20 191	21 370	17 238	17 800	19 121
At constant prices	1 000 935	1 041 622	1 072 237	1 095 122	1 108 266	1 116 372	1 103 215	1 127 228	1 161 045
Growth rates	3.1	4.1	2.9	2.1	1.2	0.7	−1.2	2.2	3.0
Jamaica Jamaïque									
At current prices	3 030	3 540	4 063	4 242	3 645	3 159	3 839	3 870	4 391
Per capita	1 294	1 508	1 725	1 793	1 531	1 316	1 585	1 583	1 779
At constant prices	3 791	3 847	4 023	4 242	4 274	4 338	4 399	4 432	4 454
Growth rates	6.1	1.5	4.6	5.5	0.7	1.5	1.4	0.7	0.5

22

Gross domestic product: total and per capita
In US dollars (millions) [1] at current and constant 1990 prices; per capita US$;
real rates of growth [cont.]

Produit intérieur brut : total et par habitant
En monnaie dollars de E−u (millions) [1] aux prix courants et constants de 1990; par habitant;
taux de l'accroissement réels [suite]

Country or area Pays ou zone	1987	1988	1989	1990	1991	1992	1993	1994	1995
Japan Japon									
At current prices	2 418 139	2 918 246	2 899 379	2 970 093	3 407 114	3 725 205	4 275 525	4 687 133	5 217 573
Per capita	19 808	23 799	23 552	24 042	27 496	29 986	34 336	37 559	41 718
At constant prices	2 538 544	2 695 802	2 826 049	2 970 093	3 087 604	3 120 147	3 124 135	3 139 099	3 168 143
Growth rates	4.2	6.2	4.8	5.1	4.0	1.1	0.1	0.5	0.9
Jordan Jordanie									
At current prices	6 526	6 050	4 128	4 020	4 193	5 138	5 501	5 997	6 598
Per capita	1 628	1 489	997	944	946	1 105	1 124	1 166	1 228
At constant prices	4 687	4 600	3 982	4 020	4 094	4 752	5 030	5 426	5 774
Growth rates	2.9	−1.9	−13.5	1.0	1.8	16.1	5.9	7.9	6.4
Kazakhstan Kazakhstan									
At current prices	62 857	69 036	71 132	69 017	49 089	6 147	11 895	12 659	16 730
Per capita	3 869	4 197	4 281	4 122	2 919	365	706	752	995
At constant prices	49 683	54 267	59 731	69 017	63 087	54 888	47 805	35 858	32 664
Growth rates	−1.4	9.2	10.1	15.5	−8.6	−13.0	−12.9	−25.0	−8.9
Kenya Kenya									
At current prices	7 971	8 520	8 340	8 533	8 043	7 951	5 520	7 024	8 960
Per capita	375	387	367	364	332	318	215	265	330
At constant prices	7 366	7 823	8 190	8 533	8 655	8 587	8 617	8 844	9 237
Growth rates	5.9	6.2	4.7	4.2	1.4	−0.8	0.4	2.6	4.4
Kiribati Kiribati									
At current prices	22	30	33	37	39	40	40	46	51
Per capita	319	427	465	507	536	537	527	598	654
At constant prices	27	33	34	37	38	39	39	40	41
Growth rates	−1.2	21.0	4.1	7.0	3.9	1.5	2.0	1.8	2.5
Korea, Dem. P. R. Corée, R.p. dém.									
At current prices	18 221	18 547	20 379	19 211	17 887	15 918	13 430	10 734	5 997
Per capita	935	939	1 016	943	865	757	628	494	271
At constant prices	17 834	18 841	19 950	19 211	19 215	18 251	17 612	17 313	16 516
Growth rates	6.6	5.6	5.9	−3.7	0.0	−5.0	−3.5	−1.7	−4.6
Korea, Republic of Corée, République de									
At current prices	136 317	182 009	222 150	253 672	294 176	307 938	332 822	380 820	437 233
Per capita	3 270	4 325	5 230	5 917	6 798	7 050	7 549	8 558	9 736
At constant prices	195 686	217 745	231 646	253 672	276 840	290 861	307 589	333 978	363 876
Growth rates	11.5	11.3	6.4	9.5	9.1	5.1	5.8	8.6	9.0
Kuwait Koweït									
At current prices	22 368	20 690	24 315	18 471	11 015	18 819	23 957	24 755	26 645
Per capita	11 524	10 088	11 442	8 619	5 258	9 447	12 853	14 113	15 757
At constant prices	23 302	20 960	26 387	18 471	11 289	21 141	25 786	25 691	26 748
Growth rates	8.1	−10.1	25.9	−30.0	−38.9	87.3	22.0	−0.4	4.1
Kyrgyzstan Kirghizistan									
At current prices	10 110	11 720	12 418	12 823	10 571	767	993	1 134	1 475
Per capita	2 415	2 745	2 861	2 918	2 387	173	223	255	331
At constant prices	11 387	11 015	12 138	12 823	12 285	10 577	8 937	7 141	6 700
Growth rates	8.4	−3.3	10.2	5.6	−4.2	−13.9	−15.5	−20.1	−6.2
Lao People's Dem. Rep. Rép. dé. pop. lao									
At current prices	1 016	579	720	869	1 033	1 193	1 344	1 561	1 755
Per capita	266	147	177	207	239	267	292	330	359
At constant prices	743	729	821	869	903	967	1 024	1 108	1 186
Growth rates	−1.1	−1.8	12.5	5.9	3.9	7.1	5.9	8.2	7.0
Latvia Lettonie									
At current prices	13 900	15 354	16 415	18 751	16 381	1 364	2 172	3 649	4 474
Per capita	5 261	5 759	6 120	6 986	6 133	516	832	1 419	1 764
At constant prices	16 685	17 719	19 034	18 751	16 798	10 943	9 316	9 376	9 228
Growth rates	1.5	6.2	7.4	−1.5	−10.4	−34.9	−14.9	0.6	−1.6
Lebanon Liban									
At current prices	3 680	2 840	2 317	3 325	4 043	5 039	6 845	7 296	9 371
Per capita	1 416	1 110	912	1 302	1 549	1 868	2 440	2 503	3 114
At constant prices	3 717	2 872	3 064	3 325	4 599	4 806	5 147	5 585	5 976
Growth rates	23.2	−22.7	6.7	8.5	38.3	4.5	7.1	8.5	7.0

22

Gross domestic product: total and per capita
In US dollars (millions) [1] at current and constant 1990 prices; per capita US$;
real rates of growth [cont.]
Produit intérieur brut : total et par habitant
En monnaie dollars de E−u (millions) [1] aux prix courants et constants de 1990; par habitant;
taux de l'accroissement réels [suite]

Country or area Pays ou zone	1987	1988	1989	1990	1991	1992	1993	1994	1995
Lesotho Lesotho									
At current prices	370	447	510	638	659	766	792	869	984
Per capita	224	264	294	358	360	408	411	440	486
At constant prices	476	537	605	638	651	661	693	787	845
Growth rates	5.1	13.0	12.7	5.3	2.1	1.4	5.0	13.5	7.4
Liberia Libéria									
At current prices	1 089	1 158	1 194	1 317	1 491	1 671	1 878	2 112	2 385
Per capita	452	461	464	511	596	707	848	997	1 124
At constant prices	1 242	1 277	1 313	1 317	1 355	1 381	1 411	1 442	1 481
Growth rates	1.8	2.8	2.8	0.3	2.9	1.9	2.2	2.2	2.7
Libyan Arab Jamah. Jamah. arabe libyenne									
At current prices	24 763	22 256	21 830	25 144	27 536	26 483	23 562	24 188	29 727
Per capita	6 062	5 255	4 976	5 532	5 849	5 432	4 668	4 629	5 498
At constant prices	23 113	22 884	23 519	25 144	26 401	26 797	26 959	27 309	27 636
Growth rates	−3.2	−1.0	2.8	6.9	5.0	1.5	0.6	1.3	1.2
Liechtenstein Liechtenstein									
At current prices	719	766	734	959	970	1 002	989	1 087	1 315
Per capita	25 687	27 345	26 218	33 073	33 455	34 564	32 968	36 220	42 416
At constant prices	877	903	938	959	959	956	948	960	967
Growth rates	2.0	2.9	3.9	2.3	0.0	−0.3	−0.8	1.2	0.7
Lithuania Lituanie									
At current prices	16 289	18 583	19 561	19 365	24 161	1 914	2 559	4 267	5 957
Per capita	4 480	5 054	5 270	5 182	6 441	510	682	1 140	1 595
At constant prices	17 414	19 378	20 021	19 365	16 828	17 763	12 372	12 493	12 865
Growth rates	5.8	11.3	3.3	−3.3	−13.1	5.6	−30.3	1.0	3.0
Luxembourg Luxembourg									
At current prices	6 095	6 805	7 178	8 989	9 336	10 558	10 793	11 938	14 289
Per capita	16 428	18 244	19 039	23 594	24 186	27 004	27 254	29 697	35 109
At constant prices	7 727	8 168	8 712	8 989	9 265	9 438	9 702	10 022	10 343
Growth rates	2.9	5.7	6.7	3.2	3.1	1.9	2.8	3.3	3.2
Madagascar Madagascar									
At current prices	2 566	2 442	2 498	3 080	2 673	2 996	3 371	2 977	3 198
Per capita	225	207	204	244	205	222	242	207	215
At constant prices	2 775	2 869	2 986	3 080	2 885	2 920	2 981	2 979	3 033
Growth rates	1.2	3.4	4.1	3.1	−6.3	1.2	2.1	0.0	1.8
Malawi Malawi									
At current prices	1 228	1 369	1 644	1 752	2 024	1 818	1 999	1 181	1 369
Per capita	151	159	182	188	213	190	209	123	142
At constant prices	1 556	1 597	1 676	1 752	1 878	1 711	1 876	2 171	2 271
Growth rates	2.4	2.6	5.0	4.6	7.2	−8.9	9.6	15.7	4.6
Malaysia Malaisie									
At current prices	31 602	34 696	37 852	42 822	47 111	58 014	63 842	72 140	86 856
Per capita	1 911	2 042	2 171	2 393	2 568	3 087	3 317	3 663	4 313
At constant prices	32 802	35 734	39 022	42 822	46 528	50 160	54 227	59 238	64 937
Growth rates	5.4	8.9	9.2	9.7	8.7	7.8	8.1	9.2	9.6
Maldives Maldives									
At current prices	95	112	127	146	165	192	217	241	274
Per capita	485	557	608	675	738	835	913	979	1 079
At constant prices	106	115	125	146	157	167	177	189	202
Growth rates	8.9	8.7	9.3	16.2	7.6	6.3	6.2	6.6	7.2
Mali Mali									
At current prices	1 999	2 067	2 073	2 510	2 451	2 786	2 590	1 813	2 403
Per capita	238	239	232	272	258	284	256	173	223
At constant prices	2 274	2 280	2 451	2 510	2 505	2 747	2 682	2 743	2 908
Growth rates	−2.4	0.2	7.5	2.4	−0.2	9.7	−2.4	2.3	6.0
Malta Malte									
At current prices	1 590	1 833	1 923	2 312	2 496	2 743	2 459	2 690	3 227
Per capita	4 555	5 222	5 463	6 531	7 012	7 640	6 812	7 391	8 793
At constant prices	1 855	2 011	2 175	2 312	2 457	2 572	2 687	2 803	2 971
Growth rates	4.1	8.4	8.2	6.3	6.3	4.7	4.5	4.3	6.0

22

Gross domestic product: total and per capita
In US dollars (millions) [1] at current and constant 1990 prices; per capita US$;
real rates of growth [cont.]

Produit intérieur brut : total et par habitant
En monnaie dollars de E−u (millions) [1] aux prix courants et constants de 1990; par habitant;
taux de l'accroissement réels [suite]

Country or area Pays ou zone	1987	1988	1989	1990	1991	1992	1993	1994	1995
Marshall Islands Iles Marshall									
At current prices	62	66	67	69	72	80	86	90	91
Per capita	1 465	1 508	1 481	1 506	1 503	1 625	1 680	1 696	1 649
At constant prices	65	68	67	69	69	69	71	73	71
Growth rates	13.2	5.1	−1.7	3.3	0.1	0.1	2.5	2.0	−2.0
Martinique Martinique									
At current prices	2 622	2 836	2 835	3 548	3 684	4 143	4 114	4 377	4 832
Per capita	7 534	8 058	7 963	9 856	10 121	11 257	11 059	11 640	12 717
At constant prices	3 068	3 254	3 447	3 548	3 408	3 467	3 561	3 628	3 523
Growth rates	7.3	6.1	5.9	2.9	−4.0	1.8	2.7	1.9	−2.9
Mauritania Mauritanie									
At current prices	910	965	1 006	1 050	1 136	1 146	894	903	912
Per capita	490	507	515	524	553	544	413	407	401
At constant prices	944	964	1 013	1 050	1 085	1 127	1 162	1 193	1 249
Growth rates	2.3	2.1	5.1	3.6	3.4	3.8	3.1	2.7	4.7
Mauritius Maurice									
At current prices	1 831	2 069	2 116	2 556	2 738	3 079	3 112	3 460	3 919
Per capita	1 776	1 991	2 021	2 418	2 566	2 854	2 853	3 134	3 508
At constant prices	2 137	2 281	2 385	2 556	2 661	2 827	2 983	3 126	3 255
Growth rates	10.2	6.8	4.6	7.2	4.1	6.2	5.5	4.8	4.1
Mexico Mexique									
At current prices	140 264	171 770	206 223	244 047	286 631	329 302	361 916	371 223	246 126
Per capita	1 785	2 144	2 525	2 932	3 380	3 812	4 114	4 145	2 700
At constant prices	223 309	226 091	233 661	244 047	252 898	259 991	261 552	270 734	251 949
Growth rates	1.9	1.2	3.3	4.4	3.6	2.8	0.6	3.5	−6.9
Micronesia, Fed. States of Micron, Etats fédérés de									
At current prices	144	187	194	193	209	204	211	237	259
Per capita	1 435	1 813	1 831	1 787	1 882	1 792	1 803	1 976	2 104
At constant prices	182	204	201	193	201	199	209	208	214
Growth rates	9.0	12.4	−1.7	−4.0	4.3	−1.2	5.2	−0.4	2.8
Monaco Monaco									
At current prices	462	498	513	632	632	715	673	713	847
Per capita	15 918	17 164	17 116	21 077	21 063	23 071	21 699	23 005	26 470
At constant prices	566	592	617	632	637	646	636	653	668
Growth rates	2.3	4.5	4.3	2.5	0.8	1.3	−1.5	2.7	2.2
Mongolia Mongolie									
At current prices	3 336	3 552	3 577	2 428	1 986	1 111	614	686	957
Per capita	1 642	1 695	1 658	1 096	875	479	260	284	388
At constant prices	2 275	2 391	2 491	2 428	2 204	1 994	1 934	1 979	2 104
Growth rates	4.9	5.1	4.2	−2.5	−9.2	−9.5	−3.0	2.3	6.3
Montserrat Montserrat									
At current prices	56	63	70	67	65	65	68	71	70
Per capita	5 051	5 741	6 364	6 061	5 941	5 901	6 200	6 447	6 400
At constant prices	59	69	75	67	51	52	53	53	52
Growth rates	11.6	16.0	9.1	−10.8	−23.4	1.3	1.9	0.8	−2.9
Morocco Maroc									
At current prices	18 703	22 079	22 847	25 825	27 836	28 560	26 865	31 081	33 561
Per capita	828	957	970	1 074	1 135	1 141	1 052	1 194	1 265
At constant prices	21 944	24 258	24 860	25 825	27 620	26 494	26 212	29 235	27 026
Growth rates	−2.5	10.5	2.5	3.9	6.9	−4.1	−1.1	11.5	−7.6
Mozambique Mozambique									
At current prices	1 465	1 249	1 349	1 481	1 371	1 098	1 247	1 267	1 326
Per capita	107	91	97	104	94	72	78	76	77
At constant prices	1 318	1 378	1 468	1 481	1 554	1 541	1 837	1 925	1 964
Growth rates	4.8	4.5	6.5	0.9	4.9	−0.8	19.2	4.8	2.0
Myanmar Myanmar									
At current prices	10 325	11 923	18 593	23 971	29 728	40 854	58 522	79 190	108 199
Per capita	264	299	458	580	706	954	1 343	1 787	2 399
At constant prices	25 363	22 483	23 314	23 971	23 815	26 116	27 693	29 773	31 895
Growth rates	−4.0	−11.4	3.7	2.8	−0.7	9.7	6.0	7.5	7.1

22
Gross domestic product: total and per capita
In US dollars (millions) [1] at current and constant 1990 prices; per capita US$;
real rates of growth [cont.]
Produit intérieur brut : total et par habitant
En monnaie dollars de E−u (millions) [1] aux prix courants et constants de 1990; par habitant;
taux de l'accroissement réels [suite]

Country or area Pays ou zone	1987	1988	1989	1990	1991	1992	1993	1994	1995
Namibia Namibie									
At current prices	1 909	2 096	2 132	2 270	2 388	2 758	2 556	2 926	3 162
Per capita	1 532	1 638	1 620	1 679	1 720	1 937	1 750	1 952	2 059
At constant prices	2 209	2 215	2 262	2 270	2 438	2 638	2 588	2 756	2 869
Growth rates	4.1	0.2	2.1	0.3	7.4	8.2	−1.9	6.5	4.1
Nauru Nauru									
At current prices	119	147	163	181	215	260	332	305	368
Per capita	13 231	16 340	18 161	18 076	21 516	26 023	33 209	30 531	33 476
At constant prices	128	153	170	181	188	201	219	229	245
Growth rates	−9.3	19.4	11.1	6.2	3.8	7.3	8.9	4.5	7.0
Nepal Népal									
At current prices	2 927	3 302	3 136	3 521	3 231	3 499	3 526	4 037	4 351
Per capita	169	185	172	188	168	177	173	193	203
At constant prices	2 995	3 225	3 365	3 521	3 745	3 899	4 031	4 319	4 570
Growth rates	1.7	7.7	4.3	4.6	6.4	4.1	3.4	7.1	5.8
Netherlands Pays−Bas									
At current prices	217 495	231 415	228 538	283 672	290 196	321 928	313 066	336 802	396 881
Per capita	14 837	15 687	15 390	18 972	19 273	21 227	20 494	21 896	25 635
At constant prices	253 798	260 435	272 622	283 672	290 271	296 151	298 409	308 524	315 129
Growth rates	1.4	2.6	4.7	4.1	2.3	2.0	0.8	3.4	2.1
Netherlands Antilles Antilles néerlandaises									
At current prices	1 190	1 324	1 397	1 559	1 522	1 624	1 626	1 684	1 754
Per capita	6 470	7 157	7 469	8 291	8 054	8 546	8 516	8 725	9 039
At constant prices	1 329	1 427	1 449	1 559	1 497	1 575	1 546	1 573	1 593
Growth rates	6.7	7.4	1.5	7.6	−4.0	5.2	−1.8	1.7	1.3
New Caledonia Nouvelle−Calédonie									
At current prices	1 488	2 073	2 185	2 529	2 654	2 924	3 070	3 039	3 520
Per capita	9 301	12 795	13 243	15 056	15 610	16 900	17 544	17 074	19 450
At constant prices	1 769	2 382	2 642	2 529	2 629	2 669	2 723	2 818	2 889
Growth rates	5.7	34.6	11.0	−4.3	3.9	1.5	2.0	3.5	2.5
New Zealand Nouvelle−Zélande									
At current prices	36 822	43 945	42 611	43 529	42 128	40 402	43 231	51 173	60 060
Per capita	11 192	13 277	12 785	12 955	12 413	11 769	12 437	14 542	16 866
At constant prices	43 474	43 109	43 831	43 529	43 236	44 168	46 599	49 408	51 087
Growth rates	1.2	−0.8	1.7	−0.7	−0.7	2.2	5.5	6.0	3.4
Nicaragua Nicaragua									
At current prices	3 947	663	1 024	2 214	1 740	1 845	1 969	1 851	1 912
Per capita	1 181	194	294	621	475	489	506	462	464
At constant prices	2 601	2 253	2 215	2 214	2 211	2 220	2 212	2 286	2 381
Growth rates	−14.9	−13.4	−1.7	0.0	−0.2	0.4	−0.4	3.3	4.2
Niger Niger									
At current prices	2 233	2 277	2 171	2 506	2 252	2 269	2 257	1 495	1 898
Per capita	317	314	290	324	282	275	264	169	207
At constant prices	2 330	2 376	2 436	2 506	2 569	2 402	2 407	2 469	2 563
Growth rates	−9.1	2.0	2.5	2.9	2.5	−6.5	0.2	2.6	3.8
Nigeria Nigéria									
At current prices	27 113	32 013	30 524	32 424	32 695	31 784	31 791	41 568	65 615
Per capita	308	353	327	337	330	311	302	383	587
At constant prices	25 437	27 955	29 968	32 424	33 966	34 951	35 740	36 230	37 281
Growth rates	−0.7	9.9	7.2	8.2	4.8	2.9	2.3	1.4	2.9
Norway Norvège									
At current prices	91 099	97 837	98 379	115 352	117 659	126 204	116 202	123 318	146 135
Per capita	21 763	23 272	23 296	27 199	27 619	29 501	27 043	28 586	33 734
At constant prices	113 768	113 193	113 587	115 352	118 714	122 636	125 182	132 314	136 679
Growth rates	2.0	−0.5	0.3	1.6	2.9	3.3	2.1	5.7	3.3
Oman Oman									
At current prices	8 628	8 386	9 372	11 685	11 341	12 452	12 493	12 919	13 753
Per capita	5 527	5 132	5 487	6 546	6 084	6 402	6 157	6 105	6 232
At constant prices	9 948	10 469	10 782	11 685	12 391	13 443	14 269	14 818	15 496
Growth rates	−4.0	5.2	3.0	8.4	6.0	8.5	6.1	3.8	4.6

22
Gross domestic product: total and per capita
In US dollars (millions) [1] at current and constant 1990 prices; per capita US$;
real rates of growth [cont.]

Produit intérieur brut : total et par habitant
En monnaie dollars de E−u (millions) [1] aux prix courants et constants de 1990; par habitant;
taux de l'accroissement réels [suite]

Country or area Pays ou zone	1987	1988	1989	1990	1991	1992	1993	1994	1995
Pakistan Pakistan									
At current prices	38 818	42 756	41 669	47 016	50 897	53 488	55 956	61 034	68 733
Per capita	358	382	360	395	415	425	433	460	504
At constant prices	40 665	42 682	44 585	47 016	50 700	51 671	53 672	56 024	59 354
Growth rates	7.6	5.0	4.5	5.5	7.8	1.9	3.9	4.4	5.9
Palau Palaos									
At current prices	45	58	68	76	85	86	86	99	109
Per capita	3 230	3 856	4 501	5 082	5 660	5 379	5 355	6 160	6 417
At constant prices	57	68	71	76	79	80	82	84	86
Growth rates	−1.2	21.0	4.1	7.0	3.9	1.5	2.0	1.8	2.5
Panama Panama									
At current prices	5 454	4 880	4 973	5 392	5 919	6 680	7 103	7 420	7 719
Per capita	2 416	2 118	2 115	2 248	2 422	2 682	2 799	2 870	2 934
At constant prices	5 824	5 058	5 020	5 392	5 818	6 238	6 496	6 738	6 940
Growth rates	3.0	−13.2	−0.8	7.4	7.9	7.2	4.1	3.7	3.0
Papua New Guinea Papouasie−Nvl−Guinée									
At current prices	3 144	3 656	3 546	3 221	3 788	4 292	5 090	5 239	4 657
Per capita	875	995	944	839	965	1 068	1 239	1 246	1 083
At constant prices	3 273	3 369	3 321	3 221	3 528	3 945	4 514	4 672	4 448
Growth rates	2.8	2.9	−1.4	−3.0	9.5	11.8	14.4	3.5	−4.8
Paraguay Paraguay									
At current prices	4 534	6 035	4 363	5 265	6 249	6 446	6 875	7 826	8 982
Per capita	1 179	1 520	1 065	1 248	1 439	1 445	1 501	1 664	1 860
At constant prices	4 538	4 827	5 107	5 265	5 395	5 492	5 719	5 899	6 171
Growth rates	4.3	6.4	5.8	3.1	2.5	1.8	4.1	3.1	4.6
Peru Pérou									
At current prices	44 014	38 372	43 133	36 117	42 609	41 870	40 246	50 062	58 750
Per capita	2 164	1 849	2 038	1 674	1 940	1 873	1 770	2 164	2 497
At constant prices	47 150	43 209	38 177	36 117	37 119	36 596	38 934	44 033	47 128
Growth rates	8.5	−8.4	−11.6	−5.4	2.8	−1.4	6.4	13.1	7.0
Philippines Philippines									
At current prices	33 196	37 885	42 575	44 312	45 418	52 976	54 368	64 084	74 134
Per capita	581	650	716	729	731	834	837	965	1 093
At constant prices	37 931	40 493	43 006	44 312	44 055	44 204	45 140	47 120	49 364
Growth rates	4.3	6.8	6.2	3.0	−0.6	0.3	2.1	4.4	4.8
Poland Pologne									
At current prices	59 030	63 481	75 928	58 976	76 478	84 357	85 995	92 597	117 906
Per capita	1 568	1 678	1 999	1 547	2 000	2 200	2 238	2 405	3 058
At constant prices	63 926	66 568	66 675	58 976	54 864	56 304	58 438	61 360	65 655
Growth rates	2.0	4.1	0.2	−11.5	−7.0	2.6	3.8	5.0	7.0
Portugal Portugal									
At current prices	41 820	47 999	51 699	67 238	77 409	95 029	84 736	86 986	102 352
Per capita	4 225	4 853	5 233	6 813	7 854	9 652	8 617	8 854	10 428
At constant prices	57 639	60 976	64 482	67 238	68 680	69 431	68 632	69 150	70 948
Growth rates	5.5	5.8	5.7	4.3	2.1	1.1	−1.2	0.8	2.6
Puerto Rico Porto Rico									
At current prices	26 178	28 267	30 604	32 287	34 630	36 922	39 536	42 364	45 200
Per capita	7 614	8 153	8 752	9 152	9 728	10 273	10 894	11 559	12 213
At constant prices	28 982	30 413	31 562	32 287	33 761	35 330	36 694	38 253	39 554
Growth rates	6.5	4.9	3.8	2.3	4.6	4.6	3.9	4.3	3.4
Qatar Qatar									
At current prices	5 446	6 038	6 488	7 360	6 884	7 646	7 157	7 374	7 679
Per capita	13 156	13 723	13 983	15 176	13 685	14 818	13 554	13 707	14 013
At constant prices	6 507	6 811	7 169	7 360	7 302	8 011	7 964	8 151	8 241
Growth rates	0.9	4.7	5.3	2.7	−0.8	9.7	−0.6	2.3	1.1
Republic of Moldova République de Moldova									
At current prices	14 804	16 194	17 895	19 039	14 800	993	1 524	1 424	1 699
Per capita	3 456	3 754	4 123	4 363	3 375	226	345	322	383
At constant prices	15 526	16 261	18 408	19 039	15 480	11 096	10 571	7 402	7 177
Growth rates	4.3	4.7	13.2	3.4	−18.7	−28.3	−4.7	−30.0	−3.0

22

Gross domestic product: total and per capita
In US dollars (millions) [1] at current and constant 1990 prices; per capita US$;
real rates of growth [cont.]

Produit intérieur brut : total et par habitant
En monnaie dollars de E−u (millions) [1] aux prix courants et constants de 1990; par habitant;
taux de l'accroissement réels [suite]

Country or area Pays ou zone	1987	1988	1989	1990	1991	1992	1993	1994	1995
Réunion Réunion									
At current prices	3 643	3 962	4 015	5 211	5 554	6 379	6 291	6 647	7 764
Per capita	6 336	6 785	6 758	8 627	9 046	10 206	9 908	10 305	11 854
At constant prices	4 663	4 850	5 010	5 211	5 292	5 475	5 711	5 839	5 998
Growth rates	4.6	4.0	3.3	4.0	1.6	3.5	4.3	2.2	2.7
Romania Roumanie									
At current prices	58 195	60 164	53 619	38 248	28 851	19 579	26 361	30 073	35 686
Per capita	2 533	2 605	2 313	1 648	1 245	848	1 148	1 317	1 570
At constant prices	43 123	42 904	40 421	38 248	33 308	28 723	29 010	30 025	32 097
Growth rates	0.8	−0.5	−5.8	−5.4	−12.9	−13.8	1.0	3.5	6.9
Russian Federation Fédération de Russie									
At current prices	799 777	886 944	919 452	967 267	799 143	85 572	172 893	278 838	363 881
Per capita	5 495	6 048	6 230	6 523	5 373	575	1 161	1 875	2 451
At constant prices	998 411	1 042 961	1 047 286	967 267	918 905	785 662	717 309	626 930	600 597
Growth rates	0.4	4.5	0.4	−7.6	−5.0	−14.5	−8.7	−12.6	−4.2
Rwanda Rwanda									
At current prices	2 152	2 327	2 378	2 335	1 701	1 630	1 448	430	1 235
Per capita	326	339	339	336	255	263	255	81	238
At constant prices	2 323	2 323	2 399	2 335	2 155	2 007	1 717	827	1 330
Growth rates	0.1	0.0	3.2	−2.6	−7.7	−6.9	−14.4	−51.8	60.7
Saint Kitts and Nevis Saint−Kitts−et−Nevis									
At current prices	96	112	126	135	140	156	169	183	198
Per capita	2 222	2 665	3 012	3 205	3 336	3 706	4 012	4 465	4 819
At constant prices	116	124	131	135	140	145	150	155	163
Growth rates	7.4	7.0	5.1	3.0	3.8	3.5	4.0	3.2	4.9
Saint Lucia Sainte−Lucie									
At current prices	240	270	304	333	358	393	406	416	452
Per capita	1 872	2 092	2 320	2 503	2 655	2 866	2 924	2 953	3 183
At constant prices	262	294	320	333	342	367	375	385	397
Growth rates	2.1	12.0	9.1	3.9	2.8	7.1	2.3	2.8	3.0
St. Vincent−Grenadines St. Vincent−Grenadines									
At current prices	142	161	174	194	210	235	240	242	258
Per capita	1 366	1 530	1 640	1 817	1 942	2 156	2 179	2 184	2 305
At constant prices	156	170	182	194	201	214	216	217	227
Growth rates	6.3	8.7	7.0	7.0	3.1	6.5	1.2	0.4	4.4
Samoa Samoa									
At current prices	103	142	139	145	145	148	151	169	183
Per capita	649	894	872	909	900	916	932	1 036	1 106
At constant prices	151	150	152	145	161	169	175	166	186
Growth rates	1.0	−0.2	1.3	−4.5	10.8	5.0	3.5	−5.5	12.6
San Marino San Marino									
At current prices	307	339	351	442	464	513	414	445	478
Per capita	13 347	14 736	15 266	19 205	20 191	21 370	17 238	17 800	19 121
At constant prices	404	420	432	442	447	450	445	455	468
Growth rates	3.1	4.1	2.9	2.1	1.2	0.7	−1.2	2.2	3.0
Sao Tome and Principe Sao Tomé−et−Principe									
At current prices	55	49	46	51	39	25	19	12	7
Per capita	499	433	397	428	323	201	151	90	49
At constant prices	50	51	52	51	52	53	53	54	56
Growth rates	−1.6	1.9	1.4	−2.3	1.6	1.5	1.3	2.4	2.6
Saudi Arabia Arabie saoudite									
At current prices	72 387	73 552	76 142	82 996	104 670	118 035	123 204	118 515	120 168
Per capita	5 145	4 974	4 926	5 172	6 326	6 958	7 101	6 671	6 583
At constant prices	69 600	74 866	75 001	82 996	89 960	92 471	91 882	92 352	91 614
Growth rates	−1.4	7.6	0.2	10.7	8.4	2.8	−0.6	0.5	−0.8
Senegal Sénégal									
At current prices	4 599	4 980	4 707	5 811	5 479	6 030	5 506	3 805	4 756
Per capita	682	718	660	793	729	782	697	470	572
At constant prices	5 271	5 538	5 534	5 811	5 680	5 814	5 856	5 806	6 067
Growth rates	4.0	5.1	−0.1	5.0	−2.2	2.4	0.7	−0.9	4.5

22
Gross domestic product: total and per capita
In US dollars (millions)[1] at current and constant 1990 prices; per capita US$;
real rates of growth [*cont.*]
Produit intérieur brut : total et par habitant
En monnaie dollars de E−u (millions)[1] aux prix courants et constants de 1990; par habitant;
taux de l'accroissement réels [*suite*]

Country or area Pays ou zone	1987	1988	1989	1990	1991	1992	1993	1994	1995
Seychelles Seychelles									
At current prices	249	284	305	369	374	434	458	475	531
Per capita	3 720	4 174	4 418	5 265	5 348	6 108	6 363	6 503	7 272
At constant prices	295	311	343	369	377	403	425	425	435
Growth rates	4.4	5.3	10.3	7.5	2.2	6.9	5.6	0.0	2.3
Sierra Leone Sierra Leone									
At current prices	949	1 716	1 607	1 271	1 109	935	958	1 211	1 229
Per capita	252	445	409	318	274	230	234	293	293
At constant prices	1 245	1 273	1 305	1 271	1 300	1 276	1 245	1 278	1 242
Growth rates	2.7	2.3	2.5	−2.6	2.3	−1.9	−2.4	2.6	−2.8
Singapore Singapour									
At current prices	20 245	24 845	29 463	36 509	42 278	48 548	55 086	70 853	85 107
Per capita	7 149	8 588	9 974	12 105	13 727	15 446	17 182	21 681	25 581
At constant prices	27 377	30 562	33 503	36 509	39 189	41 627	45 973	50 593	55 023
Growth rates	9.7	11.6	9.6	9.0	7.3	6.2	10.4	10.1	8.8
Slovakia Slovaquie									
At current prices	18 090	17 887	17 762	15 489	10 844	11 757	12 021	13 773	17 435
Per capita	3 485	3 431	3 392	2 947	2 056	2 221	2 264	2 587	3 266
At constant prices	15 432	15 720	15 888	15 489	12 904	12 704	12 234	12 836	13 782
Growth rates	2.5	1.9	1.1	−2.5	−16.7	−1.6	−3.7	4.9	7.4
Slovenia Slovénie									
At current prices	12 337	10 825	12 159	17 382	12 673	12 523	12 673	11 141	18 579
Per capita	6 504	5 682	6 359	9 062	6 594	6 509	6 583	5 788	9 652
At constant prices	18 877	18 558	18 232	17 382	15 835	14 970	15 396	16 216	16 853
Growth rates	−1.1	−1.7	−1.8	−4.7	−8.9	−5.5	2.8	5.3	3.9
Solomon Islands Iles Salomon									
At current prices	146	176	171	172	190	213	250	223	259
Per capita	506	589	552	536	574	622	706	608	686
At constant prices	143	150	161	172	178	191	208	217	233
Growth rates	2.3	5.4	6.9	6.7	3.8	7.3	8.9	4.5	7.0
Somalia Somalie									
At current prices	1 613	1 637	1 150	1 071	619	556	1 015	1 136	1 132
Per capita	196	196	136	124	71	63	112	123	119
At constant prices	1 088	1 089	1 089	1 071	1 061	933	933	737	737
Growth rates	10.1	0.1	0.0	−1.6	−1.0	−12.0	0.0	−21.0	0.0
South Africa Afrique du Sud									
At current prices	82 070	88 168	91 753	106 697	112 292	119 552	117 419	121 581	133 924
Per capita	2 370	2 489	2 532	2 879	2 962	3 083	2 961	2 998	3 230
At constant prices	100 320	104 534	107 037	106 697	105 611	103 295	104 626	107 502	111 016
Growth rates	2.1	4.2	2.4	−0.3	−1.0	−2.2	1.3	2.7	3.3
Spain Espagne									
At current prices	292 716	344 748	380 511	491 938	528 339	576 311	478 588	482 365	559 163
Per capita	7 541	8 843	9 721	12 526	13 418	14 606	12 109	12 188	14 111
At constant prices	430 529	452 748	474 200	491 938	503 096	506 461	500 564	511 098	526 216
Growth rates	5.6	5.2	4.7	3.7	2.3	0.7	−1.2	2.1	3.0
Sri Lanka Sri Lanka									
At current prices	6 413	6 878	6 886	7 935	8 937	9 623	10 341	11 720	12 840
Per capita	389	412	408	465	518	553	588	660	716
At constant prices	7 126	7 324	7 469	7 935	8 318	8 682	9 282	9 807	10 346
Growth rates	1.6	2.8	2.0	6.2	4.8	4.4	6.9	5.6	5.5
Sudan Soudan									
At current prices	12 157	10 398	18 347	24 469	27 697	4 167	2 807	1 694	975
Per capita	540	451	779	1 017	1 127	166	110	65	36
At constant prices	23 922	23 132	24 844	24 469	24 640	27 205	28 810	29 300	28 480
Growth rates	2.2	−3.3	7.4	−1.5	0.7	10.4	5.9	1.7	−2.8
Suriname Suriname									
At current prices	1 101	1 304	1 524	1 733	2 112	2 811	5 837	390	413
Per capita	2 852	3 336	3 858	4 333	5 202	6 839	14 031	924	967
At constant prices	1 542	1 662	1 733	1 733	1 787	1 868	1 784	1 770	1 841
Growth rates	−6.2	7.8	4.2	0.0	3.1	4.5	−4.5	−0.8	4.0

22
Gross domestic product: total and per capita
In US dollars (millions) [1] at current and constant 1990 prices; per capita US$;
real rates of growth [cont.]
Produit intérieur brut : total et par habitant
En monnaie dollars de E−u (millions) [1] aux prix courants et constants de 1990; par habitant;
taux de l'accroissement réels [suite]

Country or area Pays ou zone	1987	1988	1989	1990	1991	1992	1993	1994	1995
Swaziland Swaziland									
At current prices	584	692	713	859	869	968	981	1 045	1 190
Per capita	851	982	985	1 155	1 136	1 230	1 211	1 255	1 389
At constant prices	680	725	791	859	882	894	929	963	992
Growth rates	14.6	6.6	9.1	8.6	2.6	1.4	3.8	3.6	3.1
Sweden Suède									
At current prices	161 441	181 897	191 193	229 756	239 326	247 557	185 807	198 432	230 713
Per capita	19 183	21 498	22 467	26 844	27 803	28 593	21 342	22 678	26 253
At constant prices	216 531	221 405	226 667	229 756	227 191	223 961	218 987	226 293	234 377
Growth rates	3.1	2.3	2.4	1.4	−1.1	−1.4	−2.2	3.3	3.6
Switzerland Suisse									
At current prices	170 792	183 428	177 493	226 022	230 875	240 908	232 032	257 308	303 950
Per capita	25 687	27 345	26 218	33 073	33 455	34 564	32 968	36 220	42 416
At constant prices	206 733	212 729	220 944	226 022	225 957	225 272	223 484	226 158	227 814
Growth rates	2.0	2.9	3.9	2.3	−0.0	−0.3	−0.8	1.2	0.7
Syrian Arab Republic Rép. arabe syrienne									
At current prices	32 538	16 574	18 610	23 904	27 756	33 018	36 860	44 752	50 749
Per capita	2 909	1 430	1 551	1 930	2 174	2 515	2 734	3 234	3 573
At constant prices	21 536	24 393	22 208	23 904	25 614	28 315	30 214	32 519	34 145
Growth rates	1.9	13.3	−9.0	7.6	7.1	10.5	6.7	7.6	5.0
Tajikistan Tadjikistan									
At current prices	9 462	11 064	10 589	11 032	7 661	313	677	779	713
Per capita	1 944	2 204	2 049	2 080	1 413	57	120	136	122
At constant prices	9 589	10 075	10 468	11 032	10 105	6 973	5 766	5 074	4 444
Growth rates	6.7	5.1	3.9	5.4	−8.4	−31.0	−17.3	−12.0	−12.4
Thailand Thaïlande									
At current prices	3 039	2 644	3 492	4 326	4 762	2 359	2 500	2 759	3 579
Per capita	954	1 143	1 318	1 536	1 747	1 964	2 191	2 501	2 896
At constant prices	60 402	68 429	76 771	85 344	92 648	100 281	108 854	118 541	129 030
Growth rates	9.5	13.3	12.2	11.2	8.6	8.2	8.5	8.9	8.8
TFYR Macedonia L'ex−R.y. Macédoine									
At current prices	50 536	61 668	72 251	85 344	98 235	111 601	125 573	144 528	168 687
Per capita	1 540	1 323	1 727	2 114	2 300	1 127	1 182	1 291	1 660
At constant prices	4 846	4 689	4 779	4 326	3 803	3 331	2 931	2 764	2 681
Growth rates	−1.3	−3.2	1.9	−9.5	−12.1	−12.4	−12.0	−5.7	−3.0
Togo Togo									
At current prices	1 232	1 383	1 348	1 672	1 607	1 593	1 323	1 006	1 316
Per capita	383	417	394	474	442	426	343	254	322
At constant prices	1 513	1 609	1 670	1 672	1 687	1 624	1 402	1 630	1 740
Growth rates	6.1	6.4	3.8	0.1	0.9	−3.7	−13.7	16.3	6.7
Tonga Tonga									
At current prices	80	111	116	124	149	147	145	163	175
Per capita	864	1 179	1 219	1 289	1 537	1 517	1 482	1 660	1 787
At constant prices	123	126	129	124	111	125	127	127	134
Growth rates	4.3	2.5	2.4	−3.9	−10.6	13.0	1.7	0.3	5.4
Trinidad and Tobago Trinité−et−Tobago									
At current prices	4 798	4 497	4 323	5 068	5 308	5 440	4 650	4 841	5 255
Per capita	3 978	3 698	3 526	4 100	4 257	4 327	3 670	3 791	4 083
At constant prices	5 240	5 034	4 993	5 068	5 204	5 116	5 045	5 278	5 463
Growth rates	−4.6	−3.9	−0.8	1.5	2.7	−1.7	−1.4	4.6	3.5
Tunisia Tunisie									
At current prices	9 696	10 096	10 102	12 314	13 010	15 497	14 595	15 722	18 247
Per capita	1 264	1 288	1 263	1 509	1 563	1 826	1 687	1 783	2 030
At constant prices	10 938	11 116	11 501	12 314	12 795	13 794	14 075	14 545	15 047
Growth rates	4.9	1.6	3.5	7.1	3.9	7.8	2.0	3.3	3.5
Turkey Turquie									
At current prices	87 171	90 857	107 142	150 679	151 042	159 096	180 422	130 652	171 225
Per capita	1 653	1 686	1 947	2 686	2 645	2 740	3 059	2 181	2 814
At constant prices	134 713	137 567	137 913	150 679	152 074	161 175	174 137	164 634	175 829
Growth rates	9.5	2.1	0.3	9.3	0.9	6.0	8.0	−5.5	6.8

22
Gross domestic product: total and per capita
In US dollars (millions) [1] at current and constant 1990 prices; per capita US$;
real rates of growth [cont.]

Produit intérieur brut : total et par habitant
En monnaie dollars de E−u (millions) [1] aux prix courants et constants de 1990; par habitant;
taux de l'accroissement réels [suite]

Country or area / Pays ou zone	1987	1988	1989	1990	1991	1992	1993	1994	1995
Turkmenistan Turkménistan									
At current prices	9 916	10 847	11 051	11 411	8 400	1 471	4 111	2 580	1 308
Per capita	2 916	3 107	3 086	3 111	2 238	384	1 050	646	321
At constant prices	9 919	10 422	10 828	11 411	10 875	10 299	9 269	7 526	6 623
Growth rates	6.7	5.1	3.9	5.4	−4.7	−5.3	−10.0	−18.8	−12.0
Tuvalu Tuvalu									
At current prices	5	6	6	6	7	7	7	8	9
Per capita	566	754	667	701	780	802	798	918	914
At constant prices	6	6	6	6	7	7	7	7	7
Growth rates	10.0	10.4	−4.3	2.5	4.8	1.5	2.0	1.8	2.5
Uganda Ouganda									
At current prices	5 216	5 960	5 267	3 723	3 018	3 244	3 370	5 261	6 000
Per capita	338	378	326	224	176	182	183	276	305
At constant prices	3 044	3 281	3 509	3 723	3 929	4 093	4 386	4 846	5 161
Growth rates	6.4	7.8	6.9	6.1	5.5	4.2	7.2	10.5	6.5
Ukraine Ukraine									
At current prices	216 641	237 232	247 209	250 751	170 857	20 875	32 731	36 756	35 933
Per capita	4 217	4 599	4 776	4 832	3 288	402	630	709	694
At constant prices	234 234	232 733	247 748	250 751	229 730	198 198	169 670	138 138	121 622
Growth rates	2.0	−0.6	6.5	1.2	−8.4	−13.7	−14.4	−18.6	−12.0
United Arab Emirates Emirats arabes unis									
At current prices	23 799	23 728	27 506	33 780	33 914	35 413	35 519	36 435	39 096
Per capita	13 853	13 263	14 820	17 585	17 103	17 325	16 898	16 892	17 690
At constant prices	25 890	25 269	28 688	33 780	33 833	34 789	34 497	35 016	36 838
Growth rates	6.3	−2.4	13.5	17.8	0.2	2.8	−0.8	1.5	5.2
United Kingdom Royaume−Uni									
At current prices	689 455	835 619	841 404	975 524	1 011 545	1 044 874	942 458	1 019 530	1 102 658
Per capita	12 060	14 562	14 610	16 886	17 464	18 002	16 210	17 510	18 913
At constant prices	905 849	950 978	971 701	975 524	956 237	951 155	972 454	1 009 729	1 034 262
Growth rates	4.8	5.0	2.2	0.4	−2.0	−0.5	2.2	3.8	2.4
United Rep.Tanzania Rép. Unie de Tanzanie									
At current prices	3 287	3 831	4 092	3 911	4 420	3 934	3 590	3 705	4 188
Per capita	142	160	166	153	168	144	127	127	139
At constant prices	3 460	3 600	3 744	3 911	4 134	4 280	4 458	4 593	5 856
Growth rates	5.5	4.1	4.0	4.5	5.7	3.5	4.2	3.0	27.5
United States Etats−Unis									
At current prices	4 496 574	4 853 962	5 204 500	5 489 600	5 656 400	5 937 300	6 259 900	6 649 800	6 954 787
Per capita	18 231	19 488	20 689	21 604	22 033	22 890	23 888	25 127	26 037
At constant prices	5 078 464	5 278 538	5 422 415	5 489 600	5 464 659	5 600 103	5 790 799	6 027 080	6 149 412
Growth rates	3.1	3.9	2.7	1.2	−0.5	2.5	3.4	4.1	2.0
Uruguay Uruguay									
At current prices	7 329	7 583	7 992	8 355	10 041	11 850	13 806	16 199	17 847
Per capita	2 408	2 478	2 597	2 700	3 227	3 786	4 384	5 115	5 602
At constant prices	8 175	8 174	8 279	8 355	8 511	9 300	9 579	10 226	9 977
Growth rates	7.9	−0.0	1.3	0.9	1.9	9.3	3.0	6.8	−2.4
Uzbekistan Ouzbékistan									
At current prices	42 810	48 386	48 963	48 694	35 171	2 297	5 478	6 514	9 908
Per capita	2 240	2 471	2 442	2 374	1 677	107	250	292	435
At constant prices	31 997	43 288	46 486	48 694	46 261	41 126	40 135	38 529	38 063
Growth rates	−6.0	35.3	7.4	4.7	−5.0	−11.1	−2.4	−4.0	−1.2
Vanuatu Vanuatu									
At current prices	122	144	141	153	172	181	181	199	218
Per capita	878	1 012	966	1 026	1 124	1 153	1 122	1 206	1 289
At constant prices	138	139	145	153	159	160	167	172	177
Growth rates	0.4	0.6	4.5	5.2	4.1	0.8	3.8	3.0	3.2
Venezuela Venezuela									
At current prices	48 029	60 226	43 549	48 598	53 462	60 423	60 048	58 128	76 363
Per capita	2 660	3 249	2 290	2 492	2 676	2 955	2 871	2 719	3 496
At constant prices	47 178	49 924	45 645	48 598	53 326	56 558	56 714	55 093	56 956
Growth rates	3.6	5.8	−8.6	6.5	9.7	6.1	0.3	−2.9	3.4

22
Gross domestic product: total and per capita
In US dollars (millions) [1] at current and constant 1990 prices; per capita US$;
real rates of growth [cont.]
Produit intérieur brut : total et par habitant
En monnaie dollars de E–u (millions) [1] aux prix courants et constants de 1990; par habitant;
taux de l'accroissement réels [suite]

Country or area Pays ou zone	1987	1988	1989	1990	1991	1992	1993	1994	1995
Viet Nam Viet Nam									
At current prices	6 212	6 584	7 112	7 135	8 095	9 841	12 863	15 531	19 912
Per capita	99	103	109	107	119	142	181	215	270
At constant prices	5 936	6 286	6 789	7 135	7 561	8 214	8 877	9 662	10 580
Growth rates	3.7	5.9	8.0	5.1	6.0	8.6	8.1	8.8	9.5
Yemen Yémen									
At current prices	...	...	10 050	12 628	12 177	15 227	18 392	22 556	11 001
Per capita	...	...	906	1 089	999	1 183	1 353	1 574	732
At constant prices	...	...	13 113	12 628	12 668	13 288	13 677	13 615	14 737
Growth rates	...	...	...	−3.7	0.3	4.9	2.9	−0.5	8.2
former Dem. Yemen l'ex–Yémen dém.									
At current prices	4 229	5 491	...	...	...	...	...	...	...
Per capita	515	644	...	...	...	...	...	...	...
former Yemen Arab Rep. l'ex–Yémen rép. arabe									
At current prices	1 025	1 077	...	...	...	...	...	...	...
Per capita	452	460	...	...	...	...	...	...	...
Yugoslavia Yougoslavie									
At current prices	21 965	19 492	25 753	31 901	40 709	27 452	14 823	15 172	15 243
Per capita	2 200	1 939	2 547	3 141	3 997	2 691	1 452	1 484	1 487
At constant prices	34 508	33 738	34 111	31 901	29 349	21 718	15 637	16 654	17 653
Growth rates	−1.6	−2.2	1.1	−6.5	−8.0	−26.0	−28.0	6.5	6.0
Zambia Zambie									
At current prices	2 265	3 729	3 995	3 742	3 393	3 302	3 182	3 159	3 085
Per capita	337	541	566	518	459	437	412	400	382
At constant prices	3 574	3 799	3 760	3 742	3 761	3 647	3 883	3 763	3 616
Growth rates	2.7	6.3	−1.0	−0.5	0.5	−3.0	6.5	−3.1	−3.9
Zimbabwe Zimbabwe									
At current prices	5 380	6 336	6 510	6 793	6 321	5 920	7 378	7 667	8 800
Per capita	600	684	681	689	624	569	691	701	786
At constant prices	6 212	6 355	6 648	6 793	7 126	6 578	6 637	7 128	7 321
Growth rates	−0.5	2.3	4.6	2.2	4.9	−7.7	0.9	7.4	2.7

Source:
National accounts database of the Statistics Division of
the United Nations Secretariat.

† For information on recent changes in country or area
nomenclature pertaining to former Czechoslovakia, Germany,
Hong Kong Special Administrative Region (SAR) of China,
SFR Yugoslavia and former USSR, see Annex I – Country or
area nomenclature, regional and other groupings.

†† For statistical purposes, the data for China do not
include those for the Hong Kong Special Administrative
Region (Hong Kong SAR) and Taiwan province of China.

1 The exchange rates used for the conversion of national currency data
into US dollars are the average market rates as published by the
International Monetary Fund in the International Financial Statistics.
Official exchange rates were used only when a free market rate was
not available. For non–members of the fund, the conversion rates
used are the average of United Nations operational rates of exchange.
It should be noted that the use of market rates may distort the US dollar
income level figures in a number of countries. Therefore,
comparability of data both across countries and over time should be
dealt with caution.

Source:
Base de données sur les comptes nationaux de la Division de
statistique du Secrétariat de l'ONU.

† Pour les modifications récentes de nomenclature de pays
ou de zone concernant l'Allemagne, Hong–Kong (Région
administrative spéciale de Chine), l'ex–Tchécoslovaquie,
l'ex–URSS, Rfs de Yougoslavie, voir annexe I –
Nomenclature des pays ou des zones, groupements
régionaux et autres groupments.

†† Les données statistiques relatives à la Chine ne comprennent
pas celles qui concernent la région administrative spéciale de
Hong–Kong (la RAS de Hong–Kong) et la province chinoise
de Taiwan.

1 Les taux de change utilisés pour la conversion en dollars des États–
Unis des données libellées en monnaie nationale sont les taux
moyens du marché publiés par le Fonds monétaire international dans
les "Statistiques financières internationales". Le taux de
change officiel n'a été utilisé qu'en l'absence d'un taux du
marché libre. Pour les pays qui ne sont pas membres du Fonds, les
taux de change utilisés sont la moyenne des taux appliqués pour les
opérations des Nations Unies. Il est à noter que l'utilisation des taux
du marché risque de fausser, dans plusieurs pays, les chiffres du
revenu exprimés en dollars des États–Unis. Toute comparaison
des données entre pays et à des dates différentes doit être faite avec
prudence.

23
Expenditure on gross domestic product at current prices
Dépenses imputées au produit intérieur brut aux prix courants
Percentage distribution
Répartition en pourcentage

Country or area Pays ou zone	Year Année	GDP at current prices (Million nat. cur.) PIB aux prix courants (Mil. monnaie nat.)	Govt. final cons. exp. Consom. finale des admin. publiques	Private final cons. exp. Consom. finale privée	Increase in stocks Variation des stocks	Gross fixed capital form. Formation brute de capital fixe	Exports of goods/services Exportations de biens et services	Imports of goods/services Importations de biens et services
Albania Albanie	1986	17383	9.3	59.5	0.0	31.4	−0.2[1]	...
	1989	18674	8.8	61.0	0.4	31.3	−1.5[1]	...
	1990	16812	10.2	72.7	−10.1	34.6	−7.4[1]	...
Algeria Algérie	1986	296552	17.8	52.7	−0.7	34.2	13.1	17.1
	1988	334607	19.5	52.4	1.8	26.5	14.9	15.1
	1989	403460	17.5	52.1	3.1	26.9	19.3	18.9
Angola Angola	1986	192761	35.8	48.9	0.6	17.5	23.0	25.8
	1989	278866	28.9	48.2	0.9	11.2	33.8	23.1
	1990	308062	28.5	44.7	0.6	11.1	38.9	23.8
Anguilla Anguilla	1986	68	13.5	36.3	0.0	54.7	68.3	72.8
	1989	137	13.1	31.3	0.0	58.7	74.3	77.3
	1990	156	12.8	29.0	0.0	63.7	70.6	76.1
Antigua and Barbuda Antigua−et−Barbuda	1984	468	18.5	69.8	0.0	23.6	73.7	85.6
	1985	541	18.3	71.5	0.0	28.0	75.7	93.5
	1986	642	18.9	69.7	0.0	36.1	75.2	99.9
Argentina Argentine	1986	10	80.7[2]	...	...	17.4[3]	8.2	6.3
	1991	180898	83.8[2]	...	...	14.6[3]	7.7	6.1
	1992	226638	84.8[2]	...	...	16.7[3]	6.6	8.1
Australia[4] Australie[4]	1986	264007[5]	18.6	59.4	−0.6	24.4	16.7	18.3
	1993	428910[5]	18.0	62.0	0.1	20.3	19.2	19.6
	1994	455732[5]	17.6	62.4	0.5	21.2	19.0	21.1
Austria Autriche	1986	1422497	19.0	56.5	0.7[5]	22.8	36.8	35.8
	1993	2124072	19.0	55.6	0.5[5]	24.3	37.0	36.4
	1994	2262917	18.8	55.1	1.5[5]	24.8	36.9	37.2
Azerbaijan Azerbaïdjan	1990	1466[5]	17.6	52.5	6.3	20.3	43.9	39.2
	1993	157082[5]	25.5	77.1	0.8	20.9	57.4	76.0
	1994	1800804[5]	24.5	79.5	−11.4	27.3	66.5	82.3
Bahamas Bahamas	1990	3134[5]	13.7	74.1	0.8	21.4	48.4	58.7
	1991	3090[5]	14.3	77.1	−0.4	20.8	45.8	57.0
	1992	3059[5]	14.6	74.2	0.2	20.8	45.9	55.2
Bahrain Bahrëin	1986	1148	24.7	29.3	−5.6	37.7	98.7	84.8
	1994	1827	32.2	29.2	2.3	29.9	98.3	91.8
	1995	1900	24.9	25.6	0.9	27.1	101.2	79.7
Bangladesh[4] Bangladesh[4]	1986	539201	11.4	85.1	...	12.9	7.0	16.3
	1993	1030365[5]	14.3	78.3	...	15.4	11.8	18.2
	1994	1170261[5]	13.7	78.5	...	16.6	14.2	22.5
Barbados Barbade	1986	2646	17.7	64.0	−0.1	16.1	56.5	54.2
	1992	3171	20.2	62.7	−1.5	11.0	50.0	42.4
	1993	3281	22.3	61.6	0.4	13.4	48.1	45.7
Belarus Bélarus	1990	4000	25.0	50.0	0.0	25.0	50.0	50.0
	1993	9778000	19.6	58.9	7.2	31.2	66.6	83.6
	1994	17661000	21.3	63.0	−0.3	29.2	71.6	84.9
Belgium Belgique	1986	4993832	17.0	64.1	−0.6	15.7	70.5	66.6
	1993	7268607	15.0	62.5	−0.1	17.8	68.8	64.0
	1994	7625970	15.0	62.2	0.2	17.4	71.2	66.0
Belize Belize	1986	456	22.6	57.1	2.9	17.4	87.4	87.4
	1991	861	19.4	66.3	1.7	28.5	70.7	86.6
	1992	936	18.7	64.4	1.2	29.7	68.7	82.8
Benin Bénin	1986	462535	13.8	82.4	−0.1	14.8	28.0	38.9
	1990	502300	13.2	80.4	0.8	13.4	20.4	28.2
	1991	535500	12.0	82.6	0.9	13.6	22.0	31.1
Bermuda[6] Bermudes[6]	1986	1297	10.9	64.6	...	14.4	63.4	53.3
	1993	1864	11.8	68.2	...	12.8	59.9	52.7
	1994	1921	12.7	69.1	...	12.2	60.9	54.9
Bhutan Bhoutan	1986	2802	20.6	65.6	1.1	39.4	19.6	46.3
	1993	7192	26.4	42.3	−1.3	45.1	32.9	45.5
	1994	8317	24.8	38.5	0.0	51.8	30.3	45.5

178 National accounts and industrial production   Comptabilités nationales et production industrielle

23
Expenditure on gross domestic product at current prices
Percentage distribution [cont.]
Dépenses imputées au produit intérieur brut aux prix courants
Répartition en pourcentage [suite]

Country or area Pays ou zone	Year Année	GDP at current prices (Million nat. cur.) PIB aux prix courants (Mil. monnaie nat.)	Govt. final cons. exp. Consom. finale des admin. publiques	Private final cons. exp. Consom. finale privée	Increase in stocks Variations des stocks	Gross fixed capital form. Formation de brute capital fixe	Exports of goods/ services Exportations de biens et services	Imports of goods/ services Importations de biens et services
Bolivia	1986	8924	7.9	69.6	2.6	10.8	29.0	19.9
Bolivie	# 1992	22014	12.9	79.4	0.4	16.3	20.0	29.1
	1993	24928	13.1	79.7	0.0	16.4	19.4	28.6
Botswana [4]	1986	2810	25.7	35.1	0.7	23.8	65.4 [15]	50.8
Botswana [4]	# 1993	11115	28.7	32.7	0.0	24.6	48.7 [15]	34.7
	1994	12530	28.9	33.0	0.0	24.4	47.7 [15]	33.9
Brazil	1986	1 [5]	10.7	67.8	0.0	19.1	8.8	6.4
Brésil	1993	14039	16.5	61.3	0.0	20.0	9.8	7.6
	1994	355567	15.4	62.7	0.0	20.8	8.6	7.4
British Virgin Islands	1986	98	19.1	72.9	2.5	38.2	100.6	133.3
Iles Vierges brit.	1988	131	20.1	68.9	2.7	34.3	107.6	133.5
	1989	156	20.7	64.9	2.6	31.6	104.8	124.6
Brunei Darussalam	1982	9126	10.0	5.5	-0.0	12.4	89.3	17.2
Brunéi Darussalam	1983	8124	11.4	9.5	-0.0	9.9	88.3	19.0
	1984	8069	31.1	-5.6	0.0	6.5	84.5	16.5
Bulgaria	1986	34424	8.6	61.7	8.9	27.0	-6.2 [1]	...
Bulgarie	1992	200832	8.8	77.1	3.7	16.2	47.1	52.9
	1993	298934	8.6	84.6	2.3	11.9	37.4	44.7
Burkina Faso	1983	381013	20.7	86.0	0.7	23.7	14.7	45.7
Burkina Faso	1984	390565	19.7	78.9	0.8	23.3	22.6	45.3
	1985	469313	15.5	87.8	3.3	24.2	16.9	47.6
Burundi	1986	140842	17.2	74.1	2.3	13.4	11.1	18.1
Burundi	1991	211898	17.0	83.9	-0.5	18.1	10.0	28.5
	1992	226384	15.6	82.9	0.4	21.1	9.0	29.0
Cameroon [4]	1986	3921900	12.2	67.1	0.2	24.5	16.2	20.1
Cameroun [4]	1989	3420900	10.8	69.2	0.0	17.0	21.4	18.4
	1990	3423600	10.2	68.8	0.0	16.4	21.1	16.5
Canada [4]	1986	501426 [5]	19.9	58.5	0.5	20.3	27.5	26.6
Canada [4]	1993	705987 [5]	21.5	60.9	0.2	18.3	29.7	30.1
	1994	742858 [5]	20.2	60.0	0.4	18.7	33.6	32.8
Cape Verde	1986	15558	21.7	86.2	2.8	41.4	17.6	69.7
Cap–Vert	1987	17984	20.4	84.2	1.8	39.2	16.6	62.2
	1988	20640	19.2	86.5	-2.1	37.4	15.5	56.5
Cayman Islands	1986	290 [5]	15.2	62.4	...	23.1	69.0	70.3
Iles Caïmanes	1990	590 [5]	14.2	62.5	...	21.4	64.1	58.5
	1991	616 [5]	15.1	62.5	...	21.8	58.9	52.8
Central African Rep.	1986	388647	15.6	82.1	-0.1	12.9	18.2	28.6
Rép. centrafricaine	1987	360942	17.5	80.6	-0.2	12.9	17.8	28.6
	1988	376748	16.1	80.7	0.7	9.8	17.7	25.1
Chad	1986	260389	14.7	99.5	0.0	9.1	19.5	42.8
Tchad	1993	291691	24.1	83.1	0.0	7.7	19.9	34.8
	1994	460851	12.8	56.0	0.0	9.8	22.7	1.3
Chile	1986	3419209	12.6	65.5	1.7	17.1	29.1	26.0
Chili	# 1994	21917880	9.3	62.5	2.5	24.3	28.2	26.8
	1995	26702100	8.8	62.0	4.1	23.2	29.3	27.4
China ††	1986	1020220 [5]	13.4	50.7	7.3	30.4	-2.5 [1]	...
Chine ††	1993	3463440 [5]	13.0	45.3	5.8	37.5	-2.0 [1]	...
	1994	4658520 [5]	12.9	45.6	3.7	36.2	1.4 [1]	...
China, Hong Kong SAR †	1986	312561	7.3	60.5	2.0	21.7	111.4	102.9
Chine, Hong–Kong RAS †	1993	897463	8.1	57.3	0.3	27.3	140.6	133.6
	1994	1016567	8.2	58.1	2.8	29.2	139.1	137.4
Colombia	1986	6788000	9.8	66.0	0.3	17.7	20.1	13.9
Colombie	1991	26107000	10.3	66.4	1.4	14.6	22.6	15.3
	1992	33143000	11.0	69.9	1.5	15.7	18.9	17.1
Congo	1986	640407	25.0	59.4	0.9	28.6	39.8	53.7
Congo	1988	658964	21.1	60.1	-1.0	19.6	40.6	40.4
	1989	773524	18.7	52.8	-0.5	16.4	47.6	35.0
Costa Rica	1986	246579	15.4	58.6	6.5	18.7	31.3	30.5
Costa Rica	1994	1306302	17.3	59.7	7.1	19.7	39.4	43.2
	1995	1659385	16.8	59.0	7.1	18.3	40.9	42.1

23
Expenditure on gross domestic product at current prices
Percentage distribution [cont.]
Dépenses imputées au produit intérieur brut aux prix courants
Répartition en pourcentage [suite]

Country or area Pays ou zone	Year Année	GDP at current prices (Million nat. cur.) PIB aux prix courants (Mil. monnaie nat.)	Govt. final cons. exp. Consom. finale des admin. publiques	Private final cons. exp. Consom. finale privée	Increase in stocks Variations des stocks	Gross fixed capital form. Formation de brute de capital fixe	Exports of goods/services Exportations de biens et services	Imports of goods/services Importations de biens et services
Côte d'Ivoire	1986	3174000	15.1	62.5	0.3	11.8	39.5	30.2
Côte d'Ivoire	1992	2953000	17.4	72.4	−3.1	8.5	31.9	28.1
	1993	2946000	16.4	73.2	0.5	7.8	28.7	27.6
Cyprus	1986	1601[5]	14.4	61.2	1.9	24.0	45.0	48.7
Chypre	1993	3249[5]	17.0	59.4	1.5	22.8	47.8	48.1
	1994	3575[5]	17.0	59.7	3.0	20.7	48.6	49.1
Czech Republic	1987	495073	21.6	47.1	4.0	25.3	2.0[1]	...
République tchèque	1994	1037500	22.3	57.6	−9.5	30.0	52.5	52.9
	1995	1212000	20.0	57.3	−4.2	32.2	51.1	56.3
Dem. Rep. of the Congo	1985	147263	11.6	47.8	7.7	21.7	72.2	61.1
Rép. dém. du Congo	1986	203416	19.0	48.1	8.3	23.0	61.4	59.6
	1987	326946	22.4	77.1	5.3	20.3	63.2	88.2
Denmark	1986	666496	23.9	55.0	0.8	20.8	32.0	32.5
Danemark	1993	874910	26.3	52.4	−0.8	15.0	34.3	27.3
	1994	928595	25.5	53.6	0.0	14.8	35.0	29.0
Djibouti	1980	53527[5]	33.6	64.2	1.5	12.9	39.0	51.2
Djibouti	1981	56818[5]	30.8	66.6	−0.3	13.0	44.7	54.8
Dominica	1986	303	20.5	62.4	0.0	22.3	49.0	54.3
Dominique	1990	452	20.3	64.1	1.1	39.7	50.1	75.3
	1991	479	20.0	71.4	1.1	40.2	46.4	79.1
Dominican Republic	1986	15780	8.2	73.5	0.5	22.1	25.6	30.0
Rép. dominicaine	1992	112369	5.1	81.2	0.1	21.0	23.6	31.0
	1993	120572	5.7	76.9	0.2	22.2	23.4	28.4
Ecuador	1986	1383232	12.1	66.9	2.1	18.8	22.8	22.6
Equateur	1992	19414000	7.2	67.7	1.7	19.5	31.5	27.7
	1993	27451000	7.7	70.6	1.2	19.9	26.2	25.5
Egypt [4]	1986	51946	12.8	67.0	2.9	27.4	12.5	22.6
Egypte [4]	1990	110143	10.0	76.3	−0.6	22.4	28.1	36.2
	1991	136190	8.9	80.8	0.1	17.9	29.5	37.2
El Salvador	1986	19763	14.2	76.9	0.1	13.1	24.7	29.0
El Salvador	1993	60522	8.7	87.2	0.7	17.9	19.5	34.0
	1994	70613	8.2	87.4	1.1	18.7	20.0	35.3
Equatorial Guinea	1986	37205	19.5	77.3	−1.7	20.4	32.5	48.0
Guinée équatoriale	1990	44349	15.3	53.2	−3.1	34.6	59.7	59.7
	1991	46429	14.4	75.9	−2.3	18.4	28.4	34.7
Estonia	1986	516[5]	16.6	63.7	1.3	31.3	55.0	67.8
Estonie	1993	22060[5]	20.3	56.8	2.5	23.9	68.9	77.8
	1994	30103[5]	22.6	58.7	2.6	26.0	79.1	95.8
Ethiopia incl. Eritrea [7]	1986	10905	19.3	76.8	...	14.3	12.6	23.0
Ethiopie y comp. Erythrée [7]	1991	13332	28.2	69.9	...	10.7	10.9	19.6
	1992	13508	16.0	86.7	...	9.0	7.7	19.4
Fiji	1986	1462[5]	18.3	59.7	3.5	14.7	41.7	39.5
Fidji	1992	2377[5]	18.9	66.5	1.3	11.8	55.4	53.0
	1993	2540[5]	20.2	66.5	1.6	13.5	56.1	58.5
Finland	1986	354994[5]	20.5	54.7	−0.6	23.4	26.9	25.3
Finlande	1993	482397[5]	23.3	57.1	−0.8	14.8	33.1	27.7
	1994	509064[5]	22.4	55.8	1.5	14.6	35.9	29.5
France	1986	5069296	18.9	60.4	0.3	19.3	21.2	20.2
France	1993	7082790	19.8	60.9	−1.5	18.6	22.0	19.8
	1994	7376050	19.6	60.4	−0.3	18.1	22.8	20.6
French Guyana	1986	2918	48.1	82.4	0.8	41.8	42.5	115.6
Guyane française	1991	7404	34.4	60.1	1.5	40.5	81.1	117.6
	1992	7976	34.2	58.9	1.5	30.8	65.4	90.8
French Polynesia	1986	266935	39.2	53.9	0.4	33.1	8.1	34.7
Polynésie française	1992	314265[5]	47.8	63.9	0.0	16.7	8.3	27.4
	1993	329266	38.3	61.5	−0.2	16.2	10.5	26.4
Gabon	1986	1201100	25.3	46.8	...	45.2[3]	39.6	57.0
Gabon	1988	1013600	21.8	48.1	...	36.2[3]	37.3	43.4
	1989	1168066	18.4	48.4	...	23.3[3]	50.3	40.3

23
Expenditure on gross domestic product at current prices
Percentage distribution *[cont.]*
Dépenses imputées au produit intérieur brut aux prix courants
Répartition en pourcentage *[suite]*

Country or area Pays ou zone	Year Année	GDP at current prices (Million nat. cur.) PIB aux prix courants (Mil. monnaie nat.)	Govt. final cons. exp. Consom. finale des admin. publiques	Private final cons. exp. Consom. finale privée	Increase in stocks Variations des stocks	Gross fixed capital form. Formation de brute capital fixe	Exports of goods/services Exportations de biens et services	Imports of goods/services Importations de biens et services
Gambia [4]	1986	1462	12.8	...	...	7.1	52.3	57.5
Gambie [4]	1992	3078	13.2	81.2	...	22.4	45.2	61.9
	1993	3243	15.1	78.1	...	27.1	36.6	56.9
Germany †	1991	2853600	19.5	57.1	0.5	23.0	25.4	25.5
Allemagne †	1993	3154900	20.0	58.1	−0.4	21.8	22.1	21.7
	1994	3320300	19.6	57.3	0.6	22.0	22.7	22.1
F. R. Germany	1986	1925290	19.9	55.4	0.2	19.4	30.2	25.0
R.f. Allemagne	1989	2224440	18.8	54.9	0.7	20.2	31.5	26.1
	1990	2426000	18.3	54.4	0.5	20.9	32.1	26.3
Ghana	1986	511400	11.1	81.2	0.1	9.3	16.0	17.7
Ghana	1991	2574800	11.4	83.9	0.1	12.7	15.7	23.7
	1992	3008800	13.3	84.6	0.1	12.8	16.0	26.8
Greece	1986	5514766	19.4	67.4	1.4	18.5	22.4	30.9
Grèce	1993	16760352	19.1	72.5	1.1	17.4	22.1	32.3
	1994	18864409	18.5	72.4	1.2	16.9	23.1	32.4
Grenada	1986	350	23.0	74.7	−0.2	33.4	46.6	77.6
Grenade	1991	567	18.8	69.2	3.7	40.0	45.4	77.1
	1992	578	19.9	66.5	2.1	32.4	38.6	59.4
Guadeloupe	1986	10958	32.6	90.1	−0.7	21.8	7.5	51.3
Guadeloupe	1991	16415	31.0	87.3	1.0	33.0	6.1	58.4
	1992	17972	29.3	84.1	1.3	27.8	4.5	47.0
Guatemala	1986	15838	7.1	81.1	0.3	10.1	16.1	14.6
Guatemala	1992	53949	6.5	85.1	2.8	15.5	17.6	27.4
	1993	63563	6.4	84.8	2.2	16.4	16.7	26.6
Guinea−Bissau	1986	46973	13.7	89.1	1.2	20.0	4.7	28.7
Guinée−Bissau	1991	854985	12.6	100.6	0.9	10.4	13.4	38.0
	1992	1530010	10.7	111.1	...	...	8.2	56.5
Guyana	1986	2219	39.5	45.1	0.0	26.4	49.2	60.2
Guyana	1992	46734	13.7	5.0	0.0	53.7	...	...
	1993	56647	13.0	5.1	0.0	53.2	...	...
Haiti [9]	1986	11188	93.6[2]	...	...	14.5	20.9	29.0
Haïti [9]	1992	15368	97.0[2]	...	...	7.9	7.1	12.0
	1993	18124	98.2[2]	...	...	6.9	6.5	11.7
Honduras	1986	7617	14.3	73.6	0.1	13.7	26.6	28.3
Honduras	1994	28715	9.9	63.1	8.4	27.6	38.9	47.9
	1995	37350	8.8	65.5	6.7	24.9	40.1	45.8
Hungary	1986	1088800	20.1	54.4	2.9	24.0	39.6	41.1
Hongrie	# 1993	3548262	28.6	59.7	1.1	18.9	26.4	34.6
	1994	4364811	26.2	58.0	2.1	20.1	28.9	35.4
Iceland	1986	161216	17.8	61.5	−2.3	19.2	38.4	34.7
Islande	1993	410860	20.6	60.6	0.1	15.6	32.9	29.8
	1994	434548	20.6	59.2	−0.0	15.2	36.0	31.0
India [6]	1986	2929490[5]	11.8	67.8	2.0	21.2	5.6	7.6
Inde [6]	1993	8010320[5]	11.2	61.1	−0.2	21.5	11.1	11.0
	1994	9456150[5]	10.7	59.6	0.6	22.5	...	...
Indonesia	1986	102683000	11.0	61.7	4.1	24.1	19.5	20.5
Indonésie	1992	260786000	9.5	52.7	7.2	28.4	29.1	26.9
	1993	298026000	10.0	53.0	3.5	29.1	29.7	25.4
Iran, Islamic Republic of [10]	1986	16227000[5]	14.6	64.3	6.8	15.4	3.4	5.8
Iran, Rép. islamique d' [10]	1991	50107000	10.7	63.2	11.6	21.6	14.8	19.5
	1992	67811000	11.8	60.9	9.5	23.1	14.2	16.9
Iraq	1986	15063	34.9	55.8	−6.6	25.6	16.1	25.7
Iraq	1990	23297	26.4	50.5	−4.2	26.7	18.5	17.8
	1991	19940	35.3	48.2	2.6	16.5	2.7	5.3
Ireland	# 1986	19703	18.0	61.6	0.7	17.4	52.7	50.0
Irlande	1993	32173	16.2	56.4	−0.6	14.9	67.9	54.8
	1994	34742	16.0	56.0	−0.8	15.1	72.0	58.4
Israel	1986	47707	28.6	58.3	0.8	16.9	35.5	40.1
Israël	1993	197794	27.1	58.5	1.5	21.5	31.1	39.8
	1994	236189	26.3	59.7	0.9	22.2	30.8	39.9

23
Expenditure on gross domestic product at current prices
Percentage distribution [cont.]
Dépenses imputées au produit intérieur brut aux prix courants
Répartition en pourcentage [suite]

Country or area Pays ou zone	Year Année	GDP at current prices (Million nat. cur.) PIB aux prix courants (Mil. monnaie nat.)	Govt. final cons. exp. Consom. finale des admin. publiques	Private final cons. exp. Consom. finale privée	Increase in stocks Variations des stocks	Gross fixed capital form. Formation de brute capital fixe	Exports of goods/ services Exportations de biens et services	Imports of goods/ services Importations de biens et services
Italy	1986	899903000	16.2	61.3	1.2	19.7	20.2	18.7
Italie	1993	1550150000	17.6	62.0	-0.1	16.9	23.3	19.7
	1994	1641105000	17.1	61.9	0.6	16.4	25.4	21.3
Jamaica	1986	13893	15.4	64.0	1.0	17.5	52.5	50.4
Jamaïque	1992	72540	9.5	59.7	0.3	28.3	70.4	68.2
	1993	95785	13.1	60.5	0.5	34.3	59.6	68.0
Japan	1986	335457200	9.7	58.6	0.5	27.3	11.4	7.4
Japon	1993	475438400	9.4	58.6	0.1	29.5	9.3	7.0
	1994	479071900	9.6	59.7	0.0	28.7	9.3	7.2
Jordan	1986	2164	26.2	79.4	1.6	18.9	29.3	55.4
Jordanie	1994	4191	22.7	65.3	3.0	33.2	50.0	74.2
	1995	4621	23.1	62.0	3.0	32.8	51.2	72.1
Kenya	1986	5874	18.3	59.7	2.1	19.6	25.8	25.6
Kenya	1992	12787	16.2	66.2	0.4	17.1	27.1	27.0
	1993	16063	13.1	65.7	0.7	15.4	42.0	37.0
Kiribati								
Kiribati	1980	21	36.4	92.8	...	44.0[3]	22.5	95.7
Korea, Republic of	1986	95736000[5]	10.0	55.2	0.5	28.2	37.6	31.7
Corée, Rép. de	1992	240392000[5]	10.9	54.0	0.0	36.6	28.9	29.9
	1993	265548000[5]	10.8	54.1	-1.2	35.5	29.4	29.0
Kuwait	1986	5203	27.0	52.7	0.4	21.7	46.2	48.0
Koweït	1994	7349	34.1	41.4	...	...	51.1	42.5
	1995	7952	33.1	44.2	...	...	53.0	42.6
Kyrgyzstan	1986	31	21.9	57.5	5.2	32.0	-16.7[1]	...
Kirghizistan	1993	5355	20.3	75.7	-1.7	13.3	33.5	41.2
	1994	12019	20.2	65.7	7.7	12.4	33.4	39.5
Latvia	1990	62440	8.6	52.7	17.1	23.0	47.7	49.0
Lettonie	1993	1467012	22.1	52.5	-4.6	13.8	73.2	57.0
	1994	2042555	20.1	58.7	4.3	14.9	46.5	44.4
Lebanon	1980	14000	25.1	92.2	...	15.7[3]	39.0	72.0
Liban	1981	16800	25.1	92.2	...	20.6[3]	34.1	72.0
	1982	12599	38.5	125.7	...	9.4[3]	41.7	115.3
Lesotho	1986	631	25.2	148.3	2.2	43.9	12.7	132.3
Lesotho	1992	2184	18.0	117.9	-0.4	81.8	17.3	134.7
	1993	2587	17.7	108.2	0.0	78.0	17.0	120.9
Liberia	1986	1037[5]	13.8	63.9	0.8	11.1	44.3	31.4
Libéria	1988	1158[5]	11.8	63.3	0.3	10.0	39.0	27.8
	1989	1194[5]	11.9	55.0	0.3	8.1	43.7	23.1
Libyan Arab Jamah.	1983	8805	32.7	39.2	-1.1	25.1	42.1	38.0
Jamah. arabe libyenne	1984	8013	33.6	38.6	0.5	25.3	41.4	39.4
	1985	8277	31.7	37.6	0.4	19.7	37.4	26.7
Lithuania	1986	98	22.1	54.8	2.5	34.6	60.4	74.0
Lithuanie	1993	11108	16.4	69.1	-1.6	24.3	86.1	94.3
	1994	16981	18.2	72.4	-5.2	20.6	55.1	61.1
Luxembourg	1986	223304	15.7	56.5	1.4	22.1	100.7	96.3
Luxembourg	1991	318804	17.1	57.3	2.4	29.0	94.3	100.0
	1992	339450	17.1	56.3	2.5	27.7	89.1	92.7
Madagascar	1987	2743200	9.1	84.9[12]	0.0	10.1[3]	16.5	20.7
Madagascar	1991	4906400	8.6	92.2[12]	0.0	8.2[3]	17.3	26.2
	1992	5584500	8.2	90.0[12]	0.0	11.6[3]	15.6	25.3
Malawi	1986	2188[5]	19.9	70.2[11]	...	12.1	23.1	25.2
Malawi	1992	6873[5]	18.1	84.1[11]	...	15.7	22.0	39.9
	1993	9330[5]	16.1	83.0[11]	...	10.2	15.6	24.9
Malaysia	1986	71594	16.9	51.0	-0.4	26.3	56.3	50.2
Malaisie	1991	129559	14.2	54.7	1.3	35.6	81.4	87.3
	1992	147784	13.1	51.5	-0.6	34.3	78.0	76.2
Maldives	1982	454	14.3	80.8	0.4	22.7	-18.3[1]	...
Maldives	1983	466	16.3	82.6	2.6	35.6	-37.1[1]	...
	1984	537	17.7	77.5	1.5	39.5	-36.1[1]	...

23
Expenditure on gross domestic product at current prices
Percentage distribution [cont.]
Dépenses imputées au produit intérieur brut aux prix courants
Répartition en pourcentage [suite]

% of GDP – en % du PIB

Country or area Pays ou zone	Year Année	GDP at current prices (Million nat. cur.) PIB aux prix courants (Mil. monnaie nat.)	Govt. final cons. exp. Consom. finale des admin. publiques	Private final cons. exp. Consom. finale privée	Increase in stocks Variations des stocks	Gross fixed capital form. Formation de brute capital fixe	Exports of goods/ services Exportations de biens et services	Imports of goods/ services Importations de biens et services
Mali	1986	585100	18.2	76.7	1.7	20.3	15.1	32.0
Mali	1991	691400	15.3	85.1	-2.4	20.0	17.5	35.5
	1992	737400	14.2	82.2	2.7	17.6	17.8	34.6
Malta	1986	512	17.5	67.1	1.6[5]	23.9	72.3	82.4
Malte	1993	940	20.1	59.7	0.4[5]	29.4	95.3	105.0
	1994	1017	20.7	59.3	0.0[5]	31.2	96.7	108.0
Martinique	1986	13824	32.0	84.9	-1.1	17.7	10.9	44.3
Martinique	1991	20787	28.8	84.0	1.4	25.6	7.4	47.1
	1992	22093	28.7	84.3	-0.9	23.6	6.8	42.5
Mauritania	1986	59715	14.3	85.4	1.5	22.7	55.4	79.4
Mauritanie	1987	67216	13.6	82.6	1.7	20.8	48.3	67.0
	1988	72635	14.2	79.6	1.4	17.0	49.1	61.3
Mauritius	1986	19700	10.5	60.9	2.1	19.7	60.5	53.8
Maurice	1993	54928	12.1	63.8	1.7	28.8	61.1	67.4
	1994	62150	12.7	64.0	0.8	30.9	60.9	69.3
Mexico	1986	79191	9.1	68.5	-0.9	19.5	17.3	13.4
Méxique	1994	1252915	11.8	71.1	1.6	20.7	12.9	18.0
	1995	1580129	10.6	68.4	1.6	16.6	24.4	21.5
Montserrat	1984	94	20.6	96.4	2.7	23.7	13.6	56.9
Montserrat	1985	90[5]	20.3	96.3	1.5	24.7	11.7	54.4
	1986	103[5]	18.7	89.5	2.8	33.0	10.1	53.9
Morocco	1986	154290	15.4	67.5	1.5	21.4	21.4	27.2
Maroc	1993	249820	18.0	65.1	-0.2	22.3	22.7	27.9
	1994	286030	17.1	67.0	0.8	20.0	21.1	26.0
Mozambique	1986	167000	16.2	85.0	...	9.6[3]	3.6	14.4
Mozambique	1991	1967000	19.2	90.4	...	40.8[3]	22.6	73.0
	1992	2764000	21.6	93.5	...	43.5[3]	26.7	85.3
Myanmar [6]	1986	59028	89.9[2]	...	-1.9	14.6	4.1	6.7
Myanmar [6]	1993	360321	88.6[2]	...	2.0	10.4	1.2	2.2
	1994	473153	88.3[2]	...	0.8	11.5	1.1	1.8
Namibia	1986	3420	30.6	51.4[12]	-5.3	14.1	68.8	59.6
Namibie	1994	10391	31.5	49.2[12]	2.6	21.6	54.4	59.3
	1995	11470	32.2	53.7[12]	-1.8	22.3	54.6	61.2
Nepal [13]	1986	55734	9.1	80.3	2.1	16.9	11.7	20.1
Népal [13]	1993	171386	8.7	79.7	1.4	19.8	18.1	27.7
	1994	199416	9.1	78.5	1.3	19.2	23.9	32.0
Netherlands	1986	437860	15.5	59.4	0.9	20.4	50.7	46.9
Pays–Bas	1993	579040	14.6	60.8	-0.4	19.3	50.5	44.8
	1994	608420	14.2	60.5	0.7	19.3	51.3	46.0
Netherlands Antilles	1983	1910	30.1	72.9	-0.5	15.4	73.6	91.3
Antilles néerlandaises	1984	1929	31.8	71.9	-0.3	13.7	68.4	85.5
	1985	1966	31.9	70.0	0.8	15.0	66.6	84.2
New Caledonia	1986	151281[5]	40.7	58.7	0.6	20.3	18.4	38.8
Nouvelle–Calédonie	1991	272235[5]	32.8	53.8	1.3	23.9	20.1	32.2
	1992	281427[5]	33.7	56.7	0.1	23.7	16.8	31.4
New Zealand [6]	1986	55024[5]	16.2	59.9	1.6	22.5	27.5	27.7
Nouvelle–Zélande [6]	1993	79999[5]	15.9	60.9	2.7	18.4	31.4	28.4
	1994	86304[5]	14.7	60.3	2.3	20.0	31.2	29.2
Nicaragua	1985	115404	35.7	48.2	2.4	20.7	14.8	21.8
Nicaragua	1986	435742	35.4	55.8	3.1	13.8	12.8	20.8
	1987	2389500	24.7	58.1	3.0	7.9	22.1	15.7
Niger	1986	659600	15.5	76.6	0.5	12.8	19.8	25.2
Niger	1989	692600	18.0	73.0	-0.1	12.3	18.6	21.8
	1990	682300	17.2	74.1	1.1	11.7	16.8	20.9
Nigeria	1990	260637	4.4	59.6	0.2	11.8	43.2	19.1
Nigéria	1993	701473	3.9	76.6	0.1	11.5	32.6	24.8
	1994	914334	3.5	82.1	0.0	9.3	23.8	18.6
Norway	1986	513718	19.8	54.3	1.2	28.3	37.9	41.5
Norvège	# 1993	821351	21.9	50.2	1.6	19.9	38.4	31.9
	1994	870330	21.3	50.2	2.2	20.2	38.5	32.5

23
Expenditure on gross domestic product at current prices
Percentage distribution [cont.]
Dépenses imputées au produit intérieur brut aux prix courants
Répartition en pourcentage [suite]

Country or area / Pays ou zone	Year / Année	GDP at current prices (Million nat. cur.) PIB aux prix courants (Mil. monnaie nat.)	Govt. final cons. exp. Consom. finale des admin. publiques	Private final cons. exp. Consom. finale privée	Increase in stocks Variations des stocks	Gross fixed capital form. Formation de brute capital fixe	Exports of goods/ services Exportations de biens et services	Imports of goods/ services Importations de biens et services
Oman	1986	3143	28.0	47.4	0.1	26.0	34.9	36.4
Oman	1994	4967	28.8	47.2	-0.1	15.9	43.0	34.7
	1995	5288	27.6	48.7	0.1	15.0	44.2	35.5
Pakistan [4]	1986	572479	13.5	72.6	1.7	17.5	13.8	19.1
Pakistan [4]	1993	1564645	12.1	71.1	1.6	18.0	16.2	19.0
	1994	1866520	12.2	72.0	1.5	17.6	15.6	18.9
Panama	1986	5289	21.8	61.7	0.2	18.1	71.8	73.5
Panama	1993	7103	15.5	62.3	1.6	23.7	95.9	98.9
	1994	7420	15.4	60.4	3.2	24.5	100.1	103.7
Papua New Guinea	1986	2572	23.0	65.1	-1.2	21.0	43.6	51.4
Papouasie–Nouv.–Guinée	1991	3606	22.4	60.1	-0.6	28.0	42.3	52.2
	1992	4140	22.5	57.9	0.0	23.8	45.2	49.3
Paraguay	1986	1833800	6.6	73.8	1.5	23.5	26.5	32.0
Paraguay	1993	11991719	6.7	81.3	0.9	22.0	36.9	47.9
	1994	14960131	6.8	79.2	0.9	22.5	36.4	45.7
Peru	1986	0	11.6	68.2	0.9	21.5	12.1	14.3
Pérou	1993	79992	8.9	72.5	2.0	20.2	11.0	14.7
	1994	109920	9.7	70.3	1.1	22.5	11.4	15.0
Philippines	1986	608887 [5]	8.0	73.0	-0.8	16.0	26.3	22.4
Philippines	1994	1693278 [5]	10.8	74.3	0.4	23.6	33.8	40.1
	1995	1906430 [5]	11.2	74.1	0.0	22.5	36.3	44.0
Poland	1986	12953000 [5]	17.8	52.4	7.0	21.9	18.2	16.8
Pologne	1993	1557800000 [5]	19.5	64.0	-0.3	15.9	22.9	22.0
	1994	2104073000	17.8	65.3	-0.3	16.2	24.0	23.0
Portugal	# 1986	5025868	14.3	64.5	-0.9	24.4	29.2	31.5
Portugal	1993	13625623	17.2	65.8	0.7	25.1	25.8	34.6
	1994	14439100	17.2	65.2	0.3	25.7	28.5	37.0
Puerto Rico [4]	1986	23878	14.4	70.3	1.0	12.7	66.3	64.8
Porto Rico [4]	1993	39536	13.5	60.9	1.3	14.8	67.9	58.4
	1994	42364	13.7	60.2	1.1	15.4	69.1	59.4
Qatar	1986	18393	45.6	29.6	0.0	18.5	39.9	33.5
Qatar	1993	26050	36.0	32.8	1.2	18.6	46.1	34.7
	1994	26843	34.5	29.9	0.0	24.5	44.9	33.8
Republic of Moldova	1986	9	...	...	...	...	-5.7 [1]	...
Rép. de Moldova	1990	13	...	...	...	...	-2.9 [1]	...
	1991	23	...	...	...	...	-6.8 [1]	...
Réunion	1986	18858	31.2	84.5	-1.4	23.1	5.1	42.5
Réunion	1991	31339	27.6	75.9	1.2	29.7	2.8	37.2
	1992	33768	27.4	77.1	2.1	28.6	3.4	38.6
Romania	1986	838600 [5]	9.6	49.7	4.7	29.7	4.2 [1]	...
Roumanie	1993	20035700	12.3	63.7	11.0	17.9	23.0	28.0
	1994	49794800	13.3	61.8	7.2	19.7	24.9	26.9
Russian Federation	1990	644200	20.8	48.2	1.4	28.7	18.2	18.0
Fédération de Russie	1993	171509500	17.1	43.1	8.5	22.5	38.2	30.5
	1994	610993100	22.1	46.4	3.8	25.1	27.7	23.2
Rwanda	1986	168990	11.9	79.7	0.1	15.9	12.7	20.3
Rwanda	1991	212900	21.6	82.2	-1.5	11.9	9.8	23.9
	1992	217300	25.1	76.8	-0.0	14.9	7.4	24.2
Saint Kitts–Nevis	1982	139 [5]	22.5	74.1	0.0	34.9	51.0	82.5
Saint–Kitts–et–Nevis	1983	136 [5]	23.1	91.0	0.0	32.4	51.2	97.6
	1984	159 [5]	22.4	77.5	0.0	31.9	55.5	87.3
Saint Lucia	1982	364	24.2	75.5	6.7	33.3	55.0	94.7
Sainte–Lucie	1983	380	25.7	64.1	5.0	24.9	63.5	83.3
	1984	408	25.2	65.3	5.1	25.7	64.0	85.4
Saint Vincent–Grenadines	1986	344	19.7	57.5	0.8	28.8	74.9	81.7
St.–Vincent–et–Grenad.	1989	469	19.6	74.4	2.7	26.7	63.8	87.2
	1990	525	17.8	67.2	1.4	30.3	70.6	87.3
Sao Tome and Principe	1986	2478	30.3	76.1	0.9	13.6	...	50.8
Sao Tomé–et–Principe	1987	3003	24.8	63.1	1.1	15.4	...	43.1
	1988	4221	21.2	71.8	0.0	15.7	...	66.8

23
Expenditure on gross domestic product at current prices
Percentage distribution *[cont.]*
Dépenses imputées au produit intérieur brut aux prix courants
Répartition en pourcentage *[suite]*

Country or area Pays ou zone	Year Année	GDP at current prices (Million nat. cur.) PIB aux prix courants (Mil. monnaie nat.)	Govt. final cons. exp. Consom. finale des admin. publiques	Private final cons. exp. Consom. finale privée	Increase in stocks Variations des stocks	Gross fixed capital form. Formation de brute capital fixe	Exports of goods/services Exportations de biens et services	Imports of goods/services Importations de biens et services
Saudi Arabia [4]	1986	271091	39.2	51.7	−4.5 [5]	24.4	31.7	42.5
Arabie saoudite [4]	1991	431920	38.2	39.1	1.2 [5]	18.2	45.7	42.3
	1992	455130	32.7	40.4	2.0 [5]	21.7	43.1	39.9
Senegal	1986	1303300 [5]	15.4	79.0	−1.0	11.9	26.5	31.9
Sénégal	1993	1559100	13.1	80.1	0.0	14.1	23.1	30.4
	1994	2112600	12.3	77.0	0.0	16.2	35.2	40.7
Seychelles	1986	1290	38.6	54.3	0.4	24.0	38.5	55.8
Seychelles	1991	1980	28.2	50.7	1.0	21.3	48.1	49.3
	1992	2221	30.4	50.6	0.3	20.9	45.8	48.0
Sierra Leone [4]	1986	19701	6.1	82.6	1.0	9.4	12.8	11.9
Sierra Leone [4]	1989	82837	6.6	84.7	0.5	13.5	19.7	25.1
	1990	150175	10.4	77.9	1.8	10.1	25.4	25.7
Singapore	1986	39264 [5]	13.4	46.9	1.5	36.0	0.4 [1]	...
Singapour	1994	108224 [5]	8.3	42.8	−1.0	33.7	16.9 [1]	...
	1995	120629 [5]	8.5	40.7	−0.4	33.0	18.1 [1]	...
Slovakia	1986	211708	20.6	49.5	2.6	28.9	−1.6 [1]	...
Slovaquie	1993	369900 [5]	25.0	53.0	−5.3	32.6	61.6	67.1
	1994	441300 [5]	21.8	50.4	−6.2	29.5	65.2	59.7
Slovenia	1990	196762 [5]	17.1	51.8	0.5	17.3	81.6	68.4
Slovénie	1992	1005261 [5]	20.6	53.0	−0.1	19.1	56.1	48.7
Solomon Islands	1986	253	33.3	63.1	1.0	25.2	52.6	75.2
Iles Salomon	1987	293	36.3	63.1	2.7	20.4	55.9	78.4
	1988	367	31.4	68.6	2.7	30.0	52.4	85.0
Somalia	1985	87290	10.6	90.5 [12]	2.9	8.9	4.2	17.0
Somalie	1986	118781	9.7	89.1 [12]	1.0	16.8	5.8	22.4
	1987	169608	11.1	88.8 [12]	4.8	16.8	5.9	27.2
South Africa	1986	143255 [5]	17.9	54.6	−1.1	20.2	31.8	22.5
Afrique du Sud	1994	431711 [5]	21.2	60.2	1.7	16.0	23.6	22.1
	1995	484621 [5]	20.5	60.9	2.5	16.9	24.3	24.7
Spain	1986	32323900	14.7	63.2	0.5	19.5	19.9	17.7
Espagne	1993	60905100	17.6	63.1	0.0	19.9	19.4	20.0
	1994	64616700	16.9	62.9	0.3	19.8	22.2	22.1
Sri Lanka	1986	172440 [5]	13.3	75.8	0.1	22.3	24.7	37.0
Sri Lanka	1993	499708 [5]	13.2	72.8	0.4	24.2	33.8	43.3
	1994	579159 [5]	13.0	72.6	0.4	25.2	33.8	45.7
Sudan [4]	1981	6721	10.7	80.8	5.5	19.0	9.4	25.4
Soudan [4]	1982	9186	9.3	86.6	0.4	17.4	11.9	25.6
	1983	11329	9.8	83.5	−2.1	16.5	11.5	19.3
Suriname	1986	1782	36.8	41.4	2.8	19.1	32.6	32.7
Suriname	1993	10389	16.9	26.7	7.4	17.9	143.0	111.8
	1994	52288	13.0	11.5	10.1	42.9	144.7	122.2
Swaziland [14]	1986	1026	22.1	65.5	4.0	15.9	68.8	76.3
Swaziland [14]	1993	3206	24.4	49.1	0.9	25.9	85.3	85.6
	1994	3712	23.5	51.3	0.9	24.3	82.7	82.8
Sweden	1986	947263	27.5	51.4	−0.6	18.5	32.8	29.7
Suède	1993	1446212	28.1	55.1	−1.0	14.2	32.7	29.1
	1994	1524767	27.3	54.3	0.6	13.6	36.6	32.4
Switzerland	1986	243350	13.1	59.8	1.8	24.2	36.6	35.5
Suisse	1993	342850	14.3	59.4	−1.2	22.5	36.5	31.5
	1994	351920	14.1	59.1	−0.6	22.8	36.2	31.5
Syrian Arab Rep.	1986	99933	21.5	67.1	...	22.5	11.3	22.2
Rép. arabe syrienne	1993	413755	13.6	73.5	...	26.0	27.9	40.9
	1994	502435	14.1	69.8	...	30.2	30.0	44.1
Thailand	1986	1133397 [5]	12.8	61.4	0.1	25.8	25.6	23.6
Thaïlande	1993	3163914 [5]	10.0	55.0	0.2	40.2	37.2	41.5
	1994	3600907 [5]	9.8	54.9	0.2	40.7	39.0	43.8
TFYR Macedonia	1990	490	19.7	69.3	0.7	18.6	94.8	103.1
L'ex−R.y. Macédonie	1992	12005	19.2	64.6	−3.8	19.0	53.4	52.4
	1993	58145	21.4	67.4	−0.7	17.0	47.5	52.7

185 National accounts and industrial production   Comptabilités nationales et production industrielle

23
Expenditure on gross domestic product at current prices
Percentage distribution *[cont.]*
Dépenses imputées au produit intérieur brut aux prix courants
Répartition en pourcentage *[suite]*

% of GDP − en % du PIB

Country or area Pays ou zone	Year Année	GDP at current prices (Million nat. cur.) PIB aux prix courants (Mil. monnaie nat.)	Govt. final cons. exp. Consom. finale des admin. publiques	Private final cons. exp. Consom. finale privée	Increase in stocks Variations des stocks	Gross fixed capital form. Formation de brute capital fixe	Exports of goods/services Exportations de biens et services	Imports of goods/services Importations de biens et services
Togo	1984	304800	14.0	66.0	−1.5	21.2	51.9	51.6
Togo	1985	332500	14.2	66.0	5.2	22.9	48.3	56.7
	1986	363600	14.4	69.0	5.3	23.8	35.6	48.2
Tonga [14]	1981	54	14.2	122.8	2.2	23.9	26.3	67.3
Tonga [14]	1982	64	16.8	121.0	1.4	23.1	25.7	63.9
	1983	73	14.2	125.9	1.0	28.1	19.7	70.0
Trinidad and Tobago	1986	17260	23.4	62.1	0.8	20.8	33.3	40.4
Trinité−et−Tobago	1993	24883	16.2	60.9	0.4	12.7	39.9	30.1
	1994	28680	15.2	56.7	0.4	12.6	43.5	28.4
Tunisia	1986	7160	17.8	62.7	1.6	25.0	30.0	37.1
Tunisie	1993	14649	16.3	62.1	0.2	28.9	40.5	48.0
	1994	15904	15.9	61.9	−1.6	26.7	44.6	47.6
Turkey	1986	51079324	9.0	67.3	0.8	25.0	13.8	15.9
Turquie	1993	1981867000[5]	12.9	67.3	1.1	25.5	13.7	19.3
	1994	3868429000[5]	11.7	66.3	−3.1	24.5	21.4	20.4
Uganda	1986	65316[5]	8.8	89.6	0.0	9.0	11.8	18.3
Ouganda	1993	4026764[5]	10.2	87.5	0.1	16.2	7.8	20.0
	1994	5152630[5]	9.6	84.5	0.0	13.8	10.6	17.9
Ukraine	1990	167100	16.5	57.1	3.4	24.1	27.7	28.7
Ukraine	1993	148273000	16.0	48.0	11.8	24.5	25.9	26.2
	1994	1203769000	19.4	48.5	11.6	23.7	35.4	38.6
United Arab Emirates	1986	79566	22.1	39.8	0.6	29.4	47.6	39.5
Emirats arabes unis	1991	124500	16.9	41.4	1.1	20.7	67.6	47.7
	1992	128400	17.8	45.5	1.2	23.2	69.1	56.8
United Kingdom	1986	383632[5]	21.1	62.5	0.2	17.0	25.6	26.4
Royaume−Uni	1993	628384	22.0	64.2	0.1	15.1	25.5	26.7
	1994	666181[5]	21.6	63.9	0.5	15.0	26.3	27.3
United Rep. of Tanzania	1986	148067	15.8	79.6	−4.0	23.9	9.6	25.0
Rép.−Unie de Tanzanie	1993	1404369	9.1	86.8	3.2	29.0	20.5	48.6
	1994	1822570	7.7	89.6	3.2	27.5	26.4	54.3
United States	1986	4230784	18.5	65.3	0.4	19.1	7.4	10.7
Etats−Unis	1993	6259900	17.1	67.7	0.3	16.2	10.3	11.6
	1994	6649800	16.4	67.3	0.7	17.2	10.6	12.3
Uruguay	1986	890	14.3	68.5	1.3	9.9	26.2	20.3
Uruguay	1991	20271	13.5	69.9	1.6	11.9	23.1	19.9
	1992	35346	12.8	72.6	0.7	13.1	22.4	21.5
Uzbekistan	1990	32430	25.4	61.4	1.5	30.7	28.8	47.8
Ouzbékistan	1992	443887	20.1	45.3	17.4	26.5	33.9	43.2
	1993	5095202	24.6	57.5	−10.5	25.2	33.8	30.6
Vanuatu	1986	12179[5]	37.8	60.8	5.1	29.4	36.3	67.8
Vanuatu	1989	16367[5]	29.8	64.4	3.7	33.4	36.7	64.7
	1990	17899[5]	28.2	62.9	2.7	40.8	46.4	76.6
Venezuela	1986	489172	11.2	68.9	0.5	20.4	19.6	20.7
Venezuela	1994	8651300	6.7	71.7	−2.7	15.9	30.2	21.9
	1995	13265875	6.1	72.7	0.7	15.1	25.6	20.3
Viet Nam	1986	512000[5]	102.5[2]	...	...	11.7[3]	7.8	19.3
Viet Nam	# 1990	38166000[5]	17.0	80.9	...	11.5[3]	−7.7[1]	...
	1991	69959000[5]	14.9	80.4	...	11.6[3]	−5.6[1]	...
Yemen	1989	61406	26.8	78.7	0.2	18.5	16.6	40.8
Yémen	1990	77159	27.4	75.2	0.9	15.5	13.6	32.6
former Yemen Arab Rep.	1984	17950[4]	39.7	82.7	−0.5	21.4	6.6	49.9
l'ex−Yémen rép. arabe	# 1985	30939[4]	17.9	95.0	−0.2	14.7	3.8	31.2
	1986	37472[4]	18.4	90.7	0.1	13.2	3.1	25.5
former Dem. Yemen	1984	374	50.4	88.9	...	43.4	12.1	94.8
l'ex−Yémen dém.	1985	369	53.0	94.5	...	43.1	10.9	101.4
	1986	311	58.0	105.3	...	34.9	7.3	105.4
Yugoslavia								
Yougoslavie	1994	24578	27.1	59.3	3.6	12.4	−2.4[1]	...

23
Expenditure on gross domestic product at current prices
Percentage distribution *[cont.]*
Dépenses imputées au produit intérieur brut aux prix courants
Répartition en pourcentage *[suite]*

Country or area Pays ou zone	Year Année	GDP at current prices (Million nat. cur.) PIB aux prix courants (Mil. monnaie nat.)	Govt. final cons. exp. Consom. finale des admin. publiques	Private final cons. exp. Consom. finale privée	Increase in stocks Variations des stocks	Gross fixed capital form. Formation de brute capital fixe	Exports of goods/services Exportations de biens et services	Imports of goods/services Importations de biens et services
Yugoslavia, SFR †	1986	2340 [5]	14.3	50.4	16.9	21.6	16.1	16.8
Yougoslavie, SFR †	1989	235395 [5]	14.4	47.4	28.0	14.5	25.3	29.2
	1990	1147787 [5]	17.6	66.1	7.3	14.7	23.7	29.4
Zambia	1986	17617	62.6	19.8	...	18.5	32.7	33.6
Zambie	1990	123487	54.7	14.1	...	30.7	34.3	33.8
	1991	234504	60.4	14.3	...	24.6	26.4	25.7
Zimbabwe	1985	7295	21.5	57.5	4.3	15.5	28.8	27.6
Zimbabwe	1988	11441	23.7	49.3	4.0	17.8	30.0	24.8
	1989	13794	23.6	54.5	1.6	17.4	30.0	27.0

Source:
National accounts database of the Statistics Division of the United Nations Secretariat.

† For information on recent changes in country or area nomenclature pertaining to former Czechoslovakia, Germany, Hong Kong Special Administrative Region (SAR) of China, SFR Yugoslavia and former USSR, see Annex I – Country or area nomenclature, regional and other groupings.

†† For statistical purposes, the data for China do not include those for the Hong Kong Special Administrative Region (Hong Kong SAR) and Taiwan province of China.

1 Net exports.
2 Including private final consumption expenditure.
3 Gross capital formation.
4 Fiscal year beginning 1 July.
5 Including a statistical discrepancy.
6 Fiscal year beginning 1 April.
7 Fiscal year beginning 7 July.
8 Thousand.
9 Fiscal year ending 30 September.
10 Fiscal year beginning 21 March.
11 Including increase in stocks.
12 Obtained as a residual.
13 Fiscal year ending 15 July.
14 Fiscal year ending 30 June.
15 Exports of goods only.

Source:
Base de données sur les comptes nationaux de la division de statistique du Secrétariat de l'ONU.

† Pour les modifications récentes de nomenclature de pays ou de zone concernant l'Allemagne, Hong–Kong (Région administrative spéciale de Chine), l'ex–Tchécoslovaquie, l'ex–URSS, Rfs de Yougoslavie, voir annexe I – Nomenclature des pays ou des zones, groupements régionaux et autres groupments.

†† Les données statistiques relatives à la Chine ne comprennent pas celles qui concernent la région administrative spéciale de Hong–Kong (la RAS de Hong–Kong) et la province chinoise de Taiwan.

1 Exportations nettes.
2 Y compris dépenses consommation final privée.
3 Formation brute de capital.
4 L'année fiscale commençant le 1er juillet.
5 Y compris divergence statistique.
6 L'année fiscale commençant le 1er avril.
7 L'année fiscale commençant le 7 juillet.
8 Milliers.
9 L'année fiscale finissant le 30 septembre.
10 L'année fiscale commençant le 21 mars.
11 Y compris les variations des stocks.
12 Données résiduelles.
13 L'année fiscale finissant 15 juillet.
14 L'année fiscale finissant le 30 juin.
15 Exportations de biens seulements.

24
Gross domestic product by kind of economic activity at current prices
Produit intérieur brut par genre d'activité economique aux prix courants
Percentage distribution
Répartition en pourcentage

% of GDP – en % du PIB

Country or area Pays ou zone	Year Année	GDP at current prices (Mil. nat.cur.) PIB aux prix courants (Mil. mon.nat.)	Agriculture, hunting, forestry & fishing Agriculture, chasse, sylviculture et pêche	Mining & quarrying Industries extractives	Manufac-turing Manufac-turières	Electricity, gas and water Electricité, gaz et eau	Construc-tion Construc-tion	Wholesale/ retail trade, restaurants and hotels Commerce, restaurants, hôtels	Transport, storage & commu-nication Transports, entrepôts, communi-cations	Other activities Autres activités
Angola	1986	192761	14.2	17.8	10.8	0.2	4.8[1]	13.2	5.0	34.0[1]
Angola	1989	278866	19.1	29.4	6.1	0.2	3.2[1]	11.2	3.0	27.8[1]
	1990	308062	17.9	32.7	5.0	0.1	2.9[1]	10.7	3.2	27.6[1]
Anguilla	1986	68[2]	4.4	1.1	0.8	2.2	17.1	29.3	12.0	33.1
Anguilla	1990	156[2]	3.9	0.4	0.6	1.0	19.8	33.6	10.5	30.3
	1991	159[2]	2.5	0.7	0.7	1.6	17.1	34.2	11.4	31.8
Antigua and Barbuda	1986	642	3.8	1.5	3.3	3.1	7.9	20.8	13.8	45.7
Antigua-et-Barbuda	1987	649	4.5	2.2	3.5	3.5	11.3	24.1	15.6	35.3
	1988	776	4.1	2.2	3.1	4.0	12.7	23.7	14.3	35.9
Argentina	1986	10	7.8	2.0	27.4	2.0	6.0	16.3	4.7	33.8
Argentine	# 1991	180898	6.9	2.1	24.4	1.6	4.7	15.9	5.2	39.5
	1992	226638	6.0	1.8	21.9	1.7	5.3	15.4	5.2	42.7
Australia[3]	1986	264007	3.9	5.1	16.4	3.7	7.0	19.2[1]	7.8	36.8[1]
Australie[3]	1993	428910	3.2	3.9	14.3	3.3	6.2	20.1[1]	7.9	41.2[1]
	1994	455732	2.9	3.7	14.6	3.0	6.2	20.2[1]	8.3	41.0[1]
Austria	1986	1422497	3.3	0.4	26.4	3.2	6.6	16.1	5.7	38.3
Autriche	1993	2124072	2.2	0.2	23.5	2.8	7.9	16.3	6.4	40.7
	1994	2262917	2.2	0.2	23.5	2.7	7.9	15.8	6.4	41.3
Azerbaijan	1990	1466	26.6	22.0[4]	...	...	8.1	2.5	8.0	32.8
Azerbaïdjan	1993	157082	27.2	24.9[4]	...	...	7.3	3.7	8.0	29.1
	1994	1800804	33.7	17.2[4]	...	...	7.6	4.0	12.8	24.8
Bahamas	1990	3134	2.6	2.7[5]	...	2.1	3.5	29.6	7.3	52.1
Bahamas	1991	3090	3.4	3.3[5]	...	2.5	3.4	25.9	6.6	54.9
	1992	3059	2.9	3.4[5]	...	2.9	3.0	23.0	7.4	57.3
Bahrain	1986	1148	1.4	18.6	14.3	1.8	9.0	9.5	12.9	32.6
Bahreïn	1994	1827	1.0	15.7	17.6	1.7	6.0	11.4	11.8	34.8
	1995	1900	1.0	16.8	22.0	1.8	5.6	10.7	8.6	33.4
Bangladesh[3]	1986	539201	40.8	0.0	8.8	0.7	5.3	8.9	11.5	24.0
Bangladesh[3]	1993	1030365	29.7	0.0	9.8	2.0	5.9	8.4	12.5	31.7
	1994	1170261	30.9	0.0	9.6	2.0	5.9	8.6	11.9	31.1
Barbados	1986	2646[2]	5.5	0.6	8.7	2.7	5.0	27.2	7.5	42.8
Barbade	1992	3171[2]	4.6	0.5	6.4	3.3	3.6	25.7	7.8	48.0
	1993	3281[2]	4.5	0.5	6.4	3.1	3.5	26.5	7.8	47.8
Belarus	1990	4000[7]	23.1	0.2	38.1[8]	...	7.8	3.5	6.8	20.5
Bélarus	1993	9778000[7]	17.3	0.1	30.0[8]	...	7.8	11.3	10.7	22.7
	1994	17661000[7]	13.7	0.1	27.5[8]	...	6.0	14.9	11.1	26.8
Belgium	1986	4993832[6]	2.2	0.1	23.2	2.5	5.0	17.3	7.4	42.4
Belgique	1993	7268607[6]	1.6	...	...	...	5.2	18.6	8.0	43.8
	1994	7625970[6]	1.6	...	...	...	5.2	18.3	8.2	44.5
Belize	1986	456	18.1	0.4	13.4	2.9	4.5	13.7	9.0	38.1
Belize	1992	936	17.1	0.6	11.7	2.5	6.8	15.0	10.1	36.2
	1993	995	15.3	0.7	11.2	2.9	7.1	14.8	10.7	37.3
Benin	1986	462533	33.7	0.8	7.2	0.8	3.3	15.8[1]	8.0	30.4[1]
Bénin	1988	482434	34.8	0.9	8.3	0.9	3.1	17.5[1]	7.6	27.0[1]
	1989	487525	36.3	0.9	8.8	0.8	3.1	16.8[1]	7.5	25.7[1]
Bhutan	1986	2802[2]	49.9	1.3	4.9	3.4	9.5	8.4	4.1	18.4
Bhoutan	1993	7192[2]	39.0	1.4	10.5	7.8	8.6	7.7	8.2	17.0
	1994	8317[2]	37.9	1.4	10.0	6.7	11.9	7.8	7.4	16.9
Bolivia	1986	8924	27.5	10.0	13.3	1.1	2.9	10.9	11.8	22.7
Bolivie	1992	22014	14.4	7.3	17.1	2.6	3.1	11.6	10.5	33.4
	1993	24928	17.0	6.1	15.2	2.6	4.6	12.4	14.1	24.0
Botswana[3]	1986	2810	5.1	43.8	6.0	2.6	4.7	6.4	2.1	29.3
Botswana[3]	# 1993	11115	4.5	35.4	4.5	2.2	6.2	15.4	3.3	28.6
	1994	12530	4.2	32.6	4.7	2.2	6.0	16.7	3.5	30.1
Brazil	1986	1[9]	9.9	2.4	29.3	2.1	6.4	7.7	4.5	37.6
Brésil	# 1993	14039	10.9	1.6	21.8	3.6	6.4	6.6	5.4	43.7
	1994	355567	12.2	1.0	19.6	4.7	6.6	6.0	4.9	45.0

24
Gross domestic product by kind of economic activity at current prices
Percentage distribution *[cont.]*
Produit intérieur brut par genre d'activité économique aux prix courants
Répartition en pourcentage *[suite]*

% of GDP – en % du PIB

Country or area / Pays ou zone	Year / Année	GDP at current prices (Mil. nat.cur.) PIB aux prix courants (Mil. mon.nat.)	Agriculture, hunting, forestry & fishing / Agriculture, chasse, sylviculture et pêche	Mining & quarrying / Industries extractives	Manufacturing / Manufacturières	Electricity, gas and water / Electricité, gaz et eau	Construction / Construction	Wholesale/retail trade, restaurants and hotels / Commerce, restaurants, hôtels	Transport, storage & communication / Transports, entrepôts, communications	Other activities / Autres activités
British Virgin Islands	1986	98	3.8	0.2	2.9	3.7	5.6	26.7	10.0	47.2
Iles Vierges brit.	1988	131	3.4	0.2	2.8	3.6	5.6	26.1	11.0	47.3
	1989	156	3.0	0.2	2.8	3.3	6.0	25.3	13.6	45.7
Brunei Darussalam	1986	5136	1.9	44.5	10.4	0.6	3.3	12.3	2.4	24.6
Brunéi Darussalam	1993	6585	2.6	39.9[5]	...	1.0	5.1	12.2	4.8	34.3
	1994	6686	2.7	36.7[5]	...	1.0	5.5	11.9	5.1	37.2
Bulgaria	1986	34424	12.9	56.0[4]	...	...	8.0	3.8	5.7	13.6
Bulgarie	1992	200832	11.7	39.2[4]	...	...	5.9	10.4	6.5	26.3
	1993	298934	10.0	33.7[4]	...	...	5.5	10.5	6.6	33.7
Burkina Faso	1983	381013	39.9	0.0	12.6	1.1	2.0	12.2	6.4	25.8
Burkina Faso	1984	390565	42.0	0.1	12.2	1.1	1.3	10.8	7.4	25.1
	1985	469313[7]	46.9	0.1	11.2	0.7	1.2	10.0	6.8	23.2
Burundi	1986	140842	51.0	0.7[8]	12.4	...	3.6	12.9	2.6	16.8
Burundi	1989	179549	46.0	1.1[8]	18.1	...	3.2	10.6	3.2	17.8
	1990	196656	51.2	0.8[8]	16.4	...	3.4	4.8	3.0	20.4
Cameroon[3]	1986	3921900	24.0	8.3	12.8	1.2	6.8	14.9	5.9	26.1
Cameroun[3]	1989	3420900	24.2	9.4	14.2	1.7	4.2	15.2	7.0	24.2
	1990	3423600	25.0	9.1	13.6	1.7	3.8	15.4	7.3	24.1
Canada	1986	501426	2.9	3.5	17.3	3.0	5.6	12.6	6.3	48.8
Canada	1991	669113	2.1	2.7	14.8	2.9	5.8	12.3	5.8	53.6
	1992	683086	2.1	2.7	14.4	3.0	5.4	12.0	5.9	54.4
Cape Verde	1986	15559	16.0	0.8	5.2	0.6	11.0	25.9	13.8	26.8
Cap–Vert	1987	17984	20.1	0.6	5.7	1.0	10.5	24.3	12.8	25.0
	1988	20640	20.2	0.6	5.4	1.0	10.8	24.8	12.6	24.5
Cayman Islands	1986	290	0.7	0.3	2.1	2.4	9.3	20.7	13.1	51.4[10]
Iles Caïmanes	1990	590	0.3	0.3	1.5	3.1	9.5	24.1	10.7	50.7[10]
	1991	616	0.3	0.3	1.5	3.1	8.9	22.4	10.6	52.9[10]
Central African Rep.	1983	251055	39.6	2.5	7.6	0.5	2.0	20.5	4.1	23.2
Rép. centrafricaine	1984	275730	39.6	2.8	7.9	0.9	2.6	21.1	4.2	22.0
	1985	388545[7]	42.0	2.5	7.4	0.8	2.6	21.8	4.2	21.0
Chad	1986	260389	36.9	0.2	17.2	0.6	1.1	33.0[12]	...	10.9
Tchad	1993	291691	27.6	0.2	16.1	0.8	0.9	29.1[12]	...	25.3
	1994	460851	22.2	0.2	13.5	0.6	1.2	30.2[12]	...	32.1
Chile	1986	3419209	8.6	10.0	17.9	2.7	4.8	14.1	6.3	35.6
Chili	1987	4540556	8.8	11.4	17.5	2.5	4.8	15.4	6.1	33.5
	1988	5917879	8.5	15.5	18.1	2.5	5.1	13.4	6.0	30.9
China ††	1986	1020220	27.1	38.9[4]	...	...	5.2	9.2	4.7	15.0
Chine ††	1993	3463440	19.9	40.8[4]	...	...	6.6	8.9	6.1	17.6
	1994	4658520	20.3	41.6[4]	...	...	6.5	8.7	5.7	17.2
China, Hong Kong SAR †	1986	312561	0.4	0.1	21.4	2.7	4.6	21.1	7.7	42.0
Chine, Hong–Kong RAS †	1993	897463	0.2	0.0	10.3	2.0	4.8	25.0	8.8	48.9
	1994	1016567	0.2	0.0	8.7	2.2	4.9	25.4	9.1	49.5
Colombia	1986	6788000	17.5	4.9	22.5	2.2	6.6	13.6	7.8	25.0
Colombie	1991	26107000	17.0	8.2	20.4	2.6	5.0	14.4	9.6	22.6
	1992	33143000	15.7	7.1	19.4	2.7	5.7	15.5	10.4	23.5
Congo	1986	640407	12.1	15.5	9.6	1.4	6.1	16.3	11.1	27.9
Congo	1988	658964	13.9	16.8	8.6	1.9	2.6	16.3	11.0	28.9
	1989	773524	13.0	27.9	7.0	1.8	1.8	14.4	9.1	24.9
Cook Islands	1984	43	15.2	0.2	4.9	1.0	2.1	25.9	10.5	40.1
Iles Cook	1985	52	14.3	0.1	4.6	0.1	2.6	26.1	10.9	41.1
	1986	63	12.7	0.1	5.1	1.1	3.7	23.0	12.2	42.1
Costa Rica	1986	246580	20.9	21.3[5]	...	3.0	3.3	19.2	4.7	27.5
Costa Rica	1994	1306302	16.6	18.6[5]	...	3.6	2.7	20.2	5.3	33.0
	1995	1659385	17.4	18.6[5]	...	3.4	2.3	20.2	5.3	32.8
Côte d'Ivoire	1986	3174000[7]	28.4	1.2	15.5	2.2	2.4	21.7	7.2	21.4
Côte d'Ivoire	1992	2953000[7]	34.0	0.2	16.7	2.4	2.0	12.2	8.6	23.9
	1993	2946000	34.9	0.2	16.4	2.1	2.0	12.3	9.0	23.1

24
Gross domestic product by kind of economic activity at current prices
Percentage distribution [cont.]
Produit intérieur brut par genre d'activité économique aux prix courants
Répartition en pourcentage [suite]

Country or area Pays ou zone	Year Année	GDP at current prices (Mil. nat.cur.) PIB aux prix courants (Mil. mon.nat.)	Agriculture, hunting, forestry & fishing Agriculture, chasse, sylviculture et pêche	Mining & quarrying Industries extractives	Manufacturing Manufacturières	Electricity, gas and water Electricité, gaz et eau	Construction Construction	Wholesale/retail trade, restaurants and hotels Commerce, restaurants, hôtels	Transport, storage & communication Transports, entrepôts, communications	Other activities Autres activités
Cyprus	1986	1601	7.3	0.5	15.0	2.3	9.8	19.0	9.7	36.3
Chypre	1993	3249	5.7	0.3	12.9	2.1	9.6	19.3	8.2	41.9
	1994	3575	5.0	0.3	12.4	2.0	9.0	19.4	8.3	43.6
Czech Republic	1990	567322	7.3	39.3[4]	...	...	8.1	13.2	4.3	27.8
République tchèque	1994	1037500	5.6	2.7	25.4	5.5	5.7	10.7	5.6	38.9
	1995	1212000	5.0	2.5	25.6	5.3	5.9	12.4	6.0	37.4
Denmark	1986	666496	4.5	0.8	16.8	1.3	5.7	13.3	6.7	51.0
Danemark	1993	874909	3.2	0.8	16.4	1.8	4.7	12.0	8.2	52.9
	1994	928596	3.3	0.8	16.8	1.7	4.6	11.9	8.3	52.6
Djibouti	1981	56818	3.7	...	8.3	2.0	7.0	18.6	9.9	50.4
Djibouti	1982	59383	4.3	...	8.1	2.6	7.5	16.3	9.7	51.6
	1983	59997	4.3	...	8.2	3.2	7.6	15.7	9.8	51.2
Dominica	1986	303	25.3	0.5	5.6	2.2	3.9	9.5	11.4	41.6
Dominique	1990	452	21.5	0.7	5.9	2.5	6.2	10.8	13.3	39.3
	1991	479	21.2	0.8	5.7	2.7	6.1	11.0	13.5	39.0
Dominican Republic	1986	15780	16.4	3.8	17.4[14,15]	0.8	7.0	15.7[1]	8.2	30.7[1]
Rép. dominicaine	1992	112369	17.5	3.0	14.1[14,15]	0.5	8.2	14.1[1]	6.9	35.8[1]
	1993	120572	17.5	3.0	14.1[14,15]	0.5	8.2	14.1[1]	6.9	35.8[1]
Ecuador	1986	1383232	15.1	10.0	19.8	0.5	4.9	17.8	9.1	22.9
Equateur	1992	19414000	12.7	12.6	22.0	0.1	4.5	21.5	7.8	18.8
	1993	27451000	12.1	10.7	21.7	0.3	4.9	20.2	8.9	21.1
Egypt[3]	1986	51946	19.5	3.6	15.7	1.0[11]	5.4	21.8	7.8	34.0[11]
Egypte[3]	1990	110143	16.2	10.0	15.8	1.3[11]	4.7	19.7	9.8	22.4[11]
	1991	136190	15.2	9.8	15.7	1.5[11]	4.5	19.6	10.4	23.4[11]
El Salvador	1986	19763	20.1	0.1	15.6	2.1	2.8	28.5[1]	4.1	26.7[1]
El Salvador	1993	60522	13.9	0.4	22.4	1.0	4.4	18.7[1]	7.5	31.7[1]
	1994	70613	13.9	0.5	22.3	1.0	4.6	19.5[1]	7.5	30.7[1]
Equatorial Guinea	1986	37205	59.4	...	1.3	2.0	3.4	7.9	2.4	23.7
Guinée équatoriale	1990	44350	51.7	...	1.3	3.3	3.7	7.4	2.1	30.6
	1991	46429	50.2	...	1.3	2.9	2.8	7.1	1.8	33.8
Estonia	1986	516	21.2	...	39.7	...	7.8	7.3	5.7	18.3
Estonie	# 1993	22060	9.9	1.7	17.1	3.2	5.9	16.5	11.1	34.6
	1994	30103	8.8	1.6	16.7	2.9	5.6	17.0	8.2	39.2
Ethiopia incl. Eritrea[17]	1986	10905	40.1	0.1	9.7	1.0	3.8	9.5	6.6	29.1
Ethiopie y comp. Eryth.[17]	1991	13332	37.8	0.3	9.5	1.4	3.0	8.6	6.6	32.9
	1992	13508	46.7	0.3	8.4	1.2	2.6	9.5	5.0	26.3
Fiji	1986	1462	18.9	1.2	9.4	3.3	4.4	15.3	9.0	38.4
Fidji	1988	1588	17.6	3.9	8.6	3.3	3.8	17.8	10.3	34.8
	1989	1861	17.5	3.0	9.4	3.0	3.5	20.4	9.1	34.1
Finland	1986	354994	6.8	0.3	22.0	2.7	7.1	11.5	7.2	42.3
Finlande	1993	482397	4.6	0.3	21.1	2.3	4.4	9.8	7.7	49.7
	1994	509064	4.7	0.4	22.1	2.4	4.6	9.8	7.6	48.3
France	1986	5069296	3.7	0.7	22.1	2.3	5.2	14.7	6.1	45.1
France	1993	7082790	2.3	0.5	19.5	2.4	4.9	15.1	5.9	49.5
	1994	7376050	2.4	0.4	19.2	2.4	4.5	15.0	5.8	50.2
French Guiana	1986	2918	8.4	5.9	...	1.0	11.7	14.2	−4.5	63.4
Guyane française	1991	7404	7.4	7.6	...	0.5	12.0	13.1	12.3	47.1
	1992	7976	7.2	9.1	...	0.6	10.9	12.1	11.5	48.6
French Polynesia	1986	266935	3.5	...	8.8	0.9	11.4	...	6.5	25.0
Polynésie française	1992	314265	3.8	...	7.5	2.1	5.9	...	...	29.5
	1993	329266	3.9	...	6.7	2.1	5.7	...	...	29.0
Gabon	1986	1201100	9.1	22.3	7.0[15]	2.2	11.0	9.8	7.0	31.7
Gabon	1988	1013600	10.7	21.5	6.9[15]	2.8	5.0	13.8	8.6	30.8
	1989	1168066	10.0	31.2	5.5[15]	2.4	5.3	12.0	7.9	25.7
Gambia[3]	1986	1462	31.5	0.0	1.8	0.9	4.8	35.3	9.1	16.7
Gambie[3]	1992	3078	18.6	0.0	5.7	1.0	4.7	42.0	11.2	16.8
	1993	3243	20.5	0.0	5.2	1.0	4.6	38.9	12.7	17.1

24
Gross domestic product by kind of economic activity at current prices
Percentage distribution [cont.]
Produit intérieur brut par genre d'activité économique aux prix courants
Répartition en pourcentage [suite]

% of GDP – en % du PIB

Country or area Pays ou zone	Year Année	GDP at current prices (Mil. nat.cur.) PIB aux prix courants (Mil. mon.nat.)	Agriculture, hunting, forestry & fishing Agriculture, chasse, sylviculture et pêche	Mining & quarrying Industries extractives	Manufacturing Manufacturières	Electricity, gas and water Electricité, gaz et eau	Construction Construction	Wholesale/retail trade, restaurants and hotels Commerce, restaurants, hôtels	Transport, storage & communication Transports, entrepôts, communications	Other activities Autres activités
Germany † • Allemagne †										
F.R. Germany	1986	1925290	1.8	0.7	32.2[19]	2.7	5.2	9.7	5.6	42.1
R.f. Allemagne	1993	2846300	1.0	0.4	26.2[19]	2.2	5.4	9.9	5.5	49.3
	1994	2973400	...	...	25.8[19]	...	5.5	...	5.3	30.7
Ghana	1984	270561	49.2	1.2	6.4	0.8	2.2	28.3	6.4	5.4
Ghana	1985	343048	44.9	1.1	11.5	1.2	2.9	24.8	5.3	8.3
	1986	511400[7]	44.4	1.6	11.2	1.6	2.4	22.8	4.6	11.4
Greece	1986	5514766	14.3	1.4	16.5	2.5	6.1	11.9[1]	6.8	40.6[1]
Grèce	1993	16760352	11.8	1.0	13.2	2.2	5.6	11.8[1]	6.1	48.2[1]
	1994	18864409	12.7	1.0	12.7	2.1	5.3	11.5[1]	6.1	48.6[1]
Grenada	1986	350	15.1	0.3	3.8	2.1	6.7	15.7	11.0	45.3
Grenade	1990	541	13.2	0.3	4.2	2.4	8.2	15.2	11.1	45.4
	1991	567	12.1	0.3	4.3	2.5	8.5	15.9	11.7	44.6
Guadeloupe	1986	10958	10.0	5.0[5]	...	−0.1	4.9	16.5	6.0	57.8
Guadeloupe	1991	16415	7.3	6.1[5]	...	1.4	7.0	16.4	6.0	55.9
	1992	17972	6.7	6.9[5]	...	1.7	6.5	16.2	7.9	54.2
Guinea–Bissau	1986	46973	46.8	0.1	14.8	0.0	5.6	19.7	2.8	10.1
Guinée–Bissau	1990	510094	44.6	8.2[4]	...	...	10.0	25.7	3.7	7.8
	1991	854985	44.7	8.5[4]	...	...	8.4	25.8	3.9	8.7
Guyana	1986	2220	24.5	5.2	8.5[8]	...	5.6	6.0[1]	6.3	43.9[1]
Guyana	1992	46734	43.8	9.7	3.8[8]	...	3.0	4.3[1]	4.9	30.4[1]
	1993	56647	38.3	14.4	3.5[8]	...	3.0	4.1[1]	4.7	32.1[1]
Honduras	1986	7617	18.4	1.5	12.8	3.0	3.8	12.0	6.1	42.5
Honduras	1994	28715	21.0	1.7	14.9	3.3	5.0	9.1	4.8	40.2
	1995	37350	21.3	1.8	14.6	4.0	5.0	9.2	4.6	39.6
Hungary	1986	1088800	16.8	5.2	25.3[20]	4.1[20]	7.3	9.9	7.9	23.5
Hongrie	# 1993	3548262	5.8	0.6	19.4[20]	3.3[20]	4.7	11.8	7.8	46.7
	1994	4364811	6.0	0.5	19.4[20]	2.9[20]	4.6	11.3	7.6	47.7
Iceland	1986	161216	9.8	...	14.9	3.8	6.4	8.6	5.8	50.7
Islande	1991	396721	9.9	...	13.0	3.0	6.1	10.3	5.7	52.1
	1992	397833	9.5	...	13.2	3.2	6.3	10.7	5.6	51.5
India [21]	1986	2929490	28.1	2.3	15.8	1.9	5.2	11.8	5.6	29.3
Inde [21]	1993	8010320	27.7	2.1	15.4	2.4	5.1	12.1	7.0	28.1
	1994	9456150	28.1	2.0	15.7	2.4	5.2	12.1	6.9	27.6
Indonesia	1986	102683000	24.2	11.2	16.7	0.6	5.2	16.7[1]	6.2	19.1[1]
Indonésie	1992	260786000[7]	19.2	11.9	21.7	0.8	6.2	16.4[1]	6.5	17.4[1]
	1993	298026000	18.4	8.9	22.4	0.9	6.9	16.6[1]	7.0	18.9[1]
Iran, Islamic Rep. of [22]	1986	16227000	23.1	4.6[23]	8.3	1.0	7.1	17.0	7.0	31.9
Iran, Rép. islamique d' [22]	1989	27787000	24.0	6.6[23]	10.5	1.1	4.6	19.9	6.4	26.8
	1990	36645000	23.0	10.8[23]	12.0	1.1	3.9	17.9	7.2	24.1
Iraq	1986	15063	14.4	14.5	11.7	1.5	9.1	12.7	7.3	28.8
Iraq	1990	23297	19.8	14.3	8.8	1.1	7.3	14.8	9.0	24.9
	1991	19940	30.3	0.7	6.4	0.8	4.1	18.1	13.3	26.3
Ireland	# 1986	19703	7.8	29.9[4]	...	...	5.2	10.2	5.1	41.8
Irlande	1992	29972	7.2	30.5[4]	...	...	4.6	10.2	5.2	42.3
	1993	32174	6.8	30.8[4]	...	...	4.5	11.0	5.0	41.9
Israel	1986	47707[7]	4.7	21.9[5]	...	1.6	5.0	13.8	8.0	45.0[7]
Israël	1993	197794[7]	2.4	21.1[5]	...	1.7	7.6	11.5	7.5	48.2[7]
	1994	236189[7]	2.4	19.0[5]	...	1.7	7.8	11.4	7.1	50.6[7]
Italy	1986	899903000[6]	4.3	23.7[5]	...	4.8	6.0	19.0[15]	5.7	36.4
Italie	1993	1550150000[6]	3.0	20.2[5]	...	5.8	5.5	18.3[15]	6.1	41.1
	1994	1641105000[6]	2.9	20.7[5]	...	5.9	5.1	18.4[15]	6.3	40.8
Jamaica	1986	13893	7.5	6.5	21.3	4.1	7.8	20.1	9.4	23.2
Jamaïque	1992	72540	8.0	9.4	19.6	2.5	12.9	23.6	7.7	16.2
	1993	95785	8.4	7.3	18.4	2.3	12.9	23.7	8.0	19.0
Japan	1986	335457200[7]	3.0	0.3	28.6	3.4	8.1	13.2[1]	6.6	36.9[1]
Japon	1993	475438400	2.1	0.2	25.5	2.7	10.8	12.9[1]	6.4	39.5[1]
	1994	479071900	2.1	0.2	24.5	2.8	10.8	12.7[1]	6.4	40.6[1]

24
Gross domestic product by kind of economic activity at current prices
Percentage distribution [cont.]
Produit intérieur brut par genre d'activité économique aux prix courants
Répartition en pourcentage [suite]

Country or area Pays ou zone	Year Année	GDP at current prices (Mil. nat.cur.) PIB aux prix courants (Mil. mon.nat.)	Agriculture, hunting, forestry & fishing Agriculture, chasse, sylviculture et pêche	Mining & quarrying Industries extractives	Manufac-turing Manufac-turières	Electricity, gas and water Electricité, gaz et eau	Construc-tion Construc-tion	Wholesale/ retail trade, restaurants and hotels Commerce, restaurants, hôtels	Transport, storage & commu-nication Transports, entrepôts, communi-cations	Other activities Autres activités
Jordan	1986	2164	5.2	3.1	15.8	2.0	6.4	13.1	13.1	41.3
Jordanie	1992	3493	7.1	4.6	15.0	1.9	6.2	8.2	13.1	43.9
	1993	3811	5.1	3.5	14.9	2.1	7.5	8.7	13.0	45.2
Kazakhstan	1990	242	28.9	26.0[4]	...	...	11.6	6.2	7.4	19.8
Kazakhstan	1992	6269	20.4	27.4[4]	...	...	5.6	3.6	5.6	37.4
	1993	26800	12.7	31.0[4]	...	...	9.7	13.1	6.0	27.6
Kenya	1986	5874	28.8	0.2	10.4	1.4	4.2	9.6	5.8	39.7
Kenya	1992	12787	23.2	0.2	9.6	1.2	5.0	11.9	7.1	41.7
	1993	16063	24.5	0.2	8.8	1.1	4.7	12.0	7.0	41.7
Korea, Republic of	1986	95736000	11.2	1.1	30.8	3.3	7.0	14.0	7.2	25.6
Corée, Rép. de	1992	240392000	7.4	0.4	27.8	2.2	13.7	12.0	6.8	29.8
	1993	265548000	7.1	0.3	27.1	2.3	13.6	11.9	7.0	30.7
Kuwait	1986	5203	0.8	32.3	11.5	-1.2	3.5	10.7	5.1	37.4
Koweït	1994	7349	0.4	38.5	10.6	-0.6	3.3	7.8	4.6	35.5
	1995	7952	0.4	39.5	10.9	-0.1	3.1	7.6	4.4	34.2
Kyrgyzstan	1990	43	33.0	2.1	23.9	1.6	7.7	5.9	5.6	20.1
Kirghizistan	1993	5355	39.1	4.8	17.4	4.3	5.4	8.1	3.9	17.0
	1994	12019	38.4	7.0	9.0	5.4	3.4	11.2	4.6	21.0
Latvia	1990	62	21.1	0.2	33.2	1.7	9.4	6.6	10.5	17.4
Lettonie	1993	1467	10.7	0.2	20.9	6.8	3.9	8.7	21.0	27.8
	1994	2043	8.4	0.2	17.7	4.6	5.3	10.1	18.1	35.7
Lebanon	1980	14000	9.2	...	12.2	5.1	3.2	28.6	3.8	38.0
Liban	1981	16800	8.5	...	13.0	5.4	3.4	28.3	3.7	37.5
	1982	12600	8.5	...	13.0	5.4	3.4	28.3	3.7	37.5
Lesotho	1986	631	17.1	0.3	10.5[14]	0.9	11.3	9.7	2.8	47.5
Lesotho	1992	2184	8.2	0.1	12.1[14]	1.6	22.1	8.2	2.8	44.8
	1993	2587	11.0	0.1	12.6[14]	2.0	21.5	8.4	2.6	41.8
Liberia	1986	1037	33.1	11.4	5.8	1.8	2.8	5.5	7.3	32.3
Libéria	1988	1158	35.6	9.9	6.9	1.6	2.5	5.5	6.8	31.1
	1989	1194	34.4	10.2	6.8	1.6	2.2	5.3	6.6	32.8
Libyan Arab Jamah.	1983	8805	2.9	47.0[24]	3.1	0.9	10.0	5.8	4.4	25.8
Jaman. arabe libyenne	1984	8013	3.2	39.2[24]	3.7	1.1	10.6	7.6	5.0	29.4
	1985	8277	3.4	40.4[24]	4.4	1.2	11.1	6.8	4.8	27.8
Lithuania	1986	98	27.5	36.2[4]	...	...	10.6	4.5	7.9	13.3
Lithuanie	1993	11108	11.1	24.8[5]	...	5.6	7.8	16.8	10.6	23.3
	1994	16981	7.4	23.1[5]	...	2.7	8.7	23.9	9.4	24.8
Luxembourg	1986	223304[6]	2.3	0.1	29.6	2.2	5.6	15.8	5.9	38.5
Luxembourg	1990	300409[6]	1.9	0.3	25.8	1.7	7.2	16.5	6.8	39.8
	1991	318804[6]	1.4	0.3	24.2	1.7	7.5	16.4	6.9	41.5
Madagascar	1983	1221100	43.0	15.2[4,25]	...	...	...	29.6[18]	...	12.2
Madagascar	1984	1369100	42.4	15.6[4,25]	...	...	...	29.3[18]	...	12.7
	1985	1553400	42.0	16.4[4,25]	...	...	...	29.1[18]	...	12.5
Malawi	1984	1688[7]	35.4[26]	...	17.6	1.7	1.9	6.4	4.6	32.5
Malawi	1985	1929[7]	32.3[26]	...	16.3	1.4	2.0	11.9	4.4	31.5
	1986	2188[7]	32.6[26]	...	19.1	1.1	1.9	10.9	3.3	31.1
Malaysia Malaisie	1983	69941	18.7	13.9	19.1	1.5	5.5	11.6	5.2	24.4
Mali	1986	585100	42.2	2.5	6.5[14]	4.1[25]	...	16.2	4.7	23.9
Mali	1991	691400	44.1	1.6	6.6[14]	4.1[25]	...	19.3	4.7	19.4
	1992	737400	45.2	1.5	6.7[14]	4.2[25]	...	18.5	4.8	19.1
Malta	1986	512	4.0	3.7[25]	26.3	6.8	...	13.2[1]	5.1	40.9[1]
Malte	1993	940	2.7	2.8[25]	21.4	6.7	...	12.3[1]	6.3	47.8[1]
	1994	1017	2.5	2.9[25]	21.1	6.9	...	11.5[1]	6.6	48.4[1]
Martinique	1986	13824	7.9	6.8[5]	...	3.9	4.0	16.2	5.2	56.0
Martinique	1991	20787	5.5	7.7[5]	...	2.4	5.2	18.5	6.2	54.5
	1992	22093	5.0	8.0[5]	...	2.2	5.2	18.2	6.5	54.9

24
Gross domestic product by kind of economic activity at current prices
Percentage distribution [cont.]
Produit intérieur brut par genre d'activité économique aux prix courants
Répartition en pourcentage [suite]

% of GDP − en % du PIB

Country or area Pays ou zone	Year Année	GDP at current prices (Mil. nat.cur.) PIB aux prix courants (Mil. mon.nat.)	Agriculture, hunting, forestry & fishing Agriculture, chasse, sylviculture et pêche	Mining & quarrying Industries extractives	Manufacturing Manufacturières	Electricity, gas and water Electricité, gaz et eau	Construction Construction	Wholesale/retail trade, restaurants and hotels Commerce, restaurants, hôtels	Transport, storage & communication Transports, entrepôts, communications	Other activities Autres activités
Mauritania Mauritanie	1986 1988 1989	59715 72635 83520	23.8 29.0 30.9	10.0 6.9 9.4	11.7[8] 11.7[8] 9.3[8]	... ...	6.1 5.6 5.8	11.9 11.8 ...	5.0 4.6 4.5	31.4 30.4 22.7
Mauritius Maurice	1986 1993 1994	19700 54928 62150	12.5 8.2 7.8	0.1 0.1 0.1	23.8 19.4 19.6	2.3 2.2 2.0	4.4 6.3 6.5	12.1 14.8 14.9	9.1 9.9 9.9	35.7 39.0 39.1
Mexico Mexique	1986 1992 1993	79191 1019156 1127584	9.4 7.0 6.8	3.6[27] 2.1[27] 1.7[27]	24.6 21.2 20.1	1.3 1.5 1.5	4.3 4.8 5.3	26.8 24.0 22.6	7.2 9.3 9.7	22.9 30.2 32.3
Montserrat Montserrat	1985 1986 1987	90[2] 103[2] 118[2]	4.8 4.3 4.1	1.3 1.4 1.3	5.7 5.6 5.7	3.7 3.7 3.2	7.9 11.3 11.5	18.0 18.7 22.1	11.5 11.6 11.1	47.2 43.4 41.0
Morocco Maroc	1986 1993 1994	154290 249820 286030	19.1 15.0 19.5	2.9 2.0 1.8	17.2 18.0 17.2	6.9[16 20] 7.6[16 20] 7.6[16 20]	5.0 4.8 4.2	14.6 13.4 13.3	5.8 6.4 6.0	28.3 32.8 30.5
Myanmar[21] Myanmar[21]	1986 1993 1994	59028 360321 473153	50.2 63.0 63.1	0.8 0.5 0.5	9.2 6.8 6.2	0.5[11] 0.2[11] 0.2[11]	1.7 1.4 1.6	22.9[1] 21.5[1] 21.5[1]	3.9 2.1 2.8	10.8[1] 4.5[1] 4.0[1]
Namibia Namibie	1986 1994 1995	3420 10391 11469	9.9 12.7 13.1	27.1 12.3 9.6	5.1 8.2 7.6	1.7 1.4 1.6	2.1 2.8 3.0	8.0 8.7 9.1	5.0 4.7 4.9	41.1 49.2 51.1
Nepal[28] Népal[28]	1986 1993 1994	55734 171386 199416	48.7 40.9 40.9	0.4 0.5 0.5	5.8[29] 8.5[29] 8.6[29]	0.6 0.8 0.9	8.2 10.1 9.8	10.1 11.2 11.0	5.5 6.3 6.3	20.7 21.5 21.9
Netherlands Pays−Bas	1986 1993 1994	437860[7] 579040[7] 608420[7]	4.2 3.2 3.4	5.3 2.8 2.5	18.3 17.6 17.5	1.8 1.7 1.6	4.8 5.1 5.2	14.1 14.7 14.2	6.3 6.6 6.6	45.3 48.4 48.9
Netherlands Antilles Antilles néerlandaises	1983 1984 1985	1910 1929 1966	0.8[19] 1.0[19] 0.9[19]	... ...	7.6 7.1 7.1	3.3 3.7 3.4	8.9 9.1 8.0	21.8 21.6 23.1	12.8 11.1 10.8	44.9 46.4 46.8
New Caledonia Nouvelle−Calédonie	1986 1991 1992	151281 272235 281427	1.9 1.9 1.8	7.9 11.4 8.0	5.2 6.5 6.6	2.5 2.2 2.3	4.4 5.7 5.5	26.8[1] 22.2[1] 23.7[1]	4.6 5.3 5.6	46.8[1] 44.7[1] 46.4[1]
New Zealand[21] Nouvelle−Zélande[21]	1986 1991 1992	55025 73030 75220	7.9 8.6 8.7	1.1 1.5 1.4	21.0 17.7 18.2	3.1 2.9 2.9	5.1 3.3 3.1	17.5 14.3 14.7	8.0 8.5 8.2	36.3 43.2 42.8
Niger Niger	1985 1986 1987	647100[7] 659600[7] 671200[7]	36.7 36.0 33.7	8.1 7.4 7.6	7.1 7.7 8.7	2.2 2.5 2.8	3.5 4.5 5.1	15.8 14.1 13.7	4.2 4.1 4.1	22.4 23.7 24.3
Nigeria Nigéria	1986 1993 1994	73062 701473 914334	38.1 33.1 38.2	13.9 35.9 25.0	10.3 6.2 7.1	0.6 0.2 0.2	2.6 1.1 1.1	13.7 14.6 17.5	5.2 2.2 3.5	15.7 6.8 7.3
Norway Norvège	1986 1990 1991	513718 722071[7] 762773[7]	3.1 3.1 2.9	10.2 13.4 13.3	14.7 13.7 13.5	3.8 4.1 4.0	5.9 4.4 3.9	12.2 11.1 11.0	8.5 9.8 10.4	41.5 40.4 41.0
Oman Oman	1986 1994 1995	3143 4967 5288	2.9 2.5 2.9	40.2 36.8 38.5	3.1 4.3 4.6	1.0 1.0 0.9	6.7 3.0 2.6	11.8 13.4 13.5	4.8 6.3 6.3	29.5 32.7 30.7
Pakistan[3] Pakistan[3]	1986 1993 1994	572479 1564645 1866520	23.6 22.6 23.1	0.6 0.6 0.5	15.0 15.8 16.1	2.1 2.7 2.9	3.9 3.5 3.3	14.1[1] 14.6[1] 14.4[1]	7.8 9.5 9.2	32.8[1] 30.7[1] 30.4[1]
Panama Panama	1986 1993 1994	5289 7103 7420	9.1 7.9 7.6	0.1 0.2 0.2	11.6 9.0 9.1	4.4 3.9 3.8	3.8 4.4 4.4	16.8 24.6 25.3	15.7 13.7 13.5	38.4 36.4 36.1
Papua New Guinea Papua New Guinea	1986 1990 1991	2572 3076 3606	32.2 29.0 26.0	12.8 14.7 17.0	10.0 9.0 9.6	1.6 1.7 1.6	4.0 5.0 6.2	10.1[1] 9.6[1] 9.9[1]	5.1 6.2 6.7	24.3[1] 24.8[1] 22.9[1]

24
Gross domestic product by kind of economic activity at current prices
Percentage distribution *[cont.]*
Produit intérieur brut par genre d'activité économique aux prix courants
Répartition en pourcentage *[suite]*

Country or area Pays ou zone	Year Année	GDP at current prices (Mil. nat.cur.) PIB aux prix courants (Mil. mon.nat.)	Agriculture, hunting, forestry & fishing / Agriculture, chasse, sylviculture et pêche	Mining & quarrying / Industries extractives	Manufacturing / Manufacturières	Electricity, gas and water / Electricité, gaz et eau	Construction / Construction	Wholesale/retail trade, restaurants and hotels / Commerce, restaurants, hôtels	Transport, storage & communication / Transports, entrepôts, communications	Other activities / Autres activités
Paraguay	1986	1833800	27.2	0.5	16.1	2.4	6.0	26.7[131]	4.4	16.7[13]
Paraguay	1993	11991719	24.5	0.4	16.5	3.4	5.9	30.4[131]	3.9	15.0[13]
	1994	14960131	23.7	0.4	15.7	3.9	6.0	30.5[131]	4.8	15.0[13]
Peru	1986	374[9]	11.2	3.2	24.2	1.0	7.6	20.5	5.4	26.9
Pérou	1993	79992	7.3	1.8	22.6	1.1	9.5	17.1	4.8	35.8
	1994	109920	7.3	1.9	23.2	1.2	10.6	17.1	4.7	34.0
Philippines	1986	608887	23.9	2.3	24.6	2.7	4.9	15.8	5.6	20.1
Philippines	1994	1693278	22.0	1.0	23.3	2.7	5.6	15.3	4.9	25.3
	1995	1906430	21.7	1.0	23.0	2.6	5.6	15.4	4.7	26.1
Poland	1990	591518000	8.4	44.9[4]	...	...	9.2	12.7	4.9	19.8
Pologne	1993	1557800000	6.7	3.7	25.2	4.0	6.5	15.5	6.1	32.4
	1994	2104073000	6.3	4.2	24.3	3.6	5.7	14.1	6.0	35.7
Portugal	# 1986	5025868	7.1	28.9[5]	...	3.7	5.1	19.1	7.0	29.1
Portugal	1988	6909628	5.6	27.9[5]	...	4.2	5.6	18.5	6.5	31.8
	1989	8140498	6.0	27.7[5]	...	3.6	5.2	18.1	6.4	32.9
Puerto Rico[3]	1986	23878	1.7	0.1	39.7	3.2	1.7[32]	16.6	5.4	31.7
Porto Rico[3]	1993	39536	1.0	0.1	41.9	2.8	2.2[32]	15.3	5.1	31.6
	1994	42364	0.9	0.1	41.8	2.7	2.2[32]	15.0	5.0	32.4
Qatar	1986	18393	1.3	29.3	9.7	2.0	5.7	6.2	2.2	43.5
Qatar	1993	26050	1.1	32.6	11.1	1.3	4.6	7.0	3.6	38.7
	1994	26843	1.1	32.0	11.0	1.5	6.4	7.5	3.8	36.8
Réunion	1986	18858	4.5	8.2[5]	...	4.3	5.9	15.7	4.9	56.5
Réunion	1991	31339	3.6	8.8[5]	...	3.9	6.9	19.3	4.5	53.0
	1992	33768	3.4	8.7[5]	...	4.0	6.6	19.4	4.4	53.5
Romania	1986	838600	13.8	47.3[4]	...	...	6.8	5.7	6.7	19.8
Roumanie	# 1993	20035700[33]	21.0	3.3	26.6	3.9	5.2	10.3	10.1	19.6
	1994	49794800[33]	20.1	32.3	...	...	6.0	11.7	9.9	20.0
Russian Federation	1990	644200	15.5	...	36.6	...	8.9	5.6	9.3	24.1
Fédération de Russie	1994	610993100	7.3	...	29.5	...	9.6	16.8	9.2	27.5
	1995	1658932800	9.2	...	28.7	...	7.6	15.8	12.4	26.4
Rwanda	1986	168990	37.0	0.2	16.1	0.7	7.0	14.0	6.0	19.1
Rwanda	1988	177940	37.9	0.2	14.0	0.7	6.9	12.7	7.1	20.5
	1989	190220	39.8	0.4	13.1	0.5	6.8	12.8	6.8	19.8
Saint Kitts−Nevis	1986	214[2]	10.7	0.2	15.3	2.1	7.8	20.6	12.3	31.0
Saint−Kitts−et−Nevis	1988	279[2]	10.0	0.3	15.9	1.0	10.3	20.6	14.5	27.4
	1989	302[2]	9.2	0.4	15.7	0.9	11.8	20.6	14.4	27.0
Saint Lucia	1985	441[2 7]	15.0	0.6	8.5	3.9	6.9	22.7	10.4	32.0
Sainte−Lucie	1986	602[2 7]	16.6	0.6	8.0	3.9	7.5	22.1	9.9	31.6
	1987	647[2 7]	14.4	0.6	7.9	4.2	8.1	23.4	9.6	31.9
Saint Vincent−Grenadines	1986	344[2]	16.0	0.2	8.6	3.2	8.3	10.8	15.5	37.4
St.−Vincent−et−Gren.	1989	469[2]	14.5	0.2	9.2	4.0	7.6	11.1	16.9	36.5
	1990	525[2]	16.0	0.2	7.3	4.1	8.1	11.8	17.8	34.7
Sao Tome and Principe	1986	2478	26.6	...	2.1	0.3	3.1	17.7	4.8	45.4
Sao Tomé−et−Principe	1987	3003	29.4	...	1.2	1.3	3.5	15.9	5.2	43.4
	1988	4221	28.9	...	1.6	0.9	3.8	16.9	3.7	44.2
Saudi Arabia[3]	1986	271091	5.9	23.2	7.3	0.2	12.5	10.7	8.4	31.8
Arabie saoudite[3]	1987	275453	6.6	23.6	8.7	0.2	12.1	10.1	8.0	30.6
	1988	285150[7]	7.3	22.5	8.8	0.3	11.2	9.5	8.1	32.4
Senegal	1986	1303300	22.3	0.3	12.5	1.9	2.7	23.6	9.5	27.2
Sénégal	1993	1559100	19.7	0.7	11.9	2.4	3.7	22.0	11.4	28.2
	1994	2112600	20.6	1.0	11.9	2.4	3.6	23.4	10.5	26.7
Seychelles	1986	1290	6.0	0.0	9.3	2.7	5.9	25.2	11.0	39.8
Seychelles	1990	1967	4.8	0.0	10.1	1.4	4.8	27.0	12.0	39.9
	1991	1980	4.8	0.0	10.8	2.1	5.1	25.0	14.9	37.2
Sierra Leone[3]	1986	19701	39.2	10.9	5.7	0.6	2.1	16.5	9.5	15.6
Sierra Leone[3]	1989	82837	36.9	7.0	7.0	0.2	1.9	24.7	10.7	11.6
	1990	150175	35.0	9.4	8.7	0.1	1.2	20.1	8.9	16.7

24
Gross domestic product by kind of economic activity at current prices
Percentage distribution *[cont.]*
Produit intérieur brut par genre d'activité économique aux prix courants
Répartition en pourcentage *[suite]*

Country or area Pays ou zone	Year Année	GDP at current prices (Mil. nat.cur.) PIB aux prix courants (Mil. mon.nat.)	Agriculture, hunting, forestry & fishing Agriculture, chasse, sylviculture et pêche	Mining & quarrying Industries extractives	Manufacturing Manufacturières	Electricity, gas and water Electricité, gaz et eau	Construction Construction	Wholesale/ retail trade, restaurants and hotels Commerce, restaurants, hôtels	Transport, storage & communication Transports, entrepôts, communications	Other activities Autres activités
Singapore	1986	39264	0.6	0.2	26.2	2.7	8.2	16.8	13.6	31.6
Singapour	1994	108224	0.2	0.1	25.6	1.6	7.3	19.6	12.0	33.8
	1995	120629	0.1	0.0	26.2	1.5	7.0	19.6	11.7	33.7
Slovenia	1990	196762	4.7	1.0	30.0	2.6	4.4	13.1	6.5	37.7
Slovénie	1992	1005261	4.9	1.7	29.7	2.4	3.8	12.9	6.5	38.0
	1993	1434974	4.5	1.0	27.6	2.6	4.2	12.9	7.3	39.8
Solomon Islands	1984	222[7]	48.1	−0.2	3.3	0.8	3.4	9.5	4.7	30.4
Iles Salomon	1985	237[7]	45.6	−0.6	3.4	0.9	3.8	9.4	4.6	32.9
	1986	253[7]	43.3	−1.0	4.0	1.0	4.6	7.5	5.2	35.4
Somalia	1985	87290	63.6	0.3	4.7	0.1	2.2	9.7	6.5	12.9
Somalie	1986	118781	59.3	0.3	5.3	0.2	2.5	9.8	6.9	15.7
	1987	169608	62.5	0.3	4.9	−0.5	2.8	10.3	6.5	13.2
South Africa	1986	143255	5.1	14.0	21.3	3.9	3.2	10.9	8.2	33.4
Afrique du Sud	1994	431711	4.6	7.7	20.9	3.6	2.8	14.2	6.7	39.4
	1995	484621	3.9	6.9	21.6	3.7	2.8	14.5	6.7	40.0
Spain	1986	32323900[7]	5.6	0.8	25.7	2.7	6.5	20.1	5.4	33.2
Espagne	1993	60905100	3.6	...	17.0	...	8.1	...	...	13.2
	1994	64616700	3.5	...	...	...	8.0	...	...	13.6
Sri Lanka	1986	172440	22.9	1.0	15.6	1.8	7.7	19.0	11.4	20.7
Sri Lanka	1993	499708	20.8	1.1	17.0	2.1	6.8	20.5	9.9	21.8
	1994	579159	20.0	1.2	17.0	2.3	7.1	20.6	10.0	21.7
Sudan [3]	1981	6721	35.7	0.1	6.9	1.1	5.7	14.1	10.3	26.0
Soudan [3]	1982	9186	30.4	0.1	7.3	1.0	6.6	15.4	10.1	29.2
	1983	11329	29.5	0.0	7.7	1.5	5.9	17.5	9.5	28.4
Suriname	1986	1782	9.3	4.4	12.6	3.0	6.0	16.0	6.5	42.2
Suriname	1993	10389	21.4	2.4	11.6	2.1	5.4	16.0	15.3	25.8
	1994	52288	15.3	9.4	11.7	2.1	3.3	13.7	16.4	28.1
Swaziland [34]	1986	1026	19.0	1.5	18.5	2.4	2.8	9.9	5.2	40.7
Swaziland [34]	1993	3206	11.6	1.5	27.6	1.5	3.2	7.3	4.9	42.3
	1994	3712	10.9	1.4	27.3	1.4	3.5	7.4	5.9	41.5
Sweden	1986	947263	3.2	0.3	21.9	2.8	5.7	10.6	5.5	49.9
Suède	1993	1446212	1.9	0.2	18.0	3.0	5.5	9.7	5.9	55.9
	1994	1524767	2.0	0.3	19.6	2.7	4.9	9.9	5.9	54.8
Switzerland	1985	227950	3.6	0.0	25.8	2.2	7.6	18.3	6.4	36.1
Suisse	1990	313990	3.1	...	24.4	1.9	8.4	19.4	5.9	37.0
	1991	331075	3.0	...	23.5	1.9	8.1	17.2	6.1	40.2
Syrian Arab Rep.	1986	99933	23.8	3.1	12.3	0.2	6.7	20.1	9.9	24.0
Rép. arabe syrienne	1993	413755	29.1	8.0	5.1	0.6	4.3	26.3	10.3	16.2
	1994	502435	27.9	6.6	6.0	0.9	4.4	26.4	11.1	16.8
TFYR of Macedonia	1990	490	8.1	33.0	...	0.8	7.2	7.3	5.2	38.4
L'ex–R.y. Macédoine	1992	12005	15.5	27.4	...	0.5	3.5	6.7	5.1	41.3
	1993	58145	10.0	25.8	...	0.6	5.1	8.4	5.9	44.2
Thailand	1986	1133397	15.7	1.7	23.9	2.5	4.9	22.5	7.8	21.0
Thaïlande	1993	3163914	10.2	1.5	28.2	2.4	7.0	22.0	7.5	21.1
	1994	3600907	10.2	1.3	28.2	2.3	7.4	21.8	7.4	21.2
Togo	1980	238872	26.6	9.2	7.0	1.7	5.8	19.2	6.4	11.7
Togo	1981	258000	26.9	8.8	6.3	1.6	4.3	20.5	6.7	11.9
Tonga [34]	1981	64	27.6	0.6	7.0	0.5	3.1	11.5	7.0	16.5
Tonga [34]	1982	64	32.9	0.6	8.1	13.1	3.0	16.5	7.3	26.3
	1983	73	33.4	0.6	6.9	0.6	3.4	17.1	6.7	24.2
Trinidad and Tobago	1986	17260	3.0	17.7	9.6	1.1	10.6	16.6	9.8	31.5
Trinité–et–Tobago	1993	24883	2.3	14.4	14.0	1.7	8.8	18.9	8.7	31.3
	1994	28680	2.1	14.4	16.8	1.9	9.2	17.5	8.7	29.3
Tunisia	1986	7160	12.9	9.4	17.8	2.5[20]	5.0	13.6[1]	6.8	32.0[1]
Tunisie	1991	12029	16.7	7.6	19.7	2.2[20]	4.2	12.1[1]	6.9	30.7[1]
	1992	13706	16.1	6.8	19.4	2.1[20]	4.9	12.4[1]	7.4	30.9[1]

24
Gross domestic product by kind of economic activity at current prices
Percentage distribution [cont.]
Produit intérieur brut par genre d'activité économique aux prix courants
Répartition en pourcentage [suite]

Country or area Pays ou zone	Year Année	GDP at current prices (Mil. nat.cur.) PIB aux prix courants (Mil. mon.nat.)	Agriculture, hunting, forestry & fishing Agriculture, chasse, sylviculture et pêche	Mining & quarrying Industries extractives	Manufacturing Manufacturières	Electricity, gas and water Electricité, gaz et eau	Construction Construction	Wholesale/ retail trade, restaurants and hotels Commerce, restaurants, hôtels	Transport, storage & communication Transports, entrepôts, communications	Other activities Autres activités
Turkey	1986	51079324	19.5	1.6	22.2	1.6	6.9	18.3	11.7	18.2
Turquie	1993	1981867000	15.4	1.1	20.8	2.6	7.4	18.6	12.0	22.2
	1994	3868429000	15.5	1.4	22.1	2.9	6.8	19.7	13.3	18.4
Uganda	1986	65316	55.0	0.1	5.2	0.4	3.2	15.1	2.7	18.3
Ouganda	1993	4026764	45.4	0.3	5.9	0.9	6.0	11.5	3.9	26.2
	1994	5152630	48.6	0.2	5.6	1.1	5.0	11.3	3.4	24.8
Ukraine	1990	167100	24.5	34.5	...	...	8.1	4.4	9.1	19.4
Ukraine	1993	148273000	21.5	29.7	...	...	6.9	7.6	17.5	16.7
	1994	1203769000	14.6	35.0	...	...	7.4	5.1	11.0	26.9
United Arab Emirates	1986	79566	1.9	33.2	9.0	2.7	11.2	11.8	5.8	24.3
Emirats arabes unis	1989	100976	1.9	38.7	8.6	2.2	9.5	10.6	5.6	23.0
	1990	124008	1.6	46.7	7.5	1.9	8.1	9.1	4.8	20.4
United Kingdom	1986	383632	1.7	3.4	21.5	2.5	5.2	11.9	7.1	46.8
Royaume–Uni	1993	628384	1.7	2.0	18.1	2.3	4.6	12.6	7.3	51.5
	1994	666181	1.7	2.0	18.2	2.3	4.7	12.5	7.4	51.3
United Rep. of Tanzania	1986	148067	47.5	0.4	6.6[14]	1.1	2.7	13.2	5.3	23.3
Rép.–Unie de Tanzanie	1993	1404369	52.0	1.3	7.5[14]	2.0	4.7	14.0	6.1	12.5
	1994	1822570	52.0	1.5	6.9[14]	2.1	4.7	14.0	5.9	12.9
United States	1986	4230784	2.0	2.0	19.8	3.1	4.8	17.5	6.2	44.6
Etats Unis	1992	5937300	2.0	1.5	18.0	2.9	3.8	16.8	6.0	49.0
	1993	6259900	1.7	1.4	18.0	2.9	3.8	16.8	6.1	49.3
Uruguay	1986	890	12.7	0.2	29.7	3.6	2.7	12.6	6.4	32.2
Uruguay	1990	9784[7]	11.5	0.2	26.2	2.8	3.1	12.2	6.5	37.5
	1991	20271[7]	9.8	0.2	25.1	2.8	3.8	12.5	6.4	39.4
Uzbekistan	1990	32430	33.4	22.7[4]	...	...	10.6	3.8	5.9	23.5
Ouzbékistan	1992	443887	35.4	26.6[4]	...	...	9.5	5.5	5.2	17.7
	1993	5095202	27.9	22.4[4]	...	...	9.0	6.2	5.5	29.0
Vanuatu	1987	13404	21.5	...	4.6	1.4	5.2	32.8	8.1	26.5
Vanuatu	1988	15006	19.5	...	4.7	1.4	5.7	33.1	8.1	27.5
	1989	16367	19.2	...	5.4	1.6	5.8	32.1	8.4	27.6
Venezuela	1986	489172	6.6	9.1[35]	23.3[16]	1.6[20]	6.6	17.9	6.2	28.7
Venezuela	1994	8651300	5.1	17.1[35]	17.1[16]	2.7[20]	4.8	18.5	7.4	27.3
	1995	13265875	5.3	14.5[35]	17.2[16]	2.6[20]	4.0	18.5	8.6	29.3
Viet Nam	1986	512000	36.1	27.5[4]	...	...	2.7	12.9	1.4	19.5
Viet Nam	# 1990	38166000	38.6	19.9[4]	...	...	3.8	12.1	3.2	22.4
	1991	69959000	40.8	20.3[4]	...	...	3.3	11.7	3.8	20.1
Yemen	1989	61406	23.9	6.4	9.5	1.9	4.6	12.7	8.5	32.5
Yémen	1990	77159	20.9	9.1	8.5	1.8	4.4	12.4	7.8	35.0
Yemen, former Arab Rep.[3]	# 1985	30939	26.0	0.8	10.9	0.8	5.0	13.5	11.3	31.8
l'ex–Yémen rép. arabe[3]	1986	37472	28.5	1.4	12.3	0.9	3.4	13.1	11.0	29.5
former Dem. Yemen	1987	391	11.9	7.3[4]	...	...	8.2	12.9	8.2	51.4
l'ex–Yémen dém.	1988	411	12.8	7.3[4]	...	...	9.5	11.4	8.5	50.5
Yugoslavia Yougoslavie	1994	24578	18.1	1.8	27.5	1.6	6.3	13.0	6.5	25.2
Yugoslavia, SFR †	1986	2340	12.4	2.2	32.6	2.4	6.8	11.2	7.4	25.1
Yougoslavie, SFR †	1989	235395	10.8	2.3	39.5	1.6	6.1	6.3	10.0	23.3
	1990	1147787	10.8	2.1	26.2	1.5	6.6	7.2	10.3	35.2
Zambia	1986	17617[2,7]	11.2	25.9	17.4	1.4	3.5	9.2	8.5	23.0
Zambie	1990	123487[2,7]	11.5	20.5	20.7	0.5	5.1	10.6	5.6	25.6
	1991	234504[2,7]	12.0	14.4	26.3	0.8	4.7	10.2	6.7	24.8
Zimbabwe	1986	8289	14.2	5.4	22.1	2.8[22]	2.0	11.7	7.0	34.8
Zimbabwe	1991	21818	17.0	4.3	25.6	2.4[22]	2.3	8.7	5.7	34.0
	1992	26072[2]	21.8	4.7	29.8	2.6[22]	1.9	8.2	7.2	23.8

24

Gross domestic product by kind of economic activity at current prices
Percentage distribution *[cont.]*
Produit intérieur brut par genre d'activité économique aux prix courants
Répartition en pourcentage *[suite]*

Source:
National accounts database of the Statistics Division of the United Nations Secretariat.

† For information on recent changes in country or area nomenclature pertaining to former Czechoslovakia, Germany, Hong Kong Special Administrative Region (SAR) of China, SFR Yugoslavia and former USSR, see Annex I – Country or area nomenclature, regional and other groupings.

†† For statistical purposes, the data for China do not include those for the Hong Kong Special Administrative Region (Hong Kong SAR) and Taiwan province of China.

1. Restaurants and hotels are included in "other activities".
2. Gross domestic product in factor values.
3. Fiscal year beginning 1 July.
4. Including manufacturing and electricity, gas and water.
5. Including manufacturing.
6. The breakdown by kind of economic activity used in this table is according to the classification NACE/CLIO.
7. Including a statistical discrepancy.
8. Including electricity, gas and water.
9. Thousand.
10. Excluding banks and insurance companies registered in Cayman Islands but with no physical presence in the Islands.
11. Electricity only. Gas and water are included in "other activities".
12. Including "Transport, storage and communication" and financial and community services.
13. Including finance, insurance, real estate, restaurant and hotels, and community, social and personal services.
14. Including handiworks.
15. Including repair services.
16. Including petroleum refining.
17. Fiscal year ending 7 July.
18. Including community, social and personal services.
19. Including quarrying (Netherlands Antilles: and mining).
20. Excluding gas (Hungary: included in manufacturing).
21. Fiscal year beginning 1 April.
22. Fiscal year beginning 21 March.
23. Including oil production.
24. Including gas and oil production.
25. Including construction.
26. Including non-monetary output.
27. Including basic petroleum manufacturing.
28. Fiscal year ending 15 July.
29. Including cottage industries.
30. Including real estate brokers.
31. Finance is included in "Wholesale and retail".
32. Contract construction only.
33. Data revised according to the Europoean System of Accounts (ESA).
34. Fiscal year ending 30 June.
35. Including crude petroleum and natural gas production.

Source:
Base de données sur les comptes nationaux de la division de statistique du Secrétariat de l'ONU.

† Pour les modifications récentes de nomenclature de pays ou de zone concernant l'Allemagne, Hong-Kong (Région administrative spéciale de Chine), l'ex-Tchécoslovaquie, l'ex-URSS, Rfs de Yougoslavie, voir annexe I – Nomenclature des pays ou des zones, groupements régionaux et autres groupments.

†† Les données statistiques relatives à la Chine ne comprennent pas celles qui concernent la région administrative spéciale de Hong-Kong (la RAS de Hong-Kong) et la province chinoise de Taiwan.

1. Restaurants et hôtels sont inclues dans "autres activités".
2. Produit intérieur brut au coût de facteurs.
3. L'année fiscale commençant le 1er juillet.
4. Y compris les industries manufacturières, l'électricité, le gaz et l'eau.
5. Y compris les industries manufacturières.
6. La ventilation par branche utilisée est conforme à la nomenclature NACE/CLIO.
7. Y compris erreurs et omissions.
8. Y compris l'électricité, le gaz et l'eau.
9. Milliers.
10. Non compris les banques et les compagnies d'assurances enregistrées aux îles Caïmanes, mais sans présence matérielle dans ce territoire.
11. Seulement électricité. Le gaz et l'eau sont incluses dans autres activités".
12. Y compris "Transports, entrepôts et communciations" et les services financiers et communantaires.
13. Y compris services financiers, assurances, services immobiliers, restauration et hôtellerie, et services communautaires, sociaux et personnels.
14. Y compris l'artisanat.
15. Y compris les services de répartion.
16. Y compris le raffinage du pétrole.
17. L'année fiscale finissant le 7 juillet.
18. Y compris services communautaires, sociaux et personnels.
19. Y compris les carrières (Antilles néerlandaises : industries extractives).
20. Non compris le gaz (Hongrie : est incluse dans manufacturières).
21. L'année fiscale commençant le 1er avril.
22. L'année fiscale commençant le 21 mars.
23. Y compris la production de pétrole.
24. Y compris la production de gaz et de pétrole.
25. Y compris construction.
26. Y compris la production non commercialisée.
27. Y compris la production de pétrole.
28. L'année fiscale finissant le 15 juillet.
29. Y compris artisanat.
30. Y compris les agences immobilières.
31. Les services financiers sont inclus dans les chiffres de la colonne Commerce (de gros et de détail).
32. Construction sous contrat seulement.
33. Données révisées en fonction du Système de comptabilité européen.
34. L'année fiscale finissant le 30 juin.
35. Y compris la production de pétrole brut et de gas naturel.

25
Relationships between the principal national accounting aggregates
Relations entre les principaux agrégats de comptabilité nationale
As percentage of GDP
En pourcentage du PIB

As percentage of GDP — En pourcentage du PIB

Country or area Pays ou zone	Year Année	GDP at current prices (Mil. nat.cur.) PIB aux prix courants (Mil. mon.nat.)	Plus: NFI from the rest of world Plus : Rev. net des facteurs reçu du reste du monde	Equals: Gross national product Égal : Produit national brut	Less: Consump. of Fixed Capital Moins : Consomm. de capital fixe	Equals: National Income Égal : Revenu national	Plus: Net Curr. transfer from the rest of the world Plus : Transferts courants nets reçus du reste du monde	Equals: National Disposable Income Égal : Revenu national disponible	Less: Final Consump- tion Moins : Consom- mation finale	Equals: Net savings Égal : Épargne nette
Algeria	1986	296552	−2.2	97.8	10.7	87.1	1.2	88.3	70.6	17.7
Algiers	1988	334607	−3.5	96.5	9.7	86.7	0.6	87.4	71.9	15.5
	1989	403460	−3.3	96.7	8.2	88.5	1.0	89.5	69.6	19.9
Angola	1986	192761	−4.8	95.2	...	95.2	1.7	96.8	84.7	12.2
Angola	1989	278866	−10.5	89.5	...	89.5	−1.6	87.9	77.1	10.8
	1990	308062	−12.4	87.6	...	87.6	−4.2	83.4	73.2	10.2
Armenia	1986	8199	...	...	...	74.2	...	...	...	...
Arménie	1990	9693	...	...	...	72.0	...	...	...	...
	1991	11567	...	...	...	97.1	...	...	...	...
Australia [1]	1986	264007	−3.3	96.7	16.1	80.6	0.4	81.0	78.0	3.0
Australie [1]	1993	428910	−3.3	96.7	15.2	81.5	0.0	81.6	80.0	1.5
	1994	455732	−3.5	96.5	14.6	81.9	0.1	82.0	79.9	2.0
Austria	1986	1422497	−0.8	99.2	12.4	86.8	0.2	87.0	75.6	11.4
Autriche	1993	2124072	−0.4	99.6	12.7	86.8	−0.6	86.2	74.6	11.6
	1994	2262917	−0.3	99.7	12.8	86.9	−0.4	86.5	74.0	12.6
Azerbaijan	1990	1466	...	100.0	16.6	83.4	...	83.4	70.2	13.2
Azerbaïdjan	1993	157082	0.0	100.0	4.0	96.1	1.7	97.8	102.7	−7.1 [2]
	1994	1800804	0.2	100.2	25.1	75.1	6.1	81.3	104.0	−22.7
Bahamas	1990	3134	−4.3	95.7	...	...	0.4	...	87.8	...
Bahamas	1991	3090	−5.4	94.6	...	...	0.6	...	91.4	...
	1992	3059	−4.9	95.1	...	...	0.4	...	88.8	...
Bahrain	1986	1148	−10.3	89.7	18.3	71.4	−8.7	62.8	54.1	8.7
Bahrëin	1989	1374	−14.3	85.7	16.3	69.3	−5.4	63.9	61.6	2.3
	1990	1506	−17.2	82.8	15.2	67.6	−6.8	60.8	52.5	8.3
Bangladesh [1]	1986	539201	2.9	102.9	6.8	96.1	4.4	100.5	96.5	4.0
Bangladesh [1]	1993	1030365	4.7	104.7	7.3	97.4	2.8	100.2	92.5	7.7
	1994	1170261	4.8	104.8	7.1	97.6	3.1	100.7	92.2	8.4
Belgium	1986	4993832	−1.2	98.8	9.4	89.4	−0.8	88.6	81.0	7.6
Belgique	1993	7268607	0.3	100.3	9.7	90.6	−1.2	89.5	77.6	11.9
	1994	7625970	0.4	100.4	9.4	91.0	−1.4	89.6	77.1	12.5
Belize	1986	456	−1.9	98.1	6.7	91.4	...	...	...	...
Belize	1992	936	−2.4	97.6	6.3	91.3	...	...	...	...
	1993	995	−2.3	97.7	6.5	91.3	...	...	...	...
Benin	1986	462535	−1.9	98.1	...	...	8.6	...	96.2	...
Bénin	1988	482434	−2.1	97.9	...	...	9.3	...	95.3	...
	1989	487525	−2.5	97.5	...	...	10.9	...	95.9	...
Bermuda [3]	1986	1297	2.5	102.5	...	...	...	...	...	...
Bermudes [3]	1993	1864	2.1	102.1	...	...	...	...	...	...
	1994	1921	1.1	101.1	...	...	...	...	...	...
Bhutan	1986	2802	−16.7	83.3	6.8	76.5	4.8	81.3	86.2	−4.9
Bhoutan	1993	7192	−8.1	91.9	9.3	82.6	0.9	83.5	68.8	14.8
	1994	8317	−7.9	92.1	9.1	83.0	1.5	84.5	63.3	21.2
Bolivia	1986	8924	−3.4	96.6	0.0	96.6	1.7	98.4	77.5	20.8
Bolivie	1991	19132	−4.0	96.0	...	96.0	2.6	98.6	89.9	8.7
	1992	22014	−3.5	96.5	...	96.5	2.8	99.3	92.3	7.0
Botswana [1]	1985	2421	−13.3	86.7	14.5	72.2	3.0	75.2	59.2	16.0
Botswana [1]	1986	2810	−9.0	91.0	15.4	75.6	1.6	77.2	60.9	16.4
	1987	3796	−12.3	87.7	15.2	72.6	−3.1	69.5	57.1	12.3
Brazil	1986	1 [4]	−4.5	95.5	...	...	0.0	...	78.5	...
Brésil	1993	14039	−2.8	97.2	...	...	...	...	...	...
	1994	355567	−1.9	98.1	...	...	...	...	...	...

25
Relationships between the principal national accounting aggregates
As percentage of GDP *[cont.]*
   Relations entre les prinitcpaux agrégates de comptabilité nationale
   En pourcentage du PIB *[suite]*

As percentage of GDP – En pourcentage du PIB

Country or area Pays ou zone	Year Année	GDP at current prices (Mil. nat.cur.) PIB aux prix courants (Mil. mon.nat.)	Plus: NFI from the rest of world Plus : Rev. net des facteurs reçu du reste du monde	Equals: Gross national product Égal : Produit national brut	Less: Consump. of Fixed Capital Moins : Consomm. de capital fixe	Equals: National Income Égal : Revenu national	Plus: Net Curr. transfer from the rest of the world Plus : Transferts courants nets reçus du reste du monde	Equals: National Disposable Income Égal : Revenu national disponible	Less: Final Consumption Moins : Consommation finale	Equals: Net savings Égal : Épargne nette
British Virgin Islands	1986	98	9.9	109.9	9.8	100.1	1.9	102.1	92.0	10.0
Iles Vierges britanniques	1988	131	8.8	108.8	10.8	98.0	1.6	99.6	88.9	10.6
	1989	156	8.5	108.5	14.9	93.6	1.5	95.0	85.6	9.4
Burkina Faso	1983	381013	−0.4	99.6	...	...	12.6	...	106.7	...
Burkina Faso	1984	390565	−0.4	99.6	...	...	11.5	...	98.6	...
	1985	469313 [2]	−0.4	99.6	...	...	9.9	...	103.3	...
Burundi	1986	140842	−1.2	98.8	2.9	95.9	1.5	97.4	91.3	6.1
Burundi	1991	211898	−1.0	99.0	...	...	...	...	...	...
	1992	226384	−3.9	98.7	...	...	...	...	...	...
Cameroon [1]	1986	3921900	−2.1	97.9	4.9	93.0	−1.1	91.9	79.2	12.7
Cameroun [1]	1987	3644500	−2.7	97.3	6.4	90.9	−2.0	88.8	79.0	9.8
	1988	3513000	−3.4	96.6	6.6	90.0	−1.7	88.3	80.0	8.3
Canada	1986	501426	−3.3	96.7	12.1	84.5 [2]	−0.0	84.5	78.4	6.0
Canada	1993	705987	−3.4	96.6	12.5	83.8 [2]	−0.1	83.6	82.4	1.2
	1994	742858	−3.5	96.5	12.5	83.8 [2]	−0.1	83.7	80.3	3.4
Cape Verde	1986	15558	−1.3	98.7	...	...	54.1	...	...	...
Cap−Vert	1987	17984	−0.8	99.2	...	...	40.5	...	...	...
	1988	20640	1.6	101.6	...	...	37.5	...	...	...
Cayman Islands	1986	290	−6.6	93.4	7.9	85.5	2.4	87.9	77.6	10.3
Iles Caïmanes	1990	590	−10.3	89.7	7.1	82.5	2.5	85.1	76.8	8.3
	1991	616	−9.4	90.6	7.6	83.0	2.4	85.4	77.6	7.8
Chile	1986	3419209	−10.9	89.1	...	...	0.5	...	78.1	...
Chili	1994	21917880	−3.5	96.5	...	...	0.7	...	71.8	...
	1995	26702100	−2.2	97.8	...	...	0.5	...	70.7	...
China † †	1986	1020220	−0.0	100.0	10.0	90.0	0.1	90.1	64.1	26.0
Chine † †	1993	3463440	−0.2	99.8	10.5	89.3	0.2	89.5	58.3	31.2
	1994	4658520	−0.2	99.8	...	...	...	...	...	...
Colombia	1986	6788000	−4.4	95.6	...	...	2.2	...	75.8	...
Colombie	1991	26107000	−4.7	95.3	...	...	4.1	...	76.7	...
	1992	33143000	−3.9	96.1	...	...	3.6	...	81.0	...
Congo	1986	640407	−6.5	93.5	24.4	69.1	−1.3	67.8	84.4	−16.5
Congo	1987	690523	−11.1	88.9	23.8	65.1	−1.6	63.5	77.2	−13.6
	1988	658964	−13.7	86.3	22.0	64.4	−1.8	62.5	81.2	−18.7
Costa Rica	1986	246579	−6.1	93.9	2.5	91.4	1.4	92.8	73.9	18.9
Costa Rica	1994	1306302	−1.6	98.4	2.3	96.1	1.8	97.9	77.0	20.9
	1995	1659385	−2.0	98.0	2.3	95.6	1.6	97.2	75.8	21.4
Côte d'Ivoire	1986	3174000 [2]	−7.5	92.5	...	...	−3.0	...	77.7	...
Côte d'Ivoire	1992	2953000 [2]	−11.8	88.2	...	...	−0.5	...	89.9	...
	1993	2946000	−10.3	89.7	...	...	−2.0	...	89.6	...
Cyprus	1986	1601	1.3	101.3	10.6	90.7	1.5	92.1	75.5	14.4 [2]
Chypre	1993	3249	1.3	101.3	10.6	90.7	0.5	91.2	76.4	15.2 [2]
	1994	3575	1.0	101.0	10.6	90.4	0.5	90.8	76.7	14.0 [2]
Dem. Rep. of the Congo	1983	59134	−4.3	95.7	2.9	92.8	...	...	...	...
Rép. dém. du Congo	1984	99723	−11.5	88.5	2.5	86.0	...	...	...	...
	1985	147263	−2.8	97.2	2.9	94.3	...	...	...	...
Denmark	1986	666496	−4.1	95.9	14.2	81.7	−0.9	80.8	78.9	1.9
Danemark	1993	874910	−3.3	96.7	15.9	80.8	−0.8	80.0	78.8	1.2
	1994	928597	−3.5	96.5	15.3	81.3	−1.1	80.2	79.2	1.0
Djibouti	1982	59383	−8.5	91.5	...	...	...	...	...	...
Djibouti	1983	59997	−9.8	90.2	...	...	...	...	...	...
	1984	60234	−11.0	89.0	...	...	...	...	...	...
Dominica	1986	303	−2.0	98.0	...	...	...	...	...	...
Dominique	1990	452	1.1	101.1	...	...	...	...	...	...
	1991	479	1.0	101.0	...	...	...	...	...	...

25
Relationships between the principal national accounting aggregates
As percentage of GDP [cont.]
Relations entre les printicpaux agrégates de comptabilité nationale
En pourcentage du PIB [suite]

As percentage of GDP − En pourcentage du PIB

Country or area Pays ou zone	Year Année	GDP at current prices (Mil. nat.cur.) PIB aux prix courants (Mil. mon.nat.)	Plus: NFI from the rest of world Plus : Rev. net des facteurs reçu du reste du monde	Equals: Gross national product Égal : Produit national brut	Less: Consump. of Fixed Capital Moins : Consomm. de capital fixe	Equals: National Income Égal : Revenu national	Plus: Net Curr. transfer from the rest of the world Plus : Transferts courants nets reçus du reste du monde	Equals: National Disposable Income Égal : Revenu national disponible	Less: Final Consumption Moins : Consommation finale	Equals: Net savings Égal : Épargne nette
Dominican Republic	1986	15780	−6.8	93.2	5.9	87.2	5.2	92.4	81.8	10.7
Rép. dominicaine	1992	112369	−2.7	97.3	6.0	91.3	4.8	96.2	86.3	10.4 [2]
	1993	120572	−4.1	95.9	5.9	89.9	4.6	94.5	82.6	12.6 [2]
Ecuador	1986	1383232	−8.1	92.0	14.5	77.5	0.1	77.7	79.0	−1.4
Equateur	1992	19414000	−4.8	95.2	15.5	79.7	1.0	80.7	75.0	5.7
	1993	27451000	−4.0	96.0	15.9	80.1	0.9	80.9	78.3	2.7
Egypt [1]	1980	17149	4.3	104.3	...	...	1.5	...	81.6	...
Egypte [1]	1981	20222	1.3	101.3	...	...	1.3	...	81.7	...
El Salvador	1986	19763	−2.4	97.6	4.1	93.5	9.7	103.2	91.1	12.1
El Salvador	1993	60522	−1.2	98.8	...	...	14.6	...	95.9	...
	1994	70613	−0.6	99.4	...	...	15.4	...	95.5	...
Estonia	1986	516	...	100.0	19.7	80.3	...	80.3	80.3	0.0
Estonie	# 1993	22060	−0.8	99.2	12.2	87.0	6.3	93.3	77.1	16.2
	1994	30103	−1.3	98.7	11.1	87.6	4.9	92.6	81.3	11.3
Ethiopia incl. Eritrea [5]	1986	10905	−0.6	99.4	...	...	...	...	...	...
Ethiopie y comp.Erythrée [5]	1991	13332	−0.7	99.3	...	...	...	...	...	...
	1992	13508	−0.6	99.4	...	...	...	...	...	...
Fiji	1986	1462	−2.3	97.6	7.0	90.6	−0.3	90.2	78.0	12.2
Fidji	1992	2377	−1.7	98.3	7.7	90.6	−0.8	89.8	85.4	4.4
	1993	2540	−0.6	99.4	7.2	92.2	−0.5	91.8	86.7	5.0
Finland	1986	354994	−2.1	97.9	14.7	83.2	−0.5	82.7	75.2	7.5
Finlande	1993	482397	−4.8	95.2	17.4	77.8	−1.9	75.9	80.3	−4.4
	1994	509064	−4.2	95.8	16.9	78.8	−0.8	78.0	78.2	−0.2
France	1986	5069296	−0.3	99.7	12.5	87.2	−0.2	87.0	79.3	7.6
France	1993	7082790	−0.8	99.2	13.1	86.2	−0.4	85.8	80.7	5.1
	1994	7376050	−0.7	99.3	12.9	86.4	−0.4	86.0	79.9	6.1
French Guiana	1986	2918	13.9	113.9	...	...	53.1	...	130.5	...
Guyane française	1991	7404	−5.8	94.2	...	...	35.9	...	94.5	...
	1992	7976	−6.9	93.1	...	...	36.4	...	93.1	...
Gabon	1986	1201100	−5.3	94.7	19.2	75.5	−7.2	68.3	72.1	−3.8
Gabon	1988	1013600	−7.4	92.6	12.0	80.6	−7.6	73.0	69.9	3.1
	1989	1168066	−8.6	91.4	14.5	76.9	−6.1	70.8	66.8	4.0
Gambia [1]	1986	1462	−9.2	90.8	11.1	79.7	23.8	103.5	...	...
Gambie [1]	1992	3078	−1.3	98.7	12.3	86.4	15.4	101.8	94.4	7.4
	1993	3243	−1.5	98.5	12.9	85.6	15.9	101.5	93.3	8.2
Germany † · Allemagne †										
Germany	1991	2853600	1.0	101.0	12.8	88.2	−1.9	86.3	76.6	9.7
Allemagne	1993	3154900	0.2	100.2	13.4	86.8	−1.5	85.2	78.2	7.1
	1994	3320300	−0.2	99.8	13.2	86.5	−1.6	85.0	76.9	8.1
F.R. Germany	1986	1925290	0.6	100.6	12.7	87.9	−1.5	86.4	75.3	11.2
R.f. Allemagne	1989	2224440	1.1	101.1	12.6	88.5	−1.7	86.8	73.7	13.1
	1990	2426000	0.9	100.9	12.5	88.4	−3.3	85.2	72.7	12.4
Ghana	1986	511400	−2.5	97.5	5.7	91.8	3.9	95.7	92.3	3.4
Ghana	1991	2574800	−1.7	98.3	5.1	93.2	...	...	...	...
	1992	3008800	−1.5	98.5	5.2	93.3	...	...	...	...
Greece	1986	5514766	−1.2	98.8	9.2	89.6	4.5	94.1	86.8	5.4 [2]
Grèce	1993	16760352	0.6	100.6	8.6	91.9	6.6	98.6	91.6	6.9 [2]
	1994	18864409	0.6	100.6	8.5	92.1	6.4	98.4	90.9	7.2 [2]
Grenada	1984	275	−1.1	98.9	...	...	...	...	...	...
Grenade	1985	311	−1.1	98.9	...	...	...	...	...	...
	1986	350	−0.8	99.2	...	...	...	...	...	...
Guadeloupe	1986	10958	−3.8	96.2	...	...	39.3	...	122.7	...
Guadeloupe	1991	16415	−3.4	96.6	...	...	35.4	...	118.3	...
	1992	17972	−3.0	97.0	...	...	36.6	...	113.4	...

25
Relationships between the principal national accounting aggregates
As percentage of GDP [cont.]
Relations entre les princtipaux agrégates de comptabilité nationale
En pourcentage du PIB [suite]

Country or area Pays ou zone	Year Année	GDP at current prices (Mil. nat.cur.) PIB aux prix courants (Mil. mon.nat.)	Plus: NFI from the rest of world Plus: Rev. net des facteurs reçu du reste du monde	Equals: Gross national product Égal: Produit national brut	Less: Consump. of Fixed Capital Moins: Consomm. de capital fixe	Equals: National Income Égal: Revenu national	Plus: Net Curr. transfer from the rest of the world Plus: Transferts courants nets reçus du reste du monde	Equals: National Disposable Income Égal: Revenu national disponible	Less: Final Consumption Moins: Consommation finale	Equals: Net savings Égal: Épargne nette
Guatemala	1986	15838	−2.8	97.2	...	...	1.0	...	88.2	...
Guatemala	1992	53949	−0.6	99.4	...	...	3.8	...	91.5	...
	1993	63563	−0.2	99.8	...	...	3.2	...	91.2	...
Guinea−Bissau	1986	46973	−1.7	98.3	...	98.3	2.9	101.3	102.8	−1.5
Guinée−Bissau	1987	92375	−0.5	99.5	...	99.5	4.1	103.6	100.8	2.8
Guyana	1986	2219	−12.8	87.2	6.0	81.2	1.3	82.5	84.5	−2.0
Guyana	1992	46734	−17.7	82.3	...	...	...	...	...	...
	1993	56647	−17.6	82.4	...	...	...	...	...	...
Haiti [6]	1986	11188	−0.9	99.1	2.3	96.8	6.8	103.6	93.6	10.0
Haïti [6]	1992	15368	−0.7	99.3	1.3	98.1	4.4	102.5	97.0	5.5
	1993	18124	−0.4	99.6	1.1	98.5	5.6	104.2	98.2	5.9
Honduras	1986	7617	−5.5	94.5	7.0	87.5	4.2	91.6	87.9	3.8
Honduras	1994	28715	−7.8	92.2	5.9	86.2	6.5	92.7	73.0	19.7
	1995	37350	−6.9	93.1	6.0	87.0	6.5	93.5	74.2	19.3
Iceland	1986	161217	−3.3	96.7	12.2	84.5	−0.0	84.4	79.4	5.1
Islande	1993	410860	−3.0	97.0	13.3	83.8	−0.1	83.6	81.2	2.4
	1994	434549	−2.9	97.1	13.1	84.0	−0.1	83.9	79.8	4.0
India [3]	1986	2929490	−0.6	99.4	10.2	89.2	1.0	90.2	79.6	8.5 [2]
Inde [3]	1993	8010320	−1.8	98.2	10.2	88.0	1.5	89.5	72.3	11.2 [2]
	1994	9456150	−1.5	98.5	10.0	88.4	1.3	89.7	70.3	14.4 [2]
Indonesia	1986	102683000	−4.1	95.9	5.0	90.9	...	...	...	...
Indonésie	1991	227502000	−4.8	95.2	5.0	90.2	...	...	...	...
	1992	260786000	−4.7	95.3	5.0	90.3	...	...	...	...
Iran, Islamic Rep. of [7]	1986	16227000	−0.1	99.9	14.2	85.7	...	85.7	78.9	5.5 [2]
Iran, Rép. islamique d' [7]	1991	50107000	0.9	100.9	...	...	...	...	...	...
	1992	67811000	0.3	100.3	...	...	...	...	...	...
Iraq	1986	15063	−4.6	95.4	8.7	86.7	−0.6	86.2	90.6	−4.5
Iraq	1990	23297	−3.3	96.7	8.8	87.9	−0.2	87.6	76.8	10.8
	1991	19940	−3.3	96.7	9.6	87.1	0.6	87.7	83.5	4.3
Ireland	1993	32174	−12.5	87.5	9.6	77.9	4.3	82.2	72.5	9.7
Irlande	1994	34741	−11.9	88.1	9.4	78.7	3.4	82.1	72.0	10.1
	#1986	19703	−10.2	89.8	9.6	80.2	4.7	84.9	79.6	5.3
Israel	1986	47707	−6.6	93.4	15.0	78.5	16.2	94.7	86.9	7.8
Israël	1993	197794	−2.7	97.3	13.6	83.7	9.3	93.0	85.6	7.4
	1994	236189	−2.8	97.2	13.8	83.3	8.5	91.9	86.0	5.9
Italy	1986	899903000	−0.8	99.2	12.0	87.2	−0.3	86.9	77.5	9.4
Italie	1993	1550150000	−1.6	98.4	12.4	86.0	−0.8	85.2	79.6	5.6
	1994	1641105000	−1.5	98.5	12.4	86.1	−0.7	85.4	79.0	6.5
Jamaica	1986	13893 [2]	−11.6	88.4	8.6	79.8	6.0	85.8	78.6	7.2
Jamaïque	1988	19430 [2]	−10.5	89.5	7.3	82.2	12.6	94.8	77.2	17.6
	1989	23342 [2]	−11.1	88.9	7.9	81.1	7.9	89.0	76.5	12.5
Japan	1986	335457200	0.4	100.4	13.8	86.5 [2]	−0.1	86.4	68.3	18.1
Japon	1993	475438400	0.9	100.9	15.6	85.2 [2]	−0.1	85.1	68.0	17.0
	1994	479071900	0.8	100.8	15.8	84.9 [2]	−0.1	84.8	69.2	15.6
Jordan	1986	2164	−0.8	99.2	9.1	90.1	24.0	114.0	105.6	8.4
Jordanie	1992	3493	−5.3	94.7	9.3	85.4	21.3	106.7	98.5	8.2
	1993	3811	−3.9	96.1	9.2	86.8	22.9	109.7	93.9	15.8
Kenya	1986	5874	−3.6	96.4	...	...	0.9	...	78.1	...
Kenya	1992	12787	−4.9	95.1	...	...	5.2	...	82.4	...
	1993	16063	−7.0	93.0	...	...	4.4	...	78.9	...
Korea, Republic of	1986	95736000	−3.0	97.0	9.9	87.2	1.2	88.4	65.2	23.2
Corée, Rép. de	1992	240392000	−0.7	99.3	10.0	89.3	0.2	89.6	64.8	24.8
	1993	265548000	−0.6	99.4	10.1	89.3	0.4	89.7	64.9	24.8

201 National accounts and industrial production   Comptabilités nationales et production industrielle

25
Relationships between the principal national accounting aggregates
As percentage of GDP [cont.]
Relations entre les printicpaux agrégates de comptabilité nationale
En pourcentage du PIB [suite]

As percentage of GDP – En pourcentage du PIB

Country or area Pays ou zone	Year Année	GDP at current prices (Mil. nat.cur.) PIB aux prix courants (Mil. mon.nat.)	Plus: NFI from the rest of world Plus : Rev. net des facteurs reçu du reste du monde	Equals: Gross national product Égal : Produit national brut	Less: Consump. of Fixed Capital Moins : Consomm. de capital fixe	Equals: National Income Égal : Revenu national	Plus: Net Curr. transfer from the rest of the world Plus : Transferts courants nets reçus du reste du monde	Equals: National Disposable Income Égal : Revenu national disponible	Less: Final Consumption Moins : Consommation finale	Equals: Net savings Égal : Épargne nette
Kuwait	1986	5203	41.9	141.9	9.3	132.6	−7.1	125.5	79.7	45.8
Koweït	1994	7349	11.3	111.3	9.6	101.6	−6.9	94.8	75.5	19.3
	1995	7952	15.1	115.1	7.7	107.4	−6.9	100.5	77.3	23.2
Krygyzstan	1990	43	...	100.0	15.9	84.1	...	84.1	96.3	−12.2
Kirghizistan	1993	5355	−1.3	98.7	10.2	88.5	9.7	98.3	96.0	2.3
	1994	12019	−0.4	99.6	10.2	89.4	5.7	95.1	86.0	9.2
Latvia	1986	44	−5.2	94.8	10.6	84.2	...	...	...	...
Lettonie	1993	1467	−0.1	99.9	9.8	90.1	3.5	93.7	74.6	19.1
	1994	2043	−0.2	99.8	12.5	87.3	3.6	91.0	78.8	12.2
Lesotho	1986	631	92.4	192.4	...	...	24.0	...	173.5	...
Lesotho	1992	2184	59.2	159.2	...	...	59.8	...	135.9	...
	1993	2587	53.8	153.8	...	...	50.1	...	125.9	...
Liberia	1986	1037	−17.4	82.6	8.8	73.8	...	...	...	...
Libéria	1988	1158	−15.8	84.2	8.3	75.9	...	...	...	...
	1989	1194	−15.1	84.9	8.5	76.4	...	...	...	...
Libyan Arab Jamah.	1983	8805	−9.0	91.0	5.0	86.1	−0.2	85.9	72.0	13.9
Jaman. arabe libyenne	1984	8013	−7.3	92.7	5.7	87.0	−0.3	86.7	72.2	14.5
	1985	8277	−3.3	96.7	5.8	90.9	−0.2	90.7	69.2	21.4
Luxembourg	1986	223304	36.9	136.9	11.2	125.6	−2.5	123.2	72.2	51.0
Luxembourg	1991	318804	35.8	135.8	10.7	125.2	−2.2	123.0	74.3	48.7
	1992	339450	36.1	136.1	10.6	125.5	−2.5	123.0	73.4	49.6
Madagascar Madagascar	1980	689800	−0.1	99.9	...	...	...	...	...	...
Malawi	1986	2187	−5.2	94.8	6.4	88.4	...	...	...	...
Malawi	1992	6873	−2.0	98.0	...	...	...	...	...	...
	1993	9330	−1.8	98.2	...	...	...	...	...	...
Malaysia	1986	71594	−6.7	93.3	...	...	0.1	...	67.9	...
Malaisie	1991	129559	−4.6	95.4	...	...	0.1	...	68.9	...
	1992	147784	−5.1	94.9	...	...	0.1	...	64.5	...
Mali	1986	585100	−0.4	99.6	...	...	6.0	...	94.8	...
Mali	1991	691400	−1.3	98.7	4.0	...	13.2	...	100.4	...
	1992	737400	−1.2	98.8	3.5	...	11.4	...	96.4	...
Malta	1986	512	5.5	105.5	4.5	100.9	2.2	103.2	84.6	18.6
Malte	1992	875	4.8	104.8	4.8	99.9	1.3	101.3	79.5	21.7
	1993	940	3.8	103.8	5.7	98.1	1.3	99.4	79.8	19.6
Martinique	1986	13824	−3.3	96.7	...	...	33.1	...	116.9	...
Martinique	1991	20787	−4.4	95.6	...	...	30.7	...	112.8	...
	1992	22093	−3.9	96.1	...	...	33.4	...	113.1	...
Mauritania	1986	59715	−9.6	90.4	...	...	10.8	...	99.7	...
Mauritanie	1988	72635	−5.6	94.4	...	...	7.9	...	93.7	...
	1989	83520	−3.6	96.4	...	...	9.0	...	...	...
Mauritius	1986	19700	−3.7	96.3	...	...	3.4	...	71.5	...
Maurice	1992	47926	0.4	100.4	...	...	3.0	...	74.8	...
	1993	54928	0.1	100.1	...	...	3.2	...	75.8	...
Mexico	1986	79191	−5.4	94.6	13.7	80.9	1.1	82.0	77.6	4.4
Mexique	1993	1127584	−2.7	97.3	10.0	87.3	0.8	88.0	82.3	5.8
	1994	1252915	−2.8	97.2	11.5	85.7	0.8	86.5	82.9	3.6
Morocco	1986	154290	−4.1	95.9	...	...	9.0	...	82.9	...
Maroc	1993	249820	−4.5	95.5	...	...	8.1	...	83.1	...
	1994	286030	−3.6	96.4	...	...	6.9	...	84.2	...
Mozambique	1984	109000	0.0	100.0	3.7	96.3	...	...	...	...
Mozambique	1985	147000	0.0	100.0	2.7	97.3	...	...	...	...
	1986	167000	0.6	100.6	...	...	...	...	...	...

25

Relationships between the principal national accounting aggregates
As percentage of GDP [cont.]
Relations entre les princtipaux agrégates de comptabilité nationale
En pourcentage du PIB [suite]

As percentage of GDP — En pourcentage du PIB

Country or area Pays ou zone	Year Année	GDP at current prices (Mil. nat.cur.) PIB aux prix courants (Mil. mon.nat.)	Plus: NFI from the rest of world Plus : Rev. net des facteurs reçu du reste du monde	Equals: Gross national product Égal : Produit national brut	Less: Consump. of Fixed Capital Moins : Consomm. de capital fixe	Equals: National Income Égal : Revenu national	Plus: Net Curr. transfer from the rest of the world Plus : Transferts courants nets reçus du reste du monde	Equals: National Disposable Income Égal : Revenu national disponible	Less: Final Consumption Moins : Consommation finale	Equals: Net savings Égal : Épargne nette
Myanmar [3]	1986	59028	−1.1	98.9	9.0	89.9	...	...	...	...
Myanmar [3]	1993	360321	−0.1	99.9	3.2	96.6	...	...	...	...
	1994	473153	−0.1	99.9	2.8	97.1	...	...	...	...
Namibia	1986	3420	−16.4	83.5	15.7	67.8	22.8	90.6	82.0	8.6
Namibie	1994	10391	3.5	103.5	14.1	89.5	7.0	96.5	80.7	15.7
	1995	11469	2.7	102.7	14.5	88.1	7.3	95.5	86.0	9.5
Nepal [8]	1986	55734	1.3	101.3	4.3	97.0	0.3	97.3	89.4	7.9
Népal [8]	1993	171386	1.9	101.9	...	...	0.3	...	88.4	...
	1994	199416	1.9	101.9	...	...	0.2	...	87.6	...
Netherlands	1986	437860	−0.2	99.8	11.3	88.5	−0.6	87.9	74.9	13.0
Pays−Bas	1993	579040	−0.1	99.9	11.9	88.0	−1.2	86.8	75.4	11.4
	1994	608420	0.4	100.4	11.8	88.6	−1.3	87.3	74.7	12.6
Netherlands Antilles	1980	1559[2]	7.1	107.1	7.6	99.5	7.7	107.2	98.2	9.0
Antilles néerlandaises	1981	1795[2]	10.4	110.4	7.8	102.6	9.2	111.8	97.8	14.0
	1982	1919[2]	11.9	111.9	8.1	103.9	12.8	116.7	102.3	14.3
New Zealand [3]	1986	55024	−5.0	95.0	8.2	86.8	0.5	87.3	76.1	11.2
Nouvelle−Zélande [3]	1993	79999	−4.3	95.7	9.7	86.1	0.3	86.3	76.8	9.5
	1994	86304	−4.8	95.2	9.6	85.6	0.2	85.8	75.0	10.8
Nicaragua	1981	24483	−4.1	95.9	4.2	91.6	...	...	...	...
Nicaragua	1982	28350	−4.9	95.1	4.2	91.0	...	...	...	...
	1983	32920	−2.0	98.0	4.5	93.5	...	...	...	...
Niger	1982	663022	−3.1	96.9	8.7	88.2	1.5	89.7	85.1	4.7
Niger	1983	687142	−3.1	96.9	9.3	87.6	1.1	88.7	88.8	−0.2
	1984	638406	−3.8	96.2	10.4	85.7	1.6	87.4	88.2	−0.8
Nigeria	1986	73062	−6.0	94.0	6.5	87.5	−2.4	85.1	87.2	−2.0
Nigéria	1993	701473	−10.5	89.5	2.5	87.1	2.5	89.6	80.6	9.0
	1994	914334	−7.2	92.8	2.0	90.8	1.2	92.0	85.5	6.5
Norway	1986	513718	−1.8	98.2	14.1	84.1	−1.2	82.9	74.1	8.9
Norvège	# 1993	821351	−2.3	97.7	14.9	82.8	−1.2	81.7	72.0	9.6
	1994	870330	−2.3	97.7	15.0	82.7	−1.3	81.4	71.5	9.9
Oman										
Oman	1980	2064	−9.2	90.9	...	...	...	...	...	...
Pakistan [1]	1986	572479	6.4	106.4	6.1	100.3	...	...	86.1	...
Pakistan [1]	1993	1564645	0.4	100.4	6.4	94.0	...	...	83.2	...
	1994	1866520	0.5	100.5	6.4	94.1	...	...	84.2	...
Panama	1986	5289	−9.1	90.9	7.4	83.5	2.5	86.0	83.5	2.5
Panama	1993	7103	−8.9	91.1	7.2	83.9	2.9	86.8	77.8	9.0
	1994	7420	−6.4	93.6	7.1	86.5	2.0	88.5	75.9	12.7
Papua New Guinea	1986	2572	−2.8	97.2	9.4	87.8	5.4	93.2	88.0	5.2
Papua New Guinea	1991	3606	−3.3	96.7	11.6	85.2	3.4	88.6	82.5	6.1
	1992	4140	−2.7	97.3	...	...	...	...	...	...
Paraguay	1986	1833800	−1.2	98.8	10.7	88.1	0.0	88.1	80.5	7.7
Paraguay	1993	11991719	0.4	100.4	7.8	92.6	0.0	92.6	88.0	4.6
	1994	14960131	0.5	100.5	7.8	92.8	0.0	92.8	86.0	6.8
Peru	1986	374[4]	−2.8	97.2	5.8	91.4	0.5	91.9	79.8	12.1
Pérou	1990	6790	−2.4	97.6	6.3	91.3	0.6	91.9	78.4	13.5
	1991	32936	−2.1	97.9	...	...	0.6	...	81.7	...
Philippines	1986	608887	−3.4	96.6	9.9	86.8	1.4	88.2	81.0	7.3
Philippines	1994	1693278	2.6	102.6	8.9	93.6	1.4	95.0	85.1	9.9
	1995	1906430	3.2	103.2	8.9	94.3	2.5	96.8	85.3	11.5
Portugal	# 1986	5025868	−3.2	96.8	4.3	92.5	8.1	100.7	78.8	21.9
Portugal	1993	13625623	−0.1	99.9	4.3	95.6	6.8	102.4	83.0	19.4
	1994	14439100	−0.1	99.9	4.3	95.6	6.8	102.4	82.5	19.9

25
Relationships between the principal national accounting aggregates
As percentage of GDP [cont.]
Relations entre les principaux agrégates de comptabilité nationale
En pourcentage du PIB [suite]

As percentage of GDP – En pourcentage du PIB

Country or area Pays ou zone	Year Année	GDP at current prices (Mil. nat.cur.) PIB aux prix courants (Mil. mon.nat.)	Plus: NFI from the rest of world Plus : Rev. net des facteurs reçu du reste du monde	Equals: Gross national product Égal : Produit national brut	Less: Consump. of Fixed Capital Moins : Consomm. de capital fixe	Equals: National Income Égal : Revenu national	Plus: Net Curr. transfer from the rest of the world Plus : Transferts courants nets reçus du reste du monde	Equals: National Disposable Income Égal : Revenu national disponible	Less: Final Consumption Moins : Consommation finale	Equals: Net savings Égal : Épargne nette
Puerto Rico [1]	1986	23878	−28.8	71.2	5.8	65.5	15.6	81.1	84.7	−3.7
Porto Rico [1]	1993	39536	−33.2	66.8	6.7	60.1	13.5	73.5	74.4	−0.8
	1994	42364	−33.5	66.5	6.6	59.9	14.0	73.9	73.9	−0.0
Republic of Moldova	1986	9	...	...	16.6	83.4	...	...	...	...
Rép. de Moldova	1990	13	...	...	14.3	85.7	...	...	...	...
	1991	23	...	...	...	81.5	...	...	...	...
Réunion	1986	18858	−1.8	98.2	...	...	43.2	...	115.7	...
Réunion	1991	31339	0.7	100.7	...	...	42.7	...	103.5	...
	1992	33768	−1.5	98.5	...	...	43.7	...	104.5	...
Russian Federation	1990	644200	0.0	100.0	18.6	81.4	...	81.4	69.0	12.4
Fédération de Russie	1993	171509500	−1.5	98.5	16.9	81.5	0.7	82.3	60.2	22.0
	1994	610993100	−0.6	99.4	20.2	79.1	−0.0	79.1	68.5	10.6
Rwanda	1986	168990	−2.0	98.0	6.2	91.8	3.7	95.5	91.6	3.9
Rwanda	1988	177940	−2.0	98.0	6.9	91.0	2.9	93.9	93.6	0.4
	1989	190220	−1.2	98.8	7.6	91.2	2.4	93.6	95.4	−1.7
Saint Kitts–Nevis	1982	139 [2]	−5.8	94.2	...	...	22.2	...	...	...
Saint–Kitts–et–Nevis	1983	136 [2]	−1.4	98.6	...	...	19.8	...	...	...
	1984	167 [2]	−0.5	99.5	...	...	18.9	...	...	...
Saint Vincent–Grenadines	1986	344	−2.7	97.3	...	...	...	...	...	...
St.–Vincent–et–Gren.	1989	469	−4.5	95.5	...	...	...	...	...	...
	1990	525	−5.8	94.2	...	...	...	...	...	...
Saudi Arabia [1]	1982	458124 [2]	5.3	105.3	...	...	...	...	63.6	...
Arabie saoudite [1]	1983	373882 [2]	4.3	104.3	...	...	...	...	71.5	...
	1984	351397 [2]	4.4	104.4	...	...	...	...	79.1	...
Senegal	1985	1158200 [2]	−3.2	96.8	13.7	83.1	5.9	89.0	...	...
Sénégal	1986	1303300 [2]	−4.2	95.8	13.7	82.0	5.4	87.4	...	...
	1987	1382300 [2]	−4.9	95.1	6.5	88.6	5.3	93.9	...	...
Seychelles	1986	1290	−4.1	95.9	6.5	89.4	5.4	94.9	92.9	2.0
Seychelles	1991	1980	−4.1	95.9	11.1	84.9	6.7	91.6	78.9	12.7
	1992	2221	−3.1	96.9	...	...	...	...	...	...
Sierra Leone [1]	1986	19701	9.5	109.5	7.0	102.4	0.5	102.9	88.7	14.2
Sierra Leone [1]	1989	82837	0.8	100.8	5.9	94.9	0.5	95.5	91.3	4.2
	1990	150175	−5.0	95.0	5.6	89.4	0.7	90.1	88.4	1.7
Singapore	1986	39264	2.4	102.4	17.1	85.4	−1.0	84.3	60.3	22.2 [2]
Singapour	1994	108224	0.0	100.0	12.9	87.1	−1.0	86.1	51.1	35.7 [2]
	1995	120629	0.7	100.7	12.5	88.2	−1.0	87.2	49.2	37.8 [2]
Solomon Islands	1984	222 [2]	−5.4	94.6	5.9	88.7	6.6	95.3	78.5	16.8
Iles Salomon	1985	237 [2]	−4.3	95.7	6.7	89.0	5.9	94.9	92.2	2.7
	1986	253 [2]	−6.7	93.3	7.6	85.7	23.3	109.0	95.6	13.4
Somalia	1985	87290	−2.2	97.8	...	97.8	10.1	107.9	101.1	6.8
Somalie	1986	118781	−3.7	96.3	...	96.3	14.2	110.5	98.8	11.7
	1987	169608	−3.2	96.8	...	96.8	21.3	118.0	99.9	18.2
South Africa	1986	143255	−4.9	95.1	17.2	77.9	0.0	77.9	72.5	6.3 [2]
Afrique du Sud	1994	431711	−2.1	97.9	13.7	84.1	0.0	84.2	81.3	3.5 [2]
	1995	484621	−2.3	97.7	13.6	84.2	0.0	84.2	81.3	3.1 [2]
Spain	1986	32323900	−0.9	99.1	11.9	87.1	0.4	87.6	77.9	9.7
Espagne	1993	60905100	−0.9	99.1	11.5	87.7	0.5	88.2	80.7	7.5
	1994	64616700	−1.8	98.2	11.6	86.7	0.4	87.0	79.8	7.2
Sri Lanka	1986	172440	−2.2	97.8	4.5	93.3	4.6	97.9	89.1	8.1 [2]
Sri Lanka	1994	579159	−1.4	98.6	5.0	93.6	5.4	98.9	85.6	12.6 [2]
	1995	662364	−1.1	98.9	4.9	94.1	5.3	99.3	84.3	14.3 [2]
Sudan [1]	1981	6721	−1.7	98.3	9.5	88.8	5.9	94.7	91.5	3.2
Soudan [1]	1982	9186	−1.5	98.5	11.0	87.5	3.2	90.6	95.9	−5.3
	1983	11329	−2.7	97.3	11.0	86.3	4.5	90.8	93.4	−2.6

25
Relationships between the principal national accounting aggregates
As percentage of GDP *[cont.]*
Relations entre les principaux agrégates de comptabilité nationale
En pourcentage du PIB *[suite]*

As percentage of GDP — En pourcentage du PIB

Country or area / Pays ou zone	Year / Année	GDP at current prices (Mil. nat.cur.) PIB aux prix courants (Mil. mon.nat.)	Plus: NFI from the rest of world Plus: Rev. net des facteurs reçu du reste du monde	Equals: Gross national product Égal: Produit national brut	Less: Consump. of Fixed Capital Moins: Consomm. de capital fixe	Equals: National Income Égal: Revenu national	Plus: Net Curr. transfer from the rest of the world Plus: Transferts courants nets reçus du reste du monde	Equals: National Disposable Income Égal: Revenu national disponible	Less: Final Consumption Moins: Consommation finale	Equals: Net savings Égal: Épargne nette
Suriname	1986	1782	−0.3	99.7	10.7	89.0	−0.5	88.5	78.2	10.3
Suriname	1993	10389	−2.4	97.6	13.7	83.9	−1.0	82.9	43.5	39.4
	1994	52288	−1.4	98.6	13.3	85.2	−0.6	84.6	24.5	60.1
Swaziland [9]	1986	1026	2.6	102.6	...	...	4.2	...	87.6	...
Swaziland [9]	1993	3206	−1.6	98.4	...	...	2.5	...	73.5	...
	1994	3712	−2.0	98.0	...	...	0.8	...	74.8	...
Sweden	1986	947263	−2.0	98.0	12.5	85.5	−1.0	84.5	78.9	5.6
Suède	1993	1446212	−4.0	96.0	14.1	81.9	−0.9	81.0	83.1	−2.2
	1994	1524767	−4.0	96.0	13.3	82.8	−0.9	81.9	81.6	0.2
Switzerland	1986	243350	4.8	104.8	10.0	94.7	−0.8	93.9	72.8	21.1
Suisse	1993	342850	4.5	104.5	10.6	94.0	−1.2	92.7	73.7	19.0
	1994	351920	3.9	103.9	10.4	93.4	−1.4	92.1	73.2	18.9
Tajikistan	1989	6639	4.0	104.0	17.1	86.9	...	...	...	...
Tadjikistan	1990	7347	5.5	105.5	14.7	90.8	...	...	...	...
	1991	13407	0.9	100.9	8.5	92.4	...	...	...	...
Thailand	1986	1133397	−2.0	98.0	9.2	88.8	0.6	89.4	74.1	15.3
Thaïlande	1993	3163914	−2.2	97.8	10.6	87.2	0.6	87.8	65.0	22.8
	1994	3600907	−2.2	97.8	11.0	86.8	0.8	87.6	64.8	22.8
TYFR of Macedonia	1990	490	−1.3	98.7	15.5	83.2	3.1	86.4	89.0	−2.6
L'ex−R.y. Macédoine	1992	12005	−3.1	96.9	27.1	69.9	−0.4	69.5	83.8	−14.3
	1993	58145	−2.3	97.7	22.2	75.5	0.7	76.2	88.9	−12.7
Togo	1984	304800	...	...	...	84.1	...	...	...	...
Togo	1985	332500	...	...	...	84.8	...	...	...	...
	1986	363600	...	...	...	85.7	...	...	...	...
Tonga [9]	1981	54	6.3	106.3	4.6	101.7	23.7	125.4	136.9	10.5 [2]
Tonga [9]	1982	64	6.9	106.9	4.5	102.3	35.8	138.2	137.9	24.5 [2]
	1983	73	4.4	104.4	4.0	100.4	27.1	126.5	140.0	6.2 [2]
Trinidad and Tobago	1986	17260	−5.3	94.7	10.4	84.3	−0.8	83.5	85.5	−2.0
Trinité−et−Tobago	1993	24883	−7.4	92.6	11.3	81.3	−0.1	81.1	77.1	4.1
	1994	28680	−7.9	92.1	11.0	81.0	−0.1	80.9	71.8	9.1
Tunisia	1990	10816	−3.3	96.7	...	96.7	5.5	102.2	80.0	22.2
Tunisie	1993	14649	−4.4	95.6	...	95.6	3.9	99.5	78.4	21.1
	1994	15904	−4.6	95.4	...	95.4	4.3	99.8	77.8	21.9
Turkey	1986	51079324	0.2	100.2	5.5	94.8	0.0	94.8	76.3	18.4
Turquie	1993	1981867000	0.8	100.8	5.5	95.3	0.0	95.3	80.2	14.1
	1994	3868429000	0.5	100.5	5.5	95.0	...	...	78.0	...
Ukraine	1990	167100	2.3	102.3	17.1	85.2	7.2	92.5	73.6	18.9
Ukraine	1993	148273000	−2.4	97.6	20.0	77.6	0.2	77.8	64.0	13.7
	1994	1203769000	−0.6	99.4	19.0	80.4	0.6	81.0	67.8	13.2
United Arab Emirates	1986	79566	1.1	101.1	18.4	82.7	−2.1	80.6	61.9	18.8
Emirats arabes unis	1989	100976	0.4	100.4	15.0	85.4	−0.7	84.7	61.7	23.0
	1990	124008	−1.0	99.0	13.0	86.0	−8.9	77.1	54.9	22.2
United Kingdom	1986	383632	0.3	100.3	11.8	88.5	−0.6	87.9	83.6	4.3
Royaume−Uni	1993	628384	−0.4	99.6	10.4	89.2	−0.8	88.4	86.1	2.3
	1994	666181	−0.2	99.8	10.2	89.6	−0.8	88.7	85.5	3.3 [2]
United Rep. of Tanzania	1986	148067	−2.3	97.7	2.5	95.2	10.5	105.6	95.5	10.2
Rép.−Unie de Tanzanie	1993	1404369	−4.3	95.7	2.6	93.1	20.8	113.9	95.9	18.0
	1994	1822570	−3.8	96.2	2.7	93.5	20.9	114.3	97.3	17.1
United States	1986	4230784	0.4	100.4	13.0	87.4	−0.4	87.0	83.8	3.1 [2]
Etats Unis	1993	6259900	0.3	100.3	12.2	88.0	−0.5	87.5	84.8	2.7 [2]
	1994	6649800	0.0	100.0	12.3	87.7	−0.5	87.2	83.8	3.9 [2]
Uruguay	1986	890	−5.0	95.0	...	...	0.4	...	82.9	...
Uruguay	1990	9784 [2]	−3.9	96.1	...	...	0.1	...	81.1	...
	1991	20271 [2]	−2.5	97.5	...	...	0.3	...	83.3	...

25
Relationships between the principal national accounting aggregates
As percentage of GDP [cont.]
Relations entre les principaux agrégates de comptabilité nationale
En pourcentage du PIB [suite]

As percentage of GDP – En pourcentage du PIB

Country or area / Pays ou zone	Year / Année	GDP at current prices (Mil. nat.cur.) PIB aux prix courants (Mil. mon.nat.)	Plus: NFI from the rest of world Plus : Rev. net des facteurs reçu du reste du monde	Equals: Gross national product Égal : Produit national brut	Less: Consump. of Fixed Capital Moins : Consomm. de capital fixe	Equals: National Income Égal : Revenu national	Plus: Net Curr. transfer from the rest of the world Plus : Transferts courants nets reçus du reste du monde	Equals: National Disposable Income Égal : Revenu national disponible	Less: Final Consumption Moins : Consommation finale	Equals: Net savings Égal : Épargne nette
Vanuatu	1986	12179	4.2	104.2	...	...	25.4	...	98.6	...
Vanuatu	1989	16367	3.4	103.4	...	...	17.3	...	94.3	...
	1990	17899	7.2	107.2	...	...	...	...	...	...
Venezuela	1986	489172	-3.0	97.0	8.8	88.2	-0.3	87.9	80.1	7.8
Venezuela	1994	8651300	-3.2	96.8	7.3	89.5	-0.3	89.2	78.4	10.8
	1995	13265875	-2.3	97.7	7.3	90.4	0.2	90.6	78.8	11.8
Viet Nam										
Viet Nam	1989	24308000	-2.0	98.0	6.8	91.1	9.4	100.6	100.2	0.4
Yemen	1989	61406	2.4	102.4	4.1	98.3	6.0	104.3	105.5	-1.2
Yémen	1990	77159	2.1	102.1	5.4	96.7	14.1	110.8	102.6	8.2
Yemen, former Arab Rep.[1]	1984	17950	34.1	0.0	2.3	...	...	131.7	122.4	9.3
l'ex–Yémen rép. arabe [1]	1985	30939	20.3	0.0	2.7	...	...	117.6	113.0	4.6
	1986	37472	19.4	0.0	2.8	...	...	116.6	109.1	7.5
former Dem. Yemen	1983	351	3.2	103.2	5.7	97.5	46.4	143.9	136.7	7.2
l'ex–Yémen dém.	1984	374	1.6	101.6	5.6	96.0	46.0	142.0	139.3	2.6
	1985	369	1.9	101.9	5.9	96.0	40.8	136.8	147.4	-10.7
Yugoslavia, SFR †	1986	2340	1.8	101.8	10.6	91.1	...	...	64.7	...
Yougoslavie, SFR †	1989	235395	6.9	106.9	12.1	94.8	...	...	61.9	...
	1990	1147787	8.7	108.7	11.2	97.5	...	...	83.7	...
Zambia	1986	17617[2]	-18.1	81.9	17.2	64.7	-1.2	63.5	77.4	-13.9
Zambie	1987	21564[2]	-11.4	88.6	17.3	71.3	0.5	71.8	82.0	-10.3
	1988	30823[2]	-14.2	85.8	14.5	71.4	1.0	72.4	79.8	-7.4
Zimbabwe	1986	8289	-4.6	95.4	...	...	0.5	...	77.1	...
Zimbabwe	1988	11441	-4.2	95.8	...	...	0.8	...	73.0	...
	1989	13794	-3.9	96.1	...	...	0.9	...	78.0	...

Source:
National accounts database of the Statistics Division of the United Nations Secretariat.

† For information on recent changes in country or area nomenclature pertaining to former Czechoslovakia, Germany, Hong Kong Special Administrative Region (SAR) of China, SFR Yugoslavia and former USSR, see Annex I – Country or area nomenclature, regional and other groupings.

†† For statistical purposes, the data for China do not include those for the Hong Kong Special Administrative Region (Hong Kong SAR) and Taiwan province of China.

1 Fiscal year beginning 1 July.
2 Including statistical discrepancy.
3 Fiscal year beginning 1 April.
4 Thousand.
5 Fiscal year ending 7 July.
6 Fiscal year ending 30 September.
7 Fiscal year beginning 21 March.
8 Fiscal year ending 15 July.
9 Fiscal year ending 30 June.

Source:
Base de données sur les comptes nationaux de la division de statistique du Secrétariat de l'ONU.

† Pour les modifications récentes de nomenclature de pays ou de zone concernant l'Allemagne, Hong–Kong (Région administrative spéciale de Chine), l'ex–Tchécoslovaquie, l'ex–URSS, Rfs de Yougoslavie, voir annexe I – Nomenclature des pays ou des zones, groupements régionaux et autres groupments.

†† Les données statistiques relatives à la Chine ne comprennent pas celles qui concernent la région administrative spéciale de Hong–Kong (la RAS de Hong–Kong) et la province chinoise de Taiwan.

1 L'années fiscales commençant le 1 juillet.
2 Y compris le divergence statistique.
3 L'années fiscales commençant le 1 avril.
4 Milliers.
5 L'années fiscales finissant le 7 juillet.
6 L'années fiscales finissant la 30 septembre.
7 L'années fiscales commençant la 21 mars.
8 L'années fiscales finissant le 15 juillet.
9 L'années fiscales finissant la 30 juin.

26
Government final consumption expenditure by function at current prices
Consommation finale des administrations publiques par fonction aux prix courants
Percentage distribution
Répartition en pourcentage

Country or area	Year	Govt. final consumption expenditures Consommation finale des administrations (M. nat'l. curr.)	General public services Administration publique générale	Defence Défense	Public order & safety Sûreté publique	Education Enseignement	Health Santé	Social services Services sociaux	Economic services Services économiques	Other functions Autres fonctions
Anguilla	1986	9	18.3	...	13.2	23.3	15.8	3.7	5.5	20.2
Anguilla	1990	20	19.3	...	12.3	23.6	15.7	2.4	13.9	12.8
	1991	23	25.9	...	11.6	22.2	15.3	2.5	10.7	11.9
Antigua and Barbuda [1]	1984	67	22.8	2.2	11.4	15.8	9.7	8.4	22.5	7.1
Antigua-et-Barbuda [1]	1985	81	25.1	2.2	11.4	14.0	11.5	6.6	20.9	8.2
	1986	108	26.1	2.3	11.6	14.7	10.0	7.2	21.2	6.9
Australia [2]	1986	49069	13.8	13.6	6.6	22.5	17.6	4.0	16.1	5.8
Australie [2]	1993	77400	15.8	12.0	7.1	21.2	17.1	5.3	15.4	5.9
	1994	80071	15.3	11.5	7.3	21.1	17.4	5.6	15.6	6.2
Austria	1986	270655	16.3	6.7	4.8	22.1	23.7	18.2	6.1	2.1
Autriche	1993	404541	16.9	4.8	4.5	22.5	26.6	18.3	4.4	2.0
	1994	426323	...	4.7	...	...	...	...	...	...
Azerbaijan	1990	258	...	34.9	...	27.5	13.6	0.8	6.6	16.7
Azerbaïdjan	1993	40120	...	38.5	...	26.8	14.9	1.8	2.9	15.1
	1994	440482	...	43.2	...	21.6	9.0	0.8	18.2	7.2
Bahamas	1986	306	12.1	3.6	12.7	27.5	20.3	2.6	20.6	1.3
Bahamas	#1991	443	16.5	4.1	13.5	22.3	18.7	4.7	19.0	1.4
	1992	448	17.9	4.0	13.4	23.4	17.9	5.1	17.0	1.6
Bangladesh [2]	1986	61245	17.1	10.9	5.7	7.7	4.1	0.6	10.0	43.8
Bangladesh [2]	1993	147280	17.6	10.2	5.4	7.3	5.1	0.7	13.3	40.4
	1994	160798	14.7	10.4	5.2	7.2	5.2	0.8	12.6	43.9
Belarus	1990	10160	...	55.7	2.2	12.9	7.1	...	4.3	15.7
Bélarus	1991	18174	...	45.9	9.4	15.3	13.3	...	3.5	10.7
	1992	146200	...	15.2	17.9	24.9	19.7	...	4.2	12.5
Belgium	1984	760210	14.4	15.2	8.6	38.1	2.9	5.9	7.7	6.5
Belgique	1985	815164	14.9	15.2	8.6	37.5	2.9	5.9	7.7	6.6
	1986	846685	14.8	15.2	9.3	36.6	2.8	5.9	7.9	6.5
Belize [3]	1987	153	15.4	5.4	5.4	18.2	9.0	1.3	33.0	12.3
Belize [3]	1990	279	12.7	3.4	7.9	15.3	6.8	3.3	37.5	13.2
	1991	321	16.6	3.4	7.0	16.8	6.6	4.0	32.6	13.1
Bermuda [3]	1986	141	34.4	2.1	...	22.2	3.9	3.8	28.3	5.3
Bermudes [3]	1991	217	34.6	1.8	...	22.7	4.1	3.8	27.2	5.8
	1992	218	34.9	1.5	...	22.6	4.2	3.8	27.4	5.5
Bolivia	1990	1815	74.0	0.0	...	7.4	0.0	1.4	4.3	12.9
Bolivie	1992	2833	76.2	0.0	...	8.1	0.0	1.9	3.0	10.8
	1993	3270	75.9	0.0	...	9.0	0.0	2.4	2.5	10.1
British Virgin Islands [1]	1985	17	23.3	...	10.8	23.6	14.9	1.8	20.7	4.9
Iles Vierges brit. [1]	1986	19	21.8	...	11.4	22.7	14.5	2.4	22.1	5.1
	1987	21	23.3	...	11.0	21.1	15.8	2.6	20.2	6.0
Brunei Darussalam	1982	914	22.9	41.4	5.5	14.2	5.0	0.2	5.0	5.8
Brunéi Darussalam	1983	922	24.6	35.3	6.0	15.2	5.7	0.2	5.5	7.5
	1984	2512	69.3	12.8	2.7	6.5	2.6	0.1	2.5	3.4
Burkina Faso	1982	38198	8.2	28.3	8.7	16.6	10.0 [5]	...	9.9	18.3
Burkina Faso	1983	38864	8.1	28.7	9.1	18.3	10.5 [5]	...	10.5	14.7
	1984	38760	7.3	30.4	8.7	19.0	10.3 [5]	...	10.8	13.4
Cameroon [2]	1986	476700	30.6	12.0 [6]	...	19.1	5.7	0.7	10.6	21.4
Cameroun [2]	1987	391000	28.3	14.7 [6]	...	21.6	6.1	0.8	7.3	21.0
	1988	378400	35.5	12.4 [6]	...	21.5	6.0	0.9	6.2	17.6
Cayman Islands [7]	1986	50	32.0	...	14.0	14.0	14.0	2.0	18.0	6.0
Iles Caïmanes [7]	1990	94	26.6	...	14.9	14.9	16.0	4.3	19.1	4.3
	1991	103	27.2	...	14.6	14.6	14.6	5.8	20.4	2.9
Colombia	1986	665814	31.1	11.1	...	29.6	9.4	5.6	11.6	1.7
Colombie	1990	2076459	30.8	12.1	...	26.3	9.8	7.2	12.1	1.6
	1991	2684541	29.7	11.5	...	26.9	9.4	7.4	12.8	2.2
Cyprus	1986	230	13.7	7.4 [8]	14.0	22.8	11.7	14.1	11.2	5.1
Chypre	1993	553	13.0	16.3 [8]	10.2	19.7	11.7	15.0	9.1	5.0
	1994	608	11.8	16.2 [8]	9.4	20.4	11.6	16.1	9.4	5.1

26
Government final consumption expenditure by function at current prices
Percentage distribution *[cont.]*
Consommation finale des administrations publiques par fonction aux prix courants
Répartition en pourcentage *[suite]*

Country or area	Year	Govt. final consumption expenditures Consommation finale des administrations (M. nat'l. curr.)	General public services Administration publique générale	Defence Défence	Public order & safety Sûreté publique	Education Enseignement	Health Santé	Social services Services sociaux	Economic services Services économiques	Other functions Autres fonctions
Denmark	1986	159359	11.9	8.1[6]	...	23.7	20.2	23.3	8.2	4.6
Danemark	1989	196546	11.8	7.9[6]	...	23.8	19.8	24.1	7.8	4.8
	1990	202504	11.3	8.0[6]	...	23.7	19.8	24.3	8.0	4.9
Ecuador	1986	178261	15.4	12.0	6.0	31.9	6.0	5.2	15.2	8.3
Equateur	1991	1009000	13.0	15.0	7.1	27.8	4.6	6.2	14.9	11.5
	1992	1498000	12.8	15.9	7.3	26.8	3.9	7.8	16.1	9.3
Estonia	1992	2084	10.4	2.1	8.4	34.1	16.9	3.1	19.4	5.5
Estonie	1993	4474	12.0	3.4	11.6	34.0	12.9	4.1	10.2	11.7
	1994	6790	12.9	4.3	12.5	29.2	16.5	4.3	8.9	11.4
Fiji	1986	266	27.8	5.6	...	26.3	12.0	0.4	25.2	2.6
Fidji	1988	264	33.0	10.6	...	23.9	10.6	0.4	18.9	2.7
	1989	304	28.9	12.2	...	25.7	10.9	0.3	18.8	3.3
Finland	1986	72849	9.1	8.0	5.6	25.4	22.8	15.0	6.7	7.3
Finlande	1993	112190	8.9	7.7	5.4	25.2	21.8	15.3	8.4	7.1
	1994	114049	8.5	8.3	5.5	25.4	21.3	15.3	8.8	6.9
France	1986	959509	13.5	16.0	4.5	26.0	16.3	7.8	6.5	9.3
France	1991	1238998	12.2	15.7	4.6	26.2	17.4	7.4	6.2	10.3
	1992	1320526	12.3	15.7	4.6	26.2	17.3	7.4	6.0	10.5
Gambia[2]	1986	466	38.0	...	...	6.4[9]	3.0	0.0	32.8	19.6
Gambie[2]	1990	819	22.0	...	...	12.9[9]	6.4	0.1	18.6	40.1
	1991	804	22.2	...	...	12.6[9]	5.7	0.1	24.1	35.3
Germany † · Allemagne †										
F.R. Germany	1986	382550	10.3	13.4	7.7	19.6	30.1	10.4	4.5	4.0
R.f. Allemagne	1989	418820	10.4	12.8	7.9	19.1	30.1	11.3	4.3	4.0
	1990	444070	10.4	11.9	7.9	18.9	30.7	12.0	4.2	3.9
Greece	1986	1067239	38.0	30.0	...	14.6	11.6	1.6	4.3[10]	...
Grèce	1990	2250732	40.9	24.9	...	15.5	11.7	1.4	4.2[10]	...
	1991	2554988	42.5	24.6	...	15.5	11.6	1.3	4.1[10]	...
Guinea–Bissau	1986	6423	44.0	...	...	18.4	11.8	0.9	22.7	2.2
Guinée–Bissau	1987	10776	44.0	...	...	18.4	11.8	1.2	22.7	1.9
Honduras	1986	1087	43.1	19.4	...	29.0	11.0	...	...	16.8
Honduras	1988	1308	33.3	20.2	...	30.9	13.4	...	...	14.4
	1989	1475	27.9	18.7	...	30.4	12.9	...	...	18.9
Hungary	1992	780638	15.0	6.3	7.5	22.2	16.3	9.4	9.7	13.6
Hongrie	1993	1013524	15.1	12.8	7.3	20.4	14.4	8.7	8.0	13.3
	1994	1145444	17.1	6.2	8.0	21.4	15.7	9.3	9.4	12.9
Iceland	1986	28778	6.5	0.0	7.1	20.1	35.3	5.7	11.3	14.0
Islande	1993	84818	8.0	0.0	6.3	19.3	32.0	7.7	9.9	16.7
	1994	89425	8.1	0.0	6.0	19.0	31.7	8.0	10.0	17.2
India[13]	1986	290760	21.1[6]	38.7	...	13.7	6.8	2.9	13.4	3.4
Inde[13]	1992	648480	25.4[6]	32.4	...	15.5	6.7	3.4	13.3	3.3
	1993	745010	23.5[6]	34.0	...	15.3	6.5	3.7	13.5	3.5
Iran, Islamic Rep. of[11]	1986	2371000	3.8	36.6	6.1	24.7	6.8	8.4	4.6	9.0
Iran, Rép. islamique d'[11]	1989	3294000	3.9	33.9	4.7	24.5	8.4	8.3	6.1	10.1
	1990	4054000	3.3	27.7	5.6	25.9	7.4	9.6	7.2	13.3
Israel[3]	1985	11662	5.9	54.4	3.5	15.9	8.0	1.4	2.1	8.8
Israël[3]	1986	15220	6.6	50.6	4.0	17.1	8.6	1.5	2.3	9.4
	1987	20599	6.2	53.3	3.9	16.1	7.9	1.5	2.1	9.0
Italy	1986	145960000	15.1	12.2	9.5	28.5	18.6	4.4	6.9	4.9
Italie	1992	264149000	16.3	10.5	10.0	27.3	21.1	4.2	6.0	4.5
	1993	275966000	17.2	10.6	10.5	26.3	20.8	4.2	6.0	4.5
Japan[3]	1986	32559300	27.2[6]	9.5	...	35.8	3.8	5.6	9.7	8.4
Japon[3]	1993	45039300	27.3[6]	9.4	...	33.1	4.7	6.3	9.0	10.1
	1994	46211400	27.1[6]	9.2	...	33.0	4.6	6.5	9.0	10.5
Jordan	1986	461	65.5[12]	...	...	15.7	5.4	0.5	9.0	3.8
Jordanie	1992	853	60.6[12]	...	...	19.8	8.3	0.8	0.0	10.4
	1993	939	53.6[12]	...	...	21.9	10.2	1.0	0.0	13.4

26
Government final consumption expenditure by function at current prices
Percentage distribution [cont.]
Consommation finale des administrations publiques par fonction aux prix courants
Répartition en pourcentage [suite]

Country or area	Year	Govt. final consumption expenditures Consommation finale des administrations (M. nat'l. curr.)	General public services Administration publique générale	Defence Défence	Public order & safety Sûreté publique	Education Enseignement	Health Santé	Social services Services sociaux	Economic services Services économiques	Other functions Autres fonctions
Kenya	1986	1076	18.2	14.4	...	37.5	14.5	15.4[10]	...	...
Kenya	1992	2074	25.4	10.8	...	42.6	9.8	11.3[10]	...	...
	1993	2109	27.1	5.5	...	43.8	9.9	13.7[10]	...	...
Korea, Republic of	1986	9575000	14.6	44.2	9.6	22.0	1.5	2.3	3.2	2.6
Corée, Rép. de	1992	26110000	16.0	33.6	11.5	24.1	1.3	5.0	4.5	4.0
	1993	28563000	16.0	32.6	11.4	24.8	1.4	5.0	4.5	4.3
Kuwait	1985	1445	51.3[12]	...	...	23.3	12.6	2.1	3.7	7.1
Koweït	1986	1404	48.0[12]	...	...	24.9	13.3	2.3	4.1	7.4
	1987	1371	45.5[12]	...	...	25.4	13.8	2.5	4.1	8.8
Kyrgyzstan	1990	11	39.3	...	...	25.2	...	15.9	7.5	12.1
Kirghizistan	1993	1086	42.5	...	...	19.1	...	27.9	3.3	7.3
	1994	2432	41.8	...	...	29.5	...	17.1	4.1	7.5
Lesotho	1986	159	22.3	...	32.8	3.5	12.7[5]	...	20.6	8.0
Lesotho	1992	394	19.5	...	30.2	5.2	12.6[5]	...	24.4	8.1
	1993	458	20.5	...	29.1	6.1	13.1[5]	...	23.5	7.6
Libyan Arab Jamah. Jamah. arabe libyenne	1980	2351	68.8[12]	...	...	11.5	7.4	2.3	7.7	2.2
Lithuania Lithuanie	1994	3094	10.0	2.3	12.4	27.9	18.9	2.5	14.9	11.2
Malaysia	1986	12127	14.6	19.3	9.8	28.9	9.8	4.7[10]	12.9	...
Malaisie	1991	18391	12.8	23.6	9.3	28.8	9.1	4.6[10]	11.7	...
	1992	19304	12.7	22.4	9.6	29.5	9.4	4.6[10]	11.8	...
Maldives	1984	103	30.4	15.6[6]	...	14.6	7.9	6.8	13.9	10.8
Maldives	1985	121	29.9	15.0[6]	...	14.5	7.9	5.6	11.8	15.3
	1986	139	32.3	16.3[6]	...	16.2	8.3	5.3	5.6	15.9
Malta	1986	90	12.8	17.1[6]	...	22.6	25.7	2.7	3.5	15.7
Malte	1992	164	14.7	11.9[6]	...	29.6	24.7	4.6	3.0	11.5
	1993	189	15.9	12.2[6]	...	28.1	25.0	2.7	3.0	13.1
Mauritius	1986	2076	15.8	2.0	13.0	22.9	17.5	3.0	20.1	5.7
Maurice	1992	5499	19.9	2.6	15.2	20.6	17.2	2.7	13.1	8.5
	1993	6620	20.9	3.1	14.8	20.3	17.3	2.4	13.6	7.5
Montserrat	1983	18	15.1	0.4	10.9	17.7	17.4	9.2	27.0	2.1
Montserrat	1984	19	19.6	0.3	10.5	19.3	15.9	6.6	27.2	0.5
	1985	20	18.7	0.3	11.3	22.4	15.3	4.8	24.5	2.7
Nepal[13]	1986	5065	14.7	11.7	9.7	23.9	8.0	0.7	23.1	8.5
Népal[13]	1987	5797	16.9	13.1	8.1	27.5	8.7	0.5	34.6	4.0
	1988	6895	15.2	7.5	11.0	24.0	3.8	1.7	37.0	5.6
Netherlands	1986	68550	...	17.9	...	31.9	...	4.7	...	45.5[14]
Pays–Bas	1988	71160	...	18.2	...	30.7	...	4.9	...	46.2[14]
	1989	72490	...	18.0	...	30.3	...	4.9	...	46.8[14]
Netherlands Antilles	1980	568	14.4	3.6	8.7	26.6	7.4[15]	17.8	11.6	9.8
Antilles néerlandaises	1981	649	16.4	1.7	10.6	27.7	7.4[15]	17.7	10.2	8.3
	1982	727	17.9	0.2	11.2	27.3	7.1[15]	17.9	9.6	8.7
New Zealand[3]	1990	12291	23.3	10.4	8.6	24.8	18.9	7.6	6.4	...
Nouvelle–Zélande[3]	1993	12692	22.3	8.2	10.2	26.3	19.9	7.4	5.6	...
	1994	12682	22.9	7.3	10.3	26.1	20.1	7.5	5.9	...
Norway	1986	101580	7.6	15.1	4.1	25.7	23.8	9.1	11.1	3.5
Norvège	1990	139115	7.9	15.9	4.2	25.7	22.4	10.0	10.5	3.4
	1991	147478	8.1	15.1	4.3	25.7	22.6	10.5	10.2	3.5
Oman Oman	1980	499	...	86.1[6]	...	6.4	3.7	...	3.8	...
Pakistan[2]	1986	77482	58.3[16]	...	7.7	10.3	4.4	3.2	12.9	3.2
Pakistan[2]	1993	189102	53.0[16]	...	6.9	11.2	4.6	4.8	15.2	4.4
	1994	226992	51.6[16]	...	6.7	11.6	4.4	5.4	15.4	4.7
Panama	1986	1128	35.7[16]	...	...	23.1	8.4	19.7	8.5	4.6
Panama	1992	1022	29.0[16]	...	...	28.5	12.3	19.4	5.5	5.3
	1993	1096	31.5[16]	...	...	27.7	12.1	18.2	5.6	4.8

26
Government final consumption expenditure by function at current prices
Percentage distribution [cont.]
Consommation finale des administrations publiques par fonction aux prix courants
Répartition en pourcentage [suite]

Country or area	Year	Govt. final consumption expenditures Consommation finale des administrations (M. nat'l. curr.)	General public services Administration publique générale	Defence Défence	Public order & safety Sûreté publique	Education Enseignement	Health Santé	Social services Services sociaux	Economic services Services économiques	Other functions Autres fonctions
Peru	1986	43[4]	56.6[16]	...	...	25.0	9.2	2.1	5.7	1.5
Pérou	1990	557	63.4[16]	...	...	18.0	6.6	2.0	5.0	5.0
	1991	1821	38.9[16]	...	...	37.8	9.9	2.4	6.3	4.6
Portugal	1986	718375	12.8	9.3	15.2	25.9	16.7	4.8	11.3	3.9
Portugal	1988	1020829	12.5	9.9	14.9	29.4	17.2	4.5	8.0	3.6
	1989	1226693	11.9	10.1	13.1	29.3	15.8	4.7	10.4	4.9
Romania	1990	114300	40.9[12]	...	...	21.3	21.3	0.3	12.6	3.7
Roumanie	1992	861100	38.6[12]	...	...	22.6	21.5	1.2	11.9	4.3
	1993	2473200	36.5[12]	...	...	22.6	22.3	2.1	11.7	4.7
Russian Federation	1991	230900	8.7	33.3	...	...	16.6[5]	...	0.0	41.3[17]
Fédération de Russie	1993	29336400	17.2	21.9	...	...	20.4[5]	...	0.9	39.7[17]
	1994	134976400	14.9	26.6	...	...	17.2[5]	...	0.0	41.4[17]
Saint Vincent–Grenadines[2]	1986	70	7.2	0.0	12.8	27.3	19.4	6.3	24.7	2.2
St.–Vincent–et–Grenad.[2]	1988	91	14.9	0.0	11.0	25.7	19.1	5.4	22.8	1.1
	1989	94	10.7	0.0	11.3	26.1	22.4	6.5	21.5	1.5
Seychelles	1989	475	9.4	11.5	4.9	29.7	11.8	2.6	17.1	13.0
Seychelles	1990	544	9.5	10.2	5.1	29.2	12.8	3.5	18.3	11.5
	1991	558	10.3	11.0	5.7	26.4	13.7	5.2	17.0	10.7
Sierra Leone[1,2]	1986	2219	22.7	5.0	...	11.8	6.6	0.7	36.8	16.6
Sierra Leone[1,2]	1989	7620	14.4	7.3	...	10.2	5.0	1.4	45.9	15.9
	1990	32337	11.9	5.6	...	6.2	2.1	0.6	27.9	45.6
Slovenia	1990	34226	39.6	0.7	...	21.3	27.6	7.6	...	3.2
Slovénie	1992	213669	34.1	7.6	...	19.8	28.6	7.0	...	2.9
	1993	297449	40.5[16]	...	...	24.3	28.8	2.0	...	4.4
Spain	1986	4740200	4.2	14.2	7.3	17.5	23.3	11.0	5.7	16.8
Espagne	1990	7814600	7.8	9.8	7.4	19.1	23.8	10.7	6.7	14.6
	1991	8881900	6.7	9.0	7.5	19.5	24.1	11.0	6.8	15.4
Sri Lanka	1986	22990	23.0	34.3	...	15.0	7.5	13.3	6.2	0.7
Sri Lanka	1994	75429	23.0	23.9	...	11.9	7.7	20.9	10.5	2.0
	1995	89988	23.2	20.7	...	16.5	9.7	18.8	10.1	1.1
Sudan[2]	1981	720	25.2	18.6[6]	...	30.9	9.7	...	12.4	3.3
Soudan[2]	1982	854	27.7	19.0[6]	...	27.7	8.6	...	14.4	2.7
	1983	1113	32.4	22.5[6]	...	23.7	5.1	...	14.4	2.0
Sweden	1986	260171	9.0	9.8	4.6	20.3	23.4	17.5	7.8	7.4
Suède	1992	402508	9.9	8.6	5.5	19.1	18.7	22.9	8.0	7.3
	1993	406071	11.1	9.6	5.4	19.1	18.3	21.8	7.5	7.3
TFYR Macedonia	1990	96	31.1	...	...	26.2	29.7	6.1	0.0	6.9
L'ex–R.y. Macédoine	1992	2302	38.3	...	...	23.4	28.9	4.7	0.0	4.7
	1993	12472	42.6	...	...	23.5	24.3	5.5	0.0	4.2
Thailand	1986	144564	19.8	39.5[6]	...	29.0	7.1	0.6	2.3	1.7
Thaïlande	1993	315979	20.7	33.3[6]	...	32.1	9.1	0.6	1.8	2.4
	1994	353824	21.1	33.8[6]	...	30.6	9.1	0.6	2.2	2.6
Tonga[18]	1985	21	20.7	4.2	7.0	13.6	12.2	1.9	31.9	8.5
Tonga[18]	1986	27	22.7	3.7	7.1	13.8	11.9	1.9	29.0	9.7
	1987	32	26.9	3.4	6.9	13.1	10.3	1.9	26.3	11.3
Trinidad and Tobago	1986	4042	15.3	...	14.3	19.8	17.1	0.5	26.4	6.7
Trinité–et–Tobago	1993	4019	19.6	...	14.8	18.9	15.8	0.6	23.9	6.3
	1994	4347	20.9	...	15.1	19.5	15.2	0.6	22.4	6.3
Ukraine	1990	27600	...	52.2	...	20.7	16.7[5]	...	5.1	5.4
Ukraine	1993	23699000	...	33.5	...	25.3	23.5[5]	...	6.6	11.0
	1994	233069000	...	32.3	...	23.4	25.8[5]	...	9.7	8.7
United Kingdom	1986	80943	5.0	23.0	7.9	20.7	22.2	6.5	6.2	8.5
Royaume–Uni	1993	138007	5.4	17.2	9.5	20.2	25.8	8.5	5.7	7.8
	1994	144128	5.4	16.0	9.5	20.7	26.4	8.7	5.9	7.5
United Rep. of Tanzania[1,2]	1986	33301	23.1	15.0	6.6	6.9	4.5	0.2	19.7	24.1
Rép.–Unie de Tanzanie[1,2]	1993	336855	21.5	6.8	6.8	7.5	5.7	0.2	22.6	29.0
	1994	408440	21.1	4.9	7.5	7.6	7.2	0.2	22.9	28.7

26
Government final consumption expenditure by function at current prices
Percentage distribution *[cont.]*
Consommation finale des administrations publiques par fonction aux prix courants
Répartition en pourcentage *[suite]*

Country or area	Year	Govt. final consumption expenditures Consommation finale des administrations (M. nat'l. curr.)	General public services Administration publique générale	Defence Défence	Public order & safety Sûreté publique	Education Enseignement	Health Santé	Social services Services sociaux	Economic services Services économiques	Other functions Autres fonctions
Vanuatu	1986	4604	14.4	5.9 [6]	...	19.2	8.8 [5]	...	15.1	36.6
Vanuatu	1988	4969	17.1	6.8 [6]	...	21.1	8.4 [5]	...	18.3	28.4
	1989	4881	15.9	7.7 [6]	...	17.5	8.1 [5]	...	24.6	26.3
Venezuela	1986	54712	...	...	...	28.1	12.6	...	...	...
Venezuela	1993	466021	...	...	...	20.8	10.9	...	...	...
	1994	581249	...	...	...	21.5	11.5	...	...	...
Zimbabwe [1]	1986	1878	46.3 [12]	...	...	29.5	9.4	...	8.5	6.3
Zimbabwe [1]	1990	7425	28.1	13.1	4.9	19.9	6.5	3.1	20.8	3.5
	1991	7788	16.7	14.3	6.1	26.7	7.4	4.1	23.0	4.5

Source:
National accounts database of the Statistics Division of the United Nations Secretariat.

† For information on recent changes in country or area nomenclature pertaining to former Czechoslovakia, Germany, Hong Kong Special Administrative Region (SAR) of China, SFR Yugoslavia and former USSR, see Annex I — Country or area nomenclature, regional and other groupings.

1 Central government estimates only (India: incl. state government; Zimbabwe: incl. local government).
2 Fiscal year beginning 1 July.
3 Fiscal year beginning 1 April.
4 Thousand.
5 Including social security and welfare.
6 Including public order and safety.
7 Total government current expenditure only.
8 Including military expenditure of government.
9 Including recreational, cultural and religious affairs.
10 Including "other functions" (Kenya: including economic services).
11 Fiscal year beginning 21 March.
12 Including public order, safety and defence.
13 Fiscal year ending 15 July.
14 Including general public services, health services and economic services.
15 Including housing and community amenities.
16 Including defence.
17 Including education.
18 Fiscal year ending 30 June.

Source:
Base de données sur les comptes nationaux de la division de statistique du Secrétariat de l'ONU.

† Pour les modifications récentes de nomenclature de pays ou de zone concernant l'Allemagne, Hong-Kong (Région administrative spéciale de Chine), l'ex—Tchécoslovaquie, l'ex—URSS, Rfs de Yougoslavie, voir annexe I — Nomenclature des pays ou des zones, groupements régionaux et autres groupments.

1 Administration centrale seulement (Inde : y compris administration des États ; Zimbabwe : y compris administration locales).
2 L'année fiscale commençant le 1er juillet.
3 L'année fiscale commençant le 1er avril.
4 Milliers.
5 Y compris l'aide sociale et l'assistance publique.
6 Y compris sûreté publique.
7 Dépenses publiques courants seulement.
8 Y compris les dépenses militaires de l'État.
9 Loisirs, affaires culturelles et religieuses.
10 Y compris les "autres fonctions" (Kenya : services économique compris).
11 L'année fiscale commençant le 21 mars.
12 Y compris sûreté publique et défence.
13 L'année fiscale finissant le 15 juillet.
14 Y compris l'administration publique générale, les soins de santé et les services économiques.
15 Y compris logement et aménagements cóllectif.
16 Y compris défence.
17 Y compris enseignement.
18 L'année fiscale finissant le 30 juin.

27
Private final consumption expenditure by type and purpose at current prices
Consommation finale privée par catégorie de dépenses et par fonction aux prix courants

Percentage distribution
Répartition en pourcentage

Per cent – Pourcentage

Country or area Pays ou zone	Year Année	Private final consump. expend. Consommation finale privée (M. nat.curr.)	Food, beverages, & tobacco Alimentation boissons et tabac	Clothing/ footwear Articles d'habillement et chaussures	Gross rent fuel and power Loyers bruts, chauffuge et éclairage	Furniture household equip. and operation Muebles articles de ménager et dépenses d'entretien courant de la maison	Medical and health expenses Soins med. et dépenses de santé	Transport and communication Transports et communications	Recreation entertainment and education services Loisirs, spectacles et enseignement	Other functions Autres fonctions
Australia [1] Australie [1]	1986	156929	22.3	6.7[2]	19.8	7.4	6.8	14.2	9.2	13.7
	1993	265868	20.9	5.4[2]	20.3	6.6	7.5	14.6	10.4	14.5
	1994	284256	21.2	5.2[2]	19.8	6.5	7.4	14.8	10.7	14.4
Austria Autriche	1986	804407	23.3	10.8	19.8	7.1	5.1	16.2	6.2	11.5
	1993	1180743	20.1	8.9	19.5	8.2	6.3	17.0	7.9	12.1
	1994	1247237	19.0	8.4	19.5	8.2	6.9	16.4	8.0	13.5
Belgium Belgique	1986	3198743	21.3	7.6	17.8	10.4	10.7	12.0	6.4	13.7
	1993	4545911	17.2	7.6	17.6	10.2	12.2	12.6	6.2	16.4
	1994	4740804	16.6	7.2	17.8	10.0	12.2	12.9	6.3	17.1
Bolivia Bolivie	1986	6214	47.7	3.3	8.0	6.7	2.5	16.5	4.2	11.1
	1991	14891	36.3	6.7	10.9	7.1	2.8	17.2	7.3	11.9
	1992	17489	35.7	6.3	10.6	7.4	2.8	17.6	7.6	12.2
Canada Canada	1986	293489	17.2	6.1	21.9	9.4	4.3	15.6	10.9	14.6
	1993	430025	15.3	5.2	24.4	8.6	4.4	14.2	11.2	16.7
	1994	446041	14.5	5.3	24.5	8.7	4.4	14.5	11.6	16.5
Cape Verde Cap–Vert	1986	13406	61.2	2.7	14.1	7.2	0.5	8.8	5.9	–0.5
	1987	15134	60.4	2.9	13.6	7.2	0.6	10.1	5.8	–0.5
	1988	17848	62.6	2.5	13.5	6.9	0.5	8.8	5.6	–0.5
China, Hong Kong SAR † Chine, Hong–Kong RAS †	1986	189159	20.2	19.3[4]	15.0	11.5	5.9[8]	7.1	8.9	12.1
	1993	514239	14.3	22.5[4]	14.6	12.2	5.7[8]	9.3	8.9	12.7
	1994	590991	13.6	21.6[4]	15.3	11.2	6.3[8]	9.1	9.7	13.1
Colombia Colombie	1986	4479000	36.8	6.1	11.8	5.7	6.3	14.2	5.8	13.4
	1991	17348000	34.6	4.5	10.5	5.8	6.2	18.0	5.7	14.7
	1992	23183000	34.2	4.5	10.0	5.7	6.4	18.5	5.4	15.3
Cyprus Chypre	1986	979[10]	36.5	13.4	11.2	13.9	3.7	20.2	9.1	–6.7
	1993	1930[10]	35.8	12.6	10.4	14.6	4.9	19.9	11.4	–8.6
	1994	2134[10]	34.8	12.4	10.0	14.8	5.2	20.0	11.8	–7.8
Denmark Danemark	1986	366747	22.3	6.0	24.6	6.8	1.6	17.6	9.7	11.4
	1993	458808	20.6	5.1	28.5	6.0	2.2	15.3	10.3	12.0
	1994	497775	19.7	5.2	27.1	6.0	2.0	17.5	10.1	12.4
Ecuador Equateur	1986	925775	37.6	11.3	6.8	7.3	4.1	12.3[3]	...	20.6
	1992	13147000	38.7	9.5	5.1	7.2	4.5	12.7[3]	...	22.4
	1993	19374000	37.8	9.2	5.2	6.6	4.6	13.9[3]	...	22.6
Fiji Fidji	1986	873	32.2	5.7	14.3	8.5	1.8	12.7	4.2	20.5
	1990	1366	29.5	7.7	12.2	7.2	1.9	11.3	3.7	26.4
	1991	1484	29.6	7.5	12.5	7.5	1.9	11.1	3.4	26.5
Finland Finlande	1986	194007	24.9	5.4	17.7	6.7	3.8	15.5	8.9	16.9
	1993	275252	21.9	4.4	23.6	5.5	5.1	13.7	9.1	16.7
	1994	283995	21.4	4.3	23.9	5.6	5.2	14.2	9.3	16.1
France France	1986	3062808	20.4	7.1[4]	18.7	8.3	8.8	16.4	7.2	13.1
	1992	4208390	18.6	6.2[4]	20.3	7.6	10.0	16.3	7.5	13.5
	1993	4310136	18.5	6.0[4]	21.1	7.5	10.3	15.9	7.5	13.2
Germany † Allemagne †	1986	1066430	22.2[5]	8.3	21.1	8.5	3.2	15.0[3]	9.8	11.9
	1993	1591580	19.5[5]	7.7	21.2	9.2	3.6	16.1[3]	9.9	12.9
	1994	1646340	19.0[5]	7.3	22.0	8.9	3.7	15.9[3]	9.7	13.5
Greece Grèce	1986	3718862	40.7	9.4	11.3	8.7	3.9	14.9	6.2	4.8
	1993	12147952	37.9	8.0	14.1	7.7	4.4	15.3	5.5	7.1
	1994	13662218	39.0	7.5	14.2	7.6	4.8	14.0	5.5	7.3

27
Private final consumption expenditure by type and purpose at current prices
Percentage distribution *[cont.]*
Consommation finale privée par catégorie de dépenses et par fonction aux prix courants
Répartition en pourcentage *[suite]*

Per cent − Pourcentage

Country or area Pays ou zone	Year Année	Private final consump. exp. Consommation finale privée (M. nat.curr.)	Food, beverages, & tobacco Alimentation boissons et tabac	Clothing/ footwear Articles d'habillement et chaussures	Gross rent fuel and power Loyers bruts, chauffuge et éclairage	Furniture household equip. and operation Muebles articles de ménager et dépenses d'entretien courant de la maison	Medical and health expenses Soins med. et dépenses de santé	Transport and communication Transports et communication	Recreation entertainment and education services Loisirs, spectacles et enseignement	Other functions Autres fonctions
Honduras	1984	5026	42.7	8.6	21.2	7.8	6.6	2.8	2.3	2.4
Honduras	1985	5412	42.0	8.5	20.9	7.7	6.5	2.8	2.2	2.3
	1986	5606	43.6	8.8	21.7	8.0	6.8	2.9	2.3	2.6
Hungary	1986	592144	46.9[5]	9.8	9.2	9.1	0.7	10.3	7.2	5.4
Hungary	#1993	2117774	36.4	6.6	16.5	7.7	1.7	15.1	6.9	9.1
	1994	2533386	36.2	6.3	16.5	7.5	1.9	14.3	7.3	10.0
Iceland	1986	99196	23.2	9.5	18.1	9.8	1.7	16.1	8.3	13.3
Islande	1993	248952	24.8	7.3	18.2	7.3	2.2	13.9	10.5	15.8
	1994	257461	23.7	7.6	18.3	7.7	2.2	13.7	11.0	15.8
India [6]	1986	1985990	54.6	11.5	12.1	4.4	2.7	8.4	3.2	3.2
Inde [6]	1993	4893970	54.3	10.0	9.8	4.0	2.2	12.5	3.4	3.8
	1994	5633350	53.9	10.4	9.3	4.2	2.3	12.6	3.4	3.9
Iran, Islamic Republic of [7]	1986	10439000	46.3[5]	8.2	25.3	5.3	3.6	5.9	1.5	3.9
Iran, Rép. islamique d' [7]	1989	18448000	46.5[5]	12.0	23.4	5.5	3.4	4.6	1.4	3.1
	1990	24071000	42.4[5]	11.7	24.8	6.4	3.8	5.0	1.7	4.2
Ireland	#1986	12138	37.0	7.3	13.7	7.1	3.7	12.8	10.4	8.0
Irlande	1993	18136	35.9	7.0	12.5	7.0	4.2	13.4	12.1	7.8
	1994	19438	35.2	6.7	12.2	6.6	4.1	13.9	11.9	9.5
Israel	1986	27800	27.4	7.0	19.4	11.3	5.6	11.7	7.1	10.4
Israël	1993	115787	22.9	5.4	23.0	10.1	7.1	13.1	8.0	10.5
	1994	140953	22.5	5.3	23.4	9.6	7.2	12.8	8.2	11.0
Italy	1986	551868000	24.3	10.3	14.7	9.2	5.6	12.5	8.7	14.7
Italie	1993	960488000	20.3	9.2	17.1	9.2	7.2	11.7	8.8	16.5
	1994	1015544000	19.9	9.2	17.7	9.4	7.0	12.0	8.9	15.8
Jamaica	1986	8497	52.6	5.4	15.2	6.8	3.2	16.7	3.0	-3.0
Jamaïque	1987	9849	52.1	6.0	14.5	6.9	3.4	15.8	2.9	-1.4
	1988	11388	49.6	5.8	13.1	6.8	3.5	15.3	2.8	3.2
Japan	1986	196711800	21.2	6.7	18.4	5.8	10.3	9.8	10.4	17.4
Japon	1993	278703600	17.8	5.8	20.7	5.3	9.8	11.2	12.7	16.8
	1994	285785700	17.6	5.4	21.4	5.0	10.1	10.9	12.6	17.0
Jordan	1984	1375	41.6	6.1	6.7	5.1	4.2	6.0	6.4	24.0
Jordanie	1985	1415	40.3	5.7	6.5	4.8	4.1	5.9	6.4	26.3
	1986	1238	40.7	5.6	6.5	4.9	4.1	5.9	6.4	25.9
Kenya										
Kenya	1980	1606	49.3	7.7	12.6	9.4	2.2	8.4	4.1	6.2
Korea, Republic of	1986	52286000	38.9	5.1	11.1	5.6	6.4	10.2	11.3	11.4
Corée, République de	1991	109655000	34.7	4.4	11.1	6.0	7.3	10.9	11.2	14.4
	1992	123746000	33.6	4.2	11.3	5.8	7.3	11.3	11.3	15.2
Luxembourg	1986	126180	23.4	6.9	21.2	9.8	7.3	16.9	3.9	10.6
Luxembourg	1990	166543	19.9	6.3	20.3	11.1	7.7	18.0	4.5	12.3
	1991	182597	19.1	6.0	20.4	11.1	7.6	19.7	4.3	11.8
Malaysia										
Malaisie	1983	36458	31.7	4.2	10.0	7.5	2.5	20.3	11.3	12.5
Malta	1986	343	41.0	10.6	7.0	10.3	4.3	17.5	7.3	2.1
Malte	1992	531	38.3	8.4	7.3	11.9	4.2	21.4	8.7	-0.1
	1993	561	39.9	9.1	7.2	12.5	4.3	20.6	9.5	-3.0
Mexico	1986	54209	39.6	9.0	8.1	13.2	3.8	9.4	5.5	11.3
Mexique	1992	735865	33.7	7.1	12.8	10.4	4.2	12.2	5.2	14.4
	1993	805684	33.2	6.6	13.2	10.0	4.3	12.2	5.6	14.8
Netherlands	1986	260230	16.2	7.3	18.4	6.6	12.4	12.4	9.7	16.9
Pays−Bas	1993	351980	14.6	6.7	18.8	6.8	13.0	12.4	10.0	17.7
	1994	368050	14.4	6.2	19.2	6.5	12.7	12.8	9.9	18.3

213 National accounts and industrial production   Comptabilités nationales et production industrielle

27
Private final consumption expenditure by type and purpose at current prices
Percentage distribution *[cont.]*
   Consommation finale privée par catégorie de dépenses et par fonction aux prix courants
   Répartition en pourcentage *[suite]*

Per cent – Pourcentage

Country or area Pays ou zone	Year Année	Private final consump. exp. Consommation finale privée (M. nat.curr.)	Food, beverages, & tobacco Alimentation boissons et tabac	Clothing/ footwear Articles d'habillement et chaussures	Gross rent fuel and power Loyers bruts, chauffage et éclairage	Furniture household equip. and operation Muebles articles de ménager et dépenses d'entretien courant de la maison	Medical and health expenses Soins med. et dépenses de santé	Transport and communication Transports et communication	Recreation entertainment and education services Loisirs, spectacles et enseignement	Other functions Autres fonctions
New Zealand [6]	1986	32961	18.5	5.9	16.8	12.3	5.2	16.7	8.6	16.1
Nouvelle–Zélande [6]	1993	48743	18.1	4.7	22.5	8.8	7.3	13.4	8.9	16.3
	1994	52006	17.5	4.7	22.4	9.0	7.1	13.7	9.0	16.6
Norway	1986	278909	24.6	7.7	16.1	7.8	3.7	16.9	8.6	14.8
Norvège	1990	336065	25.3	6.8	19.1	6.9	4.7	13.1	8.9	15.2
	1991	349705	25.4	6.8	19.4	6.7	5.2	12.4	9.1	14.9
Papua New Guinea	1981	1104	...	...	...	...	...	...	...	0.7
Papua New Guinea	1982	1118	...	...	...	...	...	...	...	0.6
	1983	1245	...	...	...	...	...	...	...	0.5
Peru	1986	255[11]	38.1	9.3	1.8	12.4	3.9	7.4	9.0	18.0
Pérou	1989	79	32.9	10.1	1.3	10.1	5.1	5.1	12.7	21.5
	1990	4768	31.0	9.0	1.1	10.6	7.4	7.9	13.9	19.2
Philippines	1986	444529	58.6	3.9	3.5	13.5	...	4.7	...	15.7
Philippines	1994	1258750	57.4	3.5	4.1	13.8	...	4.3	...	16.8
	1995	1411904	57.5	3.3	4.0	14.0	...	4.1	...	17.0
Portugal	# 1986	3241525	35.5	10.9	6.8	8.9	5.1	15.4	5.8	11.9
Portugal	1988	4437451	33.3	10.0	7.1	8.9	5.2	17.5	6.1	11.7
	1989	5140404	34.1	10.0	7.3	9.0	5.1	16.5	6.5	11.5
Puerto Rico [1]	1986	16795	26.4	8.6	15.2	7.8	6.8	15.0	6.5	13.7
Porto Rico [1]	1993	24082	21.6	7.5	15.0	7.1	9.8	15.0	7.4	16.5
	1994	25519	20.4	7.7	15.0	7.2	10.1	15.7	7.2	16.7
Sierra Leone [1]	1984	4002	63.7	3.9	14.9	3.3	0.9	8.0	2.2	3.0
Sierra Leone [1]	1985	6238	64.5	3.0	14.9	2.7	0.9	6.9	1.8	5.2
	1986	16267	66.7	2.7	13.9	2.2	1.1	8.1	1.4	4.0
Singapore	1986	18405	27.4	9.0	14.1	11.1	4.9	14.6	15.0	4.0
Singapour	1994	46288	16.7	6.5	13.5	8.5	4.7	22.0	16.5	11.6
	1995	49152	16.3	6.1	13.4	8.7	4.8	21.3	16.1	13.4
South Africa	1986	78211	35.7	7.0	12.2	10.3	4.2	15.9[8]	5.6	9.0
Afrique du Sud	1994	259743	36.3	7.3	10.2	8.7	5.9	16.5[8]	5.9	9.3
	1995	294895	35.8	7.3	10.3	8.6	5.9	17.7[8]	5.7	8.8
Spain	1986	20437700	26.4	9.5	14.6	7.2	3.7	14.7	7.2	16.7
Espagne	1993	38457800	21.0	8.5	13.7	6.8	4.9	16.1	6.9	22.1
	1994	40659500	21.1	8.3	13.8	6.6	5.0	16.6	6.9	21.7
Sri Lanka	1986	130728	53.0	7.0	5.4	4.4	2.0	15.3	4.1	8.9
Sri Lanka	1993	363580	55.7	6.4	4.0	4.5	1.6	14.8	3.1	10.0
	1994	420298	56.5	6.6	4.1	5.1	1.7	14.2	3.0	8.7
Sudan [1]	1981	5431	62.3	5.5	15.7	4.6	5.2	2.3	1.1	3.3
Soudan [1]	1982	7957	59.9	7.5	15.2	5.6	5.3	2.5	1.1	2.9
	1983	9465	64.2	5.3	15.1	5.4	4.1	1.5	0.7	3.7
Sweden	1986	487328	22.9	7.4	24.7	6.1	2.5	15.7	9.8	11.1
Suède	1993	796370	19.1	5.6	31.6	5.2	3.4	15.5	9.0	10.6
	1994	827850	19.2	5.3	31.5	5.0	3.5	16.0	9.0	10.4
Switzerland	1986	145405	27.6	4.6	18.6	5.1	8.9	10.9	9.6[5]	14.6
Suisse	1993	203800	24.6	3.7	19.9	4.3	11.1	11.1	9.5[5]	15.7
	1994	207835	24.4	3.5	19.6	4.3	11.6	11.3	9.6[5]	15.8
Thailand	1986	695784	37.6	11.6	11.7	8.2	7.0	11.2	4.8	8.1
Thaïlande	1993	1740597	29.5	12.9	8.2	10.6	7.8	15.8	4.9	10.4
	1994	1977996	29.0	13.1	7.9	10.4	7.5	15.3	5.1	11.6
United Kingdom	1986	239956	23.5	6.9	19.7	6.6	1.3	16.7	9.2	16.1
Royaume–Uni	1993	403119	20.1	5.8	19.1	6.4	1.6	16.7	10.0	20.2
	1994	425494	19.8	5.8	19.1	6.4	1.7	17.0	10.0	20.2
United States	1986	2764716	13.2	6.3	19.1	6.3	14.3	15.7	9.3	15.8
Etats–Unis	1992	3996900	11.9	6.1	18.4	5.8	17.6	13.9	10.3	16.0
	1993	4235900	11.5	6.0	18.2	5.9	18.0	14.1	10.4	16.0

27
Private final consumption expenditure by type and purpose at current prices
Percentage distribution [cont.]
Consommation finale privée par catégorie de dépenses et par fonction aux prix courants
Répartition en pourcentage [suite]

Per cent – Pourcentage

Country or area / Pays ou zone	Year / Année	Private final consump. exp. Consommation finale privée (M. nai.curr.)	Food, beverages, & tobacco Alimentation boissons et tabac	Clothing/footwear Articles d'habillement et chaussures	Gross rent fuel and power Loyers bruts, chauffage et éclairage	Furniture household equip. and operation Muebles articles de ménager et dépenses d'entretien courant de la maison	Medical and health expenses Soins med. et dépenses de santé	Transport and communication Transports et communication	Recreation entertainment and education services Loisirs, spectacles et enseignement	Other functions Autres fonctions
Vanuatu	1986	7406	48.4	6.1	8.4	2.8	...	18.9	...	9.3
Vanuatu	1988	9562	46.6	5.5	7.4	2.7	...	22.5	...	9.1
	1989	10545	46.0	4.9	7.9	2.8	...	22.9	...	8.9
Venezuela	1986	337106	32.3	10.1	13.6	3.6	2.4	7.1	3.2	27.7
Venezuela	1993	3977375	38.6	6.0	8.5	4.3	2.4	8.0	2.3	29.8
	1994	6202162	39.8	5.3	8.3	4.5	2.6	7.6	2.3	29.6
Zimbabwe	1985	3894	34.6	11.4	16.9	7.7	4.2	1.9[9]	6.5	17.0[9]
Zimbabwe	1986	4521	31.8	10.6	15.5	11.6	5.2	1.3[9]	5.8	18.2[9]
	1987	4387	29.7	10.2	15.1	12.7	7.0	1.0[9]	6.5	17.8[9]

Source:
National accounts database of the Statistics Division of the United Nations Secretariat.

† For information on recent changes in country or area nomenclature pertaining to former Czechoslovakia, Germany, Hong Kong Special Administrative Region (SAR) of China, SFR Yugoslavia and former USSR, see Annex I – Country or area nomenclature, regional and other groupings.

1 Fiscal year beginning 1 July.
2 Including drapery.
3 Including fuel.
4 Including personal effects.
5 Including expenditures in restaurants, cafes and hotels (Germany: excluding hotels).
6 Fiscal year beginning 1 April.
7 Fiscal year beginning 21 March.
8 Including packaged tours.
9 Including personal transport equipment only. Communication is included in "Other functions".
10 Including changes in stocks.
11 Thousand.

Source:
Base de données sur les comptes nationaux de la Division de statistique du Secrétariat de l'ONU.

† Pour les modifications récentes de nomenclature de pays ou de zone concernant l'Allemagne, Hong–kong (Région administrative spéciale de Chine), l'ex–Tchécoslovaquie, l'ex–URSS et l'ex–Rfs de Yougoslavie, voir annexe I – Nomenclature des pays ou des zones, groupements régionaux et autres groupments.

1 L'année fiscale commençant le 1er juillet.
2 Y compris les tissus d'ameublement.
3 Y compris le carburant.
4 Y compris les effets personnels.
5 Y compris les dépenses faites dans les restaurants, les cafés et hôtels (Allemagne : hôtels exclus).
6 L'année fiscale commençant le 1er avril.
7 L'année fiscale commençant le 21er mars.
8 Voyages organisés compris.
9 Y compris seulement le matériel de transport individuel. Les communications sont incluses dans "les autres fonctions".
10 Y compris variations des stocks.
11 Milliers.

28
Index numbers of industrial production
Indices de la production industrielle
1980=100

Country or area and industry [SITC] Pays ou zone et industrie [CITI]	1986	1987	1988	1989	1990	1991	1992	1993	1994	1995
Africa · Afrique										
Algeria Algérie										
Total industry [2-4]										
Total, industrie [2-4]	**164**	**166**	**165**	**162**	**165**	**160**	**154**	**153**	**143**	**142**
Total mining [2]										
Total, industries extractives [2]	**132**	**128**	**122**	**124**	**126**	**114**	**118**	**105**	**102**	**101**
Total manufacturing [3]										
Total, industries manufacturières [3]	**189**	**186**	**181**	**172**	**173**	**164**	**154**	**152**	**138**	**136**
Food, beverages, tobacco										
Aliments, boissons, tabac	160	165	168	171	173	171	162	172	165	152
Textiles										
Textiles	162	154	138	140	147	143	149	140	117	102
Petroleum products										
Produits pétroliers	206	200	207	206	213	213	216	210	194	204
Non-metallic mineral products										
Produits minéraux non métalliques	147	155	158	153	151	150	157	148	132	137
Electricity [4]										
Electricité [4]	**186**	**199**	**216**	**226**	**239**	**259**	**273**	**293**	**300**	**299**
Côte d'Ivoire Côte d'Ivoire										
Total industry [2-4]										
Total, industrie [2-4]	**120**	**120**	**116**	**114**	**108**	**105**	**104**	**106**	**110**	**120**
Total mining [2]										
Total, industries extractives [2]	**103**	**88**	**56**	**14**	**12**	**10**	**8**	**3**	**3**	**37**
Total manufacturing [3]										
Total, industries manufacturières [3]	**123**	**121**	**118**	**115**	**124**	**121**	**121**	**121**	**123**	**125**
Food, beverages, tobacco										
Aliments, boissons, tabac	129	129	122	132	123	130	161	189	165	136
Textiles and clothing										
Textiles, habillement	120	126	140	145	118	112	109	114	116	153
Chemicals and petroleum										
Produits chimiques et pétrole	112	117	129	117	119	116	114	114	132	127
Metal products										
Produits métalliques	124	94	87	89	71	61	65	60	64	68
Electricity and water [4]										
Electricité et eau [4]	**120**	**124**	**136**	**133**	**122**	**114**	**118**	**134**	**142**	**170**
Egypt [1] Egypte [1]										
Total industry [2-4]										
Total, industrie [2-4]	**139**	**144**	**146**	**142**	**136**	**144**	**137**	**141**	**143**	**144**
Total mining [2]										
Total, industries extractives [2]	**142**	**142**	**145**	**141**	**143**	**146**	**150**	**154**	**155**	**152**
Total manufacturing [3]										
Total, industries manufacturières [3]	**136**	**142**	**143**	**139**	**130**	**138**	**126**	**129**	**132**	**132**
Food, beverages, tobacco										
Aliments, boissons, tabac	237	203	197	233	185	187	190	227	240	252
Textiles										
Textiles	149	130	108	112	114	122	112	105	105	109
Chemicals, coal, petroleum products										
Produits chimiques, houillers, pétroliers	143	184	185	169	171	180	165	165	169	160
Basic metals										
Métaux de base	148	169	169	182	179	201	162	160	174	184
Metal products										
Produits métalliques	179	185	190	182	162	158	142	142	148	152
Electricity [4]										
Electricité [4]	**167**	**178**	**198**	**189**	**190**	**222**	**227**	**234**	**241**	**246**
Ethiopia [2] Ethiopie [2]										
Total manufacturing [3]										
Total, industries manufacturières [3]	**152**	**157**	**151**	**142**	**103**	...	...	...	...	...
Food, beverages, tobacco										
Aliments, boissons, tabac	167	170	166	151	122	...	...	...	...	...

28
Index numbers of industrial production [cont.]
Indices de la production industrielle [suite]
1980=100

Country or area and industry [SITC] Pays ou zone et industrie [CITI]	1986	1987	1988	1989	1990	1991	1992	1993	1994	1995
Textiles										
Textiles	127	135	115	124	78	...	...	...	...	...
Chemicals										
Produits chimiques	238	188	152	122	62	...	...	...	...	...
Metal products										
Produits métalliques	139	144	108	92	57	...	...	...	...	...
Ghana Ghana										
Total industry [2-4]										
Total, industrie [2-4]	**83**	**87**	**94**	**103**	**111**	...	...	...	...	...
Total mining [2]										
Total, industries extractives [2]	**82**	**88**	**94**	**114**	**134**	...	...	...	...	...
Total manufacturing [3]										
Total, industries manufacturières [3]	**79**	**82**	**90**	**101**	**106**	...	...	...	...	...
Food, beverages, tobacco										
Aliments, boissons, tabac	82	94	101	94	101	...	...	...	...	...
Chemical and rubber products										
Produits chimiques ou en caoutchouc	110	150	194	177	166	...	...	...	...	...
Non-metallic mineral products										
Produits minéraux non métalliques	91	95	141	192	225	...	...	...	...	...
Electricity [4]										
Electricité [4]	**153**	**160**	**161**	**99**	**109**	...	...	...	...	...
Kenya Kenya										
Total mining [2]										
Total, industries extractives [2]	**169**	**210**	**234**	**297**	**283**	**271**	**248**	**293**	**271**	**284**
Total manufacturing [3]										
Total, industries manufacturières [3]	**128**	**135**	**143**	**151**	**159**	**164**	**166**	**169**	**172**	**178**
Food, beverages, tobacco										
Aliments, boissons, tabac	130	143	151	151	155	157	159	159	156	176
Textiles										
Textiles	116	119	122	122	126	136	136	156	116	85
Chemicals, coal, petroleum products										
Produits chimiques, houillers, pétroliers	130	140	156	156	178	227	216	213	202	216
Metal products										
Produits métalliques	92	94	106	106	113	139	130	119	127	132
Malawi Malawi										
Total industry[2-4]										
Total, industrie [2-4]	**105**	**101**	**107**	**116**	**132**	**139**	**137**	**129**	**123**	**125**
Total manufacturing [3]										
Total, industries manufacturières [3]	**102**	**95**	**102**	**110**	**126**	**132**	**128**	**119**	**111**	**113**
Food, beverages, tobacco										
Aliments, boissons, tabac	149	151	148	176	189	174	185	188	191	182
Textiles [3]										
Textiles [3]	115	104	108	112	129	193	168	133	121	95
Electricity and water [4]										
Electricité et eau [4]	**132**	**144**	**146**	**157**	**175**	**185**	**197**	**200**	**212**	**211**
Morocco Maroc										
Total industry [2-4][4]										
Total, industrie [2-4][4]	**120**	**122**	**135**	**125**	**139**	**135**	**140**	**139**	**147**	**149**
Total mining [2][5]										
Total, industries extractives [2][5]	**118**	**117**	**134**	**101**	**118**	**103**	**108**	**106**	**115**	**114**
Total manufacturing [3][6]										
Total, industries manufacturières [3][6]	**121**	**124**	**135**	**137**	**149**	**152**	**155**	**154**	**161**	**166**
Food, beverages, tobacco										
Aliments, boissons, tabac	110	95	101	100	102	107	107	115	120	120
Textiles										
Textiles	128	143	152	151	157	162	167	161	152	155
Chemicals and petroleum products										
Produits chimiques et pétroliers	122	109	119	119	125	121	132	133	145	152
Basic metals										
Métaux de base	67	124	146	169	167	178	172	167	174	202
Metal products										
Produits métalliques	77	97	101	110	117	122	121	115	117	120

28
Index numbers of industrial production [*cont.*]
Indices de la production industrielle [*suite*]
1980=100

Country or area and industry [SITC] Pays ou zone et industrie [CITI]	1986	1987	1988	1989	1990	1991	1992	1993	1994	1995
Electricity and water [4] [7]										
Electricité et eau [4] [7]	121	125	135	144	153	148	162	165	178	178
Nigeria Nigéria										
Total industry [2−4]										
Total, industrie [2−4]	107	127	133	152	159	169	166	158	150	157
Total mining [2]										
Total, industries extractives [2]	116	112	119	136	144	150	150	151	146	156
Total manufacturing [3]										
Total, industries manufacturières [3]	109	182	188	215	227	248	236	202	184	189
Electricity [4]										
Electricité [4]	158	160	169	223	168	169	188	192	196	203
Senegal Sénégal										
Total industry [2−4]										
Total, industrie [2−4]	106	118	124	112	118	102	110	104	105	109
Total mining [2]										
Total, industries extractives [2]	130	115	149	147	130	100	133	103	97	96
Total manufacturing [3] [4]										
Total, manufactures [3] [4]	101	117	119	105	115	101	104	102	104	109
Food, beverages, tobacco										
Aliments, boissons, tabac	73	114	145	130	135	82	112	110	123	143
Textiles										
Textiles	91	124	140	73	89	80	81	72	75	62
Chemicals, coal, petroleum products [8]										
Produits chimiques, houillers, pétroliers [8]	83	98	95	80	94	106	98	99	86	114
Electricity and water [4]										
Electricité et eau [4]	128	148	144	140	139	140	157	151	154	163
South Africa Afrique du Sud										
Total industry[2−4] [4]										
Total, industrie [2−4] [4]	105	105	108	109	109	107	106	107	108	112
Total mining [2]										
Total, industries extractives [2]	101	97	100	99	98	97	98	100	99	98
Total manufacturing [3]										
Total, industries manufacturières [3]	104	108	110	112	112	108	105	104	107	115
Food, beverages, tobacco										
Aliments, boissons, tabac	118	115	117	121	131	129	130	124	121	123
Textiles										
Textiles	94	88	87	86	78	75	72	74	77	78
Chemicals										
Produits chimiques	106	105	113	117	118	116	113	113	116	123
Basic metals										
Métaux de base	89	88	100	106	99	89	82	81	86	101
Metal products										
Produits métalliques	91	92	100	102	102	96	93	91	93	100
Electricity[4]										
Electricité[4]	136	141	146	152	155	157	157	163	170	174
Tunisia Tunisie										
Total industry [2−4] [4]										
Total, industrie [2−4] [4]	114	114	118	120	120	124	126	122	122	126
Total mining [2] [9]										
Total, industries extractives [2] [9]	98	106	107	117	108	108	103	88	96	120
Total manufacturing [3] [10]										
Total, industries manufacturières [3] [10]	123	125	134	136	142	139	142	144	147	152
Food, beverages, tobacco										
Aliments, boissons, tabac	132	133	143	144	147	150	157	157	164	165
Textiles										
Textiles	112	127	134	134	128	112	115	121	125	148
Chemicals and petroleum products										
Produits chimiques et pétroliers	127	134	150	157	163	166	165	168	183	193
Basic metals										
Métaux de base	112	107	107	105	108	111	107	105	105	104
Metal products										
Produits métalliques	103	94	101	109	125	125	120	118	109	105

28
Index numbers of industrial production [cont.]
Indices de la production industrielle [suite]
1980=100

Country or area and industry [SITC] Pays ou zone et industrie [CITI]	1986	1987	1988	1989	1990	1991	1992	1993	1994	1995
Electricity and water [4] [11] Electricité et eau [4] [11]	122	118	117	118	112	124	126	117	113	114
Zambia Zambie										
Total industry [2-4] Total, industrie [2-4]	97	96	97	96	96	90	96	88	77	72
Total mining [2] Total, industries extractives [2]	86	84	81	82	79	72	80	74	61	54
Total manufacturing [3] Total, manufactures [3]	113	117	123	122	125	118	126	112	101	96
Food, beverages, tobacco Aliments, boissons, tabac	100	104	113	108	127	131	164	158	154	154
Textiles and clothing Textiles, habillement	133	114	147	156	167	139	135	95	90	79
Basic metals Métaux de base	90	92	92	67	50	50	57	59	56	54
Electricity and water [4] Electricité et eau [4]	106	91	91	73	84	94	82	85	88	88
Zimbabwe Zimbabwe										
Total industry [2-4] [4] Total, industrie [2-4] [4]	113	118	122	129	134	137	127	118	129	118
Total mining [2] Total, industries extractives [2]	99	103	102	107	108	109	107	104	113	125
Total manufacturing [3] Total, manufactures [3]	115	118	124	131	139	143	130	119	131	113
Food, beverages, tobacco Aliments, boissons, tabac	112	121	124	124	138	142	144	124	128	132
Textiles Textiles	190	196	203	208	217	226	176	192	206	81
Chemicals and petroleum products Produits chimiques et pétroliers	122	119	131	146	159	159	138	129	149	134
Basic metals and metal products Métaux de base et produits métalliques	98	92	101	113	117	118	107	82	92	88
Electricity [4] Electricité [4]	132	171	177	208	202	186	180	159	175	168
America, North · Amérique du Nord										
Barbados Barbade										
Total industry [2-4] Total, industrie [2-4]	102	97	102	106	110	108	102	99	104	112
Total mining [2] Total, industries extractives [2]	156	144	135	127	134	128	142	137	141	150
Total manufacturing [3] Total, industries manufacturières [3]	93	87	93	97	101	98	90	87	92	99
Food, beverages, tobacco Aliments, boissons, tabac	89	95	93	94	104	110	105	110	116	120
Wearing apparel Habillement	77	90	93	72	60	48	31	26	16	15
Chemicals and petroleum products Produits chimiques et pétroliers	99	92	104	116	120	114	95	99	100	114
Electricity and gas [4] Electricité et gaz [4]	139	145	157	162	164	168	170	171	177	189
Belize Belize										
Total industry [2-4] [4] Total, industrie [2-4] [4]	100	107	108	119	131	133	142	151	157	165
Total mining [2] Total, industries extractives [2]	110	111	113	114	116	118	120	121	121	124
Total manufacturing [3] Total, industries manufacturières [3]	96	103	102	114	125	125	134	141	147	154
Food, beverages, tobacco Aliments, boissons, tabac	90	81	81	90	101	104	104	109	115	114
Electricity, gas and water [4] Electricité, gaz et eau [4]	146	156	172	184	206	225	245	271	288	298

28
Index numbers of industrial production [cont.]
Indices de la production industrielle [suite]
1980=100

Country or area and industry [SITC] Pays ou zone et industrie [CITI]	1986	1987	1988	1989	1990	1991	1992	1993	1994	1995
Canada Canada										
Total industry [2-4]										
Total, industrie [2-4]	**115**	**120**	**125**	**128**	**128**	**126**	**127**	**130**	**135**	**138**
Total mining [2]										
Total, industries extractives [2]	**113**	**123**	**134**	**131**	**130**	**132**	**136**	**140**	**145**	**154**
Total manufacturing [3]										
Total, industries manufacturières [3]	**113**	**118**	**124**	**126**	**121**	**112**	**114**	**119**	**128**	**133**
Food, beverages, tobacco										
Aliments, boissons, tabac	104	105	106	103	103	103	106	107	111	111
Textiles										
Textiles	115	116	117	116	109	104	104	108	121	120
Paper and paper products										
Papier, produits en papier	102	108	109	104	101	97	97	100	105	106
Chemicals, coal, petroleum products										
Produits chimiques, houillers, pétroliers	116	125	133	139	141	128	134	140	147	150
Basic metals										
Métaux de base	107	119	125	121	114	115	118	130	132	134
Metal products										
Produits métalliques	120	125	138	144	138	125	126	134	154	170
Electricity, gas and water [4]										
Electricité, gaz et eau [4]	**123**	**127**	**129**	**128**	**122**	**128**	**127**	**130**	**136**	**136**
Costa Rica Costa Rica										
Total industry [2-4] [4]										
Total, industrie [2-4] [4]	**110**	**116**	**117**	**121**	**124**	**126**	**138**	**146**	**156**	**158**
Total manufacturing [3]										
Total, industries manufacturières [3]	**105**	**109**	**110**	**113**	**115**	**117**	**129**	**136**	**144**	**146**
Food, beverages, tobacco										
Aliments, boissons, tabac	124	132	135	138	144	148	162	175	180	186
Textiles										
Textiles	106	110	111	111	108	89	81	71	62	54
Chemicals and petroleum products										
Produits chimiques et pétroliers	93	94	93	104	101	107	129	141	173	171
Metal products										
Produits métalliques	55	59	61	64	65	60	78	87	91	87
Electricity and water [4]										
Electricité et eau [4]	**142**	**153**	**157**	**164**	**174**	**179**	**192**	**205**	**222**	**228**
Dominican Republic [12] Rép. Dominicaine [12]										
Total industry [2-4]										
Total, industrie [2-4]	**109**	**124**	**122**	**126**	**118**	**120**	**131**	**130**	**141**	**142**
Total mining [2]										
Total, industries extractives [2]	**96**	**121**	**112**	**112**	**98**	**93**	**76**	**49**	**92**	**101**
Total manufacturing [3]										
Total, industries manufacturières [3]	**110**	**124**	**123**	**128**	**123**	**126**	**142**	**144**	**149**	**148**
Electricity, gas and water [4]										
Electricité, gaz, eau [4]	**129**	**143**	**138**	**126**	**115**	**120**	**154**	**179**	**185**	**178**
El Salvador [13] El Salvador [13]										
Total industry [2-4]										
Total, industrie [2-4]	**93**	**96**	**98**	**101**	**104**	**107**	**118**	**116**	**125**	**134**
Total mining [2]										
Total, industries extractives [2]	**103**	**103**	**128**	**128**	**128**	**140**	**148**	**163**	**181**	**194**
Total manufacturing [3]										
Total, industries manufacturières [3]	**90**	**93**	**96**	**98**	**101**	**107**	**118**	**116**	**124**	**133**
Food, beverages, tobacco										
Aliments, boissons, tabac	103	105	109	111	114	118	129	135	141	146
Textiles										
Textiles	56	59	53	57	59	61	66	60	63	66
Chemical products and petroleum										
Produits chimiques et pétroliers	94	96	96	104	106	119	136	124	130	139
Basic metals										
Métaux de base	120	122	124	122	134	137	145	141	141	157
Metal products										
Produits métalliques	68	71	72	70	74	76	83	82	92	107

28
Index numbers of industrial production [cont.]
Indices de la production industrielle [suite]
1980=100

Country or area and industry [SITC] Pays ou zone et industrie [CITI]	1986	1987	1988	1989	1990	1991	1992	1993	1994	1995
Electricity, gas and water [4]										
Electricité, gaz et eau [4]	**109**	**111**	**113**	**114**	**121**	**60**	**63**	**69**	**73**	**77**
Honduras [2] **Honduras** [2]										
Total industry [2−4]										
Total, industrie [2−4]	**119**	**123**	**132**	**138**	**140**	**143**	**151**	**160**	**157**	**168**
Total mining [2]										
Total, industries extractives [2]	**126**	**77**	**105**	**118**	**109**	**114**	**126**	**130**	**133**	**145**
Total manufacturing [3]										
Total, industries manufacturières [3]	**115**	**122**	**128**	**133**	**134**	**136**	**145**	**154**	**151**	**159**
Food, beverages, tobacco										
Aliments, boissons, tabac	130	130	148	151	193	246	284	316	358	490
Textiles										
Textiles	149	153	158	181	236	332	396	460	574	777
Chemicals										
Produits chimiques	120	120	126	145	144	208	360	405	456	647
Electricity [4]										
Electricité [4]	**158**	**185**	**208**	**217**	**246**	**248**	**250**	**269**	**250**	**286**
Mexico Méxique										
Total industry [2−4] [14]										
Total, industrie [2−4] [14]	**108**	**113**	**115**	**122**	**128**	**132**	**135**	**135**	**140**	**133**
Total mining [2]										
Total, industries extractives [2]	**126**	**131**	**131**	**131**	**136**	**137**	**139**	**139**	**142**	**140**
Total manufacturing [3]										
Total, manufactures [3]	**104**	**108**	**111**	**118**	**124**	**129**	**132**	**131**	**137**	**128**
Food, beverages, tobacco										
Aliments, boissons, tabac	117	118	117	124	128	133	135	135	134	134
Textiles [3]										
Textiles [3]	92	92	96	97	95	91	91	88	86	81
Chemicals, coal, petroleum products [8]										
Produits chimiques, houillers, pétroliers [8]	116	121	123	132	140	148	153	148	157	153
Basic metals										
Métaux de base	89	102	108	113	120	117	116	124	129	140
Metal products										
Produits métalliques	94	103	113	125	132	146	146	145	155	134
Electricity, gas and water [4]										
Electricité, gaz et eau [4]	**140**	**148**	**156**	**169**	**178**	**185**	**195**	**202**	**218**	**224**
Panama [15] **Panama** [15]										
Total industry [2−4] [14]										
Total, industrie [2−4] [14]	**120**	**127**	**104**	**108**	**118**	**126**	**136**	**146**	**152**	**157**
Total mining [2]										
Total, industries extractives [2]	**72**	**86**	**45**	**30**	**44**	**72**	**113**	**139**	**153**	**149**
Total manufacturing [3]										
Total, industries manufacturières [3]	**113**	**121**	**92**	**97**	**109**	**117**	**128**	**137**	**141**	**142**
Food, beverages, tobacco										
Aliments, boissons, tabac	103	109	95	101	106	110	116	122	128	127
Textiles										
Textiles	97	96	68	95	110	112	99	111	111	102
Non−metallic mineral products										
Produits minéraux non−métalliques	108	116	46	45	62	96	120	159	170	158
Basic metals										
Métaux de base	70	107	36	34	58	85	98	114	98	117
Metal products										
Produits métalliques	128	145	76	75	104	99	105	116	126	137
Electricity and water [4]										
Electricité et eau [4]	**141**	**146**	**142**	**143**	**147**	**153**	**159**	**172**	**183**	**190**
Trinidad and Tobago Trinité−et−Tobago										
Total industry [2−4]										
Total, industrie [2−4]	**121**	**125**	**120**	**121**	**124**	**138**	**151**	**141**	**162**	**174**
Total manufacturing [3] [4]										
Total, industries manufacturières [3] [4]	**119**	**123**	**118**	**119**	**122**	**136**	**149**	**139**	**160**	**172**
Food, beverages, tobacco										
Aliments, boissons, tabac	88	89	87	89	90	91	91	85	90	91

28
Index numbers of industrial production [cont.]
Indices de la production industrielle [suite]
1980=100

Country or area and industry [SITC] Pays ou zone et industrie [CITI]	1986	1987	1988	1989	1990	1991	1992	1993	1994	1995
Textiles										
Textiles	53	38	29	33	42	38	39	25	22	21
Chemicals and petroleum products										
Produits chimiques et pétroliers	67	70	72	70	71	69	72	70	71	72
Metal products										
Produits métalliques	64	54	50	46	45	61	66	56	68	69
Electricity [4]										
Electricité [4]	**171**	**181**	**183**	**181**	**188**	**198**	**210**	**208**	**220**	**230**
United States Etats−Unis										
Total industry [2−4]										
Total, industrie [2−4]	**110**	**116**	**121**	**123**	**123**	**120**	**124**	**128**	**135**	**139**
Total mining [2]										
Total, industries extractives [2]	**92**	**92**	**93**	**92**	**94**	**92**	**90**	**89**	**92**	**91**
Total manufacturing [3]										
Total, industries manufacturières [3]	**117**	**123**	**129**	**131**	**130**	**127**	**132**	**137**	**145**	**150**
Food, beverages, tobacco										
Aliments, boissons, tabac	113	116	118	119	121	122	124	124	128	131
Textiles										
Textiles	105	112	110	112	108	108	116	123	129	128
Paper and paper products										
Papier, produits en papier	124	131	135	138	138	139	144	150	156	158
Chemicals, coal, petroleum products										
Produits chimiques, houillers, pétroliers	115	121	127	130	133	131	135	136	140	143
Basic metals										
Métaux de base	83	90	98	97	96	89	92	97	104	106
Metal products										
Produits métalliques	118	122	132	135	134	131	139	145	164	179
Electricity and gas [4]										
Electricité et gaz [4]	**99**	**102**	**107**	**111**	**113**	**115**	**114**	**119**	**121**	**125**
America, South · Amérique du Sud										
Argentina Argentine										
Total industry [2−4] [4]										
Total, industrie [2−4] [4]	**96**	**98**	**93**	**87**	**89**	**97**	...	...	...	...
Total mining [2]										
Total, industries extractives [2]	**87**	**93**	**100**	**103**	**109**	**103**	...	...	...	...
Total manufacturing [3]										
Total, industries manufacturières [3]	**95**	**96**	**92**	**85**	**87**	**95**	**106**	**110**	**115**	**107**
Food, beverages, tobacco										
Aliments, boissons, tabac	113	114	112	110	113	125	...	...	...	...
Textiles										
Textiles	110	104	106	100	103	120	...	...	...	...
Chemicals, coal, petroleum products										
Produits chimiques, houillers, pétroliers	101	104	103	94	102	109	...	...	...	...
Basic metals										
Métaux de base	99	110	114	103	109	112	...	...	...	...
Metal products										
Produits métalliques	77	82	75	63	59	70	...	...	...	...
Electricity and gas [4]										
Electricité et gaz [4]	**129**	**136**	**126**	**120**	**131**	**134**	...	...	...	...
Bolivia [15] **Bolivie** [15]										
Total industry [2−4] [4]										
Total, industrie [2−4] [4]	**65**	**66**	**73**	**79**	**87**	**92**	**94**	**100**	**106**	**114**
Total mining [2] [16]										
Total, industries extractives [2] [16]	**42**	**43**	**62**	**73**	**85**	**86**	**88**	**92**	**93**	**106**
Total manufacturing [3]										
Total, industries manufacturières [3]	**67**	**69**	**72**	**76**	**82**	**88**	**89**	**95**	**100**	**105**
Electricity [4]										
Electricité [4]	**134**	**126**	**132**	**135**	**144**	**154**	**165**	**182**	**211**	**232**
Brazil Brésil										
Total industry [2−4]										
Total, industrie [2−4]	**110**	**111**	**107**	**110**	**100**	**98**	**94**	**101**	**109**	**111**
Total mining [2]										
Total, industries extractives [2]	**182**	**181**	**182**	**189**	**194**	**196**	**197**	**198**	**208**	**214**

28
Index numbers of industrial production [cont.]
Indices de la production industrielle [suite]
1980=100

Country or area and industry [SITC] Pays ou zone et industrie [CITI]	1986	1987	1988	1989	1990	1991	1992	1993	1994	1995
Total manufacturing [3]										
Total, manufactures [3]	**108**	**109**	**105**	**108**	**98**	**96**	**92**	**99**	**107**	**109**
Food, beverages, tobacco										
Aliments, boissons, tabac	108	114	112	115	117	124	122	124	127	137
Textiles										
Textiles	101	100	94	94	85	87	83	83	86	81
Chemicals and petroleum products										
Produits chimiques et pétroliers	123	130	126	125	115	106	106	110	118	117
Metal products [17]										
Produits métalliques [17]	107	105	103	106	92	86	81	93	108	111
Chile Chili										
Total industry [2-4] [4]										
Total, industrie [2-4] [4]	**115**	**118**	**126**	**136**	**136**	**148**	**162**	**166**	**173**	**187**
Total mining [2]										
Total, industries extractives [2]	**130**	**131**	**137**	**148**	**150**	**167**	**177**	**184**	**196**	**218**
Total manufacturing [3]										
Total, manufactures [3]	**106**	**110**	**119**	**129**	**128**	**136**	**152**	**155**	**158**	**168**
Food, beverages, tobacco										
Aliments, boissons, tabac	125	121	128	140	134	136	157	163	177	186
Textiles										
Textiles	124	130	124	126	118	130	125	120	110	114
Chemicals and petroleum products										
Produits chimiques et pétroliers	103	108	120	134	133	140	154	162	173	194
Basic metals										
Métaux de base	111	114	122	129	131	128	139	136	130	140
Metal products										
Produits métalliques	75	86	92	104	105	106	134	149	152	162
Electricity [4]										
Electricité [4]	**126**	**133**	**144**	**151**	**156**	**168**	**188**	**198**	**215**	**227**
Colombia Colombie										
Total manufacturing [3]										
Total, industries manufacturières [3]	**112**	**120**	**122**	**125**	**133**	**133**	**142**	**146**	**151**	**154**
Food, beverages, tobacco										
Aliments, boissons, tabac	116	119	118	118	130	123	130	136	135	139
Textiles										
Textiles	115	125	118	112	115	115	123	121	123	130
Chemicals, coal, petroleum products										
Produits chimiques, houillers, pétroliers	147	158	159	163	169	173	164	172	177	182
Basic metals										
Métaux de base	116	134	143	141	145	140	156	163	185	188
Metal products										
Produits métalliques	96	104	117	109	115	105	119	140	152	155
Ecuador Equateur										
Total manufacturing [3]										
Total, industries manufacturières [3]	**117**	**120**	**126**	**131**	**140**	**158**	**166**	**169**	**172**	...
Food, beverages, tobacco										
Aliments, boissons, tabac	99	102	102	105	110	121	121	119	126	...
Textiles										
Textiles	95	91	94	96	100	100	89	77	82	...
Chemicals, coal, petroleum products										
Produits chimiques, houillers, pétroliers	128	128	132	128	145	185	189	206	228	...
Basic metals										
Métaux de base	142	129	146	129	132	167	167	184	204	...
Metal products										
Produits métalliques	136	136	149	163	174	205	235	251	298	...
Paraguay Paraguay										
Total manufacturing [3]										
Total, industries manufacturières [3]	**101**	**106**	**114**	**124**	**127**	**128**	**129**	**131**	**133**	**137**
Food, beverages, tobacco										
Aliments, boissons, tabac	116	123	111	148	152	149	163	157	168	173
Textiles										
Textiles	115	95	196	215	224	230	171	171	155	172

28
Index numbers of industrial production [cont.]
Indices de la production industrielle [suite]
1980=100

Country or area and industry [SITC] Pays ou zone et industrie [CITI]	1986	1987	1988	1989	1990	1991	1992	1993	1994	1995
Chemicals, coal, petroleum products										
Produits chimiques, houillers, pétroliers	67	76	87	77	80	77	69	82	82	72
Basic metals										
Métaux de base	254	560	622	615	509	514	505	495	447	471
Metal products										
Produits métalliques	192	190	181	168	145	153	155	124	79	79
Peru Pérou										
Total manufacturing [3]										
Total, industries manufacturières [3]	**105**	**120**	**104**	**84**	**82**	**88**	**86**	**90**	**110**	**119**
Food, beverages, tobacco										
Aliments, boissons, tabac	114	132	118	94	95	101	101	101	119	125
Textiles										
Textiles	121	134	126	116	104	101	94	89	125	137
Chemicals, coal, petroleum products										
Produits chimiques, houillers, pétroliers	103	124	111	78	78	82	80	87	98	115
Basic metals										
Métaux de base	96	100	78	86	77	90	91	96	110	119
Metal products										
Produits métalliques	81	102	70	42	46	50	41	38	50	62
Uruguay Uruguay										
Total manufacturing [3]										
Total, manufactures [3]	**84**	**93**	**91**	**89**	**98**	**90**	**90**	**84**	**86**	**86**
Food, beverages, tobacco										
Aliments, boissons, tabac	96	97	101	103	103	104	110	105	111	106
Textiles										
Textiles	99	106	101	96	100	108	109	98	99	84
Chemicals, coal, petroleum products										
Produits chimiques, houillers, pétroliers	83	97	100	99	102	100	96	76	78	96
Metal products										
Produits métalliques	62	85	75	69	69	68	64	60	76	56
Asia · Asie										
Bangladesh [1] Bangladesh [1]										
Total industry [2−4]										
Total, industrie [2−4]	138	159	161	164	177	185	202	230	249	266
Total mining [2]										
Total, industries extractives [2]	212	252	295	314	338	348	379	424	450	497
Total manufacturing [3]										
Total, industries manufacturières [3]	137	157	158	160	173	180	196	227	246	261
Food, beverages, tobacco										
Aliments, boissons, tabac	124	127	129	156	175	204	192	216	241	259
Textiles										
Textiles	89	88	87	91	94	87	88	91	88	82
Basic metals										
Métaux de base	50	45	51	57	53	42	32	35	62	104
Electricity [4]										
Electricité [4]	204	237	279	322	350	374	402	417	443	491
Cyprus [15] Chypre [15]										
Total industry [2−4]										
Total, industrie [2−4]	119	131	142	147	154	156	162	151	156	159
Total mining [2]										
Total, industries extractives [2]	68	73	70	58	58	57	61	71	76	70
Total manufacturing [3]										
Total, manufactures [3]	122	133	142	148	154	156	159	143	148	149
Food, beverages, tobacco										
Aliments, boissons, tabac	125	137	146	157	168	168	178	164	174	176
Textiles										
Textiles	94	102	124	113	125	118	136	124	120	103
Chemicals										
Produits chimiques	156	166	221	234	212	201	223	217	238	239
Metal products										
Produits métalliques	123	141	157	143	141	147	157	164	165	173
Electricity, gas and water [4]										
Electricité, gaz et eau [4]	**136**	**152**	**170**	**185**	**201**	**199**	**231**	**251**	**267**	**289**

28
Index numbers of industrial production [cont.]
Indices de la production industrielle [suite]
1980=100

Country or area and industry [SITC] Pays ou zone et industrie [CITI]	1986	1987	1988	1989	1990	1991	1992	1993	1994	1995
India [18] Inde [18]										
Total industry [2-4]										
Total, industrie [2-4]	**149**	**166**	**181**	**196**	**213**	**213**	**216**	**223**	**249**	**284**
Total mining [2]										
Total, industries extractives [2]	**176**	**185**	**199**	**212**	**221**	**222**	**226**	**229**	**245**	**266**
Total manufacturing [3]										
Total, industries manufacturières [3]	**143**	**162**	**176**	**191**	**208**	**205**	**206**	**213**	**240**	**278**
Food, beverages, tobacco										
Aliments, boissons, tabac	129	129	136	137	153	160	162	156	162	187
Textiles										
Textiles	107	114	107	108	122	132	138	149	150	160
Chemicals and petroleum products										
Produits chimiques et du pétroliers	172	197	227	238	254	254	267	283	308	327
Basic metals										
Métaux de base	140	156	169	167	180	195	194	244	254	262
Metal products										
Produits métalliques	157	194	209	227	279	264	275	255	300	361
Electricity [4]										
Electricité [4]	**164**	**181**	**198**	**220**	**237**	**257**	**270**	**290**	**315**	**340**
Indonesia Indonésie										
Total industry [2-4] [4]										
Total, industrie [2-4] [4]	**106**	**111**	**116**	**130**	**137**	**151**	**147**	**168**	**186**	**201**
Total mining [2]										
Total, industries extractives [2]	**87**	**87**	**84**	**93**	**91**	**100**	**81**	**97**	**98**	**99**
Total manufacturing [3]										
Total, industries manufacturières [3]	**145**	**162**	**185**	**208**	**236**	**262**	**291**	**324**	**381**	**424**
Food, beverages, tobacco										
Aliments, boissons, tabac	132	147	168	177	204	182	186	221	276	310
Textiles										
Textiles	127	134	163	184	221	233	253	252	268	284
Chemicals										
Produits chimiques	175	163	144	174	187	184	222	282	291	269
Electricity, gas and water [4]										
Electricité, gaz et eau [4]	**268**	**310**	**348**	**418**	**496**	**547**	**615**	**682**	**773**	**894**
Iran, Islamic Rep. of Iran, Rép. islamique d'										
Total manufacturing [3] [6]										
Total, manufactures [3] [6]	**121**	**113**	**104**	**109**	**142**	**172**	**177**	**172**	**184**	**196**
Food and beverages										
Aliments et boissons	110	104	98	97	111	121	136	144	149	167
Textiles										
Textiles	135	118	105	96	103	117	123	127	138	137
Chemicals										
Produits chimiques	140	131	123	137	186	189	195	199	277	300
Non-metallic mineral products										
Produits minéraux non-métalliques	138	144	136	142	162	180	192	187	176	197
Israel [15] Israël [15]										
Total industry [2-4]										
Total, industrie [2-4]	**124**	**130**	**126**	**124**	**132**	**141**	**153**	**164**	**175**	**190**
Total mining [2]										
Total, industries extractives [2]	**118**	**126**	**115**	**118**	**125**	**136**	**142**	**155**	**168**	**185**
Total manufacturing [3]										
Total, industries manufacturières [3]	**124**	**130**	**126**	**124**	**132**	**141**	**153**	**164**	**175**	**190**
Food and beverages										
Aliments et boissons	144	161	161	157	159	161	166	179	190	207
Textiles										
Textiles	98	99	92	92	97	104	107	107	116	124
Chemicals and petroleum products										
Produits chimiques et du pétroliers	131	146	148	156	163	170	188	206	228	236
Basic metals										
Métaux de base	83	86	90	85	106	118	124	129	148	177
Metal products										
Produits métalliques	111	122	118	114	120	128	138	145	154	167

28
Index numbers of industrial production [cont.]
Indices de la production industrielle [suite]
1980=100

Country or area and industry [SITC] Pays ou zone et industrie [CITI]	1986	1987	1988	1989	1990	1991	1992	1993	1994	1995
Japan [15] Japon [15]										
Total industry [2–4]										
Total, industrie [2–4]	**118**	**122**	**134**	**142**	**148**	**150**	**141**	**134**	**136**	**140**
Total mining [2]										
Total, industries extractives [2]	**94**	**86**	**82**	**79**	**75**	**77**	**76**	**75**	**74**	**71**
Total manufacturing [3]										
Total, manufactures [3]	**118**	**122**	**134**	**142**	**148**	**150**	**141**	**135**	**136**	**140**
Food and beverages										
Aliments et boissons	102	103	106	108	108	109	109	108	108	105
Textiles										
Textiles	94	92	93	92	90	88	85	76	73	69
Chemicals and petroleum products										
Produits chimiques et du pétroliers	107	111	120	127	134	136	136	134	140	146
Basic metals										
Métaux de base	96	100	108	111	115	116	107	104	104	105
Metal products										
Produits métalliques	143	149	169	182	193	200	181	172	177	189
Electricity and gas [4]										
Électricité et gaz [4]	**120**	**126**	**132**	**139**	**149**	**155**	**158**	**159**	**169**	**173**
Jordan Jordanie										
Total industry [2–4]										
Total, industrie [2–4]	**157**	**172**	**158**	**166**	**169**	**158**	**179**	**193**	**204**	**212**
Total mining [2] [19]										
Total, industries extractives [2] [19]	**160**	**175**	**144**	**170**	**149**	**132**	**128**	**129**	**139**	**161**
Total manufacturing [3]										
Total, industries manufacturières [3]	**150**	**168**	**152**	**160**	**164**	**156**	**181**	**197**	**208**	**212**
Food and beverages										
Aliments et boissons	80	84	95	93	98	94	133	137	135	168
Textiles										
Textiles	132	149	156	133	142	123	106	117	114	97
Chemicals and petroleum products										
Produits chimiques et du pétroliers	139	145	135	154	165	149	162	156	156	158
Basic metals										
Métaux de base	162	172	152	138	137	153	183	144	122	133
Korea, Rep. of [15] Corée, Rép. de [15]										
Total industry [2–4]										
Total, industrie [2–4]	**199**	**238**	**269**	**278**	**302**	**331**	**350**	**366**	**406**	**455**
Total mining [2]										
Total, industries extractives [2]	**124**	**126**	**126**	**112**	**102**	**102**	**88**	**82**	**80**	**75**
Total manufacturing [3]										
Total, industries manufacturières [3]	**205**	**246**	**279**	**288**	**314**	**344**	**364**	**380**	**421**	**472**
Food, beverages, tobacco										
Aliments, boissons, tabac	164	183	205	219	232	251	257	261	282	283
Textiles										
Textiles	149	166	171	166	165	162	156	142	142	138
Chemicals and petroleum products										
Produits chimiques et du pétroliers	164	192	237	259	295	350	421	464	497	537
Basic metals										
Métaux de base	210	239	259	282	316	350	366	407	441	485
Metal products										
Produits métalliques	342	429	504	497	571	628	665	685	776	908
Electricity and gas [4]										
Électricité et gaz [4]	**174**	**198**	**230**	**254**	**289**	**322**	**360**	**401**	**464**	**526**
Malaysia [15] Malaisie [15]										
Total industry [2–4]										
Total, industrie [2–4]	**152**	**164**	**188**	**210**	**236**	**262**	**284**	**312**	**351**	**396**
Total mining [2]										
Total, industries extractives [2]	**189**	**194**	**218**	**235**	**247**	**259**	**266**	**270**	**280**	**304**
Total manufacturing [3]										
Total, manufactures [3]	**130**	**147**	**169**	**193**	**223**	**254**	**281**	**317**	**364**	**416**
Food, beverages, tobacco										
Aliments, boissons, tabac	129	136	145	164	175	170	178	190	202	212

28
Index numbers of industrial production [cont.]
Indices de la production industrielle [suite]
1980=100

Country or area and industry [SITC] Pays ou zone et industrie [CITI]	1986	1987	1988	1989	1990	1991	1992	1993	1994	1995
Textiles										
Textiles	103	118	122	147	164	173	201	263	328	366
Chemicals										
Produits chimiques	126	143	148	154	157	202	187	197	213	237
Basic metals										
Métaux de base	102	125	166	198	226	256	305	344	398	451
Metal products										
Produits métalliques	183	218	269	317	418	528	592	704	856	1075
Electricity [4]										
Electricité [4]	**157**	**169**	**188**	**210**	**239**	**270**	**308**	**346**	**394**	**449**
Mongolia [15] Mongolie [15]										
Total industry [2−4]										
Total, industrie [2−4]	**163**	**170**	**176**	**180**	**171**	**136**	**116**	**101**	**105**	**117**
Total mining [2]										
Total, industries extractives [2]	**214**	**222**	**231**	**220**	**212**	**184**	**229**	**257**	**328**	**397**
Total manufacturing [3]										
Total, industries manufacturières [3]	**154**	**160**	**165**	**172**	**160**	**122**	**88**	**68**	**58**	**65**
Food, beverages, tobacco										
Aliments, boissons, tabac	142	144	147	152	138	104	66	56	49	57
Textiles										
Textiles	211	246	244	276	248	208	189	134	93	126
Chemicals										
Produits chimiques	246	264	315	324	306	272	253	227	208	281
Metal products										
Produits métalliques	165	183	185	186	157	120	159	54	78	160
Electricity, gas and water [4]										
Electricité, gaz et eau [4]	**194**	**202**	**217**	**224**	**222**	**218**	**242**	**226**	**275**	**270**
Pakistan [20] Pakistan [20]										
Total industry [2−4] [4]										
Total, industrie [2−4] [4]	**170**	**186**	**191**	**204**	**218**	**231**	**238**	**245**	**247**	**254**
Total mining [2]										
Total, industries extractives [2]	**187**	**212**	**218**	**250**	**275**	**278**	**278**	**275**	**270**	**282**
Total manufacturing [3]										
Total, industries manufacturières [3]	**165**	**179**	**183**	**192**	**202**	**218**	**228**	**237**	**241**	**247**
Electricity and gas [4]										
Electricité et gaz[4]	**182**	**209**	**211**	**218**	**255**	**282**	**302**	**308**	**329**	**385**
Philippines Philippines										
Total industry [2−4] [4]										
Total, industrie [2−4] [4]	**258**	**296**	**358**	**408**	**451**	**515**	**540**	**571**	**617**	**671**
Total mining [2]										
Total, industries extractives [2]	**71**	**87**	**92**	**125**	**157**	**195**	**262**	**197**	**152**	**163**
Total manufacturing [3]										
Total, industries manufacturières [3]	**291**	**333**	**406**	**459**	**506**	**577**	**597**	**643**	**703**	**764**
Food, beverages, tobacco										
Aliments, boissons, tabac	264	288	343	379	411	468	504	521	595	645
Textiles										
Textiles	221	256	274	288	289	322	317	338	324	358
Non−metallic mineral products										
Produits minéraux non−métalliques	182	213	256	310	355	468	474	544	656	796
Metal products										
Produits métalliques	598	669	826	953	1072	1198	1326	1461	1602	1895
Electricity and water [4]										
Electricité et eau [4]	**130**	**141**	**148**	**152**	**154**	**158**	**159**	**165**	**190**	**215**
Singapore Singapour										
Total manufacturing [3]										
Total, industries manufacturières [3]	**116**	**136**	**162**	**178**	**196**	**206**	**211**	**232**	**262**	**289**
Food, beverages, tobacco										
Aliments, boissons, tabac	93	96	112	132	132	140	150	154	171	172
Textiles										
Textiles	30	35	37	39	36	39	34	30	29	21
Chemicals, coal, petroleum products										
Produits chimiques, houillers, pétroliers	145	143	149	169	198	216	211	232	244	241

28
Index numbers of industrial production [cont.]
Indices de la production industrielle [suite]
1980=100

Country or area and industry [SITC] Pays ou zone et industrie [CITI]	1986	1987	1988	1989	1990	1991	1992	1993	1994	1995
Basic metals										
Métaux de base	124	129	136	139	151	144	150	163	162	148
Metal products										
Produits métalliques	108	132	158	182	181	196	196	198	221	234
Sri Lanka Sri Lanka										
Total manufacturing [3]										
Total, manufactures [3]	155	142	138	147	175	172	172	300	323	257
Food, beverages, tobacco										
Aliments, boissons, tabac	115	102	92	109	114	116	111	134	142	354
Textiles and clothing										
Textiles, habillement	188	218	282	364	487	531	564	1476	1609	1174
Chemicals and rubber products										
Produits chimiques et en caoutchouc	116	104	108	84	115	101	113	158	156	187
Basic metals										
Métaux de base	84	73	102	94	142	134	90	102	133	75
Metal products										
Produits métalliques	55	80	78	102	132	124	133	164	204	282
Syrian Arab Rep. Rép. arabe syrienne										
Total industry [2−4]										
Total, industrie [2−4]	141	151	151	170	186	199	212	216	225	236
Total mining [2]										
Total, industries extractives [2]	125	143	181	229	270	310	338	343	343	362
Total manufacturing [3]										
Total, industries manufacturières [3]	161	165	147	153	163	165	174	179	189	197
Food, beverages, tobacco										
Aliments, boissons, tabac	150	131	121	123	136	148	150	142	150	160
Textiles										
Textiles	133	118	92	102	100	93	107	108	116	113
Non−metallic mineral products										
Produits minéraux non−métalliques	191	174	145	171	134	141	155	171	177	199
Electricity and water [4]										
Electricité et eau [4]	172	191	224	237	258	276	258	292	340	372
Turkey Turquie										
Total industry [2−4]										
Total, industrie [2−4]	166	183	186	193	211	216	227	241	226	245
Total mining [2]										
Total, industries extractives [2]	151	158	150	169	179	195	190	173	189	189
Total manufacturing [3]										
Total, industries manufacturières [3]	168	187	188	192	211	214	223	238	217	236
Food, beverages, tobacco										
Aliments, boissons, tabac	152	164	170	178	186	202	198	215	220	230
Textiles										
Textiles	191	209	216	226	231	210	221	226	230	253
Chemicals, coal, petroleum products										
Produits chimiques, houillers, pétroliers	210	248	244	251	261	256	261	270	254	286
Basic metals										
Métaux de base	220	244	241	247	288	264	279	317	302	318
Metal products										
Produits métalliques	224	244	232	228	298	330	364	428	305	374
Electricity, gas and water [4]										
Electricité, gaz et eau [4]	152	170	184	199	221	229	257	282	299	330
Europe · Europe										
Austria [15] Autriche [15]										
Total industry [2−4]										
Total, industrie [2−4]	110	112	116	123	132	124	123	130	123	148
Total mining [2]										
Total, industries extractives [2]	108	112	101	100	104	88	88	82	78	93
Total manufacturing [3]										
Total, industries manufacturières [3]	110	110	116	124	133	123	123	121	122	150
Food, beverages, tobacco										
Aliments, boissons, tabac	115	116	118	124	135	143	145	146	151	152
Textiles										
Textiles	91	86	90	94	98	99	96	85	84	83

28
Index numbers of industrial production [cont.]
Indices de la production industrielle [suite]
1980=100

Country or area and industry [SITC] Pays ou zone et industrie [CITI]	1986	1987	1988	1989	1990	1991	1992	1993	1994	1995
Chemicals and petroleum products										
Produits chimiques et pétroliers	113	118	131	136	138	139	140	136	146	156
Basic metals										
Métaux de base	102	102	112	118	115	108	105	101	110	120
Metal products										
Produits métalliques	123	119	127	140	157	162	160	156	165	176
Electricity, gas and water [4]										
Electricité, gaz et eau [4]	**110**	**123**	**119**	**123**	**125**	**150**	**148**	**152**	**149**	**143**
Belgium [15] Belgique [15]										
Total industry [2–4]										
Total, industrie [2–4]	**105**	**107**	**114**	**118**	**122**	**119**	**119**	**113**	**115**	**120**
Total mining [2]										
Total, industries extractives [2]	**75**	**65**	**56**	**45**	**32**	**33**	**36**	**32**	**33**	**38**
Total manufacturing [3]										
Total, manufactures [3]	**105**	**108**	**115**	**120**	**125**	**127**	**123**	**122**	**125**	**130**
Food, beverages, tobacco										
Aliments, boissons, tabac	120	124	127	118	139	143	144	145	143	149
Textiles										
Textiles	105	105	106	107	105	93	99	89	90	89
Chemicals and petroleum products										
Produits chimiques et pétroliers	117	119	126	126	132	132	130	144	138	138
Basic metals										
Métaux de base	82	83	95	100	93	90	83	88	96	98
Metal products										
Produits métalliques	107	108	116	115	124	120	113	107	111	117
Electricity, gas and water [4]										
Electricité, gaz et eau [4]	**110**	**118**	**122**	**126**	**133**	**134**	**136**	**134**	**136**	**141**
Bulgaria Bulgarie										
Total industry [2–4]										
Total, industrie [2–4]	**129**	**134**	**141**	**139**	**116**	**90**	**76**	**68**	**73**	**70**
Total mining [2]										
Total, industries extractives [2]	**109**	**109**	**108**	**108**	**96**	**74**	**74**	**77**	**88**	**79**
Total manufacturing [3] [21]										
Total, manufactures [3] [21]	**130**	**135**	**142**	**140**	**116**	**89**	**74**	**64**	**71**	**75**
Food, beverages, tobacco										
Aliments, boissons, tabac	107	106	115	114	107	84	73	56	51	...
Textiles										
Textiles	114	121	131	136	138	96	84	70	67	...
Chemicals										
Produits chimiques	140	133	163	138	104	85	70	62	86	...
Basic metals										
Métaux de base	119	120	122	118	99	59	55	68	77	...
Metal products										
Produits métalliques	138	151	184	177	140	105	78	63	58	...
Electricity and steam [4]										
Electricité et vapeur [4]	**127**	**133**	**140**	**137**	**124**	**116**	**102**	**103**	**96**	**101**
former Czechoslovakia † l'ex–Tchécoslovaquie †										
Total industry [2–4]										
Total, industrie [2–4]	**119**	**121**	**124**	**125**	**120**	**90**	**79**	...	...	...
Total mining [2]										
Total, industries extractives [2]	**101**	**102**	**103**	**100**	**91**	**77**	**69**	...	...	...
Total manufacturing [3] [22]										
Total, manufactures [3] [22]	**119**	**122**	**125**	**126**	**121**	**89**	**74**	...	...	...
Food, beverages, tobacco										
Aliments, boissons, tabac	109	110	110	113	111	96	87	...	...	...
Textiles										
Textiles	114	115	118	120	120	78	67	...	...	...
Chemicals, coal, petroleum products										
Produits chimiques, houillers, pétroliers	115	120	123	123	128	94	88	...	...	...
Basic metals										
Métaux de base	105	107	108	108	107	81	69	...	...	...
Metal products										
Produits métalliques	146	152	156	156	150	102	75	...	...	...

229 National accounts and industrial production   Comptabilités nationales et production industrielle

28
Index numbers of industrial production [*cont.*]
Indices de la production industrielle [*suite*]
1980=100

Country or area and industry [SITC] Pays ou zone et industrie [CITI]	1986	1987	1988	1989	1990	1991	1992	1993	1994	1995
Electricity, gas and water [4]										
Electricité, gaz et eau [4]	118	120	122	124	123	118	119	...	...	...
Denmark[15] Danemark[15]										
Total industry [2-4]										
Total, industrie [2-4]	131	127	129	133	133	133	137	134	148	154
Total mining [2]										
Total, industries extractives [2]	138	122	124	132	116	114	116	106	112	112
Total manufacturing [3]										
Total, manufactures [3]	131	127	129	133	133	133	138	134	148	154
Food, beverages, tobacco										
Aliments, boissons, tabac	114	112	110	111	111	113	112	109	104	104
Textiles										
Textiles	117	116	111	113	106	106	105	91	93	91
Chemicals, coal, petroleum products										
Produits chimiques, houillers, pétroliers	136	133	140	143	148	151	162	160	177	194
Basic metals										
Métaux de base	93	87	91	103	96	93	92	79	84	86
Metal products										
Produits métalliques	130	120	125	132	133	135	138	132	151	163
Finland[15] Finlande[15]										
Total industry [2-4]										
Total, industrie [2-4]	118	124	129	133	132	120	122	129	144	154
Total mining [2]										
Total, industries extractives [2]	127	124	134	146	143	132	127	124	138	138
Total manufacturing [3]										
Total, industries manufacturières [3]	118	124	128	133	132	118	120	127	142	155
Food, beverages, tobacco										
Aliments, boissons, tabac	114	116	120	122	122	121	121	125	126	129
Textiles										
Textiles	75	78	73	70	64	52	53	55	58	58
Paper and paper products										
Papier, produits en papier	116	121	129	130	132	128	133	144	160	160
Chemicals, coal, petroleum products										
Produits chimiques, houillers, pétroliers	109	118	125	129	132	128	130	129	150	148
Basic metals										
Métaux de base	121	125	132	136	139	138	154	168	176	182
Metal products										
Produits métalliques	135	146	152	163	161	134	142	155	192	232
Electricity, gas and water [4]										
Electricité, gaz et eau [4]	121	130	133	134	136	141	141	147	156	152
France[15] France[15]										
Total industry [2-4]										
Total, industrie [2-4]	101	103	108	112	114	112	111	107	111	113
Total mining [2]										
Total, industries extractives [2]	81	81	77	75	72	73	68	64	64	62
Total manufacturing [3]										
Total, manufactures [3]	98	99	104	108	110	107	106	101	105	107
Food, beverages, tobacco										
Aliments, boissons, tabac	105	108	111	113	118	120	121	123	123	127
Textiles										
Textiles	84	81	80	80	77	72	71	66	69	68
Chemicals, coal, petroleum products										
Produits chimiques, houillers, pétroliers	109	112	119	125	126	128	134	135	144	145
Basic metals										
Métaux de base	80	80	86	88	88	85	84	76	84	85
Metal products										
Produits métalliques	92	94	101	107	110	107	103	95	100	104
Electricity and gas [4]										
Electricité et gaz [4]	136	142	145	150	154	168	171	175	175	182
Germany †[23] Allemagne †[23]										
Total industry [2-4]										
Total, industrie [2-4]	..	..	..	..	..	100	98	90	94	96

28
Index numbers of industrial production [*cont.*]
Indices de la production industrielle [*suite*]
1980=100

Country or area and industry [SITC] Pays ou zone et industrie [CITI]	1986	1987	1988	1989	1990	1991	1992	1993	1994	1995
Total mining [2]										
Total, industries extractives [2]	..	..	..	..	..	**100**	**93**	**86**	**83**	**80**
Total manufacturing [3]										
Total, manufactures [3]	..	..	..	..	..	**100**	**98**	**90**	**94**	**96**
Food, beverages, tobacco										
Aliments, boissons, tabac	..	..	..	..	..	100	99	100	102	102
Textiles										
Textiles	..	..	..	..	..	100	91	82	79	76
Chemicals, coal, petroleum products										
Produits chimiques, houillers, pétroliers	..	..	..	..	..	100	101	97	103	102
Basic metals										
Métaux de base	..	..	..	..	..	100	94	86	92	94
Metal products										
Produits métalliques	..	..	..	..	..	100	97	87	91	92
Electricity, gas and water [4]										
Electricité, gaz et eau [4]	..	..	..	..	..	**100**	**100**	**98**	**99**	**101**
Germany, Fed. Rep. of Allemagne, Rép. féd. d'Allemagne										
Total industry [2−4]										
Total, industrie [2−4]	**107**	**107**	**111**	**117**	**123**	..	..	..	..	..
Total mining [2]										
Total, industries extractives [2]	**91**	**87**	**85**	**84**	**84**	..	..	..	..	..
Total manufacturing [3]										
Total, manufactures [3]	**107**	**107**	**112**	**118**	**124**	..	..	..	..	..
Food, beverages, tobacco										
Aliments, boissons, tabac	108	109	113	116	129	..	..	..	..	..
Textiles										
Textiles	95	94	92	93	95	..	..	..	..	..
Chemicals, coal, petroleum products										
Produits chimiques, houillers, pétroliers	103	104	111	112	115	..	..	..	..	..
Basic metals										
Métaux de base	92	90	99	102	98	..	..	..	..	..
Metal products										
Produits métalliques	116	117	120	130	137	..	..	..	..	..
Electricity, gas and water [4]										
Electricité, gaz et eau [4]	**111**	**115**	**118**	**121**	**125**	..	..	..	..	..
former German Dem. Rep. l'ex−Rép. dém. allemande										
Total industry [2−4]										
Total, industrie [2−4]	**123**	**126**	**130**	**133**	**94**	..	..	..	..	..
Total mining [2] [24]										
Total, industries extractives [2] [24]	**120**	**119**	**120**	**116**	**82**	..	..	..	..	..
Total manufacturing [3] [21] [22] [24]										
Total, manufactures [3] [21] [22] [24]	**123**	**127**	**131**	**135**	**95**	..	..	..	..	..
Food, beverages, tobacco										
Aliments, boissons, tabac	113	113	114	115	66	..	..	..	..	..
Textiles										
Textiles	111	114	117	119	74	..	..	..	..	..
Chemicals, coal, petroleum products										
Produits chimiques, houillers, pétroliers	113	114	119	122	65	..	..	..	..	..
Basic metals										
Métaux de base	113	117	117	116	69	..	..	..	..	..
Metal products										
Produits métalliques	141	149	158	165	75	..	..	..	..	..
Electricity and gas [4]										
Electricité et gaz [4]	**121**	**122**	**123**	**123**	**93**	..	..	..	..	..
Greece Grèce										
Total industry [2−4]										
Total, industrie [2−4]	**107**	**106**	**111**	**113**	**110**	**109**	**108**	**105**	**106**	**108**
Total mining [2] [25]										
Total, industries extractives [2] [25]	**185**	**182**	**189**	**180**	**174**	**172**	**161**	**150**	**149**	**144**
Total manufacturing [3] [26]										
Total, manufactures [3] [26]	**100**	**98**	**103**	**106**	**103**	**102**	**100**	**97**	**98**	**100**
Food, beverages, tobacco										
Aliments, boissons, tabac	111	102	112	120	114	121	128	128	132	136

28
Index numbers of industrial production [cont.]
Indices de la production industrielle [suite]
1980=100

Country or area and industry [SITC] Pays ou zone et industrie [CITI]	1986	1987	1988	1989	1990	1991	1992	1993	1994	1995
Textiles										
Textiles	102	104	101	99	95	86	79	74	74	70
Chemicals, coal, petroleum products										
Produits chimiques, houillers, pétroliers	115	117	125	132	133	124	126	126	132	144
Basic metals										
Métaux de base	86	85	95	96	93	96	92	86	89	95
Metal products										
Produits métalliques	87	79	83	82	83	85	88	80	76	80
Electricity and gas [4]										
Electricité et gaz [4]	126	136	144	151	155	152	163	167	176	182
Hungary [15] Hongrie [15]										
Total industry [2−4]										
Total, industrie [2−4]	**112**	**116**	**116**	**111**	**102**	**82**	**74**	**77**	**84**	**88**
Total mining [2] [24]										
Total, industries extractives [2] [24]	**99**	**99**	**95**	**88**	**78**	**69**	**56**	**55**	**46**	**40**
Total manufacturing [3] [24] [27]										
Total, manufactures [3] [24] [27]	**112**	**117**	**117**	**111**	**101**	**76**	**63**	**65**	**71**	**75**
Food, beverages, tobacco										
Aliments, boissons, tabac	111	114	111	112	109	106	92	89	92	96
Textiles										
Textiles	100	103	106	101	82	54	40	37	37	33
Chemicals, coal, petroleum products										
Produits chimiques, houillers, pétroliers	128	134	142	135	120	96	81	81	82	78
Basic metals										
Métaux de base	110	111	116	124	107	71	53	49	54	63
Metal products										
Produits métalliques	123	129	130	132	110	89	64	74	92	109
Electricity and gas [4]										
Electricité et gaz [4]	123	130	129	130	132	125	104	102	103	105
Ireland [15] Irlande [15]										
Total industry [2−4]										
Total, industrie [2−4]	**131**	**143**	**158**	**176**	**184**	**190**	**208**	**220**	**246**	**292**
Total mining [2]										
Total, industries extractives [2]	**79**	**85**	**69**	**89**	**84**	**77**	**71**	**83**	**84**	**99**
Total manufacturing [3]										
Total, manufactures [3]	**135**	**149**	**167**	**187**	**196**	**202**	**222**	**234**	**264**	**317**
Food, beverages, tobacco										
Aliments, boissons, tabac	121	132	139	145	149	156	167	173	186	202
Textiles										
Textiles	92	95	99	103	111	111	117	119	123	124
Chemicals										
Produits chimiques	165	172	200	240	247	301	353	388	464	538
Basic metals										
Métaux de base	120	120	136	150	158	141	128	134	128	138
Metal products										
Produits métalliques	166	201	244	282	300	291	326	345	398	531
Electricity, gas and water [4]										
Electricité, gaz et eau [4]	127	124	128	135	144	155	160	169	178	184
Italy [15] Italie [15]										
Total industry [2−4]										
Total, industrie [2−4]	**100**	**104**	**110**	**114**	**114**	**113**	**112**	**110**	**116**	**122**
Total mining [2]										
Total, industries extractives [2]	**105**	**118**	**130**	**128**	**130**	**128**	**124**	**129**	**138**	**149**
Total manufacturing [3]										
Total, manufactures [3]	**100**	**103**	**109**	**113**	**112**	**111**	**111**	**108**	**113**	**120**
Food, beverages, tobacco										
Aliments, boissons, tabac	109	115	119	120	121	124	125	126	126	128
Textiles										
Textiles	101	105	106	112	110	109	112	109	116	116
Chemicals, coal, petroleum products										
Produits chimiques, houillers, pétroliers	92	94	97	97	96	94	93	91	101	102
Basic metals										
Métaux de base	93	96	104	108	104	105	104	104	116	122

28
Index numbers of industrial production [cont.]
Indices de la production industrielle [suite]
1980=100

Country or area and industry [SITC] Pays ou zone et industrie [CITI]	1986	1987	1988	1989	1990	1991	1992	1993	1994	1995
Metal products										
Produits métalliques	110	113	122	128	127	122	117	112	120	136
Electricity, gas and water [4]										
Electricité, gaz et eau [4]	107	113	116	121	125	128	130	129	134	139
Luxembourg[15] Luxembourg[15]										
Total industry [2–4]										
Total, industrie [2–4]	**124**	**122**	**133**	**144**	**143**	**143**	**142**	**136**	**144**	**146**
Total mining [2]										
Total, industries extractives [2]	**29**	**33**	**36**	**40**	**44**	**49**	**56**	**50**	**46**	**42**
Total manufacturing [3]										
Total, manufactures [3]	**124**	**123**	**134**	**144**	**143**	**143**	**141**	**135**	**143**	**145**
Food, beverages, tobacco										
Aliments, boissons, tabac	134	130	128	133	138	140	142	140	143	142
Chemicals										
Produits chimiques	204	269	268	308	280	294	338	358	436	428
Basic metals										
Métaux de base	97	90	102	104	100	97	92	90	87	73
Metal products										
Produits métalliques	155	147	161	176	183	183	172	166	176	193
Electricity, gas and water [4]										
Electricité, gaz et eau [4]	**132**	**138**	**148**	**154**	**158**	**164**	**163**	**167**	**175**	**185**
Malta Malte										
Total industry [2–4]										
Total, industrie [2–4]	**127**	**131**	**142**	**167**	**189**	**213**	**243**	**254**	...	...
Total mining [2]										
Total, industries extractives [2]	**84**	**95**	**91**	**170**	**195**	**294**	**298**	**311**	...	...
Total manufacturing [3]										
Total, industries manufacturières [3]	**128**	**132**	**144**	**169**	**191**	**214**	**244**	**260**	...	...
Food, beverages, tobacco										
Aliments, boissons, tabac	152	167	178	186	182	191	201	212	...	...
Metal products										
Produits métalliques	153	165	214	277	352	391	464	468	...	...
Electricity and water [4]										
Electricité et eau [4]	**143**	**160**	**176**	**188**	**202**	**226**	**240**	**252**	...	...
Netherlands[15] Pays–Bas[15]										
Total industry [2–4]										
Total, industrie [2–4]	**106**	**107**	**109**	**113**	**117**	**119**	**118**	**117**	**123**	**125**
Total mining [2]										
Total, industries extractives [2]	**86**	**89**	**79**	**81**	**82**	**89**	**90**	**92**	**91**	**91**
Total manufacturing [3]										
Total, industries manufacturières [3]	**111**	**113**	**118**	**123**	**126**	**126**	**126**	**123**	**130**	**132**
Food, beverages, tobacco										
Aliments, boissons, tabac	112	112	113	119	125	130	133	135	141	141
Textiles										
Textiles	95	96	98	100	104	99	92	88	86	87
Chemicals, coal, petroleum products [28]										
Produits chimiques, houillers, pétroliers [28]	134	135	147	150	155	151	152	153	166	171
Basic metals										
Métaux de base	108	99	108	114	107	109	106	108	114	114
Metal products										
Produits métalliques	110	112	112	119	126	126	124	119	125	132
Electricity, gas and water [4]										
Electricité, gaz et eau [4]	**112**	**114**	**118**	**118**	**121**	**124**	**127**	**127**	**131**	**133**
Norway[15] Norvège[15]										
Total industry [2–4]										
Total, industrie [2–4]	**128**	**136**	**140**	**153**	**157**	**161**	**170**	**176**	**189**	**200**
Total mining [2]										
Total, industries extractives [2]	**148**	**165**	**181**	**226**	**241**	**269**	**297**	**312**	**349**	**378**
Total manufacturing [3]										
Total, industries manufacturières [3]	**111**	**112**	**110**	**110**	**111**	**109**	**110**	**113**	**120**	**123**
Food, beverages, tobacco										
Aliments, boissons, tabac	92	92	91	92	90	93	93	94	98	99

28
Index numbers of industrial production [cont.]
Indices de la production industrielle [suite]
1980=100

Country or area and industry [SITC] Pays ou zone et industrie [CITI]	1986	1987	1988	1989	1990	1991	1992	1993	1994	1995
Textiles										
Textiles	77	72	63	57	59	59	56	55	61	59
Paper and paper products										
Papier, produits en papier	136	135	135	144	142	141	138	148	162	169
Chemicals, coal, petroleum products										
Produits chimiques, houillers, pétroliers	197	207	207	220	248	236	242	252	262	259
Basic metals										
Métaux de base	110	116	126	130	130	130	130	133	143	142
Metal products										
Produits métalliques	104	105	100	101	101	97	101	104	110	117
Electricity, gas and water [4]										
Electricité, gaz et eau [4]	111	119	125	136	139	127	134	137	130	141
Poland [15] Pologne [15]										
Total industry [2–4]										
Total, industrie [2–4]	**103**	**106**	**111**	**110**	**81**	**74**	**77**	**82**	**92**	**101**
Total mining [2]										
Total, industries extractives [2]	**104**	**106**	**105**	**106**	**78**	**76**	**72**	**69**	**72**	**72**
Total manufacturing [3]										
Total, manufactures [3]	**102**	**105**	**111**	**108**	**80**	**72**	**75**	**83**	**94**	**105**
Food, beverages, tobacco										
Aliments, boissons, tabac	102	105	105	97	70	68	76	83	93	100
Textiles										
Textiles	89	90	98	102	61	49	48	52	60	59
Chemicals, coal, petroleum products										
Produits chimiques, houillers, pétroliers	108	112	118	111	80	83	79	85	97	108
Basic metals										
Métaux de base	87	85	84	78	64	49	47	48	56	65
Metal products										
Produits métalliques	114	122	132	131	100	75	75	83	95	110
Electricity, gas and water [4]										
Electricité, gaz et eau [4]	**136**	**135**	**135**	**134**	**122**	**126**	**120**	**107**	**112**	**113**
Portugal [15] Portugal [15]										
Total industry [2–4]										
Total, industrie [2–4]	**127**	**133**	**138**	**147**	**161**	**163**	**160**	**154**	**153**	**160**
Total mining [2]										
Total, industries extractives [2]	**98**	**86**	**95**	**236**	**422**	**428**	**426**	**408**	**378**	**369**
Total manufacturing [3]										
Total, manufactures [3]	**128**	**135**	**138**	**141**	**150**	**150**	**146**	**140**	**139**	**144**
Food, beverages, tobacco										
Aliments, boissons, tabac	101	107	116	122	131	132	123	126	123	125
Chemicals, coal, petroleum products										
Produits chimiques, houillers, pétroliers	130	136	145	151	162	136	127	117	120	120
Basic metals										
Métaux de base	105	113	121	119	120	107	116	108	114	120
Metal products										
Produits métalliques	85	87	92	92	100	99	96	87	87	95
Electricity and gas [4]										
Electricité et gaz [4]	**130**	**132**	**146**	**168**	**184**	**194**	**197**	**199**	**196**	**215**
Romania [15] Roumanie [15]										
Total industry [2–4]										
Total, industrie [2–4]	**98**	**96**	**95**	**90**	**69**	**53**	**40**	**40**	**41**	**45**
Total mining [2]										
Total, industries extractives [2]	**106**	**102**	**109**	**107**	**78**	**64**	**64**	**64**	**65**	**64**
Total manufacturing [3]										
Total, manufactures [3]	**97**	**94**	**94**	**88**	**68**	**52**	**37**	**37**	**38**	**43**
Food, beverages, tobacco										
Aliments, boissons, tabac	112	121	121	121	106	88	73	63	71	74
Textiles										
Textiles	121	123	125	124	106	92	65	63	62	62
Chemicals, coal, petroleum products										
Produits chimiques, houillers, pétroliers	129	124	130	125	99	64	56	58	54	59
Basic metals										
Métaux de base	127	121	124	121	95	70	49	52	54	64

28
Index numbers of industrial production [*cont.*]
Indices de la production industrielle [*suite*]
1980=100

Country or area and industry [SITC] Pays ou zone et industrie [CITI]	1986	1987	1988	1989	1990	1991	1992	1993	1994	1995
Metal products										
Produits métalliques	137	141	145	134	127	95	68	69	72	90
Electricity, gas and water [4]										
Electricité, gaz et eau [4]	114	112	117	113	86	78	62	66	66	68
Slovenia Slovénie										
Total industry [2−4]										
Total, industrie [2−4]	**114**	**112**	**109**	**110**	**99**	**87**	**75**	**73**	**78**	**79**
Total mining [2]										
Total, industries extractives [2]	**102**	**99**	**98**	**98**	**85**	**75**	**75**	**67**	**64**	**64**
Total manufacturing [3]										
Total, industries manufacturières [3]	**113**	**111**	**108**	**109**	**98**	**85**	**73**	**71**	**76**	**78**
Electricity, gas and water [4]										
Electricité, gaz et eau [4]	133	137	134	138	136	139	132	127	137	136
Spain [15] Espagne [15]										
Total industry [2−4]										
Total, industrie [2−4]	**107**	**112**	**115**	**120**	**120**	**119**	**115**	**110**	**118**	**124**
Total mining [2]										
Total, industries extractives [2]	**124**	**107**	**102**	**110**	**104**	**99**	**96**	**90**	**97**	**102**
Total manufacturing [3]										
Total, industries manufacturières [3]	**105**	**111**	**114**	**119**	**119**	**117**	**113**	**107**	**116**	**123**
Food, beverages, tobacco										
Aliments, boissons, tabac	116	125	129	127	133	136	131	133	138	136
Textiles										
Textiles	104	108	100	105	102	97	91	83	93	94
Chemicals, coal, petroleum products										
Produits chimiques, houillers, pétroliers	107	108	109	115	116	112	112	110	123	124
Basic metals										
Métaux de base	99	98	101	108	104	104	99	97	107	114
Metal products										
Produits métalliques	99	110	120	130	130	127	122	109	119	135
Electricity, gas and water [4]										
Electricité, gaz et eau [4]	117	122	127	133	136	139	140	136	137	138
Sweden [15] Suède [15]										
Total industry [2−4]										
Total, industrie [2−4]	**110**	**114**	**117**	**120**	**121**	**115**	**113**	**114**	**128**	**138**
Total mining [2]										
Total, industries extractives [2]	**102**	**103**	**100**	**94**	**95**	**99**	**94**	**90**	**94**	**102**
Total manufacturing [3]										
Total, industries manufacturières [3]	**111**	**114**	**117**	**121**	**121**	**114**	**113**	**114**	**128**	**139**
Food, beverages, tobacco										
Aliments, boissons, tabac	103	103	105	107	106	103	105	108	114	116
Textiles										
Textiles	94	94	92	88	96	81	76	70	76	80
Paper and paper products										
Papier, produits en papier	111	118	120	120	118	116	118	123	132	130
Chemicals, coal, petroleum products										
Produits chimiques, houillers, pétroliers	112	127	137	136	136	152	168	180	177	181
Basic metals										
Métaux de base	103	105	116	117	103	94	99	109	129	130
Metal products										
Produits métalliques	122	126	132	139	142	132	131	130	163	199
Switzerland [15] Suisse [15]										
Total industry [2−4]										
Total, industrie [2−4]	**107**	**108**	**117**	**119**	**122**	**122**	**121**	**118**	**123**	**126**
Total manufacturing [3]										
Total, industries manufacturières [3]	**106**	**107**	**117**	**120**	**123**	**123**	**122**	**119**	**124**	**127**
Food, beverages, tobacco										
Aliments, boissons, tabac	102	104	106	109	111	111	110	112	111	113
Textiles										
Textiles	107	105	106	104	99	96	93	90	92	95
Chemicals, coal, petroleum products										
Produits chimiques, houillers, pétroliers	125	129	146	169	171	173	180	192	222	244

28
Index numbers of industrial production [cont.]
Indices de la production industrielle [suite]
1980=100

Country or area and industry [SITC] Pays ou zone et industrie [CITI]	1986	1987	1988	1989	1990	1991	1992	1993	1994	1995
Basic metals										
Métaux de base	103	105	115	116	117	105	105	97	97	100
Metal products										
Produits métalliques	99	99	106	106	114	120	118	114	116	118
Electricity, gas and water [4]										
Electricité, gaz et eau [4]	116	121	123	110	112	117	120	123	132	127
United Kingdom [15] Royaume Uni [15]										
Total industry [2-4]										
Total, industrie [2-4]	**111**	**115**	**120**	**123**	**123**	**118**	**118**	**121**	**127**	**130**
Total mining [2]										
Total, industries extractives [2]	**117**	**117**	**109**	**94**	**90**	**94**	**97**	**104**	**119**	**126**
Total manufacturing [3]										
Total, manufactures [3]	**103**	**108**	**116**	**121**	**121**	**114**	**114**	**115**	**120**	**123**
Food, beverages, tobacco										
Aliments, boissons, tabac	102	104	107	108	109	107	108	108	111	113
Textiles										
Textiles	79	83	83	80	78	70	70	69	69	68
Chemicals, coal, petroleum products										
Produits chimiques, houillers, pétroliers	119	123	129	135	134	139	143	146	150	160
Basic metals										
Métaux de base	98	106	118	118	112	102	98	98	100	101
Metal products										
Produits métalliques	86	88	96	104	104	97	94	95	102	104
Electricity, gas and water [4]										
Electricité, gaz et eau [4]	119	122	122	122	125	132	134	140	141	146
Yugoslavia, SFR † Yougoslavie, Rfs †										
Total industry [2-4]										
Total, industrie [2-4]	**119**	**120**	**119**	**120**	**107**	**98**	...	...	...	...
Total mining [2]										
Total, industries extractives [2]	**116**	**117**	**116**	**113**	**108**	**102**	...	...	...	...
Total manufacturing [3]										
Total, industries manufacturières [3]	**117**	**119**	**117**	**120**	**106**	**94**	...	...	...	...
Food, beverages, tobacco										
Aliments, boissons, tabac	110	113	109	83	108	90	...	...	...	...
Textiles										
Textiles	116	117	115	112	92	65	...	...	...	...
Chemicals, coal, petroleum products										
Produits chimiques, houillers, pétroliers	126	128	134	131	118	84	...	...	...	...
Basic metals										
Métaux de base	129	124	128	131	113	78	...	...	...	...
Metal products										
Produits métalliques	131	131	129	132	110	65	...	...	...	...
Electricity and gas [4]										
Electricité et gaz [4]	124	128	132	131	131	131	...	...	...	...
Oceania · Océanie										
Australia [1][15] Australie [1][15]										
Total industry [2-4]										
Total, industrie [2-4]	**112**	**113**	**122**	**128**	**130**	**130**	**128**	**130**	**136**	**139**
Total mining [2] [16]										
Total, industries extractives [2] [16]	**142**	**135**	**153**	**158**	**172**	**180**	**184**	**185**	**188**	**195**
Total manufacturing [3]										
Total, industries manufacturières [3]	**103**	**106**	**113**	**119**	**119**	**116**	**113**	**114**	**121**	**123**
Food, beverages, tobacco										
Aliments, boissons, tabac	100	106	112	115	116	118	118	120	124	124
Textiles [3]										
Textiles [3]	113	111	113	115	105	101	96	92	93	91
Chemicals, coal, petroleum products										
Produits chimiques, houillers, pétroliers	106	110	118	121	118	123	121	123	129	133
Metal products [17]										
Produits métalliques [17]	98	100	107	115	118	114	111	110	118	122
Electricity, gas and water [4]										
Electricité, gaz et eau [4]	130	133	140	146	153	156	158	161	164	172

28
Index numbers of industrial production [cont.]
Indices de la production industrielle [suite]
1980=100

Country or area and industry [SITC] Pays ou zone et industrie [CITI]	1986	1987	1988	1989	1990	1991	1992	1993	1994	1995
Fiji Fidji										
Total industry [2–4]										
Total, industrie [2–4]	123	110	117	128	138	141	144	152	160	164
Total mining [2]										
Total, industries extractives [2]	369	370	552	545	532	355	478	489	445	449
Total manufacturing [3]										
Total, industries manufacturières [3]	118	102	103	114	126	133	129	139	146	123
Food, beverages, tobacco										
Aliments, boissons, tabac	126	117	112	128	124	128	132	132	144	139
Electricity and water [4]										
Electricité et eau [4]	138	136	147	157	166	172	186	192	206	215
New Zealand [29] Nouvelle–Zélande [29]										
Total industry [2–4]										
Total, industrie [2–4]	117	120	117	113	112	108	106	120	117	125
Total manufacturing [3]										
Total, industries manufacturières [3]	116	119	115	112	110	105	103	107	115	123
Food, beverages, tobacco										
Aliments, boissons, tabac	120	134	125	125	116	119	120	124	129	133
Textiles [3]										
Textiles [3]	96	99	91	84	82	71	73	72	74	76
Chemicals, coal, petroleum products [28]										
Produits chimiques, houillers, pétroliers [28]	114	118	112	113	114	108	107	112	123	134
Metal products [17]										
Produits métalliques [17]	116	111	109	106	110	100	94	104	115	120
Electricity, gas and water [4]										
Electricité, gaz et eau [4]	122	125	128	125	129	134	134	128	135	141
former USSR † · l'ex–URSS †										
Total industry [2–4] [30]										
Total, industrie [2–4] [30]	125	129	134	136	135	124	..	..	..	..
Total mining [2] [31]										
Total, industries extractives [2] [31]	111	113	116	115	111	99	..	..	..	..
Total manufacturing [3] [22] [32]										
Total, manufactures [3] [22] [32]	126	131	136	139	138	126	..	..	..	..
Food, beverages, tobacco										
Aliments, boissons, tabac	111	115	119	123	124	127	..	..	..	..
Textiles										
Textiles	108	110	114	117	115	110	..	..	..	..
Chemicals, coal, petroleum products										
Produits chimiques, houillers, pétroliers	120	124	129	131	130	127	..	..	..	..
Basic metals										
Métaux de base	118	121	125	125	122	113	..	..	..	..
Metal products										
Produits métalliques	144	152	160	164	165	170	..	..	..	..
Electricity and steam [4]										
Electricité et vapeur [4]	123	129	132	133	135	134	..	..	..	..

Source:
Industrial statistics database of the Statistics Division of the United Nations Secretariat.

† For information on recent changes in country or area nomenclature pertaining to former Czechoslovakia, Germany, Hong Kong Special Administrative Region (SAR) of China, SFR Yugoslavia and former USSR, see Annex I – Country or area nomenclature, regional and other groupings.

1 Figures relate to twelve months ending 30 June of year stated.
2 Index numbers of gross domestic product (at constant prices of 1978).
3 Including clothing and footwear.
4 Calculated by the Statistics Division of the United Nations from component national indices.

Source:
Base de données de statistiques industrielles de la Division de statistique du Secrétariat de l'ONU.

† Pour les modifications récentes de nomenclature de pays ou de zone concernant l'Allemagne, Hong–Kong (Région administrative spéciale de Chine), l'ex–Tchécoslovaquie, l'ex–URSS, Rfs de Yougoslavie, voir annexe I – Nomenclature des pays ou des zones, groupements régionaux et autres groupments.

1 Les chiffres se rapportent à 12 mois finissant le 30 juin de l'année indiquée.
2 Indices du produit intérieur brut (aux prix constants de 1978).
3 Y compris l'industrie d'habillement et des chaussures.
4 Calculé par la Division de Statistique de l'Organisation des Nations Unies à partir d'indices nationaux plus détaillés.

28
Index numbers of industrial production [cont.]
Indices de la production industrielle [suite]
1980=100

5 Excluding coal mining and crude petroleum.
6 Excluding petroleum refineries.
7 Including coal mining, crude petroleum and petroleum refineries.
8 Including rubber and plastic products.
9 Covers phosphate rock, sea salt, ferrous and non−ferrous minerals only.
10 Excluding petroleum refineries, wearing apparels, leather, wood and plastic industries.
11 Including crude petroleum, natural gas and petroleum refineries.
12 Index numbers of gross domestic product (at constant prices of 1970).
13 Index numbers of gross domestic product (at constant prices of 1990).
14 Including construction.
15 Based on ISIC, Rev. 3.
16 Excluding services to mining.
17 Including basic metals.
18 Figures relate to 12 months beginning 1 April of year stated. equipment, is included in basic metals.
19 Phosphate, potash and stone quarrying only.
20 Figures relate to 12 months beginning 1 July of year stated.
21 Including forestry and fishing.
22 Excluding publishing.
23 The base year is 1991=100 and data is based on ISIC, Rev. 3.
24 Stone quarrying, clay and sand pits are included in manufacturing. Coal briquetting is included in mining.
25 Including magnesite roasting.
26 Including car repairs.
27 Including waterworks and gasworks, excluding publishing.
28 Including plastic products.
29 Index numbers of gross domestic product (at constant prices of 1991−1992). Figures relate to 12 months ending 31 March of year stated.
30 Including logging, motion picture production, cleaning and dyeing.
31 Excluding oil and natural gas drilling, prospecting and preparing sites for the extraction of minerals.
32 Including commercial fishing and the processing and cold storage of fish and fish products by factory−type vessels.

5 Non compris l'extraction du charbon et de pétrole brut.
6 Non compris les raffineries de pétrole.
7 Y compris l'extraction du charbon, de pétrole brut et les raffineries de pétrole.
8 Y compris l'industrie du caoutchouc et articles en matière plastique.
9 Le phosphate de chaux, le sel−marin et les minarais ferreux et
10 Non compris les raffineries de pétrole et les industries d'habillement, du cuir, du bois et du matière plastique.
11 Y compris l'extraction de pétrole brut, les raffineries de pétrole et
12 Indices du produit intérieur brut (aux prix constants de 1970).
13 Indices du produit intérieur brut (aux prix constants de 1990).
14 Y compris la construction.
15 Tirées de la CITI, Rev. 3.
16 Non compris les services relatifs aux mines.
17 Y compris les métaux de base.
18 Les chiffres se rapportent à 12 mois commençant le 1 avril de l'année indiquée.
19 Le phosphate, la potasse et l'extraction de la pierre á bâtir seulement.
20 Les chiffres se rapportent à 12 mois commençant le 1er juillet de l'année indiquée.
21 Y compris l'exploitation forestière et la pêche.
22 Non compris l'édition.
23 La base de référence est 1991=100 et les données sont tirées de la CITI, Rev. 3.
24 L'extraction de la pierre à bâtir, de l'argile et du sable est comprise dans les industries manufacturières. La fabrication des briquettes de charbon est comprise dans les industries extractives.
25 Y compris le rôtissage du magnésite.
26 Y compris la réparation des véhicules automobiles.
27 Y compris les usines des eaux et les usines à gaz, non compris l'édition.
28 Y compris articles en matière plastique.
29 Indices du produit intérieur brut (aux prix constants de 1991−1992). Les chiffres se rapportent à 12 mois finissant le 31 mars de l'année indiquée.
30 Y compris l'exploitation forestière, la production cinématographique, le nettoyage et la teinture.
31 L'exploitation des puits de pétrole et des puits de gaz naturel, la prospection et la préparation du terrain avant l'extraction des minéraux ne sont pas comprises.
32 Y compris la pêche commerciale, le traitement des poissons et des produits poissonniers et les entrepôts frigorifiques dans les usines flottantes.

Technical Notes, tables 22-28

Detailed internationally comparable data on national accounts are compiled and published annually by the Statistics Division, Department for Economic and Social Information and Policy Analysis, of the United Nations Secretariat. Data of the national accounts aggregates for countries or areas are based on the concepts and definitions contained in *A System of National Accounts* [53], Studies in Methods, Series F, No. 2, Rev. 3. A summary of the conceptual framework, classifications and definitions of trasactions is found in the annual United Nations publication, *National Accounts Statistics: Main Aggregates and Detailed Tables* [26].

The national accounts data shown in this publication offer in the form of analytical tables a summary of some selected principal national accounts aggregates based on official detailed national accounts data of some 180 countries and areas. Every effort has been made to present the estimates of the various countries or areas in a form designed to facilitate international comparability. Differences in concept, scope, coverage and classification are footnoted. Detailed footnotes identifying these differences are also available in the national accounts yearbook mentioned above. Such differences should be taken into account if misleading comparisons among countries or areas are to be avoided.

Table 22 shows total and per capita gross domestic product (GDP) expressed in United States dollars at current prices and total GDP at constant 1990 prices and its corresponding rates of growth. The table is designed to facilitate international comparisons of levels of income generated in production. In order to have a comparable coverage for as many countries as possible, the official GDP national currency data are supplemented by estimates prepared by the Statistical Division, based on a variety of data derived from national and international sources. National currency data are converted to United States dollars using the average market rates as published by the International Monetary Fund in the *International Financial Statistics* [13]. Official exchange rates are used only when market rate is not available. For non-members of the Fund, the conversion rates are the average of United Nations operational rates of exchange. It should be noted that the conversion from local currency into US dollars introduces deficiencies of comparability over time and between countries which should be taken into account when using the data. The comparability over time is distorted when there are large and discrepant fluctuations in the exchange rates vis-a-vis domestic inflation. Per capita GDP data are likewise affected by the same distortions resulting from exchange rate conversion. Per capita takes the growth of the population into account as well.

Notes techniques, tableaux 22 à 28

La Division de statistique du Département de l'information économique et sociale et de l'analyse des politiques du Secrétariat de l'Organisation des Nations Unies établit et publie chaque année des données détaillées sur les comptes nationaux se prêtant à des comparaisons internationales. Les données relatives aux agrégats des différents pays et territoires sont établies à l'aide des concepts et des définitions figurant dans le *Système de comptabilité nationale* [53], études méthodologiques, série F, No 2, Rev. 3. On trouvera un résumé de l'appareil conceptuel des classifications et des définitions des transactions dans *National Accounts Statistics: Main Aggregates and Detailed Tables* [26], publication annuelle des Nations Unies.

Les comptes nationaux figurant dans cette publication présentent, sous forme de tableaux analytiques, un résumé de certains agrégats importants calculés à partir des comptes nationaux détaillés d'environ 180 pays et territoires. Tout a été fait pour présenter des estimations relatives aux divers pays ou territoires sous une forme facilitant les comparaisons internationales. Les différences de définition, de portée, de couverture et de classification sont indiquées dans les notes en bas de page. Des notes détaillées précisant ces différences figurent également dans l'annuaire des comptes nationaux mentionné plus haut.

En raison de ces différences, l'interprétation des comparaisons entre pays et territoires doit être prudente.

Le *tableau 22* donne le produit intérieur brut (PIB) total et par habitant, exprimé en dollars des États-Unis à prix courants et le PIB total aux prix constants de 1990, ainsi que les taux de croissance correspondants. Le tableau est conçu pour faciliter les comparaisons internationales du revenu engendré par la production. À l'aide des données les plus diverses provenant de sources nationales et internationales, la Division de statistique établit des estimations destinées à compléter les chiffres officiels du PIB exprimé dans la monnaie nationale de façon à rendre possible une comparaison d'autant de pays que possible. Les données libellées en monnaie nationale sont converties en dollars des États-Unis à l'aide des taux moyens du marché publiés par le Fonds monétaire international dans les *Statistiques financières internationales* [13]. Le taux de change officiel n'est utilisé que si l'on ne dispose pas d'un taux du marché. Pour les pays qui ne sont pas membres du Fonds, les taux de change utilisés sont la moyenne des taux de change retenus pour les opérations des Nations Unies. Il est à noter que cette opération de conversion des monnaires nationales en dollars des Etats-Unis fausse la comparaison des données dans le temps et entre pays et toute interprétation des données doit donc en tenir compte. Les comparaisons dans le temps sont faussées quand l'évolution des taux de change s'écarte nettement de celle de l'inflation intérieure. De même, le PIB

The GDP constant price series based primarily on data officially provided by countries and partly based on estimates made by the Statistical Division are transformed into index numbers and rebased to 1990=100. The resulting data are then converted into US dollars at the rate prevailing in the base year 1990. The growth rates are based on the estimates of GDP at constant 1990 prices. The rate of the year in question is obtained by dividing the GDP of that year by the GDP of the preceeding year.

Table 23 features the distribution of GDP by expenditure breakdown at current prices. It shows what portion of income is spent by the government and by the private sector on consumption, what is spent on investment and what revenues are obtained from exports after deducting the expenditure on imports. The percentages are derived from official data of countries as reported to the United Nations and published in the annual national accounts yearbook.

Table 24 shows the distribution of GDP originating from each industry component based on the *International Standard Industrial Classification of All Economic Activities* [46]. This table reflects the economic structure of production in the country. The percentages are based on official GDP estimates broken down by kind of economic activity at current prices: agriculture, hunting, forestry and fishing; mining and quarrying; manufacturing; electricity, gas and water; construction; wholesale, retail trade, restaurants and hotel; transport, storage and communication; and other activities comprised of financial and community services, producers of government services, other producers and import duties and taxes.

Table 25 presents the relationships between the principal national accounting aggregates, namely: gross domestic product (GDP), gross national product (GNP), national income (NI), national disposable income (NDI) and net saving. The ratio of each aggregate to GDP is derived cumulatively by adding net factor income from the rest of the world (GNP); deducting consumption of fixed capital (NI); adding net current transfers from the rest of the world (NDI); and, deducting final consumption to arrive at net saving.

Table 26 presents the distribution of total government final consumption expenditure by function at current prices. The breakdown by function includes: general public services; defence; public order and safety; education; health; social serives; economic services; and other function which include housing, community amenities, recreational, cultural and religious affairs. The government expenditure is equal to the service produced by general government for its own use. These services are not sold, they are valued in the GDP at their cost to the government.

Table 27 shows the distribution of total private final consumption expenditure by type and purpose at current prices. Private consumption expenditure measures the expenditure of all resident non-government units which includes all housholds and private non-profit institutions

par habitant est susceptible d'être affecté par les mêmes distorsions liées au taux de change. Les données exprimées par habitant tiennent compte aussi de l'accroissement de la population.

La série de statistiques du PIB à prix constants est fondée principalement sur des données officiellement communiquées par les pays et en partie sur des estimations effectuées par la Division de statistique; les données permettent de calculer des indices, la base 100 étant retenue pour 1990. Les données ainsi obtenues sont alors converties en dollars des États-Unis au taux de change de l'année de base (1990). Les taux de croissance sont calculés à partir des estimations du PIB aux prix constants de 1990. Le taux de croissance de l'année en question est obtenu en divisant le PIB de l'année par celui de l'année précédente.

Le *tableau 23* donne la répartition du PIB par catégorie de dépenses aux prix courants. Il indique quelle est la fraction du revenu national qui est consacrée à la consommation par les administrations et par le secteur privé, quelle est celle qui est affectée à l'investissement, et quelles recettes proviennent des exportations une fois les importations déduites. Les pourcentages sont calculés à partir des données officiellement communiquées par les pays à l'Organisation des Nations Unies et sont publiés dans l'annuaire des comptes nationaux.

Le *tableau 24* donne la répartition du PIB par secteur industriel, selon le classement proposé par la *Classification internationale type, par industrie, de toutes les branches d'activité économique (CITI)* [46]. Ce tableau donne donc la structure économique de la production dans chaque pays. Les pourcentages sont établis à partir des estimations officielles du PIB, ventilées entre les diverses branches d'activité économique aux prix courants : agriculture, chasse, forêts et pêche; industries minières et extractives; industrie manufacturière; électricité, gaz et eau; construction; commerce de gros et de détail, restaurants et hôtels; transports, entrepôts et communications; autres activités, y compris les services financiers, les services communautaires, les services fournis par les administrations, divers autres services et les droits et taxes d'importation.

Le *tableau 25* présente les liens existant entre les principaux agrégats de comptabilité ationale, à savoir: le produit intérieur brut (PIB), le produit national brut (PNB), le revenu national, le revenu national disponible et l'épargne nette. On détermine successivement chaque agrégat par rapport au PIB en ajoutant le revenu net des facteurs reçus de l'étranger, ce qui donne le PNB; en déduisant la consommation de capital fixe, on obtient le revenu national; en ajoutant le solde des transferts courants reçus de l'étranger, on obtient le revenu national disponible; en éediusant la consommation finale, on obtient l'épargne nette.

Le *tableau 26* donne la répartition des dépenses de consommation finale des administrations, par fonction, aux prix courants. La répartition par fonction est la suivante : administration publique générale; défense; ordre public et sécurité; éducation; santé; services sociaux; services

serving households. The percentage shares include: food, beverages and tobacco; clothing and footwear; gross rent, fuel and power; furniture, furnishings and household equipment; medical care and health expenses; transport and communication; recreational, entertainment, education and cultural services; and other fuctions which include miscellaneous goods and services, purchases abroad by resident households deducting the expenditure of non-resident in the domestic market and the expenditure of private non-profit insitutions serving households.

Table 28: Detailed descriptions of national practices in the compilation of production index numbers are given in the United Nations *1977 Supplement to the Statistical Yearbook and Monthly Bulletin of Statistics*. [49] Some differences in national practice in compilation, as well as major deviations from ISIC in the scope of the indexes, are indicated in the footnotes to this table.

économiques; et autres fonctions incluant le logement, les aménagements collectifs, les équipements de loisir et les activités culturelles et religieuses. Les dépenses des administrations sont considérées comme égales aux services produits par l'administration pour son propre usage. Ces services ne sont pas vendus et ils sont évalués, dans le PIB, à leur coût pour l'administration.

Le *tableau 27* donne la répartition des dépenses totales de consommation finale privée par type et par objet aux prix courants. Les dépenses privées de consommation mesurent donc les dépenses de toutes les entités résidentes autres que les administrations, y compris tous les ménages et les entités privées à but non lucratif fournissant des services aux ménages. La répartition en pourcentage distingue les rubriques suivantes : aliments, boissons et tabac, articles d'habillement et chaussures, loyer brut, combustible et électricité, mobilier et équipement des ménages, soins médicaux et dépenses de santé, services de loisir, éducatifs et culturels, autres fonctions, y compris les biens et services divers, achats à l'étranger effectués par les ménages résidents, moins les dépenses des non-résidents sur le marché intérieur, et dépenses des institutions privées à but non lucratif fournissant des services aux ménages.

Tableau 28 : Des descriptions détaillées des pratiques nationales employées pour la compilation des indices de production sont données dans le *Supplément 1977 à l'Annuaire statistique et au Bulletin mensuel de statistique* des Nations Unies [49]. Certaines différences dans la méthode nationale de compilation, ainsi que les écarts importants par rapport à la CITI dans la portée des indices, sont indiqués dans les notes figurant au bas de ce tableau.

29
Rates of discount of central banks
Taux d'escompte des banques centrales
Per cent per annum, end of period
Pour cent par année, fin de la période

Country or area Pays ou zone	1987	1988	1989	1990	1991	1992	1993	1994	1995	1996
Albania Albanie	...	...	...	...	...	40.00	34.00	25.00	20.50	24.00
Aruba Aruba	9.50	9.50	9.50	9.50	9.50	9.50	9.50	9.50	9.50	9.50
Australia Australie	14.95	13.20	17.23	15.24	10.99	6.96	5.83	5.75	5.75	...
Austria Autriche	3.00	4.00	6.50	6.50	8.00	8.00	5.25	4.50	3.00	2.50
Bahamas Bahamas	7.50	9.00	9.00	9.00	9.00	7.50	7.00	6.50	6.50	6.50
Bangladesh Bangladesh	10.75	10.75	10.75	9.75	9.25	8.50	6.00	5.50	6.00	7.00
Barbados Barbade	8.00	8.00	13.50	13.50	18.00	12.00	8.00	9.50	12.50	12.50
Belarus Bélarus	...	...	...	...	...	30.00	210.00	480.00	66.00	...
Belgium Belgique	7.00	7.75	10.25	10.50	8.50	7.75	5.25	4.50	3.00	2.50
Belize Belize	12.00	10.00	12.00	12.00	12.00	12.00	12.00	12.00	12.00	12.00
Benin Bénin	8.50	9.50	11.00	11.00	11.00	12.50	10.50	10.00	7.50	6.50
Botswana Botswana	8.50	6.50	6.50	8.50	12.00	14.25	14.25	13.50	13.00	13.00
Brazil Brésil	401.40	2 282.00	38 341.00	1 082.80	2 494.30	1 489.00	5 756.80	56.40	39.00	23.90
Burkina Faso Burkina Faso	8.50	9.50	11.00	11.00	11.00	12.50	10.50	10.00	7.50	6.50
Burundi Burundi	7.00	7.00	7.00	8.00	10.70	9.80	9.80	9.40	9.90	...
Cameroon Cameroun	8.00	9.50	10.00	11.00	10.75	12.00	11.50	# 7.75	8.60	...
Canada Canada	8.66	11.17	12.47	11.78	7.67	7.36	4.11	7.43	5.79	3.25
Central African Rep. Rép. centrafricaine	8.00	9.50	10.00	11.00	10.75	12.00	11.50	# 7.75	8.60	...
Chad Tchad	8.00	9.50	10.00	11.00	10.75	12.00	11.50	# 7.75	8.60	...
China †† Chine ††	...	...	...	7.92	7.20	7.20	10.08	10.08	10.44	9.00
Colombia Colombie	34.80	34.30	36.90	# 46.50	45.00	34.40	33.50	44.90	40.40	35.10
Comoros Comores	8.50	8.50	...	...	...	...	...	...	...	...
Congo Congo	8.00	9.50	10.00	11.00	10.75	12.00	11.50	# 7.75	8.60	...
Costa Rica Costa Rica	31.38	31.50	31.61	37.80	42.50	29.00	35.00	37.75	38.50	35.00
Côte d'Ivoire Côte d'Ivoire	8.50	9.50	11.00	11.00	11.00	12.50	10.50	10.00	7.50	6.50

29
Rates of discount of central banks
Per cent per annum, end of period [cont.]
Taux d'escompte des banques centrales
Pour cent par année, fin de la période [suite]

Country or area Pays ou zone	1987	1988	1989	1990	1991	1992	1993	1994	1995	1996
Croatia Croatie	...	...	...	...	...	1 889.39	34.49	8.50	8.50	6.50
Cyprus Chypre	6.00	6.00	6.50	6.50	6.50	6.50	6.50	6.50	6.50	7.50
Czech Republic République tchèque	...	...	...	...	...	...	8.00	8.50	9.50	10.50
Dem. Rep. of the Congo Rép. dém. du Congo	29.00	37.00	50.00	45.00	55.00	55.00	95.00	145.00	125.00	238.00
Denmark Danemark	7.00	7.00	7.00	8.50	9.50	9.50	6.25	5.00	4.25	3.25
Ecuador Equateur	23.00	23.00	32.00	35.00	49.00	49.00	33.57	44.88	59.41	46.38
Egypt Egypte	13.00	13.00	14.00	14.00	20.00	18.40	16.50	14.00	13.50	13.00
Equatorial Guinea Guinée équatoriale	8.00	9.50	10.00	11.00	10.75	12.00	11.50	# 7.75	8.60	...
Ethiopia Ethiopie	3.00	3.00	3.00	3.00	3.00	5.25	12.00	12.00	12.00	...
Fiji Fidji	11.00	11.00	8.00	8.00	8.00	6.00	6.00	6.00	6.00	6.00
Finland Finlande	7.00	8.00	8.50	8.50	8.50	9.50	5.50	5.25	4.88	4.00
France France	9.50	9.50	...	...	...	...	...	...	...	...
Gabon Gabon	8.00	9.50	10.00	11.00	10.75	12.00	11.50	# 7.75	8.60	...
Gambia Gambie	21.00	19.00	15.00	16.50	15.50	17.50	13.50	13.50	14.00	14.00
Germany † Allemagne† F. R. Germany R. f. Allemagne	... 2.50	... 3.50	... 6.00	... 6.00	8.00 ...	8.25 ...	5.75 ...	4.50 ...	3.00 ...	2.50 ...
Ghana Ghana	23.50	26.00	26.00	33.00	20.00	30.00	35.00	33.00	45.00	45.00
Greece Grèce	20.50	19.00	19.00	19.00	19.00	19.00	21.50	20.50	18.00	16.50
Guatemala Guatemala	9.00	9.00	13.00	18.50	16.50	...	...	...	...	...
Guinea Guinée	10.00	10.00	13.00	15.00	19.00	19.00	17.00	17.00	18.00	...
Guinea-Bissau Guinée-Bissau	...	...	...	42.00	42.00	45.50	41.00	26.00	39.00	54.00
Guyana Guyana	14.00	14.00	35.00	30.00	32.50	24.30	17.00	20.30	17.30	12.00
Honduras Honduras	24.00	24.00	24.00	28.20	30.10	26.10	...	...	...	...
Hungary Hongrie	10.50	14.00	17.00	22.00	22.00	21.00	22.00	25.00	28.00	...
Iceland Islande	49.20	24.10	38.40	21.00	21.00	# 16.60	...	4.70	5.90	5.70

29
Rates of discount of central banks
Per cent per annum, end of period [cont.]
Taux d'escompte des banques centrales
Pour cent par année, fin de la période [suite]

Country or area Pays ou zone	1987	1988	1989	1990	1991	1992	1993	1994	1995	1996
India Inde	10.00	10.00	10.00	10.00	12.00	12.00	12.00	12.00	12.00	12.00
Ireland Irlande	9.25	8.00	12.00	11.25	10.75	...	7.00	6.25	6.50	6.25
Israel Israël	26.80	30.90	15.00	13.00	14.20	10.40	9.80	17.00	14.20	...
Italy Italie	12.00	12.50	13.50	12.50	12.00	12.00	8.00	7.50	9.00	7.50
Jamaica Jamaïque	21.00	21.00	21.00	21.00	...	...	...	...	...	...
Japan Japon	2.50	2.50	4.25	6.00	4.50	3.25	1.75	1.75	0.50	...
Jordan Jordanie	6.25	6.25	8.00	8.50	8.50	8.50	8.50	8.50	8.50	8.50
Kazakhstan Kazakhstan	...	...	...	...	...	...	170.00	230.00	52.50	35.00
Kenya Kenya	12.50	16.02	16.50	19.43	20.27	20.46	45.50	21.50	24.50	26.88
Korea, Republic of Corée, République de	7.00	8.00	7.00	7.00	7.00	7.00	5.00	5.00	5.00	5.00
Kuwait Koweït	6.00	7.50	7.50	...	7.50	7.50	5.75	7.00	7.25	7.25
Lao People's Dem. Rep. Rép. dém. pop. lao	...	...	...	...	...	23.67	25.00	30.00	32.08	...
Latvia Lettonie	...	...	...	...	...	...	27.00	25.00	24.00	9.50
Lebanon Liban	21.85	21.84	21.84	21.84	18.04	16.00	20.22	16.49	19.01	17.29
Lesotho Lesotho	9.00	15.50	17.00	15.75	18.00	15.00	13.50	13.50	15.50	17.00
Libyan Arab Jamah. Jamah. arabe libyenne	5.00	5.00	5.00	5.00	5.00	5.00	5.00	...	...	...
Madagascar Madagascar	11.50	11.50	...	...	...	...	...	...	...	...
Malawi Malawi	14.00	11.00	11.00	14.00	13.00	20.00	25.00	40.00	50.00	...
Malaysia Malaisie	3.20	4.12	4.89	7.23	7.70	7.10	5.24	4.51	6.47	7.28
Mali Mali	8.50	9.50	11.00	11.00	11.00	12.50	10.50	10.00	7.50	6.50
Malta Malte	5.50	5.50	5.50	5.50	5.50	5.50	5.50	5.50	5.50	5.50
Mauritania Mauritanie	6.50	6.50	7.00	7.00	7.00	7.00	...	...	...	...
Mauritius Maurice	10.00	10.00	12.00	12.00	11.30	8.30	8.30	13.80	11.40	11.82
Mongolia Mongolie	...	...	...	...	...	...	628.80	180.00	150.00	109.00
Morocco Maroc	8.50	8.50	...	...	...	...	...	7.00	...	...

29
Rates of discount of central banks
Per cent per annum, end of period [cont.]
Taux d'escompte des banques centrales
Pour cent par année, fin de la période [suite]

Country or area Pays ou zone	1987	1988	1989	1990	1991	1992	1993	1994	1995	1996
Namibia Namibie	...	...	...	...	20.50	16.50	14.50	15.50	17.50	17.75
Nepal Népal	11.00	11.00	11.00	11.00	13.00	13.00	11.00	11.00	11.00	11.00
Netherlands Pays-Bas	3.75	4.50	7.00	7.25	8.50	7.75	5.00	...	...	...
Netherlands Antilles Antilles néerlandaises	6.00	6.00	6.00	6.00	6.00	6.00	6.00	5.00	6.00	6.00
New Zealand Nouvelle-Zélande	18.55	15.10	15.00	13.25	8.30	9.15	5.70	9.75	9.80	8.80
Nicaragua Nicaragua	...	12 874.60	311.00	10.00	15.00	15.00	11.80	10.50	...	...
Niger Niger	8.50	8.50	11.00	11.00	11.00	12.50	10.50	10.00	7.50	6.50
Nigeria Nigéria	12.75	12.75	18.50	18.50	15.50	17.50	26.00	13.50	13.50	...
Norway Norvège	13.80	12.00	11.00	10.50	10.00	11.00	7.00	6.75	6.75	6.00
Pakistan Pakistan	10.00	10.00	10.00	10.00	10.00	10.00	...	...	...	...
Papua New Guinea # Papouasie-Nvl-Guinée #	...	...	...	...	...	...	6.39	...	...	...
Paraguay Paraguay	...	10.00	21.00	30.00	18.00	18.00	18.00	18.00	18.00	...
Peru Pérou	29.80	748.00	865.60	289.60	67.70	48.50	28.60	16.10	18.40	18.20
Philippines Philippines	10.00	10.00	12.00	14.00	14.00	14.30	9.40	8.30	10.83	11.70
Poland Pologne	4.00	6.00	104.00	48.00	36.00	32.00	29.00	28.00	25.00	22.00
Portugal Portugal	14.50	13.50	14.50	14.50	14.50	# 19.77	14.27	10.05	8.93	6.80
Rwanda Rwanda	9.00	9.00	9.00	14.00	14.00	11.00	11.00	11.00	16.00	16.00
Senegal Sénégal	8.50	9.50	11.00	11.00	11.00	12.50	10.50	10.00	7.50	6.50
Slovakia Slovaquie	...	...	...	...	...	...	12.00	12.00	9.75	8.80
Slovenia Slovénie	...	...	...	...	...	25.00	18.00	16.00	10.00	10.00
Somalia Somalie	12.00	45.00	45.00	...	...	...	...	...	...	...
South Africa Afrique du Sud	9.50	14.50	18.00	18.00	17.00	14.00	12.00	13.00	15.00	17.00
Spain Espagne	13.50	12.40	14.52	14.71	12.50	13.25	9.00	7.38	9.00	6.25
Sri Lanka Sri Lanka	10.00	10.00	14.00	15.00	17.00	17.00	17.00	17.00	17.00	17.00
Swaziland Swaziland	9.00	11.00	12.00	12.00	13.00	12.00	11.00	12.00	15.00	16.75

29
Rates of discount of central banks
Per cent per annum, end of period [cont.]
Taux d'escompte des banques centrales
Pour cent par année, fin de la période [suite]

Country or area Pays ou zone	1987	1988	1989	1990	1991	1992	1993	1994	1995	1996
Sweden Suède	7.50	8.50	10.50	11.50	8.00	# 10.00	5.00	7.00	7.00	3.50
Switzerland Suisse	2.50	3.50	6.00	6.00	7.00	6.00	4.00	3.50	1.50	1.00
Syrian Arab Republic Rép. arabe syrienne	5.00	5.00	5.00	5.00	5.00	5.00	5.00	5.00	...	...
Thailand Thaïlande	8.00	8.00	8.00	12.00	11.00	11.00	9.00	9.50	10.50	10.50
Togo Togo	8.50	9.50	11.00	11.00	11.00	12.50	10.50	10.00	7.50	6.50
Trinidad and Tobago Trinité-et-Tobago	7.50	9.50	9.50	9.50	11.50	13.00	13.00	13.00	13.00	13.00
Tunisia Tunisie	9.25	9.25	11.37	11.88	11.88	11.38	8.88	8.88	8.88	7.88
Turkey Turquie	45.00	54.00	54.00	45.00	45.00	...	...	...	...	...
Uganda Ouganda	31.00	45.00	55.00	50.00	46.00	41.00	24.00	15.00	13.30	15.85
Ukraine Ukraine	...	...	...	...	...	80.00	240.00	252.00	110.00	40.00
United Rep.Tanzania Rép. Unie de Tanzanie	11.31	12.67	15.17	...	...	* 14.50	14.50	* 67.50	* 47.90	* 19.00
United States Etats-Unis	6.00	6.50	7.00	6.50	3.50	3.00	3.00	4.75	5.25	5.00
Uruguay Uruguay	143.40	154.50	219.60	251.60	219.00	162.40	164.30	182.30	178.70	160.30
Venezuela Venezuela	8.00	8.00	45.00	43.00	43.00	52.20	71.25	48.00	49.00	45.00
Zambia Zambie	15.00	15.00	...	...	...	47.00	72.50	...	...	...
Zimbabwe Zimbabwe	9.00	9.00	9.00	10.25	20.00	29.50	28.50	29.50	29.50	27.00

Source:
International Monetary Fund (Washington, DC).

† For information on recent changes in country or area nomenclature pertaining to former Czechoslovakia, Germany, Hong Kong Special Administrative Region of China, SFR Yugoslavia and former USSR, see Annex I - Country or area nomenclature, regional and other groupings.

†† For statistical purposes, the data for China do not include those for the Hong Kong Special Administrative Region (Hong Kong SAR) and Taiwan province of China.

Source:
Fonds monétaire international (Washington, DC).

† Pour les modifications récentes de nomenclature de pays ou de zone concernant l'Allemagne, Hong-Kong (Région administrative spéciale de Chine), l'ex-Tchécoslovaquie, l'ex-URSS et l'ex-Rfs de Yougoslavie, voir annexe I - Nomenclature des pays ou des zones, groupements régionaux et autres groupements.

†† Les données statistiques relatives à la Chine ne comprennent pas celles qui concernent la région administrative spéciale de Hong-Kong (la RAS de Hong-Kong) et la province chinoise de Taiwan.

30
Short-term rates
Taux à court terme
Treasury bill and money market rates: per cent per annum
Taux des bons du Trésor et du marché monétaire : pour cent par année

Country or area Pays ou zone	1987	1988	1989	1990	1991	1992	1993	1994	1995	1996
Albania Albanie										
Treasury bill Bons du Trésor	...	...	...	...	...	...	...	...	13.79	17.67
Antigua and Barbuda Antigua-et-Barbuda										
Treasury bill Bons du Trésor	7.00	7.00	7.00	7.00	7.00	7.00	7.00	7.00	7.00	7.00
Argentina Argentine										
Money market Marché monétaire	252.77	524.00	..[1]	..[2]	71.33	15.11	6.31	7.66	9.46	6.23
Australia Australie										
Treasury bill Bons du Trésor	12.80	12.14	16.80	14.15	9.96	6.26	5.00	5.69	7.63	6.96
Money market Marché monétaire	13.06	11.90	16.75	14.81	10.47	6.44	5.11	5.18	7.44	...
Austria Autriche										
Money market Marché monétaire	4.35	4.59	7.46	8.53	9.10	9.35	7.22	5.03	4.36	3.19
Bahamas Bahamas										
Treasury bill Bons du Trésor	2.40	4.46	5.21	5.85	6.49	5.32	3.96	1.88	3.01	4.45
Bahrain Bahreïn										
Treasury bill Bons du Trésor	6.40	7.39	9.08	...	5.90	3.78	3.33	4.81	6.07	5.49
Money market Marché monétaire	7.07	7.95	9.18	8.54	6.31	3.99	3.53	5.18	6.24	5.69
Barbados Barbade										
Treasury bill Bons du Trésor	4.84	4.75	4.90	7.07	9.34	10.88	5.44	7.26	8.01	6.85
Belgium Belgique										
Treasury bill Bons du Trésor	7.00	6.61	8.45	9.62	9.23	9.36	8.52	5.56	4.67	3.19
Money market Marché monétaire	5.67	5.04	7.00	8.29	# 9.38	9.38	8.21	5.72	4.80	3.24
Belize Belize										
Treasury bill Bons du Trésor	8.80	8.32	7.36	7.37	6.71	5.37	4.59	4.27	4.10	3.78
Brazil Brésil										
Treasury bill Bons du Trésor	195.40	482.65	381.78	...	...	...	...	...	...	...
Money market Marché monétaire	...	...	...	...	...	...	...	...	...	...
Burkina Faso Burkina Faso										
Money market Marché monétaire	8.37	8.72	10.07	10.98	10.94	11.44	...	...	...	...
Canada Canada										
Treasury bill Bons du Trésor	8.15	9.48	12.05	12.81	8.73	6.59	4.84	5.54	6.89	4.21
Money market Marché monétaire	8.50	10.35	12.06	11.62	7.40	6.79	3.79	5.54	5.71	3.01
Côte d'Ivoire Côte d'Ivoire										
Money market Marché monétaire	8.37	8.72	10.07	10.98	10.94	11.44	...	...	...	...
Croatia Croatie										
Money market Marché monétaire	...	...	...	...	...	951.20	1 370.50	26.93	21.13	19.26

30
Short-term rates
Treasury bill and money market rates: per cent per annum [cont.]
Taux à court terme
Taux des bons du Trésor et du marché monétaire : pour cent par année [suite]

Country or area Pays ou zone	1987	1988	1989	1990	1991	1992	1993	1994	1995	1996
Denmark Danemark										
Treasury bill										
Bons du Trésor	10.99	9.19	...	...	...	...	...	...	...	...
Money market										
Marché monétaire	10.20	8.52	9.66	10.97	9.78	11.35	#11.49	6.30	6.19	3.98
Dominica Dominique										
Treasury bill										
Bons du Trésor	6.50	6.50	6.50	6.50	6.50	6.50	6.40	6.40	6.40	6.40
Ethiopia Ethiopie										
Treasury bill										
Bons du Trésor	3.00	3.00	3.00	3.00	3.00	5.25	12.00	12.00	12.00	...
Fiji Fidji										
Treasury bill										
Bons du Trésor	9.76	1.78	2.74	4.40	5.61	3.65	2.91	2.69	3.15	2.98
Money market										
Marché monétaire	9.02	1.49	2.33	2.92	4.28	3.06	2.91	4.10	3.94	2.43
Finland Finlande										
Money market										
Marché monétaire	10.03	9.97	12.56	14.00	13.08	13.25	7.77	5.35	5.75	3.62
France France										
Treasury bill										
Bons du Trésor	8.23	7.82	9.38	#10.16	9.70	10.48	8.38	5.81	6.66	3.86
Money market										
Marché monétaire	7.98	7.52	9.07	9.85	9.49	10.35	8.75	5.69	6.35	3.73
Germany † Allemagne†										
Treasury bill[3]										
Bons du Trésor[3]	...	...	...	...	8.27	8.32	6.22	5.05	4.40	3.30
Money market[3]										
Marché monétaire[3]	...	...	...	...	8.84	9.42	7.49	5.35	4.50	3.27
F. R. Germany R. f. Allemagne										
Treasury bill										
Bons du Trésor	3.28	3.62	6.28	8.13	...	...	...	...	...	...
Money market										
Marché monétaire	3.72	4.01	6.59	7.92	...	...	...	...	...	...
Ghana Ghana										
Treasury bill										
Bons du Trésor	21.71	19.76	19.84	21.78	29.23	19.38	30.95	27.71	35.38	41.64
Greece Grèce										
Treasury bill										
Bons du Trésor	17.29	16.30	16.50	18.50	18.79	17.69	18.23	...	...	11.92
Grenada Grenade										
Treasury bill										
Bons du Trésor	6.50	6.50	6.50	6.50	6.50	6.50	6.50	6.50	6.50	6.50
Guyana Guyana										
Treasury bill										
Bons du Trésor	11.33	11.03	15.19	30.00	30.94	25.75	16.83	17.66	17.51	11.35
Hungary Hongrie										
Treasury bill										
Bons du Trésor	...	18.00	20.49	30.13	34.48	22.65	17.22	26.93	32.04	...
Iceland Islande										
Treasury bill										
Bons du Trésor	...	26.39	23.00	12.92	14.25	#11.30	8.35	4.95	7.22	6.97
Money market										
Marché monétaire	31.52	34.49	21.57	12.73	14.85	12.37	8.61	4.96	6.58	6.96

30
Short-term rates
Treasury bill and money market rates: per cent per annum [cont.]
Taux à court terme
Taux des bons du Trésor et du marché monétaire : pour cent par année [suite]

Country or area Pays ou zone	1987	1988	1989	1990	1991	1992	1993	1994	1995	1996
India Inde										
Money market Marché monétaire	9.83	9.73	11.39	15.57	19.35	15.23	8.64	7.13	15.57	11.04
Indonesia Indonésie										
Money market Marché monétaire	14.51	15.00	12.57	14.37	15.12	12.14	...	...	...	...
Ireland Irlande										
Treasury bill Bons du Trésor	10.70	7.81	9.70	10.90	10.12	...	# 9.06	5.87	6.19	5.36
Money market Marché monétaire	10.84	7.84	9.55	11.10	10.45	15.12	10.49	# 5.75	5.45	...
Israel Israël										
Treasury bill Bons du Trésor	19.97	16.01	12.90	15.08	14.50	11.79	10.54	11.77	14.37	15.54
Italy Italie										
Treasury bill Bons du Trésor	10.73	11.13	12.58	12.38	12.54	14.32	10.58	9.17	10.85	8.46
Money market Marché monétaire	11.51	11.29	12.69	12.38	# 12.21	14.02	10.20	8.51	10.46	8.82
Jamaica Jamaïque										
Treasury bill Bons du Trésor	18.16	18.50	19.10	26.21	25.56	34.36	28.85	42.98	27.65	37.95
Japan Japon										
Money market Marché monétaire	3.51	3.62	4.87	7.24	7.46	4.58	# 3.06	2.20	1.21	...
Kazakhstan Kazakhstan										
Treasury bill Bons du Trésor	...	...	...	...	...	...	...	214.34	48.98	28.91
Kenya Kenya										
Treasury bill Bons du Trésor	12.86	13.48	13.86	14.78	16.59	16.53	49.80	23.31	18.29	22.25
Korea, Republic of Corée, République de										
Money market Marché monétaire	8.93	9.62	13.28	14.03	17.03	14.32	12.12	12.45	12.57	12.45
Kuwait Koweït										
Treasury bill Bons du Trésor	5.48	6.01	8.28	...	...	...	...	6.32	7.35	...
Money market Marché monétaire	6.08	6.12	8.70	...	...	...	7.43	6.31	7.43	6.98
Lao People's Dem. Rep. Rép. dém. pop. lao										
Treasury bill Bons du Trésor	...	...	...	...	...	...	...	...	20.46	...
Latvia Lettonie										
Treasury bill Bons du Trésor	...	...	...	...	...	...	...	...	28.24	16.27
Lebanon Liban										
Treasury bill Bons du Trésor	26.91	25.17	18.84	18.84	17.47	22.40	18.27	15.09	19.40	15.19
Lesotho Lesotho										
Treasury bill Bons du Trésor	10.75	11.42	15.75	16.33	15.75	14.20	...	# 9.44	12.40	13.89
Libyan Arab Jamah. Jamah. arabe libyenne										
Money market Marché monétaire	4.00	4.00	4.00	4.00	4.00	4.00	4.00	...	...	...

30
Short-term rates
Treasury bill and money market rates: per cent per annum [cont.]
Taux à court terme
Taux des bons du Trésor et du marché monétaire : pour cent par année [suite]

Country or area Pays ou zone	1987	1988	1989	1990	1991	1992	1993	1994	1995	1996
Lithuania Lituanie										
Treasury bill Bons du Trésor	...	...	...	...	...	...	...	...	26.87	21.03
Luxembourg Luxembourg										
Money market Marché monétaire	6.71	7.16	10.02	9.67	9.10	8.93	8.09	5.16	4.25	3.29
Malawi Malawi										
Treasury bill Bons du Trésor	14.25	15.75	15.75	12.92	11.50	15.62	23.54	27.68	46.30	30.83
Malaysia Malaisie										
Money market Marché monétaire	3.12	4.11	4.72	6.81	7.83	8.01	6.53	5.07	...	...
Maldives Maldives										
Money market Marché monétaire	8.67	8.50	7.33	7.00	...	...	...	...	...	...
Mali Mali										
Money market Marché monétaire	8.37	8.72	10.07	10.98	10.94	11.44	...	...	...	...
Malta Malte										
Treasury bill Bons du Trésor	4.50	4.24	4.24	4.25	4.46	4.58	4.60	4.29	4.64	4.99
Mauritius Maurice										
Money market Marché monétaire	10.29	...	...	13.26	12.24	9.05	7.73	10.23	10.35	9.96
Mexico Mexique										
Treasury bill Bons du Trésor	103.07	# 69.15	44.99	34.76	19.28	15.62	15.03	14.10	48.44	31.39
Money market Marché monétaire	95.59	69.01	# 47.43	37.36	23.58	18.87	17.39	16.47	50.52	...
Morocco Maroc										
Treasury bill Bons du Trésor	10.50	10.50	10.50	9.50	9.50	...	...	...	...	...
Money market Marché monétaire	...	...	...	...	...	...	...	12.29	10.06	8.42
Namibia Namibie										
Treasury bill Bons du Trésor	...	...	...	...	...	13.88	12.16	11.35	13.91	15.25
Nepal Népal										
Treasury bill Bons du Trésor	5.00	5.00	5.62	7.93	8.80	9.00	4.50	6.50	9.90	11.40
Netherlands Pays-Bas										
Treasury bill Bons du Trésor	5.18	4.34	6.80	...	...	...	...	...	...	...
Money market Marché monétaire	5.16	4.48	6.99	8.29	9.01	9.27	7.10	5.14	4.22	2.89
Netherlands Antilles Antilles néerlandaises										
Treasury bill Bons du Trésor	6.36	5.79	5.96	6.10	...	...	4.83	4.48	5.46	5.66
New Zealand Nouvelle-Zélande										
Treasury bill Bons du Trésor	20.50	...	13.51	13.78	9.74	6.72	6.21	6.69	8.82	9.09
Money market Marché monétaire	17.40	14.18	14.10	12.61	7.59	7.59	4.96	9.44	8.77	7.89

30
Short-term rates
Treasury bill and money market rates: per cent per annum [cont.]
Taux à court terme
Taux des bons du Trésor et du marché monétaire : pour cent par année [suite]

Country or area Pays ou zone	1987	1988	1989	1990	1991	1992	1993	1994	1995	1996
Niger Niger										
Money market										
Marché monétaire	8.37	8.72	10.07	10.98	10.94	11.44	...	...	...	...
Norway Norvège										
Money market										
Marché monétaire	14.66	13.29	11.31	11.45	10.58	13.71	7.64	5.70	5.54	4.97
Pakistan Pakistan										
Money market										
Marché monétaire	6.25	6.31	6.30	7.29	7.64	7.51	11.00	8.36	11.52	11.40
Papua New Guinea Papouasie-Nvl-Guinée										
Treasury bill										
Bons du Trésor	10.44	10.12	10.50	11.40	10.33	8.88	6.25	6.85	17.40	14.44
Philippines Philippines										
Treasury bill										
Bons du Trésor	11.51	14.67	18.65	23.67	21.48	16.02	12.45	12.71	11.76	12.34
Poland Pologne										
Treasury bill										
Bons du Trésor	...	...	...	...	...	44.03	33.16	28.81	25.62	20.32
Money market										
Marché monétaire	...	...	...	...	49.90	# 29.49	24.51	23.32	25.82	20.63
Portugal Portugal										
Treasury bill										
Bons du Trésor	13.89	12.97	...	13.51	14.20	12.88	...	...	7.75	5.75
Money market										
Marché monétaire	13.69	12.31	12.68	13.12	15.50	# 17.48	13.25	10.62	8.91	7.38
Republic of Moldova République de Moldova										
Treasury bill										
Bons du Trésor	...	...	...	...	...	...	...	...	52.90	39.01
Russian Federation Fédération de Russie										
Treasury bill										
Bons du Trésor	...	...	...	...	...	...	...	...	168.04	85.78
Saint Kitts and Nevis Saint-Kitts-et-Nevis										
Treasury bill										
Bons du Trésor	6.50	6.50	6.50	6.50	6.50	6.50	6.50	6.50	6.50	6.50
Saint Lucia Sainte-Lucie										
Treasury bill										
Bons du Trésor	7.00	7.00	7.00	7.00	7.00	7.00	7.00	7.00	7.00	7.00
St. Vincent-Grenadines St. Vincent-Grenadines										
Treasury bill										
Bons du Trésor	6.50	6.50	6.50	6.50	6.50	6.50	6.50	6.50	6.50	6.50
Senegal Sénégal										
Money market										
Marché monétaire	8.37	8.72	10.07	10.98	10.94	11.44	...	...	...	...
Seychelles Seychelles										
Treasury bill										
Bons du Trésor	15.15	13.90	13.41	* 13.17	13.30	13.28	13.18	12.51	12.39	...
Sierra Leone Sierra Leone										
Treasury bill										
Bons du Trésor	16.50	18.00	22.00	47.50	50.67	78.63	28.64	12.18	14.73	29.25
Singapore Singapour										
Money market										
Marché monétaire	3.89	4.30	5.34	6.61	4.76	2.74	2.50	3.67	2.56	2.93

251 Financial statistics Statistiques financières

30
Short-term rates
Treasury bill and money market rates: per cent per annum [*cont.*]
Taux à court terme
Taux des bons du Trésor et du marché monétaire : pour cent par année [*suite*]

Country or area Pays ou zone	1987	1988	1989	1990	1991	1992	1993	1994	1995	1996
Solomon Islands Iles Salomon										
Treasury bill										
Bons du Trésor	11.33	11.00	11.00	11.00	13.71	13.50	12.15	11.25	12.50	12.75
South Africa Afrique du Sud										
Treasury bill										
Bons du Trésor	8.71	12.03	16.84	17.80	16.68	13.77	11.31	10.93	13.53	15.04
Money market										
Marché monétaire	9.50	13.90	18.77	19.46	17.02	14.11	10.83	10.24	13.07	15.54
Spain Espagne										
Treasury bill										
Bons du Trésor	# 11.38	10.79	13.57	14.17	12.45	12.44	10.53	8.11	9.79	7.23
Money market										
Marché monétaire	16.07	11.30	14.39	14.76	13.20	13.01	...	...	...	...
Sri Lanka Sri Lanka										
Treasury bill										
Bons du Trésor	7.30	13.59	14.81	14.08	13.75	16.19	16.52	12.68	16.81	...
Money market										
Marché monétaire	13.14	18.65	22.19	21.56	25.42	21.62	25.65	18.54	41.87	24.33
Swaziland Swaziland										
Treasury bill										
Bons du Trésor	5.96	7.28	10.16	11.14	12.67	12.34	8.25	8.35	10.87	13.68
Money market										
Marché monétaire	...	...	8.39	10.50	10.61	10.25	9.73	7.01	8.52	9.77
Sweden Suède										
Treasury bill										
Bons du Trésor	9.39	10.08	11.50	13.66	11.59	12.85	8.35	7.40	8.75	5.79
Money market										
Marché monétaire	9.16	10.08	11.52	13.45	11.81	18.42	9.08	7.36	8.54	6.28
Switzerland Suisse										
Treasury bill										
Bons du Trésor	3.18	3.01	6.60	8.32	7.74	7.76	4.75	3.97	2.78	1.72
Money market										
Marché monétaire	2.51	2.22	6.50	8.33	7.73	7.47	4.94	3.85	2.89	1.78
Thailand Thaïlande										
Treasury bill										
Bons du Trésor	3.63	5.08	...	...	...	...	...	...	...	...
Money market										
Marché monétaire	5.91	8.66	9.82	12.73	10.58	7.05	6.49	7.17	10.28	9.16
Togo Togo										
Money market										
Marché monétaire	8.37	8.72	10.07	10.98	10.94	11.44	...	...	...	...
Trinidad and Tobago Trinité-et-Tobago										
Treasury bill										
Bons du Trésor	4.63	4.88	7.13	7.50	7.67	9.26	9.45	10.00	8.41	10.44
Tunisia Tunisie										
Money market										
Marché monétaire	10.00	9.15	9.40	11.53	11.79	11.73	10.48	8.81	8.81	8.64
Turkey Turquie										
Treasury bill										
Bons du Trésor	41.92	54.56	48.01	43.46	67.01	72.17	...	...	...	...
Money market										
Marché monétaire	39.82	60.62	40.66	51.90	72.74	65.35	62.83	136.47	72.30	76.24
Uganda Ouganda										
Treasury bill										
Bons du Trésor	30.50	33.00	42.17	41.00	34.17	...	# 21.30	12.52	8.75	11.71

30
Short-term rates
Treasury bill and money market rates: per cent per annum [*cont.*]
Taux à court terme
Taux des bons du Trésor et du marché monétaire : pour cent par année [*suite*]

Country or area Pays ou zone	1987	1988	1989	1990	1991	1992	1993	1994	1995	1996
United Kingdom Royaume-Uni										
Treasury bill										
Bons du Trésor	9.25	9.87	13.28	14.09	10.85	8.94	5.25	5.15	6.33	5.77
Money market										
Marché monétaire	9.47	9.72	13.62	14.64	11.77	9.39	5.46	4.76	5.98	5.89
United Rep.Tanzania Rép. Unie de Tanzanie										
Treasury bill										
Bons du Trésor	...	...	...	...	...	...	34.00	35.09	40.33	15.30
United States Etats-Unis										
Treasury bill										
Bons du Trésor	5.83	6.67	8.11	7.51	5.41	3.46	3.02	4.27	5.51	5.04
Money market [4]										
Marché monétaire [4]	6.66	7.61	9.22	8.10	5.70	3.52	3.02	4.20	5.84	5.30
Vanuatu Vanuatu										
Money market										
Marché monétaire	6.50	7.50	7.08	7.00	7.00	5.92	6.00	6.00	...	...
Zambia Zambie										
Treasury bill										
Bons du Trésor	16.50	15.17	18.50	25.92	...	...	124.02	...	...	52.78
Zimbabwe Zimbabwe										
Treasury bill										
Bons du Trésor	8.73	8.38	8.35	8.39	14.44	26.16	33.04	29.22	27.98	24.53
Money market										
Marché monétaire	9.30	9.07	8.72	8.68	17.49	34.77	34.18	30.90	29.64	26.18

Source:
International Monetary Fund (Washington, DC).

† For information on recent changes in country or area nomenclature pertaining to former Czechoslovakia, Germany, Hong Kong Special Administrative Region of China, SFR Yugoslavia and former USSR, see Annex I - Country or area nomenclature, regional and other groupings.

†† For statistical purposes, the data for China do not include those for the Hong Kong Special Administrative Region (Hong Kong SAR) and Taiwan province of China.

1 Rate = 1,387,179.00.
2 Rate = 9,695,422.00.
3 Data cover the former Federal Republic of Germany and the former German Democratic Republic beginning July 1990.
4 Federal funds rate.

Source:
Fonds monétaire international (Washington, DC).

† Pour les modifications récentes de nomenclature de pays ou de zone concernant l'Allemagne, Hong-Kong (Région administrative spéciale de Chine), l'ex-Tchécoslovaquie, l'ex-URSS et l'ex-Rfs de Yougoslavie, voir annexe I - Nomenclature des pays ou des zones, groupements régionaux et autres groupements.

†† Les données statistiques relatives à la Chine ne comprennent pas celles qui concernent la région administrative spéciale de Hong-Kong (la RAS de Hong-Kong) et la province chinoise de Taiwan.

1 Taux = 1 387 179.00.
2 Taux = 9 695 422.00.
3 Les données se rapportent à l'ancienne République Fédéral Allemagne et à l'ancienne République Démocratique Allemande à partir de juillet 1990.
4 Taux des fonds du système fédérale.

Technical notes, tables 29 and 30

Detailed information and current figures relating to tables 29 and 30 are contained in *International Financial Statistics*, published monthly by the International Monetary Fund [13] and in the United Nations *Monthly Bulletin of Statistics*. [25]

Table 29: Rates shown represent those rates at which the central bank either discounts or makes advances against eligible commercial paper and/or government securities for commercial banks or brokers. For countries with more than one rate applicable to such discounts or advances, the rate shown is the one at which the largest proportion of central bank credit operations is understood to be transacted.

Table 30: Rates shown represent short-term money market rates - the rate at which short-term borrowings are effected between financial institutions or the rate at which short-term government paper is issued or traded in the market. Typical standardized names for these rates are *Money Market Rate* and *Treasury Bill Rate*, respectively.

Notes techniques, tableaux 29 et 30

Les informations détaillées et les chiffres courants concernant les tableaux 29 et 30 figurent dans les *Statistiques financières internationales* publiées chaque mois par le Fonds monétaire international [13] et dans le *Bulletin mensuel de statistique* des Nations Unies [25].

Tableau 29 : Les taux indiqués représentent les taux pratiqués par la banque centrale à l'escompte, ou pour avance de fonds, dans toute transaction portant sur des effets de commerce ou des obligations de l'Etat détenus par les banques commerciales ou des courtiers. Pour les pays où il existe plus d'un taux applicable à de telles transactions, le tableau indique le taux que la Banque centrale semble pratiquer pour la plupart de ses opérations de crédit.

Tableau 30 : Les taux indiqués représentent le marché monétaire à court terme - le taux auquel les emprunts à court terme sont effectués entre les institutions financières, ou le taux auquel les effets publics à court terme sont émis ou négociés sur le marché. Ces taux sont normalement dénommés *taux du marché monétaire* et *taux des bons du Trésor*, respectivement.

31
Employment by industry
Emploi par industrie

A. ISIC Rev. 2 [+] · CITI Rév. 2 [+]

Persons employed, by branch of economic activity (000s)
Personnes employées, par branches d'activité économique (000s)

Country or area Pays ou zone	Year Année	Total employment (000s) Emploi total (000s) M	F	Agriculture, hunting, forestry and fishing Agriculture, chasse sylviculture, pêche M	F	Mining and quarrying Industries extractives M	F	Manufacturing Industries manufacturières M	F	Electricity, gas, water Electricité, gaz, eau M	F
Australia [12]	1990	4600.2	3258.6	309.6	129.6	87.7	10.9	854.4	312.1	93.8	11.8
Australie [12]	1994	4545.4	3375.2	281.0	122.6	76.6	9.7	811.5	294.5	77.3	13.0
Austria [13]	1990	2024.8	1396.3	137.8	130.8	10.9	0.7	676.5	245.3	35.2	5.0
Autriche [13]	1994	2146.8	1595.2	141.8	127.5	8.0	1.2	585.6	232.0	30.7	4.5
Azerbaijan [4]	1990	2788.6	...	898.6	...	...	...	469.1	...	99.7	...
Azerbaïdjan [4]	1994	2674.2	...	1011.0	...	...	...	385.4	...	81.0	...
Barbados [12]	1990 [5]	57.7	47.5	4.0	2.6	...	...	6.0	5.9	1.4	0.1
Barbade [12]	1995	57.7	52.1	3.2	1.9	...	...	5.4	6.3	0.8	0.1
Belgium [1 8 9]	1990	2268.2	1495.8	73.8	26.2	7.7	0.4	596.8	185.4	26.7	3.3
Belgique [1 8 9]	1992	2236.0	1517.1	68.5	26.4	6.3	0.3	576.1	175.6	25.7	3.4
Belize [10]	1993	43.4	18.7	14.7	0.9	0.3	...	5.0	2.2	1.0	0.2
Belize [10]	1994	43.0	19.0	13.3	0.8	0.3	...	5.0	1.7	1.0	0.2
Bolivia [2 32]	1990	501.2	356.6	9.7	0.7	17.2	0.9	95.7	38.0	5.0	0.4
Bolivie [2 32]	1991	525.8	361.9	12.3	3.7	18.6	1.8	109.6	49.3	6.3	0.6
Brazil [2 9 11 12]	1990	40018.0	22083.0	11235.0	2945.0	764.0 [13 14]	96.0 [13 14]	6774.0	2637.0	...	...
Brésil [2 9 11 12]	# 1993	40585.0	25985.0	12004.0	6250.0	795.0 [13 14]	152.0 [13 14]	6113.0	2426.0	...	...
Canada [12]	1990	6948.0	5624.0	383.0	148.0	154.0	26.0	1425.0 [21]	576.0 [21]	107.0 [14]	29.0 [14]
Canada [12]	# 1995	7397.0	6109.0	402.0	152.0	145.0	27.0	1477.0 [21]	584.0 [21]	108.0 [14]	34.0 [14]
Chile [1 2 24]	1990	3075.5	1383.9	777.4	81.2	97.6	3.9	535.9	180.2	20.4	1.4
Chili [1 2 24]	1995	3406.1	1619.7	702.7	86.4	85.4	4.4	604.4	213.4	23.1	4.3
China †† [4 9 25]	1990	567400.0	...	341770.0	...	...	...	96970.0	...	...	...
Chine †† [4 9 25]	1993	602200.0	...	339660.0	...	9320.0	...	92950.0	...	2400.0	...
China, Hong Kong SAR † [12]	1990	1724.7	986.9	16.4	7.0	0.6	...	436.5	314.4	17.0	1.7
Chine, Hong-Kong RAS † [12]	1995	1841.0	1129.5	12.5	4.2	0.2	...	349.8	196.3	18.5	2.5
Colombia [9 26 27]	1990	2625.4	1699.3	50.9	10.9	17.6	3.2	629.3	401.6	27.0	6.4
Colombie [9 26 27]	1992	2819.5	2021.7	53.0	15.4	15.0	4.3	660.8	477.9	27.1	5.4
Costa Rica [2 9 26]	1990	730.9	286.2	245.4	18.3	1.5	0.1	115.8 [28]	67.2 [28]	11.4	1.1
Costa Rica [2 9 26]	1995	817.2	350.9	230.4	21.9	2.5	0.2	122.7 [28]	70.1 [28]	10.3	2.0
Cyprus [2]	1990	157.7	99.5	19.0	15.8	0.7	...	25.6	22.9	1.2	0.1
Chypre [2]	1995	173.0	112.1	18.8	11.7	0.8	...	25.9	18.1	1.3	0.2
Denmark [24 30]	1990	1448.3	1221.7	112.6	34.4	2.2	...	359.5	172.2	17.3	2.5
Danemark [24 30]	1993 [31]	1383.1	1200.9	100.5	31.3	1.8	0.7	346.6	155.1	13.9	2.3
Ecuador [9 11 32]	1990	1499.9	830.6	153.9 [28]	21.1 [28]	...	...	285.4	132.2	...	...
Equateur [9 11 32]	1994	1665.2	1032.3	164.0 [28]	24.7 [28]	15.0	1.2	268.6	146.2	10.9	1.4
Egypt [2 33]	1990 [9]	10951.2	3410.2	3824.8	1773.9	42.7	1.1	1609.3	258.5	92.1	10.9
Egypte [2 33]	1994 [5]	12144.0	3097.4	3904.9	1455.6	46.2	1.1	1858.3	196.8	141.7	12.4
El Salvador [11]	1990	488.2	396.7	55.3.0	10.6	0.5	1.0	110.5	86.7	5.2	0.3
El Salvador [11]	1995 [34]	1226.9	746.1	474.7	57.8	1.0	...	192.0	188.7	6.5	0.9
Finland [30 35]	1990	1309.0	1179.0	133.0	74.0	3.0	...	344.0	180.0	22.0	6.0
Finlande [30 35]	1995	1104.0	988.0	104.0	54.0	4.0	...	296.0	130.0	21.0	4.0
France [8]	1990	12869.2	9527.2	818.3	430.1	...	...	4998.5 [13 28 36]	1629.5 [13 28 36]	...	...
France [8]	1993	12446.3	9629.9	748.7	352.1	...	...	4551.8 [13 28 36]	1479.8 [13 28 36]	...	...
Germany † [19]	1991	21875.0	15570.0	928.0	647.0	337.0	59.0	8045.0	3590	322.0	84.0
Allemagne † [19]	1994	20987.0	15088.0	714.0	477.0	234.0	32.0	6877.0	2765	295.0	79.0
Greece [8 24 39]	1990	2409.3	1309.7	492.7	396.5	20.7	1.9	501.8 [40]	218.1 [40]	32.0	4.6
Grèce [8 24 39]	1992	2403.2	1281.3	468.7	338.0	17.6	0.7	487.3 [40]	211.4 [40]	30.9	5.8
Honduras [11 32]	1990	903.6	309.4	589.1	18.0	2.0	0.2	69.0	68.6	7.3	0.4
Honduras [11 32]	1995 [9]	1266.6	539.9	638.4	34.4	2.2	0.6	173.5	152.2	6.0	1.0
Hungary [25]	1990	2569.9	2410.2	545.9	360.8	...	...	834.4 [13 28]	661.3 [13 28]	...	...
Hongrie [25]	1992	2185.2	2131.3	364.8	204.7	...	...	718.2 [13 28]	599.6 [13 28]	...	...
Indonesia [11 35]	1990	46427.9	29422.7	25827.4	16550.9	442.5	85.7	4210.1	3483.2	123.9	10.9
Indonésie [11 35]	1992	47644.6	30459.5	25629.5	17224.0	489.9	104.9	4187.1	3660.5	157.5	15.8
Ireland	1990	754.5	371.5	153.7	13.7	7.7	0.4	154.6	65.0	11.3	1.4
Irlande	1991	748.1	377.0	141.9	12.3	6.1	0.5	157.8	63.4	12.5	1.5
Israel [1 2 42]	1990	897.7	593.8	47.8	13.8	...	...	240.1 [28]	82.0 [28]	14.2	2.3
Israël [1 2 42]	1994	1090.3	781.1	48.3	14.0	...	...	285.4 [28]	110.7 [28]	17.1	3.2

255 Labour force Main-d'œuvre

Construction Construction		Trade, restaurants and hotels Commerce, restaurants, hôtels		Transport, storage, communications Transports, entrepôts, communications		Finance, insurance, real est.,bus. services Services financières, immob., et apparentées		Community, social and personal services Services à collectivité services soc. et pers.	
M	F	M	F	M	F	M	F	M	F
516.3	78.0	1023.2	923.9	413.5	117.8	524.7	476.8	760.0	1192.5
490.0	79.6	1066.1	948.5	384.2	126.5	537.5	488.7	800.1	1278.1
261.2	25.1	263.0	370.8	175.4	42.5	111.1	109.6	346.8	457.8
316.7	36.0	341.3	431.1	191.8	54.2	163.5	180.6	367.4	528.1
251.7	...	175.0	...	213.8	...	10.7	...	558.4	...
200.0	...	169.0	...	180.0	...	11.1	...	589.1	...
9.2[7]	0.4[7]	7.9[6]	8.6[6]	4.0	2.5	1.7	2.0	18.6	19.9
8.5[7]	0.3[7]	8.1[6]	8.5[6]	3.7	1.3	2.3	5.3	20.3	21.8
221.1	14.6	319.5	314.9	213.2	43.9	190.6	137.0	618.8	770.2
229.6	15.7	318.0	316.2	211.3	45.8	196.8	144.8	603.7	788.8
3.8	0.1	1.1	2.0	2.9	0.5	0.3	0.6	1.6	1.1
3.5	0.1	1.3	1.9	3.2	0.5	0.5	0.7	1.4	1.4
53.9	1.6	68.6	152.1	61.9	3.3	17.6	8.1	169.5	150.3
74.1	2.0	103.4	156.7	60.7	4.1	22.8	9.3	118.0	134.4
3726.0	97.0	5060.0[15]	2916[15]	2246.0[16]	194.0[16]	1151.0[17 18]	565.0[17 18]	9062.0[19 20]	12633.0[19 20]
4134.0	155.0	5290.0[15]	3185.0[15]	2105.0[16]	179.0[16]	894.0[17 18]	496.0[17 18]	9250.0[19 20]	13142.0[19 20]
693.0	85.0	1552.0	1462.0	597.0	217.0	679.0	777.0	1357.0[22 23]	2304.0[22 23]
642.0	82.0	1641.0	1527.0	657.0	233.0	809.0	867.0	1515.0[22 23]	2603.0[22 23]
279.0	7.2	447.0	341.6	280.3	29.2	136.3	66.6	501.0	672.0
361.7	13.0	510.0	422.1	335.5	49.7	214.1	109.6	568.6	716.7
4610.0	...	29370.0	...	14690.0	...	2180.0	...	38830.0	...
0500.0	...	34590.0	...	16880.0	...	3360.0	...	68800.0	...
216.0	10.0	426.2	277.0	228.9	39.4	119.4	89.2	263.7	248.1
225.4	12.0	479.3	362.7	277.5	60.8	209.3	140.3	268.4	350.6
236.4	13.8	628.7	458.6	258.0	26.1	202.6	119.5	574.6	658.1
288.3	16.3	680.0	552.7	266.2	32.1	216.0	130.0	604.4	781.3
64.7	1.3	99.3[29]	60.0[29]	37.5[13]	2.5[13]	26.9	7.0	122.8	127.0
72.1	1.2	137.1[29]	88.7[29]	55.3[13]	7.0[13]	38.1	11.6	140.9	146.2
21.8	1.4	34.7	26.4	11.5	3.8	8.7	7.5	31.5	20.8
24.1	1.6	40.3	34.3	13.4	5.1	11.8	10.8	34.2	29.6
152.7	19.4	205.5	185.4	136.0	52.8	132.8	113.5	319.3	633.0
131.9	15.9	216.5	185.6	132.5	51.5	134.6	122.9	300.2	632.0
164.1	4.7	327.7	303.2	143.1[13]	13.1[13]	77.7	29.8	347.4	326.5
165.6	6.1	411.9	402.7	146.9[13]	9.6[13]	75.6	36.4	406.8	404.0
875.8	78.8	1129.9	250.9	804.1	108.6	204.4	75.4	2337.3	845.6
1001.4	18.0	1350.4	210.7	803.2	40.1	247.0	48.3	2789	1114.1
52.6	1.8	88.7	154.5	44.1	3.1	14.9	8.6	116.4	131.1
126.6	3.3	172.8	226.5	76.5	5.2	13.1	13.1	163.6	250.6
187.0	19.0	170.0	221.0	129.0	50.0	90.0	113.0	230.0	514.0
110.0	10.0	138.0	160.0	117.0	41.0	88.0	87.0	221.0	500.0
...	...	7052.4[29 37 38]	7467.6[29 37 38]	...	...	...	...	...	...
...	...	7145.8[29 37 38]	7798.0[29 37 38]	...	...	...	...	...	...
2322.0	315.0	2161.0	3146.0	1650.0	657.0	1440.0	1355.0	4671.0	5718.0
2753.0	355.0	2273.0	3111.0	1555.0	614.0	1636.0	1523.0	4651.0	6133.0
248.4	3.9	405.2	248.8	221.3	28.1	110.6	73.5	375.9	383.6
242.5	3.7	423.9	263.4	220.7	29.5	120.1	80.5	391.5	348.1
52.5	1.1	68.8	102.3	25.3	3.4	10.7	5.5	76.6	109.7
101.4	1.0	127.9	166.2	53.5	4.3	24.5	10.8	139.0	169.1
264.4	72.0	188.5	389.7	289.7	137.3	...	...	447.0[29 41]	789.1[29 41]
211.2	60.1	205.4	412.3	250.4	123.6	...	...	435.2[29 41]	791.0[29 41]
2000.1	59.4	5290.2	5777.1	2259.4	53.1	353.7	124.7	5863.0	3207.3
2259.4	104.0	5604.6	5495.7	2439.7	72.5	376.9	184.9	6447.5	3525.5
75.8	2.6	114.3	79.4	54.7	13.1	49.7	41	130.0	153.3
76.3	3.5	113.9	85.7	52.3	12.9	51.0	43.5	133.7	151.3
71.4	4.6	138.2	78.0	72.2	20.1	79.7	68.7	227.5	321.9
111.5	6.5	162.2	118.6	83.8	25.2	111.2	95.2	262.3	405.0

31 Employment by industry [cont.]
Emploi par industrie [suite]

A. ISIC Rev. 2 [+] – CITI Rév. 2 [+]

Persons employed, by branch of economic activity (000s)
Personnes employées, par branches d'activité économique (000s)

Country or area / Pays ou zone	Year / Année	Total employment (000s) Emploi total (000s) M	F	Agriculture, hunting, forestry and fishing / Agriculture, chasse sylviculture, pêche M	F	Mining and quarrying Industries extractives M	F	Manufacturing Industries manufacturières M	F	Electricity, gas, water Electricité, gaz, eau M	F
Italy [8 39 43]	1990	14028.0	7427.0	1216.0	679.0	207.0[13]	23.0[13]	3198.0[44]	1559.0[44]	...	...
Italie [8 39 43]	1994	12972.0	7030.0	998.0	574.0	267.0[13]	27.0[13]	3120.0[44]	1421.0[44]	...	...
Jamaica [2 39]	1990	514.2	379.3	174.4	58.4	6.4	0.8	96.3	39.8	...	...
Jamaïque [2 39]	1992	517.5	389.9	185.0	60.5	4.2	0.4	57.6	41.6	...	...
Japan [1 46]	1990	37130.0	25360.0	2350.0	2150.0	50.0	10.0	9100.0	5950.0	260.0	40.0
Japon [1 46]	1995	38430.0	26140.0	1980.0	1690.0	50.0	10.0	9150.0	5420.0	370.0	50.0
Korea, Republic of [12]	1990	10709.0	7376.0	1742.0	1495.0	71.0	8.0	2839.0	2093.0	61.0	9.0
Corée, République de [12]	1994	11832.0	8005.0	1427.0	1272.0	37.0	3.0	2930.0	1765.0	59.0	12.0
Luxembourg [35]	1989	120.3	61.6	4.3	1.9	0.2	...	33.1	4.1	1.2	0.2
Luxembourg [35]	1990	125.0	64.6	4.3	1.9	0.2	...	33.1	4.1	1.2	0.2
Macau [2 39]	1990[9]	96.4	66.9	0.2	0.1	...	...	20.8	32.3	1.6	0.2
Macao [2 39]	1995[5]	101.9	78.5	0.3	0.1	...	...	14.4	24.8	1.2	0.1
Malaysia [2 49]	1990	4310.7	2374.3	1137.8	599.8	32.7	4.2	697.3	635.5	42.2	4.4
Malaisie [2 49]	1995	5056.6	2588.4	1090.3	436.5	26.7	5.8	1019.1	761.4	43.4	4.6
Malta [9 35]	1990	94.3	32.9	2.8	0.4	0.8	...	24.4[21]	11.1[21]	1.8[14]	0.1[14]
Malte [9 35]	1991	96.0	34.3	2.9	0.4	0.6	...	25.0[21]	10.9[21]	1.8[14]	0.1[14]
Mexico	1991	21266.0	9277.0	7186.0	1004.0	188.0	30.0	3132.0	1674.0	130.0	21.0
Mexique	1995[24]	23027.0	10854.0	7172.0	1206.0	129.0	18.0	3621.0	1547.0	67.0	12.0
Montserrat [24]	1986	5.1	...	0.5	...	...	...	0.5	...	0.1	...
Montserrat [24]	1987	5.2	...	0.5	...	...	...	0.6	...	0.1	...
Morocco [1 32]	1991	2590.9	809.1	109.2	23.2	39.1	1.9	634.8	378.0	28.6	2.7
Maroc [1 32]	1992	2733.5	760.8	104.0	21.1	43.9	1.5	548.4	340.9	30.5	2.5
Myanmar [24]	1990	15221.0	...	10614.0	...	78.0	...	1137.0	...	17.0	...
Myanmar [24]	1994	16817.0	...	11551.0	...	87.0	...	1250.0	...	17.0	...
Netherlands [35 49]	1990	3951.0	2405.0	207.0	81.0	10.0	...	946.0	239.0	35.0	6.0
Pays-Bas [35 49]	1994	3979.0	2713.0	193.0	71.0	9.0	...	855.0	220.0	40.0	7.0
Netherlands Antilles [4 9 53]	1990	47.5	...	0.3[28]	...	...	...	4.7	...	0.9	...
Antilles néerlandaises [4 9 53]	1993	52.4	...	0.5[28]	...	...	...	6.0	...	0.9	...
New Zealand [12]	1990	835.0	646.0	107.0	50.0	5.0	1.0	174.0	78.0	12.0	2.0
Nouvelle-Zélande [12]	1995	913.0	720.0	111.0	47.0	4.0	...	203.0	89.0	10.0	2.0
Norway [35 54]	1990	1115.0	915.0	93.0	36.0	17.0	5.0	229.0	81.0	18.0	5.0
Norvège [35 54]	1995	1126.0	953.0	77.0	28.0	18.0	6.0	229.0	79.0	17.0	4.0
Pakistan [2 11 55]	1990	27230.0	3592.0	13170.0	2595.0	43.0	3.0	3437.0	477.0	182.0	...
Pakistan [2 11 55]	1994	28238.0	4809.0	13055.0	3480.0	30.0	1.0	2842.0	472.0	285.0	2.0
Panama [19]	1989	473.2	213.1	193.6	9.6	0.2	0.1	48.0	19.5	7.3	2.1
Panama [19]	1992	560.5	234.6	202.0	7.2	1.7	0.4	53.7	21.8	7.8	2.0
Paraguay [2 32]	1990[26 56]	286.1	200.0	8.7	1.6	1.0	...	57.5	29.7	5.3	1.0
Paraguay [2 32]	#1994[11]	616.0	433.6	36.9	3.5	1.8	...	126.7	53.1	10.1	1.7
Peru [39 57 58 59]	1991	1459.0	918.0	16.8	3.7	8.6	1.6	312.6	140.4	7.7	0.8
Pérou [39 57 58 59]	1994[5]	1643.6	1038.6	8.0	3.4	6.4	0.9	376.6	138.5	12.8	4.2
Philippines [19 60]	1990	14347.0	8185.0	7620.0	2565.0	121.0	12.0	1187.0	1001.0	75.0	16.0
Philippines [19 60]	1995	16193.0	9505.0	8370.0	2954.0	87.0	8.0	1363.0	1208.0	85.0	18.0
Poland [24]	1990	17320.7	...	4365.6	...	607.9	...	4335.9	...	148.7	...
Pologne [24]	1992	15462.3	...	3860.8	...	477.9	...	3589.7	...	149.6	...
Portugal [8 62]	1990[26]	2723.7	1993.8	425.4	420.3	33.3	2.7	664.5	497.3	37.9	4.4
Portugal [8 62]	1993[39]	2486.0	1971.6	262.7	252.9	19.0	0.7	598.2	444.4	25.8	6.3
Puerto Rico [2 63]	1990	596.0	375.0	33.0	1.0	...	...	92.0	74.0	14.0	3.0
Porto Rico [2 63]	1995	635.0	439.0	30.0	1.0	1.0	...	98.0	72.0	13.0	3.0
Republic of Moldova [24]	1990	2071.0	...	700.0	...	...	...	443.0	...	13.0	...
Moldova, Rép. de [24]	1992	2050.0	...	820.0	...	...	...	394.0	...	14.0	...
Romania [2]	1990	5838.2	5001.3	1436.9	1716.6	212.9	46.4	1959.6	1653.1	103.4	29.3
Roumanie [2]	1993	5415.3	4646.7	1742.3	1878.8	216.8	42.4	1430.8	1175.5	128.8	36.3
Russian Federation [4]	1990	75324.7	...	10499.1	...	1235.9	...	20181.9	...	595.1	...
Fédération de Russie [4]	1992	72071.1	...	11078.9	...	1252.8	...	18682.8	...	669.3	...
San Marino [39 64]	1990	7.4	4.8	0.2	0.1	...	...	2.9	1.5	...	...
Saint-Marin [39 64]	1993	8.6	5.6	0.2	0.1	...	...	3.2	1.5	...	...
Seychelles [4 52]	1988	21.2	...	2.2	...	...	...	2.5[65]	...	...	...
Seychelles [4 52]	1989	22.3	...	2.2	...	...	...	2.5[65]	...	...	...

257 Labour force   Main-d'œuvre

Construction Construction		Trade, restaurants and hotels Commerce, restaurants, hôtels		Transport, storage, communications Transports, entrepôts, communications		Finance, insurance, real est.,bus. services Services financières, immob.,et apparentées		Community, social and personal services Services à collectivité services soc. et pers.	
M	F	M	F	M	F	M	F	M	F
1760.0	99.0	2856.0	1681.0	983.0	163.0	528.0	368.0	3281.0	2855.0
1554.0	88.0	2663.0	1557.0	914.0	168.0	959.0	557.0	2496.0	2638.0
57.2[21]	1.8[21]	...	...	32.3[13][14]	9.3[13][14]	49.2[45]	95.4[45]	95.4	171.6
62.4[21]	0.6[21]	...	...	28.5[13][14]	8.7[13][14]	84.6[45]	134.1[45]	91.8	139.3
4920.0	960.0	7260.0[47]	6890.0[47]	3210.0	550.0	2840.0	2320.0	6930.0[48]	6380.0[48]
5570.0	1060.0	7230.0[47]	7260.0[47]	3340.0	680.0	3060.0	2490.0	7530.0[48]	7370.0[48]
1210.0	136.0	1851.0	2084.0	843.0	80.0	588.0	358.0	1504.0	1135.0
1616.0	161.0	2554.0	2645.0	901.0	106.0	850.0	645.0	1458.0	1398.0
16.6	1.1	20.2	18.6	10.2	2.3	8.3	7.1	26.2[18]	26.3[18]
17.7	1.1	20.9	19.3	10.6	2.3	9.1	7.7	27.9[18]	28.0[18]
13.0	1.2	23.4	11.8	6.6	1.1	3.0	2.5	27.5	17.4
15.1	2.1	24.9	21.3	8.3	2.1	6.1	5.0	31.5	22.7
404.2	19.7	761.1	456.7	267.2	34.6	163.9	94.6	804.1	524.7
571.4	39.9	839.9	530.9	315.6	43.6	218.9	145.0	931.5	620.7
5.7	0.1	9.5[15]	3.4[15]	8.0	1.1	2.9[50]	2.0[50]	38.4[22][23][51]	14.6[22][23][51]
5.8	0.1	9.9[15]	3.7[15]	8.4	1.1	2.9[50]	2.1[50]	38.9[22][23][51]	15.9[22][23][51]
1822.0	50.0	3264.0	2886.0	1041.0	100.0	602.0	343.0	3741.0	3135.0
1769.0	50.0	3908.0	3891.0	1336.0	125.0	696.0	408.0	4190.0	3575.0
0.8	...	0.7	...	0.3	...	0.2	...	1.9	...
0.9	...	0.7	...	0.3	...	0.2	...	2.0	...
261.1	3.0	649.6	63.3	171.8	9.1	52.7	22.9	639.3[40]	304.0[40]
278.1	3.8	698.6	62.8	189.8	10.3	52.8	23.3	779.8[40]	293.0[40]
174.0	...	1409.0	...	385.0	...	956.0	...	455.0[18]	...
292.0	...	1450.0	...	420.0	...	1264.0	...	486.0[18]	...
384.0	25.0	609.0	495.0	307.0	75.0	393.0	253.0	1023.0	1206.0
364.0	29.0	654.0	573.0	323.0	96.0	425.0	279.0	1032.0	1339.0
4.8	...	11.5	...	3.1	...	5.2	...	17.0	...
4.5	...	12.3	...	3.6	...	6.2	...	18.4	...
81.0	11.0	154.0	158.0	66.0	27.0	73.0	73.0	160.0	244.0
89.0	11.0	177.0	172.0	69.0	30.0	88.0	87.0	161.0	280.0
128.0	11.0	165.0	193.0	115.0	47.0	82.0	68.0	267.0	467.0
117.0	8.0	171.0	186.0	119.0	51.0	92.0	68.0	282.0	521.0
1939.0	27.0	3591.0	83.0	1498.0	10.0	207.0	12.0	3132.0	379.0
2094.0	52.0	4091	133.0	1610.0	25.0	252.0	5.0	3961.0	639.0
20.4	1.2	58.3	40.8	31.8	6.8	16.2	9.1	81.1	118.6
42.1	0.9	104.4	52.9	40.8	6.5	21.7	13.9	85.4	128.9
39.6	0.2	59.9	56.3	23.2	4.9	18.7	8.2	72.3	98.2
89.2	...	151.1	159.0	48.7	6.2	30.5	16.8	121.0	193.4
110.9	...	388.5	389.5	141.3	12.2	106.0	30.1	366.6	339.6
158.6	5.5	419.4	462.5	183.2	16.3	140.4	66.4	338.2	340.8
957.0	18.0	1142.0[15]	2003.0[15]	1092.0	45.0	269.0	175.0	1874.0[61]	2346.0[61]
1219	19.0	1272.0[15]	2473.0[15]	1421.0	69.0	334.0	217.0	2029.0[61]	2530.0[61]
1320.9	...	1652.9	...	1127.2	...	337.8	...	3084.3	...
1131.8	...	1827.3	...	1023.5	...	405.0	...	2895.8	...
372.5	12.2	401.1	325.2	172.2	40.3	134.2	74.1	481.7	616.6
349.5	15.8	498.1	369.1	160.9	47.0	182.1	117.9	389.7	717.6
54.0	1.0	129.0[47]	61.0[47]	35.0	9.0	16.0	17.0	223.0[48]	208.0[48]
56.0	2.0	134.0[47]	82.0[47]	35.0	9.0	17.0	20.0	252.0[48]	248.0[48]
144.0	...	138.0	...	111.0	...	9.0	...	444.0	...
120.0	...	111.0	...	102.0	...	9.0	...	422.0	...
609.9	96.0	277.8	445.8	623.9	140.6	212.2	215.0	401.6[18]	658.5[18]
500.7	73.3	332.5	383.2	451.5	140.4	235.3	246.9	376.6[18]	669.9[18]
8168.1	...	5085.8	...	5818.2	...	401.6	...	19607.1	...
7246.6	...	4914.2	...	5631.8	...	493.6	...	18641.8	...
0.9	...	1.0	1.1	0.1	...	0.2	0.1	2.1	1.9
1.2	...	1.2	1.3	0.2	0.1	0.2	0.2	2.4	2.4
1.4[28]	...	4.1	...	2.8	...	0.7	...	4.5	...
1.7[28]	...	4.4	...	3.1	...	0.7	...	4.6	...

31
Employment by industry [cont.]
Emploi par industrie [suite]

A. ISIC Rev. 2 ⁺ – CITI Rév. 2 ⁺

Persons employed, by branch of economic activity (000s)
Personnes employées, par branches d'activité économique (000s)

Country or area Pays ou zone	Year Année	Total employment (000s) Emploi total (000s) M	F	Agriculture, hunting, forestry and fishing Agriculture, chasse sylviculture, pêche M	F	Mining and quarrying Industries extractives M	F	Manufacturing Industries manufacturières M	F	Electricity, gas, water Electricité, gaz, eau M	F
Singapore	1990	916.7	620.3	4.4	0.8	0.7	0.1	238.1	209.3	5.7	1.0
Singapour	1993	952.3	639.7	3.6	0.3	0.3	...	247.8	181.7	5.9	1.6
Spain [8 63]	1990	8576.0	4002.8	1077.6	407.8	75.7	2.2	2164.1	642.5	84.9	8.6
Espagne [8 63]	1993[31]	7850.3	3987.3	869.7	328.1	55.6	2.6	1859.4	542.3	73.5	6.5
Sri Lanka [11 24 66]	1993	3512.3	1559.8	1296.7	664.0	57.7	4.0	320.9	323.7	33.1	7.7
Sri Lanka [11 24 66]	1995	3661.0	1655.0	1298.5	686.9	49.3	7.2	415.7	448.4	23.9	0.8
Suriname [39]	1990[24]	50.2	31.4	2.3	0.7	2.4	0.2	6.5	2.0	0.3	0.1
Suriname [39]	1994	51.3	26.6	4.1	0.6	2.8	0.4	5.1	1.2	1.0	0.1
Sweden [8 67]	1990	2313.0	2134.0	114.0	39.0	10.0	2.0	671.0	262.0	30.0	6.0
Suède [8 67]	1994	2016.0	1911.0	101.0	35.0	8.0	1.0	527.0	193.0	26.0	6.0
Switzerland [2]	1990	2327.0	1494.0	111.0	52.0	24.0	3.0	649.0[13]	245.0[13]	...	...
Suisse [2]	1995	2256.0	1527.0	104.0	50.0	24.0	3.0	575.0[13]	207.0[13]	...	...
Syrian Arab Republic [2 9 11]	1989	2441.4	441.2	554.0	208.9	10.5	0.2	361.4	49.1	26.6	2.0
Rép. arabe syrienne [2 9 11]	1991	2710.3	539.6	625.0	292.0	6.7	...	421.5	34.6	7.9	0.6
Thailand [2 9 68]	1990	16456.5	14387.2	10380.4	9345.2	45.9	8.0	1568.8[21]	1563.7[21]	86.6[14]	22.0[14]
Thaïlande [2 9 68]	1991	16850.9	14287.5	10089.6	8687.7	41.5	12.8	1717.5[21]	1747.5[21]	92.3[14]	17.9[14]
Trinidad and Tobago [1]	1990	253.4	120.7	38.5	7.6	15.7	1.2	26.0	11.1	7.1	0.6
Trinité-et-Tobago [1]	1995	277.5	154.0	38.2	7.7	13.7	2.9	32.4	11.8	5.8	0.9
Turkey [2 9 26]	1990	13669.0	6277.0	4595.0	4760.0	210.0	4.0	2364.0	595.0	12.0	1.0
Turquie [2 9 26]	1995	14891.0	6486.0	5375.0	4852.0	131.0	...	2410.0	538.0	105.0	7.0
United Kingdom [9 63 70 71]	1990	15281.0	11911.0	467.0	136.0	...	...	5967.0[13 28 36]	1839.0[13 28 36]	...	...
Royaume-Uni [9 63 70 71]	1993	13741.0	11576.0	427.0	120.0	...	...	4936.0[13 28 36]	1629.0[13 28 36]	...	...
United States [2 63]	1990[72]	65104.0	53689.0	2687.0	7708.0	613.0	111.0	14433.0	6914.0	1267.0[14]	315.0[14]
Etats-Unis [2 63]	1995[73]	67377.0	57523.0	2681.0	911.0	543.0	84.0	14020.0	6473.0	1233.0[14]	279.0[14]
Uruguay [8 32 39]	1990	686.9	449.3	...	...	50.1	7.7	153.0	89.0	...	...
Uruguay [8 32 39]	1995	707.2	498.8	49.9	7.8	1.6	0.2	138.5	78.2	13.3	2.9
Venezuela [12]	1990	4324.2	1951.3	777.4	42.2	58.4	7.4	697.1	259.7	51.1	13.1
Venezuela [12]	1995	5180.0	2489.6	968.9	43.5	63.9	9.0	746.5	300.3	54.5	11.6

259 Labour force Main-d'œuvre

Construction Construction		Trade, restaurants and hotels Commerce, restaurants, hôtels		Transport, storage, communications Transports, entrepôts, communications		Finance, insurance, real est.,bus. services Services financières, immob.,et apparentées		Community, social and personal services Services à collectivité services soc. et pers.	
M	F	M	F	M	F	M	F	M	F
113.7	8.4	203.9	133.6	115.1	31.4	86.9	80.4	148.3	155.3
91.1	11.0	216.2	147.4	131.0	35.8	88.1	85.3	167.6	176.5
1181.7	38.8	1475.1	1064.6	637.4	89.6	470.8	207.1	1408.6	1541.6
1046.1	42.3	1596.5	1095.5	606.5	88.4	554.5	372.2	1188.6	1509.3
258.4	14.7	475.6	82.3	233.0	16.3	74.6	31.8	566.1	363.3
281.7	18.7	469.4	87.7	230.0	14.7	57.2	34.3	573.0	320.5
4.2	...	7.0	5.8	4.6	0.4	1.6	1.3	19.3	19.9
4.1	0.1	7.5	3.9	4.4	0.7	2.2	1.3	18.0	17.7
284.0	26.0	323.0	321.0	212.0	101.0	199.0	173.0	466.0	1206.0
202.0	18.0	292.0	276.0	187.0	84.0	213.0	166.0	457.0	1131.0
283.0	26.0	355.0	386.0	175.0	61.0	269.0	186.0	463.0	535.0
255.0	31.0	340.0	393.0	164.0	64.0	303.0	182.0	491.0	598.0
333.3	4.1	328.3	9.7	173.0	4.0	32.5	4.2	621.8	159.0
334.3	6.4	369.0	9.3	158.4	8.6	20.2	4.5	767.4	183.7
855.5	170.8	1375.8[15 69]	1600.2[15 69]	654.9	77.8	...	...	1475.2[22 23 61]	1589.7[22 23 61]
998.1	180.1	1648.3[15 69]	1828.8[15 69]	739.0	94.9	...	...	1515.0[22 23 61]	1710.6[22 23 61]
36.2	3.4	32.8	30.0	23.0	4.3	11.1	12.7	62.7	49.5
38.7	3.9	37.6	43.0	25.5	5.3	16.7	14.0	68.8	64.5
925.0	12.0	2114.0	164.0	808.0	43.0	305.0	131.0	2336.0	569.0
1208.0	20.0	2357.0	255.0	822.0	32.0	343.0	145.0	2142.0	638.0
...	...	8561.0[29 37 38]	9918.0[29 37 38]	...	...	...	...	...	...
...	...	8125.0[29 37 38]	9809.0[29 37 38]	...	...	...	...	...	...
7102.0	667.0	13026.0[47]	11596.0[47]	4578.0	2008.0	6047.0	7375.0	15352.0[23 48]	24001.0[23 48]
6906.0	762.0	13759.0[47]	12312.0[47]	4962.0	2234.0	6513.0	7176.0	16760.0[23 48]	27291.0[23 48]
74.2	1.2	124.5	78.9	59.8	9.5	34.4	19.6	190.8	243.5
84.8	1.9	135.3	101.2	58.8	10.4	43.8	30.9	181.2	265.2
440.6	18.2	860.9	438.6	357.6	32.0	226.0	150.3	850.9	987.8
599.0	25.0	1048.3	690.4	435.8	41.6	260.8	174.2	998.0	1188.5

260 Labour force Main-d'œuvre

31
Employment by industry [cont.]
Emploi par industrie [suite]

B. ISIC Rev. 3 [+] · CITI Rév. 3 [+]

Persons employed, by branch of economic activity (000s)
Personnes employées, par branches d'activité économique (000s)

Country or area Pays ou zone	Sex	Year Année	Total employment (000s) Emploi total (000s)	Agriculture, hunting and forestry Agriculture, chasse et sylviculture	Fishing Pêche	Mining and quarrying Activités extractives	Manufacturing Activités de fabrication	Electricity, gas and water supply Production et distribution d'électricité, de gaz et d'eau	Construction Construction
Bahamas [9,74]	M	1991	60.1	3.0	2.1	0.1	2.7	1.4	10.3
Bahamas [9,74]	F	1991	54.1	0.7	0.1	...	2.1	0.2	0.5
	M	1994	63.7	3.5	2.1	0.2	2.6	1.4	8.2
	F	1994	56.6	0.9	0.1	0.1	2.4	0.3	0.3
Bolivia [11,32]	M	1992	616.3	16.7	...	18.8	136.5	8.2	95.9
Bolivie [11,32]	F	1992	432.1	5.4	...	0.9	67.0	1.1	1.3
	M	1995	708.0	21.4	0.1	16.9	147.7	3.8	104.4
	F	1995	548.5	6.2	...	1.6	83.5	1.2	2.1
Czech Republic [1,83]	M	1993	2697.0	234.0 [75]	...	99.0	845.0	71.0	385.0
Rép. tchèque [1,83]	F	1993	2314.0	142.0 [75]	...	21.0	670.0	28.0	48.0
	M	1995	2756.0	207.0 [75]	...	82.0	838.0	75.0	414.0
	F	1995	2346.0	125.0 [75]	...	15.0	646.0	27.0	48.0
Denmark [24,76]	M	1994	1392.1	89.7	7.6	1.6	334.5	15.7	145.3
Danemark [24,76]	F	1994	1162.8	29.9	0.2	1.0	158.6	3.4	13.2
	M	1995	1445.8	78.6	7.0	3.2	362.8	14.8	152.2
	F	1995	1161.1	29.3	...	1.9	158.5	1.7	11.9
Estonia [30]	M	1990	368.3	75.9	16.8	8.0	89.9	11.2	48.3
Estonie [30]	F	1990	359.0	43.7	4.8	2.6	96.7	5.5	10.3
	M	1994	341.7	45.6	10.0	8.5	70.9	13.3	41.8
	F	1994	307.4	22.3	2.7	2.5	66.5	6.2	6.7
Germany † [19]	M	1995	20939.0	688.0	7.0	229.0	6419.0	286.0	2973.0
Allemagne † [19]	F	1995	15109.0	468.0	...	33.0	2533.0	73.0	405.0
Greece [8,24,39]	M	1993	2419.5	449.1	14.5	18.0	397.8	32.9	257.6
Grèce [8,24,39]	F	1993	1300.7	329.3	1.0	1.3	181.7	6.7	3.8
	M	1995	2452.2	439.9	14.2	15.0	397.4	34.4	248.4
	F	1995	1371.6	327.1	0.7	0.6	180.3	7.2	2.9
Hungary [30]	M	1995	2049.6	219.2 [75]	...	28.8	498.1	71.8	195.7
Hongrie [30]	F	1995	1629.2	75.9 [75]	...	5.2	352.1	24.8	21.6
Iceland [25,54]	M	1991	74.5	4.9	5.8	...	13.2	1.5	9.7
Islande [25,54]	F	1991	62.4	2.8	0.4	...	10.4	0.1	0.5
	M	1995	75.6	4.2	6.4	...	15.1	1.1	9.3
	F	1995	66.2	2.3	0.6	...	8.9	0.3	0.4
Ireland [15]	M	1990	759.3	153.4	3.7	8.0	158.6	10.7	74.1
Irlande [15]	F	1990	400.4	17.5	0.1	0.4	68.2	1.5	2.9
	M	1995	789.0	128.0	2.6	5.0	170.6	10.9	77.9
	F	1995	478.4	15.1	0.2	0.4	75.4	2.3	4.2
Jordan [1,74]	M	1993	42.5	2.7	...	0.7	5.2	0.7	5.0
Jordanie [1,74]	F	1993	5.3	0.2	...	0.0	0.4	...	...
Korea, Republic of [12]	M	1992	11322.0	1503.0	93.0	59.0	2897.0	57.0	1493.0
Corée, République de [12]	F	1992	7639.0	1366.0	29.0	4.0	1931.0	9.0	165.0
	M	1995	12153.0	1245.0	90.0	25.0	3017.0	57.0	1715.0
	F	1995	8224.0	1179.0	27.0	2.0	1756.0	12.0	182.0
Kyrgyzstan	T	1990	1747.9	572.0	...	23.4	254.7	9.3	152.8
Kirghizistan	T	1995	1641.0	378.0	...	17.3	131.9	12.8	77.0
Latvia	M	1992	703.0	171.0	6.0	2.0	169.0	11.0	78.0
Lettonie	F	1992	642.0	91.0	1.0	1.0	152.0	5.0	11.0
	M	1995	608.0	135.0	5.0	2.0	111.0	13.0	60.0
	F	1995	581.0	79.0	1.0	1.0	97.0	4.0	11.0
Netherlands [49]	M	1995	4047.0	184.0	...	11.0	853.0	36.0	377.0
Pays-Bas [49]	F	1995	2787.0	59.0	...	2728.0	226.0	7.0	29.0

Wholesale and retail trade; repair of motor vehicles motorcycles and personal and household goods Commerce de gros et de détail; réparation de véhicules automobiles, de motorcycles et de biens personnels et domestiques	Hotels and restaurants Hôtels et restaurants	Transport, storage and communications Transports, entreposage et communications	Financial intermediation Inter médiation financière	Real estate, renting and business activities Immobilier, locations et activités de services aux entreprises	Public admin. and defence; compulsory social sec. Admin. publique et défense; séc. sociale obligatoire	Education Education	Health and social work Santé et action sociale	Other community, social and personal service act. Autres act. de services collectifs, sociaux et personnels	Private households with employed persons Ménages privés employant du personnel domestique	Extra-territorial org. and bodies Org. et organismes extra-territoriaux
9.2	8.9	5.7	1.2	1.8	4.9	1.8	1.2	3.1	2.5	...
9.7	12.2	3.0	3.3	1.6	4.1	4.7	3.1	2.8	5.8	...
10.1	8.6	7.7	1.8	3.2	6.5	1.6	1.1	2.4	2.3	...
10.3	9.6	3.0	4.3	2.5	4.2	4.7	4.1	4.3	5.5	...
109.1	12.7	70.7	4.4	22.2	48.4	27.5	10.8	26.0	3.9	3.8
156.1	27.3	4.8	4.0	9.8	11.7	39.2	16.3	26.6	57.5	3.1
146.4	18.9	89.1	7.7	23.9	43.2	31.3	12.9	32.5	5.2	2.0
201.5	53.6	5.9	5.7	11.7	13.7	42.0	22.7	16.8	79.0	1.3
224.0	65.0	250.0	22.0	121.0	157.0	86.0	59.0	78.0	...	1.0
325.0	94.0	144.0	50.0	107.0	108.0	245.0	240.0	91.0	1.0	...
276.0	67.0	257.0	32.0	139.0	149.0	77.0	58.0	83.0	...	...
372.0	92.0	133.0	64.0	113.0	122.0	248.0	247.0	92.0	1.0	1.0
207.2	19.6	128.0	41.6	112.0	101.0	74.7	60.4	48.3	0.8	...
144.1	42.5	41.4	47.0	85.1	84.1	104.9	336.3	59.1	9.0	0.3
223.5	21.2	140.0	38.4	111.3	79.7	85.2	71.7	53.8	0.9	0.4
147.9	43.0	48.7	38.5	73.2	77.2	99.7	361.7	61.6	4.8	0.7
16.0	4.2	43.3	0.6	14.1	13.0	10.6	5.4	10.8	...	...
41.6	12.3	17.5	3.3	15.7	15.2	34.4	39.2	16.1	...	0.1
39.8	6.0	40.0	2.7	15.9	18.3	11.1	6.4	11.1	...	...
46.4	11.9	16.8	5.4	12.9	16.3	36.1	39.9	14.5	...	0.2
2443.0	439.0	1464.0	629.0	1115.0	1994.0	654.0	796.0	784.0	7.0	20.0
2708.0	598.0	567.0	665.0	1045.0	1369.0	1174.0	2355.0	991.0	110.0	16.0
383.1	120.8	217.7	48.1	84.6	182.4	82.9	56.9	69.0	3.4	0.7
205.0	82.5	31.3	33.2	55.0	84.7	117.8	98.1	48.2	20.4	0.7
400.2	135.0	215.7	52.5	89.8	183.4	84.2	59.6	77.9	3.2	0.6
224.8	88.7	32.3	39.3	59.3	88.9	135.8	103.5	48.1	30.9	1.1
208.1	52.3	238.1	23.6	68.6	201.4	85.5	56.2	98.4	0.2	3.1
251.8	64.3	81.5	58.6	62.0	116.7	249.9	175.2	88.3	0.8	0.5
12.1	1.7	5.8	1.3	5.4	4.0	2.7	2.8	3.0	...	0.5
9.0	2.4	2.9	3.6	2.8	2.7	5.2	15.2	4.2	...	0.3
10.7	2.1	6.3	1.7	5.2	2.9	3.0	2.5	4.6	...	0.6
8.4	2.5	2.9	3.1	3.4	3.3	6.2	18.5	5.2	...	0.2
110.7	12.4	54.5	19.7	30.1	43.8	25.7	20.6	29.9	0.8	0.4
66.2	21.9	13.4	20.9	23.8	19.2	45.1	66.5	26.4	4.9	0.3
113.3	16.7	58.2	22.0	37.8	46.5	31.8	25.2	38.8	1.2	0.4
81.3	16.7	17.5	26.3	28.5	25.2	55.3	77.9	30.9	4.5	0.4
7.3	0.9	3.9	0.7	0.9	9.1	2.6	1.2	1.5	0.1	0.1
0.2	...	0.1	0.2	0.1	0.4	2.3	0.7	0.2	0.3	...
1775.0	379.0	914.0	264.0	476.0	451.0	418.0	112.0	290.0	25.0	17.0
1421.0	844.0	90.0	304.0	184.0	106.0	486.0	169.0	354.0	169.0	7.0
2131.0	501.0	956.0	306.0	617.0	506.0	440.0	101.0	426.0	8.0	13.0
1632.0	1094.0	113.0	413.0	299.0	139.0	571.0	201.0	419.0	183.0	3.0
59.1	28.0	94.0	7.0	29.4	42.5	215.5	104.6	45.3	...	...
112.0		86.0	8.0	9.0	58.0	170.0	103.0	32.0	305.0	...
48.0	14.0	70.0	1.0	33.0	23.0	23.0	13.0	41.0	...	...
90.0	35.0	35.0	9.0	32.0	14.0	78.0	57.0	31.0	...	...
64.0	7.0	69.0	7.0	31.0	33.0	22.0	12.0	37.0	...	...
100.0	20.0	36.0	13.0	26.0	23.0	82.0	62.0	26.0	...	...
630.0	112.0	314.0	130.0	387.0	372.0	212.0	206.0	128.0	...	...
475.0	125.0	93.0	92.0	271.0	156.0	228.0	723.0	140.0	11.0	...

31
Employment by industry [cont.]
Emploi par industrie [suite]

B. ISIC Rev. 3 † — CITI Rév. 3 †

Persons employed, by branch of economic activity (000s)
Personnes employées, par branches d'activité économique (000s)

Country or area Pays ou zone	Sex	Year Année	Total	Agriculture, hunting and forestry Agriculture, chasse et sylviculture	Fishing Pêche	Mining and quarrying Activités extractives	Manufacturing Activités de fabrication	Electricity, gas and water supply Production et distribution d'électricité, de gaz et d'eau	Construction Construction
Panama [19]	M	1992	542.4	182.6	5.5	1.7	55.3	7.7	41.6
Panama [19]	F	1992	239.2	6.8	0.2	0.2	23.6	1.9	0.7
	M	1994	567.3	153.6	6.3	1.3	63.2	7.3	51.3
	F	1994	264.5	6.2	0.3	0.1	26.3	1.9	1.2
Peru [9 39 57 58 59]	M	1995	1728.3	21.0	7.1	571.4	10.7	146.8	432.6
Pérou [9 39 57 58 59]	F	1995	1173.2	4.2	...	186.7	4.2	3.2	398.2
Poland [19 77]	M	1993	8093.0	2063.0	16.0	334.0	2022.0	118.0	769.0
Pologne [19 77]	F	1993	6679.0	1738.0	3.0	50.0	1188.0	31.0	89.0
	M	1995	8089.0	1791.0	7.0	430.0	1913.0	200.0	806.0
	F	1995	6682.0	1447.0	1.0	50.0	1228.0	52.0	98.0
Romania [9 39]	M	1994	5872.5	2022.8	18.3	222.7	1498.0	142.3	391.0
Roumanie [9 39]	F	1994	5041.6	2217.8	2.2	38.7	1189.0	43.1	61.3
	M	1995	6026.6	2118.1	10.7	241.6	1404.6	163.0	398.2
	F	1995	5125.7	2367.2	1.5	40.0	1093.5	41.4	70.0
Russian Federation	T	1990	75324.7	...	...	1235.9	20181.9	595.1	8168.1
Fédération de Russie	T	1994	68484.4	...	...	1162.0	16196.3	768.4	6273.8
San Marino [39 84]	M	1995	10.1	0.2	...	...	3.6	...	1.4
Saint-Marin [39 84]	F	1995	6.2	0.1	...	...	1.6	...	0.1
Singapore [19]	M	1991	917.8	3.6 [75]	...	0.4	240.2	5.9	90.4
Singapour [19]	F	1991	606.5	0.7 [75]	...	0.1	189.4	1.2	8.6
	M	1995	1043.8	3.3 [75]	...	0.5	265.4	4.8	100.8
	F	1995	657.1	0.8 [75]	...	0.1	151.6	1.0	12.0
Slovakia [12 82]	M	1994	1170.7	147.3 [75]	...	28.4	327.6	38.6	168.2
Slovaquie [12 82]	F	1994	932.3	66.4 [75]	...	5.9	236.9	9.5	18.9
	M	1995	1193.3	136.5 [75]	...	25.7	331.8	37.6	166.9
	F	1995	953.5	60.8 [75]	...	3.7	242.9	8.9	17.3
Slovenia [19]	M	1993	452.0	50.0	...	7.0	178.0	10.0	39.0
Slovénie [19]	F	1993	395.0	40.0	...	1.0	131.0	3.0	7.0
	M	1995	473.0	48.0	...	7.0	185.0	11.0	40.0
	F	1995	409.0	48.0	...	7.0	185.0	11.0	40.0
Spain [63]	M	1995	7889.1	739.3	61.7	61.6	1800.3	83.0	1093.8
Espagne [63]	F	1995	4152.8	300.9	4.2	3.3	525.7	12.2	40.7
Sweden [67]	M	1990	2333.0	111.0	4.0	10.0	674.0	29.0	295.0
Suède [67]	F	1990	2152.0	39.0	...	2.0	268.0	6.0	28.0
	M	# 1995	2061.0	89.0	4.0	7.0	560.0	26.0	212.0
	F	# 1995	1925.0	31.0	...	1.0	200.0	7.0	18.0

Wholesale and retail trade; repair of motor vehicles motorcycles and personal and household goods Commerce de gros et de détail; répa-ration de véhicules automobiles, de motorcycles et de biens personnels et domestiques	Hotels and restaurants Hôtels et restaurants	Transport, storage and communi-cations Transports, entreposage et communi-cations	Financial inter-mediation Inter médiation financière	Real estate, renting and business activities Immobilier, locations et activités de services aux entreprises	Public admin. and defence; compulsory social sec. Admin. publique et défense; séc. sociale obligatoire	Education Education	Health and social work Santé et action sociale	Other community, social and personal service act. Autres act. de services collectifs, sociaux et personnels	Private households with employed persons Ménages privés employant du personnel domestique	Extra-territorial org. and bodies Org. et organismes extra-territoriaux
87.3	12.4	43.0	7.4	14.4	34.5	14.7	7.7	18.5	4.5	3.4
41.4	11.4	6.9	8.6	6.6	22.0	29.0	15.8	16.2	46.4	1.5
97.8	13.0	52.7	8.8	17.6	34.8	17.3	9.1	22.1	6.1	4.9
48.4	14.5	7.9	10.6	8.7	25.6	31.3	17.8	16.6	46.0	0.9
54.5	200.6	21.5	175.0	103.5	...	70.9	28.5	61.4	8.4	1.2
104.5	15.8	10.3	54.4	23.7	...	117.4	52.7	46.7	150.5	0.8
702.0	40.0	534.0	137.0	114.0	354.0	283.0	185.0	405.0	1.0	...
927.0	95.0	214.0	189.0	95.0	256.0	801.0	718.0	271.0	3.0	...
892.0	49.0	620.0	87.0	202.0	391.0	268.0	176.0	256.0	1.0	...
966.0	138.0	240.0	190.0	150.0	312.0	749.0	821.0	226.0	14.0	...
305.3	53.7	407.4	29.2	84.4	376.1	142.8	80.5	98.3[79][81]	...	...
356.6	93.3	144.9	47.5	96.9	75.3	317.9	267.7	89.4[79][81]	...	...
340.2	46.1	415.8	33.1	73.5	456.3	135.1	84.1	106.3[79][81]	...	...
376.7	92.1	140.9	54.0	79.9	106.5	301.3	261.2	99.6[79][81]	...	...
5085.8[61]	...	5818.2	401.6[78]	...	1806.2	7230.4	4238.4	6332.1	3731.9[79]	...
5788.0[61]	...	5354.5	744.8[78]	...	1658.5	7383.2	4394.4	5244.8	2486.7[79]	...
1.0	0.3	0.2	0.2	0.4	1.4	0.2	0.3	0.3	...	...
1.1	0.3	0.1	0.2	0.3	0.6	0.7	0.6	0.4	0.1	...
151.4	56.6	118.2	28.6	54.5	93.2	40.5[80]	...	32.7[81]	...	1.6
91.5	45.9	34.8	39.2	41.0	17.7	66.6[80]	...	69.3[81]	...	0.6
153.3	58.9	141.9	42.2	104.7	82.6	46.1[80]	...	36.6[81]	...	11.8
86.6	44.9	41.3	45.6	60.9	17.5	70.5[80]	...	122.8[81]	...	1.6
89.5	18.9	133.3	5.7	45.0	70.7	44.5	27.3	42.6	0.3	0.4
114.7	34.8	49.5	19.1	38.5	55.6	133.9	113.4	34.5	0.3	0.4
93.5	22.9	113.2	8.4	56.5	80.1	39.1	28.6	50.4	0.3	0.6
128.7	36.6	54.0	21.4	39.1	57.2	131.1	113.0	38.5	0.3	0.2
41.0	9.0	41.0	5.0	13.0	19.0	12.0	9.0	17.0	...	...
54.0	18.0	14.0	11.0	9.0	18.0	33.0	32.0	24.0	1.0	...
51.0	11.0	41.0	6.0	17.0	19.0	12.0	10.0	15.0	...	...
51.0	11.0	41.0	6.0	17.0	19.0	12.0	10.0	15.0	...	...
1186.8	441.2	616.9	215.8	352.5	496.2	257.6	185.1	246.6	50.2	0.3
830.5	314.3	107.7	99.4	300.7	269.8	410.9	432.9	200.2	298.6	0.9
319.0	39.0	212.0	36.0	191.0	115.0[79]	89.0	116.0	90.0[81]	...	...
263.0	64.0	103.0	59.0	123.0	125.0[79]	204.0	768.0	100.0[81]	...	...
280.0	44.0	180.0	36.0	225.0	105.0[79]	96.0	103.0	91.0[81]	...	...
228.0	56.0	81.0	46.0	147.0	95.0[79]	192.0	716.0	105.0[81]	...	...

31
Employment by industry [cont.]
Emploi par industrie [suite]

Source:
International Labour Office (Geneva).

+ Countries using the latest version of the International Standard Industrial Classification of all Economic Activities, Revision 3 (ISIC Revision 3), are presented in part B. Countries using the former classification, ISIC Revision 2, are presented in part A. Countries that report both classifications, ISIC 2 and ISIC 3, are presented in both part A and part B.

† For information on recent changes in country or area nomenclature pertaining to former Czechoslovakia, Germany, Hong Kong Special Administrative Region (SAR) of China, SFR Yugoslavia and former USSR, see Annex I – Country or area nomenclature, regional and other groupings.

†† For statistical purposes, the data for China do not include those for the Hong Kong Special Administrative Region (Hong Kong SAR) and Taiwan province of China.

1 Persons aged 15 years and over.
2 Civilian labour force employed.
3 Including armed forces, except conscripts not employed before their military service.
4 Both sexes.
5 Average of less than 12 months.
6 Wholesale and retail trade.
7 Including quarrying.
8 Including professional army; excluding compulsory military service.
9 One month of each year.
10 Persons aged 15 to 69 years.
11 Persons aged 10 years and over.
12 Excluding rural population of Rondônia, Acre, Amazonas, Roraima, Pará and Amapá.
13 Including electricity, gas and water.
14 Including sanitary services.
15 Excluding restaurants and hotels.
16 Excluding storage.
17 Including international and other extra-territorial bodies.
18 Including activities not adequately defined.
19 Including restaurants, hotels and storage.
20 Excluding sanitary services and international bodies.
21 Including repair and installation services.
22 Excluding repair and installation services.
23 Excluding sanitary services.
24 One quarter of each year.
25 Whole national economy.
26 Persons aged 12 years and over.
27 7 main cities of the country.
28 Including mining and quarrying.
29 Including financing, insurance, real estate and business services.
30 Persons aged 15 to 74 years.
31 Data classified according to ISIC, Rev. 3.
32 Urban areas.
33 Persons aged 12 to 64 years.
34 Whole country.
35 Including armed forces.
36 Including construction.
37 Including transport, storage and communication.
38 Including community, social and personal services.
39 Persons aged 14 years and over.
40 Including repairs.
41 Non-material activities.
42 Including the residents of East Jerusalem.
43 Including permanent members of institutional households.
44 Industrial transformations.
45 Including trade, restaurants and hotels.
46 Including self-defense forces.
47 Excluding hotels.

Source:
Bureau international du travail (Genève).

+ On trouvera dans la partie B les chiffres relatifs aux pays qui appliquent la version la plus récente de la Classification internationale type, par industrie, de toutes les branches d'activité économique, Révision 3 (CITI Rév. 3). Les pays qui utilisent encore la classification dans sa version précédente (Révision 2) figurent à la partie A. Les pays qui utilisent les deux classifications, CITI 2 et CITI 3, figurent à la fois dans les parties A et B.

† Pour les modifications récentes de nomenclature de pays ou de zone concernant l'Allemagne, Hong-Kong (Région administrative spéciale de Chine), l'ex-Tchécoslovaquie, l'ex-URSS et l'ex-Rfs de Yougoslavie, voir annexe I – Nomenclature des pays ou des zones, groupements régionaux et autres groupements.

†† Les données statistiques relatives à la Chine ne comprennent pas celles qui concernent la région administrative spéciale de Hong-Kong (la RAS de Hong-Kong) et la province chinoise de Taiwan.

1 Personnes âgées de 15 ans et plus.
2 Main-d'œuvre civile occupée.
3 Y compris les forces armées, sauf les conscrits n'ayant pas travaillé avant leur service militaire.
4 Les deux sexes.
5 Moyenne de moins de douze mois.
6 Commerce de gros et de détail.
7 Y compris les carrières.
8 Y compris les militaires de carrière; non compris les militaires du contingent.
9 Un mois de chaque année.
10 Personnes âgées de 15 à 69 ans.
11 Personnes âgées de 10 ans et plus.
12 Non compris la population rurale de Rondônia, Acre, Amazonas, Roraima, Pará et Amapá.
13 Y compris l'électricité, le gaz et l'eau.
14 Y compris les services sanitaires.
15 Non compris les restaurants et hôtels.
16 Non compris les entrepôts.
17 Y compris les organisations internationales et autres organismes extra-territoriaux.
18 Y compris les activités mal désignées.
19 Y compris les restaurants, hôtels et entrepôts..
20 Non compris les services sanitaires et les organismes internationaux.
21 Y compris les services de réparation et d'installation.
22 Non compris les services de réparation et d'installation.
23 Non compris les services sanitaires.
24 Un trimestre de chaque année.
25 Ensemble de l'économie nationale.
26 Personnes âgées de 12 ans et plus.
27 7 villes principales du pays.
28 Y compris les industries extractives.
29 Y compris les banques, les assurances, les affaires immobilières et les services aux entreprises.
30 Personnes âgées de 15 à 74 ans.
31 Données classifiées selon la CITI, Rév. 3.
32 Régions urbaines.
33 Personnes âgées de 12 à 64 ans.
34 Ensemble du pays.
35 Y compris les forces armées.
36 Y compris la construction.
37 Y compris les transports, les entrepôts at les communications.
38 Y compris les services à collectivité, les services social et personnel.
39 Personnes âgées de 14 ans et plus.
40 Y compris les réparations.
41 Activités non matérielles.
42 Y compris les résidents de Jérusalem-Est.
43 Y compris les membres permanents des ménages collectifs.
44 Transformations industrielles.
45 Y compris le commerce, les restaurants et les hôtels.
46 Y compris les forces d'autodéfense.

265 Labour force   Main d'œuvre

48 Including hotels.
49 Persons aged 15 to 64 years.
50 Excluding business services.
51 Including restaurants and hotels and business services.
52 Excluding domestic workers, self-employed and family workers.
53 Curaçao.
54 Persons aged 16 to 74 years.
55 July of preceding year to June of current year.
56 Asunción metropolitan area.
57 Excluding compulsory military service.
58 Lima.
59 Excluding unpaid family workers who worked less than 15 hours.
60 Including members of the armed forces living in private households.
61 Including restaurants and hotels.
62 Including the Azores and Madeira.
63 Persons aged 16 years and over.
64 31st December of each year.
65 Including electricity and water.
66 Excluding Northern and Eastern provinces.
67 Persons aged 16 to 64 years.
68 Persons aged 13 years and over.
69 Including financing, insurance and real estate.
70 Excluding unpaid family workers.
71 Excluding employees in private domestic services.
72 Estimates based on 1990 census benchmarks.
73 1990 Census industrial classification.
74 Excluding armed forces.
75 Including fishing.
76 Persons aged 15 to 66 years.
77 Excluding regular military living in barracks and conscripts.
78 Including real estate, renting and business activities.
79 Including extra-territorial organizations and bodies.
80 Including health and social work.
81 Including private households with employed persons.
82 Excluding persons on child-care leave.
83 Including persons on child-care leave.
84 31 st. Dec. of each year.

47 Non compris les hôtels.
48 Y compris les hôtels.
49 Personnes âgées de 15 à 64 ans.
50 Non compris les services aux entreprises.
51 Y compris les restaurants, hôtels et les services aux entreprises.
52 Non compris le personnel domestique, les travailleurs indépendants et les travailleurs familiaux.
53 Curaçao.
54 Personnes âgées de 16 à 74 ans.
55 Juillte de l'année précédente à juin de l'année en cours.
56 Région métropolitaine d'Asunción.
57 Non compris les militaires du contingent.
58 Lima.
59 Non compris les travailleurs familiaux non rémunérés ayant travaillé moins de 15 heures.
60 Y compris les membres des forces armées vivant en ménages privés.
61 Y compris les restaurants et les hôtels.
62 Y compris les Açores and Madère.
63 Personnes âgées de 16 ans et plus.
64 31 déc. de chaque année.
65 Y compris l'électricité et l'eau.
66 Non compris les provinces du Nord et de l'Est.
67 Personnes âgées de 16 à 64 ans.
68 Personnes âgées de 13 ans et plus.
69 Y compris les banques, les assurances, les affaires immobilières.
70 Non compris les travailleurs familiaux non rémunérés.
71 Non compris les personnes occupées à des services domestiques privés.
72 Estimations basées sur les données de calage du recensement de 1990.
73 Classification par industrie du recensement de 1990.
74 Non compris les forces armées.
75 Y compris la pêche.
76 Personnes âgées de 15 à 66 ans.
77 Non compris les militaires de carrière vivant dans des casernes et les conscrits.
78 Y compris les affaires immobilières, les locations et les activités de services aux entreprises sociale.
79 Y compris les organisations et les organismes extra-territoriaux.
80 Y compris la santé et l'action sociale.
81 Y compris les ménages privés employant du personnel domestique.
82 Non compris les personnes en congé parental.
83 Y compris les personnes en congé parental.
84 31 déc. de chaque année.

32
Unemployment
Chômage
Number (thousands) and percentage of unemployed
Nombre (milliers) et pourcentage des chômeurs

Country or area [§] Pays ou zone [§]	1986	1987	1988	1989	1990	1991	1992	1993	1994	1995
Albania Albanie										
MF [IV]	92.0	89.4	105.8	113.4	150.7	139.8	...	...	...	...
% MF [IV]	6.4	6.1	7.0	7.3	9.5	9.1	...	...	...	...
Algeria Algérie										
MF [I] [12]	...	...	...	946.0	1156.0	1261.0	1482.0	...	...	...
M [I] [12]	...	...	...	876.0	1069.0	1155.0	1348.0	...	...	...
F [I] [12]	...	...	...	70.0	87.0	106.0	134.0	...	...	...
% MF [I] [12]	...	...	...	17.0	19.7	21.1	23.8	...	...	...
% M [I] [12]	...	...	...	17.2	...	21.7	24.2	...	...	...
% F [I] [12]	...	...	...	15.9	...	17.0	20.3	...	...	...
Argentina Argentine										
MF [I] [23]	177.8[1]	230.5	251.2	322.6	440.5	266.1	321.1	519.7	602.7	963.6
M [I] [23]	107.7[1]	126.8	137.2	195.2	253.4	163.8	196.2	267.4	329.2	508.1
F [I] [23]	70.1[1]	103.7	114.0	127.4	187.1	102.2	124.9	252.2	273.5	455.6
% MF [I] [23]	4.4[1]	5.3	5.9	7.3	9.2	5.8	6.7	10.1	12.1	18.8
% M [I] [23]	...	4.5	5.2	7.0	8.4	5.6	6.4	8.5	10.7	16.5
% F [I] [23]	...	6.6	7.2	7.7	10.4	6.1	7.0	12.7	14.4	22.3
Australia Australie										
MF [I] [24]	613.1	628.9	576.2	508.1[5]	584.8[5]	814.5[5]	925.1[5]	939.2[5]	855.5[5]	766.3[5]
M [I] [24]	351.8	361.0	321.1	276.5[5]	332.3[5]	489.5[5]	566.2[5]	574.0[5]	505.6[5]	455.0[5]
F [I] [24]	261.3	267.9	255.1	231.6[5]	252.5[5]	325.0[5]	358.9[5]	365.1[5]	349.9[5]	311.3[5]
% MF [I] [24]	8.1	8.1	7.2	6.2[5]	6.9[5]	9.6[5]	10.8[5]	10.9[5]	9.8[5]	8.5[5]
% M [I] [24]	7.7	7.8	6.8	5.7[5]	6.7[5]	9.9[5]	11.4[5]	11.5[5]	10.0[5]	8.8[5]
% F [I] [24]	8.7	8.6	7.9	6.8[5]	7.2[5]	9.2[5]	10.0[5]	10.1[5]	9.4[5]	8.0[5]
Austria Autriche										
MF [I] [2]	105.8[6]	130.2	122.0	108.6	114.8	125.4	132.4	158.8	138.4	...
M [I] [2]	64.7[6]	74.3	66.5	58.2	63.0	70.9	74.4	88.1	72.6	...
F [I] [2]	41.1[6]	55.9	55.5	50.4	51.8	54.5	58.0	70.7	65.7	...
MF [III] [27]	152.0	164.5	158.6	149.2	165.8	185.0	193.1	222.3	214.9	215.7
M [III] [27]	88.9	95.0	89.8	81.0	89.0	99.0	107.2	126.7	120.6	120.0
F [III] [27]	63.1	69.5	68.8	68.2	76.8	86.0	85.9	95.6	94.4	95.7
% MF [I] [2]	...	3.8	3.7	3.1	3.2	3.5	3.7	4.3	3.6	...
% M [I] [2]	...	3.6	3.3	2.8	3.0	3.3	3.5	4.1	3.3	...
% F [I] [2]	...	4.1	4.0	3.6	3.6	3.7	3.8	4.5	4.0	...
% MF [III] [27]	5.2	5.6	5.3	5.0	5.4	5.8	5.9	6.8	6.5	6.6
% M [III] [27]	5.1	5.5	5.1	4.6	4.9	5.3	5.7	6.7	6.4	6.4
% F [III] [27]	5.2	5.7	5.6	5.5	6.0	6.5	6.2	6.9	6.7	6.8
Azerbaijan Azerbaïdjan										
MF [III] [78]	...	...	...	...	...	4.0	6.4	19.5	23.6	...
M [III] [78]	...	...	...	...	...	1.5	2.8	7.7	9.2	...
F [III] [78]	...	...	...	...	...	2.5	3.6	11.8	14.4	...
Bahamas Bahamas										
MF [I] [12]	13.5	...	13.7	14.9	...	16.0	20.0	18.0	18.4	...
M [I] [12]	5.7	...	5.4	7.4	...	8.4	9.8	9.2	9.2	...
F [I] [12]	7.8	...	8.3	7.5	...	7.7	10.2	8.7	9.3	...
% MF [I] [12]	12.2	...	11.0	11.7	...	12.3	14.8	13.1	13.3	...
% M [I] [12]	9.7	...	8.2	11.0	...	12.2	13.8	12.8	12.6	...
% F [I] [12]	15.0	...	14.2	12.5	...	12.4	16.0	13.4	14.0	...
Bahrain Bahreïn										
MF [III] [9 10]	6.7	4.0	4.5	3.4	3.0	3.3	3.1	3.6	4.2	5.1
M [III] [9 10]	...	3.1	3.6	2.5	2.2	2.4	2.2	2.9	2.7	3.4
F [III] [9 10]	...	0.9	0.9	0.9	0.8	0.9	0.9	0.7	1.4	1.7
Barbados Barbade										
MF [I] [2]	20.7	21.4	21.2[11]	17.1[11]	18.6[11]	20.9	28.7	30.9	28.2	26.9
M [I] [2]	8.0	8.4	7.7[11]	5.9[11]	6.6[11]	8.6	13.2	14.0	12.1	11.4
F [I] [2]	12.7	13.0	13.5[11]	11.2[11]	12.0[11]	12.3	15.5	16.9	16.1	15.5
% MF [I] [2]	17.7	17.9	17.4[11]	13.7[11]	15.0[11]	17.1	23.0	24.5	21.9	19.7
% M [I] [2]	13.0	13.3	12.3[11]	9.1[11]	10.3[11]	13.3	20.4	21.5	18.3	16.5
% F [I] [2]	23.0	23.1	22.9[11]	18.7[11]	20.2[11]	21.4	25.7	27.7	25.6	22.9

267 Labour force Main-d'œuvre

32
Unemployment
Number (thousands) and percentage of unemployed [cont.]
Chômage
Nombre (milliers) et pourcentage des chômeurs [suite]

Country or area § / Pays ou zone §	1986	1987	1988	1989	1990	1991	1992	1993	1994	1995
Belarus Bélarus										
MF [III] [17]	...	...	...	...	...	2.3	24.0	66.3	101.2	131.0
M [III] [17]	...	...	...	...	...	0.5	4.4	22.3	36.7	46.7
F [III] [17]	...	...	...	...	...	1.8	19.6	44.0	64.5	84.3
% MF [III] [17]	...	...	...	...	...	0.1	0.5	1.4	2.1	2.7
% M [III] [17]	...	...	...	...	...	...	0.2	0.9	1.6	2.2
% F [III] [17]	...	...	...	...	...	0.1	0.7	1.6	2.4	3.3
Belgium Belgique										
MF [I] [1 12]	450.2	444.8	396.0	326.1	285.2	282.4	315.9	335.1	405.3	390.0
M [I] [1 12]	176.3	177.8	167.2	128.0	109.2	110.8	137.1	149.1	188.5	179.0
F [I] [1 12]	273.9	267.0	228.8	198.1	176.0	171.6	178.8	186.0	216.8	211.0
MF [III] [7 13]	516.8	500.8	459.4	419.3	402.8	429.5	472.9	549.7	588.7	596.9
M [III] [7 13]	217.6	208.9	187.8	167.5	161.3	178.0	199.1	237.5	257.0	259.6
F [III] [7 13]	299.1	292.0	271.6	251.8	241.5	251.5	273.8	312.2	331.6	337.3
% MF [I] [1 12]	11.3	11.3	10.1	8.3	7.2	7.0	7.7	8.2	9.7	9.3
% M [I] [1 12]	7.1	7.3	7.0	5.3	4.5	4.5	5.6	6.1	7.7	7.3
% F [I] [1 12]	17.9	17.6	15.1	13.0	11.4	10.7	10.7	11.1	12.7	12.2
% MF [III] [7 13]	12.6	12.2	11.1	10.1	9.6	10.2	11.2	12.9	13.8	14.0
% M [III] [7 13]	8.9	8.6	7.7	6.9	6.6	7.3	8.1	9.7	10.5	10.6
% F [III] [7 13]	18.1	17.4	16.0	14.7	13.9	14.3	15.3	17.1	18.1	18.4
Belize Belize										
MF [I] [14]	...	...	...	...	...	...	...	6.7	7.7	...
M [I] [14]	...	...	...	...	...	...	...	3.5	4.3	...
F [I] [14]	...	...	...	...	...	...	...	3.2	3.5	...
% MF [I] [14]	...	...	...	...	...	...	...	9.8	11.1	...
% M [I] [14]	...	...	...	...	...	...	...	7.5	9.0	...
% F [I] [14]	...	...	...	...	...	...	...	14.5	15.1	...
Bermuda Bermudes										
MF [III] [7]	0.0	0.1	0.1	0.0	0.1	0.2	...	...	...	...
Bolivia Bolivie										
MF [I] [15 16]	46.2	78.0	...	96.1	67.3	33.7	59.3	69.6	38.8	47.5
M [I] [15 16]	...	...	...	51.1	37.2	20.4	34.5	43.2	23.5	24.4
F [I] [15 16]	...	...	...	45.0	30.0	13.3	24.8	26.4	15.3	23.1
MF [IV] [16]	415.4	430.7	388.4	443.2	433.4	...	...	...	...	...
M [IV] [16]	362.0	365.1	329.3	375.7	366.6	...	...	...	...	...
F [IV] [16]	53.4	65.6	59.1	67.5	66.9	...	...	...	...	...
% MF [I] [15 16]	...	...	...	...	7.3	5.8	5.5	6.0	3.1	3.6
% M [I] [15 16]	...	...	...	...	6.9	5.6	5.5	6.5	3.4	3.3
% F [I] [15 16]	...	...	...	...	7.8	6.0	5.6	5.3	2.9	4.0
% MF [IV] [16]	20.0	20.5	18.0	20.0	19.0	...	...	...	...	...
Brazil Brésil										
MF [I] [1 16 17]	1380.2	2133.0	2319.4	1891.0	2367.5	...	#4574.0	4396.0	...	...
M [I] [1 16 17]	854.1	1315.3	1410.3	1244.0	1582.4	...	#2355.0	2306.0	...	...
F [I] [1 16 17]	526.1	817.7	909.1	647.0	785.1	...	#2219.0	2090.0	...	...
% MF [I] [1 16 17]	2.4	3.6	3.8	3.0	3.7	...	#6.5	6.2	...	...
% M [I] [1 16 17]	2.3	3.4	3.6	3.1	3.8	...	#5.6	5.4	...	...
% F [I] [1 16 17]	2.7	4.0	4.2	2.9	3.4	...	#8.0	7.4	...	...
Bulgaria Bulgarie										
MF [III] [17]	...	...	...	...	65.1	419.1	576.9	626.1	488.4	423.8
M [III] [17]	...	...	...	...	22.7	190.7	274.5	298.4	223.0	188.0
F [III] [17]	...	...	...	...	42.4	228.4	302.4	327.7	265.4	235.8
% MF [III] [17]	...	...	...	...	1.7	11.1	15.3	16.4	12.4	11.1
Burkina Faso Burkina Faso										
MF [III] [10]	32.0[181]	35.3[18]	34.6[20]	38.1[20]	42.0[20]	34.8[20]	29.8[20]	29.6[20]	26.6[20]	...
M [III] [10]	26.8[181]	30.4[18]	29.3[20]	32.4[20]	37.4[20]	30.4[20]	25.9[20]	24.9[20]	24.0[20]	...
F [III] [10]	4.8[181]	4.9[18]	5.3[20]	5.7[20]	4.6[20]	4.5[20]	3.9[20]	4.6[20]	2.7[20]	...
Burundi Burundi										
MF [III] [10 21]	6.8	8.2	9.3	11.1	14.5	13.8	7.3	...	...	...
M [III] [10 21]	6.0	7.4	8.4	9.8	...	9.6	...	...	...	...
F [III] [10 21]	0.8	0.8	0.9	1.3	...	4.2	...	...	...	...

32
Unemployment
Number (thousands) and percentage of unemployed [cont.]
Chômage
Nombre (milliers) et pourcentage des chômeurs [suite]

Country or area § / Pays ou zone §	1986	1987	1988	1989	1990	1991	1992	1993	1994	1995
Canada Canada										
MF [I][2]	1283.0	1208.0	1082.0	1065.0	1164.0	1492.0	1640.0	1649.0	1541.0	1422.0
M [I][2]	723.0	662.0	578.0	578.0	649.0	866.0	966.0	952.0	885.0	801.0
F [I][2]	560.0	546.0	503.0	487.0	515.0	626.0	674.0	697.0	656.0	621.0
% MF [I][2]	9.6	8.9	7.8	7.5	8.1	10.4	11.3	11.2	10.4	9.5
% M [I][2]	9.4	8.6	7.4	7.3	8.1	10.9	12.1	11.8	10.8	9.8
% F [I][2]	9.8	9.3	8.3	7.8	8.1	9.7	10.4	10.6	9.9	9.2
Central African Rep. Rép. centrafricaine										
MF [III][10,22]	8.7	8.9[1]	9.1	7.9	7.8	7.2	5.8	5.6	9.9	...
M [III][10,22]	7.8	8.1[1]	8.3	7.2	7.2	7.2	5.2	5.2	9.3	...
F [III][10,22]	0.9	0.8[1]	0.8	0.7	0.7	0.5	0.5	0.4	0.6	...
Chile Chili										
MF [I][2,11]	374.2	343.5	286.1	249.8	268.9	253.6	217.1	233.6	311.3	248.1
M [I][2,11]	250.0	222.5	177.4	162.4	184.8	168.6	132.1	147.6	193.9	158.4
F [I][2,11]	124.0	120.9	108.6	87.4	84.0	85.0	85.1	86.0	117.4	89.8
% MF [I][2,11]	8.8	7.9	6.3	5.3	5.6	5.3	4.4	4.5	5.9	4.7
% M [I][2,11]	8.4	7.3	5.6	5.0	5.7	5.1	4.1	4.2	5.4	4.4
% F [I][2,11]	9.7	9.3	7.8	6.1	5.7	5.8	5.6	5.1	6.8	5.3
China †† Chine ††										
MF [IV][1,15]	2644.0	2766.0	2960.0	3779.0	3832.0	3522.0	3603.0	4201.0	4764.0	...
M [IV][1,15]	805.0	953.0	1001.0	1942.0	1313.0	1207.0	1298.0	1394.0	1258.0	...
F [IV][1,15]	1288.0	1398.0	1452.0	1837.0	1814.0	1677.0	1700.0	1925.0	1752.0	...
% MF [IV][1,15]	2.0	2.0	2.0	2.6	2.5	2.3	2.3	2.6	2.8	...
% M [IV][1,15]	0.6	0.7	0.7	1.3	0.9	0.8	...	0.9	0.8	...
% F [IV][1,15]	1.0	1.0	1.0	1.3	1.2	1.1	...	1.2	1.1	...
China, Hong Kong SAR † Chine, Hong-Kong RAS †										
MF [I][2]	76.2	47.4	37.7	29.7	36.6	50.3	54.6	56.9	57.2	97.7
M [I][2]	51.3	29.7	24.0	19.1	23.3	33.7	35.3	36.2	38.5	64.1
F [I][2]	25.0	17.6	13.7	10.6	13.3	16.6	19.4	20.7	18.7	33.5
% MF [I][2]	2.8	1.7	1.4	1.1	1.3	1.8	2.0	2.0	1.9	3.2
% M [I][2]	3.0	1.7	1.4	1.1	1.3	1.9	2.0	2.0	2.1	3.4
% F [I][2]	2.5	1.8	1.4	1.1	1.3	1.6	1.9	2.0	1.7	2.9
Colombia Colombie										
MF [I][1,23,24]	482.8	429.0	403.0	356.5	491.6	501.6	486.6	407.8	418.0	...
M [I][1,23,24]	221.1	190.7	175.5	159.5	232.8	216.8	196.6	158.8	156.6	...
F [I][1,23,24]	261.8	238.3	227.5	197.1	258.8	254.8	290.0	249.0	261.4	...
Costa Rica Costa Rica										
MF [I][1,23]	56.7	#54.5	55.0	38.7	49.5	59.1	44.0	46.9	49.4	63.5
M [I][1,23]	40.3	#33.1	31.9	23.4	31.7	35.5	26.4	28.9	28.7	39.1
F [I][1,23]	16.5	#21.4	23.1	15.3	17.8	23.5	17.6	18.0	20.7	24.4
% MF [I][1,23]	6.2	#5.6	5.5	3.8	4.6	5.5	4.1	4.1	4.2	5.2
% M [I][1,23]	6.0	#4.7	4.4	3.2	4.2	4.8	3.5	3.6	3.5	4.6
% F [I][1,23]	6.9	#7.9	8.0	5.3	5.9	7.4	5.4	5.3	5.8	6.5
Côte d'Ivoire Côte d'Ivoire										
MF [III][7,8,25]	92.0	107.8	120.6	128.5	140.3	136.9	114.9	...	...	...
M [III][7,8,25]	...	73.2	81.9	89.4	99.0	...	88.2	...	...	...
F [III][7,8,25]	...	34.6	38.7	39.1	41.3	...	26.7	...	...	...
Croatia Croatie										
MF [III][7]	123.0	123.0	135.0	140.0	161.0	254.0	267.0	251.0	...	...
M [III][7]	48.0	48.0	55.0	57.0	70.0	121.0	126.0	113.0	...	...
F [III][7]	75.0	75.0	80.0	83.0	91.0	133.0	141.0	138.0	...	...
% MF [III][7]	6.5	6.4	6.9	7.2	8.2	14.9	17.2	16.8	...	...
% M [III][7]	4.3	4.3	4.8	5.0	6.2	12.8	14.8	14.0	...	...
% F [III][7]	9.6	9.3	9.7	10.0	10.9	17.6	20.1	20.1	...	...
Cyprus Chypre										
MF [III][7,12]	9.2	8.7	7.4	6.2	5.1	8.3	5.2	7.6	8.0	7.9
M [III][7,12]	4.8	4.4	3.7	2.9	2.5	3.8	2.4	3.2	3.7	3.6
F [III][7,12]	4.4	4.3	3.8	3.3	2.6	4.5	2.8	4.4	4.3	4.3
% MF [III][7,12]	3.7	3.4	2.8	2.3	1.8	3.0	1.8	2.7	2.7	2.6
% M [III][7,12]	2.9	2.7	2.2	1.7	1.4	2.2	1.8	1.8	2.0	1.9
% F [III][7,12]	5.0	4.7	3.8	3.3	2.5	4.4	2.6	4.1	3.9	3.7

269 Labour force Main-d'œuvre

32
Unemployment
Number (thousands) and percentage of unemployed [cont.]
Chômage
Nombre (milliers) et pourcentage des chômeurs [suite]

Country or area § Pays ou zone §	1986	1987	1988	1989	1990	1991	1992	1993	1994	1995
Czech Republic République tchèque										
MF [I] [2 26]	...	...	...	...	...	...	...	199.6	201.5	181.4
M [I] [2 26]	...	...	...	...	...	...	...	87.1	95.2	84.5
F [I] [2 26]	...	...	...	...	...	...	...	112.5	106.3	96.9
MF [III] [17]	...	...	...	...	39.0	222.0	135.0	185.0	166.0	153.0
M [III] [17]	...	...	...	...	19.0	95.0	57.0	81.0	70.0	65.0
F [III] [17]	...	...	...	...	20.0	127.0	78.0	104.0	96.0	88.0
% MF [I] [2 26]	...	...	...	...	...	...	...	3.8	3.8	3.4
% M [I] [2 26]	...	...	...	...	...	...	...	3.1	3.4	3.0
% F [I] [2 26]	...	...	...	...	...	...	...	4.6	4.4	4.0
% MF [III] [17]	...	...	...	...	0.7	4.1	2.6	3.5	3.2	2.9
% M [III] [17]	...	...	...	...	0.7	3.5	2.2	3.0	2.5	2.3
% F [III] [17]	...	...	...	...	0.8	4.8	3.0	4.1	4.0	3.6
Denmark Danemark										
MF [I] [11]	153.6[27]	200.0[27]	207.9[27]	253.9[27]	242.4[27]	264.8[27]	261.8[27]	308.8[27]	222.0[28]	195.5[28]
M [I] [11]	62.0[27]	92.0[27]	99.0[27]	124.3[27]	122.8[27]	129.3[27]	127.9[27]	159.2[27]	107.0[28]	85.6[28]
F [I] [11]	91.6[27]	108.0[27]	108.9[27]	129.6[27]	119.7[27]	135.5[27]	134.0[27]	149.6[27]	115.0[28]	109.9[28]
MF [III] [7 29]	220.4	221.9	243.9	264.9	271.7	296.1	318.3	348.8	343.4	288.4
M [III] [7 29]	90.8	96.1	108.8	120.0	124.0	137.2	148.8	168.6	163.9	134.1
F [III] [7 29]	129.6	125.7	135.1	145.0	147.7	158.9	169.5	180.2	179.6	154.3
% MF [I] [11 28]	...	...	...	...	...	...	...	...	8.0	7.0
% M [I] [11 28]	...	...	...	...	...	...	...	...	7.1	5.6
% F [I] [11 28]	...	...	...	...	...	...	...	...	9.0	8.6
% MF [III] [7 29]	7.9	7.9	8.7	9.5	9.7	10.6	11.3	12.4	12.2	10.3
% M [III] [7 29]	6.1	6.4	7.3	8.1	8.4	9.2	10.0	11.3	11.0	9.0
% F [III] [7 29]	10.0	9.6	10.3	11.1	11.3	12.1	12.9	13.7	13.6	11.7
Ecuador Equateur										
MF [I] [1 15]	...	89.5[233]	155.4[23]	187.0[23]	150.5[16]	237.0[16]	263.2[16]	240.8[16]	207.2[16]	...
M [I] [1 15]	...	39.8[233]	73.0[23]	88.1[23]	67.3[16]	91.9[16]	105.3[16]	108.6[16]	101.8[16]	...
F [I] [1 15]	...	49.7[233]	82.3[23]	98.9[23]	83.2[16]	145.2[16]	157.9[16]	132.3[16]	105.4[16]	...
% MF [I] [1 15]	...	7.2[233]	7.0[23]	7.9[23]	6.1[16]	8.5[16]	8.9[16]	8.3[16]	7.1[16]	...
% M [I] [1 15]	...	5.2[233]	5.1[23]	5.9[23]	4.3[16]	5.4[16]	6.0[16]	6.2[16]	5.8[16]	...
% F [I] [1 15]	...	10.4[233]	10.3[23]	11.1[23]	9.1[16]	13.2[16]	13.2[16]	11.5[16]	9.3[16]	...
Egypt Egypte										
MF [I] [31]	...	...	...	1107.9[1]	1346.4[1]	1463.4[1]	1415.7[11]	1800.6[11]	1877.4[11]	...
M [I] [31]	...	...	...	615.8[1]	602.3[1]	692.1[1]	768.1[11]	955.8[11]	963.3[11]	...
F [I] [31]	...	...	...	492.1[1]	744.1[1]	771.3[1]	647.6[11]	844.8[11]	914.1[11]	...
% MF [I] [31]	...	...	...	6.9[1]	8.6[1]	9.6[1]	9.0[11]	10.9[11]	11.0[11]	...
% M [I] [31]	...	...	...	5.4[1]	5.2[1]	5.9[1]	6.4[11]	7.5[11]	7.4[11]	...
% F [I] [31]	...	...	...	10.7[1]	17.9[1]	21.3[1]	17.0[11]	22.3[11]	22.8[11]	...
El Salvador El Salvador										
MF [I] [16]	28.3[32]	...	74.1[15]	72.0[15]	97.9[15]	72.5[15]	81.0[15]	109.0	162.3	163.4
M [I] [16]	14.5[32]	...	50.9[15]	46.2[15]	54.8[15]	43.9[15]	47.5[15]	148.0	110.7	116.8
F [I] [16]	13.8[32]	...	23.2[15]	25.8[15]	43.1[15]	28.6[15]	33.5[15]	51.0	51.6	46.6
% MF [I] [16]	7.9[32]	...	9.4[15]	8.4[15]	10.0[15]	7.5[15]	7.9[15]	9.9	7.7	7.7
% M [I] [16]	7.5[32]	...	11.0[15]	10.0[15]	10.1[15]	8.3[15]	8.4[15]	11.8	8.4	8.7
% F [I] [16]	8.5[32]	...	7.1[15]	6.8[15]	9.8[15]	6.6[15]	7.2[15]	6.8	6.4	5.9
Estonia Estonie										
MF [I] [27]	...	...	...	5.1	5.9	13.2	31.8	54.9	63.6	...
M [I] [27]	...	...	...	2.3	2.8	6.7	17.5	29.0	33.9	...
F [I] [27]	...	...	...	2.8	3.2	6.5	14.3	25.9	29.8	...
MF [III] [7 33]	...	...	...	...	...	0.9	14.9	16.3	15.3	15.6
M [III] [7 33]	...	...	...	...	...	0.3	7.5	7.5	6.5	5.1
F [III] [7 33]	...	...	...	...	...	0.6	7.4	8.8	8.9	10.5
% MF [I] [27]	...	...	...	0.7	0.8	1.8	4.5	7.8	8.9	...
% M [I] [27]	...	...	...	0.6	0.7	1.8	4.7	7.8	9.0	...
% F [I] [27]	...	...	...	0.8	0.9	1.8	4.2	7.7	8.8	...
% MF [III] [7 33]	...	...	...	...	...	0.1	1.7	1.9	2.2	...
% M [III] [7 33]	...	...	...	...	...	0.1	1.6	1.7	...	...
% F [III] [7 33]	...	...	...	...	...	0.2	1.8	2.1	...	...
Ethiopia Ethiopie										
MF [III] [7 34 35]	52.6	58.2	55.3	51.3	44.2	44.3	70.9	62.9	...	...
M [III] [7 34 35]	30.7	37.9	34.1	28.6	25.8	24.9	52.1	40.4	...	...
F [III] [7 34 35]	21.9	20.3	21.2	22.7	18.4	19.4	18.8	22.6	...	...

32
Unemployment
Number (thousands) and percentage of unemployed [cont.]
Chômage
Nombre (milliers) et pourcentage des chômeurs [suite]

Country or area § Pays ou zone §	1986	1987	1988	1989	1990	1991	1992	1993	1994	1995
Fiji Fidji										
MF [IV] [2]	18.2	23.0	23.0	15.0	16.0	15.0	14.2	15.8	16.1	15.4
% MF [IV] [2]	7.5	9.3	9.4	6.1	6.4	5.9	5.4	5.9	5.7	5.4
Finland Finlande										
MF [I] [36 37]	138.0	130.0	116.0	89.0	88.0	193.0	328.0	444.0	456.0	430.0
M [I] [36 37]	82.0	78.0	67.0	48.0	54.0	124.0	203.0	259.0	259.0	231.0
F [I] [36 37]	56.0	53.0	48.0	41.0	34.0	69.0	125.0	184.0	196.0	198.0
MF [III] [2 7 37 38]	136.0	130.0	119.0	97.0	94.0	181.0	319.0	436.0	467.0	451.0
M [III] [2 7 37 38]	76.0	74.0	65.0	50.0	52.0	108.0	186.0	245.0	257.0	244.0
F [III] [2 7 37 38]	60.0	56.0	54.0	47.0	42.0	73.0	133.0	191.0	210.0	207.0
% MF [I] [36 37]	5.4	5.1	4.5	3.5	3.4	7.6	13.0	17.7	18.2	17.4
% M [I] [36 37]	6.1	5.8	5.1	3.6	4.0	9.2	15.2	19.5	19.6	17.3
% F [I] [36 37]	4.6	4.3	4.0	3.3	2.8	5.7	10.5	15.7	16.7	16.7
France France										
MF [III] [7 33 39]	2516.6	2621.7	2562.9	2531.9	2504.7	2709.1	2911.2	3172.0	3329.2	2976.2[40]
M [III] [7 33 39]	1275.1	1297.7	1224.8	1177.4	1148.7	1266.4	1404.6	1603.9	1664.5	1457.7[40]
F [III] [7 33 39]	1241.5	1324.0	1338.1	1354.5	1355.9	1442.7	1506.6	1568.1	1664.7	1518.5[40]
MF [IV]	2520.3	2567.2	2456.0	2323.0	2204.9	2348.9	2590.7	2929.0	3117.0	2950.0
M [IV]	1190.5	1169.3	1092.5	998.9	947.8	1031.8	1168.3	1401.0	1493.0	1374.0
F [IV]	1329.9	1398.0	1363.5	1324.1	1257.0	1317.1	1422.5	1528.0	1624.0	1576.0
% MF [IV]	10.4	10.5	10.0	9.4	8.9	9.4	10.3	11.6	12.3	11.6
% M [IV]	8.5	8.4	7.8	7.1	6.7	7.3	8.3	10.0	10.6	9.8
% F [IV]	12.9	13.3	12.9	12.4	11.7	12.0	12.9	13.7	14.4	13.9
French Guiana Guyane française										
MF [III] [10 33 41]	3.7	3.4	3.3	3.8	4.4	4.7	6.9	8.1	...	...
M [III] [10 33 41]	1.8	1.6	1.6	1.9	2.3	2.5	4.0	4.7	...	...
F [III] [10 33 41]	1.9	1.8	1.7	2.0	2.1	2.2	3.0	3.4	...	...
% MF [III] [10 33 41]	12.0	11.0	10.6	12.2	13.9	9.7	...	...	...	...
% M [III] [10 33 41]	9.2	8.4	...	9.4	11.7	8.2	...	...	...	...
% F [III] [10 33 41]	16.7	15.4	...	16.8	17.6	11.6	...	...	...	...
French Polynesia Polynésie française										
MF [III] [10 12]	1.0	0.6	0.7	0.6	0.6	...	...	...	...	...
Germany † Allemagne †										
MF [I] [12]	...	...	...	...	...	2642.0	3186.0	3799.0	4160.0	4035.0
M [I] [12]	...	...	...	...	...	1251.0	1422.0	1792.0	2051.0	1991.0
F [I] [12]	...	...	...	...	...	1392.0	1764.0	2007.0	2110.0	2045.0
MF [III] [7 36]	...	...	...	...	...	...	...	3442.6	3692.7	3611.9
M [III] [7 36]	...	...	...	...	...	...	...	...	...	1857.5
F [III] [7 36]	...	...	...	...	...	...	...	...	...	1764.0
MF [IV] [2]	...	...	...	...	...	2207.0	2621.0	3113.0	3324.0	3249.0
M [IV] [2]	...	...	...	...	...	1029.0	1208.0	1508.0	1652.0	1615.0
F [IV] [2]	...	...	...	...	...	1178.0	1413.0	1605.0	1672.0	1634.0
% MF [I] [12]	...	...	...	...	...	7.2	8.7	10.4	11.4	12.9
% M [I] [12]	...	...	...	...	...	6.0	6.9	8.7	10.0	9.8
% F [I] [12]	...	...	...	...	...	8.8	11.1	12.7	13.2	11.1
% MF [III] [7 36]	...	...	...	...	...	...	...	9.8	10.6	10.4
% M [III] [7 36]	...	...	...	...	...	...	...	...	...	9.6
% F [III] [7 36]	...	...	...	...	...	...	...	...	...	11.4
% MF [IV] [2]	...	...	...	...	...	5.6	6.6	7.9	8.4	8.2
% M [IV] [2]	...	...	...	...	...	4.5	5.3	6.6	7.2	7.1
% F [IV] [2]	...	...	...	...	...	7.0	8.4	9.6	9.9	9.8
Ghana Ghana										
MF [III] [7 42]	25.8	...	28.7	27.4	30.2	30.7	30.6	39.4	37.0	...
M [III] [7 42]	22.5	...	26.1	24.7	26.6	27.5	27.5	36.2	34.5	...
F [III] [7 42]	3.3	...	2.6	2.8	3.2	3.3	3.1	3.2	2.5	...
Gibraltar Gibraltar										
MF [III] [7 43]	0.5	0.3	0.6	0.6	...	...	...	...	...	...
M [III] [7 43]	0.4	0.2	0.5	0.5	...	...	...	...	...	...
F [III] [7 43]	0.1	0.1	0.1	0.1	...	...	...	...	...	...

32
Unemployment
Number (thousands) and percentage of unemployed [cont.]
Chômage
Nombre (milliers) et pourcentage des chômeurs [suite]

Country or area § Pays ou zone §	1986	1987	1988	1989	1990	1991	1992	1993	1994	1995
Greece Grèce										
MF [I] [11 12]	286.9	286.2	303.4	296.0	280.8	301.1	349.8	398.2	403.8	424.7
M [I] [11 12]	127.1	127.9	121.5	114.6	107.1	120.8	137.9	164.5	170.4	176.1
F [I] [11 12]	159.9	158.3	181.9	181.4	173.7	180.3	211.9	233.7	233.4	248.6
MF [III] [2 7]	110.5	117.9	115.3	133.9	140.2	173.2	184.7	175.9	179.8	...
M [III] [2 7]	61.0	64.1	58.7	64.6	68.1	83.9	89.7	87.9	87.3	...
F [III] [2 7]	49.4	53.9	56.6	69.3	72.1	89.3	95.0	87.9	92.4	...
% MF [I] [11 12]	7.4	7.4	7.7	7.5	7.0	7.7	8.7	9.7	9.6	10.0
% M [I] [11 12]	5.1	5.1	4.9	4.6	4.3	4.8	5.4	6.4	6.5	6.7
% F [I] [11 12]	11.6	11.4	12.5	12.4	11.7	12.9	14.2	15.2	14.9	15.4
% MF [III] [2 7]	6.1	6.4	6.0	6.5	6.4	7.3	7.6	7.1	7.2	...
Greenland Groënland										
MF [III] [7]	...	...	...	...	...	...	1.9	1.9	2.6	...
Guadeloupe Guadeloupe										
MF [III] [7 33]	27.2	27.8	29.5	30.8	29.4[1]	34.4[1]	...	38.8	42.9	...
M [III] [7 33]	12.2	11.7	11.5	13.5	11.7[1]	14.0[1]	...	...	...	...
F [III] [7 33]	15.0	16.1	18.0	21.3	17.7[1]	20.4[1]	...	...	...	...
% MF [III] [7 33]	27.0	23.0	24.0	24.0	17.0	19.9	...	...	...	...
% M [III] [7 33]	22.0	16.0	16.0	16.0	...	...	...	...	...	...
% F [III] [7 33]	33.0	31.0	33.0	34.0	...	...	...	...	...	...
Guam Guam										
MF [I] [33]	2.2	1.6	1.6	1.1	1.3	1.7	1.8	2.6	...	...
% MF [I] [33]	6.1	4.4	4.2	2.8	2.8	3.5	3.9	5.5	...	...
Guatemala Guatemala										
MF [III] [7 16 44]	2.7	2.2	1.9	1.7	1.8	1.7	1.6	1.0	1.3	1.4
M [III] [7 16 44]	1.8	1.4	1.3	1.2	1.3	1.0	1.1	0.7	0.9	0.9
F [III] [7 16 44]	0.9	0.8	0.6	0.5	0.5	0.7	0.5	0.3	0.4	0.5
Haiti Haïti										
MF [IV] [16]	...	...	561.8	...	339.7	...	...	...	...	...
M [IV] [16]	...	...	265.0	...	191.3	...	...	...	...	...
F [IV] [16]	...	...	296.7	...	148.4	...	...	...	...	...
Honduras Honduras										
MF [I] [1 12 15 16]	...	...	...	...	...	...	...	...	...	59.1
M [I] [1 12 15 16]	...	...	...	...	...	...	...	...	...	40.3
F [I] [1 12 15 16]	...	...	...	...	...	...	...	...	...	18.8
% MF [I] [1 12 15 16]	...	...	...	...	...	...	...	...	...	3.2
% M [I] [1 12 15 16]	...	...	...	...	...	...	...	...	...	3.1
% F [I] [1 12 15 16]	...	...	...	...	...	...	...	...	...	3.4
Hungary Hongrie										
MF [I] [27]	...	...	...	...	...	...	444.2	518.9	451.2	416.5
M [I] [27]	...	...	...	...	...	...	265.9	316.0	274.8	261.5
F [I] [27]	...	...	...	...	...	...	178.3	202.9	176.4	155.0
MF [III] [17]	...	...	...	...	79.5[45]	406.1[45]	663.0[45]	632.1[45]	519.6[45]	#495.9
M [III] [17]	...	...	...	...	49.1	239.0	390.0	376.1	302.6	...
F [III] [17]	...	...	...	...	30.4	167.1	273.0	256.0	217.0	...
% MF [I] [27]	...	...	...	...	...	...	9.9	12.1	10.9	10.3
% M [I] [27]	...	...	...	...	...	...	11.0	13.5	12.1	11.6
% F [I] [27]	...	...	...	...	...	...	8.7	10.4	9.4	8.7
% MF [III] [17]	...	...	...	...	1.7	8.5	12.3	12.1	10.4	12.0
% M [III] [17]	...	...	...	...	1.8	9.2	14.0	14.2	11.7	...
% F [III] [17]	...	...	...	...	1.4	7.6	10.5	10.1	8.9	...
Iceland Islande										
MF [I] [11 46]	...	...	...	...	...	3.6	6.2	7.6	7.7	7.2
M [I] [11 46]	...	...	...	...	...	1.7	2.9	3.8	4.0	3.8
F [I] [11 46]	...	...	...	...	...	1.9	3.2	3.8	3.8	3.4
MF [III] [7 33]	0.8	0.6	0.8	2.1	2.3	1.9	3.9	5.6	6.2	6.6
M [III] [7 33]	0.4	0.3	0.3	0.9	1.1	1.0	1.9	2.7	2.9	3.1
F [III] [7 33]	0.4	0.4	0.5	1.2	1.2	0.9	1.9	2.9	3.4	3.5
% MF [I] [11 46]	...	...	...	...	...	2.5	4.3	5.3	5.3	4.9
% M [I] [11 46]	...	...	...	...	...	2.3	3.8	5.0	5.1	4.8
% F [I] [11 46]	...	...	...	...	...	2.9	4.9	5.6	5.5	4.9
% MF [III] [7 33]	0.7	0.4	0.6	1.7	1.8	1.5	3.0	4.3	4.7	4.9
% M [III] [7 33]	0.5	0.3	0.4	1.2	1.4	1.3	2.6	3.6	3.7	4.0
% F [III] [7 33]	0.8	0.6	0.9	2.2	2.2	1.7	3.6	5.4	6.1	6.4

272 Labour force Main-d'œuvre

32
Unemployment
Number (thousands) and percentage of unemployed [cont.]
Chômage
Nombre (milliers) et pourcentage des chômeurs [suite]

Country or area § Pays ou zone §	1986	1987	1988	1989	1990	1991	1992	1993	1994	1995
India Inde										
MF [III] [10 12]	28261.0[47]	30542.0[47]	30050.0[1]	32776.0[1]	34632.0[1]	36300.0[1]	36758.0[1]	36276.0[1]	36692.0[1]	36742.0[1]
M [III] [10 12]	23476.0[47]	25251.0[47]	24590.0[1]	26668.0[1]	27932.0[1]	28992.0[1]	29105.0[1]	28410.0[1]	28647.0[1]	28722.0[1]
F [III] [10 12]	4785.0[47]	5291.0[47]	5461.0[1]	6109.0[1]	6700.0[1]	7308.0[1]	7653.0[1]	7865.0[1]	8045.0[1]	8020.0[1]
Indonesia Indonésie										
MF [I] [16]	1855.0	1843.0	2106.0	2083.0	1952.0	2032.0	2199.0	...	...	...
M [I] [16]	1127.0	1148.0	1269.0	1251.0	1155.0	1147.0	1292.0	...	...	...
F [I] [16]	728.0	695.0	837.0	832.0	796.0	885.0	907.0	...	...	...
MF [III] [10 48]	855.0	1017.2	1352.4	1518.5	1238.7	1042.3	...	...	...	...
M [III] [10 48]	586.3	672.8	900.8	991.7	735.9	...	...	...	...	...
F [III] [10 48]	268.7	344.4	451.6	526.8	502.9	...	...	...	...	...
Ireland Irlande										
MF [I] [2 11]	225.5	226.0	217.0	196.8	172.4	198.5	209.1	219.7	209.6	175.3
M [I] [2 11]	146.3	146.6	140.8	128.4	108.4	124.9	133.6	138.3	130.9	109.1
F [I] [2 11]	79.1	79.3	76.2	68.4	63.9	73.6	75.5	81.4	78.6	66.2
MF [III] [7 33]	236.4	247.3	241.4	231.6	224.7	254.0	283.1	294.0	...	...
M [III] [7 33]	172.0	176.2	169.7	160.0	152.1	170.5	187.2	194.0	...	...
F [III] [7 33]	64.4	71.1	71.7	71.6	72.6	83.5	96.0	101.0	...	...
% MF [I] [2 11]	17.1	16.9	16.3	15.0	12.9	14.7	15.3	15.7	14.7	12.2
% M [I] [2 11]	11.1	11.0	10.6	9.8	8.1	9.2	9.8	9.6	9.2	7.6
% F [I] [2 11]	6.0	5.9	5.7	5.2	4.8	5.4	5.5	5.6	5.5	4.6
% MF [III] [7 33]	18.1	18.8	18.4	17.9	17.2	19.0	...	...	...	...
% M [III] [7 33]	18.8	19.3	18.4	17.9	17.0	18.8	...	...	...	...
% F [III] [7 33]	16.4	17.7	17.9	17.9	17.6	19.5	...	...	...	...
Isle of Man Ile de Man										
MF [III] [7]	2.1	1.6	0.9	0.6	0.6	1.0	1.4	1.7	1.6	1.5
M [III] [7]	1.4	1.1	0.6	0.4	0.4	0.7	1.0	1.2	1.2	1.1
F [III] [7]	0.7	0.6	0.3	0.2	0.1	0.3	0.4	0.4	0.4	0.4
% MF [III] [7]	7.7	5.9	3.4	2.0	2.1	3.0[49]	4.3[49]	5.0[49]	4.8[49]	4.5[49]
% M [III] [7]	8.4	6.3	3.7	2.3	2.6	3.9[49]	5.4[49]	6.3[49]	6.2[49]	5.7[49]
% F [III] [7]	6.6	5.3	2.9	1.6	1.3	1.9[49]	2.7[49]	3.1[49]	2.9[49]	2.9[49]
Israel Israël										
MF [I] [2 51 52]	104.2[50]	90.1[50]	100.0[50]	142.5[50]	158.0[50]	187.4[50]	207.5[50]	194.9[50]	158.3[50]	145.0
M [I] [2 51 52]	59.1[50]	47.6[50]	53.0[50]	75.7[50]	82.2[50]	89.9[50]	99.7[50]	96.2[50]	71.7[50]	67.0
F [I] [2 51 52]	45.2[50]	42.5[50]	47.0[50]	66.8[50]	75.8[50]	97.5[50]	107.8[50]	98.7[50]	86.6[50]	78.0
% MF [I] [2 51 52]	7.1[50]	6.1[50]	6.4[50]	8.9[50]	9.6[50]	10.6[50]	11.2[50]	10.0[50]	7.8[50]	6.9
% M [I] [2 51 52]	6.5[50]	5.2[50]	5.7[50]	7.9[50]	8.4[50]	8.6[50]	9.2[50]	8.5[50]	6.2[50]	5.6
% F [I] [2 51 52]	7.9[50]	7.3[50]	7.6[50]	10.3[50]	11.3[50]	13.4[50]	13.9[50]	12.1[50]	10.0[50]	8.6
Italy Italie										
MF [I] [12]	2611.0	2832.0	2885.0	2865.0	2621.0	2653.0	2799.0	#2360.0	2584.0	...
M [I] [12]	1115.0	1228.0	1240.0	1220.0	1102.0	1142.0	1226.0	#1116.0	1248.0	...
F [I] [12]	1496.0	1604.0	1645.0	1646.0	1519.0	1511.0	1572.0	#1244.0	1334.0	...
% MF [I] [12]	11.1	11.9	12.0	12.0	11.0	10.9	11.4	#10.2	11.1	...
% M [I] [12]	7.4	8.1	8.1	8.1	7.3	7.5	7.9	#7.6	8.5	...
% F [I] [12]	17.8	18.5	15.4	18.7	17.1	16.8	17.2	#14.6	15.8	...
Jamaica Jamaïque										
MF [I] [12]	250.5	224.3	203.3	177.4	166.6	168.7	171.5	...	...	...
M [I] [12]	85.3	77.0	68.0	54.1	52.8	54.2	55.7	...	...	...
F [I] [12]	165.2	147.3	135.3	123.3	113.8	114.5	115.8	...	...	...
% MF [I] [12]	23.6	21.0	18.9	16.8	15.7	15.7	15.9	...	...	...
% M [I] [12]	15.0	13.2	11.9	9.5	9.3	9.4	9.7	...	...	...
% F [I] [12]	33.8	30.4	27.0	25.2	23.1	22.8	22.9	...	...	...
Japan Japon										
MF [I] [2]	1670.0	1730.0	1550.0	1420.0	1340.0	1360.0	1420.0	1660.0	1920.0	2100.0
M [I] [2]	990.0	1040.0	910.0	830.0	770.0	780.0	820.0	950.0	1120.0	1230.0
F [I] [2]	670.0	690.0	640.0	590.0	570.0	590.0	600.0	710.0	800.0	870.0
% MF [I] [2]	2.8	2.8	2.5	2.3	2.1	2.1	2.2	2.5	2.9	3.2
% M [I] [2]	2.7	2.8	2.5	2.2	2.0	2.0	2.1	2.4	2.8	3.1
% F [I] [2]	2.8	2.8	2.6	2.3	2.2	2.2	2.2	2.6	3.0	3.2
Kazakhstan Kazakhstan										
MF [III] [7]	...	...	...	...	...	6.0	70.0	78.1	...	...
M [III] [7]	...	...	...	...	...	2.0	21.0	27.7	...	...
F [III] [7]	...	...	...	...	...	4.0	49.0	50.4	...	...
% MF [III] [7]	...	...	...	...	...	0.1	0.9	1.0	...	...

273 Labour force   Main-d'œuvre

32
Unemployment
Number (thousands) and percentage of unemployed [cont.]
Chômage
Nombre (milliers) et pourcentage des chômeurs [suite]

Country or area § Pays ou zone §	1986	1987	1988	1989	1990	1991	1992	1993	1994	1995
Korea, Republic of Corée, République de										
MF [I][2]	611.0	519.0	435.0	463.0	454.0	436.0	465.0	550.0	489.0	419.0
M [I][2]	480.0	397.0	315.0	329.0	321.0	288.0	305.0	375.0	334.0	280.0
F [I][2]	131.0	122.0	120.0	134.0	133.0	149.0	160.0	175.0	155.0	139.0
% MF [I][2]	3.8	3.1	2.5	2.6	2.4	2.3	2.4	2.8	2.4	2.0
% M [I][2]	4.9	3.9	3.0	3.1	2.9	2.5	2.6	3.2	2.7	2.3
% F [I][2]	2.1	1.8	1.7	1.8	1.8	1.9	2.1	2.2	1.9	1.7
Kyrgyzstan Kirghizistan										
MF [III][7]	...	...	...	...	...	...	1.8	2.9	12.6	50.4
M [III][7]	...	...	...	...	...	...	0.5	0.9	4.9	20.5
F [III][7]	...	...	...	...	...	...	1.3	2.1	7.7	29.9
Latvia Lettonie										
MF [III][17]	...	...	...	...	...	...	31.3	76.7	84.0	83.2
M [III][17]	...	...	...	...	...	...	12.9	35.9	40.4	39.7
F [III][17]	...	...	...	...	...	...	18.4	40.8	43.6	43.5
% MF [III][17]	...	...	...	...	...	...	2.3	5.8	6.5	6.6
% M [III][17]	...	...	...	...	...	...	1.8	5.2	6.2	6.0
% F [III][17]	...	...	...	...	...	...	2.8	6.4	6.9	7.2
Lithuania Lituanie										
MF [III][7 8]	...	...	...	...	...	6.8	66.5	65.5	78.0	127.7
M [III][7 8]	...	...	...	...	...	...	38.1	33.5	36.7	57.4
F [III][7 8]	...	...	...	...	...	...	28.4	32.0	41.3	70.3
% MF [III][7 8]	...	...	...	...	...	0.4	3.6	3.8	4.5	7.3
% M [III][7 8]	...	...	...	...	...	...	4.3	3.8	4.2	6.6
% F [III][7 8]	...	...	...	...	...	...	2.8	3.3	4.7	8.0
Luxembourg Luxembourg										
MF [III][7 53]	2.3	2.7	2.5	2.3	2.1	2.3	2.7	3.5	4.6	...
M [III][7 53]	1.2	1.5	1.5	1.4	1.2	1.4	1.6	2.0	2.7	...
F [III][7 53]	1.1	1.2	1.0	0.9	0.9	0.9	1.2	1.5	1.9	...
% MF [III][7 53]	1.5	1.7	1.6	1.4	1.3	1.4	1.6	2.1	2.7	...
Macau Macao										
MF [I][12]	...	...	...	6.2[1]	5.3[1]	5.3[1]	3.8[11]	3.7[11]	4.4[11]	6.7[11]
M [I][12]	...	...	...	2.6[1]	2.5[1]	2.6[1]	2.1[11]	2.2[11]	2.4[11]	4.3[11]
F [I][12]	...	...	...	3.6[1]	2.8[1]	2.7[1]	1.8[11]	1.5[11]	2.0[11]	2.4[11]
% MF [I][12]	...	...	...	3.7[1]	3.2[1]	3.0[1]	2.2[11]	2.1[11]	2.5[11]	3.6[11]
% M [I][12]	...	...	...	2.7[1]	2.5[1]	2.5[1]	2.1[11]	2.2[11]	2.4[11]	4.1[11]
% F [I][12]	...	...	...	5.1[1]	4.1[1]	3.7[1]	2.4[11]	2.0[11]	2.6[11]	3.0[11]
Madagascar Madagascar										
MF [III][1 10 54]	24.2	18.4	16.1	15.7	...	...	...	...	...	...
Malaysia Malaisie										
MF [III][2 10]	86.9[1]	82.5[1]	82.8	75.6	61.2	48.6	45.2	35.6	26.8	...
MF [IV]	515.7	473.0	482.0	460.0	356.0	314.0	274.0	230.8	227.6	224.6
% MF [IV]	8.3	7.3	7.2	6.3	5.1	4.3	3.7	3.0	2.9	2.8
Malta Malte										
MF [III][17 55]	8.5	5.6	5.2	4.8	5.1	4.9	5.6	6.1	...	...
M [III][17 55]	6.6	4.6	4.2	4.1	4.3	4.0	4.5	5.3	...	...
F [III][17 55]	1.9	1.0	1.0	0.8	0.8	0.9	1.1	0.9	...	...
% MF [III][17 55]	6.8	4.4	4.0	3.7	3.8	3.6	4.0	4.5	...	...
% M [III][17 55]	6.9	4.8	4.3	4.1	4.4	4.0	4.4	5.2	...	...
% F [III][17 55]	6.2	3.1	3.1	2.3	2.3	2.6	3.0	2.5	...	...
Mauritius Maurice										
MF [III][2 7 56]	54.6	46.8	27.7	18.1	12.8	10.6	8.0	6.7	7.1	8.4
M [III][2 7 56]	42.2	36.3	19.9	11.8	7.3	5.2	3.4	2.6	2.7	3.4
F [III][2 7 56]	12.4	10.5	7.8	6.3	5.5	5.4	4.6	4.1	4.4	5.0
Mexico Mexique										
MF [I][23]	...	...	723.9	...	...	694.9	...	819.1	...	1677.4[11]
M [I][23]	...	...	393.6	...	...	373.1	...	495.4	...	1100.2[11]
F [I][23]	...	...	330.3	...	...	321.8	...	323.7	...	577.2[11]
% MF [I][23]	...	...	2.5	...	...	2.2	...	2.4	...	4.7[11]
% M [I][23]	...	...	2.0	...	...	1.7	...	2.1	...	4.6[11]
% F [I][23]	...	...	3.6	...	...	3.4	...	3.1	...	5.0[11]

274 Labour force Main-d'œuvre

32
Unemployment
Number (thousands) and percentage of unemployed [cont.]
Chômage
Nombre (milliers) et pourcentage des chômeurs [suite]

Country or area § Pays ou zone §	1986	1987	1988	1989	1990	1991	1992	1993	1994	1995
Morocco Maroc										
MF [I] [2 15]	...	...	...	...	601.2	695.5	649.9	...	...	...
M [I] [2 15]	...	...	...	...	401.4	459.3	400.7	...	...	...
F [I] [2 15]	...	...	...	...	199.8	236.2	249.2	...	...	...
% MF [I] [2 15]	...	14.7	13.9	16.3	15.4	17.0	16.0	...	...	...
% M [I] [2 15]	...	13.4	12.8	15.0	13.9	15.1	13.0	...	...	...
% F [I] [2 15]	...	18.5	17.3	19.8	19.6	22.6	25.3	...	...	...
Myanmar Myanmar										
MF [III] [7 57]	354.4[1]	331.4	312.7	485.8	555.3	559.0	502.6	518.2	541.5	...
Netherlands Pays–Bas										
MF [I] [36]	...	622.0	609.0	558.0	516.0	490.0	386.0	437.0[58]	492.0	523.0
M [I] [36]	...	290.0	291.0	261.0	227.0	226.0	181.0	217.0[58]	254.0	255.0
F [I] [36]	...	332.0	318.0	297.0	288.0	264.0	205.0	220.0[58]	239.0	268.0
MF [III] [7 36]	710.7	685.5	#433.0	390.0	346.0	319.0	336.0	415.0	486.0	462.0
M [III] [7 36]	453.5	428.7	#278.0	241.0	209.0	187.0	195.0	241.0	283.0	258.0
F [III] [7 36]	257.2	256.8	#155.0	149.0	137.0	132.0	141.0	174.0	203.0	204.0
% MF [I] [36]	...	10.0	9.0	8.0	7.5	7.0	5.5	6.2[58]	6.8	7.1
% M [I] [36]	...	7.0	7.0	6.0	5.4	5.3	4.3	5.2[58]	6.0	5.9
% F [I] [36]	...	14.0	13.0	12.0	10.7	9.5	7.3	7.6[58]	8.1	8.8
% MF [III] [7 36]	12.0	11.5	#6.5	5.8	5.0	4.5	5.3	6.5	7.6	...
% M [III] [7 36]	11.8	11.1	#6.8	5.8	5.0	4.4	4.9	6.0	7.0	...
% F [III] [7 36]	12.3	12.1	#6.1	5.8	5.1	4.7	6.1	7.3	8.3	...
Netherlands Antilles Antilles néerlandaises										
MF [I] [2 59]	...	...	13.0	11.4	9.8	8.6	8.2	8.2	8.0	...
M [I] [2 59]	...	...	...	...	...	3.8	3.5	3.8	3.7	...
F [I] [2 59]	...	...	...	...	...	4.7	4.8	4.4	4.3	...
% MF [I] [2 59]	...	...	23.2	20.1	17.0	14.6	13.9	13.6	12.8	...
New Caledonia Nouvelle–Calédonie										
MF [III] [7 33]	1.6[60]	4.5	5.0	5.2	5.7	6.3	6.6	6.9	7.4	...
New Zealand Nouvelle–Zélande										
MF [I] [2]	64.1	66.0	89.0	112.6	124.5	167.4	168.9	157.2	138.4	109.5
M [I] [2]	33.0	36.6	51.4	66.0	74.0	99.8	100.8	93.3	80.9	60.8
F [I] [2]	31.1	29.4	37.7	46.5	50.5	67.6	68.1	64.0	57.5	48.7
MF [III] [7 42 61]	67.2	88.1	120.9	153.6	163.8	196.0	216.9	212.7	186.5	157.7
M [III] [7 42 61]	45.0	60.8	84.6	106.6	112.1	135.9	149.8	143.2	124.2	103.1
F [III] [7 42 61]	22.2	27.3	36.4	47.0	51.7	60.1	67.1	69.4	62.4	54.6
% MF [I] [2]	4.0	4.1	5.6	7.1	7.8	10.3	10.3	9.5	8.2	6.3
% M [I] [2]	3.5	3.9	5.5	7.3	8.1	10.9	10.9	10.0	8.5	6.2
% F [I] [2]	4.6	4.3	5.6	6.9	7.2	9.5	9.5	8.9	7.7	6.3
Nicaragua Nicaragua										
MF [IV] [16]	51.8	66.6	71.8	107.2	145.6	194.2	...	...	...	...
M [IV] [16]	27.9	35.9	38.9	57.8	78.5	104.8	...	...	...	...
F [IV] [16]	23.9	30.7	32.9	49.4	67.1	89.4	...	...	...	...
% MF [IV] [16]	4.7	5.8	6.0	8.4	11.1	14.0	...	...	...	...
% M [IV] [16]	3.8	4.7	4.9	6.9	9.0	11.3	...	...	...	...
% F [IV] [16]	6.5	8.0	8.3	12.0	15.4	19.4	...	...	...	...
Niger Niger										
MF [III] [7]	27.8	27.2	26.1	24.6	21.0	20.9	...	...	...	...
M [III] [7]	26.7	25.7	24.8	23.4	19.9	19.9	...	...	...	...
F [III] [7]	1.1	1.5	1.3	1.3	1.1	1.0	...	...	...	...
Nigeria Nigéria										
MF [III] [2 7]	32.5	57.3	60.5	57.6	57.1	60.2	64.0	68.6	...	...
Norway Norvège										
MF [I] [46]	42.0	45.0	69.0	106.0	112.0	116.0	126.0	127.0	116.0	107.0
M [I] [46]	18.0	21.0	36.0	61.0	66.0	68.0	76.0	77.0	70.0	61.0
F [I] [46]	24.0	25.0	33.0	45.0	46.0	48.0	50.0	50.0	46.0	46.0
MF [III] [7 33]	36.2	32.4	49.3	82.9	92.7[62]	100.7	114.4	118.2	110.3	102.2
M [III] [7 33]	20.2	18.4	30.0	51.6	57.1[62]	62.8	71.0	73.3	65.7	57.7
F [III] [7 33]	16.0	14.0	19.3	31.4	35.6[62]	37.9	43.3	44.8	44.5	44.5
% MF [I] [46]	2.0	2.1	3.2	4.9	5.2	5.5	5.9	6.0	5.4	4.9
% M [I] [46]	1.5	1.7	3.0	5.1	5.6	5.9	6.5	6.6	6.0	4.9
% F [I] [46]	2.5	2.6	3.4	4.7	4.8	5.0	5.1	5.2	4.7	4.6
% MF [III] [7 33]	1.8	1.5	2.3	3.8	4.3[62]	4.7	5.4	5.5	5.2	4.7

32
Unemployment
Number (thousands) and percentage of unemployed [cont.]
Chômage
Nombre (milliers) et pourcentage des chômeurs [suite]

Country or area § Pays ou zone §	1986	1987	1988	1989	1990	1991	1992	1993	1994	1995
Pakistan Pakistan										
MF [I] [16,63]	1018.0	903.0	937.0	966.0	996.0[64]	1999.0	1928.0	1595.0	1679.0	...
M [I] [16,63]	970.0	862.0	907.0	935.0	964.0[64]	1238.0	1185.0	1077.0	1143.0	...
F [I] [16,63]	48.0	41.0	30.0	31.0	32.0[64]	761.0	743.0	518.0	536.0	...
MF [III] [10,65]	224.6	247.6	265.5	251.8	238.8	221.7	204.3	...	...	...
% MF [I] [16,63]	3.6	3.1	3.1	3.1	3.1[64]	6.3	5.9	4.7	4.8	...
% M [I] [16,63]	3.9	3.3	3.4	3.4	3.4[64]	4.5	4.3	3.8	3.9	...
% F [I] [16,63]	1.7	1.1	0.9	0.9	0.9[64]	16.8	14.2	10.3	10.0	...
Panama Panama										
MF [I] [12]	75.8	91.1	127.8	133.7	...	138.4	134.4	124.7	135.5	138.2
M [I] [12]	42.9	48.5	74.9	75.0	...	72.8	65.6	60.2	67.8	70.0
F [I] [12]	32.9	42.7	52.9	58.7	...	65.6	68.7	64.5	67.7	68.3
% MF [I] [12]	10.5	11.8	16.3	16.3	...	16.1	14.7	13.3	14.0	13.7
% M [I] [12]	8.7	9.4	14.0	13.7	...	12.8	10.8	9.7	10.7	10.6
% F [I] [12]	14.5	16.7	21.4	21.6	...	22.6	22.3	20.2	20.4	19.6
Paraguay Paraguay										
MF [I]	26.7[236]	24.8[236]	22.2[2366]	32.0[236]	34.1[236]	26.6[236]	29.1[236]	30.5[166]	48.1[151]	...
M [I]	15.1[236]	16.1[236]	12.8[2366]	19.3[236]	20.3[236]	16.6[236]	20.2[236]	19.1[166]	31.7[151]	...
F [I]	11.6[236]	8.7[236]	9.4[2366]	12.7[236]	13.8[236]	10.0[236]	8.9[236]	11.4[166]	16.5[151]	...
% MF [I]	6.1[236]	5.5[236]	4.7[2366]	6.1[236]	6.6[236]	5.1[236]	5.3[236]	5.1[166]	4.4[151]	...
% M [I]	6.3[236]	6.5[236]	4.8[2366]	6.6[236]	6.6[236]	5.4[236]	6.4[236]	5.5[166]	4.9[151]	...
% F [I]	5.8[236]	4.3[236]	4.6[2366]	5.6[236]	6.5[236]	4.7[236]	3.8[236]	4.5[166]	3.7[151]	...
Peru Pérou										
MF [I] [12,67]	111.7	103.5	...	186.7	...	146.3	251.0	285.9	263.0[11]	220.8[1]
M [I] [12,67]	40.9	48.6	...	84.8	...	73.7	120.9	147.6	124.3[11]	109.4[1]
F [I] [12,67]	70.8	54.9	...	101.9	...	72.6	130.2	138.3	138.6[11]	111.5[1]
% MF [I] [12,67]	5.3	4.8	...	7.9	...	5.8	9.4	9.9	8.9[11]	7.1[1]
% M [I] [12,67]	3.4	3.8	...	6.0	...	4.8	7.5	8.3	7.0[11]	6.0[1]
% F [I] [12,67]	8.0	6.2	...	10.7	...	7.3	12.5	12.2	11.8[11]	8.7[1]
Philippines Philippines										
MF [I] [2]	1438.0[11]	2085.0[1]	1954.0[1]	2009.0[1]	1993.0[1]	2267.0[1]	2263.0[1]	2379.0[1]	2317.0[1]	2342.0[1]
M [I] [2]	686.0[11]	1163.0[1]	1131.0[1]	1101.0[1]	1099.0[1]	1290.0[1]	1303.0[1]	1384.0[1]	1362.0[1]	1354.0[1]
F [I] [2]	752.0[11]	922.0[1]	823.0[1]	908.0[1]	893.0[1]	977.0[1]	959.0[1]	995.0[1]	955.0[1]	988.0[1]
% MF [I] [2]	6.4[11]	9.1[1]	8.3[1]	8.4[1]	8.1[1]	9.0[1]	8.6[1]	8.9[1]	8.4[1]	8.4[1]
% M [I] [2]	4.9[11]	8.1[1]	7.6[1]	7.3[1]	7.1[1]	8.1[1]	7.9[1]	8.2[1]	7.9[1]	7.7[1]
% F [I] [2]	8.9[11]	10.9[1]	9.5[1]	10.3[1]	9.8[1]	10.5[1]	9.8[1]	10.0[1]	9.4[1]	9.4[1]
Poland Pologne										
MF [I] [12]	...	...	...	...	...	...	2394.0	2595.0	2375.0	2233.0
M [I] [12]	...	...	...	...	...	...	1172.0	1276.0	1135.0	1110.0
F [I] [12]	...	...	...	...	...	...	1221.0	1319.0	1240.0	1122.0
MF [III] [7,8]	...	...	...	...	1126.1	2155.6	2509.3	2889.6	2838.0	2628.8
M [III] [7,8]	...	...	...	...	552.4	1021.5	1170.5	1382.3	1343.0	1180.2
F [III] [7,8]	...	...	...	...	573.7	1134.1	1338.8	1507.3	1495.0	1448.6
% MF [I] [12]	...	...	...	...	...	...	13.7	14.9	13.9	13.1
% M [I] [12]	...	...	...	...	...	...	12.4	13.6	12.3	12.1
% F [I] [12]	...	...	...	...	...	...	15.2	16.5	15.7	14.4
% MF [III] [7,8]	...	...	...	...	6.3	11.8	13.6	16.4	16.0	14.9
% M [III] [7,8]	...	...	...	...	5.8	10.6	11.9	15.0	14.7	...
% F [III] [7,8]	...	...	...	...	7.1	13.5	15.5	17.9	17.3	...
Portugal Portugal										
MF [I]	393.4[16]	329.0[16]	...	243.3[16]	231.1[16]	207.5[16]	194.1[12]	257.5[12]	...	...
M [I]	176.2[16]	143.4[16]	...	95.1[16]	90.0[16]	77.6[16]	90.7[12]	120.0[12]	...	...
F [I]	217.2[16]	185.6[16]	...	148.3[16]	141.1[16]	129.9[16]	103.4[12]	137.5[12]	...	...
% MF [I]	8.3[16]	7.0[16]	...	5.0[16]	4.7[16]	4.1[16]	4.1[12]	5.5[12]	...	...
% M [I]	6.4[16]	5.2[16]	...	3.4[16]	3.2[16]	2.8[16]	3.4[12]	4.6[12]	...	...
% F [I]	10.9[16]	9.3[16]	...	7.2[16]	6.6[16]	5.8[16]	5.0[12]	6.5[12]	...	...
Puerto Rico Porto Rico										
MF [I] [33,38]	194.0	178.0	165.0	163.0	160.0	186.0	197.0	206.0	175.0	170.0
M [I] [33,38]	145.0	130.0	120.0	118.0	115.0	131.0	139.0	144.0	121.0	117.0
F [I] [33,38]	50.0	48.0	45.0	45.0	45.0	55.0	58.0	62.0	54.0	53.0
% MF [I] [33,38]	18.9	16.8	15.0	14.6	14.1	16.0	16.6	17.0	14.6	13.7
% M [I] [33,38]	22.0	19.4	17.4	16.9	16.2	17.9	19.0	19.5	16.5	16.6
% F [I] [33,38]	13.5	12.4	10.8	10.8	10.7	12.6	12.8	13.2	11.5	10.8

32
Unemployment
Number (thousands) and percentage of unemployed [cont.]
Chômage
Nombre (milliers) et pourcentage des chômeurs [suite]

Country or area § Pays ou zone §	1986	1987	1988	1989	1990	1991	1992	1993	1994	1995
Republic of Moldova Réublique de Moldova										
MF [III] [17]	...	...	...	...	...	0.1	15.0	14.1	20.6	24.5
M [III] [17]	...	...	...	...	...	...	5.9	5.5	7.7	8.4
F [III] [17]	...	...	...	...	...	0.1	9.1	8.9	12.9	16.1
% MF [III] [17]	...	...	...	...	...	...	0.7	0.7	1.1	1.0
Réunion Réunion										
MF [III] [7 33]	51.6	52.8	56.7	59.5	53.8	59.3	80.1	80.2	...	...
M [III] [17 33]	26.8	25.8	29.2	30.2	28.4	30.4	41.9	43.1	...	...
F [III] [17 33]	24.5	26.3	29.2	27.3	25.4	28.8	38.2	37.1	...	...
% MF [III] [7 33]	...	...	...	...	...	23.0	25.4	34.3	34.4	...
Romania Roumanie										
MF [I] [1 12]	...	...	...	...	...	...	...	...	971.0	967.9
M [I] [1 12]	...	...	...	...	...	...	...	...	488.2	487.6
F [I] [1 12]	...	...	...	...	...	...	...	...	482.8	480.3
MF [III] [17]	...	...	...	...	...	337.4	929.0	1132.7	1184.7	983.0
M [III] [17]	...	...	...	...	...	129.0	366.0	...	...	...
F [III] [17]	...	...	...	...	...	208.4	563.0	...	...	...
% MF [I] [1 12]	...	...	...	...	...	...	...	...	8.2	8.0
% M [I] [1 12]	...	...	...	...	...	...	...	...	7.7	7.5
% F [I] [1 12]	...	...	...	...	...	...	...	...	8.7	8.6
% MF [III] [17]	...	...	...	...	...	3.0	8.4	9.9	10.6	8.7
% M [III] [17]	...	...	...	...	...	2.2	6.2	8.1	...	...
% F [III] [17]	...	...	...	...	...	4.0	10.7	12.6	...	...
Russian Federation Fédération de Russie										
MF [I] [68]	...	...	...	...	...	...	3594.0	4160.0	5478.0	6040.0
M [I] [68]	...	...	...	...	...	...	1817.0	2154.0	2945.0	2174.0
F [I] [68]	...	...	...	...	...	...	1777.0	2006.0	2533.0	2766.0
MF [III] [17]	...	...	...	...	...	61.9	577.7	836.0	1637.0	2327.0
M [III] [17]	...	...	...	...	...	18.8	160.7	...	...	...
F [III] [17]	...	...	...	...	...	43.1	417.0	...	...	...
% MF [I] [68]	...	...	...	...	...	...	4.7	5.5	7.4	8.3
% M [I] [68]	...	...	...	...	...	...	4.7	5.6	7.5	8.4
% F [I] [68]	...	...	...	...	...	...	4.8	5.5	7.3	8.1
% MF [III] [17]	...	...	...	...	...	0.1	0.8	...	...	...
% M [III] [17]	...	...	...	...	...	0.1	0.5	...	...	...
% F [III] [17]	...	...	...	...	...	0.1	1.1	...	...	...
Saint Helena Sainte–Hélène										
MF [III] [7]	...	...	...	0.2	0.2	0.2	0.2	0.2	0.3	0.3
M [III] [7]	...	...	...	0.0	0.1	0.1	0.1	0.1	0.2	0.2
F [III] [7]	...	...	...	0.1	0.1	0.1	0.1	0.1	0.1	0.1
Saint Pierre and Miquelon Saint–Pierre–et–Miquelon										
MF [III] [7 69]	0.3	0.3	0.4	0.3	...	...	...	...	0.4	...
San Marino Saint–Marin										
MF [IV] [7 8 12]	0.7	0.7	0.7	0.6	0.6	0.5	0.5	0.6	0.6	0.5
M [IV] [7 8 12]	0.2	0.2	0.2	0.1	0.2	0.2	0.1	0.2	0.1	0.1
F [IV] [7 8 12]	0.5	0.5	0.5	0.5	0.5	0.3	0.4	0.4	0.4	0.4
% MF [IV] [7 8 12]	6.9	6.2	6.0	5.3	5.5	4.3	4.2	5.1	3.9	3.9
% M [IV] [7 8 12]	3.2	2.8	2.7	2.1	2.4	2.3	2.0	2.6	1.6	1.5
% F [IV] [7 8 12]	12.0	10.9	10.5	9.5	9.7	6.9	7.1	8.1	7.4	7.0
Senegal Sénégal										
MF [III] [10 25 70]	10.2	8.1	17.3	8.3	10.4	14.4	12.0	10.2	...	...
M [III] [10 25 70]	8.4	6.4	15.0	7.1	8.3	13.1	10.0	9.0	...	...
F [III] [10 25 70]	1.9	1.8	2.4	1.2	2.1	1.3	2.0	1.2	...	...
Singapore Singapour										
MF [I] [12]	84.1	62.4	46.2	30.7	25.8[71]	30.0	43.4	43.7	43.8	47.3
M [I] [12]	57.5	42.1	32.3	20.2	17.6[71]	18.7	26.4	25.2	24.9	28.7
F [I] [12]	26.6	20.3	13.8	10.4	8.2[71]	11.3	17.0	18.5	18.9	18.7
MF [III] [7 12]	9.5	8.1	4.5	2.7	1.7	1.2	1.0	1.0	1.1	1.2
M [III] [7 12]	6.6	5.6	3.2	1.9	1.2	0.8	0.7	0.7	0.7	0.7
F [III] [7 12]	2.9	2.5	1.4	0.9	0.5	0.4	0.3	0.3	0.4	0.4
% MF [I] [12]	6.5	4.7	3.3	2.2	1.7[71]	1.9	2.7	2.7	2.6	2.7
% M [I] [12]	7.0	5.1	3.8	2.3	1.9[71]	2.0	2.7	2.6	2.5	2.7
% F [I] [12]	5.5	4.0	2.6	1.9	1.3[71]	1.8	2.6	2.8	2.8	2.8

32
Unemployment
Number (thousands) and percentage of unemployed [cont.]
Chômage
Nombre (milliers) et pourcentage des chômeurs [suite]

Country or area § Pays ou zone §	1986	1987	1988	1989	1990	1991	1992	1993	1994	1995
Slovakia Slovaquie										
MF [I] [2 26]	...	...	...	...	...	...	...	...	333.6	324.5
M [I] [2 26]	...	...	...	...	...	...	...	...	180.0	171.8
F [I] [2 26]	...	...	...	...	...	...	...	...	153.7	152.8
MF [III] [7]	...	...	...	...	...	169.0	285.5	323.2	...	...
M [III] [7]	...	...	...	...	...	83.4	141.1	167.2	...	...
F [III] [7]	...	...	...	...	...	85.6	144.4	156.0	...	...
% MF [I] [2 26]	...	...	...	...	...	...	...	...	13.7	13.1
% M [I] [2 26]	...	...	...	...	...	...	...	...	14.2	13.8
% F [I] [2 26]	...	...	...	...	...	...	...	...	13.3	12.6
% MF [III] [7]	...	...	...	...	...	6.6	11.4	12.7	...	...
% M [III] [7]	...	...	...	...	...	6.3	11.1	12.5	...	...
% F [III] [7]	...	...	...	...	...	6.9	11.7	12.9	...	...
Slovenia Slovénie										
MF [I] [12]	...	...	...	...	...	...	...	...	...	70.0
M [I] [12]	...	...	...	...	...	...	...	...	...	39.0
F [I] [12]	...	...	...	...	...	...	...	...	...	31.0
MF [III] [27]	14.2	15.2	21.3	28.2	44.6	75.1	102.6	129.1	127.1	...
M [III] [27]	6.9	7.8	11.3	14.4	23.2	41.5	57.5	72.5	70.0	...
F [III] [27]	7.3	7.4	10.1	13.8	21.4	33.6	45.1	56.6	57.0	...
% MF [I] [12]	...	...	...	...	...	...	...	...	...	7.4
% M [I] [12]	...	...	...	...	...	...	...	...	...	7.7
% F [I] [12]	...	...	...	...	...	...	...	...	...	7.0
% MF [III] [27]	1.4	1.5	2.2	2.9	4.7	8.2	11.5	14.4	14.4	...
% M [III] [27]	1.3	1.5	2.1	2.8	4.5	8.5	12.1	15.3	15.1	...
% F [III] [27]	1.7	1.7	2.3	3.1	4.8	7.9	10.8	13.5	13.7	...
South Africa Afrique du Sud										
MF [III] [7 72]	...	...	122.1	116.5	110.7	247.8	287.8	313.3	271.3	273.0
M [III] [7 72]	...	...	82.7	80.0	77.3	176.6	201.1	221.3	184.8	186.7
F [III] [7 72]	...	...	39.4	36.5	33.3	71.2	86.7	92.6	86.6	86.2
% MF [III] [7 72]	...	...	...	...	...	...	...	...	4.4	4.5
Spain Espagne										
MF [I] [33]	2933.0	2937.7	2847.9	2560.8	2441.2	2463.7	2788.5	3481.3	3738.1	3583.5
M [I] [33]	1852.1	1641.3	1464.5	1263.0	1166.1	1191.9	1384.5	1836.7	1911.9	1753.9
F [I] [33]	1080.8	1296.4	1383.4	1297.8	1275.1	1271.8	1404.1	1644.6	1826.2	1829.7
MF [III] [7 53]	2758.7	2924.1	2858.3	2550.3	2350.0	2289.0	2259.9	2537.9	2647.0	2449.0
M [III] [7 53]	1572.2	1525.4	1359.7	1087.5	942.5	910.7	954.2	1193.0	1283.5	1156.0
F [III] [7 53]	1186.4	1398.8	1498.6	1462.8	1407.5	1378.3	1305.7	1344.9	1363.5	1292.9
% MF [I] [33]	21.2	20.5	19.5	17.3	16.3	16.4	18.4	22.7	24.2	22.9
% M [I] [33]	19.4	17.1	15.2	13.0	12.0	12.3	14.3	19.0	18.8	18.2
% F [I] [33]	25.3	27.5	27.7	25.4	24.2	23.8	25.6	29.2	31.4	30.6
% MF [III] [7 53]	20.0	20.4	19.5	17.2	15.7	15.2	14.9	16.6	17.1	20.3
% M [III] [7 53]	16.5	15.9	14.1	11.2	9.7	9.4	9.9	12.3	13.3	12.0
% F [III] [7 53]	28.0	29.7	30.0	28.6	26.7	25.8	23.8	23.9	23.4	21.6
Sri Lanka Sri Lanka										
MF [I] [11 16]	...	...	...	...	1005.1	843.3[73]	817.6[73]	874.1[73]	813.3[73]	759.1[73]
M [I] [11 16]	...	...	...	...	395.8	380.0[73]	408.7[73]	349.3[73]	390.5[73]	352.9[73]
F [I] [11 16]	...	...	...	...	609.2	463.3[73]	409.0[73]	524.8[73]	422.8[73]	406.2[73]
% MF [I] [11 16]	...	...	...	...	14.4	14.1[73]	14.1[73]	14.7[73]	13.6[73]	12.5[73]
% M [I] [11 16]	...	...	...	...	9.1	10.0[73]	10.6[73]	9.1[73]	9.9[73]	8.8[73]
% F [I] [11 16]	...	...	...	...	23.5	21.2[73]	21.0[73]	25.2[73]	20.8[73]	19.7[73]
Sudan Soudan										
MF [III] [10]	63.1	...	...	25.5	70.1	19.9[74]	5.3[74]	...	...	...
M [III] [10]	48.6	...	...	15.5	44.4	10.2[74]	3.7[74]	...	...	...
F [III] [10]	14.5	...	...	9.9	25.7	9.7[74]	1.6[74]	...	...	...
Suriname Suriname										
MF [I] [12]	14.7	19.3	20.4	15.4	15.4[11]	...	18.5	14.4	11.3	...
M [I] [12]	7.9	11.0	11.5	7.6	7.2[11]	...	9.1	7.3	6.6	...
F [I] [12]	6.9	8.3	8.9	7.9	8.2[11]	...	9.4	7.1	4.7	...
MF [III] [7]	13.4	2.8[75]	3.0	2.4	3.9	3.7	1.4	1.0	0.6	0.9
M [III] [7]	7.3	1.3[75]	1.4	1.2	1.2	1.1	0.5	0.4	0.1	0.3
F [III] [7]	6.1	1.5[75]	1.6	1.2	2.8	2.6	0.9	0.6	0.4	0.6
% MF [I] [12]	...	...	...	...	15.8[11]	...	17.2	14.7	12.7	...
% M [I] [12]	...	...	...	...	12.5[11]	...	13.7	12.0	11.4	...
% F [I] [12]	...	...	...	...	20.6[11]	...	23.1	19.2	15.0	...

32
Unemployment
Number (thousands) and percentage of unemployed [cont.]
Chômage
Nombre (milliers) et pourcentage des chômeurs [suite]

Country or area § / Pays ou zone §	1986	1987	1988	1989	1990	1991	1992	1993	1994	1995
Sweden Suède										
MF [I][53]	98.0	94.0	77.0	66.0	75.0	134.0	233.0	#356.0	340.0	333.0
M [I][53]	51.0	48.0	40.0	34.0	40.0	78.0	144.0	#218.0	202.0	190.0
F [I][53]	47.0	45.0	37.0	33.0	36.0	56.0	89.0	#137.0	138.0	142.0
MF [III][7 53]	84.2	78.1	61.1	56.3	66.4	114.6	214.5	326.1	331.7	328.7
M [III][7 53]	42.4	38.9	31.2	29.2	35.6	66.5	131.4	193.7	191.1	178.7
F [III][7 53]	41.9	39.2	29.9	27.1	30.9	48.1	83.2	131.4	140.6	150.0
% MF [I][53]	2.2	2.1	1.7	1.5	1.6	3.0	5.2	#8.2	8.0	7.7
% M [I][53]	2.2	2.1	1.7	1.4	1.7	3.3	6.3	#9.7	9.1	8.5
% F [I][53]	2.2	2.1	1.7	1.5	1.6	2.6	4.2	#6.6	6.7	6.9
% MF [III][7 53]	2.5	2.3	1.7	1.6	1.9	3.2	5.9	8.7	8.8	8.7
% M [III][7 53]	2.4	2.2	1.8	1.6	2.0	3.9	...	...	10.4	9.7
% F [III][7 53]	2.5	2.2	1.7	1.6	1.7	2.7	...	...	7.3	7.8
Switzerland Suisse										
MF [I][2 11]	...	...	...	...	...	68.0	110.0	144.0	147.0	127.0
M [I][2 11]	...	...	...	...	...	27.0	50.0	67.0	75.0	62.0
F [I][2 11]	...	...	...	...	...	41.0	60.0	79.0	72.0	65.0
MF [III][2 7]	25.7	24.7	22.3	17.5	18.1	39.2	92.3	163.1	171.0	153.3
M [III][2 7]	13.4	12.5	11.4	9.1	9.8	22.7	54.7	96.6	98.0	85.5
F [III][2 7]	12.4	12.1	10.9	8.4	8.3	16.5	37.6	66.6	73.1	67.8
% MF [I][2 11]	...	...	...	...	...	1.8	2.9	3.7	3.8	3.3
% M [I][2 11]	...	...	...	...	...	1.2	2.3	3.0	3.4	2.8
% F [I][2 11]	...	...	...	...	...	2.5	3.6	4.7	4.3	3.9
% MF [III][2 7]	0.8	0.8	0.7	0.6	0.5	1.1	2.5	4.5	4.7	4.2
% M [III][2 7]	0.7	0.6	0.6	0.5	0.4	1.1	2.5	4.4	4.4	3.9
% F [III][2 7]	1.1	1.1	1.0	0.8	0.6	1.2	2.7	4.7	5.2	4.8
Syrian Arab Republic Rép. arabe syrienne										
MF [I][1 16]	...	...	...	177.3	...	235.4	...	...	...	...
M [I][1 16]	...	...	...	130.8	...	147.3	...	...	...	...
F [I][1 16]	...	...	...	46.5	...	88.2	...	...	...	...
% MF [I][1 16]	...	...	...	5.8	...	6.8	...	...	...	...
% M [I][1 16]	...	...	...	5.1	...	5.2	...	...	...	...
% F [I][1 16]	...	...	...	9.5	...	14.0	...	...	...	...
Thailand Thaïlande										
MF [I][11]	968.7[76]	1721.6[76]	929.2[76]	433.1[77]	710.0[77]	869.3[77]	456.3[77]	494.4[77]	...	...
M [I][11]	463.9[76]	672.7[76]	419.3[76]	204.5[77]	347.4[77]	350.1[77]	224.1[77]	217.3[77]	...	...
F [I][11]	504.8[76]	1048.9[76]	509.8[76]	228.6[77]	362.5[77]	519.1[77]	232.2[77]	277.0[77]	...	...
% MF [I][11]	3.5[76]	5.9[76]	3.1[76]	1.4[77]	2.2[77]	2.7[77]	1.4[77]	1.5[77]	...	...
% M [I][11]	3.1[76]	4.3[76]	2.6[76]	1.2[77]	2.1[77]	2.0[77]	1.3[77]	1.2[77]	...	...
% F [I][11]	3.9[76]	7.6[76]	3.6[76]	1.6[77]	2.4[77]	3.5[77]	1.5[77]	1.8[77]	...	...
TFYR Macedonia L'ex–R.y. Macédoine										
MF [III][10]	141.0	141.0	140.0	150.0	156.0	165.0	172.0	175.0	186.0	216.0
M [III][10]	64.0	66.0	66.0	72.0	76.0	82.0	87.0	89.0	96.0	101.0
F [III][10]	77.0	75.0	74.0	78.0	80.0	83.0	85.0	86.0	90.0	115.0
% MF [III][10]	21.7[78]	21.5[78]	21.4[78]	22.6[78]	23.6[78]	24.5	26.3	27.7	30.0	35.6
% M [III][10]	16.3[78]	16.5[78]	16.9[78]	18.3[78]	19.4[78]	20.1	22.1	23.6	25.8	31.9
% F [III][10]	30.2[78]	29.1[78]	28.2[78]	28.8[78]	29.7[78]	31.3	32.5	33.7	36.4	41.7
Trinidad and Tobago Trinité–et–Tobago										
MF [I][2]	81.2	106.6[6]	104.7[6]	103.4[6]	93.6[6]	91.2[6]	99.2[6]	99.9[6]	93.9[6]	89.4[6]
M [I][2]	51.5	65.7[6]	66.5[6]	64.8[6]	55.1[6]	49.6[6]	54.3[6]	56.3[6]	51.5[6]	49.5[6]
F [I][2]	29.7	40.9[6]	38.2[6]	38.6[6]	38.5[6]	41.5[6]	44.9[6]	43.7[6]	42.4[6]	39.9[6]
% MF [I][2]	17.2	22.3[6]	22.0[6]	22.0[6]	20.0[6]	18.5[6]	19.6[6]	19.8[6]	18.4[6]	17.2[6]
% M [I][2]	16.4	20.7[6]	21.1[6]	20.8[6]	17.8[6]	15.7[6]	17.0[6]	17.6[6]	16.1[6]	15.1[6]
% F [I][2]	18.9	25.3[6]	23.6[6]	24.5[6]	24.2[6]	23.4[6]	23.9[6]	23.4[6]	22.3[6]	20.6[6]
Tunisia Tunisie										
MF [III][10 57]	80.2	83.7	91.5	105.9	...	...	...	...	...	...
M [III][10 57]	65.8	67.3	72.8	80.5	...	...	...	...	...	...
F [III][10 57]	14.3	16.4	18.7	25.5	...	...	...	...	...	...
Turkey Turquie										
MF [I][1 23 79]	...	...	#1748.0	1821.0	1615.0	1787.0	1745.0	1722.0	1740.0	1522.0
M [I][1 23 79]	...	...	#1107.0	1198.0	1103.0	1300.0	1237.0	1225.0	1218.0	1052.0
F [I][1 23 79]	...	...	#641.0	623.0	512.0	486.0	508.0	497.0	522.0	470.0
MF [III][7 12 47]	1053.0	1124.0	1155.0	1076.0	980.0	859.0	840.0	683.0	469.0	...
M [III][7 12 47]	877.0	929.0	952.0	888.0	809.0	707.0	695.0	572.0	382.0	...
F [III][7 12 47]	177.0	195.0	204.0	189.0	171.0	152.0	145.0	111.0	87.0	...

32
Unemployment
Number (thousands) and percentage of unemployed [cont.]
Chômage
Nombre (milliers) et pourcentage des chômeurs [suite]

Country or area § Pays ou zone §	1986	1987	1988	1989	1990	1991	1992	1993	1994	1995
% MF [I] [1 23 79]	...	...	#8.7	8.8	7.5	8.4	8.0	8.0	7.9	6.6
% M [I] [1 23 79]	...	...	#7.9	8.5	7.5	8.9	8.2	8.2	7.7	6.6
% F [I] [1 23 79]	...	...	#10.3	9.4	7.5	7.3	7.6	7.5	8.2	6.8
United Kingdom Royaume–Uni										
MF [I] [33]	2996.0	2912.0	2392.0	1989.0	1894.0	2329.0	2836.0	2856.0	2586.0	2384.0
M [I] [33]	1796.0	1736.0	1408.0	1156.0	1106.0	1454.0	1897.0	1893.0	1708.0	1554.0
F [I] [33]	1200.0	1176.0	984.0	833.0	787.0	875.0	939.0	963.0	878.0	831.0
MF [II] [38 80 81]	3292.9	2953.4	2370.4[82]	1798.7[828]	1664.5[828]	2291.9[828]	2778.6[828]	2919.2[828]	2636.5[828]	2325.7[828]
M [II] [38 80 81]	2254.7	2045.8	1650.5[82]	1290.8[828]	1232.3[828]	1737.1[828]	2126.0[828]	2236.0[828]	2014.4[828]	1770.0[828]
F [II] [38 81]	1036.6	907.6	719.9[82]	507.9[828]	432.2[828]	554.9[828]	652.6[828]	683.1[828]	622.6[828]	555.6[828]
% MF [I] [33]	11.1	10.7	8.6	7.1	6.7	8.3	10.2	10.3	9.3	8.5
% M [I] [33]	11.5	11.0	8.9	7.2	6.9	9.1	12.0	12.1	10.9	9.9
% F [I] [33]	10.6	10.2	8.4	6.9	6.5	7.2	7.7	7.9	7.2	6.8
% MF [II] [38 81]	11.8	10.6	8.4[82]	6.3[828]	5.9[828]	8.1[828]	9.9[828]	10.4[828]	9.4[828]	8.3[828]
% M [II] [38 80 81]	13.8	12.5	10.1[82]	7.9[828]	7.6[828]	10.7[828]	13.3[828]	14.0[828]	12.6[828]	11.2[828]
% F [II] [38 81]	9.0	7.8	6.1[82]	4.2[828]	.3.5[828]	4.6[828]	5.4[828]	5.6[828]	5.1[828]	4.6[828]
United States Etats–Unis										
M [I] [33]	4530.0	4101.0	3655.0	3525.0	3906.0[84]	4946.0[84]	5523.0[84]	5055.0[84]	#4367.0[84]	3983.0[84]
F [I] [33]	3707.0	3324.0	3046.0	3003.0	3140.0[84]	3683.0[84]	4090.0[84]	3885.0[84]	#3629.0[84]	3421.0[84]
% MF [I] [33]	7.0	6.2	5.5	5.3	5.6[84]	6.8[84]	7.5[84]	6.9[84]	#6.1[84]	5.6[84]
% M [I] [33]	6.9	6.2	5.5	5.2	5.7[84]	7.2[84]	7.9[84]	7.2[84]	#6.2[84]	5.6[84]
% F [I] [33]	7.1	6.2	5.6	5.4	5.5[84]	6.4[84]	7.0[84]	6.6[84]	#6.0[84]	5.6[84]
United States Virgin Is. Iles Vierges américaines										
MF [III] [7 85]	2.1	1.4	1.5	1.7	1.3	1.4	1.7	1.9	2.8	2.7
% MF [III] [7 85]	4.7	3.0	3.3	3.7	2.8	2.8	3.5	3.5	5.6	5.7
Uruguay Uruguay										
MF [I] [12 15]	122.0[11]	108.7	104.1	98.4	105.7	111.0	112.8	105.0	120.1	137.5
M [I] [12 15]	58.1[11]	48.6	46.3	44.9	50.6	52.6	49.6	46.9	53.2	61.5
F [I] [12 15]	63.9[11]	60.1	57.8	53.5	55.1	58.4	63.2	58.1	66.9	76.0
% MF [I] [12 15]	10.7[11]	9.1	8.6	8.0	8.5	9.0	9.0	8.3	9.2	10.2
% M [I] [12 15]	8.5[11]	6.7	6.3	6.1	6.9	7.2	6.9	6.5	7.1	8.0
% F [I] [12 15]	13.9[11]	12.6	11.9	10.8	10.9	11.6	11.9	10.9	12.1	13.2
Uzbekistan Ouzbékistan										
MF [III] [10]	...	...	...	...	...	...	20.2	29.0	29.4	31.0
M [III] [10]	...	...	...	...	...	...	7.9	11.3	12.1	12.1
F [III] [10]	...	...	...	...	...	...	12.3	17.7	17.3	18.9
% MF [III] [10]	...	...	...	...	...	...	0.2	0.4	0.4	0.4
% M [III] [10]	...	...	...	...	...	...	0.2	0.2	0.3	0.3
% F [III] [10]	...	...	...	...	...	...	0.3	0.5	0.5	0.5
Venezuela Venezuela										
MF [I] [2]	667.4	575.3	478.2	621.1	741.7	701.0	579.8	497.9	680.8[11]	875.0
M [I] [2]	502.2	448.9	367.3	469.5	535.8	478.6	415.1	366.3	462.0[11]	509.0
F [I] [2]	165.8	124.6	110.6	151.9	205.8	222.5	164.7	131.6	218.9[11]	366.1
% MF [I] [2]	11.0	9.2	7.3	9.2	10.4	9.5	7.5	6.4	8.5[11]	10.3
% M [I] [2]	11.4	9.9	7.8	9.8	10.9	9.6	8.1	7.1	8.4[11]	9.0
% F [I] [2]	9.9	7.2	6.1	7.6	9.3	9.4	6.9	5.6	8.8[11]	12.8

Source:
International Labour Office (Geneva).

Source:
Bureau international du Travail (Genève).

§   I = Labour force sample surveys and general household sample surveys.
II = Social insurance statistics.
III = Employment office statistics.
IV = Official estimates.

§   I = Enquêtes par sondage sur la main–d'oeuvre et enquêtes générales par sondage auprès des ménages
II = Statistiques d'assurances sociales.
III = Statistiques des bureaux de placement.
IV = Evaluations officielles.

†   For information on recent changes in country or area nomenclature pertaining to former Czechoslovakia, Germany, Hong Kong Special Administrative Region (SAR) of China, SFR Yugoslavia and former USSR, see Annex I – Country or area nomenclature, regional and other groupings.

†   Pour les modifications réentes de nomenclature de pays ou de zone concernant l'Allemagne, Hong–Kong (Région administrative spéciale de Chine), l'ex–Tchécoslovaquie, l'ex–URSS et l'ex–Rfs Yougoslavie, voir annexe I – Nomenclature des pays ou des zones, groupements régionaux et autres groupements.

††   For statistical purposes, the data for China do not include those for the Hong Kong Special Administrative Region (Hong Kong SAR) and Taiwan province of China.

††   Les données statistiques relatives à la Chine ne comprennent pas celles qui concernent la région administrative spéciale de Hong–Kong (la RAS de Hong–Kong) et la province chinoise de Taiwan.

32
Unemployment
Number (thousands) and percentage of unemployed [cont.]
Chômage
Nombre (milliers) et pourcentage des chômeurs [suite]

1	One month of each year.	1	Un mois de chaque année.
2	Persons aged 15 years and over.	2	Personnes âgées de 15 ans et plus.
3	Gran Buenos Aires.	3	Gran Buenos Aires.
4	Estimates based on 1986 census benchmarks.	4	Estimations basées sur les données de calage du recensement de 1986.
5	Based on the 1991 Census of Population and Housing.	5	Basées sur le recensement de la population et de l'habitat de 1991.
6	Excluding the unemployed not previously employed.	6	Non compris les chômeurs n'ayant jamais travaillé précédemment.
7	Registered unemployed.	7	Les chômeurs n'ayant jamais travaillé précédemment.
8	31 st. Dec. of each year.	8	31 déc. de chaque année.
9	Private sector.	9	Secteur privé.
10	Work applications.	10	Demandeurs d'emploi.
11	Average of less than twelve months.	11	Moyenne de moins de douze mois.
12	Persons aged 14 years and over.	12	Personnes âgées de 14 ans et plus.
13	Beginning 1985, excluding some elderly unemployed no longer applicants for work.	13	A partir d'avril, non compris certains chômeurs âgés devenus non demandeurs d'emploi.
14	Persons aged 15 to 69 years.	14	Personnes âgées de 15 à 69 ans.
15	Urban areas.	15	Les régions urbaines.
16	Persons aged 10 years and over.	16	Personnes âgées de 10 ans et plus.
17	Excluding the rural population of Rondônia, Acre, Amazonas, Roraima, Pará and Amapá.	17	Non compris la population rurale de Rondônia, Acre, Amazonas, Roraima, Pará and Amapá.
18	Three employment offices.	18	Trois bureau de placement.
19	Including unemployed not registered by sex.	19	Y compris chômeure non répartis par sexe.
20	Four employment offices.	20	Quatre bureau de placement.
21	Bujumbura.	21	Bujumbura.
22	Bangui.	22	Bangui.
23	Persons aged 12 years and over.	23	Personnes âgées de 12 ans et plus.
24	Seven main cities of the country.	24	Sept villes principales du pays.
25	Persons aged 14 to 55 years.	25	Personnes âgées de 14 à 55 ans.
26	Excluding persons on child-care leave.	26	Non compris les personnes en congé parental.
27	Persons aged 15 to 74 years.	27	Personnes âgées de 15 à 74 ans.
28	Persons aged 15 to 66 years.	28	Personnes âgées de 15 à 66 ans.
29	Persons aged 16 to 66 years.	29	Personnes âgées de 16 à 66 ans.
30	Quito, Guayaquil and Cuenca.	30	Quito, Guayaquil et Cuenca.
31	Persons aged 12 to 64 years.	31	Personnes âgées de 12 à 64 ans.
32	Metropolitan area.	32	Région métropolitaine.
33	Persons aged 16 years and over.	33	Personnes âgées de 16 ans et plus.
34	Year ending in June of the year indicated.	34	Année se terminant en juin de l'année indiquée.
35	Persons aged 18 to 55 years.	35	Personnes âgées de 18 à 55 ans.
36	Persons aged 15 to 64 years.	36	Personnes âgées de 15 à 64 ans.
37	Excluding elderly unemployment pensioners no longer seeking work.	37	Non compris les chômeurs indemnisés âgés ne recherchant plus de travail.
38	Excluding persons temporarily laid off.	38	Non compris les personnes temporairement mises à pied.
39	Beginning Oct. 1982, series revised on the basis of new administrative procedures adopted in 1986.	39	A partir d'oct 1982, série révisée sur la base de nouvelle procédures administratives adoptées en 1986.
40	Excluding registered applicants for work who worked more than 78 hours during the month.	40	Non compris les demandeurs d'emploi inscrits ayant travaillé plus de 78 heures dans le mois.
41	Cayenne and Kourou.	41	Cayenne et Kourou.
42	Persons aged 15 to 60 years.	42	Personnes âgées de 15 à 60 ans.
43	Persons aged 15 to 65 years.	43	Personnes âgées de 15 à 65 ans.
44	Guatemala city only.	44	Ville de Guatemala seulement.
45	Including unemployed temporarily unable to undertake work (child-care allowance, military service, etc.).	45	Y compris les chômeurs qui temporairement ne peuvent travailler (allocation congé parental, service militaire, etc.).
46	Persons aged 16 to 74 years.	46	Personnes âgées de 16 à 74 ans.
47	Annual averages.	47	Moyennes annuelles.
48	Persons aged 10 to 56 years.	48	Personnes âgées de 10 à 56 ans.
49	Rates calculated on basis of 1991 census.	49	Taux calculés sur la base du Recensement de 1991.
50	Including workers from the Judea, Samaria and Gaza areas.	50	Y compris les travailleurs des régions de judée, Samarie et Gaza.
51	Including the residents of East Jerusalem.	51	Y compris les résidents de Jérusalem-Est.
52	Including persons who did not work in the country during the previous 12 months.	52	Y compris les personnes qui n'ont pas travaillé dans le pays pendant les 12 mois précédents.
53	Persons aged 16 to 64 years.	53	Personnes âgées de 16 à 64 ans.
54	6 provincial capitals.	54	6 chefslieux de province.
55	Persons aged 16 to 61 years.	55	Personnes âgées de 16 à 61 ans.
56	Excluding Rodrigues.	56	Non compris Rodrigues.
57	Persons aged 18 years and over.	57	Personnes âgées de 18 ans et plus.
58	Persons working or seeking work for less than 12 hours per week are no longer included.	58	Ne sont plus comprises les personnes qui travaillent, ou qui cherchent moins de 12 heures de travail par semaine.
59	Curaçao.	59	Curaçao.
60	Noumea.	60	Nouméa.

32
Unemployment
Number (thousands) and percentage of unemployed [cont.]
Chômage
Nombre (milliers) et pourcentage des chômeurs [suite]

61 Including students seeking vacation work.
62 Annual average calculated using December data as at 12 Dec.
63 Year ending in June of the year indicated.
64 Computed from 1987–88 survey results.
65 Persons aged 18 to 60 years.
66 Asunción metropolitan area.
67 Lima.
68 Persons aged 15 to 72 years.
69 Persons aged 16 to 60 years.
70 Dakar.
71 Population census.
72 Excluding Transkei, Bophuthatswana, Venda, Ciskei; elsewhere persons enumerated at de facto dwelling place.
73 Excluding Northern and Eastern provinces.
74 Khartoum province.
75 Change in registration system: unemployed must re-register every 3 months.
76 Persons aged 11 years and over.
77 Persons aged 13 years and over.
78 Labour force denominator excludes self-employed.
79 Beginning 1988, figures revised on the basis of the 1990 census results.
80 Excluding some categories of men aged 60 and over.
81 Claimants at unemployment benefits offices.
82 Excluding most under 18-year-olds.
83 Excluding some men formerly employed in the coalmining industry.
84 Estimates based on 1990 census benchmarks.
85 Persons aged 16 to 65 years.

61 Y compris les étudiants qui cherchent un emploi pendant les vacances.
62 Moyenne annuelle calculée en utilisant pour le mois de décembre les données du 12 déc.
63 Année se terminant en juin de l'année indiquée.
64 Calculé sur la base de résultats de l'enquête de 1987–88.
65 Personnes âgées de 18 à 60 ans.
66 Région métropolitaine d'Asuncion.
67 Lima.
68 Personnes âgées de 15 à 72 ans.
69 Personnes âgées de 16 à 60 ans.
70 Dakar.
71 Recensement de population.
72 Non compris Transkei, Bophuthatswana, Venda, Ciskei; ailleurs personnes énumérées aux logis de facto.
73 Non compris les provinces du Nord et de l'Est.
74 Province de Khartoum.
75 Modification du système d'enregistrement les chômeurs doivent se réinscrire tous les 3 mois.
76 Personnes âgées de 11 ans et plus.
77 Personnes âgées de 13 ans et plus.
78 La main-d'oeuvre du dénominateur excluait les travailleurs indépendants.
79 Dès 1988, données révisées sur la base des résultats du Recensement de 1990.
80 Non compris certaines catégories d'hommes âgés de 60 ans et plus.
81 Demandeurs auprès des bureaux de prestations de chômage.
82 Non compris la plupart des moins de 18 ans.
83 Non compris certains hommes ayant précédemment travaillé dans l'industrie charbonnière.
84 Estimations basées sur les données de calage du recensement de 1990.
85 Personnes âgées de 16 à 65 ans.

Technical notes, tables 31 and 32

Detailed data on labour force and related topics are published in the ILO *Year Book of Labour Statistics*.[11] The series shown in the *Statistical Yearbook* give an overall picture of the availability and disposition of labour resources and, in conjunction with other macro-economic indicators, can be useful for an overall assessment of economic performance. The ILO *Year Book of Labour Statistics* provides a comprehensive description of the methodology underlying the labour series. Brief definitions of the major categories of labour statistics are given below.

"Employment" is defined to include persons above a specified age who, during a specified period of time, were in one of the following categories:

(a) "Paid employment", comprising persons who perform some work for pay or profit during the reference period or persons with a job but not at work due to temporary absence, such as vacation, strike, education leave;

(b) "Self-employment", comprising employers, own-account workers, members of producers' cooperatives, persons engaged in production of goods and services for own consumption and unpaid family workers;

(c) Members of the armed forces. Students, homemakers and others mainly engaged in non-economic activities during the reference period who, at the same time, were in paid employment or self-employment are considered as employed on the same basis as other categories.

"Unemployment" is defined to include persons above a certain age and who during a specified period of time were:

(a) "Without work", i.e. were not in paid employment or self-employment;

(b) "Currently available for work", i.e. were available for paid employment or self-employment during the reference period; and

(c) "Seeking work", i.e. had taken specific steps in a specified period to find paid employment or self-employment.

The following categories of persons are not considered to be unemployed:

(a) Persons intending to establish their own business or farm, but who had not yet arranged to do so and who were not seeking work for pay or profit;

(b) Former unpaid family workers not at work and not seeking work for pay or profit.

For various reasons, national definitions of employment and unemployment often differ from the recommended international standard definitions and thereby limit international comparability. Intercountry comparisons are also complicated by a variety of types of data collection systems used to obtain information on employed and unemployed persons.

Notes techniques, tableaux 31 et 32

Des données détaillées sur la main-d'oeuvre et des sujets connexes sont publiées dans l'*Annuaire des Statistiques du Travail* du BIT [11]. Les séries indiqués dans l'*Annuaire des Statistiques* donnent un tableau d'ensemble des disponibilités de main-d'oeuvre et de l'emploi de ces ressources et, combinées à d'autres indicateurs économiques, elles peuvent être utiles pour une évaluatation générale de la performance économique. L'*Annuaire des statistiques du Travail* du BIT donne une description complète de la méthodologie employée pour établir les séries sur la main-d'oeuvre. On trouvera ci-dessous quelques brèves définitions des grandes catégories de statistiques du travail.

Le terme "Emploi" désigne les personnes dépassant un âge déterminé qui, au cours d'une période donnée, se trouvaient dans l'une des catégories suivantes :

(a) La catégorie "emploi rémunéré", composée des personnes faisant un certain travail en échange d'une rémunération ou d'un profit pendant la période de référence, ou les personnes ayant un emploi, mais qui ne travaillaient pas en raison d'une absence temporaire (vacances, grève, congé d'études);

(b) La catégorie "emploi indépendant" regroupe les employeurs, les travailleurs indépendants, les membres de coopératives de producteurs et les personnes s'adonnant à la production de biens et de services pour leur propre consommation et la main-d'oeuvre familiale non rémunérée;

(c) Les membres des forces armées, les étudiants, les aides familiales et autres personnes qui s'adonnaient essentiellement à des activités non économiques pendant la période de référence et qui, en même temps, avaient un emploi rémunéré ou indépendant, sont considérés comme employés au même titre que les personnes des autres catégories.

Par "chômeurs", on entend les personnes dépassant un âge déterminé et qui, pendant une période donnée, éaient :

(a) "sans emploi", c'est-à-dire sans emploi rémunéré ou indépendant;

(b) "disponibles", c'est-à-dire qui pouvaient être engagées pour un emploi rémunéré ou pouvaient s'adonner à un emploi indépendant au cours de la période de référence; et

(c) "à la recherche d'un emploi", c'est-à-dire qui avaient pris des mesures précises à un certain moment pour trouver un emploi rémunéré ou un emploi indépendant.

Ne sont pas considérés comme chômeurs :

(a) Les personnes qui, pendant la période de référence, avaient l'intention de créer leur propre entreprise ou exploitation agricole, mais n'avaient pas encore pris les dispositions nécessaires à cet effet et qui n'étaient pas à la recherche d'un emploi en vue d'une rémunération ou d'un profit;

Table 31 presents absolute figures on the distribution of employed persons of economic activity. In part A the figures are according to Revision 2 (ISIC 2) of the *International Standard Industrial Classification*, and in part B according to ISIC 3. In part A the column for total employment includes economic activities not adequately defined and that are not accounted for in the other categories. Data are arranged as far as possible according to the major divisions of economic activity of the *International Standard Industrial Classification of All Economic Activities*. [46, 47]

Table 32: Figures are presented in absolute numbers and in percentages. Data are normally annual averages of monthly, quarterly or semi-annual data.

The series generally represent the total number of persons wholly unemployed or temporarily laid off. Percentage figures, where given, are calculated by comparing the number of unemployed to the total members of that group of the labour force on which the unemployment data are based.

(b) Les anciens travailleurs familiaux non rémunérés qui n'avaient pas d'emploi et n'étaient pas à la recherche d'un emploi en vue d'une rémunération ou d'un profit.

Pour diverses raisons, les définitions nationales de l'emploi et du chômage diffèrent souvent des définitions internationales types recommandées, limitant ainsi les possibilités de comparaison entre pays. Ces comparaisons se trouvent en outre compliquées par la diversité des systèmes de collecte de données utilisés pour recueillir des informations sur les personnes employées et les chômeurs.

Le *Tableau 31* présente les effectifs de personnes employées par activité économique. Dans la partie A, les chiffres sont classés en fonction de la Révision 2 de la *Classification internationale type, par Industrie, de toutes les branches d'activité économique* et dans la partie B en fonction de la Révision 3. Dans la partie A, l'emploi total inclut les personnes employées à des activités économiques mal définies et qui ne sont pas classées ailleurs. Les données sont ventilées autant que possible selon les branches d'activié économique de la *Classification internationale type, par industrie, de toutes les activités économiques* [46, 47].

Tableau 32 : Les chiffres sont présentés en valeur absolue et en pourcentage. Les données sont normalement des moyennes annuelles des données mensuelles, trimestrielles ou semestrielles.

Les séries représentent généralement le nombre total des chômeurs complets ou des personnes temporairement mises à pied. Les données en pourcentage, lorsqu'elles figurent au tableau, sont calculées par comparaison du nombre de chômeurs au nombre total des personnes du groupe de main-d'oeuvre sur lequel sont basées les données relatives au chômage.

33
Earnings in manufacturing
Gains dans les industries manufacturières
By hour, day, week or month
Par heure, jour, semaine ou mois

Country or area and unit Pays ou zone et unité	1986	1987	1988	1989	1990	1991	1992	1993	1994	1995
Albania: lek Albanie : lek										
MF - month mois[1 2 3]	528.0	533.0	533.0	542.0	554.0	* 665.0	...	...	...	...
Antigua and Barbuda: EC dollar Antigua-et-Barbuda : dollar des Caraïbes orientales										
MF - week semaine[4 5]	...	456.3	502.0	416.0	...	505.0	505.0	...	...	...
Argentina: Argentine peso Argentine : peso argentin										
MF - hour heure[7 8]	0.8[6]	1.7[6]	7.7[6]	186.6[6]	5 383.7[6]	13.0[6 9]	1.5	1.6	1.7	...
Australia: Australian dollar Australie : dollar australien										
MF - hour heure[3 10 11]	...	...	...	...	12.9	13.3	13.7	14.0	14.7[12]	15.6
M - hour heure[3 10 11]	...	...	...	...	13.5	13.8	14.2	14.6	15.2[12]	16.1
F - hour heure[3 10 11]	...	...	...	...	11.1	11.7	12.0	12.4	13.0[12]	13.7
Austria: Austrian schilling Autriche : schilling autrichien										
MF - month mois[2 5]	17 116.0	17 646.0	18 318.0	19 130.0	20 496.0	21 547.0	22 784.0	23 758.0	24 743.0	25 898.0
Azerbaijan: Azeri manat Azerbaïdjan : manat azeri										
MF - month mois[3]	184.4	188.1	196.8	209.4	218.7	400.2	3 282.6	3 109.2	20 585.0	...
Bahrain: Bahrain dinar Bahreïn : dinar de Bahreïn										
MF - month mois[3 13 14]	...	304.0	248.0	241.0	225.0	220.0	204.0	190.0	188.0	...
Barbados: Barbados dollar Barbade : dollar de la Barbade										
MF - week semaine[5]	...	...	238.5[10]	235.3[10]	251.5[10]	255.7	...	...	...	...
Belarus: Belarus rouble Bélarus : rouble bélarus										
MF - month mois[3]	197.0[15]	204.0[15]	226.0[15]	249.0[15]	283.0[15]	596.0	5 852.0	68 866.0	115 536.0	...
Belgium: Belgian franc Belgique : franc belge										
MF - hour heure[5 10]	295.3	302.2	309.8	327.1	342.4	363.1	379.6	395.9	411.8	...
M - hour heure[5 10]	314.2	321.2	329.3	348.2	364.0	385.7	403.8	420.7	438.0	...
F - hour heure[5 10]	232.7	239.9	245.3	257.6	271.2	287.7	300.2	313.4	325.3	...
Bolivia: boliviano Bolivie : boliviano										
MF - month mois[3 10 16]	172.0	279.0	371.0	437.0	493.0	621.0	690.0	761.0	892.0	* 958.0
Botswana: pula Botswana : pula										
MF - month mois[3 10 17]	282.4	278.3	330.9	345.0	383.0	403.0	511.0	606.0	537.0	...
Brazil: cruzeiro Brésil : cruzeiro										
MF - month mois[3]	3.5	10.9	45.6	1 110.7	26 076.0	136 699.0	1 562.0[9]	33 978.0[9]	...	...
M - month mois[3]	...	...	86.7	1 275.8	29 850.0	156 457.0	2 779.0[9]	38 861.0[9]	...	...
F - month mois[3]	...	...	44.1	664.3	15 990.0	84 818.0	963.0[9]	20 895.0[9]	...	...
Bulgaria: lev Bulgarie : lev										
MF - month mois[3 18]	239.9	243.8	262.8	281.8	335.8	916.9	2 244.2[19]	3 481.2[19]	5 356.0[19]	8 282.0[19]
Canada: Canadian dollar Canada : dollar canadien										
MF - hour heure[5 20 21]	11.9	12.3	12.8	13.5	14.2	14.9	15.4	15.7	16.0	16.2
Chile: Chilean peso Chili : peso chilien										
MF - month mois[5 10 22]	29 157.0	34 137.0	41 497.0	50 432.0	64 447.0	83 908.0	102 514.0	# 86 281.0	106 414.0	117 040.0
China ††: yuan renminbi Chine †† : yuan renminbi										
MF - month mois[3]	106.4	118.1	148.5	166.8	174.2	191.3	231.2	279.0	356.9	...

33
Earnings in manufacturing
By hour, day, week or month [cont.]
Gains dans les industries manufacturières
Par heure, jour, semaine ou mois [suite]

Country or area and unit Pays ou zone et unité	1986	1987	1988	1989	1990	1991	1992	1993	1994	1995
China, Hong Kong SAR †: Hong Kong dollar Chine, Hong-Kong RAS † : dollar de Hong Kong										
MF - day jour[5,23]	106.4	119.4	136.9	157.0	179.5	200.7	218.6	241.7	266.6	278.0
M - day jour[5,23]	125.9	143.3	166.1	191.7	224.5	249.9	274.8	313.8	333.5	357.7
F - day jour[5,23]	98.0	108.0	124.0	140.0	156.0	174.0	190.0	207.0	226.0	234.0
Cook Islands: Cook Islands dollar Îles Cook : dollar des îles de Cook										
MF - week semaine[3,10]	...	...	...	134.0	137.0	...	...	* 187.0	...	...
M - week semaine[3,10]	...	...	...	134.0	160.0	...	...	* 194.0	...	...
F - week semaine[3,10]	...	...	...	87.0	111.0	...	...	* 177.0	...	...
Costa Rica: Costa Rican colón Costa Rica : colón costa-ricien										
MF - month mois[3,10]	9 588.0	# 13 211.0	14 658.0	16 784.0	20 037.0	27 229.0	32 949.0	38 631.0	44 720.0	54 365.0
M - month mois[3,10]	10 370.0	# 14 207.0	16 573.0	18 534.0	21 887.0	30 152.0	36 427.0	42 225.0	49 059.0	60 273.0
F - month mois[3,10]	7 815.0	# 11 021.0	11 102.0	13 505.0	16 262.0	21 733.0	26 282.0	30 556.0	35 335.0	42 739.0
Croatia: kuna Croatie : kuna										
MF - month mois[3]	8.7[24]	18.0[24]	48.0[24]	764.0[24]	4 218.0[24]	7 447.0[24]	34 024.0[24]	518.0	1 186.0	1 672.0
Cyprus: Cyprus pound Chypre : livre chypriote										
MF - week semaine[5,10,22,25]	54.0	58.1	61.9	68.0	74.2	80.3	89.0	101.0	104.1	113.4
M - week semaine[5,10,22,25]	72.5	76.7	80.6	89.4	98.8	105.6	116.4	134.2	132.3	143.4
F - week semaine[5,10,22,25]	40.7	44.3	47.7	52.1	56.8	63.0	69.9	75.8	81.2	86.1
Czech Republic: Czech koruna République tchèque : couronne tchèque										
MF - month mois[3,21]	...	...	...	...	...	...	...	5 652.0[26]	6 631.0[26]	7 854.0[27]
Denmark: Danish krone Danemark : couronne danoise										
MF - hour heure[5,25,28,29]	78.7	86.8	92.1	96.0	99.9	104.6	108.3	...	...	...
M - hour heure[5,25,28,29]	81.5	90.2	95.6	99.6	103.8	108.5	112.2	...	...	...
F - hour heure[5,25,28,29]	69.2	75.9	80.7	84.3	87.8	92.1	95.4	...	...	...
Dominican Republic: Dominican peso Rép. dominicaine : peso dominicain										
MF - month mois[3,16]	250.0	350.0	500.0	700.0	1 120.0	1 456.0	1 456.0	1 456.0	1 675.0	2 010.0
Ecuador: sucre Equateur : sucre										
MF - hour heure[5]	117.3	145.8	223.3	337.0	467.9	669.4	1 088.6	1 676.1	...	...
Egypt: Egyptian pound Egypte : livre égyptienne										
MF - week semaine[5,10,14]	33.0	38.0	41.0	46.0	54.0	55.0	62.0	70.0	...	...
M - week semaine[5,10,14]	34.0	39.0	43.0	48.0	56.0	57.0	64.0	72.0	...	...
F - week semaine[5,10,14]	25.0	28.0	31.0	34.0	38.0	41.0	48.0	54.0	...	...
El Salvador: El Salvador colón El Salvador : colón salvadorien										
MF - hour heure[5]	3.2	3.2	3.2	3.3	3.3	4.1	4.6	5.4	...	...
M - hour heure[5]	3.5	3.3	3.3	3.4	3.4	4.5	4.8	5.6	...	...
F - hour heure[5]	3.0	3.0	3.0	3.1	3.2	3.7	4.5	5.2	...	...
Estonia: Estonian kroon Estonie : couronne estonienne										
MF - month mois[3]	237.2[30]	246.2[30]	268.0[30]	292.6[30]	359.8[30]	850.7[30]	* 527.0[21]	1 036.0[21]	...	...

33
Earnings in manufacturing
By hour, day, week or month [cont.]
Gains dans les industries manufacturières
Par heure, jour, semaine ou mois [suite]

Country or area and unit Pays ou zone et unité	1986	1987	1988	1989	1990	1991	1992	1993	1994	1995
Fiji: Fiji dollar Fidji : dollar des Fidji										
MF - day jour [5 10 23]	11.8	12.3	12.6	11.4	11.4	12.0	12.9	* 13.9	* 14.3	* 14.5
Finland: Finnish markka Finlande : markka finlandais										
MF - hour heure [5 31]	34.0	36.5	39.7	43.5	47.7	50.7	52.3	53.5	55.8	60.1
M - hour heure [5 31]	36.6	39.2	42.6	46.7	51.1	53.9	55.4	56.8	59.2	63.4
F - hour heure [5 31]	28.3	30.3	32.9	35.8	39.5	42.1	43.4	44.4	46.6	50.3
France: French franc France : franc français										
MF - hour heure # [5 10]	39.3	41.0	41.8	43.4	45.5	47.5	49.4	50.6	...	...
M - hour heure # [5 10]	41.6	43.4	44.4	46.2	48.4	50.5	52.4	53.7	...	...
F - hour heure # [5 10]	33.0	34.4	35.1	36.3	38.2	39.7	41.2	42.5	...	...
Germany † Allemagne†										
MF - hour heure [5 32]	...	...	...	...	20.1	21.3	22.5	23.8	24.6	25.5
M - hour heure [5 32]	...	...	...	...	21.3	22.6	23.8	25.0	25.8	26.7
F - hour heure [5 32]	...	...	...	...	15.5	16.5	17.5	18.5	19.0	19.7
F. R. Germany: deutsche mark R. f. Allemagne : deutsche mark										
MF - hour heure [5 32]	16.8	17.5	18.3	19.1	...	...	...	...	...	...
M - hour heure [5 32]	17.9	18.6	19.5	20.3	...	...	...	...	...	...
F - hour heure [5 32]	13.0	13.6	14.2	14.7	...	...	...	...	...	...
Ghana: cedi Ghana : cedi										
MF - month mois [3 10]	8 787.0	15 216.0	21 411.0	36 793.0	45 045.0	34 226.0	...	...	...	...
Gibraltar: Gibraltar pound Gibraltar : livre de Gibraltar										
MF - week semaine [5 10]	150.2	152.7	190.6	190.1	238.5	214.1	239.4	252.2	233.3	...
M - week semaine [5 10]	157.9	158.7	203.3	194.3	247.7	254.4	254.5	272.7	246.0	...
F - week semaine [5 10]	108.5	118.6	122.0	137.7	151.7	148.8	161.7	166.0	171.5	...
Greece: drachma Grèce : drachme										
MF - hour heure [5 14]	354.1	388.2	459.7	554.0	661.3	772.1	878.2	970.8	1 097.9	1 243.3
M - hour heure [5 14]	393.2	430.2	509.2	614.5	733.8	854.7	967.5	1 063.6	1 200.1	1 353.3
F - hour heure [5 14]	302.3	333.7	397.4	481.0	575.3	673.2	765.3	851.4	963.4	1 088.6
Guam: US dollar Guam : dollar des Etats-Unis										
MF - hour heure [5 10 13]	6.3	6.0	6.3	7.3	8.1	9.1	9.3	10.1	10.4	10.6
Guatemala: quetzal Guatemala : quetzal										
MF - hour heure [3 33]	1.3	1.5	1.7	1.8	2.4	...	...	...	...	...
MF - month mois [3]	296.9	331.2	365.2	435.1	473.6	577.9	686.2	775.2	...	...
Hungary: forint Hongrie : forint										
MF - month mois [5 36]	5 716.0 [34 35]	6 214.0 [34 35]	7 761.0 [35]	9 121.0 [35]	11 167.0 [35]	13 992.0 [35]	17 636.0 [3 21]	21 751.0 [3 21]	...	...
India: Indian rupee Inde : roupie indienne										
MF - month mois [5]	890.7	862.9	913.2	841.2	* 1 045.5	* 1 094.9	...	...	...	...

33
Earnings in manufacturing
By hour, day, week or month [cont.]
Gains dans les industries manufacturières
Par heure, jour, semaine ou mois [suite]

Country or area and unit Pays ou zone et unité	1986	1987	1988	1989	1990	1991	1992	1993	1994	1995
Ireland: Irish pound Irlande : livre irlandaise										
MF - hour heure[5 10 37]	4.5	4.7	4.9	5.1	5.4	5.6	5.9	6.2	6.3	6.5
M - hour heure[5 10 25]	5.1	5.3	5.5	5.7	6.0	6.3	6.6	7.0	7.0	7.1
F - hour heure[5 10 25]	3.5	3.6	3.8	4.0	4.2	4.4	4.7	5.0	5.1	5.3
Isle of Man: pound sterling Ile de Man : livre sterling										
MF - week semaine[3 10]	...	...	...	...	...	...	207.0	225.0	238.1	...
M - week semaine[3 10]	...	...	...	...	...	...	...	276.0	251.8	...
F - week semaine[3 10]	...	...	...	...	...	...	...	148.0	199.4	...
Israel: new sheqel Israël : nouveau sheqel										
MF - month mois[3 38]	...	...	...	...	2 669.0	3 080.0	3 514.0	3 917.0	# 4 427.0[21]	5 061.0[21]
Italy: Italian lira Italie : lire italienne										
MF - hour heure[5 8 39 40]	150.3	160.0	...	...	100.0	109.5	115.7	120.5	124.3	128.7
Jamaica: Jamaican dollar Jamaïque : dollar jamaïquain										
MF - week semaine[3]	271.9	309.4	345.9	391.8	450.6[28]	701.0	895.0	...	...	...
Japan: yen Japon : yen										
MF - month mois[3]	305 414.0[41]	313 170.0[41]	318 663.0[41]	336 648.0[41]	352 020.0[41]	368 011.0[41]	372 594.0[41]	371 356.0[41]	276 700.0[4 42]	278 800.0[4 42]
M - month mois[3]	373 324.0[41]	381 138.0[41]	393 804.0[41]	414 981.0[41]	436 135.0[41]	450 336.0[41]	454 482.0[41]	...	317 000.0[4 42]	318 200.0[4 42]
F - month mois[3]	158 550.0[41]	163 944.0[41]	164 673.0[41]	173 097.0[41]	180 253.0[41]	193 112.0[41]	198 058.0[41]	...	175 500.0[4 42]	177 900.0[4 42]
Jordan: Jordanian dinar Jordanie : dinar jordanien										
MF - day jour[3 10]	4.2	4.5	4.2	4.4	4.6	4.6	4.8	4.9	5.2	...
M - day jour[3 10]	4.4	4.7	4.3	4.6	4.8	4.9	5.0	5.1	5.4	...
F - day jour[3 10]	2.7	2.7	2.7	2.8	2.7	3.0	2.9	3.1	3.3	...
Kazakhstan: tenge Kazakhstan : tenge										
MF - month mois[3]	204.0[43]	209.0[43]	229.0[43]	250.0[43]	277.0[43]	489.0[43]	5 675.0[43]	144.0	...	...
Kenya: Kenya shilling Kenya : shilling kényen										
MF - month mois[3 10 44]	2 078.1	2 293.8	2 469.7	2 797.5	3 064.6	3 324.2	...	...	...	...
M - month mois[3 10 44]	2 137.8	2 376.7	2 576.0	2 890.9	3 159.8	3 430.1	...	...	...	...
F - month mois[3 10 44]	1 554.3	1 551.1	1 751.7	2 001.7	2 317.7	2 515.8	...	...	...	...
Korea, Republic of: won of the Rep. of Korea Corée, République de : won de la Rép. de Corée										
MF - month mois[3 9 22]	294.5	328.7	393.1	491.6	590.8	690.3	798.6	# 885.4[21]	1 022.5[21]	1 123.9[21]
M - month mois[3 9 22]	374.8	413.4	490.5	608.9	724.5	842.8	963.8	# 1 055.5[21]	1 206.7[21]	1 314.7[21]
F - month mois[3 9 22]	181.8	207.9	249.7	307.5	364.3	428.1	497.3	# 551.4[21]	638.9[21]	711.1[21]
Kyrgyzstan: Kyrgyz som Kirghizistan : som kirghize										
MF - month mois[21]	1.0	1.0	1.1	1.2	1.3	2.2	16.1	126.7	368.2	...
Latvia: lats Lettonie : lats										
MF - month mois[1 21]	...	...	...	...	1.6[45]	3.2[45]	22.1[45]	46.8	76.3	99.5
M - month mois[1 21 45]	...	...	...	...	...	...	...	23.5	...	...
F - month mois[1 21 45]	...	...	...	...	...	...	...	20.2	...	...
Lithuania: litas Lituanie : litas										
MF - month mois[1 3 21]	...	...	...	...	...	...	5 884.0[46]	206.0	339.0	554.0

33
Earnings in manufacturing
By hour, day, week or month [cont.]
Gains dans les industries manufacturières
Par heure, jour, semaine ou mois [suite]

Country or area and unit Pays ou zone et unité	1986	1987	1988	1989	1990	1991	1992	1993	1994	1995
Luxembourg: Luxembourg franc **Luxembourg : franc luxembourgeois**										
MF - hour heure[5][10]	332.2	339.2	357.0	374.0	379.0	400.0	425.0	446.0	...	...
M - hour heure[5][10]	344.3	352.4	375.0	393.0	399.0	420.0	446.0	466.0	...	...
F - hour heure[5][10]	209.1	217.2	218.0	234.0	248.0	265.0	278.0	300.0	...	...
Macau: Macao pataca **Macao : pataca de Macao**										
MF - month mois[47]	...	...	...	1 859.0[10]	2 058.0[10]	2 232.0[10]	2 509.0	2 926.0	3 111.0	3 210.0
M - month mois[47]	...	...	...	...	...	...	3 321.0	3 865.0	4 015.0	4 388.0
F - month mois[47]	...	...	...	...	...	...	2 222.0	2 447.0	2 624.0	2 682.0
Malawi: Malawi kwacha **Malawi : kwacha malawien**										
MF - month mois[3]	101.3	125.8	135.7	147.0	176.8	* 137.6	...	...	...	...
Malaysia: ringgit **Malaisie : ringgit**										
MF - month mois[3]	636.0	627.0	620.0	640.0	660.0	719.0	794.0	848.0	...	...
M - month mois[3]	844.0	838.0	848.0	864.0	885.0	952.0	1 037.0	1 082.0	...	...
F - month mois[3]	400.0	401.0	393.0	420.0	443.0	495.0	558.0	612.0	...	...
Mauritius: Mauritian rupee **Maurice : roupie mauricienne**										
MF - month mois[3][10][48]	1 941.0	2 059.0	2 435.0	2 799.0	3 105.0	3 570.0	3 967.0	4 437.0	5 203.0	5 601.0
MF - day jour[5][10][48][50]	34.4[49]	37.6[49]	45.5	52.6	60.5	83.3	92.5	108.0	121.8	131.3
Mexico: Mexican new peso **Mexique : peso nouveau mexicain**										
MF - hour heure[21]	0.5	1.3	2.7	3.3	4.2	5.2	6.4	7.2	8.0	9.1
Myanmar: kyat **Myanmar : kyat**										
M - month mois[3][28]	282.2	325.7	533.1	729.5	...	631.9	880.5	985.3	...	...
F - month mois[3][28]	243.6	261.1	496.9	705.6	...	670.9	866.8	940.2	...	...
Netherlands: Netherlands guilder **Pays-Bas : florin néerlandais**										
MF - hour heure[3][10][37]	19.4	19.9	20.3	20.8	21.5	22.3	22.7	23.4	23.9[21]	...
M - hour heure[3][10][25]	20.5	21.0	21.5	21.9	22.8	23.5	23.9	24.5	24.9[21]	...
F - hour heure[3][10][25]	15.4	15.6	16.1	16.5	17.1	17.8	18.3	19.0	19.0[21]	...
New Zealand: New Zealand dollar **Nouvelle-Zélande : dollar néo-zélandais**										
MF - hour heure[3]	10.1[51]	11.0[51]	12.0[51]	12.6[52]	13.4[52]	13.9[52]	14.1[52]	14.2[52]	14.5[52]	14.9[52]
M - hour heure[3]	10.9[51]	11.9[51]	12.9[51]	13.5[52]	14.4[52]	14.8[52]	15.0[52]	15.1[52]	15.4[52]	15.7[52]
F - hour heure[3]	7.8[51]	8.6[51]	9.6[51]	10.2[52]	10.8[52]	11.2[52]	11.6[52]	11.6[52]	11.9[52]	12.2[52]
Nicaragua: córdoba **Nicaragua : córdoba**										
MF - hour heure[3]	...	...	...	5.8[9][53]	590.1[9][53]	# 4.7	8.0	...	...	...
MF - month mois[3]	...	...	...	1 407.6[9][53]	143 589.0[9][53]	# 1 140.6	1 951.2	...	...	...
Norway: Norwegian krone **Norvège : couronne norvégienne**										
MF - hour heure[5][25][44]	67.7	78.6	83.0	87.3	92.5	97.3	100.4	103.2	106.1	109.8
M - hour heure[5][25][44]	69.7	81.0	85.4	89.5	94.6	99.5	102.7	105.4	108.5	112.3
F - hour heure[5][25][44]	58.4	67.8	72.0	76.5	81.8	86.7	89.2	91.8	94.6	97.8
Pakistan: Pakistan rupee **Pakistan : roupie pakistanaise**										
MF - month mois[3]	1 026.4	1 115.4	1 130.9	1 289.7	1 735.0	...	...	...	...	...
Panama: balboa **Panama : balboa**										
MF - month mois[3]	...	464.0	462.0	459.0	515.0	537.0	546.0[21]	...	...	...

33
Earnings in manufacturing
By hour, day, week or month [*cont.*]
Gains dans les industries manufacturières
Par heure, jour, semaine ou mois [*suite*]

Country or area and unit Pays ou zone et unité	1986	1987	1988	1989	1990	1991	1992	1993	1994	1995
Paraguay: guaraní Paraguay : guaraní										
MF - month mois[3]	67 466.0	...	115 897.0	177 464.0	220 548.0	273 537.0	298 682.0	380 096.0	480 081.0	...
M - month mois[3]	68 493.0	...	118 473.0	170 222.0	234 234.0	292 787.0	342 552.0	407 117.0	507 072.0	...
F - month mois[3]	62 324.0	...	105 252.0	212 743.0	155 744.0	196 738.0	177 754.0	298 952.0	389 558.0	...
Peru: nuevo sol Pérou : nouveau sol										
MF - month mois[3,10,54]	5 795.0[55]	10 909.0[55]	61 193.0[55]	1 345.0[9,55]	15.0	323.0	565.0	861.0	1 451.0	...
MF - day jour[5,54]	# 80.6[55]	161.0[55]	758.2[55]	18 636.6[55]	0.3	6.0	10.1	14.8	21.9	23.9
Philippines: Philippine peso Philippines : peso philippines										
MF - month mois[3,14,56]	2 183.0	2 537.0	2 995.0	3 441.0	4 263.0	4 831.0	5 386.0	5 584.0	...	...
M - month mois[3,14]	...	...	...	...	...	...	...	6 223.0	...	...
F - month mois[3,14]	...	...	...	...	...	...	...	4 741.0	...	...
Poland: zloty Pologne : zloty										
MF - month mois[3,44]	24 076.0[15]	29 382.0[15]	54 708.0[15]	212 170.0[15]	996.0[9,15]	1 620.0[9]	2 679.0[9]	367.3[21]	505.0[21]	699.2[21]
Portugal: Portugese escudo Portugal : escudo portugais										
MF - hour heure[5]	...	...	...	281.0	324.0	370.0	419.0	436.0	...	...
M - hour heure[5]	...	...	...	320.0	368.0	419.0	480.0	486.0	...	...
F - hour heure[5]	...	...	...	222.0	254.0	295.0	326.0	390.0	...	...
Puerto Rico: US dollar Porto Rico : dollar des Etats-Unis										
MF - hour heure[5]	5.3	5.4	5.6	5.8	6.0	6.3	6.6	7.0	7.2	7.4
Republic of Moldova: Moldovan leu République de Moldova : leu moldove										
MF - month mois[3]	182.4[57]	188.2[57]	212.2[57]	244.4[57]	287.6[57]	475.2[57]	3 676.2[57]	37.8	143.2	209.5
Romania: Romanian leu Roumanie : leu roumain										
MF - month mois[5]	2 728.0[18]	2 719.0[18]	2 835.0[18]	2 920.0[18]	3 146.0[18]	6 842.0[18]	18 824.0[3,21]	56 484.0[3,21]	131 950.0[21]	...
Russian Federation: rouble Fédération de Russie : rouble										
MF - month mois[3]	216.0	223.0	242.0	266.0	302.0	584.0	6 466.0	57 633.0	198 593.0	...
San Marino: Italian lira Saint-Marin : lire italienne										
MF - day jour[3]	72 911.0	76 133.0	...	84 782.0	84 835.0	102 579.0	111 611.0	113 772.0	...	...
Seychelles: Seychelles rupee Seychelles : roupie des Seychelles										
MF - month mois[3]	2 003.0[58]	2 075.0[58]	1 863.0[58,59]	1 975.0[58,59]	2 187.0[58,59]	2 259.0[58,59]	2 349.0[59]	2 454.0[59]	2 422.0[59]	2 513.0[59]
Singapore: Singapore dollar Singapour : dollar de Singapour										
MF - month mois[3]	975.8	1 008.8	1 115.9	1 242.9	1 395.0	1 551.8	1 686.2	1 817.8	1 995.3	2 157.3
M - month mois[3]	...	...	...	1 623.0	1 797.5	1 970.1	2 127.4	2 266.2	2 473.8	2 644.0
F - month mois[3]	...	...	...	876.2	983.3	1 096.8	1 190.7	1 294.5	1 415.4	1 541.2
Slovakia: Slovak koruna Slovaquie : couronne slovaque										
MF - month mois[3]	2 973.0	3 017.0	3 088.0	3 156.0	3 262.0	3 757.0[21]	4 370.0[21]	5 234.0[21]	6 193.0[21]	7 194.0[21]
Slovenia: tolar Slovénie : tolar										
MF - month mois[3,21]	16.0	35.0	110.0	1 895.0	8 698.0	14 737.0	43 305.0	62 491.0	79 347.0	...
South Africa: rand Afrique du Sud : rand										
MF - month mois[3,60]	911.0	1 045.0	1 215.0	1 438.0	1 660.0	1 890.0	2 195.0	2 446.0	...	...
Spain: peseta Espagne : peseta										
MF - hour heure[3]	620.0	678.0	735.0	780.0	902.0	994.0	1 080.0	1 159.0	1 221.0	1 263.0

33
Earnings in manufacturing
By hour, day, week or month [cont.]
Gains dans les industries manufacturières
Par heure, jour, semaine ou mois [suite]

Country or area and unit Pays ou zone et unité	1986	1987	1988	1989	1990	1991	1992	1993	1994	1995
Sri Lanka: Sri Lanka rupee — Sri Lanka : roupie sri-lankaise										
MF - hour heure [5,28]	5.5	6.0	6.6	7.5	9.5	11.2	11.8	13.7	15.1	16.5
M - hour heure [5,28]	5.8	6.4	6.9	8.2	9.8	11.7	12.3	14.1	15.6	17.1
F - hour heure [5,28]	4.5	4.6	4.8	5.4	8.9	9.4	10.4	12.7	13.8	16.2
Sudan: Sudanese pound — Soudan : livre soudanaise										
MF - month mois [5]	...	...	248.2	...	375.4	...	1 210.3	...	...	...
Swaziland: lilangeni — Swaziland : lilangeni										
M - month mois [7,10]	946.0	1 032.0	941.0	1 040.0	1 380.0	1 415.0	1 486.0	1 308.0	...	...
F - month mois [7,10]	572.0	577.0	404.0	561.0	1 001.0	845.0	835.0	838.0	...	...
Sweden: Swedish krona — Suède : couronne suédoise										
MF - hour heure [5,25,28,61]	62.7	67.0	72.2	79.3	87.3	91.7	98.3	98.5 [21]	102.4 [21]	107.0 [21]
M - hour heure [5,25,28,61]	63.9	68.5	73.8	81.1	89.5	93.8	100.7	100.7 [21]	104.5 [21]	109.1 [21]
F - hour heure [5,25,28,61]	57.8	61.7	66.4	72.6	79.5	83.7	90.1	90.1 [21]	94.2 [21]	98.2 [21]
Switzerland: Swiss franc — Suisse : franc suisse										
M - hour heure [5,10,25,62]	19.9	20.5	21.3	22.1	23.4	25.0	26.2	26.8	...	...
F - hour heure [5,10,25,62]	13.4	13.8	14.3	15.0	15.9	17.0	17.8	18.4	...	...
Thailand: baht — Thaïlande : baht										
MF - month mois [3,10,16,63]	2 631.0	...	...	2 996.0	3 357.0	3 688.0	4 016.0	4 258.0	4 230.0 [64]	...
Tonga: pa'anga — Tonga : pa'anga										
MF - week semaine [3,10]	28.6	30.8	33.8	43.0	42.6	51.4	51.3	...	...	...
Turkey: Turkish lira — Turquie : livre turque										
MF - day jour [3,10]	...	...	8 461.1	17 820.5	30 582.2	61 620.4	88 144.3	135 236.0	191 118.5	...
M - day jour [3,10]	...	...	8 642.9	18 679.1	31 231.1	62 140.3	91 204.1	138 746.1	191 858.8	...
F - day jour [3,10]	...	...	6 877.3	13 830.0	25 299.5	56 660.2	84 558.2	122 720.8	189 297.3	...
Ukraine: karbovanets — Ukraine : karbovanets										
MF - month mois [3]	194.4 [65]	199.0 [65]	216.5 [65]	236.0 [65]	263.0 [65]	504.8 [65]	7 090.0 [65]	153.5 [9]	1 316.0 [9]	...
United Kingdom: pound sterling — Royaume-Uni : livre sterling										
MF - hour heure [3,10,21,66,67]	4.4	4.7	5.1	5.5	6.1	6.7	7.1	7.5	7.6	7.9
M - hour heure [3,10,21,66,67]	4.8	5.1	5.5	6.0	6.5	7.2	7.7	8.0	8.1	8.4
F - hour heure [3,10,21,66,67]	3.1	3.4	3.7	4.0	4.5	4.9	5.3	5.6	5.7	6.0
United States: US dollar — Etats-Unis : dollar des Etats-Unis										
MF - hour heure [5,68]	9.7	9.9	10.2 [12]	10.5 [12]	10.8 [12]	11.2 [12]	11.5 [12]	11.7 [12]	12.1 [12]	12.4 [12]
United States Virgin Is.: US dollar — Iles Vierges américaines : dollar des Etats-Unis										
MF - hour heure [5]	9.6	9.4	9.9	10.9	11.9	12.5	13.7	15.0	15.2	15.8
Uruguay: Uruguayan peso — Uruguay : peso uruguayen										
MF - month mois [3,40,69]	322.2	572.5	949.3	1 751.6	3 453.2	7 371.5	12 564.4	20 197.5	28 849.4	38 710.5
Zimbabwe: Zimbabwe dollar — Zimbabwe : dollar zimbabwéen										
MF - month mois [3,70]	471.2	527.9	590.3	665.5	796.1	928.1	1 123.3	1 242.1	1 559.1	1 366.5 [28]

Source:
International Labour Office (Geneva).

Source:
Bureau international du Travail (Genève).

33
Earnings in manufacturing
By hour, day, week or month [cont.]
Gains dans les industries manufacturières
Par heure, jour, semaine ou mois [suite]

† For information on recent changes in country or area nomenclature pertaining to former Czechoslovakia, Germany, Hong Kong Special Administrative Region (SAR) of China, SFR Yugoslavia and former USSR, see Annex I - Country or area nomenclature, regional and other groupings.

†† For statistical purposes, the data for China do not include those for the Hong Kong Special Administrative Region (Hong Kong SAR) and Taiwan province of China.

1 State sector.
2 Including mining and quarrying.
3 Employees.
4 Weekly wage rates.
5 Wage earners.
6 Australes; 1 peso = 10,000 australes.
7 Skilled wage earners.
8 Hourly wage rates.
9 Figures in thousands.
10 One month of each year.
11 Full-time adult non-managerial employees.

12 New industrial classification.
13 Private sector.
14 Establishments with 10 or more persons employed.
15 Socialised sector.
16 Monthly wage rates.
17 Citizens only.
18 State and cooperative sector.
19 Including mining, quarrying and electricity, gas and water.

20 Employees paid by the hour.
21 Data according to ISIC, Rev.3
22 Including family allowances and the value of payments in kind.
23 Daily wage rates.
24 Dinars; 1 kuna = 1,000 dinars.
25 Adults.
26 Enterprises with 25 or more employees.
27 Enterprises with 100 or more employees.
28 Average of less than twelve months.
29 Excluding vacation pay.
30 Roubles; 1 kroon = 10 roubles.
31 Including mining, quarrying and electricity.
32 Including family allowances paid directly by the employers.

33 Establishments with 5 or more persons employed.
34 Net earnings after income tax deduction.
35 All legal economic units.

36 Enterprises with 20 or more employees.
37 Including juveniles.
38 Including payments subject to income tax.
39 Index of hourly wage rates (1990 = 100).
40 Indices.
41 Including family allowances and mid- and end-of-year bonuses.

† Pour les modifications récentes de nomenclature de pays ou de zone concernant l'Allemagne, Hong-Kong (Région administrative spéciale de Chine), l'ex-Tchécoslovaquie, l'ex-URSS et l'ex-Rfs Yougoslavie, voir annexe I - Nomenclature des pays ou des zones, groupements régionaux et autres groupements.

†† Les données statistiques relatives à la Chine ne comprennent pas celles qui concernent la région administrative spéciale de Hong-Kong (la RAS de Hong-Kong) et la province chinoise de Taiwan.

1 Secteur d'etat.
2 Y compris les industries extractives.
3 Salariés.
4 Taux de salaire hebdomadaires.
5 Ouvriers.
6 Australes; 1 peso = 10,000 australes.
7 Ouvriers qualifiés.
8 Taux de salaire horaire.
9 Données in milliers.
10 Un mois de chaque année.
11 Salariés adultes à plein temps, non compris les cadres dirigeants.

12 Nouvelle classification industrielle.
13 Secteur privé.
14 Etablissements occupant 10 personnes et plus.
15 Secteur socialisé.
16 Taux de salaire mensuel.
17 Nationaux seulement.
18 Secteur d'etat et secteur de coopératif.
19 Y compris les industries extractives et l'électricité, le gaz et l'eau.

20 Salariés rémunérés à l'heure.
21 Data according to ISIC, Rev.3
22 Y compris les allocations familiales et la valeur des paiements en nature.
23 Taux de salaire journalier.
24 Dinars; 1 kuna = 1,000 dinars.
25 Adultes.
26 Entreprises occupant 25 salariés et plus.
27 Entreprises occupant 100 salariés et plus.
28 Moyenne de moins de douze mois.
29 Non compris les versements pour congés payés.
30 Roubles; 1 couronne = 10 roubles.
31 Y compris les industries extractives et l'électricité.
32 Y compris les allocations familiales payées directement par les employeurs.

33 Etablissements occupant 5 personnes et plus.
34 Gains net après déduction de l'impôt sur le revenu.
35 Ensemble des unités économiques dotées d'un statut juridique.

36 Les entreprises occupant 20 salariés et plus.
37 Y compris les jeunes gens.
38 Y compris les versements soumis à l'impôt sur le revenu.
39 Indice des taux de salarie horaires (1990=100).
40 Indices.
41 Y compris les allocations familiales at les primes de milieu et de fin d'année.

33
Earnings in manufacturing
By hour, day, week or month [cont.]
Gains dans les industries manufacturières
Par heure, jour, semaine ou mois [suite]

42 Regular scheduled cash earnings.
43 Roubles; 1 tenge = 500 roubles.
44 Including the value of payments in kind.
45 Roubles; 1 lat = 200 roubles.
46 Roubles; 1 litas = 100 roubles.
47 Median.
48 Excluding sugar and tea factories.
49 Including workers on piece rates of pay.
50 Wage-earners on daily rates of pay.

51 Establishments with more than one person engaged.
52 Establishments with the equivalent of more than 2 full-time paid employees.
53 Old córdobas; 1 new córdoba = 1,000 old córdobas.
54 Lima.
55 Intís; 1 new sol = 1 million intís.
56 Computed on the basis of annual wages.
57 Roubles; 1 leu = 417 roubles.
58 Including electricity and water.
59 Earnings are exempted from income tax.
60 Including employers' non-statutory contributions to certain funds.
61 Including holidays and sick-leave payments and the value of payments in kind.
62 Including family allowances.
63 Average wage rates for normal/usual hours of work.

64 Excluding public enterprises.
65 Roubles; 1 rouble = 25 karbovanets.
66 Excluding Northern Ireland.
67 Full-time employees on adult rates of pay.

68 Private sector: production and construction workers and non-supervisory employees.
69 Index of average monthly earnings (Oct.-Dec. 1984 = 100).
70 Including employers' contributions to pension, provident and other funds.

42 Gains en espèce tarifés réguliers.
43 Roubles; 1 tenge = 500 roubles.
44 Y compris la valeur des paiements en nature.
45 Roubles; 1 lat = 200 roubles.
46 Roubles; 1 litas = 100 roubles.
47 Médiane.
48 Non compris les fabriques de sucre et de thé.
49 Y compris les travailleurs aux pièces.
50 Ouvriers rémunérés sur la base de taux de salarie journaliers.

51 Etablissements occupant plus d'une personne.
52 Etablissements occupant plus de l'équivaut de 2 salariés plein temps.
53 Anciens córdobas; 1 nouveau córdoba = 1,000 anciens córdobas.
54 Lima.
55 Intís; 1 new sol = 1 million intís.
56 Calculés sur la base de salaires annuels.
57 Roubles; 1 leu = 417 roubles.
58 Y compris l'électricité et l'eau.
59 Les gains sont exempts de l'impôt sur le revenu.
60 Y compris les cotisations des employeurs à certains fonds privés.
61 Y compris les versements pour les vacances et congés de maladie et la valeur des paiements en nature.
62 Y compris les allocations familiales.
63 Taux de salaire moyens pour la durée normale/usuelle du travail.

64 Non compris les entreprises publiques.
65 Roubles; 1 rouble = 25 karbovanets.
66 Non compris l'Irlande du Nord.
67 Salariés à plein temps rémunérés sur la base de taux de salaire pour adultes.

68 Secteur privé: ouvriers à la production, travailleurs à la construction et salariés sans activité de surveillance.
69 Indice des gains mensuels moyens (oct.-déc. 1984 = 100).
70 Y compris les cotisations des employeurs aux fonds de pension, de prévoyance et autres fonds.

34
Producers prices and wholesale prices
Prix à la production et des prix de gros
Index numbers: 1990 = 100
Indices : 1990 = 100

Country or area and groups	1989	1990	1991	1992	1993	1994	1995	Pays ou zone et groupes
Argentina								**Argentine**
Domestic supply[1,2]	6	100	210	223	227	228	240	Offre intérieure[1,2]
Domestic production	6	100	212	226	230	231	248	Production intérieure
Agricultural products[3]	6	100	195	230	243	223	252	Produits agricoles[3]
Industrial products[3,4]	6	100	215	225	228	232	247	Produits industriels[3,4]
Import products[4]	8	100	188	188	189	198	246	Produits importés[4]
Australia								**Australie**
Industrial products[3,4,5]	91	100	101	102	104	106	110	Produits industriels[3,4,5]
Exported goods	105	100	94	92	93	91	98	Produits exportés
Raw materials	96	100	97	102	102	100	107	Matières premières
Austria								**Autriche**
Domestic supply[2,6,7]	97	100	101	101	100	101	102	Offre intérieure[2,6,7]
Agricultural products	93	100	102	91	89	91	86	Produits agricoles
Producers' material[2,6,7]	99	100	99	98	97	98	97	Matériaux de production[2,6,7]
Consumers' goods[2,6]	95	100	102	103	103	105	107	Biens de consommation[2,6]
Capital goods[2,6]	98	100	101	102	99	100	100	Biens d'équipement[2,6]
Bangladesh								**Bangladesh**
Domestic supply[2,6,7]	92	100	104	108	110	117	125	Offre intérieure[2,6,7]
Agricultural products[2,6,8]	92	100	102	104	106	115	123	Produits agricoles[2,6,8]
Industrial products[2,6,8]	93	100	110	117	119	122	128	Produits industriels[2,6,8]
Raw materials[6]	90	100	103	108	110	107	117	Matières premières[6]
Finished goods[6]	90	100	104	114	117	118	130	Produits finis[6]
Belgium								**Belgique**
Domestic supply	99	100	99	99	98	99	102	Offre intérieure
Agricultural products[3]	102	100	101	104	102	104	106	Produits agricoles[3]
Industrial products	100	100	99	99	97	99	101	Produits industriels
Intermediate products	99	100	97	95	93	94	97	Produits intermédiaires
Consumers' goods	100	100	101	104	103	101	107	Biens de consommation
Capital goods	97	100	103	105	106	107	108	Biens d'équipement
Bolivia								**Bolivie**
Domestic supply	83	100	119	137	...	...	...	Offre intérieure
Agricultural products	81	100	117	136	...	...	...	Produits agricoles
Industrial products	85	100	119	135	...	...	...	Produits industriels
Import products	83	100	122	140	...	...	...	Produits importés
Brazil								**Brésil**
Domestic supply[9,10]	0	0	0	0	4	100	159	Offre intérieure[9,10]
Agricultural products[9,10]	0	0	0	0	3	100	163	Produits agricoles[9,10]
Industrial products[9,10]	0	0	0	0	5	100	155	Produits industriels[9,10]
Raw materials[9,10]	0	0	0	0	4	100	150	Matières premières[9,10]
Producers' material[9,10]	0	0	0	0	4	100	153	Matériaux de production[9,10]
Consumers' goods[9,10]	0	0	0	0	4	100	169	Biens de consommation[9,10]
Capital goods[10]	0	0	0	0	4	100	155	Biens d'équipement[10]
Canada								**Canada**
Agricultural products[3]	...	100	94	93	...	...	...	Produits agricoles[3]
Industrial products[3,4]	...	100	99	99	103	105	117	Produits industriels[3,4]
Raw materials[11]	...	100	94	95	100	108	117	Matières premières[11]

34
Producers prices and wholesale prices
Index numbers: 1990 = 100 [cont.]
Prix à la production et des prix de gros
Indices : 1990 = 100 [suite]

Country or area and groups	1989	1990	1991	1992	1993	1994	1995	Pays ou zone et groupes
Intermediate products	...	100	97	97	100	102	119	Produits intermédiaires
Finished goods	...	100	102	104	107	108	114	Produits finis
Chile								**Chili**
Domestic supply	...	100	122	136	147	159	171	Offre intérieure
Domestic production	...	100	123	140	151	163	178	Production intérieure
Agricultural products	81	100	122	140	150	163	179	Produits agricoles
Industrial products[7]	80	100	123	140	153	166	180	Produits industriels[7]
Import products	87	100	112	116	128	136	140	Produits importés
Colombia								**Colombie**
Domestic supply[2 6]	77	100	123	145	164	198	229	Offre intérieure[2 6]
Domestic production[6]	76	100	125	149	170	208	238	Production intérieure[6]
Agricultural products[6]	82	100	130	154	172	236	267	Produits agricoles[6]
Industrial products[6]	76	100	123	145	165	191	223	Produits industriels[6]
Import products[6]	79	100	113	123	136	150	179	Produits importés[6]
Exported goods[6]	62	100	97	102	112	156	167	Produits exportés[6]
Raw materials[6]	79	100	118	144	176	201	225	Matières premières[6]
Intermediate products[6]	79	100	121	139	155	188	218	Produits intermédiaires[6]
Finished goods[6]	93	100	128	158	183	223	258	Produits finis[6]
Costa Rica								**Costa Rica**
Domestic supply	87	100	89	...	...	...	...	Offre intérieure
Croatia								**Croatie**
Industrial products[12]	0	4	11	100	1 614	2 868	2 890	Produits industriels[12]
Producers' material[12]	...	4	10	100	1 651	2 867	2 874	Matériaux de production[12]
Consumers' goods[12]	...	6	12	100	1 558	2 915	2 994	Biens de consommation[12]
Capital goods[12]	...	4	9	100	1 594	2 652	2 571	Biens d'équipement[12]
Cyprus								**Chypre**
Industrial products	95	100	104	107	110	112	117	Produits industriels
Czech Republic								**République tchèque**
Agricultural products	...	100	98	105	113	120	129	Produits agricoles
Denmark								**Danemark**
Domestic supply[3 9]	99	100	101	100	99	100	103	Offre intérieure[3 9]
Domestic production[3 13]	98	100	101	101	100	100	103	Production intérieure[3 13]
Import products[9]	99	100	100	98	99	100	102	Produits importés[9]
Producers' material	99	100	101	99	98	100	103	Matériaux de production
Consumers' goods	99	100	102	101	99	101	103	Biens de consommation
Dominican Republic								**Rép. dominicaine**
Domestic supply[6 7 14]	53	100	125	134	...	...	...	Offre intérieure[6 7 14]
Industrial products	67	100	100	115	...	...	...	Produits industriels
Ecuador								**Equateur**
Agricultural products	73	100	138	215	...	...	...	Produits agricoles
Industrial products	66	100	151	230	...	...	...	Produits industriels
Egypt								**Egypte**
Domestic supply[6 7]	86	100	118	133	131	162	173	Offre intérieure[6 7]
Raw materials[6]	77	100	120	147	170	106	116	Matières premières[6]
Intermediate products[6]	74	100	123	143	143	146	161	Produits intermédiaires[6]
Finished goods[6]	81	100	121	139	150	162	173	Produits finis[6]

34
Producers prices and wholesale prices
Index numbers: 1990 = 100 [cont.]
Prix à la production et des prix de gros
Indices : 1990 = 100 [suite]

Country or area and groups	1989	1990	1991	1992	1993	1994	1995	Pays ou zone et groupes
Capital goods[6]	85	100	137	192	212	153	161	Biens d'équipement[6]
El Salvador								**El Salvador**
Domestic supply[15]	84	100	107	109	118	127	...	Offre intérieure[15]
Finland								**Finlande**
Domestic supply	97	100	100	101	105	106	107	Offre intérieure
Domestic production	96	100	100	100	101	103	104	Production intérieure
Import products	99	100	101	108	119	119	119	Produits importés
Raw materials	98	100	97	98	104	105	108	Matières premières
Finished goods	98	100	101	104	108	109	110	Produits finis
Consumers' goods	97	100	103	106	109	110	107	Biens de consommation
Capital goods	94	100	103	103	104	105	105	Biens d'équipement
France								**France**
Agricultural products	100	100	101	93	89	88	89	Produits agricoles
Germany †								**Allemagne†**
Domestic supply[16]	...	...	100	101	102	102	104	Offre intérieure[16]
Import products[16]	...	...	100	98	96	97	97	Produits importés[16]
Exported goods[16]	...	...	100	101	101	102	103	Produits exportés[16]
Finished goods[16]	...	...	100	103	104	105	106	Produits finis[16]
Producers' material[16]	...	...	100	101	101	101	103	Matériaux de production[16]
Consumers' goods[16]	...	...	100	103	104	105	106	Biens de consommation[16]
Capital goods[16]	...	...	100	103	104	105	106	Biens d'équipement[16]
F. R. Germany								R. f. Allemagne
Domestic production	101	100	100	100	99	100	103	Production intérieure
Agricultural products[17]	105	100	99	97	89	91	91	Produits agricoles[17]
Industrial products	98	100	102	104	104	104	106	Produits industriels
Import products	102	100	100	97	95	96	...	Produits importés
Exported goods	103	100	101	106	106	107	...	Produits exportés
Raw materials	105	100	96	93	90	93	93	Matières premières
Intermediate products	101	100	100	99	98	99	102	Produits intermédiaires
Greece								**Grèce**
Domestic supply[18 19 20]	86	100	117	130	145	158	170	Offre intérieure[18 19 20]
Domestic production[21 22]	84	100	119	133	149	162	174	Production intérieure[21 22]
Agricultural products[21 23]	81	100	123	125	132	150	158	Produits agricoles[21 23]
Industrial products[21 22]	84	100	118	135	153	165	178	Produits industriels[21 22]
Import products[18 19 20]	89	100	115	129	145	158	169	Produits importés[18 19 20]
Exported goods[21 22 24]	94	100	111	118	131	186	157	Produits exportés[21 22 24]
Honduras								**Honduras**
Domestic supply	62	100	134	148	166	...	...	Offre intérieure
Domestic production	...	100	142	160	185	...	...	Production intérieure
Agricultural products	...	100	146	157	199	...	...	Produits agricoles
Import products	...	100	122	128	138	...	...	Produits importés
India								**Inde**
Domestic supply	92	100	112	125	137	151	165	Offre intérieure
Agricultural products	94	100	116	138	147	160	172	Produits agricoles
Industrial products[4]	92	100	111	122	133	141	163	Produits industriels[4]

34
Producers prices and wholesale prices
Index numbers: 1990 = 100 [cont.]
Prix à la production et des prix de gros
Indices : 1990 = 100 [suite]

Country or area and groups	1989	1990	1991	1992	1993	1994	1995	Pays ou zone et groupes
Raw materials[25]	91	100	118	131	138	153	168	Matières premières[25]
Indonesia								**Indonésie**
Domestic supply[6,20]	91	100	105	111	115	121	135	Offre intérieure[6,20]
Domestic production	94	100	109	117	126	138	157	Production intérieure
Agricultural products[6]	93	100	108	118	131	156	186	Produits agricoles[6]
Industrial products[4,6]	94	100	110	117	124	131	146	Produits industriels[4,6]
Import products[6]	93	100	105	109	110	113	120	Produits importés[6]
Exported goods[6]	82	100	96	100	99	99	112	Produits exportés[6]
Raw materials[6]	86	100	98	101	103	108	125	Matières premières[6]
Intermediate products[6]	70	100	108	113	118	123	135	Produits intermédiaires[6]
Finished goods[6]	94	100	107	112	118	125	137	Produits finis[6]
Producers' material[6]	90	100	103	107	111	116	130	Matériaux de production[6]
Consumers' goods[6]	93	100	107	112	118	127	141	Biens de consommation[6]
Capital goods[6]	96	100	109	113	117	121	128	Biens d'équipement[6]
Iran, Islamic Rep. of								**Iran, Rép. islamique d'**
Domestic supply[2,8]	...	...	127	169	212	301	483	Offre intérieure[2,8]
Domestic production[2,8]	82	100	126	170	192	302	423	Production intérieure[2,8]
Agricultural products[2,8]	95	100	128	162	171	268	409	Produits agricoles[2,8]
Industrial products[2,8]	66	100	124	166	188	291	415	Produits industriels[2,8]
Import products[2,8]	74	100	121	168	193	314	477	Produits importés[2,8]
Exported goods[2,8]	88	100	153	163	167	248	356	Produits exportés[2,8]
Raw materials[2,8]	78	100	126	149	155	287	410	Matières premières[2,8]
Ireland								**Irlande**
Domestic supply[3,18,26]	103	100	101	102	107	108	110	Offre intérieure[3,18,26]
Agricultural products[3,26]	113	100	96	98	104	106	108	Produits agricoles[3,26]
Industrial products[3,4,26]	102	100	101	103	107	108	111	Produits industriels[3,4,26]
Capital goods[8]	97	100	103	104	107	110	113	Biens d'équipement[8]
Israel								**Israël**
Industrial products[22]	92	100	117	129	139	150	167	Produits industriels[22]
Italy								**Italie**
Domestic supply[2,20]	93	100	105	107	113	117	130	Offre intérieure[2,20]
Agricultural products[3,8]	95	100	109	107	105	109	122	Produits agricoles[3,8]
Industrial products[3,22]	93	100	105	107	114	119	130	Produits industriels[3,22]
Producers' material	92	100	104	108	111	116	122	Matériaux de production
Consumers' goods	95	100	107	112	115	120	129	Biens de consommation
Capital goods	95	100	105	106	112	116	130	Biens d'équipement
Japan								**Japon**
Domestic supply[2,6]	98	100	101	102	102	95	94	Offre intérieure[2,6]
Domestic production[6]	99	100	102	101	99	97	96	Production intérieure[6]
Agricultural products[6,8]	99	100	101	102	101	98	90	Produits agricoles[6,8]
Industrial products[6,8]	99	100	102	101	101	97	96	Produits industriels[6,8]
Import products[6,18]	98	100	99	96	96	98	104	Produits importés[6,18]
Exported goods[24]	104	100	102	101	95	105	107	Produits exportés[24]
Raw materials[6]	94	100	96	103	106	80	80	Matières premières[6]
Intermediate products[6]	98	100	101	100	100	93	92	Produits intermédiaires[6]
Finished goods[6]	99	100	101	102	102	98	96	Produits finis[6]

34
Producers prices and wholesale prices
Index numbers: 1990 = 100 [cont.]
Prix à la production et des prix de gros
Indices: 1990 = 100 [suite]

Country or area and groups	1989	1990	1991	1992	1993	1994	1995	Pays ou zone et groupes
Producers' material[6]	97	100	100	97	101	92	92	Matériaux de production[6]
Consumers' goods[6]	99	100	102	103	103	99	97	Biens de consommation[6]
Capital goods[6]	99	100	101	101	99	97	95	Biens d'équipement[6]
Jordan								**Jordanie**
Domestic supply[2,6]	87	100	105	110	111	112	...	Offre intérieure[2,6]
Korea, Republic of								**Corée, République de**
Domestic supply	96	100	105	107	109	112	117	Offre intérieure
Agricultural products[8,27]	88	100	111	115	114	128	134	Produits agricoles[8,27]
Industrial products	98	100	104	106	108	109	115	Produits industriels
Raw materials	93	100	109	106	108	110	118	Matières premières
Intermediate products	99	100	104	105	106	108	116	Produits intermédiaires
Finished goods	94	100	107	109	111	116	118	Produits finis
Producers' material	99	100	104	106	107	103	116	Matériaux de production
Consumers' goods	93	100	108	110	113	119	121	Biens de consommation
Capital goods	99	100	103	106	108	110	112	Biens d'équipement
Luxembourg								**Luxembourg**
Industrial products	102	100	97	95	94	94	98	Produits industriels
Import products	96	100	100	103	106	107	111	Produits importés
Exported goods	103	100	97	93	91	89	90	Produits exportés
Intermediate products	104	100	95	90	88	88	92	Produits intermédiaires
Consumers' goods[28]	100	100	106	111	113	101	103	Biens de consommation[28]
Capital goods	97	100	104	105	105	106	108	Biens d'équipement
Mexico								**Mexique**
Domestic supply[7,29]	81	100	119	133	142	151	214	Offre intérieure[7,29]
Agricultural products	70	100	123	151	159	167	206	Produits agricoles
Exported goods	78	100	99	106	104	117	213	Produits exportés
Raw materials	85	100	117	124	129	138	211	Matières premières
Consumers' goods[8,29]	81	100	123	139	150	158	222	Biens de consommation[8,29]
Capital goods[8,29,30]	86	100	120	132	143	150	207	Biens d'équipement[8,29,30]
Netherlands								**Pays-Bas**
Agricultural products[17,31]	105	100	101	98	94	94	94	Produits agricoles[17,31]
Industrial products	101	100	102	103	102	102	104	Produits industriels
Import products	101	100	98	94	91	92	95	Produits importés
Exported goods[24]	101	100	100	97	94	95	98	Produits exportés[24]
Raw materials	104	100	99	96	93	95	99	Matières premières
Intermediate products	102	100	101	101	99	100	103	Produits intermédiaires
Producers' material	102	100	98	95	92	94	97	Matériaux de production
Consumers' goods	99	100	103	106	107	105	106	Biens de consommation
Capital goods	98	100	101	102	102	104	106	Biens d'équipement
New Zealand								**Nouvelle-Zélande**
Domestic supply[3,32]	97	100	100	102	106	107	109	Offre intérieure[3,32]
Agricultural products	99	100	89	98	102	105	100	Produits agricoles
Industrial products	96	100	101	103	107	108	109	Produits industriels
Intermediate products	...	100	101	103	105	...	108	Produits intermédiaires
Finished goods[6]	...	100	100	102	105	...	109	Produits finis[6]

34
Producers prices and wholesale prices
Index numbers: 1990 = 100 [cont.]

Prix à la production et des prix de gros
Indices : 1990 = 100 [suite]

Country or area and groups	1989	1990	1991	1992	1993	1994	1995	Pays ou zone et groupes
Norway								**Norvège**
Domestic supply	97	100	103	103	103	105	107	Offre intérieure
Import products	99	100	98	97	97	98	98	Produits importés
Exported goods	96	100	97	89	89	87	88	Produits exportés
Raw materials	101	100	99	96	92	96	98	Matières premières
Finished goods	97	100	100	98	99	101	106	Produits finis
Consumers' goods	96	100	105	106	106	108	109	Biens de consommation
Pakistan								**Pakistan**
Domestic supply[2 6 7]	93	100	113	121	133	144	168	Offre intérieure[2 6 7]
Agricultural products[6]	94	100	111	123	140	165	184	Produits agricoles[6]
Industrial products[6]	89	100	108	113	131	151	165	Produits industriels[6]
Raw materials[6]	95	100	112	121	134	158	183	Matières premières[6]
Panama								**Panama**
Domestic supply	91	100	104	106	105	108	111	Offre intérieure
Peru								**Pérou**
Domestic supply	2	100	363	639	942	1 111	1 228	Offre intérieure
Domestic production	2	100	407	640	...	1 117	1 239	Production intérieure
Agricultural products[33]	2	100	450	720	1 089	1 378	1 525	Produits agricoles[33]
Industrial products[4 8]	1	100	395	618	936	1 051	1 238	Produits industriels[4 8]
Import products	1	100	393	626	962	1 050	1 106	Produits importés
Capital goods	11	100	427	689	1 036	1 276	1 466	Biens d'équipement
Philippines								**Philippines**
Domestic supply[34]	91	100	113	119	117	127	131	Offre intérieure[34]
Romania								**Roumanie**
Industrial products	81	100	308	862	2 103	4 016	7 423	Produits industriels
Singapore								**Singapour**
Domestic supply[7]	98	100	94	92	89	87	87	Offre intérieure[7]
Domestic production[3 4 35]	96	100	95	91	83	80	81	Production intérieure[3 4 35]
Agricultural products[3 35]	96	100	...	...	...	...	...	Produits agricoles[3 35]
Import products[18 35]	101	100	95	94	92	91	97	Produits importés[18 35]
Exported goods	100	100	95	88	86	83	82	Produits exportés
Slovakia								**Slovaquie**
Agricultural products	100	100	104	111	127	139	147	Produits agricoles
South Africa								**Afrique du Sud**
Domestic supply[36]	89	100	111	121	129	139	152	Offre intérieure[36]
Domestic production[37]	89	100	112	123	131	143	156	Production intérieure[37]
Agricultural products	96	100	110	129	137	155	166	Produits agricoles
Industrial products[4]	89	100	111	120	128	139	153	Produits industriels[4]
Import products	91	100	108	113	118	125	134	Produits importés
Spain								**Espagne**
Domestic supply[20]	99	100	102	104	106	111	118	Offre intérieure[20]
Producers' material	101	100	101	101	103	108	117	Matériaux de production
Consumers' goods	97	100	104	107	110	115	121	Biens de consommation
Capital goods	96	100	103	105	107	109	113	Biens d'équipement
Sri Lanka								**Sri Lanka**
Domestic supply	82	100	109	119	128	134	146	Offre intérieure
Domestic production	79	100	112	118	125	141	...	Production intérieure

34
Producers prices and wholesale prices
Index numbers: 1990 = 100 [cont.]
Prix à la production et des prix de gros
Indices : 1990 = 100 [suite]

Country or area and groups	1989	1990	1991	1992	1993	1994	1995	Pays ou zone et groupes
Import products	79	100	106	110	116	121	...	Produits importés
Exported goods	88	100	108	127	141	132	...	Produits exportés
Producers' material	82	100	109	...	...	...	...	Matériaux de production
Consumers' goods	92	100	109	120	129	130	...	Biens de consommation
Capital goods	72	100	113	118	134	156	...	Biens d'équipement
Sweden								**Suède**
Domestic supply[2,20,38]	96	100	101	100	106	111	120	Offre intérieure[2,20,38]
Domestic production[3,22,34]	96	100	102	101	103	107	116	Production intérieure[3,22,34]
Import products[20,38]	97	100	101	99	112	117	124	Produits importés[20,38]
Exported goods[20,38]	97	100	101	99	108	113	126	Produits exportés[20,38]
Producers' material	96	100	102	101	106	111	121	Matériaux de production
Switzerland								**Suisse**
Domestic supply[27]	99	100	100	100	101	100	100	Offre intérieure[27]
Domestic production[27]	98	100	101	102	103	102	102	Production intérieure[27]
Agricultural products[3]	99	100	101	97	95	97	91	Produits agricoles[3]
Import products[7]	101	100	98	96	96	96	96	Produits importés[7]
Raw materials	100	100	99	99	98	103	93	Matières premières
Consumers' goods	97	100	102	103	104	104	104	Biens de consommation
Syrian Arab Republic								**Rép. arabe syrienne**
Domestic supply	82	100	114	117	126	145	...	Offre intérieure
Raw materials	84	100	114	119	150	143	...	Matières premières
Intermediate products	93	100	140	118	119	150	...	Produits intermédiaires
Finished goods	66	100	111	114	96	106	...	Produits finis
Consumers' goods	79	100	102	104	113	102	...	Biens de consommation
Thailand								**Thaïlande**
Domestic supply[29]	96	100	106	106	106	109	119	Offre intérieure[29]
Agricultural products	98	100	112	114	108	113	133	Produits agricoles
Industrial products[4]	95	100	107	107	105	108	117	Produits industriels[4]
Exported goods[9]	101	100	101	103	101	115	131	Produits exportés[9]
Raw materials	103	100	109	109	100	110	134	Matières premières
Intermediate products	95	100	108	108	108	109	118	Produits intermédiaires
Finished goods	95	100	106	108	110	115	121	Produits finis
Consumers' goods	95	100	107	110	111	119	123	Biens de consommation
Trinidad and Tobago								**Trinité-et-Tobago**
Domestic supply	99	100	100	101	106	112	116	Offre intérieure
Tunisia								**Tunisie**
Agricultural products	91	100	106	111	122	122	135	Produits agricoles
Industrial products	96	100	102	103	105	108	...	Produits industriels
Turkey								**Turquie**
Domestic supply[2,20,39]	67	100	155	252	399	880	1 638	Offre intérieure[2,20,39]
Agricultural products	65	100	151	246	398	788	1 638	Produits agricoles
Industrial products	69	100	155	248	388	890	1 612	Produits industriels
United Kingdom								**Royaume-Uni**
Agricultural products[5]	98	100	105	108	119	125	130	Produits agricoles[5]
Industrial products[4,5]	95	100	105	107	110	113	118	Produits industriels[4,5]

34
Producers prices and wholesale prices
Index numbers: 1990 = 100 [cont.]
Prix à la production et des prix de gros
Indices: 1990 = 100 [suite]

Country or area and groups	1989	1990	1991	1992	1993	1994	1995	Pays ou zone et groupes
Raw materials	100	100	99	97	102	104	114	Matières premières
Finished goods	94	100	105	109	113	116	121	Produits finis
United States								**Etats-Unis**
Domestic supply[2]	97	100	100	101	102	104	107	Offre intérieure[2]
Agricultural products[3]	99	100	94	92	96	95	96	Produits agricoles[3]
Industrial products[3,40]	96	100	101	101	103	104	109	Produits industriels[3,40]
Raw materials	95	100	93	92	94	93	94	Matières premières
Intermediate products	98	100	100	100	102	103	109	Produits intermédiaires
Finished goods	95	100	102	103	105	105	107	Produits finis
Consumers' goods	95	100	102	103	104	104	106	Biens de consommation
Capital goods	97	100	103	105	107	109	111	Biens d'équipement
Uruguay								**Uruguay**
Domestic supply[3,30,41]	48	100	209	291	384	515	703	Offre intérieure[3,30,41]
Agricultural products[41]	60	100	150	363	381	523	748	Produits agricoles[41]
Industrial products[30,41]	48	100	195	305	416	554	753	Produits industriels[30,41]
Venezuela								**Venezuela**
Domestic supply[6,7]	79	100	122	151	205	363	573	Offre intérieure[6,7]
Domestic production[6,30]	77	100	123	155	211	372	597	Production intérieure[6,30]
Agricultural products[6,7]	64	100	135	168	211	316	500	Produits agricoles[6,7]
Industrial products[6,7]	80	100	121	150	204	367	579	Produits industriels[6,7]
Import products[6,7]	83	100	119	140	189	341	514	Produits importés[6,7]
Zambia								**Zambie**
Agricultural products	52	100	...	...	...	...	...	Produits agricoles
Industrial products	46	100	204	...	...	...	...	Produits industriels
Exported goods	45	100	227	...	...	...	...	Produits exportés
Producers' material	53	100	...	...	...	...	...	Matériaux de production
Consumers' goods	50	100	103	...	...	...	...	Biens de consommation
Capital goods	42	100	50	...	...	...	...	Biens d'équipement
Zimbabwe								**Zimbabwe**
Domestic supply	85	100	141	214	258	314	380	Offre intérieure
Domestic production	85	100	141	214	257	...	...	Production intérieure

Source:
Price statistics database of the Statistics Division of the United Nations Secretariat.

† For information on recent changes in country or area nomenclature pertaining to former Czechoslovakia, Germany, Hong Kong Special Administrative Region of China, SFR Yugoslavia and former USSR, see Annex I - Country or area nomenclature, regional and other groupings.

1 Domestic agricultural products only.
2 Including exported products.
3 Including production of exported products.
4 Manufacturing industry only.
5 Prices relate only to products for sale or transfer to other sectors or for use as capital equipment.

Source:
Base de données pour les statistiques des prix de la Division de statistique du Secrétariat de l'ONU.

† Pour les modifications récentes de nomenclature de pays ou de zone concernant l'Allemagne, Hong-Kong (Région administrative spéciale de Chine), l'ex-Tchécoslovaquie, l'ex-URSS et l'ex-Rfs de Yougoslavie, voir annexe I - Nomenclature des pays ou des zones, groupements régionaux et autres groupements.

1 Produits agricoles intérieurs seulement.
2 Y compris les produits exportés.
3 Y compris les produits exportés.
4 Industries manufacturières seulement.
5 Uniquement les prix des produits destinés à être vendus ou transférés à d'autres secteurs ou à être utilisés comme biens d'équipement.

34
Producers prices and wholesale prices
Index numbers: 1990 = 100 [cont.]
Prix à la production et des prix de gros
Indices : 1990 = 100 [suite]

6 Prices are collected from wholesalers.
7 Exclusive of products of mining and quarrying.
8 Including imported products.
9 Agricultural products and products of manufacturing industry.
10 Base: 1994 = 100.
11 Valued at purchasers' values.
12 Base: 1992 = 100.
13 Agricultural production and manufacturing industry.
14 Sto. Domingo.
15 San Salvador.
16 Base: 1991 = 100.
17 Excluding forestry, fishing and hunting.
18 Imports are valued c.i.f.
19 Finished products only.
20 Exclusive of products of electricity, gas and water.

21 Production of finished goods only.
22 Excluding electricity, gas and water.
23 Including mining and quarrying.
24 Exports are valued f.o.b.
25 Primary articles include food articles, non-food articles and minerals.
26 Excluding Value Added Tax.
27 Including marine foods.
28 Beginning 1994, durable goods only.
29 Mexico City.
30 Excluding mining and quarrying.
31 Crop growing production only, excluding live stock production.
32 Output price index.
33 Excluding fishing.
34 Manila.
35 Not a sub-division of the domestic supply index.
36 Exclusive of products of gold mining.
37 Excluding gold mining.
38 Excluding agricultural products.
39 Exclusive of industrial finished goods.
40 Excluding foods and feeds production.
41 Montevideo.

6 Prix recueillis auprès des grossistes.
7 Non compris les produits des industries extractives.
8 Y compris les produits importés.
9 Produits agricoles et produits des industries manufacturières.
10 Base : 1994 = 100.
11 A la valeur d'acquisition.
12 Base : 1992 = 100.
13 Production agricole et industries manufacturières.
14 Saint-Domingue.
15 San Salvador.
16 Base : 1991 = 100.
17 Non compris sylviculture, pêche et chasse.
18 Les importations sont évaluées à leur valeur c.a.f.
19 Produits finis uniquement.
20 Non compris les produits de l'électricité, du gaz et de l'eau.

21 Production de produits finis uniquements.
22 Non compris l'électricité, le gaz et l'eau.
23 Y compris les industries extractives.
24 Les exportations sont évaluées f.o.b.
25 Les articles premières comprennent des articles des produits alimentaires, non alimentaires et des mineraux.
26 Non compris taxe sur la valeur ajoutée.
27 Y compris l'alimentation marine.
28 ÆôöA compter de 1994, biens durables seulement.
29 Mexico.
30 Non compris les industries extractives.
31 Cultures uniquement, non compris les produits de l'élevage.
32 Indice des prix de production.
33 Non compris la pêche.
34 Manille.
35 Pas un élément de l'indice de l'offre intérieure.
36 Non compris les produits de l'extraction de l'or.
37 Non compris l'extraction de l'or.
38 Non compris les produits agricoles.
39 Non compris les produits finis industriels.
40 Non compris les produits alimentaires et d'affouragement.
41 Montevideo.

35
Consumer price index numbers
Indices des prix à la consommation
All items and food; 1990 = 100
Ensemble et aliments; 1990 = 100

Country or area Pays ou zone	1986	1987	1988	1989	1990	1991	1992	1993	1994	1995
Afghanistan[1,2] **Afghanistan**[1,2]	**26**	**31**	**40**	**68**	**100**	**144**	...	...	...	...
Albania[4] **Albanie**[4]	...	...	...	**22**[3]	**23**[3]	**31**	**100**	**185**	**227**	**244**
Food[4] Aliments[4]	...	...	...	21[3]	21[3]	45[3]	100	187	214	...
Algeria[5] **Algérie**[5]	**69**	**74**	**78**	**86**	**100**[6]	**126**	**166**	**200**	**258**	**335**
Food[5] Aliments[5]	69	75	77	84	100[6]	120	151	188	265	347
American Samoa[1] **Samoa américaines**[1]	**81**	**85**	**89**	**93**	**100**	**104**	**109**	**109**	...	...
Food Aliments	83	85	89	94	100	104	108	107	...	...
Angola[7] **Angola**[7]	...	...	...	...	...	**100**	**399**[8]	**5 905**[8]	**61 982**[8]	**# 2 771**[9]
Food[7] Aliments[7]	...	...	...	...	...	100	409[8]	6 856[8]	70 425[8]	# 2 533[9]
Anguilla **Anguilla**	**84**	**87**	**91**	**95**	**100**	**105**	**108**	**111**	**116**	**117**
Food Aliments	81	82	87	95	100	104	107	111	113	116
Antigua and Barbuda **Antigua-et-Barbuda**	**81**	**84**	**90**	**94**	**100**	**106**	...	...	...	...
Food Aliments	78	83	87	94	100	106	...	...	...	...
Argentina[10,11,12] **Argentine**[10,11,12]	**10**	**23**	**100**	**3 295**	**79 531**	**216 062**	**269 861**	**298 498**	**310 967**	**321 465**
Food[10,11,12] Aliments[10,11,12]	10	23	100	3 187	71 040	185 492	241 460	266 327	270 038	277 693
Aruba **Aruba**	**85**	**88**	**91**	**95**	**100**	**106**	**110**	**115**	**123**	...
Food Aliments	74	80	85	92	100	105	109	113	120	...
Australia **Australie**	**75**	**81**	**87**	**93**	**100**[6]	**103**	**104**	**106**	**108**	**113**
Food Aliments	77	82	88	96	100[6]	104	105	107	109	113
Austria **Autriche**	**91**[6]	**93**	**94**	**97**	**100**	**103**	**108**	**111**	**115**	**117**
Food Aliments	95[6]	95	96	97	100	104	108	111	113	113
Azerbaijan **Azerbaïdjan**	...	...	...	...	**100**	**207**	**2 092**	**25 711**	**453 423**	...
Food Aliments	...	...	...	...	100	198	2 133	29 547	529 872	...
Bahamas **Bahamas**	**82**	**87**	**91**	**96**	**100**	**107**	**113**	**117**	**118**	...
Food Aliments	79	83	88	93	100	109	111	112	111	...
Bahrain **Bahreïn**	**99**	**97**	**97**	**99**	**100**	**101**	**101**	**103**	**104**	**107**
Food Aliments	105	100	99	100	100	102	102	102	101	107

35
Consumer price index numbers
All items and food; 1990 = 100 [cont.]
Indices des prix à la consommation
Ensemble et aliments; 1990 = 100 [suite]

Country or area Pays ou zone	1986	1987	1988	1989	1990	1991	1992	1993	1994	1995
Bangladesh[13,14,15]										
Bangladesh[13,14,15]	**70**	**77**	**84**	**93**	**100**	**107**	**112**	**112**	**116**	**123**
Food[13,14,15]										
Aliments[13,14,15]	74	82	87	94	100	106	110	108	112	122
Barbados										
Barbade	**84**	**87**	**91**	**97**	**100**	**106**	**113**	**114**	**114**	**# 103**[16,17]
Food										
Aliments	79	83	88	96	100	105	105	105	105	# 106[16,17]
Belarus										
Bélarus	**5**	**5**	**5**	**5**	**5**	**9**[17]	**100**	**1 290**	**29 946**	**242 349**
Food										
Aliments	4	5	5	5	5	9	100	1 515	37 477	285 492
Belgium										
Belgique	**91**	**93**	**94**	**97**	**100**	**103**[6]	**106**	**109**	**111**	**113**
Food										
Aliments	94	94	94	96	100	102[6]	102	101	103	104
Belize										
Belize	**90**	**92**	**95**	**97**	**100**	**106**	**# 102**[8,17]	**104**[8]	**107**[8]	**110**[8]
Food										
Aliments	89	91	94	98	100	106[18]	# 103[8,17,18]	105[8,18]	106[8,18]	109[8,18]
Benin Bénin										
Food[19]										
Aliments[19]	106	105	104	101	100	100	# 106[20]	...	...	...
Bermuda										
Bermudes	**82**	**85**	**90**	**94**	**100**	**104**	**107**	**110**	**113**	**115**[6]
Food										
Aliments	80	84	88	95	100	103	104	106	107	110[6]
Bolivia[8,21]										
Bolivie[8,21]	...	...	...	...	...	**100**	**113**	**123**	**132**	**146**
Food[8,21]										
Aliments[8,21]	...	...	...	...	...	100	115	122	133	149
Botswana										
Botswana	**68**[6]	**74**	**80**	**90**	**100**	**112**	**130**[6]	**149**	**164**	**181**
Food										
Aliments	68[6]	75	82	90	100	112	133[6]	151	165	183
Brazil[22]										
Brésil[22]	**0**	**0**	**0**	**3**	**# 2**[23]	**10**[23]	**100**[23]	**2 027**[23]	**44 110**[6,23]	**73 228**
Food[22]										
Aliments[22]	0	0	0	4	# 2[23]	9[23]	100[23]	2 049[23]	48 776[23]	...
British Virgin Islands										
Iles Vierges britanniques	**86**	**87**	**91**	**95**	**100**	**106**	**110**	...	...	...
Food										
Aliments	89	88	92	97	100	107	109	...	...	...
Brunei Darussalam										
Brunéi Darussalam	**94**[14]	**96**[14]	**97**[14]	**98**[14]	**100**[14]	**# 102**[17]	**103**	**107**	**110**	**117**
Food										
Aliments	97[14]	98[14]	99[14]	100[14]	100[14]	# 103[17]	103	106	107	110
Bulgaria										
Bulgarie	**93**[22]	**93**[22]	**94**[22]	**100**[22]	**# 100**[17]	**439**	**787**	**1 228**	**2 296**	**3 722**
Food										
Aliments	97[22]	97[22]	98[22]	100[22]	# 100[17]	475	830	1 296	2 484	3 968
Burkina Faso[24]										
Burkina Faso[24]	**100**	**97**	**101**	**101**	**100**	**103**	**101**	**101**	**126**	**136**
Food[24]										
Aliments[24]	107	95	106	101	100	110	101	96	113	126

35
Consumer price index numbers
All items and food; 1990 = 100 [cont.]
Indices des prix à la consommation
Ensemble et aliments; 1990 = 100 [suite]

Country or area Pays ou zone	1986	1987	1988	1989	1990	1991	1992	1993	1994	1995
Burundi[25]										
Burundi[25]	75	80	84	93	100	109	# 102[8,17]	112[8]	128[8]	153[8]
Food[25]										
Aliments[25]	74	73	79	93	100	107	# 98[8,17]	114[8]	134[8]	160[8]
Cameroon[11,26]										
Cameroun[11,26]	87	98	100	98[27]	100[27]	102[28]	103[28]	...	115	127
Food[11,26]										
Aliments[11,26]	94	100	100	93[27]	83[27]	83[28]	81[28]	...	87	103
Canada										
Canada	84	87	91	95	100	106	107	109	109	112
Food										
Aliments	86	90	93	96	100	105	104	106	107	109
Cape Verde[29]										
Cap-Vert[29]	79[1]	83[1]	86[1]	90[1]	100[1]	110[1]	# 125[30]	138[30]	141[30]	153[30]
Food[29]										
Aliments[29]	76	79	81	89	100	112	# 134[17,22]	146[22]	145[22]	163[22]
Cayman Islands										
Iles Caïmanes	80	83	88	93	100	108	111	...	...	...
Food										
Aliments	85	86	88	92	100	103	103	...	...	...
Central African Rep.[1,31]										
Rép. centrafricaine[1,31]	111	104	100	100	100	97	96	94	117	139
Food[31]										
Aliments[31]	114	103	98	99	100	96	95	91	113	...
Chad[33]										
Tchad[33]	106[32]	100[27,32]	# 104[17]	100	100	104	101	92	132	...
Food[33]										
Aliments[33]	117[32]	100[27,32]	# 108[17]	100	100	109	104	90	136	...
Chile[34]										
Chili[34]	49	59	68	79[6]	100	122	141	159	177	191
Food[34]										
Aliments[34]	47	58	66	79[6]	100	126	148	165	181	196
China ††										
Chine ††	65	70	85	99	100	105	113	133	166	...
Food										
Aliments	64	70	85	99	100	103	114	132	174	...
China, Hong Kong SAR †										
Chine, Hong-Kong RAS †	73	77	83	91	100	112	122	133	143	156
Food										
Aliments	71	74	81	91	100	111	121	130	138	148
Colombia[35]										
Colombie[35]	39	48	61	77[6]	100	130	167	203	250	302
Food[35]										
Aliments[35]	38	48	63	79[6]	100	130	168	194	234	280
Congo[36]										
Congo[36]	98	99	97	97	100	98	94	99	141	154
Food[36]										
Aliments[36]	104	105	99	99	100	96	88	94	139	149
Cook Islands[37]										
Iles Cook[37]	83[11]	92[11]	100[11]	# 95[17]	100	106	110	118	121	...
Food[37]										
Aliments[37]	84[11]	92[11]	100[11]	# 96[17]	100	102	106	113	115	...
Costa Rica[10,38]										
Costa Rica[10,38]	51	60	72	84	100	129	157	172	195	107[39,40]
Food[10,38]										
Aliments[10,38]	52	60	72	85	100	126	156	173	197	106[39,40]

35

Consumer price index numbers
All items and food; 1990 = 100 [cont.]
Indices des prix à la consommation
Ensemble et aliments; 1990 = 100 [suite]

Country or area Pays ou zone	1986	1987	1988	1989	1990	1991	1992	1993	1994	1995
Côte d'Ivoire[8,35,41]										
Côte d'Ivoire[8,35,41]	86	92	98	99[27]	98[27]	100	104	107	# 126	...
Food[8,35,41]										
Aliments[8,35,41]	78	87	98	99[27]	98[27]	100[17,42]	103	107	# 123[17,42]	...
Croatia										
Croatie	0	0	1	14	100	224	1 646	26 104	54 088	56 267
Food										
Aliments	0	0	1	16	100	223	1 832	26 707	53 696	54 112
Cyprus										
Chypre	87	89[6]	92	96	100	105	112	117	123[6]	126
Food										
Aliments	85	88[6]	91	96	100	107	115	117	126[6]	128
Czech Republic[8]										
République tchèque[8]	...	...	...	...	...	100	111	134	148[6]	162
Food[8]										
Aliments[8]	...	...	...	...	...	100	109	127	140[6]	155[18]
Denmark										
Danemark	86	89	93	98	100	102	105	106	108	110
Food										
Aliments	92	92	96	100	100	101	102	102	105	108
Dominica										
Dominique	84	89	90	97	100	106	111	113	113[6]	115
Food										
Aliments	84	91	94	102	100	105	114	117	112[6]	114
Ecuador										
Equateur	19	24	38	67	100	149	230	333	424	522
Food										
Aliments	17	22	36	68	100	149	229	325	405	490
Egypt										
Egypte	50	60	71	86	100	120	136	153	165	179
Food[18]										
Aliments[18]	47	57	69	86	100	117	126	136	149	164
El Salvador[21]										
El Salvador[21]	46	57	69	81	100	114	127	151[6]	167	184
Food[21]										
Aliments[21]	39	48	63	79	100	118	133	167[6]	193	206
Estonia										
Estonie	...	...	...	...	100	302	3 553	6 744	9 960	12 849
Food										
Aliments	...	...	...	...	100	333	3 453	6 004	8 011	9 275
Ethiopia (including Eritrea)[1,43]										
Ethiopie (y compris Erythrée)[1,43]	84	82	88	95	100	136	150	155	167	184
Food[43]										
Aliments[43]	88	83	89	95	100	141	158	160	177	199
Faeroe Islands										
Iles Féroé	87	87	90	95	100	104	106	111	...	...
Food										
Aliments	82	86	88	95	100	105	...	...	...	...
Falkland Is. (Malvinas)[1,44]										
Iles Falkland (Malvinas)[1,44]	91[11]	93[11]	100[11]	...	100[17,30,45]	105[30]	112[30]	113[30]	114[30]	117[30]
Food[44]										
Aliments[44]	81	82	92	94	100[17]	104	110	116	119	124
Fiji										
Fidji	74	78	87	93	100	107	112	118	# 101[17,42]	103[42]
Food										
Aliments	67	71	84	92	100	102	101	108	# 101[17,42]	101[42]

35
Consumer price index numbers
All items and food; 1990 = 100 [cont.]
Indices des prix à la consommation
Ensemble et aliments; 1990 = 100 [suite]

Country or area Pays ou zone	1986	1987	1988	1989	1990	1991	1992	1993	1994	1995
Finland **Finlande** Food	**81**	**84**	**88**	**94**	**100**	**104**	**107**	**110**[6]	**111**	**112**
Aliments	89	91	93	96	100	103	103	102[6]	102	95
France **France** Food	**88**	**91**	**93**	**97**	**100**[6]	**103**	**106**	**108**	**110**	**112**
Aliments	89	91	92	96	100[6]	103	104	104	105	106
French Guiana[46] **Guyane française**[46] Food[46]	**87**	**91**	**93**	**97**	**100**	**102**	**105**	...	...	...
Aliments[46]	87	91	92	96	100	101	102	...	...	...
French Polynesia **Polynésie française** Food	**93**	**94**	**96**	**99**[6]	**100**	**101**	**102**	**104**	**106**	**107**
Aliments	95	92	94	98[6]	100	99	100	102	105	107
Gabon[8,47] **Gabon**[8,47] Food[8,47]	**96**	**95**	**87**	**93**	**100**[27]	**100**	**91**	**91**	**124**	...
Aliments[8,47]	96	96	83	91	101[27]	100	84	85	111	...
Gambia[48] **Gambie**[48] Food[48]	**60**	**74**	**82**	**89**	**100**	**119**	**119**	**127**	**129**	**138**
Aliments[48]	59	73	82	88	100	108	118	128	126	137
Germany †[8] **Allemagne†**[8] Food[8,18]	...	...	...	...	...	**100**	**105**	**110**	**113**	**115**
Aliments[8,18]	...	...	...	...	...	100	103	105	107	108
Ghana **Ghana** Food	**32**	**44**	**58**	**73**	**100**	**118**	**130**	**163**	**203**	**323**
Aliments	31	43	57	71	100	109	120	150	189	307
Gibraltar **Gibraltar** Food	**83**	**87**	**90**	**94**	**100**	**108**	**115**	**121**	**121**	**124**
Aliments	83	87	90	94	100	107	112	114	113	...
Greece **Grèce** Food	**55**	**64**	**73**	**83**	**100**	**120**	**138**	**158**	**176**	**192**
Aliments	55	62	69	83	100	119	136	153	173	189
Greenland **Groënland** Food	**82**	**84**	**91**	**95**	**100**	**104**	**106**	**107**	**108**	...
Aliments	83	86	88	94	100	105	106	107	108	...
Grenada **Grenade** Food[18]	**90**	**89**	**92**	**97**	**100**	**103**	**107**	**110**	**112**	**115**
Aliments[18]	85	85	89	96	100	102	102	107	112	118
Guadeloupe[21] **Guadeloupe**[21] Food[21]	**91**	**93**	**95**	**97**	**100**	**103**	**106**	**108**[6,49]	**110**	**112**
Aliments[21]	92	95	96	97	100	102	103	106[6,49]	108	111
Guam **Guam** Food	**72**	**75**	**79**	**88**	**100**	**110**	**121**	**132**	...	...
Aliments	63	69	77	85	100	118	136	160	...	...

35
Consumer price index numbers
All items and food; 1990 = 100 [cont.]
Indices des prix à la consommation
Ensemble et aliments; 1990 = 100 [suite]

Country or area Pays ou zone	1986	1987	1988	1989	1990	1991	1992	1993	1994	1995
Guatemala Guatemala	51	57	63	71	100	135	149	169	190	206
Food Aliments	45	52	60	68	100	132	142	162	189	198
Guinea[50] Guinée[50]	...	51	65	84	100	119	140	149	156	164
Food[50] Aliments[50]	...	50	67	78	100	116	135	148	155	167
Guinea-Bissau Guinée-Bissau										
Food[51] Aliments[51]	14[27]	26	42	75	100	158	...	...	...	...
Guyana[21] Guyana[21]	56[11]	71[11]	100[11]	167[11,27]	# 62[8,27]	100[8,17]	126[8]	138[8]	157[8]	188[8]
Food[27] Aliments[21]	52[11]	68[11]	100[11]	170[11,27]	# 65[8,27]	100[8,17]	125[8]	133[8]	149[8]	174[8]
Haiti[10] Haïti[10]	84	74	77	83	100	115	131	166	243	228
Food[10] Aliments[10]	88	71	76	81	100	115	126	160	227	216
Honduras Honduras	68	70	74	81	100	134	146	161	196	...
Food Aliments	65	65	70	79	100	144	153	172	219	281
Hungary Hongrie	53	57	66	78	100	135	166[6]	203	242	310
Food Aliments	50	54	63	74	100	122	146[6]	188	232	304
Iceland[52] Islande[52]	48	57	72[6]	87	100	107	111	115	117	119
Food[52] Aliments[52]	48	56	74[6]	89	100	103	104	106	104	107
India[53] Inde[53]	72	78	85[27]	92[6]	100	114	127	136	150	165
Food[53] Aliments[53]	72	79	85[27]	92[6]	100	116	131	139	155	173
Indonesia Indonésie	80[22]	87[22]	94[22]	100	# 100[17]	109	118	129	140	153
Food Aliments	74[22]	82[22]	93[22]	100	# 100[17]	108	116	125	138	156
Iran, Islamic Rep. of Iran, Rép. islamique d'	46	59	76	93	100	118	148	180	236	353
Food[18] Aliments[18]	58	71	81	97	100	119	159	193	255	405
Iraq Iraq	56	63	77	82	# 100[17]	287[27]	...	...	...	...
Food Aliments	47	58	72	77	# 100[17]	364[27]	...	...	...	...
Ireland Irlande	88	91	93	97	100[6]	103	106	108	111	113
Food Aliments	89	91	94	98	100[6]	101	103	104	107	110
Isle of Man Ile de Man	79	82	86	92	100	107	112	115	118	121
Food Aliments	75	79	85	91	100	108	113	118	121	126

35
Consumer price index numbers
All items and food; 1990 = 100 [cont.]
Indices des prix à la consommation
Ensemble et aliments; 1990 = 100 [suite]

Country or area Pays ou zone	1986	1987	1988	1989	1990	1991	1992	1993	1994	1995
Israel 　Israël Food 　Aliments	51 56	61[6] 65[6]	71 76	85 92	100 100	119 114	133 129	148[6] 135[6]	166 150	183 161
Italy 　Italie Food 　Aliments	80[6] 82	84 85	88 89	94 94	100 100	106[6] 107[6]	112[54] 112	117[54] 114	121[54] 118	128[54] ...
Jamaica 　Jamaïque Food 　Aliments	62 58	66 62	72 68	82 82	100 100	151 155	268 275	327 333	442 461	530 554
Japan 　Japon Food 　Aliments	94 94	94 93	95 94	97 96	100 100	103 105	105 105	106 107	107 107	107 106
Jordan 　Jordanie Food 　Aliments	64 66	64 65	69 69	86 83	100 100	108 111	113 114	116[6] 117[6]	120 124	123 126
Kazakhstan[4] 　Kazakhstan[4] Food[4] 　Aliments[4]	... ...	... ...	... ...	... ...	... ...	3[3] 5[3]	100 100	2 265[3] 2 297[3]	13 898 13 515	... ...
Kenya[35 55] 　Kenya[35 55] Food[35 55] 　Aliments[35 55]	72 76	75 78	82 84	90 92	# 100[17] # 100[17]	119 124	155 167	225 242	291 317	297 310
Kiribati[56] 　Kiribati[56] Food[56] 　Aliments[56]	84 86	90 91	92 94	96 97	100 100	106 104	109 107	116 113	... ...	... ...
Korea, Republic of 　Corée, République de Food 　Aliments	79 75	81 77	87 85	92 91	100 100	109 112	116 119	122 124	129 135	135 140
Kuwait[22] 　Koweït[22] Food[22] 　Aliments[22]	95 98	95 96	97 96	100 100	110[27] 112[27]	120[27] 124[27]	119 121	120 115	123 117	... ...
Kyrgyzstan[4] 　Kirghizistan[4] Food[4] 　Aliments[4]	... ...	... ...	... ...	... ...	... ...	... ...	100 100	1 309 1 079	4 948 3 394	7 069 4 985
Latvia[8] 　Lettonie[8] Food[8] 　Aliments[8]	... ...	... ...	... ...	... ...	... ...	100 100	1 052 848	2 199 1 104	2 989 1 471	3 736 1 708
Lesotho 　Lesotho Food[18] 　Aliments[18]	63 65	70 74	78 81	90 90	100 100	118 118	138 146	157 161	169 171	... ...
Lithuania 　Lituanie Food 　Aliments	96[22] 95[22]	99[22] 101[22]	98[22] 100[22]	100 100	... ...	# 100[8 17] # 100[8 17]	1 121[8] 1 038[8]	5 718[8] 5 204[8]	9 845[8] 8 380[8]	13 749[8] 11 679[8]

35
Consumer price index numbers
All items and food; 1990 = 100 [cont.]
Indices des prix à la consommation
Ensemble et aliments; 1990 = 100 [suite]

Country or area Pays ou zone	1986	1987	1988	1989	1990	1991	1992	1993	1994	1995
Luxembourg										
Luxembourg	92[1]	92	93	96	100	# 103[17,54]	106[54]	110[54]	113[54]	115[54]
Food										
Aliments	94	92	93	96	100	103[17]	104	104	105	108
Macau[1]										
Macao[1]	76	79	85	93	100	110	118	126	134[6]	145
Food										
Aliments	73	77	83	92	100	109	118	126	135[6]	146
Madagascar[1,57]										
Madagascar[1,57]	56	65	82	90	100	109	124	137	190	283
Food[57]										
Aliments[57]	62	67	80	88	100	109	127	138	193	291
Malawi[1,35,58]										
Malawi[1,35,58]	47	59	80	89	100	108	133	164	221	404
Food[35,58]										
Aliments[35,58]	46	58	77	89	100	108	139	176	243	469
Malaysia										
Malaisie	91	92	94	97	# 100[17]	104	109	113	117	121
Food										
Aliments	90	89	93	96	# 100[17]	105	112	114	120	126
Mali										
Mali	...	...	100	99	100	101	96	95	117	...
Food										
Aliments	...	...	102	99	100	103	94	93	116	...
Malta										
Malte	95	95	96	97	100	103	# 102[8,17]	106	110	115
Food										
Aliments	96	97	97	96	100	102	# 100[8,17]	105	109	113
Marshall Islands[4]										
Iles Marshall[4]	...	...	...	...	...	...	100	105	...	...
Food[4]										
Aliments[4]	...	...	...	...	...	...	100	103	...	...
Martinique										
Martinique	88	91	94	96	100	103	107	111[6]	113	116
Food[18]										
Aliments[18]	90	94	95	96	100	103	107	109[6]	111	113
Mauritius										
Maurice	99[32]	# 72[17]	78	88	100	107	112[6]	124	133	141
Food										
Aliments	98[32]	# 71[17]	79	90	100	104	100[23]	114	124	132
Mexico										
Mexique	13	31	66	79	100	123	142	156	166	225
Food[18]										
Aliments[18]	14	32	66	80	100	120	134	142	150	209
Morocco										
Maroc	86	89	91	# 94[17]	100	108	114	120	126	134
Food										
Aliments	90	91	91	# 93[17]	100	109	116	123	132	143
Myanmar										
Myanmar	46	57	67	85	100	132	161	213	264	330
Food										
Aliments	43	54	65	84	100	138	168	234	281	354
Namibia[59]										
Namibie[59]	62	70	78	90	100	113	133	144	159	175
Food[59]										
Aliments[59]	54	63	72	86	100	106	126	135	152	170

35
Consumer price index numbers
All items and food; 1990 = 100 [cont.]
Indices des prix à la consommation
Ensemble et aliments; 1990 = 100 [suite]

Country or area Pays ou zone	1986	1987	1988	1989	1990	1991	1992	1993	1994	1995
Nepal										
Népal	**70**	**77**	**83**[6]	**91**	**100**	**116**	**135**	**146**	**158**	**170**
Food										
Aliments	70	78	...	93[6]	100	118	140	147	159	...
Netherlands										
Pays-Bas	**97**	**96**	**97**[6]	**98**	**# 100**[17]	**103**	**106**	**109**	**112**	**114**
Food										
Aliments	98	97	97[6]	98	# 100[17]	103	106	107	109	109
Netherlands Antilles[60]										
Antilles néerlandaises[60]	**87**	**91**	**93**	**96**	**100**	**104**	**105**	**108**	**110**	**113**
Food[60]										
Aliments[60]	77	81	87	93	100	107	110	114	117	122
New Caledonia[61]										
Nouvelle-Calédonie[61]	**91**	**91**	**94**	**98**	**100**	**104**	**107**	**109**[6]	**113**	**114**
Food[61]										
Aliments[61]	93	92	96	100	100	103	106	110[6]	114	115
New Zealand										
Nouvelle-Zélande	**72**	**84**	**89**	**94**	**100**	**103**	**104**	**105**	**107**	**111**
Food										
Aliments	71	81	86	93	100	101	101	102	102	103
Nicaragua										
Nicaragua	**10**[32]	**100**[32]	**# 0**[17]	**1**	**100**	**2 842**	**3 767**	**...**	**...**	**...**
Food										
Aliments	9[32]	100[32]	# 0[17]	1	100	2 851	3 503	...	...	...
Niger[1 62]										
Niger[1 62]	**113**	**105**	**104**	**101**	**100**	**92**	**# 98**[8 17]	**...**	**...**	**...**
Food[62]										
Aliments[62]	124	110	105	99	100	88	# 97[8 17]	...	...	...
Nigeria[63]										
Nigéria[63]	**38**	**44**	**62**	**93**	**100**	**113**	**163**	**257**	**403**	**688**
Food[63]										
Aliments[63]	35	41	63	96	100	112	164	259	380	654
Niue										
Nioué	**76**	**81**	**86**	**94**	**100**	**105**	**110**	**112**	**...**	**...**
Food										
Aliments	81	86	89	94	100	104	107	110	...	...
Northern Mariana Islands[64]										
Iles Marianas du Nord[64]	**107**	**...**	**120**	**116**	**100**	**107**	**117**	**122**	**...**	**...**
Food[64]										
Aliments[64]	96	...	104	99	100	107	112	116	...	...
Norway										
Norvège	**79**	**86**	**92**	**96**	**100**	**103**	**106**	**108**	**110**	**113**
Food										
Aliments	82	89	94	97	100	102	103	102	103	105
Oman										
Oman	**...**	**...**	**...**	**...**	**100**	**105**	**106**	**107**	**...**	**...**
Food										
Aliments	97	97	99	100	# 100[17]	103	102	101	...	...
Pakistan										
Pakistan	**75**	**78**	**85**	**92**	**100**	**112**	**# 100**[4 17]	**110**	**124**	**139**
Food										
Aliments	72	76	85	92	100	111	# 100[4 17]	111	126	144
Panama										
Panama	**98**	**99**	**99**[27]	**99**	**100**	**101**	**103**	**104**	**105**	**106**
Food										
Aliments	96	98	99[27]	99	100	102	106	106	108	108

35
Consumer price index numbers
All items and food; 1990 = 100 [cont.]
Indices des prix à la consommation
Ensemble et aliments; 1990 = 100 [suite]

Country or area Pays ou zone	1986	1987	1988	1989	1990	1991	1992	1993	1994	1995
Papua New Guinea										
Papouasie-Nvl-Guinée	82	85	90	94	100	107	112	117	120	...
Food										
Aliments	83	85	88	91	100	108	111	114	116	...
Paraguay[65]										
Paraguay[65]	38	47	57	72	100	124	143	169	204	# 164[4,17]
Food[65]										
Aliments[65]	37	46	57	68	100	120	138	162	195	# 173[4,17]
Peru[10,66]										
Pérou[10,66]	0[22]	0[22]	3[22]	# 1[17]	# 100	510	884	1 314	1 626	1 806
Food[10,66]										
Aliments[10,66]	0[22]	1[22]	4[22]	# 1[17]	# 100	448	770	1 150	1 357	1 483
Philippines										
Philippines[18]	70	72	78	88	100	119	129	139	152	164
Food[18]										
Aliments[18]	69	71	78	89	100	115	123	131	142	155
Poland										
Pologne	2	3	4	15	100	170	244	330	436	557
Food										
Aliments	2	3	4	16	100	151	207	274	363	462
Portugal[1]										
Portugal[1]	65	72	78[6]	88	100	111	# 109[8,17]	116[8]	122[8]	127[8]
Food										
Aliments	65	71	77[6]	88	100	110	# 107[8,17]	110[8]	115[8]	120[8]
Puerto Rico										
Porto Rico	86	89	91	95	100	103	106	109	113	118
Food										
Aliments	83	85	88	92	100	105	111	118	127	140
Qatar										
Qatar	88	90	94	97	100	104	108	107	108	111
Food										
Aliments	91	93	95	99	100	106	106	98	93	104
Republic of Moldova[4]										
République de Moldova[4]	...	...	...	...	...	8	100	1 904	11 176	14 515
Food[4]										
Aliments[4]	...	...	...	...	...	8	100	1 715	9 484	12 294
Réunion[21]										
Réunion[21]	89	91	93	96	100[6,49]	104	107	111	114	116
Food[21]										
Aliments[21]	96	97	95	98	100[6,49]	105	107	111	112	113
Romania										
Roumanie	91	92	94	95	100	275	# 310[8,17]	1 105[8]	2 617[8]	3 461[8]
Food										
Aliments	91	92	94	96	100	299	# 337[8,17]	1 174[8]	2 774[8]	3 657[8]
Russian Federation[8]										
Fédération de Russie[8]	...	...	...	...	...	100	1 629	15 869	64 688	192 521
Food[8]										
Aliments[8]	...	...	...	...	...	100	1 690	16 760	67 339	210 975
Rwanda[67]										
Rwanda[67]	89	92	95	96	100	120	131	147	...	...
Food[67]										
Aliments[67]	79	85	93	95	100	114	122	...	...	...
Saint Helena										
Sainte-Hélène	94[11]	97[11]	93[17]	97	100	104	109[6]	118	123	128
Food										
Aliments	93[11]	97[11]	92[17]	96	100	102	106[6]	112	116	121

35
Consumer price index numbers
All items and food; 1990 = 100 [cont.]
Indices des prix à la consommation
Ensemble et aliments; 1990 = 100 [suite]

Country or area Pays ou zone	1986	1987	1988	1989	1990	1991	1992	1993	1994	1995
Saint Kitts-Nevis Saint-Kitts-et-Nevis	**90**	**91**	**91**	**96**	**100**	**104**	**107**	...	...	...
Food Aliments	92	93	93	98	100	106	111	...	...	...
Saint Lucia Sainte-Lucie	**85**	**91**	**92**	**96**	**100**	**106**	**112**	**112**	**115**	**122**
Food Aliments	83	93	92	96	100	108	113	113	118	127
St. Vincent-Grenadines St. Vincent-Grenadines	**88**	**91**	**91**	**93**	**100**	**106**	**110**	**115**	**115**	**118**
Food Aliments	89	92	93	93	100	109	113	116	116	120
Samoa[1] Samoa[1]	**72**	**75**	**82**	**87**	**100**	**99**	**107**	**109**	**129**	**130**
Food Aliments	72	74	81	83	100	92	102	102	127	128
San Marino Saint-Marin	**80**	**84**	**88**	**94**	**100**	**107**	**115**	**121**	# **110**[4,17]	**115**[4]
Food Aliments	83	85	89	95	100	105	111	118	# 111[4,17]	115[4]
Saudi Arabia[68] Arabie saoudite[68]	**98**	**96**	**97**	**98**	**100**	**105**	**104**	**105**	**106**	**111**
Food[18,68] Aliments[18,68]	98	96	96	98	100	108	112	113	111	112
Senegal[69] Sénégal[69]	**105**	**101**	**99**	**100**	**100**	**98**	**98**	**98**	**129**	...
Food[69] Aliments[69]	108	99	99	100	100	97	96	94	131	...
Seychelles Seychelles	**91**	**93**	**95**	**96**	**100**	**102**	**105**	**107**	**109**	**108**
Food Aliments	89	92	94	95	100	103	104	107	100	99
Sierra Leone[70] Sierra Leone[70]	**8**	**22**	**29**	**47**	**100**	**183**	**259**	...	...	...
Food[70] Aliments[70]	8	21	28	47	100	186	264	...	...	...
Singapore Singapour	**93**	**93**	**95**	**97**	**100**	**103**	**106**	**108**	**112**	**114**
Food Aliments	97	97	98	99	100	102	103	104	107	110
Slovakia Slovaquie	**89**	**89**	**90**	**91**	**100**	**161**	**177**	**219**	**248**	**272**
Food Aliments	90	90	90	90	100	147	158	191	222	249
Slovenia[8,21] Slovénie[8,21]	**0**	**0**	**1**	**7**	**47**	**100**	**307**	**408**	**494**	**561**
Food[8,21] Aliments[8,21]	0	0	1	8	47	100	306	384	473	547
Solomon Islands[71] Iles Salomon[71]	**61**	**68**	**79**	**91**	**100**	**114**	**126**	**137**[6]	**156**	**171**
Food[71] Aliments[71]	60	65	78	92	100	117	130	142[6]	158	170
South Africa Afrique du Sud	**58**	**68**	**76**	**87**	**100**	**115**	**131**	**144**	**157**	**171**
Food Aliments	55	67	78	86	100	120	150	160	182	198

35
Consumer price index numbers
All items and food; 1990 = 100 [cont.]
Indices des prix à la consommation
Ensemble et aliments; 1990 = 100 [suite]

Country or area Pays ou zone	1986	1987	1988	1989	1990	1991	1992	1993	1994	1995
Spain **Espagne**[18]	**80**	**84**	**88**	**94**	**100**	**106**	**112**	**117**	**123**	**129**
Food Aliments[18]	80	84	87	94	100	104	107	109	115	121
Sri Lanka **Sri Lanka**	**60**	**65**	**74**	**82**	**100**	**112**	**125**	**140**	**151**	**163**
Food Aliments	59	64	74	81	100	112	125	139	152	162
Sudan[35] **Soudan**[35]	**18**	**23**	**35**	**60**	**100**	**224**	**478**	...	...	...
Food[18,35] Aliments[18,35]	18	23	34	59	100	236	457	...	...	...
Suriname **Suriname**	**50**	**76**	**82**	**82**	**100**	**126**	**181**	**441**	**2 065**	**6 928**
Food Aliments	40	73	76	77	100	119	184	485	2 365	7 828
Swaziland[35] **Swaziland**[35]	...	...	...	**89**	**100**	**102**	**122**	**137**	**157**	**180**
Food[35] Aliments[35]	...	...	...	85	100	114	128	145	172	206
Sweden **Suède**	**77**	**80**	**85**	**91**	**100**	**109**	**112**	**117**	**120**	**123**
Food Aliments	81	84	88	93	100	105	99	100	102	103
Switzerland **Suisse**	**89**	**90**	**92**	**95**	**100**	**106**	**110**	**114**[6]	**115**	**117**
Food Aliments	90	91	93	95	100	105	106	106[6]	106	107
Syrian Arab Republic **Rép. arabe syrienne**	...	**60**	**78**	**90**	**100**	**109**	**121**	**137**	**158**	...
Food Aliments	...	57	75	84	100	106	113	126	154	...
Thailand **Thaïlande**	**84**	**86**	**90**	**94**	**100**	**106**	**110**	**114**	**120**	...
Food Aliments	80	81	86	93	100	107	112	114	122	...
TFYR Macedonia **L'ex-R.y. Macédoine**	**0**	**0**[6]	**1**	**14**	**100**	**211**	**3 397**	**15 692**[6]	**35 826**	**41 450**
Food Aliments	0	0[6]	1	16	100	205	3 462	15 434[6]	34 419	37 379
Togo[72] **Togo**[72]	**100**	**100**	**100**	**99**	**100**	**101**	...	...	...	...
Food[72] Aliments[72]	105	104	119	98	100	96	...	...	...	...
Tonga[1] **Tonga**[1]	**75**	**79**	**87**	**90**	**100**	**109**	**118**	**119**	**121**	...
Food Aliments	84	87	95	94	100	108	121	116	115	...
Trinidad and Tobago **Trinité-et-Tobago**	**68**	**75**	**81**	**90**	**100**	**104**	**111**	**123**	**133**[6]	**140**
Food Aliments	52	62	70	85	100	106	115	137	161[6]	188
Tunisia **Tunisie**	**77**	**82**	**87**	**94**	**100**	**108**	**114**	**119**	**# 125**[17]	**132**
Food Aliments	75	80	86	94	100	109	113	116	# 122[17]	132

315 Wages and prices Salaires et prix

35
Consumer price index numbers
All items and food; 1990 = 100 [cont.]
Indices des prix à la consommation
Ensemble et aliments; 1990 = 100 [suite]

Country or area Pays ou zone	1986	1987	1988	1989	1990	1991	1992	1993	1994	1995
Turkey **Turquie**	**15**	**# 22**[17]	**38**	**62**	**100**	**166**	**282**	**469**	**967**	**1 872**
Food[18] Aliments[18]	15	# 20[17]	36	61	100	167	286	468	983	1 938
Tuvalu[73] **Tuvalu**[73]	**80**	**...**	**94**	**96**	**100**	**106**	**100**	**102**	**...**	**...**
Food[73] Aliments[73]	83	...	99	98	100	106	97	...	...	...
Uganda[21] **Ouganda**[21]	**...**	**...**	**...**	**...**	**100**	**128**	**197**	**207**	**228**	**243**
Food[21] Aliments[21]	...	...	...	...	100	124	205	197	228	238
United Kingdom **Royaume-Uni**	**78**	**81**[6]	**85**	**91**	**100**	**106**	**110**	**112**	**114**	**118**
Food Aliments	82	85[6]	88	93	100	105	108	109	111	115
United Rep.Tanzania **Rép. Unie de Tanzanie**	**33**	**43**	**56**	**74**[6]	**100**	**129**	**157**	**197**	**254**	**336**
Food Aliments	32	42	57	74[6]	100	132	160	196	260	347
United States **Etats-Unis**	**84**	**87**	**91**	**95**	**100**	**104**	**107**	**111**	**113**	**117**
Food Aliments	83	86	90	95	100	104	105	107	110	113
Uruguay[74] **Uruguay**[74]	**10**[6]	**16**	**26**	**47**	**100**	**202**	**340**	**524**	**759**	**1 080**
Food[74] Aliments[74]	10[6]	16	25	45	100	185	297	449	632	894
Vanuatu[21] **Vanuatu**[21]	**70**	**81**	**89**	**95**	**100**	**106**	**111**	**115**	**117**	**120**
Food[21] Aliments[21]	75	85	95	98	100	103	104	108	109	...
Venezuela[10,75] **Venezuela**[10,75]	**23**	**30**	**39**	**71**	**100**	**134**	**176**	**244**	**392**	**...**
Food[10,75] Aliments[10,75]	15	22	30	68	100	138	180	240	379	...
Yugoslavia[76] **Yougoslavie**[76]	**...**	**...**	**...**	**...**	**100**[17]	**222**	**20 021**	**...**	**...**	**...**
Food[76] Aliments[76]	...	...	...	...	100[17]	200	19 217	...	...	...
Zambia[35] **Zambie**[35]	**9**	**13**	**21**	**47**	**100**	**193**	**573**	**1 655**	**2 521**	**3 381**
Food[35] Aliments[35]	9	13	21	48	100	191	608	1 781	2 665	3 568
Zimbabwe[35] **Zimbabwe**[35]	**...**	**...**	**...**	**...**	**100**	**123**	**175**	**224**	**273**	**335**
Food[35] Aliments[35]	...	...	...	...	100	113	193	267	337	429

Source:
International Labour Office (Geneva).

† For information on recent changes in
country or area nomenclature pertaining to former
Czechoslovakia, Germany, Hong Kong Special Administrative
Region (SAR) of China, SFR Yugoslavia and former USSR, see
Annex I - Country or area nomenclature, regional and other
groupings.

Source:
Bureau international du Travail (Genève).

† Pour les modifications récentes de
nomenclature de pays ou de zone concernant l'Allemagne,
Hong-Kong (Région administrative spéciale de Chine),
l'ex-Tchécoslovaquie, l'ex-URSS et l'ex-Rfs Yougoslavie,
voir annexe I - Nomenclature des pays ou des zones,
groupements régionaux et autres groupements.

35
Consumer price index numbers
All items and food; 1990 = 100 [cont.]

Indices des prix à la consommation
Ensemble et aliments; 1990 = 100 [suite]

†† For statistical purposes, the data for China do not include those for the Hong Kong Special Administrative Region (Hong Kong SAR) and Taiwan province of China.

1 Excluding "rent".
2 Kabul.
3 One month of each year.
4 Index base: 1992 = 100.
5 Algiers.
6 Series linked to former series.
7 Luanda.
8 Index base: 1991 = 100.
9 Index base: 1994 = 100.
10 Metropolitan area.
11 Index base: 1988 = 100.
12 Buenos Aires.
13 Middle income group.
14 Government officials.
15 Dhaka.
16 Index base: May 1994 = 100.
17 Series replacing former series.
18 Including tobacco.
19 Cotonou.
20 New series (base Dec. 1991 = 100) replacing former series.
21 Urban areas.
22 Index base: 1989 = 100.
23 New series (base 1992 = 100) replacing former series.
24 Ouagadougou.
25 Bujumbura.
26 Yaoundé, Africans.
27 Average of less than twelve months.
28 Official estimates.
29 Praia.
30 Including "rent".
31 Bangui.
32 Index base: 1987 = 100.
33 N'Djamena.
34 Santiago.
35 Low income group.
36 Brazzaville, Africans.
37 Rarotonga.
38 San José.
39 Index base: Jan. 1995 = 100.
40 Central area.
41 Abidjan, Africans.
42 Index base: 1993 = 100.
43 Addis Ababa.
44 Stanley.
45 Index base: 1990 = 100.
46 Cayenne.
47 Libreville, Africans.
48 Banjul, Kombo St. Mary.
49 All households.
50 Conakry.
51 Bissau.
52 Reykjavik.
53 Industrial workers.
54 Excluding tobacco.
55 Nairobi.
56 Tarawa.
57 Antananarivo, Madagascans.

†† Les données statistiques relatives à la Chine ne comprennent pas celles qui concernent la région administrative spéciale de Hong-Kong (la RAS de Hong-Kong) et la province chinoise de Taiwan.

1 Non compris "loyer".
2 Kabul.
3 Un mois de chaque année.
4 Indices base : 1992 = 100.
5 Algiers.
6 Serié enchaînée à la précédente.
7 Luanda.
8 Indices base : 1991 = 100.
9 Indices base : 1994 = 100.
10 Région métropolitaine.
11 Indices base : 1988 = 100.
12 Buenos Aires.
13 Familles à revenu moyen.
14 Fonctionnaires.
15 Dhaka.
16 Indices base : May 1994 = 100.
17 Serié remplaçant la précédente.
18 Y compris le tabac.
19 Cotonou.
20 Nouvelle série (base déc. 1991 = 100) remplaçant la précédente.
21 Régions urbaines.
22 Indices base : 1989 = 100.
23 Nouvelle série (base 1992 = 100) remplaçant la précédente.
24 Ouagadougou.
25 Bujumbura.
26 Yaoundé, Africains.
27 Moyenne de moins de douze mois.
28 Estimations officielles.
29 Praia.
30 Y compris "loyer".
31 Bangui.
32 Indices base : 1987 = 100.
33 N'Djamena.
34 Santiago.
35 Familles à revenu modique.
36 Brazzaville, Africains.
37 Rarotonga.
38 San José.
39 Indices base : Jan. 1995 = 100.
40 Central area.
41 Abidjan, Africains.
42 Indices base : 1993 = 100.
43 Addis Abéba.
44 Stanley.
45 Indices base : 1990 = 100.
46 Cayenne.
47 Libreville, Africains.
48 Banjul, Kombo St. Mary.
49 Ensemble des ménages.
50 Conakry.
51 Bissau.
52 Reykjavik.
53 Travailleurs de l'industrie.
54 Non compris le tabac.
55 Nairobi.
56 Tarawa.
57 Antananarivo, Malgaches.

35

Consumer price index numbers
All items and food; 1990 = 100 [cont.]

Indices des prix à la consommation
Ensemble et aliments; 1990 = 100 [suite]

58 Blantyre.	58 Blantyre.
59 Windhoek.	59 Windhoek.
60 Curaçao.	60 Curaçao, Aruba and Bonaire.
61 Nouméa.	61 Nouméa.
62 Niamey, Africains.	62 Niamey, Africans.
63 Rural and urban areas.	63 Régions rurales et urbaines.
64 Saipan.	64 Excluding compulsory social security.
65 Asuncion.	65 Asuncion.
66 Lima.	66 Lima.
67 Kigali.	67 Kigali.
68 All cities.	68 Ensemble des villes.
69 Dakar.	69 Dakar.
70 Freetown.	70 Freetown.
71 Honiara.	71 Honiara.
72 Lomé.	72 Lomé.
73 Funafuti.	73 Funafuti.
74 Montevideo.	74 Montevideo.
75 Caracas.	75 Caracas.
76 Serbia and Montenegro.	76 Serbie et Monténegro.

Technical notes, tables 33-35

In *Table 33*, the series generally relate to the average earnings of wage earners in manufacturing industries. Earnings generally include bonuses, cost of living allowances, taxes, social insurance contributions payable by the employed person and, in some cases, payments in kind, and normally exclude social insurance contributions payable by the employers, family allowances and other social security benefits. The time of year to which the figures refer is not the same for all countries. Unless otherwise stated, the series relate to wage earners of both sexes, irrespective of age. As far as possible this table shows average wages per worker in manufacturing according to the *International Standard Industrial Classification of all economic activities* (ISIC) Revision 2, or its newer version, ISIC Revision 3. Any differences are indicated in footnotes.

Some of the series do not conform to the above for one or more of the following reasons: inclusion of salaried employees, inclusion of non-manufacturing industries and use of wage rates instead of earnings.

In the case of countries with widely fluctuating exchange rates or with multiple exchange systems it is advisable to consult table 84 on exchange rates.

For international definitions, further details and current figures, see the International Labour Office *Year Book of Labour Statistics*, *Bulletin of Labour Statistics* and the United Nations *Monthly Bulletin of Statistics*.
[11, 25]

In *table 34*, producer prices are prices at which producers sell their output on the domestic market or for export. Wholesale prices, in the strict sense, are prices at which wholesalers sell on the domestic market or for export. In practice, many national wholesale price indexes are a mixture of producer and wholesale prices for domestic goods representing prices for purchases in large quantities from either source. In addition, these indexes may cover the prices of goods imported in quantity for the domestic market either by producers or by retail or wholesale distribution.

Producer or wholesale price indexes normally cover the prices of the characteristic products of agriculture, forestry and fishing, mining and quarrying, manufacturing, and electricity, gas and water supply. Prices are normally measured in terms of transaction prices, including non-deductible indirect taxes less subsidies, in the case of domestically-produced goods and import duties and other non-deductible indirect taxes less subsidies in the case of imported goods.

The Laspeyres index number formula is generally used and, for the purpose of the presentation, the national index numbers have been recalculated, where necessary, on the reference base 1990=100.

Notes techniques, tableaux 33 à 35

Au *Tableau 33*, les séries se rapportent généralement aux gains moyens des salariés des industries manufacturières. Ces gains, en général, comprennent normalement les primes, les indemnités de vie chère, les impôts, les cotisations des travailleurs à une caisse d'assurance sociale et, dans certains cas, des paiements en nature; ils excluent normalement les contributions de l'employeur à la caisse d'assurance sociale, les allocations familiales et autres prestations de la sécurité sociale. La période de l'année à laquelle se rapportent les chiffres n'est pas la même pour tous les pays. Sauf indication contraire, les séries se rapportent aux salariés des deux sexes et ne tiennent pas compte de l'âge. Dans la mesure du possible ce tableau présente les salaires moyens par travailleur pour l'ensemble des industries manufacturières ordonnées conformément à la *Classification internationale type, par industrie, de toutes les branches d'activité économique* (CITI) Révision 2, ou à sa version la plus nouvelle, CITI Révision 3. Les divergences sont précisées en notes de bas de page.

Certaines des séries s'écartent des normes indiquées ci-dessus pour une ou plusieurs des raisons suivantes : l'inclusion des employés salariés, l'inclusion des industries non manufacturières et l'utilisation des taux de rémunération au lieu des gains.

Dans le cas des pays à larges fluctuations des cours des changes ou à système de changes multiples, il est recommandé de consulter le tableau 84 sur les cours de changes.

Pour les définitions internationales, plus de détails et pour les chiffres courants, voir l'*Annuaire des Statistiques du Travail*, le *Bulletin des statistiques du travail* du Bureau international du travail et le *Bulletin mensuel de statistique* des Nations Unies [11, 25].

Au *tableau 34*, les prix à la production sont les prix auxquels les producteurs vendent leur production sur le marché intérieur ou à l'exportation. Les prix de gros, au sens strict du terme, sont les prix auxquels les grossistes vendent sur le marché intérieur ou à l'exportation. En pratique, les indices nationaux des prix de gros combinent souvent les prix à la production et les prix de gros de biens nationaux représentant les prix d'achat par grandes quantités au producteur ou au grossiste. En outre, ces indices peuvent s'appliquer aux prix de biens importés en quantités pour être vendus sur le marché intérieur par les producteurs, les détaillants ou les grossistes.

Les indices de prix de gros ou de prix à la production comprennent aussi en général les prix des produits provenant de l'agriculture, de la sylviculture et de la pêche, des industries extractives (mines et carrières), de l'industrie manufacturière ainsi que les prix de l'électricité, de gaz et de l'eau. Les prix sont normalement ceux auxquels s'effectue la transaction, y compris les impôts indirects non déductibles,

The price index numbers for each country are arranged according to the following scheme:
- (a) Components of supply
    - Domestic supply
    - Domestic production for domestic market
    - Agricultural products
    - Industrial products
    - Import products
    - Exported goods
- (b) Stage of processing
    - Raw materials
    - Intermediate products
    - Finished goods
- (c) End-use
    - Producers' material
    - Consumers' goods
    - Capital goods

Description of the general methods used in compiling the related national indexes is given in the United Nations *1977 Supplement to the Statistical Yearbook and the Monthly Bulletin of Statistics*.[49]

In *table 35*, unless otherwise stated, the index covers all the main classes of expenditure on all items and on food. Monthly data for many of these series and descriptions of them may be found in the United Nations *Monthly Bulletin of Statistics* and the United Nations *1977 Supplement to the Statistical Yearbook and the Monthly Bulletin of Statistics*.[49]

mais non compris les subventions dans le cas des biens produits dans le pays et y compris les taxes à l'importation et autres impôts indirects non déductibles, mais non compris les subventions dans le cas des biens importés.

On utilise généralement la formule de Laspeyres et, pour la présentation, on a recalculé les indices nationaux, le cas échéant, en prenant comme base de réfèrce 1990=100.

Les indices des prix pour chaque pays sont présentés suivant la classification ci-après :
- (a) Eléments de l'offre
    - Offre intérieure
    - Production nationale pour le marché intérieur
    - Produits agricoles
    - Produits industriels
    - Produits importés
    - Produits exportés
- (b) Stade de la transformation
    - Matières premières
    - Produits intermédiaires
    - Produits finis
- (c) Utilisation finale
    - Biens de production
    - Biens de consommation
    - Biens d'équipement

Les méthodes générales utilisées pour calculer les indices nationaux correspondants sont exposées dans : *1977 Supplément à l'Annuaire statistique et au Bulletin mensuel de statistique* des Nations Unies [49].

Au *tableau 35*, sauf indication contraire, les indices donnés englobent tous les groupes principaux de dépenses pour l'ensemble et les aliments. Les données mensuelles pour plusieurs de ces séries et définitions figurent dans le *Bulletin mensuel de statistique* (ONU) et dans le *1977 Supplément à l'Annuaire statistique et au Bulletin mensuel de statistique* des Nations Unies [49].

36
Agricultural production
Production agricole
Index numbers: 1989-91 = 100
Indices : 1989-91 = 100

Country or area Pays ou zone	Agriculture Agriculture 1992	1993	1994	1995	1996	Food Produit alimentaires 1992	1993	1994	1995	1996
Africa · Afrique										
Algeria Algérie	118	111	100	115	129	119	111	100	116	131
Angola Angola	107	105	119	122	133	108	105	121	124	134
Benin Bénin	110	122	124	148	149	109	111	116	131	128
Botswana Botswana	103	103	85	93	108	103	103	85	93	108
Burkina Faso Burkina Faso	113	117	117	118	121	115	121	120	120	124
Burundi Burundi	108	105	91	95	95	108	106	89	97	97
Cameroon Cameroun	101	103	108	112	116	102	107	109	114	118
Cape Verde Cap-Vert	84	127	94	125	125	84	128	94	125	125
Central African Rep. Rép. centrafricaine	104	104	110	107	107	106	108	112	110	109
Chad Tchad	109	97	114	121	126	114	102	121	125	127
Comoros Comores	101	107	108	113	112	101	107	108	113	112
Congo Congo	101	103	107	112	115	101	104	107	112	116
Côte d'Ivoire Côte d'Ivoire	96	104	105	116	123	103	109	111	124	133
Dem. Rep. of the Congo Rép. dém. du Congo	106	108	102	100	101	107	110	102	101	102
Djibouti Djibouti	82	75	79	82	83	82	75	79	82	83
Egypt Egypte	112	115	111	119	119	111	114	113	122	120
Equatorial Guinea Guinée équatoriale	100	101	95	92	98	99	101	93	89	98
Eritrea Erythrée	...	85	121	108	111	...	84	122	108	111
Ethiopia incl.Eritrea Ethiopie comp. Erythrée	105	..	..	..	..	106	..	..	..	..
Ethiopia Ethiopie	...	107	107	117	125	...	108	107	118	127
Gabon Gabon	102	103	106	105	106	102	103	106	105	106
Gambia Gambie	74	88	92	90	73	73	87	91	88	71
Ghana Ghana	111	118	132	152	149	110	117	131	149	146
Guinea Guinée	116	116	121	125	124	115	115	122	126	126
Guinea-Bissau Guinée-Bissau	103	106	111	113	109	104	106	112	113	109

36
Agricultural production
Index numbers: 1989-91 = 100 [cont.]
Production agricole
Indices: 1989-91 = 100 [suite]

Country or area Pays ou zone	Agriculture / Agriculture					Food / Produit alimentaires				
	1992	1993	1994	1995	1996	1992	1993	1994	1995	1996
Kenya / Kenya	98	95	101	104	104	99	94	102	102	102
Lesotho / Lesotho	92	103	120	99	120	83	96	114	90	114
Libyan Arab Jamah. / Jamah. arabe libyenne	100	93	90	89	94	100	93	90	89	94
Madagascar / Madagascar	101	104	101	104	106	102	105	102	106	107
Malawi / Malawi	87	113	91	109	116	79	112	90	105	110
Mali / Mali	104	105	113	115	120	101	107	114	113	114
Mauritania / Mauritanie	95	91	94	98	107	95	91	94	98	107
Mauritius / Maurice	107	105	100	100	104	107	105	101	102	107
Morocco / Maroc	83	84	108	77	116	83	83	109	77	117
Mozambique / Mozambique	82	93	92	103	120	81	93	91	103	120
Namibia / Namibie	105	108	111	104	106	105	108	111	104	106
Niger / Niger	117	114	122	118	122	117	115	122	118	122
Nigeria / Nigéria	118	124	128	133	135	118	125	129	133	136
Réunion / Réunion	112	105	105	110	111	112	104	104	109	109
Rwanda / Rwanda	95	83	63	72	77	93	83	66	73	78
Sao Tome and Principe / Sao Tomé-et-Principe	119	121	117	120	122	120	121	117	120	122
Senegal / Sénégal	93	103	104	115	116	92	103	104	115	116
Seychelles / Seychelles	95	89	112	136	139	95	87	111	138	140
Sierra Leone / Sierra Leone	94	92	99	87	95	93	92	98	86	95
South Africa / Afrique du Sud	85	96	99	85	100	85	97	101	87	103
Sudan / Soudan	122	111	128	118	131	125	114	132	121	133
Swaziland / Swaziland	93	90	97	86	95	98	94	102	90	98
Togo / Togo	106	119	103	101	113	101	118	99	100	115
Tunisia / Tunisie	104	114	83	82	122	104	115	84	82	124
Uganda / Ouganda	102	109	112	116	120	103	109	109	115	115

36
Agricultural production
Index numbers: 1989-91 = 100 [cont.]
Production agricole
Indices: 1989-91 = 100 [suite]

Country or area Pays ou zone	Agriculture 1992	1993	1994	1995	1996	Food Produit alimentaires 1992	1993	1994	1995	1996
United Rep.Tanzania Rép. Unie de Tanzanie	96	98	96	99	101	94	96	96	100	99
Western Sahara Sahara occidental	102	104	104	104	104	102	104	104	104	104
Zambia Zambie	81	118	96	89	104	82	117	98	88	105
Zimbabwe Zimbabwe	74	96	100	79	112	64	88	98	70	106
America, North · Amérique du Nord										
Antigua and Barbuda Antigua-et-Barbuda	107	107	107	95	95	107	107	107	95	95
Bahamas Bahamas	93	90	89	123	124	93	90	89	123	124
Barbados Barbade	87	87	82	90	109	87	87	82	90	109
Belize Belize	126	120	123	139	139	126	120	123	139	139
Bermuda Bermudes	96	91	86	85	78	96	91	86	85	78
British Virgin Islands Iles Vierges britanniques	107	110	110	104	104	107	110	110	104	104
Canada Canada	101	102	107	111	114	102	103	107	110	114
Cayman Islands Iles Caïmanes	90	85	85	85	85	90	85	85	85	85
Costa Rica Costa Rica	109	100	113	125	120	110	100	116	129	125
Cuba Cuba	82	66	62	60	64	82	65	61	60	63
Dominica Dominique	96	95	88	81	81	96	95	88	80	80
Dominican Republic Rép. dominicaine	101	101	98	107	105	103	103	101	108	107
El Salvador El Salvador	111	106	105	104	103	108	108	107	107	107
Greenland Groënland	105	106	106	106	106	106	106	106	106	106
Grenada Grenade	98	103	108	97	99	98	103	108	97	99
Guadeloupe Guadeloupe	104	114	101	93	93	104	114	101	93	93
Guatemala Guatemala	108	105	105	106	108	108	107	107	110	113
Haiti Haïti	94	93	93	89	91	95	93	94	90	92
Honduras Honduras	103	104	107	101	112	103	105	104	99	111
Jamaica Jamaïque	112	111	115	114	115	112	111	115	114	115

36
Agricultural production
Index numbers: 1989-91 = 100 [*cont.*]
Production agricole
Indices : 1989-91 = 100 [*suite*]

Country or area Pays ou zone	Agriculture Agriculture 1992	1993	1994	1995	1996	Food Produit alimentaires 1992	1993	1994	1995	1996
Martinique Martinique	101	96	86	92	92	101	96	86	92	92
Mexico Mexique	102	108	112	117	124	104	110	114	119	124
Montserrat Montserrat	105	108	110	110	110	105	108	110	110	110
Netherlands Antilles Antilles néerlandaises	156	76	113	158	201	156	76	113	158	201
Nicaragua Nicaragua	103	103	109	114	117	102	111	118	118	123
Panama Panama	98	100	102	104	104	98	100	103	103	103
Puerto Rico Porto Rico	96	93	89	87	84	96	93	89	87	83
Saint Kitts and Nevis Saint-Kitts-et-Nevis	123	104	91	91	95	123	104	91	91	95
Saint Lucia Sainte-Lucie	104	107	85	95	97	104	107	85	95	97
St. Vincent-Grenadines St. Vincent-Grenadines	107	95	70	82	82	107	95	70	82	82
Trinidad and Tobago Trinité-et-Tobago	103	110	114	101	100	104	111	115	102	102
United States Etats-Unis	110	100	116	109	115	110	100	116	109	115
United States Virgin Is. Iles Vierges américaines	103	103	103	103	103	103	103	103	103	103
America, South · Amérique du Sud										
Argentina Argentine	105	102	110	115	120	107	104	112	117	122
Bolivia Bolivie	98	105	113	121	122	98	105	113	121	122
Brazil Brésil	105	106	111	115	119	106	107	112	118	122
Chile Chili	107	113	120	126	129	107	112	120	126	129
Colombia Colombie	99	100	101	110	109	97	101	104	110	113
Ecuador Equateur	111	115	128	126	130	111	116	128	128	132
Falkland Is. (Malvinas) Iles Falkland (Malvinas)	107	100	103	98	84	103	98	109	108	72
French Guiana Guyane française	104	119	105	109	103	104	119	105	109	103
Guyana Guyana	127	140	153	176	180	127	140	154	176	181
Paraguay Paraguay	98	102	99	108	107	104	108	106	116	117
Peru Pérou	92	99	113	121	124	94	102	116	124	126

36
Agricultural production
Index numbers: 1989-91 = 100 [cont.]
Production agricole
Indices: 1989-91 = 100 [suite]

Country or area Pays ou zone	Agriculture 1992	1993	1994	1995	1996	Food Produit alimentaires 1992	1993	1994	1995	1996
Suriname Suriname	107	96	94	93	93	107	96	94	93	93
Uruguay Uruguay	102	99	110	114	119	104	99	112	118	126
Venezuela Venezuela	108	107	118	119	114	109	109	119	120	115
Asia · Asie										
Armenia Arménie	86	75	80	85	86	86	75	80	85	87
Azerbaijan Azerbaïdjan	69	60	57	57	59	66	56	53	53	56
Bahrain Bahreïn	96	100	108	103	101	96	100	108	103	101
Bangladesh Bangladesh	104	103	100	103	108	103	104	100	104	108
Bhutan Bhoutan	96	106	109	110	110	96	106	109	110	110
Brunei Darussalam Brunéi Darussalam	109	123	116	106	107	109	124	117	106	107
Cambodia Cambodge	99	103	103	125	128	99	103	101	125	128
China †† Chine ††	110	120	130	142	147	111	122	134	146	152
China, Hong Kong SAR† Chine, Hong-Kong RAS†	69	74	50	55	55	69	74	50	55	55
Cyprus Chypre	102	111	99	111	111	102	111	100	112	111
Gaza Strip Zone de Gaza	106	110	98	101	101	106	110	98	101	101
Georgia Géorgie	66	58	61	64	60	70	58	64	71	67
India Inde	106	108	112	115	115	106	108	112	114	115
Indonesia Indonésie	109	111	111	116	119	109	111	111	116	119
Iran, Islamic Rep. of Iran, Rép. islamique d'	122	127	131	135	138	122	128	132	135	138
Iraq Iraq	92	104	100	97	93	92	105	100	97	94
Israel Israël	100	100	99	111	110	101	101	100	111	110
Japan Japon	100	95	100	98	96	100	95	100	98	96
Jordan Jordanie	131	117	141	144	157	132	116	142	144	159
Kazakhstan Kazakhstan	82	74	66	59	60	81	73	66	59	61
Korea, Republic of Corée, République de	110	108	113	113	112	110	107	113	113	113

36
Agricultural production
Index numbers: 1989-91 = 100 [cont.]
Production agricole
Indices : 1989-91 = 100 [suite]

Country or area Pays ou zone	Agriculture 1992	1993	1994	1995	1996	Food Produit alimentaires 1992	1993	1994	1995	1996
Kuwait Koweït	30	86	116	123	137	30	87	116	123	137
Kyrgyzstan Kirghizistan	87	80	77	80	72	82	75	70	74	77
Lao People's Dem. Rep. Rép. dém. pop. lao	108	104	119	114	110	108	103	119	113	109
Lebanon Liban	117	112	115	115	123	117	111	114	115	122
Macau Macao	100	101	97	97	97	100	101	97	97	97
Malaysia Malaisie	106	112	114	115	117	109	119	120	121	124
Maldives Maldives	107	109	112	113	113	107	109	112	113	113
Mongolia Mongolie	90	81	74	79	80	89	79	72	77	79
Myanmar Myanmar	110	122	127	138	151	110	122	128	139	151
Nepal Népal	97	106	104	105	112	97	107	104	106	113
Oman Oman	102	110	92	88	88	101	109	91	87	87
Pakistan Pakistan	104	108	113	123	123	106	114	118	127	129
Philippines Philippines	103	112	115	118	119	103	112	116	119	120
Qatar Qatar	124	128	124	126	132	124	128	124	126	132
Saudi Arabia Arabie saoudite	106	102	104	105	85	106	102	104	105	85
Singapore Singapour	69	44	45	43	37	68	44	45	43	37
Sri Lanka Sri Lanka	96	106	112	104	108	101	107	114	102	108
Syrian Arab Republic Rép. arabe syrienne	127	115	120	130	140	125	116	123	131	141
Tajikistan Tadjikistan	69	68	64	58	54	78	72	67	63	61
Thailand Thaïlande	105	103	108	109	112	103	101	106	105	107
Turkey Turquie	103	104	103	105	106	103	104	104	105	106
Turkmenistan Turkménistan	93	92	105	101	60	91	92	119	113	84
United Arab Emirates Emirats arabes unis	128	140	143	174	178	128	141	144	175	179
Uzbekistan Ouzbékistan	92	88	86	87	76	98	89	89	90	81
Viet Nam Viet Nam	111	116	121	127	131	110	115	120	125	130

36
Agricultural production
Index numbers: 1989-91 = 100 [cont.]
Production agricole
Indices: 1989-91 = 100 [suite]

Country or area Pays ou zone	Agriculture 1992	1993	1994	1995	1996	Food Produit alimentaires 1992	1993	1994	1995	1996
Yemen Yémen	105	112	112	114	112	104	111	112	114	110
Europe · Europe										
Albania Albanie	89	102	125	141	150	89	103	130	146	156
Austria Autriche	99	100	102	102	99	99	100	102	102	99
Belarus Bélarus	93	97	83	95	99	94	97	83	96	99
Belgium-Luxembourg Belgique-Luxembourg	110	114	113	114	114	110	114	113	114	114
Bulgaria Bulgarie	87	70	69	77	54	88	71	70	80	55
Croatia Croatie	65	61	57	57	62	65	61	56	57	62
former Czechoslovakia† l'ex-Tchécoslovaquie†	89	..	..	..	..	89	..	..	..	..
Czech Republic République tchèque	...	106	85	88	89	...	106	86	88	89
Denmark Danemark	96	104	101	102	105	96	104	101	102	105
Estonia Estonie	66	47	49	77	74	66	46	49	77	74
Faeroe Islands Iles Féroé	104	106	106	101	101	104	106	106	101	101
Finland Finlande	89	93	94	91	91	89	93	94	91	91
France France	105	98	98	101	104	105	98	98	101	104
Germany † Allemagne†	94	91	88	90	92	94	91	88	90	92
Greece Grèce	105	104	110	105	102	103	101	107	100	99
Hungary Hongrie	76	71	72	70	72	76	71	72	70	72
Iceland Islande	101	95	97	95	95	101	96	98	97	97
Ireland Irlande	107	108	103	104	109	108	108	103	104	109
Italy Italie	105	102	101	100	100	106	102	101	100	101
Latvia Lettonie	97	84	59	70	72	98	85	60	70	73
Liechtenstein Liechtenstein	98	91	91	91	91	98	91	91	91	91
Lithuania Lituanie	83	73	60	77	86	83	74	60	78	86
Malta Malte	103	105	117	131	130	103	105	117	131	130

36
Agricultural production
Index numbers: 1989-91 = 100 [cont.]
Production agricole
Indices: 1989-91 = 100 [suite]

Country or area Pays ou zone	Agriculture 1992	1993	1994	1995	1996	Food Produit alimentaires 1992	1993	1994	1995	1996
Netherlands Pays-Bas	109	106	104	102	104	109	106	104	102	104
Norway Norvège	96	101	100	99	100	96	101	100	99	99
Poland Pologne	85	90	78	86	82	85	91	79	87	83
Portugal Portugal	93	90	93	95	93	93	90	93	95	93
Republic of Moldova République de Moldova	73	79	60	70	59	74	80	60	72	60
Romania Roumanie	80	99	94	101	95	81	100	95	102	96
Russian Federation Fédération de Russie	82	78	67	61	63	82	78	67	61	64
Slovakia Slovaquie	...	78	74	74	78	...	78	73	74	78
Slovenia Slovénie	76	87	95	97	94	76	87	95	97	94
Spain Espagne	102	98	93	85	98	102	98	93	86	98
Sweden Suède	86	98	93	95	99	86	98	93	95	98
Switzerland Suisse	103	100	96	97	99	103	100	96	97	99
TFYR Macedonia L'ex-R.y. Macédoine	107	89	95	95	95	107	87	96	96	96
Ukraine Ukraine	88	84	75	74	73	88	84	76	74	73
United Kingdom Royaume-Uni	102	98	99	101	103	102	98	99	101	103
Yugoslavia Yougoslavie	95	90	93	97	90	95	90	93	97	90
Oceania · Océanie										
American Samoa Samoa américaines	96	96	96	96	96	96	96	96	96	96
Australia Australie	109	112	104	115	110	110	116	105	121	114
Cocos (Keeling) Islands Iles des Cocos (Keeling)	100	102	102	102	102	100	102	102	102	102
Cook Islands Iles Cook	88	87	77	74	74	88	87	77	73	73
Fiji Fidji	99	98	104	108	108	99	99	104	108	108
French Polynesia Polynésie française	95	96	93	93	93	95	96	93	93	93
Guam Guam	108	111	111	111	111	108	111	111	111	111
Kiribati Kiribati	111	103	105	105	109	111	103	105	105	109

36
Agricultural production
Index numbers: 1989-91 = 100 [cont.]
Production agricole
Indices: 1989-91 = 100 [suite]

Country or area Pays ou zone	Agriculture 1992	1993	1994	1995	1996	Food Produit alimentaires 1992	1993	1994	1995	1996
Nauru Nauru	104	106	106	106	106	104	106	106	106	106
New Caledonia Nouvelle-Calédonie	109	109	113	113	113	111	110	114	115	115
New Zealand Nouvelle-Zélande	105	106	114	112	115	107	111	119	117	122
Niue Nioué	98	101	101	101	101	98	101	101	101	101
Papua New Guinea Papouasie-Nvl-Guinée	103	107	108	107	108	105	107	107	107	108
Samoa Samoa	86	94	94	94	94	85	94	94	94	94
Solomon Islands Iles Salomon	109	106	104	107	107	109	106	104	107	107
Tokelau Tokélaou	106	108	108	108	108	106	108	108	108	108
Tonga Tonga	87	84	82	76	76	87	84	82	76	76
Tuvalu Tuvalu	136	99	99	99	99	136	99	99	99	99
Vanuatu Vanuatu	96	109	109	114	114	96	109	109	114	114
Wallis and Futuna Islands Iles Wallis et Futuna	100	102	102	102	102	100	101	101	101	101

Source:
Food and Agriculture Organization of the United Nations (Rome).

† For information on recent changes in country or area nomenclature pertaining to former Czechoslovakia, Germany, Hong Kong Special Administrative Region of China, SFR Yugoslavia and former USSR, see Annex I - Country or area nomenclature, regional and other groupings.

†† For statistical purposes, the data for China do not include those for the Hong Kong Special Administrative Region (Hong Kong SAR) and Taiwan province of China.

Source:
Organisation des Nations Unies pour l'alimentation et l'agriculture (Rome).

† Pour les modifications récentes de nomenclature de pays ou de zone concernant l'Allemagne, Hong-Kong (Région administrative spéciale de Chine), l'ex-Tchécoslovaquie, l'ex-URSS et l'ex-Rfs de Yougoslavie, voir annexe I - Nomenclature des pays ou des zones, groupements régionaux et autres groupements.

†† Les données statistiques relatives à la Chine ne comprennent pas celles qui concernent la région administrative spéciale de Hong-Kong (la RAS de Hong-Kong) et la province chinoise de Taiwan.

37
Cereals
Céréales

Production: thousand metric tons
Production : milliers de tonnes métriques

Country or area Pays ou zone	1987	1988	1989	1990	1991	1992	1993	1994	1995	1996
World *Monde*	1 770 986	1 725 918	1 871 240	1 950 059	1 885 453	1 971 620	1 901 002	1 959 136	1 902 280	2 049 578
Africa **Afrique**	83 216	94 065	98 993	92 070	104 066	90 702	101 756	113 079	100 093	127 584
Algeria Algérie	2 066	1 038	2 006	1 629	3 812	3 330	1 454	965	2 140	4 602
Angola Angola	364	334	272	249	372	402	322	285	300	530
Benin Bénin	401	557	565	546	587	609	627	646	747	668
Botswana Botswana	23	106	76	53	50	15	46	51	46	83
Burkina Faso Burkina Faso	1 637	2 101	1 952	1 518	2 455	2 477	2 552	2 492	2 308	2 461
Burundi Burundi	279	292	296	293	300	306	300	* 225	* 269	* 273
Cameroon Cameroun	715	900	858	816	1 003	867	959	930	1 242	1 314
Cape Verde Cap-Vert	21	17	10	11	8	10	12	10[1]	8[1]	9[1]
Central African Rep. Rép. centrafricaine	126	143	124	95	92	94	94	101	112	109[1]
Chad Tchad	573	768	617	601	812	976	683	1 059	907	931
Comoros Comores	16	17	19	19	20	20	21	21	21	21[1]
Congo Congo	20	21	26	26	26[1]	27	27[1]	27[1]	27	27[1]
Côte d'Ivoire Côte d'Ivoire	1 086	1 144	1 193	1 239	1 286	1 340	1 539	1 628	1 726	1 948
Dem. Rep. of the Congo Rép. dém. du Congo	1 256	1 332	1 415	1 487	1 538	1 585	1 752	1 710	1 697	1 632
Egypt Egypte	9 445	9 764	11 130	13 022	13 864	14 611	14 961	15 012	16 885	16 542
Eritrea Erythrée	..	..	..	..	..	...	* 73	298	153	182
Ethiopia incl.Eritrea Ethiopie comp. Erythrée	6 195	6 384	6 355	6 457[1]	6 305[1]	7 070[1]	...	...	...	...
Ethiopia Ethiopie	..	..	..	..	..	...	6 906[1]	7 276[1]	9 167[1]	11 128[1]
Gabon Gabon	25	25	21	23[1]	24[1]	25	25[1]	26[1]	27[1]	28[1]
Gambia Gambie	92	100	97	90	111	96	97	95	98	105
Ghana Ghana	1 057	1 146	1 184	844	1 436	1 254	1 645	1 594	1 835	1 793[1]
Guinea Guinée	596[1]	547	583	627	685	683	708	762	825	864
Guinea-Bissau Guinée-Bissau	153[1]	150	148	167	179	169	181	189	201	173[1]

331 Agriculture

37

Cereals
Production: thousand metric tons [cont.]
Céréales
Production : milliers de tonnes métriques [suite]

Country or area Pays ou zone	1987	1988	1989	1990	1991	1992	1993	1994	1995	1996
Kenya Kenya	2 866	3 285	3 178	2 729	2 773	2 849	2 530	3 663	3 270	2 901
Lesotho Lesotho	146	234	199	242	67	94	154	258	82	252
Liberia Libéria	298	298	294	250[1]	130[1]	110[1]	* 65	* 50	56[1]	55[1]
Libyan Arab Jamah. Jamah. arabe libyenne	276	283	322	273	298[1]	313[1]	328[1]	307[1]	318[1]	321[1]
Madagascar Madagascar	2 338	2 308	2 545	2 581	2 497	2 591	2 724	2 517	2 712	2 791
Malawi Malawi	1 255	1 492	1 588	1 413	1 680	644	2 137	1 110	1 778	1 943
Mali Mali	1 502	1 610	2 031	1 824	1 896	1 853	2 228	2 432	2 361	2 163
Mauritania Mauritanie	152	174	184	103	105	107	169	215	220	220
Mauritius Maurice	4	4	2	2	2	2	2	2[1]	2[1]	2[1]
Morocco Maroc	4 337	7 959	7 429	6 276	8 668	2 952	2 820	9 641	1 792	10 100
Mozambique Mozambique	569	562	607	734	546	242	765	791	1 029	1 380
Namibia Namibie	69	83	97	99	114	33	76	119	57	87
Niger Niger	1 439	2 389	1 842	1 480	2 384	2 253	2 155	2 447	2 110	2 344
Nigeria Nigéria	15 917	16 560	18 007	17 678	18 615	19 597	20 091	20 373	21 206	21 653
Réunion Réunion	11	13	13	11	13	16	14	17	17	18[1]
Rwanda Rwanda	292	292	262	306	329	292	195	156	151	168
Sao Tome and Principe Sao Tomé-et-Principe	1	2	2	3	4	4	* 4	* 3	* 3	3[1]
Senegal Sénégal	1 054	867	1 067	977	946	856	1 086	943	1 059	1 048[1]
Sierra Leone Sierra Leone	517	547	574	562	560	535	540	466	338	443
Somalia Somalie	543	601	654	581[1]	256	209	165	405	285	393[1]
South Africa Afrique du Sud	11 483	11 347	14 884	11 016	10 810	4 616	12 785	15 967	7 443	13 815
Sudan Soudan	1 699	5 132	1 975	1 701	4 590	5 438	3 101	5 130	3 325	5 240
Swaziland Swaziland	101	118	138	99	142	58	77	103	79	138
Togo Togo	368	504	566	484	465	495	634	443	460	700
Tunisia Tunisie	1 917	295	641	1 638	2 556	2 199	1 917	660	638	2 879

37
Cereals
Production: thousand metric tons [cont.]
Céréales
Production : milliers de tonnes métriques [suite]

Country or area Pays ou zone	1987	1988	1989	1990	1991	1992	1993	1994	1995	1996
Uganda Ouganda	1 220	1 398	1 636	1 580	1 576	1 743	1 880	1 986	2 080	* 2 076
United Rep.Tanzania Rép. Unie de Tanzanie	4 029	3 685	4 791	3 842	3 792	3 538	3 876	3 532	4 617	4 330
Zambia Zambie	1 158	2 055	1 967	1 210	1 225	613	1 757	1 168	881	1 574
Zimbabwe Zimbabwe	1 505	3 080	2 553	2 560	2 060	481	2 498	2 773	980	3 124
America, North **Amérique du Nord**	**361 134**	**268 783**	**359 602**	**400 167**	**362 708**	**435 357**	**342 411**	**435 555**	**356 259**	**429 378**
Bahamas Bahamas	1[1]	1[1]	1[1]	1[1]	1[1]	1[1]	0[1]	0	0	0[1]
Barbados[1] Barbade[1]	2	2	2	2	2	2	2	2	2	2
Belize Belize	28	29	24	23	37	32	37	30	38	38[1]
Canada Canada	51 682	35 788	48 402	56 797	53 850	49 639	51 416	46 580	49 294	59 407
Costa Rica Costa Rica	299	315	246	281	260	272	204	207	206	211
Cuba Cuba	562	585	632	533	462	371	176	317	309	309[1]
Dominican Republic Rép. dominicaine	613	547	554	488	526	628	498	434	590	641
El Salvador El Salvador	647	807	802	825	729	992	910	725	889	889[1]
Guatemala Guatemala	1 378	1 385	1 421	1 435	1 382	1 514	1 446	1 296	1 161	1 239
Haiti Haïti	462	469	453	361	400	452	410[1]	405[1]	380[1]	388
Honduras Honduras	613	527	619	683	692	687	691	617	771	690
Jamaica Jamaïque	6	4	3	2	3	4	4	4	4	4
Mexico Mexique	23 636	21 067	21 424	25 562	23 673	26 897	26 704	26 811	24 717	26 846
Nicaragua Nicaragua	455	506	484	488	388	498	588	521	603	679
Panama Panama	304	298	328	345	337	337	329	343	343	351
Puerto Rico Porto Rico	2	2	0	0	0	0	0	0	0[1]	1[1]
St. Vincent-Grenadines St. Vincent-Grenadines	1	1	1	1	1[1]	1[1]	1[1]	1[1]	1[1]	1[1]
Trinidad and Tobago Trinité-et-Tobago	10	10	15	17	19	26	21	23	15	15[1]
United States Etats-Unis	280 433	206 440	284 190	312 322	279 947	353 004	258 973	357 238	276 936	337 667
America, South **Amérique du Sud**	**82 614**	**81 258**	**78 765**	**68 042**	**74 067**	**85 057**	**84 114**	**88 179**	**90 938**	**94 049**

333 Agriculture

37
Cereals
Production: thousand metric tons [cont.]
Céréales
Production : milliers de tonnes métriques [suite]

Country or area Pays ou zone	1987	1988	1989	1990	1991	1992	1993	1994	1995	1996
Argentina Argentine	22 912	22 343	18 078	20 144	21 591	25 476	25 097	25 270	23 949	29 554
Bolivia Bolivie	865	834	845	788	1 011	819	1 078	1 008	1 096	1 166
Brazil Brésil	44 148	42 905	43 934	32 469	36 804	44 068	42 981	45 777	49 615	46 101
Chile Chili	2 819	2 800	3 148	2 981	2 864	2 901	2 643	2 619	2 766	2 578
Colombia Colombie	3 598	3 554	4 007	4 314	3 948	3 674	3 522	3 631	3 449	3 490
Ecuador Equateur	1 297	1 444	1 440	1 383	1 444	1 631	1 902	2 061	1 957	2 267
French Guiana Guyane française	13	14	16	22	29	24	27	25	25	26[1]
Guyana Guyana	246	230	240	159	254	288	349	396	506	523[1]
Paraguay Paraguay	650	714	922	893	761	888	1 000	982	1 175	1 340
Peru Pérou	2 354	2 368	2 443	1 792	1 783	1 507	2 002	2 415	2 137	2 582
Suriname Suriname	272	265	261	196	229	261	217	221	220	220[1]
Uruguay Uruguay	1 021	1 303	1 493	1 121	1 098	1 541	1 435	1 451	1 802	2 118
Venezuela Venezuela	2 418	2 485	1 937	1 780	2 250	1 978	1 860	2 325	2 242	2 083
Asia Asie	763 083	801 099	830 186	872 027	865 493	891 006	903 459	898 948	933 028	955 237
Afghanistan Afghanistan	3 394	2 997	2 834	2 705	2 724	2 838[1]	2 983	3 189[1]	3 307[1]	2 562[1]
Armenia Arménie	..	..	..	..	...	272	344	230	248	288
Azerbaijan Azerbaïdjan	..	..	..	..	...	1 267	1 089	1 034	878	1 032
Bangladesh Bangladesh	24 304	24 450	27 886	27 747	28 462	28 654	28 297	26 513	27 703	29 445
Bhutan Bhoutan	140	95	95	106	106	106	105[1]	107[1]	112[1]	112[1]
Brunei Darussalam Brunéi Darussalam	1	2	2	1	1	1	1	1[1]	1[1]	1[1]
Cambodia Cambodge	1 853	2 541	2 726	2 588	2 460	2 281	2 429	2 268	3 355	3 450
China †† Chine ††	359 214	351 799	367 612	404 388	398 426	404 234	407 972	396 497	418 712	435 654[1]
Cyprus Chypre	126	158	148	109	65	182	205	162	145	144
Gaza Strip Zone de Gaza	1	1	1	1	1	1	1	1	1	1
Georgia Géorgie	..	..	..	..	...	496	402	472	511	645

37
Cereals
Production: thousand metric tons [cont.]
Céréales
Production : milliers de tonnes métriques [suite]

Country or area Pays ou zone	1987	1988	1989	1990	1991	1992	1993	1994	1995	1996
India Inde	156 115	183 867	199 413	193 919	193 101	201 672	208 097	212 305	213 590	*214 082
Indonesia Indonésie	45 234	48 328	50 918	51 913	50 944	56 235	54 641	53 510	57 990	60 090
Iran, Islamic Rep. of Iran, Rép. islamique d'	12 197	12 098	10 787	13 684	14 447	15 812	16 289	16 691	17 034	17 108
Iraq Iraq	1 728	2 591	1 497	3 455	2 673	2 959	3 239	2 829	2 248	1 859
Israel Israël	326	223	209	303	190	267	230	108	191	161
Japan Japon	14 527	13 867	14 318	14 449	13 070	14 286	10 737	15 787	14 119	13 791
Jordan Jordanie	115	127	80	129	107	157	94	83	99	98
Kazakhstan Kazakhstan	..	..	..	..	...	29 658	21 539	16 367	9 445	11 209
Korea, Dem. P. R. Corée, R. p. dém. de	6 629	6 371	6 594	5 866	5 406	4 973	4 593	4 951	5 135	4 980[1]
Korea, Republic of Corée, République de	8 467	9 164	8 950	8 434	7 853	7 846	7 042	7 217	6 739	6 676
Kuwait Koweït	4[1]	4	4[1]	3[1]	0[1]	2[1]	2[1]	2[1]	2[1]	2[1]
Kyrgyzstan Kirghizistan	..	..	..	..	...	1 516	1 506	995	979	1 423
Lao People's Dem. Rep. Rép. dém. pop. lao	1 243	1 054	1 448	1 558	1 292	1 561	1 298	1 633	1 468	1 355
Lebanon Liban	70	73	79	82	83	88	73	79	77	74
Malaysia Malaisie	1 730	1 815	1 873	1 995	2 175	2 106	2 119	2 196	2 169	*2 110
Mongolia Mongolie	689	814	841	720	597	496	474	328	261	202
Myanmar Myanmar	14 218	13 645	14 256	14 421	13 649	15 339	17 260	18 723	20 020	21 378
Nepal Népal	4 952	5 385	5 695	5 839	5 520	5 046	5 771	5 372	5 440	6 247
Oman Oman	4	4	5	5	5[1]	5[1]	5[1]	5[1]	5[1]	5[1]
Pakistan Pakistan	18 454	19 240	21 018	20 957	21 138	22 123	23 870	22 312	24 813	24 328
Philippines Philippines	12 818	13 399	13 981	14 739	14 329	14 132	14 232	15 057	14 865	15 435
Qatar Qatar	3	3	3	3	4	4	5	4	5[1]	5[1]
Saudi Arabia Arabie saoudite	2 929	3 692	3 932	4 137	4 573	4 659	5 042	5 031	4 701	1 880
Sri Lanka Sri Lanka	2 177	2 524	2 101	2 579	2 430	2 374	2 610	2 722	1 940	2 277[1]
Syrian Arab Republic Rép. arabe syrienne	2 300	5 001	1 404	3 100	3 288	4 361	5 387	5 393	6 095	5 961

37
Cereals
Production: thousand metric tons [cont.]
Céréales
Production : milliers de tonnes métriques [suite]

Country or area Pays ou zone	1987	1988	1989	1990	1991	1992	1993	1994	1995	1996
Tajikistan Tadjikistan	..	..	..	..	...	277	275	215	254	394
Thailand Thaïlande	21 414	26 167	25 240	21 170	24 462	23 864	22 013	25 339	25 513	26 426
Turkey Turquie	29 282	30 894	23 499	30 201	31 148	29 157	31 749	27 014	28 182	29 342
Turkmenistan Turkménistan	..	..	..	..	...	708	989	1 417	1 147	400
United Arab Emirates Emirats arabes unis	6	5	6	8	8	9	6	7	7	7[1]
Uzbekistan Ouzbékistan	..	..	..	..	...	2 252	2 135	2 457	3 204	2 494
Viet Nam Viet Nam	15 669	17 820	19 840	19 901	20 299	22 344	23 724	24 678	26 146	27 296
Yemen Yémen	718	843	864	767	448	811	834	802	810	664
Europe **Europe**	**274 990**	**285 814**	**292 610**	**284 698**	**303 568**	**254 735**	**259 127**	**261 558**	**270 978**	**287 700**
Albania Albanie	1 026	998	1 033	897	446	431	686	666	663	538
Austria Autriche	4 965	5 359	5 009	5 290	5 045	4 323	4 206	4 436	4 476	4 335
Belarus Bélarus	..	..	..	..	...	7 061	7 315	5 872	5 202	5 320
Belgium-Luxembourg Belgique-Luxembourg	2 063	2 351	2 374	2 119	2 215	2 165	2 311	2 325	2 366	2 712
Bosnia & Herzegovina Bosnie-Herzégovine	..	..	..	..	...	1 269[1]	1 174[1]	1 085	717	842
Bulgaria Bulgarie	7 276	7 817	9 527	8 115	8 974	6 560	5 666	6 409	6 490	3 495
Croatia Croatie	..	..	..	..	...	2 355	2 733	2 596	2 759	2 759
former Czechoslovakia† l'ex-Tchécoslovaquie†	11 777	11 907	12 118	12 626	11 939	10 198	..	..	..	..
Czech Republic République tchèque	..	..	..	..	..	...	6 479	6 781	6 606	6 683
Denmark Danemark	7 184	8 068	8 795	9 607	9 231	6 954	8 203	7 800	9 043	9 545
Estonia Estonie	..	..	..	..	...	592	811	510	515	563
Finland Finlande	2 183	2 826	3 809	4 296	3 429	2 603	3 340	3 400	3 333	3 687
France France	52 939	56 071	57 603	55 111	60 335	60 639	55 641	53 494	53 607	62 488
Germany † Allemagne†	35 061	36 932	36 881	37 580	39 268	34 758	35 549	36 336	40 143	42 102
Greece Grèce	5 183	5 624	5 827	4 463	6 222	5 047	4 922	5 231	4 691	4 371
Hungary Hongrie	14 168	14 966	15 417	12 561	15 797	9 981	8 520	11 715	11 116	10 245

37
Cereals
Production: thousand metric tons [cont.]
Céréales
Production : milliers de tonnes métriques [suite]

Country or area Pays ou zone	1987	1988	1989	1990	1991	1992	1993	1994	1995	1996
Ireland Irlande	2 108	2 078	1 919	1 966	1 964	2 017	1 627	1 610	1 796	2 142
Italy Italie	18 400	17 400	17 133	17 411	19 219	19 891	19 772	19 187	19 657	20 537
Latvia Lettonie	..	..	..	..	...	1 135	1 187	893	687	910
Lithuania Lituanie	..	..	..	..	...	2 184	2 673	2 098	1 865	2 519
Malta Malte	9[1]	9	9	8[1]	7	7	7	7	7	7
Netherlands Pays-Bas	1 107	1 222	1 368	1 361	1 252	1 350	1 466	1 355	1 505	1 659
Norway Norvège	1 285	1 066	1 180	1 568	1 482	1 010	1 402	1 271	1 272	1 335
Poland Pologne	26 060	24 504	26 958	28 014	27 812	19 962	23 417	21 763	25 905	25 783
Portugal Portugal	1 727	1 450	1 833	1 388	1 796	1 340	1 449	1 645	1 455	1 599
Republic of Moldova République de Moldova	..	..	..	..	...	1 976	3 219	1 627	2 703	1 448
Romania Roumanie	16 890	19 286	18 379	17 174	19 307	12 288	15 493	18 186	19 885	14 242
Russian Federation Fédération de Russie	..	..	..	..	...	103 794	96 225	78 650	61 893	68 030
Slovakia Slovaquie	..	..	..	..	...	...	3 223	3 730	3 528	3 941
Slovenia Slovénie	..	..	..	..	...	429	457	571	540	545
Spain Espagne	20 697	23 834	19 698	18 762	19 457	14 479	17 479	15 231	11 487	22 517
Sweden Suède	5 170	4 743	5 493	6 380	5 160	3 760	5 242	4 472	4 820	5 625
Switzerland Suisse	939	1 244	1 411	1 268	1 313	1 213	1 292	1 249	1 281	1 405
TFYR Macedonia L'ex-R.y. Macédoine	..	..	..	..	...	624	479	648	725	546
Ukraine Ukraine	..	..	..	..	...	35 548	42 721	32 814	32 320	23 471
United Kingdom Royaume-Uni	21 698	21 063	22 729	22 569	22 635	22 063	19 482	19 950	21 859	24 496
Yugoslavia Yougoslavie	..	..	..	..	...	7 019	7 411	8 410	9 245	7 519
Yugoslavia, SFR† Yougoslavie, Rfs†	15 077	14 996	16 109	14 165	19 263	..	..	..	..	..
Oceania **Océanie**	**20 928**	**22 698**	**23 084**	**23 948**	**19 591**	**26 027**	**27 706**	**16 165**	**29 134**	**35 485**
Australia Australie	19 900	21 891	22 375	23 045	18 748	25 262	26 873	15 295	28 355	34 602
Fiji Fidji	24	34	33	28	30	23	23	20	20	20[1]

37
Cereals
Production: thousand metric tons [cont.]
Céréales
Production : milliers de tonnes métriques [suite]

Country or area Pays ou zone	1987	1988	1989	1990	1991	1992	1993	1994	1995	1996
New Caledonia Nouvelle-Calédonie	1	1	1	1	1	1	1	1	1[1]	1[1]
New Zealand Nouvelle-Zélande	1 000	769	671	869	809	737	806	845	754	858
Papua New Guinea Papouasie-Nvl-Guinée	2	3[1]	3[1]	3[1]	3[1]	3[1]	3[1]	3[1]	3[1]	3[1]
Solomon Islands Iles Salomon	...	...	...	...	...	...	...	...	...	...
Vanuatu[1] Vanuatu[1]	1	1	1	1	1	1	1	1	1	1
former USSR† l'ex-URSS†	185 021	172 201	188 002	209 109	155 960	..	..	..	..	..

Source:
Food and Agriculture Organization of the United Nations (Rome).

† For information on recent changes in country or area nomenclature pertaining to former Czechoslovakia, Germany, Hong Kong Special Administrative Region of China, SFR Yugoslavia and former USSR, see Annex I - Country or area nomenclature, regional and other groupings.

†† For statistical purposes, the data for China do not include those for the Hong Kong Special Administrative Region (Hong Kong SAR) and Taiwan province of China.

1 FAO estimate.

Source:
Organisation des Nations Unies pour l'alimentation et l'agriculture (Rome).

† Pour les modifications récentes de nomenclature de pays ou de zone concernant l'Allemagne, Hong-Kong (Région administrative spéciale de Chine), l'ex-Tchécoslovaquie, l'ex-URSS et l'ex-Rfs de Yougoslavie, voir annexe I - Nomenclature des pays ou des zones, groupements régionaux et autres groupements.

†† Les données statistiques relatives à la Chine ne comprennent pas celles qui concernent la région administrative spéciale de Hong-Kong (la RAS de Hong-Kong) et la province chinoise de Taiwan.

1 Estimation de la FAO.

38
Oil crops, in oil equivalent
Cultures d'huile, en équivalent d'huile

Production: thousand metric tons
Production : milliers de tonnes métriques

Country or area Pays ou zone	1987	1988	1989	1990	1991	1992	1993	1994	1995	1996
World **Monde**	**67 653**	**68 204**	**72 244**	**75 407**	**77 379**	**78 540**	**79 698**	**88 043**	**91 381**	**91 676**
Africa **Afrique**	**5 097**	**5 320**	**5 391**	**5 438**	**5 762**	**5 577**	**5 921**	**6 007**	**6 133**	**6 714**
Algeria Algérie	67	58	53	70	53	94	81	73	64	105
Angola Angola	58	59	59	62	65	69	70	74	74	75
Benin Bénin	63	73	62	68	68	66	77	74	93	99
Botswana Botswana	0	1	1	1	1	1[1]	1[1]	1[1]	1[1]	1[1]
Burkina Faso Burkina Faso	81	93	89	89	74	89	101	102	108	108[1]
Burundi Burundi	8	8	7	8	8	8	8	6	7	6
Cameroon Cameroun	187	196	232	245	220	209	216	223	230	284
Cape Verde Cap-Vert	1	1	1	1	1	1	1	1	1	1
Central African Rep. Rép. centrafricaine	57	62	64	59	51	55	55	62	64	63
Chad Tchad	54	61	75	62	104	97	85	91	124	130[1]
Comoros Comores	6	6	6	6	7	7	7	7	*9	8[1]
Congo Congo	26	26	27	26	26	25	26[1]	27[1]	27[1]	28[1]
Côte d'Ivoire Côte d'Ivoire	351	320	322	348	353	382	379	376	366	384
Dem. Rep. of the Congo Rép. dém. du Congo	359	382	395	411	419	428	438	420	431	431[1]
Egypt Egypte	157	158	141	153	163	178	224	187	212	234
Equatorial Guinea[1] Guinée équatoriale[1]	7	7	7	7	7	7	7	7	7	7
Eritrea Erythrée	...	...	...	...	...	...	6[1]	9	9[1]	9[1]
Ethiopia incl.Eritrea Ethiopie comp. Erythrée	121	127	133	138	144	145	...	...	...	...
Ethiopia Ethiopie	...	...	...	...	...	...	145	142	142	142[1]
Gabon Gabon	9	10	10	10	10[1]	9[1]	8[1]	8[1]	8[1]	8[1]
Gambia Gambie	42	35	45	27	31	21	28	30	28	19
Ghana Ghana	167	185	199	178	171	192	189	225	217	217[1]

38
Oil crops, in oil equivalent
Production: thousand metric tons [cont.]
Cultures d'huile, en équivalent d'huile
Production : milliers de tonnes métriques [suite]

Country or area Pays ou zone	1987	1988	1989	1990	1991	1992	1993	1994	1995	1996
Guinea Guinée	81	76	80	87	96	107	102	118	121	127
Guinea-Bissau Guinée-Bissau	20	18	18	17	18	17	17	18	18	18
Kenya Kenya	24	25	29	30	33	31	33	33	34	34[1]
Liberia Libéria	41[1]	41[1]	41[1]	36[1]	31	31	36[1]	44[1]	44[1]	44[1]
Libyan Arab Jamah. Jamah. arabe libyenne	17	18	19	20	20	19	16	17	15	16
Madagascar Madagascar	30	31	33	32	31	29	33	29	33	34
Malawi Malawi	56	50	26	17	25	13	25	17	22	30
Mali Mali	83	103	105	110	101	98	90	121	105	113
Mauritania Mauritanie	1	2[1]	2[1]	2[1]	2[1]	2[1]	1[1]	1[1]	1[1]	2[1]
Mauritius Maurice	1	1	1	1	1	1	0	0[1]	0[1]	0[1]
Morocco Maroc	158	163	194	163	169	156	123	146	107	221
Mozambique Mozambique	112	113	114	115	115	106	108	104	114	121
Niger Niger	14	16	9	6	15	19	20	19	32	26[1]
Nigeria Nigéria	1 187	1 320	1 394	1 455	1 615	1 646	1 746	1 817	1 930	1 880
Rwanda Rwanda	7	6	5	4	5	8	6[1]	4	4	4[1]
Sao Tome and Principe Sao Tomé-et-Principe	5	5	5	4	5	6	6[1]	6[1]	6[1]	6[1]
Senegal Sénégal	321	246	283	238	247	200	216	231	267	275
Seychelles[1] Seychelles[1]	2	1	1	1	1	0	0	0	0	0
Sierra Leone Sierra Leone	75	73	71	71	73	76	70	80	72	72[1]
Somalia Somalie	25	25	26	24	19	11[1]	13	13	15[1]	15[1]
South Africa Afrique du Sud	221	291	270	305	317	131	205	218	244	363
Sudan Soudan	339	370	217	151	151	309	266	366	285[1]	294[1]
Swaziland Swaziland	2[1]	4	5	5[1]	4[1]	2[1]	2[1]	2[1]	2	3[1]
Togo Togo	39	39	36	44	38	42	41	42	42	47

38
Oil crops, in oil equivalent
Production: thousand metric tons [cont.]
Cultures d'huile, en équivalent d'huile
Production : milliers de tonnes métriques [suite]

Country or area Pays ou zone	1987	1988	1989	1990	1991	1992	1993	1994	1995	1996
Tunisia Tunisie	112	62	146	184	294	151	234	80	81	235
Uganda Ouganda	66	72	82	97	97	101	109	105	106	107[1]
United Rep.Tanzania Rép. Unie de Tanzanie	129	125	120	123	136	133	136	127	129	144
Zambia Zambie	27	28	25	24	23	11	33	22	30	33
Zimbabwe Zimbabwe	80	124	106	104	103	39	79	79	50	92
America, North Amérique du Nord	**14 209**	**12 128**	**13 537**	**13 964**	**15 111**	**15 408**	**14 509**	**19 312**	**17 002**	**17 528**
Canada Canada	1 881	1 861	1 580	1 783	2 045	1 792	2 568	3 393	3 133	2 559
Costa Rica Costa Rica	56	69	81	84	87	86	96	102	106	110
Cuba Cuba	8	8	8	8	8	7	8	8	8	8
Dominica Dominique	2[1]	2[1]	2[1]	1[1]	2[1]	2	2	2[1]	2[1]	2[1]
Dominican Republic Rép. dominicaine	24	29	32	31	31	28	24	25	24	24
El Salvador El Salvador	17	18	18	19	18	18	17	17	18	18[1]
Grenada[1] Grenade[1]	1	1	1	1	1	1	1	1	1	1
Guatemala Guatemala	34	39	34	42	44	51	48	51	50	51
Haiti Haïti	22[1]	21[1]	20[1]	19[1]	17[1]	14	14[1]	14[1]	14[1]	14
Honduras Honduras	84	81	86	90	88	96	93	92	91[1]	90[1]
Jamaica Jamaïque	26	27	12	11	13	16	16	16	16	16
Mexico Mexique	499	421	488	429	405	332	298	358	360	428
Nicaragua Nicaragua	20	17	17	22	23	19	22	38	27	30
Panama Panama	3	3	3	3	3	3	3[1]	2	2[1]	2[1]
Puerto Rico Porto Rico	1	1	1	1	1	1	1	1	1	1
Saint Lucia[1] Sainte-Lucie[1]	4	3	3	4	3	3	3	2	1	2
St. Vincent-Grenadines St. Vincent-Grenadines	3	3	3	3	3	3	3	3	3	3

38
Oil crops, in oil equivalent
Production: thousand metric tons [cont.]
Cultures d'huile, en équivalent d'huile
Production : milliers de tonnes métriques [suite]

Country or area Pays ou zone	1987	1988	1989	1990	1991	1992	1993	1994	1995	1996
Trinidad and Tobago[1] Trinité-et-Tobago[1]	6	5	4	5	5	7	7	4	3	3
United States Etats-Unis	11 518	9 518	11 144	11 410	12 313	12 931	11 286	15 182	13 141	14 165
America, South **Amérique du Sud**	**7 056**	**8 359**	**9 007**	**9 310**	**8 595**	**9 040**	**9 213**	**10 478**	**11 547**	**11 179**
Argentina Argentine	2 491	3 336	2 811	3 813	3 976	3 750	3 395	3 981	4 726	4 736
Bolivia Bolivie	28	34	54	52	81	79	104	145	189	176
Brazil Brésil	3 589	3 900	4 904	4 177	3 323	4 047	4 510	5 014	5 163	4 687
Chile Chili	52	64	55	32	36	34	16	15	17	18
Colombia Colombie	235	291	325	369	413	377	397	458	518	531
Ecuador Equateur	174	168	218	208	218	216	223	259	222	280
Guyana Guyana	5	5	6	6	6	6	7	8	10	10
Paraguay Paraguay	325	373	419	453	375	391	427	436	514	548
Peru Pérou	49	62	67	58	53	43	49	56	64	67
Suriname Suriname	6	4	5	3	3	4	3	3	3	3[1]
Uruguay Uruguay	33	28	29	27	29	30	26	30	48	49
Venezuela Venezuela	70	94	114	114	80	61	57	72	74	74
Asia **Asie**	**28 621**	**30 565**	**31 673**	**34 635**	**35 075**	**36 801**	**39 032**	**41 122**	**43 700**	**44 328**
Afghanistan Afghanistan	29	29	28	26	30	30	30	30	30[1]	30[1]
Armenia Arménie	...	...	...	...	...	0	...	...	...	...
Azerbaijan Azerbaïdjan	...	...	...	...	...	37	29	29	26	28
Bangladesh Bangladesh	142	145	142	145	146	155	157	154	158	156
Bhutan Bhoutan	1[1]	1	1	1[1]	1[1]	1[1]	1[1]	1[1]	1[1]	1[1]
Cambodia Cambodge	14	13	15	15	19	20	19	17	17	17
China †† Chine ††	9 659	8 727	8 300	9 716	10 091	9 826	10 913	11 906	12 535	11 717
Cyprus Chypre	2	4	3	3	2	5	3	3	3	3

38
Oil crops, in oil equivalent
Production: thousand metric tons [cont.]
Cultures d'huile, en équivalent d'huile
Production : milliers de tonnes métriques [suite]

Country or area Pays ou zone	1987	1988	1989	1990	1991	1992	1993	1994	1995	1996
Gaza Strip Zone de Gaza	1	1	0	1	1	1	1	1	1	1
Georgia Géorgie	...	...	...	...	...	5	1	4	3	3
India Inde	4 922	6 923	7 195	7 238	7 469	8 622	8 169	8 468	8 816	9 072
Indonesia Indonésie	3 794	4 137	4 398	5 193	5 426	5 838	6 193	6 848	7 411	8 003
Iran, Islamic Rep. of Iran, Rép. islamique d'	68	81	79	98	88	86	82	100	113	111
Iraq Iraq	12	14	19	36	17	27	43	36	38	34
Israel Israël	32	35	31	35	29	40	32	28	37	37[1]
Japan Japon	76	67	68	59	52	50	31	36	36	36
Jordan Jordanie	5	16	6	14	9	18	7	21	14	18
Kazakhstan Kazakhstan	...	...	...	...	...	94	69	66	66	46
Korea, Dem. P. R. Corée, R. p. dém. de	83[1]	83[1]	78[1]	85[1]	82	76	72	76	76	76[1]
Korea, Republic of Corée, République de	79	88	85	76	64	64	53	55	58	58
Kyrgyzstan * Kirghizistan *	...	...	...	...	...	6	4	5	4	7
Lao People's Dem. Rep. Rép. dém. pop. lao	4	4	5	5	6	7	7	7	9	9[1]
Lebanon Liban	17	11	12	16	13	26	11[1]	21	14[1]	22[1]
Malaysia Malaisie	5 310	5 893	7 069	7 135	7 136	7 416	8 639	8 420	9 100	9 719
Maldives Maldives	1	1	2	* 2	* 2	2	* 2	2[1]	2[1]	2[1]
Myanmar Myanmar	415	378	297	317	329	278	328	315	396	473
Nepal Népal	35	39	41	41	40	39	41	42	43	43
Pakistan Pakistan	619	616	643	700	889	685	618	656	796	729
Philippines Philippines	1 434	1 103	1 091	1 503	1 200	1 299	1 553	1 544	1 676	1 392
Saudi Arabia Arabie saoudite	2	2	2	2	2	2	2	2	2[1]	2[1]
Sri Lanka Sri Lanka	232	197	250	255	220	230	222	264	265	265
Syrian Arab Republic Rép. arabe syrienne	109	180	92	172	131	216	174	197	188	243

38
Oil crops, in oil equivalent
Production: thousand metric tons [cont.]
Cultures d'huile, en équivalent d'huile
Production : milliers de tonnes métriques [suite]

Country or area Pays ou zone	1987	1988	1989	1990	1991	1992	1993	1994	1995	1996
Tajikistan Tadjikistan	...	...	...	...	...	70	53	54	43	35
Thailand Thaïlande	506	583	657	663	650	689	700	744	785	824
Turkey Turquie	813	953	844	836	683	757	650	820	743	900
Turkmenistan Turkménistan	...	...	...	...	...	140	123	141	133	46
Uzbekistan Ouzbékistan	...	...	...	...	...	419	433	406	407	338
Viet Nam Viet Nam	200	202	214	211	242	250	272	273	298	298[1]
Yemen Yémen	4	4	5	5	5	6	7	7	8	8
Europe **Europe**	**8 376**	**7 373**	**7 803**	**7 569**	**8 763**	**7 695**	**7 255**	**7 737**	**8 308**	**8 110**
Albania Albanie	21	15	20	12	10	6	6	7	9	11
Austria Autriche	35	54	60	62	84	94	108	133	126	83
Belarus Bélarus	...	...	...	...	...	44	45	18	22	18
Belgium-Luxembourg Belgique-Luxembourg	8	7	8	11	14	9	9	11	12	13
Bosnia & Herzegovina Bosnie-Herzégovine	...	...	...	...	...	3[1]	2	1	1	2
Bulgaria Bulgarie	175	157	195	166	189	249	179	246	316	222
Croatia Croatie	...	...	...	...	...	37	38	32	37	26
former Czechoslovakia† anc. Tchécoslovaquie†	152	169	180	178	230	202	...	...	...	...
Czech Republic République tchèque	...	...	...	...	...	...	149	180	255	209
Denmark Danemark	195	177	229	278	254	142	146	130	110	88
Estonia Estonie	...	...	...	...	...	1[1]	1[1]	1	3	3
Finland Finlande	31	42	44	41	33	46	45	38	44	31
France France	2 065	1 836	1 595	1 743	1 909	1 524	1 255	1 518	1 847	1 886
Germany † Allemagne†	585	597	677	766	1 099	1 009	1 096	1 151	1 163	758
Greece Grèce	430	463	474	306	498	456	418	538	511	480
Hungary Hongrie	382	344	353	331	386	332	287	291	352	411

38
Oil crops, in oil equivalent
Production: thousand metric tons [cont.]
Cultures d'huile, en équivalent d'huile
Production : milliers de tonnes métriques [suite]

Country or area Pays ou zone	1987	1988	1989	1990	1991	1992	1993	1994	1995	1996
Ireland Irlande	6	4	4	7	8	6	3	6	5	4
Italy Italie	1 233	941	1 147	722	1 285	857	908	971	1 130	1 063
Latvia Lettonie	...	...	...	...	...	1	1	1	0	0[1]
Lithuania Lituanie	...	...	...	...	...	4	4[1]	4[1]	3[1]	3[1]
Netherlands Pays-Bas	13	11	11	12	11	6	6	5	5	4
Norway Norvège	4	3	3	3	2	3	5	5	5[1]	5[1]
Poland Pologne	421	426	563	434	371	269	212	272	492	162
Portugal Portugal	80	55	94	71	115	61	85	79	83	89
Republic of Moldova République de Moldova	...	...	...	...	...	80	79	60	93	121
Romania Roumanie	388	362	346	264	290	341	307	327	397	460
Russian Federation Fédération de Russie	...	...	...	...	...	1 432	1 273	1 174	1 811	1 340
Slovakia Slovaquie	...	...	...	...	...	...	48	58	87	107
Slovenia Slovénie	...	...	...	...	...	2	2	2	1	1[1]
Spain Espagne	1 289	988	1 051	1 308	1 099	1 267	1 157	1 024	616	1 176
Sweden Suède	88	100	148	148	101	99	126	75	76	50
Switzerland Suisse	17	18	19	16	18	16	18	13	17	17
TFYR Macedonia L'ex-R.y. Macédoine	...	...	...	...	...	16	8	8	9	10
Ukraine Ukraine	...	...	...	...	...	928	869	647	1 171	870
United Kingdom Royaume-Uni	478	374	344	465	514	482	462	482	461	524
Yugoslavia Yougoslavie	...	...	...	...	...	161	170	135	143	223
Yugoslavia, SFR† Yougoslavie, Rfs†	280	229	237	227	245	...	...	...	...	...
Oceania **Océanie**	**665**	**662**	**656**	**627**	**723**	**759**	**783**	**778**	**906**	**958**
American Samoa[1] Samoa américaines[1]	1	1	1	1	1	1	1	1	1	1
Australia Australie	188	228	227	176	276	252	257	244	353	394

38
Oil crops, in oil equivalent
Production: thousand metric tons [cont.]
Cultures d'huile, en équivalent d'huile
Production : milliers de tonnes métriques [suite]

Country or area Pays ou zone	1987	1988	1989	1990	1991	1992	1993	1994	1995	1996
Cocos (Keeling) Islands[1] Iles des Cocos (Keeling)[1]	1	1	1	1	1	1	1	1	1	1
Cook Islands Iles Cook	1[1]	1[1]	1[1]	1[1]	1[1]	0	1	0	0[1]	0[1]
Fiji Fidji	25	23	25	33	26	32	26	25	27[1]	27[1]
French Polynesia[1] Polynésie française[1]	15	12	12	13	11	11	11	11	11	11
Guam[1] Guam[1]	5	5	5	5	5	5	5	5	5	5
Kiribati[1] Kiribati[1]	7	14	10	6	9	9	8	8	8	9
New Caledonia[1] Nouvelle-Calédonie[1]	2	2	2	2	2	2	2	2	2	2
New Zealand Nouvelle-Zélande	3	2	1	1	1	1	1	2	2	2
Papua New Guinea Papouasie-Nvl-Guinée	281	246	247	252	269	313	333	347	359	370
Samoa[1] Samoa[1]	22	21	21	18	12	13	17	17	17	17
Solomon Islands Iles Salomon	40	44	48	49	51	61	62	57	58	59
Tonga Tonga	6	5	4	4	4	4[1]	4[1]	4[1]	3	3[1]
Vanuatu Vanuatu	45	40	32	47	35	34	34	34	37	37[1]
former USSR† **ancienne URSS†**	3 628	3 796	4 177	3 865	3 351	...	...	...	...	...

Source:
Food and Agriculture Organization of the United Nations (Rome).

† For information on recent changes in country or area nomenclature pertaining to former Czechoslovakia, Germany, Hong Kong Special Administrative Region of China, SFR Yugoslavia and former USSR, see Annex I - Country or area nomenclature, regional and other groupings.

†† For statistical purposes, the data for China do not include those for the Hong Kong Special Administrative Region (Hong Kong SAR) and Taiwan province of China.

1 FAO estimate.

Source:
Organisation des Nations Unies pour l'alimentation et l'agriculture (Rome).

† Pour les modifications récentes de nomenclature de pays ou de zone concernant l'Allemagne, Hong-Kong (Région administrative spéciale de Chine), l'ex-Tchécoslovaquie, l'ex-URSS et l'ex-Rfs de Yougoslavie, voir annexe I - Nomenclature des pays ou des zones, groupements régionaux et autres groupements.

†† Les données statistiques relatives à la Chine ne comprennent pas celles qui concernent la région administrative spéciale de Hong-Kong (la RAS de Hong-Kong) et la province chinoise de Taiwan.

1 Estimation de la FAO.

39 Livestock
Cheptel

Thousand head
Milliers de têtes

Country or area	1989	1990	1991	1992	1993	1994	1995	1996	Pays ou zone
World									**Monde**
Cattle	1276089	1285406	1287119	1285713	1284466	1299376	1311515	1320081	Bovine
Sheep	1173930	1183512	1158880	1129542	1099312	1087289	1061717	1047720	Ovine
Pigs	847 115	852 895	863 012	867 817	875 607	884 717	900 816	923 925	Porcine
Horses	60 679	60 998	61 111	61 217	61 080	60 915	61 672	61 534	Chevaline
Asses	42 726	43 220	43 461	43 454	43 102	43 173	43 351	43 467	Asine
Mules	14 667	14 745	14 858	14 975	14 917	14 793	14 812	14 821	Mulassière
Africa									**Afrique**
Cattle	182 970	187 923	188 442	189 695	188 023	189 465	192 712	198 212	Bovine
Sheep	199 921	201 718	201 191	200 966	201 255	204 971	208 642	209 933	Ovine
Pigs	15 495	16 496	17 572	18 941	20 496	21 170	21 432	21 290	Porcine
Horses	4 405	4 566	4 636	4 674	4 731	4 750	4 752	4 754	Chevaline
Asses	12 256	12 703	13 091	13 311	13 303	13 373	13 465	13 479	Asine
Mules	1 314	1 342	1 369	1 377	1 374	1 369	1 382	1 383	Mulassière
Algeria									**Algérie**
Cattle	1 405	1 393	1 300	1 334	1 314	1 269	1 267[1]	1 228[1]	Bovine
Sheep	17 316	17 698	16 891	17 723	18 665	17 842	17 302[1]	17 565[1]	Ovine
Pigs[1]	5	5	5	6	6	6	6	6	Porcine[1]
Horses	86	81	82	77	73[1]	67	67[1]	67[1]	Chevaline
Asses	322	299	*298	278[1]	259	226	230[1]	230[1]	Asine
Mules	101	100	*101	92[1]	88	81	82[1]	82[1]	Mulassière
Angola									**Angola**
Cattle	3 100	3 100[1]	3 150	3 200	3 100[1]	3 000[1]	3 000[1]	3 309[1]	Bovine
Sheep	240	240	240	250	245[1]	240[1]	240[1]	245[1]	Ovine
Pigs	800	800	805	810	800[1]	790[1]	800[1]	810[1]	Porcine
Horses[1]	1	1	1	1	1	1	1	1	Chevaline[1]
Asses[1]	5	5	5	5	5	5	5	5	Asine[1]
Benin									**Bénin**
Cattle	943	1 080	1 088	1 141[1]	1 195[1]	1 223	1 250[1]	1 350[1]	Bovine
Sheep	846	869	893	920[1]	940[1]	960[1]	965	*601	Ovine
Pigs	459	462	515	513[1]	535[1]	555	610[1]	*584	Porcine
Horses[1]	6	6	6	6	6	6	6	6	Chevaline[1]
Asses[1]	1	1	1	1	1	1	1	1	Asine[1]
Botswana									**Botswana**
Cattle	2 543	2 696	2 844	2 220[1]	1 821[1]	1 820[1]	1 900[1]	1 950[1]	Bovine
Sheep	286	317	349[1]	300[1]	250[1]	238	250[1]	250[1]	Ovine
Pigs	15	16	16[1]	10[1]	4[1]	5[1]	6[1]	7[1]	Porcine
Horses	32	34	34[1]	32[1]	31[1]	31	32[1]	32[1]	Chevaline
Asses	151	170[1]	200[1]	200[1]	220[1]	231	235[1]	235[1]	Asine
Mules	2	3[1]	3[1]	3[1]	3[1]	3[1]	3[1]	3[1]	Mulassière
Burkina Faso									**Burkina Faso**
Cattle	3 860	3 937	4 015	4 096	4 178	4 261	4 350[1]	4 350[1]	Bovine
Sheep	4 900	5 047	5 198	5 352	5 520	5 686	5 800[1]	5 800[1]	Ovine
Pigs	496	516	518	530	540	551	560[1]	560[1]	Porcine
Horses	22	22	22	22	23	*23	23[1]	23[1]	Chevaline
Asses	403	411	419	427	436[1]	*445	455[1]	455[1]	Asine
Burundi									**Burundi**
Cattle	423	432	437	440[1]	442[1]	420[1]	400[1]	390[1]	Bovine
Sheep	327	361	367	375[1]	380[1]	370[1]	330[1]	320[1]	Ovine
Pigs	91	103	81	85[1]	87[1]	80[1]	75[1]	72[1]	Porcine
Cameroon									**Cameroun**
Cattle	4 582	4 697	4 700[1]	4 730[1]	4 850[1]	4 870[1]	4 900[1]	4 900[1]	Bovine
Sheep	3 170	*3 500	3 550[1]	3 560[1]	3 770[1]	3 780[1]	3 800[1]	3 800[1]	Ovine
Pigs	1 299	1 364	1 370[1]	1 380[1]	1 390[1]	1 400[1]	1 410[1]	1 410[1]	Porcine
Horses	14[1]	14[1]	15[1]	15[1]	15[1]	15[1]	15[1]	15[1]	Chevaline
Asses	35[1]	35[1]	36[1]	36[1]	36[1]	36[1]	36[1]	36[1]	Asine
Cape Verde									**Cap-Vert**
Cattle	19	19	16	18	18	18	19[1]	19[1]	Bovine
Sheep	6	8	4	4[1]	5[1]	5[1]	4[1]	4[1]	Ovine
Pigs	91	99	135[1]	207[1]	326	512	450[1]	450[1]	Porcine
Horses	1	1[1]	0	1[1]	1[1]	1[1]	1[1]	1[1]	Chevaline
Asses	11	11[1]	13	13[1]	13[1]	13[1]	14[1]	14[1]	Asine
Mules	2	2[1]	2	2[1]	2[1]	2[1]	2[1]	2[1]	Mulassière

39
Livestock
Thousand head [cont.]
Cheptel
Milliers de têtes [suite]

Country or area	1989	1990	1991	1992	1993	1994	1995	1996	Pays ou zone
Central African Rep.									**Rép. centrafricaine**
Cattle	2 495	2 595	2 677	2 680	2 674	2 735[1]	2 797	2 800[1]	Bovine
Sheep	128	134	139	145	156	164	172	170[1]	Ovine
Pigs	393	442	454	467	502	524	547	550[1]	Porcine
Chad									**Tchad**
Cattle	4 197	4 297	4 400	4 506	4 517	4 621	4 539	4 539[1]	Bovine
Sheep	1 870	1 926	1 983	2 028	2 089	2 152	2 219	2 219[1]	Ovine
Pigs	13	14	15	15	16	17	18	18[1]	Porcine
Horses	192	179	182	206	210	214	218[1]	218[1]	Chevaline
Asses	259	264	269	243	248	253	252[1]	252[1]	Asine
Comoros									**Comores**
Cattle	47	48[1]	48[1]	49[1]	50[1]	50[1]	50[1]	50[1]	Bovine
Sheep	13	13[1]	14[1]	14[1]	15[1]	15[1]	15[1]	15[1]	Ovine
Asses[1]	4	4	5	5	5	5	5	5	Asine[1]
Congo									**Congo**
Cattle	62	70	64	65[1]	67[1]	68[1]	69[1]	70[1]	Bovine
Sheep	101	104	107	110[1]	111[1]	112[1]	113[1]	114[1]	Ovine
Pigs	44	50[1]	52[1]	55[1]	56[1]	57[1]	58[1]	59[1]	Porcine
Côte d'Ivoire									**Côte d'Ivoire**
Cattle	1 049	1 108	1 145	1 180	1 205	1 231	1 258	1 277	Bovine
Sheep	1 115	1 134	1 161	1 190	1 219	1 251	1 282	1 314	Ovine
Pigs	351	360	372	382	392	403	414	290	Porcine
Dem. Rep. of the Congo									**Rép. dém. du Congo**
Cattle	1 484	1 535	1 586	1 500[1]	1 470[1]	1 475	1 480[1]	1 480[1]	Bovine
Sheep	900	927	974	985[1]	1 000[1]	1 047	1 080[1]	1 043[1]	Ovine
Pigs	982	1 050	1 118	1 130[1]	1 160[1]	1 192	1 170[1]	1 157[1]	Chevaline
Djibouti									**Djibouti**
Cattle[1]	180	195	190	190	190	190	190	190	Bovine[1]
Sheep[1]	400	430	470	470	470	470	470	470	Ovine[1]
Asses[1]	8	8	8	8	8	8	8	8	Asine[1]
Egypt									**Egypte**
Cattle	2 721	2 618	2 973	2 980[1]	2 977	2 750[1]	2 700[1]	2 700[1]	Bovine
Sheep	3 481	3 364	3 084	3 385	3 707	* 4 000	3 648[1]	3 491[1]	Ovine
Pigs	23	24	24	28[1]	27[1]	27	27[1]	27[1]	Porcine
Horses[1]	10	10	10	10	10	10	11	11	Chevaline[1]
Asses	1 158	1 380[1]	1 530	1 550[1]	1 600[1]	1 650[1]	1 680[1]	1 690[1]	Asine
Mules	1	1	1	1	1	1	1	1	Mulassière
Equatorial Guinea									**Guinée équatoriale**
Cattle[1]	5	5	5	5	5	5	5	5	Bovine[1]
Sheep[1]	35	35	36	36	36	36	36	36	Ovine[1]
Pigs[1]	5	5	5	5	5	5	5	5	Porcine[1]
Eritrea									**Erythrée**
Cattle[1]	..	..	..	...	* 1 269	* 1 290	* 1 312	1 320[1]	Bovine[1]
Sheep[1]	..	..	..	...	1 510[1]	1 520[1]	1 530[1]	1 530[1]	Ovine[1]
Ethiopia									**Ethiopie**
Cattle	..	..	..	...	29 450[1]	29 450[1]	29 825[1]	29 900[1]	Bovine
Sheep	..	..	..	...	21 700[1]	21 700[1]	21 700[1]	21 700[1]	Ovine
Pigs	..	..	..	...	20[1]	20[1]	20[1]	20[1]	Porcine
Horses	..	..	..	...	2 750[1]	2 750[1]	2 750[1]	2 750[1]	Chevaline
Asses	..	..	..	...	5 200[1]	5 200[1]	5 200[1]	5 200[1]	Asine
Mules	..	..	..	...	630[1]	630[1]	630[1]	630[1]	Mulassière
Ethiopia incl.Eritrea									**Ethiopie comp. Erythrée**
Cattle	* 28 900	30 000[1]	30 000[1]	31 000[1]	..	..	..	..	Bovine
Sheep	* 24 000	* 22 960	23 000[1]	23 200[1]	..	..	..	..	Ovine
Pigs	19[1]	19[1]	20[1]	20[1]	..	..	..	..	Porcine
Horses	2 600[1]	2 650[1]	2 700[1]	2 750[1]	..	..	..	..	Chevaline
Asses	4 900[1]	5 000[1]	5 100[1]	5 200[1]	..	..	..	..	Asine
Mules	570[1]	590[1]	610[1]	630[1]	..	..	..	..	Mulassière
Gabon									**Gabon**
Cattle	27	31	33	35	37	39[1]	39[1]	39[1]	Bovine
Sheep	157	160[1]	165[1]	170[1]	170[1]	172[1]	172[1]	172[1]	Ovine
Pigs	159	160[1]	162[1]	164[1]	165[1]	165[1]	165[1]	165[1]	Porcine
Gambia									**Gambie**
Cattle	327[1]	327[1]	337[1]	296[1]	305[1]	308[1]	314[1]	323[1]	Bovine
Sheep	140[1]	121	121	155[1]	155[1]	157[1]	158[1]	159[1]	Ovine
Pigs	14[1]	14[1]	14[1]	14[1]	14[1]	14[1]	14[1]	14[1]	Porcine

39
Livestock
Thousand head [cont.]
Cheptel
Milliers de têtes [suite]

Country or area	1989	1990	1991	1992	1993	1994	1995	1996	Pays ou zone
Horses	18	16	16	16[1]	16[1]	16[1]	16[1]	16[1]	Chevaline
Asses	41	37	31	30[1]	30[1]	30[1]	30[1]	30[1]	Asine
Ghana									**Ghana**
Cattle	1 136	1 145	1 195	1 159	*1 169	*1 187	1 200[1]	1 200[1]	Bovine
Sheep	2 212	2 224	2 162	2 126	*2 127	*2 279	2 400[1]	2 400[1]	Ovine
Pigs	559	474	454	413	*397	*419	440[1]	440[1]	Porcine
Horses	2	1	1	2	2[1]	2[1]	2[1]	2[1]	Chevaline
Asses	11	10	12	13	13[1]	13[1]	13[1]	13[1]	Asine
Guinea									**Guinée**
Cattle	1 436	1 472	1 565[1]	1 663	1 768	1 874[1]	2 188[1]	2 212[1]	Bovine
Sheep	432	420	436[1]	452	469	487[1]	610[1]	618[1]	Ovine
Pigs	24	22	26[1]	30	35	41[1]	44[1]	45[1]	Porcine
Horses	2	2[1]	2[1]	2[1]	2[1]	2[1]	2[1]	2[1]	Chevaline
Asses	1	1[1]	1[1]	1[1]	1[1]	1[1]	1[1]	1[1]	Asine
Guinea–Bissau									**Guinée–Bissau**
Cattle	400	410	425[1]	450	475[1]	475[1]	475[1]	475[1]	Bovine
Sheep	230[1]	242	245[1]	250	255[1]	255[1]	255[1]	255[1]	Ovine
Pigs	290[1]	290[1]	290	300	310[1]	310[1]	310[1]	310[1]	Porcine
Horses	2	2	2	2	2[1]	2[1]	2[1]	2[1]	Chevaline
Asses	5	5	5	5	5[1]	5[1]	5[1]	5[1]	Asine
Kenya									**Kenya**
Cattle	13 457	13 793	13 500[1]	13 200[1]	13 000[1]	13 000[1]	13 567[1]	13 838[1]	Bovine
Sheep	*6 325	*6 516	6 500[1]	6 000[1]	5 500[1]	5 500[1]	5 600[1]	5 600[1]	Ovine
Pigs	100	105	105[1]	105[1]	100[1]	102[1]	104[1]	104[1]	Porcine
Horses [1]	2	2	2	2	2	2	2	2	Chevaline [1]
Lesotho									**Lesotho**
Cattle	583	523	542[1]	623[1]	600[1]	600[1]	580	590[1]	Bovine
Sheep	1 505	1 378	1 467	1 267[1]	1 200[1]	1 200[1]	1 131	1 200[1]	Ovine
Pigs	70[1]	67[1]	50[1]	36[1]	50[1]	60[1]	66	70[1]	Porcine
Horses	104	121[1]	115[1]	110[1]	115[1]	120[1]	120[1]	120[1]	Chevaline
Asses	151	155[1]	150[1]	145[1]	150[1]	152[1]	152[1]	152[1]	Asine
Mules [1]	1	1	1	1	1	1	1	1	Mulassière [1]
Liberia									**Libéria**
Cattle [1]	40	38	37	36	36	36	36	36	Bovine [1]
Sheep [1]	230	220	215	210	210	210	210	210	Ovine [1]
Pigs [1]	130	120	120	120	120	120	120	120	Porcine [1]
Libyan Arab Jamah.									**Jamah. arabe libyenne**
Cattle	240	250	225[1]	180[1]	135[1]	105[1]	100[1]	100[1]	Bovine
Sheep	5 000	5 200	5 100[1]	5 000[1]	4 800[1]	4 500[1]	4 400[1]	4 400[1]	Ovine
Horses	20	20	25[1]	24[1]	23[1]	22[1]	22[1]	22[1]	Chevaline
Asses [1]	62	62	62	60	58	55	55	55	Asine [1]
Madagascar									**Madagascar**
Cattle	10 243	10 254	*10 265	*10 276	10 287	*10 298	*10 309	10 320[1]	Bovine
Sheep	721[1]	*737	*754	770[1]	787[1]	804[1]	755[1]	756[1]	Ovine
Pigs	1 400	1 431	*1 461	*1 493	*1 526	*1 558	*1 592	1 629[1]	Porcine
Malawi									**Malawi**
Cattle	850[1]	*836	*899	*967	800[1]	680[1]	690[1]	700[1]	Bovine
Sheep	150[1]	*148	*155	*162	100[1]	100[1]	100[1]	101[1]	Ovine
Pigs	240[1]	*233	*235	*238	240[1]	245[1]	247	220[1]	Porcine
Asses	2[1]	2[1]	2[1]	2[1]	2[1]	2[1]	2	2[1]	Asine
Mali									**Mali**
Cattle	4 826	4 996	5 198	5 373	5 380	5 542	5 560[1]	5 708[1]	Bovine
Sheep	5 771	6 086	6 359	6 658	4 926	5 173	5 173[1]	5 431[1]	Ovine
Pigs	55	56	67	75	62	63	63[1]	63[1]	Porcine
Horses	55	77	83	85	92	101	101[1]	101[1]	Chevaline
Asses	517	575	590	600	600	611	611[1]	611[1]	Asine
Mauritania									**Mauritanie**
Cattle	1 300	1 350	1 400	1 200	1 200	1 100	1 125	1 312	Bovine
Sheep	*4 800	*5 100	5 300[1]	*5 100	*5 280	*5 280	*5 288	*6 199	Ovine
Horses [1]	17	18	18	18	18	18	18	18	Chevaline [1]
Asses [1]	150	151	153	154	155	155	155	155	Asine [1]
Mauritius									**Maurice**
Cattle	34	33	34[1]	33	34[1]	34[1]	34[1]	34[1]	Bovine
Sheep	7	7	6[1]	7	7[1]	7[1]	7[1]	7[1]	Ovine
Pigs	10	13	14	14	15	17[1]	17[1]	17[1]	Porcine

39
Livestock
Thousand head [cont.]
Cheptel
Milliers de têtes [suite]

Country or area	1989	1990	1991	1992	1993	1994	1995	1996	Pays ou zone
Morocco									**Maroc**
Cattle	3 324	3 346	3 183	3 005	2 348	2 343	2 490	2 420	Bovine
Sheep	13 761	13 514	13 308	13 154	11 868	13 309	16 586	16 267	Ovine
Pigs [1]	9	9	9	9	10	10	10	10	Porcine [1]
Horses	184	194	191	186	162	165	162 [1]	162 [1]	Chevaline
Asses	918	912	919	982	905	916	954 [1]	954 [1]	Asine
Mules	515	523	529	528	526	527	540 [1]	540 [1]	Mulassière
Mozambique									**Mozambique**
Cattle [1]	1 370	1 380	1 370	1 250	1 260	1 270	1 280	1 290	Bovine [1]
Sheep [1]	120	121	118	118	119	120	121	122	Ovine [1]
Pigs [1]	165	170	165	170	170	172	175	175	Porcine [1]
Asses [1]	20	20	20	17	19	18	18	19	Asine [1]
Namibia									**Namibie**
Cattle	2 014	2 087	2 212	2 206	2 074	2 036	2 031	2 084	Bovine
Sheep	3 242	3 328	3 295	2 863	2 652	2 620	2 410	2 137	Ovine
Pigs	20	18	17	15	20	18	20	21	Porcine
Horses	47	52	51 [1]	55	57	59	58	58	Chevaline
Asses	68 [1]	68 [1]	68 [1]	* 70	71 [1]	71 [1]	71 [1]	71 [1]	Asine
Mules	6 [1]	6 [1]	6 [1]	* 7	7 [1]	7 [1]	7 [1]	7 [1]	Mulassière
Niger									**Niger**
Cattle	1 636	1 711	1 790	* 1 909	1 872	1 968	2 008	1 987	Bovine
Sheep	2 950	3 098	3 253	* 3 500	* 3 465	3 678	3 789	3 849	Ovine
Pigs [1]	37	37	38	38	39	39	39	39	Porcine [1]
Horses	80	82 [1]	82 [1]	82 [1]	82 [1]	82 [1]	82 [1]	82 [1]	Chevaline
Asses	412	431	449	450 [1]	450 [1]	450 [1]	450 [1]	450 [1]	Asine
Nigeria									**Nigéria**
Cattle	13 958	13 947	14 017	14 087	14 807	14 881 [1]	15 405	18 115 [1]	Bovine
Sheep	11 971	12 460	13 000	13 500	14 000	14 000 [1]	14 000 [1]	14 000 [1]	Ovine
Pigs	3 000 [1]	3 410	4 263	5 328	6 660	6 926	6 926 [1]	6 926 [1]	Porcine
Horses	210 [1]	208	206 [1]	205 [1]	204 [1]	204 [1]	204 [1]	204 [1]	Chevaline
Asses	900 [1]	936	960 [1]	1 000 [1]	1 000 [1]	1 000 [1]	1 000 [1]	1 000 [1]	Asine
Réunion									**Réunion**
Cattle	18	20	22	23	25	26	26 [1]	27 [1]	Bovine
Sheep	2	2	2	2	2 [1]	2 [1]	2 [1]	2 [1]	Ovine
Pigs	84	86	94	92	86	82	95 [1]	95 [1]	Porcine
Rwanda									**Rwanda**
Cattle	594	582	600 [1]	550 [1]	500 [1]	454	465 [1]	465 [1]	Bovine
Sheep	393	389	380 [1]	350 [1]	300 [1]	280 [1]	250 [1]	250 [1]	Ovine
Pigs	120	116	115 [1]	110 [1]	100 [1]	90 [1]	80 [1]	80 [1]	Porcine
Saint Helena									**Sainte-Hélène**
Cattle	1	1	1	1	1	1	1 [1]	1 [1]	Bovine
Sheep	2	2	1	1	1	1	1 [1]	1 [1]	Ovine
Pigs	1	1	1	1	1	1	1 [1]	1 [1]	Porcine
Sao Tome and Principe									**Sao Tomé-et-Principe**
Cattle [1]	4	4	4	4	4	4	4	4	Bovine [1]
Sheep [1]	2	2	2	2	2	2	2	2	Ovine [1]
Pigs [1]	3	3	3	3	2	2	2	2	Porcine [1]
Senegal									**Sénégal**
Cattle	2 540	2 622	2 687	2 692 [1]	2 754 [1]	* 2 800	2 900 [1]	2 900 [1]	Bovine
Sheep	3 244 [1]	3 347 [1]	* 3 800	* 4 229	* 4 400	* 4 600	4 800 [1]	4 800 [1]	Ovine
Pigs	291	295	300 [1]	310 [1]	320 [1]	320 [1]	320 [1]	320 [1]	Porcine
Horses	366 [1]	440	453	431	498	500 [1]	502 [1]	502 [1]	Chevaline
Asses	303 [1]	303	328	362	364	364 [1]	368 [1]	368 [1]	Asine
Seychelles									**Seychelles**
Cattle [1]	2	2	2	2	2	2	2	2	Bovine [1]
Pigs [1]	17	18	18	18	18	18	18	18	Porcine [1]
Sierra Leone									**Sierra Leone**
Cattle	333	333	333	349	360	360 [1]	360 [1]	360 [1]	Bovine
Sheep	267	271	274	288	302	302 [1]	302 [1]	302 [1]	Ovine
Pigs [1]	50	50	50	50	50	50	50	50	Porcine [1]
Somalia									**Somalie**
Cattle	4 800 [1]	3 800 [1]	3 300 [1]	3 000 [1]	4 000 [1]	5 000	5 200 [1]	5 200 [1]	Bovine
Sheep	14 350 [1]	12 000 [1]	10 000 [1]	9 000 [1]	11 000 [1]	13 000	13 500 [1]	13 500 [1]	Ovine
Pigs [1]	10	10	7	2	6	9	9	9	Porcine [1]

39
Livestock
Thousand head [cont.]
Cheptel
Milliers de têtes [suite]

Country or area	1989	1990	1991	1992	1993	1994	1995	1996	Pays ou zone
Horses [1]	1	1	1	1	1	1	1	1	Chevaline [1]
Asses [1]	25	25	25	20	23	24	24	24	Asine [1]
Mules [1]	24	24	23	18	20	21	21	21	Mulassière [1]
South Africa									**Afrique du Sud**
Cattle	11 850 [1]	*13 398	*13 512	13 074	12 503	12 584	13 015	13 000 [1]	Bovine
Sheep	*30 935	*32 665	*32 580	30 955	28 930	29 134	28 784	29 000 [1]	Ovine
Pigs	1 470 [1]	1 480 [1]	1 490 [1]	1 529	1 493	1 511	1 628	1 630 [1]	Porcine
Horses [1]	230	230	230	230	230	230	230	230	Chevaline [1]
Asses [1]	210	210	210	210	210	210	210	210	Asine [1]
Mules [1]	14	14	14	14	14	14	14	14	Mulassière [1]
Sudan									**Soudan**
Cattle	20 167	20 583	21 028	*21 630	22 100 [1]	22 550 [1]	22 950 [1]	23 500 [1]	Bovine
Sheep	19 668	20 168	20 700	*21 300	22 000 [1]	22 500 [1]	23 000 [1]	23 400 [1]	Ovine
Horses [1]	21	22	22	23	23	23	24	24	Chevaline [1]
Asses [1]	670	675	680	681	670	675	678	680	Asine [1]
Mules [1]	1	1	1	1	1	1	1	1	Mulassière [1]
Swaziland									**Swaziland**
Cattle	679	716	740	753	608	626	642	646 [1]	Bovine
Sheep	25	24	24	28	27	27 [1]	24	27 [1]	Ovine
Pigs	19	24	28	31	30	30 [1]	30	31	Porcine
Horses	1	1	1	1	1	1 [1]	1 [1]	1 [1]	Chevaline
Asses	12	12	12	12	12	12 [1]	12 [1]	13 [1]	Asine
Togo									**Togo**
Cattle	250 [1]	243	247	251	248	248 [1]	202 [1]	202 [1]	Bovine
Sheep	1 147	1 144	1 200	1 200	1 200	1 200 [1]	1 200 [1]	1 200 [1]	Ovine
Pigs	433	709	709	800 [1]	850	850 [1]	850 [1]	850 [1]	Porcine
Horses	2 [1]	2 [1]	2 [1]	2 [1]	2 [1]	2 [1]	2 [1]	2 [1]	Chevaline
Asses	4	3	3 [1]	3 [1]	3 [1]	3 [1]	3 [1]	3 [1]	Asine
Tunisia									**Tunisie**
Cattle	626	622	631	*636	659	662 [1]	654 [1]	700 [1]	Bovine
Sheep	5 548	5 966	6 290	6 400 [1]	7 110	6 137 [1]	6 222 [1]	6 400 [1]	Ovine
Pigs	5 [1]	7	6 [1]	6 [1]	6 [1]	6 [1]	6 [1]	6 [1]	Porcine
Horses [1]	55	55	56	56	56	56	56	56	Chevaline [1]
Asses [1]	224	226	229	229	230	230	230	230	Asine [1]
Mules [1]	77	78	79	80	81	81	81	81	Mulassière [1]
Uganda									**Ouganda**
Cattle	4 417	4 913	5 000 [1]	5 100 [1]	5 200 [1]	5 150 [1]	5 200 [1]	5 200 [1]	Bovine
Sheep	1 320 [1]	1 350 [1]	*1 380	*1 560	*1 760	1 850 [1]	1 900 [1]	1 900 [1]	Ovine
Pigs	716	824	850 [1]	880 [1]	900 [1]	910 [1]	920 [1]	920 [1]	Porcine
Asses [1]	17	17	17	17	17	17	17	17	Asine [1]
United Rep.Tanzania									**Rép. Unie de Tanzanie**
Cattle	12 956	13 047	13 138	*13 230	*13 296	*13 376	13 350 [1]	13 360 [1]	Bovine
Sheep	3 541	3 557	3 556	*3 556	*3 828	*3 955	3 955 [1]	3 955 [1]	Ovine
Pigs	310 [1]	320 [1]	*330	*330	*335	*335	335 [1]	335 [1]	Porcine
Asses [1]	173	174	175	176	177	178	178	178	Asine [1]
Western Sahara									**Sahara occidental**
Sheep	26	27	28	29	29	29	29	29	Ovine
Zambia									**Zambie**
Cattle	2 672	*2 878	*2 984	*3 095	*3 204	2 800 [1]	2 500 [1]	2 600 [1]	Bovine
Sheep	55	*60	*62	*63	*67	65 [1]	64 [1]	65 [1]	Ovine
Pigs	297	295 [1]	296 [1]	290 [1]	293 [1]	290 [1]	285 [1]	288 [1]	Porcine
Asses	1	2 [1]	2 [1]	2 [1]	2 [1]	2 [1]	2 [1]	2 [1]	Asine
Zimbabwe									**Zimbabwe**
Cattle	5 846	6 407	5 349	6 024	4 180 [1]	4 300 [1]	4 500	5 436	Bovine
Sheep	539	599	493	494 [1]	420 [1]	450 [1]	487	530	Ovine
Pigs	304	303	280	285 [1]	*210	*246	277	266 [1]	Porcine
Horses [1]	23	24	24	24	23	24	24	24	Chevaline [1]
Asses [1]	102	103	104	104	103	104	104	104	Asine [1]
Mules [1]	1	1	1	1	1	1	1	1	Mulassière [1]
America, North									**Amérique du Nord**
Cattle	161 356	159 498	159 747	159 869	161 390	164 219	165 713	164 735	Bovine
Sheep	18 624	19 168	19 059	18 969	18 036	17 639	16 898	16 471	Ovine
Pigs	88 990	85 475	86 574	90 815	92 054	93 676	96 112	94 711	Porcine
Horses	14 484	14 547	14 547	14 543	14 765	14 870	14 890	15 001	Chevaline
Asses	3 689	3 688	3 687	3 684	3 688	3 698	3 728	3 749	Asine
Mules	3 654	3 664	3 675	3 684	3 695	3 706	3 736	3 756	Mulassière

351 Agriculture

39
Livestock
Thousand head [cont.]
Cheptel
Milliers de têtes [suite]

Country or area	1989	1990	1991	1992	1993	1994	1995	1996	Pays ou zone
Antigua and Barbuda									**Antigua−et−Barbuda**
Cattle [1]	16	16	16	16	16	16	16	16	Bovine [1]
Sheep [1]	13	12	13	13	13	13	12	12	Ovine [1]
Pigs [1]	2	2	2	2	2	2	2	2	Porcine [1]
Horses [1]	1	1	1	1	1	1	...	...	Chevaline [1]
Asses [1]	2	1	2	2	2	2	1	1	Asine [1]
Bahamas									**Bahamas**
Cattle	1 [1]	1 [1]	1 [1]	1 [1]	1 [1]	1	1	1 [1]	Bovine
Sheep	8 [1]	7 [1]	7 [1]	7 [1]	7 [1]	6	7	6 [1]	Ovine
Pigs	6 [1]	5 [1]	5 [1]	5 [1]	5 [1]	5	* 5	5 [1]	Porcine
Barbados									**Barbade**
Cattle	28	30 [1]	30 [1]	30 [1]	28 [1]	28 [1]	28 [1]	28 [1]	Bovine
Sheep	39	40 [1]	40 [1]	41 [1]	41 [1]	41 [1]	41 [1]	41 [1]	Ovine
Pigs	29	29 [1]	30 [1]	30 [1]	30 [1]	30 [1]	30 [1]	30 [1]	Porcine
Horses	1	1 [1]	1 [1]	1 [1]	1 [1]	1 [1]	1 [1]	1 [1]	Chevaline
Asses [1]	2	2	2	2	2	2	2	2	Asine [1]
Mules [1]	2	2	2	2	2	2	2	2	Mulassière [1]
Belize									**Belize**
Cattle	* 50	* 51	* 51	* 54	* 58	59 [1]	60	60 [1]	Bovine
Sheep	4 [1]	4 [1]	4 [1]	4 [1]	3 [1]	3 [1]	3	3 [1]	Ovine
Pigs	26 [1]	26 [1]	26 [1]	25 [1]	25 [1]	24 [1]	22	22 [1]	Porcine
Horses [1]	5	5	5	5	5	5	5	5	Chevaline [1]
Mules [1]	4	4	4	4	4	4	4	4	Mulassière [1]
Bermuda									**Bermudes**
Cattle	1 [1]	1 [1]	1 [1]	1 [1]	1 [1]	1 [1]	1	0 [1]	Bovine
Pigs	1	1	1	1	1	1	1	1	Porcine [1]
Horses	1	1 [1]	1 [1]	1 [1]	1 [1]	1	1 [1]	1 [1]	Chevaline
British Virgin Islands									**Iles Vierges britanniques**
Cattle [1]	2	2	2	2	2	2	2	2	Bovine
Sheep	6 [1]	6 [1]	6 [1]	6 [1]	6 [1]	6 [1]	6 [1]	6 [1]	Ovine
Pigs	2 [1]	2 [1]	2 [1]	2 [1]	2 [1]	2 [1]	2 [1]	2 [1]	Porcine
Canada									**Canada**
Cattle	10 984	11 220	11 289	11 713	11 786	12 254	12 849	13 186	Bovine
Sheep	560	595	628	648	645	640	620	677	Ovine
Pigs	10 951	10 392	10 172	10 498	10 814	11 476	11 673	12 097	Porcine
Horses [1]	415	415	400	360	370	350	350	350	Chevaline [1]
Mules [1]	4	4	4	4	4	4	4	4	Mulassière [1]
Cayman Islands									**Iles Caïmanes**
Cattle	2	2	1	1	1 [1]	1 [1]	1 [1]	1 [1]	Bovine
Costa Rica									**Costa Rica**
Cattle	* 2 168	* 2 201	* 2 175	* 2 132	* 2 122	* 1 894	* 1 700	* 1 585	Bovine
Sheep	3 [1]	3 [1]	3 [1]	3 [1]	3 [1]	3 [1]	3 [1]	3 [1]	Ovine
Pigs	250 [1]	270 [1]	290 [1]	310 [1]	340	350	300 [1]	300 [1]	Porcine
Horses [1]	114	114	114	114	114	114	115	115	Chevaline [1]
Asses [1]	7	7	7	7	7	7	8	8	Asine [1]
Mules [1]	5	5	5	5	5	5	5	5	Mulassière [1]
Cuba									**Cuba**
Cattle	4 927	4 920	4 920 [1]	4 500 [1]	4 200 [1]	4 617 [1]	4 632 [1]	4 650 [1]	Bovine
Sheep [1]	385	385	385	350	310	310	310	310	Ovine [1]
Pigs [1]	2 401	2 150	2 000	1 850	1 750	1 750	1 750	1 500	Porcine [1]
Horses	630	629	629 [1]	625 [1]	580 [1]	580 [1]	580 [1]	580 [1]	Chevaline
Asses	5	5	5 [1]	5 [1]	5 [1]	5 [1]	5 [1]	5 [1]	Asine
Mules	31	31	32 [1]	32 [1]	32 [1]	32 [1]	32 [1]	32 [1]	Mulassière
Dominica									**Dominique**
Cattle [1]	14	14	14	14	13	13	13	13	Bovine [1]
Sheep	7 [1]	8 [1]	8 [1]	8 [1]	8 [1]	8 [1]	8	8	Ovine
Pigs [1]	4	4	4	5	5	5	5	5	Porcine [1]
Dominican Republic									**Rép. dominicaine**
Cattle	2 245	* 2 240	* 2 365	* 2 356	* 2 371	* 2 366	2 302	2 435 [1]	Bovine
Sheep	* 110	115 [1]	120 [1]	122 [1]	126 [1]	130 [1]	135 [1]	135 [1]	Ovine
Pigs	429	431 [1]	* 769	750 [1]	850 [1]	900 [1]	950 [1]	950 [1]	Porcine
Horses [1]	310	315	320	320	329	329	329	329	Chevaline [1]
Asses [1]	142	143	143	143	145	145	145	145	Asine [1]
Mules [1]	132	133	133	133	135	135	135	135	Mulassière [1]
El Salvador									**El Salvador**
Cattle	1 176	1 220	1 243	1 257	1 197	1 236	1 262	1 287	Bovine

352 Agriculture

39
Livestock
Thousand head [cont.]
Cheptel
Milliers de têtes [suite]

Country or area	1989	1990	1991	1992	1993	1994	1995	1996	Pays ou zone
Sheep [1]	5	5	5	5	5	5	5	5	Ovine [1]
Pigs	289	317	308	*315	316	336	372	400	Porcine
Horses [1]	94	94	95	95	96	96	96	96	Chevaline [1]
Asses [1]	2	3	3	3	3	3	3	3	Asine [1]
Mules [1]	23	23	23	23	24	24	24	24	Mulassière [1]
Greenland									**Groënland**
Sheep	21	22	22	22	22	22	22	22	Ovine
Grenada									**Grenade**
Cattle [1]	4	4	4	4	4	4	4	4	Bovine [1]
Sheep [1]	12	12	13	13	13	13	13	13	Ovine [1]
Pigs [1]	3	4	4	4	5	5	5	5	Porcine [1]
Asses [1]	1	1	1	1	1	1	1	1	Asine [1]
Guadeloupe									**Guadeloupe**
Cattle	74	68	67	64	56	60	60 [1]	60 [1]	Bovine
Sheep	4	3	4	3	3	3	3 [1]	3 [1]	Ovine
Pigs	38	32	15 [1]	16 [1]	14 [1]	14 [1]	14 [1]	14 [1]	Porcine
Horses [1]	1	1	1	1	1	1	1	1	Chevaline [1]
Guatemala									**Guatemala**
Cattle	2 047	2 032	2 086	2 250	*2 240	2 300	2 293	2 291	Bovine
Sheep	425	434	438	430	440	500	525	551	Ovine
Pigs	611	609	587	650	715	796	889	950	Porcine
Horses [1]	112	113	114	114	115	116	116	116	Chevaline [1]
Asses [1]	9	9	9	9	9	9	9	9	Asine [1]
Mules [1]	38	38	38	38	38	38	38	38	Mulassière [1]
Haiti									**Haïti**
Cattle	1 100 [1]	1 000 [1]	1 100 [1]	1 339	*1 251	*1 234	1 240 [1]	1 246 [1]	Bovine
Sheep [1]	170	172	174	176	178	180	182	184	Ovine [1]
Pigs	350 [1]	300 [1]	340 [1]	380 [1]	*350	*360	430 [1]	500 [1]	Porcine
Horses [1]	432	435	430	450	460	470	480	490	Chevaline [1]
Asses [1]	217	215	214	210	210	210	210	210	Asine [1]
Mules [1]	85	83	82	81	80	80	80	80	Mulassière [1]
Honduras									**Honduras**
Cattle	2 424	*2 424	*2 388	*2 351	2 077	*2 286	*2 111	*2 127	Bovine
Sheep	9 [1]	10 [1]	11 [1]	12 [1]	13	13 [1]	13 [1]	13 [1]	Ovine
Pigs	*590	*590	587	591	596	600 [1]	600 [1]	600 [1]	Porcine
Horses [1]	171	171	172	172	172	173	174	175	Chevaline [1]
Asses [1]	22	22	22	22	22	23	23	23	Asine [1]
Mules [1]	69	69	69	69	69	69	69	69	Mulassière [1]
Jamaica									**Jamaïque**
Cattle [1]	345	380	420	460	480	440	450	420	Bovine [1]
Sheep [1]	2	2	2	2	1	1	1	2	Ovine [1]
Pigs [1]	215	220	140	170	200	200	200	180	Porcine [1]
Horses [1]	4	4	4	4	4	4	4	4	Chevaline [1]
Asses [1]	23	23	23	23	23	23	23	23	Asine [1]
Mules [1]	10	10	10	10	10	10	10	10	Mulassière [1]
Martinique									**Martinique**
Cattle	37	37	37	35	30	30	30 [1]	30 [1]	Bovine
Sheep [1]	46	46	47	47	47	47	42	42	Ovine [1]
Pigs [1]	39	39	40	39	36	36	33	33	Porcine [1]
Horses [1]	2	2	2	2	2	2	2	2	Chevaline [1]
Mexico									**Mexique**
Cattle	33 068	32 054	31 460	*30 157	*30 649	*30 702	*30 191	*28 141	Bovine
Sheep	5 863	5 846 [1]	5 877 [1]	6 184 [1]	5 876	*5 905	5 987 [1]	5 897 [1]	Ovine
Pigs	16 157	15 203	15 786	16 502	16 832	*18 000	18 000 [1]	18 000 [1]	Porcine
Horses [1]	6 170	6 170	6 175	6 180	6 185	6 190	6 200	6 250	Chevaline [1]
Asses [1]	3 186	3 187	3 188	3 189	3 190	3 200	3 230	3 250	Asine [1]
Mules [1]	3 170	3 180	3 190	3 200	3 210	3 220	3 250	3 270	Mulassière [1]
Montserrat									**Montserrat**
Cattle [1]	9	10	10	10	10	10	10	10	Bovine [1]
Sheep [1]	4	5	5	5	5	5	5	5	Ovine [1]
Pigs [1]	1	1	1	1	1	1	1	1	Porcine [1]
Netherlands Antilles									**Antilles néerlandaises**
Cattle [1]	1	1	1	1	1	1	1	1	Bovine [1]
Sheep [1]	6	6	7	7	7	7	7	7	Ovine [1]
Pigs [1]	3	3	2	2	2	2	2	2	Porcine [1]
Asses [1]	3	3	3	3	3	3	3	3	Asine [1]

39
Livestock
Thousand head [cont.]
Cheptel
Milliers de têtes [suite]

Country or area	1989	1990	1991	1992	1993	1994	1995	1996	Pays ou zone
Nicaragua									**Nicaragua**
Cattle	1 800[1]	1 680[1]	* 1 600	* 1 641	1 688	1 730	1 750	* 1 807	Bovine
Sheep [1]	4	4	4	4	4	4	4	4	Ovine [1]
Pigs	650[1]	545[1]	500[1]	447[1]	430[1]	350[1]	400[1]	410[1]	Porcine
Horses [1]	250	250	250	250	248	247	246	246	Chevaline [1]
Asses [1]	8	8	8	8	8	8	8	8	Asine [1]
Mules [1]	45	45	45	45	45	46	46	46	Mulassière [1]
Panama									**Panama**
Cattle	1 417	1 388	1 399	1 427	1 437	1 454	1 456	1 456[1]	Bovine
Pigs	202	226	256	292	266	257	261	261[1]	Porcine
Horses	147[1]	151[1]	156	155[1]	156[1]	* 164	165[1]	165[1]	Chevaline
Mules	4[1]	4[1]	4	4[1]	4[1]	4[1]	4[1]	4[1]	Mulassière
Puerto Rico									**Porto Rico**
Cattle	586	601	599	429	429	429	432[1]	326[1]	Bovine
Sheep [1]	7	7	7	8	8	8	8	8	Ovine [1]
Pigs	199	203	209	197	194	196	101[1]	101[1]	Porcine
Horses [1]	22	22	23	23	23	24	24	24	Chevaline [1]
Asses [1]	2	2	2	2	2	2	2	2	Asine [1]
Mules [1]	3	3	3	3	3	3	3	3	Mulassière [1]
Saint Kitts and Nevis									**Saint-Kitts-et-Nevis**
Cattle	4[1]	4[1]	4[1]	4[1]	4	2	2	2[1]	Bovine
Sheep	14[1]	14[1]	14[1]	14[1]	13	12[1]	10	17[1]	Ovine
Pigs	2[1]	2[1]	2[1]	2[1]	2[1]	2	2	3[1]	Porcine
Saint Lucia									**Sainte-Lucie**
Cattle [1]	12	12	12	12	12	12	12	12	Bovine [1]
Sheep [1]	16	16	15	15	14	14	13	12	Ovine [1]
Pigs [1]	12	12	13	13	14	14	14	15	Porcine [1]
Horses [1]	1	1	1	1	1	1	1	1	Chevaline [1]
Asses [1]	1	1	1	1	1	1	1	1	Asine [1]
Mules [1]	1	1	1	1	1	1	1	1	Mulassière [1]
St. Vincent-Grenadines									**St. Vincent-Grenadines**
Cattle	7	6	6	6[1]	6[1]	6[1]	6[1]	6[1]	Bovine
Sheep	13	13	12	12[1]	12[1]	13[1]	13[1]	13[1]	Ovine
Pigs	11	10	9	9[1]	9[1]	9[1]	9[1]	9[1]	Porcine
Asses [1]	1	1	1	1	1	1	1	1	Asine [1]
Trinidad and Tobago									**Trinité-et-Tobago**
Cattle	60[1]	55[1]	45[1]	40[1]	36	36	36	36[1]	Bovine
Sheep	13[1]	14[1]	14[1]	13[1]	12[1]	12	12	12[1]	Ovine
Pigs [1]	50	54	54	54	45	45	45	45	Porcine [1]
Horses [1]	1	1	1	1	1	1	1	1	Chevaline [1]
Asses [1]	2	2	2	2	2	2	2	2	Asine [1]
Mules [1]	2	2	2	2	2	2	2	2	Mulassière [1]
United States									**Etats-Unis**
Cattle	96 740	95 816	96 393	97 556	99 176	100 988	102 755	103 487	Bovine
Sheep	10 853	11 358	11 174	10 797	10 201	9 714	8 886	8 457	Ovine
Pigs	55 466	53 788	54 416	57 649	58 202	57 904	59 990	58 264	Porcine
Horses [1]	5 600	5 650	5 650	5 850	5 900	6 000	6 000	6 050	Chevaline [1]
Asses [1]	55	53	52	51	52	52	52	52	Asine [1]
Mules [1]	28	28	28	28	28	28	28	28	Mulassière [1]
United States Virgin Is.									**Iles Vierges américaines**
Cattle	8[1]	8[1]	8[1]	8[1]	8[1]	8[1]	8[1]	8[1]	Bovine
Sheep	3[1]	3[1]	3[1]	3[1]	3[1]	3[1]	3[1]	3[1]	Ovine
Pigs	3[1]	3[1]	3[1]	3[1]	3[1]	3[1]	3[1]	3[1]	Porcine
America, South									**Amérique du Sud**
Cattle	269 420	272 203	276 920	281 444	283 581	289 458	294 513	300 154	**Bovine**
Sheep	105 384	104 482	102 843	100 688	96 550	94 843	91 643	86 588	**Ovine**
Pigs	51 786	52 239	52 839	53 632	53 803	55 775	56 054	57 213	**Porcine**
Horses	14 508	14 787	14 932	14 960	14 929	14 958	15 452	15 462	**Chevaline**
Asses	3 978	4 020	4 050	4 091	4 018	4 029	4 018	4 018	**Asine**
Mules	3 321	3 356	3 370	3 395	3 346	3 342	3 270	3 270	**Mulassière**
Argentina									**Argentine**
Cattle	* 52 602	* 52 845	* 52 452	* 53 011	52 665	53 157	52 649	54 000	Bovine
Sheep	* 29 345	* 28 571	* 26 500	* 25 706	* 24 500	23 500	21 626	* 17 000	Ovine
Pigs	2 800[1]	2 400[1]	2 400[1]	2 600[1]	2 850[1]	3 300	3 100	3 100	Porcine
Horses	* 3 200	* 3 400	* 3 400	* 3 300	* 3 300	3 300[1]	3 300[1]	3 300[1]	Chevaline

39
Livestock
Thousand head [cont.]
Cheptel
Milliers de têtes [suite]

Country or area	1989	1990	1991	1992	1993	1994	1995	1996	Pays ou zone
Asses [1]	90	90	90	90	90	90	90	90	Asine [1]
Mules [1]	170	172	172	173	174	175	175	175	Mulassière [1]
Bolivia									**Bolivie**
Cattle	5 476	5 543	5 607	5 779	5 794	5 912	5 996	6 118	Bovine
Sheep	7 701	7 676	7 342	7 472	7 512	7 686	7 884	8 039	Ovine
Pigs	2 127	2 176	2 177	2 226	2 273	2 331	2 405	2 482	Porcine
Horses [1]	320	320	320	322	322	322	322	322	Chevaline [1]
Asses [1]	630	630	630	631	631	631	631	631	Asine [1]
Mules [1]	80	80	80	81	81	81	81	81	Mulassière [1]
Brazil									**Brésil**
Cattle	144 154	147 102	152 136	154 229	155 134 [1]	158 243 [1]	162 000 [1]	165 000 [1]	Bovine
Sheep	20 041	20 015	20 128	19 956	18 008 [1]	18 436 [1]	18 000 [1]	18 000 [1]	Ovine
Pigs	33 015	33 623	34 290	34 532	34 184	35 142 [1]	35 350 [1]	36 600 [1]	Porcine
Horses	6 098	6 122	6 237	6 329	6 314 [1]	6 356 [1]	6 300 [1]	6 300 [1]	Chevaline
Asses	1 322	1 343	1 364	1 381 [1]	1 302 [1]	1 313 [1]	1 300 [1]	1 300 [1]	Asine
Mules	2 009	2 033	2 035	2 046	1 993 [1]	1 987 [1]	1 950 [1]	1 950 [1]	Mulassière
Chile									**Chili**
Cattle	3 466	3 336	3 404	3 461	3 557	3 692	3 814	3 858 [1]	Bovine
Sheep	4 721	4 887	4 801	4 689	4 629	4 649	4 625	4 516	Ovine
Pigs	1 057	1 125	1 251	1 226	1 288	1 407	1 490	1 486	Porcine
Horses [1]	500	520	530	530	500	450	550	550	Chevaline [1]
Asses [1]	28	28	28	28	28	28	28	28	Asine [1]
Mules [1]	10	10	10	10	10	10	10	10	Mulassière [1]
Colombia									**Colombie**
Cattle	24 415	24 384	24 350	24 773	25 324	*25 634	*25 551	*26 088	Bovine
Sheep	2 545	2 547	2 550	2 553	2 540	2 540 [1]	2 540 [1]	2 540 [1]	Ovine
Pigs	2 600	2 640	2 642	2 644	2 635	2 600 [1]	2 500 [1]	2 431 [1]	Porcine
Horses	1 974	1 975 [1]	1 980 [1]	2 000 [1]	2 000 [1]	2 000 [1]	2 450 [1]	2 450 [1]	Chevaline
Asses	703	703 [1]	705 [1]	705 [1]	710 [1]	710 [1]	710 [1]	710 [1]	Asine
Mules	618	618 [1]	620 [1]	620 [1]	622 [1]	622 [1]	586 [1]	586 [1]	Mulassière
Ecuador									**Equateur**
Cattle	4 177	4 359	4 516	4 682	4 803	4 937	4 995	5 105	Bovine
Sheep	1 329	1 420	1 501	1 565	1 631	1 690	1 692	1 709	Ovine
Pigs	2 092	2 220	2 327	2 425	2 461	2 546	2 618	2 621	Porcine
Horses	460	492	516	512	510 [1]	515 [1]	520 [1]	520 [1]	Chevaline
Asses	242	253	259	262	263 [1]	264 [1]	265 [1]	265 [1]	Asine
Mules	124	131	141	151	152 [1]	153 [1]	154 [1]	154 [1]	Mulassière
Falkland Is. (Malvinas)									**Iles Falkland (Malvinas)**
Cattle	6	5	5	5	5	5	5	4	Bovine
Sheep	745	740	729	713	721	727	717	686	Ovine
Horses	2	2	2	2	1	1	1	1	Chevaline
French Guiana									**Guyane française**
Cattle	16	15	15	12	8	8	8 [1]	8 [1]	Bovine
Sheep	4	*4	*4	4	3	3 [1]	3 [1]	3 [1]	Ovine
Pigs	8	9	9	11	9	9	9 [1]	9 [1]	Porcine
Guyana									**Guyana**
Cattle [1]	190	170	200	220	220	200	190	190	Bovine [1]
Sheep [1]	128	129	130	130	130	130	130	130	Ovine [1]
Pigs [1]	55	50	50	35	55	30	30	30	Porcine [1]
Horses [1]	2	2	2	2	2	2	2	2	Chevaline [1]
Asses [1]	1	1	1	1	1	1	1	1	Asine [1]
Paraguay									**Paraguay**
Cattle	8 074	8 254	7 627	7 886	8 600 [1]	9 100 [1]	9 783 [1]	9 788 [1]	Bovine
Sheep	451	457	357	365	378	386	390 [1]	390 [1]	Ovine
Pigs	2 305	2 444	2 580	2 510 [1]	2 485 [1]	2 500 [1]	2 525 [1]	2 525 [1]	Porcine
Horses	334	335	320	327	339	370	370 [1]	370 [1]	Chevaline
Asses [1]	31	31	31	31	31	31	31	31	Asine [1]
Mules [1]	14	14	14	14	14	14	14	14	Mulassière [1]
Peru									**Pérou**
Cattle	4 234	4 102	4 042	3 972	3 955	4 062	4 513	4 629	Bovine
Sheep	12 970	12 257	12 226	11 912	11 877	12 160	12 570	12 502	Ovine
Pigs	2 434	2 400	2 417	2 396	2 317	2 442	2 401	2 490 [1]	Porcine
Horses [1]	660	660	660	665	665	665	665	665	Chevaline [1]
Asses [1]	490	500	500	520	520	520	520	520	Asine [1]
Mules [1]	220	222	222	224	224	224	224	224	Mulassière [1]

39
Livestock
Thousand head [cont.]
Cheptel
Milliers de têtes [suite]

Country or area	1989	1990	1991	1992	1993	1994	1995	1996	Pays ou zone
Suriname									**Suriname**
Cattle	89	92	92	96	97[1]	99	102	104	Bovine
Sheep	8	10	9	9	8[1]	8	7	9[1]	Ovine
Pigs	25	32	31	38	36[1]	37	20	20	Porcine
Uruguay									**Uruguay**
Cattle	9 446	8 723	8 889	9 670	10 093	10 614	10 676	10 677	Bovine
Sheep	24 872	25 220	25 986	25 034	24 014	22 078	20 299	19 865	Ovine
Pigs	215	215	220[1]	240[1]	260[1]	280	270[1]	270[1]	Porcine
Horses	462	465[1]	470[1]	475[1]	480[1]	480[1]	470[1]	480[1]	Chevaline
Asses [1]	1	1	1	1	1	1	1	1	Asine [1]
Mules [1]	4	4	4	4	4	4	4	4	Mulassière [1]
Venezuela									**Venezuela**
Cattle	13 076	13 272	*13 586	*13 648	13 325	13 796	14 231	14 585	Bovine
Sheep	523	550[1]	580[1]	580[1]	599	850	1 160	1 200[1]	Ovine
Pigs	3 053	2 904	2 445[1]	2 750[1]	2 950[1]	3 150[1]	3 335[1]	3 150[1]	Porcine
Horses [1]	495	495	495	495	495	495	500	500	Chevaline [1]
Asses [1]	440	440	440	440	440	440	440	440	Asine [1]
Mules [1]	72	72	72	72	72	72	72	72	Mulassière [1]
Asia									**Asie**
Cattle	**386 770**	**390 963**	**393 333**	**396 716**	**402 390**	**411 777**	**424 247**	**431 450**	**Bovine**
Sheep	**342 121**	**345 408**	**341 904**	**342 347**	**340 712**	**345 260**	**353 022**	**359 721**	**Ovine**
Pigs	**422 529**	**433 326**	**444 706**	**456 294**	**472 652**	**483 720**	**505 717**	**534 010**	**Porcine**
Horses	**16 627**	**16 445**	**16 299**	**16 183**	**16 033**	**15 836**	**16 008**	**15 910**	**Chevaline**
Asses	**21 460**	**21 487**	**21 320**	**21 082**	**20 830**	**20 852**	**20 953**	**21 046**	**Asine**
Mules	**6 036**	**6 063**	**6 143**	**6 249**	**6 240**	**6 116**	**6 173**	**6 172**	**Mulassière**
Afghanistan									**Afghanistan**
Cattle [1]	1 500	1 500	1 500	1 500	1 500	1 500	1 500	1 500	Bovine [1]
Sheep	14 150	14 170	14 200	15 000[1]	16 000[1]	17 000[1]	18 000[1]	14 300[1]	Ovine
Horses	374[1]	362[1]	350	340[1]	320[1]	300[1]	300[1]	300[1]	Chevaline
Asses	1 260[1]	1 240[1]	1 220[1]	1 200[1]	1 180[1]	1 160[1]	1 160[1]	1 160[1]	Asine
Mules [1]	28	27	26	25	24	23	23	23	Mulassière [1]
Armenia									**Arménie**
Cattle	..	..	...	566	499	502	504	497	Bovine
Sheep	..	..	...	1 000	854	*721	*623	*548	Ovine
Pigs	..	..	...	224	84	81[1]	82	79	Porcine
Horses	..	..	...	9	9	9[1]	8[1]	8[1]	Chevaline
Asses	..	..	...	3	4[1]	3[1]	3[1]	3[1]	Asine
Azerbaijan									**Azerbaïdjan**
Cattle	..	..	...	1 826	1 731	1 621	1 633	1 658	Bovine
Sheep	..	..	...	5 080	*4 705	*4 357	*4 376	*4 390	Ovine
Pigs	..	..	...	*137	67	48	33	31	Porcine
Horses	..	..	...	35[1]	33[1]	30[1]	30[1]	32[1]	Chevaline
Asses	..	..	...	5[1]	6[1]	5[1]	5[1]	5[1]	Asine
Bahrain									**Bahreïn**
Cattle	*13	*14	15[1]	15[1]	16[1]	16[1]	17[1]	17[1]	Bovine
Sheep	*19	*21	24[1]	26[1]	29[1]	29[1]	29[1]	29[1]	Ovine
Bangladesh									**Bangladesh**
Cattle	23 015	23 244	23 259	23 480	23 923	*24 130	*24 340	24 340[1]	Bovine
Sheep	837	873	902	940	989	*1 070	*1 155	1 155[1]	Ovine
Bhutan									**Bhoutan**
Cattle	387	406[1]	413[1]	422[1]	429[1]	435[1]	435[1]	435[1]	Bovine
Sheep	48	49[1]	50[1]	52[1]	54[1]	59[1]	59[1]	59[1]	Ovine
Pigs	63	72[1]	73[1]	74[1]	74[1]	75[1]	75[1]	75[1]	Porcine
Horses	26	25[1]	27[1]	28[1]	29[1]	30[1]	30[1]	30[1]	Chevaline
Asses [1]	18	18	18	18	18	18	18	18	Asine [1]
Mules [1]	9	9	9	10	10	10	10	10	Mulassière [1]
Brunei Darussalam									**Brunéi Darussalam**
Cattle	*2	*2	*2	2[1]	1[1]	2[1]	2[1]	2[1]	Bovine
Pigs	*33	*10	*9	4[1]	5[1]	5[1]	4[1]	4[1]	Porcine
Cambodia									**Cambodge**
Cattle	2 095	2 181	2 257	2 468	2 542[1]	2 621	2 778	2 800	Bovine
Pigs	1 737	1 515	1 550	2 043	2 123[1]	2 024[1]	2 039	2 050	Porcine
Horses [1]	16	17	18	19	20	21	21	20	Chevaline [1]
China ††									**Chine ††**
Cattle	77 025	79 495	81 326	82 721	85 781	90 906	100 554	*104 450	Bovine
Sheep	110 571	113 508	112 816	110 855	109 721	111 680	117 446	127 261	Ovine

39
Livestock
Thousand head [*cont.*]
Cheptel
Milliers de têtes [*suite*]

Country or area	1989	1990	1991	1992	1993	1994	1995	1996	Pays ou zone
Pigs	349 172	360 594	370 975	379 735	393 965	402 846	424 681	452 199	Porcine
Horses	10 541	10 295	10 175	10 095	10 018	9 960	10 038	10 038 [1]	Chevaline
Asses	11 052	11 136	11 198	11 158	10 983	10 891	10 923	10 923 [1]	Asine
Mules	5 366	5 391	5 494	5 606	5 610	5 498	5 552	5 552 [1]	Mulassière
China, Hong Kong SAR †									**Chine, Hong-Kong RAS †**
Cattle	1	2	2	2	2	2	2	2	Bovine
Pigs	350	304	234	175	104	97	107	109	Porcine
Horses	1	1	1	1	1	1	2 [1]	2 [1]	Chevaline
Cyprus									**Chypre**
Cattle	46	49	55	55	56	61	64	69 [1]	Bovine
Sheep	300	310	290	295	285	275	255	250 [1]	Ovine
Pigs	284	281	278	296	342	369	356	374 [1]	Porcine
Horses	1	1 [1]	1 [1]	1 [1]	1 [1]	1 [1]	1 [1]	1 [1]	Chevaline
Asses	5	5 [1]	5 [1]	5 [1]	5 [1]	5 [1]	5 [1]	5 [1]	Asine
Mules	2	2 [1]	2 [1]	2 [1]	2 [1]	2 [1]	2 [1]	2 [1]	Mulassière
Gaza Strip									**Zone de Gaza**
Cattle	3 [1]	3 [1]	3 [1]	3 [1]	3 [1]	3 [1]	3 [1]	3 [1]	Bovine
Sheep	24 [1]	24 [1]	24 [1]	24 [1]	24 [1]	24 [1]	24 [1]	24 [1]	Ovine
Georgia									**Géorgie**
Cattle	..	..	...	* 1 208	1 002	944	974	980 [1]	Bovine
Sheep	..	..	...	* 1 400	* 1 130	* 950	* 754	674 [1]	Ovine
Pigs	..	..	...	* 732	476	367	367	353 [1]	Porcine
Horses	..	..	...	20 [1]	20 [1]	18 [1]	16 [1]	15 [1]	Chevaline
Asses	..	..	...	2 [1]	2 [1]	2 [1]	2 [1]	2 [1]	Asine
India									**Inde**
Cattle	* 190 614	* 191 750	* 193 328	* 192 650	* 192 700	* 193 585	* 194 655	* 196 003	Bovine
Sheep *	43 204	43 706	44 207	44 407	44 608	44 809	45 000	45 390	Ovine *
Pigs	11 050 [1]	11 200 [1]	11 330 [1]	11 480 [1]	11 630 [1]	11 780 [1]	11 900 [1]	11 900 [1]	Porcine
Horses [1]	955	960	965	970	980	990	990	990	Chevaline [1]
Asses [1]	1 400	1 450	1 500	1 500	1 550	1 600	1 600	1 600	Asine [1]
Mules [1]	138	139	140	141	142	142	142	142	Mulassière [1]
Indonesia									**Indonésie**
Cattle	10 095	10 410	10 665	11 000 [1]	10 829	11 368	* 11 550	* 11 930	Bovine
Sheep	5 910	6 006	6 108	6 200 [1]	6 240	6 741	* 7 169	* 7 684	Ovine
Pigs	6 946	7 136	7 612	8 000 [1]	8 704	8 858	* 7 825	* 7 825	Porcine
Horses	683	683	695	700 [1]	705 [1]	* 714	* 720	* 727	Chevaline
Iran, Islamic Rep. of									**Iran, Rép. islamique d'**
Cattle	7 918	7 532	6 697	* 6 900	7 996 [1]	8 202 [1]	8 347	8 492	Bovine
Sheep	45 000	44 581	44 681	* 46 000	49 689 [1]	50 285 [1]	50 889	51 499	Ovine
Horses	271	255	255	250 [1]	250 [1]	250 [1]	250 [1]	250 [1]	Chevaline
Asses	2 014	1 860	1 860	1 600 [1]	1 400 [1]	1 400 [1]	1 400 [1]	1 400 [1]	Asine
Mules	* 136	136 [1]	136 [1]	136 [1]	137 [1]	137 [1]	137 [1]	137 [1]	Mulassière
Iraq									**Iraq**
Cattle	* 1 578	1 520 [1]	1 150 [1]	1 130 [1]	1 100 [1]	1 050 [1]	1 030 [1]	1 000 [1]	Bovine
Sheep	* 8 981	8 631 [1]	5 800 [1]	5 600 [1]	5 400 [1]	5 150 [1]	5 100 [1]	5 000 [1]	Ovine
Horses [1]	58	60	18	20	20	20	20	20	Chevaline [1]
Asses [1]	415	416	150	155	150	148	146	145	Asine [1]
Mules [1]	26	27	10	12	12	12	12	12	Mulassière [1]
Israel									**Israël**
Cattle	348	342	331	349	355	368	379	379 [1]	Bovine
Sheep	394	380	375	360	330	339	352	352 [1]	Ovine
Pigs [1]	115	124	126	126	118	113	109	105	Porcine [1]
Horses [1]	4	4	4	4	4	4	4	4	Chevaline [1]
Asses [1]	5	5	5	5	5	5	5	5	Asine [1]
Mules [1]	2	2	2	2	2	2	2	2	Mulassière [1]
Japan									**Japon**
Cattle	4 682	4 760	4 873	4 980	5 024	4 989	4 916	* 4 880	Bovine
Sheep	30	31	30	29	27	25	25 [1]	25 [1]	Ovine
Pigs	11 866	11 817	11 335	10 966	10 783	10 621	10 250	* 9 900	Porcine
Horses	22	23	24	26	27	28	30 [1]	30 [1]	Chevaline
Jordan									**Jordanie**
Cattle	29	35 [1]	40 [1]	40 [1]	40 [1]	42 [1]	43 [1]	43 [1]	Bovine
Sheep	1 523	1 556	1 900 [1]	1 900 [1]	2 000 [1]	2 100 [1]	2 100 [1]	2 100 [1]	Ovine
Horses	4	4 [1]	4 [1]	4 [1]	4 [1]	4 [1]	4 [1]	4 [1]	Chevaline
Asses	19	19 [1]	19 [1]	19 [1]	19 [1]	19 [1]	19 [1]	19 [1]	Asine
Mules	3	3 [1]	3 [1]	3 [1]	3 [1]	3 [1]	3 [1]	3 [1]	Mulassière

39
Livestock
Thousand head [cont.]
Cheptel
Milliers de têtes [suite]

Country or area	1989	1990	1991	1992	1993	1994	1995	1996	Pays ou zone
Kazakhstan									**Kazakhstan**
Cattle	..	..	...	9 084	9 576	9 347	8 073	6 860	Bovine
Sheep	..	..	...	33 908	* 33 632	* 33 524	* 24 235	* 18 725	Ovine
Pigs	..	..	...	2 794	2 591	2 445	1 983	1 623	Porcine
Horses	..	..	...	1 666 [1]	1 704 [1]	1 777	1 750 [1]	1 700 [1]	Chevaline
Asses	..	..	...	45 [1]	45 [1]	40 [1]	40 [1]	40 [1]	Asine
Korea, Dem. P. R.									**Corée, R. p. dém. de**
Cattle [1]	1 280	1 300	1 300	1 300	1 300	1 350	1 350	1 350	Bovine [1]
Sheep [1]	380	385	390	390	390	395	395	395	Ovine [1]
Pigs [1]	3 145	3 200	3 300	3 300	3 300	3 350	3 350	3 350	Porcine [1]
Horses [1]	44	44	45	46	46	47	47	47	Chevaline [1]
Asses [1]	3	3	3	3	3	3	3	3	Asine [1]
Mules [1]	2	2	2	2	2	2	2	2	Mulassière [1]
Korea, Republic of									**Corée, République de**
Cattle	2 051	2 126	2 269	2 527	2 814	2 945	* 3 147	* 3 463	Bovine
Sheep	3	3	3	4	2	2	1 [1]	1 [1]	Ovine
Pigs	4 801	4 528	5 046	5 463	5 928	5 955	6 461	6 950	Porcine
Horses	5	5	5	5	5	6	6 [1]	7 [1]	Chevaline
Kuwait									**Koweït**
Cattle	20	21 [1]	1 [1]	6 [1]	11	15	20	25 [1]	Bovine
Sheep	305	235 [1]	50 [1]	67 [1]	158	216	308	350 [1]	Ovine
Horses [1]	4	3	0	0	1	1	1	1	Chevaline [1]
Kyrgyzstan									**Kirghizistan**
Cattle	..	..	...	1 190	1 122	1 061	1 061	869	Bovine
Sheep	..	..	...	9 225	* 8 480	* 7 077	* 4 924	* 4 075	Ovine
Pigs	..	..	...	358	247	165	118	114	Porcine
Horses	..	..	...	315 [1]	310 [1]	300 [1]	285 [1]	250 [1]	Chevaline
Asses	..	..	...	10 [1]	10 [1]	10 [1]	10 [1]	10 [1]	Asine
Lao People's Dem. Rep.									**Rép. dém. pop. lao**
Cattle	817	1 042	1 140	1 236	1 260	* 1 336	1 146	1 200 [1]	Bovine
Pigs	1 350	1 372	1 433	1 561	1 625	1 673	1 724 [1]	1 680 [1]	Porcine
Horses	43 [1]	44 [1]	36	29	29 [1]	29 [1]	29 [1]	26 [1]	Chevaline
Lebanon									**Liban**
Cattle	59	65 [1]	70	73 [1]	75 [1]	77	79 [1]	80 [1]	Bovine
Sheep	210	220 [1]	238	238 [1]	240 [1]	243	245 [1]	246 [1]	Ovine
Pigs	49	45 [1]	44	45 [1]	48 [1]	53	54 [1]	55 [1]	Porcine
Horses	6 [1]	8 [1]	10	11 [1]	12 [1]	13 [1]	13 [1]	13 [1]	Chevaline
Asses	18 [1]	19 [1]	21	22 [1]	23 [1]	23 [1]	24 [1]	24 [1]	Asine
Mules	7 [1]	7 [1]	8	8 [1]	8 [1]	8 [1]	9 [1]	9 [1]	Mulassière
Malaysia									**Malaisie**
Cattle	661	668	701	718	736	721	689	720	Bovine
Sheep	183	205	247	276	262	249	269	269 [1]	Ovine
Pigs	2 345	2 678	2 708	2 843	2 524	3 098	3 282	3 282 [1]	Porcine
Horses [1]	5	5	5	5	5	5	4	4	Chevaline [1]
Mongolia									**Mongolie**
Cattle	2 541	2 693	2 849	2 822	2 731	3 005	3 317	3 476 [1]	Bovine
Sheep	13 451	14 265	15 083	14 721	13 779	13 787	13 719	13 606 [1]	Ovine
Pigs	171	192	135	83	29	23	24	19 [1]	Porcine
Horses	2 103	2 200	2 262	2 259	2 200	2 100 [1]	2 150 [1]	2 150 [1]	Chevaline
Myanmar									**Myanmar**
Cattle	9 145	9 310	9 384	9 508	9 611	9 718	9 825	10 121 [1]	Bovine
Sheep	269	276	279	284	305	304	328	328 [1]	Ovine
Pigs	3 246	2 278	2 520	2 630	2 655	2 728	2 801	3 229 [1]	Porcine
Horses	119	121	118	116	120	121 [1]	122 [1]	122 [1]	Chevaline
Mules [1]	9	9	9	9	9	9	9	9	Mulassière [1]
Nepal									**Népal**
Cattle	6 285	6 281	6 255	6 246	6 237	6 546	6 838	7 008 [1]	Bovine
Sheep	910	892	906	912	911	914	919	859 [1]	Ovine
Pigs	548	574	592	599	630	612	636	670 [1]	Porcine
Oman									**Oman**
Cattle	136 [1]	137	138 [1]	140 [1]	142 [1]	142 [1]	142 [1]	142 [1]	Bovine
Sheep [1]	139	140	143	145	148	148	148	148	Ovine [1]
Asses [1]	25	25	26	26	26	26	26	26	Asine [1]
Pakistan									**Pakistan**
Cattle	17 643	17 677	17 711	17 745	17 779	17 814	17 848 [1]	17 900 [1]	Bovine
Sheep	25 072	25 698	26 338	26 995	27 668	28 358	29 065	29 800 [1]	Ovine

39
Livestock
Thousand head [cont.]
Cheptel
Milliers de têtes [suite]

Country or area	1989	1990	1991	1992	1993	1994	1995	1996	Pays ou zone
Horses	373	368	363	358	354	350	400 [1]	300 [1]	Chevaline
Asses	3 309	3 420	3 534	3 653	3 775	3 901	4 000 [1]	4 100 [1]	Asine
Mules	72	72	73	74	75	76	77 [1]	78 [1]	Mulassière
Philippines									**Philippines**
Cattle	1 682	1 629	1 680	1 729	1 914	1 936	2 021	2 128	Bovine
Sheep [1]	30	30	30	30	30	30	30	30	Ovine [1]
Pigs	7 909	7 990	8 006	8 022	7 954	8 227	8 941	9 026 [1]	Porcine
Horses [1]	200	200	200	200	210	210	210	210	Chevaline [1]
Qatar									**Qatar**
Cattle	10	10	9	11	12	13	13 [1]	13 [1]	Bovine
Sheep	126	130	122	142	166	182	185 [1]	187 [1]	Ovine
Horses	1	1	1	1	1	1	1 [1]	2 [1]	Chevaline
Saudi Arabia									**Arabie saoudite**
Cattle	194	193	198	202	207	* 214	* 220	225 [1]	Bovine
Sheep	6 173	6 383	6 553	6 890	7 166	7 578	7 753	7 800 [1]	Ovine
Horses [1]	3	3	3	3	3	3	3	3	Chevaline [1]
Asses [1]	105	104	103	102	100	98	97	97	Asine [1]
Singapore									**Singapour**
Pigs	350 [1]	300 [1]	250 [1]	200 [1]	150 [1]	180 [1]	190 [1]	190 [1]	Porcine
Sri Lanka									**Sri Lanka**
Cattle	1 820	1 773	1 477	1 568	1 704	1 703	1 702	1 702 [1]	Bovine
Sheep	30	26	20	17	20	20 [1]	19	19 [1]	Ovine
Pigs	94	85	84	91	90	94	87	87 [1]	Porcine
Horses [1]	2	2	2	2	2	2	2	2	Chevaline [1]
Syrian Arab Republic									**Rép. arabe syrienne**
Cattle	800	787	771	765	680	721	780 [1]	800 [1]	Bovine
Sheep	14 011	14 509	15 194	14 665	10 147	11 257	11 800 [1]	12 000 [1]	Ovine
Pigs	1 [1]	1 [1]	1 [1]	1 [1]	1 [1]	1	1 [1]	1 [1]	Porcine
Horses	43	41	39	37	27	27	27 [1]	28 [1]	Chevaline
Asses	178	168	161	158	185	201	205 [1]	208 [1]	Asine
Mules	27	26	25	27	21	18	23 [1]	25 [1]	Mulassière
Tajikistan									**Tadjikistan**
Cattle	..	..	...	1 222	1 244	1 250	1 199	1 147	Bovine
Sheep	..	..	...	2 172	2 081	* 2 078	* 1 930	* 1 783	Ovine
Pigs	..	..	...	56	46	46	32	6	Porcine
Horses	..	..	...	48	53 [1]	50 [1]	50 [1]	50 [1]	Chevaline
Asses	..	..	...	36 [1]	36 [1]	35 [1]	35 [1]	35 [1]	Asine
Thailand									**Thaïlande**
Cattle	5 285	5 482	5 771	6 023	6 360	7 637	7 700 [1]	8 000 [1]	Bovine
Sheep	156	162	166	176	110	91	130	130 [1]	Ovine
Pigs	4 679	4 762	4 859	4 655	4 985	* 5 341	* 4 507	* 4 023	Porcine
Horses	18	20	20	19	18	14	15 [1]	15 [1]	Chevaline
Turkey									**Turquie**
Cattle	12 562	12 173	11 377	11 973	11 951	11 910	11 901	11 789 [1]	Bovine
Sheep	45 384	43 647	40 553	40 433	39 416	37 541	35 646	33 791 [1]	Ovine
Pigs	9	8	12	10	12	9	8	5 [1]	Porcine
Horses	557	545	513	496	483	450	437	435 [1]	Chevaline
Asses	1 119	1 084	985	944	895	841	809	800 [1]	Asine
Mules	208	210	202	192	181	172	169	165 [1]	Mulassière
Turkmenistan									**Turkménistan**
Cattle	..	..	...	777	1 004	1 104	1 181	1 199	Bovine
Sheep	..	..	...	5 380	* 6 000	* 6 000	* 6 100	* 6 150	Ovine
Pigs	..	..	...	237	212	159	128	82	Porcine
Horses	..	..	...	20 [1]	22 [1]	20 [1]	18 [1]	17 [1]	Chevaline
Asses	..	..	...	26 [1]	26 [1]	25 [1]	25 [1]	25 [1]	Asine
United Arab Emirates									**Emirats arabes unis**
Cattle	46	49	53	55 [1]	60 [1]	65	69	70 [1]	Bovine
Sheep	238	254	272	295 [1]	320 [1]	333	356	360 [1]	Ovine
Uzbekistan									**Ouzbékistan**
Cattle	..	..	...	5 113	5 275	5 431	5 484	5 204	Bovine
Sheep	..	..	...	8 275	8 407	9 360 [1]	9 053	8 352	Ovine
Pigs	..	..	...	654	529	391	350	208	Porcine
Horses	..	..	...	113	123	120 [1]	145	146	Chevaline
Asses	..	..	...	143	158	150 [1]	150 [1]	150 [1]	Asine
Viet Nam									**Viet Nam**
Cattle		3 202	3 117	3 136	3 202	3 333	3 467	3 639 [1]	3 700 [1]	Bovine

39
Livestock
Thousand head [cont.]
Cheptel
Milliers de têtes [suite]

Country or area	1989	1990	1991	1992	1993	1994	1995	1996	Pays ou zone
Pigs	12 217	12 261	12 194	13 892	14 874	15 588	16 306	16 903	Porcine
Horses	142	141	134	133	133	131[1]	127[1]	127[1]	Chevaline
Yemen									**Yémen**
Cattle	1 170	1 175	1 117	1 139	1 163	1 151	1 174[1]	1 181[1]	Bovine
Sheep	3 720	3 756	3 568	3 640	3 715	3 677	3 751[1]	3 922[1]	Ovine
Horses [1]	3	3	3	3	3	3	3	3	Chevaline [1]
Asses	500	500	500	500	500	* 500	500[1]	500[1]	Asine
Europe									**Europe**
Cattle	125 035	124 549	120 566	114 008	109 168	107 963	107 141	107 128	Bovine
Sheep	145 001	146 016	142 527	137 911	132 305	130 277	128 387	125 503	Ovine
Pigs	185 479	181 695	181 291	174 156	171 333	170 435	167 497	166 552	Porcine
Horses	4 262	4 258	4 312	4 311	4 278	4 167	4 346	4 343	Chevaline
Asses	1 034	1 013	993	955	918	891	857	847	Asine
Mules	340	319	300	269	262	259	249	239	Mulassière
Albania									**Albanie**
Cattle	699	633	640	596	655	820	840	850	Bovine
Sheep	1 592	1 646	1 696	1 795	1 912	2 400	2 480	2 500	Ovine
Pigs	181	220	148	90	93	99	100	1 100	Porcine
Horses	* 58	57	56	44	58	58[1]	58[1]	58[1]	Chevaline
Asses	100[1]	104	106	104	114	113[1]	113[1]	113[1]	Asine
Mules	20[1]	20	20	20	26	25[1]	25[1]	25[1]	Mulassière
Austria									**Autriche**
Cattle	2 541	2 562	2 534	2 532	2 334	2 329	2 326[1]	2 272[1]	Bovine
Sheep	256	287	309	323	334	342	365[1]	381[1]	Ovine
Pigs	3 874	3 773	3 638	3 629	3 820	3 729	3 706[1]	3 564[1]	Porcine
Horses	44	48	49	57	65	67	72[1]	73[1]	Chevaline
Belarus									**Bélarus**
Cattle	..	..	...	6 577	6 221	5 851	5 403	5 054	Bovine
Sheep	..	..	...	* 367	336	* 293	* 230	* 264	Ovine
Pigs	..	..	...	4 703	4 308	4 181	4 005	3 895	Porcine
Horses	..	..	...	212	215	215	220[1]	229[1]	Chevaline
Asses	..	..	...	8[1]	8[1]	8[1]	8[1]	8[1]	Asine
Belgium−Luxembourg									**Belgique−Luxembourg**
Cattle	3 174	3 257	3 360	3 311	3 303	3 289	3 369	* 3 369	Bovine
Sheep	170	174	177	171	170	167	161	161[1]	Ovine
Pigs	6 310	6 511	6 496	6 597	6 963	6 948	7 053	* 7 225	Porcine
Horses	22	21	21	21	21	22	23	23[1]	Chevaline
Bosnia & Herzegovina									**Bosnie−Herzégovine**
Cattle	..	..	...	500[1]	425[1]	390[1]	273	314[1]	Bovine
Sheep	..	..	...	854[1]	400[1]	300[1]	260[1]	276	Ovine
Pigs	..	..	...	590[1]	400[1]	223[1]	147	165	Porcine
Horses	..	..	...	70[1]	56[1]	50[1]	50[1]	50[1]	Chevaline
Bulgaria									**Bulgarie**
Cattle	1 613	1 575	1 457	1 310	974	750	638	632	Bovine
Sheep	8 609	8 130	7 938	6 703	4 814	3 763	3 398	3 383	Ovine
Pigs	4 119	4 352	4 187	3 141	2 680	2 071	1 986	2 140	Porcine
Horses	122	119	115	114	114	113	133[1]	133[1]	Chevaline
Asses	329	329	329	329	303	297	* 276	276[1]	Asine
Mules	24	22	19	17	21	23	16[1]	16[1]	Mulassière
Croatia									**Croatie**
Cattle	..	..	...	590	590	519	493	462[1]	Bovine
Sheep	..	..	...	539	524	444	453	427[1]	Ovine
Pigs	..	..	...	1 183	1 262	1 347	1 175[1]	1 196[1]	Porcine
Horses	..	..	...	27	22	22	21[1]	21[1]	Chevaline
Asses	..	..	...	13	12	7	4[1]	4[1]	Asine
Mules	..	..	...	4[1]	3[1]	3[1]	3[1]	3[1]	Mulassière
former Czechoslovakia†									**l'ex−Tchécoslovaquie †**
Cattle	5 075	5 129	4 923	4 347	..	..	..	..	Bovine
Sheep	1 047	1 051	1 030	886	..	..	..	..	Ovine
Pigs	7 384	7 498	7 090	7 139	..	..	..	..	Porcine
Horses	44	42	39	34	..	..	..	..	Chevaline
Czech Republic									**République tchèque**
Cattle	..	..	..	...	2 512	2 161	2 030	1 989	Bovine
Sheep	..	..	..	...	254	196	165	134	Ovine
Pigs	..	..	..	...	4 599	4 071	3 867	4 016	Porcine
Horses	..	..	..	...	19	18	18[1]	18[1]	Chevaline

39

Livestock
Thousand head [cont.]
Cheptel
Milliers de têtes [suite]

Country or area	1989	1990	1991	1992	1993	1994	1995	1996	Pays ou zone
Denmark									**Danemark**
Cattle	2 221	2 239	2 222	2 190	2 195	2 105	2 091	* 2 052	Bovine
Sheep	144	159	188	182	157	145	145	145 [1]	Ovine
Pigs	9 120	9 282	9 767	10 345	10 870	10 923	11 084	* 11 079	Porcine
Horses	35	38	32	28	20	18	18	18 [1]	Chevaline
Estonia									**Estonie**
Cattle	..	..	...	708	615	463	420	* 348	Bovine
Sheep	..	..	...	142	124	83	62	* 42	Ovine
Pigs	..	..	...	799	541	424	460	* 315	Porcine
Horses	..	..	...	8	7	5	5	5 [1]	Chevaline
Faeroe Islands									**Iles Féroé**
Cattle [1]	2	2	2	2	2	2	2	2	Bovine [1]
Sheep	67 [1]	67 [1]	67 [1]	68 [1]	68 [1]	68 [1]	68 [1]	68 [1]	Ovine
Finland									**Finlande**
Cattle	1 379	1 363	1 315	1 263	1 232	1 230	1 185	1 179	Bovine
Sheep	59	61	57	61	62	79	80	115	Ovine
Pigs	1 327	1 348	1 290	1 357	1 309	1 300	1 295	1 394	Porcine
Horses	40	44	45	49	49	49	50 [1]	50 [1]	Chevaline
France									**France**
Cattle	21 377	21 394	21 451	20 970	20 328	20 099	20 524	20 661 [1]	Bovine
Sheep	11 208	11 209	11 170	10 640	10 380	11 505	10 320	10 556 [1]	Ovine
Pigs	12 410	12 276	12 013	12 068	12 564	14 291	14 593	14 800	Porcine
Horses	269	319	322	328	329	332	338	338 [1]	Chevaline
Asses [1]	25	25	25	25	25	25	25	25	Asine [1]
Mules	12 [1]	13	13	12	12	13	13	13 [1]	Mulassière
Germany †									**Allemagne †**
Cattle	20 369	20 288	19 488	17 134	16 207	15 897	15 962	15 890 [1]	Bovine
Sheep	4 099	4 135	3 239	2 488	2 386	* 2 369	2 340	2 437 [1]	Ovine
Pigs	35 053	34 178	30 819	26 063	26 514	26 075	24 698	23 737 [1]	Porcine
Horses	477	484 [1]	491	492 [1]	531	599 [1]	680 [1]	680 [1]	Chevaline
Greece									**Grèce**
Cattle	677	654	624	602	587	608	600	640 [1]	Bovine
Sheep	8 670	8 723	8 660	8 692	8 666	* 8 706	* 9 559	9 500 [1]	Ovine
Pigs	1 011	1 001	996	986	1 001	1 143	1 121	1 070 [1]	Porcine
Horses	53	49	45	42 [1]	40 [1]	38 [1]	38 [1]	38 [1]	Chevaline
Asses	147	137	127	118 [1]	111 [1]	103 [1]	100 [1]	100 [1]	Asine
Mules	70	65	60	54 [1]	50 [1]	47 [1]	45 [1]	45 [1]	Mulassière
Hungary									**Hongrie**
Cattle	1 690	1 598	1 571	1 420	1 159	999	910	928	Bovine
Sheep	2 215	2 069	1 865	1 808	1 752	1 252	947	977	Ovine
Pigs	8 327	7 660	8 000	5 993	5 364	5 002	4 356	5 032	Porcine
Horses	76	75	76	75	73	72	78	71	Chevaline
Asses	4 [1]	4 [1]	4	4 [1]	4 [1]	4 [1]	4 [1]	4 [1]	Asine
Iceland									**Islande**
Cattle	73	75	78	76	74 [1]	72	73	73 [1]	Bovine
Sheep	561	549	511	487	489 [1]	499	451	450 [1]	Ovine
Pigs [1]	34	37	38	40	40	41	42	42	Porcine [1]
Horses	69	72	74	75	77 [1]	79 [1]	79 [1]	79 [1]	Chevaline
Ireland									**Irlande**
Cattle	5 699	5 969	6 101	6 158	6 265	6 308	6 410	6 532 [1]	Bovine
Sheep	4 991	5 714	5 864	5 988	6 125	5 991	5 772	5 772 [1]	Ovine
Pigs	1 015	1 110	1 249	1 346	1 423	1 487	1 498	1 542 [1]	Porcine
Horses	52	54	53 [1]	52 [1]	53 [1]	51 [1]	50 [1]	50 [1]	Chevaline
Asses [1]	16	15	15	14	14	14	14	14	Asine [1]
Mules [1]	1	1	1	1	1	1	1	1	Mulassière [1]
Italy									**Italie**
Cattle	8 737	8 746	8 140	8 004	7 600	7 459	7 164	7 018	Bovine
Sheep	11 569	10 848	10 848	10 435	10 344	10 461	10 682	10 531	Ovine
Pigs	9 359	9 254	8 837	8 549	8 244	8 348	8 023	7 964	Porcine
Horses	256	271	288	316	316	323	324	324 [1]	Chevaline
Asses	81	74	51	* 40	39	33 [1]	* 27	27 [1]	Asine
Mules	47	43	33	* 19	18	17	16	16 [1]	Mulassière
Latvia									**Lettonie**
Cattle	..	..	...	1 383	1 144	678	551	537	Bovine
Sheep	..	..	...	184	165	114	86	72	Ovine

39
Livestock
Thousand head [cont.]
Cheptel
Milliers de têtes [suite]

Country or area	1989	1990	1991	1992	1993	1994	1995	1996	Pays ou zone
Pigs	..	..	...	1 246	867	482	501	553	Porcine
Horses	..	..	...	30	28	27	27[1]	27[1]	Chevaline
Liechtenstein									**Liechtenstein**
Cattle	6	6	6	6	6[1]	6[1]	6[1]	6[1]	Bovine
Sheep	2	3	3	3	3[1]	3[1]	3[1]	3[1]	Ovine
Pigs	3	3	4	3	3[1]	3[1]	3[1]	3[1]	Porcine
Lithuania									**Lituanie**
Cattle	..	..	...	2 197	1 701	1 384	1 152	1 065	Bovine
Sheep	..	..	...	58	52	45	40	32	Ovine
Pigs	..	..	...	2 180	1 360	1 196	1 260	1 270	Porcine
Horses	..	..	...	80	80[1]	81	78[1]	78[1]	Chevaline
Malta									**Malte**
Cattle	21	21[1]	22[1]	22[1]	22	20	19	21[1]	Bovine
Sheep	6	6[1]	15[1]	17[1]	* 17	17[1]	18	16[1]	Ovine
Pigs	101	101[1]	102[1]	107[1]	109[1]	111[1]	103	69[1]	Porcine
Horses	1	1[1]	1[1]	1[1]	1[1]	1[1]	1[1]	1[1]	Chevaline
Asses	1	1[1]	1[1]	1[1]	1[1]	1[1]	1[1]	1[1]	Asine
Netherlands									**Pays-Bas**
Cattle	4 772	4 926	5 062	* 4 920	* 4 797	* 4 716	* 4 654	* 4 557	Bovine
Sheep	* 1 405	* 1 702	* 1 882	* 1 954	* 1 916	1 766[1]	1 674[1]	1 674[1]	Ovine
Pigs	* 13 729	* 13 915	* 13 217	* 14 161	* 14 964	* 14 565	* 14 397	* 13 958	Porcine
Horses	67[1]	70[1]	76[1]	86[1]	92	97	97[1]	97[1]	Chevaline
Norway									**Norvège**
Cattle	949	953	974	984	975	980	998[1]	998[1]	Bovine
Sheep	2 183	2 211	2 211	2 363	2 317	2 462[1]	2 400[1]	2 400[1]	Ovine
Pigs	657	710	721	766	748	748[1]	768[1]	768[1]	Porcine
Horses	17	19	21	21	21	22[1]	22[1]	22[1]	Chevaline
Poland									**Pologne**
Cattle	10 733	10 049	8 844	8 221	7 643	7 696	7 306	7 396	Bovine
Sheep	4 409	4 158	3 234	1 870	1 268	870	713	552	Ovine
Pigs	18 835	19 464	21 868	22 086	18 860	19 467	20 418	18 759	Porcine
Horses	973	941	939	900	841	622	636[1]	620[1]	Chevaline
Portugal									**Portugal**
Cattle *	1 356	1 335	1 375	1 416	1 345	1 323	1 329	1 316	Bovine *
Sheep	* 5 354	* 5 567	* 5 673	* 5 640	6 125	5 991	6 200[1]	6 200[1]	Ovine
Pigs	2 331	2 598	2 664	2 564	2 547	2 416	2 402	2 400	Porcine
Horses[1]	26	26	26	25	25	25	25	25	Chevaline[1]
Asses[1]	170	170	170	170	160	160	160	150	Asine[1]
Mules[1]	80	80	80	80	70	70	70	60	Mulassière[1]
Republic of Moldova									**République de Moldova**
Cattle	..	..	...	1 000	971	916	832	726	Bovine
Sheep	..	..	...	1 239	1 294	1 366	* 1 411	* 1 302	Ovine
Pigs	..	..	...	1 753	1 487	* 1 165	1 061	1 015	Porcine
Horses	..	..	...	48	51	55	52[1]	50[1]	Chevaline
Asses	..	..	...	2	2	2	2[1]	2[1]	Asine
Romania									**Roumanie**
Cattle	6 416	6 291	5 381	4 355	3 683	3 957	3 481	3 496	Bovine
Sheep	16 210	15 435	14 062	13 879	12 079	11 499	10 897	10 381	Ovine
Pigs	14 351	11 671	12 003	10 954	9 852	9 262	7 758	7 960	Porcine
Horses	702	663	670	749	721	751	784	806	Chevaline
Asses[1]	36	35	35	35	34	33	32	32	Asine[1]
Russian Federation									**Fédération de Russie**
Cattle	..	..	...	54 677	52 226	48 914	43 296	39 696	Bovine
Sheep	..	..	...	52 195	48 183	40 616	31 818	25 800	Ovine
Pigs	..	..	...	35 384	31 520	28 557	24 859	22 631	Porcine
Horses	..	..	...	2 590	2 556	2 500	2 400	2 300[1]	Chevaline
Asses	..	..	...	22	22	26	26[1]	26[1]	Asine
Slovakia									**Slovaquie**
Cattle	..	..	...	...	1 182	993	916	929	Bovine
Sheep	..	..	...	...	411	397	428	430	Ovine
Pigs	..	..	...	...	2 269	2 179	2 037	2 076	Porcine
Horses	..	..	...	...	13[1]	12	12	12	Chevaline
Slovenia									**Slovénie**
Cattle	..	..	...	484	504	478	477	496	Bovine
Sheep	..	..	...	28	21	20	18	28[1]	Ovine

39
Livestock
Thousand head [cont.]
Cheptel
Milliers de têtes [suite]

Country or area	1989	1990	1991	1992	1993	1994	1995	1996	Pays ou zone
Pigs	..	..	...	529	602	592	571	592	Porcine
Horses	..	..	...	11	9[1]	9	8[1]	8[1]	Chevaline
Spain									**Espagne**
Cattle	5 185	5 126	5 063	4 976	5 018	5 252	*5 430	*5 660	Bovine
Sheep	22 739	24 037	24 625	24 615	23 872	23 058	23 018	21 323	Ovine
Pigs	16 911	16 002	17 247	18 260	18 234	18 345	18 125	*18 000	Porcine
Horses	245[1]	260[1]	273[1]	240[1]	263	262[1]	260[1]	260[1]	Chevaline
Asses[1]	100	90	90	90	90	90	90	90	Asine[1]
Mules[1]	80	70	70	60	60	60	60	60	Mulassière[1]
Sweden									**Suède**
Cattle	1 688	1 718	1 707	1 773	1 809	1 827	1 777	1 790[1]	Bovine
Sheep	401	406	419	447	471	484	461	469[1]	Ovine
Pigs	2 264	2 264	2 201	2 279	2 277	2 328	2 313	2 349[1]	Porcine
Horses	58[1]	58[1]	77	78[1]	79[1]	86	86[1]	86[1]	Chevaline
Switzerland									**Suisse**
Cattle	1 850	1 855	1 829	1 783	1 745	1 755	1 756	1 772[1]	Bovine
Sheep	371	395	409	415	424	439	437	442[1]	Ovine
Pigs	1 869	1 787	1 723	1 706	1 692	1 660	1 611	1 580[1]	Porcine
Horses	48	45	49	52	54	55[1]	55[1]	55[1]	Chevaline
Asses	2[1]	2[1]	2[1]	2[1]	2[1]	2[1]	2[1]	2[1]	Asine
TFYR Macedonia									**L'ex–R.y. Macédoine**
Cattle	..	..	...	285	280	281	283[1]	283[1]	Bovine
Sheep	..	..	...	2 351	2 459	2 466	2 320[1]	2 320[1]	Ovine
Pigs	..	..	...	173	185	172	175[1]	175[1]	Porcine
Horses	..	..	...	65	62	62	62[1]	62[1]	Chevaline
Ukraine									**Ukraine**
Cattle	..	..	...	23 728	22 457	21 607	19 624	15 611	Bovine
Sheep	..	..	...	7 259	6 597	6 118	4 792	2 144	Ovine
Pigs	..	..	...	17 839	16 175	15 298	13 946	13 144	Porcine
Horses	..	..	...	717	707	716	737	756	Chevaline
Asses	..	..	...	19[1]	19[1]	15[1]	15[1]	15[1]	Asine
United Kingdom									**Royaume–Uni**
Cattle	11 975	12 079	11 885	11 804	11 729	11 834	*11 868	*11 619	Bovine
Sheep	29 103	29 678	28 944	29 493	29 333	29 484	*29 484	*28 797	Ovine
Pigs	7 509	7 450	7 597	7 609	7 754	7 797	*7 879	*7 351	Porcine
Horses[1]	168	169	170	172	173	173	173	173	Chevaline[1]
Asses[1]	10	10	10	10	10	10	10	10	Asine[1]
Yugoslavia									**Yougoslavie**
Cattle	..	..	...	1 975	1 991	1 809	1 950	*1 926	Bovine
Sheep	..	..	...	2 715	2 752	2 635	2 671	*2 656	Ovine
Pigs	..	..	...	3 844	*4 092	3 693	4 192	*4 446	Porcine
Horses	..	..	...	89	82	82	96	93[1]	Chevaline
Yugoslavia, SFR †									**Yougoslavie, Rfs †**
Cattle	4 759	4 705	4 514	..	..	..	..	..	Bovine
Sheep	7 564	7 596	7 431	..	..	..	..	..	Ovine
Pigs	7 396	7 231	7 378	..	..	..	..	..	Porcine
Horses	340	314	303	..	..	..	..	..	Chevaline
Asses	*13	18	29	..	..	..	..	..	Asine
Mules	5[1]	4[1]	4[1]	..	..	..	..	..	Mulassière
Oceania									**Océanie**
Cattle	30 938	31 883	32 469	32 727	33 126	35 420	35 803	36 951	Bovine
Sheep	222 179	228 156	218 407	200 779	188 414	181 597	172 691	175 152	Ovine
Pigs	4 736	4 702	4 603	4 884	4 760	4 936	4 821	4 830	Porcine
Horses	489	474	470	454	429	412	402	402	Chevaline
Asses	9	9	10	10	9	9	9	9	Asine
American Samoa									**Samoa américaines**
Pigs	13	11[1]	11[1]	11[1]	11[1]	11[1]	11[1]	11[1]	Porcine
Australia									**Australie**
Cattle	22 434	23 162	23 662	23 880	24 062	25 758	25 736	26 952	Bovine
Sheep	161 603	170 297	163 238	148 203	138 102	132 569	123 210	126 320	Ovine
Pigs	2 671	2 648	2 531	2 792	2 646	2 775	2 653	2 663	Porcine
Horses	317	310	308	289	272	250[1]	240[1]	240[1]	Chevaline
Asses	2	2	3	3	2	2[1]	2[1]	2[1]	Asine
Cook Islands									**Iles Cook**
Pigs	16	17	17	18	25	28	32	32[1]	Porcine

39

Livestock
Thousand head [cont.]
Cheptel
Milliers de têtes [suite]

Country or area	1989	1990	1991	1992	1993	1994	1995	1996	Pays ou zone
Fiji									**Fidji**
Cattle	268[1]	273[1]	280	288[1]	315	334	354	354[1]	Bovine
Sheep	...	...	...	...	5	6	7	8	Ovine
Pigs	86[1]	88[1]	91	97[1]	110	115	121	121[1]	Porcine
Horses [1]	42	43	43	43	43	44	44	44	Chevaline [1]
French Polynesia									**Polynésie française**
Cattle	9	7	7[1]	7[1]	8[1]	7	7[1]	7[1]	Bovine
Pigs	32	32	34[1]	36[1]	38	40	42[1]	42[1]	Porcine
Horses	2[1]	2	2[1]	2[1]	2[1]	2[1]	2[1]	2[1]	Chevaline
Guam									**Guam**
Pigs [1]	5	4	4	4	4	4	4	4	Porcine [1]
Kiribati									**Kiribati**
Pigs [1]	9	9	9	9	9	9	9	10	Porcine [1]
Nauru									**Nauru**
Pigs [1]	2	3	3	3	3	3	3	3	Porcine [1]
New Caledonia									**Nouvelle-Calédonie**
Cattle	121	120	125	125	120[1]	113	113[1]	113[1]	Bovine
Sheep	3	4[1]	4	4[1]	4[1]	4[1]	4[1]	4[1]	Ovine
Pigs	36[1]	37[1]	38	39[1]	39[1]	39[1]	39[1]	39[1]	Porcine
Horses	11[1]	11[1]	11	12[1]	12[1]	12[1]	12[1]	12[1]	Chevaline
New Zealand									**Nouvelle-Zélande**
Cattle	7 828	8 034	8 100	8 144	8 308	8 887	9 272	9 204	Bovine
Sheep	60 569	57 852	55 162	52 568	50 298	49 014	49 466	48 816	Ovine
Pigs	411	395	407	411	395	423	431	429	Porcine
Horses	98	94	91	88	80	85[1]	85[1]	85[1]	Chevaline
Niue									**Nioué**
Pigs	2	2	2[1]	2[1]	2[1]	2[1]	2[1]	2[1]	Porcine
Papua New Guinea									**Papouasie-Nvl-Guinée**
Cattle	101[1]	103[1]	105[1]	105[1]	105[1]	110[1]	110[1]	110[1]	Bovine
Sheep [1]	3	4	4	4	4	4	4	4	Ovine [1]
Pigs 1	990	1 000	1 000	1 010	1 022	1 030	1 030	1 030	Porcine [1]
Horses [1]	1	1	2	2	2	2	2	2	Chevaline [1]
Samoa									**Samoa**
Cattle	24	24[1]	25[1]	24[1]	25[1]	26[1]	26[1]	26[1]	Bovine
Pigs	193	185[1]	180[1]	175[1]	178[1]	179[1]	179[1]	179[1]	Porcine
Horses	3	3[1]	3[1]	3[1]	3[1]	3[1]	3[1]	3[1]	Chevaline
Asses [1]	7	7	7	7	7	7	7	7	Asine [1]
Solomon Islands									**Iles Salomon**
Cattle	*12	*11	*10	10[1]	10[1]	10[1]	10[1]	10[1]	Bovine
Pigs	*52	*53	*53	54[1]	55[1]	55[1]	55[1]	55[1]	Porcine
Tokelau									**Tokélaou**
Pigs	1[1]	1[1]	1[1]	1[1]	1[1]	1[1]	1[1]	1	Porcine
Tonga									**Tonga**
Cattle	12	*10	*10	10[1]	10[1]	10[1]	9[1]	9[1]	Bovine
Pigs	94	94[1]	94[1]	94[1]	94[1]	94[1]	81[1]	81[1]	Porcine
Horses	11	*6	*6	12[1]	11[1]	11[1]	11[1]	11[1]	Chevaline
Tuvalu									**Tuvalu**
Pigs	11	11	13	13[1]	13[1]	13[1]	13[1]	13[1]	Porcine
Vanuatu									**Vanuatu**
Cattle	116	125[1]	130	120[1]	150	*151	*151	151[1]	Bovine
Pigs	58	60	60	60[1]	60	60	60	60[1]	Porcine
Horses	3[1]	3[1]	3[1]	3[1]	3[1]	3[1]	3[1]	3[1]	Chevaline
Wallis and Futuna Islands									**Iles Wallis et Futuna**
Pigs [1]	24	24	25	25	25	25	25	25	Porcine [1]
former USSR †									**l'ex-URSS †**
Cattle	119 600	118 388	115 643	..	..	..	..	..	Bovine
Sheep	140 700	138 564	132 949	..	..	..	..	..	Ovine
Pigs	78 100	78 963	75 428	..	..	..	..	..	Porcine
Horses	5 904	5 921	5 919	..	..	..	..	..	Chevaline
Asses	300[1]	300[1]	310[1]	..	..	..	..	..	Asine
Mules	1	1	1	..	..	..	..	..	Mulassière

39
Livestock
Thousand head [cont.]
Cheptel
Milliers de têtes [suite]

Source:
Food and Agriculture Organization of the United Nations (Rome).

† For information on recent changes in country or area nomenclature pertaining to former Czechoslovakia, Germany, **Hong Kong Special Administrative Region (SAR) of China, SFR Yugoslavia** and former USSR, see Annex I — Country or area nomenclature, regional and other groupings.

†† For statistical purposes, the data for China do not include those for the Hong Kong Special Administrative Region (Hong Kong SAR) and Taiwan province of China.

1 FAO estimate.

Source:
Organisation des Nations Unies pour l'alimentation et l'agriculture (Rome).

† Pour les modifications récentes de nomenclature de pays ou de zone concernant l'Allemagne, Hong−Kong (Région administrative spéciale de Chine), l'ex−Tchécoslovaquie, l'ex−URSS, Rfs de Yougoslavie, voir annexe I — Nomenclature des pays ou des zones, groupements régionaux et autres groupments.

†† Les données statistiques relatives à la Chine ne comprennent pas celles qui concernent la région administrative spéciale de Hong−Kong (la RAS de Hong−Kong) et la province chinoise de Taiwan.

1 Estimation de la FAO.

40 Roundwood
Bois rond

Production (solid volume of roundwood without bark): million cubic metres
Production (volume solide de bois rond sans écorce): millions de mètres cubes

Country or area Pays ou zone	1986	1987	1988	1989	1990	1991	1992	1993	1994	1995
World *Monde*	3 260.3	3 334.9	3 393.7	3 451.3	3 498.1	3 388.7	3 329.1	3 335.4	3 375.9	3 411.0
Africa Afrique	450.9	462.8	475.6	488.3	502.7	513.6	533.3	548.4	569.5	583.5
Algeria Algérie	2.0	2.0	2.1	2.1	2.2	2.3	2.3	2.5[1]	2.5[1]	2.5[1]
Angola Angola	5.4	5.5	5.7	5.8	6.0	6.2	6.4	6.6	6.8[1]	7.0[1]
Benin Bénin	4.5	4.6	4.7	4.9[1]	5.1	5.2[1]	5.4[1]	5.6[1]	5.7[1]	5.9[1]
Botswana[1] Botswana[1]	1.2	1.2	1.3	1.3	1.4	1.4	1.4	1.5	1.5	1.6
Burkina Faso[1] Burkina Faso[1]	7.9	8.1	8.3	8.5	8.7	9.0	9.2	9.5	9.8	10.0
Burundi Burundi	3.8	3.9[1]	4.0	4.1	4.2	4.4	4.5	4.7	4.8	5.0[1]
Cameroon Cameroun	12.5	12.8	13.0	13.5	14.1	14.3	14.4	14.7	15.4	15.7[1]
Central African Rep. Rép. centrafricaine	3.4	3.4	3.4	3.5	3.5	3.4	3.7	3.7	3.8	3.9
Chad Tchad	3.6[1]	3.7[1]	3.8[1]	3.9[1]	3.9	4.0	4.2	4.3	4.4[1]	4.5[1]
Congo Congo	2.8	3.0	3.4	3.5	3.6	3.3	3.5	3.6[1]	3.6	3.8
Côte d'Ivoire Côte d'Ivoire	12.1	12.0	11.8	12.2	13.3	13.1	13.3	13.6	14.5	14.8
Dem. Rep. of the Congo Rép. dém. du Congo	36.1	37.2	38.9	39.5	40.9	42.0	43.3	44.5	45.8	47.2
Djibouti Djibouti	0.0	0.0[1]	0.0	0.0	0.0	0.0	0.0	0.0	0.0[1]	0.0[1]
Egypt[1] Egypte[1]	2.2	2.2	2.3	2.4	2.4	2.5	2.5	2.6	2.6	2.7
Equatorial Guinea Guinée équatoriale	0.6[1]	0.7	0.6	0.6	0.6	0.6	0.6	0.6	0.7	0.8
Ethiopia Ethiopie	...	...	...	...	...	...	...	44.7	46.0	47.3[1]
Ethiopia incl.Eritrea Ethiopie comp. Erythrée	39.1[1]	40.1[1]	41.2	42.4[1]	43.6	44.8	46.1	...	...	...
Gabon Gabon	3.5	3.5[1]	3.8	3.9	4.1	4.2	4.3	4.5	4.7	4.9
Gambia Gambie	0.9[1]	0.9[1]	0.9[1]	1.0[1]	1.0[1]	1.0[1]	1.1[1]	1.2	1.2	1.2[1]
Ghana Ghana	16.6	16.7	16.9	17.0	17.5	16.9	20.8	24.4	27.1	26.5
Guinea Guinée	3.6	3.7	3.8	3.9	4.0	4.1	4.4	4.7	4.9	4.8
Guinea-Bissau[1] Guinée-Bissau[1]	0.6	0.6	0.6	0.6	0.6	0.6	0.6	0.6	0.6	0.6
Kenya Kenya	30.5[1]	31.6[1]	32.7	33.8	35.0	36.3	37.6	39.0	40.4[1]	41.7[1]

40
Roundwood
Production (solid volume of roundwood without bark): million cubic metres [cont.]
Bois rond
Production (volume solide de bois rond sans écorce) : millions de mètres cubes [suite]

Country or area Pays ou zone	1986	1987	1988	1989	1990	1991	1992	1993	1994	1995
Lesotho[1] Lesotho[1]	0.6	0.6	0.6	0.6	0.6	0.6	0.7	0.7	0.7	0.7
Liberia Libéria	5.3	5.6	5.9	6.0[1]	6.0	5.7	6.1	6.1	6.2[1]	6.3[1]
Libyan Arab Jamah.[1] Jamah. arabe libyenne[1]	0.6	0.6	0.6	0.6	0.6	0.6	0.6	0.6	0.7	0.7
Madagascar Madagascar	7.5	7.7	7.9	8.2	8.4	8.7	9.0	9.8	10.6	10.9
Malawi Malawi	7.1	7.5	7.9	8.4	8.8	9.2	9.6	9.9	10.2[1]	10.5[1]
Mali Mali	4.9	5.1	5.3	5.4[1]	5.6[1]	5.8[1]	6.0[1]	6.1[1]	6.3[1]	6.5[1]
Mauritania[1] Mauritanie[1]	0.0	0.0	0.0	0.0	0.0	0.0	0.0	0.0	0.0	0.0
Mauritius Maurice	0.0	0.0	0.0	0.0	0.0	0.0	0.0	0.0	0.0	0.0
Morocco Maroc	2.0	2.0[1]	1.8	2.1	1.9	2.5	2.3	2.0	2.5	2.3
Mozambique Mozambique	15.6	15.9	15.9	16.2	16.3	16.6	16.9	17.3[1]	17.8	18.4
Niger[1] Niger[1]	4.4	4.5	4.7	4.8	5.0	5.1	5.3	5.5	5.7	5.9
Nigeria Nigéria	86.5	88.9[1]	91.2[1]	93.7[1]	96.7	99.4[1]	102.2[1]	105.1[1]	108.1[1]	111.0[1]
Réunion Réunion	0.0	0.0	0.0	0.0	0.0	0.0	0.0[1]	0.0[1]	0.0[1]	0.0[1]
Rwanda Rwanda	5.8[1]	5.8[1]	5.8[1]	6.6	5.6	5.6	5.7	5.7[1]	5.7[1]	5.7[1]
Sao Tome and Principe Sao Tomé-et-Principe	0.0[1]	0.0[1]	0.0	0.0[1]	0.0[1]	0.0[1]	0.0[1]	0.0[1]	0.0[1]	0.0[1]
Senegal Sénégal	4.6	4.6	4.5	4.4	4.9	4.9	4.9	5.0[1]	5.1[1]	5.2[1]
Sierra Leone Sierra Leone	2.7	2.8[1]	2.9[1]	2.9[1]	3.0	3.0	3.1	3.2	3.2[1]	3.3[1]
Somalia[1] Somalie[1]	7.7	7.8	8.0	8.1	8.3	8.3	8.4	8.5	8.6	8.8
South Africa Afrique du Sud	18.6	19.0	19.4	19.4	20.1	19.7	22.4	22.4	24.2	25.3
Sudan Soudan	20.0	20.5[1]	21.1	21.6	22.2	22.8	23.5	24.1	24.7	25.4
Swaziland Swaziland	1.2	0.9	1.8	1.5	1.5	1.5	1.5	1.5	1.5	1.4
Togo Togo	0.8	0.8	0.8	0.9	0.9	1.2	1.3	1.6	2.2	2.4
Tunisia Tunisie	2.9	3.0	3.1	3.1	3.2	3.3	3.3	3.4	3.5	3.6[1]
Uganda Ouganda	12.6	13.0[1]	13.5	14.0	14.5	15.0	15.6	16.1	16.7[1]	17.2[1]
United Rep.Tanzania Rép. Unie de Tanzanie	28.1	29.3	30.3	31.2	32.2	33.2	33.7	34.5	35.7	36.7[1]

40
Roundwood
Production (solid volume of roundwood without bark): million cubic metres [cont.]
Bois rond
Production (volume solide de bois rond sans écorce) : millions de mètres cubes [suite]

Country or area Pays ou zone	1986	1987	1988	1989	1990	1991	1992	1993	1994	1995
Zambia Zambie	11.2	11.4	11.6	12.2	12.7	13.1	13.6	14.1	14.6	14.6[1]
Zimbabwe Zimbabwe	7.3	7.6	7.9	7.9[1]	7.9[1]	8.0	8.0[1]	8.0[1]	8.1[1]	8.1[1]
America, North **Amérique du Nord**	**720.8**	**740.8**	**749.2**	**753.8**	**758.3**	**713.1**	**734.6**	**741.6**	**759.9**	**760.7**
Bahamas Bahamas	0.1	0.1	0.1	0.1	0.1	0.1	0.1	0.1[1]	0.1[1]	0.1[1]
Barbados Barbade	0.0	0.0	0.0	0.0	0.0	0.0	0.0[1]	0.0[1]	0.0[1]	0.0[1]
Belize Belize	0.2	0.2	0.2[1]	0.2[1]	0.2[1]	0.2[1]	0.2[1]	0.2[1]	0.2[1]	0.2[1]
Canada Canada	177.1	176.2	176.2	172.9	179.9	165.9	171.9	180.0	187.0	186.2[1]
Costa Rica Costa Rica	3.6	3.9	4.0	3.9	4.0	4.0	4.2	4.3	4.5	4.8
Cuba Cuba	3.4	3.2	3.3	3.1	3.1	3.1	3.1	3.1	3.1[1]	3.2[1]
Dominican Republic Rép. dominicaine	1.0	1.0[1]	1.0	1.0	1.0	1.0	1.0	1.0	1.0[1]	1.0[1]
El Salvador[1] El Salvador[1]	5.6	5.7	5.9	6.0	6.1	6.2	6.4	6.5	6.7	6.8
Guadeloupe Guadeloupe	0.0[1]	0.0[1]	0.0[1]	0.0[1]	0.0[1]	0.0	0.0	0.0	0.0[1]	0.0[1]
Guatemala Guatemala	10.2	10.4	10.7	11.0	11.3	11.3	11.3	13.5	13.9	14.1
Haiti[1] Haïti[1]	5.4	5.5	5.6	5.7	5.8	5.9	6.1	6.2	6.3	6.4
Honduras Honduras	5.3	5.6	5.7	5.8	5.8	5.9	5.9	6.1	6.3[1]	6.5[1]
Jamaica Jamaïque	0.9	1.0	1.0	1.0	1.1	0.9	1.0	0.9	0.8	0.6
Martinique Martinique	0.0[1]	0.0	0.0	0.0	0.0[1]	0.0[1]	0.0	0.0	0.0	0.0[1]
Mexico Mexique	20.6[1]	21.3[1]	21.4[1]	22.8[1]	22.4[1]	22.3[1]	22.5[1]	21.7	22.1	22.5
Nicaragua Nicaragua	3.0	3.1	3.2	3.2	3.3	3.4	3.4	3.5	3.7	3.8
Panama Panama	0.9[1]	0.9[1]	0.9[1]	1.0[1]	1.0[1]	1.0	1.0	1.0[1]	1.1[1]	1.1[1]
Trinidad and Tobago Trinité-et-Tobago	0.1	0.1[1]	0.1	0.1	0.1	0.1	0.1	0.0	0.1	0.1[1]
United States Etats-Unis	483.5	502.6	509.9	516.0	513.1	481.6	496.4	493.2	503.0	503.4
America, South **Amérique du Sud**	**317.6**	**325.0**	**331.9**	**341.5**	**343.7**	**352.2**	**364.2**	**369.2**	**386.5**	**392.0**
Argentina Argentine	10.9	10.9	11.6	11.5	11.6	11.7	11.9	11.7	11.8	11.8
Bolivia Bolivie	1.4	1.6	1.4	1.4	1.6	1.7	1.9	2.0	2.7	2.6

40
Roundwood
Production (solid volume of roundwood without bark): million cubic metres [cont.]
Bois rond
Production (volume solide de bois rond sans écorce) : millions de mètres cubes [suite]

Country or area Pays ou zone	1986	1987	1988	1989	1990	1991	1992	1993	1994	1995
Brazil Brésil	240.3	245.0	250.0	259.8	258.4	264.1	270.1	275.5	280.9	285.3
Chile Chili	17.2	18.0	19.1	19.3	22.4	24.3	28.7	30.2	31.4	31.4[1]
Colombia Colombie	18.9	19.2	19.5	19.8	20.1	20.3	19.9	20.0	20.2	20.5
Ecuador Equateur	6.6	6.9	7.0	7.2	7.7	7.3	7.5	5.3	9.7	10.4
French Guiana Guyane française	0.3[1]	0.3[1]	0.3[1]	0.3[1]	0.3[1]	0.3[1]	0.3[1]	0.1	0.1	0.1[1]
Guyana Guyana	0.2	0.2	0.2	0.2	0.2	0.2	0.2	0.3	0.5	0.5
Paraguay Paraguay	8.2	8.5	8.4	* 8.3	* 8.2	* 8.8	* 9.6	* 9.4	* 10.4	10.4[1]
Peru Pérou	8.4	8.6	8.7	8.5	7.7	7.7	7.9	8.1	12.6	12.6[1]
Suriname Suriname	0.2	0.1	0.2	0.1	0.1	0.1	0.1	0.1	0.1	0.1
Uruguay Uruguay	3.7	3.9	3.7	3.6	3.8	3.9	4.1	4.1	4.1[1]	4.1[1]
Venezuela Venezuela	1.4	1.6	1.8	1.6	1.8	1.8	2.2	2.3	2.1	2.3
Asia **Asie**	**1 010.5**	**1 035.7**	**1 057.3**	**1 072.7**	**1 075.3**	**1 091.7**	**1 113.7**	**1 129.0**	**1 137.5**	**1 146.6**
Afghanistan[1] Afghanistan[1]	5.7	5.7	5.7	5.8	6.0	6.2	6.5	6.9	7.3	7.7
Bangladesh Bangladesh	27.2	27.4	28.0	28.4	28.7	29.4	30.0[1]	30.7[1]	31.3[1]	32.0[1]
Bhutan Bhoutan	1.3[1]	1.4[1]	1.3[1]	1.3[1]	1.3	1.4	1.4	1.4	1.4	1.4[1]
Brunei Darussalam Brunéi Darussalam	0.3	0.3[1]	0.3	0.3	0.3	0.3	0.3	0.3	0.3[1]	0.3[1]
Cambodia Cambodge	5.7	5.8	6.0	6.1	6.3	6.7	6.9	7.0	7.5	7.8
China †† Chine ††	271.4	276.5	279.6	281.8	280.0	282.3	288.9	298.8	303.4	300.4
China, Hong Kong SAR†[1] Chine, Hong-Kong RAS†[1]	0.2	0.2	0.2	0.2	0.2	0.2	0.2	0.2	0.2	0.2
Cyprus Chypre	0.1	0.1	0.1	0.1	0.1	0.1	0.1	0.1	0.1	0.1
East Timor Timor oriental	0.0	0.0[1]	0.0	0.0	0.0	0.0	0.0	0.0	0.0[1]	0.0[1]
India[1] Inde[1]	253.9	258.9	263.8	268.7	273.7	278.8	283.8	288.9	294.0	299.2
Indonesia Indonésie	161.1	167.4	173.4	177.6	175.3	181.0	183.1	185.5	184.3	185.9
Iran, Islamic Rep. of Iran, Rép. islamique d'	6.7	6.7	7.1	7.2	7.2	7.4	7.4	7.5	7.5	7.5
Iraq[1] Iraq[1]	0.1	0.1	0.1	0.1	0.1	0.1	0.2	0.2	0.2	0.2

40 Roundwood
Production (solid volume of roundwood without bark): million cubic metres [cont.]
Bois rond
Production (volume solide de bois rond sans écorce): millions de mètres cubes [suite]

Country or area Pays ou zone	1986	1987	1988	1989	1990	1991	1992	1993	1994	1995
Israel Israël	0.1[1]	0.1[1]	0.1[1]	0.1	0.1	0.1	0.1[1]	0.1[1]	0.1[1]	0.1[1]
Japan Japon	32.1	31.3	31.1	30.8	29.6	28.3	27.5	25.9	24.8	23.3
Jordan Jordanie	0.0[1]	0.0[1]	0.0[1]	0.0[1]	0.0[1]	0.0[1]	0.0[1]	0.0[1]	0.0	0.0
Korea, Dem. P. R.[1] Corée, R. p. dém. de[1]	4.5	4.6	4.6	4.6	4.7	4.7	4.8	4.8	4.9	4.9
Korea, Republic of Corée, République de	6.7[1]	6.9[1]	6.8[1]	6.8	6.5[1]	6.5[1]	6.5[1]	6.5[1]	6.5[1]	6.5[1]
Lao People's Dem. Rep. Rép. dém. pop. lao	3.7	3.8	4.0	4.1	4.3	4.6	4.5	4.9	5.1	5.5
Lebanon Liban	0.5	0.5	0.4	0.4	0.4	0.4	0.5	0.5	0.5[1]	0.5[1]
Malaysia Malaisie	39.1	44.5	48.7	51.0	50.0	50.3	54.2	47.4	46.0	45.6[1]
Mongolia Mongolie	2.4[1]	2.4[1]	2.4[1]	2.0	1.5	1.2	0.5	0.5	0.5[1]	0.5[1]
Myanmar Myanmar	19.5	19.8	20.1	20.5	21.5	22.3	22.9	23.1	22.8	23.3
Nepal Népal	16.6[1]	17.0[1]	17.5[1]	17.9[1]	18.3	18.8	19.3[1]	19.8[1]	20.3[1]	20.8[1]
Pakistan Pakistan	22.1	22.7	23.5	25.3	26.8	27.3	28.3	28.8	29.2	29.7
Philippines Philippines	35.6	37.0	37.4	37.4	37.5	37.7	38.1	38.6	39.4	39.9
Singapore[1] Singapour[1]	...	...	0.2	0.2	0.2	0.2	0.1	0.1	0.1	0.1
Sri Lanka Sri Lanka	8.6	8.8[1]	8.9[1]	9.0	9.0	9.1	9.3	9.4[1]	9.5	9.6
Syrian Arab Republic Rép. arabe syrienne	0.0[1]	0.1	0.1[1]	0.1	0.1	0.1	0.1	0.1	0.1[1]	0.1[1]
Thailand Thaïlande	36.8	37.5	38.0	37.5	37.6	37.8	38.2	38.5	38.9	39.3
Turkey Turquie	17.9	16.8	16.8	15.5	15.8	15.3	17.0	18.9	16.8	19.3
Viet Nam Viet Nam	30.1[1]	31.0[1]	31.2[1]	31.6	31.9	32.7	33.0	33.5	34.2[1]	34.9[1]
Yemen[1] Yémen[1]	0.3	0.3	0.3	0.3	0.3	0.3	0.3	0.3	0.3	0.3
former Dem. Yemen l'ex-Yémen dém.	0.3[1]	0.3[1]	0.3[1]	0.3[1]	0.3[1]	0.3[1]	0.3[1]	0.3[1]	0.0	0.0
Europe **Europe**	**347.3**	**346.6**	**354.3**	**369.0**	**390.5**	**318.7**	**295.2**	**305.9**	**334.3**	**342.5**
Albania Albanie	2.3[1]	2.3[1]	2.3[1]	2.3[1]	2.1	2.6[1]	2.6[1]	0.6	0.4	0.4[1]
Austria Autriche	13.7	13.6	15.0	16.3	16.8	15.6	12.8	12.9	15.0	14.4
Belarus Bélarus	...	...	...	...	...	...	11.4	10.0	10.0[1]	10.0[1]

40
Roundwood
Production (solid volume of roundwood without bark): million cubic metres [cont.]
Bois rond
Production (volume solide de bois rond sans écorce) : millions de mètres cubes [suite]

Country or area Pays ou zone	1986	1987	1988	1989	1990	1991	1992	1993	1994	1995
Belgium-Luxembourg Belgique-Luxembourg	3.3	3.7	4.0	4.8	5.6	4.8	4.2	4.2[1]	4.3	4.2
Bulgaria Bulgarie	4.5	3.6	3.5	4.2	4.1	3.7	3.6	3.6	2.7	2.9
Croatia Croatie	...	...	...	...	...	...	2.0	2.5	2.9	2.7
Czech Republic République tchèque	...	...	...	...	...	...	...	10.4	12.0	12.9
former Czechoslovakia† l'ex-Tchécoslovaquie†	18.9	18.7	18.1	18.2	18.2	15.3	...	...	...	...
Estonia Estonie	...	...	...	...	...	...	2.1	2.4	3.6	3.7
Denmark Danemark	2.3	2.1	2.2	2.1	2.3	2.3	2.2	2.3	2.3	2.3[1]
Finland Finlande	40.7	41.9	44.9	47.1	43.2	34.9	38.5	42.2	48.7	50.2
France France	39.9	41.1	43.0	44.7	45.4	44.2	43.0	40.0	42.9	46.3
Germany † Allemagne†	...	...	...	...	...	33.6	33.0	33.2	39.8	39.0
F. R. Germany R. f. Allemagne	30.3	31.0	32.6	36.9	73.5	...	...	...	...	...
former German D. R. l'ex-R. d. allemande	10.8	10.6	10.9	11.3	11.3[1]	...	...	...	...	...
Greece Grèce	3.2	2.9	3.1	2.5	2.5	2.5	2.9	2.8	2.3	2.3
Hungary Hongrie	7.0	6.8	6.6	6.6	6.1	5.6	5.1	4.6	4.6	4.4
Ireland Irlande	1.2	1.3	1.4	1.5	1.6	1.7	2.0	1.8	2.0	2.2
Italy Italie	9.6	9.1	9.1	8.8	8.0	8.4	8.4	8.9	9.5	9.8
Latvia Lettonie	...	...	...	...	...	...	2.5	4.9	5.7	6.9
Lithuania Lituanie	...	...	...	...	...	...	...	2.3	4.0	5.5
Netherlands Pays-Bas	1.1	1.2	1.3	1.3	1.4	1.1	1.3	1.1	1.0	1.1
Norway Norvège	9.9	10.4	11.0	11.5	11.8	11.3	10.1	9.7	8.7	9.0
Poland Pologne	24.3	23.3	22.8	21.4	17.8	17.2	18.9	18.7	18.9	19.3
Portugal Portugal	9.9	9.4	9.5	10.3	11.3	10.9	10.4	10.3	9.9	9.4
Romania Roumanie	20.7	19.9	18.2	16.3	13.3	13.7	13.1	9.5	12.6	12.9
Slovakia Slovaquie	...	...	...	...	...	...	...	5.2	5.3	5.3
Slovenia Slovénie	...	...	...	...	...	...	1.7	1.1	1.9	1.9[1]

371 Agriculture

40
Roundwood
Production (solid volume of roundwood without bark): million cubic metres [cont.]
Bois rond
Production (volume solide de bois rond sans écorce) : millions de mètres cubes [suite]

Country or area Pays ou zone	1986	1987	1988	1989	1990	1991	1992	1993	1994	1995
Spain Espagne	15.0	15.5	15.2	18.3	16.0	15.6	15.3	14.2	15.7	15.1
Sweden Suède	52.4	53.1	53.9	55.9	52.9	51.4	53.5	54.0	56.3	59.9
Switzerland Suisse	4.7	4.6	4.6	4.6	6.3	4.6	4.6	4.4	4.7	4.7
TFYR Macedonia L'ex-R.y. Macédoine	...	...	...	...	...	...	...	0.2	0.2	0.2
United Kingdom Royaume-Uni	5.2	5.5	6.1	6.5	6.4	6.4	6.0	7.5	8.2	8.2
Yugoslavia Yougoslavie	...	...	...	...	...	...	...	...	1.3[1]	1.3
Yugoslavia, SFR† Yougoslavie, Rfs†	16.1	15.2	15.2	15.7	12.8	11.5	...	...	...	...
Oceania Océanie	39.2	38.5	38.8	39.4	41.3	43.0	43.6	46.6	48.7	50.1
Australia Australie	20.0	19.6[1]	19.8	19.5	20.1	19.5	19.5	20.6	21.7	22.5
Cook Islands[1] Iles Cook[1]	...	...	...	...	...	...	...	0.0	0.0	0.0
Fiji Fidji	0.2	0.3	0.3	0.3	0.3	0.3	0.3	0.5	0.6	0.6
New Caledonia Nouvelle-Calédonie	0.0[1]	0.0[1]	0.0[1]	0.0[1]	0.0[1]	0.0	0.0	0.0	0.0	0.0[1]
New Zealand Nouvelle-Zélande	10.3	9.7	9.8	10.7	12.0	14.3	15.1	16.0	16.3	17.2
Papua New Guinea Papouasie-Nvl-Guinée	7.9[1]	8.2[1]	8.2[1]	8.2[1]	8.2	8.2[1]	8.0	8.8	9.3	8.8
Samoa[1] Samoa[1]	0.1	0.1	0.1	0.1	0.1	0.1	0.1	0.1	0.1	0.1
Solomon Islands Iles Salomon	0.6	0.4	0.4	0.4	0.5	0.5	0.5	0.5	0.8	0.9
Tonga Tonga	0.0	0.0[1]	0.0[1]	0.0[1]	0.0[1]	0.0[1]	0.0[1]	0.0[1]	0.0[1]	0.0[1]
Vanuatu[1] Vanuatu[1]	0.0	0.1	0.1	0.1	0.1	0.1	0.1	0.1	0.1	0.1
former USSR† l'ex-URSS†	373.9	385.5	386.5	386.5	386.4	356.4	...	...	...	...

Source:
Food and Agriculture Organization of the United Nations (Rome).

† For information on recent changes in country or area nomenclature pertaining to former Czechoslovakia, Germany, Hong Kong Special Administrative Region of China, SFR Yugoslavia and former USSR, see Annex I - Country or area nomenclature, regional and other groupings.

†† For statistical purposes, the data for China do not include those for the Hong Kong Special Administrative Region (Hong Kong SAR) and Taiwan province of China.

1 FAO estimate.

Source:
Organisation des Nations Unies pour l'alimentation et l'agriculture (Rome).

† Pour les modifications récentes de nomenclature de pays ou de zone concernant l'Allemagne, Hong-Kong (Région administrative spéciale de Chine), l'ex-Tchécoslovaquie, l'ex-URSS et l'ex-Rfs de Yougoslavie, voir annexe I - Nomenclature des pays ou des zones, groupements régionaux et autres groupements.

†† Les données statistiques relatives à la Chine ne comprennent pas celles qui concernent la région administrative spéciale de Hong-Kong (la RAS de Hong-Kong) et la province chinoise de Taiwan.

1 Estimation de la FAO.

372 Agriculture

41
Fish catches
Quantités pêchées
All fishing areas: thousand metric tons
Toutes les zones de pêche : milliers de tonnes métriques

Country or area Pays ou zone	1986	1987	1988	1989	1990	1991	1992	1993	1994	1995
World *Monde*	91 930.9	93 417.4	97 943.7	99 234.1	96 406.6	96 371.5	98 729.7	101 608.4	109 136.5	111 493.7
Afghanistan[1] Afghanistan[1]	0.8	1.0	1.0	1.0	1.1	1.1	1.2	1.2	1.3	1.3
Albania Albanie	11.9	13.1	14.6	12.0	15.0	3.9	3.1	3.0[1]	3.2[1]	3.1[1]
Algeria Algérie	65.5	94.4	106.7	99.6	91.1	79.7	95.3	101.9	135.4	106.2
American Samoa Samoa américaines	0.1	0.1	0.1	0.1	0.0	0.0	0.1	0.0	0.1	0.2
Angola Angola	57.4	82.9	101.8	111.3	106.9	74.7	75.4	80.8	77.9	93.8
Anguilla Anguilla	0.4	0.4	0.4	0.4	0.4	0.4	0.4	0.3	0.3	0.4
Antigua and Barbuda Antigua-et-Barbuda	2.4[1]	2.0[1]	1.5[1]	1.0[1]	0.9	1.5	1.7	0.6	0.6	0.5
Argentina Argentine	420.7	559.8	493.5	486.6	555.6	640.5	704.8	932.2	949.5	1 148.8
Armenia Arménie	...	...	7.0	7.3	7.8	4.5	4.8[1]	4.6[1]	4.4[1]	4.5[1]
Aruba Aruba	0.7[1]	0.6[1]	0.6[1]	0.5[1]	0.4[1]	0.4[1]	0.3	0.3	0.3	0.1
Australia[2] Australie[2]	180.3	204.8	213.3	181.8	220.5	237.4	248.7	246.4	222.3	219.5
Austria Autriche	4.8	4.6	5.1	5.0	4.8	4.5	4.1	4.6	4.5	4.5
Azerbaijan Azerbaïdjan	...	...	57.0	54.4	41.7	39.7	39.0[1]	36.0[1]	35.0[1]	37.0[1]
Bahamas Bahamas	5.9	7.1	7.3	8.2	7.5	9.2	9.9	10.1	9.7	9.6
Bahrain Bahreïn	8.1	7.8	6.7	9.2	8.1	7.6	8.0	9.0	7.6	9.4
Bangladesh Bangladesh	796.9	817.0	829.9	843.6	847.8	892.7	966.7	1 047.2	1 090.6	1 170.4
Barbados Barbade	4.2	3.7	9.1	2.5	3.0	2.1	3.3	2.9	2.6	3.3
Belarus Bélarus	...	...	19.0	21.4	19.6	15.5	15.0[1]	14.0[1]	14.5[1]	15.0[1]
Belgium-Luxembourg Belgique-Luxembourg	40.0	40.8	42.2	40.4	42.1	40.7	38.0	36.9	35.1	...
Belize Belize	1.5	1.5	1.5	1.8	1.5	1.6	2.2	2.1	2.0	2.1
Benin Bénin	38.8[1]	41.9	37.3	41.9	38.2	35.1	32.5	39.2	39.9	37.0[1]
Bermuda Bermudes	0.8	0.8	0.8	0.8	0.5	0.4	0.4	0.4	0.4	0.4
Bhutan[1] Bhoutan[1]	0.3	0.3	0.3	0.3	0.3	0.3	0.4	0.4	0.3	0.3
Bolivia Bolivie	3.9	4.3	4.4	6.0	7.4	5.4	5.2	6.2	6.0	6.3

41
Fish catches
All fishing areas: thousand metric tons [cont.]
Quantités pêchées
Toutes les zones de pêche : milliers de tonnes métriques [suite]

Country or area Pays ou zone	1986	1987	1988	1989	1990	1991	1992	1993	1994	1995
Bosnia & Herzegovina[1] Bosnie-Herzégovine[1]	...	...	...	...	...	...	3.0	2.5	2.4	2.5
Botswana Botswana	1.7	1.9	1.9	1.9	1.9[1]	1.9[1]	1.9[1]	2.0[1]	2.0[1]	2.0[1]
Brazil Brésil	957.6[1]	948.0[1]	830.1	850.0	802.9[1]	800.0[1]	790.0[1]	780.0[1]	820.0[1]	800.0[1]
British Virgin Islands Iles Vierges britanniques	1.2	1.2	1.3	1.4	1.4	1.4	1.0[1]	0.8	0.9[1]	1.0[1]
Brunei Darussalam Brunéi Darussalam	4.1	3.9	2.0	2.3	2.4	1.7	1.7	1.8	4.5	4.8
Bulgaria Bulgarie	109.7	111.7	118.0	103.0	57.1	57.9	32.1	21.6	22.0[1]	23.4[1]
Burkina Faso Burkina Faso	7.6[1]	7.8[1]	7.9[1]	8.0	7.0	7.0	7.5	7.0	8.0	8.0
Burundi Burundi	11.9	12.0	11.7	10.8	17.4	21.0	23.1	22.1	20.7[1]	21.1
Cambodia Cambodge	73.7	82.1	86.8	82.1	111.4	117.8	111.2	108.9	103.2	112.5
Cameroon Cameroun	72.1	70.7	70.7[1]	69.8	70.8[1]	69.4[1]	72.0	65.3	66.0[1]	63.9[1]
Canada Canada	1 512.9	1 567.9	1 679.1	1 636.8	1 682.1	1 564.7	1 371.8	1 211.6	1 089.3	901.2
Cape Verde Cap-Vert	6.4	6.9	6.3	8.6	7.2	7.6	6.6[1]	7.2	7.2	7.1
Cayman Islands Iles Caïmanes	0.5	1.1	0.4	0.6[1]	0.8[1]	0.8	0.8	0.6	0.7	0.6
Central African Rep. Rép. centrafricaine	13.2	13.1	13.1	13.1	13.1	13.6	13.3	13.5[1]	13.0[1]	13.3[1]
Chad Tchad	60.0[1]	70.0[1]	58.0	64.4	70.0	60.0	80.0	87.3	80.0	60.0
Channel Islands Iles Anglo-Normandes	2.3	2.4	2.8[1]	2.9	3.1[1]	2.9[1]	2.9	2.9[1]	4.3	4.0[1]
Chile Chili	5 571.6	4 814.4	5 209.8	6 454.2	5 195.2	6 006.5	6 501.8	6 034.9	7 838.5	7 590.9
China †† Chine ††	8 000.1	9 346.2	10 358.7	11 220.0	12 095.4	13 125.0	15 007.5	17 567.9	20 718.9	24 433.3
China, Hong Kong SAR† Chine, Hong-Kong RAS†	213.6	228.1	238.2	242.5	234.5	230.9	229.5	226.8	220.1	203.6
Colombia Colombie	83.6	86.1	89.9	98.4	127.9	113.4	164.7	147.8	123.7	167.1
Comoros Comores	5.3[1]	5.3[1]	5.7[1]	11.7	12.2	12.6	11.8	11.6	13.0	13.2[1]
Congo Congo	32.1	37.9	42.0	45.8	48.2	45.6	40.2	36.9	35.2	36.8
Cook Islands Iles Cook	1.1[1]	1.1[1]	1.1[1]	1.2[1]	1.2[1]	1.1	1.0	1.0[1]	1.0[1]	1.1
Costa Rica Costa Rica	21.0	17.2[1]	17.1[1]	17.4[1]	17.6[1]	17.9	18.1	18.9	20.8	27.9
Côte d'Ivoire Côte d'Ivoire	104.4	101.7	89.5	99.2	104.4	85.1	87.3	70.2	74.1	70.5

41
Fish catches
All fishing areas: thousand metric tons [cont.]
Quantités pêchées
Toutes les zones de pêche : milliers de tonnes métriques [suite]

Country or area Pays ou zone	1986	1987	1988	1989	1990	1991	1992	1993	1994	1995
Croatia Croatie	...	...	...	...	...	...	32.8	30.3	21.3	19.2
Cuba Cuba	244.4	214.7	231.3	192.1	188.2	171.1	121.3	93.7	87.7	94.2
Cyprus Chypre	2.6	2.6	2.6	2.6	2.7	2.7	2.8	3.0	3.1	3.0
former Czechoslovakia† anc. Tchécoslovaquie†	21.3	20.7	21.2	21.6	22.6	21.9	24.1	...	...	...
Czech Republic République tchèque	...	...	...	...	...	...	...	23.4	21.8	22.6
Dem. Rep. of the Congo Rép. dém. du Congo	156.5	162.0[1]	162.0[1]	166.0[1]	162.0[1]	166.6	188.6	197.5	155.9	158.6
Denmark Danemark	1 849.8	1 707.8	1 974.4	1 929.3	1 517.7	1 793.3	1 996.3	1 655.8	1 916.4	2 041.1
Djibouti Djibouti	0.4	0.4	0.5	0.4	0.4	0.3	0.3[1]	0.3[1]	0.3[1]	0.4[1]
Dominica Dominique	0.6	0.5[1]	0.5[1]	0.5[1]	0.4	0.6	0.7	0.8	0.9	0.8
Dominican Republic Rép. dominicaine	17.3	20.4	12.9	21.8	20.1[1]	17.3	13.6	14.4	26.9	20.2
Ecuador Equateur	1 003.6	680.1	882.0	739.9	391.2	374.0	347.4	331.4	339.9	591.6
Egypt Egypte	229.1	231.0	284.2	293.6	313.0	299.9	295.4	302.8	305.7	309.6
El Salvador El Salvador	20.5	21.5	11.7	11.6	9.2	11.3	12.8	13.1	13.1	15.8
Equatorial Guinea Guinée équatoriale	4.4	4.0[1]	4.0[1]	4.0[1]	3.7[1]	3.5[1]	3.6[1]	3.8[1]	3.7[1]	3.8[1]
Eritrea Erythrée	...	...	...	...	...	...	...	0.4	3.0	3.8
Estonia Estonie	...	...	417.0	404.8	367.7	359.1	132.0	146.9	124.1	132.3
Ethiopia Ethiopie	4.1[1]	4.0[1]	4.1	4.3	5.0	4.3	4.6	4.2	5.3	6.4
Faeroe Islands Iles Féroé	352.2	391.0	359.9	308.6	289.3	246.6	267.5	261.3	249.9	297.2
Falkland Is. (Malvinas) Iles Falkland (Malvinas)	0.0	0.0	2.6	4.6	6.0	1.5	1.9	2.0	8.8	29.1
Fiji Fidji	27.0	35.3	32.5	32.8	35.0	31.1	31.4	31.4	32.0[1]	34.6
Finland Finlande	171.9	170.8	179.6	169.1	160.4	147.4	169.7	173.8	181.0	184.8
France France	875.7	850.6	891.7	855.5	869.4	819.1	821.0	860.4	852.8	793.4
French Guiana Guyane française	3.3	5.3	5.5	6.5	6.5	7.1	7.6	6.8	7.8	7.7
French Polynesia Polynésie française	2.3	2.3	2.9	3.1	2.9	2.4	2.5	8.1	8.8	8.8[1]
Gabon Gabon	20.2	22.2[1]	22.1[1]	20.5[1]	20.0[1]	22.0[1]	24.0[1]	27.1	24.4	28.0

41
Fish catches
All fishing areas: thousand metric tons [cont.]
Quantités pêchées
Toutes les zones de pêche : milliers de tonnes métriques [suite]

Country or area Pays ou zone	1986	1987	1988	1989	1990	1991	1992	1993	1994	1995
Gambia Gambie	13.3	14.6	13.9	19.8	17.9	23.7	22.7	20.5	22.3	23.1
Gaza Strip Zone de Gaza	...	...	...	...	...	...	...	...	...	1.2
Georgia Géorgie	...	...	202.6	148.4	104.7	60.8	42.6[1]	34.2[1]	29.4[1]	28.9[1]
Germany † Allemagne†	415.4	399.3	393.5	412.3	390.7	303.4	307.2	316.4	272.8	298.0
Ghana Ghana	319.9	382.2	362.5	362.1	394.8	366.6	426.7	375.7	337.0	344.5
Greece Grèce	124.7	134.6	126.9	140.1	146.4	156.8	179.2	199.1	223.4	198.2
Greenland Groënland	102.9	100.4	120.3	168.8	143.3	114.2	113.3	115.1	117.4	129.0
Grenada Grenade	2.7	2.2	2.0	1.7	1.8	2.0	2.1	2.1	1.6	1.5
Guadeloupe Guadeloupe	8.5	8.6	8.2	8.5	8.6	8.5	8.5	8.6	8.8	9.5
Guam Guam	0.6	0.5	0.6	0.6	0.7	0.8	0.5	0.6	0.7	0.4[1]
Guatemala Guatemala	2.6	3.1	3.7	4.3	7.8	7.3	7.8	10.9	11.6	11.9
Guinea[1] Guinée[1]	33.0	35.0	38.0	41.0	44.0	49.5	55.0	60.0	64.4	68.8
Guinea-Bissau[1] Guinée-Bissau[1]	3.7	4.1	4.7	5.4	5.4	5.0	5.2	5.4	5.6	5.6
Guyana Guyana	37.4	36.8	36.5	35.3	36.9	40.8	41.3	44.2	46.4	46.0[1]
Haiti[1] Haïti[1]	6.0	5.8	5.5	5.5	5.2	5.2	5.0	5.6	5.2	5.5
Honduras Honduras	20.6	24.6	20.0	17.4	15.6	23.0	20.0	26.5	22.6[1]	24.3[1]
Hungary Hongrie	36.1	36.8	38.3	35.5	33.9	29.4	29.4	23.4	24.0	22.9
Iceland Islande	1 658.6	1 632.7	1 757.7	1 502.4	1 508.1	1 050.3	1 577.2	1 718.5	1 560.2	1 616.0
India Inde	2 937.5	2 921.9	3 126.0	3 640.7	3 794.7	4 045.5	4 232.7	4 545.7	4 737.8	4 903.7
Indonesia Indonésie	2 457.0	2 583.9	2 795.2	2 948.4	3 044.2	3 352.5	3 439.4	3 685.4	3 917.2	4 118.0
Iran, Islamic Rep. of Iran, Rép. islamique d'	151.7	211.0	235.0	260.2	269.5	275.7	334.2	318.1	332.4	368.3
Iraq[1] Iraq[1]	20.6	20.5	18.0	18.6	16.0	14.4	23.5	23.5	22.0	22.6
Ireland Irlande	231.6	251.0	260.7	208.1	239.3	264.9	275.7	308.1	319.2	412.7
Isle of Man Ile de Man	5.8	5.6	5.6	5.7	4.1	4.6	4.5	4.9	3.6	3.7
Israel Israël	25.2	28.4	28.2	26.5	23.6	20.7	19.1	19.0	20.5	20.6

41
Fish catches
All fishing areas: thousand metric tons [cont.]
Quantités pêchées
Toutes les zones de pêche : milliers de tonnes métriques [suite]

Country or area Pays ou zone	1986	1987	1988	1989	1990	1991	1992	1993	1994	1995
Italy Italie	570.7	565.0	580.4	551.5	525.5	552.2	558.3	564.7	576.0	609.8
Jamaica Jamaïque	10.8	10.7	10.3	11.4	11.4[1]	11.6[1]	12.2[1]	13.0[1]	13.5[1]	13.6[1]
Japan Japon	11 976.5	11 857.7	11 966.1	11 173.5	10 354.3	9 301.2	8 502.2	8 080.9	7 396.3	6 757.6
Jordan Jordanie	0.1	0.1	0.1	0.1	0.1	0.0	0.0	0.1	0.1	0.2
Kazakhstan Kazakhstan	...	...	85.0	89.6	87.0	82.7	68.5	59.6	47.6	49.6
Kenya Kenya	119.9	131.3	138.4	146.6	202.1	198.9	163.3	183.2	204.0	193.8
Kiribati Kiribati	27.5	36.1	23.2	29.2	25.0[1]	25.2[1]	26.0[1]	24.9[1]	24.4[1]	24.7[1]
Korea, Dem. P. R.[1] Corée, R. p. dém. de[1]	1 700.8	1 713.0	1 718.0	1 738.6	1 753.8	1 744.6	1 780.1	1 782.0	1 802.3	1 850.0
Korea, Republic of Corée, République de	3 103.5	2 876.7	2 732.3	2 840.9	2 843.8	2 513.1	2 696.1	2 649.4	2 700.5	2 688.0
Kuwait Koweït	7.6	7.7	10.8	7.7	4.5	2.0	7.9	8.5	7.8	8.7
Kyrgyzstan Kirghizistan	...	...	1.3	1.4	1.3	1.2	0.8	0.4	0.3	0.4
Lao People's Dem. Rep. Rép. dém. pop. lao	26.0[1]	28.0[1]	28.0[1]	28.0[1]	28.0[1]	29.0[1]	30.0[1]	30.5	35.0	40.3
Latvia Lettonie	...	...	553.9	551.6	467.3	416.6	157.9	142.2	138.7	149.7
Lebanon Liban	1.9	1.9	1.8	1.8	1.5	1.8	1.9[1]	2.2	2.4	4.4
Lesotho Lesotho	0.0	0.0	0.0	0.0[1]	0.0[1]	0.0[1]	0.0[1]	0.0[1]	0.0[1]	0.0[1]
Liberia Libéria	16.1	18.7	16.1	14.8	6.5	9.6	8.9	7.8	7.7	7.7[1]
Libyan Arab Jamah.[1] Jamah. arabe libyenne[1]	17.9	18.6	21.7	22.1	24.8	26.1	28.9	31.2	34.1	34.5
Lithuania Lituanie	...	...	422.0	421.4	350.2	475.0	192.5	120.1	51.0	49.5
Macau Macao	8.0	3.5	2.5	3.5	2.6	2.3	2.7	1.9	1.9	1.6
Madagascar Madagascar	84.3	92.4	101.1	97.7	104.6	101.2	106.4	115.0	120.0	120.1
Malawi Malawi	72.9	88.6	78.8	70.8	74.1	63.7	69.5	68.2	58.8	45.4
Malaysia Malaisie	826.8	906.0	873.6	936.7	1 004.9	978.2	1 105.0	1 154.6	1 181.8	1 239.8
Maldives Maldives	59.3	57.0	71.5	71.2	78.7	80.7	82.2	90.0	104.1	104.6
Mali Mali	61.0	55.7	55.9	71.8	70.5	68.8	68.5	64.4	63.0	133.0
Malta Malte	1.1	1.0	0.9	0.9	6.4	5.2	5.3	1.4	1.8	1.8

41
Fish catches
All fishing areas: thousand metric tons [cont.]
    Quantités pêchées
    Toutes les zones de pêche : milliers de tonnes métriques [suite]

Country or area Pays ou zone	1986	1987	1988	1989	1990	1991	1992	1993	1994	1995
Marshall Islands Iles Marshall	0.2[1]	0.2[1]	0.2[1]	0.2[1]	0.2[1]	0.2	0.2	0.3	0.3[1]	0.3[1]
Martinique Martinique	4.1	3.2	3.1	3.3	3.6	6.4	4.6	6.0	5.9	5.4
Mauritania Mauritanie	98.2	99.4	97.6	92.6[1]	80.5[1]	86.7[1]	93.9[1]	100.4[1]	85.0[1]	90.0[1]
Mauritius Maurice	12.9	18.2	17.2	17.2	14.7	18.9	19.2	21.2	19.0	17.0
Mayotte Mayotte	0.8	1.2	1.4[1]	1.7	1.4	1.3	1.1	0.4	0.5	0.5
Mexico Mexique	1 315.4	1 418.9	1 372.2	1 469.5	1 400.7	1 453.1	1 247.5	1 200.5	1 264.2	1 358.4
Micronesia, Federated States of Micron, Etats fédérés de	3.5	3.6	2.6[1]	2.1[1]	2.1[1]	12.3	16.5[1]	18.2[1]	22.2[1]	21.2[1]
Mongolia Mongolie	0.4	0.4	0.3	0.3	0.1	0.1	0.1[1]	0.1[1]	0.1[1]	0.1[1]
Montserrat Montserrat	0.1[1]	0.1	0.1	0.0	0.2	0.1	0.1	0.2	0.2	0.2[1]
Morocco Maroc	595.4	494.2	551.7	520.4	565.7	593.2	548.1	622.8	752.0	846.2
Mozambique Mozambique	42.4	39.6	35.5	31.1	36.4	29.4	31.6	30.2	27.6	26.9
Myanmar[2] Myanmar[2]	686.5	685.9	704.5	733.8	743.8	769.2	800.0[1]	836.9	824.5	832.5
Namibia Namibie	14.9[1]	32.4	33.4	21.2	262.5	206.2	294.5	330.0	300.9	286.0
Nauru Nauru	0.2[1]	0.2[1]	0.2[1]	0.2[1]	0.2[1]	0.2	0.4	0.5	0.5	0.5[1]
Nepal[2] Népal[2]	9.4	10.7	12.1	12.5	14.5	15.6	16.5	16.9	17.0	21.1
Netherlands Pays-Bas	502.9	511.8	476.4	530.2	507.2	458.8	487.1	532.9	529.6	521.4
Netherlands Antilles[1] Antilles néerlandaises[1]	1.1	1.1	1.2	1.2	1.2	1.1	1.2	1.2	1.1	1.0
New Caledonia Nouvelle-Calédonie	4.0	4.8	3.7	3.3	5.3	4.9	4.0	3.5	4.1	4.0[1]
New Zealand Nouvelle-Zélande	217.9	247.3	291.9	333.7	372.5	417.1	503.2	470.4	491.5	612.2
Nicaragua Nicaragua	2.5	5.0	4.7	4.7	3.2	5.8	6.8	8.8	12.3	13.5
Niger Niger	2.4	2.3	2.5	4.8	3.4	3.2	2.1	2.2	2.5	3.6
Nigeria Nigéria	271.6	260.8	279.5[1]	299.8[1]	316.3	267.2	318.4	255.5	282.1	366.1
Niue Nioué	0.1	0.1	0.1	0.1	0.1	0.1	0.1	0.1	0.1	0.1
Northern Mariana Islands Iles Marianas du Nord	0.3	0.2	0.2	0.2	0.2	0.1	0.1	0.1	0.2	0.2
Norway Norvège	1 915.1	1 949.5	1 839.9	1 908.4	1 746.7	2 172.8	2 561.5	2 561.7	2 551.2	2 807.5

41
Fish catches
All fishing areas: thousand metric tons [cont.]
Quantités pêchées
Toutes les zones de pêche : milliers de tonnes métriques [suite]

Country or area Pays ou zone	1986	1987	1988	1989	1990	1991	1992	1993	1994	1995
Oman Oman	96.5	136.1	165.7	117.7	123.1	117.8	112.3	116.5	118.6	139.9
Pakistan Pakistan	415.7	427.7	445.5	446.3	479.1	515.6	553.2	621.8	552.0	540.6
Palau Palaos	1.4[1]	1.5[1]	1.5[1]	1.4[1]	1.4[1]	1.4	1.4	1.5[1]	1.5[1]	1.5[1]
Panama Panama	134.4	154.2	123.7	185.2	137.7	150.2	156.3	165.3	169.8	181.8
Papua New Guinea[1] Papouasie-Nvl-Guinée[1]	25.3	25.5	26.0	26.0	26.2	25.0	25.4	25.7	27.0	26.0
Paraguay Paraguay	13.0	10.0	10.1	11.1	12.6	13.1	18.1	16.1[1]	14.0[1]	14.5[1]
Peru Pérou	5 616.3	4 587.6	6 641.8	6 853.9	6 875.1	6 888.2	7 502.9	9 009.9	11 996.7	8 943.2
Philippines Philippines	1 916.3	1 988.7	2 010.4	2 098.8	2 209.6	2 316.5	2 272.0	2 263.8	2 276.2	2 269.2
Pitcairn Pitcairn	0.0[1]	0.0[1]	0.0[1]	0.0[1]	0.0[1]	0.0	0.0	0.0[1]	0.0[1]	0.0[1]
Poland Pologne	645.2	670.9	654.9	564.8	473.0	457.4	505.9	423.0	460.2	451.3
Portugal Portugal	410.2	391.4	348.3	333.2	323.1	325.9	299.6	293.7	269.8	265.5
Puerto Rico Porto Rico	1.3	1.3	1.7	2.1	2.2	2.6	2.2	1.9	2.2	2.6
Qatar Qatar	2.0	2.7	3.1	4.4	5.7	8.1	7.8	7.0	5.1	4.3
Republic of Moldova République de Moldova	...	...	8.6	8.6	9.5	5.2	5.0[1]	4.7[1]	4.8[1]	4.9[1]
Réunion Réunion	1.7	1.8	2.1	1.7	1.7	2.3	2.5	2.8	4.5	4.8
Romania Roumanie	271.1	264.4	267.6	224.8	127.7	125.0	95.4	34.9	42.7	69.1
Russian Federation Fédération de Russie	...	...	8 337.7	8 385.0	7 808.4	7 046.8	5 611.2	4 461.4	3 780.5	4 373.8
Rwanda Rwanda	1.5	1.7	1.3	1.5	2.5	3.6	3.7	3.6[1]	3.5[1]	3.3[1]
Saint Helena Sainte-Hélène	0.6	0.7	0.8	1.0	0.8	0.6	0.7	0.7	0.6	0.8
Saint Kitts and Nevis[1] Saint-Kitts-et-Nevis[1]	0.9	0.9	0.8	0.7	0.6	0.5	0.3	0.3	0.2	0.2
Saint Lucia Sainte-Lucie	0.8	0.7	0.8	0.8	0.9	0.9	1.0	1.1	1.1	1.0
Saint Pierre and Miquelon Saint-Pierre-et-Miquelon	23.8	23.7	14.0	18.5	19.1	19.2	13.8	0.2	0.3	0.9
St. Vincent-Grenadines St. Vincent-Grenadines	0.6	0.7	4.6	5.8	9.0	8.4	2.1	1.9	1.5	1.5
Samoa Samoa	3.2	3.1	2.5[1]	1.9	0.6	0.6	1.3	1.6	1.5[1]	1.4[1]
Sao Tome and Principe Sao Tomé-et-Principe	2.8	2.8	2.9	3.1	3.6	2.2	2.1	2.6	3.0[1]	2.8[1]

41
Fish catches
All fishing areas: thousand metric tons [cont.]
Quantités pêchées
Toutes les zones de pêche : milliers de tonnes métriques [suite]

Country or area Pays ou zone	1986	1987	1988	1989	1990	1991	1992	1993	1994	1995
Saudi Arabia Arabie saoudite	45.5	47.9	46.1	48.4	42.6	42.4	48.3	50.5	56.8	54.5
Senegal Sénégal	255.6	256.1	260.8	287.1	314.5	324.4	370.3	382.2	350.5	348.3
Seychelles Seychelles	4.5	3.9	4.3	4.4	5.5	8.2	6.7	5.3	4.6	4.2
Sierra Leone Sierra Leone	52.3[1]	52.2[1]	52.3[1]	52.2[1]	50.1[1]	60.2	60.6	61.0	61.9	62.3
Singapore Singapour	21.5	16.9	15.2	12.6	13.3	13.1	11.6	11.7	13.7	13.7
Slovakia Slovaquie	...	...	...	...	...	...	...	2.8	3.5	3.6
Slovenia Slovénie	...	...	...	...	...	...	4.7	3.0	3.1	2.9
Solomon Islands Iles Salomon	55.5	44.6	55.1	53.0	45.5	65.9	47.5[1]	45.8[1]	48.6[1]	46.5[1]
Somalia[1] Somalie[1]	16.9	17.5	18.2	18.2	17.5	16.6	15.5	15.2	16.3	15.5
South Africa Afrique du Sud	821.4	1 427.4	1 302.4	878.5	537.6	501.0	696.5	563.1	521.1	575.2
Spain Espagne	1 493.5	1 523.7	1 593.5	1 522.5	1 304.0[1]	1 273.0[1]	1 260.0[1]	1 255.0[1]	1 372.0[1]	1 320.0[1]
Sri Lanka Sri Lanka	181.9	186.2	198.2	206.0	166.4	199.6	208.2	223.4	226.8	235.8
Sudan Soudan	24.0	27.2	29.2	30.3	31.7	33.3	35.2	40.2	44.2	45.0[1]
Suriname Suriname	3.7	5.2	3.7	6.2	6.5[1]	7.4	10.9	9.5	14.5	13.0[1]
Swaziland[1] Swaziland[1]	0.1	0.1	0.1	0.1	0.1	0.1	0.1	0.1	0.1	0.1
Sweden Suède	215.3	214.5	251.0	257.7	260.1	245.0	314.7	347.8	394.2	412.2
Switzerland Suisse	4.7	4.5	4.2	4.5	4.2	4.8	3.9	3.0	2.7	2.7
Syrian Arab Republic Rép. arabe syrienne	5.3	5.4	5.5	5.1	5.8	7.7	9.7	9.2	10.0	10.5
Tajikistan Tadjikistan	...	...	3.5	3.5	3.9	3.9	3.9[1]	3.7[1]	3.8[1]	3.9[1]
Thailand Thaïlande	2 540.8	2 783.6	2 651.3	2 704.1	2 790.0	2 972.1	3 246.4	3 395.5	3 537.0	3 501.8
TFYR Macedonia L'ex-R.y. Macédoine	...	...	...	...	...	...	1.2	1.3	1.2	1.5
Togo Togo	14.8	15.2	15.5	16.5	15.8	12.5	10.9	17.1	13.2	13.7
Tokelau Tokélaou	0.2[1]	0.2[1]	0.2[1]	0.2[1]	0.2[1]	0.2	0.2	0.2[1]	0.2[1]	0.2[1]
Tonga Tonga	3.0	2.8	2.7	2.7	1.7	2.0	2.3	2.5	2.5	2.6
Trinidad and Tobago Trinité-et-Tobago	4.1	6.6[1]	7.4[1]	8.0[1]	8.4	12.2	15.0	10.6	14.1	13.0[1]

41
Fish catches
All fishing areas: thousand metric tons [cont.]
Quantités pêchées
Toutes les zones de pêche : milliers de tonnes métriques [suite]

Country or area Pays ou zone	1986	1987	1988	1989	1990	1991	1992	1993	1994	1995
Tunisia Tunisie	92.8	99.3	102.6	95.1	88.6	87.6	88.5	83.4	86.0	83.8
Turkey Turquie	582.9	627.9	674.2	455.9	384.9	364.6	454.3	559.2	603.3	652.2
Turkmenistan Turkménistan	...	...	46.8	53.0	44.9	43.0	34.4[1]	25.6[1]	16.3	15.0[1]
Turks and Caicos Islands Iles Turques et Caiques	1.4	1.2	1.2	1.2	0.9	1.1	1.2	1.5	1.4[1]	1.4[1]
Tuvalu Tuvalu	0.7	0.9	1.4	0.5	0.5	0.5	0.5	1.5	0.6	0.4
Uganda Ouganda	197.6	200.0	214.3	212.2	245.2	254.9	250.0[1]	219.8	213.1	208.8
Ukraine Ukraine	...	...	1 144.4	1 134.0	1 048.4	865.2	525.8	371.3	310.7	424.8
former USSR† ancienne URSS†	11 260.0	11 159.6	...	...	...	...	...	...	...	...
United Arab Emirates Emirats arabes unis	79.3	85.2	89.5	91.2	95.1	92.3	95.0	95.0[1]	108.0	105.6
United Kingdom Royaume-Uni	851.8	945.9	937.1	903.4	810.2	851.5	869.9	929.0	963.6	1 003.7
United Rep.Tanzania Rép. Unie de Tanzanie	309.9	342.3	393.0	377.1	414.0	326.8	331.6	331.5	342.9	360.0
United States Etats-Unis	5 183.2	5 988.9	5 953.7	5 775.3	5 868.5	5 486.8	5 600.2	5 934.3	5 921.9	5 634.4
United States Virgin Is. Iles Vierges américaines	0.9	0.9	0.7	0.8	0.7	0.9	0.9[1]	0.9[1]	0.9[1]	0.9[1]
Uruguay Uruguay	140.7	137.8	107.3	121.7	90.8	143.7	125.8	118.8	120.8	126.5
Uzbekistan Ouzbékistan	...	...	26.2	25.5	26.8	27.4	28.1	23.4	17.7	24.0
Vanuatu Vanuatu	3.2	3.3	3.4[1]	3.3[1]	5.6[1]	3.3	2.5	2.9[1]	2.7[1]	2.8[1]
Venezuela Venezuela	284.6	297.9	285.9	329.2	339.2	344.3	333.4	397.0	440.7	504.8
Viet Nam Viet Nam	824.7	871.4	900.0[1]	930.0[1]	960.0[1]	1 020.0[1]	1 080.3	1 100.0[1]	1 150.0[1]	1 200.0[1]
Wallis and Futuna Islands Iles Wallis et Futuna	0.1[1]	0.1	0.1	0.1	0.1	0.1	0.1	0.2	0.2	0.2
Yemen Yémen	72.7	71.9	73.2	72.9	77.9	83.4	80.7	86.8	83.5	104.0
Yugoslavia Yougoslavie	...	...	...	...	...	...	7.6	6.5	6.8	6.5
Yugoslavia, SFR† Yougoslavie, Rfs†	77.5	81.3	71.8	71.7	65.5	35.6[1]	-	-	-	-
Zambia Zambie	68.2	63.6	60.6	66.8	64.8	65.4	67.3	65.3	70.1	69.1
Zimbabwe Zimbabwe	18.9	19.2	22.2	24.0	25.8	22.2	21.7	21.4	20.3	20.5[1]

41
Fish catches
All fishing areas: thousand metric tons [*cont.*]
Quantités pêchées
Toutes les zones de pêche : milliers de tonnes métriques [*suite*]

Source:
Food and Agriculture Organization of the United Nations (Rome).

† For information on recent changes in country or area nomenclature pertaining to former Czechoslovakia, Germany, Hong Kong Special Administrative Region of China, SFR Yugoslavia and former USSR, see Annex I - Country or area nomenclature, regional and other groupings.

†† For statistical purposes, the data for China do not include those for the Hong Kong Special Administrative Region (Hong Kong SAR) and Taiwan province of China.

1 FAO estimate.
2 Data refer to a split year period.

Source:
Organisation des Nations Unies pour l'alimentation et l'agriculture (Rome).

† Pour les modifications récentes de nomenclature de pays ou de zone concernant l'Allemagne, Hong-Kong (Région administrative spéciale de Chine), l'ex-Tchécoslovaquie, l'ex-URSS et l'ex-Rfs de Yougoslavie, voir annexe I - Nomenclature des pays ou des zones, groupements régionaux et autres groupements.

†† Les données statistiques relatives à la Chine ne comprennent pas celles qui concernent la région administrative spéciale de Hong-Kong (la RAS de Hong-Kong) et la province chinoise de Taiwan.

1 Estimation de la FAO.
2 Les données se réfèrent à une année fractionnée.

42 Fertilizers
Engrais

Nitrogenous, phosphate and potash: thousand metric tons
Azotés, phosphatés et potassiques : milliers de tonnes métriques

Country or area Pays ou zone	Production 1990/91	1991/92	1992/93	1993/94	1994/95	Consumption Consommation 1990/91	1991/92	1992/93	1993/94	1994/95
World Monde										
Nitrogenous fertilizers										
Engrais azotés	81 899.9	80 606.8	80 565.1	79 379.2	80 566.9	77 245.1	75 481.4	74 545.8	72 535.5	73 560.0
Phosphate fertilizers										
Engrais phosphatés	38 978.7	38 574.9	34 485.7	31 763.1	32 651.0	36 278.7	35 289.8	30 919.2	29 009.1	29 644.7
Potash fertilizers										
Engrais potassiques	26 710.8	24 980.2	23 687.6	20 492.4	23 016.6	24 519.6	23 552.7	20 685.6	19 270.5	19 966.5
Africa Afrique										
Nitrogenous fertilizers										
Engrais azotés	2 241.3	2 410.3	2 415.7	2 500.9	2 484.2	2 098.5	2 111.5	2 143.0	2 316.5	2 032.7
Phosphate fertilizers										
Engrais phosphatés	2 611.3	2 392.7	2 342.2	2 475.9	2 292.9	1 104.9	1 021.4	989.3	1 131.9	982.8
Potash fertilizers										
Engrais potassiques	...	...	...	...	...	481.6	466.3	471.1	502.7	454.0
Algeria Algérie										
Nitrogenous fertilizers										
Engrais azotés	90.4	73.2	88.3	* 80.0	* 82.5	* 63.2	* 41.0	* 46.6	* 74.0	* 58.3
Phosphate fertilizers										
Engrais phosphatés	53.7	34.6	* 33.5	* 40.9	28.3	46.3	34.6	* 31.9	* 34.8	36.1
Potash fertilizers *										
Engrais potassiques *	...	...	...	...	...	29.0	20.0	18.2	22.3	24.0
Angola Angola										
Nitrogenous fertilizers										
Engrais azotés	...	...	...	...	...	* 2.5	* 2.3	* 3.1	* 2.0	2.0
Phosphate fertilizers										
Engrais phosphatés	...	...	...	...	...	* 5.0	* 2.3	* 3.0	* 3.0	5.0
Potash fertilizers *										
Engrais potassiques *	...	...	...	...	...	2.0	2.3	3.0	3.0	3.0
Benin Bénin										
Nitrogenous fertilizers										
Engrais azotés	...	...	...	...	...	5.1	5.0	6.2	7.9	* 7.7
Phosphate fertilizers										
Engrais phosphatés	...	...	...	...	...	3.4	4.3	5.8	6.0	6.0
Potash fertilizers										
Engrais potassiques	...	...	...	...	...	2.5	2.5	3.3	3.3	* 7.0
Botswana Botswana										
Nitrogenous fertilizers										
Engrais azotés	...	...	...	...	...	* 0.3	* 0.3	* 0.3	* 0.4	0.5
Phosphate fertilizers										
Engrais phosphatés	...	...	...	...	...	* 0.4	* 0.4	* 0.4	* 0.4	0.4
Potash fertilizers										
Engrais potassiques	...	...	...	...	...	* 0.2	* 0.2	* 0.2	* 0.2	0.1
Burkina Faso Burkina Faso										
Nitrogenous fertilizers										
Engrais azotés	...	...	...	...	...	9.2	* 9.0	* 9.3	* 9.0	11.5
Phosphate fertilizers										
Engrais phosphatés	0.1	0.2	0.3	* 0.3	0.3	7.5	* 6.8	* 8.0	* 8.0	5.9
Potash fertilizers										
Engrais potassiques	...	...	...	...	...	4.4	4.0	4.0	* 4.0	5.2
Burundi Burundi										
Nitrogenous fertilizers										
Engrais azotés	...	...	...	...	...	* 1.0	* 0.1	1.8	1.4	1.0
Phosphate fertilizers										
Engrais phosphatés	...	...	...	...	...	* 1.0	* 0.3	3.0	2.4	* 2.0
Potash fertilizers										
Engrais potassiques	...	...	...	...	...	* 0.1	* 0.1	0.4	0.1	0.1

42
Fertilizers
Nitrogenous, phosphate and potash: thousand metric tons [cont.]
Engrais
Azotés, phosphatés et potassiques : milliers de tonnes métriques [suite]

Country or area Pays ou zone	Production 1990/91	1991/92	1992/93	1993/94	1994/95	Consumption 1990/91	1991/92	1992/93	1993/94	1994/95
Cameroon Cameroun										
Nitrogenous fertilizers Engrais azotés	...	...	...	...	...	* 8.1	* 10.0	12.6	10.2	* 15.0
Phosphate fertilizers Engrais phosphatés	...	...	...	...	...	* 2.7	* 2.8	2.9	5.2	* 5.0
Potash fertilizers Engrais potassiques	...	...	...	...	...	* 6.0	* 5.0	3.9	6.7	* 10.0
Central African Rep. Rép. centrafricaine										
Nitrogenous fertilizers Engrais azotés	...	...	...	...	...	* 0.8	* 0.8	* 0.9	* 1.0	1.0
Phosphate fertilizers Engrais phosphatés	...	...	...	...	...	...	...	* 0.1	* 0.1	0.1
Potash fertilizers Engrais potassiques	...	...	...	...	...	* 0.1	* 0.1	* 0.1	* 0.1	0.1
Chad Tchad										
Nitrogenous fertilizers Engrais azotés	...	...	...	...	...	* 2.0	* 3.4	4.2	2.1	* 2.0
Phosphate fertilizers Engrais phosphatés	...	...	...	...	...	* 1.9	* 2.6	2.6	1.6	* 2.0
Potash fertilizers Engrais potassiques	...	...	...	...	...	* 1.9	* 2.6	3.3	1.6	* 3.0
Comoros Comores										
Nitrogenous fertilizers Engrais azotés	...	...	...	...	...	...	* 0.1	* 0.1	* 0.1	0.1
Congo Congo										
Nitrogenous fertilizers Engrais azotés	...	...	...	...	...	0.6	* 1.3	* 1.1	* 1.0	* 0.9
Phosphate fertilizers Engrais phosphatés	...	...	...	...	...	0.4	...	...	...	...
Potash fertilizers Engrais potassiques	...	...	...	...	...	0.5	* 0.1	* 0.9	* 1.0	* 1.0
Côte d'Ivoire Côte d'Ivoire										
Nitrogenous fertilizers * Engrais azotés *	...	...	...	...	...	13.5	21.0	30.0	30.0	34.0
Phosphate fertilizers Engrais phosphatés	* 2.5	* 2.5	* 2.5	* 2.5	* 1.0	* 8.2	* 8.5	* 15.5	* 14.0	16.0
Potash fertilizers * Engrais potassiques *	...	...	...	...	...	14.0	14.0	10.0	10.0	15.0
Dem. Rep. of the Congo Rép. dém. du Congo										
Nitrogenous fertilizers Engrais azotés	...	...	...	...	...	* 4.0	* 4.0	* 1.0	* 3.0	3.5
Phosphate fertilizers Engrais phosphatés	...	...	...	...	...	* 0.5	* 1.8	* 0.2	* 0.1	3.5
Potash fertilizers Engrais potassiques	...	...	...	...	...	* 1.7	* 2.4	* 1.1	* 1.0	3.5
Egypt Egypte										
Nitrogenous fertilizers Engrais azotés	676.1	823.6	762.3	862.6	900.3	745.1	* 775.0	743.7	849.5	729.0
Phosphate fertilizers Engrais phosphatés	* 194.9	163.1	126.5	114.1	* 157.0	184.1	* 150.0	* 104.0	96.0	* 116.0
Potash fertilizers Engrais potassiques	...	...	...	...	...	35.5	* 38.4	27.4	27.8	18.2
Ethiopia incl.Eritrea Ethiopie comp. Erythrée										
Nitrogenous fertilizers * Engrais azotés *	...	...	...	...	...	42.1	43.0	56.0	...	...
Phosphate fertilizers * Engrais phosphatés *	...	...	...	...	...	69.7	56.0	79.0	...	...

42

Fertilizers
Nitrogenous, phosphate and potash: thousand metric tons [cont.]
Engrais
Azotés, phosphatés et potassiques : milliers de tonnes métriques [suite]

Country or area Pays ou zone	Production 1990/91	1991/92	1992/93	1993/94	1994/95	Consumption Consommation 1990/91	1991/92	1992/93	1993/94	1994/95
Potash fertilizers * Engrais potassiques *	...	...	...	...	...	...	...	0.4	...	...
Ethiopia Ethiopie										
Nitrogenous fertilizers Engrais azotés	...	...	...	...	...	...	...	...	* 50.0	56.4
Phosphate fertilizers Engrais phosphatés	...	...	...	...	...	...	...	...	* 90.0	92.7
Potash fertilizers Engrais potassiques	...	...	...	...	...	...	...	...	* 0.4	0.4
Gabon Gabon										
Nitrogenous fertilizers Engrais azotés	...	...	...	...	...	0.1	* 0.2	* 0.1	* 0.1	0.1
Phosphate fertilizers Engrais phosphatés	...	...	...	...	...	0.5	* 0.1	* 0.1	* 0.1	* 0.1
Potash fertilizers Engrais potassiques	...	...	...	...	...	* 0.5	* 0.3	* 0.3	* 0.2	0.2
Gambia Gambie										
Nitrogenous fertilizers Engrais azotés	...	...	...	...	...	* 0.2	* 0.3	* 0.2	* 0.2	0.2
Phosphate fertilizers Engrais phosphatés	...	...	...	...	...	* 0.2	* 0.3	* 0.4	* 0.4	0.4
Potash fertilizers Engrais potassiques	...	...	...	...	...	* 0.2	* 0.3	* 0.2	* 0.2	0.2
Ghana Ghana										
Nitrogenous fertilizers Engrais azotés	...	...	...	...	...	* 8.0	* 7.0	* 7.0	5.2	5.0
Phosphate fertilizers Engrais phosphatés	...	...	...	...	...	* 3.0	* 0.2	* 2.0	1.4	* 4.0
Potash fertilizers * Engrais potassiques *	...	...	...	...	...	2.0	0.8	1.1	1.0	3.0
Guinea Guinée										
Nitrogenous fertilizers Engrais azotés	...	...	...	...	...	0.7	1.4	0.3	1.1	1.0
Phosphate fertilizers Engrais phosphatés	...	...	...	...	...	0.1	0.1	0.1	0.3	0.1
Potash fertilizers Engrais potassiques	...	...	...	...	...	0.3	0.4	0.1	0.2	...
Guinea-Bissau Guinée-Bissau										
Nitrogenous fertilizers Engrais azotés	...	...	...	...	...	0.2	* 0.2	* 0.1	* 0.1	0.1
Phosphate fertilizers Engrais phosphatés	...	...	...	...	...	0.2	0.2	0.1	* 0.1	0.4
Potash fertilizers Engrais potassiques	...	...	...	...	...	0.1	0.1	* 0.1	* 0.1	0.1
Kenya Kenya										
Nitrogenous fertilizers * Engrais azotés *	...	...	...	...	...	57.0	51.1	46.0	45.0	59.0
Phosphate fertilizers * Engrais phosphatés *	...	...	...	...	...	51.0	35.6	46.0	52.0	71.0
Potash fertilizers * Engrais potassiques *	...	...	...	...	...	8.0	8.7	8.0	6.0	8.0
Lesotho Lesotho										
Nitrogenous fertilizers Engrais azotés	...	...	...	...	...	* 0.5	* 0.8	* 0.7	* 1.0	1.0
Phosphate fertilizers * Engrais phosphatés *	...	...	...	...	...	4.0	4.0	4.0	4.0	4.0
Potash fertilizers * Engrais potassiques *	...	...	...	...	...	0.1	1.1	1.0	1.0	1.0

42
Fertilizers
Nitrogenous, phosphate and potash: thousand metric tons [cont.]
Engrais
Azotés, phosphatés et potassiques: milliers de tonnes métriques [suite]

Country or area / Pays ou zone	Production 1990/91	1991/92	1992/93	1993/94	1994/95	Consumption 1990/91	1991/92	1992/93	1993/94	1994/95
Liberia Libéria										
Nitrogenous fertilizers * / Engrais azotés *	...	...	...	...	...	0.1	...	...	...	...
Phosphate fertilizers * / Engrais phosphatés *	...	...	...	...	...	0.1	...	...	...	...
Potash fertilizers * / Engrais potassiques *	...	...	...	...	...	0.1	...	...	...	...
Libyan Arab Jamah. Jamah. arabe libyenne										
Nitrogenous fertilizers / Engrais azotés	* 89.0	* 172.5	285.7	* 268.7	* 347.0	* 35.0	* 35.0	* 30.0	* 30.0	* 19.0
Phosphate fertilizers * / Engrais phosphatés *	...	...	...	...	...	41.0	47.5	59.0	71.0	44.5
Potash fertilizers * / Engrais potassiques *	...	...	...	...	...	1.6	2.3	0.4	5.0	6.0
Madagascar Madagascar										
Nitrogenous fertilizers / Engrais azotés	...	...	...	...	...	4.4	3.7	3.9	6.0	6.0
Phosphate fertilizers / Engrais phosphatés	...	...	...	...	...	2.5	2.3	1.6	1.6	2.7
Potash fertilizers / Engrais potassiques	...	...	...	...	...	4.0	3.4	2.1	3.5	2.6
Malawi Malawi										
Nitrogenous fertilizers / Engrais azotés	...	...	...	...	...	* 30.0	* 46.0	* 51.8	* 48.0	15.3
Phosphate fertilizers / Engrais phosphatés	...	...	...	...	...	* 13.0	* 16.0	* 14.0	* 21.0	7.2
Potash fertilizers * / Engrais potassiques *	...	...	...	...	...	5.0	8.0	8.0	5.0	5.0
Mali Mali										
Nitrogenous fertilizers * / Engrais azotés *	...	...	...	...	...	9.2	9.5	10.7	12.0	12.0
Phosphate fertilizers * / Engrais phosphatés *	...	...	...	...	...	6.0	5.5	9.0	10.0	6.0
Potash fertilizers * / Engrais potassiques *	...	...	...	...	...	...	...	3.0	3.0	7.0
Mauritania Mauritanie										
Nitrogenous fertilizers / Engrais azotés	...	...	...	...	...	* 3.5	* 4.5	6.2	4.0	4.0
Phosphate fertilizers / Engrais phosphatés	...	...	...	...	...	* 0.4	* 0.7	1.1	0.6	...
Mauritius Maurice										
Nitrogenous fertilizers / Engrais azotés	12.0	12.4	14.6	12.6	15.4	11.2	11.2	11.3	9.9	* 11.8
Phosphate fertilizers / Engrais phosphatés	...	...	...	...	...	3.8	3.9	3.6	3.9	3.2
Potash fertilizers / Engrais potassiques	...	...	...	...	...	12.8	12.5	11.8	12.1	* 14.2
Morocco Maroc										
Nitrogenous fertilizers / Engrais azotés	* 344.1	* 346.0	* 296.5	* 388.0	* 275.0	144.2	147.5	130.4	* 172.0	* 135.0
Phosphate fertilizers / Engrais phosphatés	* 1 179.9	* 1 070.0	* 997.2	* 1 175.0	* 894.0	* 125.0	119.2	* 104.9	* 105.0	* 105.0
Potash fertilizers / Engrais potassiques	...	...	...	...	...	56.3	* 45.4	* 55.0	* 59.0	* 55.0
Mozambique Mozambique										
Nitrogenous fertilizers * / Engrais azotés *	...	...	...	...	...	2.2	2.1	3.0	2.0	5.0

42
Fertilizers
Nitrogenous, phosphate and potash: thousand metric tons [cont.]
Engrais
Azotés, phosphatés et potassiques : milliers de tonnes métriques [suite]

Country or area Pays ou zone	Production 1990/91	1991/92	1992/93	1993/94	1994/95	Consumption Consommation 1990/91	1991/92	1992/93	1993/94	1994/95
Phosphate fertilizers * Engrais phosphatés *	...	...	...	...	...	0.2	1.7	1.2	0.2	1.0
Potash fertilizers * Engrais potassiques *	...	...	...	...	...	0.2	1.3	0.7	1.0	1.0
Niger Niger										
Nitrogenous fertilizers Engrais azotés	...	...	...	...	...	1.4	0.2	* 0.9	* 1.0	2.6
Phosphate fertilizers Engrais phosphatés	...	...	...	...	...	0.7	0.2	* 0.4	* 0.4	1.8
Potash fertilizers Engrais potassiques	...	...	...	...	...	0.2	0.1	* 0.1	* 0.1	1.7
Nigeria Nigéria										
Nitrogenous fertilizers Engrais azotés	* 284.0	231.0	271.0	* 150.0	* 151.0	210.0	212.0	270.1	* 220.0	* 186.0
Phosphate fertilizers Engrais phosphatés	50.2	57.9	76.2	44.2	* 6.3	96.1	110.6	98.5	155.9	* 50.0
Potash fertilizers Engrais potassiques	...	...	...	...	...	94.2	106.6	129.8	* 130.0	* 60.0
Réunion Réunion										
Nitrogenous fertilizers Engrais azotés	...	...	...	...	...	* 3.6	* 5.0	5.2	* 5.4	* 6.0
Phosphate fertilizers Engrais phosphatés	...	...	...	...	...	* 2.7	* 3.0	5.0	* 5.0	* 5.0
Potash fertilizers Engrais potassiques	...	...	...	...	...	* 5.8	* 6.0	4.8	* 5.0	* 7.0
Rwanda Rwanda										
Nitrogenous fertilizers Engrais azotés	...	...	...	...	...	1.2	0.7	0.4	* 2.0	...
Phosphate fertilizers Engrais phosphatés	...	...	...	...	...	1.0	0.5	0.1	* 1.0	* 1.0
Potash fertilizers Engrais potassiques	...	...	...	...	...	0.7	0.4	0.1	...	...
Senegal Sénégal										
Nitrogenous fertilizers Engrais azotés	15.7	26.8	* 25.0	* 24.0	* 12.0	6.0	8.6	* 9.0	* 14.0	* 7.0
Phosphate fertilizers Engrais phosphatés	* 50.0	46.4	* 33.0	* 38.0	* 42.0	2.7	5.1	* 6.0	* 6.0	* 10.0
Potash fertilizers Engrais potassiques	...	...	...	...	...	3.4	1.7	* 2.0	5.0	* 3.0
Sierra Leone Sierra Leone										
Nitrogenous fertilizers Engrais azotés	...	...	...	...	...	* 0.6	* 0.2	* 0.6	* 1.0	1.0
Phosphate fertilizers * Engrais phosphatés *	...	...	...	...	...	0.4	0.2	0.4	1.0	1.0
Potash fertilizers * Engrais potassiques *	...	...	...	...	...	0.3	0.2	0.4	1.0	1.0
Somalia Somalie										
Nitrogenous fertilizers * Engrais azotés *	...	...	...	...	...	1.7	...	...	...	...
Phosphate fertilizers * Engrais phosphatés *	...	...	...	...	...	0.5	...	...	...	...
Potash fertilizers * Engrais potassiques *	...	...	...	...	...	0.5	...	...	...	...
South Africa Afrique du Sud										
Nitrogenous fertilizers Engrais azotés	* 430.0	* 425.0	* 410.0	* 430.0	* 428.0	* 377.6	* 357.8	* 363.0	411.6	375.1
Phosphate fertilizers Engrais phosphatés	* 380.0	* 339.0	* 340.0	* 376.0	* 403.0	277.0	* 259.0	* 243.0	301.2	247.1

42

Fertilizers
Nitrogenous, phosphate and potash: thousand metric tons [cont.]
Engrais
Azotés, phosphatés et potassiques : milliers de tonnes métriques [suite]

Country or area Pays ou zone	Production 1990/91	1991/92	1992/93	1993/94	1994/95	Consumption Consommation 1990/91	1991/92	1992/93	1993/94	1994/95
Potash fertilizers Engrais potassiques	...	...	...	...	...	137.0	* 123.0	* 127.0	130.9	* 130.0
Sudan Soudan										
Nitrogenous fertilizers Engrais azotés	...	...	...	...	...	73.7	76.8	* 59.4	* 44.0	* 39.0
Phosphate fertilizers Engrais phosphatés	...	...	...	...	...	15.6	16.4	* 15.0	* 8.0	* 19.0
Swaziland Swaziland										
Nitrogenous fertilizers Engrais azotés	...	...	...	...	...	7.1	* 6.0	* 6.7	* 6.3	* 8.0
Phosphate fertilizers Engrais phosphatés	...	...	...	...	...	2.4	* 2.5	* 2.5	* 2.3	* 2.3
Potash fertilizers Engrais potassiques	...	...	...	...	...	3.2	* 3.0	* 3.2	* 3.0	* 3.0
Togo Togo										
Nitrogenous fertilizers Engrais azotés	...	...	...	...	...	* 5.0	5.5	5.9	4.7	* 5.2
Phosphate fertilizers Engrais phosphatés	...	...	...	...	...	* 5.0	3.7	3.7	3.0	* 3.6
Potash fertilizers Engrais potassiques	...	...	...	...	...	* 1.5	2.6	2.6	2.1	* 2.4
Tunisia Tunisie										
Nitrogenous fertilizers Engrais azotés	202.0	209.4	202.0	196.9	* 176.0	* 36.7	* 52.0	54.7	* 50.0	* 47.0
Phosphate fertilizers Engrais phosphatés	657.1	631.1	687.1	646.4	719.0	* 44.2	* 45.0	48.1	* 43.0	* 39.0
Potash fertilizers * Engrais potassiques *	...	...	...	...	...	2.0	2.0	3.0	2.5	3.0
Uganda Ouganda										
Nitrogenous fertilizers Engrais azotés	...	...	...	...	...	0.1	* 0.5	* 0.4	* 1.3	1.5
Phosphate fertilizers Engrais phosphatés	...	...	...	...	...	* 0.1	* 0.3	* 0.1	* 0.4	0.4
Potash fertilizers Engrais potassiques	...	...	...	...	...	...	* 0.4	* 0.3	* 0.5	0.5
United Rep.Tanzania Rép. Unie de Tanzanie										
Nitrogenous fertilizers Engrais azotés	3.4	2.9	...	...	...	36.7	33.6	33.1	* 37.0	26.0
Phosphate fertilizers Engrais phosphatés	1.5	2.9	...	...	...	11.7	11.3	10.0	* 8.0	* 7.0
Potash fertilizers Engrais potassiques	...	...	...	...	...	2.9	4.7	4.8	* 5.0	* 5.0
Zambia Zambie										
Nitrogenous fertilizers Engrais azotés	* 6.0	4.7	* 3.7	* 6.3	* 3.0	* 38.0	40.1	* 57.3	* 58.0	* 38.0
Phosphate fertilizers Engrais phosphatés	...	...	...	...	...	* 15.9	15.4	* 18.2	* 19.2	* 13.0
Potash fertilizers Engrais potassiques	...	...	...	...	...	* 5.7	7.0	* 9.0	* 8.3	* 8.0
Zimbabwe Zimbabwe										
Nitrogenous fertilizers Engrais azotés	88.6	82.7	* 56.6	* 81.8	* 94.0	95.0	75.7	* 57.6	82.1	* 92.9
Phosphate fertilizers Engrais phosphatés	41.4	45.0	* 45.9	* 38.5	* 42.0	46.6	40.5	* 34.6	44.2	* 42.3
Potash fertilizers Engrais potassiques	...	...	...	...	...	35.1	32.3	16.0	30.3	35.5

42
Fertilizers
Nitrogenous, phosphate and potash: thousand metric tons [cont.]
Engrais
Azotés, phosphatés et potassiques: milliers de tonnes métriques [suite]

Country or area Pays ou zone	Production Production 1990/91	1991/92	1992/93	1993/94	1994/95	Consumption Consommation 1990/91	1991/92	1992/93	1993/94	1994/95
America, North Amérique du Nord										
Nitrogenous fertilizers										
Engrais azotés	17 745.9	18 343.5	18 691.6	19 873.7	19 368.0	13 369.7	13 376.5	13 415.2	14 557.3	13 597.5
Phosphate fertilizers										
Engrais phosphatés	10 888.5	12 079.6	11 479.3	10 819.7	11 792.0	4 953.7	4 987.6	5 086.7	5 223.4	5 105.3
Potash fertilizers										
Engrais potassiques	8 528.2	7 951.9	8 227.0	8 135.0	9 887.3	5 294.8	5 145.9	5 268.2	5 332.5	5 211.4
Bahamas Bahamas										
Nitrogenous fertilizers										
Engrais azotés	...	...	...	...	...	...	* 0.2	* 0.2	* 0.1	0.1
Potash fertilizers										
Engrais potassiques	...	...	...	...	...	* 0.1	* 0.1	* 0.1	* 0.1	0.1
Barbados Barbade										
Nitrogenous fertilizers										
Engrais azotés	...	...	...	...	...	* 1.5	* 1.5	* 2.0	1.5[1]	1.5
Phosphate fertilizers										
Engrais phosphatés	...	...	...	...	...	* 0.2	* 0.2	* 0.2	* 0.2	0.2
Potash fertilizers *										
Engrais potassiques *	...	...	...	...	...	1.0	1.0	1.0	1.0	1.0
Belize Belize										
Nitrogenous fertilizers										
Engrais azotés	...	...	...	...	...	* 1.5	* 1.5	* 2.0	* 2.0	1.2
Phosphate fertilizers										
Engrais phosphatés	...	...	...	...	...	* 1.7	* 2.0	* 2.4	* 3.0	3.0
Potash fertilizers *										
Engrais potassiques *	...	...	...	...	...	1.9	1.7	1.9	1.9	2.0
Bermuda Bermudes										
Nitrogenous fertilizers										
Engrais azotés	...	...	...	...	...	...	...	* 0.1	* 0.1	0.1
Canada Canada										
Nitrogenous fertilizers										
Engrais azotés	2 842.8	2 904.2	2 971.7	3 850.6	3 801.3	1 157.8	1 253.3	1 317.6	1 405.9	1 396.1
Phosphate fertilizers										
Engrais phosphatés	354.0	437.0	395.5	368.3	* 364.0	578.2	592.2	615.9	636.8	581.8
Potash fertilizers										
Engrais potassiques	7 520.2	7 013.9	7 289.0	7 293.0	9 060.3	337.9	310.3	327.6	316.5	300.7
Costa Rica Costa Rica										
Nitrogenous fertilizers *										
Engrais azotés *	30.2	39.4	41.9	38.0	38.0	55.6	62.4	65.0	60.0	70.0
Phosphate fertilizers										
Engrais phosphatés	...	...	...	...	...	* 15.0	* 20.0	* 18.0	* 20.0	27.0
Potash fertilizers										
Engrais potassiques	...	...	...	...	...	* 38.0	* 38.0	41.8	* 28.0	* 32.0
Cuba Cuba										
Nitrogenous fertilizers *										
Engrais azotés *	140.0	120.0	100.0	70.0	15.0	283.0	240.0	192.0	120.0	72.0
Phosphate fertilizers *										
Engrais phosphatés *	7.0	7.0	6.0	6.0	...	82.0	65.0	20.7	22.3	13.0
Potash fertilizers *										
Engrais potassiques *	...	...	...	...	...	215.0	60.0	36.5	30.0	39.0
Dominica Dominique										
Nitrogenous fertilizers										
Engrais azotés	...	...	...	...	...	* 2.2	* 2.4	* 2.0	* 2.0	2.0
Phosphate fertilizers										
Engrais phosphatés	...	...	...	...	...	* 0.6	* 1.3	* 1.3	* 1.3	1.3
Potash fertilizers *										
Engrais potassiques *	...	...	...	...	...	0.6	1.3	1.3	1.3	1.3

42
Fertilizers
Nitrogenous, phosphate and potash: thousand metric tons [cont.]
Engrais
Azotés, phosphatés et potassiques : milliers de tonnes métriques [suite]

Country or area / Pays ou zone	Production 1990/91	1991/92	1992/93	1993/94	1994/95	Consumption 1990/91	1991/92	1992/93	1993/94	1994/95
Dominican Republic Rép. dominicaine										
Nitrogenous fertilizers / Engrais azotés	...	...	...	...	...	47.0	* 51.0	* 45.0	* 42.0	* 46.0
Phosphate fertilizers / Engrais phosphatés	...	...	...	...	...	18.8	* 22.0	* 25.6	* 26.0	* 23.0
Potash fertilizers * / Engrais potassiques *	...	...	...	...	...	23.0	24.0	20.0	20.0	23.0
El Salvador El Salvador										
Nitrogenous fertilizers / Engrais azotés	11.2	9.2	7.6	8.7	...	53.2	55.4	53.7	56.5	46.4
Phosphate fertilizers / Engrais phosphatés	0.1	0.1	8.9	10.4	...	18.9	19.1	18.9	14.3	* 25.0
Potash fertilizers / Engrais potassiques	...	...	...	...	...	3.2	3.0	2.4	2.1	* 5.0
Guadeloupe Guadeloupe										
Nitrogenous fertilizers / Engrais azotés	...	...	...	...	...	* 3.1	* 3.4	* 4.0	* 1.0	1.0
Phosphate fertilizers / Engrais phosphatés	...	...	...	...	...	* 1.4	* 3.6	* 1.2	* 1.0	1.0
Potash fertilizers * / Engrais potassiques *	...	...	...	...	...	1.4	1.8	3.4	4.0	5.0
Guatemala Guatemala										
Nitrogenous fertilizers * / Engrais azotés *	7.0	8.0	8.5	...	...	88.0	98.0	100.0	99.0	126.0
Phosphate fertilizers * / Engrais phosphatés *	7.0	7.0	1.9	...	...	27.0	27.0	35.0	35.0	37.0
Potash fertilizers * / Engrais potassiques *	...	...	...	...	...	17.0	18.0	30.0	26.0	20.0
Haiti Haïti										
Nitrogenous fertilizers / Engrais azotés	...	...	...	...	...	* 0.9	* 2.7	* 4.2	* 4.0	4.0
Phosphate fertilizers / Engrais phosphatés	...	...	...	...	...	...	...	...	...	0.5
Potash fertilizers / Engrais potassiques	...	...	...	...	...	* 0.1	* 0.1	* 0.1	* 0.1	0.6
Honduras Honduras										
Nitrogenous fertilizers / Engrais azotés	...	...	...	...	...	11.1	* 20.0	* 20.9	* 33.0	* 38.0
Phosphate fertilizers / Engrais phosphatés	...	...	...	...	...	2.1	8.0	* 12.0	* 23.0	* 13.0
Potash fertilizers / Engrais potassiques	...	...	...	...	...	1.8	7.6	* 8.0	* 9.0	* 6.0
Jamaica Jamaïque										
Nitrogenous fertilizers * / Engrais azotés *	...	...	...	...	...	7.4	9.2	4.2	6.0	10.0
Phosphate fertilizers / Engrais phosphatés	...	...	...	...	...	* 3.6	* 3.8	* 3.8	* 5.4	6.0
Potash fertilizers * / Engrais potassiques *	...	...	...	...	...	8.1	12.7	13.0	12.0	10.0
Martinique Martinique										
Nitrogenous fertilizers / Engrais azotés	...	...	...	...	...	* 8.1	* 6.6	7.0	* 6.0	3.0
Phosphate fertilizers / Engrais phosphatés	...	...	...	...	...	* 5.2	* 2.7	2.2	* 2.0	2.0
Potash fertilizers / Engrais potassiques	...	...	...	...	...	* 11.8	* 8.0	11.7	* 12.0	* 9.0

42
Fertilizers
Nitrogenous, phosphate and potash: thousand metric tons [cont.]
Engrais
Azotés, phosphatés et potassiques: milliers de tonnes métriques [suite]

Country or area Pays ou zone	Production 1990/91	1991/92	1992/93	1993/94	1994/95	Consumption Consommation 1990/91	1991/92	1992/93	1993/94	1994/95
Mexico Mexique										
Nitrogenous fertilizers Engrais azotés	* 1 358.9	* 1 465.0	* 1 346.0	* 1 249.0	* 1 268.1	* 1 346.3	* 1 130.0	* 1 230.0	* 1 193.0	1 104.0
Phosphate fertilizers * Engrais phosphatés *	383.3	488.4	383.0	212.0	373.0	373.8	380.0	298.0	317.0	340.0
Potash fertilizers Engrais potassiques	...	...	...	...	...	* 78.5	* 73.0	* 88.0	* 82.0	90.0
Nicaragua Nicaragua										
Nitrogenous fertilizers Engrais azotés	...	...	...	...	...	31.8	26.6	* 26.0	* 21.0	* 19.0
Phosphate fertilizers Engrais phosphatés	...	...	...	...	...	6.1	6.2	* 0.4	* 6.0	* 8.0
Potash fertilizers Engrais potassiques	...	...	...	...	...	2.1	* 2.0	* 4.9	...	* 4.0
Panama Panama										
Nitrogenous fertilizers Engrais azotés	...	...	...	...	...	21.7	16.4	* 23.7	* 26.2	* 18.0
Phosphate fertilizers Engrais phosphatés	...	...	...	...	...	5.1	4.2	* 3.0	* 4.0	* 9.0
Potash fertilizers Engrais potassiques	...	...	...	...	...	11.9	5.1	* 8.8	* 2.0	* 5.0
Saint Kitts and Nevis Saint-Kitts-et-Nevis										
Nitrogenous fertilizers Engrais azotés	...	...	...	...	...	0.4	* 0.5	* 0.5	* 1.0	0.3
Phosphate fertilizers Engrais phosphatés	...	...	...	...	...	0.2	* 0.3	* 0.3	* 0.3	0.2
Potash fertilizers Engrais potassiques	...	...	...	...	...	0.3	* 0.3	* 0.3	...	0.3
Saint Lucia Sainte-Lucie										
Nitrogenous fertilizers Engrais azotés	...	...	...	...	...	2.4	* 3.0	* 3.0	* 3.0	3.0
Phosphate fertilizers Engrais phosphatés	...	...	...	...	...	1.7	* 1.8	* 1.8	* 2.0	2.0
Potash fertilizers Engrais potassiques	...	...	...	...	...	1.7	* 1.7	* 1.7	* 2.0	* 2.0
St. Vincent-Grenadines St. Vincent-Grenadines										
Nitrogenous fertilizers Engrais azotés	...	...	...	...	...	* 0.5	* 0.5	* 0.5	* 1.0	1.0
Phosphate fertilizers Engrais phosphatés	...	...	...	...	...	* 0.9	* 0.9	* 1.0	* 1.0	1.0
Potash fertilizers * Engrais potassiques *	...	...	...	...	...	0.9	0.9	0.9	0.9	1.0
Trinidad and Tobago Trinité-et-Tobago										
Nitrogenous fertilizers Engrais azotés	* 231.8	* 240.7	209.8	* 242.4	* 228.6	* 6.0	* 7.0	* 7.0	* 3.0	* 3.0
Phosphate fertilizers Engrais phosphatés	...	...	...	...	...	* 0.2	0.6	* 0.8	* 1.0	1.0
Potash fertilizers * Engrais potassiques *	...	...	...	...	...	1.6	1.6	1.3	2.6	2.0
United States Etats-Unis										
Nitrogenous fertilizers Engrais azotés	13 124.0	13 557.0	14 006.0	14 415.0	14 017.0	10 239.3	10 383.9	10 303.6	11 469.0	10 630.8
Phosphate fertilizers Engrais phosphatés	10 137.0	* 11 140.0	10 684.0	10 223.0	11 055.0	3 810.7	3 826.4	4 023.9	4 101.5	4 010.0
Potash fertilizers Engrais potassiques	1 008.0	938.0	938.0	842.0	827.0	4 537.0	4 573.7	4 663.5	4 779.1	4 652.4

42
Fertilizers
Nitrogenous, phosphate and potash: thousand metric tons [cont.]
Engrais
Azotés, phosphatés et potassiques : milliers de tonnes métriques [suite]

Country or area / Pays ou zone	Production 1990/91	1991/92	1992/93	1993/94	1994/95	Consumption 1990/91	1991/92	1992/93	1993/94	1994/95
United States Virgin Is. Iles Vierges américaines										
Nitrogenous fertilizers / Engrais azotés	...	...	...	...	...	* 1.0	* 1.0	* 1.0	* 1.0	1.0
Phosphate fertilizers / Engrais phosphatés	...	...	...	...	...	* 0.3	* 0.3	* 0.3	* 0.3	0.3
America, South Amérique du Sud										
Nitrogenous fertilizers / Engrais azotés	1 372.8	1 351.1	1 214.9	1 333.2	1 377.1	1 734.4	1 669.9	1 879.7	2 022.8	2 382.6
Phosphate fertilizers / Engrais phosphatés	1 209.6	1 260.9	1 175.1	1 319.9	1 517.8	1 693.4	1 757.1	1 848.0	2 089.7	2 341.5
Potash fertilizers / Engrais potassiques	68.1	138.1	114.6	213.8	282.9	1 528.2	1 528.3	1 694.6	1 900.5	2 162.5
Argentina Argentine										
Nitrogenous fertilizers / Engrais azotés	* 40.5	42.1	32.7	47.8	43.5	* 101.4	* 96.0	* 146.1	* 170.0	* 280.8
Phosphate fertilizers / Engrais phosphatés	...	...	...	...	...	* 51.5	69.0	* 83.6	* 107.4	160.5[1]
Potash fertilizers / Engrais potassiques	...	...	...	...	...	* 12.6	20.1	13.1	* 19.7	22.9
Bolivia Bolivie										
Nitrogenous fertilizers / Engrais azotés	...	...	...	...	...	2.3	3.6	5.5	2.6	2.4
Phosphate fertilizers / Engrais phosphatés	...	...	...	...	...	2.5	3.5	7.6	* 6.8	5.1
Potash fertilizers / Engrais potassiques	...	...	...	...	...	0.3	0.7	0.7	* 0.8	1.4
Brazil Brésil										
Nitrogenous fertilizers / Engrais azotés	737.2	704.3	664.6	709.2	768.3	779.3	781.5	865.5	1 014.8	1 176.9
Phosphate fertilizers / Engrais phosphatés	* 1 090.7	* 1 139.4	1 075.7	1 230.8	1 428.6	* 1 201.6	* 1 247.4	1 346.1	1 546.1	1 744.5
Potash fertilizers / Engrais potassiques	68.1	101.1	77.3	173.9	229.4	1 183.2	1 206.0	1 372.8	1 589.4	1 810.9
Chile Chili										
Nitrogenous fertilizers / Engrais azotés	* 126.0	* 119.7	* 126.0	* 130.0	* 110.0	152.9	* 161.0	* 190.0	* 196.0	206.0
Phosphate fertilizers / Engrais phosphatés	* 5.0	* 4.0	* 4.0	* 5.0	5.0	113.8	* 111.6	* 130.0	* 130.0	* 140.0
Potash fertilizers / Engrais potassiques	...	* 37.0	* 35.3	* 38.0	* 52.0	28.8	* 37.0	* 40.0	* 50.0	* 50.0
Colombia Colombie										
Nitrogenous fertilizers / Engrais azotés	* 99.7	* 100.0	* 60.0	* 70.0	* 65.0	* 312.0	* 271.0	280.7	* 262.0	* 292.0
Phosphate fertilizers * / Engrais phosphatés *	40.0	28.0	29.0	24.0	32.0	126.7	120.0	98.0	113.0	129.0
Potash fertilizers / Engrais potassiques	...	...	...	...	...	* 163.8	* 150.0	160.0	* 151.0	* 149.0
Ecuador Equateur										
Nitrogenous fertilizers / Engrais azotés	...	...	...	...	...	36.7	* 45.0	* 57.4	* 49.0	97.6
Phosphate fertilizers / Engrais phosphatés	...	...	...	...	...	* 10.6	* 16.8	* 27.0	* 29.0	16.0
Potash fertilizers / Engrais potassiques	...	...	...	...	...	19.9	* 24.1	* 30.3	* 18.0	* 40.0
French Guiana Guyane française										
Nitrogenous fertilizers / Engrais azotés	...	...	...	...	...	* 0.7	* 0.9	* 0.6	* 0.6	1.0

42
Fertilizers
Nitrogenous, phosphate and potash: thousand metric tons [cont.]
Engrais
Azotés, phosphatés et potassiques : milliers de tonnes métriques [suite]

Country or area Pays ou zone	Production 1990/91	1991/92	1992/93	1993/94	1994/95	Consumption Consommation 1990/91	1991/92	1992/93	1993/94	1994/95
Phosphate fertilizers										
Engrais phosphatés	...	...	...	...	...	* 0.2	* 0.2	0.3	* 0.3	0.3
Potash fertilizers										
Engrais potassiques	...	...	...	...	...	* 0.2	* 0.2	0.1	* 0.1	0.1
Guyana Guyana										
Nitrogenous fertilizers *										
Engrais azotés *	...	...	...	...	...	8.0	13.0	10.5	10.0	12.0
Phosphate fertilizers										
Engrais phosphatés	...	...	...	...	...	* 2.2	* 1.6	* 0.9	* 1.0	1.0
Potash fertilizers *										
Engrais potassiques *	...	...	...	...	...	1.8	1.0	0.8	1.0	2.0
Paraguay Paraguay										
Nitrogenous fertilizers										
Engrais azotés	...	...	...	...	...	3.7	4.3	4.8	* 9.9	* 9.9
Phosphate fertilizers										
Engrais phosphatés	...	...	...	...	...	11.2	* 13.4	* 14.6	* 5.0	5.0
Potash fertilizers										
Engrais potassiques	...	...	...	...	...	3.1	2.7	2.5	* 6.0	* 8.0
Peru Pérou										
Nitrogenous fertilizers										
Engrais azotés	32.4	20.0	14.6	14.1	* 11.3	* 104.1	58.6	* 113.0	* 124.0	* 125.0
Phosphate fertilizers										
Engrais phosphatés	4.7	3.0	3.5	1.1	* 1.7	12.8	11.2	10.8	* 23.0	* 26.0
Potash fertilizers										
Engrais potassiques	...	...	2.1	1.8	1.5	8.3	5.7	4.8	5.3	* 20.0
Suriname Suriname										
Nitrogenous fertilizers										
Engrais azotés	...	...	...	...	...	* 0.6	* 0.6	* 2.6	* 3.0	4.0
Phosphate fertilizers										
Engrais phosphatés	...	...	...	...	...	* 0.2	* 0.2	* 0.1	* 0.1	0.1
Potash fertilizers										
Engrais potassiques	...	...	...	...	...	* 0.2	* 0.2	* 0.2	* 0.2	0.2
Uruguay Uruguay										
Nitrogenous fertilizers										
Engrais azotés	...	...	...	...	...	27.7	28.3	30.0[1]	* 37.0	* 41.0
Phosphate fertilizers										
Engrais phosphatés	* 12.0	* 17.0	* 17.0	* 17.0	* 10.0	41.2	46.5	* 45.0	* 52.0	* 57.0
Potash fertilizers										
Engrais potassiques	...	...	...	...	...	3.0	4.0	* 4.3	* 5.0	3.0
Venezuela Venezuela										
Nitrogenous fertilizers *										
Engrais azotés *	337.0	365.0	317.0	362.0	379.0	205.0	206.0	173.0	144.0	134.0
Phosphate fertilizers *										
Engrais phosphatés *	57.2	69.5	46.0	42.0	40.5	119.0	115.6	84.0	76.0	57.0
Potash fertilizers *										
Engrais potassiques *	...	...	...	...	...	103.0	76.7	65.0	54.0	55.0
Asia Asie										
Nitrogenous fertilizers										
Engrais azotés	31 969.8	32 280.1	34 012.7	33 956.3	36 287.8	37 186.8	37 908.3	39 802.5	37 595.1	40 165.4
Phosphate fertilizers										
Engrais phosphatés	9 656.7	10 462.2	10 247.5	9 346.7	10 839.8	13 832.7	15 161.4	14 462.5	13 097.7	14 841.4
Potash fertilizers										
Engrais potassiques	2 183.6	2 165.4	2 256.5	2 249.2	2 305.0	5 176.8	5 756.4	5 064.9	4 871.9	5 937.4
Afghanistan Afghanistan										
Nitrogenous fertilizers										
Engrais azotés	* 53.0	* 48.8	* 42.0	* 40.0	* 48.8	* 44.1	* 45.0	36.2	* 40.0	* 48.8
Phosphate fertilizers *										
Engrais phosphatés *	...	...	...	...	...	0.4	5.8	6.9	...	...

42
Fertilizers
Nitrogenous, phosphate and potash: thousand metric tons [cont.]
Engrais
Azotés, phosphatés et potassiques : milliers de tonnes métriques [suite]

Country or area Pays ou zone	Production 1990/91	1991/92	1992/93	1993/94	1994/95	Consumption Consommation 1990/91	1991/92	1992/93	1993/94	1994/95
Armenia Arménie										
Nitrogenous fertilizers *										
Engrais azotés *	...	...	...	...	...	...	...	15.0	15.0	7.0
Phosphate fertilizers *										
Engrais phosphatés *	...	...	...	...	...	...	...	5.0	...	...
Potash fertilizers *										
Engrais potassiques *	...	...	...	...	...	...	...	5.0	...	...
Azerbaijan Azerbaïdjan										
Nitrogenous fertilizers *										
Engrais azotés *	...	...	...	...	...	...	...	50.0	34.0	34.0
Phosphate fertilizers *										
Engrais phosphatés *	...	...	61.0	40.0	...	...	...	20.0	15.0	...
Potash fertilizers *										
Engrais potassiques *	...	...	62.0	30.0	30.0	...	...	5.0	5.0	5.0
Bahrain Bahreïn										
Nitrogenous fertilizers										
Engrais azotés	...	...	...	...	...	0.3	* 0.3	* 0.3	* 0.2	0.2
Phosphate fertilizers										
Engrais phosphatés	...	...	...	...	...	0.2	* 0.2	* 0.2	* 0.2	0.2
Potash fertilizers										
Engrais potassiques	...	...	...	...	...	0.2	* 0.2	* 0.2	* 0.2	0.2
Bangladesh Bangladesh										
Nitrogenous fertilizers										
Engrais azotés	653.6	756.8	918.6	1 005.9	911.6	608.6	704.6	683.9	736.0	803.5
Phosphate fertilizers										
Engrais phosphatés	50.9	50.0	40.1	50.7	50.2	236.3	216.3	212.0	149.7	152.1
Potash fertilizers										
Engrais potassiques	...	...	...	...	...	88.2	82.2	73.4	62.4	* 92.4
Bhutan Bhoutan										
Nitrogenous fertilizers										
Engrais azotés	...	...	...	...	...	* 0.1	* 0.1	* 0.1	* 0.1	0.1
Brunei Darussalam Brunéi Darussalam										
Nitrogenous fertilizers *										
Engrais azotés *	...	...	...	...	...	1.4	1.4	1.5	...	...
Phosphate fertilizers *										
Engrais phosphatés *	...	...	...	...	...	1.4	1.5	1.5	2.0	2.0
Potash fertilizers *										
Engrais potassiques *	...	...	...	...	...	1.4	1.5	1.5	1.5	1.5
Cambodia Cambodge										
Nitrogenous fertilizers										
Engrais azotés	...	...	...	...	...	* 1.6	4.2	* 5.0	* 10.0	* 6.0
Phosphate fertilizers *										
Engrais phosphatés *	3.7	...	...	...	...	6.2	1.5	1.5	4.5	4.6
Potash fertilizers *										
Engrais potassiques *	...	...	...	...	...	...	...	0.1	0.1	...
China †† Chine ††										
Nitrogenous fertilizers										
Engrais azotés	14 914.5	15 372.5	15 958.0	* 15 570.9	* 16 997.0	* 19 449.8	20 020.1	* 20 716.0	* 18 003.3	* 19 801.0
Phosphate fertilizers										
Engrais phosphatés	4 196.0	4 677.5	4 700.0	4 237.0	* 5 041.0	* 5 878.5	7 326.3	6 758.0	* 5 699.0	* 7 428.0
Potash fertilizers										
Engrais potassiques	47.0	97.0	152.9	117.2	* 115.0	* 1 699.1	2 402.4	1 993.8	* 1 615.0	* 2 355.0
Cyprus Chypre										
Nitrogenous fertilizers										
Engrais azotés	...	...	...	1.3	4.6	12.4	12.2	15.4	14.5	14.4
Phosphate fertilizers										
Engrais phosphatés	...	...	...	1.3	5.0	8.3	8.1	9.8	9.7	9.9

42
Fertilizers
Nitrogenous, phosphate and potash: thousand metric tons [cont.]
Engrais
Azotés, phosphatés et potassiques: milliers de tonnes métriques [suite]

Country or area Pays ou zone	Production 1990/91	1991/92	1992/93	1993/94	1994/95	Consumption 1990/91	1991/92	1992/93	1993/94	1994/95
Potash fertilizers Engrais potassiques	...	...	...	...	...	2.0	1.8	2.6	2.0	* 3.0
Georgia Géorgie										
Nitrogenous fertilizers * Engrais azotés *	...	...	76.0	58.6	34.0	...	...	62.0	48.9	26.0
Phosphate fertilizers * Engrais phosphatés *	...	...	...	...	...	...	...	10.0	5.0	5.0
India Inde										
Nitrogenous fertilizers Engrais azotés	6 993.1	7 301.5	7 430.6	7 231.2	7 944.3	7 997.2	8 046.3	8 426.1	8 788.6	9 507.1
Phosphate fertilizers Engrais phosphatés	2 088.9	2 596.4	2 355.8	1 874.2	2 562.7	3 258.8	3 355.6	2 907.8	2 669.3	2 931.7
Potash fertilizers Engrais potassiques	...	...	...	...	...	1 328.0	1 360.6	883.9	908.4	1 124.7
Indonesia Indonésie										
Nitrogenous fertilizers Engrais azotés	* 2 348.3	* 2 302.4	2 513.1	* 2 357.4	* 2 542.0	* 1 496.0	* 1 552.0	* 1 696.3	* 1 662.0	* 1 642.0
Phosphate fertilizers Engrais phosphatés	588.8	* 500.9	* 437.0	* 542.5	495.8	* 585.0	* 584.0	* 593.4	* 540.0	517.3
Potash fertilizers Engrais potassiques	...	...	...	...	...	* 306.0	* 271.7	* 290.0	* 387.0	258.0
Iran, Islamic Rep. of Iran, Rép. islamique d'										
Nitrogenous fertilizers Engrais azotés	* 376.2	* 451.0	* 571.7	444.0	* 460.0	* 558.1	* 658.6	* 834.0	560.6	603.7
Phosphate fertilizers Engrais phosphatés	* 80.5	* 162.0	* 186.8	107.1	* 110.0	* 587.0	* 482.6	* 487.6	321.5	359.2
Potash fertilizers * Engrais potassiques *	...	...	...	...	...	15.9	15.0	28.0	25.0	27.0
Iraq Iraq										
Nitrogenous fertilizers Engrais azotés	* 409.0	* 95.0	* 130.0	* 150.0	200.0[1]	* 130.0	* 95.0	* 130.0	* 150.0	220.0[1]
Phosphate fertilizers * Engrais phosphatés *	207.0	30.0	80.0	100.0	100.0	75.0	39.7	80.0	120.9	151.0
Potash fertilizers * Engrais potassiques *	...	...	...	...	...	4.2	...	...	11.0	5.0
Israel Israël										
Nitrogenous fertilizers Engrais azotés	* 75.0	* 75.0	* 75.0	* 75.0	* 60.0	49.6	41.3	43.4	* 50.0	* 50.0
Phosphate fertilizers Engrais phosphatés	* 200.0	* 185.0	* 210.0	* 190.0	190.0	20.7	20.0	21.5	* 22.0	22.0
Potash fertilizers Engrais potassiques	* 1 295.0	* 1 250.0	* 1 296.0	* 1 310.0	* 1 260.0	32.1	32.3	32.9	* 32.0	* 32.0
Japan Japon										
Nitrogenous fertilizers Engrais azotés	957.0	931.0	906.0	868.0	891.0	612.0	574.0	572.0	600.0	581.0
Phosphate fertilizers Engrais phosphatés	429.0	425.0	393.0	384.0	336.0	690.0	695.0	699.0	728.0	703.0
Potash fertilizers Engrais potassiques	...	...	...	...	...	537.0	494.0	513.0	489.0	475.0
Jordan Jordanie										
Nitrogenous fertilizers Engrais azotés	107.3	107.8	99.6	84.6	135.0	* 10.0	14.8	0.5	3.3	* 4.0
Phosphate fertilizers Engrais phosphatés	274.2	275.5	254.6	216.2	345.0	4.6	4.6	1.4	8.5	* 8.0
Potash fertilizers Engrais potassiques	841.6	818.4	807.6	822.1	930.0	* 1.4	1.1	* 1.4	* 2.0	* 2.0

42
Fertilizers
Nitrogenous, phosphate and potash: thousand metric tons [*cont.*]
Engrais
Azotés, phosphatés et potassiques : milliers de tonnes métriques [*suite*]

Country or area / Pays ou zone	Production 1990/91	1991/92	1992/93	1993/94	1994/95	Consumption 1990/91	1991/92	1992/93	1993/94	1994/95
Kazakhstan Kazakhstan										
Nitrogenous fertilizers *										
Engrais azotés *	...	...	64.0	95.0	61.0	...	...	150.0	86.0	65.0
Phosphate fertilizers *										
Engrais phosphatés *	...	...	400.0	282.0	70.0	...	...	315.0	231.0	50.0
Potash fertilizers *										
Engrais potassiques *	...	...	12.6	6.0	6.0	...	...	10.0	7.0	6.0
Korea, Dem. P. R. Corée, R. p. dém. de										
Nitrogenous fertilizers *										
Engrais azotés *	660.0	660.0	660.0	660.0	630.0	655.4	659.0	652.5	651.0	620.0
Phosphate fertilizers *										
Engrais phosphatés *	137.0	137.0	130.0	130.0	130.0	158.9	148.5	130.0	130.0	130.0
Potash fertilizers *										
Engrais potassiques *	...	...	...	...	...	18.1	3.6	...	...	3.0
Korea, Republic of Corée, République de										
Nitrogenous fertilizers										
Engrais azotés	554.4	* 570.5	* 623.3	* 621.4	* 644.0	465.2	* 473.5	* 486.6	* 477.3	* 475.0
Phosphate fertilizers										
Engrais phosphatés	414.4	398.0	* 421.8	* 447.0	* 463.0	228.0	242.8	219.1	* 226.5	* 222.0
Potash fertilizers *										
Engrais potassiques *	...	...	...	...	...	222.7	233.7	258.0	269.9	263.0
Kuwait Koweït										
Nitrogenous fertilizers										
Engrais azotés	* 204.0	...	118.4	* 292.8	* 316.0	* 1.0	...	* 0.8	* 1.0	* 1.0
Kyrgyzstan Kirghizistan										
Nitrogenous fertilizers *										
Engrais azotés *	...	...	...	...	...	...	...	25.3	22.0	22.0
Phosphate fertilizers *										
Engrais phosphatés *	...	...	...	...	...	...	...	1.7	1.0	1.0
Potash fertilizers *										
Engrais potassiques *	...	...	...	...	...	...	...	5.0	5.0	5.0
Lao People's Dem. Rep. Rép. dém. pop. lao										
Nitrogenous fertilizers										
Engrais azotés	...	...	...	...	...	* 1.1	1.7	3.1	* 1.9	1.0
Phosphate fertilizers										
Engrais phosphatés	...	...	...	...	...	* 0.3	0.8	0.2	* 1.0	1.0
Potash fertilizers										
Engrais potassiques	...	...	...	...	...	* 0.1	0.0	0.0	* 0.1	0.1
Lebanon Liban										
Nitrogenous fertilizers										
Engrais azotés	...	...	...	...	...	* 11.0	* 12.4	* 14.2	* 18.0	19.1
Phosphate fertilizers *										
Engrais phosphatés *	34.0	40.0	55.0	64.0	89.0	12.0	15.0	17.0	14.0	14.0
Potash fertilizers										
Engrais potassiques	...	...	...	...	...	* 2.4	* 2.3	* 3.9	* 4.2	1.9
Malaysia Malaisie										
Nitrogenous fertilizers										
Engrais azotés	* 211.0	* 325.0	* 303.0	* 292.0	* 284.0	* 313.0	* 320.0	* 295.0	228.3	* 336.0
Phosphate fertilizers *										
Engrais phosphatés *	...	...	...	...	...	163.5	166.2	160.0	170.0	170.0
Potash fertilizers										
Engrais potassiques	...	...	...	...	...	475.0	* 480.0	* 510.0	* 560.0	* 700.0
Mongolia Mongolie										
Nitrogenous fertilizers										
Engrais azotés	...	...	...	...	...	9.1	* 10.0	* 2.0	* 0.5	* 0.5
Phosphate fertilizers										
Engrais phosphatés	...	...	...	...	...	3.7	* 4.0	* 3.5	* 5.0	* 0.5

42
Fertilizers
Nitrogenous, phosphate and potash: thousand metric tons [cont.]
Engrais
Azotés, phosphatés et potassiques: milliers de tonnes métriques [suite]

Country or area Pays ou zone	Production 1990/91	1991/92	1992/93	1993/94	1994/95	Consumption Consommation 1990/91	1991/92	1992/93	1993/94	1994/95
Potash fertilizers Engrais potassiques	...	...	...	...	...	1.8	* 2.0	* 0.6	...	...
Myanmar Myanmar										
Nitrogenous fertilizers Engrais azotés	* 60.0	46.7	54.3	79.8	67.8	* 53.0	62.7	71.5	* 120.0	* 90.0
Phosphate fertilizers Engrais phosphatés	...	...	...	...	...	14.8	14.5	12.9	23.7	32.0
Potash fertilizers Engrais potassiques	...	...	...	...	...	2.9	1.3	2.6	4.0	* 2.3
Nepal Népal										
Nitrogenous fertilizers Engrais azotés	...	...	...	...	...	52.0	* 55.0	60.3	55.7	64.4
Phosphate fertilizers Engrais phosphatés	...	...	...	...	...	19.1	* 22.7	19.5	17.6	24.3
Potash fertilizers Engrais potassiques	...	...	...	...	...	1.6	1.2	1.2	1.3	1.6
Oman Oman										
Nitrogenous fertilizers Engrais azotés	...	...	...	...	...	4.8	4.9	* 5.0	* 5.0	6.0
Phosphate fertilizers Engrais phosphatés	...	...	...	...	...	1.5	1.5	* 1.5	* 2.0	2.0
Potash fertilizers Engrais potassiques	...	...	...	...	...	3.1	1.8	* 1.5	* 2.0	* 2.0
Pakistan Pakistan										
Nitrogenous fertilizers Engrais azotés	1 120.3	1 045.0	1 227.3	1 565.9	1 478.5	1 471.6	1 462.9	1 635.4	1 659.4	1 667.5
Phosphate fertilizers Engrais phosphatés	104.7	106.0	104.8	92.9	* 92.0	388.5	393.3	488.2	464.3	* 430.0
Potash fertilizers Engrais potassiques	...	...	...	...	...	32.8	23.3	24.1	23.2	16.6
Philippines Philippines										
Nitrogenous fertilizers Engrais azotés	* 120.8	143.2	* 142.3	165.2	168.9	400.6	298.6	* 360.3	401.2	402.6
Phosphate fertilizers Engrais phosphatés	199.4	191.9	* 153.0	186.1	205.1	105.0	71.3	* 72.5	96.5	106.6
Potash fertilizers Engrais potassiques	...	...	...	...	...	82.5	67.5	* 69.7	67.8	* 92.6
Qatar Qatar										
Nitrogenous fertilizers Engrais azotés	350.1	* 367.5	379.9	* 380.1	* 395.0	1.4	* 1.5	* 1.5	* 2.0	* 6.0
Saudi Arabia Arabie saoudite										
Nitrogenous fertilizers Engrais azotés	* 584.0	* 658.0	* 713.9	* 831.7	* 1 067.6	* 273.0	* 284.0	291.9	* 250.0	* 196.0
Phosphate fertilizers Engrais phosphatés	* 27.0	* 200.0	* 146.0	* 132.0	* 148.0	* 193.0	* 200.0	218.2	* 190.0	* 155.0
Potash fertilizers Engrais potassiques	...	...	...	...	...	* 23.0	* 24.0	28.6	* 15.0	* 8.9
Singapore Singapour										
Nitrogenous fertilizers * Engrais azotés *	...	...	...	...	...	2.6	2.6	2.6	2.5	2.6
Phosphate fertilizers * Engrais phosphatés *	...	...	...	...	...	0.5	0.5	0.5	0.5	0.2
Potash fertilizers * Engrais potassiques *	...	...	...	...	...	2.5	2.5	2.5	2.5	2.0
Sri Lanka Sri Lanka										
Nitrogenous fertilizers Engrais azotés	...	...	...	...	...	92.4	95.8	102.2	114.6	119.3

42

Fertilizers
Nitrogenous, phosphate and potash: thousand metric tons [cont.]
Engrais
Azotés, phosphatés et potassiques: milliers de tonnes métriques [suite]

Country or area Pays ou zone	Production 1990/91	1991/92	1992/93	1993/94	1994/95	Consumption Consommation 1990/91	1991/92	1992/93	1993/94	1994/95
Phosphate fertilizers Engrais phosphatés	9.1	5.5	7.2	* 8.5	7.5	29.2	30.9	30.4	38.4	34.9
Potash fertilizers Engrais potassiques	...	...	...	...	...	49.6	50.5	51.1	57.1	58.8
Syrian Arab Republic Rép. arabe syrienne										
Nitrogenous fertilizers Engrais azotés	31.8	* 15.0	45.2	77.0	63.0	184.8	* 180.0	204.1	229.9	217.0
Phosphate fertilizers Engrais phosphatés	21.3	* 25.0	...	...	* 10.0	111.9	* 120.0	139.0	138.0	128.0
Potash fertilizers Engrais potassiques	...	...	...	...	...	6.5	* 8.9	5.9	5.9	* 6.3
Tajikistan Tadjikistan										
Nitrogenous fertilizers * Engrais azotés *	...	...	48.0	19.0	10.0	...	...	64.0	46.0	40.0
Phosphate fertilizers * Engrais phosphatés *	...	...	...	...	...	...	...	56.0	25.0	25.0
Potash fertilizers * Engrais potassiques *	...	...	...	...	...	...	...	8.0	5.0	5.0
Thailand Thaïlande										
Nitrogenous fertilizers Engrais azotés	...	...	...	...	...	576.5	485.5	* 586.9	* 727.0	* 690.0
Phosphate fertilizers Engrais phosphatés	...	...	...	...	...	318.3	235.5	* 295.6	305.7[1]	* 381.0
Potash fertilizers Engrais potassiques	...	...	...	...	...	148.9	* 125.0	* 157.5	* 174.3	* 245.0
Turkey Turquie										
Nitrogenous fertilizers Engrais azotés	947.1	748.9	831.4	* 856.3	700.7	1 199.7	1 099.5	1 206.1	* 1 335.2	1 006.6
Phosphate fertilizers Engrais phosphatés	524.8	387.9	474.4	* 489.2	340.5	624.8	619.6	658.1	* 787.0	444.0
Potash fertilizers Engrais potassiques	...	...	...	...	...	63.0	47.5	63.3	* 85.0	56.3
Turkmenistan Turkménistan										
Nitrogenous fertilizers * Engrais azotés *	...	...	79.0	105.0	102.0	...	...	100.0	119.0	102.0
Phosphate fertilizers * Engrais phosphatés *	...	...	130.0	35.0	13.0	...	...	65.0	31.0	13.0
Potash fertilizers * Engrais potassiques *	...	...	...	...	...	...	...	10.0	10.0	10.0
United Arab Emirates Emirats arabes unis										
Nitrogenous fertilizers Engrais azotés	228.3	237.8	232.3	* 259.7	* 230.0	9.2	14.2	* 19.0	* 20.0	* 29.0
Phosphate fertilizers * Engrais phosphatés *	...	...	...	...	...	1.2	1.3	1.3	4.7	3.4
Potash fertilizers * Engrais potassiques *	...	...	...	...	...	2.1	2.0	2.0	3.0	3.0
Uzbekistan Ouzbékistan										
Nitrogenous fertilizers * Engrais azotés *	...	...	1 018.0	922.0	673.0	...	...	410.0	320.0	300.0
Phosphate fertilizers * Engrais phosphatés *	...	...	310.0	271.0	129.0	...	...	260.0	256.0	123.0
Potash fertilizers * Engrais potassiques *	...	...	...	...	...	...	...	60.0	60.0	50.0
Viet Nam Viet Nam										
Nitrogenous fertilizers Engrais azotés	* 11.0	20.7	* 36.8	* 46.0	* 48.0	* 419.0	598.6	* 628.8	* 668.0	* 925.0
Phosphate fertilizers Engrais phosphatés	66.0	68.5	* 98.0	* 94.0	* 119.0	103.3	128.8	* 213.2	* 205.6	* 272.0

42
Fertilizers
Nitrogenous, phosphate and potash: thousand metric tons [cont.]
Engrais
Azotés, phosphatés et potassiques : milliers de tonnes métriques [suite]

Country or area / Pays ou zone	Production 1990/91	1991/92	1992/93	1993/94	1994/95	Consumption 1990/91	1991/92	1992/93	1993/94	1994/95
Potash fertilizers / Engrais potassiques	...	...	...	...	...	22.2	* 15.9	* 60.0	* 60.0	* 97.2
Yemen Yémen										
Nitrogenous fertilizers / Engrais azotés	...	...	...	...	...	19.1	* 16.0	* 12.0	* 8.0	* 9.0
Phosphate fertilizers / Engrais phosphatés	...	...	...	...	...	2.8	* 3.0	* 1.1	* 2.0	1.5
Potash fertilizers / Engrais potassiques	...	...	...	...	...	0.5	* 0.6	* 1.5	* 1.0	* 1.0
Europe Europe										
Nitrogenous fertilizers / Engrais azotés	15 207.7	13 927.5	13 503.6	12 852.8	13 106.0	13 683.1	12 093.3	11 369.3	11 388.2	12 011.8
Phosphate fertilizers / Engrais phosphatés	5 308.5	4 254.3	3 889.8	3 625.6	3 366.5	6 058.1	4 853.9	4 432.3	4 294.8	4 397.0
Potash fertilizers / Engrais potassiques	6 895.7	6 193.7	6 127.8	5 195.4	5 419.4	6 638.8	5 319.8	4 602.0	4 697.4	4 787.4
Albania Albanie										
Nitrogenous fertilizers / Engrais azotés	* 73.4	* 22.3	* 5.7	9.2	* 3.7	* 73.4	* 22.3	* 14.8	15.2	* 12.0
Phosphate fertilizers / Engrais phosphatés	* 25.5	* 7.7	* 4.0	1.6	1.1	* 25.5	* 7.7	* 8.7	* 2.1	* 2.9
Potash fertilizers * / Engrais potassiques *	...	...	...	...	...	3.1	1.3	...	1.1	...
Austria Autriche										
Nitrogenous fertilizers * / Engrais azotés *	227.0	233.0	210.0	233.0	231.0	135.0	132.0	124.0	124.0	124.0
Phosphate fertilizers * / Engrais phosphatés *	70.0	71.0	76.0	80.0	60.0	74.0	72.0	65.0	61.0	56.0
Potash fertilizers * / Engrais potassiques *	...	...	...	...	...	94.0	93.1	78.0	76.0	74.0
Belarus Bélarus										
Nitrogenous fertilizers * / Engrais azotés *	...	...	580.0	464.0	405.0	...	...	250.0	227.0	200.0
Phosphate fertilizers * / Engrais phosphatés *	...	...	101.0	68.0	27.7	...	...	295.0	225.0	40.0
Potash fertilizers * / Engrais potassiques *	...	...	3 311.0	1 947.0	2 510.0	...	...	850.0	300.0	300.0
Belgium-Luxembourg Belgique-Luxembourg										
Nitrogenous fertilizers * / Engrais azotés *	725.0	760.0	709.0	665.0	695.0	186.0	182.0	173.0	169.0	168.0
Phosphate fertilizers / Engrais phosphatés	* 362.0	* 340.0	* 340.0	318.0	* 315.0	* 78.0	* 65.0	* 55.0	* 51.0	* 51.0
Potash fertilizers * / Engrais potassiques *	...	...	...	...	...	120.0	115.0	103.5	100.0	100.0
Bosnia & Herzegovina Bosnie-Herzégovine										
Nitrogenous fertilizers * / Engrais azotés *	...	...	10.0	...	...	...	...	10.0	...	4.4
Bulgaria Bulgarie										
Nitrogenous fertilizers / Engrais azotés	911.1	760.4	681.5	611.5	675.9	* 450.0	377.3	189.2	180.6	* 203.0
Phosphate fertilizers / Engrais phosphatés	46.6	36.9	37.1	45.0	* 45.6	132.6	61.1	26.4	41.0	* 14.7
Potash fertilizers / Engrais potassiques	...	...	...	...	...	97.0	33.2	21.4	* 7.0	* 3.0
Croatia Croatie										
Nitrogenous fertilizers / Engrais azotés	...	...	* 280.0	* 250.0	* 287.5	...	...	133.5	* 91.0	* 95.0

42
Fertilizers
Nitrogenous, phosphate and potash: thousand metric tons [cont.]
Engrais
Azotés, phosphatés et potassiques : milliers de tonnes métriques [suite]

Country or area Pays ou zone	Production 1990/91	1991/92	1992/93	1993/94	1994/95	Consumption Consommation 1990/91	1991/92	1992/93	1993/94	1994/95
Phosphate fertilizers Engrais phosphatés	...	...	* 118.8	* 78.9	87.2	...	...	* 50.0	* 37.0	* 50.0
Potash fertilizers Engrais potassiques	...	...	128.1	...	...	...	...	* 56.0	* 41.0	40.8
former Czechoslovakia† l'ex-Tchécoslovaquie†										
Nitrogenous fertilizers * Engrais azotés *	604.0	450.6	423.0	...	...	588.3	289.0	300.0	...	...
Phosphate fertilizers Engrais phosphatés	311.3	* 47.1	* 44.5	...	...	* 359.0	* 75.0	* 76.6	...	...
Potash fertilizers * Engrais potassiques *	...	...	...	...	...	355.9	65.0	63.6	...	...
Czech Republic République tchèque										
Nitrogenous fertilizers Engrais azotés	...	...	...	194.1	* 246.6	...	...	...	203.2	* 239.4
Phosphate fertilizers Engrais phosphatés	...	...	...	* 27.7	* 25.0	...	...	...	53.1	* 41.7
Potash fertilizers Engrais potassiques	...	...	...	...	...	...	...	...	...	56.0
Denmark Danemark										
Nitrogenous fertilizers Engrais azotés	* 184.9	* 138.0	* 120.0	* 120.0	* 180.0	* 394.9	* 369.5	* 332.9	326.2	315.9
Phosphate fertilizers * Engrais phosphatés *	81.1	75.0	65.0	68.0	70.0	88.6	76.0	64.0	54.0	51.0
Potash fertilizers * Engrais potassiques *	...	...	...	...	...	149.7	134.7	109.5	105.0	99.0
Estonia Estonie										
Nitrogenous fertilizers Engrais azotés	...	...	* 42.0	20.5	* 51.0	...	...	* 39.0	29.9	* 26.1
Phosphate fertilizers Engrais phosphatés	...	...	22.4	0.9	* 3.5	...	...	25.7	12.0	* 5.0
Potash fertilizers Engrais potassiques	...	...	...	...	...	...	...	* 48.0	23.0	* 10.3
Finland Finlande										
Nitrogenous fertilizers Engrais azotés	* 268.0	* 254.0	* 228.0	* 231.0	* 255.0	206.8	166.5	* 174.0	172.6	* 198.5
Phosphate fertilizers Engrais phosphatés	* 171.9	* 162.3	* 139.0	* 130.0	* 132.0	117.2	* 76.0	82.0	82.1	90.4
Potash fertilizers Engrais potassiques	...	...	...	...	...	119.1	88.9	90.0	91.0	* 96.0
France France										
Nitrogenous fertilizers Engrais azotés	1 524.0	1 636.0	1 344.0	1 524.0	1 451.0	2 492.0	2 569.0	2 154.0	2 222.0	2 308.4
Phosphate fertilizers Engrais phosphatés	916.0	926.0	726.0	697.0	667.0	1 349.0	1 253.0	1 029.0	1 014.0	1 030.4
Potash fertilizers Engrais potassiques	* 1 292.4	* 1 129.0	* 1 141.0	* 890.0	869.4	1 842.0	1 741.0	1 348.0	1 375.0	1 373.5
Germany† Allemagne†										
Nitrogenous fertilizers Engrais azotés	* 1 165.0	1 095.0	* 1 327.0	* 1 267.0	* 1 110.0	* 1 788.0	* 1 720.0	* 1 680.0	* 1 612.0	* 1 787.0
Phosphate fertilizers Engrais phosphatés	* 294.0	* 212.0	* 187.0	165.0	* 190.0	* 609.0	* 519.0	* 490.0	415.0	* 451.0
Potash fertilizers Engrais potassiques	* 4 462.0	* 3 902.0	* 3 525.0	* 2 860.0	* 3 286.0	* 875.0	* 729.0	673.0	* 645.0	* 668.0
Greece Grèce										
Nitrogenous fertilizers Engrais azotés	396.2	379.9	* 342.0	* 312.0	* 280.0	426.6	408.3	* 393.0	* 338.0	* 334.0
Phosphate fertilizers Engrais phosphatés	* 198.6	* 191.8	* 168.0	* 123.0	* 127.0	187.3	* 176.0	* 178.0	* 133.0	* 144.0

42
Fertilizers
Nitrogenous, phosphate and potash: thousand metric tons [cont.]
Engrais
Azotés, phosphatés et potassiques: milliers de tonnes métriques [suite]

Country or area Pays ou zone	Production 1990/91	1991/92	1992/93	1993/94	1994/95	Consumption Consommation 1990/91	1991/92	1992/93	1993/94	1994/95
Potash fertilizers Engrais potassiques	...	...	...	...	...	71.3	67.2	53.0	* 55.0	* 55.0
Hungary Hongrie										
Nitrogenous fertilizers Engrais azotés	421.5	224.5	188.0	167.3	228.0	358.0	159.5	144.4	152.1	* 243.1
Phosphate fertilizers Engrais phosphatés	* 109.0	51.0	5.4	5.9	* 13.2	127.0	24.2	14.3	* 24.0	* 26.9
Potash fertilizers Engrais potassiques	...	...	...	...	...	186.0	37.4	* 20.0	* 33.0	* 42.0
Iceland Islande										
Nitrogenous fertilizers Engrais azotés	10.1	13.0	10.7	* 9.6	11.5	11.8	12.1	* 14.0	* 12.8	11.2
Phosphate fertilizers Engrais phosphatés	...	...	...	...	...	5.8	6.1	5.3	* 5.0	* 5.4
Potash fertilizers Engrais potassiques	...	...	...	...	...	4.8	4.5	3.9	* 4.0	4.0
Ireland Irlande										
Nitrogenous fertilizers Engrais azotés	* 279.0	* 250.0	* 307.0	* 335.0	* 321.0	* 370.0	358.0	* 353.0	* 401.0	* 429.0
Phosphate fertilizers Engrais phosphatés	...	...	...	...	...	* 138.5	136.2	* 137.0	* 136.0	* 140.0
Potash fertilizers Engrais potassiques	...	...	...	...	...	* 183.8	178.1	175.0	* 173.0	* 181.0
Italy Italie										
Nitrogenous fertilizers Engrais azotés	862.0	917.3	991.0	660.6	618.9	879.0	906.7	910.0	917.9	879.2
Phosphate fertilizers Engrais phosphatés	426.7	389.0	331.0	265.9	* 100.0	644.7	662.0	613.0	589.2	584.7
Potash fertilizers Engrais potassiques	6.0	126.1	13.1	...	...	420.8	415.4	397.0	394.4	427.0
Latvia Lettonie										
Nitrogenous fertilizers * Engrais azotés *	...	...	18.0	...	...	...	...	63.0	40.0	40.0
Phosphate fertilizers * Engrais phosphatés *	...	...	60.0	...	...	...	...	45.0	2.3	2.3
Potash fertilizers * Engrais potassiques *	...	...	...	...	...	...	...	60.0	53.0	53.0
Lithuania Lituanie										
Nitrogenous fertilizers * Engrais azotés *	...	...	207.0	177.0	184.0	...	...	88.0	30.0	43.0
Phosphate fertilizers * Engrais phosphatés *	...	...	50.0	39.0	69.0	...	...	18.0	10.0	14.0
Potash fertilizers * Engrais potassiques *	...	...	...	...	...	...	...	50.0	27.0	22.0
Malta Malte										
Nitrogenous fertilizers Engrais azotés	...	...	...	...	...	* 0.7	* 0.7	* 1.2	* 1.0	1.0
Phosphate fertilizers Engrais phosphatés	...	...	...	...	...	0.0	...	...	...	...
Potash fertilizers Engrais potassiques	...	...	...	...	...	0.0	...	...	...	...
Netherlands Pays-Bas										
Nitrogenous fertilizers Engrais azotés	* 1 875.0	1 820.9	1 817.1	1 756.3	1 785.0	* 390.0	391.8	389.9	370.3	405.8
Phosphate fertilizers Engrais phosphatés	* 365.0	* 345.0	* 287.0	* 319.0	* 335.0	* 74.0	* 75.0	68.3	67.6	62.0

42
Fertilizers
Nitrogenous, phosphate and potash: thousand metric tons [cont.]
Engrais
Azotés, phosphatés et potassiques : milliers de tonnes métriques [suite]

Country or area Pays ou zone	Production 1990/91	1991/92	1992/93	1993/94	1994/95	Consumption Consommation 1990/91	1991/92	1992/93	1993/94	1994/95
Potash fertilizers Engrais potassiques	...	...	...	...	...	* 94.6	* 94.0	81.9	84.0	* 77.0
Norway Norvège										
Nitrogenous fertilizers Engrais azotés	517.4	* 512.0	431.0	* 432.0	* 558.0	110.8	110.9	109.3	* 108.0	110.7
Phosphate fertilizers Engrais phosphatés	228.7	211.9	211.0	* 225.0	221.0	* 34.8	33.9	31.4	* 32.0	* 31.0
Potash fertilizers Engrais potassiques	...	...	...	...	...	55.0	62.9	60.2	* 64.0	* 62.5
Poland Pologne										
Nitrogenous fertilizers Engrais azotés	1 303.0	1 104.7	1 081.4	1 143.1	1 269.4	735.2	619.0	683.3	757.7	836.1
Phosphate fertilizers Engrais phosphatés	467.0	252.4	329.0	* 281.0	327.8	410.6	222.5	* 232.3	243.0	277.6
Potash fertilizers Engrais potassiques	...	...	...	...	...	606.7	293.4	276.9	281.4	315.1
Portugal Portugal										
Nitrogenous fertilizers * Engrais azotés *	126.0	116.0	122.0	79.0	87.0	150.1	135.0	127.0	130.0	128.0
Phosphate fertilizers * Engrais phosphatés *	63.3	39.0	37.0	30.0	29.0	80.3	75.4	77.0	71.0	73.0
Potash fertilizers * Engrais potassiques *	...	...	...	...	...	48.0	40.7	36.0	48.0	48.0
Republic of Moldova République de Moldova										
Nitrogenous fertilizers * Engrais azotés *	...	...	...	...	...	...	...	64.7	60.0	60.0
Phosphate fertilizers * Engrais phosphatés *	...	...	...	...	...	...	...	46.1	40.0	40.0
Potash fertilizers * Engrais potassiques *	...	...	...	...	...	...	...	24.0	15.0	15.0
Romania Roumanie										
Nitrogenous fertilizers Engrais azotés	* 1 249.1	* 823.0	1 084.4	1 010.6	905.2	* 656.1	* 274.0	481.5	413.2	313.0
Phosphate fertilizers Engrais phosphatés	* 387.3	* 228.0	260.1	246.4	207.6	* 313.1	* 145.0	193.4	166.4	148.8
Potash fertilizers Engrais potassiques	...	...	...	...	...	* 133.9	* 43.0	27.3	24.6	* 17.4
Russian Federation Fédération de Russie										
Nitrogenous fertilizers Engrais azotés	...	...	* 5 708.0	4 477.0	* 4 129.0	...	...	* 2 622.0	* 2 051.0	* 900.0
Phosphate fertilizers Engrais phosphatés	...	...	* 3 000.0	2 511.8	1 718.0	...	...	* 1 300.0	* 900.0	260.0
Potash fertilizers Engrais potassiques	...	...	* 3 454.0	2 628.0	2 498.0	...	...	* 1 348.0	* 900.0	* 350.0
Slovakia Slovaquie										
Nitrogenous fertilizers Engrais azotés	...	...	...	* 95.0	* 199.3	...	...	...	64.9	* 68.7
Phosphate fertilizers Engrais phosphatés	...	...	...	* 18.0	* 20.0	...	...	...	16.5	14.9
Potash fertilizers Engrais potassiques	...	...	...	...	...	...	...	...	* 16.0	12.2
Slovenia Slovénie										
Nitrogenous fertilizers Engrais azotés	...	...	...	...	...	...	...	47.8	38.8	* 44.9
Phosphate fertilizers Engrais phosphatés	...	...	...	...	...	...	...	* 15.0	* 16.0	14.9
Potash fertilizers * Engrais potassiques *	...	...	...	...	...	...	...	14.0	20.3	22.0

42
Fertilizers
Nitrogenous, phosphate and potash: thousand metric tons [cont.]
Engrais
Azotés, phosphatés et potassiques: milliers de tonnes métriques [suite]

Country or area / Pays ou zone	Production 1990/91	1991/92	1992/93	1993/94	1994/95	Consumption 1990/91	1991/92	1992/93	1993/94	1994/95
Spain Espagne										
Nitrogenous fertilizers / Engrais azotés	869.6	862.2	655.5	741.9	788.3	1 063.1	998.7	817.6	929.3	982.5
Phosphate fertilizers / Engrais phosphatés	293.0	270.6	296.3	365.2	* 260.0	534.2	501.7	423.2	496.4	520.9
Potash fertilizers / Engrais potassiques	642.3	542.6	790.6	890.4	* 684.0	378.6	381.4	330.4	488.0	416.9
Sweden Suède										
Nitrogenous fertilizers / Engrais azotés	176.0	147.5	106.9	110.6	117.5	211.7	174.7	210.8	226.4	* 216.0
Phosphate fertilizers / Engrais phosphatés	108.0	79.6	12.9	14.2	17.9	57.8	44.0	46.5	53.5	54.8
Potash fertilizers / Engrais potassiques	...	...	...	...	...	58.7	46.2	50.4	53.6	* 53.0
Switzerland Suisse										
Nitrogenous fertilizers / Engrais azotés	26.7	29.0	24.4	22.0	* 20.0	63.4	* 63.0	* 64.0	* 63.0	* 60.0
Phosphate fertilizers / Engrais phosphatés	2.5	3.1	2.1	2.8	3.0	38.3	37.0	36.0	* 31.0	* 31.0
Potash fertilizers / Engrais potassiques	...	...	...	...	...	66.2	* 59.0	* 58.0	* 56.0	* 55.0
TFYR Macedonia L'ex-R.y. Macédoine										
Nitrogenous fertilizers / Engrais azotés	...	...	...	...	11.2	...	...	3.0	* 3.0	* 35.0
Phosphate fertilizers / Engrais phosphatés	...	...	...	...	8.1	...	...	* 3.0	* 3.0	9.0[1]
Potash fertilizers * / Engrais potassiques *	...	...	...	...	...	...	...	9.0	9.0	14.0
Ukraine Ukraine										
Nitrogenous fertilizers * / Engrais azotés *	...	...	2 543.0	2 215.0	1 966.0	...	...	1 338.0	841.0	774.0
Phosphate fertilizers * / Engrais phosphatés *	...	...	591.0	324.0	270.0	...	...	532.0	262.0	140.0
Potash fertilizers * / Engrais potassiques *	...	...	122.0	88.0	78.0	...	...	822.0	240.0	220.0
United Kingdom Royaume-Uni										
Nitrogenous fertilizers * / Engrais azotés *	980.0	930.0	751.0	803.0	700.0	1 525.0	1 365.0	1 219.0	1 268.0	1 388.0
Phosphate fertilizers * / Engrais phosphatés *	128.0	90.0	102.0	81.0	90.0	380.0	371.0	360.0	381.0	405.0
Potash fertilizers * / Engrais potassiques *	493.0	494.0	530.0	555.0	580.0	465.0	441.0	420.0	437.0	475.0
Yugoslavia Yougoslavie										
Nitrogenous fertilizers / Engrais azotés	...	...	252.9	* 70.0	* 70.0	...	...	115.0	77.0	* 70.0
Phosphate fertilizers / Engrais phosphatés	...	...	110.6	36.9	* 14.0	...	...	52.0	* 20.0	* 14.0
Potash fertilizers / Engrais potassiques	...	...	...	...	...	...	...	46.0	15.0	...
Yugoslavia, SFR† Yougoslavie, Rfs†										
Nitrogenous fertilizers / Engrais azotés	* 433.6	* 448.2	...	...	...	417.3	* 288.3	...	...	...
Phosphate fertilizers / Engrais phosphatés	253.0	225.0	...	...	...	* 199.0	* 139.0	...	...	...
Potash fertilizers * / Engrais potassiques *	...	...	...	...	...	209.6	154.3	...	...	...

42
Fertilizers
Nitrogenous, phosphate and potash: thousand metric tons [cont.]
Engrais
Azotés, phosphatés et potassiques: milliers de tonnes métriques [suite]

Country or area / Pays ou zone	Production 1990/91	1991/92	1992/93	1993/94	1994/95	Consumption 1990/91	1991/92	1992/93	1993/94	1994/95
Oceania Océanie										
Nitrogenous fertilizers										
Engrais azotés	278.0	290.0	343.7	309.2	328.8	503.9	543.9	595.2	685.7	730.9
Phosphate fertilizers										
Engrais phosphatés	437.2	439.7	626.4	603.6	541.8	806.0	913.9	1 105.9	1 156.4	1 258.4
Potash fertilizers										
Engrais potassiques	...	...	...	...	...	254.2	245.1	279.9	315.4	362.5
Australia Australie										
Nitrogenous fertilizers										
Engrais azotés	215.0	233.0	280.0	* 230.0	238.0	* 439.4	* 462.3	* 488.0	* 565.0	* 583.2
Phosphate fertilizers										
Engrais phosphatés	* 269.6	229.0	322.0	295.7	298.8	* 578.9	* 640.0	* 782.0	* 770.0	865.0
Potash fertilizers *										
Engrais potassiques *	...	...	...	...	...	145.4	142.1	150.0	176.0	219.0
Fiji Fidji										
Nitrogenous fertilizers *										
Engrais azotés *	...	...	...	...	...	12.0	10.0	8.5	9.0	9.0
Phosphate fertilizers *										
Engrais phosphatés *	...	...	...	...	...	3.0	2.0	2.5	3.0	3.0
Potash fertilizers *										
Engrais potassiques *	...	...	...	...	...	8.0	2.0	2.1	2.9	6.0
French Polynesia Polynésie française										
Nitrogenous fertilizers										
Engrais azotés	...	...	...	...	...	* 0.3	* 0.3	* 0.4	* 0.4	0.4
Phosphate fertilizers *										
Engrais phosphatés *	...	...	...	...	...	0.3	0.3	0.4	0.4	0.4
Potash fertilizers										
Engrais potassiques	...	...	...	...	...	* 0.3	* 0.2	* 0.2	* 0.2	0.2
New Caledonia Nouvelle-Calédonie										
Nitrogenous fertilizers										
Engrais azotés	...	...	...	...	...	* 1.0	* 0.4	* 0.3	* 0.3	0.3
Phosphate fertilizers										
Engrais phosphatés	...	...	...	...	...	* 0.5	* 0.5	* 0.5	* 1.0	1.0
Potash fertilizers										
Engrais potassiques	...	...	...	...	...	* 0.3	* 0.3	* 0.3	* 0.3	0.3
New Zealand Nouvelle-Zélande										
Nitrogenous fertilizers										
Engrais azotés	* 63.0	* 57.0	63.7	79.2	90.8	* 45.8	* 64.4	* 90.0	* 103.0	* 130.0
Phosphate fertilizers										
Engrais phosphatés	* 167.6	* 210.7	* 304.4	308.0	* 243.0	220.3	* 268.9	* 318.0	* 379.0	* 386.0
Potash fertilizers										
Engrais potassiques	...	...	...	...	...	96.3	* 98.5	* 125.0	* 134.0	* 135.0
Papua New Guinea Papouasie-Nvl-Guinée										
Nitrogenous fertilizers *										
Engrais azotés *	...	...	...	...	...	5.4	6.5	8.0	8.0	8.0
Phosphate fertilizers *										
Engrais phosphatés *	...	...	...	...	...	3.0	2.2	2.5	3.0	3.0
Potash fertilizers *										
Engrais potassiques *	...	...	...	...	...	3.9	2.0	2.3	2.0	2.0
former USSR† l'ex-URSS†										
Nitrogenous fertilizers										
Engrais azotés	13 084.4	* 12 004.2	...	...	...	8 668.7	* 7 778.0	...	...	...
Phosphate fertilizers										
Engrais phosphatés	8 866.9	* 7 685.6	...	...	...	7 830.0	* 6 594.6	...	...	...
Potash fertilizers										
Engrais potassiques	9 035.2	* 8 531.0	...	...	...	5 145.2	* 5 090.8	...	...	...

42

Fertilizers
Nitrogenous, phosphate and potash: thousand metric tons [*cont.*]

Engrais
Azotés, phosphatés et potassiques: milliers de tonnes métriques [*suite*]

Source:
Food and Agriculture Organization of the United Nations (Rome).

† For information on recent changes in country or area nomenclature pertaining to former Czechoslovakia, Germany, Hong Kong Special Administrative Region of China, SFR Yugoslavia and former USSR, see Annex I - Country or area nomenclature, regional and other groupings.

†† For statistical purposes, the data for China do not include those for the Hong Kong Special Administrative Region (Hong Kong SAR) and Taiwan province of China.

1 FAO estimate.

Source:
Organisation des Nations Unies pour l'alimentation et l'agriculture (Rome).

† Pour les modifications récentes de nomenclature de pays ou de zone concernant l'Allemagne, Hong-Kong (Région administrative spéciale de Chine), l'ex-Tchécoslovaquie, l'ex-URSS et l'ex-Rfs de Yougoslavie, voir annexe I - Nomenclature des pays ou des zones, groupements régionaux et autres groupements.

†† Les données statistiques relatives à la Chine ne comprennent pas celles qui concernent la région administrative spéciale de Hong-Kong (la RAS de Hong-Kong) et la province chinoise de Taiwan.

1 Estimation de la FAO.

Technical notes, tables 36-42

The series shown on agriculture and fishing have been furnished by the Food and Agriculture Organization of the United Nations (FAO). They refer to the following three topics:

(a) Long-term trends in growth of agricultural output and food supply;
(b) Output of principal agricultural commodities and in a few cases consumption;
(c) Basic means of production.

Agricultural output is defined to include all crop and livestock products except those used for seed and fodder and other intermediate uses in agriculture; for example deductions are made for eggs used for hatching. Intermediate input of seeds and fodder and similar items refer to both domestically produced and imported commodities.

Detailed data and technical notes are published by FAO in its yearbooks.[5, 8]

The index-numbers of agricultural output and food production are calculated by the Laspeyres formula with the base year period 1979-1981. The latter is provided in order to diminish the impact of annual fluctuations in agricultural output during base years on the indices for the period. Production quantities of each commodity are weighted by 1979-1981 average national producer prices and summed for each year. The index numbers are based on production data for a calendar year. These may differ in some instances from those actually produced and published by the individual countries themselves due to variations in concepts, coverage, weights and methods of calculation. Efforts have been made to estimate these methodological differences to achieve a better international comparability of data. The series include a large amount of estimates made by FAO in cases where no official or semi-official figures are available from the countries.

In *table 36*, The "Agriculture" relates to the production of all crops and livestock products. The "Food Index" includes those commodities which are considered edible and contain nutrients.

In *table 37*, Cereals, production data relate to crops harvested for grain only. Cereals harvested for hay, green feed or used for grazing are excluded.

Table 38: Oil crops, or oil-bearing crops, are those crops yielding seeds, nuts or fruits which are used mainly for the extraction of culinary or industrial oils, excluding essential oils. In this table, data for oil crops represent the total production of oil seeds, oil nuts and oil fruits harvested in the year indicated and expressed in terms of oil equivalent and cake/meal equivalent. That is to say, these figures do not relate to the actual production of vegetable oils and cake/meal, but to the potential

Notes techniques, tableaux 36 à 42

Les séries présentées sur l'agriculture et la pêche ont été fournies par l'Organisation des Nations Unies pour l'alimentation et l'agriculture (FAO). Elles portent sur les trois aspects suivants :

(a) Les tendances à long terme de la croissance de la production agricole et des approvisionnements alimentaires;
(b) La production des principales denrées agricoles et, dans certains cas, la consommation;
(c) Les moyens essentiels de production.

La production agricole se définit comme comprenant l'ensemble des produits agricoles et des produits de l'élevage à l'exception de ceux utilisés comme semences et comme aliments pour les animaux, et pour les autres utilisations intermédiaires en agriculture; par exemple, on déduit les oeufs utilisés pour la reproduction. L'apport intermédiaire de semences et d'aliments pour les animaux et d'autres éléments similaires se rapporte à la fois à des produits locaux et importés.

Des données détaillées et des notes techniques sont publiées par la FAO dans ses annuaires [5, 8].

Les indices de la production agricole et de la production alimentaire sont calculés selon la formule de Laspeyres avec les années 1979-1981 pour période de base. Le choix d'une période de plusieurs années permet de diminuer l'incidence des fluctuations annuelles de la production agricole pendant les années de base sur les indices pour cette période. Les quantités produites de chaque denrée sont pondérées par les prix nationaux moyens à la production de 1979-1981, et additionnées pour chaque année. Les indices sont fondés sur les données de production d'une année civile. Ils peuvent différer dans certains cas des indices effectivement établis et publiés par les pays eux-mêmes par suite de différences dans les concepts, la couverture, les pondérations et les méthodes de calcul. On s'est efforcé d'estimer ces différences méthodologiques afin de rendre les données plus facilement comparables à l'échelle internationale. Les séries comprennent une grande quantité d'estimations faites par la FAO dans les cas où les pays n'avaient pas fourni de chiffres officiels ou semi-officiels.

Au *Tableau 36*, l'"Agriculture" se rapporte à la production de tous les produits de l'agriculture et de l'élevage. L'"Indice des produits alimentaires" comprend les produits considérés comme comestibles et qui contiennent des éléments nutritifs.

Au *Tableau 37*, Céréales : les données sur la production se rapportent uniquement aux céréales récoltées pour le grain; celles cultivées pour le foin, le fourrage vert ou le pâturage en sont exclues.

Tableau 38 : On désigne sous le nom de cultures oléagineuses l'ensemble des cultures produisant des graines, des noix ou des fruits, essentiellement destinées à

production if the total amounts produced from all oil crops were processed into oil and cake/meal in producing countries in the same year in which they were harvested. Naturally, the total production of oil crops is never processed into oil in its entirety, since depending on the crop, important quantities are also used for seed, feed and food. However, although oil and cake/meal extraction rates vary from country to country, in this table the same extraction rate for each crop has been applied for all countries. Moreover. it should be borne in mind that the crops harvested during the latter months of the year are generally processed into oil during the following year. In spite of these deficiencies in coverage, extraction rates and time reference the data reported here are useful as they provide a valid indication of year-to-year changes in the size of total oil-crop production. The actual production of vegetable oils in the world is about 80 percent of the production reported here. In addition, about two million tonnes of vegetable oils are produced every year from crops which are not included among those defined above. The most important of these oils are maize-germ oil and rice-bran oil. The actual world production of cake/meal derived from oil crops is also about 80 percent of the production reported in the table.

In *table 39*, Livestock, data refer to livestock numbers grouped into twelve-month periods ending 30 September of the year stated and cover all animals irrespective of their age and place or purpose of their breeding.

In *table 40*, Roundwood, wood in the rough. Wood in its natural state as felled or otherwise harvested, with or without bark, round, split, roughly squared or in other form (i.e. roots, stumps, burls, etc.). It may also be impregnated (e.g. telegraph poles) or roughly shaped or pointed. It comprises all wood obtained from removals, i.e. the quantities removed from forests and from trees outside the forest, including wood recovered from natural, felling and logging losses during the period — calendar year or forest year.

In *table 41*, the data cover as far as possible both sea and inland fisheries and aquaculture and are expressed in terms of live weight. They generally include crustaceans and molluscs but exclude seaweed and aquatic mammals such as whales and dolphins. Data include landings by domestic craft in foreign ports and exclude the landings by foreign craft in domestic ports. The flag of the vessel is considered as the paramount indication of the nationality of the catch.

In *table 42*, data generally refer to the fertilizer year 1 July-30 June.

Nitrogenous fertilizers: data refer to the nitrogen content of commercial inorganic fertilizers.

l'extraction d'huiles alimentaires ou industrielles, à l'exclusion des huiles essentielles. Dans ce tableau, les chiffres se rapportent à la production totale de graines, noix et fruits oléagineux récoltés au cours de l'année de référence et sont exprimés en équivalent d'huile et en équivalent de tourteau/farine. En d'autres termes, ces chiffres ne se rapportent pas à la production effective mais à la production potentielle d'huiles végétales et de tourteau/farine dans l'hypothèse où les volumes totaux de produits provenant de toutes les cultures d'oléagineux seraient transformés en huile et en tourteau/farine dans les pays producteurs l'année même où ils ont été récoltés. Bien entendu, la production totale d'oléagineux n'est jamais transformée intégralement en huile, car des quantités importantes qui varient suivant les cultures sont également utilisées pour les semailles, l'alimentation animale et l'alimentation humaine. Toutefois, bien que les taux d'extraction d'huile et de tourteau/farine varient selon les pays, on a appliqué dans ce tableau le même taux à tous les pays pour chaque oléagineux. En outre, il ne faut pas oublier que les produits récoltés au cours des derniers mois de l'année sont généralement transformés en huile dans le courant de l'année suivante.

En dépit de ces imperfections qui concernent le champ d'application, les taux d'extraction et les périodes de référence, les chiffres présentés ici sont utiles, car ils donnent une indication valable des variations de volume que la production totale d'oléagineux enregistre d'une année à l'autre. La production mondiale effective d'huiles végétales atteint 80 pour cent environ de la production indiquée ici. En outre, environ 2 millions de tonnes d'huiles végétales sont produites chaque année à partir de cultures non comprises dans les catégories définies ci-dessus. Les principales sont l'huile de germs de maïs et l'huile de son de riz. La production mondiale effective tourteau/farine d'oléagineux représente environ 80 pour cent de production indiquée dans le tableau.

Au *Tableau 39*, Elevage : les statistiques sur les effectifs du cheptel sont groupées en périodes de 12 mois se terminant le 30 septembre de l'année indiquée et s'entendent de tous les animaux, quels que soient leur âge et l'emplacement ou le but de leur élevage.

Au *Tableau 40*, Bois rond : Bois brut. Bois à l'état naturel, tel qu'il a été abattu ou récolté autrement, avec ou sans écorce, fendu, grossièrement équarri ou sous une autre forme (par example, racines, souches, loupes, etc.). Il peut être également imprégné (par exemple, dans le cas des poteaux télégraphiques) et dégrossi ou taillé en pointe. Cette catégorie comprend tous les bois provenant des quantités enlevées en forêt ou provenant des arbres poussant hors forêt, y compris le volume récupéré sur les déchets naturels

Phosphate fertilizers: data refer to commercial phosphoric acid (P_2O_5) and cover the P_2O_5 of superphosphates, ammonium phosphate and basic slag.

Potash fertilizers: data refer to K_2O content of commercial potash, muriate, nitrate and sulphate of potash, manure salts, kainit and nitrate of soda potash.

et les déchets d'abattage et de transport pendant la période envisagée (année civile ou forestière).

Au *Tableau 41*, les données englobent autant que possible la pêche maritime et intérieure et l'aquaculture, et sont exprimées en poids vif. Elles comprennent, en général, crustacés et mollusques, mais excluent les plantes marines et les mammifères aquatiques (baleines, dauphins, etc.). Les données comprennent les quantités débarquées par des bateaux nationaux dans des ports étrangers et excluent les quantités débarquées par des bateaux étrangers dans des ports nationaux. Le pavillon du navire est considéré comme la principale indication de la nationalité de la prise.

Au *Tableau 42*, Engrais : les données se rapportent en général à une période d'un an comptée du 1er juillet au 30 juin.

Engrais azotés : les données se rapportent à la teneur en azote des engrais commerciaux inorganiques.

Engrais phosphatés : les données se rapportent à l'acide phosphorique (P_2O_5) et englobent la teneur en (P_2O_5) des superphosphates, du phosphate d'ammonium et des scories de déphosphoration.

Engrais potassiques: les données se rapportent à la teneur en K_2O des produits potassiques commerciaux, muriate, nitrate et sulfate de potasse, sels d'engrais, kainite et nitrate de soude potassique.

43 Sugar / Sucre

Production and consumption: thousand metric tons; consumption per capita: kilograms
Production et consommation^a : milliers de tonnes métriques ; consommation par habitant : kilogrammes

Country or area Pays ou zone	1986	1987	1988	1989	1990	1991	1992	1993	1994	1995
World Monde										
Production	100 018	103 528	104 591	107 184	110 959	112 196	117 663	112 224	109 816	116 983
Consumption	101 251	105 657	105 863	107 406	108 284	109 006	112 549	111 943	113 763	115 252
Consumption per cap.(kg)	21	21	21	21	21	20	21	20	20	20
Africa · Afrique										
Algeria Algérie										
Consumption *	585	630	675	710	810	850	880	850	825	825
Consumption per cap.(kg)	26	27	29	29	32	33	34	32	30	* 29
Angola Angola										
Production *	50	30	30	25	25	30	25	20	20	30
Consumption *	100	77	75	90	95	100	110	110	95	100
Consumption per cap.(kg)	11	8	8	9	10	11	10	11	9	9
Benin Bénin										
Production *	5	5	5	7	5	5	4	5	4	5
Consumption *	30	20	20	15	15	20	25	30	35	45
Consumption per cap.(kg)	7	5	5	3	3	4	5	6	7	8
Botswana Botswana										
Consumption	37	40	45	45	50	55	50	45	45	40
Consumption per cap.(kg)	33	34	37	36	38	41	37	31	32	27
Burkina Faso Burkina Faso										
Production *	10	25	25	20	30	26	27	25	28	25
Consumption *	35	30	30	40	35	30	30	30	31	29
Consumption per cap.(kg)	5	4	4	5	4	3	3	3	3	3
Burundi Burundi										
Production	0	0	3	9	8	14	10	10	12	10
Consumption	12	15	14	15	17	11	15	17	20	25
Consumption per cap.(kg)	2	3	3	3	3	2	3	3	3	4
Cameroon Cameroun										
Production	* 40	* 28	67	* 35	* 75	* 70	* 70	* 65	* 65	* 65
Consumption	* 45	* 40	63	* 40	* 75	* 80	* 80	* 80	* 83	* 85
Consumption per cap.(kg)	4	4	6	4	7	7	7	6	6	6
Cape Verde Cap–Vert										
Consumption *	10	15	13	12	11	13	14	16	15	15
Consumption per cap.(kg)	30	43	39	36	32	37	39	43	39	38
Central African Rep. Rép. centrafricaine										
Consumption *	10	5	4	3	3	3	3	4	4	3
Consumption per cap.(kg)	4	2	1	1	1	1	1	1	1	1
Chad Tchad										
Production	* 10	* 20	* 20	* 25	* 25	* 30	* 30	32	* 32	* 30
Consumption *	18	20	20	30	50	40	40	40	43	45
Consumption per cap.(kg)	4	4	4	5	9	7	7	6	7	8
Comoros Comores										
Consumption	3	3	3	3	3	4	4	4	3	3
Consumption per cap.(kg)	6	6	6	6	6	7	7	7	5	5
Congo Congo										
Production	* 32	* 35	* 40	* 35	* 35	21	30	26	* 29	38
Consumption	* 20	* 20	* 20	* 25	* 20	* 17	18	16	* 17	* 28
Consumption per cap.(kg)	10	10	10	12	9	7	8	7	7	11
Côte d'Ivoire Côte d'Ivoire										
Production	* 120	* 165	* 165	* 160	* 160	* 155	* 160	* 155	141	* 160
Consumption	* 125	* 130	* 155	* 155	* 160	* 160	* 165	* 165	126	* 150
Consumption per cap.(kg)	12	12	14	13	13	13	13	12	9	11
Dem. Rep. of the Congo										
Production *	55	75	75	90	85	88	90	85	85	80
Consumption *	95	120	120	110	95	95	100	105	105	110
Consumption per cap.(kg)	3	4	4	3	3	3	3	3	3	5
Djibouti Djibouti										
Consumption	9	9	10	10	10	9	12	10	11	12
Consumption per cap.(kg)	20	23	21	20	19	17	22	18	19	21
Egypt Egypte										
Production *	950	1 000	1 035	947	955	1 060	1 060	1 090	1 190	1 125
Consumption *	1 650	1 650	1 775	1 650	1 725	1 745	1 750	1 675	1 700	1 175
Consumption per cap.(kg)	35	34	35	32	33	32	32	30	29	30

43
Sugar
Production and consumption: thousand metric tons; consumption per capita: kilograms [cont.]
Sucre
Production et consommation : milliers de tonnes métriques ; consommation par habitant : kilogrammes [suite]

Country or area Pays ou zone	1986	1987	1988	1989	1990	1991	1992	1993	1994	1995
Ethiopia Ethiopie										
Production	193	* 195	169	183	* 184	* 161	165	* 185	95	128
Consumption	159	* 160	139	162	* 160	* 160	* 160	* 160	* 145	113
Consumption per cap.(kg)	4	4	3	3	3	3	3	3	3	2
Gabon Gabon										
Production	18	* 19	* 20	* 15	* 20	* 22	* 25	* 20	* 19	* 20
Consumption *	16	16	17	17	18	18	18	19	19	20
Consumption per cap.(kg)	15	15	15	15	15	15	15	15	15	12
Gambia Gambie										
Consumption *	30	30	33	33	33	35	35	* 40	* 40	45
Consumption per cap.(kg)	46	38	40	37	35	37	40	39	37	40
Ghana Ghana										
Consumption *	55	65	80	80	90	95	105	120	123	130
Consumption per cap.(kg)	4	5	6	6	6	6	7	7	7	8
Guinea Guinée										
Production *	5	10	10	20	20	18	18	10	10	10
Consumption *	50	55	40	50	50	55	60	65	65	65
Consumption per cap.(kg)	10	11	8	9	9	9	10	10	10	10
Guinea-Bissau Guinée-Bissau										
Consumption	3	3	4	4	3	3	3	2	3	4
Consumption per cap.(kg)	3	3	4	4	3	3	3	2	3	3
Kenya Kenya										
Production	* 200	449	447	480	496	471	404	414	329	418
Consumption	* 420	436	502	532	585	537	600	609	620	* 510
Consumption per cap.(kg)	20	20	21	21	22	21	22	22	21	17
Liberia Libéria										
Production	3	3	3	3	1	1	1	1	1	0
Consumption	15	15	17	15	11	6	6	6	8	8
Consumption per cap.(kg)	7	7	7	6	5	2	2	2	3	3
Libyan Arab Jamah. Jamah. arabe libyenne										
Consumption *	190	175	160	150	155	160	160	160	160	150
Consumption per cap.(kg)	48	43	38	34	37	37	36	34	33	29
Madagascar Madagascar										
Production	98	107	122	120	118	96	97	104	83	94
Consumption	81	82	79	76	87	87	88	85	90	78
Consumption per cap.(kg)	8	8	7	7	8	8	7	6	6	5
Malawi Malawi										
Production	168	181	187	173	204	210	209	137	213	241
Consumption	73	89	108	107	124	130	152	162	149	164
Consumption per cap.(kg)	10	12	13	13	15	15	17	18	16	17
Mali Mali										
Production	21	17	21	22	* 25	* 30	* 25	* 25	* 25	* 25
Consumption	47	* 55	* 50	* 70	* 75	* 80	* 80	* 85	* 90	* 95
Consumption per cap.(kg)	6	7	6	8	9	8	8	8	9	9
Mauritania Mauritanie										
Consumption *	40	70	65	70	55	60	60	55	70	80
Consumption per cap.(kg)	22	38	34	36	27	29	28	26	32	35
Mauritius Maurice										
Production	748	733	672	602	661	648	681	604	530	572
Consumption	40	40	41	40	41	42	41	39	39	39
Consumption per cap.(kg)	41	38	37	37	38	40	38	39	37	36
Morocco Maroc										
Production	352	* 450	590	469	* 520	518	509	520	454	470
Consumption	725	* 700	756	740	* 775	778	810	830	854	946
Consumption per cap.(kg)	33	30	32	31	32	31	32	33	32	35
Mozambique Mozambique										
Production *	40	25	40	25	32	25	30	20	20	30
Consumption *	90	60	45	50	45	45	50	70	73	65
Consumption per cap.(kg)	6	4	3	3	3	3	3	5	4	4
Niger Niger										
Consumption *	30	30	25	20	25	25	23	25	25	30
Consumption per cap.(kg)	4	4	3	3	3	3	3	3	3	3

43
Sugar
Production and consumption: thousand metric tons; consumption per capita: kilograms [cont.]
Sucre
Production et consommation : milliers de tonnes métriques ; consommation par habitant : kilogrammes [suite]

Country or area Pays ou zone	1986	1987	1988	1989	1990	1991	1992	1993	1994	1995
Nigeria Nigéria										
Production *	45	40	31	55	55	60	50	50	55	50
Consumption *	625	625	425	370	415	480	600	625	600	500
Consumption per cap.(kg)	6	6	4	4	4	5	6	6	6	5
Réunion [1] Réunion [1]										
Production	244	226	252	171	192	215	227	183	...	...
Rwanda Rwanda										
Production	2	4	5	3	3	4	4	4	3	1
Consumption	19	12	12	10	10	11	12	12	7	4
Consumption per cap.(kg)	3	2	2	2	1	2	2	2	1	1
Senegal Sénégal										
Production	73	* 71	* 72	* 70	* 80	* 85	* 90	* 90	* 95	* 65
Consumption	71	* 80	* 85	* 90	* 98	* 115	* 128	* 135	* 145	* 155
Consumption per cap.(kg)	11	12	12	12	13	15	16	17	18	19
Sierra Leone Sierra Leone										
Production *	5	6	5	5	5	5	3	4	4	4
Consumption *	16	17	17	16	18	18	19	19	20	20
Consumption per cap.(kg)	4	5	5	4	5	4	5	4	4	4
Somalia Somalie										
Production *	30	35	40	47	35	30	20	20	25	10
Consumption *	90	80	60	50	40	37	43	47	80	110
Consumption per cap.(kg)	11	10	7	6	5	4	5	5	9	12
South Africa Afrique du Sud										
Production	2 248	2 235	2 470	2 293	2 226	2 462	1 715	1 282	1 777	1 732
Consumption	1 381	1 433	1 417	1 390	1 433	1 382	1 327	1 303	1 480	1 381
Consumption per cap.(kg)	40	41	39	38	39	38	34	33	37	34
Sudan Soudan										
Production *	550	485	415	405	445	490	515	485	510	486
Consumption *	550	500	470	450	455	475	480	500	515	* 460
Consumption per cap.(kg)	25	26	19	18	18	19	18	18	18	15
Swaziland Swaziland										
Production	537	461	464	504	527	517	495	458	474	419
Consumption	* 24	* 35	41	49	47	52	73	103	* 105	* 105
Consumption per cap.(kg)	36	50	58	67	61	65	69	77	119	115
Togo Togo										
Production	0	* 4	* 5	* 5	* 5	* 5	* 5	* 5	* 5	* 5
Consumption *	50	40	40	35	35	30	30	19	28	32
Consumption per cap.(kg)	16	12	12	10	10	8	8	5	7	8
Tunisia Tunisie										
Production	21	27	26	22	25	22	28	25	25	29
Consumption	189	212	202	192	212	215	246	250	258	257
Consumption per cap.(kg)	25	28	26	25	27	27	28	28	29	28
Uganda Ouganda										
Production *	10	20	40	40	25	45	40	50	50	50
Consumption *	30	70	70	70	35	45	46	55	65	* 75
Consumption per cap.(kg)	2	4	4	4	2	2	2	3	3	4
United Rep. Tanzania Rép. Unie de Tanzanie										
Production *	100	95	80	100	115	115	105	120	130	110
Consumption *	115	100	85	90	100	115	120	120	115	* 120
Consumption per cap.(kg)	5	4	4	4	4	4	4	4	4	4
Zambia Zambie										
Production	127	139	146	143	135	134	155	147	* 150	151
Consumption	105	114	123	114	116	105	111	86	* 105	152
Consumption per cap.(kg)	16	16	16	15	14	13	13	10	11	16
Zimbabwe Zimbabwe										
Production	507	459	453	502	493	346 [2]	9	51	524	512
Consumption	238	253	270	283	297	294	234	229	253	292
Consumption per cap.(kg)	28	29	30	31	32	29	29	21	20	25
America, North · Amerique du Nord										
Bahamas Bahamas										
Consumption	10	12	9	10	11	10	10	10	9	11
Consumption per cap.(kg)	40	48	38	40	42	39	39	35	34	41

43
Sugar
Production and consumption: thousand metric tons; consumption per capita: kilograms [cont.]
Sucre
Production et consommation : milliers de tonnes métriques ; consommation par habitant : kilogrammes [suite]

Country or area Pays ou zone	1986	1987	1988	1989	1990	1991	1992	1993	1994	1995
Barbados Barbade										
Production	113	84	81	67	70	67	* 55	* 48	* 51	* 55
Consumption	14	13	14	13	12	11	* 12	* 11	* 13	* 14
Consumption per cap.(kg)	54	53	57	52	49	42	46	42	50	52
Belize Belize										
Production	105	88	89	94	108	103	108	108	108	115
Consumption	6	7	7	7	9	9	9	11	13	13
Consumption per cap.(kg)	39	39	40	42	46	47	47	54	63	63
Bermuda Bermudes										
Consumption	2	2	4	2	2	2	2	2	2	2
Consumption per cap.(kg)	37	33	67	30	33	33	27	33	24	22
Canada Canada										
Production *	106	147	110	117	140	150	125	124	175	150
Consumption *	1 100	1 120	1 100	1 050	1 050	1 100	1 120	1 150	1 175	1 200
Consumption per cap.(kg)	43	44	42	40	41	41	41	40	40	41
Costa Rica Costa Rica										
Production	220	* 230	237	* 220	246	279	301	* 305	* 325	* 355
Consumption	164	* 166	* 170	* 168	178	183	186	* 190	* 193	* 195
Consumption per cap.(kg)	61	60	59	59	64	64	63	63	63	62
Cuba Cuba										
Production	7 467	7 232	8 119	7 579	8 445	7 233	7 219	4 246	4 017	3 259
Consumption [3]	762	772	746	882	937	956	942	796	664	581
Consumption per cap.(kg)	75	75	72	84	88	89	87	73	61	53
Dominican Republic Rép										
Production	895	816	777	693	590	628	593	621	579	508
Consumption	294	351	223	244	201	251	277	290	295	300
Consumption per cap.(kg)	46	52	32	35	28	35	28	38	38	38
El Salvador El Salvador										
Production	292	262	178	196	* 220	186	233	* 250	* 275	* 300
Consumption	176	161	173	163	* 165	* 150	116	* 165	* 170	* 175
Consumption per cap.(kg)	34	32	34	31	32	28	21	30	30	30
Guadeloupe Guadeloupe										
Production	65[1]	63[1]	76[4]	78[4]	26[4]	53[4]	38[4]	63[4]	* 58[4]	33[4]
Guatemala Guatemala										
Production	651	639	720	735	939	1 038	1 165	1 226	1 131	1 362
Consumption	300	320	332	353	360	348	368	391	416	417
Consumption per cap.(kg)	37	38	38	39	39	37	38	39	40	39
Haiti Haïti										
Production	* 40	35	* 30	* 30	* 35	* 25	* 20	* 20	* 15	10
Consumption *	60	55	55	70	85	90	95	85	85	120
Consumption per cap.(kg)	11	10	10	13	15	14	14	12	12	17
Honduras Honduras										
Production	227	* 190	* 180	* 180	* 205	175	* 185	* 190	* 185	* 215
Consumption	114	* 120	* 150	* 160	* 175	161	* 170	* 180	* 185	* 190
Consumption per cap.(kg)	29	26	31	32	34	31	31	32	32	32
Jamaica Jamaïque										
Production	199	189	222	205	209	234	228	219	223	214
Consumption	102	108	113	125	114	116	117	123	120	92
Consumption per cap.(kg)	44	47	48	53	48	48	48	50	48	37
Martinique [4] Martinique [4]										
Production	8	8	8	7	6	7	6	7	7	7
Mexico Mexique										
Production	4 068	4 061	3 909	3 570	3 449	3 840	3 844	4 360	3 808	4 539
Consumption	3 451	3 657	4 070	4 023	4 163	4 361	4 217	4327	4 247	4 334
Consumption per cap.(kg)	43	45	49	48	55	52	50	47	46	46
Netherlands Antilles Antilles néerlandaises										
Consumption *	9	8	8	9	10	10	10	9	10	11
Consumption per cap.(kg)	32	32	32	36	40	39	39	35	37	41
Nicaragua Nicaragua										
Production	256	199	209	160	212	* 225	* 190	* 185	* 210	* 220
Consumption	157	151	136	* 150	* 150	* 140	* 135	* 150	* 155	* 160
Consumption per cap.(kg)	47	43	38	40	39	35	33	35	35	35

43
Sugar
Production and consumption: thousand metric tons; consumption per capita: kilograms [cont.]
Sucre
Production et consommation : milliers de tonnes métriques ; consommation par habitant : kilogrammes [suite]

Country or area Pays ou zone	1986	1987	1988	1989	1990	1991	1992	1993	1994	1995
Panama Panama										
Production	139	* 100	* 90	* 110	* 90	* 130	* 130	* 120	* 130	* 140
Consumption	80	* 70	* 80	* 85	* 90	* 90	* 95	* 95	* 95	* 95
Consumption per cap.(kg)	36	31	35	36	37	36	38	37	37	36
Saint Kitts and Nevis Saint-Kitts-et-Nevis										
Production	28	25	26	25	* 25	20	* 20	* 25	* 30	* 25
Consumption	2	2	2	2	* 2	2	* 2	* 2	* 2	* 2
Consumption per cap.(kg)	44	51	50	41	40	40	41	41	43	50
Trinidad and Tobago Trinité-et-Tobago										
Production	95	88	94	100	122	104	114	108	127	117
Consumption	63	71	67	60	63	61	55	59	63	84
Consumption per cap.(kg)	52	58	53	48	49	49	48	47	50	66
United States Etats-Unis										
Production	5 685	6 631	6 429	6 206	5 740	6 477	6 805	7 045	6 921	7 238
Consumption	7 036	7 385	7 420	7 561	7 848	7 887	8 098	8 192	8 454	* 8 500
Consumption per cap.(kg)	29	30	30	30	31	31	31	32	32	32
America, South · Amerique du Sud										
Argentina Argentine										
Production	1 120	1 063	1 283	1 017	1 351	* 1 560	1 379	1 093	1 202	1 612
Consumption	1 093	1 104	895	914	1 070	* 1 140	1 174	* 1 200	1 296	1 350
Consumption per cap.(kg)	35	34	27	28	33	35	36	36	38	39
Bolivia Bolivie										
Production	* 180	161	162	* 170	* 225	* 230	* 220	* 220	* 235	* 230
Consumption	* 170	134	* 175	* 170	* 185	* 185	* 190	* 200	* 205	* 210
Consumption per cap.(kg)	26	20	28	26	28	28	28	28	28	28
Brazil Brésil										
Production	7 999	9 266	7 874	* 7 326	* 8 007	9 453	9 925	10 097	12 270	13 834
Consumption	6 589	6 573	6 241	* 7 401	* 6 615	7 276	* 7 349	* 7 575	* 7 874	8 230
Consumption per cap.(kg)	48	47	45	52	46	50	49	50	51	53
Chile Chili										
Production	481	437	443	445	371	360	525	490	505	581
Consumption	440[5]	467	466	498	508	518	588	598	615	450
Consumption per cap.(kg)	35	37	36	38	39	39	44	43	44	32
Colombia Colombie										
Production	1 272	1 293	1 364	1 523	1 593	1 633	1 813	1 833	1 964	2 069
Consumption [6]	1 101	1 208	1 143	1 163	1 195	1 318	1 262	1 158	1 140	1 128
Consumption per cap.(kg)	39	42	35	37	37	40	37	34	32	32
Ecuador Equateur										
Production	286	341	292	300	334	* 335	387	366	312	358
Consumption	353	383	313	327	360	* 375	439	361	* 400	355
Consumption per cap.(kg)	38	40	32	33	35	36	41	33	36	31
Guyana Guyana										
Production	261	234	178	170	134	168	255	255	265	258
Consumption	35	45	38	34	29	26	24	22	23	24
Consumption per cap.(kg)	43	56	47	41	35	32	29	27	28	29
Paraguay Paraguay										
Production	* 80	* 112	* 112	* 118	89	* 105	* 95	* 105	* 100	* 90
Consumption	* 90	* 100	* 100	* 110	79	* 90	* 91	* 100	* 103	* 105
Consumption per cap.(kg)	24	26	25	26	19	21	20	22	22	22
Peru Pérou										
Production	585	* 560	571	* 625	* 590	* 580	* 480	* 440	* 510	* 600
Consumption	733	* 850	* 750	* 725	* 650	* 675	* 700	* 720	* 745	* 750
Consumption per cap.(kg)	36	41	35	33	29	31	31	32	32	32
Suriname Suriname										
Production *	10	10	10	10	10	5	5	5	7	10
Consumption *	16	14	15	15	18	18	18	16	17	20
Consumption per cap.(kg)	42	35	37	38	45	45	43	39	39	47
Uruguay Uruguay										
Production	98	103	63	88	* 84	79	73	* 35	22	* 20
Consumption	82	83	78	68	* 75	88	92	* 95	100	* 105
Consumption per cap.(kg)	27	30	26	22	24	28	30	30	32	33
Venezuela Venezuela										
Production	588	634	521	569	542	567	570	* 510	* 525	* 550
Consumption	758	777	853	706	732	731	642	* 725	* 750	* 775
Consumption per cap.(kg)	43	43	46	39	37	37	34	35	35	36

43
Sugar
Production and consumption: thousand metric tons; consumption per capita: kilograms [*cont.*]
Sucre
Production et consommation : milliers de tonnes métriques ; consommation par habitant : kilogrammes [*suite*]

Country or area Pays ou zone	1986	1987	1988	1989	1990	1991	1992	1993	1994	1995
Asia · Asie										
Afghanistan Afghanistan										
Production	0	0	0	0	0	0	0	0	0	0
Consumption *	80	80	80	55	39	40	50	50	46	50
Consumption per cap.(kg)	4	4	5	4	2	2	3	3	2	3
Armenia Arménie										
Consumption *	..	..	..	..	..	..	70	60	50	50
Consumption per cap.(kg)	..	..	..	..	..	..	19	16	14	13
Azerbaijan Azerbaïdjan										
Consumption *	..	..	..	..	..	..	220	205	190	190
Consumption per cap.(kg)	..	..	..	..	..	..	30	28	25	25
Bangladesh Bangladesh										
Production	* 180	* 200	* 200	* 130	* 190	* 250	* 220	* 220	* 235	* 250
Consumption *	340	340	300	275	250	275	285	300	315	285
Consumption per cap.(kg)	3	3	3	3	2	3	3	3	3	2
Brunei Darussalam Brunéi Darussalam										
Consumption	6	7	8	8	10	9	8	8	8	8
Consumption per cap.(kg)	30	30	33	32	39	35	28	27	27	27
Cambodia Cambodge										
Consumption *	5	5	5	5	5	5	10	15	20	22
Consumption per cap.(kg)	1	1	1	1	1	1	1	2	2	2
China †† Chine ††										
Production	* 5 700	* 5 450	* 4 875	* 5 350	* 6 250	6 944	8 864	8 093	6 325	6 148
Consumption *	6 700	7 000	7 200	7 150	7 125	7 350	7 615	7 720	7 900	8 200
Consumption per cap.(kg)	6	7	6	6	6	6	6	7	7	7
China, Hong Kong SAR † Chine, Hong-Kong RAS †										
Consumption *	135	140	145	148	150	153	155	158	160	160
Consumption per cap.(kg)	24	25	26	26	26	27	27	27	26	26
Cyprus Chypre										
Consumption	21	21	17	* 20	* 25	* 27	* 28	* 30	* 32	* 35
Consumption per cap.(kg)	30	30	24	29	36	38	39	42	44	49
Georgia Géorgie										
Production	..	..	..	..	..	...	* 15	* 10	0	0
Consumption *	..	..	..	..	..	...	153	140	125	110
Consumption per cap.(kg)	..	..	..	..	..	...	22	22	20	20
India Inde										
Production	7 594	9 215	10 207	9 912	12 068	13 113	13 873	* 11 750	11 745	* 15 337
Consumption	8 694	9 732	10 175	* 10 575	11 075	11 721	12 387	* 12 989	* 13 700	* 13 900
Consumption per cap.(kg)	12	13	13	13	13	14	14	15	15	15
Indonesia Indonésie										
Production	2 150	* 2 200	* 2 205	2 171	2 346	2 438	2 350	* 2 490	* 2 450	2 174
Consumption	2 123	* 2 350	* 2 545	* 2 600	* 2 650	2 629	* 2 750	* 2 850	* 2 900	2 745
Consumption per cap.(kg)	13	14	15	15	15	15	15	15	15	14
Iran, Islamic Rep. of Iran, Rép. islamique d'										
Production *	600	600	725	600	620	710	975	935	950	910
Consumption *	1 300	1 300	1 150	1 000	1 200	1 400	1 500	1 550	1 600	1 675
Consumption per cap.(kg)	27	26	22	19	22	25	26	27	27	27
Iraq Iraq										
Consumption *	600	600	575	600	450	300	325	350	375	285
Consumption per cap.(kg)	37	37	33	34	25	16	17	18	19	14
Israel Israël										
Consumption *	250	250	250	260	265	280	295	305	315	320
Consumption per cap.(kg)	58	57	56	58	57	57	58	58	58	58
Japan Japon										
Production	953	960	944	998	982	1 005	1 023	861	826	870
Consumption	2 738	2 690	2 905	2 801	2 833	2 846	2 773	2 678	2 657	2 560
Consumption per cap.(kg)	23	22	24	23	23	23	22	22	22	21
Jordan Jordanie										
Consumption	* 140	* 150	* 160	* 160	* 170	* 175	* 185	171	183	174
Consumption per cap.(kg)	39	40	41	39	40	39	40	35	35	32
Kazakhstan Kazakhstan										
Production	..	..	..	..	..	...	* 105	* 100	* 87	45
Consumption *	..	..	..	..	..	...	495	460	400	400
Consumption per cap.(kg)	..	..	..	..	..	...	29	27	24	24

43
Sugar
Production and consumption: thousand metric tons; consumption per capita: kilograms [cont.]
Sucre
Production et consommation : milliers de tonnes métriques ; consommation par habitant : kilogrammes [suite]

Country or area Pays ou zone	1986	1987	1988	1989	1990	1991	1992	1993	1994	1995
Korea, Dem. P. R. Corée, R.p. dém. de										
Consumption	120	120	120	120	120	120	125	125	81	55
Consumption per cap.(kg)	6	6	6	6	6	5	6	5	3	2
Korea, Republic of Corée, République de										
Consumption [7]	643	668	765	839	817	857	860	852	864	926[7]
Consumption per cap.(kg)	15	16	18	20	19	20	20	19	19	21
Kuwait Koweït										
Consumption *	68	65	60	60	60	40	48	50	55	* 60
Consumption per cap.(kg)	38	35	31	29	28	19	34	34	34	36
Kyrgyzstan Kirghizistan										
Production *	..	..	..	..	..	...	15	10	23	50
Consumption *	..	..	..	..	..	...	135	145	130	125
Consumption per cap.(kg) *	..	..	..	..	..	...	30	32	28	27
Lao People's Dem. Rep. Rép. dém. pop. lao										
Consumption *	6	6	6	6	7	8	9	12	14	15
Consumption per cap.(kg)	2	2	2	2	2	2	2	3	3	3
Lebanon Liban										
Consumption *	70	95	110	110	110	115	115	113	118	120
Consumption per cap.(kg)	26	35	43	43	43	44	43	40	40	40
Macau Macao										
Consumption	3	3	3	3	3	3	3	3	4	5
Consumption per cap.(kg)	7	10	9	9	9	9	8	8	10	12
Malaysia Malaisie										
Production *	70	90	90	100	110	105	105	105	110	110
Consumption	615	625	635	640	670	700	720	775	800	825
Consumption per cap.(kg)	38	35	38	37	38	39	39	41	41	41
Maldives Maldives										
Consumption	9	9	9	5	7	8	9	9	9	8
Consumption per cap.(kg)	47	45	45	33	41	34	39	38	36	31
Mongolia Mongolie										
Consumption	45	45	50	50	50	55	50	45	43	45
Consumption per cap.(kg)	23	23	25	24	23	25	22	19	18	19
Myanmar Myanmar										
Production	54	50	27	31	38	35	50	47	48	42
Consumption *	55	42	30	27	34	36	42	47	50	50
Consumption per cap.(kg)	1	1	1	1	1	1	1	1	1	1
Nepal Népal										
Production	15	20	20	15	15	25	20	25	25	20
Consumption	40	35	40	35	40	40	40	41	37	35
Consumption per cap.(kg)	2	2	2	2	2	2	2	2	2	2
Pakistan Pakistan										
Production	1 151	* 1 425	1 943	2 052	1 989	2 198	* 2 630	* 2 770	3 044	3 105
Consumption	* 1 750	* 2 005	1 978	2 089	2 290	2 662	* 2 720	* 2 775	* 2 900	2 855
Consumption per cap.(kg)	* 18	19	19	19	20	23	23	23	23	22
Philippines Philippines										
Production	1 514	1 304	1 495	1 878	1 686	1 911	1 919	2 091	2 098	1 562
Consumption	1 180	1 438	1 225	1 471	1 582	1 565	1 643	1 739	1 922	1 765
Consumption per cap.(kg)	21	25	21	25	26	25	26	27	29	26
Saudi Arabia Arabie saoudite										
Consumption *	350	380	400	450	475	475	500	520	535	520
Consumption per cap.(kg)	29	28	29	31	32	29	30	30	31	29
Singapore Singapour										
Consumption *	145	175	200	193	195	200	210	210	220	230
Consumption per cap.(kg)	56	67	76	72	72	73	75	73	75	77
Sri Lanka Sri Lanka										
Production	35	* 30	24	* 29	* 30	67	60	69	* 40	* 70
Consumption *	315	320	330	345	350	360	360	405	430	450
Consumption per cap.(kg)	20	20	21	21	21	21	23	23	24	25
Syrian Arab Republic Rép. arabe syrienne										
Production *	50	40	40	30	50	75	100	100	110	80
Consumption *	385	385	375	370	395	430	450	460	495	520
Consumption per cap.(kg)	36	35	33	32	33	34	35	34	36	36
Tajikistan Tadjikistan										
Consumption *	..	..	..	..	..	...	110	115	100	100
Consumption per cap.(kg)	..	..	..	..	..	...	20	20	17	17

43
Sugar
Production and consumption: thousand metric tons; consumption per capita: kilograms [cont.]
Sucre
Production et consommation : milliers de tonnes métriques ; consommation par habitant : kilogrammes [suite]

Country or area Pays ou zone	1986	1987	1988	1989	1990	1991	1992	1993	1994	1995
Thailand Thaïlande										
Production	2 718	2 532	2 638	4 338	3 542	4 248	5 078	3 825	4 168	5 447
Consumption	744	883	886	981	1 105	1 189	1 264	1 368	1 480	1 645
Consumption per cap.(kg)	14	16	16	18	20	21	22	23	25	27
Turkey Turquie										
Production	1 414	1 857	1 414	1 565	1 565	2 052	* 2 081	* 2 179	* 1 810	1 195
Consumption	1 483	1 658	1 534	1 641	1 715	1 737	* 1 752	* 1 810	* 1 795	1 145
Consumption per cap.(kg)	29	32	29	30	31	30	30	30	29	23
Turkmenistan Turkménistan										
Consumption	..	..	..	..	..	...	100	105	95	95
Consumption per cap.(kg)	..	..	..	..	..	...	26	27	24	23
Uzbekistan Ouzbékistan										
Consumption	..	..	..	..	..	...	475	450	375	380
Consumption per cap.(kg)	..	..	..	..	..	...	22	21	17	17
Viet Nam Viet Nam										
Production *	440	440	460	465	465	475	495	510	475	525
Consumption *	475	500	500	500	520	510	520	570	590	625
Consumption per cap.(kg)	8	8	8	8	8	8	8	8	8	8
Yemen Yémen										
Consumption *	...	...	...	...	...	* 250	265	275	285	285
Consumption per cap.(kg)	...	...	...	...	...	22	22	24	24	22
former Yemen Arab Rep. l'ex—arabe rép. de Yémen										
Consumption *	..	220	240	195	195	..	..	..	..	..
Consumption per cap.(kg)	..	..	32	25	24	..	..	..	..	..
former Dem. Rep. of Yemen l'ex—dém. rép. de Yémen										
Consumption *	..	65	65	45	55	..	..	..	..	..
Consumption per cap.(k;	..	..	26	19	23	..	..	..	..	..
Europe · Europe										
Albania Albanie										
Production	* 35	* 40	* 45	25	17	* 15	* 17	* 10	* 10	* 10
Consumption	* 58	* 60	* 65	68	70	* 68	* 65	* 85	* 80	* 80
Consumption per cap.(kg)	19	20	21	21	22	21	19	25	24	24
Austria Autriche										
Production	307	390	357	390	432	507	436	497	501	...
Consumption [8]	357	370	375	373	396	425	426	412	406	...
Consumption per cap.(kg)	47	49	49	49	51	54	54	52	50	...
Belarus Bélarus										
Production	..	..	..	..	..	...	117	129	* 90	* 100
Consumption	..	..	..	..	..	...	347	425	* 385	* 340
Consumption per cap.(kg)	..	..	..	..	..	...	34	41	37	33
Belgium [1] Belgique [1]										
Production	915	915	910	1 312	1 023	1 121	959	...	...	...
Bosnia—Herzegovina Bosnie—Herzégovine										
Production *	..	..	..	..	..	...	...	25	15	10
Consumption *	..	..	..	..	..	...	...	30	30	30
Consumption per cap.(kg)	..	..	..	..	..	...	...	7	7	7
Bulgaria Bulgarie										
Production *	40	35	40	76	35	65	35	15	10	20
Consumption	432	482	420	401	289	160	250	250	250	* 240
Consumption per cap.(kg)	48	47	45	32	18	20	29	30	30	29
Croatia Croatie										
Production *	..	..	..	..	..	...	...	90	80	90
Consumption *	..	..	..	..	..	...	...	150	155	200
Consumption per cap.(kg)	..	..	..	..	..	...	...	31	32	42
former Czechoslovakia † l'ex—Tchécoslovaquie †										
Production	* 850	* 775	* 660	* 756	717	* 790	743	..	..	..
Consumption	* 800	* 750	* 750	* 800	741	* 800	* 795	..	..	..
Consumption per cap.(kg)	52	48	48	51	48	51	51	..	..	..
Czech Republic République tchèque										
Production	..	..	..	..	..	..	..	624	470	* 480
Consumption	..	..	..	..	..	..	..	* 485	435	* 435
Consumption per cap.(kg)	..	..	..	..	..	..	..	39	39	42
Denmark [4] Danemark [4]										
Production	547	422	549	530	572	527	446	542	510	* 470

43
Sugar
Production and consumption: thousand metric tons; consumption per capita: kilograms [cont.]
Sucre
Production et consommation : milliers de tonnes métriques ; consommation par habitant : kilogrammes [suite]

Country or area Pays ou zone	1986	1987	1988	1989	1990	1991	1992	1993	1994	1995
Estonia Estonie										
Production	..	..	..	..	..	...	0	* 5	0	0
Consumption *	..	..	..	..	..	...	72	68	63	50
Consumption per cap.(kg)	..	..	..	..	..	...	47	44	42	34
Finland Finlande										
Production	133	70	147	173	169	163	153	154[9]	113[9]	...
Consumption	209[10]	207[10]	223[10]	217	189	213	227	242	219	...
Consumption per cap.(kg)	43	42	45	44	38	42	45	48	43	...
France [4] France [4]										
Production	3 734	3 973	4 372	4 198	4 595	4 422	4 687	5 037	4 988	4 595
Germany † Allemagne †										
Production [4]	..	..	..	..	..	4 224	4 401	4 359	* 3 672	3 805
F. R. Germany [4] R.f. Allemagne [4]										
Production	3 479	2 963	3 004	3 337	3 396	..	..	..	..	..
former German D. R. l'ex−R.d. allemande										
Production	805	750	658	610	...	..	..	..	..	..
Consumption	746	740	787	782	...	..	..	..	..	..
Consumption per cap.(kg	45	45	47	47	...	..	..	..	..	..
Gibraltar Gibraltar										
Consumption	1	1	1	2	3	3	3	3	4	4
Consumption per cap.(kg)	33	33	33	67	75	79	76	74	81	93
Greece [4] Grèce [4]										
Production	312	197	235	421	312	* 297	* 385	* 333	* 272	* 315
Hungary Hongrie										
Production	510	538	513	630	580	* 700	391	248	434	515
Consumption	513	555	488	572	657	575	608	382	398	430
Consumption per cap.(kg)	49	52	46	54	61	56	59	37	39	42
Iceland Islande										
Consumption	12	* 13	* 14	* 15	* 14	* 14	* 15	* 15	16	* 16
Consumption per cap.(kg)	52	52	56	60	54	54	58	58	58	57
Ireland [4] Irlande [4]										
Production	202	242	212	233	245	* 232	* 223	* 192	* 230	* 225
Italy [4] Italie [4]										
Production	1 868	1 867	1 607	1 879	1 586	1 641	2 032	1 544	1 620	* 1 618
Latvia Lettonie										
Production *	..	..	..	..	..	...	30	35	25	35
Consumption *	..	..	..	..	..	...	151	145	140	145
Consumption per cap.(kg)	..	..	..	..	..	...	57	56	55	59
Lithuania Lituanie										
Production	..	..	..	..	..	...	85	* 70	59	105
Consumption	..	..	..	..	..	...	116	* 110	* 105	104
Consumption per cap.(kg)	..	..	..	..	..	...	31	30	28	28
Malta Malte										
Consumption	15	15	15	17	18	13	17	17	18	19
Consumption per cap.(kg)	44	44	43	50	51	37	46	47	49	51
Netherlands [4] Pays−Bas [4]										
Production	1 325	1 064	1 075	1 240	1 304	* 1 137	* 1 295	* 1 232	* 1 023	* 1 085
Norway Norvège										
Consumption	170	173	158	168	171	177	178	177	184	177
Consumption per cap.(kg)	41	41	38	40	40	42	41	41	43	41
Poland Pologne										
Production	* 1 881	* 1 820	1 823	1 864	2 212	1 618	1 566	2 201	* 1 495	1 714
Consumption	* 1 646	* 1 800	1 903	1 634	1 624	1 660	1 618	1 691	* 1 705	* 1 700
Consumption per cap.(kg)	44	48	50	43	43	43	42	44	44	44
Portugal [4] Portugal [4]										
Production	4	2	1	1	1	* 2	* 2	* 4	* 6	* 6
Republic of Moldova République de Moldova										
Production *	..	..	..	..	..	...	180	220	167	200
Consumption *	..	..	..	..	..	...	203	205	175	200
Consumption per cap.(kg)	..	..	..	..	..	...	47	47	40	46
Russian Federation Fédération de Russie										
Production	..	..	..	..	..	...	2 437	* 2 717	1 650	* 2 050
Consumption *	..	..	..	..	..	...	6 145	5 850	5 250	5 000
Consumption per cap.(kg)	..	..	..	..	..	...	41	40	36	34

43
Sugar
Production and consumption: thousand metric tons; consumption per capita: kilograms [cont.]
Sucre
Production et consommation : milliers de tonnes métriques ; consommation par habitant : kilogrammes [suite]

Country or area Pays ou zone	1986	1987	1988	1989	1990	1991	1992	1993	1994	1995
Romania Roumanie										
Production	451	438	363	473	408	344	280	141	206	220
Consumption *	525	495	475	540	555	565	615	475	480	480
Consumption per cap.(kg)	23	22	21	23	24	24	24	21	21	21
Slovakia Slovaquie										
Production *	..	..	..	..	..	..	...	150	130	145
Consumption *	..	..	..	..	..	..	...	190	175	200
Consumption per cap.(kg)	..	..	..	..	..	..	...	36	33	37
Slovenia Slovénie										
Production	..	..	..	..	..	..	..	50	35	30
Consumption	..	..	..	..	..	..	..	* 85	* 90	100
Spain [4] Espagne [4]										
Production	1 111	1 093	1 306	953	994	949	935	1 237	1 150	1 011
Sweden Suède										
Production	391[11]	274	385[11]	424[11]	445	266	333	413	370	...
Consumption	387	372	383	377	379	380	382	388	457	...
Consumption per cap.(kg)	47	44	45	44	44	44	44	44	52	...
Switzerland Suisse										
Production	129	123	150	152	160	136	137	* 150	* 130	* 140
Consumption	289[12]	287[12]	282[12]	291	305	307	311	* 310	* 310	* 315
Consumption per cap.(kg)	46	43	42	43	46	46	46	45	44	45
TFYR Macedonia L'ex–r.p. Macédonie										
Production *	..	..	..	..	..	..	...	10	8	5
Consumption *	..	..	..	..	..	..	...	35	35	40
Consumption per cap.(kg)	..	..	..	..	..	..	...	17	16	19
Ukraine Ukraine										
Production	..	..	..	..	..	...	3 824	* 4 160	3 632	3 801
Consumption	..	..	..	..	..	...	* 2 881	* 2 575	2 492	* 2 350
Consumption per cap.(kg)	..	..	..	..	..	...	55	49	48	46
United Kingdom [4] Royaume–Uni [4]										
Production	1 433	1 333	1 417	1 377	1 349	1 326	1 604	1 436	1 373	* 1 415
Yugoslavia Yougoslavie										
Production *	..	..	..	..	..	..	..	300	250	150
Consumption *	..	..	..	..	..	..	..	350	350	350
Consumption per cap.(kg)	..	..	..	..	..	..	..	33	33	33
Yugoslavia, SFR † Yougoslavie, Rfs †										
Production	801	* 920	691	930	* 945	* 900	* 500	..	..	...
Consumption *	950	950	900	907	950	810	725	..	..	...
Consumption per cap.(kg)	41	41	38	38	40	34	69	..	..	...
Oceania · Océanie										
Australia Australie										
Production	3 439	3 511	3 759	3 887	3 612	3 195	4 363	4 488	5 217	5 129
Consumption	818	817	844	882	864	835	829	909	927	919
Consumption per cap.(kg)	51	50	51	53	51	48	47	52	52	51
Fiji Fidji										
Production	508	426	377	466	378	456	451	451	543	458
Consumption	35	36	38	37	40	44	45	46	43[13]	62[13]
Consumption per cap.(kg)	48	49	53	51	54	59	60	59	56	80
New Zealand Nouvelle–Zélande										
Consumption *	165	170	170	173	175	175	178	180	183	185
Consumption per cap.(kg)	51	52	52	52	52	52	52	52	52	52
Papua New Guinea Papouasie–Nvl–Guinée										
Production	10	24	51	30	28	* 35	* 30	* 30	* 35	* 35
Consumption	30	30	29	29	27	* 27	* 27	* 28	* 30	* 27
Consumption per cap.(kg)	9	7	8	8	7	7	7	7	7	7
Samoa Samoa										
Production	2	2	2	2	2	2	2	2	2	2
Consumption	3	3	3	3	3	3	3	3	4	4
Consumption per cap.(kg)	19	19	14	14	13	13	12	12	14	14
former USSR · ancienne URSS										
former USSR † l'ex–URSS †										
Production	8 696	9 565	8 913	9 533	9 159	6 898	..	..	..	..
Consumption *	14 050	14 950	14 350	13 150	13 400	11 908	..	..	..	..
Consumption per cap.(kg)	50	53	50	46	46	41	..	..	..	..

43
Sugar
Production and consumption: thousand metric tons; consumption per capita: kilograms [cont.]
Sucre
Production et consommation : milliers de tonnes métriques ; consommation par habitant : kilogrammes [suite]

Source:
International Sugar Organization (London).

† For information on recent changes in country or area nomenclature pertaining to former Czechoslovakia, Germany, Hong Kong Special Administrative Region (SAR) of China, SFR Yugoslavia and former USSR, see Annex I – Country or area nomenclature, regional and other groupings.

†† For statistical purposes, the data for China do not include those for the Hong Kong Special Administrative Region (Hong Kong SAR) and Taiwan province of China.

1 Official figures communicated directly to the Statistics Division of the United Nations.
2 3,268 t lost in fire.
3 Including non–human consumption: 1986 – 8,831 t; 1987 – 64,646 t; 1988 – 46,834 t; 1989 – 167,173 t; 1990 – 129,608 t; 1991 – 92,446 t; 1994 – 92,313 t.
4 Source: Food and Agriculture Organization of the United Nations.
5 Excluding consumption in Free Zone.
6 Including non–human consumption: 1986 – 98,608 t; 1987 – 147,262 t; 1988 – 122,058 t; 1989 – 52,230 t; 1991 – 13,541 t; 1992 – 8,938 t; 1993 – 8,344 t; 1994 – 12,178 t; 1995 – 10,211 t.
7 Including sugar used for mono–sodium glutamate and L–hysinproduction: 1987 – 44,600 t; 1988 – 92,200 t; 1989 – 94,500 t; 1990 – 89,400 t; 1991 – 77,300 t; 1992 – 75,800 t; 1993 – 89,800 t; 1994 – estimated 89,000 t; 1995 – estimated 85,000 t.
8 Including non–human consumption: 1986 – 7,862 t; 1987 – 9,989 t; 1988 – 12,384 t; 1989 – 8,288 t; 1990 – 5,387 t; 1991 – 11,799 t; 1993 – 9,348 t.
9 Of which 1,041 t of sugar produced from imported Estonian beet in 1993 and 1,145 t in 1994.
10 Including sugar for non–human consumption: 1986 – 26,552 t; 1987 – 31,312 t; 1988 – 20,912 t.
11 Including sales from government stocks: 1986 – 3,775 t; 1988 – 4,324 t; 1989 – 2,771 t.
12 Calculated by Switzerland.
13 Includes 11 572 t sold to Other Pacific Nations in 1994 and 12,520 t in 1995.

Source:
L'organisation internationale du sucre (Londres).

† Pour les modifications récentes de nomenclature de pays ou de zone concernant l'Allemagne, Hong–Kong (Région administrative spéciale de Chine), l'ex–Tchécoslovaquie, l'ex–URSS, Rfs de Yougoslavie, voir annexe I – Nomenclature des pays ou des zones, groupements régionaux et autres groupments.

†† Les données statistiques relatives à la Chine ne comprennent pas celles qui concernent la région administrative spéciale de Hong–Kong (la RAS de Hong–Kong) et la province chinoise de Taiwan.

1 Données officielles fournies directement de la Division de statistique des Nations Unies.
2 Dont 3 268 tonnes détruites par le feu.
3 Dont consommation non humaine : 1986 – 8 831 t; 1985 – 77 946 t; 1986 – 8 831 t; 1987 – 64 646 t; 1987 – 64 646 t; 1988 – 46 834 t; 1989 – 167 173 t; 1990 – 129 608 t; 1991 – 92 446 t; 1994 – 92 313 t.
4 Source: Organisation des Nations Unies pour l'alimentation et l'agriculture.
5 Non compris la consommation dans la Zone libre.
6 Dont consommation non humaine : 1986 – 98 608 t; 1987 – 147 262 t; 1988 – 122 058 t; 1989 – 52 230 t; 1991 – 13 541 t; 1992 – 8 938 t; 1993 – 8 344 t; 1994 – 12 1778 t; 1995 – 10 211 t.
7 Y compris le sucre utilisé pour fabriquer du glutamate de monosodium et de la L–lysine : 1987 – 44 600 t; 1988 – 92 200 t; 1989 – 94 500 t; 1990 – 89 400 t; 1991 – 77 300 t; 1992 – 75 800 t; 1993 – 89 800 t; 1994 – 89 000 t (chiffre estimatif); 1995 – 85 000 t (chiffre estimatif).
8 Y compris la consommation non humaine : 1986 – 7 862 t; 1987 – 9 989 t; 1988 – 12 384 t; 1989 – 8 288 t; 1990 – 5 387 t; 1991 – 11 799 t; 1993 – 9 478 t.
9 Dont 1 041 tonnes de sucre à l'aide de betteraves importées d'Estonie en 1993 et 1 145 t en 1994.
10 Y compris le sucre pour la consommation non humaine : 1986 – 26 552 t; 1987 – 31 312 t; 1988 – 20 912 t.
11 Dont ventes par prélèvement dans les réserves publiques : 1986 – 3 775 t; 1988 – 4 324 t; 1989 – 2 771 t.
12 Données calculées par la Suisse.
13 Y compris 11 572 tonnes vendues à d'autres pays du Pacifique en 1994 et 12 520 tonnes en 1995.

44

Meat Viande

Production: thousand metric tons
Production : milliers de tonnes métriques

Country or area Pays ou zone	1987	1988	1989	1990	1991	1992	1993	1994	1995	1996
World										
Monde	**120 910**	**124 925**	**126 464**	**129 580**	**131 348**	**132 119**	**133 939**	**138 571**	**143 990**	**147 005**
Beef and veal										
Boeuf et veau	50 966	51 262	51 576	52 805	53 463	52 359	51 706	52 778	53 352	53 956
Pork										
Porc	63 577	67 037	68 085	69 795	70 816	72 923	75 370	78 589	83 539	85 761
Mutton and lamb										
Mouton et agneau	6 367	6 627	6 804	6 979	7 069	6 837	6 863	7 204	7 099	7 289
Africa										
Afrique	**4 443**	**4 551**	**4 679**	**4 821**	**4 987**	**5 138**	**5 147**	**5 051**	**5 105**	**5 111**
Beef and veal										
Boeuf et veau	3 133	3 180	3 233	3 334	3 459	3 537	3 475	3 357	3 391	3 418
Pork										
Porc	502	518	558	598	629	680	733	737	751	753
Mutton and lamb										
Mouton et agneau	808	853	889	889	900	920	939	958	964	939
Algeria[1]										
Algérie[1]	**180**	***193**	***214**	***223**	***233**	**263**	**267**	**270**	**271**	**279**
Beef and veal										
Boeuf et veau	74	*81	*85	*89	*89	108	98	101	101	104
Mutton and lamb										
Mouton et agneau	107	111	*129	*134	*144	155	169	169	170	175
Angola[1]										
Angola[1]	**79**	**79**	**77**	**77**	**77**	**78**	**77**	**75**	**75**	**80**
Beef and veal[1]										
Boeuf et veau	57	57	54	54	54	55	54	53	53	57
Pork[1]										
Porc[1]	21	21	22	22	22	22	22	22	22	22
Mutton and lamb[1]										
Mouton et agneau[1]	1	1	1	1	1	1	1	1	1	1
Benin[1]										
Bénin[1]	**20**	**21**	**21**	**23**	**24**	**24**	**25**	**27**	**28**	**29**
Beef and veal[1]										
Boeuf et veau[1]	13	13	14	15	16	16	17	17	18	18
Pork[1]										
Porc[1]	5	5	5	5	6	6	6	6	7	8
Mutton and lamb[1]										
Mouton et agneau[1]	3	3	3	3	3	3	3	3	3	3
Botswana[1]										
Botswana[1]	**37**	**36**	**38**	**44**	**47**	**49**	**50**	**36**	**43**	**51**
Beef and veal[1]										
Boeuf et veau[1]	36	34	37	42	44	47	49	35	41	49
Pork[1]										
Porc[1]	0	0	1	1	1	0	0	0	0	0
Mutton and lamb[1]										
Mouton et agneau[1]	1	1	1	1	2	2	1	1	1	1
Burkina Faso[1]										
Burkina Faso[1]	**50**	**51**	**53**	**54**	**56**	**56**	**57**	**57**	**58**	**58**
Beef and veal[1]										
Boeuf et veau[1]	36	37	37	37	38	39	40	40	40	40
Pork[1]										
Porc[1]	5	6	6	6	6	6	6	6	6	6
Mutton and lamb[1]										
Mouton et agneau[1]	9	9	10	11	11	12	11	11	11	11
Burundi[1]										
Burundi[1]	**17**	**19**	**17**	**19**	**17**	**18**	**19**	**18**	**17**	**16**
Beef and veal[1]										
Boeuf et veau[1]	11	11	11	11	11	11	12	11	11	10

44 Meat
Production: thousand metric tons [cont.]
Viande
Production : milliers de tonnes métriques [suite]

Country or area Pays ou zone	1987	1988	1989	1990	1991	1992	1993	1994	1995	1996
Pork[1] Porc[1]	5	7	5	6	5	5	5	5	5	4
Mutton and lamb[1] Mouton et agneau[1]	1	1	1	1	1	1	1	1	1	1
Cameroon[1] **Cameroun[1]**	**87**	**95**	**99**	**103**	**104**	**105**	**107**	**109**	**109**	**109**
Beef and veal Boeuf et veau	62	68	71[1]	72[1]	73[1]	73[1]	74[1]	75[1]	75[1]	75[1]
Pork[1] Porc[1]	14	15	16	16	17	17	17	17	18	18
Mutton and lamb[1] Mouton et agneau[1]	11	12	13	14	15	15	16	16	16	16
Cape Verde **Cap-Vert**	**3**	**4**	**4**	**4**	**4**[1]	**4**[1]	**8**[1]	**5**[1]	**9**[1]	**9**[1]
Pork Porc	3	3	3	4	4[1]	4	7	5	8	8[1]
Central African Rep.[1] **Rép. centrafricaine[1]**	*** 42**	*** 45**	*** 47**	*** 49**	*** 51**	**53**	**54**	**54**	**55**	**55**
Beef and veal Boeuf et veau	* 35	* 37	* 39	* 40	42[1]	44[1]	45[1]	45[1]	45[1]	45[1]
Pork Porc	* 7	* 7	* 7	* 8	* 8	8[1]	8[1]	9[1]	9[1]	9[1]
Mutton and lamb[1] Mouton et agneau[1]	1	1	1	1	1	1	1	1	1	1
Chad[1] **Tchad[1]**	**60**	**65**	**65**	**70**	**72**	**75**	**77**	**78**	**78**	**78**
Beef and veal[1] Boeuf et veau[1]	51	56	57	62	63	65	67	68	68	68
Mutton and lamb[1] Mouton et agneau[1]	10	9	8	8	9	9	10	10	10	10
Comoros[1] **Comores[1]**	**1**	**1**	**1**	**1**	**1**	**1**	**1**	**1**	**1**	**1**
Beef and veal[1] Boeuf et veau[1]	1	1	1	1	1	1	1	1	1	1
Congo[1] **Congo[1]**	**4**	**4**	**4**	**5**	**4**	**4**	**4**	**5**	**5**	**5**
Beef and veal[1] Boeuf et veau[1]	2	2	1	2	2	2	2	2	2	2
Pork[1] Porc[1]	2	2	2	2	2	2	3	3	3	3
Côte d'Ivoire[1] **Côte d'Ivoire[1]**	**46**	**47**	**49**	**50**	**52**	**54**	**55**	**61**	**62**	**65**
Beef and veal[1] Boeuf et veau[1]	28	29	31	31	33	34	34	40	38	41
Pork[1] Porc[1]	13	14	14	14	15	15	16	16	19	19
Mutton and lamb[1] Mouton et agneau[1]	4	4	5	5	5	5	5	5	5	5
Dem. Rep. of the Congo[1] **Rép. dém. du Congo[1]**	**60**	**62**	**65**	**68**	**72**	**71**	**72**	**73**	**72**	**72**
Beef and veal Boeuf et veau	25	26	26	27[1]	29[1]	28[1]	28[1]	28[1]	28[1]	28[1]
Pork[1] Porc[1]	33	34	36	38	40	40	42	43	42	41
Mutton and lamb[1] Mouton et agneau[1]	3	3	3	3	3	3	3	3	3	3
Djibouti[1] **Djibouti[1]**	**3**	**3**	**3**	**4**	**5**	**5**	**5**	**5**	**5**	**5**

44
Meat
Production: thousand metric tons [cont.]
Viande
Production : milliers de tonnes métriques [suite]

Country or area Pays ou zone	1987	1988	1989	1990	1991	1992	1993	1994	1995	1996
Beef and veal[1] Boeuf et veau[1]	2	2	2	2	3	3	3	3	3	3
Mutton and lamb[1] Mouton et agneau[1]	2	2	2	2	2	2	2	2	2	2
Egypt **Egypte**[1]	**196**	**221**	**212**	**200**	**217**	**224**	**232**	**235**	**228**	**221**
Beef and veal[1] Boeuf et veau[1]	135	157	155	143	168	171	175	170	168	163
Pork[1] Porc[1]	2	2	2	2	3	3	3	3	3	3
Mutton and lamb Mouton et agneau	59	62	55[1]	55[1]	46[1]	50[1]	54[1]	63[1]	58[1]	55[1]
Eritrea **Erythrée**	..	..	..	..	..	...	**14**[1]	**15**[1]	**15**[1]	**15**[1]
Beef and veal Boeuf et veau	..	..	..	..	..	...	9[1]	10[1]	10[1]	10[1]
Mutton and lamb Mouton et agneau	..	..	..	..	..	...	5[1]	5[1]	5[1]	5[1]
Ethiopia incl.Eritrea **Ethiopie comp. Erythrée**	* **286**[1]	* **286**[1]	* **320**[1]	* **328**[1]	* **328**[1]	**327**[1]	..	..	..	..
Beef and veal Boeuf et veau	* 206	* 206	* 237	* 245	* 245	244[1]	..	..	..	..
Pork Porc	1[1]	1[1]	1[1]	1[1]	1[1]	1[1]	..	..	..	..
Mutton and lamb Mouton et agneau	* 79	* 79	* 82	* 82	82[1]	82[1]	..	..	..	..
Ethiopia **Ethiopie**	..	..	..	..	..	...	**307**[1]	**309**[1]	**310**[1]	**315**[1]
Beef and veal Boeuf et veau	..	..	..	..	..	...	230[1]	230[1]	231[1]	236[1]
Pork Porc	..	..	..	..	..	...	1[1]	1[1]	1[1]	1[1]
Mutton and lamb Mouton et agneau	..	..	..	..	..	...	77[1]	78[1]	78[1]	78[1]
Gabon[1] **Gabon**[1]	**3**	**3**	**4**	**4**	**4**	**4**	**4**	**4**	**4**	**4**
Beef and veal[1] Boeuf et veau[1]	1	1	1	1	1	1	1	1	1	1
Pork[1] Porc[1]	2	2	2	2	2	2	2	2	2	2
Mutton and lamb[1] Mouton et agneau[1]	1	1	1	1	1	1	1	1	1	1
Gambia[1] **Gambie**[1]	**4**	**4**	**4**	**4**	**4**	**4**	**4**	**4**	**4**	**4**
Beef and veal[1] Boeuf et veau[1]	3	3	3	3	3	3	3	3	3	3
Mutton and lamb[1] Mouton et agneau[1]	1	1	0	0	0	1	1	1	1	1
Ghana[1] **Ghana**[1]	**35**	**36**	**38**	**36**	**37**	**35**	**35**	**36**	**37**	**37**
Beef and veal[1] Boeuf et veau[1]	20	20	20	20	21	20	20	20	21	21
Pork[1] Porc[1]	9	11	12	11	10	9	9	9	10	10
Mutton and lamb[1] Mouton et agneau[1]	5	6	6	6	6	6	6	6	7	7
Guinea[1] **Guinée**[1]	**11**	**10**	**11**	**11**	**12**	**12**	**13**	**14**	**16**	**16**

44
Meat
Production: thousand metric tons [cont.]
Viande
Production : milliers de tonnes métriques [suite]

Country or area Pays ou zone	1987	1988	1989	1990	1991	1992	1993	1994	1995	1996
Beef and veal[1]										
Boeuf et veau[1]	10	9	10	10	10	11	12	12	15	15
Mutton and lamb[1]										
Mouton et agneau[1]	1	1	1	1	1	1	1	1	1	1
Guinea-Bissau[1]										
Guinée-Bissau[1]	**12**	**12**	**13**	**13**	**13**	**13**	**14**	**14**	**14**	**14**
Beef and veal[1]										
Boeuf et veau[1]	3	3	3	3	3	4	4	4	4	4
Pork[1]										
Porc[1]	9	9	9	9	9	9	10	10	10	10
Mutton and lamb[1]										
Mouton et agneau[1]	1	1	1	1	1	1	1	1	1	1
Kenya[1]										
Kenya[1]	**245**	**266**	**258**	**281**	**286**	**269**	**257**	**257**	**267**	**271**
Beef and veal										
Boeuf et veau	219	238	228	250[1]	255[1]	240[1]	230[1]	230[1]	240[1]	244[1]
Pork[1]										
Porc[1]	5	5	5	5	5	5	5	5	5	5
Mutton and lamb[1]										
Mouton et agneau[1]	21	23	25	26	26	24	22	22	22	22
Lesotho[1]										
Lesotho[1]	**20**	**20**	**20**	**20**	**20**	**19**	**20**	**21**	**21**	**21**
Beef and veal[1]										
Boeuf et veau[1]	12	13	13	13	13	13	14	14	14	14
Pork[1]										
Porc[1]	3	3	3	3	2	2	2	3	3	3
Mutton and lamb[1]										
Mouton et agneau[1]	4	4	4	4	5	4	4	4	4	4
Liberia[1]										
Libéria[1]	**7**	**6**	**6**	**6**	**6**	**6**	**6**	**6**	**6**	**6**
Beef and veal[1]										
Boeuf et veau[1]	1	1	1	1	1	1	1	1	1	1
Pork[1]										
Porc[1]	4	4	4	4	4	4	4	4	4	4
Mutton and lamb[1]										
Mouton et agneau[1]	1	1	1	1	1	1	1	1	1	1
Libyan Arab Jamah.[1]										
Jamah. arabe libyenne[1]	**66**	**73**	**59**	**48**	**54**	**50**	**51**	**41**	**40**	**40**
Beef and veal[1]										
Boeuf et veau[1]	29	33	27	24	31	27	25	20	20	20
Mutton and lamb[1]										
Mouton et agneau[1]	37	40	32	24	24	23	26	21	20	20
Madagascar[1]										
Madagascar[1]	**181**	**185**	**188**	**190**	**193**	**194**	**196**	**197**	**198**	**200**
Beef and veal[1]										
Boeuf et veau[1]	138	141	142	143	143	143	143	143	144	145
Pork[1]										
Porc[1]	41	42	44	45	47	48	49	50	52	53
Mutton and lamb[1]										
Mouton et agneau[1]	2	2	3	3	3	3	3	3	3	3
Malawi[1]										
Malawi[1]	**29**	**27**	**26**	**27**	**27**	**27**	**28**	**24**	**24**	**23**
Beef and veal[1]										
Boeuf et veau[1]	16	16	16	17	17	17	18	14	14	14
Pork[1]										
Porc[1]	13	10	10	9	9	10	10	10	10	9
Mutton and lamb[1]										
Mouton et agneau[1]	1	1	1	1	1	1	0	0	0	0

44
Meat
Production: thousand metric tons [cont.]
Viande
Production : milliers de tonnes métriques [suite]

Country or area Pays ou zone	1987	1988	1989	1990	1991	1992	1993	1994	1995	1996
Mali[1]										
Mali[1]	**79**	**85**	**90**	**94**	**98**	**103**	**107**	**110**	**112**	**113**
Beef and veal[1]										
Boeuf et veau[1]	61	65	69	72	74	78	81	83	85	86
Pork[1]										
Porc[1]	2	2	2	2	2	2	3	3	3	3
Mutton and lamb[1]										
Mouton et agneau[1]	16	18	19	21	22	23	24	24	24	24
Mauritania[1]										
Mauritanie[1]	* **25**	* **26**	* **28**	* **30**	* **33**	**31**	**21**	**22**	**22**	**25**
Beef and veal										
Boeuf et veau	* 15	* 16	* 16	* 17	* 20	18	9	9	10	10
Mutton and lamb[1]										
Mouton et agneau[1]	10	10	12	13	13	12	12	13	13	15
Mauritius										
Maurice	**2**	**2**	**2**	**3**[1]	**3**	**4**	**4**[1]	**4**[1]	**4**[1]	**4**[1]
Beef and veal										
Boeuf et veau	1	2	2	2	2	2	3	3[1]	3[1]	3[1]
Pork										
Porc	1	1	1	1	1	1	1	1	1	1[1]
Morocco										
Maroc	**183**[1]	**214**[1]	**254**	**246**	**249**	**255**[1]	**253**[1]	**230**[1]	**235**[1]	**186**[1]
Beef and veal										
Boeuf et veau	118[1]	122[1]	150	145	149	145	150	125	122	105
Pork										
Porc	1	1	1	1	1	1[1]	1[1]	1[1]	1[1]	1[1]
Mutton and lamb										
Mouton et agneau	64	91	103	100	99	109	102	105	112	80
Mozambique[1]										
Mozambique[1]	**50**	**51**	**52**	**54**	**60**	**49**	**51**	**51**	**52**	**52**
Beef and veal[1]										
Boeuf et veau[1]	38	39	40	41	47	36	38	38	38	39
Pork[1]										
Porc[1]	11	12	12	12	12	12	12	12	13	13
Mutton and lamb[1]										
Mouton et agneau[1]	1	1	1	1	1	1	1	1	1	1
Namibia[1]										
Namibie[1]	**49**	**51**	**56**	**53**	**61**	**63**	**63**	**61**	**56**	**58**
Beef and veal[1]										
Boeuf et veau[1]	36	38	41	39	45	48	48	46	44	47
Pork[1]										
Porc[1]	3	3	3	3	2	2	2	2	2	2
Mutton and lamb[1]										
Mouton et agneau[1]	10	11	11	11	14	13	13	13	10	8
Niger[1]										
Niger[1]	**37**	**40**	**41**	**41**	**38**	**45**	**46**	**47**	**48**	**49**
Beef and veal										
Boeuf et veau	25[1]	26[1]	27	28[1]	25[1]	32[1]	33[1]	33[1]	34[1]	34[1]
Pork[1]										
Porc[1]	1	1	1	1	1	1	1	1	1	1
Mutton and lamb[1]										
Mouton et agneau[1]	11	13	13	12	12	12	12	13	13	14
Nigeria[1]										
Nigéria[1]	**395**	**372**	**372**	**376**	**412**	**458**	**550**	**574**	**577**	**610**
Beef and veal										
Boeuf et veau	267	236	218	204	205	210	250[1]	264	267	300[1]
Pork[1]										
Porc[1]	90	97	112	128	159	199	249	259	259	259

44
Meat
Production: thousand metric tons [cont.]
Viande
Production : milliers de tonnes métriques [suite]

Country or area Pays ou zone	1987	1988	1989	1990	1991	1992	1993	1994	1995	1996
Mutton and lamb[1] Mouton et agneau[1]	39	40	42	44	47	48	51	51	51	51
Réunion[1] **Réunion[1]**	**7**	**8**	**8**	**9**	**9**	**9**	**9**	**10**	**11**	**11**
Beef and veal Boeuf et veau	1	1	1	1	1[1]	1[1]	1	1	1	1[1]
Pork Porc	6	7	7	8	8[1]	8[1]	8[1]	9[1]	10	10[1]
Rwanda[1] **Rwanda[1]**	**16**	**17**	**18**	**18**	**18**	**16**	**15**	**13**	**13**	**13**
Beef and veal[1] Boeuf et veau[1]	12	14	14	14	14	13	12	10	10	10
Pork[1] Porc[1]	2	3	3	3	3	2	2	2	2	2
Mutton and lamb[1] Mouton et agneau[1]	1	1	1	1	1	1	1	1	1	1
Senegal[1] **Sénégal[1]**	**57**	**57**	**59**	**61**	**64**	**65**	**67**	**68**	**69**	**69**
Beef and veal[1] Boeuf et veau[1]	39	40	41	43	44	44	45	46	46	46
Pork[1] Porc[1]	6	6	7	7	7	7	7	7	7	7
Mutton and lamb[1] Mouton et agneau[1]	11	10	11	12	13	14	15	15	16	16
Seychelles[1] **Seychelles[1]**	**1**	**1**	**1**	**1**	**1**	**1**	**1**	**1**	**1**	**1**
Pork[1] Porc[1]	1	1	1	1	1	1	1	1	1	1
Sierra Leone[1] **Sierra Leone[1]**	**8**	**8**	**8**	**8**	**8**	**8**	**8**	**8**	**8**	**8**
Beef and veal[1] Boeuf et veau[1]	5	5	5	5	5	5	5	5	5	5
Pork[1] Porc[1]	2	2	2	2	2	2	2	2	2	2
Mutton and lamb[1] Mouton et agneau[1]	1	1	1	1	1	1	1	1	1	1
Somalia[1] **Somalie[1]**	**76**	**81**	**84**	**75**	**63**	**55**	**64**	**77**	**80**	**80**
Beef and veal[1] Boeuf et veau[1]	44	50	51	44	36	33	37	44	46	46
Mutton and lamb[1] Mouton et agneau[1]	32	31	33	31	26	22	26	33	34	34
South Africa **Afrique du Sud**	***877**[1]	**868**[1]	***856**[1]	***924**[1]	***956**[1]	***1 004**[1]	**902**[1]	**786**	**808**	***774**[1]
Beef and veal Boeuf et veau	*628	615[1]	*603	*661	*700	*745	651	554	582	*547
Pork Porc	122[1]	123[1]	*121	*130	*123	*129	126	113	116	116[1]
Mutton and lamb Mouton et agneau	127[1]	130[1]	133[1]	133[1]	133[1]	130[1]	125[1]	119	110	111[1]
Sudan **Soudan**	**273**[1]	**272**	**279**	**288**	**304**	**311**[1]	**317**[1]	**328**[1]	**334**[1]	**342**[1]
Beef and veal Boeuf et veau	210[1]	205	211	218	231	236[1]	242[1]	247[1]	251[1]	258[1]
Mutton and lamb Mouton et agneau	63	67	68	70	72	74[1]	75[1]	80[1]	82[1]	85[1]
Swaziland[1] **Swaziland[1]**	**17**	**13**	**13**	**12**	**14**	**15**	**16**	**17**	**15**	**15**

44
Meat
Production: thousand metric tons [cont.]
Viande
Production : milliers de tonnes métriques [suite]

Country or area Pays ou zone	1987	1988	1989	1990	1991	1992	1993	1994	1995	1996
Beef and veal										
Boeuf et veau	16[1]	12[1]	12[1]	11	13	14	15	16[1]	14[1]	14
Pork[1]										
Porc[1]	1	1	1	1	1	1	1	1	1	1
Togo[1]										
Togo[1]	**11**	**13**	**14**	**18**	**18**	**19**	**20**	**20**	**20**	**20**
Beef and veal[1]										
Boeuf et veau[1]	5	5	5	5	5	5	5	5	5	5
Pork[1]										
Porc[1]	3	5	6	10	10	11	12	12	12	12
Mutton and lamb[1]										
Mouton et agneau[1]	2	3	3	3	3	3	3	3	3	3
Tunisia[1]										
Tunisie[1]	**77**	**67**	**67**	**68**	**71**	**72**	**74**	**81**	**90**	**92**
Beef and veal										
Boeuf et veau	38	34	34	34	36	38	38	43	44	45
Mutton and lamb										
Mouton et agneau	39	33	33	34	35	35	35	38	46	47
Uganda[1]										
Ouganda[1]	**91**	**94**	**118**	**132**	**135**	**139**	**147**	**148**	**150**	**150**
Beef and veal										
Boeuf et veau	59	64[1]	73[1]	81[1]	83[1]	84[1]	90[1]	89[1]	90[1]	90[1]
Pork										
Porc	25	23[1]	39[1]	45[1]	46[1]	48[1]	49[1]	50[1]	51[1]	51[1]
Mutton and lamb[1]										
Mouton et agneau[1]	7	6	6	7	7	8	9	9	9	9
United Rep.Tanzania[1]										
Rép. Unie de Tanzanie[1]	**189**	**204**	**212**	**214**	**216**	**219**	**220**	**222**	**222**	**222**
Beef and veal[1]										
Boeuf et veau[1]	171	186	194	195	197	199	200	202	201	201
Pork[1]										
Porc[1]	8	9	9	9	9	9	9	9	9	9
Mutton and lamb[1]										
Mouton et agneau[1]	10	10	10	10	10	10	11	11	11	11
Zambia[1]										
Zambie[1]	**40**	**41**	**44**	**46**	**47**	**50**	**53**	**48**	**41**	**38**
Beef and veal[1]										
Boeuf et veau[1]	33	34	34	36	37	41	43	38	32	29
Pork[1]										
Porc[1]	6	7	9	9	10	9	10	9	9	9
Zimbabwe[1]										
Zimbabwe[1]	**95**	**90**	**84**	**90**	**92**	**102**	**80**	**74**	**64**	**78**
Beef and veal[1]										
Boeuf et veau[1]	84	79	72	78	80	90	71	64	53	67
Pork[1]										
Porc[1]	10	11	11	11	11	11	8	10	11	10
Mutton and lamb[1]										
Mouton et agneau[1]	1	1	1	1	1	1	0	0	0	1
America, North										
Amérique du Nord	**22 671**	**23 275**	**22 892**	**22 422**	**22 861**	**23 649**	**23 518**	**24 587**	**25 222**	**25 020**
Beef and veal										
Boeuf et veau	13 697	13 690	13 374	13 124	13 207	13 345	13 291	14 004	14 476	14 654
Pork										
Porc	8 794	9 394	9 319	9 091	9 445	10 099	10 027	10 395	10 576	10 197

44
Meat
Production: thousand metric tons [cont.]
Viande
Production : milliers de tonnes métriques [suite]

Country or area Pays ou zone	1987	1988	1989	1990	1991	1992	1993	1994	1995	1996
Mutton and lamb Mouton et agneau	181	192	199	207	209	206	200	188	171	169
Antigua and Barbuda[1] Antigua-et-Barbuda[1]	1	1	1	1	1	1	1	1	1	1
Beef and veal[1] Boeuf et veau[1]	1	1	0	1	1	1	1	1	1	1
Barbados[1] Barbade[1]	5	4	5	5	5	5	5	5	5	5
Beef and veal Boeuf et veau	0	0	1	1	1	1	1	1	1	1
Pork[1] Porc[1]	4	4	4	4	4	4	4	4	4	4
Belize[1] Belize[1]	3	2	2	3	3	3	3	3	3	3
Beef and veal Boeuf et veau	1	1	1	1	1	2	1	1	1	1[1]
Pork[1] Porc[1]	1	1	1	1	1	1	1	1	1	1
Canada Canada	2 083	2 137	2 138	2 033	1 996	2 118	2 066	2 142	2 219	2 265[1]
Beef and veal Boeuf et veau	953	947	952	900	867	898	860	900	929	1 015
Pork Porc	1 122	1 182	1 177	1 124	1 119	1 209	1 195	1 232	1 281	1 240
Mutton and lamb Mouton et agneau	8	8	9	9	10	11	11	10	10	10[1]
Costa Rica[1] Costa Rica[1]	107	*102	100	102	111	100	102	115	116	117
Beef and veal Boeuf et veau	97	*86	86	87	94	81	82	91	92	96
Pork Porc	10	16	14	14	17	19	20	23	24	20
Cuba[1] Cuba[1]	226	227	228	232	222	185	166	130	137	138
Beef and veal Boeuf et veau	140	141	138	141[1]	140[1]	112[1]	100[1]	60	65	65[1]
Pork Porc	85	84	89[1]	89[1]	80[1]	72[1]	65[1]	69	72	72[1]
Mutton and lamb[1] Mouton et agneau[1]	2	2	2	2	2	1	1	1	1	1
Dominica[1] Dominique[1]	1	1	1	1	1	1	1	1	1	1
Beef and veal Boeuf et veau	0	0	1	0[1]	0[1]	0[1]	0[1]	0[1]	0[1]	1[1]
Dominican Republic[1] Rép. dominicaine[1]	83	97	101	104	123	126	139	138	142	142
Beef and veal Boeuf et veau	67	79	81	82	84	83	86	81	80	80[1]
Pork[1] Porc[1]	17	18	20	21	38	43	53	57	62	62
El Salvador[1] El Salvador[1]	33	36	38	38	34	33	36	38	40	45
Beef and veal Boeuf et veau	19	22	28	27	24	22	25	27	27	34
Pork[1] Porc[1]	14	13	10	11	11	11	11	11	13	11
Guadeloupe Guadeloupe	6	*6	*6	*5	*4	*4	4	4	4[1]	4[1]

44
Meat
Production: thousand metric tons [cont.]
Viande
Production : milliers de tonnes métriques [suite]

Country or area Pays ou zone	1987	1988	1989	1990	1991	1992	1993	1994	1995	1996
Beef and veal										
Boeuf et veau	3	*3	*3	*3	*3	*3	3	3	3[1]	3[1]
Pork										
Porc	3	3	*2	2	*1	*1	1	1	1[1]	1[1]
Guatemala[1]										
Guatemala[1]	**66**	**72**	**86**	**83**	**68**	**81**	**85**	**74**	**72**	***73**
Beef and veal										
Boeuf et veau	48	55	68	67	52	61	65	56	53	*53
Pork										
Porc	14	14	15	14	13	16	17	14	15	16
Mutton and lamb[1]										
Mouton et agneau[1]	3	3	3	3	3	3	3	3	3	5
Haïti[1]										
Haïti[1]	**46**	**44**	**42**	**38**	**41**	***46**	***49**	***49**	**49**	**50**
Beef and veal										
Boeuf et veau	29[1]	28[1]	27[1]	24[1]	25[1]	27[1]	*29	*28	28[1]	29
Pork										
Porc	16[1]	15[1]	14[1]	13[1]	15[1]	*18	*19	20[1]	20[1]	20[1]
Mutton and lamb										
Mouton et agneau	1[1]	1[1]	1[1]	1[1]	1[1]	1[1]	1[1]	1[1]	1[1]	1
Honduras[1]										
Honduras[1]	***56**	***58**	***59**	***59**	**58**	**58**	**58**	***59**	***37**	***40**
Beef and veal										
Boeuf et veau	*45	*46	*46	*46	45[1]	44[1]	45[1]	*45	*23	*25
Pork										
Porc	*11	*12	*13	13	13	13	13	14	14	15
Jamaica										
Jamaïque	**20**	**21**	**21**	**22**	**21**	**24**	**23**	**23**	**24[1]**	**22**
Beef and veal										
Boeuf et veau	14	14	13	15	16	18	16	16	17	16
Pork										
Porc	6	7	8	7	5	6	7	7	7[1]	7
Martinique										
Martinique	***5**	**5**	**5**	***5**	**5**	**5**	**4**	**4**	**4**	**4[1]**
Beef and veal										
Boeuf et veau	3	3	2	3	3	3	2	2	2	2[1]
Pork										
Porc	2	2	2	2	2	2	2	2	2	2[1]
Mexico										
Mexique	**2 209**	**2 156**	**1 914**	**1 896**	**2 027**	**2 095**	**2 107**	**2 268**	**2 364**	**2 298**
Beef and veal										
Boeuf et veau	1 273	1 271	1 163	1 114	1 189	1 247	1 256	1 365	1 412	1 349
Pork										
Porc	915	861	727	757	812	820	822	873	922	920
Mutton and lamb										
Mouton et agneau	22	24	25	25	26	28	29	30	30	29
Montserrat[1]										
Montserrat[1]	**1**	**1**	**1**	**1**	**1**	**1**	**1**	**1**	**1**	**1**
Beef and veal[1]										
Boeuf et veau[1]	1	1	1	1	1	1	1	1	1	1
Nicaragua[1]										
Nicaragua[1]	**44**	**44**	***63**	**68**	**54**	**56**	**60**	**56**	**54**	**54**
Beef and veal										
Boeuf et veau	30	33	50	57	45	48	52	51	49	49
Pork										
Porc	14	11	*13	10	9[1]	9[1]	8[1]	5	5	5
Panama										
Panama	**68**	**64**	**67**	**76**	**74**	**73**	**76**	**76**	***77[1]**	**77[1]**

44
Meat
Production: thousand metric tons [cont.]
Viande
Production : milliers de tonnes métriques [suite]

Country or area Pays ou zone	1987	1988	1989	1990	1991	1992	1993	1994	1995	1996
Beef and veal										
Boeuf et veau	58	54	57	64	61	59	60	60	60[1]	60[1]
Pork										
Porc	10	10	10	12	12	15	16	16	* 17	17[1]
Puerto Rico[1]										
Porto Rico[1]	**51**	**45**	**45**	**49**	**49**	**39**	**36**	**33**	**33**	**29**
Beef and veal										
Boeuf et veau	28	22	20	21	19	21	19	18	18[1]	14
Pork										
Porc	24	22	25	28	30	18	17	15	15	15
Saint Lucia[1]										
Sainte-Lucie[1]	**1**	**1**	**1**	**1**	**1**	**1**	**1**	**1**	**1**	**1**
Beef and veal[1]										
Boeuf et veau[1]	1	1	1	1	1	1	1	1	1	1
Pork[1]										
Porc[1]	1	1	1	1	1	1	1	1	1	1
St. Vincent-Grenadines[1]										
St. Vincent-Grenadines[1]	**1**	**1**	**1**	**1**	**1**	**1**	**1**	**1**	**1**	**1**
Pork[1]										
Porc[1]	1	1	1	1	1	1	1	1	1	1
Trinidad and Tobago[1]										
Trinité-et-Tobago[1]	**5**	**5**	**4**	**4**	**4**	**4**	**3**	**3**	**3**	**3**
Beef and veal										
Boeuf et veau	1	2	1	1	1	1	1	1	1	1[1]
Pork										
Porc	3	3	2	2	2	2	2	2[1]	2[1]	2[1]
United States										
Etats-Unis	**17 547**	**18 145**	**17 962**	**17 594**	**17 956**	**18 588**	**18 488**	**19 361**	**19 832**	**19 643**
Beef and veal										
Boeuf et veau	10 884	10 879	10 633	10 465	10 534	10 612	10 584	11 194	11 612	11 757
Pork										
Porc	6 520	7 114	7 172	6 964	7 258	7 817	7 751	8 027	8 097	7 765
Mutton and lamb										
Mouton et agneau	143	152	157	165	164	159	153	140	123	122
United States Virgin Is.[1]										
Iles Vierges américaines[1]	**0**	**1**	**1**	**1**	**1**	**1**	**1**	**1**	**1**	**1**
Beef and veal[1]										
Boeuf et veau[1]	0	0	0	0	1	1	1	1	1	1
America, South										
Amérique du Sud	**10 350**	**10 800**	**11 117**	**11 148**	**11 590**	**11 403**	**11 676**	**11 822**	**12 282**	**12 640**
Beef and veal										
Boeuf et veau	7 989	8 497	8 920	8 949	9 269	8 989	9 181	9 220	9 506	9 760
Pork										
Porc	2 086	2 024	1 913	1 904	2 032	2 140	2 219	2 302	2 465	2 579
Mutton and lamb										
Mouton et agneau	275	280	284	295	289	273	276	300	311	301
Argentina										
Argentine	**2 869**	**2 782**	**2 815**	**2 821**	**2 833**	**2 714**	**2 750**	**2 750**	**2 697**	**2 719**
Beef and veal										
Boeuf et veau	2 574	2 506	2 559	2 595	2 607	2 491	2 508	2 484	2 453	2 471
Pork										
Porc	205	193	172	141	142	157	177	181	163	184
Mutton and lamb										
Mouton et agneau	90	83	84	85	85	66	65	85	81	64
Bolivia[1]										
Bolivie[1]	**193**	**207**	**204**	**210**	**210**	**206**	**200**	**209**	**216**	**220**
Beef and veal										
Boeuf et veau	121	131	135	130	132	126	130	136	140	143

Meat
Production: thousand metric tons [cont.]
44
Viande
Production : milliers de tonnes métriques [suite]

Country or area Pays ou zone	1987	1988	1989	1990	1991	1992	1993	1994	1995	1996
Pork[1] Porc[1]	57	61	54	65	65	67	58	60	62	62
Mutton and lamb Mouton et agneau	14	16	16	15	13	13	12	14	14	14
Brazil * ** Brésil ***	4 957[1]	5 224[1]	5 321[1]	5 243[1]	5 709	5 700	5 897	5 859	6 284[1]	6 564[1]
Beef and veal * Boeuf et veau *	3 690	4 050	4 225	4 115	4 480	4 420	4 565	4 475	4 750	4 960
Pork * Porc *	1 200	1 100	1 020	1 050	1 150	1 200	1 250	1 300	1 450	1 520
Mutton and lamb Mouton et agneau	67[1]	74[1]	76[1]	78[1]	* 79	* 80	* 82	* 84	84[1]	84[1]
Chile ** Chili**	277	311	348	381	372	350	385	413	440	* 468
Beef and veal Boeuf et veau	175	197	221	242	230	200	224	240	258	* 266
Pork Porc	88	100	113	123	129	138	147	161	172	186
Mutton and lamb Mouton et agneau	14	14	13	15	13	13	13	12	10	17
Colombia ** Colombie**	* 701	* 763	826[1]	880[1]	843[1]	738[1]	746[1]	812[1]	807[1]	845[1]
Beef and veal Boeuf et veau	569	622	692	738	701	594	602	669	665	698
Pork Porc	* 122	* 131	126	133	133	135	134	133	133[1]	135[1]
Mutton and lamb Mouton et agneau	* 9	* 9	8[1]	8[1]	8[1]	9[1]	10[1]	10[1]	10[1]	12[1]
Ecuador[1] ** Equateur**[1]	163	170	165	174	193	198	212	214	243	259
Beef and veal Boeuf et veau	92	102	98	100	113	113	126	127	149	150
Pork[1] Porc[1]	68	65	64	71	76	82	81	82	89	103
Mutton and lamb[1] Mouton et agneau[1]	3	3	3	3	3	3	4	5	6	6
Falkland Is. (Malvinas)[1] ** Iles Falkland (Malvinas)**[1]	1	1	1	1	1	1	1	1	1	1
Mutton and lamb[1] Mouton et agneau[1]	1	1	1	1	1	1	1	1	1	1
French Guiana[1] ** Guyane française**[1]	1	1	1	1	1	1	1	1	1	1
Beef and veal[1] Boeuf et veau[1]	1	1	1	1	1	0	0	0	0	0
Pork Porc	1	1	1	1	1	1	1	1	1	1[1]
Guyana[1] ** Guyana**[1]	3	4	4	4	4	5	5	6	5	5
Beef and veal Boeuf et veau	2	2	2	2	3	4	4	5	4	4[1]
Pork Porc	1	1[1]	1	1	1	1	1	1	1	1[1]
Mutton and lamb[1] Mouton et agneau[1]	1	1	1	1	1	1	1	1	1	1
Paraguay[1] ** Paraguay**[1]	212	243	* 289	* 310	* 342	* 362	* 355	* 356	* 358	358
Beef and veal Boeuf et veau	101	131	* 172	* 189	* 219	* 233	* 225	* 225	* 226	226[1]

44
Meat
Production: thousand metric tons [cont.]
Viande
Production : milliers de tonnes métriques [suite]

Country or area Pays ou zone	1987	1988	1989	1990	1991	1992	1993	1994	1995	1996
Pork[1] Porc[1]	108	109	114	118	121	126	127	128	129	129
Mutton and lamb[1] Mouton et agneau[1]	3	3	3	3	3	3	3	3	3	3
Peru * **Pérou ***	**210**	**230**	**225**	**226**	**216**	**223**	**221**	**218**	**227**	**236**
Beef and veal Boeuf et veau	107	117	112	117	109	111	107	102	107	110
Pork * Porc *	84	94	94	85	88	93	96	98	101	106
Mutton and lamb Mouton et agneau	19	19	20	24	19	19	19	18	19	20
Suriname[1] **Suriname[1]**	**3**	**3**	**4**	**4**	**5**	**4**	**4**	**3**	**2**	**3**
Beef and veal Boeuf et veau	1	1	2	2	3	3	2[1]	2	2	2
Pork Porc	1	1	2	2	2	1	1[1]	1[1]	1	1
Uruguay **Uruguay**	**350**	**404**	**442**	**418**	*** 405**	*** 415**	**396**	**450**	**439**	**470**[1]
Beef and veal Boeuf et veau	279	329	364	335	320	329	310	361	335	372[1]
Pork Porc	19	20	20	22	22	22	23	23	23	20
Mutton and lamb Mouton et agneau	53	56	58	61	* 63	* 64	64	66	80	78
Venezuela **Venezuela**	**410**	**457**	**471**	*** 476**[1]	*** 456**[1]	*** 485**[1]	**502**	**530**	**561**	**492**[1]
Beef and veal Boeuf et veau	276	307	338	* 382	* 351	* 365	377	394	418	357
Pork Porc	133	148	132	* 92	* 103	* 118	123	133	140	131
Mutton and lamb Mouton et agneau	1	1	1	2[1]	2[1]	2[1]	2	3	3	3[1]
Asia **Asie**	**30 595**	**32 627**	**34 353**	**36 674**	**38 750**	**41 349**	**44 763**	**49 672**	**55 171**	**59 134**
Beef and veal Boeuf et veau	**4 506**	**4 494**	**4 802**	**5 151**	**5 407**	**5 800**	**6 525**	**7 575**	**8 319**	**9 227**
Pork Porc	**24 338**	**26 299**	**27 618**	**29 497**	**31 225**	**33 384**	**35 978**	**39 683**	**44 194**	**47 060**
Mutton and lamb Mouton et agneau	**1 750**	**1 834**	**1 934**	**2 026**	**2 117**	**2 165**	**2 260**	**2 415**	**2 657**	**2 847**
Afghanistan[1] **Afghanistan[1]**	**165**	**170**	**175**	**180**	**180**	**187**	**194**	**202**	**210**	**182**
Beef and veal[1] Boeuf et veau[1]	65	65	65	65	65	65	65	65	65	65
Mutton and lamb[1] Mouton et agneau[1]	100	105	110	115	115	122	129	137	145	117
Armenia **Arménie**	..	..	..	..	...	**57**	**37**	**43**	**42**	*** 41**
Beef and veal Boeuf et veau	..	..	..	..	...	33	21	29	30	* 32
Pork Porc	..	..	..	..	...	16	10	6	5	4
Mutton and lamb Mouton et agneau	..	..	..	..	...	9	6	8	7	6
Azerbaijan **Azerbaïdjan**	..	..	..	..	...	*** 82**	*** 72**	**67**	**66**	*** 69**

44
Meat
Production: thousand metric tons [cont.]
Viande
Production : milliers de tonnes métriques [suite]

Country or area Pays ou zone	1987	1988	1989	1990	1991	1992	1993	1994	1995	1996
Beef and veal										
Boeuf et veau	..	..	..	..	...	50	44	43	41	* 43
Pork										
Porc	..	..	..	..	...	5	* 7	2	2	* 2
Mutton and lamb										
Mouton et agneau	..	..	..	..	...	* 27	* 21	22	23	* 24
Bahrain[1]										
Bahreïn[1]	5	6	6	6	6	7	6	6	6	6
Beef and veal[1]										
Boeuf et veau[1]	1	1	1	1	1	1	1	1	1	1
Mutton and lamb[1]										
Mouton et agneau[1]	4	5	6	5	6	6	6	6	6	6
Bangladesh										
Bangladesh	137	139	* 140	141	142	143	146	149[1]	150[1]	150[1]
Beef and veal										
Boeuf et veau	136	137	* 139	140	140	141	144	147	148	148[1]
Mutton and lamb										
Mouton et agneau	1	1	* 1	2	2	2	2	2[1]	2[1]	2[1]
Bhutan[1]										
Bhoutan[1]	6	6	7	7	7	7	7	7	7	7
Beef and veal[1]										
Boeuf et veau[1]	5	5	5	5	5	6	6	6	6	6
Pork[1]										
Porc[1]	1	1	1	1	1	1	1	1	1	1
Brunei Darussalam[1]										
Brunéi Darussalam[1]	2	3	2	2	2	2	2	2	1	1
Beef and veal[1]										
Boeuf et veau[1]	2	2	1	2	2	2	1	2	1	1
Pork[1]										
Porc[1]	1	1	1	0	0	0	0	0	0	0
Cambodia[1]										
Cambodge[1]	48	54	70	64	66	81	92	96	96	97
Beef and veal[1]										
Boeuf et veau[1]	17	17	18	19	19	20	20	21	21	21
Pork[1]										
Porc[1]	31	38	52	45	47	61	72	75	75	76
China ††*										
Chine ††*	20 287	22 266	23 558	25 471	27 622	29 745	32 498	37 094	42 492	46 424
Beef and veal *										
Boeuf et veau *	651	767	924	1 104	1 358	1 617	2 106	3 004	3 704	4 604
Pork										
Porc	19 287	21 087	22 145	23 820	25 649	27 478	29 678	33 250	37 717	* 40 570
Mutton and lamb *										
Mouton et agneau *	350	412	490	548	614	650	714	840	1 070	1 250
China, Hong Kong SAR†[1]										
Chine, Hong-Kong RAS†[1]	238	240	231	227	206	195	181	194	184	176
Beef and veal										
Boeuf et veau	40	40	37	39	38	35	32	29	25	20
Pork										
Porc	197	200[1]	194[1]	188	168	160	149	166	159	156
Cyprus										
Chypre	34	36	38	39	40	41	48	51	52	54
Beef and veal										
Boeuf et veau	4	4	4	4	5	5	5	4	5	5
Pork										
Porc	25	27	29	31	32	34	39	43	43	46
Mutton and lamb										
Mouton et agneau	5	5	4	4	3	3	4	4	4	4

44
Meat
Production: thousand metric tons [cont.]
Viande
Production : milliers de tonnes métriques [suite]

Country or area Pays ou zone	1987	1988	1989	1990	1991	1992	1993	1994	1995	1996
Gaza Strip										
Zone de Gaza	* 1	* 1	* 2	* 2	* 2	* 2	* 2	2[1]	2[1]	2[1]
Beef and veal										
Boeuf et veau	* 1	* 1	* 1	* 1	* 1	* 1	* 1	1[1]	1[1]	1[1]
Mutton and lamb										
Mouton et agneau	* 0	* 1	* 1	* 1	* 1	* 1	* 1	1[1]	1[1]	1[1]
Georgia *										
Géorgie *	...	...	...	...	...	93	67	93	102	120
Beef and veal *										
Boeuf et veau *	...	...	...	...	...	40	29	44	45	52
Pork *										
Porc *	...	...	...	...	...	47	34	45	51	60
Mutton and lamb *										
Mouton et agneau *	...	...	...	...	...	6	4	4	6	8
India[1]										
Inde[1]	1 702	1 580	1 671	1 832	1 745	1 780	1 848	1 871	1 884	1 891
Beef and veal[1]										
Boeuf et veau[1]	1 146	1 043	1 126	1 271	1 185	1 216	1 276	1 292	1 292	1 292
Pork[1]										
Porc[1]	373	378	383	389	392	397	403	408	420	420
Mutton and lamb[1]										
Mouton et agneau[1]	183	160	162	173	168	167	169	171	173	179
Indonesia[1]										
Indonésie[1]	617	637	706	751	798	857	1 008	1 039	973	973
Beef and veal										
Boeuf et veau	171[1]	146	179	173	190[1]	230[1]	346	336	339	342
Pork[1]										
Porc[1]	418	462	495	545	572	589	622	660	589	583
Mutton and lamb										
Mouton et agneau	28[1]	29[1]	32[1]	34[1]	36[1]	38[1]	40	43	45	47
Iran, Islamic Rep. of										
Iran, Rép. islamique d'	382[1]	392[1]	* 417	* 441	* 475	* 519	528[1]	529[1]	532[1]	557
Beef and veal										
Boeuf et veau	174[1]	180[1]	* 201	* 210	* 235	* 270	275[1]	276[1]	276[1]	277
Mutton and lamb										
Mouton et agneau	208[1]	212[1]	* 216	* 231	* 240	* 249	253[1]	254[1]	256[1]	280
Iraq[1]										
Iraq[1]	70	70	67	67	48	47	46	44	43	42
Beef and veal[1]										
Boeuf et veau[1]	44	45	43	42	32	31	30	29	28	28
Mutton and lamb[1]										
Mouton et agneau[1]	26	26	23	25	17	16	16	15	15	14
Israel										
Israël	* 46	* 50	* 49	* 50	* 52	* 51	49[1]	50[1]	50[1]	50[1]
Beef and veal										
Boeuf et veau	33	35	36	36	* 38	* 37	36	37	37[1]	37[1]
Pork										
Porc	9	9	9	9	9	9	9	8[1]	8[1]	8[1]
Mutton and lamb										
Mouton et agneau	* 4	* 5	* 5	* 5	* 5	* 5	5[1]	5[1]	5[1]	5[1]
Japan										
Japon	...	...	...	...	...	2 026	2 034	1 993	1 924[1]	* 1 860[1]
Beef and veal										
Boeuf et veau	565	570	548	549	575	592	594	602	601	* 600
Pork										
Porc	1 582	1 579	1 594	1 555	1 483	1 434	1 440	1 390	1 322	* 1 260
Jordan										
Jordanie	6	6	7	* 8	* 14	* 14	* 16	* 13	14[1]	14[1]

44
Meat
Production: thousand metric tons [cont.]
Viande
Production : milliers de tonnes métriques [suite]

Country or area Pays ou zone	1987	1988	1989	1990	1991	1992	1993	1994	1995	1996
Beef and veal Boeuf et veau	1	1	1	*1	*1	*1	*2	*1	1[1]	1[1]
Mutton and lamb Mouton et agneau	5	5	6	*7	*12	*12	*14	*12	13[1]	13[1]
Kazakhstan Kazakhstan	..	..	..	..	...	*876	*930	1 047	*667	*748
Beef and veal Boeuf et veau	..	..	..	..	...	596	662	642	548	*470
Pork Porc	..	..	..	..	...	217	194	158	113	*98
Mutton and lamb Mouton et agneau	..	..	..	..	...	*63	*74	247	*5	*180
Korea, Dem. P. R.[1] Corée, R. p. dém. de[1]	204	208	209	211	208	205	204	208	208	208
Beef and veal Boeuf et veau[1]	41	42	44	45	45	45	45	47	47	47
Pork[1] Porc[1]	161	164	164	164	161	158	158	159	159	159
Mutton and lamb[1] Mouton et agneau[1]	2	2	2	2	2	2	2	2	2	2
Korea, Republic of[1] Corée, République de[1]	585	602	605	678	662	*926	*986	*1 013	*1 110	*1 126
Beef and veal Boeuf et veau	208	177	125	128	132	174	*200	*214	*233	*256
Pork Porc	377	425	480	550	530	*752	*786	*799	*877	*870
Kuwait Koweït	*35	*35	35[1]	18[1]	9[1]	17[1]	26[1]	34[1]	34[1]	36[1]
Beef and veal Boeuf et veau	2	2	1	1	0[1]	0	1	1[1]	1	1[1]
Mutton and lamb Mouton et agneau	*33	*33	33[1]	17[1]	9[1]	17[1]	25[1]	33[1]	33[1]	36[1]
Kyrgyzstan Kirghizistan	..	..	..	..	...	*188	*179	*170	*163	*166
Beef and veal Boeuf et veau	..	..	..	..	...	88	88	82	85	*88
Pork Porc	..	..	..	..	...	36	25	18	28	*30
Mutton and lamb Mouton et agneau	..	..	..	..	...	*64	*66	*70	*50	*48
Lao People's Dem. Rep.[1] Rép. dém. pop. lao[1]	26	24	24	25	27	28	30	31	32	32
Beef and veal[1] Boeuf et veau[1]	5	5	4	4	5	5	6	6	7	7
Pork[1] Porc[1]	21	19	21	21	22	23	25	26	25	25
Lebanon[1] Liban[1]	19	27	24	21	23	25	38	36	36	36
Beef and veal[1] Boeuf et veau[1]	14	16	16	14	15	15	23	20	20	20
Pork[1] Porc[1]	2	2	2	2	1	1	1	1	1	1
Mutton and lamb[1] Mouton et agneau[1]	4	9	7	5	7	9	14	14	14	14
Macau[1] Macao[1]	7	8	8	8	8	8	8	9	8	8
Beef and veal[1] Boeuf et veau[1]	0	0	1	0	1	1	1	1	1	1

44

Meat
Production: thousand metric tons [cont.]
Viande
Production : milliers de tonnes métriques [suite]

Country or area Pays ou zone	1987	1988	1989	1990	1991	1992	1993	1994	1995	1996
Pork Porc	6	7	7	8[1]	7[1]	8[1]	8[1]	8[1]	8[1]	8[1]
Malaysia[1] **Malaisie[1]**	**186**	**175**	**197**	**231**	**238**	**235**	**233**	**239**	**245**	**245**
Beef and veal Boeuf et veau[1]	11	12	11	11	13	13	14	14	14	14
Pork[1] Porc[1]	175	163	186	219	225	222	219	225	230	230
Mongolia **Mongolie**	**175**	**172**	**181**	**182**	**200**	**174**	**162**	**161**	**165**	**180**
Beef and veal Boeuf et veau	73	73	73	66	84	76	65	64	71	89
Pork Porc	3	4	6	8	4	2	1	1	1	0
Mutton and lamb Mouton et agneau	100	95	103	108	113	97	97	96	94	91
Myanmar[1] **Myanmar[1]**	* **169**	* **171**	**162**	**166**	**170**	**177**	**181**	**185**	**196**	**196**
Beef and veal[1] Boeuf et veau[1]	82	83	84	85	86	88	89	90	92	92
Pork[1] Porc[1]	86	87	77	80	83	88	91	94	102	102
Mutton and lamb Mouton et agneau	* 2	* 2	1	1	1	1	2	2	2	2[1]
Nepal[1] **Népal[1]**	**30**	**32**	**32**	**33**	**33**	**33**	**33**	**34**	**34**	**35**
Beef and veal[1] Boeuf et veau[1]	20	20	20	20	20	20	20	20	20	20
Pork Porc	8	9	9	10	10	10	10	11	11	12
Mutton and lamb Mouton et agneau	3	3	3	3	3	3	3	3	3	3
Oman[1] **Oman[1]**	**9**	**10**	**13**	**13**	**14**	**14**	**14**	**14**	**14**	**14**
Beef and veal[1] Boeuf et veau[1]	3	3	3	3	3	3	3	3	3	3
Mutton and lamb[1] Mouton et agneau[1]	6	8	11	11	12	11	11	11	11	11
Pakistan **Pakistan**	**416**	**435**	**455**	**475**	**497**	**520**	**543**	**568**	* **595**	* **587**
Beef and veal Boeuf et veau	258	267	277	287	297	308	318	330	* 342	* 319
Mutton and lamb Mouton et agneau	158	168	178	188	200	212	225	238	* 253	268
Philippines[1] **Philippines[1]**	**573**	**634**	* **721**	* **791**	* **775**	* **795**	* **1 045**	* **1 088**	* **1 160**	* **1 205**
Beef and veal Boeuf et veau	72	68	* 82	* 82	* 84	* 85	* 92	* 90	* 110	110[1]
Pork Porc	500	566	639	709	691	* 710	953	997	1 050	* 1 095
Qatar[1] **Qatar[1]**	**10**	**12**	**7**	**11**	**14**	**10**	**13**	**13**	**14**	**14**
Mutton and lamb[1] Mouton et agneau[1]	10	12	7	11	14	10	12	13	14	14
Saudi Arabia * **Arabie saoudite ***	**80**	**92**	**95**	**88**	**83**	**88**[1]	**90**[1]	**94**[1]	**92**[1]	**86**[1]
Beef and veal * Boeuf et veau *	18	24	25	28	27	28	29	30	26	20

44 Meat
Production: thousand metric tons [cont.]
Viande
Production : milliers de tonnes métriques [suite]

Country or area Pays ou zone	1987	1988	1989	1990	1991	1992	1993	1994	1995	1996
Mutton and lamb Mouton et agneau	* 62	* 68	* 70	* 60	* 56	60[1]	61[1]	64[1]	66[1]	66[1]
Singapore **Singapour**	**79**	**75**	**76**	**77**	**82**	**85**	**86**	**88**	**87**	**84**
Pork Porc	77	74	75	76	81	84	85	87	86	84
Mutton and lamb Mouton et agneau	1	1	1	1	1	1	1	1	0	0
Sri Lanka[1] **Sri Lanka**[1]	**27**	**23**	**22**	**22**	**25**	**27**	**28**	**30**	**30**	**30**
Beef and veal Boeuf et veau	25	21	20	20	23	24	26	28	27	27[1]
Pork Porc	1	1	1	2	2	2	2	2	2	2[1]
Syrian Arab Republic **Rép. arabe syrienne**	**125**[1]	**138**[1]	**138**[1]	**146**	**157**	**142**	**121**	**132**[1]	**127**[1]	**131**[1]
Beef and veal Boeuf et veau	29[1]	31[1]	32[1]	32	33	29	29	30	32[1]	32[1]
Mutton and lamb Mouton et agneau	96[1]	107[1]	106[1]	114	124	113	92	102[1]	95[1]	98[1]
Tajikistan **Tadjikistan**	..	..	..	..	...	**65**	**55**	**58**	***52**	***47**
Beef and veal Boeuf et veau	..	..	..	..	...	41	34	36	* 32	* 29
Pork Porc	..	..	..	..	...	4	1	1	* 1	* 1
Mutton and lamb Mouton et agneau	..	..	..	..	...	20	20	21	* 19	* 17
Thailand[1] **Thaïlande**[1]	**485**	**496**	**506**	**518**	**529**	**535**	**557**	**601**	**592**	**597**
Beef and veal[1] Boeuf et veau[1]	159	162	171	180	189	191	206	286	290	296
Pork[1] Porc[1]	326	334	335	338	340	343	350	315	301	300
Mutton and lamb[1] Mouton et agneau[1]	0	1	1	1	1	1	1	0	1	1
Turkey[1] **Turquie**[1]	***636**	***625**	***675**	***665**	***643**	***603**	**597**	**603**	**566**	**547**
Beef and veal Boeuf et veau	326	315	368	361	339	301	296	317	292	287[1]
Mutton and lamb Mouton et agneau	* 310	* 309	* 307	* 304	* 303	* 302	301[1]	286[1]	273	260[1]
Turkmenistan **Turkménistan**	..	..	..	..	...	**82**	***64**	***95**	***99**	***96**
Beef and veal Boeuf et veau	..	..	..	..	...	46	18	51	51	* 53
Pork Porc	..	..	..	..	...	6	8	4	3	* 3
Mutton and lamb Mouton et agneau	..	..	..	..	...	30	* 38	* 40	* 45	* 40
United Arab Emirates[1] **Emirats arabes unis**[1]	**27**	**28**	**23**	**27**	**29**	**31**	**36**	**39**	**43**	**41**
Beef and veal[1] Boeuf et veau[1]	6	5	5	5	6	6	7	8	11	9
Mutton and lamb[1] Mouton et agneau[1]	21	23	18	21	23	25	30	31	32	32
Uzbekistan **Ouzbékistan**	..	..	..	..	...	**427**	**479**	**483**	**501**	***473**

44
Meat
Production: thousand metric tons [cont.]
Viande
Production : milliers de tonnes métriques [suite]

Country or area Pays ou zone	1987	1988	1989	1990	1991	1992	1993	1994	1995	1996
Beef and veal Boeuf et veau	..	..	..	..	...	323	378	390	402	* 380
Pork Porc	..	..	..	..	...	36	27	20	16	* 15
Mutton and lamb Mouton et agneau	..	..	..	..	...	68	74	73	83	* 78
Viet Nam Viet Nam	733	733[1]	786[1]	804[1]	791[1]	898[1]	953	1 038	1 090	1 135[1]
Beef and veal Boeuf et veau	62	71[1]	72[1]	75[1]	76[1]	78[1]	75	80	83	83[1]
Pork Porc	671	662	714	729	716	820[1]	878	958	1 007	1 052
Yemen Yémen	55[1]	57	58	58[1]	56[1]	57[1]	59[1]	60[1]	61[1]	61[1]
Beef and veal Boeuf et veau	36[1]	36	37	38	37	38	39	40	41	41[1]
Mutton and lamb Mouton et agneau	19[1]	20	20	20[1]	19[1]	20[1]	20[1]	20[1]	20[1]	20[1]
Europe Europe	33 742	33 725	33 333	34 339	34 070	33 333	33 008	32 062	32 493	32 158
Beef and veal Boeuf et veau	11 266	10 606	10 380	11 257	11 539	10 865	10 001	9 493	9 546	9 290
Pork Porc	21 187	21 821	21 580	21 646	21 087	21 116	21 681	21 280	21 653	21 593
Mutton and lamb Mouton et agneau	1 289	1 297	1 373	1 436	1 445	1 352	1 326	1 289	1 294	1 276
Albania Albanie	* 33	* 37	* 39	* 48[1]	* 46[1]	* 49[1]	* 51[1]	* 83	* 91	120
Beef and veal Boeuf et veau	17	19	20	22	25	* 24	* 25	51	56	71
Pork Porc	11	12	12	18[1]	13[1]	15[1]	17[1]	20	20	23
Mutton and lamb Mouton et agneau	* 5	* 7	* 8	* 8	* 8	* 9	* 10	* 12	* 15	27
Austria Autriche	* 705	* 745	* 735	* 746	* 758	* 772	* 760	775[1]	761[1]	761[1]
Beef and veal Boeuf et veau	230	219	212	224	236	239	216	235	222[1]	222[1]
Pork Porc	* 470	* 522	* 518	* 517	* 517	* 527	* 538	534[1]	534[1]	534[1]
Mutton and lamb Mouton et agneau	* 5	4	5	5	6	6	5	6	6[1]	6[1]
Belarus Bélarus	..	..	..	..	...	824	701	641	583	549
Beef and veal Boeuf et veau	..	..	..	..	...	495	411	384	316	298
Pork Porc	..	..	..	..	...	323	284	252	263	248
Mutton and lamb Mouton et agneau	..	..	..	..	...	6	6	5	4	3
Belgium-Luxembourg Belgique-Luxembourg	1 121	1 137	1 143	1 114	1 305	1 316	1 378	1 380	1 405	* 1 379[1]
Beef and veal Boeuf et veau	326	317	305	323	381	359	373	355	357	* 344
Pork Porc	788	813	830	784	915	951	1 001	1 019	1 043	* 1 030
Mutton and lamb Mouton et agneau	7	7	7	7	8	6	4	5	5	5[1]

44
Meat
Production: thousand metric tons [cont.]
Viande
Production : milliers de tonnes métriques [suite]

Country or area Pays ou zone	1987	1988	1989	1990	1991	1992	1993	1994	1995	1996
Bosnia & Herzegovina **Bosnie-Herzégovine**	...	...	...	...	...	102[1]	85[1]	52[1]	34[1]	37
Beef and veal Boeuf et veau	...	...	...	...	...	43[1]	37[1]	30[1]	16	18
Pork Porc	...	...	...	...	...	50[1]	44[1]	20[1]	16[1]	16
Mutton and lamb Mouton et agneau	...	...	...	...	...	8[1]	4[1]	2[1]	3[1]	3
Bulgaria **Bulgarie**	**573**	**579**	**601**	**586**	**538**	**499**	***442**	***345**	***366**	***229**
Beef and veal Boeuf et veau	127	120	123	120	106	132	*114	*87	*69	*49
Pork Porc	372	394	412	406	362	311	277	218	*257	*150
Mutton and lamb Mouton et agneau	74	65	67	60	70	56	*51	*40	*40	*30
Croatia **Croatie**	..	..	..	..	...	**123**	***103**	***90**	***78**	***74**
Beef and veal Boeuf et veau	..	..	..	..	...	40	36	31	28	26
Pork Porc	..	..	..	..	...	81	*65	57	48	46
Mutton and lamb Mouton et agneau	..	..	..	..	...	2	2	*2	*2	*2
former Czechoslovakia† **l'ex-Tchécoslovaquie†**	**1 281**	**1 330**	**1 352**	**1 325**	**1 190**	**1 161**	..	..	..	..
Beef and veal Boeuf et veau	412	405	407	403	354	319				
Pork Porc	858	915	934	913	827	834	..			..
Mutton and lamb Mouton et agneau	11	10	11	9	9	8	..			..
Czech Republic **République tchèque**	..	..	..	..	..	...	**834**	**705**	**747**	**743**
Beef and veal Boeuf et veau	..	..	..	..	..	...	216	170	170	161
Pork Porc	..	..	..	..	..	...	615	533	575	580
Mutton and lamb Mouton et agneau	..	..	..	..	..	...	3	2	2	2
Denmark **Danemark**	**1 384**	**1 385**	**1 369**	**1 412**	**1 486**	**1 589**	**1 709**	**1 712**	**1 677**	**1 675**
Beef and veal Boeuf et veau	235	217	205	202	213	217	203	189	182	178
Pork Porc	1 149	1 167	1 163	1 208	1 272	1 370	1 504	1 521	1 494	1 495
Mutton and lamb Mouton et agneau	1	1	1	1	2	2	2	2	2	2
Estonia **Estonie**	..	..	..	..	...	**97**	**79**	**63**	**62**	**55**
Beef and veal Boeuf et veau	..	..	..	..	...	45	43	31	26	23
Pork Porc	..	..	..	..	...	50	35	30	35	31
Mutton and lamb Mouton et agneau	..	..	..	..	...	2	1	1	1	1
Faeroe Islands[1] **Iles Féroé**[1]	**1**	**1**	**1**	**1**	**1**	**1**	**1**	**1**	**1**	**1**

44 Meat
Production: thousand metric tons [cont.]
Viande
Production : milliers de tonnes métriques [suite]

Country or area Pays ou zone	1987	1988	1989	1990	1991	1992	1993	1994	1995	1996
Mutton and lamb[i] Mouton et agneau[i]	1	1	1	1	1	1	1	1	1	1
Finland **Finlande**	**310**	**290**	**291**	**306**	**300**	**295**	**277**	**280**	**268**	**270**[1]
Beef and veal Boeuf et veau	127	115	110	118	122	117	106	108	97	97
Pork Porc	181	174	180	187	177	176	169	171	169	172
Mutton and lamb Mouton et agneau	1	1	1	1	1	1	1	1	2	1[1]
France **France**	**3 865**	**3 848**	**3 684**	**3 824**	**3 959**	**3 927**	**3 885**	**3 892**	**3 923**	**3 987**
Beef and veal Boeuf et veau	1 963	1 828	1 673	1 912	2 026	1 877	1 704	1 627	1 640	1 686
Pork Porc	1 729	1 852	1 844	1 727	1 773	1 903	2 034	2 126	2 144	2 160
Mutton and lamb Mouton et agneau	173	168	167	185	161	147	147	140	139	141
Germany † **Allemagne†**	***6 881**	**6 692**	**6 474**	**6 619**	**6 043**	**5 457**	**5 257**	**5 064**	**5 051**	**5 149**[1]
Beef and veal Boeuf et veau	* 2 099	1 988	1 953	2 112	2 181	1 829	1 570	1 420	1 407	1 407[1]
Pork Porc	* 4 734	4 663	4 478	4 457	3 813	3 585	3 646	3 604	3 602	3 700[1]
Mutton and lamb Mouton et agneau	* 48	41	42	50	50	44	41	40	41	41[1]
Greece **Grèce**	**310**	**308**	**311**	**313**	**309**	**313**	**306**	**302**	**297**	**300**[1]
Beef and veal Boeuf et veau	84	84	84	83	81	80	76	74	75	74[1]
Pork Porc	141	140	139	140	140	145	147	145	142	143[1]
Mutton and lamb Mouton et agneau	84	85	88	90	88	88	82	83	80	83[1]
Hungary **Hongrie**	**1 171**	**1 137**	**1 135**	**1 137**	**1 059**	***895**	***732**	***650**	***622**	**639**[1]
Beef and veal Boeuf et veau	129	110	114	114	123	123	59	* 40	* 39	39[1]
Pork Porc	1 037	1 022	1 014	1 018	931	* 766	* 671	608	* 582	600[1]
Mutton and lamb Mouton et agneau	5	5	7	5	6	6	2	1	* 1	1[1]
Iceland **Islande**	**18**	**16**	**15**	**15**	**15**	**15**	**15**	**16**	**15**	**15**
Beef and veal Boeuf et veau	3	3	3	3	3	3	3	4	3	3
Pork Porc	2	2	3	3	3	3	3	3	3	4
Mutton and lamb Mouton et agneau	13	11	10	9	9	9	9	9	9	8
Ireland **Irlande**	**672**	**656**	**639**	**758**	**825**	**861**	**837**	**753**	**774**	***796**
Beef and veal Boeuf et veau	484	459	432	515	554	565	526	445	480	500
Pork Porc	141	148	144	157	179	202	212	215	206	* 205
Mutton and lamb Mouton et agneau	48	50	63	86	92	95	99	93	89	* 91

44
Meat
Production: thousand metric tons [cont.]
Viande
Production : milliers de tonnes métriques [suite]

Country or area Pays ou zone	1987	1988	1989	1990	1991	1992	1993	1994	1995	1996
Italy **Italie**	**2 472**	**2 503**	**2 516**	**2 579**	**2 594**	**2 641**	**2 635**	**2 615**	**2 599**	**2 688**[1]
Beef and veal Boeuf et veau	1 174	1 164	1 145	1 165	1 181	1 217	1 187	1 171	1 180	1 185
Pork Porc	1 231	1 269	1 295	1 333	1 333	1 342	1 371	1 369	1 346	1 430
Mutton and lamb Mouton et agneau	67	69	75	81	81	82	77	75	73	73[1]
Latvia **Lettonie**	..	..	..	..	...	**224**	**179**	**124**	**112**	*** 107**
Beef and veal Boeuf et veau	..	..	..	..	...	120	107	68	48	* 47
Pork Porc	..	..	..	..	...	101	68	54	63	* 59
Mutton and lamb Mouton et agneau	..	..	..	..	...	4	4	2	1	* 1
Lithuania **Lituanie**	..	..	..	..	...	**383**	**254**	**199**	**182**	**158**
Beef and veal Boeuf et veau	..	..	..	..	...	226	162	116	87	65
Pork Porc	..	..	..	..	...	155	90	82	93	91
Mutton and lamb Mouton et agneau	..	..	..	..	...	2	2	2	2	2
Malta **Malte**	**9**[1]	**10**[1]	**10**	**10**	**10**[1]	**10**[1]	**10**[1]	**11**[1]	**10**	**11**
Beef and veal Boeuf et veau	2[1]	2	2	2	2[1]	2[1]	2	2	2	2
Pork Porc	8[1]	8	8	8	8[1]	8[1]	9	9	9	9
Netherlands **Pays-Bas**	*** 2 061**	**2 150**	*** 2 105**	*** 2 196**	*** 2 231**	**2 237**	**2 376**	**2 293**	*** 2 218**	*** 2 217**
Beef and veal Boeuf et veau	540	507	486	521	* 623	635	611	603	* 580	* 580
Pork Porc	1 511	1 631	1 606	1 661	* 1 591	1 585	1 747	1 673	1 622	* 1 619
Mutton and lamb Mouton et agneau	* 10	12	* 13	* 14	* 17	17	18	17	16	* 18
Norway **Norvège**	**196**	**191**	**184**	**191**	**190**	**200**	**200**	**205**	**208**	*** 209**[1]
Beef and veal Boeuf et veau	78	77	76	83	80	85	84	88	85	85[1]
Pork Porc	93	90	84	83	85	91	90	91	96	96[1]
Mutton and lamb Mouton et agneau	26	25	24	24	24	24	25	26	27	* 27
Poland **Pologne**	**2 495**	**2 544**	**2 513**	**2 609**	**2 643**	**2 602**	**2 401**	**2 111**	**2 354**	*** 2 275**
Beef and veal Boeuf et veau	735	689	637	725	663	544	480	421	386	* 390
Pork Porc	1 729	1 828	1 854	1 855	1 947	2 036	1 903	1 681	1 962	* 1 881
Mutton and lamb Mouton et agneau	30	26	22	29	33	23	18	8	6	* 4
Portugal **Portugal**	**326**	**322**	**366**	**421**	**416**	**412**	**448**	**435**	**434**	*** 426**
Beef and veal Boeuf et veau	105	115	131	116	127	124	117	95	105	* 94

44
Meat
Production: thousand metric tons [cont.]
Viande
Production : milliers de tonnes métriques [suite]

Country or area Pays ou zone	1987	1988	1989	1990	1991	1992	1993	1994	1995	1996
Pork										
Porc	199	183	211	279	263	265	307	316	305	* 308
Mutton and lamb										
Mouton et agneau	22	24	24	25	27	24	24	24	24	* 24
Republic of Moldova										
République de Moldova	..	..	..	..	...	193	151	127	110	* 103
Beef and veal										
Boeuf et veau	..	..	..	..	...	75	68	62	47	* 70
Pork										
Porc	..	..	..	..	...	114	79	61	60	32
Mutton and lamb										
Mouton et agneau	..	..	..	..	...	4	3	4	3	1
Romania										
Roumanie	* 1 161	* 1 083	* 1 105	* 1 183	* 1 226	* 1 116	* 1 178	* 1 121	* 1 114	1 114[1]
Beef and veal										
Boeuf et veau	* 206	* 191	* 220	* 317	* 317	* 250	* 252	* 258	* 247	247[1]
Pork										
Porc	* 872	* 818	* 798	788	834	789	* 849	* 789	* 792	792[1]
Mutton and lamb										
Mouton et agneau	* 83	* 74	* 88	* 79	* 75	* 78	* 77	* 74	* 75	75[1]
Russian Federation										
Fédération de Russie	..	..	..	..	...	6 745	6 150	5 659	4 853	* 4 440
Beef and veal										
Boeuf et veau	..	..	..	..	...	3 632	3 359	3 240	2 733	* 2 500
Pork										
Porc	..	..	..	..	...	2 784	2 432	2 103	1 865	* 1 700
Mutton and lamb										
Mouton et agneau	..	..	..	..	...	329	359	316	255	* 240
Slovakia										
Slovaquie	..	..	..	..	..	...	* 276	* 262	261	267
Beef and veal										
Boeuf et veau	..	..	..	..	..	...	67	* 58	61	65
Pork										
Porc	..	..	..	..	..	...	205	202	199	201
Mutton and lamb										
Mouton et agneau	..	..	..	..	..	...	* 4	3	1	2
Slovenia										
Slovénie	..	..	..	..	...	79[1]	* 117	* 118	122[1]	122[1]
Beef and veal										
Boeuf et veau	..	..	..	..	...	38	52	47	51	51[1]
Pork										
Porc	..	..	..	..	...	41	65	71	72	72[1]
Spain										
Espagne	2 146	2 384	2 367	2 520	2 614	2 673	2 801	2 810	2 910	* 2 802[1]
Beef and veal										
Boeuf et veau	450	450	459	514	509	539	488	478	508	* 485
Pork										
Porc	1 489	1 722	1 703	1 789	1 877	1 918	2 089	2 108	2 175	* 2 100
Mutton and lamb										
Mouton et agneau	207	211	204	217	228	216	224	224	227	217[1]
Sweden										
Suède	427	432	451	441	409	412	437	454	459	462
Beef and veal										
Boeuf et veau	135	127	139	145	137	130	142	142	145	138
Pork										
Porc	288	299	307	291	268	278	291	308	311	320
Mutton and lamb										
Mouton et agneau	5	5	5	5	4	4	4	4	4	4
Switzerland										
Suisse	454	437	441	439	444	435	422	393	403	403[1]

44 Meat
Production: thousand metric tons [cont.]
Viande
Production : milliers de tonnes métriques [suite]

Country or area Pays ou zone	1987	1988	1989	1990	1991	1992	1993	1994	1995	1996
Beef and veal Boeuf et veau	172	154	157	165	174	165	156	142	147	147[1]
Pork Porc	278	279	280	270	265	264	260	246	251	251[1]
Mutton and lamb Mouton et agneau	4	4	4	4	5	6	6	5	5	5[1]
TFYR Macedonia L'ex-R.y. Macédoine	..	..	..	..	...	38[1]	43	40	36[1]	36[1]
Beef and veal Boeuf et veau	..	..	..	..	...	8	8	8	7	7[1]
Pork Porc	..	..	..	..	...	18[1]	21	19	19[1]	19[1]
Mutton and lamb Mouton et agneau	..	..	..	..	...	12	13	13	10	10[1]
Ukraine Ukraine	..	..	..	..	...	2 868	2 419	2 382	2 045	1 837
Beef and veal Boeuf et veau	..	..	..	..	...	1 656	1 379	1 427	1 158	1 037
Pork Porc	..	..	..	..	...	1 180	1 013	916	854	782
Mutton and lamb Mouton et agneau	..	..	..	..	...	32	27	39	33	19
United Kingdom Royaume-Uni	2 421	2 285	2 283	2 318	2 384	2 287	2 205	2 302	* 2 358	* 2 053
Beef and veal Boeuf et veau	1 118	946	978	1 002	1 020	960	859	916	* 976	* 712
Pork Porc	1 007	1 017	939	946	979	971	998	1 035	1 016	* 995
Mutton and lamb Mouton et agneau	296	322	366	370	385	356	348	351	* 366	* 346
Yugoslavia Yougoslavie	..	..	..	..	...	815	789	793	899	899[1]
Beef and veal Boeuf et veau	..	..	..	..	...	201	231	197	227	227[1]
Pork Porc	..	..	..	..	...	592	534	571	644	644[1]
Mutton and lamb Mouton et agneau	..	..	..	..	...	22	24	26	28	28[1]
Yugoslavia, SFR† Yougoslavie, Rfs†	* 1 252	* 1 224	* 1 202	* 1 230	* 1 075	..	..	..	..	..
Beef and veal Boeuf et veau	317	301	309	352	* 301	..	..	..	..	..
Pork Porc	* 870	* 853	* 824	* 810	* 716	..	..	..	..	..
Mutton and lamb Mouton et agneau	65	70	69	67	* 57	..	..	..	..	..
Oceania Océanie	3 659	3 765	3 617	3 739	3 947	4 041	4 012	4 125	4 080	3 934
Beef and veal Boeuf et veau	2 094	2 178	2 067	2 176	2 321	2 357	2 431	2 485	2 465	2 419
Pork Porc	370	386	397	405	401	430	424	440	449	425
Mutton and lamb Mouton et agneau	1 195	1 201	1 153	1 158	1 225	1 255	1 157	1 200	1 166	1 089
Australia Australie	2 388	2 471	2 343	2 622	2 741	2 794	2 798	2 817	2 759	2 586

44
Meat
Production: thousand metric tons [cont.]
Viande
Production : milliers de tonnes métriques [suite]

Country or area Pays ou zone	1987	1988	1989	1990	1991	1992	1993	1994	1995	1996
Beef and veal Boeuf et veau	1 521	1 588	1 491	1 677	1 760	1 791	1 826	1 825	1 803	1 702
Pork Porc	283	297	308	317	312	336	328	344	351	329
Mutton and lamb Mouton et agneau	584	586	543	628	669	667	643	648	604	555
Fiji[1] Fidji[1]	**13**	**13**	**13**	**13**	**14**	**14**	**15**	**15**	**15**	**15**
Beef and veal[1] Boeuf et veau[1]	10	10	10	10	10	11	11	11	12	12
Pork[1] Porc[1]	3	3	3	3	3	3	3	4	4	4
French Polynesia[1] Polynésie française[1]	**1**	**1**	**1**	**1**	**1**	**1**	**1**	**1**	**2**	**2**
Pork Porc	1	1	1	1	1	1	1	1	1[1]	1[1]
Kiribati[1] Kiribati[1]	**1**	**1**	**1**	**1**	**1**	**1**	**1**	**1**	**1**	**1**
Pork[1] Porc[1]	1	1	1	1	1	1	1	1	1	1
New Caledonia[1] Nouvelle-Calédonie[1]	**3**	**3**	**3**	**4**	**4**	**5**	**5**	**5**	**5**	**5**
Beef and veal Boeuf et veau	2	2	2	3	3	3	3	3	4[1]	4[1]
Pork Porc	1	1	1	1	1	1	1	1[1]	1[1]	1[1]
New Zealand Nouvelle-Zélande	**1 210**	**1 232**	**1 211**	**1 052**	**1 140**	**1 181**	**1 144**	**1 237**	**1 249**	**1 276**
Beef and veal Boeuf et veau	555	572	556	479	540	544	580	635	636	692
Pork Porc	44	46	45	43	44	49	50	50	51	50
Mutton and lamb Mouton et agneau	611	615	610	530	556	588	514	552	562	534
Papua New Guinea[1] Papouasie-Nvl-Guinée[1]	**28**	**28**	**29**	**29**	**29**	**30**	**30**	**30**	**30**	**30**
Beef and veal[1] Boeuf et veau[1]	2	2	2	2	2	2	2	2	2	2
Pork[1] Porc[1]	26	26	27	27	27	28	27	28	28	28
Samoa[1] Samoa[1]	**4**	**4**	**5**	**5**	**5**	**4**	**5**	**5**	**5**	**5**
Beef and veal Boeuf et veau	1	1	1	1	1[1]	1[1]	1[1]	1[1]	1[1]	1[1]
Pork[1] Porc[1]	4	4	4	4	4	4	4	4	4	4
Solomon Islands[1] Iles Salomon[1]	**2**	**2**	**2**	**2**	**2**	**2**	**2**	**2**	**2**	**2**
Beef and veal[1] Boeuf et veau[1]	1	1	1	1	1	0	0	0	0	0
Pork[1] Porc[1]	2	2	2	2	2	2	2	2	2	2
Tonga[1] Tonga[1]	**2**	**2**	**2**	**2**	**2**	**2**	**2**	**2**	**2**	**2**
Pork[1] Porc[1]	1	1	2	2	2	2	1	1	1	1

44 Meat
Production: thousand metric tons [cont.]
Viande
Production : milliers de tonnes métriques [suite]

Country or area Pays ou zone	1987	1988	1989	1990	1991	1992	1993	1994	1995	1996
Vanuatu[1]										
Vanuatu[1]	5	5	5	5	6	6	8	*9	*9	9
Beef and veal										
Bœuf et veau	3	3	3	3	3	3[1]	6	*6	*6	6[1]
Pork[1]										
Porc[1]	3	2	2	2	2	3	3	3	3	3
former USSR†										
l'ex-URSS†	*15 450	*16 181	*16 472	*16 438	*15 143	..	..	..	..	..
Beef and veal										
Bœuf et veau	8 281	8 616	8 800	8 814	8 261	..	..	..	..	..
Pork										
Porc	6 299	6 595	6 700	6 654	5 997	..	..	..	..	..
Mutton and lamb										
Mouton et agneau	*870	*970	*972	*970	*885	..	..	..	..	..

Source:
Food and Agriculture Organization of the United Nations (Rome).

† For information on recent changes in country or area nomenclature pertaining to former Czechoslovakia, Germany, Hong Kong Special Administrative Region of China, SFR Yugoslavia and former USSR, see Annex I - Country or area nomenclature, regional and other groupings.

†† For statistical purposes, the data for China do not include those for the Hong Kong Special Administrative Region (Hong Kong SAR) and Taiwan province of China.

1 FAO estimate.

Source:
Organisation des Nations Unies pour l'alimentation et l'agriculture (Rome).

† Pour les modifications récentes de nomenclature de pays ou de zone concernant l'Allemagne, Hong-Kong (Région administrative spéciale de Chine), l'ex-Tchécoslovaquie, l'ex-URSS et l'ex-Rfs de Yougoslavie, voir annexe I - Nomenclature des pays ou des zones, groupements régionaux et autres groupements.

†† Les données statistiques relatives à la Chine ne comprennent pas celles qui concernent la région administrative spéciale de Hong-Kong (la RAS de Hong-Kong) et la province chinoise de Taiwan.

1 Estimation de la FAO.

45
Beer
Bière

Production: thousand hectolitres
Production : milliers d'hectolitres

Country or area Pays ou zone	1985	1986	1987	1988	1989	1990	1991	1992	1993	1994
Total	**952 971**	**972 357**	**989 413**	**1 030 979**	**1 054 194**	**1 095 017**	**1 081 220**	**1 096 706**	**1 130 998**	**1 181 629**
Algeria Algérie	526	503	491	475	365	325	301	337	421	398
Angola Angola	653	583	531	391	479	410	484	345	...	...
Argentina Argentine	3 827	5 452	5 847	5 229	6 102	6 170	7 979	9 518	10 305	11 293
Armenia Arménie	..	..	..	..	..	..	419	149	70	70
Australia Australie	18 553[1,2]	18 627[1,2]	18 589[1,2]	18 912[1,2]	19 508[1,2]	19 540	18 970	18 040	17 760	17 840
Austria Autriche	8 836	9 017	8 638	8 938	9 174	9 799	9 971	10 176	11 465	10 070
Azerbaijan Azerbaïdjan	..	..	..	..	..	..	5 159	1 855	1 478	1 144
Barbados Barbade	55	63	73	76	80	77	66	58	67	73
Belarus Bélarus	..	..	..	..	..	..	3 389	2 736	2 146	1 489
Belgium Belgique	13 931	13 715	13 988	13 792	13 164	14 141	13 799	14 259	...	...
Belize Belize	23	21	22	24	27	34	36	38	57	47
Bolivia Bolivie	606	803	...	1 179	965	1 031	1 278	1 333	1 047	...
Botswana Botswana	...	...	830	1 002	1 076	1 214	1 283	1 290	1 374	...
Brazil Brésil	27 092	34 005	33 893	36 445	42 343	43 849	54 545	43 509	45 336	52 556
Bulgaria Bulgarie	5 838	6 023	6 212	6 332	6 720	6 507	4 880	4 695	4 247	...
Burkina Faso Burkina Faso	525	422	389	401	398	350	394	71	258	...
Burundi Burundi	817	897	937	953	919	1 107	981	1 007	1 044	...
Cameroon Cameroun	4 904	5 308	5 857	5 105	...	...	...	...	...	...
Canada Canada	23 237	23 547	...	...	...	...	...	...	...	...
Central African Rep. Rép. centrafricaine	276	280	299	...	...	...	...	...	...	...
Chad Tchad	152	118	107	109	115	116	144	129	117	110
Chile Chili	1 892	2 050	2 548	2 650	2 765	2 658	2 791	3 349	3 623	3 303
China ††[3] Chine ††[3]	31 000	41 301	54 043	65 600	64 339	69 221	83 800	102 064	119 207	141 424

45
Beer
Production: thousand hectolitres [cont.]
Bière
Production : milliers d'hectolitres [suite]

Country or area Pays ou zone	1985	1986	1987	1988	1989	1990	1991	1992	1993	1994
Colombia Colombie	15 509	16 915	15 355	11 973	14 027	15 098	...	...	...	...
Congo Congo	882	897	762	744	618	566	686	708	759	...
Croatia Croatie	..	..	..	..	..	..	2 248	2 720	2 481	3 122
Cuba Cuba	2 736	2 931	3 288	3 324	3 333	...	...	...	...	...
Cyprus Chypre	247	257	271	296	318	342	331	370	341	359
former Czechoslovakia† l'ex-Tchécoslovaquie†	22 354	22 789	22 228	22 670	23 333	21 966	20 579	..	..	..
Czech Republic République tchèque	..	..	..	..	..	..	..	18 982	17 366	17 671
Dem. Rep. of the Congo Rép. dém. du Congo	4 222	4 284	...	...	...	...	...	...	...	...
Denmark [4] Danemark [4]	8 286	9 064	8 754	9 160	9 217	9 362	...	9 775	9 435	9 410
Dominican Republic Rép. dominicaine	1 038	1 099	1 269	...	...	1 376	1 459	1 956	* 1 992	* 2 200
Ecuador Equateur	...	...	...	...	...	...	...	1 826	...	...
Egypt Egypte	423	460	470	510	490	500	440	420	350	360
Estonia Estonie	..	..	..	..	..	..	68	43	42	48
Ethiopia [5] Ethiopie [5]	818	797	797	877	777	500	435	428	522	634
Fiji Fidji	178	160	150	160	175	194	183	173	167	160
Finland Finlande	3 110	3 238	3 509	3 752	3 947	4 151	4 418	4 685	4 579	4 524
France France	19 300	19 000	...	...	...	19 109	18 654	18 512	18 291	17 688
French Polynesia Polynésie française	95	118	120	125	121	121	124	129	...	...
Gabon Gabon	850	888	879	851	786	819	814	785	...	...
Germany † Allemagne†	..	..	..	..	..	..	112 071	114 089	111 075	113 428
F. R. Germany R. f. Allemagne	87 895	88 476	86 962	87 044	87 761	99 150	..	..	..	..
former German D. R. l'ex-R. d. allemande	24 288	24 316	24 128	24 521	24 843	15 885	..	..	..	..
Ghana Ghana	429	546	589	614	...	...	...	...	...	...
Greece Grèce	3 262	3 103	3 461	4 524	3 869	3 961	3 772	4 025	...	...

45

Beer
Production: thousand hectolitres [cont.]
Bière
Production : milliers d'hectolitres [suite]

Country or area Pays ou zone	1985	1986	1987	1988	1989	1990	1991	1992	1993	1994
Grenada Grenade	14	16	17	20	21	25	25	26	18	24
Guatemala Guatemala	715	613	795	869	...	...	...	...	...	...
Guyana Guyana	80	80	95	134	106	109	124	143	145	97
Honduras * Honduras *	500	548	...	...	...	...	...	...	...	...
Hungary Hongrie	8 740	8 963	9 045	9 425	9 722	9 918	9 570	9 162	7 877	8 082
Iceland Islande	4	3	4	5	44	35	30	32	41	54
India[6] Inde[6]	2 030	2 036	1 492	1 635	1 972	1 915	2 136	2 233	3 024	...
Indonesia Indonésie	797	718	833	957	953	1 042	1 044	1 145	871	...
Ireland[7] Irlande[7]	4 352	4 479	4 360	4 624	5 094	5 236	...	...	...	...
Israel Israël	511	523	536	556	511	567	...	...	...	...
Italy Italie	10 381	11 372	11 503	11 589	10 615	11 248	11 049	10 489	9 873	10 258
Jamaica Jamaïque	568	632	700	809	852	887	715	828	786	760
Japan[8] Japon[8]	48 522	50 754	54 922	58 572	62 869	65 636	69 157	70 106	69 642	71 007
Jordan Jordanie	46	45	46	45	46	...	...	...	...	...
Kazakhstan Kazakhstan	..	..	..	..	..	..	3 133	2 301	16 568	12 907
Kenya Kenya	2 630	3 010	3 070	3 140	3 154	3 311	3 140	3 686	3 589	3 250
Korea, Republic of Corée, République de	7 919	8 040	8 789	10 312	12 108	13 045	15 928	15 673	15 252	17 176
Kyrgyzstan Kirghizistan	..	..	..	..	..	..	445	310	191	123
Latvia Lettonie	..	..	..	..	..	..	1 295	859	546	629
Lebanon * Liban *	...	...	...	...	...	130	...	...	...	...
Liberia Libéria	97	106	136	158	...	...	...	...	...	...
Lithuania Lituanie	..	..	..	..	..	..	1 412	1 426	1 164	1 553
Luxembourg Luxembourg	738	732	662	635	618	600	572	569	558	522
Madagascar Madagascar	241	255	240	201	232	298	236	226	228	...
Malawi Malawi	658	627	675	659	757	752	763	774	763	811

45
Beer
Production: thousand hectolitres [cont.]
Bière
Production : milliers d'hectolitres [suite]

Country or area Pays ou zone	1985	1986	1987	1988	1989	1990	1991	1992	1993	1994
Malaysia Malaisie	1 026	* 1 013	988	1 115	1 263	1 401	1 413	...	...	...
Mali Mali	...	...	...	...	34	34	38	41	40	...
Mauritius Maurice	172	188	238	261	254	281	291	295	292	283
Mexico Mexique	27 215	27 353	31 482	33 261	37 355	38 734	41 092	42 262	43 780	45 060
Mongolia Mongolie	89	65	50	49	67	...	...	...	...	...
Morocco[9] Maroc[9]	411	...	...	...	...	...	...	...	...	...
Mozambique Mozambique	228	230	214	297	413	353	227	211	204	118
Myanmar[10] Myanmar[10]	57	50	17	10	21	24	30	19	24	13
Nepal[11] Népal[11]	60	37	52	63	73	...	...	...	...	...
Netherlands[4] Pays-Bas[4]	17 530	17 990	17 550	17 437	18 908[12]	20 055[12]	19 863[12]	20 419[12]	20 790[12]	22 179[12]
New Zealand[4] Nouvelle-Zélande[4]	3 863	4 062	4 087	3 925	3 916	3 890	3 627	3 593	3 519	3 552
Nigeria Nigéria	8 052	10 160	6 695	9 167	8 179	7 877	8 108	11 438	16 860	23 970
Norway Norvège	1 991	...	2 198	2 238	2 229	2 281	...	2 273	...	...
Panama Panama	796	925	1 014	871	1 042	1 162	1 219	1 163	1 204	...
Papua New Guinea * Papouasie-Nvl-Guinée *	550	555	...	...	...	...	...	...	...	...
Paraguay Paraguay	768	887	918	903	1 060	1 070	1 150	1 140	1 710	...
Peru Pérou	5 724	7 477	8 559	7 018	5 548	5 685	6 774	6 764	7 060	6 879
Philippines Philippines	11 395	8 780	1 175	...	...	...	...	...	...	...
Poland Pologne	11 078	11 307	11 897	12 238	12 082	11 294	13 633	14 139	12 585	14 099
Portugal Portugal	3 795	4 128	4 977	5 619	6 874	6 919	6 309	6 860	...	...
Puerto Rico[1] Porto Rico[1]	319	314	320	420	630	751	773	654	477	438
Republic of Moldova République de Moldova	..	..	..	..	..	..	660	410	297	233
Romania Roumanie	9 847	10 603	10 364	10 655	11 513	10 527	9 803	10 014	9 929	9 047
Russian Federation Fédération de Russie	..	..	..	..	..	..	333	279	247	218

449 Manufacturing Industries manufacturières

45

Beer
Production: thousand hectolitres [cont.]
Bière
Production : milliers d'hectolitres [suite]

Country or area Pays ou zone	1985	1986	1987	1988	1989	1990	1991	1992	1993	1994
Rwanda Rwanda	631	578	596	711	...	...	...	...	...	...
Saint Kitts and Nevis Saint-Kitts-et-Nevis	10	11	14	15	17	17	17	...	...	...
Sao Tome and Principe * Sao Tomé-et-Principe *	31	30	29	...	...	...	...	...	...	...
Senegal Sénégal	168	197	157	170	...	...	...	...	...	...
Seychelles Seychelles	41	42	47	50	52	53	59	70	65	58
Sierra Leone Sierra Leone	60	31	50	40	...	...	...	...	...	...
Slovakia Slovaquie	..	..	..	..	..	..	..	3 686	3 967	4 974
Slovenia Slovénie	..	..	..	..	..	..	2 203	1 783	1 978	2 075
South Africa Afrique du Sud	12 284	13 751	16 710	18 330	18 610	17 750	17 710	18 290	...	...
Spain Espagne	22 475	23 510	24 788	26 141	27 546	27 940	26 482	24 279	...	...
Sri Lanka Sri Lanka	74	85	92	* 92	60	...	...	...	...	...
Suriname Suriname	142	112	124	99	117	122	122	70	106	69
Sweden Suède	3 784	3 979	4 106	4 391	4 722	4 711	4 663	4 969	5 087	...
Switzerland[4] Suisse[4]	4 076	4 087	4 045	4 049	4 121	4 143	4 137	4 020	3 804	3 827
Syrian Arab Republic Rép. arabe syrienne	94	101	91	83	95	99	99	102	104	...
Tajikistan Tadjikistan	..	..	..	..	..	..	364	135	82	...
Thailand Thaïlande	1 052	863	973	1 303	1 801	2 635	2 840	3 252	4 153	...
TFYR Macedonia L'ex-R.y. Macédoine	..	..	..	..	..	..	928	861	952	725
Togo Togo	423	464	452	...	...	...	...	...	...	...
Trinidad and Tobago Trinité-et-Tobago	274	246	371	349	527	412	487	402	424	452
Tunisia Tunisie	373	355	347	405	394	426	407	494	601	689
Turkey Turquie	1 965	1 890	2 470	2 671	2 994	3 544	4 188	4 843	5 524	6 019
Turkmenistan Turkménistan	..	..	..	..	..	..	5	4	3	...
Uganda Ouganda	81	66	169	215	195	194	195	187	239	308
Ukraine Ukraine	..	..	..	..	..	..	13 093	10 997	9 086	...

450 Manufacturing Industries manufacturières

45
Beer
Production: thousand hectolitres [cont.]
Bière
Production : milliers d'hectolitres [suite]

Country or area Pays ou zone	1985	1986	1987	1988	1989	1990	1991	1992	1993	1994
former USSR† l'ex-URSS†	65 721	48 907	50 711	55 811	60 182	62 507	..	..	..	..
United Kingdom Royaume-Uni	59 655	59 439	59 895	60 156	54 950	70 800	...	...	...	...
United Rep.Tanzania Rép. Unie de Tanzanie	758	652	588	530	537	450	498	493	570	...
United States[7] Etats-Unis[7]	228 960	230 588	229 321	231 985	232 510	236 670	...	237 029	237 345	237 987
Uruguay Uruguay	468	678	709	603	...	...	...	...	817	...
Uzbekistan Ouzbékistan	..	..	..	..	..	..	1 759	1 434	1 363	...
Viet Nam Viet Nam	866	872	840	976	892	1 000	1 312	1 685	...	...
Yemen Yémen	..	..	..	..	..	..	100	40	...	...
former Dem. Yemen l'ex-Yémen dém.	70	59	50	...	...	...	..	..	..	..
Yugoslavia Yougoslavie	..	..	..	..	..	..	5 622	4 714	3 018	5 043
Yugoslavia, SFR† Yougoslavie, Rfs†	10 656	11 643	12 054	11 970	11 286	...	..	..	..	..
Zambia[13] Zambie[13]	*717	*782	714	825	...	...	...	...	...	...
Zimbabwe Zimbabwe	1 100	...	...	...	...	...	...	...	...	...

Source:
Industrial statistics database of the Statistics Division of the United Nations Secretariat.

† For information on recent changes in country or area nomenclature pertaining to former Czechoslovakia, Germany, Hong Kong Special Administrative Region of China, SFR Yugoslavia and former USSR, see Annex I - Country or area nomenclature, regional and other groupings.

†† For statistical purposes, the data for China do not include those for the Hong Kong Special Administrative Region (Hong Kong SAR) and Taiwan province of China.

1 Twelve months ending 30 June of year stated.

2 Excluding light beer containing less than 1.15% by volume of alcohol.

3 Original data in metric tons.

4 Sales.

5 Twelve months ending 7 July of the year stated.

6 Production by large and medium scale establishments only.

7 Twelve months ending 30 September of year stated.

Source:
Base de données pour les statistiques industrielles de la Division de statistique du Secrétariat de l'ONU.

† Pour les modifications récentes de nomenclature de pays ou de zone concernant l'Allemagne, Hong-Kong (Région administrative spéciale de Chine), l'ex-Tchécoslovaquie, l'ex-URSS et l'ex-Rfs de Yougoslavie, voir annexe I - Nomenclature des pays ou des zones, groupements régionaux et autres groupements.

†† Les données statistiques relatives à la Chine ne comprennent pas celles qui concernent la région administrative spéciale de Hong-Kong (la RAS de Hong-Kong) et la province chinoise de Taiwan.

1 Période de douze mois finissant le 30 juin de l'année indiquée.

2 Non compris la biére légère contenant moins de 1.15 p. 100 en poids d'alcohol.

3 Données d'origine exprimées en tonnes métriques.

4 Ventes.

5 Période de douze mois finissant le 7 juillet de l'année indiquée.

6 Production des grandes et moyennes entreprises seulement.

7 Période de douze mois finissant le 30 septembre de l'année indiquée.

45
Beer
Production: thousand hectolitres [*cont.*]
Bière
Production : milliers d'hectolitres [*suite*]

8 Twelve months beginning 1 April of year stated.
9 Including some carbonated drinks.
10 Government production only.
11 Twelve months beginning 16 July of year stated.
12 Production by establishments employing 20 or more persons.
13 Incomplete coverage.

8 Période de douze mois commençant le 1er avril de l'année indiquée.
9 Y compris certaines boissons gazeuses.
10 Production de l'Etat seulement.
11 Période de douze mois commençant le 16 juillet de l'année indiquée.
12 Production des établissements occupant 20 prsonnes ou plus.
13 Couverture incomplète.

46
Cigarettes
Cigarettes

Production: millions
Production : millions

Country or area Pays ou zone	1985	1986	1987	1988	1989	1990	1991	1992	1993	1994
Total	4 742 825	4 839 804	4 978 174	5 077 257	5 093 305	5 242 887	5 151 804	5 115 582	5 080 517	5 440 349
Albania / Albanie	5 348	5 624	5 467	5 310	6 184	4 947	1 703	1 393	1 395	929
Algeria[1] / Algérie[1]	18 500	20 223	17 699	17 016	15 850	18 775	17 848	16 426	16 260	16 345
Angola[2] / Angola[2]	2 400	2 400	2 400	2 400	2 400	2 400	2 400	2 400	...	...
Argentina / Argentine	31 092[1]	# 2 004	1 883	1 693	1 677	1 657	1 727	1 845	1 929	1 975
Armenia / Arménie	..	..	..	..	..	..	6 614	3 927	1 878	2 014
Australia[3] / Australie[3]	32 453	...	...	34 106	34 736	36 263	34 977	* 34 000	...	...
Austria / Autriche	16 051	15 354	15 067	14 324	14 402	14 961	16 406	15 836	16 247	16 429
Azerbaijan / Azerbaïdjan	..	..	..	..	..	..	7 256	4 855	5 277	3 179
Bangladesh[4] / Bangladesh[4]	14 393	14 365	14 762	14 031	14 088	12 289	13 604	12 535	11 516	12 655
Barbados[1] / Barbade[1]	200	199	162	149	143	135	124	115	133	150
Belarus / Bélarus	..	..	..	..	..	..	15 009	8 847	8 670	7 378
Belgium[5] / Belgique[5]	30 184	28 619	28 953	28 683	27 489	27 758	27 303	29 576	27 173	...
Belize / Belize	74	78	81	94	95	101	104	104	105	101
Bolivia / Bolivie	533[2]	899[2]	900[2]	95	101	97	102	116	119	...
Brazil[2] / Brésil[2]	146 300	168 000	161 400	157 900	162 700	173 987	175 396	169 000	...	...
Bulgaria / Bulgarie	93 975[3]	89 918[3]	90 300	86 800	82 600	73 000	73 300	71 000	...	...
Burkina Faso / Burkina Faso	671	510	430	533	609	822	983	979	943	...
Burundi / Burundi	293	257	284	333	286	384	450	453	517	...
Cambodia[2] / Cambodge[2]	4 150	4 175	4 175	4 200	4 200	4 200	4 200	4 200	...	...
Cameroon / Cameroun	2 128	3 800[2]	4 770[2]	4 800[2]	4 800[2]	4 900[2]	5 000[2]	5 000[2]	...	...
Canada / Canada	63 486	55 632	54 030	53 858[2]	48 792[2]	46 111[2]	46 815[2]	45 500[2]	...	...
Central African Rep. / Rép. centrafricaine	539	407	460	...	...	...	...	...	...	...
Chad / Tchad	15	11	9	10	187	248	476	415	499	508

Cigarettes
Production: millions [cont.]
Cigarettes
Production : millions [suite]

46

Country or area Pays ou zone	1985	1986	1987	1988	1989	1990	1991	1992	1993	1994
Chile Chili	8 053	8 296	8 183	9 061	9 686	10 198	10 259	11 167	10 793	10 801
China †† Chine ††	1 180 000[2]	1 296 500[2]	1 440 500[2]	1 545 000[2]	1 597 530	1 648 765	1 613 245	1 642 340	1 655 630	...
China, Hong Kong SAR†[5] Chine, Hong-Kong RAS†[5]	12 496	11 841	15 309	24 000	20 901	21 700	32 721	36 513	25 759	...
Colombia[2] Colombie[2]	24 050	24 181	21 987	18 253	16 570	14 490	13 585	13 250	...	...
Congo[1] Congo[1]	1 027	888	787	770	709	* 645	581	431	...	...
Costa Rica[2] Costa Rica[2]	2 200	2 000	2 135	2 135	2 050	2 030	2 000	2 000	...	...
Côte d'Ivoire[2] Côte d'Ivoire[2]	4 000	4 200	4 400	4 500	4 500	4 500	4 500	4 500	...	...
Croatia Croatie	..	..	..	..	..	..	11 655	12 833	11 585	12 672
Cuba Cuba	17 961	16 841	15 398	16 885	16 520	...	...	...	...	...
Cyprus Chypre	2 366	1 914	3 717	4 412	3 935	4 601	5 497	6 177	3 530	2 493
former Czechoslovakia† l'ex-Tchécoslovaquie†	23 840	24 998	25 365	25 502	25 428	26 708	28 190	..	..	..
Dem. Rep. of the Congo Rép. dém. du Congo	3 525	3 600	4 500[2]	5 200	5 200[2]	5 200[2]	5 200[2]	5 200[2]	...	...
Denmark[6] Danemark[6]	10 966	11 246	11 162	11 144	11 209	11 387	11 407	11 439	10 980	11 448
Dominica Dominique	29	29	...	...	...	...	...	...	...	...
Dominican Republic Rép. dominicaine	3 826	4 164	4 473	4 802[2]	4 473[2]	4 535	4 170	4 432	* 4 356	* 4 446
Ecuador Equateur	4 800	3 967	* 4 600	* 4 600	* 4 600	* 4 600	* 4 600	3 000	...	...
Egypt Egypte	47 520	44 394	47 500	43 846	43 208	39 837	40 154	42 516	38 844	39 145
El Salvador[2] El Salvador[2]	2 300	2 100	2 100	1 967	1 970	1 655	1 620	1 620	...	...
Estonia Estonie	..	..	..	..	..	..	3 577	1 780	2 630	2 287
Ethiopia Ethiopie	2 229	2 619	3 040	2 972	2 711	2 258	2 416	1 879	1 932	1 468
Fiji Fidji	·	513	543	466	466	505	531	514	484	506	483
Finland Finlande	8 185	8 540	9 061	9 619	8 931	8 974	8 180	8 106	7 237	7 232
France France	67 376	59 122	54 120	* 53 307	* 54 225	55 495	50 311	* 53 312	47 912	48 188
Gabon Gabon	355	368	280	422	319	253	359	399	...	...

46
Cigarettes
Production: millions [cont.]
Cigarettes
Production: millions [suite]

Country or area Pays ou zone	1985	1986	1987	1988	1989	1990	1991	1992	1993	1994
Germany † Allemagne†	..	..	..	..	..	..	...	...	204 730	222 791
F. R. Germany R. f. Allemagne	163 267	166 665	157 586	159 499	159 477	177 905	..	..	..	..
former German D. R. l'ex-R. d. allemande	26 909	27 364	27 625	28 576	28 625	22 469	..	..	..	..
Ghana Ghana	1 942	1 826	1 734	1 831	1 616	1 805	* 2 100	* 2 100	...	...
Greece Grèce	27 635	27 118	28 859	26 244	26 123	26 175	27 700	* 29 250	...	...
Grenada Grenade	24	23	22	23	24	22	20	20	19	15
Guatemala Guatemala	1 988	1 926	2 270	1 858[2]	1 997[2]	1 955[2]	1 907[2]	2 001[2]	...	...
Guyana Guyana	467	481	477	470	266	247	307	318	302	314
Haiti Haïti	806	829	903	870[2]	870[2]	870[2]	870[2]	870[2]	...	...
Honduras Honduras	2 311	2 300[2]	2 278[2]	2 319[2]	2 582[2]	2 862[2]	2 300[2]	2 200[2]	...	...
Hungary Hongrie	26 430	26 351	26 541	26 171	26 540	28 212	26 124	26 835	28 728	29 518
India[7] Inde[7]	80 600	74 991	64 782	54 013	58 066	61 162	65 130	61 413	71 686	...
Indonesia Indonésie	102 300	114 312	124 432	136 271	148 000	155 000	153 000	156 422	171 828	...
Iran, Islamic Rep. of[8] Iran, Rép. islamique d'[8]	16 168	15 239	15 068	13 790	9 923	12 319	* 11 565	10 171	...	...
Iraq[2] Iraq[2]	7 000	10 000	13 000	20 250	27 000	26 000	13 000	5 794	...	...
Ireland Irlande	8 037	6 825	6 659	6 420	6 161	6 218	6 377	* 7 850	...	...
Israel Israël	6 709	6 723	6 888	5 882	5 245	5 440	* 5 650	* 5 650	...	...
Italy[1] Italie[1]	78 774	75 541	70 447	67 394	67 942	61 736	57 634	53 799	54 943	55 175
Jamaica Jamaïque	1 314	* 1 140	1 273	1 303	1 383	1 380	1 219	1 299	1 224	1 273
Japan[9] Japon[9]	303 000	309 200	273 700	267 000	268 400	268 100	275 000	279 000	...	...
Jordan Jordanie	3 905	3 732	4 378	3 678	2 926	3 185	3 719	3 091	3 465	4 191
Kazakhstan Kazakhstan	..	..	..	..	..	..	9 536	8 997	10 664	9 393
Kenya Kenya	5 409	5 821	6 372	6 641	6 661	6 647	6 473	7 193	7 267	7 319
Korea, Republic of Corée, République de	75 532	78 694	81 816	86 014	86 759	91 923	94 336	96 648	96 887	90 774
Kyrgyzstan Kirghizistan	..	..	..	..	..	..	4 015	3 120	3 428	1 943

46
Cigarettes
Production: millions [cont.]
Cigarettes
Production : millions [suite]

Country or area Pays ou zone	1985	1986	1987	1988	1989	1990	1991	1992	1993	1994
Lao People's Dem. Rep.[2] Rép. dém. pop. lao[2]	1 125	1 200	1 200	1 200	1 200	1 200	1 200	1 200	...	...
Latvia Lettonie	..	..	..	..	..	..	4 765	3 435	2 589	2 093
Lebanon[2] Liban[2]	1 800	* 1 800	2 500	3 500	4 000	4 000	4 000	4 000	...	...
Liberia Libéria	82	92	22[2]	22[2]	22[2]	22[2]	22[2]	22[2]	...	...
Libyan Arab Jamah.[2] Jamah. arabe libyenne[2]	3 500	3 500	3 500	3 500	3 500	3 500	3 500	3 500	...	...
Lithuania Lituanie	..	..	..	..	..	..	6 438	5 269	3 435	3 860
Madagascar[1] Madagascar[1]	2 368	2 188	2 669	1 817	2 341	1 476	1 950	2 223	2 304	...
Malawi Malawi	857	874	908	956	* 1 080	1 061	951	1 000	1 020	1 127
Malaysia[1] Malaisie[1]	13 839	13 706	13 729	15 904	16 169	17 331	17 498	16 574	15 568	15 762
Malta[2] Malte[2]	1 300	1 300	1 400	1 425	1 450	1 475	1 475	1 475	...	...
Mauritius Maurice	1 418[1]	1 266[1]	1 392[1]	1 304[1]	1 050	1 000	1 034	1 060	1 269	1 300
Mexico Mexique	54 332	49 898	54 644	50 507	53 920	55 380	54 680	55 988	52 977	53 378
Morocco Maroc	593	663	671	684	615	640	602	515	...	...
Mozambique Mozambique	710	1 053	899	670	1 044	1 030	217	124	377	343
Myanmar[10] Myanmar[10]	3 506	1 574	553	952	505	979	682	396	426	440
Nepal Népal	4 741	5 600	6 046	5 664	6 706	...	...	...	...	...
Netherlands Pays-Bas	51 321	53 339	59 801	61 693	63 148[6 11]	71 992[6 11]	74 767[6 11]	78 479[6 11]	71 254[6 11]	88 069[6 11]
New Zealand Nouvelle-Zélande	5 654	5 223	5 361	5 355	4 270	4 489	4 014	3 466	3 381	3 396
Nicaragua[2] Nicaragua[2]	2 400	2 400	2 400	2 400	2 400	2 400	2 400	2 400	...	...
Nigeria Nigéria	9 100[2]	9 600[2]	6 106	8 676	9 284	10 380	9 405	8 608	9 384	9 228
Norway[2] Norvège[2]	1 082	1 400	1 400	1 655	1 750	1 480	1 730	1 825	...	...
Pakistan[4] Pakistan[4]	38 921	39 593	39 929	40 697	31 567	32 279	29 887	29 673	29 947	35 895
Panama Panama	873	873	825	671	637	814	771	806	907	...
Paraguay Paraguay	834	750	1 134	* 2 730	2 730	992	827	777	...	...
Peru Pérou	3 102	3 741	3 420	2 671	2 439	2 585	2 619	2 510	2 510	2 750

456 Manufacturing Industries manufacturières

46
Cigarettes
Production: millions [cont.]
Cigarettes
Production : millions [suite]

Country or area Pays ou zone	1985	1986	1987	1988	1989	1990	1991	1992	1993	1994
Philippines[4] Philippines[4]	62 300	60 700	61 072	66 850[2]	69 700[2]	71 500[2]	70 710[2]	75 400[2]	...	...
Poland Pologne	90 021	94 212	98 666	89 681	81 342	91 497	90 407	86 571	90 773	98 394
Portugal Portugal	14 900[1]	15 166[1]	15 481[1]	15 129[1]	15 424[1]	17 547	17 361	15 619	...	...
Republic of Moldova République de Moldova	..	..	..	..	..	..	9 164	8 582	8 790	8 001
Romania[3] Roumanie[3]	32 471[2]	31 013	32 918	33 349	22 121	18 090	17 722	17 781	15 222	14 532
Russian Federation Fédération de Russie	..	..	..	..	..	..	112 326	107 763	100 162	94 272
Rwanda Rwanda	698	649	698	458	...	...	...	...	...	...
Senegal Sénégal	2 979[1]	3 300[1]	1 872[1]	1 348[1]	3 350[2]	3 350[2]	3 350[2]	3 350[2]	...	...
Seychelles Seychelles	56	60	68	61	58	67	69	62	65	49
Sierra Leone Sierra Leone	1 189	940	1 100	933	1 200[2]	1 200[2]	1 200[2]	1 200[2]	...	...
Singapore[2] Singapour[2]	2 400	2 000	2 340	4 700	5 982	9 620	10 500	11 760	...	...
Slovenia Slovénie	..	..	..	..	..	..	4 798	5 278	4 851	4 722
South Africa Afrique du Sud	31 704	30 680	17 773	28 002	36 665	40 792	40 163	35 563	34 499	...
Spain Espagne	80 495	81 705	87 362	85 612	75 817	75 995	81 843	76 696	...	...
Sri Lanka Sri Lanka	6 168	6 111	5 894	5 028	5 136	5 621	5 789	5 359	...	...
Sudan Soudan	2 700	2 200	2 200	1 800	750[2]	750[2]	750[2]	750[2]	...	...
Suriname Suriname	514	557	492	501	526	487	337	419	454	445
Sweden Suède	10 090	10 197	10 103	10 208	10 107	9 648	9 594	9 841	7 420	...
Switzerland Suisse	23 150	23 555	24 863	27 075	28 059	31 771	32 943	33 740	34 713	39 906
Syrian Arab Republic[1] Rép. arabe syrienne[1]	12 127	12 112	9 143	7 056	6 345	6 855	7 974	8 093	7 185	...
Tajikistan Tadjikistan	..	..	..	..	..	..	4 467	2 607	1 901	...
Thailand Thaïlande	29 192	29 530	31 407	33 992	37 365	38 180	39 697	40 691	42 043	...
Trinidad and Tobago[1] Trinité-et-Tobago[1]	987	920	583	766	726	701	881	656	880	837
Tunisia Tunisie	6 334	8 097	6 937	7 125	6 571	6 852	7 790	7 797	6 965	7 128

457 Manufacturing   Industries manufacturières

46
Cigarettes
Production: millions [cont.]
Cigarettes
Production : millions [suite]

Country or area Pays ou zone	1985	1986	1987	1988	1989	1990	1991	1992	1993	1994
Turkey Turquie	62 000	59 740	58 617	60 153	46 570	63 055	71 106	67 549	74 845	85 093
Uganda Ouganda	1 416	1 420	1 435	1 638	1 586	1 290	1 688	1 575	1 412	1 459
Ukraine Ukraine	..	..	..	..	..	..	66 645	60 990	40 571	...
former USSR† l'ex-URSS†	381 274	383 878	378 475	358 218	343 288	313 082	..	..	..	..
United Kingdom[1,12] Royaume-Uni[1,12]	88 600	83 300	89 900	87 900	104 155	112 000	127 000	*126 538	...	...
United Rep.Tanzania Rép. Unie de Tanzanie	2 666	2 748	2 635	2 785	2 845	3 742	3 870	3 789	3 893	...
United States Etats-Unis	655 300[4]	652 000[4]	689 400[4]	694 500[4]	677 200[4]	709 700[4]	694 500[4]	703 134[4]	687 317[4]	687 223[13]
Uruguay Uruguay	3 098	3 583	3 383	3 446	3 900[2]	3 900[2]	3 900[2]	3 900[2]	3 736	...
Uzbekistan Ouzbékistan	..	..	..	..	..	..	4 897	4 150	4 151	...
Venezuela[2] Venezuela[2]	19 760	18 400	18 100	18 824	20 599	23 560	24 236	24 400	...	...
Viet Nam Viet Nam	21 012	22 364	19 630	17 754	23 288	24 990	25 960	*24 600	...	...
former Dem. Yemen l'ex-Yémen dém.	1 467	1 147	1 193	...	...	...	..	..	..	..
Yugoslavia Yougoslavie	..	..	..	..	..	..	...	15 654	...	...
Yugoslavia, SFR† Yougoslavie, Rfs†	57 652	55 787	56 128	60 169	51 287	58 200	..	..	..	..
Zambia[2] Zambie[2]	1 400	1 450	1 500	1 500	1 500	1 500	1 500	1 500	...	...
Zimbabwe[2] Zimbabwe[2]	2 318	2 300	2 420	2 560	2 518	2 600	3 240	3 025	...	...

Source:
Industrial statistics database of the Statistics Division of
the United Nations Secretariat.

† For information on recent changes in country or
area nomenclature pertaining to former Czechoslovakia,
Germany, Hong Kong Special Administrative Region of China,
SFR Yugoslavia and former USSR, see Annex I - Country or
area nomenclature, regional and other groupings.

†† For statistical purposes, the data for
China do not include those for the Hong Kong Special
Administrative Region (Hong Kong SAR) and Taiwan province of
China.

1 Original data in units of weight. Computed on the basis of
one million cigarettes per ton.

Source:
Base de données pour les statistiques industrielles de la
Division de statistique du Secrétariat de l'ONU.

† Pour les modifications récentes de nomenclature
de pays ou de zone concernant l'Allemagne, Hong-Kong (Région
administrative spéciale de Chine), l'ex-Tchécoslovaquie,
l'ex-URSS et l'ex-Rfs de Yougoslavie, voir annexe I -
Nomenclature des pays ou des zones, groupements régionaux et
autres groupements.

†† Les données statistiques relatives à
la Chine ne comprennent pas celles qui concernent la région
administrative spéciale de Hong-Kong (la RAS de Hong-Kong)
et la province chinoise de Taiwan.

1 Données d'origine exprimées en poids. Calcul sur la base
d'un million cigarettes par tonne.

46
Cigarettes
Production: millions [cont.]

Cigarettes
Production : millions [suite]

2 Source: US Department of Agriculture, (Washington, DC).
3 Including cigars.
4 Twelve months ending 30 June of year stated.
5 Including cigarillos.
6 Sales.
7 Production by large and medium scale establishments only.
8 Production by establishments employing 50 or more persons.
9 Twelve months beginning 1 April of year stated.
10 Government production only.
11 Production by establishments employing 20 or more persons.
12 Sales by manufacturers employing 25 or more persons.
13 Twelve months ending 30 September of year stated.

2 Source: "US Department of Agriculture," (Washington, DC).
3 Y compris les cigares.
4 Période de douze mois finissant le 30 juin de l'année indiquée.
5 Y compris les cigarillos.
6 Ventes.
7 Production des grandes et moyennes entreprises seulement.
8 Production des établissements occupant 50 personnes ou plus.
9 Période de douze mois commençant le 1er avril de l'année indiquée.
10 Production de l'Etat seulement.
11 Production des éstablissements occupant 20 prsonnes ou plus.
12 Ventes des fabricants employant 25 personnes ou plus.
13 Période de douze mois finissant le 30 septembre de l'année indiquée.

47
Fabrics
Tissus

Woven cotton and wool, cellulosic and non-cellulosic fibres: million square metres
Tissus de coton, laines, fibres cellulosiques et non cellulosiques : millions de mètres carrés

Country or area Pays ou zone	1985	1986	1987	1988	1989	1990	1991	1992	1993	1994
A. Cotton • Coton										
Total	49 080	58 723	50 149	45 895	52 305	52 491	51 960	50 066	49 682	53 893
Afghanistan[1] Afghanistan[1]	45	58	53	32	...	...	...	...	...	...
Algeria * Algérie *	103	87	88	...	...	...	...	...	...	...
Armenia Arménie	..	..	..	..	..	..	10	5	2	...
Australia Australie	37[2,3]	39[2,3]	38[2,3]	39[2,3]	36[2,3]	38	36[2,3]	40	46	50
Austria Autriche	85	85	93	89	88	108	100	86	83	83
Azerbaijan Azerbaïdjan	..	..	..	..	..	..	120	114	115	87
Bangladesh[2] Bangladesh[2]	* 75	* 70	* 70	63	63	63	63	63	...	...
Belarus Bélarus	..	..	..	..	..	..	144	119	92	25
Belgium Belgique	373[4]	388[4]	379[4]	340[4]	386	399	379	337	331	...
Bolivia * Bolivie *	1	2	...	...	...	...	...	...	...	...
Bulgaria[5] Bulgarie[5]	356	352	358	370	367	254	138	102	83	...
Chad Tchad	37	39	34	48	57	58	60	81	...	...
China, Hong Kong SAR† Chine, Hong-Kong RAS†	639	760	* 850	867	734	* 818	753	807	755	692
Croatia Croatie	..	..	..	..	..	..	30	29	29	23
Cuba[6] Cuba[6]	177	183	202	203	184	...	...	...	...	...
former Czechoslovakia†[5] l'ex-Tchécoslovaquie†[5]	631	634	634	629	624	629	464	...	..	..
Czech Republic République tchèque	..	..	..	..	..	..	..	293	337	365
Dem. Rep. of the Congo *[7] Rép. dém. du Congo *[7]	50	...	...	...	...	...	...	...	...	...
Dominican Republic[8] Rép. dominicaine[8]	13	11	13	...	...	...	...	...	...	...
Egypt Egypte	...	...	...	589	601	603	609	613	329	494
Estonia Estonie	..	..	..	..	..	..	168	111	55	74
Ethiopia[2] Ethiopie[2]	79	84	87	96	68	65	32	30	36	61
Finland[5] Finlande[5]	80	53	70	* 58	46	41	24	20	20	19

47
Fabrics
Woven cotton and wool, cellulosic and non-cellulosic fibres: million square metres [cont.]
Tissus
Tissus de coton, laines, fibres cellulosiques et non cellulosiques : millions de mètres carrés [suite]

Country or area / Pays ou zone	1985	1986	1987	1988	1989	1990	1991	1992	1993	1994
Germany † / Allemagne†	..	..	..	..	..	..	929	763	687	635
F. R. Germany[5] / R. f. Allemagne[5]	990	946	1 014	962	943	896	..	..	..	..
former German D. R. / l'ex-R. d. allemande	298	308	287	304	304	213	..	..	..	..
Ghana[5] / Ghana[5]	15	...	...	...	...	...	...	...	...	...
Greece * / Grèce *	...	...	381	382	394	...	...	...	...	...
Haiti / Haïti	1	1	1	...	...	...	...	...	...	...
Honduras[7] / Honduras[7]	10	...	...	...	...	...	...	...	...	...
Hungary[5] / Hongrie[5]	287	292	292	295	247	206	133	86	78	76
India / Inde	12 610	12 367	12 912	12 269	13 750	15 177	16 478	17 582	19 648	...
Japan[9] / Japon[9]	2 061	1 974	1 837	1 885	1 915	1 765	1 603	1 465	1 205	1 180
Jordan[8] / Jordanie[8]	* 2	1	2	...	...	...	...	...	...	...
Kazakhstan / Kazakhstan	..	..	..	..	..	..	134	135	136	85
Kenya / Kenya	54	51	51	46	38	45	27	31	40	43
Korea, Republic of[6] / Corée, République de[6]	482	559	567	623	648	620	608	483	480	447
Kyrgyzstan / Kirghizistan	..	..	..	..	..	..	119	119	65	49
Latvia / Lettonie	..	..	..	..	..	..	45	22	0	...
Lithuania / Lituanie	..	..	..	..	..	..	106	89	48	42
Macau / Macao	...	...	...	...	...	...	...	...	15	...
Madagascar / Madagascar	78	81	75	68	72	...	...	...	50	42	...
Myanmar[10] / Myanmar[10]	68	* 53	* 36	* 31	21	...	...	...	...	...
Nepal / Népal	12 000	21 386	11 897	8 467	...	...	...	...	...	...
Niger * / Niger *	6	31	39	20	...	...	...	...	...	...
Nigeria / Nigéria	285[7]	102[7]	323[7]	331	279	316	395	420	393	380
Norway[5] / Norvège[5]	16	16	16	14	...	...	...	...	...	...
Pakistan[11] / Pakistan[11]	272[7]	253[7]	238[7]	282[7]	270[7]	295[7]	293[7]	308[7]	325[7]	315

47
Fabrics
Woven cotton and wool, cellulosic and non-cellulosic fibres: million square metres [cont.]
Tissus
Tissus de coton, laines, fibres cellulosiques et non cellulosiques : millions de mètres carrés [suite]

Country or area Pays ou zone	1985	1986	1987	1988	1989	1990	1991	1992	1993	1994
Paraguay Paraguay	* 11	* 14	* 7	14	16	...	...	...	...	...
Poland[5,12] Pologne[5,12]	887	878	801	839	811	474	332	290	284	321
Portugal Portugal	...	...	...	...	...	...	...	...	...	...
Republic of Moldova République de Moldova	..	..	..	..	..	..	165	150	1	0
Romania[5] Roumanie[5]	695	727	705	689	709	536	437	289	271	294
Russian Federation Fédération de Russie	..	..	..	..	..	..	5 949	3 799	2 822	1 631
Senegal * Sénégal *	3	...	3	...	...	...	...	...	...	...
Slovakia Slovaquie	..	..	..	..	..	..	..	...	78	76
Slovenia Slovénie	..	..	..	..	..	..	102[12]	78[12]	81	81
South Africa Afrique du Sud	139	158	172	163	188	175	170	138	166	162
Sweden * Suède *	...	...	...	67	65	...	...	...	...	...
Tajikistan Tadjikistan	..	..	..	..	..	..	102	58	57	...
Thailand[5] Thaïlande[5]	825	881	...	...	...	...	...	...	...	...
TFYR Macedonia L'ex-R.y. Macédoine	..	..	..	..	..	..	25	21	19	23
Turkmenistan Turkménistan	..	..	..	..	..	..	28	29	29	...
Uganda[5] Ouganda[5]	10[8]	10[8]	10[8]	11[8]	12[8]	8[8]	9[8]	10[8]	7[8]	4
Ukraine Ukraine	..	..	..	..	..	..	561	509	262	...
former USSR†[5] l'ex-URSS†[5]	8 580	8 770	8 721	8 670	8 906	8 647	..	..	..	..
United Kingdom Royaume-Uni	315	308	280	240	* 246	* 198	* 185	...	...	...
United Rep.Tanzania Rép. Unie de Tanzanie	54	48	60	44	46	46	38	49	40	...
United States Etats-Unis	3 278	3 648	3 990	3 873	3 837	3 732	3 682	3 846	3 682	3 740
Uzbekistan Ouzbékistan	..	..	..	..	..	..	392	474	482	...
Viet Nam Viet Nam	439	427	432	458	403	380	...	...	...	...
former Dem. Yemen l'ex-Yémen dém.	3	3	3	...	...	...	...	...	...	...
Yugoslavia[6,8] Yougoslavie[6,8]	..	..	..	..	..	..	46	38	26	27

47
Fabrics
Woven cotton and wool, cellulosic and non-cellulosic fibres: million square metres [cont.]
Tissus
Tissus de coton, laines, fibres cellulosiques et non cellulosiques : millions de mètres carrés [suite]

Country or area Pays ou zone	1985	1986	1987	1988	1989	1990	1991	1992	1993	1994
Yugoslavia, SFR†[13] Yougoslavie, Rfs†[13]	344	358	366	351	339	...	..	..	..	..
Zambia Zambie	21	18	...	...	11	...	...	...	...	...

B. Wool · Laines

Total	2 288	2 335	2 298	2 338	2 287	2 077	1 829	1 567	1 369	1 182
Afghanistan *[1] Afghanistan *[1]	0	0	0	0	...	...	...	...	...	...
Algeria Algérie	18	18	12	...	...	...	...	...	...	...
Armenia Arménie	..	..	..	..	..	..	4	3	1	0
Australia Australie	11[2]	11[2]	11[2]	11[2]	10[2]	8	8	8	8	8
Austria Autriche	16	15	13	11	10	9	8	8	5	3
Azerbaijan Azerbaïdjan	..	..	..	..	..	..	10	7	6	3
Belarus Bélarus	..	..	..	..	..	..	49	39	40	20
Belgium[14] Belgique[14]	10	10	6	5	5	5	6	4	4	...
Bulgaria[5] Bulgarie[5]	61	64	66	52	51	47	26	22	23	...
Croatia Croatie	..	..	..	..	..	..	5	6	7	7
Cuba[15] Cuba[15]	0	0	0	0	0	...	...	...	...	...
former Czechoslovakia†[5] l'ex-Tchécoslovaquie†[5]	87	85	85	86	87	77	57	..	..	..
Czech Republic République tchèque	..	..	..	..	.	..	..	46	43	39
Denmark[16] Danemark[16]	...	1[7]	1[7]	*2[7]	2[7]	1[7]	1[7]	1[7]	1	1
Egypt Egypte	...	...	...	...	*28	23	24	23	9	14
Estonia Estonie	..	..	..	..	..	..	7	4	1	0
Finland[5] Finlande[5]	2	2	1	*1	1	*0	*0	*0	*0	...
France France	45	40	29	19	21	16	15	13	9	37
Germany † Allemagne†	..	..	..	..	..	..	121	119	...	...
F. R. Germany[5] R. f. Allemagne[5]	104	102	100	104	109	108	..	..	..	..
former German D. R. l'ex-R. d. allemande	41	42	44	47	50	38	..	..	..	..

463 Manufacturing Industries manufacturières

47
Fabrics
Woven cotton and wool, cellulosic and non-cellulosic fibres: million square metres [cont.]
Tissus
Tissus de coton, laines, fibres cellulosiques et non cellulosiques : millions de mètres carrés [suite]

Country or area Pays ou zone	1985	1986	1987	1988	1989	1990	1991	1992	1993	1994
Hungary[5] Hongrie[5]	23	22	18	17	21	11	7	4	3	1
Iceland Islande	0	0	0	0	0	0	0	0	0	0
Ireland[5] Irlande[5]	3	3	2	2	2	2	...	...	...	...
Japan[7,9] Japon[7,9]	326	313	331	353	351	335	345	326	287	286
Kazakhstan Kazakhstan	..	..	..	..	..	..	31	23	20	10
Kenya Kenya	4	3	4	3	2	0	...	...	0	0
Korea, Republic of Corée, République de	14[5]	16[5]	17[5]	19[5]	21[5]	20[5]	20[5]	20[5]	19[5]	20
Kyrgyzstan Kirghizistan	..	..	..	..	..	..	13	11	9	4
Latvia Lettonie	..	..	..	..	..	..	11	8	2	...
Lithuania Lituanie	..	..	..	..	..	..	22	17	12	9
Mexico Mexique	13	11	...	...	...	...	...	...	...	...
Mongolia Mongolie	2	2	2	*2	...	...	...	...	...	...
Netherlands[5] Pays-Bas[5]	4	5	4	4	5	4	4	4	...	...
New Zealand Nouvelle-Zélande	3	2	2	2	...	...	...	...	...	...
Norway[5,17] Norvège[5,17]	3	3	2	2	2	...	...	...	...	...
Pakistan[2] Pakistan[2]	2	2	2	2	...	...	...	...	...	...
Paraguay[17] Paraguay[17]	0	*0	*0	...	...	...	...	...	...	...
Poland[5,18] Pologne[5,18]	158	155	150	152	146	98	67	50	48	51
Republic of Moldova République de Moldova	..	..	..	..	..	..	0	0	0	0
Romania[5] Roumanie[5]	128	137	135	133	141	107	100	69	68	65
Russian Federation Fédération de Russie	..	..	..	..	..	..	492	351	270	114
Slovakia Slovaquie	..	..	..	..	..	..	..	11[5]	10[5]	10
Slovenia Slovénie	..	..	..	..	..	..	15	15	13	10
South Africa[17] Afrique du Sud[17]	16	17	20	19	19	19	15	11	10	11
Switzerland[17] Suisse[17]	14	14	12	11	9	10	10	9	7	7

47
Fabrics
Woven cotton and wool, cellulosic and non-cellulosic fibres: million square metres [cont.]
Tissus
Tissus de coton, laines, fibres cellulosiques et non cellulosiques : millions de mètres carrés [suite]

Country or area Pays ou zone	1985	1986	1987	1988	1989	1990	1991	1992	1993	1994
TFYR Macedonia L'ex-R.y. Macédoine	..	..	..	..	..	..	10	9	7	5
Turkmenistan Turkménistan	..	..	..	..	..	..	3	3	3	...
Ukraine Ukraine	..	..	..	..	..	..	79	77	60	...
former USSR† l'ex-URSS†	841	842	854	876	890	865	..	..	..	..
United Kingdom Royaume-Uni	91[19]	93[19]	90[19]	89[19]	25[19]	20[19]	*39	*37	*33	*38
United States Etats-Unis	116	167	141	159	148	118	142	147	154	149
Uzbekistan Ouzbékistan	..	..	..	..	..	..	1	1	1	...
Yugoslavia[8,15] Yougoslavie[8,15]	..	..	..	..	..	..	28	25	16	15
Yugoslavia, SFR†[13] Yougoslavie, Rfs†[13]	101	110	105	104	100	...	..	..	..	..

C. Cellulosic and non-cellulosic fibres · Fibres cellulosiques et non cellulosiques

	1985	1986	1987	1988	1989	1990	1991	1992	1993	1994
Total	19 734	20 312	20 313	21 360	22 271	23 324	21 498	21 491	20 081	20 553
Algeria * Algérie *	20	...	...	...	...	...	...	...	...	...
Australia[23] Australie[23]	155	161	170	167	192	179	185	186	185	...
Austria Autriche	102	117	95	90	96	101	66	73	47	41
Belarus[20] Bélarus[20]	..	..	..	..	..	..	175	147	135	85
Belgium[21] Belgique[21]	2 630	2 762	2 828	3 154	3 639	3 955	3 883	4 259	4 776	...
Bulgaria[5,22] Bulgarie[5,22]	45	46	47	...	...	...	...	...	...	...
China, Hong Kong SAR†[23] Chine, Hong-Kong RAS†[23]	...	1[24]	1[24]	1[24]	1	0	1	2	3	3
Croatia Croatie	..	..	..	..	..	..	12	12	14	11
Cuba[20] Cuba[20]	28	...	...	...	...	...	...	...	...	...
former Czechoslovakia† l'ex-Tchécoslovaquie†	112	115	117	118	115	113	83	..	..	..
Czech Republic[24] République tchèque[24]	..	..	..	..	..	..	..	..	36	29	...
Ethiopia[2,24] Ethiopie[2,24]	6	6	6	6	5	5	3	2	4	4
Finland[5] Finlande[5]	#42	36	34	*35	*34	27	*17	*14	14	11
France France	1 919	2 032	1 841	1 962	2 446	2 668	2 763	3 517	2 891	2 885

47
Fabrics
Woven cotton and wool, cellulosic and non-cellulosic fibres: million square metres [cont.]
Tissus
Tissus de coton, laines, fibres cellulosiques et non cellulosiques: millions de mètres carrés [suite]

Country or area Pays ou zone	1985	1986	1987	1988	1989	1990	1991	1992	1993	1994
Germany † Allemagne†	..	..	..	..	..	..	1 477	1 359	1 154	1 116
F. R. Germany[5] R. f. Allemagne[5]	1 005	1 039	984	1 343	1 473	1 471	..	..	..	..
former German D. R. l'ex-R. d. allemande	251	247	256	258	249	..	..	..	..	..
Greece *[7 20] Grèce *[7 20]	9	...	...	...	...	...	...	...	...	...
Hungary[5] Hongrie[5]	91	86	82	75	67	45	35	22	20	19
India Inde	2 759	...	...	...	...	...	...	...	...	...
Ireland[5] Irlande[5]	27	36	49	...	...	...	...	...	...	...
Japan[7 9] Japon[7 9]	3 787	3 560	3 307	3 340	3 365	3 376	3 263	3 175	2 758	2 578
Korea, Republic of[24] Corée, République de[24]	2 145	2 619	2 988	3 157	2 908	3 428	3 479	3 094	2 459	2 540
Mexico Mexique	584[20]	499[20]	365[24]	364[24]	...	...	...	...	...	...
Netherlands[5] Pays-Bas[5]	123[24]	* 179	* 172	* 170	...	...	...	...	...	...
Poland[5] Pologne[5]	154	146	138	154	148	113	88	98	85	106
Portugal Portugal	...	...	...	...	...	...	...	154	...	...
Republic of Moldova[25] République de Moldova[25]	..	..	..	..	..	..	44	22	...	...
Slovakia[24] Slovaquie[24]	..	..	..	..	..	..	..	...	...	13
Slovenia[20] Slovénie[20]	..	..	..	..	..	..	7	6	5	10
Sweden[26] Suède[26]	70	50	54	...	...	...	...	...	...	...
Thailand[20] Thaïlande[20]	812	875	...	...	...	...	...	...	...	...
TFYR Macedonia[20] L'ex-R.y. Macédoine[20]	..	..	..	..	..	..	5	3	2	1
Tunisia *[24] Tunisie *[24]	2	...	...	...	...	...	...	...	...	...
former USSR† l'ex-URSS†	1 878	1 895	1 990	2 016	2 049	...	..	..	..	..
United Kingdom Royaume-Uni	415	436	407	423	...	...	...	...	...	...
Yugoslavia[20] Yougoslavie[20]	..	..	..	..	..	..	...	5	...	...
Yugoslavia, SFR† Yougoslavie, Rfs†	31	33	26	30	38	...	..	..	..	..

47 Fabrics
Woven cotton and wool, cellulosic and non-cellulosic fibres: million square metres [cont.]
Tissus
Tissus de coton, laines, fibres cellulosiques et non cellulosiques : millions de mètres carrés [suite]

Source:
Industrial statistics database of the Statistics Division of the United Nations Secretariat.

† For information on recent changes in country or area nomenclature pertaining to former Czechoslovakia, Germany, Hong Kong Special Administrative Region of China, SFR Yugoslavia and former USSR, see Annex I - Country or area nomenclature, regional and other groupings.

†† For statistical purposes, the data for China do not include those for the Hong Kong Special Administrative Region (Hong Kong SAR) and Taiwan province of China.

1 Twelve months beginning 21 March of year stated.
2 Twelve months ending 30 June of year stated.
3 Including pile and chenille fabrics of non-cellulosic fibres.
4 Including cotton blankets and carpets.
5 After undergoing finishing processes.
6 Including mixed cotton fabrics.
7 Including finished fabrics and blanketing made of synthetic fibers.
8 Including cellulosic fabrics.
9 Shipments.
10 Production by government-owned enterprises only.
11 Factory production only.
12 Including fabrics of cotton substitutes.
13 Including woven cellulosic fabrics.
14 Including woollen blankets and carpets.
15 Including mixed wool fabrics.
16 Sales.
17 Pure woollen fabrics only.
18 Including fabrics of wool substitutes.
19 Deliveries of woollen & worsted fabrics (weight: more than 15% of wool or animal fibres).
20 Cellulosic fibres only.
21 Including blankets and carpets of cellulosic and non-cellulosic fibres.
22 Including silk fabrics.
23 1982-1988 data are confidential (cellulosic fibres).
24 Non-cellulosic fibres only.
25 Cellulosic fibres and silk fabrics only.
26 Including woven non-cellulosic fabrics.

Source:
Base de données pour les statistiques industrielles de la Division de statistique du Secrétariat de l'ONU.

† Pour les modifications récentes de nomenclature de pays ou de zone concernant l'Allemagne, Hong-Kong (Région administrative spéciale de Chine), l'ex-Tchécoslovaquie, l'ex-URSS et l'ex-Rfs de Yougoslavie, voir annexe I - Nomenclature des pays ou des zones, groupements régionaux et autres groupements.

†† Les données statistiques relatives à la Chine ne comprennent pas celles qui concernent la région administrative spéciale de Hong-Kong (la RAS de Hong-Kong) et la province chinoise de Taiwan.

1 Période de douze mois commençant le 21 mars de l'année indiquée.
2 Période de douze mois finissant le 30 juin de l'année indiquée.
3 Y compris les tissus bouclés et tissus chenille de fibres non cellulosiques.
4 Y compris les couvertures et les tapis en coton.
5 Après opérations de finition.
6 Y compris les tissus de cotton mélangé.
7 Y compris les tissus finis et les couvertures en fibres synthétiques.
8 Y compris les tissus en fibres cellulosiques.
9 Expéditions.
10 Production des établissements d'Etat seulement.
11 Production des fabriques seulement.
12 Y compris les tissus de succédanés de coton.
13 Y compris les tissus en fibres cellulosiques.
14 Y compris les couvertures et tapis en laine.
15 Y compris les tissues de laine mélangée.
16 Ventes.
17 Tissus de laine pure seulement.
18 Y compris les tissus de succédanés de laine.
19 Quantités livrées de tissus de laine cardée et peignée (poids : plus de 15% de laine ou fibres animales).
20 Fibres cellulosiques seulement.
21 Y compris les couvertures et les tapis en fibres cellulosiques et non cellulosiques.
22 Y compris les tissus de soie.
23 1982-1988 les données sont confidentielles (fibres cellulosiques).
24 Fibres non-cellulosiques seulement.
25 Fibres cellulosiques et les tissus de soie seulement.
26 Y compris les tissus en fibres non cellulosiques.

48
Leather footwear
Chaussures de cuir
Production: thousand pairs
Production : milliers de paires

Country or area Pays or zone	1985	1986	1987	1988	1989	1990	1991	1992	1993	1994
Total	4 373 740	4 479 925	4 215 116	4 572 330	4 499 671	4 482 413	4 179 875	4 020 644	3 811 594	3 672 408
Afghanistan Afghanistan	380	613	701	607	...	...	...	...	...	...
Algeria Algérie	17 909	18 421	18 100	14 689	14 943	16 376	11 824	9 040	7 171	6 467
Angola Angola	...	...	154	241	155	143	95	48	...	...
Armenia Arménie	..	..	..	..	..	..	11 340	5 661	3 517	1 612
Australia Australie	36 404[1]	35 164[1]	33 743[1]	29 334[1]	29 032[1]	# 1 875	1 935	383	283	315
Austria Autriche	26 107	23 667	20 729	16 859	16 769	16 553	16 760	14 842	13 229	12 767
Azerbaijan Azerbaïdjan	..	..	..	..	..	..	10 262	5 221	4 068	3 043
Belarus Bélarus	..	..	..	..	..	..	45 343	37 207	33 412	26 358
Belgium Belgique	5 343	5 000	4 343	3 916	3 810	3 562	3 454	3 190	2 267	...
Bolivia Bolivie	1 302	1 312	...	1 001	938	833	857	1 089	1 308	...
Brazil Brésil	139 251	152 094	135 791	140 795	157 749	141 000	152 925	156 540	190 026	146 540
Bulgaria Bulgarie	29 623	29 932	30 668	32 284	33 206	27 214	17 048	13 421	10 785	...
Burkina Faso Burkina Faso	1 318	890	667	470	500	500	1 271	1 200[2]	...	...
Cameroon Cameroun	3 964[3]	2 415[3]	1 725[3]	1 733[3]	1 800[3]	1 800[3]	1 800[2]	1 900[2]	...	...
Canada Canada	44 394	43 087	38 774	33 901	15 100[2]	15 100[2]	16 000[2]	16 000[2]	...	...
Central African Rep. Rép. centrafricaine	611	544	159	200	200	200	200[2]	200[2]	...	...
Chile Chili	6 357	6 318	6 277	6 614	7 601	7 577	9 231	9 311	9 270	8 317
China †† Chine ††	730 610	798 450	618 680	1 055 390	1 103 933	1 202 565	1 328 950	1 613 647	...	...
China, Hong Kong SAR† Chine, Hong-Kong RAS†	80 642	98 178	61 008	134 951	48 710	73 496	...	8 433	...	...
Colombia[2] Colombie[2]	23 500	20 000	22 000	23 700	26 700	28 100	30 000	30 000	...	...
Congo Congo	1 127[4]	535[4]	180[4]	296[4]	147[4]	* 300[4]	300[2]	300[2]	...	...
Côte d'Ivoire Côte d'Ivoire	1 600	1 700	1 700	1 800	1 800	1 800	1 800[2]	1 800[2]	...	...
Croatia Croatie	..	..	..	..	..	..	11 717	11 240	13 449	12 459

48
Leather footwear
Production: thousand pairs [cont.]
Chaussures de cuir
Production : milliers de paires [suite]

Country or area Pays or zone	1985	1986	1987	1988	1989	1990	1991	1992	1993	1994
Cuba Cuba	12 396	13 492	14 183	13 300	11 004	13 400	13 000[2]	13 400[2]	...	...
Cyprus Chypre	12 277	12 273	13 097	13 377	11 643	10 447	10 591	6 199	3 835	3 820[5]
former Czechoslovakia† l'ex-Tchécoslovaquie†	131 410	124 469	119 427	119 088	120 226	113 596	72 134	..	..	..
Czech Republic République tchèque	..	..	..	..	..	..	..	36 948	32 293	20 255
Dem. Rep. of the Congo[2] Rép. dém. du Congo[2]	800	900	900	900	900	900	900	900	...	...
Denmark[2] Danemark[2]	5 000	5 500	6 000	4 800	4 400	4 400	4 400	4 600	...	...
Dominican Republic Rép. dominicaine	9 458	9 611	* 2 500	2 100[2]	2 100[2]	2 100[2]	2 000[2]	2 200[2]	...	...
Ecuador Equateur	* 1 400	1 567	1 400	1 500	1 500	1 500	1 600[2]	1 936	...	...
Egypt Egypte	66 328	65 347	66 287	50 438	50 375	48 325	48 311	48 390	48 385	48 394
El Salvador El Salvador	* 3 500	* 3 200	* 3 300	3 600	3 600	3 600	3 700[2]	3 800[2]	...	...
Estonia Estonie	..	..	..	..	..	..	6 301	3 208	1 035	827
Ethiopia[6] Ethiopie[6]	6 030[7]	8 868[7]	11 130[7]	11 409[7]	12 957[7]	5 367	3 374	2 419	3 083	2 871
Finland Finlande	7 407	9 414	8 635	6 860	5 243	4 752	3 683	3 606	3 291	3 421
France[3] France[3]	196 992	194 753	183 209	168 564	169 788	194 700	168 084	160 320	151 124	131 051
Germany † Allemagne†	..	..	..	..	..	..	84 435	63 672	55 485	47 193
F. R. Germany R. f. Allemagne	86 678	86 629	78 291	71 674	68 697	64 358	..	..	..	..
former German D. R. l'ex-R. d. allemande	83 551	85 518	87 980	91 382	91 518	61 822	..	..	..	..
Greece Grèce	11 305	11 430	13 900[4]	13 220	12 359	12 260	10 712	9 264	...	...
Haiti[2] Haïti[2]	500	600	500	500	500	500	500	600	...	...
Hungary Hongrie	49 756	46 934	44 340	40 063	33 107	27 426	20 757	14 752	12 783	12 499
Iceland Islande	83	74	60	20	29	39	46	18	...	...
India[8] Inde[8]	167 938	193 385	194 455	200 320	198 761	198 404	188 309	187 493	187 148	...
Indonesia[9] Indonésie[9]	61 948	73 219	109 345	5 338	5 565	9 749	1 890	...	...	...
Iran, Islamic Rep. of[10] Iran, Rép. islamique d'[10]	24 717	21 129	21 946	21 005	21 849	23 374	18 849	17 785	...	...
Iraq Iraq	4 200[2]	3 305	4 900[2]	4 669	4 600	4 400	5 000[2]	4 087	...	...

48
Leather footwear
Production: thousand pairs [cont.]
Chaussures de cuir
Production : milliers de paires [suite]

Country or area Pays or zone	1985	1986	1987	1988	1989	1990	1991	1992	1993	1994
Ireland Irlande	1 914	2 492	2 202	2 097	1 913	1 403	3 000[2]	3 200[2]	...	...
Italy[2] Italie[2]	371 600	362 000	343 500	327 300	311 900	320 200	310 200	295 000	...	...
Jamaica[2] Jamaïque[2]	700	700	700	700	700	700	700	800	...	...
Japan[11 12] Japon[11 12]	53 387	51 975	51 984	56 023	53 819	54 054	53 351	52 455	47 703	51 503
Kenya Kenya	1 361	1 465	1 306	1 381	1 696	1 605	1 190	1 480	1 571	1 774
Korea, Republic of Corée, République de	19 209	22 603	25 807	25 339	24 023	24 440	26 384	25 409	19 085	16 806
Kyrgyzstan Kirghizistan	..	..	..	..	..	..	9 507	5 751	3 528	1 650
Latvia Lettonie	..	..	..	..	..	..	7 778	5 738	2 669	1 257
Lithuania Lituanie	..	..	..	..	..	..	11 154	7 702	3 657	1 565
Madagascar[9] Madagascar[9]	2 172	2 889	1 686	1 036	1 356	807	837	702	306	...
Mexico Mexique	...	...	9 943	15 528	15 986	16 249	14 685	14 570	12 881	11 652
Mongolia Mongolie	2 883	3 149	3 517	3 921	4 140	3 000	3 500[2]	3 500[2]	...	...
Mozambique Mozambique	599	829	104	374	346	347	242	148	...	...
Nepal Népal	112[13]	121[13]	214[13]	332[13]	124[13]	600[2]	700[2]	800[2]	...	...
Netherlands[3] Pays-Bas[3]	9 452	9 349	8 556	6 249	6 197[14 15]	5 598[14 15]	5 255[14 15]	5 289[14 15]	6 315[14 15]	5 455[14 15]
New Zealand Nouvelle-Zélande	7 701	7 396	7 327	5 385	5 073	4 977[1]	4 022[1]	3 764[1]	3 525[1]	3 590[1]
Nicaragua Nicaragua	*1 000	*1 000	*1 100	*1 100	*1 100	*1 100	1 200[2]	1 300[2]	...	...
Nigeria Nigéria	8 256	6 455	4 574	6 097	3 423	3 779	7 093	4 538	4 554	4 666
Norway Norvège	1 400[4]	1 200[4]	1 000[4]	800[4]	800[4]	900[4]	900[2]	1 000[2]	...	...
Panama Panama	1 852	*1 400	1 791	1 047	999	1 507	1 600[2]	1 700[2]	...	...
Paraguay Paraguay	4 790	4 936	5 308	5 053	5 094	5 300	5 500[2]	5 600[2]	...	...
Peru[2] Pérou[2]	17 900	18 000	18 500	18 400	18 400	18 800	19 000	20 000	...	...
Philippines[2] Philippines[2]	7 500	8 000	10 600	10 400	10 100	10 000	12 000	15 000	...	...
Poland Pologne	147 603	146 996	151 619	155 639	150 833	98 200	66 857	55 181	47 905	53 236
Portugal Portugal	31 333	34 167	35 173	37 762	43 667	75 378	39 658	53 990	...	...

48
Leather footwear
Production: thousand pairs [cont.]
Chaussures de cuir
Production : milliers de paires [suite]

Country or area Pays or zone	1985	1986	1987	1988	1989	1990	1991	1992	1993	1994
Republic of Moldova République de Moldova	..	..	..	..	..	..	20 751	14 504	4 897	2 267
Romania Roumanie	99 732	105 093	102 871	99 751	110 733	80 670	63 196	41 237	41 893	45 666
Russian Federation Fédération de Russie	..	..	..	..	..	..	336 411	220 415	145 889	76 531
Rwanda Rwanda	16	21	24	25	...	...	...	...	...	...
Saint Kitts and Nevis Saint-Kitts-et-Nevis	23	24	...	...	...	...	...	...	...	...
Senegal Sénégal	2 851	*1 800	*2 000	561	186	302	153	644	508	...
Singapore Singapour	3 789[4]	*2 600[4]	*2 700[4]	2 700[4]	2 800[4]	2 800[4]	3 000[2]	3 100[2]	...	...
Slovakia Slovaquie	..	..	..	..	..	..	..	22 875	17 257	12 636
Slovenia Slovénie	..	..	..	..	..	..	9 124	9 492	8 923	6 005
South Africa[3] Afrique du Sud[3]	47 488	45 789	46 062	44 370	50 658	51 633	49 318	42 251	44 492	41 078
Spain Espagne	113 888	114 621	109 714	117 707	114 089	117 199	115 190	106 959	...	...
Sri Lanka Sri Lanka	263	359	358	328	270	339	276	272	274	...
Sudan[2] Soudan[2]	8 500	6 000	5 000	4 000	4 000	4 000	3 000	3 000	...	...
Sweden Suède	3 826	3 977	4 263	2 518	2 088	1 904	2 500[2]	3 000[2]	1 013	...
Switzerland Suisse	5 813	5 462	4 832	4 544	4 285	4 039	3 353	3 035	3 261	3 203
Tajikistan Tadjikistan	..	..	..	..	..	..	9 000	5 000	4 000	...
TFYR Macedonia L'ex-R.y. Macédoine	..	..	..	..	..	..	4 238	3 786	2 031	1 760
Togo Togo	*521	286	29	100	100	100	100[2]	100[2]	...	...
Tunisia Tunisie	4 000[2]	5 000[2]	5 300[2]	7 000[2]	9 800	10 380	11 590	13 220	15 800	15 580
Turkmenistan Turkménistan	..	..	..	..	..	..	2 802	1 999	1 414	...
Ukraine Ukraine	..	..	..	..	..	..	177 336	143 970	...	...
former USSR† l'ex-URSS†	787 610	800 745	808 993	819 050	826 988	843 245	..	..	...	...
United Kingdom Royaume-Uni	128 698[16]	129 017[16]	124 298[16]	120 589[16]	101 318[16]	92 673[16]	41 000[2]	43 000[2]	...	...
United Rep.Tanzania Rép. Unie de Tanzanie	1 324	1 260	609	569	445	459	328	168	55	...
United States Etats-Unis	265 098	240 932	230 046	231 595	218 025	184 568	168 992	164 904	171 733	156 712

48
Leather footwear
Production: thousand pairs [cont.]
Chaussures de cuir
Production : milliers de paires [suite]

Country or area Pays or zone	1985	1986	1987	1988	1989	1990	1991	1992	1993	1994
Uzbekistan Ouzbékistan	..	..	..	..	..	..	45 443	40 491	40 499	...
Viet Nam Viet Nam	...	...	...	5 290	...	5 827	6 188	5 672	...	...
former Yemen Arab Rep. l'ex-Yémen rép. arabe	240	217	...	...	...	...	...	...	...	...
former Dem. Yemen l'ex-Yémen dém.	112	171	239	...	...	...	...	...	...	...
Yugoslavia Yougoslavie	..	..	..	..	..	..	17 965	16 043	10 435	8 796
Yugoslavia, SFR† Yougoslavie, Rfs†	93 063	99 503	93 051	86 336	91 616	..	..	..	..	..

Source:
Industrial statistics database of the Statistics Division of the United Nations Secretariat.

† For information on recent changes in country or area nomenclature pertaining to former Czechoslovakia, Germany, Hong Kong Special Administrative Region of China, SFR Yugoslavia and former USSR, see Annex I - Country or area nomenclature, regional and other groupings.

†† For statistical purposes, the data for China do not include those for the Hong Kong Special Administrative Region (Hong Kong SAR) and Taiwan province of China.

1 Twelve months ending 30 June of year stated.
2 Source: Food and Agriculture Organization (FAO), (Rome).
3 Including rubber footwear.
4 Including rubber and plastic footwear.
5 Including other footwear, house footwear, sandals and other light footwear. Also including rubber footwear.
6 Twelve months ending 7 July of the year stated.
7 Including canvas, plastic and rubber footwear.
8 Production by large and medium scale establishments only.
9 Including plastic footwear.
10 Production by establishments employing 50 or more persons.
11 Shipments.
12 Production by establishments employing 10 or more persons.
13 Twelve months beginning 16 July of year stated.
14 Sales.
15 Production by establishments employing 20 or more persons.
16 Manufacturers' sales.

Source:
Base de données pour les statistiques industrielles de la Division de statistique du Secrétariat de l'ONU.

† Pour les modifications récentes de nomenclature de pays ou de zone concernant l'Allemagne, Hong-Kong (Région administrative spéciale de Chine), l'ex-Tchécoslovaquie, l'ex-URSS et l'ex-Rfs de Yougoslavie, voir annexe I - Nomenclature des pays ou des zones, groupements régionaux et autres groupements.

†† Les données statistiques relatives à la Chine ne comprennent pas celles qui concernent la région administrative spéciale de Hong-Kong (la RAS de Hong-Kong) et la province chinoise de Taiwan.

1 Période de douze mois finissant le 30 juin de l'année indiquée.
2 Source: Organisation des Nations Unies pour l'alimentation et l'agriculture (FAO), (Rome).
3 Y compris les chaussures en caoutchouc.
4 Y compris les chaussures en caoutchouc et en matière plastique.
5 Y compris les autres chaussures, chaussures de maison, sandales et autres chaussures légères. Y compris également sures en
6 Période de douze mois finissant le 7 juillet de l'année indiquée.
7 Y compris les chaussures en toile, en matière plastique et en caoutchouc.
8 Production des grandes et moyennes entreprises seulement.
9 Y compris les chaussures en matière plastique.
10 Production des établissements occupant 50 personnes ou plus.
11 Expéditions.
12 Production des établissements occupant 10 personnes ou plus.
13 Période de douze mois commençant le 16 juillet de l'année indiquée.
14 Ventes.
15 Production des éstablissements occupant 20 prsonnes ou plus.
16 Ventes des fabricants.

49

Sawnwood
Sciages

Production (sawn): thousand cubic metres
Production (sciés) : milliers de mètres cubes

Country or area Pays ou zone	1986	1987	1988	1989	1990	1991	1992	1993	1994	1995
World *Monde*	484 295	505 250	507 985	506 814	505 146	457 036	437 293	430 988	435 012	426 682
Africa **Afrique**	8 002	8 319	8 384	8 222	8 127	7 849	8 008	7 731	9 177	9 374
Algeria[1] Algérie[1]	13	13	13	13	13	13	13	13	13	13
Angola Angola	5	5	5	5	5	5[1]	5[1]	5[1]	5[1]	5[1]
Benin Bénin	11	11[1]	11[1]	14	14[1]	27	24	24[1]	24[1]	24[1]
Burkina Faso Burkina Faso	2	2	2	2	2	2	2[1]	2[1]	2[1]	2[1]
Burundi Burundi	3	3[1]	3	3	2	3	3	20	21	21[1]
Cameroon Cameroun	552	580	492	489	489[1]	489[1]	489[1]	465[1]	1 400	1 400[1]
Central African Rep. Rép. centrafricaine	54	52	52[1]	57	63	60	68	60[1]	73	70
Chad Tchad	1[1]	1[1]	1[1]	1[1]	1	2	2	2	2[1]	2[1]
Congo Congo	77	60	57	46	50	54	52	52[1]	57	62
Côte d'Ivoire Côte d'Ivoire	765	775	784	777	753	608	623	587	708	706
Dem. Rep. of the Congo Rép. dém. du Congo	120	127	135	131	117	105	105[1]	105[1]	* 80	* 100
Equatorial Guinea Guinée équatoriale	30[1]	10	10	12	12	13	8	7	4	4
Ethiopia[1] Ethiopie[1]	...	...	...	...	...	...	...	40	33	33
Ethiopia incl. Eritrea Ethiopie comp. Erythrée	45[1]	45[1]	39	34	22	12	12[1]	...	...	...
Gabon Gabon	100[1]	* 46	* 37	* 30	* 37	* 85	* 155	* 153	* 173	* 170
Gambia[1] Gambie[1]	1	1	1	1	1	1	1	1	1	1
Ghana Ghana	355	455	455	537	472	400	420	504	801	876
Guinea Guinée	70	70	70	70	70	70	63	65	72	85
Guinea-Bissau[1] Guinée-Bissau[1]	16	16	16	16	16	16	16	16	16	16
Kenya Kenya	173	195	188	185	185[1]	185[1]	185[1]	185[1]	185[1]	185[1]
Liberia Libéria	191	411	411[1]	* 140	* 85	* 75	* 125	* 90	90[1]	90[1]
Libyan Arab Jamah.[1] Jamah. arabe libyenne[1]	31	31	31	31	31	31	31	31	31	31
Madagascar Madagascar	234	234[1]	234	234	234	233	238[1]	144	69	69[1]

49
Sawnwood
Production (sawn): thousand cubic metres [cont.]
Sciages
Production (sciés) : milliers de mètres cubes [suite]

Country or area Pays ou zone	1986	1987	1988	1989	1990	1991	1992	1993	1994	1995
Malawi Malawi	23	30	31	*39	*43	*43	43[1]	45	45[1]	45[1]
Mali Mali	6	11	13	13[1]	13[1]	13[1]	13[1]	13[1]	13[1]	13[1]
Mauritius Maurice	1	4	4	5	4	5	4	5	4	2
Morocco Maroc	90[1]	80[1]	53	83	83[1]	83[1]	83[1]	83[1]	83[1]	83[1]
Mozambique Mozambique	39	42	36	30	26	18	16[1]	30	30	42
Niger Niger	0	0	0	0	0	0	1[1]	4[1]	4[1]	4[1]
Nigeria Nigéria	2 712	2 712[1]	2 712	2 712	2 729	2 723	2 723	2 723	2 723[1]	2 723[1]
Réunion Réunion	2	2	1	1	3	2	2[1]	2[1]	2[1]	2[1]
Rwanda Rwanda	13	13	13	11	8	8	36	36[1]	36[1]	36[1]
Sao Tome and Principe Sao Tomé-et-Principe	3[1]	4[1]	5	5[1]	5[1]	5[1]	5[1]	5[1]	5[1]	5[1]
Senegal Sénégal	20	27	19	15	22	23	23[1]	23[1]	23[1]	23[1]
Sierra Leone Sierra Leone	12	12[1]	12[1]	12[1]	11	9	9[1]	5	5[1]	5[1]
Somalia[1] Somalie[1]	14	14	14	14	14	14	14	14	14	14
South Africa Afrique du Sud	*1 734	*1 734	*1 873	1 873[1]	*1 936	*1 792	1 818	1 383	1 499	1 574
Sudan Soudan	13	13[1]	13	5	4	2	3	3	3	3
Swaziland Swaziland	103	61	74	79	77	75	75	75	75[1]	75[1]
Togo Togo	2	4	4	3	6	2	3	3[1]	8	14
Tunisia Tunisie	9	11[1]	12	20	16	17	6	19	20	20[1]
Uganda Ouganda	23[1]	23[1]	28	28[1]	28[1]	28[1]	82	83	83[1]	83[1]
United Rep.Tanzania Rép. Unie de Tanzanie	154	156	156[1]	156[1]	156[1]	156[1]	48[1]	39[1]	24[1]	24[1]
Zambia Zambie	67	51	76	101	81	94	112	318	367	367[1]
Zimbabwe Zimbabwe	114	175	190	190[1]	190[1]	250	250[1]	250[1]	250[1]	250[1]
America, North **Amérique du Nord**	**158 018**	**173 170**	**171 995**	**167 166**	**168 302**	**158 270**	**168 640**	**169 803**	**175 800**	**169 332**
Bahamas[1] Bahamas[1]	1	1	1	1	1	1	1	1	1	1
Belize Belize	14	14[1]	14[1]	14[1]	14[1]	14[1]	14[1]	14[1]	14[1]	14[1]

49
Sawnwood
Production (sawn): thousand cubic metres [cont.]
Sciages
Production (sciés) : milliers de mètres cubes [suite]

Country or area Pays ou zone	1986	1987	1988	1989	1990	1991	1992	1993	1994	1995
Canada Canada	54 853	61 775	60 737	59 245	54 906	52 040	56 318	59 774	61 650	60 436
Costa Rica Costa Rica	412[1]	503	515	439	412	412	772	798	746[1]	780[1]
Cuba Cuba	108	114	118	130	130[1]	130[1]	130[1]	130[1]	130[1]	130[1]
Dominican Republic Rép. dominicaine	0	0[1]	0	0	0	0	0	0	0[1]	0[1]
El Salvador[1] El Salvador[1]	44	47	54	70	70	70	70	70	70	70
Guadeloupe[1] Guadeloupe[1]	1	1	1	1	1	1	1	1	1	1
Guatemala Guatemala	90	90[1]	23[1]	36[1]	37[1]	55[1]	90[1]	398	417	355
Haiti[1] Haïti[1]	14	14	14	14	14	14	14	14	14	14
Honduras Honduras	405	464	447	412	328	303	411	364	373	235[1]
Jamaica Jamaïque	26	30	44	40	40	32	27	24	20	12
Martinique Martinique	0[1]	1	2	1	1[1]	1[1]	1	1[1]	1[1]	1[1]
Mexico Mexique	2 143	2 410	2 528[1]	2 447[1]	2 366	* 2 696	2 696[1]	2 560	2 693	2 329
Nicaragua Nicaragua	222[1]	180[1]	140[1]	110[1]	80	80[1]	61	65	27	74
Panama Panama	30[1]	25[1]	18	50[1]	48[1]	16	37	37[1]	37[1]	37[1]
Trinidad and Tobago Trinité-et-Tobago	22	19	21	80	53	42	59	35	58	58[1]
United States Etats-Unis	99 632	107 481	107 317	104 075	109 800	102 363	107 937	105 516	109 547	104 784
America, South Amérique du Sud	**25 169**	**26 132**	**26 065**	**25 733**	**25 282**	**25 930**	**26 705**	**25 474**	**27 190**	**27 692**
Argentina Argentine	978[1]	1 139[1]	950[1]	950[1]	950[1]	950[1]	1 472	998	1 080	1 080[1]
Bolivia Bolivie	57	62[1]	51	102	102	125[1]	230	268	185	162
Brazil Brésil	18 063[1]	18 063[1]	18 179[1]	18 179[1]	17 179[1]	18 628[1]	18 628[1]	18 628[1]	18 691	19 091
Chile Chili	2 026	2 677	2 710	2 684	3 327	3 218	3 020	3 113	3 364	3 364[1]
Colombia Colombie	813	813[1]	813[1]	813[1]	813[1]	813[1]	758	694	644	644
Ecuador Equateur	1 258	1 265	1 280	1 492	1 641	865	908	196	1 600	1 700
French Guiana Guyane française	19[1]	19[1]	19[1]	19[1]	19[1]	19[1]	19[1]	18	15	15[1]
Guyana Guyana	60	57	57[1]	57[1]	50[1]	50[1]	50[1]	50[1]	77	101

49

Sawnwood
Production (sawn): thousand cubic metres [cont.]
Sciages
Production (sciés) : milliers de mètres cubes [suite]

Country or area Pays ou zone	1986	1987	1988	1989	1990	1991	1992	1993	1994	1995
Paraguay Paraguay	766	862	906	510[1]	228	313	357	357[1]	357[1]	357[1]
Peru Pérou	615	628	546	392	499	477	500	592	649	650
Suriname Suriname	61[1]	42[1]	73[1]	44	44	40	43	33	29	29[1]
Uruguay Uruguay	117	169	185	201	229	205	269	269[1]	269[1]	269[1]
Venezuela Venezuela	336	336	296	290	201	227	451	258	230	230[1]
Asia Asie	100 851	105 657	105 992	107 947	104 713	100 069	97 306	101 624	98 137	96 400
Afghanistan[1] Afghanistan[1]	400	400	400	400	400	400	400	400	400	400
Bangladesh Bangladesh	79	79[1]	79[1]	79[1]	79[1]	79[1]	79[1]	79[1]	79[1]	79[1]
Bhutan Bhoutan	5	5	3	5	35	35	21	18	18[1]	18[1]
Brunei Darussalam Brunéi Darussalam	90	90[1]	90	90	90	90	90	90	90[1]	90[1]
Cambodia Cambodge	43	43	43	43	71	122	132[1]	155[1]	195	175[1]
China †† Chine ††	26 702	26 577	26 522	25 177	23 160	20 521	19 317	25 268	25 162	25 162
China, Hong Kong SAR† Chine, Hong-Kong RAS†	248[1]	248[1]	248[1]	587	421	421[1]	439	441	441[1]	441[1]
Cyprus Chypre	59	57	55	60	22	16	14	17	15	15
India Inde	17 460[1]	17 460[1]	17 460[1]	17 460[1]	17 460[1]	17 460	17 460[1]	17 460[1]	17 460[1]	17 460[1]
Indonesia Indonésie	7 549	9 887	10 290	10 357	9 145	8 638	8 438	8 338	6 838	6 638
Iran, Islamic Rep. of Iran, Rép. islamique d'	202[1]	219[1]	239	262	169	173	187	170	178	159
Iraq[1] Iraq[1]	8	8	8	8	8	8	8	8	8	8
Japan Japon	29 105	30 159	* 30 138	* 30 542	29 781[1]	28 264[1]	27 277[1]	26 260[1]	25 906[1]	24 493[1]
Korea, Dem. P. R.[1] Corée, R. p. dém. de[1]	280	280	280	280	280	280	280	280	280	280
Korea, Republic of Corée, République de	3 563	4 145	4 014	4 194	3 897	4 041	3 513	3 199	3 862	3 440
Lao People's Dem. Rep. Rép. dém. pop. lao	16	30	40	100	100	300	170[1]	262	331	546
Lebanon Liban	22	18	16	18	13	11	9	9	9[1]	9[1]
Malaysia Malaisie	5 525	6 285	6 662	8 275	8 849	8 993	9 369	9 395	8 843	8 312[1]
Mongolia Mongolie	470[1]	470[1]	470[1]	553	509	270	230	157	157[1]	157[1]

49
Sawnwood
Production (sawn): thousand cubic metres [cont.]
Sciages
Production (sciés) : milliers de mètres cubes [suite]

Country or area Pays ou zone	1986	1987	1988	1989	1990	1991	1992	1993	1994	1995
Myanmar Myanmar	568	392	283	375	296	282	302	339	347[1]	347[1]
Nepal Népal	220[1]	220[1]	220[1]	220[1]	570	620	620[1]	620[1]	620[1]	620[1]
Pakistan Pakistan	647	659	755	1 022	1 450	1 520	1 450	1 503	1 127	1 266
Philippines Philippines	977	1 233	1 033	975	846	729	647	440	407	279
Singapore[1] Singapour[1]	175	152	120	90	55	30	25	25	25	25
Sri Lanka Sri Lanka	20[1]	20[1]	20[1]	20[1]	10	5	5	5[1]	5[1]	5[1]
Syrian Arab Republic[1] Rép. arabe syrienne[1]	9	9	9	9	9	9	9	9	9	9
Thailand Thaïlande	1 027	1 095	1 044	1 259	1 170	939	1 076	715	568	916
Turkey Turquie	4 923[1]	4 923[1]	4 923[1]	4 923[1]	4 923[1]	4 928	4 891	5 241	4 037	4 331
Viet Nam Viet Nam	459[1]	494[1]	529[1]	564[1]	896	885	849	721	721[1]	721[1]
Europe **Europe**	**84 381**	**84 213**	**85 260**	**87 385**	**88 112**	**80 191**	**74 520**	**76 208**	**83 725**	**86 051**
Albania Albanie	200[1]	200[1]	200[1]	200[1]	382	382[1]	382[1]	4	5	5[1]
Austria Autriche	5 818	5 944	6 478	6 920	7 509	7 239	7 020	6 786	7 572	7 804
Belarus Bélarus	...	...	...	...	...	...	1 693	1 545	1 545[1]	1 545[1]
Belgium-Luxembourg Belgique-Luxembourg	824	909	1 009	1 164	1 194	1 244	1 184	1 184[1]	1 209	1 209
Bulgaria Bulgarie	1 338	1 490	1 459	1 402	1 108	1 114	324	253	253[1]	253[1]
Croatia Croatie	...	...	...	...	...	...	651	699	601	589
Czech Republic République tchèque	...	...	...	...	...	...	...	3 025	3 155	3 420
former Czechoslovakia† l'ex-Tchécoslovaquie†	5 251	5 186	5 128	4 860	4 764	3 621	...	...	...	...
Estonia Estonie	...	...	...	...	...	...	300	300[1]	341	350
Denmark Danemark	879[1]	861[1]	861[1]	861[1]	861[1]	861	620	583	583[1]	583[1]
Finland Finlande	7 143	7 563	7 823	7 763	7 503	5 983	6 983	8 375	9 748	9 448
France France	9 318	9 612	10 248	10 655	10 960	10 974	10 488	9 132	10 050	10 500
Germany † Allemagne†	...	...	...	...	...	13 322	13 496	11 522	13 567	14 025
F. R. Germany R. f. Allemagne	9 805	9 754	10 395	11 388	12 203	...	...	...	...	...

49
Sawnwood
Production (sawn): thousand cubic metres [cont.]
Sciages
Production (sciés) : milliers de mètres cubes [suite]

Country or area Pays ou zone	1986	1987	1988	1989	1990	1991	1992	1993	1994	1995
former German D. R. l'ex-R. d. allemande	2 431	2 465	2 489	2 521	2 521[1]	...	...	...	...	...
Greece Grèce	454	428	410	417	355	387	337	337[1]	337[1]	337[1]
Hungary Hongrie	1 277	1 225	1 237	1 253	1 098	936	667	480	417	382
Ireland Irlande	300[1]	300[1]	300[1]	356	386	386[1]	575	637	709	710
Italy Italie	1 919	1 905	2 095	1 998	1 950	1 850	1 823	1 700	1 808	1 850
Latvia Lettonie	...	...	...	...	...	...	740	446	950	1 300
Lithuania Lituanie	...	...	...	...	...	...	105[1]	699	760	940
Netherlands Pays-Bas	425	387	435	465	455	425	405	389	383	426
Norway Norvège	2 260	2 362	2 387	2 492	2 413	2 262	2 362	2 315	2 415	2 420
Poland Pologne	6 645	6 442	5 577	4 878	4 129	3 205	4 082	4 260	5 300	5 650
Portugal Portugal	2 070	2 095	2 088	2 090	2 090	1 970	1 550	1 494	1 670	1 731
Romania Roumanie	3 538	2 858	2 758	2 850	2 911	2 233	2 460	2 460[1]	1 727	1 777
Slovakia Slovaquie	...	...	...	...	...	...	...	550	700	646
Slovenia Slovénie	...	...	...	...	...	...	403	513	513	513[1]
Spain Espagne	2 613	2 643	2 427	2 993	3 267	3 162	2 468	2 717	3 175	2 830
Sweden Suède	11 641	11 524	11 267	11 487	12 018	11 463	12 128	12 738	13 816	14 759
Switzerland Suisse	1 719	1 650	1 693	1 700	1 985	1 727	1 525	1 410	1 320	1 479
TFYR Macedonia L'ex-R.y. Macédoine	...	...	...	...	...	...	...	63	57	42
United Kingdom Royaume-Uni	1 807	1 823	1 919	2 191	2 271	2 241	2 097	2 112	2 225	2 253
Yugoslavia Yougoslavie	...	...	...	...	...	...	490[1]	470[1]	410[1]	410
Yugoslavia, SFR† Yougoslavie, Rfs†	4 706	4 587	4 577	4 481	3 779	3 204	...	...	...	...
Oceania **Océanie**	**5 874**	**5 259**	**5 489**	**5 561**	**5 610**	**5 427**	**5 907**	**6 268**	**6 667**	**6 999**
Australia Australie	3 220	3 131	3 342	3 165	3 151	2 858	3 041	3 187	3 431	3 691
Fiji Fidji	78	88	103	94	94[1]	141[1]	91[1]	111	112	102
New Caledonia Nouvelle-Calédonie	4	4[1]	5	5	5	3	2	2	3	3[1]

478 Manufacturing Industries manufacturières

49
Sawnwood
Production (sawn): thousand cubic metres [cont.]
Sciages
Production (sciés) : milliers de mètres cubes [suite]

Country or area Pays ou zone	1986	1987	1988	1989	1990	1991	1992	1993	1994	1995
New Zealand Nouvelle-Zélande	2 412	1 876	1 881	2 135	2 198	2 263	2 544	2 805	2 861	2 943
Papua New Guinea Papouasie-Nvl-Guinée	117[1]	117[1]	117[1]	117[1]	117[1]	117[1]	183	118	218	218
Samoa Samoa	21	21[1]	21	21	21	21	21	21	21[1]	21[1]
Solomon Islands Iles Salomon	15	13	12	16	16[1]	16[1]	16[1]	16[1]	12	12[1]
Tonga Tonga	2	2[1]	2[1]	1[1]	1[1]	1[1]	1[1]	1[1]	1[1]	1[1]
Vanuatu Vanuatu	6	7	7	7	7	7	7	7	7[1]	7[1]
former USSR† **l'ex-URSS†**	**102 000**	**102 500**	**104 800**	**104 800**	**105 000**	**79 300**	...	...	...	...

Source:
Food and Agriculture Organization of the United Nations (Rome).

† For information on recent changes in country or area nomenclature pertaining to former Czechoslovakia, Germany, Hong Kong Special Administrative Region of China, SFR Yugoslavia and former USSR, see Annex I - Country or area nomenclature, regional and other groupings.

†† For statistical purposes, the data for China do not include those for the Hong Kong Special Administrative Region (Hong Kong SAR) and Taiwan province of China.

1 FAO estimate.

Source:
Organisation des Nations Unies pour l'alimentation et l'agriculture (Rome).

† Pour les modifications récentes de nomenclature de pays ou de zone concernant l'Allemagne, Hong-Kong (Région administrative spéciale de Chine), l'ex-Tchécoslovaquie, l'ex-URSS et l'ex-Rfs de Yougoslavie, voir annexe I - Nomenclature des pays ou des zones, groupements régionaux et autres groupements.

†† Les données statistiques relatives à la Chine ne comprennent pas celles qui concernent la région administrative spéciale de Hong-Kong (la RAS de Hong-Kong) et la province chinoise de Taiwan.

1 Estimation de la FAO.

50
Paper and paperboard
Papiers et cartons
Production: thousand metric tons
Production : milliers de tonnes métriques

Country or area Pays ou zone	1986	1987	1988	1989	1990	1991	1992	1993	1994	1995
World *Monde*	203 296	214 664	227 576	233 167	240 122	243 364	245 137	253 173	276 722	286 351
Africa Afrique	2 331	2 373	2 603	2 756	2 734	2 694	2 646	2 570	2 489	2 680
Algeria Algérie	120	120[1]	120[1]	120[1]	* 91	* 91	91[1]	93	87	* 78
Cameroon[1] Cameroun[1]	5	5	5	5	5	5	5	5	5	5
Dem. Rep. of the Congo Rép. dém. du Congo	3	3	2[1]	1	1[1]	1[1]	3	3[1]	3[1]	3[1]
Egypt Egypte	145[1]	* 160	160[1]	* 216	* 223	208	201	* 220	* 219	* 221
Ethiopia incl.Eritrea Ethiopie comp. Erythrée	10[1]	12[1]	10[1]	10[1]	* 8	6	3	..	..	..
Ethiopia Ethiopie	..	..	..	..	..	..	...	8	8	8[1]
Kenya Kenya	85	89	100	108	* 93	* 92	176	176[1]	* 108	* 113
Libyan Arab Jamah. Jamah. arabe libyenne	* 6	6[1]	6[1]	6[1]	6[1]	6[1]	6[1]	6[1]	6[1]	6[1]
Madagascar Madagascar	15	8	6[1]	6[1]	6	5	5	6	5	4
Morocco Maroc	* 109	105[1]	103[1]	102[1]	* 119	* 117	102	99	103	106
Mozambique Mozambique	* 2	2[1]	2[1]	2[1]	* 1	2[1]	2[1]	1[1]	1[1]	1[1]
Nigeria Nigéria	76	76[1]	95	73	79	65	62	55	55	57
South Africa Afrique du Sud	* 1 611	1 600	1 800	1 899	* 1 904	* 1 905	* 1 800	* 1 710	* 1 684	1 871
Sudan Soudan	9[1]	* 10	10[1]	10[1]	* 4	* 3	3[1]	3[1]	3[1]	3[1]
Tunisia Tunisie	53	62	70	82	78	72	71	* 80	* 92	* 90
Uganda Ouganda	* 2	2[1]	2[1]	2[1]	* 3	* 3	3[1]	3[1]	3[1]	3[1]
United Rep.Tanzania Rép. Unie de Tanzanie	...	29	28	28[1]	25	25[1]	25[1]	25[1]	25[1]	25[1]
Zambia Zambie	5	3	2	4	2	2	2	4	2	2[1]
Zimbabwe Zimbabwe	* 75	81	82	82[1]	86	86[1]	86[1]	* 73	* 81	84
America, North Amérique du Nord	82 415	86 379	89 823	89 614	91 519	92 389	94 724	97 399	110 267	111 186
Canada Canada	15 259	16 044	16 639	16 555	16 466	16 559	16 585	17 557	18 348	18 691
Costa Rica Costa Rica	13[1]	13[1]	17	18	19	19[1]	19[1]	19[1]	* 20	20[1]
Cuba Cuba	150	148	141	168	* 123	* 118	* 60	* 57	57[1]	57[1]

50
Paper and paperboard
Production: thousand metric tons [cont.]
Papiers et cartons
Production : milliers de tonnes métriques [suite]

Country or area Pays ou zone	1986	1987	1988	1989	1990	1991	1992	1993	1994	1995
Dominican Republic Rép. dominicaine	10[1]	10[1]	10[1]	10[1]	10[1]	10[1]	10[1]	7	7[1]	7[1]
El Salvador[1] El Salvador[1]	16	17	17	17	17	17	17	17	17	17
Guatemala Guatemala	17	14	14	14	14	14	14	14	25	31
Jamaica Jamaïque	11[1]	2	3	4	4	4	5	3	3[1]	...
Mexico Mexique	2 469	2 573	3 375	3 294[1]	2 873	2 896[1]	* 2 825	2 447	2 517	* 3 047
Panama Panama	26	26[1]	20	20	28	28	28	28	28[1]	28[1]
United States Etats-Unis	64 444	67 532	69 587	69 514	71 965	72 724	75 161	77 250	89 245	89 288
America, South **Amérique du Sud**	**7 235**	**7 644**	**7 685**	**7 609**	**7 686**	**7 986**	**8 182**	**8 370**	**8 813**	**9 195**
Argentina Argentine	998	1 027	974[1]	917	891	* 963	976	850	* 961	* 1 019
Bolivia Bolivie	1[1]	2	2[1]	2[1]	5	...	...	...	...	...
Brazil Brésil	4 525	4 712	4 685	4 806	4 844	4 888	4 913	5 352	5 730	5 856
Chile Chili	388	442	449	438	462	486	508	526	553	573
Colombia Colombie	457	488	501	501	494	521	629	595	672	690
Ecuador Equateur	34	34	35	35	44	129	160	103	78	83
Paraguay Paraguay	8	10	11	11[1]	12	13	13	13	13[1]	13[1]
Peru Pérou	149	209	260	311	263	279	241	241	94	140
Uruguay Uruguay	64	66	59	63	61	75	83	83[1]	83[1]	86
Venezuela Venezuela	612	654	708	524	610	632	659	607	629	735
Asia **Asie**	**41 043**	**45 125**	**49 395**	**53 162**	**57 045**	**60 332**	**63 168**	**66 630**	**71 883**	**77 946**
Bangladesh Bangladesh	* 113	* 114	96	97	92	97	97[1]	* 150	* 160	160[1]
China †† Chine ††	12 601	14 231	15 700	16 487	17 328	18 525	19 929	22 692	25 470	28 243
China, Hong Kong SAR† Chine, Hong-Kong RAS†	* 40	40[1]	40[1]	40[1]	* 80	* 115	* 120	* 193	* 250	* 280
India Inde	1 806	1 871	1 977	2 050	2 185	2 362	2 528	2 626	* 2 859	* 3 025
Indonesia Indonésie	* 611	813	974	1 158	* 1 438	* 1 755	* 2 263	2 600[1]	* 3 054	3 880
Iran, Islamic Rep. of Iran, Rép. islamique d'	80[1]	90[1]	100	142[1]	* 211	* 235	190	* 260	205	205[1]

50
Paper and paperboard
Production: thousand metric tons [cont.]
Papiers et cartons
Production : milliers de tonnes métriques [suite]

Country or area Pays ou zone	1986	1987	1988	1989	1990	1991	1992	1993	1994	1995
Iraq Iraq	28[1]	28[1]	28[1]	28[1]	55	13	13[1]	13[1]	*18	18[1]
Israel Israël	151	160	170	179	194	200	215	213	229	275
Japan Japon	21 062	22 537	24 625	26 809	28 088	29 053	28 324	27 764	28 527	29 664
Jordan Jordanie	*14	12	10	12	*15	*15	15[1]	29	31	31[1]
Korea, Dem. P. R.[1] Corée, R. p. dém. de[1]	80	80	80	80	80	80	80	80	80	80
Korea, Republic of Corée, République de	2 773	3 163	3 659	4 018	4 524	4 922	5 504	5 804	6 435	*6 878
Lebanon Liban	42	42[1]	37	37[1]	37[1]	42	42[1]	42[1]	42[1]	42[1]
Malaysia Malaisie	73	97	120	251	275	293	636	663	574	665
Myanmar Myanmar	23	9	8	10	11	11[1]	11[1]	15	15[1]	15[1]
Nepal Népal	*2	2[1]	2[1]	2[1]	13	13	13[1]	13[1]	13[1]	13[1]
Pakistan Pakistan	80	96	147	151	229	206	229	362	403	420
Philippines Philippines	218	358	314	239	245	473	570	*518	*518	*613
Singapore Singapour	10[1]	10[1]	10[1]	10[1]	*80	*85	85[1]	*96	*97	*87
Sri Lanka Sri Lanka	25	25[1]	28[1]	17	16	23	26	29	31	31[1]
Syrian Arab Republic Rép. arabe syrienne	*5	10[1]	19	19[1]	19[1]	1	1[1]	1[1]	1[1]	1[1]
Thailand Thaïlande	431	465	514	520	877	958	1 150	1 306	1 663	1 960
Turkey Turquie	710	813	681	751	891	747	1 013	1 032	1 102	*1 235
Viet Nam Viet Nam	65[1]	59	56	56[1]	62	108	115	129	*106	*125
Europe **Europe**	**57 610**	**60 407**	**64 697**	**66 686**	**67 653**	**67 540**	**67 520**	**70 613**	**76 596**	**77 939**
Albania Albanie	8	8	26	26	44	44[1]	44[1]	44[1]	44[1]	44[1]
Austria Autriche	2 183	2 396	2 650	2 754	2 932	3 090	3 252	3 301	3 603	3 599
Belarus Bélarus	..	..	..	..	..	...	267[1]	175[1]	131	131[1]
Belgium-Luxembourg Belgique-Luxembourg	850	1 031	1 133	1 170	1 196	1 233	1 147	1 147[1]	1 088	1 088[1]
Bulgaria Bulgarie	458	456	477	438	322	258	153	*129	*148	148[1]
Croatia Croatie	..	..	..	..	..	...	100	114	248	213

482 Manufacturing Industries manufacturières

50
Paper and paperboard
Production: thousand metric tons [cont.]
Papiers et cartons
Production : milliers de tonnes métriques [suite]

Country or area Pays ou zone	1986	1987	1988	1989	1990	1991	1992	1993	1994	1995
former Czechoslovakia† l'ex-Tchécoslovaquie†	1 255	1 273	1 266	1 305	1 300	1 087	..	..	..	..
Czech Republic République tchèque	..	..	..	..	..	..	...	643	700	738
Denmark Danemark	293	326	343	326	335	356	317	339	345	345[1]
Estonia Estonie	..	..	..	..	..	...	42	42[1]	42[1]	42[1]
Finland Finlande	7 549	8 011	8 652	8 754	8 967	8 776	9 147	9 990	10 909	10 942
France France	5 583	5 581	6 313	6 754	7 049	7 442	7 691	7 975	8 701	8 619
Germany † Allemagne†	..	..	..	..	..	12 904	13 214	13 034	14 457	14 827
F. R. Germany R. f. Allemagne	9 409	9 938	10 576	11 259	11 873	..	..	..	..	..
former German D. R. l'ex-R. d. allemande	1 320	1 340	1 362	1 351	1 351[1]	..	..	..	..	..
Greece Grèce	283	280	280	280	361	387	387[1]	750	750[1]	750[1]
Hungary Hongrie	517	522	535	504	443	364	348	292	328	321
Ireland Irlande	37	29	33	34	35	36	...	...	...	...
Italy Italie	4 631	4 882	5 512	5 640	5 587	5 795	6 040	6 019	6 705	6 802
Latvia Lettonie	..	..	..	..	..	...	45	10	4	6
Lithuania Lituanie	..	..	..	..	..	...	50	31	23	29
Netherlands Pays-Bas	2 088	2 168	2 460	2 572	2 770	2 862	2 835	2 855	3 011	2 967
Norway Norvège	1 573	1 590	1 670	1 789	1 819	1 784	1 683	1 968	2 148	2 263
Poland Pologne	1 327	1 380	1 448	1 406	1 064	1 066	1 147	1 183	1 326	1 727
Portugal Portugal	590	628	681	740	780	877	959	878	949	977
Romania Roumanie	811	816	819	739	547	359	359[1]	359[1]	288	363
Russian Federation Fédération de Russie	..	..	..	..	..	...	5 765	4 459	3 412	4 070
Slovakia Slovaquie	..	..	..	..	..	..	...	303	299	327
Slovenia Slovénie	..	..	..	..	..	...	413	401	460	460[1]
Spain Espagne	3 152	3 251	3 408	3 446	3 446	3 576	3 449	3 348	3 503	3 684

50
Paper and paperboard
Production: thousand metric tons [cont.]
Papiers et cartons
Production : milliers de tonnes métriques [suite]

Country or area Pays ou zone	1986	1987	1988	1989	1990	1991	1992	1993	1994	1995
Sweden Suède	7 364	7 812	8 161	8 363	8 419	8 349	8 378	8 781	9 284	9 169
Switzerland Suisse	1 087	1 147	1 216	1 259	1 295	1 259[1]	1 305	1 332	1 450	1 450[1]
TFYR Macedonia L'ex-R.y. Macédoine	..	..	..	..	..	..	...	22	24	22
United Kingdom Royaume-Uni	3 941	4 184	4 295	4 475	4 824	4 951	5 152	5 406	5 829	6 095
Yugoslavia Yougoslavie	..	..	..	..	..	...	513	537	732	695
Yugoslavia, SFR† Yougoslavie, Rfs†	1 301	1 358	1 381	1 302	894	685	..	..	..	..
Oceania **Océanie**	**2 267**	**2 170**	**2 492**	**2 605**	**2 768**	**2 833**	**2 728**	**2 875**	**3 061**	**3 127**
Australia Australie	1 596	1 526	1 792	1 870	2 011	2 018	1 990	2 039	2 197	2 224
New Zealand Nouvelle-Zélande	671	644	700	735	757	815	738	836	864	903
former USSR† **l'ex-URSS†**	**10 395**	**10 566**	**10 881**	**10 735**	**10 718**	**9 590**	**..**	**..**	**..**	**..**

Source:
Food and Agriculture Organization of the United Nations (Rome).

† For information on recent changes in country or area nomenclature pertaining to former Czechoslovakia, Germany, Hong Kong Special Administrative Region of China, SFR Yugoslavia and former USSR, see Annex I - Country or area nomenclature, regional and other groupings.

†† For statistical purposes, the data for China do not include those for the Hong Kong Special Administrative Region (Hong Kong SAR) and Taiwan province of China.

1 FAO estimate.

Source:
Organisation des Nations Unies pour l'alimentation et l'agriculture (Rome).

† Pour les modifications récentes de nomenclature de pays ou de zone concernant l'Allemagne, Hong-Kong (Région administrative spéciale de Chine), l'ex-Tchécoslovaquie, l'ex-URSS et l'ex-Rfs de Yougoslavie, voir annexe I - Nomenclature des pays ou des zones, groupements régionaux et autres groupements.

†† Les données statistiques relatives à la Chine ne comprennent pas celles qui concernent la région administrative spéciale de Hong-Kong (la RAS de Hong-Kong) et la province chinoise de Taiwan.

1 Estimation de la FAO.

51

Tires
Pneumatiques : enveloppes

Production: thousands
Production : milliers

Country or area Pays ou zone	1985	1986	1987	1988	1989	1990	1991	1992	1993	1994
Total	748 325	767 057	808 189	866 460	877 392	862 035	832 986	899 047	843 138	861 049
Angola[1] Angola[1]	...	...	12	4	60	46	20	...	...	...
Argentina Argentine	3 904	4 579	4 974	5 297	4 594	4 677	4 568	5 365	6 038	7 083
Armenia Arménie	..	..	..	..	..	..	485	97	65	104
Australia[2 3] Australie[2 3]	5 846	6 600	5 576	7 450	7 450	7 600	...	...	...	...
Azerbaijan Azerbaïdjan	..	..	..	..	..	..	271	222	134	65
Belarus Bélarus	..	..	..	..	..	..	3 367	2 862	1 916	1 027
Brazil[4] Brésil[4]	22 827	24 376	28 224	29 255	29 215	29 162	28 926	30 306	31 795	33 395
Bulgaria Bulgarie	1 659	1 668	1 857	1 693	1 762	1 795	1 125	1 034	783	552
Canada[5] Canada[5]	26 655	28 765	27 200	25 032	20 664	21 692	...	...	...	...
Chile Chili	858	862	1 221	1 347	1 562	1 632	1 825	2 002	2 198	2 285
China ††[1] Chine ††[1]	19 260	19 243	23 332	29 910	32 262	32 091	38 723	51 834	6 391	9 302
Colombia Colombie	1 856	1 851	1 955	1 915	1 875	1 408	1 437	...	...	...
Croatia Croatie	..	..	..	..	..	..	34	...	...	...
Cuba Cuba	345	319	232	320	230	373[6]	88[6]	126[6]	63[6]	112[6]
Cyprus Chypre	105	91	* 91	* 92	89	* 99	* 72	38	* 38	* 42
former Czechoslovakia† l'ex-Tchécoslovaquie†	4 547	4 737	4 858	5 058	5 263	5 315	4 733	..	..	..
Czech Republic République tchèque	..	..	..	..	..	..	..	3 123	3 572	...
Ecuador[6] Equateur[6]	97	96	97	99	128	102	115	894	908	912
Egypt Egypte	845	1 011	1 038	1 006	1 126	1 171	1 243	1 186	1 162	1 176
Finland[7] Finlande[7]	1 339	...	...	...	...	...	...	...	...	...
France France	47 316	51 138	49 344	54 043	61 678	54 536	57 876	59 928	53 390	66 744
Germany † Allemagne†	..	..	..	..	..	..	...	50 993	45 595	46 415
F. R. Germany R. f. Allemagne	40 475	42 826	47 083	48 644	49 467	48 247	..	..	..	..
former German D. R. l'ex-R. d. allemande	6 003	6 183	6 275	6 328	6 259	4 052	..	..	..	..

51
Tires
Production: thousands [cont.]
Pneumatiques: enveloppes
Production : milliers [suite]

Country or area Pays ou zone	1985	1986	1987	1988	1989	1990	1991	1992	1993	1994
Hungary Hongrie	578	635	674	686	736	605	612	528	444	504
India Inde	5 042	6 383	5 616	7 537	8 066	8 460	8 312	8 756	9 276	10 368
Indonesia Indonésie	3 420	4 740	4 791	6 564	6 396	7 848	6 396	8 460	14 376	...
Iran, Islamic Rep. of[8] Iran, Rép. islamique d'[8]	3 577	3 573	4 587	4 638	4 814	6 012	6 255	6 170	...	...
Israel Israël	930	744	920	573	751	778	...	...	...	...
Italy Italie	27 955	30 860	32 005	32 053	33 625	30 767	32 447	29 978	29 138	31 520
Jamaica Jamaïque	208	215	263	242	286	347	326	308	359	331
Japan Japon	135 745	135 323	139 086	150 562	155 038	153 226	153 677	154 900	142 595	139 172
Kenya[9] Kenya[9]	...	725	617	631	797	813	462	474	456	478
Korea, Republic of Corée, République de	15 207	18 214	20 060	24 250	24 535	28 129	33 710	38 120	42 285	47 105
Malaysia[1] Malaisie[1]	3 622	3 846	5 173	6 222	6 156	6 764	7 970	8 540	9 486	10 156
Mexico Mexique	10 472	9 330	10 164	10 474	11 038	11 855	12 148	12 568	11 295	9 146
Morocco Maroc	779	821	943	...	...	...	...	...	...	...
Mozambique Mozambique	80	60	22	17	29	23	5	...	...	...
New Zealand[10] Nouvelle-Zélande[10]	1 222	1 389	1 565	1 650	1 460	1 550	...	...	...	...
Nigeria Nigéria	2 154	* 2 941	...	...	...	...	...	...	...	...
Pakistan[2] Pakistan[2]	307	412	382	679	907	915	952	784	712	783
Panama[6] Panama[6]	37	...	22	23	23	29	30	39	...	...
Peru Pérou	784	914	946	868	710	637	561	571[6]	595[6]	784[6]
Philippines Philippines	1 300	934	1 159	* 1 968	* 2 016	2 208	...	...	...	...
Poland Pologne	6 254	6 217	6 020	6 276	6 025	4 704	4 516	5 607	6 479	7 612
Portugal Portugal	2 286	2 385	2 754	3 261	3 292	2 976	2 184	...	1 824	...
Romania[10] Roumanie[10]	5 642	5 789	5 247	5 552	4 804	3 702	2 822	2 877	3 294	2 781
Russian Federation Fédération de Russie	..	..	..	..	..	..	33 522	33 682	31 208	17 449
Slovakia Slovaquie	..	..	..	..	..	..	..	..	...	3 797

486 Manufacturing Industries manufacturières

51
Tires
Production: thousands [cont.]
Pneumatiques: enveloppes
Production: milliers [suite]

Country or area Pays ou zone	1985	1986	1987	1988	1989	1990	1991	1992	1993	1994
Slovenia Slovénie	..	..	..	..	..	..	3 289	4 133	4 371	4 627
South Africa Afrique du Sud	5 041	5 432	6 066	6 813	6 817	7 478	7 236	7 136	7 421	7 811
Spain Espagne	19 386	20 034	23 204	24 323	24 696	23 361	23 812	25 670	...	...
Sri Lanka Sri Lanka	180	200	330	228	339	382	392	276	184	...
Sweden Suède	2 996	3 001	2 852	*2 980	*2 915	*2 162	2 158	2 517	2 336	...
Thailand Thaïlande	2 126	2 264	3 063	3 980	4 320	4 183	4 518	...	...	...
TFYR Macedonia L'ex-R.y. Macédoine	..	..	..	..	..	..	1	...	...	...
Tunisia Tunisie	261	358	374	471	505	480	510	439	568	463
Turkey Turquie	4 922	4 871	6 260	12 088	6 633	4 754	7 541	8 463	9 137	8 729
Ukraine Ukraine	..	..	..	..	..	..	7 859	7 886	7 699	...
former USSR†[11] l'ex-URSS†[11]	65 171	66 023	67 802	69 125	69 705	...	...	...	...	...
United Kingdom Royaume-Uni	24 216	25 644	27 624	30 204	31 080	29 376	28 500	30 408	29 256	*31 800
United Rep.Tanzania Rép. Unie de Tanzanie	113	139	197	188	213	208	185	158	190	...
United States Etats-Unis	195 972	190 296	202 980	211 356	212 868	210 660	202 391	230 256	237 444	243 600
Venezuela Venezuela	4 492	4 989	5 447	5 203	4 177	3 951	4 787	4 713	5 133[6]	4 964[6]
Yugoslavia Yougoslavie	..	..	..	..	..	...	2 782	744	1 332	
Yugoslavia, SFR†[3] Yougoslavie, Rfs†[3]	11 194	11 632	11 718	12 548	13 201	12 744	..	..	..	..

Source:
Industrial statistics database of the Statistics Division of the United Nations Secretariat.

† For information on recent changes in country or area nomenclature pertaining to former Czechoslovakia, Germany, Hong Kong Special Administrative Region of China, SFR Yugoslavia and former USSR, see Annex I - Country or area nomenclature, regional and other groupings.

†† For statistical purposes, the data for China do not include those for the Hong Kong Special Administrative Region (Hong Kong SAR) and Taiwan province of China.

Source:
Base de données pour les statistiques industrielles de la Division de statistique du Secrétariat de l'ONU.

† Pour les modifications récentes de nomenclature de pays ou de zone concernant l'Allemagne, Hong-Kong (Région administrative spéciale de Chine), l'ex-Tchécoslovaquie, l'ex-URSS et l'ex-Rfs de Yougoslavie, voir annexe I - Nomenclature des pays ou des zones, groupements régionaux et autres groupements.

†† Les données statistiques relatives à la Chine ne comprennent pas celles qui concernent la région administrative spéciale de Hong-Kong (la RAS de Hong-Kong)

Manufacturing   Industries manufacturières

51 Tires Production: thousands [cont.]
Pneumatiques: enveloppes Production : milliers [suite]

et la province chinoise de Taiwan.

1 Tires of all types.
2 Twelve months ending 30 June of year stated.
3 Including motorcycle tires.
4 Including tires for motorcycles and bicycles.
5 Source: International Rubber Study Group, (London).
6 Source: United Nations Economic Commission for Latin America (ECLA), (Santiago).
7 Beginning 1986, data are confidential.
8 Production by establishments employing 50 or more persons.
9 Including retreaded tires.
10 Including tires for vehicles operating off-the-road.
11 Including tires for agricultural vehicles, motorcycles and scooters.

1 Pneumatiques de tous genres.
2 Période de douze mois finissant le 30 juin de l'année indiquée.
3 Y compris les pneumatiques pour motocyclettes.
4 Y compris les pneumatiques pour motocyclettes et bicyclettes.
5 Source: "International Rubber Study Group", (Londres).
6 Source: Commission économique des Nations Unies pour l'Amérique Latine (CEPAL), (Santiago).
7 A partir de 1986, les données sont confidentielles.
8 Production des établissements occupant 50 personnes ou plus.
9 Y compris les pneumatiques rechapés.
10 Y compris les pneumatiques pour véhicules tous terrains.
11 Y compris les pneumatiques pour véhicules agricoles, motocyclettes et scooters.

52
Cement
Ciment

Production: thousand metric tons
Production : milliers de tonnes métriques

Country or area Pays ou zone	1985	1986	1987	1988	1989	1990	1991	1992	1993	1994
Total	939 621	985 570	1 033 868	1 099 595	1 135 902	1 143 201	1 159 885	1 209 196	1 264 378	1 353 646
Afghanistan[1] Afghanistan[1]	128	103	104	70	* 100	100	109	...	...	...
Albania Albanie	642	709	708	746	753	645	311	197	198	240
Algeria Algérie	6 096	6 448	7 541	7 195	6 778	6 337	6 323	7 093	6 951	6 093
Angola Angola	205	354[2]	242	331	298	305	314	370	...	...
Argentina Argentine	4 795	5 553	6 302	6 028	4 449	3 612	4 399	5 051	5 647	6 306
Armenia Arménie	..	..	..	..	..	..	1 507	368	198	122
Australia Australie	5 680	6 106	5 920	6 158	6 901	6 535	5 725	5 915	6 628	7 017
Austria Autriche	4 560	4 569	4 518	4 763	4 749	4 903	5 017	5 029	4 941	4 828
Azerbaijan Azerbaïdjan	..	..	..	..	..	..	923	827	643	467
Bangladesh[3] Bangladesh[3]	240	292	310	310	344	337	275	272	207	324
Barbados Barbade	148	199	147	185	225	213	144	71	64	76
Belarus Bélarus	..	..	..	..	..	..	2 402	2 263	1 908	1 488
Belgium Belgique	5 537	5 760	5 689	6 451	6 720	6 924	7 184	8 073	7 569	...
Benin[2] Bénin[2]	300	300	300	200	250	300	320	370	380	380
Bolivia Bolivie	241	343	386	466	501	524	621	630	629	...
Brazil Brésil	20 635	25 252	25 468	25 329	25 921	25 850	27 491	23 902	24 845	25 231
Bulgaria Bulgarie	5 296	5 702	5 494	5 535	5 036	4 710	2 374	2 132	2 007	1 908
Cameroon Cameroun	785	779	707	586	614[2]	624[2]	622[2]	620[2]	* 620[2]	* 620[2]
Canada Canada	10 192	10 611	12 603	12 350	12 591	11 745	9 372	8 592	9 394	10 584
Chile Chili	1 430	1 441	1 500	1 885	2 010	2 115	2 251	2 660	3 024	3 001
China †† Chine ††	145 950	166 060	186 249	210 140	210 295	209 711	244 656	308 217	367 878	421 180
China, Hong Kong SAR† Chine, Hong-Kong RAS†	1 835	2 236	2 226	2 189	2 141	1 808	1 677	1 644	1 712	1 927
Colombia Colombie	5 412	5 916	5 892	6 312	6 648	6 360	6 389	6 792	7 788	9 204
Congo Congo	62	2	38	86	121	90	102	124	95	...

52
Cement
Production: thousand metric tons [cont.]
Ciment
Production : milliers de tonnes métriques [suite]

Country or area Pays ou zone	1985	1986	1987	1988	1989	1990	1991	1992	1993	1994
Costa Rica[4] Costa Rica[4]	350	306	285	309	315	...	...	...	...	...
Côte d'Ivoire *[2] Côte d'Ivoire *[2]	535	775	652	700	700	500	500	510	500	500
Croatia Croatie	..	..	..	..	..	..	1 742	1 771	1 683	2 055
Cuba Cuba	3 182	3 305	3 535	3 566	3 759	3 696	1 851[4]	1 134[4]	1 049[4]	1 067[4]
Cyprus Chypre	659	857	854	868	1 042	1 133	1 134	1 132	1 089	1 053
former Czechoslovakia† l'ex-Tchécoslovaquie†	10 265	10 298	10 369	10 974	10 888	10 215	8 299	..	..	..
Czech Republic République tchèque	..	..	..	..	..	..	..	6 145	5 393	5 300
Dem. Rep. of the Congo[2] Rép. dém. du Congo[2]	444	445	492	495	460	461	* 250	174	149	* 150
Denmark[5] Danemark[5]	1 983	2 029	1 886	1 681	2 000	1 656	2 019	2 072	2 270	2 427
Dominican Republic Rép. dominicaine	1 001	952	1 209	1 235	1 269	1 109	1 235	1 365	1 271[4]	1 276[4]
Ecuador Equateur	2 008	2 118	2 875	2 126	* 1 548	1 792	1 774	2 072	2 155[4]	2 085[4]
Egypt Egypte	5 275	7 612	8 762	9 794	12 480	14 111	16 427	15 454	12 576	13 544
El Salvador[4] El Salvador[4]	450	460	480	225	353	355	384	421	365	598
Estonia Estonie	..	..	..	..	..	..	905	483	354	403
Ethiopia[6] Ethiopie[6]	228	270	350	406	412	324	270	237	377	464
Fiji Fidji	93	92	59	44	58	78	79	85	80	94
Finland Finlande	1 695	1 495	1 579	1 619	1 693	1 649	1 343	1 133	835	864
France France	22 224	21 584	23 544	* 25 374	25 994	26 497	25 089	21 584	19 320	20 184
Gabon Gabon	244	210	141	132[2]	115[2]	116[2]	117[2]	116[2]	132[2]	126[2]
Germany † Allemagne†	..	..	..	..	..	..	...	37 331	36 649	40 217
F. R. Germany R. f. Allemagne	25 758	26 580	25 268	26 215	28 499	30 456	..	..	..	..
former German D. R. l'ex-R. d. allemande	11 608	11 988	12 430	12 510	12 229	7 316	..	..	..	..
Ghana Ghana	356	219	294	412	565[2]	675[2]	750[2]	1 020[2]	1 200[2]	1 350[2]
Greece Grèce	12 855	12 542	11 869	12 777	12 319	13 142	13 151	12 761	12 612	12 636
Guadeloupe Guadeloupe	194	197	222	241	215	291	339	292	276	283

490 Manufacturing Industries manufacturières

52
Cement
Production: thousand metric tons [*cont.*]
Ciment
Production : milliers de tonnes métriques [*suite*]

Country or area Pays ou zone	1985	1986	1987	1988	1989	1990	1991	1992	1993	1994
Guatemala Guatemala	574	1 392	1 260	880	935[4]	897[4]	890[4]	658[4]	1 018[4]	1 163[4]
Haiti Haïti	263	248	254	245	234	180[4]	216[4]	216[4]	228[4]	228[4]
Honduras Honduras	348	360	375	268	321	326	402	390[4]	368[4]	368[4]
Hungary Hongrie	3 678	3 846	4 153	3 873	3 857	3 933	2 529	2 236	2 533	2 793
Iceland Islande	117	115	127	* 134	* 116	114	106	100	86	81
India Inde	31 971	34 983	37 135	41 136	44 197	46 170	52 013	53 936	57 033	61 776
Indonesia Indonésie	9 940	11 323	11 814	12 096	15 660	15 972	16 153	14 048	19 610	21 912
Iran, Islamic Rep. of[7] Iran, Rép. islamique d'[7]	11 954	12 148	12 852	11 926	12 587	14 429	13 996	14 906	...	...
Iraq Iraq	8 000[2]	7 992	9 780	9 162	12 500	13 000	* 5 000	2 453	...	...
Ireland Irlande	1 457	1 250	1 446	* 1 685[2]	* 1 624[2]	* 1 630[2]	* 1 600[2]	* 1 600[2]	* 1 600[2]	* 1 550[2]
Israel Israël	1 596	1 624	2 226	2 326	2 289	2 868	3 550[2]	3 500[2]	* 3 500[2]	* 3 500[2]
Italy Italie	37 155	36 393	37 788	38 220	39 692	40 544	40 301	41 034	33 771	32 698
Jamaica Jamaïque	241	247	261	339	361	421	390	480	441	445
Japan Japon	72 847	71 264	71 551	77 554	79 717	84 445	89 564	88 252	88 046	91 624
Jordan Jordanie	2 022	1 837	2 472	1 780	1 930	1 733	1 675	2 651	3 437	3 392
Kazakhstan Kazakhstan	..	..	..	..	..	..	7 575	6 436	3 963	2 033
Kenya Kenya	1 115	1 174	1 243	1 201	1 316	1 515	1 423	1 507	1 417	1 452
Korea, Dem. P. R. *[2] Corée, R. p. dém. de *[2]	8 000	8 000	9 000	11 800	16 300	16 000	16 000	17 000	17 000	17 000
Korea, Republic of Corée, République de	20 509	23 530	25 946	29 611	30 821	33 914	39 167	44 444	47 313	52 088
Kuwait Koweït	1 067	1 014	882	984	1 108	800	300[2]	500[2]	* 500[2]	* 800[2]
Kyrgyzstan Kirghizistan	..	..	..	..	..	..	1 320	1 096	692	426
Latvia Lettonie	..	..	..	..	..	..	720	340	114	244
Lebanon *[2] Liban *[2]	1 000	900	900	900	900	900	900	1 000	1 000	1 000
Liberia Libéria	104	97	95	130	* 85	50	...	...	...	...
Libyan Arab Jamah.[2] Jamah. arabe libyenne[2]	6 500	2 077	2 700	2 700	2 700	2 700	2 370	2 300	* 2 300	* 2 300

52

Cement
Production: thousand metric tons [cont.]
Ciment
Production : milliers de tonnes métriques [suite]

Country or area Pays ou zone	1985	1986	1987	1988	1989	1990	1991	1992	1993	1994
Lithuania Lituanie	..	..	..	..	..	..	3 126	1 485	727	736
Luxembourg Luxembourg	295	389	509	563	590	636	688	695	719	711
Madagascar Madagascar	28	32	44	33	24	29	32	30	36	...
Malawi Malawi	62	69	75	62	79	101	112	108	117	122
Malaysia Malaisie	3 128	3 569	3 316	3 861	4 794	5 881	7 451	8 366	8 797	9 928
Mali Mali	19[2]	20[2]	22[2]	25[2]	0	4	11	16	14	...
Martinique Martinique	191	209	221	247	244	277	291	262	234	231
Mexico Mexique	20 255	19 825	23 482	23 606	24 210	24 683	25 208	27 114	28 626	31 499
Mongolia Mongolie	151	425	541	502	513	510	227[2]	133[2]	82[2]	86[2]
Morocco Maroc	3 704	3 709	3 879	4 260	4 641	5 381	5 777	6 223	6 175	6 284
Mozambique Mozambique	77	73	73	64	79	80	63	73	60	62
Myanmar[8] Myanmar[8]	429	444	389	349	441	420	443	472	400	477
Nepal Népal	96	152	215	217	114	107	136[2]	196[2]	190[2]	* 190[2]
Netherlands Pays-Bas	2 911	3 099	2 929	3 418	3 546[59]	3 682[59]	3 571[59]	3 296[59]	3 142[59]	...
New Caledonia Nouvelle-Calédonie	31	40	* 58	63	67	64	* 68	90	100	97
New Zealand Nouvelle-Zélande	863	895	880	793	729	681	581	599	684	...
Nicaragua[4] Nicaragua[4]	245	284	265	256	225	* 140	* 140	...	...	...
Niger[2] Niger[2]	38	26	29	40	27	20	20	29	* 29	* 29
Nigeria Nigéria	3 348	3 624	3 085	4 017	4 229	2 974	3 418	3 367	3 247	3 086
Norway Norvège	1 343	1 752	1 703	1 667	1 380	1 260	1 293	1 242	1 368	1 464
Pakistan[3] Pakistan[3]	4 732	5 773	6 508	7 072	7 125	7 488	7 762	8 321	8 558	8 100
Panama[4] Panama[4]	305	336	349	167	185	233	345	470	620	678
Paraguay Paraguay	46	179	269	256	256	344	343	476	480	529
Peru Pérou	1 757	2 207	2 584	2 514	2 105	2 185	2 137	2 056	2 443	3 177
Philippines Philippines	3 072	3 288	3 984	4 092	3 624	6 360	6 804	6 540	* 7 932	* 9 576

52
Cement
Production: thousand metric tons [cont.]
Ciment
Production : milliers de tonnes métriques [suite]

Country or area Pays ou zone	1985	1986	1987	1988	1989	1990	1991	1992	1993	1994
Poland Pologne	14 990	15 831	16 090	16 984	17 125	12 518	12 012	11 908	12 200	13 834
Portugal Portugal	5 279	5 425	5 853	6 471	6 673	7 188	7 342	7 728	7 476	...
Puerto Rico[3] Porto Rico[3]	865	896	1 094	1 163	1 257	1 305	1 296	1 266	1 303	1 356
Qatar Qatar	385	324	293	291	295	267	367	354	400	470
Republic of Moldova République de Moldova	..	..	..	..	..	..	1 809	705	110	39
Réunion Réunion	...	...	...	...	322	336	...	...	...	...
Romania Roumanie	11 189	13 054	12 435	13 124	12 225	9 468	6 692	6 271	6 158	5 998
Russian Federation Fédération de Russie	..	..	..	..	..	..	77 463	61 699	49 903	37 220
Rwanda Rwanda	32	47	57	51	* 68[2]	* 60[2]	* 60[2]	* 60[2]	* 60[2]	* 60[2]
Saudi Arabia[2] Arabie saoudite[2]	9 232	9 232	* 8 595	* 9 525	* 9 500	12 000	11 400	15 300	* 15 300	* 16 000
Senegal Sénégal	408	372	362	393	391	471	503	602	591	...
Sierra Leone Sierra Leone	17	34	24	...	9	...	...	...	...	...
Singapore Singapour	1 897	1 875	1 550	1 684	1 704	1 848	2 199	...	...	...
Slovakia Slovaquie	..	..	..	..	..	..	..	3 374	2 656	2 879
Slovenia Slovénie	..	..	..	..	..	..	1 801	1 568	1 291	1 667
South Africa Afrique du Sud	6 880	6 246	5 999	6 760	7 261	6 563	6 147	5 850	6 135	7 068
Spain Espagne	21 876	22 007	23 012	24 372	27 375	28 092	27 576	24 612	22 716	25 140
Sri Lanka Sri Lanka	380	558	619	633	596	579	620	553	466	...
Sudan Soudan	148	175	178	110	* 150[2]	* 167[2]	* 170[2]	* 250[2]	* 250[2]	* 250[2]
Suriname Suriname	79	61	40	34	52	55	24	14	14	25
Sweden Suède	2 101	2 044	2 238	4 427	4 541	5 000	4 493	2 289	2 152	...
Switzerland Suisse	4 254	4 393	4 617	4 965	5 461	5 206	4 716	4 260	...	...
Syrian Arab Republic Rép. arabe syrienne	4 357	4 316	3 870	3 330	3 976	3 049	2 843	3 246	3 667	4 009
Tajikistan Tadjikistan	..	..	..	..	..	..	1	1	0	...
Thailand Thaïlande	7 951	8 005	9 870	11 519	15 024	18 054	19 164	21 711	26 300	29 928

52
Cement
Production: thousand metric tons [cont.]
Ciment
Production : milliers de tonnes métriques [suite]

Country or area Pays ou zone	1985	1986	1987	1988	1989	1990	1991	1992	1993	1994
TFYR Macedonia L'ex-R.y. Macédoine	..	..	..	..	..	..	606	516	499	486
Togo Togo	284	338[2]	370[2]	378[2]	389[2]	399[2]	388[2]	350[2]	* 350[2]	* 350[2]
Trinidad and Tobago Trinité-et-Tobago	329	338	326	360	384	438	486	482	527	583
Tunisia Tunisie	3 033	2 962	3 215	3 600	3 984	4 311	4 195	4 184	4 508	4 605
Turkey Turquie	17 581	20 004	21 980	22 568	23 704	24 299	26 029	28 455	31 134	29 356
Turkmenistan Turkménistan	..	..	..	..	..	..	904	1 050	1 118	...
Uganda Ouganda	12	16	16	15	17	27	27	38	52	45
Ukraine Ukraine	..	..	..	..	..	..	21 745	20 121	15 012	...
former USSR† l'ex-URSS†	130 772	135 119	137 404	139 499	140 436	137 321	..	..	..	..
United Arab Emirates[2] Emirats arabes unis[2]	4 205	2 748	3 106	2 980	3 112	3 110	3 012	...	...	...
United Kingdom Royaume-Uni	13 339	13 413	14 311	16 506	16 849	14 736	12 002	11 004	11 916	...
United Rep.Tanzania Rép. Unie de Tanzanie	376	435	498	592	595	664	1 022	677	749	...
United States Etats-Unis	70 284	71 112	67 380	71 544	71 308	70 944	* 65 052	70 848	73 807	77 900
Uruguay Uruguay	317	329	420	435	* 465	469	458	552	610	701
Uzbekistan Ouzbékistan	..	..	..	..	..	..	6 191	5 934	5 278	...
Venezuela Venezuela	5 121	5 875	5 975	6 199	5 259	5 996	6 336	6 585	6 876	4 562
Viet Nam Viet Nam	1 503	1 526	1 665	1 954	2 088	2 534	3 127	3 926	...	...
Yemen Yémen	..	..	..	..	..	..	718	820	...	...
former Yemen Arab Rep. l'ex-Yémen rép. arabe	698	708	* 760	* 646	* 700	* 700	..	..	..	..
Yugoslavia Yougoslavie	..	..	..	..	..	..	2 411	2 036	1 088	1 612
Yugoslavia, SFR† Yougoslavie, Rfs†	9 028	9 128	8 963	8 840	8 560	7 956	..	..	..	..
Zambia Zambie	316	334	375	405	385	432	376	* 347[2]	* 350[2]	* 350[2]
Zimbabwe Zimbabwe	614	659	811	776	827	924	949	829	816	...

52
Cement
Production: thousand metric tons [*cont.*]
Ciment
Production : milliers de tonnes métriques [*suite*]

Source:
Industrial statistics database of the Statistics Division of
the United Nations Secretariat.

† For information on recent changes in country or
area nomenclature pertaining to former Czechoslovakia,
Germany, Hong Kong Special Administrative Region of China,
SFR Yugoslavia and former USSR, see Annex I - Country or
area nomenclature, regional and other groupings.

†† For statistical purposes, the data for
China do not include those for the Hong Kong Special
Administrative Region (Hong Kong SAR) and Taiwan province of
China.

1 Twelve months beginning 21 March of year stated.
2 Source: US Bureau of Mines, (Washington, DC).
3 Twelve months ending 30 June of year stated.
4 Source: United Nations Economic Commission for Latin America (ECLA), (Santiago).
5 Sales.
6 Twelve months ending 7 July of the year stated.
7 Production by establishments employing 50 or more persons.
8 Government production only.
9 Production by establishments employing 20 or more persons.

Source:
Base de données pour les statistiques industrielles de la
Division de statistique du Secrétariat de l'ONU.

† Pour les modifications récentes de nomenclature
de pays ou de zone concernant l'Allemagne, Hong-Kong (Région
administrative spéciale de Chine), l'ex-Tchécoslovaquie,
l'ex-URSS et l'ex-Rfs de Yougoslavie, voir annexe I -
Nomenclature des pays ou des zones, groupements régionaux et
autres groupements.

†† Les données statistiques relatives à
la Chine ne comprennent pas celles qui concernent la région
administrative spéciale de Hong-Kong (la RAS de Hong-Kong)
et la province chinoise de Taiwan.

1 Période de douze mois commençant le 21 mars de l'année indiquée.
2 Source: "US Bureau of Mines," (Washington, DC).
3 Période de douze mois finissant le 30 juin de l'année indiquée.
4 Source: Commission économique des Nations Unies pour l'Amérique Latine (CEPAL), (Santiago).
5 Ventes.
6 Période de douze mois finissant le 7 juillet de l'année indiquée.
7 Production des établissements occupant 50 personnes ou plus.
8 Production de l'Etat seulement.
9 Production des éstablissements occupant 20 prsonnes ou plus.

53
Sulphuric acid
Acide sulfurique
Production: thousand metric tons
Production : milliers de tonnes métriques

Country or area Pays ou zone	1985	1986	1987	1988	1989	1990	1991	1992	1993	1994
Total	132 366	131 330	134 872	142 779	141 112	135 880	128 253	122 714	111 705	117 887
Albania Albanie	73	86	80	81	82	68	21	11	6	4
Algeria Algérie	...	...	30	61	49	39	46	52	55	40
Argentina Argentine	235	251	253	258	214	209	243	219	206	199
Australia[1] Australie[1]	1 783	1 788	1 680	1 818	1 904	1 464	986	816	868	...
Azerbaijan Azerbaïdjan	..	..	..	..	..	..	552	269	141	56
Bangladesh[1] Bangladesh[1]	4	6	8	5	6	5	6	4	7	6
Belarus Bélarus	..	..	..	..	..	..	998	616	399	291
Belgium[2] Belgique[2]	2 107	1 957	2 069	2 136	1 956	1 906	1 936	1 906	1 593	...
Bolivia Bolivie	0	0	...	1	1	1	1	0	1	...
Brazil Brésil	3 660	3 820	4 004	4 049	3 809	3 451	3 634	3 257	3 724	...
Bulgaria Bulgarie	810	807	689	840	846	522	356	404	409	...
Canada Canada	3 890	3 536	3 437	3 805	3 719	3 830	3 676	3 776	3 713	4 059
Chile Chili	...	...	...	...	...	347	804	887	920	1 174
China †† Chine ††	6 764	7 631	9 833	11 113	11 533	11 969	13 329	14 087	13 365	15 365
Colombia Colombie	62	68	68	75	95	76	...	...	...	...
Croatia Croatie	..	..	..	..	..	..	187	278	178	206
Cuba Cuba	373	395	370	391	377	...	...	...	...	...
Cyprus Chypre	0	0	17	2	1	0	0	...	...	...
former Czechoslovakia† l'ex-Tchécoslovaquie†	1 298	1 292	1 264	1 249	1 142	1 089	682	..	..	..
Czech Republic République tchèque	..	..	..	..	..	..	..	522	383	350
Dem. Rep. of the Congo * Rép. dém. du Congo *	150	...	...	...	...	...	...	...	...	...
Denmark[3,4] Danemark[3,4]	36	23	33	91	122	90	37	38	...	...
Egypt Egypte	46	55	60	54	60	92	101	111	122	112
Estonia Estonie	..	..	..	..	..	..	460	46	...	...

53
Sulphuric acid
Production: thousand metric tons [cont.]
Acide sulfurique
Production : milliers de tonnes métriques [suite]

Country or area Pays ou zone	1985	1986	1987	1988	1989	1990	1991	1992	1993	1994
Finland Finlande	1 207	1 100	870	1 179	1 129	1 010	1 015	1 087	1 179	1 084
France France	4 321	3 954	3 558	4 081	4 187	3 771	3 627	2 871	2 357	2 227
Germany † Allemagne†	..	..	..	..	..	..	3 064	...	...	...
F. R. Germany R. f. Allemagne	4 199	4 105	4 070	4 053	4 028	3 221	..	..	..	..
former German D. R. l'ex-R. d. allemande	883	883	867	799	835	431	..	..	..	..
Greece Grèce	1 086	952	912	987	1 023	950	841	617	...	...
Hungary[5] Hongrie[5]	556	564	592	529	502	263	141	99	77	80
India Inde	* 2 626	2 877	3 159	3 416	3 293	3 272	3 904	4 183	3 742	...
Indonesia Indonésie	58	46	71	...	...	40	52	52	42	...
Iran, Islamic Rep. of *[6] Iran, Rép. islamique d' *[6]	200	200	200	200	...	...	...	...	...	...
Israel Israël	178	182	143	164	161	154	...	...	...	...
Italy Italie	2 724	2 605	2 724	2 499	2 212	2 038	1 853	1 733	1 430	1 235
Japan Japon	6 580	6 562	6 541	6 767	6 885	6 887	7 057	7 100	6 937	6 594
Kazakhstan Kazakhstan	..	..	..	..	..	..	2 815	2 349	1 179	681
Korea, Republic of Corée, République de	2 028	...	...	...	...	...	...	...	...	...
Kuwait Koweït	5	* 5	5	5	...	...	...	...	...	...
Lithuania Lituanie	..	..	..	..	..	..	368	141	129	212
Mexico Mexique	2 222	2 149	# 582	534	414	455	362	195	178	375
Morocco[7] Maroc[7]	660	...	...	...	...	...	...	...	...	...
Netherlands Pays-Bas	1 508	1 209	1 043	1 144	...	...	...	...	...	...
Norway Norvège	448	484	516	796	...	...	...	615	...	...
Pakistan[1] Pakistan[1]	78	80	78	79	79	90	93	98	100	102
Peru Pérou	213	209	175	174	193	172	207	143	229	208
Philippines Philippines	62	25	...	37	...	...	...	...	...	...
Poland Pologne	2 863	2 965	3 149	3 154	3 115	1 721	1 088	1 244	1 145	1 452

53
Sulphuric acid
Production: thousand metric tons [cont.]
Acide sulfurique
Production : milliers de tonnes métriques [suite]

Country or area Pays ou zone	1985	1986	1987	1988	1989	1990	1991	1992	1993	1994
Portugal Portugal	497	448	331	293	289	260	51	...	...	...
Romania Roumanie	1 835	1 971	1 693	1 825	1 687	1 111	745	572	527	491
Russian Federation Fédération de Russie	..	..	..	..	..	..	11 597	9 704	8 243	6 334
Saudi Arabia * Arabie saoudite *	73	84	...	...	...	...	...	...	...	...
Slovenia Slovénie	..	..	..	..	..	..	86	121	114	123
Spain Espagne	3 391	3 577	3 318	3 440	3 325	2 848	1 628	1 724	...	...
Sweden Suède	958	1 014	992	962	902	855	928	...	...	...
Syrian Arab Republic Rép. arabe syrienne	4	5	5	4	7	8	8	10	10	...
Thailand[7] Thaïlande[7]	66	78	81	60	64	72	82	...	...	...
TFYR Macedonia L'ex-R.y. Macédoine	..	..	..	..	..	..	102	95	89	72
Tunisia Tunisie	2 559	3 016	3 172	3 316	...	3 425	3 421	3 644	3 547	4 161
Turkey Turquie	514	583	586	732	617	716	532	642	757	730
Ukraine Ukraine	..	..	..	..	..	..	4 186	3 000	1 843	...
former USSR† l'ex-URSS†	26 037	27 847	28 531	29 372	28 276	27 267	..	..	..	..
United Kingdom Royaume-Uni	2 525	2 330	2 335	2 257	1 977	...	...	...	...	...
United States[8] Etats-Unis[8]	35 964	32 650	35 612	38 628	39 282	40 222	39 432	40 387	35 693	40 650
Uzbekistan Ouzbékistan	..	..	..	..	..	..	2 393	1 476	1 361	...
Venezuela Venezuela	156	164	197	172	163	210	277	253	...	...
Viet Nam Viet Nam	...	14	14	17	10	8	9	7	...	...
Yugoslavia Yougoslavie	..	..	..	..	..	..	582	293	75	24
Yugoslavia, SFR† Yougoslavie, Rfs†	1 489	1 595	1 592	1 713	1 617	...	...	..	..	..
Zambia Zambie	240	199	304	276	...	...	...	...	...	...

Source:
Industrial statistics database of the Statistics Division of
the United Nations Secretariat.

Source:
Base de données pour les statistiques industrielles de la
Division de statistique du Secrétariat de l'ONU.

53
Sulphuric acid
Production: thousand metric tons [cont.]
Acide sulfurique
Production : milliers de tonnes métriques [suite]

† For information on recent changes in country or area nomenclature pertaining to former Czechoslovakia, Germany, Hong Kong Special Administrative Region of China, SFR Yugoslavia and former USSR, see Annex I - Country or area nomenclature, regional and other groupings.

†† For statistical purposes, the data for China do not include those for the Hong Kong Special Administrative Region (Hong Kong SAR) and Taiwan province of China.

1 Twelve months ending 30 June of year stated.

2 Production by establishments employing 5 or more persons.
3 Sales.
4 Excluding quantities consumed by superphosphate industry.

5 Including regenerated sulphuric acid.
6 Source: US Bureau of Mines, (Washington, DC).
7 Strength of acid not known.
8 Including data for government-owned, but privately-operated plants.

† Pour les modifications récentes de nomenclature de pays ou de zone concernant l'Allemagne, Hong-Kong (Région administrative spéciale de Chine), l'ex-Tchécoslovaquie, l'ex-URSS et l'ex-Rfs de Yougoslavie, voir annexe I - Nomenclature des pays ou des zones, groupements régionaux et autres groupements.

†† Les données statistiques relatives à la Chine ne comprennent pas celles qui concernent la région administrative spéciale de Hong-Kong (la RAS de Hong-Kong) et la province chinoise de Taiwan.

1 Période de douze mois finissant le 30 juin de l'année indiquée.
2 Production des établissements occupant 5 personnes ou plus.
3 Ventes.
4 Non compris les quantités utilisées par l'industrie des superphosphates.
5 Y compris l'acide sulfurique régénéré.
6 Source: "US Bureau of Mines," (Washington, DC).
7 Titre de l'acide inconnu.
8 Y compris les données relatives à des usines appartenant à l'Etat mais exploitées par des entreprises privées.

54
Soap, washing powders and detergents
Savons, poudres pour lessives et détersifs
Production: thousand metric tons
Production : milliers de tonnes métriques

Country or area Pays ou zone	1985	1986	1987	1988	1989	1990	1991	1992	1993	1994
Total	**20 080**	**20 751**	**21 596**	**22 094**	**23 403**	**24 021**	**20 221**	**18 575**	**19 908**	**20 583**
Albania[1] / Albanie[1]	3	4	7	5	7	5	2	1	1	1
Algeria / Algérie	111	151	193	225	231	261	247	185	206	223
Angola[2] / Angola[2]	...	...	8	11	8	8	5	4	...	...
Argentina[3] / Argentine[3]	141	132	124	132	84	153	162	178	189	212
Armenia / Arménie	..	..	..	..	..	..	12	1[1]	1[1]	1[1]
Australia[4] / Australie[4]	346	304	322	342	...	...	...	...	...	...
Austria / Autriche	115	129	145	142	146	153	162	188	155	123
Azerbaijan / Azerbaïdjan	..	..	..	..	..	..	101	69	50	17
Belarus[5] / Bélarus[5]	..	..	..	..	..	..	71	58	45	24
Belgium / Belgique	337	345	393	401	406	417	440	423	420	...
Bolivia / Bolivie	7[2]	1[2]	...	5	5	7	4	4	4	...
Bulgaria / Bulgarie	27	27	30	26[2]	28[2]	24[2]	17[2]	15[2]	4[2]	...
Burkina Faso[2] / Burkina Faso[2]	13	10	13	11	10	14	26	14	14	...
Burundi[2] / Burundi[2]	3	3	3	2	3	3	3	3	5	...
Cameroon / Cameroun	26[2]	31	39[2]	23[2]	...	...	...	...	...	...
Chad[2] / Tchad[2]	1	1	4	3	4	4	3	3	3	3
Chile / Chili	45	52	59	65	69	69	73	73	77	77
China †† / Chine ††	2 000	2 271	2 310	2 514	2 576	2 581	2 367	2 500	2 728	2 973
China, Hong Kong SAR†[1] / Chine, Hong-Kong RAS†[1]	26	43	36	35	62	84	56	46	42	...
Colombia[2] / Colombie[2]	145	141	137	165	148	179	...	...	...	...
Congo[2] / Congo[2]	2	2	2	1	1	3	5	3	1	...
Croatia / Croatie	..	..	..	..	..	..	67	52	44	31
Cuba[6] / Cuba[6]	87	95	77	67	67	...	...	...	...	...
Cyprus / Chypre	9	9	*9	*9	11	*13	*15	14	*14	*16

54
Soap, washing powders and detergents
Production: thousand metric tons [cont.]
Savons, poudres pour lessives et détersifs
Production : milliers de tonnes métriques [suite]

Country or area Pays ou zone	1985	1986	1987	1988	1989	1990	1991	1992	1993	1994
former Czechoslovakia† l'ex-Tchécoslovaquie†	118	122	128	131	134	138	105	..	..	..
Czech Republic[2] République tchèque[2]	..	..	..	..	..	..	..	24	28	30
Denmark[7] Danemark[7]	216	209[1]	...	...	...	...	...	...	...	...
Dominica[2] Dominique[2]	6	6	7	...	...	...	...	...	...	...
Dominican Republic Rép. dominicaine	39	47	32[2]	...	...	...	...	...	...	...
Ecuador Equateur	...	...	47	47	...	95	...	57	...	...
Egypt Egypte	485	347	379	339	399	417	370	358	382	307
Estonia[1] Estonie[1]	..	..	..	..	..	..	28	4	3	4
Ethiopia[2,8] Ethiopie[2,8]	13	15	21	16	12	9	0	5	17	15
Fiji[2] Fidji[2]	6	7	7	8	6	7	7	7	7	7
Finland Finlande	66	82	82	90	98	93	81	72	75	73
France France	760	818	784	749	808	811	781	822	778	829
Gabon Gabon	138	137	129	130	132	136	153	170	...	...
Germany †[2] Allemagne†[2]	..	..	..	..	..	..	122	113	104	106
F. R. Germany R. f. Allemagne	1 733 [9,10]	106[2]	106[2]	101[2]	113[2]	126[2]	..	..	..	..
former German D. R. l'ex-R. d. allemande	498	499	518	476	527	291	..	..	..	..
Ghana[2] Ghana[2]	12	19	31	36	...	...	...	...	...	...
Greece Grèce	137	139	150	156	163	159	150	154	...	...
Guyana Guyana	0	0[1]	1	1	1[2]	0[2]	1	1	1	0
Haiti[2] Haïti[2]	13	13	...	...	...	...	...	...	...	...
Hungary Hongrie	114	125	127	126	130	144	103	92	92	91
Iceland[1] Islande[1]	3	3	3	2	3	3	1	2	2	2
India[11] Inde[11]	1 545	1 652	1 753	1 639	1 740	1 794	1 794	1 752	1 771	...
Indonesia Indonésie	193	260	248	250	0[2]	502	455	568	553	...
Iran, Islamic Rep. of[2] Iran, Rép. islamique d'[12]	262	155	169[1]	149[1]	169[1]	212[1]	192[1]	170[1]	...	...

54
Soap, washing powders and detergents
Production: thousand metric tons [cont.]
Savons, poudres pour lessives et détersifs
Production : milliers de tonnes métriques [suite]

Country or area Pays ou zone	1985	1986	1987	1988	1989	1990	1991	1992	1993	1994
Israel[2] Israël[2]	6	6	6	5	4	4	...	...	...	...
Jamaica Jamaïque	12	13	12	18	16	16	13	11	10	9
Japan[13] Japon[13]	1 078	1 101	1 157	1 174	1 245	1 311	1 370	1 394	1 310	1 347
Jordan Jordanie	23	56	53	18[2]	26[2]	...	...	...	...	...
Kazakhstan[2] Kazakhstan[2]	..	..	..	..	..	..	38	24	19	17
Kenya Kenya	23[2]	55	55	71	79	73	63	60	62	64
Korea, Republic of Corée, République de	359	401	427	473	473	523	508	503	461	485
Kuwait[1] Koweït[1]	1	1	2	2	3	...	...	1	7	...
Latvia[5] Lettonie[5]	..	..	..	..	..	..	18	8	3	4
Liberia[2] Libéria[2]	4	3	...	...	...	...	...	...	...	...
Lithuania Lituanie	..	..	..	..	..	..	39	20	8	6
Madagascar[2] Madagascar[2]	12	13	15	13	15	14	16	16	19	...
Malaysia[14] Malaisie[14]	42	48	51	63	67	80	88	102	105	136
Mali[2] Mali[2]	...	...	...	...	9	10	11	10	9	...
Mexico Mexique	827	901	999	955	1 099	1 166	1 231	1 257	1 176	1 091
Mongolia[2] Mongolie[2]	4	4	4	3	3	...	...	...	...	...
Morocco[2] Maroc[2]	20	...	...	...	...	...	...	...	...	...
Mozambique Mozambique	9	9	14	12[2]	12[2]	9[2]	9[2]	7[2]	11[2]	...
Myanmar[2,15] Myanmar[2,15]	50	38	18	18	12	15	23	18	...	...
Nepal[2,16] Népal[2,16]	9	11	12	17	...	...	...	...	...	...
Netherlands[1] Pays-Bas[1]	274	...	...	...	...	...	...	...	...	...
New Zealand[17] Nouvelle-Zélande[17]	32	36	...	...	...	...	...	...	...	...
Nigeria[2] Nigéria[2]	158	78	214	207	249	241	243	262	303	326
Norway Norvège	51[1]	8[2]	62	56	55	7[2]	...	6[2]	...	...
Pakistan[14] Pakistan[14]	49	48	57	59	103	59	75	86	89	82

54
Soap, washing powders and detergents
Production: thousand metric tons [cont.]
Savons, poudres pour lessives et détersifs
Production : milliers de tonnes métriques [suite]

Country or area Pays ou zone	1985	1986	1987	1988	1989	1990	1991	1992	1993	1994
Panama Panama	15	...	17	14	17	13	...	...	...	...
Paraguay[2] Paraguay[2]	12	12	12	10	8	8	7	6	...	...
Peru Pérou	49	85	91	88	74	79	79	115	97	106
Philippines Philippines	198	220	221	...	...	...	...	...	...	...
Poland[18] Pologne[18]	273	309	315	339	331	215	199	174	195	222
Portugal Portugal	173	173	180	191	209	213	178	148	...	...
Republic of Moldova République de Moldova	..	..	..	..	..	..	23	12	7	1
Romania[19] Roumanie[19]	50	54	51	46	46	49	37	20	27	20
Russian Federation Fédération de Russie	..	..	..	..	..	..	1 106	876	699	517
Rwanda[2] Rwanda[2]	16	12	* 6	* 6	...	...	...	...	...	...
Sao Tome and Principe[2] Sao Tomé-et-Principe[2]	0	0	1	...	...	...	...	...	...	...
Senegal[2] Sénégal[2]	30	...	33	33	26	37	37	42	36	...
Sierra Leone[2] Sierra Leone[2]	1	2	3	...	...	...	1	2	3	...
Singapore[2] Singapour[2]	24	24	26	28	28	...	...	...	...	...
Slovakia[1] Slovaquie[1]	..	..	..	..	..	..	..	...	28	23
Slovenia Slovénie	..	..	..	..	..	..	64	47	45	49
South Africa[20] Afrique du Sud[20]	216	225	236	250	241	263	280	285	286	312
Spain[20] Espagne[20]	1 137	1 078	1 170	1 262	1 282	1 376	1 414	1 489	...	...
Sri Lanka[2,15] Sri Lanka[2,15]	5	4	4	4	...	...	...	...	...	...
Sweden Suède	178	180	186	184[1]	185[1]	158[1]	127[1]	121[1]	...	...
Switzerland[2,7,21] Suisse[2,7,21]	145	149	159	161	163	168	165	156	152	144
Syrian Arab Republic Rép. arabe syrienne	71	71	66	34	31	40	38	44	57	...
Tajikistan[2] Tadjikistan[2]	..	..	..	..	..	..	13	11	3	...
Thailand Thaïlande	109[1]	107[1]	111[1]	178	197	190	196	...	...	...
TFYR Macedonia L'ex-R.y. Macédoine	..	..	..	..	..	..	19	16	21	20

54
Soap, washing powders and detergents
Production: thousand metric tons [cont.]
Savons, poudres pour lessives et détersifs
Production : milliers de tonnes métriques [suite]

Country or area Pays ou zone	1985	1986	1987	1988	1989	1990	1991	1992	1993	1994
Trinidad and Tobago[2] Trinité-et-Tobago[2]	3	3	4	4	3	2	2	2	2	2
Turkey Turquie	230	269	282	297	449	442	380	378	434	506
Turkmenistan Turkménistan	..	..	..	..	..	..	25	21	9	...
Uganda[2] Ouganda[2]	...	3	16	18	27	31	33	39	48	49
Ukraine[2 5] Ukraine[2 5]	..	..	..	..	..	..	272	265	188	...
former USSR† l'ex-URSS†	2 615[5]	2 659[5]	2 728[5]	2 866[5]	3 128[5]	3 209[5]	..	..	..	..
United Kingdom[1 22] Royaume-Uni[1 22]	1 128	1 192	1 166	1 284	1 415	...	...	...	...	...
United Rep.Tanzania[2] Rép. Unie de Tanzanie[2]	14	15	19	21	20	23	24	20	22	...
Uzbekistan Ouzbékistan	..	..	..	..	..	..	134	102	89	...
Viet Nam[2] Viet Nam[2]	51	72	47	52	40	55	68	72	...	...
Yemen[2] Yémen[2]	..	..	..	..	..	..	41	39	...	...
former Yemen Arab Rep.[2] l'ex-Yémen rép. arabe[2]	8	19	...	...	...	...	..	..	...	...
Yugoslavia Yougoslavie	..	..	..	..	..	..	75	74	48	42
Yugoslavia, SFR† Yougoslavie, Rfs†	288	312	340	369	412	...	...	...	...	...
Zambia Zambie	10	11	...	...	...	...	...	...	...	...

Source:
Industrial statistics database of the Statistics Division of the United Nations Secretariat.

† For information on recent changes in country or area nomenclature pertaining to former Czechoslovakia, Germany, Hong Kong Special Administrative Region of China, SFR Yugoslavia and former USSR, see Annex I - Country or area nomenclature, regional and other groupings.

†† For statistical purposes, the data for China do not include those for the Hong Kong Special Administrative Region (Hong Kong SAR) and Taiwan province of China.

1 Washing powders and detergents only.
2 Soap only.
3 Excluding liquid toilet soap.
4 Twelve months ending 30 June of year stated.
5 Soap data are in terms of 40 per cent fat content.
6 Excluding washing powder.
7 Sales.
8 Twelve months ending 7 July of the year stated.

Source:
Base de données pour les statistiques industrielles de la Division de statistique du Secrétariat de l'ONU.

† Pour les modifications récentes de nomenclature de pays ou de zone concernant l'Allemagne, Hong-Kong (Région administrative spéciale de Chine), l'ex-Tchécoslovaquie, l'ex-URSS et l'ex-Rfs de Yougoslavie, voir annexe I - Nomenclature des pays ou des zones, groupements régionaux et autres groupements.

†† Les données statistiques relatives à la Chine ne comprennent pas celles qui concernent la région administrative spéciale de Hong-Kong (la RAS de Hong-Kong) et la province chinoise de Taiwan.

1 Poudres pour lessives et détersifs seulement.
2 Savons seulement.
3 Non compris le savon liquide de toilette.
4 Période de douze mois finissant le 30 juin de l'année indiquée.
5 Les données des savons sont sur la base de 40 p. 100 de matières grasses.
6 Non compris les poudres.
7 Ventes.
8 Période de douze mois finissant le 7 juillet de l'année indiquée.

54
Soap, washing powders and detergents
Production: thousand metric tons [cont.]

Savons, poudres pour lessives et détersifs
Production : milliers de tonnes métriques [suite]

9 Excluding surface-active organic agents.
10 Beginning 1986, washing powders and detergents data are confidential.
11 Production by large and medium scale establishments only.
12 Soap production by establishments employing 10 or more persons; washing powders/detergents prod. by estab. employing 50 or more.
13 For washing powder and detergent, surface-active agents only.
14 Soap: toilet soap only.
15 Government production only.
16 Twelve months beginning 16 July of year stated.
17 Data refer to soap flakes and powder only.
18 Excluding detergents.
19 On the basis of 100 per cent active substances.
20 Synthetic detergents in powder form.
21 Including other cleaning products.
22 Estimates of manufacturers' sales of finished detergents for washing purposes, in terms of actual weight sold.

9 Non compris les produits organiques tensio-actifs.
10 A partir de 1986, les données des poudres pour lessives et détersifs sont confidentielles.
11 Production des grandes et moyennes entreprises seulement.
12 Savons prod. des établissements occupant 10 personnes ou plus; poudres pour lessives et détersifs prod. des étab. occu.50 ou plus.
13 Pour les poudres pour lessives et détersifs, produits tensio-actifs seulement.
14 Les Savons: Savons de toilette seulement.
15 Production de l'Etat seulement.
16 Période de douze mois commençant le 16 juillet de l'année indiquée.
17 Les données se rapportant aux savons en paillettes et en poudre seulement.
18 Non compris les détersifs.
19 Sur la base de 100 p. 100 de substances actives.
20 Détersifs synthétiques en poudre.
21 Y compris les autres produits de nettoyage.
22 Estimations des ventes de détersifs pour lessives par les fabricants, sur la base du poids de produits effectivement ecoulé.

55
Pig iron and crude steel
Fonte et acier brut
Production: thousand metric tons
Production : milliers de tonnes métriques

A. Pig-iron • Fonte

Country or area Pays ou zone	1985	1986	1987	1988	1989	1990	1991	1992	1993	1994
Total	**494 268**	**490 489**	**497 683**	**525 091**	**533 446**	**518 909**	**490 795**	**489 963**	**491 697**	**512 226**
Algeria Algérie	1 477	1 262	1 493	1 515	1 315	1 054	893	944	925[1]	919[1]
Argentina Argentine	1 310	1 623	1 752	1 596	2 100	1 908	1 366	971	980	1 390[2]
Australia Australie	5 341[3]	5 925[3]	5 783[3]	5 455[3]	5 875[3]	6 188[3]	5 600[3]	6 394[3]	6 445	7 212
Austria[1] Autriche[1]	3 704	3 349	3 451	3 665	3 823	3 452	3 439	3 070[2]	3 390[2]	3 360[2]
Belgium[1] Belgique[1]	8 720	8 048	8 242	9 147	8 863	9 416	9 353	8 524	8 179	9 030[2]
Brazil Brésil	18 961	20 163	20 944	23 454	24 363	21 141	22 695	23 152	23 982	25 154
Bulgaria Bulgarie	1 712	1 605	1 657	1 442	1 487	1 143	961	849	1 014	900[1,2]
Canada Canada	9 660	9 246	9 720	9 490	10 200	7 344	8 268	8 621	* 8 630	* 8 150
Chile[1] Chili[1]	580	591	617	778	679	722	700	873[2]	917[2]	900[2]
China †† Chine ††	43 840	50 638	55 032	57 040	58 200	62 380	67 000	75 890	87 389[1]	97 410[1]
Colombia Colombie	234	317	326	309	297	347	300	308[2]	238[2]	250[2]
Croatia[1] Croatie[1]	..	..	..	..	..	..	69	* 40[2]	* 40[2]	* 40[2]
former Czechoslovakia† l'ex-Tchécoslovaquie†	9 562	9 573	9 788	9 706	9 911	9 667	8 480	..	..	..
Czech Republic[1] République tchèque[1]	..	..	..	..	..	..	..	4 889	4 511	5 040
Egypt Egypte	87	121	147	132	112	108	113	60	92	109
Finland[1] Finlande[1]	# 1 890	1 871	2 063	2 173	2 284	2 283	2 332	2 452	2 595	2 597
France France	15 072	13 776	13 157	14 463	14 724	14 100	13 416	12 264[1]	12 396	13 008
Germany †[1] Allemagne†[1]	..	..	..	..	..	..	...	27 577	26 322	29 196
F. R. Germany R. f. Allemagne	31 143	28 593	28 116	31 890	32 112	29 585	..	..	..	..
former German D. R. l'ex-R. d. allemande	2 565	2 726	2 743	2 774	2 722	2 128	..	..	..	..
Greece[2] Grèce[2]	140	160	160	160	160	160	160	...	...	...
Hungary Hongrie	2 095	2 054	2 108	2 093	1 954	1 697	1 314	1 179	1 407[1]	...
India Inde	9 701	10 460	10 808	11 602	12 080[2]	12 600[2]	14 200[2]	15 100[2]	15 700[2]	17 300[2]

55
Pig iron and crude steel
Production: thousand metric tons [cont.]
Fonte et acier brut
Production : milliers de tonnes métriques [suite]

Country or area Pays ou zone	1985	1986	1987	1988	1989	1990	1991	1992	1993	1994
Iran, Islamic Rep. of Iran, Rép. islamique d'[1]	1 122	850	976	1 012	* 1 000	* 1 000	1 952[2]	2 053[2]	1 961[2]	1 880[2]
Italy Italie	12 062	11 916	11 334	11 348	11 762	11 852	10 561	10 432	11 188	11 161
Japan Japon	80 569	74 651	73 418	79 295	80 196	80 229	79 985	73 144	73 738	73 776
Kazakhstan[4] Kazakhstan[4]	..	..	..	..	..	..	4 953	4 666	3 552	2 435
Korea, Dem. P. R.[2] Corée, R. p. dém. de[2]	5 800	5 800	5 800	6 500	6 500	6 500	6 500	6 600	6 600	6 600
Korea, Republic of Corée, République de	8 822	9 004	10 858	12 567	14 937	15 477	18 883	19 581	22 193	21 169
Luxembourg[1] Luxembourg[1]	2 754	2 650	2 305	2 520	2 684	2 645	2 463	2 255	2 412	1 927
Mexico Mexique	5 089	5 048	# 1 412	* 1 489	* 2 076	* 2 378	2 313	2 220	2 515	3 359
Morocco[1,2] Maroc[1,2]	15	15	15	15	15	15	15	15	15	15
Netherlands[1] Pays-Bas[1]	4 819	4 628	4 575	4 994	5 163	4 960	4 697	4 849	5 405	5 443
Norway[1] Norvège[1]	610	564	364	367	240	54[2]	61[2]	70[2]	73[2]	70[2]
Peru[2] Pérou[2]	163	216	185	202	199	93	207	147	147	147
Poland Pologne	9 335	10 096	10 024	9 837	9 075	8 352	6 297	6 315	6 105	6 866
Portugal Portugal	424	429	431	445	377	339[1,2]	251[1,2]	402[1,2]	385[1,2]	415[1,2]
Romania Roumanie	9 212	9 330	8 673	8 941	9 052	6 355	4 525	3 110	3 190	3 496
Russian Federation Fédération de Russie	..	..	..	..	..	..	48 628	45 990	40 744	36 480
Slovakia[1] Slovaquie[1]	..	..	..	..	..	..	..	...	3 205	3 330
South Africa Afrique du Sud	7 179	7 406	7 398	6 171[2]	6 543[2]	6 257[2]	6 968[2]	6 498[2]	6 120[2]	6 050[2]
Spain Espagne	5 455	4 862	4 854	4 650	5 479	5 733	5 600	5 076[2]	5 450[2]	5 450[2]
Sweden Suède	2 415	2 428	2 365	2 527	2 648	2 696	2 851	2 883	2 850[2]	3 040[2]
Switzerland Suisse	66[5]	147	140	134	141	129	105	102	82	88
TFYR Macedonia[1] L'ex-R.y. Macédoine[1]	..	..	..	..	..	..	..	...	13	* 20[2]	* 20[2]
Tunisia[4] Tunisie[4]	141	149	168	133	155	148	162	147	154	145
Turkey Turquie	280	351	342	366	300	354	332	286	291	326
Ukraine Ukraine	..	..	..	..	..	..	36 435	35 163	27 022	...

55
Pig iron and crude steel
Production: thousand metric tons [cont.]
Fonte et acier brut
Production : milliers de tonnes métriques [suite]

Country or area Pays ou zone	1985	1986	1987	1988	1989	1990	1991	1992	1993	1994
former USSR† l'ex-URSS†	109 977[6]	113 840[6]	113 877[6]	114 558[6]	113 928[6]	110 166[6]	..	..	..	..
United Kingdom Royaume-Uni	10 167[1]	9 632[1]	11 916[1]	12 943[1]	12 551[1]	12 320[5]	12 100[1]	11 500[1 2]	11 500[1 2]	12 000[1 2]
United States Etats-Unis	45 763	40 176	43 851	50 571	50 687	49 668	44 123	47 377	48 155	49 400
Venezuela Venezuela	441	493	473	503	455	314	...	...	...	...
Yugoslavia[1] Yougoslavie[1]	..	..	..	..	..	..	...	512	62	17
Yugoslavia, SFR† Yougoslavie, Rfs†	3 120	3 063	2 867	2 916	2 899	2 313[5]	..	..	..	..
Zimbabwe[1] Zimbabwe[1]	674	644	575	600	520	521	535[2]	507[2]	500[2]	0[2]

B. Crude steel • Acier brut

	1985	1986	1987	1988	1989	1990	1991	1992	1993	1994
Total	**724 310**	**719 347**	**740 625**	**781 913**	**786 265**	**773 817**	**728 509**	**715 192**	**712 005**	**714 080**
Albania Albanie	233	209	137	210	112	79	16	...	9	19
Algeria Algérie	1 215	1 123	1 380	* 1 303	* 945	* 769	797	768	798	772
Angola[2 7] Angola[2 7]	10	10	10	10	10	10	10	10	9	9
Argentina Argentine	2 775	3 116	3 463	3 527	* 3 874	3 636	2 972	2 680	2 870	3 274
Australia Australie	6 301[3]	6 826[3]	6 188[3]	6 093[3]	6 651[3]	7 576[3]	7 141[3]	# 5 205[3]	6 218	7 632
Austria Autriche	4 661	4 292	4 301[5]	4 376[5]	4 901[5]	4 395[5]	4 186[5]	3 953[5]	4 149[5]	4 400[2 5]
Azerbaijan Azerbaïdjan	..	..	..	..	..	..	1 127	809	461	77
Bangladesh[3 7] Bangladesh[3 7]	101	96	82	70	86	90	58[2]	36[2]	32[2]	34[2]
Belarus Bélarus	..	..	..	..	..	..	1 123	1 105[5]	946[5]	880
Belgium Belgique	10 781	9 803	9 844	11 306	11 053	11 546	11 419	10 386	10 237	11 172
Brazil Brésil	20 563	21 343	22 228	24 747	25 084	20 631	22 668	23 951	25 201	25 752
Bulgaria Bulgarie	2 944	2 965	3 045	2 875	2 899	2 184	1 615	1 551	1 941	2 496
Canada Canada	13 459	14 081	14 737	14 778	15 005	12 281	13 079	14 027	* 10 902	13 900[2]
Chile[7] Chili[7]	689[8]	706[8]	726[8]	899[8]	816	768	804	1 008	1 020	996
China †† Chine ††	49 454	54 795	58 928	62 147	64 209	68 858	73 881	84 252	89 556	92 617
Colombia Colombie	525	632	691	777	711	733	700	657	715	702

55
Pig iron and crude steel
Production: thousand metric tons [cont.]
Fonte et acier brut
Production : milliers de tonnes métriques [suite]

Country or area Pays ou zone	1985	1986	1987	1988	1989	1990	1991	1992	1993	1994
Croatia[7] Croatie[7]	..	..	..	..	..	..	214	102	74[5]	63
Cuba[7] Cuba[7]	401	412	402	321	314	270	270	200[2]	100[2]	80[2]
former Czechoslovakia† l'ex-Tchécoslovaquie†	15 036	15 112	15 416	15 379	15 465	14 775	12 071	..	..	..
Czech Republic[7] République tchèque[7]	..	..	..	..	..	..	..	7 349	6 732	7 075
Denmark[7] Danemark[7]	528[5]	632[5]	606[5]	648	624	612	636	600	612	720
Ecuador[7] Equateur[7]	18	17	25	24	23	20	20	20[2]	27[2]	22[2]
Egypt[2] Egypte[2]	954	1 003	1 436	2 026	* 2 117	2 326	2 541	* 2 500	* 2 500	* 2 500
Finland Finlande	2 518	2 586	2 669	2 798	2 921	2 860	2 890	3 077	3 257	3 420
France France	18 808	17 857	17 689	19 108	19 535	19 304	18 708	18 190	17 313	18 242
Germany † Allemagne†	..	..	..	..	..	..	41 997	39 962	37 705	40 963
F. R. Germany R. f. Allemagne	40 488	37 134	36 248	41 023	41 078	38 433	..	..	..	..
former German D. R.[7] l'ex-R. d. allemande[7]	7 853	7 967	8 243	8 131	7 829	5 339	..	..	..	..
Greece Grèce	985	1 009	908	959	960	999	980	924	980	852
Hungary Hongrie	3 545	3 601	3 495	3 480	3 263	2 924	2 043	1 687[5]	1 752[5]	1 932
India Inde	11 187	11 427	12 262	13 019	15 522	16 479	17 577	18 723	18 616	18 200
Indonesia Indonésie	1 200	1 500	* 1 453	* 2 050	* 2 000	2 890[2]	3 250[2]	3 170[2]	1 950[2]	2 000[2]
Iran, Islamic Rep. of Iran, Rép. islamique d'	764	741	783	883	* 1 000	1 430[2]	2 200[2]	2 940[2]	3 670[2]	4 500[2]
Iraq *[2,7] Iraq *[2,7]	...	...	...	...	...	150	20	100	300	300
Ireland Irlande	203	208	220	200	324	325	293	257	326	325[2]
Israel *[2] Israël *[2]	100	110	116	120	118	144	160	160	160	160
Italy Italie	23 898	22 882	22 858	23 943	25 507	25 647	25 270	24 924	25 967	26 212
Japan Japon	105 278	98 275	98 513	105 680	107 907	110 339	109 648	98 132	99 632	98 295
Kazakhstan Kazakhstan	..	..	..	..	..	..	6 377	6 063	4 557	2 968
Korea, Dem. P. R. *[2] Corée, R. p. dém. de *[2]	6 500	6 500	6 700	6 800	7 300	8 000	8 000	8 100	8 100	8 100
Korea, Republic of Corée, République de	13 614	14 634	16 894	19 233	21 992	23 247	26 126	28 177	33 141	33 887

55
Pig iron and crude steel
Production: thousand metric tons [cont.]
Fonte et acier brut
Production : milliers de tonnes métriques [suite]

Country or area Pays ou zone	1985	1986	1987	1988	1989	1990	1991	1992	1993	1994
Latvia Lettonie	..	..	..	..	..	..	374	246	300	332
Lithuania[9] Lituanie[9]	..	..	..	..	..	..	4	3	2	1
Luxembourg[7] Luxembourg[7]	3 945	3 705	3 302	3 661	3 721	3 560	3 379	3 068	3 293	3 073
Mexico Mexique	7 174	6 960	7 211	7 312	7 329	8 221	7 462	7 848	8 188	8 690
Morocco *[2] Maroc *[2]	6	6	6	7	7	7	7	7	7	7
Netherlands Pays-Bas	5 517	5 283	5 083	5 518	5 681	5 412	5 171	5 439	6 000	6 171
New Zealand[7] Nouvelle-Zélande[7]	228	291	409[2]	460[2]	608[2]	719[2]	806[2]	759[2]	853[2]	766[2]
Nigeria[7] Nigéria[7]	254	200	200	192	213	220	200	* 140[2]	* 140[2]	* 140[2]
Norway Norvège	579	837	853	903	677	376[5]	438[5]	446[5]	505[5]	468
Peru Pérou	414	486	503	496	364	284	404	343	417	338[2]
Philippines[2] Philippines[2]	260	260	250	300	300	# 600	605	497	623	640
Poland Pologne	15 361	16 283	16 263	* 15 943	12 466	11 501	9 512[5]	9 336[5]	9 005[5]	9 616
Portugal Portugal	665	717	1 099	1 239	* 1 061	717[5]	547[5]	749[5]	775[5]	720[2]
Republic of Moldova[9] République de Moldova[9]	..	..	..	..	..	..	623	653	497	632[2]
Romania Roumanie	14 587	15 026	14 631	15 057	15 165	10 624	7 509	5 614	5 629	5 943
Russian Federation Fédération de Russie	..	..	..	..	..	..	77 100	67 028	58 346	48 812
Saudi Arabia[2,7] Arabie saoudite[2,7]	1 106	1 100	1 365	1 614	1 810	1 833	1 790	1 830	2 320	2 410
Slovakia[7] Slovaquie[7]	..	..	..	..	..	..	..	4 498	3 922	3 974
Slovenia Slovénie	..	..	..	..	..	..	289	401	357	424
South Africa Afrique du Sud	8 582	8 127	9 123	8 837	9 337	8 691	9 358	9 096[2]	8 730[2]	8 320[2]
Spain Espagne	14 679	* 12 137	* 11 629	* 11 679	* 12 564	* 12 818	12 846[5]	12 270[5]	12 967[5]	13 440
Sweden Suède	4 851	4 719	4 683	4 779	4 692	4 455[5]	4 252[5]	4 358[5]	4 069[5]	4 956
Switzerland[7] Suisse[7]	987[5]	1 075[5]	866[5]	989[5]	1 064[5]	1 105[5]	955[5]	1 050[5]	1 260[2]	800[2]
Thailand[2] Thaïlande[2]	447	463	534	552	689	685	711	779	800	100
TFYR Macedonia[7] L'ex-R.y. Macédoine[7]	..	..	..	..	..	..	209	162	133	65

55
Pig iron and crude steel
Production: thousand metric tons [cont.]
Fonte et acier brut
Production : milliers de tonnes métriques [suite]

Country or area Pays ou zone	1985	1986	1987	1988	1989	1990	1991	1992	1993	1994
Tunisia[9] Tunisie[9]	160	181	188	159	188	176	193	182	182	183
Turkey Turquie	4 737	5 989	10 188	11 481	10 809	12 225	12 323	13 241	12 575	13 227
Uganda Ouganda	8	8	0	0	0	0	0	0	0	0
Ukraine Ukraine	..	..	..	..	..	..	46 767	43 285	33 709	23 800[27]
former USSR† l'ex-URSS†	163 808	170 098	171 417	172 217	168 421	162 326	..	..	..	..
United Kingdom Royaume-Uni	15 722	14 725	17 414	18 950	18 740	17 841	16 511[5]	16 212[5]	16 625[5]	17 244
United States[10] Etats-Unis[10]	80 067	74 032	80 876	91 765	*88 852	89 726	79 809[7]	84 881[7]	89 264[7]	91 208[7]
Uruguay[7] Uruguay[7]	39	31	30	29	37	34	44[2]	53[2]	53[2]	53[2]
Venezuela Venezuela	3 060	3 402	3 721	3 650	3 404	3 140	2 933	2 446	2 568	3 410[2]
Viet Nam[7] Viet Nam[7]	...	64	70	74	85	101	149	196	270[2]	300[2]
Yugoslavia Yougoslavie	..	..	..	..	..	..	...	96	...	...
Yugoslavia, SFR† Yougoslavie, Rfs†	4 476	4 524	4 368	4 488	4 542	3 608	..	..	..	..
Zimbabwe[27] Zimbabwe[27]	463	490	515	500	650	580	581	547	221	180

Source:
Industrial statistics database of the Statistics Division of the United Nations Secretariat.

† For information on recent changes in country or area nomenclature pertaining to former Czechoslovakia, Germany, Hong Kong Special Administrative Region of China, SFR Yugoslavia and former USSR, see Annex I - Country or area nomenclature, regional and other groupings.

†† For statistical purposes, the data for China do not include those for the Hong Kong Special Administrative Region (Hong Kong SAR) and Taiwan province of China.

1 Pig-iron for steel making only.
2 Source: US Bureau of Mines, (Washington, DC).
3 Twelve months ending 30 June of year stated.
4 Foundry pig iron only.
5 Source: Annual Bulletin of Steel Statistics for Europe, United Nations Economic Commission of Europe (Geneva).
6 Including other ferro-alloys.
7 Ingots only.
8 Source: "Instituto Latino Americano del Fierro y el Acero", (Santiago).
9 Crude steel for casting only.
10 Excluding steel for castings made in foundries operated by companies not producing ingots.

Source:
Base de données pour les statistiques industrielles de la Division de statistique du Secrétariat de l'ONU.

† Pour les modifications récentes de nomenclature de pays ou de zone concernant l'Allemagne, Hong-Kong (Région administrative spéciale de Chine), l'ex-Tchécoslovaquie, l'ex-URSS et l'ex-Rfs de Yougoslavie, voir annexe I - Nomenclature des pays ou des zones, groupements régionaux et autres groupements.

†† Les données statistiques relatives à la Chine ne comprennent pas celles qui concernent la région administrative spéciale de Hong-Kong (la RAS de Hong-Kong) et la province chinoise de Taiwan.

1 La fonte d'affinage seulement.
2 Source: "US Bureau of Mines," (Washington, DC).
3 Période de douze mois finissant le 30 juin de l'année indiquée.
4 La fonte de moulage seulement.
5 Source: Bulletin annuel de statistiques de l'acier pour l'Europe, Commission économique des Nations Unies pour l'Europe (Genève).
6 Y compris les autres ferro-alliages.
7 Les lingots seulement.
8 Source: "Instituto Latino Americano del Fierro y el Acero", (Santiago).
9 L'acier brut pour moulages seulement.
10 Non compris l'acier pour les moulages fabriqués dans des fonderies exploitées par des entreprises ne produisant pas de lingots.

56
Aluminium
Aluminium

Production: thousand metric tons
Production : milliers de tonnes métriques

Country or area Pays ou zone	1985	1986	1987	1988	1989	1990	1991	1992	1993	1994
Total	19 646.0	19 679.0	21 298.0	22 488.0	23 102.0	23 611.0	20 663.0	21 033.0	21 515.0	21 184.0
Primary 1re fusion	15 103.0	15 083.0	16 136.0	17 070.0	17 797.0	17 644.0	15 673.0	15 618.0	15 867.0	15 780.0
Secondary 2ème fusion	4 408.0	4 471.0	4 949.0	5 235.0	5 140.0	5 502.0	4 778.0	5 311.0	5 383.0	5 186.0
Argentina Argentine	143.5	151.2	160.5	161.2	167.3	169.0	175.5	172.1	189.7	* 187.8
Primary 1re fusion	139.9	147.6	152.5	154.1	162.0	163.0	166.3	153.0	170.6	173.4
Secondary[1] 2ème fusion[1]	3.6	3.6	8.0	7.1	5.3	6.0	9.2	19.1	19.1	14.4
Australia Australie	926.4[2]	* 925.0[2]	* 960.0[2]	* 1 120.5[2]	* 1 289.2[2]	* 1 268.0[2]	1 264.6[2]	1 234.0[2]	* 1 302.8	* 1 437.4
Primary 1re fusion	822.3[2]	870.0[2]	921.0[2]	1 074.0[2]	1 240.8[2]	1 235.1[2]	1 235.0[2]	1 194.0[2]	1 228.0	1 382.4
Secondary 2ème fusion	104.1[2]	55.0[2]	39.0[1,2]	46.5[1,2]	48.4[1,2]	32.9[2]	29.6[2]	40.0[1,2]	34.8[1]	55.0[1]
Austria Autriche	285.0	283.7	322.3	391.1	334.1	246.3	205.9	...	...	...
Primary 1re fusion	152.7	148.8	156.1	165.9	169.0	159.1	89.0	33.0	0.0	0.0
Secondary 2ème fusion	132.4[3]	134.9[3]	166.1[3]	225.2[3]	165.2[3]	87.2[3]	116.9	...	...	...
Azerbaijan Azerbaïdjan	..	..	..	..	..	..	31.7	21.3	14.3	7.7
Primary 1re fusion	..	..	..	..	..	..	25.9	19.6	13.6	7.4
Secondary 2ème fusion	..	..	..	..	..	..	5.8	1.7	0.7	0.3
Bahrain[4] Bahreïn[4]	175.5	178.6	181.0	182.8	187.1	212.0	213.7	292.5	448.0	450.9
Belgium[15] Belgique[15]	2.0	2.0	3.2	3.0	3.0	3.0	3.0	0.0	0.0	0.0
Brazil Brésil	594.2	805.3	893.8[1]	938.4[1]	954.5[1]	995.6[1]	1 206.0[1]	1 260.4[1]	1 248.8[1]	1 275.6[1]
Primary 1re fusion	549.4	757.4	843.5[1]	873.5[1]	887.9[1]	930.6[1]	1 139.0[1]	1 193.3[1]	1 172.0[1]	1 184.6[1]
Secondary 2ème fusion	44.8	48.0	50.3[1]	64.9[1]	66.6[1]	65.0[1]	66.4[1]	67.1[1]	76.8[1]	91.0[1]
Cameroon[4] Cameroun[4]	81.8	51.0	79.0	80.0[1]	87.3[1]	87.5[1]	85.6[1]	82.5[1]	86.5[1]	81.1[1]
Canada[1] Canada[1]	1 347.3	1 420.2	1 582.2	1 590.6	1 615.2	1 635.1	1 889.3	2 057.8	2 394.9	2 340.0
Primary 1re fusion	1 282.3[1]	1 355.2[1]	1 540.4[1]	1 534.5[1]	1 554.8[1]	1 567.4[1]	1 821.6	1 971.8[1]	2 308.9[1]	2 250.0[1]
Secondary[1] 2ème fusion[1]	65.0	65.0	41.7	56.1	60.4	67.7	67.7	86.0	86.0	90.0
China ††[4] Chine ††[4]	* 410.0[6]	* 410.0[6]	* 615.0[6]	718.4	758.4	854.3	900.0	1 096.4	1 255.4	1 498.3
Croatia[4] Croatie[4]	..	..	..	..	..	..	54.5	29.0	26.0	26.0
former Czechoslovakia† l'ex-Tchécoslovaquie†	66.0	66.1	66.4	67.4	69.3	69.8	66.3	..	..	..

56
Aluminium
Production: thousand metric tons [cont.]
Aluminium
Production : milliers de tonnes métriques [suite]

Country or area Pays ou zone	1985	1986	1987	1988	1989	1990	1991	1992	1993	1994
Primary 1re fusion	31.7	33.1	32.4	31.4	32.6	30.1	49.4	..	..	..
Secondary 2ème fusion	34.3	33.0	34.0	36.0	36.7	39.7	16.9	..	..	..
Denmark[7] Danemark[7]	...	...	...	...	...	...	...	16.0	21.3	21.9
Secondary[1] 2ème fusion[1]	16.4	16.4	16.4	16.4	16.4	10.6	12.0	14.1	14.0	14.0
Egypt[4,8] Egypte[4,8]	135.5	114.0	148.7	142.6	146.2	141.1	141.0	139.4	138.8	149.2
Finland[5] Finlande[5]	1.0	0.2	0.2	* 2.0	* 4.1	* 4.9	* 4.2	* 4.5	* 3.7	* 4.3
France[9] France[9]	457.3	* 495.2	568.2	541.0	554.8	533.4	471.8	636.7	627.3	708.9
Primary 1re fusion	293.1	321.8	381.8	328.0	329.3	325.2	254.6	414.3	424.5	481.5
Secondary[9] 2ème fusion[9]	164.3	173.4	186.3	213.0	225.5	208.3	217.2	222.4	202.8	227.4
Germany † Allemagne†	..	..	..	..	..	..	739.9	654.4	610.4	559.0
Primary 1re fusion	..	..	..	..	..	..	690.3	602.8	551.9	503.4
Secondary 2ème fusion	..	..	..	..	..	..	49.5	51.9	58.5	55.6
F. R. Germany R. f. Allemagne	789.7	805.3	773.7	787.0	784.7	759.6	..	..	..	..
Primary 1re fusion	745.5	765.1	737.7	744.1	742.2	720.3[10]	..	..	..	..
former German D. R.[9] l'ex-R. d. allemande[9]	127.1	125.0	122.3	115.8	107.7	82.8	..	..	..	..
Primary[9] 1re fusion[9]	65.7	66.0	67.9	61.2	53.9	41.2	..	..	..	..
Secondary[9] 2ème fusion[9]	61.4	59.0	54.5	54.6	53.8	41.6	..	..	..	..
Ghana[4] Ghana[4]	48.6	124.6	150.0	161.0	169.0	174.0	175.0	179.9[1]	175.4[1]	140.7[1]
Greece Grèce	175.5	175.9	223.6	207.9	209.1	225.9	175.1	174.5	147.7	141.6
Hungary Hongrie	86.9	86.4	85.2	83.8	85.1	81.1	...	...	...	...
Primary 1re fusion	73.9	73.9	73.5	74.7	75.2	75.2	63.3	26.9	28.9	30.0
Secondary 2ème fusion	13.0	12.5	11.7	9.1	9.9	5.9	...	...	...	...
Iceland[4] Islande[4]	73.4	75.9	83.5	82.0	88.7	86.8	88.8	89.5	94.5	99.3
India[4] Inde[4]	259.9	234.9	245.3	289.7	425.3	427.6	504.3	499.0	477.6	478.8
Indonesia[4] Indonésie[4]	216.8	220.0	219.9	180.0	196.9[10]	192.1	173.0	213.5	202.1	221.9
Iran, Islamic Rep. of Iran, Rép. islamique d'	58.0	52.4	48.6	53.2	28.5	73.0	109.5	118.7	106.6	142.2[1]
Primary 1re fusion	43.0	37.4	33.6	38.2	19.9[1]	59.4[1]	70.1[1]	79.3[1]	91.5[1]	116.2[1]

56
Aluminium
Production: thousand metric tons [cont.]
Aluminium
Production : milliers de tonnes métriques [suite]

Country or area Pays ou zone	1985	1986	1987	1988	1989	1990	1991	1992	1993	1994
Secondary[1] 2ème fusion[1]	15.0	15.0	15.0	15.0	8.6	13.6	39.4	39.4	15.1	26.0
Italy **Italie**	**506.1**	**543.6**	**567.6**	**604.1**	**609.5**	**581.4**	**566.0**	**513.8**	**501.7**	**551.0**
Primary 1re fusion	224.1	242.6	232.6	226.3	219.5	231.8	218.0	160.7	155.6	175.0
Secondary 2ème fusion	282.0	301.0	335.0	377.8	390.0	349.6	348.0	353.1	346.1	375.5
Japan[9] **Japon**[9]	**1 098.5**	**1 013.6**	**1 085.1**	**1 053.3**	**1 081.5**	**1 140.6**	**1 148.5**	**1 112.2**	**1 044.2**	**1 215.3**
Primary 1re fusion	231.3	148.3	52.8	49.0	50.7	50.5	52.1	38.5	38.5	40.8
Secondary[9] 2ème fusion[9]	867.2	865.3	1 032.3	1 004.3	1 030.8	1 090.1	1 096.4	1 073.7	1 005.6	1 174.6
Korea, Republic of[4] **Corée, République de**[4]	**17.1**	**18.3**	**16.8**	**16.1**	**15.7**	**13.3**	**13.6**	**0.0**	**0.0**	**0.0**
Mexico **Mexique**	**65.1**	**62.6**	**88.1**	**79.9**	***80.8**	***117.1**	***97.0**	***76.9**	***95.4**	***150.2**
Primary 1re fusion	42.8	46.2	79.3	75.4	67.6	56.8	42.8	17.4	25.5	24.9
Secondary[1] 2ème fusion[1]	22.3	16.4	8.8	4.5	13.2	60.3	54.2	59.5	69.9	125.3
Netherlands **Pays-Bas**	**312.9**	**362.6**	**377.3**	**394.1**	**409.4**	**392.1**	**367.8**	**377.6**	**367.4**	**405.4**
Primary 1re fusion	250.6	265.8	275.9	278.2	279.2	257.9	253.6	227.3	228.3	230.1
Secondary 2ème fusion	62.3	96.8	101.4	115.9	130.2	134.2	114.3	150.2	139.1	175.3
New Zealand **Nouvelle-Zélande**	**242.3**	**240.3**	**256.0**[1]	**258.7**[1]	**262.0**[1]	**264.5**[1]	**263.2**[1]	**249.6**[1]	**284.7**[1]	**221.8**[1]
Primary 1re fusion	240.8	236.3	252.0[1]	255.6[1]	257.5[1]	259.7[1]	258.5[1]	242.9[1]	277.4[1]	213.6[1]
Secondary[1] 2ème fusion[1]	1.5	4.0	4.0	3.1	4.5	4.8	4.7	6.7	7.3	8.2
Norway **Norvège**	**748.7**	**733.0**	**805.0**	**845.4**	**874.5**	***886.6**	***889.4**	**878.1**	***943.3**	***906.2**
Primary 1re fusion	742.7	725.8	797.8	838.2	867.3	867.1	858.2	838.1	887.5	857.0
Secondary 2ème fusion	6.0	7.2	7.2	7.2	7.2	19.5[1]	31.2[1]	40.0[1]	55.8[1]	49.2[1]
Poland[4] **Pologne**[4]	**47.0**	**47.5**	**47.5**	**47.7**	**47.8**	**46.0**	**45.8**	**43.6**	**46.9**	**49.5**
Portugal[9] **Portugal**[9]	**2.5**	**2.1**	**2.3**	**2.5**	**4.0**	**9.3**	**8.1**	**8.4**	**2.0**	**3.0**
Romania[11] **Roumanie**[11]	**265.0**[9]	**269.0**[9]	**275.2**[9]	**279.0**[9]	**280.2**[9]	**178.3**[9]	**167.5**[9]	**119.5**[9]	**116.5**	**122.4**
Primary[11] 1re fusion[11]	247.0	253.0	260.5	265.6	269.1	168.0	158.2	112.0	112.4	119.6
Secondary 2ème fusion	18.0	16.0	14.7	13.4	11.2	10.3	9.2	7.5	4.1	2.8
Slovakia **Slovaquie**	..	..	..	..	..	..	..	...	**19.2**	...
Primary 1re fusion	..	..	..	..	..	..	..	...	17.8	4.2

56
Aluminium
Production: thousand metric tons [cont.]
Aluminium
Production : milliers de tonnes métriques [suite]

Country or area Pays ou zone	1985	1986	1987	1988	1989	1990	1991	1992	1993	1994
Secondary 2ème fusion	..	..	..	..	..	..	..	...	1.4	...
Slovenia Slovénie	..	..	..	..	..	..	90.2	84.8	82.9	76.8
South Africa [4,6] Afrique du Sud [4,6]	165.0	*169.6	170.6	170.4	165.9	170.0	170.0	174.0	176.0	172.7
Spain Espagne	412.6[1]	402.9[1]	411.0[1]	378.9[1]	430.0[1]	442.0[1]	451.2[1]	455.5[1]	455.6[1]	358.1
Primary[1] 1re fusion[1]	370.1	354.7	341.0	293.9	352.4	355.3	355.2	359.0	355.9	338.1
Secondary 2ème fusion	42.5[1]	48.2[1]	70.0[1]	85.0[1]	77.6[1]	86.7[1]	96.0[1]	96.5[1]	99.7[1]	20.0
Suriname[4] Suriname[4]	28.8	28.7	1.9	9.8	28.4	31.3	30.7	32.4	30.1	26.7
Sweden[1] Suède[1]	114.1	109.9	111.5	130.6	130.0	126.3	115.4	93.7	101.4	103.9
Primary[1] 1re fusion[1]	83.7	77.1	81.5	98.6	97.0	96.3	96.9	77.2	82.4	83.9
Secondary[1] 2ème fusion[1]	30.4	32.8	30.0	32.0	33.0	30.0	18.5	16.5	19.0	20.0
Switzerland[4] Suisse[4]	72.7	80.3	73.2	71.8	71.3	71.6	65.9	52.1	36.4	24.2
TFYR Macedonia L'ex-R.y. Macédoine	..	..	..	..	..	..	6.0	5.8	6.5	7.0
Turkey[4] Turquie[4]	54.1	60.0	41.7	56.7	57.2	60.0	56.0	61.3	58.5	59.7
former USSR†* [6] l'ex-URSS†* [6]	2 700.0	2 850.0	3 000.0	3 000.0	3 000.0	...	..	..	..	..
Primary[6] 1re fusion[6]	*2 200.0	*2 300.0	*2 400.0	*2 400.0	*2 400.0	*2 200.0	..	..	..	..
Secondary[6] 2ème fusion[6]	*500.0	*550.0	*600.0	*600.0	*600.0	...	..	..	..	..
United Kingdom[11] Royaume-Uni[11]	403.0	392.3	411.1	405.9	366.9	362.8	349.8[1]	...	...	...
Primary[11] 1re fusion[11]	275.4	275.9	294.4	300.2	297.3	289.8	293.5[1]	244.2[1]	154.7	194.0
Secondary 2ème fusion	127.6	116.4	116.7	105.8	69.5	73.0	56.3	...	...	...
United States[9] Etats-Unis[9]	5 262.0	4 810.0	5 329.0	6 066.0	6 084.0	6 441.0	6 407.0	6 798.0	6 638.8	5 794.9
Primary 1re fusion	3 500.0	3 037.0	3 343.0	3 944.0	4 030.0	4 048.0	4 121.0	4 042.0	3 694.8	3 299.0
Secondary[9] 2ème fusion[9]	1 762.0	1 773.0	1 986.0	2 122.0	2 054.0	2 393.0	2 286.0	2 756.0	2 944.0	2 495.9[1]
Venezuela Venezuela	416.8	431.4	440.2	453.3	575.6	608.8	620.0	542.2	602.3	617.3[1]
Primary 1re fusion	402.8	421.4	430.2	443.3	565.6	598.8	610.0	507.5	567.6	585.4[1]
Secondary[1] 2ème fusion[1]	14.0	10.0	10.0	10.0	10.0	10.0	10.0	34.7	34.7	31.9
Yugoslavia Yougoslavie	..	..	..	..	..	..	...	66.9	...	...
Primary 1re fusion	..	..	..	..	..	..	...	66.9	26.0	6.9

515   Manufacturing   Industries manufacturières

56
Aluminium
Production: thousand metric tons [cont.]
Aluminium
Production : milliers de tonnes métriques [suite]

Country or area Pays ou zone	1985	1986	1987	1988	1989	1990	1991	1992	1993	1994
Secondary 2ème fusion	..	..	..	..	..	..	...	0.1	...	...
Yugoslavia, SFR† **Yougoslavie, Rfs†**	**316.1**	**319.7**	**281.1**	**313.3**	**331.7**	**291.0**	..	..	..	..
Primary 1re fusion	306.3	309.2	280.6	312.7	331.0	* 290.0	..	..	..	..
Secondary 2ème fusion	9.7	10.5	0.5	0.7	0.6	* 1.0	..	..	..	..

Source:
Industrial statistics database of the Statistics Division of
the United Nations Secretariat.

† For information on recent changes in country or
area nomenclature pertaining to former Czechoslovakia,
Germany, Hong Kong Special Administrative Region of China,
SFR Yugoslavia and former USSR, see Annex I - Country or
area nomenclature, regional and other groupings.

†† For statistical purposes, the data for
China do not include those for the Hong Kong Special
Administrative Region (Hong Kong SAR) and Taiwan province of
China.

1 Source: World Metal Statistics (London).
2 Twelve months ending 30 June of year stated.

3 Secondary aluminium produced from old scrap only.

4 Primary metal production only.
5 Secondary metal production only.
6 Source: US Bureau of Mines, (Washington, DC).
7 Sales.
8 Including aluminium plates, shapes and bars.
9 Including alloys.
10 Source: "Metallgesellschaft Aktiengesellschaft",
   (Frankfurt).
11 Including pure content of virgin alloys.

Source:
Base de données pour les statistiques industrielles de la
Division de statistique du Secrétariat de l'ONU.

† Pour les modifications récentes de nomenclature
de pays ou de zone concernant l'Allemagne, Hong-Kong (Région
administrative spéciale de Chine), l'ex-Tchécoslovaquie,
l'ex-URSS et l'ex-Rfs de Yougoslavie, voir annexe I -
Nomenclature des pays ou des zones, groupements régionaux et
autres groupements.

†† Les données statistiques relatives à
la Chine ne comprennent pas celles qui concernent la région
administrative spéciale de Hong-Kong (la RAS de Hong-Kong)
et la province chinoise de Taiwan.

1 Source: "World Metal Statistics," (Londres).
2 Période de douze mois finissant le 30 juin de l'année
   indiquée.
3 Aluminium de deuxième fusion obtenu à partir de vieux
   déchets seulement.
4 Production du métal de première fusion seulement.
5 Production du métal de deuxième fusion seulement.
6 Source: "US Bureau of Mines," (Washington, DC).
7 Ventes.
8 Y compris les tôles, les profilés et les barres d'aluminium.
9 Y compris les alliages.
10 Source: "Metallgesellschaft Aktiengesellschaft",
   (Francfort).
11 Y compris la teneur pure des alliages de première fusion.

57
Radio and television receivers
Radiodiffusion et télévision : postes récepteurs
Production: thousands
Production : milliers

Country or area Pays ou zone	Radio receivers Radiodiffusion : postes récepteurs 1990	1991	1992	1993	1994	Television receivers Télévision : postes récepteurs 1990	1991	1992	1993	1994
Total	135 594	123 477	112 854	113 069	136 015	128 816	128 731	123 666	134 592	133 962
Albania Albanie	26	9	0	...	...	18	5	1	...	...
Algeria Algérie	341	304	238	109	107	283	176	218	258	165
Angola Angola	78	52	29	...	...	11	16	33	...	...
Argentina Argentine	...	...	...	...	...	310	607	1 386	1 612	1 523[1]
Armenia Arménie	..	167	50	8	...	...	...	...	...	...
Australia[2 3] Australie[2 3]	...	...	...	...	...	158	...	...	...	...
Azerbaijan Azerbaïdjan	..	7	0	30	3	..	...	6	8 681	2 280
Bangladesh Bangladesh	68	21	16	7	3	83	57	44	61	77
Belarus Bélarus	..	932	721	768	545	..	1 103	798	610	473
Belgium[4 5] Belgique[4 5]	986	556	416	408	...	1 084	886	620	559	...
Brazil Brésil	5 151	5 333	5 478	4 097	4 665	3 196	3 265	2 322	3 638	5 522
Bulgaria Bulgarie	43	16	5	1	...	219	108	64	26	...
Chad Tchad	13	7	7	0	0	...	...	...	...	...
China †† Chine ††	21 030[6]	19 691[6]	16 489[6]	17 542[6]	41 320[6]	26 847	26 914	28 678	30 330	32 833
China, Hong Kong SAR† Chine, Hong-Kong RAS†	8 182	6 145	6 508	...	...	1 177	749	...	...	...
Colombia Colombie	...	...	...	...	...	135	94[1]	94[1]	96[1]	93[1]
Croatia Croatie	..	3	1	0	0	..	3	0	0	0
former Czechoslovakia† l'ex-Tchécoslovaquie†	187[7]	73[7]	..	..	..	504	208	..	..	..
Denmark[8] Danemark[8]	...	...	...	...	...	122	117	...	...	...
Ecuador Equateur	...	...	...	...	...	...	...	11	11[1]	10[1]
Egypt Egypte	59	39	36	13	52	333	264	260	269	234
Finland Finlande	...	...	*4	71	70	412	327	269	321	339
France France	2 059	1 865	1 679	2 083	2 804	2 838	2 549	2 799	2 523	2 796

57
Radio and television receivers
Production: thousands [cont.]
Radiodiffusion et télévision : postes récepteurs
Production : milliers [suite]

Country or area Pays ou zone	Radio receivers Radiodiffusion : postes récepteurs					Television receivers Télévision : postes récepteurs				
	1990	1991	1992	1993	1994	1990	1991	1992	1993	1994
Georgia Géorgie	...	...	...	...	...	..	39	18	1	...
Germany † Allemagne†	..	...	4 703	4 623	5 404	..	...	...	2 800	3 234
F. R. Germany R. f. Allemagne	5 955	..	..	..	..	3 595	..	..	..	..
former German D. R. l'ex-R. d. allemande	522	..	..	..	..	632	..	..	..	..
Greece Grèce	...	...	...	...	...	10	2	...	...	...
Hungary Hongrie	83	14	1	...	...	492	217	274	204	272
India Inde	647[9]	286[9]	245[9]	152[9]	...	1 322	1 217	1 254	1 540	...
Indonesia Indonésie	4 436[10]	4 659[10]	2 863[10]	3 882[10]	...	700	725	700	1 001	...
Iran, Islamic Rep. of[11] Iran, Rép. islamique d'[11]	232[12 13]	102	75	...	...	598	736	683	...	...
Iraq Iraq	...	...	...	...	...	...	...	16	...	...
Italy Italie	...	...	...	...	...	2 312	2 435	2 151	2 432	2 780
Japan Japon	10 955	11 213	9 418	8 317	7 299	15 132	15 640	14 253	12 840	11 192
Kazakhstan Kazakhstan	..	86	97	72	4	..	5	36	20	43
Kenya Kenya	...	...	...	...	...	4 186	...	...	...	...
Korea, Republic of Corée, République de	1 468	836	619	550	28	16 201	16 129	16 311	15 956	17 102
Kyrgyzstan Kirghizistan	...	...	...	...	...	..	8	2	2	43
Latvia Lettonie	..	1 230	630	125	33	...	...	...	...	...
Lithuania Lituanie	...	...	...	...	...	..	516	445	423	181
Malaysia Malaisie	37 019	31 920	31 360	34 537	36 310	3 238	4 838	5 553	6 629	7 702
Mexico Mexique	...	...	...	...	...	633	490	435	477[1]	498[1]
Mozambique Mozambique	12	19	...	...	...	...	...	...	...	...
Myanmar[14] Myanmar[14]	4	1	1	...	...	...	...	...	...	...
Pakistan Pakistan	...	...	...	...	...	200	182	145	162	113
Peru Pérou	...	...	...	...	...	71	...	...	...	...

57
Radio and television receivers
Production: thousands [cont.]

Radiodiffusion et télévision : postes récepteurs
Production : milliers [suite]

Country or area Pays ou zone	Radio receivers Radiodiffusion : postes récepteurs					Television receivers Télévision : postes récepteurs				
	1990	1991	1992	1993	1994	1990	1991	1992	1993	1994
Poland Pologne	1 433	589	334	329	309	748	438	652	855	888
Portugal Portugal	1 435	1 522	...	...	...	329	318	238	...	...
Republic of Moldova République de Moldova	..	5	3	5	3	..	173	176	167	106
Romania Roumanie	438[10]	435[10]	83[10]	79[10]	28[10]	401	389	318	464	452
Russian Federation Fédération de Russie	..	5 537	4 015	2 806	1 087	..	4 439	3 672	3 987	2 240
Slovakia Slovaquie	..	..	...	2[7]	...	..	..	...	165	...
Slovenia Slovénie	..	0	0	...	...	..	101	55	42	124
South Africa Afrique du Sud	775	...	...	...	...	373	486	376	321	...
Spain Espagne	10	28	...	...	...	2 466	2 807	2 544	...	...
Sweden Suède	...	...	...	...	...	284	224	13	0	...
Syrian Arab Republic Rép. arabe syrienne	...	...	...	...	...	18	17	20	20	...
Thailand Thaïlande	1 105	1 062	...	...	...	2 351	2 426	...	...	...
Trinidad and Tobago Trinité-et-Tobago	2	3	3	4	...	7	13	16	13	11
Tunisia Tunisie	22	21	27	2	...	115	124	153	126	...
Turkey Turquie	100	43	22	74	32	1 994	2 567	2 111	1 922	1 490
Ukraine Ukraine	..	892	860	797	...	..	3 616	2 570	1 919	...
former USSR† l'ex-URSS†	9 168	..	..	..	..	10 540	..	..	..	..
United Rep.Tanzania Rép. Unie de Tanzanie	71	102	108	95	...	...	...	...	...	...
United States[4] Etats-Unis[4]	3 014	3 504	4 006	2 720	...	13 982	12 865	13 972	13 679	13 881
Uzbekistan Ouzbékistan	...	...	...	...	...	..	...	7	13	48
Yugoslavia Yougoslavie	..	6	1	1	0	..	80	51	24	40

Source:
Industrial statistics database of the Statistics Division of
the United Nations Secretariat.

Source:
Base de données pour les statistiques industrielles de la
Division de statistique du Secrétariat de l'ONU.

57
Radio and television receivers
Production: thousands [cont.]
Radiodiffusion et télévision : postes récepteurs
Production : milliers [suite]

† For information on recent changes in country or area nomenclature pertaining to former Czechoslovakia, Germany, Hong Kong Special Administrative Region of China, SFR Yugoslavia and former USSR, see Annex I - Country or area nomenclature, regional and other groupings.

†† For statistical purposes, the data for China do not include those for the Hong Kong Special Administrative Region (Hong Kong SAR) and Taiwan province of China.

1 Source: United Nations Economic Commission for Latin America (ECLA), (Santiago).
2 Twelve months ending 30 June of year stated.
3 Colour television receivers only.
4 Shipments.
5 Production by establishments employing 5 or more persons.
6 Portable battery sets only.
7 Including record players.
8 Sales.
9 Production by large and medium scale establishments only.
10 Including radio with tape recording unit.
11 Production by establishments employing 50 or more persons.
12 Including tape recorders.
13 Including sound reproducers.
14 Government production only.

† Pour les modifications récentes de nomenclature de pays ou de zone concernant l'Allemagne, Hong-Kong (Région administrative spéciale de Chine), l'ex-Tchécoslovaquie, l'ex-URSS et l'ex-Rfs de Yougoslavie, voir annexe I - Nomenclature des pays ou des zones, groupements régionaux et autres groupements.

†† Les données statistiques relatives à la Chine ne comprennent pas celles qui concernent la région administrative spéciale de Hong-Kong (la RAS de Hong-Kong) et la province chinoise de Taiwan.

1 Source: Commission économique des Nations Unies pour l'Amérique Latine (CEPAL), (Santiago).
2 Période de douze mois finissant le 30 juin de l'année indiquée.
3 Récepteurs de télévision en couleur seulement.
4 Expéditions.
5 Production des établissements occupant 5 personnes ou plus.
6 Appareils portatifs à piles seulement.
7 Y compris les tourne-disques.
8 Ventes.
9 Production des grandes et moyennes entreprises seulement.
10 Y compris les récepteurs de radio avec appareil enregistreur à bande magnétique incorporés.
11 Production des établissements occupant 50 personnes ou plus.
12 Y compris les magnétophones.
13 Y compris les lecteurs de son.
14 Production de l'Etat seulement.

58
Passenger cars
Voitures de tourisme
Production: thousands
Production : milliers

Country or area Pays ou zone	1985	1986	1987	1988	1989	1990	1991	1992	1993	1994
Total	**31 974**	**32 416**	**32 807**	**33 842**	**34 692**	**34 876**	**33 557**	**33 716**	**31 499**	**33 173**
Argentina[1] Argentine[1]	118	138	159	136	108	81	114	221	287	338
Australia Australie	376[1 2]	365[1 2]	302[1 2]	315[1 2]	333[1 2]	361	278	270	285	310
Austria Autriche	7	7	7	7	7	15	14	...	* 41	* 44
Brazil Brésil	759	815	683	782	# 313[3]	267[3]	293[3]	338[3]	392[3]	367[3]
Canada Canada	1 075	1 061	810	1 008	984	940	890	901	838	...
China †† Chine ††	9	* 10	* 12	* 11	...	...	* 40	...	...	...
former Czechoslovakia† l'ex-Tchécoslovaquie†	184	185	172	164	189	191	177	..	..	..
Czech Republic République tchèque	..	..	..	..	..	..	..	...	...	...
Egypt Egypte	21	19	18	19	13	10	9	7	4	6
Finland[1] Finlande[1]	39	43	46	45	37	30	39	13	7	...
France France	2 631	2 773	3 052	3 228	3 415	3 293	3 190	3 326	2 837	3 176
Germany † Allemagne†	..	..	..	..	..	..	4 647	4 895	3 875	4 222
F. R. Germany R. f. Allemagne	4 165	4 269	4 348	4 312	4 536	4 634	..	..	..	..
former German D. R. l'ex-R. d. allemande	210	218	217	218	217	145	..	..	..	..
India[4] Inde[4]	89	101	123	157	178	177	164	162	211	253
Indonesia Indonésie	...	...	...	15	16	18	25	28	20	* 41
Italy[4] Italie[4]	1 384	1 653	1 712	1 883	1 971	1 873	1 632	1 475	1 116	1 340
Japan Japon	7 647	7 810	7 891	8 198	9 052	9 948	9 753	9 379	8 494	7 801
Korea, Republic of[1] Corée, République de[1]	262	457	778	868	846	935	1 119	1 259	1 528	1 756
Mexico Mexique	285[1]	198[1]	278[1]	345[1]	448[1]	611[1]	730[1]	799[1]	851[1]	887
Netherlands[1] Pays-Bas[1]	108	119	125	120	133[5 6]	122[5 6]	84[5 6]	95[5 6]	80[5 6]	92[5 6]
Poland Pologne	283	290	293	293	285	266	167	219	334	338
Romania Roumanie	134	124	129	141	144	100	84	74	93	86

58
Passenger cars
Production: thousands [cont.]
Voitures de tourisme
Production : milliers [suite]

Country or area Pays ou zone	1985	1986	1987	1988	1989	1990	1991	1992	1993	1994
Russian Federation Fédération de Russie	..	..	..	..	..	..	1 030	963	956	798
Slovakia Slovaquie	..	..	..	..	..	..	..	..	5	8
Slovenia Slovénie	..	..	..	..	..	..	79	84	58	74
Spain Espagne	1 220	1 290	1 444	* 1 498	1 651	1 696	1 787	1 817	1 506	1 826
Sweden Suède	402	415	416	259	240	216	178	205	173	* 353
Ukraine Ukraine	..	..	..	..	..	..	156	135	140	...
former USSR† l'ex-URSS†	1 333	1 326	1 332	1 262	1 217	1 259	..	..	..	..
United Kingdom Royaume-Uni	1 048	1 019	1 143	1 227	1 308	1 302	1 340	1 291	1 375	1 466
United States[7] Etats-Unis[7]	8 002	7 516	7 085	7 105	6 808	6 081	5 441	5 684	5 956	* 6 614
Yugoslavia Yougoslavie	..	..	..	..	..	..	97	26	8	8
Yugoslavia, SFR† Yougoslavie, Rfs†	177	185	219	226	227	289	..	..	..	..

Source:
Industrial statistics database of the Statistics Division of the United Nations Secretariat.

† For information on recent changes in country or area nomenclature pertaining to former Czechoslovakia, Germany, Hong Kong Special Administrative Region of China, SFR Yugoslavia and former USSR, see Annex I - Country or area nomenclature, regional and other groupings.

†† For statistical purposes, the data for China do not include those for the Hong Kong Special Administrative Region (Hong Kong SAR) and Taiwan province of China.

1 Including assembly.
2 Twelve months ending 30 June of year stated.
3 Excluding station wagons.
4 Excluding production for armed forces.
5 Sales.
6 Production by establishments employing 20 or more persons.
7 Factory sales.

Source:
Base de données pour les statistiques industrielles de la Division de statistique du Secrétariat de l'ONU.

† Pour les modifications récentes de nomenclature de pays ou de zone concernant l'Allemagne, Hong-Kong (Région administrative spéciale de Chine), l'ex-Tchécoslovaquie, l'ex-URSS et l'ex-Rfs de Yougoslavie, voir annexe I - Nomenclature des pays ou des zones, groupements régionaux et autres groupements.

†† Les données statistiques relatives à la Chine ne comprennent pas celles qui concernent la région administrative spéciale de Hong-Kong (la RAS de Hong-Kong) et la province chinoise de Taiwan.

1 Y compris le montage.
2 Période de douze mois finissant le 30 juin de l'année indiquée.
3 Non compris les stations-wagons.
4 Non compris production destinée aux forces armées.
5 Ventes.
6 Production des éstablissements occupant 20 prsonnes ou plus.
7 Ventes des fabriques.

59
Refrigerators for household use
Réfrigérateurs ménagers
Production: thousands
Production : milliers

Country or area Pays or zone	1985	1986	1987	1988	1989	1990	1991	1992	1993	1994
Total	42 803	45 360	49 284	55 692	54 721	52 992	53 755	52 943	56 023	60 147
Algeria Algérie	102	104	225	382	369	387	388	317	183	119
Angola Angola	...	...	1	0	3	1	2	2	...	...
Antigua and Barbuda Antigua-et-Barbuda	1	1	1	1	...	...	...	...	3[1]	3[1]
Argentina Argentine	162	209	207	162	...	265	439	554	688	494
Australia Australie	252[2]	328[2]	289[2]	386[2]	380[2]	329	389	363	421	444
Azerbaijan Azerbaïdjan	..	..	..	..	..	..	313	223	228	97
Belarus Bélarus	..	..	..	..	..	..	743	740	738	742
Brazil Brésil	1 706	2 220	2 366	1 875	2 381	2 441	2 445	1 704	2 098	2 721
Bulgaria Bulgarie	122	118	111	111	101	82	65	106	81	...
Canada Canada	510	569	...	...	...	...	...	...	...	...
Chile Chili	32	46	60	59	79	89	86	136	192	221
China †† Chine ††	1 448	2 250	4 013	7 576	6 708	4 631	4 699	4 858	5 967	7 681
Cuba Cuba	26	17	5	7	9	...	...	...	...	...
former Czechoslovakia† l'ex-Tchécoslovaquie†	480	524	526	551	502	449	515	..	..	..
Denmark[3] Danemark[3]	915	902	817	*217	257	278	269	294	261	285
Dominican Republic Rép. dominicaine	11	16	...	...	...	...	...	...	...	...
Ecuador Equateur	45	54	57	125	...	...	...	66	...	...
Egypt Egypte	514	536	601	693	477	246	260	232	204	236
Finland Finlande	149	141	165	194	198	166	150	144	128	134
France France	436	490	612	650	614	596	556	566	487	554
Germany † Allemagne†	..	..	..	..	..	..	4 226	4 298	3 838	3 794
F. R. Germany R. f. Allemagne	2 788	3 009	3 024	3 411	3 614	4 037	..	..	..	..
former German D. R. l'ex-R. d. allemande	973	1 018	1 075	1 124	1 140	1 005	..	..	..	..

59
Refrigerators for household use
Production: thousands [cont.]
Réfrigérateurs ménagers
Production : milliers [suite]

Country or area Pays or zone	1985	1986	1987	1988	1989	1990	1991	1992	1993	1994
Greece Grèce	139	148	130	114	130	119	85	80	...	...
Guyana Guyana	6	6	4	6	7	6	8	6	5	5
Hungary Hongrie	457	438	462	469	390	438	443	483	520	603
India Inde	661	582	595	961	991	1 220	1 133	997	1 257	...
Indonesia Indonésie	108	137	100	98	115	196	194	...	172	...
Iran, Islamic Rep. of[4] Iran, Rép. islamique d'[4]	721	435	354	326	351	649	829	883	...	...
Iraq Iraq	...	220	...	90	...	...	...	35	...	...
Italy Italie	3 357	3 590	3 794	3 942	4 082	4 199	4 484	4 285	4 753	5 033
Japan Japon	5 354	4 497	5 008	5 177	5 018	5 048	5 212	4 425	4 351	4 952
Kazakhstan Kazakhstan	..	..	..	..	..	..	...	...	13	...
Kenya Kenya	...	1	2	2	21	21	...	...	...	...
Korea, Republic of Corée, République de	1 864	2 336	3 123	3 931	2 803	2 827	3 228	3 296	3 585	3 943
Kyrgyzstan Kirghizistan	..	..	..	..	..	..	...	1	...	3
Lithuania Lituanie	..	..	..	..	..	..	265	166	276	266
Malaysia Malaisie	149	* 154	145	197	185	212	266	288	250	266
Mexico Mexique	336	329	282	264	372	396	487	541	525	652
Mozambique Mozambique	2	2	2	3	3	1	...	...	...	...
Nigeria Nigéria	...	79	59	...	...	...	...	...	...	...
Peru Pérou	54	60	78	54	32	46	70	63	57	84
Philippines Philippines	146	140	236	...	...	...	...	...	...	...
Poland Pologne	578	569	506	484	516	604	553	500	588	605
Portugal Portugal	209	192	311	382	376	464	529	# 125	...	...
Republic of Moldova République de Moldova	..	..	..	..	..	..	118	55	58	53
Romania[5] Roumanie[5]	400	404	420	442	470	393	389	402	435	383
Russian Federation Fédération de Russie	..	..	..	..	..	..	3 566	2 972	3 049	2 283

59
Refrigerators for household use
Production: thousands [cont.]
Réfrigérateurs ménagers
Production : milliers [suite]

Country or area Pays or zone	1985	1986	1987	1988	1989	1990	1991	1992	1993	1994
Singapore Singapour	37	...	...	...	...	...	...	...	...	...
Slovakia Slovaquie	..	..	..	..	..	..	..	552	482	371
Slovenia Slovénie	..	..	..	..	..	..	720	661	665	797
South Africa[6] Afrique du Sud[6]	146	205	211	306	338	352	356	318	318	321
Spain Espagne	1 082	1 169	1 136	1 210	1 268	1 285	1 410	1 322	...	...
Sweden Suède	510	559	580	626	631	584	562	562	549	...
Syrian Arab Republic Rép. arabe syrienne	76	43	32	22	89	40	85	129	150	...
Thailand Thaïlande	...	...	...	548	730	855	789	...	...	...
TFYR Macedonia L'ex-R.y. Macédoine	..	..	..	..	..	..	136	139	98	95
Trinidad and Tobago Trinité-et-Tobago	10	14	17	14	12	14	13	10	3	3
Tunisia Tunisie	48	44	39	37	...	64	82	123	141	129
Turkey Turquie	488	659	834	862	815	986	1 019	1 040	1 254	1 247
Ukraine Ukraine	..	..	..	..	..	..	883	838	757	...
former USSR†[5] l'ex-URSS†[5]	5 860	5 948	5 984	6 231	6 465	6 499	..	..	..	..
United Kingdom Royaume-Uni	1 266	1 254	1 281	1 405	1 244	1 312	...	...	...	...
United States[8] Etats-Unis[8]	6 419[7]	6 940[7]	7 231[7]	7 968[7]	8 013[7]	7 015[7]	7 599[7]	9 676[7]	10 306[7]	11 276
Uzbekistan Ouzbékistan	..	..	..	..	..	..	212	...	...	...
Yugoslavia Yougoslavie	..	..	..	..	..	..	109	85	39	41
Yugoslavia, SFR†[9] Yougoslavie, Rfs†[9]	732	885	738	1 164	971	..	..	..	..	..

Source:
Industrial statistics database of the Statistics Division of the United Nations Secretariat.

† For information on recent changes in country or area nomenclature pertaining to former Czechoslovakia, Germany, Hong Kong Special Administrative Region of China, SFR Yugoslavia and former USSR, see Annex I - Country or area nomenclature, regional and other groupings.

Source:
Base de données pour les statistiques industrielles de la Division de statistique du Secrétariat de l'ONU.

† Pour les modifications récentes de nomenclature de pays ou de zone concernant l'Allemagne, Hong-Kong (Région administrative spéciale de Chine), l'ex-Tchécoslovaquie, l'ex-URSS et l'ex-Rfs de Yougoslavie, voir annexe I - Nomenclature des pays ou des zones, groupements régionaux et autres groupements.

59
Refrigerators for household use
Production: thousands [cont.]
Réfrigérateurs ménagers
Production : milliers [suite]

†† For statistical purposes, the data for China do not include those for the Hong Kong Special Administrative Region (Hong Kong SAR) and Taiwan province of China.

1 Twelve months beginning 21 March of year stated.
2 Twelve months ending 30 June of year stated.
3 Sales.
4 Production by establishments employing 50 or more persons.
5 Including freezers.
6 Including deep freezers and deep freeze-refrigerator combinations.
7 Shipments.
8 Electric domestic refrigerators only.
9 Including refrigerators other than domestic.

†† Les données statistiques relatives à la Chine ne comprennent pas celles qui concernent la région administrative spéciale de Hong-Kong (la RAS de Hong-Kong) et la province chinoise de Taiwan.

1 Période de douze mois commençant le 21 mars de l'année indiquée.
2 Période de douze mois finissant le 30 juin de l'année indiquée.
3 Ventes.
4 Production des établissements occupant 50 personnes ou plus.
5 Y compris les congélateurs.
6 Y compris congélateurs-conservateurs et congélateurs combinés avec un réfrigérateur.
7 Expéditions.
8 Réfrigérateurs électriques de ménage seulement.
9 Y compris les réfrigérateurs autres que ménagers.

60
Washing machines for household use
Machines et appareils à laver, à usage domestique

Production: thousands
Production : en milliers

Country or area Pays or zone	1985	1986	1987	1988	1989	1990	1991	1992	1993	1994
Total	**40 090**	**41 897**	**44 482**	**47 725**	**46 286**	**46 565**	**44 395**	**42 297**	**45 251**	**46 719**
Argentina Argentine	103	188	156	137	...	...	436	756	801	702
Armenia Arménie	..	..	..	..	..	..	74	9	0	...
Australia Australie	276[1]	282[1]	400[1]	394[1]	397[1]	343	295	295	328	314
Austria Autriche	72	83	80	80	72	77	...	...	...	...
Belarus Bélarus	..	..	..	..	..	..	57	62	71	77
Belgium[2,3] Belgique[2,3]	124	113	109	109	81	60	99	138	49	...
Brazil Brésil	419	576	630	559	578	552	948	849	1 167	1 461
Bulgaria Bulgarie	156	159	172	169	177	90	74	69	42	...
Canada Canada	407	417	...	...	...	...	...	...	...	...
Chile Chili	43	62	71	81	108	177	203	301	386	447
China †† Chine ††	8 872	8 934	9 902	10 468	8 254	6 627	6 872	7 079	8 959	10 941
Croatia Croatie	..	..	..	..	..	..	1	1	0	0
former Czechoslovakia† l'ex-Tchécoslovaquie†	445	452	460	463	454	451	376	..	..	..
Ecuador Equateur	1	...	2	2	...	...	...	...	...	...
Egypt Egypte	268	194	178	248	212	179	202	198	200	209
France[2] France[2]	1 262	1 444	1 288	1 561	1 670	1 636	1 645	1 713	1 943	2 245
Germany† · Allemagne† F. R. Germany[4] R. f. Allemagne[4]	1 827	1 986	2 113	2 194	2 430	...	...	..	..	..
former German D. R. l'ex-R. d. allemande	502	495	497	503	521	556	...	..	..	..
Greece Grèce	59	81	61	46	48	...	...	...	..	..
Hungary Hongrie	385	404	404	436	383	315	220	219	...	...
Indonesia Indonésie	12	13	13	16	10	17	19	27	32	...
Iran, Islamic Rep. of[5] Iran, Rép. islamique d'[5]	...	49	62	8	41	19	43	63	...	...
Israel[6] Israël[6]	11	13	11	9	8	13	...	...	...	...

60
Washing machines for household use
Production: thousands [cont.]
Machines et appareils à laver, à usage domestique
Production : en milliers [suite]

Country or area Pays or zone	1985	1986	1987	1988	1989	1990	1991	1992	1993	1994
Italy Italie	3 692	3 991	4 140	4 368	4 338	4 372	5 044	5 140	5 693	6 251
Japan Japon	5 092	4 661	4 772	5 118	5 141	5 576	5 587	5 225	5 163	5 042
Kazakhstan Kazakhstan	..	..	..	..	..	..	391	370	255	88
Korea, Republic of Corée, République de	635	902	1 303	1 903	1 864	2 163	2 157	1 896	2 199	2 443
Kyrgyzstan Kirghizistan	..	..	..	..	..	..	209	94	77	17
Latvia Lettonie	..	..	..	..	..	..	427	18	18	10
Mexico Mexique	322	268	# 345	463	442	558	611	646	568	563
Peru Pérou	10	18	28	17	10	9	6	5	3	5
Philippines Philippines	48	9	17	...	...	...	...	...	...	...
Poland Pologne	739	773	779	761	811	482	336	363	402	449
Portugal Portugal	...	...	...	...	16	34	7	...	...	...
Republic of Moldova République de Moldova	..	..	..	..	..	..	194	102	123	81
Romania Roumanie	210	263	242	236	204	205	188	159	161	109
Russian Federation Fédération de Russie	..	..	..	..	..	..	5 541	4 289	3 901	2 122
Slovakia Slovaquie	..	..	..	..	..	..	..	122	100	...
Slovenia Slovénie	..	..	..	..	..	..	318	188	189	200
South Africa Afrique du Sud	54	60	45	52	68	109	87	44	52	55
Spain Espagne	1 083	1 217	1 407	1 552	1 378	1 425	1 522	1 540	...	...
Sweden Suède	68	77	76	109	104	107	103	91	94	...
Syrian Arab Republic Rép. arabe syrienne	49	33	65	42	34	44	29	41	47	...
Turkey Turquie	345	643	408	665	621	743	837	802	980	780
Ukraine Ukraine	..	..	..	..	..	..	830	805	643	...
former USSR† l'ex-URSS†	5 068	5 383	5 779	6 104	6 698	7 818	..	..	..	..
United Kingdom[7] Royaume-Uni[7]	1 430	1 317	1 343	1 351	...	...	...	...	...	...
United States[2] Etats-Unis[2]	5 456	5 783	6 100	6 441	6 375	6 428	6 404	6 566	6 739	7 081

60
Washing machines for household use
Production: thousands [cont.]

Machines et appareils à laver, à usage domestique
Production : en milliers [suite]

Country or area Pays or zone	1985	1986	1987	1988	1989	1990	1991	1992	1993	1994
Uzbekistan Ouzbékistan	..	..	..	..	..	..	13	9	10	...
Yugoslavia Yougoslavie	..	..	..	..	..	..	...	68	...	...
Yugoslavia, SFR†[8] Yougoslavie, Rfs†[8]	487	534	593	604	529	...	..	..	..	..

Source:
Industrial statistics database of the Statistics Division of
the United Nations Secretariat.

† For information on recent changes in country or
area nomenclature pertaining to former Czechoslovakia,
Germany, Hong Kong Special Administrative Region of China,
SFR Yugoslavia and former USSR, see Annex I - Country or
area nomenclature, regional and other groupings.

†† For statistical purposes, the data for
China do not include those for the Hong Kong Special
Administrative Region (Hong Kong SAR) and Taiwan province of
China.

1 Twelve months ending 30 June of year stated.
2 Shipments.
3 Production by establishments employing 5 or more persons.
4 Automatic washing machines only.
5 Production by establishments employing 50 or more persons.
6 Marketed local production.
7 Deliveries of U.K. manufactured goods.
8 Including drying machines.

Source:
Base de données pour les statistiques industrielles de la
Division de statistique du Secrétariat de l'ONU.

† Pour les modifications récentes de nomenclature
de pays ou de zone concernant l'Allemagne, Hong-Kong (Région
administrative spéciale de Chine), l'ex-Tchécoslovaquie,
l'ex-URSS et l'ex-Rfs de Yougoslavie, voir annexe I -
Nomenclature des pays ou des zones, groupements régionaux et
autres groupements.

†† Les données statistiques relatives à
la Chine ne comprennent pas celles qui concernent la région
administrative spéciale de Hong-Kong (la RAS de Hong-Kong)
et la province chinoise de Taiwan.

1 Période de douze mois finissant le 30 juin de l'année
  indiquée.
2 Expéditions.
3 Production des établissements occupant 5 personnes ou plus.
4 Machines à laver automatiques seulement.
5 Production des établissements occupant 50 personnes ou plus.
6 Production locale commercialisée.
7 Quantités livrées de marchandises fabriquées au Royaume-Uni.
8 Y compris les machines à sécher.

61
Machine tools
Machines-outils
Production: number
Production : nombre

Country or area Pays ou zone	1985	1986	1987	1988	1989	1990	1991	1992	1993	1994
A. Drilling and boring machines • Perceuses									
Total	158 561	152 548	146 211	155 277	150 026	139 582	155 915	134 097	129 340	115 548
Algeria Algérie	209	352	347	261	32	412	210	122	30	...
Austria Autriche	1 593	1 780	1 114	1 201	1 443	...	...	...	...	...
Azerbaijan Azerbaïdjan	..	..	..	..	..	..	326	237	72	...
Bangladesh Bangladesh	...	...	...	117	125	131	...	...	...	...
Belgium Belgique	...	36 893	...	...	...	...	...	...	...	...
Bulgaria Bulgarie	6 563	7 565	7 092	7 095	6 496	4 729	1 959	996	759	...
Croatia Croatie	..	..	..	..	..	..	458	346	255	...
former Czechoslovakia† l'ex-Tchécoslovaquie†	1 514	1 280	987	974	871	901	1 133	..	..	..
Denmark[1] Danemark[1]	185	165	125	* 305	338	348	394	223	197	...
Finland Finlande	...	51	...	103	74	59	42	54	78	88
France[2] France[2]	3 769	3 406	2 441	2 459	...	2 500	1 460	1 212	...	...
Germany † Allemagne†	..	..	..	..	..	..	...	15 085	21 222	15 955
F. R. Germany R. f. Allemagne	12 997	14 790	16 196	14 504	14 336	14 158	..	..	..	..
Hungary Hongrie	5 744	8 188	5 557	4 108	2 027	1 929	1 257	# 75	78	15
Indonesia Indonésie	...	...	...	112	139	89	527	1 000	52	...
Iran, Islamic Rep. of Iran, Rép. islamique d'	2 200	...	...	...	...	...	...	...	...	...
Japan Japon	36 807	27 968	24 077	32 954	39 152	40 171	33 929	22 973	14 496	11 396
Korea, Republic of[3] Corée, République de[3]	3 971	5 514	7 909	8 974	8 347	7 662	8 150	7 336	7 416	11 107
Mexico Mexique	...	...	5 760	6 312	4 518	2 138	2 187	855	487	...
Poland Pologne	10 439	12 636	12 394	12 193	5 339	2 238	2 995	1 858	1 348	998
Russian Federation Fédération de Russie	..	..	..	..	..	..	16 020	12 835	10 607	5 291
Slovenia Slovénie	..	..	..	..	..	..	114	60	...	...
Spain Espagne	7 423	4 193	6 004	4 702	5 043	3 688	2 567	2 060	...	...

530 Manufacturing Industries manufacturières

61
Machine tools
Production: number [cont.]
Machines-outils
Production : nombre [suite]

Country or area Pays ou zone	1985	1986	1987	1988	1989	1990	1991	1992	1993	1994
Sweden Suède	7 717	7 278	6 796	...	...	...	...	...	...	...
Turkey Turquie	...	...	140	172	22	8	57	0	50	26
Ukraine Ukraine	..	..	..	..	..	..	8 904	11 113	12 996	...
United States[4] Etats-Unis[4]	10 259	8 515	7 708	10 236	10 508	8 828	7 603	7 542	7 182	...
Viet Nam Viet Nam	...	50	30	...	...	...	...	...	...	...
Yugoslavia Yougoslavie	..	..	..	..	..	..	..	...	607	...	...
Yugoslavia, SFR† Yougoslavie, Rfs†	2 507	3 057	2 045	2 098	2 355	...	...	...	...	...

B. Lathes · Tours

Total	89 256	80 139	75 801	83 264	92 547	90 442	89 603	63 301	51 601	56 802
Algeria Algérie	149	161	120	110	150	270	273	310	194	118
Armenia Arménie	..	..	..	..	..	..	2 633	1 079	486	395
Austria Autriche	1 939	1 719	1 709	2 143	4 556	1 726	1 647	1 421	915	709
Bangladesh[5] Bangladesh[5]	...	15	8	14	23	4	13	3	1	1
Belarus Bélarus	..	..	..	..	..	..	...	162	332	57
Bulgaria Bulgarie	5 477	5 912	4 886	4 953	5 438	5 014	4 744	3 587	2 197	...
Croatia Croatie	..	..	..	..	..	..	584	463	358	...
former Czechoslovakia† l'ex-Tchécoslovaquie†	7 157	6 011	6 185	6 055	6 393	6 020	5 853	..	..	..
Czech Republic République tchèque	..	..	..	..	..	..	..	1 017	709	685
Denmark[1] Danemark[1]	...	...	18	*5	...	545	384	279	374	...
Finland Finlande	...	...	...	2	2	4	1	1	1	2
France[4] France[4]	1 284	1 356	1 273	1 012	...	1 400	988	942	11	546
Germany † Allemagne†	..	..	..	..	..	..	...	7 689	4 755	5 322
F. R. Germany R. f. Allemagne	6 864	7 011	7 046	6 637	7 155	7 612	..	..	..	..
former German D. R.[6] l'ex-R. d. allemande[6]	2 598	2 522	2 466	2 482	2 481	...	..	..	..	..
Hungary Hongrie	952	971	894	894	943	663	304	63	135	33

531 Manufacturing Industries manufacturières

61
Machine tools
Production: number [cont.]
Machines-outils
Production : nombre [suite]

Country or area Pays ou zone	1985	1986	1987	1988	1989	1990	1991	1992	1993	1994
Indonesia Indonésie	...	...	...	36	19	2	45	42	46	...
Japan Japon	33 527	25 424	21 066	28 257	32 748	32 659	26 216	16 155	12 343	14 961
Korea, Republic of Corée, République de	5 206	6 209	7 898	8 605	9 156	10 597	11 324	6 643	6 931	10 265
Lithuania Lituanie	..	..	..	..	..	..	95	110	93	27
Poland Pologne	4 474	4 676	4 104	3 970	3 824	5 178	2 184	1 105	910	900
Portugal Portugal	157	167	169	147	124	101	87	...	...	...
Romania Roumanie	5 148	5 083	5 038	4 958	4 747	3 702	2 883	1 583	489	312
Russian Federation Fédération de Russie	..	..	..	..	..	..	9 850	7 079	6 506	3 807
Slovakia Slovaquie	..	..	..	..	..	..	..	...	1 637	1 566
Spain Espagne	1 264	1 336	1 599	1 484	2 074	1 353	1 265	925	...	...
Sweden[7] Suède[7]	431	349	296	113	...	...	...	...	...	...
Turkey Turquie	71	144	114	91	47	43	23	2	10	59
Ukraine Ukraine	..	..	..	..	..	..	3 300	2 420	1 619	...
United Kingdom Royaume-Uni	...	...	...	...	5 275	5 742	...	...	...	...
United States[4] Etats-Unis[4]	3 836	3 057	3 045	3 317	3 789	3 247	2 658	2 409	3 042	3 662
Yugoslavia Yougoslavie	..	..	..	..	..	..	..	...	338	...
Yugoslavia, SFR† Yougoslavie, Rfs†	3 176	2 429	2 331	2 470	2 059	...	..	..	..	..

C. Milling machines • Fraiseuses

	1985	1986	1987	1988	1989	1990	1991	1992	1993	1994
Total	58 011	53 271	50 231	51 769	54 099	49 554	40 994	34 647	31 575	31 833
Algeria Algérie	97	162	119	92	44	267	150	103	81	124
Armenia Arménie	..	..	..	..	..	..	759	410	...	...
Austria Autriche	713	554	564	828	1 142	458	526	844	223	209
Bangladesh Bangladesh	...	...	...	134	139	144	...	...	...	...
Belarus Bélarus	..	..	..	..	..	..	150	56	13	...
Bulgaria Bulgarie	1 981	1 320	1 307	1 453	1 450	1 240	961	432	324	...

61
Machine tools
Production: number [cont.]
Machines-outils
Production : nombre [suite]

Country or area Pays ou zone	1985	1986	1987	1988	1989	1990	1991	1992	1993	1994
Croatia Croatie	..	..	..	..	..	..	212	168	192	...
former Czechoslovakia† l'ex-Tchécoslovaquie†	2 260	2 278	2 299	2 208	1 596	1 470	1 176	..	..	..
Czech Republic République tchèque	..	..	..	..	..	..	..	1 358	...	...
Denmark[1] Danemark[1]	...	320	252	*103	292	...	201	200	...	...
Finland Finlande	...	...	...	100	100	...	...	...	...	...
France[4] France[4]	1 434	1 451	966	570	...	700	496	401	7	394
Germany† Allemagne†	..	..	..	..	..	..	...	...	6 680	6 327
F. R. Germany[4] R. f. Allemagne[4]	...	...	...	...	...	12 150	..	..	..	..
former German D. R. l'ex-R. d. allemande	3 335	3 081	3 007	3 298	3 135	3 051	..	..	..	..
Greece Grèce	594	618	1 404	1 674	1 890	1 805	1 452	...	...	...
Hungary Hongrie	39	39	42	22	66	136	297	256	50	3
Indonesia Indonésie	...	...	...	...	...	21	...	...	50	...
Japan Japon	11 399	7 258	4 859	6 959	8 612	8 492	7 584	3 913	2 007	1 791
Korea, Republic of Corée, République de	2 428	2 994	3 740	2 802	3 062	3 775	3 994	2 509	2 824	4 667
Lithuania Lituanie	..	..	..	..	..	..	1 303	1 035	450	341
Poland Pologne	1 500	1 546	1 462	1 387	1 448	1 196	834	500	248	260
Portugal Portugal	95	79	98	148	134	...	...	...	...	...
Romania Roumanie	2 618	2 924	2 733	2 209	2 073	1 196	1 355	764	436	162
Russian Federation Fédération de Russie	..	..	..	..	..	..	4 233	4 144	3 424	1 560
Slovenia Slovénie	..	..	..	..	..	..	13	12	15	26
Spain Espagne	6 823	6 519	6 984	6 533	8 057	7 062	4 169	4 553	...	...
Sweden Suède	293	...	...	...	...	98	...	48	22	...
Turkey Turquie	...	...	211	157	52	169	86	39	85	107
Ukraine Ukraine	..	..	..	..	..	..	1 208	1 040	752	...
United States[4] Etats-Unis[4]	8 308	8 133	6 277	7 717	6 872	4 787	2 772	2 581	3 386	4 087

61
Machine tools
Production: number [cont.]
  Machines-outils
  Production : nombre [suite]

Country or area Pays ou zone	1985	1986	1987	1988	1989	1990	1991	1992	1993	1994
Yugoslavia, SFR† Yougoslavie, Rfs†	1 260	1 320	1 367	1 074	921	...	..	..	..	..

D. Metal-working presses • Presses pour le travail des métaux

Country or area Pays ou zone	1985	1986	1987	1988	1989	1990	1991	1992	1993	1994
Total	54 234	55 261	50 967	57 714	59 531	58 035	52 814	82 671	43 107	51 939
Armenia Arménie	..	..	..	..	..	..	206	45	100	29
Austria Autriche	79	31	31	27	52	...	...	...	...	...
Brazil Brésil	1 824	2 136	2 312	1 499	1 415	1 182	1 853	1 194	1 763	1 836
Bulgaria Bulgarie	824	863	871	...	...	...	...	...	...	...
former Czechoslovakia† l'ex-Tchécoslovaquie†	1 581	1 614	1 689	1 410	1 486	1 424	920	..	..	..
Czech Republic République tchèque	..	..	..	..	..	..	..	106	47	...
Finland Finlande	...	...	...	*118	121	126	98	17	6	180
France[4] France[4]	1 082	1 015	787	1 883	781	1 300	1 235	1 385	970	605
Germany † Allemagne†	..	..	..	..	..	..	17 726	55 997	18 939	23 284
F. R. Germany R. f. Allemagne	13 289	15 804	13 620	14 372	16 460	16 643	..	..	..	..
former German D. R. l'ex-R. d. allemande	...	2 513	2 671	2 136	2 366	1 781	..	..	..	..
Greece Grèce	324	947	484	296	405	328	320	355	...	...
Indonesia Indonésie	...	...	...	...	...	...	...	...	54	...
Japan Japon	19 023	16 185	15 395	20 449	21 574	22 571	19 173	12 458	9 516	9 213
Latvia Lettonie	..	..	..	..	..	..	3	...	...	...
Mexico Mexique	...	...	11	5	...	...	...	...	...	...
Netherlands[9,10] Pays-Bas[9,10]	280	328	...	...	...	...	...	...	...	...
Poland Pologne	64	49	170	66	63	50	44	13	11	8
Portugal Portugal	110	146	240	295	315	255	102	# 688	...	...
Slovakia Slovaquie	..	..	..	..	..	..	..	261	184	301
Slovenia Slovénie	..	..	..	..	..	..	119	92	145	153
Spain Espagne	1 647	2 239	1 846	2 483	2 035	1 600	2 152	1 687	...	...

61
Machine tools
Production: number [cont.]
Machines-outils
Production : nombre [suite]

Country or area Pays ou zone	1985	1986	1987	1988	1989	1990	1991	1992	1993	1994
Ukraine Ukraine	..	..	..	..	..	..	666	268	277	...
United States[4] Etats-Unis[4]	9 137	9 439	8 134	9 593	8 959	7 285	5 912	5 822	6 236	10 947
Yugoslavia Yougoslavie	..	..	..	..	..	..	...	1 046	...	...
Yugoslavia, SFR† Yougoslavie, Rfs†	1 961	1 773	2 236	1 871	2 280	...	..	..	..	..

Source:
Industrial statistics database of the Statistics Division of the United Nations Secretariat.

† For information on recent changes in country or area nomenclature pertaining to former Czechoslovakia, Germany, Hong Kong Special Administrative Region of China, SFR Yugoslavia and former USSR, see Annex I - Country or area nomenclature, regional and other groupings.

1 Sales.
2 Limited coverage.
3 Drilling machines only.
4 Shipments.
5 Twelve months ending 30 June of year stated.
6 Excluding turning lathes for clock-makers.
7 Excluding automatic lathes not numerically controlled.
8 Prior to 1989 data are confidential (milling machines).
9 Industrial sales.
10 Excluding mechanical presses.

Source:
Base de données pour les statistiques industrielles de la Division de statistique du Secrétariat de l'ONU.

† Pour les modifications récentes de nomenclature de pays ou de zone concernant l'Allemagne, Hong-Kong (Région administrative spéciale de Chine), l'ex-Tchécoslovaquie, l'ex-URSS et l'ex-Rfs de Yougoslavie, voir annexe I - Nomenclature des pays ou des zones, groupements régionaux et autres groupements.

1 Ventes.
2 Couverture limitée.
3 Perceuses seulement.
4 Expéditions.
5 Période de douze mois finissant le 30 juin de l'année indiquée.
6 Non compris les tours d'horloger.
7 Non compris les tours automatiques sans contrôle numérique.
8 1982-1989 les données sont confidentielles.
9 Ventes industrielles.
10 Non compris les presses à commande mécanique.

62
Lorries (trucks)
Camions
Production: number
Production : nombre

Country or area Pays ou zone	1985	1986	1987	1988	1989	1990	1991	1992	1993	1994
A. Assembled • Assemblés										
Total	449 836	400 583	409 847	508 524	571 369	707 239	734 124	713 355	808 780	847 874
Algeria Algérie	5 722	6 671	5 785	3 326	3 656	3 564	3 164	2 434	2 304	1 230
Bangladesh Bangladesh	...	551	457	809	806	504	528	...	...	...
Belgium[1 2] Belgique[1 2]	37 455	54 245	54 374	69 396	75 357	65 667	88 937	70 532	56 244	...
Chile Chili	3 528	3 016	*4 548	6 012[3]	8 377[3]	8 028[3]	9 400[3]	14 352[3]	16 584[3]	15 960[3]
Colombia[3] Colombie[3]	5 878	8 056	8 869	13 718	13 572	12 660	8 900	10 116	13 992	15 660
Cuba Cuba	870	688	475	469	542	...	...	...	...	...
Denmark[4] Danemark[4]	237	...	...	...	...	...	...	...	...	...
Greece Grèce	3 081	3 152	3 459	3 322	2 897	1 715	1 534	1 920	...	...
Indonesia Indonésie	1 000	920	925	...	...	...	...	...	...	...
Iran, Islamic Rep. of[5] Iran, Rép. islamique d'[5]	57 025	29 481	16 744	5 477	8 086	22 198	32 672	34 547	...	...
Iraq Iraq	297	557	...	...	...	...	...	...	...	...
Israel Israël	1 130	1 152	971	615	1 174	1 074	...	...	...	...
Kenya Kenya	...	2 120	1 947	2 086	1 679	1 701	1 296	315	310	310
Malaysia[6] Malaisie[6]	35 772	*17 318	12 594	18 999	38 607	73 733	78 926	34 711	34 711	37 749
Morocco[3] Maroc[3]	3 373	3 768	2 256	8 256	9 621	10 784	12 775	11 976	9 734	...
Myanmar Myanmar	798[7]	560	480	204	229	166	117	85	172	846[7]
Netherlands Pays-Bas	2 605	3 135	3 959	4 036	4 092[4 8]	...	...	...	...	...
New Zealand[6] Nouvelle-Zélande[6]	24 185	15 964	12 873	...	...	*13 500	*13 500	*10 210	...	...
Nigeria Nigéria	2 091	6 150	3 747	...	...	...	...	...	...	...
Pakistan[9] Pakistan[9]	15 255	13 851	12 666	12 326	13 756	13 324	13 911	13 270	12 687	6 522
Peru[3] Pérou[3]	3 246	5 637	8 378	4 736	3 019	2 921	2 000	600	768	...
Philippines Philippines	44	111	780	1 008	...	...	...	...	...	...
Portugal Portugal	9 174	14 068	23 481	55 291	61 996	...	...	...	...	...

536 Manufacturing Industries manufacturières

62
Lorries (trucks)
Production: number [cont.]
Camions
Production : nombre [suite]

Country or area Pays ou zone	1985	1986	1987	1988	1989	1990	1991	1992	1993	1994
Slovenia Slovénie	..	..	..	..	..	..	611	...	1	...
South Africa Afrique du Sud	94 461	77 929	93 534	108 663	119 591	107 922	97 178	93 599	96 772	118 294
Thailand[3] Thaïlande[3]	58 244	53 116	68 815	97 722	155 094	236 221	206 172	223 680	323 508	324 780
Trinidad and Tobago[3] Trinité-et-Tobago[3]	3 173	...	911	1 356	381	1 124	1 711	1 698	1 083	621
Tunisia Tunisie	7 328	2 890	2 607	1 115	478	1 024	1 065	768	922	1 084
Turkey Turquie	25 025	19 935	20 966	20 048	19 045	27 014	29 967	37 195	49 827	21 591
United Kingdom Royaume-Uni	1 168	1 142	1 170	1 628	...	...	...	...	...	...
United Rep.Tanzania[10] Rép. Unie de Tanzanie[10]	481	353	333	341	470	637	479	171	40	...
Venezuela Venezuela	44 000	52 000	41 000	46 000	6 000	12 000	24 000	30 000	...	...
Yugoslavia, SFR† Yougoslavie, Rfs†	...	...	79	918	434	451			..	..

B. Produced • Fabriqués

Total	11 954 262	11 855 205	12 451 709	13 515 735	12 794 915	11 797 475	11 083 896	11 664 027	10 704 366	10 692 919
Argentina[11] Argentine[11]	12 767[3]	30 267	30 963	25 494	18 368	16 869	22 388	36 999	50 805	64 022
Armenia Arménie	..	..	..	..	..	..	6 823	3 171	1 247	446
Australia[9 12] Australie[9 12]	28 947	25 912	20 462	22 303	29 557	25 958	17 666	14 550	15 459	...
Austria Autriche	487	147	416	798	557	736	5 168	4 089	3 565	3 098
Azerbaijan Azerbaïdjan	..	..	..	..	..	..	3 246	402	93	8
Belarus Bélarus	..	..	..	..	..	..	38 178	32 951	30 771	21 264
Brazil Brésil	181 469[13]	212 860[13]	206 523[13]	244 076[13]	# 62 699[14]	51 597[14]	49 295[14]	32 025[14]	47 876[14]	64 137[14]
Bulgaria[11] Bulgarie[11]	6 860	6 748	7 346	6 811	7 888	7 285	2 778	945	406	...
Canada[15] Canada[15]	855 609	784 892	825 187	1 018 317	949 200	789 932	789 600	901 000	838 000	...
China †† Chine ††	269 000	229 100	298 400	403 300	363 400	289 700	382 500	476 700	597 897	
Croatia Croatie	..	..	..	..	..	..	...	4	7	...
former Czechoslovakia† l'ex-Tchécoslovaquie†	44 680	47 002	47 669	45 468	46 177	49 006	26 507		..	..
Czech Republic République tchèque	..	..	..	..	..	..	..	14 030	8 727	...

62
Lorries (trucks)
Production: number [cont.]
Camions
Production : nombre [suite]

Country or area Pays ou zone	1985	1986	1987	1988	1989	1990	1991	1992	1993	1994
Egypt Egypte	3 082	3 345	2 580	1 745	1 475	1 371	1 127	1 529	1 208	1 379
Finland[11] Finlande[11]	315	360	390	771	852	910	545	578	435	546
France France	*448 692	495 372	*502 901	535 571	577 495	539 796	461 640	494 124	373 200	453 344
Germany † Allemagne†	..	..	..	..	..	..	356 059	325 901	240 014	259 575
F. R. Germany R. f. Allemagne	262 199	267 147	243 760	258 314	274 496	315 010	..	..	..	..
former German D. R. l'ex-R. d. allemande	45 305	44 887	41 897	39 572	38 786	31 360	..	..	..	..
Hungary Hongrie	736	1 025	1 406	748	1 320[3]	840[3]	480[3]	360[3]	360[3]	120[3]
India[15] Inde[15]	85 352	76 992	105 996[3]	119 868[3]	115 200[3]	145 200[3]	146 400[3]	141 600[3]	148 800[3]	163 200[3]
Indonesia Indonésie	...	...	...	20	1 145	1 280	26	174	...	...
Italy Italie	171 245	169 985	191 096	219 805	240 807	234 393	229 860	194 616	155 476	191 288
Japan Japon	4 535 947	4 399 699	4 297 737	4 431 099	3 918 400	3 486 618	3 433 790	3 053 477	2 674 941	2 689 340
Korea, Republic of[11] Corée, République de[11]	71 217	86 385	109 427	129 956	169 703	237 384	245 232	293 260	310 639	332 263
Kyrgyzstan Kirghizistan	..	..	..	..	..	..	23 621	14 818	5 026	206
Mexico[11] Mexique[11]	132 389	115 611	112 002	145 895	184 725	199 123	238 804	269 591	216 817	212 480
Netherlands Pays-Bas	7 799	8 086	9 407	9 753	9 994[48]	11 305[48]	10 316[48]	10 034[48]	9 538[48]	13 938[48]
Poland Pologne	49 114[16]	46 088[16]	45 550[16]	46 834[16]	43 853[16]	38 956[16]	20 100[16]	17 657[16]	18 811[16]	21 356
Romania Roumanie	20 788	14 485	12 715	16 556	13 515	8 457	7 592	4 456	4 433	3 044
Russian Federation Fédération de Russie	..	..	..	..	..	..	615 868	582 963	558 859	214 799
Slovakia Slovaquie	..	..	..	..	..	..	..	...	744	369
Slovenia Slovénie	..	..	..	..	..	..	1 513	377	424	397
Spain Espagne	155 744	204 999	254 250	313 200[15]	343 899[15]	302 400[15]	244 164	256 070	152 400[3]	172 800[3]
Sweden Suède	*54 648	*59 618	62 335	76 507[15]	81 670[15]	74 400[15]	75 000[15]	...	...	...
Ukraine Ukraine	..	..	..	..	..	..	25 096	33 386	23 052	...
former USSR†*[15] l'ex-URSS†*[15]	926 000	942 000	958 000	974 000	900 000	...	...	...	...	...
United Kingdom[16,17] Royaume-Uni[16,17]	243 792	210 994	227 389	294 633	326 590[3]	273 600[3]	222 000[3]	240 000[3]	195 600[3]	231 600[3]

62
Lorries (trucks)
Production: number [cont.]
Camions
Production : nombre [suite]

Country or area Pays ou zone	1985	1986	1987	1988	1989	1990	1991	1992	1993	1994
United States Etats-Unis	3 323 372[18]	3 355 863[18]	3 821 410[18]	4 120 574[18]	4 061 950[18]	3 720 000	3 372 000	4 118 578	...	...
Yugoslavia Yougoslavie	..	..	..	..	..	..	8 508	4 252	278	696
Yugoslavia, SFR† Yougoslavie, Rfs†	15 772	14 483	13 723	13 747	11 194	9 989	..	..	..	..

Source:
Industrial statistics database of the Statistics Division of the United Nations Secretariat.

† For information on recent changes in country or area nomenclature pertaining to former Czechoslovakia, Germany, Hong Kong Special Administrative Region of China, SFR Yugoslavia and former USSR, see Annex I - Country or area nomenclature, regional and other groupings.

†† For statistical purposes, the data for China do not include those for the Hong Kong Special Administrative Region (Hong Kong SAR) and Taiwan province of China.

1 Production by establishments employing 5 or more persons.
2 Shipments.
3 Including motor coaches and buses.
4 Sales.
5 Production by establishments employing 50 or more persons.
6 Including vans and buses.
7 Government production only.
8 Production by establishments employing 20 or more persons.
9 Twelve months ending 30 June of year stated.
10 Including buses.
11 Including assembly.
12 Finished and partly finished.
13 Incomplete coverage.
14 Trucks only.
15 Excluding production for armed forces.
16 Including special-purpose vehicles.
17 Including electrically-powered vehicles.
18 Factory sales.

Source:
Base de données pour les statistiques industrielles de la Division de statistique du Secrétariat de l'ONU.

† Pour les modifications récentes de nomenclature de pays ou de zone concernant l'Allemagne, Hong-Kong (Région administrative spéciale de Chine), l'ex-Tchécoslovaquie, l'ex-URSS et l'ex-Rfs de Yougoslavie, voir annexe I - Nomenclature des pays ou des zones, groupements régionaux et autres groupements.

†† Les données statistiques relatives à la Chine ne comprennent pas celles qui concernent la région administrative spéciale de Hong-Kong (la RAS de Hong-Kong) et la province chinoise de Taiwan.

1 Production des établissements occupant 5 personnes ou plus.
2 Expéditions.
3 Y compris les autocars et autobus.
4 Ventes.
5 Production des établissements occupant 50 personnes ou plus.
6 Y compris les autobus et les camionnettes.
7 Production de l'Etat seulement.
8 Production des éstablissements occupant 20 prsonnes ou plus.
9 Période de douze mois finissant le 30 juin de l'année indiquée.
10 Y compris les autobus.
11 Y compris le montage.
12 Finis et semi-finis.
13 Couverture incomplète.
14 Les camions seulement.
15 Non compris production destinée aux forces armées.
16 Y compris véhicules à usages spéciaux.
17 Y compris les véhicules à propulsion électrique.
18 Ventes des fabriques.

Technical notes, tables 43-62

Industrial activity comprises mining and quarrying, manufacturing and the production of electricity, gas and water. These activities correspond to the major divisions 2, 3 and 4 respectively of the *International Standard Industrial Classification of All Economic Activities*.[46]

Many of the tables are based on data compiled for the United Nations *Industrial Commodity Statistics Yearbook*.[23] Exceptions are indicated in notes at the end of the tables.

The methods used by countries for the computation of industrial output are, as a rule, consistent with the recommendations on this subject by the United Nations and provide a satisfactory basis for comparative analysis.[45] In some cases, however, the definitions and procedures underlying computations of output differ from approved guidelines. The differences, where known, are indicated in the footnotes to each table.

A. *Food, beverages and tobacco*

Table 43 covers the production of centrifugal sugar from both beet and cane and the figures are expressed as far as possible in terms of raw sugar. However, where exact information about polarisation is lacking, data are expressed in terms of sugar "tel quel" and are footnoted accordingly. Unless otherwise stated, the data refer to calendar years.

The consumption data relate to the apparent consumption of centrifugal sugar in the country concerned, including sugar used for the manufacture of sugar-containing products whether exported or not and sugar used for purposes other than human consumption as food. Unless otherwise specified the statistics are expressed in terms of raw value (i.e. sugar polarizing at 96 degrees). However, where exact information is lacking, data are expressed in terms of sugar "tel quel" and are footnoted accordingly. The world and regional totals also include data for countries whose sugar consumption was less than 10 thousand metric tons.

Table 44 refers to meat from animals slaughtered within the national boundaries irrespective of the origin of the animals. Production figures of beef and veal (including buffalo meat), pork (including bacon and ham) and mutton and lamb (including goat meat), are in terms of carcass weight, excluding edible offals, tallow and lard. All data refer to total meat production, i.e from both commercial and farm slaughter.

Table 45 refers to beer made from malt, including ale, stout, porter.

Table 46 refers to cigarettes only.

Notes techniques, tableaux 43 à 62

L'activité industrielle comprend les industries extractives (mines et carrières), les industries manufacturières et la production d'électricité, de gaz et d'eau. Ces activités correspondent aux grandes divisions 2, 3 et 4, respectivement, de la *Classification internationale type par industrie de toutes les branches d'activité économique* [46].

Un grand nombre de ces tableaux sont établis sur la base de données compilées pour l'*Annuaire de statistiques industrielles par produit* des Nations Unies [23]. Les exceptions sont indiquées dans des notes au bas des tableaux.

En règle générale, les méthodes employées par les pays pour le calcul de leur production industrielle sont conformes aux recommandations des Nations Unies à ce sujet et offrent une base satisfaisante pour une analyse comparative [45]. Toutefois, dans certains cas, les définitions des méthodes sur lesquelles reposent les calculs de la production diffèrent des directives approuvées. Lorsqu'elles sont connues, les différences sont indiquées dans les notes au bas des tableaux.

A. *Alimentation, boisson et tabacs*

Le *Tableau 43* porte sur la production de sucre centrifugé à partir de la betterave et de la canne à sucre, et les chiffres sont exprimés autant que possible en sucre brut. Toutefois, en l'absence d'informations exactes sur la polarisation, les données sont exprimées en sucre tel quel, accompagnées d'une note au bas du tableau. Sauf indication contraire, les chiffres se rapportent à des années civiles.

Les données de la consommation se rapportent à la consommation apparente de sucre centrifugé dans le pays en question, y compris le sucre utilisé pour la fabrication de produits à base de sucre, exportés ou non, et le sucre utilisé à d'autres fins que pour la consommation alimentaire humaine. Sauf indication contraire, les statistiques sont exprimés en valeur brute (sucre polarisant à 96°). Toutefois, en l'absence d'informations exactes, les données sont exprimées en sucre tel quel, accompagnées d'une note au bas du tableau. Les totaux mondiaux et régionaux comprennent également les données relatives aux pays où la consommation de sucre est inférieure à 10.000 tonnes métriques.

Le *Tableau 44* indique la production de viande provenant des animaux abattus à l'intérieur des frontières nationales, quelle que soit leur origine. Les chiffres de production de viande de boeuf et de veau (y compris la viande de buffle), de porc (y compris le bacon et le jambon) et de mouton et d'agneau (y compris la viande de chèvre) se rapportent à la production en poids de carcasses et ne comprennent pas le saindoux, le suif et les abats comestibles. Toutes les données se rapportent à la production totale de viande, c'est-à-dire à la fois aux animaux abattus à des fins commerciales et des animaux sacrifiés à la ferme.

B. Textile, wearing apparel and leather industries

In *table 47*, *Fabrics of cotton and of wool*: data refer to woollen and worsted fabrics, woven fabrics of cotton at loom stage before undergoing finishing processes such as bleaching, dyeing, printing, mercerizing, lazing, etc. Fabrics of fine hair are excluded.

Woven fabrics of cellulosic and non-cellulosic fibres: fabrics of continuous and discontinuous rayon and acetate fibres and non-cellulosic fibres other than textile glass fibres, including pile and chenille fabrics at loom stage.

In *table 48*, data refer to total production of leather footwear for children, men and women and all other footwear such as footwear with outer soles of wood or cork, sports footwear and orthopedic leather footwear. House slippers and sandals of various types are included. Rubber footwear, however, are excluded.

C. Wood and wood products; paper and paper products

Table 49 refers to aggregate of sawnwood-coniferous, non-coniferous and sleepers. Data cover wood planed, unplaned, grooved, tongued and the like, sawn lengthwise or produced by a profile-chipping process, and planed wood which may also be finger-jointed, tongued or grooved, chamfered, rabbeted, V-jointed, beaded and so on. Wood flooring is excluded. Sleepers may be sawn or hewn.

Table 50 refers to the production of all paper and paper board. Data cover newsprint, printing and writing paper, construction paper and paperboard, household and sanitary paper, special thin paper, wrapping and packaging paper and paperboard.

D. Chemicals and related products

Table 51 refers to the production of rubber tires for passenger cars and commercial vehicles. Unless otherwise stated, data do not cover tires for vehicles operating off the road, motorcycles, bicycles and animal-drawn road vehicles, or the production of inner tubes.

Table 52 refers to all hydraulic cements used for construction (portland, metallurgic, aluminous, natural, and so on).

In *table 53*, data refer to H_2SO_4 in terms of pure monohydrate sulphuric acid, including the sulphuric acid equivalent of oleum or fuming sulphuric acid.

In *table 54*, data on soaps refer to normal soaps of commerce, including both hard and soft soaps. Included are, in particular, household soaps, toilet soaps, transparent soaps, shaving soaps, medicated soaps, disinfectant soaps, abrasive soaps, resin and naphthenate soaps, and industrial soaps.

Washing powders and detergents refer to organic surface—active agents, surface—active preparations and washing preparations whether or not containing soap.

Tableau 45 : Bière produite à partir du malte, y compris ale, stout et porter (bière anglaise, blonde et brune).

Le *Tableau 46* se rapporte seulement aux cigarettes.

B. Textile, habillement et cuir

Au *tableau 47*, *Tissus de coton et de laine* : données se rapportent aux tissus de laine cardée ou peignée, tissus de coton, avant les operations de finition, c'est-à-dire avant d'être blanchis teints, imprimés, mercerisés, glacés, etc. A l'exclusion des tissus de poils fins.

Tissus de fibres cellulosiques et non-cellulosiques : tissus sortant du metier à tisser de fibres de rayonne et d'acetate et tissus composés de fibres non cellulosiques, autres que les fibres de verre, continues ou discontinues; cette rubrique comprend les velours, peluches, tissus boucles et tissus chenille.

Au *tableau 48*, les données se rapportent à la production totale de chaussures de cuir pour enfants, hommes et dames et toutes les autres chaussures telles que chaussures à semelles en bois ou en liège, chaussures pour sports et orthopediques en cuir. Chaussures en caoutchouc ne sont pas compris.

C. Bois et produits dérivés; papier et produits dérivés

Les données du *Tableau 49* sont un agrégat des sciages de bois de cônifères et de non-cônifères et des traverses de chemins de fer. Elles comprennent les bois rabotés, non rabotés, rainés, languetés, etc. sciés en long ou obtenus à l'aide d'un procédé de profilage par enlèvement de copeaux et les bois rabotés qui peuvent être également à joints digitiformes languetés ou rainés, chanfreinés, à feuillures, à joints en V, à rebords, etc. Cette rubrique ne comprend pas les éléments de parquet en bois. Les traverses de chemin de fer comprennent les traverses sciées ou équaries à la hache.

Le *Tableau 50* se rapporte à la production de tout papier et carton. Les données comprennent le papier journal, les papiers d'impression et d'écriture, les papiers et cartons de construction, les papiers de ménage et les papiers hygiéniques, les papiers minces spéciaux, les papiers d'empaquetage et d'emballage et carton.

D. Produits chimiques et apparentés

Le *Tableau 51* se rapporte à la production de pneus en caoutchouc pour voitures particulières et véhicules utilitaires. Sauf indication contraire, elles ne couvrent pas les pneus pour véhicules non routiers, motocyclettes, bicyclettes et véhicules routiers à traction animale, ni la production de chambres à air.

Le *Tableau 52* se rapporte à tous les ciments hydrauliques utilisés dans la construction (portland, métallurgique, alumineux, naturel, etc.).

Au *tableau 53*, les données se rapportent au H_2SO_4 sur la base de l'acide sulfurique monohydraté, y compris l'équivalent en acide sulfurique de l'oléum ou acide sulfurique fumant.

E. *Basic metal industries*

Table 55 includes foundry and steel making pig-iron. Figures on crude steel include both ingots and steel for castings. In selected cases data are obtained from the United States of America Bureau of Mines (Washington, DC), Instituto Latino-Americano del Ferro y el Acero (Santiago) and the United Nations Economic Commission for Europe. Detailed references to sources of data are given in the United Nations *Industrial Commodity Statistics Yearbook*.[23]

Table 56 refers to aluminium obtained by electrolytic reduction of alumina (primary) and remelting metal waste or scrap (secondary).

F. *Non-metallic mineral products and fabricated metal products, machinery and equipment*

Table 57 refers to total production of radio and television receivers of all kinds.

In *table 58*, passenger cars include three-and four-wheeled road motor vehicles other than motor-cycle combinations intended for the transport of passengers and seating not more than nine persons (including the driver), which are manufactured wholly or mainly from domestically-produced parts and passenger cars shipped in "knocked-down" form for assembly abroad.

In *table 59*, data refer to refrigerators of the compression type or of the absorption type, of the sizes commonly used in private households. Insulated cabinets to contain an active refrigerating element (block ice) but no machine are excluded.

In *table 60*, these washing machines usually include electrically-driven paddles or rotating cylinders (for keeping the cleaning solution circulating through the fabrics) or alternative devices. Washing machines with attached wringers or cetrifugal spin driers, and centrifugal spin driers designed as independent units, are included.

Table 61, *machine-tools* presented in this table include drilling and boring machines, lathes, milling machines, and metal-working presses. Drilling and boring machines refer to metal-working machines fitted with a baseplate, stand or other device for mounting on the floor, or on a bench, wall or another machine. Lathes refer to metal-working lathes of all kinds, whether or not automatic, including slide lathes, vertical lathes, capstan and turret lathes, production (or copying) lathes. Milling machines refer to metal-working machines designed to work a plane or profile surface by means of rotating tools, known as milling cutters. Metal-working presses are mechanical, hydraulic and pneumatic presses used for forging, stamping, cutting out etc. Forge hammers are excluded. Detailed product definitions are given in the United Nations *Industrial Commodity Statistics Yearbook* [23].

Au *tableau 54*, les savons se rapportent aux produits commercialemenmt désignés sous le nom de savon, y compris les savons durs et les savons mous. Cette rubrique comprend notamment: les savons de ménage, les savons de toilette, les savons translucides, les savons à barbe, les savons médicinaux, les savons désinfectants, les savons abrasifs, les savons de résines ou de naphténates et les savons industriels.

Les poudres pour lessives et les détersifs se rapportent aux produits organiques tensio—actifs, préparations tensio—actives et préparations pour lessives contenant ou non du savon.

E. *Industries métallurgiques de base*

Les données du *tableau 55* se rapportent à la production de fonte et d'acier. Les données sur l'acier brut comprennent les lingots et l'acier pour moulage. Dans certains cas, les données proviennent du United States of America Bureau of Mines (Washington, DC), de l'Instituto Latino-Americano del Ferro y el Acero (Santiago) et de la United States Economic Commission for Europe. Pour plus de détails sur les sources de données, se reporter à *l'Annuaire des statistiques industrielles par produit* des Nations Unies [23].

Le *Tableau 56* se rapporte à la production d'aluminium obtenue par réduction électrolytique de l'alumine (production primaire) et par refusion de déchets métalliques (production secondaire).

F. *Produits minéraux non métalliques et fabrications métallurgiques, machines et équipements*

Tableau 57 : Production totale de postes récepteurs de radiodiffusion et de télévision de toutes sortes.

Tableau 58 : Les voitures de tourime comprennent les véhicules automobiles routiers à trois ou quatre roues, autres que les motocycles, destinés au transport de passagers, dont le nombre de places assises (y compris celle du conducteur) n'est pas supérieur à neuf et qui sont construits entièrement ou principalement avec des pièces fabriqués dans le pays, et les voitures destinées au transport de passagers exportées en pièces détachées pour être montées à l'étranger.

Au *tableau 59*, les données se rapportent aux appareils frigorifiques du type à compression ou à absorption de la taille des appareils communément utilisés dans les ménages. Cette rubrique ne comprend pas les glacières conçues pour contenir un élément frigorifique actif (glace en bloc) mais non un équipement frigorifique.

Au *tableau 60*, ces machines à laver comprennent généralement des pales ou des cylindres rotatifs (destinés à assurer le brassage continu du liquide et du linge) ou des dispositifs à mouvements alternés, mus électriquement. Cette rubrique comprend les machines à laver avec essoreuses à rouleau ou essoreuses centrifuges et les essoreuses centrifuges conçues comme des appareils indépendants.

In *table 62, lorries assembled from imported parts* include road motor vehicles designed for the conveyance of goods, including vehicles specially equipped for the transport of certain goods, which are assembled wholly or mainly from imported parts. Articulated vehicles (that is, units made up of a road motor vehicle and a semi-trailer) are included. Ambulances, prison vans and special purpose lorries and vans, such as fire-engines are excluded.

Lorries produced include road motor vehicles designed for the conveyance of goods, including vehicles specially equipped for the transport of certain goods, which are manufactured wholly or mainly from domestically-produced parts. Articulated vehicles (that is, units made up of a road motor vehicle and a semi-trailer) are included. Ambulances, prison vans, and special purpose lorries and vans, such as fire-engines, are excluded.

Tableau 61, machines-outils présentés dans ce tableau comprennent les perceuses, tours, fraiseuses, et presses pour le travail des métaux. Perceuses se rapportent aux machines-outils pour le travail des métaux, munies d'un socle, d'un pied ou d'un autre dispositif permettant de les fixer au sol, à un établi, à une paroi ou à une autre machine. Tours se rapportent aux tours à métaux, de tous types, automatiques ou non, y compris les tours parallèles, les tours verticaux, les tours à revolver, les tours à reproduire. Fraiseuses se rapportent aux machines-outils pour le travail des métaux conçues pour usiner une surface plane ou un profil au moyen d'outils tournants appelés fraises. Presses pour le travail des métaux se rapportent aux presses à commande mécanique, hydraulique et penumatique servant à forger, à estamper, à matricer etc. Cette rubrique ne comprend pas les outils agissant par chocs. Pour plus de détails sur les description des produits se reporter à l'*Annuaire des statistiques industrielles par produit* [23] des Nations Unies.

Au *tableau 62, camions assemblés à partir de pièces importées* comprennent les véhicules automobiles routiers conçus pour le transport des marchandises, y compris les véhicules spécialement équipés pour le transport de certaines marchandises, et qui sont montés entièrement ou principalement avec des pièces importées. Les véhicules articulés (c'est-à-dire les ensembles composés d'un véhicule automobile routier et d'une semi-remorque) sont compris dans cette rubrique. Cette rubrique ne comprend pas les ambulances, les voitures cellulaires et les camions à usages spéciaux, tels que les voitures-pompes à incendie.

Camions fabriqués comprennent les véhicules automobiles routiers conçus pour le transport des marchandises, y compris les véhicules spécialement équipés pour le transport de certaines marchandises, et qui sont montés entièrement ou principalement avec des pièces importées. Les véhicules articulés (c'est-à-dire les ensembles composés d'un véhicule automobile routier et d'une semi-remorque) sont compris dans cette rubrique. Cette rubrique ne comprend pas les ambulances, les voitures cellulaires et les camions à usages spéciaux, tels que les voitures-pompes à incendie.

63
Railways: traffic
Chemins de fer : trafic

Passenger and net ton-kilometres: millions
Voyageurs et tonnes-kilomètres : millions

Country or area Pays ou zone	1986	1987	1988	1989	1990	1991	1992	1993	1994	1995
Albania Albanie										
Passenger-kilometres Voyageurs-kilomètres	619	662	703	753	779	317	191	223	215	197
Net ton-kilometres Tonnes-kilomètres	622	629	626	674	584	278	60	54	53	53
Algeria Algérie										
Passenger-kilometres Voyageurs-kilomètres	2 035	1 972	2 439	2 724	2 991	3 192	2 904	3 009	2 077	...
Net ton-kilometres Tonnes-kilomètres	2 934	2 937	2 814	2 698	2 690	2 710	2 523	2 296	2 082	...
Angola Angola										
Passenger-kilometres Voyageurs-kilomètres	326	...	...	...	...	...	...	...	...	...
Net ton-kilometres Tonnes-kilomètres	1 720	...	...	...	...	...	...	...	...	...
Argentina Argentine										
Passenger-kilometres[1] Voyageurs-kilomètres[1]	12 459	12 475	10 271	10 533	10 512	8 045	6 749	5 836	* 6 460	...
Net ton-kilometres Tonnes-kilomètres	8 761	7 952	8 983	8 237	7 578	5 460	4 388	4 477	6 613	7 613
Armenia Arménie										
Passenger-kilometres Voyageurs-kilomètres	486	493	417	381	316	320	446	435	353	166
Net ton-kilometres Tonnes-kilomètres	4 958	5 139	4 803	5 120	4 884	4 177	1 280	451	378	403
Austria Autriche										
Passenger-kilometres Voyageurs-kilomètres	7 542	7 568	7 994	8 663	9 017	9 428	9 799	9 599	9 384	9 755
Net ton-kilometres Tonnes-kilomètres	11 436	11 263	11 331	11 962	12 796	12 981	12 321	11 922	13 164	19 857
Bangladesh Bangladesh										
Passenger-kilometres[2] Voyageurs-kilomètres[2]	6 005	6 027	5 052	4 338	5 070	4 587	5 348	5 112	4 570	4 037
Net ton-kilometres[2] Tonnes-kilomètres[2]	612	503	678	666	643	651	718	641	641	760
Belarus Bélarus										
Passenger-kilometres[3] Voyageurs-kilomètres[3]	14 199	14 965	15 989	16 525	16 852	15 795	18 017	19 500	16 063	...
Net ton-kilometres Tonnes-kilomètres	77 943	79 862	82 231	81 734	75 430	65 551	56 441	42 919	27 963	...
Belgium Belgique										
Passenger-kilometres Voyageurs-kilomètres	6 069	6 270	6 348	6 400	6 539	6 771	6 798	6 694	6 638	6 757
Net ton-kilometres Tonnes-kilomètres	7 423	7 266	7 694	8 049	8 354	8 187	8 346	7 581	8 081	7 287
Benin Bénin										
Passenger-kilometres Voyageurs-kilomètres	167	120	...	107	97	63	62	75	107	...
Net ton-kilometres Tonnes-kilomètres	186	191	...	256	245	277	238	225	253	...
Bolivia Bolivie										
Passenger-kilometres Voyageurs-kilomètres	657	500	369	386	388	350	334	288	276	240
Net ton-kilometres Tonnes-kilomètres	464	505	424	512	541	683	710	692	782	758
Botswana Botswana										
Net ton-kilometres Tonnes-kilomètres	1 328	1 401	773	913	1 175	1 181	1 798	450	569	687

63
Railways: traffic
Passenger and net ton-kilometres: millions [cont.]
Chemins de fer : trafic
Voyageurs et tonnes-kilomètres : millions [suite]

Country or area Pays ou zone	1986	1987	1988	1989	1990	1991	1992	1993	1994	1995
Brazil Brésil										
Passenger-kilometres Voyageurs-kilomètres	15 782	15 273	13 891[4]	18 813[4]	18 202	18 859	15 668	14 040	15 758	14 498
Net ton-kilometres[5] Tonnes-kilomètres[5]	103 877	109 433	119 754	125 046	120 439	121 414	116 599	124 677	133 690	136 443
Bulgaria Bulgarie										
Passenger-kilometres Voyageurs-kilomètres	8 004	8 075	8 143	7 601	7 793	4 866	5 393	5 837	5 059	...
Net ton-kilometres[5] Tonnes-kilomètres[5]	18 327	17 842	17 585	17 034	14 132	8 685	7 758	7 702	7 774	...
Cameroon Cameroun										
Passenger-kilometres Voyageurs-kilomètres	433	466	495	458	442	530	445	352	...	...
Net ton-kilometres Tonnes-kilomètres	758	622	685	743	684	679	613	653	...	...
Canada Canada										
Passenger-kilometres Voyageurs-kilomètres	2 831	2 709	2 989	3 178	2 004	1 426	1 439	1 413	1 440	...
Net ton-kilometres[5] Tonnes-kilomètres[5]	246 722	272 122	274 571	252 075	250 117	262 425	252 454	257 805	288 864	...
Chile Chili										
Passenger-kilometres Voyageurs-kilomètres	1 274	1 176	1 013	1 058	1 077	1 125	1 010	938	816	691
Net ton-kilometres Tonnes-kilomètres	2 555	2 657	2 809	2 946	2 787	2 717	2 715	2 464	2 371	2 262
China †† Chine ††										
Passenger-kilometres[6] Voyageurs-kilomètres[6]	258 671	284 306	326 031	303 741	261 263	282 810	315 224	348 330	363 605	354 570
Net ton-kilometres[6] Tonnes-kilomètres[6]	876 478	947 149	987 759	1 039 418	1 062 238	1 097 200	1 157 555	1 195 464	1 245 750	1 287 025
China, Hong Kong SAR† Chine, Hong-Kong RAS†										
Passenger-kilometres[7] Voyageurs-kilomètres[7]	1 934	2 105	2 360	2 469	2 533	2 912	3 121	3 269	3 497	3 591
Net ton-kilometres Tonnes-kilomètres	69	72	70	69	70	65	61	51	47	41
Colombia Colombie										
Passenger-kilometres Voyageurs-kilomètres	178	171	148	152	141	79	16	...	...	...
Net ton-kilometres[5] Tonnes-kilomètres[5]	691	563	464	361	391	298	243	459	666	753
Congo Congo										
Passenger-kilometres Voyageurs-kilomètres	456	400	419	434	410	435	...	...	...	...
Net ton-kilometres Tonnes-kilomètres	536	449	477	467	421	397	...	...	...	...
Côte d'Ivoire Côte d'Ivoire										
Passenger-kilometres[8] Voyageurs-kilomètres[8]	1 015	* 1 021	...	...	...	...	...	...	...	...
Net ton-kilometres[5,8] Tonnes-kilomètres[5,8]	562	578	...	...	...	...	...	...	...	...
Croatia Croatie										
Passenger-kilometres Voyageurs-kilomètres	4 077	3 962	3 833	3 664	3 429	1 503	981	951	962	943
Net ton-kilometres Tonnes-kilomètres	8 098	7 698	7 211	7 419	6 535	3 617	1 770	1 592	1 563	1 974
Cuba Cuba										
Passenger-kilometres Voyageurs-kilomètres	2 200	2 189	2 627	2 891	...	...	...	...		

63
Railways: traffic
Passenger and net ton-kilometres: millions [cont.]
Chemins de fer : trafic
Voyageurs et tonnes-kilomètres : millions [suite]

Country or area Pays ou zone	1986	1987	1988	1989	1990	1991	1992	1993	1994	1995
Net ton-kilometres Tonnes-kilomètres	2 155	2 105	2 087	2 048	...	...	...	...	...	...
former Czechoslovakia† l'ex-Tchécoslovaquie†										
Passenger-kilometres Voyageurs-kilomètres	19 935	20 029	19 408	19 669	19 335	19 263	..	..	..	..
Net ton-kilometres Tonnes-kilomètres	75 152	73 525	75 294	71 985	64 326	49 933	..	..	..	..
Czech Republic République tchèque										
Passenger-kilometres Voyageurs-kilomètres	14 240	...	...	...	12 954	13 557	11 753	8 548	8 481	8 023
Net ton-kilometres Tonnes-kilomètres	48 989	48 108	49 157	46 887	41 167	32 679	31 116	25 579	24 401	25 459
Dem. Rep. of the Congo Rép. dém. du Congo										
Passenger-kilometres Voyageurs-kilomètres	511	522	465	467	469	...	...	...	...	...
Net ton-kilometres Tonnes-kilomètres	1 624	1 681	1 670	1 687	1 655	...	...	...	...	...
Denmark Danemark										
Passenger-kilometres Voyageurs-kilomètres	4 643	4 720	4 728	4 611	4 729	4 659	4 648	4 596	4 834	4 784
Net ton-kilometres[9] Tonnes-kilomètres[9]	1 800	1 644	1 671	1 723	1 787	1 858	1 870	1 751	2 008	1 985
Ecuador Equateur										
Passenger-kilometres Voyageurs-kilomètres	55	63	77	83	82	53	53	39	27	47
Net ton-kilometres Tonnes-kilomètres	7	8	8	6	5	2	3	3	9	3
Egypt Egypte										
Passenger-kilometres[10] Voyageurs-kilomètres[10]	18 485	23 796	26 064	27 083	28 684	20 950	36 644	49 025	51 098	...
Net ton-kilometres[10] Tonnes-kilomètres[10]	2 908	3 021	3 029	2 853	3 045	3 162	3 213	3 141	3 621	...
El Salvador El Salvador										
Passenger-kilometres Voyageurs-kilomètres	5	6	6	5	6	8	6	6	6	5
Net ton-kilometres Tonnes-kilomètres	24	39	36	22	38	35	38	35	30	13
Estonia Estonie										
Passenger-kilometres Voyageurs-kilomètres	1 721	1 764	1 722	1 562	1 510	1 273	950	722	537	421
Net ton-kilometres Tonnes-kilomètres	6 736	7 134	7 989	9 609	6 977	6 545	3 646	4 152	3 612	3 846
Ethiopia Ethiopie										
Passenger-kilometres[11,12] Voyageurs-kilomètres[11,12]	276	315	342	298	277	291	204	230	...	...
Net ton-kilometres[11,12] Tonnes-kilomètres[11,12]	166	150	141	129	126	122	84	112	...	...
Finland Finlande										
Passenger-kilometres Voyageurs-kilomètres	2 676	3 106	3 147	3 208	3 331	3 230	3 057	3 007	3 037	3 184
Net ton-kilometres[13] Tonnes-kilomètres[13]	6 951	7 402	7 815	7 958	8 357	7 634	7 848	9 259	9 949	9 293[14]
France France										
Passenger-kilometres Voyageurs-kilomètres	59 860	59 970	63 290	64 490	63 740	62 300	62 230	58 610	58 930	55 560
Net ton-kilometres[15] Tonnes-kilomètres[15]	51 690	51 330	52 290	53 270	51 530	51 480	50 380	45 830	49 720	48 950

63
Railways: traffic
Passenger and net ton-kilometres: millions [cont.]
Chemins de fer : trafic
Voyageurs et tonnes-kilomètres : millions [suite]

Country or area Pays ou zone	1986	1987	1988	1989	1990	1991	1992	1993	1994	1995
Georgia Géorgie										
Passenger-kilometres										
Voyageurs-kilomètres	3 684	3 614	3 442	2 858	2 497	2 135	1 210	1 003	...	...
Net ton-kilometres										
Tonnes-kilomètres	13 132	12 500	13 020	12 671	12 355	9 916	3 677	1 750	...	...
Germany † Allemagne†										
Passenger-kilometres										
Voyageurs-kilomètres	...	...	...	...	61 985	55 376	57 937	58 003	60 748	63 581
Net ton-kilometres										
Tonnes-kilomètres	...	...	...	...	103 093	81 734	72 848	66 660	71 814	70 863
F. R. Germany R. f. Allemagne										
Passenger-kilometres										
Voyageurs-kilomètres	42 129	39 965	41 760	42 023	...	...	...	...	...	...
Net ton-kilometres										
Tonnes-kilomètres	57 916	58 947	59 922	61 981	...	...	...	...	...	...
former German D. R. l'ex-R. d. allemande										
Passenger-kilometres										
Voyageurs-kilomètres	22 402	22 563	22 775	23 588	...	...	...	...	...	...
Net ton-kilometres										
Tonnes-kilomètres	57 916	58 096	59 374	58 027	...	...	...	...	...	...
Ghana Ghana										
Passenger-kilometres										
Voyageurs-kilomètres	294	318	...	...	...	...	...	...	...	...
Net ton-kilometres										
Tonnes-kilomètres	101	114	...	...	...	...	...	...	...	...
Greece Grèce										
Passenger-kilometres										
Voyageurs-kilomètres[16]	1 950	1 973	1 963	2 011	1 978	1 995	2 004	1 726	1 399	1 569
Net ton-kilometres										
Tonnes-kilomètres[16]	702	599	604	657	647	606	563	523	325	306
Guatemala Guatemala										
Passenger-kilometres										
Voyageurs-kilomètres	19 874	15 596	9 094	10 213	15 960	12 531	...	...	...	16 580
Net ton-kilometres										
Tonnes-kilomètres	78 218	74 859	48 185	51 546	44 134	47 233	...	...	...	85 615
Hungary Hongrie										
Passenger-kilometres										
Voyageurs-kilomètres	10 452	10 486	10 758	10 414	11 403[17]	9 861	9 184	8 432	8 508	8 441
Net ton-kilometres										
Tonnes-kilomètres	22 095	21 253	20 573	19 364	16 781[18]	11 938	10 015	7 708	7 707	8 420
India Inde										
Passenger-kilometres[19]										
Voyageurs-kilomètres[19]	256 535	269 389	263 731	280 848	295 644	314 564	...	...	...	...
Net ton-kilometres[19]										
Tonnes-kilomètres[19]	214 096	222 528	222 374	229 602	235 785	250 238	...	...	...	...
Indonesia Indonésie										
Passenger-kilometres										
Voyageurs-kilomètres	7 327	7 516	7 863	8 426	9 290	9 514	10 458	12 337	13 610	15 524
Net ton-kilometres										
Tonnes-kilomètres	1 465	1 759	2 359	2 921	3 190	3 470	3 779	3 955	3 843	4 172
Iran, Islamic Rep. of Iran, Rép. islamique d'										
Passenger-kilometres										
Voyageurs-kilomètres	4 638	3 674	4 661	4 752	4 573	4 585	5 298	6 422	6 479	7 294
Net ton-kilometres										
Tonnes-kilomètres	7 316	8 625	8 047	7 963	9 409	7 701	8 002	9 124	10 700	11 865
Iraq Iraq										
Passenger-kilometres										
Voyageurs-kilomètres	1 005	1 150	1 570	1 643	1 316	436	926	1 566	2 334	2 198

63
Railways: traffic
Passenger and net ton-kilometres: millions [*cont.*]
Chemins de fer : trafic
Voyageurs et tonnes-kilomètres : millions [*suite*]

Country or area Pays ou zone	1986	1987	1988	1989	1990	1991	1992	1993	1994	1995
Net ton-kilometres[20] Tonnes-kilomètres[20]	1 294	1 534	2 023	2 619	3 060	326	1 100	1 587	1 901	1 120
Ireland Irlande										
Passenger-kilometres Voyageurs-kilomètres	1 075	1 191	1 181	1 226	1 223	1 243	1 222	1 111	1 102	...
Net ton-kilometres Tonnes-kilomètres	574	563	545	556	582	600	633	575	569	...
Israel Israël										
Passenger-kilometres Voyageurs-kilomètres	173	173	161	152	170	178	198	214	238	267
Net ton-kilometres Tonnes-kilomètres	984	1 068	1 035	1 033	1 048	1 091	1 098	1 072	1 089	1 176
Italy Italie										
Passenger-kilometres Voyageurs-kilomètres	40 500	41 395	43 343	44 443	45 513	46 427	48 361	47 101	...	...
Net ton-kilometres[20] Tonnes-kilomètres[20]	17 410	18 625	19 567	20 587	21 217	21 680	21 830	20 226	...	...
Jamaica Jamaïque										
Passenger-kilometres[21] Voyageurs-kilomètres[21]	42	29	22	24	...	...	...	...	...	...
Net ton-kilometres[21] Tonnes-kilomètres[21]	117	123	72	18	...	...	...	...	...	...
Japan Japon										
Passenger-kilometres Voyageurs-kilomètres	333 425	341 439	356 468	369 642	383 735	396 472	403 245	401 864	402 513	393 907
Net ton-kilometres Tonnes-kilomètres	20 917	20 307	22 911	24 767	26 656	27 292	26 899	25 619	25 946	23 695
Jordan Jordanie										
Passenger-kilometres Voyageurs-kilomètres	1	1	1	1	2	2	2	2	2	1
Net ton-kilometres Tonnes-kilomètres	771	720	625	610	711	791	797	711	676	698
Kazakhstan Kazakhstan										
Passenger-kilometres Voyageurs-kilomètres	16 922	17 888	18 637	18 921	19 734	19 365	19 671	20 507	17 362	13 159
Net ton-kilometres Tonnes-kilomètres	397 907	404 583	416 875	409 573	406 963	374 230	286 109	192 258	146 778	124 502
Kenya Kenya										
Passenger-kilometres Voyageurs-kilomètres	1 478	1 558	828	732	699	658	563	464	...	...
Net ton-kilometres Tonnes-kilomètres	1 831	1 702	1 755	1 910	1 808	1 865	1 627	1 312	...	...
Korea, Republic of Corée, République de										
Passenger-kilometres Voyageurs-kilomètres	23 308	24 462	25 753	28 094	29 993	33 470	34 787	33 693	31 912	22 292
Net ton-kilometres Tonnes-kilomètres	12 813	13 061	13 784	13 605	13 663	14 494	14 256	14 658	14 070	13 838
Latvia Lettonie										
Passenger-kilometres[17] Voyageurs-kilomètres[17]	5 573	5 679	5 761	5 449	5 366	3 930	3 656	2 359	1 794	1 373
Net ton-kilometres[9] Tonnes-kilomètres[9]	20 691	21 380	21 689	21 132	18 538	16 739	10 115	9 852	9 520	9 757
Lithuania Lituanie										
Passenger-kilometres Voyageurs-kilomètres	3 494	3 565	3 665	3 470	3 640	3 225	2 740	2 700	1 574	1 130
Net ton-kilometres Tonnes-kilomètres	21 076	21 205	22 595	21 749	19 258	17 748	11 337	11 030	8 849	7 685

63
Railways: traffic
Passenger and net ton-kilometres: millions [cont.]
Chemins de fer : trafic
Voyageurs et tonnes-kilomètres : millions [suite]

Country or area Pays ou zone	1986	1987	1988	1989	1990	1991	1992	1993	1994	1995
Luxembourg Luxembourg										
Passenger-kilometres Voyageurs-kilomètres	278	269	277	280	261	...	...	...	...	...
Net ton-kilometres Tonnes-kilomètres	604	593	639	704	709	713	672	647	686	...
Madagascar Madagascar										
Passenger-kilometres Voyageurs-kilomètres	208	209	242	204	198	...	...	...	...	...
Net ton-kilometres [5] Tonnes-kilomètres [5]	188	174	174	207	209	...	...	...	...	...
Malawi Malawi										
Passenger-kilometres [19] Voyageurs-kilomètres [19]	112	113	113	112	107	92	* 72	...	...	...
Net ton-kilometres [19] Tonnes-kilomètres [19]	132	95	71	70	76	56	52	49	...	...
Malaysia Malaisie										
Passenger-kilometres [22] Voyageurs-kilomètres [22]	1 369	1 425	1 518	1 701	1 830	1 763	1 618	1 543	1 348	1 270
Net ton-kilometres [22] Tonnes-kilomètres [22]	1 042	1 119	1 326	1 361	1 405	1 262	1 081	1 157	1 463	1 416
Mali Mali										
Passenger-kilometres Voyageurs-kilomètres	177	196	177	184	184	...	...	...	...	...
Net ton-kilometres Tonnes-kilomètres	225	199	227	279	273	...	...	...	...	...
Mauritania Mauritanie										
Net ton-kilometres Tonnes-kilomètres	13 396	13 434	14 931	16 623	...	...	...	...	...	...
Mexico Mexique										
Passenger-kilometres Voyageurs-kilomètres	5 874	5 828	5 619	5 383	5 336	4 725	4 794	3 219	1 855	1 899
Net ton-kilometres Tonnes-kilomètres	40 608	40 475	41 177	38 570	36 408	32 986	34 229	35 901	37 468	36 629
Mongolia Mongolie										
Passenger-kilometres Voyageurs-kilomètres	467	486	531	579	...	...	...	...	...	...
Net ton-kilometres Tonnes-kilomètres	6 333	6 180	6 241	5 956	...	...	...	...	...	...
Morocco Maroc										
Passenger-kilometres [23] Voyageurs-kilomètres [23]	1 958	2 069	2 092	2 168	2 237	2 345	2 233	1 904	1 881	1 531
Net ton-kilometres [23] Tonnes-kilomètres [23]	4 953	4 880	5 706	4 519	5 107	4 523	5 001	4 415	4 679	4 621
Mozambique Mozambique										
Passenger-kilometres Voyageurs-kilomètres	183	105	75	74	...	...	...	...	...	...
Net ton-kilometres Tonnes-kilomètres	301	353	306	403	...	...	...	...	...	...
Myanmar Myanmar										
Passenger-kilometres Voyageurs-kilomètres	3 554	4 486	3 830	3 920	4 374	4 482	4 606	4 706	4 390	4 178
Net ton-kilometres [5] Tonnes-kilomètres [5]	507	545	356	458	524	579	601	663	726	659
Netherlands Pays-Bas										
Passenger-kilometres Voyageurs-kilomètres	8 919	9 396	9 664	10 235	11 060	15 195	14 980	14 788	14 439	13 977

549 Transport Transports

63
Railways: traffic
Passenger and net ton-kilometres: millions [cont.]
Chemins de fer : trafic
Voyageurs et tonnes-kilomètres : millions [suite]

Country or area Pays ou zone	1986	1987	1988	1989	1990	1991	1992	1993	1994	1995
Net ton-kilometres Tonnes-kilomètres	3 050	3 010	3 194	3 108	3 070	3 038	2 764	2 681	2 830	3 097
New Zealand Nouvelle-Zélande										
Net ton-kilometres Tonnes-kilomètres	3 051[24]	2 912[24]	2 924[24]	2 682[24]	2 744[10]	2 364[10]	2 475[10]	2 629[10]	2 992[10]	...
Nicaragua Nicaragua										
Passenger-kilometres Voyageurs-kilomètres	22	15	14	12	3	3	6	...	...	...
Net ton-kilometres Tonnes-kilomètres	...	...	...	...	...	...	...	...	...	...
Nigeria Nigéria										
Passenger-kilometres Voyageurs-kilomètres	4 792	3 800	22[25]	1 120	555	475	451	55	220	161
Net ton-kilometres Tonnes-kilomètres	783	296	231	270	374	282	203	162	141	108
Norway Norvège										
Passenger-kilometres Voyageurs-kilomètres	2 225	2 187	2 110	2 136	2 136	2 153	2 201	2 341	2 398	2 381
Net ton-kilometres Tonnes-kilomètres	3 015	2 822	2 617	2 780	2 354	2 675	2 294	2 873	2 678	2 715
Pakistan Pakistan										
Passenger-kilometres[2] Voyageurs-kilomètres[2]	16 919	18 544	19 732	20 373	19 963	18 159	16 759	16 274	18 044	18 905
Net ton-kilometres[2] Tonnes-kilomètres[2]	7 819	8 033	8 364	7 226	5 704	5 964	5 860	5 940	5 660	5 078
Panama Panama										
Passenger-kilometres Voyageurs-kilomètres	260 906[26]	232 386[26]	149 243[26]	205 585[26]	44 260[27]	62 951[27]	54 234[27]	46 440[27]	59 590[26]	39 240[26]
Net ton-kilometres[28] Tonnes-kilomètres[28]	33 718	34 776	10 282	35 299	30 020	37 856	48 380	42 482	38 173	34 119
Paraguay Paraguay										
Passenger-kilometres Voyageurs-kilomètres	2	2	2	2	2	1	1	1	...	...
Net ton-kilometres Tonnes-kilomètres	17	17	18	14	4	3	3	3	...	...
Peru Pérou										
Passenger-kilometres[5] Voyageurs-kilomètres[5]	490	594	596	659	469	320	226	165	241	...
Net ton-kilometres[5] Tonnes-kilomètres[5]	1 022	1 148	971	929	848	825	817	844	898	...
Philippines Philippines										
Passenger-kilometres Voyageurs-kilomètres	173	219	230	230	264	228	121	102	105	...
Net ton-kilometres Tonnes-kilomètres	15	16	15	13	36	12	9	5	112	...
Poland Pologne										
Passenger-kilometres Voyageurs-kilomètres	48 526	48 285	52 134	55 888	50 373	40 115	32 571	30 865	27 610	26 635
Net ton-kilometres Tonnes-kilomètres	121 775	121 381	122 204	111 140	83 530	65 146	73 333	78 437	81 736	85 303
Portugal Portugal										
Passenger-kilometres Voyageurs-kilomètres	5 803	5 907	6 036	5 908	5 664	5 692	5 494	5 397	5 149	4 840
Net ton-kilometres Tonnes-kilomètres	1 448	1 615	1 708	1 719	1 588	1 784	1 767	1 786	1 826	2 342

63
Railways: traffic
Passenger and net ton-kilometres: millions [cont.]
Chemins de fer : trafic
Voyageurs et tonnes-kilomètres : millions [suite]

Country or area Pays ou zone	1986	1987	1988	1989	1990	1991	1992	1993	1994	1995
Republic of Moldova République de Moldova										
Passenger-kilometres Voyageurs-kilomètres	1 685[3]	1 766[3]	1 616	1 514	1 464	1 280	1 718[3]	1 661[3]	1 204[3]	1 019[3]
Net ton-kilometres Tonnes-kilomètres	16 890	15 820	15 989	15 632	15 007	11 883	7 861	4 965	3 533	3 134
Romania Roumanie										
Passenger-kilometres[17] Voyageurs-kilomètres[17]	32 304	33 520	34 643	35 456	30 582	25 429	24 269	19 402	18 313	18 879
Net ton-kilometres Tonnes-kilomètres	79 092	78 070	80 607	81 131	57 253	37 853	28 170	25 170	24 704	27 179
Russian Federation Fédération de Russie										
Passenger-kilometres Voyageurs-kilomètres	257 900	264 300	272 500	270 100	274 400	255 000	253 200	272 200	227 100	...
Net ton-kilometres Tonnes-kilomètres	2 585 000	2 581 000	2 606 000	2 557 000	2 523 000	2 326 000	1 967 000	1 608 000	1 195 000	...
Saudi Arabia Arabie saoudite										
Passenger-kilometres Voyageurs-kilomètres	91	111	117	156	159	144	135	136	153	159
Net ton-kilometres Tonnes-kilomètres	634	842	807	787	645	728	915	868	927	728
Senegal Sénégal										
Passenger-kilometres Voyageurs-kilomètres	143	155	139	143	183	173	...	...	...	...
Net ton-kilometres Tonnes-kilomètres	492	524	478	535	612	485	...	...	...	...
South Africa Afrique du Sud										
Passenger-kilometres[24,29] Voyageurs-kilomètres[24,29]	23 032	21 413	...	138 555	120 542	103 781	89 466	71 573	...	...
Net ton-kilometres[24,29] Tonnes-kilomètres[24,29]	93 331	92 178	...	95 736	90 716	85 524	88 586	89 716	...	...
Spain Espagne										
Passenger-kilometres Voyageurs-kilomètres	16 776	16 512	16 983	15 999	16 733	16 333	17 553	16 465	16 114	16 553
Net ton-kilometres[5] Tonnes-kilomètres[5]	11 766	11 942	12 145	12 048	11 613	10 755	9 513	8 059	8 966	10 338
Sri Lanka Sri Lanka										
Passenger-kilometres[30] Voyageurs-kilomètres[30]	1 972	1 881	1 859	1 734	2 781	2 698	2 613	2 822	3 265	3 572
Net ton-kilometres[30] Tonnes-kilomètres[30]	203	195	197	162	164	170	177	159	155	137
Sudan Soudan										
Passenger-kilometres Voyageurs-kilomètres	924	982	* 900	* 920	* 985	* 1 020	* 1 130	* 1 183	...	...
Net ton-kilometres Tonnes-kilomètres	1 813	1 904	* 1 900	* 1 920	* 1 970	* 2 030	* 2 120	* 2 240	...	...
Sweden Suède										
Passenger-kilometres Voyageurs-kilomètres	6 363	6 215	6 289	6 361	6 353	5 745	5 583	5 975	6 051	6 344
Net ton-kilometres Tonnes-kilomètres	18 553	18 406	18 687	19 156	19 102	18 815	19 444	18 578	19 066	19 388
Switzerland Suisse										
Passenger-kilometres Voyageurs-kilomètres	10 095	11 695	11 998	12 283	12 678	13 834	13 209	13 384	13 836	...
Net ton-kilometres Tonnes-kilomètres	7 279	7 124	7 875	8 560	8 794	8 659	8 212	7 821	8 586	...

63
Railways: traffic
Passenger and net ton-kilometres: millions [cont.]
Chemins de fer : trafic
Voyageurs et tonnes-kilomètres : millions [suite]

Country or area Pays ou zone	1986	1987	1988	1989	1990	1991	1992	1993	1994	1995
Syrian Arab Republic Rép. arabe syrienne										
Passenger-kilometres										
Voyageurs-kilomètres	904	1 029	1 133	1 113	1 140	1 314	1 254	855	769	498
Net ton-kilometres										
Tonnes-kilomètres	1 418	1 508	1 569	1 350	1 265	1 238	1 699	1 097	1 190	1 285
Tajikistan Tadjikistan										
Passenger-kilometres										
Voyageurs-kilomètres	737	797	837	834	842	888	103[31]	117	366	124
Net ton-kilometres										
Tonnes-kilomètres	11 447	10 932	11 369	11 210	10 657	9 881	659[31]	335	2 169	2 115
Thailand Thaïlande										
Passenger-kilometres[30]										
Voyageurs-kilomètres[30]	9 274	9 583	10 301	10 935	11 612	12 820	14 136	14 718	14 496	12 975
Net ton-kilometres[30]										
Tonnes-kilomètres[30]	2 583	2 729	2 867	3 065	3 291	3 365	3 075	3 059	3 072	3 242
Togo Togo										
Passenger-kilometres										
Voyageurs-kilomètres	109	117	...	...	...	...	...	...	...	...
Net ton-kilometres[9]										
Tonnes-kilomètres[9]	11	12	...	...	...	...	...	...	...	...
Tunisia Tunisie										
Passenger-kilometres[16]										
Voyageurs-kilomètres[16]	750	798	1 014	1 039	1 019	1 020	1 078	1 057	1 038	996
Net ton-kilometres[5,32]										
Tonnes-kilomètres[5,32]	1 877	1 986	2 156	2 064	1 834	1 813	2 015	2 012	2 225	2 317
Turkey Turquie										
Passenger-kilometres										
Voyageurs-kilomètres	6 052	6 174	6 708	6 845	6 410	6 048	6 259	7 147	6 335	5 797
Net ton-kilometres										
Tonnes-kilomètres	7 396	7 403	8 149	7 707	8 031	8 093	8 383	8 517	8 339	8 632
Uganda Ouganda										
Passenger-kilometres										
Voyageurs-kilomètres	195	212	118	69	108	60	63	60	35	30
Net ton-kilometres										
Tonnes-kilomètres	71	77	83	90	103	139	119	130	208	245
Ukraine Ukraine										
Passenger-kilometres										
Voyageurs-kilomètres	68 580	71 425	72 859	73 218	76 038	70 968	76 196	75 896	70 882	63 759
Net ton-kilometres										
Tonnes-kilomètres	506 123	496 001	504 689	497 333	473 953	402 290	337 761	246 356	200 422	195 762
former USSR† l'ex-URSS†										
Passenger-kilometres										
Voyageurs-kilomètres	100	108	113	113	114	..	..	..	..	..
Net ton-kilometres										
Tonnes-kilomètres	1 281	1 251	1 316	1 336	1 276	..	..	..	..	..
United Kingdom Royaume-Uni										
Passenger-kilometres[19,33]										
Voyageurs-kilomètres[19,33]	31 099	33 140	34 322	33 648	33 191	32 466	31 718	30 363	28 650	30 039
Net ton-kilometres[19,33]										
Tonnes-kilomètres[19,33]	16 600	17 451	18 100	16 400	16 000	15 300	15 550	13 765	12 979	13 136
United Rep.Tanzania Rép. Unie de Tanzanie										
Passenger-kilometres										
Voyageurs-kilomètres	1 024	647	855	832	809	990	...	...	...	...
Net ton-kilometres										
Tonnes-kilomètres	814	789	936	990	956	983	...	...	...	...

63
Railways: traffic
Passenger and net ton-kilometres: millions [cont.]
Chemins de fer : trafic
Voyageurs et tonnes-kilomètres : millions [suite]

Country or area Pays ou zone	1986	1987	1988	1989	1990	1991	1992	1993	1994	1995
United States Etats-Unis										
Passenger-kilometres [34] Voyageurs-kilomètres [34]	8 069	8 639	9 154	9 402	9 726	10 101	9 800	9 974	9 529	8 924
Net ton-kilometres [35] Tonnes-kilomètres [35]	1 283 736	1 388 388	1 603 853	1 632 284	1 664 690	1 672 589	1 557 180	1 619 258	1 752 903	1 906 268
Uruguay Uruguay										
Passenger-kilometres [36] Voyageurs-kilomètres [36]	196	140	-	-	-	-	-	221	467	...
Net ton-kilometres Tonnes-kilomètres	210	210	213	243	204	203	215	178	188	184
Venezuela Venezuela										
Passenger-kilometres Voyageurs-kilomètres	17	22	29	38	64	55	47	44	31	12
Net ton-kilometres Tonnes-kilomètres	12	18	40	39	35	40	36	26	47	53
Yugoslavia Yougoslavie										
Passenger-kilometres Voyageurs-kilomètres	..	..	..	..	..	...	2 800	3 379	2 525	2 580
Net ton-kilometres Tonnes-kilomètres	..	..	..	..	..	...	4 409 [5]	1 699 [5]	1 387 [5]	1 460 [5]
Yugoslavia, SFR† Yougoslavie, Rfs†										
Passenger-kilometres Voyageurs-kilomètres	4 542	4 356	4 213	4 654	4 794	2 935	..	..	..	..
Net ton-kilometres Tonnes-kilomètres	9 259 [5]	8 738 [5]	8 395 [5]	8 707 [5]	7 744 [5]	5 760 [5]	..	..	..	..
Zambia Zambie										
Passenger-kilometres Voyageurs-kilomètres	496	510	512	596	...	...	...	...	...	...
Net ton-kilometres Tonnes-kilomètres	1 407	1 420	1 431	...	...	...	...	...	...	...
Zimbabwe Zimbabwe										
Net ton-kilometres [10 37] Tonnes-kilomètres [10 37]	6 574	5 451	5 551	5 287	5 590	5 413	5 887	4 581	4 489	7 180

Source:
Transport statistics database of the Statistics Division of
the United Nations Secretariat.

† For information on recent changes in country or
area nomenclature pertaining to former Czechoslovakia,
Germany, Hong Kong Special Administrative Region of China,
SFR Yugoslavia and former USSR, see Annex I - Country or
area nomenclature, regional and other groupings.

†† For statistical purposes, the data for
China do not include those for the Hong Kong Special
Administrative Region (Hong Kong SAR) and Taiwan province of
China.

1 Including urban, suburban and interurban railways.

2 Twelve months beginning 1 July of year stated.

3 Including passengers carried without revenues.
4 Including urban railways traffic.

Source:
Base de données pour les statistiques des transports de la
Division de statistique du Secrétariat de l'ONU.

† Pour les modifications récentes de nomenclature
de pays ou de zone concernant l'Allemagne, Hong-Kong (Région
administrative spéciale de Chine), l'ex-Tchécoslovaquie,
l'ex-URSS et l'ex-Rfs de Yougoslavie, voir annexe I -
Nomenclature des pays ou des zones, groupements régionaux et
autres groupements.

†† Les données statistiques relatives à
la Chine ne comprennent pas celles qui concernent la région
administrative spéciale de Hong-Kong (la RAS de Hong-Kong)
et la province chinoise de Taiwan.

1 Y compris les chemins de fer urbans, suburbans, et
   interurbans.
2 Douze mois commençant le premier juillet de l'année
   indiquée.
3 Y compris passagers transportés gratuitement.
4 Y compris les lignes situées a l'intérieur d'une

63
Railways: traffic
Passenger and net ton-kilometres: millions [cont.]
Chemins de fer : trafic
Voyageurs et tonnes-kilomètres : millions [suite]

5 Including service traffic.
6 May include service traffic.
7 Kowloon - Canton Railway only.
8 Abidjan-Ouagadougou line, which lies in Burkina Faso.
9 Including passengers' baggage ana parcel post (Latvia: also mail).
10 Twelve months ending 30 June of year stated.
11 Including traffic of Djibouti portion of Djibouti-Addis Ababa line.
12 Twelve months beginning 7 July of year stated.
13 Beginning 1984, excluding local transport.
14 Beginning 1995, including wagon loads traffic.
15 Including passengers' baggage.
16 Including military traffic (Greece: also government traffic).
17 Including military, government and railway personnel (Latvia: railway personnel only; Romania: military and government only).
18 Excluding suburban railways.
19 Twelve months beginning 1 April of year stated.
20 Excluding livestock.
21 Beginning 1990, railway closed.
22 Peninsular Malaysia only.
23 Principal railways.
24 Twelve months ending 31 March of year stated.
25 January - September 1988.
26 Panama Railway and National Railway of Chiriqui.
27 National railway of Chiriqui only.
28 Panama Railway only.
29 Including Namibia.
30 Twelve months ending 30 September of year stated.
31 Beginning 1992, decline due to border changes affecting the Dushanbe branch of the Csredniya Niyatskaya (Central Asia) Railway Co.
32 Ordinary goods only.
33 Excluding Northern Ireland.
34 Excluding commuter railroads beginning 1986.
35 Class I railways only.
36 Passenger transport suspended from 1988 to 1992.
37 Including traffic in Botswana.

agglomération urbaine.
5 Y compris le trafic de service.
6 Le trafic de service peut être compris.
7 Chemin de fer de Kowloon - Canton seulement.
8 Ligne Abidjan-Ouagadougou dont un tronçon passe en Burkina Faso.
9 Y compris les bagages des voyageurs et les colis postaux (Lettonie : courrier aussi).
10 Douze mois finissant le 30 juin de l'année indiquée.
11 Y compris le trafic de la ligne Djibouti-Addis Abéba en Djibouti.
12 Douze mois commençant le 7 juillet de l'année indiquée.
13 A compter de 1984 non compris le transport local.
14 A compter de 1995, y compris trafic de charge de waggon.
15 Y compris les bagages des voyageurs.
16 Y compris le trafic militaire (Grèce: et de l'Etat aussi).
17 Y compris le militaires, les fonctionnaires et le personnel de chemin de fer (Lettonie : le personnel de chemins de fer seulement ; Roumanie : les militaires et les fonctionnaires seulement).
18 Non compris les lignes de banlieues.
19 Douze mois commençant le premier avril de l'année indiquée.
20 Non compris le bétail.
21 A compter de 1990, les chemins de fer fermés.
22 Malaisie péninsulaire seulement.
23 Chemins de fer principaux.
24 Douze mois finissant le 31 mars de l'année indiquée.
25 Janvier - Septembre 1988.
26 Chemin de fer de Panama et chemin de fer national de Chiriqui.
27 Chemin de fer national de Chiriqui seulement.
28 Chemin de fer de Panama seulement.
29 Y compris Namibie.
30 Douze mois finissant le 30 septembre de l'année indiquée.
31 A compter de 1992, réduction imputable à des changements de frontière affectant la ligne de Douchanbé de la Compagnie Csredniya Niyatskaya (Asie centrale).
32 Petite vitesse seulement.
33 Non compris l'Irlande du Nord.
34 A compter de 1986 non compris les chemins de fer de banlieue.
35 Réseaux de catégorie 1 seulement.
36 Transport passager interrompu pendant la période 1988 à 1992.
37 Y compris le trafic en Botswana.

64
Motor vehicles in use
Véhicules automobiles en circulation

Passenger cars and commercial vehicles: thousand units
Voitures de tourisme et véhicules utilitaires : milliers de véhicules

Country or area Pays or zone	1986	1987	1988	1989	1990	1991	1992	1993	1994	1995
World Monde										
Passenger cars[1] Voitures de tourisme[1]	393 351.7	395 129.4	409 513.3	422 240.4	441 957.6	451 927.6	445 741.8	449 989.7	462 112.9	...
Commercial vehicles[1] Véhicules utilitaires[1]	120 859.7	124 036.9	129 537.2	133 831.3	137 869.4	141 929.8	139 575.4	141 022.8	147 662.6	...
Afghanistan Afghanistan										
Passenger cars[1] Voitures de tourisme[1]	31.1	31.0	31.0	31.0	31.0	31.0	31.0	31.0	...	...
Commercial vehicles[1] Véhicules utilitaires[1]	24.8	24.8	25.0	25.0	25.0	25.0	25.0	25.0	...	...
Albania Albanie										
Commercial vehicles Véhicules utilitaires	17.6	18.2	19.4	20.2	...	...	68.9	103.6	127.2	# 94.4
Algeria Algérie										
Passenger cars Voitures de tourisme	1 203.9	1 280.3	1 338.5	1 406.7	1 465.8	1 502.6	1 528.3	1 547.8	1 555.8	1 562.1
Commercial vehicles Véhicules utilitaires	796.7	827.8	845.7	864.5	885.8	903.9	917.2	926.0	930.8	933.1
American Samoa Samoa américaines										
Passenger cars Voitures de tourisme	3.7	3.8	3.9	4.2	4.3	4.2	5.0	4.6	4.6	5.3
Commercial vehicles Véhicules utilitaires	0.4	0.3	0.5	0.3	0.4	0.3	0.3	0.5	0.4	0.6
Angola Angola										
Passenger cars[1] Voitures de tourisme[1]	122.4	122.0	122.0	122.0	122.0	122.0	122.0	122.0	...	...
Commercial vehicles[1] Véhicules utilitaires[1]	41.5	41.0	41.0	41.0	41.0	41.0	42.2	42.9	...	...
Antigua and Barbuda Antigua-et-Barbuda										
Passenger cars Voitures de tourisme	12.4	14.2	15.4	17.1	18.1	19.2	13.5	14.8	15.1	15.1
Commercial vehicles Véhicules utilitaires	2.4	2.7	3.3	3.9	4.3	3.8	3.5	4.6	4.8	4.7
Argentina Argentine										
Passenger cars Voitures de tourisme	4 037.9	4 137.2	4 079.8	4 235.1	4 283.7	4 405.0	4 809.0	4 856.0	4 427.0	4 665.0
Commercial vehicles Véhicules utilitaires	1 459.2	1 483.5	1 470.6	1 483.8	1 500.8	1 554.0	1 648.0	1 664.0	1 239.0	1 238.0
Australia Australie										
Passenger cars[2] Voitures de tourisme[2]	6 985.4	7 072.8	7 243.6	7 442.2	7 672.2	7 734.1	7 913.2	8 050.0	8 209.0	8 628.8
Commercial vehicles[2] Véhicules utilitaires[2]	1 881.1	1 949.9	1 977.6	2 047.3	2 104.3	1 915.4	2 041.3	2 043.0	2 151.0	2 022.1
Austria Autriche										
Passenger cars[3] Voitures de tourisme[3]	2 609.4	2 684.8	2 784.8	2 902.9	2 991.3	3 100.0	3 244.9	3 367.6	3 479.6	3 599.6
Commercial vehicles[3,4] Véhicules utilitaires[3,4]	591.6	605.8	624.9	643.1	648.3	657.6	674.6	685.7	698.2	710.1
Bahamas Bahamas										
Passenger cars Voitures de tourisme	54.5	59.3	69.0[1]	69.0[1]	69.0[1]	69.0[1]	44.7[1]	46.1[1]	54.4	67.1
Commercial vehicles Véhicules utilitaires	9.5	12.6	14.0[1]	14.0[1]	14.0[1]	14.0[1]	11.5[1]	11.9[1]	9.3	13.7
Bahrain Bahreïn										
Passenger cars Voitures de tourisme	82.8	84.9	90.3	94.9	98.6	102.5	108.0	123.9	130.7	...
Commercial vehicles Véhicules utilitaires	22.3	23.0	21.3	22.7	24.2	28.3	25.0	27.1	30.5	...

64
Motor vehicles in use
Passenger cars and commercial vehicles: thousand units [cont.]
Véhicules automobiles en circulation
Voitures de tourisme et véhicules utilitaires : milliers de véhicules [suite]

Country or area Pays or zone	1986	1987	1988	1989	1990	1991	1992	1993	1994	1995
Bangladesh Bangladesh										
Passenger cars Voitures de tourisme	30.9	32.4	34.2	37.8	42.1	44.2	45.6	46.6	48.1	51.1
Commercial vehicles Véhicules utilitaires	60.6	63.9	67.5	71.7	76.6	82.2	87.5	92.4	99.4	111.4
Barbados Barbade										
Passenger cars[3] Voitures de tourisme[3]	34.8	37.0	38.7	43.1	41.9	42.5	41.0	45.5	42.6	...
Commercial vehicles[3,5] Véhicules utilitaires[3,5]	4.7	5.1	4.3	4.8	6.8	8.6	6.6	6.6	6.8	...
Belgium Belgique										
Passenger cars Voitures de tourisme	3 336.2	3 453.1	3 567.4	3 688.1	3 814.6	3 934.0	3 991.6	4 079.5	4 208.1	4 270.3
Commercial vehicles Véhicules utilitaires	326.9	344.1	358.7	377.7	396.0	414.3	420.0	427.7	444.4	457.1
Belize Belize										
Passenger cars[6] Voitures de tourisme[6]	...	...	...	...	2.6	2.8	2.5	2.2	1.3	...
Commercial vehicles[6] Véhicules utilitaires[6]	...	...	...	...	1.0	1.2	1.0	0.8	0.7	...
Benin Bénin										
Passenger cars Voitures de tourisme	25.0	26.0	22.0[1]	22.0[1]	22.0[1]	22.0[1]	22.0[1]	22.0[1]	...	...
Commercial vehicles Véhicules utilitaires	12.0	13.0	12.0[1]	12.0[1]	12.0[1]	12.0[1]	12.2[1]	12.3[1]	...	...
Bermuda Bermudes										
Passenger cars Voitures de tourisme	17.7	18.2	18.9	19.5	19.7	20.1	19.7	20.1	20.7	21.1
Commercial vehicles Véhicules utilitaires	3.2	3.3	3.4	3.6	3.8	3.6	3.9	4.0	4.2	4.4
Bolivia Bolivie										
Passenger cars[1] Voitures de tourisme[1]	33.0	74.7	75.0	250.0	261.1	261.0	261.0	261.0	...	...
Commercial vehicles[1] Véhicules utilitaires[1]	46.6	135.8	136.0	54.0	55.9	58.0	63.0	66.3	...	...
Botswana Botswana										
Passenger cars Voitures de tourisme	17.0	17.5	18.2	19.5	22.7	21.5	23.8	26.8	27.6	30.9
Commercial vehicles Véhicules utilitaires	28.9	30.1	34.8	38.4	45.7	49.5	54.5	60.4	66.6	69.8
Brazil Brésil										
Passenger cars Voitures de tourisme	*9 885.2	*10 035.5	*10 274.4	10 475.3	10 597.5	12 128.0	7 855.5[1]	8 098.4[1]	...	...
Commercial vehicles Véhicules utilitaires	*2 350.0	*2 373.6	*2 417.8	2 451.6	2 472.5	1 075.0[1]	1 170.8[1]	1 839.0[1]	...	...
British Virgin Islands Iles Vierges britanniques										
Passenger cars[7] Voitures de tourisme[7]	4.0	4.3	4.8	5.5	6.2	6.5	6.9	6.7	7.0	...
Brunei Darussalam Brunéi Darussalam										
Passenger cars Voitures de tourisme	83.4	87.8	92.1	98.8	106.6	114.1	122.0	134.0	...	...
Commercial vehicles Véhicules utilitaires	10.0	10.2	10.4	10.8	11.4	11.9	13.7	14.5	...	...
Bulgaria Bulgarie										
Passenger cars Voitures de tourisme	1 117.7	1 173.6	1 220.8	1 270.0	1 317.4	1 359.0	1 411.3	1 505.5	1 587.9	...
Commercial vehicles Véhicules utilitaires	...	...	...	187.3	195.4	209.8	224.5	243.2	255.4	...

64
Motor vehicles in use
Passenger cars and commercial vehicles: thousand units [cont.]
Véhicules automobiles en circulation
Voitures de tourisme et véhicules utilitaires : milliers de véhicules [suite]

Country or area Pays or zone	1986	1987	1988	1989	1990	1991	1992	1993	1994	1995
Burkina Faso Burkina Faso										
Passenger cars										
Voitures de tourisme	...	...	...	19.9	22.4	25.0	27.4	29.9	32.0	...
Commercial vehicles										
Véhicules utilitaires	24.0	25.0	25.5	17.8	19.3	21.0	22.2	23.4	24.0	...
Burundi Burundi										
Passenger cars										
Voitures de tourisme	11.1	12.2	13.0	13.9	15.0	16.4	17.5	18.5	17.5	...
Commercial vehicles										
Véhicules utilitaires	7.5	8.4	9.0	9.7	10.4	11.3	11.8	12.3	10.2	...
Cameroon Cameroun										
Passenger cars										
Voitures de tourisme	80.8	78.3	73.7	68.7	63.4	57.2	90.0[1]	90.0[1]	...	...
Commercial vehicles										
Véhicules utilitaires	44.9	43.9	41.0	37.7	34.3	30.9	79.0[1]	79.0[1]	...	...
Canada Canada										
Passenger cars[3]										
Voitures de tourisme[3]	11 477.0	11 772.5	12 086.0	12 811.3	12 622.0	13 061.1	13 322.5	13 477.9	13 639.4	...
Commercial vehicles[3]										
Véhicules utilitaires[3]	3 212.0	3 567.8	3 765.9	3 458.4	3 931.3	3 679.8	3 688.0	3 712.4	3 764.9	...
Cape Verde Cap-Vert										
Passenger cars										
Voitures de tourisme	2.0	2.0	...	...	10.0[8]	10.0[8]	10.0[8]	...	...	...
Commercial vehicles										
Véhicules utilitaires	1.0	1.0	...	...	4.5[8]	5.0[8]	5.0[8]	...	...	...
Cayman Islands Iles Caïmanes										
Passenger cars										
Voitures de tourisme	8.0	9.8	9.1	9.7	10.7	10.8	11.3	11.6	12.3	13.5
Commercial vehicles										
Véhicules utilitaires	1.7	2.1	1.9	2.1	2.4	2.6	2.6	2.7	2.8	4.6
Central African Rep. Rép. centrafricaine										
Passenger cars										
Voitures de tourisme	15.1	12.1	12.4	11.1	12.2	9.2	8.0	10.4	11.9	8.9
Commercial vehicles										
Véhicules utilitaires	4.7	4.2	4.1	3.2	3.0	2.3	1.7	2.4	2.8	3.5
Chad Tchad										
Passenger cars										
Voitures de tourisme	11.0	11.0	...	...	8.5[8]	8.5[8]	9.0[8]	...	...	...
Commercial vehicles										
Véhicules utilitaires	3.0	3.0	...	...	6.5[8]	6.5[8]	7.0[8]	...	...	...
Chile Chili										
Passenger cars										
Voitures de tourisme	590.7	618.5	669.1	661.3	710.4	765.5	826.8	896.5	914.0	1 026.0
Commercial vehicles[9]										
Véhicules utilitaires[9]	242.1	267.9	297.0	169.6[10]	178.2[10]	192.0[10]	198.8[10]	211.0[10]	208.3[10]	223.3
China, Hong Kong SAR† Chine, Hong-Kong RAS†										
Passenger cars										
Voitures de tourisme	155.6	162.3	177.4	197.2	214.9	229.3	254.6	277.5	297.3	303.3
Commercial vehicles										
Véhicules utilitaires	91.7	107.3	118.4	126.1	131.8	132.4	134.4	135.6	137.0	134.2
Colombia Colombie										
Passenger cars										
Voitures de tourisme	842.0[11]	...	645.0[1]	715.3[1]	715.0[1]	715.0[1]	715.0[1]	761.7[1]	...	...
Commercial vehicles										
Véhicules utilitaires	400.6[11]	...	617.0[1]	665.3[1]	665.0[1]	665.0[1]	665.0[1]	672.6[1]	...	...
Comoros Comores										
Passenger cars										
Voitures de tourisme	1.0	1.0	...	...	...	...	...	...	...	...

64
Motor vehicles in use
Passenger cars and commercial vehicles: thousand units [cont.]
Véhicules automobiles en circulation
Voitures de tourisme et véhicules utilitaires : milliers de véhicules [suite]

Country or area Pays or zone	1986	1987	1988	1989	1990	1991	1992	1993	1994	1995
Commercial vehicles Véhicules utilitaires	4.0	4.0	...	...	...	...	...	...	...	...
Congo Congo										
Passenger cars[1] Voitures de tourisme[1]	26.1	26.0	26.0	26.0	26.0	26.0	26.0	26.0	...	...
Commercial vehicles[1] Véhicules utilitaires[1]	20.0	20.0	20.0	20.0	20.0	20.0	20.1	20.1	...	...
Costa Rica Costa Rica										
Passenger cars[3] Voitures de tourisme[3]	119.1	127.2	135.0	143.9	168.8	180.8	204.2	220.1	238.5	254.8
Commercial vehicles[3] Véhicules utilitaires[3]	76.3	84.2	89.6	94.6	95.1	96.3	110.3	114.9	127.1	141.4
Côte d'Ivoire Côte d'Ivoire										
Passenger cars Voitures de tourisme	178.0	178.0	168.0[1]	155.0[1]	155.0[1]	155.0[1]	155.3[1]	155.3[1]	...	...
Commercial vehicles Véhicules utilitaires	90.0	90.0	91.0[1]	90.0[1]	90.0[1]	90.0[1]	90.3[1]	90.3[1]	...	...
Croatia Croatie										
Passenger cars Voitures de tourisme	693.2	716.3	756.1	796.2	795.4	735.7	669.8	646.2	698.4	710.9
Commercial vehicles Véhicules utilitaires	65.3	66.3	68.1	69.4	68.0	58.4	53.6	55.0	68.5	77.4
Cuba Cuba										
Passenger cars Voitures de tourisme	217.2	229.5	241.3	...	...	...	...	...	...	...
Commercial vehicles Véhicules utilitaires	184.2	194.9	208.4	...	...	...	...	...	...	...
Cyprus Chypre										
Passenger cars[3] Voitures de tourisme[3]	131.6	142.6	152.7	165.4	178.2	189.7	197.8	203.2	210.0	219.4
Commercial vehicles[3] Véhicules utilitaires[3]	50.7	56.5	61.8	68.8	76.6	84.3	89.2	92.6	97.1	103.9
former Czechoslovakia† l'ex-Tchécoslovaquie†										
Passenger cars Voitures de tourisme	2 812.4	2 904.0	3 000.0	3 122.3	3 242.3	3 341.8	...	...	...	...
Commercial vehicles Véhicules utilitaires	400.8	413.0	423.0	446.7	461.6	474.7	...	...	...	...
Czech Republic République tchèque										
Passenger cars Voitures de tourisme	2 078.6	2 136.2	2 203.2	2 285.1	2 366.7	2 435.6	2 522.8	2 693.9	2 917.3[12]	3 054.5[12]
Commercial vehicles[13] Véhicules utilitaires[13]	355.8	362.9	370.1	379.8	385.2	393.5	401.5	386.0	394.2	424.9
Dem. Rep. of the Congo Rép. dém. du Congo										
Passenger cars Voitures de tourisme	92.0	92.0	130.7	137.9	145.1	...	...	...	...	...
Commercial vehicles Véhicules utilitaires	80.0	80.0	76.8	84.8	92.8	...	...	...	...	...
Denmark Danemark										
Passenger cars[3,14] Voitures de tourisme[3,14]	1 557.9	1 587.4	1 595.8	1 598.0	1 590.3	1 593.9	1 604.6	1 618.3	1 677.0	1 674.3
Commercial vehicles[3,14] Véhicules utilitaires[3,14]	283.7	294.5	302.6	303.1	302.4	309.4	376.6	326.4	336.3	347.6
Djibouti Djibouti										
Passenger cars Voitures de tourisme	7.0	7.0	...	...	13.0[8]	13.0[8]	13.0[8]	...	...	...
Commercial vehicles Véhicules utilitaires	1.0	1.0	...	...	2.0[8]	2.5[8]	3.0[8]	...	...	...

64
Motor vehicles in use
Passenger cars and commercial vehicles: thousand units [cont.]
Véhicules automobiles en circulation
Voitures de tourisme et véhicules utilitaires : milliers de véhicules [suite]

Country or area Pays or zone	1986	1987	1988	1989	1990	1991	1992	1993	1994	1995
Dominica Dominique										
Passenger cars										
Voitures de tourisme	3.0	3.2	3.4	3.7	4.1	4.5	4.8	5.8	7.0	...
Commercial vehicles[15]										
Véhicules utilitaires[15]	1.2	1.8	2.1	2.5	3.1	3.4	2.8	2.7	2.8	...
Dominican Republic Rép. dominicaine										
Passenger cars										
Voitures de tourisme	132.9[16]	151.7[16]	...	129.7[16]	148.0	144.7	138.1	174.4		
Commercial vehicles										
Véhicules utilitaires	76.6	84.2	...	87.5	94.1	98.6	97.5	118.5[17]	...	...
Ecuador Equateur										
Passenger cars										
Voitures de tourisme	136.5	140.7	146.5	176.2	165.6	181.2	194.5	202.4	219.8	253.5
Commercial vehicles										
Véhicules utilitaires	185.1	188.5	190.2	221.6	207.3	206.0	232.7	231.4	243.4	244.0
Egypt Egypte										
Passenger cars										
Voitures de tourisme	933.0	965.0	980.0	1 019.0	1 054.0	1 081.0	1 117.0	1 143.0	1 225.0	1 313.0
Commercial vehicles										
Véhicules utilitaires	315.0	332.0	350.0	353.0	380.0	389.0	408.0	423.0	445.0	466.0
El Salvador El Salvador										
Passenger cars										
Voitures de tourisme	52.1[1]	52.0[1]	52.0[1]	52.0[1]	52.0[1]	53.0[1]	80.5	88.4	86.9	113.8
Commercial vehicles										
Véhicules utilitaires	64.0[1]	65.0[1]	65.0[1]	65.0[1]	65.0[1]	65.0[1]	140.2	165.9	195.5	209.9
Estonia Estonie										
Passenger cars										
Voitures de tourisme	182.0	194.0	206.0	222.0	242.0	261.1	283.5	317.4	337.8	383.4
Ethiopia Ethiopie										
Passenger cars										
Voitures de tourisme	41.2[18]	48.3[18]	43.5[18]	42.8[18]	38.5[18]	40.2[18]	40.0[1]	43.4[1]	42.1[1]	...
Commercial vehicles										
Véhicules utilitaires	18.7[18]	10.9[18]	21.8[18]	21.6[18]	20.3[18]	20.2[18]	18.8[1]	31.4[1]	30.4[1]	...
Fiji Fidji										
Passenger cars[19]										
Voitures de tourisme[19]	33.6	34.4	34.9	37.5	40.2	42.0	44.0	45.3	47.7	...
Commercial vehicles[20]										
Véhicules utilitaires[20]	26.7	27.3	27.9	29.1	30.9	32.7	34.5	35.3	36.8	...
Finland Finlande										
Passenger cars										
Voitures de tourisme	1 619.8	1 698.7	1 795.9	1 908.9	1 939.9	1 922.5	1 936.3	1 872.9	1 872.6	1 900.9
Commercial vehicles										
Véhicules utilitaires	196.6	207.4	222.9	254.0	273.5	273.4	271.2	261.4	257.5	260.1
France France										
Passenger cars										
Voitures de tourisme	21 500.0	21 970.0	22 520.0	23 010.0	23 550.0	23 810.0	24 020.0	24 385.0	24 900.0	25 100.0
Commercial vehicles										
Véhicules utilitaires	3 433.0	3 557.0	3 693.0	3 831.0	3 975.0	4 108.0	4 099.0	4 036.0	4 027.0	4 035.0
French Guiana Guyane française										
Passenger cars[1]										
Voitures de tourisme[1]	23.4	24.0	24.0	24.0	25.0	27.0	27.7	29.1	...	...
Commercial vehicles[1]										
Véhicules utilitaires[1]	6.9	7.0	7.0	8.0	9.0	10.0	10.4	10.6	...	...
Gabon Gabon										
Passenger cars										
Voitures de tourisme	16.0	17.0	...	...	22.0[8]	23.0[8]	23.0[8]	...	...	
Commercial vehicles										
Véhicules utilitaires	11.0	11.0	...	...	16.0[8]	17.0[8]	17.0[8]	...	...	

64
Motor vehicles in use
Passenger cars and commercial vehicles: thousand units [cont.]
Véhicules automobiles en circulation
Voitures de tourisme et véhicules utilitaires : milliers de véhicules [suite]

Country or area Pays or zone	1986	1987	1988	1989	1990	1991	1992	1993	1994	1995
Gambia Gambie										
Passenger cars										
Voitures de tourisme	3.8	3.9	4.5	5.3	5.0	6.7	7.4	6.1	6.2	6.4
Commercial vehicles										
Véhicules utilitaires	1.4	1.4	1.5	2.0	2.2	2.5	2.8	3.4	3.5	3.5
Georgia Géorgie										
Passenger cars										
Voitures de tourisme	...	425.7	440.8	448.7	481.9	479.0	479.0	468.8	...	...
Commercial vehicles										
Véhicules utilitaires	...	74.8	75.7	75.9	86.3	94.0	66.7	56.0	...	...
Germany † Allemagne†										
Passenger cars										
Voitures de tourisme	26 917.4	27 908.2	28 878.2	29 755.4	30 684.8	32 087.6	36 042.4	38 772.5	39 765.4	40 404.3
Commercial vehicles										
Véhicules utilitaires	...	...	...	...	...	2 985.8	2 834.6	3 326.0	2 619.3	2 754.9
Ghana Ghana										
Passenger cars[1]										
Voitures de tourisme[1]	58.3	58.0	58.0	66.0	82.2	90.0	90.0	90.0	...	...
Commercial vehicles[1]										
Véhicules utilitaires[1]	45.7	46.0	46.0	40.0	42.1	43.0	44.2	44.7	...	...
Gibraltar Gibraltar										
Passenger cars										
Voitures de tourisme	13.0	13.1	15.5	17.7	19.8	18.1	24.0	18.0	18.5	18.4
Commercial vehicles										
Véhicules utilitaires	1.0	1.6	2.0	2.3	2.5	2.6	2.9	1.1	1.2	1.0
Greece Grèce										
Passenger cars										
Voitures de tourisme	1 359.2	1 428.5	1 503.9	1 605.1	1 735.5	1 777.5	1 829.1	1 958.5	2 074.1	2 204.8
Commercial vehicles										
Véhicules utilitaires	645.7	663.8	697.1	732.2	784.2	811.2	8 205.0	848.9	849.1	833.8
Greenland Groënland										
Passenger cars[3]										
Voitures de tourisme[3]	2.1	2.0	2.1	2.0	2.0	1.9	2.0	2.1	1.9	1.9
Commercial vehicles[3]										
Véhicules utilitaires[3]	1.3	1.6	1.5	1.6	1.2	1.5	1.5	1.4	1.6	1.4
Guadeloupe Guadeloupe										
Passenger cars[1]										
Voitures de tourisme[1]	71.3	79.0	79.0	83.0	86.0	89.0	94.7	101.6	...	...
Commercial vehicles[1]										
Véhicules utilitaires[1]	28.1	31.0	31.0	33.0	34.0	35.0	36.0	37.5	...	...
Guam Guam										
Passenger cars										
Voitures de tourisme	54.9	55.9	56.2	62.0	...	72.8	76.7	74.7	...	79.8
Commercial vehicles										
Véhicules utilitaires	15.1	19.5	16.7	22.8	...	29.7	30.2	30.6	...	34.7
Guatemala Guatemala										
Passenger cars[1]										
Voitures de tourisme[1]	95.1	95.0	95.0	95.0	95.0	95.0	98.7	102.0	...	...
Commercial vehicles[1]										
Véhicules utilitaires[1]	92.7	93.0	93.0	93.0	93.0	93.0	95.0	96.8	...	...
Guinea Guinée										
Passenger cars										
Voitures de tourisme	11.0	11.0	50.1	57.7	60.9	65.6	23.1[8]	...	...	...
Commercial vehicles										
Véhicules utilitaires	12.0	12.0	24.6	25.9	27.8	29.0	13.0[8]	...	...	...
Guinea-Bissau Guinée-Bissau										
Passenger cars										
Voitures de tourisme	4.0	4.0	...	...	3.3[8]	3.3[8]	3.5[8]	...	...	...

64
Motor vehicles in use
Passenger cars and commercial vehicles: thousand units [cont.]
Véhicules automobiles en circulation
Voitures de tourisme et véhicules utilitaires : milliers de véhicules [suite]

Country or area Pays or zone	1986	1987	1988	1989	1990	1991	1992	1993	1994	1995
Commercial vehicles Véhicules utilitaires	3.0	3.0	...	...	2.4[8]	2.4[8]	2.5[8]	...	...	...
Guyana Guyana										
Passenger cars[1] Voitures de tourisme[1]	28.9	20.3	22.0	24.0	24.0	24.0	24.0	24.0	...	...
Commercial vehicles[1] Véhicules utilitaires[1]	11.7	8.5	9.0	9.0	9.0	9.0	9.0	9.0	...	...
Haïti Haïti										
Passenger cars Voitures de tourisme	19.5	19.7	20.6	27.7	*25.8	32.0[1]	32.0[1]	32.0[1]	...	...
Commercial vehicles Véhicules utilitaires	13.0	22.6	22.8	22.8	*9.6	21.0[1]	21.0[1]	21.0[1]	...	...
Honduras Honduras										
Passenger cars Voitures de tourisme	26.8[1]	27.0[1]	27.0[1]	27.0[1]	38.6	43.7	68.5	...	...	...
Commercial vehicles Véhicules utilitaires	50.2[1]	51.0[1]	52.0[1]	52.0[1]	80.4	92.9	102.0	...	...	...
Hungary Hongrie										
Passenger cars Voitures de tourisme	1 538.9	1 660.3	1 789.6	1 732.4	1 944.6	2 015.5	2 058.3	2 091.6	2 176.9	2 245.4
Commercial vehicles Véhicules utilitaires	238.3	254.2	259.6	267.8	288.5	289.6	259.3	266.8	297.1	324.8
Iceland Islande										
Passenger cars Voitures de tourisme	112.3	120.1	125.2	124.3	119.7	120.9	120.1	116.2	116.2	119.2
Commercial vehicles[21] Véhicules utilitaires[21]	13.1	12.9	13.2	13.5	14.5	16.0	16.0	15.6	15.6	16.0
India Inde										
Passenger cars Voitures de tourisme	1 780.0	2 006.9	2 295.3	2 486.3	2 694.0[22]	2 954.0[22]	3 205.0[22]	3 330.0[22]	...	...
Commercial vehicles[23] Véhicules utilitaires[23]	2 101.8	2 543.5	2 855.2	3 073.0	3 425.2	3 740.6	2 396.7[1]	...	...	...
Indonesia Indonésie										
Passenger cars Voitures de tourisme	1 064.0[9]	1 170.1[9]	1 073.1[9]	1 182.2[9]	1 313.2	1 494.6	1 590.8	1 700.5	1 890.3	2 107.3
Commercial vehicles Véhicules utilitaires	1 138.9	1 257.1	1 278.3	1 387.3	1 492.8	1 592.7	1 666.0	1 729.0	1 903.6	2 024.7
Iran, Islamic Rep. of Iran, Rép. islamique d'										
Passenger cars[11,24] Voitures de tourisme[11,24]	1 919.0	1 958.0	1 981.0	2 000.0	1 557.0[1]	1 557.0[1]	1 557.0[1]	1 557.0[1]	...	...
Commercial vehicles[11,24] Véhicules utilitaires[11,24]	819.0	853.0	862.0	870.0	533.0[1]	561.0[1]	584.1[1]	588.9[1]	...	...
Iraq Iraq										
Passenger cars Voitures de tourisme	491.8	551.4	630.3	671.7	732.7	660.1	670.2	672.4	678.5	680.1
Commercial vehicles Véhicules utilitaires	246.7	256.1	260.1	272.6	288.2	295.0	299.5	309.3	317.2	319.9
Ireland Irlande										
Passenger cars[26,27] Voitures de tourisme[26,27]	717.2[25]	742.8[25]	755.7[25]	779.8[25]	802.7[25]	843.2	865.4	898.3	947.2	...
Commercial vehicles[15] Véhicules utilitaires[15]	106.9[25]	116.6[25]	124.4[25]	135.9[25]	149.5[25]	155.2	152.0	142.9	143.9	...
Israel Israël										
Passenger cars[28] Voitures de tourisme[28]	649.0	697.0	753.0	778.0	803.0	848.0	923.0	979.0	1 048.0	1 112.0
Commercial vehicles Véhicules utilitaires	121.0	132.0	144.0	149.0	154.0	165.0	186.0	204.0	235.0	247.0

64
Motor vehicles in use
Passenger cars and commercial vehicles: thousand units [cont.]
Véhicules automobiles en circulation
Voitures de tourisme et véhicules utilitaires : milliers de véhicules [suite]

Country or area Pays or zone	1986	1987	1988	1989	1990	1991	1992	1993	1994	1995
Italy Italie										
Passenger cars										
Voitures de tourisme	23 495.5	24 320.2	25 290.3	26 267.4	27 415.8	28 519.0	29 497.0[1]	29 497.0[1]	29 600.0[1]	...
Commercial vehicles										
Véhicules utilitaires	2 428.2	2 002.7	2 120.5	2 350.0	2 416.7	2 529.6	2 763.0[1]	2 663.0[1]	2 745.5[1]	...
Jamaica Jamaïque										
Passenger cars										
Voitures de tourisme	44.5	52.9	63.1	64.8	68.5	77.8	73.0	81.1	86.8	...
Commercial vehicles										
Véhicules utilitaires	20.7	23.0	26.9	24.5	28.2	29.8	30.5	36.2	41.3	...
Japan Japon										
Passenger cars[29,30]										
Voitures de tourisme[29,30]	28 654.0	29 478.0	30 776.0	32 621.0	34 924.0	37 076.0	38 964.0	40 772.0	42 679.0	44 680.0
Commercial vehicles[29]										
Véhicules utilitaires[29]	18 346.0	19 401.0	20 592.0	21 330.0	21 571.0	21 575.0	21 383.0	21 132.0	20 916.0	20 676.0
Jordan Jordanie										
Passenger cars[3]										
Voitures de tourisme[3]	149.8	153.6	158.9	159.9	172.0	166.8	181.5	175.3	164.0	188.0
Commercial vehicles[3]										
Véhicules utilitaires[3]	57.8	60.9	63.2	63.4	68.3	61.4	51.5	63.8	75.3	69.1
Kenya Kenya										
Passenger cars										
Voitures de tourisme	127.4[3,11]	133.3[3,11]	141.8	150.0	157.7	163.5	165.4	171.5	...	...
Commercial vehicles										
Véhicules utilitaires	102.9[3,11]	110.8[3,11]	118.9	149.0	138.6	150.1	168.4	172.8	...	...
Korea, Republic of Corée, République de										
Passenger cars										
Voitures de tourisme	664.2	844.4	1 118.0	1 558.7	2 074.9	2 727.9	3 461.1	4 271.3	5 148.7	6 006.3
Commercial vehicles										
Véhicules utilitaires	627.2	746.9	895.0	1 092.3	1 308.4	1 505.1	1 745.1	1 976.6	2 226.7	2 429.2
Kuwait Koweït										
Passenger cars										
Voitures de tourisme	410.0	429.2	458.1	488.0	...	554.7	579.8	600.0	629.7	662.9
Commercial vehicles										
Véhicules utilitaires	133.6	135.2	132.9	134.3	...	149.8	151.1	147.0	148.7	153.5
Latvia Lettonie										
Passenger cars										
Voitures de tourisme	226.1	236.3	251.3	264.1	282.7	328.5	350.0	367.5	251.6	331.8
Commercial vehicles										
Véhicules utilitaires	73.1	74.1	74.9	76.9	79.0	83.3	93.0	72.1	73.5	85.1
Lebanon Liban										
Passenger cars[31]										
Voitures de tourisme[31]	...	...	...	...	...	...	...	943.1	1 141.7	1 197.5
Commercial vehicles[31]										
Véhicules utilitaires[31]	...	...	...	...	...	...	...	77.3	82.9	84.7
Lesotho Lesotho										
Passenger cars										
Voitures de tourisme	6.7[3]	5.0	...	...	...	...	...	...	...	...
Commercial vehicles										
Véhicules utilitaires	16.3[3]	* 13.0	...	...	...	...	...	...	...	...
Liberia Libéria										
Passenger cars										
Voitures de tourisme	17.0	18.0	...	...	...	...	...	...	...	...
Commercial vehicles										
Véhicules utilitaires	15.0	15.0	...	...	...	...	...	...	...	...
Libyan Arab Jamah. Jamah. arabe libyenne										
Passenger cars										
Voitures de tourisme	428.0	433.0	448.0[8]	448.0[8]	448.0[8]	450.0[8]	448.0[8]	...	...	...

64
Motor vehicles in use
Passenger cars and commercial vehicles: thousand units [cont.]
Véhicules automobiles en circulation
Voitures de tourisme et véhicules utilitaires : milliers de véhicules [suite]

Country or area Pays or zone	1986	1987	1988	1989	1990	1991	1992	1993	1994	1995
Commercial vehicles Véhicules utilitaires	216.0	223.0	322.0[8]	322.0[8]	322.0[8]	330.0[8]	322.0[8]	...	...	...
Lithuania Lituanie										
Passenger cars Voitures de tourisme	370.5	390.8	417.7	452.0	493.0	530.8	565.3	597.7	652.8	718.5
Commercial vehicles Véhicules utilitaires	95.7	97.1	38.3	99.7	105.9	107.7	112.5	115.1	118.2	125.9
Luxembourg Luxembourg										
Passenger cars Voitures de tourisme	156.0	162.5	168.5	177.0	183.4	191.6	200.7	208.8	217.8	...
Commercial vehicles[4] Véhicules utilitaires[4]	31.3	32.0	32.7	34.2	35.9	38.0	40.2	42.2	45.6	...
Macau Macao										
Passenger cars[9] Voitures de tourisme[9]	19.5	19.6	21.0	22.4	24.7	26.2	29.9	32.6	34.0	34.5
Commercial vehicles[9] Véhicules utilitaires[9]	4.8	4.9	5.3	6.3	6.4	6.5	6.5	6.6	6.3	6.2
Madagascar Madagascar										
Passenger cars Voitures de tourisme	46.0	46.0	...	45.0	46.6[1]	47.0[1]	47.0[1]	...	...	...
Commercial vehicles Véhicules utilitaires	48.0	47.0	...	32.0	33.1[1]	33.0[1]	33.3[1]	...	...	...
Malawi Malawi										
Passenger cars[3] Voitures de tourisme[3]	15.5[1]	26.3	26.9	30.0	35.3	# 6.6[32]	5.3[32]	...	...	...
Commercial vehicles[3] Véhicules utilitaires[3]	15.6[1]	2.6	2.8	3.1	3.3	2.7	2.7	...	...	...
Malaysia Malaisie										
Passenger cars Voitures de tourisme	1 453.6	1 504.2	1 578.9	1 689.4	1 845.6	2 024.8	2 158.2	2 298.8	2 333.0	2 588.6
Commercial vehicles[33] Véhicules utilitaires[33]	330.1	339.0	351.9	374.6	407.1	446.8	447.7	502.7	422.0	465.9
Mali Mali										
Passenger cars Voitures de tourisme	19.0	19.0	20.0	21.0[1]	21.0[1]	21.0[1]	21.0[1]	21.0[1]	...	...
Commercial vehicles Véhicules utilitaires	13.0	13.0	13.0	8.0[1]	8.0[1]	8.0[1]	8.4[1]	8.6[1]	...	...
Malta Malte										
Passenger cars Voitures de tourisme	85.6	89.5	97.6	110.6	109.2	121.6	125.0	152.6	170.6	199.3
Commercial vehicles Véhicules utilitaires	17.8	17.2	19.3	19.6	20.5	21.7	35.4	50.9	55.7	40.8
Martinique Martinique										
Passenger cars[1] Voitures de tourisme[1]	77.0	80.0	84.0	80.0	92.0	96.0	102.6	108.3	...	...
Commercial vehicles[1] Véhicules utilitaires[1]	26.0	27.0	28.0	29.0	30.0	31.0	31.9	32.2	...	...
Mauritania Mauritanie										
Passenger cars Voitures de tourisme	11.0	12.0	8.0[1]	8.0[1]	8.0[1]	8.0[1]	8.0[1]	8.0[1]	...	...
Commercial vehicles Véhicules utilitaires	6.0	6.0	5.0[1]	5.0[1]	5.0[1]	5.0[1]	5.5[1]	5.7[1]	...	...
Mauritius Maurice										
Passenger cars Voitures de tourisme	34.2	36.5	39.4	42.1	45.5	50.0	53.9	57.4	53.2[1]	...
Commercial vehicles Véhicules utilitaires	11.2	12.2	13.7	15.1	16.9	19.1	20.9	22.5	11.1[1]	...

64
Motor vehicles in use
Passenger cars and commercial vehicles: thousand units [cont.]
Véhicules automobiles en circulation
Voitures de tourisme et véhicules utilitaires : milliers de véhicules [suite]

Country or area Pays or zone	1986	1987	1988	1989	1990	1991	1992	1993	1994	1995
Mexico Mexique										
Passenger cars										
Voitures de tourisme	5 202.9	5 336.2	5 806.9	6 219.1	6 893.3	7 497.1	7 749.6	8 172.4	8 451.1	8 546.9
Commercial vehicles										
Véhicules utilitaires	2 213.0	2 292.0	2 435.9	2 704.1	2 982.0	3 501.0	3 505.7	3 580.0	3 839.4	3 873.5
Morocco Maroc										
Passenger cars[9]										
Voitures de tourisme[9]	527.4	554.0	588.9	634.4	669.6	707.1	778.9	849.3	864.6	992.0
Commercial vehicles[9]										
Véhicules utilitaires[9]	247.7	255.1	263.1	272.4	282.9	295.5	302.3	316.7	317.0	343.0
Mozambique Mozambique										
Passenger cars										
Voitures de tourisme	45.0	45.0	# 84.0[1]	84.0[1]	84.0[1]	84.0[1]	84.0[1]	84.0[1]	...	...
Commercial vehicles										
Véhicules utilitaires	18.0	18.0	# 24.0[1]	24.0[1]	25.0[1]	26.0[1]	26.2[1]	26.8[1]	...	...
Myanmar Myanmar										
Passenger cars[3]										
Voitures de tourisme[3]	60.9	60.4	64.9	71.3	78.1	88.6	100.2	115.9	125.4	145.4
Commercial vehicles[3]										
Véhicules utilitaires[3]	53.5	50.7	51.6	53.7	54.9	56.6	59.7	66.6	58.2	63.1
Netherlands Pays-Bas										
Passenger cars[3 34 35]										
Voitures de tourisme[3 34 35]	4 949.9	5 117.7	5 250.6	5 371.4	5 509.2	5 569.1	5 658.3	5 755.4	5 883.9	5 632.9
Commercial vehicles[3 34 35]										
Véhicules utilitaires[3 34 35]	463.8	506.5	538.2	556.8	582.1	604.6	644.9	679.2	687.3	658.0
New Caledonia Nouvelle-Calédonie										
Passenger cars[1]										
Voitures de tourisme[1]	46.4	48.0	50.0	53.0	54.0	55.0	56.7	58.5	...	...
Commercial vehicles[1]										
Véhicules utilitaires[1]	16.7	17.0	18.0	19.0	19.0	20.0	21.2	22.6	...	...
New Zealand Nouvelle-Zélande										
Passenger cars[36]										
Voitures de tourisme[36]	1 531.4	...	1 382.3	1 438.7	1 497.7	1 548.1	1 551.4	1 571.8	1 611.8	...
Commercial vehicles[36]										
Véhicules utilitaires[36]	373.8	...	289.2	289.2	306.6	309.6	317.8	332.3	353.0	...
Nicaragua Nicaragua										
Passenger cars[1]										
Voitures de tourisme[1]	31.1	31.0	30.0	31.1	31.1	31.0	31.3	31.3	...	...
Commercial vehicles[1]										
Véhicules utilitaires[1]	27.9	28.0	42.0	43.0	43.0	43.0	43.6	43.6	...	...
Niger Niger										
Passenger cars										
Voitures de tourisme	35.0	35.0	...	...	17.0[8]	18.0[8]	16.0[1]	16.0[1]	...	...
Commercial vehicles										
Véhicules utilitaires	9.0	9.0	...	...	18.0[8]	18.0[8]	18.0[1]	18.0[1]	...	...
Nigeria Nigéria										
Passenger cars[37]										
Voitures de tourisme[37]	36.9	27.0	13.6	4.9	6.0	27.3	37.4	63.6	45.4	46.1
Commercial vehicles[37]										
Véhicules utilitaires[37]	4.9	3.2	1.8	0.8	0.8	1.1	4.6	1.4	6.0	7.1
Norway Norvège										
Passenger cars[3 38]										
Voitures de tourisme[3 38]	1 592.2	1 623.1	1 622.0	1 612.7	1 612.0	1 614.6	1 619.4	1 633.0	1 653.7	1 684.7
Commercial vehicles[3 38]										
Véhicules utilitaires[3 38]	282.8	303.2	313.9	320.4	330.6	334.3	341.6	352.5	366.3	382.0
Oman Oman										
Passenger cars[31]										
Voitures de tourisme[31]	145.0	104.3	110.1	119.9	134.9	158.0	173.0	180.0	...	...

64

Motor vehicles in use
Passenger cars and commercial vehicles: thousand units [cont.]
Véhicules automobiles en circulation
Voitures de tourisme et véhicules utilitaires : milliers de véhicules [suite]

Country or area Pays or zone	1986	1987	1988	1989	1990	1991	1992	1993	1994	1995
Commercial vehicles[31,39] Véhicules utilitaires[31,39]	107.0	65.9	66.9	70.2	75.0	78.3	81.9	85.5	...	...
Pakistan Pakistan										
Passenger cars[3] Voitures de tourisme[3]	387.5	421.7	460.2	516.5	558.7	594.9	659.0	670.0	690.9	772.6
Commercial vehicles[3] Véhicules utilitaires[3]	171.7	182.7	195.8	212.3	224.8	235.8	262.9	269.6	285.8	305.8
Panama Panama										
Passenger cars Voitures de tourisme	134.3	129.4	129.5	120.8	132.9	144.2	149.9	161.2	169.8	178.3
Commercial vehicles Véhicules utilitaires	41.9	44.6	41.2	40.0	42.2	47.3	50.4	55.0	56.5	60.4
Papua New Guinea Papouasie-Nvl-Guinée										
Passenger cars[3] Voitures de tourisme[3]	16.6	17.1	...	...	...	...	11.5[8]	...	...	...
Commercial vehicles[3,40] Véhicules utilitaires[3,40]	27.0	26.1	...	...	...	...	29.8[8]	...	...	...
Paraguay Paraguay										
Passenger cars Voitures de tourisme	111.9	122.5	80.2	149.2	165.2	190.9	221.1	250.7	...	...
Commercial vehicles Véhicules utilitaires	23.2	27.2	18.9	25.2	25.7	30.7	34.9	37.7	...	...
Peru Pérou										
Passenger cars Voitures de tourisme	377.2	377.4	376.8	372.8	368.2	379.1	402.4	418.6	444.2	505.8
Commercial vehicles Véhicules utilitaires	226.5	233.4	239.8	239.5	237.4	244.9	270.6	288.8	316.6	356.8
Philippines Philippines										
Passenger cars Voitures de tourisme	356.7	358.8	376.6	413.0	454.6[1]	456.6	483.6	531.2	...	...
Commercial vehicles Véhicules utilitaires	526.7	554.7	598.2	671.7	764.9[1]	829.7	916.7	1 024.0	...	...
Poland Pologne										
Passenger cars Voitures de tourisme	3 964.0	4 231.7	4 519.1	4 846.4	5 260.6	6 112.2	6 504.7	6 770.6	7 153.1	7 517.3
Commercial vehicles[41] Véhicules utilitaires[41]	914.4	955.0	1 010.5	1 069.6	1 138.1	1 240.2	1 299.5	1 321.9	1 395.1	1 440.1
Portugal Portugal										
Passenger cars[25,42,43] Voitures de tourisme[25,42,43]	1 813.0	1 947.3	2 152.5	2 343.4	2 552.3	2 774.7	3 049.8	3 295.1	3 532.0	3 751.0
Commercial vehicles[25,43] Véhicules utilitaires[25,43]	705.9[33]	607.9	669.6	739.2	812.8	881.2[9]	964.0	1 050.1	1 158.6	1 218.8
Puerto Rico Porto Rico										
Passenger cars[2] Voitures de tourisme[2]	1 114.3	1 227.0	1 304.2	1 289.6	1 305.1	1 321.9	1 347.0	1 393.3	1 432.0	...
Commercial vehicles[2] Véhicules utilitaires[2]	146.3	158.3	171.8	172.8	188.4	192.1	201.5	239.6	224.0	...
Qatar Qatar										
Passenger cars Voitures de tourisme	85.4	91.0	97.3	100.2	105.8	114.5	123.6	132.1	137.6	...
Commercial vehicles Véhicules utilitaires	36.8	39.3	41.7	43.7	46.8	53.9	57.5	61.5	65.8	...
Republic of Moldova République de Moldova										
Passenger cars Voitures de tourisme	163.1	171.3	184.9	195.7	209.0	218.1	166.3[44]	166.4[44]	169.4[44]	165.9[44]
Commercial vehicles[45] Véhicules utilitaires[45]	16.3	16.1	15.6	15.2	15.0	14.3	10.1[44]	8.9[44]	7.8[44]	7.0[44]

64
Motor vehicles in use
Passenger cars and commercial vehicles: thousand units [cont.]
Véhicules automobiles en circulation
Voitures de tourisme et véhicules utilitaires : milliers de véhicules [suite]

Country or area Pays or zone	1986	1987	1988	1989	1990	1991	1992	1993	1994	1995
Réunion Réunion										
Passenger cars										
Voitures de tourisme	106.6	114.6	125.9	139.0	146.4	155.9	173.2[1]	181.8[1]	...	...
Commercial vehicles										
Véhicules utilitaires	48.5	53.3	50.0[1]	53.0[1]	55.0[1]	58.0[1]	61.6[1]	61.7[1]	...	...
Rwanda Rwanda										
Passenger cars										
Voitures de tourisme	6.7	7.1	7.2	7.9	7.2	15.0[8]	7.9[8]	...	...	...
Commercial vehicles										
Véhicules utilitaires	7.0	7.3	7.9	7.0	7.0	10.0[8]	2.0[8]	...	...	...
Saint Kitts and Nevis Saint-Kitts-et-Nevis										
Passenger cars										
Voitures de tourisme	3.0	3.2	3.2	3.6	3.8	3.9	4.3	4.5	4.8	5.2
Commercial vehicles										
Véhicules utilitaires	1.5	1.6	1.3	1.4	1.5	1.9	2.0	2.1	2.2	2.3
Saint Lucia Sainte-Lucie										
Passenger cars										
Voitures de tourisme	5.5	6.0	6.5	7.2	8.1	8.6	9.9	10.1	11.8	...
Commercial vehicles										
Véhicules utilitaires	4.2	5.1	5.5	5.9	6.3	...	9.1	10.4	19.7	...
St. Vincent-Grenadines St. Vincent-Grenadines										
Passenger cars										
Voitures de tourisme	5.1	4.9	5.2	5.3	5.3	5.3	5.0	5.4	5.7	5.3
Commercial vehicles										
Véhicules utilitaires	2.3	2.4	2.6	2.7	2.8	2.8	2.0	3.1	3.2	3.7
Samoa Samoa										
Passenger cars										
Voitures de tourisme	2.1	1.8	1.9	2.0	...	5.0[1]	5.0[1]	5.0[1]	...	...
Commercial vehicles										
Véhicules utilitaires	2.0	2.5	2.5	3.9	...	1.0[1]	1.8[1]	1.8[1]	...	...
Sao Tome and Principe Sao Tomé-et-Principe										
Passenger cars										
Voitures de tourisme	2.4	2.6	...	...	...	...	...	...	...	...
Commercial vehicles										
Véhicules utilitaires	0.3	0.3	...	...	...	...	...	...	...	...
Saudi Arabia Arabie saoudite										
Passenger cars[7,46]										
Voitures de tourisme[7,46]	4 281.0	4 428.0	4 574.2	4 767.9	4 950.5	5 117.4	5 328.5	5 588.0	5 861.6	6 111.1
Senegal Sénégal										
Passenger cars										
Voitures de tourisme	63.0	63.0	...	...	...	...	...	* 65.4	...	...
Commercial vehicles										
Véhicules utilitaires	36.0	36.0	...	...	...	...	...	* 24.0	...	...
Seychelles Seychelles										
Passenger cars										
Voitures de tourisme	3.5	3.4	3.6	4.0	4.3	4.7	4.9	6.1	6.6	...
Commercial vehicles										
Véhicules utilitaires	1.0	1.0	1.0	1.0	1.2	1.3	1.5	1.8	2.0	...
Sierra Leone Sierra Leone										
Passenger cars										
Voitures de tourisme	33.0	33.0	23.0[1]	23.0[1]	35.9[1]	36.0[1]	36.0[1]	36.0[1]	...	...
Commercial vehicles										
Véhicules utilitaires	15.0	15.0	7.0[1]	7.0[1]	11.8[1]	12.0[1]	12.0[1]	12.0[1]	...	...
Singapore Singapour										
Passenger cars										
Voitures de tourisme	234.6	236.1	251.4	271.2	286.8	300.1	302.8	321.9	340.6	363.9
Commercial vehicles										
Véhicules utilitaires	114.3	113.7	117.4	122.8	126.9	130.1	131.5	135.2	136.8	140.0

64
Motor vehicles in use
Passenger cars and commercial vehicles: thousand units [cont.]
Véhicules automobiles en circulation
Voitures de tourisme et véhicules utilitaires : milliers de véhicules [suite]

Country or area Pays or zone	1986	1987	1988	1989	1990	1991	1992	1993	1994	1995
Somalia Somalie										
Passenger cars										
Voitures de tourisme	5.0	5.0	...	...	20.0[8]	10.5[8]	10.5[8]	...	...	...
Commercial vehicles										
Véhicules utilitaires	8.0	8.0	...	...	12.0[8]	12.0[8]	11.5[8]	...	...	...
South Africa Afrique du Sud										
Passenger cars										
Voitures de tourisme	3 237.2[27]	3 286.8[27]	3 222.4[27]	3 498.2[27]	3 599.8[27]	3 698.2[27]	3 739.2[27]	3 488.6[1]	...	...
Commercial vehicles										
Véhicules utilitaires	1 433.9[47]	1 454.9[47]	1 456.7[47]	1 462.5[47]	1 486.9[47]	1 519.9[47]	1 551.4[47]	1 784.9[1]	...	...
Spain Espagne										
Passenger cars										
Voitures de tourisme	9 645.4	10 218.5	10 787.5	11 467.7	11 995.6	12 537.1	13 102.3	13 440.7	13 733.8	14 212.3
Commercial vehicles										
Véhicules utilitaires	1 762.5	1 911.9	2 073.4	2 269.3	2 446.9	2 615.0	2 773.4	2 859.6	2 952.8	3 071.6
Sri Lanka Sri Lanka										
Passenger cars[3]										
Voitures de tourisme[3]	155.2	147.8	155.2	163.8	173.5	180.1	189.5	197.3	210.1	228.9
Commercial vehicles[3]										
Véhicules utilitaires[3]	141.3	135.4	139.2	142.1	146.0	152.7	159.9	166.3	175.3	184.3
Sudan Soudan										
Passenger cars										
Voitures de tourisme	177.0	185.0	...	...	116.0[8]	116.0[8]	116.0[8]	...	...	...
Commercial vehicles										
Véhicules utilitaires	23.0	24.0	...	...	56.9[8]	57.0[8]	57.0[8]	...	...	...
Suriname Suriname										
Passenger cars[3]										
Voitures de tourisme[3]	32.1	32.1	35.1	36.6	36.2	38.7	42.6	46.6	42.1	49.3
Commercial vehicles										
Véhicules utilitaires	13.2	13.0	13.4	14.0	14.4	15.5	16.0	18.2	17.2	17.2
Swaziland Swaziland										
Passenger cars										
Voitures de tourisme	20.9	22.6	23.5	25.3	26.9	21.3[8]	22.0[8]	...	...	...
Commercial vehicles										
Véhicules utilitaires	20.6	21.9	23.6	24.4	26.3	15.9[8]	16.0[8]	...	...	...
Sweden Suède										
Passenger cars[3]										
Voitures de tourisme[3]	3 253.6	3 366.6	3 482.7	3 578.0	3 600.5	3 619.4	3 586.7	3 566.0	3 594.2	3 630.8
Commercial vehicles										
Véhicules utilitaires	567.1	584.9	611.6	643.8	658.0	656.9	649.1	643.0	643.4	647.2
Switzerland Suisse										
Passenger cars[3,25]										
Voitures de tourisme[3,25]	2 678.9	2 732.7	2 745.5	2 895.8	2 985.4	3 057.8	3 091.2	3 109.5	3 165.0	3 229.2
Commercial vehicles[3,25]										
Véhicules utilitaires[3,25]	217.8	228.7	252.2	270.8	283.4	291.3	291.3	288.8	292.4	299.3
Syrian Arab Republic Rép. arabe syrienne										
Passenger cars										
Voitures de tourisme	123.9	125.3	124.3	124.7	126.0	126.9	128.0	149.8	159.1	166.5
Commercial vehicles										
Véhicules utilitaires	116.8	117.3	126.4	118.0	118.5	121.9	136.7	162.3	188.4	224.0
Thailand Thaïlande										
Passenger cars[48]										
Voitures de tourisme[48]	789.1	930.7	949.1	1 000.4	1 222.4	1 279.2	1 396.6	1 598.2	1 798.8	1 913.2
Commercial vehicles[49]										
Véhicules utilitaires[49]	895.5	1 045.3	1 085.8	1 253.8	1 457.4	1 541.2	1 763.5	2 091.1	2 384.1	2 735.6

64
Motor vehicles in use
Passenger cars and commercial vehicles: thousand units [cont.]
Véhicules automobiles en circulation
Voitures de tourisme et véhicules utilitaires : milliers de véhicules [suite]

Country or area Pays or zone	1986	1987	1988	1989	1990	1991	1992	1993	1994	1995
Togo Togo										
Passenger cars Voitures de tourisme	2.2	2.6	# 25.0[1]	25.0[1]	25.0[1]	25.0[1]	25.0[1]	25.0[1]	...	...
Commercial vehicles Véhicules utilitaires	0.8	0.9	# 15.0[1]	15.0[1]	15.0[1]	16.0[1]	16.1[1]	16.1[1]	...	...
Tonga Tonga										
Passenger cars Voitures de tourisme	1.1	1.4	1.6	1.4	2.0	2.8	3.3	4.7	5.3	...
Commercial vehicles Véhicules utilitaires	2.1	2.4	3.5	2.2	2.6	3.1	3.7	5.0	5.9	...
Trinidad and Tobago Trinité-et-Tobago										
Passenger cars Voitures de tourisme	...	...	...	...	...	...	...	118.1	128.5	...
Commercial vehicles Véhicules utilitaires	...	...	...	...	...	...	...	32.6	33.6	...
Tunisia Tunisie										
Passenger cars Voitures de tourisme	252.6	261.1	269.5	279.8	292.5	302.6	313.5	325.0	348.1	363.7
Commercial vehicles Véhicules utilitaires	160.1	165.8	170.5	176.9	186.2	197.3	209.4	222.0	238.2	245.7
Turkey Turquie										
Passenger cars Voitures de tourisme[21]	1 087.2	1 193.0	1 310.3	1 434.8	1 649.9	1 864.3	2 181.4	2 619.9	2 861.6	3 058.5
Commercial vehicles[21] Véhicules utilitaires[21]	401.8	414.9	427.3	438.0	452.9	469.0	490.9	518.4	530.4	617.1
Uganda Ouganda										
Passenger cars Voitures de tourisme	12.0	12.0	13.0	13.0	13.0	17.8	19.0	20.5	24.2	25.9
Commercial vehicles Véhicules utilitaires	11.0	12.0	13.0	14.0	15.0	25.2	26.9	29.4	35.0	42.3
Ukraine Ukraine										
Passenger cars Voitures de tourisme	2 619.0	2 816.0	3 012.0	3 195.0	3 362.0	3 657.0	3 884.8	4 206.5	4 384.1	4 603.1
former USSR† l'ex-URSS†										
Passenger cars Voitures de tourisme	7 082.9	7 539.2	7 955.5	8 438.1	8 963.9	9 712.6	10 531.3	11 518.2	...	...
United Arab Emirates Emirats arabes unis										
Passenger cars[31] Voitures de tourisme[31]	182.8	189.3	201.7	239.2	224.9	241.3	257.8	297.1	...	...
Commercial vehicles[31] Véhicules utilitaires[31]	43.8	45.5	48.6	47.4	53.0	43.4	60.4	72.8	...	...
United Kingdom Royaume-Uni										
Passenger cars[50] Voitures de tourisme[50]	18 355.1	18 859.1	19 940.0	20 925.0	21 485.0	21 515.0	# 20 973.0	21 291.0	21 740.0	21 949.9
Commercial vehicles[50] Véhicules utilitaires[50]	2 011.1	2 053.4	2 193.7	2 563.0	2 520.0	2 438.0	# 3 008.0	2 990.0	2 994.0	2 987.3
United Rep.Tanzania Rép. Unie de Tanzanie										
Passenger cars Voitures de tourisme	49.0	49.0	49.0	49.0	44.0	44.0[1]	44.0[1]	44.0[1]	...	...
Commercial vehicles Véhicules utilitaires	33.0	33.0	33.0	33.0	54.0	55.0[1]	57.2[1]	59.9[1]	...	...
United States Etats-Unis										
Passenger cars Voitures de tourisme	135 431.0	137 323.0	141 251.7	143 081.4	143 549.6	142 955.6	144 213.4	146 314.2	133 292.6	134 981.0
Commercial vehicles Véhicules utilitaires	40 166.0	41 119.0	43 145.0	44 179.1	45 105.8	45 416.3	46 148.8	47 749.1	44 115.7	65 465.0

64
Motor vehicles in use
Passenger cars and commercial vehicles: thousand units [cont.]
Véhicules automobiles en circulation
Voitures de tourisme et véhicules utilitaires : milliers de véhicules [suite]

Country or area Pays or zone	1986	1987	1988	1989	1990	1991	1992	1993	1994	1995
Uruguay Uruguay										
Passenger cars										
Voitures de tourisme	318.4	332.7	350.2	360.3	379.6	389.6	418.0	425.6	444.3	464.5
Commercial vehicles										
Véhicules utilitaires	47.0	46.6	49.8	50.2	49.9	48.6	45.0	44.4	46.2	45.8
Vanuatu Vanuatu										
Passenger cars										
Voitures de tourisme	3.8[1]	4.0[1]	4.0[1]	4.0[1]	4.0[1]	4.5[3,32]	4.0[1]	4.0[1]	...	...
Commercial vehicles										
Véhicules utilitaires	2.4[1]	2.0[1]	2.0[1]	2.0[1]	2.0[1]	2.1[3,32]	2.2[1]	2.3[1]	...	...
Venezuela Venezuela										
Passenger cars										
Voitures de tourisme	1 656.0	1 718.0	1 740.0	1 615.0	1 582.0	1 688.0	1 753.0	1 805.0	1 813.0	1 823.0
Commercial vehicles										
Véhicules utilitaires	430.0	448.0	421.0	459.0	464.0	538.0	559.0	576.0	578.0	581.0
Yemen Yémen										
Passenger cars										
Voitures de tourisme	...	...	...	90.5	94.9	118.3	140.6	176.1	196.5	224.1
Commercial vehicles										
Véhicules utilitaires	...	...	...	185.9	190.3	208.3	227.1	256.7	271.3	304.6
former Dem. Yemen l'ex-Yémen dém.										
Passenger cars										
Voitures de tourisme	26.5	27.6	28.6	...	...	...	...	...	...	...
Commercial vehicles										
Véhicules utilitaires	31.2	32.4	33.9	...	...	...	...	...	...	...
Yugoslavia, SFR† Yougoslavie, Rfs†										
Passenger cars										
Voitures de tourisme	1 133.1	1 177.3	1 225.0	1 309.7	1 405.5	...	...	...	...	...
Commercial vehicles										
Véhicules utilitaires	111.2	117.4	121.4	127.2	132.5	...	...	...	...	...
Zambia Zambie										
Passenger cars[11]										
Voitures de tourisme[11]	74.0	75.2	96.0[1]	96.0[1]	96.0[1]	96.0[1]	96.0[1]	96.0[1]	...	...
Commercial vehicles[11]										
Véhicules utilitaires[11]	37.7	39.1	67.0[1]	68.0[1]	68.0[1]	68.0[1]	68.0[1]	68.0[1]	...	...
Zimbabwe Zimbabwe										
Passenger cars										
Voitures de tourisme	266.0	274.0	276.0	285.0	290.0	300.0	310.0	328.3	349.1	384.0
Commercial vehicles										
Véhicules utilitaires	41.4	42.7	44.3	46.3	49.1	50.8	54.0	57.7	61.3	67.2

Source:
Transport statistics database of the Statistics Division of the United Nations Secretariat.

† For information on recent changes in country or area nomenclature pertaining to former Czechoslovakia, Germany, Hong Kong Special Administrative Region of China, SFR Yugoslavia and former USSR, see Annex I - Country or area nomenclature, regional and other groupings.

†† For statistical purposes, the data for China do not include those for the Hong Kong Special Administrative Region (Hong Kong SAR) and Taiwan province of China.

Source:
Base de données pour les statistiques des transports de la Division de statistique du Secrétariat de l'ONU.

† Pour les modifications récentes de nomenclature de pays ou de zone concernant l'Allemagne, Hong-Kong (Région administrative spéciale de Chine), l'ex-Tchécoslovaquie, l'ex-URSS et l'ex-Rfs de Yougoslavie, voir annexe I - Nomenclature des pays ou des zones, groupements régionaux et autres groupements.

†† Les données statistiques relatives à la Chine ne comprennent pas celles qui concernent la région administrative spéciale de Hong-Kong (la RAS de Hong-Kong) et la province chinoise de Taiwan.

64
Motor vehicles in use
Passenger cars and commercial vehicles: thousand units [cont.]
Véhicules automobiles en circulation
Voitures de tourisme et véhicules utilitaires : milliers de véhicules [suite]

1 Source: World Automotive Market Report, Auto and Truck International (Illinois).
2 Twelve months beginning 1 July of year indicated.
3 Including vehicles operated by police or other governmental security organizations.
4 Including farm tractors.
5 Including jeeps.
6 Excluding government vehicles.
7 Including commercial vehicles.
8 Source: AAMA Motor Vehicle Facts and figures, American Automobile Manufacturers Association (Michigan).
9 Including special-purpose vehicles.
10 Excluding pick-ups.
11 Including vehicles no longer in circulation.
12 Including vans.
13 Including special-purpose commercial vehicles and farm tractors.
14 Excluding Faeroe Islands.
15 Including large public service excavators and trench diggers.
16 Excluding jeeps.
17 Including dump trucks and motor scooters.
18 Twelve months ending 7 July of year indicated.
19 Including private and government cars, rental and hired cars.
20 Including pick-ups, ambulances, light and heavy fire engines and all other vehicles such as trailers, cranes, loaders, forklifts, etc.
21 Excluding tractors and semi-trailer combinations.
22 Source: India Pocketbook of Transport Statistics, 1994.
23 Including 3-wheeled passengers and goods vehicles.
24 Twelve months ending 20 March of year indicated.
25 Twelve months ending 30 September of year indicated.
26 Including school buses.
27 Passenger cars include mini-buses equipped for transport of nine to fifteen passengers.
28 Private cars only.
29 Excluding small vehicles.
30 Including cars with a seating capacity of up to 10 persons.
31 Source: United Nations Economic and Social Commission for Western Asia (ESCWA).
32 Limited coverage.
33 Excluding tractors.
34 Excluding diplomatic corps vehicles.
35 Twelve months ending 31 July of year indicated.
36 Twelve months ending 31 March of year indicated.
37 Newly registered.
38 Including hearses (Norway: registered before 1981).
39 Trucks only.
40 Including ambulances.
41 Excluding buses and tractors, but including special lorries.
42 Including light miscellaneous vehicles.
43 Excluding Madeira and Azores.
44 Excluding Transnistria region.
45 Refers to motor vehicles for general use owned by Ministry of Transport.
46 Including motorcycles.
47 Commercial vehicles include hearses, ambulances, fire-engines and jeeps specifically registered as commercial vehicles.

1 Source : "World Automotive Market Report, Auto and Truck International" (Illinois).
2 Douze mois à compte de 1 juillet de l'année indiquée.
3 Y compris véhicules de la police ou d'autres services gouvernementaux d'ordre public.
4 Y compris tracteurs agricoles.
5 Y compris jeeps.
6 Non compris les véhicules des administrations publiques.
7 Y compris véhicules utilitaires.
8 Source : "AAMA Motor Vehicle Facts and Figures", "American Automobile Manufacturers Association" (Michigan).
9 Y compris véhicules à usages spéciaux.
10 Non compris fourgonettes.
11 Y compris véhicules retirés de la circulation.
12 Y compris fourgons.
13 Y compris véhicules utilitaires à usages spéciaux et tracteurs agricoles.
14 Non compris Iles Féroés.
15 Y compris les grosses excavatrices et machines d'excavation de tranchées de travaux publics.
16 Non compris jeeps.
17 Y compris camions-bennes y scooters.
18 Douze mois finissant le 7 juillet de l'année indiquée.
19 Y compris les voitures particulières et celles des administrations publiques, les voitures de location et de louage.
20 Y compris les fourgonnettes, les ambulances, les voitures de pompiers légères et lourdes, et tous autres véhicules tels que remoques, grues, chargeuses, chariots élévateurs à fourches, etc.
21 Non compris ensembles tracteur-remorque et semi-remorque.
22 Source : "India Pocketbook of Transport Statistics, 1994".
23 Y compris véhicules à trois roues (passagers et marchandises).
24 Douze mois finissant le 20 mars de l'année indiquée.
25 Douze mois finissant le 30 septembre de l'année indiquée.
26 Y compris l'autobus de l'école.
27 Voitures de tourisme comprennent mini-buses ayant une capacité de neuf à quinze passagers.
28 Voitures de tourisme privées seulement.
29 Non compris véhicules petites.
30 Y compris véhicules comptant jusqu'à 10 places.
31 Source : Commission économiques et sociale pour l'Asie occidentale (CESAO).
32 Portée limitée.
33 Non compris tracteurs.
34 Non compris véhicules des diplomates.
35 Douze mois finissant le 31 juillet de l'année indiquée.
36 Douze mois finissant le 31 mars de l'année indiquée.
37 Enregistrés récemment.
38 Y compris corbillards (Norvège : enregistrés avant de 1981).
39 Camións seulement.
40 Y compris ambulances.
41 Non compris autobus et tracteurs, mais y compris camions spéciaux.
42 Y compris les véhicules légers divers.
43 Non compris Madère et Azores.
44 Non compris région de Transnistria.
45 Désigne les véhicules à moteur d'usage général appartenant au Ministère des transports.
46 Y compris motocyclettes.
47 Véhicules utilitaires comprennent corbillards, ambulances, voitures de pompiers et jeeps spécifiquement immatriculés comme véhicules utilitaires.

64
Motor vehicles in use
Passenger cars and commercial vehicles: thousand units [*cont.*]
Véhicules automobiles en circulation
Voitures de tourisme et véhicules utilitaires : milliers de véhicules [*suite*]

48 Including micro-buses and passenger pick-ups.

49 Including pick-ups, taxis, cars for hire, small rural buses.

50 Figures prior to 1992 were derived from vehicle taxation class; beginning 1992, figures derived from vehicle body type.

48 Y compris les microbus et les camionnettes de transport de passagers.

49 Y compris les camionnettes, les taxis, les voitures de louage, les petits autobus ruraux.

50 Les chiffres antérieurs à 1992 ont été calculés selon les catégories fiscales de véhicules; à partir de 1992, ils ont été calculés selon les types de carrosserie.

65
Merchant shipping: fleets
Transports maritimes : flotte marchande
Total, Oil tankers and Ore and bulk carrier fleets: thousand gross registered tons
Total, Pétroliers et Minéraliers et transporteurs de vracs : milliers de tonneaux de jauge brute

Flag / Pavillon	1986	1987	1988	1989	1990	1991	1992	1993	1994	1995
A. Total · Totale										
World / Monde	**404 910**	**403 498**	**403 406**	**410 481**	**423 627**	**436 027**	**445 169**	**457 915**	**475 859**	**490 662**
Steam / Vapeur	76 896	72 228	67 989	65 070	63 974	62 662	56 800	...	...	...
Motor / Moteur	328 014	331 270	335 417	345 410	359 653	373 364	388 200	...	...	...
Africa · Afrique										
Algeria / Algérie	882	893	897	848	906	921	921	921	936	980
Angola / Angola	92	92	91	93	93	93	94	88	90	90
Benin / Bénin	5	5	5	5	5	2	2	1	1	1
Cameroon / Cameroun	77	58	57	33	33	34	35	36	36	37
Cape Verde / Cap-Vert	14	15	17	18	21	22	22	23	22	16
Comoros / Comores	1	2	1	2	2	3	2	2	2	2
Congo / Congo	8	8	8	8	9	9	9	10	9	12
Côte d'Ivoire / Côte d'Ivoire	121	119	119	83	82	82	75	103	62	40
Dem. Rep. of the Congo / Rép. dém. du Congo	66	56	56	56	56	56	29	15	15	15
Djibouti / Djibouti	3	3	3	3	3	3	3	4	4	4
Egypt / Egypte	1 063	1 074	1 227	1 230	1 257	1 257	1 122	1 149	1 262	1 269
Equatorial Guinea / Guinée équatoriale	6	6	6	6	6	6	7	2	3	3
Eritrea / Erythrée	...	...	...	...	...	...	...	0	0	12
Ethiopia incl.Eritrea / Ethiopie comp. Erythrée	67	73	74	77	75	84	70	69	...	...
Ethiopia / Ethiopie	...	...	...	...	...	...	...	...	83	80
Gabon / Gabon	98	24	25	25	24	25	25	36	28	32
Gambia / Gambie	3	4	4	2	2	3	2	2	3	1
Ghana / Ghana	166	142	125	126	126	135	135	118	106	114
Guinea / Guinée	7	7	7	8	9	9	5	6	8	7
Guinea-Bissau / Guinée-Bissau	4	4	4	4	4	4	4	4	5	5
Kenya / Kenya	9	8	8	8	7	13	14	16	16	18

65
Merchant shipping: fleets
Total, Oil tankers and Ore and bulk carrier fleets: thousand gross registered tons [*cont.*]
Transports maritimes : flotte marchande
Total, Pétroliers et Minéraliers et transporteurs de vracs : milliers de tonneaux de jauge brute [*suite*]

Flag Pavillon	1986	1987	1988	1989	1990	1991	1992	1993	1994	1995
Liberia Libéria	52 649	51 412	49 734	47 893	54 700	52 427	55 918	53 919	57 648	59 801
Libyan Arab Jamah. Jamah. arabe libyenne	825	817	830	831	835	840	720	721	739	733
Madagascar Madagascar	74	64	92	70	74	73	45	34	36	38
Mauritania Mauritanie	23	30	37	40	41	42	43	44	42	39
Mauritius Maurice	152	163	157	130	99	82	122	194	206	238
Morocco Maroc	416	418	437	454	488	483	479	393	362	383
Mozambique Mozambique	43	36	36	38	40	37	39	36	36	38
Namibia Namibie	...	...	...	...	...	0	17	36	44	52
Nigeria Nigéria	564	594	587	500	496	493	516	515	473	479
Réunion Réunion	...	21	21	21	21	21	21	...	...	...
Saint Helena Sainte-Hélène	4	4	4	3	3	...	...	...	...	...
Sao Tome and Principe Sao Tomé-et-Principe	1	1	1	1	1	1	3	3	3	3
Senegal Sénégal	50	46	49	51	52	55	58	66	50	48
Seychelles Seychelles	4	3	3	3	3	4	4	4	4	5
Sierra Leone Sierra Leone	7	9	14	18	21	21	26	26	24	23
Somalia Somalie	16	18	13	11	17	17	17	18	17	16
South Africa Afrique du Sud	600	533	486	397	352	340	336	346	331	340
Sudan Soudan	96	97	97	97	58	45	45	64	57	48
Togo Togo	55	60	515	43	52	22	12	12	1	1
Tunisia Tunisie	286	285	281	282	278	276	280	269	141	160
United Rep.Tanzania Rép. Unie de Tanzanie	51	32	32	32	32	39	41	43	43	46
America, North · Amérique du Nord										
Anguilla Anguilla	4	4	3	3	3	5	5	4	3	2
Antigua and Barbuda Antigua-et-Barbuda	1	52	323	392	359	811	802	1 063	1 507	1 842
Bahamas Bahamas	5 985	9 105	8 963	11 579	13 626	17 541	20 616	21 224	22 915	23 603
Barbados Barbade	8	8	8	8	8	8	51	49	76	292

65
Merchant shipping: fleets
Total, Oil tankers and Ore and bulk carrier fleets: thousand gross registered tons [*cont.*]
Transports maritimes : flotte marchande
Total, Pétroliers et Minéraliers et transporteurs de vracs : milliers de tonneaux de jauge brute [*suite*]

Flag Pavillon	1986	1987	1988	1989	1990	1991	1992	1993	1994	1995
Belize Belize	1	1	1	1	1	...	37	148	280	517
Bermuda Bermudes	1 208	1 925	3 774	4 076	4 258	3 037	3 338	3 140	2 904	3 048
British Virgin Islands Iles Vierges britanniques	8	8	7	7	7	7	7	6	5	5
Canada Canada	3 160	2 971	2 902	2 825	2 744	2 685	2 610	2 541	2 490	2 401
Cayman Islands Iles Caïmanes	1 390	706	477	411	415	395	363	383	383	368
Costa Rica Costa Rica	13	15	15	13	14	14	8	8	8	7
Cuba Cuba	959	966	912	900	836	770	671	626	444	410
Dominica Dominique	2	2	2	3	2	2	2	4	2	2
Dominican Republic Rép. dominicaine	42	44	48	44	36	12	12	13	12	12
El Salvador El Salvador	4	4	4	4	2	2	2	2	1	1
Greenland Groënland	...	40	50	56	57	57	55	...	...	...
Grenada Grenade	0	1	1	1	1	1	1	1	1	5
Guadeloupe Guadeloupe	...	2	3	4	4	5	6	...	...	...
Guatemala Guatemala	9	5	5	5	5	1	2	1	1	1
Haiti Haïti	3	1	1	1	1	1	1	1	1	0
Honduras Honduras	555	506	582	691	712	816	1 045	1 116	1 206	1 206
Jamaica Jamaïque	9	13	14	14	14	14	11	11	7	9
Martinique Martinique	...	7	7	8	8	1	1	...	...	...
Mexico Mexique	1 520	1 532	1 448	1 388	1 320	1 196	1 114	1 125	1 179	1 129
Montserrat Montserrat	1	1	1	1	1	1	1	...	...	...
Netherlands Antilles Antilles néerlandaises	...	395[1]	432[1]	421[1]	455[1]	568[1]	841	1 039	1 047	1 197
Nicaragua Nicaragua	23	13	14	5	5	5	4	4	4	4
Panama Panama	41 305	43 255	44 604	47 365	39 298	44 949	52 486	57 619	64 710	71 922
Puerto Rico Porto Rico	...	76	58	57	21	16	9	...	...	...
Saint Kitts and Nevis Saint-Kitts-et-Nevis	0	1	0	0	0	0	0	0	0	0
Saint Lucia Sainte-Lucie	3	2	2	2	2	2	2	2	2	1

65
Merchant shipping: fleets
Total, Oil tankers and Ore and bulk carrier fleets: thousand gross registered tons [cont.]
Transports maritimes: flotte marchande
Total, Pétroliers et Minéraliers et transporteurs de vracs: milliers de tonneaux de jauge brute [suite]

Flag Pavillon	1986	1987	1988	1989	1990	1991	1992	1993	1994	1995
Saint Pierre and Miquelon Saint-Pierre-et-Miquelon	...	3	4	4	4	3	6	...	...	...
St. Vincent-Grenadines St. Vincent-Grenadines	510	700	900	1 486	1 937	4 221	4 698	5 287	5 420	6 165
Trinidad and Tobago Trinité-et-Tobago	19	19	24	22	22	22	24	23	27	28
Turks and Caicos Islands Iles Turques et Caiques	4	3	4	3	3	5	4	4	3	2
United States Etats-Unis	19 900	20 086	20 758	20 263	19 744	18 565	14 435	14 087	13 655	12 761

America, South · Amérique du Sud

Argentina Argentine	2 117	1 901	1 877	1 833	1 890	1 709	873	773	716	595
Brazil Brésil	6 212	6 324	6 123	6 078	6 016	5 883	5 348	5 216	5 283	5 077
Chile Chili	567	547	604	590	616	619	580	624	721	761
Colombia Colombie	380	424	412	379	372	313	250	238	142	144
Ecuador Equateur	438	421	428	402	385	384	348	286	270	168
Falkland Is. (Malvinas) Iles Falkland (Malvinas)	7	7	7	8	10	10	14	15	16	20
French Guiana Guyane française	...	0	1	1	1	1	1	...	...	...
Guyana Guyana	23	22	15	15	15	16	17	17	15	15
Paraguay Paraguay	43	42	39	39	37	35	33	31	33	39
Peru Pérou	754	788	675	638	617	605	433	411	321	341
Suriname Suriname	13	11	11	11	13	13	13	13	8	8
Uruguay Uruguay	150	144	170	100	104	105	127	149	125	124
Venezuela Venezuela	998	999	982	1 087	935	970	871	971	920	787

Asia · Asie

Azerbaijan Azerbaïdjan	...	...	...	...	...	...	637	667	621	655
Bahrain Bahreïn	52	44	54	55	47	262	138	103	167	166
Bangladesh Bangladesh	379	411	432	439	464	456	392	388	380	379
Brunei Darussalam Brunéi Darussalam	2	352	354	355	358	348	364	365	366	366
Cambodia Cambodge	...	...	...	...	...	...	4	6	6	60
China †† Chine ††	11 557	12 341	12 920	13 514	13 899	14 299	13 899	14 945	15 827	16 943

65
Merchant shipping: fleets
Total, Oil tankers and Ore and bulk carrier fleets: thousand gross registered tons [*cont.*]
Transports maritimes : flotte marchande
Total, Pétroliers et Minéraliers et transporteurs de vracs : milliers de tonneaux de jauge brute [*suite*]

Flag Pavillon	1986	1987	1988	1989	1990	1991	1992	1993	1994	1995
China, Hong Kong SAR† Chine, Hong-Kong RAS†	8 180	8 035	7 329	6 151	6 565	5 876	7 267	7 664	7 703	8 795
Cyprus Chypre	10 617	15 650	18 390	18 134	18 336	20 298	20 487	22 842	23 293	24 653
Georgia Géorgie	...	...	...	...	...	...	...	0	439	282
India Inde	6 540	6 726	6 161	6 315	6 476	6 517	6 546	6 575	6 485	7 127
Indonesia Indonésie	2 086	2 121	2 126	2 035	2 179	2 337	2 367	2 440	2 678	2 771
Iran, Islamic Rep. of Iran, Rép. islamique d'	2 911	3 977	4 337	4 733	4 738	4 583	4 571	4 444	3 803	2 902
Iraq Iraq	1 016	1 002	953	1 056	1 044	931	902	902	885	858
Israel Israël	557	515	546	505	530	604	664	652	646	599
Japan Japon	38 488	35 932	32 074	28 030	27 078	26 407	25 102	24 248	22 102	19 913
Jordan Jordanie	42	33	32	32	42	135	61	71	61	21
Kazakhstan Kazakhstan	...	...	...	...	...	...	...	...	9	12
Korea, Dem. P. R. Corée, R. p. dém. de	407	407	406	396	442	511	602	671	696	715
Korea, Republic of Corée, République de	7 184	7 214	7 334	7 832	7 783	7 821	7 407	7 047	7 004	6 972
Kuwait Koweït	2 581	2 088	735	1 865	1 855	1 373	2 258	2 218	2 017	2 057
Lao People's Dem. Rep. Rép. dém. pop. lao	0	0	0	0	0	0	0	3	3	3
Lebanon Liban	485	461	405	384	307	274	293	249	258	285
Macau Macao	...	3	4	3	3	3	3	2	2	2
Malaysia Malaisie	1 744	1 689	1 608	1 668	1 717	1 755	2 048	2 166	2 728	3 283
Maldives Maldives	85	100	104	94	78	42	52	55	68	85
Myanmar Myanmar	126	239	273	582	827	1 046	947	711	683	523
Oman Oman	15	25	25	24	23	23	15	16	15	16
Pakistan Pakistan	434	394	366	366	354	358	380	360	375	398
Philippines Philippines	6 922	8 681	9 312	9 385	8 515	8 626	8 470	8 466	9 413	8 744
Qatar Qatar	307	306	309	306	359	485	392	431	557	482
Saudi Arabia Arabie saoudite	2 978	2 692	2 269	2 119	1 683	1 321	1 016	998	1 064	1 187
Singapore Singapour	6 268	7 098	7 209	7 273	7 928	8 488	9 905	11 035	11 895	13 611

65
Merchant shipping: fleets
Total, Oil tankers and Ore and bulk carrier fleets: thousand gross registered tons [cont.]
Transports maritimes : flotte marchande
Total, Pétroliers et Minéraliers et transporteurs de vracs : milliers de tonneaux de jauge brute [suite]

Flag Pavillon	1986	1987	1988	1989	1990	1991	1992	1993	1994	1995
Sri Lanka / Sri Lanka	622	594	410	287	350	333	285	294	294	227
Syrian Arab Republic / Rép. arabe syrienne	63	63	64	74	80	109	144	209	279	352
Thailand / Thaïlande	533	511	515	539	615	725	917	1 116	1 374	1 743
Turkey / Turquie	3 424	3 336	3 281	3 240	3 719	4 107	4 136	5 044	5 453	6 268
Turkmenistan / Turkménistan	...	...	...	...	...	...	...	...	23	32
United Arab Emirates / Emirats arabes unis	654	732	825	839	750	889	884	804	1 016	961
Viet Nam / Viet Nam	339	360	338	358	470	574	616	728	773	700
Yemen / Yémen	...	...	...	...	17	17	16	24	25	27
former Yemen Arab Rep. / l'ex-Yémen rép. arabe	7	200	196	196	...	...	...	...	...	...
former Dem. Yemen / l'ex-Yémen dém.	13	12	11	11	...	...	...	...	...	...
Europe · Europe										
Albania / Albanie	56	56	56	56	56	59	59	59	59	63
Austria / Autriche	125	194	201	204	139	139	140	160	134	92
Belgium / Belgique	2 420	2 268	2 118	2 044	1 954	314	241	218	233	240
Bulgaria / Bulgarie	1 385	1 551	1 392	1 375	1 360	1 367	1 348	1 314	1 295	1 166
Channel Islands / Iles Anglo-Normandes	...	23	15	10	8	4	3	3	3	2
Croatia / Croatie	...	...	...	...	...	...	210	193	247	333
former Czechoslovakia† / l'ex-Tchécoslovaquie†	198	157	158	191	326	361	238	...	...	...
Czech Republic / République tchèque	...	...	...	...	...	...	...	228	173	140
Denmark / Danemark	4 651	4 714	4 322	4 785	5 008	5 698	5 269	5 293	5 698	5 747
Estonia / Estonie	...	...	...	...	...	...	680	686	695	598
Faeroe Islands / Iles Féroé	115	119	130	121	124	115	111	100	100	104
Finland / Finlande	1 470	1 122	838	944	1 069	1 053	1 197	1 354	1 404	1 519
France[2] / France[2]	5 936	5 264	4 395	4 286	3 721	3 879	3 869	4 252	4 242	4 086
Germany † / Allemagne†	...	...	...	...	...	5 971	5 360	4 979	5 696	5 626
F. R. Germany / R. f. Allemagne	5 565	4 318	3 917	3 967	4 301	...	...	...	...	...

65
Merchant shipping: fleets
Total, Oil tankers and Ore and bulk carrier fleets: thousand gross registered tons [cont.]
Transports maritimes : flotte marchande
Total, Pétroliers et Minéraliers et transporteurs de vracs : milliers de tonneaux de jauge brute [suite]

Flag Pavillon	1986	1987	1988	1989	1990	1991	1992	1993	1994	1995
former German D. R. l'ex-R. d. allemande	1 519	1 494	1 443	1 500	1 437	...	...	...	...	...
Gibraltar Gibraltar	1 613	2 827	3 042	2 611	2 008	1 410	492	384	331	307
Greece Grèce	28 391	23 560	21 979	21 324	20 522	22 753	25 739	29 134	30 162	29 435
Hungary Hongrie	86	77	76	76	98	104	92	45	45	45
Iceland Islande	176	174	175	183	177	168	177	174	175	209
Ireland Irlande	149	154	173	167	181	195	199	184	190	213
Isle of Man Ile de Man	...	1 914	2 137	2 111	1 824	1 937	1 628	1 563	2 093	2 300
Italy Italie	7 897	7 817	7 794	7 602	7 991	8 122	7 513	7 030	6 818	6 699
Latvia Lettonie	...	...	...	...	...	...	1 207	1 155	1 034	798
Lithuania Lituanie	...	...	...	...	...	...	668	639	661	610
Luxembourg Luxembourg	...	...	2	4	3	1 703	1 656	1 327	1 143	881
Malta Malte	2 015	1 726	2 686	3 329	4 519	6 916	11 005	14 163	15 455	17 678
Netherlands Pays-Bas	4 324	3 514	3 294	3 234	3 330	3 305	3 346	3 086	3 349	3 409
Norway Norvège	9 295	6 359	9 350	15 597	23 429	23 586	22 231	21 536	22 388	21 551
Poland Pologne	3 457	3 470	3 489	3 416	3 369	3 348	3 109	2 646	2 610	2 358
Portugal Portugal	1 114	1 045	985	723	851	887	972	1 002	882	897
Romania Roumanie	3 234	3 264	3 561	3 783	4 005	3 828	2 981	2 867	2 689	2 536
Russian Federation Fédération de Russie	...	...	...	...	...	...	16 302	16 814	16 504	15 202
Slovakia Slovaquie	...	...	...	...	...	...	...	...	6	19
Slovenia Slovénie	...	...	...	...	...	...	2	2	9	2
Spain[3] Espagne[3]	5 422	4 949	4 415	3 962	3 807	3 617	2 643	1 752	1 560	1 619
Sweden Suède	2 517	2 270	2 116	2 167	2 775	3 174	2 884	2 439	2 797	2 955
Switzerland Suisse	346	355	259	220	287	286	346	300	336	381
Ukraine Ukraine	...	...	...	...	...	...	5 222	5 265	5 279	4 613
United Kingdom Royaume-Uni	11 567	6 568	6 108	5 525	4 887	4 670	4 081	4 117	4 430	4 413
Yugoslavia Yougoslavie	...	...	...	...	...	...	2	2	2	2

65
Merchant shipping: fleets
Total, Oil tankers and Ore and bulk carrier fleets: thousand gross registered tons [*cont.*]
Transports maritimes : flotte marchande
Total, Pétroliers et Minéraliers et transporteurs de vracs : milliers de tonneaux de jauge brute [*suite*]

Flag Pavillon	1986	1987	1988	1989	1990	1991	1992	1993	1994	1995
Yugoslavia, SFR† Yougoslavie, Rfs†	2 873	3 165	3 476	3 681	3 816	3 293	...	...	...	...
Oceania · Océanie										
Australia Australie	2 368	2 405	2 366	2 494	2 512	1 709	2 689	2 862	3 012	2 853
Cook Islands Iles Cook	...	...	4	5	6	7	5	5	5	4
Fiji Fidji	30	35	37	62	55	50	64	39	31	32
French Polynesia Polynésie française	...	21	18	17	20	20	23	...	...	...
Guam Guam	...	3	3	3	4	1	1	...	...	...
Kiribati Kiribati	3	3	4	4	4	4	5	5	5	6
Marshall Islands Iles Marshall	...	...	...	...	1 551	1 698	1 676	2 198	2 149	3 099
Micronesia, Federated States of Micron, Etats fédérés de	...	...	...	...	6	8	9	9	9	8
Nauru Nauru	67	66	60	41	32	15	5	1	...	...
New Caledonia Nouvelle-Calédonie	...	12	12	13	14	14	14	...	...	...
New Zealand Nouvelle-Zélande	314	334	332	252	254	269	238	218	246	307
Papua New Guinea Papouasie-Nvl-Guinée	31	36	38	37	37	36	46	47	47	49
Samoa Samoa	26	26	26	27	27	6	6	6	6	6
Solomon Islands Iles Salomon	6	6	9	8	8	8	8	7	8	8
Tonga Tonga	16	18	14	35	52	40	11	12	10	12
Tuvalu Tuvalu	1	1	1	2	1	1	12	70	51	64
Vanuatu Vanuatu	165	540	790	920	2 164	2 173	2 064	1 946	1 998	1 874
Wallis and Futuna Islands Iles Wallis et Futuna	...	39	44	59	39	42	80	80	105	108
former USSR† · l'ex-URSS†										
former USSR† l'ex-URSS†	24 961	25 232	25 784	25 854	26 737	26 405	...	...	...	...

B. Oil tankers · Pétroliers

	1986	1987	1988	1989	1990	1991	1992	1993	1994	1995
World *Monde*	**128 426**	**127 600**	**127 843**	**129 578**	**134 836**	**138 897**	**138 149**	**143 077**	**144 595**	**143 521**
Africa · Afrique										
Algeria Algérie	119	134	119	40	39	39	32	32	35	35

65
Merchant shipping: fleets
Total, Oil tankers and Ore and bulk carrier fleets: thousand gross registered tons [cont.]
Transports maritimes : flotte marchande
Total, Pétroliers et Minéraliers et transporteurs de vracs : milliers de tonneaux de jauge brute [suite]

Flag Pavillon	1986	1987	1988	1989	1990	1991	1992	1993	1994	1995
Angola Angola	2	2	2	2	2	2	2	2	2	2
Cape Verde Cap-Vert	...	...	0	0	1	1	0	0	0	0
Côte d'Ivoire Côte d'Ivoire	1	1	1	0	0	0	0	0	1	1
Egypt Egypte	99	95	255	244	263	262	170	195	245	222
Ethiopia incl.Eritrea Ethiopie comp. Erythrée	1	1	1	1	4	4	4	4	4	4
Gabon Gabon	74	0	0	0	0	1	1	1	1	1
Ghana Ghana	...	1	1	1	1	1	1	1	1	1
Kenya Kenya	...	...	...	...	...	4	4	4	4	4
Liberia Libéria	28 675	28 249	27 961	26 667	28 763	26 700	27 440	26 273	28 275	29 002
Libyan Arab Jamah. Jamah. arabe libyenne	708	708	708	581	707	581	581	581	579	572
Madagascar Madagascar	8	9	9	5	5	5	9	9	9	11
Mauritius Maurice	...	...	...	...	...	...	...	...	...	53
Morocco Maroc	10	10	10	10	10	10	14	14	14	14
Mozambique Mozambique	1	1	1	1	1	1	1	1	0	0
Nigeria Nigéria	223	227	227	225	225	225	235	236	245	251
Senegal Sénégal	1	1	0	...	...	...	...	...	...	...
Sierra Leone Sierra Leone	...	0	0	0	0	1	1	1	1	1
South Africa Afrique du Sud	39	21	21	20	1	1	1	1	1	1
Sudan Soudan	...	1	1	1	1	1	1	1	1	1
Tunisia Tunisie	132	132	132	27	27	27	27	6	6	9
United Rep.Tanzania Rép. Unie de Tanzanie	4	4	4	3	3	3	4	5	4	5
America, North · Amérique du Nord										
Antigua and Barbuda Antigua-et-Barbuda	...	...	2	47	11	14	5	7	2	4
Bahamas Bahamas	4 201	5 357	4 556	6 110	6 780	8 738	9 812	9 680	10 393	10 326
Barbados Barbade	...	...	...	...	...	...	44	44	44	44
Belize Belize	...	...	...	...	...	...	4	9	59	22

65
Merchant shipping: fleets
Total, Oil tankers and Ore and bulk carrier fleets: thousand gross registered tons [cont.]
Transports maritimes : flotte marchande
Total, Pétroliers et Minéraliers et transporteurs de vracs : milliers de tonneaux de jauge brute [suite]

Flag Pavillon	1986	1987	1988	1989	1990	1991	1992	1993	1994	1995
Bermuda Bermudes	301	895	2 836	3 273	3 285	1 987	2 058	1 838	1 569	1 586
Canada Canada	279	272	259	260	242	233	162	153	153	118
Cayman Islands Iles Caïmanes	737	218	75	43	79	72	31	31	6	6
Cuba Cuba	68	68	68	80	80	78	71	67	71	64
Dominican Republic Rép. dominicaine	1	1	1	1	1	1	1	1	1	1
Honduras Honduras	67	58	51	87	112	149	144	119	85	97
Jamaica Jamaïque	...	...	2	2	2	2	2	2	2	2
Mexico Mexique	606	587	522	533	507	507	479	478	425	425
Netherlands Antilles Antilles néerlandaises	...	...	...	...	...	...	32	32	32	139
Nicaragua Nicaragua	1	...	...	...	...	...	...	...	...	...
Panama Panama	9 192	9 966	10 659	11 418	10 080	13 976	16 454	18 273	18 649	19 513
St. Vincent-Grenadines St. Vincent-Grenadines	83	96	141	203	295	378	834	1 112	941	1 101
Turks and Caicos Islands Iles Turques et Caiques	1	1	1	0	0	1	1	1	1	...
United States Etats-Unis	7 296	7 428	7 949	7 956	8 532	8 069	5 493	5 013	4 500	3 987
America, South · Amérique du Sud										
Argentina Argentine	654	585	586	543	568	542	221	107	124	107
Brazil Brésil	1 938	1 943	1 849	1 838	1 897	1 947	1 930	2 068	2 112	2 090
Chile Chili	15	15	19	28	26	26	4	4	41	71
Colombia Colombie	36	12	14	14	14	11	6	6	6	6
Ecuador Equateur	157	159	159	120	120	116	112	75	77	77
Paraguay Paraguay	3	3	3	1	1	1	2	2	2	2
Peru Pérou	147	197	197	197	190	177	131	131	68	80
Suriname Suriname	0	...	...	1	2	2	2	2	2	2
Uruguay Uruguay	76	77	118	47	47	47	46	46	46	46
Venezuela Venezuela	470	470	463	463	463	478	455	437	420	361

65
Merchant shipping: fleets
Total, Oil tankers and Ore and bulk carrier fleets: thousand gross registered tons [cont.]
Transports maritimes : flotte marchande
Total, Pétroliers et Minéraliers et transporteurs de vracs : milliers de tonneaux de jauge brute [suite]

Flag Pavillon	1986	1987	1988	1989	1990	1991	1992	1993	1994	1995
Asia · Asie										
Azerbaijan Azerbaïdjan	...	...	...	...	...	...	197	222	180	188
Bahrain Bahreïn	3	3	2	2	2	2	2	2	55	54
Bangladesh Bangladesh	40	50	60	49	50	51	51	51	51	51
China †† Chine ††	1 701	1 751	1 826	1 790	1 810	1 840	1 721	2 117	2 278	2 295
China, Hong Kong SAR† Chine, Hong-Kong RAS†	884	1 095	945	827	1 000	756	880	818	697	669
Cyprus Chypre	4 481	4 984	5 618	5 639	5 390	5 996	4 677	4 960	4 634	4 341
Georgia Géorgie	...	...	...	...	...	...	...	...	220	136
India Inde	1 814	1 828	1 772	1 718	1 734	1 805	2 009	2 112	2 337	2 553
Indonesia Indonésie	617	644	660	580	582	595	594	608	646	738
Iran, Islamic Rep. of Iran, Rép. islamique d'	1 242	2 347	2 717	3 102	3 101	2 945	2 944	2 765	2 135	1 234
Iraq Iraq	777	770	729	831	829	725	720	719	719	698
Israel Israël	1	1	1	1	0	0	1	1	1	1
Japan Japon	12 365	10 798	9 628	7 879	7 584	7 204	7 167	7 249	6 421	6 033
Jordan Jordanie	...	...	...	...	...	50	50	50	50	...
Korea, Dem. P. R. Corée, R. p. dém. de	59	59	13	13	13	13	112	115	115	116
Korea, Republic of Corée, République de	977	963	951	808	593	543	612	620	524	399
Kuwait Koweït	1 629	1 261	133	1 092	1 101	1 044	1 706	1 548	1 343	1 343
Lebanon Liban	14	25	25	14	14	2	2	2	2	1
Malaysia Malaisie	238	241	180	163	179	249	256	257	382	412
Maldives Maldives	2	3	3	5	5	5	6	6	6	6
Myanmar Myanmar	3	3	3	2	6	9	3	3	3	3
Oman Oman	0	0	0	...	0	0	...	1	0	0
Pakistan Pakistan	43	43	43	43	43	43	50	50	50	49
Philippines Philippines	656	755	480	403	372	376	388	414	419	147
Qatar Qatar	112	112	112	108	160	160	125	125	177	105

65
Merchant shipping: fleets
Total, Oil tankers and Ore and bulk carrier fleets: thousand gross registered tons [cont.]
Transports maritimes : flotte marchande
Total, Pétroliers et Minéraliers et transporteurs de vracs : milliers de tonneaux de jauge brute [suite]

Flag Pavillon	1986	1987	1988	1989	1990	1991	1992	1993	1994	1995
Saudi Arabia Arabie saoudite	1 604	1 636	1 300	1 214	928	561	265	277	210	238
Singapore Singapour	1 653	2 305	2 443	2 553	3 165	3 543	4 182	4 684	4 959	5 102
Sri Lanka Sri Lanka	140	98	5	8	78	78	74	74	74	3
Thailand Thaïlande	62	69	77	73	85	100	172	184	190	196
Turkey Turquie	1 037	846	828	793	777	772	828	903	954	821
Turkmenistan Turkménistan	...	...	...	...	...	...	...	...	1	3
United Arab Emirates Emirats arabes unis	372	396	450	441	332	334	458	326	502	519
Viet Nam Viet Nam	40	41	15	18	18	91	15	91	94	19
Yemen Yémen	...	...	...	...	2	2	2	2	2	2
former Yemen Arab Rep. l'ex-Yémen rép. arabe	...	193	193	193	...	...	...	...	...	...
former Dem. Yemen l'ex-Yémen dém.	2	2	2	2	...	...	...	...	...	...
	Europe · Europe									
Belgium Belgique	266	224	252	273	272	12	2	2	3	2
Bulgaria Bulgarie	317	441	292	285	288	293	283	284	256	216
Croatia Croatie	...	...	...	...	...	...	7	7	19	6
Denmark Danemark	2 044	2 166	2 053	2 041	2 024	2 061	834	787	788	1 053
Estonia Estonie	...	...	...	...	...	...	6	6	10	10
Faeroe Islands Iles Féroé	...	...	...	...	...	...	1	1	1	1
Finland Finlande	597	457	211	155	245	209	256	307	303	303
France[2] France[2]	2 603	2 465	1 953	1 944	1 717	1 674	1 696	1 869	1 957	1 943
Germany † Allemagne†	...	...	...	...	...	249	89	89	83	14
F. R. Germany R. f. Allemagne	750	317	265	283	228	...	...	...	...	...
former German D. R. l'ex-R. d. allemande	36	36	36	36	6	...	...	...	...	...
Gibraltar Gibraltar	856	1 834	2 318	2 060	1 552	1 123	319	276	271	272
Greece Grèce	10 259	9 247	8 492	8 229	7 856	9 095	10 876	13 273	13 386	12 836
Iceland Islande	3	2	2	2	1	1	0	2	2	2

65
Merchant shipping: fleets
Total, Oil tankers and Ore and bulk carrier fleets: thousand gross registered tons [cont.]
Transports maritimes : flotte marchande
Total, Pétroliers et Minéraliers et transporteurs de vracs : milliers de tonneaux de jauge brute [suite]

Flag Pavillon	1986	1987	1988	1989	1990	1991	1992	1993	1994	1995
Ireland Irlande	8	15	15	19	19	19	8	8	9	9
Isle of Man Ile de Man	...	...	...	...	...	...	801	744	1 059	872
Italy Italie	2 561	2 631	2 670	2 461	2 560	2 685	2 115	1 949	2 181	1 956
Latvia Lettonie	...	...	...	...	...	...	533	536	483	323
Lithuania Lituanie	...	...	...	...	...	...	17	12	13	8
Luxembourg Luxembourg	...	...	2	2	2	264	107	55	3	3
Malta Malte	515	312	977	1 405	1 646	2 412	3 086	5 176	5 699	6 793
Netherlands Pays-Bas	931	774	615	575	590	618	364	407	403	405
Norway Norvège	3 304	2 785	4 397	7 074	10 794	10 904	9 220	9 265	8 962	8 779
Poland Pologne	318	317	235	154	154	136	89	89	88	7
Portugal Portugal	533	533	486	323	393	460	657	723	552	490
Romania Roumanie	384	384	523	596	645	679	520	446	438	429
Russian Federation Fédération de Russie	...	...	...	...	...	...	2 436	2 507	2 378	2 294
Spain[3] Espagne[3]	2 372	2 104	1 616	1 486	1 472	1 488	917	452	430	437
Sweden Suède	504	370	191	211	534	862	692	368	370	385
Ukraine Ukraine	...	...	...	...	...	...	80	80	84	81
United Kingdom Royaume-Uni	4 394	2 822	2 835	2 604	2 367	2 316	1 179	1 176	1 185	1 115
Yugoslavia, SFR† Yougoslavie, Rfs†	308	317	312	312	306	264	...	...	...	...
Oceania · Océanie										
Australia Australie	662	702	702	678	677	708	780	780	779	579
Fiji Fidji	5	5	5	5	4	4	4	3	3	3
Kiribati Kiribati	...	...	...	...	...	...	...	...	...	2
Marshall Islands Iles Marshall	...	...	...	...	...	...	1 146	1 601	1 560	1 502
New Caledonia Nouvelle-Calédonie	...	...	...	...	...	...	1	...	...	...
New Zealand Nouvelle-Zélande	73	73	80	80	80	80	73	54	54	76
Papua New Guinea Papouasie-Nvl-Guinée	2	2	2	1	2	2	3	3	3	3

65
Merchant shipping: fleets
Total, Oil tankers and Ore and bulk carrier fleets: thousand gross registered tons [cont.]
Transports maritimes : flotte marchande
Total, Pétroliers et Minéraliers et transporteurs de vracs : milliers de tonneaux de jauge brute [suite]

Flag / Pavillon	1986	1987	1988	1989	1990	1991	1992	1993	1994	1995
Vanuatu / Vanuatu	26	248	252	175	233	233	184	24	15	38
Wallis and Futuna Islands / Iles Wallis et Futuna	...	...	...	...	...	...	50	50	75	75
former USSR† · l'ex-URSS†										
former USSR† / l'ex-URSS†	4 087	4 207	4 368	4 128	4 167	4 068	...	...	...	...

C. Ore and bulk carrier fleets · Minéraliers et transporteurs de vracs

Flag / Pavillon	1986	1987	1988	1989	1990	1991	1992	1993	1994	1995
World / Monde	**132 908**	**131 028**	**129 635**	**129 482**	**133 190**	**135 884**	**139 042**	**140 915**	**144 914**	**151 694**
Africa · Afrique										
Algeria / Algérie	57	57	77	95	153	172	172	172	172	172
Egypt / Egypte	343	369	356	343	343	343	343	343	420	510
Gabon / Gabon	...	...	...	...	...	...	...	11	11	24
Liberia / Libéria	18 028	16 788	15 647	14 374	16 099	15 629	17 035	15 640	15 970	11 674
Mauritius / Maurice	125	97	81	39	47	47	80	116	120	2
Morocco / Maroc	125	92	92	92	92	92	92	...	...	...
Nigeria / Nigéria	...	...	...	...	...	...	1	1	1	...
South Africa / Afrique du Sud	125	88	88	...	...	...	...	...	...	...
Tunisia / Tunisie	37	37	37	37	37	37	37	37	37	38
America, North · Amérique du Nord										
Antigua and Barbuda / Antigua-et-Barbuda	...	...	...	3	3	3	43	90	93	102
Bahamas / Bahamas	902	2 105	2 368	2 822	3 698	4 872	4 312	4 515	4 269	4 501
Barbados / Barbade	...	...	...	...	...	...	...	...	...	74
Belize / Belize	...	...	...	...	...	...	...	5	5	20
Bermuda / Bermudes	319	432	294	157	161	199	213	147	165	248
Canada / Canada	1 851	1 654	1 590	1 550	1 462	1 414	1 425	1 377	1 371	1 335
Cayman Islands / Iles Caïmanes	283	184	103	111	89	54	69	100	136	104
Cuba / Cuba	62	62	62	62	62	62	31	30	1	1
Dominican Republic / Rép. dominicaine	11	11	11	11	11	...	...	...	...	...

65
Merchant shipping: fleets
Total, Oil tankers and Ore and bulk carrier fleets: thousand gross registered tons [cont.]
Transports maritimes : flotte marchande
Total, Pétroliers et Minéraliers et transporteurs de vracs : milliers de tonneaux de jauge brute [suite]

Flag Pavillon	1986	1987	1988	1989	1990	1991	1992	1993	1994	1995
Honduras Honduras	...	25	60	103	56	57	92	90	118	138
Mexico Mexique	311	328	271	226	178	48	...	...	...	...
Netherlands Antilles Antilles néerlandaises	...	...	...	...	...	...	113	131	146	71
Panama Panama	17 400	17 733	17 924	17 513	13 293	13 669	17 327	19 280	22 169	26 726
St. Vincent-Grenadines St. Vincent-Grenadines	298	406	391	540	651	1 004	1 816	1 798	1 939	2 328
United States Etats-Unis	2 020	1 989	1 935	1 884	2 140	2 168	1 550	1 539	1 546	1 513
America, South · Amérique du Sud										
Argentina Argentine	515	457	465	459	502	365	62	62	62	62
Brazil Brésil	2 802	2 894	2 859	2 943	2 971	2 855	2 378	2 199	2 214	2 077
Chile Chili	314	278	320	295	296	296	279	297	306	294
Colombia Colombie	29	92	92	81	81	81	63	63	...	...
Ecuador Equateur	11	...	22	22	27	27	22	22	22	...
Peru Pérou	190	160	134	129	129	129	64	49	31	31
Venezuela Venezuela	86	86	109	157	147	147	96	147	147	111
Asia · Asie										
Bahrain Bahreïn	17	12	12	12	...	...	8	8	8	8
Bangladesh Bangladesh	...	...	...	...	...	...	...	...	...	7
China †† Chine ††	3 871	4 143	4 391	4 726	4 907	5 206	5 405	5 714	5 960	6 677
China, Hong Kong SAR† Chine, Hong-Kong RAS†	6 090	5 748	5 355	4 363	4 396	3 925	4 864	5 466	5 570	6 405
Cyprus Chypre	3 739	6 788	8 789	8 821	9 226	10 234	10 816	12 277	12 317	13 084
Georgia Géorgie	...	...	...	...	...	...	...	...	170	104
India Inde	2 943	3 152	2 729	3 025	3 182	3 134	2 912	2 939	2 740	3 183
Indonesia Indonésie	129	129	129	145	138	149	170	170	170	205
Iran, Islamic Rep. of Iran, Rép. islamique d'	1 109	1 080	1 068	1 059	1 059	1 059	1 047	1 049	1 048	1 015
Israel Israël	74	42	42	32	32	22	22	22	23	12
Japan Japon	13 895	12 611	10 847	9 234	8 788	8 652	8 509	7 336	6 615	5 445

65
Merchant shipping: fleets
Total, Oil tankers and Ore and bulk carrier fleets: thousand gross registered tons [cont.]
Transports maritimes : flotte marchande
Total, Pétroliers et Minéraliers et transporteurs de vracs : milliers de tonneaux de jauge brute [suite]

Flag Pavillon	1986	1987	1988	1989	1990	1991	1992	1993	1994	1995
Jordan Jordanie	26	26	25	25	25	13	...	10	10	21
Korea, Dem. P. R. Corée, R. p. dém. de	64	54	89	68	79	79	84	130	128	107
Korea, Republic of Corée, République de	4 269	4 140	4 227	4 492	4 708	4 463	3 931	3 575	3 659	3 706
Lebanon Liban	131	116	84	91	44	44	55	46	46	81
Malaysia Malaisie	456	378	378	347	347	319	449	556	798	982
Maldives Maldives	45	43	43	43	32	21	19	11	11	11
Myanmar Myanmar	...	80	112	355	518	569	553	415	358	215
Pakistan Pakistan	12	...	...	...	...	...	17	17	88	115
Philippines Philippines	4 805	6 388	6 906	6 987	6 344	6 262	6 040	5 999	6 496	6 138
Qatar Qatar	...	...	...	...	...	...	...	70	141	142
Saudi Arabia Arabie saoudite	373	193	170	170	26	...	12	12	12	12
Singapore Singapour	2 478	2 465	2 287	2 083	2 190	2 132	2 626	2 889	3 209	3 766
Sri Lanka Sri Lanka	242	256	135	37	103	93	93	93	93	93
Syrian Arab Republic Rép. arabe syrienne	...	...	...	...	...	14	24	32	48	48
Thailand Thaïlande	28	16	...	10	10	32	69	158	224	387
Turkey Turquie	1 353	1 419	1 360	1 413	1 932	2 331	2 263	3 036	3 253	4 007
United Arab Emirates Emirats arabes unis	9	9	22	24	34	32	60	27	47	35
Viet Nam Viet Nam	14	14	14	14	14	21	21	21	21	21
Europe · Europe										
Austria Autriche	63	128	128	136	71	71	63	85	49	...
Belgium Belgique	1 416	1 350	1 164	1 091	979	...	...	...	...	...
Bulgaria Bulgarie	572	620	612	612	611	601	613	589	578	502
Croatia Croatie	...	...	...	...	...	...	32	3	19	19
former Czechoslovakia† l'ex-Tchécoslovaquie†	116	75	75	96	241	276	153	...	...	...
Czech Republic République tchèque	...	...	...	...	...	...	...	153	112	98
Denmark Danemark	290	251	163	326	353	525	563	498	569	493

65
Merchant shipping: fleets
Total, Oil tankers and Ore and bulk carrier fleets: thousand gross registered tons [cont.]
Transports maritimes : flotte marchande
Total, Pétroliers et Minéraliers et transporteurs de vracs : milliers de tonneaux de jauge brute [suite]

Flag Pavillon	1986	1987	1988	1989	1990	1991	1992	1993	1994	1995
Estonia Estonie	...	...	...	...	...	...	160	160	160	160
Finland Finlande	121	70	70	78	120	89	72	71	71	80
France[2] France[2]	957	858	698	641	357	406	343	463	462	291
Germany † Allemagne†	...	...	...	...	...	695	377	308	285	238
F. R. Germany R. f. Allemagne	559	402	344	318	397	...	...	...	...	...
former German D. R. l'ex-R. d. allemande	353	362	338	324	324	...	...	...	...	...
Gibraltar Gibraltar	...	716	560	398	344	192	73	58	28	...
Greece Grèce	13 202	10 557	10 060	9 987	9 783	10 802	11 638	12 482	12 988	12 795
Iceland Islande	...	...	...	...	4	...	0	0	0	0
Ireland Irlande	...	...	...	...	9	9	3	3	3	...
Isle of Man Ile de Man	...	...	...	...	...	...	304	171	223	414
Italy Italie	3 059	2 792	2 561	2 351	2 346	2 228	2 200	1 829	1 549	1 535
Lithuania Lituanie	...	...	...	...	...	...	112	116	111	111
Luxembourg Luxembourg	...	...	...	...	...	993	879	669	555	365
Malta Malte	952	882	1 019	1 172	1 774	2 772	5 103	5 854	6 196	6 857
Netherlands Pays-Bas	524	318	295	328	328	359	244	98	99	99
Norway Norvège	2 479	1 085	1 684	4 170	7 283	7 091	5 912	4 924	4 865	4 010
Poland Pologne	1 499	1 551	1 604	1 610	1 603	1 636	1 667	1 524	1 511	1 455
Portugal Portugal	231	286	267	178	223	197	75	27	85	127
Romania Roumanie	1 590	1 590	1 667	1 758	1 891	1 698	1 082	1 089	980	850
Russian Federation Fédération de Russie	...	...	...	...	...	...	1 903	1 821	1 757	1 768
Spain[3] Espagne[3]	1 175	1 060	1 105	955	850	732	504	223	59	68
Sweden Suède	271	134	127	176	383	415	209	119	45	52
Switzerland Suisse	264	284	210	183	252	252	312	268	307	351
Ukraine Ukraine	...	...	...	...	...	...	1 199	1 195	1 196	729
United Kingdom Royaume-Uni	2 150	1 492	1 286	1 249	749	743	122	104	74	74

65
Merchant shipping: fleets
Total, Oil tankers and Ore and bulk carrier fleets: thousand gross registered tons [cont.]
Transports maritimes : flotte marchande
Total, Pétroliers et Minéraliers et transporteurs de vracs : milliers de tonneaux de jauge brute [suite]

Flag Pavillon	1986	1987	1988	1989	1990	1991	1992	1993	1994	1995
Yugoslavia, SFR† Yougoslavie, Rfs†	1 182	1 369	2 212	1 915	2 018	1 707	...	...	...	...
Oceania · Océanie										
Australia Australie	1 185	1 173	1 178	1 106	1 112	1 004	987	1 030	1 049	1 011
Marshall Islands Iles Marshall	...	...	...	...	...	...	440	506	539	701
Nauru Nauru	37	37	37	17	17	...	...	...	...	...
New Zealand Nouvelle-Zélande	...	26	26	26	26	13	22	25	25	25
Vanuatu Vanuatu	77	208	361	482	1 133	1 132	1 052	1 117	1 008	841
former USSR† · l'ex-URSS†										
former USSR† l'ex-URSS†	3 433	3 535	3 805	4 115	4 183	3 902	...	...	...	...

Source:
Lloyd's Register of Shipping (London).

† For information on recent changes in country or area nomenclature pertaining to former Czechoslovakia, Germany, Hong Kong Special Administrative Region of China, SFR Yugoslavia and former USSR, see Annex I - Country or area nomenclature, regional and other groupings.

†† For statistical purposes, the data for China do not include those for the Hong Kong Special Administrative Region (Hong Kong SAR) and Taiwan province of China.

1 Including Aruba.
2 Including French Antarctic Territory.
3 Including Canary Islands.

Source:
"Lloyd's Register of Shipping" (Londres).

† Pour les modifications récentes de nomenclature de pays ou de zone concernant l'Allemagne, Hong-Kong (Région administrative spéciale de Chine), l'ex-Tchécoslovaquie, l'ex-URSS et l'ex-Rfs de Yougoslavie, voir annexe I - Nomenclature des pays ou des zones, groupements régionaux et autres groupements.

†† Les données statistiques relatives à la Chine ne comprennent pas celles qui concernent la région administrative spéciale de Hong-Kong (la RAS de Hong-Kong) et la province chinoise de Taiwan.

1 Y compris Aruba.
2 Y compris Territoire antarctiques française.
3 Y compris Iles Canaries.

66
International maritime transport
Transports maritimes internationaux
Vessels entered and cleared: thousand net registered tons
Navires entrés et sortis : milliers de tonneaux de jauge nette

Country or area Pays ou zone	1986	1987	1988	1989	1990	1991	1992	1993	1994	1995
Algeria Algérie										
Vessels entered Navires entrés	81 408	79 255	82 099	84 097	86 861	86 254	85 577	84 744	86 500	88 502
Vessels cleared Navires sortis	81 403	79 192	81 976	83 941	86 693	86 213	85 730	84 659	86 767	88 865
American Samoa Samoa américaines										
Vessels entered[1] Navires entrés[1]	...	...	...	...	...	848	618	440	581	...
Argentina Argentine										
Vessels entered[2] Navires entrés[2]	34 044	29 294	32 535	31 253	38 283	36 664[3]	11 379[4]	20 092[5]	12 345[4]	...
Vessels cleared[2] Navires sortis[2]	49 161	48 516	48 992	50 646	44 611	...	...	...	...	...
Bangladesh Bangladesh										
Vessels entered[6] Navires entrés[6]	5 372	5 646	5 184	5 655	5 512	4 997	5 375	4 835	4 832	6 013
Vessels cleared[6] Navires sortis[6]	3 833	3 254	3 323	3 796	3 208	2 816	2 943	3 103	2 556	3 094
Belgium Belgique										
Vessels entered Navires entrés	87 458	90 822	96 548	190 157	204 857	211 767	236 323	229 915	239 678	253 427
Vessels cleared Navires sortis	72 235	75 037	76 919	155 017	162 236	165 185	189 286	190 795	201 448	210 144
Benin Bénin										
Vessels entered Navires entrés	...	...	...	841	933	993	937	1 134	1 163	...
Brazil Brésil										
Vessels entered Navires entrés	63 499	65 519	61 992	59 643	61 852	65 461	65 794	74 314	78 757	79 732
Vessels cleared Navires sortis	134 303	145 425	159 468	169 512	170 917	166 047	164 152	173 624	185 291	197 955
Brunei Darussalam Brunéi Darussalam										
Vessels entered Navires entrés	1 215 694	938 919	1 056 590	1 266 208	1 310 080	1 376 212	1 583 776	1 695 497	...	...
Vessels cleared Navires sortis	1 211 898	930 574	1 056 590	1 265 100	1 306 281	1 371 748	1 582 087	1 685 075	...	...
Cameroon Cameroun										
Vessels entered[2,7] Navires entrés[2,7]	6 427	6 059	5 562	5 333	5 521	5 426	5 344	5 279	...	...
Canada Canada										
Vessels entered[8] Navires entrés[8]	62 523	61 975	67 688	68 940	64 163	58 690	58 724	56 769	60 417	...
Vessels cleared[8] Navires sortis[8]	109 616	114 546	120 442	116 769	114 272	116 974	109 263	108 587	116 279	...
Cape Verde Cap-Vert										
Vessels entered Navires entrés	4 054	4 493	...	...	...	...	...	...	...	...
China, Hong Kong SAR† Chine, Hong-Kong RAS†										
Vessels entered[9] Navires entrés[9]	98 137	106 396	115 736	126 308	131 802	140 121	161 109	184 901	201 626	150 582
Vessels cleared[9] Navires sortis[9]	98 078	106 451	115 641	126 562	131 636	140 198	161 292	184 658	201 124	180 490
Colombia Colombie										
Vessels entered[2] Navires entrés[2]	17 497	19 691	18 781	20 410	22 713	23 732	21 927	24 874	28 138	32 191

66

International maritime transport
Vessels entered and cleared: thousand net registered tons [cont.]
Transports maritimes internationaux
Navires entrés et sortis : milliers de tonneaux de jauge nette [suite]

Country or area Pays ou zone	1986	1987	1988	1989	1990	1991	1992	1993	1994	1995
Vessels cleared Navires sortis	17 218	19 331	18 826	20 437	22 448	23 809	22 056	24 967	27 919	31 813
Congo Congo Vessels entered Navires entrés	7 504	7 181	7 793	7 386	7 148	6 480	...	...	...	...
Costa Rica Costa Rica Vessels entered Navires entrés	...	...	...	...	...	...	3 178	3 556		
Vessels cleared Navires sortis	...	...	...	...	...	...	2 486	2 713	...	...
Croatia Croatie Vessels entered Navires entrés	35 591	35 041	41 072	39 948	43 736	30 801	27 591	29 753	34 438	26 920
Vessels cleared Navires sortis	30 109	30 132	36 309	34 715	35 624	25 133	24 542	27 701	33 305	25 498
Cuba Cuba Vessels entered Navires entrés	12 900	15 400	12 100	...	...	...	...	...	...	...
Vessels cleared Navires sortis	12 700	15 300	12 000	...	...	...	...	...	...	...
Cyprus Chypre Vessels entered Navires entrés	12 429	12 839	13 231	14 793	14 964	12 860	14 791	14 918	15 350	15 700
Dominican Republic Rép. dominicaine Vessels entered[2] Navires entrés[2]	9 094	9 219	9 344	9 469	9 594	9 719	9 844	9 969	10 821	...
Vessels cleared Navires sortis	9 111	9 226	9 340	9 455	9 569	9 684	9 798	9 913	10 683	...
Ecuador Equateur Vessels entered Navires entrés	12 694	12 524	16 303	17 008	17 484	21 152	20 806	22 610	28 976	...
Egypt Egypte Vessels entered Navires entrés	37 865	30 976	27 070	28 710	29 765	38 555	39 606	41 253	44 726	...
Vessels cleared Navires sortis	34 751	27 729	25 207	25 437	23 193	28 047	33 059	34 307	37 377	...
El Salvador El Salvador Vessels entered Navires entrés	...	...	...	2 357	2 208	2 270	3 008	3 012	3 393	3 185
Vessels cleared Navires sortis	...	...	...	604	551	589	834	938	861	625
Estonia Estonie Vessels entered Navires entrés	..	..	..	..	..	...	...	3 419	2 376[10]	...
Vessels cleared Navires sortis	..	..	..	..	..	...	...	3 087	3 813[10]	...
Fiji Fidji Vessels entered Navires entrés	1 590	2 025	1 739	2 603	3 012	...	...	...	...	...
Finland Finlande Vessels entered Navires entrés	65 098	68 203	70 420	85 265	102 500	112 418	119 238	117 003	111 934	127 711
Vessels cleared Navires sortis	65 509	68 807	70 877	84 438	102 995	111 948	119 040	121 946	117 143	132 879
France France Vessels entered[11,12] Navires entrés[11,12]	1 597 747	1 619 267	1 554 890	1 564 075	1 681 491	1 751 943	1 825 276	1 861 742	1 941 433	1 893 000

66
International maritime transport
Vessels entered and cleared: thousand net registered tons [cont.]
Transports maritimes internationaux
Navires entrés et sortis : milliers de tonneaux de jauge nette [suite]

Country or area Pays ou zone	1986	1987	1988	1989	1990	1991	1992	1993	1994	1995
Gambia Gambie										
Vessels entered[1] Navires entrés[1]	954	892	982	969	1 044	1 075	1 117	1 153	...	...
Germany † Allemagne†										
Vessels entered Navires entrés	..	..	..	..	..	...	225 984	221 741	223 363	221 226
Vessels cleared Navires sortis	..	..	..	..	..	...	199 441	196 456	201 316	197 339
F. R. Germany R. f. Allemagne										
Vessels entered Navires entrés	147 513	155 938	162 784	169 542	171 906	181 086	..	..	..	..
Vessels cleared Navires sortis	123 942	135 987	141 305	150 792	150 514	156 178	..	..	..	..
former German D. R. l'ex-R. d. allemande										
Vessels entered Navires entrés	11 023	10 324	10 469	10 820	8 713	..	..	..	..	..
Vessels cleared Navires sortis	14 486	14 480	15 076	14 303	8 327	..	..	..	..	..
Gibraltar Gibraltar										
Vessels entered Navires entrés	251	403	304	231	209	291	321	307	276	256
Greece Grèce										
Vessels entered Navires entrés	28 700	31 365	31 638	31 608	35 152	36 679	37 789	32 429	33 049	38 573
Vessels cleared Navires sortis	24 777	23 917	24 448	25 365	22 262	20 118	20 401	18 467	21 087	21 940
Guadeloupe Guadeloupe										
Vessels entered[2] Navires entrés[2]	1 099	1 255	1 458	1 618	2 557	2 579	...	...	...	...
Guatemala Guatemala										
Vessels entered Navires entrés	1 544	1 826	1 877	2 018	2 111	2 349	...	...	...	...
Vessels cleared Navires sortis	1 562	1 557	1 579	1 705	1 772	1 740	...	...	...	...
Haiti Haïti										
Vessels entered Navires entrés	725	707	734	709	1 975	...	...	...	347	...
India Inde										
Vessels entered[13,14] Navires entrés[13,14]	33 563	30 171	27 894	28 593	34 260	18 892	...	...	...	...
Vessels cleared[13,14] Navires sortis[13,14]	28 386	26 253	31 031	34 529	35 666	23 423	...	...	...	...
Indonesia Indonésie										
Vessels entered Navires entrés	63 589	65 245	82 125	82 846	109 490	113 380	128 571	140 861	155 869	...
Vessels cleared Navires sortis	20 302	21 449	21 601	22 798	26 105	34 903	38 178	41 993	48 857	...
Ireland Irlande										
Vessels entered[2] Navires entrés[2]	20 915	22 557	25 630	25 940	31 769	32 892	33 857	36 408	37 896	...
Italy Italie										
Vessels entered Navires entrés	155 299	161 403	160 251	161 145	173 360	184 693	175 940	168 545	180 175	...
Vessels cleared Navires sortis	65 509	65 863	67 927	67 170	74 000	80 303	79 600	84 044	91 288	...

66
International maritime transport
Vessels entered and cleared: thousand net registered tons [cont.]
Transports maritimes internationaux
Navires entrés et sortis : milliers de tonneaux de jauge nette [suite]

Country or area Pays ou zone	1986	1987	1988	1989	1990	1991	1992	1993	1994	1995
Jamaica Jamaïque										
Vessels entered Navires entrés	...	...	...	...	...	...	...	9 892	...	...
Japan Japon										
Vessels entered[2] Navires entrés[2]	345 284	347 605	361 530	378 291	385 110	402 190	398 240	397 582	410 164	412 163
Jordan Jordanie										
Vessels entered Navires entrés	2 012	1 908	1 981	1 834	1 678	1 690	2 041	2 143	1 910	...
Vessels cleared Navires sortis	665	647	602	612	544	385	392	347	576	...
Kenya Kenya										
Vessels entered[2,7] Navires entrés[2,7]	6 134	6 172	6 133	6 091	6 134	5 897	7 112	7 102	...	...
Korea, Republic of Corée, République de										
Vessels entered Navires entrés	201 857	238 186	252 390	262 791	279 004	317 046	348 767	383 311	430 872	487 851
Vessels cleared Navires sortis	204 090	240 505	254 627	264 114	278 423	316 670	350 906	381 545	429 538	485 357
Madagascar Madagascar										
Vessels entered[2] Navires entrés[2]	1 383	1 400	1 494	1 654	2 161	...	...	...	...	...
Vessels cleared[2] Navires sortis[2]	1 355	1 430	1 500	1 639	2 160	...	...	...	...	...
Malaysia Malaisie										
Vessels entered[16] Navires entrés[16]	55 197[15]	59 900[15]	79 521	86 033	95 724	101 170	108 170	109 300	110 330	...
Vessels cleared[16] Navires sortis[16]	54 925[15]	59 709[15]	79 735	85 301	94 713	101 230	109 070	109 000	110 650	...
Malta Malte										
Vessels entered Navires entrés	2 370	2 327	2 726	2 681	4 068	5 087	7 049	6 802	7 657	9 404
Vessels cleared Navires sortis	888	880	942	897	1 670	2 377	3 160	3 534	2 467	2 887
Mauritius Maurice										
Vessels entered[2] Navires entrés[2]	2 988	3 733	4 064	4 195	4 364	6 157	5 277	5 271	5 500	...
Vessels cleared Navires sortis	3 051	3 464	3 677	3 978	4 357	6 188	5 447	5 219	5 550	...
Mexico Mexique										
Vessels entered Navires entrés	9 009	10 880	14 262	17 318	19 274	18 209	20 887	19 731	17 233	17 259
Vessels cleared Navires sortis	82 796	88 950	90 432	84 575	89 111	93 680	97 356	93 357	94 210	93 844
Myanmar Myanmar										
Vessels entered Navires entrés	866	636	597	212	610	698	879	1 278	1 587	2 388
Vessels cleared Navires sortis	1 243	1 311	750	683	577	667	1 205	1 408	1 612	1 624
Netherlands Pays-Bas										
Vessels entered Navires entrés	215 340	210 547	220 323	232 153	365 350[10]	374 428[10]	383 164[10]	375 906[10]	403 355	431 997
Vessels cleared Navires sortis	212 823	180 611	190 524	200 373	224 415[10]	232 349[10]	239 572[10]	237 817[10]	258 152	250 667
New Zealand Nouvelle-Zélande										
Vessels entered Navires entrés	13 388	14 113	27 844[10]	30 890[10]	32 592[10]	38 069[10]	27 983[10]	37 603[10]	39 700[10]	...

66

International maritime transport
Vessels entered and cleared: thousand net registered tons [cont.]
Transports maritimes internationaux
Navires entrés et sortis : milliers de tonneaux de jauge nette [suite]

Country or area Pays ou zone	1986	1987	1988	1989	1990	1991	1992	1993	1994	1995
Vessels cleared Navires sortis	13 365	14 107	27 247[10]	29 753[10]	31 967[10]	36 158[10]	27 508[10]	35 128[10]	37 421[10]	...
Nigeria Nigéria										
Vessels entered[17] Navires entrés[17]	1 949	1 534	1 231	2 483	2 160	2 350	2 352	2 776	1 908	1 846
Vessels cleared[17] Navires sortis[17]	1 938	1 521	1 270	2 467	2 132	3 092	2 275	2 830	1 879	1 852
Pakistan Pakistan										
Vessels entered[6] Navires entrés[6]	14 736	15 168	15 190	15 331	15 057	16 289	19 401	18 785	20 195	21 268
Vessels cleared[6] Navires sortis[6]	6 899	7 141	6 728	7 265	6 743	7 692	7 382	7 284	8 287	7 411
Panama Panama										
Vessels entered Navires entrés	1 322	1 362	1 019	1 141	1 337	1 660	1 959	2 178	2 404	2 168
Vessels cleared Navires sortis	1 134	1 228	1 159	1 210	1 377	1 492	1 513	1 560	1 643	1 645
Peru Pérou										
Vessels entered Navires entrés	4 241	5 547	5 989	4 075	4 363	6 115	7 012	6 066	7 145	7 757
Vessels cleared Navires sortis	11 501	10 478	8 854	9 873	9 076	9 815	8 852	9 187	...	5 177
Philippines Philippines										
Vessels entered Navires entrés	19 380	21 787	24 130	25 729	30 441	28 969	29 876	32 388	...	...
Vessels cleared Navires sortis	20 282	20 593	20 830	20 441	22 810	22 442	19 411	22 431	...	...
Poland Pologne										
Vessels entered Navires entrés	11 467	12 989	14 394	15 129	12 959	13 116	15 573	15 544	14 816	18 101
Vessels cleared Navires sortis	17 939	18 298	19 844	19 477	21 131	18 277	20 031	23 222	25 552	25 054
Portugal Portugal										
Vessels entered[2 18] Navires entrés[2 18]	30 333	29 202	32 404	32 836	35 757	34 909	36 415	32 654	34 544	36 095
Réunion Réunion										
Vessels entered[2] Navires entrés[2]	1 995	2 189	2 391	2 547	2 728	2 792	...	...	...	...
Saint Helena Sainte-Hélène										
Vessels entered Navires entrés	276	174	79	49	78	216	244	319	254	55
Saint Lucia Sainte-Lucie										
Vessels entered Navires entrés	2 255	2 408	1 837	1 993	2 045	1 924	1 848	1 829	1 833	2 077
Vessels cleared Navires sortis	2 256	3 126	...	...	...	...	...	...	...	...
St. Vincent-Grenadines St. Vincent-Grenadines										
Vessels entered Navires entrés	1 224	1 309	1 374	1 499	1 185	1 143	1 233	1 336	1 037	932
Vessels cleared Navires sortis	1 182	1 184	1 278	1 428	1 120	1 083	...	...	...	...
Samoa Samoa										
Vessels entered Navires entrés	434	659	523	499	501	527	425	530	...	...
Senegal Sénégal										
Vessels entered Navires entrés	5 258	9 872	...	...	...	8 985	9 447	9 625	...	...

66

International maritime transport
Vessels entered and cleared: thousand net registered tons [*cont.*]
Transports maritimes internationaux
Navires entrés et sortis : milliers de tonneaux de jauge nette [*suite*]

Country or area Pays ou zone	1986	1987	1988	1989	1990	1991	1992	1993	1994	1995
Vessels cleared Navires sortis	5 237	9 858	...	...	...	8 987	9 477	9 769	...	...
Seychelles Seychelles										
Vessels entered Navires entrés	796	909	916	959	953	769	778	871	764	...
Singapore Singapour										
Vessels entered[10] Navires entrés[10]	40 722	42 560	44 855	49 107	60 347	70 345	81 334	92 655	101 107	104 014
Vessels cleared[10] Navires sortis[10]	...	...	...	...	...	70 119	81 245	92 477	101 017	104 123
South Africa Afrique du Sud										
Vessels entered[10] Navires entrés[10]	14 864	13 172	13 992	14 510	15 138	13 396	13 309	13 437	13 037	...
Vessels cleared[10] Navires sortis[10]	348 288	333 902	351 390	371 946	389 880	402 011	439 645	441 053	472 025	...
Spain Espagne										
Vessels entered Navires entrés	100 658	104 011	108 637	119 595	125 881	132 398	134 847	130 171	137 951	154 134
Vessels cleared Navires sortis	47 549	43 967	45 349	43 301	43 208	43 226	43 255	46 942	47 813	48 176
Sri Lanka Sri Lanka										
Vessels entered Navires entrés	15 422	13 870	14 161	17 084	20 148	20 545	22 087	24 955	25 120	25 368
Suriname Suriname										
Vessels entered Navires entrés	1 173	1 681	1 351	1 411	1 308	1 294	1 335	1 265	1 301	1 167
Vessels cleared Navires sortis	2 418	1 828	1 797	1 811	1 729	1 617	1 723	1 595	1 714	1 926
Syrian Arab Republic Rép. arabe syrienne										
Vessels entered[2,7] Navires entrés[2,7]	2 257	2 093	2 184	2 150	2 087	2 446	2 836	3 525	3 433	2 884
Vessels cleared[2] Navires sortis[2]	2 053	2 084	2 100	2 100	2 143	2 351	2 992	3 459	3 537	2 701
Thailand Thaïlande										
Vessels entered Navires entrés	16 805	21 624	25 216	33 515	38 593	40 878	47 644	39 953	46 534	...
Vessels cleared Navires sortis	21 212	19 548	23 023	26 575	23 233	22 742	23 593	23 011	24 697	...
Tonga Tonga										
Vessels entered Navires entrés	1 765	1 778	1 611	1 874	1 816	1 950	...	...	...	...
Turkey Turquie										
Vessels entered Navires entrés	52 736	63 456	64 447	83 749	62 689	47 818	46 990	56 687	52 925	57 170
Vessels cleared Navires sortis	51 152	60 477	63 695	81 515	60 651	45 719	45 961	55 329	51 303	56 221
Ukraine Ukraine										
Vessels entered Navires entrés	..	..	..	..	..	19 236	16 640	5 072	3 381	4 270
Vessels cleared Navires sortis	..	..	..	..	..	40 142	45 374	29 120	25 189	21 916
United States Etats-Unis										
Vessels entered[8,19] Navires entrés[8,19]	321 761	344 710	364 140	379 130	379 612	320 439	321 169	340 507	363 896	352 411

66
International maritime transport
Vessels entered and cleared: thousand net registered tons [cont.]
Transports maritimes internationaux
Navires entrés et sortis : milliers de tonneaux de jauge nette [suite]

Country or area Pays ou zone	1986	1987	1988	1989	1990	1991	1992	1993	1994	1995
Vessels cleared[8][19] Navires sortis[8][19]	265 475	289 767	318 264	325 520	323 183	298 837	293 452	277 520	281 709	303 707
Venezuela Venezuela										
Vessels entered Navires entrés	20 579	22 663	26 101	17 529	15 774	19 882	19 758	22 087	21 657	21 009
Vessels cleared Navires sortis	13 320	8 826	8 223	6 641	18 294	11 500	15 194	17 211	12 045	8 461
former Dem. Yemen l'ex-Yémen dém.										
Vessels entered[2] Navires entrés[2]	8 344	8 788	...	...	...	...	...	...	...	...
Vessels cleared[2] Navires sortis[2]	1 737	1 892	...	...	...	...	...	...	...	...
Yugoslavia, SFR† Yougoslavie, Rfs†										
Vessels entered Navires entrés	1 445	1 215	2 289	3 318	3 190	1 180	..	..	..	..
Vessels cleared Navires sortis	1 170	1 410	2 137	2 893	3 244	1 128	..	..	..	..

Source:
Transport statistics database of the Statistics Division of the United Nations Secretariat.

† For information on recent changes in country or area nomenclature pertaining to former Czechoslovakia, Germany, Hong Kong Special Administrative Region of China, SFR Yugoslavia and former USSR, see Annex I - Country or area nomenclature, regional and other groupings.

1 Twelve months ending 30 June of year stated.
2 Including vessels in ballast.
3 Comprises Buenos Aires, Bahía Blanca, La Plata, Quequén, Mar del Plata, Paraná Inferior, Paraná Medio and Rosario.
4 Buenos Aires only.
5 Comprising Buenos Aires, Rosario, Lib. Gral. San Martín, Quequén and La Plata.
6 Twelve months beginning 1 July of year stated.
7 All entrances counted.
8 Including Great Lakes international traffic (Canada: also St. Lawrence).
9 Including ocean-going vessels and river vessels as well as vessels in ballast.
10 Gross registered tons (Singapore: vessels exceeding 75 GRT).
11 Taxable volume in thousands of cubic metres.
12 Including national maritime transport.
13 Twelve months beginning 1 April of year stated.
14 Excluding minor and intermediate ports.
15 Peninsular Malaysia and Sarawak only.
16 Data for Sarawak include vessels in ballast and all entrances counted.
17 Data cover only the first three quarters of each year.
18 Including traffic with Portuguese overseas provinces.
19 Excluding traffic with United States Virgin Islands.

Source:
Base de données pour les statistiques des transports de la Division de statistique du Secrétariat de l'ONU.

† Pour les modifications récentes de nomenclature de pays ou de zone concernant l'Allemagne, Hong-Kong (Région administrative spéciale de Chine), l'ex-Tchécoslovaquie, l'ex-URSS et l'ex-Rfs de Yougoslavie, voir annexe I - Nomenclature des pays ou des zones, groupements régionaux et autres groupements.

1 Douze mois finissant le 30 juin de l'année indiquée.
2 Y compris navires sur lest.
3 Buenos aires, Bahía Blanca, La Plata, Quequén, Mar del Plata, Paraná Inferior, Paraná Medio et Rosario.
4 Buenos Aires seulement.
5 Buenos Aires, Rosario, Lib. Gral. San Martín, Quequén et La Plata.
6 Douze mois commençant le premier juillet de l'année indiquée.
7 Toutes entrées comprises.
8 Y compris trafic international des Grands Lacs (Canada: et du St. Laurent).
9 Y compris les grandes navigations et les navigations fluviales et aussi les navires sur lest.
10 Tonneaux de jauge bruts (Singapour : navires dépassant 75 TJB).
11 Volume taxable en milliers de mètres cubes.
12 Y compris transports maritimes nationaux.
13 Douze mois commençant le premier avril de l'année indiquée.
14 Non compris les ports petits et moyens.
15 Malaisie péninsulaire et Sarawak seulement.
16 Les données pour Sarawak comprennent navires sur lest et toutes entrées comprises.
17 Les données se réfèrent aux premières trois trimestres de chaque année.
18 Y compris le trafic avec les provinces portugaises d'outre-mer.
19 Non compris le trafic avec les Iles Vierges américaines.

67
Civil Aviation
Aviation civile

Passengers on scheduled services (000); Kilometres (million)
Passagers sur les services réguliers (000); Kilomètres (millions)

Country or area and traffic	Total Totale 1980	1993	1994	1995	International Internationaux 1980	1993	1994	1995	Pays ou zone et trafic
World									**Monde**
Kilometres flown	9316	17072	18223	19345	3603	7287	7796	8527	Kilomètres parcourus
Passengers carried	746410	1141297	1232476	1294430	162862	319389	346898	375186	Passagers transportés
Passengers km	1085765	1948032	2098596	2244813	465619	1047353	1143494	1252329	Passagers–km
Total ton–km	130556	249610	273270	293268	64145	155492	173100	189412	Total tonnes–km
Africa [1]									**Afrique** [1]
Kilometres flown	351	437	457	457	236	312	331	335	Kilomètres parcourus
Passengers carried	21235	24479	26173	27181	9003	12341	13171	13782	Passagers transportés
Passengers km	29724	43316	47429	50812	22434	35335	38893	41866	Passagers–km
Total ton–km	3544	5231	5746	5957	2811	4433	4882	5062	Total tonnes–km
Algeria									**Algérie**
Kilometres flown	28	36	36	31	19	20	19	14	Kilomètres parcourus
Passengers carried	2950	3254	3241	3478	1500	1676	1257	1352	Passagers transportés
Passengers km	2300	2901	2706	2855	1600	1991	1546	1561	Passagers–km
Total ton–km	220	296	268	278	156	207	159	157	Total tonnes–km
Angola									**Angola**
Kilometres flown	8	9	13	13	4	7	10	10	Kilomètres parcourus
Passengers carried	635	334	519	545	51	84	140	148	Passagers transportés
Passengers km	553	948	1594	1708	295	816	1396	1500	Passagers–km
Total ton–km	69	113	197	212	46	102	180	192	Total tonnes–km
Benin [2]									**Bénin** [2]
Kilometres flown	2	2	2	3	2	2	2	3	Kilomètres parcourus
Passengers carried	61	68	69	74	61	68	69	74	Passagers transportés
Passengers km	178	207	215	223	178	207	215	223	Passagers–km
Total ton–km	35	33	34	36	35	33	34	36	Total tonnes–km
Botswana									**Botswana**
Kilometres flown	1	3	2	2	0	2	2	1	Kilomètres parcourus
Passengers carried	39	123	101	100	20	87	73	70	Passagers transportés
Passengers km	15	75	58	53	7	61	46	38	Passagers–km
Total ton–km	1	8	6	5	1	6	4	4	Total tonnes–km
Burkina Faso [2]									**Burkina Faso** [2]
Kilometres flown	2	3	3	3	2	3	3	3	Kilomètres parcourus
Passengers carried	73	128	130	137	65	104	105	111	Passagers transportés
Passengers km	183	239	247	256	181	231	239	248	Passagers–km
Total ton–km	36	36	37	40	35	35	37	39	Total tonnes–km
Burundi									**Burundi**
Kilometres flown	0	0	0	0	0	0	0	0	Kilomètres parcourus
Passengers carried	11	9	9	9	11	7	7	8	Passagers transportés
Passengers km	5	2	2	2	5	2	2	2	Passagers–km
Total ton–km	1	0	0	0	1	0	0	0	Total tonnes–km
Cameroon									**Cameroun**
Kilometres flown	7	5	5	7	5	4	4	6	Kilomètres parcourus
Passengers carried	480	275	295	345	126	150	162	192	Passagers transportés
Passengers km	477	402	436	615	358	335	365	530	Passagers–km
Total ton–km	72	58	64	94	60	52	57	86	Total tonnes–km
Cape Verde									**Cap–Vert**
Kilometres flown	1	3	3	3	...	1	1	1	Kilomètres parcourus
Passengers carried	75	100	118	124	...	24	28	30	Passagers transportés
Passengers km	12	169	173	181	...	145	145	152	Passagers–km
Total ton–km	1	16	17	17	...	13	13	14	Total tonnes–km
Central African Rep. [2]									**Rép. centrafricaine** [2]
Kilometres flown	3	3	3	3	2	2	2	3	Kilomètres parcourus
Passengers carried	136	122	123	131	61	68	69	74	Passagers transportés
Passengers km	190	219	227	236	178	207	215	223	Passagers–km
Total ton–km	36	35	36	38	35	33	34	36	Total tonnes–km
Chad [2]									**Tchad** [2]
Kilometres flown	3	2	2	3	2	2	2	3	Kilomètres parcourus
Passengers carried	106	85	86	92	61	71	72	77	Passagers transportés
Passengers km	210	214	222	231	178	208	216	224	Passagers–km
Total ton–km	39	34	35	37	35	33	34	37	Total tonnes–km

67
Civil Aviation
Passengers on scheduled services (000); Kilometres (million) [cont.]
Aviation civile
Passagers sur les services réguliers (000); Kilomètres (millions) [suite]

Country or area and traffic	Total Totale 1980	1993	1994	1995	International Internationaux 1980	1993	1994	1995	Pays ou zone et trafic
Comoros									**Comores**
Kilometres flown	...	0	0	0	...	0	0	0	Kilomètres parcourus
Passengers carried	...	26	26	27	...	5	5	5	Passagers transportés
Passengers km	...	3	3	3	...	1	1	1	Passagers−km
Total ton−km	...	0	0	0	...	0	0	0	Total tonnes−km
Congo [2]									**Congo** [2]
Kilometres flown	3	3	3	4	2	2	2	3	Kilomètres parcourus
Passengers carried	117	231	232	267	67	73	74	80	Passagers transportés
Passengers km	197	256	264	283	182	209	217	226	Passagers−km
Total ton−km	37	38	40	43	36	33	35	37	Total tonnes−km
Côte d'Ivoire [2]									**Côte d'Ivoire** [2]
Kilometres flown	3	4	3	4	2	3	3	4	Kilomètres parcourus
Passengers carried	151	186	157	175	61	149	140	151	Passagers transportés
Passengers km	215	295	282	302	178	277	274	288	Passagers−km
Total ton−km	39	41	40	44	35	40	40	42	Total tonnes−km
Dem. Rep. of the Congo									**Rép. Dém. du Congo**
Kilometres flown	10	4	6	...	4	3	4	...	Kilomètres parcourus
Passengers carried	439	84	178	...	92	39	93	...	Passagers transportés
Passengers km	834	218	480	...	464	150	355	...	Passagers−km
Total ton−km	110	42	87	...	64	31	67	...	Total tonnes−km
Egypt									**Egypte**
Kilometres flown	30	44	54	55	27	39	48	50	Kilomètres parcourus
Passengers carried	2028	2881	3538	3897	1270	1836	2401	2594	Passagers transportés
Passengers km	2870	5277	6324	7678	2536	4786	5765	7067	Passagers−km
Total ton−km	299	606	763	864	268	562	712	808	Total tonnes−km
Equatorial Guinea									**Guinée équatoriale**
Kilometres flown	0	0	0	0	0	0	0	0	Kilomètres parcourus
Passengers carried	13	14	14	15	13	14	14	15	Passagers transportés
Passengers km	7	7	7	7	7	7	7	7	Passagers−km
Total ton−km	1	1	1	1	1	1	1	1	Total tonnes−km
Ethiopia									**Ethiopie**
Kilometres flown	10	23	24	25	10	19	20	21	Kilomètres parcourus
Passengers carried	243	752	716	750	186	435	429	480	Passagers transportés
Passengers km	647	1717	1607	1796	597	1571	1480	1681	Passagers−km
Total ton−km	85	259	267	290	78	244	254	279	Total tonnes−km
Gabon									**Gabon**
Kilometres flown	6	6	6	7	5	4	4	4	Kilomètres parcourus
Passengers carried	331	302	481	508	95	152	154	165	Passagers transportés
Passengers km	374	570	719	623	313	480	660	520	Passagers−km
Total ton−km	61	82	96	89	54	73	90	78	Total tonnes−km
Gambia									**Gambie**
Kilometres flown	...	1	1	...	...	1	1	...	Kilomètres parcourus
Passengers carried	...	19	19	...	...	19	19	...	Passagers transportés
Passengers km	...	50	50	...	...	50	50	...	Passagers−km
Total ton−km	...	5	5	...	...	5	5	...	Total tonnes−km
Ghana									**Ghana**
Kilometres flown	4	4	5	5	3	4	5	5	Kilomètres parcourus
Passengers carried	279	152	182	186	179	152	182	186	Passagers transportés
Passengers km	330	387	478	611	304	387	478	611	Passagers−km
Total ton−km	34	61	72	86	32	61	72	86	Total tonnes−km
Guinea									**Guinée**
Kilometres flown	1	1	2	1	1	1	1	1	Kilomètres parcourus
Passengers carried	80	24	45	35	24	21	30	30	Passagers transportés
Passengers km	34	35	33	52	12	32	27	48	Passagers−km
Total ton−km	3	4	4	5	1	4	4	5	Total tonnes−km
Guinea−Bissau									**Guinée−Bissau**
Kilometres flown	1	1	1	1	0	0	0	0	Kilomètres parcourus
Passengers carried	22	21	21	21	8	8	8	8	Passagers transportés
Passengers km	8	10	10	10	4	6	6	6	Passagers−km
Total ton−km	1	1	1	1	0	1	1	1	Total tonnes−km

67

Civil Aviation
Passengers on scheduled services (000); Kilometres (million) [cont.]
Aviation civile
Passagers sur les services réguliers (000); Kilomètres (millions) [suite]

Country or area and traffic	Total Totale 1980	1993	1994	1995	International Internationaux 1980	1993	1994	1995	Pays ou zone et trafic
Kenya									**Kenya**
Kilometres flown	12	15	16	16	10	13	13	13	Kilomètres parcourus
Passengers carried	393	770	754	740	204	413	417	427	Passagers transportés
Passengers km	863	1459	1737	1757	782	1325	1591	1616	Passagers–km
Total ton–km	98	191	215	211	90	178	202	198	Total tonnes–km
Lesotho									**Lesotho**
Kilometres flown	1	1	1	1	0	1	1	1	Kilomètres parcourus
Passengers carried	52	21	27	25	10	18	22	20	Passagers transportés
Passengers km	11	7	9	8	4	6	8	7	Passagers–km
Total ton–km	1	1	1	1	0	1	1	1	Total tonnes–km
Liberia									**Libéria**
Kilometres flown	1	...	...	...	...	...	...	...	Kilomètres parcourus
Passengers carried	50	...	...	...	...	...	...	...	Passagers transportés
Passengers km	17	...	...	...	...	...	...	...	Passagers–km
Total ton–km	2	...	...	...	...	...	...	...	Total tonnes–km
Libyan Arab Jamah.									**Jamah. arabe libyenne**
Kilometres flown	12	5	4	3	6	0	0	0	Kilomètres parcourus
Passengers carried	1169	853	641	623	468	0	0	0	Passagers transportés
Passengers km	1101	565	425	398	632	0	0	0	Passagers–km
Total ton–km	116	44	34	32	70	0	0	0	Total tonnes–km
Madagascar									**Madagascar**
Kilometres flown	7	7	7	8	2	3	3	4	Kilomètres parcourus
Passengers carried	448	419	451	497	54	94	106	109	Passagers transportés
Passengers km	379	499	567	631	226	368	424	471	Passagers–km
Total ton–km	54	72	74	89	38	60	61	73	Total tonnes–km
Malawi									**Malawi**
Kilometres flown	2	2	3	3	1	2	2	2	Kilomètres parcourus
Passengers carried	94	132	142	149	52	63	69	72	Passagers transportés
Passengers km	68	266	289	110	56	234	255	75	Passagers–km
Total ton–km	7	15	28	14	6	13	26	10	Total tonnes–km
Mali [2]									**Mali** [2]
Kilometres flown	2	2	2	3	1	2	2	3	Kilomètres parcourus
Passengers carried	71	68	69	74	42	68	69	74	Passagers transportés
Passengers km	97	207	215	223	82	207	215	223	Passagers–km
Total ton–km	9	33	34	36	8	33	34	36	Total tonnes–km
Mauritania [2]									**Mauritanie** [2]
Kilometres flown	3	4	3	4	2	3	3	3	Kilomètres parcourus
Passengers carried	141	215	216	228	76	91	92	98	Passagers transportés
Passengers km	218	281	289	301	188	230	238	247	Passagers–km
Total ton–km	39	40	41	44	36	35	36	39	Total tonnes–km
Mauritius									**Maurice**
Kilometres flown	3	17	18	20	3	17	17	19	Kilomètres parcourus
Passengers carried	84	582	636	676	77	550	601	639	Passagers transportés
Passengers km	185	2677	2972	3225	181	2658	2951	3203	Passagers–km
Total ton–km	20	334	372	425	20	333	370	423	Total tonnes–km
Morocco									**Maroc**
Kilometres flown	20	45	45	44	20	42	42	41	Kilomètres parcourus
Passengers carried	947	2140	2184	2147	906	1775	1788	1735	Passagers transportés
Passengers km	1868	4395	4573	4602	1855	4264	4433	4456	Passagers–km
Total ton–km	209	449	460	379	208	437	448	366	Total tonnes–km
Mozambique									**Mozambique**
Kilometres flown	6	4	5	3	3	3	3	1	Kilomètres parcourus
Passengers carried	282	206	221	168	52	84	91	60	Passagers transportés
Passengers km	467	411	443	290	260	282	307	172	Passagers–km
Total ton–km	51	47	52	32	29	34	38	19	Total tonnes–km
Namibia									**Namibie**
Kilometres flown	...	7	7	8	...	4	4	6	Kilomètres parcourus
Passengers carried	...	179	199	225	...	149	170	203	Passagers transportés
Passengers km	...	687	751	844	...	659	725	826	Passagers–km
Total ton–km	...	84	93	103	...	81	90	101	Total tonnes–km

67

Civil Aviation
Passengers on scheduled services (000); Kilometres (million) [cont.]
Aviation civile
Passagers sur les services réguliers (000); Kilomètres (millions) [suite]

Country or area and traffic	Total Totale 1980	1993	1994	1995	International Internationaux 1980	1993	1994	1995	Pays ou zone et trafic
Niger [2]									**Niger** [2]
Kilometres flown	3	2	2	3	2	2	2	3	Kilomètres parcourus
Passengers carried	111	68	69	74	61	68	69	74	Passagers transportés
Passengers km	199	207	215	223	178	207	215	223	Passagers–km
Total ton–km	37	33	34	36	35	33	34	36	Total tonnes–km
Nigeria									**Nigéria**
Kilometres flown	24	11	5	6	10	6	3	3	Kilomètres parcourus
Passengers carried	1939	608	665	548	301	208	229	192	Passagers transportés
Passengers km	1877	913	993	819	996	608	638	533	Passagers–km
Total ton–km	179	96	109	81	99	67	69	54	Total tonnes–km
Rwanda									**Rwanda**
Kilometres flown	...	0	0	...	...	0	0	...	Kilomètres parcourus
Passengers carried	...	9	9	...	...	4	4	...	Passagers transportés
Passengers km	...	2	2	...	...	1	1	...	Passagers–km
Total ton–km	...	0	0	...	...	0	0	...	Total tonnes–km
Sao Tome and Principe									**Sao Tomé–et–Principe**
Kilometres flown	...	0	0	0	...	0	0	0	Kilomètres parcourus
Passengers carried	...	22	22	22	...	13	13	13	Passagers transportés
Passengers km	...	8	8	8	...	4	4	4	Passagers–km
Total ton–km	...	1	1	1	...	0	0	0	Total tonnes–km
Senegal [2]									**Sénégal** [2]
Kilometres flown	3	3	3	3	2	3	2	3	Kilomètres parcourus
Passengers carried	113	140	141	150	71	112	113	120	Passagers transportés
Passengers km	196	216	224	244	182	208	216	235	Passagers–km
Total ton–km	37	35	36	38	36	34	36	38	Total tonnes–km
Seychelles									**Seychelles**
Kilometres flown	0	7	6	7	0	6	6	6	Kilomètres parcourus
Passengers carried	15	289	297	314	0	97	112	117	Passagers transportés
Passengers km	2	626	685	708	0	618	677	699	Passagers–km
Total ton–km	0	70	77	82	0	69	76	81	Total tonnes–km
Sierra Leone									**Sierra Leone**
Kilometres flown	1	0	1	0	0	0	1	0	Kilomètres parcourus
Passengers carried	56	18	14	15	26	18	14	15	Passagers transportés
Passengers km	86	55	66	24	77	55	66	24	Passagers–km
Total ton–km	9	5	6	2	8	5	6	2	Total tonnes–km
Somalia									**Somalie**
Kilometres flown	3	...	...	...	2	...	...	...	Kilomètres parcourus
Passengers carried	90	...	...	...	70	...	...	...	Passagers transportés
Passengers km	140	...	...	...	120	...	...	...	Passagers–km
Total ton–km	13	...	...	...	11	...	...	...	Total tonnes–km
South Africa									**Afrique du Sud**
Kilometres flown	67	92	96	98	37	43	46	47	Kilomètres parcourus
Passengers carried	4116	5582	5802	6396	801	1130	1225	1456	Passagers transportés
Passengers km	8920	11529	12352	14496	6088	7554	8184	9952	Passagers–km
Total ton–km	1074	1357	1374	1551	778	955	949	1096	Total tonnes–km
Sudan									**Soudan**
Kilometres flown	10	12	13	13	7	6	6	7	Kilomètres parcourus
Passengers carried	519	408	432	497	311	225	239	344	Passagers transportés
Passengers km	710	580	615	681	530	454	481	516	Passagers–km
Total ton–km	76	91	96	121	58	59	62	79	Total tonnes–km
Swaziland									**Swaziland**
Kilometres flown	1	1	1	1	1	1	1	1	Kilomètres parcourus
Passengers carried	31	58	65	49	31	58	65	49	Passagers transportés
Passengers km	30	44	48	49	30	44	48	49	Passagers–km
Total ton–km	3	4	4	5	3	4	4	5	Total tonnes–km
Togo [2]									**Togo** [2]
Kilometres flown	2	2	2	3	2	2	2	3	Kilomètres parcourus
Passengers carried	65	68	69	74	65	68	69	74	Passagers transportés
Passengers km	179	207	215	223	179	207	215	223	Passagers–km
Total ton–km	35	33	34	36	35	33	34	36	Total tonnes–km

67
Civil Aviation
Passengers on scheduled services (000); Kilometres (million) [cont.]
Aviation civile
Passagers sur les services réguliers (000); Kilomètres (millions) [suite]

Country or area and traffic	Total 1980	1993	1994	1995	International 1980	1993	1994	1995	Pays ou zone et trafic
Tunisia									**Tunisie**
Kilometres flown	14	17	19	19	13	17	19	19	Kilomètres parcourus
Passengers carried	978	1351	1391	1419	898	1345	1385	1418	Passagers transportés
Passengers km	1241	1877	1977	1955	1213	1875	1975	1954	Passagers−km
Total ton−km	123	173	197	197	120	172	197	197	Total tonnes−km
Uganda									**Ouganda**
Kilometres flown	3	1	2	2	2	1	2	2	Kilomètres parcourus
Passengers carried	83	40	63	95	43	40	63	95	Passagers transportés
Passengers km	68	24	52	103	58	24	52	103	Passagers−km
Total ton−km	15	2	5	10	14	2	5	10	Total tonnes−km
United Rep.Tanzania									**Rép. Unie de Tanzanie**
Kilometres flown	8	3	3	4	3	2	2	2	Kilomètres parcourus
Passengers carried	388	188	199	236	94	57	64	85	Passagers transportés
Passengers km	284	157	165	189	180	83	87	107	Passagers−km
Total ton−km	28	16	17	20	18	8	8	11	Total tonnes−km
Zambia									**Zambie**
Kilometres flown	10	4	4	...	9	3	3	...	Kilomètres parcourus
Passengers carried	257	219	235	...	114	102	110	...	Passagers transportés
Passengers km	467	393	428	...	425	359	391	...	Passagers−km
Total ton−km	89	47	54	...	85	44	51	...	Total tonnes−km
Zimbabwe									**Zimbabwe**
Kilometres flown	6	13	13	13	3	11	11	11	Kilomètres parcourus
Passengers carried	412	595	675	626	180	251	286	279	Passagers transportés
Passengers km	362	763	852	840	286	644	714	705	Passagers−km
Total ton−km	33	183	212	216	27	172	200	204	Total tonnes−km
America, North [1]									**Amérique du Nord** [1]
Kilometres flown	5074	8145	8631	9013	812	1808	1832	1939	**Kilomètres parcourus**
Passengers carried	336928	512210	558607	572676	38722	68598	69808	74136	**Passagers transportés**
Passengers km	467284	845325	896124	932717	112763	264714	272224	290033	**Passagers−km**
Total ton−km	53930	97983	105505	109453	14695	34864	37501	39495	**Total tonnes−km**
Antigua and Barbuda									**Antigua−et−Barbuda**
Kilometres flown	...	11	11	12	...	11	11	12	Kilomètres parcourus
Passengers carried	...	955	1000	1050	...	955	1000	1050	Passagers transportés
Passengers km	...	225	240	252	...	225	240	252	Passagers−km
Total ton−km	...	20	22	23	...	20	22	23	Total tonnes−km
Bahamas									**Bahamas**
Kilometres flown	10	4	4	4	4	2	2	2	Kilomètres parcourus
Passengers carried	345	862	862	937	160	397	397	449	Passagers transportés
Passengers km	539	191	191	220	459	132	132	159	Passagers−km
Total ton−km	52	18	18	20	44	12	12	15	Total tonnes−km
Barbados									**Barbade**
Kilometres flown	1	...	...	...	1	...	...	...	Kilomètres parcourus
Passengers carried	46	...	...	...	46	...	...	...	Passagers transportés
Passengers km	330	...	...	...	330	...	...	...	Passagers−km
Total ton−km	30	...	...	...	30	...	...	...	Total tonnes−km
Canada									**Canada**
Kilometres flown	337	369	397	449	114	166	188	223	Kilomètres parcourus
Passengers carried	22453	17516	18105	20291	5530	6601	7044	8230	Passagers transportés
Passengers km	36234	40426	43490	49288	16293	24936	27360	31421	Passagers−km
Total ton−km	4095	5151	5532	6214	1944	3355	3700	4231	Total tonnes−km
Costa Rica									**Costa Rica**
Kilometres flown	8	17	19	22	8	16	19	21	Kilomètres parcourus
Passengers carried	431	690	773	870	332	645	732	793	Passagers transportés
Passengers km	495	1429	1611	1838	485	1425	1607	1827	Passagers−km
Total ton−km	68	188	213	234	67	188	213	233	Total tonnes−km
Cuba									**Cuba**
Kilometres flown	15	11	13	16	7	7	8	10	Kilomètres parcourus
Passengers carried	676	624	731	824	120	183	221	311	Passagers transportés
Passengers km	932	1321	1556	2006	666	1069	1259	1702	Passagers−km
Total ton−km	95	138	174	219	72	118	150	194	Total tonnes−km

67

Civil Aviation
Passengers on scheduled services (000); Kilometres (million) [cont.]
Aviation civile
Passagers sur les services réguliers (000); Kilomètres (millions) [suite]

Country or area and traffic	Total Totale 1980	1993	1994	1995	International Internationaux 1980	1993	1994	1995	Pays ou zone et trafic
Dominican Republic									**Rép. dominicaine**
Kilometres flown	6	3	2	1	6	3	2	1	Kilomètres parcourus
Passengers carried	466	328	300	67	466	328	300	67	Passagers transportés
Passengers km	550	280	234	28	550	280	234	28	Passagers–km
Total ton–km	60	28	24	3	60	28	24	3	Total tonnes–km
El Salvador									**El Salvador**
Kilometres flown	6	19	20	21	6	19	20	21	Kilomètres parcourus
Passengers carried	265	1242	1617	1698	265	1242	1617	1698	Passagers transportés
Passengers km	289	1763	1978	2077	289	1763	1978	2077	Passagers–km
Total ton–km	41	200	216	227	41	200	216	227	Total tonnes–km
Guatemala									**Guatemala**
Kilometres flown	4	6	6	6	4	6	6	6	Kilomètres parcourus
Passengers carried	119	240	252	300	119	240	252	300	Passagers transportés
Passengers km	159	384	411	500	159	384	411	500	Passagers–km
Total ton–km	21	56	58	70	21	56	58	70	Total tonnes–km
Honduras									**Honduras**
Kilometres flown	7	4	5	5	7	4	4	5	Kilomètres parcourus
Passengers carried	508	409	449	474	369	409	255	270	Passagers transportés
Passengers km	387	362	323	341	369	362	289	305	Passagers–km
Total ton–km	43	50	42	33	41	50	38	29	Total tonnes–km
Jamaica									**Jamaïque**
Kilometres flown	14	13	13	13	13	11	12	12	Kilomètres parcourus
Passengers carried	723	1038	1011	1126	660	942	929	1060	Passagers transportés
Passengers km	1207	1488	1430	1592	1200	1474	1419	1583	Passagers–km
Total ton–km	115	155	150	166	115	154	149	166	Total tonnes–km
Mexico									**Mexique**
Kilometres flown	157	237	264	230	63	90	92	83	Kilomètres parcourus
Passengers carried	12890	16485	18791	14969	2777	3703	3540	3410	Passagers transportés
Passengers km	13870	20790	23521	19403	6594	8436	8235	7884	Passagers–km
Total ton–km	1383	1978	2299	1799	665	848	862	780	Total tonnes–km
Nicaragua									**Nicaragua**
Kilometres flown	2	1	1	1	1	1	1	1	Kilomètres parcourus
Passengers carried	115	34	44	49	50	34	44	49	Passagers transportés
Passengers km	76	58	72	80	60	58	72	80	Passagers–km
Total ton–km	8	9	17	16	7	9	17	16	Total tonnes–km
Panama									**Panama**
Kilometres flown	7	8	6	9	6	8	6	9	Kilomètres parcourus
Passengers carried	355	320	368	661	307	320	368	661	Passagers transportés
Passengers km	409	380	405	536	395	380	405	536	Passagers–km
Total ton–km	40	50	43	55	38	50	43	55	Total tonnes–km
Trinidad and Tobago									**Trinité-et-Tobago**
Kilometres flown	16	26	32	33	16	25	31	33	Kilomètres parcourus
Passengers carried	877	1389	1642	1727	633	985	1216	1280	Passagers transportés
Passengers km	1505	3232	4112	4330	1485	3205	4084	4300	Passagers–km
Total ton–km	160	364	406	428	158	362	404	425	Total tonnes–km
United States									**Etats-Unis**
Kilometres flown	4469	7405	7868	8191	543	1427	1451	1501	Kilomètres parcourus
Passengers carried	295281	468974	513756	528038	25744	50611	52656	54803	Passagers transportés
Passengers km	409520	772048	822152	854223	82678	219691	228880	240219	Passagers–km
Total ton–km	47644	89486	96941	100421	11319	29327	32074	33344	Total tonnes–km
America, South [1]									**Amérique du Sud** [1]
Kilometres flown	497	736	772	823	199	332	359	396	**Kilomètres parcourus**
Passengers carried	33988	43426	46317	46974	6049	10149	11331	11619	**Passagers transportés**
Passengers km	38612	62828	69014	71476	19547	38425	43445	45730	**Passagers–km**
Total ton–km	4787	8869	9756	10151	2907	6142	6927	7275	**Total tonnes–km**
Argentina									**Argentine**
Kilometres flown	94	78	88	108	39	35	38	47	Kilomètres parcourus
Passengers carried	5589	5104	6261	6642	1300	1661	1999	1972	Passagers transportés
Passengers km	8031	9231	11254	11892	4413	6072	7410	7885	Passagers–km
Total ton–km	939	1117	1289	1338	599	780	942	956	Total tonnes–km

67
Civil Aviation
Passengers on scheduled services (000); Kilometres (million) [cont.]
Aviation civile
Passagers sur les services réguliers (000); Kilomètres (millions) [suite]

Country or area and traffic	Total Totale 1980	1993	1994	1995	International Internationaux 1980	1993	1994	1995	Pays ou zone et trafic
Bolivia									**Bolivie**
Kilometres flown	13	11	14	16	9	8	10	12	Kilomètres parcourus
Passengers carried	1342	1117	1175	1224	268	423	424	452	Passagers transportés
Passengers km	944	1092	1139	1234	570	843	866	956	Passagers–km
Total ton–km	121	120	151	187	89	96	123	157	Total tonnes–km
Brazil									**Brésil**
Kilometres flown	203	333	346	391	57	112	124	146	Kilomètres parcourus
Passengers carried	13008	16599	17899	20196	1330	3062	3372	3699	Passagers transportés
Passengers km	15572	29555	32145	34781	6008	16866	18760	20116	Passagers–km
Total ton–km	1956	4084	4497	4866	945	2514	2835	3077	Total tonnes–km
Chile									**Chili**
Kilometres flown	25	72	81	94	19	48	53	60	Kilomètres parcourus
Passengers carried	669	2360	2962	3197	299	717	1014	1201	Passagers transportés
Passengers km	1875	4425	5398	6333	1362	2772	3531	4448	Passagers–km
Total ton–km	324	1018	1142	1348	267	844	947	1150	Total tonnes–km
Colombia									**Colombie**
Kilometres flown	45	91	97	79	22	41	46	43	Kilomètres parcourus
Passengers carried	4808	6930	7686	6227	752	853	1004	945	Passagers transportés
Passengers km	4198	5437	5675	4869	2203	2426	2666	2842	Passagers–km
Total ton–km	532	1029	1156	1027	339	750	866	825	Total tonnes–km
Ecuador									**Equateur**
Kilometres flown	21	28	24	14	11	12	9	9	Kilomètres parcourus
Passengers carried	701	2122	2119	1671	255	503	347	355	Passagers transportés
Passengers km	975	2102	1762	1591	851	1404	1057	1095	Passagers–km
Total ton–km	131	275	196	174	115	199	120	126	Total tonnes–km
Guyana									**Guyana**
Kilometres flown	1	2	2	2	...	2	2	2	Kilomètres parcourus
Passengers carried	28	115	115	121	...	54	54	56	Passagers transportés
Passengers km	6	224	224	235	...	208	208	218	Passagers–km
Total ton–km	1	23	23	25	...	21	21	22	Total tonnes–km
Paraguay									**Paraguay**
Kilometres flown	3	7	6	4	3	7	6	4	Kilomètres parcourus
Passengers carried	109	303	290	105	109	303	290	105	Passagers transportés
Passengers km	246	1253	1215	283	246	1253	1215	283	Passagers–km
Total ton–km	24	136	120	32	24	136	120	32	Total tonnes–km
Peru									**Pérou**
Kilometres flown	25	22	27	34	9	11	14	17	Kilomètres parcourus
Passengers carried	1980	1362	1895	2508	221	336	431	600	Passagers transportés
Passengers km	1974	1926	2601	2884	822	1205	1639	1759	Passagers–km
Total ton–km	217	214	257	286	98	143	164	178	Total tonnes–km
Suriname									**Suriname**
Kilometres flown	3	4	3	5	2	4	3	4	Kilomètres parcourus
Passengers carried	144	96	149	162	120	80	138	154	Passagers transportés
Passengers km	245	304	541	618	240	300	539	617	Passagers–km
Total ton–km	26	31	76	81	25	30	76	81	Total tonnes–km
Uruguay									**Uruguay**
Kilometres flown	4	5	5	5	3	5	5	5	Kilomètres parcourus
Passengers carried	478	503	499	477	433	503	499	477	Passagers transportés
Passengers km	178	400	634	636	160	400	634	636	Passagers–km
Total ton–km	17	40	61	62	15	40	61	62	Total tonnes–km
Venezuela									**Venezuela**
Kilometres flown	61	82	77	68	26	47	49	45	Kilomètres parcourus
Passengers carried	5133	6814	5267	4445	960	1653	1760	1604	Passagers transportés
Passengers km	4367	6880	6426	6120	2671	4676	4921	4874	Passagers–km
Total ton–km	501	784	788	724	392	589	653	609	Total tonnes–km
Asia [1]									**Asie** [1]
Kilometres flown	1224	2817	3135	3450	767	17·?	1935	2132	**Kilomètres parcourus**
Passengers carried	103551	252677	279390	311948	33941	86763	96028	105299	**Passagers transportés**
Passengers km	154614	434346	485482	542148	107106	306108	343259	380739	**Passagers–km**
Total ton–km	20014	62069	69982	78625	15843	50312	56911	63766	**Total tonnes–km**

67

Civil Aviation
Passengers on scheduled services (000); Kilometres (million) [cont.]
Aviation civile
Passagers sur les services réguliers (000); Kilomètres (millions) [suite]

	Total Totale				International Internationaux				
Country or area and traffic	1980	1993	1994	1995	1980	1993	1994	1995	Pays ou zone et trafic
Afghanistan									**Afghanistan**
Kilometres flown	3	4	5	6	3	1	3	3	Kilomètres parcourus
Passengers carried	76	197	238	250	51	83	102	107	Passagers transportés
Passengers km	163	197	263	276	155	145	192	202	Passagers–km
Total ton–km	36	25	36	38	35	20	29	31	Total tonnes–km
Azerbaijan									**Azerbaïdjan**
Kilometres flown	...	23	23	21	...	2	2	4	Kilomètres parcourus
Passengers carried	...	1383	1380	1156	...	60	57	119	Passagers transportés
Passengers km	...	1738	1731	1650	...	122	115	250	Passagers–km
Total ton–km	...	184	183	183	...	15	14	39	Total tonnes–km
Bahrain									**Bahreïn**
Kilometres flown	7	18	21	21	7	18	21	21	Kilomètres parcourus
Passengers carried	522	1080	1151	1073	522	1080	1151	1073	Passagers transportés
Passengers km	714	2210	2439	2766	714	2210	2439	2766	Passagers–km
Total ton–km	91	297	354	395	91	297	354	395	Total tonnes–km
Bangladesh									**Bangladesh**
Kilometres flown	12	17	19	19	10	15	17	18	Kilomètres parcourus
Passengers carried	614	1083	1216	1261	270	667	770	815	Passagers transportés
Passengers km	1179	2556	2936	3058	1113	2470	2844	2969	Passagers–km
Total ton–km	126	278	425	398	119	270	416	390	Total tonnes–km
Bhutan									**Bhoutan**
Kilometres flown	...	0	0	0	...	0	0	0	Kilomètres parcourus
Passengers carried	...	9	9	9	...	9	9	9	Passagers transportés
Passengers km	...	5	5	5	...	5	5	5	Passagers–km
Total ton–km	...	0	0	0	...	0	0	0	Total tonnes–km
Brunei Darussalam									**Brunéi Darussalam**
Kilometres flown	...	16	20	22	...	16	20	22	Kilomètres parcourus
Passengers carried	...	604	769	916	...	604	769	916	Passagers transportés
Passengers km	...	1623	2029	2403	...	1623	2029	2403	Passagers–km
Total ton–km	...	211	277	327	...	211	277	327	Total tonnes–km
China ††									**Chine ††**
Kilometres flown	...	366	439	519	...	81	86	97	Kilomètres parcourus
Passengers carried	...	31312	37601	47565	...	4667	4917	6004	Passagers transportés
Passengers km	...	45000	52144	64204	...	11171	11777	13900	Passagers–km
Total ton–km	...	4848	5536	6779	...	1842	1897	2238	Total tonnes–km
Cyprus									**Chypre**
Kilometres flown	9	18	21	20	9	18	21	20	Kilomètres parcourus
Passengers carried	441	1011	1234	1219	441	1011	1234	1219	Passagers transportés
Passengers km	798	2179	2810	2667	798	2179	2810	2667	Passagers–km
Total ton–km	92	230	291	279	92	230	291	279	Total tonnes–km
Georgia									**Géorgie**
Kilometres flown	...	...	4	4	...	...	3	4	Kilomètres parcourus
Passengers carried	...	...	223	177	...	...	150	167	Passagers transportés
Passengers km	...	...	283	308	...	...	217	305	Passagers–km
Total ton–km	...	...	26	30	...	...	20	29	Total tonnes–km
India									**Inde**
Kilometres flown	85	104	134	168	43	46	55	65	Kilomètres parcourus
Passengers carried	6603	9442	11518	14261	1668	2194	2505	3025	Passagers transportés
Passengers km	10765	14396	17581	21880	6765	7858	9567	11916	Passagers–km
Total ton–km	1353	1661	2145	2622	966	1032	1355	1648	Total tonnes–km
Indonesia									**Indonésie**
Kilometres flown	88	218	234	233	24	80	88	91	Kilomètres parcourus
Passengers carried	5059	12009	13925	15194	922	2932	3446	3623	Passagers transportés
Passengers km	5907	19846	23141	24028	2774	12850	15178	15450	Passagers–km
Total ton–km	625	2410	2799	2939	337	1700	2023	2077	Total tonnes–km
Iran, Islamic Rep. of									**Iran, Rép. islamique d'**
Kilometres flown	16	34	38	40	8	12	13	14	Kilomètres parcourus
Passengers carried	1998	5352	5803	6291	396	750	704	774	Passagers transportés
Passengers km	2071	5045	5238	5634	995	1868	1726	1832	Passagers–km
Total ton–km	210	519	554	621	109	223	228	264	Total tonnes–km

67
Civil Aviation
Passengers on scheduled services (000); Kilometres (million) [cont.]

Aviation civile
Passagers sur les services réguliers (000); Kilomètres (millions) [suite]

Country or area and traffic	Total Totale 1980	1993	1994	1995	International Internationaux 1980	1993	1994	1995	Pays ou zone et trafic
Iraq									**Iraq**
Kilometres flown	13	...	0	...	12	...	...	...	Kilomètres parcourus
Passengers carried	620	...	31	...	434	...	...	...	Passagers transportés
Passengers km	1161	...	20	...	1083	...	...	...	Passagers–km
Total ton–km	157	...	2	...	150	...	...	...	Total tonnes–km
Israel									**Israël**
Kilometres flown	30	59	64	70	28	54	59	66	Kilomètres parcourus
Passengers carried	1483	2569	2980	3453	1043	2014	2345	2787	Passagers transportés
Passengers km	4727	8747	9662	11412	4590	8581	9544	11287	Passagers–km
Total ton–km	724	1654	1832	2103	712	1638	1820	2091	Total tonnes–km
Japan									**Japon**
Kilometres flown	365	583	628	692	150	284	306	348	Kilomètres parcourus
Passengers carried	45145	80064	83913	91797	4499	11260	12700	13943	Passagers transportés
Passengers km	51217	106983	118011	129981	22254	53979	62822	70157	Passagers–km
Total ton–km	6184	14721	16247	17922	3778	10031	11363	12622	Total tonnes–km
Jordan									**Jordanie**
Kilometres flown	21	35	36	38	21	35	36	38	Kilomètres parcourus
Passengers carried	1113	1186	1220	1270	1070	1145	1170	1219	Passagers transportés
Passengers km	2607	4000	4155	4395	2595	3990	4143	4382	Passagers–km
Total ton–km	316	580	625	664	315	579	624	663	Total tonnes–km
Kazakhstan									**Kazakhstan**
Kilometres flown	...	16	16	35	...	1	1	9	Kilomètres parcourus
Passengers carried	...	706	702	1117	...	85	81	209	Passagers transportés
Passengers km	...	1810	1787	2429	...	400	377	760	Passagers–km
Total ton–km	...	172	170	237	...	39	37	81	Total tonnes–km
Korea, Dem. P. R.									**Corée, R. p. dém. de**
Kilometres flown	3	3	3	3	0	1	1	1	Kilomètres parcourus
Passengers carried	1.2	242	242	254	20	36	36	38	Passagers transportés
Passengers km	90	197	197	207	17	108	108	113	Passagers–km
Total ton–km	10	21	21	22	2	11	11	11	Total tonnes–km
Korea, Republic of									**Corée, République de**
Kilometres flown	61	218	240	285	55	172	195	237	Kilomètres parcourus
Passengers carried	3567	21426	24932	29345	2105	6372	7368	8932	Passagers transportés
Passengers km	10833	34083	39579	48441	10240	28762	33422	41296	Passagers–km
Total ton–km	1850	7246	8191	10018	1797	6717	7586	9325	Total tonnes–km
Kuwait									**Koweït**
Kilometres flown	19	33	35	38	19	33	35	38	Kilomètres parcourus
Passengers carried	1076	1554	1756	1951	1076	1554	1756	1951	Passagers transportés
Passengers km	2114	4054	4509	5124	2114	4054	4509	5124	Passagers–km
Total ton–km	265	632	696	797	265	632	696	797	Total tonnes–km
Kyrgyzstan									**Kirghizistan**
Kilometres flown	...	8	8	9	...	1	1	1	Kilomètres parcourus
Passengers carried	...	464	464	439	...	10	10	17	Passagers transportés
Passengers km	...	568	568	573	...	41	41	71	Passagers–km
Total ton–km	...	52	52	54	...	3	3	7	Total tonnes–km
Lao People's Dem. Rep.									**Rép. dém. pop. lao**
Kilometres flown	0	1	1	1	0	1	1	1	Kilomètres parcourus
Passengers carried	13	119	119	125	13	30	30	31	Passagers transportés
Passengers km	7	46	46	48	7	19	19	20	Passagers–km
Total ton–km	1	4	4	5	1	2	2	2	Total tonnes–km
Lebanon									**Liban**
Kilometres flown	43	18	19	20	43	18	19	20	Kilomètres parcourus
Passengers carried	930	677	706	770	930	677	706	770	Passagers transportés
Passengers km	1571	1459	1588	1720	1571	1459	1588	1720	Passagers–km
Total ton–km	680	260	284	287	680	260	284	287	Total tonnes–km
Malaysia									**Malaisie**
Kilometres flown	41	116	126	148	22	75	84	104	Kilomètres parcourus
Passengers carried	4516	13101	14250	15418	1822	5655	6402	7085	Passagers transportés
Passengers km	4076	17547	20335	23431	2916	14556	17024	19807	Passagers–km
Total ton–km	501	2177	2507	3146	384	1899	2205	2811	Total tonnes–km

67
Civil Aviation
Passengers on scheduled services (000); Kilometres (million) [cont.]
Aviation civile
Passagers sur les services réguliers (000); Kilomètres (millions) [suite]

Country or area and traffic	Total Totale 1980	1993	1994	1995	International Internationaux 1980	1993	1994	1995	Pays ou zone et trafic
Maldives									**Maldives**
Kilometres flown	1	0	0	1	1	...	0	1	Kilomètres parcourus
Passengers carried	27	9	38	159	27	...	6	120	Passagers transportés
Passengers km	20	3	7	71	20	...	3	67	Passagers–km
Total ton–km	2	0	1	8	2	...	0	8	Total tonnes–km
Mongolia									**Mongolie**
Kilometres flown	...	12	12	13	...	2	2	2	Kilomètres parcourus
Passengers carried	...	630	630	662	...	43	43	45	Passagers transportés
Passengers km	...	491	491	516	...	115	115	121	Passagers–km
Total ton–km	...	45	45	47	...	12	12	12	Total tonnes–km
Myanmar									**Myanmar**
Kilometres flown	6	4	4	4	1	0	0	0	Kilomètres parcourus
Passengers carried	481	319	319	334	64	19	19	19	Passagers transportés
Passengers km	218	140	140	147	56	14	14	15	Passagers–km
Total ton–km	21	14	14	15	6	2	2	2	Total tonnes–km
Nepal									**Népal**
Kilometres flown	5	9	10	10	3	6	6	7	Kilomètres parcourus
Passengers carried	380	633	683	717	164	356	347	364	Passagers transportés
Passengers km	234	772	812	856	196	729	764	805	Passagers–km
Total ton–km	22	87	88	93	19	83	84	89	Total tonnes–km
Oman									**Oman**
Kilometres flown	7	19	26	26	7	18	23	25	Kilomètres parcourus
Passengers carried	522	1180	1512	1453	522	1080	1282	1293	Passagers transportés
Passengers km	714	2275	2802	3226	714	2210	2631	3094	Passagers–km
Total ton–km	91	303	386	436	91	297	371	424	Total tonnes–km
Pakistan									**Pakistan**
Kilometres flown	50	68	71	73	37	44	48	51	Kilomètres parcourus
Passengers carried	3029	5647	5664	5343	1501	2269	2360	2415	Passagers transportés
Passengers km	5696	9898	10409	10384	4522	7533	8059	8341	Passagers–km
Total ton–km	763	1322	1400	1400	643	1069	1150	1177	Total tonnes–km
Philippines									**Philippines**
Kilometres flown	42	70	72	74	26	48	50	51	Kilomètres parcourus
Passengers carried	3246	6526	6851	7180	997	2229	2356	2470	Passagers transportés
Passengers km	5959	13496	13977	14374	4880	11343	11686	11977	Passagers–km
Total ton–km	709	1687	1769	1798	612	1478	1546	1561	Total tonnes–km
Qatar									**Qatar**
Kilometres flown	7	18	21	21	7	18	21	21	Kilomètres parcourus
Passengers carried	522	1080	1151	1073	522	1080	1151	1073	Passagers transportés
Passengers km	714	2210	2439	2766	714	2210	2439	2766	Passagers–km
Total ton–km	91	297	354	395	91	297	354	395	Total tonnes–km
Saudi Arabia									**Arabie saoudite**
Kilometres flown	91	113	117	115	47	64	66	67	Kilomètres parcourus
Passengers carried	9241	11864	12142	11525	2348	3800	3684	3810	Passagers transportés
Passengers km	9938	18572	18250	18501	4958	12646	12215	12781	Passagers–km
Total ton–km	1069	2415	2477	2583	591	1816	1862	1998	Total tonnes–km
Singapore									**Singapour**
Kilometres flown	69	181	200	222	69	181	200	222	Kilomètres parcourus
Passengers carried	3827	9271	9929	10779	3827	9271	9929	10779	Passagers transportés
Passengers km	14719	41262	44947	48400	14719	41262	44947	48400	Passagers–km
Total ton–km	1959	6826	7586	8389	1959	6826	7586	8389	Total tonnes–km
Sri Lanka									**Sri Lanka**
Kilometres flown	8	22	21	22	8	22	21	22	Kilomètres parcourus
Passengers carried	235	994	1067	1156	235	994	1067	1156	Passagers transportés
Passengers km	691	3624	3683	3966	691	3624	3683	3966	Passagers–km
Total ton–km	72	436	448	519	72	436	448	519	Total tonnes–km
Syrian Arab Republic									**Rép. arabe syrienne**
Kilometres flown	10	10	10	10	10	9	9	10	Kilomètres parcourus
Passengers carried	465	485	472	563	383	443	428	515	Passagers transportés
Passengers km	948	817	823	948	908	801	806	940	Passagers–km
Total ton–km	101	86	88	103	98	85	86	102	Total tonnes–km

606 Transport Transports

67
Civil Aviation
Passengers on scheduled services (000); Kilometres (million) [cont.]
Aviation civile
Passagers sur les services réguliers (000); Kilomètres (millions) [suite]

Country or area and traffic	Total Totale 1980	1993	1994	1995	International Internationaux 1980	1993	1994	1995	Pays ou zone et trafic
Tajikistan									**Tadjikistan**
Kilometres flown	...	0	8	8	...	0	0	0	Kilomètres parcourus
Passengers carried	...	783	783	783	...	1	1	1	Passagers transportés
Passengers km	...	2231	2231	2231	...	5	5	5	Passagers–km
Total ton–km	...	205	205	205	...	0	0	0	Total tonnes–km
Thailand									**Thaïlande**
Kilometres flown	42	115	124	134	37	98	106	114	Kilomètres parcourus
Passengers carried	2459	10197	11405	12771	1924	6203	6775	7497	Passagers transportés
Passengers km	6276	22874	25242	27053	5988	20609	22619	24087	Passagers–km
Total ton–km	812	3167	3552	3788	789	2941	3288	3487	Total tonnes–km
Turkey									**Turquie**
Kilometres flown	14	80	91	94	8	58	68	69	Kilomètres parcourus
Passengers carried	1254	6077	6872	7749	377	2512	2675	2839	Passagers transportés
Passengers km	1103	7519	8576	9475	689	5669	6307	6810	Passagers–km
Total ton–km	113	839	989	1065	72	676	791	834	Total tonnes–km
Turkmenistan									**Turkménistan**
Kilometres flown	...	0	21	21	...	...	...	...	Kilomètres parcourus
Passengers carried	...	748	748	748	...	...	...	...	Passagers transportés
Passengers km	...	1562	1562	1562	...	...	...	...	Passagers–km
Total ton–km	...	143	143	143	...	...	...	...	Total tonnes–km
United Arab Emirates									**Emirats arabes unis**
Kilometres flown	7	63	67	73	7	63	67	73	Kilomètres parcourus
Passengers carried	522	2936	3369	3551	522	2936	3369	3551	Passagers transportés
Passengers km	714	7794	8878	9958	714	7794	8878	9958	Passagers–km
Total ton–km	91	1126	1322	1517	91	1126	1322	1517	Total tonnes–km
Uzbekistan									**Ouzbékistan**
Kilometres flown	...	2	30	32	...	2	0	2	Kilomètres parcourus
Passengers carried	...	2217	2217	2217	...	32	32	32	Passagers transportés
Passengers km	...	4855	4855	4855	...	127	127	127	Passagers–km
Total ton–km	...	447	447	447	...	18	18	18	Total tonnes–km
Viet Nam									**Viet Nam**
Kilometres flown	0	15	19	24	0	6	6	9	Kilomètres parcourus
Passengers carried	6	1200	1670	2290	6	520	700	1031	Passagers transportés
Passengers km	3	1215	1650	2303	3	580	790	1185	Passagers–km
Total ton–km	0	111	150	209	0	53	72	108	Total tonnes–km
Yemen									**Yémen**
Kilometres flown	6	13	13	6	5	11	11	4	Kilomètres parcourus
Passengers carried	310	848	791	375	255	551	531	176	Passagers transportés
Passengers km	291	1217	1183	486	280	1099	1084	381	Passagers–km
Total ton–km	27	124	119	49	26	113	110	39	Total tonnes–km
Europe [1]									**Europe** [1]
Kilometres flown	1893	3323	3536	3888	1488	2652	2842	3169	**Kilomètres parcourus**
Passengers carried	128822	228453	245600	259211	69391	128632	141095	152668	**Passagers transportés**
Passengers km	203037	393635	431075	472990	173908	336100	370459	409677	**Passagers–km**
Total ton–km	27044	56950	63263	69418	24200	51209	57154	63100	**Total tonnes–km**
Albania									**Albanie**
Kilometres flown	...	...	0	0	...	...	0	0	Kilomètres parcourus
Passengers carried	...	...	9	13	...	...	9	13	Passagers transportés
Passengers km	...	...	2	4	...	...	2	4	Passagers–km
Total ton–km	...	...	0	0	...	...	0	0	Total tonnes–km
Austria									**Autriche**
Kilometres flown	22	72	79	98	22	70	76	94	Kilomètres parcourus
Passengers carried	1284	3297	3748	4369	1267	3212	3491	3999	Passagers transportés
Passengers km	1120	5629	5933	6752	1115	5595	5868	6661	Passagers–km
Total ton–km	118	669	703	817	118	665	697	808	Total tonnes–km
Belarus									**Bélarus**
Kilometres flown	...	1	36	36	...	1	1	1	Kilomètres parcourus
Passengers carried	...	805	805	805	...	42	42	42	Passagers transportés
Passengers km	...	2604	2604	2604	...	98	98	98	Passagers–km
Total ton–km	...	237	237	237	...	9	9	9	Total tonnes–km

67
Civil Aviation
Passengers on scheduled services (000); Kilometres (million) [cont.]
Aviation civile
Passagers sur les services réguliers (000); Kilomètres (millions) [suite]

Country or area and traffic	Total Totale 1980	1993	1994	1995	International Internationaux 1980	1993	1994	1995	Pays ou zone et trafic
Belgium									**Belgique**
Kilometres flown	55	99	107	141	55	99	107	141	Kilomètres parcourus
Passengers carried	1974	3651	4193	5001	1974	3651	4193	5001	Passagers transportés
Passengers km	4852	6484	7496	8620	4852	6484	7496	8620	Passagers–km
Total ton–km	842	1081	1209	1390	842	1081	1209	1390	Total tonnes–km
Bulgaria									**Bulgarie**
Kilometres flown	13	26	26	24	7	24	23	23	Kilomètres parcourus
Passengers carried	1788	916	789	863	486	776	702	771	Passagers transportés
Passengers km	775	2241	2085	2260	515	2180	2025	2221	Passagers–km
Total ton–km	80	231	220	235	55	225	214	231	Total tonnes–km
Croatia									**Croatie**
Kilometres flown	...	5	7	8	...	3	5	6	Kilomètres parcourus
Passengers carried	...	432	624	644	...	191	306	317	Passagers transportés
Passengers km	...	255	405	414	...	171	279	289	Passagers–km
Total ton–km	...	26	41	41	...	17	28	29	Total tonnes–km
Czech Republic									**République tchèque**
Kilometres flown	25	25	24	27	16	24	24	27	Kilomètres parcourus
Passengers carried	1461	1025	1072	1285	585	1016	1067	1272	Passagers transportés
Passengers km	1539	1900	1976	2317	1190	1897	1975	2313	Passagers–km
Total ton–km	154	196	201	235	124	196	200	235	Total tonnes–km
Denmark[3]									**Danemark**[3]
Kilometres flown	33	65	65	68	27	52	52	54	Kilomètres parcourus
Passengers carried	3330	5077	5456	5652	1354	2835	3038	3209	Passagers transportés
Passengers km	3296	4913	5112	5262	2637	4130	4293	4393	Passagers–km
Total ton–km	423	579	603	618	359	502	523	535	Total tonnes–km
Estonia									**Estonie**
Kilometres flown	...	4	3	4	...	4	3	4	Kilomètres parcourus
Passengers carried	...	128	157	169	...	109	157	167	Passagers transportés
Passengers km	...	86	92	107	...	82	92	106	Passagers–km
Total ton–km	...	8	9	10	...	8	9	10	Total tonnes–km
Finland									**Finlande**
Kilometres flown	35	63	67	78	24	44	49	60	Kilomètres parcourus
Passengers carried	2512	3947	4492	5212	969	2074	2572	3190	Passagers transportés
Passengers km	2139	5529	6720	8562	1603	4712	5871	7659	Passagers–km
Total ton–km	243	662	804	990	194	590	730	910	Total tonnes–km
France[4]									**France**[4]
Kilometres flown	276	471	512	513	213	322	356	361	Kilomètres parcourus
Passengers carried	19521	35221	38121	34796	9952	13877	15757	14292	Passagers transportés
Passengers km	34130	60056	68212	67531	25938	38196	44814	44819	Passagers–km
Total ton–km	5131	9808	11408	11510	4317	7533	8881	9097	Total tonnes–km
Germany †									**Allemagne** †
Kilometres flown	196	474	528	622	168	399	448	533	Kilomètres parcourus
Passengers carried	13046	29363	32465	34680	7458	16555	18748	20273	Passagers transportés
Passengers km	21056	52941	58263	64233	18932	47808	53049	58430	Passagers–km
Total ton–km	3524	10109	11365	12414	3299	9542	10792	11781	Total tonnes–km
Greece									**Grèce**
Kilometres flown	40	62	64	62	30	47	49	46	Kilomètres parcourus
Passengers carried	4891	5478	5813	6006	1656	2290	2545	2486	Passagers transportés
Passengers km	5062	7899	8429	7945	4030	6964	7453	6895	Passagers–km
Total ton–km	521	848	904	843	427	755	807	738	Total tonnes–km
Hungary									**Hongrie**
Kilometres flown	16	24	26	26	16	24	26	26	Kilomètres parcourus
Passengers carried	874	1217	1325	1311	874	1217	1325	1311	Passagers transportés
Passengers km	1020	1484	1653	1694	1020	1484	1653	1694	Passagers–km
Total ton–km	111	147	169	185	111	147	169	185	Total tonnes–km
Iceland									**Islande**
Kilometres flown	11	19	21	22	9	17	18	19	Kilomètres parcourus
Passengers carried	542	801	1031	1097	300	552	774	830	Passagers transportés
Passengers km	1295	1968	2297	2498	1235	1905	2232	2429	Passagers–km
Total ton–km	142	219	254	276	136	212	247	270	Total tonnes–km

67
Civil Aviation
Passengers on scheduled services (000); Kilometres (million) [cont.]
Aviation civile
Passagers sur les services réguliers (000); Kilomètres (millions) [suite]

Country or area and traffic	Total 1980	1993	1994	1995	International 1980	1993	1994	1995	Pays ou zone et trafic
Ireland									**Irlande**
Kilometres flown	22	39	42	50	21	37	40	49	Kilomètres parcourus
Passengers carried	1830	4650	4826	6587	1636	4354	4516	6206	Passagers transportés
Passengers km	2049	4209	4920	5854	2009	4157	4863	5782	Passagers–km
Total ton–km	271	467	537	626	266	463	532	619	Total tonnes–km
Italy									**Italie**
Kilometres flown	139	246	248	266	96	172	174	190	Kilomètres parcourus
Passengers carried	9956	21901	22933	23680	4191	8571	9460	10146	Passagers transportés
Passengers km	14076	29713	31738	33394	11209	22756	24730	26246	Passagers–km
Total ton–km	1813	4045	4257	4505	1535	3393	3600	3831	Total tonnes–km
Latvia									**Lettonie**
Kilometres flown	...	4	6	7	...	4	6	7	Kilomètres parcourus
Passengers carried	...	111	133	183	...	111	133	183	Passagers transportés
Passengers km	...	106	145	212	...	106	145	212	Passagers–km
Total ton–km	...	11	15	20	...	11	15	20	Total tonnes–km
Lithuania									**Lituanie**
Kilometres flown	...	5	7	8	...	5	7	8	Kilomètres parcourus
Passengers carried	...	150	195	210	...	150	195	210	Passagers transportés
Passengers km	...	154	241	308	...	154	241	308	Passagers–km
Total ton–km	...	15	23	29	...	15	23	29	Total tonnes–km
Luxembourg									**Luxembourg**
Kilometres flown	3	8	9	10	3	8	9	10	Kilomètres parcourus
Passengers carried	162	471	533	570	162	471	533	570	Passagers transportés
Passengers km	55	290	361	380	55	290	361	380	Passagers–km
Total ton–km	5	27	33	35	5	27	33	35	Total tonnes–km
Malta									**Malte**
Kilometres flown	6	13	18	20	6	13	18	20	Kilomètres parcourus
Passengers carried	401	797	1002	1066	401	797	1002	1066	Passagers transportés
Passengers km	602	1250	1620	1723	602	1250	1620	1723	Passagers–km
Total ton–km	59	117	154	165	59	117	154	165	Total tonnes–km
Monaco									**Monaco**
Kilometres flown	0	0	0	0	0	0	0	0	Kilomètres parcourus
Passengers carried	44	44	44	44	44	44	44	44	Passagers transportés
Passengers km	1	1	1	1	1	1	1	1	Passagers–km
Total ton–km	0	0	0	0	0	0	0	0	Total tonnes–km
Netherlands[5]									**Pays–Bas**[5]
Kilometres flown	109	247	263	365	107	246	262	356	Kilomètres parcourus
Passengers carried	4984	11775	12895	16378	4633	11704	12817	16021	Passagers transportés
Passengers km	14643	38544	42435	57580	14596	38495	42382	57356	Passagers–km
Total ton–km	2347	6512	7320	9345	2342	6507	7315	9323	Total tonnes–km
Norway[3]									**Norvège**[3]
Kilometres flown	58	102	106	112	27	49	48	50	Kilomètres parcourus
Passengers carried	4804	10383	11133	11659	1354	2842	3004	3163	Passagers transportés
Passengers km	4068	7266	7663	7996	2637	4092	4259	4422	Passagers–km
Total ton–km	493	791	836	866	359	498	522	540	Total tonnes–km
Poland									**Pologne**
Kilometres flown	35	37	38	41	26	34	35	38	Kilomètres parcourus
Passengers carried	1711	1270	1452	1657	931	1106	1246	1413	Passagers transportés
Passengers km	2232	3335	3690	4242	1934	3272	3611	4146	Passagers–km
Total ton–km	207	357	396	457	182	351	389	448	Total tonnes–km
Portugal									**Portugal**
Kilometres flown	39	72	74	82	30	58	59	66	Kilomètres parcourus
Passengers carried	1978	4379	4360	4590	971	2632	2543	2633	Passagers transportés
Passengers km	3459	8089	7880	8057	2793	6928	6648	6702	Passagers–km
Total ton–km	424	913	904	933	349	787	771	788	Total tonnes–km
Republic of Moldova									**République de Moldova**
Kilometres flown	...	0	0	4	...	0	0	4	Kilomètres parcourus
Passengers carried	...	312	312	170	...	2	2	170	Passagers transportés
Passengers km	...	1078	1078	211	...	4	4	211	Passagers–km
Total ton–km	...	100	100	20	...	0	0	20	Total tonnes–km

67

Civil Aviation
Passengers on scheduled services (000); Kilometres (million) [cont.]
Aviation civile
Passagers sur les services réguliers (000); Kilomètres (millions) [suite]

Country or area and traffic	Total Totale 1980	1993	1994	1995	International Internationaux 1980	1993	1994	1995	Pays ou zone et trafic
Romania									**Roumanie**
Kilometres flown	20	24	30	30	13	19	26	27	Kilomètres parcourus
Passengers carried	1112	979	1243	1245	383	615	900	979	Passagers transportés
Passengers km	1209	1810	2584	2526	916	1657	2442	2426	Passagers–km
Total ton–km	109	161	252	246	83	148	239	237	Total tonnes–km
Russian Federation									**Fédération de Russie**
Kilometres flown	...	971	859	821	...	161	172	186	Kilomètres parcourus
Passengers carried	103754	36124	28933	26525	2503	3793	3745	4338	Passagers transportés
Passengers km	160299	76444	64177	61035	8982	15232	14220	15972	Passagers–km
Total ton–km	17510	7801	6648	6433	1135	1764	1771	1980	Total tonnes–km
Slovakia									**Slovaquie**
Kilometres flown	...	1	1	1	...	1	1	1	Kilomètres parcourus
Passengers carried	...	18	23	41	...	10	10	26	Passagers transportés
Passengers km	...	10	12	43	...	7	7	38	Passagers–km
Total ton–km	...	1	1	4	...	1	1	4	Total tonnes–km
Slovenia									**Slovénie**
Kilometres flown	...	5	6	6	...	5	6	6	Kilomètres parcourus
Passengers carried	...	291	340	371	...	276	338	370	Passagers transportés
Passengers km	...	278	329	357	...	275	329	357	Passagers–km
Total ton–km	...	28	33	36	...	28	33	36	Total tonnes–km
Spain									**Espagne**
Kilometres flown	164	248	237	265	96	148	135	145	Kilomètres parcourus
Passengers carried	15089	22279	22361	25766	5137	6956	6754	7135	Passagers transportés
Passengers km	15517	27105	26919	31070	10290	18551	18181	19681	Passagers–km
Total ton–km	1808	3025	3025	3485	1267	2168	2154	2391	Total tonnes–km
Sweden [3]									**Suède** [3]
Kilometres flown	66	120	125	111	41	76	73	72	Kilomètres parcourus
Passengers carried	5209	9730	10808	9572	2031	4042	4386	4491	Passagers transportés
Passengers km	5342	8428	9417	8615	3955	5945	6405	6333	Passagers–km
Total ton–km	666	993	1064	987	538	757	790	780	Total tonnes–km
Switzerland									**Suisse**
Kilometres flown	98	165	174	192	97	160	169	184	Kilomètres parcourus
Passengers carried	5930	9152	9338	9859	5221	8134	8281	8754	Passagers transportés
Passengers km	10831	17509	18858	20359	10773	17299	18651	20016	Passagers–km
Total ton–km	1419	2990	3288	3557	1413	2965	3262	3517	Total tonnes–km
TFYR Macedonia									**L'ex–R.y. Macédoine**
Kilometres flown	...	5	5	5	...	5	5	5	Kilomètres parcourus
Passengers carried	...	187	203	215	...	187	203	215	Passagers transportés
Passengers km	...	292	319	340	...	292	319	340	Passagers–km
Total ton–km	...	28	29	31	...	28	29	31	Total tonnes–km
Ukraine									**Ukraine**
Kilometres flown	...	35	17	29	...	8	13	16	Kilomètres parcourus
Passengers carried	...	1278	536	864	...	178	303	381	Passagers transportés
Passengers km	...	1790	1046	1534	...	511	842	1071	Passagers–km
Total ton–km	...	171	109	158	...	49	90	115	Total tonnes–km
United Kingdom [6]									**Royaume–Uni** [6]
Kilometres flown	426	729	804	859	370	636	709	762	Kilomètres parcourus
Passengers carried	25551	50188	55475	59125	18489	38061	42450	45672	Passagers transportés
Passengers km	56750	124882	139088	152452	54026	119950	133752	146938	Passagers–km
Total ton–km	6742	17387	19699	21739	6503	16970	19250	21258	Total tonnes–km
Oceania [1]									**Océanie** [1]
Kilometres flown	**276**	**558**	**668**	**693**	**100**	**255**	**304**	**330**	**Kilomètres parcourus**
Passengers carried	**18133**	**35231**	**39286**	**41441**	**3254**	**8705**	**11043**	**12207**	**Passagers transportés**
Passengers km	**32195**	**73902**	**87550**	**95678**	**20881**	**50131**	**59168**	**65415**	**Passagers–km**
Total ton–km	**3727**	**8995**	**10696**	**11517**	**2554**	**6633**	**7762**	**8415**	**Total tonnes–km**
Australia									**Australie**
Kilometres flown	200	402	442	468	59	156	158	181	Kilomètres parcourus
Passengers carried	13649	26929	26888	28835	1961	5705	5554	6187	Passagers transportés
Passengers km	25555	57343	61362	67504	15769	36015	37019	41428	Passagers–km
Total ton–km	2900	6896	7457	8130	1897	4781	4979	5488	Total tonnes–km

67
Civil Aviation
Passengers on scheduled services (000); Kilometres (million) [*cont.*]
Aviation civile
Passagers sur les services réguliers (000); Kilomètres (millions) [*suite*]

	Total Totale				International Internationaux				
Country or area and traffic	1980	1993	1994	1995	1980	1993	1994	1995	Pays ou zone et trafic
Fiji									**Fidji**
Kilometres flown	7	9	12	13	3	5	8	9	Kilomètres parcourus
Passengers carried	322	424	465	495	90	281	298	320	Passagers transportés
Passengers km	250	983	1101	1282	141	964	1080	1260	Passagers−km
Total ton−km	26	126	155	198	14	125	153	196	Total tonnes−km
Kiribati									**Kiribati**
Kilometres flown	...	1	1	1	...	0	0	0	Kilomètres parcourus
Passengers carried	...	26	26	27	...	3	3	3	Passagers transportés
Passengers km	...	10	10	10	...	6	6	6	Passagers−km
Total ton−km	...	2	2	2	...	1	1	1	Total tonnes−km
Marshall Islands									**Iles Marshall**
Kilometres flown	...	2	9	2	...	1	6	1	Kilomètres parcourus
Passengers carried	...	44	42	46	...	16	14	23	Passagers transportés
Passengers km	...	49	41	57	...	39	31	49	Passagers−km
Total ton−km	...	10	12	16	...	9	10	15	Total tonnes−km
Nauru									**Nauru**
Kilometres flown	5	3	3	3	5	3	3	3	Kilomètres parcourus
Passengers carried	64	117	117	123	64	117	117	123	Passagers transportés
Passengers km	107	206	206	216	107	206	206	216	Passagers−km
Total ton−km	10	20	20	21	10	20	20	21	Total tonnes−km
New Zealand									**Nouvelle−Zélande**
Kilometres flown	52	121	136	131	29	81	91	85	Kilomètres parcourus
Passengers carried	3497	6291	7716	7677	1041	2244	2934	3188	Passagers transportés
Passengers km	5725	14163	16946	18008	4563	12194	14770	15797	Passagers−km
Total ton−km	731	1823	2170	2208	599	1622	1951	1987	Total tonnes−km
Papua New Guinea									**Papouasie−Nvl−Guinée**
Kilometres flown	11	13	19	14	4	4	5	5	Kilomètres parcourus
Passengers carried	559	866	1113	970	99	181	196	206	Passagers transportés
Passengers km	520	733	837	830	301	409	445	470	Passagers−km
Total ton−km	57	82	94	94	33	50	55	58	Total tonnes−km
Solomon Islands									**Iles Salomon**
Kilometres flown	1	2	2	3	0	1	1	1	Kilomètres parcourus
Passengers carried	42	75	79	89	0	27	28	27	Passagers transportés
Passengers km	39	62	65	70	0	50	53	55	Passagers−km
Total ton−km	3	7	5	8	0	6	4	7	Total tonnes−km
Tonga									**Tonga**
Kilometres flown	...	1	1	1	...	...	...	...	Kilomètres parcourus
Passengers carried	...	35	53	53	...	...	...	...	Passagers transportés
Passengers km	...	7	11	11	...	...	...	...	Passagers−km
Total ton−km	...	1	1	1	...	...	...	...	Total tonnes−km
Vanuatu									**Vanuatu**
Kilometres flown	...	2	2	2	...	2	2	2	Kilomètres parcourus
Passengers carried	...	67	70	66	...	67	70	66	Passagers transportés
Passengers km	...	142	143	146	...	142	143	146	Passagers−km
Total ton−km	...	14	15	15	...	14	15	15	Total tonnes−km

Source:
International Civil Aviation Organization (ICAO) (Montreal).

† For information on recent changes in country or area nomenclature pertaining to former Czechoslovakia, Germany, Hong Kong Special Administrative Region (SAR) of China, SFR Yugoslavia and former USSR, see Annex I − Country or area nomenclature, regional and other groupings.

†† For statistical purposes, the data for China do not include those for the Hong Kong Special Administrative Region (Hong Kong SAR) and Taiwan province of China.

Source:
Organisation de l'aviation civile internationale (OACI) (Montréal).

† Pour les modifications récentes de nomenclature de pays ou de zone concernant l'Allemagne, Hong−Kong (Région administrative spéciale de Chine), l'ex−Tchécoslovaquie, l'ex−URSS et l'ex−Rfs de Yougoslavie, voir annexe I − Nomenclature des pays ou des zones, groupements régionaux et autres groupements.

†† Les données statistiques relatives à la Chine ne comprennent pas celles qui concernent la région administrative spéciale de Hong−Kong (la RAS de Hong−Kong) et la province chinoise de Taiwan.

67
Civil Aviation
Passengers on scheduled services (000); Kilometres (million) [cont.]
Aviation civile
Passagers sur les services réguliers (000); Kilomètres (millions) [suite]

1 Regional totals add to world totals. However, individual country statistics do not add to regional totals because (i) not all countries are shown, and (ii) the ststistics of France, the Netherlands and the United Kingdom have been distributed between two or more regions — France (Europe, Asia and Pacific, Africa, America: North and South), Netherlands (Europe and America: North and South), United Kingdom (Europe, Asia and Pacific, America: North and South).

2 Includes apportionment (1/10) of the traffic of Air Afrique, a multinational airline with headquarters in Côte d'Ivoire and operated by 10 African States until 1991. From 1992 includes apportionment (1/11) of the traffic of Air Afrique and operated by 11 African States.

3 Includes an apportionment of international operations performed by Scandinavian Airlines System (SAS), Denmark (2/7), Norway (2/7), Sweden (3/7).

4 Including data for airlines based in the territories and dependencies of France.

5 Including data for airlines based in the territories and dependencies of Netherlands.

6 Including data for airlines based in the territories and dependencies of United Kingdom.

1 Les totaux régionaux s'ajoutent pour donner les totaux mondiaux. En revanche, les statistiques de chaque pays ne s'additionnent pas donner des totaux régionaux car (i) tous les pays ne sont pas indiqués et (ii) les statistiques de la France, des Pays–Bas et du Royaume–Uni concernent deux régions ou plus; France (Europe, Asie et Pacifique, Afrique, Amérique : Nord et Sud), Pays–Bas (Europe et Amérique : Nord et Sud), Royaume–Uni (Europe, Asie et Pacifique, Amérique : Nord et Sud).

2 Ces chiffres comprennent une partie du trafic (1/10) assurée par Air Afrique, compagnie aérienne multinationale dont le siège est situé en Côte d'Ivoire et est exploitée conjointement par 10 Etats Africains jusqu'à 1991. A partir de 1992 ces chiffres comprennent une partie du trafic (1/11) assurée par Air Afrique et est exploitée conjointement par 11 Etats Africains.

3 Y compris une partie des vols internationaux effectués par le SAS, Danemark (2/7), Norvège (2/7) et Suède (3/7).

4 Y compris les données relatives aux compagnies aériennes ayant des bases d'opérations dans les territoires et dépendances de France.

5 Y compris les données relatives aux compagnies aériennes ayant des bases d'opérations dans les territoires et dépendances des Pays–Bas.

6 Y compris les données relatives aux compagnies aériennes ayant des bases d'opération dans les territoires et dépendances du Royaume–Uni.

Technical notes, tables 63-67

Table 63: Data refer to domestic and international traffic on all railway lines within each country shown, except railways entirely within an urban unit, and plantation, industrial mining, funicular and cable railways. The figures relating to passenger-kilometres include all passengers except military, government and railway personnel when carried without revenue. Those relating to ton-kilometres are freight net ton-kilometres and include both fast and ordinary goods services but exclude service traffic, mail, baggage and non-revenue governmental stores.

Table 64: For years in which a census or registration took place the census or registration figure is shown; for other years, unless otherwise indicated, the officially estimated number of vehicles in use is shown. The time of year to which the figures refer is variable. Special purpose vehicles such as two- or three-wheeled cycles and motorcycles, trams, trolley-buses, ambulances, hearses, military vehicles operated by police or other governmental security organizations are excluded. Passenger cars includes vehicles seating not more than nine persons (including the driver), such as taxis, jeeps and station wagons. Commercial vehicles includes: vans, lorries (trucks), buses, tractor and semi-trailer combinations but excluding trailers and farm tractors.

Table 65: Data refer to merchant fleets registered in each country on 30 June of the year stated (1983-1991). Beginning 1992, data refer to end of the year merchant fleets. They are given in gross registered tons (100 cubic feet or 2.83 cubic metres) and represent the total volume of all the permanently enclosed spaces of the vessels to which the figures refer. Vessels without mechanical means of propulsion are excluded, but sailing vessels with auxiliary power are included.

Part A of the table refers to the total of merchant fleets registered. Part B shows data for oil tanker fleets and part C data for ore-oil and bulk carrier fleets.

Table 66: The figures for vessels entered and cleared, unless otherwise stated, represent the sum of the net registered tonnage of sea-going foreign and domestic merchant vessels (power and sailing) entered with cargo from or cleared with cargo to a foreign port and refer to only one entrance or clearance for each foreign voyage. The data where possible exclude vessels "in ballast", i.e. entering without unloading or clearing without loading goods.

Notes techniques, tableaux 63 à 67

Tableau 63 : Les données se rapportent au trafic intérieur et international de toutes les lignes de chemins de fer du pays indiqué, à l'exception des lignes situées entièrement à l'intérieur d'une agglomération urbaine ou desservant une plantation ou un complexe industriel minier, des funiculaires et des téléfériques. Les chiffres relatifs aux voyageurs-kilomètres se rapportent à tous les voyageurs sauf les militaires, les fonctionnaires et le personnel des chemins de fer, qui sont transportés gratuitement. Les chiffres relatifs aux tonnes-kilomètres se rapportent aux tonnes-kilomètres nettes de fret et comprennent les services rapides et ordinaires de transport de marchandises, à l'exception des transports pour les besoins du service, d courrier, des bagages et des marchandises transportées gratuitement pour les besoins de l'Etat.

Tableau 64 : Pour les années où a eu lieu un recensement ou un enregistrement des véhicules, le chiffre indiqué est le résultat de cette opération; pour les autres années, sauf indication contraire, le chiffre indiqué correspond à l'estimation officielle du nombre de véhicules en circulation. L'époque de l'année à laquelle se rapportent les chiffres varie. Les véhicules à usage spécial, tels que les cycles à deux ou trois roues et motocyclettes, les tramways, les trolley-bus, les ambulances, les corbillards, les véhicules militaires utilisés par la police ou par d'autres services publics de sécurité ne sont pas compris dans ces chiffres. Les voitures de tourisme comprennent les véhicules automobiles dont le nombre de places assises (y compris celle du conducteur) n'est pas supérieur à neuf, tels que les taxis, jeeps et breaks. Les véhicules utilitaires comprennent les fourgons, camions, autobus et autocars, les ensembles tracteurs-remorques et semi-remorques, mais ne comprennent pas les remorques et les tracteurs agricoles.

Tableau 65 : Les données se rapportent à la flotte marchande enregistrée dans chaque pays au 30 juin de l'année indiquée (1983-1991). A partir de 1992, les données se rapportent à la flotte marchande à la fin de l'année. Elles sont exprimées en tonneaux de jauge brute (100 pieds cubes ou 2,83 mètres cubes) et représentent le volume total de tous les espaces clos en permanence dans les navires auxquels elle s'appliquent. Elles excluent les navires sans moteur, mais pas les voiliers avec moteurs auxiliaires.

Les données de la Partie A du tableau se rapportent au total de la flotte marchande enregistrée. Celles de la Partie B se rapportent à la flotte des pétroliers, et celles de la Partie C à la flotte des minéraliers et des transporteurs de vrac et d'huile.

Table 67: Data for total services cover both domestic and international scheduled services operated by airlines registered in each country. Scheduled services include supplementary services occasioned by overflow traffic on regularly scheduled trips and preparatory flights for newly scheduled services. Freight means all goods, except mail and excess baggage, carried for remuneration.

Tableau 66 : sauf indication contraire, les données relatives aux navires entrés et sortis représentent la jauge nette totale des navires marchands de haute mer (à moteur ou à voile) nationaux ou étrangers, qui entrent ou sortent chargés, en provenance ou à destination d'un port étranger. On ne compte qu'une seule entrée et une seule sortie pour chaque voyage international. Dans la mesure du possible, le tableau exclut les navires sur lest (c'est-à-dire les navires entrant sans décharger ou sortant sans avoir chargé).

Tableau 67 : Les données relatives au total des services se rapportent aux services réguliers, intérieurs ou internationaux, des compagnies de transport aérien enregistrées dans chaque pays. Les services réguliers comprennent aussi les vols supplémentaires nécessités par un surcroît d'activité des services réguliers et les vols préparatoires en vue de nouveaux services réguliers. Par fret, on entend toutes les marchandises transportées contre paiement, mais non le courrier et les excédents de bagage.

68

Production, trade and consumption of commercial energy
Production, commerce et consommation d'énergie commerciale

Thousand metric tons of coal equivalent and kilograms per capita
Milliers de tonnes métriques d'équivalent houille et kilogrammes par habitant

Country or area	Year	Primary energy production – Production d'energie primaire					Changes in stocks Variations des stocks	Imports Importations	Exports Exportations
		Total Totale	Solids Solides	Liquids Liquides	Gas Gaz	Electricity Electricité			
Africa	**1992**	**734 420**	**139 908**	**484 118**	**99 752**	**10 643**	**−3 159**	**74 409**	**488 606**
	1993	**745 158**	**145 569**	**485 858**	**103 846**	**9 885**	**−2 354**	**70 386**	**488 166**
	1994	**752 147**	**156 208**	**484 396**	**100 688**	**10 855**	**−3 950**	**70 297**	**487 528**
	1995	**773 338**	**152 863**	**490 117**	**119 382**	**10 975**	**−963**	**69 405**	**505 612**
Algeria	1992	153 602	15	84 015	69 547	24	−743	1 768	112 222
	1993	156 534	20	84 763	71 708	43	−882	1 744	111 847
	1994	153 015	20	84 865	68 110	20	−672	1 270	107 027
	1995	170 503	22	87 510	82 947	24	−154	1 228	119 450
Angola	1992	37 527	..	37 137	222	169	...	21	35 332
	1993	36 386	..	35 994	223	169	...	21	34 046
	1994	36 457	..	36 065	222	170	...	21	33 896
	1995	38 244	..	37 851	223	170	...	21	35 896
Benin	1992	183	..	183	..	..	...	266	193
	1993	207	..	207	..	..	...	270	217
	1994	173	..	173	..	..	...	281	183
	1995	127	..	127	..	..	...	284	137
Burkina Faso	1992	2	..	..	..	2	0	439	0
	1993	6	..	..	..	6	0	446	0
	1994	9	..	..	..	9	3	460	0
	1995	9	..	..	..	9	0	461	0
Burundi	1992	19	6	..	..	13	3	97	..
	1993	19	6	..	..	13	3	106	..
	1994	20	6	..	..	14	3	106	..
	1995	20	6	..	..	14	1	108	..
Cameroon	1992	10 025	1	9 698	..	326	0	75	8 168
	1993	9 197	1	8 870	..	326	10	96	7 322
	1994	8 625	1	8 297	..	326	0	107	6 275
	1995	7 584	1	7 256	..	327	0	113	5 438
Cape Verde	1992	..	..	..	..	..	0	51	0
	1993	..	..	..	..	..	0	51	0
	1994	..	..	..	..	..	0	56	0
	1995	..	..	..	..	..	0	54	0
Central African Rep.	1992	10	..	..	..	10	3	123	..
	1993	10	..	..	..	10	3	126	..
	1994	10	..	..	..	10	3	134	..
	1995	10	..	..	..	10	1	134	..
Chad	1992	..	..	..	..	..	3	63	...
	1993	..	..	..	..	..	4	75	...
	1994	..	..	..	..	..	4	78	...
	1995	..	..	..	..	..	3	78	...
Comoros	1992	0	..	..	..	0	0	31	..
	1993	0	..	..	..	0	0	31	..
	1994	0	..	..	..	0	0	31	..
	1995	0	..	..	..	0	0	32	..
Congo	1992	12 417	0	12 361	4	52	130	22	11 371
	1993	13 494	0	13 438	4	53	0	22	12 885
	1994	13 715	0	13 658	4	53	0	22	12 341
	1995	13 140	0	13 082	4	53	0	21	12 573
Côte d'Ivoire	1992	629	..	500	..	129	...	4 770	383
	1993	642	..	507	..	135	...	4 826	383
	1994	632	..	497	..	135	...	4 843	391
	1995	647	..	511	..	136	...	4 857	400
Dem. Rep. of the Congo	1992	2 431	85	1 603	..	744	...	1 509	1 643
	1993	2 392	92	1 621	..	679	...	1 517	1 655
	1994	2 351	95	1 605	..	650	...	1 010	1 789
	1995	2 457	95	1 637	..	725	...	1 070	1 793
Djibouti	1992	..	..	..	..	..	0	762	..
	1993	..	..	..	..	..	0	770	..
	1994	..	..	..	..	..	0	770	..
	1995	..	..	..	..	..	0	779	..
Egypt	1992	80 737	..	68 510	11 179	1 049	857	1 076	39 207
	1993	83 328	..	69 201	12 839	1 288	714	1 340	37 513
	1994	82 391	..	67 033	14 039	1 319	714	1 706	36 575
	1995	86 314	..	66 914	18 072	1 328	857	1 386	36 585

Bunkers – Soutes			Consumption – Consommation							
Air Avion	Sea Maritime	Unallocated Nondistribué	Per capita Par habitant	Total Totale	Solids Solides	Liquids Liquides	Gas Gaz	Electricity Electricité	Année	Pays ou zone
3 281	**5 198**	**30 733**	**430**	**284 169**	**101 221**	**121 211**	**51 327**	**10 410**	**1992**	**Afrique**
3 421	**8 219**	**32 401**	**421**	**285 691**	**96 610**	**122 854**	**56 492**	**9 734**	**1993**	
3 619	**8 772**	**28 981**	**426**	**297 494**	**105 465**	**122 589**	**58 667**	**10 773**	**1994**	
3 556	**8 768**	**19 579**	**427**	**306 192**	**103 280**	**122 270**	**69 649**	**10 993**	**1995**	
236	230	6 250	1 420	37 176	1 235	13 882	22 149	−90	1992	Algérie
236	259	6 568	1 502	40 251	1 340	13 983	25 037	−109	1993	
295	288	4 316	1 568	43 031	1 280	15 938	25 931	−118	1994	
368	288	5 638	1 642	46 141	1 222	12 175	32 754	−10	1995	
236	985	100	91	896	0	505	222	169	1992	Angola
239	971	250	89	902	0	509	223	169	1993	
236	964	491	85	890	0	499	222	170	1994	
233	942	297	83	897	0	503	223	170	1995	
25	..	0	47	231	..	202	..	29	1992	Bénin
27	..	0	46	233	..	202	..	32	1993	
27	..	0	46	244	..	212	..	32	1994	
28	..	0	45	246	..	213	..	32	1995	
..	..	..	46	441	0	439	..	2	1992	Burkina Faso
..	..	..	46	452	0	446	..	6	1993	
..	..	..	46	466	0	457	..	9	1994	
..	..	..	45	470	0	461	..	9	1995	
7	..	..	19	106	6	84	..	16	1992	Burundi
9	..	..	19	113	6	90	..	18	1993	
7	..	..	20	116	6	92	..	17	1994	
9	..	..	19	118	6	94	..	18	1995	
19	..	93	150	1 821	1	1 494	..	326	1992	Cameroun
22	..	41	152	1 898	1	1 571	..	326	1993	
22	..	560	146	1 874	1	1 546	..	326	1994	
22	..	326	145	1 910	1	1 582	..	327	1995	
0	0	..	142	51	0	51	..	..	1992	Cap-Vert
0	0	..	139	51	0	51	..	..	1993	
0	0	..	149	56	0	56	..	..	1994	
0	0	..	140	54	0	54	..	..	1995	
18	..	..	37	112	..	103	..	10	1992	Rép. centrafricaine
18	..	..	37	115	..	106	..	10	1993	
19	..	..	38	121	..	112	..	10	1994	
19	..	..	38	123	..	113	..	10	1995	
24	..	..	6	37	0	37	..	..	1992	Tchad
27	..	..	7	44	0	44	..	..	1993	
28	..	..	7	45	0	45	..	..	1994	
28	..	..	7	47	0	47	..	..	1995	
0	..	..	56	31	..	31	..	0	1992	Comores
0	..	..	54	31	..	31	..	0	1993	
0	..	..	52	31	..	31	..	0	1994	
0	..	..	54	33	..	32	..	0	1995	
0	11	125	338	801	0	732	4	65	1992	Congo
0	11	−208	339	828	0	758	4	66	1993	
0	11	564	326	820	0	750	4	66	1994	
0	14	−217	305	791	0	719	4	67	1995	
109	7	1 107	303	3 793	..	3 665	..	129	1992	Côte d'Ivoire
107	10	1 859	240	3 109	..	2 974	..	135	1993	
112	10	1 646	249	3 315	..	3 180	..	135	1994	
112	12	1 635	244	3 346	..	3 210	..	136	1995	
152	45	73	50	2 026	303	1 126	..	597	1992	Dém. Rép. du Congo
155	45	139	45	1 915	310	1 093	..	512	1993	
167	50	−20	31	1 375	291	559	..	525	1994	
171	51	14	33	1 497	322	575	..	599	1995	
93	496	..	312	173	..	173	..	..	1992	Djibouti
94	497	..	314	179	..	179	..	..	1993	
94	501	..	299	175	..	175	..	..	1994	
97	506	..	293	176	..	176	..	..	1995	
221	1 699	3 015	627	36 813	978	23 608	11 179	1 049	1992	Egypte
348	1 699	2 790	696	41 604	1 287	26 190	12 839	1 288	1993	
516	1 956	2 795	682	41 541	1 392	24 792	14 039	1 319	1994	
368	1 960	1 935	741	45 994	924	25 671	18 072	1 328	1995	

68
Production, trade and consumption of commercial energy
Thousand metric tons of coal equivalent and kilograms per capita [cont.]
Production, commerce et consommation d'énergie commerciale
Milliers de tonnes métriques d'équivalent houille et kilogrammes par habitant [suite]

Country or area	Year	Primary energy production – Production d'energie primaire					Changes in stocks Variations des stocks	Imports Importations	Exports Exportations
		Total Totale	Solids Solides	Liquids Liquides	Gas Gaz	Electricity Electricité			
Equatorial Guinea	1992	179	..	179	..	0	0	58	177
	1993	316	..	316	..	0	0	58	316
	1994	346	..	346	..	0	0	60	346
	1995	357	..	357	..	0	...	60	354
Ethiopia	1992	146	..	..	..	146	40	1 660	213
	1993	161	..	..	..	161	12	1 634	219
	1994	148	..	..	..	148	2	1 804	228
	1995	150	..	..	..	150	6	1 823	270
Gabon	1992	23 125	..	21 951	1 086	88	0	106	20 003
	1993	23 466	..	22 258	1 121	87	−113	101	21 232
	1994	25 693	..	24 587	1 018	88	−267	62	23 691
	1995	27 248	..	26 061	1 098	89	−211	62	25 092
Gambia	1992	..	..	..	..	..	0	97	3
	1993	..	..	..	..	..	0	103	3
	1994	..	..	..	..	..	0	103	3
	1995	..	..	..	..	..	...	106	3
Ghana	1992	751	..	0	..	751	0	1 779	119
	1993	751	..	0	..	751	0	1 793	122
	1994	751	..	0	..	751	0	1 806	124
	1995	751	..	0	..	751	...	1 824	124
Guinea	1992	23	..	..	..	23	1	507	..
	1993	23	..	..	..	23	1	520	..
	1994	23	..	..	..	23	1	520	..
	1995	23	..	..	..	23	...	529	..
Guinea–Bissau	1992	..	..	..	..	..	..	110	0
	1993	..	..	..	..	..	..	116	0
	1994	..	..	..	..	..	..	116	0
	1995	..	..	..	..	..	..	118	0
Kenya	1992	677	..	..	..	677	0	3 519	933
	1993	701	..	..	..	701	0	3 852	872
	1994	697	..	..	..	697	0	3 707	647
	1995	739	..	..	..	739	...	3 563	535
Liberia	1992	20	..	..	..	20	...	156	1
	1993	21	..	..	..	21	...	172	1
	1994	21	..	..	..	21	...	172	1
	1995	22	..	..	..	22	0	176	1
Libyan Arab Jamah.	1992	109 756	..	100 742	9 014	..	−4 155	9	93 872
	1993	104 213	..	95 745	8 468	..	−4 178	8	87 645
	1994	106 573	..	98 065	8 508	..	−3 231	9	87 219
	1995	106 811	..	98 408	8 404	..	−1 087	9	86 293
Madagascar	1992	42	..	..	..	42	0	567	79
	1993	43	..	..	..	43	0	594	85
	1994	43	..	..	..	43	0	562	31
	1995	43	..	..	..	43	...	579	28
Malawi	1992	95	..	..	..	95	..	299	0
	1993	96	..	..	..	96	..	311	0
	1994	96	..	..	..	96	..	326	0
	1995	96	..	..	..	96	..	328	0
Mali	1992	26	..	..	..	26	..	230	..
	1993	27	..	..	..	27	..	236	..
	1994	27	..	..	..	27	..	237	..
	1995	28	..	..	..	28	..	241	..
Mauritania	1992	3	..	..	..	3	0	1 485	..
	1993	3	..	..	..	3	0	1 497	..
	1994	3	..	..	..	3	0	1 510	..
	1995	3	..	..	..	3	0	1 512	..
Mauritius	1992	14	..	..	..	14	34	986	0
	1993	13	..	..	..	13	26	1 034	0
	1994	9	..	..	..	9	−24	1 012	0
	1995	17	..	..	..	17	15	1 121	0
Morocco	1992	742	576	16	32	118	355	11 073	0
	1993	705	604	14	32	54	18	11 699	0
	1994	798	650	11	33	103	150	12 966	0
	1995	764	649	7	33	74	−72	12 127	0

Bunkers - Soutes			Consumption - Consommation								
Air Avion	Sea Maritime	Unallocated Nondistribué	Per capita Par habitant	Total Totale	Solids Solides	Liquids Liquides	Gas Gaz	Electricity Electricité	Année	Pays ou zone
..	..	1	160	59	..	58	..	0	1992	Guinée équatoriale
..	..	0	156	59	..	58	..	0	1993	
..	..	0	154	60	..	60	..	0	1994	
..	..	3	150	60	..	60	..	0	1995	
84	17	92	26	1 358	0	1 213	..	146	1992	Ethiopie
80	17	96	26	1 372	0	1 211	..	161	1993	
74	20	235	25	1 393	0	1 245	..	148	1994	
75	20	202	25	1 400	0	1 250	..	150	1995	
84	93	1 019	2 053	2 032	..	858	1 086	88	1992	Gabon
69	100	155	2 085	2 123	..	915	1 121	87	1993	
105	104	165	1 872	1 958	..	852	1 018	88	1994	
89	104	161	1 929	2 076	..	889	1 098	89	1995	
..	..	..	94	94	..	94	..	..	1992	Gambie
..	..	..	96	100	..	100	..	..	1993	
..	..	..	93	100	..	100	..	..	1994	
..	..	..	93	103	..	103	..	..	1995	
38	32	99	141	2 241	3	1 514	..	724	1992	Ghana
40	33	80	138	2 269	3	1 541	..	724	1993	
40	35	95	134	2 264	3	1 537	..	724	1994	
41	35	88	132	2 286	3	1 559	..	724	1995	
18	...	..	80	510	..	487	..	23	1992	Guinée
19	...	..	77	522	..	499	..	23	1993	
19	...	..	74	522	..	499	..	23	1994	
19	...	..	73	533	..	509	..	23	1995	
9	..	..	101	102	..	102	..	..	1992	Guinée-Bissau
9	..	..	104	107	..	107	..	..	1993	
9	..	..	102	107	..	107	..	..	1994	
9	..	..	102	109	..	109	..	..	1995	
0	199	165	116	2 899	159	2 033	..	706	1992	Kenya
0	236	377	119	3 068	132	2 202	..	735	1993	
0	194	269	124	3 293	110	2 453	..	729	1994	
0	78	-95	139	3 785	95	2 930	..	760	1995	
6	17	0	64	151	..	131	..	20	1992	Libéria
6	17	0	76	169	..	147	..	21	1993	
6	17	0	80	169	..	147	..	21	1994	
6	17	0	81	173	..	152	..	22	1995	
295	113	4 714	3 062	14 927	5	8 358	6 564	..	1992	Jamah.arabe libyenne
295	127	4 758	3 085	15 573	4	9 232	6 338	..	1993	
221	113	4 585	3 383	17 676	5	11 133	6 538	..	1994	
221	127	3 562	3 274	17 705	5	11 280	6 420	..	1995	
1	19	9	37	502	15	444	..	42	1992	Madagascar
1	17	27	36	506	16	447	..	43	1993	
1	19	-14	39	568	17	508	..	43	1994	
3	21	-10	39	580	17	520	..	43	1995	
19	..	..	39	375	12	268	..	95	1992	Malawi
19	..	..	40	387	15	277	..	96	1993	
18	..	..	42	405	17	291	..	96	1994	
18	..	..	42	406	17	293	..	96	1995	
22	..	..	24	233	..	208	..	26	1992	Mali
22	..	..	24	240	..	213	..	27	1993	
22	..	..	23	242	..	215	..	27	1994	
24	..	..	23	245	..	218	..	28	1995	
18	14	125	632	1 331	6	1 322	..	3	1992	Mauritanie
18	14	133	617	1 334	6	1 325	..	3	1993	
18	14	139	605	1 342	6	1 333	..	3	1994	
18	14	136	593	1 348	6	1 339	..	3	1995	
215	102	..	601	649	62	573	..	14	1992	Maurice
215	89	..	657	717	58	646	..	13	1993	
181	197	..	603	666	38	619	..	9	1994	
177	224	..	646	722	66	639	..	17	1995	
103	64	1 538	390	9 755	1 748	7 742	32	233	1992	Maroc
111	0	1 338	428	10 937	2 004	8 723	32	177	1993	
118	0	1 229	471	12 267	2 218	9 799	33	216	1994	
116	0	1 295	436	11 552	2 354	8 967	33	197	1995	

68
Production, trade and consumption of commercial energy
Thousand metric tons of coal equivalent and kilograms per capita [cont.]
Production, commerce et consommation d'énergie commerciale
Milliers de tonnes métriques d'équivalent houille et kilogrammes par habitant [suite]

Country or area	Year	Primary energy production - Production d'energie primaire Total Totale	Solids Solides	Liquids Liquides	Gas Gaz	Electricity Electricité	Changes in stocks Variations des stocks	Imports Importations	Exports Exportations
Mozambique	1992	46	40	..	..	6	...	538	0
	1993	46	40	..	..	6	...	534	0
	1994	46	40	..	..	6	...	510	0
	1995	44	38	..	..	6	...	589	...
Niger	1992	170	170	..	..	..	0	339	..
	1993	172	172	..	..	..	0	345	..
	1994	172	172	..	..	..	0	345	..
	1995	173	173	..	..	..	...	353	..
Nigeria	1992	146 453	87	139 762	5 859	744	471	1 047	114 442
	1993	143 565	41	136 063	6 724	737	...	1 040	112 337
	1994	136 888	50	130 043	6 058	737	...	3 295	114 608
	1995	138 317	50	131 592	5 938	737	...	3 196	119 992
Réunion	1992	61	..	..	..	61	0	719	1
	1993	61	..	..	..	61	0	746	0
	1994	61	..	..	..	61	0	754	0
	1995	62	..	..	..	62	0	762	0
Rwanda	1992	21	..	..	0	21	...	229	0
	1993	19	..	..	0	19	...	236	0
	1994	20	..	..	0	19	...	239	0
	1995	20	..	..	0	20	...	245	0
Sao Tome - Principe	1992	1	..	..	..	1	..	35	..
	1993	1	..	..	..	1	..	35	..
	1994	1	..	..	..	1	..	35	..
	1995	1	..	..	..	1	..	37	..
Senegal	1992	..	..	..	..	..	...	1 707	49
	1993	..	..	..	..	..	...	1 719	54
	1994	..	..	..	..	..	...	1 719	54
	1995	..	..	..	..	..	...	1 732	55
Seychelles	1992	..	..	..	..	..	1	230	..
	1993	..	..	..	..	..	3	236	..
	1994	..	..	..	..	..	3	245	..
	1995	..	..	..	..	..	3	240	..
Sierra Leone	1992	..	..	..	..	..	3	381	4
	1993	..	..	..	..	..	4	389	4
	1994	..	..	..	..	..	4	404	4
	1995	..	..	..	..	..	6	409	4
St.Helena and Depend.	1992	0	0	..	..	..	..	3	..
	1993	0	0	..	..	..	..	3	..
	1994	0	0	..	..	..	..	3	..
	1995	0	0	..	..	..	..	3	..
South Africa Customs Un.	1992	139 038	133 043	...	2 440	3 556	0	23 613	42 880
	1993	154 372	138 967	10 181	2 448	2 776	1 533	17 905	53 617
	1994	168 317	149 333	12 868	2 448	3 668	−714	13 568	55650
	1995	168 238	149 401	12 712	2 457	3 668	...	13 724	54 197
Sudan	1992	115	..	..	..	115	...	1 866	50
	1993	115	..	..	..	115	...	1 817	12
	1994	116	..	..	..	116	...	1 836	12
	1995	116	..	..	..	116	...	1 843	12
Togo	1992	1	0	..	..	1	0	295	9
	1993	1	0	..	..	1	0	303	9
	1994	1	0	..	..	1	...	306	9
	1995	1	0	..	..	1	...	319	9
Tunisia	1992	7 840	..	7 463	370	8	−139	5 649	6 840
	1993	6 966	..	6 680	278	8	365	5 711	5 420
	1994	6 535	..	6 283	247	5	91	6 663	5 934
	1995	6 301	..	6 091	205	5	−331	6 657	6 003
Uganda	1992	96	..	..	..	96	...	451	18
	1993	96	..	..	..	96	...	462	18
	1994	96	..	..	..	96	...	464	18
	1995	96	..	..	..	96	...	474	19
United Rep. Tanzania	1992	201	4	..	..	197	3	1 035	35
	1993	207	4	..	..	203	3	1 045	37
	1994	187	4	..	..	183	3	1 048	37
	1995	190	5	..	..	185	...	1 065	42

Bunkers – Soutes			Consumption – Consommation							
Air Avion	Sea Maritime	Unallocated Nondistribué	Per capita Par habitant	Total Totale	Solids Solides	Liquids Liquides	Gas Gaz	Electricity Electricité	Année	Pays ou zone
52	36	...	33	496	60	390	..	46	1992	Mozambique
52	36	...	31	492	60	386	..	46	1993	
49	36	...	28	472	60	366	..	46	1994	
50	51	...	31	532	56	396	..	80	1995	
24	..	..	59	486	170	292	..	23	1992	Niger
24	..	..	58	494	172	298	..	24	1993	
22	..	..	56	495	172	300	..	24	1994	
22	..	..	55	504	173	307	..	24	1995	
531	548	11 041	200	20 466	94	13 768	5 859	744	1992	Nigéria
523	556	9 828	203	21 361	48	13 852	6 724	737	1993	
523	527	8 834	145	15 691	56	8 839	6 058	737	1994	
523	541	4 600	142	15 857	56	9 125	5 938	737	1995	
18	1	..	1 214	759	..	698	..	61	1992	Réunion
18	1	..	1 241	788	..	727	..	61	1993	
18	1	..	1 234	796	..	734	..	61	1994	
18	1	..	1 229	805	..	743	..	62	1995	
12	..	..	38	238	..	216	0	22	1992	Rwanda
12	..	..	43	243	..	223	0	20	1993	
12	..	..	47	247	..	226	0	21	1994	
13	..	..	49	252	..	230	0	21	1995	
0	..	..	290	36	..	35	..	1	1992	Sao Tomé-et-Principe
0	..	..	283	36	..	35	..	1	1993	
0	..	..	277	36	..	35	..	1	1994	
0	..	..	286	38	..	37	..	1	1995	
152	198	22	167	1 286	..	1 286	..	..	1992	Sénégal
155	199	10	165	1 301	..	1 301	..	..	1993	
155	200	6	161	1 304	..	1 304	..	..	1994	
156	206	4	158	1 310	..	1 310	..	..	1995	
44	112	..	1 028	73	..	73	..	..	1992	Seychelles
47	112	..	1 028	74	..	74	..	..	1993	
47	115	..	1 096	80	..	80	..	..	1994	
49	112	..	1 055	77	..	77	..	..	1995	
25	115	65	41	168	0	168	..	..	1992	Sierra Leone
25	111	66	44	178	0	178	..	..	1993	
27	114	72	44	182	0	182	..	..	1994	
27	118	69	44	185	0	185	..	..	1995	
0	..	..	500	3	0	3	..	..	1992	Ste-Hélène et dépend
0	..	..	500	3	0	3	..	..	1993	
0	..	..	500	3	0	3	..	..	1994	
0	..	..	500	3	0	3	..	..	1995	
...	...	750	2 692	119 022	90 393	22 822	2 440	3 367	1992	Un.douan.d'Afr.mérid
...	3 016	3 705	2 441	110 406	85 542	19 820	2 448	2 596	1993	
...	3 240	2 844	2 612	120 864	93 877	21 058	2 448	3 480	1994	
...	3 278	−360	2 638	124 847	95 401	23 510	2 457	3 479	1995	
47	10	240	65	1 634	0	1 519	..	115	1992	Soudan
49	10	232	64	1 629	0	1 514	..	115	1993	
49	10	232	63	1 649	0	1 533	..	116	1994	
53	12	223	62	1 659	0	1 543	..	116	1995	
..	..	0	77	287	0	249	..	39	1992	Togo
..	..	0	77	295	0	256	..	39	1993	
..	..	0	75	298	0	259	..	39	1994	
..	..	0	76	311	0	272	..	39	1995	
227	1	41	768	6 518	105	4 613	1 793	7	1992	Tunisie
236	1	111	756	6 544	109	4 676	1 725	34	1993	
267	3	−116	796	7 020	100	4 499	2 375	46	1994	
274	1	17	778	6 993	89	4 246	2 648	9	1995	
0	..	..	30	528	..	446	..	82	1992	Ouganda
0	..	..	29	540	..	458	..	82	1993	
0	..	..	28	541	..	459	..	82	1994	
0	..	..	28	552	..	470	..	82	1995	
40	31	6	41	1 121	4	920	..	197	1992	Rép.Unie de Tanzanie
40	31	−7	41	1 148	4	941	..	203	1993	
40	31	−9	39	1 132	4	945	..	183	1994	
40	33	−3	38	1 144	5	954	..	185	1995	

68
Production, trade and consumption of commercial energy
Thousand metric tons of coal equivalent and kilograms per capita [*cont.*]
Production, commerce et consommation d'énergie commerciale
Milliers de tonnes métriques d'équivalent houille et kilogrammes par habitant [*suite*]

| Country or area | Year | Primary energy production – Production d'energie primaire ||||| Changes in stocks Variations des stocks | Imports Importations | Exports Exportations |
		Total Totale	Solids Solides	Liquids Liquides	Gas Gaz	Electricity Electricité			
Western Sahara	1992	..	..	..	..	..	..	100	..
	1993	..	..	..	..	..	..	101	..
	1994	..	..	..	..	..	..	101	..
	1995	..	..	..	..	..	..	104	..
Zambia	1992	1 284	333	..	..	951	...	800	247
	1993	1 289	337	..	..	951	...	807	247
	1994	1 272	320	..	..	951	...	807	247
	1995	1 255	303	..	..	952	...	821	250
Zimbabwe	1992	5 913	5 548	..	..	365	−25	1 615	109
	1993	5 493	5 285	..	..	208	121	1 778	46
	1994	5 808	5 516	..	..	292	−24	2 090	186
	1995	2 412	2 120	..	..	292	...	2 025	55
America, North	1992	3 009 953	800 638	974 208	871 064	364 043	−13 884	801 026	482 377
	1993	2 975 465	748 099	958 265	894 658	374 442	5 280	875 058	465 112
	1994	3 221 015	945 519	951 262	937 953	386 281	45 222	914 851	485 677
	1995	3 246 634	949 052	947 749	950 586	399 247	−27 114	926 120	522 056
Antigua and Barbuda	1992	..	..	..	..	..	0	200	10
	1993	..	..	..	..	..	0	210	10
	1994	..	..	..	..	..	0	220	10
	1995	..	..	..	..	..	0	226	10
Aruba	1992	..	..	..	..	..	2	805	0
	1993	..	..	..	..	..	2	829	0
	1994	..	..	..	..	..	...	834	0
	1995	..	..	..	..	..	...	845	0
Bahamas	1992	..	..	..	..	..	−101	4 362	3 286
	1993	..	..	..	..	..	−79	4 198	3 144
	1994	..	..	..	..	..	−69	4 050	3 003
	1995	..	..	..	..	..	−69	4 050	3 003
Barbados	1992	122	..	93	29	..	10	512	64
	1993	125	..	90	35	..	−32	511	24
	1994	118	..	89	29	..	−31	387	29
	1995	125	..	90	35	..	4	470	30
Belize	1992	..	..	..	..	..	...	207	3
	1993	..	..	..	..	..	...	207	0
	1994	..	..	..	..	..	...	215	3
	1995	..	..	..	..	..	...	216	2
Bermuda	1992	..	..	..	..	..	...	213	0
	1993	..	..	..	..	..	...	243	0
	1994	..	..	..	..	..	...	240	0
	1995	..	..	..	..	..	...	240	0
British Virgin Islds	1992	..	..	..	..	..	..	25	..
	1993	..	..	..	..	..	..	25	..
	1994	..	..	..	..	..	..	25	..
	1995	..	..	..	..	..	..	25	..
Canada	1992	416 238	49 183	135 595	162 645	68 815	−8 722	54 599	184 453
	1993	451 136	53 598	143 947	178 600	74 991	122	57 427	198 438
	1994	479 814	54 509	148 164	196 772	80 369	193	61 127	219 778
	1995	496 012	56 515	155 151	209 412	74 934	−907	59 413	239 906
Cayman Islands	1992	..	..	..	..	..	..	141	..
	1993	..	..	..	..	..	..	151	..
	1994	..	..	..	..	..	..	154	..
	1995	..	..	..	..	..	..	157	..
Costa Rica	1992	437	..	..	..	437	14	1 789	141
	1993	487	..	..	..	487	30	1 898	178
	1994	855	..	..	..	855	63	2 491	109
	1995	1 019	..	..	..	1 019	−77	2 322	115
Cuba	1992	1 399	..	1 337	49	13	0	12 127	170
	1993	1 456	..	1 393	51	13	0	12 107	146
	1994	1 516	..	1 451	52	13	0	12 357	126
	1995	1 582	..	1 514	55	13	0	12 662	103
Dominica	1992	2	..	..	..	2	..	28	..
	1993	2	..	..	..	2	..	30	..
	1994	2	..	..	..	2	..	34	..
	1995	2	..	..	..	2	..	38	..

621 Energy Energie

Bunkers - Soutes			Consumption - Consommation							
Air Avion	Sea Maritime	Unallocated Nondistribué	Per capita Par habitant	Total Totale	Solids Solides	Liquids Liquides	Gas Gaz	Electricity Electricité	Année	Pays ou zone
6	0	..	423	94	..	94	..	..	1992	Sahara occidental
6	0	..	411	95	..	95	..	..	1993	
6	0	..	397	95	..	95	..	..	1994	
6	0	..	395	98	..	98	..	..	1995	
52	..	45	230	1 740	329	642	..	769	1992	Zambie
50	..	52	226	1 746	333	644	..	770	1993	
50	..	61	218	1 721	316	635	..	770	1994	
52	..	59	212	1 716	299	647	..	770	1995	
0	..	...	715	7 444	5 532	1 399	..	512	1992	Zimbabwe
0	..	...	665	7 104	5 159	1 502	..	444	1993	
...	...	...	707	7 736	5 496	1 693	..	546	1994	
...	...	...	392	4 382	2 163	1 672	..	547	1995	
2 017	33 298	29 607	7 471	3 277 565	707 745	1 323 595	881 885	364 339	1992	**Amérique du Nord**
1 881	31 386	27 245	7 468	3 319 618	684 749	1 364 810	895 573	374 486	1993	
1 970	32 288	27 038	7 870	3 543 671	841 660	1 390 076	925 659	386 276	1994	
2 042	31 986	46 856	7 891	3 596 928	848 860	1 384 560	964 205	399 302	1995	
52	0	0	2 123	138	..	138	..	..	1992	Antigua-et-Barbuda
55	0	0	2 231	145	..	145	..	..	1993	
62	0	0	2 277	148	..	148	..	..	1994	
62	0	0	2 333	154	..	154	..	..	1995	
..	..	431	5 471	372	..	372	..	..	1992	Aruba
..	..	440	5 609	387	..	387	..	..	1993	
..	..	443	5 681	392	..	392	..	..	1994	
..	..	446	5 700	399	..	399	..	..	1995	
46	270	...	3 249	861	2	859	..	..	1992	Bahamas
46	270	...	3 041	818	2	816	..	..	1993	
46	263	...	2 949	808	2	806	..	..	1994	
46	263	...	2 896	808	2	806	..	..	1995	
131	...	−44	1 822	472	0	443	29	..	1992	Barbade
119	...	13	1 973	511	0	476	35	..	1993	
164	...	−68	1 581	411	0	382	29	..	1994	
175	...	−61	1 709	446	0	411	35	..	1995	
22	0	..	924	182	..	182	..	0	1992	Belize
15	0	..	946	192	..	192	..	0	1993	
21	0	..	918	191	..	191	..	0	1994	
13	0	..	948	202	..	202	..	0	1995	
22	0	..	3 081	191	0	191	..	..	1992	Bermudes
22	0	..	3 508	221	0	221	..	..	1993	
22	0	..	3 460	218	0	218	..	..	1994	
24	0	..	3 444	217	0	217	..	..	1995	
..	..	..	1 471	25	..	25	..	..	1992	Iles Vierges brit.
..	..	..	1 389	25	..	25	..	..	1993	
..	..	..	1 389	25	..	25	..	..	1994	
..	..	..	1 316	25	..	25	..	..	1995	
1 257	839	−7 024	10 535	300 034	36 056	106 033	92 208	65 738	1992	Canada
1 147	816	−4 747	10 860	312 789	34 357	109 674	97 135	71 623	1993	
1 125	914	−6 228	11 170	325 160	34 268	113 326	102 591	74 974	1994	
1 191	897	−6 350	10 907	320 688	34 308	110 567	105 287	70 525	1995	
9	..	..	4 714	132	..	132	..	..	1992	Iles Caïmanes
9	..	..	4 897	142	..	142	..	..	1993	
10	..	..	4 800	144	..	144	..	..	1994	
10	..	..	4 742	147	..	147	..	..	1995	
..	...	45	635	2 026	..	1 597	..	429	1992	Costa Rica
..	...	41	653	2 136	..	1 649	..	486	1993	
..	...	22	942	3 152	..	2 297	..	855	1994	
..	...	13	961	3 289	..	2 267	..	1 022	1995	
90	0	502	1 184	12 765	182	12 520	49	13	1992	Cuba
90	0	609	1 172	12 718	182	12 473	51	13	1993	
83	...	902	1 170	12 763	182	12 516	52	13	1994	
83	...	1 168	1 176	12 890	186	12 637	55	13	1995	
0	..	..	423	30	..	28	..	2	1992	Dominique
0	..	..	451	32	..	30	..	2	1993	
0	..	..	507	36	..	34	..	2	1994	
0	..	..	577	41	..	38	..	2	1995	

68
Production, trade and consumption of commercial energy
Thousand metric tons of coal equivalent and kilograms per capita [cont.]
Production, commerce et consommation d'énergie commerciale
Milliers de tonnes métriques d'équivalent houille et kilogrammes par habitant [suite]

Country or area	Year	Primary energy production - Production d'energie primaire					Changes in stocks Variations des stocks	Imports Importations	Exports Exportations
		Total Totale	Solids Solides	Liquids Liquides	Gas Gaz	Electricity Electricité			
Dominican Republic	1992	270	..	..	..	270	−33	4 888	..
	1993	217	..	..	..	217	−12	4 846	..
	1994	230	..	..	..	230	−13	5 020	..
	1995	245	..	..	..	245	−13	5 167	..
El Salvador	1992	657	..	..	..	657	−1	1 559	23
	1993	712	..	..	..	712	48	1 851	27
	1994	848	..	..	..	848	−70	1 939	5
	1995	926	..	..	..	926	48	2 312	8
Greenland	1992	0	0	..	..	0	..	239	10
	1993	0	0	..	..	..	...	247	10
	1994	0	0	..	..	..	...	249	10
	1995	0	0	..	..	..	...	249	10
Grenada	1992	..	..	..	..	..	1	66	..
	1993	..	..	..	..	..	1	72	..
	1994	..	..	..	..	..	−1	81	..
	1995	..	..	..	..	..	−1	83	..
Guadeloupe	1992	..	..	..	..	..	0	732	0
	1993	..	..	..	..	..	0	739	0
	1994	..	..	..	..	..	0	762	0
	1995	..	..	..	..	..	0	783	0
Guatemala	1992	709	..	437	12	260	4	2 421	354
	1993	752	..	503	13	236	63	2 421	421
	1994	785	..	521	13	251	70	2 725	331
	1995	847	..	566	15	266	63	2 880	360
Haiti	1992	23	..	..	..	23	29	407	..
	1993	20	..	..	..	20	29	300	..
	1994	20	..	..	..	20	−6	255	..
	1995	20	..	..	..	20	...	304	..
Honduras	1992	260	..	..	..	260	0	1 299	0
	1993	278	..	..	..	278	0	1 180	0
	1994	287	..	..	..	287	−10	1 380	...
	1995	295	..	..	..	295	−28	1 652	..
Jamaica	1992	13	..	..	..	13	22	3 765	77
	1993	11	..	..	..	11	−20	3 825	87
	1994	14	..	..	..	14	−89	3 800	72
	1995	15	..	..	..	15	−136	4 099	80
Martinique	1992	..	..	..	..	..	0	1 189	257
	1993	..	..	..	..	..	0	1 198	268
	1994	..	..	..	..	..	0	1 216	270
	1995	..	..	..	..	..	...	1 221	275
Mexico	1992	279 542	4 724	223 834	39 180	11 805	−782	15 350	110 414
	1993	278 231	4 648	223 409	38 343	11 831	−1 682	13 972	111 788
	1994	283 646	6 215	225 446	39 833	12 153	1 150	14 350	104 680
	1995	282 781	6 206	220 750	41 145	14 681	−2 800	12 098	105 587
Montserrat	1992	..	..	..	..	..	...	19	..
	1993	..	..	..	..	..	...	19	..
	1994	..	..	..	..	..	...	19	..
	1995	..	..	..	..	..	...	22	..
Netherland Antilles	1992	..	..	..	..	..	705	20 412	12 289
	1993	..	..	..	..	..	254	22 213	13 164
	1994	..	..	..	..	..	175	22 294	13 313
	1995	..	..	..	..	..	175	22 313	13 371
Nicaragua	1992	606	..	..	..	606	−4	1 138	1
	1993	669	..	..	..	669	30	1 078	7
	1994	670	..	..	..	670	−48	1 097	19
	1995	677	..	..	..	677	10	1 233	11
Panama	1992	232	..	..	..	232	166	3 172	1 147
	1993	282	..	..	..	282	26	3 247	1 400
	1994	294	..	..	..	294	40	3 395	510
	1995	297	..	..	..	297	126	3 688	361
Puerto Rico	1992	37	..	..	..	37	683	10 729	1 063
	1993	38	..	..	..	38	679	11 407	1 058
	1994	40	..	..	..	40	−387	11 444	918
	1995	42	..	..	..	42	−49	11 207	953

Bunkers – Soutes			Consumption – Consommation							
Air Avion	Sea Maritime	Unallocated Nondistribué	Per capita Par habitant	Total Totale	Solids Solides	Liquids Liquides	Gas Gaz	Electricity Electricité	Année	Pays ou zone
...	..	−67	710	5 257	139	4 848	..	270	1992	Rép. dominicaine
...	..	25	669	5 049	120	4 712	..	217	1993	
...	..	−67	694	5 329	104	4 995	..	230	1994	
...	..	−104	707	5 528	111	5 172	..	245	1995	
...	...	36	410	2 159	..	1 495	..	664	1992	El Salvador
...	...	23	457	2 466	..	1 744	..	721	1993	
...	...	19	513	2 834	..	1 987	..	847	1994	
...	...	25	557	3 156	..	2 235	..	921	1995	
..	..	..	4 000	228	0	228	..	..	1992	Groënland
..	..	..	4 158	237	0	237	..	..	1993	
..	..	..	4 103	238	0	238	..	..	1994	
..	..	..	4 103	238	0	238	..	..	1995	
3	...	..	681	62	..	62	..	..	1992	Grenade
3	...	..	739	68	..	68	..	..	1993	
3	...	..	870	80	..	80	..	..	1994	
3	...	..	880	81	..	81	..	..	1995	
117	...	..	1 522	615	..	615	..	..	1992	Guadeloupe
109	...	..	1 533	630	..	630	..	..	1993	
112	...	..	1 555	650	..	650	..	..	1994	
112	...	..	1 583	671	..	671	..	..	1995	
...	...	115	273	2 656	..	2 385	12	260	1992	Guatemala
...	...	8	267	2 681	..	2 431	13	236	1993	
...	...	231	279	2 878	..	2 614	13	251	1994	
...	...	358	277	2 946	..	2 665	15	266	1995	
29	...	..	55	372	26	323	..	23	1992	Haïti
15	...	..	40	277	10	247	..	20	1993	
9	...	..	39	273	...	252	..	20	1994	
10	...	..	44	314	...	294	..	20	1995	
...	...	87	284	1 471	0	1 212	..	260	1992	Honduras
...	...	...	273	1 458	...	1 178	..	280	1993	
...	...	...	305	1 678	...	1 388	..	289	1994	
...	...	...	349	1 975	...	1 679	..	296	1995	
66	...	−38	1 521	3 650	66	3 571	..	13	1992	Jamaïque
59	...	−13	1 537	3 723	55	3 657	..	11	1993	
44	...	−282	1 664	4 069	53	4 002	..	14	1994	
44	...	−102	1 713	4 228	55	4 158	..	15	1995	
..	40	80	2 207	812	..	812	..	..	1992	Martinique
..	46	68	2 194	816	..	816	..	..	1993	
..	53	78	2 168	815	..	815	..	..	1994	
..	53	69	2 168	824	..	824	..	..	1995	
106	566	9 012	2 032	175 575	5 411	115 747	42 741	11 676	1992	Mexique
106	566	8 412	1 967	173 013	5 969	115 293	40 056	11 695	1993	
106	566	4 822	2 084	186 671	7 166	126 370	41 084	12 051	1994	
106	566	4 681	2 049	186 739	8 839	120 428	42 886	14 585	1995	
..	1	..	1 636	18	..	18	..	..	1992	Montserrat
..	1	..	1 636	18	..	18	..	..	1993	
..	1	..	1 636	18	..	18	..	..	1994	
..	1	..	1 909	21	..	21	..	..	1995	
66	2 451	3 578	6 958	1 322	..	1 322	..	..	1992	Antilles néerland.
87	2 410	5 204	5 728	1 094	..	1 094	..	..	1993	
86	2 434	5 075	6 275	1 211	..	1 211	..	..	1994	
87	2 443	5 023	6 258	1 214	..	1 214	..	..	1995	
...	..	95	438	1 653	..	1 042	..	611	1992	Nicaragua
...	..	43	428	1 666	..	1 003	..	664	1993	
...	..	21	443	1 775	..	1 107	..	668	1994	
...	..	54	445	1 835	..	1 160	..	675	1995	
0	...	55	817	2 036	54	1 653	79	250	1992	Panama
0	...	−17	835	2 120	58	1 689	80	293	1993	
0	...	857	882	2 281	52	1 846	80	304	1994	
0	...	781	1 033	2 717	54	2 275	80	308	1995	
...	214	172	2 402	8 634	154	8 443	..	37	1992	Porto Rico
...	200	−300	2 703	9 808	160	9 610	..	38	1993	
...	214	−163	2 974	10 901	172	10 689	..	40	1994	
...	243	342	2 637	9 760	0	9 718	..	42	1995	

624 Energy Energie

68
Production, trade and consumption of commercial energy
Thousand metric tons of coal equivalent and kilograms per capita [*cont.*]
Production, commerce et consommation d'énergie commerciale
Milliers de tonnes métriques d'équivalent houille et kilogrammes par habitant [*suite*]

Country or area	Year	Primary energy production – Production d'energie primaire					Changes in stocks Variations des stocks	Imports Importations	Exports Exportations
		Total Totale	Solids Solides	Liquids Liquides	Gas Gaz	Electricity Electricité			
Saint Lucia	1992	..	..	..	..	..	0	81	..
	1993	..	..	..	..	..	0	82	..
	1994	..	..	..	..	..	0	90	..
	1995	..	..	..	..	..	0	91	..
St.Kitts–Nevis	1992	..	..	..	..	..	0	35	..
	1993	..	..	..	..	..	0	40	..
	1994	..	..	..	..	..	0	43	..
	1995	..	..	..	..	..	0	46	..
St.Pierre–Miquelon	1992	..	..	..	..	..	..	106	..
	1993	..	..	..	..	..	..	58	..
	1994	..	..	..	..	..	..	60	..
	1995	..	..	..	..	..	..	39	..
S.Vincent–Grenadines	1992	2	..	..	..	2	..	40	..
	1993	3	..	..	..	3	..	49	..
	1994	3	..	..	..	3	..	58	..
	1995	3	..	..	..	3	..	61	..
Trinidad and Tobago	1992	17 933	..	10 027	7 906	..	165	4 056	10 984
	1993	16 052	..	9 151	6 901	..	−301	2 928	10 334
	1994	18 435	..	9 684	8 751	..	89	2 482	10 131
	1995	17 530	..	9 330	8 200	..	147	2 666	9 872
United States	1992	2 291 470	746 731	602 886	661 243	280 609	−6 101	631 937	138 984
	1993	2 224 993	689 852	579 773	670 715	284 653	5 690	701 089	106 048
	1994	2 433 436	884 795	565 908	692 501	290 232	43 718	735 487	114 037
	1995	2 444 217	886 330	560 349	691 725	305 813	−24 036	748 509	128 744
U.S. Virgin Islands	1992	..	..	..	..	..	58	22 377	18 644
	1993	..	..	..	..	..	432	24 360	18 557
	1994	..	..	..	..	..	449	24 472	18 321
	1995	..	..	..	..	..	429	24 735	19 255
America, South	1992	**507 745**	**29 771**	**341 717**	**86 102**	**50 154**	**2 878**	**87 036**	**222 612**
	1993	**541 722**	**28 819**	**360 848**	**98 071**	**53 984**	**3 093**	**95 812**	**243 725**
	1994	**580 603**	**30 748**	**384 548**	**108 607**	**56 701**	**−331**	**101 820**	**262 257**
	1995	**612 036**	**33 722**	**405 700**	**111 737**	**60 876**	**−11 961**	**105 528**	**288 972**
Argentina	1992	78 415	181	42 520	30 680	5 035	751	5 254	9 776
	1993	82 493	141	44 951	31 556	5 845	1 295	5 520	11 770
	1994	90 748	293	50 010	34 000	6 444	−641	7 353	19 713
	1995	95 425	257	52 389	36 244	6 535	−14	8 795	24 919
Bolivia	1992	5 719	..	1 872	3 681	166	−33	15	2 852
	1993	5 599	..	1 779	3 651	169	−264	180	2 864
	1994	6 563	..	2 038	4 354	171	−67	110	2 889
	1995	7 387	..	2 343	4 833	212	38	216	2 800
Brazil	1992	82 816	3 003	46 312	5 413	28 088	−1 902	58 238	4 838
	1993	85 563	2 917	47 288	5 907	29 452	2 174	67 307	7 583
	1994	89 211	3 259	49 992	6 128	29 833	−83	67 619	6 567
	1995	93 543	3 283	51 567	6 573	32 119	−3 753	65 294	3 396
Chile	1992	7 884	1 938	1 509	2 381	2 057	121	10 802	87
	1993	7 562	1 610	1 496	2 291	2 165	168	11 356	4
	1994	7 510	1 407	1 538	2 485	2 081	628	14 110	146
	1995	6 840	1 238	952	2 389	2 261	50	15 481	166
Colombia	1992	61 892	22 078	31 973	5 085	2 757	1 068	2 632	32 212
	1993	61 841	20 162	33 145	5 093	3 440	−1 706	2 519	35 897
	1994	63 900	20 918	32 981	6 034	3 967	−1 156	2 755	33 886
	1995	76 510	24 161	42 539	5 601	4 208	−278	2 272	44 642
Ecuador	1992	26 936	..	25 946	382	608	0	514	16 721
	1993	29 825	..	28 724	380	721	0	300	18 179
	1994	26 196	..	25 076	337	783	0	674	19 956
	1995	30 094	..	28 915	351	829	...	1 223	20 584
Falkland Is. (Malvinas)	1992	5	5	..	..	..	..	12	..
	1993	5	5	..	..	..	..	12	..
	1994	5	5	..	..	..	..	12	..
	1995	5	5	..	..	..	..	13	..
French Guiana	1992	..	..	..	..	..	..	433	..
	1993	..	..	..	..	..	..	432	..
	1994	..	..	..	..	..	..	432	..
	1995	..	..	..	..	..	..	435	..

625 Energy Energie

| Bunkers – Soutes ||| Consumption – Consommation |||||||
Air Avion	Sea Maritime	Unallocated Nondistribué	Per capita Par habitant	Total Totale	Solids Solides	Liquids Liquides	Gas Gaz	Electricity Electricité	Année	Pays ou zone
0	..	..	591	81	..	81	..	..	1992	Sainte–Lucie
0	..	..	590	82	..	82	..	..	1993	
0	..	..	638	90	..	90	..	..	1994	
0	..	..	641	91	..	91	..	..	1995	
..	..	..	833	35	..	35	..	..	1992	St–Kitts–Nevis
..	..	..	952	40	..	40	..	..	1993	
..	..	..	1 049	43	..	43	..	..	1994	
..	..	..	1 122	46	..	46	..	..	1995	
..	61	..	7 500	45	0	45	..	..	1992	St.Pierre–Miquelon
..	23	..	5 833	35	0	35	..	..	1993	
..	26	..	5 500	33	0	33	..	..	1994	
..	6	..	5 500	33	0	33	..	..	1995	
0	..	..	385	42	..	40	..	2	1992	S.Vincent–Grenadines
0	..	..	473	52	..	49	..	3	1993	
0	..	..	541	60	..	58	..	3	1994	
0	..	..	563	63	..	61	..	3	1995	
0	...	159	8 497	10 681	0	2 775	7 906	..	1992	Trinité–et–Tobago
0	...	–159	7 187	9 106	0	2 205	6 901	..	1993	
78	319	–268	8 276	10 568	0	1 816	8 751	..	1994	
75	287	159	7 503	9 656	0	1 456	8 200	..	1995	
0	28 661	22 226	10 562	2 739 636	665 450	1 051 234	738 861	284 092	1992	Etats–Unis
0	26 824	16 502	10 574	2 771 018	643 606	1 087 924	751 303	288 184	1993	
0	27 252	20 785	11 197	2 963 131	799 416	1 094 942	773 058	295 715	1994	
0	26 954	39 488	11 312	3 021 575	805 055	1 098 509	807 647	310 364	1995	
...	194	188	31 981	3 294	205	3 089	..	..	1992	Iles Vierges amér.
...	230	1 091	38 933	4 049	230	3 819	..	..	1993	
...	244	859	44 212	4 598	245	4 353	..	..	1994	
...	273	865	37 257	3 912	250	3 662	..	..	1995	
1 341	3 762	24 498	1 122	339 689	26 188	177 463	86 054	49 984	1992	**Amérique du Sud**
1 452	3 955	22 952	1 177	362 357	24 989	185 958	97 592	53 817	1993	
1 682	4 138	24 410	1 248	390 267	27 285	197 791	108 673	56 518	1994	
1 778	3 952	28 057	1 281	406 767	28 947	205 338	111 651	60 831	1995	
0	696	5 330	2 008	67 116	1 108	27 151	33 503	5 353	1992	Argentine
0	555	4 902	2 052	69 490	889	28 667	33 913	6 021	1993	
0	558	5 002	2 141	73 468	1 274	28 526	37 104	6 563	1994	
0	457	1 896	2 214	76 962	1 347	29 746	39 074	6 796	1995	
0	..	165	399	2 750	0	1 727	856	167	1992	Bolivie
0	..	257	414	2 921	0	1 867	884	170	1993	
0	..	330	487	3 522	0	1 875	1 473	173	1994	
0	..	467	580	4 298	0	2 055	2 031	213	1995	
647	1 201	11 176	820	125 094	15 086	73 561	5 409	31 038	1992	Brésil
690	1 501	10 616	842	130 307	15 371	76 193	5 907	32 836	1993	
843	1 748	9 943	878	137 812	15 840	82 109	6 128	33 735	1994	
971	1 701	11 553	912	144 969	16 591	85 343	6 573	36 461	1995	
0	42	427	1 329	18 009	3 120	10 495	2 338	2 057	1992	Chili
0	0	397	1 332	18 349	3 129	10 833	2 222	2 165	1993	
0	0	547	1 451	20 299	3 755	12 181	2 282	2 081	1994	
0	0	150	1 545	21 956	4 090	13 373	2 231	2 261	1995	
...	181	1 479	873	29 584	6 156	15 546	5 085	2 798	1992	Colombie
...	28	35	872	30 104	4 668	16 866	5 093	3 477	1993	
...	28	1 955	908	31 942	5 271	16 652	6 034	3 985	1994	
...	0	2 313	896	32 106	5 747	16 511	5 601	4 247	1995	
68	265	1 858	795	8 537	..	7 548	382	608	1992	Equateur
63	269	3 317	756	8 296	..	7 195	380	721	1993	
60	295	–2 099	772	8 658	..	7 538	337	783	1994	
59	302	1 438	780	8 935	..	7 756	351	829	1995	
..	0	..	8 500	17	5	12	..	..	1992	Il. Falkland (Malvinas)
..	0	..	8 500	17	5	12	..	..	1993	
..	0	..	8 500	17	5	12	..	..	1994	
..	0	..	9 000	18	5	13	..	..	1995	
22	..	..	3 186	411	..	411	..	..	1992	Guyane française
24	..	..	3 022	408	..	408	..	..	1993	
24	..	..	2 894	408	..	408	..	..	1994	
24	..	..	2 796	411	..	411	..	..	1995	

68
Production, trade and consumption of commercial energy
Thousand metric tons of coal equivalent and kilograms per capita [cont.]
Production, commerce et consommation d'énergie commerciale
Milliers de tonnes métriques d'équivalent houille et kilogrammes par habitant [suite]

| Country or area | Year | Primary energy production – Production d'energie primaire ||||| Changes in stocks Variations des stocks | Imports Importations | Exports Exportations |
		Total Totale	Solids Solides	Liquids Liquides	Gas Gaz	Electricity Electricité			
Guyana	1992	1	..	..	..	1	...	510	..
	1993	1	..	..	..	1	...	511	..
	1994	1	..	..	..	1	...	515	..
	1995	1	..	..	..	1	...	460	..
Paraguay	1992	3 331				3 331	−49	1 172	3 076
	1993	3 858	..	..	..	3 858	−111	1 206	3 484
	1994	4 471	..	..	..	4 471	41	1 571	4 041
	1995	5 110	..	..	..	5 110	−88	1 586	4 660
Peru	1992	11 011	88	8 605	1 115	1 203	−74	3 408	3 455
	1993	11 643	96	9 718	381	1 449	356	3 263	3 570
	1994	11 345	128	9 388	263	1 566	165	3 410	3 092
	1995	11 138	140	9 054	251	1 693	−158	5 990	1 791
Suriname	1992	540	..	384	..	156	0	671	76
	1993	543	..	387	..	156	0	674	74
	1994	545	..	389	..	156	1	675	74
	1995	550	..	393	..	157	1	682	76
Uruguay	1992	973	..	..	..	973	75	2 852	417
	1993	896	..	..	..	896	−374	2 179	283
	1994	917	..	..	..	917	170	2 299	206
	1995	921	..	..	..	921	389	2 967	37
Venezuela	1992	228 223	2 479	182 596	37 366	5 782	2 922	526	149 102
	1993	251 893	3 889	193 361	48 812	5 831	1 554	354	160 015
	1994	279 192	4 738	213 136	55 007	6 311	610	285	171 687
	1995	284 511	4 637	217 549	55 494	6 830	−8 149	112	185 902
Asia	**1992**	**3 742 448**	**1 266 119**	**1 824 280**	**463 331**	**188 719**	**31 724**	**1 284 856**	**1 548 601**
	1993	**3 864 176**	**1 296 537**	**1 872 857**	**487 826**	**206 956**	**35 932**	**1 320 355**	**1 597 681**
	1994	**4 020 995**	**1 364 223**	**1 928 977**	**510 061**	**217 734**	**20 083**	**1 348 407**	**1 581 637**
	1995	**4 177 702**	**1 446 197**	**1 953 351**	**540 759**	**237 394**	**28 127**	**1 410 778**	**1 605 377**
Afghanistan	1992	318	8	0	252	59	19	488	0
	1993	309	7	...	243	58	19	472	...
	1994	297	6	...	233	58	18	453	...
	1995	280	5	...	223	51	15	433	...
Armenia	1992	380	..	..	6	374	..	2 296	...
	1993	527	..	..	...	527	..	1 829	0
	1994	432	..	..	...	432	..	1 962	...
	1995	349	..	..	...	349	..	2 114	...
Azerbaijan	1992	25 210	..	15 877	9 118	215	...	6 115	2 614
	1993	23 382	..	15 204	7 883	295	−3	4 664	452
	1994	21 662	..	14 052	7 389	221	−7	4 348	314
	1995	21 124	..	13 376	7 551	197	−5	2 268	242
Bahrain	1992	10 543	..	3 650	6 893	..	92	15 623	15 989
	1993	12 289	..	3 612	8 677	..	−12	14 716	14 338
	1994	12 072	..	3 574	8 498	..	200	14595	14 523
	1995	12 507	..	3 496	9 011	..	−8	14 913	14 743
Bangladesh	1992	6 943	..	182	6 664	98	−30	2 935	3
	1993	7 467	..	185	7 208	75	−23	3 046	4
	1994	8 222	..	161	7 956	104	−90	3 101	0
	1995	9 287	..	14	9 227	46	−33	3 537	0
Bhutan	1992	201	2	..	..	199	..	59	180
	1993	201	2	..	..	199	..	60	180
	1994	208	2	..	..	206	..	67	182
	1995	212	2	..	..	210	..	77	184
Brunei Darussalam	1992	25 399	..	12 057	13 343	..	−1 194	0	22 514
	1993	25 112	..	11 924	13 188	..	−1 223	0	22 439
	1994	25 758	..	12 190	13 567	..	−1 161	0	22 458
	1995	26 531	..	12 344	14 187	..	−1 186	...	22 841
Cambodia	1992	8	..	..	..	8	...	226	..
	1993	9	..	..	..	9	...	226	..
	1994	9	..	..	..	9	...	232	..
	1995	9	..	..	..	9	...	238	..
China ††	1992	1 037 003	796 609	202 962	20 975	16 458	422	32 390	58 456
	1993	1 069 992	820 425	207 447	22 545	19 575	4 806	35 657	54 240
	1994	1 142 633	884 759	208 654	23 353	25 867	−6 664	41 212	53 372
	1995	1 237 323	970 978	214 313	23 855	28 177	8 957	43 987	60 149

627 Energy Energie

Bunkers - Soutes			Consumption - Consommation							
Air Avion	Sea Maritime	Unallocated Nondistribué	Per capita Par habitant	Total Totale	Solids Solides	Liquids Liquides	Gas Gaz	Electricity Electricité	Année	Pays ou zone
13	4	..	612	493	0	490	..	3	1992	Guyana
13	4	..	608	494	0	492	..	2	1993	
15	4	..	605	497	0	494	..	2	1994	
13	3	..	536	445	0	442	..	3	1995	
3	..	−5	331	1 477	..	1 170	..	307	1992	Paraguay
3	..	−56	381	1 744	..	1 340	..	404	1993	
3	..	−48	426	2 004	..	1 538	..	466	1994	
3	..	−36	447	2 157	..	1 707	..	450	1995	
0	...	261	482	10 778	405	8 055	1 115	1 203	1992	Pérou
0	...	−502	505	11 482	546	9 106	381	1 449	1993	
0	...	238	487	11 260	689	8 742	263	1 566	1994	
0	...	2 575	549	12 919	711	10 264	251	1 693	1995	
0	...	294	2 044	840	0	685	..	156	1992	Suriname
0	...	313	1 993	829	0	674	..	156	1993	
0	...	313	1 969	831	0	675	..	156	1994	
0	...	316	1 965	839	0	682	..	157	1995	
57	342	345	827	2 588	2	2 029	..	557	1992	Uruguay
55	489	102	801	2 522	1	1 900	..	621	1993	
59	311	6	779	2 466	1	1 751	..	713	1994	
0	174	154	984	3 135	1	2 227	..	907	1995	
531	1 031	3 168	3 521	71 995	307	28 584	37 366	5 737	1992	Venezuela
604	1 109	3 571	4 083	85 393	379	30 408	48 812	5 795	1993	
678	1 194	8 223	4 541	97 085	449	35 289	55 052	6 295	1994	
708	1 315	7 232	4 469	97 616	456	34 807	55 539	6 814	1995	
19 115	47 489	209 040	959	3 171 335	1 389 588	1 142 666	449 363	189 718	1992	Asie
19 818	50 425	207 831	975	3 272 844	1 429 956	1 174 469	460 507	207 913	1993	
20 539	53 040	222 534	1 019	3 471 567	1 522 064	1 215 283	515 027	219 192	1994	
22 219	57 793	231 874	1 054	3 643 090	1 603 472	1 260 109	541 268	238 241	1995	
9	..	0	48	779	8	444	252	75	1992	Afghanistan
9	..	...	43	753	7	428	243	74	1993	
7	..	...	39	725	6	412	233	74	1994	
7	..	...	35	690	5	396	223	66	1995	
..	..	..	745	2 675	141	...	2 160	374	1992	Armenie
..	..	336	560	2 021	3	411	1 066	541	1993	
..	..	233	597	2 161	36	515	1 177	434	1994	
..	..	201	623	2 261	7	522	1 382	350	1995	
..	..	6 332	3 057	22 378	27	10 019	12 180	152	1992	Azerbaidjan
..	..	6482	2 855	21 116	7	9 997	10 805	307	1993	
..	..	6 242	2 607	19 462	8	8 949	10 260	246	1994	
..	..	5 738	2 313	17 417	6	8 998	8 192	221	1995	
0	...	2 398	14 840	7 687	0	794	6 893	..	1992	Bahreïn
0	...	3 228	17 800	9 452	...	775	8 677	..	1993	
0	...	2 579	17 215	9 365	...	866	8 498	..	1994	
0	...	2 813	17 724	9 872	...	860	9 011	..	1995	
0	0	404	84	9 501	121	2 619	6 664	98	1992	Bangladesh
0	0	324	89	10 207	45	2 879	7 208	75	1993	
0	0	1 020	89	10 394	0	2 333	7 956	104	1994	
0	17	948	101	11 891	0	2 619	9 227	46	1995	
..	..	..	47	80	18	40	..	22	1992	Bhoutan
..	..	..	47	81	19	40	..	22	1993	
..	..	..	54	93	20	46	..	27	1994	
..	..	..	59	105	22	53	..	29	1995	
..	..	−533	16 960	4 613	0	1 207	3 406	..	1992	Brunéi Darussalam
..	..	−227	14 778	4 123	...	1 243	2 881	..	1993	
..	..	−211	16 336	4 672	...	1 273	3 399	..	1994	
..	..	−204	17 334	5 079	...	1 300	3 780	..	1995	
..	..	0	25	234	0	226	..	8	1992	Cambodge
..	..	0	25	234	...	226	..	9	1993	
..	..	0	25	241	...	232	..	9	1994	
..	..	0	25	247	...	238	..	9	1995	
..	...	37 669	837	972 846	777 908	156 894	20 975	17 069	1992	Chine ††
..	...	35 135	861	1 011 467	801 994	166 715	22 545	20 214	1993	
..	1 218	43 378	920	1 092 541	875 124	168 448	23 353	25 616	1994	
..	1 446	40 065	976	1 170 693	938 161	180 770	23 855	27 907	1995	

68
Production, trade and consumption of commercial energy
Thousand metric tons of coal equivalent and kilograms per capita [cont.]
Production, commerce et consommation d'énergie commerciale
Milliers de tonnes métriques d'équivalent houille et kilogrammes par habitant [suite]

Country or area	Year	Primary energy production – Production d'energie primaire					Changes in stocks Variations des stocks	Imports Importations	Exports Exportations
		Total Totale	Solids Solides	Liquids Liquides	Gas Gaz	Electricity Electricité			
China, Hong Kong SAR †	1992	..	..	..	..	..	212	22 857	5 273
	1993	..	..	..	..	..	−219	26 461	7 522
	1994	..	..	..	..	..	474	27 056	7 749
	1995	..	..	..	..	..	−546	31 023	11 635
Cyprus	1992	..	..	..	..	..	63	2 600	0
	1993	..	..	..	..	..	186	2 767	0
	1994	..	..	..	..	..	236	2 920	0
	1995	..	..	..	..	..	132	2 841	0
Georgia	1992	1 124	167	143	14	800	..	9 265	65
	1993	1 121	100	143	14	864	..	4 990	42
	1994	725	28	106	12	579	..	4 321	25
	1995	904	33	286	7	579	..	4 672	22
India	1992	267 355	199 137	41 578	15 551	11 090	3 827	64 995	619
	1993	275 411	209 524	39 521	15 696	10 670	2 113	66 924	604
	1994	296 077	217 339	45 703	22 665	10 371	−1 128	68 129	99
	1995	310 950	227 343	47 689	24 509	11 410	−1 526	73 887	103
Indonesia	1992	234 734	21 147	142 890	67 871	2 826	3 384	18 020	126 334
	1993	243 365	27 569	142 623	70 355	2 818	5 539	17 938	123 557
	1994	258 893	30 759	146 685	78 113	3 336	794	18 249	138 602
	1995	266 739	36 104	143 753	83 378	3 504	4 946	23 513	135 877
Iran, Islamic Rep. of	1992	285 518	971	250 092	33 285	1 171	−1 428	10 744	185 266
	1993	277 291	970	250 299	24 816	1 207	−7 902	7 549	191 083
	1994	318 914	980	263 229	53 790	915	296	7 283	194 462
	1995	323 134	1 000	263 886	57 323	925	1 428	7 131	192 175
Iraq	1992	40 020	..	36 911	3 022	86	3 407	0	5 480
	1993	50 350	..	46 882	3 395	74	6 283	0	5 491
	1994	57 741	..	53 451	4 221	69	8 324	0	5 578
	1995	58 207	..	53 953	4 185	70	7 113	0	5 820
Israel	1992	45	..	13	28	4	1 274	21 830	1 909
	1993	44	..	11	28	4	260	24 187	3 932
	1994	39	..	6	29	4	−1 158	23 632	4 158
	1995	40	..	7	29	4	−317	24 922	4 169
Japan	1992	107 042	6 685	1 192	3 022	96 143	−500	529 865	9 550
	1993	117 893	5 989	1 082	3 085	107 736	2 337	527 893	10 711
	1994	121 775	5 753	1 033	3 182	111 807	5 266	558 838	11 895
	1995	132 624	5 196	1 025	3 092	123 311	365	559 966	13 673
Jordan	1992	6	..	4	..	2	103	5 452	0
	1993	3	..	0	..	3	223	5 448	0
	1994	5	..	3	..	2	−144	5 565	0
	1995	5	..	3	..	2	−32	5 810	0
Kazakhstan	1992	155 465	107 860	37 364	9 397	843	4 285	40 237	61 372
	1993	137 750	95 866	33 203	7 744	937	−419	31 648	56 742
	1994	125 362	89 873	29 162	5 199	1 128	−1 203	17 171	40 080
	1995	108 856	71 485	29 496	6 853	1 023	−786	18 072	32 967
Korea,Dem.Ppl's.Rep.	1992	88 348	85 400	..	..	2 948	...	8 621	464
	1993	91 148	88 200	..	..	2 948	...	8 221	464
	1994	90 287	87 400	..	..	2 887	...	8 048	438
	1995	89 425	86 600	..	..	2 825	...	7 894	413
Korea, Republic of	1992	29 292	7 693	..	..	21 598	1 364	149 619	17 828
	1993	28 405	6 069	..	..	22 336	6 184	169 939	19 122
	1994	27 073	4 781	..	..	22 292	5 328	181 768	16 950
	1995	29 251	3 676	..	..	25 574	3 637	201 497	18 672
Kuwait [1]	1992	81 546	..	78 058	3 488	..	2 864	76	66 231
	1993	147 420	..	139 139	8 281	..	3 786	1	122 876
	1994	156 609	..	148 661	7 948	..	4 016	1	127 087
	1995	162 606	..	150 525	12 081	..	2 075	1	130 175
Kyrgystan	1992	2 684	1 297	163	83	1 141	..	5 363	1 917
	1993	2 285	995	126	49	1 116	..	4 298	1 347
	1994	2 407	796	126	45	1 440	..	3 195	1 254
	1995	2 029	495	127	41	1 366	..	3 032	1 218
Lao People's Dem. Rep.	1992	107	1	..	..	106	..	133	78
	1993	106	1	..	..	105	..	133	78
	1994	107	1	..	..	106	..	144	78
	1995	107	1	..	..	106	..	151	79

629 Energy Energie

Bunkers - Soutes			Consumption - Consommation							
Air Avion	Sea Maritime	Unallocated Nondistribué	Per capita Par habitant	Total Totale	Solids Solides	Liquids Liquides	Gas Gaz	Electricity Electricité	Année	Pays ou zone
3 100	2 265	..	2 048	12 007	7 807	4 810	...	−610	1992	Chine, Hong−Kong
3 389	2 469	..	2 234	13 301	9 043	4 756	...	−498	1993	RAS †
3 560	2 445	..	2 122	12 828	6 460	5 570	...	798	1994	
3 975	3 313	..	2 065	12 645	6 963	4 937	...	745	1995	
364	84	24	2 930	2 066	26	2 040	..	..	1992	Chypre
340	71	33	2 971	2 136	31	2 105	..	..	1993	
349	88	26	3 034	2 221	27	2 194	..	..	1994	
383	98	60	2 910	2 168	20	2 148	..	..	1995	
..	..	1 103	1 685	9 221	364	...	7 931	925	1992	Georgie
		438	1 030	5 631	217	113	4 349	951	1993	
..	..	391	848	4 631	229	...	3 724	677	1994	
		571	914	4 983	209	...	4 101	673	1995	
899	356	22 498	345	304 151	203 013	74 349	15 551	11 238	1992	Inde
921	248	20 347	354	318 102	214 321	77 238	15 696	10 847	1993	
943	0	21 035	376	343 257	227 315	82 724	22 665	10 553	1994	
951	...	26 589	386	358 722	237 068	85 545	24 509	11 600	1995	
485	300	40 006	436	82 244	5 331	49 512	24 574	2 826	1992	Indonésie
590	315	39 376	480	91 928	9 037	51 851	28 222	2 818	1993	
663	329	39 945	498	96 809	10 851	54 350	28 271	3 336	1994	
737	358	38 684	555	109 650	13 905	57 193	35 047	3 504	1995	
7	682	9 669	1 618	102 065	1 318	66 292	33 285	1 171	1992	Iran, Rép.islamique d'
7	839	6 208	1 458	94 605	1 229	68 019	24 150	1 207	1993	
7	739	6 141	1 868	124 552	1 280	68 568	53 790	915	1994	
7	768	5 837	1 902	130 049	1 320	70 481	57 323	925	1995	
0	0	−282	1 662	31 415	0	28 307	3 022	86	1992	Iraq
0	0	4 933	1 747	33 642	0	30 174	3 395	74	1993	
0	0	8 448	1 801	35 390	...	31 100	4 221	69	1994	
0	...	8 492	1 830	36 782	...	32 527	4 185	70	1995	
599	268	1 375	3297	16 451	4 946	11 516	28	−39	1992	Israël
674	273	1 775	3 344	17 317	5 654	11 670	28	−36	1993	
546	268	2 043	3 322	17 814	6 027	11 795	29	−37	1994	
581	283	1 877	3 325	18 369	6 118	12 256	29	−34	1995	
6 655	8 250	23 605	4 744	589 348	118 275	299 887	75 043	96 143	1992	Japon
6 701	9 588	24 026	4 758	592 423	116 087	292 738	75 862	107 736	1993	
7 030	9 824	25 202	4 979	621 396	119 098	309 250	81 240	111 807	1994	
7 951	8 904	23 243	5 105	638 454	125 083	307 468	82 592	123 311	1995	
290	...	216	1 042	4 848	..	4 846	..	2	1992	Jordanie
333	...	−106	1 021	5 000	..	4 998	..	3	1993	
304	...	140	1 025	5 270	..	5 269	..	2	1994	
357	3	113	1 000	5 375	..	5 372	..	2	1995	
..	..	1 327	7 643	128 717	75 926	28 801	21 406	2 584	1992	Kazakhstan
..	..	1 896	6 603	111 178	69 653	24 083	15 067	2 375	1993	
..	..	2 145	6 034	101 510	68 477	18 692	11 613	2 728	1994	
..	..	331	5 614	94 417	62 371	15 730	14 452	1 863	1995	
...	...	−646	4 621	97 151	87 720	6 483	...	2 948	1992	Corée,Rép.pop.dém.de
...	...	−895	4 669	99 800	90 420	6 432	...	2 948	1993	
...	...	−930	4 547	98 826	89 572	6 367	...	2 887	1994	
...	...	−965	4 429	97 871	88 747	6 298	...	2 825	1995	
892	4 533	13 478	3 224	140 816	34 136	78 538	6 544	21 598	1992	Corée, République de
836	5 543	12 964	3 486	153 695	37 343	85 841	8 175	22 336	1993	
904	6 046	11 524	3 777	168 089	40 138	94 990	10 669	22 292	1994	
980	6 753	14 703	4 142	186 002	44 459	102 809	13 159	25 574	1995	
404	99	1 548	5 260	10 477	..	6 989	3 488	..	1992	Koweït [1]
298	185	5 284	8 044	14 994	..	6 713	8 281	..	1993	
472	242	8 716	9 167	16 079	..	8 131	7 948	..	1994	
531	270	7 741	12 902	21 817	..	9 735	12 081	..	1995	
..	..	39	1 370	6 091	1 561	1 514	2 133	885	1992	Kirghizistan
..	..	39	1 167	5 198	1 410	1 191	1 607	990	1993	
..	..	27	970	4 321	1 786	365	1 037	1 132	1994	
..	..	96	840	3 747	766	762	1 022	1 198	1995	
..	..	..	37	163	1	130	..	31	1992	Rép. dém. pop. lao
..	..	..	35	162	1	130	..	31	1993	
..	..	..	36	172	1	141	..	31	1994	
..	..	..	37	180	1	148	..	31	1995	

68
Production, trade and consumption of commercial energy
Thousand metric tons of coal equivalent and kilograms per capita [cont.]
Production, commerce et consommation d'énergie commerciale
Milliers de tonnes métriques d'équivalent houille et kilogrammes par habitant [suite]

Country or area	Year	Primary energy production – Production d'energie primaire					Changes in stocks Variations des stocks	Imports Importations	Exports Exportations
		Total Totale	Solids Solides	Liquids Liquides	Gas Gaz	Electricity Electricité			
Lebanon	1992	68	..	..	..	68	0	5 191	0
	1993	113	..	..	..	113	0	4 981	0
	1994	118	..	..	..	118	...	5 405	0
	1995	90	..	..	..	90	...	5 839	0
Macau	1992	..	..	..	..	..	−1	518	0
	1993	..	..	..	..	..	4	572	0
	1994	..	..	..	..	..	14	628	1
	1995	..	..	..	..	..	0	598	..
Malaysia	1992	69 246	80	45 735	22 896	535	−1 718	12 941	47 970
	1993	76 354	397	45 923	29 429	605	194	16 924	49 166
	1994	79 335	134	47 629	30 771	801	621	14 652	47 975
	1995	89 147	112	49 472	38 641	921	136	14 755	50 144
Maldives	1992	..	..	..	..	..	..	121	50
	1993	..	..	..	..	..	..	134	50
	1994	..	..	..	..	..	..	142	60
	1995	..	..	..	..	..	..	159	71
Mongolia	1992	3 373	3 373	...	..	..	...	749	82
	1993	2 902	2 902	...	..	..	...	843	94
	1994	2 561	2 561	...	..	..	...	831	96
	1995	2 472	2 472	...	..	..	...	961	102
Myanmar	1992	2 404	49	1 048	1 120	186	−144	275	0
	1993	2 623	47	983	1 384	209	−105	426	0
	1994	2 970	51	993	1 728	198	−128	582	0
	1995	2 866	54	689	1 935	188	−229	959	0
Nepal	1992	110	..	..	..	110	−50	526	49
	1993	102	..	..	..	102	−38	564	44
	1994	107	..	..	..	107	−28	643	50
	1995	120	..	..	..	120	−25	672	42
Oman	1992	57 296	..	52 810	4 486	..	−647	6	50 510
	1993	60 838	..	55 407	5 431	..	−251	647	53 568
	1994	66 645	..	57 770	8 875	..	−531	58	55 561
	1995	64 018	..	60 883	3 136	..	...	195	58 150
Pakistan	1992	26 674	2 094	4 438	17 697	2 446	...	14 475	527
	1993	28 021	2 207	4 312	18 693	2 810	...	16 242	636
	1994	28 776	2 387	4 022	19 794	2 572	...	18 396	416
	1995	28 997	2 056	3 945	19 998	2 998	...	19 184	438
Philippines	1992	9 461	1 122	597	..	7 741	466	22 342	574
	1993	9 548	1 069	646	..	7 833	436	21 540	1 061
	1994	9 260	979	319	..	7 962	461	21 613	484
	1995	9 191	891	203	..	8 097	829	27 636	393
Qatar	1992	48 338	..	33 041	15 297	..	240	0	31 050
	1993	48 522	..	30 548	17 974	..	−13	0	29 329
	1994	47 741	..	29 767	17 974	..	−198	0	28 681
	1995	48 612	..	30 506	18 107	..	−227	0	29 390
Saudi Arabia [1]	1992	673 054	..	627 244	45 810	..	10 386	0	524 818
	1993	654 056	..	606 259	47 797	..	10 751	0	505 916
	1994	658 843	..	608 648	50 195	..	13 727	0	501 239
	1995	660 695	..	606 986	53 709	..	7 676	0	501 495
Singapore	1992	..	..	..	..	..	1 742	95 165	47 489
	1993	..	..	..	..	..	2 091	104 776	53 419
	1994	..	..	..	..	..	−8 476	104 705	59 836
	1995	..	..	..	..	..	−8 882	105 107	58 694
Sri Lanka	1992	356	..	..	..	356	−8	2 897	8
	1993	466	..	..	..	466	−49	3 094	95
	1994	502	..	..	..	502	−55	3 296	129
	1995	554	..	..	..	554	−19	3 552	136
Syrian Arab Republic	1992	40 035	..	37 227	2 623	184	1 644	835	20 424
	1993	41 477	..	38 692	2 597	189	158	645	22 905
	1994	41 526	..	38 494	2 730	302	129	649	22 221
	1995	44 178	..	40 798	3 071	308	113	655	24 082
Tajikistan	1992	2 296	167	89	83	1 957	..	10 706	934
	1993	2 387	167	60	57	2 103	..	7 441	851
	1994	2 222	117	46	44	2 014	..	1 759	712
	1995	1 903	25	91	44	1 742	..	2 873	688

Bunkers – Soutes			Consumption – Consommation							
Air Avion	Sea Maritime	Unallocated Nondistribué	Per capita Par habitant	Total Totale	Solids Solides	Liquids Liquides	Gas Gaz	Electricity Electricité	Année	Pays ou zone
133	14	42	1 879	5 070	0	4 997	..	72	1992	Liban
162	0	0	1 758	4 932	111	4 702	..	119	1993	
200	0	0	1 826	5 323	112	5 093	..	118	1994	
242	0	...	1 890	5 687	189	5 408	..	90	1995	
..	..	..	1 313	520	0	506	..	14	1992	Macao
..	..	..	1 390	567	0	553	..	14	1993	
..	..	..	1 461	612	0	596	..	16	1994	
..	..	..	1 391	598	0	576	..	22	1995	
0	104	1 263	1 839	34 568	2 383	20 551	11 100	533	1992	Malaisie
0	86	2 773	2 133	41 059	2 030	23 144	15 278	608	1993	
0	346	2 808	2 145	42 237	2 348	23 552	15 530	807	1994	
...	355	3 876	2 452	49 391	2 470	24 877	21 125	918	1995	
..	..	..	309	71	..	71	..	..	1992	Maldives
..	..	..	353	84	..	84	..	..	1993	
..	..	..	329	81	..	81	..	..	1994	
..	..	..	350	89	..	89	..	..	1995	
...	..	...	1 742	4 039	3 405	622	..	13	1992	Mongolie
...	..	...	1 543	3 651	2 937	690	..	24	1993	
...	..	...	1 366	3 297	2 600	671	..	26	1994	
...	..	...	1 352	3 331	2 515	769	..	47	1995	
3	39	359	57	2 422	62	1 054	1 120	186	1992	Myanmar
3	1	278	66	2 872	59	1 220	1 384	209	1993	
3	7	338	75	3 333	62	1 345	1 728	198	1994	
9	3	128	87	3 915	65	1 727	1 935	188	1995	
..	..	..	32	637	92	436	..	109	1992	Népal
..	..	..	32	661	100	454	..	107	1993	
..	..	..	35	728	115	502	..	111	1994	
..	..	..	36	774	118	528	..	128	1995	
251	632	281	3 226	6 275	..	1 789	4 486	..	1992	Oman
282	273	98	3 704	7 516	..	2 085	5 431	..	1993	
239	187	−8	5 320	11 257	..	2 382	8 875	..	1994	
228	175	−57	2 590	5 717	..	2 582	3 136	..	1995	
214	18	1 162	311	39 228	3 151	15 933	17 697	2 446	1992	Pakistan
231	21	1 136	327	42 239	3 191	17 547	18 693	2 810	1993	
190	24	1 207	342	45 335	3 470	19 499	19 794	2 572	1994	
198	21	1 209	340	46 314	3 140	20 178	19 998	2 998	1995	
654	96	3 132	423	26 881	2 227	16 913	...	7 741	1992	Philippines
700	114	1 309	423	27 467	2 319	17 315	...	7 833	1993	
722	143	693	427	28 370	2 216	18 192	...	7 962	1994	
737	172	5 336	433	29 359	2 254	19 009	...	8 097	1995	
103	..	119	32 609	16 826	..	1 529	15 297	..	1992	Qatar
103	..	59	36 068	19 044	..	1 070	17 974	..	1993	
147	..	113	35 310	18 997	..	1 023	17 974	..	1994	
133	..	73	35 117	19 244	..	1 137	18 107	..	1995	
1 621	13 045	19 544	6 109	103 640	..	57 830	45 810	..	1992	Arabie saoudite [1]
1 769	13 004	16 080	6 140	106 536	..	58 739	47 797	..	1993	
1 769	12 692	19 263	6 201	110 154	..	59 959	50 195	..	1994	
1 842	15 172	20 852	6 226	113 658	..	59 949	53 709	..	1995	
1 179	12 488	8 721	7 491	23 545	25	23 521	..	0	1992	Singapour
1 238	13 269	9 336	7 930	25 422	27	25 401	..	−6	1993	
1 268	14 049	10 739	8 351	27 290	36	27 265	..	−11	1994	
1 290	14 830	10 523	8 612	28 652	41	28 611	..	0	1995	
74	404	125	152	2 651	2	2 293	..	356	1992	Sri Lanka
97	486	266	152	2 665	2	2 197	..	466	1993	
100	487	232	164	2 904	3	2 399	..	502	1994	
113	480	232	176	3 163	2	2 607	..	554	1995	
389	...	1 955	1 254	16 458	2	13 648	2 623	184	1992	Rép. arabe syrienne
279	...	2 004	1 244	16 777	2	13 989	2 597	189	1993	
333	...	2 082	1 258	17 409	2	14 376	2 730	302	1994	
146	...	2 344	1 278	18 148	2	14 767	3 071	308	1995	
..	..	319	2 125	11 750	114	7 558	2 019	2 059	1992	Tajikistan
..	..	190	1 561	8 787	147	5 015	1 666	1 959	1993	
..	..	160	543	3 108	117	...	1 087	1 904	1994	
..	..	191	669	3 897	25	...	2 228	1 644	1995	

68
Production, trade and consumption of commercial energy
Thousand metric tons of coal equivalent and kilograms per capita [cont.]
Production, commerce et consommation d'énergie commerciale
Milliers de tonnes métriques d'équivalent houille et kilogrammes par habitant [suite]

Country or area	Year	Primary energy production – Production d'energie primaire Total Totale	Solids Solides	Liquids Liquides	Gas Gaz	Electricity Electricité	Changes in stocks Variations des stocks	Imports Importations	Exports Exportations
Thailand	1992	25 712	9 659	5 262	10 269	522	427	31 720	1 364
	1993	27 212	9 775	5 403	11 578	456	576	36 918	1 338
	1994	29 946	10 747	5 345	13 298	556	−589	40 298	1 605
	1995	29 662	11 578	5 260	11 998	826	−912	48 043	1 611
Turkey	1992	25 316	15 626	6 108	233	3 349	247	41 908	2 609
	1993	26 591	16 531	5 559	235	4 266	−246	48 062	2 700
	1994	26 663	17 296	5 279	234	3 854	1 446	48 592	2 379
	1995	26 882	17 175	5 022	214	4 471	1 539	52 495	2 200
Turkmenistan	1992	77 892	..	8 271	69 620	0	..	2 020	57 327
	1993	83 421	..	7 722	75 698	1	..	835	63 097
	1994	44 326	..	5 856	38 469	0	..	128	27 246
	1995	44 210	..	7 142	37 068	0	..	120	27 860
United Arab Emirates	1992	184 208	..	154 691	29 517	..	571	729	147 086
	1993	178 817	..	148 288	30 529	..	−594	1 044	141 534
	1994	190 621	..	156 791	33 830	..	369	557	150 245
	1995	196 363	..	158 379	37 984	..	1 093	852	154 060
Uzbekistan	1992	57 115	1 883	4 879	49 582	772	..	17 077	12 886
	1993	60 414	1 534	5 808	52 167	904	..	15 834	10 749
	1994	65 019	1 531	7 852	54 757	879	..	13 234	11 992
	1995	74 513	1 257	14 287	58 097	872	..	2 178	14 871
Viet Nam	1992	13 405	4 792	7 884	3	725	−137	4 167	9 347
	1993	16 676	5 899	9 016	3	1 758	695	5 014	10 221
	1994	17 681	5 690	9 998	3	1 990	−392	5 597	12 052
	1995	20 715	7 452	10 998	7	2 258	503	6 477	13 655
Yemen	1992	11 714	..	11 714	..	..	33	5 890	10 950
	1993	16 735	..	16 735	..	..	...	4 585	14 716
	1994	23 277	..	23 277	..	..	14	534	18 631
	1995	24 308	..	24 308	..	..	21	2 999	20 461
Europe	1992	3 260 757	814 057	922 991	1 035 020	488 689	33 900	1 869 787	1 165 823
	1993	3 132 729	745 039	874 082	1 020 595	493 013	7 460	1 796 246	1 148 942
	1994	3 046 733	676 710	883 305	1 004 479	482 238	17 669	1 733 358	1 203 885
	1995	3 223 940	715 181	883 797	1 136 981	487 982	4 634	1 790 995	1 234 259
Albania	1992	1 538	183	836	124	395	143	71	70
	1993	1 445	108	811	119	407	114	154	143
	1994	1 414	85	764	102	463	179	462	44
	1995	1 337	60	744	16	516	...	59	24
Austria	1992	8 719	659	1 747	1 881	4 432	973	26 980	1 584
	1993	8 960	629	1 711	1 949	4 670	473	26 678	1 846
	1994	8 462	517	1 644	1 769	4 532	−877	26 778	2 341
	1995	8 696	482	1 546	1 941	4 726	−754	28 365	2 371
Belarus	1992	4 564	1 359	2 857	346	2	−14	53 383	5 863
	1993	4 161	950	2 864	345	2	−746	41 049	2 259
	1994	4 339	1 132	2 857	349	2	−947	36 174	4 272
	1995	4 100	1 022	2 760	316	2	480	35 176	4 823
Belgium	1992	16 859	564	..	8	16 287	533	91 419	28 421
	1993	16 082	374	..	6	15 702	654	87 830	26 803
	1994	15 530	290	..	1	15 238	100	90 898	26 973
	1995	15 761	245	..	0	15 516	1 352	90 183	24 972
Bosnia & Herzegovinia	1992	785	416	..	..	369	171	654	61
	1993	558	312	..	..	246	−160	279	62
	1994	445	291	..	..	154	−202	422	51
	1995	516	341	..	..	174	45	603	22
Bulgaria	1992	12 219	7 555	76	43	4 545	78	16 534	359
	1993	12 819	7 250	61	78	5 430	242	24 218	1 165
	1994	13 108	7 115	51	65	5 877	−481	19 663	2 909
	1995	14 449	7 634	61	57	6 697	256	21 941	2 884
Croatia	1992	5 730	120	2 985	2 092	533	179	6 335	2 621
	1993	6 096	109	3 083	2 370	534	208	7 433	3 632
	1994	5 415	99	2 632	2 079	606	92	7 669	2 904
	1995	3 845	103	545	2 550	647	−114	9 247	2 923
Czech Republic	1992	46 742	41 673	117	200	4 752	−1 176	21 051	10 933
	1993	46 071	40 757	159	269	4 887	254	20 764	11 121
	1994	42 672	37 177	183	273	5 039	174	23 416	11 664
	1995	41 234	35 497	186	276	5 274	−29	23 526	11 478

633 Energy Energie

Bunkers - Soutes			Consumption - Consommation							
Air Avion	Sea Maritime	Unallocated Nondistribué	Per capita Par habitant	Total Totale	Solids Solides	Liquids Liquides	Gas Gaz	Electricity Electricité	Année	Pays ou zone
0	0	1 612	951	54 029	10 263	32 921	10 269	576	1992	Thaïlande
0	0	1 765	1 055	60 451	10 863	37 481	11 578	529	1993	
0	0	1 967	1 164	67 262	12 111	41 196	13 298	657	1994	
0	0	3 802	1 257	73 204	13 809	46 495	11 998	902	1995	
376	158	3 297	1 043	60 537	22 120	29 628	5 455	3 334	1992	Turquie
457	142	4 077	1 145	67 523	23 185	34 056	6 062	4 220	1993	
368	159	3 003	1 133	67 900	22 845	34 856	6 411	3 788	1994	
377	267	2 285	1 195	72 708	23 509	36 528	8 285	4 386	1995	
..	..	2 469	5 245	20 116	269	7 400	12 974	-527	1992	Turkménistan
..	..	2 621	4 735	18 538	135	5 648	13 146	-391	1993	
..	..	1 851	3 844	15 356	...	4 005	11 676	-325	1994	
..	..	2 274	3 484	14 196	...	3 439	11 005	-248	1995	
324	654	788	17 374	35 513	..	10 598	24 916	..	1992	Emirats arabes unis
310	683	964	17 585	36 964	..	10 973	25 991	..	1993	
354	682	406	18 137	39 122	..	11 139	27 983	..	1994	
368	626	-300	18 718	41 367	..	11 225	30 143	..	1995	
..	..	1 413	2 796	59 893	3 095	10 277	45 810	711	1992	Ouzbékistan
..	..	598	2 967	64 900	1 912	11 600	50 534	854	1993	
..	..	84	2 965	66 176	1 865	11 338	52 143	830	1994	
..	..	1 491	2 650	60 329	1570	11 368	46 568	823	1995	
..	..	2	120	8 360	3 437	4 194	3	725	1992	Viet Nam
..	..	2	152	10 771	3 979	5 031	3	1 758	1993	
..	..	2	160	11 616	4 015	5 607	3	1 990	1994	
..	..	2	177	13 032	4 269	6 498	7	2 258	1995	
90	214	2 024	334	4 293	..	4 293	..	..	1992	Yémen
90	157	1 730	340	4 627	..	4 627	..	..	1993	
60	143	407	318	4 555	..	4 555	..	..	1994	
75	143	345	417	6 260	..	6 260	..	..	1995	
33 298	74 390	99 589	5 130	3 723 544	942 278	1 184 419	1 109 152	487 695	1992	Europe
36 406	53 728	78 695	4 958	3 603 742	869 537	1 150 126	1 091 440	492 640	1993	
38 614	51 981	77 871	4 659	3 390 072	807 314	1 080 911	1 020 852	480 995	1994	
40 144	53 574	82 232	4 943	3 600 091	850 178	1 073 366	1 190 156	486 391	1995	
..	..	217	353	1 180	245	483	124	327	1992	Albanie
..	..	229	331	1 112	122	534	119	337	1993	
..	..	212	428	1 442	85	814	102	440	1994	
..	..	309	314	1 062	60	462	16	524	1995	
290	..	420	4 141	32 431	4 700	14 747	8 483	4 500	1992	Autriche
283	..	241	4 149	32 795	4 122	15 143	8 950	4 580	1993	
298	..	520	4 131	32 958	4 232	15 082	9 213	4 431	1994	
295	..	694	4 283	34 455	4 642	14 872	10 518	4 423	1995	
..	..	4 609	4 602	47 488	2 750	22 249	21 688	801	1992	Bélarus
..	..	2 439	3 991	41 257	2 422	17 959	20 137	740	1993	
..	..	2 845	3 319	34 343	2 087	14 395	17 390	472	1994	
..	..	1 708	3 117	32 264	1 894	13 073	16 416	882	1995	
1 304	6 070	2 939	6 889	69 011	13 306	25 038	14 365	16 303	1992	Belgique
1 172	6 245	2 852	6 582	66 186	10 788	24 491	14 931	15 976	1993	
1 167	5 981	3 308	6 826	68 898	13 008	24 809	15 353	15 728	1994	
1 263	5 692	3 227	6 857	69 439	12 597	23 983	16 843	16 016	1995	
..	..	..	302	1 206	416	...	409	381	1992	Bosnie et Herzégovinie
..	..	..	247	935	312	40	328	255	1993	
..	..	..	281	1 018	291	50	503	173	1994	
..	..	..	294	1 051	341	144	366	200	1995	
..	387	628	3 164	27 300	10 647	5 966	5 810	4 877	1992	Bulgarie
..	283	4 268	3 619	31 078	11 207	8 996	5 432	5 443	1993	
..	377	1 195	3 366	28 773	10 331	7 115	5 457	5 868	1994	
..	392	1 854	3 644	31 005	10 496	7 283	6 549	6 677	1995	
..	...	498	1 941	8 766	590	4 294	2 992	889	1992	Croatie
..	...	740	1 983	8 949	493	4 485	3 152	819	1993	
..	64	1 136	1 971	8 888	291	4 581	2 972	1 043	1994	
..	50	822	2 089	9 411	465	4 676	3 070	1 199	1995	
..	..	2 733	5 372	55 304	34 676	7 962	8 286	4 379	1992	Tcheque Rép.
..	..	2 616	5 138	52 844	32 238	7 510	8 467	4 629	1993	
..	..	3 044	4 984	51 207	29 924	8 028	8 270	4 984	1994	
..	..	2 416	4 959	50 895	28 130	8 860	8 975	4 931	1995	

68
Production, trade and consumption of commercial energy
Thousand metric tons of coal equivalent and kilograms per capita [cont.]
Production, commerce et consommation d'énergie commerciale
Milliers de tonnes métriques d'équivalent houille et kilogrammes par habitant [suite]

| Country or area | Year | Primary energy production - Production d'energie primaire ||||| Changes in stocks Variations des stocks | Imports Importations | Exports Exportations |
		Total Totale	Solids Solides	Liquids Liquides	Gas Gaz	Electricity Electricité			
Denmark	1992	16 551	0	11 078	5 359	114	465	24 556	14 465
	1993	17 918	0	11 805	5 983	130	−1 732	23 801	15 760
	1994	19 695	0	13 024	6 527	144	−1 197	25 743	17 330
	1995	20 402	0	13 096	7 158	148	1 713	25 234	15 668
Estonia	1992	5 227	5 226	..	..	0	26	3 733	607
	1993	4 119	4 119	..	..	0	−75	3 763	407
	1994	4 075	4 075	..	..	0	50	3612	475
	1995	3 730	3 730	..	..	0	−123	3 572	743
Faeroe Islands	1992	10	0	..	..	10	...	302	..
	1993	9	0	..	..	9	...	273	..
	1994	9	0	..	..	9	...	243	..
	1995	9	0	..	..	9	...	293	..
Finland	1992	10 868	1 857	..	..	9 011	−1 802	25 743	5 348
	1993	10 179	1 119	..	..	9 060	−1 464	26 720	4 860
	1994	11 708	3 043	..	..	8 665	3 381	32207	5 080
	1995	11 630	2 903	..	..	8 726	−849	27 284	5 644
France incl. Monaco	1992	163 293	9 767	4783	3 052	145 690	5 855	203 292	26 975
	1993	161 946	8 982	4 629	3 212	145 122	−718	194 735	30 549
	1994	159 387	7 817	4 664	3 221	143 685	684	188 714	32 073
	1995	166 032	7 854	4 207	4 433	149 537	378	193 742	28 076
Germany †	1992	227 538	140 006	4 684	21 255	61 594	11 297	290 394	26 092
	1993	210 871	125 474	4 376	21 352	59 668	1 299	294 170	26 935
	1994	200 675	115 708	4 196	21 664	59 105	9 822	304 315	30 718
	1995	199 956	112 700	4 179	22 812	60 265	−2 937	305 833	28 814
Gibraltar	1992	..	..	..	..	..	78	1 322	0
	1993	..	..	..	..	..	54	1 362	1
	1994	..	..	..	..	..	58	1 380	0
	1995	..	..	..	..	..	58	1 383	0
Greece	1992	11 259	9 783	985	197	294	1 286	32 396	7 006
	1993	12 013	10 744	806	146	318	476	29 766	4 947
	1994	11 783	10 594	762	73	354	−2 295	28 504	4 880
	1995	11 917	10 725	655	68	469	236	31 592	4 857
Hungary	1992	19 053	5 567	3 116	5 163	5 207	−865	17 419	1 384
	1993	18 195	4 533	2 959	5 558	5 146	692	19 787	1 752
	1994	17 836	4 396	2 836	5 365	5 239	130	19 450	2 537
	1995	18 307	4 507	3 158	5 411	5 231	136	20 355	2 373
Iceland	1992	811	..	..	..	811	55	1 014	..
	1993	865	..	..	..	865	−29	1 006	..
	1994	873	..	..	..	873	−2	1 047	..
	1995	931	..	..	..	931	71	1 048	..
Ireland	1992	4 785	1 635	..	3 014	136	−209	10 679	1 137
	1993	5 189	1 621	..	3 423	145	−49	10 901	1 107
	1994	5 345	1 704	..	3 482	159	−443	11 444	1 431
	1995	5 316	1 604	..	3 568	144	68	11 848	1 296
Italy and San Marino	1992	40 046	362	6 431	23 387	9 866	3 469	224 443	29 290
	1993	41 845	362	6 630	24 891	9 961	−1 604	216 093	31 634
	1994	43 392	88	6 994	26 255	10 054	−163	211 307	29 054
	1995	42 928	136	7 482	25 947	9 363	614	218 185	22 894
Latvia	1992	443	133	..	..	310	410	8 628	1 151
	1993	462	109	..	..	353	−541	6 652	1 272
	1994	613	207	..	..	406	−120	5 432	224
	1995	473	112	..	..	361	−9	4 981	125
Lithuania	1992	5 603	35	91	..	5 476	−195	12 705	2 570
	1993	4 724	17	104	..	4 603	−436	13 726	6 283
	1994	3 113	30	133	..	2 951	−259	11 669	3 986
	1995	4 687	20	183	..	4 484	450	11 510	3 460
Luxembourg	1992	75	..	..	..	75	−41	5 439	67
	1993	57	..	..	..	57	−26	5 431	51
	1994	85	..	..	..	85	−0	5 374	78
	1995	102	..	..	..	102	−24	5 211	94
Malta	1992	..	..	..	..	..	...	834	0
	1993	..	..	..	..	..	...	856	0
	1994	..	..	..	..	..	...	861	0
	1995	..	..	..	..	..	...	865	0

Bunkers - Soutes			Consumption - Consommation							
Air Avion	Sea Maritime	Unallocated Nondistribué	Per capita Par habitant	Total Totale	Solids Solides	Liquids Liquides	Gas Gaz	Electricity Electricité	Année	Pays ou zone
864	1 309	−124	4 666	24 129	9 642	10 870	3 041	574	1992	Danemark
884	1 947	−243	4 838	25 103	10 300	10 988	3 540	275	1993	
899	2 149	−395	5 118	26 651	11 233	11 778	4 092	−451	1994	
921	2 324	−164	4 820	25 175	9 196	11 138	4 790	51	1995	
12	224	−387	5 476	8 477	5 753	2 108	1 045	−429	1992	Estonie
1	112	−252	5 033	7 690	4 551	2 419	512	207	1993	
...	189	−212	4 768	7 185	4 469	2 132	730	−146	1994	
...	129	−443	4 702	6 996	4 265	1 992	832	−93	1995	
..	..	..	6 638	312	0	302	..	10	1992	Iles Feroe
..	..	..	6 000	282	0	273	..	9	1993	
..	..	..	5 362	252	0	243	..	9	1994	
..	..	..	6 447	303	0	293	..	9	1995	
391	990	−1 346	6 561	33 030	7 029	12 028	3 931	10 042	1992	Finlande
375	777	−1 781	6 746	34 133	7 709	12 350	4 082	9 992	1993	
388	605	−3 007	7 370	37 468	9 344	14 142	4 513	9 468	1994	
419	480	−3 567	7 203	36 787	8 624	13 911	4 668	9 583	1995	
4 886	3 664	4 590	5 591	320 615	26 466	111 882	43 184	139 082	1992	France y comp.Monaco
4 984	3 492	6 196	5 418	312 180	20 803	109 335	44 466	137 576	1993	
5 253	3 095	8 936	5 149	298 059	20 750	98 584	42 800	135 926	1994	
5 542	3 614	13 532	5 309	308 633	22 210	98 378	47 086	140 958	1995	
7 370	2 509	6 800	5 776	463 865	149 276	164 014	89 634	60 941	1992	Allemagne †
7 422	3 155	3 893	5 724	462 339	139 714	168 590	94 259	59 775	1993	
7 716	2 911	9 019	5 477	444 802	122 987	166 278	96 145	59 393	1994	
8 002	2 937	7 955	5 650	461 018	130 751	164 679	104 730	60 858	1995	
6	1 214	..	857	24	0	24	..	0	1992	Gibraltar
6	1 219	..	2 964	83	0	83	..	−1	1993	
6	1 207	..	3 893	109	0	109	..	0	1994	
6	1 213	..	3 786	106	0	106	..	0	1995	
1 030	3 858	−2 522	3 197	32 997	11 476	20 956	197	369	1992	Grèce
1 358	4 502	−3 243	3 254	33 741	12 175	21 002	146	417	1993	
1 219	4 782	−1 882	3 225	33 583	12 205	20 905	73	401	1994	
1 220	5 140	−2 326	3 289	34 382	11 964	21 784	68	567	1995	
..	..	1 680	3 338	34 273	7 430	10 110	11 099	5 633	1992	Hongrie
..	..	1 439	3 338	34 099	6 605	10 100	11 944	5 450	1993	
..	..	1 621	3 247	32 998	6 201	9 735	11 573	5 489	1994	
..	..	2 447	3 335	33 707	5 924	9 150	13 107	5 526	1995	
108	28	..	6 285	1 634	62	762	..	811	1992	Islande
85	45	..	6 726	1 769	64	840	..	865	1993	
99	42	..	6 699	1 782	96	812	..	873	1994	
96	65	..	6 491	1 746	79	737	..	931	1995	
435	23	138	3 970	13 940	4 714	6 077	3 014	136	1992	Irlande
343	78	−27	4 155	14 638	4 741	6 329	3 423	145	1993	
545	56	88	4 273	15 111	4 509	6 961	3 482	159	1994	
531	162	36	4 250	15 072	4 116	7 245	3 568	142	1995	
3 088	3 491	−7 175	4 066	232 326	17 405	135 462	65 257	14 202	1992	Italie y compris
3 554	3 480	−6 568	3 978	227 442	15 407	130 643	66 587	14 805	1993	Saint−Marin
3 712	3 365	−8 962	3 981	227 694	16 253	132 471	64 297	14 673	1994	
3 470	3 471	−4 980	4 118	235 644	17 573	133 234	70 877	13 960	1995	
..	..	..	2 839	7 510	634	3 600	2 465	811	1992	Latvie
..	..	..	2 445	6 382	590	3 508	1 624	660	1993	
..	..	..	2 310	5 941	502	3 629	1 181	629	1994	
..	..	..	2 105	5 338	365	2 893	1 443	638	1995	
..	..	796	4 031	15 136	691	5 639	3 981	4 825	1992	Lettonie
..	..	183	3 311	12 420	689	5 311	2 153	4 267	1993	
..	..	−212	3 010	11 268	508	5 178	2 490	3 092	1994	
..	..	75	3 269	12 212	404	4 735	2 918	4 155	1995	
189	..	..	13 555	5 300	1 357	2 639	739	563	1992	Luxembourg
189	..	..	13 318	5 274	1 387	2 564	768	554	1993	
239	..	..	12 791	5 142	1 218	2 517	775	632	1994	
271	..	..	12 214	4 971	1 127	2 243	884	716	1995	
74	43	..	1 997	717	256	461	...	..	1992	Malte
74	43	..	2 050	740	256	484	...	..	1993	
74	43	..	2 044	744	256	488	...	..	1994	
74	43	..	2 038	748	256	492	...	..	1995	

68
Production, trade and consumption of commercial energy
Thousand metric tons of coal equivalent and kilograms per capita [cont.]
Production, commerce et consommation d'énergie commerciale
Milliers de tonnes métriques d'équivalent houille et kilogrammes par habitant [suite]

Country or area	Year	Primary energy production – Production d'energie primaire					Changes in stocks Variations des stocks	Imports Importations	Exports Exportations
		Total Totale	Solids Solides	Liquids Liquides	Gas Gaz	Electricity Electricité			
Netherlands	1992	104 532	0	4 802	98 286	1 445	1 219	130 634	113 86
	1993	106 194	0	4 705	99 990	1 500	1 075	132 110	117 19
	1994	102 621	0	6 275	94 827	1 519	1 336	133 276	111 56
	1995	102 321	0	5 055	95 723	1 543	−2 181	136 131	114 39
Norway, Svalbard, and	1992	206 192	375	152 894	38 543	14 380	775	5 480	179 01
Jan Mayen Is.	1993	201 066	257	163 800	22 329	14 681	1 403	6 350	187 71
	1994	220 952	289	183 955	22 850	13 859	550	6 865	210 27
	1995	258 250	280	198 265	44 664	15 040	441	7 468	228 54
Poland	1992	128 919	124 501	286	3 694	439	1 003	28 962	20 71
	1993	132 386	126 891	336	4 720	439	−1 964	29 727	23 39
	1994	135 062	129 321	406	4 870	465	851	30 698	28 28
	1995	135 480	129 608	417	4 980	475	−258	33 359	31 44
Portugal	1992	759	129	..	..	630	166	27 074	4 44
	1993	1 195	115	..	..	1 079	152	26 215	4 39
	1994	1 443	86	..	..	1 357	−352	27 736	5 95
	1995	1 092	0	..	..	1 092	281	29 195	5 04
Republic of Moldova	1992	32	..	..	..	32	−155	11 671	76
	1993	46	..	..	..	46	−486	8 479	63
	1994	34	..	..	..	34	−68	7 379	61
	1995	34	..	..	..	34	80	6 688	62
Romania	1992	46 151	10 106	9 448	25 159	1 437	1 568	23 203	3 26
	1993	46 530	10 894	10 125	23 943	1 568	−397	21 877	4 03
	1994	43 597	11 118	9 700	21 177	1 603	−422	23 554	7 17
	1995	43 328	10 689	9 955	20 633	2 050	30	28 040	6 70
Russian Federation	1992	1 581 610	241 872	570 386	703 674	65 677	5 493	65 106	528 15
	1993	1 480 129	220 337	502 053	691 909	65 830	12 713	59 080	475 41
	1994	1 384 012	196 364	451 016	678 521	58 111	24 182	38 583	475 60
	1995	1 512 045	242 956	435 794	774 509	58 786	12 449	43 293	499 93
Slovakia	1992	6 439	1 497	100	409	4 433	...	20 268	..
	1993	6 268	978	96	282	4 913	−1 213	18 734	2 24
	1994	6 486	1 004	86	321	5 075	282	19 021	2 33
	1995	6 629	982	89	345	5 214	190	19 903	2 37
Slovenia	1992	3 076	1 159	3	20	1 894	−78	3 524	29
	1993	2 925	1 065	3	16	1 841	−55	4 007	30
	1994	3 158	1 010	3	15	2 130	70	3 370	30
	1995	3 214	1 016	3	22	2 173	50	4 567	30
Spain	1992	42 620	15 644	2 040	1 642	23 294	956	108 229	14 15
	1993	41 089	14 569	1 600	927	23 993	378	103 914	14 02
	1994	39 923	14 134	1 370	285	24 133	319	108 669	12 62
	1995	38 970	13 622	1 133	595	23 620	2 037	115 454	8 94
Sweden	1992	33 171	364	1	..	32 806	−989	38 798	11 30
	1993	32 411	337	0	..	32 074	−218	40 649	14 57
	1994	34 815	319	7	..	34 489	759	41 544	13 05
	1995	34 575	342	6	..	34 227	−2 198	40 223	15 85
Switzerland,Liechtenstein	1992	12 899	..	..	4	12 895	−505	24 841	3 85
	1993	13 176	..	..	3	13 173	−1 148	23 192	4 15
	1994	13 967	..	..	1	13 965	−625	23 569	4 30
	1995	13 666	..	..	0	13 666	−392	23 180	3 91
TFYR Macedonia	1992	2 796	2 695	..	..	101	...	1 713	4
	1993	2 727	2 663	..	..	64	536	1 822	
	1994	2 726	2 641	..	..	85	−65	1 239	2
	1995	2 889	2 791	..	..	98	146	1 485	6
Ukraine	1992	169 290	110 354	6 390	24 154	28 392	1 459	172 522	12 24
	1993	153 700	95 725	6 068	22 574	29 333	...	135 391	6 81
	1994	133 077	78 467	5 999	21 517	27 094	...	100 312	6 58
	1995	118 908	69 546	5 856	22 179	21 328	...	127 069	6 11
United Kingdom	1992	307 100	70 045	135 191	72 334	29 530	2 228	123 371	107 68
	1993	316 468	55 802	143 658	83 084	33 924	−158	124 735	121 45
	1994	342 988	39 556	182 210	87 913	33 310	−16 830	108 370	146 15
	1995	364 154	45 299	187 116	97 806	33 933	−7 061	100 316	146 46
Yugoslavia	1992	12 453	8 414	1 664	981	1 393	41	5 064	
	1993	11 836	7 838	1 640	1 116	1 242	−41	2 518	
	1994	11 897	8 035	1 540	956	1 367	...	2 389	
	1995	12 027	8 372	1 304	972	1 378	...	2 587	

Bunkers - Soutes			Consumption - Consommation							
Air	Sea	Unallocated	Per capita	Total	Solids	Liquids	Gas	Electricity		
Avion	Maritime	Nondistribué	Par habitant	Totale	Solides	Liquides	Gaz	Electricité	Année	Pays ou zone
2 746	16 343	−6 959	7 118	107 951	11 363	41 233	52 844	2 510	1992	Pays−Bas
3 000	16 927	−12 711	7 385	112 819	12 114	43 739	54 201	2 765	1993	
3 132	16 152	−7 396	7 224	111 112	12 343	43 209	52 744	2 817	1994	
3 616	16 345	−8 370	7 405	114 647	12 873	44 966	53 865	2 942	1995	
118	704	2 351	6 705	28 711	1 145	11 541	2 718	13 307	1992	Norvège, Savalbard,
124	753	2 650	3 435	14 775	1 214	11 969	−12 133	13 725	1993	et Ile Jan−Mayen
130	823	4 127	2 759	11 914	1 411	11 335	−14 675	13 843	1994	
131	948	4 762	7 131	30 891	1 512	9 807	5 313	14 259	1995	
336	415	2 367	3 470	133 046	105 516	16 379	11 208	−57	1992	Pologne
450	146	1 291	3 612	138 799	108 635	18 249	11 772	143	1993	
758	128	800	3 505	134 934	102 622	19 263	12 913	136	1994	
759	278	−44	3 544	136 660	101 108	21 286	14 135	131	1995	
778	878	736	2 115	20 827	4 089	15 943	..	795	1992	Portugal
764	744	763	2 094	20 594	4 476	15 017	..	1 101	1993	
422	708	1 477	2 135	20 975	4 671	14 838	..	1 466	1994	
722	702	495	2 348	23 043	5 167	16 671	..	1 204	1995	
..	..	..	2 520	11 094	1 902	4 313	4 850	28	1992	Rép. de Moldova
..	..	..	1 897	8 379	1 784	2 935	3 626	35	1993	
..	..	..	1 551	6 867	1 744	1 568	3 478	77	1994	
..	..	..	1 356	6 016	1 064	1 433	3 423	96	1995	
..	..	1 348	2 737	63 171	14 876	16 064	30 278	1 953	1992	Roumanie
..	..	4 203	2 638	60 566	14 448	15 211	29 108	1 798	1993	
..	..	2 486	2 537	57 914	14 876	14 834	26 513	1 692	1994	
..	..	4 052	2 666	60 583	14 950	15 944	27 601	2 087	1995	
..	21 578	64 449	6 897	1 027 039	241 202	237 093	485 062	63 682	1992	Fédération de Russé
..	..	55 062	6 690	996 015	216 978	232 674	482 835	63 529	1993	
..	...	38 670	5 945	884 137	199 159	184 364	445 020	55 594	1994	
..	...	38 309	6 767	1 004 650	237 800	173 410	537 062	56 378	1995	
..	..	1 599	4 743	25 108	8 021	4 714	7 757	4 617	1992	Slovaquie
..	..	1 183	4 291	22 787	7 156	3 358	7 113	5 160	1993	
..	..	1 162	4 080	21 726	6 639	3 324	6 791	4 972	1994	
..	..	1 215	4 263	22 755	6 753	3 380	7 510	5 112	1995	
..	..	152	3 239	6 231	1 318	2 404	837	1 672	1992	Slovénie
..	..	35	3 452	6 645	1 274	2 868	836	1 667	1993	
..	..	72	3 158	6 080	1 144	2 144	900	1 892	1994	
..	..	−139	3 929	7 564	1 216	3 312	1 066	1 970	1995	
1 666	5 697	6 780	3 082	121 594	28 348	60 667	9 206	23 373	1992	Espagne
3 036	4 974	7 849	2 903	114 742	26 067	55 430	9 097	24 149	1993	
2 750	4 499	9 069	3 015	119 330	26 049	58 214	10 705	24 361	1994	
2 911	4 626	10 632	3 161	125 274	27 202	61 652	12 250	24 171	1995	
483	1 307	−702	6995	60 561	3 456	23 568	996	32 541	1992	Suède
607	1 316	−1	6 523	56 785	3 816	19 854	1 113	32 001	1993	
615	1 551	974	6 789	59 403	3 855	20 010	1 016	34 521	1994	
622	1 549	401	6 665	58 572	4 053	19 421	1 080	34 018	1995	
1 492	25	−137	4 716	33 010	297	17 289	3 056	12 368	1992	Suisse, Liechtenstein
1 576	25	−284	4 534	32 044	253	16 297	3 206	12 288	1993	
1 677	26	−75	4 517	32 227	256	16 298	3 162	12 510	1994	
1 756	23	−132	4 401	31 672	131	15 283	3 485	12 773	1995	
..	..	164	2 055	4 301	2 703	1 463	..	135	1992	L'ex−R.y.
..	..	−325	2 048	4 332	2 746	1 447	..	139	1993	Macédoine
..	..	−57	1 902	4 065	2 864	1 095	..	106	1994	
..	..	9	1 928	4 156	2 950	1 108	..	98	1995	
..	..	11 946	6 083	316 157	114 900	44 912	128 577	27 767	1992	Ukraine
..	..	5 661	5 325	276 618	99 381	33 203	114 890	29 143	1993	
..	..	3 503	4 305	223 301	80 530	28 383	87 418	26 971	1994	
..	..	2 539	4 585	237 319	80 916	31 575	103 844	20 984	1995	
5 632	3 633	−645	5 374	311 938	84 869	115 850	79 638	31 580	1992	Royaume−Uni
6 122	3 468	−736	5 350	311 051	74 206	112 476	88 393	35 977	1993	
7 516	3 225	4 965	5 261	306 326	69 839	109 926	91 176	35 384	1994	
7 517	3 390	4 293	5 315	309 871	68 038	106 351	99 545	35 937	1995	
..	..	1 643	1 552	15 833	8 751	3 310	2 378	1 393	1992	Yougoslavie
..	..	1 074	1 305	13 321	8 294	1 422	2 363	1 242	1993	
..	..	841	1 315	13 445	8 533	1 268	2 276	1 367	1994	
..	..	615	1 366	13 999	8 967	1 402	2 252	1 378	1995	

68
Production, trade and consumption of commercial energy
Thousand metric tons of coal equivalent and kilograms per capita [*cont.*]
Production, commerce et consommation d'énergie commerciale
Milliers de tonnes métriques d'équivalent houille et kilogrammes par habitant [*suite*]

Country or area	Year	Primary energy production – Production d'energie primaire					Changes in stocks Variations des stocks	Imports Importations	Exports Exportations
		Total Totale	Solids Solides	Liquids Liquides	Gas Gaz	Electricity Electricité			
Oceania	**1992**	**247 032**	**159 558**	**45 124**	**34 929**	**7 421**	**−593**	**31 802**	**132 494**
	1993	**250 549**	**160 970**	**44 950**	**36 850**	**7 779**	**−3 149**	**38 756**	**140 086**
	1994	**266 900**	**173 631**	**43 019**	**42 321**	**7 927**	**−3 096**	**40 239**	**152 346**
	1995	**287 858**	**195 332**	**46 091**	**38 344**	**8 091**	**3 470**	**40 856**	**162 171**
American Samoa	1992	..	..	..	..	..	..	274	..
	1993	..	..	..	..	..	..	273	..
	1994	..	..	..	..	..	..	266	..
	1995	..	..	..	..	..	..	261	..
Australia	1992	221 656	157 174	34 828	27 718	1 936	−345	21 216	122 539
	1993	224 705	158 458	34 322	29 828	2 096	−3 259	27 128	129 501
	1994	241 191	171 028	32 350	35 768	2 045	−3 129	27 555	141 849
	1995	261 022	192 500	34 402	32 125	1 995	3 443	28 125	150 664
Cook Islands	1992	..	..	..	..	..	..	22	..
	1993	..	..	..	..	..	..	22	..
	1994	..	..	..	..	..	..	22	..
	1995	..	..	..	..	..	..	22	..
Fiji	1992	48	..	..	..	48	...	573	178
	1993	48	..	..	..	48	...	567	171
	1994	50	..	..	..	50	...	563	171
	1995	53	..	..	..	53	...	577	171
French Polynesia	1992	11	..	..	..	11	...[1]	403	..
	1993	12	..	..	..	12	...	404	..
	1994	12	..	..	..	12	...	318	..
	1995	15	..	..	..	15	...	328	..
Guam	1992	..	..	..	..	..	...	1 326	0
	1993	..	..	..	..	..	...	1 850	0
	1994	..	..	..	..	..	...	2 333	0
	1995	..	..	..	..	..	...	2 116	0
Kiribati	1992	..	..	..	..	..	..	10	..
	1993	..	..	..	..	..	..	10	..
	1994	..	..	..	..	..	..	10	..
	1995	..	..	..	..	..	..	10	..
Nauru	1992	..	..	..	..	..	..	70	..
	1993	..	..	..	..	..	..	70	..
	1994	..	..	..	..	..	..	70	..
	1995	..	..	..	..	..	..	72	..
New Caledonia	1992	42	..	..	..	42	...	814	17
	1993	42	..	..	..	42	...	814	17
	1994	42	..	..	..	42	...	792	17
	1995	42	..	..	..	42	...	792	17
New Zealand	1992	17 538	2 384	2 726	7 108	5 320	−248	5 086	2 282
	1993	17 861	2 512	2 915	6 916	5 518	110	5 612	2 776
	1994	17 579	2 603	2 813	6 448	5 714	33	6 321	2 545
	1995	17 264	2 832	2 404	6 110	5 918	27	6 557	2 127
Niue	1992	..	..	..	..	..	..	1	..
	1993	..	..	..	..	..	..	1	..
	1994	..	..	..	..	..	..	1	..
	1995	..	..	..	..	..	..	1	..
Palau [2]	1992	4	..	..	..	4	..	135	..
	1993	4	..	..	..	4	..	132	..
	1994	4	..	..	..	4	..	132	..
	1995	4	..	..	..	4	..	136	..
Papua New Guinea	1992	7 729	..	7 570	102	57	0	1 068	7 478
	1993	7 875	..	7 713	106	57	0	1 064	7 620
	1994	8 018	..	7 856	106	57	...	1 047	7 763
	1995	9 454	..	9 284	109	61	...	1 035	9 192
Samoa	1992	3	..	..	..	3	..	62	..
	1993	3	..	..	..	3	..	62	..
	1994	3	..	..	..	3	..	59	..
	1995	3	..	..	..	3	..	63	..
Solomon Islands	1992	..	..	..	..	..	..	79	..
	1993	..	..	..	..	..	..	77	..
	1994	..	..	..	..	..	..	76	..
	1995	..	..	..	..	..	..	79	..

639 Energy Energie

Bunkers - Soutes			Consumption - Consommation							
Air Avion	Sea Maritime	Unallocated Nondistribué	Per capita Par habitant	Total Totale	Solids Solides	Liquids Liquides	Gas Gaz	Electricity Electricité	Année	Pays ou zone
3 594	1 668	−11 126	5 620	152 797	60 233	57 443	27 700	7 421	1992	**Océanie**
3 788	1 772	−10 746	5 717	157 556	58 634	62 787	28 356	7 779	1993	
3 848	2 064	−9 527	5 782	161 505	62 257	61 338	29 982	7 927	1994	
4 152	2 100	−9 967	5 892	166 788	68 722	61 935	28 040	8 091	1995	
..	130	..	2 880	144	..	144	..	..	1992	Samoa américaines
..	130	..	2 784	142	..	142		..	1993	
..	130	..	2 547	135	..	135		..	1994	
..	130	..	2 426	131	..	131		..	1995	
2 208	901	−10 145	7 381	127 714	58 071	47 218	20 489	1 936	1992	Australie
2 386	984	−10 080	7 563	132 300	56 620	52 250	21 334	2 096	1993	
2 456	1 087	−9 011	7 664	135 495	60 130	49 891	23 428	2 045	1994	
2 689	1 222	−9 636	7 879	140 766	66 408	50 541	21 822	1 995	1995	
12	..	..	526	10	..	10	..	..	1992	Iles Cook
12	..	..	526	10	..	10	..	..	1993	
12	..	..	526	10	..	10	..	..	1994	
12	..	..	526	10	..	10	..	..	1995	
41	40	..	484	361	20	293	..	48	1992	Fidji
41	40	..	478	363	20	295	..	48	1993	
37	40	..	473	365	20	295	..	50	1994	
37	42	..	486	381	20	308	..	53	1995	
59	46	..	1 495	308	..	297	..	11	1992	Polynésie française
59	46	..	1 476	310	..	299	..	12	1993	
7	51	..	1 265	272	..	260	..	12	1994	
7	54	..	1 292	283	..	267	..	15	1995	
12	144	...	8 357	1 170	..	1 170	..	..	1992	Guam
12	144	...	11 771	1 695	..	1 695	..	..	1993	
12	144	...	14 810	2 177	..	2 177	..	..	1994	
12	129	...	13 167	1 975	..	1 975	..	..	1995	
..	..	..	133	10	..	10	..	..	1992	Kiribati
..	..	..	132	10	..	10	..	..	1993	
..	..	..	130	10	..	10	..	..	1994	
..	..	..	128	10	..	10	..	..	1995	
7	..	..	6 300	63	..	63	..	..	1992	Nauru
7	..	..	6 300	63	..	63	..	..	1993	
7	..	..	6 300	63	..	63	..	..	1994	
7	..	..	5 818	64	..	64	..	..	1995	
22	13	..	4 647	804	170	592	..	42	1992	Nouvelle−Calédonie
22	13	..	4 594	804	170	592	..	42	1993	
22	13	..	4 393	782	165	575	..	42	1994	
22	13	..	4 320	782	165	575	..	42	1995	
618	389	−1 022	6 003	20 607	1 971	6 207	7 108	5 320	1992	Nouvelle−Zélande
628	410	−707	5 828	20 257	1 822	6 000	6 916	5 518	1993	
675	594	−557	5 857	20 610	1 940	6 507	6 448	5 714	1994	
740	506	−372	5 839	20 794	2 128	6 639	6 110	5 918	1995	
0	..	..	500	1	..	1	..	..	1992	Nioué
0	..	..	500	1	..	1	..	..	1993	
0	..	..	500	1	..	1	..	..	1994	
0	..	..	500	1	..	1	..	..	1995	
22	..	..	518	117	..	113	..	4	1992	Palaos [2]
22	..	..	494	114	..	110	..	4	1993	
22	..	..	481	114	..	110	..	4	1994	
22	..	..	486	118	..	114	..	4	1995	
37	4	41	308	1 237	1	1 078	102	57	1992	Papouasie−Nvl−Guinée
37	4	41	301	1 236	1	1 073	106	57	1993	
29	4	41	292	1 227	1	1 063	106	57	1994	
29	4	41	284	1 222	1	1 051	109	61	1995	
..	..	..	401	65	0	62	..	3	1992	Samoa
..	..	..	401	65	0	62	..	3	1993	
..	..	..	380	62	0	59	..	3	1994	
..	..	..	400	66	0	63	..	3	1995	
3	...	...	222	76	..	76	..	..	1992	Iles Salomon
3	...	...	212	75	..	75	..	..	1993	
3	...	...	199	73	..	73	..	..	1994	
3	...	...	201	76	..	76	..	..	1995	

68
Production, trade and consumption of commercial energy
Thousand metric tons of coal equivalent and kilograms per capita [*cont.*]
Production, commerce et consommation d'énergie commerciale
Milliers de tonnes métriques d'équivalent houille et kilogrammes par habitant [*suite*]

Country or area	Year	Primary energy production – Production d'energie primaire					Changes in stocks Variations des stocks	Imports Importations	Exports Exportations
		Total Totale	Solids Solides	Liquids Liquides	Gas Gaz	Electricity Electricité			
Tonga	1992	..	..	..	..	..	..	47	..
	1993	..	..	..	..	..	..	53	..
	1994	..	..	..	..	..	..	55	..
	1995	..	..	..	..	..	..	55	..
Vanuatu	1992	..	..	..	..	..	....	29	..
	1993	..	..	..	..	..	....	29	..
	1994	..	..	..	..	..	....	29	..
	1995	..	..	..	..	..	....	29	..
Wake Island	1992	..	..	..	..	..	..	586	..
	1993	..	..	..	..	..	..	586	..
	1994	..	..	..	..	..	..	590	..
	1995	..	..	..	..	..	..	596	..

Source:
Energy statistics database of the Statistics Division of the United Nations Secretariat.

† For information on recent changes in country or area nomenclature pertaining to former Czechoslovakia, Germany, Hong Kong Special Administrative Region (SAR) of China, SFR Yugoslavia and former USSR, see Annex I – Country or area nomenclature, regional and other groupings.

†† For statistical purposes, the data for China do not include those for the Hong Kong Special Administrative Region (Hong Kong SAR) and Taiwan province of China.

1 Part Neutral Zone.
2 Including data for Federated States of Micronesia, Marshall Is. and Northern Mariana Is.

Source:
Base de données pour les statistiques énergétiques de la Division de statistique du Secrétariat de l'ONU.

† Pour les modifications récentes de nomenclature de pays ou de zone concernant l'Allemagne, Hong–Kong (Région administrative spéciale de Chine), l'ex–Tchécoslovaquie, l'ex–URSS, Rfs de Yougoslavie, voir annexe I – Nomenclature des pays ou des zones, groupements régionaux et autres groupments.

†† Les données statistiques relatives à la Chine ne comprennent pas celles qui concernent la région administrative spéciale de Hong–Kong (la RAS de Hong–Kong) et la province chinoise de Taiwan.

1 Part Zone neutrel.
2 Y compris les données pour les Etats fédérés de Micronésie, les iles Marshall et les iles Mariannes du Nord.

Bunkers – Soutes			Consumption – Consommation							
Air Avion	Sea Maritime	Unallocated Nondistribué	Per capita Par habitant	Total Totale	Solids Solides	Liquids Liquides	Gas Gaz	Electricity Electricité	Année	Pays ou zone
4	..	..	443	43	0	43	..	..	1992	Tonga
4	..	..	500	49	0	49	..	..	1993	
4	..	..	510	50	0	50	..	..	1994	
4	..	..	510	50	0	50	..	..	1995	
..	0	..	185	29	0	29	..	..	1992	Vanuatu
..	0	..	180	29	0	29	..	..	1993	
..	0	..	176	29	0	29	..	..	1994	
..	0	..	172	29	0	29	..	..	1995	
549	..	..	37 000	37	..	37	..	..	1992	Ile de Wake
554	..	..	32 000	32	..	32	..	..	1993	
561	..	..	29 000	29	..	29	..	..	1994	
567	..	..	29 000	29	..	29	..	..	1995	

69
Production of selected energy commodities
Production des principaux biens de l'énergie
Thousand metric tons of coal equivalent
Milliers de tonnes métriques d'équivalent houille

Country or area Pays ou zone	Year Anneé	Hard coal, lignite & peat Houille, lignite et tourbe	Briquettes & cokes Agglomérés et cokes	Crude petroleum & NGL Pétrole brut et GNL	Light petroleum products Produits pétroliers légers	Heavy petroleum products Produits pétroliers lourds	Other petroleum products Autres produits pétroliers	LPG & refinery gas GLP et gaz de raffinerie	Natural gas Gaz naturel	Electricity Electricité
World	1992	3 210 051	345 776	4 592 439	1 694 237	2 221 855	327 902	247 360	2 590 197	2 059 280
Monde	1993	3 125 034	336 497	4 596 859	1 732 371	2 230 823	327 561	243 950	2 641 846	2 104 857
	1994	3 347 040	328 120	4 675 508	1 757 955	2 212 923	336 714	251 828	2 704 108	2 152 549
	1995	3 492 347	364 709	4 726 805	1 811 105	2 204 520	345 569	260 852	2 897 790	2 217 871
Africa	1992	139 908	4 181	484 118	56 691	91 967	4 591	2 907	99 752	43 594
Afrique	1993	145 569	5 059	485 858	56 780	93 002	4 583	2 966	103 846	44 395
	1994	156 208	5 111	484 396	56 077	90 621	4 707	3 256	100 688	47 073
	1995	152 863	5 147	490 117	56 300	93 260	5 006	3 259	119 382	47 513
Algeria	1992	15	0	84 015	10 561	19 613	515	824	69 547	2 246
Algérie	1993	20	0	84 763	11 035	19 188	544	668	71 708	2 385
	1994	20	0	84 865	12 758	18 226	558	808	68 110	2 443
	1995	22	0	87 510	12 013	18 262	587	793	82 947	2 422
Angola	1992	..	..	37 137	485	1 399	21	26	222	228
Angola	1993	..	..	35 994	491	1 385	21	28	223	228
	1994	..	..	36 065	478	1 370	21	28	222	229
	1995	..	..	37 851	478	1 349	23	28	223	230
Benin	1992	..	..	183	..	..	..	..	..	1
Bénin	1993	..	..	207	..	..	..	..	..	1
	1994	..	..	173	..	..	..	..	..	1
	1995	..	..	127	..	..	..	..	..	1
Burkina Faso	1992	..	..	..	..	..	..	..	..	25
Burkina Faso	1993	..	..	..	..	..	..	..	..	26
	1994	..	..	..	..	..	..	..	..	27
	1995	..	..	..	..	..	..	..	..	27
Burundi	1992	6	0	..	..	..	..	..	..	13
Burundi	1993	6	0	..	..	..	..	..	..	14
	1994	6	0	..	..	..	..	..	..	14
	1995	6	0	..	..	..	..	..	..	15
Cameroon	1992	1	..	9 698	841	599	75	30	..	335
Cameroun	1993	1	..	8 870	966	529	66	33	..	335
	1994	1	..	8 297	851	607	72	31	..	337
	1995	1	..	7 256	856	634	86	33	..	337
Cape Verde	1992	..	..	..	..	..	..	..	..	5
Cap-Vert	1993	..	..	..	..	..	..	..	..	5
	1994	..	..	..	..	..	..	..	..	5
	1995	..	..	..	..	..	..	..	..	5
Central African Republic	1992	..	..	..	..	..	..	..	..	12
Rép. centrafricaine	1993	..	..	..	..	..	..	..	..	12
	1994	..	..	..	..	..	..	..	..	12
	1995	..	..	..	..	..	..	..	..	13
Chad	1992	..	..	..	..	..	..	..	..	10
Tchad	1993	..	..	..	..	..	..	..	..	11
	1994	..	..	..	..	..	..	..	..	10
	1995	..	..	..	..	..	..	..	..	11
Comoros	1992	..	..	..	..	..	..	..	..	2
Comores	1993	..	..	..	..	..	..	..	..	2
	1994	..	..	..	..	..	..	..	..	2
	1995	..	..	..	..	..	..	..	..	2
Congo	1992	0	..	12 361	253	509	16	6	4	53
Congo	1993	0	..	13 438	259	523	17	6	4	53
	1994	0	..	13 658	261	513	19	6	4	53
	1995	0	..	13 082	256	496	16	6	4	53
Côte d'Ivoire	1992	..	..	500	1 781	1 891	129	23	..	227
Côte d'Ivoire	1993	..	..	507	1 421	1 545	130	26	..	235
	1994	..	..	497	1 523	1 650	132	26	..	234
	1995	..	..	511	1 519	1 684	132	28	..	235

69

Production of selected energy commodities
Thousand metric tons of coal equivalent [cont.]
Production des principaux biens de l'énergie
Milliers de tonnes métriques d'équivalent houille [suite]

Country or area Pays ou zone	Year Anneé	Hard coal, lignite & peat Houille, lignite et tourbe	Briquettes & cokes Agglomérés et cokes	Crude petroleum & NGL Pétrole brut et GNL	Light petroleum products Produits pétroliers légers	Heavy petroleum products Produits pétroliers lourds	Other petroleum products Autres produits pétroliers	LPG & refinery gas GLP et gaz de raffinerie	Natural gas Gaz naturel	Electricity Electricité
Dem. Rep. of the Congo	1992	85	..	1 603	86	125	20	2	..	746
Rép. dém. du Congo	1993	92	..	1 621	94	100	20	0	..	681
	1994	95	..	1 605	28	43	22	0	..	652
	1995	95	..	1 637	33	37	17	0	..	727
Djibouti	1992	..	..	..	..	..	..	..	..	22
Djibouti	1993	..	..	..	..	..	..	..	..	22
	1994	..	..	..	..	..	..	..	..	22
	1995	..	..	..	..	..	..	..	..	23
Egypt	1992	..	1 152	68 510	8 998	22 223	1 559	510	11 179	5 541
Egypte	1993	..	1 401	69 201	9 708	23 500	1 614	598	12 839	5 959
	1994	..	1 665	67 033	9 762	24 699	1 673	636	14 039	6 080
	1995	..	1 674	66 914	9 778	25 453	1 888	713	18 072	6 002
Equatorial Guinea	1992	..	..	179	..	..	..	..	..	2
Guinée équatoriale	1993	..	..	316	..	..	..	..	..	2
	1994	..	..	346	..	..	..	..	..	2
	1995	..	..	357	..	..	..	..	..	2
Ethiopia	1992	..	..	..	235	732	14	11	..	155
Ethiopie	1993	..	..	..	219	731	14	12	..	171
	1994	..	..	..	189	664	16	10	..	160
	1995	..	..	..	195	668	16	12	..	163
Gabon	1992	..	..	21 951	394	743	26	11	1 086	113
Gabon	1993	..	..	22 258	404	788	32	12	1 121	113
	1994	..	..	24 587	421	795	35	12	1 018	115
	1995	..	..	26 061	425	815	35	12	1 098	115
Gambia	1992	..	..	..	..	..	..	..	..	9
Gambie	1993	..	..	..	..	..	..	..	..	9
	1994	..	..	..	..	..	..	..	..	9
	1995	..	..	..	..	..	..	..	..	9
Ghana	1992	..	..	0	570	708	103	26	..	756
Ghana	1993	..	..	0	582	718	77	26	..	756
	1994	..	..	0	582	711	77	26	..	756
	1995	..	..	0	591	714	84	28	..	757
Guinea	1992	..	..	..	..	..	..	..	..	65
Guinee	1993	..	..	..	..	..	..	..	..	66
	1994	..	..	..	..	..	..	..	..	66
	1995	..	..	..	..	..	..	..	..	67
Guinea–Bissau	1992	..	..	..	..	..	..	..	..	5
Guinée–Bissau	1993	..	..	..	..	..	..	..	..	5
	1994	..	..	..	..	..	..	..	..	5
	1995	..	..	..	..	..	..	..	..	5
Kenya	1992	..	..	..	1 193	1 791	215	44	..	695
Kenya	1993	..	..	..	1 121	1 707	169	42	..	717
	1994	..	..	..	1 114	1 674	158	47	..	723
	1995	..	..	..	1 009	1 436	170	50	..	780
Liberia	1992	..	..	..	0	0	0	0	..	57
Libéria	1993	..	..	..	0	0	0	0	..	59
	1994	..	..	..	0	0	0	0	..	59
	1995	..	..	..	0	0	0	0	..	60
Libyan Arab Jamahiriya	1992	..	..	100 742	7 058	12 756	143	280	9 014	2 082
Jamah. arabe libyenne	1993	..	..	95 745	6 815	12 738	128	311	8 468	2 088
	1994	..	..	98 065	7 100	12 883	143	357	8 508	2 186
	1995	..	..	98 408	7 114	13 312	128	373	8 404	2 211
Madagascar	1992	..	0	..	89	164	12	2	..	73
Madagascar	1993	..	0	..	94	170	12	2	..	74
	1994	..	0	..	98	172	14	2	..	75
	1995	..	0	..	100	173	14	2	..	75
Malawi	1992	..	..	..	..	..	..	..	..	97
Malawi	1993	..	..	..	..	..	..	..	..	98
	1994	..	..	..	..	..	..	..	..	98
	1995	..	..	..	..	..	..	..	..	99

69
Production of selected energy commodities
Thousand metric tons of coal equivalent [cont.]
Production des principaux biens de l'énergie
Milliers de tonnes métriques d'équivalent houille [suite]

Country or area Pays ou zone	Year Anneé	Hard coal, lignite & peat Houille, lignite et tourbe	Briquettes & cokes Agglomérés et cokes	Crude petroleum & NGL Pétrole brut et GNL	Light petroleum products Produits pétroliers légers	Heavy petroleum products Produits pétroliers lourds	Other petroleum products Autres produits pétroliers	LPG & refinery gas GLP et gaz de raffinerie	Natural gas Gaz naturel	Electricity Electricité
Mali	1992	..	..	..	..	..	..	..	..	33
Mali	1993	..	..	..	..	..	..	..	..	35
	1994	..	..	..	..	..	..	..	..	35
	1995	..	..	..	..	..	..	..	..	36
Mauritania	1992	..	..	..	423	719	140	59	..	18
Mauritanie	1993	..	..	..	432	716	139	56	..	18
	1994	..	..	..	435	713	139	56	..	18
	1995	..	..	..	436	716	140	57	..	19
Mauritius	1992	..	..	..	..	..	..	..	..	114
Maurice	1993	..	..	..	..	..	..	..	..	121
	1994	..	..	..	..	..	..	..	..	127
	1995	..	..	..	..	..	..	..	..	138
Morocco	1992	576	0	16	1 791	6 050	321	364	32	1 193
Maroc	1993	604	0	14	1 664	6 264	272	384	32	1 215
	1994	650	0	11	1 568	6 739	403	407	33	1 323
	1995	649	0	7	1 598	6 228	384	364	33	1 440
Mozambique	1992	40	..	...	...	...	...	...	..	60
Mozambique	1993	40	..	...	...	...	...	...	..	60
	1994	40	..	...	...	...	...	...	..	60
	1995	38	..	...	...	...	...	...	..	69
Niger	1992	170	..	..	..	..	..	..	..	21
Niger	1993	172	..	..	..	..	..	..	..	21
	1994	172	..	..	..	..	..	..	..	21
	1995	173	..	..	..	..	..	..	..	21
Nigeria	1992	87	..	139 762	7 320	7 641	...	93	5 859	1 822
Nigéria	1993	41	..	136 063	7 189	7 757	...	93	6 724	1 817
	1994	50	..	130 043	3 734	3 829	...	93	6 058	1 817
	1995	50	..	131 592	3 578	4 420	...	85	5 938	1 819
Réunion	1992	..	..	..	..	..	..	..	..	134
Réunion	1993	..	..	..	..	..	..	..	..	135
	1994	..	..	..	..	..	..	..	..	137
	1995	..	..	..	..	..	..	..	..	139
Rwanda	1992	..	..	..	..	..	..	..	0	22
Rwanda	1993	..	..	..	..	..	..	..	0	20
	1994	..	..	..	..	..	..	..	0	20
	1995	..	..	..	..	..	..	..	0	20
St.Helena and dep.	1992	0	..	..	..	..	..	..	..	1
Ste-Hélène et dép.	1993	0	..	..	..	..	..	..	..	1
	1994	0	..	..	..	..	..	..	..	1
	1995	0	..	..	..	..	..	..	..	1
Sao Tome and Principe	1992	..	..	..	..	..	..	..	..	2
Sao Tomé-et-Principe	1993	..	..	..	..	..	..	..	..	2
	1994	..	..	..	..	..	..	..	..	2
	1995	..	..	..	..	..	..	..	..	2
Senegal	1992	..	..	..	473	741	16	5	..	94
Sénegal	1993	..	..	..	483	745	16	5	..	94
	1994	..	..	..	485	748	16	5	..	94
	1995	..	..	..	489	748	17	5	..	95
Seychelles	1992	..	..	..	..	..	..	..	..	14
Seychelles	1993	..	..	..	..	..	..	..	..	14
	1994	..	..	..	..	..	..	..	..	15
	1995	..	..	..	..	..	..	..	..	16
Sierra Leone	1992	..	..	..	81	166	33	..	..	28
Sierra Leone	1993	..	..	..	88	168	36	..	..	29
	1994	..	..	..	86	171	39	..	..	29
	1995	..	..	..	89	174	39	..	..	30
Somalia	1992	..	..	..	...	...	...	...	..	33
Somalie	1993	..	..	..	...	...	...	...	..	33
	1994	..	..	..	...	...	...	...	..	33
	1995	..	..	..	...	...	...	...	..	33

69

Production of selected energy commodities
Thousand metric tons of coal equivalent [cont.]
Production des principaux biens de l'énergie
Milliers de tonnes métriques d'équivalent houille [suite]

Country or area Pays ou zone	Year Anneé	Hard coal, lignite & peat Houille, lignite et tourbe	Briquettes & cokes Agglomérés et cokes	Crude petroleum & NGL Pétrole brut et GNL	Light petroleum products Produits pétroliers légers	Heavy petroleum products Produits pétroliers lourds	Other petroleum products Autres produits pétroliers	LPG & refinery gas GLP et gaz de raffinerie	Natural gas Gaz naturel	Electricity Electricité
S.Africa Customs Un.	1992	133 043	2 476	...	12 398	10 170	1 052	311	2 440	23 116
Un.douan.d'Afr.merid	1993	138 967	3 158	10 181	12 023	10 467	1 095	418	2 448	23 425
	1994	149 333	3 218	12 868	13 014	10 889	988	466	2 448	25 641
	1995	149 401	3 242	12 712	14 079	12 347	1 043	434	2 457	25 789
Sudan	1992	..	..	..	341	917	145	9	..	163
Soudan	1993	..	..	..	351	919	148	9	..	163
	1994	..	..	..	351	922	152	9	..	163
	1995	..	..	..	359	924	153	11	..	163
Togo	1992	0	..	..	...	...	..	..	..	11
Togo	1993	0	..	..	...	...	..	..	..	11
	1994	0	..	..	...	...	..	..	..	11
	1995	0	..	..	...	...	..	..	..	11
Tunisia	1992	..	..	7 463	787	1 321	..	247	370	795
Tunisie	1993	..	..	6 680	795	1 352	..	211	278	812
	1994	..	..	6 283	703	1 604	..	205	247	858
	1995	..	..	6 091	754	1 662	..	202	205	932
Uganda	1992	..	..	..	..	..	..	..	..	97
Ouganda	1993	..	..	..	..	..	..	..	..	97
	1994	..	..	..	..	..	..	..	..	97
	1995	..	..	..	..	..	..	..	..	97
United Rep. Tanzania	1992	4	..	..	255	552	3	9	..	227
Rép.-Unie de Tanzanie	1993	4	..	..	265	556	3	9	..	242
	1994	4	..	..	265	560	3	9	..	211
	1995	5	..	..	271	563	3	9	..	213
Western Sahara	1992	..	..	..	..	..	..	..	..	10
Sahara occidental	1993	..	..	..	..	..	..	..	..	10
	1994	..	..	..	..	..	..	..	..	10
	1995	..	..	..	..	..	..	..	..	11
Zambia	1992	333	32	..	280	438	33	16	..	956
Zambie	1993	337	31	..	282	436	29	16	..	956
	1994	320	30	..	270	439	29	16	..	956
	1995	303	29	..	279	446	29	16	..	957
Zimbabwe	1992	5 548	520	..	..	..	..	..	..	1 058
Zimbabwe	1993	5 285	469	..	..	..	..	..	..	939
	1994	5 516	198	..	..	..	..	..	..	1 016
	1995	2 120	202	..	..	..	..	..	..	1 016
America, North	1992	800 638	25 401	974 208	695 453	429 768	129 087	95 872	871 064	665 393
Amérique du Nord	1993	748 099	24 992	958 265	715 855	437 126	135 200	95 203	894 658	686 157
	1994	945 519	25 601	951 262	721 875	440 898	137 661	96 926	937 953	706 133
	1995	949 052	26 499	947 749	736 613	430 487	138 738	98 228	950 586	721 808
Antigua and Barbuda	1992	..	..	..	0	...	...	...	..	12
Antigua-et-Barbuda	1993	..	..	..	0	...	...	...	..	12
	1994	..	..	..	0	...	...	...	..	12
	1995	..	..	..	0	...	...	...	..	12
Aruba	1992	..	..	..	..	..	..	..	..	42
Aruba	1993	..	..	..	..	..	..	..	..	46
	1994	..	..	..	..	..	..	..	..	52
	1995	..	..	..	..	..	..	..	..	57
Bahamas	1992	..	..	..	...	...	...	...	..	120
Bahamas	1993	..	..	..	...	...	...	...	..	120
	1994	..	..	..	...	...	...	...	..	121
	1995	..	..	..	...	...	...	...	..	126
Barbados	1992	..	..	93	94	236	3	3	29	66
Barbade	1993	..	..	90	96	269	7	3	35	67
	1994	..	..	89	91	259	9	3	29	70
	1995	..	..	90	97	282	7	3	35	75
Belize	1992	..	..	..	..	..	..	..	..	17
Belize	1993	..	..	..	..	..	..	..	..	19
	1994	..	..	..	..	..	..	..	..	18
	1995	..	..	..	..	..	..	..	..	18

69
Production of selected energy commodities
Thousand metric tons of coal equivalent [cont.]
Production des principaux biens de l'énergie
Milliers de tonnes métriques d'équivalent houille [suite]

Country or area Pays ou zone	Year Anneé	Hard coal, lignite & peat Houille, lignite et tourbe	Briquettes & cokes Agglomérés et cokes	Crude petroleum & NGL Pétrole brut et GNL	Light petroleum products Produits pétroliers légers	Heavy petroleum products Produits pétroliers lourds	Other petroleum products Autres produits pétroliers	LPG & refinery gas GLP et gaz de raffinerie	Natural gas Gaz naturel	Electricity Electricité
Bermuda	1992	..	..	..	..	..	..	..	..	64
Bermudes	1993	..	..	..	..	..	..	..	..	64
	1994	..	..	..	..	..	..	..	..	65
	1995	..	..	..	..	..	..	..	..	64
British Virgin Islands	1992	..	..	..	..	..	..	..	..	6
Iles Vierges brittaniques	1993	..	..	..	..	..	..	..	..	6
	1994	..	..	..	..	..	..	..	..	6
	1995	..	..	..	..	..	..	..	..	6
Canada	1992	49 183	3 468	135 595	52 925	41 024	12 303	8 932	162 645	84 017
Canada	1993	53 598	3 418	143 947	53 661	42 661	13 356	8 518	178 600	88 352
	1994	54 509	3 442	148 164	54 605	42 984	14 065	8 469	196 772	94 888
	1995	56 515	3 068	155 151	56 293	41 919	12 989	8 730	209 412	88 930
Cayman Islands	1992	..	..	..	..	..	..	..	..	29
Iles Caïmanes	1993	..	..	..	..	..	..	..	..	31
	1994	..	..	..	..	..	..	..	..	35
	1995	..	..	..	..	..	..	..	..	36
Costa Rica	1992	..	..	..	184	553	1	5	..	509
Costa Rica	1993	..	..	..	155	577	14	5	..	539
	1994	..	..	..	234	548	23	6	..	957
	1995	..	..	..	203	630	21	3	..	1 111
Cuba	1992	..	13	1 337	2 488	4 291	583	244	49	1 367
Cuba	1993	..	13	1 393	2 427	4 294	533	239	51	1 358
	1994	..	13	1 451	2 440	4 297	526	239	52	1 349
	1995	..	14	1 514	2 489	4 301	520	240	55	1 374
Dominica	1992	..	..	..	..	..	..	..	..	4
Dominique	1993	..	..	..	..	..	..	..	..	4
	1994	..	..	..	..	..	..	..	..	4
	1995	..	..	..	..	..	..	..	..	5
Dominican Republic	1992	..	..	..	909	1 883	..	39	..	686
Rép. dominicaine	1993	..	..	..	812	1 900	..	47	..	722
	1994	..	..	..	857	1 999	..	54	..	759
	1995	..	..	..	888	2 062	..	57	..	799
El Salvador	1992	..	..	..	294	772	26	54	..	733
El Salvador	1993	..	..	..	369	847	21	59	..	792
	1994	..	..	..	351	758	21	54	..	941
	1995	..	..	..	341	646	20	40	..	1 025
Greenland	1992	0	..	..	..	..	..	..	..	27
Groenland	1993	0	..	..	..	..	..	..	..	31
	1994	0	..	..	..	..	..	..	..	31
	1995	0	..	..	..	..	..	..	..	32
Grenada	1992	..	..	..	..	..	..	..	..	8
Grenade	1993	..	..	..	..	..	..	..	..	8
	1994	..	..	..	..	..	..	..	..	9
	1995	..	..	..	..	..	..	..	..	9
Guadeloupe	1992	..	..	..	..	..	..	..	..	111
Guadeloupe	1993	..	..	..	..	..	..	..	..	118
	1994	..	..	..	..	..	..	..	..	124
	1995	..	..	..	..	..	..	..	..	125
Guatemala	1992	..	..	437	236	804	..	12	12	344
Guatemala	1993	..	..	503	261	747	..	16	13	380
	1994	..	..	521	246	819	..	16	13	388
	1995	..	..	566	266	782	..	16	15	397
Haiti	1992	..	..	..	..	..	..	..	..	53
Haïti	1993	..	..	..	..	..	..	..	..	48
	1994	..	..	..	..	..	..	..	..	44
	1995	..	..	..	..	..	..	..	..	50
Honduras	1992	..	..	..	145	359	..	6	..	284
Honduras	1993	..	..	..	...	...	..	...	..	305
	1994	..	..	..	...	...	..	...	..	328
	1995	..	..	..	...	...	..	...	..	337

69
Production of selected energy commodities
Thousand metric tons of coal equivalent [cont.]
Production des principaux biens de l'énergie
Milliers de tonnes métriques d'équivalent houille [suite]

Country or area / Pays ou zone	Year / Année	Hard coal, lignite & peat / Houille, lignite et tourbe	Briquettes & cokes / Agglomérés et cokes	Crude petroleum & NGL / Pétrole brut et GNL	Light petroleum products / Produits pétroliers légers	Heavy petroleum products / Produits pétroliers lourds	Other petroleum products / Autres produits pétroliers	LPG & refinery gas / GLP et gaz de raffinerie	Natural gas / Gaz naturel	Electricity / Electricité
Jamaica / Jamaïque	1992	..	..	..	451	1 245	29	44	..	270
	1993	..	..	..	319	712	26	28	..	466
	1994	..	..	..	385	1 044	26	38	..	587
	1995	..	..	..	398	1 070	23	33	..	716
Martinique / Martinique	1992	..	..	..	391	620	..	26	..	97
	1993	..	..	..	397	628	..	28	..	105
	1994	..	..	..	411	611	..	31	..	111
	1995	..	..	..	418	616	..	31	..	111
Mexico / Mexique	1992	4 724	2 014	223 834	31 902	58 118	3 065	3 805	39 180	23 361
	1993	4 648	1 850	223 409	32 836	58 354	3 087	4 680	38 343	23 834
	1994	6 215	1 891	225 446	38 679	58 313	3 145	5 254	39 833	25 352
	1995	6 206	2 214	220 750	37 069	55 370	3 230	4 918	41 145	28 039
Montserrat / Montserrat	1992	..	..	..	..	..	..	..	..	2
	1993	..	..	..	..	..	..	..	..	2
	1994	..	..	..	..	..	..	..	..	2
	1995	..	..	..	..	..	..	..	..	2
Netherlands Antilles / Antilles néerlandaises	1992	..	..	..	3 784	9 700	3 182	78	..	160
	1993	..	..	..	3 920	10 154	3 365	90	..	167
	1994	..	..	..	3 950	10 286	3 401	93	..	174
	1995	..	..	..	3 959	10 306	3 415	95	..	181
Nicaragua / Nicaragua	1992	..	..	..	208	661	33	52	..	710
	1993	..	..	..	212	614	36	45	..	775
	1994	..	..	..	191	696	36	48	..	776
	1995	..	..	..	200	666	33	45	..	783
Panama / Panama	1992	..	..	..	415	2 065	19	70	..	370
	1993	..	..	..	402	1 985	23	69	..	404
	1994	..	..	..	168	578	14	64	..	427
	1995	..	..	..	208	662	14	63	..	432
Puerto Rico / Porto Rico	1992	..	..	..	4 408	3 920	2 279	109	..	2 019
	1993	..	..	..	4 830	3 999	2 315	171	..	2 032
	1994	..	..	..	5 061	4 285	2 242	140	..	2 196
	1995	..	..	..	4 677	4 441	2 314	171	..	2 338
Saint Kitts and Nevis / Saint-Kitts-et-Nevis	1992	..	..	..	..	..	..	..	..	10
	1993	..	..	..	..	..	..	..	..	11
	1994	..	..	..	..	..	..	..	..	11
	1995	..	..	..	..	..	..	..	..	11
Saint Lucia / Sainte-Lucie	1992	..	..	..	..	..	..	..	..	13
	1993	..	..	..	..	..	..	..	..	13
	1994	..	..	..	..	..	..	..	..	14
	1995	..	..	..	..	..	..	..	..	14
St.Pierre and Miquelon / St.-Pierre-et-Miquelon	1992	..	..	..	..	..	..	..	..	6
	1993	..	..	..	..	..	..	..	..	5
	1994	..	..	..	..	..	..	..	..	5
	1995	..	..	..	..	..	..	..	..	5
St. Vincent and Grenadines / St.-Vincent-et-Grenad.	1992	..	..	..	..	..	..	..	..	7
	1993	..	..	..	..	..	..	..	..	8
	1994	..	..	..	..	..	..	..	..	8
	1995	..	..	..	..	..	..	..	..	8
Trinidad and Tobago / Trinité-et-Tobago	1992	..	..	10 027	1 704	6 083	50	370	7 906	488
	1993	..	..	9 151	1 881	5 482	49	580	6 901	481
	1994	..	..	9 684	2 209	4 744	242	610	8 751	500
	1995	..	..	9 330	2 124	4 660	65	676	8 200	519
Turks and Caicos Islands / Iles Turques et Caïques	1992	..	..	..	..	..	..	..	..	1
	1993	..	..	..	..	..	..	..	..	1
	1994	..	..	..	..	..	..	..	..	1
	1995	..	..	..	..	..	..	..	..	1
United States / Etats-Unis	1992	746 731	19 905	602 886	589 583	288 109	101 517	81 729	661 243	549 258
	1993	689 852	19 711	579 773	607 840	294 462	106 221	80 314	670 715	564 706
	1994	884 795	20 255	565 908	606 280	299 063	107 613	81 595	692 501	575 639
	1995	886 330	21 203	560 349	621 117	292 505	109 639	82 889	691 725	593 929

69
Production of selected energy commodities
Thousand metric tons of coal equivalent [cont.]
Production des principaux biens de l'énergie
Milliers de tonnes métriques d'équivalent houille [suite]

Country or area Pays ou zone	Year Anneé	Hard coal, lignite & peat Houille, lignite et tourbe	Briquettes & cokes Agglomérés et cokes	Crude petroleum & NGL Pétrole brut et GNL	Light petroleum products Produits pétroliers légers	Heavy petroleum products Produits pétroliers lourds	Other petroleum products Autres produits pétroliers	LPG & refinery gas GLP et gaz de raffinerie	Natural gas Gaz naturel	Electricity Electricité
U.S. Virgin Islands	1992	..	..	..	5 334	9 325	5 997	295	..	125
Iles Vierges américaines	1993	..	..	..	5 435	9 441	6 147	311	..	128
	1994	..	..	..	5 717	9 613	6 297	210	..	130
	1995	..	..	..	5 867	9 571	6 447	218	..	132
America, South	1992	29 771	8 785	341 717	81 401	131 795	11 563	15 465	86 102	61 583
Amérique du Sud	1993	28 819	9 048	360 848	85 547	131 194	11 290	16 224	98 071	65 724
	1994	30 748	8 927	384 548	88 540	134 210	11 780	17 169	108 607	68 423
	1995	33 722	8 866	405 700	91 922	133 012	11 558	17 311	111 737	73 009
Argentina	1992	181	630	42 520	11 475	18 403	2 817	2 155	30 680	8 673
Argentine	1993	141	494	44 951	11 598	18 152	2 878	2 234	31 556	9 608
	1994	293	638	50 010	12 059	16 641	2 722	2 437	34 000	10 193
	1995	257	630	52 389	12 642	15 740	2 657	2 801	36 244	10 315
Bolivia	1992	..	..	1 872	699	521	32	71	3 681	296
Bolivie	1993	..	..	1 779	721	503	25	72	3 651	300
	1994	..	..	2 038	742	532	27	75	4 354	353
	1995	..	..	2 343	811	506	30	88	4 833	371
Brazil	1992	3 003	7 344	46 312	25 266	47 532	5 114	8 546	5 413	30 131
Brésil	1993	2 917	7 653	47 288	27 829	45 989	4 265	9 137	5 907	31 475
	1994	3 259	7 438	49 992	28 196	49 871	4 985	9 676	6 128	31 956
	1995	3 283	7 409	51 567	27 818	49 192	4 724	9 223	6 573	34 455
Chile	1992	1 938	445	1 509	3 175	5 172	172	622	2 381	2 747
Chili	1993	1 610	467	1 496	3 569	5 430	202	663	2 291	2 949
	1994	1 407	465	1 538	3 715	5 820	173	651	2 485	3 102
	1995	1 238	430	952	3 866	6 372	186	770	2 389	3 674
Colombia	1992	22 078	366	31 973	7 338	8 610	338	1 569	5 085	4 421
Colombie	1993	20 162	433	33 145	7 283	9 801	414	1 571	5 093	4 950
	1994	20 918	385	32 981	7 223	8 315	395	1 791	6 034	5 325
	1995	24 161	396	42 539	7 552	8 419	401	1 812	5 601	5 565
Ecuador	1992	..	..	25 946	2 466	5 890	172	340	382	880
Equateur	1993	..	..	28 724	2 427	6 042	206	396	380	915
	1994	..	..	25 076	2 342	6 469	236	393	337	1 003
	1995	..	..	28 915	2 133	6 796	243	309	351	1 026
Falkland Is. (Malvinas)	1992	5	..	..	..	..	..	..	..	1
Iles Falkland (Malvinas)	1993	5	..	..	..	..	..	..	..	1
	1994	5	..	..	..	..	..	..	..	1
	1995	5	..	..	..	..	..	..	..	1
French Guiana	1992	..	..	..	..	..	..	..	..	55
Guyane francaise	1993	..	..	..	..	..	..	..	..	55
	1994	..	..	..	..	..	..	..	..	55
	1995	..	..	..	..	..	..	..	..	55
Guyana	1992	..	..	..	..	..	..	..	..	29
Guyana	1993	..	..	..	..	..	..	..	..	29
	1994	..	..	..	..	..	..	..	..	30
	1995	..	..	..	..	..	..	..	..	39
Paraguay	1992	..	..	..	124	328	...	3	..	3 334
Paraguay	1993	..	..	..	154	257	...	3	..	3 864
	1994	..	..	..	137	279	...	3	..	4 474
	1995	..	..	..	113	227	...	2	..	5 114
Peru	1992	88	...	8 605	3 099	7 117	16	287	1 115	1 615
Pérou	1993	96	...	9 718	3 315	7 901	16	296	381	1 635
	1994	128	...	9 388	3 181	7 056	17	285	263	1 819
	1995	140	...	9 054	3 069	6 312	17	325	251	2 059
Suriname	1992	..	..	384	..	..	..	..	..	193
Suriname	1993	..	..	387	..	..	..	..	..	195
	1994	..	..	389	..	..	..	..	..	197
	1995	..	..	393	..	..	..	..	..	198
Uruguay	1992	..	0	..	430	1 062	106	85	..	1 093
Uruguay	1993	..	1	..	114	379	39	31	..	980
	1994	..	1	..	..	..	...	..	..	936
	1995	..	1	..	480	1 296	...	64	..	940

69
Production of selected energy commodities
Thousand metric tons of coal equivalent [cont.]
Production des principaux biens de l'énergie
Milliers de tonnes métriques d'équivalent houille [suite]

Country or area Pays ou zone	Year Année	Hard coal, lignite & peat Houille, lignite et tourbe	Briquettes & cokes Agglomérés et cokes	Crude petroleum & NGL Pétrole brut et GNL	Light petroleum products Produits pétroliers légers	Heavy petroleum products Produits pétroliers lourds	Other petroleum products Autres produits pétroliers	LPG & refinery gas GLP et gaz de raffinerie	Natural gas Gaz naturel	Electricity Electricité
Venezuela	1992	2 479	0	182 596	27 328	37 159	2 797	1 786	37 366	8 116
Venezuela	1993	3 889	0	193 361	28 536	36 739	3 246	1 821	48 812	8 769
	1994	4 738	0	213 136	30 944	39 227	3 223	1 857	55 007	8 981
	1995	4 637	0	217 549	33 437	38 153	3 299	1 918	55 494	9 199
Asia	1992	1 266 119	155 802	1 824 280	390 466	737 624	58 626	50 792	463 331	476 336
Asie	1993	1 296 537	164 853	1 872 857	414 175	765 769	61 248	53 507	487 826	507 192
	1994	1 364 223	167 511	1 928 977	430 848	789 373	64 202	58 365	510 061	545 104
	1995	1 446 197	204 580	1 953 351	458 064	808 541	68 271	62 580	540 759	579 949
Afghanistan	1992	8	0	0	..	..	..	..	252	86
Afghanistan	1993	7	...	...	..	..	..	..	243	85
	1994	6	...	...	..	..	..	..	233	84
	1995	5	...	...	..	..	..	..	223	77
Armenia	1992	..	..	..	..	..	..	..	6	1 106
Arménie	1993	..	..	..	..	..	..	..	...	773
	1994	..	..	..	..	..	..	..	...	695
	1995	..	..	..	..	..	..	..	...	759
Azerbaijan	1992	..	..	15 877	3 200	6 089	681	107	9 118	2 428
Azerbaïdjan	1993	..	..	15 204	3 101	7 227	493	98	7 883	2 346
	1994	..	..	14 052	3 057	5 875	475	96	7 389	2 162
	1995	..	..	13 376	2 899	6 075	438	93	7 551	2 088
Bahrain	1992	..	..	3 650	7 616	11 279	660	39	6 893	431
Bahreïn	1993	..	..	3 612	6 713	9 935	481	36	8 677	532
	1994	..	..	3 574	6 595	10 363	549	37	8 498	559
	1995	..	..	3 496	7 672	10 066	294	76	9 011	583
Bangladesh	1992	..	..	182	633	593	33	12	6 664	1 174
Bangladesh	1993	..	..	185	831	719	32	14	7 208	1 212
	1994	..	..	161	617	371	49	20	7 956	1 302
	1995	..	..	14	640	435	0	23	9 227	1 436
Bhutan	1992	2	..	..	..	..	..	..	..	200
Bhoutan	1993	2	..	..	..	..	..	..	..	200
	1994	2	..	..	..	..	..	..	..	207
	1995	2	..	..	..	..	..	..	..	211
Brunei Darussalam	1992	..	..	12 057	356	256	..	3	13 343	178
Brunéi Darussalam	1993	..	..	11 924	377	264	..	5	13 188	186
	1994	..	..	12 190	410	255	..	5	13 567	190
	1995	..	..	12 344	422	262	..	5	14 187	192
Cambodia	1992	..	..	..	0	0	..	..	..	21
Cambodge	1993	..	..	..	0	0	..	..	..	22
	1994	..	..	..	0	0	..	..	..	23
	1995	..	..	..	0	0	..	..	..	24
China ††	1992	796 609	77 444	202 962	46 838	91 746	8 930	10 104	20 975	92 796
Chine ††	1993	820 425	90 382	207 447	53 035	97 107	9 504	10 629	22 545	103 736
	1994	884 759	94 873	208 654	48 956	93 627	9 774	12 895	23 353	117 493
	1995	970 978	130 967	214 313	52 491	99 526	12 544	14 803	23 855	126 975
China, Hong Kong SAR †	1992	..	..	..	..	..	..	..	..	4 309
Chine, Hong-Kong RAS †	1993	..	..	..	..	..	..	..	..	4 416
	1994	..	..	..	..	..	..	..	..	3 285
	1995	..	..	..	..	..	..	..	..	3 429
Cyprus	1992	..	..	..	208	739	34	68	..	295
Chypre	1993	..	..	..	206	810	48	66	..	317
	1994	..	..	..	255	917	50	83	..	329
	1995	..	..	..	197	860	53	66	..	304
Georgia	1992	167	..	143	..	..	..	..	14	1 415
Géorgie	1993	100	..	143	..	..	..	..	14	1 247
	1994	28	..	106	..	..	..	..	12	836
	1995	33	..	286	..	..	..	..	7	835
India	1992	199 137	9 610	41 578	22 330	40 501	7 727	3 885	15 551	42 541
Inde	1993	209 524	9 700	39 521	22 958	41 252	7 052	4 166	15 696	45 113
	1994	217 339	9 886	45 703	24 986	42 492	7 410	4 264	22 665	48 315
	1995	227 343	9 996	47 689	25 869	42 921	7 693	4 351	24 509	52 671

69
Production of selected energy commodities
Thousand metric tons of coal equivalent [cont.]
Production des principaux biens de l'énergie
Milliers de tonnes métriques d'équivalent houille [suite]

Country or area Pays ou zone	Year Anneé	Hard coal, lignite & peat Houille, lignite et tourbe	Briquettes & cokes Agglomérés et cokes	Crude petroleum & NGL Pétrole brut et GNL	Light petroleum products Produits pétroliers légers	Heavy petroleum products Produits pétroliers lourds	Other petroleum products Autres produits pétroliers	LPG & refinery gas GLP et gaz de raffinerie	Natural gas Gaz naturel	Electricity Electricité
Indonesia	1992	21 147	...	142 890	19 605	33 243	2 050	4 703	67 871	7 880
Indonésie	1993	27 569	...	142 623	19 555	33 994	2 086	4 708	70 355	8 433
	1994	30 759	...	146 685	20 566	34 716	2 210	5 261	78 113	9 671
	1995	36 104	...	143 753	19 532	35 711	2 199	4 997	83 378	10 453
Iran, Islamic Republic of	1992	971	21	250 092	17 348	38 677	3 829	1 709	33 285	8 429
Iran, Rép. islamique d'	1993	970	33	250 299	18 723	40 839	4 000	2 020	24 816	9 337
	1994	980	36	263 229	18 746	40 846	3 872	2 331	53 790	9 720
	1995	1 000	40	263 886	19 267	40 991	4 015	2 990	57 323	9 990
Iraq	1992	..	..	36 911	7 717	22 102	962	622	3 022	3 108
Iraq	1993	..	..	46 882	8 156	22 434	991	932	3 395	3 231
	1994	..	..	53 451	8 495	22 720	1 034	932	4 221	3 439
	1995	..	..	53 953	8 584	22 749	1 034	932	4 185	3 562
Israel	1992	..	..	13	4 558	8 682	379	451	28	3 032
Israël	1993	..	..	11	5 954	9 348	427	595	28	3 194
	1994	..	..	6	6 229	9 260	400	645	29	3 478
	1995	..	..	7	6 302	9 466	392	668	29	3 574
Japan	1992	6 685	40 281	1 192	107 039	143 917	14 989	18 433	3 022	167 459
Japon	1993	5 989	38 731	1 082	112 111	146 176	15 505	18 607	3 085	175 318
	1994	5 753	37 960	1 033	115 416	155 277	16 126	19 089	3 182	187 653
	1995	5 196	38 481	1 025	117 840	153 587	16 057	19 902	3 092	197 529
Jordan	1992	..	..	4	1 379	2 368	207	263	..	543
Jordanie	1993	..	..	0	1 350	2 638	230	271	..	585
	1994	..	..	3	1 356	2 521	228	281	..	623
	1995	..	..	3	1 446	2 673	224	302	..	690
Kazakhstan	1992	107 860	2 849	37 364	8 013	14 870	..	..	9 397	10 159
Kazakhstan	1993	95 866	2 245	33 203	5 892	13 454	..	..	7 744	9 513
	1994	89 873	1 572	29 162	4 045	10 697	..	..	5 199	8 156
	1995	71 485	1 630	29 496	4 003	9 037	..	..	6 853	8 188
Korea, Dem. People's Rep.	1992	85 400	3 240	..	1 809	2 408	..	..	..	4 668
Corée, Rép. pop. dém. de	1993	88 200	3 240	..	1 787	2 393	..	..	..	4 668
	1994	87 400	3 195	..	1 765	2 379	..	..	..	4 545
	1995	86 600	3 150	..	1 742	2 365	..	..	..	4 422
Korea, Republic of	1992	7 693	15 540	..	26 563	68 967	3 214	1 956	..	32 217
Corée, Rép. de	1993	6 069	13 809	..	28 536	74 139	3 244	1 865	..	34 534
	1994	4 781	13 186	..	31 889	75 907	3 579	1 963	..	37 301
	1995	3 676	13 358	..	40 613	81 040	3 755	2 140	..	41 862
Kuwait, part Neutral Zone	1992	..	..	78 058	5 749	17 348	43	43	3 488	2 099
Koweït et prt. Zone Neut.	1993	..	..	139 139	9 437	19 331	360	357	8 281	2 236
	1994	..	..	148 661	14 844	32 715	529	512	7 948	2 844
	1995	..	..	150 525	20 315	32 152	825	515	12 081	2 964
Kyrgyzstan	1992	1 297	..	163	..	..	..	..	83	1 472
Kirghizistan	1993	995	..	126	..	..	..	..	49	1 385
	1994	796	..	126	..	..	..	..	45	1 589
	1995	495	..	127	..	..	..	..	41	1 517
Lao People's Dem. Rep.	1992	1	..	..	..	..	..	..	..	112
Rép. dém. populaire Lao	1993	1	..	..	..	..	..	..	..	111
	1994	1	..	..	..	..	..	..	..	111
	1995	1	..	..	..	..	..	..	..	112
Lebanon	1992	..	..	..	100	354	..	3	..	479
Liban	1993	..	0	..	...	...	..	...	..	597
	1994	..	...	..	...	...	..	...	..	633
	1995	..	...	..	...	...	..	...	..	685
Macau	1992	..	..	..	..	..	..	..	..	122
Macao	1993	..	..	..	..	..	..	..	..	146
	1994	..	..	..	..	..	..	..	..	154
	1995	..	..	..	..	..	..	..	..	156
Malaysia	1992	80	..	45 735	4 263	8 743	404	489	22 896	3 917
Malaisie	1993	397	..	45 923	4 671	9 404	424	499	29 429	4 370
	1994	134	..	47 629	6 082	11 350	454	687	30 771	4 921
	1995	112	..	49 472	6 194	11 703	479	739	38 641	5 728

69
Production of selected energy commodities
Thousand metric tons of coal equivalent [cont.]
Production des principaux biens de l'énergie
Milliers de tonnes métriques d'équivalent houille [suite]

Country or area / Pays ou zone	Year / Année	Hard coal, lignite & peat / Houille, lignite et tourbe	Briquettes & cokes / Agglomérés et cokes	Crude petroleum & NGL / Pétrole brut et GNL	Light petroleum products / Produits pétroliers légers	Heavy petroleum products / Produits pétroliers lourds	Other petroleum products / Autres produits pétroliers	LPG & refinery gas / GLP et gaz de raffinerie	Natural gas / Gaz naturel	Electricity / Electricité
Maldives	1992	..	..	..	..	..	..	..	..	4
Maldives	1993	..	..	..	..	..	..	..	..	5
	1994	..	..	..	..	..	..	..	..	6
	1995	..	..	..	..	..	..	..	..	7
Mongolia	1992	3 373	..	...	...	...	...	...	..	360
Mongolie	1993	2 902	..	...	...	...	...	...	..	317
	1994	2 561	..	...	...	...	...	...	..	333
	1995	2 472	..	...	...	...	...	...	..	323
Myanmar	1992	49	..	1 048	284	672	58	6	1 120	368
Myanmar	1993	47	..	983	309	677	63	5	1 384	416
	1994	51	..	993	359	723	75	3	1 728	441
	1995	54	..	689	409	794	74	6	1 935	464
Nepal	1992	..	..	..	..	..	..	..	..	114
Nepal	1993	..	..	..	..	..	..	..	..	108
	1994	..	..	..	..	..	..	..	..	112
	1995	..	..	..	..	..	..	..	..	124
Oman	1992	..	..	52 810	1 105	2 747	23	61	4 486	766
Oman	1993	..	..	55 407	780	2 510	40	51	5 431	896
	1994	..	..	57 770	1 089	4 058	36	53	8 875	965
	1995	..	..	60 883	1 077	3 964	...	95	3 136	1 014
Pakistan	1992	2 094	663	4 438	3 248	5 344	571	70	17 697	6 463
Pakistan	1993	2 207	644	4 312	3 292	4 934	696	56	18 693	6 927
	1994	2 387	695	4 022	3 215	5 213	627	62	19 794	7 143
	1995	2 056	631	3 945	3 067	4 780	648	57	19 998	7 516
Philippines	1992	1 122	..	597	4 644	10 597	153	388	..	9 468
Philippines	1993	1 069	..	646	4 956	11 177	163	404	..	9 557
	1994	979	..	319	5 172	11 621	170	427	..	10 197
	1995	891	..	203	5 381	12 037	176	451	..	10 672
Qatar	1992	..	..	33 041	1 193	2 639	..	78	15 297	637
Qatar	1993	..	..	30 548	1 138	2 185	..	115	17 974	683
	1994	..	..	29 767	1 449	2 417	..	135	17 974	719
	1995	..	..	30 506	1 425	2 547	..	134	18 107	705
Saudi Arabia, pt. Neutral Zone	1992	..	..	627 244	33 854	68 659	2 289	1 507	45 810	9 781
Arabie saoudie, p. Zone nuet.	1993	..	..	606 259	34 355	70 181	2 460	1 476	47 797	10 798
	1994	..	..	608 648	36 028	67 566	2 961	1 399	50 195	11 900
	1995	..	..	606 986	34 444	67 467	3 075	1 414	53 709	12 263
Singapore	1992	..	..	..	26 562	41 608	2 092	761	..	2 155
Singapour	1993	..	..	..	27 794	44 619	2 171	808	..	2 329
	1994	..	..	..	29 516	47 630	2 442	870	..	2 540
	1995	..	..	..	30 754	49 491	2 514	894	..	2 709
Sri Lanka	1992	..	..	..	577	1 242	67	69	..	436
Sri Lanka	1993	..	..	..	850	1 655	93	88	..	489
	1994	..	..	..	816	1 883	100	90	..	539
	1995	..	..	..	785	1 720	100	84	..	590
Syrian Arab Republic	1992	..	..	37 227	2 812	12 782	510	255	2 623	1 557
Rép. arabe syrienne	1993	..	..	38 692	3 029	12 749	395	253	2 597	1 565
	1994	..	..	38 494	3 065	12 952	585	264	2 730	1 865
	1995	..	..	40 798	3 043	13 008	637	216	3 071	1 879
Tajikistan	1992	167	10	89	84	..	..	..	83	2 066
Tadjikistan	1993	167	4	60	59	..	..	..	57	2 179
	1994	117	2	46	...	..	..	..	44	2 088
	1995	25	...	91	...	..	..	..	44	1 813
Thailand	1992	9 659	..	5 262	6 365	13 327	398	502	10 269	7 334
Thaïlande	1993	9 775	..	5 403	7 259	15 412	432	640	11 578	8 146
	1994	10 747	..	5 345	8 125	18 246	415	744	13 298	9 146
	1995	11 578	..	5 260	9 520	20 466	392	1 100	11 998	10 277
Turkey	1992	15 626	3 265	6 108	7 894	22 161	1 697	1 751	233	8 349
Turquie	1993	16 531	3 103	5 559	8 597	23 689	2 833	1 935	235	9 152
	1994	17 296	2 984	5 279	9 092	22 966	2 007	1 993	234	9 708
	1995	17 175	3 132	5 022	9 976	25 033	2 263	2 110	214	10 135

69
Production of selected energy commodities
Thousand metric tons of coal equivalent [cont.]
Production des principaux biens de l'énergie
Milliers de tonnes métriques d'équivalent houille [suite]

Country or area Pays ou zone	Year Anneé	Hard coal, lignite & peat Houille, lignite et tourbe	Briquettes & cokes Agglomérés et cokes	Crude petroleum & NGL Pétrole brut et GNL	Light petroleum products Produits pétroliers légers	Heavy petroleum products Produits pétroliers lourds	Other petroleum products Autres produits pétroliers	LPG & refinery gas GLP et gaz de raffinerie	Natural gas Gaz naturel	Electricity Electricité
Turkmenistan	1992	..	..	8 271	1 396	5 176	..	..	69 620	1 619
Turkmenistan	1993	..	..	7 722	1 090	3 776	..	..	75 698	1 552
	1994	..	..	5 856	900	3 105	..	..	38 469	1 289
	1995	..	..	7 142	750	2 689	..	..	37 068	1 204
United Arab Emirates	1992	..	..	154 691	4 713	8 101	58	404	29 517	2 145
Emirats arabes unis	1993	..	..	148 288	4 753	8 236	86	466	30 529	2 159
	1994	..	..	156 791	5 085	9 023	86	622	33 830	2 318
	1995	..	..	158 379	7 332	7 660	86	615	37 984	2 342
Uzbekistan	1992	1 883	..	4 879	2 232	4 884	636	..	49 582	6 254
Ouzbékistan	1993	1 534	..	5 808	2 418	6 003	672	..	52 167	6 037
	1994	1 531	..	7 852	2 445	6 096	685	..	54 757	5 872
	1995	1 257	..	14 287	2 452	6 111	688	..	58 097	5 798
Viet Nam	1992	4 792	..	7 884	16	39	1	..	3	1 204
Viet Nam	1993	5 899	..	9 016	16	39	1	..	3	1 996
	1994	5 690	..	9 998	16	39	1	..	3	2 227
	1995	7 452	..	10 998	16	39	1	..	7	2 494
Yemen	1992	..	..	11 714	2 148	4 305	68	78	..	222
Yémen	1993	..	..	16 735	2 327	4 717	88	93	..	240
	1994	..	..	23 277	1 345	3 008	76	93	..	241
	1995	..	..	24 308	2 369	3 697	86	155	..	243
Europe	1992	814 057	147 372	922 991	442 181	811 535	120 088	79 073	1 035 020	785 780
Europe	1993	745 039	128 586	874 082	430 729	783 851	111 120	72 641	1 020 595	774 186
	1994	676 710	116 575	883 305	431 397	737 399	113 910	72 440	1 004 479	757 980
	1995	715 181	115 166	883 797	438 678	718 318	117 508	75 856	1 136 981	767 117
Albania	1992	183	45	836	128	348	20	..	124	412
Albanie	1993	108	25	811	112	363	31	..	119	428
	1994	85	1	764	101	277	50	..	102	479
	1995	60	0	744	107	328	49	..	16	542
Austria	1992	659	1 414	1 747	4 288	7 284	1 546	512	1 881	6 287
Autriche	1993	629	1 363	1 711	4 076	7 603	1 541	457	1 949	6 470
	1994	517	1 393	1 644	4 379	7 374	1 605	545	1 769	6 548
	1995	482	1 408	1 546	4 034	7 033	1 913	528	1 941	6 951
Belarus	1992	1 359	..	2 857	5 285	19 276	1 619	407	346	4 618
Bélarus	1993	950	..	2 864	3 913	13 708	1 071	340	345	4 099
	1994	1 132	..	2 857	3 792	11 453	849	276	349	3 857
	1995	1 022	..	2 760	3 975	12 943	912	317	316	3 061
Belgium	1992	564	4 584	..	13 504	25 187	6 926	1 236	8	19 682
Belgique	1993	374	4 000	..	12 440	24 869	6 864	1 270	6	19 005
	1994	290	3 755	..	12 978	24 202	7 370	1 732	1	18 975
	1995	245	3 717	..	11 428	22 911	6 358	1 485	0	19 426
Bosnia Herzegovina	1992	416	..	..	..	..	..	..	..	614
Bosnie-Herzégovine	1993	312	..	..	..	..	..	..	..	430
	1994	291	..	..	..	..	..	..	..	236
	1995	341	..	..	..	..	..	..	..	271
Bulgaria	1992	7 555	1 603	76	727	1 867	198	241	43	7 247
Bulgarie	1993	7 250	1 805	61	2 618	5 331	221	353	78	8 142
	1994	7 115	1 727	51	2 882	6 226	188	373	65	8 497
	1995	7 634	1 791	61	3 449	6 629	119	392	57	9 425
Croatia	1992	120	366	2 985	1 430	3 610	320	368	2 092	1 092
Croatie	1993	109	380	3 083	1 965	4 228	496	533	2 370	1 150
	1994	99	249	2 632	2 124	3 941	602	488	2 079	1 016
	1995	103	270	545	2 364	4 012	142	617	2 550	1 089
Czech Republic	1992	41 673	5 741	117	1 962	4 696	2 381	126	200	10 329
République tchéque	1993	40 757	5 365	159	1 784	4 351	2 449	119	269	10 373
	1994	37 177	5 187	183	1 697	4 556	2 168	117	273	10 438
	1995	35 497	5 279	186	1 879	4 737	2 124	123	276	10 863
Denmark	1992	0	0	11 078	2 752	8 900	29	609	5 359	3 789
Danemark	1993	0	0	11 805	2 751	9 039	0	631	5 983	4 144
	1994	0	0	13 024	2 969	9 194	0	663	6 527	5 048
	1995	0	0	13 096	3 823	9 583	0	762	7 158	4 519

69
Production of selected energy commodities
Thousand metric tons of coal equivalent [cont.]
Production des principaux biens de l'énergie
Milliers de tonnes métriques d'équivalent houille [suite]

Country or area Pays ou zone	Year Anneé	Hard coal, lignite & peat Houille, lignite et tourbe	Briquettes & cokes Agglo- mérés et cokes	Crude petroleum & NGL Pétrole brut et GNL	Light petroleum products Produits pétroliers légers	Heavy petroleum products Produits pétroliers lourds	Other petroleum products Autres produits pétroliers	LPG & refinery gas GLP et gaz de raffinerie	Natural gas Gaz naturel	Electricity Electricité
Estonia Estonie	1992	5 226	27	..	..	387	..	..	..	1 453
	1993	4 119	29	..	..	252	..	..	..	1 120
	1994	4 075	33	..	..	212	..	..	..	1 124
	1995	3 730	34	..	..	443	..	..	..	934
Faeroe Islands Iles Féroe	1992	0	0	..	..	..	..	..	..	24
	1993	0	0	..	..	..	..	..	..	22
	1994	0	0	..	..	..	..	..	..	22
	1995	0	0	..	..	..	..	..	..	21
Finland Finlande	1992	1 857	448	..	6 308	7 476	560	1 201	..	11 880
	1993	1 119	639	..	6 080	7 164	406	1 170	..	12 460
	1994	3 043	684	..	7 583	7 801	879	1 293	..	12 893
	1995	2 903	693	..	8 075	7 302	377	1 188	..	12 626
France incl. Monaco France y compris Monaco	1992	9 767	7 559	4 783	38 818	60 139	10 769	7 233	3 052	151 991
	1993	8 982	6 836	4 629	39 299	63 548	10 326	7 439	3 212	149 466
	1994	7 817	6 106	4 664	39 777	59 218	10 901	7 233	3 221	147 938
	1995	7 854	5 734	4 207	41 734	58 008	11 083	7 281	4 433	154 384
Germany † Allemagne †	1992	140 006	26 955	4 684	52 937	86 068	14 772	9 426	21 255	105 468
	1993	125 474	22 300	4 376	56 910	88 894	13 603	10 142	21352	102 741
	1994	115 708	18 985	4 196	58 410	90 597	14 539	11 094	21 664	102 483
	1995	112 700	17 389	4 179	58 134	84 983	13 590	10 462	22 812	104 022
Gibraltar Gibraltar	1992	..	..	..	..	..	..	..	..	11
	1993	..	..	..	..	..	..	..	..	11
	1994	..	..	..	..	..	..	..	..	11
	1995	..	..	..	..	..	..	..	..	11
Greece Grèce	1992	9 783	32	985	8 179	12 972	865	1 205	197	4 595
	1993	10 744	21	806	7 286	10 983	1 023	1 215	146	4 716
	1994	10 594	20	762	8 514	12 914	879	1 336	73	4 990
	1995	10 725	30	655	9 001	14 364	915	1 360	68	5 104
Hungary Hongrie	1992	5 567	662	3 116	3 692	6 243	719	409	5 163	7 356
	1993	4 533	443	2 959	3 625	6 895	835	433	5 558	7 458
	1994	4 396	353	2 836	3 842	5 943	1 115	387	5 365	7 607
	1995	4 507	250	3 158	3 807	5 870	1 333	412	5 411	7 666
Iceland Islande	1992	..	..	..	..	..	..	..	..	812
	1993	..	..	..	..	..	..	..	..	865
	1994	..	..	..	..	..	..	..	..	874
	1995	..	..	..	..	..	..	..	..	932
Ireland Irlande	1992	1 635	0	..	603	2 120	6	119	3 014	1 973
	1993	1 621	0	..	599	2 033	0	106	3 423	2 035
	1994	1 704	0	..	770	2 378	14	112	3 482	2 111
	1995	1 604	0	..	849	2 292	...	116	3 568	2 217
Italy and San Marino Italie y comp. Saint–Marin	1992	362	5 413	6 431	41 952	80 737	7 677	6 654	23 387	31 608
	1993	362	4 929	6 630	41 708	78 950	7 535	7 761	24 891	31 413
	1994	88	5 291	6 994	44 227	75 798	8 170	8 022	26 255	32 207
	1995	136	5 185	7 482	44 458	72 309	7 567	7 811	25 947	33 409
Latvia Lettonie	1992	133	..	..	..	..	..	..	..	471
	1993	109	..	..	..	..	..	..	..	482
	1994	207	..	..	..	..	..	..	..	545
	1995	112	..	..	..	..	..	..	..	489
Lithuania Lituanie	1992	35	..	91	1 493	3 387	397	191	..	5 938
	1993	17	..	104	2 241	4 754	299	249	..	4 783
	1994	30	..	133	1 889	3 438	413	238	..	3 147
	1995	20	..	183	1 598	2 622	587	258	..	4 647
Luxembourg Luxembourg	1992	..	0	..	..	..	..	..	..	147
	1993	..	0	..	..	..	..	..	..	131
	1994	..	0	..	..	..	..	..	..	146
	1995	..	0	..	..	..	..	..	..	152
Malta Malte	1992	..	0	..	..	..	..	..	..	174
	1993	..	0	..	..	..	..	..	..	184
	1994	..	0	..	..	..	..	..	..	185
	1995	..	0	..	..	..	..	..	..	186

69
Production of selected energy commodities
Thousand metric tons of coal equivalent [cont.]
Production des principaux biens de l'énergie
Milliers de tonnes métriques d'équivalent houille [suite]

Country or area Pays ou zone	Year Anneé	Hard coal, lignite & peat Houille, lignite et tourbe	Briquettes & cokes Agglo-mérés et cokes	Crude petroleum & NGL Pétrole brut et GNL	Light petroleum products Produits pétroliers légers	Heavy petroleum products Produits pétroliers lourds	Other petroleum products Autres produits pétroliers	LPG & refinery gas GLP et gaz de raffinerie	Natural gas Gaz naturel	Electricity Electricité
Netherlands	1992	0	2 841	4 802	41 962	47 389	6 105	9 281	98 286	10 428
Pays–Bas	1993	0	2 800	4 705	43 162	48 214	7 555	9 495	99 990	10 439
	1994	0	2 806	6 275	47 256	45 685	8 752	10 271	94 827	10 774
	1995	0	2 815	5 055	48 756	47 950	11 578	10 354	95 723	10 928
Norway, Svalbard & Jan	1992	375	0	152 894	7 551	11 641	507	1 379	38 543	14 434
Mayen Is.	1993	257	0	163 800	7 407	11 417	393	1 333	22 329	14 740
Norvège,Svalbd.,	1994	289	0	183 955	7 489	12 185	265	1 426	22 850	13 928
Île J.Mayen	1995	280	0	198 265	6 979	9 825	207	1 304	44 664	15 125
Poland	1992	124 501	10 736	286	5 846	10 605	1 537	667	3 694	16 306
Pologne	1993	126 891	9 943	336	6 516	11 914	1 302	684	4 720	16 444
	1994	129 321	11 065	406	6 995	11 910	1 194	654	4 870	16 625
	1995	129 608	11 085	417	7 064	12 403	1 351	722	4 980	17 075
Portugal	1992	129	257	..	5 254	10 307	451	925	..	3 701
Portugal	1993	115	256	..	4 764	10 186	576	888	..	3 837
	1994	86	278	..	6 534	11 528	824	1 167	..	3 891
	1995	0	317	..	7 064	11 078	676	1 082	..	4 132
Republic of Moldova	1992	..	..	..	..	..	..	..	..	1 382
République de Moldova	1993	..	..	..	..	..	..	..	..	1 261
	1994	..	..	..	..	..	..	..	..	1 011
	1995	..	..	..	..	..	..	..	..	1 031
Romania	1992	10 106	2 770	9 448	4 952	10 827	1 570	1 402	25 159	6 657
Roumanie	1993	10 894	2 410	10 125	5 195	10 681	1 733	1 541	23 943	6 814
	1994	11 118	2 602	9 700	6 203	11 604	1 798	1 781	21 177	6 773
	1995	10 689	3 046	9 955	6 250	11 037	1 940	1 877	20 633	7 280
Russian Federation	1992	241 872	30 275	570 386	84 607	220 835	40 423	21 371	703 674	153 652
Fédération de Russie	1993	220 337	26 053	502 053	70 403	203 695	32 029	13 144	691 909	147 062
	1994	196 364	23 899	451 016	59 722	170 114	30849	10 158	678 521	131 948
	1995	242 956	25 689	435 794	61 490	164 693	31 225	13 487	774 509	130 425
Slovakia	1992	1 497	1 876	100	1 205	3 149	1 595	146	409	5 526
Slovaquie	1993	978	1 743	96	1 175	3 889	1 079	155	282	5 969
	1994	1 004	1 759	86	1 193	4 009	935	149	321	6 057
	1995	982	1 792	89	1 196	4 096	1 008	152	345	6 209
Slovenia	1992	1 159	..	3	416	445	141	..	20	2 472
Slovénie	1993	1 065	..	3	376	435	18	..	16	2 420
	1994	1 010	..	3	233	306	4	..	15	2 698
	1995	1 016	..	3	332	528	6	..	22	2 742
Spain	1992	15 644	3 047	2 040	23 664	46 868	6 179	5 189	1 642	33 341
Espagne	1993	14 569	3 157	1 600	22 449	43 224	7 521	4 456	927	33 167
	1994	14 134	3 093	1 370	23 532	43 833	8 030	4 781	285	33 593
	1995	13 622	2 519	1 133	23 634	43 684	8 172	4 957	595	34 227
Sweden	1992	364	1 097	1	8 799	17 485	1 314	452	..	33 790
Suède	1993	337	1 088	0	8 682	18 429	1 614	463	..	32 993
	1994	319	1 092	7	7 912	17 890	1 492	424	..	35 762
	1995	342	1 100	6	8 472	17 395	3 200	359	..	35 452
Switzerland, Liechtenstein	1992	..	...	..	1 852	3 691	203	473	4	13 092
Suisse, Liechtenstein	1993	..	...	..	2 043	4 165	180	538	3	13 309
	1994	..	...	..	2 110	4 181	208	565	1	14 227
	1995	..	...	..	2 122	4 009	221	514	0	13 939
TFYR Macedonia	1992	2 695	..	..	255	986	..	23	..	745
L'ex–R.y. Macédonie	1993	2 663	..	..	646	1 104	..	28	..	636
	1994	2 641	..	..	118	139	..	3	..	677
	1995	2 791	..	..	33	126	..	2	..	751
Ukraine	1992	110 354	32 879	6 390	8 221	36 764	2 831	1 270	24 154	49 358
Ukraine	1993	95 725	26 449	6 068	6 789	20 849	1 640	902	22 574	46 951
	1994	78 467	19 616	5 999	4 256	18 622	881	489	21 517	42 808
	1995	69 546	19 080	5 856	5 252	15 983	2 054	657	22 179	37 084
United Kingdom	1992	70 045	6 745	135 191	61 745	57 940	7 987	6 481	72 334	58 523
Royaume–Uni	1993	55 802	6 551	143 568	63 207	61 684	8 472	6 781	83 084	61 903
	1994	39 556	6 581	182 210	61 504	58 948	8 629	6 643	87 913	61 589
	1995	45 299	5 945	187 116	61 036	58 186	8 749	7 256	97 806	63 205

69
Production of selected energy commodities
Thousand metric tons of coal equivalent [cont.]
Production des principaux biens de l'énergie
Milliers de tonnes métriques d'équivalent houille [suite]

Country or area Pays ou zone	Year Anneé	Hard coal, lignite & peat Houille, lignite et tourbe	Briquettes & cokes Agglomérés et cokes	Crude petroleum & NGL Pétrole brut et GNL	Light petroleum products Produits pétroliers légers	Heavy petroleum products Produits pétroliers lourds	Other petroleum products Autres produits pétroliers	LPG & refinery gas GLP et gaz de raffinerie	Natural gas Gaz naturel	Electricity Electricité
Yugoslavia	1992	8 414	..	1 664	1 795	1 906	443	78	981	4 401
Yugoslavie	1993	7 838	..	1 640	511	1 001	306	16	1 116	4 110
	1994	8 035	..	1 540	406	923	306	19	956	4 241
	1995	8 372	..	1 304	282	957	51	22	972	4 567
Oceania	1992	**159 558**	**4 236**	**45 124**	**28 044**	**19 165**	**3 947**	**3 251**	**34 929**	**26 593**
Océanie	1993	**160 970**	**3 959**	**44 950**	**29 285**	**19 881**	**4 119**	**3 410**	**36 850**	**27 202**
	1994	**173 631**	**4 395**	**43 019**	**29 217**	**20 421**	**4 454**	**3 671**	**42 321**	**27 835**
	1995	**195 332**	**4 450**	**46 091**	**29 529**	**20 901**	**4 488**	**3 618**	**38 344**	**28 475**
American Samoa	1992	..	..	..	..	..	..	..	..	13
Samoa américaines	1993	..	..	..	..	..	..	..	..	13
	1994	..	..	..	..	..	..	..	..	14
	1995	..	..	..	..	..	..	..	..	14
Australia	1992	157 174	4 236	34 828	24 294	16 497	3 612	2 905	27 718	19 623
Australie	1993	158 458	3 959	34 322	25 439	17 136	3 760	3 056	29 828	20 114
	1994	171 028	4 395	32 350	25 427	17 381	4 130	3 343	35 768	20 576
	1995	192 500	4 450	34 402	26 012	18 045	4 143	3 382	32 125	21 300
Cook Islands	1992	..	..	..	..	..	..	..	..	2
Iles Cook	1993	..	..	..	..	..	..	..	..	2
	1994	..	..	..	..	..	..	..	..	2
	1995	..	..	..	..	..	..	..	..	2
Fiji	1992	..	..	..	..	..	..	..	..	58
Fidji	1993	..	..	..	..	..	..	..	..	59
	1994	..	..	..	..	..	..	..	..	64
	1995	..	..	..	..	..	..	..	..	67
French Polynesia	1992	..	..	..	..	..	..	..	..	39
Polynésie française	1993	..	..	..	..	..	..	..	..	40
	1994	..	..	..	..	..	..	..	..	41
	1995	..	..	..	..	..	..	..	..	43
Guam	1992	..	..	..	...	...	...	..	..	98
Guam	1993	..	..	..	...	...	...	..	..	98
	1994	..	..	..	...	...	...	..	..	98
	1995	..	..	..	...	...	...	..	..	101
Kiribati	1992	..	..	..	..	..	..	..	..	1
Kiribati	1993	..	..	..	..	..	..	..	..	1
	1994	..	..	..	..	..	..	..	..	1
	1995	..	..	..	..	..	..	..	..	1
Nauru	1992	..	..	..	..	..	..	..	..	4
Nauru	1993	..	..	..	..	..	..	..	..	4
	1994	..	..	..	..	..	..	..	..	4
	1995	..	..	..	..	..	..	..	..	4
New Caledonia	1992	..	..	..	..	..	..	..	..	144
Nouvelle–Caledonie	1993	..	..	..	..	..	..	..	..	144
	1994	..	..	..	..	..	..	..	..	144
	1995	..	..	..	..	..	..	..	..	144
New Zealand	1992	2 384	0	2 726	3 720	2 625	336	345	7 108	6 348
Nouvelle–Zélande	1993	2 512	0	2 915	3 816	2 701	359	354	6 916	6 465
	1994	2 603	0	2 813	3 760	2 996	325	328	6 448	6 628
	1995	2 832	0	2 404	3 487	2 812	346	236	6 110	6 534
Niue	1992	..	..	..	..	..	..	..	..	0
Niue	1993	..	..	..	..	..	..	..	..	0
	1994	..	..	..	..	..	..	..	..	0
	1995	..	..	..	..	..	..	..	..	0
Palau [1]	1992	..	..	..	..	..	..	..	..	25
Palaos [1]	1993	..	..	..	..	..	..	..	..	25
	1994	..	..	..	..	..	..	..	..	25
	1995	..	..	..	..	..	..	..	..	26
Papua New Guinea	1992	..	..	7 570	29	43	..	..	102	220
Papouasie–Nouv.–Guinée	1993	..	..	7 713	29	43	..	..	106	220
	1994	..	..	7 856	29	43	..	..	106	220
	1995	..	..	9 284	29	43	..	..	109	220

69
Production of selected energy commodities
Thousand metric tons of coal equivalent [cont.]
Production des principaux biens de l'énergie
Milliers de tonnes métriques d'équivalent houille [suite]

Country or area Pays ou zone	Year Anneé	Hard coal, lignite & peat Houille, lignite et tourbe	Briquettes & cokes Agglo-mérés et cokes	Crude petroleum & NGL Pétrole brut et GNL	Light petroleum products Produits pétroliers légers	Heavy petroleum products Produits pétroliers lourds	Other petroleum products Autres produits pétroliers	LPG & refinery gas GLP et gaz de raffinerie	Natural gas Gaz naturel	Electricity Electricité
Samoa Samoa	1992	..	..	..	..	..	..	..	..	7
	1993	..	..	..	..	..	..	..	..	7
	1994	..	..	..	..	..	..	..	..	8
	1995	..	..	..	..	..	..	..	..	8
Solomon Islands Iles Salomon	1992	..	..	..	..	..	..	..	..	4
	1993	..	..	..	..	..	..	..	..	4
	1994	..	..	..	..	..	..	..	..	4
	1995	..	..	..	..	..	..	..	..	4
Tonga Tonga	1992	..	..	..	..	..	..	..	..	3
	1993	..	..	..	..	..	..	..	..	3
	1994	..	..	..	..	..	..	..	..	4
	1995	..	..	..	..	..	..	..	..	4
Vanuatu Vanuatu	1992	..	..	..	..	..	..	..	..	4
	1993	..	..	..	..	..	..	..	..	4
	1994	..	..	..	..	..	..	..	..	4
	1995	..	..	..	..	..	..	..	..	4

Source:
Energy statistics database of the Statistics Division of the United Nations Secretariat.

† For information on recent changes in country or area nomenclature pertaining to former Czechoslovakia, Germany, Hong Kong Special Administrative Region (SAR) of China, SFR Yugoslavia and former USSR, see Annex I – Country or area nomenclature, regional and other groupings.

†† For statistical purposes, the data for China do not include those for the Hong Kong Special Administrative Region (Hong Kong SAR) and Taiwan province of China.

1 Including data for Federated States of Micronesia, Marshall Is. and Northern Mariana Is.

Source:
Base de données pour les statistiques énergétiques de la Division de statistique du Secrétariat de l'ONU.

† Pour les modifications récentes de nomenclature de pays ou de zone concernant l'Allemagne, Hong–Kong (Région administrative spéciale de Chine), l'ex–Tchécoslovaquie, l'ex–URSS, Rfs de Yougoslavie, voir annexe I – Nomenclature des pays ou des zones, groupements régionaux et autres groupments.

†† Les données statistiques relatives à la Chine ne comprennent pas celles qui concernent la région administrative spéciale de Hong–Kong (la RAS de Hong–Kong) et la province chinoise de Taiwan.

1 Y compris les données pour les Etats fédérés de Micronésie, les îles Marshall et les îles Mariannes du Nord.

Technical notes, tables 68 and 69

Tables 68 and 69: Data are presented in metric tons of coal equivalent (TCE), to which the individual energy commodities are converted in the interests of international uniformity and comparability.

The procedure to convert from original units to TCE is as follows:

Data in original unit (metric tons, TJ, kWh, m^3) x special factors = TCE

For special factors used to convert the commodities into coal equivalent and detailed description of methods, see the United Nations *Energy Statistics Yearbook* and related methodological publications. [22, 41, 42]

Table 68: The data on production refer to the first stage of production. Thus, for hard coal the data refer to mine production; for briquettes to the output of briquetting plants; for crude petroleum and natural gas to production at oil and gas wells; for natural gas liquids to production at wells and processing plants; for refined petroleum products to gross refinery output; for cokes and coke-oven gas to the output of ovens; for other manufactured gas to production at gas works, blast furnaces or refineries; and for electricity to the gross production of generating plants.

International trade of energy commodities is based on the "general trade" system, that is, all goods entering and leaving the national boundary of a country are recorded as imports and exports.

Bunkers refers to fuels supplied to ships and aircraft engaged in international transportation, irrespective of the carrier's flag.

In general, data on stocks refer to changes in stocks of producers, importers and/or industrial consumers at the beginning and end of each year.

Data on consumption refer to "apparent consumption" and are derived from the formula "production + imports − exports − bunkers +/− stock changes". Accordingly, the series on apparent consumption may in some cases represent only an indication of the magnitude of actual gross inland availability.

Table 69: Definitions of the energy commodities are as follows:

— Hard coal: Coal with a high degree of coalification, and with a gross calorific value above 24 MJ/kg (5,700 kcal/kg) on an ash-free but moist basis, and with a reflectance index of vitrinite of 0.5 and above;

— Lignite: Coal with a low degree of coalification which has retained the anatomical structure of the vegetable matter from which it was formed. Its gross calorific value is less than 24 MJ/kg (5,700 kcal/kg) on an ash-free but moist basis, and its reflectance index of vitrinite is less than 0.5;

Notes techniques, tableaux 68 et 69

Tableaux 68 et 69 : Les données relatives aux divers produits énergétiques ont été converties en tonnes métriques d'équivalent houille (TEC), dans un souci d'uniformité et pour permettre les comparaisons entre la production de différents pays.

La méthode de conversion utilisée pour passer des unités de mesure d'origine à l'unité commune est la suivante :

Données en unités d'origine (tonnes métriques, TJ, kWh, m^3) x facteurs de conversion = TEC

Pour les facteurs spéciaux utilisés pour convertir les produits énergétiques en équivalent houille et pour des descriptions détaillées des méthodes appliquées, se reporter à l'*Annuaire des statistiques de l'énergie* des Nations Unies et aux publications méthodologiques connexes [22, 41, 42].

Tableau 68 : Les données relatives à la production se rapportent au premier stade de production. Ainsi, pour la houille, les données se rapportent à la production minière; pour les briquettes, à la production des briquetteries; pour le pétrole brut et le gaz naturel, à la production des gisements de pétrole et de gaz; pour les condensats de gaz naturel, à la production au puits et aux installations de traitement; pour les produits pétroliers raffinés, à la production brute des raffineries; pour les cokes et le gaz des fours à coke, à la production des fours; pour les autres gaz manufacturés, à la production des usines à gaz, des hauts fourneaux ou des raffineries; et pour l'électricité, à la production brute des centrales.

Le commerce international des produits énergétiques est fondé sur le système du "commerce général", c'est-à-dire que tous les biens entrant sur le territoire national d'un pays ou en sortant sont respectivement enregistrés comme importations et exportations.

Les soutages se rapportent aux carburants fournis aux navires et aux avions assurant des transports internationaux, quel que soit leur pavillon.

En général, les variations des stocks se rapportent aux différences entre les stocks des producteurs, des importateurs ou des consommateurs industriels au début et à la fin de chaque année.

Les données sur la consommation se rapportent à la "consommation apparente" et sont obtenues par la formule "production + importations − exportations − soutage +/− variations des stocks". En conséquence, les séries relatives à la consommation apparente peuvent occasionnellement ne donner qu'une indication de l'ordre de grandeur des disponibilités intérieures brutes réelles.

Tableau 69 : Les définitions des produits énergétiques sont données ci-après :

— Peat: Solid fuel formed from the partial decomposition of dead vegetation under conditions of high humidity and limited air access (initial stage of coalification). Included is only that portion of peat used as fuel;

— Briquettes include the following commodities:

Patent fuel (hard coal briquettes): In the briquetting process, coal fines are moulded into artifacts of even shape under the influence of pressure and temperature with the admixture of binders.

Lignite briquettes: Lignite, after crushing and drying, is moulded under high pressure and without the admixture of binders to form artifacts of even shape;

Peat briquettes: Raw peat, after crushing and drying, is moulded under high pressure and without the admixture of binders to form artifacts of even shape;

— Coke: The solid residue obtained from the distillation of hard coal or lignite in the total absence of air (carbonization);

— Crude petroleum: Mineral oil consisting of a mixture of hydrocarbons of natural origin, yellow to black in colour, of variable specific gravity and viscosity, including crude mineral oils extracted from bituminous minerals (shale, bituminous sand, etc.). Data for crude petroleum include lease (field) condensate (separator liquids) which is recovered from gaseous hydrocarbons in lease separation facilities;

— Natural gas liquids (NGL): Liquid or liquefied hydrocarbons produced in the manufacture, purification and stabilization of natural gas. Their characteristics vary, ranging from those of butane and propane to heavy oils. Specifically included are natural gasolene, liquefied petroleum gas (LPG) from plants and plant condensate;

— Light petroleum products: Light products are defined (from the technological point of view) as liquid products obtained by distillation of crude petroleum at temperatures between 30 and 350°C, and/or having a specific gravity within the range of 0.625 to around 0.830;

— Heavy petroleum products: Heavy products are defined (from the technological point of view) as products obtained by distillation of crude petroleum at temperatures above 350°C and having a specific gravity higher than 0.830. Excluded are products which are not used for energy purposes, such as insulating oils, lubricants, paraffin wax, bitumen and petroleum coke;

— Liquefied petroleum gas (LPG): Hydrocarbons which are gaseous under conditions of normal temperature and pressure but are liquefied by compression or cooling to facilitate storage, handling and transportation;

— Refinery gas: Non-condensable gas collected in petroleum refineries which is generally used wholly as refinery fuel. It is also known as still gas;

– Houille : Charbon à haut degré de houillification et de pouvoir calorifique brut supérieur à 24 MJ/kg (5.700 kcal/kg) mesuré sans cendre, mais sur base humide, pour lequel l'indice de réflectance du vitrain est égal ou supérieur à 0,5;

– Lignite : Charbon d'un faible degré de houillification qui a gardé la structure anatomique des végétaux dont il est issu. Son pouvoir calorifique brut est inférieur à 24 MK/kg (5.700 kcal/kg) mesuré sans cendre, mais sur base humide, et son indice de réflectance du vitrain est égal ou inférieur à 0,5;

— Tourbe : Combustible solide issu de la décomposition partielle de végétaux morts dans des conditions de forte humidité et de faible circulation d'air (phase initiale de la houillification). N'est prise en considération ici que la tourbe utilisée comme combustible;

— Briquettes comprennent les produits suivants :

Agglomérés (briquettes de houille) : Par briquetage, les fines de charbon sont moulées en pains de forme régulière par compression et chauffage avec adjonction de liants.

Briquettes de lignite : Le lignite, après broyage et séchage, est moulé par compression, sans addition de liant, en pains de forme régulière.

Briquettes de tourbe : La tourbe brute, après broyage et séchage, est moulée par compression, sans addition de liant, en pains de forme régulière;

– Coke : Résidu solide obtenu lors de la distillation de houille ou de lignite en l'absence totale d'air (carbonisation);

– Pétrole brut : Huile minérale constituée d'un mélange d'hydrocarbures d'origine naturelle, de couleur variant du jaune au noir, d'une densité et d'une viscosité variables. Figurent également dans cette rubrique les huiles minérales brutes extraites de minéraux bitumeux (schiste, sable, etc.). Les données relatives au pétrole brut comprennent les condensats directement récupérés sur les sites d'exploitation des hydrocarbures gazeux (dans les installations prévues pour la séparation des phases liquide et gazeuse);

— Condensats de gaz naturel (GNL) : Hydrocarbures liquides ou liquéfiés produits lors de la fabrication, de la purification et de la stabilisation de gaz naturel. Leurs caractéristiques varient et se classent entre celles des gaz butane et propane et celles des huiles lourdes. Sont inclus en particulier dans cette rubrique l'essence naturelle, les gaz de pétrole liquéfiés (GPL) obtenus en usine et les condensats d'usine;

— Produits pétroliers légers : Les produits légers sont définis (du point de vue technologique) comme des produits liquides obtenus par distillation du pétrole brut à des températures comprises entre 30 et 350°C et/ou ayant une densité comprise entre 0,625 et 0,830 environ;

— Natural gas: A mixture of hydrocarbon compounds and small quantities of non-hydrocarbons existing in the gaseous phase, or in solution with oil in natural underground reservoirs at reservoir conditions;
— Electricity production: Refers to gross production, which includes the consumption by station auxiliaries and any losses in the transformers that are considered integral parts of the station. Excluded is electricity produced from pumped storage.

— Produits pétroliers lourds : Les produits lourds sont définis (du point de vue technologique) comme des produits obtenus par distillation du pétrole brut à des températures supérieures à 350°C et ayant une densité supérieure à 0,830. En sont exclus les produits qui ne sont pas utilisés à des fins énergétiques, tels que les huiles isolantes, les lubrifiants, les paraffines, le bitume et le coke de pétrole;
– Gaz de pétrole liquéfié (GPL) : Hydrocarbures qui sont à l'état gazeux dans des conditions de température et de pression normales mais sont liquéfiés par compression ou refroidissement pour en faciliter l'entreposage, la manipulation et le transport;
— Gaz de raffinerie : Comprend les gaz non condensables obtenus dans les raffineries de pétrole et qui sont généralement utilisés en totalité comme combustible de raffinerie. Ce produit est également appelé gaz de distillation;
— Gaz naturel : Mélanges de composés d'hydrocarbures et de petites quantités de composants autres que des hydrocarbures existant en phase gazeuse ou en solution huileuse dans des roches réservoirs souterraines naturelles, dans les conditions du réservoir;
– Production d'électricité : Se rapporte à la production brute qui comprend la consommation des équipements auxiliaires des centrales et les pertes au niveau des transformateurs considérés comme faisant partie intégrante de ces centrales. Elle ne comprend pas l'électricité produite à partir d'une accumulation par pompage.

70
Selected indicators of natural resources
Choix d'indicateurs concernant certaines ressources naturelles
Forest and wildlife species
Forêt et espèces sauvages

Country or area Pays ou zone	Forest / Forêt Total 10³ ha 1990	1995	% of land % de la terre 1990	1995	Total change, Change total, 1990–95 10³ ha	Annual change Change annuel 10³ ha	Wildlife species (1996) Number of extinct species Nombre d'espèces disparues	Number of threatened species Nombre d'espèces menacées
Africa · Afrique								
Algeria Algérie	1978	1861	0.8	0.8	−117	−23	1	36
Angola Angola	23385	22200	18.8	17.8	−1185	−237	0	41
Benin Bénin	4923	4625	44.5	41.8	−298	−60	0	12
Botswana Botswana	14271	13917	25.2	24.6	−354	−71	0	12
British Indian Ocean Territory Territoire britannique de	...	...	...	...	...	...	0	2
Burkina Faso Burkina Faso	4431	4271	16.2	15.6	−160	−32	0	8
Burundi Burundi	324	317	12.6	12.3	−7	−1	0	14
Cameroon Cameroun	20244	19598	43.5	42.1	−646	−129	0	80
Cape Verde Cap–Vert	16	47	4	11.7	31	6	1	8
Central African Republic Rép. centrafricaine	30571	29930	49.1	48	−641	−128	0	14
Chad Tchad	11496	11025	9.1	8.8	−471	−94	0	19
Comoros Comores	12	9	5.4	4	−3	−1	0	16
Congo Congo	19745	19537	57.8	57.2	−208	−42	0	16
Côte d'Ivoire Côte d'Ivoire	5623	5469	17.7	17.2	−154	−31	0	34
Dem. Rep. of the Congo Rép. dém. du Congo	112946	109245	49.8	48.2	−3701	−740	0	113
Djibouti Djibouti	22	22	0.9	0.9	0	0	0	8
Egypt Egypte	34	34	0	...	0	0	0	33
Equatorial Guinea Guinée équatoriale	1829	1781	65.2	63.5	−48	−10	0	21
Eritrea Erythrée	282	282	2.8	2.8	0	0	0	12
Ethiopia Ethiopie	13891	13579	13.9	13.6	−312	−62	0	60
Gabon Gabon	18314	17859	71.1	69.3	−455	−91	0	20
Gambia Gambie	95	91	9.5	9.1	−4	−1	0	6
Ghana Ghana	9608	9022	42.2	39.7	−586	−117	0	27
Guinea Guinée	6741	6367	27.4	25.9	−374	−75	0	30
Guinea–Bissau Guinée–Bissau	2361	2309	84	82.1	−52	−10	0	9
Kenya Kenya	1309	1292	2.3	2.3	−17	−3	1	107
Lesotho Lesotho	6	6	0.2	0.2	0	0	0	9
Liberia Libéria	4641	4507	48.2	46.8	−134	−27	0	30

70
Selected indicators of natural resources
Forest and wildlife species [cont.]
  Choix d'indicateurs concernant certaines ressources naturelles
  Forêt et espèces sauvages [suite]

Country or area Pays ou zone	Forest / Forêt Total 10³ ha 1990	1995	% of land % de la terre 1990	1995	Total change, Change total, 1990-95 10³ ha	Annual change Change annuel 10³ ha	Wildlife species (1996) Espèces suavages (1996) Number of extinct species Nombre d'espèces disparues	Number of threatened species Nombre d'espèces menacées
Libyan Arab Jamahiriya Jamah. arabe libyenne	400	400	0.2	0.2	0	0	0	16
Madagascar Madagascar	15756	15106	27.1	26	−650	−130	5	120
Malawi Malawi	3612	3339	38.4	35.5	−273	−55	0	24
Maldives Maldives	...	...	...	...	...	...	0	3
Mali Mali	12154	11585	10	9.5	−569	−114	0	20
Mauritania Mauritanie	556	556	0.5	0.5	0	0	0	20
Mauritius Maurice	12	12	5.9	5.9	0	0	45	52
Mayotte Mayotte	...	...	...	...	...	...	5	5
Morocco Maroc	3894	3835	8.7	8.6	−59	−12	0	39
Mozambique Mozambique	17443	16862	22.2	21.5	−581	−116	0	41
Namibia Namibie	12584	12374	15.3	15	−210	−42	1	27
Niger Niger	2562	2562	2	2	0	0	0	15
Nigeria Nigéria	14387	13780	15.8	15.1	−607	−121	0	40
Réunion Réunion	89	89	35.6	35.6	0	0	17	26
Rwanda Rwanda	252	250	10.2	10.1	−2	...	0	17
Saint Helena Sainte−Hélène	1	1	3.2	3.2	0	0	24	19
Sao Tome and Principe Sao Tomé−et−Principe	56	56	73.7	76.0	0	0	0	16
Senegal Sénégal	7629	7381	39.6	38.3	−248	−50	0	26
Seychelles Seychelles	4	4	8.9	8.9	0	0	3	22
Sierra Leone Sierra Leone	1522	1309	21.3	18.3	−213	−43	0	28
Somalia Somalie	760	754	1.2	1.2	−6	−1	0	32
South Africa Afrique du Sud	8574	8499	7	7	−75	−15	10	205
Sudan Soudan	43376	41613	18.3	17.5	−1763	−353	0	34
Swaziland Swaziland	146	146	8.5	8.5	0	0	0	11
Togo Togo	1338	1245	24.6	22.9	−93	−19	0	12
Tunisia Tunisie	570	555	3.7	3.6	−15	−3	0	24
Uganda Ouganda	6400	6104	32.1	30.6	−296	−59	0	67
United Rep. of Tanzania Rép. Unie de Tanzanie	34123	32510	38.6	36.8	−1613	−323	0	132
Zambia Zambie	32720	31398	44	42.2	−1322	−264	0	27

70
Selected indicators of natural resources
Forest and wildlife species [*cont.*]
Choix d'indicateurs concernant certaines ressources naturelles
Forêt et espèces sauvages [*suite*]

Country or area / Pays ou zone	Forest / Forêt Total 10³ ha 1990	1995	% of land / % de la terre 1990	1995	Total change, Change total, 1990-95 10³ ha	Annual change Change annuel 10³ ha	Wildlife species (1996) / Espèces suavages (1996) Number of extinct species Nombre d'espèces disparues	Number of threatened species Nombre d'espèces menacées
Zimbabwe / Zimbabwe	8960	8710	23.2	22.5	−250	−50	0	20
America, North · Amérique du Nord								
Anguilla / Anguilla	...	...	...	...	...	...	1	5
Antigua and Barbuda / Antigua−et−Barbuda	9	9	20.5	20.5	0	0	0	6
Aruba / Aruba	...	...	...	...	...	...	0	5
Bahamas / Bahamas	180	158	18	15.8	−22	−4	2	17
Barbados / Barbade	0	0	0	0	0	0	1	3
Belize / Belize	1995	1962	87.5	86.1	−33	−7	0	16
Bermuda / Bermudes	0	0	0	0	0	0	0	28
British Virgin Islands / Iles Vierges britanniques	5	4	33.3	26.7	−1	0	0	10
Canada / Canada	243698	244571	26.4	26.5	873	175	5	40
Cayman Islands / Iles Caïmanes	0	0	0	0	0	0	4	4
Costa Rica / Costa Rica	1455	1248	28.5	24.4	−207	−41	0	44
Cuba / Cuba	1960	1842	17.8	16.8	−118	−24	7	36
Dominica / Dominique	46	46	61.3	61.3	0	0	0	7
Dominican Republic / Rép. dominicaine	1714	1582	35.4	32.7	−132	−26	8	28
El Salvador / El Salvador	124	105	6	5.1	−19	−4	0	9
Greenland / Groënland	...	...	...	...	...	...	1	2
Grenada / Grenade	4	4	11.8	11.8	0	0	0	5
Guadeloupe / Guadeloupe	87	80	51.5	47.3	−7	−1	4	12
Guatemala / Guatemala	4253	3841	39.2	35.4	−412	−82	1	29
Haiti / Haïti	25	21	0.9	0.8	−4	−1	9	24
Honduras / Honduras	4626	4115	41.3	36.8	−511	−102	2	20
Jamaica / Jamaïque	254	175	23.5	16.2	−79	−16	4	28
Martinique / Martinique	40	38	37.7	35.8	−2	...	6	8
Mexico / Mexique	57927	55387	30.3	29	−2540	−508	28	247
Montserrat / Montserrat	3	3	30	30	0	0	0	6
Netherlands Antilles / Antilles néerlandaises	0	0	0	0	0	0	0	8
Nicaragua / Nicaragua	6314	5560	52	45.8	−754	−151	0	16
Panama / Panama	3118	2800	41.9	37.6	−318	−64	0	37

70
Selected indicators of natural resources
Forest and wildlife species [*cont.*]
Choix d'indicateurs concernant certaines ressources naturelles
Forêt et espèces sauvages [*suite*]

Country or area Pays ou zone	Forest / Forêt Total 10³ ha 1990	1995	% of land % de la terre 1990	1995	Total change, Change total, 1990–95 10³ ha	Annual change Change annuel 10³ ha	Wildlife species (1996) / Espèces suavages (1996) Number of extinct species Nombre d'espèces disparues	Number of threatened species Nombre d'espèces menacées
PuertoRico / Porto Rico	287	275	32.4	31	−12	−2	5	27
Saint Kitts and Nevis / Saint–Kitts–et–Nevis	11	11	30.6	30.6	0	0	0	6
Saint Lucia / Sainte–Lucie	6	5	9.8	8.2	−1	0	1	9
Saint Vincent and the Grenadines / St. Vincent–et–Grenadines	11	11	28.2	28.2	0	0	0	7
Trinidad and Tobago / Trinité–et–Tobago	174	161	33.9	31.4	−13	−3	0	9
Turks and Caicos Islands / Iles Turques et Caiques	...	...	...	...	...	...	0	7
United States / Etats–Unis	209572	212515	22.9	23.2	2943	589	180	854
US Virgin Islands / Iles Vierges américaines	0	0	0	0	0	0	1	7
America, South · Amérique du Sud								
Argentina / Argentine	34389	33942	12.6	12.4	−447	−89	2	90
Bolivia / Bolivie	51217	48310	47.2	44.6	−2907	−581	0	55
Brazil / Brésil	563911	551139	66.7	65.2	−12772	−2554	5	240
Chile / Chili	8038	7892	10.7	10.5	−146	−29	0	42
Colombia / Colombie	54299	52988	52.3	51	−1311	−262	3	119
Ecuador / Equateur	12082	11137	43.6	40.2	−945	−189	4	117
Falkland Islands (Malvinas) / Iles Falkland (Malvinas)	...	...	...	...	...	...	1	1
French Guiana / Guyane française	7994	7990	90.7	90.6	−4	−1	0	18
Guyana / Guyana	18620	18577	94.6	94.4	−43	−9	0	22
Paraguay / Paraguay	13160	11527	33.1	29	−1633	−327	1	39
Peru / Pérou	68646	67562	53.6	52.8	−1084	−217	0	122
Suriname / Suriname	14782	14721	94.8	94.4	−61	−12	0	18
Uruguay / Uruguay	816	814	4.7	4.7	−2	...	0	17
Venezuela / Venezuela	46512	43995	52.7	49.9	−2517	−503	0	66
Asia · Asie								
Afghanistan / Afghanistan	1990	1398	3.1	2.1	−592	−118	0	27
Armenia / Arménie	292	334	10.4	11.8	42	8	0	18
Azerbaijan / Azerbaïdjan	990	990	11.4	11.4	0	0	0	33
Bahrain / Bahreïn	0	0	0	0	0	0	0	2
Bangladesh / Bangladesh	1054	1010	8.1	7.8	−44	−9	0	61
Bhutan / Bhoutan	2803	2756	59.6	58.6	−47	−9	0	36
Brunei Darussalam / Brunéi Darussalam	448	434	85	82.4	−14	−3	0	29

70
Selected indicators of natural resources
Forest and wildlife species [cont.]
Choix d'indicateurs concernant certaines ressources naturelles
Forêt et espèces sauvages [suite]

Country or area / Pays ou zone	Forest / Forêt Total 10³ ha 1990	1995	% of land / % de la terre 1990	1995	Total change, Change total, 1990-95 10³ ha	Annual change Change annuel 10³ ha	Wildlife species (1996) / Espèces sauvages (1996) Number of extinct species Nombre d'espèces disparues	Number of threatened species Nombre d'espèces menacées
Cambodia / Cambodge	10649	9830	60.3	55.7	−819	−164	0	55
China †† / Chine ††	133756	133323	14.3	14.3	−433	−87	3	213
China, Hong Kong SAR † / Chine, Hong-Kong RAS †	...	...	...	...	...	...	0	16
Cyprus / Chypre	140	140	15.2	15.2	0	0	0	11
Georgia / Géorgie	2988	2988	42.9	42.9	0	0	0	34
India / Inde	64969	65005	21.9	21.9	36	7	0	193
Indonesia / Indonésie	115213	109791	63.6	60.6	−5422	−1084	5	340
Iran, Islamic Rep. of / Iran, Rép. islamique d'	1686	1544	1	0.9	−142	−28	0	54
Iraq / Iraq	83	83	0.2	0.2	0	0	1	25
Israel / Israël	102	102	4.9	4.9	0	0	3	36
Japan / Japon	25212	25146	67	66.8	−66	−13	13	132
Jordan / Jordanie	51	45	0.6	0.5	−6	−1	1	15
Kazakhstan / Kazakhstan	9540	10504	3.6	3.9	964	193	0	41
Korea, Dem.People's Rep. / Corée, R. p. dém. de	6170	6170	51.2	51.2	0	0	0	27
Korea, Republic of / Corée, République de	7691	7626	77.9	77.2	−65	−13	0	26
Kuwait / Koweït	5	5	0.3	0.3	0	0	1	6
Kyrgyzstan / Kirghizistan	730	730	3.8	3.8	0	0	0	15
Lao People's Dem. Rep. / Rép. dém. pop. lao	13177	12435	57.1	53.9	−742	−148	0	68
Lebanon / Liban	78	52	7.6	5.1	−26	−5	0	13
Malaysia / Malaisie	17472	15471	53.2	47.1	−2001	−400	0	107
Mongolia / Mongolie	9406	9406	6	6	0	0	1	29
Myanmar / Myanmar	29088	27151	44.2	41.3	−1937	−387	0	98
Nepal / Népal	5096	4822	37.3	35.2	−274	−55	0	61
Oman / Oman	0	0	0	0	0	0	0	22
Pakistan / Pakistan	2023	1748	2.6	2.3	−275	−55	0	45
Philippines / Philippines	8078	6766	27.1	22.7	−1312	−262	2	188
Qatar / Qatar	0	0	0	0	0	0	0	3
Saudi Arabia / Arabie saoudite	231	222	0.1	0.1	−9	−2	2	23
Singapore / Singapour	4	4	6.6	6.6	0	0	0	18

70
Selected indicators of natural resources
Forest and wildlife species [*cont.*]
Choix d'indicateurs concernant certaines ressources naturelles
Forêt et espèces sauvages [*suite*]

Country or area / Pays ou zone	Forest / Forêt Total 10³ ha 1990	1995	% of land / % de la terre 1990	1995	Total change, Change total, 1990–95 10³ ha	Annual change Change annuel 10³ ha	Wildlife species (1996) / Espèces suavages (1996) Number of extinct species Nombre d'espèces disparues	Number of threatened species Nombre d'espèces menacées
Sri Lanka / Sri Lanka	1897	1796	29.4	27.8	−101	−20	0	43
Syrian Arab Republic / Rép. arabe syrienne	245	219	1.3	1.2	−26	−5	1	17
Tajikistan / Tadjikistan	410	410	2.9	2.9	0	0	0	18
Thailand / Thaïlande	13277	11630	26	22.8	−1647	−329	2	110
Turkey / Turquie	8856	8856	11.5	11.5	0	0	0	70
Turkmenistan / Turkménistan	3754	3754	8	8	0	0	0	33
United Arab Emirates / Emirats arabes unis	60	60	0.7	0.7	0	0	0	10
Uzbekistan / Ouzbékistan	7989	9119	19.3	22	1130	226	0	22
VietNam / Viet Nam	9793	9117	30.1	28	−676	−135	1	101
Yemen / Yémen	9	9	0	...	0	0	1	22
Europe · Europe								
Albania / Albanie	1046	1046	38.2	38.2	0	0	0	20
Andorra / Andorre	...	...	...	...	...	...	0	2
Austria / Autriche	3877	3877	46.9	46.9	0	0	2	61
Belarus / Bélarus	7028	7372	33.9	35.5	344	69	0	14
Belgium–Luxembourg / Belgique–Luxembourg	709	709	21.6	21.6	0	0	...	...
Belgium [1] / Belgique [1]	...	...	...	...	...	...	0	23
Bosnia and Herzegovina / Bosnie–Herzégovine	2710	2710	53.1	53.1	0	0	0	25
Bulgaria / Bulgarie	3237	3240	29.3	29.3	3	1	0	41
Croatia / Croatie	1825	1825	32.6	32.6	0	0	1	43
Czech Republic / République tchèque	2629	2630	34	34	1	...	0	36
Denmark / Danemark	417	417	9.8	9.8	0	0	1	15
Estonia / Estonie	1913	2011	45.3	47.6	98	20	0	10
Faeroe Islands / Iles Féroé	...	...	...	...	...	...	0	1
Finland / Finlande	20112	20029	66	65.8	−83	−17	0	17
France / France	14230	15034	25.9	27.3	804	161	2	89
Germany † / Allemagne †	10740	10740	30.7	30.7	0	0	3	49
Gibraltar / Gibraltar	...	...	...	...	...	...	0	4
Greece / Grèce	5809	6513	45.1	50.5	704	141	0	55
Hungary / Hongrie	1675	1719	18.1	18.6	44	9	0	56

70
Selected indicators of natural resources
Forest and wildlife species [cont.]
Choix d'indicateurs concernant certaines ressources naturelles
Forêt et espèces sauvages [suite]

Country or area Pays ou zone	Forest / Forêt Total 10³ ha 1990	1995	% of land % de la terre 1990	1995	Total change, Change total, 1990–95 10³ ha	Annual change Change annuel 10³ ha	Wildlife species (1996) / Espèces suavages (1996) Number of extinct species Nombre d'espèces disparues	Number of threatened species Nombre d'espèces menacées
Iceland / Islande	11	11	0.1	0.1	0	0	1	1
Ireland / Irlande	500	570	7.3	8.3	70	14	0	6
Italy / Italie	6467	6496	22	22.1	29	6	1	75
Latvia / Lettonie	2757	2882	44.4	46.4	125	25	0	17
Liechtenstein / Liechtenstein	6	6	37.5	37.5	0	0	0	5
Lithuania / Lituanie	1920	1976	29.6	30.5	56	11	0	15
Luxembourg [1] / Luxembourg [1]	...	...	...	...	...	...	0	8
Malta / Malte	0	0	0	0	0	0	0	5
Netherlands / Pays–Bas	334	334	9.8	9.8	0	0	0	19
Norway / Norvège	7938	8073	25.9	26.3	135	27	0	16
Poland / Pologne	8672	8732	28.5	28.7	60	12	0	31
Portugal / Portugal	2755	2875	30	31.3	120	24	3	97
Republic of Moldova / Moldova, Rép. de	357	357	10.8	10.8	0	0	0	24
Romania / Roumanie	6252	6246	27.1	27.1	−6	−1	0	61
Russian Federation / Fédération de Russie	763500	763500	45.2	45.2	0	...	3	113
Slovakia / Slovaquie	1977	1989	41.1	41.4	12	2	0	39
Slovenia / Slovénie	1077	1077	53.5	53.5	0	0	0	57
Spain / Espagne	8388	8388	16.8	16.8	0	0	2	105
Sweden / Suède	24437	24425	59.4	59.3	−12	−2	0	23
Switzerland / Suisse	1130	1130	28.6	28.6	0	0	0	39
TFYR Macedonia / L'ex–R.y. Macédoine	989	988	38.9	38.9	−1	...	0	20
Ukraine / Ukraine	9213	9240	15.9	15.9	27	5	0	52
United Kingdom / Royaume–Uni	2326	2390	9.6	9.9	64	13	1	17
Yugoslavia / Yougoslavie	1769	1769	17.3	17.3	0	0	1	53
Oceania · Océanie								
American Samoa / Samoa américaines	0	0	0	0	0	0	1	10
Australia / Australie	40823	40908	5.3	5.4	85	17	35	483
Christmas Island / Iles Christmas	...	...	...	...	...	...	1	5
Cocos (Keeling) Islands / Iles des Cocos (Keeling)	...	...	...	...	...	...	0	3

70
Selected indicators of natural resources
Forest and wildlife species [*cont.*]
Choix d'indicateurs concernant certaines ressources naturelles
Forêt et espèces sauvages [*suite*]

Country or area / Pays ou zone	Forest / Forêt Total 10³ ha 1990	1995	% of land / % de la terre 1990	1995	Total change, Change total, 1990-95 10³ ha	Annual change Change annuel 10³ ha	Wildlife species (1996) / Espèces suavages (1996) Number of extinct species Nombre d'espèces disparues	Number of threatened species Nombre d'espèces menacées
Cook Islands / Iles Cook	...	...	...	...	...	...	14	8
Fiji / Fidji	853	835	46.7	45.7	-18	-4	1	22
French Polynesia / Polynésie française	0	0	0	0	0	0	71	56
Guam / Guam	0	0	0	0	0	0	4	14
Kiribati / Kiribati	0	0	0	0	0	0	0	7
Marshall Islands / Iles Marshall	...	...	...	...	...	...	0	4
Micronesia, Fed. States of / Etats fédérés de Micron	...	...	...	...	...	...	2	18
Nauru / Nauru	...	...	...	...	...	...	0	2
New Caledonia / Nouvelle-Calédonie	701	698	38.3	38.2	-3	-1	4	29
New Zealand / Nouvelle-Zélande	7667	7884	28.6	29.4	217	43	21	82
Niue Island / Nioué	6	6	23.1	23.1	0	0	0	2
Norfolk Island / Ile Norfolk	...	...	...	...	...	...	8	22
Northern Mariana Islands / Iles Mariannes du Nord	...	...	...	...	...	...	0	13
Palau / Palaos	...	...	...	...	...	...	1	11
Papua New Guinea / Papouasie-Nvl-Guinée	37605	36939	83	81.6	-666	-133	1	122
Pitcairn / Pitcairn	...	...	...	...	...	...	0	10
Samoa / Samoa	144	136	50.9	48.1	-8	-2	0	11
Solomon Islands / Iles Salomon	2412	2389	86.2	85.4	-23	-5	3	47
Tokelau / Tokélaou	...	...	...	...	...	...	0	3
Tonga / Tonga	0	0	0	0	0	0	1	6
Tuvalu / Tuvalu	...	...	...	...	...	...	0	4
Vanuatu / Vanuatu	938	900	76.9	73.8	-38	-8	0	13

Source:
Food and Agriculture Organization of the United Nations (Rome); World Conservation Monitoring Centre (Cambridge, U.K.).

Source:
Organisation des Nations Unies pour l'alimentation et l'agriculture (Rome); Centre mondial de surveillance pour la conservation (Cambridge, Royaume-Uni).

† For information on recent changes in country or area nomenclature pertaining to former Czechoslovakia, Germany, Hong Kong Special Administrative Region (SAR) of China, SFR Yugoslavia and former USSR, see Annex I – Country or area nomenclature, regional and other groupings.

†† For statistical purposes, the data for China do not include those for the Hong Kong Special Administrative Region (Hong Kong SAR) and Taiwan province of China.

1 For data on forest, see Belgium-Luxembourg.

† Pour les modifications récentes de nomenclature de pays ou de zone concernant l'Allemagne, Hong-Kong (Région administrative spéciale de Chine), l'ex-Tchécoslovaquie, l'ex-URSS et l'ex-Rfs de Yougoslavie, voir annexe I – Nomenclature des pays ou des zones, groupements régionaux et autres groupements.

†† Les données statistiques relatives à la Chine ne comprennent pas celles qui concernent la région administrative spéciale de Hong-Kong (la RAS de Hong-Kong) et la province chinoise de Taiwan.

1 Pour données sur forêt, voir Belgique-Luxembourg.

71
Selected indicators of environmental protection
Choix d'indicateurs de la protection de l'environnement

Access to safe drinking water and sanitation services; and protected area as % of land area
Accès à l'eau salubre et à des services d'assainissement; et aires protégées en pourcentage de la superfic

Country or area Pays ou zone	Year Année	Access to safe drinking water (% pop.) Accès à l'eau salubre (% pop.) Urban	Rural	Access to sanitation services (% pop.) Accès à des services d'assainissement (% pop.) Urban	Rural	Protected area as % of land area Aires protégées en pourcentage de la superficie totale 1996
Africa · Afrique						
Algeria Algérie	...	...	...	...	...	5.00
Angola Angola	1995	60.0	20.0	25.0	15.0	2.12
Benin Bénin	1993	41.0	53.0	54.0	6.0	6.90
Botswana Botswana	...	...	...	...	...	18.54
Burkina Faso Burkina Faso	1995	67.0	...	41.0	10.0	9.71
Burundi Burundi	1992	92.0	49.0	60.0	50.0	3.19
Cameroon Cameroun	...	...	...	...	...	4.31
Cape Verde Cap-Vert	1991	70.0	34.0	40.0	10.0	...
Central African Rep. Rép. centrafricaine	1995	25.0	25.0	45.0	45.0	9.77
Chad Tchad	1994	48.0	17.0	73.0	7.0	8.95
Congo Congo	...	...	...	...	...	3.44
Côte d'Ivoire Côte d'Ivoire	1994	59.0	81.0	59.0	51.0	6.18
Dem. Rep. of the Congo Rép. dém. du Congo	1995	66.0	25.0	53.0	6.0	4.23
Djibouti Djibouti	1993	77.0	100.0	77.0	100.0	0.43
Egypt Egypte	1993	82.0	50.0	20.0	5.0	0.79
Equatorial Guinea Guinée équatoriale	1994	80.0	100.0	61.0	48.0	...
Ethiopia Ethiopie	...	...	...	...	...	5.45
Gabon Gabon	...	...	...	...	...	3.90
Gambia Gambie	1993	...	...	83.0	23.0	2.15
Ghana Ghana	1995	78.0	52.0	63.0	13.0	4.63
Guinea Guinée	1994	61.0	62.0	...	...	0.67
Guinea-Bissau Guinée-Bissau	1994	38.0	57.0	32.0	17.0	...
Kenya Kenya	1993	67.0	49.0	69.0	81.0	6.01
Lesotho Lesotho	1994	14.0	64.0	1.0	7.0	0.22
Liberia Libéria	1994	58.0	8.0	38.0	2.0	1.16
Libyan Arab Jamahiriya Jamah. arabe libyenne	...	...	...	...	...	0.10
Madagascar Madagascar	1995	85.0	24.0	49.0	5.0	1.88

71
Selected indicators of environmental protection
Access to safe drinking water and sanitation services; and protected area as % of land area [cont.]
Choix d'indicateurs de la protection de l'environnement
Accès à l'eau salubre et à des services d'assainissement; et aires protégées en pourcentage de la superficie totale [suite]

Country or area Pays ou zone	Year Année	Access to safe drinking water (% pop.) Accès à l'eau salubre (% pop.) Urban	Rural	Access to sanitation services (% pop.) Accès à des services d'assainissement (% pop.) Urban	Rural	Protected area as % of land area Aires protégées en pourcentage de la superficie totale 1996
Malawi Malawi	1995	92.0	47.0	96.0	76.0	11.25
Maldives Maldives	1995	100.0	85.0	100.0	25.0	...
Mali Mali	1995	39.0	5.0	81.0	17.0	3.24
Mauritania Mauritanie	1992	84.0	69.0	...	...	1.69
Mauritius Maurice	1990	95.0	100.0	100.0	100.0	2.16
Morocco Maroc	1993	98.0	14.0	69.0	18.0	0.79
Mozambique Mozambique	1994	17.0	40.0	70.0	...	0.0
Namibia Namibie	1991	87.0	42.0	77.0	12.0	12.4
Niger Niger	1994	46.0	55.0	71.0	4.0	7.09
Nigeria Nigéria	1993	63.0	26.0	61.0	21.0	3.22
Rwanda Rwanda	...	...	...	...	...	12.42
Senegal Sénégal	1993	82.0	28.0	83.0	40.0	11.09
Seychelles Seychelles	...	...	...	...	...	93.79
Sierra Leone Sierra Leone	1994	58.0	21.0	17.0	8.0	1.13
Somalia Somalie	...	...	...	...	...	0.29
South Africa Afrique du Sud	1994	...	...	79.0	12.0	5.85
Sudan Soudan	1993	66.0	45.0	79.0	4.0	3.74
Swaziland Swaziland	1993	41.0	44.0	36.0	37.0	2.64
United Rep. Tanzania Rép. Unie de Tanzanie	1995	60.0	44.0	90.0	70.0	14.78
Togo Togo	1992	74.0	58.0	57.0	13.0	11.39
Tunisia Tunisie	1992	100.0	89.0	100.0	85.0	0.27
Uganda Ouganda	1994	47.0	32.0	55.0	55.0	8.07
Zambia Zambie	1994	64.0	27.0	40.0	10.0	8.46
Zimbabwe Zimbabwe	...	...	...	...	...	7.86
America, North · Amérique du Nord						
Antigua and Barbuda Antigua-et-Barbuda	...	...	...	...	...	13.86
Bahamas Bahamas	1995	77.0	87.0	100.0	100.0	8.97
Belize Belize	1994	96.0	82.0	23.0	87.0	14.07
Canada Canada	...	...	...	...	...	8.32
Costa Rica Costa Rica	1995	...	22.0	100.0	95.0	12.55

71
Selected indicators of environmental protection
Access to safe drinking water and sanitation services; and protected area as % of land area [*cont.*]
Choix d'indicateurs de la protection de l'environnement
Accès à l'eau salubre et à des services d'assainissement; et aires protégées en pourcentage de la superficie totale [*suite*]

Country or area Pays ou zone	Year Année	Access to safe drinking water (% pop.) Accès à l'eau salubre (% pop.) Urban	Rural	Access to sanitation services (% pop.) Accès à des services d'assainissement (% pop.) Urban	Rural	Protected area as % of land area Aires protégées en pourcentage de la superficie totale 1996
Cuba / Cuba	1995	96.0	69.0	95.0	83.0	7.80
Dominica / Dominique	...	...	...	...	...	9.15
Dominican Republic / Rép. dominicaine	1995	88.0	55.0	89.0	68.0	21.64
El Salvador / El Salvador	1995	82.0	24.0	89.0	91.0	0.24
Greenland / Groënland	...	...	...	...	...	44.95
Guatemala / Guatemala	1995	100.0	48.0	94.0	50.0	7.65
Haiti / Haïti	1995	38.0	39.0	...	16.0	0.35
Honduras / Honduras	1995	91.0	66.0	93.0	29.0	7.70
Jamaica / Jamaïque	...	...	...	...	...	0.13
Mexico / Mexique	1995	93.0	57.0	93.0	28.0	4.93
Nicaragua / Nicaragua	1995	93.0	28.0	88.0	28.0	6.10
Panama / Panama	1995	99.0	73.0	99.0	81.0	16.89
St. Kitts and Nevis / Saint-Kitts-et-Nevis	...	...	...	...	...	10.00
Saint Lucia / Sainte-Lucie	...	...	...	...	...	2.41
St. Vincent and the Grenadines / St. Vincent-Grenadines	...	...	...	...	...	21.3
Trinidad and Tobago / Trinité-et-Tobago	1995	100.0	88.0	97.0	92.0	3.07
United States / Etats-Unis	...	...	...	...	...	11.12
America, South · Amérique du Sud						
Argentina / Argentine	1995	...	24.0	100.0	2.0	1.57
Bolivia / Bolivie	1995	75.0	27.0	77.0	39.0	8.40
Brazil / Brésil	1995	80.0	28.0	74.0	42.0	3.78
Chile / Chili	1995	99.0	47.0	95.0	...	18.26
Colombia / Colombie	1995	90.0	32.0	70.0	27.0	8.22
Ecuador / Equateur	1995	84.0	10.0	70.0	26.0	24.08
Guyana / Guyana	1992	90.0	45.0	82.0	80.0	0.27
Paraguay / Paraguay	...	...	...	...	...	3.65
Peru / Pérou	1995	81.0	31.0	79.0	23.0	3.25
Suriname / Suriname	1995	100.0	70.0	95.0	36.0	4.49
Uruguay / Uruguay	...	...	...	...	...	0.17
Venezuela / Venezuela	1995	79.0	79.0	74.0	60.0	28.86

71
Selected indicators of environmental protection
Access to safe drinking water and sanitation services; and protected area as % of land area [cont.]
Choix d'indicateurs de la protection de l'environnement
Accès à l'eau salubre et à des services d'assainissement; et aires protégées en pourcentage de la superficie totale [suite]

Country or area Pays ou zone	Year Année	Access to safe drinking water (% pop.) Accès à l'eau salubre (% pop.) Urban	Rural	Access to sanitation services (% pop.) Accès à des services d'assainissement (% pop.) Urban	Rural	Protected area as % of land area Aires protégées en pourcentage de la superficie totale 1996
Asia · Asie						
Afghanistan / Afghanistan	1994	39.0	5.0	38.0	1.0	0.33
Armenia / Arménie	...	...	...	...	...	7.18
Azerbaijan / Azerbaïdjan	...	...	...	...	...	2.20
Bangladesh / Bangladesh	1995	54.0	...	79.0	44.0	0.67
Bhutan / Bhoutan	1994	75.0	54.0	66.0	18.0	20.72
Brunei Darussalam / Brunéi Darussalam	...	...	...	...	...	19.97
Cambodia / Cambodge	...	...	...	...	...	16.56
China †† / Chine ††	1993	93.0	89.0	58.0	7.0	6.05
China, Hong Kong SAR † / Chine, Hong-Kong RAS †	1995	98.0	90.0	100.0	20.0	...
Cyprus / Chypre	...	...	...	...	...	8.14
Georgia / Géorgie	...	...	...	...	...	2.68
India / Inde	1994	85.0	79.0	70.0	14.0	4.53
Indonesia / Indonésie	1995	...	...	17.0	8.0	9.67
Iran, Islamic Rep. of / Iran, Rép. islamique d'	1992	89.0	77.0	89.0	37.0	5.04
Israel / Israël	...	...	...	...	...	14.82
Japan / Japon	...	...	...	...	...	7.46
Jordan / Jordanie	...	...	...	...	...	3.02
Kazakhstan / Kazakhstan	...	...	...	...	...	0.33
Korea, Dem.People's Rep. / Corée, R. p. dém. de	...	...	...	...	...	0.47
Korea, Republic of / Corée, République de	...	...	...	...	...	7.05
Kuwait / Koweït	...	...	...	...	...	1.11
Kyrgyzstan / Kirghizistan	...	...	...	...	...	1.43
Lao People's Dem. Rep. / Rép. dém. pop. lao	1995	67.0	51.0	...	16.0	10.30
Lebanon / Liban	...	...	...	...	...	0.34
Malaysia / Malaisie	...	...	...	...	...	4.46
Mongolia / Mongolie	1995	54.0	48.0	48.0	25.0	3.94
Myanmar / Myanmar	1993	36.0	39.0	42.0	40.0	0.26
Nepal / Népal	1991	66.0	41.0	51.0	16.0	7.84
Oman / Oman	...	...	...	...	...	13.74

71
Selected indicators of environmental protection
Access to safe drinking water and sanitation services; and protected area as % of land area [cont.]
Choix d'indicateurs de la protection de l'environnement
Accès à l'eau salubre et à des services d'assainissement; et aires protégées en pourcentage de la superficie totale [suite]

Country or area / Pays ou zone	Year / Année	Access to safe drinking water (% pop.) Urban	Access to safe drinking water (% pop.) Rural	Access to sanitation services (% pop.) Urban	Access to sanitation services (% pop.) Rural	Protected area as % of land area 1996
Pakistan / Pakistan	1994	77.0	52.0	53.0	19.0	4.63
Philippines / Philippines	1992	93.0	77.0	87.0	67.0	2.02
Qatar / Qatar	...	...	...	...	...	0.14
Saudi Arabia / Arabie saoudite	...	...	...	...	...	2.58
Singapore / Singapour	1995	100.0	...	100.0	...	4.54
Sri Lanka / Sri Lanka	1995	100.0	50.0	100.0	56.0	12.13
Tajikistan / Tadjikistan	...	...	...	...	...	0.60
Thailand / Thaïlande	1995	...	92.0	...	96.0	13.66
Turkey / Turquie	...	...	...	...	...	1.05
Turkmenistan / Turkménistan	...	...	...	...	...	2.28
Uzbekistan / Ouzbékistan	...	...	...	...	...	0.55
Viet Nam / Viet Nam	1994	53.0	32.0	43.0	15.0	4.03
Europe · Europe						
Albania / Albanie	...	...	...	...	...	1.18
Austria / Autriche	...	...	...	...	...	23.92
Belarus / Bélarus	...	...	...	...	...	1.17
Belgium / Belgique	...	...	...	...	...	2.53
Bosnia and Herzegovina / Bosnie–Herzégovine	...	...	...	...	...	0.49
Bulgaria / Bulgarie	...	...	...	...	...	3.34
Croatia / Croatie	...	...	...	...	...	6.82
Czech Republic / République tchèque	...	...	...	...	...	13.53
Denmark / Danemark	...	...	...	...	...	32.24
Estonia / Estonie	...	...	...	...	...	9.76
Finland / Finlande	...	...	...	...	...	8.10
France / France	...	...	...	...	...	10.3
F. R. Germany / R. f. Allemagne	...	...	...	...	...	25.77
Greece / Grèce	...	...	...	...	...	1.69
Hungary / Hongrie	...	...	...	...	...	6.17
Iceland / Islande	...	...	...	...	...	8.91
Ireland / Irlande	...	...	...	...	...	0.68

71
Selected indicators of environmental protection
Access to safe drinking water and sanitation services; and protected area as % of land area [*cont.*]
Choix d'indicateurs de la protection de l'environnement
Accès à l'eau salubre et à des services d'assainissement; et aires protégées en pourcentage de la superficie totale [*suite*]

Country or area Pays ou zone	Year Année	Access to safe drinking water (% pop.) Accès à l'eau salubre (% pop.) Urban	Rural	Access to sanitation services (% pop.) Accès à des services d'assainissement (% pop.) Urban	Rural	Protected area as % of land area Aires protégées en pourcentage de la superficie totale 1996
Italy / Italie	...	...	...	...	...	7.55
Latvia / Lettonie	...	...	...	...	...	12.16
Liechtenstein / Liechtenstein	...	...	...	...	...	37.50
Lithuania / Lituanie	...	...	...	...	...	9.73
Luxembourg / Luxembourg	...	...	...	...	...	13.93
Netherlands / Pays-Bas	...	...	...	...	...	9.44
Norway / Norvège	...	...	...	...	...	17.09
Poland / Pologne	...	...	...	...	...	9.80
Portugal / Portugal	...	...	...	...	...	6.31
Republic of Moldova / Moldova, Rép. de	...	...	...	...	...	0.18
Romania / Roumanie	...	...	...	...	...	4.57
Russian Federation / Fédération de Russie	...	...	...	...	...	3.84
Slovakia / Slovaquie	...	...	...	...	...	72.36
Slovenia / Slovénie	...	...	...	...	...	5.34
Spain / Espagne	...	...	...	...	...	8.41
Sweden / Suède	...	...	...	...	...	6.78
Switzerland / Suisse	...	...	...	...	...	17.7
TFYR Macedonia / L'ex-R.y. Macédoine	...	...	...	...	...	8.42
Ukraine / Ukraine	...	...	...	...	...	0.87
United Kingdom / Royaume-Uni	...	...	...	...	...	20.94
Yugoslavia / Yougoslavie	...	...	...	...	...	3.40
Oceania · Océanie						
American Samoa / Samoa américaines	1995	100.0	...	100.0	100.0	...
Australia / Australie	...	...	...	...	...	12.18
Cook Islands / Iles Cook	1995	100.0	100.0	100.0	100.0	...
Fiji / Fidji	1993	100.0	100.0	100.0	85.0	1.03
Kiribati / Kiribati	1993	100.0	100.0	100.0	100.0	38.93
Micronesia, Federated States of / Etats fédérés de Micron	1993	100.0	100.0	100.0	100.0	...
New Zealand / Nouvelle-Zélande	1995	100.0	80.0	100.0	88.0	23.19
Northern Mariana Islands / Iles Mariannes du Nord	...	...	...	...	...	3.23

71
Selected indicators of environmental protection
Access to safe drinking water and sanitation services; and protected area as % of land area [*cont.*]
Choix d'indicateurs de la protection de l'environnement
Accès à l'eau salubre et à des services d'assainissement; et aires protégées en pourcentage de la superficie totale [*suite*]

Country or area / Pays ou zone	Year / Année	Access to safe drinking water (% pop.) / Accès à l'eau salubre (% pop.) Urban	Rural	Access to sanitation services (% pop.) / Accès à des services d'assainissement (% pop.) Urban	Rural	Protected area as % of land area / Aires protégées en pourcentage de la superficie totale 1996
Palau / Palaos	1995	100.0	94.0	95.0	100.0	2.44
Papua New Guinea / Papouasie–Nvl–Guinée	1993	84.0	17.0	82.0	11.0	0.18
Samoa / Samoa	...	...	...	...	...	3.55
Tonga / Tonga	1993	100.0	100.0	100.0	100.0	...
Tuvalu / Tuvalu	1993	100.0	95.0	90.0	85.0	...

Source:
World Health Organization (Geneva); World Conservation Monitoring Centre (Cambridge, U.K.).

Source:
Organisation mondiale de la santé (Genève); Centre mondial de surveillance pour la conservation (Cambridge, Royaume–Uni).

† For information on recent changes in country or area nomenclature pertaining to former Czechoslovakia, Germany, Hong Kong Special Administrative Region (SAR) of China, SFR Yugoslavia and former USSR, see Annex I – Country or area nomenclature, regional and other groupings.

†† For statistical purposes, the data for China do not include those for the Hong Kong Special Administrative Region (Hong Kong SAR) and Taiwan province of China.

† Pour les modifications récentes de nomenclature de pays ou de zone concernant l'Allemagne, Hong–Kong (Région administrative spéciale de Chine), l'ex–Tchécoslovaquie, l'ex–URSS et l'ex–Rfs de Yougoslavie, voir annexe I – Nomenclature des pays ou des zones, groupements régionaux et autres groupements.

†† Les données statistiques relatives à la Chine ne comprennent pas celles qui concernent la région administrative spéciale de Hong–Kong (la RAS de Hong–Kong) et la province chinoise de Taiwan.

72 CO₂ emission estimates
Estimations des émissions de CO₂

From fossil fuel combustion, cement production and gas flared (thousand metric tons of carbon)
Dues à la combustion de combustibles fossiles, à la production de ciment et au gaz brûlés à la torche
(milliers tonnes métriques de carbon)

Country or area Pays ou zone	1985	1986	1987	1988	1989	1990	1991	1992	1993	1994
Africa · Afrique										
Algeria / Algérie	19330	20575	22409	22334	21270	21283	21677	22179	23266	23100
Angola / Angola	1276	1263	907	1388	1355	1269	1206	1140	1224	1366
Benin / Bénin	161	145	145	136	146	153	156	164	166	177
Botswana / Botswana	320	366	424	446	490	601	603	668	659	668
Burkina Faso / Burkina Faso	122	123	132	141	214	274	245	249	253	260
Burundi / Burundi	41	42	43	40	50	50	56	50	54	58
Cameroon / Cameroun	1725	520	480	576	322	607	982	944	937	937
Cape Verde / Cap-Vert	23	16	21	19	21	23	23	29	29	32
Central African Rep. / Rép. centrafricaine	44	44	93	70	84	51	54	57	59	64
Chad / Tchad	49	50	54	17	28	38	16	19	23	26
Comoros / Comores	13	12	13	14	14	18	18	18	18	18
Congo / Congo	127	508	505	525	139	558	468	480	526	493
Côte d'Ivoire / Côte d'Ivoire	2033	2764	1522	2469	2266	2690	2730	2788	2817	2812
Dem. Rep. of the Congo / Rép. dém. du Congo	973	906	1044	1067	1042	1108	1028	927	947	967
Djibouti / Djibouti	90	90	95	100	97	96	95	100	103	100
Egypt / Egypte	17322	19391	19753	20318	19198	20180	20761	21588	23780	24651
Equatorial Guinea / Guinée équatoriale	18	22	26	28	31	32	33	33	33	34
Ethiopia / Ethiopie	488	594	701	707	766	801	788	706	817	1555
Gabon / Gabon	1724	1385	1412	1071	2625	1587	1536	1553	1552	2086
Gambia / Gambie	47	44	49	50	49	52	54	54	57	57
Ghana / Ghana	885	798	847	859	859	938	942	1001	1070	1113
Guinea / Guinée	265	263	260	268	270	272	277	277	287	287
Guinea-Bissau / Guinée-Bissau	39	40	39	44	48	54	54	55	62	62
Kenya / Kenya	1029	1136	1412	1307	1417	1590	1313	1491	1715	1787
Liberia / Libéria	195	198	207	220	177	127	76	76	86	85
Libyan Arab Jamahiriya / Jamah. arabe libyenne	8028	8817	8466	9578	10614	7465	12374	12187	12503	10843
Madagascar / Madagascar	287	394	358	297	278	264	276	274	279	295
Malawi / Malawi	150	144	145	143	148	163	176	176	186	196
Maldives / Maldives	18	22	22	21	23	24	29	24	32	29
Mali / Mali	111	104	98	106	114	115	118	121	125	125
Mauritania / Mauritanie	174	125	885	872	768	718	740	787	795	885

72

CO₂ emission estimates
From fossil fuel combustion, cement production and gas flared (thousand metric tons of carbon) [*cont.*]

Estimations des émissions de CO₂
Dues à la combustion de combustibles fossiles, à la production de ciment et au gaz brûlés à la torche
(milliers tonnes métriques de carbon) [*suite*]

Country or area Pays ou zone	1985	1986	1987	1988	1989	1990	1991	1992	1993	1994
Mauritius Maurice	193	225	250	233	268	292	353	383	419	370
Morocco Maroc	4880	5111	5463	5793	6248	6448	6927	6766	7604	8376
Mozambique Mozambique	314	268	269	277	285	273	281	272	269	257
Niger Niger	273	248	275	271	285	288	290	296	301	302
Nigeria Nigéria	19062	20046	16183	19294	21532	26879	23344	30003	30555	29792
Réunion Réunion	222	239	263	311	320	334	406	399	421	421
Rwanda Rwanda	117	114	125	147	147	144	130	133	139	118
Saint Helena Sainte–Hélène	1	1	1	2	2	2	2	2	2	2
Sao Tome and Principe Sao Tomé–et–Principe	15	16	16	18	18	18	19	20	20	20
Senegal Sénégal	665	525	646	658	810	785	829	839	837	838
Seychelles Seychelles	41	44	69	49	59	30	39	41	41	46
Sierra Leone Sierra Leone	172	174	123	111	88	91	114	116	184	189
Somalia Somalie	228	244	233	235	221	5	1	3	7	9
South Africa Afrique du Sud	76446	77146	78189	82080	81762	80211	82163	80610	85329	85488
Sudan Soudan	1003	951	994	1020	896	935	925	937	931	946
Swaziland Swaziland	122	126	121	121	121	117	90	73	37	133
Togo Togo	130	169	179	186	186	188	201	190	194	194
Tunisia Tunisie	3255	3290	3204	3400	3622	207	1399	821	221	323
Uganda Ouganda	161	188	199	232	222	231	255	260	261	261
United Rep. Tanzania Rép. Unie de Tanzanie	641	626	647	619	595	617	634	614	616	620
Western Sahara Sahara occidental	47	49	50	49	51	54	54	54	53	53
Zambia Zambie	755	793	741	861	713	670	662	673	684	672
Zimbabwe Zimbabwe	2824	3614	4197	4435	4457	4189	4483	4995	4684	5108
America, North · Amérique du Nord										
Antigua and Barbuda Antigua–et–Barbuda	68	68	75	78	78	82	79	79	83	85
Aruba Aruba	...	46	121	157	137	471	495	435	456	460
Bahamas Bahamas	412	386	172	355	459	373	410	555	517	472
Barbados Barbade	230	258	263	261	273	319	320	260	320	269
Belize Belize	52	56	62	68	82	69	50	72	72	68
Bermuda Bermudes	121	113	155	174	212	161	134	109	126	125
British Virgin Islands Iles Vierges britanniques	10	11	12	13	13	13	13	14	14	14
Canada Canada	107111	103664	107413	114484	118506	111399	110626	116074	115447	121712

72

CO$_2$ emission estimates
From fossil fuel combustion, cement production and gas flared (thousand metric tons of carbon) [cont.]

Estimations des émissions de CO$_2$
Dues à la combustion de combustibles fossiles, à la production de ciment et au gaz brûlés à la torche
(milliers tonnes métriques de carbon) [suite]

Country or area Pays ou zone	1985	1986	1987	1988	1989	1990	1991	1992	1993	1994
Cayman Islands Iles Caïmanes	52	55	59	61	70	68	74	75	76	77
Costa Rica Costa Rica	618	741	783	809	824	746	929	1012	1038	1349
Cuba Cuba	8684	9456	8960	9678	9631	8686	7663	7527	7472	7673
Dominica Dominique	13	13	13	15	16	16	16	16	17	19
Dominican Republic Rép. dominicaine	1973	2222	2690	2673	2830	2565	2789	3077	3016	3093
El Salvador El Salvador	545	520	668	693	726	729	874	934	1105	1256
Greenland Groënland	137	87	63	147	128	151	149	131	136	137
Grenada Grenade	18	22	24	29	30	33	35	36	38	44
Guadeloupe Guadeloupe	243	259	275	306	321	350	368	385	393	405
Guatemala Guatemala	960	1052	1090	1125	1156	1394	1373	1635	1609	1897
Haiti Haïti	257	230	249	276	287	280	286	231	178	146
Honduras Honduras	520	489	585	689	745	710	718	839	764	883
Jamaica Jamaïque	1367	1115	1350	1177	1776	2175	2227	2201	2232	2369
Martinique Martinique	329	418	411	466	412	491	493	512	508	556
Mexico Mexique	76601	74824	78620	78187	80547	85589	88803	92463	91829	97694
Montserrat Montserrat	7	8	8	9	9	9	9	10	10	10
Netherlands Antilles Antilles néerlandaises	1525[1]	1474	1489	882	270	484	1289	699	1634	1685
Nicaragua Nicaragua	542	570	710	654	372	717	531	682	639	529
Panama Panama	717	732	919	789	684	805	886	993	1035	1389
Puerto Rico Porto Rico	3675	4416	5416	4172	3304	3214	2681	3222	3588	4686
Saint Lucia Sainte−Lucie	34	35	39	44	44	44	44	46	47	51
St. Kitts and Nevis Saint−Kitts−et−Nevis	14	16	15	18	18	18	20	20	23	27
St. Pierre and Miquelon Saint−Pierre−et−Miquelon	9	13	14	18	28	25	28	26	20	19
St. Vincent and the Grenadines St. Vincent−Grenadines	18	18	21	18	21	22	21	23	28	33
Trinidad and Tobago Trinité−et−Tobago	5635	4959	5239	4410	4291	4556	5381	5553	4981	4607
Turks and Caicos Islands Iles Turques et Caiques	0	0	0	0	0	0	0	0	0	0
US Virgin Islands Iles Vierges américaines	1490	1371	1576	1480	2135	1950	2255	2183	3142	3421
United States Etats−Unis	1202453	1224096	1268062	1340168	1360885	1293219	1310386	1333718	1361342	1387256
America, South · Amérique du Sud										
Argentina Argentine	26649	27626	30429	32491	31250	30066	31484	32017	34003	35077
Bolivia Bolivie	1125	1030	1098	1184	1390	1477	1530	1814	2305	2454
Brazil Brésil	47675	52245	55283	54496	57057	53974	58891	60032	58164	64417

72
CO₂ emission estimates
From fossil fuel combustion, cement production and gas flared (thousand metric tons of carbon) [cont.]

Estimations des émissions de CO₂
Dues à la combustion de combustibles fossiles, à la production de ciment et au gaz brûlés à la torche (milliers tonnes métriques de carbon) [suite]

Country or area Pays ou zone	1985	1986	1987	1988	1989	1990	1991	1992	1993	1994
Chile Chili	6141	6105	6399	7653	9165	9626	8658	9804	9912	11319
Colombia Colombie	13232	13513	14339	14695	14477	15130	14247	15530	18470	18062
Ecuador Equateur	5236	4083	4049	4581	5482	4564	4474	6289	6981	3960
Falkland Islands (Malvinas) Iles Falkland (Malvinas)	8	9	9	11	11	10	10	10	10	10
French Guiana Guyane française	99	98	111	138	180	220	226	238	236	236
Guyana Guyana	383	282	361	375	324	309	304	285	286	287
Paraguay Paraguay	428	467	485	646	599	606	635	743	847	859
Peru Pérou	5107	5753	7021	6757	5729	5413	5386	5791	5443	5672
Suriname Suriname	435	482	480	503	506	494	568	571	575	578
Uruguay Uruguay	889	576	996	1302	1380	1145	1164	1382	1168	1140
Venezuela Venezuela	26457	27918	28816	29924	28386	30378	33282	33595	40572	49577
Asia · Asie										
Afghanistan Afghanistan	948	834	829	758	733	707	658	369	356	342
Armenia Arménie	...	...	...	...	...	...	...	1021	885	951
Azerbaijan Azerbaïdjan	...	...	...	...	...	...	...	14554	13654	12694
Bahrain Bahreïn	2616	2827	2959	3118	3165	3243	2999	2752	4350	3933
Bangladesh Bangladesh	2768	3101	3209	3661	3603	4319	4376	4436	4753	5043
Bhutan Bhoutan	17	15	28	30	17	35	35	36	37	41
Brunei Darussalam Brunéi Darussalam	704	623	902	1409	1531	2087	2380	2534	2550	2588
Cambodia Cambodge	114	118	119	123	123	123	126	130	130	133
China †† Chine ††	536666	564391	602467	646047	640422	638355	688651	728213	755883	828436
China, Hong Kong SAR † Chine, Hong-Kong RAS †	6092	6793	7494	7823	7578	7108	7486	8583	9718	7930
Cyprus Chypre	846	967	1125	1126	1184	1269	1170	1325	1286	1433
Georgia Géorgie	...	...	...	...	...	...	...	4170	2287	1931
India Inde	134286	144167	152739	164699	178589	185795	194631	209711	220292	236448
Indonesia Indonésie	33560	35176	34289	34327	32938	58206	55926	62413	65533	66964
Iraq Iraq	10959	12031	13335	17350	17394	10096	13792	15949	18863	25268
Iran, Islamic Rep. of Iran, Rép. islamique d'	40301	37475	40009	44535	48829	51269	55905	64546	61787	69573
Israel Israël	7464	7610	7864	8501	9001	9909	9999	10285	12069	12468
Japan Japon	245740	245520	243304	267402	268972	288063	293374	298362	290023	303267
Jordan Jordanie	2309	2530	2639	2544	2520	2697	2848	3164	2704	3135
Kazakhstan Kazakhstan	...	...	...	...	...	...	...	79239	73118	66547

72

CO$_2$ emission estimates
From fossil fuel combustion, cement production and gas flared (thousand metric tons of carbon) [cont.]

Estimations des émissions de CO$_2$
Dues à la combustion de combustibles fossiles, à la production de ciment et au gaz brûlés à la torche (milliers tonnes métriques de carbon) [suite]

Country or area Pays ou zone	1985	1986	1987	1988	1989	1990	1991	1992	1993	1994
Korea, Dem.People's Rep. Corée, R. p. dém. de	43429	47197	52854	60535	64233	67072	68797	69956	71758	71079
Korea, Republic of Corée, République de	46371	47059	49488	55706	59403	66391	73408	78716	83458	91853
Kuwait [2] Koweït [2]	7952	9630	8583	8570	9384	12281	4415	5696	8678	11526
Kyrgyzstan Kirghizistan	...	...	...	...	...	...	...	3006	2479	2024
Lao People's Dem. Rep. Rép. dém. pop. lao	54	56	56	56	63	63	69	74	74	80
Lebanon Liban	2197	2116	2172	2088	2196	2482	2591	3029	2908	3143
Macau Macao	198	239	263	262	280	275	310	296	320	339
Malaysia Malaisie	9820	10798	10997	11491	13176	14999	18746	21322	24578	26339
Mongolia Mongolie	2389	2573	2808	3068	2801	2744	2658	2540	2483	2535
Myanmar Myanmar	1663	1731	1241	1124	1233	1115	1115	1458	1569	1797
Nepal Népal	186	192	238	272	266	187	287	372	380	413
Oman Oman	2454	2719	2683	3026	3001	3438	3419	3784	3954	5193
Pakistan Pakistan	12859	13489	14586	15865	16589	18555	18556	20123	21248	23105
Philippines Philippines	8043	8277	9084	10806	11311	11806	12761	13402	12727	13429
Qatar Qatar	3319	3563	3081	3194	2729	4157	4790	6900	7823	7819
Saudi Arabia [2] Arabie saoudite [2]	41518	49303	42708	43544	43166	45060	49721	54148	52153	61804
Singapore Singapour	8267	8900	8179	9042	9882	10945	11857	12982	13847	21699
Sri Lanka Sri Lanka	1076	1008	1110	949	937	1027	1161	1418	1402	1538
Syrian Arab Republic Rép. arabe syrienne	7179	7777	9105	9339	8781	9669	10807	10652	12317	12619
Tajikistan Tadjikistan	...	...	...	...	...	...	...	5286	3686	759
Thailand Thaïlande	13258	13507	15470	18211	21263	25971	28638	31189	35405	39535
Turkey Turquie	30713	34344	36587	32129	37089	40008	40571	39506	43412	44752
Turkmenistan Turkménistan	...	...	...	...	...	...	...	11146	10152	7852
United Arab Emirates Emirats arabes unis	11243	12088	13683	14048	16276	15575	16817	16222	17198	17423
Uzbekistan Ouzbékistan	...	...	...	...	...	...	...	27466	28601	28550
Viet Nam Viet Nam	5810	6331	7123	6376	4770	6373	5696	6285	6872	8086
Yemen Yémen	...	...	...	...	...	...	2539	3742	3763	2945
former Dem. Yemen l'ex−Yémen dém.	1500	1395	1453	1690	1772	1590	...	...	...	...
former Yemen Arab Rep. l'ex−Yémen rép. arabe	861	860	916	928	954	1031	...	...	...	...
Europe · Europe										
Albania Albanie	2036	2105	1933	1889	2186	2125	1224	612	528	446
Austria Autriche	14715	14613	14746	14228	14572	15419	16149	14811	15093	15586

72

CO$_2$ emission estimates
From fossil fuel combustion, cement production and gas flared (thousand metric tons of carbon) [cont.]

Estimations des émissions de CO$_2$
Dues à la combustion de combustibles fossiles, à la production de ciment et au gaz brûlés à la torche (milliers tonnes métriques de carbon) [suite]

Country or area Pays ou zone	1985	1986	1987	1988	1989	1990	1991	1992	1993	1994
Belarus Bélarus	...	...	...	...	...	...	...	25675	21551	18164
Belgium Belgique	27254	25851	26449	24020	25278	26888	28005	27327	27515	27974
Bosnia and Herzegovina Bosnie–Herzégovine	...	...	...	...	...	...	...	486	401	642
Bulgaria Bulgarie	23708	24197	24216	23043	22940	21154	15959	14374	18192	14408
Croatia Croatie	...	...	...	...	...	...	...	4259	4327	3706
former Czechoslovakia † l'ex–Tchécoslovaquie †	65119	65677	65003	63367	62129	57569	52226	...	...	...
Czech Republic République tchèque	...	...	...	...	...	...	...	35569	32213	31105
Denmark Danemark	17338	16668	16708	15068	13160	14068	18074	14238	17012	17007
Estonia Estonie	...	...	...	...	...	...	...	5661	4945	4736
Faeroe Islands Iles Féroé	141	134	136	145	158	168	157	176	157	159
Finland Finlande	12993	15028	14753	13900	14207	14502	14696	13772	13206	14571
France [3] France [3]	103279	99110	95516	86933	96093	96648	99994	95190	93918	88196
Germany † Allemagne †	...	...	...	...	...	...	239475	227379	230330	219612
Federal Rep. of Germany R. f. Allemagne	185226	183676	180165	182940	178721	184750				
former German Dem. Rep. l'ex–R. d. allemande	90216	90733	91153	87696	88388	81495	...	...	...	...
Gibraltar Gibraltar	4	5	7	10	10	16	9	32	9	55
Greece Grèce	16322	15901	16986	17745	19850	19715	18231	19035	20074	20804
Hungary Hongrie	21946	21075	21199	19893	19273	17985	17692	16223	15081	14646
Iceland Islande	446	486	497	545	515	552	499	453	560	549
Ireland Irlande	6969	8325	8623	8693	7787	8137	8865	8545	8708	9001
Italy [4] Italie [4]	97686	95714	97730	102196	107507	107858	111413	110972	108687	106947
Latvia Lettonie	...	...	...	...	...	...	...	3451	3387	2987
Lithuania Lituanie	...	...	...	...	...	...	...	5976	4949	4277
Luxembourg Luxembourg	2391	2356	2277	2371	2541	2636	2851	2902	2887	2765
Malta Malte	324	358	366	421	457	455	454	455	464	455
Netherlands Pays–Bas	35014	32877	33747	32597	37532	38011	37678	37251	37313	36900
Norway Norvège	25328	27382	27438	12726	10831	14289	16024	15942	10090	11712
Poland Pologne	122428	124377	127773	122212	116090	94241	93293	92258	97532	92416
Portugal Portugal	8372	8054	8734	8945	10926	11345	11559	12793	12427	12723
Republic of Moldova Moldova, Rép. de	...	...	...	...	...	...	...	6107	4478	3676
Romania Roumanie	51537	53578	56294	56333	56929	41770	37740	32280	33176	31458
Russian Federation Fédération de Russie	...	...	...	...	...	...	...	526592	513980	440979

72

CO₂ emission estimates
From fossil fuel combustion, cement production and gas flared (thousand metric tons of carbon) [*cont.*]

Estimations des émissions de CO₂
Dues à la combustion de combustibles fossiles, à la production de ciment et au gaz brûlés à la torche
(milliers tonnes métriques de carbon) [*suite*]

Country or area Pays ou zone	1985	1986	1987	1988	1989	1990	1991	1992	1993	1994
Slovakia Slovaquie	...	...	...	...	...	...	...	11703	10709	9977
Slovenia Slovénie	...	...	...	...	...	...	...	2803	2984	2505
Spain Espagne	51783	48276	48236	50414	56455	57990	60771	60913	56581	59371
Sweden Suède	16446	15509	16349	16209	15849	13379	14403	15275	13093	13668
Switzerland Suisse	10845	11192	11246	11141	10602	11815	11206	12053	11783	11201
TFYR Macedonia L'ex−R.y. Macédoine	...	...	...	...	...	...	...	2999	2732	2776
Ukraine Ukraine	...	...	...	...	...	...	...	166442	141203	111644
United Kingdom Royaume−Uni	153283	155484	156993	155367	158114	155476	155011	153395	150306	149741
Yugoslavia Yougoslavie	...	...	...	...	...	...	...	9769	8302	8185
Yugoslavia, SFR † Yougoslavie, Rfs †	33053	34415	34022	35392	35204	35131	23805	...	...	...
Oceania · Océanie										
American Samoa Samoa américaines	59	59	55	69	69	78	78	82	81	77
Australia Australie	60861	60769	64492	65660	69615	69112	70049	70870	75125	75912
Cook Islands Iles Cook	6	6	6	6	6	6	6	6	6	6
Fiji Fidji	158	164	129	150	174	226	199	194	194	196
French Polynesia Polynésie française	157	164	162	152	160	167	168	170	171	149
Guam Guam	342	359	380	392	396	409	409	409	404	400
Kiribati Kiribati	6	5	6	6	6	6	6	6	6	6
Nauru Nauru	34	34	34	34	34	36	36	37	37	37
New Caledonia Nouvelle−Calédonie	396	382	389	421	461	441	486	482	482	468
New Zealand Nouvelle−Zélande	5901	6444	6593	6730	7030	6575	6911	7333	6930	7360
Niue Nioué	1	1	1	1	1	1	1	1	1	1
Palau Palaos	43	43	43	49	61	64	64	64	63	63
Papua New Guinea Papouasie−Nvl−Guinée	580	558	633	600	614	663	656	656	655	645
Samoa Samoa	31	31	31	31	33	34	34	35	35	33
Solomon Islands Iles Salomon	41	42	44	42	44	44	44	44	43	42
Tonga Tonga	13	13	15	19	19	21	25	24	28	28
Vanuatu Vanuatu	33	16	12	17	16	18	18	17	17	17
Wake Island Ile de Wake	22	22	22	22	22	22	19	21	18	17

72

CO₂ emission estimates
From fossil fuel combustion, cement production and gas flared (thousand metric tons of carbon) [cont.]

Estimations des émissions de CO₂
Dues à la combustion de combustibles fossiles, à la production de ciment et au gaz brûlés à la torche (milliers tonnes métriques de carbon) [suite]

Country or area Pays ou zone	1985	1986	1987	1988	1989	1990	1991	1992	1993	1994
former USSR † l'ex–URSS †	1033379	1033768	1077352	1109178	1082160	1012935	977396	...	...	...

Source:
Carbon Dioxide Information Analysis Center (Oak Ridge, Tennessee).

Source:
Carbon Dioxide Information Analysis Center (Oak Ridge, Tennessee).

† For information on recent changes in country or area nomenclature pertaining to former Czechoslovakia, Germany, Hong Kong Special Administrative Region (SAR) of China, SFR Yugoslavia and former USSR, see Annex I – Country or area nomenclature, regional and other groupings.

†† For statistical purposes, the data for China do not include those for the Hong Kong Special Administrative Region (Hong Kong SAR) and Taiwan province of China.

1 Including Aruba.
2 Part Neutral Zone.
3 Including Monaco.
4 Including San Marino.

† Pour les modifications récentes de nomenclature de pays ou de zone concernant l'Allemagne, Hong–Kong (Région administrative spéciale de Chine), l'ex–Tchécoslovaquie, l'ex–URSS et l'ex–Rfs de Yougoslavie, voir annexe I – Nomenclature des pays ou des zones, groupements régionaux et autres groupements.

†† Les données statistiques relatives à la Chine ne comprennent pas celles qui concernent la région administrative spéciale de Hong–Kong (la RAS de Hong–Kong) et la province chinoise de Taiwan.

1 Y compris l'Aruba.
2 Part Zone Neutrel.
3 Y compris Monaco.
4 Y compris Saint–Marin.

Technical notes, tables 70-72

Table 70: The Food and Agriculture Organization of the United Nations (FAO) undertakes periodic assessments of the world's forest resources. The data in the table are published in *State of the World's Forest* [7].

For the developed countries forest land is that with tree crown cover (stand density) of more than 20% of the area. Continuous forest with trees usually growing more than 7 m in height and able to produce wood. This includes both closed and open forest formulations.

For the developing countries forests are ecological systems with a minimum crown coverage of land surface (here assumed as 10%) and generally associated with wild flora, fauna and natural soil conditions and not subject to agronomic practices. Only forest areas more than a minimum area of 100 ha are considered. Forests are further subdivided into natural forests and plantation forests. Other wooded land includes the following two categories: (i) forest fallow which refers to all complexes of woody vegetation deriving from the clearing of natural forest for shifting agriculture; and (ii) shrubs which refer to vegetation types where the dominant woody elements are shrubs with more than 50 cm and less that 5 metres height on maturity.

When available, annual change data from 1990 to 1995 are shown for the total of forest and other wooded land.

Data on the numbers of threatened and extinct species are compiled by the World Conservation Monitoring Centre (WCMC) from the *1996 IUCN Red List of Threatened Animals* [31]. This list provides a catalogue of those animal species - mammals, birds, reptiles, amphibians, fishes and invertebrates - that are considered to be globally threatened. The 1996 Red List uses the World Conservation Union (IUCN) categories and criteria approved by the IUCN Council in 1994. Each species is assigned an IUCN status category which is determined by a review of the factors affecting it and the effect that these factors are having throughout its range. Species considered threatened are comprised of three sub-categories, Critically Endangered (CR), Endangered (EN), and Vulnerable (VU).

Data on extinct species are comprised by two sub-categories; Extinct (EX) and Extinct in the Wild (EW). A taxon is Extinct (EX) when there is no reasonable doubt that the last individual has died. A taxon is Extinct in the Wild (EW) when it is known to survive only in cultivation, in captivity or as a naturalized population (or populations) well outside the past range and when exhaustive surveys in known and/or expected habitat, at appropriate times, throughout its historic range have failed to record an individual.

Notes techniques, tableaux 70 à 72

Tableau 70 : L'Organisation des Nations Unies pour l'alimentation et l'agriculture (FAO) procède à des évaluations périodiques des ressources forestières mondiales. Les données figurant dans le tableau sont publiées dans "*State of the World's Forest*" [7].

Dans les pays développés, on considère qu'un espace forestier est une zone où la couronne d'arbres (densité de peuplement) correspond à plus de 20 % de la superficie avec une forêt continue dont les arbres atteignent généralement des hauteurs supérieures à 7 mètres et peuvent produire du bois. Cela inclut les forêts-parcs et les forêts denses.

Dans les pays en développement, la forêt est un écosystème dont une superficie minimale est couverte par une couronne d'arbres (ici 10 % de la superficie) et généralement associée à une flore et une faune sauvages; le sol y est normalement à l'état naturel et elle ne fait l'objet d'aucune pratique culturale. On ne tient compte que de zones forestières supérieures à une superficie de 100 hectares. Les forêts se divisent en forêts naturelles et plantations. D'autres catégories de terres boisées sont notamment : i) les friches forestières qui correspondent à tous les systèmes de végétation ligneuse découlent du déboisement d'une forêt naturelle effective pour un nouveau mode d'agriculture; et ii) des brousses, c'est-à-dire des types de végétation dont les éléments ligneux dominants sont des bosquets dont la hauteur à maturité est comprise entre 50 centimètres et 5 mètres.

Dans la mesure du possible, les données reflétant des changements annuels entre 1990 et 1995 sont indiquées pour le total des forêts et autres terres boisées.

Les données relatives au nombre d'espèces menacées sont compilées par le Centre mondial de surveillance pour la conservation des espèces inscrites sur la *Liste rouge des espèces animales menacées*, établie par l'Union internationale pour la conservation de la nature et de ses ressources (UICN) (1996) [31]. Cette liste recense les espèces animales mammifères, oiseaux, reptiles, amphibiens, poissons et invertébrés considérées comme menacées à l'échèle mondiale. La Liste rouge de 1996 repose sur les catégories et critères approuvés par le Conseil de l'Union internationale pour la conservation de la nature et de ses ressources en 1994. L'UICN classe chaque espèce en fonction des différents facteurs qui compromettent sa survie et de l'effet de ces facteurs sur son aire d'extension. Les espèces considérées comme menacées sont classées en trois sous-catégories : espèces gravement menacées, espèces menacées, espèces vulnérables.

Les données relatives aux espèces éteintes sont classées dans deux catégories : éteintes (EX) et éteintes en liberté (EW). Un taxon est éteint (EX) quand il n'y a pratiquement aucun doute que le dernier ididvidu est mort. Un taxon est dit éteint en liberté (EW) quand on sait qu'il ne survit qu'en élevage, en captivité ou dans une ou plusieurs populations naturalisées

Table 71: The World Health Organization compiles data on access to safe drinking water and sanitation services. In rural areas reasonable access implies that fetching water does not take up a disproportionate part of the day.

Access to sanitation services is generally considered to mean access to a sanitary facility in the dwelling (i.e., connection to public sewers or household disposal systems such as pit privies, pour flush latrines and septic tanks) or located within a convenient distance (e.g., communal toilets).

Although no data are available on the access to safe drinking water and sanitation services for the developed countries, the situation observed indicates that a very small proportion of people, in particular in the remote areas, in those countries do not have such access.

Information on protected areas is routinely collated by the World Conservation Monitoring Centre. Countries vary considerably in their mechanisms for creating and maintaining systems of protected areas. In order to facilitate international comparisons for protected areas, the IUCN have developed a classification system for the different types of designated protected areas. Protected areas which fall into IUCN management categories I to VI, inclusive can be considered as having been established with conservation aims in mind. These categories are:
 (i) Strict Nature Reserve/Scientific Reserve
 (ii) National Park
 (iii) Natural Monument/Natural Landmark
 (iv) Managed Nature Reserve/Wildlife Sanctuary
 (v) Protected Landscapes and Seascapes
 (vi) Manged Resource Protected Area

Table 72: Emissions of CO_2 data are calculated by the Carbon Dioxide Information Analysis Center located at the Oak Ridge National Laboratory. National emissions of CO_2 from industrial sources are derived from UN consumption data for gas, liquid and solid fuels plus cement manufacturing and gas flaring statistics to which appropriate emission factors have been applied. Emissions are in units of 1000 metric tons of carbon; to convert carbon into carbon dioxide, multiply data by 3.67. Full details of the procedures for calculating emissions are given in *Estimates of Global, Regional, and National Annual CO_2 Emissions from Fossil-Fuel Burning, Hydraulic Cement Production, and Gas Flaring: 1950-1994* [3]. Relative to the other industrial sources for which CO_2 emissions are calculated, statistics on gas flaring activities are sparse and sporadic. In countries where gas flaring activities account for a considerable proportion of the total CO_2 emission, the sporadic nature of gas flaring statistics may produce spurious or misleading trends in national CO_2 emissions over the period covered by the table.

bien en dehors de son aire d'extension passée et alors que des enquêtes exhaustives faites dans les habitats connus ou plausibles, à des dates bien choisies, dans l'ensemble de leur aire d'extension passée, n'ont pas permis de recenser un seul individu.

Tableau 71 : L'Organisation mondiale de la santé (OMS) compile des données relatives à l'accès à l'eau salubre et aux services d'assainissement. En milieu rural l'accès à l'eau salubre est considéré comme raisonnable dans la mesure où la corvée d'eau n'occupe pas une partie disproportionnée de la journée.

L'accès à des services d'assainissement est généralement défini comme la présence dans le logement de lieux d'aisance raccordés au tout-à-l'égout ou à un système local pour l'évacuation des déchets humains (cabinet à fosse, cabinet à chasse d'eau et fosse septique) ou l'existence de lieux d'aisance d'accès commode situés à proximité (par exemple, toilettes collectives).

Bien que l'on ne dispose pas de données relatives à l'accès à l'eau potable et à des services d'assainissement dans les pays développés, la situation observée donne à penser que seule une très faible proportion de la population, en particulier dans les zones reculées de ces pays, n'est pas desservie.

Des données concernant les aires protégées sont régulièrement colligées par le Centre mondial mixte PNUE/UICN/WWF de surveillance pour la conservation. Les mécanismes nationaux pour la création et l'entretien de systèmes pour les aires protégées varient considérablement d'un pays à l'autre. Dans le but de faciliter les comparaisons à l'échelle internationale, l'UICN a mis au point une classification qui répartit les divers types d'aires protégées. Les données concernent les aires protégées, qui relèvent des catégories de gestion I à VI de l'UICN (aires ayant été créées dans un souci de conservation) :
 (i) Réserves scientifiques ou strictement naturelles;
 (ii) Parcs nationaux;
 (iii) Monuments ou éléments topographiques naturels;
 (iv) Réserves naturelles aménagées ou refuges animaliers;
 (v) Paysages naturels protégés, y compris les paysages marins.
 (vi) Zones de protection d'une ressource.

Tableau 72 : Les données des émissions CO_2 sont calculées par "Carbon Dioxide Information Analysis Center" situé à "Oak Ridge National Laboratory". Les valeurs établies à l'échelon national pour les émissions CO_2 sont tirées des données de l'ONU concernant les combustibles gazeux, liquides et solides et des statistiques relatives à la fabrication de ciment et à la combustion de gaz de torche, multipliées par des coefficients appropriés pour le calcul des émissions. Les émissions sont indiquées en millions de tonnes de carbone; pour convertir le carbone en dioxyde de carbone, il convient de multiplier la valeur indiquée par un coefficient de 3,67.

Tous les détails concernant le calcul des émissions figurent dans "*Estimates of Global, Regional, and National Annual CO$_2$ Emissions from Fossil-Fuel Burning, Hydraulic Cement Production, and Gas Flaring: 1950-1994*" [3]. Par rapport aux autres sources industrielles dont on calcule les émissions de CO$_2$, les statistiques concernant la combustion de gaz de torche sont peu nombreuses et sporadiques. Dans les pays ou la combustion de gaz de torche est responsable d'une part considérable des émissions totales de CO$_2$, le caractère sporadique des statistiques concernant cette activité risque d'induire des tendances parasites ou inexactes dans les valeurs relatives aux émissions de CO$_2$ à l'échelon national pendant la période considérée dans le tableau.

73
Number of scientists, engineers and technicians engaged in research and experimental development
Nombre de scientifiques, d'ingénieurs et de techniciens employés à des travaux de recherche et de développement expérimental

Full-time equivalent (FTE)
Equivalent plein temps (EPT)

Country or area / Pays ou zone	Year / Année	Total	Scientists and engineers / Scientifiques et ingénieurs Total	% F	Technicians / Techniciens Total	% F
Africa · Afrique						
Benin [1] / Bénin [1]	1989	1036	794	12.6	242	26.4
Burundi [1] / Burundi [1]	1989	338	170[2]	10.0	168	...
Central African Rep. / Rép. centrafricaine	1990	254	162	9.9	92	5.4
Congo [3] / Congo [3]	1984	2335	862[2]	...	1473	...
Egypt [3] / Egypte [3]	1991	46022	26415	...	19607	...
Gabon / Gabon	1987	217	199[1]	...	18[4]	...
Guinea / Guinée	1984	1893	1282	...	611	...
Libyan Arab Jamahiriya / Jamah. arabe libyenne	1980	2600	1100	...	1500	...
Madagascar [5] / Madagascar [5]	1989	1225	269	31.2	956	...
Mauritius [1] / Maurice [1]	1992	559	389	...	170	...
Nigeria [6] / Nigéria [6]	1987	7380	1338	...	6042	...
Rwanda / Rwanda	1985	*138	71	...	*67	...
Senegal / Sénégal	1981	4610	1948	...	2662	...
Seychelles / Seychelles	1983	24	18	...	6	...
South Africa / Afrique du Sud	1991	17108	12102	...	5006	...
Tunisia [1] / Tunisie [1]	1992	* 3860	* 3260	...	* 600	...
America, North · Amérique du Nord						
Canada [7] / Canada [7]	1991	92870	65350	...	27520	...
Costa Rica / Costa Rica	1992	...	1722	...	...	...
Cuba [3] / Cuba [3]	1992	24235	14770	43.2	9465	55.5
El Salvador [5,8] / El Salvador [5,8]	1992	1714	102	...	1612	...
Guatemala [9] / Guatemala [9]	1988	1783	858[2]	...	925	...
Jamaica [10] / Jamaïque [10]	1986	33	18	55.6	15	20.0
Mexico / Mexique	1993	11072[9]	8595[9]	...	2477[9]	...
Nicaragua / Nicaragua	1987	1027	725	...	302	...
Saint Lucia / Sainte-Lucie	1984	139	53	...	86	...
Trinidad and Tobago / Trinité-et-Tobago	1984	529	275	21.1	254	17.3
United States [11] / Etats-Unis [11]	1993	...	*962700	...	...	...

73
Number of scientists, engineers and technicians engaged in research and experimental development
Full–time equivalent (FTE) [cont.]
Nombre de scientifiques, d'ingénieurs et de techniciens employés à des travaux de recherche et de dévelopment expérimental
Equivalent plein temps (EPT) [suite]

Country or area Pays ou zone	Year Année	Total	Scientists and engineers Scientifiques et ingénieurs Total	% F	Technicians Techniciens Total	% F
America, South · Amérique du Sud						
Argentina Argentine	1988	* 17329	* 11088	* 43.3	* 6241	...
Bolivia Bolivie	1991	2720	1681	41.6	1039	48.1
Brazil Brésil	1995	36081	26754[12]	...	9327	...
Chile [3] Chili [3]	1988	7570	4630	...	2940	...
Colombia [1] Colombie [1]	1982	2107	1083	...	1024	...
Ecuador Ecuador	1990	3936	1732	...	2204	...
Guyana [3 13] Guyana [3 13]	1982	267	89	...	178	...
Paraguay Paraguay	1981	807	...	...	...	...
Peru Pérou	1981	...	4858	...	...	...
Uruguay Uruguay	1987	...	2093	34.4	...	...
Venezuela Venezuela	1992	* 4908	* 4258	* 35.0	* 650	* 31.5
Asia · Asie						
Brunei Darussalam [14] Brunéi Darussalam [14]	1984	136	20	...	116	...
China †† Chine ††	1993	642500[15]	418500	...	224000[15]	...
Cyprus Chypre	1992	312	147	...	165	...
India [16] Inde [16]	1990	* 224773	* 128036	6.0	96737	6.3
Indonesia Indonésie	1988	...	32038	...	...	...
Iran, Islamic Rep. of Iran, Rép. islamique d'	1985	5048	3194	...	1854	...
Israel Israel	1984	24400	20100	51.7[17]	4300	32.6
Japan [7] Japon [7]	1992	813360	705346	...	108014	...
Jordan [3] Jordanie [3]	1986	447	418	12.9	29	20.7
Korea, Republic of [3 18] Corée, République de [3 18]	1994	131587	117486	8.1	14141	...
Kuwait [19] Koweït [19]	1984	2072	1511[2]	22.1[2]	561[2]	20.1[2]
Lebanon [20] Liban [20]	1980	186	180	...	6	...
Malaysia Malaisie	1992	3288	1633	30.7	1655	30.6
Nepal [18 19] Népal [18 19]	1980	409	334	...	75	...
Pakistan [3 21] Pakistan [3 21]	1990	15940	6626	7.0	9314	...
Philippines [3] Philippines [3]	1984	6685	4830	48.0	1855	...
Qatar [22] Qatar [22]	1986	290	229[2]	25.3	61[2]	3.3
Singapore Singapour	1994	11384[15 23]	7086	...	4298[15 23]	...

73
Number of scientists, engineers and technicians engaged in research and experimental development
Full−time equivalent (FTE) [cont.]

Nombre de scientifiques, d'ingénieurs et de techniciens employés à des travaux de recherche et de dévelopment expérimental
Equivalent plein temps (EPT) [suite]

Country or area Pays ou zone	Year Année	Total	Scientists and engineers Scientifiques et ingénieurs Total	% F	Technicians Techniciens Total	% F
Sri Lanka / Sri Lanka	1985	3483	2790	23.9	693	27.1
Tajikistan / Tadjikistan	1992	...	3974	28.8	...	...
Thailand / Thaïlande	1991	12650	9752	...	2898	...
Turkey [24] / Turquie [24]	1991	13277[5]	11948	...	1329[5]	...
Uzbekistan / Ouzbékistan	1992	* 44312	* 37625	* 45.2	* 6687	...
Viet Nam [25] / Viet Nam [25]	1985	...	20000	...	...	...
Europe · Europe						
Austria / Autriche	1993	19217	12820	...	6397	...
Belarus / Bélarus	1992	38939	33685	16.2	5254	...
Belgium / Belgique	1991	* 40063[15]	* 18105	...	* 21958[15]	...
Bulgaria / Bulgarie	1992	48577	37825	45.9	10752	61.0
Croatia / Croatie	1992	12746	8928	37.4	3818	61.1
Czech Republic [3] / République Tchèque [3]	1994	23096	13225	...	9771	...
Denmark / Danemark	1993	27390[15]	13673	...	13717[15]	...
Estonia / Estonie	1994	5927	5079	41.3	848	69.3
Finland [5] / Finlande [5]	1993	30527[15]	18588	...	11939[15]	...
France / France	1993	314170[15]	145898	...	168272[15]	...
Germany † / Allemagne †	1991	369119	240803	...	128316	...
Greece / Grèce	1993	11287	8030	...	3257	...
Hungary [26] / Hongrie [26]	1993	17821[27]	11818	...	6003[27]	...
Iceland / Islande	1989	1177[15]	773	...	404[15]	...
Ireland / Irlande	1993	8389	6592	...	1797	...
Italy / Italie	1993	119933	74434	...	45499	...
Latvia / Lettonie	1994	3954	3010	...	944	...
Lithuania / Lituanie	1992	...	4750	32.0	...	...
Malta [28] / Malte [28]	1988	39	34	...	5	...
Netherlands / Pays−Bas	1991	66710[15]	40000	...	26710[15]	...
Norway / Norvège	1993	22091[15]	14763	...	7328[15]	...
Poland [3] / Pologne [3]	1992	94250	41440	...	52810	...
Portugal / Portugal	1990	9663	5908	...	3755	...

73
Number of scientists, engineers and technicians engaged in research and experimental development
Full-time equivalent (FTE) [cont.]

Nombre de scientifiques, d'ingénieurs et de techniciens employés à des travaux de recherche et de dévelopment expérimental
Equivalent plein temps (EPT) [suite]

Country or area Pays ou zone	Year Année	Total	Scientists and engineers Scientifiques et ingénieurs Total	% F	Technicians Techniciens Total	% F
Romania / Roumanie	1994	44944	31672	44.4	13272	60.2
Russian Federation / Fédération de Russie	1993	778800	644900	58.5	133900	31.7
Slovakia [3] / Sloavaquie [3]	1994	14493	10249		4244	
Slovenia / Slovénie	1992	10404	5789	30.1	4615	47.6
Spain / Espagne	1993	56863[5]	43367	27.4	13496[5]	22.9
Sweden / Suède	1993	59876[15]	32288	...	27588[15]	...
TFYR Macedonia [17] / L'ex-R.y. Macédoine [17]	1991	3296	2605	38.7	691	55.9
Ukraine / Ukraine	1989	...	348600[29]		...	
United Kingdom / Rouayme	1993	199000	140000		59000	
Yugoslavia [3] / Yougoslavie [3]	1992	15429	11246	...	4183	44.4
Oceania · Océanie						
Australia / Australie	1990	57759	41837	...	15922	...
Fiji [30] / Fidji [30]	1986	126	36	11.1	90	11.1
French Polynesia [30] / Polynésie française [30]	1983	33	17	...	16	...
Guam [28] / Guam [26]	1991	34	23	21.7	11	45.5
Kiribati / Kiribati	1980	3	2	–	1	–
New Caledonia [31] / Nouvelle-Calédonie [31]	1985	148	77	9.1	71	15.5
New Zealand / Nouvelle-Zélande	1993	9064	6198	...	2866	...
Tonga [30] / Tonga [30]	1981	15	11[2]	–	4	25.0

Source:
United Nations Educational, Scientific and Cultural Organization (Paris).

Source:
Organisation des Nations Unies pour l'éducation, la science et la culture (Paris).

† For information on recent changes in country or area nomenclature pertaining to former Czechoslovakia, Germany, Hong Kong Special Administrative Region (SAR) of China, SFR Yugoslavia and former USSR, see Annex I – Country or area nomenclature, regional and other groupings.

†† For statistical purposes, the data for China do not include those for the Hong Kong Special Administrative Region (Hong Kong SAR) and Taiwan province of China.

1 Not including data for the productive sector.
2 Data include foreigners.
3 Not including military and defence R&D.
4 Data relate only to those in the general service sector.
5 Not including data for the higher education sector.

† Pour les modifications récentes de nomenclature de pays ou de zone concernant l'Allemagne, Hong-Kong (Région administrative spéciale de Chine), l'ex-Tchécoslovaquie, l'ex-URSS et l'ex-Rfs de Yougoslavie, voir annexe I – Nomenclature des pays ou des zones, groupements régionaux et autres groupements.

†† Les données statistiques relatives à la Chine ne comprennent pas celles qui concernent la région administrative spéciale de Hong-Kong (la RAS de Hong-Kong) et la province chinoise de Taiwan.

1 Non compris les données relatives au secteur de la production.
2 Les données comprennent les étrangers.
3 Non compris les activités de R–D de caractère militaire ou relevant de la défense nationale.
4 Les données ne se réfèrent qu'au secteur de service général.

73
Number of scientists, engineers and technicians engaged in research and experimental development
Full–time equivalent (FTE) [cont.]

Nombre de scientifiques, d'ingénieurs et de techniciens employés à des travaux de recherche et de dévelopment expérimental
Equivalent plein temps (EPT) [suite]

6 Data relate only to 23 out of 26 national research institutes under the Federal Ministry of Science and Technology.
7 Not including social sciences and humanities in the productive sector.
8 Data refer to scientists and engineers and technicians engaged in public enterprises.
9 Data relate to the productive sector and the higher education sector only.
10 Data refer to the Scientific Research Council only.
11 Not including military personnel engaged in R & D.
12 Data refer to researchers listed in the Directory of Research Groups in Brazil by the *Conselho Nacional de desenvolvimento Científico e Tecnológico (CNPq)*.
13 Data for the general service sector and for medical sciences in the higher education sector are excluded.
14 Data relate to 2 research institutes only.
15 Data include auxiliary personnel.
16 Data for scientists and engineers include personnel in the higher education sector. Data for women scientists and engineers and for technicians in the higher education sector are not included.
17 Data include part–time personnel.
18 Not including data for social sciences and humanities.
19 Data refer to scientific and technological activities (STA).
20 Data refer to the Faculty of Science at the University of Lebanon only.
21 Data relate to R&D activities concentrated mainly in government–financed research establishments only.
22 Not including social sciences and humanities in the higher education sector.
23 Data include non–degree researchers.
24 Not including social sciences and humanities in the general service sector.
25 Not including data for general service sector.
26 Not including scientists and engineers engaged in the administration of R & D; of military R & D, only that part carried out in civil establishments is included.
27 Including skilled workers.
28 Data relate to the higher education sector only.
29 Data refer to scientific workers, i.e. all persons with a higher scientific degree or scientific title, regardless of the nature of their work, persons undertaking research work in scientific establishments and scientific teaching staff in institutions of higher education; they also include persons undertaking scientific work in industrial enterprises.
30 Data relate to one research institute only.
31 Data refer only to 6 out of 11 institutes.

5 Non compris les données relatives au secteur de l'enseignement supérieur.
6 Les données ne concernent que 23 des 26 instituts de recherche nationaux sous tutelle du Ministère fédéral de la Science et de la Technologie.
7 Non compris les sciences sociales et humaines dans le secteur de la production.
8 Les données se réfèrent aux scientifiques et ingénieurs et techniciens employés dans les entreprises publiques.
9 Les données ne concernent que le secteur de la production et le secteur de l'enseignement supérieur.
10 Les données se réfèrent au "Scientific Research Council" seulement.
11 Non compris le personnel militaire employé à des travaux de R–D.
12 Les données se réfèrent aux chercheurs figurant dans le Répertoire des Groupes des Chercheurs élaboré par le *Conselho Nacional de desenvolvimento Científico e Tecnológico (CNPq)*.
13 Les données relatives au secteur de service général et les sciences médicales du secteur de l'enseignement supérieur sont aussi exclues.
14 Les données ne concernent que 2 instituts de recherche.
15 Les chiffres comprennent le personnel auxilaire.
16 Les données relatives aux scientifiques et ingénieurs comprennent le personnel dans le secteur de l'enseignement supérieur. Les données pour les femmes scientifiques et ingénieurs et pour les techniciens dans l'enseignement supérieur ne sont pas comprises.
17 Les données comprennent les personnels à temps partiel.
18 Compte non tenu des sciences sociales et humaines.
19 Les données se réfèrent aux activités scientifiques et techniques (AST).
20 Les données ne se réfèrent qu'à la Faculté des Sciences de l'Université de Liban.
21 Les données se réfèrent aux activités de R–D se trouvant pour la plupart dans les étabalissements de recherche financés par le gouvernement.
22 Compte non tenue des sciences sociales et humaines dans le secteur de l'enseignement supérieur.
23 Les chiffres comprennent les chercheurs non diplômes.
24 Compte non tenu des sciences sociales et humaines dans le secteur de service général.
25 Non compris les données pour le secteur de service général.
26 Non compris les scientifiques et ingénieurs employés dans les services administratifs de R–D; pour la R–D de caractère militaire, seule la partie effectuée dans les établissements civils a été considérée.
27 Y compris les ouvriers qualifiés.
28 Les données ne concernent que le secteur de l'enseignement supérieur.
29 Les données se réfèrent aux travailleurs scientifiques, c.à.d., à toutes les personnes ayant un diplôme scientifique supérieur ou un titre scientifique, sans considération de la nature de leur travail, aux personnes qui effectuent un travail de recherche dans des insitutions scientifiques et au personnel scientifique enseignant dans des établissements d'enseignement supérieur; sont incluses aussi les personnes qui effectuent des travaux scientifiques dans les entreprises industrielles.
30 Les données ne concernent qu'un institut de recherche.
31 Les données ne se rapportent qu'à 6 instituts de recherche sur 11.

74
Expenditure for research and experimental development
Dépenses consacrées à la recherche et au développement expérimental

National currency
Monnaie nationale

Country or area (Monetary unit) Pays ou zone (Unité monétaire)	Years Années	Total expenditure Dépenses totales (000)	Capital expenditure Dépenses de capital (000)	Current expenditure Dépenses courantes (000)	Current expenditure Dépenses courantes %
Africa · Afrique					
Benin (CFA franc) [1] Bénin (franc CFA) [1]	1989	...	...	3347695	...
Burundi (franc) [2] Burundi (franc) [2]	1989	536187	...	...	...
Central African Rep. (CFA franc) [3] Rép. centrafricaine (franc CFA) [3]	1984	680791	...	...	...
Congo (CFA franc) [4] Congo (franc CFA) [4]	1984	25530	14263	11267	44.1
Egypt (pound) [5] Egypte (pound) [5]	1991	* 955273	* 281463	* 673810	* 70.5
Gabon (CFA franc) [1] Gabon (franc CFA) [1]	1986	380000	130000	250000	65.8
Libyan Arab Jamahiriya (dinar) Jamah. arabe libyenne (dinar)	1980	22875	...	...	...
Madagascar (franc) Madagascar (franc)	1988	14371515	13378000	993515	6.9
Mauritius (rupee) [1] Maurice (roupie) [1]	1992	177000	48000	129000	72.9
Nigeria (naira) [6] Nigéria (naira) [6]	1987	86270	16655	69615	80.7
Rwanda (franc) Rwanda (franc)	1985	918560	819280	99280	10.8
Seychelles (rupee) [4] Seychelles (roupie) [4]	1983	12854	6771	6083	47.3
South Africa (rand) Afrique du sud (rand)	1991	2786086	240764	2545322	91.4
Tunisia (dinar) [1] Tunisie (dinar) [1]	1992	45000000	11000000	34000000	75.6
America, North · Amérique du Nord					
Canada (dollar) Canada (dollar)	1994	* 11649000	...	...	...
Costa Rica (colón) Costa Rica (colón)	1986	612000	...	...	...
Cuba (peso) [4,7] Cuba (peso) [4,7]	1992	247925	91216	156709	63.2
El Salvador (colón) [8] El Salvador (colón) [8]	1992	1083559[9]	131377	382603	74.4
Guatemala (quetzal) [10] Guatemala (quetzal) [10]	1988	31859	...	...	...
Jamaica (dollar) [11] Jamaïque (dollar) [11]	1986	4016	130	3886	96.8
Mexico (peso) [12] Mexique (peso) [12]	1993	3566158	830260	2735898	76.7
Nicaragua (córdoba) [4] Nicaragua (córdoba) [4]	1987	...	...	988970	...
Panama (balboa) [13] Panama (balboa) [13]	1986	173	—	173	100.0
Saint Lucia (E.C. dollar) Sainte–Lucie (E.C. dollar)	1992	...	...	* 449	...
Trinidad and Tobago (dollar) Trinité–et–Tobago (dollar)	1984	143257	33336	109921	76.7
United States (dollar) [14] Etats–Unis (dollar) [14]	1995	171000000	...	...	...

74
Expenditure for research and experimental development
National currency [cont.]
Dépenses consacrées à la recherche et au développement expérimental
Monnaie nationale [suite]

Country or area (Monetary unit) Pays ou zone (Unité monétaire)	Years Années	Total expenditure Dépenses totales (000)	Capital expenditure Dépenses de capital (000)	Current expenditure Dépenses courantes (000)	Current expenditure Dépenses courantes %
America, South · Amérique du Sud					
Argentina (austral) Argentine (austral)	1992	* 664700	* 142300	* 522400	* 78.6
Bolivia (boliviano) Bolivie (boliviano)	1991	282899000	200536000	82363000	29.1
Brazil (reais) [15] Brésil (reais) [15]	1994	1491165	...	...	...
Chile (peso) [4] Chili (peso) [4]	1992	* 102196000	...	...	...
Colombia (peso) [1] Colombie (peso) [1]	1982	2754273	...	...	...
Ecuador (sucre) Ecuador (sucre)	1990	8443000	...	...	...
Guyana (dollar) [4 16] Guyana (dollar) [4 16]	1982	2800	...	...	...
Peru (inti) [17] Pérou (inti) [17]	1984	159024000	...	...	...
Venezuela (bolívar) [4 18] Venezuela (bolívar) [4 18]	1992	19622200	...	...	...
Asia · Asie					
Brunei Darussalam (dollar) [19] Brunéi Darussalam (dollar) [19]	1984	10880	2660	8220	75.6
China (yuan) †† Chine (yuan) ††	1993	19600000	...	...	...
Cyprus (pound) Chypre (livre)	1992	5578	772	4806	86.2
India (rupee) Inde (roupie)	1990	41864300	8475300	33389000	79.8
Indonesia (rupiah) [20] Indonésie (rupiah) [20]	1988	259283000	64645000	194638000	75.1
Iran, Islamic Rep. of (rial) [21] Iran, Rép. Islamique d' (rial) [21]	1985	22010713	9464315	12546398	57.0
Israel (sheqel) [22] Israël (sheqel) [22]	1992	3663100	200600	3462500	94.5
Japan (yen) [12 23] Japon (yen) [12 23]	1991	13771524	2149488	11622036	84.4
Jordan (dinar) [4] Jordanie (dinar) [4]	1986	5587	1287	4300	77.0
Korea, Republic of (won) [12 24] Corée, République de (won) [12 24]	1994	7894746	23332835	5561911	70.5
Kuwait (dinar) [18] Koweït (dinar) [18]	1984	71163	8147	63016	88.6
Lebanon (pound) [25] Liban (livre) [25]	1980	22000	...	...	...
Malaysia (ringgit) Malaisie (ringgit)	1992	550699	212520	338179	61.4
Pakistan (rupee) [4 26] Pakistan (roupie) [4 26]	1987	5582081	1926257	3655824	65.5
Philippines (peso) Philippines (peso)	1984	613410	98610	514800	83.9
Qatar (riyal) Qatar (riyal)	1986	6650	–	6650	100.0
Singapore (dollar) Singapour (dollar)	1994	1170000	...	...	...
Sri Lanka (rupee) Sri Lanka (roupie)	1984	256799	82464	174335	67.9
Thailand (baht) Thaïlande (baht)	1991	3928100	828600	3099500	78.9

74
Expenditure for research and experimental development
National currency [cont.]
Dépenses consacrées à la recherche et au développement expérimental
Monnaie nationale [suite]

Country or area (Monetary unit) Pays ou zone (Unité monétaire)	Years Années	Total expenditure Dépenses totales (000)	Capital expenditure Dépenses de capital (000)	Current expenditure Dépenses courantes (000)	Current expenditure Dépenses courantes %
Turkey (lira) [12] Turquie (livre) [12]	1991	3330047	1293048	2036999	61.2
Viet Nam (dong) [21] Viet Nam (dong) [21]	1985	498000	...	...	...
Europe · Europe					
Austria (schilling) Autriche (schilling)	1993	30692586	4524986	26167600	85.3
Belarus (rouble) Bélarus (rouble)	1992	8590900	2258700	6332200	73.7
Belgium (franc) Belgique (franc)	1991	* 112065000	...	...	...
Bulgaria (lev) Bulgarie (lev)	1992	3103800	256100	2847700	91.7
Croatia (dinar) Croatie (dinar)	1992	...	...	21874940	...
Czech Republic (koruna) [4,27] Rép. Tchèque (couronne) [4,27]	1994	12983000	1768000	11215000	86.4
Denmark (krone) [28] Danemark (couronne) [28]	1993	15695000	1760000	13935000	88.8
Estonia (kroon) Estonie (couronne)	1994	216798[9]	14767	201693	93.2
Finland (markka) Finlande (markka)	1993	10677100	943100	9734000	91.2
France (franc) France (franc)	1993	173721000	14701000	159020000	91.5
Germany † (deutsche mark) [23] Allemagne † (deutsche mark) [23]	1991	74517000[9]	7704000	66152000	89.6
Greece (drachma) Grèce (drachme)	1993	100460000	...	...	...
Hungary (forint) [29,30] Hongrie (forint) [29,30]	1993	34686000	3593000	31093000	89.6
Iceland (króna) Islande (couronne)	1989	3123000	...	...	...
Ireland (pound) Irlande (livre)	1993	400201	...	...	...
Italy (lira) [12] Italie (lira) [12]	1993	19518867	2059375	17459492	89.4
Latvia (lat) [7] Lettonie (lat) [7]	1992	2380	...	...	...
Malta (lira) [31] Malte (lira) [31]	1988	10	1	9	90.0
Netherlands (guilder) [23] Pays-Bas (florin) [23]	1991	10381000	1059000	9322000	89.8
Norway (krone) Norvège (couronne)	1993	14262600	1637800	12624900	88.5
Poland (zloty) [4,12] Pologne (zloty) [4,12]	1992	9557064	743185	8813879	92.2
Portugal (escudo) Portugal (escudo)	1990	52032200	10483400	41548800	79.9
Romania (leu) Roumanie (leu)	1994	...	...	337379000	...
Russian Federation (rouble) [12] Fédération de Russie (rouble) [12]	1993	* 1313557	* 102579	* 1210978	* 92.2
Slovakia (koruna) [4] Slovaquie (couronne) [4]	1994	4473412	385684	4087728	91.4
Slovenia (tolar) Slovénie (tolar)	1992	15050524	1365784	13684740	90.9
Spain (peseta) Espagne (peseta)	1993	557401895	103605003	453796892	81.4

74
Expenditure for research and experimental development
National currency [cont.]
Dépenses consacrées à la recherche et au développement expérimental
Monnaie nationale [suite]

Country or area (Monetary unit) Pays ou zone (Unité monétaire)	Years Années	Total expenditure Dépenses totales (000)	Capital expenditure Dépenses de capital (000)	Current expenditure Dépenses courantes (000)	Current expenditure Dépenses courantes %
Sweden (krona) Suède (couronne)	1993	48382000	3162000	45220000	93.5
Switzerland (franc) Suisse (franc)	1992	9090000	...	...	...
United Kingdom (pound) Royaume−Uni (livre)	1993	13829000	...	...	...
Yugoslavia (dinar) [4] Yougoslavie (dinar) [4]	1992	335	196	139	41.5
Oceania · Océanie					
Australia (dollar) Australie (dollar)	1990	5087600	698800	4388800	86.3
Fiji (dollar) [32] Fidji (dollar) [32]	1986	3800	800	3000	78.9
French Polynesia (CFP franc) [32] Polynésie française (franc CFP) [32]	1983	324720	16280	308440	95.0
Guam (US dollar) [31] Guam (E−U dollar) [31]	1991	2215	−	...	...
New Caledonia (CFP franc) [33] Nouvelle−Calédonie (franc CFP) [33]	1985	800820	93273	707547	88.4
New Zealand (dollar) Nouvelle−Zélande (dollar)	1993	825200	96500	728700	88.3
Tonga (pa'anga) [32] Tonga (pa'anga) [32]	1980	426	147	279	65.5

Source:
United Nations Educational, Scientific and Cultural Organization (Paris).

† For information on recent changes in country or area nomenclature pertaining to former Czechoslovakia, Germany, Hong Kong Special Administrative Region (SAR) of China, SFR Yugoslavia and former USSR, see Annex I − Country or area nomenclature, regional and other groupings.

†† For statistical purposes, the data for China do not include those for the Hong Kong Special Administrative Region (Hong Kong SAR) and Taiwan province of China.

1 Not including data for the productive sector.
2 Not including data for the productive sector nor labour costs at the Ministry of Public Health.
3 Not including data for the general service sector.
4 Not including military and defence R&D.
5 Data refer to estimated budget for R & D.
6 Data relate only to 23 out of 26 national research institutes under the Federal ministry of Science and Technology.
7 Data relate to government funds only.
8 Data refer to the R&D activities performed in public enterprises.
9 Including data for which a distribution by type of expenditure is not available; this figure has been excluded from percentage calculation in the last column.
10 Data refer to the productive sector and the higher education sector only.
11 Data relate to the Scientific Research Council only.
12 Figures in millions.
13 Data refer to the central government only.
14 Total expenditure does not include capital expenditure except that of the federal government institutions. Data relating to the general service sector cover only the federal government and the private non−profit organizations. R & D expenditure in the

Source:
Organisation des Nations Unies pour l'éducation, la science et la culture (Paris).

† Pour les modifications récentes de nomenclature de pays ou de zone concernant l'Allemagne, Hong−Kong (Région administrative spéciale de Chine), l'ex−Tchécoslovaquie, l'ex−URSS et l'ex−Rfs de Yougoslavie, voir annexe I − Nomenclature des pays ou des zones, groupements régionaux et autres groupements.

†† Les données statistiques relatives à la Chine ne comprennent pas celles qui concernent la région administrative spéciale de Hong−Kong (la RAS de Hong−Kong) et la province chinoise de Taiwan.

1 Non compris les données relatives au secteur de la production.
2 Non compris les données relatives au secteur de la production ni les dépenses de personnel au Ministre de la Santé Publique.
3 Non compris les données pour le secteur de service général.
4 Non compris les activités de R−D de caractère militaire ou relevant de la défense nationale.
5 Les données se réfèrent au budget estimé pour la R−D.
6 Les données ne concernent que 23 des 26 instituts de recherche nationaux sous tutelle du Ministère fédéral de la Science et de la Technologie.
7 Les données ne concernent que les fonds publics seulement.
8 Les données se réfèrent aux activités de R−D exercées dans les entreprises publiques.
9 Y compris les données dont la répartition par type de dépenses n'est pas disponible; ce chiffre n'est pas été pris en compte pour calculer le pourcentage de la dernière colonne.
10 Les données ne concernent que le secteur de la production et le secteur de l'enseignement supérieur.
11 Les données se réfèrent au "Scientific Research Council" seulement.
12 Chiffres en millions.
13 Les données ne concernent que le gouvernement central.
14 Le total des dépenses ne comprend pas les dépenses en capital, à

74
Expenditure for research and experimental development
National currency [*cont.*]
Dépenses consacrées à la recherche et au développement expérimental
Monnaie nationale [*suite*]

productive sector includes also depreciation costs. Humanities in the higher education sector is excluded.
15 Data relate to government and productive enterprise funds only.
16 Data for the general service sector and for medical sciences in the higher education sector are also excluded.
17 Data refer to the budget allotment for science and technology.
18 Data refer to government expenditure on scientific and technological activities (STA).
19 Data relate to 2 research institutes only.
20 Data relate to the general service sector only.
21 Data relate to government expenditure only.
22 Data refer to the civilian sector only.
23 Not including data for social sciences and humanities in the productive sector.
24 Excluding military and defence R&D and social sciences and humanities.
25 Data refer to the Faculty of Science at the University of Lebanon only.
26 Data relate to R&D activities concentrated mainly in government-financed research establishments only.
27 Data include depreciation costs.
28 Data for current expenditure do not include those relating to the productive sector.
29 Of military R & D, only that part carried out in civil establishments is included.
30 The total current expenditure includes 6647 million forints for which a breakdown by type of current expenditure is not known.
31 Data relate to the higher education sector only.
32 Data relate to one research institute only.
33 Data refer only to 6 out of 11 research institutes.

l'exception de celles des institutions du governement fédéral. Les données relatives au secteur de service général couvrent seulement le gouvernement fédéral et les organisations privées à but non lucratif. Les dépenses de R-D du secteur de la production comprennent aussi les coûts d'amortissement. Les sciences humaines ne sont pas comprises dans le secteur de l'enseignement supérieur.
15 Les données ne concernent que les fonds publics et les fonds des enterprises de production.
16 Non compris les données relatives au secteur de service général et les sciences médicales du secteur de l'enseignement supérieur.
17 Les données se rérèrent aux crédits budgétaires relatifs à la science et à la technologie.
18 Les données concernent les dépenses du gouvernement relatives aux activités scientifiques et techniques (AST).
19 Les données se réfèrent à 2 instituts de recherche seulement.
20 Les données ne concernent que le secteur de service général.
21 Les données ne concernent que les dépenses du gouvernement.
22 Les données ne concernent que le secteur civil.
23 Non compris les données pour les sciences sociales et humaines du secteur de la production.
24 Non compris les activités de R-D de caractère militaire ou relevant de la défense nationale ni les données pour les sciences sociales et humaines.
25 Les données ne se réfèrent qu'à la Faculté des Sciences de l'Université de Liban.
26 Les données se réfèrent aux activités de R-D se trouvant pour la plupart dans les établissements de recherche financés par le gouvernement.
27 Les données comprennent les coûts d'amortissement.
28 Les données relatives aux dépenses courantes ne comprennent pas celles du secteur de la production.
29 Pour la R-D de caractère militaire, seule la partie effectuée dans les établissements civils a été considérée.
30 Le total comprend 6647 millions de forints dont la répartition par type de dépenses courantes n'est pas disponible.
31 Les données ne concernent que le secteur de l'enseignement supérieur.
32 Les données ne concernent qu'un institut de recherche.
33 Les données ne se rapportent qu'à 6 instituts de recherche sur 11.

75
Patents
Brevets
Applications, grants, patents in force: number
Demandes, délivrances, brevets en vigueur: nombre

Country or area Pays ou zone	Applications for patents Demandes de brevets 1993	1994	1995	Grants of patents Brevets délivrés 1993	1994	1995	Patents in force Brevets en vigueur 1993	1994	1995
African Intellectual Prop. Org[1] Org. africaine de la prop. intel.[1]	8 458	12 333	15 846	159	164	31	1 423	1 214	1 223
Albania Albanie	...	...	1 564	...	...	...	...	...	...
Algeria Algérie	121	144	142	...	...	118	...	2 114	...
Argentina Argentine	...	3 554	...	3 479	2 130	1 004	...	...	...
Armenia Arménie	214	4 890	15 570	...	...	...	...	...	...
Australia Australie	30 729	35 026	37 481	12 728	11 664	9 672	72 809	73 593	74 116
Austria Autriche	51 491	59 336	66 126	16 787	18 713	17 560	19 477	19 093	19 100
Azerbaijan Azerbaïdjan	...	...	252	...	...	9	...	...	9
Bangladesh Bangladesh	107	128	226	76	98	80	559	645	694
Barbados Barbade	8 365	12 391	15 912	...	...	...	...	...	...
Belarus Bélarus	5 715	14 323	17 251	237	405	633	237	641	1 261
Belgium Belgique	46 520	50 417	53 651	19 074	20 679	19 477	81 494	87 810	88 762
Bolivia Bolivie	88	117	123	1	59	47	...	...	580
Botswana Botswana	107	87	51	42	59	47	...	...	...
Brazil Brésil	16 944	21 242	25 797	2 649	2 469	2 659	...	17 569	15 757
Brunei Darussalam Brunéi Darussalam	88	...	...	251	...	...	1 384	...	...
Bulgaria Bulgarie	9 512	13 944	17 323	1	280	375	837	2 136	1 858
Burundi Burundi	1	4	1	...	4	1	15	70	64
Canada Canada	47 752	41 462	43 604	14 580	11 641	9 139	320 000	321 051	301 299
Chile Chili	...	1 648	1 716	...	127	133	79	...	7 000
China †† Chine ††	19 618	34 741	41 773	6 556	3 883	3 393	...	...	18 665
China, Hong Kong SAR† Chine, Hong-Kong RAS†	1 195	1 640	1 961	1 438	1 500	1 960	...	...	...
Colombia Colombie	907	906	1 234	280	690	365	...	...	...
Costa Rica Costa Rica	120	...	...	6	...	...	...	...	...
Croatia Croatie	1 249	861	600	...	...	25	...	...	25

75
Patents
Applications, grants, patents in force: number [cont.]
Brevets
Demandes, délivrances, brevets en vigueur : nombre [suite]

Country or area / Pays ou zone	Applications for patents / Demandes de brevets 1993	1994	1995	Grants of patents / Brevets délivrés 1993	1994	1995	Patents in force / Brevets en vigueur 1993	1994	1995
Cuba / Cuba	14	152	137	12	132	77	...	1 174	762
Czech Republic / République tchèque	11 804	17 859	20 010	860	725	1 299	15 150	10 484	6 447
Dem. Rep. of the Congo / Rép. dém. du Congo	...	55	18	...	55	18	...	1 717	615
Denmark / Danemark	47 088	55 199	62 067	6 629	9 723	11 353	16 466	19 221	23 006
Dominica / Dominique	...	...	2	...	...	...	...	...	42
Ecuador / Equateur	121	339	278	45	32	90	371	280	90
Egypt / Egypte	831	836	1 101	341	568	346	...	...	...
El Salvador / El Salvador	85	86	67	61	78	61	258	349	...
Estonia / Estonie	...	2 600	14 767	...	...	...	...	...	...
European Patent Office[2] / Office européen de brevets[2]	70 278	74 234	78 259	36 667	42 001	41 609	...	...	...
Finland / Finlande	15 647	19 582	22 725	2 721	2 563	2 347	18 721	18 954	19 202
France / France	82 141	86 285	89 766	44 291	54 964	55 681	296 433	314 396	454 868
Gambia / Gambie	98	74	46	34	56	45	...	...	...
Georgia / Géorgie	1 027	8 169	15 948	19	173	119	19	192	266
Germany † / Allemagne†	117 768	127 413	136 615	52 008	57 803	56 633	261 229	275 348	291 997
Ghana / Ghana	158	114	42	31	58	46	...	...	...
Greece / Grèce	36 907	41 016	45 149	7 835	8 830	8 948	6 174	...	5 731
Guatemala / Guatemala	81	93	62	19	37	3	...	...	...
Haiti / Haïti	...	...	...	...	...	3	...	...	...
Honduras / Honduras	...	...	47	...	...	4	...	...	115
Hungary / Hongrie	12 779	17 039	20 887	1 409	1 144	1 910	...	...	13 804
Iceland / Islande	146	130	9 331	6	37	11	314	296	286
India / Inde	3 720	4 800	6 566	1 551	1 735	1 613	9 765	9 309	...
Indonesia / Indonésie	...	2 382	...	...	67	...	...	...	...
Iran, Islamic Rep. of / Iran, Rép. islamique d'	442	397	407	149	253	166	...	...	8 468

75
Patents
Applications, grants, patents in force: number [cont.]
Brevets
Demandes, délivrances, brevets en vigueur : nombre [suite]

Country or area Pays ou zone	Applications for patents Demandes de brevets			Grants of patents Brevets délivrés			Patents in force Brevets en vigueur		
	1993	1994	1995	1993	1994	1995	1993	1994	1995
Iraq Iraq	192	137	100	63	33	32	1 122	1 120	1 122
Ireland Irlande	36 792	41 695	45 587	1 574	3 169	4 329	6 893	9 392	12 216
Israel Israël	3 953	3 962	4 425	2 198	2 300	2 029	12 182	12 144	11 868
Italy Italie	65 170	69 332	64 955	32 511	37 096	29 898	...	...	...
Jamaica Jamaïque	...	68	61	...	6	6	...	...	233
Japan Japon	380 035	370 652	388 957	88 400	82 400	109 100	631 063	652 432	681 459
Kazakhstan Kazakhstan	9 449	14 042	17 399	...	1 351	1 281	325	1 676	2 961
Kenya Kenya	175	8 963	28 728	54	75	59	...	...	...
Korea, Dem. P. R. Corée, R. p. dém. de	8 379	12 303	15 693	...	...	...	...	...	...
Korea, Republic of Corée, République de	47 344	60 594	96 557	11 446	11 683	12 512	47 704	54 858	63 021
Kuwait Koweït	...	...	...	107	...	...	...	...	...
Kyrgyzstan Kirghizistan	...	7 452	15 718	...	83	133	...	93	216
Latvia Lettonie	2 666	11 568	16 350	355	374	628	354	715	1 295
Lesotho Lesotho	97	70	2 616	34	54	51	...	...	15
Liberia Libéria	35	1 924	14 278	30	...	...	...	...	...
Libyan Arab Jamah. Jamah. arabe libyenne	36	31	43	...	...	...	...	...	...
Lithuania Lituanie	1 449	5 051	15 988	383	405	494	389	666	1 118
Luxembourg Luxembourg	43 503	51 168	58 063	10 293	11 615	10 383	...	27 781	...
Macau Macao	...	...	...	2	4	2	35	39	42
Madagascar Madagascar	8 350	12 344	15 823	...	...	25	...	...	25
Malawi Malawi	8 443	16 084	28 873	50	79	73	387	391	409
Malaysia Malaisie	2 882	3 587	4 052	1 281	1 629	1 753	4 124	5 752	...
Malta Malte	24	42	24	20	20	19	146	129	130
Mauritius Maurice	6	17	7	4	3	3	119	116	114
Mexico Mexique	8 212	9 944	23 669	6 183	4 367	3 538	24 784	17 908	28 841

75
Patents
Applications, grants, patents in force: number [cont.]
Brevets
Demandes, délivrances, brevets en vigueur : nombre [suite]

Country or area Pays ou zone	Applications for patents Demandes de brevets			Grants of patents Brevets délivrés			Patents in force Brevets en vigueur		
	1993	1994	1995	1993	1994	1995	1993	1994	1995
Monaco Monaco	32 717	37 663	41 741	115	253	1 213	461	422	365
Mongolia Mongolie	8 385	12 512	15 977	50	103	117	172	233	318
Morocco Maroc	298	360	381	352	329	354	6 614	6 615	6 614
Namibia Namibie	133	...	...	102	...	...	...	...	...
Nepal Népal	9	5	8	2	...	1	31	...	...
Netherlands Pays-Bas	58 822	66 090	63 739	23 264	24 743	23 444	94 379	99 059	102 572
New Zealand Nouvelle-Zélande	12 588	17 270	20 648	2 886	2 669	2 641	...	...	...
Nicaragua Nicaragua	36	...	35	2	...	32	89	...	179
Norway Norvège	14 675	18 548	21 676	2 609	2 321	2 014	16 537	15 959	15 585
Pakistan Pakistan	636	605	699	476	503	474	...	6 200	...
Panama Panama	100	97	78	26	38	80	1 578	703	80
Paraguay Paraguay	101	...	...	26	...	...	...	...	...
Peru Pérou	288	398	...	114	235	...	...	...	...
Poland Pologne	13 756	18 660	22 089	2 941	2 560	2 608	18 733	16 293	14 792
Portugal Portugal	42 932	51 761	58 701	1 694	1 775	3 042	8 629	10 316	9 476
Republic of Moldova République de Moldova	103	7 602	15 877	...	39	227	...	39	266
Romania Roumanie	10 952	15 060	18 667	1 713	1 804	1 860	22 626	21 610	23 175
Russian Federation Fédération de Russie	43 717	41 348	41 357	13 214	20 581	25 633	44 321	60 321	76 186
Rwanda Rwanda	...	3	...	...	3	...	...	55	...
Saint Lucia Sainte-Lucie	...	6	4	...	...	...	...	...	...
Samoa Samoa	...	...	2	7	...	2	...	...	...
Saudi Arabia Arabie saoudite	750	720	746	...	...	3	...	...	...
Seychelles Seychelles	...	...	1	...	...	1	...	...	...
Sierra Leone Sierra Leone	...	...	5	...	...	5	...	...	206
Singapore Singapour	1 426	1 818	14 231	1 395	1 768	1 968	...	...	...

75
Patents
Applications, grants, patents in force: number [cont.]
Brevets
Demandes, délivrances, brevets en vigueur : nombre [suite]

Country or area Pays ou zone	Applications for patents Demandes de brevets 1993	1994	1995	Grants of patents Brevets délivrés 1993	1994	1995	Patents in force Brevets en vigueur 1993	1994	1995
Slovakia Slovaquie	9 459	14 590	17 932	4	138	381	12 894	2 594	2 248
Slovenia Slovénie	696	8 412	16 585	379	604	380	412	905	1 492
South Africa Afrique du Sud	9 807	10 414	11 050	5 096	5 160	5 453	...	...	...
Spain Espagne	56 733	64 389	71 251	15 815	19 974	19 928	17 359	18 455	95 739
Sri Lanka Sri Lanka	8 517	12 553	16 020	85	66	159	954	1 499	1 508
Sudan Soudan	8 473	16 084	28 951	34	55	49	...	...	...
Swaziland Swaziland	98	2 440	15 002	33	52	45	...	...	...
Sweden Suède	55 641	63 700	70 561	21 115	22 909	20 816	89 757	91 678	93 383
Switzerland Suisse	55 557	63 314	69 742	20 637	22 306	20 345	103 794	105 394	99 202
Syrian Arab Republic Rép. arabe syrienne	...	...	55	...	...	...	...	...	...
Tajikistan Tadjikistan	...	7 075	15 631	...	...	...	...	27	70
Thailand Thaïlande	3 345	3 928	...	451	674	...	...	...	...
TFYR Macedonia L'ex-R.y. Macédoine	128	236	3 184	...	94	163	...	236	257
Trinidad and Tobago Trinité-et-Tobago	91	7 284	15 539	91	84	87	964	1 174	1 142
Tunisia Tunisie	142	144	146	138	142	141	1 788	...	1 866
Turkey Turquie	1 226	1 367	1 712	804	1 102	722	...	7 419	8 148
Turkmenistan Turkménistan	...	...	8 420	...	...	...	...	...	...
Uganda Ouganda	104	80	20 840	38	56	47	...	...	...
Ukraine Ukraine	19 365	19 639	22 354	1 942	4 650	1 350	2 168	6 693	7 396
United Kingdom Royaume-Uni	101 242	108 404	115 754	42 586	48 772	48 350	...	...	...
United States Etats-Unis	191 386	209 691	235 440	98 344	101 676	101 419	1 131 239	1 129 871	1 110 357
Uruguay Uruguay	176	169	256	119	61	36	...	...	...
Uzbekistan Ouzbékistan	3 768	12 244	16 912	13	1 482	1 233	17	...	...
Venezuela Venezuela	1 675	1 729	...	2 103	3 238	...	...	...	...
Viet Nam Viet Nam	5 008	12 449	16 982	16	19	56	83	102	248

75
Patents
Applications, grants, patents in force: number [cont.]
Brevets
Demandes, délivrances, brevets en vigueur: nombre [suite]

Country or area Pays ou zone	Applications for patents Demandes de brevets 1993	1994	1995	Grants of patents Brevets délivrés 1993	1994	1995	Patents in force Brevets en vigueur 1993	1994	1995
Yugoslavia Yougoslavie	838	788	822	283	674	510	4 418	4 545	4 114
Zambia Zambie	173	90	94	76	59	91	925	...	1 068
Zimbabwe Zimbabwe	293	91	233	194	63	156	1 494	...	...

Source:
World Intellectual Property Organization (Geneva).

† For information on recent changes in country or area nomenclature pertaining to former Czechoslovakia, Germany, Hong Kong Special Administrative Region of China, SFR Yugoslavia and former USSR, see Annex I - Country or area nomenclature, regional and other groupings.

†† For statistical purposes, the data for China do not include those for the Hong Kong Special Administrative Region (Hong Kong SAR) and Taiwan province of China.

1 Members of the African Intellectual Property Organization (OAPI), which includes Benin, Burkina Faso, Cameroon, Central African Republic, Chad, Congo, Côte d'Ivoire, Gabon, Guinea, Mali, Mauritania, Niger, Senegal, Togo.
2 In 1992, the European Patent Office (EPO) was constituted by the following member countries: Austria, Belgium, Denmark, France, Germany, Greece, Ireland, Italy, Liechtenstein, Luxembourg, Monaco, Netherlands, Portugal, Spain, Sweden, Switzerland, United Kingdom.

Source:
Organisation mondiale de la propriété intellectuelle (Genève).

† Pour les modifications récentes de nomenclature de pays ou de zone concernant l'Allemagne, Hong-Kong (Région administrative spéciale de Chine), l'ex-Tchécoslovaquie, l'ex-URSS et l'ex-Rfs de Yougoslavie, voir annexe I - Nomenclature des pays ou des zones, groupements régionaux et autres groupements.

†† Les données statistiques relatives à la Chine ne comprennent pas celles qui concernent la région administrative spéciale de Hong-Kong (la RAS de Hong-Kong) et la province chinoise de Taiwan.

1 Les membres de l'Organisation africaine de la propriété intellectuelle (OAPI): Bénin, Burkina Faso, Cameroun, Congo, Côte d'Ivoire, Gabon, Guinée, Mali, Mauritanie, Niger, République centrafricaine, Sénégal, Tchad, Togo.
2 En 1992, l'Office européen de brevets (OEB) comprenait les pays membres suivants: Allemagne, Autriche, Belgique, Danemark, Espagne, France, Grèce, Irlande, Italie, Liechtenstein, Luxembourg, Monaco, Pays-Bas, Portugal, Royaume-Uni, Suède, Suisse.

Technical notes, tables 73-75

Tables 73 and 74 present selected results of international data compilation by UNESCO in the field of science and technology, mostly obtained in response to the statistical surveys of scientific and technological activities. More comprehensive data can be found in the UNESCO *Statistical Yearbook*. [29] In utilizing these results the reader should keep in mind the factors which have an obvious bearing on the comparability and degree of accuracy of the data.

The absolute figures for R&D (research and experimental development) expenditure should not be compared country by country. Such comparisons would require the conversion of national currencies into a common currency by means of special R&D exchange rates. Official exchange rates do not always reflect the real costs of R&D activities and comparisons based on such rates can result in misleading conclusions, although they can be used to indicate a gross order of magnitude.

Abridged definitions suggested for use in the UNESCO surveys are given below, from the UNESCO *Yearbook*.

Type of personnel

Scientists and engineers are persons with scientific or technical training (usually completions of third-level education) in any field of science, including natural sciences, engineering and technology, the medical and agricultural sciences and the social sciences and humanities, who are engaged in professional work on R&D activities, administrators and other high-level personnel who direct the execution of R&D activities.

Technicians are persons who have received vocational or technical training in any branch of knowledge or technology of a specified standard (i.e. at least three years after the first stage of second-level education).

Full-time equivalent (FTE) is a measurement unit representing one person working full-time for a given period. This unit is used to convert figures relating to the number of part-time workers into the equivalent number of full-time workers. Data concerning personnel are normally calculated in FTE, especially in the case of scientists and engineers.

Research and experimental development (R&D)

In general R&D is defined as any creative systematic activity undertaken in order to increase the stock of knowledge, including knowledge of man, culture and society, and the use of this knowledge to devise new applications. It includes fundamental research, applied research in such fields as agriculture, medicine, industrial chemistry, and experimental development work leading to new devices, products or processes.

Notes techniques, tableaux 73 à 75

Les *Tableaux 73 et 74* présentent certains résultats d'une compilation internationale de données effectuée par l'UNESCO dans les domaines de la science et de la technologie, obtenues pour la plupart en réponse à des enquêtes statistiques sur des activités scientifiques et technologiques. On trouvera des données plus complètes dans l'*Annuaire statistique* de l'UNESCO [29]. Pour interpréter les résultats ainsi obtenus, le lecteur doit tenir compte des divers facteurs qui influent manifestement sur la comparabilité et l'exactitude des données.

Il faut éviter de comparer les chiffres absolus concernant les dépenses de R-D d'un pays à l'autre. On ne pourrait procéder à des comparaisons détaillées qu'en convertissant en une même monnaie les sommes libellées en monnaie na-tionale au moyen de taux de change spécialement applicables aux activités de R-D. Les taux de change officiels ne reflè-tent pas toujours le coût réel des activités de R-D, et les comparaisons établies sur la base de ces taux peuvent con-duire à des conclusions trompeuses; toutefois, elles peuvent être utilisées pour donner une idée de l'ordre de grandeur.

On trouvera ci-dessous des définitions abrégées, tirées de l'*Annuaire* de l'UNESCO, dont l'utilisation est suggérée pour les enquêtes de cette organisation.

Classification du personnel

Scientifiques et ingénieurs : Personnes ayant une formation scientifique ou technique (ayant généralement terminé des études supérieures) dans n'importe quel domaine de la science, y compris les sciences naturelles, l'ingénierie et la technologie, les sciences médicales et agricoles et les sciences sociales et humaines, qui s'adonnent à des activités professionnelles de R-D; administrateurs et autre personnel de haut niveau qui dirigent l'exécution des activités de R-D.

Techniciens : Personnes qui ont reçu une formation professionnelle ou technique d'un niveau spécifié (à savoir au moins trois ans après achèvement du premier cycle de l'enseignement du second degré) dans n'importe quelle branche du savoir ou de la technologie.

Equivalent plein temps (EPT). Unité d'évaluation qui correspond à une personne travaillant à plein temps pendant une période donnée. Cette unité est utilisée pour convertir le nombre de travailleurs à temps partiel en un nombre de travailleurs à plein temps. En principe, les données concernant le personnel sont calculée en EPT, surtout dans le cas des scientifiques et des ingénieurs.

Recherche et développement expérimental (R-D)

En général, la recherche scientifique et le développement expérimental englobent tous les travaux systématiques et créateurs entrepris afin d'accroître la connaissance, y compris la connaissance de l'homme, de la culture et de la société, et l'utilisation de cette connaissance pour en tirer de nouvelles applications. Elle comprend la recherche fondamentale, la recherche appliquée dans des domaines tels que l'agriculture, la médecine, la chimie industrielle et le développement expérimental conduisant à la mise au point de nouveaux dispositifs, produits ou procédés.

Expenditure for research and experimental development

Total is defined as all expenditure (both current and capital) made for this purpose in the course of a reference year in institutions and installations established in the national territory, as well as installations physically situated abroad, land or experimental facilities rented or owned abroad and ships, vehicles, aircraft and satellites used by national institutions. Amounts spent on R&D activities carried out by international organizations established in the country in question are excluded from this total.

Current expenditure includes all payments made for the performance of R&D activities within units, institutions or sectors of performance, whatever the source or origin of funds, covering the cost of labor, minor equipment and expendable supplies and other current expenses including share of overheads.

Capital expenditure includes all payments made for the performance of R&D activities and relating to expenditure on major equipment and other capital expenditure. Depreciation on major instruments, equipment and buildings etc. should be excluded.

Table 75: Data on patents include patent applications filed directly with the office concerned and grants made on the basis of such applications; inventors' certificates; patents of importation, including patents of introduction, revalidation patents and "patentes précautionales"; petty patents; patents applied and granted under the Patent Cooperation Treaty (PCT), the European Patent Convention, the Havana Agreement, the Harare Protocol of the African Regional Industrial Property Organization (ARIPO) and the African Intellectual Property Organization (OAPI). The data are compiled and published by World Intellectual Property Organization [34].

Dépenses consacrées à la recherche et au développement

Le total se définit comme l'ensemble des dépenses (tant courantes qu'en capital) effectuées à ce titre, au cours d'une année de référence, dans les institutions et installations situées sur le territoire national, y compris dans les installations qui sont géographiquement situées à l'étranger : terrains ou installations d'essai acquis ou loués à l'étranger, ainsi que navires, véhicules, aéronefs et satellites utilisés par les institutions nationales. Sont exclues de ce total les dépenses pour les activités de R-D effectuées par les organisations internationales installées dans le pays considéré.

Les dépenses courantes comprennent tous les paiements effectués pour l'exécution d'activités de R-D à l'intérieur des unités, institutions ou secteurs d'exécution, quelle que soit la source ou l'origine des fonds, pour couvrir les dépenses de personnel, de petit matériel et de fournitures fongibles et autres dépenses courantes, y compris une part des frais généraux.

Les dépenses en capital comprennent tous les paiements effectués pour l'exécution d'activités de R-D qui ont trait aux dépenses de gros équipement et autres dépenses en capital. L'amortissement du gros appareillage, de l'équipement et des bâtiments doit en être exclu.

Tableau 75 : Les données relatives aux brevets comprennent les demandes de brevet déposées directement au bureau intéressé et les délivrances effectuées sur la base de ces demandes; les brevets d'invention; les brevets d'importation; y compris les brevets d'introduction, les brevets de revalidation et les "patentes précautionales"; les petits brevets, les brevets demandés et délivrés en vertu du traité de coopération sur les brevets, de la Convention européenne relative aux brevets, de l'Accord de la Havane, du Protocole d'Hararé de l'Organisation régionale africaine de la propriété industrielle (ARIPO) et de l'Organisation africaine de la propriété intellectuelle (OAPI). Les données sont compilées et publiées par l'Organisation mondiale de la propriété intellectuelle [34].

Part Four
International Economic Relations

XVI
International merchandise trade (tables 76-79)
XVII
International tourism (tables 80-82)
XVIII
Balance of payments (table 83)
XIX
International finance (tables 84 and 85)
XX
Development assistance (tables 86-88)

Part Four of the *Yearbook* presents statistics on international economic relations in areas of international merchandise trade, international tourism, balance of payments and assistance to developing countries. The series cover all countries or areas of the world for which data are available.

Quatrième partie
Relations économiques internationales

XVI
Commerce international des marchandises (tableaux 76 à 79)
XVII
Tourisme international (tableaux 80 à 82)
XVIII
Balance des paiements (tableau 83)
XIX
Finances internationales (tableaux 84 et 85)
XX
Aide au développement (tableaux 86 à 88)

La quatrième partie de l'*Annuaire* présente des statistiques sur les relations économiques internationales dans les domaines du commerce international des marchandises, du tourisme international, de la balance des paiements et de l'assistance aux pays en développement. Les séries couvrent tous les pays ou les zones du monde pour lesquels des données sont disponibles.

76
Total imports and exports
Importations et exportations totales
Value in million US dollars
Valeur en millions de dollars E-U

Region, country or area Region, pays ou zone	1986	1987	1988	1989	1990	1991	1992	1993	1994	1995
A. Imports c.i.f. • Importations c.i.f.										
World *Monde*	2 184 928	2 558 073	2 913 074	3 138 122	3 556 811	3 539 882	3 794 887	3 731 550	4 259 528	5 041 810
Developed economies[1,2] Econ. développées[1,2]	1 550 821	1 841 022	2 075 917	2 243 834	2 573 740	2 587 177	2 700 190	2 541 494	2 878 374	3 376 425
Developing economies[2] Econ. en dévelop.[2]	447 968	521 935	628 960	694 843	787 716	858 837	997 126	1 089 881	1 240 465	1 487 414
Other[3] Autres[3]	186 139	195 116	208 197	199 445	195 355	93 867	97 571	100 175	140 689	177 972
America • Amérique										
Developed economies *Economies développées*	454 036	505 296	554 997	595 229	615 676	605 871	653 774	709 535	804 108	890 885
Canada[4] Canada[4]	85 494	92 596	112 718	119 796	123 247	124 782	129 268	139 039	155 076	168 053
United States[4] Etats-Unis[4]	382 295	424 442	459 542	492 922	516 987	508 363	553 923	603 438	689 215	770 852
Developing economies *Econ. en dévelop.*	72 636	87 485	102 735	107 202	119 233	132 419	156 485	168 795	200 372	220 285
LAIA+[5] **ALAI+[5]**	**44 415**	**60 536**	**75 403**	**76 651**	**87 162**	**104 269**	**128 775**	**140 005**	**168 243**	**181 698**
Argentina[6] Argentine[6]	4 724	5 818	5 322	4 203	4 076	8 275	14 872	16 784	21 527	20 122
Bolivia[4] Bolivie[4]	674	766	591	611	687	970	1 090	1 206	1 209	1 424
Brazil[4] Brésil[4]	15 557	16 581	16 055	19 875	22 524	22 950	23 068	27 740	35 997	53 783
Chile[6] Chili[6]	3 436	4 396	5 292	7 144	7 678	8 094	10 129	11 125	11 825	15 914
Colombia[6] Colombie[6]	3 862	4 322	5 002	5 004	5 590	4 906	6 516	9 832	11 883	13 853
Ecuador[4] Equateur[4]	1 810	2 252	1 714	1 855	1 862	2 397	2 501	2 562	3 690	4 193
Mexico[4] Mexique[4]	12	11 884	19 591	24 437	31 147	38 139	48 136	49 623	60 980	45 977
Paraguay[6] Paraguay[6]	578	595	574	760	1 352	1 460	1 422	1 689	2 370	...
Peru[6] Pérou[6]	2 909	3 562	3 348	2 749	3 470	4 195	4 861	4 859	6 691	9 224
Uruguay[4] Uruguay[4]	870	1 142	1 157	1 203	1 343	1 637	2 045	2 326	2 786	2 867
Venezuela[4] Venezuela[4]	9 610	8 814	16 304	8 818	7 443	11 256	14 145	12 269	9 292	11 961
CACM+[7] **MCAC+[7]**	**4 773**	**5 478**	**5 719**	**6 116**	**6 473**	**6 840**	**8 562**	**9 271**	**10 134**	**11 579**
Costa Rica[6] Costa Rica[6]	1 148	1 383	1 410	1 717	1 990	1 877	2 441	2 886	3 025	3 253
El Salvador[6] El Salvador[6]	935	994	1 007	1 161	1 263	1 406	1 699	1 912	2 574	2 853
Guatemala[6] Guatemala[6]	959	1 447	1 557	1 654	1 649	1 851	2 532	2 599	2 604	3 293

Region, country or area Region, pays ou zone	1986	1987	1988	1989	1990	1991	1992	1993	1994	1995
\multicolumn{11}{l}{B. Exports f.o.b. • Exportations f.o.b.}										
World *Monde*	2 110 990	2 490 594	2 826 524	3 022 850	3 426 013	3 419 401	3 658 855	3 649 592	4 168 331	4 950 812
Developed economies[1,2] Econ. développées[1,2]	1 491 784	1 746 358	1 990 515	2 127 503	2 455 260	2 491 154	2 635 851	2 568 423	2 884 778	3 410 447
Developing economies[2] Econ. en dévelop.[2]	435 649	543 370	627 204	704 698	799 489	837 727	928 827	983 976	1 145 692	1 367 084
Other[3] Autres[3]	183 557	200 866	208 806	190 650	171 264	90 520	94 177	97 193	137 861	173 280
\multicolumn{11}{l}{America • Amérique}										
Developed economies **Economies développées**	303 730	340 551	422 276	468 159	496 668	521 619	553 187	577 014	637 824	728 927
Canada[4] Canada[4]	90 325	98 171	117 112	121 835	127 634	127 163	134 441	145 182	165 380	192 204
United States[4] Etats-Unis[4]	227 158	254 122	322 427	363 812	393 592	421 730	448 163	464 773	512 627	584 743
Developing economies **Econ. en dévelop.**	73 187	93 107	110 341	123 525	131 948	126 297	129 328	134 383	158 341	192 308
LAIA+[5] ALAI+[5]	55 113	76 924	93 551	105 643	113 332	111 653	116 577	122 261	142 874	173 086
Argentina[6] Argentine[6]	6 852	6 360	9 135	9 579	12 353	11 978	12 235	13 118	15 659	20 967
Bolivia[4] Bolivie[4]	638	570	600	822	926	849	710	728	1 032	1 101
Brazil[4] Brésil[4]	22 349	26 224	33 494	34 383	31 414	31 620	35 793	38 597	43 558	46 506
Chile[6] Chili[6]	4 191	5 224	7 052	8 080	8 373	8 942	10 007	9 199	11 604	16 039
Colombia[6] Colombie[6]	5 102	4 642	5 037	5 717	6 766	7 232	6 917	7 116	8 479	10 126
Ecuador[4] Equateur[4]	2 172	1 928	2 192	2 354	2 714	2 852	3 007	2 904	3 820	4 307
Mexico[4] Mexique[4]	16	19 274	20 765	23 047	27 131	27 286	27 730	30 188	34 532	47 056
Paraguay[6] Paraguay[6]	233	353	510	1 009	959	737	657	725	817	...
Peru[6] Pérou[6]	2 531	2 661	2 701	3 488	3 231	3 329	3 484	3 515	4 555	5 575
Uruguay[4] Uruguay[4]	1 088	1 189	1 405	1 599	1 693	1 605	1 703	1 645	1 913	2 106
Venezuela[4] Venezuela[4]	9 956	8 510	10 669	15 573	17 783	15 233	14 343	14 536	16 912	18 489
CACM+[7] MCAC+[7]	4 021	3 801	3 951	4 189	4 354	4 453	4 758	5 148	5 802	7 442
Costa Rica[6] Costa Rica[6]	1 121	1 158	1 246	1 415	1 448	1 598	1 841	1 995	2 243	2 702
El Salvador[6] El Salvador[6]	755	591	609	498	582	588	598	732	844	998
Guatemala[6] Guatemala[6]	1 044	987	1 022	1 108	1 163	1 202	1 295	1 340	1 522	2 156

708 International merchandise trade Commerce international des marchandises

76
Total imports and exports
Value in million US dollars [cont.]
Importations et exportations totales
Valeur en millions de dollars E-U [suite]

Region, country or area Région, pays ou zone	1986	1987	1988	1989	1990	1991	1992	1993	1994	1995
Honduras[b] Honduras[b]	875	827	940	969	935	955	1 037	1 130	1 056	1 219
Nicaragua[a] Nicaragua[a]	857	827	805	615	638	751	855	744	875	962
Other America **Autres pays d'Amérique**	**23 448**	**21 471**	**21 613**	**24 435**	**25 598**	**21 309**	**19 147**	**19 519**	**21 995**	**27 008**
Antigua and Barbuda[a] Antigua-et-Barbuda[a]	207	222	225	228	222	246	...	...	...	...
Aruba[b] Aruba[b]	192	236	336	387	536	481	...	...	...	...
Bahamas[a] Bahamas[a]	3 289	3 041	2 264	3 001	2 920	1 091	1 038	954	1 056	1 243
Barbados[a] Barbade[a]	587	515	579	673	700	695	521	574	611	766
Belize[a] Belize[a]	122	143	181	216	211	256	274	281	260	259
Bermuda[a] Bermudes[a]	492	420	488	535	595	510	562	534	550	630
Cayman Islands[a] Iles Caïmanes[a]	161	195	231	259	288	267	334	319	327	399
Cuba[b] Cuba[b]	11 139	7 584	7 579	8 124	6 745	3 690	2 185	1 990	2 055	2 825
Dominica[a] Dominique[a]	56	66	88	107	118	110	111	94	96	...
Dominican Republic[a] Rép. dominicaine[a]	1 433	1 830	1 849	2 258	2 062	1 988	2 501	2 436	2 626	2 976
French Guiana[b] Guyane française[b]	295	394	507	568	785	769	669	524	676	752
Greenland[a] Groënland[a]	360	507	519	399	447	408	457	...	...	...
Grenada[b] Grenade[b]	84	89	92	99	105	121	107	...	...	...
Guadeloupe[b] Guadeloupe[b]	762	1 038	1 243	1 251	1 650	1 644	1 509	1 393	1 539	1 890
Guyana[b] Guyana[b]	241	265	216	236	312	328	440	485	...	...
Haiti[a] Haïti[a]	360	399	344	291	332	464	286	359	259	654
Jamaica[a] Jamaïque[a]	971	1 238	1 455	1 853	1 924	1 811	1 675	2 097	2 161	2 756
Martinique[b] Martinique[b]	879	1 119	1 290	1 317	1 779	1 695	1 750	1 556	1 642	1 963
Montserrat[b] Montserrat[b]	...	25	27	37	48	35	34	...	...	...
Netherlands Antilles[b] Antilles néerlandaises[b]	1 112	1 502	1 403	1 610	2 141	2 139	1 868	1 947	...	...
Panama[b,8] Panama[b,8]	1 229	1 306	751	986	1 539	1 695	2 024	2 188	2 404	2 511
Saint Kitts and Nevis[b] Saint-Kitts-et-Nevis[b]	65	80	93	103	117	112	96	118	...	...

Region, country or area / Region, pays ou zone	1986	1987	1988	1989	1990	1991	1992	1993	1994	1995
Honduras[6]	854	791	842	859	831	792	802	814	843	1 061
Nicaragua[4]	247	273	233	311	331	272	223	267	352	526
Other America / Autres pays d'Amérique	**14 053**	**12 382**	**12 839**	**13 693**	**14 262**	**10 192**	**7 993**	**6 974**	**9 665**	**11 779**
Antigua and Barbuda[4]	20	17	22	20	19	40	...	...	...	...
Aruba[6]	24	26	31	23	28	26	...	...	...	...
Bahamas[4]	2 701	2 728	2 164	2 786	2 678	218	192	162	167	176
Barbados[4]	277	160	176	187	214	206	189	186	181	238
Belize[4]	93	103	116	125	133	122	141	136	151	162
Bermuda[4]	65	29	31	50	60	55	85	...	...	53
Cayman Islands[4]	3	2	2	2	4	3	4	2	3	4
Cuba[6]	7 615	5 402	5 518	5 392	4 910	3 550	2 050	1 275	1 385	1 600
Dominica[4]	43	48	54	45	55	54	56	48	45	...
Dominican Republic[4] / Rép. dominicaine[4]	718	711	890	924	735	658	562	511	633	765
French Guiana[6] / Guyane française[6]	32	54	51	57	93	70	96	95	136	131
Greenland[4] / Groënland[4]	257	346	391	418	454	341	333	...	...	...
Grenada[6]	31	32	33	28	27	23	20	...	...	...
Guadeloupe[6]	104	93	158	112	118	147	130	128	152	159
Guyana[6]	222	267	230	227	256	247	290	414	456	455
Haiti[4] / Haïti[4]	184	214	179	144	160	190	73	80	87	112
Jamaica[4] / Jamaïque[4]	589	706	880	998	1 158	1 097	1 048	1 069	1 191	1 380
Martinique[6]	216	194	196	200	278	216	247	191	218	224
Montserrat[6]	...	4	2	1	1	1	2	...	...	...
Netherlands Antilles[6] / Antilles néerlandaises[6]	924	1 308	1 134	1 454	1 790	1 599	1 559	1 283	...	...
Panama[6,5]	349	358	307	318	340	358	502	553	583	625
Saint Kitts and Nevis[6] / Saint-Kitts-et-Nevis[6]	71	28	29	33	25	21	26	27	...	...

76
Total imports and exports
Value in million US dollars [cont.]
Importations et exportations totales
Valeur en millions de dollars E-U [suite]

Region, country or area Region, pays ou zone	1986	1987	1988	1989	1990	1991	1992	1993	1994	1995
Saint Lucia[6] Sainte-Lucie[6]	155	179	220	274	271	295	313	...	...	...
St. Pierre and Miquelon[6] St.-Pierre-et-Miquelon[6]	51	57	62	84	86	81	76	70	71	...
St. Vincent-Grenadines[6] St. Vincent-Grenadines[6]	87	98	122	127	136	140	132	134	130	136
Suriname[4] Suriname[4]	327	294	351	443	472	...	...	...	...	...
Trinidad and Tobago[6] Trinité-et-Tobago[6]	1 350	1 219	1 128	1 221	1 109	1 410	1 168	1 463	1 130	1 714

Europe · Europe

Region, country or area Region, pays ou zone	1986	1987	1988	1989	1990	1991	1992	1993	1994	1995
Developed economies[9] **Economies développées[9]**	**916 851**	**1 122 610**	**1 262 082**	**1 358 544**	**1 642 833**	**1 664 223**	**1 728 656**	**1 502 221**	**1 695 979**	**2 028 430**
EU+[10,11] **UE+[10,11]**	**849 866**	**1 042 233**	**1 174 998**	**1 269 399**	**1 536 670**	**1 567 838**	**1 636 492**	**1 417 764**	**1 600 361**	**1 913 337**
Austria[6] Autriche[6]	26 852	32 683	36 565	38 935	49 092	50 804	54 122	48 616	55 340	...
Belgium-Luxembourg[6] Belgique-Luxembourg[6]	68 729	83 550	92 453	98 596	120 325	121 060	125 153	112 249	125 637	155 109
Denmark[6] Danemark[6]	22 823	25 401	25 944	26 696	32 230	32 411	35 185	30 546	34 882	43 231
Finland[4] Finlande[4]	15 340	19 635	21 059	24 460	27 003	21 808	21 184	18 033	23 214	28 114
France[6] France[6]	129 435	158 499	177 288	190 963	233 207	230 832	238 875	200 750	230 639	275 796
Germany†[6,10,12,13] Allemagne†[6,10,12,13]	191 379	228 281	250 839	269 763	345 032	390 423	403 268	346 130	384 746	444 554
Greece[6] Grèce[6]	11 353	13 164	12 324	16 149	19 780	21 582	23 232	22 007	21 489	...
Ireland[4] Irlande[4]	11 559	13 639	15 571	17 423	20 682	20 756	22 483	21 794	25 910	32 902
Italy[6] Italie[6]	99 404	125 692	138 583	153 010	181 983	182 750	188 456	148 308	169 179	204 047
Netherlands[6] Pays-Bas[6]	75 496	91 508	99 460	104 276	126 485	127 251	134 670	124 742	141 317	176 426
Portugal[6] Portugal[6]	9 648	13 966	17 941	19 205	25 358	26 405	30 296	24 320	26 939	32 349
Spain[6] Espagne[6]	35 086	49 119	60 533	70 957	87 722	93 330	99 765	81 888	92 503	114 972
Sweden[4] Suède[4]	32 697	40 709	45 631	48 981	54 266	50 001	50 050	42 687	51 732	64 447
United Kingdom[4] Royaume-Uni[4]	126 367	154 407	189 719	199 220	224 550	209 864	221 638	206 321	226 172	265 321
EFTA+[14] **AELE+[14]**	**62 475**	**74 833**	**81 192**	**83 289**	**98 589**	**93 839**	**89 363**	**81 956**	**92 859**	**111 734**
Iceland[4] Islande[4]	1 115	1 590	1 598	1 402	1 679	1 761	1 684	1 342	1 472	1 755
Norway[4] Norvège[4]	20 307	22 641	23 223	23 680	27 219	25 576	25 916	23 892	27 303	32 973
Switzerland[6] Suisse[6]	41 053	50 602	56 372	58 207	69 691	66 502	61 763	56 722	64 085	77 006

711　International merchandise trade　Commerce international des marchandises

Region, country or area / Region, pays ou zone	1986	1987	1988	1989	1990	1991	1992	1993	1994	1995
Saint Lucia[6] / Sainte-Lucie[6]	87	80	116	109	127	110	123	...	...	...
St. Pierre and Miquelon[6] / St.-Pierre-et-Miquelon[6]	16	22	13	30	26	30	25	1	12	...
St. Vincent-Grenadines[6] / St. Vincent-Grenadines[6]	64	52	85	75	83	67	78	58	50	43
Suriname[4] / Suriname[4]	335	306	409	542	472	...	...	...	...	...
Trinidad and Tobago[6] / Trinité-et-Tobago[6]	1 386	1 462	1 413	1 578	1 960	1 775	1 691	1 662	1 866	2 456

Europe · Europe

Region, country or area / Region, pays ou zone	1986	1987	1988	1989	1990	1991	1992	1993	1994	1995
Developed economies[9] / Economies développées[9]	926 861	1 115 152	1 236 938	1 312 747	1 593 570	1 575 583	1 662 072	1 546 460	1 759 254	2 137 794
EU+[10,11] / UE+[10,11]	865 952	1 041 688	1 157 167	1 227 140	1 479 214	1 476 710	1 561 994	1 452 928	1 654 850	2 013 707
Austria[6] / Autriche[6]	22 529	27 175	31 062	32 485	41 138	41 126	44 377	40 200	45 031	...
Belgium-Luxembourg[6] / Belgique-Luxembourg[6]	68 960	83 308	92 149	100 095	118 328	118 355	123 564	119 523	137 276	169 620
Denmark[6] / Danemark[6]	21 214	25 598	27 657	28 113	35 135	36 011	41 067	37 172	41 422	49 045
Finland[4] / Finlande[4]	16 358	20 038	21 670	23 323	26 572	23 079	23 955	23 447	29 658	39 573
France[6] / France[6]	124 863	148 402	167 813	173 073	210 169	213 441	231 913	206 231	236 072	286 897
Germany†[6,10,12,13] / Allemagne†[6,10,12,13]	243 473	293 894	323 898	341 440	409 958	402 982	422 706	382 631	429 075	508 398
Greece[6] / Grèce[6]	5 649	6 531	5 430	7 544	8 106	8 675	9 839	8 777	9 392	...
Ireland[4] / Irlande[4]	12 587	15 996	18 744	20 694	23 747	24 223	28 532	29 022	34 155	44 711
Italy[6] / Italie[6]	97 631	116 413	127 886	140 623	170 383	169 536	178 164	167 746	190 056	231 331
Netherlands[6] / Pays-Bas[6]	80 274	93 113	103 207	107 869	131 787	133 672	140 356	139 127	155 554	195 912
Portugal[6] / Portugal[6]	7 242	9 321	10 990	12 801	16 419	16 318	18 369	15 386	17 900	22 622
Spain[6] / Espagne[6]	27 231	34 199	40 340	43 463	55 646	60 197	64 342	62 872	73 288	91 533
Sweden[4] / Suède[4]	37 267	44 509	49 751	51 552	57 542	55 229	56 154	49 864	61 301	79 919
United Kingdom[4] / Royaume-Uni[4]	106 975	131 210	145 482	153 299	185 326	185 306	190 542	181 559	204 009	242 036
EFTA+[14] / AELE+[14]	56 678	68 341	74 560	80 034	99 429	97 197	98 124	91 872	102 546	121 860
Iceland[4] / Islande[4]	1 099	1 374	1 424	1 386	1 591	1 549	1 528	1 400	1 623	1 803
Norway[4] / Norvège[4]	18 095	21 493	22 425	27 112	34 045	34 116	35 193	31 778	34 685	41 994
Switzerland[6] / Suisse[6]	37 484	45 474	50 712	51 536	63 793	61 532	61 403	58 694	66 238	78 062

76
Total imports and exports
Value in million US dollars [cont.]
Importations et exportations totales
Valeur en millions de dollars E-U [suite]

Region, country or area Region, pays ou zone	1986	1987	1988	1989	1990	1991	1992	1993	1994	1995
Other Europe **Autres pays d'Europe**	**1 347**	**1 832**	**2 024**	**2 002**	**2 445**	**2 547**	**2 801**	**2 501**	**2 758**	**3 358**
Faeroe Islands[4] Iles Féroé[4]	332	513	478	346	338	303	334	219	242	315
Gibraltar[4] Gibraltar[4]	164	231	...	...	...	...	...	...	...	...
Malta[4] Malte[4]	887	1 140	1 353	1 480	1 961	2 114	2 349	2 174	2 441	2 956
Developing economies[15] **Econ. en dévelop.**[15]	**11 750**	**12 603**	**13 154**	**14 802**	**18 890**	**11 804**	**16 456**	**14 194**	**15 443**	**20 344**
Croatia[4] Croatie[4]	...	...	...	...	...	...	4 501	4 667	5 231	7 583
Slovenia[6] Slovénie[6]	...	...	...	...	...	...	6 142	6 529	7 304	9 490
TFYR Macedonia[6] L'ex-R.y. Macédoine[6]	...	...	...	...	...	...	1 206	1 199	1 484	1 719
Yugoslavia, SFR†[6] Yougoslavie, Rfs†[6]	11 750	12 603	13 154	14 802	18 890	11 804	...	...	...	...
Eastern Europe **Europe de l'est**	**88 861**	**90 232**	**91 499**	**75 795**	**65 814**	**46 483**	**51 367**	**55 440**	**62 733**	**84 509**
Bulgaria[6] Bulgarie[6]	15 249	16 211	16 582	14 881	12 893	3 017	5 265	4 315	4 316	5 026
former Czechoslovakia†[4,16,17] l'ex-Tchécoslovaquie†[4,16,17]	13 358	14 883	14 593	14 277	13 106	10 014	12 530	...	...	...
Czech Republic[6] République tchèque[6]	...	...	...	...	...	...	...	12 694	14 956	25 313
former German D. R.†[4,16,18] l'ex-R. d. allemande†[4,16,18]	27 414	28 786	29 647	17 778	...	...	...	...	...	...
Hungary[6] Hongrie[6]	9 599	9 842	9 345	8 710	8 671	11 416	11 106	12 521	14 383	15 046
Poland[6] Pologne[6]	11 535	11 215	12 712	10 659	8 413	15 757	15 701	18 834	21 383	29 050
Romania[6] Roumanie[6]	11 437	8 978	8 254	9 122	9 843	5 793	6 260	6 522	7 109	9 424
Slovakia[4] Slovaquie[4]	...	...	...	...	...	...	...	6 360	6 503	8 500
former USSR†[4,16,19] l'ex-URSS†[4,16,19]	88 871	96 061	107 229	114 567	120 651	43 458	...	...	...	...
former USSR-Europe[20] **l'ex-URSS-Europe**[20]	...	...	...	...	...	...	**42 087**	**40 561**	**71 942**	**85 704**
Belarus[4,21] Bélarus[4,21]	...	...	...	...	...	...	751	779	4 746	4 644
Estonia[4,22] Estonie[4,22]	...	...	...	...	...	...	412	897	1 663	2 546
Latvia[6] Lettonie[6]	...	...	...	...	...	...	...	961	1 244	1 749
Lithuania[4] Lituanie[4]	...	...	...	...	...	...	602	2 284	2 353	3 649
Republic of Moldova[4,21] Rép. de Moldova[4,21]	...	...	...	...	...	...	170	184	669	822

Region, country or area / Region, pays ou zone	1986	1987	1988	1989	1990	1991	1992	1993	1994	1995
Other Europe / **Autres pays d'Europe**	**772**	**983**	**1 098**	**1 223**	**1 549**	**1 677**	**1 954**	**1 659**	**1 858**	**2 227**
Faeroe Islands[4] / Iles Féroé[4]	246	345	348	346	418	435	439	327	326	362
Gibraltar[4] / Gibraltar[4]	65	85	...	...	...	...	...	...	...	...
Malta[4] / Malte[4]	497	605	714	844	1 130	1 252	1 543	1 355	1 572	1 905
Developing economies[15] / **Econ. en dévelop.**[15]	**10 298**	**11 425**	**12 597**	**13 363**	**14 312**	**9 548**	**15 150**	**11 800**	**12 547**	**14 592**
Croatia[4] / Croatie[4]	...	...	...	...	...	...	4 597	3 914	4 259	4 633
Slovenia[6] / Slovénie[6]	...	...	...	...	...	...	6 681	6 083	6 828	8 315
TFYR Macedonia[6] / L'ex-R.y. Macédoine[6]	...	...	...	...	...	...	1 199	1 055	1 086	1 204
Yugoslavia, SFR†[6] / Yougoslavie, Rfs†[6]	10 298	11 425	12 597	13 363	14 312	9 548	...	...	...	...
Eastern Europe / **Europe de l'est**	**86 311**	**92 901**	**98 247**	**81 477**	**67 087**	**44 245**	**44 495**	**44 900**	**52 519**	**69 853**
Bulgaria[6] / Bulgarie[6]	14 192	15 905	17 223	16 013	13 347	3 835	4 294	3 582	4 157	5 091
former Czechoslovakia†[4,16,17] / l'ex-Tchécoslovaquie†[4,16,17]	13 227	14 723	14 894	14 440	11 882	10 878	11 656	...	...	...
Czech Republic[6] / République tchèque[6]	...	...	...	...	...	...	...	13 209	14 280	21 686
former German D.R.†[4,16,18] / l'ex-R.d. allemande†[4,16,18]	27 729	29 871	30 672	17 334	...	...	...	...	...	...
Hungary[6] / Hongrie[6]	9 166	9 555	9 950	9 582	9 597	10 199	10 676	8 888	10 689	12 435
Poland[6] / Pologne[6]	12 074	12 205	13 960	13 466	13 627	14 903	13 324	14 143	17 042	22 892
Romania[6] / Roumanie[6]	9 763	10 492	11 392	10 487	5 775	4 266	4 363	4 892	6 151	7 548
Slovakia[4] / Slovaquie[4]	...	...	...	...	...	...	...	5 469	6 592	8 595
former USSR†[4,16,19] / l'ex-URSS†[4,16,19]	97 247	107 966	110 559	109 173	104 177	46 274	...	...	...	...
former USSR-Europe[20] / **l'ex-URSS-Europe**[20]	...	...	...	...	...	...	**49 682**	**52 293**	**85 342**	**103 427**
Belarus[4,21] / Bélarus[4,21]	...	...	...	...	...	...	1 061	758	2 509	4 156
Estonia[4,22] / Estonie[4,22]	...	...	...	...	...	...	445	805	1 302	1 838
Latvia[6] / Lettonie[6]	...	...	...	...	...	...	...	1 004	991	1 304
Lithuania[4] / Lituanie[4]	...	...	...	...	...	...	852	2 029	2 029	2 705
Republic of Moldova[4,21] / Rép. de Moldova[4,21]	...	...	...	...	...	...	157	178	565	720

76
Total imports and exports
Value in million US dollars [cont.]
Importations et exportations totales
Valeur en millions de dollars E-U [suite]

Region, country or area / Region, pays ou zone	1986	1987	1988	1989	1990	1991	1992	1993	1994	1995
Russian Federation[4,21] / Fédération de Russie[4,21]	...	...	...	...	...	...	36 984	32 806	50 518	60 916
Ukraine[4,21] / Ukraine[4,21]	...	...	...	...	...	...	2 219	2 651	10 748	11 379

Africa • Afrique

Region, country or area / Region, pays ou zone	1986	1987	1988	1989	1990	1991	1992	1993	1994	1995
South Africa[4,23,24] / Afrique du Sud[4,23,24]	12 372	14 623	17 612	17 664	17 665	17 837	18 714	19 090	22 470	29 608
Developing economies / **Econ. en dévelop.**	**56 125**	**55 322**	**61 492**	**65 286**	**79 085**	**68 662**	**73 113**	**68 872**	**74 153**	**84 565**
Northern Africa / **Afrique du Nord**	**29 596**	**27 319**	**31 298**	**34 848**	**44 810**	**33 391**	**35 849**	**35 185**	**40 158**	**44 902**
Algeria[6] / Algérie[6]	9 234	7 028	7 403	9 123	9 574	7 438	8 648	...	...	...
Egypt[6,25] / Egypte[6,25]	8 680	7 596	8 657	7 434	16 783	8 310	8 325	8 214	10 218	11 760
Libyan Arab Jamah.[4] / Jamah. arabe libyenne[4]	4 193	4 722	5 878	5 049	5 599	5 356	...	...	...	...
Morocco[6] / Maroc[6]	3 803	4 229	4 773	5 493	6 925	6 894	7 356	7 162	7 188	8 539
Sudan[4] / Soudan[4]	961	871	1 061	...	619	890	821	945	1 162	1 185
Tunisia[4] / Tunisie[4]	2 891	3 039	3 689	4 387	5 513	5 189	6 431	6 214	6 581	7 903
Other Africa / **Autres Pays d'Afrique**	**26 530**	**28 004**	**30 194**	**30 438**	**34 275**	**35 271**	**37 264**	**33 687**	**33 995**	**39 663**
CACEU+[26] / **UDEAC+[26]**	**3 598**	**3 952**	**3 630**	**3 498**	**3 440**	**3 016**	**2 761**	**2 992**	**2 839**	**3 243**
Cameroon[6] / Cameroun[6]	1 704	1 753	1 271	1 261	1 400	1 173	1 163	1 106	1 090	1 245
Central African Rep.[6] / Rép. centrafricaine[6]	167	204	141	150	154	93	146	126	139	175
Chad[6] / Tchad[6]	212	226	252	235	286	251	244	201	178	220
Congo[6] / Congo[6]	597	979	1 113	1 028	617	597	452	583	638	671
Equatorial Guinea[4] / Guinée équatoriale[4]	52	58	62	55	61	68	56	60	37	50
Gabon[6] / Gabon[6]	866	732	791	767	922	834	700	917	758	883
ECOWAS+[27] / **CEDEAO+[27]**	**11 564**	**11 481**	**12 270**	**11 976**	**13 831**	**16 988**	**18 431**	**15 529**	**14 072**	**16 980**
Benin[6] / Bénin[6]	387	350	327	206	266	243	616	614	493	...
Burkina Faso[6] / Burkina Faso[6]	405	434	454	391	540	603	544	554	390	549
Cape Verde[6] / Cap-Vert[6]	107	101	106	112	136	147	180	154	210	...
Côte d'Ivoire[6] / Côte d'Ivoire[6]	2 055	2 243	2 081	2 133	2 098	2 125	2 354	...	...	...
Gambia[4] / Gambie[4]	105	127	137	161	188	202	217	260	208	140

Region, country or area Region, pays ou zone	1986	1987	1988	1989	1990	1991	1992	1993	1994	1995
Russian Federation[4,21] Fédération de Russie[4,21]	...	...	...	...	...	...	42 376	44 297	67 642	81 137
Ukraine[4,21] Ukraine[4,21]	...	...	...	...	...	...	3 774	3 222	10 305	11 567

Africa • Afrique

Region, country or area Region, pays ou zone	1986	1987	1988	1989	1990	1991	1992	1993	1994	1995
South Africa[4,23,24] Afrique du Sud[4,23,24]	17 777	20 553	20 755	21 318	22 834	22 288	22 416	23 339	24 082	26 918
Developing economies Econ. en dévelop.	47 626	51 750	50 330	57 441	77 673	71 874	69 480	63 014	67 617	76 309
Northern Africa Afrique du Nord	22 153	24 650	22 883	27 040	39 474	35 263	32 449	30 432	34 446	37 057
Algeria[6] Algérie[6]	7 831	8 565	7 711	9 485	12 675	12 657	11 137	...	...	...
Egypt[6,25] Egypte[6,25]	2 214	2 037	2 120	2 565	4 957	3 790	3 063	2 252	3 475	3 450
Libyan Arab Jamah.[4] Jamah. arabe libyenne[4]	7 748	8 765	6 684	8 239	13 877	11 213	...	...	...	...
Morocco[6] Maroc[6]	2 433	2 807	3 626	3 337	4 265	4 285	3 977	3 428	4 005	4 664
Sudan[4] Soudan[4]	333	504	509	672	374	305	319	417	524	556
Tunisia[4] Tunisie[4]	1 760	2 139	2 395	2 930	3 527	3 699	4 019	3 802	4 657	5 475
Other Africa Autres Pays d'Afrique	25 473	27 099	27 447	30 401	38 199	36 610	37 031	32 582	33 171	39 252
CACEU+[26] UDEAC+[26]	3 030	3 371	3 331	4 447	5 561	5 387	5 446	5 569	5 168	6 446
Cameroon[6] Cameroun[6]	782	829	924	1 273	2 002	1 834	1 840	1 901	1 496	2 047
Central African Rep.[6] Rép. centrafricaine[6]	66	130	66	134	120	47	108	110	151	171
Chad[6] Tchad[6]	99	109	159	155	188	194	183	132	148	252
Congo[6] Congo[6]	777	973	937	1 245	975	1 032	1 183	1 070	963	1 176
Equatorial Guinea[4] Guinée équatoriale[4]	35	42	50	41	62	37	50	57	62	86
Gabon[6] Gabon[6]	1 271	1 288	1 195	1 599	2 213	2 243	2 082	2 300	2 346	2 714
ECOWAS+[27] CEDEAO+[27]	13 700	14 357	13 498	14 723	20 344	20 024	20 652	16 779	16 771	20 733
Benin[6] Bénin[6]	104	114	71	77	122	21	88	182	163	...
Burkina Faso[6] Burkina Faso[6]	83	155	142	95	151	948	895	801	348	537
Cape Verde[6] Cap-Vert[6]	4	8	3	7	6	6	5	4	5	...
Côte d'Ivoire[6] Côte d'Ivoire[6]	3 355	3 112	2 771	2 852	3 072	2 711	2 878	...	...	...
Gambia[4] Gambie[4]	35	40	58	27	31	38	57	67	35	16

76
Total imports and exports
Value in million US dollars [cont.]
Importations et exportations totales
Valeur en millions de dollars E-U [suite]

Region, country or area Région, pays ou zone	1986	1987	1988	1989	1990	1991	1992	1993	1994	1995
Ghana[a] Ghana[a]	1 046	1 166	904	1 277	...	...	2 175	...	...	...
Guinea-Bissau[a] Guinée-Bissau[a]	...	...	65	79	86	76	181	61	17	71
Liberia[b] Libéria[b]	259	308	272	...	...	...	...	...	...	...
Mali[b] Mali[b]	444	374	504	340	608	463	608	...	...	...
Mauritania[b] Mauritanie[b]	221	235	240	222	...	...	...	...	...	...
Niger[b] Niger[b]	368	311	387	363	389	355	307	309	...	...
Nigeria[a] Nigéria[a]	4 433	3 917	4 784	4 195	5 692	9 072	8 772	7 513	...	...
Senegal[b] Sénégal[b]	962	1 023	1 080	1 221	1 220	1 176	1 036	969	...	...
Sierra Leone[b] Sierra Leone[b]	132	137	156	182	148	163	146	147	151	135
Togo[b] Togo[b]	312	424	487	472	581	444	395	179	222	385
Rest of Africa **Afrique N.D.A.**	**11 368**	**12 570**	**14 294**	**14 965**	**17 004**	**15 267**	**16 072**	**15 166**	**17 084**	**19 440**
Angola[b] Angola[b]	619	443	989	1 140	...	...	...	...	...	...
Burundi[b] Burundi[b]	202	206	206	188	235	255	221	196	224	234
Comoros[b] Comores[b]	37	52	53	43	52	58	69	...	...	...
Dem. Rep of the Congo[b] Rép. dém. du Congo[b]	875	756	763	850	888	711	420	372	382	...
Djibouti[a] Djibouti[a]	184	205	201	196	215	214	219	...	...	...
Ethiopia[a] Ethiopie[a]	1 102	1 066	1 129	951	1 081	472	859	787	1 033	...
Kenya[a] Kenya[a]	1 613	1 755	1 975	2 148	2 124	1 799	1 828	1 774	2 090	3 006
Madagascar[b] Madagascar[b]	353	302	383	372	651	436	448	468	447	529
Malawi[a] Malawi[a]	258	295	420	507	575	703	735	545	495	475
Mauritius[a] Maurice[a]	684	1 013	1 289	1 326	1 621	1 559	1 624	1 716	1 930	1 959
Mozambique[b] Mozambique[b]	543	642	736	808	878	899	855	955	...	784
Réunion[b] Réunion[b]	1 141	1 465	1 662	1 733	2 165	2 130	2 320	2 057	2 365	2 625
Rwanda[a] Rwanda[a]	350	352	370	333	285	308	288	292	86	236
Seychelles[a] Seychelles[a]	106	114	159	165	187	173	191	238	207	233
Somalia[b] Somalie[b]	284	132	107	75	81	...	...	...	...	...

717   International merchandise trade   Commerce international des marchandises

Region, country or area / Region, pays ou zone	1986	1987	1988	1989	1990	1991	1992	1993	1994	1995
Ghana[4] / Ghana[4]	862	984	1 008	1 018	...	...	1 252	...	...	...
Guinea-Bissau[4] / Guinée-Bissau[4]	...	...	16	14	19	20	12	16	33	24
Liberia[6] / Libéria[6]	408	382	396	460	...	...	...	...	...	...
Mali[6] / Mali[6]	212	179	214	247	359	314	343	...	...	...
Mauritania[6] / Mauritanie[6]	349	428	354	437	...	...	...	...	...	...
Niger[6] / Niger[6]	317	312	289	244	283	307	262	226	...	...
Nigeria[4] / Nigéria[4]	6 715	7 382	6 958	7 880	12 961	12 321	12 600	9 923	...	...
Senegal[6] / Sénégal[6]	625	606	591	693	762	703	674	458	...	...
Sierra Leone[6] / Sierra Leone[6]	144	130	107	137	137	145	149	118	115	25
Togo[6] / Togo[6]	204	244	242	245	268	253	275	136	162	209
Rest of Africa / Afrique N.D.A.	**8 743**	**9 372**	**10 618**	**11 231**	**12 294**	**11 200**	**10 933**	**10 234**	**11 232**	**12 072**
Angola[6] / Angola[6]	1 319	2 147	2 494	2 989	3 910	3 413	3 714	...	...	...
Burundi[6] / Burundi[6]	154	90	133	78	75	91	73	62	106	108
Comoros[6] / Comores[6]	20	12	21	18	18	25	22	...	...	...
Dem. Rep. of the Congo[6] / Rép. dém. du Congo[6]	1 100	975	1 120	1 254	999	830	427	369	419	...
Djibouti[4] / Djibouti[4]	20	28	23	25	25	17	16	...	...	...
Ethiopia[4] / Ethiopie[4]	455	355	429	440	298	189	169	199	372	422
Kenya[4] / Kenya[4]	1 200	961	1 071	970	1 031	1 107	1 362	1 380	1 565	1 890
Madagascar[6] / Madagascar[6]	315	333	274	321	319	305	278	261	375	366
Malawi[4] / Malawi[4]	245	277	288	267	417	469	396	319	325	405
Mauritius[4] / Maurice[4]	676	880	997	987	1 196	1 195	1 301	1 299	1 347	1 537
Mozambique[6] / Mozambique[6]	79	97	103	105	126	162	139	132	147	169
Réunion[6] / Réunion[6]	135	169	158	161	189	150	213	168	171	207
Rwanda[4] / Rwanda[4]	188	112	109	95	114	93	67	55	21	50
Seychelles[4] / Seychelles[4]	18	22	32	34	57	49	48	51	52	53
Somalia[6] / Somalie[6]	89	104	114	77	81	...	...	...	...	...

76
Total imports and exports
Value in million US dollars [cont.]
Importations et exportations totales
Valeur en millions de dollars E-U [suite]

Region, country or area Région, pays ou zone	1986	1987	1988	1989	1990	1991	1992	1993	1994	1995
Uganda[4] Ouganda[4]	286	840	886	396	291	196	515	...	879	1 055
United Rep.Tanzania[4] Rép. Unie de Tanzanie[4]	938	929	823	989	1 364	1 546	1 453	1 498	1 504	1 679
Zambia[4] Zambie[4]	648	735	828	924	1 260	961	972	...	...	...
Zimbabwe[4] Zimbabwe[4]	985	1 047	1 134	1 627	1 850	2 037	2 202	1 817	2 241	2 661

Asia • Asie

	1986	1987	1988	1989	1990	1991	1992	1993	1994	1995
Developed economies **Economies développées**	136 411	163 235	199 075	220 311	247 832	251 298	248 262	257 938	293 160	356 330
Israel[6] Israël[6]	10 805	14 350	15 022	14 354	16 803	18 811	20 203	22 610	25 232	29 568
Japan[4] Japon[4]	127 588	151 075	187 411	209 755	235 423	237 289	233 265	241 652	275 268	335 991
Developing economies[28] **Econ. en dévelop.**[28]	303 601	362 279	447 000	502 524	565 376	640 473	745 647	832 788	944 789	1 156 375
Asia Middle East **Moyen-Orient d'Asie**	73 685	80 060	82 142	87 996	98 567	107 013	138 603	149 425	136 430	163 281
Non petroleum exports Petrole non compris	...	...	...	...	...	...	...	...	...	...
Bahrain[4] Bahreïn[4]	2 405	2 714	2 593	3 134	3 712	4 115	4 263	3 858	3 737	3 626
Cyprus[4] Chypre[4]	1 274	1 484	1 857	2 280	2 569	2 622	3 301	2 534	3 018	3 690
Iran, Islamic Rep. of[6] Iran, Rép. islamique d'[6]	9 107	9 228	8 272	...	...	...	30 676	...	...	...
Iraq[6] Iraq[6]	6 360	3 854	5 960	6 956	4 834	...	...	...	...	...
Jordan[4] Jordanie[4]	2 432	2 703	2 705	2 126	2 603	2 508	3 255	3 539	3 382	3 697
Kuwait[6] Koweït[6]	5 687	5 496	6 146	6 297	3 923	4 761	7 251	7 042	6 680	7 790
Oman[4] Oman[4]	2 404	1 822	2 202	2 257	2 681	3 194	3 769	4 114	3 915	4 248
Qatar[6] Qatar[6]	1 099	1 134	1 267	1 326	1 695	1 720	2 015	1 891	1 927	...
Saudi Arabia[6] Arabie saoudite[6]	19 109	20 110	21 784	21 154	24 069	29 079	33 698	28 198	23 338	27 458
Syrian Arab Republic[6] Rép. arabe syrienne[6]	2 728	7 112	2 231	2 097	2 400	2 768	3 490	4 140	5 467	4 616
Turkey[6] Turquie[6]	11 105	14 158	14 335	15 792	22 302	21 047	22 872	29 174	23 270	35 710
United Arab Emirates[4] Emirats arabes unis[4]	6 422	7 226	8 521	10 010	11 199	13 746	17 410	19 520	...	...
Yemen[6,29] Yémen[6,29]	1 502	1 292	2 016	1 944	1 566	1 957	2 587	2 821	2 087	...
Other Asia **Autres pays d'Asie**	229 916	282 219	364 859	414 528	466 809	533 461	604 804	680 341	797 864	982 694

719 International merchandise trade   Commerce international des marchandises

Region, country or area / Region, pays ou zone	1986	1987	1988	1989	1990	1991	1992	1993	1994	1995
Uganda[4] / Ouganda[4]	429	327	273	251	153	200	143	179	410	461
United Rep.Tanzania[4] / Rép. Unie de Tanzanie[4]	361	289	275	365	331	342	412	450	519	685
Zambia[4] / Zambie[4]	741	873	1 178	1 344	1 312	1 076	788	905	781	...
Zimbabwe[4] / Zimbabwe[4]	1 301	1 425	1 646	1 546	1 729	1 530	1 442	1 565	1 881	2 115

Asia • Asie

Region, country or area / Region, pays ou zone	1986	1987	1988	1989	1990	1991	1992	1993	1994	1995
Developed economies / Economies développées	215 984	237 622	269 749	280 912	294 826	322 271	347 780	370 768	406 589	453 074
Israel[6] / Israël[6]	7 153	8 461	8 204	10 728	11 573	11 911	13 075	14 806	16 881	19 038
Japan[4] / Japon[4]	210 813	231 351	264 903	273 983	287 648	315 163	339 911	362 286	397 048	443 265
Developing economies[28] / Econ. en dévelop.[28]	302 510	384 673	450 976	507 348	572 818	626 956	711 403	770 562	902 749	1 079 130
Asia Middle East / Moyen-Orient d'Asie	75 413	89 523	88 669	101 469	120 776	111 664	122 924	123 339	127 047	137 243
Non petroleum exports[42] / Petrole non compris[42]	26 766	27 817	30 621	28 847	41 424	26 557	34 609	51 346	51 367	37 044
Bahrain[4] / Bahreïn[4]	2 199	2 430	2 411	2 831	3 761	3 511	3 465	3 710	3 454	4 044
Cyprus[4] / Chypre[4]	504	621	711	793	948	954	984	867	968	1 229
Iran, Islamic Rep. of[6] / Iran, Rép. islamique d[6]	6 642	...	...	...	...	...	...	...	...	...
Iraq / Iraq	...	...	...	...	...	...	...	...	...	...
Jordan[4] / Jordanie[4]	733	932	1 000	1 107	1 063	1 130	1 219	1 246	1 424	1 769
Kuwait[6] / Koweït[6]	7 221	8 266	7 759	11 502	6 956	1 088	6 567	10 245	11 228	12 944
Oman[4] / Oman[4]	1 834	2 491	2 476	4 068	5 508	4 871	5 428	5 299	5 545	5 713
Qatar[6] / Qatar[6]	...	...	...	2 687	3 529	3 107	3 736	3 181	...	...
Saudi Arabia[6] / Arabie saoudite[6]	20 187	23 199	24 377	28 382	44 417	47 797	50 280	42 395	42 614	...
Syrian Arab Republic[6] / Rép. arabe syrienne[6]	1 325	3 870	1 345	3 006	4 212	3 430	3 093	3 146	3 547	3 970
Turkey[6] / Turquie[6]	7 457	10 190	11 662	11 625	12 959	13 594	14 716	15 343	18 106	21 600
United Arab Emirates[4] / Emirats arabes unis[4]	15 837	...	...	...	...	...	...	...	...	...
Yemen[6,29] / Yémen[6,29]	21	79	533	727	679	640	474	374	934	...
Other Asia / Autres pays d'Asie	227 097	295 150	362 307	405 879	452 043	515 292	584 267	643 068	765 655	929 717

76
Total imports and exports
Value in million US dollars [cont.]
Importations et exportations totales
Valeur en millions de dollars E-U [suite]

Region, country or area Région, pays ou zone	1986	1987	1988	1989	1990	1991	1992	1993	1994	1995
ASEAN+[30] **ANASE+[30]**	**62 192**	**78 364**	**103 343**	**126 284**	**158 844**	**180 083**	**196 464**	**225 134**	**272 799**	**346 625**
Brunei Darussalam[6] Brunéi Darussalam[6]	656	641	744	859	1 001	1 208	1 176	1 201	1 695	...
Indonesia[6] Indonésie[6]	10 718	12 370	13 249	16 360	21 837	25 869	27 280	28 328	31 985	40 918
Malaysia[4] Malaisie[4]	10 806	12 681	16 507	22 481	29 259	36 649	39 854	45 657	59 581	77 614
Philippines[4] Philippines[4]	5 394	7 144	8 721	11 171	13 041	12 786	15 449	18 754	22 546	28 337
Singapore[4] Singapour[4]	25 511	32 566	43 862	49 657	60 774	66 093	72 132	85 229	102 670	124 502
Thailand[6] Thaïlande[6]	9 181	12 987	20 286	25 785	33 031	37 579	40 680	46 076	54 438	73 426
Rest of Asia **Autres pays d'Asie**	**167 723**	**203 854**	**261 515**	**288 244**	**307 965**	**353 378**	**408 340**	**455 207**	**525 065**	**636 068**
Afghanistan[4] Afghanistan[4]	1 404	996	900	822	936	616	...	...	...	...
Bangladesh[4] Bangladesh[4]	2 546	2 715	3 042	3 651	3 618	3 412	3 731	3 994	4 602	6 501
China ††[4] Chine ††[4]	42 904	43 216	55 268	59 140	53 345	63 791	80 585	103 088	115 681	129 113
China, Hong Kong SAR †[4] Chine, Hong-Kong RAS †[4]	35 367	48 465	63 896	72 155	82 474	100 255	123 430	138 658	161 777	192 774
India[4] Inde[4]	15 413	16 678	19 103	20 550	23 583	20 445	23 594	22 789	26 843	34 525
Korea, Republic of[4] Corée, République de[4]	31 585	41 020	51 811	61 465	69 844	81 525	81 775	83 800	102 348	135 119
Lao People's Dem. Rep.[6] Rép. dém. pop. lao[6]	186	216	193	185	202	215	253	432	564	587
Macau[4,31] Macao[4,31]	890	1 121	1 290	1 478	1 534	1 843	1 948	1 999	2 090	2 026
Maldives[4] Maldives[4]	45	81	90	113	138	161	189	185	222	268
Mongolia[4] Mongolie[4]	1 140	1 105	1 114	963	924	361	418	362	223	...
Myanmar[4] Myanmar[4]	304	268	244	191	270	646	651	814	878	1 335
Nepal[4] Népal[4]	460	571	679	582	686	765	792	880	1 159	1 378
Pakistan[4] Pakistan[4]	5 374	5 822	6 590	7 143	7 376	8 439	9 379	9 501	8 889	11 461
Sri Lanka[4] Sri Lanka[4]	1 948	2 057	2 240	2 239	2 689	3 062	3 505	3 993	4 767	5 192
Viet Nam[4] Viet Nam[4]	2 155	2 455	2 757	2 566	2 752	2 338	2 541	3 924	5 826	7 500
former USSR-Asia **l'ex-URSS-Asie**	...	...	...	...	...	...	**2 240**	**3 022**	**10 496**	**10 400**
Armenia[6,21] Arménie[6,21]	...	...	...	...	...	...	50	86	415	661

721 International merchandise trade Commerce international des marchandises

Region, country or area Region, pays ou zone	1986	1987	1988	1989	1990	1991	1992	1993	1994	1995
ASEAN+[30] **ANASE+**[30]	**66 359**	**83 025**	**104 274**	**121 570**	**141 111**	**162 244**	**182 656**	**208 100**	**256 356**	**313 580**
Brunei Darussalam[6] Brunéi Darussalam[6]	1 797	1 902	1 708	1 883	2 213	2 682	2 370	2 198	2 296	...
Indonesia[6] Indonésie[6]	14 805	17 136	19 218	22 160	25 675	29 142	33 967	36 823	40 054	45 417
Malaysia[4] Malaisie[4]	13 688	17 958	21 082	25 048	29 453	34 350	40 772	47 131	58 755	73 715
Philippines[4] Philippines[4]	4 771	5 649	7 032	7 755	8 068	8 767	9 752	11 089	13 304	17 502
Singapore[4] Singapour[4]	22 495	28 692	39 305	44 661	52 730	58 964	63 435	74 008	96 826	118 263
Thailand[6] Thaïlande[6]	8 877	11 714	15 956	20 090	23 071	28 439	32 467	36 963	45 236	56 191
Rest of Asia **Autres pays d'Asie**	**160 738**	**212 125**	**258 033**	**284 309**	**310 931**	**353 048**	**401 611**	**434 968**	**509 299**	**616 137**
Afghanistan[4] Afghanistan[4]	552	512	395	236	235	188	...	...	...	...
Bangladesh[4] Bangladesh[4]	880	1 067	1 291	1 305	1 671	1 689	2 098	2 278	2 661	3 173
China ††[4] Chine ††[4]	30 942	39 437	47 516	52 538	62 091	71 910	84 940	90 970	121 047	148 797
China, Hong Kong SAR †[4] Chine, Hong-Kong RAS †[4]	35 439	48 476	63 163	73 140	82 160	98 577	119 512	135 248	151 395	173 754
India[4] Inde[4]	9 391	11 299	13 235	15 872	17 970	17 727	19 641	21 573	25 022	30 640
Korea, Republic of[4] Corée, République de[4]	34 715	47 281	60 696	62 377	65 016	71 870	76 632	82 236	96 013	125 058
Lao People's Dem. Rep.[6] Rép. dém. pop. lao[6]	55	62	63	63	79	97	133	241	300	348
Macau[4,31] Macao[4,31]	1 046	1 397	1 492	1 644	1 694	1 655	1 749	1 763	1 834	1 983
Maldives[4] Maldives[4]	25	31	40	45	52	54	40	35	46	50
Mongolia[4] Mongolie[4]	716	718	739	722	661	348	389	381	324	...
Myanmar[4] Myanmar[4]	288	219	166	210	325	419	531	586	792	851
Nepal[4] Népal[4]	142	151	191	159	209	263	374	389	364	349
Pakistan[4] Pakistan[4]	3 384	4 172	4 522	4 709	5 589	6 528	7 317	6 688	7 365	7 992
Sri Lanka[4] Sri Lanka[4]	1 216	1 398	1 477	1 568	1 913	1 988	2 462	2 851	3 209	3 798
Viet Nam[4] Viet Nam[4]	823	854	1 038	1 946	2 404	2 087	2 581	2 985	4 054	5 200
former USSR-Asia **l'ex-URSS-Asie**	...	...	...	...	...	...	**4 211**	**4 155**	**10 047**	**12 170**
Armenia[6,21] Arménie[6,21]	...	...	...	...	...	...	26	30	232	248

76
Total imports and exports
Value in million US dollars [cont.]
Importations et exportations totales
Valeur en millions de dollars E-U [suite]

Region, country or area Region, pays ou zone	1986	1987	1988	1989	1990	1991	1992	1993	1994	1995
Azerbaizan[4,21] Azerbadjan[4,21]	...	...	...	...	...	...	333	241	791	681
Georgia[4,21] Géorgie[4,21]	...	...	...	...	...	...	227	167	471	250
Kazakhstan[4,21] Kazakhstan[4,21]	...	...	...	...	...	...	469	494	4 499	3 882
Kyrgyzstan[6,21] Kirghizistan[6,21]	...	...	...	...	...	...	70	112	369	439
Tajikistan[4,21] Tadjikistan[4,21]	...	...	...	...	...	...	132	463	578	810
Turkmenistan[4,21] Turkménistan[4,21]	...	...	...	...	...	...	30	501	894	777
Uzbekistan[4,21] Ouzbékistan[4,21]	...	...	...	...	...	...	929	958	2 479	2 900

Oceania • Océanie

Region, country or area	1986	1987	1988	1989	1990	1991	1992	1993	1994	1995
Developed economies **Economies développées**	31 151	35 258	42 152	52 085	49 734	47 948	50 783	52 710	62 657	71 172
Australia[4] Australie[4]	26 109	29 321	36 101	44 944	42 024	41 651	43 808	45 478	53 425	60 317
New Zealand[4] Nouvelle-Zélande[4]	6 065	7 276	7 342	8 784	9 501	8 408	9 218	9 636	11 913	13 958
Developing economies **Econ. en dévelop.**	3 856	4 246	4 579	5 030	5 132	5 479	5 425	5 232	5 709	5 846
American Samoa[6] Samoa américaines[6]	313	346	339	378	360	372	418	...	...	...
Cook Islands[4] Iles Cook[4]	26	34	42	44	52	55	59	67	...	...
Fiji[4] Fidji[4]	435	379	462	579	754	652	631	720	829	867
French Polynesia[6] Polynésie française[6]	736	827	808	791	929	915	894	852	881	1 019
Kiribati[4] Kiribati[4]	14	18	22	23	27	26	37	28	26	34
New Caledonia[6] Nouvelle-Calédonie[6]	458	626	604	766	883	863	917	858	876	912
Papua New Guinea[4] Papouasie-Nvl-Guinée[4]	1 080	1 164	1 393	1 534	1 192	1 614	1 485	1 299	1 521	1 452
Samoa[4] Samoa[4]	47	62	76	75	81	94	110	105	81	95
Solomon Islands[6] Iles Salomon[6]	72	81	98	114	95	110	97	101	142	...
Tonga[4] Tonga[4]	41	48	56	54	62	59	63	61	69	77
Vanuatu[4] Vanuatu[4]	57	70	71	71	96	83	82	79	87	95

Additional groups • Groupes supplémentaires

	1986	1987	1988	1989	1990	1991	1992	1993	1994	1995
ANCOM+[32] ANCOM+[32]	18 852	19 705	26 949	19 028	19 042	23 715	29 104	30 719	32 757	40 646
APEC+[33] CEAP+[33]	787 369	917 949	1 081 796	1 205 431	1 300 962	1 359 806	1 474 620	1 610 300	1 861 623	2 155 793

Region, country or area / Region, pays ou zone	1986	1987	1988	1989	1990	1991	1992	1993	1994	1995
Azerbaizan[4,21] / Azerbadjan[4,21]	...	...	...	...	...	...	754	351	637	550
Georgia[4,21] / Géorgie[4,21]	...	...	...	...	...	...	68	69	70	140
Kazakhstan[4,21] / Kazakhstan[4,21]	...	...	...	...	...	...	1 398	1 501	3 231	5 064
Kyrgyzstan[6,21] / Kirghizistan[6,21]	...	...	...	...	...	...	76	112	340	380
Tajikistan[4,21] / Tadjikistan[4,21]	...	...	...	...	...	...	111	322	483	749
Turkmenistan[4,21] / Turkménistan[4,21]	...	...	...	...	...	...	908	1 049	2 010	1 939
Uzbekistan[4,21] / Ouzbékistan[4,21]	...	...	...	...	...	...	869	721	3 044	3 100

Oceania · Océanie

Region, country or area	1986	1987	1988	1989	1990	1991	1992	1993	1994	1995
Developed economies / Economies développées	**27 432**	**32 481**	**40 796**	**44 367**	**47 362**	**49 393**	**50 396**	**50 842**	**57 028**	**63 735**
Australia[4] / Australie[4]	22 573	26 624	33 238	37 134	39 760	41 855	42 839	42 704	47 525	53 097
New Zealand[4] / Nouvelle-Zélande[4]	5 882	7 196	8 849	8 875	9 394	9 649	9 799	10 542	12 185	13 741
Developing economies / Econ. en dévelop.	**2 028**	**2 415**	**2 960**	**3 020**	**2 738**	**3 052**	**3 466**	**4 217**	**4 438**	**4 746**
American Samoa[6] / Samoa américaines[6]	254	288	368	308	311	327	318	...	...	...
Cook Islands[4] / Iles Cook[4]	5	7	4	3	5	5	3	4	...	...
Fiji[4] / Fidji[4]	336	380	372	442	498	451	443	450	550	619
French Polynesia[6] / Polynésie française[6]	41	83	75	89	111	127	107	148	226	196
Kiribati[4] / Kiribati[4]	2	2	5	5	3	3	5	3	5	7
New Caledonia[6] / Nouvelle-Calédonie[6]	191	225	464	675	449	444	409	359	366	515
Papua New Guinea[4] / Papouasie-Nvl-Guinée[4]	1 031	1 241	1 451	1 300	1 177	1 459	1 927	2 584	2 630	2 650
Samoa[4] / Samoa[4]	11	12	15	13	9	6	6	6	4	9
Solomon Islands[6] / Iles Salomon[6]	65	64	81	74	70	84	103	131	142	168
Tonga[4] / Tonga[4]	6	6	8	10	12	14	13	17	14	15
Vanuatu[4] / Vanuatu[4]	17	18	20	22	19	18	24	23	25	28

Additional groups · Groupes supplémentaires

	1986	1987	1988	1989	1990	1991	1992	1993	1994	1995
ANCOM+[32] / ANCOM+[32]	20 384	18 300	21 191	27 945	31 411	29 485	28 453	28 789	34 790	39 588
APEC+[33] / CEAP+[33]	712 686	846 151	1 029 535	1 124 761	1 214 342	1 323 660	1 441 692	1 542 343	1 758 138	2 053 632

76
Total imports and exports
Value in million US dollars [cont.]
Importations et exportations totales
Valeur en millions de dollars E-U [suite]

Region, country or area Region, pays ou zone	1986	1987	1988	1989	1990	1991	1992	1993	1994	1995
CARICOM+[34] CARICOM+[34]	5 261	5 266	5 446	6 538	6 827	5 664	4 656	5 499	7 304	9 165
CIS+[35] CEI+[35]	...	...	...	...	...	...	42 364	39 442	77 176	88 161
LDC+[36] PMA+[36]	18 720	18 902	21 435	23 776	22 852	21 559	24 038	24 357	25 811	30 757
MERCOSUR+[37] MERCOSUR+[37]	21 729	24 136	23 108	26 041	29 295	34 322	41 407	48 538	62 681	79 162
NAFTA+[38] NAFTA+[38]	454 048	517 180	574 588	619 667	646 824	644 010	701 910	759 158	865 088	936 862
OECD+[39] OCDE+[39]	1 586 971	1 894 624	2 145 186	2 327 023	2 672 075	2 715 867	2 838 061	2 703 938	3 065 234	3 600 106
OPEC+[40] OPEP+[40]	86 807	84 602	100 334	100 711	109 621	125 666	155 944	159 359	152 971	178 322
PTA+[41] ZEP+[41]	10 680	11 619	13 654	16 660	15 270	13 839	14 673	13 960	15 857	18 035

Source:
Trade statistics database of the Statistics Division of the United Nations Secretariat.
+ For Member States of this grouping, see Annex I - Other groupings.

† For information on recent changes in country or area nomenclature pertaining to former Czechoslovakia, Germany, Hong Kong Special Administrative Region (SAR) of China, SFR Yugoslavia and former USSR, see Annex I - Country or area nomenclature, regional and other groupings.

†† For statistical purposes, the data for China do not include those for the Hong Kong Special Administrative Region (Hong Kong SAR) and Taiwan province of China.

1 United States, Canada, Developed Economies of Europe, Israel, Japan, Australia, New Zealand and South African Customs Union.
2 This classification is intended for statistical convenience and does not necessarily express a judgement about the stage reached by a particular country in the development process.
3 Prior to January 1992, includes Eastern Europe and the former USSR. Beginning January 1992, includes Eastern Europe and the European countries of the former USSR.
4 Country or area using general trade system. See technical notes for explanation of trade systems.
5 Latin American Integration Association. Formerly Latin American Free Trade Association.
6 Country or area using special trade system. See technical notes for explanation of trade systems.
7 Central American Common Market.
8 Excluding trade of the Free Zone of Colon.

Source:
Base de données pour les statistiques du commerce extérieur de la Division de statistique du Secrétariat de l'ONU.
+ Les Etats membres de ce groupement, voir annexe I - Autres groupements.

† Pour les modifications récentes de nomenclature de pays ou de zone concernant l'Allemagne, Hong-Kong (Région administrative spéciale de Chine), l'ex-Tchécoslovaquie, l'ex-URSS et l'ex-Rfs Yougoslavie, voir annexe I - Nomenclature des pays ou des zones, groupements régionaux et autres groupements.

†† Les données statistiques relatives à la Chine ne comprennent pas celles qui concernent la région administrative spéciale de Hong-Kong (la RAS de Hong-Kong) et la province chinoise de Taiwan.

1 Etats-Unis, Canada, Pays à économie développés d'Europe, Israel, Japon, Australie, Nouvelle-Zéalande et l'union douaniere de l'Afrique du Sud.
2 Cette classification est utilisée pour plus de commodité dans la présentation des statistiques et n'implique pas nécessairement un jugement quant au stage de développement auquel est parvenu un pays donné.
3 Avant janvier 1992, y compris l'Europe de l'est et l'ex-URSS. A partir de janvier 1992, y compris l'Europe de l'est et les pays européennes de l'ex-URSS.
4 Pays ou zone utilisant un système generale du commerce. Pour l'explication du système de commerce, voir les notes techniques.
5 Association Latino-Américaine d'intégration. Antérieurement Association Latino-Américaine de libre-Echange.
6 Pays ou zone utilisant un système spécial du commerce. Pour l'explication du système de commerce, voir les notes techniques.
7 Marché Commun de l'Amérique Central.
8 Non compris le commerce de la zone libre de colon.

Region, country or area Region, pays ou zone	1986	1987	1988	1989	1990	1991	1992	1993	1994	1995
CARICOM+[34] CARICOM+[34]	3 620	3 784	4 137	4 672	5 371	3 031	2 406	2 486	4 727	5 673
CIS+[35] CEI+[35]	...	...	...	...	...	...	51 580	52 610	91 068	109 750
LDC+[36] PMA+[36]	10 500	11 614	12 899	14 042	15 053	14 845	14 948	14 264	16 179	17 463
MERCOSUR+[37] MERCOSUR+[37]	30 522	34 127	44 543	46 571	46 418	45 940	50 387	54 085	61 948	70 403
NAFTA+[38] NAFTA+[38]	303 746	359 824	443 041	491 206	523 798	548 905	580 917	607 202	672 356	775 983
OECD+[39] OCDE+[39]	1 526 050	1 810 727	2 073 377	2 209 981	2 534 255	2 593 131	2 741 484	2 692 626	3 032 619	3 612 991
OPEC+[40] OPEP+[40]	109 286	120 086	120 438	142 032	176 680	166 198	178 316	177 669	183 681	199 943
PTA+[41] ZEP+[41]	8 871	9 877	11 213	11 927	12 749	11 661	11 357	10 835	11 940	12 680

9 Prior to January 1991, includes trade conducted in accordance with the supplementary protocol to the treaty on the basis of relations between the Federal Republic of Germany and the former German Democratic Republic.
10 Prior to January 1991, excludes trade conducted in accordance with the supplementary protocol to the treaty on the basis of relations between the Federal Republic of Germany and the former German Democratic Republic.
11 European Union. Prior to January 1995, excludes Austria, Finland and Sweden. Total EU re-calculated for all periods shown in the table according to the current composition.
12 Data prior to January 1991, pertain to the territorial boundaries of the Federal Republic of Germany prior to 3 October, 1990.
13 Prior to January 1991, excludes trade conducted in accordance with the supplementary protocol to the treaty on the basis of relations between the Federal Republic of Germany and the former German Democratic Republic. The value of this trade amounted in million U.S. dollars: imports (1980: 3073; 1986: 3163; 1987: 3711; 1988: 3868; 1989: 3854; 1990: 5129) and exports (1980: 2911; 1986: 3460; 1987: 4140; 1988: 4114; 1989: 4351; 1990: 13379).
14 Europen Free Trade Association. Prior to January 1995, includes Austria, Finland and Sweden. Total EFTA re-calculated for all periods shown in the table according to the current composition.
15 Prior to 1992, data refer to the Socialist Federal Republic of Yugoslavia. Beginning January 1992, data refer to Bosnia and Herzegovina, Croatia, Slovenia, TFYR Macedonia and the Federal Republic of Yugoslavia.
16 Imports F.O.B.
17 Beginning 1985, data are not comparable to those shown for prior periods due to revisions of the Koruna to US dollar exchange rate.
18 For 1989, data are not comparable to those shown for prior periods due to revisions of the Mark to US dollar exchange

9 Avant janvier 1991, Y compris le commerce effectué en accord avec le protocole additionnel au traite définissant la base des relations entre la République Fédérale d'Allemagne et l'ex-République Démocratique Allemande.
10 Avant janvier 1991, non compris le commerce effectué en accord avec le protocole additionnel au traite définissant la base des relations entre la République fédérale d'allemagne et l'ex-République démocratique allemande.
11 Union européenne. Avant janvier 1995, non compris Autriche, Finlande, et Suède. Total UE avait été recalculé pour toutes les périodes données au tableau suivant la composition présente.
12 Les données relatives à la période précédant janvier 1991 correspondent aux limites territoriales de la République Fédérale d'Allemagne antérieur au 3 october 1990.
13 Avant janvier 1991, Y compris le commerce effectué en accord avec le protocole additionnel au traite définissant la base des relations entre la République Fédérale d'Allemagne et l'ex-République Démocratique Allemande. La valeur de ce commerce est la suivante, en millions de dollars des E.U.: importations (1980: 3073; 1986: 3163; 1987: 3711; 1988: 3868; 1989: 3854; 1990: 5129) et exportations (1980: 2911; 1986: 3460; 1987: 4140; 1988: 4114; 1989: 4351; 1990: 13379).
14 Association Européenne de Libre-Echange. Avant janvier 1995, y compris Autriche, Finlande, et Suède. Total AELE avait été recalculé pour toutes les périodes données au tableau suivant la composition présente.
15 Avant 1992, les données se rapportent à la République Fédérative Socialiste de Yougoslavie. A partir de janvier 1992, les données se rapportent aux Bosnie-Herzegovine, Croatie, Slovénie, TARY Macédonie et la République Fédérative de Yougoslavie.
16 Importations F.O.B.
17 A partir de l'année 1985, les données ne sont pas comparables aux données des périodes antérieurs à cause des révisions de taux de change de Koruna au dollar de E-U.
18 Les données de 1989 ne sont pas comparables aux données des périodes antérieurs à cause des révisions de taux de change

76
Total imports and exports
Value in million US dollars [cont.]
Importations et exportations totales
Valeur en millions de dollars E-U [suite]

rate.

19 For 1991, data for the former USSR are converted to US dollars using commercial exchange rate and are not comparable to those shown for prior periods.

20 Excluding inter-trade among countries of the region, except for Estonia, Latvia and Lithuania.

21 Prior to 1994, excludes inter-trade among the Commonwealth of Independent States.

22 Prior to 1994, foreign trade statistics include re-exports.

23 Exports include gold exports.

24 The South African Customs Union comprising Botswana, Lesotho, Namibia, South Africa and Swaziland. Trade between the component countries is excluded.

25 Import figures exclude petroleum imported without stated value. Exports cover domestic exports.

26 Central Africa Customs and Economic Union. Inter-trade among the members of the Union is excluded.

27 Economic community of West African States.

28 Prior to January 1992, excludes Armenia, Azerbaijan, Georgia, Kazakhstan, Kyrgyzstan, Tajikistan, Turkmenistan and Uzbekistan. Total developing Asia re-calculated for all periods shown in the table according to the current composition.

29 Comprises trade of the former Democratic Yemen and former Yemen Arab Republic including any intertrade between them.

30 Association of South-East Asian Nations.

31 Priot to 1981, special trade.

32 Andean Common Market. Includes Bolivia, Colombia, Ecuador, Peru and Venezuela.

33 Asia-Pacific Economic Co-operation. Includes Australia, Brunei Darussalam, Canada, Chile, China, Hong Kong, Indonesia, Japan, Malysia, Mexico, New Zealand, Papua New Guinea, Philippines, Republic of Korea, Singapore, Thailand and the United States of America.

34 Carribean Community and Common Market. Includes Antigua and Barbuda, Bahamas (member of the Community only), Barbados, Belize, Dominica, Grenada, Guyana, Jamaica, Montserrat, Saint Kitts and Nevis, Saint Lucia, Saint Vincent and the Grenadines, Suriname and Trinidad and Tobago.

35 Commonwealth of Independent States. Includes Armenia, Azerbaijan, Belarus, Georgia, Kazakstan, Kyrgyzstan, Republic of Moldova, Russian Federation, Tajikistan, Turkmenistan, Ukraine and Uzbekistan.

36 Least Developed Countries. Includes Afghanistan, Angola, Bangladesh, Benin, Bhutan, Burkina Faso, Burundi, Cambodia,

de mark au dollar de E-U.

19 Les données de 1991 de l'ex-URSS sont converties en dollars des E.U. en utilisant le taux de change commercial de rouble et ne sont pas comparables aux données des périodes antérieures.

20 Non compris le commerce avec les autres pays de la région, excepte pour Estonie, Lettonie et Lituanie.

21 Avant 1994, non compris le commerce avec les pays Communauté des états independants (CEI).

22 Avant 1994, les statistiques du commerce exterieur comprenent les réexportations.

23 Y compris les exportations d'or.

24 L'union douaniere de l'Afrique Meridionale comprend Botswana, Lesotho, Namibie, Afrique du Sud et Swaziland. Non compris le commerce entre ces pays.

25 Non compris le petrole brut dont la valeur à la importation n'est pas stipulée. Les exportations sont les exportations d'intérieur.

26 L'union douanière et économique de l'Afrique centrale. Non compris le commerce entre les autres pays membres de l'UDEAC.

27 Communauté économique des états de l'Afrique de l'Ouest.

28 Avant janvier 1992, non compris Arménie, Azerbaidjan, Géorgie, Kazakhstan, Kirghizistan, Tadjikistan, Turkménistan et Ouzbékistan. Total Asie en voie de développement avait été recalculé pour toutes les périodes données au tableau suivant la composition présente.

29 Y compris le commerce de l'ex-République populaire Démocratique de Yémen, le commerce de l'ex-République Arabe de Yémen et le commerce entre eux.

30 Association des nations de l'Asie du Sud-Est.

31 Avant 1981, commerce special.

32 Marché commun andin. Y compris Bolivie, Colombie, Equateur, Pérou et Venezuela.

33 Coopération économique de l'Asie et du Pacifique. Y compris Australie, Brunéi Darussalam, Canada, Chili, Chine, Corée République de, Etats-Unis d'Amérique, Hong-Kong, Indonésie, Japon, Malaisie, Mexique, Nouvelle-Zélande, Papouasie-Nouvelle-Guinée, Philippines, Singapour et Thaïlande.

34 Communauté des caraïbes et marché commun. Y compris Antigua-et-Barbuda, Bahamas (membre de communauté seul), Barbade, Belize, Dominique, Grenade, Guyane, Jamaïque, Montserrat, Sainte-Lucie, Saint-Kitts-et-Nevis, Saint Vincent-et-les-Grenadines, Suriname et Trinité-et-Tobago.

35 Communauté des Etats indépendants. Y compris Arménie, Azerbaïdjan, Bélarus, Géorgie, Kazakstan, Kirghizistan, République de Moldova, Fédération de Russie, Tadjikistan, Turkménistan, Ukraine et Ouzbékistan.

36 Les pays les moins avancés. Y compris Afghanistan, Angola, Bangladesh, Bénin, Bhoutan, Burkina Faso, Burundi, Cambodge,

Cape Verde, Central African Republic, Chad, Comoros, Dem. Rep. of the Congo, Djibouti, Equatorial Guinea, Eritrea, Ethiopia, Gambia, Guinea, Guinea-Bissau, Haiti, Kiribati, Lao P.D.R., Lesotho, Liberia, Madagascar, Malawi, Maldives, Mali, Mauritania, Mozambique, Myanmar, Nepal, Niger, Rwanda, Samoa, Sao Tome and Principe, Sierra Leone, Solomon Islands, Somalia, Sudan, Togo, Tuvalu, Uganda, United Republic of Tanzania, Vanuatu, Yemen and Zambia.

37 Mercado Comun Sudamericano (Southern Common Market). Includes Argentina, Brazil, Paraguay and Uruguay.

38 North American Free Trade Area. Includes Canada, Mexico and the United States of America.

39 Organization for Economic Co-operation and Development. Includes Australia, Austria, Belgium, Canada, Czech Republic, Denmark, Finland, France, Germany, Greece, Hungary, Iceland, Ireland, Italy, Japan, Korea Republic of, Luxembourg, Mexico, Netherlands, New Zealand, Norway, Poland, Portugal, Spain, Sweden, Switzerland, Turkey, United Kingdom and United States of America.

40 Organization of Petroleum Exporting Countries. Includes Algeria, Gabon, Indonesia, Iran (Islamic Rep. of), Iraq, Kuwait, Libyan Arab Jamahiriya, Nigeria, Qatar, Saudi Arabia, United Arab Emirates and Venezuela.

41 Preferential Trade Area for Eastern and Southern African States. Includes Angola, Burundi, Comoros, Djibouti, Dem. Rep. of the Congo, Eritrea, Ethiopia, Kenya, Lesotho, Madagascar, Malawi, Mauritius, Mozambique, Namibia, Rwanda, Seychelles, Somalia, Sudan, Swaziland, Uganda, United Republic of Tanzania, Zambia and Zimbabwe.

42 Data refer to total exports less petroleum exports of Asia Middle East countries where petroleum, in this case, is the sum of SITC groups 333, 334 and 335.

Cap-Vert, Comores, Djibouti, Erythrée, Ethiopie, Gambie, Guinée, Guinée-Bissau, Guinée-equatoriale, Haïti, Iles Solomon, Kiribati, Lesotho, Libéria, Madagascar, Malawi, Maldives, Mali, Mauritanie, Mozambique, Myanmar, Népal, Niger, Ouganda, Rép. centraficaine, Rép. dém. du Congo, Rép. dém. pop. lao, Rép.-Unie de Tanzanie, Rwanda, Samoa, Sao Tomé et Principe, Sierra Leone, Somalie, Soudan, Tchad, Togo, Tuvalu, Vanuatu, Yémen et Zambie.

37 Mercado Comun Sudamericano (Marché commun austral). Y compris Argentine, Brésil, Paraguay et Uruguay.

38 Association nord-américaine de libre-échange. Y compris Canada, Etats-Unis d'Amérique et Mexique.

39 Organisation de coopération et de développement économiques. Y compris Allemagne, Australie, Autriche, Belgique, Canada, Corée République de, Danemark, Espagne, Etats-Unis d'Amérique, Finlande, France, Grèce, Hongrie, Irlande, Islande, Italie, Japon, Luxembourg, Mexique, Norvège, Nouvelle-Zélande, Pay-Bays, Pologne, Portugal, République tchèque, Suède, Suisse, Turquie et Royaume-Uni.

40 Organisation des pays exportateurs de pétrole. Y compris Algérie, Gabon, Indonésie, Iran (Rép. islamic d'), Iraq, Koweït, Jamahiriya arabe libyenne, Nigéria, Qatar, Arabie Saoudite, Emirates arabes unis et Venezuela.

41 Zone d'échanges préférentiels entre les Etats d'Afrique de l'Est et l'Afrique australe. Y compris Angola, Burundi, Comores, Djibouti, Erythrée, Ethiopie, Kenya, Lesotho, Madagascar, Malawi, Maurice, Mozambique, Namibie, Ouganda, Rép. dém. du Congo, République-Unie de Tanzanie, Rwanda, Seychelles, Somalie, Soudan, Swaziland, Zambie et Zimbabwe.

42 Les données se rapportent aux exportations totales moins les exportations pétroliers de moyen-orient d'Asie. Dans ce cas, le pétrole est la somme des groupes CTCI 333, 334 et 335.

International merchandise trade   Commerce international des marchandises

77
World exports by commodity classes and by regions
Exportations mondiales par classes de marchandises et par régions

In million US dollars f.o.b.

Exports from / Year	World Monde /1,2	Developed economies Econ. développées /1,2,3	Developing economies Total /2,3	Developing economies OPEC+ OPEP+	Eastern Europe and former USSR Total /1,2,6	Eastern Europe and former USSR fmr USSR anc URSS /9	Europe Total /1	Europe EU+ UE+ /1	Europe EFTA+ AELE+	Developed Economies South Africa Afrique du Sud

Total trade (SITC, Rev. 2 and Rev. 3, 0-9) /5

Exports from	Year	World	Dev. econ.	Dev'ing Total	OPEC	EE+USSR Total	fmr USSR	Europe Total	EU	EFTA	S. Africa
World /1,2	1990	3436647	2423797	804975	114738	146819	63372	1561570	1461468	95765	12920
	1991	3499453	2447083	882128	128207	118594	45442	1587429	1489421	93444	14025
	1992	3726833	2586319	985578	144192	99574	44377	1656275	1557760	93945	15175
	1993	3699516	2480910	1053914	137471	106034	43727	1483518	1390236	88589	15202
	1994	4225873	2816142	1206811	132395	133062	59421	1673935	1571147	97976	18473
Developed economies /1,2,3	1990	2448738	1887750	479713	80384	50118	26561	1320378	1229042	87686	11525
	1991	2512088	1896334	527810	92476	56975	27765	1339105	1250041	85223	12075
	1992	2670360	1986867	588417	102957	62790	25605	1403271	1313563	85559	12438
	1993	2574607	1844688	629930	93980	66470	26189	1225485	1140518	80845	12204
	1994	2898100	2086165	697055	87463	76189	28556	1380569	1286890	89454	14394
Developing economies /2,3	1990	805683	477201	275767	29752	23695	15990	189990	184115	5534	1379
	1991	844708	494797	312429	33164	17305	10564	198843	192317	5853	1932
	1992	961924	547307	377322	39068	16694	9842	207475	200410	6706	2671
	1993	1022080	578412	402670	40727	17732	10822	207341	200581	6239	2912
	1994	1185697	660101	482052	42690	18993	10920	232193	224810	6856	3976
OPEC+	1990	180358	105076	56839	3902	3500	1736	45082	44752	255	6
	1991	165961	104765	49739	3097	2215	732	46714	46281	362	6
	1992	182238	104708	59848	4475	3224	1818	45097	44568	461	12
	1993	181078	100293	59860	4663	3430	2020	42992	42439	485	8
	1994	187090	101845	63296	4711	3320	1877	43300	42702	488	31
Eastern Europe and the former USSR /1,2,6	1990	182226	58846	49496	4602	73007	20821	51202	48310	2545	16
	1991	142657	55952	41889	2567	44314	7113	49482	47063	2367	18
	1992	94549	52145	19840	2166	20090	8931	45530	43786	1680	67
	1993	102829	57810	21314	2764	21832	6716	50693	49136	1505	85
	1994	142076	69876	27704	2242	37879	19945	61173	59447	1667	103
former USSR /2	1990	104177	29471	35291	1062	39415	.	24740	23960	746	0
	1991	46274	...	...	...	...	.	...	...	...	...
	1992	.	.	.	.	.	.	.	.	.	.
	1993	.	.	.	.	.	.	.	.	.	.
	1994	.	.	.	.	.	.	.	.	.	.
former USSR-Europe /7	1990	.	.	.	.	.	.	.	.	.	.
	1991	.	.	.	.	.	.	.	.	.	.
	1992	50258	26962	11651	506	9592	2416	22132	21451	666	30
	1993	52901	28691	12546	837	9912	2364	23635	22926	694	31
	1994	82950	33288	18957	796	24606	15335	27371	26512	842	35
Developed economies-Europe /1	1990	1578091	1313151	205377	48749	40488	19304	1124790	1046027	75408	7911
	1991	1585828	1308396	211055	52779	47116	20186	1133507	1057770	72138	7895
	1992	1683912	1378132	232690	58290	53770	19461	1194834	1117594	73367	7730
	1993	1540145	1218368	244082	51918	57100	20140	1032074	960793	67521	7475
	1994	1755786	1395798	264453	47029	68436	23540	1177981	1098095	75897	9540
European Union+ /1	1990	1477110	1227181	192646	46206	38211	18316	1053552	975829	74574	7500
	1991	1487003	1224252	198161	50394	45331	19644	1063055	988311	71374	7540
	1992	1579610	1289992	218383	55551	51917	19010	1120952	1044860	72413	7365
	1993	1441996	1136681	229494	49163	55229	19676	964511	894246	66685	7025
	1994	1647294	1304965	249070	44612	66163	22884	1103919	1025035	75020	9003
European Free Trade Association+	1990	99455	84641	12584	2475	2230	949	70000	68984	811	411
	1991	97148	82676	12711	2289	1761	521	69087	68122	737	354
	1992	102354	86448	14100	2646	1807	407	72322	71236	892	364
	1993	96488	80265	14383	2675	1839	437	66282	65291	812	449
	1994	106646	89250	15156	2325	2239	626	72636	71661	851	537
Other developed economies	1990	870647	574599	274336	31635	9631	7256	195588	183016	12278	3613
	1991	926260	587938	316755	39696	9859	7579	205598	192271	13086	4180
	1992	986448	608734	355727	44667	9021	6144	208436	195969	12193	4708
	1993	1034462	626320	385848	42062	9370	6049	193411	179726	13324	4729
	1994	1142314	690367	432602	40434	7753	5016	202588	188795	13557	4854

International merchandise trade Commerce international des marchandises

En millions de dollars E.-U. f.o.b.

Economies développées /1,2,3					Developing economies / Economies en voie de développement /2,3					← Exportations vers	
Canada	USA E-U	Japan Japon	Australia New Zealand Australie Nouvelle-Zélande	Africa Afrique	America Amerique		Asia Asie		Oceania Océanie	Année	Exportations en provenance de ↓
^	^	^	^	^	Total	LAIA+ ALADI+	Mid.East Moyen Orient	Other Autres /8	^	^	^

Commerce total (CTCI, Rev. 2 et Rev. 3, 0-9) /5

111469	489854	190390	44231	81282	137997	91581	119985	441315	5075	1990	Monde /1,2
112927	480316	194403	42945	80907	156134	108452	122032	502451	5138	1991	
117222	540122	194226	46749	83484	180162	133129	132609	569727	5497	1992	
125166	588260	202662	48322	78757	192975	143181	131866	632595	5257	1993	
139510	673007	233375	57676	79399	224318	170635	123134	759075	5375	1994	
100510	307786	101456	34272	59634	95276	70145	69161	238382	3722	1990	Economies dévelopées /1,2,3
101171	299226	99859	31592	58260	109575	82783	78879	267027	3748	1991	
104576	320525	97319	34052	61073	129501	100349	89284	295922	4056	1992	
111536	347080	98057	34595	57870	135240	103871	86529	337945	3831	1993	
124788	396051	111432	41302	56688	156587	123954	76563	392503	3780	1994	
10544	179046	85039	9820	17889	32983	20574	36580	185368	1269	1990	Economies en voie de développement /2,3
11382	179103	90760	11243	20067	37757	25004	32056	219709	1355	1991	
12143	216673	94071	12584	20957	48912	31926	38005	264087	1416	1992	
13132	237884	101690	13621	19102	55968	38444	39588	283777	1381	1993	
14099	272700	118682	16249	20961	65498	45592	40667	350425	1470	1994	
1525	35698	21668	1084	3233	7902	4840	15567	29439	44	1990	OPEP+
1103	33543	21913	1470	3087	7225	4348	8296	30464	50	1991	
1330	34369	22338	1542	3642	9689	5253	9499	36530	134	1992	
1350	31196	23160	1571	3471	10550	6015	9598	35692	137	1993	
1474	32606	22951	1459	3721	11555	6561	9555	37932	130	1994	
416	3022	3895	139	3759	9738	862	14243	17565	84	1990	Europe de l'Est et l'ancienne URSS /1,2,6
374	1987	3784	110	2580	8803	665	11097	15715	34	1991	
503	2924	2836	113	1453	1749	854	5320	9719	25	1992	
498	3296	2915	106	1785	1767	866	5749	10874	45	1993	
624	4256	3260	126	1750	2233	1090	5904	16147	124	1994	
158	1166	3351	37	2064	8198	241	8749	13803	14	1990	l'ancienne URSS /2
...	...	...	...	...	...	...	...	...	...	1991	
.	.	.	.	.	.	.	.	.	.	1992	
.	.	.	.	.	.	.	.	.	.	1993	
.	.	.	.	.	.	.	.	.	.	1994	
.	.	.	.	.	.	.	.	.	.	1990	l'ancienne URSS-Europe /7
.	.	.	.	.	.	.	.	.	.	1991	
324	1899	2494	22	470	999	411	2287	7514	1	1992	
339	1968	2631	23	527	1077	423	2670	7848	12	1993	
389	2438	2954	30	620	1325	530	3223	13293	2	1994	
14653	111278	34453	12229	45995	29614	19952	46026	69883	1284	1990	Economies développées-Europe /1
13980	101417	32718	10453	44181	32337	22440	50610	73143	1111	1991	
13308	109714	31616	11334	45944	37195	26648	56820	83152	1409	1992	
12183	113631	31522	11313	41905	39484	28069	55280	98122	1085	1993	
14009	130666	37706	13978	41407	44859	34229	49847	116731	1071	1994	
13277	103758	30739	11473	44657	27514	18477	43215	63887	1252	1990	Union Européenne+ /1
12575	94441	29306	9792	42386	30039	20869	48064	67224	1088	1991	
11883	101951	28452	10641	44251	34486	24905	53838	76485	1391	1992	
10955	105681	28605	10647	40547	36933	26410	52204	90769	1066	1993	
12345	121512	34086	13152	40163	42245	32247	47303	108081	1047	1994	
1361	7460	3701	754	1277	2095	1474	2788	5940	31	1990	Association Européenne de Libre Echange+
1402	6894	3396	660	1713	2284	1569	2512	5866	23	1991	
1424	7651	3153	689	1612	2703	1738	2950	6581	18	1992	
1216	7840	2901	666	1282	2546	1656	3049	7258	18	1993	
1656	9028	3603	821	1156	2608	1981	2516	8546	23	1994	
85857	196508	67003	22043	13638	65662	50193	23136	168499	2439	1990	Autres économies développées
87191	197809	67141	21139	14079	77238	60343	28269	193885	2637	1991	
91267	210811	65703	22719	15129	92306	73702	32464	212770	2647	1992	
99353	233449	66535	23281	15965	95755	75802	31249	239823	2746	1993	
110779	265384	73726	27324	15281	111728	89724	26716	275772	2710	1994	

International merchandise trade — Commerce international des marchandises

77 World exports by commodity classes and by regions (continued)
Exportations mondiales par classes de marchandises et par régions (suite)

In million US dollars f.o.b.

Total trade (SITC, Rev. 2 and Rev. 3, 0-9) /5 (continued)

Exports from	Year	World Monde /1,2	Developed economies Econ. développées /1,2,3	Developing economies Total /2,3	OPEC+ OPEP+	Eastern Europe and former USSR Total /1,2,6	fmr USSR anc URSS /9	Europe Total /1	EU+ UE+ /1	EFTA+ AELE+	Developed Economies South Africa Afrique du Sud
Canada	1990	126897	115641	10176	1630	1081	964	12209	10810	1385	143
	1991	126762	114385	10981	1848	1396	1290	11737	10630	1096	109
	1992	134441	122531	10683	1729	1227	1059	11396	9940	1454	116
	1993	144622	133965	10095	1834	563	393	9749	8589	1148	128
	1994	166251	154177	11779	2107	295	153	10120	8991	1126	177
United States	1990	374449	242222	127479	13418	4226	3072	103832	98196	5519	1750
	1991	400984	249153	146869	18587	4673	3500	109122	102547	6491	2131
	1992	424871	252611	166710	21324	5252	3584	107457	102028	5344	2470
	1993	439223	256469	176835	20045	5575	3520	103184	95594	7398	2195
	1994	481833	279928	197043	18575	4612	2926	107821	101310	6399	2162
Japan	1990	286947	170164	113475	13575	3308	2563	62412	58461	3822	1518
	1991	314525	177648	134015	16474	2862	2115	68325	64051	4157	1670
	1992	339651	186080	151727	18995	1844	1128	71584	67129	4311	1757
	1993	360911	188795	169913	17263	2203	1581	64117	60222	3772	2032
	1994	395600	202910	190830	16475	1859	1298	65134	61384	3658	2055
Australia, New Zealand	1990	47784	29518	16846	2654	715	500	7866	7004	856	105
	1991	49817	29828	18621	2490	591	505	7210	6529	676	173
	1992	50801	28791	19858	2349	196	82	7483	7018	438	239
	1993	50951	28359	21483	2601	308	231	6717	6394	318	252
	1994	56864	31241	24312	2877	413	322	7089	6913	168	332
Developing economies-Africa	1990	81022	64329	14071	2978	2160	1150	46012	45360	503	523
	1991	75924	62134	11855	2849	1319	692	45714	44585	815	501
	1992	77336	58460	15827	3963	2469	1713	40578	39198	1286	490
	1993	71459	53269	15328	3658	2334	1687	37059	36263	696	499
	1994	75109	56148	16022	3543	2459	1693	39225	38330	772	616
Developing economies-America	1990	136225	95476	33719	5720	4043	2517	33269	31928	1298	347
	1991	131578	90914	36184	5538	2521	1541	32172	31105	1028	354
	1992	155393	110218	42180	5564	1726	965	32622	31405	1205	487
	1993	164730	115381	46772	5354	1417	886	30069	28849	1176	336
	1994	190586	133524	54450	5321	1553	909	35318	33957	1336	529
Developing economies-Europe /4	1990	14391	8444	1888	747	4059	2681	7572	7325	239	1
	1991	9541	5599	1251	496	2691	1778	5020	4857	159	0
	1992	15273	8077	4844	371	2321	1098	7410	7263	144	8
	1993	11905	7475	2979	221	1450	664	6896	6749	120	4
	1994	12653	8458	2865	160	1331	588	7841	7675	148	6
Developing economies-Middle East	1990	119726	48016	46182	5682	4776	3269	24090	23591	481	54
	1991	109281	51210	39948	5503	3087	1380	26115	25688	408	62
	1992	121035	54935	46319	5871	2847	1153	27962	27483	445	56
	1993	120795	51641	45938	6524	3251	1515	27435	27007	372	63
	1994	126367	54441	47288	6857	3638	1849	28625	28175	417	73
Developing economies-Other Asia	1990	451542	258917	179150	14620	8655	6374	78359	75232	3005	450
	1991	515085	282562	222328	18777	7632	5158	89135	85397	3442	1014
	1992	589620	313217	267294	23292	7325	4908	98221	94381	3624	1630
	1993	649046	347785	290371	24957	9279	6070	105260	101091	3875	2009
	1994	776497	404447	360029	26795	10011	5881	120524	116014	4182	2750
former USSR-Asia /8	1990	.	.	.	.	.	.	.	.	.	.
	1991	.	.	.	.	.	.	.	.	.	.
	1992	4279	1405	2495	1125	379	57	1233	1220	14	0
	1993	4148	1360	2465	1095	322	48	1174	1160	14	0
	1994	10102	3918	5308	2151	876	125	3474	3437	36	0
Developing economies-Oceania	1990	2778	2020	757	4	1	0	687	679	8	3
	1991	3299	2379	864	2	55	15	687	685	1	1
	1992	3267	2401	858	7	6	4	682	680	1	1
	1993	4146	2862	1282	13	2	0	622	622	1	1
	1994	4486	3083	1397	14	2	0	660	659	1	1

En millions de dollars E.-U. f.o.b.

Économies développées /1,2,3				Developing economies / Economies en voie de développement /2,3						← Exportations vers	
Canada	USA E-U	Japan Japon	Australia New Zealand Australie Nouvelle-Zélande	Africa Afrique	America Amerique		Asia Asie		Oceania Océanie	Année	Exportations ↓ en provenance de
					Total	LAIA+ ALADI+	Mid.East Moyen Orient	Other Autres /8			

Commerce total (CTCI, Rev. 2 et Rev. 3, 0-9) /5(suite)

Canada	USA	Japan	Aus/NZ	Africa	Total	LAIA	Mid.East	Other	Oceania	Année	Pays
.	95217	7038	909	903	2325	1675	961	5911	27	1990	Canada
.	95501	6243	674	820	2329	1751	1007	6764	21	1991	
.	104069	6178	668	685	2728	2169	838	6397	16	1992	
.	116697	6553	718	681	2854	2295	915	5608	16	1993	
.	135881	7082	798	713	3328	2809	1041	6667	7	1994	
78212	.	46130	9406	6068	52280	41969	10234	58051	289	1990	Etats-Unis
79055	.	46111	9181	6562	61326	50671	13719	64523	376	1991	
83217	.	45836	9973	7287	73118	61378	15399	70110	489	1992	
91865	.	46030	9243	6991	75293	62380	15668	78260	404	1993	
103642	.	51052	10883	6923	88650	74903	13746	87043	388	1994	
6726	90893	.	8106	3835	9712	5354	9570	89255	853	1990	Japon
7251	92091	.	7574	3973	12243	6791	11583	105257	784	1991	
7090	96489	.	8158	4648	15053	8936	14201	117071	708	1992	
6328	106353	.	8975	5263	15914	9605	12569	135325	804	1993	
5913	118706	.	10229	4815	17650	10160	9821	157847	660	1994	
765	5503	11880	3365	601	707	610	1891	12319	1263	1990	Australie, Nouvelle-Zélande
738	5218	12994	3449	498	727	583	1475	14440	1448	1991	
799	4685	11883	3657	324	775	659	1500	15833	1422	1992	
1002	4268	12034	4041	589	953	859	1548	16879	1508	1993	
983	4345	13438	5002	507	984	881	1610	19565	1637	1994	
953	15373	1168	82	4763	1756	1344	3293	3713	11	1990	Economies en voie de développement-Afrique
456	13861	1107	71	5310	1248	1076	1777	2968	8	1991	
929	14889	1154	86	5351	2242	1466	3306	4649	65	1992	
896	13242	1213	87	5136	2189	1454	3079	4649	71	1993	
974	13578	1426	87	5110	1967	1205	3363	5280	71	1994	
2463	51235	7297	474	2539	20515	13042	3556	6711	68	1990	Economies en voie de développement-Amérique
3199	46932	7428	458	2291	23275	15953	3055	7247	80	1991	
2621	67161	6503	462	2173	29391	20291	3027	7419	49	1992	
3023	74971	6162	495	1691	34343	24504	2650	7976	52	1993	
3276	86244	7347	553	1949	39947	29278	2355	10058	51	1994	
62	691	39	66	715	110	47	788	273	2	1990	Economies en voie de développement-Europe /4
41	458	26	44	474	73	31	523	181	1	1991	
188	404	36	21	451	144	56	479	638	1	1992	
79	420	40	23	203	91	35	317	291	1	1993	
69	468	33	25	175	122	49	193	221	1	1994	
211	12314	10666	630	2644	3050	2329	17052	23042	30	1990	Economies en voie de développement-Moyen Orient
247	12664	11194	839	2478	3002	2225	10871	23259	38	1991	
215	12339	13469	791	2605	3168	2354	11521	28701	31	1992	
282	9291	13692	783	2451	3237	2388	11814	28039	47	1993	
306	9997	14434	808	2736	3264	2393	12171	28726	44	1994	
6837	99320	65213	8024	7228	7349	3736	11891	151176	1058	1990	Economies en voie de développement-Autres Pays d'Asie
7423	105055	70317	8976	9511	9933	5633	15828	185519	1128	1991	
8174	121745	72233	10333	10377	13740	7674	19665	222157	1172	1992	
8836	139773	79691	11090	9621	15873	9973	21726	241874	1116	1993	
9446	162190	94483	13562	10989	19968	12581	22582	305081	1199	1994	
.	.	.	.	.	.	.	.	.	.	1990	l'ancienne URSS asiatique /8
.	.	.	.	.	.	.	.	.	.	1991	
3	78	89	0	133	48	7	1473	812	5	1992	
4	91	89	0	102	38	6	1441	861	2	1993	
8	181	249	1	209	89	24	2886	2070	4	1994	
16	113	656	545	1	202	77	0	453	100	1990	Economies en voie de développement-Océanie
15	132	688	855	2	225	86	2	534	100	1991	
17	134	676	891	1	228	86	7	524	98	1992	
16	187	892	1143	1	236	90	2	948	95	1993	
28	223	959	1213	1	229	87	2	1059	106	1994	

International merchandise trade Commerce international des marchandises

77 World exports by commodity classes and by regions (continued)
Exportations mondiales par classes de marchandises et par régions (suite)

In million US dollars f.o.b.

Exports from / Exports to	Year	World Monde /1,2	Developed economies Econ. développées /1,2,3	Developing economies Total /2,3	OPEC+ OPEP+	Eastern Europe and former USSR Total /1,2,6	fmr USSR anc URSS /9	Europe Total /1	EU+ UE+ /1	EFTA+ AELE+	Developed Economies South Africa Afrique du Sud

Food and raw materials (SITC, Rev. 2 and Rev. 3, 0 - 4)

World /1,2	1990	851878	566149	205009	24783	50561	15218	352027	337556	13319	1187
	1991	833528	564029	200861	23684	44471	13052	357546	342899	13191	1264
	1992	835995	575204	204530	25225	31228	15995	360206	346312	12708	1985
	1993	809719	540822	205582	25803	30814	14648	326537	313397	11789	1539
	1994	898386	590490	232159	26943	39513	21482	358636	343874	13155	2061
Developed economies /1,2,3	1990	419410	331437	72131	12972	10385	6073	238714	227052	10795	754
	1991	423365	332568	73027	12473	12147	7272	243825	232153	10744	783
	1992	444474	346675	77576	12337	14237	8420	253295	241683	10611	1247
	1993	424599	321891	78665	12750	12951	6947	224045	213144	9763	944
	1994	466574	353833	86956	12831	13053	6841	246431	234204	10892	1043
Developing economies /2,3	1990	349430	205364	108211	10469	11822	7397	87060	85349	1519	430
	1991	334724	204664	105190	10399	7831	4409	89205	87043	1662	478
	1992	353224	204927	121632	12358	8536	4822	85776	84107	1523	709
	1993	344701	194116	121350	12271	8372	5164	80237	78624	1425	576
	1994	375858	209158	136742	13394	8530	4898	87558	85654	1664	999
OPEC+	1990	159640	95150	46912	1868	3241	1552	40552	40334	163	3
	1991	144026	94679	38777	1033	1969	582	42059	41714	275	2
	1992	155680	92564	46340	1943	2977	1639	39737	39304	368	3
	1993	150101	85548	44682	2005	3164	1823	37136	36710	360	4
	1994	153905	86068	46923	2094	3086	1718	37078	36620	353	10
Eastern Europe and the former USSR /1,2,6	1990	83038	29348	24668	1342	28354	1748	26253	25156	1005	3
	1991	75439	26797	22644	812	24494	1371	24516	23703	785	3
	1992	38297	23602	5322	529	8456	2754	21135	20522	574	29
	1993	40419	24815	5567	783	9490	2537	22255	21628	602	20
	1994	55954	27500	8461	718	17930	9742	24648	24016	598	19
former USSR /2	1990	...	...	...	...	...	...	...	...	...	...
	1991	...	...	...	...	...	...	...	...	...	...
	1992	.	.	.	.	.	.	.	.	.	.
	1993	.	.	.	.	.	.	.	.	.	.
	1994	.	.	.	.	.	.	.	.	.	.
former USSR-Europe /7	1990	.	.	.	.	.	.	.	.	.	.
	1991	.	.	.	.	.	.	.	.	.	.
	1992	26583	16721	3364	233	5878	1119	14622	14292	322	14
	1993	28603	17940	3840	432	6292	1262	15699	15352	339	14
	1994	42183	19794	6312	342	14106	8126	17324	16928	387	13
Developed economies-Europe /1	1990	264315	228774	24987	6808	5805	2423	206855	196535	9519	446
	1991	269409	232516	24699	6843	7294	2996	213129	202888	9381	467
	1992	284130	243844	26042	6924	10166	4940	223222	212823	9459	487
	1993	261760	219776	27573	6969	10221	4876	198878	189104	8692	425
	1994	287732	242971	29832	6822	11142	5424	218556	207434	9837	540
European Union+ /1	1990	240224	205618	24381	6681	5480	2333	186326	176209	9373	443
	1991	244855	208971	24046	6690	6942	2950	191972	181931	9234	464
	1992	258369	219133	25352	6757	9809	4907	201149	191047	9221	482
	1993	237780	196871	26860	6799	9863	4828	178633	169144	8445	418
	1994	261909	218435	29026	6681	10664	5290	197434	186614	9578	533
European Free Trade Association+	1990	23669	22756	589	119	323	89	20161	19963	140	4
	1991	24093	23113	632	141	349	44	20774	20582	138	4
	1992	25307	24291	663	153	354	30	21688	21404	225	5
	1993	23612	22565	690	158	357	47	19925	19650	237	6
	1994	25454	24197	781	127	476	133	20804	20512	249	8
Other developed economies	1990	155095	102663	47144	6164	4581	3650	31859	30517	1275	308
	1991	153957	100053	48328	5631	4853	4276	30696	29265	1363	316
	1992	160344	102832	51534	5414	4071	3480	30074	28860	1152	760
	1993	162839	102115	51092	5781	2730	2071	25167	24041	1071	519
	1994	178842	110862	57123	6009	1911	1418	27875	26770	1055	503

International merchandise trade Commerce international des marchandises

En millions de dollars E.-U. f.o.b.

Economies développées /1,2,3					Developing economies / Economies en voie de développement /2,3					Oceania / Océanie	Année	← Exportations vers
Canada	USA E-U	Japan Japon	Australia New Zealand Australie Nouvelle-Zélande	Africa Afrique	America Amerique Total	LAIA+ ALADI+	Asia Asie Mid.East Moyen Orient	Other Autres /8			Exportations en provenance de ↓

Produits alimentaires et matières brutes (CTCI, Rev. 2 et Rev. 3, 0 - 4)

15669	104733	85036	5391	22144	35969	19906	38513	101380	1548	1990	Monde /1,2
14550	96913	85815	5580	21229	37038	21193	29631	106550	1598	1991	
15078	102153	88051	5623	21208	37472	24043	27855	112993	1578	1992	
15249	101708	87522	5976	20174	39139	25061	28279	113246	1549	1993	
16699	109576	94791	6479	20731	44278	29680	29327	132266	1596	1994	
12369	39785	35522	2851	11919	14022	9329	11323	32114	950	1990	Economies dévelopées /1,2,3
11706	37145	34935	2657	11354	15370	10650	10624	33430	1007	1991	
11987	40690	35435	2682	11618	17142	12325	10475	36231	970	1992	
12308	44433	35777	2798	11434	17327	12208	11038	36542	977	1993	
13408	49278	38958	3135	11683	19478	14342	10895	42079	992	1994	
											Economies en voie de développement /2,3
3188	63816	47717	2513	8625	16397	10254	20003	61483	578	1990	
2742	59180	49323	2907	8735	16289	10328	13020	65536	585	1991	
2921	60848	50993	2926	9202	19699	11440	15557	75078	600	1992	
2763	56634	50051	3169	8325	21147	12589	15180	74888	559	1993	
3085	59546	53991	3335	8555	24062	15050	16297	85928	581	1994	
1398	33050	19360	777	2762	6898	4241	12352	24284	27	1990	OPEP+
947	31013	19524	1122	2541	6201	3716	5103	24339	28	1991	
1139	30808	19779	1081	3017	8233	4321	5830	28876	83	1992	
1082	26598	19635	1081	2818	8545	4556	5654	27220	93	1993	
1199	27468	19380	910	3101	9237	4738	5762	28390	88	1994	
											Europe de l'Est et l'ancienne URSS /1,2,6
113	1132	1798	27	1600	5551	323	7188	7782	21	1990	
102	587	1557	16	1139	5379	215	5987	7584	6	1991	
170	616	1623	15	388	631	277	1822	1684	7	1992	
179	642	1694	10	415	666	264	2061	1816	13	1993	
206	752	1842	9	493	738	288	2136	4259	23	1994	
...	...	...	...	...	...	...	...	...	...	1990	l'ancienne URSS /2
...	...	...	...	...	...	...	...	...	...	1991	
.	.	.	.	.	.	.	.	.	.	1992	
.	.	.	.	.	.	.	.	.	.	1993	
										1994	
.	.	.	.	.	.	.	.	.	.	1990	l'ancienne URSS-Europe /7
										1991	
141	417	1521	1	182	410	107	1052	1444	1	1992	
149	448	1622	1	216	452	112	1292	1569	8	1993	
170	509	1770	2	209	533	126	1351	3895	1	1994	
2979	13114	3970	802	8205	3422	1767	6414	5286	186	1990	Economies développées-Europe /1
2718	10690	4139	685	7719	3549	1965	6559	5639	174	1991	
2659	11874	4243	712	7962	3860	2109	6422	6586	175	1992	
2498	12437	4186	664	7714	4138	2232	6722	7570	164	1993	
2887	14417	4986	777	7747	4587	2610	6796	8823	175	1994	
2224	11669	3644	768	8107	3275	1658	6277	5152	186	1990	Union Européenne+ /1
1908	9736	3681	655	7599	3386	1852	6401	5483	173	1991	
1820	10630	3846	683	7831	3696	1998	6231	6404	175	1992	
1808	11045	3739	639	7584	3970	2119	6555	7351	164	1993	
1810	12777	4428	744	7652	4379	2447	6647	8542	174	1994	
											Association Européenne de Libre Echange+
755	1427	314	34	97	146	108	128	129	0	1990	
809	922	443	31	118	162	113	146	151	0	1991	
838	1221	386	29	128	163	110	175	175	0	1992	
690	1383	437	26	126	166	113	154	214	0	1993	
1076	1630	548	33	92	206	162	134	277	0	1994	
9389	26671	31552	2049	3714	10599	7561	4909	26828	764	1990	Autres economies développées
8988	26456	30796	1972	3635	11821	8685	4065	27791	833	1991	
9328	28816	31193	1969	3656	13282	10216	4053	29645	795	1992	
9810	31996	31592	2133	3720	13189	9976	4316	28972	813	1993	
10522	34861	33972	2358	3936	14891	11732	4099	33257	817	1994	

International merchandise trade Commerce international des marchandises

77
World exports by commodity classes and by regions (continued)
Exportations mondiales par classes de marchandises et par régions (suite)

In million US dollars f.o.b.

Exports from	Year	World Monde /1,2	Developed economies Econ. développées /1,2,3	Developing economies Economies en voie de développement /2,3 Total	OPEC+ OPEP+	Eastern Europe and former USSR Europe de l'Est et l'ancienne URSS Total /1,2,6	fmr USSR anc URSS /9	Europe Total /1	EU+ UE+ /1	EFTA+ AELE+	Developed Economies South Africa Afrique du Sud
											Food and raw materials (SITC, Rev. 2 and Rev. 3, 0 - 4)(continued)
Canada	1990	40312	34808	4557	905	946	875	5642	5123	506	90
	1991	39646	33653	4755	798	1238	1190	5240	4662	567	66
	1992	41566	35443	5160	779	963	913	4693	4251	442	64
	1993	42519	38071	4269	815	179	117	3605	3218	380	74
	1994	47193	42143	5003	980	46	22	4409	4031	376	64
United States	1990	76749	45462	28151	3246	2915	2337	17537	17085	424	165
	1991	75131	43711	28351	3019	2902	2553	17094	16618	444	158
	1992	77857	44584	30167	2954	2807	2429	16471	16092	348	566
	1993	74936	42512	29999	3311	2147	1678	13917	13574	323	354
	1994	79968	44877	33470	3386	1372	1035	15037	14637	373	284
Japan	1990	4929	1184	3628	201	117	82	450	434	16	36
	1991	5179	1195	3893	210	90	58	459	443	15	40
	1992	5777	1280	4434	266	63	54	455	438	17	35
	1993	6243	1269	4916	296	58	50	415	393	22	32
	1994	6948	1391	5516	267	41	37	492	476	15	29
Australia, New Zealand	1990	26725	16481	9304	1722	538	349	4722	4674	43	12
	1991	27786	16918	9843	1514	539	466	4518	4454	60	48
	1992	28513	16693	10165	1312	125	40	4727	4654	56	89
	1993	32654	15632	10295	1260	197	143	3882	3817	61	52
	1994	35088	17716	11236	1192	231	166	4521	4455	61	119
Developing economies-Africa	1990	66527	54099	10538	1864	1480	598	37321	36857	335	205
	1991	61997	52574	8056	1499	797	289	37482	36601	573	226
	1992	63106	48503	11981	2568	2107	1449	31755	31090	576	248
	1993	57148	43453	11189	2334	2050	1461	28815	28183	536	230
	1994	59414	44914	11949	2340	2189	1485	29681	28979	587	314
Developing economies-America	1990	83748	59182	18573	3581	3516	2190	21890	21123	730	188
	1991	77335	55278	18490	2973	2189	1289	21739	21091	613	166
	1992	77583	55298	20241	2697	1532	858	21734	21209	515	326
	1993	76637	53581	21172	2526	1177	745	19689	19168	508	146
	1994	87951	60098	26038	2602	1355	791	23427	22787	626	313
Developing economies-Europe /4	1990	2392	1558	269	53	564	333	1438	1392	45	0
	1991	1586	1033	178	35	374	221	953	923	30	0
	1992	3099	1112	1291	63	679	233	1022	1004	16	2
	1993	2312	1025	921	34	365	91	939	926	13	1
	1994	2021	889	848	21	283	69	806	790	13	1
Developing economies-Middle East	1990	99834	39075	37768	2185	2923	1616	16689	16538	149	14
	1991	90986	42490	31985	2538	2292	913	18824	18659	159	18
	1992	100688	45350	37277	2460	2027	747	19905	19786	117	12
	1993	99108	42222	35780	2958	2277	1028	19828	19729	98	13
	1994	101634	43498	36246	3048	2310	1129	20211	20089	119	33
Developing economies-Other Asia	1990	95285	50228	40645	2786	3338	2660	9212	8931	261	23
	1991	101081	52043	45996	3352	2178	1698	9685	9247	286	68
	1992	107026	53422	50361	4568	2190	1535	10842	10499	298	121
	1993	106749	51962	51416	4407	2502	1838	10490	10142	270	186
	1994	121899	57763	60723	5370	2391	1425	12920	12496	319	339
former USSR-Asia /8	1990	.	.	.	.	.	.	.	.	.	.
	1991	.	.	.	.	.	.	.	.	.	.
	1992	2382	716	1411	814	253	30	635	626	10	0
	1993	2240	690	1344	791	205	22	614	605	8	0
	1994	5223	1900	2736	1503	583	58	1697	1672	25	0
Developing economies-Oceania	1990	1645	1221	416	0	0	0	509	509	0	0
	1991	1739	1247	485	0	1	0	523	522	1	0
	1992	1723	1241	480	1	0	0	520	519	0	0
	1993	2747	1874	871	13	1	0	477	477	0	0
	1994	2939	1997	938	13	1	0	513	512	0	0

En millions de dollars E.-U. f.o.b.

| Economies développées /1,2,3 |||| Developing economies / Economies en voie de développement /2,3 |||||| ← Exportations vers ||
Canada	USA E-U	Japan Japon	Australia New Zealand Australie Nouvelle-Zélande	Africa Afrique	America Amerique		Asia Asie		Oceania Océanie	Année	Exportations en provenance de ↓
					Total	LAIA+ ALADI+	Mid.East Moyen Orient	Other Autres /8			

Produits alimentaires et matières brutes (CTCI, Rev. 2 et Rev. 3, 0 - 4)(suite)

.	23146	5636	251	511	902	659	514	2621	1	1990	Canada
.	23143	4999	162	518	946	722	345	2931	1	1991	
.	25553	4930	174	383	1154	954	335	3284	1	1992	
.	28853	5318	180	363	1098	912	323	2474	6	1993	
.	31825	5636	179	493	1225	1060	392	2889	1	1994	
9026	.	17562	711	2162	9091	6406	2796	13748	94	1990	Etats-Unis
8616	.	16669	725	2186	10130	7354	2519	13282	106	1991	
8937	.	17399	699	2422	11338	8604	2605	13619	102	1992	
9367	.	17603	764	2513	11172	8255	2835	13336	85	1993	
10106	.	18076	775	2583	12733	9858	2573	15393	86	1994	
67	526	.	103	38	49	36	94	3354	89	1990	Japon
63	538	.	93	42	126	109	85	3540	96	1991	
42	647	.	98	33	107	89	109	4082	98	1992	
39	681	.	99	44	78	60	128	4568	90	1993	
36	724	.	108	30	80	66	89	5221	87	1994	
266	2684	7815	955	516	479	388	1363	6333	577	1990	Australie, Nouvelle-Zélande
282	2473	8595	965	407	537	426	972	7276	626	1991	
313	2341	8219	973	236	603	497	856	7876	592	1992	
373	2133	8100	1062	277	751	665	875	7762	629	1993	
329	2025	9432	1256	270	699	605	831	8793	641	1994	
910	14469	916	70	3033	1659	1282	2621	2728	7	1990	Economies en voie de développement-Afrique
356	13165	883	59	3316	1138	996	1210	1873	6	1991	
894	14220	993	73	3619	2117	1397	2441	3561	60	1992	
861	12275	937	73	3334	2041	1364	2263	3312	63	1993	
926	12551	1148	67	3462	1810	1109	2583	3834	63	1994	
1619	30567	4415	169	1907	10569	6066	2528	3237	47	1990	Economies en voie de développement-Amérique
1608	26705	4553	180	1624	10888	6456	2042	3652	66	1991	
1194	27405	4138	189	1554	13210	7074	1959	3393	38	1992	
986	28400	3877	204	1256	14626	8262	1871	3319	45	1993	
1151	30073	4710	230	1208	17691	10873	1695	5333	38	1994	
9	90	6	8	139	12	7	80	38	0	1990	Economies en voie de développement-Europe /4
6	60	4	5	92	8	5	53	25	0	1991	
16	56	7	5	116	41	4	108	59	0	1992	
8	59	8	6	40	30	3	79	30	0	1993	
7	58	9	5	29	11	3	32	22	0	1994	
146	11474	10266	457	1793	2981	2289	12189	20532	26	1990	Economies en voie de développement-Moyen Orient
189	11917	10844	661	1691	2943	2192	6496	20600	35	1991	
152	11464	13194	585	1825	3101	2323	6575	25540	28	1992	
221	8225	13287	617	1679	3172	2347	6578	24062	43	1993	
224	8364	13944	644	1792	3115	2291	6840	24222	40	1994	
494	7174	31581	1685	1753	1120	604	2584	34633	453	1990	Economies en voie de développement-Autres Pays d'Asie
570	7292	32481	1890	2011	1252	672	3217	39007	435	1991	
653	7666	32100	1961	2087	1167	635	4467	42156	430	1992	
671	7561	31177	1766	2016	1213	605	4387	43400	368	1993	
750	8369	33378	1863	2063	1374	767	5145	51692	393	1994	
.	.	.	.	.	.	.	.	.	.	1990	l'ancienne URSS asiatique /8
										1991	
1	24	55	0	62	28	7	1077	227	3	1992	
1	25	49	0	36	19	6	1050	226	2	1993	
3	29	170	0	69	49	24	2058	530	3	1994	
10	43	534	125	0	55	6	0	316	44	1990	Economies en voie de développement-Océanie
13	42	558	111	0	61	7	1	379	44	1991	
12	36	560	112	0	62	7	6	368	44	1992	
15	114	765	504	0	64	7	2	765	40	1993	
26	131	802	525	0	62	7	2	826	47	1994	

International merchandise trade — Commerce international des marchandises

77 World exports by commodity classes and by regions (continued)
Exportations mondiales par classes de marchandises et par régions (suite)

In million US dollars f.o.b.

Exports from / Exports to	Year	World Monde /1,2	Developed economies Econ. développées /1,2,3	Developing economies /2,3 Total	OPEC+ OPEP+	Eastern Europe and former USSR Total /1,2,6	fmr USSR anc URSS /9	Europe Total /1	EU+ UE+ /1	EFTA+ AELE+	Developed Economies South Africa Afrique du Sud

Manufactured goods (SITC, Rev. 2 and Rev. 3, 5 - 8)

Exports from	Year	World	Dev. econ.	Developing Total	OPEC+	E.Eur+USSR	fmr USSR	Europe	EU	EFTA	S. Africa
World /1,2	1990	2498029	1809827	581014	87387	92746	46834	1184182	1103121	77964	11461
	1991	2581502	1835752	660473	101716	70847	31197	1204022	1125117	75838	12460
	1992	2800285	1961254	759530	115876	66564	27340	1270249	1190400	76545	12878
	1993	2789881	1874392	825651	108982	73532	28182	1117366	1043273	70813	13344
	1994	3224315	2162771	948115	102748	91577	36752	1279826	1196210	80472	16089
Developed economies /1,2,3	1990	1957364	1516260	392552	65254	38514	19673	1060513	985140	72639	10509
	1991	2014369	1523703	437392	77621	43553	19715	1074430	1001352	70203	10999
	1992	2148364	1598927	492824	87961	47192	16367	1128382	1054188	71116	10891
	1993	2064298	1466026	532898	78939	52188	18502	965986	897717	65337	10954
	1994	2346168	1680743	588547	72252	61925	21081	1104174	1026825	74508	13049
Developing economies /2,3	1990	447619	267178	165319	19087	11780	8526	101444	97477	3829	938
	1991	503291	286888	205293	22488	9393	6106	108291	104021	4101	1447
	1992	597701	335339	252456	26319	8062	4966	118907	114362	4343	1949
	1993	665514	376965	277401	28098	9283	5615	124406	119468	4614	2325
	1994	794988	441302	340887	29010	10329	5964	140614	135435	4902	2960
OPEC+	1990	20447	9802	9680	1989	257	183	4444	4349	75	3
	1991	21629	9991	10740	2011	232	146	4574	4492	80	4
	1992	26245	12038	13249	2503	243	175	5301	5207	92	8
	1993	30405	14410	14996	2652	262	195	5577	5459	115	4
	1994	32549	15363	16205	2610	231	156	5869	5732	133	21
Eastern Europe and the former USSR /1,2,6	1990	93046	26391	23143	3045	42452	18635	22226	20505	1496	13
	1991	63842	25162	17789	1607	17900	5376	21301	19744	1534	14
	1992	54220	26988	14251	1596	11310	6007	22960	21850	1086	38
	1993	60070	31400	15352	1945	12061	4065	26975	26088	861	65
	1994	83159	40726	18681	1487	19322	9707	35039	33952	1062	81
former USSR /2	1990	...	...	...	...	...	.	...	...	...	...
	1991	...	...	...	...	...	.	...	...	...	...
	1992	.	.	.	.	.	.	.	.	.	.
	1993	.	.	.	.	.	.	.	.	.	.
	1994	.	.	.	.	.	.	.	.	.	.
former USSR-Europe /7	1990	.	.	.	.	.	.	.	.	.	.
	1991	.	.	.	.	.	.	.	.	.	.
	1992	22034	8957	8095	263	3567	1216	6322	5972	343	16
	1993	22604	9406	8500	391	3489	1040	6691	6330	354	17
	1994	38224	11968	12262	433	9926	6738	8637	8176	453	19
Developed economies-Europe /1	1990	1288629	1071453	177035	40877	34029	16543	906743	839917	64302	7349
	1991	1289868	1062550	182195	44818	39024	16746	908669	845198	60762	7320
	1992	1372762	1120983	202620	49903	42808	14081	959883	894792	62204	7152
	1993	1244124	976546	212996	44130	46117	14887	812656	752867	57155	6955
	1994	1432483	1131889	230876	39563	56533	17783	940303	873249	64390	8893
European Union+ /1	1990	1212263	1009070	164995	38489	32087	15648	856377	790382	63617	6946
	1991	1216060	1002327	170034	42611	37600	16255	859696	797011	60147	6972
	1992	1294674	1057019	189089	47357	41321	13666	908402	844156	61492	6794
	1993	1170576	918277	199213	41565	44622	14480	765824	706759	56567	6513
	1994	1352800	1068026	216772	37370	54817	17277	889556	823171	63797	8370
European Free Trade Association+	1990	75266	61458	11910	2328	1897	857	49499	48686	668	402
	1991	72596	59191	12001	2123	1405	474	47995	47228	596	348
	1992	76599	61802	13352	2468	1444	374	50310	49513	664	357
	1993	72258	57189	13604	2497	1465	382	45874	45164	574	441
	1994	78209	62622	13904	2115	1683	478	49641	48990	577	523
Other developed economies	1990	668735	444807	215518	24378	4485	3130	153771	145224	8337	3161
	1991	724502	461153	255197	32803	4530	2969	165761	156154	9442	3679
	1992	775602	477945	290205	38057	4385	2287	168500	159396	8913	3739
	1993	820174	489481	319902	34809	6071	3615	153329	144850	8182	3999
	1994	913684	548854	357671	32689	5393	3298	163871	153576	10118	4156

International merchandise trade Commerce international des marchandises

En millions de dollars E.-U. f.o.b.

| Economies développées /1,2,3 ||||| Developing economies / Economies en voie de développement /2,3 ||||| ← Exportations vers ||
| Canada | USA E-U | Japan Japon | Australia New Zealand Australie Nouvelle-Zélande | Africa Afrique | America Amerique ||| Asia Asie || Oceania Océanie | Année | Exportations en provenance de ↓ |
					Total	LAIA+ ALADI+	Mid.East Moyen Orient	Other Autres /8			

Articles manufacturés (CTCI, Rev. 2 et Rev. 3, 5 - 8)

91914	373334	100527	37392	57895	97893	68978	78554	329730	3270	1990	Monde /1,2
95325	372222	103851	35525	58336	114810	84317	88893	384684	3239	1991	
98494	424534	101708	39250	61120	138378	105863	101737	444245	3609	1992	
105680	472066	110278	40526	57133	149457	114874	101002	505613	3386	1993	
118985	546991	134238	49163	57567	175034	137196	91284	609517	3433	1994	
84427	258250	62044	30364	46750	77630	58164	55575	198498	2532	1990	Economies dévelopées /1,2,3
86523	251745	60755	27770	45949	90406	69252	65264	224361	2457	1991	
89167	269006	58169	30243	48664	108219	84862	76186	249729	2796	1992	
95253	291179	58245	30597	45300	113755	88520	73246	291061	2553	1993	
107852	334115	69101	36795	44167	132422	105986	63441	337195	2466	1994	
											Economies en voie de développement /2,3
7186	113286	36669	6921	9146	16424	10281	16357	122172	676	1990	
8534	119152	41104	7666	11081	21326	14617	18880	152794	754	1991	
9001	153253	42396	8914	11415	29065	20427	22094	186657	795	1992	
10118	178269	50884	9838	10575	34631	25756	24114	205695	802	1993	
10723	209416	63798	12256	12241	41146	30412	24122	260814	866	1994	
126	2631	2288	307	455	1003	599	3128	5014	17	1990	OPEP+
155	2528	2379	348	515	1020	629	3150	5980	22	1991	
190	3539	2535	460	612	1455	932	3590	7489	51	1992	
268	4561	3507	490	647	2002	1459	3935	8307	44	1993	
275	5092	3557	548	607	2317	1822	3783	9399	42	1994	
											Europe de l'Est et l'ancienne URSS /1,2,6
302	1799	1814	107	2000	3839	533	6623	9060	61	1990	
268	1324	1992	89	1306	3078	448	4748	7530	28	1991	
327	2274	1143	93	1041	1094	575	3458	7860	18	1992	
310	2619	1148	91	1258	1072	597	3642	8857	31	1993	
409	3460	1339	112	1159	1465	799	3720	11508	101	1994	
...	...	...	...	...	...	...	...	...	...	1990	l'ancienne URSS /2
...	...	...	...	...	...	...	...	...	...	1991	
.	.	.	.	.	.	.	.	.	.	1992	
.	.	.	.	.	.	.	.	.	.	1993	
.	.	.	.	.	.	.	.	.	.	1994	
.	.	.	.	.	.	.	.	.	.	1990	l'ancienne URSS-Europe /7
										1991	
178	1463	905	18	284	570	305	1221	5915	0	1992	
185	1500	938	18	307	604	311	1360	6116	4	1993	
213	1906	1105	25	401	765	402	1846	9079	1	1994	
11443	97257	30218	11276	37266	25814	17903	38276	63616	1086	1990	Economies développées-Europe /1
11068	89949	28238	9653	35925	28342	20106	42106	66383	929	1991	
10549	96953	27051	10512	37392	32820	24113	48924	75276	1225	1992	
9577	100386	27041	10533	33707	34863	25441	47520	89201	914	1993	
10988	115242	32412	13068	33172	39853	31305	42216	106107	887	1994	
10828	91235	26848	10557	36041	23876	16549	35612	57794	1055	1990	Union Européenne+ /1
10478	83961	25294	9024	34274	26218	18658	39723	60657	906	1991	
9963	90450	24292	9851	35848	30289	22497	46147	68829	1208	1992	
9040	93839	24583	9894	32495	32495	23909	44622	82114	896	1993	
10422	107850	29400	12307	32091	37498	29520	39878	98027	864	1994	
											Association Européenne de Libre Echange+
601	5980	3369	717	1165	1935	1353	2650	5770	31	1990	
589	5938	2943	628	1573	2111	1446	2361	5680	22	1991	
585	6414	2757	658	1468	2525	1613	2761	6368	18	1992	
526	6446	2452	638	1141	2364	1529	2884	6999	18	1993	
559	7275	3005	758	998	2350	1784	2325	7981	23	1994	
72984	160993	31826	19089	9483	51816	40261	17299	134883	1446	1990	Autres economies développées
75455	161796	32517	18117	10024	62064	49146	23158	157977	1529	1991	
78618	172054	31118	19731	11272	75399	60749	27261	174453	1570	1992	
85675	190794	31204	20064	11593	78891	63079	25726	201860	1639	1993	
96864	218873	36688	23727	10995	92569	74680	21226	231088	1579	1994	

International merchandise trade   Commerce international des marchandises

77 World exports by commodity classes and by regions (continued)
Exportations mondiales par classes de marchandises et par régions (suite)

In million US dollars f.o.b.

Exports from	Year	World Monde /1,2	Developed economies Econ. développées /1,2,3	Developing economies Economies en voie de développement /2,3 Total	OPEC+ OPEP+	Eastern Europe and former USSR Europe de l'Est et l'ancienne URSS Total /1,2,6	fmr USSR anc URSS /9	Europe Total /1	EU+ UE+ /1	EFTA+ AELE+	Developed Economies South Africa Afrique du Sud

Manufactured goods (SITC, Rev. 2 and Rev. 3, 5 - 8)(continued)

Exports from	Year	World	Dev. econ.	Developing Total	OPEC	E.Eur Total	fmr USSR	Europe Total	EU	EFTA	S.Africa
Canada	1990	78831	73854	4881	700	97	52	5161	4927	234	53
	1991	79418	73896	5393	1033	129	72	5682	5444	238	42
	1992	84808	79497	5073	934	237	119	5549	5310	238	50
	1993	93799	87823	5604	1001	373	266	5210	4951	254	53
	1994	109175	102569	6360	1116	245	130	4691	4418	271	113
United States	1990	282461	186994	93940	9613	1227	719	81125	76845	4209	1496
	1991	309827	195955	112164	14811	1586	896	86720	81655	5022	1868
	1992	329200	197691	129335	17647	2174	1047	85439	81170	4222	1776
	1993	341290	198205	139880	16054	3139	1739	78606	74483	3956	1729
	1994	380937	222741	155204	14444	2988	1766	85309	80799	4432	1755
Japan	1990	277438	166243	108156	13284	3039	2332	60859	57180	3551	1477
	1991	304343	173359	128320	16165	2663	1954	66686	62722	3847	1616
	1992	328521	181490	145293	18638	1737	1036	69896	65658	4099	1708
	1993	348557	183810	162636	16865	2110	1501	62423	58671	3633	1988
	1994	381062	197206	182076	16120	1779	1224	63228	59748	3388	2014
Australia, New Zealand	1990	10817	6860	3929	512	25	13	1388	1353	35	44
	1991	11863	7048	4779	587	32	22	1370	1324	45	59
	1992	12552	7047	5389	671	30	18	1543	1464	78	84
	1993	13829	7104	6136	668	23	14	1346	1302	44	114
	1994	16808	8990	7297	793	28	18	1646	1593	51	153
Developing economies-Africa	1990	14168	9963	3462	1091	678	552	8482	8296	167	310
	1991	13255	9098	3579	1230	520	402	7791	7556	229	270
	1992	13239	9139	3656	1295	359	263	8054	7858	192	237
	1993	13932	9594	3964	1229	281	226	8068	7910	154	266
	1994	15338	10976	3957	1153	268	209	9339	9159	173	299
Developing economies-America	1990	51147	35560	15018	2109	493	301	11042	10573	464	159
	1991	52773	34826	17570	2531	308	234	10063	9652	407	188
	1992	76085	53776	21854	2840	179	96	10350	9899	450	161
	1993	86379	60543	25491	2816	229	134	9622	8981	610	190
	1994	99600	71147	28138	2681	187	109	10603	10036	556	215
Developing economies-Europe /4	1990	11955	6848	1617	694	3490	2345	6100	5901	193	1
	1991	7926	4540	1072	460	2314	1554	4044	3912	128	0
	1992	12108	6950	3515	300	1623	853	6376	6247	127	6
	1993	9567	6445	2042	185	1079	568	5953	5819	107	3
	1994	10608	7563	2006	138	1038	516	7031	6881	135	5
Developing economies-Middle East	1990	19752	8850	8264	3437	1852	1652	7323	6986	322	40
	1991	18163	8668	7868	2898	782	466	7258	6996	248	44
	1992	20204	9530	8902	3361	819	406	8016	7657	327	44
	1993	21521	9364	10102	3533	972	486	7570	7241	275	50
	1994	24538	10879	10964	3768	1328	722	8371	8044	297	40
Developing economies-Other Asia	1990	349812	205489	136644	11754	5266	3676	68331	65555	2683	425
	1991	410241	229223	174859	15368	5415	3434	78974	75745	3088	943
	1992	475228	255459	214184	18517	5077	3344	85951	82544	3247	1501
	1993	533319	290569	235457	20335	6721	4201	93050	89374	3468	1815
	1994	643993	340219	295429	21268	7508	4407	105125	101171	3740	2399
former USSR-Asia /8	1990	.	.	.	.	.	.	.	.	.	.
	1991	.	.	.	.	.	.	.	.	.	.
	1992	1588	409	1072	310	106	21	319	314	4	0
	1993	1652	439	1111	303	101	21	329	324	6	0
	1994	3804	1044	2534	646	224	49	804	793	12	0
Developing economies-Oceania	1990	785	468	314	4	1	0	166	166	0	3
	1991	934	533	345	1	54	15	161	160	0	1
	1992	837	486	345	6	5	4	160	159	1	1
	1993	796	450	345	0	1	0	143	143	0	1
	1994	912	519	392	1	1	0	145	144	0	1

En millions de dollars E.-U. f.o.b.

Economies développées /1,2,3					Developing economies / Economies en voie de développement /2,3						← Exportations vers
Canada	USA E-U	Japan Japon	Australia New Zealand Australie Nouvelle-Zélande	Africa Afrique	America Amerique		Asia Asie		Oceania Océanie	Année	Exportations ↓ en provenance de
^	^	^	^	^	Total	LAIA+ ALADI+	Mid.East Moyen Orient	Other Autres /8	^	^	^

Articles manufacturés (CTCI, Rev. 2 et Rev. 3, 5 - 8)(suite)

Canada	USA	Japan	Aus/NZ	Africa	Total	LAIA	Mid.East	Other	Oceania	Année	From
.	66823	1105	633	365	1321	954	432	2707	21	1990	Canada
.	66468	1136	493	287	1315	993	654	3096	16	1991	
.	72191	1158	476	285	1527	1195	488	2746	12	1992	
.	80792	1174	518	302	1701	1354	583	2998	9	1993	
.	95733	1352	594	203	2011	1680	640	3492	6	1994	
66127	.	27793	8147	3748	40291	33478	6931	42527	155	1990	Etats-Unis
68074	.	28536	7804	4227	48089	40999	10542	48862	220	1991	
71363	.	27450	8661	4726	58345	50186	12159	53615	318	1992	
79177	.	27532	7888	4340	60691	51561	12189	62259	268	1993	
90684	.	31962	9426	4193	72023	62046	10446	68131	262	1994	
6634	88862	.	7937	3786	9593	5270	9442	84338	752	1990	Japon
7158	89819	.	7406	3923	12035	6618	11450	100072	669	1991	
7007	93969	.	7970	4604	14853	8769	14045	111155	595	1992	
6236	103473	.	8767	5212	15717	9462	12389	128588	700	1993	
5810	115400	.	9979	4774	17432	9989	9679	149606	561	1994	
98	1309	1867	2151	51	53	46	158	3151	515	1990	Australie, Nouvelle-Zélande
104	1386	1938	2188	51	95	64	171	3841	618	1991	
123	1321	1569	2398	57	120	111	191	4387	635	1992	
134	1349	1527	2622	48	134	125	173	5130	650	1993	
181	1592	2048	3356	62	144	135	176	6176	735	1994	
43	870	240	10	1676	95	63	663	979	4	1990	Economies en voie de développement-Afrique
99	685	220	10	1789	108	80	563	1088	2	1991	
34	639	149	13	1563	123	69	856	1079	5	1992	
35	934	267	15	1651	146	90	802	1329	8	1993	
47	987	266	20	1558	155	96	765	1438	8	1994	
748	20403	2855	299	617	9877	6947	1007	3453	20	1990	Economies en voie de développement-Amérique
1520	19877	2859	278	655	12302	9445	998	3584	14	1991	
1296	39298	2357	266	613	16128	13180	1058	4011	11	1992	
1888	46241	2277	284	429	19636	16194	770	4647	7	1993	
1942	55390	2623	316	735	22059	18306	646	4674	13	1994	
53	598	33	58	575	98	39	707	235	2	1990	Economies en voie de développement-Europe /4
35	396	22	38	381	65	26	469	156	1	1991	
172	346	29	15	329	100	50	363	570	1	1992	
71	361	32	17	162	61	32	235	259	1	1993	
62	409	24	20	146	111	46	160	198	1	1994	
65	835	394	171	835	68	40	4759	2481	4	1990	Economies en voie de développement-Moyen Orient
57	736	345	177	779	59	32	4297	2650	3	1991	
61	870	268	205	767	67	30	4845	3134	3	1992	
60	1056	399	165	764	65	41	5199	3966	4	1993	
81	1619	484	164	936	149	102	5287	4480	4	1994	
6271	90514	33046	6256	5442	6153	3121	9221	114893	596	1990	Economies en voie de développement-Autres Pays d'Asie
6821	97372	37552	6986	7475	8645	4954	12552	145172	683	1991	
7433	112006	39499	8282	8143	12497	7019	14972	177718	727	1992	
8062	129609	47807	9225	7567	14568	9317	17108	195355	733	1993	
8589	150925	60269	11584	8866	18521	11782	17264	249838	788	1994	
.	.	.	.	.	.	.	.	.	.	1990	l'ancienne URSS asiatique /8
.	.	.	.	.	.	.	.	.	.	1991	
2	54	33	0	71	20	0	395	575	1	1992	
2	66	39	0	66	19	0	391	626	1	1993	
5	150	79	1	140	41	0	825	1505	1	1994	
5	67	100	127	0	133	70	0	131	50	1990	Economies en voie de développement-Océanie
1	87	106	176	2	148	79	1	144	51	1991	
4	94	94	133	0	149	79	1	144	49	1992	
1	68	104	133	0	155	82	0	139	50	1993	
1	86	133	153	1	150	80	0	187	53	1994	

International merchandise trade   Commerce international des marchandises

77
World exports by commodity classes and by regions (continued)
Exportations mondiales par classes de marchandises et par régions (suite)

Source:
International Trade statistics database of the Statistical Division of the United Nations Secretariat.

+ For member states of this grouping, see Annex I:- Other groupings.

1/ Excluding the trade conducted in accordance with the supplementary protocol to the treaty on the basis of relations between the Federal Republic of Germany (FRG) and the former German Democratic Republic (GDR). Data reported by FRG are as follows:

Value in million United States dollars

	1990
FRG to GDR	13379
FRG from GDR	5129

2/ Exports of the former USSR for which country of destination is not available are included in the totals for the World, the 'Developed economies', the 'Developing economies' and 'Eastern Europe and the former USSR' but are excluded from the regional components of these groupings. For 1991, data for the former USSR are converted to U.S. dollars using the commercial exchange rate of the rouble and are not comparable to those shown for prior periods.

3/ This classification is intended for statistical convenience and does not, necessarily, express a judgement about the stage reached by a particular country in the development process.

4/ Beginning 1992, data refer to the Federal Republic of Yugoslavia, Bosnia-Herzegovinia, Croatia, Slovenia and the former Yugoslav Republic of Macedonia. Prior to that date, data refer to the Socialist Federal Republic of Yugoslavia only.

5/ Section 9 of the SITC, which comprises commodities and transactions not classified elsewhere, is included in the total trade but is not shown separately in this table.

6/ Beginning 1992, includes Eastern Europe and the European countries of the former USSR.

7/ Includes Belarus, Estonia, Latvia, Lithuania, Republic of Moldova, the Russian Federation, and Ukraine. Prior to 1994, data exclude inter-trade among countries of the region, except for Estonia, Latvia and Lithuania.

8/ Beginning 1992, includes Armenia, Azerbaijan, Georgia, Kazakhstan, Kyrgyzstan, Tajikistan, Turkmenistan, and Uzbekistan. Prior to 1994, data for these countries exclude inter-trade among countries of the region.

9/ Prior to 1992, data refer to the former USSR. Beginning 1992, data refer to the European countries of the former USSR, and exclude, prior to 1994, inter-trade among countries of the region, except for Estonia, Latvia and Lithuania.

International merchandise trade   Commerce international des marchandises

Source:
Base de données pour les statistiques du commerce international de la Division de statistique du Secrétariat de l'ONU.

+ Les etats membres de ce groupement, voir annexe I:- Autres groupements.

1/ Non compris le commerce effectué en accord avec le protocole additionnel au traité définissant la base des relations entre la République fédérale d'Allemagne (RfA) et l'ancienne République démocratique allemande (Rda). Les données fournies par RfA sont les suivantes:

Valeur en millions de dollars des E.-U.

	1990
de RfA vers Rda	13379
de RfA en prov. de Rda	5129

2/ Les exportations en provenance de l'ancienne URSS dont les pays de destination ne sont pas disponibles sont comprises dans les totaux du Monde, des 'Économies développées', des 'Économies en voie de développement' et de 'Europe de l'Est et l'ancienne URSS', mais ils ne sont pas comprises dans chaque partie composant ces régions.

3/ Cette classification est utilisée pour plus de commodité dans la présentation des statistiques et n'implique pas nécessairement un jugement quant au stade de développement auquel est parvenu un pays donné.

4/ A partir de l'année 1992, les données se rapportent aux République fédérative de Yougoslavie, Bosnie-Herzégovine, Croatie, Slovénie et l'ancienne République yougoslave de Macédonie. Avant cette date, les données se rapportent à la République fédérative socialiste de Yougoslavie.

5/ Section 9 de la CTCI, qui représente les articles et transactions non classes ailleurs est comprise dans le commerce total mais n'est pas présentée séparément dans ce tableau.

6/ A partir de janvier 1992, y compris de l'Europe de l'est et les pays européens de l'ancienne URSS.

7/ Y compris Bélarus, Estonie, Lettonie, Lituanie, République de Moldova, Fédération de Russie, et Ukraine. Avant l'année 1994, les données ne comprennent pas le commerce avec les autres pays de la région, excepté pour Estonie, Lettonie et Lituanie.

8/ A partir de l'année 1992, y compris Azerbaïdjan, Arménie, Géorgie, Kazakhstan, Kirghizistan, Tadjikistan, Turkménistan, et Ouzbékistan. Avant l'année 1994, les données ne comprennent pas le commerce avec les autres pays de la région.

9/ Avant l'année 1992, les données se rapportent à l'ancienne URSS. A partir de l'année 1992, les données se rapportent aux pays européens de l'ancienne URSS, et ils ne comprennent pas, avant l'année 1994, le commerce avec les autres pays de la région, excepté pour Estonie, Lettonie et Lituanie.

78
Total imports and exports: index numbers
Importations et exportations totales: indices

1990 = 100

Country or area Pays ou zone	1986	1987	1988	1989	1990	1991	1992	1993	1994	1995
A. Imports: Quantum index • Importations: Indice du quantum											
Australia Australie	74	76	89	108	100	99	107	114	133	148
Austria Autriche	72	75	81	90	100	101	107	106	119	...
Belgium-Luxembourg Belgique-Luxembourg	78	84	89	95	100	104	105	...	...	...
Bolivia Bolivie	...	...	...	...	...	...	...	...	...	...
Brazil Brésil	92	90	80	92	100	110	...	...	...	...
Bulgaria Bulgarie	132	130	137	130	100	83	...	...	...	...
Canada Canada	78	83	95	100	100	102	109	120	138	153
China, Hong Kong SAR † Chine, Hong-Kong RAS †	49	65	82	90	100	119	145	164	187	213
Denmark Danemark	96	95	94	94	100	105	109	101	114	120
Dominica Dominique	63	75	80	93	100	89	...	...	...	...
Dominican Republic Rép. dominicaine	...	...	...	...	...	...	...	...	...	...
Ecuador Equateur	...	...	...	...	...	...	...	...	...	...
Ethiopia Ethiopie	...	...	...	...	...	...	...	...	...	...
Faeroe Islands Iles Féroé	136	146	146	125	100	100	...	...	...	...
Finland Finlande	80	86	94	104	100	83	81	78	93	100
France France	77	82	90	95	100	102	104	97	106	112
Germany †[1] Allemagne†[1]	75	79	84	90	100	113	115	104	113	115
Greece Grèce	58	73	58	78	100	113	130	143	150	...
Guatemala Guatemala	57	88	62	92	100	117	125	133	148	...
Honduras Honduras	...	...	...	...	...	...	...	...	...	...
Hungary Hongrie	102	104	104	105	100	105	98	119	136	131
Iceland Islande	95	118	112	100	100	105	97	84	90	...
India Inde	85	90	96	97	100	91	120	138	168	261
Indonesia Indonésie	...	...	...	...	...	...	...	...	...	...

743 International merchandise trade   Commerce international des marchandises

Country or area Pays ou zone	1986	1987	1988	1989	1990	1991	1992	1993	1994	1995

A. Exports: Quantum index • Exportations: Indice du quantum

Country or area Pays ou zone	1986	1987	1988	1989	1990	1991	1992	1993	1994	1995
Australia Australie	84	94	89	94	100	115	121	128	139	141
Austria Autriche	69	71	80	90	100	106	111	108	119	...
Belgium-Luxembourg Belgique-Luxembourg	79	84	90	97	100	104	104	...	...	...
Bolivia Bolivie	92	80	85	95	100	101	99	93	95	91
Brazil Brésil	79	92	109	109	100	104	...	...	...	...
Bulgaria Bulgarie	128	130	133	130	100	70	...	...	...	...
Canada Canada	83	86	94	95	100	101	110	121	140	157
China, Hong Kong SAR † Chine, Hong-Kong RAS †	50	66	84	92	100	117	140	160	176	197
Denmark Danemark	82	83	87	92	100	106	111	108	116	122
Dominica Dominique	83	96	107	88	100	94	97	94	107	...
Dominican Republic Rép. dominicaine	91	111	114	117	100	95	90	93	89	...
Ecuador Equateur	105	68	100	98	100	106	108	121	138	149
Ethiopia Ethiopie	111	104	106	115	100	57	50	125	...	...
Faeroe Islands Iles Féroé	86	83	89	102	100	104	...	...	...	...
Finland Finlande	93	94	97	96	100	91	99	117	133	139
France France	78	81	88	95	100	105	108	106	115	123
Germany †[1] Allemagne†[1]	83	86	92	99	100	100	102	98	112	116
Greece Grèce	101	114	77	105	100	114	147	143	149	...
Guatemala Guatemala	113	90	91	101	100	125	145	136	147	...
Honduras Honduras	107	123	109	99	100	88	102	90	79	...
Hungary Hongrie	94	97	104	104	100	95	96	84	97	106
Iceland Islande	95	99	98	101	100	92	91	96	108	...
India Inde	59	71	74	91	100	114	116	140	154	189
Indonesia Indonésie	98	94	93	112	100	128	141	148	163	170

78
Total imports and exports: index numbers [cont.]

Importations et exportations totales: indices
1990 = 100 [suite]

Country or area Pays ou zone	1986	1987	1988	1989	1990	1991	1992	1993	1994	1995
A. Imports: Quantum index [cont.] · Importations: Indice du quantum [suite]											
Ireland Irlande	75	79	83	94	100	101	106	113	128	146
Israel Israël	86	97	97	93	100	116	130	146	166	182
Italy Italie	75	83	88	96	100	104	108	96	108	119
Japan Japon	69	75	87	94	100	104	104	107	121	136
Jordan Jordanie	106	110	116	96	100	99	135	148	144	152
Kenya Kenya	85	89	100	105	100	93	90	97	121	141
Korea, Republic of Corée, République de	56	67	77	89	100	117	119	127	154	187
Malaysia Malaisie	...	...	...	...	...	...	...	...	...	...
Morocco Maroc	66	68	74	87	100	112	128	120	96	...
Myanmar Myanmar	...	...	...	...	...	...	...	...	...	...
Netherlands Pays-Bas	80	85	91	95	100	104	106	110	121	136
New Zealand Nouvelle-Zélande	75	85	77	93	100	90	100	104	121	129
Norway[2] Norvège[2]	108	106	95	90	100	102	106	107	122	131
Pakistan Pakistan	75	77	100	105	100	105	122	124	119	129
Panama Panama	...	...	...	...	...	...	...	...	...	...
Peru Pérou	...	...	...	...	...	...	...	...	...	...
Philippines Philippines	49	64	78	93	100	102	...	...	...	...
Poland Pologne	118	124	136	138	100	156	...	210	238	...
Portugal Portugal	52	66	81	88	100	106	119	...	...	...
Rwanda Rwanda	...	...	...	...	...	...	...	...	...	...
Seychelles Seychelles	64	63	87	97	100	95	107	147	...	...
Singapore Singapour	54	62	79	87	100	107	114	137	...	...
Solomon Islands Iles Salomon	...	...	...	...	...	...	...	...	...	...
South Africa Afrique du Sud	85	89	109	109	100	100	103	107	122	136

Country or area Pays ou zone	1986	1987	1988	1989	1990	1991	1992	1993	1994	1995
	A. Exports: Quantum index [cont.] • Exportations: Indice du quantum [suite]									
Ireland Irlande	68	77	83	92	100	106	121	133	153	184
Israel Israël	83	92	95	99	100	98	107	121	140	150
Italy Italie	82	84	89	97	100	100	104	112	125	141
Japan Japon	87	87	91	95	100	102	104	101	103	107
Jordan Jordanie	74	88	102	104	100	88	96	104	112	137
Kenya Kenya	93	90	95	94	100	103	103	121	137	142
Korea, Republic of Corée, République de	67	83	93	94	100	110	119	127	146	181
Malaysia Malaisie	82	86	92	98	100	97	96	86	84	84
Morocco Maroc	66	72	84	92	100	108	101	105	115	...
Myanmar Myanmar	113	82	52	71	100	96	108	149	145	150
Netherlands Pays-Bas	79	83	91	95	100	105	108	116	129	140
New Zealand Nouvelle-Zélande	91	94	97	95	100	110	113	118	130	133
Norway[2] Norvège[2]	69	78	81	93	100	106	115	121	136	144
Pakistan Pakistan	75	82	90	94	100	113	124	112	139	110
Panama Panama	95	94	79	94	100	95	97	116	...	...
Peru Pérou	106	96	85	100	100	103	...	...	...	...
Philippines Philippines	70	75	83	93	100	103	...	...	...	...
Poland Pologne	81	85	92	92	100	103	...	96	114	...
Portugal Portugal	61	68	74	89	100	101	107	...	...	...
Rwanda Rwanda	76	94	72	72	100	87	78	69	30	28
Seychelles Seychelles	17	44	93	102	100	136	126	106	...	...
Singapore Singapour	53	62	83	92	100	113	123	145	...	...
Solomon Islands Iles Salomon	116	85	94	92	100	106	...	...	...	...
South Africa Afrique du Sud	93	91	98	106	100	100	88	107	116	119

78 Total imports and exports: index numbers [cont.]
Importations et exportations totales: indices 1990 = 100 [suite]

Country or area Pays ou zone	1986	1987	1988	1989	1990	1991	1992	1993	1994	1995
A. Imports: Quantum index [cont.] • Importations: Indice du quantum [suite]										
Spain / Espagne	52	66	78	91	100	112	121	118	130	...
Sri Lanka / Sri Lanka	120	106	101	95	100	114	132	154	173	174
Sweden / Suède	83	89	94	100	100	93	95	97	108	...
Switzerland / Suisse	82	88	93	98	100	99	94	93	102	108
Syrian Arab Republic / Rép. arabe syrienne	152	114	98	92	100	107	103	129	122	...
Thailand / Thaïlande	40	49	68	82	100	109	117	130	151	170
Trinidad and Tobago / Trinité-et-Tobago	131	103	87	106	100	...	...	...	...	...
Tunisia / Tunisie	93	68	85	101	100	107	104	115	120	...
Turkey / Turquie	76	86	87	87	100	96	98	134	105	...
former USSR† / l'ex-URSS†	79	78	81	102	100	...	...	...	...	...
United Kingdom / Royaume-Uni	75	80	92	100	100	95	101	101	107	112
United States / Etats-Unis	87	90	93	98	100	98	106	117	131	140
B. Imports: Unit value index • Importations: Indice du valeur unitaire										
Australia[3] / Australie[3]	94	99	97	96	100	101	106	114	111	115
Austria / Autriche	118	113	115	103	100	100	99	95	108	...
Bangladesh / Bangladesh	86	95	89	90	100	121	...	...	...	...
Belgium-Luxembourg / Belgique-Luxembourg	98	92	95	102	100	99	95	...	...	...
Bolivia / Bolivie	...	...	...	...	...	...	...	...	...	...
Brazil[4] / Brésil[4]	78	91	99	96	100	92	...	...	...	...
Canada / Canada	101	100	98	98	100	99	103	109	116	121
China, Hong Kong SAR † / Chine, Hong-Kong RAS †	87	90	94	98	100	102	102	102	104	109
Colombia[3] / Colombie[3]	38	47	60	79	100	121	129	145	159	190
Denmark / Danemark	103	96	97	105	100	100	97	94	96	98
Dominica / Dominique	77	85	92	94	100	104	...	...	...	...
Dominican Republic / Rép. dominicaine	...	...	...	...	...	...	...	...	...	...

Country or area Pays ou zone	1986	1987	1988	1989	1990	1991	1992	1993	1994	1995
A. Exports: Quantum index [cont.] • Exportations: Indice du quantum [suite]											
Spain Espagne	74	79	85	89	100	111	117	135	160	...
Sri Lanka Sri Lanka	89	87	84	86	100	104	108	124	134	144
Sweden Suède	93	96	99	101	100	98	99	107	114	...
Switzerland Suisse	86	86	91	96	100	99	103	104	109	114
Syrian Arab Republic Rép. arabe syrienne	44	46	51	78	100	109	129	138	136	...
Thailand Thaïlande	48	57	72	89	100	119	134	149	177	202
Trinidad and Tobago Trinité-et-Tobago	94	92	95	94	100	...	...	...	...	...
Tunisia Tunisie	92	95	96	110	100	110	111	121	137	...
Turkey Turquie	71	88	101	95	100	107	110	117	134	...
former USSR[†] l'ex-URSS[†]	98	102	107	113	100	...	...	...	...	...
United Kingdom Royaume-Uni	83	87	88	94	100	101	103	103	116	125
United States[5] Etats-Unis[5]	63	71	84	93	100	106	113	116	126	136
B. Exports: Unit value index • Exportations: Indice du valeur unitaire											
Australia[3] Australie[3]	80	84	94	98	100	91	93	94	92	99
Austria Autriche	120	117	117	100	100	97	95	91	102	...
Bangladesh Bangladesh	89	83	97	96	100	105	...	...	...	...
Belgium-Luxembourg Belgique-Luxembourg	98	93	96	103	100	98	97	...	...	...
Bolivia[4] Bolivie[4]	115	109	102	115	100	96	76	64	66	73
Brazil[4] Brésil[4]	93	93	102	101	100	96	...	...	...	...
Canada Canada	96	98	98	101	100	96	99	104	111	119
China, Hong Kong SAR [†] Chine, Hong-Kong RAS [†]	87	90	93	98	100	103	104	103	105	108
Colombia[3] Colombie[3]	57	54	70	73	100	117	118	134	174	204
Denmark Danemark	98	97	96	103	100	101	99	97	98	99
Dominica Dominique	91	91	99	93	100	105	100	89	97	...
Dominican Republic[4] Rép. dominicaine[4]	76	63	90	104	100	95	82	75	87	...

78
Total imports and exports: index numbers [cont.]

Importations et exportations totales: indices
1990 = 100 [suite]

Country or area Pays ou zone	1986	1987	1988	1989	1990	1991	1992	1993	1994	1995
B. Imports: Unit value index [cont.] • Importations: Indice du valeur unitaire [suite]									
Ecuador Equateur	...	...	...	...	...	...	...	...	...	...
Ethiopia Ethiopie	...	...	...	...	...	...	...	...	...	...
Faeroe Islands Iles Féroé	101	116	99	103	100	100	...	...	...	...
Finland Finlande	95	93	95	99	100	102	113	129	125	123
France France	93	92	95	101	100	99	95	90	94	96
Germany †[1] Allemagne †[1]	101	95	96	103	100	102	99	93	95	98
Greece Grèce	68	66	82	91	100	109	110	111	110	...
Guatemala Guatemala	101	100	128	117	100	96	123	119	109	...
Honduras Honduras	...	...	...	...	...	...	...	...	...	...
Hungary Hongrie	77	78	81	91	100	146	161	176	203	269
Iceland Islande	49	53	63	83	100	103	104	113	118	...
India Inde	54	60	69	86	100	122	125	117	122	110
Indonesia Indonésie	...	...	...	...	...	...	...	...	...	...
Ireland Irlande	93	93	99	105	100	102	100	105	108	113
Israel[4] Israël[4]	73	80	87	93	100	95	95	92	94	102
Italy Italie	91	90	94	101	100	99	99	110	115	...
Japan Japon	92	85	81	90	100	91	84	74	69	68
Jordan Jordanie	47	48	51	74	100	100	95	96	94	99
Kenya Kenya	62	63	69	83	100	111	129	208	187	216
Korea, Republic of Corée, République de	101	101	100	93	100	104	108	107	108	113
Malaysia Malaisie	...	...	...	...	...	...	...	...	...	...
Mauritius Maurice	69	72	79	96	100	105	107	118	126	...
Mexico[4] Mexique[4]	...	...	...	...	100	100	101	102	...	...
Morocco Maroc	91	89	91	91	100	96	92	101	114	...

Country or area Pays ou zone	1986	1987	1988	1989	1990	1991	1992	1993	1994	1995
B. Exports: Unit value index [cont.] • Exportations: Indice du valeur unitaire [suite]									
Ecuador[4] Equateur[4]	76	86	72	85	100	88	97	75	83	84
Ethiopia Ethiopie	146	107	111	108	100	97	104	157	...	...
Faeroe Islands Iles Féroé	97	103	100	99	100	110	...	...	...	...
Finland Finlande	88	90	94	101	100	100	106	113	113	121
France France	94	93	96	102	100	100	97	94	100	102
Germany †[1] Allemagne†[1]	99	96	96	101	100	99	99	94	93	95
Greece Grèce	62	66	80	92	100	109	106	109	121	...
Guatemala Guatemala	81	94	96	106	100	79	77	85	88	...
Honduras[3,4] Honduras[3,4]	127	100	107	105	100	98	77	78	89	...
Hungary Hongrie	72	74	79	91	100	131	143	160	189	254
Iceland Islande	51	58	68	85	100	108	104	107	113	...
India Inde	58	65	78	93	100	111	142	155	168	167
Indonesia[4] Indonésie[4]	87	88	82	82	100	88	84	77	97	93
Ireland Irlande	97	97	103	110	100	99	97	104	104	106
Israel[4] Israël[4]	71	76	87	92	100	100	101	102	100	105
Italy Italie	87	88	92	98	100	103	104	115	120	131
Japan Japon	98	92	90	97	100	100	100	96	95	94
Jordan Jordanie	50	46	53	84	100	111	107	108	113	117
Kenya Kenya	90	75	86	92	100	128	144	259	266	292
Korea, Republic of Corée, République de	100	102	103	97	100	104	109	111	114	116
Malaysia Malaisie	77	90	99	101	100	102	...	...	...	...
Mauritius Maurice	67	75	80	89	100	106	114	123	129	138
Mexico[4] Mexique[4]	...	...	...	...	100	92	92	89	...	...
Morocco Maroc	91	88	97	96	100	100	95	95	94	128

78
Total imports and exports: index numbers [cont.]
Importations et exportations totales: indices
1990 = 100 [suite]

B. Imports: Unit value index [cont.] • Importations: Indice du valeur unitaire [suite]

Country or area Pays ou zone	1986	1987	1988	1989	1990	1991	1992	1993	1994	1995
Myanmar Myanmar	...	...	...	...	...	...	...	...	...	...
Netherlands Pays-Bas	100	94	94	103	100	100	97	92	92	92
New Zealand Nouvelle-Zélande	97	93	92	99	100	101	108	107	104	103
Norway[2] Norvège[2]	88	91	93	99	100	98	96	97	97	98
Pakistan Pakistan	65	76	78	92	100	107	110	118	138	156
Panama Panama	...	...	...	...	...	...	...	...	...	...
Peru Pérou	...	...	...	...	...	...	...	...	...	...
Philippines Philippines	73	74	76	83	100	108	...	...	...	...
Poland[3] Pologne[3]	2	3	5	14	100	136	...	182	231	...
Portugal Portugal	79	84	90	97	100	100	95	...	...	...
Rwanda Rwanda	...	...	...	...	...	...	...	...	...	...
Seychelles Seychelles	103	102	100	96	100	97	93	85	...	...
Singapore Singapour	93	101	101	101	100	97	93	92	...	...
Solomon Islands Iles Salomon	...	...	...	...	...	...	...	...	...	...
South Africa Afrique du Sud	72	75	83	93	100	110	117	127	141	157
Spain[3] Espagne[3]	107	103	102	103	100	97	96	101	107	111
Sri Lanka Sri Lanka	44	53	66	79	100	104	109	115	121	140
Sweden[3] Suède[3]	88	91	94	99	100	101	99	112	117	124
Switzerland Suisse	94	90	93	101	100	100	102	100	95	93
Syrian Arab Republic Rép. arabe syrienne	82	83	102	99	100	115	145	172	228	...
Thailand Thaïlande	76	81	89	95	100	104	105	105	107	122
Trinidad and Tobago Trinité-et-Tobago	68	77	86	99	100	...	...	...	...	...
Tunisia Tunisie	70	77	81	89	100	99	94	94	...	...
Turkey Turquie	86	92	92	95	100	97	95	89	90	...

Country or area Pays ou zone	1986	1987	1988	1989	1990	1991	1992	1993	1994	1995
\multicolumn{11}{l}{B. Exports: Unit value index [cont.] • Exportations: Indice du valeur unitaire [suite]}
Myanmar Myanmar	112	94	92	111	100	101	88	81	87	136
Netherlands Pays-Bas	103	94	94	101	100	98	95	92	92	94
New Zealand Nouvelle-Zélande	79	84	89	101	100	96	104	106	102	101
Norway[2] Norvège[2]	88	85	85	96	100	96	88	88	85	88
Pakistan Pakistan	65	79	84	91	100	104	106	116	136	171
Panama Panama	93	103	93	95	100	101	...	...	...	...
Peru[4] Pérou[4]	69	86	95	104	100	88	87	73	84	104
Philippines Philippines	73	80	91	92	100	115	...	...	...	...
Poland[3] Pologne[3]	2	3	5	16	100	118	...	191	246	...
Portugal Portugal	77	83	92	97	100	100	98	...	...	...
Rwanda Rwanda	209	111	...	115	100	131	105	126	123	435
Seychelles Seychelles	110	112	112	94	100	88	101	102	...	...
Singapore Singapour	98	101	100	100	100	95	88	86	83	81
Solomon Islands Iles Salomon	59	89	107	108	100	95	...	...	...	...
South Africa Afrique du Sud	66	69	79	95	100	106	112	122	131	161
Spain[3] Espagne[3]	91	94	98	103	100	99	100	104	109	116
Sri Lanka Sri Lanka	48	60	70	83	100	102	128	140	147	167
Sweden[3] Suède[3]	86	88	92	98	100	101	98	108	113	125
Switzerland Suisse	92	92	93	99	100	103	103	103	102	100
Syrian Arab Republic Rép. arabe syrienne	70	65	62	77	100	81	73	75	84	...
Thailand Thaïlande	82	88	95	98	100	103	104	105	109	118
Trinidad and Tobago Trinité-et-Tobago	66	70	66	84	100	...	...	...	...	...
Tunisia Tunisie	68	78	83	95	100	97	95	96	101	...
Turkey Turquie	82	94	90	91	100	99	100	98	95	...

78
Total imports and exports: index numbers [cont.]

Importations et exportations totales: indices
1990 = 100 [suite]

Country or area Pays ou zone	1986	1987	1988	1989	1990	1991	1992	1993	1994	1995
B. Imports: Unit value index [cont.] • Importations: Indice du valeur unitaire [suite]										
United Kingdom Royaume-Uni	89	91	94	98	100	101	102	112	115	127
United States Etats-Unis	84	89	94	97	100	100	101	100	102	106
Venezuela[3] Venezuela[3]	23	38	44	83	100	119	140	189	341	514
Yugoslavia, SFR†[4] Yougoslavie, Rfs†[4]	74	78	89	90	100	...	...	...	...	...
C. Terms of trade • Termes de l'échange										
Australia Australie	85	85	97	102	100	90	88	82	83	86
Austria Autriche	102	104	102	97	100	97	96	96	94	...
Belgium-Luxembourg Belgique-Luxembourg	100	101	101	101	100	99	102	...	...	...
Brazil Brésil	119	102	103	105	100	104	...	...	...	...
Canada Canada	95	98	100	103	100	97	96	95	96	98
China, Hong Kong SAR † Chine, Hong-Kong RAS †	100	100	99	100	100	101	102	101	101	99
Denmark Danemark	95	101	99	98	100	101	102	103	102	101
Dominica Dominique	118	107	108	99	100	101	...	...	...	...
Faeroe Islands Iles Féroé	96	89	101	96	100	110	...	...	...	...
Finland Finlande	93	97	99	102	100	98	94	88	90	98
France France	101	101	101	101	100	101	102	104	106	106
Germany †[1] Allemagne†[1]	98	101	100	98	100	97	100	101	98	97
Greece Grèce	91	100	98	101	100	100	96	98	110	...
Guatemala Guatemala	80	94	75	91	100	82	63	71	81	...
Hungary Hongrie	94	95	98	100	100	90	89	91	93	94
Iceland Islande	104	109	108	102	100	105	100	95	96	...
India Inde	107	108	113	108	100	91	114	132	138	152
Ireland Irlande	104	104	104	105	100	97	97	99	96	94
Israel Israël	97	95	100	99	100	105	106	111	106	103

753 International merchandise trade   Commerce international des marchandises

Country or area Pays ou zone	1986	1987	1988	1989	1990	1991	1992	1993	1994	1995
B. Exports: Unit value index [cont.] • Exportations: Indice du valeur unitaire [suite]									
United Kingdom Royaume-Uni	86	89	92	97	100	101	103	116	118	125
United States[5] Etats-Unis[5]	88	90	97	99	100	101	101	101	104	109
Venezuela[3] Venezuela[3]	10	19	20	60	100	94	108	127	...	...
Yugoslavia, SFR†[4] Yougoslavie, Rfs†[4]	72	76	88	90	100	...	...	...	...	...
D. Purchasing power of exports • Pouvoir d'achat des exportations									
Australia Australie	71	80	86	96	100	104	106	105	115	121
Austria Autriche	70	74	82	87	100	103	107	104	112	...
Belgium-Luxembourg Belgique-Luxembourg	79	85	91	98	100	103	106	...	...	...
Brazil Brésil	94	94	112	114	100	108	...	...	...	...
Canada Canada	79	84	94	98	100	98	106	115	134	154
China, Hong Kong SAR † Chine, Hong-Kong RAS †	50	66	83	92	100	118	143	162	178	195
Denmark Danemark	78	84	86	90	100	107	113	111	118	123
Dominica Dominique	98	103	116	87	100	95	...	...	...	...
Faeroe Islands Iles Féroé	83	74	90	98	100	114	...	...	...	...
Finland Finlande	86	91	96	98	100	89	93	103	120	136
France France	79	82	89	96	100	106	110	110	122	130
Germany †[1] Allemagne†[1]	81	87	92	97	100	97	102	99	110	113
Greece Grèce	92	114	75	106	100	114	141	140	164	...
Guatemala Guatemala	90	85	68	92	100	103	91	97	119	...
Hungary Hongrie	88	92	102	104	100	86	85	76	90	100
Iceland Islande	99	108	106	103	100	97	91	91	104	...
India Inde	63	77	84	98	100	104	132	185	213	287
Ireland Irlande	71	80	86	97	100	103	117	132	147	173
Israel Israël	81	87	95	98	100	103	113	134	148	155

78
Total imports and exports: index numbers [cont.]

Importations et exportations totales: indices
1990 = 100 [suite]

Country or area Pays ou zone	1986	1987	1988	1989	1990	1991	1992	1993	1994	1995
C. Terms of trade [cont.] • Termes de l'échange [suite]										
Italy Italie	96	98	98	97	100	104	105	105	104	...
Japan Japon	107	108	111	108	100	110	119	130	138	138
Jordan Jordanie	106	96	104	114	100	111	113	113	120	118
Kenya Kenya	145	119	125	111	100	115	112	125	142	135
Korea, Republic of Corée, République de	99	101	103	104	100	100	101	104	106	103
Morocco Maroc	100	99	107	105	100	104	103	94	82	...
Netherlands Pays-Bas	103	100	100	98	100	98	98	100	100	102
New Zealand Nouvelle-Zélande	81	90	97	102	100	95	96	99	98	98
Norway Norvège	100	93	91	97	100	98	92	91	88	90
Pakistan Pakistan	100	104	108	99	100	97	96	98	99	110
Philippines Philippines	100	108	120	111	100	106	...	...	...	...
Poland Pologne	100	100	100	114	100	87	...	105	106	...
Portugal Portugal	97	99	102	100	100	100	103	...	...	...
Seychelles Seychelles	107	110	112	98	100	91	109	120	...	...
Singapore Singapour	105	100	99	99	100	98	95	93	...	...
South Africa Afrique du Sud	92	92	95	102	100	96	96	96	93	103
Spain Espagne	85	91	96	100	100	102	104	103	102	105
Sri Lanka Sri Lanka	109	113	106	105	100	98	117	122	121	119
Sweden Suède	98	97	98	99	100	100	99	96	97	101
Switzerland Suisse	98	102	100	98	100	103	101	103	107	108
Syrian Arab Republic Rép. arabe syrienne	85	78	61	78	100	70	50	44	37	...
Thailand Thaïlande	108	109	107	103	100	99	99	100	102	97

Country or area Pays ou zone	1986	1987	1988	1989	1990	1991	1992	1993	1994	1995
	D. Purchasing power of exp.[cont.] • Pouvoir d'achat des exportations [suite]									
Italy Italie	79	82	87	94	100	104	109	118	130	...
Japan Japon	93	94	101	103	100	112	124	131	142	148
Jordan Jordanie	78	84	106	119	100	98	108	118	134	162
Kenya Kenya	135	107	119	104	100	118	115	151	195	192
Korea, Republic of Corée, République de	66	84	96	98	100	110	120	132	155	186
Morocco Maroc	66	71	90	97	100	112	104	99	94	...
Netherlands Pays-Bas	81	83	91	93	100	103	106	116	129	143
New Zealand Nouvelle-Zélande	74	85	94	97	100	105	108	117	127	130
Norway Norvège	69	73	74	90	100	104	106	110	120	130
Pakistan Pakistan	75	85	97	93	100	110	119	110	138	121
Philippines Philippines	70	81	100	103	100	109	...	...	...	...
Poland Pologne	81	85	92	105	100	90	...	101	121	...
Portugal Portugal	59	67	75	89	100	101	110	...	...	...
Seychelles Seychelles	18	48	104	100	100	124	137	127	...	...
Singapore Singapour	56	62	82	91	100	111	117	135	...	...
South Africa Afrique du Sud	86	84	93	108	100	96	84	103	108	123
Spain Espagne	63	72	82	89	100	113	122	139	163	...
Sri Lanka Sri Lanka	97	98	89	90	100	102	126	151	162	171
Sweden Suède	91	93	97	100	100	98	98	103	111	...
Switzerland Suisse	84	88	91	94	100	102	104	107	117	123
Syrian Arab Republic Rép. arabe syrienne	37	36	31	61	100	76	65	61	50	...
Thailand Thaïlande	52	62	77	92	100	118	133	149	181	196

78
Total imports and exports: index numbers
[cont.]
Importations et exportations totales: indices
1990 = 100 [suite]

Country or area Pays ou zone	1986	1987	1988	1989	1990	1991	1992	1993	1994	1995
C. Terms of trade [cont.] · Termes de l'échange [suite]
Trinidad and Tobago Trinité-et-Tobago	97	91	77	85	100	...	...	...	...	...
Tunisia Tunisie	97	101	102	107	100	98	101	102	...	...
Turkey Turquie	95	102	98	96	100	102	105	110	106	...
United Kingdom Royaume-Uni	97	98	98	99	100	100	101	104	103	98
United States Etats-Unis	105	101	103	102	100	101	100	101	102	103

Source:
Trade statistics database of the Statistics Division of the
United Nations Secretariat.

† For information on recent changes in
country or area nomenclature pertaining to former
Czechoslovakia, Germany, Hong Kong Special Administrative
Region (SAR) of China, SFR Yugoslavia and former USSR, see
Annex I - Country or area nomenclature, regional and other
groupings.

1 Data prior to January 1991 pertain to the territorial
boundaries of the Federal Republic of Germany and the former
German Democratic Republic prior to 3 October 1990.

Source:
Base de données pour les statistiques du commerce extérieur
de la Division de statistique du Secrétariat de l'ONU.

† Pour les modifications récentes de
nomenclature de pays ou de zone concernant l'Allemagne,
Hong-Kong (Région administrative spéciale de Chine),
l'ex-Tchécoslovaquie, l'ex-URSS et l'ex-Rfs Yougoslavie,
voir annexe I - Nomenclature des pays ou des zones,
groupements régionaux et autres groupements.

1 Les données relatives à la période précedant janvier 1991
correspondent aux limites territorales de la Republique
fédérale d'Allemagne et l'ex-Republique democratique
allemande antérieur au 3 octobre 1990.

Country or area Pays ou zone	1986	1987	1988	1989	1990	1991	1992	1993	1994	1995
D. Purchasing power of exp.[cont.] • Pouvoir d'achat des exportations [suite]											
Trinidad and Tobago Trinité-et-Tobago	91	84	73	80	100	...	...	...	...	...
Tunisia Tunisie	89	96	98	118	100	108	112	123	...	...
Turkey Turquie	67	90	99	91	100	109	116	129	142	...
United Kingdom Royaume-Uni	81	85	86	93	100	101	104	107	119	123
United States Etats-Unis	66	72	87	95	100	107	113	117	129	140

2 Excluding ships.
3 Price index numbers; for the United States, beginning 1989 and for Australia, beginning 1981.
4 Calculated in terms of US dollars.
5 Excludes military exports.

2 Non compris les navires.
3 Indices des prix; pour les Etats-Unis à partir de 1989 et pour l'Australie à partir de 1981.
4 Calculés en dollars des Etats-Unis.
5 Non compris les exportations militaires.

79
Manufactured goods exports
Exportations des produits manufacturés
1990 = 100

Region, country or area Region, pays ou zone	1986	1987	1988	1989	1990	1991	1992	1993	1994	1995
Unit value indices in US dollars • Indices de valeur unitaire en dollars des E-U										
Total [1]	77	87	93	93	100	100	103	99	101	107
Developed economies Écon. développées	77	86	92	91	100	99	103	97	99	108
America, North Amérique du Nord	91	92	98	100	100	102	100	99	99	100
Canada Canada	90	88	97	98	100	99	91	88	84	80
United States[2] Etats-Unis[2]	91	93	99	101	100	102	103	103	104	107
Europe Europe	72	83	88	87	100	98	102	91	93	104
EU+ UE+	72	83	88	87	100	97	102	92	93	104
Austria[3] Autriche[3]	77	91	96	86	100	96	99	91	90	...
Belgium-Luxembourg[4] Belgique-Luxembourg[4]	73	84	89	89	100	97	99	90	93	...
Denmark Danemark	70	83	87	84	100	96	102	92	97	112
Finland Finlande	65	77	85	90	100	95	90	74	83	105
France France	73	84	88	86	100	96	100	94	98	111
Germany †[5] Allemagne†[5]	73	86	89	86	100	98	103	93	94	108
Greece Grèce	68	78	86	87	100	95	94	81	82	...
Ireland[6] Irlande[6]	76	81	88	91	100	95	97	96	89	...
Italy[4] Italie[4]	69	80	85	86	100	99	105	89	86	...
Netherlands[4] Pays-Bas[4]	71	83	87	86	100	96	102	92	92	104
Portugal[6] Portugal[6]	68	85	88	85	100	101	106	98	94	...
Spain[6] Espagne[6]	71	68	83	83	100	95	109	85	86	...
Sweden Suède	71	82	89	90	100	100	101	82	85	105
United Kingdom Royaume-Uni	71	83	91	88	100	100	102	98	103	113
EFTA+ AELE+	72	86	89	86	100	97	101	87	96	111
Iceland[6] Islande[6]	66	75	99	103	100	88	86	76	80	...
Norway Norvège	67	78	96	99	100	94	92	80	82	102

79 Manufactured goods exports [cont.]
Exportations des produits manufacturés 1990 = 100 [suite]

Region, country or area Region, pays ou zone	1986	1987	1988	1989	1990	1991	1992	1993	1994	1995
Switzerland[4] Suisse[4]	73	88	88	84	100	98	103	88	99	...
Other developed economies **Autres écon. développées**	**84**	**94**	**101**	**100**	**100**	**105**	**113**	**120**	**129**	**137**
Australia Australie	67	77	97	102	100	58	86	81	88	96
Israel Israël	72	76	86	92	100	101	101	102	101	105
Japan Japon	85	95	102	100	100	108	115	124	134	144
New Zealand Nouvelle-Zélande	71	84	107	105	100	94	89	89	98	112
South Africa Afrique du Sud	68	84	89	95	100	96	101	100	101	...
Developing economies[7] **Econ. en dévelop.**[7]	**79**	**88**	**97**	**98**	**100**	**100**	**103**	**105**	**105**	**106**
China, Hong Kong SAR † Chine, Hong-Kong RAS †	...	...	96	99	100	102	104	104	105	108
India Inde	76	92	92	...	100	80	92	89	88	86
Korea, Republic of[4] Corée, République de[4]	...	...	94	101	100	101	106	109	111	111
Pakistan Pakistan	84	100	103	94	100	98	101	98	107	125
Singapore Singapour	...	...	93	96	100	101	103	99	108	112
Turkey[8] Turquie[8]	86	96	101	91	100	99	100	95	90	106

Unit value indices in 'SDR' · Indices de valeur unitaire en 'DTS'

Total[1]	89	91	94	98	100	99	99	96	95	96
Developed economies **Econ. développées**	89	91	93	97	100	99	99	95	94	96
Developing economies[7] **Econ. en dévelop.**[7]	92	92	98	104	100	99	99	102	99	94

Unit value indices in national currency · Indices de valeur unitaire en monnaie nationale

America, North · Amérique du Nord

Canada Canada	107	100	102	99	100	97	94	98	99	95
United States[2] Etats-Unis[2]	91	93	99	101	100	102	103	103	104	107

Europe · Europe
EU+ · UE+

Austria[3] Autriche[3]	104	101	104	100	100	98	96	93	91	...
Denmark Danemark	93	93	95	100	100	99	100	97	100	102
Finland Finlande	87	88	94	101	100	100	106	112	112	120

79
Manufactured goods exports [cont.]

Exportations des produits manufacturés
1990 = 100 [suite]

Region, country or area Region, pays ou zone	1986	1987	1988	1989	1990	1991	1992	1993	1994	1995
France France	93	93	96	101	100	99	97	98	100	101
Germany †[5] Allemagne†[5]	98	96	97	100	100	100	100	95	94	96
Greece Grèce	60	67	77	90	100	110	114	112	127	...
Netherlands[4] Pays-Bas[4]	96	92	95	101	100	99	98	94	92	92
Sweden Suède	85	88	92	98	100	102	99	108	111	126
United Kingdom Royaume-Uni	86	90	91	96	100	101	104	117	120	128
EFTA+ · AELE+										
Norway Norvège	79	84	101	110	100	98	92	92	93	104
Other developed economies · Autres écon. développées										
Australia Australie	78	85	96	101	100	58	91	94	94	102
Japan Japon	99	95	91	96	100	100	101	95	95	93
New Zealand Nouvelle-Zélande	81	84	97	104	100	97	99	98	99	101
South Africa Afrique du Sud	60	66	78	97	100	103	111	127	139	...
Developing economies · Écon. en dévelop.										
China, Hong Kong SAR † Chine, Hong-Kong RAS †	...	...	96	99	100	102	103	103	105	107
India Inde	55	68	73	...	100	103	136	154	158	159
Pakistan Pakistan	64	80	85	89	100	107	117	127	151	182

Quantum indices · Indices de volume

	1986	1987	1988	1989	1990	1991	1992	1993	1994	1995
Total[1]	74	79	86	94	100	105	111	115	130	142
Developed economies Écon. développées	77	81	88	95	100	104	106	108	121	132
America, North Amérique du Nord	63	70	81	88	100	106	114	121	137	155
Canada Canada	79	86	94	97	100	102	119	135	164	202
United States Etats-Unis	58	66	77	86	100	107	113	117	130	142
Europe Europe	79	83	89	96	100	103	104	106	119	129
EU+ UE+	79	83	89	96	100	103	105	105	120	131

79
Manufactured goods exports [cont.]

Exportations des produits manufacturés
1990 = 100 [suite]

Region, country or area Region, pays ou zone	1986	1987	1988	1989	1990	1991	1992	1993	1994	1995
Austria Autriche	69	70	77	90	100	104	108	107	119	...
Belgium-Luxembourg Belgique-Luxembourg	75	80	87	95	100	102	104	112	126	...
Denmark Danemark	83	85	90	93	100	106	114	111	118	125
Finland Finlande	90	94	93	96	100	90	97	117	132	144
France France	76	80	87	94	100	107	112	104	116	122
Germany †[5] Allemagne†[5]	82	85	91	99	100	102	104	100	112	116
Greece Grèce	103	106	85	106	100	109	127	134	133	...
Ireland Irlande	65	77	85	93	100	108	122	124	166	...
Italy Italie	83	86	91	97	100	101	100	112	132	...
Netherlands Pays-Bas	82	85	91	95	100	105	105	107	121	136
Portugal Portugal	62	65	75	90	100	101	110	100	120	...
Spain Espagne	66	85	84	94	100	114	109	132	157	...
Sweden Suède	91	93	98	100	100	97	98	108	128	...
United Kingdom Royaume-Uni	75	80	86	94	100	100	101	95	108	117
EFTA+ **AELE+**	**82**	**83**	**90**	**95**	**100**	**99**	**101**	**111**	**108**	**111**
Iceland Islande	102	114	114	107	100	91	94	102	131	...
Norway Norvège	88	92	83	89	100	103	106	105	96	100
Switzerland Suisse	80	81	91	96	100	98	100	112	111	...
Other developed economies **Autres écon. développées**	**86**	**84**	**91**	**96**	**100**	**104**	**104**	**104**	**107**	**113**
Australia Australie	69	82	82	88	100	192	138	161	179	196
Israel Israël	81	91	94	97	100	98	111	126	146	155
Japan Japon	86	84	91	96	100	102	103	101	103	107
New Zealand Nouvelle-Zélande	87	87	85	92	100	112	120	132	152	155
South Africa Afrique du Sud	91	86	91	96	100	108	107	113	126	...

79
Manufactured goods exports [cont.]

Exportations des produits manufacturés
1990 = 100 [suite]

Region, country or area Région, pays ou zone	1986	1987	1988	1989	1990	1991	1992	1993	1994	1995
Developing economies[7] Écon. en dévelop.	58	71	80	92	100	113	130	142	171	185
China, Hong Kong SAR † Chine, Hong-Kong RAS †	...	...	101	101	100	100	100	95	93	95
India Inde	64	69	85	...	100	128	132	147	181	180
Korea, Republic of Corée, République de	...	...	99	95	100	109	110	115	132	170
Pakistan Pakistan	60	68	64	81	100	119	127	128	137	125
Singapore Singapour	...	...	79	90	100	112	125	155	195	236
Turkey Turquie	57	79	85	96	100	102	119	130	164	170

Value (thousand million US $) · Valeur (millards de dollars E-U)

	1986	1987	1988	1989	1990	1991	1992	1993	1994	1995
Total[1]	1 363.80	1 648.80	1 926.90	2 088.80	2 402.50	2 517.50	2 744.40	2 728.00	3 143.70	3 644.20
Developed economies Écon. développées	1 159.00	1 370.90	1 579.50	1 688.20	1 957.20	2 014.90	2 148.10	2 064.30	2 346.30	2 772.40
America, North Amérique du Nord	205.11	232.96	286.97	319.63	361.29	389.25	413.80	435.09	490.11	557.03
Canada Canada	56.24	59.85	72.19	74.46	78.83	79.42	84.61	93.80	109.17	128.22
United States États-Unis	148.87	173.11	214.78	245.17	282.46	309.83	329.19	341.29	380.94	428.81
Europe Europe	734.03	894.90	1 011.60	1 075.30	1 289.10	1 290.50	1 372.70	1 244.10	1 432.50	1 739.10
EU+ UE+	689.30	840.73	950.69	1 012.70	1 212.80	1 216.70	1 294.70	1 170.60	1 352.80	1 644.70
Austria Autriche	20.17	24.28	27.94	29.07	37.89	37.53	40.66	36.70	40.88	...
Belgium-Luxembourg Belgique-Luxembourg	52.29	64.09	73.83	80.42	95.18	93.84	97.60	95.90	110.73	133.05
Denmark Danemark	12.35	14.92	16.63	16.61	21.14	21.40	24.66	21.65	24.30	29.43
Finland Finlande	13.57	16.56	18.17	19.77	22.98	19.65	20.05	20.05	25.11	34.68
France France	92.19	111.69	126.05	134.56	165.29	169.44	184.58	162.83	187.22	222.89
Germany †[5] Allemagne †[5]	217.32	264.48	293.10	309.59	362.01	361.85	387.53	334.59	380.38	455.79
Greece Grèce	3.15	3.69	3.25	4.12	4.45	4.59	5.31	4.83	4.88	...
Ireland Irlande	8.16	10.26	12.31	13.95	16.50	16.96	19.56	19.58	24.29	31.21
Italy Italie	86.09	104.04	115.83	125.92	150.63	150.98	158.35	150.13	170.55	208.98
Netherlands Pays-Bas	46.82	56.91	63.55	65.51	80.23	80.89	85.31	79.18	89.86	113.91
Portugal Portugal	5.62	7.34	8.72	10.09	13.20	13.39	15.38	12.88	14.86	19.45

79
Manufactured goods exports [cont.]
Exportations des produits manufacturés 1990 = 100 [suite]

Region, country or area Region, pays ou zone	1986	1987	1988	1989	1990	1991	1992	1993	1994	1995
Spain Espagne	20.11	24.62	29.90	33.18	42.63	46.08	50.61	47.54	57.74	71.35
Sweden Suède	31.49	37.54	43.03	43.92	48.90	47.50	48.49	43.13	53.35	...
United Kingdom Royaume-Uni	80.00	100.29	118.37	125.96	151.77	152.62	156.62	141.64	168.65	201.32
EFTA+ **AELE+**	**44.29**	**53.65**	**60.23**	**61.87**	**75.27**	**72.60**	**76.60**	**72.26**	**78.21**	**92.70**
Iceland Islande	0.20	0.25	0.33	0.32	0.29	0.23	0.23	0.23	0.31	0.40
Norway Norvège	8.30	10.10	11.40	12.55	14.22	13.84	13.84	12.05	11.20	14.46
Switzerland Suisse	35.79	43.30	48.50	49.01	60.76	58.52	62.53	59.98	66.70	77.84
Other developed economies **Autres écon. développées**	**219.85**	**243.03**	**280.94**	**293.25**	**306.87**	**335.15**	**361.60**	**385.08**	**423.65**	**476.19**
Australia Australie	3.83	5.23	6.60	7.44	8.28	9.19	9.83	10.85	13.02	15.62
Israel Israël	6.10	7.29	8.44	9.42	10.52	10.47	11.74	13.48	15.50	17.09
Japan Japon	203.36	222.81	257.07	266.59	277.44	304.34	328.52	348.56	381.06	425.75
New Zealand Nouvelle-Zélande	1.56	1.85	2.31	2.45	2.54	2.67	2.73	2.98	3.78	4.38
South Africa Afrique du Sud	4.99	5.85	6.52	7.35	8.10	8.48	8.78	9.22	10.28	13.36
Developing economies **Econ. en dévelop.**	**204.80**	**277.91**	**347.46**	**400.60**	**445.31**	**502.63**	**596.34**	**663.69**	**797.40**	**871.86**
China, Hong Kong SAR † Chine, Hong-Kong RAS †	18.92	23.98	26.68	27.40	27.51	28.16	28.42	27.12	27.11	28.25
India Inde	6.11	8.02	9.83	12.08	12.61	12.95	15.35	16.42	20.15	19.47
Korea, Republic of Corée, République de	32.01	43.77	56.84	58.34	60.99	66.90	71.38	76.38	89.86	115.54
Pakistan Pakistan	2.19	2.95	2.85	3.29	4.34	5.04	5.59	5.43	6.38	6.78
Singapore Singapour	13.51	19.09	28.23	32.71	38.13	43.37	49.37	58.74	80.55	101.08
Turkey Turquie	4.43	6.84	7.71	7.87	9.01	9.10	10.64	11.17	13.30	16.32

Source:
Trade statistics database of the Statistics Division of the United Nations Secretariat.
+ For Member States of this grouping, see Annex I - Other groupings.

† For information on recent changes in country or area nomenclature pertaining to former Czechoslovakia, Germany, Hong Kong Special Administrative Region (SAR) of China, SFR Yugoslavia and former USSR, see Annex I - Country or area nomenclature, regional and other groupings.

Source:
Base de données pour les statistiques du commerce extérieur de la Division de statistique du Secrétariat de l'ONU.
+ Les Etats membres de ce groupement, voir annexe I - Autres groupements.

† Pour les modifications récentes de nomenclature de pays ou de zone concernant l'Allemagne, Hong-Kong (Région administrative spéciale de Chine), l'ex-Tchécoslovaquie, l'ex-URSS et l'ex-Rfs Yougoslavie, voir annexe I - Nomenclature des pays ou des zones, groupements régionaux et autres groupements.

79
Manufactured goods exports [cont.]
Exportations des produits manufacturés
1990 = 100 [suite]

1 Excludes trade of the countries of Eastern Europe and the former USSR.
2 Beginning 1989 derived from price indices; national unit value index discontinued.
3 Series linked at 1988 by a factor calculated by the United Nations Statistics Division.
4 Derived from sub-indices using current weights. Indices for Belgium, beginning 1988, and for Switzerland, beginning 1987, are calculated by the United Nations Statistical Division.
5 Data prior to January 1991 pertain to the territorial boundaries of the Federal Republic of Germany and the former German Democratic Republic prior to 3 October 1990.
6 Indices are calculated by the United Nations Statistics Division for the years beginning 1981.
7 Includes the Socialist Federal Republic of Yugoslavia.
8 Special drawing right.

1 Non compris le commerce des pays de l'Europe de l'Est et l'ex-URSS.
2 A partir de l'année 1989 calculés à partir des indices des prix; l'indice de la valeur unitaire nationale est discontinué.
3 Les séries sont enchaînés à 1988 par un facteur calculé par la Division de statistique des Nations Unies.
4 Calculé à partir de sous-indices à coéfficients de pondération correspondant à la période en cours. Les indices pour la Belgique, à partir de 1988, et pour la Suisse, à partir de 1987, sont calculés par la Division de statistique des Nations Unies.
5 Les données relatives à la période précédant janvier 1991 correspondent aux limites territorales de la Republique fédérale d'Allemagne et l'ex-Republique democratique allemande antérieur au 3 octobre 1990.
6 Les indices sont calculés par la Division de statistique des Nations Unies pour les années à partir de 1981.
7 Y compris la République socialiste fédérative de Yougoslavie.
8 Le droit de tirage spécial.

Technical notes, tables 76-79

Tables 76-79: Current data (annual, monthly and/or quarterly) for most of the series are published regularly by the Statistical Division in the United Nations *Monthly Bulletin of Statistics* [25]. More detailed descriptions of the tables and notes on methodology appear in the United Nations 1977 *Supplement to the Statistical Yearbook and Monthly Bulletin of Statistics, International Trade Statistics: Concepts and Definitions* [47, 49] and the *International Trade Statistics Yearbook*.[24] More detailed data including series for individual countries showing the value in national currencies for imports and exports and notes on these series are to be found in the *International Trade Statistics Yearbook* [24] and in the *Monthly Bulletin of Statistics*.[25]

Data are obtained from national published sources, from data supplied by the Governments for use in the following United Nations publications: *Commodity Trade Statistics* [19], *Monthly Bulletin of Statistics* and *Statistical Yearbook*; and from publications of other United Nations agencies.

Territory

The statistics reported by a country refer to the customs area of the country. In most cases, this coincides with the geographical area of the country.

System of trade

Two systems of recording trade are in common use, differing mainly in the way warehoused and re-exported goods are recorded:

(a) Special trade (S): special imports are the combined total of imports for direct domestic consumption (including transformation and repair) and withdrawals from bonded warehouses or free zones for domestic consumption. Special exports comprise exports of national merchandise, namely, goods wholly or partly produced or manufactured in the country, together with exports of nationalized goods. (Nationalized goods are goods which, having been included in special imports, are then exported without transformation);

(b) General trade (G): general imports are the combined total of imports for direct domestic consumption and imports into bonded warehouses or free zones. General exports are the combined total of national exports and re-exports. Re-exports, in the general trade system, consist of the outward movement of nationalized goods plus goods which, after importation, move outward from bonded warehouses or free zones without having been transformed.

Valuation

Goods are, in general, valued according to the transaction value. In the case of imports, the transaction value is the value at which the goods were purchased by the importer plus the cost of transportation and insurance to

Notes techniques, tableaux 76 à 79

Tableaux 76-79 : La Division de statistique des Nations Unies publie régulièrement des données courantes (annuelles, mensuelles et/ou trimestrielles) pour la plupart des séries de ces tableaux dans le *Bulletin mensuel de statistique* [25] des Nations Unies. Des descriptions plus détaillées des tableaux et des notes méthodologiques figurent dans *1977 Supplément à l'Annuaire statistique et au Bulletin mensuel de statistique* des Nations Unies, dans la publication *Statistiques du Commerce international, Concepts et définitions* [47, 49] et dans l'*Annuaire statistique du Commerce international* [24]. Des données plus détaillées, comprenant des séries indiquant la valeur en monnaie nationale des importations et des exportations des divers pays et les notes accompagnant ces séries figurent dans l'*Annuaire statistique du Commerce international* [24] et dans le *Bulletin mensuel de statistique*.[25]

Les données proviennent de publications nationales et des informations fournies par les gouvernements pour les publications suivantes des Nations Unies : *"Commodity Trade Statistics"* [19], Bulletin mensuel de statistique et Annuaire statistique", ainsi que de publications d'autres institutions des Nations Unies.

Territoire

Les statistiques fournies par pays se rapportent au territoire douanier de ce pays. Le plus souvent, ce territoire coïncide avec l'étendue géographique du pays.

Système de commerce

Deux systèmes d'enregistrement du commerce sont couramment utilisés, qui ne diffèrent que par la façon dont sont enregistrées les marchandises entreposées et les marchandises réexportées :

(a) Commerce spécial (S) : les importations spéciales représentent le total combiné des importations destinées directement à la consommation intérieure (transformations et réparations comprises) et les marchandises retirées des entrepôts douaniers ou des zones franches pour la consommation intérieure. Les exportations spéciales comprennent les exportations de marchandises nationales, c'est-à-dire des biens produits ou fabriqués en totalité ou en partie dans le pays, ainsi que les exportations de biens nationalisés. (Les biens nationalisés sont des biens qui, ayant été inclus dans les importations spéciales, sont ensuite réexportés tels quels.)

(b) Commerce général (G) : les importations générales sont le total combiné des importations destinées directement à la consommation intérieure et des importations placées en entrepôt douanier ou destinées aux zones franches. Les exportations générales sont le total combiné des exportations de biens nationaux et des réexportations. Ces dernières, dans le système du commerce général, comprennent les exportations de biens nationalisés et de biens qui, après avoir été importés, sortent des entrepôts de douane ou des zones franches sans avoir été transformés.

the frontier of the importing country (a c.i.f. valuation). In the case of exports, the transaction value is the value at which the goods were sold by the exporter, including the cost of transportation and insurance, to bring the goods onto the transporting vehicle at the frontier of the exporting country (a f.o.b. valuation).

Currency conversion

Conversion of values from national currencies into United States dollars is done by means of external trade conversion factors which are generally weighted averages of exchange rates, the weight being the corresponding monthly or quarterly value of imports or exports.

Coverage

The statistics relate to merchandise trade. Merchandise trade is defined to include, as far as possible, all goods which add to or subtract from the material resources of a country as a result of their movement into or out of the country. Thus, ordinary commercial transactions, government trade (including foreign aid, war reparations and trade in military goods), postal trade and all kinds of silver (except silver coin after its issue), are included in the statistics. Since their movement affects monetary rather than material resources, monetary gold, together with currency and titles of ownership after their issue into circulation, are excluded.

Commodity classification

The commodity classification of trade is in accordance with the United Nations *Standard International Trade Classification* (SITC).[52]

World and regional totals

The regional, economic and world totals have been adjusted: (a) to include estimates for countries or areas for which full data are not available; (b) to include insurance and freight for imports valued f.o.b.; (c) to include countries or areas not listed separately; (d) to approximate special trade; (e) to approximate calendar years; and (f) where possible, to eliminate incomparabilities owing to geographical changes, by adjusting the figures for periods before the change to be comparable to those for periods after the change.

Quantum and unit value index numbers

These index numbers show the changes in the volume of imports or exports (quantum index) and the average price of imports or exports (unit value index).

Description of tables

Table 76: World imports and exports are the sum of imports and exports of Developed economies, Developing economies and other. The regional totals for exports and imports have been adjusted to exclude the re-exports of countries or areas comprising each region. Estimates for

Evaluation

En général, les marchandises sont évaluées à la valeur de la transaction. Dans le cas des importations, cette valeur est celle à laquelle les marchandises ont été achetées par l'importateur plus le coût de leur transport et de leur assurance jusqu'à la frontière du pays importateur (valeur c.a.f.). Dans le cas des exportations, la valeur de la transaction est celle à laquelle les marchandises ont été vendues par l'exportateur, y compris le coût de transport et d'assurance des marchandises jusqu'à leur chargement sur le véhicule de transport à la frontière du pays exportateur (valeur f.o.b.).

Conversion des monnaies

Le conversion en dollars des Etats-Unis de valeurs exprimées en monnaie nationale se fait par application de coefficients de conversion du commerce extérieur, qui sont généralement les moyennes pondérées des taux de change, le poids étant la valeur mensuelle ou trimestrielle correspondante des importations ou des exportations.

Couverture

Les statistiques se rapportent au commerce des marchandises. Le commerce des marchandises se définit comme comprenant, dans toute la mesure du possible, toutes les marchandises qui ajoutent ou retranchent aux ressources matérielles d'un pays par suite de leur importation ou de de leur exportation par ce pays. Ainsi, les transactions commerciales ordinaires, le commerce pour le compte de l'Etat (y compris l'aide extérieure, les réparations pour dommages de guerre et le commerce des fournitures militaires), le commerce par voie postale et les transactions de toutes sortes sur l'argent (à l'exception des transactions sur les pièces d'argent après leur émission) sont inclus dans ces statistiques. La monnaie or ainsi que la monnaie et les titres de propriété après leur mise en circulation sont exclus, car leurs mouvements influent sur les ressources monétaires plutôt que sur les ressources matérielles.

Classification par marchandise

La classification par marchandise du commerce extérieur est celle adoptée dans la *Classification type por le commerce international* des Nations Unies (CTCI) [52].

Totaux mondiaux et régionaux

Les totaux économiques régionaux et mondiaux ont été ajustés de manière : (a) à inclure les estimations pour les pays ou régions pour lesquels on ne disposait pas de données complètes; (b) à inclure l'assurance et le fret dans la valeur f.o.b. des importations; (c) à inclure les pays ou régions non indiqués séparément; (d) à donner une approximation du commerce spécial; (e) à les ramener à des années civiles; et (f) à éliminer, dans la mesure du possible, les données non comparables par suite de changements géographiques, en ajustant les chiffres correspondant aux périodes avant le changement de manière à les rendre comparables à ceux des périodes après le changement.

certain countries or areas not shown separately as well as for those shown separately but for which no data are yet available are included in the regional and world totals. Export and import values in terms of U.S. dollars are derived by the United Nations Statistics Division (UNSD) from data published in national publications, from data on the Monthly Bulletin of Statistics Questionnaires and from data published by the International Monetary (IMF) in the International Financial Statistics publication.

Table 77: The purpose of this table is to provide data on the network of flows of broad groups of commodities within and between important economic and geographic areas of the world. The regional analysis in this table is in accordance with that of table 76.

Export data in this table are largely comparable to data shown in table 76 except that table 76 contains revised data for total exports which may not be available at the commodity/destination level needed for this table. Also, the regional totals shown in table 76 have been adjusted to exclude the re-exports of countries comprising each region. This adjustment is not made in this table since re-exports are often not available by commodity and by destination.

The commodity classification is in accordance with the United Nations *Standard International Trade Classification* (SITC), Revision 2 for 1980 through 1987 except for countries which report trade data only in terms of the SITC, Revised. Beginning in 1988 the commodity classification is in accordance with SITC, Revision 3 where data are available from countries. [52]

The data approximate total exports of all countries and areas of the world with the exception of the inter-trade of the centrally planned economies of Asia in 1980 and trade conducted in accordance with the supplementary protocol to the treaty on the basis of relations between the Federal Republic of Germany and the former German Democratic Republic. They are based on official export figures converted, where necessary, to US dollars. Where official figures are not available estimates based on the imports reported by partner countries and on other subsidiary data are used. Some official national data have been adjusted (a) to approximate the commodity groupings of SITC; and (b) to approximate calendar years.

The data include special category (confidential) exports, ships' stores and bunders and exports of minor importance, the destination of which cannot be determined. These data are included in the world totals for each commodity group and in total exports, but are excluded from all regions of destination. Approximately 1 ½ percent of total exports are not distributed. All data are generally in accordance with the special trade system.

Table 78: These index numbers show the changes in the volume (quantum index) and the average price (unit value index) of total imports and exports. The terms of trade figures are calculated by dividing export unit value indices by the corresponding import unit value indices. The product of the net terms of trade and the quantum index of

Indices de quantum et de valeur unitaire
Ces indices indiquent les variations du volume des importations ou des exportations (indice de quantum) et du prix moyen des importations ou des exportations (indice de valeur unitaire).

Description des tableaux
Tableau 76 : Les importations et les exportations totales pour le monde se composent des importations et exportations des Economies développées, des Economies en voie de développement et des autres. Les totaux régionaux pour importations et exportations ont été ajustés pour exclure les re-exportations des pays ou zones qui comprennent la région. Les totaux régionaux et mondiaux comprennent des estimations pour certains pays ou zones ne figurant pas séparément mais pour lesquels les données ne sont pas encore disponibles. Les valeurs en dollars des E.U. des exportations et des importations ont été obtenues par la Division de statistique des Nations Unies (DSNU) à partir des données publiées dans les questionnaires du *Bulletin Mensuel de Statistique*, des données publiées par le Fonds Monétaire International dans la publication "Statistiques Financières Internationales".

Tableau 77 : Ce tableau a pour but de fournir des données sur l'ensemble des flux de grandes catégories de marchandises à l'intérieur des grandes régions économiques et géographiques du monde et entre ces régions. L'analyse régionale de ce tableau est conforme à celle du tableau 76.

Les données de ce tableau sur les exportations sont en grande partie comparables aux données fournies au tableau 76; toutefois, celui-ci présente des données révisées pour les totaux des exportations qui ne sont pas nécessairement disponibles au niveau des marchandises/destinations présentées au tableau 76. En outre, les totaux régionaux indiqués au tableau 76 ont été ajustés de manière à exclure les réexportations effectuées par les pays composant chaque région. Cet ajustement n'apparaît pas sur ce tableau, car il est fréquent que l'on ne dispose pas des chiffres des réexportations par marchandise et par destination.

La classification des marchandises est conforme à la *Classification type pour le commerce international* (CTCI), Révision 2 des Nations Unies pour les années 1980 à 1987, sauf pour les pays qui ne fournissent de statistiques commerciales que sur la base de la CTCI révisée. A partir de 1988, la classification des marchandises est conforme à la CTCI, Révision 3, pour les pays qui ont fourni des données [52].

Les données fournissent une approximation des exportations totales de tous les pays et régions du monde à l'exception du commerce intrarégional des économies à planification centrale d'Asie en 1980 et des échanges commerciaux effectués selon le protocole supplémentaire du traité sur la base des relations entre la République fédérale d'Allemagne et l'ancienne République démocratique allemande. Elles sont fondées sur les chiffres officiels des exportations convertis, le cas échéant, en dollars des Etats-Unis. En l'absence de chiffres officiels, on a utilisé des estimations fondées sur les importations notifiées par les pays

exports is called the index of the purchasing power of exports. The footnotes to countries appearing in table 76 also apply to the index numbers in this table.

Table 79: Manufactured goods are here defined to comprise sections 5 through 8 of the Standard International Trade Classification. These sections are: chemicals and related products, manufactured goods classified chiefly by material, machinery and transport equipment and miscellaneous manufactured articles. The economic and geographic groupings in this table are in accordance with those of table 76, although table 76 includes more detailed geographical sub-groups which make up the groupings "other developed market economies" and "developing market economies" of this table.

The unit value indices are obtained from national sources, except those of a few countries which the United Nations Statistics Division compiles using their quantity and value figures. For countries that do not compiles indices for manufactured goods exports conforming to the above definition, sub-indices are aggregated to approximate an index of SITC sections 5-8. Unit value indices obtained from national indices are rebased, where necessary, so that 1990=100. Indices in national currency are converted into US dollars using conversion factors obtained by dividing the weighted average exchange rate of a given currency in the current period by the weighted average exchange rate in the base period. All aggregate unit value indices are current period weighted.

The indices in SDRs are calculated by multiplying the equivalent aggregate indices in United States dollars by conversion factors obtained by dividing the SDR/$US exchange rate in the current period by the rate in the base period.

The quantum indices are derived from the value data and the unit value indices. All aggregate quantum indices are base period weighted.

partenaires et sur d'autres données subsidiaires. Certaines données nationales officielles ont été ajustées : a) sur la base des groupements de marchandises de la CTCI; et b) sur la base des années civiles.

Ces données englobent les catégories spéciales (confidentielles) d'exportation, les marchandises à bord des navires et les exportations d'importance mineure, dont la destination ne peut être déterminée. Ces données sont comprises dans les totaux mondiaux pour chaque classe de marchandises et dans les exportations totales, mais sont exclues de ceux des régions de destination. Environ 1,5 % des exportations totales ne sont pas distribuées. Dans l'ensemble, les données sont conformes au système du commerce spécial.

Tableau 78 : Ces indices indiquent les variations du volume (indice de quantum) et du prix moyen (indice de valeur unitaire) des importations et des exportations totales. Les chiffres relatifs aux termes de l'échange se calculent en divisant les indices de valeur unitaire des exportations par les indices correspondants de valeur unitaire des importations. Le produit de la valeur nette des termes de l'échange et de l'indice du quantum des exportations est appelé indice du pouvoir d'achat des exportations. Les notes figurant au bas du tableau 76 concernant certains pays s'appliquent également aux indices du présent tableau.

Tableau 79 : Les produits manufacturés se définissent comme correspondant aux sections 5 à 8 de la Classification type pour le commerce international. Ces sections sont : produits chimiques et produits connexes, biens manufacturés classés principalement par matière première, machines et équipements de transport et articles divers manufacturés. Les groupements économiques et géographiques de ce tableau sont conformes à ceux du tableau 76; toutefois, le tableau 76 comprend des subdivisions géographiques plus détaillées qui composent les groupements "autres pays développés à économie de marché" et "pays en développement à économie de marché" du présent tableau.

Les indices de valeur unitaire sont obtenus de sources nationales, à l'exception de ceux de certains pays que la Division de statistique des Nations Unies compile en utilisant les chiffres de ces pays relatifs aux quantités et aux valeurs. Pour les pays qui n'établissent pas d'indices conformes à la définition ci-dessus pour leurs exportations de produits manufacturés, on fait la synthèse de sous-indices de manière à établir un indice proche de celui des sections 5-8 de la CTCI. Le cas échéant, les indices de valeur unitaire obtenus à partir des indices nationaux sont ajustés sur la base 1990=100. On convertit les indices en monnaie nationale en indices en dollars des Etats-Unis en utilisant des facteurs de conversion obtenus en divisant la moyenne pondérée des taux de change d'une monnaie donnée pendant la période courante par la moyenne pondérée des taux de change de la période de base. Tous les indices globaux de valeur unitaire sont pondérés pour la période courante.

On calcule les indices en DTS en multipliant les indices globaux équivalents en dollars des Etats-Unis par les facteurs de conversion obtenus en divisant le taux de change

DTS/dollars EU de la période courante par le taux correspondant de la période de base.

On détermine les indices de quantum à partir des données de valeur et des indices de valeur unitaire. Tous les indices globaux de quantum sont pondérés par rapport à la période de base.

80
Tourist arrivals by region of origin
Arrivées de touristes par région de provenance

Country or area of destination and region of origin +	1991	1992	1993	1994	1995	Pays ou zone de destination et région de provenance +
Albania[1]	12 892	28 430	45 152	28 439	40 175	**Albanie**[1]
Africa	...	...	39	47	42	Afrique
Americas	510	954	3 736	2 584	4 580	Amériques
Europe	12 382	27 148	39 728	25 262	24 504	Europe
Asia, East and South East/Oceania	...	138	683	404	701	Asie, Est et Sud-Est et Océanie
Southern Asia	...	...	411	34	48	Asie du Sud
Western Asia	...	190	555	108	1 756	Asie occidentale
Region not specified	...	...	...	...	8 544	Région non spécifiés
Algeria[2,3]	1 193 210	1 119 548	1 127 545	804 713	519 576	**Algérie**[2,3]
Africa	519 807	437 076	395 459	252 121	42 878	Afrique
Americas	4 606	5 146	5 116	2 813	2 005	Amériques
Europe	158 957	151 180	144 248	60 383	37 831	Europe
Asia, East and South East/Oceania	13 945	6 390	5 459	3 123	1 661	Asie, Est et Sud-Est et Océanie
Western Asia	25 367	24 304	21 711	17 786	13 275	Asie occidentale
Region not specified	470 528	495 452	555 552	468 487	421 926	Région non spécifiés
American Samoa[4,5]	17 610	15 970	15 368	17 967	...	**Samoa américaines**[4,5]
Africa	5	4	7	10	...	Afrique
Americas	8 456	7 595	6 955	7 459	...	Amériques
Europe	1 160	1 088	925	810	...	Europe
Asia, East and South East/Oceania	7 906	7 207	7 383	9 603	...	Asie, Est et Sud-Est et Océanie
Southern Asia	67	60	77	39	...	Asie du Sud
Western Asia	15	16	20	21	...	Asie occidentale
Region not specified	1	...	1	25	...	Région non spécifiés
Angola[3]	...	...	20 582	10 943	...	**Angola**[3]
Africa	...	...	...	1 308	...	Afrique
Americas	...	...	669	1 209	...	Amériques
Europe	...	...	10 580	8 019	...	Europe
Asia, East and South East/Oceania	...	...	...	301	...	Asie, Est et Sud-Est et Océanie
Southern Asia	...	...	...	66	...	Asie du Sud
Region not specified	...	...	9 333	40	...	Région non spécifiés
Anguilla[5]	31 002	32 076	37 658	43 705	38 531	**Anguilla**[5]
Americas	28 279	29 177	34 355	39 836	35 272	Amériques
Europe	2 077	2 105	2 405	2 742	2 405	Europe
Region not specified	646	794	898	1 127	854	Région non spécifiés
Antigua and Barbuda[5,6,7]	196 571	209 902	240 185	254 708	211 663	**Antigua-et-Barbuda**[5,6,7]
Americas	128 771	136 255	149 743	144 877	123 680	Amériques
Europe	64 133	70 008	86 874	105 851	83 799	Europe
Region not specified	3 667	3 639	3 568	3 980	4 184	Région non spécifiés
Argentina[5,7]	2 870 346	3 030 913	3 532 053	3 866 474	4 100 956	**Argentine**[5,7]
Americas	2 462 876	2 513 991	2 933 378	3 228 136	3 406 827	Amériques
Europe	290 447	365 963	443 665	480 218	506 685	Europe
Region not specified	117 023	150 959	155 010	158 120	187 444	Région non spécifiés
Aruba[5]	501 324	541 714	562 034	582 136	618 916	**Aruba**[5]
Americas	443 338	485 525	506 134	528 294	564 985	Amériques
Europe	54 703	53 118	52 698	51 968	51 882	Europe
Asia, East and South East/Oceania	78	199	170	188	274	Asie, Est et Sud-Est et Océanie
Region not specified	3 205	2 872	3 032	1 686	1 775	Région non spécifiés
Australia[3,7,8]	2 370 650	2 603 260	2 996 000	3 362 240	3 725 800	**Australie**[3,7,8]
Africa	17 400	23 300	37 300	42 900	42 600	Afrique
Americas	336 300	323 700	345 300	361 700	381 800	Amériques

80
Tourist arrivals by region of origin [cont.]
Arrivées de touristes par région de provenance [suite]

Country or area of destination and region of origin +	1991	1992	1993	1994	1995	Pays ou zone de destination et région de provenance +
Europe	537 400	582 900	644 000	730 000	756 000	Europe
Asia, East and South East/Oceania	1 451 400	1 641 000	1 933 700	2 190 600	2 490 700	Asie, Est et Sud-Est et Océanie
Southern Asia	16 450	15 960	15 900	19 640	27 500	Asie du Sud
Western Asia	8 200	11 100	13 400	15 000	17 500	Asie occidentale
Region not specified	3 500	5 300	6 400	2 400	9 700	Région non spécifiés
Austria[9]	**19 091 828**	**19 098 478**	**18 256 766**	**17 893 824**	**17 172 968**	**Autriche**[9]
Africa	22 609	27 503	26 852	24 891	25 763	Afrique
Americas	617 796	785 532	684 482	707 257	672 779	Amériques
Europe	17 740 096	17 507 575	16 687 035	16 264 037	15 553 980	Europe
Asia, East and South East/Oceania	276 872	299 204	280 846	305 863	415 941	Asie, Est et Sud-Est et Océanie
Southern Asia	16 000	15 000	13 000	18 288	23 885	Asie du Sud
Western Asia	74 000	77 000	74 000	79 438	75 471	Asie occidentale
Region not specified	344 455	386 664	490 551	494 050	405 149	Région non spécifiés
Bahamas[5]	**1 427 035**	**1 398 895**	**1 488 680**	**1 516 035**	**1 598 135**	**Bahamas**[5]
Americas	1 287 005	1 246 165	1 326 995	1 364 400	1 432 505	Amériques
Europe	112 045	122 140	133 085	109 730	114 950	Europe
Asia, East and South East/Oceania	16 320	17 350	15 580	16 300	20 450	Asie, Est et Sud-Est et Océanie
Region not specified	11 665	13 240	13 020	25 605	30 230	Région non spécifiés
Bahrain[3]	**1 767 948**	**1 701 704**	**2 035 735**	**2 582 895**	**...**	**Bahreïn**[3]
Africa	1 310	2 428	7 414	9 097	...	Afrique
Americas	39 502	52 514	64 727	71 851	...	Amériques
Europe	83 807	110 875	140 867	156 446	...	Europe
Asia, East and South East/Oceania	115 497	136 649	73 440	87 371	...	Asie, Est et Sud-Est et Océanie
Southern Asia	135 961	144 206	227 932	256 576	...	Asie du Sud
Western Asia	1 391 804	1 254 952	1 521 320	2 001 107	...	Asie occidentale
Region not specified	67	80	35	447	...	Région non spécifiés
Bangladesh[5,7]	**113 242**	**110 475**	**126 785**	**140 122**	**156 231**	**Bangladesh**[5,7]
Africa	565	1 664	1 446	1 521	1 429	Afrique
Americas	7 321	9 663	10 414	12 225	13 107	Amériques
Europe	16 994	22 728	29 079	33 500	48 974	Europe
Asia, East and South East/Oceania	18 206	20 712	23 358	23 769	25 236	Asie, Est et Sud-Est et Océanie
Southern Asia	66 278	53 142	59 428	66 345	64 688	Asie du Sud
Western Asia	2 191	2 566	3 055	2 713	2 732	Asie occidentale
Region not specified	1 687	...	5	49	65	Région non spécifiés
Barbados[5]	**394 222**	**385 472**	**395 979**	**425 632**	**442 107**	**Barbade**[5]
Americas	236 898	227 422	227 771	226 762	237 618	Amériques
Europe	153 954	154 277	162 057	190 595	195 268	Europe
Asia, East and South East/Oceania	...	...	1 484	1 239	2 556	Asie, Est et Sud-Est et Océanie
Region not specified	3 370	3 773	4 667	7 036	6 665	Région non spécifiés
Belgium[9]	**...**	**5 204 440**	**5 119 883**	**5 308 776**	**5 559 875**	**Belgique**[9]
Africa	...	69 568	59 625	57 321	60 484	Afrique
Americas	...	414 135	346 581	366 371	372 915	Amériques
Europe	...	4 422 649	4 428 438	4 580 572	4 801 565	Europe
Asia, East and South East/Oceania	...	215 480	222 246	253 892	288 353	Asie, Est et Sud-Est et Océanie
Region not specified	...	82 608	62 993	50 620	36 558	Région non spécifiés
Belize[3]	**255 872**	**271 581**	**315 562**	**357 385**	**362 903**	**Belize**[3]
Americas	222 963	232 979	274 192	311 247	314 387	Amériques
Europe	27 344	34 718	37 331	41 145	40 777	Europe
Asia, East and South East/Oceania	1 825	2 010	1 942	2 981	4 724	Asie, Est et Sud-Est et Océanie
Region not specified	3 740	1 874	2 097	2 012	3 015	Région non spécifiés

80
Tourist arrivals by region of origin [cont.]
Arrivées de touristes par région de provenance [suite]

Country or area of destination and region of origin +	1991	1992	1993	1994	1995	Pays ou zone de destination et région de provenance +
Benin[1]	**117 327**	**130 013**	**140 000**	**111 000**	**138 000**	**Bénin**[1]
Africa	73 909	80 618	89 993	68 400	90 300	Afrique
Americas	3 800	4 145	6 945	3 755	4 640	Amériques
Europe	34 888	40 090	37 505	36 200	39 800	Europe
Asia, East and South East/Oceania	4 730	5 160	5 557	2 645	3 260	Asie, Est et Sud-Est et Océanie
Bermuda[5,10]	**384 695**	**374 497**	**412 473**	**415 996**	**387 556**	**Bermudes**[5,10]
Americas	350 268	341 671	378 660	376 997	348 614	Amériques
Europe	24 851	24 460	26 602	30 725	29 960	Europe
Asia, East and South East/Oceania	1 041	880	955	1 267	0	Asie, Est et Sud-Est et Océanie
Region not specified	8 535	7 486	6 256	7 007	8 982	Région non spécifiés
Bhutan[5]	**2 106**	**2 763**	**2 984**	**3 971**	**4 765**	**Bhoutan**[5]
Americas	544	616	751	806	1 002	Amériques
Europe	807	1 229	1 323	1 918	2 229	Europe
Asia, East and South East/Oceania	722	728	725	1 217	1 521	Asie, Est et Sud-Est et Océanie
Southern Asia	33	...	66	16	6	Asie du Sud
Region not specified	...	190	119	...	7	Région non spécifiés
Bolivia[1,11]	**220 902**	**244 583**	**268 968**	**319 578**	**350 198**	**Bolivie**[1,11]
Africa	733	621	460	669	729	Afrique
Americas	130 635	149 818	163 474	193 821	211 649	Amériques
Europe	77 140	82 602	93 660	111 834	124 014	Europe
Asia, East and South East/Oceania	12 394	11 542	11 374	13 254	13 806	Asie, Est et Sud-Est et Océanie
Botswana[3,12]	**899 005**	**916 126**	**961 844**	**991 000**	**1 020 000**	**Botswana**[3,12]
Africa	813 629	817 437	863 839	890 876	918 000	Afrique
Americas	10 527	12 673	13 139	12 216	12 000	Amériques
Europe	64 921	76 674	73 872	77 188	79 000	Europe
Asia, East and South East/Oceania	9 928	9 342	10 994	10 720	11 000	Asie, Est et Sud-Est et Océanie
Brazil[5]	**1 228 178**	**1 692 078**	**1 641 138**	**1 849 338**	**2 149 869**	**Brésil**[5]
Africa	21 803	24 024	22 752	25 182	29 274	Afrique
Americas	851 404	1 269 752	1 267 359	1 354 550	1 574 684	Amériques
Europe	317 783	353 948	315 735	412 541	479 571	Europe
Asia, East and South East/Oceania	32 899	38 409	30 294	48 305	56 157	Asie, Est et Sud-Est et Océanie
Western Asia	2 480	3 311	2 273	2 881	3 349	Asie occidentale
Region not specified	1 809	2 634	2 725	5 879	6 834	Région non spécifiés
British Virgin Islands[3]	**147 030**	**116 944**	**200 174**	**238 660**	**253 000**	**Iles Vierges britanniques**[3]
Americas	135 169	96 468	176 272	209 086	220 800	Amériques
Europe	9 356	9 931	18 887	22 536	24 700	Europe
Region not specified	2 505	10 545	5 015	7 038	7 500	Région non spécifiés
Brunei Darussalam[3]	**343 944**	**411 876**	**488 909**	**622 354**	...	**Brunéi Darussalam**[3]
Americas	5 310	5 149	5 320	7 388	...	Amériques
Europe	11 724	14 611	16 229	18 091	...	Europe
Asia, East and South East/Oceania	323 332	387 682	463 503	592 181	...	Asie, Est et Sud-Est et Océanie
Southern Asia	2 422	3 059	2 497	2 787	...	Asie du Sud
Region not specified	1 156	1 375	1 360	1 907	...	Région non spécifiés
Bulgaria[3]	**6 818 449**	**6 123 844**	**8 302 472**	**10 068 181**	**8 004 584**	**Bulgarie**[3]
Africa	13 617	16 124	12 274	8 532	4 406	Afrique
Americas	18 153	26 394	26 591	29 641	21 353	Amériques
Europe	6 000 815	5 948 922	7 939 655	9 730 612	7 687 351	Europe
Asia, East and South East/Oceania	11 538	15 819	15 098	16 005	13 319	Asie, Est et Sud-Est et Océanie
Southern Asia	48 383	35 926	12 267	12 144	9 715	Asie du Sud
Western Asia	41 582	52 578	40 779	48 060	24 665	Asie occidentale

80
Tourist arrivals by region of origin [cont.]
Arrivées de touristes par région de provenance [suite]

Country or area of destination and region of origin +	1991	1992	1993	1994	1995	Pays ou zone de destination et région de provenance +
Region not specified	684 361	28 081	255 808	223 187	243 775	Région non spécifiés
Burkina Faso[1]	**80 100**	**92 118**	**111 115**	**132 551**	...	**Burkina Faso**[1]
Africa	32 528	37 150	45 741	56 671	...	Afrique
Americas	5 557	5 861	6 650	8 609	...	Amériques
Europe	36 242	38 425	46 844	59 436	...	Europe
Asia, East and South East/Oceania	1 223	1 401	1 743	3 636	...	Asie, Est et Sud-Est et Océanie
Western Asia	321	640	595	...	...	Asie occidentale
Region not specified	4 229	8 641	9 542	4 199	...	Région non spécifiés
Burundi[2 5]	**125 000**	**86 000**	**75 000**	**29 316**	**33 472**	**Burundi**[2 5]
Africa	59 000	41 000	36 000	14 072	16 066	Afrique
Americas	8 000	6 000	5 250	2 052	2 343	Amériques
Europe	47 000	32 000	27 750	10 847	12 385	Europe
Asia, East and South East/Oceania	10 000	7 000	6 000	2 345	2 678	Asie, Est et Sud-Est et Océanie
Region not specified	1 000	...	...	...	...	Région non spécifiés
Cambodia[5 10]	**25 000**	**88 000**	**118 183**	**176 617**	**219 680**	**Cambodge**[5 10]
Americas	...	...	9 072	24 000	21 538	Amériques
Europe	...	...	27 741	36 603	37 907	Europe
Asia, East and South East/Oceania	...	...	80 917	114 014	156 978	Asie, Est et Sud-Est et Océanie
Western Asia	...	...	453	2 000	...	Asie occidentale
Region not specified	25 000	88 000	...	...	3 257	Région non spécifiés
Cameroon[1]	**83 826**	**62 057**	**81 350**	...	...	**Cameroun**[1]
Africa	24 539	14 851	21 654	...	...	Afrique
Americas	6 642	4 595	6 218	...	...	Amériques
Europe	48 729	40 702	50 069	...	...	Europe
Asia, East and South East/Oceania	2 078	682	1 508	...	...	Asie, Est et Sud-Est et Océanie
Western Asia	975	583	1 069	...	...	Asie occidentale
Region not specified	863	644	832	...	...	Région non spécifiés
Canada[5]	**14 912 100**	**14 740 800**	**15 105 100**	**15 971 300**	**16 895 800**	**Canada**[5]
Africa	46 100	47 600	48 700	50 200	49 100	Afrique
Americas	12 267 700	12 065 900	12 283 400	12 819 700	13 228 600	Amériques
Europe	1 695 200	1 723 900	1 856 400	1 993 900	2 210 200	Europe
Asia, East and South East/Oceania	781 800	777 000	788 000	962 300	1 232 700	Asie, Est et Sud-Est et Océanie
Southern Asia	55 500	52 200	49 700	56 400	56 100	Asie du Sud
Western Asia	7 100	8 200	9 200	10 800	10 600	Asie occidentale
Region not specified	58 700	66 000	69 700	78 000	108 500	Région non spécifiés
Cape Verde[5 10]	**19 009**	**18 911**	**26 454**	**30 808**	...	**Cap-Vert**[5 10]
Africa	614	770	902	1 193	...	Afrique
Americas	902	947	1 355	1 761	...	Amériques
Europe	13 182	12 231	16 721	18 422	...	Europe
Region not specified	4 311	4 963	7 476	9 432	...	Région non spécifiés
Cayman Islands[5 10]	**237 351**	**241 843**	**287 277**	**341 491**	**361 444**	**Iles Caïmanes**[5 10]
Americas	218 712	217 261	259 553	301 860	313 733	Amériques
Europe	15 249	17 961	20 465	30 549	36 860	Europe
Asia, East and South East/Oceania	1 065	1 242	1 580	1 269	1 479	Asie, Est et Sud-Est et Océanie
Region not specified	2 325	5 379	5 679	7 813	9 372	Région non spécifiés
Chad[1]	**4 411**	**6 166**	**9 256**	**18 933**	**7 382**	**Tchad**[1]
Africa	1 229	1 695	2 544	6 586	2 137	Afrique
Americas	493	718	1 078	2 263	643	Amériques
Europe	2 346	3 608	5 415	9 918	4 141	Europe
Asia, East and South East/Oceania	185	71	92	67	218	Asie, Est et Sud-Est et Océanie

80
Tourist arrivals by region of origin [cont.]
Arrivées de touristes par région de provenance [suite]

Country or area of destination and region of origin +	1991	1992	1993	1994	1995	Pays ou zone de destination et région de provenance +
Western Asia	158	72	124	99	243	Asie occidentale
Region not specified	...	2	3	...	...	Région non spécifiés
Chile[5]	**1 349 149**	**1 283 287**	**1 412 495**	**1 633 759**	**1 539 645**	**Chili[5]**
Americas	1 220 250	1 151 810	1 251 008	1 430 874	1 345 445	Amériques
Europe	103 354	102 219	133 141	164 662	158 832	Europe
Asia, East and South East/Oceania	13 938	5 889	7 952	17 428	17 121	Asie, Est et Sud-Est et Océanie
Region not specified	11 607	23 369	20 394	20 795	18 247	Région non spécifiés
China ††[5 7 13]	**2 710 103**	**4 006 427**	**4 655 857**	**5 182 060**	**5 886 716**	**Chine ††[5 7 13]**
Africa	15 334	23 589	24 000	24 685	...	Afrique
Americas	418 498	495 404	564 087	633 111	697 255	Amériques
Europe	795 754	1 529 787	1 612 791	1 479 622	1 310 710	Europe
Asia, East and South East/Oceania	1 372 517	1 844 945	2 329 836	2 908 999	3 354 295	Asie, Est et Sud-Est et Océanie
Southern Asia	87 049	89 035	103 059	105 982	72 795	Asie du Sud
Western Asia	6 835	12 812	10 089	12 640	...	Asie occidentale
Region not specified	14 116	10 855	11 995	17 021	451 661	Région non spécifiés
China, Hong Kong SAR†[3]	**6 795 413**	**8 010 524**	**8 937 500**	**9 331 156**	**10 199 994**	**Chine, Hong-Kong RAS†[3]**
Africa	55 355	56 101	65 532	65 861	68 041	Afrique
Americas	822 397	924 253	1 008 313	1 026 409	986 342	Amériques
Europe	809 975	962 703	1 080 207	1 159 659	1 162 107	Europe
Asia, East and South East/Oceania	4 947 045	5 895 412	6 626 235	6 915 752	7 802 770	Asie, Est et Sud-Est et Océanie
Southern Asia	142 524	152 353	136 951	141 044	157 714	Asie du Sud
Western Asia	14 313	17 895	18 894	19 343	19 384	Asie occidentale
Region not specified	3 804	1 807	1 368	3 088	3 636	Région non spécifiés
Colombia[2 5]	**856 862**	**1 075 891**	**1 047 249**	...	...	**Colombie[2 5]**
Americas	799 442	993 512	961 797	...	...	Amériques
Europe	53 323	76 320	79 124	...	...	Europe
Asia, East and South East/Oceania	3 367	3 950	4 631	...	...	Asie, Est et Sud-Est et Océanie
Southern Asia	44	264	224	...	...	Asie du Sud
Western Asia	107	147	277	...	...	Asie occidentale
Region not specified	579	1 698	1 196	...	...	Région non spécifiés
Comoros[5 10]	**16 942**	**18 921**	**23 671**	**27 061**	**22 838**	**Comores[5 10]**
Africa	6 641	7 656	9 545	7 958	7 949	Afrique
Americas	247	222	318	285	292	Amériques
Europe	9 684	10 381	13 012	18 405	14 151	Europe
Asia, East and South East/Oceania	370	662	796	413	446	Asie, Est et Sud-Est et Océanie
Congo[1 14]	**32 945**	**36 072**	**33 615**	**27 599**	**27 890**	**Congo[1 14]**
Africa	11 261	14 533	13 543	11 119	11 236	Afrique
Americas	1 910	2 257	2 104	1 727	1 745	Amériques
Europe	18 809	17 939	16 717	13 726	13 870	Europe
Region not specified	965	1 343	1 251	1 027	1 039	Région non spécifiés
Cook Islands[5 15]	**39 984**	**50 009**	**52 868**	**57 321**	**48 500**	**Iles Cook[5 15]**
Americas	8 325	9 716	11 816	11 707	7 912	Amériques
Europe	8 417	13 702	17 524	20 310	18 630	Europe
Asia, East and South East/Oceania	23 126	26 418	23 348	25 005	21 713	Asie, Est et Sud-Est et Océanie
Region not specified	116	173	180	299	245	Région non spécifiés
Costa Rica[5]	**504 649**	**610 591**	**684 005**	**761 448**	**784 610**	**Costa Rica[5]**
Africa	299	314	468	491	489	Afrique
Americas	425 505	509 852	555 616	615 454	633 055	Amériques
Europe	69 087	90 320	115 871	131 737	134 656	Europe
Asia, East and South East/Oceania	7 278	8 144	9 669	10 594	13 165	Asie, Est et Sud-Est et Océanie

80
Tourist arrivals by region of origin [cont.]
Arrivées de touristes par région de provenance [suite]

Country or area of destination and region of origin +	1991	1992	1993	1994	1995	Pays ou zone de destination et région de provenance +
Region not specified	2 480	1 961	2 381	3 172	3 245	Région non spécifiés
Côte d'Ivoire[5][10]	**200 000**	**217 000**	**159 262**	**156 632**	**187 911**	**Côte d'Ivoire**[5][10]
Africa	100 587	118 982	88 441	85 659	104 739	Afrique
Americas	11 000	17 014	11 418	12 331	13 441	Amériques
Europe	80 990	73 391	53 942	53 397	63 750	Europe
Asia, East and South East/Oceania	3 407	3 954	2 027	2 109	3 360	Asie, Est et Sud-Est et Océanie
Southern Asia	393	803	597	500	702	Asie du Sud
Western Asia	3 623	2 856	1 681	1 509	1 919	Asie occidentale
Region not specified	...	...	1 156	1 127	...	Région non spécifiés
Croatia[9]	**1 346 320**	**1 270 855**	**1 520 980**	**2 292 758**	**1 324 492**	**Croatie**[9]
Americas	22 996	15 472	20 896	27 178	23 535	Amériques
Europe	1 281 460	1 239 292	1 479 808	2 241 434	1 280 865	Europe
Asia, East and South East/Oceania	5 411	1 622	2 286	4 795	3 965	Asie, Est et Sud-Est et Océanie
Region not specified	36 453	14 469	17 990	19 351	16 127	Région non spécifiés
Cuba[3]	**424 041**	**460 610**	**546 023**	**619 218**	**741 742**	**Cuba**[3]
Africa	1 880	2 979	1 674	1 821	2 151	Afrique
Americas	207 359	226 135	288 051	306 253	356 022	Amériques
Europe	196 767	218 363	246 084	302 226	372 470	Europe
Asia, East and South East/Oceania	1 505	1 661	1 876	2 018	2 100	Asie, Est et Sud-Est et Océanie
Region not specified	16 530	11 472	8 338	6 900	8 999	Région non spécifiés
Cyprus[5]	**1 385 129**	**1 991 000**	**1 841 000**	**2 069 000**	**2 100 000**	**Chypre**[5]
Africa	17 000	20 810	14 290	10 000	...	Afrique
Americas	30 000	38 830	36 210	41 000	...	Amériques
Europe	1 200 313	1 764 750	1 653 575	1 883 000	1 840 000	Europe
Western Asia	130 000	114 230	105 000	111 000	105 000	Asie occidentale
Region not specified	7 816	52 380	31 925	24 000	155 000	Région non spécifiés
former Czechoslovakia†[3]	**64 801 030**	...	...	...	...	**l'ex-Tchécoslovaquie†**[3]
Europe	47 105 508	...	...	...	...	Europe
Region not specified	17 695 522	...	...	...	...	Région non spécifiés
Dem. Rep. of the Congo[5][16]	**33 316**	**21 774**	**8 496**	**18 429**	*** 35 700**	**Rép. dém. du Congo**[5][16]
Africa	21 896	9 145	6 780	17 237	* 20 000	Afrique
Americas	1 968	2 177	228	217	* 500	Amériques
Europe	8 267	9 363	1 232	761	* 15 000	Europe
Asia, East and South East/Oceania	1 185	1 089	256	214	* 200	Asie, Est et Sud-Est et Océanie
Denmark *[1]	**1 656 417**	**1 716 110**	**1 642 500**	**1 647 860**	**1 634 501**	**Danemark ***[1]
Americas	80 944	84 778	81 111	84 861	79 306	Amériques
Europe	1 451 640	1 499 582	1 422 055	1 418 805	1 400 250	Europe
Asia, East and South East/Oceania	25 944	30 806	27 778	28 694	27 556	Asie, Est et Sud-Est et Océanie
Region not specified	97 889	100 944	111 556	115 500	127 389	Région non spécifiés
Dominica[5]	**46 312**	**46 959**	**51 937**	**56 522**	**60 471**	**Dominique**[5]
Americas	35 651	35 864	39 637	43 043	46 676	Amériques
Europe	9 396	9 940	11 550	12 675	12 940	Europe
Asia, East and South East/Oceania	21	12	28	43	54	Asie, Est et Sud-Est et Océanie
Region not specified	1 244	1 143	722	761	801	Région non spécifiés
Dominican Republic[2][3][10]	**1 180 819**	**1 415 147**	**1 608 579**	**1 716 789**	**1 901 703**	**Rép. dominicaine**[2][3][10]
Region not specified	1 180 819	1 415 147	1 608 579	1 716 789	1 901 703	Région non spécifiés
Ecuador[3][7]	**364 585**	**403 242**	**471 367**	**471 961**	*** 442 300**	**Equateur**[3][7]
Africa	383	446	525	498	...	Afrique
Americas	295 819	323 233	378 568	364 987	* 353 800	Amériques
Europe	58 844	68 337	80 067	91 719	* 75 200	Europe

80
Tourist arrivals by region of origin [cont.]
Arrivées de touristes par région de provenance [suite]

Country or area of destination and region of origin +	1991	1992	1993	1994	1995	Pays ou zone de destination et région de provenance +
Asia, East and South East/Oceania	9 513	11 191	12 194	14 719	* 13 000	Asie, Est et Sud-Est et Océanie
Region not specified	26	35	13	38	* 300	Région non spécifiés
Egypt[3]	**2 214 277**	**3 206 940**	**2 507 762**	**2 581 988**	**3 133 461**	**Egypte**[3]
Africa	172 572	204 138	187 148	152 872	130 485	Afrique
Americas	119 863	224 479	187 476	182 378	228 896	Amériques
Europe	889 950	1 664 906	1 205 740	1 243 629	1 811 000	Europe
Asia, East and South East/Oceania	87 522	162 156	131 389	160 220	195 029	Asie, Est et Sud-Est et Océanie
Southern Asia	12 238	25 148	26 465	20 732	24 435	Asie du Sud
Western Asia	931 248	924 897	767 307	819 142	741 581	Asie occidentale
Region not specified	884	1 216	2 237	3 015	2 035	Région non spécifiés
El Salvador[5 7]	**198 918**	**314 482**	**267 425**	**181 332**	**235 364**	**El Salvador**[5 7]
Africa	7	88	86	86	115	Afrique
Americas	184 645	290 646	242 547	157 903	205 198	Amériques
Europe	12 333	20 712	21 421	19 923	25 340	Europe
Asia, East and South East/Oceania	1 931	3 027	3 358	3 418	4 682	Asie, Est et Sud-Est et Océanie
Western Asia	2	9	13	2	29	Asie occidentale
Ethiopia incl.Eritrea[2 5 17]	**81 581**	**83 213**	**93 072**	**97 577**	**102 300**	**Ethiopie comp. Erythrée**[2 5 17]
Africa	24 777	25 290	28 386	27 809	30 179	Afrique
Americas	8 352	8 513	9 495	11 807	13 606	Amériques
Europe	21 582	21 993	24 570	31 614	35 294	Europe
Asia, East and South East/Oceania	5 454	5 515	6 143	7 318	3 785	Asie, Est et Sud-Est et Océanie
Southern Asia	2 136	2 181	2 419	2 245	2 353	Asie du Sud
Western Asia	7 746	7 916	8 842	6 831	9 206	Asie occidentale
Region not specified	11 534	11 805	13 217	9 953	7 877	Région non spécifiés
Fiji[5 7]	**259 350**	**278 534**	**287 462**	**318 874**	**318 495**	**Fidji**[5 7]
Americas	47 084	47 404	55 004	57 369	50 148	Amériques
Europe	42 820	46 308	50 019	54 919	55 377	Europe
Asia, East and South East/Oceania	168 705	183 873	181 306	205 110	211 654	Asie, Est et Sud-Est et Océanie
Region not specified	741	949	1 133	1 476	1 316	Région non spécifiés
Finland *[9]	**579 168**	**590 199**	**680 980**	**888 681**	**866 443**	**Finlande ***[9]
Africa	3 000	3 010	1 611	2 127	2 853	Afrique
Americas	47 472	48 358	52 355	56 524	61 162	Amériques
Europe	482 972	480 425	561 042	754 827	713 908	Europe
Asia, East and South East/Oceania	21 067	21 145	33 542	45 040	54 524	Asie, Est et Sud-Est et Océanie
Southern Asia	...	...	1 920	2 633	3 510	Asie du Sud
Western Asia	...	...	1 129	1 454	1 501	Asie occidentale
Region not specified	24 657	37 261	29 381	26 076	28 985	Région non spécifiés
France[5 18]	**55 041 000**	**59 740 000**	**60 565 000**	**61 312 000**	**60 110 000**	**France**[5 18]
Africa	1 232 000	...	...	1 068 000	...	Afrique
Americas	2 748 000	2 604 000	2 669 000	3 916 000	2 187 000	Amériques
Europe	49 616 000	52 537 000	53 176 000	53 679 000	46 497 000	Europe
Asia, East and South East/Oceania	941 000	449 000	326 000	1 702 000	966 000	Asie, Est et Sud-Est et Océanie
Western Asia	...	...	...	336 000	...	Asie occidentale
Region not specified	504 000	4 150 000	4 394 000	611 000	10 460 000	Région non spécifiés
French Polynesia[5 7]	**120 938**	**123 619**	**147 847**	**166 086**	**172 129**	**Polynésie française**[5 7]
Africa	132	145	195	178	268	Afrique
Americas	44 144	46 098	55 878	55 561	59 862	Amériques
Europe	44 508	46 078	58 157	71 078	74 228	Europe
Asia, East and South East/Oceania	31 827	30 865	33 246	38 587	37 209	Asie, Est et Sud-Est et Océanie
Southern Asia	27	28	18	144	36	Asie du Sud

80
Tourist arrivals by region of origin [cont.]
Arrivées de touristes par région de provenance [suite]

Country or area of destination and region of origin +	1991	1992	1993	1994	1995	Pays ou zone de destination et région de provenance +
Western Asia	108	115	193	150	137	Asie occidentale
Region not specified	192	290	160	388	389	Région non spécifiés
Gabon[5]	**128 000**	**133 000**	**115 000**	...	...	**Gabon**[5]
Africa	19 900	21 400	22 000	...	...	Afrique
Americas	6 400	6 600	...	...	...	Amériques
Europe	97 600	99 700	93 000	...	...	Europe
Asia, East and South East/Oceania	4 100	5 300	...	...	...	Asie, Est et Sud-Est et Océanie
Gambia[5]	**65 881**	**63 940**	**76 494**	**78 070**	**45 401**	**Gambie**[5]
Africa	677	968	1 740	1 887	1 205	Afrique
Americas	444	918	1 137	698	356	Amériques
Europe	62 810	59 976	71 123	71 792	40 365	Europe
Region not specified	1 950	2 078	2 494	3 693	3 475	Région non spécifiés
Germany †[9 19 20 21]	**14 294 604**	**15 913 214**	**14 347 710**	**14 493 812**	**14 846 830**	**Allemagne**†[9 19 20 21]
Africa	140 803	149 816	142 338	122 206	124 057	Afrique
Americas	1 986 074	2 153 047	1 898 706	1 867 609	1 888 840	Amériques
Europe	10 700 494	11 884 139	10 692 563	10 646 280	10 820 216	Europe
Asia, East and South East/Oceania	1 214 491	1 378 983	1 263 462	1 405 353	1 546 058	Asie, Est et Sud-Est et Océanie
Western Asia	...	...	...	57 259	62 112	Asie occidentale
Region not specified	252 742	347 229	350 641	395 105	405 547	Région non spécifiés
Ghana[5]	**172 464**	**213 316**	**256 680**	**271 310**	**286 001**	**Ghana**[5]
Africa	69 048	72 579	87 333	92 311	97 309	Afrique
Americas	15 573	17 915	21 557	22 786	24 019	Amériques
Europe	47 152	52 879	63 628	67 255	70 898	Europe
Asia, East and South East/Oceania	7 416	10 260	12 346	13 049	13 756	Asie, Est et Sud-Est et Océanie
Western Asia	1 311	1 618	1 947	2 058	2 169	Asie occidentale
Region not specified	31 964	58 065	69 869	73 851	77 850	Région non spécifiés
Greece[5 22]	**8 036 127**	**9 331 360**	**9 412 823**	**10 712 810**	**10 130 177**	**Grèce**[5 22]
Africa	31 475	31 604	28 929	24 594	27 237	Afrique
Americas	255 770	378 191	343 344	360 062	323 780	Amériques
Europe	7 525 649	8 628 436	8 782 981	10 058 266	9 512 018	Europe
Asia, East and South East/Oceania	177 816	242 840	207 407	225 557	216 163	Asie, Est et Sud-Est et Océanie
Southern Asia	4 226	6 794	7 615	6 458	5 960	Asie du Sud
Western Asia	41 191	43 495	42 547	37 873	45 019	Asie occidentale
Grenada[5]	**85 000**	**87 554**	**93 919**	**108 957**	**108 007**	**Grenade**[5]
Americas	44 093	44 974	48 805	50 575	51 476	Amériques
Europe	22 127	23 687	25 296	37 533	36 488	Europe
Asia, East and South East/Oceania	657	476	839	680	266	Asie, Est et Sud-Est et Océanie
Western Asia	20	32	31	99	27	Asie occidentale
Region not specified	18 103	18 385	18 948	20 070	19 750	Région non spécifiés
Guadeloupe[1]	**132 253**	**121 278**	**124 321**	**144 568**	**152 896**	**Guadeloupe**[1]
Americas	11 263	10 576	12 918	12 803	11 622	Amériques
Europe	120 469	110 120	110 901	131 192	140 641	Europe
Region not specified	521	582	502	573	633	Région non spécifiés
Guam[5 6]	**737 260**	**876 742**	**784 018**	**1 086 720**	**1 361 830**	**Guam**[5 6]
Americas	50 897	60 442	61 895	66 847	56 626	Amériques
Europe	1 998	2 643	2 278	...	...	Europe
Asia, East and South East/Oceania	671 837	798 831	709 983	993 467	1 275 948	Asie, Est et Sud-Est et Océanie
Region not specified	12 528	14 826	9 862	26 406	29 256	Région non spécifiés
Guatemala[5]	**512 620**	**541 025**	**561 917**	**537 374**	**563 478**	**Guatemala**[5]
Americas	405 595	419 051	431 673	410 050	446 012	Amériques

80
Tourist arrivals by region of origin [cont.]
Arrivées de touristes par région de provenance [suite]

Country or area of destination and region of origin +	1991	1992	1993	1994	1995	Pays ou zone de destination et région de provenance +
Europe	93 630	105 747	115 883	112 442	103 828	Europe
Asia, East and South East/Oceania	9 400	10 741	11 821	12 297	11 917	Asie, Est et Sud-Est et Océanie
Southern Asia	241	546	536	255	222	Asie du Sud
Western Asia	268	186	206	300	364	Asie occidentale
Region not specified	3 486	4 754	1 798	2 030	1 135	Région non spécifiés
Guyana[5]	...	**74 879**	**107 127**	**112 751**	**105 536**	**Guyana**[5]
Americas	...	62 972	97 336	102 631	97 456	Amériques
Europe	...	6 763	7 892	8 104	6 794	Europe
Region not specified	...	5 144	1 899	2 016	1 286	Région non spécifiés
Haïti[5]	**119 300**	**89 500**	**76 700**	**70 200**	**145 369**	**Haïti**[5]
Americas	105 600	83 500	70 400	64 800	129 266	Amériques
Europe	12 800	5 700	6 000	5 300	14 245	Europe
Region not specified	900	300	300	100	1 858	Région non spécifiés
Honduras[3]	**226 121**	**243 544**	**261 475**	**290 237**	...	**Honduras**[3]
Africa	125	92	145	444	...	Afrique
Americas	201 464	217 576	227 437	248 125	...	Amériques
Europe	20 277	21 049	27 151	34 791	...	Europe
Asia, East and South East/Oceania	4 255	4 827	6 737	6 835	...	Asie, Est et Sud-Est et Océanie
Region not specified	...	...	5	42	...	Région non spécifiés
Hungary[5]	**21 860 000**	**20 188 000**	**22 804 000**	**21 424 755**	**20 689 886**	**Hongrie**[5]
Africa	17 000	20 000	20 000	20 097	19 698	Afrique
Americas	236 000	304 000	317 000	309 910	298 358	Amériques
Europe	21 431 000	19 688 000	22 333 000	20 935 978	20 163 497	Europe
Asia, East and South East/Oceania	175 000	176 000	134 000	158 770	208 333	Asie, Est et Sud-Est et Océanie
Iceland[5]	**143 459**	**142 560**	**157 326**	**179 241**	**189 796**	**Islande**[5]
Africa	344	297	251	300	374	Afrique
Americas	23 901	23 319	26 973	27 674	30 411	Amériques
Europe	116 332	115 608	125 759	145 467	152 812	Europe
Asia, East and South East/Oceania	2 668	3 029	3 922	5 412	5 810	Asie, Est et Sud-Est et Océanie
Southern Asia	123	138	176	152	211	Asie du Sud
Western Asia	62	78	105	99	128	Asie occidentale
Region not specified	29	91	140	137	50	Région non spécifiés
India[5,7]	**1 677 508**	**1 867 651**	**1 764 830**	**1 886 433**	**2 123 683**	**Inde**[5,7]
Africa	59 616	68 154	59 526	61 315	84 148	Afrique
Americas	165 321	208 211	219 527	244 743	283 860	Amériques
Europe	562 731	658 496	683 579	732 289	809 292	Europe
Asia, East and South East/Oceania	176 705	214 242	214 269	250 400	288 077	Asie, Est et Sud-Est et Océanie
Southern Asia	591 210	579 079	466 399	480 986	541 480	Asie du Sud
Western Asia	118 924	135 957	118 430	115 506	116 003	Asie occidentale
Region not specified	3 001	3 512	3 100	1 194	823	Région non spécifiés
Indonesia[5]	**2 569 870**	**3 064 161**	**3 403 138**	**4 006 312**	**4 324 229**	**Indonésie**[5]
Africa	3 095	3 263	6 558	9 957	38 128	Afrique
Americas	129 335	157 872	190 310	211 529	201 149	Amériques
Europe	481 684	561 657	659 726	798 870	793 842	Europe
Asia, East and South East/Oceania	1 926 663	2 302 369	2 490 260	2 919 596	3 212 997	Asie, Est et Sud-Est et Océanie
Southern Asia	16 324	23 825	26 688	35 101	50 901	Asie du Sud
Western Asia	12 769	15 175	29 596	31 259	27 212	Asie occidentale
Iran, Islamic Rep. of[5]	**212 096**	**278 553**	**304 069**	**362 032**	**443 247**	**Iran, Rép. islamique d'**[5]
Africa	1 804	4 264	2 955	2 447	3 474	Afrique
Americas	2 121	3 904	3 531	2 652	4 011	Amériques

80
Tourist arrivals by region of origin [cont.]
Arrivées de touristes par région de provenance [suite]

Country or area of destination and region of origin +	1991	1992	1993	1994	1995	Pays ou zone de destination et région de provenance +
Europe	61 205	122 699	131 702	166 225	263 072	Europe
Asia, East and South East/Oceania	12 237	16 815	13 367	14 864	21 518	Asie, Est et Sud-Est et Océanie
Southern Asia	97 755	83 429	98 788	122 215	98 564	Asie du Sud
Western Asia	36 965	47 406	53 714	53 624	52 608	Asie occidentale
Region not specified	9	36	12	5	...	Région non spécifiés
Iraq[3]	**267 743**	**504 473**	...	...	...	**Iraq**[3]
Africa	3 430	15 124	...	...	...	Afrique
Americas	1 123	1 924	...	...	...	Amériques
Europe	4 737	6 086	...	...	...	Europe
Asia, East and South East/Oceania	3 955	2 062	...	...	...	Asie, Est et Sud-Est et Océanie
Southern Asia	1 316	2 924	...	...	...	Asie du Sud
Western Asia	194 646	474 291	...	...	...	Asie occidentale
Region not specified	58 536	2 062	...	...	...	Région non spécifiés
Ireland[5]	**3 571 000**	**3 724 000**	**3 888 000**	**4 309 000**	**4 821 000**	**Irlande**[5]
Americas	356 000	417 000	422 000	494 000	641 000	Amériques
Europe	3 107 000	3 189 000	3 342 000	3 656 000	3 977 000	Europe
Asia, East and South East/Oceania	54 000	71 000	74 000	90 000	119 000	Asie, Est et Sud-Est et Océanie
Region not specified	54 000	47 000	50 000	69 000	84 000	Région non spécifiés
Israel[5,7]	**943 259**	**1 509 520**	**1 655 642**	**1 838 703**	**2 211 574**	**Israël**[5,7]
Africa	20 712	32 271	36 687	42 642	57 314	Afrique
Americas	285 722	440 580	470 796	490 658	581 765	Amériques
Europe	547 453	906 468	997 521	1 121 122	1 288 451	Europe
Asia, East and South East/Oceania	31 750	57 221	62 722	77 208	103 518	Asie, Est et Sud-Est et Océanie
Southern Asia	2 289	3 834	5 653	8 027	9 354	Asie du Sud
Western Asia	50 350	60 747	71 342	86 465	151 054	Asie occidentale
Region not specified	4 983	8 399	10 921	12 581	20 118	Région non spécifiés
Italy[9]	**20 241 217**	**20 424 982**	**21 025 353**	**24 663 870**	**27 581 079**	**Italie**[9]
Africa	42 592	39 958	46 538	43 527	53 240	Afrique
Americas	2 283 300	2 810 758	2 930 963	3 403 719	3 624 412	Amériques
Europe	16 078 258	15 350 782	15 624 015	18 375 293	20 507 422	Europe
Asia, East and South East/Oceania	924 599	1 201 218	1 344 342	1 615 904	2 021 610	Asie, Est et Sud-Est et Océanie
Western Asia	98 745	98 020	107 568	112 317	129 912	Asie occidentale
Region not specified	813 723	924 246	971 927	1 113 110	1 244 483	Région non spécifiés
Jamaica[5]	**844 607**	**909 010**	**978 715**	**976 635**	**1 018 946**	**Jamaïque**[5]
Africa	676	908	999	856	1 091	Afrique
Americas	669 036	700 413	752 655	766 923	799 358	Amériques
Europe	159 849	187 874	202 362	183 172	190 702	Europe
Asia, East and South East/Oceania	12 638	17 052	19 778	23 359	25 120	Asie, Est et Sud-Est et Océanie
Southern Asia	372	304	445	364	381	Asie du Sud
Region not specified	2 036	2 459	2 476	1 961	2 294	Région non spécifiés
Japan[3,7]	**3 532 651**	**3 581 534**	**3 410 447**	**3 468 055**	**3 345 274**	**Japon**[3,7]
Africa	11 510	10 816	11 096	10 459	11 534	Afrique
Americas	727 072	717 762	680 429	681 482	695 385	Amériques
Europe	532 995	545 397	527 931	536 692	519 560	Europe
Asia, East and South East/Oceania	2 159 126	2 241 154	2 142 289	2 191 810	2 069 491	Asie, Est et Sud-Est et Océanie
Southern Asia	97 936	62 234	44 325	42 833	44 785	Asie du Sud
Western Asia	1 893	2 340	2 503	2 729	2 642	Asie occidentale
Region not specified	2 119	1 831	1 874	2 050	1 877	Région non spécifiés
Jordan[3]	**2 227 688**	**3 242 985**	**3 098 938**	**3 224 752**	**3 277 211**	**Jordanie**[3]
Africa	43 620	69 927	91 707	46 098	40 758	Afrique

80
Tourist arrivals by region of origin [cont.]
Arrivées de touristes par région de provenance [suite]

Country or area of destination and region of origin +	1991	1992	1993	1994	1995	Pays ou zone de destination et région de provenance +
Americas	23 978	39 250	51 512	69 878	103 346	Amériques
Europe	194 566	284 032	307 687	312 998	458 775	Europe
Asia, East and South East/Oceania	16 462	25 920	35 822	43 439	59 154	Asie, Est et Sud-Est et Océanie
Southern Asia	24 333	25 772	20 942	30 881	28 260	Asie du Sud
Western Asia	1 920 340	2 793 236	2 586 486	2 716 188	2 582 724	Asie occidentale
Region not specified	4 389	4 848	4 782	5 270	4 194	Région non spécifiés
Kenya[5,7,23]	**817 550**	**782 000**	**826 000**	**863 400**	**690 510**	**Kenya**[5,7,23]
Africa	228 020	213 000	227 000	246 700	188 170	Afrique
Americas	67 830	67 000	70 774	72 100	58 770	Amériques
Europe	470 010	443 000	477 479	481 200	386 860	Europe
Asia, East and South East/Oceania	33 290	25 302	30 263	44 900	52 260	Asie, Est et Sud-Est et Océanie
Southern Asia	17 650	16 914	19 586	14 500	...	Asie du Sud
Region not specified	750	16 784	898	4 000	4 450	Région non spécifiés
Kiribati[3]	**2 935**	**3 747**	**4 225**	**3 888**	**3 153**	**Kiribati**[3]
Americas	372	572	971	835	358	Amériques
Europe	64	137	191	190	135	Europe
Asia, East and South East/Oceania	2 202	2 613	2 679	2 565	2 406	Asie, Est et Sud-Est et Océanie
Region not specified	297	425	384	298	254	Région non spécifiés
Korea, Republic of[2,3]	**3 196 340**	**3 231 081**	**3 331 226**	**3 580 024**	**3 753 197**	**Corée, République de**[2,3]
Africa	6 856	7 912	6 346	7 626	7 519	Afrique
Americas	358 570	375 706	370 688	382 096	417 027	Amériques
Europe	255 352	286 927	331 762	388 273	417 453	Europe
Asia, East and South East/Oceania	2 173 857	2 158 409	2 221 003	2 397 260	2 491 230	Asie, Est et Sud-Est et Océanie
Southern Asia	82 535	83 040	67 207	74 981	78 935	Asie du Sud
Western Asia	5 716	6 013	7 071	9 623	5 375	Asie occidentale
Region not specified	313 454	313 074	327 149	320 165	335 658	Région non spécifiés
Kuwait[3]	...	**1 576 000**	**1 128 000**	**1 615 000**	...	**Koweït**[3]
Africa	...	1 000	1 000	2 000	...	Afrique
Americas	...	21 000	21 000	21 000	...	Amériques
Europe	...	23 000	42 000	40 000	...	Europe
Asia, East and South East/Oceania	...	286 000	440 000	403 000	...	Asie, Est et Sud-Est et Océanie
Western Asia	...	1 245 000	624 000	1 146 000	...	Asie occidentale
Lao People's Dem. Rep.[5]	**16 779**	**29 725**	**35 846**	**35 411**	**58 650**	**Rép. dém. pop. lao**[5]
Americas	822	2 009	2 061	1 837	6 654	Amériques
Europe	2 214	4 496	5 986	8 019	18 025	Europe
Asia, East and South East/Oceania	2 402	2 992	3 312	6 030	17 093	Asie, Est et Sud-Est et Océanie
Southern Asia	10 701	20 184	24 424	19 340	16 553	Asie du Sud
Region not specified	640	44	63	185	325	Région non spécifiés
Lebanon[5]	...	**177 503**	**265 710**	**335 181**	**409 697**	**Liban**[5]
Africa	...	7 193	9 682	12 133	13 223	Afrique
Americas	...	26 468	34 301	40 565	50 568	Amériques
Europe	...	56 721	86 207	117 717	151 941	Europe
Asia, East and South East/Oceania	...	20 052	23 783	26 513	28 992	Asie, Est et Sud-Est et Océanie
Southern Asia	...	11 993	15 684	19 601	20 832	Asie du Sud
Western Asia	...	55 076	96 053	118 652	144 141	Asie occidentale
Lesotho[3]	**357 458**	**416 882**	**348 943**	**253 310**	**208 573**	**Lesotho**[3]
Africa	349 437	408 569	341 480	247 279	201 674	Afrique
Americas	1 608	1 609	1 236	1 021	1 120	Amériques
Europe	5 246	5 499	4 667	4 014	4 706	Europe
Asia, East and South East/Oceania	1 167	1 205	1 560	996	1 073	Asie, Est et Sud-Est et Océanie

80
Tourist arrivals by region of origin [cont.]
Arrivées de touristes par région de provenance [suite]

Country or area of destination and region of origin +	1991	1992	1993	1994	1995	Pays ou zone de destination et région de provenance +
Southern Asia	...	...	...	...	...	Asie du Sud
Libyan Arab Jamah.[3]	...	251 515	658 551	1 493 737	...	Jamah. arabe libyenne[3]
Africa	...	134 315	232 758	1 027 628	...	Afrique
Americas	...	...	2 411	1 983	...	Amériques
Europe	...	...	34 302	33 270	...	Europe
Asia, East and South East/Oceania	...	...	9 552	10 312	...	Asie, Est et Sud-Est et Océanie
Western Asia	...	22 126	365 485	416 066	...	Asie occidentale
Region not specified	...	95 074	14 043	...	...	Région non spécifiés
Liechtenstein[1]	71 046	71 710	64 717	61 741	59 447	Liechtenstein[1]
Africa	169	196	241	164	161	Afrique
Americas	6 824	7 377	6 047	5 780	4 697	Amériques
Europe	61 638	61 400	56 539	53 998	52 183	Europe
Asia, East and South East/Oceania	2 237	2 650	1 862	1 736	2 074	Asie, Est et Sud-Est et Océanie
Region not specified	178	87	28	63	332	Région non spécifiés
Lithuania[9]	...	325 172	323 882	222 214	210 781	Lituanie[9]
Africa	...	120	148	169	269	Afrique
Americas	...	4 360	11 451	13 523	11 283	Amériques
Europe	...	319 525	308 232	204 311	195 181	Europe
Asia, East and South East/Oceania	...	1 167	4 051	4 211	4 048	Asie, Est et Sud-Est et Océanie
Luxembourg[9]	861 284	796 051	831 130	761 818	766 779	Luxembourg[9]
Africa	5 614	5 627	5 705	...	...	Afrique
Americas	37 296	39 132	37 604	36 281	33 249	Amériques
Europe	804 801	737 433	770 402	703 680	712 658	Europe
Asia, East and South East/Oceania	13 525	13 859	10 256	...	...	Asie, Est et Sud-Est et Océanie
Region not specified	48	...	7 163	21 857	20 872	Région non spécifiés
Macau[1]	1 695 453	1 815 405	2 006 501	2 141 936	...	Macao[1]
Americas	9 800	9 239	12 392	14 647	...	Amériques
Europe	17 396	21 133	20 883	25 711	...	Europe
Asia, East and South East/Oceania	1 607 223	1 716 639	1 883 903	2 002 886	...	Asie, Est et Sud-Est et Océanie
Southern Asia	1 190	712	1 029	1 435	...	Asie du Sud
Region not specified	59 844	67 682	88 294	97 257	...	Région non spécifiés
Madagascar[5]	34 891	53 654	55 102	66 136	74 619	Madagascar[5]
Africa	7 151	5 923	7 197	7 345	8 331	Afrique
Americas	2 547	2 522	4 210	4 715	5 235	Amériques
Europe	23 931	42 709	40 875	50 875	57 386	Europe
Asia, East and South East/Oceania	1 262	2 500	2 820	3 201	3 667	Asie, Est et Sud-Est et Océanie
Malawi[5,23]	127 004	149 834	...	...	...	Malawi[5,23]
Africa	102 436	110 350	...	...	...	Afrique
Americas	3 650	4 811	...	...	...	Amériques
Europe	15 563	27 023	...	...	...	Europe
Region not specified	5 355	7 650	...	...	...	Région non spécifiés
Malaysia[5,24]	5 847 213	6 016 209	6 503 860	7 197 229	7 468 749	Malaisie[5,24]
Africa	...	13 365	23 106	29 755	29 171	Afrique
Americas	135 344	112 177	120 180	132 479	136 405	Amériques
Europe	420 833	343 897	373 214	401 200	404 285	Europe
Asia, East and South East/Oceania	4 967 844	5 313 828	5 782 170	6 421 898	6 660 317	Asie, Est et Sud-Est et Océanie
Southern Asia	71 411	94 488	42 153	52 278	63 673	Asie du Sud
Western Asia	47 815	24 214	24 413	26 880	28 923	Asie occidentale
Region not specified	203 966	114 240	138 624	132 739	145 975	Région non spécifiés
Maldives[5,10]	196 112	235 852	241 020	279 982	314 869	Maldives[5,10]

80
Tourist arrivals by region of origin [cont.]
Arrivées de touristes par région de provenance [suite]

Country or area of destination and region of origin +	1991	1992	1993	1994	1995	Pays ou zone de destination et région de provenance +
Africa	321	480	975	10 296	8 191	Afrique
Americas	2 008	2 060	2 311	3 343	3 628	Amériques
Europe	147 045	165 961	174 403	192 909	227 199	Europe
Asia, East and South East/Oceania	27 632	44 601	36 576	44 968	51 013	Asie, Est et Sud-Est et Océanie
Southern Asia	19 093	22 750	26 618	28 441	24 833	Asie du Sud
Region not specified	13	...	137	25	5	Région non spécifiés
Mali[1]	**37 962**	**37 843**	**30 877**	**27 661**	**42 897**	**Mali**[1]
Africa	16 589	17 907	8 660	10 121	12 026	Afrique
Americas	2 705	2 998	3 961	5 288	4 689	Amériques
Europe	16 452	14 103	13 763	8 914	22 155	Europe
Asia, East and South East/Oceania	517	462	135	123	728	Asie, Est et Sud-Est et Océanie
Western Asia	182	147	33	71	176	Asie occidentale
Region not specified	1 517	2 226	4 325	3 144	3 123	Région non spécifiés
Malta[5,23]	**895 036**	**1 002 381**	**1 063 213**	**1 176 223**	**1 115 971**	**Malte**[5,23]
Africa	2 083	3 489	8 000	2 611	4 969	Afrique
Americas	13 934	15 891	16 511	17 836	16 503	Amériques
Europe	806 184	921 210	972 992	1 089 817	1 033 734	Europe
Asia, East and South East/Oceania	7 822	9 030	8 710	10 313	10 583	Asie, Est et Sud-Est et Océanie
Southern Asia	1 890	1 855	5 000	1 294	1 307	Asie du Sud
Western Asia	48 730	40 759	52 000	42 617	39 485	Asie occidentale
Region not specified	14 393	10 147	...	11 735	9 390	Région non spécifiés
Marshall Islands[5]	**6 741**	**8 000**	**5 055**	**4 909**	**5 504**	**Iles Marshall**[5]
Americas	2 851	3 377	1 981	1 929	1 658	Amériques
Europe	449	410	238	134	190	Europe
Asia, East and South East/Oceania	3 379	4 124	2 752	1 705	3 304	Asie, Est et Sud-Est et Océanie
Region not specified	62	89	84	1 141	352	Région non spécifiés
Martinique[5,10]	**315 132**	**320 693**	**366 353**	**419 007**	**457 226**	**Martinique**[5,10]
Americas	82 723	59 164	59 240	60 165	73 534	Amériques
Europe	231 464	259 117	303 480	349 953	378 663	Europe
Region not specified	945	2 412	3 633	8 889	5 029	Région non spécifiés
Mauritius[5]	**300 670**	**335 400**	**374 630**	**400 526**	**422 463**	**Maurice**[5]
Africa	139 460	141 710	149 750	138 498	143 586	Afrique
Americas	2 920	3 050	3 640	3 369	3 617	Amériques
Europe	134 260	164 660	193 620	230 512	243 981	Europe
Asia, East and South East/Oceania	15 540	17 780	16 880	17 698	19 063	Asie, Est et Sud-Est et Océanie
Southern Asia	8 490	8 200	10 740	10 449	11 225	Asie du Sud
Mexico[2,5]	**16 281 000**	**17 146 000**	**16 440 000**	**17 182 000**	**20 162 000**	**Mexique**[2,5]
Americas	15 793 000	16 753 000	15 931 000	16 724 000	19 784 000	Amériques
Europe	328 000	362 000	473 000	412 000	339 000	Europe
Asia, East and South East/Oceania	40 000	...	...	...	...	Asie, Est et Sud-Est et Océanie
Region not specified	120 000	31 000	36 000	46 000	39 000	Région non spécifiés
Monaco[1]	**239 043**	**245 592**	**208 206**	**216 889**	**232 500**	**Monaco**[1]
Africa	430	375	447	369	398	Afrique
Americas	25 075	31 100	29 336	30 558	32 823	Amériques
Europe	190 443	189 870	154 524	157 389	166 881	Europe
Asia, East and South East/Oceania	8 438	9 411	8 903	10 838	12 622	Asie, Est et Sud-Est et Océanie
Western Asia	2 224	2 641	3 250	3 119	2 796	Asie occidentale
Region not specified	12 433	12 195	11 746	14 616	16 980	Région non spécifiés
Montserrat[5]	**16 700**	**17 260**	**20 994**	**21 285**	**17 675**	**Montserrat**[5]
Americas	12 700	14 060	17 473	17 176	14 250	Amériques

80
Tourist arrivals by region of origin [cont.]
Arrivées de touristes par région de provenance [suite]

Country or area of destination and region of origin +	1991	1992	1993	1994	1995	Pays ou zone de destination et région de provenance +
Europe	2 500	2 800	2 981	3 374	2 749	Europe
Region not specified	1 500	400	540	735	676	Région non spécifiés
Morocco[2 5]	**4 162 239**	**4 389 753**	**4 027 356**	**3 465 437**	**2 590 331**	**Maroc**[2 5]
Africa	2 133 777	1 731 985	1 305 879	755 189	64 443	Afrique
Americas	69 085	118 112	120 491	122 700	114 125	Amériques
Europe	853 125	1 284 411	1 396 133	1 285 847	1 218 393	Europe
Asia, East and South East/Oceania	14 768	17 990	19 117	24 903	22 950	Asie, Est et Sud-Est et Océanie
Western Asia	92 041	65 201	63 016	62 388	60 240	Asie occidentale
Region not specified	999 443	1 172 054	1 122 720	1 214 410	1 110 180	Région non spécifiés
Myanmar[5]	**22 647**	**26 607**	**48 425**	**80 408**	**109 773**	**Myanmar**[5]
Americas	2 273	3 157	3 975	7 236	9 103	Amériques
Europe	15 803	16 667	20 230	25 729	33 880	Europe
Asia, East and South East/Oceania	4 024	3 676	9 692	37 191	65 586	Asie, Est et Sud-Est et Océanie
Southern Asia	547	3 107	14 528	10 252	1 204	Asie du Sud
Nepal[5]	**292 995**	**334 353**	**293 567**	**326 531**	**363 395**	**Népal**[5]
Africa	973	1 479	1 115	998	1 147	Afrique
Americas	25 247	28 945	26 580	27 471	31 804	Amériques
Europe	114 340	134 842	124 780	134 510	137 890	Europe
Asia, East and South East/Oceania	49 402	54 921	49 044	52 380	63 245	Asie, Est et Sud-Est et Océanie
Southern Asia	101 843	114 059	91 451	110 750	129 283	Asie du Sud
Region not specified	1 190	107	597	422	26	Région non spécifiés
Netherlands[9]	**5 841 900**	**6 082 900**	**5 756 700**	**6 177 700**	**6 573 700**	**Pays-Bas**[9]
Africa	55 500	52 700	50 500	49 600	49 800	Afrique
Americas	552 000	605 700	564 100	664 700	720 500	Amériques
Europe	4 922 000	5 053 100	4 801 800	5 052 300	5 307 200	Europe
Asia, East and South East/Oceania	312 400	371 400	340 300	411 100	496 200	Asie, Est et Sud-Est et Océanie
New Caledonia[2 5 10]	**80 930**	**78 264**	**80 753**	**85 103**	**86 256**	**Nouvelle-Calédonie**[2 5 10]
Africa	295	341	527	426	493	Afrique
Americas	1 101	1 174	1 221	1 205	1 193	Amériques
Europe	18 371	17 395	18 139	23 385	26 618	Europe
Asia, East and South East/Oceania	61 145	59 351	60 864	60 080	57 942	Asie, Est et Sud-Est et Océanie
Region not specified	18	3	2	7	10	Région non spécifiés
New Zealand[2 3]	**963 470**	**1 055 681**	**1 156 978**	**1 322 565**	**1 408 795**	**Nouvelle-Zélande**[2 3]
Africa	2 872	4 836	7 903	13 258	11 060	Afrique
Americas	168 035	163 660	179 387	198 105	190 885	Amériques
Europe	177 172	202 464	225 975	250 985	258 136	Europe
Asia, East and South East/Oceania	575 043	645 847	708 852	824 981	905 036	Asie, Est et Sud-Est et Océanie
Southern Asia	2 457	2 979	2 564	3 741	4 945	Asie du Sud
Western Asia	1 568	2 361	2 978	3 837	3 754	Asie occidentale
Region not specified	36 323	33 534	29 319	27 658	34 979	Région non spécifiés
Nicaragua[5]	**145 872**	**166 914**	**197 565**	**237 652**	**281 254**	**Nicaragua**[5]
Africa	105	107	102	96	110	Afrique
Americas	118 312	140 390	171 807	208 207	247 452	Amériques
Europe	23 105	22 862	22 354	25 514	29 263	Europe
Asia, East and South East/Oceania	3 730	3 025	2 676	3 472	3 838	Asie, Est et Sud-Est et Océanie
Southern Asia	472	411	515	270	506	Asie du Sud
Western Asia	148	119	111	93	85	Asie occidentale
Niger[5 10]	**16 198**	**13 070**	**11 676**	**10 835**	**16 945**	**Niger**[5 10]
Africa	6 900	5 540	5 588	4 877	7 151	Afrique
Americas	1 452	1 189	1 032	1 276	1 701	Amériques

80
Tourist arrivals by region of origin [cont.]
Arrivées de touristes par région de provenance [suite]

Country or area of destination and region of origin +	1991	1992	1993	1994	1995	Pays ou zone de destination et région de provenance +
Europe	7 038	5 670	4 786	4 194	6 775	Europe
Asia, East and South East/Oceania	247	258	214	330	472	Asie, Est et Sud-Est et Océanie
Region not specified	561	413	56	158	846	Région non spécifiés
Nigeria[3]	**308 065**	**271 854**	**294 302**	**327 189**	**...**	**Nigéria[3]**
Africa	272 104	225 847	244 924	272 115	...	Afrique
Americas	2 387	2 596	2 995	3 055	...	Amériques
Europe	25 913	33 687	36 000	41 685	...	Europe
Asia, East and South East/Oceania	3 643	3 834	3 833	4 079	...	Asie, Est et Sud-Est et Océanie
Southern Asia	2 661	4 443	4 910	4 512	...	Asie du Sud
Western Asia	1 320	1 402	1 000	1 535	...	Asie occidentale
Region not specified	37	45	640	208	...	Région non spécifiés
Niue[5,10]	**993**	**1 668**	**3 358**	**2 802**	**2 161**	**Nioué[5,10]**
Americas	21	81	189	126	32	Amériques
Europe	35	42	124	105	57	Europe
Asia, East and South East/Oceania	934	1 542	3 030	2 536	2 048	Asie, Est et Sud-Est et Océanie
Region not specified	3	3	15	35	24	Région non spécifiés
Northern Mariana Islands[3]	**429 745**	**505 295**	**545 803**	**596 033**	**676 161**	**Iles Marianas du Nord[3]**
Africa	28	35	23	26	37	Afrique
Americas	75 123	80 161	79 426	81 826	99 373	Amériques
Europe	1 776	1 840	2 190	2 201	1 840	Europe
Asia, East and South East/Oceania	352 265	422 776	463 577	511 673	574 376	Asie, Est et Sud-Est et Océanie
Southern Asia	490	378	236	235	427	Asie du Sud
Western Asia	63	105	102	34	28	Asie occidentale
Region not specified	...	...	249	38	80	Région non spécifiés
Norway * [1]	**2 113 951**	**2 375 452**	**2 556 162**	**2 830 000**	**2 880 000**	**Norvège * [1]**
Americas	175 125	213 813	195 738	242 920	218 224	Amériques
Europe	1 659 428	1 785 513	1 903 914	2 053 591	2 006 800	Europe
Asia, East and South East/Oceania	42 500	49 920	60 434	79 106	75 217	Asie, Est et Sud-Est et Océanie
Region not specified	236 898	326 206	396 076	454 383	579 759	Région non spécifiés
Oman[1]	**160 525**	**192 296**	**344 000**	**358 000**	**...**	**Oman[1]**
Africa	6 714	7 006	10 000	14 000	...	Afrique
Americas	7 648	9 725	14 000	19 000	...	Amériques
Europe	56 970	69 742	96 000	100 000	...	Europe
Asia, East and South East/Oceania	40 035	47 136	46 000	48 000	...	Asie, Est et Sud-Est et Océanie
Western Asia	27 732	30 641	45 000	37 000	...	Asie occidentale
Region not specified	21 426	28 046	133 000	140 000	...	Région non spécifiés
Pakistan[5]	**438 088**	**352 112**	**379 165**	**454 353**	**378 365**	**Pakistan[5]**
Africa	8 925	10 013	12 975	13 328	10 536	Afrique
Americas	41 921	39 649	47 650	58 824	57 789	Amériques
Europe	127 932	133 499	176 341	239 390	165 729	Europe
Asia, East and South East/Oceania	35 431	34 901	38 974	36 910	40 531	Asie, Est et Sud-Est et Océanie
Southern Asia	200 629	111 438	79 748	83 954	83 660	Asie du Sud
Western Asia	23 175	22 566	23 418	21 924	20 066	Asie occidentale
Region not specified	75	46	59	23	54	Région non spécifiés
Palau[5]	**32 700**	**36 117**	**40 497**	**40 548**	**...**	**Palaos[5]**
Africa	...	...	11	10	...	Afrique
Americas	6 411	8 032	8 232	9 795	...	Amériques
Europe	1 202	1 541	1 714	2 190	...	Europe
Asia, East and South East/Oceania	23 922	25 385	30 385	28 431	...	Asie, Est et Sud-Est et Océanie
Southern Asia	...	...	149	61	...	Asie du Sud

80
Tourist arrivals by region of origin [cont.]
Arrivées de touristes par région de provenance [suite]

Country or area of destination and region of origin +	1991	1992	1993	1994	1995	Pays ou zone de destination et région de provenance +
Western Asia	...	...	5	36	...	Asie occidentale
Region not specified	1 165	1 159	1	25	...	Région non spécifiés
Panama[3]	**296 756**	**311 937**	**316 813**	**342 790**	**359 575**	**Panama**[3]
Africa	175	228	191	273	363	Afrique
Americas	267 871	281 216	282 035	305 746	316 519	Amériques
Europe	19 528	19 751	22 558	25 269	31 822	Europe
Asia, East and South East/Oceania	9 155	10 719	12 003	11 451	10 809	Asie, Est et Sud-Est et Océanie
Western Asia	27	23	26	51	62	Asie occidentale
Papua New Guinea[5]	**37 346**	**42 816**	**33 552**	**38 739**	**42 328**	**Papouasie-Nvl-Guinée**[5]
Africa	94	89	...	...	...	Afrique
Americas	6 011	5 866	4 025	4 510	5 469	Amériques
Europe	6 138	5 980	4 656	6 866	6 565	Europe
Asia, East and South East/Oceania	23 285	30 561	24 749	27 239	29 894	Asie, Est et Sud-Est et Océanie
Southern Asia	1 818	318	...	...	...	Asie du Sud
Region not specified	...	2	122	124	400	Région non spécifiés
Paraguay[5 7 8 25]	**361 410**	**334 497**	**404 491**	**406 409**	**437 653**	**Paraguay**[5 7 8 25]
Americas	290 610	267 798	323 957	327 159	354 019	Amériques
Europe	41 634	38 668	48 053	48 972	47 704	Europe
Asia, East and South East/Oceania	15 830	14 952	18 202	18 369	14 179	Asie, Est et Sud-Est et Océanie
Region not specified	13 336	13 079	14 279	11 909	21 751	Région non spécifiés
Peru[5]	**232 012**	**216 534**	**271 901**	**386 120**	**479 231**	**Pérou**[5]
Africa	531	392	483	729	862	Afrique
Americas	132 763	134 070	172 272	243 155	300 485	Amériques
Europe	82 102	66 147	80 071	112 839	140 479	Europe
Asia, East and South East/Oceania	15 659	14 885	18 115	28 170	35 745	Asie, Est et Sud-Est et Océanie
Southern Asia	760	845	751	891	1 306	Asie du Sud
Western Asia	152	178	171	187	199	Asie occidentale
Region not specified	45	17	38	149	155	Région non spécifiés
Philippines[2 5]	**951 365**	**1 152 952**	**1 372 097**	**1 573 821**	**1 760 063**	**Philippines**[2 5]
Africa	387	766	1 219	1 244	1 567	Afrique
Americas	216 482	252 300	307 989	352 483	391 309	Amériques
Europe	131 825	154 620	183 194	205 958	231 902	Europe
Asia, East and South East/Oceania	452 119	588 860	705 128	800 874	929 047	Asie, Est et Sud-Est et Océanie
Southern Asia	15 826	16 829	18 357	20 377	22 068	Asie du Sud
Western Asia	17 249	18 991	17 775	18 115	17 539	Asie occidentale
Region not specified	117 477	120 586	138 435	174 770	166 631	Région non spécifiés
Poland[3]	**36 845 777**	**49 015 200**	**60 951 100**	**74 252 791**	**82 243 620**	**Pologne**[3]
Africa	...	8 700	8 000	8 966	9 181	Afrique
Americas	149 200	166 000	173 100	234 324	235 273	Amériques
Europe	36 371 400	48 664 100	60 598 200	73 841 082	81 786 453	Europe
Asia, East and South East/Oceania	21 000	50 300	66 300	44 643	50 783	Asie, Est et Sud-Est et Océanie
Southern Asia	...	7 300	11 300	10 083	11 845	Asie du Sud
Western Asia	...	27 300	29 900	39 565	31 583	Asie occidentale
Region not specified	304 177	91 500	64 300	74 128	118 502	Région non spécifiés
Portugal[5 7]	**8 656 956**	**8 884 143**	**8 433 900**	**9 132 400**	**9 705 500**	**Portugal**[5 7]
Africa	101 006	94 834	...	...	...	Afrique
Americas	347 000	363 428	286 800	306 900	342 500	Amériques
Europe	8 137 170	8 352 341	7 899 700	8 550 500	9 034 500	Europe
Asia, East and South East/Oceania	45 909	45 477	32 500	34 700	34 600	Asie, Est et Sud-Est et Océanie
Region not specified	25 871	28 063	214 900	240 300	293 900	Région non spécifiés

787 International tourism Tourisme international

80
Tourist arrivals by region of origin [cont.]
Arrivées de touristes par région de provenance [suite]

Country or area of destination and region of origin +	1991	1992	1993	1994	1995	Pays ou zone de destination et région de provenance +
Puerto Rico[5][10]	**2 612 991**	**2 656 628**	**2 854 468**	**3 042 375**	**3 130 662**	Porto Rico[5][10]
Americas	1 860 290	1 869 739	2 023 934	2 146 364	2 278 344	Amériques
Region not specified	752 701	786 889	830 534	896 011	852 318	Région non spécifiés
Réunion[5]	**186 026**	**217 400**	**241 700**	**262 600**	**304 000**	Réunion[5]
Africa	40 083	39 570	41 148	41 909	40 119	Afrique
Americas	...	1 014	1 100	1 296	1 219	Amériques
Europe	141 635	174 051	196 468	216 271	259 568	Europe
Asia, East and South East/Oceania	...	1 704	1 356	1 360	1 287	Asie, Est et Sud-Est et Océanie
Southern Asia	...	1 061	795	714	608	Asie du Sud
Region not specified	4 308	...	833	1 050	1 199	Région non spécifiés
Romania[3]	**5 360 179**	**6 280 027**	**5 785 575**	**5 898 081**	**5 444 991**	Roumanie[3]
Africa	9 289	6 375	5 000	4 108	6 054	Afrique
Americas	50 865	50 298	63 343	59 938	66 479	Amériques
Europe	5 088 953	6 070 430	5 625 022	5 748 333	5 239 995	Europe
Asia, East and South East/Oceania	33 918	31 339	30 808	34 670	43 598	Asie, Est et Sud-Est et Océanie
Southern Asia	26 606	20 073	9 991	8 763	12 537	Asie du Sud
Western Asia	34 747	39 428	39 879	35 687	39 614	Asie occidentale
Region not specified	115 801	62 084	11 532	6 582	36 714	Région non spécifiés
Russian Federation[3]	...	**3 009 488**	**5 895 917**	**4 642 899**	**10 290 147**	Fédération de Russie[3]
Africa	...	33 445	28 926	12 676	22 857	Afrique
Americas	...	245 542	331 572	148 627	271 450	Amériques
Europe	...	1 683 606	4 192 445	3 658 892	9 142 772	Europe
Asia, East and South East/Oceania	...	888 304	1 206 527	773 541	735 599	Asie, Est et Sud-Est et Océanie
Southern Asia	...	90 106	54 506	19 301	52 665	Asie du Sud
Western Asia	...	40 711	39 042	26 788	61 117	Asie occidentale
Region not specified	...	27 774	42 899	3 074	3 687	Région non spécifiés
Saint Kitts and Nevis[5][6]	**83 903**	**89 719**	**86 329**	**94 185**	**78 868**	Saint-Kitts-et-Nevis[5][6]
Americas	75 513	79 439	75 071	81 711	68 613	Amériques
Europe	7 530	9 865	10 828	12 025	9 833	Europe
Asia, East and South East/Oceania	51	42	45	31	21	Asie, Est et Sud-Est et Océanie
Region not specified	809	373	385	418	401	Région non spécifiés
Saint Lucia[5][7][10]	**157 728**	**181 327**	**194 136**	**218 567**	**232 305**	Sainte-Lucie[5][7][10]
Americas	98 486	106 493	115 365	139 233	147 705	Amériques
Europe	57 413	72 928	76 338	76 983	81 988	Europe
Region not specified	1 829	1 906	2 433	2 351	2 612	Région non spécifiés
St. Vincent-Grenadines[5]	**51 629**	**53 316**	**56 691**	**54 982**	**60 206**	St. Vincent-Grenadines[5]
Americas	37 088	36 596	38 820	37 854	41 836	Amériques
Europe	14 013	16 292	17 323	16 593	17 551	Europe
Region not specified	528	428	548	535	819	Région non spécifiés
Samoa[5]	**34 953**	**37 507**	**48 228**	**50 220**	**67 954**	Samoa[5]
Americas	3 940	4 384	6 526	6 421	6 371	Amériques
Europe	3 416	3 754	5 347	4 712	6 935	Europe
Asia, East and South East/Oceania	25 311	27 720	35 068	36 961	53 130	Asie, Est et Sud-Est et Océanie
Region not specified	2 286	1 649	1 287	2 126	1 518	Région non spécifiés
San Marino[3]	**3 112 995**	**3 208 290**	**3 072 030**	**3 104 231**	**3 368 159**	Saint-Marin[3]
Region not specified	3 112 995	3 208 290	3 072 030	3 104 231	3 368 159	Région non spécifiés
Saudi Arabia[3]	**2 290 213**	**2 688 643**	**2 738 304**	**3 212 684**	**3 351 549**	Arabie saoudite[3]
Africa	302 350	559 458	518 316	638 453	585 114	Afrique
Americas	21 493	25 086	25 679	28 457	29 221	Amériques
Europe	39 637	60 611	61 434	79 901	79 345	Europe

80
Tourist arrivals by region of origin [cont.]
Arrivées de touristes par région de provenance [suite]

Country or area of destination and region of origin +	1991	1992	1993	1994	1995	Pays ou zone de destination et région de provenance +
Asia, East and South East/Oceania	1 926 733	2 043 488	2 132 875	2 465 873	2 657 869	Asie, Est et Sud-Est et Océanie
Senegal[1]	**233 512**	**245 581**	**167 770**	**239 629**	**280 000**	**Sénégal**[1]
Africa	38 031	48 110	39 633	47 352	56 651	Afrique
Americas	8 514	11 150	11 125	10 226	11 244	Amériques
Europe	180 963	181 651	112 420	175 984	205 521	Europe
Asia, East and South East/Oceania	3 494	2 866	2 574	2 855	2 933	Asie, Est et Sud-Est et Océanie
Western Asia	2 064	1 461	1 029	1 029	1 174	Asie occidentale
Region not specified	446	343	989	2 183	2 477	Région non spécifiés
Seychelles[5]	**90 050**	**98 577**	**116 180**	**109 901**	**120 716**	**Seychelles**[5]
Africa	18 759	12 072	13 510	10 967	14 202	Afrique
Americas	2 406	2 497	3 779	3 367	6 274	Amériques
Europe	64 986	79 516	94 267	90 080	93 793	Europe
Asia, East and South East/Oceania	1 979	1 979	2 690	3 316	4 413	Asie, Est et Sud-Est et Océanie
Southern Asia	487	684	525	600	905	Asie du Sud
Western Asia	1 433	1 829	1 409	1 571	1 129	Asie occidentale
Sierra Leone[5,10]	**25 989**	**19 334**	**21 223**	**23 600**	**13 765**	**Sierra Leone**[5,10]
Africa	6 817	5 030	7 068	6 900	5 087	Afrique
Americas	3 407	2 543	2 685	3 200	2 117	Amériques
Europe	8 371	6 268	5 620	7 500	2 553	Europe
Region not specified	7 394	5 493	5 850	6 000	4 008	Région non spécifiés
Singapore[3,26]	**5 414 651**	**5 989 940**	**6 425 778**	**6 898 951**	**7 137 255**	**Singapour**[3,26]
Africa	55 729	69 688	97 628	100 700	86 944	Afrique
Americas	326 817	367 210	389 620	428 054	425 813	Amériques
Europe	898 063	957 607	1 019 556	1 016 716	966 000	Europe
Asia, East and South East/Oceania	3 688 896	4 161 528	4 515 796	4 949 274	5 208 844	Asie, Est et Sud-Est et Océanie
Southern Asia	397 950	380 190	345 506	343 507	393 316	Asie du Sud
Western Asia	46 084	53 108	57 062	60 316	56 101	Asie occidentale
Region not specified	1 112	609	610	384	237	Région non spécifiés
Slovakia[9]	...	**566 000**	**653 000**	**901 800**	**827 100**	**Slovaquie**[9]
Americas	...	21 000	18 000	25 100	19 900	Amériques
Europe	...	405 000	532 000	751 100	708 400	Europe
Region not specified	...	140 000	103 000	125 600	98 800	Région non spécifiés
Slovenia[9]	...	**616 380**	**624 371**	**748 273**	**732 103**	**Slovénie**[9]
Americas	...	8 922	12 026	16 539	15 361	Amériques
Europe	...	598 056	602 810	719 319	704 254	Europe
Asia, East and South East/Oceania	...	1 930	2 581	3 107	4 134	Asie, Est et Sud-Est et Océanie
Region not specified	...	7 472	6 954	9 308	8 354	Région non spécifiés
Solomon Islands[5]	**11 105**	**12 446**	**11 570**	**11 918**	**11 795**	**Iles Salomon**[5]
Americas	1 115	1 359	1 302	1 057	1 089	Amériques
Europe	1 327	1 580	1 500	1 521	1 504	Europe
Asia, East and South East/Oceania	8 636	9 467	8 715	9 301	9 158	Asie, Est et Sud-Est et Océanie
Region not specified	27	40	53	39	44	Région non spécifiés
South Africa[5,7]	**1 709 554**	**2 703 191**	**3 093 183**	**3 668 956**	**4 488 272**	**Afrique du Sud**[5,7]
Africa	1 193 446	2 149 257	2 468 796	2 933 871	3 299 617	Afrique
Americas	67 104	72 805	86 950	109 378	153 391	Amériques
Europe	382 772	400 818	422 329	454 536	710 342	Europe
Asia, East and South East/Oceania	56 002	69 673	88 604	116 761	174 873	Asie, Est et Sud-Est et Océanie
Southern Asia	7 171	5 484	8 250	10 888	14 478	Asie du Sud
Western Asia	1 291	4 125	5 856	7 178	10 069	Asie occidentale
Region not specified	1 768	1 029	12 398	36 344	125 502	Région non spécifiés

80
Tourist arrivals by region of origin [cont.]
Arrivées de touristes par région de provenance [suite]

Country or area of destination and region of origin +	1991	1992	1993	1994	1995	Pays ou zone de destination et région de provenance +
Spain[23]	**53 494 964**	**55 330 716**	**57 263 351**	**61 428 034**	**63 255 500**	**Espagne**[23]
Africa	2 058 685	2 251 149	2 379 669	...	...	Afrique
Americas	1 270 138	1 552 234	1 457 888	1 925 449	3 342 217	Amériques
Europe	46 236 764	47 322 066	49 474 766	51 390 029	58 700 336	Europe
Asia, East and South East/Oceania	377 701	429 123	457 025	276 409	197 212	Asie, Est et Sud-Est et Océanie
Southern Asia	41 268	36 946	42 726	...	...	Asie du Sud
Western Asia	30 424	31 930	31 997	...	...	Asie occidentale
Region not specified	3 479 984	3 707 268	3 419 280	7 836 147	1 015 735	Région non spécifiés
Sri Lanka[57]	**317 703**	**393 669**	**392 250**	**407 511**	**403 101**	**Sri Lanka**[57]
Africa	804	582	516	744	798	Afrique
Americas	9 987	12 987	14 154	16 152	15 177	Amériques
Europe	196 809	250 035	256 158	258 285	254 730	Europe
Asia, East and South East/Oceania	66 287	80 016	63 615	65 493	61 536	Asie, Est et Sud-Est et Océanie
Southern Asia	40 114	46 509	54 876	62 892	67 041	Asie du Sud
Western Asia	3 702	3 540	2 931	3 945	3 819	Asie occidentale
Sudan[5]	**15 649**	...	...	...	...	**Soudan**[5]
Africa	1 423	...	...	...	...	Afrique
Americas	1 328	...	...	...	...	Amériques
Europe	4 513	...	...	...	...	Europe
Asia, East and South East/Oceania	1 111	...	...	...	...	Asie, Est et Sud-Est et Océanie
Southern Asia	726	...	...	...	...	Asie du Sud
Western Asia	2 818	...	...	...	...	Asie occidentale
Region not specified	3 730	...	...	...	...	Région non spécifiés
Suriname[5,10]	...	**16 321**	**18 060**	...	...	**Suriname**[5,10]
Americas	...	1 302	1 005	...	...	Amériques
Europe	...	14 014	16 638	...	...	Europe
Region not specified	...	1 005	417	...	...	Région non spécifiés
Swaziland[1]	**264 376**	**263 477**	**271 680**	**335 933**	**299 822**	**Swaziland**[1]
Africa	222 654	223 489	229 624	283 931	253 409	Afrique
Americas	5 533	4 616	5 224	6 459	5 764	Amériques
Europe	30 654	28 266	30 327	37 498	33 468	Europe
Asia, East and South East/Oceania	2 935	3 778	3 454	4 270	3 810	Asie, Est et Sud-Est et Océanie
Region not specified	2 600	3 328	3 051	3 775	3 371	Région non spécifiés
Sweden *[9]	**1 443 359**	**1 563 044**	**1 692 081**	**1 959 660**	**2 495 652**	**Suède** *[9]
Americas	69 800	80 629	88 384	101 412	111 174	Amériques
Europe	1 246 666	1 358 076	1 454 412	1 690 724	2 178 820	Europe
Asia, East and South East/Oceania	23 155	23 092	28 011	30 442	46 354	Asie, Est et Sud-Est et Océanie
Region not specified	103 738	101 247	121 274	137 082	159 304	Région non spécifiés
Switzerland[1]	**7 400 292**	**7 527 998**	**7 224 502**	**7 357 885**	**6 945 983**	**Suisse**[1]
Africa	96 070	88 636	87 757	85 823	83 102	Afrique
Americas	924 538	1 106 621	1 015 470	1 041 480	980 212	Amériques
Europe	5 618 747	5 425 836	5 207 151	5 191 625	4 784 799	Europe
Asia, East and South East/Oceania	703 956	851 633	859 108	951 895	1 008 010	Asie, Est et Sud-Est et Océanie
Southern Asia	39 381	37 462	38 412	35 787	36 555	Asie du Sud
Western Asia	17 600	17 810	16 604	51 275	53 305	Asie occidentale
Syrian Arab Republic[37]	**1 570 161**	**1 739 884**	**1 909 916**	**2 012 297**	**2 252 783**	**Rép. arabe syrienne**[37]
Africa	20 171	32 075	32 974	33 088	52 501	Afrique
Americas	12 185	15 739	15 688	17 186	19 208	Amériques
Europe	282 736	293 780	306 949	304 312	339 429	Europe
Asia, East and South East/Oceania	4 434	6 246	9 942	10 806	11 866	Asie, Est et Sud-Est et Océanie

80
Tourist arrivals by region of origin [cont.]
Arrivées de touristes par région de provenance [suite]

Country or area of destination and region of origin +	1991	1992	1993	1994	1995	Pays ou zone de destination et région de provenance +
Southern Asia	123 863	160 249	125 950	188 017	213 064	Asie du Sud
Western Asia	1 095 355	1 184 427	1 357 097	1 387 222	1 564 056	Asie occidentale
Region not specified	31 417	47 368	61 316	71 666	52 659	Région non spécifiés
Thailand[5,7]	**5 086 899**	**5 136 443**	**5 760 533**	**6 166 496**	**6 951 566**	**Thaïlande**[5,7]
Africa	32 246	34 872	47 211	46 438	48 252	Afrique
Americas	326 812	354 910	359 726	373 610	357 674	Amériques
Europe	1 207 670	1 310 148	1 435 993	1 549 119	1 608 726	Europe
Asia, East and South East/Oceania	3 117 416	3 045 013	3 534 078	3 824 196	4 582 413	Asie, Est et Sud-Est et Océanie
Southern Asia	344 223	331 648	314 646	305 071	270 478	Asie du Sud
Western Asia	58 532	59 852	68 879	68 062	84 023	Asie occidentale
TFYR Macedonia[5]	...	**219 062**	**208 191**	**185 414**	**147 007**	**L'ex-R.y. Macédoine**[5]
Americas	...	1 717	3 615	4 783	3 706	Amériques
Europe	...	215 143	201 656	177 825	141 010	Europe
Asia, East and South East/Oceania	...	534	815	1 011	1 034	Asie, Est et Sud-Est et Océanie
Region not specified	...	1 668	2 105	1 795	1 257	Région non spécifiés
Togo[1]	**65 098**	**48 559**	**24 244**	**43 767**	**54 851**	**Togo**[1]
Africa	37 582	28 533	13 710	22 423	28 016	Afrique
Americas	3 059	2 229	1 307	2 791	2 601	Amériques
Europe	22 198	16 192	7 508	15 689	20 523	Europe
Asia, East and South East/Oceania	2 194	439	350	642	1 634	Asie, Est et Sud-Est et Océanie
Western Asia	...	1 111	1 294	2 159	2 000	Asie occidentale
Region not specified	65	55	75	63	77	Région non spécifiés
Tonga[5,10]	**22 007**	**23 020**	**25 513**	**28 408**	**29 520**	**Tonga**[5,10]
Americas	5 339	5 481	5 498	6 302	6 167	Amériques
Europe	3 617	3 725	5 374	5 643	5 194	Europe
Asia, East and South East/Oceania	12 996	13 740	14 569	16 375	17 982	Asie, Est et Sud-Est et Océanie
Southern Asia	34	41	64	79	70	Asie du Sud
Region not specified	21	33	8	9	107	Région non spécifiés
Trinidad and Tobago[5]	**220 206**	**234 759**	**248 815**	**253 153**	**259 784**	**Trinité-et-Tobago**[5]
Americas	158 451	176 200	187 831	196 061	201 434	Amériques
Europe	49 342	46 459	46 971	50 162	51 780	Europe
Region not specified	12 413	12 100	14 013	6 930	6 570	Région non spécifiés
Tunisia[5,7]	**3 224 015**	**3 539 950**	**3 655 698**	**3 855 546**	**4 119 847**	**Tunisie**[5,7]
Africa	911 836	973 650	845 529	793 069	1 034 479	Afrique
Americas	8 060	13 839	20 182	24 275	24 817	Amériques
Europe	1 086 564	1 770 827	2 037 350	2 255 836	2 357 242	Europe
Western Asia	1 179 395	674 808	582 512	581 091	660 637	Asie occidentale
Region not specified	38 160	106 826	170 125	201 275	38 934	Région non spécifiés
Turkey[3]	**5 517 897**	**7 076 096**	**6 500 638**	**6 670 618**	**7 726 886**	**Turquie**[3]
Africa	31 150	46 575	53 603	76 426	106 980	Afrique
Americas	108 828	236 205	335 850	355 586	376 321	Amériques
Europe	4 839 064	6 295 747	5 602 018	5 564 772	6 421 167	Europe
Asia, East and South East/Oceania	59 980	82 050	99 244	123 045	137 701	Asie, Est et Sud-Est et Océanie
Southern Asia	267 638	182 826	166 427	285 370	424 497	Asie du Sud
Western Asia	208 448	230 308	238 514	257 330	251 497	Asie occidentale
Region not specified	2 789	2 385	4 982	8 089	8 723	Région non spécifiés
Turks and Caicos Islands[5]	**55 248**	**46 539**	**67 303**	**71 646**	**78 957**	**Iles Turques et Caiques**[5]
Americas	43 390	40 129	56 718	60 527	67 767	Amériques
Europe	7 045	5 590	8 171	8 383	8 494	Europe
Region not specified	4 813	820	2 414	2 736	2 696	Région non spécifiés

80
Tourist arrivals by region of origin [cont.]
Arrivées de touristes par région de provenance [suite]

Country or area of destination and region of origin +	1991	1992	1993	1994	1995	Pays ou zone de destination et région de provenance +
Tuvalu[5]	**969**	**862**	**929**	**1 268**	**922**	**Tuvalu**[5]
Americas	84	164	98	133	70	Amériques
Europe	142	176	135	204	168	Europe
Asia, East and South East/Oceania	732	472	637	926	676	Asie, Est et Sud-Est et Océanie
Region not specified	11	50	59	5	8	Région non spécifiés
former USSR†[3]	**6 894 713**	...	...	...	...	**l'ex-URSS**†[3]
Africa	26 883	...	...	...	...	Afrique
Americas	233 340	...	...	...	...	Amériques
Europe	5 636 062	...	...	...	...	Europe
Asia, East and South East/Oceania	532 316	...	...	...	...	Asie, Est et Sud-Est et Océanie
Southern Asia	150 202	...	...	...	...	Asie du Sud
Western Asia	139 354	...	...	...	...	Asie occidentale
Region not specified	176 556	...	...	...	...	Région non spécifiés
United Arab Emirates[1,27]	**716 642**	**944 350**	**1 087 733**	**1 239 377**	**1 600 847**	**Emirats arabes unis**[1,27]
Africa	21 843	34 619	39 280	47 400	56 399	Afrique
Americas	46 145	35 271	41 510	43 720	66 617	Amériques
Europe	147 250	192 426	295 746	398 781	567 887	Europe
Asia, East and South East/Oceania	100 178	121 981	136 581	132 269	163 746	Asie, Est et Sud-Est et Océanie
Southern Asia	139 544	210 513	182 320	185 377	212 764	Asie du Sud
Western Asia	261 682	349 540	392 296	431 830	533 434	Asie occidentale
United Kingdom[3,23]	**17 125 000**	**18 535 000**	**19 398 000**	**21 034 000**	**24 008 000**	**Royaume-Uni**[3,23]
Africa	535 000	536 000	553 000	569 000	575 000	Afrique
Americas	3 125 000	3 664 000	3 672 000	3 902 000	4 243 000	Amériques
Europe	11 392 000	12 034 000	12 827 000	14 068 000	16 249 000	Europe
Asia, East and South East/Oceania	1 035 000	1 174 000	1 076 000	1 876 000	2 261 000	Asie, Est et Sud-Est et Océanie
Southern Asia	...	...	...	211 000	256 000	Asie du Sud
Western Asia	447 000	481 000	539 000	408 000	424 000	Asie occidentale
Region not specified	591 000	646 000	731 000	...	...	Région non spécifiés
United Rep.Tanzania[3]	**186 800**	**201 744**	**230 158**	**261 579**	**295 312**	**Rép. Unie de Tanzanie**[3]
Africa	72 878	78 708	89 790	102 041	115 000	Afrique
Americas	41 517	44 838	51 151	58 133	65 800	Amériques
Europe	67 238	72 618	82 834	94 138	106 012	Europe
Asia, East and South East/Oceania	5 167	5 580	6 383	7 267	8 500	Asie, Est et Sud-Est et Océanie
United States[5]	**42 673 810**	**47 261 720**	**45 778 897**	**44 752 895**	**43 384 966**	**Etats-Unis**[5]
Africa	138 601	149 835	168 969	172 941	185 779	Afrique
Americas	29 599 238	32 726 149	30 786 183	29 950 843	26 747 595	Amériques
Europe	7 568 226	8 463 801	8 864 733	8 347 922	9 062 595	Europe
Asia, East and South East/Oceania	5 076 571	5 614 004	5 642 339	5 972 090	7 046 008	Asie, Est et Sud-Est et Océanie
Southern Asia	155 591	149 893	144 344	146 027	168 560	Asie du Sud
Western Asia	135 583	158 038	172 329	163 072	174 429	Asie occidentale
United States Virgin Is.[1]	**376 371**	**385 575**	**448 950**	**432 432**	**363 200**	**Iles Vierges américaines**[1]
Africa	...	225	301	136	165	Afrique
Americas	357 881	366 366	421 273	397 178	331 935	Amériques
Europe	8 916	12 472	14 358	14 525	12 216	Europe
Asia, East and South East/Oceania	...	804	854	911	735	Asie, Est et Sud-Est et Océanie
Region not specified	9 574	5 708	12 164	19 682	18 149	Région non spécifiés
Uruguay[2,3]	**1 509 962**	**1 801 672**	**2 003 000**	**2 175 457**	**2 176 930**	**Uruguay**[2,3]
Americas	1 211 452	1 498 913	1 629 132	1 771 017	1 716 540	Amériques
Europe	44 971	47 779	52 542	59 236	83 347	Europe
Asia, East and South East/Oceania	1 667	1 680	2 647	4 669	7 707	Asie, Est et Sud-Est et Océanie

80
Tourist arrivals by region of origin [cont.]
Arrivées de touristes par région de provenance [suite]

Country or area of destination and region of origin +	1991	1992	1993	1994	1995	Pays ou zone de destination et région de provenance +
Western Asia	702	943	...	123	323	Asie occidentale
Region not specified	251 170	252 357	318 679	340 412	369 013	Région non spécifiés
Vanuatu[5]	**39 548**	**42 673**	**44 478**	**42 140**	**43 712**	**Vanuatu[5]**
Americas	1 300	1 343	1 351	1 140	1 157	Amériques
Europe	2 067	2 282	2 190	2 295	2 352	Europe
Asia, East and South East/Oceania	35 748	38 551	40 138	38 220	39 993	Asie, Est et Sud-Est et Océanie
Region not specified	433	497	799	485	210	Région non spécifiés
Venezuela[5]	**598 328**	**445 613**	**396 141**	**428 811**	**596 670**	**Venezuela[5]**
Africa	446	1 040	610	776	710	Afrique
Americas	335 016	245 828	208 340	225 558	326 452	Amériques
Europe	254 796	191 237	179 857	194 981	260 371	Europe
Asia, East and South East/Oceania	4 611	4 206	4 154	4 404	6 159	Asie, Est et Sud-Est et Océanie
Southern Asia	891	648	568	615	659	Asie du Sud
Western Asia	879	1 085	1 064	1 151	1 094	Asie occidentale
Region not specified	1 689	1 569	1 548	1 326	1 225	Région non spécifiés
Viet Nam[2 5]	...	**440 000**	**600 438**	**1 018 244**	**1 351 296**	**Viet Nam[2 5]**
Americas	...	14 563	101 385	152 176	57 515	Amériques
Europe	...	25 866	78 606	150 894	170 864	Europe
Asia, East and South East/Oceania	...	116 542	164 785	315 105	450 557	Asie, Est et Sud-Est et Océanie
Region not specified	...	283 029	255 662	400 069	672 360	Région non spécifiés
Yemen[1]	**43 656**	**72 164**	**69 795**	**39 929**	**61 346**	**Yémen[1]**
Africa	2 653	3 346	2 101	1 377	1 611	Afrique
Americas	3 806	7 117	6 549	3 594	3 207	Amériques
Europe	21 689	43 777	46 466	26 809	41 474	Europe
Asia, East and South East/Oceania	5 021	6 922	5 038	3 097	5 335	Asie, Est et Sud-Est et Océanie
Western Asia	10 487	11 002	9 641	5 052	9 719	Asie occidentale
Yugoslavia[9]	**378 600**	**155 564**	**76 555**	**90 619**	**99 568**	**Yougoslavie[9]**
Americas	12 023	4 694	2 636	2 064	3 839	Amériques
Europe	338 173	141 126	68 671	84 107	90 442	Europe
Asia, East and South East/Oceania	4 966	1 559	1 249	826	1 119	Asie, Est et Sud-Est et Océanie
Region not specified	23 438	8 185	3 999	3 622	4 168	Région non spécifiés
Zambia[3]	**171 507**	**158 759**	**157 254**	**140 901**	**159 217**	**Zambie[3]**
Africa	141 327	98 656	116 141	107 130	120 092	Afrique
Americas	3 594	1 332	5 311	4 860	5 152	Amériques
Europe	19 257	24 086	23 949	22 143	22 934	Europe
Asia, East and South East/Oceania	3 481	28 782	8 373	3 552	6 962	Asie, Est et Sud-Est et Océanie
Southern Asia	2 883	3 930	3 145	3 058	3 901	Asie du Sud
Western Asia	79	253	213	158	176	Asie occidentale
Region not specified	886	1 720	122	...	...	Région non spécifiés
Zimbabwe[5 28]	**664 000**	**737 885**	**942 723**	**1 099 332**	**1 335 578**	**Zimbabwe[5 28]**
Africa	513 580	641 004	787 539	949 283	1 163 382[5]	Afrique
Americas	14 650	13 658	26 337	30 330	35 198	Amériques
Europe	63 556	67 396	105 017	104 021	107 260	Europe
Asia, East and South East/Oceania	15 775	15 380	23 489	15 232	29 100	Asie, Est et Sud-Est et Océanie
Region not specified	56 439	447	341	466	638	Région non spécifiés

Source:
World Tourism Organization (Madrid).

Source:
Organisation mondiale du tourisme (Madrid).

793   International tourism   Tourisme international

80
Tourist arrivals by region of origin
[cont.]

Arrivées de touristes par région de provenance
[suite]

+ For member States of the regions of origin see Annex I, with the following exceptions:
  Africa is as Annex I Africa group excluding Egypt, Eritrea, Mozambique, the Libyan Arab Jamahiriya and Western Sahara.
  America is as Annex I Americas group excluding Falkland Islands (Malvinas), French Guyana, Greenland and Saint Pierre and Miquelon.
  Europe is as Annex I Europe group excluding Andorra, Belarus, Bosnia and Herzegovina, Channel Islands, Faeroe Islands, Holy See, Isle of Man and Svalbard and Jan Mayen Islands. The Europe group also includes Azerbaijan, Cyprus, Israel and Turkey.
  Asia, East and South East/Oceania is as the Annex I Asia groups of Eastern Asia and South-eastern Asia excluding East Timor, and as the Oceania group excluding Christmas Island, Cocos Island, Norfolk Island, Nauru, Wake Island, Johnston Island, Midway Islands, Pitcairn, Tokelau and Wallis and Futuna Islands. The Asia, East and South East/Oceania group also includes Taiwan Province of China.
  Southern Asia is as Annex I Asia group of South-central Asia excluding Kazakhstan, Kyrgyzstan, Tajikistan, Turkmenistan and Uzbekistan. The Southern Asia group also includes Myanmar.
  Western Asia is as Annex I Asia group of Western Asia excluding Armenia, Azerbaijan, Cyprus, Gaza Strip, Georgia, Israel and Turkey. The Western Asia group also includes Egypt and the Libyan Arab Jamahiriya.

† For information on recent changes in country or area nomenclature pertaining to former Czechoslovakia, Germany, Hong Kong Special Administrative Region of China, SFR Yugoslavia and former USSR, see Annex I - Country or area nomenclature, regional and other groupings.

†† For statistical purposes, the data for China do not include those for the Hong Kong Special Administrative Region (Hong Kong SAR) and Taiwan province of China.

1 International tourist arrivals in hotels and similar establishments.
2 Including nationals of the country residing abroad.
3 International visitor arrivals at frontiers (including tourists and same-day visitors).
4 Excluding arrivals from Western Samoa.
5 International tourist arrivals at frontiers (excluding same-day visitors).
6 Air and sea arrivals.
7 Excluding nationals of the country residing abroad.
8 Excluding crew members.
9 International tourist arrivals at collective tourism establishments.
10 Air arrivals.
11 International tourist arrivals in hotels of regional capitals.

+ On se reportera à l'Annexe I pour les États Membres classés dans les différentes régions de provenance, avec les exceptions ci-après :
  Afrique - Comprend les États et territoires énumérés à l'Annexe I, sauf l'Égypte, l'Érythrée, la Jamahiriya arabe libyenne, le Mozambique et le Sahara occidental.
  Amériques - Comprend les États et territoires énumérés à l'Annexe I, sauf les îles Falkland (Malvinas), le Groenland, la Guyane française et Saint-Pierre-et-Miquelon.
  Europe - Comprend les États et territoires énumérés à l'Annexe I, sauf l'Andorre, le Bélarus, la Bosnie-Herzégovine, les îles Anglo-normandes, les îles Féroé, l'île de Man, le Saint-Siège et les îles Svalbard et Jan Mayen. Le Groupe comprend en revance l'Azerbaïdjan, Chypre, Israël et la Turquie.
  Asie de l'Est et du Sud-Est/Océanie - Comprend les États et territoires énumérés à l'Annexe I dans les Groupes Asie de l'Est et Asie du Sud-Est sauf le Timor oriental, et les États et territoires énumérés dans le Groupe Océanie sauf les îles Christmas, les îles Cocos, l'île Johnston, les îles Midway, Nauru, l'île Norfolk, Pitcairn, Tokélou, l'île Wake et Wallis-et-Futuna. Le Groupe Asie de l'Est et du Sud-Est/Océanie comprend en revanche la Province chinoise de Taiwan.
  Asie du Sud - Comprend les États et territoires énumérés à l'Annexe I, sauf le Kazakhstan, le Kirghizistan, l'Ouzbékistan, le Tadjikistan et le Turkménistan. Le groupe comprend en revanche le Myanmar.
  Asie occidentale - Comprend les États et territoires énumérés à l'Annexe I, sauf l'Arménie, l'Azerbaïdjan, Chypre, la bande de Gaza, la Géorgie, Israël et la Turquie. Le Groupe comprend en revance l'Égypte et la Jamahiriya arabe libyenne.

† Pour les modifications récentes de nomenclature de pays ou de zone concernant l'Allemagne, Hong-Kong (Région administrative spéciale de Chine), l'ex-Tchécoslovaquie, l'ex-URSS et l'ex-Rfs de Yougoslavie, voir annexe I - Nomenclature des pays ou des zones, groupements régionaux et autres groupements.

†† Les données statistiques relatives à la Chine ne comprennent pas celles qui concernent la région administrative spéciale de Hong-Kong (la RAS de Hong-Kong) et la province chinoise de Taiwan.

1 Arrivées de touristes internationaux dans les hôtels et établissements assimilés.
2 Y compris les nationaux du pays résidant à l'étranger.
3 Arrivées de visiteurs internationaux aux frontières (y compris touristes et visiteurs de la journée).
4 A l'exclusion des arrivées en provenance de Samoa occidentale.
5 Arrivées de touristes internationaux aux frontières (à l'exclusion de visiteurs de la journée).
6 Arrivées par voie aérienne et maritime.
7 A l'exclusion des nationaux du pays résidant à l'étranger.
8 A l'exclusion des membres des équipages.
9 Arrivées de touristes internationaux dans les établissements d'hébergement collectifs.
10 Arrivées par voie aérienne.
11 Arrivées de trousites internationaux dans les hôtel des capitales de département.

80 Tourist arrivals by region of origin [cont.]
Arrivées de touristes par région de provenance [suite]

12 Excluding returning residents.
13 Excluding ethnic Chinese arriving from Hong Kong, Macau and Taiwan.
14 International visitor arrivals at all means of accommodation in Brazzaville, Pointe Noire, Loubomo, Owando and Sibiti.
15 Air arrivals at Rarotonga.
16 1991: Janaury - June; 1992: Incomplete; 1993: July - Dec.; 1994: January – June.
17 International tourist arrivals at Addis Ababa, Asmara and Assab.
18 Since 1989 "survey at frontiers and car study realized by SOFRES".
19 From 1992, including camping sites.
20 The data relate to the territory of the Federal Republic of Germany prior to 3 October 1990.
21 As of 1990, tourists from the former German Democratic Republic will be regarded as domestic tourists.
22 Data based on surveys.
23 Departures.
24 Foreign tourist departures; includes Singapore residents crossing the frontier by road through Johore Causeway.
25 Arrivals by air and land.
26 Excluding Malaysian citizens arriving by land and cruise passengers, but including excursionists (same-day visitors).
27 Dubai only.
28 Excluding transit passengers.

12 A l'exclusion des residants qui retournent au pays.
13 A l'exclusion des arrivées de personnes d'ethnie chinoise en provenance de Hong-kong, Macao et Taïwan.
14 Arrivées des touristes internationaux dans l'ensemble des moyens d'hébergement de Brazzaville, Pointe Noire, Loubomo, Owando et Sibiti.
15 Arrivées par voie aérienne à Rarotonga.
16 1991 : Janvier-juin ; 1992 : Incomplet ; 1993 : Juillet-décembre ; 1994 : Janvier-juin.
17 Arrivées de touristes internationaux à Addis Abeba, Asmara et Assab.
18 A partir de 1989 "enquête aux frontières et étude autocar réalisée par la SPFRES".
19 A partir de 1992 les chiffres incluent les terrains de camping.
20 Les données se réfèrent au territoire de la République fédérale d'Allemagne avaint le 3 octobre 1990.
21 A partir de 1990, les touristes en provenance de l'ancienne République démocratique allemande seront considérés comme des touristes nationaux.
22 Données obtenues au moyen d'enquêtes.
23 Départs.
24 Départs de touristes étrangers; y compris les résidents de Singapour traversant la frontière par voie terrestre a travers le Johore Causeway.
25 Arrivées par voies aérienne et terrestre.
26 A l'exclusion des arrivées de malaisiens par voie terrestre et de passagers en croisière, mais y compris les excursionnistes (visiteurs de la journée).
27 Dubai seulement.
28 A l'exclusion des passagers en transit.

81
Tourist arrivals and international tourism receipts
Arrivées de touristes et recettes touristiques internationales

Country or area Pays ou zone	Number of tourist arrivals (000) Nombre d'arrivées de touristes (000) 1991	1992	1993	1994	1995	Tourist receipts (million US dollars) Recettes touristiques (millions de dollars E-U) 1991	1992	1993	1994	1995
World / Monde	**463 599**	**503 087**	**517 872**	**546 508**	**566 384**	**272 684**	**310 785**	**317 790**	**347 813**	**393 278**
Africa / Afrique	**18 344**	**20 813**	**20 580**	**20 962**	**21 967**	**7 043**	**8 759**	**7 472**	**7 902**	**9 686**
Algeria / Algérie	1 193	1 120	1 128	805	520	84	75	55	36	27
Angola / Angola	46	40	21	11	8	...	...	20	13	10
Benin / Bénin	117	130	131	111	138	29	32	27	22	27
Botswana / Botswana	592	590	607	625	644	130	107	120	124	162
Burkina Faso / Burkina Faso	80	92	111	133	151	16	24	23	18	24
Burundi / Burundi	125	86	75	29	33	4	3	3	2	1
Cameroon / Cameroun	84	62	81	84	85	73	59	47	49	50
Cape Verde / Cap-Vert	20	19	27	31	33	8	7	9	9	10
Central African Rep. / Rép. centrafricaine	8	7	7	12	35	3	3	6	6	5
Chad / Tchad	21	17	21	19	7	10	21	23	36	34
Comoros / Comores	17	19	24	27	23	9	8	8	9	9
Congo / Congo	33	36	34	28	28	8	7	6	4	4
Côte d'Ivoire / Côte d'Ivoire	200	217	159	157	188	62	66	63	52	72
Dem. Rep. of the Congo / Rép. dém. du Congo	33	22	22	18	35	7	7	6	5	5
Djibouti / Djibouti	33	28	25	22	21	6	6	11	3	4
Egypt / Egypte	2 112	2 944	2 291	2 356	2 872	2 029	2 730	1 332	1 384	2 700
Ethiopia / Ethiopie	82	83	93	98	102	20	23	20	28	36
Gabon / Gabon	128	133	115	110	135	4	5	4	5	4
Gambia / Gambie	66	64	76	78	45	30	27	26	30	23
Ghana / Ghana	172	213	257	271	286	118	167	206	228	233
Guinea / Guinée	28	33	93	99	99	13	11	6	1	1
Kenya / Kenya	805	782	826	863	691	432	442	413	421	454

81
Tourist arrivals and international tourism receipts [cont.]

Arrivées de touristes et recettes touristiques internationales [suite]

Country or area Pays ou zone	Number of tourist arrivals (000) Nombre d'arrivées de touristes (000)					Tourist receipts (million US dollars) Recettes touristiques (millions de dollars E-U)				
	1991	1992	1993	1994	1995	1991	1992	1993	1994	1995
Lesotho Lesotho	182	155	130	97	101	18	19	17	17	18
Libyan Arab Jamah. Jamah. arabe libyenne	90	89	63	54	50	5	6	7	7	6
Madagascar Madagascar	35	54	55	66	75	27	39	41	53	60
Malawi Malawi	127	150	153	154	155	12	8	7	5	5
Mali Mali	38	38	31	28	43	11	11	13	18	17
Mauritius Maurice	301	335	375	401	422	252	299	304	357	430
Morocco Maroc	4 162	4 390	4 027	3 465	2 602	1 052	1 360	1 243	1 265	1 163
Namibia Namibie	213	234	255	326	399	104	132	200	221	263
Niger Niger	16	13	12	11	17	16	17	16	16	15
Nigeria Nigéria	214	237	192	193	185	39	29	33	10	54
Réunion Réunion	186	217	242	263	304	...	...	...	...	...
Rwanda Rwanda	3	5	2	1	1	4	4	6	2	1
Sao Tome and Principe Sao Tomé-et-Principe	3	3	3	5	2	2	2	2	2	2
Senegal Sénégal	234	246	168	240	280	171	182	173	115	130
Seychelles Seychelles	90	99	116	110	121	104	114	116	103	100
Sierra Leone Sierra Leone	96	89	91	72	38	18	17	18	10	6
Somalia Somalie	46	20	20	15	10	...	...	...	...	...
South Africa Afrique du Sud	1 710	2 703	3 093	3 669	4 488	1 131	1 226	1 327	1 424	1 595
Sudan Soudan	16	17	15	12	10	8	5	6	4	8
Swaziland Swaziland	264	263	272	336	300	26	31	30	30	35
Togo Togo	65	49	24	44	55	49	39	18	7	8
Tunisia Tunisie	3 224	3 540	3 656	3 856	4 120	685	1 074	1 114	1 317	1 323
Uganda Ouganda	69	92	115	149	189	15	38	50	61	79
United Rep.Tanzania Rép. Unie de Tanzanie	187	202	230	262	295	95	120	147	192	259

81
Tourist arrivals and international tourism receipts [cont.]

Arrivées de touristes et recettes touristiques internationales [suite]

Country or area Pays ou zone	Number of tourist arrivals (000) Nombre d'arrivées de touristes (000)					Tourist receipts (million US dollars) Recettes touristiques (millions de dollars E-U)				
	1991	1992	1993	1994	1995	1991	1992	1993	1994	1995
Zambia Zambie	171	159	157	141	163	35	51	44	43	47
Zimbabwe Zimbabwe	607	677	859	1 005	1 363	55	96	96	125	154
America, North **Amérique du Nord**	**86 798**	**93 033**	**92 399**	**93 849**	**97 080**	**71 023**	**78 215**	**83 070**	**85 095**	**89 380**
Anguilla Anguilla	31	32	38	44	39	35	35	43	51	48
Antigua and Barbuda Antigua-et-Barbuda	197	210	240	255	212	314	329	372	394	329
Aruba Aruba	501	542	562	582	619	388	445	467	453	521
Bahamas Bahamas	1 427	1 399	1 489	1 516	1 598	1 193	1 244	1 304	1 333	1 346
Barbados Barbade	394	385	396	426	442	460	463	528	598	680
Belize Belize	87	113	117	129	131	53	60	70	71	78
Bonaire Bonaire	45	51	55	56	59	24	27	28	32	37
British Virgin Islands Iles Vierges britanniques	147	117	200	239	253	109	100	186	188	191
Canada Canada	14 912	14 741	15 105	15 971	16 896	6 712	6 536	6 675	7 124	8 012
Cayman Islands Iles Caïmanes	237	242	287	341	361	222	230	271	334	376
Costa Rica Costa Rica	505	610	684	761	785	331	431	577	626	660
Cuba Cuba	418	455	544	617	738	387	567	729	850	1 100
Dominica Dominique	46	47	52	57	60	28	30	28	31	33
Dominican Republic Rép. dominicaine	1 181	1 415	1 609	1 717	1 902	840	1 007	1 214	1 398	1 604
El Salvador El Salvador	199	314	267	181	235	157	128	121	86	75
Grenada Grenade	85	88	94	109	108	42	38	45	60	58
Guadeloupe Guadeloupe	370	341	453	556	640	251	238	318	389	458
Guatemala Guatemala	513	541	562	537	563	211	243	265	258	277
Haiti Haïti	119	90	77	70	145	71	38	78	46	81
Honduras Honduras	198	230	222	198	215	31	32	60	72	80
Jamaica Jamaïque	845	909	979	977	1 019	764	858	942	973	1 069

81
Tourist arrivals and international tourism receipts [cont.]

Arrivées de touristes et recettes touristiques internationales [suite]

Country or area Pays ou zone	Number of tourist arrivals (000) Nombre d'arrivées de touristes (000)					Tourist receipts (million US dollars) Recettes touristiques (millions de dollars E-U)				
	1991	1992	1993	1994	1995	1991	1992	1993	1994	1995
Martinique Martinique	315	321	366	419	457	255	282	332	379	384
Mexico Mexique	16 067	17 146	16 440	17 182	20 162	5 960	6 085	6 167	6 363	6 164
Montserrat Montserrat	17	17	21	21	18	12	14	17	19	14
Nicaragua Nicaragua	146	167	198	238	281	16	21	30	40	50
Panama Panama	277	291	300	324	345	202	222	228	244	310
Puerto Rico Porto Rico	2 613	2 657	2 854	3 042	3 131	1 436	1 520	1 628	1 728	1 826
Saint Kitts and Nevis Saint-Kitts-et-Nevis	83	88	84	94	79	74	67	69	75	65
Saint Lucia Sainte-Lucie	158	181	194	219	232	173	208	221	224	268
St. Vincent-Grenadines St. Vincent-Grenadines	52	53	57	55	60	53	53	52	51	57
Trinidad and Tobago Trinité-et-Tobago	220	235	250	253	260	101	109	82	80	73
Turks and Caicos Islands Iles Turques et Caiques	55	47	67	72	79	50	48	53	57	62
United States Etats-Unis	42 674	47 262	45 779	44 753	43 385	48 384	54 742	57 875	58 417	61 137
United States Virgin Is. Iles Vierges américaines	470	478	550	540	454	778	816	902	919	821
America, South **Amérique du Sud**	**9 694**	**10 379**	**11 304**	**12 584**	**13 688**	**6 660**	**7 309**	**8 081**	**9 996**	**10 845**
Argentina Argentine	2 870	3 031	3 532	3 866	4 101	2 336	3 090	3 614	3 970	4 306
Bolivia Bolivie	221	245	269	320	350	91	107	117	131	146
Brazil Brésil	1 228	1 692	1 641	1 849	2 150	1 559	1 307	1 091	1 924	2 171
Chile Chili	1 349	1 283	1 412	1 634	1 540	700	706	744	833	900
Colombia Colombie	857	1 076	1 047	1 207	1 400	468	705	755	807	851
Ecuador Equateur	365	403	471	472	442	189	192	230	252	255
Guyana Guyana	73	75	107	113	106	30	31	45	47	47
Paraguay Paraguay	361	334	404	406	438	165	154	204	197	213
Peru Pérou	232	217	272	386	479	268	188	268	402	520
Suriname Suriname	30	16	18	18	20	11	11	12	14	14

81
Tourist arrivals and international tourism receipts [cont.]
Arrivées de touristes et recettes touristiques internationales [suite]

Country or area Pays ou zone	Number of tourist arrivals (000) Nombre d'arrivées de touristes (000)					Tourist receipts (million US dollars) Recettes touristiques (millions de dollars E-U)				
	1991	1992	1993	1994	1995	1991	1992	1993	1994	1995
Uruguay Uruguay	1 510	1 561	1 735	1 884	2 065	333	381	447	632	611
Venezuela Venezuela	598	446	396	429	597	510	437	554	787	811
Asia **Asie**	**64 853**	**76 400**	**83 216**	**91 636**	**99 423**	**40 137**	**49 127**	**55 223**	**64 464**	**75 152**
Afghanistan Afghanistan	8	6	6	5	4	1	1	1	1	1
Armenia Arménie	...	...	...	...	...	...	...	...	...	1
Azerbaijan Azerbaïdjan	...	212	298	321	149	...	42	60	64	146
Bahrain Bahreïn	1 674	1 419	1 761	2 270	2 483	162	177	222	302	288
Bangladesh Bangladesh	113	110	127	140	156	9	8	15	19	20
Bhutan Bhoutan	2	3	3	4	5	2	3	3	4	5
Brunei Darussalam Brunéi Darussalam	344	412	489	622	695	35	35	36	36	37
Cambodia Cambodge	25	88	118	177	220	...	50	48	34	53
China †† Chine ††	12 464	16 512	18 982	21 070	23 368	2 845	3 948	4 683	7 323	8 733
China, Hong Kong SAR† Chine, Hong-Kong RAS†	6 795	8 011	8 938	9 331	10 200	5 078	6 204	7 696	8 239	9 604
Cyprus Chypre	1 385	1 991	1 841	2 069	2 100	1 026	1 539	1 396	1 700	1 783
India Inde	1 678	1 868	1 765	1 886	2 124	1 757	2 120	2 001	2 265	2 754
Indonesia Indonésie	2 570	3 064	3 403	4 006	4 324	2 522	3 278	3 988	4 785	5 228
Iran, Islamic Rep. of Iran, Rép. islamique d'	212	279	304	362	443	88	121	131	153	160
Iraq Iraq	268	504	400	330	340	20	20	15	12	13
Israel Israël	943	1 509	1 656	1 839	2 212	1 306	1 842	2 154	2 307	2 784
Japan Japon	2 104	2 103	1 925	1 915	1 731	3 435	3 588	3 557	3 477	3 226
Jordan Jordanie	437	661	766	858	1 074	317	462	563	582	696
Korea, Dem. P. R. Corée, R. p. dém. de	116	117	120	126	128	...	...	...	...	...
Korea, Republic of Corée, République de	3 196	3 231	3 331	3 580	3 753	3 426	3 272	3 475	3 806	5 579
Kuwait Koweït	4	65	73	73	72	253	273	83	101	107

81
Tourist arrivals and international tourism receipts [cont.]
Arrivées de touristes et recettes touristiques internationales [suite]

Country or area Pays ou zone	Number of tourist arrivals (000) Nombre d'arrivées de touristes (000)					Tourist receipts (million US dollars) Recettes touristiques (millions de dollars E-U)				
	1991	1992	1993	1994	1995	1991	1992	1993	1994	1995
Kyrgyzstan Kirghizistan	...	9	10	11	12	...	2	2	2	5
Lao People's Dem. Rep. Rép. dém. pop. lao	17	30	36	35	59	8	18	34	43	51
Lebanon Liban	...	178	266	335	410	...	...	600	672	710
Macau Macao	3 047	3 180	3 915	4 489	4 202	1 761	2 234	2 460	2 688	2 500
Malaysia Malaisie	5 847	6 016	6 504	7 197	7 469	1 530	1 768	1 876	3 189	3 910
Maldives Maldives	196	236	241	280	315	95	138	146	181	210
Mongolia Mongolie	147	140	150	151	152	5	3	4	7	21
Myanmar Myanmar	22	27	48	80	110	13	16	19	24	38
Nepal Népal	293	334	294	327	363	126	110	157	172	117
Oman Oman	161	192	344	358	350	63	85	86	88	92
Pakistan Pakistan	438	352	379	454	378	163	120	112	128	114
Philippines Philippines	951	1 153	1 372	1 574	1 760	1 281	1 674	2 122	2 283	2 450
Qatar Qatar	143	141	160	241	250	...	...	...	...	...
Saudi Arabia Arabie saoudite	2 094	2 582	2 869	3 229	3 325	1 000	1 000	1 121	1 140	1 210
Singapore Singapour	4 913	5 446	5 804	6 268	6 422	4 560	5 580	6 289	7 089	8 212
Sri Lanka Sri Lanka	318	394	392	408	403	157	201	208	231	224
Syrian Arab Republic Rép. arabe syrienne	622	684	703	718	815	410	600	758	1 130	1 325
Thailand Thaïlande	5 087	5 136	5 761	6 166	6 951	3 923	4 829	5 013	5 762	7 664
Turkey Turquie	5 158	6 549	5 904	6 034	7 083	2 654	3 639	3 959	4 321	4 957
United Arab Emirates Emirats arabes unis	717	944	1 088	1 239	1 601	...	...	...	...	...
Viet Nam Viet Nam	300	440	600	1 018	1 351	85	80	85	85	86
Yemen Yémen	44	72	70	40	61	21	47	45	19	38
Europe Europe	276 846	294 792	302 240	318 109	323 822	138 112	156 658	152 899	167 004	192 831
Albania Albanie	13	28	45	28	40	5	9	8	5	7

81
Tourist arrivals and international tourism receipts [cont.]

Arrivées de touristes et recettes touristiques internationales [suite]

Country or area Pays ou zone	Number of tourist arrivals (000) Nombre d'arrivées de touristes (000)					Tourist receipts (million US dollars) Recettes touristiques (millions de dollars E-U)				
	1991	1992	1993	1994	1995	1991	1992	1993	1994	1995
Austria Autriche	19 092	19 098	18 257	17 894	17 173	13 800	14 526	13 544	13 151	14 618
Belgium Belgique	4 928	5 204	5 120	5 309	5 560	3 612	4 101	4 054	5 556	5 719
Bulgaria Bulgarie	4 000	3 750	3 827	4 055	3 357	44	215	307	362	473
Croatia Croatie	1 346	1 271	1 521	2 293	1 324	300	543	832	1 427	1 584
Czech Republic République tchèque	7 565	10 900	11 500	17 000	15 500	714	1 126	1 558	1 966	2 875
Denmark Danemark	1 429	1 543	1 569	1 585	1 614	3 475	3 784	3 052	3 174	3 672
Estonia Estonie	...	372	470	550	530	...	27	50	92	353
Finland Finlande	786	790	798	833	835	1 247	1 360	1 237	1 401	1 716
France France	55 041	59 740	60 565	61 312	60 110	21 375	25 051	23 564	24 678	27 527
Germany † Allemagne†	15 648	15 913	14 348	14 494	14 847	10 661	11 362	10 891	10 970	12 810
Gibraltar Gibraltar	97	88	80	70	71	98	82	90	91	91
Greece Grèce	8 036	9 331	9 413	10 713	10 130	2 567	3 272	3 335	3 905	4 128
Hungary Hongrie	21 860	20 188	22 804	21 425	20 690	1 002	1 231	1 181	1 428	1 714
Iceland Islande	143	143	157	179	190	132	129	130	133	166
Ireland Irlande	3 571	3 724	3 888	4 309	4 821	1 514	1 620	1 600	1 765	1 677
Italy Italie	25 878	26 113	26 379	27 480	31 052	18 421	21 450	22 033	23 755	27 451
Latvia Lettonie	...	35	75	90	95	...	7	15	18	20
Liechtenstein Liechtenstein	71	72	65	62	59	...	...	...	...	...
Lithuania Lituanie	...	325	324	222	211	...	103	102	82	124
Luxembourg Luxembourg	861	796	831	762	767	285	287	290	291	292
Malta Malte	895	1 002	1 063	1 176	1 116	542	566	607	640	659
Monaco Monaco	239	246	208	217	233	...	...	...	...	...
Netherlands Pays-Bas	5 842	6 083	5 757	6 178	6 574	4 246	5 237	4 690	5 612	5 762
Norway Norvège	2 114	2 375	2 556	2 830	2 880	1 646	1 975	1 939	2 229	2 386

81
Tourist arrivals and international tourism receipts [cont.]

Arrivées de touristes et recettes touristiques internationales [suite]

Country or area Pays ou zone	Number of tourist arrivals (000) Nombre d'arrivées de touristes (000)					Tourist receipts (million US dollars) Recettes touristiques (millions de dollars E-U)				
	1991	1992	1993	1994	1995	1991	1992	1993	1994	1995
Poland Pologne	11 350	16 200	17 000	18 800	19 200	2 800	4 100	4 500	6 150	6 400
Portugal Portugal	8 657	8 884	8 434	9 132	9 706	3 710	3 721	4 062	3 828	4 402
Republic of Moldova République de Moldova	...	226	56	21	32	...	4	2	8	57
Romania Roumanie	3 000	3 798	2 911	2 796	2 608	145	262	197	414	574
Russian Federation Fédération de Russie	...	3 009	5 896	5 823	9 262	...	752	1 474	2 412	4 312
San Marino Saint-Marin	582	583	585	533	535	...	...	...	...	...
Slovakia Slovaquie	635	566	653	902	827	135	213	390	568	620
Slovenia Slovénie	250	616	624	748	732	275	671	734	959	1 084
Spain Espagne	34 181	36 492	37 268	39 341	39 324	19 126	22 180	19 741	21 465	25 343
Sweden Suède	1 443	1 563	1 692	1 960	2 496	2 704	3 055	2 653	2 816	3 447
Switzerland Suisse	12 600	12 800	12 400	12 200	11 500	7 684	8 173	7 623	8 359	9 459
TFYR Macedonia L'ex-R.y. Macédoine	294	219	208	185	147	9	11	13	29	30
Ukraine Ukraine	...	581	685	772	794	...	173	188	175	191
United Kingdom Royaume-Uni	17 125	18 535	19 398	21 034	24 008	13 070	13 932	14 031	15 190	19 133
Yugoslavia Yougoslavie	379	156	77	91	99	134	88	23	31	42
Oceania **Océanie**	**5 209**	**5 797**	**6 283**	**7 241**	**8 072**	**7 691**	**8 268**	**8 102**	**10 142**	**12 098**
American Samoa Samoa américaines	18	16	15	18	18	10	10	10	10	10
Australia Australie	2 370	2 603	2 996	3 362	3 726	4 484	4 405	4 655	5 955	7 100
Cook Islands Iles Cook	40	50	53	57	49	21	27	33	40	45
Fiji Fidji	259	279	287	319	318	194	218	236	298	312
French Polynesia Polynésie française	121	124	148	166	172	150	170	200	235	260
Guam Guam	737	877	784	1 087	1 362	1 093	1 579	950	1 095	1 275
Kiribati Kiribati	3	4	4	4	4	1	1	1	1	1
Marshall Islands Iles Marshall	7	8	5	5	5	3	3	3	2	2

81
Tourist arrivals and international tourism receipts [cont.]
Arrivées de touristes et recettes touristiques internationales [suite]

Country or area / Pays ou zone	Number of tourist arrivals (000) / Nombre d'arrivées de touristes (000) 1991	1992	1993	1994	1995	Tourist receipts (million US dollars) / Recettes touristiques (millions de dollars E-U) 1991	1992	1993	1994	1995
New Caledonia / Nouvelle-Calédonie	81	78	81	85	86	94	93	95	102	105
New Zealand / Nouvelle-Zélande	963	1 056	1 157	1 323	1 409	1 070	1 097	1 245	1 669	2 163
Niue / Nioué	1	2	3	3	2	...	...	...	...	...
Palau / Palaos	33	36	40	41	45	...	...	...	...	...
Northern Mariana Islands / Iles Marianas du Nord	422	496	534	588	669	450	528	537	584	655
Papua New Guinea / Papouasie-Nvl-Guinée	37	43	34	39	42	41	49	45	55	60
Samoa / Samoa	35	38	48	50	68	18	17	21	26	36
Solomon Islands / Iles Salomon	11	12	12	12	12	5	6	6	6	6
Tonga / Tonga	22	23	26	28	29	10	9	10	9	10
Tuvalu / Tuvalu	1	1	1	1	1	...	...	...	...	...
Vanuatu / Vanuatu	40	43	44	42	44	47	56	55	55	58
former USSR† / **l'ex-URSS†**	6 895	1 434	2 733	2 705	2 773	2 634	1 260	2 159	1 869	1 913

Source:
World Tourism Organization (Madrid).

† For information on recent changes in country or area nomenclature pertaining to former Czechoslovakia, Germany, Hong Kong Special Administrative Region of China, SFR Yugoslavia and former USSR, see Annex I - Country or area nomenclature, regional and other groupings.

†† For statistical purposes, the data for China do not include those for the Hong Kong Special Administrative Region (Hong Kong SAR) and Taiwan province of China.

Source:
Organisation mondiale du tourisme (Madrid).

† Pour les modifications récentes de nomenclature de pays ou de zone concernant l'Allemagne, Hong-Kong (Région administrative spéciale de Chine), l'ex-Tchécoslovaquie, l'ex-URSS et l'ex-Rfs de Yougoslavie, voir annexe I - Nomenclature des pays ou des zones, groupements régionaux et autres groupements.

†† Les données statistiques relatives à la Chine ne comprennent pas celles qui concernent la région administrative spéciale de Hong-Kong (la RAS de Hong-Kong) et la province chinoise de Taiwan.

82
International tourism expenditures
Dépenses provenant du tourisme international
Million US dollars
Millions de dollars E-U

Country or area Pays ou zone	1986	1987	1988	1989	1990	1991	1992	1993	1994	1995
World *Monde*	**125 721**	**156 548**	**185 624**	**199 130**	**246 934**	**243 945**	**279 347**	**275 229**	**306 845**	**353 495**
Africa Afrique	**2 752**	**3 225**	**3 785**	**4 262**	**4 645**	**5 600**	**5 505**	**5 867**	**5 655**	**6 418**
Algeria Algérie	440	239	294	212	149	140	163	163	24	135
Angola Angola	...	15	15	37	38	65	75	66	50	39
Benin Bénin	10	12	11	10	12	10	12	12	6	5
Botswana Botswana	19	26	52	49	56	67	75	79	76	145
Burkina Faso Burkina Faso	19	28	24	32	32	22	21	21	23	30
Burundi Burundi	14	17	15	14	17	18	21	20	18	25
Cameroon Cameroun	205	244	283	321	279	414	228	225	212	215
Cape Verde Cap-Vert	...	4	3	3	5	3	6	7	9	12
Central African Rep. Rép. centrafricaine	31	41	45	45	51	43	51	50	43	37
Chad Tchad	30	47	67	53	70	63	80	86	26	23
Comoros Comores	13	5	5	5	6	7	6	6	5	4
Congo Congo	67	79	126	86	113	106	95	70	34	39
Côte d'Ivoire Côte d'Ivoire	195	233	235	168	169	163	168	169	118	159
Dem. Rep. of the Congo Rép. dém. du Congo	45	22	16	17	16	16	16	16	12	10
Djibouti Djibouti	...	...	...	...	...	...	3	5	3	4
Egypt Egypte	52	78	43	87	129	225	918	1 048	1 067	1 278
Equatorial Guinea Guinée équatoriale	...	...	...	8	8	9	9	9	8	7
Ethiopia Ethiopie	5	6	6	10	11	7	10	11	15	25
Gabon Gabon	131	132	134	124	137	112	143	154	143	112
Gambia Gambie	2	3	5	5	8	15	13	14	14	14
Ghana Ghana	11	12	12	13	13	14	17	20	20	21
Guinea Guinée	...	...	29	23	30	27	17	28	24	21

82
International tourism expenditures
Million US dollars [cont.]

Dépenses provenant du tourisme international
Millions de dollars E-U [suite]

Country or area Pays ou zone	1986	1987	1988	1989	1990	1991	1992	1993	1994	1995
Kenya Kenya	22	24	23	27	38	24	29	48	115	135
Lesotho Lesotho	8	9	11	10	12	11	11	7	7	7
Libyan Arab Jamah. Jamah. arabe libyenne	149	322	428	512	424	877	154	206	210	212
Madagascar Madagascar	31	26	30	38	40	32	37	34	47	59
Malawi Malawi	7	6	9	10	16	27	24	11	15	16
Mali Mali	49	57	58	56	62	60	65	60	54	56
Mauritania Mauritanie	18	25	23	31	23	26	31	20	18	19
Mauritius Maurice	26	51	64	79	94	110	142	128	143	159
Morocco Maroc	100	132	164	153	184	190	242	245	302	302
Namibia Namibie	...	...	...	...	63	69	73	71	74	82
Niger Niger	9	34	35	32	44	40	30	29	21	21
Nigeria Nigéria	90	55	41	416	576	839	348	234	144	148
Rwanda Rwanda	14	15	16	17	23	17	17	18	18	19
Sao Tome and Principe Sao Tomé-et-Principe	1	1	1	2	2	2	2	2	1	1
Senegal Sénégal	49	55	76	72	105	105	112	106	70	75
Seychelles Seychelles	10	12	13	29	34	24	28	35	26	24
Sierra Leone Sierra Leone	6	17	3	4	4	4	3	4	4	2
South Africa Afrique du Sud	603	838	958	936	1 117	1 148	1 544	1 721	1 678	1 749
Sudan Soudan	32	35	99	144	51	12	33	15	47	43
Swaziland Swaziland	12	14	18	10	14	20	17	27	35	37
Togo Togo	27	29	34	34	40	56	48	46	23	25
Tunisia Tunisie	107	95	120	134	179	128	167	203	216	251
Uganda Ouganda	9	13	11	10	8	16	18	40	78	93
United Rep.Tanzania Rép. Unie de Tanzanie	15	23	23	23	23	60	72	178	206	360

82
International tourism expenditures
Million US dollars [*cont.*]
Dépenses provenant du tourisme international
Millions de dollars E-U [*suite*]

Country or area Pays ou zone	1986	1987	1988	1989	1990	1991	1992	1993	1994	1995
Zambia Zambie	31	46	49	98	54	87	56	56	58	57
Zimbabwe Zimbabwe	38	48	58	63	66	70	55	44	95	106
America, North **Amérique du Nord**	**34 142**	**38 923**	**43 932**	**47 859**	**55 788**	**55 164**	**58 691**	**59 799**	**61 677**	**61 948**
Antigua and Barbuda Antigua-et-Barbuda	14	15	16	16	18	20	23	23	24	23
Aruba Aruba	12	22	23	28	40	47	51	58	65	73
Bahamas Bahamas	132	153	172	184	196	200	187	171	192	213
Barbados Barbade	29	36	37	45	47	44	41	52	50	51
Belize Belize	5	5	7	8	7	8	14	21	19	21
Bermuda Bermudes	81	77	109	121	119	126	134	140	143	145
British Virgin Islands Iles Vierges britanniques	...	...	...	...	...	26	30	33	36	40
Canada Canada	4 615	5 661	6 860	8 301	10 931	12 002	11 796	11 133	10 029	10 220
Costa Rica Costa Rica	60	71	72	114	148	149	223	267	300	312
Dominica Dominique	2	2	2	4	4	5	6	5	4	5
Dominican Republic Rép. dominicaine	89	95	75	85	101	70	75	77	77	85
El Salvador El Salvador	74	76	75	93	55	57	58	61	70	72
Grenada Grenade	4	4	5	4	5	5	4	4	4	4
Guatemala Guatemala	82	95	109	126	100	67	103	116	161	174
Haiti Haïti	37	42	34	33	32	33	25	20	15	35
Honduras Honduras	30	35	37	38	38	37	38	55	57	57
Jamaica Jamaïque	35	44	112	114	114	71	87	82	81	148
Mexico Mexique	2 178	2 366	3 202	4 248	5 519	5 812	6 107	5 561	5 338	3 153
Montserrat Montserrat	...	...	2	2	2	2	1	3	3	2
Netherlands Antilles Antilles néerlandaises	61	50	58	63	82	95	105	125	147	150
Nicaragua Nicaragua	4	6	2	1	15	28	30	31	30	40

82
International tourism expenditures
Million US dollars [cont.]
Dépenses provenant du tourisme international
Millions de dollars E-U [suite]

Country or area / Pays ou zone	1986	1987	1988	1989	1990	1991	1992	1993	1994	1995
Panama / Panama	83	90	89	86	99	109	120	129	131	128
Puerto Rico / Porto Rico	416	488	533	589	630	689	736	776	797	833
Saint Kitts and Nevis / Saint-Kitts-et-Nevis	2	3	3	3	4	5	5	5	6	5
Saint Lucia / Sainte-Lucie	15	15	12	13	17	18	21	20	23	22
St. Vincent-Grenadines / St. Vincent-Grenadines	4	4	4	5	4	4	4	3	3	3
Trinidad and Tobago / Trinité-et-Tobago	165	158	168	119	112	113	115	115	90	79
United States / Etats-Unis	25 913	29 310	32 114	33 416	37 349	35 322	38 552	40 713	43 782	45 855
America, South / Amérique du Sud	**4 421**	**4 070**	**4 203**	**4 048**	**5 415**	**5 948**	**6 975**	**8 507**	**9 948**	**10 835**
Argentina / Argentine	888	890	975	1 014	1 171	1 739	2 211	2 445	2 576	2 067
Bolivia / Bolivie	27	56	63	106	130	129	135	137	140	148
Brazil / Brésil	1 464	1 249	1 084	751	1 559	1 223	1 332	1 892	2 931	4 245
Chile / Chili	319	353	442	396	426	446	530	559	639	710
Colombia / Colombie	611	454	538	494	454	509	641	644	762	822
Ecuador / Equateur	156	170	167	169	175	177	178	190	203	235
Guyana / Guyana	...	...	...	...	...	...	14	18	23	21
Paraguay / Paraguay	48	51	54	50	58	118	135	138	176	181
Peru / Pérou	179	201	222	263	296	264	256	269	288	302
Suriname / Suriname	12	8	10	10	12	16	11	3	3	3
Uruguay / Uruguay	174	129	139	167	111	100	104	129	234	236
Venezuela / Venezuela	543	509	509	628	1 023	1 227	1 428	2 083	1 973	1 865
Asia / Asie	**16 163**	**20 443**	**30 005**	**35 971**	**39 762**	**41 066**	**48 217**	**49 914**	**57 398**	**69 363**
Afghanistan / Afghanistan	1	1	1	1	1	1	1	1	1	1
Armenia / Arménie	...	...	...	...	...	...	...	...	1	3
Bahrain / Bahreïn	59	80	77	77	94	98	141	130	146	163

82
International tourism expenditures
Million US dollars [cont.]
Dépenses provenant du tourisme international
Millions de dollars E-U [suite]

Country or area Pays ou zone	1986	1987	1988	1989	1990	1991	1992	1993	1994	1995
Bangladesh	54	53	99	123	78	83	111	153	210	227
Cambodia / Cambodge	...	...	...	...	...	...	...	4	8	8
China †† / Chine ††	308	387	633	429	470	511	2 512	2 797	3 036	3 688
Cyprus / Chypre	54	67	81	78	111	113	132	133	176	293
India / Inde	302	352	397	416	393	434	470	400	408	409
Indonesia / Indonésie	570	511	592	722	836	969	1 166	1 539	1 900	2 172
Iran, Islamic Rep. of / Iran, Rép. islamique d'	247	246	69	129	340	734	1 109	862	570	575
Israel / Israël	801	1 043	1 161	1 261	1 442	1 551	1 674	2 052	2 595	3 148
Japan / Japon	7 229	10 760	18 682	22 490	24 928	23 983	26 837	26 860	30 715	36 792
Jordan / Jordanie	445	444	475	422	336	282	350	345	394	420
Korea, Republic of / Corée, République de	613	704	1 354	2 602	3 166	3 784	3 794	3 259	4 088	5 919
Kuwait / Koweït	1 941	2 257	2 358	2 250	1 837	2 012	1 797	1 819	2 146	2 322
Kyrgyzstan / Kirghizistan	...	...	...	...	...	...	...	...	2	6
Lao People's Dem. Rep. / Rép. dém. pop. lao	...	...	1	2	1	6	10	11	18	30
Macau / Macao	22	24	26	32	39	49	57	71	103	118
Malaysia / Malaisie	1 669	1 234	1 306	1 365	1 450	1 584	1 770	1 838	1 737	1 791
Maldives	6	6	8	10	15	19	22	29	32	32
Mongolia / Mongolie	...	...	...	...	1	2	4	3	3	20
Myanmar	1	1	5	8	16	24	16	24	24	24
Nepal / Népal	29	35	44	48	45	38	52	93	112	136
Oman	47	47	47	47	47	47	47	47	47	47
Pakistan	221	248	338	337	440	555	679	633	397	449
Philippines	56	88	76	77	111	61	102	130	196	422
Singapore / Singapour	645	795	930	1 334	1 804	1 845	2 526	3 157	3 923	5 134

82
International tourism expenditures
Million US dollars [cont.]
Dépenses provenant du tourisme international
Millions de dollars E-U [suite]

Country or area Pays ou zone	1986	1987	1988	1989	1990	1991	1992	1993	1994	1995
Sri Lanka Sri Lanka	55	63	68	69	74	97	111	120	170	186
Syrian Arab Republic Rép. arabe syrienne	160	131	170	246	249	256	260	300	390	398
Thailand Thaïlande	296	381	602	750	854	1 266	1 590	2 090	2 906	3 372
Turkey Turquie	314	448	358	565	520	592	776	934	866	912
Yemen Yémen	18	37	47	81	64	70	101	80	78	76
Europe **Europe**	**64 118**	**84 726**	**96 944**	**98 297**	**130 748**	**125 144**	**147 292**	**138 326**	**158 912**	**190 433**
Albania Albanie	...	...	...	...	4	3	5	6	4	5
Austria Autriche	4 026	5 592	6 307	6 266	7 723	7 392	8 393	8 263	9 401	11 687
Belgium Belgique	2 889	3 881	4 577	4 320	5 477	5 543	6 714	6 338	8 054	9 215
Bulgaria Bulgarie	...	69	74	113	189	128	313	257	244	195
Croatia Croatie	...	...	...	...	729	231	158	298	552	771
former Czechoslovakia† l'ex-Tchécoslovaquie†	349	409	399	...	...	...	...	...	...	...
Czech Republic République tchèque	...	...	...	300	455	274	467	525	1 076	1 630
Denmark Danemark	2 119	2 860	3 087	2 932	3 676	3 377	3 779	3 214	3 583	4 280
Estonia Estonie	...	...	...	...	...	...	19	25	48	90
Finland Finlande	1 060	1 506	1 842	2 040	2 740	2 742	2 449	1 615	1 665	2 383
France France	6 513	8 493	9 715	10 031	12 424	12 321	13 914	12 836	13 773	16 341
Germany † Allemagne†	18 000	23 341	24 564	23 553	32 180	31 298	36 891	38 053	41 623	48 054
Greece Grèce	494	508	735	816	1 090	1 015	1 186	1 003	1 125	1 320
Hungary Hongrie	150	158	550	947	477	443	640	741	925	1 056
Iceland Islande	129	213	225	204	286	299	294	270	247	282
Ireland Irlande	685	839	961	989	1 163	1 128	1 361	1 224	1 575	1 267
Italy Italie	2 910	4 536	5 929	6 774	14 045	11 648	16 530	14 044	12 085	12 419
Latvia Lettonie	...	...	...	...	...	...	13	29	31	24

82
International tourism expenditures
Million US dollars [cont.]

Dépenses provenant du tourisme international
Millions de dollars E-U [suite]

Country or area Pays ou zone	1986	1987	1988	1989	1990	1991	1992	1993	1994	1995
Lithuania Lituanie	...	...	...	...	...	...	...	12	51	138
Malta Malte	69	102	120	107	137	132	138	154	177	214
Netherlands Pays-Bas	4 901	6 408	6 701	6 461	7 376	8 149	9 649	8 974	10 983	11 455
Norway Norvège	2 511	3 067	3 532	2 986	3 679	3 413	3 870	3 364	3 712	4 221
Poland Pologne	186	203	251	215	423	143	132	181	316	5 500
Portugal Portugal	329	421	533	583	867	1 024	1 165	1 893	1 698	2 155
Republic of Moldova République de Moldova	...	...	...	...	...	...	...	...	10	56
Romania Roumanie	22	30	33	35	103	143	260	195	449	695
Russian Federation Fédération de Russie	...	...	...	...	...	...	...	...	7 092	11 599
Slovakia Slovaquie	...	...	...	131	181	119	155	262	284	330
Slovenia Slovénie	...	...	...	...	...	...	282	305	369	415
Spain Espagne	1 513	1 938	2 440	3 080	4 254	4 544	5 542	4 735	4 129	4 450
Sweden Suède	2 821	3 784	4 565	4 961	6 134	6 291	6 969	4 480	4 864	5 422
Switzerland Suisse	3 368	4 339	5 059	4 978	5 873	5 735	6 154	5 972	6 417	7 714
TFYR Macedonia L'ex-R.y. Macédoine	...	...	...	...	...	...	...	...	24	25
Ukraine Ukraine	...	...	...	...	...	...	...	...	141	210
United Kingdom Royaume-Uni	8 942	11 939	14 636	15 344	19 063	17 609	19 850	19 058	22 185	24 815
Yugoslavia, SFR† Yougoslavie, Rfs†	132	90	109	131	...	...	...	...	...	...
Oceania **Océanie**	**2 754**	**3 376**	**4 052**	**5 137**	**5 592**	**5 345**	**5 388**	**5 231**	**5 637**	**6 041**
Australia Australie	2 058	2 427	2 965	4 103	4 535	4 247	4 301	4 100	4 339	4 604
Fiji Fidji	24	53	35	31	31	36	35	39	55	55
Kiribati Kiribati	...	...	2	2	3	2	3	3	3	3
New Zealand Nouvelle-Zélande	637	852	988	944	958	987	977	1 002	1 148	1 283
Papua New Guinea Papouasie-Nvl-Guinée	22	32	48	42	50	57	57	69	70	75

82
International tourism expenditures
Million US dollars [cont.]
Dépenses provenant du tourisme international
Millions de dollars E-U [suite]

Country or area Pays ou zone	1986	1987	1988	1989	1990	1991	1992	1993	1994	1995
Samoa Samoa	2	2	1	2	2	2	2	2	4	3
Solomon Islands Iles Salomon	6	6	8	10	11	12	11	11	11	10
Tonga Tonga	3	3	3	2	1	1	1	1	3	3
Vanuatu Vanuatu	2	1	2	1	1	1	1	4	4	5

Source:
World Tourism Organization (Madrid).

† For information on recent changes in country or area nomenclature pertaining to former Czechoslovakia, Germany, Hong Kong Special Administrative Region of China, SFR Yugoslavia and former USSR, see Annex I - Country or area nomenclature, regional and other groupings.

†† For statistical purposes, the data for China do not include those for the Hong Kong Special Administrative Region (Hong Kong SAR) and Taiwan province of China.

Source:
Organisation mondiale du tourisme (Madrid).

† Pour les modifications récentes de nomenclature de pays ou de zone concernant l'Allemagne, Hong-Kong (Région administrative spéciale de Chine), l'ex-Tchécoslovaquie, l'ex-URSS et l'ex-Rfs de Yougoslavie, voir annexe I - Nomenclature des pays ou des zones, groupements régionaux et autres groupements.

†† Les données statistiques relatives à la Chine ne comprennent pas celles qui concernent la région administrative spéciale de Hong-Kong (la RAS de Hong-Kong) et la province chinoise de Taiwan.

Technical notes, tables 80-82

Tables 80 and 81: For statistical purposes, the term "international visitor" describes "any person who travels to a country other than that in which he/she has his/her usual residence but outside his/her usual environment for a period not exceeding 12 months and whose main purpose of visit is other than the exercise of an activity remunerated from within the country visited".

International visitors include:

(a) *Tourists*, (overnight visitor): "a visitor who stays at least one night in a collective or private accommodation in the country visited"; and

(b) *Same-day visitors*: "a visitor who does not spend the night in a collective or private accommodation in the country visited".

Unless otherwise stated, same-day visitors are not included in these tables.

The figures do not therefore include immigrants, residents in a frontier zone, persons domiciled in one country or area and working in an adjoining country or area, members of the armed forces and diplomats and consular representatives when they travel from their country of origin to the country in which they are stationed and vice-versa.

The figures also exclude persons in transit who do not formally enter the country through passport control, such as air transit passengers who remain for a short period in a designated area of the air terminal or ship passengers who are not permitted to disembark. This category would include passengers transferred directly between airports or other terminals. Other passengers in transit through a country are classified as visitors.

These data are based generally on a frontier check. In the absence of frontier check figures, data based on arrivals at accommodation establishments are given but these are not strictly comparable with frontier check data as they exclude certain types of tourists such as campers and tourists staying in private houses, while on the other hand they may contain some duplication when a tourist moves from one establishment to another.

Unless otherwise stated, table 80 shows the number of tourist arrivals at frontiers classified by their region of origin. Totals correspond to the total number of arrivals from the regions indicated in the table. However, these totals may not correspond to the number of tourist arrivals shown in table 81. The later excludes same-day visitors whereas they may be included in table 80. More detailed information will be found in *Yearbook of Tourism Statistics*, published by the World Tourism Organization. [35]

Notes techniques, tableaux 80 à 82

Tableaux 80 et 81 : A des fins statistiques, l'expression "*visiteur international*" désigne "toute personne qui se rend dans un pays autre que celui où elle a son lieu de résidence habituelle, mais différent de son environnement habituel, pour une période de 12 mois au maximum, dans un but principal autre que celui d'y exercer une profession rémunérée".

Entrent dans cette catégorie :

(a) Les *touristes* (visiteurs passant la nuit), c'est à dire "les visiteurs qui passent une nuit au moins en logement collectif ou privé dans le pays visité";

(b) Les *visiteurs ne restant que la journée*, c'est à dire "les visiteurs qui ne passent pas la nuit en logement collectif ou privé dans le pays visité".

Sauf indication contraire, les visiteurs ne restant que la journée ne sont pas inclus dans ces tableaux.

Par conséquent, ces chiffres ne comprennent pas les immigrants, les résidents frontaliers, les personnes domiciliées dans une zone ou un pays donné et travaillant dans une zone ou pays limitrophe, les membres des forces armées et les membres des corps diplomatique et consulaire lorsqu'ils se rendent de leur pays d'origine au pays où ils sont en poste, et vice versa.

Ne sont pas non plus inclus les voyageurs en transit, qui ne pénètrent pas officiellement dans le pays en faisant contrôler leurs passeports, tels que les passagers d'un vol en escale, qui demeurent pendant un court laps de temps dans une aire distincte de l'aérogare, ou les passagers d'un navire qui ne sont pas autorisés à débarquer. Cette catégorie com-prend également les passagers transportés directement d'une aérogare à l'autre ou à un autre terminal. Les autres passa-gers en transit dans un pays sont classés parmi les visiteurs.

Ces données reposent en général sur un contrôle à la frontière. A défaut, les données sont tirées des établissements d'hébergement, mais elles ne sont alors pas strictement comparables à celles du contrôle à la frontière, en ce qu'elles excluent, d'une part, certaines catégories de touristes telles que les campeurs et les touristes séjournant dans des maisons privées, et que, d'autre part, elles peuvent compter deux fois le même touriste si celui-ci change d'établissement d'hébergement.

Sauf indication contraire, le tableau 80 indique le nombre d'arrivées de touristes par région de provenance. Les totaux correspondent au nombre total d'arrivées de touristes des régions indiquées sur le tableau. Les chiffres totaux peuvent néanmoins, ne pas coïncider avec le nombre des arrivées de touristes indiqué dans le tableau 81, qui ne comprend pas les visiteurs ne restant que la journée, lesquels peuvent au contraire être inclus dans les chiffres du tableau 80. Pour plus de renseignements, consulter l'*Annuaire des statistiques du tourisme* publié par l'Organisation mondiale du tourisme [35].

Unless otherwise stated the data on tourist receipts have been supplied by the World Tourism Organization. Tourist receipts are defined as "expenditure of international inbound visitors including their payments to national carriers for international transport. They should also include any other prepayments made for goods/services received in the destination country. They should in practice also include receipts from same-day visitors, except in cases when these are so important as to justify a separate classification. It is also recommended that, for the sake of consistancy with the Balance of Payments recommendations of the International Monetary Fund, international fare receipts be classified separately.

Table 82: International tourism expenditure are defined as "expenditure of outbound visitors in other countries including their payments to foreign carriers for international transport. They should in practice also include expenditure of residents travelling abroad as same-day visitors, except in cases when these are so important as to justify a separate classification. It is also recommended that, for the sake of consistency with the Balance of Payments recommendations of the International Monetary Fund, international fare expenditure be classified separately".

For more detailed statistics on the number of tourists and expenditures, see *Yearbook of Tourism Statistics* published by the World Tourism Organization.[35] For detailed definitions of tourist receipts, see *Balance of Payments Yearbook* published by the International Monetary Fund.[12]

For detailed information on methods of collection for frontier statistics, accommodation statistics and foreign exchange statistics see *Methodological Supplement to World Travel and Tourism Statistics* published by the World Tourism Organization.[58; see also 51 and 55.]

Sauf indication contraire, les données sur les recettes du tourisme ont été fournies par l'Organisation mondiale du tourisme et sont définies comme "les sommes dépensées par les visiteurs internationaux arrivant dans le pays, y compris les sommes versées aux transporteurs nationaux en paiement de transports internationaux. Il faut également y inclure tout autre versement effectué à l'avance pour des biens ou services à recevoir dans le pays de destination. Dans la pratique, il faut également y inclure les recettes provenant de visiteurs ne restant que la journée, sauf dans les cas où elles sont suffisamment importantes pour justifier une classification distincte. Il est recommandé aussi, dans un souci de cohérence avec les recommandations du Fonds monétaire international visant la balance des paiements, de classer à part les recettes au titre des transports internationaux".

Tableau 82 : Les dépenses du tourisme international sont définies comme étant les dépenses effectuées par les résidents du pays en visite à l'étranger, y compris les sommes versées aux transporteurs étrangers en règlement des transports internationaux. En pratique, ce poste devrait également inclure les dépenses des résidents qui voyagent à l'étranger pour la journée, sauf dans le cas où ces dépenses sont suffisamment importantes pour justifier une classification distincte. Il est recommandé aussi, dans un souci de cohérence avec les recommandations du Fonds monétaire international visant la balance des paiements, de classer à part les dépenses au titre des transports internationaux.

Pour des statistiques plus détaillées sur le nombre de touristes et les dépenses, voir l'*Annuaire des statistiques du tourisme* publié par l'Organisation mondiale du tourisme [35]. Pour des définitions détaillées des recettes touristiques, voir *"Balance of Payments Yearbook"* publié par le Fonds monétaire international [12].

Pour plus de renseignements sur les méthodes de collecte de données statistiques sur les contrôles aux frontières, l'hébergement et les mouvements de devises, voir *"Supplément méthodologique aux statistiques des voyages et du tourisme mondiaux"* publié par l'Organisation mondiale du tourisme [58; voir aussi 51 et 55].

83
Summary of balance of payments
Résumé des balances des paiements

Millions of US dollars
Millions de dollars des E–U

Country or area	1989	1990	1991	1992	1993	1994	1995	Pays ou zone
Africa・Afrique								
Algeria								**Algérie**
Goods: Exports fob	9 534.0	12 965.0	12 330.0	...	...	...	...	Biens : exportations,fàb
Goods: Imports fob	−8 390.0	−8 786.0	−6 862.0	...	...	...	...	Biens : importations,fàb
Serv. & Income: Credit	607.0	570.0	463.0	...	...	...	...	Serv. & revenu : crédit
Serv. & Income: Debit	−3 371.0	−3 662.0	−3 781.0	...	...	...	...	Serv. & revenu : débit
Current Trans.,nie: Credit	603.0	400.0	269.0	...	...	...	...	Transf. cour.,nia : crédit
Current Transfers: Debit	−62.0	−67.0	−53.0	...	...	...	...	Transf. courants : débit
Capital Acct.,nie: Credit	0.0	0.0	0.0	...	...	...	...	Compte de cap.,nia : crédit
Capital Account: Debit	0.0	0.0	0.0	...	...	...	...	Compte de capital : débit
Financial Account,nie	755.0	−1 094.0	−1 020.0	...	...	...	...	Compte d'op. fin., nia
Net Errors and Omissions	−448.0	−336.0	−299.0	...	...	...	...	Erreurs et omissions nettes
Reserves and Related Items	774.0	10.0	−1 047.0	...	...	...	...	Rés. et postes appareutés
Angola								**Angola**
Goods: Exports fob	3 014.0	3 883.9	3 449.3	3 832.8	2 900.5	...	...	Biens : exportations,fàb
Goods: Imports fob	−1 338.0	−1 578.2	−1 347.2	−1 988.0	−1 462.6	...	...	Biens : importations,fàb
Serv. & Income: Credit	150.0	119.1	186.3	158.6	117.1	...	...	Serv. & revenu : crédit
Serv. & Income: Debit	−1 954.0	−2 583.2	−2 896.2	−2 840.4	−2 489.3	...	...	Serv. & revenu : débit
Current Trans.,nie: Credit	65.0	65.6	111.1	170.9	253.4	...	...	Transf. cour.,nia : crédit
Current Transfers: Debit	−69.0	−142.7	−82.9	−68.7	−87.6	...	...	Transf. courants : débit
Capital Acct.,nie: Credit	0.0	0.0	0.0	0.0	0.0	...	...	Compte de cap.,nia : crédit
Capital Account: Debit	0.0	0.0	0.0	0.0	0.0	...	...	Compte de capital : débit
Financial Account,nie	−120.0	−954.3	−947.2	−445.9	−274.3	...	...	Compte d'op. fin., nia
Net Errors and Omissions	−678.0	−19.1	26.9	43.0	−277.1	...	...	Erreurs et omissions nettes
Reserves and Related Items	930.0	1 208.9	1 499.9	1 137.7	1 319.9	...	...	Rés. et postes appareutés
Benin								**Bénin**
Goods: Exports fob	214.7	287.2	336.8	371.4	341.1	301.0	...	Biens : exportations,fàb
Goods: Imports fob	−316.6	−427.9	−482.4	−560.6	−538.9	−365.8	...	Biens : importations,fàb
Serv. & Income: Credit	87.8	114.6	122.6	142.8	137.4	103.9	...	Serv. & revenu : crédit
Serv. & Income: Debit	−149.8	−174.1	−169.4	−220.3	−192.5	−151.6	...	Serv. & revenu : débit
Current Trans.,nie: Credit	252.7	231.4	199.6	244.1	257.8	159.6	...	Transf. cour.,nia : crédit
Current Transfers: Debit	−7.2	−12.5	−13.8	−16.6	−19.1	−10.6	...	Transf. courants : débit
Capital Acct.,nie: Credit	0.0	0.0	0.0	0.0	0.0	0.0	...	Compte de cap.,nia : crédit
Capital Account: Debit	0.0	0.0	0.0	0.0	0.0	0.0	...	Compte de capital : débit
Financial Account,nie	2.8	54.3	47.0	−39.9	30.4	−34.4	...	Compte d'op. fin., nia
Net Errors and Omissions	−150.2	−63.1	21.6	1.6	−56.4	54.0	...	Erreurs et omissions nettes
Reserves and Related Items	65.9	−10.0	−61.9	77.5	40.1	−56.0	...	Rés. et postes appareutés
Botswana								**Botswana**
Goods: Exports fob	1 819.7	1 795.4	1 871.1	1 743.9	1 722.2	1 878.4	2 164.4	Biens : exportations,fàb
Goods: Imports fob	−1 185.1	−1 610.9	−1 604.0	−1 556.6	−1 455.4	−1 350.0	−1 578.7	Biens : importations,fàb
Serv. & Income: Credit	355.3	625.7	693.0	731.3	745.8	416.9	743.6	Serv. & revenu : crédit
Serv. & Income: Debit	−711.6	−898.0	−802.7	−789.8	−586.5	−777.0	−959.8	Serv. & revenu : débit
Current Trans.,nie: Credit	266.8	392.0	455.5	391.1	352.3	370.0	342.3	Transf. cour.,nia : crédit
Current Transfers: Debit	−53.2	−262.1	−276.0	−275.6	−275.1	−295.1	−369.5	Transf. courants : débit
Capital Acct.,nie: Credit	7.0	4.3	4.6	7.2	9.7	6.5	3.8	Compte de cap.,nia : crédit
Capital Account: Debit	−0.7	−0.9	−1.0	−0.5	−1.3	−0.4	−0.9	Compte de capital : débit
Financial Account,nie	113.0	82.6	123.3	275.8	−40.3	41.1	−33.9	Compte d'op. fin., nia
Net Errors and Omissions	−34.7	179.2	−89.7	−121.4	−74.5	−151.1	−104.6	Erreurs et omissions nettes
Reserves and Related Items	−576.5	−307.2	−374.1	−405.3	−397.0	−139.3	−206.6	Rés. et postes appareutés
Burkina Faso								**Burkina Faso**
Goods: Exports fob	184.6	280.5	269.1	237.2	226.1	215.6	...	Biens : exportations,fàb
Goods: Imports fob	−441.7	−542.5	−490.5	−458.9	−469.1	−344.3	...	Biens : importations,fàb
Serv. & Income: Credit	69.2	86.3	84.9	86.2	86.1	65.0	...	Serv. & revenu : crédit
Serv. & Income: Debit	−209.8	−233.4	−269.4	−226.8	−237.6	−176.4	...	Serv. & revenu : débit
Current Trans.,nie: Credit	571.6	430.2	413.1	419.2	389.6	308.0	...	Transf. cour.,nia : crédit
Current Transfers: Debit	−74.6	−97.9	−97.7	−79.9	−66.3	−53.0	...	Transf. courants : débit
Capital Acct.,nie: Credit	0.0	0.0	0.0	0.0	0.0	0.0	...	Compte de cap.,nia : crédit
Capital Account: Debit	0.0	0.0	0.0	0.0	0.0	0.0	...	Compte de capital : débit
Financial Account,nie	−228.6	82.4	104.8	34.7	69.1	−13.9	...	Compte d'op. fin., nia
Net Errors and Omissions	−5.9	1.6	−6.6	8.3	4.6	−8.3	...	Erreurs et omissions nettes
Reserves and Related Items	135.2	−7.1	−7.7	−20.0	−2.5	7.3	...	Rés. et postes appareutés

83
Summary of balance of payments
Millions of US dollars
Résumé des balances des paiements
Millions de dollars des E−U

Country or area	1989	1990	1991	1992	1993	1994	1995	Pays ou zone
Burundi								**Burundi**
Goods: Exports fob	93.2	72.8	93.0	77.0	73.9	80.7	112.5	Biens : exportations,fàb
Goods: Imports fob	−151.4	−189.0	−195.9	−181.8	−172.8	−172.6	−175.6	Biens : importations,fàb
Serv. & Income: Credit	24.2	24.9	35.4	31.5	25.4	22.7	27.0	Serv. & revenu : crédit
Serv. & Income: Debit	−119.1	−152.2	−162.0	−164.9	−137.7	−114.5	−121.5	Serv. & revenu : débit
Current Trans.,nie: Credit	142.7	175.5	198.1	180.6	183.8	167.0	153.3	Transf. cour.,nia : crédit
Current Transfers: Debit	−1.1	−1.3	−1.7	−1.9	−1.8	−1.6	−2.1	Transf. courants : débit
Capital Acct.,nie: Credit	0.0	0.0	0.0	0.0	0.0	0.0	0.0	Compte de cap.,nia : crédit
Capital Account: Debit	−0.6	−0.5	−0.7	−0.8	−1.2	−0.2	−0.8	Compte de capital : débit
Financial Account,nie	64.4	78.0	70.4	98.7	52.5	31.1	26.9	Compte d'op. fin., nia
Net Errors and Omissions	−14.3	−11.3	11.7	11.7	−6.1	23.0	16.1	Erreurs et omissions nettes
Reserves and Related Items	−38.0	3.2	−48.2	−49.9	−16.0	−35.7	−35.8	Rés. et postes appareutés
Cameroon								**Cameroun**
Goods: Exports fob	1 853.8	2 125.4	1 957.5	1 934.1	1 507.7	...	...	Biens : exportations,fàb
Goods: Imports fob	−1 136.8	−1 347.2	−1 173.1	−983.3	−1 005.3	...	...	Biens : importations,fàb
Serv. & Income: Credit	492.5	390.5	424.3	449.3	407.9	...	...	Serv. & revenu : crédit
Serv. & Income: Debit	−1 463.2	−1 611.2	−1 565.0	−1 731.2	−1 410.6	...	...	Serv. & revenu : débit
Current Trans.,nie: Credit	88.0	82.3	57.0	141.0	65.2	...	...	Transf. cour.,nia : crédit
Current Transfers: Debit	−132.3	−117.5	−105.4	−148.3	−130.2	...	...	Transf. courants : débit
Capital Acct.,nie: Credit	5.0	2.9	8.0	17.1	6.4	...	...	Compte de cap.,nia : crédit
Capital Account: Debit	−0.1	−0.1	−0.1	−0.1	−0.1	...	...	Compte de capital : débit
Financial Account,nie	325.6	−227.3	−361.1	−342.9	−310.0	...	...	Compte d'op. fin., nia
Net Errors and Omissions	−160.7	−168.2	26.9	−640.7	−16.2	...	...	Erreurs et omissions nettes
Reserves and Related Items	128.0	870.6	731.1	1 305.2	885.3	...	...	Rés. et postes appareutés
Cape Verde								**Cap−Vert**
Goods: Exports fob	6.7	5.6	4.1	4.4	3.9	4.9	8.4	Biens : exportations,fàb
Goods: Imports fob	−106.9	−119.5	−132.2	−173.3	−151.5	−195.1	−232.3	Biens : importations,fàb
Serv. & Income: Credit	57.3	61.3	54.3	59.1	49.4	60.2	78.3	Serv. & revenu : crédit
Serv. & Income: Debit	−32.5	−36.9	−23.2	−31.1	−36.5	−39.9	−61.9	Serv. & revenu : débit
Current Trans.,nie: Credit	72.9	79.5	94.7	143.0	129.4	145.6	176.8	Transf. cour.,nia : crédit
Current Transfers: Debit	−2.1	−1.9	−5.7	−5.7	−5.2	−4.9	−8.3	Transf. courants : débit
Capital Acct.,nie: Credit	0.0	0.0	0.0	0.0	0.0	0.0	0.0	Compte de cap.,nia : crédit
Capital Account: Debit	0.0	0.0	0.0	0.0	0.0	0.0	0.0	Compte de capital : débit
Financial Account,nie	−1.1	5.1	2.7	6.1	12.8	31.3	24.3	Compte d'op. fin., nia
Net Errors and Omissions	−1.2	5.2	−7.3	5.5	3.4	−8.0	0.7	Erreurs et omissions nettes
Reserves and Related Items	6.9	1.7	12.6	−8.0	−5.7	5.9	13.8	Rés. et postes appareutés
Central African Rep.								**Rép. centrafricaine**
Goods: Exports fob	148.1	150.5	125.6	115.9	132.5	145.9	...	Biens : exportations,fàb
Goods: Imports fob	−186.0	−241.6	−178.7	−189.0	−158.1	−130.6	...	Biens : importations,fàb
Serv. & Income: Credit	66.3	69.9	56.0	51.5	53.8	33.1	...	Serv. & revenu : crédit
Serv. & Income: Debit	−165.8	−190.9	−155.7	−174.9	−155.1	−136.5	...	Serv. & revenu : débit
Current Trans.,nie: Credit	138.3	164.2	129.7	151.0	152.4	92.6	...	Transf. cour.,nia : crédit
Current Transfers: Debit	−34.2	−41.2	−38.8	−37.6	−38.3	−29.2	...	Transf. courants : débit
Capital Acct.,nie: Credit	0.0	0.0	0.0	0.0	0.0	0.0	...	Compte de cap.,nia : crédit
Capital Account: Debit	0.0	0.0	0.0	0.0	0.0	0.0	...	Compte de capital : débit
Financial Account,nie	15.4	66.7	24.0	20.3	−7.1	52.8	...	Compte d'op. fin., nia
Net Errors and Omissions	1.4	1.4	−1.9	26.2	6.3	−15.0	...	Erreurs et omissions nettes
Reserves and Related Items	16.6	21.1	39.6	36.6	13.7	−13.1	...	Rés. et postes appareutés
Chad								**Tchad**
Goods: Exports fob	155.4	230.3	193.5	182.3	151.8	135.3	...	Biens : exportations,fàb
Goods: Imports fob	−240.3	−259.5	−249.9	−243.0	−215.2	−212.1	...	Biens : importations,fàb
Serv. & Income: Credit	43.6	43.9	39.8	44.2	51.4	59.8	...	Serv. & revenu : crédit
Serv. & Income: Debit	−220.8	−252.0	−219.2	−239.0	−250.8	−211.8	...	Serv. & revenu : débit
Current Trans.,nie: Credit	241.4	239.3	215.5	222.3	192.4	209.4	...	Transf. cour.,nia : crédit
Current Transfers: Debit	−35.2	−47.7	−45.3	−52.5	−46.2	−18.4	...	Transf. courants : débit
Capital Acct.,nie: Credit	0.0	0.0	0.0	0.0	0.0	0.0	...	Compte de cap.,nia : crédit
Capital Account: Debit	0.0	0.0	0.0	0.0	0.0	0.0	...	Compte de capital : débit
Financial Account,nie	74.4	56.1	59.0	33.7	68.8	76.3	...	Compte d'op. fin., nia
Net Errors and Omissions	11.1	−33.3	−13.0	9.2	−0.1	−33.0	...	Erreurs et omissions nettes
Reserves and Related Items	−29.6	22.9	19.6	42.8	47.9	−5.5	...	Rés. et postes appareutés
Comoros								**Comores**
Goods: Exports fob	18.1	17.9	24.4	...	...	...	...	Biens : exportations,fàb
Goods: Imports fob	−35.7	−45.2	−53.6	...	...	...	...	Biens : importations,fàb
Serv. & Income: Credit	21.8	20.2	27.5	...	...	...	...	Serv. & revenu : crédit
Serv. & Income: Debit	−42.6	−46.9	−48.1	...	...	...	...	Serv. & revenu : débit
Current Trans.,nie: Credit	49.2	49.4	47.4	...	...	...	...	Transf. cour.,nia : crédit

83
Summary of balance of payments
Millions of US dollars
Résumé des balances des paiements
Millions de dollars des E−U

Country or area	1989	1990	1991	1992	1993	1994	1995	Pays ou zone
Current Transfers: Debit	−5.5	−4.7	−6.5	...	...	...	...	Transf. courants : débit
Capital Acct.,nie: Credit	0.0	0.0	0.0	...	...	...	...	Compte de cap.,nia : crédit
Capital Account: Debit	0.0	0.0	0.0	...	...	...	...	Compte de capital : débit
Financial Account,nie	7.5	13.7	0.6	...	...	...	...	Compte d'op. fin., nia
Net Errors and Omissions	−7.6	−9.2	1.7	...	...	...	...	Erreurs et omissions nettes
Reserves and Related Items	−5.4	4.9	6.6	...	...	...	...	Rés. et postes appareutés
Congo								**Congo**
Goods: Exports fob	1 160.5	1 388.7	1 107.7	1 178.7	1 119.1	958.9	1 172.6	Biens : exportations,fàb
Goods: Imports fob	−532.0	−512.7	−494.5	−438.2	−500.1	−612.7	−650.1	Biens : importations,fàb
Serv. & Income: Credit	97.5	113.9	118.1	78.6	67.5	69.0	79.3	Serv. & revenu : crédit
Serv. & Income: Debit	−857.3	−1 244.0	−1 188.2	−1 117.2	−1 230.4	−1 286.9	−1 174.6	Serv. & revenu : débit
Current Trans.,nie: Credit	119.7	86.3	74.1	54.8	50.5	111.3	40.9	Transf. cour.,nia : crédit
Current Transfers: Debit	−73.4	−83.4	−78.7	−73.3	−59.3	−33.0	−38.3	Transf. courants : débit
Capital Acct.,nie: Credit	0.0	0.0	0.0	0.0	0.0	0.0	0.0	Compte de cap.,nia : crédit
Capital Account: Debit	0.0	0.0	0.0	0.0	0.0	0.0	0.0	Compte de capital : débit
Financial Account,nie	−326.7	−72.0	9.6	−153.8	−111.2	605.4	−80.3	Compte d'op. fin., nia
Net Errors and Omissions	8.5	−40.6	−6.3	40.4	244.0	33.1	88.7	Erreurs et omissions nettes
Reserves and Related Items	403.2	363.9	458.2	429.9	420.0	154.9	565.0	Rés. et postes appareutés
Côte d'Ivoire								**Côte d'Ivoire**
Goods: Exports fob	2 696.8	2 912.6	2 705.0	2 946.8	2 518.7	2 811.4	3 819.7	Biens : exportations,fàb
Goods: Imports fob	−1 777.1	−1 818.8	−1 781.6	−1 952.1	−1 770.4	−1 507.4	−2 474.4	Biens : importations,fàb
Serv. & Income: Credit	541.7	648.2	674.6	668.1	773.7	646.3	762.7	Serv. & revenu : crédit
Serv. & Income: Debit	−2 226.3	−2 775.2	−2 565.7	−2 577.0	−2 219.5	−1 937.7	−2 258.5	Serv. & revenu : débit
Current Trans.,nie: Credit	316.0	370.2	413.7	404.6	270.9	774.3	255.8	Transf. cour.,nia : crédit
Current Transfers: Debit	−518.5	−551.3	−520.0	−503.2	−465.1	−416.6	−552.1	Transf. courants : débit
Capital Acct.,nie: Credit	0.0	0.0	0.0	0.0	0.0	0.0	0.0	Compte de cap.,nia : crédit
Capital Account: Debit	0.0	0.0	0.0	0.0	0.0	0.0	0.0	Compte de capital : débit
Financial Account,nie	−305.3	−122.7	−151.4	−450.7	−356.0	−573.1	213.8	Compte d'op. fin., nia
Net Errors and Omissions	−38.8	−109.6	−102.2	46.6	11.1	−107.8	−21.3	Erreurs et omissions nettes
Reserves and Related Items	1 311.5	1 446.6	1 327.6	1 416.9	1 236.6	312.7	254.2	Rés. et postes appareutés
Dem. Rep. of the Congo								**Rép. dém. du Congo**
Goods: Exports fob	2 201.0	2 138.0	...	...	...	...	...	Biens : exportations,fàb
Goods: Imports fob	−1 683.0	−1 539.0	...	...	...	...	...	Biens : importations,fàb
Serv. & Income: Credit	165.0	171.0	...	...	...	...	...	Serv. & revenu : crédit
Serv. & Income: Debit	−1 460.0	−1 549.0	...	...	...	...	...	Serv. & revenu : débit
Current Trans.,nie: Credit	276.0	217.0	...	...	...	...	...	Transf. cour.,nia : crédit
Current Transfers: Debit	−109.0	−81.0	...	...	...	...	...	Transf. courants : débit
Capital Acct.,nie: Credit	0.0	0.0	...	...	...	...	...	Compte de cap.,nia : crédit
Capital Account: Debit	0.0	0.0	...	...	...	...	...	Compte de capital : débit
Financial Account,nie	−60.0	−220.0	...	...	...	...	...	Compte d'op. fin., nia
Net Errors and Omissions	111.0	102.0	...	...	...	...	...	Erreurs et omissions nettes
Reserves and Related Items	559.0	761.0	...	...	...	...	...	Rés. et postes appareutés
Djibouti								**Djibouti**
Goods: Exports fob	...	...	...	53.2	71.2	56.4	33.5	Biens : exportations,fàb
Goods: Imports fob	...	...	...	−271.0	−255.1	−237.1	−205.0	Biens : importations,fàb
Serv. & Income: Credit	...	...	...	174.5	187.2	176.0	177.3	Serv. & revenu : crédit
Serv. & Income: Debit	...	...	...	−118.7	−118.0	−96.7	−95.9	Serv. & revenu : débit
Current Trans.,nie: Credit	...	...	...	90.7	96.6	73.7	85.4	Transf. cour.,nia : crédit
Current Transfers: Debit	...	...	...	−16.3	−16.1	−18.3	−18.4	Transf. courants : débit
Capital Acct.,nie: Credit	...	...	...	0.0	0.0	0.0	0.0	Compte de cap.,nia : crédit
Capital Account: Debit	...	...	...	0.0	0.0	0.0	0.0	Compte de capital : débit
Financial Account,nie	...	...	...	74.0	16.6	39.0	−2.1	Compte d'op. fin., nia
Net Errors and Omissions	...	...	...	−2.0	6.0	7.9	0.7	Erreurs et omissions nettes
Reserves and Related Items	...	...	...	15.5	11.7	−0.8	24.5	Rés. et postes appareutés
Egypt								**Egypte**
Goods: Exports fob	3 119.0	3 924.0	4 164.0	3 670.0	3 545.0	4 044.0	4 670.0	Biens : exportations,fàb
Goods: Imports fob	−8 841.0	−10 303.0	−9 831.0	−8 901.0	−9 923.0	−9 997.0	−12 267.0	Biens : importations,fàb
Serv. & Income: Credit	4 912.0	6 828.0	7 643.0	8 631.0	9 005.0	9 400.0	10 168.0	Serv. & revenu : crédit
Serv. & Income: Debit	−4 672.0	−5 667.0	−5 507.0	−7 664.0	−7 334.0	−7 759.0	−6 856.0	Serv. & revenu : débit
Current Trans.,nie: Credit	4 183.0	5 417.0	5 434.0	7 076.0	7 006.0	4 622.0	4 284.0	Transf. cour.,nia : crédit
Current Transfers: Debit	−10.0	−14.0	0.0	0.0	0.0	−279.0	−253.0	Transf. courants : débit
Capital Acct.,nie: Credit	0.0	0.0	0.0	0.0	0.0	0.0	0.0	Compte de cap.,nia : crédit
Capital Account: Debit	0.0	0.0	0.0	0.0	0.0	0.0	0.0	Compte de capital : débit
Financial Account,nie	361.0	−11 039.0	−4 706.0	−168.0	−762.0	−1 450.0	−1 845.0	Compte d'op. fin., nia
Net Errors and Omissions	414.0	630.0	730.0	716.0	−1 519.0	255.0	272.0	Erreurs et omissions nettes
Reserves and Related Items	533.0	10 224.0	2 073.0	−3 360.0	−18.0	1 164.0	1 827.0	Rés. et postes appareutés

83
Summary of balance of payments
Millions of US dollars
Résumé des balances des paiements
Millions de dollars des E−U

Country or area	1989	1990	1991	1992	1993	1994	1995	Pays ou zone
Equatorial Guinea								**Guinée équatoriale**
Goods: Exports fob	32.7	37.8	35.8	...	...	...	...	Biens : exportations,fàb
Goods: Imports fob	−43.6	−53.2	−59.6	...	...	...	...	Biens : importations,fàb
Serv. & Income: Credit	5.8	4.5	6.2	...	...	...	...	Serv. & revenu : crédit
Serv. & Income: Debit	−39.8	−46.0	−52.4	...	...	...	...	Serv. & revenu : débit
Current Trans.,nie: Credit	38.1	56.4	63.4	...	...	...	...	Transf. cour.,nia : crédit
Current Transfers: Debit	−14.3	−18.5	−17.9	...	...	...	...	Transf. courants : débit
Capital Acct.,nie: Credit	0.0	0.0	0.0	...	...	...	...	Compte de cap.,nia : crédit
Capital Account: Debit	0.0	0.0	0.0	...	...	...	...	Compte de capital : débit
Financial Account,nie	10.0	11.7	32.2	...	...	...	...	Compte d'op. fin., nia
Net Errors and Omissions	−4.5	−2.4	−30.7	...	...	...	...	Erreurs et omissions nettes
Reserves and Related Items	15.5	9.7	23.2	...	...	...	...	Rés. et postes appareutés
Ethiopia								**Ethiopie**
Goods: Exports fob	443.8	292.0	167.6	169.9	198.8	372.0	423.0	Biens : exportations,fàb
Goods: Imports fob	−817.9	−912.1	−470.8	−992.7	−706.0	−925.7	−1 147.9	Biens : importations,fàb
Serv. & Income: Credit	301.9	313.8	282.7	289.9	303.1	337.5	405.1	Serv. & revenu : crédit
Serv. & Income: Debit	−408.4	−436.5	−381.0	−472.4	−377.4	−385.0	−444.8	Serv. & revenu : débit
Current Trans.,nie: Credit	337.5	451.3	505.9	887.4	532.6	728.5	737.3	Transf. cour.,nia : crédit
Current Transfers: Debit	−1.3	−2.2	−1.3	−2.0	−1.2	−2.0	−1.1	Transf. courants : débit
Capital Acct.,nie: Credit	0.0	0.0	0.0	0.0	0.0	0.0	0.0	Compte de cap.,nia : crédit
Capital Account: Debit	−0.1	0.0	0.0	0.0	0.0	0.0	0.0	Compte de capital : débit
Financial Account,nie	222.0	230.0	−204.1	−62.9	97.7	−173.8	202.0	Compte d'op. fin., nia
Net Errors and Omissions	−32.0	−134.6	−254.9	−80.9	−15.2	−13.1	−121.4	Erreurs et omissions nettes
Reserves and Related Items	−45.5	198.3	355.9	263.7	−32.4	61.5	−52.4	Rés. et postes appareutés
Gabon								**Gabon**
Goods: Exports fob	1 626.0	2 488.8	2 227.9	2 259.2	2 326.2	2 349.4	...	Biens : exportations,fàb
Goods: Imports fob	−751.7	−805.1	−861.0	−886.3	−845.1	−756.5	...	Biens : importations,fàb
Serv. & Income: Credit	308.0	261.7	352.0	394.8	343.2	231.5	...	Serv. & revenu : crédit
Serv. & Income: Debit	−1 248.6	−1 643.3	−1 524.3	−1 793.7	−1 681.0	−1 381.1	...	Serv. & revenu : débit
Current Trans.,nie: Credit	42.3	58.9	44.0	51.4	48.0	59.3	...	Transf. cour.,nia : crédit
Current Transfers: Debit	−168.3	−193.3	−163.8	−193.4	−240.5	−182.8	...	Transf. courants : débit
Capital Acct.,nie: Credit	0.0	0.0	0.0	0.0	0.0	0.0	...	Compte de cap.,nia : crédit
Capital Account: Debit	0.0	0.0	0.0	0.0	0.0	0.0	...	Compte de capital : débit
Financial Account,nie	61.1	−398.3	−306.7	−218.7	−389.2	−506.7	...	Compte d'op. fin., nia
Net Errors and Omissions	35.0	−38.0	8.6	−55.1	−13.6	6.7	...	Erreurs et omissions nettes
Reserves and Related Items	96.1	268.6	223.3	442.0	451.9	180.2	...	Rés. et postes appareutés
Gambia								**Gambie**
Goods: Exports fob	100.2	110.6	142.9	147.0	157.0	125.0	123.0	Biens : exportations,fàb
Goods: Imports fob	−125.4	−140.5	−185.0	−177.8	−214.5	−181.6	−162.5	Biens : importations,fàb
Serv. & Income: Credit	67.7	59.1	84.3	85.7	85.4	95.3	58.1	Serv. & revenu : crédit
Serv. & Income: Debit	−66.4	−64.9	−83.5	−74.2	−79.7	−72.2	−78.8	Serv. & revenu : débit
Current Trans.,nie: Credit	46.4	60.0	58.6	60.5	50.0	45.9	55.8	Transf. cour.,nia : crédit
Current Transfers: Debit	−7.5	−2.7	−4.1	−4.0	−3.6	−4.2	−3.7	Transf. courants : débit
Capital Acct.,nie: Credit	0.0	0.0	0.0	0.0	0.0	0.0	0.0	Compte de cap.,nia : crédit
Capital Account: Debit	0.0	0.0	0.0	0.0	0.0	0.0	0.0	Compte de capital : débit
Financial Account,nie	9.5	−6.1	20.8	18.7	39.4	33.1	24.8	Compte d'op. fin., nia
Net Errors and Omissions	−20.8	−11.7	−16.7	−36.7	−22.7	−35.1	−15.6	Erreurs et omissions nettes
Reserves and Related Items	−3.7	−3.8	−17.3	−19.2	−11.4	−6.2	−1.0	Rés. et postes appareutés
Ghana								**Ghana**
Goods: Exports fob	807.2	890.6	997.6	986.4	1 063.7	1 226.8	...	Biens : exportations,fàb
Goods: Imports fob	−1 002.2	−1 205.0	−1 318.7	−1 456.7	−1 728.0	−1 579.9	...	Biens : importations,fàb
Serv. & Income: Credit	81.9	93.1	110.3	128.9	156.3	159.3	...	Serv. & revenu : crédit
Serv. & Income: Debit	−407.8	−418.5	−462.8	−505.1	−568.3	−542.8	...	Serv. & revenu : débit
Current Trans.,nie: Credit	432.2	426.3	434.1	484.8	532.0	487.3	...	Transf. cour.,nia : crédit
Current Transfers: Debit	−9.1	−10.1	−11.3	−13.6	−13.6	−14.5	...	Transf. courants : débit
Capital Acct.,nie: Credit	0.0	0.0	0.0	0.0	0.0	0.0	...	Compte de cap.,nia : crédit
Capital Account: Debit	−0.8	−0.5	−0.9	−1.0	−1.0	−1.0	...	Compte de capital : débit
Financial Account,nie	178.6	259.2	338.1	321.6	648.1	511.2	...	Compte d'op. fin., nia
Net Errors and Omissions	75.6	70.2	50.3	−52.6	−36.0	−79.0	...	Erreurs et omissions nettes
Reserves and Related Items	−155.6	−105.3	−136.7	107.3	−53.2	−167.4	...	Rés. et postes appareutés
Guinea								**Guinée**
Goods: Exports fob	595.6	671.2	687.1	517.1	561.1	515.7	582.7	Biens : exportations,fàb
Goods: Imports fob	−531.5	−585.7	−694.9	−608.4	−582.6	−685.3	−621.7	Biens : importations,fàb
Serv. & Income: Credit	112.3	170.0	160.1	167.6	196.0	159.3	131.6	Serv. & revenu : crédit
Serv. & Income: Debit	−438.2	−528.7	−529.2	−471.4	−427.4	−445.8	−468.3	Serv. & revenu : débit
Current Trans.,nie: Credit	143.5	118.8	136.2	193.5	260.3	280.6	258.3	Transf. cour.,nia : crédit

83
Summary of balance of payments
Millions of US dollars
Résumé des balances des paiements
Millions de dollars des E−U

Country or area	1989	1990	1991	1992	1993	1994	1995	Pays ou zone
Current Transfers: Debit	−61.3	−48.6	−48.2	−61.2	−64.2	−72.5	−79.3	Transf. courants : débit
Capital Acct.,nie: Credit	198.7	0.0	0.0	8.0	12.4	0.0	35.2	Compte de cap.,nia : crédit
Capital Account: Debit	0.0	0.0	0.0	0.0	0.0	0.0	0.0	Compte de capital : débit
Financial Account,nie	−158.9	53.8	18.8	61.7	62.5	84.2	120.9	Compte d'op. fin., nia
Net Errors and Omissions	−44.9	52.4	112.3	18.6	−107.5	39.8	−31.8	Erreurs et omissions nettes
Reserves and Related Items	184.9	96.7	157.8	174.4	89.3	124.1	72.5	Rés. et postes appareutés
Guinea−Bissau								**Guinée−Bissau**
Goods: Exports fob	14.2	19.3	20.4	6.5	16.0	33.2	23.9	Biens : exportations,fàb
Goods: Imports fob	−68.9	−68.1	−67.5	−83.5	−53.8	−53.8	−59.3	Biens : importations,fàb
Serv. & Income: Credit	0.0	0.0	0.0	0.0	0.0	0.0	0.0	Serv. & revenu : crédit
Serv. & Income: Debit	−49.0	−35.5	−47.3	−43.8	−40.4	−50.8	−36.1	Serv. & revenu : débit
Current Trans.,nie: Credit	10.9	23.9	19.4	17.3	14.4	21.8	31.4	Transf. cour.,nia : crédit
Current Transfers: Debit	0.0	0.0	−4.1	−0.6	−1.7	−1.1	−1.3	Transf. courants : débit
Capital Acct.,nie: Credit	41.6	29.0	32.7	28.5	36.6	44.4	49.2	Compte de cap.,nia : crédit
Capital Account: Debit	0.0	0.0	0.0	0.0	0.0	0.0	0.0	Compte de capital : débit
Financial Account,nie	−7.0	1.2	−8.8	2.1	−13.6	−27.0	−25.6	Compte d'op. fin., nia
Net Errors and Omissions	−11.6	−1.5	−16.3	22.0	−16.0	−21.4	−25.5	Erreurs et omissions nettes
Reserves and Related Items	69.8	31.7	71.3	51.6	58.4	54.6	43.4	Rés. et postes appareutés
Kenya								**Kenya**
Goods: Exports fob	1 001.5	1 090.2	1 185.3	1 108.5	1 262.6	1 537.0	1 914.9	Biens : exportations,fàb
Goods: Imports fob	−1 963.4	−2 005.3	−1 697.3	−1 608.7	−1 509.6	−1 775.3	−2 652.4	Biens : importations,fàb
Serv. & Income: Credit	933.2	1 143.1	1 020.3	1 043.9	1 066.8	1 138.2	1 060.1	Serv. & revenu : crédit
Serv. & Income: Debit	−933.2	−1 122.9	−1 067.4	−923.3	−961.6	−1 072.5	−1 221.8	Serv. & revenu : débit
Current Trans.,nie: Credit	420.6	422.9	396.7	392.9	276.0	333.7	544.8	Transf. cour.,nia : crédit
Current Transfers: Debit	−49.1	−55.1	−51.1	−193.5	−63.0	−63.2	−45.5	Transf. courants : débit
Capital Acct.,nie: Credit	11.2	7.6	3.6	83.5	28.5	0.0	0.0	Compte de cap.,nia : crédit
Capital Account: Debit	−0.2	−0.8	−0.4	−0.4	−0.4	−0.4	−0.4	Compte de capital : débit
Financial Account,nie	633.9	360.9	96.6	−270.1	55.1	−41.7	247.5	Compte d'op. fin., nia
Net Errors and Omissions	67.7	66.9	69.6	110.3	257.5	5.8	11.4	Erreurs et omissions nettes
Reserves and Related Items	−121.9	92.5	43.9	256.9	−411.8	−61.6	142.0	Rés. et postes appareutés
Lesotho								**Lesotho**
Goods: Exports fob	66.4	59.5	67.2	109.2	134.0	143.5	...	Biens : exportations,fàb
Goods: Imports fob	−592.6	−672.6	−803.5	−932.6	−868.1	−810.2	...	Biens : importations,fàb
Serv. & Income: Credit	412.9	495.6	517.7	537.6	481.5	407.4	...	Serv. & revenu : crédit
Serv. & Income: Debit	−91.2	−103.2	−104.3	−115.4	−93.3	−103.6	...	Serv. & revenu : débit
Current Trans.,nie: Credit	281.7	362.3	492.8	542.1	376.5	472.1	...	Transf. cour.,nia : crédit
Current Transfers: Debit	−66.8	−76.4	−86.6	−103.3	−1.3	−0.9	...	Transf. courants : débit
Capital Acct.,nie: Credit	0.0	0.0	0.0	0.0	0.0	0.0	...	Compte de cap.,nia : crédit
Capital Account: Debit	0.0	0.0	0.0	0.0	0.0	0.0	...	Compte de capital : débit
Financial Account,nie	−20.2	−45.0	−60.8	−67.0	55.2	33.0	...	Compte d'op. fin., nia
Net Errors and Omissions	1.9	−2.8	20.1	79.2	17.8	−20.3	...	Erreurs et omissions nettes
Reserves and Related Items	7.9	−17.2	−42.4	−49.9	−102.3	−120.9	...	Rés. et postes appareutés
Libyan Arab Jamah.								**Jamah. arabe libyenne**
Goods: Exports fob	7 274.0	11 352.0	...	...	...	...	...	Biens : exportations,fàb
Goods: Imports fob	−6 509.0	−7 575.0	...	...	...	...	...	Biens : importations,fàb
Serv. & Income: Credit	564.0	783.0	...	...	...	...	...	Serv. & revenu : crédit
Serv. & Income: Debit	−1 869.0	−1 878.0	...	...	...	...	...	Serv. & revenu : débit
Current Trans.,nie: Credit	6.0	7.0	...	...	...	...	...	Transf. cour.,nia : crédit
Current Transfers: Debit	−493.0	−488.0	...	...	...	...	...	Transf. courants : débit
Capital Acct.,nie: Credit	0.0	0.0	...	...	...	...	...	Compte de cap.,nia : crédit
Capital Account: Debit	0.0	0.0	...	...	...	...	...	Compte de capital : débit
Financial Account,nie	1 188.0	−1 006.0	...	...	...	...	...	Compte d'op. fin., nia
Net Errors and Omissions	130.0	−37.0	...	...	...	...	...	Erreurs et omissions nettes
Reserves and Related Items	−292.0	−1 158.0	...	...	...	...	...	Rés. et postes appareutés
Madagascar								**Madagascar**
Goods: Exports fob	321.0	318.0	335.0	327.0	335.0	450.0	507.0	Biens : exportations,fàb
Goods: Imports fob	−320.0	−566.0	−446.0	−471.0	−514.0	−546.0	−628.0	Biens : importations,fàb
Serv. & Income: Credit	150.0	168.0	152.0	180.0	190.0	208.0	249.0	Serv. & revenu : crédit
Serv. & Income: Debit	−437.0	−418.0	−399.0	−413.0	−456.0	−486.0	−533.0	Serv. & revenu : débit
Current Trans.,nie: Credit	230.0	270.0	142.0	197.0	202.0	114.0	141.0	Transf. cour.,nia : crédit
Current Transfers: Debit	−29.0	−36.0	−15.0	−17.0	−14.0	−17.0	−12.0	Transf. courants : débit
Capital Acct.,nie: Credit	2.0	3.0	49.0	50.0	78.0	62.0	45.0	Compte de cap.,nia : crédit
Capital Account: Debit	0.0	0.0	0.0	0.0	0.0	0.0	0.0	Compte de capital : débit
Financial Account,nie	−36.0	−18.0	−59.0	−100.0	−158.0	−122.0	−198.0	Compte d'op. fin., nia
Net Errors and Omissions	−42.0	2.0	−52.0	−31.0	4.0	61.0	98.0	Erreurs et omissions nettes
Reserves and Related Items	161.0	278.0	292.0	278.0	334.0	276.0	330.0	Rés. et postes appareutés

83
Summary of balance of payments
Millions of US dollars
Résumé des balances des paiements
Millions de dollars des E−U

Country or area	1989	1990	1991	1992	1993	1994	1995	Pays ou zone
Malawi								**Malawi**
Goods: Exports fob	268.8	406.4	475.5	399.9	317.5	362.6	...	Biens : exportations,fàb
Goods: Imports fob	−204.8	−280.3	−415.8	−415.0	−340.2	−639.0	...	Biens : importations,fàb
Serv. & Income: Credit	41.0	45.9	45.9	34.8	32.2	24.1	...	Serv. & revenu : crédit
Serv. & Income: Debit	−330.5	−357.3	−449.4	−422.2	−331.0	−321.5	...	Serv. & revenu : débit
Current Trans.,nie: Credit	208.0	134.1	159.0	155.2	167.9	139.7	...	Transf. cour.,nia : crédit
Current Transfers: Debit	−33.9	−35.1	−42.9	−37.7	−11.9	−15.4	...	Transf. courants : débit
Capital Acct.,nie: Credit	0.0	0.0	0.0	0.0	0.0	0.0	...	Compte de cap.,nia : crédit
Capital Account: Debit	0.0	0.0	0.0	0.0	0.0	0.0	...	Compte de capital : débit
Financial Account,nie	92.0	128.6	104.3	93.6	188.9	122.0	...	Compte d'op. fin., nia
Net Errors and Omissions	−92.5	−13.7	139.2	144.8	0.7	292.6	...	Erreurs et omissions nettes
Reserves and Related Items	51.7	−28.7	−15.7	46.5	−24.0	35.1	...	Rés. et postes appareutés
Mali								**Mali**
Goods: Exports fob	269.3	337.9	355.9	335.9	341.1	319.7	...	Biens : exportations,fàb
Goods: Imports fob	−338.8	−432.4	−446.9	−484.5	−446.5	−421.6	...	Biens : importations,fàb
Serv. & Income: Credit	75.6	99.6	81.5	87.8	100.5	72.2	...	Serv. & revenu : crédit
Serv. & Income: Debit	−353.7	−456.1	−411.8	−449.6	−426.7	−365.2	...	Serv. & revenu : débit
Current Trans.,nie: Credit	232.1	291.5	333.0	344.9	300.2	275.8	...	Transf. cour.,nia : crédit
Current Transfers: Debit	−75.0	−90.6	−87.7	−87.6	−81.9	−45.2	...	Transf. courants : débit
Capital Acct.,nie: Credit	107.8	105.8	137.5	143.6	111.9	111.7	...	Compte de cap.,nia : crédit
Capital Account: Debit	0.0	0.0	0.0	0.0	0.0	0.0	...	Compte de capital : débit
Financial Account,nie	96.9	77.6	52.8	3.0	−25.8	−5.9	...	Compte d'op. fin., nia
Net Errors and Omissions	−1.5	1.1	14.6	−31.0	30.1	−5.1	...	Erreurs et omissions nettes
Reserves and Related Items	−12.6	65.6	−29.0	137.6	97.2	63.7	...	Rés. et postes appareutés
Mauritania								**Mauritanie**
Goods: Exports fob	447.9	443.9	435.8	406.8	403.0	399.7	476.4	Biens : exportations,fàb
Goods: Imports fob	−349.3	−382.9	−399.1	−461.3	−400.4	−352.3	−292.6	Biens : importations,fàb
Serv. & Income: Credit	39.2	30.6	33.2	21.3	22.2	27.1	29.2	Serv. & revenu : crédit
Serv. & Income: Debit	−251.6	−187.0	−185.9	−209.0	−282.5	−228.8	−266.5	Serv. & revenu : débit
Current Trans.,nie: Credit	130.0	120.2	118.9	157.4	110.3	113.3	94.7	Transf. cour.,nia : crédit
Current Transfers: Debit	−34.7	−34.3	−32.8	−33.4	−26.5	−28.9	−19.2	Transf. courants : débit
Capital Acct.,nie: Credit	0.0	0.0	0.0	0.0	0.0	0.0	0.0	Compte de cap.,nia : crédit
Capital Account: Debit	0.0	0.0	0.0	0.0	0.0	0.0	0.0	Compte de capital : débit
Financial Account,nie	16.3	−0.5	26.7	77.9	−134.8	−11.4	−10.2	Compte d'op. fin., nia
Net Errors and Omissions	−3.6	−62.3	19.5	57.4	26.7	−23.5	−18.1	Erreurs et omissions nettes
Reserves and Related Items	5.9	72.5	−16.3	−17.0	282.1	104.7	6.2	Rés. et postes appareutés
Mauritius								**Maurice**
Goods: Exports fob	1 025.3	1 238.1	1 253.4	1 334.7	1 334.4	1 376.9	1 571.7	Biens : exportations,fàb
Goods: Imports fob	−1 217.7	−1 494.8	−1 438.5	−1 493.9	−1 576.0	−1 773.9	−1 812.2	Biens : importations,fàb
Serv. & Income: Credit	423.8	539.8	610.8	668.5	636.2	664.4	829.9	Serv. & revenu : crédit
Serv. & Income: Debit	−411.2	−499.7	−526.9	−602.9	−588.2	−602.8	−712.6	Serv. & revenu : débit
Current Trans.,nie: Credit	84.9	108.5	98.6	109.9	115.9	129.6	146.8	Transf. cour.,nia : crédit
Current Transfers: Debit	−8.7	−11.2	−15.7	−16.4	−14.4	−26.3	−45.4	Transf. courants : débit
Capital Acct.,nie: Credit	0.0	0.0	0.0	0.0	0.0	0.0	0.0	Compte de cap.,nia : crédit
Capital Account: Debit	−0.9	−0.6	−1.6	−1.4	−1.5	−1.3	−1.1	Compte de capital : débit
Financial Account,nie	50.2	138.6	41.8	−14.8	19.3	41.4	25.1	Compte d'op. fin., nia
Net Errors and Omissions	199.8	213.2	168.8	59.6	81.2	148.5	106.7	Erreurs et omissions nettes
Reserves and Related Items	−145.6	−231.9	−190.8	−43.3	−7.0	43.5	−108.8	Rés. et postes appareutés
Morocco								**Maroc**
Goods: Exports fob	3 331.0	4 229.0	5 094.0	5 010.0	4 936.0	5 541.0	6 871.0	Biens : exportations,fàb
Goods: Imports fob	−5 027.0	−6 338.0	−6 858.0	−7 473.0	−7 001.0	−7 648.0	−9 268.0	Biens : importations,fàb
Serv. & Income: Credit	1 682.0	2 092.0	1 817.0	2 417.0	2 274.0	2 238.0	2 247.0	Serv. & revenu : crédit
Serv. & Income: Debit	−2 395.0	−2 516.0	−2 742.0	−2 920.0	−3 024.0	−3 124.0	−3 632.0	Serv. & revenu : débit
Current Trans.,nie: Credit	1 669.0	2 383.0	2 356.0	2 614.0	2 361.0	2 355.0	2 339.0	Transf. cour.,nia : crédit
Current Transfers: Debit	−46.0	−47.0	−81.0	−81.0	−66.0	−86.0	−78.0	Transf. courants : débit
Capital Acct.,nie: Credit	0.0	0.0	0.0	0.0	0.0	0.0	0.0	Compte de cap.,nia : crédit
Capital Account: Debit	−3.0	−5.0	−5.0	−6.0	−3.0	−4.0	−6.0	Compte de capital : débit
Financial Account,nie	822.0	1 889.0	1 371.0	1 239.0	966.0	1 248.0	136.0	Compte d'op. fin., nia
Net Errors and Omissions	−11.0	9.0	3.0	−10.0	−5.0	−39.0	615.0	Erreurs et omissions nettes
Reserves and Related Items	−21.0	−1 697.0	−956.0	−791.0	−436.0	−483.0	776.0	Rés. et postes appareutés
Mozambique								**Mozambique**
Goods: Exports fob	104.8	126.4	162.3	139.3	...	...	...	Biens : exportations,fàb
Goods: Imports fob	−726.9	−789.7	−808.8	−798.5	...	...	...	Biens : importations,fàb
Serv. & Income: Credit	166.7	173.4	202.8	222.6	...	...	...	Serv. & revenu : crédit
Serv. & Income: Debit	−392.3	−373.8	−402.3	−444.1	...	...	...	Serv. & revenu : débit
Current Trans.,nie: Credit	387.5	448.4	501.7	499.4	...	...	...	Transf. cour.,nia : crédit

83
Summary of balance of payments
Millions of US dollars
Résumé des balances des paiements
Millions de dollars des E−U

Country or area	1989	1990	1991	1992	1993	1994	1995	Pays ou zone
Current Transfers: Debit	0.0	0.0	0.0	0.0	...	...	...	Transf. courants : débit
Capital Acct.,nie: Credit	0.0	0.0	0.0	0.0	...	...	...	Compte de cap.,nia : crédit
Capital Account: Debit	0.0	0.0	0.0	0.0	...	...	...	Compte de capital : débit
Financial Account,nie	−55.0	−83.5	−187.5	−122.9	...	...	...	Compte d'op. fin., nia
Net Errors and Omissions	56.7	66.3	−3.9	32.5	...	...	...	Erreurs et omissions nettes
Reserves and Related Items	458.5	432.5	535.7	471.7	...	...	...	Rés. et postes appareutés
Namibia								**Namibie**
Goods: Exports fob	...	1 085.8	1 213.9	1 326.9	1 279.4	1 336.7	1 369.1	Biens : exportations,fàb
Goods: Imports fob	...	−1 117.8	−1 119.8	−1 262.5	−1 212.2	−1 279.0	−1 467.1	Biens : importations,fàb
Serv. & Income: Credit	...	319.6	391.6	374.6	459.6	490.6	530.3	Serv. & revenu : crédit
Serv. & Income: Debit	...	−514.5	−630.6	−692.8	−644.7	−584.4	−615.3	Serv. & revenu : débit
Current Trans.,nie: Credit	...	375.8	398.1	476.7	371.1	346.6	390.0	Transf. cour.,nia : crédit
Current Transfers: Debit	...	−125.8	−124.1	−138.3	−132.3	−141.3	−156.9	Transf. courants : débit
Capital Acct.,nie: Credit	...	46.5	32.8	32.4	27.3	43.3	43.6	Compte de cap.,nia : crédit
Capital Account: Debit	...	−3.9	−3.6	0.0	0.0	0.0	0.0	Compte de capital : débit
Financial Account,nie	...	−202.7	−187.4	−104.8	−60.2	−169.5	−79.0	Compte d'op. fin., nia
Net Errors and Omissions	...	173.7	16.8	−18.7	3.3	32.0	14.5	Erreurs et omissions nettes
Reserves and Related Items	...	−36.8	12.4	6.6	−91.3	−75.0	−29.1	Rés. et postes appareutés
Niger								**Niger**
Goods: Exports fob	390.8	488.4	351.5	347.3	300.4	226.8	...	Biens : exportations,fàb
Goods: Imports fob	−414.8	−501.7	−417.9	−396.5	−312.1	−271.3	...	Biens : importations,fàb
Serv. & Income: Credit	49.7	64.8	69.7	77.4	55.8	46.0	...	Serv. & revenu : crédit
Serv. & Income: Debit	−261.2	−301.2	−236.9	−255.1	−215.8	−194.3	...	Serv. & revenu : débit
Current Trans.,nie: Credit	37.2	81.4	122.2	133.6	139.5	115.1	...	Transf. cour.,nia : crédit
Current Transfers: Debit	−58.6	−67.6	−64.8	−65.7	−65.0	−48.5	...	Transf. courants : débit
Capital Acct.,nie: Credit	149.1	117.4	103.5	109.0	109.3	88.2	...	Compte de cap.,nia : crédit
Capital Account: Debit	0.0	0.0	0.0	0.0	0.0	0.0	...	Compte de capital : débit
Financial Account,nie	10.3	46.5	−122.9	50.8	−123.3	29.9	...	Compte d'op. fin., nia
Net Errors and Omissions	86.6	−18.4	135.8	−95.5	87.2	−67.8	...	Erreurs et omissions nettes
Reserves and Related Items	10.9	90.3	59.8	94.9	23.9	75.8	...	Rés. et postes appareutés
Nigeria								**Nigéria**
Goods: Exports fob	7 871.0	13 585.0	12 254.0	11 791.0	9 910.0	9 459.0	...	Biens : exportations,fàb
Goods: Imports fob	−3 693.0	−4 932.0	−7 813.0	−7 181.0	−6 662.0	−6 511.0	...	Biens : importations,fàb
Serv. & Income: Credit	704.0	1 176.0	1 097.0	1 209.0	1 221.0	420.0	...	Serv. & revenu : crédit
Serv. & Income: Debit	−3 919.0	−4 925.0	−5 079.0	−4 304.0	−6 061.0	−5 993.0	...	Serv. & revenu : débit
Current Trans.,nie: Credit	157.0	167.0	877.0	817.0	857.0	550.0	...	Transf. cour.,nia : crédit
Current Transfers: Debit	−31.0	−82.0	−132.0	−64.0	−44.0	−52.0	...	Transf. courants : débit
Capital Acct.,nie: Credit	0.0	0.0	0.0	0.0	0.0	0.0	...	Compte de cap.,nia : crédit
Capital Account: Debit	0.0	0.0	0.0	0.0	0.0	0.0	...	Compte de capital : débit
Financial Account,nie	−3 649.0	−4 182.0	−2 633.0	−7 784.0	−1 043.0	329.0	...	Compte d'op. fin., nia
Net Errors and Omissions	−107.0	235.0	−93.0	−122.0	−88.0	−139.0	...	Erreurs et omissions nettes
Reserves and Related Items	2 667.0	−1 041.0	1 523.0	5 638.0	1 911.0	1 938.0	...	Rés. et postes appareutés
Rwanda								**Rwanda**
Goods: Exports fob	104.7	102.6	95.6	68.5	67.7	...	...	Biens : exportations,fàb
Goods: Imports fob	−254.1	−227.7	−228.1	−240.4	−267.7	...	...	Biens : importations,fàb
Serv. & Income: Credit	52.3	46.6	46.5	36.1	37.3	...	...	Serv. & revenu : crédit
Serv. & Income: Debit	−142.0	−152.0	−128.8	−130.7	−154.6	...	...	Serv. & revenu : débit
Current Trans.,nie: Credit	141.6	147.4	209.3	213.6	208.5	...	...	Transf. cour.,nia : crédit
Current Transfers: Debit	−25.5	−25.1	−28.3	−30.4	−20.1	...	...	Transf. courants : débit
Capital Acct.,nie: Credit	2.7	1.7	2.6	1.9	1.0	...	...	Compte de cap.,nia : crédit
Capital Account: Debit	−2.2	−2.4	−2.9	−1.7	−2.4	...	...	Compte de capital : débit
Financial Account,nie	53.9	55.7	99.1	62.4	88.5	...	...	Compte d'op. fin., nia
Net Errors and Omissions	1.9	30.3	0.2	16.7	−9.5	...	...	Erreurs et omissions nettes
Reserves and Related Items	66.7	22.9	−65.2	4.0	51.2	...	...	Rés. et postes appareutés
Sao Tome and Principe								**Sao Tomé−et−Principe**
Goods: Exports fob	4.9	4.2	...	...	...	...	...	Biens : exportations,fàb
Goods: Imports fob	−13.3	−13.0	...	...	...	...	...	Biens : importations,fàb
Serv. & Income: Credit	4.6	3.9	...	...	...	...	...	Serv. & revenu : crédit
Serv. & Income: Debit	−8.8	−9.3	...	...	...	...	...	Serv. & revenu : débit
Current Trans.,nie: Credit	2.4	0.7	...	...	...	...	...	Transf. cour.,nia : crédit
Current Transfers: Debit	−1.1	−0.8	...	...	...	...	...	Transf. courants : débit
Capital Acct.,nie: Credit	0.0	0.0	...	...	...	...	...	Compte de cap.,nia : crédit
Capital Account: Debit	0.0	0.0	...	...	...	...	...	Compte de capital : débit
Financial Account,nie	6.7	7.6	...	...	...	...	...	Compte d'op. fin., nia
Net Errors and Omissions	−1.0	−2.7	...	...	...	...	...	Erreurs et omissions nettes
Reserves and Related Items	5.6	9.4	...	...	...	...	...	Rés. et postes appareutés

83
Summary of balance of payments
Millions of US dollars
Résumé des balances des paiements
Millions de dollars des E−U

Country or area	1989	1990	1991	1992	1993	1994	1995	Pays ou zone
Senegal								**Sénégal**
Goods: Exports fob	804.1	937.9	848.5	860.6	736.8	818.8	...	Biens : exportations,fàb
Goods: Imports fob	−1 004.1	−1 164.3	−1 114.0	−1 191.8	−1 086.7	−1 022.0	...	Biens : importations,fàb
Serv. & Income: Credit	454.7	599.1	533.9	577.9	496.7	475.7	...	Serv. & revenu : crédit
Serv. & Income: Debit	−734.0	−888.8	−798.5	−827.2	−743.6	−657.2	...	Serv. & revenu : débit
Current Trans.,nie: Credit	385.0	454.5	462.7	489.0	432.9	467.5	...	Transf. cour.,nia : crédit
Current Transfers: Debit	−105.7	−129.9	−132.6	−127.1	−115.4	−79.6	...	Transf. courants : débit
Capital Acct.,nie: Credit	0.0	0.0	0.0	0.0	0.0	0.0	...	Compte de cap.,nia : crédit
Capital Account: Debit	0.0	0.0	0.0	0.0	0.0	0.0	...	Compte de capital : débit
Financial Account,nie	14.4	55.4	16.8	113.2	129.4	76.7	...	Compte d'op. fin., nia
Net Errors and Omissions	12.3	−1.3	3.1	−19.6	8.4	−57.2	...	Erreurs et omissions nettes
Reserves and Related Items	173.1	137.5	180.1	124.9	141.5	−22.8	...	Rés. et postes apparentés
Seychelles								**Seychelles**
Goods: Exports fob	34.4	57.2	49.3	48.1	51.3	52.1	55.5	Biens : exportations,fàb
Goods: Imports fob	−154.2	−166.4	−162.8	−180.5	−216.3	−188.6	−218.3	Biens : importations,fàb
Serv. & Income: Credit	148.1	176.3	172.5	199.3	218.5	210.3	230.5	Serv. & revenu : crédit
Serv. & Income: Debit	−80.4	−98.3	−83.6	−91.1	−109.0	−96.4	−109.2	Serv. & revenu : débit
Current Trans.,nie: Credit	22.2	28.6	26.3	31.1	31.8	21.3	19.6	Transf. cour.,nia : crédit
Current Transfers: Debit	−9.7	−10.3	−9.9	−13.8	−15.1	−13.4	−11.2	Transf. courants : débit
Capital Acct.,nie: Credit	0.0	0.0	0.0	0.0	0.0	0.0	0.0	Compte de cap.,nia : crédit
Capital Account: Debit	0.0	0.0	0.0	0.0	0.0	0.0	0.0	Compte de capital : débit
Financial Account,nie	44.3	22.9	30.7	−2.5	25.6	22.4	33.0	Compte d'op. fin., nia
Net Errors and Omissions	−5.5	−5.7	−20.8	5.4	3.2	−19.4	−13.9	Erreurs et omissions nettes
Reserves and Related Items	0.9	−4.3	−1.8	4.0	10.1	11.7	14.0	Rés. et postes apparentés
Sierra Leone								**Sierra Leone**
Goods: Exports fob	142.0	148.5	149.5	150.4	118.3	116.0	...	Biens : exportations,fàb
Goods: Imports fob	−160.4	−140.4	−138.6	−139.0	−187.1	−188.7	...	Biens : importations,fàb
Serv. & Income: Credit	36.0	61.8	75.5	53.8	60.8	101.7	...	Serv. & revenu : crédit
Serv. & Income: Debit	−84.7	−146.2	−80.9	−78.0	−67.1	−164.6	...	Serv. & revenu : débit
Current Trans.,nie: Credit	7.9	7.1	10.0	8.2	19.1	47.5	...	Transf. cour.,nia : crédit
Current Transfers: Debit	−0.7	−0.2	−0.2	−0.8	−1.7	−0.9	...	Transf. courants : débit
Capital Acct.,nie: Credit	0.1	0.0	0.0	0.1	0.1	0.1	...	Compte de cap.,nia : crédit
Capital Account: Debit	0.0	0.0	0.0	0.0	0.0	0.0	...	Compte de capital : débit
Financial Account,nie	−17.9	−0.8	−1.4	−18.2	49.1	−26.8	...	Compte d'op. fin., nia
Net Errors and Omissions	29.2	49.2	−28.9	39.8	16.1	56.4	...	Erreurs et omissions nettes
Reserves and Related Items	48.4	20.9	14.9	−16.2	−7.5	59.5	...	Rés. et postes apparentés
Somalia								**Somalie**
Goods: Exports fob	67.7	...	...	...	...	...	...	Biens : exportations,fàb
Goods: Imports fob	−346.3	...	...	...	...	...	...	Biens : importations,fàb
Serv. & Income: Credit	0.0	...	...	...	...	...	...	Serv. & revenu : crédit
Serv. & Income: Debit	−206.4	...	...	...	...	...	...	Serv. & revenu : débit
Current Trans.,nie: Credit	331.2	...	...	...	...	...	...	Transf. cour.,nia : crédit
Current Transfers: Debit	−2.9	...	...	...	...	...	...	Transf. courants : débit
Capital Acct.,nie: Credit	0.0	...	...	...	...	...	...	Compte de cap.,nia : crédit
Capital Account: Debit	0.0	...	...	...	...	...	...	Compte de capital : débit
Financial Account,nie	−32.6	...	...	...	...	...	...	Compte d'op. fin., nia
Net Errors and Omissions	−0.8	...	...	...	...	...	...	Erreurs et omissions nettes
Reserves and Related Items	190.0	...	...	...	...	...	...	Rés. et postes apparentés
South Africa								**Afrique du Sud**
Goods: Exports fob	22 399.0	23 560.0	23 289.0	24 009.0	24 138.0	24 947.0	28 611.0	Biens : exportations,fàb
Goods: Imports fob	−16 810.0	−16 778.0	−17 156.0	−18 216.0	−18 287.0	−21 452.0	−27 001.0	Biens : importations,fàb
Serv. & Income: Credit	3 544.0	4 392.0	4 486.0	4 669.0	4 443.0	5 064.0	5 544.0	Serv. & revenu : crédit
Serv. & Income: Debit	−7 756.0	−9 168.0	−8 433.0	−8 816.0	−8 550.0	−8 927.0	−9 991.0	Serv. & revenu : débit
Current Trans.,nie: Credit	325.0	298.0	242.0	215.0	262.0	246.0	244.0	Transf. cour.,nia : crédit
Current Transfers: Debit	−139.0	−238.0	−186.0	−121.0	−132.0	−196.0	−228.0	Transf. courants : débit
Capital Acct.,nie: Credit	23.0	23.0	27.0	25.0	24.0	18.0	38.0	Compte de cap.,nia : crédit
Capital Account: Debit	−8.0	−12.0	−12.0	−14.0	−23.0	−23.0	−22.0	Compte de capital : débit
Financial Account,nie	−1 090.0	355.0	56.0	372.0	−1 574.0	2 405.0	5 966.0	Compte d'op. fin., nia
Net Errors and Omissions	−575.0	−1 016.0	−815.0	−2 004.0	−3 038.0	−1 172.0	−584.0	Erreurs et omissions nettes
Reserves and Related Items	86.0	−1 416.0	−1 499.0	−120.0	2 738.0	−909.0	−2 578.0	Rés. et postes apparentés
Sudan								**Soudan**
Goods: Exports fob	544.4	326.5	302.5	213.4	306.3	523.9	555.7	Biens : exportations,fàb
Goods: Imports fob	−1 051.0	−648.8	−1 138.2	−810.2	−532.8	−1 045.4	−1 066.0	Biens : importations,fàb
Serv. & Income: Credit	279.6	184.9	79.7	155.5	70.1	77.8	127.2	Serv. & revenu : crédit
Serv. & Income: Debit	−495.7	−376.0	−326.4	−297.6	−130.7	−239.6	−177.2	Serv. & revenu : débit
Current Trans.,nie: Credit	576.7	143.3	127.9	232.7	84.9	120.1	346.2	Transf. cour.,nia : crédit

83
Summary of balance of payments
Millions of US dollars
Résumé des balances des paiements
Millions de dollars des E−U

Country or area	1989	1990	1991	1992	1993	1994	1995	Pays ou zone
Current Transfers: Debit	−4.4	−2.1	−0.2	0.0	0.0	−38.5	−285.8	Transf. courants : débit
Capital Acct.,nie: Credit	0.0	0.0	0.0	0.0	0.0	0.0	0.0	Compte de cap.,nia : crédit
Capital Account: Debit	0.0	0.0	0.0	0.0	0.0	0.0	0.0	Compte de capital : débit
Financial Account,nie	117.8	116.9	584.1	316.4	326.6	276.0	473.7	Compte d'op. fin., nia
Net Errors and Omissions	−160.3	10.9	97.9	31.0	−82.6	344.8	89.3	Erreurs et omissions nettes
Reserves and Related Items	192.8	244.4	272.8	158.8	−41.8	−19.1	−63.1	Rés. et postes appareutés
Swaziland								**Swaziland**
Goods: Exports fob	494.1	550.3	593.8	639.0	674.3	745.4	798.3	Biens : exportations,fàb
Goods: Imports fob	−518.5	−588.9	−635.0	−767.2	−773.6	−818.7	−898.4	Biens : importations,fàb
Serv. & Income: Credit	213.5	275.2	266.8	281.3	239.6	235.0	240.1	Serv. & revenu : crédit
Serv. & Income: Debit	−259.2	−266.7	−295.7	−253.4	−280.3	−291.4	−289.0	Serv. & revenu : débit
Current Trans.,nie: Credit	142.0	169.7	178.6	219.0	190.7	186.0	201.7	Transf. cour.,nia : crédit
Current Transfers: Debit	−54.8	−73.7	−80.3	−95.3	−92.0	−97.8	−103.8	Transf. courants : débit
Capital Acct.,nie: Credit	0.7	2.3	0.3	0.4	0.3	0.1	0.2	Compte de cap.,nia : crédit
Capital Account: Debit	−0.1	0.0	−0.3	−0.1	0.0	−0.3	−0.4	Compte de capital : débit
Financial Account,nie	−9.1	−37.5	19.6	37.6	−45.2	−34.5	−7.7	Compte d'op. fin., nia
Net Errors and Omissions	42.4	−19.5	−34.2	30.5	22.4	63.5	88.8	Erreurs et omissions nettes
Reserves and Related Items	−51.1	−11.1	−13.7	−91.7	63.8	12.5	−29.9	Rés. et postes appareutés
Togo								**Togo**
Goods: Exports fob	411.7	513.8	514.4	419.7	264.0	328.4	...	Biens : exportations,fàb
Goods: Imports fob	−470.1	−602.7	−567.0	−547.4	−375.3	−365.5	...	Biens : importations,fàb
Serv. & Income: Credit	152.0	181.9	146.1	160.6	87.7	78.7	...	Serv. & revenu : crédit
Serv. & Income: Debit	−259.6	−309.4	−345.0	−261.9	−190.7	−128.6	...	Serv. & revenu : débit
Current Trans.,nie: Credit	134.0	145.6	128.7	111.1	54.0	35.1	...	Transf. cour.,nia : crédit
Current Transfers: Debit	−18.8	−29.1	−24.2	−22.7	−13.4	−4.9	...	Transf. courants : débit
Capital Acct.,nie: Credit	0.0	0.0	0.0	0.0	0.0	0.0	...	Compte de cap.,nia : crédit
Capital Account: Debit	0.0	0.0	0.0	0.0	0.0	0.0	...	Compte de capital : débit
Financial Account,nie	−2.8	75.2	67.8	−23.8	−55.1	−16.0	...	Compte d'op. fin., nia
Net Errors and Omissions	26.1	−19.3	31.0	4.0	41.2	−24.3	...	Erreurs et omissions nettes
Reserves and Related Items	27.6	43.9	48.1	160.3	187.5	97.1	...	Rés. et postes appareutés
Tunisia								**Tunisie**
Goods: Exports fob	2 931.0	3 515.0	3 696.0	4 041.0	3 746.0	4 643.0	5 470.0	Biens : exportations,fàb
Goods: Imports fob	−4 138.0	−5 193.0	−4 895.0	−6 078.0	−5 810.0	−6 210.0	−7 459.0	Biens : importations,fàb
Serv. & Income: Credit	1 516.0	1 785.0	1 466.0	2 073.0	2 113.0	2 338.0	2 628.0	Serv. & revenu : crédit
Serv. & Income: Debit	−1 234.0	−1 398.0	−1 450.0	−1 804.0	−1 985.0	−2 108.0	−2 187.0	Serv. & revenu : débit
Current Trans.,nie: Credit	719.0	847.0	728.0	682.0	629.0	816.0	843.0	Transf. cour.,nia : crédit
Current Transfers: Debit	−12.0	−19.0	−14.0	−17.0	−16.0	−17.0	−32.0	Transf. courants : débit
Capital Acct.,nie: Credit	0.0	0.0	0.0	0.0	5.0	5.0	7.0	Compte de cap.,nia : crédit
Capital Account: Debit	−7.0	−7.0	−5.0	−5.0	−7.0	−8.0	−15.0	Compte de capital : débit
Financial Account,nie	132.0	326.0	401.0	957.0	1 272.0	1 144.0	958.0	Compte d'op. fin., nia
Net Errors and Omissions	185.0	98.0	96.0	−28.0	122.0	−76.0	−117.0	Erreurs et omissions nettes
Reserves and Related Items	−92.0	47.0	−23.0	180.0	−70.0	−527.0	−97.0	Rés. et postes appareutés
Uganda								**Ouganda**
Goods: Exports fob	277.7	177.8	173.2	151.2	200.0	440.9	548.9	Biens : exportations,fàb
Goods: Imports fob	−588.3	−491.0	−377.1	−421.9	−441.7	−672.2	−866.7	Biens : importations,fàb
Serv. & Income: Credit	...	...	23.6	38.6	99.9	77.9	117.1	Serv. & revenu : crédit
Serv. & Income: Debit	−260.5	−243.1	−318.5	−336.0	−335.1	−480.5	−641.3	Serv. & revenu : débit
Current Trans.,nie: Credit	311.6	293.0	329.0	468.5	306.0	476.2	566.3	Transf. cour.,nia : crédit
Current Transfers: Debit	0.0	0.0	0.0	0.0	0.0	0.0	0.0	Transf. courants : débit
Capital Acct.,nie: Credit	0.0	0.0	0.0	0.0	42.4	36.1	48.3	Compte de cap.,nia : crédit
Capital Account: Debit	0.0	0.0	0.0	0.0	0.0	0.0	0.0	Compte de capital : débit
Financial Account,nie	213.0	211.8	137.6	114.8	−12.2	−4.1	115.1	Compte d'op. fin., nia
Net Errors and Omissions	−38.0	9.5	0.6	9.0	−11.1	52.5	47.5	Erreurs et omissions nettes
Reserves and Related Items	84.5	41.9	31.7	−24.2	151.7	73.2	64.8	Rés. et postes appareutés
United Rep.Tanzania								**Rép. Unie de Tanzanie**
Goods: Exports fob	415.1	407.8	363.0	400.7	444.6	519.4	682.9	Biens : exportations,fàb
Goods: Imports fob	−1 070.1	−1 186.3	−1 229.9	−1 316.6	−1 288.6	−1 309.3	−1 340.4	Biens : importations,fàb
Serv. & Income: Credit	122.7	136.5	150.2	175.6	334.2	441.4	570.3	Serv. & revenu : crédit
Serv. & Income: Debit	−455.0	−478.6	−492.6	−570.1	−766.6	−692.3	−895.7	Serv. & revenu : débit
Current Trans.,nie: Credit	682.0	592.8	504.5	641.1	536.7	385.1	385.9	Transf. cour.,nia : crédit
Current Transfers: Debit	−29.8	−31.0	−32.7	−35.0	−30.3	−25.0	−32.3	Transf. courants : débit
Capital Acct.,nie: Credit	0.0	327.2	353.7	298.2	202.8	262.6	236.7	Compte de cap.,nia : crédit
Capital Account: Debit	0.0	0.0	0.0	0.0	0.0	0.0	0.0	Compte de capital : débit
Financial Account,nie	21.8	42.3	118.2	107.3	106.9	73.8	154.2	Compte d'op. fin., nia
Net Errors and Omissions	−13.5	63.2	3.5	96.7	13.4	−5.0	−53.5	Erreurs et omissions nettes
Reserves and Related Items	326.8	126.2	262.1	202.0	447.0	349.3	291.8	Rés. et postes appareutés

83
Summary of balance of payments
Millions of US dollars
Résumé des balances des paiements
Millions de dollars des E−U

Country or area	1989	1990	1991	1992	1993	1994	1995	Pays ou zone
Zambia								**Zambie**
Goods: Exports fob	1 340.0	1 254.0	1 172.0	...	...	...	...	Biens : exportations,fàb
Goods: Imports fob	−774.0	−1 511.0	−752.0	...	...	...	...	Biens : importations,fàb
Serv. & Income: Credit	86.0	109.0	93.0	...	...	...	...	Serv. & revenu : crédit
Serv. & Income: Debit	−953.0	−825.0	−1 059.0	...	...	...	...	Serv. & revenu : débit
Current Trans.,nie: Credit	114.0	398.0	262.0	...	...	...	...	Transf. cour.,nia : crédit
Current Transfers: Debit	−32.0	−18.0	−22.0	...	...	...	...	Transf. courants : débit
Capital Acct.,nie: Credit	0.0	0.0	0.0	...	...	...	...	Compte de cap.,nia : crédit
Capital Account: Debit	−3.0	−3.0	−1.0	...	...	...	...	Compte de capital : débit
Financial Account,nie	1 827.0	497.0	18.0	...	...	...	...	Compte d'op. fin., nia
Net Errors and Omissions	−1 712.0	322.0	110.0	...	...	...	...	Erreurs et omissions nettes
Reserves and Related Items	106.0	−222.0	179.0	...	...	...	...	Rés. et postes appareutés
Zimbabwe								**Zimbabwe**
Goods: Exports fob	1 693.5	1 747.9	1 693.8	1 527.6	1 609.1	1 961.1	...	Biens : exportations,fàb
Goods: Imports fob	−1 318.3	−1 505.2	−1 645.7	−1 782.1	−1 487.0	−1 803.5	...	Biens : importations,fàb
Serv. & Income: Credit	267.8	287.1	299.6	331.1	407.1	410.7	...	Serv. & revenu : crédit
Serv. & Income: Debit	−693.1	−781.8	−905.4	−963.2	−850.9	−1 032.9	...	Serv. & revenu : débit
Current Trans.,nie: Credit	211.4	204.0	191.7	347.3	270.6	69.4	...	Transf. cour.,nia : crédit
Current Transfers: Debit	−144.3	−91.8	−90.9	−64.4	−64.7	−29.8	...	Transf. courants : débit
Capital Acct.,nie: Credit	0.2	0.4	0.1	0.2	0.6	285.4	...	Compte de cap.,nia : crédit
Capital Account: Debit	−7.9	−7.4	−2.9	−1.6	−1.0	−1.0	...	Compte de capital : débit
Financial Account,nie	47.8	242.6	536.5	373.4	327.2	−25.5	...	Compte d'op. fin., nia
Net Errors and Omissions	−103.8	−9.9	−31.4	37.2	14.9	80.2	...	Erreurs et omissions nettes
Reserves and Related Items	46.8	−85.8	−45.2	194.6	−225.9	85.8	...	Rés. et postes appareutés

America, North· Amérique du Nord

Country or area	1989	1990	1991	1992	1993	1994	1995	Pays ou zone
Anguilla								**Anguilla**
Goods: Exports fob	...	0.4	0.5	0.6	1.1	1.6	...	Biens : exportations,fàb
Goods: Imports fob	...	−28.7	−28.2	−33.6	−34.4	−38.3	...	Biens : importations,fàb
Serv. & Income: Credit	...	42.7	44.0	46.0	54.5	63.0	...	Serv. & revenu : crédit
Serv. & Income: Debit	...	−22.4	−23.3	−30.3	−34.9	−35.2	...	Serv. & revenu : débit
Current Trans.,nie: Credit	...	3.2	4.0	6.1	7.3	5.1	...	Transf. cour.,nia : crédit
Current Transfers: Debit	...	−3.6	−5.0	−5.5	−6.5	−6.7	...	Transf. courants : débit
Capital Acct.,nie: Credit	...	4.3	3.8	6.4	7.0	7.2	...	Compte de cap.,nia : crédit
Capital Account: Debit	...	−0.9	−0.9	−1.0	−1.3	−1.3	...	Compte de capital : débit
Financial Account,nie	...	22.2	9.0	12.0	4.3	8.4	...	Compte d'op. fin., nia
Net Errors and Omissions	...	−14.2	−4.1	0.5	4.0	−4.2	...	Erreurs et omissions nettes
Reserves and Related Items	...	−3.0	0.2	−1.2	−1.2	0.2	...	Rés. et postes appareutés
Antigua and Barbuda								**Antigua−et−Barbuda**
Goods: Exports fob	29.1	33.4	49.5	64.7	62.1	44.5	...	Biens : exportations,fàb
Goods: Imports fob	−246.3	−235.4	−258.8	−274.4	−282.6	−298.1	...	Biens : importations,fàb
Serv. & Income: Credit	263.0	314.4	322.9	346.3	380.3	400.6	...	Serv. & revenu : crédit
Serv. & Income: Debit	−139.3	−152.9	−148.3	−156.1	−157.7	−165.7	...	Serv. & revenu : débit
Current Trans.,nie: Credit	17.3	14.9	9.2	8.5	9.1	10.4	...	Transf. cour.,nia : crédit
Current Transfers: Debit	−5.5	−5.3	−7.9	−9.7	−11.8	−9.5	...	Transf. courants : débit
Capital Acct.,nie: Credit	6.7	5.2	6.4	5.7	6.8	6.5	...	Compte de cap.,nia : crédit
Capital Account: Debit	0.0	0.0	0.0	0.0	0.0	−0.6	...	Compte de capital : débit
Financial Account,nie	76.8	60.6	46.4	40.0	0.5	9.6	...	Compte d'op. fin., nia
Net Errors and Omissions	−1.9	−35.4	−14.4	−8.7	−18.0	10.5	...	Erreurs et omissions nettes
Reserves and Related Items	0.0	0.6	−5.1	−16.4	11.2	−8.1	...	Rés. et postes appareutés
Aruba								**Aruba**
Goods: Exports fob	107.5	155.5	878.8	1 069.2	1 154.4	1 296.8	1 347.2	Biens : exportations,fàb
Goods: Imports fob	−397.4	−580.8	−1 402.8	−1 446.2	−1 546.5	−1 607.3	−1 772.5	Biens : importations,fàb
Serv. & Income: Credit	364.7	425.8	490.6	585.7	617.5	633.8	661.5	Serv. & revenu : crédit
Serv. & Income: Debit	−124.9	−157.5	−173.5	−181.6	−193.7	−251.0	−270.1	Serv. & revenu : débit
Current Trans.,nie: Credit	18.0	33.8	38.1	45.9	43.4	47.5	71.5	Transf. cour.,nia : crédit
Current Transfers: Debit	−14.6	−34.9	−40.6	−28.7	−33.3	−38.7	−37.9	Transf. courants : débit
Capital Acct.,nie: Credit	0.0	0.0	0.8	0.9	0.9	0.3	3.1	Compte de cap.,nia : crédit
Capital Account: Debit	0.0	0.0	−3.8	−2.4	−2.8	−4.4	−3.6	Compte de capital : débit
Financial Account,nie	47.8	172.2	228.8	−24.1	−8.4	−75.4	41.6	Compte d'op. fin., nia
Net Errors and Omissions	20.4	−2.4	6.5	4.4	2.0	−4.7	2.0	Erreurs et omissions nettes
Reserves and Related Items	−21.5	−11.7	−22.8	−22.6	−33.4	3.2	−42.7	Rés. et postes appareutés
Bahamas								**Bahamas**
Goods: Exports fob	312.1	375.7	360.2	342.5	286.8	258.5	267.5	Biens : exportations,fàb
Goods: Imports fob	−1 136.7	−1 190.2	−1 045.6	−1 069.2	−1 100.5	−1 145.2	−1 168.9	Biens : importations,fàb
Serv. & Income: Credit	1 454.4	1 478.2	1 331.0	1 364.4	1 439.1	1 487.8	1 512.9	Serv. & revenu : crédit
Serv. & Income: Debit	−715.1	−773.6	−775.3	−708.8	−717.4	−846.4	−852.8	Serv. & revenu : débit

83
Summary of balance of payments
Millions of US dollars
Résumé des balances des paiements
Millions de dollars des E-U

Country or area	1989	1990	1991	1992	1993	1994	1995	Pays ou zone
Current Trans.,nie: Credit	21.6	24.7	30.9	31.1	33.1	33.9	36.3	Transf. cour.,nia : crédit
Current Transfers: Debit	−17.9	−9.9	−8.4	−13.5	−14.4	−12.9	−7.2	Transf. courants : débit
Capital Acct.,nie: Credit	0.0	0.0	0.0	0.0	0.0	0.0	0.0	Compte de cap.,nia : crédit
Capital Account: Debit	−2.7	−4.2	−2.9	−4.2	−4.3	−3.0	−12.6	Compte de capital : débit
Financial Account,nie	94.8	57.1	176.9	12.9	9.4	77.2	104.0	Compte d'op. fin., nia
Net Errors and Omissions	−37.1	51.5	−53.8	16.1	87.2	159.5	117.8	Erreurs et omissions nettes
Reserves and Related Items	26.6	−9.3	−13.0	28.7	−19.0	−9.4	3.1	Rés. et postes apparentés
Barbados								**Barbade**
Goods: Exports fob	186.2	217.7	205.5	188.8	186.5	188.8	244.1	Biens : exportations,fàb
Goods: Imports fob	−600.4	−624.1	−619.3	−465.0	−511.4	−541.6	−684.0	Biens : importations,fàb
Serv. & Income: Credit	731.5	680.1	651.9	653.0	725.4	854.8	973.8	Serv. & revenu : crédit
Serv. & Income: Debit	−294.2	−328.4	−294.9	−274.3	−351.5	−405.6	−456.7	Serv. & revenu : débit
Current Trans.,nie: Credit	47.8	51.7	45.3	51.4	41.6	54.2	55.8	Transf. cour.,nia : crédit
Current Transfers: Debit	−46.2	−11.9	−15.8	−14.6	−22.3	−20.0	−23.4	Transf. courants : débit
Capital Acct.,nie: Credit	0.0	0.0	0.0	0.0	0.0	0.0	0.0	Compte de cap.,nia : crédit
Capital Account: Debit	0.0	0.0	0.0	0.0	0.0	0.0	0.0	Compte de capital : débit
Financial Account,nie	−28.4	44.2	21.4	−83.1	−0.5	−31.2	−61.5	Compte d'op. fin., nia
Net Errors and Omissions	−42.3	−70.3	−38.0	−31.2	−48.3	−62.0	−7.7	Erreurs et omissions nettes
Reserves and Related Items	46.0	41.0	43.4	−24.9	−19.4	−37.4	−40.4	Rés. et postes apparentés
Belize								**Belize**
Goods: Exports fob	124.4	129.2	126.1	140.6	132.0	156.5	164.6	Biens : exportations,fàb
Goods: Imports fob	−188.5	−188.4	−223.6	−244.5	−250.5	−231.8	−230.6	Biens : importations,fàb
Serv. & Income: Credit	95.5	125.9	131.0	149.3	156.4	124.0	135.6	Serv. & revenu : crédit
Serv. & Income: Debit	−81.6	−80.8	−87.3	−104.4	−115.9	−116.2	−120.0	Serv. & revenu : débit
Current Trans.,nie: Credit	34.4	33.6	32.3	35.4	33.8	34.4	38.3	Transf. cour.,nia : crédit
Current Transfers: Debit	−3.3	−4.2	−4.3	−5.0	−4.3	−6.9	−5.2	Transf. courants : débit
Capital Acct.,nie: Credit	0.0	0.0	0.0	0.0	0.0	0.0	0.0	Compte de cap.,nia : crédit
Capital Account: Debit	0.0	0.0	0.0	0.0	0.0	0.0	0.0	Compte de capital : débit
Financial Account,nie	25.5	25.1	22.2	22.4	32.8	3.6	−1.0	Compte d'op. fin., nia
Net Errors and Omissions	9.1	−25.0	−12.8	6.3	1.5	32.8	22.4	Erreurs et omissions nettes
Reserves and Related Items	−15.5	−15.4	16.4	−0.1	14.2	3.6	−4.1	Rés. et postes apparentés
Canada								**Canada**
Goods: Exports fob	122 969.0	128 440.0	126 153.0	132 115.0	143 953.0	163 813.0	189 854.0	Biens : exportations,fàb
Goods: Imports fob	−116 984.0	−120 106.0	−122 282.0	−126 415.0	−136 026.0	−151 505.0	−167 513.0	Biens : importations,fàb
Serv. & Income: Credit	24 526.0	25 882.0	26 681.0	26 180.0	26 061.0	29 767.0	34 281.0	Serv. & revenu : crédit
Serv. & Income: Debit	−53 501.0	−55 726.0	−54 246.0	−53 579.0	−56 678.0	−58 998.0	−64 945.0	Serv. & revenu : débit
Current Trans.,nie: Credit	2 035.0	2 290.0	2 292.0	2 233.0	2 281.0	2 258.0	2 319.0	Transf. cour.,nia : crédit
Current Transfers: Debit	−2 835.0	−3 358.0	−3 169.0	−3 125.0	−2 982.0	−2 613.0	−2 689.0	Transf. courants : débit
Capital Acct.,nie: Credit	1 257.0	1 251.0	1 260.0	1 297.0	1 293.0	1 265.0	932.0	Compte de cap.,nia : crédit
Capital Account: Debit	−202.0	−218.0	−273.0	−264.0	−264.0	−264.0	−282.0	Compte de capital : débit
Financial Account,nie	22 527.0	23 571.0	23 748.0	14 448.0	29 124.0	9 699.0	4 345.0	Compte d'op. fin., nia
Net Errors and Omissions	501.0	−1 402.0	−2 649.0	1 304.0	−7 255.0	1 434.0	3 230.0	Erreurs et omissions nettes
Reserves and Related Items	−293.0	−625.0	2 486.0	5 807.0	492.0	5 144.0	467.0	Rés. et postes apparentés
Costa Rica								**Costa Rica**
Goods: Exports fob	1 333.4	1 354.2	1 498.1	1 739.1	1 866.8	2 122.0	2 480.2	Biens : exportations,fàb
Goods: Imports fob	−1 572.0	−1 796.7	−1 697.6	−2 210.9	−2 627.6	−2 727.8	−2 953.7	Biens : importations,fàb
Serv. & Income: Credit	617.8	739.3	802.8	954.1	1 150.5	1 349.6	1 464.4	Serv. & revenu : crédit
Serv. & Income: Debit	−985.1	−912.7	−820.1	−1 026.0	−1 153.0	−1 143.1	−1 287.4	Serv. & revenu : débit
Current Trans.,nie: Credit	130.5	126.0	121.1	168.9	149.3	164.5	161.8	Transf. cour.,nia : crédit
Current Transfers: Debit	−4.1	−4.1	−3.5	−5.6	−6.2	−9.2	−8.3	Transf. courants : débit
Capital Acct.,nie: Credit	0.0	0.0	0.0	0.0	0.0	0.0	0.0	Compte de cap.,nia : crédit
Capital Account: Debit	0.0	0.0	0.0	0.0	0.0	0.0	0.0	Compte de capital : débit
Financial Account,nie	−186.7	−90.8	162.1	192.8	62.8	−108.4	279.3	Compte d'op. fin., nia
Net Errors and Omissions	208.9	43.4	99.9	201.9	299.0	249.1	94.4	Erreurs et omissions nettes
Reserves and Related Items	457.7	541.4	−162.8	−14.3	258.4	103.3	−230.7	Rés. et postes apparentés
Dominica								**Dominique**
Goods: Exports fob	46.3	56.1	55.6	55.1	47.3	44.0	...	Biens : exportations,fàb
Goods: Imports fob	−94.4	−104.0	−96.5	−92.8	−93.9	−95.8	...	Biens : importations,fàb
Serv. & Income: Credit	28.6	37.4	40.0	46.7	49.9	54.7	...	Serv. & revenu : crédit
Serv. & Income: Debit	−33.4	−38.9	−40.1	−42.3	−40.2	−47.0	...	Serv. & revenu : débit
Current Trans.,nie: Credit	10.2	10.4	11.2	10.9	12.4	14.8	...	Transf. cour.,nia : crédit
Current Transfers: Debit	−2.8	−4.5	−3.9	−3.3	−3.7	−6.4	...	Transf. courants : débit

83
Summary of balance of payments
Millions of US dollars

Résumé des balances des paiements
Millions de dollars des E-U

Country or area	1989	1990	1991	1992	1993	1994	1995	Pays ou zone
Capital Acct.,nie: Credit	15.6	15.0	14.7	11.3	11.2	8.2	...	Compte de cap.,nia : crédit
Capital Account: Debit	-2.0	-1.5	-1.6	-1.5	-1.5	-0.2	...	Compte de capital : débit
Financial Account,nie	32.0	29.3	24.6	24.3	18.1	25.8	...	Compte d'op. fin., nia
Net Errors and Omissions	0.1	5.8	0.1	-5.0	1.0	-1.4	...	Erreurs et omissions nettes
Reserves and Related Items	-0.2	-5.1	-4.2	-3.4	-0.6	3.2	...	Rés. et postes appareutés
Dominican Republic								**Rép. dominicaine**
Goods: Exports fob	924.4	734.5	658.3	562.5	2 738.2	3 296.4	3 051.9	Biens : exportations,fàb
Goods: Imports fob	-1 963.8	-1 792.8	-1 728.8	-2 174.3	-4 590.3	-5 014.5	-4 843.9	Biens : importations,fàb
Serv. & Income: Credit	1 148.2	1 183.5	1 285.9	1 403.3	1 601.9	1 842.4	2 054.2	Serv. & revenu : crédit
Serv. & Income: Debit	-820.5	-775.4	-759.2	-931.2	-981.5	-1 057.3	-1 256.0	Serv. & revenu : débit
Current Trans.,nie: Credit	384.4	370.6	386.5	431.8	786.1	864.7	868.8	Transf. cour.,nia : crédit
Current Transfers: Debit	0.0	0.0	0.0	0.0	-1.4	0.0	-0.2	Transf. courants : débit
Capital Acct.,nie: Credit	0.0	0.0	0.0	0.0	0.0	0.0	0.0	Compte de cap.,nia : crédit
Capital Account: Debit	0.0	0.0	0.0	0.0	0.0	0.0	0.0	Compte de capital : débit
Financial Account,nie	137.9	-73.8	-134.1	74.8	-76.9	77.6	368.1	Compte d'op. fin., nia
Net Errors and Omissions	-73.6	-120.7	548.3	569.0	39.1	-509.7	-116.1	Erreurs et omissions nettes
Reserves and Related Items	263.0	474.1	-256.9	64.0	484.8	500.4	-126.8	Rés. et postes appareutés
El Salvador								**El Salvador**
Goods: Exports fob	557.5	643.9	586.8	598.1	731.5	1 252.2	1 660.4	Biens : exportations,fàb
Goods: Imports fob	-1 220.2	-1 309.5	-1 291.4	-1 560.5	-1 766.4	-2 407.4	-3 183.6	Biens : importations,fàb
Serv. & Income: Credit	377.1	358.7	341.2	408.8	437.1	422.7	442.5	Serv. & revenu : crédit
Serv. & Income: Debit	-519.5	-475.8	-474.0	-493.6	-524.5	-574.0	-630.4	Serv. & revenu : débit
Current Trans.,nie: Credit	437.6	524.6	627.5	852.8	1 004.7	1 290.9	1 388.9	Transf. cour.,nia : crédit
Current Transfers: Debit	-2.1	-2.7	-2.5	-0.7	-0.7	-2.4	0.0	Transf. courants : débit
Capital Acct.,nie: Credit	0.0	0.0	0.0	0.0	0.0	0.0	0.0	Compte de cap.,nia : crédit
Capital Account: Debit	0.0	0.0	0.0	0.0	0.0	0.0	0.0	Compte de capital : débit
Financial Account,nie	118.2	-11.4	-61.1	-4.3	86.6	83.9	432.5	Compte d'op. fin., nia
Net Errors and Omissions	140.9	299.4	125.6	65.6	90.3	47.3	38.1	Erreurs et omissions nettes
Reserves and Related Items	110.6	-27.1	147.9	133.8	-58.7	-113.0	-148.3	Rés. et postes appareutés
Grenada								**Grenade**
Goods: Exports fob	31.1	29.3	26.7	23.3	22.5	25.8	...	Biens : exportations,fàb
Goods: Imports fob	-99.0	-106.3	-113.6	-103.2	-118.1	-125.1	...	Biens : importations,fàb
Serv. & Income: Credit	56.7	66.3	74.3	78.6	90.5	105.5	...	Serv. & revenu : crédit
Serv. & Income: Debit	-41.6	-46.9	-45.3	-43.8	-52.2	-55.3	...	Serv. & revenu : débit
Current Trans.,nie: Credit	17.4	12.5	13.3	14.3	16.1	19.8	...	Transf. cour.,nia : crédit
Current Transfers: Debit	-0.9	-1.1	-2.0	-2.3	-2.4	-3.5	...	Transf. courants : débit
Capital Acct.,nie: Credit	10.7	23.4	18.5	14.8	18.3	23.0	...	Compte de cap.,nia : crédit
Capital Account: Debit	-0.8	-1.3	-1.0	-1.4	-1.4	-1.4	...	Compte de capital : débit
Financial Account,nie	33.2	18.5	23.4	18.3	19.0	6.3	...	Compte d'op. fin., nia
Net Errors and Omissions	-7.6	8.1	8.2	9.5	8.1	9.4	...	Erreurs et omissions nettes
Reserves and Related Items	0.8	-2.5	-2.5	-8.1	-0.4	-4.5	...	Rés. et postes appareutés
Guatemala								**Guatemala**
Goods: Exports fob	1 126.1	1 211.4	1 230.0	1 283.7	1 363.2	1 550.1	2 155.5	Biens : exportations,fàb
Goods: Imports fob	-1 484.4	-1 428.0	-1 673.0	-2 327.8	-2 384.0	-2 546.6	-3 032.6	Biens : importations,fàb
Serv. & Income: Credit	328.7	377.0	522.7	683.1	721.5	761.1	712.4	Serv. & revenu : crédit
Serv. & Income: Debit	-587.3	-600.3	-523.1	-735.4	-765.6	-838.5	-900.7	Serv. & revenu : débit
Current Trans.,nie: Credit	255.1	217.6	276.7	406.2	371.4	456.4	510.4	Transf. cour.,nia : crédit
Current Transfers: Debit	-5.3	-10.6	-17.0	-15.7	-8.2	-7.8	-17.2	Transf. courants : débit
Capital Acct.,nie: Credit	0.0	0.0	0.0	0.0	0.0	0.0	59.3	Compte de cap.,nia : crédit
Capital Account: Debit	0.0	0.0	0.0	0.0	0.0	0.0	0.0	Compte de capital : débit
Financial Account,nie	228.3	-46.2	731.8	610.5	816.2	655.2	496.8	Compte d'op. fin., nia
Net Errors and Omissions	54.7	36.2	83.3	81.8	85.2	-23.6	-135.9	Erreurs et omissions nettes
Reserves and Related Items	84.1	242.9	-631.4	13.6	-199.7	-6.3	152.0	Rés. et postes appareutés
Haiti								**Haïti**
Goods: Exports fob	148.3	265.8	202.0	75.6	81.6	57.4	105.3	Biens : exportations,fàb
Goods: Imports fob	-259.3	-442.6	-448.6	-214.1	-266.6	-141.2	-520.0	Biens : importations,fàb
Serv. & Income: Credit	93.1	59.1	59.6	39.5	37.8	6.7	103.3	Serv. & revenu : crédit
Serv. & Income: Debit	-219.0	-97.1	-103.3	-48.1	-42.8	-75.1	-260.4	Serv. & revenu : débit
Current Trans.,nie: Credit	237.7	192.9	234.2	155.0	173.4	156.2	505.1	Transf. cour.,nia : crédit
Current Transfers: Debit	-63.5	0.0	0.0	0.0	0.0	0.0	0.0	Transf. courants : débit
Capital Acct.,nie: Credit	0.0	0.0	0.0	0.0	0.0	0.0	0.0	Compte de cap.,nia : crédit
Capital Account: Debit	0.0	0.0	0.0	0.0	0.0	0.0	0.0	Compte de capital : débit
Financial Account,nie	60.1	33.0	25.9	-20.6	-43.7	-15.8	82.5	Compte d'op. fin., nia
Net Errors and Omissions	-10.7	-46.3	42.9	6.4	37.3	-37.9	205.0	Erreurs et omissions nettes
Reserves and Related Items	13.2	35.2	-12.7	6.3	23.0	49.7	-221.0	Rés. et postes appareutés

83
Summary of balance of payments
Millions of US dollars
Résumé des balances des paiements
Millions de dollars des E−U

Country or area	1989	1990	1991	1992	1993	1994	1995	Pays ou zone
Honduras								**Honduras**
Goods: Exports fob	911.2	895.2	840.6	839.3	999.6	1 101.5	1 377.2	Biens : exportations,fàb
Goods: Imports fob	−955.7	−907.0	−912.5	−990.2	−1 203.1	−1 351.1	−1 518.6	Biens : importations,fàb
Serv. & Income: Credit	174.0	158.0	214.8	263.4	240.5	266.4	289.9	Serv. & revenu : crédit
Serv. & Income: Debit	−492.4	−477.3	−512.6	−586.6	−510.0	−549.1	−591.9	Serv. & revenu : débit
Current Trans.,nie: Credit	194.6	156.2	166.3	186.1	165.5	190.2	243.7	Transf. cour.,nia : crédit
Current Transfers: Debit	−12.0	−11.5	−10.0	−10.2	−1.2	−1.2	−1.2	Transf. courants : débit
Capital Acct.,nie: Credit	...	...	...	...	...	...	...	Compte de cap.,nia : crédit
Capital Account: Debit	...	...	...	...	...	...	...	Compte de capital : débit
Financial Account,nie	−48.6	−16.7	−98.3	22.0	22.8	157.5	114.6	Compte d'op. fin., nia
Net Errors and Omissions	−138.9	−107.4	152.0	29.2	−47.5	115.5	45.0	Erreurs et omissions nettes
Reserves and Related Items	367.7	310.5	159.7	247.0	333.4	70.3	41.3	Rés. et postes appareutés
Jamaica								**Jamaïque**
Goods: Exports fob	1 028.9	1 190.6	1 196.7	1 116.5	1 105.4	1 551.0	1 792.7	Biens : exportations,fàb
Goods: Imports fob	−1 618.7	−1 692.7	−1 588.3	−1 541.1	−1 920.5	−2 064.8	−2 605.9	Biens : importations,fàb
Serv. & Income: Credit	980.1	1 134.1	1 051.8	1 179.0	1 377.7	1 377.0	1 534.4	Serv. & revenu : crédit
Serv. & Income: Debit	−1 174.9	−1 235.0	−1 168.8	−1 083.3	−1 136.4	−1 303.9	−1 501.0	Serv. & revenu : débit
Current Trans.,nie: Credit	523.8	314.9	294.8	387.2	415.9	498.4	597.2	Transf. cour.,nia : crédit
Current Transfers: Debit	−21.8	−24.0	−26.3	−29.8	−26.1	−40.8	−62.6	Transf. courants : débit
Capital Acct.,nie: Credit	0.0	0.0	0.0	0.0	0.0	1.5	3.4	Compte de cap.,nia : crédit
Capital Account: Debit	−15.0	−15.9	−15.7	−17.6	−12.9	13.2	33.7	Compte de capital : débit
Financial Account,nie	115.8	428.2	254.9	297.3	257.1	324.7	201.4	Compte d'op. fin., nia
Net Errors and Omissions	10.0	29.3	−20.4	−59.9	49.7	12.9	36.1	Erreurs et omissions nettes
Reserves and Related Items	171.8	−129.5	21.3	−248.3	−109.9	−369.2	−29.4	Rés. et postes appareutés
Mexico								**Mexique**
Goods: Exports fob	35 171.0	40 711.0	42 687.0	46 196.0	51 885.0	60 879.0	79 543.0	Biens : exportations,fàb
Goods: Imports fob	−34 766.0	−41 592.0	−49 966.0	−62 130.0	−65 366.0	−79 346.0	−72 454.0	Biens : importations,fàb
Serv. & Income: Credit	10 368.0	11 367.0	12 392.0	12 064.0	12 211.0	13 671.0	13 986.0	Serv. & revenu : crédit
Serv. & Income: Debit	−19 141.0	−21 912.0	−22 747.0	−23 957.0	−25 770.0	−28 634.0	−25 691.0	Serv. & revenu : débit
Current Trans.,nie: Credit	2 559.0	3 990.0	2 765.0	3 404.0	3 656.0	4 042.0	3 993.0	Transf. cour.,nia : crédit
Current Transfers: Debit	−16.0	−15.0	−19.0	−19.0	−16.0	−30.0	−31.0	Transf. courants : débit
Capital Acct.,nie: Credit	0.0	0.0	0.0	0.0	0.0	0.0	0.0	Compte de cap.,nia : crédit
Capital Account: Debit	0.0	0.0	0.0	0.0	0.0	0.0	0.0	Compte de capital : débit
Financial Account,nie	1 110.0	8 441.0	25 139.0	27 039.0	33 760.0	15 787.0	−11 781.0	Compte d'op. fin., nia
Net Errors and Omissions	4 504.0	1 228.0	−2 278.0	−852.0	−3 128.0	−4 035.0	−2 871.0	Erreurs et omissions nettes
Reserves and Related Items	211.0	−2 218.0	−7 973.0	−1 745.0	−7 232.0	17 667.0	15 306.0	Rés. et postes appareutés
Montserrat								**Montserrat**
Goods: Exports fob	1.3	1.5	1.0	1.6	2.3	2.9	...	Biens : exportations,fàb
Goods: Imports fob	−32.6	−42.4	−34.1	−29.8	−24.2	−30.0	...	Biens : importations,fàb
Serv. & Income: Credit	17.0	19.4	19.4	20.5	23.8	27.6	...	Serv. & revenu : crédit
Serv. & Income: Debit	−12.4	−15.2	−13.8	−13.9	−15.2	−19.7	...	Serv. & revenu : débit
Current Trans.,nie: Credit	35.4	18.4	11.7	12.1	9.7	3.3	...	Transf. cour.,nia : crédit
Current Transfers: Debit	−3.3	−4.6	−5.5	−3.4	−6.4	−3.4	...	Transf. courants : débit
Capital Acct.,nie: Credit	7.0	4.5	5.2	2.1	5.4	10.1	...	Compte de cap.,nia : crédit
Capital Account: Debit	0.0	0.0	0.0	0.0	0.0	0.0	...	Compte de capital : débit
Financial Account,nie	−9.2	23.6	5.1	4.7	5.5	−4.3	...	Compte d'op. fin., nia
Net Errors and Omissions	−2.9	−2.7	7.4	6.1	−1.2	15.1	...	Erreurs et omissions nettes
Reserves and Related Items	−0.3	−2.6	3.6	−0.1	0.4	−1.6	...	Rés. et postes appareutés
Netherlands Antilles								**Antilles néerlandaises**
Goods: Exports fob	313.4	302.7	301.8	332.3	306.0	351.1	354.2	Biens : exportations,fàb
Goods: Imports fob	−1 017.8	−1 112.3	−1 118.9	−1 168.4	−1 143.8	−1 271.6	−1 318.7	Biens : importations,fàb
Serv. & Income: Credit	1 069.7	1 287.5	1 354.7	1 497.7	1 468.7	1 547.9	1 809.5	Serv. & revenu : crédit
Serv. & Income: Debit	−480.5	−627.8	−653.8	−753.5	−736.3	−769.9	−855.8	Serv. & revenu : débit
Current Trans.,nie: Credit	260.9	213.1	228.7	217.4	250.3	217.9	245.9	Transf. cour.,nia : crédit
Current Transfers: Debit	−107.6	−107.3	−118.6	−115.5	−143.7	−173.3	−148.5	Transf. courants : débit
Capital Acct.,nie: Credit	0.1	0.5	0.9	1.7	0.8	1.0	1.4	Compte de cap.,nia : crédit
Capital Account: Debit	−3.3	−2.2	−1.7	−2.3	−1.7	−1.7	−2.2	Compte de capital : débit
Financial Account,nie	−93.7	9.4	−41.5	41.7	32.2	−2.3	31.1	Compte d'op. fin., nia
Net Errors and Omissions	14.6	6.5	6.2	8.2	11.5	24.9	22.5	Erreurs et omissions nettes
Reserves and Related Items	44.2	29.8	42.2	−59.2	−44.0	75.9	−139.3	Rés. et postes appareutés
Nicaragua								**Nicaragua**
Goods: Exports fob	318.7	332.4	268.1	223.1	267.0	351.2	528.6	Biens : exportations,fàb
Goods: Imports fob	−547.3	−569.7	−688.0	−770.8	−659.4	−784.7	−852.1	Biens : importations,fàb
Serv. & Income: Credit	28.8	71.6	79.9	93.7	105.6	108.1	126.1	Serv. & revenu : crédit
Serv. & Income: Debit	−330.8	−341.1	−509.2	−650.6	−591.1	−644.4	−583.6	Serv. & revenu : débit
Current Trans.,nie: Credit	168.9	201.6	844.4	270.6	233.6	240.9	75.0	Transf. cour.,nia : crédit

83
Summary of balance of payments
Millions of US dollars
Résumé des balances des paiements
Millions de dollars des E−U

Country or area	1989	1990	1991	1992	1993	1994	1995	Pays ou zone
Current Transfers: Debit	0.0	0.0	0.0	0.0	0.0	0.0	0.0	Transf. courants : débit
Capital Acct.,nie: Credit	0.0	0.0	0.0	0.0	0.0	0.0	0.0	Compte de cap.,nia : crédit
Capital Account: Debit	0.0	0.0	0.0	0.0	0.0	0.0	0.0	Compte de capital : débit
Financial Account,nie	−89.3	−161.1	−543.6	−538.3	−502.8	−209.1	−560.5	Compte d'op. fin., nia
Net Errors and Omissions	−69.2	−181.2	84.7	60.2	128.1	154.3	64.5	Erreurs et omissions nettes
Reserves and Related Items	520.2	647.5	463.7	1 312.0	1 019.0	783.7	1 202.0	Rés. et postes appareutés
Panama								**Panama**
Goods: Exports fob	2 742.1	3 346.3	4 192.0	5 103.5	5 416.9	...	...	Biens : exportations,fàb
Goods: Imports fob	−2 865.9	−3 503.8	−4 591.3	−5 479.9	−5 751.1	...	...	Biens : importations,fàb
Serv. & Income: Credit	1 957.1	2 230.8	2 274.9	2 352.9	2 573.5	...	...	Serv. & revenu : crédit
Serv. & Income: Debit	−1 817.9	−2 086.2	−2 314.2	−2 456.2	−2 583.6	...	...	Serv. & revenu : débit
Current Trans.,nie: Credit	139.7	248.8	249.8	229.9	236.4	...	...	Transf. cour.,nia : crédit
Current Transfers: Debit	−44.2	−29.4	−27.3	−29.0	−33.4	...	...	Transf. courants : débit
Capital Acct.,nie: Credit	0.0	0.0	0.0	0.0	0.0	...	...	Compte de cap.,nia : crédit
Capital Account: Debit	0.0	0.0	0.0	0.0	0.0	...	...	Compte de capital : débit
Financial Account,nie	−678.6	−191.1	−721.7	−425.9	−414.4	...	...	Compte d'op. fin., nia
Net Errors and Omissions	−236.1	−134.5	633.8	455.4	301.0	...	...	Erreurs et omissions nettes
Reserves and Related Items	803.8	119.1	304.0	249.3	254.7	...	...	Rés. et postes appareutés
Saint Kitts and Nevis								**Saint−Kitts−et−Nevis**
Goods: Exports fob	29.2	28.3	28.6	33.0	31.9	29.3	...	Biens : exportations,fàb
Goods: Imports fob	−90.2	−97.4	−97.1	−84.2	−94.6	−98.3	...	Biens : importations,fàb
Serv. & Income: Credit	53.5	57.4	71.0	81.6	85.9	94.5	...	Serv. & revenu : crédit
Serv. & Income: Debit	−41.9	−42.7	−45.2	−54.3	−61.3	−61.5	...	Serv. & revenu : débit
Current Trans.,nie: Credit	17.7	17.2	13.9	13.7	14.2	15.2	...	Transf. cour.,nia : crédit
Current Transfers: Debit	−6.7	−9.7	−6.2	−5.7	−6.2	−5.7	...	Transf. courants : débit
Capital Acct.,nie: Credit	5.3	3.1	3.8	3.8	3.5	2.6	...	Compte de cap.,nia : crédit
Capital Account: Debit	−0.2	−0.6	0.0	−0.2	−0.2	−0.9	...	Compte de capital : débit
Financial Account,nie	51.2	51.1	25.2	23.6	15.2	26.1	...	Compte d'op. fin., nia
Net Errors and Omissions	−11.6	−6.4	6.5	−1.7	14.9	1.0	...	Erreurs et omissions nettes
Reserves and Related Items	−6.3	−0.1	−0.7	−9.8	−3.4	−2.3	...	Rés. et postes appareutés
Saint Lucia								**Sainte−Lucie**
Goods: Exports fob	116.0	131.0	113.9	127.2	123.5	99.9	...	Biens : exportations,fàb
Goods: Imports fob	−240.9	−238.8	−261.4	−270.8	−264.0	−265.6	...	Biens : importations,fàb
Serv. & Income: Credit	142.3	156.5	176.8	200.4	209.0	230.9	...	Serv. & revenu : crédit
Serv. & Income: Debit	−87.8	−101.8	−114.8	−120.6	−119.0	−142.2	...	Serv. & revenu : débit
Current Trans.,nie: Credit	12.3	13.9	16.9	16.4	21.9	20.5	...	Transf. cour.,nia : crédit
Current Transfers: Debit	−5.2	−6.3	−3.5	−7.4	−12.6	−8.3	...	Transf. courants : débit
Capital Acct.,nie: Credit	8.5	3.9	6.6	9.1	4.2	8.5	...	Compte de cap.,nia : crédit
Capital Account: Debit	0.0	0.0	0.0	−0.2	−0.3	−1.1	...	Compte de capital : débit
Financial Account,nie	52.2	51.4	59.3	59.8	56.1	46.3	...	Compte d'op. fin., nia
Net Errors and Omissions	8.2	−3.5	13.9	−7.1	−14.2	15.4	...	Erreurs et omissions nettes
Reserves and Related Items	−5.6	−6.3	−7.7	−6.8	−4.5	−4.2	...	Rés. et postes appareutés
St. Vincent−Grenadines								**St. Vincent−Grenadines**
Goods: Exports fob	77.4	85.4	67.4	79.0	57.1	45.7	57.1	Biens : exportations,fàb
Goods: Imports fob	−112.6	−120.4	−120.4	−116.9	−118.1	−119.4	−120.5	Biens : importations,fàb
Serv. & Income: Credit	42.8	49.4	51.0	54.3	52.3	51.7	72.1	Serv. & revenu : crédit
Serv. & Income: Debit	−45.5	−47.5	−49.3	−47.7	−44.2	−52.6	−52.5	Serv. & revenu : débit
Current Trans.,nie: Credit	13.0	14.5	13.8	14.2	14.8	21.3	16.3	Transf. cour.,nia : crédit
Current Transfers: Debit	−4.7	−4.9	−6.6	−8.4	−8.6	−8.0	−8.4	Transf. courants : débit
Capital Acct.,nie: Credit	12.2	18.9	21.7	14.7	7.0	5.4	3.3	Compte de cap.,nia : crédit
Capital Account: Debit	−1.4	−0.2	−0.3	−0.3	−0.3	−1.0	0.0	Compte de capital : débit
Financial Account,nie	17.5	2.0	20.6	25.2	32.8	56.8	35.2	Compte d'op. fin., nia
Net Errors and Omissions	2.9	8.4	−1.5	−4.6	6.0	0.3	−3.0	Erreurs et omissions nettes
Reserves and Related Items	−1.4	−5.4	3.5	−9.6	1.3	−0.3	0.6	Rés. et postes appareutés
Trinidad and Tobago								**Trinité−et−Tobago**
Goods: Exports fob	1 550.8	1 960.1	1 774.5	1 691.4	1 500.1	1 777.6	2 456.1	Biens : exportations,fàb
Goods: Imports fob	−1 045.2	−947.2	−1 210.3	−995.6	−952.9	−1 036.6	−1 868.5	Biens : importations,fàb
Serv. & Income: Credit	313.2	368.1	453.9	482.5	393.6	383.3	419.2	Serv. & revenu : crédit
Serv. & Income: Debit	−849.9	−915.6	−1 025.1	−1 039.8	−832.4	−906.3	−708.6	Serv. & revenu : débit
Current Trans.,nie: Credit	5.2	7.8	15.6	11.1	23.7	28.3	34.0	Transf. cour.,nia : crédit
Current Transfers: Debit	−12.7	−13.9	−13.3	−10.7	−19.0	−27.9	−38.5	Transf. courants : débit
Capital Acct.,nie: Credit	0.4	0.4	0.4	0.4	1.3	1.1	1.1	Compte de cap.,nia : crédit
Capital Account: Debit	−17.5	−19.6	−16.5	−16.9	−12.8	−7.5	−13.0	Compte de capital : débit
Financial Account,nie	−166.5	−506.3	−226.8	−154.2	98.8	−32.2	−279.5	Compte d'op. fin., nia
Net Errors and Omissions	45.4	−112.0	−29.0	−72.6	−41.8	6.3	81.4	Erreurs et omissions nettes
Reserves and Related Items	176.8	178.5	276.5	104.4	−158.6	−185.5	−83.7	Rés. et postes appareutés

83
Summary of balance of payments
Millions of US dollars
Résumé des balances des paiements
Millions de dollars des E−U

Country or area	1989	1990	1991	1992	1993	1994	1995	Pays ou zone
United States								**Etats−Unis**
Goods: Exports fob [1]	362.2	389.3	416.9	440.4	458.7	504.6	577.8	Biens : exportations,fàb [1]
Goods: Imports fob [1]	−477.3	−498.3	−491.0	−536.5	−590.1	−669.2	−749.8	Biens : importations,fàb [1]
Serv. & Income: Credit [1]	280.4	307.8	300.8	296.4	304.1	335.5	391.4	Serv. & revenu : crédit [1]
Serv. & Income: Debit [1]	−242.2	−258.2	−240.8	−227.3	−235.0	−279.4	−332.5	Serv. & revenu : débit [1]
Current Trans.,nie: Credit [1]	4.1	8.8	46.8	6.5	5.2	5.2	5.7	Transf. cour.,nia : crédit [1]
Current Transfers: Debit [1]	−31.4	−43.6	−42.1	−40.8	−42.7	−44.5	−40.8	Transf. courants : débit [1]
Capital Acct.,nie: Credit [1]	0.2	0.3	0.3	0.4	0.5	0.5	0.5	Compte de cap.,nia : crédit [1]
Capital Account: Debit [1]	0.0	0.0	0.0	0.0	−0.7	−1.1	−0.4	Compte de capital : débit [1]
Financial Account,nie [1]	73.5	49.7	30.1	80.1	57.8	129.3	126.3	Compte d'op. fin., nia [1]
Net Errors and Omissions [1]	55.8	46.5	−26.8	−23.1	43.6	13.7	31.5	Erreurs et omissions nettes [1]
Reserves and Related Items [1]	−25.3	−2.2	5.8	3.9	−1.4	5.3	−9.7	Rés. et postes appareutés [1]
America, South · Amérique du Sud								
Argentina								**Argentine**
Goods: Exports fob	9 573.0	12 354.0	11 978.0	12 235.0	13 117.0	15 840.0	20 964.0	Biens : exportations,fàb
Goods: Imports fob	−3 864.0	−3 726.0	−7 559.0	−13 685.0	−15 543.0	−20 076.0	−18 727.0	Biens : importations,fàb
Serv. & Income: Credit	2 469.0	4 300.0	4 154.0	4 318.0	4 665.0	5 603.0	7 088.0	Serv. & revenu : crédit
Serv. & Income: Debit	−9 491.0	−9 374.0	−10 013.0	−8 931.0	−9 697.0	−11 049.0	−12 147.0	Serv. & revenu : débit
Current Trans.,nie: Credit	18.0	1 015.0	821.0	785.0	599.0	541.0	539.0	Transf. cour.,nia : crédit
Current Transfers: Debit	−10.0	−17.0	−28.0	−123.0	−187.0	−222.0	−107.0	Transf. courants : débit
Capital Acct.,nie: Credit	0.0	0.0	0.0	0.0	0.0	0.0	0.0	Compte de cap.,nia : crédit
Capital Account: Debit	0.0	0.0	0.0	0.0	0.0	0.0	0.0	Compte de capital : débit
Financial Account,nie	−8 083.0	−5 884.0	182.0	6 967.0	9 956.0	8 681.0	167.0	Compte d'op. fin., nia
Net Errors and Omissions	−249.0	715.0	−341.0	325.0	−254.0	7.0	13.0	Erreurs et omissions nettes
Reserves and Related Items	9 637.0	617.0	806.0	−1 891.0	−2 656.0	675.0	2 210.0	Rés. et postes appareutés
Bolivia								**Bolivie**
Goods: Exports fob	723.5	830.8	760.3	608.4	715.5	985.1	1 041.4	Biens : exportations,fàb
Goods: Imports fob	−729.5	−775.6	−804.2	−1 040.8	−1 111.7	−1 121.9	−1 223.7	Biens : importations,fàb
Serv. & Income: Credit	167.2	164.7	181.6	182.3	190.6	241.0	226.3	Serv. & revenu : crédit
Serv. & Income: Debit	−581.2	−578.0	−582.8	−526.4	−536.8	−547.8	−604.2	Serv. & revenu : débit
Current Trans.,nie: Credit	152.5	161.2	185.8	246.3	241.0	230.4	235.6	Transf. cour.,nia : crédit
Current Transfers: Debit	−2.6	−2.0	−3.3	−3.7	−4.1	−5.2	−3.8	Transf. courants : débit
Capital Acct.,nie: Credit	5.9	0.8	0.5	0.6	1.0	1.2	2.0	Compte de cap.,nia : crédit
Capital Account: Debit	0.0	0.0	0.0	0.0	0.0	0.0	0.0	Compte de capital : débit
Financial Account,nie	78.3	−30.2	15.1	279.9	166.3	215.1	471.3	Compte d'op. fin., nia
Net Errors and Omissions	−76.1	4.0	70.8	84.4	244.2	−90.4	−69.5	Erreurs et omissions nettes
Reserves and Related Items	262.0	224.3	176.2	169.0	94.0	92.5	−75.4	Rés. et postes appareutés
Brazil								**Brésil**
Goods: Exports fob	34 375.0	31 408.0	31 619.0	35 793.0	39 630.0	44 102.0	46 506.0	Biens : exportations,fàb
Goods: Imports fob	−18 263.0	−20 661.0	−21 041.0	−20 554.0	−25 301.0	−33 241.0	−49 663.0	Biens : importations,fàb
Serv. & Income: Credit	4 442.0	4 919.0	4 223.0	5 206.0	5 273.0	7 110.0	9 592.0	Serv. & revenu : crédit
Serv. & Income: Debit	−19 773.0	−20 288.0	−17 765.0	−16 545.0	−21 185.0	−21 547.0	−28 192.0	Serv. & revenu : débit
Current Trans.,nie: Credit	238.0	840.0	1 556.0	2 260.0	1 704.0	2 577.0	3 861.0	Transf. cour.,nia : crédit
Current Transfers: Debit	−17.0	−41.0	−42.0	−71.0	−101.0	−154.0	−240.0	Transf. courants : débit
Capital Acct.,nie: Credit	27.0	36.0	43.0	54.0	86.0	175.0	363.0	Compte de cap.,nia : crédit
Capital Account: Debit	−4.0	−1.0	−1.0	0.0	−5.0	−2.0	−11.0	Compte de capital : débit
Financial Account,nie	−11 426.0	−5 441.0	−4 868.0	5 889.0	7 604.0	8 020.0	29 306.0	Compte d'op. fin., nia
Net Errors and Omissions	−819.0	−296.0	852.0	−1 393.0	−815.0	−442.0	1 447.0	Erreurs et omissions nettes
Reserves and Related Items	11 220.0	9 525.0	5 424.0	−10 639.0	−6 890.0	−6 598.0	−12 969.0	Rés. et postes appareutés
Chile								**Chili**
Goods: Exports fob	8 080.0	8 372.0	8 942.0	10 008.0	9 199.0	11 603.0	16 038.0	Biens : exportations,fàb
Goods: Imports fob	−6 502.0	−7 037.0	−7 354.0	−9 236.0	−10 181.0	−10 879.0	−14 655.0	Biens : importations,fàb
Serv. & Income: Credit	1 736.0	2 269.0	2 640.0	2 872.0	3 099.0	3 344.0	3 976.0	Serv. & revenu : crédit
Serv. & Income: Debit	−4 234.0	−4 340.0	−4 460.0	−4 778.0	−4 560.0	−5 068.0	−5 559.0	Serv. & revenu : débit
Current Trans.,nie: Credit	241.0	228.0	359.0	450.0	389.0	374.0	376.0	Transf. cour.,nia : crédit
Current Transfers: Debit	−26.0	−28.0	−18.0	−19.0	−19.0	−20.0	−19.0	Transf. courants : débit
Capital Acct.,nie: Credit	0.0	0.0	0.0	0.0	0.0	0.0	0.0	Compte de cap.,nia : crédit
Capital Account: Debit	0.0	0.0	0.0	0.0	0.0	0.0	0.0	Compte de capital : débit
Financial Account,nie	1 341.0	3 014.0	845.0	2 931.0	2 581.0	4 539.0	1 238.0	Compte d'op. fin., nia
Net Errors and Omissions	−119.0	−144.0	302.0	319.0	−79.0	−744.0	−257.0	Erreurs et omissions nettes
Reserves and Related Items	−517.0	−2 334.0	−1 256.0	−2 547.0	−429.0	−3 149.0	−1 138.0	Rés. et postes appareutés
Colombia								**Colombie**
Goods: Exports fob	6 031.0	7 079.0	7 507.0	7 263.0	7 429.0	8 754.0	10 373.0	Biens : exportations,fàb
Goods: Imports fob	−4 557.0	−5 108.0	−4 548.0	−6 029.0	−9 086.0	−11 040.0	−12 921.0	Biens : importations,fàb
Serv. & Income: Credit	1 578.0	1 947.0	1 983.0	2 432.0	3 081.0	3 981.0	4 420.0	Serv. & revenu : crédit
Serv. & Income: Debit	−4 151.0	−4 402.0	−4 292.0	−4 499.0	−4 665.0	−5 775.0	−6 667.0	Serv. & revenu : débit

83
Summary of balance of payments
Millions of US dollars
Résumé des balances des paiements
Millions de dollars des E−U

Country or area	1989	1990	1991	1992	1993	1994	1995	Pays ou zone
Current Trans.,nie: Credit	928.0	1 043.0	1 743.0	1 871.0	1 350.0	1 055.0	861.0	Transf. cour.,nia : crédit
Current Transfers: Debit	−30.0	−17.0	−45.0	−137.0	−212.0	−193.0	−182.0	Transf. courants : débit
Capital Acct.,nie: Credit	0.0	0.0	0.0	0.0	0.0	0.0	0.0	Compte de cap.,nia : crédit
Capital Account: Debit	0.0	0.0	0.0	0.0	0.0	0.0	0.0	Compte de capital : débit
Financial Account,nie	478.0	−2.0	−777.0	183.0	2 701.0	3 074.0	4 995.0	Compte d'op. fin., nia
Net Errors and Omissions	157.0	70.0	191.0	191.0	−135.0	307.0	−523.0	Erreurs et omissions nettes
Reserves and Related Items	−434.0	−610.0	−1 763.0	−1 274.0	−464.0	−162.0	−356.0	Rés. et postes apparentés
Ecuador								**Equateur**
Goods: Exports fob	2 354.0	2 724.0	2 851.0	3 101.0	3 066.0	3 843.0	4 411.0	Biens : exportations,fàb
Goods: Imports fob	−1 692.0	−1 715.0	−2 208.0	−2 083.0	−2 474.0	−3 280.0	−4 057.0	Biens : importations,fàb
Serv. & Income: Credit	536.0	563.0	587.0	652.0	680.0	797.0	936.0	Serv. & revenu : crédit
Serv. & Income: Debit	−2 010.0	−2 039.0	−2 048.0	−1 912.0	−2 080.0	−2 184.0	−2 256.0	Serv. & revenu : débit
Current Trans.,nie: Credit	106.0	119.0	123.0	134.0	145.0	164.0	250.0	Transf. cour.,nia : crédit
Current Transfers: Debit	−9.0	−12.0	−13.0	−14.0	−15.0	−19.0	−19.0	Transf. courants : débit
Capital Acct.,nie: Credit	0.0	0.0	0.0	0.0	0.0	0.0	0.0	Compte de cap.,nia : crédit
Capital Account: Debit	0.0	0.0	0.0	0.0	0.0	0.0	0.0	Compte de capital : débit
Financial Account,nie	−296.0	−238.0	188.0	−200.0	759.0	662.0	1 572.0	Compte d'op. fin., nia
Net Errors and Omissions	−105.0	−353.0	−490.0	−644.0	−705.0	−792.0	−470.0	Erreurs et omissions nettes
Reserves and Related Items	1 116.0	951.0	1 010.0	966.0	624.0	766.0	−367.0	Rés. et postes apparentés
Guyana								**Guyane**
Goods: Exports fob	...	...	...	381.7	415.5	463.4	495.7	Biens : exportations,fàb
Goods: Imports fob	...	...	...	−442.7	−483.8	−504.0	−536.5	Biens : importations,fàb
Serv. & Income: Credit	...	...	...	110.8	120.3	129.4	145.7	Serv. & revenu : crédit
Serv. & Income: Debit	...	...	...	−241.3	−254.9	−275.7	−301.7	Serv. & revenu : débit
Current Trans.,nie: Credit	...	...	...	62.9	70.0	68.1	67.3	Transf. cour.,nia : crédit
Current Transfers: Debit	...	...	...	−9.8	−7.4	−6.2	−5.3	Transf. courants : débit
Capital Acct.,nie: Credit	...	...	...	3.4	6.6	11.0	12.5	Compte de cap.,nia : crédit
Capital Account: Debit	...	...	...	−1.8	−2.2	−2.6	−3.0	Compte de capital : débit
Financial Account,nie	...	...	...	63.1	88.7	126.9	71.1	Compte d'op. fin., nia
Net Errors and Omissions	...	...	...	12.2	11.0	−16.3	11.2	Erreurs et omissions nettes
Reserves and Related Items	...	...	...	61.6	36.1	6.0	43.0	Rés. et postes apparentés
Paraguay								**Paraguay**
Goods: Exports fob	1 180.0	1 382.3	1 120.8	1 081.5	1 500.0	1 871.3	...	Biens : exportations,fàb
Goods: Imports fob	−1 015.9	−1 635.8	−1 867.6	−1 950.6	−2 710.7	−3 148.0	...	Biens : importations,fàb
Serv. & Income: Credit	483.6	604.3	1 012.2	955.2	1 074.3	1 357.6	...	Serv. & revenu : crédit
Serv. & Income: Debit	−415.6	−578.7	−661.8	−720.1	−739.6	−871.7	...	Serv. & revenu : débit
Current Trans.,nie: Credit	24.3	55.9	73.7	34.2	42.4	42.4	...	Transf. cour.,nia : crédit
Current Transfers: Debit	−0.8	−0.3	−1.4	−0.3	−0.4	−0.4	...	Transf. courants : débit
Capital Acct.,nie: Credit	0.4	0.0	0.0	0.0	0.0	0.0	...	Compte de cap.,nia : crédit
Capital Account: Debit	0.0	0.0	0.0	0.0	0.0	0.0	...	Compte de capital : débit
Financial Account,nie	−173.9	−75.8	215.0	192.0	323.0	456.6	...	Compte d'op. fin., nia
Net Errors and Omissions	−90.6	362.4	472.0	457.7	700.4	686.5	...	Erreurs et omissions nettes
Reserves and Related Items	8.5	−114.3	−362.9	−49.6	−189.4	−394.3	...	Rés. et postes apparentés
Peru								**Pérou**
Goods: Exports fob	3 533.0	3 321.0	3 406.0	3 661.0	3 523.0	4 574.0	5 576.0	Biens : exportations,fàb
Goods: Imports fob	−2 286.0	−2 922.0	−3 595.0	−4 001.0	−4 123.0	−5 545.0	−7 687.0	Biens : importations,fàb
Serv. & Income: Credit	1 032.0	1 036.0	1 093.0	1 072.0	1 111.0	1 488.0	1 817.0	Serv. & revenu : crédit
Serv. & Income: Debit	−2 694.0	−2 817.0	−2 684.0	−3 086.0	−3 151.0	−3 745.0	−4 516.0	Serv. & revenu : débit
Current Trans.,nie: Credit	176.0	316.0	411.0	440.0	476.0	617.0	570.0	Transf. cour.,nia : crédit
Current Transfers: Debit	0.0	0.0	0.0	−8.0	−6.0	−7.0	−5.0	Transf. courants : débit
Capital Acct.,nie: Credit	39.0	50.0	56.0	40.0	47.0	31.0	62.0	Compte de cap.,nia : crédit
Capital Account: Debit	−59.0	−75.0	−108.0	−90.0	−125.0	−124.0	−44.0	Compte de capital : débit
Financial Account,nie	−1 798.0	−765.0	−872.0	443.0	−245.0	3 257.0	2 035.0	Compte d'op. fin., nia
Net Errors and Omissions	−157.0	−257.0	1 073.0	383.0	1 178.0	282.0	884.0	Erreurs et omissions nettes
Reserves and Related Items	2 215.0	2 114.0	1 219.0	1 147.0	1 314.0	−827.0	1 307.0	Rés. et postes apparentés
Suriname								**Suriname**
Goods: Exports fob	549.2	465.9	345.9	341.0	298.3	293.6	...	Biens : exportations,fàb
Goods: Imports fob	−330.9	−374.4	−347.1	−272.5	−213.9	−194.3	...	Biens : importations,fàb
Serv. & Income: Credit	24.7	22.9	23.7	23.3	46.7	73.5	...	Serv. & revenu : crédit
Serv. & Income: Debit	−98.0	−106.8	−110.3	−106.9	−108.0	−118.2	...	Serv. & revenu : débit
Current Trans.,nie: Credit	24.1	35.5	20.4	37.9	26.7	6.2	...	Transf. cour.,nia : crédit
Current Transfers: Debit	−4.6	−5.8	−7.5	−8.6	−5.8	−2.2	...	Transf. courants : débit

83
Summary of balance of payments
Millions of US dollars
Résumé des balances des paiements
Millions de dollars des E−U

Country or area	1989	1990	1991	1992	1993	1994	1995	Pays ou zone
Capital Acct.,nie: Credit	1.1	0.3	2.3	2.6	3.5	0.2	...	Compte de cap.,nia : crédit
Capital Account: Debit	−2.7	−3.1	−3.4	−5.8	−3.0	−0.4	...	Compte de capital : débit
Financial Account,nie	−172.9	−15.0	32.4	−48.5	−73.1	−84.1	...	Compte d'op. fin., nia
Net Errors and Omissions	9.9	−9.4	−0.5	25.4	41.3	60.0	...	Erreurs et omissions nettes
Reserves and Related Items	0.1	−10.3	43.9	12.0	−12.7	−34.3	...	Rés. et postes appareutés
Uruguay								**Uruguay**
Goods: Exports fob	1 599.0	1 692.9	1 604.7	1 801.4	1 731.6	1 917.6	2 106.0	Biens : exportations,fàb
Goods: Imports fob	−1 136.2	−1 266.9	−1 543.7	−1 923.2	−2 118.3	−2 623.6	−2 682.2	Biens : importations,fàb
Serv. & Income: Credit	636.5	723.9	830.9	1 055.3	1 278.5	1 613.2	1 572.5	Serv. & revenu : crédit
Serv. & Income: Debit	−973.8	−972.1	−889.6	−970.9	−1 188.9	−1 386.7	−1 386.7	Serv. & revenu : débit
Current Trans.,nie: Credit	15.0	15.8	50.1	36.0	61.2	49.2	40.0	Transf. cour.,nia : crédit
Current Transfers: Debit	−7.0	−7.7	−10.0	−7.4	−7.8	−8.0	−8.0	Transf. courants : débit
Capital Acct.,nie: Credit	0.0	0.0	0.0	0.0	0.0	0.0	0.0	Compte de cap.,nia : crédit
Capital Account: Debit	0.0	0.0	0.0	0.0	0.0	0.0	0.0	Compte de capital : débit
Financial Account,nie	−11.1	−89.7	−431.4	−91.5	228.0	537.2	390.3	Compte d'op. fin., nia
Net Errors and Omissions	−62.6	35.7	468.8	238.3	208.7	10.2	195.9	Erreurs et omissions nettes
Reserves and Related Items	−59.8	−131.9	−79.8	−138.0	−192.9	−109.1	−227.8	Rés. et postes appareutés
Venezuela								**Venezuela**
Goods: Exports fob	13 059.0	17 623.0	15 159.0	14 202.0	14 779.0	16 110.0	18 870.0	Biens : exportations,fàb
Goods: Imports fob	−7 365.0	−6 917.0	−10 259.0	−12 880.0	−11 504.0	−8 504.0	−11 580.0	Biens : importations,fàb
Serv. & Income: Credit	2 511.0	3 841.0	3 397.0	2 919.0	2 939.0	3 195.0	3 536.0	Serv. & revenu : crédit
Serv. & Income: Debit	−5 861.0	−5 966.0	−6 197.0	−7 616.0	−7 839.0	−8 177.0	−8 682.0	Serv. & revenu : débit
Current Trans.,nie: Credit	237.0	444.0	370.0	533.0	452.0	608.0	415.0	Transf. cour.,nia : crédit
Current Transfers: Debit	−420.0	−746.0	−734.0	−907.0	−820.0	−691.0	−304.0	Transf. courants : débit
Capital Acct.,nie: Credit	0.0	0.0	0.0	0.0	0.0	0.0	0.0	Compte de cap.,nia : crédit
Capital Account: Debit	0.0	0.0	0.0	0.0	0.0	0.0	0.0	Compte de capital : débit
Financial Account,nie	−5 502.0	−5 496.0	1 651.0	2 998.0	2 801.0	−3 591.0	−2 996.0	Compte d'op. fin., nia
Net Errors and Omissions	1 603.0	−1 742.0	−1 516.0	−299.0	−539.0	−310.0	−574.0	Erreurs et omissions nettes
Reserves and Related Items	1 738.0	−1 041.0	−1 871.0	1 050.0	−269.0	1 360.0	1 315.0	Rés. et postes appareutés

Asia · Asie

Country or area	1989	1990	1991	1992	1993	1994	1995	Pays ou zone
Afghanistan								**Afghanistan**
Goods: Exports fob	252.3	...	...	...	...	...	...	Biens : exportations,fàb
Goods: Imports fob	−623.5	...	...	...	...	...	...	Biens : importations,fàb
Serv. & Income: Credit	28.3	...	...	...	...	...	...	Serv. & revenu : crédit
Serv. & Income: Debit	−111.3	...	...	...	...	...	...	Serv. & revenu : débit
Current Trans.,nie: Credit	312.1	...	...	...	...	...	...	Transf. cour.,nia : crédit
Current Transfers: Debit	−1.2	...	...	...	...	...	...	Transf. courants : débit
Capital Acct.,nie: Credit	0.0	...	...	...	...	...	...	Compte de cap.,nia : crédit
Capital Account: Debit	0.0	...	...	...	...	...	...	Compte de capital : débit
Financial Account,nie	−59.6	...	...	...	...	...	...	Compte d'op. fin., nia
Net Errors and Omissions	182.7	...	...	...	...	...	...	Erreurs et omissions nettes
Reserves and Related Items	20.2	...	...	...	...	...	...	Rés. et postes appareutés
Armenia								**Arménie**
Goods: Exports fob	...	...	...	...	156.2	237.9	270.9	Biens : exportations,fàb
Goods: Imports fob	...	...	...	...	−254.2	−418.7	−673.9	Biens : importations,fàb
Serv. & Income: Credit	...	...	...	...	17.3	13.4	30.2	Serv. & revenu : crédit
Serv. & Income: Debit	...	...	...	...	−41.4	−44.3	−66.9	Serv. & revenu : débit
Current Trans.,nie: Credit	...	...	...	...	56.3	106.2	161.9	Transf. cour.,nia : crédit
Current Transfers: Debit	...	...	...	...	−1.1	−0.7	−1.7	Transf. courants : débit
Capital Acct.,nie: Credit	...	...	...	...	5.1	5.7	8.1	Compte de cap.,nia : crédit
Capital Account: Debit	...	...	...	...	0.0	0.0	0.0	Compte de capital : débit
Financial Account,nie	...	...	...	...	53.0	85.5	141.4	Compte d'op. fin., nia
Net Errors and Omissions	...	...	...	...	15.9	−12.8	70.8	Erreurs et omissions nettes
Reserves and Related Items	...	...	...	...	−7.2	27.8	59.2	Rés. et postes appareutés
Bahrain								**Bahreïn**
Goods: Exports fob	2 831.1	3 760.6	3 513.0	3 464.4	3 723.4	3 616.8	4 112.8	Biens : exportations,fàb
Goods: Imports fob	−2 820.2	−3 340.5	−3 703.5	−3 836.7	−3 472.2	−3 373.1	−3 344.1	Biens : importations,fàb
Serv. & Income: Credit	1 187.3	1 197.8	1 218.3	1 505.1	1 476.9	1 454.0	1 668.6	Serv. & revenu : crédit
Serv. & Income: Debit	−1 294.4	−1 557.6	−1 620.4	−1 715.6	−1 572.8	−1 489.1	−1 657.9	Serv. & revenu : débit
Current Trans.,nie: Credit	102.1	456.9	100.0	100.0	201.9	319.4	156.6	Transf. cour.,nia : crédit
Current Transfers: Debit	−198.9	−272.3	−303.5	−270.7	−322.6	−329.8	−379.0	Transf. courants : débit
Capital Acct.,nie: Credit	0.0	0.0	0.0	0.0	0.0	0.0	0.0	Compte de cap.,nia : crédit
Capital Account: Debit	0.0	0.0	0.0	0.0	0.0	0.0	0.0	Compte de capital : débit
Financial Account,nie	−264.6	407.2	469.1	967.8	153.2	−378.5	−83.0	Compte d'op. fin., nia
Net Errors and Omissions	269.3	−78.4	222.0	−323.4	−278.4	44.5	−375.9	Erreurs et omissions nettes
Reserves and Related Items	188.5	−573.7	104.8	109.3	90.7	135.8	−98.2	Rés. et postes appareutés

83
Summary of balance of payments
Millions of US dollars
Résumé des balances des paiements
Millions de dollars des E−U

Country or area	1989	1990	1991	1992	1993	1994	1995	Pays ou zone
Bangladesh								**Bangladesh**
Goods: Exports fob	1 304.8	1 672.4	1 688.7	2 097.9	2 544.7	2 934.4	3 733.3	Biens : exportations,fàb
Goods: Imports fob	−3 300.1	−3 259.4	−3 074.5	−3 353.8	−3 657.3	−4 350.5	−6 057.4	Biens : importations,fàb
Serv. & Income: Credit	423.1	455.8	501.0	583.5	629.5	740.3	968.3	Serv. & revenu : crédit
Serv. & Income: Debit	−923.3	−880.3	−862.2	−954.8	−1 108.0	−1 213.7	−1 733.0	Serv. & revenu : débit
Current Trans.,nie: Credit	1 396.6	1 614.2	1 811.9	1 808.8	1 951.8	2 091.4	2 266.7	Transf. cour.,nia : crédit
Current Transfers: Debit	−0.7	−0.7	−0.3	−0.7	−1.5	−2.2	−1.8	Transf. courants : débit
Capital Acct.,nie: Credit	0.0	0.0	0.0	0.0	0.0	0.0	0.0	Compte de cap.,nia : crédit
Capital Account: Debit	0.0	0.0	0.0	0.0	0.0	0.0	0.0	Compte de capital : débit
Financial Account,nie	794.5	697.8	467.6	538.4	268.9	748.8	178.8	Compte d'op. fin., nia
Net Errors and Omissions	−43.1	−75.7	−98.4	−84.0	69.4	−257.1	133.3	Erreurs et omissions nettes
Reserves and Related Items	348.2	−224.2	−433.8	−635.2	−697.6	−691.3	511.7	Rés. et postes appareutés
Cambodia								**Cambodge**
Goods: Exports fob	...	...	...	264.5	283.7	489.9	854.9	Biens : exportations,fàb
Goods: Imports fob	...	...	...	−443.4	−471.1	−744.5	−1 186.8	Biens : importations,fàb
Serv. & Income: Credit	...	...	...	49.7	64.4	56.6	123.8	Serv. & revenu : crédit
Serv. & Income: Debit	...	...	...	−84.2	−137.1	−188.7	−254.8	Serv. & revenu : débit
Current Trans.,nie: Credit	...	...	...	120.4	156.4	230.0	277.9	Transf. cour.,nia : crédit
Current Transfers: Debit	...	...	...	0.0	−0.2	0.0	−0.9	Transf. courants : débit
Capital Acct.,nie: Credit	...	...	...	126.3	123.4	73.2	78.0	Compte de cap.,nia : crédit
Capital Account: Debit	...	...	...	0.0	0.0	0.0	0.0	Compte de capital : débit
Financial Account,nie	...	...	...	13.9	0.2	54.0	122.4	Compte d'op. fin., nia
Net Errors and Omissions	...	...	...	−34.0	1.0	65.7	11.7	Erreurs et omissions nettes
Reserves and Related Items	...	...	...	−13.2	−20.8	−36.2	−26.2	Rés. et postes appareutés
China ††								**Chine ††**
Goods: Exports fob	43 220.0	51 519.0	58 919.0	69 568.0	75 659.0	102 561.0	128 110.0	Biens : exportations,fàb
Goods: Imports fob	−48 840.0	−42 354.0	−50 176.0	−64 385.0	−86 313.0	−95 271.0	−110 060.0	Biens : importations,fàb
Serv. & Income: Credit	6 497.0	8 872.0	10 698.0	14 844.0	15 583.0	22 357.0	24 321.0	Serv. & revenu : crédit
Serv. & Income: Debit	−5 575.0	−6 314.0	−7 000.0	−14 781.0	−17 710.0	−23 074.0	−42 188.0	Serv. & revenu : débit
Current Trans.,nie: Credit	477.0	376.0	890.0	1 206.0	1 290.0	1 269.0	1 827.0	Transf. cour.,nia : crédit
Current Transfers: Debit	−96.0	−102.0	−59.0	−51.0	−118.0	−934.0	−392.0	Transf. courants : débit
Capital Acct.,nie: Credit	0.0	0.0	0.0	0.0	0.0	0.0	0.0	Compte de cap.,nia : crédit
Capital Account: Debit	0.0	0.0	0.0	0.0	0.0	0.0	0.0	Compte de capital : débit
Financial Account,nie	3 723.0	3 255.0	8 032.0	−250.0	23 474.0	32 645.0	38 673.0	Compte d'op. fin., nia
Net Errors and Omissions	115.0	−3 205.0	−6 767.0	−8 211.0	−10 096.0	−9 100.0	−17 822.0	Erreurs et omissions nettes
Reserves and Related Items	479.0	−12 047.0	−14 537.0	2 060.0	−1 769.0	−30 453.0	−22 469.0	Rés. et postes appareutés
Cyprus								**Chypre**
Goods: Exports fob	795.4	951.6	951.7	985.9	867.7	967.5	1 228.7	Biens : exportations,fàb
Goods: Imports fob	−2 165.5	−2 504.4	−2 553.5	−3 301.1	−2 374.5	−2 703.0	−3 314.2	Biens : importations,fàb
Serv. & Income: Credit	1 737.7	2 162.5	2 032.4	2 678.2	2 467.0	2 768.2	3 102.4	Serv. & revenu : crédit
Serv. & Income: Debit	−731.3	−890.7	−959.9	−1 118.9	−963.4	−1 073.2	−1 346.7	Serv. & revenu : débit
Current Trans.,nie: Credit	118.5	131.0	114.3	123.2	118.4	125.0	134.8	Transf. cour.,nia : crédit
Current Transfers: Debit	−3.4	−4.4	−5.4	−5.6	−5.4	−10.2	−17.7	Transf. courants : débit
Capital Acct.,nie: Credit	0.0	0.0	0.0	0.0	0.0	0.0	0.0	Compte de cap.,nia : crédit
Capital Account: Debit	0.0	0.0	0.0	0.0	0.0	0.0	0.0	Compte de capital : débit
Financial Account,nie	451.5	436.0	278.2	323.4	−3.8	185.7	−55.5	Compte d'op. fin., nia
Net Errors and Omissions	25.3	12.2	76.5	89.9	38.8	−13.2	−94.9	Erreurs et omissions nettes
Reserves and Related Items	−228.0	−293.8	65.6	224.9	−144.8	−246.9	363.1	Rés. et postes appareutés
India								**Inde**
Goods: Exports fob	16 144.0	18 286.0	18 095.0	20 019.0	22 016.0	...	...	Biens : exportations,fàb
Goods: Imports fob	−22 254.0	−23 437.0	−21 087.0	−22 126.0	−22 538.0	...	...	Biens : importations,fàb
Serv. & Income: Credit	4 586.0	5 061.0	5 157.0	5 303.0	5 481.0	...	...	Serv. & revenu : crédit
Serv. & Income: Debit	−8 372.0	−9 783.0	−10 179.0	−11 016.0	−10 616.0	...	...	Serv. & revenu : débit
Current Trans.,nie: Credit	3 093.0	2 853.0	3 736.0	3 353.0	3 804.0	...	...	Transf. cour.,nia : crédit
Current Transfers: Debit	−23.0	−17.0	−13.0	−18.0	−23.0	...	...	Transf. courants : débit
Capital Acct.,nie: Credit	0.0	0.0	0.0	0.0	0.0	...	...	Compte de cap.,nia : crédit
Capital Account: Debit	0.0	0.0	0.0	0.0	0.0	...	...	Compte de capital : débit
Financial Account,nie	7 212.0	5 528.0	3 485.0	4 131.0	7 135.0	...	...	Compte d'op. fin., nia
Net Errors and Omissions	−150.0	−432.0	607.0	1 482.0	−987.0	...	...	Erreurs et omissions nettes
Reserves and Related Items	−237.0	1 941.0	200.0	−1 128.0	−4 272.0	...	...	Rés. et postes appareutés
Indonesia								**Indonésie**
Goods: Exports fob	22 974.0	26 807.0	29 635.0	33 796.0	36 607.0	40 223.0	45 479.0	Biens : exportations,fàb
Goods: Imports fob	−16 310.0	−21 455.0	−24 834.0	−26 774.0	−28 376.0	−32 322.0	−39 769.0	Biens : importations,fàb
Serv. & Income: Credit	2 437.0	2 897.0	3 739.0	4 209.0	4 987.0	5 845.0	7 026.0	Serv. & revenu : crédit
Serv. & Income: Debit	−10 548.0	−11 655.0	−13 062.0	−14 582.0	−15 861.0	−17 157.0	−20 598.0	Serv. & revenu : débit
Current Trans.,nie: Credit	339.0	418.0	262.0	571.0	537.0	619.0	839.0	Transf. cour.,nia : crédit

83
Summary of balance of payments
Millions of US dollars

Résumé des balances des paiements
Millions de dollars des E-U

Country or area	1989	1990	1991	1992	1993	1994	1995	Pays ou zone
Current Transfers: Debit	0.0	0.0	0.0	0.0	0.0	0.0	0.0	Transf. courants : débit
Capital Acct.,nie: Credit	0.0	0.0	0.0	0.0	0.0	0.0	0.0	Compte de cap.,nia : crédit
Capital Account: Debit	0.0	0.0	0.0	0.0	0.0	0.0	0.0	Compte de capital : débit
Financial Account,nie	2 918.0	4 495.0	5 697.0	6 129.0	5 632.0	3 839.0	10 386.0	Compte d'op. fin., nia
Net Errors and Omissions	−1 315.0	744.0	91.0	−1 279.0	−2 932.0	−263.0	−1 790.0	Erreurs et omissions nettes
Reserves and Related Items	−495.0	−2 251.0	−1 528.0	−2 070.0	−594.0	−784.0	−1 573.0	Rés. et postes appareutés
Iran, Islamic Rep. of								**Iran, Rép. islamique d'**
Goods: Exports fob	13 081.0	19 305.0	18 661.0	19 868.0	18 080.0	19 434.0	18 375.0	Biens : exportations,fàb
Goods: Imports fob	−13 448.0	−18 330.0	−25 190.0	−23 274.0	−19 287.0	−12 617.0	−12 678.0	Biens : importations,fàb
Serv. & Income: Credit	798.0	892.0	881.0	846.0	1 235.0	580.0	909.0	Serv. & revenu : crédit
Serv. & Income: Debit	−3 122.0	−4 040.0	−5 800.0	−5 940.0	−5 743.0	−3 639.0	−3 124.0	Serv. & revenu : débit
Current Trans.,nie: Credit	2 500.0	2 500.0	2 000.0	1 996.0	1 500.0	1 200.0	...	Transf. cour.,nia : crédit
Current Transfers: Debit	0.0	0.0	0.0	0.0	0.0	−2.0	−4.0	Transf. courants : débit
Capital Acct.,nie: Credit	0.0	0.0	0.0	0.0	0.0	0.0	0.0	Compte de cap.,nia : crédit
Capital Account: Debit	0.0	0.0	0.0	0.0	0.0	0.0	0.0	Compte de capital : débit
Financial Account,nie	3 261.0	295.0	6 033.0	4 703.0	5 563.0	−346.0	−774.0	Compte d'op. fin., nia
Net Errors and Omissions	−770.0	−947.0	1 322.0	1 637.0	−1 119.0	−3 703.0	163.0	Erreurs et omissions nettes
Reserves and Related Items	−2 300.0	325.0	2 093.0	164.0	−229.0	−907.0	−2 867.0	Rés. et postes appareutés
Israel								**Israël**
Goods: Exports fob	11 123.0	12 214.0	12 092.0	13 382.0	14 888.0	16 782.0	19 146.0	Biens : exportations,fàb
Goods: Imports fob	−13 045.0	−15 305.0	−17 101.0	−18 389.0	−20 518.0	−22 745.0	−26 840.0	Biens : importations,fàb
Serv. & Income: Credit	5 743.0	6 187.0	6 376.0	7 538.0	7 419.0	7 843.0	9 680.0	Serv. & revenu : crédit
Serv. & Income: Debit	−7 616.0	−8 446.0	−8 496.0	−9 182.0	−9 667.0	−11 208.0	−13 124.0	Serv. & revenu : débit
Current Trans.,nie: Credit	4 508.0	5 451.0	6 320.0	6 192.0	6 095.0	5 968.0	6 107.0	Transf. cour.,nia : crédit
Current Transfers: Debit	−140.0	−189.0	−236.0	−293.0	−286.0	−229.0	−251.0	Transf. courants : débit
Capital Acct.,nie: Credit	677.0	624.0	688.0	924.0	950.0	1 254.0	1 408.0	Compte de cap.,nia : crédit
Capital Account: Debit	0.0	0.0	0.0	0.0	0.0	0.0	0.0	Compte de capital : débit
Financial Account,nie	−890.0	455.0	195.0	−826.0	2 414.0	1 617.0	3 864.0	Compte d'op. fin., nia
Net Errors and Omissions	1 038.0	−475.0	−10.0	−803.0	185.0	786.0	1 260.0	Erreurs et omissions nettes
Reserves and Related Items	−1 398.0	−515.0	173.0	1 457.0	−1 481.0	−69.0	−1 250.0	Rés. et postes appareutés
Japan								**Japon**
Goods: Exports fob [1]	269.6	280.4	308.2	332.6	352.7	385.7	428.7	Biens : exportations,fàb [1]
Goods: Imports fob [1]	−192.7	−216.8	−212.1	−207.8	−213.2	−241.5	−296.9	Biens : importations,fàb [1]
Serv. & Income: Credit [1]	143.9	166.0	185.8	191.9	201.1	213.5	257.7	Serv. & revenu : crédit [1]
Serv. & Income: Debit [1]	−159.5	−188.2	−201.6	−200.3	−203.7	−221.3	−270.8	Serv. & revenu : débit [1]
Current Trans.,nie: Credit [1]	1.0	1.0	1.4	1.7	1.6	1.8	2.0	Transf. cour.,nia : crédit [1]
Current Transfers: Debit [1]	−5.3	−6.5	−13.5	−5.5	−6.7	−7.9	−9.7	Transf. courants : débit [1]
Capital Acct.,nie: Credit [1]	0.0	0.0	0.0	0.0	0.0	0.0	0.0	Compte de cap.,nia : crédit [1]
Capital Account: Debit [1]	...	...	−1.2	−1.3	1.5	1.9	2.2	Compte de capital : débit [1]
Financial Account,nie [1]	−47.9	−21.5	−67.7	−100.3	−102.2	−85.1	−64.0	Compte d'op. fin., nia [1]
Net Errors and Omissions [1]	−21.8	−20.9	−7.7	−10.4	−0.5	−18.0	13.8	Erreurs et omissions nettes [1]
Reserves and Related Items [1]	12.8	6.6	8.4	−0.6	−27.5	−25.3	−58.6	Rés. et postes appareutés [1]
Jordan								**Jordanie**
Goods: Exports fob	1 109.4	1 063.8	1 129.5	1 218.9	1 246.3	1 424.5	...	Biens : exportations,fàb
Goods: Imports fob	−1 882.5	−2 300.7	−2 302.2	−2 998.7	−3 145.2	−3 003.8	...	Biens : importations,fàb
Serv. & Income: Credit	1 278.2	1 514.5	1 465.5	1 561.6	1 672.7	1 634.7	...	Serv. & revenu : crédit
Serv. & Income: Debit	−1 298.9	−1 549.7	−1 570.2	−1 784.7	−1 756.6	−1 780.2	...	Serv. & revenu : débit
Current Trans.,nie: Credit	1 284.5	1 123.1	949.5	1 263.6	1 441.1	1 447.4	...	Transf. cour.,nia : crédit
Current Transfers: Debit	−105.8	−78.2	−65.7	−96.1	−87.4	−120.5	...	Transf. courants : débit
Capital Acct.,nie: Credit	0.0	0.0	0.0	0.0	0.0	0.0	...	Compte de cap.,nia : crédit
Capital Account: Debit	0.0	0.0	0.0	0.0	0.0	0.0	...	Compte de capital : débit
Financial Account,nie	79.5	572.7	2 097.3	615.1	−530.0	188.9	...	Compte d'op. fin., nia
Net Errors and Omissions	0.3	75.4	321.4	83.1	298.0	−55.8	...	Erreurs et omissions nettes
Reserves and Related Items	−464.7	−421.0	−2 025.2	137.1	861.1	264.9	...	Rés. et postes appareutés
Korea, Republic of								**Corée, République de**
Goods: Exports fob	61 408.0	63 123.0	69 581.0	75 169.0	80 950.0	93 676.0	123 203.0	Biens : exportations,fàb
Goods: Imports fob	−56 811.0	−65 127.0	−76 561.0	−77 315.0	−79 090.0	−96 822.0	−127 949.0	Biens : importations,fàb
Serv. & Income: Credit	12 027.0	13 287.0	14 289.0	14 532.0	17 109.0	21 485.0	28 623.0	Serv. & revenu : crédit
Serv. & Income: Debit	−12 397.0	−14 224.0	−16 443.0	−17 600.0	−19 524.0	−23 754.0	−32 541.0	Serv. & revenu : débit
Current Trans.,nie: Credit	2 103.0	2 439.0	2 794.0	3 358.0	3 644.0	3 937.0	4 315.0	Transf. cour.,nia : crédit
Current Transfers: Debit	−943.0	−1 243.0	−1 951.0	−2 083.0	−2 073.0	−2 377.0	−3 902.0	Transf. courants : débit
Capital Acct.,nie: Credit	9.0	7.0	7.0	5.0	2.0	8.0	15.0	Compte de cap.,nia : crédit
Capital Account: Debit	−327.0	−338.0	−335.0	−412.0	−477.0	−445.0	−502.0	Compte de capital : débit
Financial Account,nie	−2 640.0	2 866.0	6 714.0	6 969.0	3 188.0	10 610.0	17 221.0	Compte d'op. fin., nia
Net Errors and Omissions	691.0	−1 998.0	757.0	1 101.0	−720.0	−1 704.0	−1 443.0	Erreurs et omissions nettes
Reserves and Related Items	−3 120.0	1 208.0	1 148.0	−3 724.0	−3 009.0	−4 614.0	−7 040.0	Rés. et postes appareutés

83
Summary of balance of payments
Millions of US dollars
Résumé des balances des paiements
Millions de dollars des E−U

Country or area	1989	1990	1991	1992	1993	1994	1995	Pays ou zone
Kuwait								**Koweït**
Goods: Exports fob	11 396.0	6 989.0	1 080.0	6 548.0	10 141.0	11 129.0	12 632.0	Biens : exportations,fàb
Goods: Imports fob	−6 410.0	−3 810.0	−5 073.0	−7 237.0	−6 954.0	−6 670.0	−7 154.0	Biens : importations,fàb
Serv. & Income: Credit	10 556.0	9 863.0	7 085.0	7 401.0	5 788.0	5 187.0	6 644.0	Serv. & revenu : crédit
Serv. & Income: Debit	−4 912.0	−4 205.0	−5 772.0	−5 252.0	−5 526.0	−5 453.0	−6 079.0	Serv. & revenu : débit
Current Trans.,nie: Credit	0.0	0.0	0.0	17.0	109.0	94.0	57.0	Transf. cour.,nia : crédit
Current Transfers: Debit	−1 494.0	−4 951.0	−23 798.0	−1 927.0	−1 620.0	−1 799.0	−1 903.0	Transf. courants : débit
Capital Acct.,nie: Credit	0.0	0.0	0.0	0.0	0.0	0.0	0.0	Compte de cap.,nia : crédit
Capital Account: Debit	0.0	0.0	0.0	0.0	0.0	0.0	0.0	Compte de capital : débit
Financial Account,nie	−8 323.0	413.0	38 766.0	11 067.0	−1 090.0	1 839.0	−6 912.0	Compte d'op. fin., nia
Net Errors and Omissions	462.0	−5 196.0	−11 012.0	−8 765.0	−2 333.0	−4 275.0	2 627.0	Erreurs et omissions nettes
Reserves and Related Items	−1 275.0	897.0	−1 276.0	−1 851.0	1 485.0	−53.0	87.0	Rés. et postes appareutés
Lao People's Dem. Rep.								**Rép. dém. pop. lao**
Goods: Exports fob	63.3	78.7	96.6	132.6	247.9	305.5	342.4	Biens : exportations,fàb
Goods: Imports fob	−193.8	−185.5	−197.9	−232.8	−397.4	−519.2	−541.6	Biens : importations,fàb
Serv. & Income: Credit	23.3	25.9	41.1	67.0	93.8	94.2	104.7	Serv. & revenu : crédit
Serv. & Income: Debit	−28.9	−29.6	−52.0	−75.9	−81.5	−161.3	−132.4	Serv. & revenu : débit
Current Trans.,nie: Credit	0.0	0.0	0.0	0.0	0.0	0.0	0.0	Transf. cour.,nia : crédit
Current Transfers: Debit	−0.4	−0.3	−2.9	−2.2	−2.0	−3.2	−3.4	Transf. courants : débit
Capital Acct.,nie: Credit	8.3	10.9	10.4	8.6	9.5	9.5	21.7	Compte de cap.,nia : crédit
Capital Account: Debit	0.0	0.0	0.0	0.0	0.0	0.0	0.0	Compte de capital : débit
Financial Account,nie	−4.4	14.2	39.5	−3.0	−21.0	24.3	66.4	Compte d'op. fin., nia
Net Errors and Omissions	−31.2	−40.2	−60.3	−16.3	13.2	71.8	−62.1	Erreurs et omissions nettes
Reserves and Related Items	163.8	125.9	125.5	122.0	137.5	178.4	204.3	Rés. et postes appareutés
Malaysia								**Malaisie**
Goods: Exports fob	24 776.0	28 806.0	33 712.0	39 823.0	46 238.0	56 897.0	72 053.0	Biens : exportations,fàb
Goods: Imports fob	−20 498.0	−26 280.0	−33 321.0	−36 673.0	−43 201.0	−55 320.0	−72 153.0	Biens : importations,fàb
Serv. & Income: Credit	4 042.0	5 708.0	5 799.0	6 598.0	8 419.0	11 628.0	13 874.0	Serv. & revenu : crédit
Serv. & Income: Debit	−8 143.0	−9 206.0	−10 462.0	−12 088.0	−14 734.0	−17 955.0	−21 283.0	Serv. & revenu : débit
Current Trans.,nie: Credit	212.0	249.0	215.0	296.0	469.0	411.0	377.0	Transf. cour.,nia : crédit
Current Transfers: Debit	−74.0	−147.0	−126.0	−124.0	−181.0	−182.0	−229.0	Transf. courants : débit
Capital Acct.,nie: Credit	0.0	0.0	0.0	0.0	0.0	0.0	0.0	Compte de cap.,nia : crédit
Capital Account: Debit	−57.0	−48.0	−51.0	−40.0	−88.0	−82.0	−101.0	Compte de capital : débit
Financial Account,nie	1 335.0	1 784.0	5 621.0	8 746.0	10 805.0	1 288.0	7 422.0	Compte d'op. fin., nia
Net Errors and Omissions	−358.0	1 085.0	−151.0	79.0	3 624.0	154.0	−1 724.0	Erreurs et omissions nettes
Reserves and Related Items	−1 235.0	−1 951.0	−1 236.0	−6 618.0	−11 350.0	3 160.0	−1 765.0	Rés. et postes appareutés
Maldives								**Maldives**
Goods: Exports fob	51.3	58.1	59.2	51.1	38.5	...	...	Biens : exportations,fàb
Goods: Imports fob	−111.3	−121.2	−141.8	−167.9	−177.8	...	...	Biens : importations,fàb
Serv. & Income: Credit	102.6	124.4	128.9	171.1	181.2	...	...	Serv. & revenu : crédit
Serv. & Income: Debit	−45.2	−56.5	−60.8	−69.4	−77.8	...	...	Serv. & revenu : débit
Current Trans.,nie: Credit	18.3	11.2	22.1	14.3	8.3	...	...	Transf. cour.,nia : crédit
Current Transfers: Debit	−5.1	−7.4	−16.6	−18.9	−20.0	...	...	Transf. courants : débit
Capital Acct.,nie: Credit	0.0	0.0	0.0	0.0	0.0	...	...	Compte de cap.,nia : crédit
Capital Account: Debit	0.0	0.0	0.0	0.0	0.0	...	...	Compte de capital : débit
Financial Account,nie	11.8	8.1	5.4	25.5	24.9	...	...	Compte d'op. fin., nia
Net Errors and Omissions	−20.1	−17.8	2.6	−1.0	22.6	...	...	Erreurs et omissions nettes
Reserves and Related Items	−2.3	1.1	1.0	−4.8	0.1	...	...	Rés. et postes appareutés
Mongolia								**Mongolie**
Goods: Exports fob	795.8	444.8	346.5	355.8	365.8	367.0	451.0	Biens : exportations,fàb
Goods: Imports fob	−1 758.9	−941.7	−447.6	−384.9	−344.5	−333.3	−425.7	Biens : importations,fàb
Serv. & Income: Credit	43.9	53.2	26.5	35.0	26.8	48.6	60.3	Serv. & revenu : crédit
Serv. & Income: Debit	−313.4	−203.2	−71.2	−96.8	−87.9	−113.7	−123.8	Serv. & revenu : débit
Current Trans.,nie: Credit	3.9	7.4	41.6	38.7	66.7	77.8	77.1	Transf. cour.,nia : crédit
Current Transfers: Debit	0.0	0.0	0.0	−3.5	4.2	0.0	0.0	Transf. courants : débit
Capital Acct.,nie: Credit	0.0	0.0	0.0	0.0	0.0	0.0	0.0	Compte de cap.,nia : crédit
Capital Account: Debit	0.0	0.0	0.0	0.0	0.0	0.0	0.0	Compte de capital : débit
Financial Account,nie	1 313.0	541.0	10.8	−44.0	−11.8	−39.0	−16.9	Compte d'op. fin., nia
Net Errors and Omissions	45.4	−3.1	−36.4	17.4	−4.8	−1.0	10.1	Erreurs et omissions nettes
Reserves and Related Items	−129.7	101.6	129.8	82.3	−14.5	−6.4	−32.1	Rés. et postes appareutés
Myanmar								**Myanmar**
Goods: Exports fob	222.8	222.6	248.2	531.3	...	...	...	Biens : exportations,fàb
Goods: Imports fob	−304.3	−524.3	−301.5	−636.2	...	...	...	Biens : importations,fàb
Serv. & Income: Credit	59.3	95.9	57.0	115.8	...	...	...	Serv. & revenu : crédit
Serv. & Income: Debit	−101.4	−264.4	−326.5	−193.8	...	...	...	Serv. & revenu : débit
Current Trans.,nie: Credit	55.6	39.0	55.5	70.3	...	...	...	Transf. cour.,nia : crédit

83
Summary of balance of payments
Millions of US dollars
Résumé des balances des paiements
Millions de dollars des E−U

Country or area	1989	1990	1991	1992	1993	1994	1995	Pays ou zone
Current Transfers: Debit	0.0	0.0	−0.1	−1.8	...	...	...	Transf. courants : débit
Capital Acct.,nie: Credit	84.0	232.9	0.0	0.0	...	...	...	Compte de cap.,nia : crédit
Capital Account: Debit	0.0	0.0	0.0	0.0	...	...	...	Compte de capital : débit
Financial Account,nie	82.0	185.8	275.0	191.0	...	...	...	Compte d'op. fin., nia
Net Errors and Omissions	52.6	21.4	−53.9	17.7	...	...	...	Erreurs et omissions nettes
Reserves and Related Items	−150.6	−8.7	46.3	−94.3	...	...	...	Rés. et postes appareutés
Nepal								**Népal**
Goods: Exports fob	161.2	217.9	274.5	376.3	397.0	368.7	349.9	Biens : exportations,fàb
Goods: Imports fob	−568.1	−666.6	−756.9	−752.1	−858.6	−1 158.9	−1 310.8	Biens : importations,fàb
Serv. & Income: Credit	224.3	229.5	266.8	307.3	362.1	613.8	722.6	Serv. & revenu : crédit
Serv. & Income: Debit	−158.2	−178.5	−200.1	−241.8	−275.5	−327.4	−348.2	Serv. & revenu : débit
Current Trans.,nie: Credit	109.2	115.7	121.3	133.6	155.5	160.7	239.2	Transf. cour.,nia : crédit
Current Transfers: Debit	−11.6	−7.1	−10.1	−4.6	−3.0	−8.7	−9.1	Transf. courants : débit
Capital Acct.,nie: Credit	0.0	0.0	0.0	0.0	0.0	0.0	0.0	Compte de cap.,nia : crédit
Capital Account: Debit	0.0	0.0	0.0	0.0	0.0	0.0	0.0	Compte de capital : débit
Financial Account,nie	196.1	304.5	457.1	335.9	283.5	407.3	368.5	Compte d'op. fin., nia
Net Errors and Omissions	5.2	4.9	10.7	0.8	4.6	7.1	2.8	Erreurs et omissions nettes
Reserves and Related Items	42.1	−20.2	−163.4	−155.4	−65.6	−62.5	−15.0	Rés. et postes appareutés
Oman								**Oman**
Goods: Exports fob	4 068.0	5 508.0	4 871.0	5 555.0	5 365.0	5 542.0	6 065.0	Biens : exportations,fàb
Goods: Imports fob	−2 225.0	−2 623.0	−3 112.0	−3 627.0	−4 030.0	−3 693.0	−4 050.0	Biens : importations,fàb
Serv. & Income: Credit	397.0	443.0	420.0	341.0	434.0	270.0	338.0	Serv. & revenu : crédit
Serv. & Income: Debit	−1 158.0	−1 348.0	−1 551.0	−1 665.0	−1 595.0	−1 590.0	−1 621.0	Serv. & revenu : débit
Current Trans.,nie: Credit	55.0	39.0	39.0	39.0	57.0	65.0	68.0	Transf. cour.,nia : crédit
Current Transfers: Debit	−830.0	−913.0	−913.0	−1 235.0	−1 423.0	−1 579.0	−1 779.0	Transf. courants : débit
Capital Acct.,nie: Credit	0.0	0.0	0.0	0.0	0.0	0.0	0.0	Compte de cap.,nia : crédit
Capital Account: Debit	0.0	0.0	0.0	0.0	0.0	0.0	0.0	Compte de capital : débit
Financial Account,nie	−15.0	−498.0	506.0	493.0	−74.0	213.0	−9.0	Compte d'op. fin., nia
Net Errors and Omissions	33.0	−474.0	282.0	399.0	207.0	110.0	557.0	Erreurs et omissions nettes
Reserves and Related Items	−324.0	−135.0	−543.0	−300.0	1 058.0	661.0	432.0	Rés. et postes appareutés
Pakistan								**Pakistan**
Goods: Exports fob	4 796.0	5 380.0	6 381.0	6 881.0	6 761.0	7 083.0	...	Biens : exportations,fàb
Goods: Imports fob	−7 366.0	−8 094.0	−8 642.0	−9 671.0	−9 336.0	−9 311.0	...	Biens : importations,fàb
Serv. & Income: Credit	1 323.0	1 519.0	1 597.0	1 625.0	1 628.0	1 893.0	...	Serv. & revenu : crédit
Serv. & Income: Debit	−2 808.0	−3 238.0	−3 559.0	−4 149.0	−4 228.0	−4 339.0	...	Serv. & revenu : débit
Current Trans.,nie: Credit	2 757.0	2 820.0	2 877.0	3 485.0	2 326.0	2 905.0	...	Transf. cour.,nia : crédit
Current Transfers: Debit	−36.0	−40.0	−49.0	−40.0	−38.0	−35.0	...	Transf. courants : débit
Capital Acct.,nie: Credit	0.0	0.0	0.0	0.0	0.0	0.0	...	Compte de cap.,nia : crédit
Capital Account: Debit	−1.0	−1.0	−1.0	−1.0	0.0	0.0	...	Compte de capital : débit
Financial Account,nie	1 382.0	1 446.0	1 320.0	2 137.0	3 318.0	2 963.0	...	Compte d'op. fin., nia
Net Errors and Omissions	−242.0	−103.0	−78.0	120.0	−6.0	175.0	...	Erreurs et omissions nettes
Reserves and Related Items	195.0	312.0	155.0	−389.0	−426.0	−1 335.0	...	Rés. et postes appareutés
Philippines								**Philippines**
Goods: Exports fob	7 821.0	8 186.0	8 840.0	9 824.0	11 375.0	13 483.0	17 447.0	Biens : exportations,fàb
Goods: Imports fob	−10 419.0	−12 206.0	−12 051.0	−14 519.0	−17 597.0	−21 333.0	−26 391.0	Biens : importations,fàb
Serv. & Income: Credit	4 586.0	4 842.0	5 623.0	7 497.0	7 497.0	10 550.0	15 415.0	Serv. & revenu : crédit
Serv. & Income: Debit	−4 274.0	−4 231.0	−4 273.0	−4 618.0	−4 990.0	−6 586.0	−9 331.0	Serv. & revenu : débit
Current Trans.,nie: Credit	832.0	717.0	828.0	825.0	746.0	1 041.0	1 147.0	Transf. cour.,nia : crédit
Current Transfers: Debit	−2.0	−3.0	−1.0	−9.0	−47.0	−105.0	−267.0	Transf. courants : débit
Capital Acct.,nie: Credit	0.0	0.0	0.0	1.0	0.0	0.0	0.0	Compte de cap.,nia : crédit
Capital Account: Debit	0.0	0.0	0.0	0.0	0.0	0.0	0.0	Compte de capital : débit
Financial Account,nie	1 354.0	2 057.0	2 927.0	3 208.0	3 267.0	5 120.0	5 309.0	Compte d'op. fin., nia
Net Errors and Omissions	402.0	593.0	−138.0	−520.0	85.0	157.0	−2 094.0	Erreurs et omissions nettes
Reserves and Related Items	−300.0	45.0	−1 755.0	−1 689.0	−336.0	−2 327.0	−1 235.0	Rés. et postes appareutés
Saudi Arabia								**Arabie saoudite**
Goods: Exports fob	28 385.0	44 414.0	47 789.0	50 287.0	42 395.0	42 614.0	50 041.0	Biens : exportations,fàb
Goods: Imports fob	−19 231.0	−21 525.0	−25 971.0	−30 248.0	−25 873.0	−21 318.0	−25 650.0	Biens : importations,fàb
Serv. & Income: Credit	12 943.0	12 230.0	11 608.0	10 844.0	9 491.0	7 379.0	8 467.0	Serv. & revenu : crédit
Serv. & Income: Debit	−20 891.0	−23 634.0	−40 737.0	−33 726.0	−26 625.0	−20 452.0	−20 566.0	Serv. & revenu : débit
Current Trans.,nie: Credit	0.0	0.0	0.0	0.0	0.0	0.0	0.0	Transf. cour.,nia : crédit
Current Transfers: Debit	−10 742.0	−15 637.0	−20 235.0	−14 898.0	−16 657.0	−18 703.0	−17 616.0	Transf. courants : débit
Capital Acct.,nie: Credit	0.0	0.0	0.0	0.0	0.0	0.0	0.0	Compte de cap.,nia : crédit
Capital Account: Debit	0.0	0.0	0.0	0.0	0.0	0.0	0.0	Compte de capital : débit
Financial Account,nie	6 030.0	−1 224.0	27 595.0	12 075.0	18 763.0	10 334.0	6 541.0	Compte d'op. fin., nia
Reserves and Related Items	3 508.0	5 376.0	−49.0	5 664.0	−1 495.0	146.0	−1 217.0	Rés. et postes appareutés

83
Summary of balance of payments
Millions of US dollars
Résumé des balances des paiements
Millions de dollars des E−U

Country or area	1989	1990	1991	1992	1993	1994	1995	Pays ou zone
Singapore								**Singapour**
Goods: Exports fob	45 700.0	54 678.0	61 333.0	66 565.0	77 858.0	97 918.0	119 019.0	Biens : exportations,fàb
Goods: Imports fob	−46 012.0	−56 311.0	−61 443.0	−68 388.0	−80 582.0	−96 567.0	−117 394.0	Biens : importations,fàb
Serv. & Income: Credit	14 410.0	19 320.0	21 379.0	24 152.0	26 599.0	32 169.0	40 418.0	Serv. & revenu : crédit
Serv. & Income: Debit	−10 808.0	−14 147.0	−15 886.0	−16 175.0	−19 070.0	−21 501.0	−26 062.0	Serv. & revenu : débit
Current Trans.,nie: Credit	156.0	187.0	186.0	197.0	176.0	193.0	253.0	Transf. cour.,nia : crédit
Current Transfers: Debit	−523.0	−630.0	−685.0	−736.0	−775.0	−928.0	−1 142.0	Transf. courants : débit
Capital Acct.,nie: Credit	0.0	0.0	0.0	0.0	0.0	0.0	0.0	Compte de cap.,nia : crédit
Capital Account: Debit	0.0	0.0	0.0	0.0	0.0	0.0	0.0	Compte de capital : débit
Financial Account,nie	1 251.0	3 948.0	2 345.0	1 793.0	−1 081.0	−9 068.0	−6 870.0	Compte d'op. fin., nia
Net Errors and Omissions	−1 436.0	−1 613.0	−3 031.0	−1 308.0	4 453.0	2 520.0	377.0	Erreurs et omissions nettes
Reserves and Related Items	−2 738.0	−5 431.0	−4 198.0	−6 100.0	−7 578.0	−4 736.0	−8 599.0	Rés. et postes appareutés
Sri Lanka								**Sri Lanka**
Goods: Exports fob	1 505.1	1 853.0	2 003.3	2 301.4	2 785.7	3 208.3	3 798.4	Biens : exportations,fàb
Goods: Imports fob	−2 055.1	−2 325.6	−2 808.0	−3 016.5	−3 527.8	−4 293.4	−4 678.0	Biens : importations,fàb
Serv. & Income: Credit	404.2	532.6	601.1	689.5	745.8	897.8	1 042.6	Serv. & revenu : crédit
Serv. & Income: Debit	−787.1	−899.0	−995.0	−1 069.4	−1 108.6	−1 364.3	−1 550.4	Serv. & revenu : débit
Current Trans.,nie: Credit	546.6	578.8	644.5	730.4	795.4	882.3	959.3	Transf. cour.,nia : crédit
Current Transfers: Debit	−27.3	−38.3	−40.8	−86.1	−72.6	−88.1	−118.3	Transf. courants : débit
Capital Acct.,nie: Credit	0.0	0.0	0.0	0.0	0.0	0.0	0.0	Compte de cap.,nia : crédit
Capital Account: Debit	0.0	0.0	0.0	0.0	0.0	0.0	0.0	Compte de capital : débit
Financial Account,nie	580.3	529.1	692.9	479.0	1 022.1	958.8	674.1	Compte d'op. fin., nia
Net Errors and Omissions	−115.0	−115.1	225.6	173.3	128.0	106.3	111.7	Erreurs et omissions nettes
Reserves and Related Items	−51.5	−115.7	−323.7	−201.7	−767.9	−307.7	−239.4	Rés. et postes appareutés
Syrian Arab Republic								**Rép. arabe syrienne**
Goods: Exports fob	3 013.0	4 156.0	3 438.0	3 100.0	3 203.0	3 329.0	3 858.0	Biens : exportations,fàb
Goods: Imports fob	−1 821.0	−2 062.0	−2 354.0	−2 941.0	−3 476.0	−4 604.0	−4 001.0	Biens : importations,fàb
Serv. & Income: Credit	915.0	919.0	1 130.0	1 350.0	1 611.0	1 950.0	2 071.0	Serv. & revenu : crédit
Serv. & Income: Debit	−1 537.0	−1 723.0	−2 098.0	−2 316.0	−2 317.0	−2 475.0	−2 405.0	Serv. & revenu : débit
Current Trans.,nie: Credit	657.0	476.0	588.0	871.0	494.0	895.0	935.0	Transf. cour.,nia : crédit
Current Transfers: Debit	−5.0	−3.0	−4.0	−8.0	−8.0	−17.0	−18.0	Transf. courants : débit
Capital Acct.,nie: Credit	0.0	0.0	0.0	0.0	0.0	102.0	20.0	Compte de cap.,nia : crédit
Capital Account: Debit	0.0	0.0	0.0	0.0	0.0	0.0	0.0	Compte de capital : débit
Financial Account,nie	−1 708.0	−1 836.0	−515.0	−50.0	599.0	2 498.0	1 705.0	Compte d'op. fin., nia
Net Errors and Omissions	420.0	110.0	−112.0	70.0	170.0	−906.0	−1 385.0	Erreurs et omissions nettes
Reserves and Related Items	66.0	−36.0	−72.0	−76.0	−276.0	−772.0	−780.0	Rés. et postes appareutés
Thailand								**Thaïlande**
Goods: Exports fob	19 834.0	22 811.0	28 232.0	32 100.0	36 398.0	44 478.0	55 447.0	Biens : exportations,fàb
Goods: Imports fob	−22 750.0	−29 561.0	−34 222.0	−36 261.0	−40 695.0	−48 204.0	−63 415.0	Biens : importations,fàb
Serv. & Income: Credit	7 046.0	8 478.0	9 526.0	10 820.0	13 199.0	14 202.0	18 646.0	Serv. & revenu : crédit
Serv. & Income: Debit	−6 874.0	−9 222.0	−11 369.0	−13 608.0	−16 015.0	−19 689.0	−24 719.0	Serv. & revenu : débit
Current Trans.,nie: Credit	281.0	278.0	411.0	1 000.0	1 222.0	1 901.0	1 190.0	Transf. cour.,nia : crédit
Current Transfers: Debit	−34.0	−65.0	−150.0	−355.0	−473.0	−774.0	−704.0	Transf. courants : débit
Capital Acct.,nie: Credit	0.0	0.0	0.0	0.0	0.0	0.0	0.0	Compte de cap.,nia : crédit
Capital Account: Debit	0.0	−1.0	0.0	0.0	0.0	0.0	0.0	Compte de capital : débit
Financial Account,nie	6 599.0	9 098.0	11 759.0	9 475.0	10 500.0	12 167.0	21 909.0	Compte d'op. fin., nia
Net Errors and Omissions	928.0	1 419.0	431.0	−142.0	−230.0	87.0	−1 196.0	Erreurs et omissions nettes
Reserves and Related Items	−5 029.0	−3 235.0	−4 618.0	−3 029.0	−3 907.0	−4 169.0	−7 159.0	Rés. et postes appareutés
Turkey								**Turquie**
Goods: Exports fob	11 780.0	13 026.0	13 667.0	14 891.0	15 611.0	18 390.0	21 975.0	Biens : exportations,fàb
Goods: Imports fob	−15 999.0	−22 581.0	−21 007.0	−23 081.0	−29 771.0	−22 606.0	−35 187.0	Biens : importations,fàb
Serv. & Income: Credit	7 098.0	8 933.0	9 307.0	10 419.0	11 787.0	11 691.0	16 094.0	Serv. & revenu : crédit
Serv. & Income: Debit	−5 476.0	−6 496.0	−6 816.0	−7 262.0	−7 828.0	−7 936.0	−9 717.0	Serv. & revenu : débit
Current Trans.,nie: Credit	3 574.0	4 525.0	5 131.0	4 075.0	3 800.0	3 113.0	4 512.0	Transf. cour.,nia : crédit
Current Transfers: Debit	−39.0	−32.0	−32.0	−16.0	−32.0	−21.0	−16.0	Transf. courants : débit
Capital Acct.,nie: Credit	0.0	0.0	0.0	0.0	0.0	0.0	0.0	Compte de cap.,nia : crédit
Capital Account: Debit	0.0	0.0	0.0	0.0	0.0	0.0	0.0	Compte de capital : débit
Financial Account,nie	780.0	4 037.0	−2 397.0	3 648.0	8 963.0	−4 194.0	4 722.0	Compte d'op. fin., nia
Net Errors and Omissions	969.0	−469.0	948.0	−1 190.0	−2 222.0	1 766.0	2 277.0	Erreurs et omissions nettes
Reserves and Related Items	−2 710.0	−943.0	1 199.0	−1 484.0	−308.0	−203.0	−4 660.0	Rés. et postes appareutés
Yemen								**Yémen**
Goods: Exports fob	...	1 384.4	1 196.6	1 094.9	1 166.9	1 824.0	1 937.2	Biens : exportations,fàb
Goods: Imports fob	...	−1 475.6	−1 896.8	−1 891.1	−2 086.9	−1 521.9	−1 948.2	Biens : importations,fàb
Serv. & Income: Credit	...	143.5	157.3	200.0	199.2	170.0	216.6	Serv. & revenu : crédit
Serv. & Income: Debit	...	−1 186.0	−1 384.5	−1 566.3	−1 594.1	−1 223.2	−1 127.0	Serv. & revenu : débit
Current Trans.,nie: Credit	...	1 896.8	1 309.1	1 100.2	1 092.8	1 133.6	1 120.5	Transf. cour.,nia : crédit

83
Summary of balance of payments
Millions of US dollars
Résumé des balances des paiements
Millions de dollars des E−U

Country or area	1989	1990	1991	1992	1993	1994	1995	Pays ou zone
Current Transfers: Debit	...	−24.4	−44.9	−29.0	−25.5	−16.6	−16.6	Transf. courants : débit
Capital Acct.,nie: Credit	...	0.0	0.0	0.0	0.0	0.0	0.0	Compte de cap.,nia : crédit
Capital Account: Debit	...	0.0	0.0	0.0	0.0	0.0	0.0	Compte de capital : débit
Financial Account,nie	...	−284.2	237.7	91.8	−87.9	−837.5	−819.0	Compte d'op. fin., nia
Net Errors and Omissions	...	−711.4	−268.0	−248.5	222.4	−181.0	161.8	Erreurs et omissions nettes
Reserves and Related Items	...	256.9	693.5	1 248.0	1 113.1	652.6	474.5	Rés. et postes appareutés
Europe · Europe								
Albania								**Albanie**
Goods: Exports fob	393.7	322.1	73.0	70.0	111.6	141.3	204.9	Biens : exportations,fàb
Goods: Imports fob	−455.8	−455.9	−281.0	−540.5	−601.5	−601.0	−679.7	Biens : importations,fàb
Serv. & Income: Credit	40.6	31.5	10.0	22.9	142.5	134.2	170.8	Serv. & revenu : crédit
Serv. & Income: Debit	−28.4	−31.0	−59.3	−126.8	−192.9	−173.8	−184.9	Serv. & revenu : débit
Current Trans.,nie: Credit	10.6	15.0	89.3	524.0	556.9	347.5	521.2	Transf. cour.,nia : crédit
Current Transfers: Debit	0.0	0.0	0.0	−0.3	−1.7	−5.5	−43.8	Transf. courants : débit
Capital Acct.,nie: Credit	0.0	0.0	0.0	0.0	0.0	0.0	389.4	Compte de cap.,nia : crédit
Capital Account: Debit	0.0	0.0	0.0	0.0	0.0	0.0	0.0	Compte de capital : débit
Financial Account,nie	359.4	−117.7	−181.2	−32.2	44.1	40.2	−411.0	Compte d'op. fin., nia
Net Errors and Omissions	4.8	−2.0	125.2	47.4	−10.3	123.9	53.7	Erreurs et omissions nettes
Reserves and Related Items	−324.9	238.0	224.0	35.5	−48.7	−6.8	−20.6	Rés. et postes appareutés
Austria								**Autriche**
Goods: Exports fob	31 960.0	40 414.0	40 353.0	43 929.0	39 845.0	44 645.0	72 718.0	Biens : exportations,fàb
Goods: Imports fob	−37 512.0	−47 383.0	−48 913.0	−52 332.0	−47 112.0	−53 373.0	−77 821.0	Biens : importations,fàb
Serv. & Income: Credit	25 166.0	32 424.0	35 104.0	37 628.0	37 037.0	37 957.0	36 401.0	Serv. & revenu : crédit
Serv. & Income: Debit	−19 250.0	−24 284.0	−26 353.0	−28 321.0	−29 398.0	−30 384.0	−33 923.0	Serv. & revenu : débit
Current Trans.,nie: Credit	1 227.0	1 657.0	1 699.0	1 386.0	1 334.0	1 443.0	2 612.0	Transf. cour.,nia : crédit
Current Transfers: Debit	−1 343.0	−1 663.0	−1 830.0	−2 369.0	−2 314.0	−2 498.0	−4 830.0	Transf. courants : débit
Capital Acct.,nie: Credit	50.0	63.0	152.0	168.0	177.0	598.0	386.0	Compte de cap.,nia : crédit
Capital Account: Debit	−62.0	−55.0	−97.0	−252.0	−288.0	−252.0	−301.0	Compte de capital : débit
Financial Account,nie	1 367.0	−19.0	−12.0	1 961.0	3 415.0	3 099.0	6 509.0	Compte d'op. fin., nia
Net Errors and Omissions	−613.0	−1 170.0	731.0	795.0	−493.0	−417.0	−308.0	Erreurs et omissions nettes
Reserves and Related Items	−990.0	15.0	−835.0	−2 593.0	−2 202.0	−819.0	−1 443.0	Rés. et postes appareutés
Belgium−Luxembourg								**Belgique−Luxembourg**
Goods: Exports fob	92 123.0	110 188.0	107 990.0	116 841.0	106 302.0	122 795.0	154 448.0	Biens : exportations,fàb
Goods: Imports fob	−89 845.0	−108 517.0	−105 991.0	−113 141.0	−100 522.0	−115 895.0	−144 243.0	Biens : importations,fàb
Serv. & Income: Credit	70 116.0	93 961.0	106 035.0	121 953.0	116 377.0	143 589.0	110 066.0	Serv. & revenu : crédit
Serv. & Income: Debit	−66 906.0	−89 809.0	−101 063.0	−116 308.0	−108 133.0	−134 413.0	−100 891.0	Serv. & revenu : débit
Current Trans.,nie: Credit	2 329.0	3 825.0	4 160.0	4 368.0	4 198.0	4 501.0	7 683.0	Transf. cour.,nia : crédit
Current Transfers: Debit	−4 217.0	−6 022.0	−6 385.0	−7 063.0	−6 986.0	−8 009.0	−12 051.0	Transf. courants : débit
Capital Acct.,nie: Credit	0.0	0.0	0.0	0.0	0.0	0.0	0.0	Compte de cap.,nia : crédit
Capital Account: Debit	0.0	0.0	0.0	0.0	0.0	0.0	0.0	Compte de capital : débit
Financial Account,nie	−2 664.0	−1 651.0	−3 155.0	−7 806.0	−13 563.0	−10 182.0	...	Compte d'op. fin., nia
Net Errors and Omissions	−624.0	−1 572.0	−1 007.0	1 726.0	204.0	−2 167.0	...	Erreurs et omissions nettes
Reserves and Related Items	−312.0	−404.0	−584.0	−569.0	2 122.0	−219.0	...	Rés. et postes appareutés
Bulgaria								**Bulgarie**
Goods: Exports fob	8 268.0	6 113.0	3 737.0	3 956.0	3 727.0	3 935.0	5 345.0	Biens : exportations,fàb
Goods: Imports fob	−8 960.0	−7 427.0	−3 769.0	−4 169.0	−4 612.0	−3 952.0	−5 224.0	Biens : importations,fàb
Serv. & Income: Credit	1 350.0	957.0	456.0	1 195.0	1 265.0	1 342.0	1 582.0	Serv. & revenu : crédit
Serv. & Income: Debit	−1 504.0	−1 478.0	−570.0	−1 386.0	−1 514.0	−1 523.0	−1 860.0	Serv. & revenu : débit
Current Trans.,nie: Credit	143.0	232.0	123.0	114.0	286.0	357.0	257.0	Transf. cour.,nia : crédit
Current Transfers: Debit	−66.0	−107.0	−54.0	−71.0	−249.0	−190.0	−125.0	Transf. courants : débit
Capital Acct.,nie: Credit	0.0	0.0	0.0	0.0	0.0	0.0	0.0	Compte de cap.,nia : crédit
Capital Account: Debit	0.0	0.0	0.0	0.0	0.0	0.0	0.0	Compte de capital : débit
Financial Account,nie	−40.0	−2 814.0	95.0	716.0	754.0	−1 019.0	326.0	Compte d'op. fin., nia
Net Errors and Omissions	375.0	70.0	0.0	−85.0	22.0	72.0	145.0	Erreurs et omissions nettes
Reserves and Related Items	434.0	4 454.0	−17.0	−271.0	322.0	216.0	−445.0	Rés. et postes appareutés
Croatia								**Croatie**
Goods: Exports fob	...	...	...	...	3 903.8	4 260.4	4 632.7	Biens : exportations,fàb
Goods: Imports fob	...	...	...	...	−4 199.7	−4 706.4	−6 758.9	Biens : importations,fàb
Serv. & Income: Credit	...	...	...	...	1 918.4	2 393.5	2 742.6	Serv. & revenu : crédit
Serv. & Income: Debit	...	...	...	...	−1 894.4	−2 303.4	−2 974.2	Serv. & revenu : débit
Current Trans.,nie: Credit	...	...	...	...	554.9	602.1	814.6	Transf. cour.,nia : crédit
Current Transfers: Debit	...	...	...	...	−178.9	−142.8	−168.8	Transf. courants : débit

83
Summary of balance of payments
Millions of US dollars
Résumé des balances des paiements
Millions de dollars des E−U

Country or area	1989	1990	1991	1992	1993	1994	1995	Pays ou zone
Capital Acct.,nie: Credit	...	...	...	...	0.0	0.0	0.0	Compte de cap.,nia : crédit
Capital Account: Debit	...	...	...	...	0.0	0.0	0.0	Compte de capital : débit
Financial Account,nie	...	...	...	...	42.5	219.7	492.6	Compte d'op. fin., nia
Net Errors and Omissions	...	...	...	...	29.4	102.6	1 307.0	Erreurs et omissions nettes
Reserves and Related Items	...	...	...	...	−175.9	−425.8	−87.6	Rés. et postes appareutés
former Czechoslovakia†								**l'ex−Tchécoslovaquie†**
Goods: Exports fob	14 217.0	11 635.0	10 596.0	11 463.0	...	...	...	Biens : exportations,fàb
Goods: Imports fob	−14 074.0	−13 057.0	−10 717.0	−13 297.0	...	...	...	Biens : importations,fàb
Serv. & Income: Credit	3 363.0	3 171.0	3 583.0	4 811.0	...	...	...	Serv. & revenu : crédit
Serv. & Income: Debit	−2 679.0	−3 181.0	−2 614.0	−3 148.0	...	...	...	Serv. & revenu : débit
Current Trans.,nie: Credit	213.0	318.0	110.0	313.0	...	...	...	Transf. cour.,nia : crédit
Current Transfers: Debit	−105.0	−112.0	−49.0	−172.0	...	...	...	Transf. courants : débit
Capital Acct.,nie: Credit	0.0	0.0	0.0	0.0	...	...	...	Compte de cap.,nia : crédit
Capital Account: Debit	0.0	0.0	0.0	0.0	...	...	...	Compte de capital : débit
Financial Account,nie	−292.0	643.0	−980.0	−247.0	...	...	...	Compte d'op. fin., nia
Net Errors and Omissions	−81.0	−543.0	861.0	−144.0	...	...	...	Erreurs et omissions nettes
Reserves and Related Items	−563.0	1 127.0	−789.0	422.0	...	...	...	Rés. et postes appareutés
Czech Republic								**République tchèque**
Goods: Exports fob	...	...	...	...	13 002.0	14 037.0	21 477.0	Biens : exportations,fàb
Goods: Imports fob	...	...	...	...	−13 304.0	−14 955.0	−25 162.0	Biens : importations,fàb
Serv. & Income: Credit	...	...	...	...	5 269.0	5 692.0	7 922.0	Serv. & revenu : crédit
Serv. & Income: Debit	...	...	...	...	−4 373.0	−4 982.0	−6 183.0	Serv. & revenu : débit
Current Trans.,nie: Credit	...	...	...	...	242.0	298.0	664.0	Transf. cour.,nia : crédit
Current Transfers: Debit	...	...	...	...	−154.0	−171.0	−92.0	Transf. courants : débit
Capital Acct.,nie: Credit	...	...	...	...	208.0	0.0	12.0	Compte de cap.,nia : crédit
Capital Account: Debit	...	...	...	...	−771.0	0.0	−5.0	Compte de capital : débit
Financial Account,nie	...	...	...	...	3 043.0	4 504.0	8 225.0	Compte d'op. fin., nia
Net Errors and Omissions	...	...	...	...	−98.0	−940.0	596.0	Erreurs et omissions nettes
Reserves and Related Items	...	...	...	...	−3 063.0	−3 483.0	−7 453.0	Rés. et postes appareutés
Denmark								**Danemark**
Goods: Exports fob	28 728.0	36 072.0	36 783.0	40 504.0	36 948.0	41 741.0	48 901.0	Biens : exportations,fàb
Goods: Imports fob	−26 304.0	−31 197.0	−32 035.0	−33 446.0	−29 229.0	−34 300.0	−42 080.0	Biens : importations,fàb
Serv. & Income: Credit	14 288.0	18 841.0	23 119.0	30 039.0	35 655.0	36 404.0	43 233.0	Serv. & revenu : crédit
Serv. & Income: Debit	−17 687.0	−21 937.0	−25 019.0	−32 018.0	−37 947.0	−39 452.0	−47 056.0	Serv. & revenu : débit
Current Trans.,nie: Credit	1 608.0	2 007.0	2 083.0	2 136.0	2 442.0	2 261.0	2 580.0	Transf. cour.,nia : crédit
Current Transfers: Debit	−1 750.0	−2 415.0	−2 948.0	−3 016.0	−3 037.0	−3 466.0	−3 970.0	Transf. courants : débit
Capital Acct.,nie: Credit	0.0	0.0	0.0	0.0	0.0	0.0	0.0	Compte de cap.,nia : crédit
Capital Account: Debit	0.0	0.0	0.0	0.0	0.0	0.0	0.0	Compte de capital : débit
Financial Account,nie	−2 373.0	4 420.0	−2 703.0	423.0	−6 545.0	−5 647.0	−184.0	Compte d'op. fin., nia
Net Errors and Omissions	−347.0	−2 407.0	−2 183.0	−547.0	1 146.0	606.0	1 075.0	Erreurs et omissions nettes
Reserves and Related Items	3 838.0	−3 385.0	2 903.0	−4 075.0	567.0	1 851.0	−2 498.0	Rés. et postes appareutés
Estonia								**Estonie**
Goods: Exports fob	...	...	...	460.7	811.7	1 327.4	1 856.3	Biens : exportations,fàb
Goods: Imports fob	...	...	...	−551.1	−956.6	−1 682.5	−2 530.0	Biens : importations,fàb
Serv. & Income: Credit	...	...	...	203.6	361.5	552.6	940.4	Serv. & revenu : crédit
Serv. & Income: Debit	...	...	...	−174.0	−300.2	−477.1	−558.5	Serv. & revenu : débit
Current Trans.,nie: Credit	...	...	...	97.4	108.4	120.3	134.5	Transf. cour.,nia : crédit
Current Transfers: Debit	...	...	...	−0.3	−3.2	−5.7	−8.2	Transf. courants : débit
Capital Acct.,nie: Credit	...	...	...	27.4	0.0	0.5	1.4	Compte de cap.,nia : crédit
Capital Account: Debit	...	...	...	0.0	0.0	−1.1	−2.2	Compte de capital : débit
Financial Account,nie	...	...	...	−1.3	188.9	167.2	233.4	Compte d'op. fin., nia
Net Errors and Omissions	...	...	...	−4.4	−45.9	15.9	16.3	Erreurs et omissions nettes
Reserves and Related Items	...	...	...	−57.9	−164.6	−17.5	−83.5	Rés. et postes appareutés
Finland								**Finlande**
Goods: Exports fob	23 249.0	26 531.0	22 969.0	23 942.0	23 478.0	29 731.0	40 515.0	Biens : exportations,fàb
Goods: Imports fob	−23 479.0	−25 829.0	−20 738.0	−20 165.0	−17 217.0	−22 241.0	−28 169.0	Biens : importations,fàb
Serv. & Income: Credit	6 570.0	8 154.0	6 846.0	6 400.0	5 588.0	7 502.0	10 574.0	Serv. & revenu : crédit
Serv. & Income: Debit	−11 390.0	−14 866.0	−14 794.0	−14 328.0	−12 544.0	−13 265.0	−16 938.0	Serv. & revenu : débit
Current Trans.,nie: Credit	222.0	288.0	345.0	427.0	475.0	410.0	1 536.0	Transf. cour.,nia : crédit
Current Transfers: Debit	−969.0	−1 240.0	−1 326.0	−1 221.0	−903.0	−863.0	−2 133.0	Transf. courants : débit
Capital Acct.,nie: Credit	0.0	0.0	0.0	0.0	0.0	0.0	114.0	Compte de cap.,nia : crédit
Capital Account: Debit	0.0	0.0	−71.0	0.0	0.0	0.0	−48.0	Compte de capital : débit
Financial Account,nie	3 471.0	12 405.0	4 196.0	3 071.0	374.0	4 093.0	−4 468.0	Compte d'op. fin., nia
Net Errors and Omissions	1 258.0	−1 511.0	685.0	−276.0	1 041.0	−652.0	−1 354.0	Erreurs et omissions nettes
Reserves and Related Items	1 068.0	−3 931.0	1 886.0	2 150.0	−291.0	−4 714.0	372.0	Rés. et postes appareutés

83
Summary of balance of payments
Millions of US dollars
Résumé des balances des paiements
Millions de dollars des E−U

Country or area	1989	1990	1991	1992	1993	1994	1995	Pays ou zone
France								**France**
Goods: Exports fob	172 186.0	208 932.0	209 172.0	227 442.0	199 044.0	224 726.0	270 400.0	Biens : exportations,fàb
Goods: Imports fob	−182 491.0	−222 186.0	−218 886.0	−225 071.0	−191 528.0	−217 677.0	−259 225.0	Biens : importations,fàb
Serv. & Income: Credit	101 227.0	132 193.0	149 871.0	179 361.0	185 369.0	200 424.0	227 803.0	Serv. & revenu : crédit
Serv. & Income: Debit	−87 908.0	−120 684.0	−139 193.0	−168 857.0	−177 694.0	−192 075.0	−216 009.0	Serv. & revenu : débit
Current Trans.,nie: Credit	11 524.0	14 795.0	18 756.0	20 726.0	16 743.0	15 857.0	19 351.0	Transf. cour.,nia : crédit
Current Transfers: Debit	−19 208.0	−22 994.0	−26 238.0	−29 707.0	−22 944.0	−24 222.0	−25 877.0	Transf. courants : débit
Capital Acct.,nie: Credit	235.0	219.0	252.0	929.0	305.0	271.0	301.0	Compte de cap.,nia : crédit
Capital Account: Debit	−446.0	−4 352.0	−279.0	−268.0	−278.0	−4 912.0	−415.0	Compte de capital : débit
Financial Account,nie	10 361.0	24 764.0	−3 066.0	−8 035.0	−16 675.0	−3 934.0	−20 484.0	Compte d'op. fin., nia
Net Errors and Omissions	−6 336.0	262.0	4 416.0	1 905.0	2 652.0	3 991.0	4 868.0	Erreurs et omissions nettes
Reserves and Related Items	857.0	−10 949.0	5 194.0	1 576.0	5 006.0	−2 448.0	−712.0	Rés. et postes appareutés
Germany †								**Allemagne†**
Goods: Exports fob [1]	...	...	403.4	430.2	382.5	430.3	523.2	Biens : exportations,fàb [1]
Goods: Imports fob [1]	...	...	−383.5	−401.5	−340.7	−378.6	−456.9	Biens : importations,fàb [1]
Serv. & Income: Credit [1]	...	...	142.9	154.2	146.7	149.1	183.3	Serv. & revenu : crédit [1]
Serv. & Income: Debit [1]	...	...	−143.1	−167.7	−166.6	−182.3	−229.4	Serv. & revenu : débit [1]
Current Trans.,nie: Credit [1]	...	...	13.4	14.9	13.4	13.9	16.8	Transf. cour.,nia : crédit [1]
Current Transfers: Debit [1]	...	...	−51.1	−49.6	−48.7	−52.7	−57.7	Transf. courants : débit [1]
Capital Acct.,nie: Credit [1]	...	...	0.8	1.1	1.4	1.6	1.7	Compte de cap.,nia : crédit [1]
Capital Account: Debit [1]	...	...	−1.4	−0.5	−0.9	−1.4	−2.3	Compte de capital : débit [1]
Financial Account,nie [1]	...	...	5.2	51.8	15.7	25.8	33.2	Compte d'op. fin., nia [1]
Net Errors and Omissions [1]	...	...	7.1	4.2	−17.0	−7.6	−4.5	Erreurs et omissions nettes [1]
Reserves and Related Items [1]	...	...	6.2	−37.2	14.2	2.0	−7.2	Rés. et postes appareutés [1]
F. R. Germany								**R. f. Allemagne**
Goods: Exports fob [1,2]	340.0	410.9	...	...	...	...	...	Biens : exportations,fàb [1,2]
Goods: Imports fob [1,2]	−264.7	−341.9	...	...	...	...	...	Biens : importations,fàb [1,2]
Serv. & Income: Credit [1,2]	97.5	132.4	...	...	...	...	...	Serv. & revenu : crédit [1,2]
Serv. & Income: Debit [1,2]	−96.2	−129.6	...	...	...	...	...	Serv. & revenu : débit [1,2]
Current Trans.,nie: Credit [1,2]	10.5	13.1	...	...	...	...	...	Transf. cour.,nia : crédit [1,2]
Current Transfers: Debit [1,2]	−30.3	−36.9	...	...	...	...	...	Transf. courants : débit [1,2]
Capital Acct.,nie: Credit [1,2]	0.4	0.4	...	...	...	...	...	Compte de cap.,nia : crédit [1,2]
Capital Account: Debit [1,2]	−0.3	−1.7	...	...	...	...	...	Compte de capital : débit [1,2]
Financial Account,nie [1,2]	−59.1	−54.8	...	...	...	...	...	Compte d'op. fin., nia [1,2]
Net Errors and Omissions [1,2]	5.1	15.3	...	...	...	...	...	Erreurs et omissions nettes [1,2]
Reserves and Related Items [1,2]	−2.9	−7.3	...	...	...	...	...	Rés. et postes appareutés [1,2]
Greece								**Grèce**
Goods: Exports fob	6 074.0	6 458.0	6 911.0	6 076.0	5 112.0	5 338.0	5 918.0	Biens : exportations,fàb
Goods: Imports fob	−13 401.0	−16 564.0	−16 933.0	−17 637.0	−15 611.0	−16 611.0	−20 343.0	Biens : importations,fàb
Serv. & Income: Credit	5 111.0	6 875.0	7 643.0	9 252.0	9 141.0	10 312.0	10 917.0	Serv. & revenu : crédit
Serv. & Income: Debit	−4 328.0	−5 024.0	−5 378.0	−6 306.0	−5 888.0	−6 121.0	−7 364.0	Serv. & revenu : débit
Current Trans.,nie: Credit	3 996.0	4 730.0	6 199.0	6 489.0	6 516.0	6 964.0	8 039.0	Transf. cour.,nia : crédit
Current Transfers: Debit	−13.0	−12.0	−16.0	−14.0	−17.0	−28.0	−31.0	Transf. courants : débit
Capital Acct.,nie: Credit	0.0	0.0	0.0	0.0	0.0	0.0	0.0	Compte de cap.,nia : crédit
Capital Account: Debit	0.0	0.0	0.0	0.0	0.0	0.0	0.0	Compte de capital : débit
Financial Account,nie	2 751.0	4 002.0	3 961.0	2 619.0	4 817.0	6 903.0	3 162.0	Compte d'op. fin., nia
Net Errors and Omissions	−538.0	−185.0	−183.0	−853.0	−631.0	−448.0	−321.0	Erreurs et omissions nettes
Reserves and Related Items	348.0	−280.0	−2 204.0	374.0	−3 439.0	−6 309.0	23.0	Rés. et postes appareutés
Hungary								**Hongrie**
Goods: Exports fob	10 493.0	9 151.0	9 688.0	10 097.0	8 119.0	7 648.0	12 864.0	Biens : exportations,fàb
Goods: Imports fob	−9 450.0	−8 617.0	−9 330.0	−10 108.0	−12 140.0	−11 364.0	−15 297.0	Biens : importations,fàb
Serv. & Income: Credit	1 522.0	3 164.0	2 848.0	3 829.0	3 301.0	3 793.0	5 069.0	Serv. & revenu : crédit
Serv. & Income: Debit	−3 283.0	−4 107.0	−3 669.0	−4 325.0	−4 275.0	−5 040.0	−6 231.0	Serv. & revenu : débit
Current Trans.,nie: Credit	130.0	1 595.0	2 604.0	2 866.0	2 694.0	2 871.0	3 575.0	Transf. cour.,nia : crédit
Current Transfers: Debit	...	−808.0	−1 737.0	−2 008.0	−1 961.0	−1 961.0	−2 515.0	Transf. courants : débit
Capital Acct.,nie: Credit	0.0	0.0	0.0	0.0	0.0	0.0	0.0	Compte de cap.,nia : crédit
Capital Account: Debit	0.0	0.0	0.0	0.0	0.0	0.0	0.0	Compte de capital : débit
Financial Account,nie	901.0	−801.0	1 474.0	416.0	6 083.0	3 370.0	6 577.0	Compte d'op. fin., nia
Net Errors and Omissions	−141.0	10.0	−82.0	2.0	724.0	209.0	1 298.0	Erreurs et omissions nettes
Reserves and Related Items	−172.0	413.0	−1 795.0	−770.0	−2 545.0	475.0	−5 399.0	Rés. et postes appareutés
Iceland								**Islande**
Goods: Exports fob	1 401.5	1 588.0	1 552.0	1 529.0	1 398.0	1 561.0	1 804.0	Biens : exportations,fàb
Goods: Imports fob	−1 267.3	−1 509.0	−1 599.0	−1 527.0	−1 217.0	−1 288.0	−1 598.0	Biens : importations,fàb
Serv. & Income: Credit	549.4	627.0	640.0	669.0	673.0	682.0	761.0	Serv. & revenu : crédit
Serv. & Income: Debit	−764.5	−839.0	−902.0	−882.0	−856.0	−836.0	−911.0	Serv. & revenu : débit

83
Summary of balance of payments
Millions of US dollars
Résumé des balances des paiements
Millions de dollars des E−U

Country or area	1989	1990	1991	1992	1993	1994	1995	Pays ou zone
Current Trans.,nie: Credit	10.5	26.0	13.0	19.0	18.0	12.0	15.0	Transf. cour.,nia : crédit
Current Transfers: Debit	−31.6	−28.0	−22.0	−22.0	−21.0	−20.0	−20.0	Transf. courants : débit
Capital Acct.,nie: Credit	25.9	17.0	15.0	11.0	12.0	6.0	13.0	Compte de cap.,nia : crédit
Capital Account: Debit	−7.8	−14.0	−11.0	−12.0	−10.0	−10.0	−14.0	Compte de capital : débit
Financial Account,nie	125.0	237.0	299.0	287.0	−25.0	−266.0	36.0	Compte d'op. fin., nia
Net Errors and Omissions	13.5	−31.1	24.0	6.4	−31.9	8.8	−82.0	Erreurs et omissions nettes
Reserves and Related Items	−54.6	−73.9	−9.0	−78.4	59.9	150.2	−4.0	Rés. et postes appareutés
Ireland								**Irlande**
Goods: Exports fob	20 356.0	23 341.0	23 659.0	28 107.0	28 728.0	33 642.0	43 319.0	Biens : exportations,fàb
Goods: Imports fob	−16 352.0	−19 397.0	−19 366.0	−21 062.0	−20 553.0	−24 275.0	−30 194.0	Biens : importations,fàb
Serv. & Income: Credit	4 328.0	6 725.0	6 926.0	7 336.0	6 549.0	7 623.0	9 808.0	Serv. & revenu : crédit
Serv. & Income: Debit	−10 417.0	−13 413.0	−13 520.0	−15 911.0	−14 876.0	−17 229.0	−23 336.0	Serv. & revenu : débit
Current Trans.,nie: Credit	1 976.0	3 089.0	3 395.0	3 033.0	2 858.0	2 850.0	3 014.0	Transf. cour.,nia : crédit
Current Transfers: Debit	−471.0	−705.0	−809.0	−896.0	−941.0	−1 100.0	−1 231.0	Transf. courants : débit
Capital Acct.,nie: Credit	231.0	486.0	698.0	889.0	863.0	477.0	914.0	Compte de cap.,nia : crédit
Capital Account: Debit	−127.0	−99.0	−97.0	−102.0	−89.0	−90.0	−96.0	Compte de capital : débit
Financial Account,nie	−1 574.0	−1 877.0	−2 296.0	−3 965.0	−909.0	−3 752.0	−673.0	Compte d'op. fin., nia
Net Errors and Omissions	1 115.0	2 476.0	1 873.0	405.0	1 029.0	1 679.0	816.0	Erreurs et omissions nettes
Reserves and Related Items	937.0	−626.0	−463.0	2 166.0	−2 660.0	176.0	−2 339.0	Rés. et postes appareutés
Italy								**Italie**
Goods: Exports fob	140 556.0	170 304.0	169 465.0	178 155.0	169 153.0	191 422.0	231 336.0	Biens : exportations,fàb
Goods: Imports fob	−142 219.0	−168 931.0	−169 911.0	−175 070.0	−136 328.0	−155 819.0	−187 254.0	Biens : importations,fàb
Serv. & Income: Credit	46 375.0	67 747.0	69 513.0	87 546.0	85 798.0	84 487.0	98 950.0	Serv. & revenu : crédit
Serv. & Income: Debit	−54 027.0	−83 542.0	−86 851.0	−112 598.0	−102 037.0	−98 856.0	−112 700.0	Serv. & revenu : débit
Current Trans.,nie: Credit	11 214.0	12 560.0	13 741.0	14 261.0	12 962.0	12 259.0	14 276.0	Transf. cour.,nia : crédit
Current Transfers: Debit	−14 710.0	−15 725.0	−20 608.0	−21 755.0	−20 144.0	−19 367.0	−18 902.0	Transf. courants : débit
Capital Acct.,nie: Credit	1 608.0	1 822.0	1 717.0	2 265.0	2 799.0	2 216.0	2 796.0	Compte de cap.,nia : crédit
Capital Account: Debit	−696.0	−1 063.0	−1 129.0	−1 445.0	−1 149.0	−1 187.0	−1 130.0	Compte de capital : débit
Financial Account,nie	24 738.0	42 638.0	24 213.0	11 555.0	5 260.0	−14 209.0	−3 058.0	Compte d'op. fin., nia
Net Errors and Omissions	−1 480.0	−14 187.0	−6 869.0	−6 906.0	−19 449.0	631.0	−21 510.0	Erreurs et omissions nettes
Reserves and Related Items	−11 358.0	−11 623.0	6 718.0	23 992.0	3 135.0	−1 575.0	−2 804.0	Rés. et postes appareutés
Latvia								**Lettonie**
Goods: Exports fob	...	...	...	800.0	1 054.0	1 022.0	1 368.0	Biens : exportations,fàb
Goods: Imports fob	...	...	...	−840.0	−1 051.0	−1 322.0	−1 947.0	Biens : importations,fàb
Serv. & Income: Credit	...	...	...	294.0	550.0	708.0	783.0	Serv. & revenu : crédit
Serv. & Income: Debit	...	...	...	−157.0	−215.0	−339.0	−299.0	Serv. & revenu : débit
Current Trans.,nie: Credit	...	...	...	97.0	81.0	136.0	72.0	Transf. cour.,nia : crédit
Current Transfers: Debit	...	...	...	−1.0	−3.0	−3.0	−5.0	Transf. courants : débit
Capital Acct.,nie: Credit	...	...	...	0.0	0.0	0.0	0.0	Compte de cap.,nia : crédit
Capital Account: Debit	...	...	...	0.0	0.0	0.0	0.0	Compte de capital : débit
Financial Account,nie	...	...	...	−110.0	67.0	363.0	692.0	Compte d'op. fin., nia
Net Errors and Omissions	...	...	...	−44.0	−186.0	−508.0	−698.0	Erreurs et omissions nettes
Reserves and Related Items	...	...	...	−37.0	−298.0	−57.0	33.0	Rés. et postes appareutés
Lithuania								**Lithuanie**
Goods: Exports fob	...	...	...	...	2 025.8	2 029.2	2 706.1	Biens : exportations,fàb
Goods: Imports fob	...	...	...	...	−2 180.5	−2 234.1	−3 404.0	Biens : importations,fàb
Serv. & Income: Credit	...	...	...	...	210.3	343.3	536.1	Serv. & revenu : crédit
Serv. & Income: Debit	...	...	...	...	−257.2	−389.3	−561.8	Serv. & revenu : débit
Current Trans.,nie: Credit	...	...	...	...	115.9	161.6	112.3	Transf. cour.,nia : crédit
Current Transfers: Debit	...	...	...	...	0.0	−4.8	−3.0	Transf. courants : débit
Capital Acct.,nie: Credit	...	...	...	...	0.0	12.9	3.3	Compte de cap.,nia : crédit
Capital Account: Debit	...	...	...	...	0.0	0.0	0.0	Compte de capital : débit
Financial Account,nie	...	...	...	...	301.5	103.3	236.7	Compte d'op. fin., nia
Net Errors and Omissions	...	...	...	...	−7.4	−46.9	287.2	Erreurs et omissions nettes
Reserves and Related Items	...	...	...	...	−208.5	24.7	129.5	Rés. et postes appareutés
Malta								**Malte**
Goods: Exports fob	891.3	1 198.1	1 330.7	1 609.8	1 408.1	1 618.5	1 939.0	Biens : exportations,fàb
Goods: Imports fob	−1 327.7	−1 769.2	−1 913.1	−2 122.9	−1 976.4	−2 221.0	−2 686.5	Biens : importations,fàb
Serv. & Income: Credit	835.0	1 021.0	1 082.3	1 155.0	1 154.2	1 212.6	1 336.8	Serv. & revenu : crédit
Serv. & Income: Debit	−506.5	−593.2	−622.8	−705.5	−731.0	−837.2	−1 041.2	Serv. & revenu : débit
Current Trans.,nie: Credit	114.5	110.6	120.6	98.6	64.9	101.2	63.8	Transf. cour.,nia : crédit
Current Transfers: Debit	−16.1	−23.1	−5.1	−4.8	−4.1	−7.1	−13.9	Transf. courants : débit

83
Summary of balance of payments
Millions of US dollars
Résumé des balances des paiements
Millions de dollars des E−U

Country or area	1989	1990	1991	1992	1993	1994	1995	Pays ou zone
Capital Acct.,nie: Credit	6.0	0.0	0.0	0.0	13.1	32.1	30.2	Compte de cap.,nia : crédit
Capital Account: Debit	0.0	0.0	0.0	0.0	0.0	0.0	0.0	Compte de capital : débit
Financial Account,nie	−46.8	−43.1	13.3	27.0	188.7	448.7	53.1	Compte d'op. fin., nia
Net Errors and Omissions	64.4	2.5	−84.7	−12.7	17.4	35.0	9.6	Erreurs et omissions nettes
Reserves and Related Items	−14.2	96.3	78.8	−44.6	−134.8	−382.8	309.0	Rés. et postes appareutés
Netherlands								**Pays−Bas**
Goods: Exports fob	108 155.0	130 002.0	130 759.0	137 330.0	127 873.0	142 280.0	174 740.0	Biens : exportations,fàb
Goods: Imports fob	−98 330.0	−117 944.0	−118 780.0	−125 024.0	−110 972.0	−123 445.0	−153 761.0	Biens : importations,fàb
Serv. & Income: Credit	48 683.0	57 189.0	61 459.0	66 843.0	67 333.0	72 534.0	78 328.0	Serv. & revenu : crédit
Serv. & Income: Debit	−46 556.0	−57 084.0	−61 501.0	−67 454.0	−66 229.0	−68 127.0	−74 970.0	Serv. & revenu : débit
Current Trans.,nie: Credit	5 142.0	4 478.0	4 603.0	4 642.0	4 359.0	4 197.0	4 812.0	Transf. cour.,nia : crédit
Current Transfers: Debit	−7 081.0	−7 421.0	−8 733.0	−8 997.0	−8 860.0	−9 474.0	−11 152.0	Transf. courants : débit
Capital Acct.,nie: Credit	299.0	314.0	343.0	369.0	579.0	562.0	730.0	Compte de cap.,nia : crédit
Capital Account: Debit	−613.0	−615.0	−625.0	−1 000.0	−1 293.0	−1 559.0	−1 945.0	Compte de capital : débit
Financial Account,nie	−7 884.0	−4 647.0	−5 905.0	−7 459.0	−9 712.0	−9 153.0	−11 832.0	Compte d'op. fin., nia
Net Errors and Omissions	−1 308.0	−4 005.0	−1 113.0	6 869.0	3 562.0	−7 314.0	−6 862.0	Erreurs et omissions nettes
Reserves and Related Items	−507.0	−268.0	−506.0	−6 118.0	−6 641.0	−500.0	1 912.0	Rés. et postes appareutés
Norway								**Norvège**
Goods: Exports fob	27 171.0	34 313.0	34 212.0	35 162.0	31 989.0	34 922.0	...	Biens : exportations,fàb
Goods: Imports fob	−23 401.0	−26 552.0	−25 516.0	−25 860.0	−23 995.0	−26 601.0	...	Biens : importations,fàb
Serv. & Income: Credit	14 195.0	16 661.0	16 870.0	16 682.0	15 192.0	15 915.0	...	Serv. & revenu : crédit
Serv. & Income: Debit	−16 618.0	−18 954.0	−18 994.0	−21 246.0	−19 633.0	−18 971.0	...	Serv. & revenu : débit
Current Trans.,nie: Credit	164.0	217.0	239.0	287.0	319.0	266.0	...	Transf. cour.,nia : crédit
Current Transfers: Debit	−1 299.0	−1 693.0	−1 780.0	−2 044.0	−1 720.0	−1 886.0	...	Transf. courants : débit
Capital Acct.,nie: Credit	101.0	109.0	118.0	143.0	180.0	76.0	...	Compte de cap.,nia : crédit
Capital Account: Debit	−99.0	−78.0	−101.0	−164.0	−165.0	−94.0	...	Compte de capital : débit
Financial Account,nie	2 056.0	−761.0	−7 581.0	−375.0	3 280.0	−1 321.0	...	Compte d'op. fin., nia
Net Errors and Omissions	−1 305.0	−2 848.0	−219.0	−3 442.0	−1 309.0	−854.0	...	Erreurs et omissions nettes
Reserves and Related Items	−965.0	−414.0	2 751.0	855.0	−4 138.0	−1 451.0	...	Rés. et postes appareutés
Poland								**Pologne**
Goods: Exports fob	12 869.0	15 837.0	14 393.0	13 929.0	13 582.0	17 121.0	23 463.0	Biens : exportations,fàb
Goods: Imports fob	−12 822.0	−12 248.0	−15 104.0	−14 060.0	−17 087.0	−18 930.0	−26 687.0	Biens : importations,fàb
Serv. & Income: Credit	3 611.0	3 803.0	4 260.0	5 501.0	4 780.0	5 068.0	9 706.0	Serv. & revenu : crédit
Serv. & Income: Debit	−6 676.0	−6 836.0	−6 463.0	−8 940.0	−7 823.0	−6 968.0	−10 242.0	Serv. & revenu : débit
Current Trans.,nie: Credit	4 246.0	6 865.0	6 707.0	6 214.0	5 840.0	6 464.0	6 022.0	Transf. cour.,nia : crédit
Current Transfers: Debit	−2 637.0	−4 354.0	−5 939.0	−5 748.0	−5 080.0	−5 345.0	−6 507.0	Transf. courants : débit
Capital Acct.,nie: Credit	0.0	0.0	0.0	0.0	0.0	0.0	0.0	Compte de cap.,nia : crédit
Capital Account: Debit	0.0	0.0	0.0	0.0	0.0	0.0	0.0	Compte de capital : débit
Financial Account,nie	−1 796.0	−8 731.0	−4 183.0	−1 045.0	2 341.0	2 356.0	14 240.0	Compte d'op. fin., nia
Net Errors and Omissions	−110.0	162.0	−745.0	−181.0	219.0	−325.0	−244.0	Erreurs et omissions nettes
Reserves and Related Items	3 315.0	5 502.0	7 074.0	4 330.0	3 228.0	559.0	−9 751.0	Rés. et postes appareutés
Portugal								**Portugal**
Goods: Exports fob	12 843.0	16 458.0	16 391.0	18 348.0	15 931.0	18 635.0	23 928.0	Biens : exportations,fàb
Goods: Imports fob	−17 585.0	−23 141.0	−24 079.0	−27 735.0	−23 981.0	−26 713.0	−32 413.0	Biens : importations,fàb
Serv. & Income: Credit	4 508.0	6 456.0	6 781.0	7 564.0	9 301.0	8 993.0	11 737.0	Serv. & revenu : crédit
Serv. & Income: Debit	−4 152.0	−5 462.0	−5 784.0	−6 188.0	−7 717.0	−7 841.0	−10 614.0	Serv. & revenu : débit
Current Trans.,nie: Credit	5 227.0	6 433.0	7 237.0	9 344.0	8 395.0	7 410.0	9 048.0	Transf. cour.,nia : crédit
Current Transfers: Debit	−687.0	−926.0	−1 263.0	−1 518.0	−1 696.0	−1 989.0	−1 917.0	Transf. courants : débit
Capital Acct.,nie: Credit	0.0	0.0	0.0	0.0	0.0	0.0	0.0	Compte de cap.,nia : crédit
Capital Account: Debit	0.0	0.0	0.0	0.0	0.0	0.0	0.0	Compte de capital : débit
Financial Account,nie	4 005.0	2 563.0	4 537.0	−950.0	−3 032.0	625.0	3 225.0	Compte d'op. fin., nia
Net Errors and Omissions	497.0	1 160.0	1 893.0	978.0	−48.0	−550.0	−3 295.0	Erreurs et omissions nettes
Reserves and Related Items	−4 654.0	−3 542.0	−5 713.0	156.0	2 848.0	1 430.0	299.0	Rés. et postes appareutés
Republic of Moldova								**Moldova, Rép. de**
Goods: Exports fob	...	...	...	...	...	618.5	740.6	Biens : exportations,fàb
Goods: Imports fob	...	...	...	...	...	−672.4	−773.1	Biens : importations,fàb
Serv. & Income: Credit	...	...	...	...	...	43.6	124.1	Serv. & revenu : crédit
Serv. & Income: Debit	...	...	...	...	...	−105.1	−226.0	Serv. & revenu : débit
Current Trans.,nie: Credit	...	...	...	...	...	36.9	49.6	Transf. cour.,nia : crédit
Current Transfers: Debit	...	...	...	...	...	−3.6	−10.0	Transf. courants : débit
Capital Acct.,nie: Credit	...	...	...	...	...	0.0	0.0	Compte de cap.,nia : crédit
Capital Account: Debit	...	...	...	...	...	−1.0	−0.4	Compte de capital : débit
Financial Account,nie	...	...	...	...	...	211.9	78.1	Compte d'op. fin., nia
Net Errors and Omissions	...	...	...	...	...	−115.3	9.3	Erreurs et omissions nettes
Reserves and Related Items	...	...	...	...	...	−13.6	7.7	Rés. et postes appareutés

83
Summary of balance of payments
Millions of US dollars
Résumé des balances des paiements
Millions de dollars des E−U

Country or area	1989	1990	1991	1992	1993	1994	1995	Pays ou zone
Romania								**Roumanie**
Goods: Exports fob	10 487.0	5 770.0	4 266.0	4 364.0	4 892.0	6 151.0	7 519.0	Biens : exportations,fàb
Goods: Imports fob	−8 437.0	−9 114.0	−5 372.0	−5 558.0	−6 020.0	−6 562.0	−8 750.0	Biens : importations,fàb
Serv. & Income: Credit	1 015.0	785.0	784.0	713.0	862.0	1 160.0	1 575.0	Serv. & revenu : crédit
Serv. & Income: Debit	−551.0	−801.0	−908.0	−1 090.0	−1 122.0	−1 460.0	−2 049.0	Serv. & revenu : débit
Current Trans.,nie: Credit	...	138.0	277.0	136.0	174.0	317.0	473.0	Transf. cour.,nia : crédit
Current Transfers: Debit	...	−32.0	−59.0	−71.0	−17.0	−61.0	−110.0	Transf. courants : débit
Capital Acct.,nie: Credit	0.0	0.0	0.0	0.0	0.0	0.0	0.0	Compte de cap.,nia : crédit
Capital Account: Debit	0.0	0.0	0.0	0.0	0.0	0.0	0.0	Compte de capital : débit
Financial Account,nie	−1 376.0	1 613.0	320.0	1 380.0	640.0	535.0	992.0	Compte d'op. fin., nia
Net Errors and Omissions	114.0	147.0	15.0	−12.0	152.0	91.0	−182.0	Erreurs et omissions nettes
Reserves and Related Items	−1 252.0	1 494.0	677.0	138.0	439.0	−171.0	500.0	Rés. et postes appareutés
Russian Federation								**Fédération de Russie**
Goods: Exports fob	...	...	...	...	...	67 716.0	81 496.0	Biens : exportations,fàb
Goods: Imports fob	...	...	...	...	...	−48 005.0	−59 187.0	Biens : importations,fàb
Serv. & Income: Credit	...	...	...	...	...	12 453.0	15 900.0	Serv. & revenu : crédit
Serv. & Income: Debit	...	...	...	...	...	−20 725.0	−27 743.0	Serv. & revenu : débit
Current Trans.,nie: Credit	...	...	...	...	...	449.0	764.0	Transf. cour.,nia : crédit
Current Transfers: Debit	...	...	...	...	...	−507.0	−596.0	Transf. courants : débit
Capital Acct.,nie: Credit	...	...	...	...	...	4 310.0	3 122.0	Compte de cap.,nia : crédit
Capital Account: Debit	...	...	...	...	...	−3 470.0	−3 470.0	Compte de capital : débit
Financial Account,nie	...	...	...	...	...	−31 728.0	−12 632.0	Compte d'op. fin., nia
Net Errors and Omissions	...	...	...	...	...	−2 152.0	−8 757.0	Erreurs et omissions nettes
Reserves and Related Items	...	...	...	...	...	21 659.0	11 103.0	Rés. et postes appareutés
Slovakia								**Slovaquie**
Goods: Exports fob	...	...	...	...	5 452.0	6 743.0	8 591.0	Biens : exportations,fàb
Goods: Imports fob	...	...	...	...	−6 365.0	−6 634.0	−8 820.0	Biens : importations,fàb
Serv. & Income: Credit	...	...	...	...	2 124.0	2 416.0	2 628.0	Serv. & revenu : crédit
Serv. & Income: Debit	...	...	...	...	−1 890.0	−1 875.0	−2 101.0	Serv. & revenu : débit
Current Trans.,nie: Credit	...	...	...	...	216.0	166.0	243.0	Transf. cour.,nia : crédit
Current Transfers: Debit	...	...	...	...	−118.0	−98.0	−150.0	Transf. courants : débit
Capital Acct.,nie: Credit	...	...	...	...	771.0	84.0	47.0	Compte de cap.,nia : crédit
Capital Account: Debit	...	...	...	...	−208.0	0.0	−1.0	Compte de capital : débit
Financial Account,nie	...	...	...	...	−153.0	4.0	1 158.0	Compte d'op. fin., nia
Net Errors and Omissions	...	...	...	...	183.0	398.0	198.0	Erreurs et omissions nettes
Reserves and Related Items	...	...	...	...	−14.0	−1 205.0	−1 791.0	Rés. et postes appareutés
Slovenia								**Slovénie**
Goods: Exports fob	...	...	...	6 680.9	6 082.9	6 829.9	8 344.8	Biens : exportations,fàb
Goods: Imports fob	...	...	...	−5 891.8	−6 237.1	−7 168.0	−9 298.3	Biens : importations,fàb
Serv. & Income: Credit	...	...	...	1 331.0	1 507.5	2 138.6	2 386.0	Serv. & revenu : crédit
Serv. & Income: Debit	...	...	...	−1 187.9	−1 185.6	−1 302.1	−1 513.8	Serv. & revenu : débit
Current Trans.,nie: Credit	...	...	...	93.0	158.5	194.0	205.4	Transf. cour.,nia : crédit
Current Transfers: Debit	...	...	...	−46.9	−138.7	−145.0	−160.6	Transf. courants : débit
Capital Acct.,nie: Credit	...	...	...	0.0	6.7	2.7	3.0	Compte de cap.,nia : crédit
Capital Account: Debit	...	...	...	0.0	−2.6	−6.9	−17.4	Compte de capital : débit
Financial Account,nie	...	...	...	−13.3	−63.9	−53.8	394.5	Compte d'op. fin., nia
Net Errors and Omissions	...	...	...	−332.4	−2.8	158.1	−119.8	Erreurs et omissions nettes
Reserves and Related Items	...	...	...	−632.6	−124.9	−647.5	−223.8	Rés. et postes appareutés
Spain								**Espagne**
Goods: Exports fob	44 945.0	55 658.0	60 167.0	65 826.0	62 019.0	73 924.0	91 003.0	Biens : exportations,fàb
Goods: Imports fob	−70 351.0	−84 815.0	−90 501.0	−96 247.0	−76 965.0	−88 757.0	−108 664.0	Biens : importations,fàb
Serv. & Income: Credit	28 393.0	35 754.0	40 094.0	48 036.0	42 575.0	42 825.0	53 786.0	Serv. & revenu : crédit
Serv. & Income: Debit	−18 527.0	−27 404.0	−32 456.0	−41 297.0	−35 041.0	−36 306.0	−39 697.0	Serv. & revenu : débit
Current Trans.,nie: Credit	8 496.0	7 849.0	9 767.0	11 410.0	9 150.0	9 387.0	12 093.0	Transf. cour.,nia : crédit
Current Transfers: Debit	−3 880.0	−5 050.0	−6 870.0	−9 015.0	−7 506.0	−7 890.0	−7 362.0	Transf. courants : débit
Capital Acct.,nie: Credit	50.0	1 753.0	3 535.0	3 978.0	3 366.0	3 134.0	6 848.0	Compte de cap.,nia : crédit
Capital Account: Debit	−59.0	−302.0	−370.0	−493.0	−449.0	−522.0	−561.0	Compte de capital : débit
Financial Account,nie	18 342.0	22 970.0	32 015.0	5 959.0	−279.0	5 468.0	−7 701.0	Compte d'op. fin., nia
Net Errors and Omissions	−2 693.0	777.0	−1 075.0	−5 965.0	−1 680.0	−1 214.0	−6 160.0	Erreurs et omissions nettes
Reserves and Related Items	−4 716.0	−7 188.0	−14 307.0	17 809.0	4 808.0	−50.0	6 415.0	Rés. et postes appareutés
Sweden								**Suède**
Goods: Exports fob	51 071.0	56 835.0	54 542.0	55 363.0	49 348.0	60 197.0	79 183.0	Biens : exportations,fàb
Goods: Imports fob	−47 054.0	−53 433.0	−48 185.0	−48 642.0	−41 801.0	−50 636.0	−63 210.0	Biens : importations,fàb
Serv. & Income: Credit	18 323.0	23 415.0	24 160.0	24 336.0	19 714.0	23 278.0	29 881.0	Serv. & revenu : crédit
Serv. & Income: Debit	−23 691.0	−31 220.0	−33 185.0	−37 271.0	−29 615.0	−30 154.0	−38 229.0	Serv. & revenu : débit
Current Trans.,nie: Credit	298.0	386.0	393.0	405.0	456.0	545.0	1 544.0	Transf. cour.,nia : crédit

83
Summary of balance of payments
Millions of US dollars
Résumé des balances des paiements
Millions de dollars des E−U

Country or area	1989	1990	1991	1992	1993	1994	1995	Pays ou zone
Current Transfers: Debit	−2 049.0	−2 321.0	−2 378.0	−3 019.0	−2 263.0	−2 424.0	−4 535.0	Transf. courants : débit
Capital Acct.,nie: Credit	38.0	38.0	38.0	37.0	37.0	37.0	33.0	Compte de cap.,nia : crédit
Capital Account: Debit	−334.0	−391.0	−101.0	−31.0	−15.0	−14.0	−17.0	Compte de capital : débit
Financial Account,nie	9 837.0	19 278.0	−1 336.0	10 214.0	11 518.0	6 438.0	−2 752.0	Compte d'op. fin., nia
Net Errors and Omissions	−5 185.0	−5 034.0	5 989.0	5 560.0	−4 852.0	−4 936.0	−3 062.0	Erreurs et omissions nettes
Reserves and Related Items	−1 254.0	−7 552.0	63.0	−6 953.0	−2 530.0	−2 331.0	1 165.0	Rés. et postes apparentés
Switzerland								**Suisse**
Goods: Exports fob	65 811.0	78 033.0	74 256.0	79 870.0	75 424.0	82 625.0	97 139.0	Biens : exportations,fàb
Goods: Imports fob	−70 769.0	−85 207.0	−78 853.0	−80 155.0	−73 853.0	−79 295.0	−93 902.0	Biens : importations,fàb
Serv. & Income: Credit	38 508.0	47 579.0	47 303.0	47 303.0	46 495.0	49 798.0	57 701.0	Serv. & revenu : crédit
Serv. & Income: Debit	−23 823.0	−31 134.0	−29 759.0	−29 830.0	−27 418.0	−31 716.0	−35 211.0	Serv. & revenu : débit
Current Trans.,nie: Credit	1 919.0	2 357.0	2 367.0	2 531.0	2 484.0	2 527.0	2 991.0	Transf. cour.,nia : crédit
Current Transfers: Debit	−3 602.0	−4 686.0	−4 939.0	−5 484.0	−5 225.0	−5 955.0	−7 096.0	Transf. courants : débit
Capital Acct.,nie: Credit	0.0	0.0	0.0	0.0	0.0	0.0	0.0	Compte de cap.,nia : crédit
Capital Account: Debit	0.0	0.0	−48.0	−43.0	−133.0	−146.0	−132.0	Compte de capital : débit
Financial Account,nie	−7 668.0	−11 462.0	−11 656.0	−15 392.0	−18 983.0	−16 646.0	−18 361.0	Compte d'op. fin., nia
Net Errors and Omissions	995.0	5 686.0	2 325.0	5 560.0	1 692.0	−129.0	−3 076.0	Erreurs et omissions nettes
Reserves and Related Items	−1 369.0	−1 165.0	−995.0	−4 360.0	−483.0	−1 062.0	−53.0	Rés. et postes apparentés
Ukraine								**Ukraine**
Goods: Exports fob	...	...	...	...	...	13 894.0	14 244.0	Biens : exportations,fàb
Goods: Imports fob	...	...	...	...	...	−16 469.0	−16 946.0	Biens : importations,fàb
Serv. & Income: Credit	...	...	...	...	...	2 803.0	3 093.0	Serv. & revenu : crédit
Serv. & Income: Debit	...	...	...	...	...	−1 938.0	−2 015.0	Serv. & revenu : débit
Current Trans.,nie: Credit	...	...	...	...	...	583.0	557.0	Transf. cour.,nia : crédit
Current Transfers: Debit	...	...	...	...	...	−36.0	−85.0	Transf. courants : débit
Capital Acct.,nie: Credit	...	...	...	...	...	106.0	6.0	Compte de cap.,nia : crédit
Capital Account: Debit	...	...	...	...	...	−9.0	0.0	Compte de capital : débit
Financial Account,nie	...	...	...	...	...	−557.0	−526.0	Compte d'op. fin., nia
Net Errors and Omissions	...	...	...	...	...	423.5	48.2	Erreurs et omissions nettes
Reserves and Related Items	...	...	...	...	...	1 199.5	1 623.8	Rés. et postes apparentés
United Kingdom								**Royaume−Uni**
Goods: Exports fob	150.7	181.7	182.6	188.5	182.1	206.5	240.4	Biens : exportations,fàb
Goods: Imports fob	−191.2	−214.5	−200.9	−211.9	−202.3	−222.9	−258.8	Biens : importations,fàb
Serv. & Income: Credit	168.9	197.7	190.4	182.0	169.1	182.9	217.1	Serv. & revenu : crédit
Serv. & Income: Debit	−157.6	−188.7	−183.9	−167.8	−157.6	−162.3	−193.9	Serv. & revenu : débit
Current Trans.,nie: Credit	6.4	7.2	12.1	8.5	8.3	8.6	9.7	Transf. cour.,nia : crédit
Current Transfers: Debit	−13.9	−16.0	−14.5	−17.6	−15.8	−16.2	−20.7	Transf. courants : débit
Capital Acct.,nie: Credit	0.0	0.0	0.0	0.0	0.0	0.0	0.0	Compte de cap.,nia : crédit
Capital Account: Debit	0.0	0.0	0.0	0.0	0.0	0.0	0.0	Compte de capital : débit
Financial Account,nie	23.1	29.2	18.5	0.9	24.9	−2.8	−1.2	Compte d'op. fin., nia
Net Errors and Omissions	5.8	3.3	0.5	10.6	−3.6	7.6	6.4	Erreurs et omissions nettes
Reserves and Related Items	7.8	0.0	−4.7	6.9	−5.1	−1.4	1.0	Rés. et postes apparentés
Oceania· Océanie								
Australia								**Australie**
Goods: Exports fob	37 160.0	39 642.0	42 362.0	42 813.0	42 637.0	47 331.0	53 145.0	Biens : exportations,fàb
Goods: Imports fob	−40 511.0	−39 284.0	−38 833.0	−41 173.0	−42 666.0	−50 611.0	−57 311.0	Biens : importations,fàb
Serv. & Income: Credit	12 301.0	13 265.0	13 874.0	14 380.0	15 669.0	18 109.0	21 017.0	Serv. & revenu : crédit
Serv. & Income: Debit	−27 766.0	−29 896.0	−28 440.0	−27 100.0	−25 420.0	−31 311.0	−35 950.0	Serv. & revenu : débit
Current Trans.,nie: Credit	1 366.0	1 749.0	1 401.0	1 221.0	1 103.0	1 180.0	1 338.0	Transf. cour.,nia : crédit
Current Transfers: Debit	−1 171.0	−1 305.0	−1 496.0	−1 326.0	−1 313.0	−1 533.0	−1 405.0	Transf. courants : débit
Capital Acct.,nie: Credit	2 167.0	2 022.0	2 147.0	1 572.0	761.0	890.0	1 220.0	Compte de cap.,nia : crédit
Capital Account: Debit	−485.0	−508.0	−518.0	−501.0	−504.0	−577.0	−684.0	Compte de capital : débit
Financial Account,nie	16 644.0	13 271.0	10 640.0	7 205.0	10 384.0	10 228.0	19 920.0	Compte d'op. fin., nia
Net Errors and Omissions	896.0	2 785.0	−1 461.0	−1 808.0	−694.0	5 334.0	−894.0	Erreurs et omissions nettes
Reserves and Related Items	−601.0	−1 740.0	324.0	4 726.0	42.0	960.0	−396.0	Rés. et postes apparentés
Fiji								**Fidji**
Goods: Exports fob	442.0	492.2	446.1	438.5	443.2	484.7	515.5	Biens : exportations,fàb
Goods: Imports fob	−488.9	−641.6	−549.3	−539.2	−652.8	−720.7	−761.4	Biens : importations,fàb
Serv. & Income: Credit	392.6	441.3	474.1	494.3	556.9	569.1	626.1	Serv. & revenu : crédit
Serv. & Income: Debit	−301.4	−320.0	−354.5	−371.4	−376.4	−471.8	−490.3	Serv. & revenu : débit
Current Trans.,nie: Credit	55.4	41.5	64.0	62.9	70.7	114.3	146.1	Transf. cour.,nia : crédit
Current Transfers: Debit	−22.4	−23.0	−27.9	−25.7	−28.6	−35.0	−35.7	Transf. courants : débit

83
Summary of balance of payments
Millions of US dollars
Résumé des balances des paiements
Millions de dollars des E-U

Country or area	1989	1990	1991	1992	1993	1994	1995	Pays ou zone
Capital Acct.,nie: Credit	0.1	0.6	0.1	0.1	0.2	0.1	0.2	Compte de cap.,nia : crédit
Capital Account: Debit	−21.1	−24.6	−30.7	−27.7	−26.3	−31.2	−30.6	Compte de capital : débit
Financial Account,nie	−75.6	50.9	2.0	37.5	−14.4	16.5	78.2	Compte d'op. fin., nia
Net Errors and Omissions	6.0	17.8	−15.3	−16.2	−15.0	63.4	28.6	Erreurs et omissions nettes
Reserves and Related Items	13.2	−35.0	−8.6	−53.0	42.5	10.7	−76.5	Rés. et postes appareutés
Kiribati								**Kiribati**
Goods: Exports fob	5.5	3.3	3.6	5.5	4.3	6.1	...	Biens : exportations,fàb
Goods: Imports fob	−23.6	−27.7	−26.3	−37.5	−29.3	−27.3	...	Biens : importations,fàb
Serv. & Income: Credit	23.3	27.0	33.2	33.2	30.9	34.6	...	Serv. & revenu : crédit
Serv. & Income: Debit	−16.7	−21.2	−19.1	−20.4	−20.9	−19.4	...	Serv. & revenu : débit
Current Trans.,nie: Credit	12.1	11.1	15.1	12.4	12.9	9.0	...	Transf. cour.,nia : crédit
Current Transfers: Debit	−2.2	−1.9	−2.3	−2.3	−2.0	−1.6	...	Transf. courants : débit
Capital Acct.,nie: Credit	6.6	12.5	6.1	16.4	5.7	2.5	...	Compte de cap.,nia : crédit
Capital Account: Debit	0.0	0.0	0.0	0.0	0.0	0.0	...	Compte de capital : débit
Financial Account,nie	−5.4	−5.0	−11.8	−14.9	−7.5	−4.8	...	Compte d'op. fin., nia
Net Errors and Omissions	−4.7	−5.0	−9.6	−9.0	0.8	−5.1	...	Erreurs et omissions nettes
Reserves and Related Items	5.1	6.7	11.0	16.6	5.1	6.0	...	Rés. et postes appareutés
New Zealand								**Nouvelle−Zélande**
Goods: Exports fob	8 846.0	9 190.0	9 555.0	9 735.0	10 468.0	11 984.0	13 485.0	Biens : exportations,fàb
Goods: Imports fob	−7 873.0	−8 375.0	−7 485.0	−8 108.0	−8 749.0	−10 648.0	−12 584.0	Biens : importations,fàb
Serv. & Income: Credit	3 056.0	3 213.0	2 612.0	2 519.0	3 128.0	4 149.0	5 087.0	Serv. & revenu : crédit
Serv. & Income: Debit	−5 712.0	−5 619.0	−5 980.0	−5 644.0	−6 049.0	−7 956.0	−9 844.0	Serv. & revenu : débit
Current Trans.,nie: Credit	314.0	317.0	321.0	310.0	310.0	334.0	339.0	Transf. cour.,nia : crédit
Current Transfers: Debit	−156.0	−179.0	−182.0	−182.0	−178.0	−233.0	−261.0	Transf. courants : débit
Capital Acct.,nie: Credit	331.0	507.0	586.0	602.0	833.0	1 155.0	1 667.0	Compte de cap.,nia : crédit
Capital Account: Debit	−284.0	−294.0	−334.0	−311.0	−291.0	−349.0	−427.0	Compte de capital : débit
Financial Account,nie	−739.0	875.0	−709.0	702.0	−520.0	1 133.0	527.0	Compte d'op. fin., nia
Net Errors and Omissions	1 000.0	544.0	104.0	−1 101.0	−725.0	−788.0	2 345.0	Erreurs et omissions nettes
Reserves and Related Items	1 217.0	−179.0	1 511.0	1 477.0	1 773.0	1 220.0	−334.0	Rés. et postes appareutés
Papua New Guinea								**Papouasie−Nvl−Guinée**
Goods: Exports fob	1 318.5	1 175.2	1 482.1	1 947.7	2 604.4	2 651.0	2 670.4	Biens : exportations,fàb
Goods: Imports fob	−1 341.3	−1 105.9	−1 403.9	−1 322.9	−1 134.7	−1 324.9	−1 262.4	Biens : importations,fàb
Serv. & Income: Credit	254.9	312.3	373.9	388.9	340.3	257.8	343.8	Serv. & revenu : crédit
Serv. & Income: Debit	−674.0	−612.8	−863.4	−1 111.1	−1 206.9	−1 031.1	−1 152.9	Serv. & revenu : débit
Current Trans.,nie: Credit	256.3	273.7	361.0	303.6	220.8	225.7	248.8	Transf. cour.,nia : crédit
Current Transfers: Debit	−127.2	−118.1	−106.2	−111.1	−178.0	−209.3	−173.9	Transf. courants : débit
Capital Acct.,nie: Credit	7.2	5.4	21.0	20.7	20.4	19.9	15.7	Compte de cap.,nia : crédit
Capital Account: Debit	−49.8	−42.7	−21.0	−20.7	−20.4	−19.9	−15.7	Compte de capital : débit
Financial Account,nie	265.0	214.4	64.5	−148.3	−715.4	−600.1	−478.6	Compte d'op. fin., nia
Net Errors and Omissions	31.6	−79.7	6.8	−18.0	−12.2	28.3	−53.3	Erreurs et omissions nettes
Reserves and Related Items	58.7	−21.7	85.2	71.2	81.6	2.5	−142.1	Rés. et postes appareutés
Solomon Islands								**Iles Salomon**
Goods: Exports fob	74.7	70.1	83.4	101.7	...	...	...	Biens : exportations,fàb
Goods: Imports fob	−94.3	−77.3	−92.0	−87.4	...	...	...	Biens : importations,fàb
Serv. & Income: Credit	30.4	27.7	33.0	37.0	...	...	...	Serv. & revenu : crédit
Serv. & Income: Debit	−87.0	−86.3	−98.7	−88.9	...	...	...	Serv. & revenu : débit
Current Trans.,nie: Credit	47.1	43.7	46.8	43.8	...	...	...	Transf. cour.,nia : crédit
Current Transfers: Debit	−4.1	−5.6	−8.4	−7.6	...	...	...	Transf. courants : débit
Capital Acct.,nie: Credit	0.0	0.0	0.0	0.0	...	...	...	Compte de cap.,nia : crédit
Capital Account: Debit	−0.2	−0.2	−0.3	−0.4	...	...	...	Compte de capital : débit
Financial Account,nie	25.1	22.9	15.1	22.4	...	...	...	Compte d'op. fin., nia
Net Errors and Omissions	−5.2	−8.6	8.4	−6.2	...	...	...	Erreurs et omissions nettes
Reserves and Related Items	13.5	13.7	12.6	−14.4	...	...	...	Rés. et postes appareutés
Tonga								**Tonga**
Goods: Exports fob	9 395.0	11 912.0	13 437.0	12 306.0	16 082.0	...	...	Biens : exportations,fàb
Goods: Imports fob	−49 728.0	−50 769.0	−49 452.0	−51 301.0	−56 606.0	...	...	Biens : importations,fàb
Serv. & Income: Credit	30 978.0	31 543.0	23 930.0	20 867.0	21 510.0	...	...	Serv. & revenu : crédit
Serv. & Income: Debit	−22 182.0	−24 244.0	−23 504.0	−23 457.0	−23 528.0	...	...	Serv. & revenu : débit
Current Trans.,nie: Credit	44 063.0	43 528.0	41 774.0	50 552.0	49 740.0	...	...	Transf. cour.,nia : crédit
Current Transfers: Debit	−5 089.0	−6 176.0	−6 259.0	−9 434.0	−13 125.0	...	...	Transf. courants : débit
Capital Acct.,nie: Credit	138.0	241.0	485.0	732.0	1 340.0	...	...	Compte de cap.,nia : crédit
Capital Account: Debit	−376.0	−356.0	−358.0	−176.0	−735.0	...	...	Compte de capital : débit
Financial Account,nie	−8 203.0	−1 732.0	2 984.0	4 421.0	3 189.0	...	...	Compte d'op. fin., nia
Net Errors and Omissions	−4 628.0	2 442.0	−2 144.0	−3 437.0	−260.0	...	...	Erreurs et omissions nettes
Reserves and Related Items	5 634.0	−6 390.0	−893.0	−1 072.0	2 393.0	...	...	Rés. et postes appareutés

83
Summary of balance of payments
Millions of US dollars
Résumé des balances des paiements
Millions de dollars des E–U

Country or area	1989	1990	1991	1992	1993	1994	1995	Pays ou zone
Vanuatu								**Vanuatu**
Goods: Exports fob	13.7	13.7	14.9	17.8	17.4	25.1	28.3	Biens : exportations,fàb
Goods: Imports fob	−57.9	−79.3	−74.0	−66.8	−64.7	−74.7	−79.4	Biens : importations,fàb
Serv. & Income: Credit	63.7	92.1	91.0	87.5	83.8	88.1	94.7	Serv. & revenu : crédit
Serv. & Income: Debit	−48.3	−57.2	−76.1	−74.3	−73.5	−80.8	−85.1	Serv. & revenu : débit
Current Trans.,nie: Credit	20.4	25.0	31.1	23.3	22.5	23.2	23.8	Transf. cour.,nia : crédit
Current Transfers: Debit	−3.9	−0.5	−0.5	−0.6	−0.6	−0.7	−0.6	Transf. courants : débit
Capital Acct.,nie: Credit	8.9	16.5	19.3	26.6	32.0	41.5	38.3	Compte de cap.,nia : crédit
Capital Account: Debit	−0.1	0.0	−0.2	−9.4	−5.7	−4.2	−6.7	Compte de capital : débit
Financial Account,nie	24.2	13.8	−27.8	23.7	14.5	−13.4	25.3	Compte d'op. fin., nia
Net Errors and Omissions	−13.0	−19.4	19.3	−27.1	−22.4	−10.2	−33.4	Erreurs et omissions nettes
Reserves and Related Items	−7.8	−4.7	3.1	−0.8	−3.5	6.1	−5.3	Rés. et postes appareutés

Source:
International Monetary Fund (Washington, DC).

† For information on recent changes in country or area
nomenclature pertaining to former Czechoslovakia, Germany,
Hong Kong Special Administrative Region (SAR) of China,
SFR Yugoslavia and former USSR, see Annex I – Country or
area nomenclature, regional and other groupings.

1 Billions of US Dollars.
2 Data cover the former Federal Republic of Germany and the
former German Democratic Republic beginning July 1990.

Sources:
Fonds montaire international (Washington, DC).

† Pour les modifications récentes de nomenclature de pays
ou de zone concernant l'Allemagne, Hong–Kong (Région
administrative spéciale de Chine), l'ex–Tchécoslovaquie, l'ex–URSS,
Rfs de Yougoslavie, voir annexe I – Nomenclature des pays ou des
zones, groupements régionaux et autres groupments.

1 Milliards de dollars des E–U.
2 Les données se rapportent à l'ex–Rép. Fédéral d'Allemagne
et à l'ex–Rép. Allemande à partir de juillet 1990.

Technical notes, table 83

A balance of payments can be broadly described as the record of an economy's international economic transactions. It shows (a) transactions in goods, services and income between an economy and the rest of the world, (b) changes of ownership and other changes in that economy's monetary gold, special drawing rights (SDRs) and claims on and liabilities to the rest of the world, and (c) unrequited transfers and counterpart entries needed to balance in the accounting sense any entries for the foregoing transactions and changes which are not mutually offsetting.

The balance of payments are presented on the basis of the methodology and presentation of the fifth edition of the *Balance of Payments Manual* (BPM5)[38], published by the International Monetary Fund in September 1993. The BPM5 incorporates several major changes to take account of developments in international trade and finance over the past decade, and to better harmonize the Fund's balance of payments methodology with the methodology of the 1993 *System of National Accounts* (SNA).[54] The Fund's balance of payments has been converted for all periods from the BPM4 basis to the BPM5 basis; thus the time series conform to the BPM5 methodology with no methodological breaks.

The detailed definitions concerning the content of the basic categories of the balance of payments are given in the *Balance of Payments Manual (fiftieth edition)* [38] Brief explanatory notes are given below to clarify the scope of the major items.

Goods: Exports f.o.b. and Goods: Imports f.o.b. are both measured on the "free-on-board" (f.o.b.) basis—that is, by the value of the goods at the border of the exporting country; in the case of imports, this excludes the cost of freight and insurance incurred beyond the border of the exporting country.

Services and income covers transactions in real resources between residents and non-residents other than those classified as merchandise, including (a) shipment and other transportation services, including freight, insurance and other distributive services in connection with the movement of commodities, (b) travel, i.e. goods and services acquired by non-resident travellers in a given country and similar acquisitions by resident travellers abroad, and (c) investment income which covers income of non-residents from their financial assets invested in the compiling economy (debit) and similar income of residents from their financial assets invested abroad (credit).

Notes techniques, tableau 83

La balance des paiements peut se définir d'une façon générale comme le relevé des transactions économiques internationales d'une économie. Elle indique (a) les transactions sur biens, services et revenus entre une économie et le reste du monde, (b) les transferts de propriété et autres variations intervenues dans les avoirs en or monétaire de cette économie, dans ses avoirs en droits de tirages spéciaux (DTS) ainsi que dans ses créances financières sur le reste du monde ou dans ses engagements financiers envers lui et (c) les "inscriptions de transferts sans contrepartie" et de "contrepartie" destinées à équilibrer, d'un point de vue comptable, les transactions et changements précités qui ne se compensent pas réciproquement.

Les données de balance des paiements sont présentées conformément à la méthodologie et à la classification recommandées dans la cinquième édition du *Manuel de la balance des paiements* [38], publiée en septembre 1993 par le Fonds monétaire international. La cinquième édition fait état de plusieurs changements importants qui ont été opérés de manière à rendre compte de l'évolution des finances et des changes internationaux pendant la décennie écoulée et à harmoniser davantage la méthodologie de la balance des paiements du FMI avec celle du *Système de comptabilité nationale* (SCN) [54] de 1993. Les statistiques incluses dans la balance des paiements du FMI, ont été converties et sont désormais établies, pour toutes les périodes, sur la base de la cinquième et non plus de la quatrième édition; en conséquence, les séries chronologiques sont conformes aux principes de la cinquième édition, sans rupture due à des différences d'ordre méthodologique.

Les définitions détaillées relatives au contenu des postes fondamentaux de la balance des paiements figurent dans le *Manuel de la balance des paiements (Cinquième édition)* [38]. De brèves notes explicatives sont présentées ci-après pour clarifier la portée de ces principales rubriques.

Les Biens : exportations, f.à.b. et Biens : importations, f.à.b. sont évalués sur la base f.à.b. (franco à bord)—c'est-à-dire à la frontière du pays exportateur; dans le cas des importations, cette valeur exclut le coût du fret et de l'assurance au-delà de la frontière du pays exportateur.

Services et revenus : transactions en ressources effectuées entre résidents et non résidents, autres que celles qui sont considérées comme des marchandises, notamment : (a) expéditions et autres services de transport, y compris le fret, l'assurance et les autres services de distribution liés aux mouvements de marchandises; (b) voyages, à savoir les biens et services acquis par des voyageurs non résidents dans un

Current Transfers, n.i.e.: Credit comprise all current transfers received by the reporting country, except those made to the country to finance its "overall balance", hence, the label "n.i.e." (Note: some of the capital and financial accounts labeled "n.i.e." denote that *Exceptional Financing items* and *Liabilities Constituting Foreign Authorities' Reserves* (LCFARs) have been excluded.)

Capital Account, n.i.e.: Credit refers mainly to capital transfers linked to the acquisition of a fixed aset other than transactions relating to debt forgiveness plus the disposal of nonproduced, nonfinancial assets. *Capital Account: Debit* refers mainly to capital transfers linked to the disposal of fixed asets by the donor or to the financing of capital formation by the recipient, plus the acquisition of nonproduced, nonfinancial assets.

Financial Account, n.i.e. is the net sum of the balance of direct investment, portfolio investment, and other investment transactions.

Net Errors and Omissions is a residual category needed to ensure that all debit and credit entries in the balance of payments statement sum to zero and reflects statistical inconsistencies in the recording of the credit and debit entries.

Reserves and Related Items is the sum of transactions in reserve assets, LCFARs, exceptional financing, and use of Fund credit and loans.

For further information see *International Financial Statistics*. [13]

pays donné et achats similaires faits par des résidents voyageant à l'étranger; et (c) revenus des investissements, qui correspondent aux revenus que les non-résidents tirent de leurs avoirs financiers placés dans l'économie déclarante (débit) et les revenus similaires que les résidents tirent de leurs avoirs financiers placés à l'étranger (crédit).

Les transferts courants, n.i.a : Crédit englobent tous les transferts courants reçus par l'économie qui établit sa balance des paiements, à l'exception de ceux qui sont destinés à financer sa "balance globale"—c'est ce qui explique la mention "n.i.a." (non inclus ailleurs). (Note : comptes de capital et d'opérations financières portent la mention "n.i.a.", ce qui signifie que les postes de *Financement exceptionnel* et les *Engagements constituant des réserves pour les autorités étrangères* ont été exclus de ces composantes du compte de capital et d'opérations financières.

Le Compte de capital, n.i.a. : crédit retrace principalement les transferts de capital liés à l'acquisition d'un actif fixe autres que les transactions ayant trait à des remises de dettes plus les cessions d'actifs non financiers non produits. Le *Compte de capital : débit* retrace principalement les transferts de capital liés à la cession d'actifs fixes par le donateur ou au financement de la formation de capital par le bénéficiaire, plus les acquisitions d'actifs non financiers non produits.

Le solde du *Compte d'op. Fin., n.i.a.* (compte d'opérations financières, n.i.a.) est la somme des soldes des investissements directs, des investissements de portefeuille et des autres investissements.

Le poste des *Erreurs et omissions* nettes est une catégorie résiduelle qui est nécessaire pour assurer que la somme de toutes les inscriptions effectuées au débit et au crédit est égal à zéro et qui laisse apparaître les écarts entre les montants portés au débit et ceux qui sont inscrits au crédit.

Le montant de *Réserves et postes apparenté*s est égal à la somme de transactions afférentes aux avoirs de réserve, aux engagements constituant des réserves pour les autorités étrangères, au financement exceptionnel et à l'utilisation des crédits et des prêts du FMI.

Pour plus de renseignements, voir *Statistiques financières internationales* [13].

84
Exchange rates
Cours des changes
National currency per US dollar
Valeur du dollar des Etats-Unis en monnaie nationale

Country (monetary unit) Pays (unité monétaire)	1987	1988	1989	1990	1991	1992	1993	1994	1995	1996
Afghanistan: afghani **Afghanistan : afghani**										
End of period[1] Fin de période[1]	50.600	50.600	50.600	50.600	50.600	50.600	50.600	50.600	50.600	# 3 000.000
Period average[1] Moyenne sur période[1]	50.600	50.600	50.600	50.600	50.600	50.600	50.600	50.600	50.600	2 262.650
Albania: lek **Albanie : lek**										
End of period Fin de période	...	...	...	...	...	102.900	98.900	95.590	92.240	103.070
Period average Moyenne sur période	...	...	...	...	...	75.030	102.060	94.620	92.700	104.500
Algeria: Algerian dinar **Algérie : dinar algérien**										
End of period Fin de période	4.936	6.731	8.032	12.191	21.392	22.781	24.123	42.893	52.175	56.186
Period average Moyenne sur période	4.850	5.915	7.609	8.958	18.473	21.836	23.345	35.059	47.663	54.749
Angola: new kwanza **Angola : nouveau kwanza**										
End of period Fin de période	30.000	30.000	30.000	30.000	180.000	550.000	6 500.000	509 262.000	...	...
Period average Moyenne sur période	30.000	30.000	30.000	30.000	55.000	251.000	2 660.000	59 515.000	...	...
Antigua and Barbuda: EC dollar **Antigua-et-Barbuda : dollar des Caraïbes orientales**										
End of period Fin de période	2.700	2.700	2.700	2.700	2.700	2.700	2.700	2.700	2.700	2.700
Argentina: Argentine peso **Argentine : peso argentin**										
End of period[2] Fin de période[2]	0.375	1.337	# 0.179	0.558	0.998	0.990	0.998	0.999	1.000	0.999
Period average[2] Moyenne sur période[2]	0.214	0.875	# 0.042	0.488	0.954	0.991	0.999	0.999	1.000	1.000
Armenia: dram **Arménie : dram**										
End of period Fin de période	...	...	...	...	...	2.070	75.000	405.510	402.000	435.070
Period average Moyenne sur période	...	...	...	...	...	...	9.100	288.650	405.910	414.040
Aruba: Aruban florin **Aruba : florin de Aruba**										
End of period Fin de période	1.790	1.790	1.790	1.790	1.790	1.790	1.790	1.790	1.790	1.790
Period average Moyenne sur période	1.790	1.790	1.790	1.790	1.790	1.790	1.790	1.790	1.790	1.790
Australia: Australian dollar **Australie : dollar australien**										
End of period Fin de période	1.384	1.169	1.262	1.293	1.316	1.452	1.477	1.287	1.342	1.255
Period average Moyenne sur période	1.428	1.280	1.265	1.281	1.284	1.362	1.471	1.368	1.349	1.278
Austria: Austrian schilling **Autriche : schilling autrichien**										
End of period Fin de période	11.250	12.565	11.815	10.677	10.689	11.354	12.143	11.095	10.088	10.954
Period average Moyenne sur période	12.642	12.348	13.231	11.370	11.676	10.989	11.632	11.422	10.081	10.587
Azerbaijan: Azeri manat **Azerbaïdjan : manat azeri**										
End of period Fin de période	...	...	...	...	...	48.600	118.000	4 182.000	4 440.000	...
Period average Moyenne sur période	...	...	...	...	...	54.200	99.980	1 570.230	4 413.540	...
Bahamas: Bahamian dollar **Bahamas : dollar des Bahamas**										
End of period[1] Fin de période[1]	1.000	1.000	1.000	1.000	1.000	1.000	1.000	1.000	1.000	1.000

84
Exchange rates
National currency per US dollar [cont.]
Cours des changes
Valeur du dollar des Etats-Unis en monnaie nationale [suite]

Country (monetary unit) Pays (unité monétaire)	1987	1988	1989	1990	1991	1992	1993	1994	1995	1996
Bahrain: Bahrain dinar **Bahreïn : dinar de Bahreïn**										
End of period Fin de période	0.376	0.376	0.376	0.376	0.376	0.376	0.376	0.376	0.376	0.376
Period average Moyenne sur période	0.376	0.376	0.376	0.376	0.376	0.376	0.376	0.376	0.376	0.376
Bangladesh: taka **Bangladesh : taka**										
End of period Fin de période	31.200	32.270	32.270	35.790	38.580	39.000	39.850	40.250	40.750	42.450
Period average Moyenne sur période	30.950	31.733	32.270	34.569	36.596	38.951	39.567	40.212	40.278	41.794
Barbados: Barbados dollar **Barbade : dollar de la Barbade**										
End of period Fin de période	2.011	2.011	2.011	2.011	2.011	2.011	2.011	2.011	2.011	2.011
Belarus: Belarus rubel **Bélarus : rouble bélarus**										
End of period Fin de période	...	...	...	...	...	15.000	699.000	10 600.000	11 500.000	15 500.000
Belgium: Belgian franc **Belgique : franc belge**										
End of period Fin de période	33.153	37.345	35.760	30.982	31.270	33.180	36.110	31.837	29.415	32.005
Period average Moyenne sur période	37.334	36.768	39.404	33.418	34.148	32.149	34.596	33.456	29.480	30.961
Belize: Belize dollar **Belize : dollar du Belize**										
End of period Fin de période	2.000	2.000	2.000	2.000	2.000	2.000	2.000	2.000	2.000	2.000
Benin: CFA franc **Bénin : franc CFA**										
End of period[3] Fin de période[3]	267.000	302.950	289.400	256.450	259.000	275.330	294.770	# 534.600	490.000	523.700
Period average[3] Moyenne sur période[3]	300.540	297.850	319.010	272.260	282.110	264.690	283.160	# 555.200	499.150	511.550
Bhutan: ngultrum **Bhoutan : ngultrum**										
End of period Fin de période	12.877	14.949	17.035	18.073	25.834	26.200	31.380	31.380	35.180	35.930
Period average Moyenne sur période	12.961	13.917	16.225	17.505	22.742	25.918	30.493	31.374	32.427	35.433
Bolivia: boliviano **Bolivie : boliviano**										
End of period[4] Fin de période[4]	2.210	2.470	2.980	3.400	3.745	4.095	4.475	4.695	4.935	5.185
Period average[4] Moyenne sur période[4]	2.055	2.350	2.692	3.173	3.581	3.900	4.265	4.620	4.800	5.075
Botswana: pula **Botswana : pula**										
End of period Fin de période	1.566	1.936	1.872	1.871	2.072	2.257	2.565	2.717	2.822	3.644
Period average Moyenne sur période	1.679	1.829	2.015	1.860	2.022	2.110	2.423	2.685	2.772	3.324
Brazil: real **Brésil : real**										
End of period[15] Fin de période[15]	26.270	278.290	# 4.130	64.390	# 0.389	4.505	# 0.119	# 0.846	0.973	1.039
Period average[15] Moyenne sur période[15]	14.260	94.270	# 1.030	24.836	# 0.148	1.641	# 0.032	# 0.639	0.918	1.005
Brunei Darussalam: Brunei dollar **Brunéi Darussalam : dollar du Brunéi**										
End of period Fin de période	2.005	1.925	1.925	1.742	1.630	...	...	...	...	...
Period average Moyenne sur période	2.107	2.013	1.951	1.813	1.730	...	...	...	...	...

84
Exchange rates
National currency per US dollar [cont.]
Cours des changes
Valeur du dollar des Etats-Unis en monnaie nationale [suite]

Country (monetary unit) Pays (unité monétaire)	1987	1988	1989	1990	1991	1992	1993	1994	1995	1996
Bulgaria: lev Bulgarie : lev										
End of period / Fin de période	0.870	0.820	0.820	2.840	21.810	24.498	32.710	66.020	70.700	487.350
Period average / Moyenne sur période	0.870	0.830	0.840	2.190	17.790	23.340	27.590	54.130	67.170	177.890
Burkina Faso: CFA franc Burkina Faso : franc CFA										
End of period[3] / Fin de période[3]	267.000	302.950	289.400	256.450	259.000	275.320	294.770	#534.600	490.000	523.700
Period average[3] / Moyenne sur période[3]	300.540	297.850	319.010	272.260	282.110	264.690	283.160	#555.200	499.150	511.550
Burundi: Burundi franc Burundi : franc burundais										
End of period / Fin de période	114.470	149.940	175.430	165.350	191.100	236.550	264.380	246.940	277.920	322.350
Period average / Moyenne sur période	123.564	140.395	158.667	171.255	181.513	208.303	242.780	252.662	249.757	302.747
Cambodia: riel Cambodge : riel										
End of period / Fin de période	...	...	216.000	600.000	520.000	2 000.000	2 305.000	2 575.000	2 526.000	2 713.000
Period average / Moyenne sur période	...	...	...	...	...	1 266.600	2 689.000	2 545.200	2 450.800	2 624.100
Cameroon: CFA franc Cameroun : franc CFA										
End of period[3] / Fin de période[3]	267.000	302.950	289.400	256.450	259.000	275.320	294.770	#534.600	490.000	523.700
Period average[3] / Moyenne sur période[3]	300.540	297.850	319.010	272.260	282.110	264.690	283.160	#555.200	499.150	511.550
Canada: Canadian dollar Canada : dollar canadien										
End of period / Fin de période	1.300	1.193	1.158	1.160	1.156	1.271	1.324	1.403	1.365	1.370
Period average / Moyenne sur période	1.326	1.231	1.184	1.167	1.146	1.209	1.290	1.366	1.372	1.363
Cape Verde: Cape Verde escudo Cap-Vert : escudo du Cap-Vert										
End of period / Fin de période	65.775	73.665	73.045	66.085	66.470	73.089	85.992	81.140	77.455	85.165
Period average / Moyenne sur période	72.466	72.067	77.978	70.031	71.408	68.018	80.427	81.891	76.853	82.591
Central African Rep.: CFA franc Rép. centrafricaine : franc CFA										
End of period[3] / Fin de période[3]	267.000	302.950	289.400	256.450	259.000	275.320	294.770	#534.600	490.000	523.700
Period average[3] / Moyenne sur période[3]	300.540	297.850	319.010	272.260	282.110	264.690	283.160	#555.200	499.150	511.550
Chad: CFA franc Tchad : franc CFA										
End of period[3] / Fin de période[3]	267.000	302.950	289.400	256.450	259.000	275.320	294.770	#534.600	490.000	523.700
Period average[3] / Moyenne sur période[3]	300.540	297.850	319.010	272.260	282.110	264.690	283.160	#555.200	499.150	511.550
Chile: Chilean peso Chili : peso chilien										
End of period / Fin de période	238.140[1]	247.200[1]	297.370[1]	#336.860	374.870	382.330	431.040	404.090	407.130	424.970
Period average / Moyenne sur période	219.540[1]	245.050[1]	267.160[1]	#304.903	349.216	362.576	404.166	420.177	396.773	412.267
China ††: yuan renminbi Chine †† : yuan renminbi										
End of period / Fin de période	3.722	3.722	4.722	5.222	5.434	5.752	5.800	#8.446	8.317	8.298
Period average / Moyenne sur période	3.722	3.722	3.765	4.783	5.323	5.515	5.762	#8.619	8.351	8.314

84
Exchange rates
National currency per US dollar [cont.]
Cours des changes
Valeur du dollar des Etats-Unis en monnaie nationale [suite]

Country (monetary unit) Pays (unité monétaire)	1987	1988	1989	1990	1991	1992	1993	1994	1995	1996
China, Hong Kong SAR†: Hong Kong dollar Chine, Hong-Kong RAS† : dollar de Hong Kong										
End of period Fin de période	7.760	7.808	7.807	7.801	7.781	7.743	7.726	7.738	7.732	7.736
Period average Moyenne sur période	7.798	7.806	7.800	7.790	7.771	7.741	7.736	7.728	7.736	7.734
Colombia: Colombian peso Colombie : peso colombien										
End of period[1] Fin de période[1]	263.700	335.860	433.920	568.730	706.860	811.770	917.330	831.270	987.650	1 005.330
Period average[1] Moyenne sur période[1]	242.610	299.170	382.570	502.260	633.050	759.280	863.060	844.840	912.830	1 036.690
Comoros: Comorian franc Comores : franc comorien										
End of period[6] Fin de période[6]	266.999	302.949	289.399	256.449	258.999	275.324	294.774	#400.950	367.500	392.775
Period average[6] Moyenne sur période[6]	300.537	297.849	319.009	272.265	282.108	264.692	283.163	#416.403	374.361	383.664
Congo: CFA franc Congo : franc CFA										
End of period[3] Fin de période[3]	267.000	302.950	289.400	256.450	259.000	275.320	294.770	#534.600	490.000	523.700
Period average Moyenne sur période	300.540[3]	297.850[3]	319.010[3]	272.260[3]	282.110[3]	264.690[3]	283.160[3]	#555.200[3]	499.150[3]	511.550
Costa Rica: Costa Rican colón Costa Rica : colón costa-ricien										
End of period Fin de période	69.250	79.500	84.350	103.550	135.425	137.430	151.440	165.070	194.900	220.110
Period average Moyenne sur période	62.776	75.805	81.504	91.579	122.432	134.506	142.172	157.067	179.729	207.689
Côte d'Ivoire: CFA franc Côte d'Ivoire : franc CFA										
End of period[3] Fin de période[3]	267.000	302.950	289.400	256.450	259.000	275.320	294.770	#534.600	490.000	523.700
Period average[3] Moyenne sur période[3]	300.540	297.850	319.010	272.260	282.110	264.690	283.160	#555.200	499.150	511.550
Croatia: kuna Croatie : kuna										
End of period Fin de période	...	...	...	...	...	0.798	6.562	5.629	5.316	5.540
Period average Moyenne sur période	...	...	...	...	...	...	3.577	5.996	5.230	5.434
Cuba: Cuban peso Cuba : peso cubain										
End of period Fin de période	0.773	0.776	0.791	0.700	0.700	0.700	0.700	0.700	1.000	1.000
Cyprus: Cyprus pound Chypre : livre chypriote										
End of period Fin de période	0.439	0.466	0.479	0.435	0.439	0.483	0.520	0.476	0.457	0.470
Period average Moyenne sur période	0.481	0.467	0.495	0.458	0.464	0.450	0.497	0.492	0.452	0.466
former Czechoslovakia†: koruna l'ex-Tchécoslovaquie† : couronne										
End of period Fin de période	9.400	9.400	10.000	23.600	28.900	27.300	28.700	...	...	...
Czech Republic: Czech koruna République tchèque : couronne tchèque										
End of period Fin de période	...	...	...	...	...	...	29.955	28.049	26.602	27.332
Period average Moyenne sur période	...	...	...	...	...	...	29.153	28.785	26.541	27.145
Dem. Rep. of the Congo: new zaïre Rép. dém. du Congo : nouveau zaïre										
End of period[7] Fin de période[7]	43.830	91.330	151.540	666.670	#21.220	663.330	#35.000	3 250.000	14 831.000	...

84
Exchange rates
National currency per US dollar [cont.]
Cours des changes
Valeur du dollar des Etats-Unis en monnaie nationale [suite]

Country (monetary unit) Pays (unité monétaire)	1987	1988	1989	1990	1991	1992	1993	1994	1995	1996
Period average[7] Moyenne sur période[7]	37.460	62.340	127.120	239.470	# 5.190	215.140	# 2.510	1 194.120	7 024.430	...
Denmark: Danish krone **Danemark : couronne danoise**										
End of period Fin de période	6.096	6.874	6.607	5.776	5.913	6.255	6.772	6.083	5.546	5.944
Period average Moyenne sur période	6.840	6.731	7.310	6.189	6.396	6.036	6.484	6.361	5.602	5.799
Djibouti: Djibouti franc **Djibouti : franc de Djibouti**										
End of period Fin de période	177.721	177.721	177.721	177.721	177.721	177.721	177.721	177.721	177.721	177.721
Period average Moyenne sur période	177.721	177.721	177.721	177.721	177.721	177.721	177.721	177.721	177.721	177.721
Dominica: EC dollar **Dominique : dollar des Caraïbes orientales**										
End of period Fin de période	2.700	2.700	2.700	2.700	2.700	2.700	2.700	2.700	2.700	2.700
Dominican Republic: Dominican peso **Rép. dominicaine : peso dominicain**										
End of period Fin de période	4.960	6.340	6.340	11.350	12.660	12.575	12.767	13.064	13.465	14.062
Period average Moyenne sur période	3.845	6.112	6.340	8.525	12.692	12.774	12.676	13.160	13.597	13.775
Ecuador: sucre **Equateur : sucre**										
End of period[1] Fin de période[1]	221.500	432.510	648.420	878.200	1 270.580	1 844.250	2 043.780	2 269.000	2 923.500	3 635.000
Period average[1] Moyenne sur période[1]	170.460	301.610	526.350	767.750	1 046.250	1 533.960	1 919.100	2 196.730	2 564.490	3 189.470
Egypt: Egyptian pound **Egypte : livre égyptienne**										
End of period Fin de période	0.700	0.700	1.100	2.000	3.332	3.339	3.372	3.391	3.390	3.388
El Salvador: El Salvador colón **El Salvador : cólon salvadorien**										
End of period[1] Fin de période[1]	5.000	5.000	5.000	8.030	8.080	9.170	8.670	8.750	8.755	8.755
Equatorial Guinea: CFA franc **Guinée équatoriale : franc CFA**										
End of period[8] Fin de période[8]	267.000	302.950	289.400	256.450	259.000	275.320	294.770	# 534.600	490.000	523.700
Period average[8] Moyenne sur période[8]	300.540	297.850	319.010	272.260	282.110	264.690	283.160	# 555.200	499.150	511.550
Estonia: Estonian kroon **Estonie : couronne estonienne**										
End of period Fin de période	...	...	...	...	...	12.912	13.878	12.390	11.462	12.440
Period average Moyenne sur période	...	...	...	...	...	...	13.223	12.991	11.465	12.034
Ethiopia: Ethiopian birr **Ethiopie : birr éthiopien**										
End of period Fin de période	2.070	2.070	2.070	2.070	2.070	5.000	5.000	5.950	6.320	6.426
Period average Moyenne sur période	2.070	2.070	2.070	2.070	2.070	2.802	5.000	5.465	6.158	6.352
Fiji: Fiji dollar **Fidji : dollar des Fidji**										
End of period Fin de période	1.441	1.405	1.494	1.459	1.473	1.564	1.541	1.409	1.429	1.384
Period average Moyenne sur période	1.244	1.430	1.483	1.481	1.476	1.503	1.542	1.464	1.406	1.403
Finland: Finnish markka **Finlande : markka finlandais**										
End of period Fin de période	3.946	4.169	4.059	3.634	4.133	5.245	5.784	4.743	4.359	4.644

84
Exchange rates
National currency per US dollar [cont.]
Cours des changes
Valeur du dollar des Etats-Unis en monnaie nationale [suite]

Country (monetary unit) Pays (unité monétaire)	1987	1988	1989	1990	1991	1992	1993	1994	1995	1996
Period average Moyenne sur période	4.396	4.183	4.291	3.823	4.044	4.479	5.712	5.223	4.367	4.593
France: French franc France : franc français										
End of period Fin de période	5.340	6.059	5.788	5.129	5.180	5.506	5.895	5.346	4.900	5.237
Period average Moyenne sur période	6.011	5.957	6.380	5.445	5.642	5.294	5.663	5.552	4.991	5.115
Gabon: CFA franc Gabon : franc CFA										
End of period[3] Fin de période[3]	267.000	302.950	289.400	256.450	259.000	275.320	294.770	#534.600	490.000	523.700
Period average[3] Moyenne sur période[3]	300.540	297.850	319.010	272.260	282.110	264.690	283.160	#555.200	499.150	511.550
Gambia: dalasi Gambie : dalasi										
End of period Fin de période	6.439	6.659	8.315	7.495	8.957	9.217	9.535	9.579	9.640	9.892
Period average Moyenne sur période	7.074	6.709	7.585	7.883	8.803	8.887	9.129	9.576	9.546	9.781
Germany † Allemagne†										
End of period Fin de période	1.581	1.780	1.698	1.494	1.516	1.614	1.726	1.549	1.433	1.555
Period average Moyenne sur période	1.797	1.756	1.880	1.616	1.660	1.562	1.653	1.623	1.433	1.505
Ghana: cedi Ghana : cedi										
End of period Fin de période	176.056	229.885	303.030	344.828	390.625	520.833	819.672	1 052.630	1 449.280	1 754.390
Period average Moyenne sur période	153.733	202.346	270.000	326.332	367.831	437.087	649.061	956.711	1 200.430	1 637.230
Greece: drachma Grèce : drachme										
End of period Fin de période	125.925	148.100	157.790	157.625	175.280	214.580	249.220	240.100	237.040	247.020
Period average Moyenne sur période	135.429	141.860	162.417	158.514	182.266	190.624	229.250	242.603	231.663	240.712
Grenada: EC dollar Grenade : dollar des Caraïbes orientales										
End of period Fin de période	2.700	2.700	2.700	2.700	2.700	2.700	2.700	2.700	2.700	2.700
Guatemala: quetzal Guatemala : quetzal										
End of period Fin de période	2.500	2.705	3.400	5.015	5.043	5.274	5.815	5.649	6.042	5.966
Period average Moyenne sur période	2.500	2.620	2.816	4.486	5.029	5.171	5.635	5.751	5.810	6.050
Guinea: Guinean franc Guinée : franc guinéen										
End of period Fin de période	440.000	550.000	620.000	680.000	802.950	922.410	972.414	981.024	997.984	1 039.100
Period average Moyenne sur période	428.402	474.396	591.646	660.167	753.858	902.001	955.490	976.636	991.411	1 004.000
Guinea-Bissau: Guinea-Bissau peso Guinée-Bissau : peso de Guinée-Bissau										
End of period Fin de période	851.320	1 362.760	1 987.200	2 508.620	4 959.150	8 655.560	11 464.000	15 369.000	21 921.000	34 963.000
Period average Moyenne sur période	559.010	1 109.710	1 810.140	2 185.460	3 658.610	6 933.910	10 082.000	12 892.000	18 073.000	26 373.000
Guyana: Guyana dollar Guyana : dollar guyanien										
End of period Fin de période	10.000	10.000	33.000	45.000	122.000	126.000	130.750	142.500	140.500	141.250

84
Exchange rates
National currency per US dollar [cont.]
Cours des changes
Valeur du dollar des Etats-Unis en monnaie nationale [suite]

Country (monetary unit) Pays (unité monétaire)	1987	1988	1989	1990	1991	1992	1993	1994	1995	1996
Period average Moyenne sur période	9.756	10.000	27.159	39.533	111.811	125.002	126.730	138.290	141.989	140.375
Haiti: gourde Haïti : gourde										
End of period Fin de période	4.999	4.999	4.999	4.999	# 8.240	10.953	12.805	12.947	16.160	15.093
Honduras: lempira Honduras : lempira										
End of period Fin de période	2.000	2.000	2.000	5.357	5.400	5.830	7.260	9.400	10.343	12.869
Period average Moyenne sur période	2.000	2.000	2.000	4.112	5.317	5.498	6.472	8.409	9.471	11.705
Hungary: forint Hongrie : forint										
End of period Fin de période	46.387	52.537	62.543	61.449	75.620	83.970	100.700	110.690	139.470	164.930
Period average Moyenne sur période	46.971	50.413	59.066	63.206	74.735	78.988	91.933	105.160	125.681	152.647
Iceland: Icelandic króna Islande : couronne islandaise										
End of period Fin de période	35.660	46.220	61.170	55.390	55.620	63.920	72.730	68.300	65.230	66.890
Period average Moyenne sur période	38.677	43.014	57.042	58.284	58.996	57.546	67.603	69.944	64.692	66.500
India: Indian rupee Inde : roupie indienne										
End of period Fin de période	12.877	14.949	17.035	18.073	25.834	26.200	31.380	31.380	35.180	35.930
Period average Moyenne sur période	12.961	13.917	16.225	17.503	22.742	25.918	30.493	31.374	32.427	35.433
Indonesia: Indonesian rupiah Indonésie : rupiah indonésien										
End of period Fin de période	1 650.000	1 731.000	1 797.000	1 901.000	1 992.000	2 062.000	2 110.000	2 200.000	2 308.000	2 383.000
Period average Moyenne sur période	1 643.850	1 685.700	1 770.060	1 842.810	1 950.320	2 029.920	2 087.100	2 160.750	2 248.610	2 342.300
Iran, Islamic Rep. of: Iranian rial Iran, Rép. islamique d' : rial iranien										
End of period Fin de période	65.620	68.590	70.240	65.310	64.590	67.040	1 758.560	1 735.970	1 747.500	1 749.140
Period average Moyenne sur période	71.460	68.680	72.010	68.100	67.510	65.550	1 267.770	1 748.750	1 747.930	1 750.760
Iraq: Iraqi dinar Iraq : dinar iraquien										
End of period[1] Fin de période[1]	0.311	0.311	0.311	0.311	0.311	0.311	0.311	0.311	0.311	0.311
Period average[1] Moyenne sur période[1]	0.311	0.311	0.311	0.311	0.311	0.311	0.311	0.311	0.311	0.311
Ireland: Irish pound Irlande : livre irlandaise										
End of period Fin de période	0.597	0.663	0.643	0.563	0.571	0.614	0.709	0.646	0.623	0.595
Period average Moyenne sur période	0.673	0.656	0.706	0.605	0.621	0.588	0.677	0.669	0.624	0.625
Israel: new sheqel Israël : nouveau sheqel										
End of period Fin de période	1.539	1.685	1.963	2.048	2.283	2.764	2.986	3.018	3.135	3.251
Period average Moyenne sur période	1.595	1.599	1.916	2.016	2.279	2.459	2.830	3.011	3.011	3.192
Italy: Italian lira Italie : lire italienne										
End of period Fin de période		1 169.250	1 305.770	1 270.500	1 130.150	1 151.060	1 470.860	1 703.970	1 629.740	1 584.720	1 530.570

84
Exchange rates
National currency per US dollar [cont.]
Cours des changes
Valeur du dollar des Etats-Unis en monnaie nationale [suite]

Country (monetary unit) Pays (unité monétaire)	1987	1988	1989	1990	1991	1992	1993	1994	1995	1996
Period average Moyenne sur période	1 296.070	1 301.630	1 372.090	1 198.100	1 240.610	1 232.410	1 573.670	1 612.440	1 628.930	1 542.950
Jamaica: Jamaican dollar Jamaïque : dollar jamaïquain										
End of period Fin de période	5.500	5.480	6.480	8.038	21.492	22.185	32.474	33.201	39.616	34.865
Period average Moyenne sur période	5.487	5.489	5.745	7.184	12.116	22.960	24.948	33.086	35.142	37.120
Japan: yen Japon : yen										
End of period Fin de période	123.500	125.850	143.450	134.400	125.200	124.750	111.850	99.740	102.830	116.000
Period average Moyenne sur période	144.640	128.150	137.960	144.790	134.710	126.650	111.200	102.210	94.060	108.780
Jordan: Jordanian dinar Jordanie : dinar jordanien										
End of period Fin de période	0.329	0.477	0.648	0.665	0.675	0.691	0.704	0.701	0.709	0.709
Period average Moyenne sur période	0.338	0.374	0.575	0.664	0.681	0.680	0.693	0.699	0.700	0.709
Kazakhstan: tenge Kazakhstan : tenge										
End of period Fin de période	...	...	...	...	...	...	6.310	54.260	63.950	73.300
Period average Moyenne sur période	...	...	...	...	...	...	...	35.540	60.950	67.300
Kenya: Kenya shilling Kenya : shilling kényen										
End of period[1] Fin de période[1]	16.515	18.599	21.601	24.084	28.074	36.216	68.163	44.839	55.939	55.021
Period average[1] Moyenne sur période[1]	16.454	17.747	20.572	22.915	27.508	32.217	58.001	56.051	51.430	57.115
Kiribati: Australian dollar Kiribati : dollar australien										
End of period Fin de période	1.384	1.169	1.261	1.293	1.316	1.452	1.477	1.287	1.342	1.255
Period average Moyenne sur période	1.428	1.280	1.265	1.281	1.284	1.362	1.471	1.368	1.349	1.278
Korea, Republic of: won of the Rep. of Korea Corée, République de : won de la Rép. de Corée										
End of period Fin de période	792.300	684.100	679.600	716.400	760.800	788.400	808.100	788.700	774.700	844.200
Period average Moyenne sur période	822.570	731.470	671.460	707.760	733.350	780.650	802.670	803.450	771.270	804.450
Kuwait: Kuwaiti dinar Koweït : dinar koweïtien										
End of period Fin de période	0.270	0.283	0.292	...	0.284	0.303	0.298	0.300	0.299	0.300
Period average Moyenne sur période	0.279	0.279	0.294	...	...	0.293	0.302	0.297	0.298	0.299
Lao People's Dem. Rep.: kip Rép. dém. pop. lao : kip										
End of period Fin de période	387.500	452.500	713.500	695.500	711.500	717.000	718.000	719.000	# 923.000	935.000
Period average Moyenne sur période	187.500	400.375	591.500	707.750	702.083	716.083	716.250	717.667	# 804.691	921.135
Latvia: lats Lettonie : lats										
End of period Fin de période	...	...	...	...	...	0.835	0.598	0.548	0.537	0.556
Period average Moyenne sur période	...	...	...	...	...	0.736	0.675	0.560	0.528	0.551
Lebanon: Lebanese pound Liban : livre libanaise										
End of period Fin de période	455.000	530.000	505.000	842.000	879.000	1 838.000	1 711.000	1 647.000	1 596.000	1 552.000

84
Exchange rates
National currency per US dollar [cont.]
Cours des changes
Valeur du dollar des Etats-Unis en monnaie nationale [suite]

Country (monetary unit) Pays (unité monétaire)	1987	1988	1989	1990	1991	1992	1993	1994	1995	1996
Period average Moyenne sur période	224.600	409.230	496.690	695.090	928.230	1 712.790	1 741.360	1 680.070	1 621.410	1 571.440
Lesotho: loti Lesotho : loti										
End of period[1] Fin de période[1]	1.930	2.378	2.536	2.563	2.743	3.053	3.397	3.543	3.647	4.682
Period average[1] Moyenne sur période[1]	2.036	2.273	2.623	2.587	2.761	2.852	3.268	3.551	3.627	4.299
Liberia: Liberian dollar Libéria : dollar libérien										
End of period Fin de période	1.000	1.000	1.000	1.000	1.000	1.000	1.000	1.000	1.000	1.000
Libyan Arab Jamah.: Libyan dinar Jamah. arabe libyenne : dinar libyen										
End of period Fin de période	0.271	0.285	0.292	0.270	0.268	0.301	0.325	0.360	0.353	0.365
Lithuania: litas Lituanie : litas										
End of period Fin de période	...	...	...	...	...	3.790	3.900	4.000	4.000	4.000
Period average Moyenne sur période	...	...	...	...	...	1.770	4.340	3.980	4.000	4.000
Luxembourg: Luxembourg franc Luxembourg : franc luxembourgeois										
End of period Fin de période	33.153	37.345	35.760	30.982	31.270	33.180	36.110	31.837	29.415	32.005
Period average Moyenne sur période	37.334	36.768	39.404	33.418	34.148	32.149	34.596	33.456	29.480	30.962
Madagascar: Malagasy franc Madagascar : franc malgache										
End of period Fin de période	1 234.270	1 526.430	1 532.540	1 465.830	1 832.660	1 910.170	1 962.670	3 871.080	3 422.970	4 328.470
Period average Moyenne sur période	1 069.210	1 407.110	1 603.440	1 494.150	1 835.360	1 863.970	1 913.780	3 067.340	4 265.630	4 061.250
Malawi: Malawi kwacha Malawi : kwacha malawien										
End of period Fin de période	2.054	2.535	2.679	2.647	2.664	4.396	4.494	15.299	15.303	15.323
Period average Moyenne sur période	2.209	2.561	2.760	2.729	2.803	3.603	4.403	8.736	15.284	15.308
Malaysia: ringgit Malaisie : ringgit										
End of period Fin de période	2.493	2.715	2.703	2.701	2.724	2.612	2.701	2.560	2.542	2.529
Period average Moyenne sur période	2.520	2.619	2.709	2.705	2.750	2.547	2.574	2.624	2.504	2.516
Maldives: rufiyaa Maldives : rufiyaa										
End of period Fin de période	9.395	8.525	9.205	9.620	10.320	10.535	11.105	11.770	11.770	11.770
Period average Moyenne sur période	9.223	8.785	9.041	9.552	10.253	10.569	10.957	11.586	11.770	11.770
Mali: CFA franc Mali : franc CFA										
End of period[3] Fin de période[3]	267.000	302.950	289.400	256.450	259.000	275.320	294.770	#534.600	490.000	523.700
Period average[3] Moyenne sur période[3]	300.540	297.850	319.010	272.260	282.110	264.690	283.160	#555.200	499.150	511.550
Malta: Maltese lira Malte : lire maltaise										
End of period Fin de période	0.312	0.332	0.337	0.301	0.306	0.374	0.395	0.368	0.352	0.360
Period average Moyenne sur période	0.345	0.331	0.348	0.318	0.323	0.319	0.382	0.378	0.353	0.360

84
Exchange rates
National currency per US dollar [cont.]
Cours des changes
Valeur du dollar des Etats-Unis en monnaie nationale [suite]

Country (monetary unit) Pays (unité monétaire)	1987	1988	1989	1990	1991	1992	1993	1994	1995	1996
Mauritania: ouguiya Mauritanie : ouguiya										
End of period Fin de période	71.600	75.730	83.550	77.840	77.820	115.100	124.160	128.370	137.110	142.450
Period average Moyenne sur période	73.878	75.261	83.051	80.609	81.946	87.027	120.806	123.575	129.768	137.222
Mauritius: Mauritian rupee Maurice : roupie mauricienne										
End of period Fin de période	12.175	13.834	14.996	14.322	14.794	16.998	18.656	17.863	17.664	17.972
Period average Moyenne sur période	12.878	13.438	15.250	14.863	15.652	15.563	17.648	17.960	17.386	17.948
Mexico: Mexican new peso Mexique : peso nouveau mexicain										
End of period Fin de période	2.210	2.281	2.641	2.945	3.071	3.115	3.106	5.325	7.642	7.870
Period average Moyenne sur période	1.378	2.273	2.461	2.813	3.018	3.095	3.116	3.375	6.419	7.601
Micronesia,Federated States of: US dollar Micron, Etats fédérés de : dollar des Etats-Unis										
End of period Fin de période	1.000	1.000	1.000	1.000	1.000	1.000	1.000	1.000	1.000	1.000
Period average Moyenne sur période	1.000	1.000	1.000	1.000	1.000	1.000	1.000	1.000	1.000	1.000
Mongolia: tugrik Mongolie : tugrik										
End of period Fin de période	...	...	...	14.000	39.400	105.070	# 396.510	414.090	473.620	693.510
Period average Moyenne sur période	...	...	...	...	9.520	42.560	...	# 412.720	448.610	548.400
Morocco: Moroccan dirham Maroc : dirham marocain										
End of period Fin de période	7.800	8.211	8.122	8.043	8.150	9.049	9.651	8.960	8.469	8.799
Period average Moyenne sur période	8.359	8.209	8.488	8.242	8.706	8.538	9.299	9.203	8.540	8.716
Mozambique: metical Mozambique : metical										
End of period Fin de période	404.000	626.200	819.700	1 038.100	1 845.400	# 2 951.400	5 343.200	6 651.000	10 890.000	11 377.000
Period average Moyenne sur période	290.700	524.600	744.900	929.100	1 434.500	2 516.500	3 874.200	6 038.600	9 024.300	11 293.800
Myanmar: kyat Myanmar : kyat										
End of period Fin de période	6.110	6.410	6.494	6.080	6.014	6.241	6.246	5.903	5.781	5.988
Period average Moyenne sur période	6.653	6.395	6.705	6.339	6.284	6.105	6.157	5.975	5.667	5.918
Namibia: Namibia dollar Namibie : Dollar namibien										
End of period Fin de période	1.930	2.378	2.536	2.562	2.743	3.053	3.397	3.543	3.647	4.682
Period average Moyenne sur période	2.036	2.273	2.623	2.587	2.761	2.852	3.268	3.551	3.627	4.299
Nepal: Nepalese rupee Népal : roupie népalaise										
End of period Fin de période	21.600	25.200	28.600	30.400	42.700	43.200	49.240	49.880	56.000	57.030
Period average Moyenne sur période	21.819	23.289	27.189	29.369	37.255	42.717	48.607	49.397	51.890	56.692
Netherlands: Netherlands guilder Pays-Bas : florin néerlandais										
End of period Fin de période	1.777	1.999	1.915	1.690	1.710	1.814	1.941	1.735	1.604	1.744
Period average Moyenne sur période	2.026	1.977	2.121	1.821	1.870	1.758	1.857	1.820	1.606	1.686

84
Exchange rates
National currency per US dollar [cont.]
Cours des changes
Valeur du dollar des Etats-Unis en monnaie nationale [suite]

Country (monetary unit) Pays (unité monétaire)	1987	1988	1989	1990	1991	1992	1993	1994	1995	1996
Netherlands Antilles: Netherlands Antillean guilder Antilles néerlandaises : florin des Antilles néerlandaises										
End of period Fin de période	1.800	1.800	1.790	1.790	1.790	1.790	1.790	1.790	1.790	1.790
New Zealand: New Zealand dollar Nouvelle-Zélande : dollar néo-zélandais										
End of period Fin de période	1.521	1.592	1.674	1.701	1.848	1.944	1.790	1.556	1.531	1.416
Period average Moyenne sur période	1.695	1.526	1.672	1.676	1.734	1.862	1.851	1.687	1.524	1.455
Nicaragua: córdoba Nicaragua : córdoba										
End of period[19] Fin de période[19]	14.000	#184.000	#7.630	600.000	#5.000	5.000	6.350	7.112	7.965	8.924
Period average[19] Moyenne sur période[19]	20.530	#53.950	#3.130	140.920	#4.271	5.000	5.620	6.723	7.546	8.435
Niger: CFA franc Niger : franc CFA										
End of period[3] Fin de période[3]	267.000	302.950	289.400	256.450	259.000	275.320	294.770	#534.600	490.000	523.700
Period average[3] Moyenne sur période[3]	300.540	297.850	319.010	272.260	282.110	264.690	283.160	#555.200	499.150	511.550
Nigeria: naira Nigéria : naira										
End of period[1] Fin de période[1]	4.141	5.353	7.651	9.001	9.862	19.646	21.882	21.997	21.887	21.886
Period average[1] Moyenne sur période[1]	4.016	4.537	7.365	8.038	9.909	17.298	22.065	21.996	21.895	21.889
Norway: Norwegian krone Norvège : couronne norvégienne										
End of period Fin de période	6.232	6.570	6.615	5.907	5.973	6.924	7.518	6.762	6.319	6.442
Period average Moyenne sur période	6.737	6.517	6.904	6.260	6.483	6.214	7.094	7.058	6.335	6.450
Oman: rial Omani Oman : rial omani										
End of period Fin de période	0.384	0.384	0.384	0.384	0.384	0.384	0.384	0.384	0.384	0.384
Pakistan: Pakistan rupee Pakistan : roupie pakistanaise										
End of period Fin de période	17.450	18.650	21.420	21.900	24.720	25.700	30.120	30.800	34.250	40.120
Period average Moyenne sur période	17.399	18.003	20.541	21.707	23.801	25.083	28.107	30.567	31.643	36.079
Panama: balboa Panama : balboa										
End of period Fin de période	1.000	1.000	1.000	1.000	1.000	1.000	1.000	1.000	1.000	1.000
Papua New Guinea: kina Papouasie-Nvl-Guinée : kina										
End of period Fin de période	0.878	0.826	0.860	0.953	0.953	0.987	0.981	1.179	1.335	1.347
Period average Moyenne sur période	0.908	0.867	0.859	0.955	0.952	0.965	0.978	1.011	1.280	1.319
Paraguay: guaraní Paraguay : guaraní										
End of period Fin de période	550.000	550.000	1 218.000	1 258.000	1 380.000	1 630.000	1 880.000	1 940.000	1 995.000	2 130.000
Period average Moyenne sur période	550.000	550.000	1 056.220	1 229.810	1 325.180	1 500.260	1 744.350	1 911.540	1 970.400	2 062.780
Peru: nuevo sol Pérou : nouveau sol										
End of period[10] Fin de période[10]	33 000.000	#500.000	5 261.400	#516.900	960.000	1 630.000	2 160.000	2 180.000	2 310.000	2 600.000
Period average[10] Moyenne sur période[10]	16 835.800	#128.800	2 666.200	#187.919	772.500	1 245.800	1 988.300	2 195.000	2 253.000	2 453.000

84
Exchange rates
National currency per US dollar [cont.]
Cours des changes
Valeur du dollar des Etats-Unis en monnaie nationale [suite]

Country (monetary unit) Pays (unité monétaire)	1987	1988	1989	1990	1991	1992	1993	1994	1995	1996
Philippines: Philippine peso — Philippines : peso philippin										
End of period / Fin de période	20.800	21.335	22.440	28.000	26.650	25.096	27.699	24.418	26.214	26.288
Period average / Moyenne sur période	20.568	21.095	21.737	24.310	27.479	25.512	27.120	26.417	25.714	26.216
Poland: zloty — Pologne : zloty										
End of period / Fin de période[11]	31.550	50.260	650.000	# 0.950	1.096	1.577	2.134	2.437	2.468	2.875
Period average / Moyenne sur période[11]	26.510	43.050	143.920	# 0.950	1.058	1.363	1.811	2.272	2.425	2.696
Portugal: Portuguese escudo — Portugal : escudo portugais										
End of period / Fin de période	129.865	146.371	149.841	133.600	134.184	146.758	176.812	159.093	149.413	156.385
Period average / Moyenne sur période	140.882	143.954	157.458	142.555	144.482	134.998	160.800	165.993	151.106	154.244
Qatar: Qatar riyal — Qatar : riyal qatarien										
End of period / Fin de période	3.640	3.640	3.640	3.640	3.640	3.640	3.640	3.640	3.640	3.640
Period average / Moyenne sur période	3.640	3.640	3.640	3.640	3.640	3.640	3.640	3.640	3.640	3.640
Republic of Moldova: Moldovan leu — République de Moldova : leu moldove										
End of period / Fin de période	...	...	...	...	0.002	0.414	# 3.640	4.270	4.499	4.655
Period average / Moyenne sur période	...	...	...	...	...	...	...	...	4.496	4.603
Romania: Romanian leu — Roumanie : leu roumain										
End of period / Fin de période	13.740	14.370	14.440	34.710	# 189.000	460.000	1 276.000	1 767.000	2 578.000	4 035.000
Period average / Moyenne sur période	14.560	14.280	14.920	22.430	76.390	# 307.950	760.050	1 655.090	2 033.280	3 085.390
Russian Federation: rouble — Fédération de Russie : rouble										
End of period / Fin de période	...	...	...	...	...	415.000	1 247.000	3 550.000	4 640.000	5 560.000
Period average / Moyenne sur période	...	...	...	...	...	...	992.000	2 191.000	4 559.000	5 121.000
Rwanda: Rwanda franc — Rwanda : franc rwandais										
End of period / Fin de période	73.020	76.710	77.620	121.120	119.790	146.270	146.370	138.330	299.811	304.164
Period average / Moyenne sur période	79.672	76.445	79.977	82.597	125.140	133.350	144.307	...	262.197	306.820
Saint Kitts and Nevis: EC dollar — Saint-Kitts-et-Nevis : dollar des Caraïbes orientales										
End of period / Fin de période	2.700	2.700	2.700	2.700	2.700	2.700	2.700	2.700	2.700	2.700
Saint Lucia: EC dollar — Sainte-Lucie : dollar des Caraïbes orientales										
End of period / Fin de période	2.700	2.700	2.700	2.700	2.700	2.700	2.700	2.700	2.700	2.700
St. Vincent-Grenadines: EC dollar — St. Vincent-Grenadines : dollar des Caraïbes orientales										
End of period / Fin de période	2.700	2.700	2.700	2.700	2.700	2.700	2.700	2.700	2.700	2.700
Samoa: tala — Samoa : tala										
End of period / Fin de période	2.011	2.148	2.290	2.333	2.449	2.558	2.608	2.452	2.527	2.434
Period average / Moyenne sur période	2.120	2.079	2.269	2.309	2.397	2.465	2.568	2.535	2.472	2.462

84
Exchange rates
National currency per US dollar [cont.]
Cours des changes
Valeur du dollar des Etats-Unis en monnaie nationale [suite]

Country (monetary unit) Pays (unité monétaire)	1987	1988	1989	1990	1991	1992	1993	1994	1995	1996
Sao Tome and Principe: dobra Sao Tomé-et-Principe : dobra										
End of period										
Fin de période	72.827	98.176	140.366	140.982	280.021	375.540	516.700	...	...	...
Period average										
Moyenne sur période	54.211	86.343	124.672	143.331	201.816	321.337	429.854	732.628	...	...
Saudi Arabia: Saudi Arabian riyal Arabie saoudite : riyal saoudien										
End of period										
Fin de période	3.745	3.745	3.745	3.745	3.745	3.745	3.745	3.745	3.745	3.745
Period average										
Moyenne sur période	3.745	3.745	3.745	3.745	3.745	3.745	3.745	3.745	3.745	3.745
Senegal: CFA franc Sénégal : franc CFA										
End of period[3]										
Fin de période[3]	267.000	302.950	289.400	256.450	259.000	275.320	294.770	#534.600	490.000	523.700
Period average[3]										
Moyenne sur période[3]	300.540	297.850	319.010	272.260	282.110	264.690	283.160	#555.200	499.150	511.550
Seychelles: Seychelles rupee Seychelles : roupie des Seychelles										
End of period										
Fin de période	5.143	5.397	5.467	5.119	5.063	5.254	5.258	4.969	4.864	4.995
Period average										
Moyenne sur période	5.600	5.384	5.646	5.337	5.289	5.122	5.182	5.056	4.762	4.970
Sierra Leone: leone Sierra Leone : leone										
End of period										
Fin de période	23.041	39.063	65.359	188.679	434.783	526.316	577.634	613.008	943.396	909.091
Period average										
Moyenne sur période	34.043	32.514	59.813	151.446	295.344	499.442	567.459	586.740	755.216	920.732
Singapore: Singapore dollar Singapour : dollar de Singapour										
End of period										
Fin de période	1.998	1.946	1.894	1.744	1.630	1.645	1.608	1.461	1.414	1.400
Period average										
Moyenne sur période	2.106	2.012	1.950	1.813	1.728	1.629	1.616	1.527	1.417	1.410
Slovakia: Slovak koruna Slovaquie : couronne slovaque										
End of period										
Fin de période	...	...	...	...	...	...	33.202	31.277	29.569	31.900
Period average										
Moyenne sur période	...	...	...	...	...	...	30.770	32.040	29.710	30.650
Slovenia: tolar Slovénie : tolar										
End of period										
Fin de période	...	...	...	...	56.690	98.700	131.840	126.460	125.990	141.500
Period average										
Moyenne sur période	...	...	...	...	27.570	81.290	113.240	128.810	118.520	135.360
Solomon Islands: Solomon Islands dollar Iles Salomon : dollar des Iles Salomon										
End of period										
Fin de période	1.974	2.118	2.397	2.614	2.795	3.100	3.248	3.329	3.476	3.622
Period average										
Moyenne sur période	2.003	2.083	2.293	2.529	2.715	2.928	3.188	3.291	3.406	3.566
Somalia: Somali shilling Somalie : shilling somali										
End of period[1]										
Fin de période[1]	100.000	270.000	929.500	...	...	...	...	...	...	...
Period average[1]										
Moyenne sur période[1]	105.177	170.453	490.675	...	...	...	...	...	...	...
South Africa: rand Afrique du Sud : rand										
End of period[1]										
Fin de période[1]	1.930	2.378	2.536	2.563	2.743	3.053	3.397	3.543	3.647	4.682
Period average[1]										
Moyenne sur période[1]	2.036	2.273	2.623	2.587	2.761	2.852	3.268	3.551	3.627	4.299

84
Exchange rates
National currency per US dollar [cont.]
Cours des changes
Valeur du dollar des Etats-Unis en monnaie nationale [suite]

Country (monetary unit) Pays (unité monétaire)	1987	1988	1989	1990	1991	1992	1993	1994	1995	1996
Spain: peseta Espagne : peseta										
End of period / Fin de période	109.000	113.450	109.720	96.909	96.688	114.623	142.214	131.739	121.409	131.275
Period average / Moyenne sur période	123.478	116.487	118.378	101.934	103.912	102.379	127.260	133.958	124.689	126.662
Sri Lanka: Sri Lanka rupee Sri Lanka : roupie sri-lankaise										
End of period / Fin de période	30.763	33.033	40.000	40.240	42.580	46.000	49.561	49.980	54.047	56.705
Period average / Moyenne sur période	29.445	31.807	36.047	40.063	41.371	43.830	48.322	49.415	51.252	55.271
Sudan: Sudanese pound Soudan : livre soudanaise										
End of period / Fin de période	4.500	4.500	4.500	4.500	14.993	135.135	217.391	400.000	526.316	1 449.280
Period average / Moyenne sur période	3.000	4.500	4.500	4.500	6.956	97.432	159.314	289.609	...	1 250.790
Suriname: Suriname guilder Suriname : florin du Suriname										
End of period / Fin de période	1.780	1.780	1.780	1.780	1.780	1.780	1.780	# 409.500	407.000	401.000
Period average / Moyenne sur période	1.780	1.780	1.780	1.780	1.780	1.780	1.780	134.120	442.230	401.260
Swaziland: lilangeni Swaziland : lilangeni										
End of period / Fin de période	1.930	2.378	2.536	2.563	2.743	3.053	3.397	3.543	3.647	4.682
Period average / Moyenne sur période	2.036	2.273	2.623	2.587	2.761	2.852	3.268	3.551	3.627	4.299
Sweden: Swedish krona Suède : couronne suédoise										
End of period / Fin de période	5.848	6.157	6.227	5.698	5.529	7.043	8.303	7.461	6.658	6.871
Period average / Moyenne sur période	6.340	6.127	6.447	5.919	6.047	5.824	7.783	7.716	7.133	6.706
Switzerland: Swiss franc Suisse : franc suisse										
End of period / Fin de période	1.278	1.504	1.546	1.295	1.355	1.456	1.479	1.311	1.150	1.346
Period average / Moyenne sur période	1.491	1.463	1.636	1.389	1.434	1.406	1.478	1.368	1.182	1.236
Syrian Arab Republic: Syrian pound Rép. arabe syrienne : livre syrienne										
End of period[1] / Fin de période[1]	3.925	11.225	11.225	11.225	11.225	11.225	11.225	11.225	11.225	11.225
Tajikistan: Tajik rouble Tadjikistan : rouble tadjik										
Period average / Moyenne sur période	...	...	...	...	...	222.200	932.200	2 204.300	...	...
Thailand: baht Thaïlande : baht										
End of period / Fin de période	25.070	25.240	25.690	25.290	25.280	25.520	25.540	25.090	25.190	25.610
Period average / Moyenne sur période	25.723	25.294	25.702	25.585	25.517	25.400	25.319	25.150	24.915	25.343
TFYR Macedonia: TFYR Macedonia denar L'ex-R.y. Macédoine : denar de l'ex-R.Y. Macédoine										
End of period / Fin de période	...	...	...	22.000	...	...	...	...	...	...
Period average / Moyenne sur période	...	...	...	...	...	...	...	43.260	37.880	39.980
Togo: CFA franc Togo : franc CFA										
End of period[3] / Fin de période[3]	267.000	302.950	289.400	256.450	259.000	275.320	294.770	# 534.600	490.000	523.700

84
Exchange rates
National currency per US dollar [cont.]
Cours des changes
Valeur du dollar des Etats-Unis en monnaie nationale [suite]

Country (monetary unit) Pays (unité monétaire)	1987	1988	1989	1990	1991	1992	1993	1994	1995	1996
Period average[3] Moyenne sur période[3]	300.540	297.850	319.010	272.260	282.110	264.690	283.160	# 555.200	499.150	511.550
Tonga: pa'anga Tonga : pa'anga										
End of period Fin de période	1.384	1.170	1.258	1.296	1.332	1.390	1.379	1.258	1.270	1.213
Period average Moyenne sur période	1.428	1.275	1.261	1.280	1.296	1.347	1.384	1.320	1.271	1.232
Trinidad and Tobago: Trinidad and Tobago dollar Trinité-et-Tobago : dollar de la Trinité-et-Tobago										
End of period Fin de période	3.600	4.250	4.250	4.250	4.250	4.250	5.814	5.933	5.997	6.194
Period average Moyenne sur période	3.600	3.844	4.250	4.250	4.250	4.250	5.351	5.925	5.948	6.005
Tunisia: Tunisian dinar Tunisie : dinar tunisien										
End of period Fin de période	0.778	0.898	0.905	0.837	0.864	0.951	1.047	0.991	0.951	0.998
Period average Moyenne sur période	0.829	0.858	0.949	0.878	0.925	0.884	1.004	1.012	0.946	0.973
Turkey: Turkish lira Turquie : livre turque										
End of period Fin de période	1 021.000	1 815.000	2 314.000	2 930.000	5 080.000	8 564.000	14 473.000	38 726.000	59 650.000	107 775.000
Period average Moyenne sur période	857.000	1 422.000	2 122.000	2 609.000	4 172.000	6 872.000	10 985.000	29 609.000	45 845.000	81 405.000
Turkmenistan: Turkmen manat Turkménistan : manat turkmene										
End of period Fin de période	...	...	...	...	...	0.800	1.990	75.000	2 400.000	...
Period average Moyenne sur période	...	...	...	...	...	...	1.750	35.420	404.430	...
Uganda: Uganda shilling Ouganda : shilling ougandais										
End of period[1] Fin de période[1]	60.000	165.000	370.000	540.000	915.000	1 217.150	1 130.150	926.770	1 009.450	1 029.590
Period average[1] Moyenne sur période[1]	42.840	106.140	223.090	428.850	734.010	1 133.830	1 195.020	979.450	968.920	1 046.080
Ukraine: hryvnias Ukraine : hryvnias										
End of period Fin de période	...	...	...	...	...	0.006	0.126	1.042	1.794	# 1.890
Period average Moyenne sur période	...	...	...	...	...	...	0.045	0.327	1.473	1.829
former USSR†: rouble l'ex-URSS† : rouble										
End of period Fin de période	0.602	0.612	0.633	1.600	...	...	...	...	...	...
United Arab Emirates: UAE dirham Emirats arabes unis : dirham des EAU										
End of period Fin de période	3.671	3.671	3.671	3.671	3.671	3.671	3.671	3.671	3.671	3.671
Period average Moyenne sur période	3.671	3.671	3.671	3.671	3.671	3.671	3.671	3.671	3.671	3.671
United Kingdom: pound sterling Royaume-Uni : livre sterling										
End of period Fin de période	0.534	0.553	0.623	0.519	0.535	0.661	0.675	0.640	0.645	0.589
Period average Moyenne sur période	0.612	0.562	0.611	0.563	0.567	0.570	0.667	0.653	0.634	0.641
United Rep.Tanzania: Tanzanian shilling Rép. Unie de Tanzanie : shilling tanzanien										
End of period Fin de période	83.717	125.000	192.300	196.600	233.900	335.000	479.871	523.453	550.360	595.640
Period average Moyenne sur période	64.260	99.292	143.377	195.056	219.157	297.708	405.274	509.631	574.762	579.977

84
Exchange rates
National currency per US dollar [cont.]
Cours des changes
Valeur du dollar des Etats-Unis en monnaie nationale [suite]

Country (monetary unit) Pays (unité monétaire)	1987	1988	1989	1990	1991	1992	1993	1994	1995	1996
United States: US dollar — Etats-Unis : dollar des Etats-Unis										
End of period — Fin de période	1.000	1.000	1.000	1.000	1.000	1.000	1.000	1.000	1.000	1.000
Period average — Moyenne sur période	1.000	1.000	1.000	1.000	1.000	1.000	1.000	1.000	1.000	1.000
Uruguay: Uruguayan peso — Uruguay : peso uruguayen										
End of period — Fin de période	0.281	0.451	0.805	1.594	2.490	3.481	# 4.418	5.615	7.113	8.715
Period average — Moyenne sur période	0.227	0.359	0.605	1.171	2.019	3.027	# 3.948	5.053	6.349	7.972
Vanuatu: vatu — Vanuatu : vatu										
End of period — Fin de période	100.560	105.050	110.700	109.250	110.790	119.000	120.800	112.080	113.740	110.770
Period average — Moyenne sur période	109.849	104.426	116.042	117.061	111.675	113.392	121.581	116.405	112.112	111.719
Venezuela: bolívar — Venezuela : bolívar										
End of period — Fin de période	14.500	14.500	43.079	50.380	61.554	79.450	105.640	# 170.000	290.000	476.500
Period average — Moyenne sur période	14.500	14.500	34.681	46.900	56.816	68.376	90.826	148.503	# 176.842	417.333
Viet Nam: dong — Viet Nam : dong										
End of period — Fin de période	281.250	1 125.000	5 375.000	8 125.000	...	...	...	...	...	...
Period average — Moyenne sur période	78.290	606.520	4 463.950	6 482.800	...	...	...	...	...	...
Yemen: Yemeni rial — Yémen : rial yéménite										
End of period[1] — Fin de période[1]	...	...	...	12.010	12.010	12.010	12.010	12.010	# 50.040	50.040
Period average[1] — Moyenne sur période[1]	...	...	...	...	12.010	12.010	12.010	12.010	40.839	# 50.040
Zambia: Zambian kwacha — Zambie : kwacha zambien										
End of period[1] — Fin de période[1]	8.000	10.000	21.650	42.750	88.970	359.710	500.000	680.270	1 000.000	1 282.050
Period average[1] — Moyenne sur période[1]	9.520	8.270	13.810	30.290	64.640	172.210	452.760	669.370	857.230	1 203.710
Zimbabwe: Zimbabwe dollar — Zimbabwe : dollar zimbabwéen										
End of period — Fin de période	1.663	1.943	2.270	2.636	5.051	5.482	6.935	8.389	9.311	10.834
Period average — Moyenne sur période	1.662	1.806	2.119	2.448	3.428	5.094	6.472	8.150	8.658	9.921

Source:
International Monetary Fund (Washington, DC).

† For information on recent changes in country or area nomenclature pertaining to former Czechoslovakia, Germany, Hong Kong Special Administrative Region of China, SFR Yugoslavia and former USSR, see Annex I - Country or area nomenclature, regional and other groupings.

†† For statistical purposes, the data for China do not include those for the Hong Kong Special Administrative Region (Hong Kong SAR) and Taiwan province of China.

Source:
Fonds monétaire international (Washington, DC).

† Pour les modifications récentes de nomenclature de pays ou de zone concernant l'Allemagne, Hong-Kong (Région administrative spéciale de Chine), l'ex-Tchécoslovaquie, l'ex-URSS et l'ex-Rfs de Yougoslavie, voir annexe I - Nomenclature des pays ou des zones, groupements régionaux et autres groupements.

†† Les données statistiques relatives à la Chine ne comprennent pas celles qui concernent la région administrative spéciale de Hong-Kong (la RAS de Hong-Kong) et la province chinoise de Taiwan.

84
Exchange rates
National currency per US dollar [cont.]
Cours des changes
Valeur du dollar des Etats-Unis en monnaie nationale [suite]

1 Principal rate.
2 Peso per thousand US dollar through 1988 and per US dollar thereafter.
3 The official rate is pegged to the French franc. Beginning January 12, 1994, the CFA franc was devalued to CFAF 100 per French franc from CFAF 50 at which it has been fixed since 1948.
4 Bolivianos per million US dollars through 1983, per thousand US dollars for 1984, and per US dollar thereafter.
5 Reais per trillion US dollars through 1983, per billion US dollars through 1988, per million US dollars through 1990, per thousand US dollars for 1991-1992 and per US dollar thereafter.
6 The official rate is pegged to the French franc. Beginning January 12, 1994, the CFA franc was devalued to CFAF 75 per French franc from CFAF 50 at which it has been fixed since 1948.
7 New Zaires per million US dollars through 1990, per thousand US dollars for 1991-1992, and per US dollar thereafter.
8 Bipkwele per US dollar through 1984; CFA francs thereafter.
9 Gold córdoba per billion US dollars through 1987, per million US dollars for 1988, per thousand US dollars for 1989-1990 and per US dollar thereafter.
10 New soles per billion US dollars through 1987, per million US dollars for 1988-1989, and per thousand US dollars thereafter.
11 Zlotys per thousand US dollars through 1989, and per US dollar thereafter.

1 Taux principal.
2 Peso par millier de dollars des États-Unis jusqu'en 1988 et par dollar des États-Unis après cette date.
3 Le taux de change officiel est raccroché au taux de change du franc français. Le 12 janvier 1994, le franc CFA a été dévalué de 50 par franc français, valeur qu'il avait conservée depuis 1948, à 100 par franc français.
4 Bolivianos par million de dollars des États-Unis jusqu'en 1983, par millier de dollars des États-Unis en 1984, et par dollar des États-Unis après cette date.
5 Reais par trillion de dollars des États-Unis jusqu'en 1983, par millard de dollars des États-Unis jusqu'en 1988, par million de dollars des États-Unis jusqu'en 1990, par millier de dollars des États-Unis en 1991 et 1992 et par dollar des État-Unis après cette date.
6 Le taux de change officiel est raccroché au taux de change du franc français. Le 12 janvier 1994, le CFA a été dévalué de 50 par franc français, valeur qu'il avait conservée depuis 1948, à 75 par franc français.
7 Nouveaux zaïres par million de dollars des États-Unis jusqu'en 1990, par millier de dollars des États-Unis en 1991 et 1992, et par dollar des États-Unis après cette date.
8 Bipkwele par dollar des États-Unis jusqu'en 1984; le franc CFA après cette date.
9 Cordobas or par milliard de dollars des États-Unis jusqu'en 1987, par million de dollars en 1988, par millier de dollars des États-Unis en 1989-1990 et par dollar après cette date.
10 Nouveaux soles par milliard de dollars des États-Unis jusqu'en 1987, par million de dollars des États-Unis en 1988-1989 et par millier de dollars des États-Unis après cette date.
11 Zlotys par millier de dollars des État-Unis jusqu'en 1989, et par dollar des États-Unis après cette date.

85
Total external and public/publicly guaranteed long-term debt of developing countries
Total de la dette extérieure et dette publique extérieure à long terme garantie par l'Etat des pays en développement

Million US dollars
Millions de dollars E-U

A. Total external debt • Total de la dette extérieure

Country or area[1]	1988	1989	1990	1991	1992	1993	1994	1995	Pays ou zone[1]
Total long–term debt (LDOD)	1068547	1114861	1184455	1244401	1284250	1408266	1538260	1626376	**Total de la dette à long terme (LDOD)**
Public/publicly guaranteed	1012284	1065596	1123854	1170729	1192077	1291880	1393289	1448646	Dette publique ou garantie par l'Etat
Official creditors	486209	536152	596243	645397	669053	754603	828603	860932	Créanciers publics
Multilateral	172735	181770	209515	227565	234539	252855	279600	294914	Multilatéraux
IBRD	79886	80996	92333	97155	95301	100323	107893	111892	BIRD
IDA	36076	39263	45005	49660	53514	58221	66419	71549	IDA
Bilateral	313475	354382	386729	417832	434514	501748	549003	566018	Bilatéraux
Private creditors	526075	529443	527611	525332	523024	537277	564687	587714	Créanciers privés
Bonds	45848	51432	111947	121199	133118	172750	246628	267670	Obligations
Commercial banks	347905	344748	269327	260537	246448	221924	173399	178234	Banques commerciales
Other private	132321	133264	146336	143596	143458	142604	144661	141810	Autres institutions privées
Private non–guaranteed	56263	49266	60601	73672	92173	116386	144971	177731	**Dette privé non garantie**
Undisbursed debt	195852	197635	214843	233429	241103	249973	246933	239239	**Dette (montants non verses)**
Official creditors	143942	149208	162805	179313	185014	187882	194885	190056	Créanciers publics
Private creditors	51910	48427	52038	54116	56089	62092	52047	49183	Créanciers privés
Commitments	113804	106917	120386	128960	133391	139036	105856	132103	**Engagements**
Official creditors	52864	56125	62052	75301	68508	62028	58724	69862	Créanciers publics
Private creditors	60941	50792	58334	53659	64883	77008	47132	62242	Créanciers privés
Disbursements	118208	113651	126029	127096	151165	172559	171380	201236	**Versements**
Public/publicly guaranteed	111317	102471	108704	109525	117914	129157	122595	140009	Dette publique ou garantie par l'Etat
Official creditors	45478	44660	52084	54867	51930	54446	50497	65795	Créanciers publics
Multilateral	23232	22454	27672	28983	28004	31546	29204	32358	Multilatéraux
IBRD	11593	10565	13442	11926	10218	12884	11339	13139	BIRD
IDA	3836	3591	4378	4604	5143	4862	6065	5474	IDA
Bilateral	22246	22205	24412	25884	23926	22900	21293	33438	Bilatéraux
Private creditors	65839	57811	56620	54658	65984	74711	72098	74213	Créanciers privés
Bonds	8504	7408	6863	11106	12489	29192	22890	29746	Obligations
Commercial banks	33903	24548	17523	15188	19771	17589	22004	22869	Banques commerciales
Other private	23432	25855	32234	28363	33724	27930	27204	21599	Autres institutions privées
Private non–guaranteed	6890	11180	17325	17571	33251	43402	48785	61228	**Dette privé non garantie**
Principal repayments	77202	76950	82351	82604	91415	101999	113245	124216	**Remboursements du principal**
Public/publicly guaranteed	67401	66244	75086	73566	77856	77542	88321	96540	Dette publique ou garantie par l'Etat
Official creditors	22683	22623	24995	26568	28080	28754	37288	45387	Créanciers publics
Multilateral	11232	10592	12187	13941	15473	16192	18882	21307	Multilatéraux
IBRD	7849	7237	7941	8990	9886	9945	11335	11705	BIRD
IDA	171	207	248	305	343	394	455	542	IDA
Bilateral	11451	12031	12808	12627	12607	12562	18405	24080	Bilatéraux
Private creditors	44717	43621	50091	46998	49776	48788	51033	51152	Créanciers privés
Bonds	5946	3453	4832	2641	9946	11206	8364	11804	Obligations
Commercial banks	20650	22765	24278	19318	19596	18872	20086	19400	Banques commerciales
Other private	18121	17403	20981	25039	20234	18710	22584	19948	Autres institutions privées
Private non–guaranteed	9801	10705	7265	9038	13559	24458	24925	27676	**Dette privé non garantie**

85
Total external and public/publicly guaranteed long-term debt of developing countries
Million US dollars [cont.]
Total de la dette extérieure et dette publique extérieure à long terme garantie par l'Etat des pays en développement
Millions de dollars E-U [suite]

A. Total external debt · Total de la dette extérieure

Country or area	1988	1989	1990	1991	1992	1993	1994	1995	Pays ou zone
Net flows	41006	36701	43678	44492	59750	70560	58134	77021	**Apports nets**
Public/publicly guaranteed	43917	36226	33618	35959	40058	51615	34274	43469	**Dette publique ou garantie par l'Etat**
Official creditors	22795	22037	27089	28299	23850	25692	13209	20408	Créanciers publics
Multilateral	12000	11862	15486	15042	12531	15354	10322	11050	Multilatéraux
IBRD	3743	3328	5501	2937	332	2940	4	1434	BIRD
IDA	3665	3383	4130	4299	4801	4468	5611	4932	IDA
Bilateral	10795	10175	11604	13257	11319	10339	2888	9358	Bilatéraux
Private creditors	21122	14190	6529	7660	16208	25923	21065	23061	Créanciers privés
Bonds	2558	3955	2032	8465	2543	17986	14526	17942	Obligations
Commercial banks	13253	1782	−6756	−4129	174	−1282	1918	3469	Banques commerciales
Other private	5311	8452	11253	3324	13490	9219	4620	1650	Autres institutions privées
Private non-guaranteed	−2911	475	10060	8533	19692	18944	23860	33552	**Dette privé non garantie**
Interest payments (LINT)	61428	56779	56000	55952	54720	52785	59505	74501	**Paiements d'intérêts (LINT)**
Public/publicly guaranteed	55439	52028	51601	50963	49282	46528	51972	64044	**Dette publique ou garantie par l'Etat**
Official creditors	16881	17175	20068	21357	22280	23701	25878	30578	Créanciers publics
Multilateral	9753	9455	10919	12470	12580	13189	13472	14158	Multilatéraux
IBRD	6545	6067	6869	7701	7571	7822	7828	7986	BIRD
IDA	295	268	302	348	372	395	432	503	IDA
Bilateral	7128	7721	9150	8887	9700	10512	12406	16420	Bilatéraux
Private creditors	38558	34853	31533	29606	27002	22827	26094	33467	Créanciers privés
Bonds	2787	3183	4840	7994	7678	8521	11303	17136	Obligations
Commercial banks	28334	24420	19392	13856	13036	8697	8239	9421	Banques commerciales
Other private	7436	7250	7300	7756	6288	5609	6552	6909	Autres institutions privées
Private non-guaranteed	5990	4750	4399	4990	5437	6256	7534	10457	**Dette privé non garantie**
Net transfers	−20422	−20078	−12322	−11460	5030	17775	−1371	2520	**Transferts nets**
Public/publicly guaranteed	−11522	−15802	−17983	−15003	−9225	5087	−17698	−20575	**Dette publique ou garantie par l'Etat**
Official creditors	5914	4861	7021	6943	1570	1991	−12669	−10170	Créanciers publics
Multilateral	2247	2407	4567	2572	−49	2164	−3150	−3108	Multilatéraux
IBRD	−2802	−2739	−1368	−4764	−7239	−4883	−7825	−6552	BIRD
IDA	3371	3116	3828	3951	4429	4074	5178	4428	IDA
Bilateral	3667	2454	2454	4371	1619	−174	−9518	−7062	Bilatéraux
Private creditors	−17436	−20663	−25003	−21946	−10795	3096	−5029	−10405	Créanciers privés
Bonds	−230	772	−2809	471	−5135	9465	3223	806	Obligations
Commercial banks	−15081	−22637	−26148	−17985	−12862	−9979	−6320	−5952	Banques commerciales
Other private	−2125	1202	3953	−4432	7202	3611	−1932	−5259	Autres institutions privées
Private non-guaranteed	−8900	−4276	5660	3544	14255	12688	16327	23095	**Dette privé non garantie**
Total debt service (LTDS)	138630	133729	138351	138556	146135	154784	172751	198717	**Total du service de la dette (LTDS)**
Public/publicly guaranteed	122839	118273	126687	124529	127139	124070	140293	160584	**Dette publique ou garantie par l'Etat**
Official creditors	39564	39799	45063	47924	50360	52456	63166	75965	Créanciers publics
Multilateral	20985	20047	23105	26411	28053	29382	32354	35465	Multilatéraux
IBRD	14394	13304	14810	16690	17457	17767	19164	19691	BIRD
IDA	466	475	550	653	714	788	887	1045	IDA
Bilateral	18579	19752	21958	21514	22307	23074	30812	40500	Bilatéraux
Private creditors	83275	78474	81623	76604	76778	71615	77127	84619	Créanciers privés
Bonds	8734	6636	9672	10635	17624	19727	19666	28940	Obligations
Commercial banks	48985	47185	43670	33174	32633	27569	28325	28821	Banques commerciales
Other private	25557	24653	28281	32796	26522	24319	29136	26857	Autres institutions privées
Private non-guaranteed	15791	15456	11665	14028	18996	30714	32458	38133	**Dette privé non garantie**

85
Total external and public/publicly guaranteed long-term debt of developing countries
Million US dollars [cont.]
Total de la dette extérieure et dette publique extérieure à long terme garantie par l'Etat des pays en développement
Millions de dollars E-U [suite]

B. Public and publicly guaranteed long-term debt • Dette publique extérieure à long terme garantie par l'Etat

Country or area Pays ou zone	1986	1987	1988	1989	1990	1991	1992	1993	1994	1995
Albania Albanie	0.0	0.0	0.0	0.0	35.7	86.2	126.9	215.2	263.5	556.7
Algeria Algérie	19499.0	23095.0	24420.7	24628.7	26434.5	25981.4	25473.4	24860.9	28371.2	30441.9
Angola Angola	3400.0	5023.3	5901.2	6591.1	7483.2	7604.6	8014.8	8591.1	9133.1	9533.2
Argentina Argentine	40958.0	49221.1	47546.3	51832.3	46905.4	47574.0	47611.0	52033.9	55832.3	62181.2
Armenia Arménie	...	...	...	...	...	...	...	2.9	133.9	188.6	300.4
Azerbaijan Azerbaïdjan	...	...	...	...	...	...	...	...	35.5	103.2	206.1
Bangladesh Bangladesh	7621.2	9236.3	9803.9	10332.5	11975.6	12524.5	12932.0	13783.5	15355.8	15542.7
Barbados Barbade	426.5	447.9	529.0	480.0	504.1	482.8	400.6	348.0	370.6	369.6
Belarus Bélarus	...	...	...	...	...	...	188.7	865.1	1099.7	1255.0
Belize Belize	98.5	111.2	119.2	128.9	136.6	151.1	170.2	175.9	182.7	220.3
Benin Bénin	769.4	932.2	913.9	1126.9	1176.8	1284.1	1358.1	1400.6	1531.8	1514.0
Bhutan Bhoutan	21.0	40.2	67.1	71.8	80.3	84.8	82.7	83.3	86.7	86.6
Bolivia Bolivie	4070.2	4621.3	4139.2	3425.6	3687.1	3529.5	3669.4	3694.8	4116.7	4452.4
Bosnia & Herzegovina [2] Bosnie-Herzégovine [2]	...	...	...	...	...	...	...	...	424.2	452.2	472.4
Botswana Botswana	409.2	545.5	534.7	551.3	557.3	613.3	605.6	651.8	664.6	682.1
Brazil Brésil	80452.7	88025.2	91843.4	87885.4	87436.2	85312.8	90655.8	91901.2	95308.7	96608.5
Bulgaria Bulgarie	5806.0	7914.6	8314.9	9283.1	9834.1	10070.5	10191.7	10379.7	9644.0	9574.4
Burkina Faso Burkina Faso	576.7	744.1	767.4	648.2	749.9	882.6	978.9	1066.0	1039.5	1135.7
Burundi Burundi	524.2	711.7	755.6	832.3	851.4	901.2	947.0	997.9	1061.7	1094.9
Cambodia Cambodge	0.0	0.0	0.0	1548.6	1688.0	1688.6	1679.8	1685.4	1745.2	1942.0
Cameroon Cameroun	2831.1	3375.6	3428.8	4341.3	5368.4	5597.4	6202.2	6219.4	7229.8	8060.5
Cape Verde Cap-Vert	108.6	121.3	122.0	125.3	130.6	130.3	136.1	141.6	168.6	185.2
Central African Rep. Rép. centrafricaine	391.8	536.5	580.1	621.4	624.1	716.9	729.6	770.6	798.5	852.0
Chad Tchad	222.1	288.5	337.8	346.8	469.7	565.1	676.0	717.2	755.1	839.6
Chile Chili	14689.3	15541.8	13696.3	10865.6	10426.2	10070.5	9577.7	8867.6	8988.8	7178.3
China †† Chine ††	16571.4	25963.2	32620.3	37117.9	45515.2	49479.2	58462.6	70076.2	82391.3	94674.5
Colombia Colombie	12180.5	13827.8	13845.9	13989.0	14670.8	14468.7	13237.1	12843.9	13616.6	12982.6
Comoros Comores	158.9	188.2	187.7	161.0	172.6	166.1	174.9	169.2	175.5	186.7
Congo Congo	2797.8	3390.9	3485.1	3502.4	4206.1	4041.3	3875.6	4114.2	4774.0	4955.4
Costa Rica Costa Rica	3625.4	3708.5	3546.6	3545.2	3062.9	3297.0	3180.1	3135.0	3222.9	3132.2

85
Total external and public/publicly guaranteed long-term debt of developing countries
Million US dollars [cont.]
Total de la dette extérieure et dette publique extérieure à long terme garantie par l'Etat des pays en développement
Millions de dollars E-U [suite]

B. Public and publicly guaranteed long-term debt • Dette publique extérieure à long terme garantie par l'Etat

Country or area Pays ou zone	1986	1987	1988	1989	1990	1991	1992	1993	1994	1995
Côte d'Ivoire Côte d'Ivoire	7568.8	9283.2	8609.7	9067.9	10665.5	11264.6	11243.9	11110.6	11240.3	11899.4
Croatia Croatie	...	...	...	...	...	...	...	1510.7	1544.5	1693.0
Czech Republic République tchèque	2128.8	2638.9	2806.3	3224.2	3983.3	4972.9	4690.2	5887.6	7037.7	9609.9
Dem. Rep. of the Congo Rép. dém. du Congo	5917.4	7207.5	6941.3	7965.8	9006.0	9271.3	8947.8	8769.1	9280.5	9621.3
Djibouti Djibouti	119.2	154.4	158.3	131.4	156.2	171.0	176.8	192.7	206.9	218.0
Dominica Dominique	44.8	56.9	58.9	66.0	74.2	76.4	74.7	76.0	80.9	84.6
Dominican Republic Rép. dominicaine	2929.6	3220.3	3261.2	3319.7	3419.5	3756.7	3736.5	3794.0	3543.3	3550.4
Ecuador Equateur	8259.5	8991.2	9027.8	9427.1	9866.8	9950.9	9831.3	9974.4	10523.3	12031.5
Egypt Egypte	31640.2	36375.7	37771.2	36358.2	27349.0	28956.3	28256.6	28404.5	30538.0	31324.7
El Salvador El Salvador	1586.0	1675.3	1684.9	1825.7	1911.9	2056.9	2147.4	1897.0	1994.2	2055.4
Equatorial Guinea Guinée équatoriale	139.4	173.2	184.5	205.4	209.2	215.5	214.4	214.8	219.3	229.6
Estonia Estonie	...	...	...	...	...	...	33.8	84.9	108.6	181.7
Ethiopia Ethiopie	2239.8	2762.2	3084.9	3346.6	3656.9	4005.4	4167.3	4459.1	4753.6	4958.0
Fiji Fidji	311.7	336.4	335.6	301.6	306.0	270.6	226.9	199.6	182.2	169.9
Gabon Gabon	1430.9	2152.5	2300.7	2610.6	3151.1	3224.5	3048.8	2933.3	3509.4	4098.8
Gambia Gambie	212.1	265.4	276.9	289.2	308.6	322.4	346.2	349.6	366.3	383.7
Georgia Géorgie	...	...	...	...	...	...	79.3	558.8	884.7	987.8
Ghana Ghana	1754.6	2294.7	2255.3	2421.8	2774.9	3109.6	3309.9	3631.6	4147.7	4567.7
Grenada Grenade	51.6	65.3	69.3	71.1	89.9	99.7	94.1	92.5	100.1	98.4
Guatemala Guatemala	2293.8	2337.6	2139.3	2117.4	2241.3	2235.2	2099.3	2232.9	2461.1	2492.9
Guinea Guinée	1631.3	1894.1	2041.6	1967.8	2253.0	2399.2	2462.2	2659.2	2884.4	2974.7
Guinea-Bissau Guinée-Bissau	383.4	488.1	513.2	559.8	649.5	693.8	705.8	728.8	776.7	848.6
Guyana Guyana	867.6	967.8	994.7	1261.2	1757.3	1760.2	1673.1	1731.5	1787.0	1781.8
Haiti Haïti	575.7	673.5	685.1	688.0	750.6	620.7	638.0	648.0	634.9	751.8
Honduras Honduras	2379.8	2701.7	2757.6	2867.2	3425.7	3095.8	3231.8	3651.1	3899.5	3979.4
Hungary Hongrie	12383.8	15673.4	15612.2	16634.0	18006.4	18931.1	17843.3	19795.7	22156.9	23571.6
India Inde	37154.4	44354.2	50223.0	64938.7	71207.7	73449.8	77776.2	83531.9	86498.5	79724.8
Indonesia Indonésie	32620.7	40847.4	41183.3	44262.1	47981.8	51891.4	53665.6	57131.6	63891.4	65347.1
Iran, Islamic Rep. of Iran, Rép. islamique d'	2412.9	2280.0	2055.0	1861.6	1796.8	2064.5	1729.7	5758.6	15612.9	17078.0
Jamaica Jamaïque	3290.3	3750.2	3723.4	3743.4	3933.9	3709.2	3566.5	3458.7	3438.0	3408.9
Jordan Jordanie	4065.8	4916.9	5379.8	6260.5	7049.6	7461.1	6924.0	6662.5	6781.3	6903.9

85
Total external and public/publicly guaranteed long-term debt of developing countries
Million US dollars [cont.]
Total de la dette extérieure et dette publique extérieure à long terme garantie par l'Etat des pays en développement
Millions de dollars E-U [suite]

B. Public and publicly guaranteed long-term debt • Dette publique extérieure à long terme garantie par l'Etat

Country or area / Pays ou zone	1986	1987	1988	1989	1990	1991	1992	1993	1994	1995
Kazakhstan	...	...	...	...	...	...	25.7	1616.9	2107.3	2833.4
Kenya	3294.8	4169.3	4143.5	4166.4	4759.6	5266.9	5157.4	5252.3	5547.2	5926.7
Kyrgyzstan / Kirghizistan	...	...	...	...	...	...	0.5	234.0	359.2	474.3
Lao People's Dem. Rep. / Rép. dém. pop. lao	857.1	1151.6	1322.8	1463.2	1757.5	1849.6	1886.7	1948.2	2022.0	2091.3
Latvia / Lettonie	...	...	...	...	...	...	30.0	123.6	207.5	270.2
Lebanon / Liban	400.2	402.6	371.9	354.3	357.8	336.2	300.5	368.0	378.2	1550.5
Lesotho	190.5	252.4	276.0	315.6	376.9	424.3	462.6	489.4	553.7	611.0
Liberia / Libéria	987.7	1114.4	1076.8	1064.0	1115.9	1106.3	1081.2	1101.9	1137.0	1161.4
Lithuania / Lituanie	...	...	...	...	...	...	27.4	202.8	268.5	491.3
Madagascar	2625.7	3291.1	3319.9	3156.0	3353.0	3535.1	3488.8	3342.6	3547.9	3691.3
Malawi	947.6	1160.8	1201.8	1265.9	1399.3	1521.7	1554.7	1714.3	1883.0	1977.8
Malaysia / Malaisie	16276.6	17884.0	14632.0	12627.8	12684.1	13614.1	12377.0	13460.0	13650.1	15857.2
Maldives	58.7	61.8	59.4	54.4	64.0	78.0	90.5	109.3	122.5	151.9
Mali	1578.5	1906.1	1912.0	2057.5	2369.3	2476.6	2494.1	2515.2	2637.5	2839.6
Malta / Malte	95.2	95.5	84.9	78.5	124.6	146.4	129.4	127.9	157.6	152.5
Mauritania / Mauritanie	1584.2	1851.2	1831.1	1764.2	1826.3	1856.8	1863.0	1932.3	2086.4	2183.5
Mauritius / Maurice	450.8	587.2	663.2	653.8	772.4	829.7	763.8	749.2	873.3	1182.4
Mexico / Mexique	75828.3	84360.7	80601.3	76117.0	75973.8	77824.7	71105.4	74989.3	79283.6	94027.0
Mongolia / Mongolie	...	...	...	...	...	...	272.2	328.3	386.5	451.7
Morocco / Maroc	15521.5	18458.9	19245.5	20489.1	22231.2	19987.4	20301.0	19891.7	20806.4	21347.1
Mozambique	3169.6	3758.1	3758.3	3854.3	4229.8	4347.5	4711.4	4841.2	5238.7	5251.1
Myanmar	3628.9	4260.1	4237.7	4064.6	4466.1	4579.7	5003.0	5394.4	6153.8	5377.7
Nepal / Népal	709.7	936.3	1099.9	1294.8	1571.8	1707.4	1752.9	1933.9	2202.1	2327.5
Nicaragua	5806.7	6447.2	7019.9	7660.4	8244.9	8714.1	8937.2	8694.8	9012.7	7936.8
Niger	995.2	1244.1	1286.3	1113.3	1294.0	1209.0	1227.4	1275.2	1309.2	1375.7
Nigeria / Nigéria	17930.8	26902.0	27537.4	29251.2	31545.6	32325.0	26477.8	26420.6	28167.5	28700.7
Oman	2461.3	2442.6	2480.5	2620.4	2400.2	2473.5	2340.3	2314.7	2607.5	2563.3
Pakistan	11780.3	13448.5	13908.9	14506.8	16505.6	17736.6	18555.8	20392.7	22669.0	23711.1
Panama	3494.6	4026.5	4005.3	3935.3	3988.1	3918.3	3771.3	3799.3	3922.5	3904.9
Papua New Guinea / Papouasie–Nvl–Guinée	1233.1	1429.6	1252.9	1314.0	1504.8	1598.7	1551.4	1579.2	1636.0	1614.2
Paraguay	1825.7	2223.9	2093.0	2095.3	1713.5	1685.4	1365.2	1282.8	1359.0	1487.5
Peru / Pérou	10994.0	12629.4	12332.0	12611.2	13629.0	15438.8	15576.8	16382.5	17678.7	18928.8

85
Total external and public/publicly guaranteed long-term debt of developing countries
Million US dollars [cont.]
Total de la dette extérieure et dette publique extérieure à long terme garantie par l'Etat des pays en développement
Millions de dollars E-U [suite]

B. Public and publicly guaranteed long-term debt · Dette publique extérieure à long terme garantie par l'Etat

Country or area Pays ou zone	1986	1987	1988	1989	1990	1991	1992	1993	1994	1995
Philippines Philippines	19262.6	22893.2	22439.9	22401.0	24075.7	25056.9	25610.6	27473.9	30271.2	29907.6
Poland Pologne	31903.6	36038.3	33627.0	34519.3	39262.7	44866.7	42740.8	41296.5	39503.4	41073.4
Republic of Moldova République de Moldova	...	...	...	...	...	...	38.5	197.1	331.7	454.6
Romania Roumanie	5652.5	5342.7	2116.5	198.8	222.9	218.0	1286.6	2069.9	2920.4	3895.5
Russian Federation Fédération de Russie	23328.3	29735.6	30988.3	35742.1	48017.0	54972.5	64890.8	102157.9	107747.5	100279.2
Rwanda Rwanda	416.6	559.8	609.3	577.7	663.9	745.1	782.2	819.3	884.8	948.5
Saint Kitts and Nevis Saint-Kitts-et-Nevis	16.9	21.1	26.6	36.5	44.2	48.6	47.4	49.7	55.1	53.6
Saint Lucia Sainte-Lucie	28.4	41.9	52.8	61.6	72.6	76.1	89.8	96.2	103.3	111.0
St. Vincent-Grenadines St. Vincent-Grenadines	26.2	36.4	43.3	49.3	57.0	62.7	70.5	73.3	86.6	85.7
Samoa Samoa	64.6	71.4	71.1	71.9	91.0	113.4	117.8	140.4	154.2	159.6
Sao Tome and Principe Sao Tomé-et-Principe	76.8	91.2	100.9	114.9	135.6	180.4	195.6	210.4	230.9	260.8
Senegal Sénégal	2623.2	3321.8	3253.4	2659.4	2938.6	2862.7	2960.9	3009.1	3048.5	3191.4
Seychelles Seychelles	108.1	138.7	131.3	130.7	149.0	151.0	146.5	137.9	146.8	151.1
Sierra Leone Sierra Leone	493.0	577.2	567.9	573.1	652.1	703.8	745.0	819.9	888.4	968.0
Slovakia Slovaquie	776.1	998.5	1147.0	1222.1	1505.2	1764.4	1809.9	2058.7	2908.7	3570.4
Slovenia Slovénie	...	...	...	...	...	...	...	1255.6	1357.6	1490.7
Solomon Islands Iles Salomon	70.4	93.9	100.4	98.5	103.2	98.4	92.5	94.3	98.4	99.0
Somalia Somalie	1554.3	1743.3	1779.2	1813.4	1925.9	1945.2	1897.8	1897.0	1934.8	1960.8
Sri Lanka Sri Lanka	3455.4	4084.5	4153.7	4283.0	4947.1	5670.9	5643.2	5981.8	6652.6	7009.5
Sudan Soudan	7121.5	8043.2	8002.8	8468.9	9155.2	9220.1	8983.6	8993.8	9399.5	9779.1
Swaziland Swaziland	250.1	283.7	254.4	247.5	257.1	256.2	231.3	216.1	227.7	236.8
Syrian Arab Republic Rép. arabe syrienne	11387.6	14347.2	15094.8	15693.4	14917.0	16353.2	15913.1	16235.0	16540.2	16756.8
TFYR Macedonia L'ex-R.y. Macédoine	...	...	...	...	...	...	...	634.6	639.6	772.8
Tajikistan Tadjikistan	...	...	...	...	...	...	9.7	382.1	570.3	612.4
Thailand Thaïlande	11487.9	13831.8	13239.0	12471.5	12453.8	13242.1	13310.3	14726.4	17120.0	17230.9
Togo Togo	890.3	1052.4	1062.7	945.1	1086.2	1142.4	1134.1	1125.4	1230.9	1296.7
Tonga Tonga	28.4	35.6	37.0	38.1	44.5	44.2	42.6	43.7	63.4	68.7
Trinidad and Tobago Trinité-et-Tobago	1605.7	1679.9	1856.9	1806.0	1781.6	1749.8	1710.0	1698.2	1687.0	1758.9
Tunisia Tunisie	5281.6	6065.8	5953.0	6102.9	6662.2	7108.7	7200.9	7404.7	8008.3	8814.0
Turkey Turquie	24912.8	31541.0	33563.1	34859.3	38683.9	39702.6	40360.2	44259.0	48578.7	50128.2
Turkmenistan Turkménistan	...	...	...	...	...	...	...	276.4	342.3	374.7
Uganda Ouganda	1103.7	1588.0	1592.7	1846.6	2160.9	2283.3	2433.2	2599.2	2867.0	3053.7

85
Total external and public/publicly guaranteed long-term debt of developing countries
Million US dollars [cont.]

Total de la dette extérieure et dette publique extérieure à long terme garantie par l'Etat des pays en développement
Millions de dollars E-U [suite]

B. Public and publicly guaranteed long-term debt · Dette publique extérieure à long terme garantie par l'Etat

Country or area Pays ou zone	1986	1987	1988	1989	1990	1991	1992	1993	1994	1995
Ukraine Ukraine	...	...	...	...	...	...	453.6	3540.1	4612.0	6584.9
United Rep.Tanzania Rép. Unie de Tanzanie	4122.7	4809.6	5107.0	5148.5	5613.3	5634.6	5660.5	5659.3	5964.8	6085.5
Uruguay Uruguay	2895.3	3126.4	2950.5	3007.9	3045.1	2897.3	3137.7	3366.9	3744.8	3822.9
Uzbekistan Ouzbékistan	...	...	...	...	...	...	59.7	939.5	902.8	1260.1
Vanuatu Vanuatu	8.2	13.6	15.3	20.8	30.6	38.1	39.6	39.4	41.5	43.2
Venezuela Venezuela	25329.1	25008.5	25181.0	25166.2	24508.6	24938.6	25829.5	26855.3	28041.9	28494.4
Viet Nam Viet Nam	0.0	0.0	0.0	18460.6	20775.4	20812.6	21523.6	22342.1	22703.8	22961.9
Yemen Yémen	3439.1	4058.8	4393.8	4643.3	5153.9	5255.5	5253.4	5341.1	5459.7	5528.3
Yugoslavia, SFR † Yougoslavie, Rfs †	12236.1	14273.0	14053.1	14109.5	12986.4	11640.5	11116.9	8231.4	8510.9	8724.8
Zambia Zambie	3835.5	4490.6	4459.7	4252.3	4880.1	5046.2	4784.5	4708.4	4897.1	5077.5
Zimbabwe Zimbabwe	2046.6	2375.7	2227.6	2275.5	2464.3	2611.6	2787.9	3022.6	3296.2	3360.0

Source:
Global Development Finance (formerly World Debt Tables) 1997 (volumes 1 and 2), The World Bank (Washington, DC).

† For information on recent changes in country or area nomenclature pertaining to former Czechoslovakia, Germany, Hong Kong Special Administrative Region (SAR) of China, SFR Yugoslavia and former USSR, see Annex I – Country or area nomenclature, regional and other groupings.

†† For statistical purposes, the data for China do not include those for the Hong Kong Special Administrative Region (Hong Kong SAR) and Taiwan province of China.

1 The following abbreviations have been used in the table:
LDOD: Long-term debt outstanding and disbursed
IBRD: International Bank for Reconstruction and Development
IDA: International Development Association
LINT: Loan interest
LTDS: Long-term debt service
2 Include IBRD only.

Source:
"Global Development Finance (l'anciennement World Debt Tables 1997 (volumes 1 and 2)", La Banque mondiale (Washington, DC).

† Pour les modifications récentes de nomenclature de pays ou de zone concernant l'Allemagne, Hong–Kong (Région administrative spéciale de Chine), l'ex–Tchécoslovaquie, l'ex–URSS et l'ex–Rfs de Yougoslavie, voir annexe I – Nomenclature des pays ou des zones, groupements régionaux et autres groupements.

†† Les données statistiques relatives à la Chine ne comprennent pas celles qui concernent la région administrative spéciale de Hong–Kong (la RAS de Hong–Kong) et la province chinoise de Taiwan.

1 Les abbréviations ci–après ont été utilisées dans le tableau:
LDOD : Dette à long terme
BIRD : Banque internationale pour la réconstruction et le développement
IDA : Association internationale de développement
LINT : Paiement des intérêts
LTDS : Service de la dette
2 Y compris BIRD seulement.

Technical notes, tables 84 and 85

Table 84: Foreign exchange rates are shown in units of national currency per US dollar. The exchange rates are classified into three broad categories, reflecting both the role of the authorities in the determination of the exchange and/or the multiciplicity of exchange rates in a country. The *market rate* is used to describe exchange rates determined largely by market forces; the *official rate* is an exchange rate determined by the authorities, sometimes in a flexible manner. For countries maintaining multiple exchange arrangements, the rates are labeled *principal rate*, *secondary rate*, and *tertiary rate*. Unless otherwise stated, the table refers to end of period and period averages of market exchange rates or official exchange rates. For further information see *International Financial Statistics*.[13]

Table 85: Data are extracted from *Global Development Finance 1997*, published by the World Bank.[30]

Long term external debt is defined as debt that has an original or extended maturity of more than one year and is owed to non-residents and repayable in foreign currency, goods, or services. A distinction is made between:

— Public debt which is an external obligation of a public debtor, which could be a national government, a political sub-division, an agency of either of the above or, in fact, any autonomous public body;

— Publicly guaranteed debt, which is an external obligation of a private debtor that is guaranteed for repayment by a public entity;

— Private non-guaranteed external debt, which is an external obligation of a private debtor that is not guaranteed for repayment by a public entity.

The data referring to public and publicly guaranteed debt do not include data for (a) transactions with International Monetary Fund, (b) debt repayable in local currency, (c) direct investment and (d) short-term debt (that is, debt with an original maturity of less than a year).

The data referring to private non-guaranteed debt also exclude the above items but include contractual obligations on loans to direct-investment enterprises by foreign parent companies or their affiliates.

Data are aggregated by type of creditor. The breakdown is as follows:

Official creditors:

(a) Loans from international organizations (multilateral loans), excluding loans from funds administered by an international organization on behalf of a single donor government. The latter are classified as loans from governments;

Notes techniques, tableaux 84 et 85

Tableau 84 : Les taux des changes sont exprimés par nombre d'unités de monnaie nationale pour un dollar des Etats-Unis. Les taux de change sont classés en trois catégories, qui dénotent le rôle des autorités dans l'établissement des taux de change et/ou la multiplicité des taux de change dans un pays. Par *taux du marché*, on entend les taux de change déterminés essentiellement par les forces du marché; le *taux officiel* est un taux de change établi par les autorités, parfois selon des dispositions souples. Pour les pays qui continuent de mettre en oeuvre des régimes de taux de change multiples, les taux sont désignés par les appellations suivantes : "taux principal", "taux secondaire" et "taux tertiaire". Sauf indication contraire, le tableau indique des taux de fin de période et les moyennes sur la période, des taux de change du marché ou des taux de change officiels. Pour plus de renseignements, voir *Satistiques financières internationales* [13].

Tableau 85 : les données sont extraites de "*Global Development Finance 1997*", publiés par la Banque mondiale [30].

La dette extérieure à long terme désigne la dette dont l'échéance initiale ou reportée est de plus d'un an, due à des non-résidents et remboursable en devises, biens ou services. On établit les distinctions suivantes :

— La dette publique, qui est une obligation extérieure d'un débiteur public, pouvant être un gouvernement, un organe politique, une institution de l'un ou l'autre ou, en fait, tout organisme public autonome.

— La dette garantie par l'Etat, qui est une obligation extérieure d'un débiteur privé, dont le remboursement est garanti par un organisme public.

— La dette extérieure privée non garantie, qui est une obligation extérieure d'un débiteur privé, dont le remboursement n'est pas garanti par un organisme public.

Les statistiques relatives à la dette publique ou à la dette garantie par l'Etat ne comprennent pas les données concernant : (a) les transactions avec le Fonds monétaire international; (b) la dette remboursable en monnaie nationale; (c) les investissements directs; et (d) la dette à court terme (c'est-à-dire la dette dont l'échéance initiale est inférieure à un an).

Les statistiques relatives à la dette privée non garantie ne comprennent pas non plus les éléments précités, mais comprennent les obligations contractuelles au titre des prêts consentis par des sociétés mères étrangères ou leurs filiales à des entreprises créées dans le cadre d'investissements directs.

Les données sont groupées par type de créancier, comme suit :

(b) Loans from governments (bilateral loans) and from autonomous public bodies;

Private creditors:

(a) Suppliers: Credits from manufacturers, exporters, or other suppliers of goods;

(b) Financial markets: Loans from private banks and other private financial institutions as well as publicly issued and privately placed bonds;

(c) Other: External liabilities on account of nationalized properties and unclassified debts to private creditors.

A distinction is made between the following categories of external public debt:

— Debt outstanding (including undisbursed) is the sum of disbursed and undisbursed debt and represents the total outstanding external obligations of the borrower at year-end;

— Debt outstanding (disbursed only) is total outstanding debt drawn by the borrower at year end;

— Commitments are the total of loans for which contracts are signed in the year specified;

— Disbursements are drawings on outstanding loan commitments during the year specified;

— Service payments are actual repayments of principal amortization and interest payments made in foreign currencies, goods or services in the year specified;

— Net flows (or net lending) are disbursements minus principal repayments;

— Net transfers are net flows minus interest payments or disbursements minus total debt-service payments.

The countries included in the table are those for which data are sufficiently reliable to provide a meaningful presentation of debt outstanding and future service payments.

Créanciers publics :

(a)   Les prêts obtenus auprès d'organisations internationales (prêts multilatéraux), à l'exclusion des prêts au titre de fonds administrés par une organisation internationale pour le compte d'un gouvernement donateur précis, qui sont classés comme prêts consentis par des gouvernements.

(b)   Les prêts consentis par des gouvernements (prêts bilatéraux) et par des organisations publiques autonomes.

Créanciers privés :

(a)   Fournisseurs : Crédits consentis par des fabricants exportateurs et autre fournisseurs de biens;

(b)   Marchés financiers : prêts consentis par des banques privées et autres institutions financières privées, et émissions publiques d'obligations placées auprès d'investisseurs privés;

(c)   Autres créanciers : engagements vis-à-vis de l'extérieur au titre des biens nationalisés et dettes diverses à l'égard de créanciers privés.

On fait une distinction entre les catégories suivantes de dette publique extérieure :

— L'encours de la dette (y compris les fonds non décaissés) est la somme des fonds décaissés et non décaissés et représente le total des obligations extérieures en cours de l'emprunteur à la fin de l'année;

— L'encours de la dette (fonds décaissés seulement) est le montant total des tirages effectués par l'emprunteur sur sa dette en cours à la fin de l'année;

— Les engagements représentent le total des prêts dont les contrats ont été signés au cours de l'année considérée;

— Les décaissements sont les sommes tirées sur l'encours des prêts pendant l'année considérée;

— Les paiements au titre du service de la dette sont les remboursements effectifs du principal et les paiements d'intérêts effectués en devises, biens ou services pendant l'année considérée;

— Les flux nets (ou prêts nets) sont les décaissements moins les remboursements de principal;

— Les transferts nets désignent les flux nets moins les paiements d'intérêts, ou les décaissements moins le total des paiements au titre du service de la dette.

Les pays figurant sur ce tableau sont ceux pour lesquels les données sont suffisamment fiables pour permettre une présentation significative de l'encours de la dette et des paiements futurs au titre du service de la dette.

86
Disbursements to individual recipients of bilateral and multilateral official development assistance
Paiements aux destinataires d'aide publique au développement, bilatérale et multilatérale

Region, country or area Région, pays ou zone	Year Année	Bilateral Bilatérale (millions)	Multilateral[1] Multilatérale[1] (millions)	Total (millions)	Per capita[2] Par habitant[2]
Total	**1993**	**44573.0**	**27641.4**	**72214.4**	...
Total	1994	46663.5	27184.1	73847.6	...
	1995	47553.6	27637.1	75190.7	...
Africa	**1993**	**13569.7**	**8496.5**	**22066.2**	**35.1**
Afrique	1994	14538.5	9075.4	23613.9	36.6
	1995	13204.7	8350.7	21555.4	32.6
Algeria	1993	265.1	205.5	470.6	17.6
Algérie	1994	373.5	215.9	589.4	21.5
	1995	289.8	401.9	691.7	24.6
Angola	1993	155.5	139.8	295.3	29.1
Angola	1994	225.9	227.0	452.9	43.3
	1995	247.7	176.7	424.4	39.2
Benin	1993	147.7	140.2	287.9	56.3
Bénin	1994	142.0	110.5	252.5	48.0
	1995	177.2	96.9	274.1	50.7
Botswana	1993	80.1	35.3	115.4	83.6
Botswana	1994	56.7	−1.7	55.0	38.8
	1995	54.3	−1.9	52.4	36.1
Burkina Faso	1993	254.7	210.6	465.3	47.0
Burkina Faso	1994	264.6	167.1	431.7	42.4
	1995	251.2	227.3	478.5	45.7
Burundi	1993	125.7	92.2	217.9	37.5
Burundi	1994	108.5	203.4	311.9	52.6
	1995	107.4	181.4	288.8	47.6
Cameroon	1993	528.0	−13.0	515.0	41.3
Cameroun	1994	397.0	284.4	681.4	53.1
	1995	345.3	−9.1	336.2	25.5
Cape Verde	1993	83.0	34.7	117.7	320.7
Cap−Vert	1994	81.7	38.3	120.0	318.3
	1995	71.5	39.6	111.1	287.8
Central African Republic	1993	116.8	56.5	173.3	55.3
Rép. centrafricaine	1994	94.2	71.8	166.0	51.8
	1995	122.4	44.8	167.2	51.1
Chad	1993	145.7	79.2	224.9	37.5
Tchad	1994	103.5	110.2	213.7	34.7
	1995	126.8	111.8	238.6	37.7
Comoros	1993	28.8	21.2	50.0	87.0
Comores	1994	17.8	22.2	40.0	67.5
	1995	21.5	21.8	43.3	70.8
Congo	1993	116.3	4.2	120.5	49.3
Congo	1994	252.9	147.8	400.7	159.1
	1995	105.0	2.5	107.5	41.5
Côte d'Ivoire	1993	708.5	−22.7	685.8	53.0
Côte d'Ivoire	1994	820.2	653.5	1473.7	110.6
	1995	726.5	426.7	1153.2	84.2
Dem. Rep. of the Congo	1993	99.1	77.7	176.8	4.2
Rép. dém. du Congo	1994	97.3	146.7	244.0	5.6
	1995	117.1	76.8	193.9	4.3
Djibouti	1993	94.0	30.2	124.2	217.9
Djibouti	1994	94.0	23.3	117.3	200.5
	1995	79.6	23.5	103.1	171.5
Egypt	1993	1823.8	346.0	2169.8	36.3
Egypte	1994	2310.7	335.2	2645.9	43.4
	1995	1689.4	78.2	1767.6	28.5
Equatorial Guinea	1993	27.7	25.3	53.0	139.8
Guinée équatoriale	1994	16.5	13.8	30.3	77.9
	1995	21.6	12.2	33.8	84.5
Eritrea	1993	48.1	19.3	67.4	22.3
Erythrée	1994	95.7	50.4	146.1	47.4
	1995	94.5	50.2	144.7	45.6

86
Disbursements to individual recipients of bilateral and multilateral official development assistance [cont.]
Paiements aux destinataires d'aide publique au développement, bilatérale et multilatérale [suite]

Region, country or area Région, pays ou zone	Year Année	Bilateral Bilatérale (millions)	Multilateral[1] Multilatérale[1] (millions)	Total (millions)	Per capita[2] Par habitant[2]
Ethiopia	1993	417.1	684.0	1101.1	...
Ethiopie	1994	566.9	511.3	1078.2	...
	1995	525.2	379.4	904.6	...
Gabon	1993	97.5	15.4	112.9	110.9
Gabon	1994	161.2	106.6	267.8	256
	1995	135.6	46.2	181.8	169
Gambia	1993	49.9	37.0	86.9	83.6
Gambie	1994	38.2	33.4	71.6	66.5
	1995	25.1	22.2	47.3	42.6
Ghana	1993	312.4	390.3	702.7	42.9
Ghana	1994	331.8	203.1	534.9	31.7
	1995	358.5	124.7	483.2	27.9
Guinea	1993	184.6	259.7	444.3	65.7
Guinée	1994	186.3	205.1	391.4	55.2
	1995	219.8	209.3	429.1	58.4
Guinea–Bissau	1993	58.3	38.0	96.3	93.9
Guinée–Bissau	1994	125.4	51.6	177.0	169.1
	1995	79.1	36.2	115.3	107.9
Kenya	1993	426.5	376.1	802.6	31.2
Kenya	1994	400.5	175.6	576.1	21.8
	1995	458.7	185.9	644.6	23.7
Lesotho	1993	73.8	90.8	164.6	85.4
Lesotho	1994	45.5	87.9	133.4	67.5
	1995	61.6	62.3	123.9	61.1
Liberia	1993	24.6	97.5	122.1	55.1
Libéria	1994	35.5	27.7	63.2	29.8
	1995	31.1	91.7	122.8	57.8
Libyan Arab Jamahiriya	1993	2.0	4.0	6.0	1.2
Jamah. arabe libyenne	1994	1.8	5.1	6.9	1.3
	1995	3.2	5.2	8.4	1.6
Madagascar	1993	227.8	132.3	360.1	25.8
Madagascar	1994	189.9	92.4	282.3	19.6
	1995	194.9	103.8	298.7	20.1
Malawi	1993	158.6	325.0	483.6	50.5
Malawi	1994	251.1	207.9	459.0	47.9
	1995	220.5	196.5	417.0	43.1
Mali	1993	221.0	165.0	386.0	38.1
Mali	1994	243.0	212.7	455.7	43.6
	1995	284.5	314.4	598.9	55.5
Mauritania	1993	196.0	132.7	328.7	152.1
Mauritanie	1994	128.1	138.9	267.0	120.4
	1995	126.3	118.5	244.8	107.7
Mauritius	1993	26.8	−12.4	14.4	13.2
Maurice	1994	7.7	−9.3	−1.6	−1.4
	1995	9.7	−4.1	5.6	5.0
Mayotte	1993	82.1	1.2	83.3	...
Mayotte	1994	96.4	8.3	104.7	...
	1995	106.2	1.5	107.7	...
Morocco	1993	422.0	505.8	927.8	36.3
Maroc	1994	317.9	387.4	705.3	27.1
	1995	347.4	216.7	564.1	21.3
Mozambique	1993	817.3	369.0	1186.3	74.4
Mozambique	1994	733.4	487.7	1221.1	73.4
	1995	701.5	397.5	1099.0	63.7
Namibia	1993	122.8	31.9	154.7	105.9
Namibie	1994	112.5	31.9	144.4	96.3
	1995	144.1	45.0	189.1	123.1
Niger	1993	254.0	77.6	331.6	38.8
Niger	1994	261.5	108.0	369.5	41.8
	1995	189.6	79.0	268.6	29.4
Nigeria	1993	71.0	407.9	478.9	4.5
Nigéria	1994	47.3	232.7	280.0	2.6
	1995	72.4	−31.9	40.5	0.4

86
Disbursements to individual recipients of bilateral and multilateral official development assistance [cont.]
Paiements aux destinataires d'aide publique au développement, bilatérale et multilatérale [suite]

Region, country or area Région, pays ou zone	Year Année	Bilateral Bilatérale (millions)	Multilateral[1] Multilatérale[1] (millions)	Total (millions)	Per capita[2] Par habitant[2]
Rwanda	1993	201.3	154.5	355.8	62.7
Rwanda	1994	487.4	226.3	713.7	134.8
	1995	338.1	373.4	711.5	137.2
Saint Helena	1993	14.1	0.6	14.7	2450.0
Sainte-Hélène	1994	13.1	1.0	14.1	2350.0
	1995	12.4	0.2	12.6	2100.0
Sao Tome & Principe	1993	28.8	18.6	47.4	373.2
Sao Tomé-et-Principe	1994	27.1	23.3	50.4	387.7
	1995	55.9	22.8	78.7	591.7
Senegal	1993	363.8	182.0	545.8	69.1
Sénégal	1994	475.1	177.8	652.9	80.6
	1995	397.0	233.4	630.4	75.8
Seychelles	1993	6.8	15.9	22.7	315.3
Seychelles	1994	7.3	10.1	17.4	238.4
	1995	11.0	6.2	17.2	235.6
Sierra Leone	1993	105.7	105.5	211.2	51.7
Sierra Leone	1994	53.8	222.3	276.1	66.9
	1995	59.6	143.1	202.7	48.3
Somalia	1993	687.9	193.2	881.1	97.5
Somalie	1994	437.6	99.9	537.5	58.2
	1995	119.2	72.1	191.3	20.2
South Africa	1993	183.3	92.0	275.3	6.9
Afrique du Sud	1994	214.4	80.2	294.6	7.3
	1995	318.4	67.5	385.9	9.3
Sudan	1993	164.1	293.0	457.1	17.8
Soudan	1994	174.5	240.3	414.8	15.9
	1995	130.1	123.2	253.3	9.5
Swaziland	1993	33.4	17.8	51.2	63.2
Swaziland	1994	27.5	18.6	46.1	55.3
	1995	37.7	17.3	55.0	64.2
Togo	1993	77.2	18.9	96.1	24.9
Togo	1994	63.5	59.9	123.4	31.1
	1995	114.9	74.2	189.1	46.3
Tunisia	1993	126.8	425.6	552.4	63.8
Tunisie	1994	72.7	222.0	294.7	33.4
	1995	51.4	120.9	172.3	19.2
Uganda	1993	347.8	243.3	591.1	32.1
Ouganda	1994	344.5	383.8	728.3	38.2
	1995	422.1	390.5	812.6	41.3
Tanzania	1993	650.1	266.0	916.1	32.4
Rép. Unie de Tanzanie	1994	570.3	355.8	926.1	31.7
	1995	586.6	268.1	854.7	28.5
Zambia	1993	510.6	303.3	813.9	105.4
Zambie	1994	434.0	210.4	644.4	81.6
	1995	439.4	1524.7	1964.1	243.1
Zimbabwe	1993	310.1	351.3	661.4	62.0
Zimbabwe	1994	280.3	235.2	515.5	47.1
	1995	347.7	94.9	442.6	39.6
Other and unallocated	1993	663.2	204.0	867.2	...
Autres et non-ventilés	1994	1020.8	382.7	1403.5	...
	1995	819.4	256.9	1076.3	...
Americas	**1993**	**4271.1**	**4195.6**	**8466.7**	**18.5**
Amériques	**1994**	**4549.2**	**3319.8**	**7869.0**	**17.0**
	1995	**4748.4**	**4059.5**	**8807.9**	**18.7**
Anguilla	1993	3.6	1.2	4.8	600.0
Anguilla	1994	5.2	1.1	6.3	787.5
	1995	2.5	1.0	3.5	437.5
Antigua and Barbuda	1993	2.4	0.7	3.1	47.7
Antigua-et-Barbuda	1994	1.6	2.4	4.0	61.5
	1995	0.8	0.7	1.5	22.7
Argentina	1993	229.2	2297.9	2527.1	74.6
Argentine	1994	145.1	971.5	1116.6	32.5
	1995	110.0	1889.7	1999.7	57.5

86
Disbursements to individual recipients of bilateral and multilateral official development assistance [*cont.*]
Paiements aux destinataires d'aide publique au développement, bilatérale et multilatérale [*suite*]

Region, country or area Région, pays ou zone	Year Année	Bilateral Bilatérale (millions)	Multilateral[1] Multilatérale[1] (millions)	Total (millions)	Per capita[2] Par habitant[2]
Aruba	1993	23.0	2.3	25.3	366.7
Aruba	1994	15.9	4.2	20.1	291.3
	1995	18.0	8.0	26.0	371.4
Bahamas	1993	0.4	14.5	14.9	55.4
Bahamas	1994	0.2	11.9	12.1	44.2
	1995	1.3	9.5	10.8	38.7
Barbados	1993	0.4	−3.1	−2.7	−10.4
Barbade	1994	0.1	−4.5	−4.4	−16.9
	1995	0.1	11.7	11.8	45.2
Belize	1993	15.2	15.7	30.9	152.2
Belize	1994	15.2	30.2	45.4	218.3
	1995	8.8	14.6	23.4	109.9
Bermuda	1993	−4.8	0.0	−4.8	−76.2
Bermudes	1994	−12.5	...	−12.5	−198.4
	1995	−2.1	...	−2.1	−33.3
Bolivia	1993	431.4	204.2	635.6	90.0
Bolivie	1994	385.3	273.4	658.7	91.0
	1995	475.3	238.4	713.7	96.3
Brazil	1993	148.6	−566.2	−417.6	−2.7
Brésil	1994	202.1	−246.3	−44.2	−0.3
	1995	203.3	−19.0	184.3	1.2
British Virgin Islands	1993	2.2	2.0	4.2	233.3
Iles Vierges britanniques	1994	10.8	−0.4	10.4	577.8
	1995	0.3	2.3	2.6	136.8
Cayman Islands	1993	−1.1	0.8	−0.3	−10.3
Iles Caïmanes	1994	−1.2	−2.7	−3.9	−130.0
	1995	−0.6	−0.2	−0.8	−25.8
Chile	1993	159.1	−42.1	117.0	8.5
Chili	1994	132.1	44.9	177.0	12.6
	1995	142.0	−1660.4	−1518.4	−106.9
Colombia	1993	84.9	−257.2	−172.3	−5.0
Colombie	1994	66.0	−315.5	−249.5	−7.1
	1995	159.9	−129.3	30.6	0.9
Costa Rica	1993	92.9	38.9	131.8	40.3
Costa Rica	1994	71.2	72.6	143.8	43.0
	1995	16.6	90.6	107.2	31.3
Cuba	1993	14.4	29.5	43.9	4.0
Cuba	1994	18.7	28.8	47.5	4.4
	1995	33.6	30.9	64.5	5.9
Dominica	1993	6.2	2.6	8.8	123.9
Dominique	1994	9.3	7.2	16.5	232.4
	1995	9.5	15.0	24.5	345.1
Dominican Republic	1993	−23.0	52.0	29.0	3.8
Rép. dominicaine	1994	35.8	88.5	124.3	16.2
	1995	81.2	150.6	231.8	29.6
Ecuador	1993	168.4	76.6	245.0	22.3
Equateur	1994	173.0	179.0	352.0	31.4
	1995	158.4	402.5	560.9	48.9
El Salvador	1993	279.1	184.9	464.0	86.0
El Salvador	1994	237.0	172.6	409.6	74.1
	1995	243.7	147.9	391.6	69.2
Falkland Islands	1993	0.4	5.9	6.3	3150
Iles Falkland	1994	0.0	0.1	0.1	50.0
	1995	0.1	1.6	1.7	850.0
Grenada	1993	3.9	4.2	8.1	88.0
Grenade	1994	5.9	10.2	16.1	175.0
	1995	5.6	2.7	8.3	90.2
Guatemala	1993	179.7	76.5	256.2	25.5
Guatemala	1994	157.3	122.7	280.0	27.1
	1995	161.3	39.0	200.3	18.9
Guyana	1993	27.3	67.4	94.7	116.5
Guyana	1994	28.1	43.3	71.4	87.0
	1995	23.2	49.3	72.5	87.3

86
Disbursements to individual recipients of bilateral and multilateral official development assistance [cont.]
Paiements aux destinataires d'aide publique au développement, bilatérale et multilatérale [suite]

Region, country or area / Région, pays ou zone	Year / Année	Bilateral Bilatérale (millions)	Multilateral[1] Multilatérale[1] (millions)	Total (millions)	Per capita[2] Par habitant[2]
Haiti / Haïti	1993	96.6	27.1	123.7	18.0
	1994	597.1	4.2	601.3	86.0
	1995	509.6	221.0	730.6	102.6
Honduras	1993	201.6	168.0	369.6	69.3
	1994	178.2	143.1	321.3	58.5
	1995	232.9	156.2	389.1	68.8
Jamaica / Jamaïque	1993	98.1	62.1	160.2	66.1
	1994	74.3	8.8	83.1	34.0
	1995	67.5	28.6	96.1	38.9
Mexico / Mexique	1993	396.9	313.3	710.2	8.1
	1994	396.8	335.6	732.4	8.2
	1995	365.0	1165.7	1530.7	16.8
Montserrat	1993	5.8	6.0	11.8	1072.7
	1994	11.3	0.7	12.0	1090.9
	1995	9.1	0.7	9.8	890.9
Netherlands Antilles / Antilles néerlandaises	1993	77.7	0.8	78.5	411.0
	1994	30.2	6.6	36.8	190.7
	1995	94.0	3.6	97.6	503.1
Nicaragua	1993	275.0	50.7	325.7	83.7
	1994	417.6	200.1	617.7	154.2
	1995	490.6	179.5	670.1	162.5
Panama	1993	74.0	−60.0	14.0	5.5
	1994	31.2	−43.3	−12.1	−4.7
	1995	33.4	92.1	125.5	47.7
Paraguay	1993	93.9	15.0	108.9	23.8
	1994	84.5	29.5	114.0	24.2
	1995	105.8	74.6	180.4	37.4
Peru / Pérou	1993	513.5	680.0	1193.5	52.5
	1994	293.8	451.3	745.1	32.2
	1995	319.0	505.9	824.9	35.1
Saint Kitts and Nevis / Saint-Kitts-et-Nevis	1993	1.5	9.4	10.9	259.5
	1994	4.0	0.7	4.7	114.6
	1995	1.7	2.2	3.9	95.1
Saint Lucia / Sainte-Lucie	1993	18.7	10.7	29.4	211.5
	1994	20.8	6.0	26.8	190.1
	1995	12.7	38.8	51.5	362.7
St. Vincent & Grenadines / St. Vincent-et-Grenadines	1993	7.0	4.8	11.8	1966.7
	1994	6.6	−0.1	6.5	1083.3
	1995	6.3	41.2	47.5	7916.7
Suriname	1993	74.8	5.7	80.5	193.5
	1994	57.5	3.3	60.8	144.1
	1995	70.3	6.1	76.4	178.9
Trinidad and Tobago / Trinité-et-Tobago	1993	−1.6	67.9	66.3	52.3
	1994	−0.9	115.8	114.9	90.0
	1995	−1.8	125.9	124.1	96.4
Turks & Caicos Islands / Iles Turques et Caiques	1993	10.1	1.0	11.1	853.8
	1994	15.0	0.4	15.4	1100.0
	1995	5.5	0.2	5.7	407.1
Uruguay	1993	108.1	132.6	240.7	76.4
	1994	67.8	124.8	192.6	60.8
	1995	57.5	17.2	74.7	23.4
Venezuela	1993	34.9	257.3	292.2	14.0
	1994	21.8	190.0	211.8	9.9
	1995	29.0	46.1	75.1	3.4
Other and unallocated / Autres et non-ventilés	1993	340.7	234.0	574.7	...
	1994	539.4	247.1	786.5	...
	1995	487.5	56.8	544.3	...
Asia / Asie	**1993**	**12176.2**	**9017.0**	**21193.2**	**6.8**
	1994	**13905.3**	**9421.2**	**23326.5**	**7.3**
	1995	**12476.1**	**9363.4**	**21839.5**	**6.8**
Afghanistan	1993	107.3	116.6	223.9	12.9
	1994	134.6	88.8	223.4	12.1
	1995	105.5	109.1	214.6	10.9

86
Disbursements to individual recipients of bilateral and multilateral official development assistance [cont.]
Paiements aux destinataires d'aide publique au développement, bilatérale et multilatérale [suite]

Region, country or area Région, pays ou zone	Year Année	Bilateral Bilatérale (millions)	Multilateral [1] Multilatérale [1] (millions)	Total (millions)	Per capita [2] Par habitant [2]
Armenia	1993	70.4	103.5	173.9	48.2
Arménie	1994	99.8	110.4	210.2	58.0
	1995	90.5	155.0	245.5	67.6
Azerbaijan	1993	4.9	17.0	21.9	3.0
Azerbaïdjan	1994	26.0	138.9	164.9	22.1
	1995	31.7	77.9	109.6	14.6
Bahrain	1993	1.9	5.8	7.7	14.5
Bahreïn	1994	1.7	16.7	18.4	33.8
	1995	1.8	0.7	2.5	4.5
Bangladesh	1993	690.4	683.3	1373.7	12.0
Bangladesh	1994	843.7	904.3	1748.0	15.0
	1995	712.9	570.9	1283.8	10.9
Bhutan	1993	43.5	22.3	65.8	38.4
Bhoutan	1994	57.3	19.2	76.5	44.0
	1995	55.2	18.5	73.7	41.6
Brunei Darussalam	1993	5.0	0.1	5.1	18.3
Brunéi Darussalam	1994	5.2	0.0	5.2	18.2
	1995	4.2	0.1	4.3	14.7
Cambodia	1993	196.6	120.2	316.8	33.3
Cambodge	1994	181.0	155.6	336.6	34.5
	1995	341.0	225.8	566.8	56.5
China ††	1993	2239.8	2167.3	4407.1	3.7
Chine ††	1994	2393.9	2386.0	4779.9	4.0
	1995	2531.2	2627.6	5158.8	4.3
China, Hong Kong SAR †	1993	12.1	18.1	30.2	5.1
Chine, Hong-Kong RAS †	1994	9.8	17.0	26.8	4.4
	1995	11.5	6.2	17.7	2.9
East Timor	1993	0.4	...	0.4	0.5
Timor oriental	1994	0.2	...	0.2	0.3
	1995	0.0	...	0.0	0.0
Georgia	1993	94.8	85.4	180.2	33.0
Géorgie	1994	67.3	149.9	217.2	39.8
	1995	81.5	131.2	212.7	39
India	1993	811.7	1422.3	2234.0	2.5
Inde	1994	1378.0	1446.9	2824.9	3.1
	1995	1051.2	712.8	1764.0	1.9
Indonesia	1993	1924.5	1126.0	3050.5	15.9
Indonésie	1994	1557.0	66.7	1623.7	8.3
	1995	1303.3	735	2038.3	10.3
Iran, Islamic Rep. of	1993	90.6	101.6	192.2	3
Iran, Rép. islamique d'	1994	87.2	83.7	170.9	2.6
	1995	158.9	112.5	271.4	4
Iraq	1993	70.2	112.0	182.2	9.5
Iraq	1994	187.3	72.0	259.3	13.2
	1995	238.7	88.8	327.5	16.3
Israel	1993	1266.0	1.6	1267.6	244.8
Israël	1994	1218.0	29.2	1247.2	232.6
	1995	330.9	−10.0	320.9	58.1
Jordan	1993	181.2	144.9	326.1	66.6
Jordanie	1994	229.3	140.1	369.4	71.8
	1995	392.1	225.6	617.7	115
Kazakhstan	1993	12.1	28.6	40.7	2.4
Kazakhstan	1994	30.0	219.5	249.5	14.8
	1995	29.7	221.1	250.8	14.9
Korea, Dem. P. R.	1993	7.3	7.1	14.4	0.7
Corée, R. p. dém. de	1994	0.9	5.0	5.9	0.3
	1995	1.6	12.2	13.8	0.6
Korea, Republic of	1993	−34.7	−219.9	−254.6	−5.8
Corée, République de	1994	−107.0	−333.2	−440.2	−9.9
	1995	60.4	−350.0	−289.6	−6.4
Kuwait	1993	1.6	1.0	2.6	1.4
Koweït	1994	1.7	4.1	5.8	3.3
	1995	2.1	4.8	6.9	4.1

86
Disbursements to individual recipients of bilateral and multilateral official development assistance [cont.]
Paiements aux destinataires d'aide publique au développement, bilatérale et multilatérale [suite]

Region, country or area Région, pays ou zone	Year Année	Bilateral Bilatérale (millions)	Multilateral [1] Multilatérale [1] (millions)	Total (millions)	Per capita [2] Par habitant [2]
Kyrgyzstan	1993	69.4	49.1	118.5	26.6
Kirghizistan	1994	87.0	86.7	173.7	39.0
	1995	96.8	232.6	329.4	73.9
Lao People's Dem. Rep.	1993	92.2	114.6	206.8	45.0
Rép. dém. pop. lao	1994	123.8	94.7	218.5	46.1
	1995	170.0	142.7	312.7	64.1
Lebanon	1993	62.1	104.3	166.4	59.3
Liban	1994	79.9	153.6	233.5	80.1
	1995	57.1	239.9	297.0	98.7
Macao	1993	0.2	0.0	0.2	0.5
Macao	1994	0.3	0.0	0.3	0.7
	1995	0.1	−4.1	−4.0	−9.3
Malaysia	1993	88.4	−185.0	−96.6	−5.0
Malaisie	1994	64.8	−29.5	35.3	1.8
	1995	106.7	−106.8	−0.1	0.0
Maldives	1993	19.8	11.0	30.8	129.4
Maldives	1994	18.8	13.5	32.3	131.3
	1995	30.4	20.0	50.4	198.4
Mongolia	1993	81.9	44.1	126.0	53.3
Mongolie	1994	108.1	76.0	184.1	76.3
	1995	126.9	80.9	207.8	84.4
Myanmar	1993	77.3	23.7	101.0	2.3
Myanmar	1994	142.8	18.1	160.9	3.6
	1995	126.2	24.7	150.9	3.3
Nepal	1993	245.6	122.2	367.8	18.1
Népal	1994	267.7	182.8	450.5	21.6
	1995	265.9	170.1	436.0	20.3
Oman	1993	26.6	−2.0	24.6	12.1
Oman	1994	79.3	−13.4	65.9	31.1
	1995	11.9	30.9	42.8	19.4
Pakistan	1993	490.3	980.0	1470.3	11.4
Pakistan	1994	508.5	1502.5	2011	15.2
	1995	360.1	701.1	1061.2	7.8
Philippines	1993	1330.1	598.2	1928.3	29.7
Philippines	1994	942.6	304.0	1246.6	18.8
	1995	748.2	73.8	822.0	12.1
Qatar	1993	1.1	1.9	3.0	5.7
Qatar	1994	1.7	1.3	3.0	5.6
	1995	2.1	1.0	3.1	5.7
Saudi Arabia	1993	21.5	8.1	29.6	1.7
Arabie saoudite	1994	14.0	6.7	20.7	1.2
	1995	14.5	7.8	22.3	1.2
Singapore	1993	22.3	−1.1	21.2	6.6
Singapour	1994	14.9	1.9	16.8	5.1
	1995	13.9	2.8	16.7	5.0
Sri Lanka	1993	316.4	337.6	654.0	37.2
Sri Lanka	1994	334.0	249.5	583.5	32.9
	1995	374.0	176.8	550.8	30.7
Syrian Arab Republic	1993	113.3	2.6	115.9	8.6
Rép. arabe syrienne	1994	361.4	53.1	414.5	29.9
	1995	158.9	53.2	212.1	14.9
Tajikistan	1993	21.5	60.1	81.6	14.5
Tadjikistan	1994	28.3	38.3	66.6	11.6
	1995	39.1	25.6	64.7	11.1
Thailand	1993	566.2	141.2	707.4	12.3
Thaïlande	1994	543.2	26.8	570.0	9.9
	1995	826.7	629.8	1456.5	25
Turkmenistan	1993	24.1	52.4	76.5	19.5
Turkménistan	1994	13.5	12.1	25.6	6.4
	1995	17.1	10.0	27.1	6.7
United Arab Emirates	1993	−10.6	1.9	−8.7	−4.1
Emirats arabes unis	1994	−9.2	2.5	−6.7	−3.1
	1995	4.8	3.3	8.1	3.7

86
Disbursements to individual recipients of bilateral and multilateral official development assistance [cont.]
Paiements aux destinataires d'aide publique au développement, bilatérale et multilatérale [suite]

Region, country or area Région, pays ou zone	Year Année	Bilateral Bilatérale (millions)	Multilatéral [1] Multilatérale [1] (millions)	Total (millions)	Per capita [2] Par habitant [2]
Uzbekistan	1993	3.8	3.7	7.5	0.3
Ouzbékistan	1994	11.7	71.9	83.6	3.7
	1995	65.8	210.8	276.6	12.2
Viet Nam	1993	224.0	33.7	257.7	3.6
Viet Nam	1994	585.6	315.9	901.5	12.5
	1995	549.1	311.9	861.0	11.7
Yemen	1993	184.9	117.7	302.6	22.3
Yémen	1994	106.0	64.4	170.4	11.9
	1995	108.6	65.0	173.6	11.6
Other and unallocated	1993	306.2	332.2	638.4	...
Autres et non–ventilés	1994	1073.7	467.0	1540.7	...
	1995	665.3	583.8	1249.1	...
Europe	**1993**	**6994.2**	**4654.6**	**11648.8**	**29.6**
Europe	**1994**	**6619.9**	**4303.3**	**10923.2**	**27.8**
	1995	**8346.7**	**4270.6**	**12617.3**	**32.0**
Albania	1993	102.9	196.3	299.2	89.1
Albanie	1994	69.1	106.7	175.8	52.2
	1995	74.7	125.3	200.0	59.1
Belarus	1993	185.1	100.1	285.2	27.6
Bélarus	1994	108.4	56.4	164.8	15.9
	1995	164.8	26.2	191.0	18.5
Bulgaria	1993	67.1	55.0	122.1	14.2
Bulgarie	1994	51.4	480.2	531.6	62.2
	1995	48.4	142.2	190.6	22.4
Cyprus	1993	17.0	22.8	39.8	55.4
Chypre	1994	26.6	−56.3	−29.7	−40.6
	1995	8.0	−52.1	−44.1	−59.2
Czech Republic	1993	54.4	200.8	255.2	24.8
République tchèque	1994	56.0	283.2	339.2	33.0
	1995	69.8	227.5	297.3	29.0
Estonia	1993	35.4	75.2	110.6	72.4
Estonie	1994	33.0	10.5	43.5	28.9
	1995	35.3	96.3	131.6	88.4
Gibraltar	1993	...	...	0.0	0.0
Gibraltar	1994	0.6	...	0.6	21.4
	1995	0.2	...	0.2	7.1
Hungary	1993	87.0	465.3	552.3	54.1
Hongrie	1994	68.3	246.4	314.7	31.0
	1995	87.1	−59.9	27.2	2.7
Latvia	1993	23.2	80.0	103.2	39.5
Lettonie	1994	36.8	60.1	96.9	37.7
	1995	40.8	54.6	95.4	37.6
Lithuania	1993	50.5	115.0	165.5	44.1
Lituanie	1994	52.0	30.7	82.7	22.1
	1995	109.4	110.8	220.2	58.9
Malta	1993	29.0	21.7	50.7	140.4
Malte	1994	43.4	5.9	49.3	135.4
	1995	8.9	−25.6	−16.7	−45.5
Poland	1993	919.8	573.8	1493.6	38.9
Pologne	1994	1548.3	1156.2	2704.5	70.2
	1995	3476.8	769.4	4246.2	110.1
Republic of Moldova	1993	28.0	29.0	57.0	12.9
République de Moldova	1994	22.4	131.3	153.7	34.7
	1995	23.3	67.8	91.1	20.5
Romania	1993	84.9	378.4	463.3	20.2
Roumanie	1994	62.8	445.7	508.5	22.3
	1995	69.3	430.4	499.7	22.0
Russian Federation	1993	2409.3	910.8	3320.1	22.3
Fédération de Russie	1994	1754.8	484.7	2239.5	15.1
	1995	1381.2	998.5	2379.7	16.0
Slovakia	1993	27.9	77.8	105.7	19.9
Slovaquie	1994	31.4	270.8	302.2	56.8
	1995	30.0	315.2	345.2	64.7

86
Disbursements to individual recipients of bilateral and multilateral official development assistance [cont.]
Paiements aux destinataires d'aide publique au développement, bilatérale et multilatérale [suite]

Region, country or area Région, pays ou zone	Year Année	Bilateral Bilatérale (millions)	Multilateral [1] Multilatérale [1] (millions)	Total (millions)	Per capita [2] Par habitant [2]
Turkey Turquie	1993 1994 1995	272.0 41.8 173.7	−249.8 −747.0 −639.0	22.2 −705.2 −465.3	0.4 −11.8 −7.6
Ukraine Ukraine	1993 1994 1995	322.5 262.4 156.2	93.9 101.5 481.5	416.4 363.9 637.7	8.0 7.0 12.3
Yugoslavia, SFR † Yugoslavie, Rfs †	1993 1994 1995	1309.6 956.8 1047.4	1131.2 676.5 682.3	2440.8 1633.3 1729.7	... ...
Other and unallocated Autres et non−ventilés	1993 1994 1995	968.6 1393.7 1341.5	377.3 559.8 519.1	1345.9 1953.5 1860.6	... ...
Oceania **Océanie**	**1993** **1994** **1995**	**1444.6** **1666.1** **1710.7**	**95.2** **93.9** **145.0**	**1539.8** **1760.0** **1855.7**	**240.9** **269.5** **278.0**
Cook Islands Iles Cook	1993 1994 1995	10.2 10.5 10.4	2.6 3.8 2.7	12.8 14.3 13.1	673.7 752.6 689.5
Fiji Fidji	1993 1994 1995	50.2 34.9 38.9	−3.4 −15.4 −2.1	46.8 19.5 36.8	61.7 25.3 46.9
French Polynesia Polynésie française	1993 1994 1995	333.9 365.5 444.4	−0.8 2.0 6.0	333.1 367.5 450.4	1586.2 1709.3 2056.6
Kiribati Kiribati	1993 1994 1995	11.2 12.5 11.4	4.7 2.9 4.1	15.9 15.4 15.5	209.2 200.0 198.7
Marshall Islands Iles Marshall	1993 1994 1995	29.8 45.5 32.1	2.6 3.9 6.8	32.4 49.4 38.9	635.3 932.1 707.3
Micronesia, Fed. States of Micronésie, Etats fédérés de	1993 1994 1995	61.2 101.3 71.8	3.1 2.8 5.6	64.3 104.1 77.4	549.6 867.5 629.3
Nauru Nauru	1993 1994 1995	0.2 2.4 2.2	0.0 ... 0.0	0.2 2.4 2.2	20.0 240.0 200.0
New Caledonia Nouvelle−Calédonie	1993 1994 1995	392.6 403.2 442.3	1.5 4.3 7.9	394.1 407.5 450.2	2252.0 2289.3 2487.3
Niue Nioué	1993 1994 1995	4.5 6.9 8.0	0.1 0.1 0.2	4.6 7.0 8.2	2300.0 3500.0 4100.0
Northern Mariana Islands Iles Mariannes du Nord	1993 1994 1995	88.5 2.1 −0.2	0.5 0.0 ...	89.0 2.1 −0.2	1893.6 43.8 −4.2
Palau Palaos	1993 1994 1995	... 201.9 141.7	... 0.0 0.1	0.0 201.9 141.8	0.0 12618.8 8341.2
Papua New Guinea Papouasie−Nvl−Guinée	1993 1994 1995	265.7 276.0 300.5	30.7 41.5 69.1	296.4 317.5 369.6	72.1 75.5 85.9
Samoa Samoa	1993 1994 1995	30.0 38.1 31.3	22.8 10.6 12.0	52.8 48.7 43.3	325.9 298.8 262.4
Solomon Islands Iles Salomon	1993 1994 1995	46.5 39.5 36.5	9.5 7.9 10.2	56.0 47.4 46.7	158.2 129.5 123.5
Tokelau Tokélaou	1993 1994 1995	2.5 2.8 3.5	0.4 0.2 0.3	2.9 3.0 3.8	1450.0 1500.0 1900.0
Tonga Tonga	1993 1994 1995	24.2 21.9 28.8	7.1 13.3 10.0	31.3 35.2 38.8	319.4 359.2 395.9

86
Disbursements to individual recipients of bilateral and multilateral official development assistance [cont.]
Paiements aux destinataires d'aide publique au développement, bilatérale et multilatérale [suite]

Region, country or area Région, pays ou zone	Year Année	Bilateral Bilatérale (millions)	Multilateral [1] Multilatérale [1] (millions)	Total (millions)	Per capita [2] Par habitant [2]
Tuvalu	1993	3.3	0.9	4.2	466.7
Tuvalu	1994	5.3	2.1	7.4	822.2
	1995	6.3	1.6	7.9	790.0
Vanuatu	1993	28.2	7.1	35.3	219.3
Vanuatu	1994	38.6	3.2	41.8	253.3
	1995	39.6	6.2	45.8	271.0
Wallis and Futuna Islands	1993	0.0	...	0.0	0.0
Iles Wallis et Futuna	1994	0.1	...	0.1	7.1
	1995	0.1	0.8	0.9	64.3
Other and unallocated	1993	61.9	5.8	67.7	...
Autres et non-ventilés	1994	57.1	10.7	67.8	...
	1995	61.1	3.5	64.6	...
Unspecified	**1993**	**6158.6**	**1124.3**	**7282.9**	...
Non-specifiés	**1994**	**5384.9**	**966.9**	**6351.8**	...
	1995	**7067.0**	**1448.1**	**8515.1**	...

Source:
Organization for Economic Co-operation and Development (Paris).

† For information on recent changes in country or area nomenclature pertaining to former Czechoslovakia, Germany, Hong Kong Special Administrative Region (SAR) of China, SFR Yugoslavia and former USSR, see Annex I – Country or area nomenclature, regional and other groupings.

†† For statistical purposes, the data for China do not include those for the Hong Kong Special Administrative Region (Hong Kong SAR) and Taiwan province of China.

1 As reported by OECD/DAC, IDA, agencies of the United Nations family and the European Development Fund. Excluding non-concessional flows (i.e., less than 25% grant element).
2 Population based on estimates of midyear population.

Source:
Organisation de coopération et de développement économiques (Paris).

† Pour les modifications récentes de nomenclature de pays ou de zone concernant l'Allemagne, Hong-Kong (Région administrative spéciale de Chine), l'ex-Tchécoslovaquie, l'ex-URSS et l'ex-Rfs de Yougoslavie, voir annexe I – Nomenclature des pays ou des zones, groupements régionaux et autres groupements.

†† Les données statistiques relatives à la Chine ne comprennent pas celles qui concernent la région administrative spéciale de Hong-Kong (la RAS de Hong-Kong) et la province chinoise de Taiwan.

1 Chiffre communiqués par le Comité d'aide au développement de l'OCDE, l'IDA, les agences des Nations Unies et le Fonds Européen de Développement. Non compris les apports non libéraux (c'est-à-dire dont l'élément de libéralité est intérieur à 25 p.100).
2 Population d'après des estimations de la population au milieu de l'année.

87
Net official development assistance from DAC countries to developing countries and multilateral organizations
Aide publique au développement nette de pays du CAD aux pays en développement et aux organisations multilatérales

Net disbursements: million US dollars and as % of GNP
Versements nets: millions de dollars E-U et en % de PNB

Country or area Pays ou zone	1990[1] Million US $	1990[1] As % of GNP	1991[1] Million US $	1991[1] As % of GNP	1992[1] Million US $	1992[1] As % of GNP	1993 Million US $	1993 As % of GNP	1994 Million US $	1994 As % of GNP	1995 Million US $	1995 As % of GNP
Total	**52961**	**0.33**	**56678**	**0.33**	**60850**	**0.33**	**56498**	**0.30**	**59156**	**0.30**	**58894**	**0.27**
Australia / Australie	955	0.34	1050	0.38	1015	0.37	953	0.35	1091	0.34	1194	0.36
Austria / Autriche	394	0.25	547	0.34	556	0.30	544	0.30	655	0.33	767	0.33
Belgium / Belgique	889	0.46	831	0.41	870	0.39	810	0.39	726	0.32	1034	0.38
Canada	2470	0.44	2604	0.45	2515	0.46	2400	0.45	2250	0.43	2067	0.38
Denmark / Danemark	1171	0.94	1200	0.96	1392	1.02	1340	1.03	1446	1.03	1623	0.96
Finland / Finlande	846	0.65	930	0.80	644	0.64	355	0.45	290	0.31	388	0.32
France	7163	0.60	7386	0.62	8270	0.63	7915	0.63	8466	0.64	8443	0.55
Germany[†] / Allemagne[†]	6320	0.42	6890	0.40	7583	0.38	6954	0.36	6818	0.34	7524	0.31
Ireland / Irlande	57	0.16	72	0.19	70	0.16	81	0.20	109	0.25	153	0.29
Italy / Italie	3395	0.31	3347	0.30	4122	0.34	3043	0.31	2705	0.27	1623	0.15
Japan / Japon	9069	0.31	10952	0.32	11151	0.30	11259	0.27	13239	0.29	14489	0.28
Luxembourg	25	0.21	42	0.33	38	0.26	50	0.35	59	0.40	65	0.36
Netherlands / Pays-Bas	2538	0.92	2517	0.88	2753	0.86	2525	0.82	2517	0.76	3226	0.81
New Zealand / Nouvelle-Zélande	95	0.23	100	0.25	97	0.26	98	0.25	110	0.24	123	0.23
Norway / Norvège	1205	1.17	1178	1.13	1273	1.16	1014	1.01	1137	1.05	1244	0.87
Portugal	148	0.25	213	0.31	302	0.36	248	0.29	308	0.35	271	0.27
Spain / Espagne	965	0.20	1262	0.24	1518	0.27	1304	0.28	1305	0.28	1348	0.24
Sweden / Suède	2007	0.91	2116	0.90	2460	1.03	1769	0.99	1819	0.96	1704	0.77
Switzerland / Suisse	750	0.32	863	0.36	1139	0.45	793	0.33	982	0.36	1084	0.34
United Kingdom / Royaume-Uni	2638	0.27	3201	0.32	3243	0.31	2920	0.31	3197	0.31	3157	0.28
United States / Etats-Unis	11394	0.21	11262	0.20	11709	0.20	10123	0.15	9927	0.14	7367	0.10

Source:
Organization for Economic Co-operation and Development (Paris).

Source:
Organisation de coopération et de développement économiques (Paris).

[†] For information on recent changes in country or area nomenclature pertaining to former Czechoslovakia, Germany, Hong Kong Special Administrative Region (SAR) of China, SFR Yugoslavia and former USSR, see Annex I – Country or area nomenclature, regional and other groupings.

[†] Pour les modifications récentes de nomenclature de pays ou de zone concernant l'Allemagne, Hong-Kong (Région administrative spéciale de Chine), l'ex-Tchécoslovaquie, l'ex-URSS et l'ex-Rfs de Yougoslavie, voir annexe I – Nomenclature des pays ou des zones, groupements régionaux et autres groupements.

[1] Except for total including debt forgiveness of non-official development assistance claims.

[1] Sauf pour le total, ces chiffres incluent l'annulation des créances au titre de l'assistance autre que l'aide publique au développement.

88
Socio-economic development assistance through the United Nations system
Assistance en matière de développement socio-économique fournie par le système des Nations Unies

Thousand US dollars
Milliers de dollars E-U

Development grant expenditures [1] • Aide au développement [1]

Country or area / Pays ou zone	Year / Année	UNDP PNUD - UNDP programme / Programme de PNUD	Special funds / Fonds gérés	UNFPA FNUAP	UNICEF FISE	WFP PAM	Other UN system / Autres organis. -ONU Regular budget / Budget ordinaire	Extra-budgetary / Extra-budgétaire	Total	Gov't self-supporting / Auto-assistance gouverne-mentale
Total	1994	1036479	209774	201431	800625	1395132	280332	688385	4612158	76209
Total	1995	1014216	243152	230956	803307	1097798	584939	829980	4804348	84036
Regional programmes	1994	113908	50277	40096	86092	0	84067	375705	750145	10926
Totaux régionaux	1995	109040	56120	46615	48180	0	181150	482763	923868	3967
Africa	1994	0	9820	5472	384	0	20867	72453	108996	920
Afrique	1995	0	9567	7615	5752	0	36198	80117	139249	0
Asia	1994	0	3333	4363	880	0	14883	39775	63234	15
Asie	1995	0	6412	5276	3111	0	35363	40943	91105	100
Europe										
Europe	1995	0	3923	—		0	28022	45392	77337	1
Latin America	1994	0	5513	3493	8313	0	18158	28055	63532	284
Amérique latine	1995	0	4633	3919	3958	0	32080	28971	73561	197
Middle East	1994	0	583	646	23	0	7161	11202	19615	7148
Moyen orient	1995	0	682	2415		0	18053	7963	29113	231
Interregional	1994	96267	19994	26122	0	0	22312	189117	353812	2405
Interrégional	1995	87884	24874	27390	35359	0	27468	255869	458844	1872
Global	1994	17641	11034	0	76492	0	686	35103	140956	154
Global	1995	21156	6029	0		0	3966	23508	54659	1566
Country programmes	1994	899860	135838	159066	710315	1372147	170762	278400	3726388	61502
Programmes, pays	1995	892057	155672	182531	724895	1090331	382332	327592	3755410	76175
Afghanistan	1994	17254	246	6	8410	24593	1787	4878	57174	1522
Afghanistan	1995	13886	209	8	12124	30951	5504	2944	65626	1162
Albania	1994	1447	0	646	869	0	90	1736	4788	20
Albanie	1995	971	0	586	1152	0	645	1899	5253	23
Algeria	1994	593	0	1205	683	7059	906	560	11006	269
Algérie	1995	638	0	1191	1006	5218	1950	4184	14187	415
Angola	1994	1866	146	916	18435	106861	1369	1588	131181	0
Angola	1995	2623	269	749	20211	42351	2767	1538	70508	14
Anguilla	1994	169	9	0	0	0	0	0	178	0
Anguilla	1995	263	21	0	0	0	0	0	284	0
Antigua and Barbuda	1994	115	6	37	0	0	152	4	314	0
Antigua-et-Barbuda	1995	76	11	22	0	0	70	38	217	0
Argentina	1994	78660	690	44	2046	0	2570	5008	89018	4223
Argentine	1995	80489	1688	198	2882	0	4141	3465	92863	2516
Aruba	1994	308	0	0	0	0	35	20	363	0
Aruba	1995	261	0	0	0	0	0	27	288	0
Azerbaijan	1994	14	0	527	1856	8583	70	84	11134	0
Azerbaïdjan	1995	661	0	57	5485	4940	171	260	11574	23
Bahamas	1994	50	0	0	0	0	359	337	746	106
Bahamas	1995	0	0	0	0	0	788	286	1074	0
Bahrain	1994	122	0	0	0	0	186	120	428	0
Bahreïn	1995	185	0	0	0	0	369	103	657	0
Bangladesh	1994	19164	4181	6111	37050	66999	3617	9525	146647	9
Bangladesh	1995	11298	2211	8332	30074	40738	10723	10756	114132	13
Barbados	1994	256	10	19	0	0	125	205	615	0
Barbade	1995	47	15	21	1	0	329	424	837	0
Belize	1994	407	411	123	817	0	533	257	2548	48
Belize	1995	279	725	29	926	0	744	336	3039	20
Benin	1994	3719	1216	825	2757	2454	1061	500	12532	14
Bénin	1995	1855	1312	807	2426	5893	2278	476	15047	56
Bhutan	1994	3084	2934	736	2042	1020	893	807	11516	378
Bhoutan	1995	1555	2368	772	1718	1480	2453	1065	11411	457
Bolivia	1994	11572	1273	2107	6438	2124	1309	7519	32342	−6
Bolivie	1995	18389	3602	2485	9397	6766	2143	7594	50376	264
Botswana	1994	363	810	939	1247	3283	827	508	11217	52
Botswana	1995	3360	782	949	943	4766	1653	594	13047	16

88
Socio—economic development assistance through the United Nations system
Thousand US dollars [cont.]
Assistance en matière de développement socio—économique fournie par le système des Nations Unies
Milliers de dollars E—U [suite]

Development grant expenditures [1] • Aide au développement [1]

Country or area / Pays ou zone	Year / Année	UNDP programme / Programme de PNUD	Special funds / Fonds gérés	UNFPA / FNUAP	UNICEF / FISE	WFP / PAM	Regular budget / Budget ordinaire	Extra-budgetary / Extra-budgétaire	Total	Gov't self-supporting / Auto-assistance gouvernementale
Brazil	1994	81041	3507	2913	12197	7150	2193	3946	112947	2393
Brésil	1995	94746	2408	2275	16574	1377	5752	16417	139549	14607
British Virgin Islands	1994	50	0	6	0	0	1	0	57	0
Iles Vierges britanniques	1995	62	2	0	0	0	0	0	64	0
Brunei Darussalam	1994	0	0	0	0	0	9	1	10	0
Brunéi Darussalam	1995	10	0	0	0	0	54	0	64	0
Bulgaria	1994	1090	0	0	0	0	499	893	2482	74
Bulgarie	1995	1161	0	26	0	0	684	627	2498	0
Burkina Faso	1994	6452	3220	1865	4514	2998	1194	981	21224	76
Burkina Faso	1995	7574	1855	2171	6918	8430	2749	1128	30825	69
Burundi	1994	1937	764	938	4971	64189	1592	1449	75840	418
Burundi	1995	3686	755	1330	8020	16526	2184	878	33379	91
Cambodia	1994	21951	8082	586	10919	10031	1176	13274	66019	2
Cambodge	1995	22084	8028	1365	10796	27738	3553	4988	78552	3
Cameroon	1994	1502	380	1004	1883	2422	1094	790	9075	318
Cameroun	1995	1945	464	1006	2750	2493	2504	1553	12715	508
Cape Verde	1994	803	293	419	1539	4646	1135	2216	11051	248
Cap—Vert	1995	868	98	1168	1136	9176	1961	1874	16281	330
Cayman Islands	1994	58	0	0	0	0	0	0	58	0
Iles Caïmanes	1995	83	0	0	0	0	0	0	83	0
Central African Rep.	1994	1671	1122	954	1551	3122	1091	582	10093	0
Rép. centrafricaine	1995	2190	1698	1003	2679	−1389	2578	820	9579	22
Chad	1994	5716	1723	844	2777	4942	1387	882	18271	98
Tchad	1995	5032	1315	1041	3952	7613	2490	1350	22793	−6
Chile	1994	9585	79	125	1112	−2	1523	1321	13743	54
Chili	1995	4940	56	374	1124	0	2480	1191	10165	322
China ††	1994	32834	5518	7120	22491	24855	3190	7747	103755	240
Chine ††	1995	34018	4322	7751	20497	21214	10827	6035	104664	473
Chine, Hong Kong SAR †	1994	30	0	0	0	0	9	0	39	0
Chine, Hong-Kong RAS †	1995	10	0	0	0	0	80	0	90	0
Colombia	1994	54839	1443	466	1361	4949	1570	3807	68435	453
Colombie	1995	54856	5423	632	1151	2783	3040	2691	70576	571
Comoros	1994	1871	1234	469	804	−25	1009	148	5510	2
Comores	1995	552	1574	571	882	1513	2104	178	7374	9
Congo	1994	741	4	354	875	445	904	374	3697	42
Congo	1995	726	34	515	1216	−43	2173	594	5215	43
Cook Islands	1994	784	28	92	0	0	203	7	1114	0
Iles Cook	1995	199	22	191	0	0	417	24	853	0
Costa Rica	1994	2053	1748	549	776	1079	1081	3764	11050	223
Costa Rica	1995	1518	2630	327	1257	1518	2105	4488	13843	9
Côte d'Ivoire	1994	1954	105	886	2379	4463	1376	845	12008	42
Côte d'Ivoire	1995	1212	34	1401	2700	2664	1896	1083	10990	14
Cuba	1994	2013	430	705	1751	3571	1867	519	10856	155
Cuba	1995	1684	1028	1576	2421	5750	2245	692	15396	349
Cyprus	1994	434	80	9	0	0	414	158	1095	2
Chypre	1995	81	7	22	0	0	665	213	988	0
Czech Republic	1994	473	0	0	0	0	159	208	840	1
République tchèque	1995	329	0	0	0	0	301	383	1013	5
Dem. Rep. of the Congo	1994	7330	0	51	7656	53758	1206	872	70873	12
Rép. dém. du Congo	1995	7594	138	76	8583	25747	3165	942	46245	0
Djibouti	1994	883	447	90	843	3284	939	242	6728	0
Djibouti	1995	803	903	241	918	3696	1882	394	8837	0
Dominica	1994	198	15	15	0	0	237	36	501	0
Dominique	1995	234	2	67	0	1294	416	78	2091	0
Dominican Republic	1994	8984	212	2026	1068	523	902	343	14058	0
Rép. dominicaine	1995	6719	812	1754	1195	1406	2304	405	14595	0
Ecuador	1994	6408	154	1038	3283	464	1591	3411	16349	309
Equateur	1995	13960	23	2022	4463	4348	2287	4548	31651	300
Egypt	1994	11169	557	2706	5622	14004	2197	7669	43924	3728
Egypte	1995	9364	2976	2697	5946	7508	4552	9362	42405	3581

888 Development assistance   Aide au développement

88
Socio—economic development assistance through the United Nations system
Thousand US dollars [cont.]
Assistance en matière de développement socio—économique fournie par le système des Nations Unies
Milliers de dollars E—U [suite]

Development grant expenditures [1] • Aide au développement [1]

Country or area Pays ou zone	Year Année	UNDP PNUD UNDP programme Programme de PNUD	Special funds Fonds gérés	UNFPA FNUAP	UNICEF FISE	WFP PAM	Other UN system Autres organis. —ONU Regular budget Budget ordinaire	Extra—budgetary Extra—budgétaire	Total	Gov't self—supporting Auto—assistance gouverne—mentale
El Salvador	1994	11326	4130	1054	1541	1316	1111	534	21012	5
El Salvador	1995	7305	964	886	3242	7783	1581	1264	23025	0
Equatorial Guinea	1994	1021	511	595	1010	−33	742	85	3931	0
Guinée équatoriale	1995	1626	121	1080	1157	2242	960	165	7351	0
Eritrea	1994	3031	1061	134	6834	30738	502	3326	45626	0
Erythrée	1995	3532	853	412	5672	8228	1163	769	20629	0
Ethiopia	1994	9735	3436	4152	20982	26289	2560	8835	75989	181
Ethiopia	1995	7769	1847	4885	22833	63589	4497	6770	112190	18
Fiji	1994	322	330	337	0	0	911	405	2305	50
Fidji	1995	118	22	395	0	0	2597	511	3643	58
French Guiana	1994	0	0	0	0	0	10	0	10	0
Guyane française	1995	0	0	0	0	0	40	0	40	0
French Polynesia	1994	0	0	0	0	0	0	0	0	0
Polynésie française	1995	0	0	0	0	0	110	0	110	0
Gabon	1994	854	12	58	559	0	784	446	2713	113
Gabon	1995	500	281	515	473	0	1765	644	4178	210
Gambia	1994	2159	1117	625	1189	2972	1290	852	10204	6
Gambie	1995	1822	337	635	1634	−236	2100	1242	7534	0
Ghana	1994	4342	434	2339	1589	9257	1613	2231	21805	228
Ghana	1995	3286	504	2334	5205	9600	2916	2754	26599	346
Greece	1994	0	0	0	0	0	360	589	949	421
Grèce	1995	0	0	0	0	0	303	907	1210	888
Grenada	1994	119	62	60	4326	0	191	21	4779	0
Grenade	1995	63	0	70	0	0	614	33	780	0
Guam	1994	0	0	0	0	0	11	0	11	0
Guam	1995	0	0	0	0	0	82	0	82	0
Guatemala	1994	8515	16	246	1736	5173	559	944	17189	72
Guatemala	1995	7441	158	783	4792	6952	1439	1420	22985	0
Guinea	1994	3509	981	834	3447	2273	1423	1263	13730	432
Guinée	1995	4084	938	1405	3769	1052	3023	1115	15386	110
Guinea—Bissau	1994	3905	3289	531	1571	2220	1259	600	13375	186
Guinée—Bissau	1995	2655	1001	598	2270	1859	2218	912	11513	3
Guyana	1994	2471	742	138	767	1414	643	375	6550	0
Guyana	1995	1740	484	138	791	2364	1352	343	7212	0
Haiti	1994	2094	182	1369	4744	2046	497	1767	12699	0
Haïti	1995	10695	1733	2224	7721	4570	2480	3675	33098	0
Honduras	1994	5519	209	1170	1045	5599	649	3963	18154	1370
Honduras	1995	11347	176	1372	1881	7480	1069	3202	26527	27
Hungary	1994	129	0	46	0	0	854	1636	2665	2
Hongrie	1995	336	0	0	0	0	869	1447	2652	18
India	1994	27237	362	11901	68106	28284	2169	8822	146881	1637
Inde	1995	19299	1706	11870	61793	23155	16605	15156	149584	4707
Indonesia	1994	14330	801	5256	11747	5603	6041	2978	46756	1230
Indonésie	1995	12236	886	851	14517	1169	12928	4882	47469	2540
Iran, Islamic Rep. of	1994	2090	—	1822	1322	2945	2177	1130	11486	463
Iran, Rép. islamique d'	1995	974	34	3050	1368	4100	5422	4838	19786	33
Iraq	1994	930	88	3	29191	14690	763	5693	51358	5
Iraq	1995	1835	5	845	28380	26557	4184	6516	68322	0
Jamaica	1994	5387	22	507	2100	1307	866	274	10463	7
Jamaïque	1995	1240	74	234	1962	7572	1868	733	13683	21
Jordan	1994	889	1474	1005	976	3675	1015	396	9430	26
Jordanie	1995	395	1791	779	1335	5451	2213	931	12895	9
Kazakhstan	1994	134	5	597	886	0	168	121	1911	0
Kazakhstan	1995	1142	1	232	1963	0	346	882	4566	0
Kenya	1994	10320	513	4931	16549	48706	1457	2393	84869	12
Kenya	1995	4192	348	3556	5400	9679	2868	2619	28662	16
Kiribati	1994	292	71	22	0	0	257	68	710	0
Kiribati	1995	302	107	111	0	0	722	66	1308	0
Korea, Dem. P. R.	1994	2878	23	357	620	0	962	273	5113	127
Corée, R. p. dém. de	1995	3858	34	850	1242	2058	3747	281	12070	29

88
Socio—economic development assistance through the United Nations system
Thousand US dollars [cont.]

Assistance en matière de développement socio—économique fournie par le système des Nations Unies
Milliers de dollars E—U [suite]

Development grant expenditures [1] • Aide au développement [1]

Country or area / Pays ou zone	Year / Année	UNDP programme / Programme de PNUD	Special funds / Fonds gérés	UNFPA / FNUAP	UNICEF / FISE	WFP / PAM	Regular budget / Budget ordinaire	Extra-budgetary / Extra-budgétaire	Total	Gov't self-supporting / Auto-assistance gouvernementale
Korea, Republic of	1994	1562	28	474	20	0	933	305	3322	297
Corée, République de	1995	2216	1	0	0	0	2550	116	4883	15
Kuwait	1994	3912	0	0	0	0	165	33	4110	26
Koweït	1995	3722	0	0	0	0	600	134	4456	80
Kyrgyzstan	1994	1169	8	427	1370	1835	49	86	4944	0
Kirghizistan	1995	1390	125	561	1676	−1	266	89	4106	0
Lao People's Dem. Rep.	1994	4858	2080	1142	3634	3162	1406	1739	18021	0
Rép. dém. pop. lao	1995	4726	3388	745	3796	1626	2555	1685	18521	0
Lebanon	1994	3230	0	593	2480	1124	1020	1789	10236	8
Liban	1995	4895	168	998	2180	2179	2171	1135	13726	49
Lesotho	1994	2060	662	476	1745	5667	1140	1892	13642	1087
Lesotho	1995	2636	474	561	1777	7311	2338	1934	17031	868
Liberia	1994	1720	94	51	5880	65004	1212	732	74693	0
Libéria	1995	2904	3	138	5695	63801	3055	445	76041	0
Libyan Arab Jamahiriya	1994	2819	11	11	0	0	557	10874	14272	10598
Jamah. arabe libyenne	1995	2139	9	9	0	0	1492	4611	8260	4174
Macau	1994	0	0	0	0	0	16	0	16	0
Macao	1995	9	0	0	0	0	63	153	225	153
Madagscar	1994	6952	177	1122	8013	1410	1286	2105	21065	922
Madagascar	1995	5379	1678	1930	6313	4854	2390	2772	25316	997
Malawi	1994	9933	1930	1480	4337	45478	1307	669	65134	27
Malawi	1995	7791	2004	2624	6310	26925	2337	894	48885	42
Malaysia	1994	2247	1041	306	662	0	1158	92	5506	0
Malaisie	1995	2844	4477	292	781	0	2407	719	11520	3
Maldives	1994	1240	129	146	991	0	841	199	3546	13
Maldives	1995	546	22	214	829	0	1824	218	3653	26
Mali	1994	5706	1530	862	7106	1772	1550	1161	19687	0
Mali	1995	6674	1324	1817	6469	4213	3151	1578	25226	0
Malta	1994	10	0	0	0	0	153	222	385	163
Malte	1995	177	0	0	0	0	131	76	384	71
Marshall Islands	1994	411	70	310	0	0	65	5	861	0
Iles Marshall	1995	704	88	333	0	0	215	11	1351	0
Mauritania	1994	2075	1883	1188	2026	7259	2179	519	17129	55
Mauritanie	1995	3148	2326	952	2776	7246	3112	818	20378	275
Mauritius	1994	485	0	565	669	58	695	188	2660	10
Maurice	1995	573	260	448	695	2336	1640	279	6231	2
Mexico	1994	6841	100	4226	3530	8443	1587	4340	29067	3512
Mexique	1995	1725	4396	3289	4407	7121	3089	2492	26519	1505
Micronesia, Fed. States of	1994	882	63	348	0	0	97	126	1516	0
Micronésie, Etats féd. de	1995	1092	59	162	0	0	473	184	1970	0
Mongolia	1994	2024	921	1542	1141	700	1813	1133	9274	0
Mongolie	1995	3094	792	1244	1321	−18	3879	1618	11930	0
Montserrat	1994	107	−9	3	0	0	1	0	102	0
Montserrat	1995	73	0	0	0	0	0	0	73	0
Morocco	1994	3132	25	3832	1840	8939	1914	2404	22086	558
Maroc	1995	2714	30	4499	3916	2002	4219	3258	20638	701
Mozambique	1994	19917	29069	1884	19721	47702	1358	1926	121577	733
Mozambique	1995	12448	33710	1835	17862	15992	3008	2210	87065	441
Myanmar	1994	10894	3	61	6455	0	2427	960	20800	323
Myanmar	1995	14328	6	200	8374	1252	7897	3854	35911	2587
Namibia	1994	2908	673	734	4012	−36	1437	1014	10742	36
Namibie	1995	2377	1026	1557	3802	1435	2682	1646	14525	252
Nauru										
Nauru	1995	0	0	0	0	0	0	18	18	0
Nepal	1994	7899	1864	3856	9750	7728	2776	3368	37241	558
Népal	1995	4984	1726	3784	7353	8264	7465	4149	37725	179
Netherlands Antilles	1994	289	0	0	0	0	40	33	362	6
Antilles néerlandaises	1995	588	0	0	0	0	134	30	752	0
New Caledonia	1994	0	0	0	0	0	0	20	20	0
Nouvelle-Calédonie	1995	0	0	0	0	0	72	23	95	0

88
Socio—economic development assistance through the United Nations system
Thousand US dollars [cont.]

Assistance en matière de développement socio—économique fournie par le système des Nations Unies
Milliers de dollars E—U [suite]

Development grant expenditures [1] • Aide au développement [1]

Country or area / Pays ou zone	Year / Année	UNDP/PNUD UNDP programme Programme de PNUD	Special funds Fonds gérés	UNFPA FNUAP	UNICEF FISE	WFP PAM	Other UN system / Autres organis. —ONU Regular budget Budget ordinaire	Extra—budgetary Extra—budgétaire	Total	Gov't self—supporting Auto—assistance gouverne—mentale
Nicaragua	1994	11393	525	1517	3397	7568	1184	3788	29372	226
Nicaragua	1995	18777	455	1763	4018	6906	1788	3749	37456	0
Niger	1994	6161	615	966	4584	7120	1438	4529	25413	0
Niger	1995	4013	2095	1030	4341	8069	2992	3330	25870	0
Nigeria	1994	7338	4	4173	14846	0	2341	1163	29865	687
Nigéria	1995	7736	38	4908	14110	0	3797	1556	32145	551
Niue	1994	74	23	5	0	0	7	0	109	0
Nioué	1995	96	0	15	0	0	82	49	242	0
Oman	1994	50	7	72	796	0	573	931	2429	900
Oman	1995	21	0	0	870	0	1197	831	2919	465
Pakistan	1994	12276	364	3389	15626	35229	3149	2985	73018	620
Pakistan	1995	8314	46	4593	13739	3249	7050	3916	40907	993
Palau	1994	0	0	0	0	0	23	0	23	0
Palaos	1995	0	0	0	0	0	113	0	113	0
Panama	1994	9278	110	471	830	−34	998	189	11842	15
Panama	1995	12215	158	319	1191	817	1515	101	16316	0
Papua New Guinea	1994	3583	1094	415	1131	0	1103	632	7958	0
Papouasie—Nvl—Guinée	1995	4062	1412	555	1968	0	3323	821	12141	40
Paraguay	1994	9076	64	843	1641	163	753	109	12649	0
Paraguay	1995	9503	82	1280	1310	478	1280	211	14144	1
Peru	1994	74092	352	2183	6696	6117	1694	3218	94352	261
Pérou	1995	60514	755	2391	11173	11312	2578	2076	90799	167
Philippines	1994	3700	288	4120	8820	1008	1499	5411	24846	2060
Philippines	1995	3002	1518	7265	8314	1624	3614	6397	31734	2592
Poland	1994	455	−7	83	0	0	1052	2044	3627	747
Pologne	1995	482	30	188	0	0	959	2828	4487	1367
Portugal	1994	138	0	40	0	0	330	3	511	0
Portugal	1995	0	0	1	0	0	134	147	282	1
Qatar	1994	1220	6	0	0	0	63	0	1289	0
Qatar	1995	586	17	0	0	0	359	5	967	0
Réunion	1994	0	0	0	0	0	10	0	10	0
Réunion	1995	0	0	0	0	0	124	0	124	0
Romania	1994	1306	0	100	886	0	1080	858	4230	1
Roumanie	1995	726	0	192	2270	0	1027	1994	6209	524
Rwanda	1994	3096	542	565	32284	47738	1666	4780	90671	2
Rwanda	1995	10372	4778	659	32513	150714	3074	7387	209497	1
Saint Helena / Sainte Hélène	1995	158	0	0	0	0	0	0	158	0
Saint Kitts and Nevis	1994	546	6	0	0	0	79	5	636	0
Saint—Kitts—et—Nevis	1995	275	16	0	0	0	135	28	454	0
Saint Lucia	1994	274	27	82	0	0	165	10	558	0
Sainte—Lucie	1995	114	14	56	0	557	339	30	1110	0
Saint Vincent/Grenadines	1994	291	21	62	0	0	79	5	458	0
Saint Vincent/Grenadines	1995	336	51	54	0	0	90	16	547	0
Samoa	1994	1027	165	128	0	0	875	111	2306	13
Samoa	1995	710	86	133	0	0	1870	158	2957	1
Sao Tome and Principe	1994	889	67	256	609	1387	918	314	4440	181
Sao Tomé—et—Principe	1995	1286	316	384	940	2181	1677	195	6979	33
Saudi Arabia	1994	5854	5		7695	0	503	4117	18174	3899
Arabie saoudite	1995	5074	8	0	0	0	1121	10388	16591	10062
Senegal	1994	2972	4966	1619	0	3021	1702	4827	19107	128
Sénégal	1995	2979	3954	2814	5804	5938	2283	6510	30282	10
Seychelles	1994	237	0	138	0	−2	660	138	1171	0
Seychelles	1995	225	0	166	65	0	1446	150	2052	0
Sierra Leone	1994	5951	904	294	3245	883	1320	2993	15590	1176
Sierra Leone	1995	6039	167	467	3315	2995	2206	1882	17071	852
Singapore	1994	0	0	0	0	0	211	0	211	0
Singapour	1995	0	0	0	0	0	581	0	581	0
Solomon Islands	1994	474	18	366	0	0	400	403	1661	365
Iles Salomon	1995	296	17	278	0	0	1846	473	2910	400

88
Socio—economic development assistance through the United Nations system
Thousand US dollars [cont.]

Assistance en matière de développement socio—économique fournie par le système des Nations Unies
Milliers de dollars E—U [suite]

Development grant expenditures [1] • Aide au développement [1]

Country or area / Pays ou zone	Year / Année	UNDP PNUD Programme de PNUD	Special funds Fonds gérés	UNFPA FNUAP	UNICEF FISE	WFP PAM	Other UN system / Autres organis. —ONU Regular budget Budget ordinaire	Extra-budgetary Extra-budgétaire	Total	Gov't self-supporting Auto-assistance gouverne-mentale
Somalia	1994	11791	640	8	18216	25975	1202	2214	60046	0
Somalie	1995	11856	346	411	15644	23943	4016	1090	57306	27
South Africa	1994	0	0	163	2394	0	245	2107	4909	0
Afrique du Sud	1995	94	0	644	2717	0	656	2743	6854	0
Sri Lanka	1994	6060	132	1202	3223	5614	1905	898	19034	81
Sri Lanka	1995	4646	748	1008	4403	4788	6115	1423	23131	128
Sudan	1994	7669	2347	1009	40147	110696	1821	4639	168328	99
Soudan	1995	5142	1586	2470	14845	2427	5956	5366	37792	22
Suriname	1994	73	4	77	0	0	300	272	726	12
Suriname	1995	120	7	132	256	0	557	390	1462	0
Swaziland	1994	1195	75	336	1199	2244	1377	182	6608	0
Swaziland	1995	818	39	883	1353	1505	2139	349	7086	0
Syrian Arab Republic	1994	1756	411	2295	869	14070	2028	890	22319	188
Rép. arabe syrienne	1995	2732	184	3218	1052	13711	4017	3804	28718	263
Tajikistan	1994	27	1	363	2650	6046	159	178	9424	0
Tajikistan	1995	219	0	193	3967	10333	352	316	15380	0
Thailand	1994	2822	395	931	3606	1487	1886	1871	12998	15
Thaïlande	1995	3230	3065	570	3484	−129	7625	2552	20397	20
TFYR Macedonia	1994	0	0	0	20588	151009	7	0	171604	0
L'ex−R.y. Macédoine	1995	49	0	0	11857	0	207	12	12125	0
Togo	1994	1728	638	327	1383	1652	1080	663	7471	0
Togo	1995	2828	235	1134	1357	429	2580	957	9520	0
Tokelau	1994	129	14	15	0	0	8	8	174	0
Tokélaou	1995	204	6	3	0	0	52	10	275	0
Tonga	1994	205	21	144	0	0	651	95	1116	0
Tonga	1995	152	5	138	0	0	1521	37	1853	0
Trinidad and Tobago	1994	391	68	3	0	0	851	331	1644	33
Trinité−et−Tobago	1995	588	93	0	0	0	1244	495	2420	−1
Tunisia	1994	1223	0	1508	1184	3652	1294	722	9583	428
Tunisie	1995	1767	0	1981	1586	3872	2604	1072	12882	259
Turkey	1994	1749	44	762	1767	353	1096	2671	8442	1456
Turquie	1995	2622	29	742	2349	438	1452	2716	10348	1761
Turkmenistan	1994	0	0	376	994	0	6	69	1445	1
Turkménistan	1995	82	1	259	985	0	101	104	1532	1
Turks and Caicos Islands	1994	258	0	3	0	0	0	52	313	0
Iles Turques et Caiques	1995	38	0	0	0	0	0	56	94	0
Tuvalu	1994	197	37	27	0	0	122	0	383	0
Tuvalu	1995	130	20	76	0	0	127	49	402	0
Uganda	1994	10087	1695	4480	16344	18417	1835	1776	54634	585
Ouganda	1995	6528	589	4618	14836	23595	3377	2777	56320	725
United Arab Emirates	1994	2127	2	0	0	0	306	205	2640	205
Emirats arabes unis	1995	2744	12	0	0	0	468	576	3800	514
United Rep. Tanzania	1994	4656	3131	2242	11629	43587	3135	8154	76534	2380
Rép. Unie de Tanzanie	1995	16506	1738	4440	11407	21897	4200	9850	70038	1566
Uruguay	1994	11816	1014	85	888	0	865	1692	16360	89
Uruguay	1995	12352	2277	97	1070	0	902	2109	18807	24
Uzbekistan	1994	809	8	1008	1564	0	69	49	3507	0
Ouzbékistan	1995	1976	472	106	2273	0	484	146	5457	0
Vanuatu	1994	312	44	117	0	0	373	23	869	0
Vanuatu	1995	218	181	269	0	0	1286	58	2012	0
Venezuela	1994	4741	204	214	1075	0	1178	806	8218	6
Venezuela	1995	4498	947	504	1322	0	2164	2118	11553	1593
Viet Nam	1994	9493	5597	8903	15053	15046	2315	3338	59745	1428
Viet Nam	1995	8992	1951	6856	19180	12769	7476	2577	59801	54
Yemen	1994	1912	2412	1006	3983	2226	1657	2644	15840	781
Yémen	1995	2660	1376	2085	3486	5434	5415	3826	24282	1614
Yugoslavia, SFR †	1994	419	0	−11	23	0	0	0	431	0
Yougoslavie, Rfs †	1995	554	40	0	5239	92799	51	254	98937	0
Zambia	1994	4202	115	541	7170	6013	1845	3616	23502	537
Zambie	1995	3514	679	718	9667	15054	3577	3670	36879	571

88
Socio—economic development assistance through the United Nations system
Thousand US dollars [cont.]

Assistance en matière de développement socio—économique fournie par le système des Nations Unies
Milliers de dollars E—U [suite]

Development grant expenditures [1] • Aide au développement [1]

Country or area Pays ou zone	Year Année	UNDP PNUD UNDP programme Programme de PNUD	Special funds Fonds gérés	UNFPA FNUAP	UNICEF FISE	WFP PAM	Other UN system Autres organis. —ONU Regular budget Budget ordinaire	Extra—budgetary Extra—budgétaire	Total	Gov't self—supporting Auto—assistance gouverne—mentale
Zimbabwe	1994	3563	1309	2849	5157	4409	1467	1623	20377	146
Zimbabwe	1995	2170	295	2599	5906	−1438	2927	2491	14950	38
Other countries	1994	10622	14	−3	4882	14890	5141	14954	50500	721
Autre pays	1995	13353	421	756	19458	17837	8612	18220	78657	1204
Not elsewhere classified	1994	22711	23659	2269	4218	22985	25503	34280	135625	3781
Non—classé ailleurs	1995	13119	31360	1810	30232	7467	21457	19625	125070	3894

Source:
Comprehensive statistical data on operational activities for development for the years 1994 (A/50/202/Add.1, E/1995/76/Add.1) and 1995 (E/1997/65/Add.4).

† For information on recent changes in country or area nomenclature pertaining to former Czechoslovakia, Germany, Hong Kong Special Administrative Region (SAR) of China, SFR Yugoslavia and former USSR, see Annex I — Country or area nomenclature, regional and other groupings.

†† For statistical purposes, the data for China do not include those for the Hong Kong Special Administrative Region (Hong Kong SAR) and Taiwan province of China.

1 The following abbreviations have been used in the table:
UNDP: United Nations Development Programme
UNFPA: United Nations Population Fund
UNICEF: United Nations Children's Fund
WFP: World Food Programme

Source:
Information statistique détail concernant les activités opérationelles du développement, 1994 (A/50/202/Add.1, E/1995/76/Add.1) et 1995 (E/1997/65/Add.4).

† Pour les modifications récentes de nomenclature de pays ou de zone concernant l'Allemagne, Hong—Kong (Région administrative spéciale de Chine), l'ex—Tchécoslovaquie, l'ex—URSS et l'ex—Rfs de Yougoslavie, voir annexe I — Nomenclature des pays ou des zones, groupements régionaux et autres groupements.

†† Les données statistiques relatives à la Chine ne comprennent pas celles qui concernent la région administrative spéciale de Hong—Kong (la RAS de Hong—Kong) et la province chinoise de Taiwan.

1 Les abbréviations ci—après ont été utilisées dans le tableau:
PNUD : Programme des Nations Unies pour le développement
FNUAP : Fonds des Nations Unies pour la population
FISE : Fonds des Nations Unies pour l'enfance
PAM : Programme alimentaire mondiale

Technical notes, tables 86-88

Table 86 presents estimates of flows of financial resources to individual recipients either directly (bilaterally) or through multilateral institutions (multilaterally).

The multilateral institutions include the World Bank Group, regional banks, financial institutions of the European Community and a number of United Nations institutions, programmes and trust funds.

The main source of data is the Development Assistance Committee of OECD to which member countries reported data on their flow of resources to developing countries and multilateral institutions. Data in the *Statistical Yearbook* do not include the less developed countries in Europe as recipients.

Additional information on definitions, methods and sources can be found in OECD's *Geographical Distribution of Financial Flows to Developing Countries*.[18]

Table 87 presents the development assistance expenditures of donor countries. This table includes donors contributions to multilateral agencies, so the overall totals differ from those in table 86, which include disbursements by multilateral agencies.

Table 88: includes data on expenditures on operational activities for development undertaken by the organizations of the United Nations system. Operational activities encompass, in general, those activities of a development cooperation character that seek to mobilize or increase the potential and capacity of countries to promote economic and social development and welfare, including the transfer of resources to developing countries or regions in a tangible or intangible form. The table also covers, as a memo item, expenditures on activities of an emergency character, the purpose of which is immediate relief in crisis situations, such as assistance to refugees, humanitarian work and activities in respect of disasters.

Expenditures on operational activities for development are financed from contributions from governments and other official and non-official sources to a variety of funding channels in the United Nations system. These include United Nations funds and programmes such as contributions to the United Nations Development Programme; contributions to funds administered by United Nations Development Programme; regular (assessed) and other extrabudgetary contributions to specialized agencies.

Data are taken from the 1996 reports of the Secretary-General to the assembly on operational activities for development [20].

Notes techniques, tableaux 86 à 88

Le *Tableau 86* présente les estimations des flux de ressources financières mises à la disposition des pays soit directement (aide bilatérale) soit par l'intermédiaire d'institutions multilatérales (aide multilatérale).

Les institutions multilatérales comprennent le Groupe de la Banque mondiale, les banques régionales, les institutions financières de la Communauté européenne et un certain nombre d'institutions, de programmes et de fonds d'affectation spéciale des Nations Unies.

La principale source de données est le Comité d'aide au développement de l'OCDE, auquel les pays membres ont communiqué des données sur les flux de ressources qu'ils mettent à la disposition des pays en développement et des institutions multilatérales. Les données présentées dans l'*Annuaire statistique* ne comprennent pas l'aide fournie aux pays moins développés d'Europe.

Pour plus de renseignements sur les définitions, méthodes et sources, se reporter à la *Répartition géographique des ressources financières de l'OCDE* [18].

Le *Tableau 87* présente les dépenses que les pays donateurs consacrent à l'aide publique au développement (APD). Ces chiffres incluent les contributions des donateurs à des agences multilatérales, de sorte que les totaux diffèrent de ceux du tableau 86, qui incluent les dépenses des agences multilatérales.

Le *Tableau 88* présente des données sur les dépenses consacrées à des activités opérationnelles pour le développement par les organisations du système des Nations Unies. Par "activités opérationnelles", on entend en général les activités ayant trait à la coopération au développement, qui visent à mobiliser ou à accroître les potentialités et aptitudes que présentent les pays pour promouvoir le développement et le bien-être économiques et sociaux, y compris les transferts de ressources vers les pays ou régions en développement sous forme tangible ou non. Ce tableau indique également, pour mémoire, les dépenses liées à des activités revêtant un caractère d'urgence, qui ont pour but d'apporter un secours immédiat dans les situations de crise, telles que l'aide aux réfugiés, l'assistance humanitaire et les secours en cas de catastrophe.

Les dépenses consacrées aux activités opérationnelles pour le développement sont financées au moyen de contributions que les gouvernements et d'autres sources officielles et non officielles apportent à divers organes de financement, tels que fonds et programmes, du système des Nations Unies. On peut citer notamment les contributions au Programme des Nations Unies pour le développement; les contributions aux fonds gérés par le Programme des Nations Unies pour le développement; les contributions régulières (budgétaires) et les contributions extrabudgétaires aux institutions spécialisées.

Les données sont extraites des rapports annuels de 1996 du Secrétaire général à la session de l'Assemblée générale sur les activités opérationnelles pour le développement [20].

Annex I

Country and area nomenclature, regional and other groupings

A. *Changes in country or area names*

In the periods covered by the statistics in the present issue of the *Statistical Yearbook* (in general, 1985-1994, 1986-1995), and as indicated at the end of each table, the following major changes in designation have taken place:

Former *Czechoslovakia*: Since 1 January 1993, data for the Czech Republic and Slovakia, where available, are shown separately under the appropriate country name. For periods prior to 1 January 1993, where no separate data are available for the Czech Republic and Slovakia, unless otherwise indicated, data for the former Czechoslovakia are shown under the country name "former Czechoslovakia".

Germany: Through the accession of the German Democratic Republic to the Federal Republic of Germany with effect from 3 October 1990, the two German States have united to form one sovereign State. As from the date of unification, the Federal Republic of Germany acts in the United Nations under the designation "Germany". All data shown which pertain to Germany prior to 3 October 1990 are indicated separately for the Federal Republic of Germany and the former German Democratic Republic based on their respective territories at the time indicated;

SFR Yugoslavia: Data provided for Yugoslavia prior to 1 January 1992 refer to the Socialist Federal Republic of Yugoslavia which was composed of six republics. Data provided for Yugoslavia after that date refer to the Federal Republic of Yugoslavia which is composed of two republics (Serbia and Montenegro);

Former *USSR*: In 1991, the Union of Soviet Socialist Republics formally dissolved into fifteen independent countries (Armenia, Azerbaijan, Belarus, Estonia, Georgia, Kazakhstan, Kyrgyzstan, Latvia, Lithuania, Republic of Moldova, Russian Federation, Tajikistan, Turkmenistan, Ukraine and Uzbekistan). Whenever possible, data are shown for the individual countries. Otherwise, data are shown for the former USSR.

Hong Kong Special Administrative Region of China: Pursuant to a Joint Declaration signed on 19 December 1984, the United Kingdom restored Hong Kong to the People's Republic of China with effect from 1 July 1997; the People's Republic of China resumed the exercise of sovereignty over the territory with effect from that date.

Other changes in designation during the periods are listed below:

Brunei Darussalam was formerly listed as Brunei;

Burkina Faso was formerly listed as Upper Volta;

Cambodia was formerly listed as Democratic Kampuchea;

Cameroon was formerly listed as United Republic of Cameroon;

Annexe I

Nomenclature des pays ou zones, groupements régionaux et autres groupements

A. *Changements dans le nom des pays ou zones*

Au cours des périodes sur lesquelles portent les statistiques, dans cette édition de l'*Annuaire Statistique* (1985-1994 et 1986-1995, en général), et comme indiqués à la fin de chaque tableau les changements principaux de désignation suivants ont eu lieu :

L'ex-*Tchécoslovaquie*: Depuis le 1er janvier 1993, les données relatives à la République tchèque, et à la Slovaquie, lorsqu'elles sont disponibles, sont présentées séparément sous le nom de chacun des pays. En ce qui concerne la période précédant le 1er janvier 1993, pour laquelle on ne possède pas de données séparées pour les deux Républiques, les données relatives à l'ex-Tchécoslovaquie sont, sauf indication contraire, présentées sous le titre "l'ex-Tchécoslovaquie".

Allemagne: En vertu de l'adhésion de la République démocratique allemande à la République fédérale d'Allemagne, prenant effet le 3 octobre 1990, les deux Etats allemands se sont unis pour former un seul Etat souverain. A compter de la date de l'unification, la République fédérale d'Allemagne est désigné à l'ONU sous le nom d'"Allemagne". Toutes les données se rapportant à l'Allemagne avant le 3 octobre figurent dans deux rubriques séparées basées sur les territoires respectifs de la République fédérale d'Allemagne et l'ex-République démocratique allemande selon la période indiquée;

Rfs Yougoslavie : Les données fournies pour la Yougoslavie avant le 1er janvier 1992 se rapportent à la République fédérative socialiste de Yougoslavie, qui était composée de six républiques. Les données fournies pour la Yougoslavie après cette date se rapportent à la République fédérative de Yougoslavie, qui est composée de deux républiques (Serbie et Monténégro);

L'ex-*URSS* : En 1991, l'Union des républiques socialistes soviétiques s'est séparé en 15 pays distincts (Arménie, Azerbaïdjan, Bélarus, Estonie, Géorgie, Kazakhstan, Kirghizistan, Lettonie, Lituanie, la République de Moldova, Fédération de Russie, Tadjikistan, Turkménistan, Ukraine, Ouzbékistan). Les données sont présentées pour ces pays pris séparément quand cela est possible. Autrement, les données sont présentées pour l'ex-URSS.

Hong-Kong Région administrative spéciale de Chine : Conformément à une Déclaration commune signée le 19 décembre 1984, le Royaume-Uni a rétrocédé Hong-Kong à la République populaire de Chine, avec effet au 1er juillet 1997; la souveraineté de la République populaire de Chine s'exerce à nouveau sur le territoire à compter de cette date.

Les autres changements de désignation couvrant les périodes mentionnées sont énumérés ci-dessous :

Le *Brunéi Darussalam* apparaissait antérieurement sous le nom de Brunéi;

Le *Burkino Faso* apparaissait antérieurement sous le nom de la Haute-Volta;

Le *Cambodge* apparaissait antérieurement sous le nom de la Kampuchea démocratique;

Côte d'Ivoire was formerly listed as Ivory Coast;
Democratic Republic of the Congo was formerly listed as Zaire.
Myanmar was formerly listed as Burma;
Palau was formerly listed as Pacific Islands and includes data for Federated States of Micronesia, Marshall Islands and Northern Mariana Islands;
Saint Kitts and Nevis was formerly listed as Saint Christopher and Nevis;
Yemen comprises the former Republic of Yemen and the former Democratic Yemen;
Data relating to the People's Republic of China generally include those for Taiwan Province in the field of statistics relating to population, area, natural resources, natural conditions such as climate. In other fields of statistics, they do not include Taiwan Province unless otherwise stated.

B. *Regional groupings*

The scheme of regional groupings given below presents seven regions based mainly on continents. Five of the seven continental regions are further subdivided into 21 regions that are so drawn as to obtain greater homogeneity in sizes of population, demographic circumstances and accuracy of demographic statistics.[21, 57] This nomenclature is widely used in international statistics and is followed to the greatest extent possible in the present *Yearbook* in order to promote consistency and facilitate comparability and analysis. However, it is by no means universal in international statistical compilation, even at the level of continental regions, and variations in international statistical sources and methods dictate many unavoidable differences in particular fields in the present *Yearbook*. General differences are indicated in the footnotes to the classification presented below. More detailed differences are given in the footnotes and technical notes to individual tables.

Neither is there international standardization in the use of the terms "developed" and "developing" countries, areas or regions. These terms are used in the present publication to refer to regional groupings generally considered as "developed": these are Europe and former USSR, the United States of America and Canada in northern America, and Australia, Japan and New Zealand in Asia and Oceania. These designations are intended for statistical convenience and do not necessarily express a judgement about the stage reached by a parlicular country or area in the development process. Differences from this usage are indicated in the notes to individual tables.

Le *Cameroun* apparaissait antérieurement sous le nom de République-Unie du Cameroun;
République démocratique du Congo apparaissait antérieurement sous le nom de Zaïre
Myanmar apparaissait antérieurement sous le nom de Birmanie;
Palaos apparaissait antétieurement sous le nom de Iles du Pacifique y compris les données pour les Etats fédérés de Micronésie, les îles Marshall et îles Mariannes du Nord;
Saint-Kitts-et-Nevis apparaissait antérieurement sous le nom de Saint-Christophe-et-Nevis;
Le *Yémen* comprend l'ex-République de Yémen et l'ancien Yémen démocratique;
Les données relatives à la République populaire de Chine comprennent en général les données relatives à la province de Taïwan lorqu'il s'agit de statistiques concernant la population, la superficie, les ressources naturelles, les conditions naturelles telles que le climat, etc. Dans les statistiques relatives à d'autres domaines, la province de Taïwan n'est pas comprise, sauf indication contraire.

B. *Groupements régionaux*

Le système de groupements régionaux présenté ce-dessous comporte sept régions basés principalement sur les continents. Cinq des sept régions continentales sont elles-mêmes subdivisées, formant ainsi 21 régions délimitées de manière à obtenir une homogénéité accrue dans les effectifs de population, les situations démographiques et la précision des statistiques démographiques [21, 57]. Cette nomenclature est couramment utilisée aux fins des statistiques internationales et a été appliquée autant qu'il a été possible dans le présent *Annuaire* en vue de renforcer la cohérence et de faciliter la comparaison et l'analyse. Son utilisation pour l'établissement des statistiques internationales n'est cependant rien moins qu'universelle, même au niveau des régions continentales, et les variations que présentent les sources et méthodes statistiques internationales entraînent inévitablement de nombreuses différences dans certains domaines de cet *Annuaire*. Les différences d'ordre général sont indiquées dans les notes figurant au bas de la classification présentée ci-dessous. Les différences plus spécifiques sont mentionées dans les notes techiques et notes infrapaginales accompagnant les divers tableaux.

L'application des expressions "développés" et "en développement" aux pays, zones ou régions n'est pas non plus normalisée à l'échelle internationale. Ces expressions sont utilisées dans la présente publication en référence aux groupements régionaux généralement considérés comme "développés", à savoir l'Europe et l'ex-URSS, les Etats-Unis d'Amérique et le Canada en Amérique du Nord, et l'Australie, le Japon et la Nouvelle-Zélande dans la région de l'Asie et du Pacifique. Ces appellations sont employées pour des raisons de commodité statistique et n'expriment pas nécessairement un jugement sur le stade de développement atteint par tel ou tel pays ou zone. Les cas différant de cet usage sont signalés dans les notes accompagnant les tableaux concernés.

Africa
Eastern Africa
Burundi
Comoros
Djibouti
Eritrea
Ethiopia
Kenya
Madagascar
Malawi
Mauritius
Mozambique
Réunion
Rwanda
Seychelles
Somalia
Uganda
United Republic of Tanzania
Zambia
Zimbabwe

Middle Africa
Angola
Cameroon
Central African Republic
Chad
Congo
Democratic Republic of the Congo
Equatorial Guinea
Gabon
Sao Tome and Principe

Northern Africa
Algeria
Egypt
Libyan Arab Jamahiriya
Morocco
Sudan
Tunisia
Western Sahara

Southern Africa
Botswana
Lesotho
Namibia
South Africa
Swaziland

Western Africa
Benin
Burkina Faso
Cape Verde
Côte d'Ivoire
Gambia
Ghana

Afrique
Afrique orientale
Burundi
Comores
Djibouti
Erythrée
Ethiopie
Kenya
Madagascar
Malawi
Maurice
Mozambique
Réunion
Rwanda
Seychelles
Somalie
Ouganda
République-Unie de Tanzanie
Zambie
Zimbabwe

Afrique centrale
Angola
Cameroun
République centrafricaine
Tchad
Congo
République démocratique du Congo
Guinée équatoriale
Gabon
Sao Tomé-et-Principe

Afrique septentrionale
Algérie
Egypte
Jam. arabe libyenne
Maroc
Soudan
Tunisie
Sahara occidental

Afrique méridionale
Botswana
Lesotho
Namibie
Afrique du Sud
Swaziland

Afrique occidentale
Bénin
Burkina Faso
Cap-Vert
Côte d'Ivoire
Gambie
Ghana

Guinea	Guinée
Guinea-Bissau	Guinée-Bissau
Liberia	Libéria
Mali	Mali
Mauritania	Mauritanie
Niger	Niger
Nigeria	Nigéria
St. Helena	Sainte-Hélène
Senegal	Sénégal
Sierra Leone	Sierra Leone
Togo	Togo

Americas — **Amérique**
Latin America and the Caribbean — **Amérique latine et les Caraïbes**
Caribbean — *Caraïbes*

Anguilla	Anguilla
Antigua and Barbuda	Antigua-et-Barbuda
Aruba	Aruba
Bahamas	Bahamas
Barbados	Barbade
British Virgin Islands	Iles Vierges britanniques
Cayman Islands	Iles Caïmanes
Cuba	Cuba
Dominica	Dominique
Dominican Republic	République dominicaine
Grenada	Grenade
Guadeloupe	Guadeloupe
Haiti	Haïti
Jamaica	Jamaïque
Martinique	Martinique
Montserrat	Montserrat
Netherlands Antilles	Antilles néerlandaises
Puerto Rico	Porto Rico
St. Kitts and Nevis	St. Christophe/Nevis
St. Lucia	Sainte-Lucie
St. Vincent/Grenadines	St. Vincent/Grenadines
Trinidad and Tobago	Trinité-et-Tobago
Turks and Caicos Islands	Iles Turques et Caiques
US Virgin Islands	Iles Vierges américaines

Central America — *Amérique centrale*

Belize	Belize
Costa Rica	Costa Rica
El Salvador	El Salvador
Guatemala	Guatemala
Honduras	Honduras
Mexico	Mexique
Nicaragua	Nicaragua
Panama	Panama

South America — *Amérique du Sud*

Argentina	Argentine
Bolivia	Bolivie
Brazil	Brésil
Chile	Chili

Colombia	Colombie
Ecuador	Equateur
Falkland Islands (Malvinas)	Iles Falkland (Malvinas)
French Guiana	Guyane française
Guyana	Guyana
Paraguay	Paraguay
Peru	Pérou
Suriname	Suriname
Uruguay	Uruguay
Venezuela	Venezuela

Northern America	**Amérique septentrionale**
Bermuda	Bermudes
Canada	Canada
Greenland	Groenland
St. Pierre and Miquelon	Saint-Pierre-et-Miquelon
United States of America	Etats-Unis d'Amérique

Asia	**Asie**
Eastern Asia	*Asie orientale*
China [c]	Chine [c]
China, Hong Kong SAR [d]	Chine, Hong-Kong RAS [d]
Japan	Japon
Korea, Democratic People's Republic	Corée, république populaire démocratique de
Korea, Republic of	Corée, République de
Macau	Macao
Mongolia	Mongolie

South-central Asia	*Asie méridionale centrale*
Afghanistan	Afghanistan
Bangladesh	Bangladesh
Bhutan	Bhoutan
India	Inde
Iran (Islamic Republic of)	Iran, République islamique d'
Kazakhstan	Kazakhstan
Kyrgyzstan	Kirghizistan
Maldives	Maldives
Nepal	Népal
Pakistan	Pakistan
Sri Lanka	Sri Lanka
Tajikistan	Tadjikistan
Turkmenistan	Turkménistan
Uzbekistan	Ouzbékistan

South-eastern Asia	*Asie méridionale orientale*
Brunei Darussalam	Brunéi Darussalam
Cambodia	Cambodge
East Timor	Timor oriental
Indonesia	Indonésie
Lao People's Democratic Republic	République démocratique populaire Lao
Malaysia	Malaisie
Myanmar	Myanmar
Philippines	Philippines
Singapore	Singapour
Thailand	Thaïlande
Viet Nam	Viet Nam

Western Asia
Armenia
Azerbaijan
Bahrain
Cyprus
Gaza Strip
Georgia
Iraq
Israel
Jordan
Kuwait
Lebanon
Oman
Qatar
Saudi Arabia
Syrian Arab Republic
Turkey
United Arab Emirates
Yemen

Europe
Eastern Europe
Belarus
Bulgaria
Czech Republic
Germany:[a]
    former German Democratic Republic
Hungary
Poland
Republic of Moldova
Romania
Russian Federation
Slovakia
Ukraine

Northern Europe
Channel Islands
Denmark
Estonia
Faeroe Islands
Finland
Iceland
Ireland
Isle of Man
Latvia
Lithuania
Norway
Svalbard and Jan Mayen Islands
Sweden
United Kingdom

Asie occidentale
Arménie
Azerbaïdjan
Bahreïn
Chypre
Zone de Gaza
Géorgie
Iraq
Israël
Jordanie
Koweït
Liban
Oman
Qatar
Arabie saoudite
République arabe syrienne
Turquie
Emirats arabes unis
Yémen

Europe
Europe orientale
Bélarus
Bulgarie
République tchèque
Allemagne:[a]
    l'ex-République démocratique allemande
Hongrie
Pologne
République de Maldova
Roumanie
Fédération de Russie
Slovaquie
Ukraine

Europe septentrionale
Iles Anglo-Normandes
Danemark
Estonie
Iles Féroé
Finlande
Islande
Irlande
Iles de Man
Lettonie
Lithuanie
Norvège
Svalbard et îles Jan Mayen
Suède
Royaume-Uni

Southern Europe
Albania
Andorra
Bosnia and Herzegovina
Croatia
Gibraltar
Greece
Holy See
Italy
Malta
Portugal
San Marino
Slovenia
Spain
The Former Yougoslav Rep. of Macedonia
Yugoslavia

Western Europe [b]
Austria
Belgium
France
Germany: [a]
  Federal Republic of Germany
Liechtenstein
Luxembourg
Monaco
Netherlands
Switzerland

Oceania
Australia and New Zealand
Australia
Christmas Islands
Cocos (Keeling) Islands
New Zealand
Norfolk Island

Melanesia
Fiji
New Caledonia
Papua New Guinea
Solomon Islands
Vanuatu

Micronesia-Polynesia
    Micronesia
Guam
Kiribati
Marshall Islands
Micronesia, Federated States of
Nauru
Northern Marianna Islands
Palau
Wake Island

Europe méridionale
Albanie
Andorre
Bosnie-Herzégovine
Croatie
Gibraltar
Grèce
Saint-Siège
Italie
Malte
Portugal
Saint-Marin
Slovénie
Espagne
L'ex-République yougoslave de Macédoine
Yougoslavie

Europe occidentale [b]
Autriche
Belgique
France
Allemagne: [a]
  République fédérale d'Allemagne
Liechtenstein
Luxembourg
Monaco
Pays-Bas
Suisse

Océanie
Australie et Nouvelle Zélande
Australie
Iles Christmas
Iles des Cocos (Keeling)
Nouvelle-Zélande
Ile Norfolk

Melenésie
Fidji
Nouvelle-Calédonie
Papouasie-Nouv.-Guinée
Iles Salomon
Vanuatu

Micronésie-Polynésie
    Micronésie
Guam
Kiribati
Iles Marshall
Micronésie, Etats fédératives de
Nauru
Iles Mariannes du Nord
Palaos
Ile de Wake

Polynesia
American Samoa
Cook Islands
French Polynesia
Johnston Island
Midway Islands
Niue
Pitcairn
Samoa
Tokelau
Tonga
Tuvalu
Wallis and Futuna Islands

former **Union of Soviet Socialist Republics**
former USSR

Polynésie
Samoa américaine
Iles Cook
Polynésie française
Ile Johnston
Iles Midway
Nioué
Pitcairn
Samoa
Tokélau
Tonga
Tuvalu
Iles Wallis et Futuna

l'ex-**Union des républiques Socialistes Soviétiques**
l'ex-URSS

---

a Through the accession of the German Democratic Republic to the Federal Republic of Germany with effect from 3 October 1990, the two German States have united to form one sovereign State. As from the date of unification, the Federal Republic of Germany acts in the United Nations under the designation of "Germany". All data shown which pertain to Germany prior to 3 October 1990 are indicated separately for the Federal Republic of Germany and the former German Democratic Republic based on their respective territories at the time indicated.

b Where the term "western Europe" is used in the present publication in distinction to "eastern Europe", it refers to all regions of Europe except eastern Europe (that is, it is comprised of northern and southern as well as western Europe).

c For statistical purposes, the data for China do not include those for the Hong Kong Special Administrative Region (Hong Kong SAR) and Taiwan province of China.

d *Hong Kong Special Administrative Region of China*: Pursuant to a Joint Declaration signed on 19 December 1984, the United Kingdom restored Hong Kong to the People's Republic of China with effect from 1 July 1997; the People's Republic of China resumed the exercise of sovereignty over the territory with effect from that date.

---

a En vertu de l'adhésion de la République démocratique allemande à la République fédérale d'Allemagne, prenant effet le 3 octobre 1990, les deux Etats allemands se sont unis pour former un seul Etat souverain. A compter de la date de l'unification, la République fédérale d'Allemagne est désigné à l'ONU sous le nom d'"Allemagne". Toutes les données se rapportant à l'Allemagne avant le 3 octobre figurent dans deux rubriques séparées basées sur les territoires respectifs de la République fédérale d'Allemagne et l'ex-République démocratique allemande selon la période indiquée.

b Lorsque l'expression "Europe occidentale" est utilisée dans la présente publication par opposition à l'expression "Europe orientale", elle s'applique à toutes les régions de l'Europe à l'exception de l'Europe orientale (c'est-à-dire qu'elle englobe l'Europe septentrionale et l'Europe méridionale aussi bien que l'Europe occidentale proprement dite).

c Les données statistiques relatives à la Chine ne comprennent pas celles qui concernent la région administrative spéciale de Hong-Kong (la RAS de Hong-Kong) et la province chinoise de Taiwan.

d *Hong-Kong Région administrative spéciale de Chine* : Conformément à une Déclaration commune signée le 19 décembre 1984, le Royaume-Uni a rétrocédé Hong-Kong à la République populaire de Chine, avec effet au 1er juillet 1997; la souveraineté de la République populaire de Chine s'exerce à nouveau sur le territoire à compter de cette date.

C. *Other groupings*

Following is a list of other groupings and their compositions presented in the *Yearbook*. These groupings are organized mainly around economic and trade interests in regional associations.

Andean Common Market (ANCOM)
  Bolivia
  Colombia
  Ecuador
  Peru
  Venezuela

Asia-Pacific Economic Co-operation (APEC)
  Australia
  Brunei Darussalam
  Canada
  Chile
  China
  China, Hong Kong SAR [d]
  Indonesia
  Japan
  Malaysia
  Mexico
  New Zealand
  Papua New Guinea
  Philippines
  Republic of Korea
  Singapore
  Thailand
  United States of America

Association of South-East Asian Nations (ASEAN)
  Brunei Darussalam
  Indonesia
  Malaysia
  Philippines
  Singapore
  Thailand

Carribean Community and Common Market (CARICOM)
  Antigua and Barbuda
  Bahamas (member of the Community only)
  Barbados
  Belize
  Dominica
  Grenada
  Guyana
  Jamaica
  Montserrat
  Saint Kitts and Nevis
  Saint Lucia
  Saint Vincent and the Grenadines
  Suriname
  Trinidad and Tobago

C. *Autres groupements*

On trouvera ci-après une liste des autres groupements et de leur composition, présentée dans l'*Annuaire*. Ces groupements correspondent essentiellement à des intérêts économiques, et commerciaux d'après les associations régionales.

Marché commun andin (ANCOM)
  Bolivie
  Colombie
  Equateur
  Pérou
  Vénézuela

Coopération économique de l'Asie et du Pacifique (CEAP)
  Australie
  Brunéi Darussalam
  Canada
  Chili
  Chine
  Chine, Hong-Kong RAS [d]
  Indonésie
  Japon
  Malaisie
  Mexique
  Nouvelle-Zélande
  Papouasie-Nouvelle-Guinée
  Philippines
  Corée, République de
  Singapour
  Thailande
  Etats-Unis d'Amérique

Association des nations de l'Asie du Sud-Est (ANASE)
  Brunéi Darussalam
  Indonésie
  Malaisie
  Philippines
  Singapour
  Thailande

Communauté des caraïbes et marché commun (CARICOM)
  Antigua-et-Barbuda
  Bahamas (membre de communauté seul)
  Barbade
  Belize
  Dominique
  Grenade
  Guyane
  Jamaique
  Montserrat
  Saint-Kitts-et-Nevis
  Sainte-Lucie
  Saint Vincent-et-les-Grenadines
  Suriname
  Trinité-et-Tobago

Central American Common Market (CACM)
   Costa Rica
   El Salvador
   Guatemala
   Honduras
   Nicaragua

Central African Customs and Economic Union (CACEU)
   Cameroon
   Central African Republic
   Chad
   Congo
   Equatorial Guinea
   Gabon

Commonwealth of Independent States (CIS)
   Armenia
   Azerbaijan
   Belarus
   Georgia
   Kazakhstan
   Kyrgyzstan
   Republic of Moldova
   Russian Federation
   Tajikistan
   Turkmenistan
   Ukraine
   Uzbekistan

Economic Community of West African States (ECOWAS)
   Benin
   Burkina Faso
   Cape Verde
   Côte d'Ivoire
   Gambia
   Ghana
   Guinea
   Guinea-Bissau
   Liberia
   Mali
   Mauritania
   Niger
   Nigeria
   Senegal
   Sierra Leone
   Togo

European Community (EC) [a]
   Austria
   Belgium
   Denmark
   Finland
   France

Marché commun de l'Amérique centrale (MCAC)
   Costa Rica
   El Salvador
   Guatemala
   Honduras
   Nicaragua

Union douanière et économique de l'Afrique centrale (UDEAC)
   Cameroun
   République centrafricaine
   Tchad
   Congo
   Guinée équatoriale
   Gabon

Communauté des Etats indépendants (CEI)
   Arménie
   Azerbaïdjan
   Bélarus
   Géorgie
   Kazakhstan
   Kirghizistan
   République de Moldova
   Fédération de Russie
   Tadjikistan
   Turkménistan
   Ukraine
   Ouzbékistan

Communauté économique des états de l'Afrique de l'Ouest (CEDEAO)
   Bénin
   Burkina Faso
   Cap-Vert
   Côte d'Ivoire
   Gambie
   Ghana
   Guinée
   Guinée-Bissau
   Libéria
   Mali
   Mauritanie
   Niger
   Nigéria
   Sénégal
   Sierra Leone
   Togo

Communauté européenne (CE) [a]
   Autriche
   Belgique
   Danemark
   Finlande
   France

Germany
Greece
Ireland
Italy
Luxembourg
Netherlands
Portugal
Spain
Sweden
United Kingdom

European Free Trade Association (EFTA) [b]
Iceland
Liechtenstein
Norway
Switzerland

Latin American Integration Association (LAIA)
Argentina
Bolivia
Brazil
Chile
Colombia
Ecuador
Mexico
Paraguay
Peru
Uruguay
Venezuela

Least developed countries (LDC) [c]
Afghanistan
Angola
Bangladesh
Benin
Bhutan
Burkina Faso
Burundi
Cambodia
Cape Verde
Central African Republic
Chad
Comoros
Democratic Republic of the Congo
Djibouti
Equatorial Guinea
Eritrea
Ethiopia
Gambia
Guinea
Guinea-Bissau
Haiti
Kiribati
Lao People's Democratic Republic
Lesotho

Allemagne
Grèce
Irlande
Italie
Luxembourg
Pays-Bas
Portugal
Espagne
Suède
Royaume-Uni

Association européenne de libre échange (AELE) [b]
Islande
Liechtenstein
Norvège
Suisse

Association Latino-américaine d'intégration (LAIA)
Argentine
Bolivie
Brésil
Chili
Colombie
Equateur
Mexique
Paraguay
Pérou
Uruguay
Venezuela

Les pays moins avancés (PMA) [c]
Afghanistan
Angola
Bangladesh
Bénin
Bhoutan
Burkina Faso
Burundi
Cambodge
Cap-Vert
République centrafricaine
Tchad
Comores
République démocratique du Congo
Djibouti
Guinée équatoriale
Erythrée
Ethiopie
Gambie
Guinée
Guinée-Bissau
Haïti
Kiribati
République démocratique populaire lao
Lesotho

Liberia	Libéria
Madagascar	Madagascar
Malawi	Malawi
Maldives	Maldives
Mali	Mali
Mauritania	Mauritanie
Mozambique	Mozambique
Myanmar	Myanmar
Nepal	Népal
Niger	Niger
Rwanda	Rwanda
Samoa	Samoa
Sao Tomé and Principe	Sao Tomé-et-Principe
Sierra Leone	Sierra Leone
Solomon Islands	Iles Salomon
Somalia	Somalie
Sudan	Soudan
Togo	Togo
Tuvalu	Tuvalu
Uganda	Ouganda
United Republic of Tanzania	République-Unie de Tanzanie
Vanuatu	Vanuatu
Yemen	Yémen
Zambia	Zambie

Mercado Comun Sudamericano(Southern Common Market) (MERCOSUR)   *Mercado Comun Sudamericano* (Marché commun austral) (MERCOSUR)
- Argentina / Argentine
- Brazil / Brézil
- Paraguay / Paraguay
- Uruguay / Uruguay

North American Free Trade Area (NAFTA)   *Association nord-américaine de libre-échange* (NAFTA)
- Canada / Canada
- Mexico / Mexique
- United States of America / Etats-Unis d'Amérique

Organization for Economic Co-operation and Development (OECD)   *Organisation de coopération et de développement économiques* (OCDE)
- Australia / Australie
- Austria / Autriche
- Belgium / Belgique
- Canada / Canada
- Czech Republic / République tchéque
- Denmark / Danemark
- Finland / Finalande
- France / France
- Germany / Allemagne
- Greece / Grèce
- Hungary / Hongrie
- Iceland / Islande
- Ireland / Irelande
- Italy / Italie
- Japan / Japon
- Korea, Republic of / Corée, République de

Luxembourg	Luxembourg
Mexico	Mexique
Netherlands	Pays-Bas
New Zealand	Nouvelle-Zélande
Norway	Norvège
Poland	Pologne
Portugal	Portugal
Spain	Espagne
Sweden	Suède
Switzerland	Suisse
Turkey	Turquie
United Kingdom	Royaume-Uni
United States of America	Etats-Unis d'Amérique

Organization of Petroleum Exporting Countries (OPEC) / *Organisation des pays exportateurs de pétrole* (OPEP)

Algeria	Algérie
Gabon	Gabon
Indonesia	Indonésie
Iran, Islamic Republic of	Iran, République islamique d'
Iraq	Iraq
Kuwait	Koweït
Libyan Arab Jamahiriya	Jamahiriya arabe libyenne
Nigeria	Nigéria
Qatar	Qatar
Saudi Arabia	Arabie saoudite
United Arab Emirates	Emirats arabes unis
Venezuela	Venezuela

Preferential Trade Area for Eastern and Southern African States (PTA) / *Zone d'échange préférentiels entre les Etats d'Afrique de l'Est et l'Afrique australe* (ZEP)

Angola	Angola
Burundi	Burundi
Comoros	Comores
Democratic Republic of the Congo	République démocratique du Congo
Djibouti	Djibouti
Eritrea	Erythrée
Ethiopia	Ethiopie
Kenya	Kenya
Lesotho	Lesotho
Madagascar	Madagascar
Malawi	Malawi
Mauritius	Maurice
Mozambique	Mozambique
Namibia	Namibie
Rwanda	Rwanda
Seychelles	Seychelles
Somalia	Somalie
Sudan	Soudan
Swaziland	Swaziland
Uganda	Ouganda
United Republic of Tanzania	République-Unie de Tanzanie
Zambia	Zambie
Zimbabwe	Zimbabwe

---

a   Beginning January 1995, includes Austria, Finland and Sweden.
b   Beginning January 1995, excludes Austria, Finland and Sweden.
c   As determined by the General Assembly in its resolution 49/133.
d   See footnote d on page 901 at the end of Regional Groupings.

a   A partir de janvier 1995, y compris Autriche, Finlande et Suède.
b   A partir de janvier 1995, non compris Autriche, Finlande et Suède.
c   Comme déterminés par l'Assemblée générale dans sa résolution 49/133.
d   Voir note de bas de page d à la page 901 à la fin des Groupements régionaux.

Annex II

Conversion coefficients and factors

The metric system of weights and measures is employed in the *Statistical Yearbook*. In this system, the relationship between units of volume and capacity is: 1 litre = 1 cubic decimetre exactly (as decided by the 12th International Conference of Weights and Measures, New Delhi, November 1964).

Section A shows the equivalents of the basic metric, British imperial and United States units of measurements. According to an agreement between the national standards institutions of English-speaking nations, the British and United States units of length, area and volume are now identical, and based on the yard = 0.9144 metre exactly. The weight measures in both systems are based on the pound = 0.45359237 kilogram exactly (Weights and Measures Act 1963 (London), and *Federal Register* announcement of 1 July 1959: *Refinement of Values for the Yard and Pound* (Washington D.C.)).

Section B shows various derived or conventional conversion coefficients and equivalents.

Section C shows other conversion coefficients or factors which have been utilized in the compilation of certain tables in the *Statistical Yearbook*. Some of these are only of an approximate character and have been employed solely to obtain a reasonable measure of international comparability in the tables.

For a comprehensive survey of international and national systems of weights and measures and of units weights for a large number of commodities in different countries, see *World Weights and Measures* (United Nations publication, Sales No. E.66.XVII.3).

Annexe II

Coefficients et facteurs de conversion

L'Annuaire statistique utilise le système métrique pour les poids et mesures. La relation entre unités métriques de volume et de capacité est: 1 litre = 1 décimètre cube (dm³) exactement (comme fut décidé à la Conférence internationale des poids et mesures, New Delhi, novembre 1964).

La section A fournit les équivalents principaux des systèmes de mesure métrique, britannique et américain. Suivant un accord entre les institutions de normalisation nationales des pays de langue anglaise, les mesures britanniques et américaines de longueur, superficie et volume sont désormais identiques, et sont basées sur le yard = 0:9144 mètre exactement. Les mesures de poids se rapportent, dans les deux systèmes, à la livre (pound) = 0.45359237 kilogramme exactement ("Weights and Measures Act 1963" (Londres), et "*Federal Register Announcement of 1 July 1959: Refinement of Values for the Yard and Pound*" (Washington, D.C.)).

La section B fournit divers coeficients et facteurs de conversion conventionnels ou dérivés.

La section C fournit d'autres coefficients ou facteurs de conversion utilisés dans l'élaboration de certains tableaux de l'*Annuaire statistique*. D'aucuns ne sont que des approximations et n'ont été utilisés que pour obtenir un degré raisonnable de comparabilité sur le plan international.

Pour une étude d'ensemble des systèmes internationaux et nationaux de poids et mesures, et d'unités de poids pour un grand nombre de produits dans différents pays, voir "*World Weights and Measures*" (publication des Nations Unies, No de vente E.66.XVII.3).

A. Equivalents of metric, British imperial and United States units of measure
A. Equivalents des unités métriques, britanniques et des Etats-Unis

Metric units Unités métriques	British imperial and US equivalents Equivalents en mesures britanniques et des Etats-Unis	British imperial and US units Unités britannniques et des Etats-Unis	Metric equivalents Equivalents en mesures métriques	
Length–Longeur				
1 centimetre–centimètre (cm) ..	0.3937008 inch	1 inch....................	2.540	cm
1 metre–mètre (m)	3.280840 feet	1 foot	30.480	cm
	1.093613 yard	1 yard	0.9144	m
1 kilometre – kilomètre (km) ...	0.6213712 mile	1 mile	1609.344	m
	0.5399568 int. naut. mile	1 international nautical mile	1852.000	m
Area – Superficie				
1 square centimetre – cm². ...	0.1550003 square inch	1 square inch	6.45160	cm²
1 square metre – m²	10.763910 square feet	1 square foot	9.290304	dm²
	1.195990 square yards	1 square yard	0.83612736	m²
1 hectare – ha	2.471054 acres	1 acre	0.4046856	ha
1 square kilometre – km²	0.3861022 square mile	1 square mile	2.589988	km²
Volume				
1 cubic centimetre – cm³	0.06102374 cubic inch	1 cubic inch	16.38706	cm³
1 cubic metre – m³	35.31467 cubic feet	1 cubic foot	28.316847	dm³
	1.307951 cubic yards	1 cubic yard	0.76455486	m³
Capacity – Capacité				
1 litre (l)	0.8798766 imp. quart	1 British imperial quart	1.136523	l
	1.056688 U.S. liq. quart	1 U.S. liquid quart	0.9463529	l
	0.908083 U.S. dry quart	1 U.S. dry quart	1.1012208	l
1 hectolitre (hl)	21.99692 imp. gallons	1 imperial gallon	4.546092	l
	26.417200 U.S. gallons	1 U.S. gallon	3.785412	l
	2.749614 imp. bushels	1 imperial bushel	36.368735	l
	2.837760 U.S. bushels	1 U.S. bushel	35.239067	l
Weight or mass – Poids				
1 kilogram (kg)	35.27396 av. ounces	1 av. ounce	28.349523	g
	32.15075 troy ounces	1 troy ounce	31.10348	g
	2.204623 av. pounds	1 av. pound	453.59237	g
		1 cental (100 lb.)	45.359237	kg
		1 hundredweight (112 lb.)	50.802345	kg
1 ton – tonne (t)	1.1023113 short tons	1 short ton (2 000 lb.)	0.9071847	t
	0.9842065 long tons	1 long ton (2 240 lb.)	1.0160469	t

B. Various conventional or derived coefficients

Railway and air transport

1 passenger-mile = 1.609344 voyageur (passager) - kilomètre
1 short ton-mile = 1.459972 tonne-kilomètre
1 long ton-mile = 1.635169 tonne kilomètre

Ship tonnage

1 register ton (100 cubic feet) – tonne de jauge = 2.83m^3
1 British shipping ton (42 cubic feet) = 1.19m^3
1 U.S. shipping ton (40 cubic feet) = 1.13m^3
1 deadweight ton (dwt ton = long ton) = 1.016047 metric ton – tonne métrique

Electric energy

1 Kilowatt (kW) = 1.34102 British horsepower (hp)
1.35962 cheval vapeur (cv)

C. Other coefficients or conversion factors employed in *Statistical Yearbook* tables

Roundwood

Equivalent in solid volume without bark.

Sugar

1 metric ton raw sugar = 0.9 metric ton refined sugar.
For the United States and its possessions:
1 metric ton refined sugar = 1.07 metric tons raw sugar

B. Divers coefficients conventionnels ou dérivés

Transport ferroviaire et aérien

1 voyageur (passager) - kilomètre = 0.621371) passenger-mile
1 tonne-kilomètre = 0.684945 short ton-mile
0.611558 long ton-mile

Tonnage de navire

1 cubic metre – m^3 = 0.353 register ton – tonne de jauge
0.841 British shipping ton
0.885 US shipping ton
1 metric ton – tonne métrique – 0.984 dwt ton

Energie électrique

1 British horsepower (hp) = 0.7457 kW
1 cheval vapeur (cv) = 0.735499 kW

C. Autres coefficients ou facteurs de conversion utilisés dans les tableaux de l'*Annuaire statistique*

Bois rond

Equivalences en volume solide sans écorce.

Sucre

1 tonne métrique de sucre brut = 0.9 tonne métrique de sucre raffiné.
Pour les Etats-Unis et leurs possessions:
1 tonne métrique de sucre raffiné = 1.07 t.m. de sucre brut.

D. Selected energy conversion factors

Crude petroleum

1 barrel = 42 U.S. gallons = 34.97 imperial gallons = 158.99 litres = 0.15899 cubic metres.
1 cubic metre = 6.2898 barrels.

The equivalent of barrels in metric tons depends on the specific gravity of the petroleum which varies from country to country. The average specific gravity for each producing country is indicated in the table on the production of crude petroleum in the *Energy Statistics Yearbook*.

Coal equivalent[1] (metric tons unless otherwise indicated):

Coal, anthracite and bituminous	1.0
Coal briquettes	1.0
Cokes of coal	0.9
Lignite	0.385
Cokes of brown coal or lignite	0.67
Lignite briquettes	0.67
Peat for fuel	0.325
Peat briquettes	0.5
Crude petroleum	1.429
Natural gas liquids (weighted average)	1.542
Liquefied petroleum gases	1.554
Natural gas (terajoules[2])	34.121

Coal equivalent (metric tons of hydro, nuclear and geothermal electricity:
1000 kWh = 0.123

---

[1] It should be noted that the base used for coal equivalency comprises 7000 calories/gramme.
[2] Under standard conditions of 15°C, 1013.25 mbar, dry.

D. Facteurs de conversion pour certains produits en matière d'énergie

Pétrole brut

1 baril = 42 gallons E.U. = 34.97 gallons britanniques = 158.99 litres = 0.15899 m³.
1m³ = 6.2898 barils.

L'équivalent du baril en tonnes métriques dépend du poids spécifique du pétrole qui varie d'un pays à l'autre. Le poids spécifique moyen utilisé pour chaque pays producteur se trouve dans l'Annuaire des statistiques de l'énergie dans le tableau relatif à la production de pétrole brut.

Equivalent en houille[1] (tonnes métriques sauf indication contraire):

Charbon, anthracite et la houille bitumineuse	1.0
Briquettes de charbon	1.0
Cokes de charbon	0.9
Lignite	0.385
Cokes de charbon brun ou de lignite	0.67
Briquettes de lignite	0.67
Tourbe pour combustible	0.325
Briquettes de tourbe	0.5
Pétrole brut	1.429
Condensats provenant du gaz naturel (moyenne pondérée)	1.542
Gaz de pétrole liquéfié	1.554
Gaz naturel (terajoules[2])	34.121

Equivalent en houille (tonnes métriques) d'électricité, hydraulique, nucléaire et géothermique:
1000 kWh = 0.123

---

[1] Veuillez noter que l'équivalence en houille est faite sur la base de 7000 calories/gramme.
[2] En volume standard (à 15°C, 1013.25 mbar, gaz sec).

Annex III

Tables added and omitted

A. *Tables added*

In the present issue of the *Statistical Yearbook* (1995), the following tables have been added:

Table 9: Population in urban and rural areas, rates of growth and largest city population;

Table 14: Book production: number of titles by language of publication;

Table 15: Book production: number of titles by UDC classes;

Table 74: Number of scientists, engineers and technicians in research and experimental development;

Table 75: Expenditure for research and experimental development;

B. The following tables are not presented in the present issue because of insufficient new data:

Table 17 (in *Yearbook*, 41st issue): Cinemas: number, seating capacity, annual attendance and box office receipts;

Table 22 (in *Yearbook*, 38th issue): Food supply;

Table 84 (in *Yearbook*, 39th issue): Concentration of suspended particulate matter at selected sites;

Table 85 (in *Yearbook*, 39th issue): Global water quality in selected rivers;

Table 86 (in *Yearbook*, 39th issue): Surface and land area and land use.

These tables will be updated in future issues of the *Yearbook* when new data become available.

Annexe III

Tableaux ajoutés et supprimés

A. *Tableaux ajoutés*

Dans ce numéro de l'*Annuire statistique* (1995), les tableaux suivants ont été ajoutés :

Tableau 9: Population urbaine, population rurale, taux d'accroissement et population de la ville la plus peuplée;

Tableau 14: Production de livres: nombre de titres classé par langue de publication;

Tableau 15: Production de livres: nombre de titres classé d'après la CDU;

Tableau 74: Nombre de scientifiques, d'ingénieurs et de techniciens employés à des travaux de recherche et de développement expérimental;

Tableau 75: Dépenses consacrées à la recherche et au développement expérimental;

B. Les tableaux suivants n'ont pas été repris dans la présente édition fautes de données nouvelles suffisantes :

Tableau 17 (dans l'*Annuire*, 41ème édition): Cinémas: nombre d'établissements, nombre de sièges, fréquentation annuelle et recettes guichet;

Tableau 22 (dans l'*Annuire*, 38ème édition): Disponibilités alimentaires;

Tableau 84 (dans l'*Annuire*, 39ème édition): Concentration de particules en suspension en divers lieux;

Tableau 85 (dans l'*Annuire*, 39ème édition): Qualité générale de l'eau de certains cours d'eau;

Tableau 86 (dans l'*Annuire*, 39ème édition): Superficie totale, superficie des terres et utilisation des terres.

Ces tableaux seront actualisés dans les futures livraisons de l'*Annuaire* à mesure que des données nouvelles deviendront disponibles.

Statistical sources and references

A. *Statistical sources**

1. AAMA Motor Vehicle, *Facts and Figures 1997* (Detroit, USA) and previous issues.
2. Auto and Truck International, *1996-97 World Automotive Market Report* (Illinois, USA) and previous issues.
3. Carbon Dioxide Information Analysis Center, *Estimates of Global, Regional, and National Annual CO, emissions from Fossil-Fuel Burning, Hydraulic Cement Production, and Gas Flaring: 1950-1994* (Oak Ridge, Tennessee).
4. Food and Agriculture Organization of the United Nations, *FAO Yearbook: Fertilizer 1995* (Rome).
5. _____, *FAO Yearbook: Fishery Statistics, Catches and Landings 1995* (Rome).
6. _____, *FAO Yearbook: Forest Products 1994* (Rome).
7. _____, *State of the World's Forests*, 1997 (Rome).
8. _____, *FAO Yearbook: Production 1995* (Rome).
9. International Civil Aviation Organization, *Cvil Aviation Statistics of the World 1995* (Montreal).
10. _____, Digest of statistics, Traffic (Montreal).
11. International Labour Office, *Year Book of Labour Statistics 1996* (Geneva).
12. International Monetary Fund, *Balance of Payments Yearbook 1996* (Washington, DC).
13. _____, *International Financial Statistics* (Washington, DC, monthly).
14. International Sugar Organization, *Sugar Yearbook 1995* (London) and previous issues.
15. International Telecommunications Union, *World Telecommunication Development Report* 1996-1997 (Geneva).
16. Lloyd's Register of Shipping, *Annual Summary of Merchant Ships Completed 1995* (London) and previous issues.
17. Organisation for Economic Cooperation and Development, *Development Cooperation: Efforts and Policies of the Members of the Development Assistance Committee 1996* (Paris).
18. _____, *Geographic Distribution of Financial Flows to AID Recipients, 1991-1995* (Paris).
19. United Nations, *Commodity Trade Statistics*, Series D (United Nations serial publication).

---

* The following United Nations organization also provided data for the present issue of the *Statistical Yearbook*: World Health Organization, table 14.

Sources statistiques et références

A. *Sources statistiques**

1. "AAMA Motor Vehicle, *Facts and Figures 1997*" (Detroit, USA) et les éditions précédentes.
2. "Auto and Truck International, *1996-1997 World Automotive Market Report*" (Illinois) et les éditions précédentes.
3. "Carbon Dioxide Information Analysis Center, *Estimates of Global, Regional, and National Annual CO, emissions from Fossil-Fuel Burning, Hydraulic Cement Production, and Gas Flaring: 1950-1994*" (Oak Ridge, Tennessee).
4. Organisation des Nations Unies pour l'alimentation et l'agriculture, *FAO Annuaire: Engrais 1995* (Rome).
5. _____, *FAO Annuaire: Statistiques des pêches, captures et quantités débarquées 1995* (Rome).
6. _____, *FAO Annuaire des produits forestiers 1994* (Rome).
7. _____, "*State of the World's Forests*, 1997" (Rome).
8. _____, *FAO Annuaire: Production 1995* (Rome).
9. Organisation de l'aviation civile internationale, *Statistiques mondiales de l'aviation civile 1995* (Montréal).
10. _____, "Digest of statistics, Traffic" (Montréal).
11. Bureau international du Travail, *Annuaire des statistiques du Travail 1996* (Genève).
12. Fonds monétaire international, "*Balance of Payments Yearbook 1996*", (Washington DC).
13. _____, *Statistiques financières internationales* (Washington, DC, mensuel).
14. "International Sugar Organization, Sugar Yearbook 1995" (Londres) et éditions précédentes.
15. Union international des télécommunications, "*World Telecommunication Development Report*" 1996-1997 (Genève).
16. "Lloyd's Register of Shipping, *Annual Summary of Merchant Ships Completed 1995*" (Londres) et éditions précédentes.
17. Organisation de Coopération de Développement Economiques, *Coopération pour le développement : Efforts et politiques des membres du comité d'aide au développement 1996* (Paris).
18. _____, *Répartition géographique des Ressources Financières allouées aux pays bénéficiaires de l'AIDE, 1991-1995* (Paris).
19. Organisation des Nations Unies, "*Commodity Trade Statistics*", (publication des Nations Unies, Série D).

---

* L'organisation des Nations Unies suivante a envoyé aussi des données pour ce numéro de l'Annuaire statistique: Organisation mondiale de la santé, tableau 14.

20. _____, "Comprehensive statistical data on operational activities for development for the years 1994" (A/50/202/Add.1, E/1995/76/Add.1) and 1995 (E/1997/65/Add.4).

21. _____, *Demographic Yearbook 1996* (United Nations publication, Sales No. E/F.97.XIII.1) and previous issues.

22. _____, *Energy Statistics Yearbook 1995* (United Nations publication, Sales No. E/F.97.XVII.8).

23. _____, *Industrial Commodity Statistics Yearbook 1994* (United Nations publications, Sales No. E/F.96.XVII.6).

24. _____, *International Trade Statistics Yearbook 1995*, vols. I and II (United Nations publication, Sales No. E/F.97.XVII.2).

25. _____, *Monthly Bulletin of Statistics*, various issues up to May 1997 (United Nations publication, Series Q).

26. _____, *National Accounts Statistics: Main Aggregates and Detailed Tables, 1995,* Parts I and II (United Nations publication, Sales No. E.97.XVII.6).

27. _____, *World Population Prospects: The 1996 Revision* (United Nations publication, Sales No. E.98.XIII.5).

28. _____, *World Urbanization Prospects 1996* (United Nations publication, forthcoming, Sales No. E.98.XIII.6).

29. United Nations Educational, Scientific and Cultural Organization, *Statistical Yearbook 1995 and 1996* (Paris).

30. World Bank, *Global Development Finance, Vol. I and II, 1997* (Washington, DC).

31. World Conservation Monitoring Center, *1996 Red List of Threatened Animals* (Cambridge, UK).

32. World Energy Council, *1995 Survey of Energy Resources*, 17th Edition (Oxford, UK).

33. World Health Organization, "Revised 1990 Estimates of Maternal Mortality, A New Approach by WHO and UNICEF" (April 1996).

34. World Intellectual Property Organization, *Industrial Property Statistics 1995, Part I* (Geneva).

35. World Tourism Organization, *Yearbook of Tourism Statistics 1996* (Madrid).

B. References

36. Food and Agriculture Organization of the United Nations, *The Fifth World Food Survey 1985* (Rome 1985).

37. International Labour Office, *International Standard Classification of Occupations, Revised Edition 1968* (Geneva, 1969); revised edition, 1988, ... *ISCO-88* (Geneva, 1990).

38. International Monetary Fund, *Balance of Payments Manual, Fifth Edition* (Washington, DC, 1993).

39. Stanton, C. et al "Modelling maternal mortality in the developing world", mimeo, November 1995 (Geneva and New York, WHO, UNICEF).

20. _____, *Données statistiques détaillées sur les activités opérationnelles de développement pour les années 1994* (A/50/202/Add.1, E/1995/76/Add.1) *et 1995* (E/1997/65/Add.4).

21. _____, *Annuaire démographique 1996* (publication des Nations Unies, No de vente 97.XIII.1) et les éditions précédentes.

22. _____, *Annuaire des statistiques de l'énergie 1995* (publication des Nations Unies, No de vente E/F.XVII.8).

23. _____, *Annuaire des statistiques industrielles par produit 1994* (publications des Nations Unies, No de vente E/F.96.XVII.6).

24. _____, *Annuaire statistique du Commerce international 1995*, Vols. I et II (publication des Nations Unies, No de vente E/F.97.XVII.2).

25. _____, *Bulletin mensuel de statistique,* différentes éditions, jusqu'en mai 1997 (publication des Nations Unies, Série Q).

26. _____, "*National Accounts Statistics: Main Aggregates and Detailed Tables 1995*, Parties I et II" (publication des Nations Unies, No de vente E.97.XVII.6).

27. _____, "*World Population Prospects: The 1996 Revision*", (publication des Nations Unies, No de vente E.98.XIII.5).

28. _____, "*World Urbanization Prospects 1996*" (publication des Nations Unies, à paraître, No de vente E.98.XIII.6).

29. Organisation des Nations Unies pour l'éducation, la science et la culture, *Annuaire statistique 1995 et 1996* (Paris).

30. Banque mondiale, "*Global Development Finance, Vol. I et II 1997*" (Washington, DC).

31. Centre mondial mixte de surveillance pour la conservation "*1996 Red List of Threatened Animals*" (Cambridge, Royaume Uni).

32. Conseil mondial de l'énergie, "*1995 Survey of Energy Resources*, 17th Edition" (Oxford, Royaume Uni).

33. Organisation mondiale de la santé, "Revised 1990 Estimates of Maternal Mortality, A New Approach by WHO and UNICEF" (avril 1996).

34. Organisation mondiale de la propriété intellectuelle, *Statistiques de propriété industrielle 1995. Partie I* (Genève).

35. Organisation mondiale du tourisme, *Annuaire des statistiques du tourisme 1996* (Madrid).

B. Références

36. Organisation des Nations Unies pour l'alimentation et l'agriculture, *Cinquième enquête mondiale sur l'alimentation 1985* (Rome, 1985).

37. Organisation internationale du Travail, *Classification internationale type des professions, édition révisée* 1968 (Genève, 1969); édition révisée 1988...*CITP-88* (Genève, 1990).

38. Fonds monétaire international, *Manuel de la balance des paiements, cinquième édition* (Washington, DC, 1993).

40. United Nations, *Basic Methodological Principles Governing the Compilation of the System of Statistical Balances of the National Economy*, Studies in Methods, Series F, No. 17, Rev. 1, vols. 1 and 2 (United Nations publications, Sales No. E.89.XVII.5 and E.89.XVII.3).
41. _____, *Energy Statistics: Definitions, Units of Measure and Conversion Factors*, Series F, No. 44 (United Nations publication, Sales No. E.86.XVII.21).
42. _____, *Energy Statistics—A Manual for Developing Countries*, Series F, No. 56 (United Nations publication, Sales No. E.91.XVII.10).
43. _____, *Handbook of Vital Statistics Systems and Methods*, vol. I, *Legal, Organization and Technical Aspects*, Series F, No. 35, vol. I (United Nations publication, Sales No. E.91.XVII.5).
44. _____, *Handbook on Social Indicators*, Studies in Methods, Series F, No. 49 (United Nations publication, Sales No. E.89.XVII.6).
45. _____, *International Recommendations for Industrial Statistics*, Series M, No. 48, Rev. 1 (United Nations publication, Sales No. E.83.XVII.8).
46. _____, *International Standard Industrial Classification of All Economic Activities*, Statistical Papers, Series M, No. 4, Rev. 2 (United Nations publication, Sales No. E.68.XVII.8); Rev. 3 (United Nations publication, Sales No. E.90.XVII.11).
47. _____, *International Trade Statistics: Concepts and Definitions*, Series M, No. 52, Rev. 1 (United Nations publication, Sales No. E.82.XVII.14).
48. _____, *Methods Used in Compiling the United Nations Price Indexes for External Trade*, volume 1, Statistical Papers, Series M, No. 82 (United Nations Publication, Sales No. E.87.XVII.4).
49. _____, *1977 Supplement to the Statistical Yearbook and the Monthly Bulletin of Statistics*, Series S and Series Q, Supplement 2 (United Nations publication, Sales No. E.78.XVII.10).
50. _____, *Principles and Recommendations for Population and Housing Censuses*, Statistical Papers, Series M, No. 67 (United Nations publication, Sales No. E.80.XVII.8).
51. _____, *Provisional Guidelines on Statistics of International Tourism*, Statistical Papers, Series M, No. 62 (United Nations publication, Sales No. E.78.XVII.6).
52. _____, *Standard International Trade Classification, Revision 3*, Statistical Papers, Series M, No. 34, Rev. 3 (United Nations publication, Sales No. E.86.XVII.12), *Revision 2*, Series M, No. 34, Rev. 2 (United Nations publication), *Revision*, Series M, No. 34, Revision (United Nations publication, Sales No. E.61.XVII.6).
53. _____, *A System of National Accounts*, Studies in Methods, Series F, No. 2, Rev. 3 (United Nations publication, Sales No. E.69.XVII.3).

39. Stanton, C, et al (1996) "Modelling maternal mortality in the developing world", novembre 1995 (Genève et New-York, WHO, UNICEF).
40. Organisation des Nations Unies, *Principes méthodologiques de base régissant l'établissement des balances statistiques de l'économie nationale*, Série F, No 17, Rev.1 Vol. 1 et Vol. 2 (publication des Nations Unies, No de vente F.89.XVII.5 et F.89.XVII.3).
41. _____, *Statistiques de l'énergie: définitions, unités de mesures et facteurs de conversion*, Série F, No 44 (publication des Nations Unies, No de vente F.86.XVII.21).
42. _____, *Statistiques de l'énergie - Manuel pour les pays en développement*, Série F, No 56 (publication des Nations Unies, No de vente F.91.XVII.10).
43. _____, "*Handbook of Vital Statistics System and Methods*, Vol. 1, *Legal, Organization and Technical Aspects*", Série F, No 35, Vol. 1 (publication des Nations Unies, No de vente E.91.XVII.5).
44. _____, *Manuel des Indicateurs sociaux*, Série F, No 49 (publication des Nations Unies, No de vente F.89.XVII.6).
45. _____, *Recommandations internationales concernant les statistiques industrielles*, Série M, No 48, Rev. 1 (publication des Nations Unies, No de vente F.83.XVII.8).
46. _____, *Classification Internationale type, par Industrie, de toutes les branches d'activité économique*, Série M, No 4, Rev. 2 (publication des Nations Unies, No de vente F.68.XVII.8); Rev. 3 (publication des Nations Unies, No de vente F.90.XVII.11).
47. _____, *Statistiques du commerce International: Concepts et définitions*, Série M, No 52, Rev. 1 (publication des Nations Unies, No de vente F.82.XVII.14).
48. _____, *Méthodes utilisées par les Nations Unies pour établir les indices des prix des produits de base entrant dans le commerce international*, Série M, No 82, Vol. 1 (publication des Nations Unies, No de vente F.87.XVII.4).
49. _____, *1977 Supplément à l'Annuaire statistique et au bulletin mensuel de statistique*, Série S et Série Q, supplément 2 (publication des Nations Unies, No de vente F.78.XVII.10).
50. _____, *Principes et recommandations concernant les recensements de la population et de l'habitation*, Série M, No 67 (publication des Nations Unies, No de vente F.80.XVII.8).
51. _____, *Directives provisoires pour l'établissement des statistiques du tourisme International*, Série M, No 62 (publication des Nations Unies, No de vente 78.XVII.6).
52. _____, *Classification type pour le commerce International (troisième version révisée)*, Série M, No 34, Rev. 3 (publication des Nations Unies, No de vente F.86.XVII.12), *Révision 2*, Série M, No 34, Rev. 2 (publication des Nations Unies), *Révision*, Série M, No. 34, Révision (publication des Nations Unies, No de vente F.61.XVII.6).

54. _____, *A System of National Accounts 1993*, Studies in Methods, Series F, No. 2, Rev. 4 (United Nations publication, Sales No. E.94.XVII.4).

55. _____ and World Tourism Organization *Recommendations on Tourism Statistics*, Statistical Papers, Series M, No. 83 (United Nations publication, Sales No. E.94.XVII.6).

56. _____, *Towards a System of Social and Demographic Statistics, Studies in Methods*, Series F, No. 18 (United Nations publication, Sales No. E.74.XVII.8).

57. World Health Organization, *Manual of the International Statistical Classification of Diseases, Injuries and Causes of Death*, vol. 1 (Geneva, 1977). See also *Demographic Yearbook*.[19]

58. World Tourism Organization, *Methodological Supplement to World Travel and Tourism Statistics* (Madrid, 1985).

53. _____, *Système de comptabilité nationale*, Série F, No 2, Rev. 3 (publication des Nations Unies, No de vente F.69.XVII.3).

54. _____, *Système de comptabilité nationale 1993*, Série F, No 2, Rev. 4 (publication des Nations Unies, No de vente F.94.XVII.4).

55. _____ et l'Organisation mondiale du tourisme "*Recommendations on Tourism Statistics*, Statistical Papers", Série M, No. 83 (publication des Nations Unies, No. de vente E.94.XVII.6).

56. _____, *Vers un système de statistiques démographiques et sociales, Etudes méthodologiques,* Série F, No 18 (publication des Nations Unies, No. de vente F.74.XVII.8).

57. Organisation mondiale de la santé, *Manuel de la classification statistique internationale des maladies, traumatismes et causes de décès*, Vol. 1 (Genève, 1977). Voir aussi *Annuaire démographique* [19].

58. Organisation mondiale du tourisme, *Supplément méthodologique aux statistiques des voyages et du tourisme mondiaux* (Madrid, 1985).

Index

Note: References to tables are indicated by **boldface** type. For citations of organizations, see Index of organizations.

aggregates, national account (e.g., GDP), relationships between, **197–205**, 239
   agricultural production, **14**, **321–329**
   method of calculating series, 29–30, 405–406
   per capita, **15**
   sources of information, 405
agricultural products:
   defined, 405
   external trade in, **10**
   prices, **10**, **294–302**
agriculture, hunting, forestry, fishing:
   employment, **254–265**
   production, **9**, **187–196**, **321–404**
AIDS:
   cumulative cases, **101**
   deaths, **101**
   reported cases, by year, **101**
airline traffic. *See* civil aviation
aluminium:
   defined, 541
   production, **10**, **511–515**
animals, threatened. *See* threatened species
apparel, leather, footwear industries, production, **16–22**
asses, number raised, **346–364**
automobiles. *See* motor vehicles, passenger
aviation. *See* civil aviation

balance of payments, **815–845**
   definition of terms, 846–847
Balance of Payments Manual (IMF), 846
Balance of Payments Yearbook (IMF), 813
beef and veal, production, **420–444**
beer:
   defined, 539
   production, **445–450**
beverages, alcoholic. *See* beer
births, live, rate of, **12–13**
book production:
   by language of publication, **116–118**
   method of calculating series, 155
   by UDC class, **111–115**
briquettes:
   defined, 658
   production, **642–656**
brown coal. *See* lignite and brown coal
Bulletin of Labour Statistics (ILO), 318

call money rates. *See* money market rates
capital goods, prices, **294–302**
carbon dioxide emissions, **676–683**
   method of calculating series, 685–686
cars. *See* motor vehicles, passenger
cattle, number raised, **346–364**
cellular telephones:
   defined, 156
   subscribers, **138–144**
cellulosic and non-cellulosic fibre:
   defined, 540
   production, **9**
cellulosic and non-cellulosic fibre fabrics, production, **464–465**
cement:
   defined, 540
   production, **10**, **488–494**
central banks, discount rates, **241–245**
cereals (grain):
   defined, 405
   production, **9**, **330–337**
chemical products, production, **16–22**, **484–504**
child mortality, **93–100**
   defined, 109
cigarettes, production, **452–457**
civil aviation:
   definition of terms, 613
   passengers and freight carried, **596–610**
clothing and footwear
   expenditures, as percentage of private final consumption, **211–214**
   See also apparel, leather, footwear industries; fabrics
coal:
   defined, 657
   production, **9**, **642–656**
coal industry, production, **16–22**
coke:
   defined, 658
   production, **642–656**
commodities:
   classification of, 766–768
   conversion tables for, 908–909
   exports of, **728–740**
   external trade in, **10**
commodities, primary. *See* primary commodities
Commodity Trade Statistics (UN), 765
communications, **111–156**
community, social and personal service industries, employment, **254–265**
"Comprehensive statistical data on operational activities

for development..." (UN), 892
construction industry:
  employment, **254–265**
  production, **187–196**
consumer prices, **294–302, 303–315**
consumption. *See* final consumption expenditures
consumption of fixed capital, as percentage of GDP, **197–205**
conversion factors:
  currency, 238–239
  energy, 909
conversion tables:
  for selected commodities, 908–909
  for units of measure and weight, 907–908
cotton, production, **9**
cotton fabrics, production, **459–462**
countries and areas
  changes in designation, 894–895
  economic and regional associations, 902–906
  regional groupings for statistical purposes, 3, 894–901
  surface area, **35–43**, 765
  See also developed countries or areas; developing countries or areas
crops
  production, **9**
  See also agricultural production
crude oil. *See* petroleum, crude
cultural indicators, **111–156**
  sources of information, 155
currency:
  conversion factors, 238–239
  exchange rates, **849–864**
  method of calculating series, 766, 768

death:
  from AIDS, **101**
  rate of, **12–13, 93–100**
defence, national, expenditures, as percentage of government final consumption, **206–210**
Demographic Yearbook (UN), 55–56, 99, 109
developed countries or areas:
  defined, 3, 895
  development assistance from, **875–884, 885**
developing countries or areas:
  defined, 3, 895
  development assistance to, **875–884, 885**
  external debt of, **866–872**
development assistance, 875–893
  bilateral and multilateral, to individuals, **875–884**
  bilateral and multilateral, to organisations, **885**
  grant expenditures, **886–892**

sources of information, 893
United Nations system, **886–892**, 893
Development Assistance Committee (DAC) countries:
  development assistance from, **885**
  defined, 893
discount rates, **241–245**
  defined, 253
domestic production, prices, **294–302**
domestic service, employment, **261–264**
domestic supply, prices, **294–302**
drilling and boring machines, production, **10, 529–530**

earnings:
  defined, 318
  in manufacturing, **285–291**
economic associations, country lists, 902–906
economic relations, international. *See* international economic relations
economic services, expenditures, as percentage of government final consumption, **206–210**
economic statistics, **157–704**
education, 57–91
  definition of terms, 90
  employment, **261–264**
  expenditures on, **71–83, 206–210**
  first, second and third levels, number of students, **57–69**
  literacy rate, **84–91**
  sources of information, 90, 91
  See also recreation, entertainment and education
electricity:
  consumption, **24–25**
  defined, 659
  production, **10, 24–25, 215–236, 614–640, 642–656**
electricity, gas, water utilities:
  employment, **254–265**
  production, **16–22, 187–196**
employment:
  defined, 282
  by industry, **254–265**
  method of calculating series, 283
endangered species. *See* threatened species
energy:
  by category, production, **642–656**
  by category, production and consumption, **24–25**
  consumption, **24–25, 614–640**
  conversion factors, 909
  definition of terms, 657–658
  external trade in, **24–25, 614–640**
  method of calculating series, 657
  production, **24–25, 614–641, 642–656**
  stocks, **24–25, 614–640**

Energy Statistics Yearbook (UN), 657
engineers. *See* scientists and engineers
entertainment. *See* recreation, entertainment and education
environment, **661–686**
environmental protection, selected indicators of, **669–675**
Estimates of Global, Regional, and National Annual CO2 Emissions . . . (Carbon Dioxide Information Analysis Center), 685–686
European Patent Convention, 704
exchange rates, **849–864**
   definition of terms, 873
exports
   by commodity classes, **728–740**
   index numbers, **742–746, 758–763**
   as percentage of GDP, **177–186**
   prices, **294–302**
   purchasing power of, **753–757**
   region-to-region, **728–740**
   value of, **10, 26–27, 706–724, 747–753**
   volume of, **26, 614–640, 743–747**
   See also external trade
external debt:
   definition of terms, 873–874
   of developing countries or areas, **866–872**
external trade, **706–770**
   by commodity classes, **10, 24–25, 614–640**
   method of calculating series, 657, 765–768
   as percentage of GDP, **177–186**
   region to region, **728–740**
   sources of information, 765
   systems for recording of, 765
   value of, **10, 706–724**
   volume of, **10**
   See also exports; imports
extinct species, **661–668**
   defined, 684
extraterritorial organisations, employment by, **261–264**

fabrics
   defined, 540
   production, **9, 215–236, 459–466**
   See also fibres
FAO Yearbook: Fishery Statistics, Catches and Landings, 405
FAO Yearbook: Production, 405
ferro-alloys, production, **9**
fertility rate, total, **93–100**
   defined, 109
fertilizer:
   consumption, **382–404**
   production, **10, 382–404**

   types of, defined, 406–407
fibres
   production, **9**
   See also fabrics
final consumption expenditures, as percentage of GDP, **177–186, 197–205**
finance, insurance, real estate, business service industries, employment, **254–265**
finance, international. *See* international finance
financial statistics, **241–253**
finished goods, prices, **294–302**
fish:
   catches, **9, 372–381**
   defined, 406
fixed capital. *See* gross fixed capital formation
food:
   defined, 405
   external trade in, **10**
   prices, **10, 303–315**
   production, **9, 14, 321–329**
   production per capita, **15**
food, beverages, tobacco industries, production, **16–22**
food, beverages, tobacco products:
   expenditures, as percentage of private final consumption, **211–214**
   production, **215–236, 409–458**
food and raw materials, exports, **732–735**
footwear, leather:
   defined, 540
   production, **9, 467–471**
foreign exchange reserves, **11**
forests:
   area, **661–668**
   defined, 684
   sources of information, 684
freight traffic:
   air, **596–610**
   rail, **543–552**
furniture and household equipment, expenditures, as percentage of private final consumption, **211–214**

gas. *See* liquified petroleum gas; natural gas; natural gas liquids; refinery gas
Geographical Distribution of Financial Flows to Developing Countries (OECD), 893
Global Development Finance (formerly *World Debt Tables*) (World Bank), 872, 873
government final consumption:
   expenditure by function, **206–210**
   as percentage of GDP, **177–186**
government finance, **11, 241–253**

sources of information, 253
grain. *See* cereals
grant expenditures, for development assistance, **886–892**
gross domestic product:
  distribution by economic activity, **187–196**
  distribution by expenditure (government final consumption, private final consumption, increase in stocks, gross fixed capital formation, exports, imports), **177–186**
  method of calculating series, 239
  related to other national accounting aggregates, **197–205**
  total and per capita, **159–176**
gross fixed capital formation, as percentage of GDP, **177–186**
gross national product, as percentage of GDP, **197–205**

Harare Protocol, 704
Havana Agreement, 704
health and social work, employment, **261–264**
health expenditures. *See* medical expenditures
health services, governmental, expenditures, as percentage of government final consumption, **206–210**
health statistics, **93–109**
heavy industry, production, **16–22**
heavy petroleum products:
  defined, 658
  production, **642–656**
HIV infection
  cumulative, **101**
  See also AIDS
horses, number raised, **346–364**
hotel industry. *See* trade (wholesale/retail), restaurants, hotel industries

illiteracy, **84–91**
  defined, 91
imports
  index numbers, **742–746**
  as percentage of GDP, **177–186**
  prices, **294–302**
  value of, **10, 27–28, 706–724, 746–752**
  volume of, **27, 614–640, 742–746**
  See also external trade
Industrial Commodity Statistics Yearbook (UN), 539, 541
industrial production, **9–10**
  indexes of, **215–236**
  method of calculating series, 30–31
  by region, **16–22**
industrial products, prices, **294–302**
industry, employment by, **254–265**
infant mortality, **93–100**

defined, 109
intellectual property, **697–702**
interest rates. *See* rates
intermediate products, prices, **294–302**
international economic relations, **705–893**
international finance, **849–874**
  sources of information, 873
International Financial Statistics (IMF), 238, 253, 847, 873
international reserves minus gold, **11**
International Standard Industrial Classification of All Economic Activities - Rev. 3 (UN), 30, 239, 283, 318, 539
international trade. *See* external trade
International Trade Statistics: Concepts and Definitions (UN), 765
International Trade Statistics Yearbook (UN), 765
internet, statistics available on the, iii
inventory. *See* stocks
iron. *See* pig iron

labour force, **254–283**
  sources of information, 282–283
  wages, **285–291**
lands, protected, **669–675**
language of publication, book production by, **116–118**
lathes, production, **10, 530–531**
leather footwear. *See* footwear, leather
life expectancy, **93–100**
  defined, 109
light industry, production, **16–22**
light petroleum products:
  defined, 658
  production, **642–656**
lignite and brown coal:
  defined, 657
  production, **9, 642–656**
liquified petroleum gas (LPG):
  defined, 658
  production, **642–656**
literacy, **84–91**
  defined, 91
livestock:
  defined, 406
  production, **9, 346–364**
lorries (trucks):
  assembly, **10, 535–536**
  assembly, defined, 542
  production, **10, 536–538**
  production, defined, 542

machine tools:
  defined, 541
  production, **10, 529–534**
manufactured goods:
  exports, **10, 736–739, 758–763**
  value of, **10, 758–760, 762–763**
  volume of, **760–762**
manufacturing:
  earnings, **285–291**
  employment, **254–265**
  production, **9, 16–22, 187–196, 215–236, 409–542**
  sources of information, 539
maritime transport, international:
  definition of terms, 612
  vessels entered and cleared, **589–595**
maternal mortality, **93–100**
  defined, 109–110
meat:
  defined, 539
  production, **9, 420–444**
medical expenditures, private, as percentage of private final consumption, **211–214**
merchant vessels:
  defined, 612
  tonnage registered, **571–588**
metal mining, production, **16–22**
metal products industries, production, **16–22, 516–538**
metals, basic:
  defined, 541
  production, **16–22, 505–515**
  sources of information, 541
metal-working presses, production, **533–534**
Methodological Supplement to World Travel and Tourism Statistics (World Tourism Organization), 813
milling machines, production, **531–533**
mineral products, non-metallic, production, **16–22, 215–236**
minerals:
  external trade in, **10**
  prices, **10**
mining and quarrying:
  employment, **254–265**
  production, **9, 16–22, 187–196, 215–236**
Modelling maternal mortality in the developing world (WHO, UNICEF), 110
money market rate, **246–252**
  defined, 253
Monthly Bulletin of Statistics (MBS) (UN), iii, 253, 318, 765
  internet access to, iii
mortality, **12–13, 93–100**

motor vehicles, commercial:
  defined, 612
  number in use, **10, 554–568**
  production, **10, 535–538**
motor vehicles, passenger:
  defined, 541, 612
  number in use, **10, 554–568**
  production, **10, 520–521**
mules, number raised, **346–364**
multilateral institutions:
  defined, 893
  development assistance by, **875–884**
  development contributions to, **885**
mutton and lamb, production, **420–444**
national accounts, **157–240**
  definition of terms, 239
  relationships between principal aggregates of, **197–205**, 239
  sources of information, 238–239
National Accounts Statistics: Main Aggregates and Detailed Tables (UN), 238
national disposable income, as percentage of GDP, **197–205**
national income, as percentage of GDP, **197–205**
natural gas:
  defined, 659
  production, **9, 642–656**
natural gas liquids (NGL):
  defined, 658
  production, **642–656**
natural resources, selected indicators of, **661–668**
net current transfers from the rest of the world, as percentage of GDP, **197–205**
net factor income from the rest of the world, **197–205**
net savings, as percentage of GDP, **197–205**
newspapers:
  daily, numbers and circulation, **119–125**
  non-daily, numbers and circulation, **126–130**
  types of, defined, 155

oil crops:
  defined, 405–406
  production, **9, 338–345**
oil tankers, tonnage registered, **578–584**
ore and bulk carriers, tonnage registered, **584–588**
other activities, production, **187–196**

paper, printing, publishing industries, production, **16–22**
paper and paperboard:
  defined, 540
  production, **479–483**

passenger traffic:
  air, **596–610**
  rail, **543–552**
Patent Cooperation Treaty (PCT), 704
patents:
  applied for, granted, and in force, **697–702**
  sources of information, 704
peat:
  defined, 658
  production, **642–656**
periodicals:
  numbers and circulation, **126–130**
  types of, defined, 155
petroleum, crude:
  defined, 658
  production, **9, 642–656**
petroleum, gas industries, production, **16–22**
petroleum products:
  defined, 658
  production, **215–236, 642–656**
pig iron:
  defined, 541
  production, **9, 505–510**
pigs, number raised, **346–364**
population, **35–56**
  definition of terms, 29
  density, **12–13, 35–43**
  method of calculating series, 29, 55–56
  numbers, **9, 12–13, 35–43**
  rate of increase, **12–13, 35–43, 47–54**
  by sex, **35–43**
  sources of information, 29, 55–56
  urban and rural, **47–54**
pork, production, **420–444**
prices:
  consumer, **294–302, 303–315**
  indexes of, **10, 303–315**
  method of calculating series, 30, 318–319
  producer and wholesale, **294–302**
  types of, defined, 318
primary commodities (raw materials):
  price indexes, **10**
  prices, **294–302**
private final consumption:
  expenditure by type and purpose, **211–214**
  as percentage of GDP, **177–186**
producer prices, **294–302**
protected lands:
  defined, 685
  as percentage of land area, **669–675**
public administration, expenditures, as percentage of government final consumption, **206–210**
public safety, expenditures, as percentage of government final consumption, **206–210**
purchasing power, of exports, **753–757**

radio receivers:
  number in use, **131–137**
  production, **516–518**
railway traffic:
  definition of terms, 612
  passengers and freight carried, **543–552**
rates:
  discount, **241–245**
  money market, **246–252**
  treasury bills, **246–252**
raw materials. *See* food and raw materials; primary commodities
receivers, radio and television:
  defined, 155
  number in use, **131–137**
  production, **516–518**
recreation, entertainment and education, expenditures, as percentage of private final consumption, **211–214**
Red List of Threatened Animals, 1996 (IUCN), 684
refinery gas:
  defined, 658
  production, **642–656**
refrigerators, household:
  defined, 541
  production, **9, 522–524**
regional associations, country lists, 902–906
regions, statistical:
  countries included, 3, 894–901
  external trade between, **728–740**
  purpose of, 29
  surface area, **12–13**
rents, fuel and power, expenditures, as percentage of private final consumption, **211–214**
research and development:
  definition of terms, 703
  expenditures on, **692–695**
  method of calculating series, 703–704
reserve positions in IMF, **11**
restaurant industry. *See* trade (wholesale/retail), restaurants, hotel industries
rest of the world, transfer and factor income from, **197–205**
retail trade. *See* trade (wholesale/retail), etc.
Revised 1990 Estimates of Maternal Mortality (WHO, UNICEF), 109

roundwood:
  defined, 406
  production, **9, 365–371**
rural, defined, 56
rural population, **47–54**

sanitation services:
  access to, **669–675**
  defined, 685
savings, as percentage of GDP, **197–205**
sawnwood:
  defined, 540
  production, **10, 472–478**
science and technology, **687–704**
  sources of information, 703
scientists and engineers:
  defined, 703
  number of, **687–690**
service activities, other, employment, **261–264**
sex, population by, **35–43**
sheep, number raised, **346–364**
shipping. *See* maritime transport, international
short term rates, **246–252**
  defined, 253
soap and detergent:
  defined, 540
  production, **9, 499–503**
social services, expenditures, as percentage of government final consumption, **206–210**
social statistics, **33–156**
special drawing rights (SDRs), **11**
species, endangered. *See* threatened species
Standard International Trade Classification (SITC) (UN), 766–768
Statbase Locator on Disk (United Nations Statistics Division), iv
State of the World's Forest (FAO), 684
Statistical Yearbook (UN):
  CD-ROM version, iii–iv
  contents of, iii
  explanation of use, v
  purpose and organization of, 1–6, iv–v
  sources and references, iii, 911–914
  tables added and omitted in present edition, 910
Statistical Yearbook (UNESCO), 90, 155, 703
statistics:
  comparability of, 4–5
  on the internet, iii
  sources of, iii
  timeliness of, 5–6
Statistics Division, UN. *See* United Nations, Statistics Division

steel, crude:
  defined, 541
  production, **505–510**
stocks, increase in, as percentage of GDP, **177–186**
sugar:
  consumption, **409–419**
  defined, 539
  production, **10, 409–419**
sulphuric acid:
  defined, 540
  production, **9, 495–497**
Supplement to the Statistical Yearbook and Monthly Bulletin of Statistics, 1977 (UN), 240, 319, 765
System of National Accounts (UN), 238, 846

technicians:
  defined, 703
  number of, **687–690**
telefax stations:
  defined, 156
  number in use, **138–144**
telephones
  definition of terms, 156
  number in use and per capita, **145–153**
  See also cellular telephones
television receivers:
  number in use, **131–137**
  production, **516–518**
terms of trade, **28, 752–756**
textile industry, production, **16–22**
textiles. *See* fabrics; fibres
threatened species, **661–668**
  defined, 684
tires:
  defined, 540
  production, **484–486**
ton of coal equivalent, defined, 657
tourism, international, **771–813**
  definition of terms, 812
  method of calculating series, 812–813
  sources of information, 813
tourists:
  arrivals, **795–803**
  expenditures of, **804–811**
  origin and destination of, **771–792**
  receipts from, **795–803**
trade. *See* external trade
trade (wholesale/retail), restaurants, hotel industries:
  employment, **254–265**
  production, **187–196**

transport, storage and communication industries:
    employment, **254–265**
    production, **187–196**
transportation, **543–613**
transportation and communication, expenditures, as percentage of private final consumption, **211–214**
transportation equipment
    production, **10**
    See also motor vehicles, commercial; motor vehicles, passenger
treasury bill rate, **246–252**
    defined, 253
trucks. *See* lorries; motor vehicles, commercial

unemployment:
    defined, 282
    numbers and percentages, **266–279**
units of measure and weight, conversion tables, 907–908
university education, **57–69**
urban, defined, 56
urban agglomeration:
    defined, 56
    largest, by country, **47–54**
urban population, **47–54**

visitors, international, defined, 812

wages, **285–291**
    method of calculating series, 318–319
washing machines, household:
    defined, 541
    production, **9, 526–528**

water, safe drinking:
    access to, **669–675**
    defined, 685
wholesale prices, **294–302**
wholesale trade. *See* trade (wholesale/retail), etc.
wildlife species, sources of information, 684
wildlife species, threatened and extinct, **661–668**
    defined, 684
wood and wood products
    production, **472–483**
    See also roundwood; sawnwood
wooded lands, defined, 684
wood products, furniture industries, production, **16–22**
woodpulp, production, **10**
wool, production, **9**
wool fabrics, production, **462–464**
World Automotive Market Report (Auto and Truck International), 29
World Debt Tables. See Global Development Finance
World Population Prospects (UN), 29, 99
World Population Prospects: The 1996 Revision (UN), 109
world statistics:
    selected, **9–11**
    summary, **7–31**
World Urbanization Prospects (UN), 54
World Wide Web, statistics on the, iii

Year Book of Labour Statistics (ILO), 282, 318
Yearbook of Tourism Statistics (World Tourism Organization), 812, 813

Index of Organizations

African Intellectual Property Organization (OAPI), 704
African Regional Industrial Property Organization (ARIPO), 704

Carbon Dioxide Information Analysis Center, 683, 685–686

Development Assistance Committee of OECD (DAC), 893

Food and Agriculture Organization of the UN (FAO), 11, 14, 15, 30, 329, 337, 345, 364, 371, 381, 404, 405, 444, 478, 483, 668, 684

Instituto Latino-Americano del Ferro y el Acero, 541
International Civil Aviation Organization (ICAO), 610
International Labour Office (ILO), 264, 279, 291, 315
International Monetary Fund (IMF), 11, 238, 245, 252, 813, 845, 864, 873
International Sugar Organisation (ISO), 419
International Telecommunications Union (ITU), 144, 153
International Union for Conservation of Nature and Natural Resources (IUCN), 684, 685

Lloyd's Register of Shipping, 588

Motor Vehicle Manufacturers' Association, 11

Organization for Economic Cooperation and Development (OECD), 884, 885, 893

UNAIDS, 108, 110
United Nations, 29
  development assistance programs, **886–892**, 893
United Nations Population Division, 29
United Nations Statistics Division, 1, iii, 11, 13, 22, 24, 28, 43, 176, 186, 196, 205, 210, 214, 236, 238, 301, 450, 457, 466, 471, 486, 494, 497, 503, 510, 515, 518, 521, 524, 528, 534, 538, 552, 568, 595, 640, 656, 668, 724, 740, 756, 763, 765, 768
  how to contact, v
United Nations Children's Fund (UNICEF), 99, 110
United Nations Development Programme (UNDP), 110, 893
United Nations Economic Commission for Europe (ECE), 541
United Nations Educational, Scientific, and Cultural Organization (UNESCO), 69, 83, 89, 110, 114, 118, 125, 130, 137, 690, 695, 703
United Nations Population Fund, 110
United States of America, Bureau of Mines, 541

World Bank, 91, 110, 872, 873
World Conservation Monitoring Center (WCMC), 668, 675, 684, 685
World Conservation Union (IUCN), 684
World Health Organisation (WHO), 99, 108, 110, 675, 685
World Intellectual Property Organisation (WIPO), 702, 704
World Tourism Organization (WTO), 792, 803, 811, 813